Lexikon sozialistischer Literatur

Lexikon sozialistischer Literatur

Ihre Geschichte in Deutschland bis 1945

Herausgegeben von Simone Barck, Silvia Schlenstedt,
Tanja Bürgel, Volker Giel und Dieter Schiller

unter Mitarbeit von Reinhard Hillich

Verlag J. B. Metzler
Stuttgart · Weimar

Die Deutsche Bibliothek – CIP-Einheitsaufnahme

Lexikon sozialistischer Literatur : ihre Geschichte in
Deutschland bis 1945 / hrsg. von Simone Barck ... – Stuttgart ;
  ISBN 3-476-01237-9
NE: Barck, Simone [Hrsg.]

Gedruckt auf säure- und chlorfreiem,
alterungsbeständigem Papier

ISBN 3-476-01237-9

© 1994 J.B.Metzlersche Verlagsbuchhandlung und Carl Ernst
Poeschel Verlag GmbH in Stuttgart
Satz: Typomedia Satztechnik GmbH, Ostfildern
Druck und Bindung: Franz Spiegel Buch GmbH, Ulm
Printed in Germany

Verlag J. B Metzler Stuttgart · Weimar

Bildquellen

AdK = Akademie der Künste, Berlin
AIZ
Akademie der Künste/Stiftung Archiv
– Arbeiterliedarchiv, AdK
– Becher-Archiv, AdK
– Brecht-Archiv, AdK
Aktion, Die
Aufbau Verlag
Bibliographisches Institut Leipzig
Bildarchiv Preussischer Kulturbesitz
Bundesarchiv Potsdam NL R. Rewald-Schaul
Deutsches Literaturarchiv/Schiller Nationalmuseum
Dietz Verlag
Erica Loos
Friedrich-Ebert-Stiftung
Historia-Photo
Interfoto
Internationales Institut für Sozialgeschichte Amsterdam
Karl-Marx-Haus Trier
Malik Verlag
Sächsisches Staatsarchiv Leipzig
Staatl.Kunstsammlungen/Kupferstichkabinett Dresden
Stiftung Archiv der Parteien u.Massenorganisationen der DDR im
  Bundesarchiv (SAPMO) Berlin [Bibliothek/Bildarchiv]
Ullstein Bilderdienst
Verlag J.B.Metzler
Württ.Landesbibliothek
Zeitschrift »Sozialistische Bildung«

EIN VERLAG DER **SPEKTRUM FACHVERLAGE GMBH**

Vorbemerkungen

Seitdem im deutschen Frühproletariat Selbstbewußtsein entstand, äußerte es sich auch in Zeugnissen, die sozialistische Literatur zu nennen sind. Flugschriften und kurzlebige Zeitungen – »Blätter der Zukunft« oder »Der Geächtete« überschrieben – waren die ersten Medien, durch die sie zu wirken begann, mit Programmen und Pamphleten suchte sie sich im sozialen Feld zu situieren, für dessen Änderung Mitstreiter zu gewinnen. Neben dem Manifest stand der Sozialreport und das Gedicht, oft gleichfalls mit Manifestcharakter. *Die Menschheit, wie sie ist und wie sie sein sollte* – bereits diese frühe Schrift Wilhelm Weitlings zeigt an, daß in dieser Literatur kritischer Erfahrungsbericht und utopischer Entwurf häufig verschwistert waren, Selbsttäuschungen wie klarsichtige Analysen gehörten zu ihrem Werdegang. Und ebenso galt bereits damals im Projekt der Veränderung gegenwärtiger Welt die Überzeugung, daß Sozialismus, Kommunismus tief in der Historie wurzelt, von weit her kommt: von den Revolten und Utopien derer um Spartacus, der Urchristen, der Ketzer und Wiedertäufer – Max Beer zeigt es in seiner *Allgemeinen Geschichte des Sozialismus und der sozialen Kämpfe.*

So sehr sich in ihrer Geschichte die Sprache, die Denkbilder, die literarisch vermittelten Handlungsangebote auch wandelten, kündigten doch schon die frühproletarischen Schriften Wesentliches für das Ganze sozialistischer Literatur an: Nicht der individuelle Vorstoß in Neuland, vielmehr ein gemeinsames, gemeinschaftliches Vorgehen war der Ansatzpunkt, von dem aus sozialer und politischer Wandel erreicht werden sollte. Daher ist es kein Zufall, wenn Zeitungen und Zeitschriften, Jahrbücher und Sammlungen die Orte der Kristallisation früher sozialistischer Literatur waren. Das Belletristische war dabei nichts Separates, sondern eine Form und ein Teil des gemeinschaftlichen Vorgehens. Trug das Gedicht oft Züge des Manifests, so war das Manifest oder der Report im Duktus dem poetischen Text nahe. Dies stellte sich dann in späteren historischen Phasen, im 20. Jahrhundert zumal, wesentlich anders dar. Arbeitsteilung, ja Rollenverteilungen und Separierungen sind mit Fortgang und Ausbau der Bewegung offenbar untrennbar verbunden. Autoren hatten da nicht selten das Eigenständige des literarischen Realitätszugriffs gegenüber anderen Zugangsweisen und besonders gegenüber institutionalisierter Programmatik zu verteidigen und individuelle und kollektive Erfahrung gegenüber Gremien zu behaupten, die mit dem Anspruch auftraten, Gemeinschaftsinteressen zu repräsentieren.

Schon in dieser Hinsicht wird offenbar: sozialistische Literatur ist nichts Fixes, definitorisch Festzulegendes, sondern ein historisch Veränderliches, sie ist geschichtlich konkret zu bestimmen und in ihrer Kontinuität nur zu fassen, wenn die Kontroversen im Diskurs über Programm und Praxis, ihr Fortgang über Abgänge und Brüche im Blick sind. Das Lexikon versucht eine solche Sicht auf die Geschichte sozialistischer Literatur, betrachtet ihre Konstituierung und die Ausgrenzungen, die sie erfuhr wie die Ausgrenzungen, die zu ihrer eigenen internen Geschichte gehörten, es sieht auf die Abgrenzungen von der umgebenden herrschenden Kultur und Literatur wie auf die Verwobenheit mit zeitgenössischer wie vorausgehender Literatur des eigenen Landes und mit internationalen Verläufen.

Im Lexikon wird die Geschichte sozialistischer Literatur in Stichworten präsentiert: ZEITSCHRIFTEN waren in allen Phasen wichtig; bisweilen kulminierten in ihnen der Streit der Meinungen in DEBATTEN um literarische Richtungen und Strategien; VERLAGE wirkten für die Konstituierung einer eigenen Öffentlichkeit; ANTHOLOGIEN und LITERARISCHE REIHEN bündelten und vermittelten literarische Erträge; in SCHRIFTSTELLERBÜNDEN wurde seit den zwanziger Jahren des 20. Jahrhunderts versucht, literarisches Wirken zu organisieren; sozialistische BUCHGEMEINSCHAfTEN waren Mittler zwischen Autoren und Lesern; THEORETIKER sozialistischer Kultur wirkten im literarischen Prozeß – und SCHRIFTSTELLER mehrerer Generationen, darunter viele kaum noch bekannte oder vergessene Autoren, Sozialisten oder Anarchisten, Sozialdemokraten oder Kommunisten, organisiert oder nicht organisiert, von unterschiedlichen sozialen und politischen Quellen gespeist, von verschiedenartigen Erfahrungen und Impulsen getragen, in divergierenden Kunstsprachen arbeitend.

Mit diesem Buch wird folglich nicht allein ein Schriftsteller-Lexikon vorgelegt, aber auch kein Lexikon des Sozialismus oder der Parteien und Organisationen der Arbeiterbewegung; es ist ein literarhistorisches Lexikon besonderen Typs: Sein Gegenstand sind mehr als hundert Jahre sozialistischer Literatur, wie sie bis zur Zeitmarke 1945 entstand, eng mit Arbeiterbewegung und Ideengeschichte des Sozialismus verbunden, eine in den Zeitkämpfen operierende Literatur, die weder ästhetisch rein noch national borniert sich äußern und wirken wollte. Kontroversen gehörten zu ihrer Geschichte. Eine bildete sich mit der Problematik, wie Sozialisten das Verhältnis von Literatur und Politik zu begreifen, welche Art der Beziehungen zu den Parteien sie einzugehen hätten, ob Zu- oder Unterordnung zu deren Programmen und Losungen der gemeinsamen Sache angemessen sei. Ein anderes Dauerthema: das Verhältnis zwischen Sozialismus und Demokratie, das sich wie ein roter Faden von den frühen Bünden der Vormärz-Zeit bis in die Spätphasen zieht; der Streit führte im 20. Jahrhundert zum Scheidepunkt, der mit der These und der Erfahrung verbunden war, daß Sozialismus ohne Demokratie denaturieren und zu repressiver Bevormundung und Unterdrückung führen müsse. Reform oder Revolution, das bildete bei der Suche nach Wegen zu sozialer Gerechtigkeit einen dritten Fokus. Divergierende literarische Strategien auch hier. Eine bleibende Unruhe konnte stiften, was im Marxschen »kategorischen Imperativ« aufgegeben wird: »alle Verhältnisse umzuwerfen, in denen der Mensch ein erniedrigtes, ein geknechtetes, ein verlassenes, ein verächtliches Wesen ist«.

Die Arbeit am Lexikon wurde 1987 als Forschungsprojekt des Zentralinstituts für Literaturgeschichte (Akademie der Wissenschaften der DDR) begonnen. Eine Grundidee des Konzepts war, in kritischem Rückbezug auf das »Lexikon sozialistischer deutscher Literatur« (Halle 1963) und aufbauend auf dem neuen internationalen Forschungsstand, gegen einseitige – auch eigene frühere – Darstellungen der Geschichte sozialistischer Literatur anzugehen. Dokumentiert werden sollten die vielfältigen Wege und Ursprünge, die verschiedenartigen Zielvorstellungen, Visionen und ästhetischen Ausprägungen, die Anläufe und die Abbrüche und auch die Verluste in dieser Geschichte. Der Gleichzeitigkeit von Unterschiedlichem in der literarischen Produktion hatte die Aufmerksamkeit zu gelten und mehr noch dem Entstehen und Wirken von kommunikativen Beziehungen, wie sie von den diversen Richtungen in der Arbeiterbewegung getragen waren. Daher wurden auch Österreicher und deutschsprachige Tschechen einbezogen dann, wenn sie innerhalb des Kommunikationsgefüges der deutschen sozialistischen Bewegung wirksam waren. Substantielle Erweiterungen gegenüber früheren, anderen Bildern von sozialistischer Literatur ermöglichten – für die Frühphase – die Darstellung der »wahren Sozialisten«, für die späteren Phasen die der Anarchisten und Syndikalisten und der mit der Sozialdemokratie verbundenen Kulturbewegung. Eingeschrieben war dem Konzept von Beginn an eine Polemik gegen ein Fortschritts- und Aufstiegsmodell revolutionärer und sozialistischer Bewegung, deren Ziele angeblich im »real existierenden Sozialismus« eingelöst wären. Dieser polemische Impuls gegen verengende Kanonisierungen und einebnende Ausblendungen hat durch das Ende der DDR seine Reibungsfläche verloren. Doch erwies er sich als weiterhin produktiv, er bot die Voraussetzung dafür, daß das Konzept und die begonnene historische Arbeit weiterzuführen waren. Für die Fertigstellung des Vorhabens (vom Manuskript lagen im Dezember 1989 vier Fünftel vor) konnten wir – bei im Wesentlichen unveränderter Stichwort-Liste – nach 1990 mehrere neue Autoren gewinnen; auch gelang es, noch Archivalien einzuarbeiten, die erst jetzt zugänglich wurden (besonders zur Geschichte des Stalinismus). Gewiß kann das Lexikon hier nur einen Zwischenstand bieten. Zumindest aber sollten Fakten und Sachverhalte gesichert und sollte insgesamt ein Material präsentiert werden, das für weitere oder andere literarhistorische Arbeiten anregend sein mag. Vollständigkeit können wir nicht beanspruchen, doch wird dem Leser manche Neuentdeckung möglich sein.

Ursprünglich war vorgesehen, daß der Verlag Bibliographisches Institut Leipzig das Projekt realisiert. Dank des Angebots vom Metzler-Verlag kann das Buch nun erscheinen.

Das Lexikon wäre nicht zustande gekommen ohne die Bereitschaft vieler Autorinnen und Autoren, ihr Spezialwissen und ihre Forschungsergebnisse zur Verfügung zu stellen. Wissenschaftlich-technisch wurde die Arbeit längere Zeit besonders von Eva Röber und Eleonore Schellenberg unterstützt, Vorarbeiten zum Register leistete Rotraut Wieland-Pfitzmann. Für die Möglichkeit, Archivalien und Materialien sowie seltene Primär- und Sekundärliteratur benutzen zu können, danken wir insbesondere: dem Institut für Sozialgeschichte Amsterdam, den Partei-Archiven in Moskau und Berlin, dem Institut für Arbeiterliteratur Dortmund, der Bibliothek des ehemaligen IML, jetzt Stiftung und Archiv der Parteien und Massenorganisationen der DDR im Bundes-Archiv (SAPMO).

Generell sind die Artikel mit Verfassernamen unterschrieben, in einer Reihe von Fällen machte es die relativ lange Dauer der Projektarbeit nötig, die Artikel durch die Herausgeber/Innen zu komplettieren, dann wird (auch) mit »Red.« gezeichnet.

Abkürzungs-Verzeichnis

1. Allgemeine Abkürzungen

ADAV	Allgemeiner Deutscher Arbeiterverein
AGDB	Allgemeiner Deutscher Gewerkschaftsbund
AdK	Akademie der Künste der DDR / Berlin
AdW	Akademie der Wissenschaften der DDR
ATBD	Arbeiter-Theater-Bund Deutschlands
BdK	Bund der Kommunisten
BPRS	Bund proletarisch-revolutionärer Schriftsteller
bzw.	beziehungsweise
ČSR	Tschechoslowakische Republik
DAThB	Deutscher Arbeiter-Theater-Bund
d. h.	das heißt
d. i.	das ist
DSV	Deutscher Schriftstellerverband
ebd.	ebenda
EKKI	Exekutiv-Komitee der Kommunistischen Internationale
FDJ	Freie Deutsche Jugend
FKP	Französische Kommunistische Partei
geb.	geboren
gest.	gestorben
IAA	Internationale Arbeiterassoziation
IAH	Internationale Arbeiterhilfe
IATB	Internationaler Arbeitertheater-Bund
IBRL	Internationales Büro für revolutionäre Literatur
IfA	Interessengemeinschaft für Arbeiterkultur
IRH	Internationale Rote Hilfe
IRTB	Internationaler Revolutionärer Theaterbund
ISVK	Internationale Schriftstellervereinigung zur Verteidigung der Kultur
IVRS	Internationale Vereinigung Revolutionärer Schriftsteller
Jh.	Jahrhundert
KI	Kommunistische Internationale
KJI	Kommunistische Jugend-Internationale
KJV/KJVD	Kommunistischer Jugendverband /Deutschlands
KPČ	Kommunistische Partei der Tschechoslowakei
KPD	Kommunistische Partei Deutschlands
KPÖ	Kommunistische Partei Österreichs
KPdSU	Kommunistische Partei der Sowjetunion
KPD (O)	Kommunistische Partei Deutschlands (Opposition)

MASCH	Marxistische Arbeiterschule
MdR	Mitglied des Reichstages
NKFD	Nationalkomitee Freies Deutschland
NSDAP	Nationalsozialistische Deutsche Arbeiterpartei
Ps.	Pseudonym
RAPP	Russische Vereinigung proletarischer Schriftsteller
RFB	Roter Frontkämpferbund
RHD	Rote Hilfe Deutschlands
s. /s. a	siehe / siehe auch
SAJ	Sozialistische Arbeiterjugend
SAPD	Sozialistische Arbeiterpartei Deutschlands
SDAP	Sozialdemokratische Arbeiterpartei
SDS	Schutzverband Deutscher Schriftsteller
sog.	sogenannt
SPD	Sozialdemokratische Partei Deutschlands
SPÖ	Sozialdemokratische Partei Österreichs
u. a.	unter anderem / und andere
u. ä.	und ähnliche(s)
UdSSR	Union der Sozialistischen Sowjetrepubliken (Sowjetunion)
u. d. T.	unter dem Titel
urspr.	ursprünglich
USA	Vereinigte Staaten von Amerika
USPD	Unabhängige Sozialistische Partei Deutschlands
usw.	und so weiter
vgl.	vergleiche
VR	Volksrepublik
z. B.	zum Beispiel
ZK	Zentralkomitee
Zs./Zsn.	Zeitschrift / Zeitschriften
z. T.	zum Teil
Ztg./Ztgn.	Zeitung / Zeitungen

2. Bibliographische Abkürzungen

Abb.	Abbildung(en)
Abdr.	Abdruck
Abh.	Abhandlung
Abt.	Abteilung
Alm.	Almanach
Anth.	Anthologie
Aufl.	Auflage
Aufs(e).	Aufsatz, Aufsätze
Ausg.	Ausgabe(n)
ausgew.	ausgewählt
Ausw.	Auswahl
Ausz.	Auszug, Auszüge

Aut./aut.	Autobiographie, autobiographisch	Jg.	Jahrgang, Jahrgänge
B.	Biographie	Jgb.	Jugendbuch
BA	Buchausgabe	K(n).	Komödie(n)
Ball(n).	Ballade(n)	Kap.	Kapitel
Bd., Bde.	Band / Bände	Kb.	Kinderbuch
bearb.	bearbeitet	komm.	kommentiert
Ber.	Bericht(e)	Kurzg(n).	Kurzgeschichte(n)
Bibl.	Bibliographie(n)	Libr.	Libretto
Bildbd.	Bildband	Lsp(e).	Lustspiel(e)
Br.	Brief(e)	Ltg.	Leitung
D(n).	Dichtung(en)	M.	Märchen
dass.	dasselbe	Mem.	Memoiren
ders.	derselbe	Mon.	Monographie
dies.	dieselbe	N(n).	Novelle(n)
Diss.	Dissertation	Nachdr.	Nachdruck
Dr(n).	Drama, Dramen	Nachw.	Nachwort
dram.	dramatisch	Ndr.	Neudruck
e.	entstanden	NF	Neue Folge
EA	Erstausgabe	neuhg.	neu herausgegeben
E(n).	Erzählung(en)	Nr.	Nummer
Einl.,eingel.	Einleitung, eingeleitet	o. J.; o.O.	ohne Jahr; ohne Ort
enth.	enthält	PH	Pädagogische Hochschule
Ep.	Epos, Epen	R(e).	Roman(e)
erg.	ergänzt	Rb.	Reisebericht, Reisebuch
Erg.-Bd.	Ergänzungsband	Red.	Redaktion
ersch.	erschienen	Rep(n).	Reportage(n)
erw.	erweitert	SAPMO	Stiftung und Archiv der Parteien und Massenorganisationen der DDR im Bundesarchiv
Es(s).	Essay(s)		
f., ff.	folgend, folgende		
Faks.	Faksimile	Sat(n).	Satire(n)
Fassg.	Fassung	Sch(e).	Schauspiel(e)
Festsp.	Festspiel	Schr(n).	Schrift(en)
Feuill.	Feuilleton(s)	SH	Sonderheft
Forts.	Fortsetzung	Singsp.	Singspiel(e)
Fragm.	Fragment(e)	Sk(n).	Skizze(n)
Fs.	Festschrift	Slg(n).	Sammlung(en)
G(e).	Gedicht(e)	Sp.	Spiel
gedr.	gedruckt	Sz.	Szenarium
ges.	gesammelt	Tb.	Taschenbuch
Gesch.(n)	Geschichte(n)	teilw.	teilweise
H.	Heft(e)	Tgb.	Tagebuch
Hg., hg.	Herausgabe/Herausgeber, herausgegeben	Tr(n).	Tragödie(n)
Hs(n).	Handschrift(en)	Trsp(e).	Trauerspiel(e)
Hsp(e)	Hörspiel(e)	Tril.	Trilogie
IISG	Internationales Institut für Sozialgeschichte, Amsterdam	UA	Uraufführung
		überarb.	überarbeitet
Ill(n).,ill.	Illustration(en), illustriert	Übers./übers.	Übersetzung, Übersetzer / übersetzt
IML	Institut für Marxismus-Leninismus beim ZK der SED, Berlin	übertr.	übertragen
		Univ.	Universität
Jb., Jbb.	Jahrbuch, Jahrbücher	unveröff.	unveröffentlicht

unvollst.	unvollständig	DZZ	Deutsche Zentral-Zeitung
veränd.	verändert(e)	IL	Internationale Literatur
verb.	verbessert(e)	Inprekorr	Internationale Pressekorrespondenz
Verf.	Verfasser	IWK	Internationale Wissenschaftliche Korre-
Veröff.,	Veröffentlichung		spondenz zur Geschichte der Arbeiterbe-
veröff.	veröffentlicht		wegung
Verz.	Verzeichnis	NDL	Neue Deutsche Literatur
Vol.	Volume (Band)	NZ	Neue Zeit
Vorw.	Vorwort	RF	Die Rote Fahne
W(e).	Werk(e)	WB	Weimarer Beiträge
WZ	Wissenschaftliche Zeitschrift		
ZGALI	Zentrales Staatliches Archiv für Literatur und Kunst (Moskau)		

4. Monatsnamen

ZIL	Zentralinstitut für Literaturgeschichte
ZPA	Zentrales Parteiarchiv (der SED) Berlin
zus.	zusammen

Jan.	Januar
Feb.	Februar
Apr.	April
Aug.	August
Sep.	September
Okt.	Oktober
Nov.	November
Dez.	Dezember

3. Periodika

AIZ	Arbeiter-Illustrierte-Zeitung
DZfPh	Deutsche Zeitschrift für Philosophie

Abusch, Alexander (Ps. Reinhar[d]t, Ernst, Ernst Bayer)

Geb. 14. 2. 1902 in Krakau; gest. 27. 1. 1982 in Berlin

Sohn eines Kutschers und Altmetallhändlers, die Mutter verkaufte als Hausiererin Wäsche; A. wuchs im Arbeiterviertel Nürnberg-Gostenhof auf, wohin die Eltern noch im Jahr seiner Geburt übersiedelten; nach Volksschule kaufmännischer Lehrling; 1918 Mitglied der Freien Sozialistischen Jugend und der KPD; 1921 gemeinsam mit E. Kunik Redakteur der Augsburger »Bayerischen Arbeiter-Zeitung«; 1923 wegen Enthüllung der Geheimrüstungen der bayrischen paramilitärischen Organisation Escherich und der Nazipartei, die gegen die Bestimmungen des Versailler Vertrages verstießen, Anklage wegen Hoch- und Landesverrat; entzog sich dieser durch Flucht nach Thüringen, wo er illegal arbeitete. Stellvertretender Chefredakteur der »Neuen Zeitung« in Jena; ab Okt. 1923 Chefredakteur der in Erfurt illegal erscheinenden Ztg. »Die Revolution«; seit 1926 im »Kommunistischen Pressedienst« in Berlin tätig; 1926 Redakteur der Berliner RF; 1928 Chefredakteur der Essener Ztg. »Ruhr-Echo«, enge Zusammenarbeit mit F. Krey, E. Ginkel und H. Marchwitza, den er beim Schreiben des Romans *Sturm auf Essen* unterstützte. 1930/32 Chefredakteur der Berliner RF; Mitglied der Leitung des BPRS; bis Mitte 1933 illegale Arbeit und Chefredakteur des illegalen »Ruhr-Echo«; Juni 1933 ging A. nach Paris ins Exil; gemeinsam mit O. Katz Gesamtredaktion des *Braunbuch(s) über Reichstagsbrand und Hitler-Terror* (Basel 1933); 1934 Chefredakteur der Ztg. »Unsere Zeit«. Redigierte mit B. Frei die Wochen-Ztg. »Der Gegen-Angriff«; 1934/35 leitender Redakteur der »Arbeiter-Zeitung«, Saarbrücken; delegiert zur Brüsseler (1935) und Berner (1939) Parteikonferenz der KPD; Chefredakteur der im Pariser Exil erscheinenden RF; nach Kriegsausbruch (Sep. 1939) in verschiedenen französischen Internierungslagern, konnte 1940 flüchten; 1939/41 Mitglied der Leitung der KPD in Paris und Toulouse; Ende 1941 in Mexiko, ab Jan. 1942 Chefredakteur der Zs. »Freies Deutschland«; Feb. 1942 Mitbegründer und Mitglied des Ausschusses der Bewegung »Freies Deutschland« in Mexiko; Feb. 1943 Mitglied des Exekutivkomitees des lateinamerikanischen Komitees der Bewegung Freies Deutschland; Juni 1944 Vorstandsmitglied des Heinrich-Heine-Klubs; Juli 1946 Rückkehr in den Osten Deutschlands, wo er wie später in der DDR in kulturpolitischen Leitungs-Funktionen tätig war (1956/61 stellvertretender Minister für Kultur, 1961/71 stellvertretender Vorsitzender des Ministerrats der DDR). Im Geheim-Prozeß gegen das SED-Politbüro-Mitglied P. Merker 1955 trat A. – als Westemigrant und Jude selbst gefährdet – als Belastungszeuge auf.

A. verband von Anfang an die Arbeit des politischen Redakteurs mit literarisch-publizistischer Tätigkeit. In den 20er Jahren veröffentlichte er vor allem politische Kommentare, auch einzelne Gedichte, später historische Aufsätze, Reportagen, Literatur-Kritiken und kulturpolitische Beiträge. Die Erzählung *Der Kampf vor den Fabriken* (Berlin 1926, russisch Moskau 1928) schildert in eindrucksvoller Knappheit Episoden von einem Textilarbeiterstreik, wobei besonders die Arbeit der Kommunisten in den Gewerkschaften problematisiert wird. Vor allem in den Gestalten des Betriebsratsvorsitzenden Beutner, des Kommunisten Henkel und der Arbeiterin Fischer gelangen A. lebendige Porträts. Als Reportagen-Schreiber versuchte sich A. in *Das Siegeslied von 1930. Notizen einer Reise* (in: RF, Nov./Dez. 1930). In dem Buch *Der Irrweg einer Nation. Ein Beitrag zum Verständnis deutscher Geschichte* (Mexiko 1945; Berlin 1946; für die zahlreichen Nachaufl. mehrere Male neubearbeitet und erweitert) polemisierte A. gegen eine in den USA verbreitete Ansicht, daß eine seit jeher fehlende demokratische Tradition in Deutschland zum Faschismus geführt habe. Er untersuchte, an welchen Wendepunkten der deutschen Geschichte jene unheilvolle Entwicklung einsetzte, die im 20. Jh. zum Nationalsozialismus führte. A. sah sie in der Niederlage des Bauernkrieges 1525 und in den unvollendeten Revolutionen von 1848 und 1918, richtete sich aber gegen Auffassungen einer schicksalhaften Unvermeidlichkeit des Faschismus. Er betonte, daß die eigentliche Entscheidung zugunsten Hitlers erst nach 1930 fiel. Er analysierte die Rolle des Großkapitals bei der Machtübernahme des Faschismus, nannte aber auch Fehler und Versäumnisse der deutschen Antifaschisten und sprach von ihrer Mitverantwortung. Bereits in der Publizistik des Exils propagierte A. die Humanismuskonzeption der deutschen Klassik. In den 50er Jahren behauptete er in Aufsätzen und Reden den Aktualitätsbezug und die Vorbildwirkung der deutschen Klassik für die Literatur der DDR. In der Biographie *Schiller. Größe und Tragik eines deutschen Genius* (Berlin 1955) stellte er diesen als Dichter des Humanismus und der Nation dar. In der kulturpolitischen Diskussion über das Operntextbuch *Johann Faustus* von H. Eisler im Frühjahr 1953 warnte A. von dieser Klassik-Rezeption aus und als ein Wortführer der »Formalismus-Debatte« vor einer Wiederaufnahme der These von der »deutschen Misere«. Seine Memoiren (*Der Deckname*, Berlin 1981; *Mit offenem Visier*, Berlin 1986, aus dem Nachlaß) sind bei kritischer Benutzung aufschlußreich für die KPD-Geschichte der 20er und 30er Jahre, sie zeigen A. als Typ eines autodidaktischen Parteifunktionärs, der die Kulturpolitik der DDR wesentlich mitbestimmt hat.

W. W.: Schriften, Bd. 1–4, Berlin und Weimar 1966/71. – *Lit.:* W. Neubert: Alexander Abusch. Bildnis eines Revolutionärs, Berlin und Weimar 1972.

Red.

Agis-Verlag (AV)

Berlin und Wien GmbH, Buchverlag der KPD, die bewußt im Hintergrund blieb, um mit der vom AV verlegten Literatur ein bürgerliches bzw. nichtproletarisches Publikum zu erreichen. AV existierte von 1924/32, die Berliner Verlagsadressen waren NW 7, Wikinger Ufer 4 (bis 1926), SW 11, Kleinbeerenstr. 8 (1926/29), S 12, Alexandrinerstr. 62 (ab 1929). Die österreichische Adresse war Wien VIII, Albertgasse 26, identisch mit der Privatanschrift des KJ-Funktionärs Dr. J. Wertheim, der verantwortlich für den Verlag Literatur und Politik zeichnete. Die Bücher des Verlages sind mit beiden Erscheinungsorten, oder nur mit einem, Berlin oder Wien, versehen. AV wurde in Berlin von H. ↗ Holm geleitet. Der Verlag brachte es auf eine Gesamtproduktion von 35 Büchern und Broschüren. Als wesentliche Schwerpunkte lassen sich revolutionäre Gegenwartsliteratur und Sachbücher der politischen und historischen Aufklärung ausmachen. Die erfolgreichsten Bücher der Gegenwartsliteratur waren chronologisch geordnet: J. R. Becher *Der Bankier reitet über das Schlachtfeld* (1926), Becher *(CHCL=CH)3 As (Levisite) oder Der einzig gerechte Krieg* (1926, Übersetzung in mehrere Sprachen), F. C. Weiskopf *Die Flucht nach Frankreich* (1926), L. Renn *Nachkrieg* (1930, Übersetzung in mehrere Sprachen), Becher *Der große Plan* (1931), weitere Publikationen sind: J. Ehrhardt *Straßen ohne Ende* (1931), F. Glienke *Ein Prolet in der Fremdenlegion* (1931), H. Pol *Patrioten* (1931), R. Braune *Junge Leute in der Stadt* (1932), G. Glaser *Schluckebier* (1932, Ndr. 1973 Berlin-West), M. Leitner: *Eine Frau reist durch die Welt* (1932, Ndr. Berlin 1988 mit Nachw. von H. Kahn). Eine Sonderstellung im Verlagsprogramm nehmen die Bücher des Schriftstellers H. Wandt ein. Wandt, prominentes Justiz-Opfer der Weimarer Republik, hatte in seinen Büchern *Etappe Gent* (1926) und *Erotik und Spionage in der Etappe Gent* (1928), die mit 100000 bzw. 20000 Ex. bereits in anderen Verlagen erschienen waren, das Verhalten deutscher Offiziere während des ersten Weltkrieges angeprangert, unter einem fadenscheinigen Vorwand wurde er rechtskräftig verurteilt. All das schildert er in seiner in außergewöhnlich hoher Auflage original im AV erschienenen Autobiographie *Der Gefangene von Potsdam* (1927). Der zweite Schwerpunkt des AV sind Sachbücher zur politischen und historischen Aufklärung, die meist aus anderen Sprachen übersetzt wurden, wie William Montgomery Brown *Kommunismus und Christentum* (1924, aus dem Englischen), Sun Yat Sen *Aufzeichnungen eines chinesischen Revolutionärs* (1927, aus dem Chinesischen), Asiaticus *Von Kanton bis Schanghai 1926–27* (1928, aus dem Chinesischen), Albert Londres *Schwarz und Weiß. Die Wahrheit über Afrika* (1929, aus dem Französischen.). AV legte auf die Ausstattung der Bücher großen Wert, für ihn tätige Einbandgestalter waren M. Keilson, W. Eggert, F. Stammberger, J. Heartfield und Peter Walter Schulz (Ps. Pewas, Peter Pewas, geb. 1908). Trotz gediegener Gestaltung bemühte sich AV um preiswerte Ausgaben. Eine Daumier-Mappe (1924) erschien als einzige Veröffentlichung zur Kunst. Zu nennen wäre auch die Edition des Lyrikbandes *Die schwere Stunde* von J. Wolker (1924, aus dem Tschechischen) und K. Fins Roman *Dritte Geschwindigkeit* (1931, aus dem Russischen). Die einzige direkt politische zeitgenössische Publikation ist *Erwachendes Volk. Briefe an Leutnant a. D. (Richard) Scheringer* (1931).

Lit.: W. U. Schütte: Der Agis-Verlag Berlin und Wien (mit Bibl.), in: Marginalien, 1987, H. 2.

Wolfgang U. Schütte

(Die) Aktion (A)

Von F. Pfemfert herausgegebene Zeitschrift, erschien 20. 2. 1911/Aug. 1932 in Berlin, 1911/14 als »Wochenschrift« (Aufl. 7000), während des Weltkriegs, bei Beibehaltung der Bezeichnung, jede 2. Woche in Doppelnummern. Lieferung und Zählung in Doppelheften nach 1919 fortgesetzt, mit abnehmender jährlicher Heftzahl, geringerem Umfang und unregelmäßigem Erscheinen, besonders ab 1924; 1925 noch 12 Hefte, 1926: 9, 1927: 3, 1928: 5, 1929: 3, 1930: 1, 1931: 2, 1932: 1. Untertitel »Zeitschrift für freiheitliche Politik und Literatur«, ab Apr. 1912 »Wochenschrift für Politik, Literatur und Kunst«, nach Nov. 1918 ohne Untertitel. – Wechsel und Wegfall des Untertitels zeigen Wandlungen und Zäsuren in der Geschichte der A an: den ersten übernahm ↗ Pfemfert vom »Demokrat« (den er zuvor geleitet hatte) und ebenso einen Großteil der Autoren – demokratisch-liberale Publizisten einerseits, jüngere Autoren der sich formierenden expressionistischen Literatur andererseits. In der Programmnotiz bei der Gründung heißt es, die A trete für die »Idee der Großen Deutschen Linken« ein, fördere den Gedanken einer »Organisierung der Intelligenz« (von März/Juni 1911 auf der Titelseite auch »Publikationsorgan der Organisation der Intelligenz«); in »den Dingen der Kunst und der Literatur« sollte die A »ein Gegengewicht« bilden, indem sie »neuere Regungen« nicht nur vom »Geschäftsstandpunkt aus« bewertet, also totschweigt; bei »vollkommener Unabhängigkeit« sollte sie »ein Organ des ehrlichen Radikalismus« sein. Die A entwickelte sich zu einer politisch-literarischen Zeitschrift, die als Tribüne für Kritik herrschender politischer Verhältnisse und Kultur fungierte wie für neue Tendenzen in Literatur und Kunst, die im Kulturbetrieb Vorkriegsdeutschlands noch keinen Ort hatten. Noch 1911 vollzog sich in der A eine politische Umorientierung: in

Titelseite 1916 mit Holzschnitt »Der Krieg« von Strohmeyer

bürgerlichen Parteien wurde nun keine kritische Gegenkraft zur herrschenden Wilhelminischen Ordnung mehr gesehen, die Aufmerksamkeit richtete sich (besonders in Leitartikeln des Herausgebers) auf die Sozialdemokratie. Deren Abgehen vom revolutionären Geist (der noch bei A. Bebel als lebendig, aber beim Vormarsch der »Revisionisten« als wirkungslos gesehen wurde – vgl. *Die revolutionäre Geste*, in: 1911, H. 7, *Sedan oder Jena?*, in: 1911, H. 30, später den Nachruf *August Bebel*, in: 1913, H. 33), parlamentaristische Orientierung, Vertagen einer radikalen Umwälzung der Gesellschaft wurde mit Schärfe kritisiert. Enttäuschung über ein fehlendes politisches Alternativangebot durch die SPD korrespondiert mit der Hinwendung zu anarchistischen Revolutionsmodellen und Kampfprogrammen (vgl. Pfemferts Vortext zu M. Bakunins Manifest *Die Organisation der Internationale*, in: 1911, H. 30). Sie erschienen vor allem in Artikeln P. Kropotkins (*Die Revolution der Zukunft*, in: 1911, H. 17, *Was ist Sozialismus?*, ebd., H. 21 und weitere 1911, 1912, 1914), und fundierten die A-Texte E. Mühsams u.a. – Literaturgeschichtliche Bedeutung erlangte die A in der Frühphase, indem sie jungen bürgerlichen Autoren zur Öffentlichkeit verhalf mit Arbeiten, die in Diktion und Sujets gegen die etablierten Kunstnormen rebellierten und die in Bildern des Protests und des Aktionsverlangens wie in Visionen kommender Erschütterungen die akute Krise der gegenwärtigen Gesellschaftsverfassung und bürgerlichen Kultur deutlich anzeigten. Der Herausgeber der A verstand es – durch politische Artikel,

durch literarische Aufsätze und Kritiken und durch eine das Literarische nicht separierende Gestaltung der Zeitschrift –, Literatur und Politik zusammenzubringen. Für die ersten Jahrgänge war das Bemühen kennzeichnend, den literarischen Mitarbeitern für ihr Schreiben einen politischen Horizont zu eröffnen, ihnen Impulse zu vermitteln für die Hinwendung zu Politik überhaupt und zur Literatur als einer Sache von politischer Relevanz und Verantwortung. In diese Richtung wiesen und wirkten eine Reihe von Aufsätzen L. Rubiners, beginnend mit *Der Dichter greift in die Politik* (1912, H. 21, 23). Ein markantes Zeichen für die kunstpolitischen Bestrebungen der A – die seit 1912 Kunstkritik und -programmatik ausbaute – setzte sein kritischer und fordernder Aufsatz *Maler bauen Barrikaden* (1914, H. 17). Der Versuch C. Einsteins, die Art und Mittel zu debattieren, wie Künstler politisch wirken (*Brief an Ludwig Rubiner*, ebd., H. 18), wurde in der A nicht fortgesetzt. Solche Kunstreflexionen von Schriftstellern bildeten auch ein Fundament für das Mit- und Zueinander von literarischem Text und Graphik und die Gleichgerichtetheit von Schriftstellern und Malern. Dies prägte das Gesicht der A, auf hervorragende Weise im Krieg. Für den Holzschnitt wurde die A bahnbrechend, er wurde vielfältig eingesetzt, oft in Originaldrucken veröffentlicht und erfuhr durch die Zeitschrift Innovationen in Funktion und Formensprache. Die Graphik wurde publizistisch, ohne illustrativ beschränkt zu sein, und hatte einen wesentlichen Anteil an der Zeitdokumentation und dem über das Gegebene hinausdrängenden Pathos der Zeitschrift. Zu den wichtigsten bildenden Künstlern zählen die mit Künstler-Sonderheften der A Bedachten L. Meidner (1915, H. 5-6), K. Schmidt-Rottluff (1915, H. 13), H. Richter (Richter-Berlin) (1915, H. 27-28), K.J. Hirsch (1916, H. 24-25), E. Schiele (1916, H. 35-36), G. Tappert (1916, H. 37-38), F. Müller (später Felixmüller) (1917, H. 7-8), O. Freundlich (1918, H. 37-38) sowie G. Grosz, C. Klein, M. Oppenheimer (Mopp), A. Segal (mehrere A-Künstler gehörten 1918 zu den Gründern und Mitgliedern der prorevolutionären »Novembergruppe«). – H. Mann galt im Kreis der A (s. Heinrich-Mann-Sonderheft, 1912, H. 51, Beiträge 1911/1914 von Mühsam, R. Kurtz, G. Benn, Rubiner u.a.) als Beispiel eines Geistigen, »der politischer Erwecker sein« könnte, dessen schonungsloses Wort »umstürzen kann« (Pfemfert, in: 1914, H. 10). Im gleichen Heft wird R. Luxemburg, die ihre Zuversicht in den Widerstandswillen deutscher und französischer Proletarier gegen einen künftigen Krieg bekundet hatte (und deswegen zu einem Jahr Gefängnis verurteilt worden war) als einer »mutigen Frau gedankt«, die freilich »unheilbare Optimistin« sei, denn neben ihr komme nur K. Liebknecht »als ernsthafter sozialdemokratischer Antimilitarist in Betracht«, während die Mehrheit militaristisch erzogen sei und sich dementsprechend verhalten werde.

Der Kampf gegen den Militarismus und die der Militarisierung der Gesellschaft Vorschub leistende nationale und patriotische Gesinnung (gerade auch bei der deutschen Sozialdemokratie) bildete ein Kontinuum der A und eine politische und ideologiekritische Leistung, die Entwicklungen zur sozialistischen Literatur wichtige Impulse gab. Zum letztenmal vor dem Weltkrieg äußerte sich diese offen in Pfemferts Leitartikel zum 1. Aug. 1914: »der Chauvinismus ist die ständige Lebensgefahr der Menschheit. Er, allein er, kann über Nacht aus Millionen Vernunftwesen Besessene machen: Dieser Gedanke muß uns wachhalten« (1914, H. 31). Damit war die Strategie der A im Krieg weitgehend formuliert. Da wegen Zensur direkt politische Stellungnahmen unmöglich waren, wurden künstlerische Beiträge publiziert, die von Nationalismus und Kriegsbegeisterung frei oder ihnen entgegengesetzt waren. Den polemisch-kritischen Sinn solchen Verzichts auf unmittelbare Zeitkommentare wußte der Herausgeber deutlich zu machen. In Glossen distanzierte er sich von früheren Mitarbeitern, die – und sei es nur vorübergehend – dem Zeitgeist im Kriege erlegen waren. In den von ihm kultivierten publizistischen Formen »Kleiner Briefkasten« (ab 30. 1. 1915) und »Ich schneide die Zeit aus« (ab 17. 4. 1915) dokumentierte er die herrschende Ideologie im Krieg durch treffende Zitate, zumeist kommentarlos, doch mit genauem Quellenvermerk, bisweilen auch sarkastisch kommentierend, und er enthüllte das Versagen der Intellektuellenmehrheit und ihre geistige Mittäterschaft am Krieg. Über Polemik und Bloßstellen von Kriegsapologetik hinaus lieferte der Nachdruck von Pressezitaten auch auf unangreifbare Weise Informationen, z.B. über Widerstände und Antikriegsaktivitäten (vgl. »Ich schneide die Zeit aus«, in: 1916, H. 11-12, mit Reichstagsbericht über H. Haase und O. Rühle; 1917, H. 5-6 mit »Vorwärts«-Leitartikel für Landesverteidigung und gegen Spartakus). Mit diesen satirisch-kritischen Verfahren korrespondierte der Abdruck von literarischen Texten,besonders seit Ende 1914 *Verse vom Schlachtfeld* (eröffnet durch W. Klemm), die den Krieg unheroisiert, als Erfahrung von Grauen und Zerstörung zur Sprache brachten und bewußt der Flut von Kriegsgedichten entgegengestellt wurden. Zu den wichtigsten Lyrikautoren der Kriegsjahre gehörten Dichter, denen Sonderhefte gewidmet waren – F. Werfel (1916, H. 43-44), Rubiner (1917, H. 16-17), A. Wolfenstein (1917, H. 22-23), A. Ehrenstein (1917, H. 29-30), K. Otten (1917, H. 43-44), I. Goll (1917, H. 51-52) – und J.R. Becher, Benn, M. Herrmann-Neiße. Ein weiteres Instrument antichauvinistischer Arbeit war die Zusammenstellung von Länder-Sonderheften, die progressive Kultur vor allem der Länder vorstellte, mit denen das Deutsche Reich im Krieg lag: Rußland (1915, H. 43-44), England (1915, H. 47-48), Frankreich (1915, H. 49-50), Belgien (1916, H. 5-6), Italien (1916, H. 7-8), Böhmen (1916,

H. 18-19), Deutschland (1916, H. 27-28); in diesen Zusammenhang gehört auch das den polnischen Künstlern der »Bunt-Gruppe« gewidmete Heft (1918, H. 21-22).

Daß die strikt kriegsgegnerische Gestaltung der A gesellschaftspolitische Einsichten und Anstöße vermitteln konnte, bezeugte später E. Piscator, der sie als Soldat las und in ihr 1915 erstmals mit *Versen vom Schlachtfeld* vertreten ist. Nicht Pazifismus zu erzeugen, sondern Bereitschaft für eine revolutionäre Lösung in Europa, war Pfemferts Intention, die gegen Kriegsende offener bekundet werden konnte. Das hatte neue Abgrenzungen von Schriftstellern (auch früheren Mitarbeitern) zur Folge, die nicht über Antikriegshaltungen und ethische Appelle zur Erneuerung hinausstrebten. Entscheidende Akzentverlagerungen lassen sich 1918 ablesen; im Apr. betonte Pfemfert, »daß es mir nicht um Literatur, jüngste oder älteste Dichtung geht« und fügte den Angriffen auf R. Leonhard und A. Kerr wegen ihrer kriegsbejahenden Verse nun einen Seitenhieb auf »Wolfensteinethiker« hinzu (1918, H. 13-14). Im Juli 1918 attackierte er jene Expressionisten, denen die A die Öffentlichkeit erzwungen habe, die aber nur »zu gunsten ihrer Karriere revoltieren«, weswegen sie rücksichtslos von der »Schwelle zu jagen« seien: »Reinheit über Einheit.« (1918, H. 27-28) Die A stellte sich konsequent auf die Seite der Revolution in Sowjetrußland, die es als »internationale Angelegenheit« vor Angriffen zu schützen gelte (H. Siemsen, in: 1918, H. 45-46), und wirkte auf eine sozialistische Revolution in Deutschland hin. Nach Nov. 1918 hatte die Revolution in der A als Thema und politisches Problemfeld Priorität, Literatur interessierte nur in bezug darauf.

Diese Veränderungen werden auch in den Reihen-Publikationen des A-Verlages deutlich (oft auf Zeitschriften-Vorabdrucken basierend): nahezu alle der 30 Nummern von »Der Rote Hahn« 1917/18 brachten Lyrik und Prosa, mit drei Ausnahmen (F. Lassalles Tagebuch, F. Mehrings Kriegsartikel, Pfemferts Aufsätze zur Sozialdemokratie *Bis August 1914*); 1919/20 erschienen nur drei Bände mit literarischen Texten (darunter Bechers *An Alle*), politische Schriften und Dokumente dominierten (darunter Hirsch: *Revolutionäre Kunst*, C. Sternheim: *Die deutsche Revolution*, Lenin: *Die nächsten Aufgaben der Sowjet-Macht*, Lunatscharski: *Die Kulturaufgaben der Arbeiterklasse*, Marx/Engels: *Über die Diktatur des Proletariats*, Rühle: *Die Revolution ist keine Parteisache*). Im Jahr 1919 stand die A im Zeichen der Revolution und der Opfer der Konterrevolution in Deutschland – von Liebknecht und Luxemburg wurden zahlreiche Texte gedruckt, ihnen und L. Jogiches, E. Leviné, G. Landauer und Mehring galten Artikel und Graphiken, und dem zugeordnet waren literarische Arbeiten, vor allem Gedichte, u.a. von E. Angel, Becher, Ehrenstein, Goll, Kanehl, K. Kersten, Otten, Piscator, A. Vagts, C. Zuckmayer. Und ebenso stark widmete sie sich der Formierung der KI (Druck von Gründungsprotokoll, Thesen, Manifest) und der Sowjetmacht, worüber ausführlich berichtet wurde, u.a. in *Die Kulturarbeit in der Sowjetrepublik*, 8 Forts. ab 1919, H. 21-22, H.K. Krupskaja: *Kulturarbeit in Rußland*, H. 43-44, F.J. (Jung?): *Kunst im Roten Moskau* (Stanislawski, Futurismus, Proletkult), 1919, H. 45-46. In vier Folgen beschrieb G. Kulka *Die Kulturarbeit in Sowjet-Ungarn* (ab 1919, H. 23-24). 1919 war zugleich ein Jahr der Wende: viele Autoren publizierten danach nicht mehr in der A, z.T. weil sie sich politisch zurückzogen (wie Becher, Otten, Kulka), z.T. weil sie Pfemferts auf das Räteprinzip und die Ablehnung parlamentarischer Arbeit fixierten Kurs nicht mitvollzogen. (Bildende Künstler blieben z.T. wesentlich länger der A verbunden: Vogeler, Mopp, Tappert bis 1921, Masereel bis 1922, Richter-Berlin bis 1926, F.W. Seiwert bis 1927, Grosz, Felixmüller bis 1928). Im Unterschied zu Mühsam, der sich angesichts der Konterrevolution – trotz Meinungsverschiedenheiten – um einen einheitlichen Kampf anarchistischer Kommunisten mit der KPD bemühte (vgl. *Erklärung*, in: 1919, H. 41-42), machte Pfemfert nach seinem Bruch mit der KPD 1920 die A von Jahr zu Jahr mehr zu einem Kampfblatt gegen die KPD. Ab 1921/22 Organ der unionistischen Allgemeinen Arbeiter-Union/Einheitsorganisation (AAUE), wurde die A zunehmend geprägt von denunziatorischer Polemik mit früheren Gesinnungsgenossen, denen Verrat der Räteidee, Unterwerfung unter »Parteibonzen«, gemeinsame Sache mit der Bourgeoisie vorgeworfen wurde. Diese Kritik Pfemferts traf auch die Künstler, die andere als seine Schlußfolgerungen aus der Niederlage zogen. Die Auseinandersetzung mit den Intellektuellen zielte auf Abgrenzung; die Kritik am Anspruch der »Räte geistiger Arbeiter« war der Sache nach berechtigt, doch die feindselig schimpfende Attacke schloß sachliche Klärung und gar Bündnisse aus (vgl. P. Michels: *Das Verbrechen der Intellektuaille*, in: 1919, H. 45-46). Mit der Rolle der Intellektuellen und ihrem möglichen Beitrag zum Kampf der Arbeiter befaßte sich – neben satirischen Gedichten – eine Reihe von Aufsätzen bis 1924. Ihre Drehpunkte waren einerseits linksradikale Urteile über den Führungsanspruch der Intellektuellen und Empfehlungen, ihnen als käuflichen Werkzeugen der Bourgeoisie zu mißtrauen, andererseits die Forderung, eine Trennung in Hand- und Kopfarbeiter als unzulässig und durch politisches Bewußtsein überwindbar zu begreifen (vgl. St. Ramm: *Die Intellektuellen*, in: 1920, H. 1-2, O. Freundlich: *In Tyrannos Intellectuales*, in: 1920, H. 3-4; Mühsam: *Die Intellektuellen*, in: 1921, H. 3-4; Pfemfert: *Das Intellektuellen-Problem*, in: 1922, H. 25-26; Seiwert: *Die Funktion der Intellektuellen in der Gesellschaft und ihre Aufgaben in der proletarischen Revolution*, in: 1923, H. 21-22, R. Hausmann: *Intellektualismus, Gesellschaft und Gemeinschaft*, ebd., H. 25-26; Kanehl: *Intellektuellenproblem in der Arbeiterbewegung*, in: 1924, H. 17-18). Literatur wurde in der A der 20er Jahre als Instrument betrachtet, als Maß galt Brauchbarkeit für den proletarischen Kampf – dem hielten nur wenige Autoren, insbesondere des A-Kreises (Sternheim, Jung, Kanehl) stand. Bürgerlicher Kultur schlechthin wurde eine das proletarische Bewußtsein zersetzende Wirkung zugeschrieben. Ein unhistorischer ideologiekritischer Rigorismus äußerte sich in der Goethe-Debatte Apr./Mai 1922. In Reaktion auf die reformistischen Goethefeiern sollte der Klassiker als Götze bürgerlicher Kultur, Gegenrevolutionär und dem Proletariat feindlich entlarvt werden (Pfemfert, J. Broh, Sternheim, Herrmann-Neiße); Vorschläge zu Mäßigung des Urteils und sozialhistorischer Sicht (V. Fraenkel, Rühle) konnten ebenfalls kein dialektisches Erbekonzept bieten. Das starre Festhalten an der These, der Endkampf um die proletarische Revolution habe begonnen und sie sei offensiv, ohne Kompromisse und Bündnisse zu erreichen (z.B. im Okt. 1926: das kapitalistische System winde sich »in Todeskrämpfen«), brachte der A mit zunehmender politischer Isolierung auch den Verlust ihrer Bedeutung für die Literatur. Ihre alten Mitstreiter (bis 1921 Jung, bis 1923 Mühsam, Sternheim, bis 1924 Hausmann) verlor sie, neue konnten nicht gewonnen werden. Literaturkritik schrieb Herrmann-Neiße noch bis 1927, letzter Partner war bis zu seinem Tode 1929 mit Agitationsgedichten und Artikeln Kanehl. – Einen wichtigen Versuch unternahm Pfemfert im Juli 1923 mit einem Preisausschreiben der A. Arbeiter sollten aus ihrem Leben erzählen und »damit neue Möglichkeiten schaffen, das Chaos der Übergangsperiode zu überblicken und die zum revolutionären Kampf so bitter nötige Selbstsicherheit zu fördern.« Ziel war, »ohne literarischen Aufwand« proletarische Erfahrungen und Bewußtwerdungsprozesse niederzuschreiben als »geistiges Dynamit«, nicht »Novellen, die proletarische Stoffe in bürgerlich-literarischer Form geben« (1923, H. 31-32). Von den Einsendungen druckte die A bis Mai 1925 57 (anonyme) Berichte u. d. T. *Material zur Erkenntnis des proletarischen Klassenkampfes* (bzw. 1924/25 *Klassenbewußtseins*). Der in der sozialistischen Literatur frühe Versuch, durch authentische Dokumentation proletarischen Lebens und Kampfes operatives Material zu gewinnen, erfüllte nur partiell die Erwartung. Nur wenige Berichte gaben genaue Beschreibungen von Lebensrealität und -bedingungen, die Mehrzahl gab politische Bekenntnisse und antiautoritäre Urteile in literatursprachlichen Klischees. Pfemferts Erklärung im Dez. 1924 verrät Enttäuschung über das Experiment: »die Zeit der Lyrik und der Literatur überhaupt sind für diese Gesellschaftsordnung unwiederbringlich dahin. Und die Zeit für proletarische Kultur wird erst anbrechen können, nachdem die augenblicklich ach so langsam dahinschleichende Revolution gesiegt und das neue Gesellschaftsfundament gelegt haben wird.«

Zugleich werden damit Thesen L. Trotzkis aufgenommen, der in den letzten Jahrgängen zur Orientierungsfigur wurde. Dem Profil der A in dieser Phase entsprechend, kam dies nicht so sehr durch Darlegungen des Literaturkonzepts zum Ausdruck (hierzu erschien nur *Zum Selbstmord W. Majakowskis*, in: 1930, H. 1-2), sondern durch zahlreiche Artikel, vor allem ab 1928, die Trotzkis Revolutionskonzept enthielten: sie boten seine Sicht auf Revolutionsgeschichte (1925 und 1929 zur russischen Oktoberrevolution, 1931 *Zur spanischen Revolution*) und zur Entwicklung und Strategie der KI (besonders 1928 zum VI. Kongreß). Das Heft Aug. 1932 brachte Trotzkis Zeitkommentare *Über den Antikriegskongreß* und *Ein Sieg Hitlers würde Krieg mit Sowjetrußland bedeuten*.

Ausg.: Die Aktion 1911-1914. Reprint, Einführung und Komm. P. Raabe (mit Verz. der Mitarbeiter, Veranstaltungen und Verlags-Ver- öffn.), Stuttgart 1961; Die Aktion 1915-1918. Reprint, Komm. P. Raabe, München 1967. – *Lit.:* L. Peter: Literarische Intelligenz und Klassenkampf. »Die Aktion« 1911-1932, Köln 1972; Fähnders/Rector; Die Aktion 1911-1918, Ausw. (mit Einl.) Th. Rietzschel, Berlin und Weimar 1986.

Silvia Schlenstedt

Alexander, Gertrud, geb. Gaudin (Ps. G. G. L., G. G., G. Ludwig)

Geb. 7. 1. 1882 in Ruhla; gest. 23. 3. 1967 in Moskau

Tochter eines sozial engagierten Ärzteehepaares, der Vater entstammte einer Hugenottenfamilie der Magdeburger franzö- sischen Kolonie. Wuchs in humanistisch-atheistischen Tradi- tionen auf. In Schul- und früher Studienzeit in Jena Interesse für Kunst und Philosophie (I. Kant, B. Spinoza, E. Haeckel, F. Nietzsche, G. E. Lessing, J. W. Goethe, F. Schiller, H. de Balzac, H. Heine, G. Hauptmann u.a.). Bis 1903 durch Zeichenunter- richt selbst finanziertes Studium an der Kunsthochschule Berlin. Ab 1902 durch E. L. Alexander, Jura-Student jüdischer Herkunft (später sozialistischer Rechtsanwalt und bekannter Wirtschaftsjournalist, ab 1908 ihr Ehemann), und dessen Vater, der in seiner Bibliothek umfangreiche Materialien zur Geschichte des Sozialismus besaß, angeregt zu intensiver Be- schäftigung mit Marxismus und seinen Quellen. 1906 Beginn der Arbeit für die sozialistische Presse mit *Meunier als Pro- phet der Arbeiter* (in: NZ 1905/6, H. 23), persönliche Kon- takte zu F. Mehring, K. Kautsky, R. Luxemburg sowie enge Zusammenarbeit und Freundschaft mit C. Zetkin. 1906 Mit- glied der SPD. Mit ihrem Mann Gründungsmitglied der KPD. Übernahm Anfang 1919 Leitung des Feuilletons der RF, das sie durch zahlreiche Beiträge profilierte. Schrieb seit dieser Zeit Gedichte, die sie nicht veröffentlichte. Kultur-, Bildungs- und Frauenarbeit in der KPD. Mitarbeit in der IAH, der Redaktion

von »Sichel und Hammer« sowie im Neuen Deutschen Verlag. Mitbegründerin der Arbeitsgemeinschaft kommunistischer Schriftsteller im SDS. 1925 mit ihren beiden Kindern Über- siedlung nach Moskau und Arbeit im Internationalen Frauen- sekretariat des EKKI bis 1929. Pressearbeit und Broschüren zu Fragen der Frauenbewegung, darunter eine Zetkin-Biographie: *Aus Klara Zetkins Leben und Werk* (Berlin 1927). Zusam- menarbeit mit N. Krupskaja, A. Lunatscharski u.a. 1926 Mit- glied der KPdSU. Bis 1931 wissenschaftliche Mitarbeiterin im Marx-Engels-Lenin-Institut. 1931/39 Bevollmächtigte von Glawlit (Hauptverwaltung für Literatur). Arbeitete in der Frauensektion der Kommunistischen Akademie, an der Staat- lichen Bibliothek für ausländische Literatur, der Leninbiblio- thek, bei der Verlagsgenossenschaft Ausländischer Arbeiter in der UdSSR und in der Gesellschaft für kulturelle Verbindungen mit dem Ausland. Nach Erkrankungen und Evakuierung (Rückkehr nach Moskau 1944) Arbeit im Sowinformbüro, bei der Zs. »Sowjetliteratur«.

A. nimmt einen wichtigen Platz in der Geschichte marxi- stischer Literatur- und Kunstkritik ein. Ihre über 300 kunst- kritischen und -propagandistischen Artikel zu bildender Kunst, Literatur und Theater in der KPD-Presse der Jahre 1919/25 weisen sie als eine der wenigen theoretisch fundierten kultur- politischen Funktionäre der KPD aus. In der Tradition Meh- rings stehend, liegt ihre Stärke in der historisch-materialisti- schen Analyse des Kunsterbes, dessen Schönheiten und Werte sie den Arbeitern nahe bringen wollte und das sie unermüd- lich gegen bürgerliche Verfälschungen und linksradikale wie proletkultistische Ablehnungen zu »retten« bemüht war. Kunst und Kultur sah sie als Teil des Kampfes der Arbeiterbewegung um die Emanzipation an. Im Zentrum ihrer Wertungen stand das Verhältnis von Kunst und Wirklichkeit, sie fragte nach der Funktion von Kunstwerken, betonte die geistig-psychischen und emotionalen Komponenten der Kunstrezeption. Die Ten- denz, gesellschaftstheoretische und politische Vorstellungen zu verabsolutieren und linear auf die Analyse und Wertung von Kunstprozessen zu übertragen sowie eine latent bleibende Präferenz für klassische als »eigentliche« Kunstwerke, begrenz- ten A.s Horizont und Wirkungsradius. In der Beurteilung zeitgenössischer Kunst vermochte sie – ausgehend von der Annahme, die bürgerliche Gesellschaft sei im Stadium der Dekadenz – moderne Kunstrichtungen wie Expressionismus oder Dadaismus (↗ Kunstlump-Debatte) kaum in ihrem Ge- wicht zu erkennen. Besonders aufmerksam verfolgte sie die Sprechchorbewegung als »ideellen und gefühlsmäßigen Aus- druck ... revolutionären Glaubens und ... Proletarierwillens, als lebendiges kollektives Organ« (in: RF 1922, Nr. 436). Zunächst verneinte sie entschieden die Möglichkeit, eine pro- letarische Kunst könne vor der Erringung der politischen Macht entstehen; dies modifizierte sie Mitte der 20er Jahre unter dem Eindruck der entstehenden internationalen proletarischen und revolutionären Kunst und Literatur, an deren Diskussionen sie sich 1926/27 in Moskau beteiligte. In einem Manuskript aus den 60er Jahren, *Kunst als Erlebnis und Anschauung* (533 S., unveröff.), beschreibt sie Unterschiede und Gemeinsamkeiten russisch-sowjetischer und westeuropäischer Kunst. Ihre in den 50er Jahren begonnenen Lebenserinnerungen blieben unabgeschlossen (Vgl. *An der Kulturfront*, in: BzG, 1981, H. 5).

W. W. : Die Prometheussage, in: Die Gleichheit, 1908/09, Nr. 7-11; Historischer Materialismus und Kunstkritik, in: Die Internationale, 1921; Kunst, Künstler und Proletariat, in: Das Wort, 1923, Nr. 16; Die Kunst und die Arbeiter, in: Sichel und Hammer, 1923/24, Nr. 11; Kulturpolitisches Programm der KPD von 1923 (zus. mit K. A. Wittfogel, H. Duncker), in: BzG, 1981, H. 5; Politische und literarische Bildung, in: Erinnerungen sozialistischer Journalisten, Leipzig 1961; – *Ausg.:* bisher umfangreichste Textsammlung in: Die Rote Fahne. Kritik, Theorie, Feuilleton 1918-1933, Hg. M. Brauneck, München 1973. – *Lit.:* Beiträge, Bd.2; Literaturdebatten; Fähnders/Rector; B. Endler: Der Lebensweg von G. G. Alexander und ihre Kultur- und Erbeauffassung, Diplomarbeit, Leipzig 1981, 2 Bde. (mit bisher umfangreichster Bibl. und Dokumentenanhang); dies.: Biographische Skizze »Ich stehe im politischen Tageskampf«. G. Alexander, in: BzG, 1982, H. 4; M. Struss: Der Beitrag der Kunstkritik und -propaganda G. Alexanders zu den ästhetischen und kulturpolitischen Verständigungsprozessen der revolutionären deutschen Arbeiterklasse, Diss., Berlin 1989.

Michael Struss/Red.

Allunionskongreß der Sowjetschriftsteller (AK)

Gründungskongreß des sowjetischen Schriftstellerverbandes 17. Aug./1. Sep. 1934 in Moskau. Nach dem Beschluß des ZK der KPdSU »Über die Umbildung der literarisch-künstlerischen Organisationen« (Apr. 1932) war er von einem Organisationskomitee (seit Aug. 1932, Ehrenvorsitzender M. Gorki, Vorsitzender I. Gronski, Sekretär W. Kirpotin) vorbereitet worden. Plenen des Komitees fanden statt: Okt./Nov. 1932, unter Teilnahme von 500 Schriftstellern aus den Unionsrepubliken Febr. 1933, Apr./Mai 1933. Am AK nahmen Vertreter von 52 Nationalitäten teil: 377 Delegierte mit beschließender, 220 mit beratender Stimme, 46 ausländische Gäste wie R. Alberti, M. Andersen Nexö, L. Aragon, J. R. Bloch, J. Last, A. Malraux, V. Nezval, V. Pozner und deutschsprachige Schriftsteller in großer Zahl: W. Bredel, A. Ehrenstein, O. M. Graf, W. Herzfelde, A. Kantorowicz, K. Mann, B. Olden, M. Osten, Th. Plievier, A. Scharrer, A. Schwarzenbach, G. Regler, E. Toller. J. R. Becher nahm als Delegierter der Wolgarepublik, F. Wolf als Delegierter des Moskauer Bezirks teil.

Der politische Stellenwert, der dem AK zugemessen wurde, zeigte sich darin, daß hohe Parteifunktionäre wie A. Shdanow, K. Radek, N. Bucharin, A. Stezki Referate hielten. Sie postulierten die Einheit von Politik und Literatur, von Partei und Schriftstellern. Der AK wurde in der sowjetischen Öffentlichkeit als gesellschaftliches Ereignis gewertet: er markiere eine neue Etappe der Kulturrevolution, zeige den gestiegenen Bildungsgrad der Bevölkerung. Daß am AK 25000 Leser teilnahmen, während seiner 26 Beratungen Delegationen aus Industrie und Landwirtschaft, des Verkehrswesen und Militärs, aus Wissenschaft und Kunst mit Grußadressen und Forderungen an die Schriftsteller auftraten, hatte durchaus demonstrativen Charakter. Die gesellschaftliche Verantwortung des Schriftstellers beim Aufbau des Sozialismus wurde zu diesem Zeitpunkt von den meisten sowjetischen Autoren akzeptiert, strittig aber war, mit welchen künstlerischen Methoden und literarischen Techniken, durch welche Gegenstände und Themen die Literatur ihren eigenständigen Beitrag zur Sozialismusentwicklung leisten könne. Die Erörterung der literarischen Schaffensmethoden bildete daher zusammen mit der durchgängig erhobenen Forderung, die künstlerische Qualität der Sowjetliteratur zu erhöhen, eine Art »roten Faden« des Kongreßverlaufs. Die seit 1932/34 intensiv anhaltenden Debatten zwischen Schriftstellern, Kritikern, Literaturwissenschaftlern und Parteifunktionären, der erreichte Stand der praktischen Literaturentwicklung, das Selbstverständnis der Autoren, die theoretischen Bemühungen der Kunstwissenschaftler ließen im Verständnis der Zeitgenossen erste verallgemeinernde Aussagen zur Methode zu. Im Statut des Verbandes hieß es: »Der sozialistische Realismus, der die Hauptmethode der sowjetischen künstlerischen Literatur und der Literaturkritik darstellt, fordert vom Künstler wahrheitsgetreue, historisch konkrete Darstellung der Wirklichkeit in ihrer revolutionären Entwicklung. Wahrheitstreue und historische Konkretheit der künstlerischen Darstellung muß mit den Aufgaben der ideologischen Umgestaltung und Erziehung der Werktätigen im Geiste des Sozialismus verbunden werden. Der sozialistische Realismus sichert dem künstlerischen Schaffen außerordentliche Möglichkeiten in bezug auf die Entwicklung schöpferischer Initiative und die Wahl mannigfaltiger verschiedenartiger Formen, Methoden und Genres.« (*Sozialistische Realismuskonzeptionen. Dokumente zum I. Allunionskongreß der Sowjetschriftsteller*, Hg. H.-J. Schmitt/G. Schramm, Frankfurt a.M. 1974, S. 390) Zugleich wurde im Statut als Aufgabe des Verbandes vermerkt, die Probleme des sozialistischen Realismus als Methode theoretisch zu präzisieren und praktisch zu konkretisieren. Die Vielfalt der Positionen in AKBeiträgen macht deutlich, daß sowjetische Schriftsteller die Bestimmung des sozialistischen Realismus mit einem Verständnis von Literatur koppelten, das als offenes

System durchaus verschiedene Konzepte realistischen Schreibens integrieren kann. Sie thematisierten dabei bereits die Gefahr einer Kanonisierung, der Reduzierung auf einen Schreibregel-Katalog. Gorki stellte in einem Hauptreferat *Über sowjetische Literatur* die aktuelle Literatursituation in einen welthistorischen Rahmen, bezeichnete die künstlerische Darstellung des arbeitenden Menschen als zentrale Aufgabe, erörterte neue kollektive Arbeitsweisen der Schriftsteller, betonte Notwendigkeit und Legitimität der »revolutionären Romantik«. A. Fadejew, zuvor überzeugter Vertreter der RAPP-Losungen vom »lebendigen Menschen« und der »Methode des historischen Materialismus«, wandte sich nun gegen vulgarisierende Interpretationen des sozialistischen Realismus, gegen Schematismus in der Gestaltung des »positiven Helden«. N. Bucharin verwies in seinem Referat über Dichtung und Poetik – umstritten wegen seiner kritischen Beurteilung der sowjetischen Lyrik – ebenfalls auf »revolutionäre Romantik« als Bestandteil des sozialistischen Realismus, forderte materialistische Formanalyse dichterischer Werke und griff auf den Materialbegriff der formalen Schule zurück. Zahlreiche Kongreßbeiträge enthielten ein reiches theoretisch anregendes Material, das weitere Diskussionen zur literarischen Widerspiegelung, zum Typischen, zum Charakter von Parteilichkeit und Volksverbundenheit ermöglicht hätte. Durch die ab Mitte der 30er Jahre einsetzende Dogmatisierung in der Theoriebildung und völlige Instrumentalisierung der Literatur wurde die Diskussion blockiert. Der Rezeption dieses Materials stand auch entgegen, daß das umfangreiche, über 700 S. umfassende Protokoll des AK nur einmal erschien (*Pervyi Vsesojuznyi S-ezd sovetskich pisatelej. 1934. Stenograficeskij otcet*, Moskva 1934) und praktisch seit der Verurteilung von Radek und Bucharin als »Volksfeinde« nicht mehr verwendet werden konnte. Das ideologische Primat in der Diskussion des sozialistischen Realismus, dessen Festschreibung als einzige Methode der Sowjetliteratur wurde von der KPdSU in den 30er Jahren immer stärker durchgesetzt. Auf dem AK wurde »die Kanonisierung der neuen Methode‹ institutionell abgesichert.«(H. Günther: *Die Verstaatlichung der Literatur. Entstehung und Funktionsweise des sozialistisch-realistischen Kanons in der sowjetischen Literatur*, Stuttgart 1984, S. 17) In der gleichberechtigten Teilnahme der Unionsliteraturen zeigte sich der multinationale Charakter der Sowjetliteratur, zugleich wurden hier internationale Aufgaben und Probleme revolutionärer Literaturen in anderen Ländern debattiert. Die deutschen sozialistischen und antifaschistischen Schriftsteller nutzten den AK als Tribüne, um über ihren politischen und literarischen Widerstand gegen den Faschismus zu berichten. Die Wertschätzung der deutschen sozialistischen Literatur fand u.a. darin ihren Ausdruck, daß Becher ein Hauptreferat übertragen wurde (*Das große Bündnis*). Er bestimmte als Grundlagen des »großen Kampfbündnisses« gegen Faschismus und Krieg: Haß gegenüber dem Faschismus, humanistische Zuversicht und gemeinsame progressive Traditionen. In seiner Bilanz proletarisch-revolutionärer Literatur und der bündnispolitischen Probleme wurden auf diesem internationalen Forum die Schwierigkeiten bei der Herstellung proletarischer Einheitsfront- und antifaschistischer Volksfrontpolitik offenbar.

Im Vortragen ihrer Erfahrungen im antifaschistischen Kampf kritisierten die deutschen Exilautoren auch K. Radeks Referat *Die moderne Weltliteratur und die Aufgaben der proletarischen Kunst* wegen seiner Geringschätzung der proletarisch-revolutionären Literatur (Bredel, Plievier). Gegen Radeks starre, als unzeitgemäß erkannte Alternative – faschistische *oder* proletarisch-revolutionäre Literatur –, die den bürgerlich-kritischen Realismus wie die Avantgarde ausklammerte, und gegen seine ausschließlich ideologische Beurteilung von J. Joyce traten Toller und Herzfelde auf. Am Beispiel des Dramas kennzeichnete Wolf die verschiedenartigen Bedingungen in der Sowjetunion und in den westlichen Ländern und die daraus resultierenden unterschiedlichen ästhetischen Strukturen und Wirkungsstrategien; nachdrücklich plädierte er für politische Kampfstücke, die »demonstrieren, demaskieren, alarmieren.« (*Sozialistische Realismuskonzeptionen*, a.a.O., S. 224) Die politischen Gemeinsamkeiten von sowjetischen und deutschen exilierten Schriftstellern betonten vor allem S. Tretjakow, M. Kolzow, W. Wischnewski. Sie forderten, die alte Losung »Verbündeter oder Feind« und die Klassifizierung von Schriftstellern als »Mitläufer« zu verabschieden und setzten den Begriff »Bundesgenosse« dagegen. Auch analysierten sie die Arbeit der ↗ IVRS kritisch. Gegenseitige Kenntnisnahme (d. h. auch Übersetzen) der Literaturen wurde als grundlegend für gemeinsames Kämpfen gegen den Faschismus und für Menschlichkeit und Sozialismus begriffen (u.a. im Beitrag Ehrensteins). Das Erleben der gesellschaftlichen Anerkennung der Literatur, des vitalen Zusammenhangs »zwischen dem literarischen Produzenten und seinen Abnehmern« (K. Mann: *Notizen in Moskau*, in: *Sozialistische Realismuskonzeptionen*, a.a.O., S. 409) war es vor allem, was Autoren wie K. Mann, Graf, Olden, die zum ersten Mal die Sowjetunion besuchten, beeindruckte. Sozialistische Schriftsteller waren fasziniert vom »Literaturenthusiasmus eines ganzen Landes« (Herzfelde: *Geist und Macht*, in: »Neue deutsche Blätter«, 1934, Nr. 12, S. 714). Die deutschen Teilnehmer des AK erlebten die Sowjetunion des Jahres 1934 mit den Bemühungen um den Aufbau einer sozialistischen Gesellschaft als Alternative zu Faschismus und Kapitalismus; sie nutzten dessen politische und ästhetische Diskussionen zur genaueren Bestimmung ihrer antifaschistischen Aufgaben.

Lit.: Multinationale Sowjetliteratur. Kulturrevolution – Menschenbild – Weltliterarische Leistung, von einem Autorenkollektiv, Ltg. G. Ziegengeist, E. Kowalski und A. Hiersche, Berlin und Weimar 1975; H. Siegel: Sowjetische Literaturtheorie 1917–1940. Von der historisch-materialistischen zur marxistisch-leninistischen Literaturtheorie, Stuttgart 1981; D. Götz: Analyse und Bewertung des I. Allunionskongresses der Sowjetschriftsteller in Literaturwissenschaft und Publizistik sozialistischer und westlicher Länder (von 1934 bis zum Ende der 60er Jahre), München 1989.

Simone Barck

Mathilde Franziska Anneke

Anneke, Mathilde Franziska (geb. Gießler, verh. M. F. von Tabouillet)
Geb. 3. 4. 1817 in Leveringhausen (Ruhr); gest. 25. 11. 1884 in Milwaukee (USA)

Tochter eines Domänendirektors. Ging nach unglücklicher Ehe 1839 nach Münster und versuchte durch schriftstellerische und journalistische Arbeiten ihren Lebensunterhalt selbst zu verdienen. Schrieb anfangs vor allem religiöse Erbauungslyrik, doch öffnete ihr die eigene Not zunehmend den Blick für die sozialen Probleme der Zeit. A. wurde zur überzeugten Atheistin und veröffentlichte nun auch zeitkritische politische Dichtungen, z.B. die Lyrik F. Freiligraths, in von ihr herausgegebenen literarischen Almanachen (*Westphälisches Taschenbuch. Producte der Rothen Erde*, Münster 1846). 1847 Eheschließung mit dem ehemaligen preußischen Offizier und BdK-Mitglied Friedrich A.; Übersiedlung nach Köln, wo ihre Wohnung zum Treffpunkt revolutionär-demokratischer und sozialistischer Schriftsteller wurde (u.a. G. Herwegh, F. Freiligrath, M. Bakunin). Nach Verhaftung ihres Mannes im Juli 1848 führte A. dessen politische Arbeit durch die Übernahme der »Neuen Kölnischen Zeitung für Bauern, Bürger und Soldaten« fort, die nach Verbot zeitweilig auch u. d. T. »Frauen-Zeitung« (ab 27. 9. 1848) erschien, und unter A.s Leitung zu einem der politisch radikalsten, revolutionären Kampf und Frauenemanzipation verbindenden Zeitungsunternehmen wurde. Mai/Juni 1849 Teilnahme am badisch-pfälzischen Feldzug, danach Flucht in die USA. 1852 Gründung der »Deutschen Frauen-Zeitung« in Milwaukee. 1860/65 in der Schweiz; schrieb für deutsche und amerikanische Zeitungen vor allem Aufsätze zur Sklavenfrage und zum amerikanischen Bürgerkrieg. Nach Rückkehr in die USA Gründung einer Mädchenschule in Milwaukee.

Ihre auf Aktion drängende Publizistik zielte auf die Politisierung des gesellschaftlichen Bewußtseins vor allem der Frauen. Deren politische und soziale Gleichstellung hielt sie für die dringlichste Aufgabe des Emanzipationskampfes. Das Schicksal der Schriftstellerin L. Aston z.B. bildete den Hintergrund ihrer Aufsehen erregenden Streitschrift *Das Weib im Conflikt mit den socialen Verhältnissen* (Münster 1847). Ihre Revolutionserfahrungen beschrieb sie in ihren *Memoiren einer Frau aus dem badisch-pfälzischen Feldzug* (New Jersey 1853). An den zeitgenössischen sozialistischen Ideen vermißte sie die Erkenntnis der durch Gesetz und Religion fixierten dienenden Rolle der Frau in der Gesellschaft. Dies bewußt zu machen, um sie zu verändern, war Kern ihrer radikalen Kritik, wobei sie sich weniger an ästhetischen Schönheitspostulaten als an Mustern einer auf größtmögliche Wirkung angelegten Unterhaltungsliteratur orientierte.

Ausg.: Gebrochene Ketten. Erzählungen, Reportagen und Reden 1861–1873, Hg. M. Wagner, Stuttgart 1983. – *Lit.:* M. Wagner: Mathilde Franziska Anneke in Selbstzeugnissen und Dokumenten, Frankfurt a.M. 1981; M. Gebhardt: Mathilde Franziska Anneke. Madame, Soldat und Suffragette, Berlin 1988.

Petra Boden

Arbeiter-Illustrierte Zeitung aller Länder (Abkürzungen: A.I.Z., A.-I.-Z., AIZ)

1921/1938 Berlin, Prag. Presseorgan der IAH. Als »Sowjet-Russland im Bild. Internationale Zeitschrift«, herausgegeben vom Auslandskomitee zur Organisation der Arbeiterhilfe für die Hungernden in Rußland. Begründer und verantwortlicher

Redakteur: W. ↗ Münzenberg. (Aufl.: 10000 Ex.; 1921, Nr. 1 [vom 7. 11.] 1922, Nr. 1–12. o. J.). Enthielt Berichte, Artikel, Reportagen, Fotoserien über Solidaritätsaktionen der internationalen Arbeiterklasse im Rahmen der Hungerhilfe für Sowjetrußland. Hieß seit 1922 »Sichel und Hammer. Deutsche Ausgabe Sowjet-Rußland im Bild. Illustrierte Internationale Arbeiter-Zeitung«. Herausgegeben von der IAH (2. Jg., 1922, Nr. 1 bis 1923, Nr. 1) und vom Neuen Deutschen Verlag, Berlin (3. Jg., 1923, Nr. 2 bis 4. Jg., 1924, Nr. 2), verantwortlicher Redakteur Münzenberg. Brachte Beiträge über die Sowjetunion und über Probleme der deutschen und internationalen Arbeiterbewegung. Berichtete aus Politik, Kultur und Kunst, z.B. in den Beiträgen: L. Lozowick: *Tatlins Denkmal der 3. Internationale* (übers. von G. Alexander, 1922, Nr. 2); *Die Bücher im Malik-Verlag* (ebd.); Ben Huhle: *Spartakus* (1923, Nr. 4); D. Sterenberg: *Die russische Kunst der Gegenwart* (1923, Nr. 5); G. Alexander: *George Grosz* (1923, Nr. 8); Loki: *Die erste allgemeine Deutsche Kunstausstellung in Moskau* (1924, Nr. 2); Alexander: *Theophile Steinlen. Dokumente der Passionsgeschichte des Proletariats* (1924, Nr. 6). Erschien ab 1. Jan. 1925 als AIZ im Neuen Deutschen Verlag; Leitung: Münzenberg. Ab Okt. 1925 hergestellt im Kupfertiefdruckverfahren, kostete sie konstant 20 Pf. Der Umfang betrug einschließlich Titel und Rückblatt bis 1929, Nr. 26: 16 S., 1929, Nr. 27: 20 S., ab 1. 1. 1932: 24 S., im Exil wieder 16 S. Kam 1925 einmal monatlich, 1926 vierzehntägig, ab 1. 11. 1926 (Nr. 38) wöchentlich heraus. Zur Auflagenentwicklung gibt es divergierende Angaben, ca. 200000 bis 500000 Ex. 1925/1933. Seit 25. 3. 1933 (Nr. 11/13) erschien die AIZ in Prag, ab 17. 10. 1935 (Nr. 42) mit dem Untertitel »Das illustrierte Volksblatt«. Ab 19. 8. 1936 (Nr. 34) erfolgte die Titeländerung der AIZ in »Die Volks-Illustrierte« (VI), erschien bis Okt. 1938 (Nr. 41). Verantwortliche Redakteure von AIZ und VI waren: bis 1931, Nr. 8 Münzenberg; 1931, Nr. 9 bis 1932, Nr. 46 H. Leupold; 1932, Nr. 47 bis 1933, Nr. 10 H. F. Lange; 1933, Nr. 11/13 bis 1933, Nr. 24 Dr. F. Biehal; 1933, Nr. 25 bis 1936, Nr. 33 P. Prokop; 1936, Nr. 34 bis 1937, Nr. 35 J. Burger; 1937, Nr. 36 bis 1938, Nr. 41 E. Kubicek. Für die VI arbeiteten: als Chefredakteur F. C. Weiskopf; als Redakteure F. Erpenbeck und Leupold. Für die AIZ waren tätig: L. Korpus (Becher) ab 1924 als Kulturredakteurin, A. Wedding (d.i. G. Weiskopf) als Redakteurin der »Kinder-AIZ«; H. Holm, F. Stammberger, Helene und H. Leupold, E. Lange und T. Fix als Redakteure. Als Presseorgan der IAH zur Unterstützung der Aktionseinheit der Arbeiterklasse war die AIZ die bekannteste proletarische Massenillustrierte der Weimarer Republik. Sie wurde mit modernster Herstellungstechnik und moderner Fotografie produziert. Die AIZ suchte auf spezifische Weise die Losung der KPD »Heran an die Massen!« zu realisieren, ihr Motto war: »Die Wahrheit gegen die Lügen der Bourgeoisie«.

Mit gezielter politischer Aufklärung und Propagierung gesellschaftlicher Perspektiven, mit überzeugender Artikulation der Interessen des Proletariats wollte sie eine proletarische Gegenöffentlichkeit, eine von der Bourgeoisie weitgehend unabhängige Kommunikation schaffen. Ihre Berichterstattung basierte auf einem Konzept, das politischen Kampf, Arbeitsalltag, Freizeitgestaltung und proletarische Lebensweise als Einheit begriff. Leserumfragen der AIZ hatten den Wunsch der Leser nach aktuellen, vielseitigen und aussagefähigen Fotos ergeben. In der AIZ wurde auf Fotos und Bildmaterial von Arbeiterfotografen besonderer Wert gelegt, deren Entwicklung war deshalb künstlerisch und organisatorisch mit der AIZ verbunden. Durch quantitativen und qualitativen Aufschwung der Arbeiterfotografenbewegung, der sich auch in ihrer Zs. »Der Arbeiter-Fotograf«, 1926/1932, herausgegeben von der Vereinigung deutscher Arbeiterfotografen, spiegelte, gelang es der AIZ dabei zunehmend, sich von bürgerlichen Bildagenturen unabhängig zu machen. Nach 1930 begann in der Arbeiterfotografenbewegung die Diskussion um die Fotomontage, die als wirkungsvolle bildkünstlerische Ausdrucksform begriffen wurde. Maßstabsetzend und als Vorbild wurden hierfür die Fotomontagen von J. Heartfield angesehen, die dieser ab 1929, Nr. 30 relativ regelmäßig in der AIZ veröffentlichte und die das gestalterische Profil prägten. Ab 1927 erschienen in der AIZ Romane in Fortsetzungen und es erfolgte die Aufnahme von Rubriken wie »Für die werktätige Frau«, »Humor und Satire«, »Schach und Rätsel«, »Kunst-Bühne-Film«, »Sport und Spiel«, »Aus aller Welt«. In fast jeder Ausgabe der AIZ waren neben Reportagen, Berichten, Artikeln u.a. eine Erzählung, ein oder zwei Gedichte und eine Romanfortsetzung zu finden. Erzählungen und Romane waren meist mit Pressezeichnungen illustriert, die Gedichte fast immer mit einem Foto verbunden, den sog. Bild-Gedichten, die Korpus in einer Auswahl als ↗ *Rote Signale* (Berlin 1931) herausgab. Die von Wedding eingerichtete Kinderseite »Kinder-AIZ« (1929) bot Kurzgeschichten, Erlebnisberichte, moderne Märchen wie z.B. von H. Zur Mühlen und den Kinderroman *Elf Jungens und ein Fußball* von H. Vogts in Fortsetzungen (1932, Nr. 3f.) u.a. Besonderes Gewicht in der AIZ erhielten Arbeiterkorrespondenzen, die als solche auch stets gekennzeichnet waren. Viele Leserzuschriften erfolgten in Gedichtform; die AIZ war auf kameradschaftliche Zusammenarbeit mit ihren Lesern aus, die sie mit dem klassenmäßigen »Du« ansprach. Regelmäßig forderte sie zur Mitarbeit auf (Preisausschreiben, Wettbewerbe usw.). In Berichten, Artikeln, Bildkommentaren, Reportagen, Fotoserien u.a. publizistischen Formen sowie literarischkünstlerischen Beiträgen war die AIZ um ein parteiliches, wahrheitsgetreues und anschauliches Bild vom Leben der Arbeiterklasse als unterdrückte und ausgebeutete, aber immer auch produktiv tätige und kämpfende Klasse bemüht. In der

AIZ standen deshalb Darstellungen aus dem Arbeitsmilieu der Arbeiter sowie deren Kampf- und Lebensbedingungen an erster Stelle. Die Berichterstattung über die Sowjetunion sollte den Vergleich der Lebensverhältnisse ermöglichen. Als interessantes Beispiel dieses methodischen Prinzips des Vergleichs »zweier Welten« sind die Reportagen *24 Stunden aus dem Leben einer Moskauer Arbeiterfamilie* (1931, Nr. 38) und *Hier in der ›roten Gasse‹ wohnt die Arbeiterfamilie Fournes* (1931, Nr. 48) zu nennen. Diese Berichte über einen Arbeitstag und das Leben der 7-köpfigen Moskauer Metallarbeiterfamilie Filipow und der 7-köpfigen Berliner Bauarbeiterfamilie Fournes legten dem Leser eigene Schlußfolgerungen nahe.

Berichtet wurde in AIZ und VI über folgende Bereiche: Innen- und Außenpolitik Deutschlands, Kampf gegen Krieg, Militarismus und Faschismus; Kultur und Lebensweise in der Sowjetunion, Solidaritätsaktionen der deutschen und internationalen Arbeiterbewegung, Koloniale Welt im Aufbruch, Streikbewegungen und Kampf um den Achtstundentag, Arbeitslosigkeit und kapitalistische Rationalisierung; Bündnispolitik der KPD, Traditionen des Klassenkampfes, Spanienkrieg und Internationale Brigaden, antifaschistischer Widerstandskampf, Konzentrationslager und Judenverfolgung; soziale Lage von Frauen und Kindern in Deutschland, Erziehungsfragen, Berufsausbildung und die Wohnungsfrage als soziales Problem; proletarisches Familienleben, Ehe, Sexualität, Hauswirtschaftsprobleme, Gesundheitsfragen, Kleidung und Ernährung; Sport, Feriengestaltung, Geselligkeit und Feste; Bildende Kunst, Film, Theater, Literatur, Agitprop und Tanz; historische und zeitgenössische Persönlichkeiten (Politiker, Historiker, Philosophen, Künstler).

AIZ und VI popularisierten durch Text- und Notenabdruck u. a. folgende Lieder: *Lied der Bergarbeiter* (Text und Noten von H. Eisler, in: AIZ, 1931, Nr. 5); *Erwerbslosen-Internationale* (Text von T. Tode, Noten von E. Koster, ebd., Nr. 8); *Nigger Jim* (Text von Weber, Noten von Eisler, ebd., Nr. 26); *Lied von der Krise* (Text von H. Weiss; Noten von unbekannt, ebd., 1932, Nr. 12); *Einheitsfrontlied* (Text von B. Brecht, Noten von Eisler, in: »Volks-Illustrierte«, 1937, Nr. 49); *Das AIZ-Lied von der Einheitsfront* (Text von Nuntius [d. i. L. Fürnberg], Noten von R. Jacoby, in: AIZ, 1934, Nr. 41); *Die roten Matrosen* (ebd., 1930, Nr. 5); *Bauernlied* (ebd., Nr. 9); *Lied der Agitpropgruppe »Alarm«* (ebd., Nr. 39); *Lied vom Nebenmann* (ebd., 1932, Nr. 27); *Wir sind die Moorsoldaten* (ebd., 1935, Nr. 10); *Song der AIZ* (ebd., Nr. 42).

Kunst und Literatur wurden in der AIZ als »Waffen im Klassenkampf« eingesetzt. Sie sollten der Aufklärung und Bewußtseinsentwicklung dienen und den ästhetischen Sinn und die psychische und moralische Sensibilität des Betrachters oder Lesers fördern. Angestrebt wurde niveauvolle Unterhaltung.

Gemälde C. Felixmüller »Der Zeitungsjunge mit der AIZ«

Bedeutende revolutionäre Künstler wie K. Kollwitz, O. Nagel, H. Zille und Wissenschaftler wie M. Hodann, M. Hirschfeld, A. Behne, A. Goldschmidt, O. Rühle zählten zu ständigen Mitarbeitern der AIZ. Entsprechend ihrem funktionalen Literaturverständnis bevorzugte die AIZ Texte sozialen und sozialkritischen Inhalts, Reportage- und Tatsachen-Literatur, kämpferische Lyrik. 1921/38 erschienen 777 künstlerische und publizistische Texte verschiedenen Genres von 277 Autoren (davon bisher 66 nicht identifiziert): 371 Gedichte und Lieder; 203 Erzählungen, Romanauszüge, Glossen, Episoden u. a.; 173 Reportagen, Berichte, Artikel u. a.; 29 Romane und ein Schauspielauszug. Nach den Herkunftsländern der Autoren ergibt sich folgende Zusammensetzung: Deutschland, Österreich, Schweiz (117); Rußland und Sowjetunion (36); Frankreich (11); Ungarn (10); Amerika (9); Tschechoslowakei (8); Dänemark und Belgien je 3 Autoren; Italien, England, Jugoslawien und China je 2 Autoren; Polen, Schottland, Irland, Schweden, Australien und Japan je ein Autor. Mit ihrem Autorenspektrum spiegelten AIZ und VI die Entwicklung der deutschen und internationalen sozialistisch engagierten Literatur der 20er und 30er Jahre. Wichtige fremdsprachige Autoren waren A. Awdejenko, H. Bang, H. Barbusse, L. Borrisow, Ch. de Coster, A. Fadejew, K. Fedin, G. Germanetto, M. Gorki, J.

Hašek, P. Humbourg, B. Jasienski, I. Kaczer, L. Kassil, M. Kolzow, C. Lemonnier, J. London, F. Garcia Lorca, A. Malraux, V. Margueritte, Ch. Murray, P. Nizan, L. O'Flaherty, K. Paustowski, R. Rolland, L. Rubinstein, I. Silone, U. Sinclair, A. Tolstoi, R. Tressell und J. Wolker.

Auffällig ist die große Anzahl von Gedichten. Nach 1933 nahmen die Gedichte zugunsten der Reportagen und Berichte stark ab. An erster Stelle der Lyriker stand E. Weinert (Ps. E. Winzer) mit 71 Gedichten; es folgen K. Tucholsky mit 35, H. Zinner mit 33, Slang (d.i. F. Hampel) mit 29, K. Schnog mit 14, H. Weiss mit 13, E. Ginkel mit 12, K. Sublimer mit 11, J.R. Becher mit 9, M. Zimmering mit 8, G. Ring mit 8 Gedichten. Mit nur einzelnen Texten (Gedichte, Erzählungen, Reportagen usw.) waren vertreten: F. Arnau, M. Barthel, Brecht, G. Dallmann, W. Herzfelde, H.W. Hillers, W. Joho, E. Kästner, O. Kanehl, P. Körner-Schrader, K. Kraus, G.W. Manfred, A. Prugel, A. Raddatz, B. Schönlank, H. Vogts, F. Wolf. Reportagen erschienen vor allem von E.E. Kisch, A. Smedley, B. Frei, Erpenbeck, H. Huppert, L. Reissner, M. Scheer und Weiskopf. Zu den Autoren von AIZ und VI gehörten außerdem: Th. Balk, K. Billinger, R. Breitscheid, L. Feuchtwanger, Herzfelde, K. Hinrichs, P. Kast, K. Kersten, H. Mann, K. Mann, Th. Mann, L. Renn, A. Scharrer, A. Seghers, M. Seydewitz, K. Stern, B. Uhse und A. Zweig.

Für Werbung und Verbreitungsgrad der AIZ kam den seit 1927 abgedruckten Fortsetzungen von Romanen, auch längeren Erzählungen besonderes Gewicht zu. Bis 1930 handelte es sich dabei vor allem um sozialkritische Texte ausländischer Autoren, z.B.: Reissner: *Das Tal des Platins*, Feb. 1926f.; P. Humbourg: *Sie hieß Marie wie alle*, 1928, Nr. 29f.; Jasienski: *Pest über Paris*, 1929, Nr. 27f.; Lemonnier: *Der eiserner Moloch*, 1927, Nr. 4f.; Margueritte: *Dem Glück entgegen*, 1928, Nr. 41f.; Smedley: *Eine Tochter der Tiefe*, 1929, Nr.48f. Nach E. Glaesers *Frieden und Brot*, 1930, Nr. 40f. kamen zunehmend deutsche proletarisch-revolutionäre Autoren zum Abdruck, die brisante soziale Themen, Schilderungen von Arbeitskämpfen, exotische Stoffe spannend und unterhaltend darboten: F. Krey: *Maria und der Paragraph. Ein Roman aus dem Leben jeder Frau*, 1931, Nr. 1f.; R. Braune: *Dreizehn Mädchen. Liebe und Leid einer Stenotypistin*, 1931, Nr. 14f.; H. Promachos: *Verführung. Roman aus dem gegenwärtigen Berlin*, 1931, Nr. 47f.; P. Hess: *Der Schuß in der Zeche. Ein Roman aus dem westlichen Industriegebiet*, 1931, Nr. 31f.; H. Marchwitza: *Männer um Marianne*, 1932, Nr. 35f.; W. Türk: *Der Weg nach oben. Ein Angestellten-Roman*, 1932, Nr. 18f.; M. Leitner: *Wehr dich Akato! Ein Urwaldroman*, 1932, Nr. 51f.; E. Wende: *Hart-Backbord. Abenteuer eines Seemannes*, 1932, Nr. 7f.; L. Turek: *Die letzte Heuer. Ein Seeroman aus unseren Tagen*, 1935, Nr. 22f. Antifaschistische Literatur – u.a. I. Silone: *Fonta-*

mara, 1933, Nr. 32f. – stand nach 1933 im Vordergrund, z.B.: W. Schönstedt: *Auf der Flucht erschossen*, 1934, Nr. 1f.; W. Bredel: *Vernehmung vor dem »K.z.b.V.«. In den Klauen der Gestapo. Bericht eines Entwichenen*, aus: *Die Prüfung*, 1934, Nr. 31f.; A. Stübs: *Alter Kämpfer. Eine deutsche Biographie*, 1935, Nr. 37f.; G. Regler: *Die Explosion*, aus: *Im Kreuzfeuer*, 1934, Nr. 29f. Die Linie der exotischen Themen wurde fortgesetzt mit I. Kaczer: *Pao. Roman eines Negers*, 1937, Nr. 19f.; L. Rubinstein: *Der Pfad des Samurai – Japan erwache*, 1934, Nr. 25f. Mit A. Awdejenkos *Ich liebe. Ein Roman aus dem Sowjetleben*, 1934, Nr. 44f. druckte die AIZ einen sowjetischen Gegenwartsroman. 1937 brachte die VI ab Nr. 49 mit *Kämpfer gegen Kometen* von W. Wyk (d.i. J. Wüsten) einen utopischen Roman. – Seit der Übersiedlung der AIZ ins Prager Exil 1933 erschienen viele literarische Texte, zumeist Berichte und Reportagen in Fortsetzungen, aus Sicherheitsgründen ohne Angabe der Autorennamen (auch vor 1933 wurden besonders kritische und entlarvende Beiträge mit Ps., Abkürzungen oder gar nicht gekennzeichnet). Für AIZ und VI war von gravierender Bedeutung, daß sie weiterhin Texte und Fotomaterialien aus Deutschland erhielten. Ihre sofort nach 1933 einsetzenden Bild- und Tatsachenberichte über den faschistischen Terror erregten internationales Aufsehen. Sie setzten im Niveau der Recherche und in der Qualität des Bildmaterials Maßstäbe für die Exilpresse. Als Beispiele seien genannt: *Die Front im Dunkel*, 1933, Nr. 23f.; *Zelle 1117. Erlebnisse eines Kämpfers an der Front im Dunkel*, 1933, Nr. 26f.; *Kleine Stadt unter dem Hakenkreuz. Reportage aus der deutschen Gegenwart*, 1933, Nr. 34f. (Autor: E. Ottwalt); *Ein Gutshof unter dem Hakenkreuz*, 1934, Nr. 1f.; *Ein SS-Mann desertiert. Enthüllungen aus dem Leben eines SS-Mannes*, 1934, Nr. 6f.; *Nazi-Führer sehen dich an! Robert Ley, Horst Wessel, Hans Frank II.*, 1934, Nr. 9; *Bis sie auf der Schnauze liegt! Bericht einer Frau aus einem deutschen Konzentrationslager*, 1934, Nr. 41; *Menschen, die verloren gingen*, 1938, Nr. 23f.; *Zwangsverschickt*, 1938, Nr. 38f. In der Rubrik »Tribüne der Volksfront« brachte die VI Beiträge von Barbusse, H. Mann, K. Mann, Th. Mann, Rolland u.a., die sich für die antifaschistische Volksfront aussprachen.

Lit.: G. Danner: Die Anfänge der Arbeiterfotografenbewegung in Deutschland und ihre Bedeutung für die »AIZ«, Diss., Leipzig, 1966; H. Leupold: Die »AIZ« und die Arbeiterfotografie, in: Berichte, Erinnerungen, Gedanken zur Geschichte der deutschen Arbeiterfotografie 1926-1933, Berlin 1967; R. Becker: Die Internationale Arbeiterhilfe (IAH) in Deutschland 1921-1933, Diss, Potsdam 1973; G. Ricke: Die Arbeiter-Illustrierte Zeitung. Gegenmodell zur bürgerlichen Illustrierten, Hannover 1974; H. Willmann: Geschichte der Arbeiter-Illustrierten Zeitung 1921-1938, Berlin 1974; R. Surmann: Die Münzenberg-Legende, Köln 1983; H. Sonntag: Rote Rätsel aus der »AIZ« 1925-1932, Berlin 1985; H. Sonntag: Rote Witze aus der »AIZ« 1926-1933, Berlin 1985; H. Sonntag: Proletarische Lebensweise in der Wertung der »AIZ«, eine Untersuchung anhand der Veröffentlichungen von 1921-1933, Diss., Leipzig 1986.

Hans Sonntag

Arbeiter-Literatur (A-L)

Vom Verlag für Literatur und Politik, Wien, auf Initiative der KI und ihrer deutschen Sektion herausgegebene Zeitschrift. Begründet nach Aufhebung des KPD-Verbots im Frühjahr 1924 (Mär./Apr.), bis Dez. 1924 8 Hefte (12 Nummern) und ein Sonderheft zum 60. Gründungstag der I. Internationale; Format: 14,5 x 21,5 cm; Umfang: zwischen 86 (Nr. 3/4) und 221 (Nr. 12) S.; Preis: zwischen 20 und 60 Pf. Die Verlagsadressen in Wien (ab Nr. 9 die Privatwohnung des seit Sep. als »Eigentümer, Herausgeber und verantwortlicher Schriftleiter« genannten Dr. J. Wertheim) waren fingiert; A-L wurde in Berlin gedruckt. Wertheim, ein österreichischer Kommunist, fungierte in erster Linie als Organisator und juristische Person. Weitere redaktionelle Initiatoren oder Mitarbeiter konnten bisher nicht namentlich ermittelt werden; mit mehreren Beiträgen vertreten waren u.a. W. Baumann, A. Brede, H. Eildermann, M. Weber, K. A. Wittfogel, wiederholt auch F. Brupbacher. Die Auflage wurde von dem kommunistischen Verleger H. Holm auf 8000 bis 10000 Ex. geschätzt (Brief an I. Seifert vom 16. Nov. 1978). A-L sollte angesichts der neuen politischen Situation, der Beendigung der revolutionären Nachkriegskrise und des Beginns der Phase der relativen Stabilisierung des Kapitalismus in Deutschland, vor allem der Verbesserung der politisch-ideologischen Arbeit der KPD (und der KPÖ) dienen; sie richtete sich vor allem an linke Intellektuelle und an für Propaganda und Agitation verantwortliche Parteifunktionäre. Unter Literatur wurde die Gesamtheit des revolutionären Schrifttums verstanden. In diesem Rahmen beschäftigte sich die Zeitschrift auch mit speziellen Fragen der künstlerischen Literatur. Hauptanliegen von A-L war die weltanschauliche Festigung der kommunistischen Bewegung, die Verteidigung des Marxismus, das Propagieren des Leninismus und die Auseinandersetzung mit unterschiedlichen Spielarten des Reformismus und Opportunismus. Veröffentlicht wurden z.T. bisher nicht oder wenig bekannte Texte von Marx und Lenin, der kurz vorher gestorben und dem das erste Heft der A-L gewidmet war. Zahlreiche theoretische Beiträge und Erinnerungsaufsätze galten den weltanschaulichen, politischen und methodischen Prinzipien Lenins. Im internationalen Autorenstamm nahmen ehemalige Mitarbeiter Lenins und Funktionäre der KI sowie der sowjetischen und deutschen Partei einen dominierenden Platz ein (L. B. Kamenew, N. K. Krupskaja, W. A. Lunatscharski, K. Radek, D. B. Rjasanow, G. J. Sinowjew, A. Thalheimer, L. Trotzki, C. Zetkin). In Beiträgen,

die sich an Hand historischer Gegenstände (z.B. Blanqui, Bakunin) mit radikalen und radikalistischen Gesellschaftskonzeptionen beschäftigten, kam das Bemühen um die Bestimmung von Bündnisbeziehungen und notwendigen Abgrenzungen von linksradikalen Intellektuellen am Ende der revolutionären Nachkriegskrise zum Ausdruck. Unter den zeitgenössischen theoretischen Arbeiten wurde vor allem G. Lukács' *Geschichte und Klassenbewußtsein* mehrfach kritisch analysiert.

Für die Behandlung von Literaturfragen war - im zweiten Heft der A-L - die deutschsprachige Erstveröffentlichung von Lenins Aufsatz *Parteiorganisation und Parteiliteratur* von 1905 (Übersetzung: F. Rubiner) programmatisch. In der Folgezeit fanden wiederholt historische Traditionen (z.B. der Pariser Kommune) und zeitgenössische Aspekte kommunistischer Pressearbeit besondere Aufmerksamkeit. Abgedruckt wurden zwei Lenin-Briefe über die Arbeiterpresse (von 1905 und 1918) sowie mehrere Aufsätze über das sowjetische Zeitungswesen. Dabei stand die Forderung nach Ausbau und Qualifizierung der Arbeiterkorrespondentenbewegung im Zentrum; angeregt wurde auch die Veröffentlichung von Gedichten, Karikaturen, Arbeitererzählungen belletristischer und halbbelletristischer Form (Sinowjew: *Über die Aufgaben der proletarischen Zeitungen*, in: Nr. 12). - An literarischen Arbeiten erschienen Gedichte und Prosatexte von M. Barthel, B. Lask, L. Märten, E. Mühsam und O. Steinicke. Die Sowjetliteratur war mit Gedichten von D. Bedny und W. Majakowski (in den Nachdichtungen J. R. Bechers) und Erzählungen und Skizzen von I. Ehrenburg, M. Kolzow, L. Reisner, L. Seifullina u.a. vertreten. Gedruckt wurden auch Gedichte des Ungarn A. Komját, eine Szene aus dem Drama *La nuit* des Franzosen M. Martinet und eine Leseprobe von J. London. - Mehrere Beiträge behandelten Fragen des kulturellen und künstlerischen Erbes: Artikel von Lunatscharski über Puschkin (Nr. 9) und G. Alexander über Daumier (Nr. 7/8); hier wurde auch eine kritische Auseinandersetzung mit dem russischen Proletkult geführt, während wenig später J. Matheika mit Anteilnahme über künstlerische Proletkultexperimente berichtete (Nr. 10) und die Thesen der Wissenschaftlichen Kommission des Moskauer Proletkult, *Die Proletarische Kultur*, veröffentlicht wurden (Nr. 12). Wiederholt erschienen Informationen über Lenins Verhältnis zum kulturellen Erbe, wurden Dokumente über seine Beziehungen zu Gorki (z.B. Lenins Briefe an ihn) publiziert. Einige Beiträge untersuchten - mit unterschiedlichem Problembewußtsein - das Verhältnis der revolutionären Arbeiterbewegung zu sozial bzw. sozialistisch engagierten ausländischen Schriftstellern der jüngsten Vergangenheit und Gegenwart (z.B. F. Jung über London; M. Hermann-Neiße über Martinet, F. Madson über J. Aakjaer und M. Andersen Nexö; A. Bolgar über London, F. Norris und U. Sinclair; F.

Desprès, M. Cachin sowie Lunatscharski über A. France). – Besonders zahlreich waren die Informationen über das literarische Leben in der UdSSR. Veröffentlicht wurde u.a. A. Woronskis Bericht an die Sektion für Agitation und Propaganda der RKP über die Lage und die Aufgaben auf dem Gebiet der künstlerischen Literatur (Nr. 5/6); Jung stellte im selben Heft Majakowski und seine Schule vor; Rubiner unterstrich die Bedeutung Bednys als »Dichter der Russischen Revolution« (Nr. 3/4) und berichtete über neue Bühnenversuche, auch von Arbeiterzirkeln, in Sowjetrußland (Nr. 10); Lu Märten veröffentlichte eine Sammelrezension zu Übersetzungen sowjetischer Belletristik (Nr. 3/4) und lieferte einen Bericht über die Proletarische Kulturtagung in Magdeburg mit Überlegungen zum proletarischen Sprechchor (Nr. 7/8). Dies war – neben einer Rezension zu E. E. Kischs Buch *Der rasende Reporter* – die einzige Stellungnahme zur zeitgenössischen deutschen sozialistischen Literatur.

Die Suche nach Vorschlägen zur Entwicklung einer revolutionären sozialistischen Literatur und Kunst äußerte sich auch im Vorstellen unterschiedlicher literaturtheoretischer Konzepte. Das geschah in Form öffentlichen Nachdenkens über eine marxistisch-leninistische Bestimmung des Verhältnisses von Revolution und Literatur von verschiedenen Ansätzen her. Neben Lenins Hinweisen und Trotzkis Thesen wurden dabei auch andere (u.a. vom russischen Proletkult inspirierte) Ansichten publiziert. Zwei Positionen spielten eine besondere Rolle: Trotzkis Behauptung, daß eine eigene Kunst und Literatur der Arbeiterklasse erst nach dem völligen Sieg des Kommunismus geschaffen werden könne, und Märtens Forderung nach einem neuen, dialektischen Verständnis und Verhältnis von gesellschaftlichen Zwecken, materieller sowie ihr gemäßer ästhetischer Produktionsweise und künstlerischer Form.

Trotzkis Thesen unterstützte eine durchgängig zustimmende Referierung seines Buchs *Literatur und Revolution* (Nr. 3/4); auch Alexander vertrat den Standpunkt, daß erst in der klassenlosen Gesellschaft eine vom Proletariat entwickelte »neue Kunstform« entstehen werde, die dem großen Erbe der Vergangenheit an die Seite zu stellen sei (Nr. 7/8). Die meisten Beiträge über die sowjetische Literatur enthielten eine indirekte Polemik mit solchen Positionen. In theoretischer Hinsicht formulierte Märten andere, sich auch vom Proletkult unterscheidende Ansichten. Sowohl in einer Selbstrezension ihres Buches *Wesen und Veränderung der Formen (Künste)* als auch in ihren Kritiken betonte sie, daß man die neu entstehende sozialistische Literatur nicht »aus den alten Kunstmitteln der letzten bürgerlichen Gesellschaft erwarten« könne; es gelte, »die gesellschaftliche und materielle *Ursache* der Form« herauszuarbeiten, und das Proletariat habe »den nahen und urwüchsigen Zusammenhang zwischen seinem Inhalt und seiner Form – das heißt: zwischen seinem Zweck und seinem Mittel – zu erkennen« (Nr. 5/6 und 7/8).

A-L bildete ein Forum vielfältiger, internationalistischer Information und Diskussion über Stand und weitere Orientierung der zeitgenössischen marxistisch-leninistischen Praxis und Theorie. Für die Literatur wurde sie darüber hinaus wichtig vor allem durch ihre Informationen über literarische Prozesse in der Sowjetunion, ihren Einsatz für die Arbeiterkorrespondentenbewegung, aus der in Deutschland in der Folgezeit eine Reihe bedeutender Schriftsteller hervorging, sowie das Inspirieren eines schöpferisch, mit verschiedenen Vorschlägen auf die neue gesellschaftliche Lage reagierenden literaturtheoretischen Denkens, das sich auf den Umgang mit dem Erbe wie auf die Herausbildung einer von kommunistischen Gesellschafts- und Wertvorstellungen geprägten Literatur bezog. – Aufgaben eines Organs für die Theorie und Praxis des Marxismus-Leninismus übernahm 1925 die Zs. »Unter dem Banner des Marxismus« (1925/36), die jedoch nur in wenigen, aber wichtigen Artikeln Probleme der Kunst und Literatur behandelte.

Lit.: Arbeiter-Literatur, Nr. 1/2–12 und Sonderh., Wien 1924 (Nachdr. in 2 Bdn., (W.-)Berlin 1977; I. Seifert: Vom Leben dreier Zeitschriften. Arbeiter-Literatur (1924). Die Neue Bücherschau (1919-1929). Die Linkskurve (1929-1932), Diss., Berlin 1979.

Manfred Nössig

Arbeiter-Radio-Bewegung (ARB) 1924/1933

Die ARB entstand als Reaktion auf die Aufnahme des regulären Sendebetriebs des deutschen Rundfunks im Herbst 1923. Zu ihr gehörten folgende Organisationen: Arbeiter-Radio-Klub (ARK), Arbeiter-Radio-Bund Deutschlands (ARBD), Freier Radio Bund Deutschlands (FRBD), Freie Rundfunk-Zentrale. In der ARB standen anfangs Bastelarbeiten der Mitglieder im Vordergrund. Zunehmend wurde die Arbeit geprägt vom Kampf der Arbeiterbewegung um Teilnahme am Rundfunk, um Einflußnahme auf Sendeprogramme und auf die das Rundfunkwesen betreffende Gesetzgebung. Träger dieser Bewegung waren die Gewerkschaften und SPD und KPD, deren zwischenparteiliche Auseinandersetzungen vor allem in der zweiten Hälfte der 20er und zu Beginn der 30er Jahre die Bewegung maßgeblich prägten und letztlich zur organisatorischen Spaltung und einseitigen parteipolitischen Ausrichtung der einzelnen Organisationen führten.

Führungskräfte:

ARK/ARBD: Begründer: E. Hinze, 1. Vorsitzender W. Schmargendorf (1924/1927), danach bis 1931

Curt Baake; geb. 24. 4. 1864 in Breslau; gest. 16. 4. 1940 in Berlin. Gymnasialbildung, kam 1884 als Redakteur des (SPD)-»Volksblattes« nach Berlin; 1893 Herausgeber der SPD-Parlamentskorrespondenz; 10. 11. 1918 von F. Ebert zum Unterstaatssekretär ernannt; 13. 11. 1918 Chef der Reichskanzlei; 5. 3. 1919 Kabinettschef beim Reichspräsidenten. Vorsitzender der Deutschen Volksbühnenvereine und der Berliner Volksbühne. Es folgte bis 1933 A. Falkenberg.

FRBD: 1.Vorsitzender J. König (1929–1931), bis 1933

Hans Kahle; geb. 23. 4. 1899 in Berlin; gest. 1. 9. 1947 in Ludwigslust; nach Besuch eines Realgymnasiums 1913 Eintritt in das Kadettenkorps, 1917 Fähnrich im I. Weltkrieg, 1918 französische Kriegsgefangenschaft, dort erste Kontakte zur sozialistischen Bewegung, 1920 nach Demobilisierung Kaufmannslehre und Besuch einer Handelsschule. Seit 1921 journalistisch tätig, 1921/1927 kaufmännischer Angestellter in Mexiko, 1928 KPD-Mitglied. Emigrierte 1933 in die Schweiz, nach Frankreich, als freier Journalist für Publikationen der RH tätig. 1936 als Freiwilliger nach Spanien. Im Organisationskomitee der Internationalen Brigaden, kommandierte nacheinander das Bataillon »Etkar Andre«, die XI. Brigade und die 17. und 45. Division der spanischen Volksarmee. Nach Auflösung der Internationalen Brigaden Rückkehr nach Paris, 1939 Ausweisung aus Frankreich, nach Großbritannien, 1940 Internierung, 1941 Deportation nach Kanada. Nach Entlassung Journalist für »Daily Worker«, »Times«, »Marine«. 1943 Mitglied der Exekutive der Bewegung Freies Deutschland in Großbritannien. 1. 2. 1946 Rückkehr nach Deutschland. 17. 3. 1946 Ernennung zum Chef der Polizei von Mecklenburg/Vorpommern.

Zentrale Konferenzen:

ARK/ARBD: 1. Reichskonferenz - 29. März 1925, 2. Reichskonferenz 6./7. März 1926, 3. Reichskonferenz - 5./6. März 1927, 4. Reichskonferenz 8./9. Sep. 1928 - FRBD: 1. Reichskonferenz - 31. Okt./1. Nov. 1930 2. Reichskonferenz - Anfang Mai 1932.

Sozialistischer Kulturbund (SKB): Reichsrundfunk-Konferenz des SKB 18. Nov. 1928, Film und Funk. Sozialistischer Kulturtag in Frankfurt a.M. 28./29. Sep. 1929 - Reichskonferenz der Rundfunkzentrale 16. Nov. 1930.

Mitgliederbewegung

ARK/ARBD: 1929 10 000 Mitglieder in 246 Ortsgruppen; FRBD: 1. 12. 1930 1050 Mitglieder in 43 Ortsgruppen, 1. 9. 1931 4900 in 136 Ortsgruppen; 1933 10 500 Mitglieder.

Presse und Publikationen

ARK/ARBD: »Arbeiterfunk« - 2 Nummern: Aug. und Okt. 1924, »Der neue Rundfunk« - wöchentlich ab 3. Apr. 1926, 1927 Umbenennung in »Arbeiter-Funk« m. U. »Der neue Rundfunk«, ab 1932 »Volksfunk«.

FRBD: »Arbeitersender« ab Jan. 1930 als Wochenschrift des FRBD und des Hörerkreises der Funkstunde und der Opposition im ARBD. Regional: Bezirksorganisation Berlin - »Der aktive Radiogenosse« (hektographiert) ab Mai 1928, »Unser Sender« ab Jan. 1929.

Publikationen: FRBD: »ABC des Rundfunks«, »Funk in Fesseln« (Kahle), »Für Deine 2 Mark?« (K. Neukrantz), »Der Krieg im Äther«, »Wie empfange ich Moskau?« von Ing. B. Jansen; SKB: »Film und Funk«. Sozialistischer Kulturtag in Frankfurt a.M. »Rundfunkkorrespondenz«, Mitteilungsblatt der Freien Funkzentrale, ab 1930.

Die ARB begann im Jahr 1923. Am 29. Okt. nahm in Deutschland der Rundfunk seinen regulären Sendebetrieb auf. Anders als bei Printmedien und Film gab es beim Rundfunk von Anfang an eine enge Verknüpfung mit dem Staat. Dies hatte Folgen für Inhalte und Organisation des Rundfunks. Als Reaktion auf diese Entwicklung trafen sich in den Großstädten vor allem Arbeiter, die z. T. während des I. Weltkrieges als Soldaten Erfahrung im Umgang mit Funkgeräten gesammelt hatten und nach Möglichkeiten suchten, am neuen Medium Rundfunk teilzuhaben; Schaltpläne und Material wurden getauscht, selbstgebaute Empfänger gemeinsam genutzt. Am 10. 4. 1924 wurde in Berlin der ARK gegründet. Der Klub bezweckte u.a. »den Zusammenschluß aller am Radiowesen Interessierter aus den Kreisen der werktätigen Bevölkerung in Deutschland und im Ausland; die Errungenschaften des Radiowesens in den Dienst der Kulturbewegung der Arbeiterschaft zu stellen; den Mitgliedern die praktische Betätigung auf dem Gebiet der Radiotechnik zu ermöglichen und zu erleichtern; der Verein verfolgt weder einen auf Gewinn abzielenden Geschäftsbetrieb, noch politische Zwecke« (SAPMO der DDR im Bundesarchiv, ZPA I4/5B, Bl. 2). Die Jahre 1924/1928 waren geprägt durch aktiven Kampf des ARK um die Demokratisierung des Rundfunks, um die Verbesserung des Zugangs der Werktätigen zum Rundfunk und eine eigene Sendemöglichkeit; eine Forderung, die angesichts ausländischer Vorbilder in Österreich, den Niederlanden und den USA nicht unrealistisch war. In der Öffentlichkeit wirkte der ARK auf verschiedene Weise. Durch Ausstellungen wurde vor allem Arbeitern der Weg zu einem billigen Rundfunkempfänger gezeigt. Der ARK unterstützte politische Veranstaltungen und Aktionen, indem er seine Technik zur Verfügung stellte. Durch den Bau leistungsstarker Empfänger durch den ARK wurde es in verschiedenen Städten möglich, den sowjetischen Gewerkschaftssender WZRPS öffentlich zu hören. Als im Reichstag 1926 die Senkung der Teilnehmergebühren und die Gebührenbefreiung für Arbeitslose von den bürgerlichen Parteien, aber auch von der SPD abgelehnt wurde, organisierte der ARK einen Zahlstreik, dem sich 30 000 bis 40 000 Hörer anschlossen. Eine gravierende Fehleinschätzung unterlief dem ARK in der Beurteilung der Überwachungsausschüsse und Kulturbeiräte. Sie wurden anfangs als Gremien demokratischer Mitbestimmung interpretiert, nicht aber als Zensureinrichtungen. Zum Aufgabengebiet der Kulturbeiräte gehörte die Beratung der Rundfunk-Gesellschaften »hinsichtlich ihrer Darbietungen aus Kunst und Wissenschaft und Volksbildung«. Sie waren berechtigt, »gegen das

Programm oder Teile davon Einspruch zu erheben«, dem stattzugeben war. Die Beiräte achteten darauf, »daß Parteipolitik bei den Darbietungen ausgeschaltet bleibt« (zit. nach: H. Hanzl *Der Rundfunk in der Weimarer Republik als Klasseninstrument der Bourgeoisie und der Kampf der Arbeiterklasse um das Mitbestimmungsrecht*, Diss., Leipzig 1961, S. 35) Die Spaltung der deutschen Arbeiterbewegung in zwei Parteien, die sich in Haltung zum bürgerlichen Staat und den Formen der Auseinandersetzung mit ihm grundlegend voneinander unterschieden, hatte Folgen für die ARB. Die 3. Reichskonferenz gestaltete sich zu einer Machtprobe zwischen SPD und KPD. Bis zu diesem Zeitpunkt standen an der Spitze des ARK Mitglieder der KPD. Nach erster Distanz der SPD-Führung zum ARK, die ihn als »Bastlerverein« abqualifizierte, wandelte sich in der zweiten Hälfte der 20er Jahre ihre Sicht. Mit dem Ziel verstärkten Einflusses auf den ARK waren im Vorfeld der Reichskonferenz, initiiert durch SPD-Vertreter, eine Reihe von Ortsgruppen neu gegründet worden. Ziel war, den Delegiertenschlüssel zugunsten der SPD zu beeinflussen; eine Maßnahme, die nicht erfolglos war. An Stelle des KPD-Mitgliedes W. Hoffmann-Schmargendorf wurde auf dieser Konferenz Baake zum Vorsitzenden gewählt. Der Name der Organisation wurde geändert, ebenso der Titel der Zeitschrift; aus dem ARK wurde der ARBD und aus »Der neue Rundfunk« der »Arbeiterfunk«. Die personellen und äußerlichen Veränderungen schlugen sich nicht gleich in der Programmatik des ARBD nieder. Der offene Bruch mit den Zielen und Forderungen des ARK erfolgte auf der 4. Reichskonferenz im Herbst 1928 mit den »Richtlinien für die Kulturarbeit im Rundfunk«, die allgemein sozialen Charakter (Beschränkung der Rundfunkgebühren, Gebühren-Befreiung für Arbeitslose und Schwerbeschädigte, monatliche Kündigungsfrist) hatten und denen eine Forderung nach direkter Einflußnahme auf die inhaltliche Gestaltung der Sendungen fehlte. »Kein Rundfunkvortrag darf wegen seiner politischen, sozialen, religiösen oder ethischen Weltanschauungstendenz abgelehnt werden. Die Vorträge können in freier Rede gehalten werden, wenn der Redner schriftliche Richtlinien einreicht.«(SAPMO ZPA/97/1/2173) Auf dem Sozialistischen Kulturtag im Sep. 1929 forderte der Vorsitzende des ARBD und der Reichstagsabgeordnete der SPD E. Heilmann, den Rundfunk zu verstaatlichen und die Kompetenzen der Rundfunkbeiräte zu erweitern.

In Opposition zu den Beschlüssen der 4. Reichskonferenz und der Politik des Bundesvorstandes befand sich vor allem die Berliner Bezirksorganisation. Zum 1. Mai 1929 war ein Flugblatt erschienen, mit dem die Gruppe trotz Polizeiverbots zur Mai-Demonstration aufrief. Solche Aktionen verstießen gegen Grundsätze des ARBD: »Wegen fortgesetzter vorsätzlicher bundesschädigender Handlungen« wurde die Berliner Gruppe ausgeschlossen. Sie gründete am 11. 11. 1929 mit 500 Mitgliedern

den FRBD. Er nahm die vom ARBD aufgegebenen Forderungen aus den Anfängen der ARB wieder auf: Freigabe eines eigenen Senders, Mitbestimmungsrechte der Arbeiter an der Programmgestaltung, Gebührensenkung für Arbeitslose, Kinderreiche und Behinderte. Über spezifische Rundfunkarbeit hinaus orientierte der FRBD auf politische Massenarbeit: organisierte Ausstellungen, Kundgebungen, Versammlungen und Volksfeste. Enge Verbindungen hatte der FRBD zum BPRS. Neukrantz war Redakteur des »Arbeitersender« 1932/33. Zu den Autoren gehörten G. W. Pijet, der auch die Agitpropgruppe des FRBD, »Rote Welle«, leitete, J. R. Becher, K. A. Wittfogel, A. Scharrer. Ständige Rubriken waren: »Lies, bevor Du hörst«, »Hörspiele der Woche«. In der Rubrik »Lies, bevor Du hörst« wurde auf besondere Sendungen aufmerksam gemacht; so z. B. auf F. Wolfs Hörspiel über die Rettung der Nobile Expedition, *Rao ... Rao ... Foyn*, auf Beiträge über J. London, K. Kollwitz und A. Smedly. Unter »Achtung, wir hören mit« und »Die rote Welle« veröffentlichte die RF täglich Hinweise bzw. Kritiken zu den Rundfunksendungen, die allerdings nicht immer frei waren von sektiererischen Tendenzen. Auch im SPD-Zentralorgan »Vorwärts« wurde unter »Die kommende Funkwoche« und »Funkwinkel« informiert. In Zusammenarbeit mit dem FRBD war im Juni 1932 der »Bund freier Rundfunkautoren« gegründet worden, in dem Autoren wie R. Arnheim, A. Döblin und A. Kuckhoff mitarbeiteten. Ästhetische und kommunikationstheoretische Auseinandersetzung um die Potenzen des Mediums Rundfunk fanden in der ARB und im BPRS nur in begrenztem Maße statt. Theoretische Ausarbeitungen von B. Brecht zu einer Theorie des Rundfunks, im Umfeld der sozialistischen Bewegung entstanden, fanden keinen Niederschlag in ARB und BPRS (vgl. *Junges Drama und Rundfunk von Bertolt Brecht*, in: »Funkstunde«, Nr. 1, vom 2. 1. 1927). Im Sommer 1931 wandten sich Becher, O. Heller, L. Renn, A. Seghers und F. C. Weißkopf mit einem offenen Brief an den Leiter der Deutschen Welle. Sie forderten u. a. die Ausstrahlung von »Reportagen proletarischer Schriftsteller aus Stempelstellen, Lebensmittelhandlungen, Konsum-Verkaufsstellen, Freibädern, Markthallen« (in: »Arbeiter-Sender«, 1931, H. 34, S. 2).

Der FRBD schloß sich der IfA an, orientierte sich an der KPD, die im Reichstag konsequent für die Durchsetzung der Ziele der ARB eintrat. Zugleich kam es in der praktischen Arbeit des FRBD zu Klagen über mangelhafte Unterstützung durch die KPD. Seine Orientierung an der KPD bewirkte, daß fehlerhafte politische Einschätzungen und Auffassungen in der Folge der zunehmenden Stalinisierung der KPD ihren Niederschlag fanden. So wurde z. B. gegenüber Funktionären des ARBD mit der »Sozialfaschismusthese« operiert. Allerdings fehlte dieser Auseinandersetzung jene parteipolitische Schärfe der Polemik, mit der von der KPD der Konflikt mit der SPD ausgetragen wurde.

Parallel zum gewonnenen Einfluß im ARBD unternahm die SPD weitere Rundfunk-Aktivitäten: sie initiierte 1928 die Gründung der Freien Rundfunkzentrale, die die Rundfunkarbeit aller Organisationen der Arbeiterbewegung vereinen sollte. Ihr Vorsitzender wurde ebenfalls Baake. SPD und SKB gelang ab 1928 der Zugang zu den Sendern. So war z.B. Sozialdemokraten die Mitwirkung an der Sendung »Stunde der Zeit« möglich. Anläßlich der Rundfunkdiskussion »Nationalsozialismus und Sozialismus« richteten ARBD und die Funkzentrale Hörstunden ein, in denen der Disput verfolgt und diskutiert werden konnte. KPD-Mitgliedern blieb der Zugang zum Rundfunk versperrt. Das hatte z.T. spektakuläre Folgen. So wurde z.B. 1928 der »Vorwärts«-Redakteur W. Schwarz entführt, als er einen Vortrag im Rundfunk halten sollte. Statt seiner sprach der kommunistische Landtagsabgeordnete Schulz für das Volksbegehren gegen den Panzerkreuzerbau. Die Entwicklung des ARBD und des FRBD verlief in den Jahren 1929/1933 getrennt und jeweils eingebunden in die Parteientwicklung von SPD und KPD. Beide Organisationen unterstützten zu Beginn der 30er Jahre den Kampf gegen die faschistische Gefahr. Der ARBD trat der Eisernen Front bei, der FRBD schloß sich der Antifaschistischen Aktion an. Eine Zusammenarbeit von ARBD und FRBD wurde im Feb. 1933 durch die Führung des ARBD »aus prinzipiellen und statuarischen Gründen« abgelehnt. (»Arbeitersender«, 1933, H.9) Durch die Machtübergabe an die Nationalsozialisten wurde auch die ARB zerschlagen. Am 26. 2. wurde der FRBD, am 1. 7. 1933 der ARBD verboten. Mitglieder der ARB beteiligten sich aktiv am Widerstand. Opfer des NS-Regimes wurden u.a. R. Scheffel, Kuckhoff, Neukrantz. Die speziellen technischen Fähigkeiten wurden genutzt, um illegale Sender zu betreiben und das Abhören ausländischer Sender, wie Radio Moskau, Sender 29,8 und Radio London zu ermöglichen.

Lit.: U. Brurein: Zur Geschichte der Arbeiter-Radio-Bewegung in Deutschland, In: Beiträge zur Geschichte des Rundfunks, 1968, H. 1/2; P. Dahl: Arbeitersender und Volksempfänger. Proletarische Radio-Bewegung und bürgerlicher Rundfunk, Frankfurt a.M. 1978; W. Lerg: Rundfunkpolitik in der Weimarer Republik, München 1980; Ch. Schönfeld: Der Sozialistische Kulturbund. Untersuchungen zu Entwicklung und Funktion einer Kulturpolitischen Dachorganisation der SPD (1926/1933), Diss., Potsdam 1981.

Almuth Püschel

Arbeiter-Sprechchor-Bewegung

Obwohl chorisches Rezitieren (u.a. H. Heines *Weber* und R. Dehmels *Erntelied*) in der sozialdemokratischen Kulturarbeit schon vor 1914 bekannt war, bildete sich der Sprechchor als eigenständige proletarische Kunstform erst im Umfeld der

deutschen Novemberrevolution und der revolutionären Nachkriegsereignisse heraus. Mit Unterstützung K. Eisners gründete A. Florath während der Münchener Räterepublik den ersten proletarischen Sprechchor. Als neuartiges künstlerisches Massenerlebnis entdeckt wurde der Sprechchor in den vom USPD-Zentralbildungsausschuß im Berliner Großen Schauspielhaus (4000 Plätze) veranstalteten »Proletarischen Feierstunden«. Die Aufführung von E. Tollers Sprechchordichtung *Der Tag des Proletariats* am 21. 11. 1920 hinterließ eine beispiellose Publikumswirkung. Im Aufbau der Motive: Klage über ausbeuterischen Charakter der Arbeit, Folgen der Entfremdung, Ruf zum Kampf, geschlechter- wie völkerumspannende Bereitschaft dazu sowie Antizipation eines befreiten Menschheitszustandes wurde sie zum Muster vieler nachfolgender Sprechchöre. Gleiches gilt für die Motivverknüpfung: Trauer über die Opfer der Gegenrevolution und daraus erwachsende Verpflichtung für die Lebenden in Tollers *Requiem den erschossenen Brüdern* (»Proletarische Feierstunden« am Totensonntag 1921; 1935/36 »Rebel Players« London). Nach Toller (1934 noch *Weltliche Passion*) hat vor allem B. Schönlank die Sprechchor-Entwicklung entscheidend beeinflußt. Während sein Weihespiel *Erlösung* (»Proletarische Feierstunden« am 16. 1. 1921; Sep. 1922 »Proletarische Tribüne« Nürnberg) noch im beschwörenden Pathos von alltäglicher Not, Niederlage der Revolution und Sehnsucht nach Befreiung verharrte, reflektierte sein folgendes »Chorwerk« *Großstadt* (»Proletarische Feierstunden« am 12. 11. 1922) bereits wichtige Aspekte moderner Zivilisationskritik. Maßgeblichen Anteil an der Gewinnung Tollers und Schönlanks als Sprechchordichter hatte L. Kestenberg, verdienstvoller Musikpädogoge und Referent im preußischen Kulturministerium (nach 1933 Exil in der Tschechoslowakei und Palästina). Bemerkenswerte Sprechchor-Aufführungen in den »Proletarischen Feierstunden« waren ferner *Rußland* von A. Petzold (9. 4. 1922) und *Turm der Gemeinschaft* von F. Rothenfelder (25. 2. 1923). Die Bedeutung des Sprechchors wurde auch in der KPD und den ihr nahestehenden Organisationen erkannt. Trotz erheblicher Bemühungen gelang es ihr jedoch nicht, einen der USPD bzw. SPD vergleichbaren zentralen Sprechchor aufzubauen. Während *7000* (↗ Rote Tribüne) noch ganz einem überparteilich verstandenen proletarischen Gesamtinteresse verpflichtet war und darin mit der Sprechchortradition von USPD und SPD übereinstimmte, ging es G. von Wangenheim in seinem *Chor der Arbeit* vornehmlich um die Polemik mit der SPD. Strukturell neu bei ihm waren szenische Einfügungen im Stil des Roten Rummels bzw. politisch-satirischen Kabaretts.

Mit Erlöschen der revolutionären Massenstimmung geriet der Sprechchor in eine Krise. Versuche, die sich auftuende Diskrepanz zur inzwischen veränderten Wirklichkeit durch Konfliktverlagerung auf Generationsunterschiede (die Jungen überwinden die Passivität der Alten) oder ins Mystizistisch-Transzendentale (die hellen Mächte besiegen die dunklen) zu umgehen bzw. eine Lösung in Voluntarismus oder Heilsbringertum zu suchen, konnten kaum befriedigen (u.a. P. Wille: *Der Sieger*, H. Claudius: *Menschheitswille*, E. Grisar: *Opferung*, W. Illing *Aufbruch des Geistes*). Der Antikriegsthematik verpflichtet waren *Die Stunde der Verbrüderung* und *Die Toten klagen an!* von F. Rosenfeld. Speziell für Jugendweihefeiern schufen B. Lask *Weihe der Jugend* (1922) und Schönlank *Seid geweiht!* (1927). Eine wesentliche formale Neuerung brachte die Einstudierung von Schönlanks *Jugendtag* durch A. Johannesson (späterer Verfasser des *Leitfadens für Sprechchöre*, Berlin 1927 und 1929) mit dem Sprechchor des Arbeiterbildungsausschusses Hamburg (Aufführung zum Deutschen Arbeiterjugendtag 1925). Obwohl auch hier das Gegenüber von hoffnungslosem »grauem« und zukunftsgläubigem »jungem« Chor dominierte, ermöglichte die Unterteilung in genau charakterisierte Teilchöre (»Sinngruppen« anstatt bisher üblicher »Stimmgruppen«) den Einsatz mitformender Körpersprache. Damit entstand der sog. Sprechbewegungschor, der die zweite Etappe der Sprechchor-Entwicklung ausmacht. Anknüpfend an *Großstadt*, zeigte Schönlank in *Der gespaltene Mensch* (e. 1926, Aufführung anläßlich des 8. Volksbühnentages am 25. 6. 1927 in Magdeburg durch den Sprech- und Bewegungschor der Volksbühne Berlin unter K. Vogt und B. Trümpy sowie die Tanzgruppe V. Skoronel 1928 Leipzig und 1929 Hamburg) die Gefährdung proletarischen Klassen- und Lebenszusammenhangs durch Fließbandarbeit, Kulturamerikanismus und zunehmende Verkapitalisierung aller Dinge. Das Offenhalten des Schlusses als Abkehr von falscher revolutionärer Apotheose war dabei ein folgerichtiges Moment. Weiterer Höhepunkt des Sprechbewegungschores war die Aufführung von *Kreuzzug der Maschine*, »Werk der Masse«, von Lobo Frank (d.i. E. H. Bethge, geb.: 1878, gest.: 1944 im Konzentrationslager Sachsenhausen), Musik A. Wolff. Über die Stationen »Leidensweg«, »Golgatha« sowie »Aufmarsch und Erlösung« wurde das Verhältnis Mensch – Maschine als das eines beiderseitigen Mißbrauchs durch die Kräfte »Mammons« dargestellt. Erniedrigt zum »Mordinstrument«, ruft die Maschine am Ende »nach dem Proleten«, der sich mit seinesgleichen und ihr zum »neuen Menschheitsbund des Sozialismus« zusammenschließt (nach schwächerer konzertanter Darbietung am 6. 11. 1929 in Berlin beeindruckende Aufführungen zu den Maifeiern 1930 in Frankfurt a.M. und 1931 in Breslau mit jeweils 1000 Mitwirkenden; ferner in Leipzig, Erfurt, Görlitz). Symbolistisch-expressionistische Mittel hatte Frank bereits in seinem ersten Sprechchor-Spiel (mit »Holz- und Menschenpuppen«) gewählt: *Biß in die Peitsche*, das gegen historisches wie modernes Sklaventum aufbegehrte (Aufführung 1925 durch den

ATBD-Verein »Freie Volksbühne« Offenbach). Die Dimension großer Massenaufführungen hatten ebenfalls die Sprechchöre des Theaterpädagogen A. Auerbach in Frankfurt a.M.: so anläßlich der Internationalen Arbeiter-Olympiade 1925 *Kampf um die Erde*, 1926 *Europa* und 1930 *Wir sind die Kraft*. Völkerverständigung und Kampf gegen Gewalt wurden von ihm vor allem auf moralisch-ideeller Basis verhandelt. Festspiele mit Sprech- bzw. Sprechbewegungschören fanden 1929 in Magdeburg (*Flammende Zeit*, Ltg. M. Gleißner) und Leipzig (*Prometheus*, Ltg. O. Zimmermann) statt, damit die Tradition der frühen Leipziger Massenspiele von 1920/21 fortsetzend.

In der KPD hatten größere Aktualität und Mobilität der Agitproptruppen den Sprechchor für längere Zeit fast vollständig verdrängt. Mit dem von M. Vallentin entwickelten »Kollektivreferat« (erstmals Jan. 1926 zur sog. LLL-Feier *Als die Fronten wankten*) wurde der Sprechchor agitpropmäßig umfunktioniert: im Abbau lyrisch-hymnischer Elemente zugunsten eines sachlichen Referatstils, durch dynamisierende Einzelsprecher-Repliken mit der Möglichkeit sog. Blitzszenen sowie erhebliche personelle Reduzierung. Es eignete sich vor allem zur Darstellung größerer thematischer Zusammenhänge und Ereignisse (u.a. »Rotes Sprachrohr« Berlin: *Dritte Internationale* von F. Jahnke/Vallentin; »Rote Schmiede« Halle: *10 Jahre KJI*) und bildete ein notwendiges Gegengewicht zur Dominanz der politisch-satirischen Kabarettszenen. Innerhalb von Agitproptexten dienten kleinere Sprechchorpassagen bevorzugt als Mittel der Exposition, Steigerung und Zusammenfassung. In *Die Fabrik* als dramatisierter Geschichte eines Betriebes (Sprechchor der Naturfreunde, 21. 1. 1927) und in *Funktürme funken - Masse erwacht* (Sprechchor der Wandersparte ATSV Fichte unter T. Neumann, Jan. 1929) wurden Gedichte von J. R. Becher als Sprechchortexte mit Film und Lichtbildern kombiniert. Mit der Sprechchor-Einrichtung von Bechers Epos *Der große Plan* (Titel erweitert: ... *und seine Feinde*) durch die »Junge Volksbühne« Berlin (Regie H. W. Hillers und K. Niles, Musik K. Vollmer, Leitung des 300 Mitwirkende umfassenden Arbeiterchors Groß-Berlin J. Goldstein, 21. 10. 1932 in den Wilmersdorfer Tennishallen) kam es auch im KPD-Umkreis zur Wiederbelebung monumentaler Sprechchortechnik. Die Würdigung des industriellen Aufbaus in der Sowjetunion mündete hier jedoch in eine – erstmals so exponiert in der proletarisch-revolutionären Literatur – mythisch verklärende Darstellung des frühen Stalin-Terrors. Der Arbeiterchor Groß-Berlin trat in der Folge auch mit eigenen Chormontagen als Mischform von Arbeiterliedern, Einzelsprecher- und Sprechchortexten in Sportpalast-Programmen auf (Okt. 1931/März 1932). Ein eigenes Profil erwarb sich der von L. Dohme geleitete Sprechbewegungschor der »Proletarischen Versuchsbühne« der RH Berlin-Charlottenburg (Revolutionsprogramm 1926, *Totentanz der Arbeit* und *Zwischen Gestern und Morgen* 1927). In die Richtung des Agitproptheaters wiesen die Sprechchor-Revuen *Rote Wahl* von Schönlank (1928) und *Wenn ihr wollt* von M. Hochdorf und E. Kuttner im Programm der sozialdemokratischen »Wanderratten«. Schönlanks 1932 geschriebener Sprechchor *Wir wollen zusammen marschieren* mit seinem aus geschichtlicher Erfahrung gewonnenen Bekenntnis zur proletarischen Einheitsfront ließ sich schon nicht mehr aufführen.

Im Sinne seines ideologischen Programms versuchte der Nationalsozialismus die klassenmäßige Anbindung des Arbeiter-Sprechchors durch die völkische zu ersetzen. Chorisches Sprechen wurde im »Gemeinschaftserlebnis« zu einem Grundelement der bis 1937 propagierten Thingspiel-Bewegung. Eine Reihe ehemals namhafter Sprechchor-Dichter wie M. Barthel (u.a. der Jugendweihe-Chor *Ins Leben hinein*), K. Bröger (*Der Morgen, Rote Erde*) und A. Thieme (*Um die Erde*, das Maispiel *Der eiserne Takt* und das »Sinnspiel von Krieg, Tod und Leben« *Das zerbrochene Schwert*) konvertierten zu NS-Parteigängern. Auf spezifische Weise wurde die Sprechchor-Tradition im antifaschistischen Exil weitergeführt: in den ganz auf rhythmischen Text- bzw. Lied/Song-Vortrag gestellten »szenischen Kantaten« L. ↗ Fürnbergs und des von ihm geleiteten sudetendeutschen »Echos von links« und dem sich an E. F. Burians berühmter »Voiceband« (Stimmorchester) orientierenden »Studio 1934« unter H. Zinner in Prag. Ein großer Erfolg wurde die Aufführung von H. Sahls Chorwerk *Jemand* (nach F. Masereels Holzschnittzyklus *Die Passion eines Menschen*) 1938 in Zürich, das am Schicksal eines zum Streikführer gewordenen Arbeiters und seiner Hinrichtung durch ein Volksgemeinschaftstribunal zur Rettung der Menschheit vor der faschistischen Barbarei aufrief.

In seiner äußeren Erscheinungsform durch die griechische Tragödie geprägt (aktueller Einfluß der großen Arena-Inszenierung M. Reinhardts), wurde der Sprechchor in der Entdeckung durch und für das Proletariat grundlegend umfunktioniert. Aus einem konstitutiven Element des antiken Dramas formte sich ein autonomes künstlerisches Gebilde, das im Begriff der Masse und des eigenen Massen- bzw. solidarischen Gemeinschafts-Erlebens sein bewegendes Zentrum hat. In diesem Sinne bedeutet der Sprechchor Selbsterfahrung und -artikulation des Proletariats als geschichtlicher Akteur (Erleidender, Kämpfer und die Zukunft Vorwegnehmender). Von daher leitet sich auch sein klassisches Kompositionsschema ab und – in Abwandlung des Kultischen – sein besonderer Stellenwert in der sozialistischen Fest- und Feiergestaltung (einschließlich bestimmter Anlässe wie Jugendweihe, Gedenktage, Maifeiern, Jugendtreffen, Organisationsjubiläen, Parteitage, Arbeiterolympiade). Träger der personal- und zeitaufwendigen Sprechchor-Einstudierungen waren vorwiegend

Parteien bzw. Massenorganisationen und von diesen gestützte Institutionen. Nach Auflösung der USPD als eigentlichem Initiator der frühen Sprechchor-Entwicklung war dies vor allem die SPD mit dem Reichsausschuß für sozialistische Bildungsarbeit (1926 Einrichtung einer Sprechchorzentrale) und den lokalen Arbeiterbildungsausschüssen sowie der »Volksbühne« Berlin. Den proletarischen Mitgliedern der Chöre standen bürgerliche Berufskünstler als Solisten und Chorleiter zur Seite. Die bewußte Ingangsetzung gemeinsamer Lern- und Gestaltungsprozesse bei den an der Aufführung Beteiligten kann auch als ein mögliches Entwicklungsmoment im Vorfeld der Brechtschen Lehrstücktheorie gesehen werden. Vom Ausgangspunkt Massen und Massenerlebnis forderte der Sprechchor thematisch notwendig den großen Gegenstand. Besonders in seiner Entwicklungsphase nach 1925 weiteten sich dabei die eigenen Klassen- zu Menschheitsfragen aus: moderne Zivilisationskritik, Entfremdungsproblematik, globales Friedensengagement. Trotz relativer Schwerfälligkeit zeigte der Sprechchor bemerkenswerte formale Neuerungen und eine beachtliche Fähigkeit zur Synthese mit anderen Künsten, so im Übergang vom statischen zum Sprechbewegungschor mit stilisierten gestischen und tänzerischen Elementen (Anregungen R. von Labans und des modernen Ausdruckstanzes), in szenischen Einschüben und dem Ausbau zum Massenspiel, im engen Wechselverhältnis zu Musik und Gesang sowie im Einsatz moderner szenenbildnerischer und filmischer Mittel.

Lit.: A. Johannesson: Leitfaden für Sprechchöre, Berlin 1929; R. Weber: Proletarisches Theater und Revolutionäre Arbeiterbewegung 1918–1925, Köln 1978; Will/Burns, 1982; J. Clark: Bruno Schönlank und die Arbeitersprechchorbewegung, Köln 1984; U. Hornauer: Laienspiel und Massenchor. Das Arbeitertheater der Kultursozialisten in der Weimarer Republik, Köln 1985.

Peter Diezel

Arbeiter-Theater-Bund Deutschlands e. V. (ATBD)

1908 Bund der Arbeiter-Theater-Vereine Deutschlands, 1913 Deutscher Arbeiter-Theater-Bund (DAThB), 1928/33 ATBD. Ging aus dem 1906 gegründeten »Bund der Theater- und Vergnügungsvereine Charlottenburgs« hervor. Profilierte sich seit 1908 als Arbeitervereinigung; Herausgabe des monatlichen Bundesorgans »Die Volksbühne«. Bemühungen um soziale Dramatik, u.a. »Freie Bühne« Bremen mit *Golgatha* von P. Mehnert und *Friede auf Erden* von R. Lipinski. Vielfach kleinbürgerliches Vereinsgebaren. Nach kriegsbedingter Stilllegung der Bundesarbeit rascher Aufschwung: bis Juni 1922

Straßenagitation gegen den Panzerkreuzerbau durch Mitglieder des ATBD (in Berlin), 1928

7489 Mitglieder bzw. 323 Vereine (Vorkriegsstand: 1300 Mitglieder bzw. 65 Vereine). Ohne sich an eine Arbeiterpartei zu binden, orientierte die Bundes-Leitung (Vorsitzender 1911/24 A. Hinze) auf Klassenkampf als übergreifendes Integrationsmoment. Die 1922 angenommenen Richtlinien forderten eine der Proletkultlosung »proletarischen Kollektivwillens« entsprechende Dramatik und Organisationsdisziplin. Aufführungen von L. Kampfs Schauspiel *Am Vorabend* durch die »Freie Volksbühne« Berlin und F. Jungs *Wie lange noch?* durch den DAThB. Auf dem 8. Bundestag 1924 in Leipzig ging die Bundesleitung mit einer Stimme Mehrheit an die sozialdemokratisch orientierte Opposition über. Neuer Vorsitzender wurde A. Jahn. Die Leipziger Bundesleitung betonte den volksbildenden und erzieherischen »Kulturfaktor« bei Vorrang des »Kunst«-Kriteriums gegenüber parteipolitischer Propaganda. Ihre Zusammenarbeit mit bürgerlichen Laienspielverbänden in Abwehr des drohenden Reichstheatergesetzes führte zu heftigen Spannungen mit der kommunistischen Opposition. Deren Beauftragter war

Arthur Pieck; geb. 28. 12. 1899 in Bremen; gest. 13. 1. 1970 in Berlin; Sohn W. Piecks. Lehre als Schriftsetzer; frühzeitig politisch tätig: Antikriegs- und oppositionelle Jugendarbeit, KPD-Aktivitäten.

Zeitweise illegal. Angestellter der sowjetischen Handelsvertretung in Berlin, Leiter der »Proletarischen Sprech- und Spielgemeinschaft« Berlin-Steglitz (1923/25), der »Proletarischen Bühne« Berlin-Mitte des DAThB (1926/27), der »Roten Blusen« (ab 1927). Anfangs Sprechchöre (*Die Toten rufen* von B. Lask und *7000*), später ein Wegbereiter von Revue und Agitproptheater im DAThB (1926 *Nehmt des Kaisers, was des Volkes ist!*, 1928 *Von Scheidemann bis Müller. 10 Jahre deutsche Republik*). 1926 Vorsitzender des Berliner Bezirkes des DAThB, 1928/32 erster Vorsitzender der ATBD-Bundesleitung; führend im IATB/IRTB (1929 Leiter des Westeuropäischen Büros, 1930 Präsidiumsmitglied, ab 1932 Sekretariatsmitglied). 1941/45 Offizier der Roten Armee, in Kriegsgefangenenlagern und Fronteinsatz. Nach 1945 Staats- und Wirtschaftfunktionen in der DDR.

Entsprechend der KPD-Linie ging es bei Vorbereitung und Ablauf des 10. Bundestages 1928 um die »Eroberung« der Leitungsgeschäfte. Taktische Überrumplung der sozialdemokratischen Delegierten, auch das positive Beispiel eigener Bezirksarbeit und die neuartige Ausstrahlung der Agitproptruppen (»Die Nieter« Hamburg) sicherten einen klaren Wahlsieg mit 116 gegen 86 Stimmen (mit Ausnahme Berlins und Hamburgs jedoch zwei Drittel-Mehrheit von SPD-Mitgliedern). Der Aufbau eines eigenen Textvertriebes – allein 1929 wurden 743 neue politisch-aktuelle Szenen versandt – sollte die Repertoireprobleme lösen und die abseits stehenden Gruppen revolutionieren helfen. Zum Führungskreis um A. Pieck als Vorsitzendem gehörten A. Fröhlich (Stellvertreter), M. Lode (Geschäftsstelle), P. Signer (Bibliothek und Verlag), E. Damm (Propaganda und Vertrieb) und A. Raddatz (Redaktion »Arbeiter-Bühne«). Künstlerischer Beirat war bis 1930 B. Balázs, der durch einen künstlerischen Ausschuß unter G. von Wangenheim (M. Vallentin, S. Moos, H. Otto und M. Jensen) abgelöst wurde. Der 11. Bundestag 1930 in Dortmund stand im Zeichen beschleunigten Übergangs von den als überholt bezeichneten Formen des »Vereins-, Volksbühnen- und Zeit-Theaters« zum »politischen Kampftheater«, das ausschließlich im politisch-satirischen Kabarett und Agitproptheater gesehen wurde. Als Referent trat auf

Hans Käbnick; geb. 1904 in Hamburg; gest. 24. 7. 1934 in Westerland (Sylt). Sohn eines Maurers; 1919/25 Besuch des Lehrerseminars. Mitarbeit an »Hamburger Volkszeitung« (Kritiken, Kurzgeschichten) und »Proletarischer Bühne« Hamburg, Autor der 1926 von ihr aufgeführten Stücke *Die Kommune lebt!* und *Auf Vorposten der Revolution* (über den Kieler Matrosenaufstand). Gründer und Leiter (1928/30) der führenden deutschen Agitproptruppe »Die Nieter«, für die er die Mehrzahl der Texte verfaßte. Mitglied des BPRS. Schrieb 1932 für das »Kollektiv Hamburger Schauspieler« die Revue *Hamburg bei Nacht*, die schon nicht mehr aufgeführt werden konnte. Von den Nationalsozialisten in den Freitod getrieben.

Als Folge des politischen Radikalisierungskurses trennte sich ein Teil der sozialdemokratischen Gruppen vom ATBD und gründete den »Arbeiter-Laienspieler-Verband«, Sitz Bielefeld, mit zeitweilig 1500 Mitgliedern (Vorsitzender E. Mühlenweg). Die März 1931 erlassene »Verordnung zur Bekämpfung politischer Ausschreitungen« und regionale Auftrittsverbote schränkten den Aktionsradius der Agitproptruppen ein. So kamen die auf der ATBD-Reichskonferenz 1931 entwickelten methodischen Überlegungen E. Schliessers, gerichtet auf Ausbau zum sog. dialektischen Stück, nicht mehr zum Tragen. Der ATBD hatte nur noch 210 Ortsgruppen mit insgesamt 2500 Mitgliedern. Als man sich (ab Nov. 1931, 12. Bundestag Pfingsten 1932 in Chemnitz) kritisch mit den eigenen Versäumnissen auseinanderzusetzen begann, die im ungenügenden Erfassen des gesamten Spektrums der Arbeitertheaterbewegung und der Isolierung von den sich entwickelnden revolutionären Schauspielerkollektiven sowie proletarischen Besucherorganisationen wie »Junge Volksbühne« Berlin gesehen wurde, und eine Reorganisation anstrebte, war es dafür schon zu spät. Die Leitung des Bundes versuchte einige Monate 1933 illegal mit einzelnen Truppen in Berlin weiterzuarbeiten. Geführt wurde diese Arbeit von

Elly (Ella) Schliesser; geb. 19. 12. 1911 in Berlin; gest. 2. 5. 1947 in Dresden. Aus Berliner jüdischer Familie; wurde häufig als Zuschauerin bei den Proben des »Roten Sprachrohrs« im sog. Scheunenviertel gesehen, wo M. Vallentin sie zur Mitarbeit aufforderte. Lieferte 1931

den entscheidenden Beitrag zur Methoden-Diskussion innerhalb des ATBD, Hauptreferentin des 1. erweiterten Plenums des IATB im selben Jahr in Moskau. Ab Herbst 1933 im Prager Exil, Mitbegründerin des Hans-Otto-Klubs und des Tschechisch-deutschen Bühnenklubs. 1937 nach Paris; Chemie-Studium. Mit Beginn der deutschen Besetzung unter Wehrmachtsangehörigen Aufklärungsarbeit; 1940 Verhaftung durch die Gestapo. Gefängnis; 1942/Jan. 1945 Auschwitz (Vorträge vor slowakischen und französischen Mithäftlingen sowie *Faust*-Lesung; empfindsame eigene Gedichte), über Ravensbrück in ein Lager bei Leipzig, dort Flucht. 1945 an Organisierung erster antifaschistischer Großkundgebung in Dresden beteiligt; nachwirkende Depressionen führten zu schwerer psychischer Erkrankung und Suizid.

Die wesentliche Leistung des ATBD in seiner Frühphase bestand neben Verdiensten um das soziale Drama darin, gegen den ausdrücklichen Willen der sozialdemokratischen Bildungsausschüsse an der Intention eines Theaters von Arbeitern für Arbeiter festgehalten zu haben. Er wurde organisatorisches Bindeglied von frühem sozialdemokratischen Arbeitertheater und Arbeitertheaterbewegung der Weimarer Republik. Die parteipolitische Spaltung der deutschen Arbeiterklasse nach 1918 wirkte sich auch auf seine Arbeit aus (u.a. Kämpfe um die Bundesleitung - Wechsel 1924 und 1928). Während die SPD trotz offensichtlicher Annäherung an ihr Kultur-Programm unter dem Leipziger Bundesvorstand weiterhin auf klarer Distanz zum ATBD blieb, bezog ihn die KPD seit 1927 in ihre Strategie zur »Eroberung« der proletarischen Massenorganisationen ein. Der damit verbundene und von der »Sozialfaschismus«-These begleitete Hegemonie-Anspruch unterminierte positive Momente der kämpferischen Einheitsfrontpolitik. Diese vertrat zunehmend die Agitproptruppen-Bewegung, die vehement auf Verschmelzung mit dem ATBD drängte bzw. gedrängt wurde. Die in Verkennung der politischen Situation falsche Revolutionierungsstrategie der KPD und die sie direkt umsetzende Praxis der Agitproptruppen bildeten dabei eine sich wechselseitig bedingende Einheit. Die Verabsolutierung der Agitproptruppen-Form richtete sich - ungeachtet avantgardistischer Momente und methodischer Konsequenz - nicht nur gegen die tradierten Formen des Arbeitertheaters, sondern auch gegen das aufkommende demokratisch-oppositionelle und revolutionäre Berufstheater (»Piscator-Bühne«, Schauspielerkollektive). Vom bündnispolitisch verengten Standpunkt der Agitproptruppen aus wurde der ATBD zum wichtigsten organisatorischen Übermittler ihrer Erfahrungen, bes. über den von ihm bis 1931 konzeptionell entscheidend mitbestimmten ↗ IATB.

Lit.: Arbeitertheater; F. W. Knellessen: Agitation auf der Bühne. Das politische Theater der Weimarer Republik, Emsdetten 1970; P. von Rüden: Sozialdemokratisches Arbeitertheater (1848-1914), Frankfurt a.M. 1973; R. Henke/R. Weber (Hg.): »Arbeiterbühne und Film«. Zentralorgan des ATBD e. V., Juni 1930/Juni 1931, Repr. Köln 1974; P. Diezel (Hg.): »Wenn wir zu spielen - scheinen«. Studien und Dokumente zum Internationalen Revolutionären Theaterbund, Bern u. a. 1993.

Peter Diezel

Arbeiter-Theater-Verlag Alfred Jahn (ATV)   *uelt*

Bühnenmanuskript- und Musikalien-Verlag proletarischer Laientheater. Begründet 1910 in Leipzig durch den Buchhändler

Alfred Jahn, geb. 14. 1. 1886 in Leipzig; gest. 28. 10. 1976 in Leipzig. War Arbeiterkind, seit 1907 Mitglied der SPD. Aktiv in der Buchhändlergewerkschaft. 1918 an der Ostfront Mitglied eines Soldatenrates. War 1924/28 Vorsitzender des Deutschen Arbeiter-Theater-Bundes, auf dessen X. Bundestag er von A. Pieck abgelöst wurde. Engagierte sich in der 1923 gegründeten Vereinigung linksgerichteter Verleger zusammen mit A. Wolf, E. Oldenburg, F. Kater gegen die Weimarer Klassenjustiz. Betrieb zur finanziellen Unterstützung seines Verlages ein gutgehendes Fest-Artikel-Versand-Geschäft, das sozialdemokratische, gewerkschaftliche und auch KPD-Organisationen sowie Freidenker- und Pazifisten-Verbände mit Agitations- und Propagandamaterial (Plakate, Wimpel, Mai-Nelken, Postkarten u. ä.) versorgte. 1933 löste Jahn den Verlag auf, rettete die z. T. umfangreichen Lagerbestände vor dem Zugriff der Nazis, betrieb aber den Festartikelversand (nun unpolitisch) und ein bescheidenes Barsortiment bis zu seinem Tode.

Im sozialdemokratisch orientierten ATV erschienen 1910/32 insgesamt 365 Titel in z. T. mehreren Auflagen, systematisiert in 31 Reihen, deren wichtigste waren: *Neue Arbeiter-Bühne, Arbeiter-Sprech-Chor, Kurze Arbeiter-Szenen, Soziale Lebende Bilder, Neue Mai-Bühne, Soziale Mehrakter, Arbeiter-Fest- und Weihe-Spiele, Arbeiter-Jugend-Bühne, Arbeiter-Kinder-Bühne, Arbeiter-Sport-Bühne, Lustige Bühne, Proletarisches Kabarett, Der rote Kasper, Neue Märchen-Bühne, Narrenspiele, Possen, Schwänke, Satiren, Sonnenwend-Spiele, Neue soziale Weihnachts-Bühne* u. a. Die Texte bildeten das Repertoire der sozialdemokratischen und proletarischen Laienspiel-Gruppen, waren Teil der von der SPD gepflegten Fest- und Feier-Kultur. Ihre Autoren waren meist keine Berufsschriftsteller, sondern Akteure und Teilnehmer der Laienspielbewegung. Die Themen und Gegenstände – das weisen bereits die oben genannten Reihenbezeichnungen aus – waren weit gefächert; Arbeitskämpfe und politische Auseinandersetzungen, soziale Probleme wie Wohnungsnot und Arbeitslosigkeit, standen neben unterhaltenden Themen und Formen. Für unterschiedliche Adressaten – Erwachsene, Kinder und Jugendliche – und politisch nicht nur der SPD zugehörige Zuschauer und Spieler wurden auf der proletarischen Laienbühne gesellschaftlich bedingte Konflikte, menschliche Haltungen und zu großen Teilen spannende Handlungen vorgeführt, die Nachdenken und Kritik an gesellschaftlichen Verhältnissen beabsichtigten.

Die erfolgreichsten sozialdemokratischen Autoren im ATV waren: B. Schönlank, E. Grisar, A. Auerbach, L. Hespe, F. Renker. ATV verlegte auch Texte kommunistischer bzw. nicht parteigebundener Autoren, so z. B. das gesamte dramatische Frühwerk von Georg W. Pijet, darunter *Kreuzer unter Rot* (1927), *D-Zug K 3* (1928), *Schlacht im Turm* (1928) und *Verrat in der Nacht* (1931). W. Troppenz schildert in *Der Holzwurm* (1926/32) die erfolgreiche Arbeit einer kommunistischen Betriebszelle, die in einer Möbelfabrik Lohnerhöhungen durchsetzt. Ein wichtiger, mehrfach vertretener Autor war der parteilose Sozialist Lobo Frank (d. i. Ernst Heinrich Bethge, 1878–1944, KZ Sachsenhausen), der außer mit seinen wirkungsvollen Roten-Kasper-Stücken (Ndr. in: *Rote Kasper-Texte.* Stücke aus den 20er Jahren für das Figurentheater der Arbeiterkinder, Frankfurt a. M. 1986) mit erfolgreichen Sprechchorwerken wie *Kreuzzug der Maschine* (1929) u. a. bekannt geworden war.

Lit.: W. U. Schütte: Der rote Jahn, Leipzig 1988; ders.: Linke Verlage im Leipzig der Weimarer Republik, in: Marginalien, 1974, H. 50, 53; L. Schirmer: Notate zu Texten des sozialdemokratischen Arbeitertheaters in der Weimarer Republik. Alfred Jahn und der Leipziger Arbeiter-Theaterverlag (mit Bibl.), in: IWK, 1983, H. 19. U. Hornauer: Laienspiel und Massenchor. Das Arbeitertheater der Kultursozialisten in der Weimarer Republik, Köln 1985 (= Schrn. des F. Hüser-Instituts Dortmund); G. Weinkauff: E. H. Bethges Ästhetik der Akklamation. Wandlungen eines Laienspielautors in Kaiserreich, Weimarer Republik und NS-Deutschland, Frankfurt a. M. 1992.

Wolfgang U. Schütte

Arbeiterbibliotheken (A)

Bildungsbüchereien liberaler und sozialistischer Handwerker-, Arbeiter-, und Volksvereine sowie der politisch selbständigen proletarischen Klassenorganisationen. Im folgenden werden unter A vorrangig Einrichtungen der SPD und der sozialdemokratisch bestimmten Gewerkschaften, Wahlvereine, Bildungsinstitute in der Zeit 1890/1914 behandelt. Diese A entstanden in den 70er Jahren des 19. Jh.s als politische und ideologische »Rüstkammern« für die Agitation der Bewegung. Sie erreichten 1894 und 1914 Höhepunkte ihrer Wirksamkeit als proletarische Massenbibliotheken mit politischem und weltanschaulichem Bildungsanspruch, gerieten nach 1918 durch kriegsbedingte Schäden und die Spaltung der Arbeiterklasse materiell und konzeptionell in die Krise und verloren in den 20er Jahren (↗ Bücherwarte und ↗ Sozialistischer Kulturbund) zunehmend ihre Bedeutung für die klasseneigene Literaturkommunikation. 1933 wurden die Bestände der A (ca. 1,5 Mio. Bde.) von den Faschisten beschlagnahmt und aufgelöst. Die A waren Stätten einer Bildungsarbeit, die Klassenbewußtsein formieren und zum Klassenkampf befähigen wollte. Sie waren Institutionen eines eigenen literarischen Kommunikationssystems der Arbeiterbewegung. Die frühe sozialdemokratische Arbeiterbewegung schuf ihre Büchereien, die ihr beträchtliche finanzielle Anstrengungen abverlangten, weil sie auf den lesenden Arbeiter setzte und die massenhafte Lese- und Lektürefähigkeit als Grundbedingung für einen erfolgreichen politischen und sozialen Emanzipationskampf der Klasse verstand. Die »papierenen Agitatoren« (Flugblätter, Zeitungen, Broschüren) wirkten breiter und gründlicher als jene »von Fleisch und Blut«. Daraus wurde der Organisationsauftrag der A abgeleitet. Sie sollten Selbstbildungseinrichtungen der Mitglieder für die Belange des Klassenkampfes sein, sollten vor allem die poltischen, ökonomischen und weltanschaulichen Schriften der Arbeiterbewegung verbreiten. Die Realisierung dieses Auftrages konfrontierte die Bibliothekare und Bildungsfunktionäre mit Problemen, die sich aus den realen Lektürebedüfnissen der Büchereibenutzer ergaben, die letztlich die tatsächliche Literaturvermittlung mitbestimmten. Zwischen 1890/1914 wuchsen so die Anteile an belletristischer Literatur in den Beständen der A beträchtlich. Bereits Mitte der 90er Jahre machte die »Schöne Literatur« (vorrangig Romane, Erzählungen) 60–80 Prozent des Gesamtangebotes aus. Verursacht wurde diese Entwicklung vor allem durch den Zustrom neuer Mitglieder in die SPD und die freien Gewerkschaften, die sich nach 1890 zu Massenorganisationen entwickelten. Die A hatten jetzt also auf die literarischen Bedürfnisse eines Massenpublikums zu reagieren. Dieses Publikum stammte zum großen Teil aus dem städtischen, in der maschinellen Großproduktion tätigen Industrieproletariat, das eine Lebensweise entwickelt hatte, in der Umgang mit Literatur nicht vorrangig durch politische Bildungsaufgaben, sondern durch das Erfordernis zur Reproduktion der Arbeitskraft motiviert wurde. Die Funktionäre und Theoretiker der Partei sahen in diesem Sachverhalt meist einen Widerspruch zwischen dem notwendigen Vollzug der geistigen Emanzipation durch angestrengte klassenmäßige Bildung und einem davon eher ablenkenden diffusen literarischen Unterhaltungsbedürfnis. Diese Verurteilung der »Unterhaltungssucht« führte anfänglich zu einem generell distanzierten Verhältnis gegenüber belletristischer Literatur. Später wurde dann nur noch die sog. Massenkolportage (trivialliterarische Lieferungsprosa) attackiert. Bis über die Jahrhundertwende hinweg konzentrierten sich die Konzepte zur Literaturverbreitung in der Arbeiterbewegung wesentlich auf politische und sozialkritische Schriften von Theoretikern und Publizisten der Arbeiterbewegung. Einbezogen und propagiert wurden allerdings auch die »veredelnden« und »erhebenden« Botschaften klassischer deutscher Literatur (vor allem Werke F. Schillers), der »freiheitliche« Geist der Vormärzdichtung sowie materialistische,

Werbeplakat für Arbeiterbüchereien 1930

populärwissenschaftliche Aufklärungsliteratur. Wenn dennoch die belletristischen Unterhaltungsangebote in den Beständen dominierten, dann deshalb, weil die Bibliothekare und Funktionäre vor Ort verhindern wollten, daß ihre Leser zur Konkurrenz der »freisinnigen« oder »vaterländischen« Vereine abwanderten. Zudem waren Bildungsfunktionäre zeitweilig der Auffassung, man könne die Leser über belletristische Angebote an die politische und gesellschaftswissenschaftliche Literatur heranführen.

Zwischen 1894 und 1918 druckten Zeitschriften wie die NZ, die »Sozialistischen Monatshefte«, »Der Kampf«, »Der Bibliothekar« und das »Correspondenz-Blatt der Generalkommission der Gewerkschaften« immer wieder Beiträge ab, in denen das Benutzerverhalten der Arbeiterleser und die Bildungsfunktion problematisiert wurden. Eine rigorose Bestandskritik sorgte für die Entfernung solcher Angebote aus den A, die als unvereinbar mit dem Bildungsanliegen galten (z.B. K. May, E. Marlitt oder die »Gartenlaube«). Als Verfasser solcher Artikel zeichneten u.a. P. Vogt (Avocatus), J. Kliche, E. Koch, S. Koperbe, P. Lensch, W. Nitschke, A. Reißmann, G. Henning, E. Graf, F. Petrich, R. Danneberg, A. Bär, J. Hanauer, K. Haenisch,

Bebel »Die Frau und der Sozialismus«
50. Auflage 1910

D. Zinner, E. Mehlich, H. Schulz, A. Südekum, J. Sassenbach. Im Ergebnis der kritischen Auseinandersetzung wurden Schriften der politischen und klerikalen »Reaktion«, des Nationalismus und Chauvinismus grundsätzlich nicht mehr in die Bestände aufgenommen. Es gelang auch, eine Auswahl an Unterhaltungsangeboten damals allgemein anerkannter erzählender Literatur zu formieren. Zu den meistgelesenen Autoren der Bibliotheksbenutzer um 1900 zählten E. Zola, F. Gerstäcker, J. Verne, W. Busch; dann folgten L. Anzengruber, B. Auerbach, H. de Balzac, E. Bellamy, M. Cervantes, A. Daudet, Ch. Dickens, A. Dumas (d. Ä.), M. von Ebner Eschenbach, Th. Fontane, M. Gorki, G. Hauptmann, Ch. F. Hebbel, H. Ibsen, M. Jokai, G. Keller, M. Kretzer, H. Löns, F. Marryat, G. de Maupassant, K. May, A. Otto-Walster, W. von Polenz, W. Raabe, F. Reuter, P. Rosegger, R. Schweichel, W. Scott, F. Spielhagen, A. Stifter, Th. Storm, A. Strindberg, H. Sudermann, B. von Suttner, J. Swift, L. Tolstoi, M. Twain und C. Viebig. Besonderen Zuspruchs erfreuten sich beim Arbeiterlesepublikum W. Alexis, A. E. Brachvogel, G. Freytag, F. Hackländer, P. Heyse, M. Kautsky, F. W. Adami, F. Dahn, G. Frenssen, L. Ganghofer und E. v. Wildenbruch. Vornan in der Lesergunst stand über Jahrzehnte A. Bebels *Die Frau und der Sozialismus*. Aus den

zeitgenössischen Publikationen über das Benutzerverhalten lassen sich bezüglich der literarischen Themen und Stoffe u.a. folgende Vorlieben der Arbeiterleser rekonstruieren: Abenteuer, Heimat und Dorf, Sitte, Ehe, gesellschafts- und naturwissenschaftlich-technische Utopien, Reisen und Expeditionen, Kriminalfälle, historische Begebenheiten, Leben berühmter und herrschender Persönlichkeiten (Enthüllungen), Kriege und Soldatenleben, Aufbegehren plebejischer Selbsthelfer, revolutionäre Erhebungen; Mystik, Aberglauben, Religion (rational erklärt); Tierleben, Sagen und Märchen, Deutsche im Ausland, Erfinder und soziale Aufsteiger. Es kann davon ausgegangen werden, daß zwischen 1907/1913 jährlich ca. 400 000 organisierte Arbeiter die A benutzten (etwa 15 Prozent der Mitglieder in Arbeiterorganisationen). W. Nitschke gab 1913 einen Einblick in die Benutzungsentwicklung einer dieser A. Aufgrund der Bibliotheksstatistik des Berliner Holzarbeiterverbandes ermittelte er Benutzungstrends für den Zeitraum 1891/1911, die für großstädtische Arbeiterleser um 1900 als typisch angenommen werden können (vgl. W. Nitschke: *Wie und nach welcher Richtung entwickelt sich das Lesebedürfnis der Arbeiterschaft?* in: Sozialistische Monatshefte 1913, H.17). Über den gesamten Zeitraum ergab diese Auswertung einen rapiden Rückgang der Entleihungen aus den Bereichen »Sozialwissenschaften und Arbeiterbewegung« (von 100 Entleihungen waren es 1891: 22,7 und 1911: 2,2 Bücher). Die Gebiete »Geschichte« (durchschnittlich ca. 8 von 100) und »Philosophie« (etwa 1,5 von 100 Entleihungen) hielten sich mit Schwankungen konstant in der Lesergunst, während die Nachfrage nach Werken der »Dichtung« allmählich nachließ (12,6 von 100 Entleihungen 1891 und 4,3 im Jahre 1911). Das Interesse an »Romanen, Erzählungen und Novellen« nahm dagegen fast ohne Schwankungen enorm zu (1891: 14,6 und 1911: 70,4 von 100 Entleihungen). A. Reißmann ermittelte 1913 aus 50 Bibliotheksberichten des Jahres 1912 die Bestandsauslastung nach Literaturkategorien von Arbeiterbibliotheken in 16 deutschen Städten. Ähnlich wie in der Berliner Statistik konnte auch hier eine absolute Dominanz der Belletristik in der Lesergunst festgestellt werden (vgl.: A. Reißmann: *Die Arbeiterbibliothek als Bildungsanstalt*, in: NZ 1913/14, H.32). Auf der Grundlage solcher Publikationen (u.a. auch A.H. Th. Pfannkuche: *Was liest der deutsche Arbeiter?* Leipzig 1900) stellt sich das Benutzerverhalten in den A um 1900 insgesamt etwa so dar: Jährlich wurden von den Arbeiterlesern ungefähr acht Prozent naturwissenschaftlich-technische Fachpublikationen entliehen; etwa 15 Prozent waren politische und gesellschaftswissenschaftliche Literatur; 4 Prozent sonstige allgemeinbildende Schriften und 73 Prozent Belletristik. Damit konnten die A besonders nach Auffassung linker Arbeiterbildner ihre Funktion als »Rüstkammer« für den Klassenkampf kaum erfüllen. Hinzu kam, daß sich die Hoffnung nicht bestätigte, Arbeiterleser könnten über die Belletristik an den Gebrauch politischer und gesellschaftswissenschaftlicher Literatur herangeführt werden. 1916 bezeichnete A. Bär (einer der erfolgreichsten Arbeiterbibliothekare in Brandenburg) die Belletristik als den wichtigsten, weil massenwirksamsten Teil des Buchbestandes. Eine Position, die wohl von den meisten der damaligen Arbeiterbibliothekare geteilt wurde. So mußten besonders bei den theoretisch ambitionierten Arbeiterbildnern Zweifel am Sinn der bibliothekarischen Massenarbeit aufkommen: Wurden die investierten Kräfte und Mittel für den beabsichtigten Bildungszweck tatsächlich optimal genutzt? Das Arbeiterbibliothekswesen entwickelte sich Anfang des 20. Jh.s tendenziell zu einem kostenaufwendigen Massenbibliothekswesen, das auf Einheitlichkeit, Systembildung und nationale Leitung drängte. Neben großen Einzeleinrichtungen wie der Berliner Metallarbeiterbibliothek (hauptamtlich geleitet; 20 000 Bde.) gab es eine Vielzahl kleiner und kleinster Büchereien, die begannen, ihre Kapazitäten durch örtlichen Zusammenschluß rationeller zu gestalten, um ihren Lesern breitere und differenziertere Angebote machen zu können. 1898 entstand in Leipzig die erste örtliche Arbeiterzentralbibliothek auf Initiative und unter Leitung von G. Henning. Ihr folgten im Reichsgebiet 1899 weitere 15 Zentralbibliotheksgründungen. 1910 meldeten 496 Ortskartelle der Gewerkschaften die Tätigkeit einer gemeinsamen Bibliohek. Ab 1909 erschien in Leipzig »Der Bibliothekar. Monatsschrift für Arbeiterbibliotheken« als erstes sozialistischen Fachorgan der Welt, das sich sehr bald schon zum wirksamen Forum des nationalen Erfahrungsaustausches für Arbeiterbibliotheken und Arbeiterbildner entwickelte (Hg.: G. Henning). Kurz vor Ausbruch des I. Weltkrieges unterhielten die Klassenorganisationen in 748 Orten 1147 Arbeiterbibliotheken (571 Zentralbibliotheken; 556 Einzeleinrichtungen) mit einem Angebot von 833 857 Büchern.

Lit.: H.-J.-Steinberg: Sozialismus und deutsche Sozialdemokratie. Zur Ideologie der Partei vor dem I. Weltkrieg, Hannover 1967; Will/Burns; F. Johannson: Arbeiterlektüre und bibliothearische Bemühungen vor 1900, in: Literatur.

Franz Johannson

Arbeiterbühne, ab Juni 1930 Arbeiterbühne und Film (Ab bzw. AuF)

Zentralorgan des Arbeiter-Theater-Bundes Deutschlands (ATBD, ab Okt. 1930: Sektion des Internationalen Arbeiter-Theater-Bundes (IATB); 1929/Mitte 1931 führendes Organ des deutschen Arbeitertheaters und der Agitpropbewegung. – Ab Sep. 1908 erschien im Verlag des Bundes der Arbeiter-

Theater-Vereine Deutschlands als 4-seitiges Informationsblatt »Die Volksbühne« (mit Gründung des DAThB im Juni 1913: Organ für die Interessen des Deutschen Arbeiter-Theaterbundes). Von Aug. 1914/Aug. 1919 war das Erscheinen eingestellt, danach erweiterte die Zeitschrift den Umfang auf 8 S. und druckte auch Gedichte, u.a. von M. Barthel, G. Engelke und E. Preczang. Nach dem Bundestag des DAThB (Juni 1924) erschien »Die Volksbühne« im Leipziger Arbeitertheaterverlag des neugewählten Vorsitzenden A. Jahn. Ab 1926, H. 6 wurde der Titel, zur Abgrenzung von der Volksbühnenbewegung, in Ab geändert. – Im Ergebnis der auf dem X. Bundestag (Apr. 1928) erfolgten Umwandlung des DAThB zum ATBD erschien Ab im Berliner Verlag »Arbeiterbühne« ab Jan. 1929 weiter mit ihrem bisherigen Namen und fortlaufender Jahrgangszählung; Inhalt und veränderte äußere Gestalt entsprachen den revolutionären Veränderungen im ATBD. Aus dem 8-seitigen Mitteilungsblatt wurde eine Zeitschrift mit 16 S., die den Gedanken des proletarischen Kampftheaters und seiner neuen Form, des Agitprop, wirkungsvoll vertrat. Im Juni 1930 wurde Ab mit der Zs. des Volksverbandes für Filmkunst »Film und Volk« verschmolzen. Diese war von März 1928/März 1930 mit einem Umfang zwischen 16 und 24 S. monatlich erschienen (ständige Mitarbeiter u.a. B. Balázs, A. Goldschmidt, A. Holitscher, L. Lania und H. Siemsen). Neben kontinuierlicher Propagierung des deutschen proletarischen Films und der »Russenfilme« hatte die Zs. »Film und Volk« regelmäßig über die Aktivitäten des Verbandes informiert, progressive Filmkünstler aus aller Welt vorgestellt und Überblicke zur Kinomatographie solcher Länder gebracht, deren Filme in Deutschland kaum gezeigt wurden.

AuF erschien im Umfang von 32 S. Juni 1930/Juni 1931 monatlich mit einer Auflage von ca. 6000 Exemplaren, danach erzwangen die Notverordnungspolitik der Regierung Brüning sowie finanzielle Schwierigkeiten im ATBD ihre Einstellung. Verantwortliche Redakteure: A. Raddatz (1929, H. 1/1931, H. 2), H. Lüdecke (1931, H. 3-6). – Ständige Rubriken: »Mitteilungen der Bundesleitung des ATBD«, »Internationales Arbeitertheater« und »Aus den Bezirken«, ab Juni 1930 im Filmteil »Film und Volk« sowie »Proletarische Filmkritik«. Während die neuen Szenen, Lieder und Sprechchöre der Spieltruppen in der Sammlung »Das Rote Sprachrohr« (Jan. 1929/März 1931 monatlich herausgegeben vom KJVD) erschienen, standen in Ab bzw. AuF die kulturpolitischen, methodischen und organisatorischen Probleme des Arbeitertheaters im Mittelpunkt. Maßgeblichen Anteil an der Konzeption der Zeitschrift hatten A. Pieck und M. Lode von der Bundesleitung des ATBD; ständige Mitarbeiter waren die Schriftsteller und Kritiker Balázs, K. Kläber, S. Moos, G. v. Wangenheim, A. Durus und Lüdecke, der Schauspieler H. Otto (Ps. Hans Bellmann), die kommunistischen Funktionäre und Theoretiker H. Duncker, P. Maslowski, H. Remmele und E. Schneller. Regelmäßig schrieben auch führende Leute aus der Praxis des Arbeitertheaters, wie H. Damerius (Ps. Heda), Pieck, Lode und A. Fröhlich.

Breiten Raum erhielten die Arbeitsberichte von Spieltruppen aus ganz Deutschland. Neue Programme bekannter Truppen, insbesondere des »Roten Sprachrohr«, wurden ausführlich vorgestellt und für den Erfahrungsaustausch zur Diskussion gestellt. Besondere Aufmerksamkeit galt dem internationalen Arbeitertheater (u. a. mit der Sondernummer 1931, H. 2) sowie dem im Dez. 1929 in Moskau gegründeten IATB. So erschienen Berichte über das Theater in der Sowjetunion und über Arbeitertheater in der CSR, den USA, in England, Frankreich, Japan und der Schweiz. Materialien der 1. Konferenz des IATB in Moskau wurden 1930, H. 11 gedruckt. Rezensionen befaßten sich regelmäßig mit der deutschen proletarisch-revolutionären Literatur und mit Übersetzungen neuster Sowjetliteratur. Publiziert wurden auch Kurzgeschichten und Gedichte sozialistischer Autoren, u. a. von K. Huhn, Kläber, F. Krey, H. Lorbeer, H. Marchwitza, E. Weinert und F. Wolf. Im Filmteil wurde »Film und Volk« fortgesetzt und neu eingeführt die Rubrik »Proletarische Filmkritik« (Federführung Lüdecke), in der sich Arbeiterkorrespondenten kritisch mit dem bürger-

lichen Kino und der 1929 verstärkt einsetzenden Welle nationalistischer Filme auseinandersetzten.

Mit den Leistungen und Experimenten der revolutionären Berufstheater der Jahre 1929/93 beschäftigte sich Ab bzw. AuF immer dann, wenn Kräfte aus der Laienbewegung mitwirkten (u. a. Brecht/Eislers *Die Maßnahme*). Entsprechend dieser Orientierung fand z. B. die Theaterarbeit E. Piscators keinen Niederschlag in AuF. Trotz dieser Einschränkung gehört die Zeitschrift zu den wichtigen kulturellen Zeugnissen der Arbeiterbewegung in den letzten Jahren der Weimarer Republik.

Lit.: Arbeiterbühne (Reprint mit Anmerkungen), Hg. R. Henke/R. Weber, Köln 1978.

Jürgen Schebera

Arbeiterjugend-Verlag (AJV)

Im Mai 1919 im Zusammenhang mit der Gründung des Verbandes der Arbeiterjugend-Vereine Deutschlands gebildet. Vorläufer war der Verlag F. Ebert, der die von der Zentralstelle für die arbeitende Jugend Deutschlands herausgegebenen Jugendschriften verbreitet hatte. 1920 nannte sich der AJV Verlag des Hauptvorstandes der Arbeiterjugend-Vereine Deutschlands. Bis 1921 firmierte er als Verlag A. Albrecht. Sein Domizil hatte der AJV 1922 in Berlin SW 68, Lindenstr. 3, ab 1925 in Berlin SW 61, Belle-Alliance-Platz 8. Leiter des AJV bis 1930 war A. Albrecht (24. 7. 1890 Hamburg- 22. 7 .1982 Mittenwald), der seit 1919 als Sekretär des Hauptvorstandes des Verbandes der Arbeiterjugend-Vereine Deutschlands wirkte. Albrecht war auch Leiter der Zs. »Arbeiter-Jugend«, Organ der Zentralstelle für die arbeitende Jugend Deutschlands seit 1909. Bis 1919 (Jg. 11) wurde sie von der Buchhandlung »Vorwärts«, Juni 1919/20 vom Verlag H. Schulz und 1921/März 33 vom AJV herausgegeben. Sie war ab 1922 »Organ für die geistigen Interessen der jungen Arbeiter und Arbeiterinnen«, seit 1923 die Monatszeitschrift des Verbands der SAJ. Am Anfang konnte der AJV auf Restauflagen von Jugendschriften des Verlags Buchhandlung »Vorwärts«, die Veröffentlichungen der Zentralstelle für die arbeitende Jugend Deutschlands und die 1922 von der Verlagsgenossenschaft »Freiheit« übernommene Schriftenreihe »Proletarische Jugend« zurückgreifen. Ab 1922 nahm der AJV den Verlag Sozialistische Jugendinternationale Berlin in Kommission. Dadurch kamen profilbestimmende Titel ins Verlagsangebot des AJV. Dazu gehörte z. B. das von Albrecht herausgegebene »Jugend-Liederbuch«, das von der 1. Aufl. 1909 bis zur 4. Aufl. 1921 in der Buchhandlung »Vorwärts« erschienen war und von der 5. bis 10. Aufl. (1922/31) mit 530000 Ex. im AJV herauskam. Auch die Schriften von O. Hauser, *Der Aufstieg der ältesten*

Das Fest im Tiefurter Park bei Weimar, August 1920

Kulturen; Gebräuche der Urzeit; Die Urentwicklung der Menschheit; Urwelttiere, die die kulturhistorische Linie im Programm des AJV bestimmten, waren von der Verlagsgenossenschaft »Freiheit« übernommen worden, wo sie in der Reihe »Proletarische Jugend« zuerst erschienen waren.

Zum Organisationsaufbau des AJV gehörten sog. Verbandsbetriebe: der AJV selbst, der Zeitschriften-Verlag und die Einkaufszentrale der SAJ. Alle drei entwickelten sich unter der Leitung Albrechts zu leistungsstarken Unternehmen. Allein in den Jahren der Inflation 1920/23 veröffentlichte der AJV 58 für die Jugendarbeit wichtige Titel. In den Jahren seines Bestehens von 1919/33 wurden vom AJV über 1,9 Millionen Bücher umgesetzt. Die Zs. »Arbeiter-Jugend« erreichte eine Auflagenhöhe zwischen 50 und 55 Tausend. Als Albrecht am 1. Jan. 1930 die Geschäftsführung der Buchgemeinschaft ↗ »Der Bücherkreis« übernahm, wurde F. Ohlig sein Nachfolger. 1933 fiel der Verlag der nationalsozialistischen Kulturbarbarei zum Opfer. Seine Zeitschriften wurden verboten, seine Buchbestände vernichtet, seine Autoren verfolgt, ins Exil getrieben oder im Konzentrationslager umgebracht – wie z.B. der langjährige Vorsitzende der SAJ, M. Westphal (1893-1942).

Die Produktion des AJV erreichte eine beträchtliche thematische Breite. Sie wollte vielfältige kulturelle Bestrebungen und Aktivitäten der SAJ durch geeignete Literaturangebote unterstützen, vor allem sollten die organisierten kulturellen Betätigungen gefördert werden. Zum Verlagsprogramm gehörten deshalb Schriftenreihen Sprechchöre, für Jugendweih- und Sonnenwendfeiern sowie für Jugend- und Laienspiele einschließlich Kaspertheater.

Der Sprechchorbewegung standen z.B. Texte wie *Menschheitswille* (1926) von H. Claudius, *Der Aufstieg* von C. Dantz oder *Um die Erde* von A. Thieme u.a. sowie der *Leitfaden für Sprechchöre* (1927) von A. Johannesson zur Verfügung. Für die »Bühne der Arbeiterkinder« schrieben Autoren wie L. Frank, F. Osterroth, E. Thöner, S. Bonn u.a. Die Singebewegung konnte Liederbücher und Liederblätter von H. Böse, A. Jensen oder die Sammlung *Lieder für Jugendchöre* von F. Voss benutzen. Ein breites Spektrum an Schriften des AJV diente der weltanschaulichen, pädagogischen, sexuellen und künstlerischen Aufklärung der jungen Arbeiter und Arbeiterinnen: K. Korn: *Die Weltanschauung des Sozialismus* (1927), Rud. Abraham: *Die Theorie des modernen Sozialismus*, zwischen 1922/30 in 4 Aufl. erschienen, H. de Man: *Der Sozialismus als Kulturbewegung* (1927), G.E. Grafs

Darstellung des Entwicklungsgedanken *Von Moses bis Darwin* (1921), die Schriften von E. Ollenhauer, H. Hackmack: *Arbeiterjugend und sexuelle Frage* (1919), A. Siemsen: *Selbsterziehung der Jugend* (1929), A. Behne: *Die Überfahrt am Schreckenstein* (1924) u.a. Daneben gab es Schriften zur Verständigung über die Geschichte der proletarischen Jugendbewegung wie F. Bieligks *3 Jahre SPJ* (1922), Korns *Die Arbeiterjugendbewegung* (1922) oder E. R. Müller: *Das Weimar der arbeitenden Jugend. Niederschriften und Bilder vom 1. Reichsjugendtag der Arbeiterjugend 1920*. Ein besonderes Verlagsprodukt war das von A. Gayk (1893-1954) herausgegebene Buch *Die rote Kinderrepublik* (1928); als »Buch von Arbeiterkindern für Arbeiterkinder« aus Briefen und Tagebuchblättern zusammengestellt, propagierte es eine neue demokratische Erziehungsform. Es wurde in 2 Aufl. mit insgesamt 10 000 Ex. verbreitet (Buchgestaltung, Ausstattung mit Bildschmuck und Fotomontagen N. Brodersen [1895-1971], R. Grune [1903-1983]).

Der AJV gab auch Postkarten und Postkartenserien heraus. Zwei Serien waren z. B. dem Hamburger Jugendtag (1923) gewidmet, zwei andere zeigten *Lustige Zeichnungen aus dem Jugendvereinsleben* (1924), eine von K. Kollwitz gestaltete Postkarte hieß *Krieg dem Kriege* (1932). Auch ein »Kalender für die Arbeiterjugend« (1922) wurde angeboten. Der AJV druckte auch sog. Anleitungsliteratur für Jugendgruppenarbeit, z. B. Bastelbücher, Wanderführer, Gesundheitsberater und »Leitfäden« zur Feiergestaltung. Er gab Publikationen heraus wie das *Handbuch für sozialistische Jugendarbeit* (1928) von M. Westphal, J. Moses *Die Gesundheitspflege der arbeitenden Jugend* (1922), das »technische Handbuch für rote Falkenführer« *Im Zeltlager* (1928, von H. Neddermeyer u.a.). Zu dieser Art Literatur gehörte auch »Der Führer«, die Monatsschr. für Helfer der Arbeiterjugendbewegung (1922/33).

Bei der im AJV verlegten schöngeistigen Literatur dominierte die Lyrik. Auf epische Formen wurde ganz verzichtet. Eine *Reihe der deutschen Arbeiterdichter* erschien 1924/1930 in 20 Bdn. Die kleinen (Format A 6), handlichen Bücher (Aufl. 1-10 000 Ex.) waren für den Gebrauch in der Arbeiterjugendarbeit konzipiert und gemacht. (Sie kosteten kartoniert 0,50 M.) Sie spiegeln das in der Sozialdemokratie vorhandene, teils widerprüchliche Verständnis von Arbeiter-Dichtung. K. Bröger suchte Arbeiter-Dichtung zu bestimmen als »aus der deutschen Arbeiterschaft selbst entstandene Dichtung« (in: *Jüngste Arbeiterdichtung*, Berlin 1925, S. 5). Gegen solche enge Bindung der Arbeiterdichtung an die Herkunft ihrer Verfasser polemisierte B. Schönlank (*Sei uns die Erde!*, Berlin 1925). Die Reihe brachte Lyrik von O. Krille, L. Lessen, Schönlank, Claudius, G. Engelke, H. Lersch, M. Barthel, Bröger, J. Brand, H. Thurow, Thieme, J. Zerfaß, W. Schenk, F. Diederich sowie von E. Toller und P. Zech. Die Gedichte und Lieder sollten im

Lesen, öffentlichen Vortragen und Singen »zum Mitkämpfen in der großen Armee der klassenbewußten Arbeiterschaft begeistern« (W. Schenk: *Kampfjugend*, Berlin 1927, S. 3). Die recht unterschiedlichen lyrischen Äußerungen sollten der sozialistischen Arbeiterjugend revolutionäre Ideale vermitteln, sie zu tätigem politischen und kulturellem Mitwirken motivieren.

Diesem Anliegen war die Tätigkeit des AJV insgesamt verpflichtet. Auflagenhöhen und Erscheinungsdauer diverser Titel sprechen für die Wirkung seiner Arbeit.

Lit.: H. Wegehaupt: Deutschsprachige Kinder- und Jugendliteratur der Arbeiterklasse von den Anfängen bis 1945. Eine Bibliographie, Berlin 1972; M. Schwarz: Der Arbeiterjugend-Verlag Berlin 1920-1933. Eine Bibliographie. Schriftenreihe des Archivs der Arbeiterjugendbewegung Dortmund 1/1978; B. Emig/M. Schwarz/R. Zimmermann.

Manfred Altner/Red.

Arbeiterkorrespondenten-Bewegung (Ak-B)

Organisierte Mitarbeit von Arbeitern an der kommunistischen deutschen Presse 1924/Jan. 33. Entwickelte sich als Teil der von der KI ab 1921 international initiierten Ak-B mit dem Ziel der engeren Verbindung von Zeitung und Lesern. Als Vorbild wirkte die sowjetische Ak-B, die sich mit der »Prawda« 1923/24 profilierte und unter der Leitung und Förderung von M. J. Uljanowa (der Schwester W. I. Lenins) die Zahl der Ak der Prawda von 50 000 im Dez. 1924 auf 400 000 im Jahre 1928 erhöhen konnte. Internationale Beratungen dienten dem Erfahrungsaustausch: Dez. 1924 Konferenz der internationalen Ak-B in Moskau, auf der B. Kun u.a. über die Ak-B in Deutschland referierte; Jan. 1928 internationale Beratung von Ak anläßlich des Kongresses der Freunde der Sowjetunion in Moskau, auf der F. Rubiner die deutschen Ak vertrat; Mai 1929 Versammlung für internationale Ak-Verbindungen, die einen Aufruf verabschiedete, der auf einen intensiveren Informationsaustausch und auf gegenseitige Textveröffentlichungen zielte.

Als Gründungsdatum der deutschen Ak-B ist der 28. 12. 1924 anzusehen, an dem die 1. Konferenz der Ak der RF tagte und in Anwesenheit von 68 Ak die Resolution über die Aufgaben der Ak der RF verabschiedet wurde. Dem erklärten Ziel, eine »Massenbewegung« zu werden, stellten sich Hindernisse in den Weg. 1925 beklagte K. Grünberg, Hauptbegründer und langjähriger Förderer der Ak-B, daß in der KPD ein »Nichtverstehen des Arbeiterjournalismus jeden Grades« einen Rückstand bzw. Stagnation der Ak-B bewirke (RF, 11. 10. 1925). Dies änderte sich ab 1925, als die KPD begann, ihre Basis statt in den bisherigen Ortsgruppen in Betriebszellen zu organisieren. Mit dem damit verbundenen Aufbau von Betriebszeitungen entwickelte sich auch die Ak-B. Bei einigen lokalen KPD-Zeitungen bildeten sich jetzt Ak-Kollektive: beim »Kämpfer« (Chemnitz), der »Sächsischen Arbeiter-Zeitung« (Leipzig), »Ruhr-Echo« (Essen), »Hamburger Volkszeitung«, »Freiheit« (Düsseldorf). Die Bildung von Partei-Betriebszellen ging jedoch nur langsam voran, noch 1929 mußte der Parteitag kategorisch die restlose Umstellung auf Betriebszellen fordern.

Die 2. Konferenz der Ak der RF (am 12. 12. 1928) versammelte Ak aus 31 Berliner Großbetrieben. Sie informierte über die Bildung einer Zentralkommission der Ak bei der Abteilung Agit-Prop der KPD, der Vertreter aus dem Parteiapparat, der Redaktion der RF und Ak aus Berlin und dem Reich angehörten. Die Zentralkommission hatte anleitende und koordinierende Funktion, durch regelmäßige Zusammenkünfte, Kurse und Schulungen sollte sie die politisch-inhaltliche und journalistische Profilierung der Ak befördern. Konstituiert mit dem Ziel, »eine überparteiliche Organisation zu sein«, wollte sie »Parteilose, radikal denkende Sozialdemokraten und Sympathisierende« einbeziehen (RF, 1. 1. 1929). Obgleich bereits 1925 die Eingrenzung der Ak-B auf KPD-Mitglieder verbal aufgehoben worden war (vgl. Inprekorr, 1925, Nr. 133), blieb die Dominanz von KPD-Mitgliedern in der Ak-B jedoch bis zu ihrem Ende erhalten, der Anteil von Nicht-KPD-Mitgliedern gering. Dieser Mangel, »Erfassung von Nur-Kommunisten (anstatt aller Werktätigen)«, galt – so mußte es F. Rubiner in ihrer Rezension von M. J. Uljanowas Buch *Dwischenije rapkorij i internatsionalnyje svjasy* (Moskwa 1928) (Die Ak-B und die Internationalen Verbindungen) feststellen – zusammen mit einer »Schablonisierung der Berichterstattung« (Inprekorr, 1928, Nr. 116) auch für die Ak-B in anderen europäischen Ländern.

Eigene Zeitschriften trugen nur kurzlebigen Charakter: »Der internationale Arbeiterkorrespondent« erschien in 3 Nummern 1928, es existierten »Der Berliner Arbeiterkorrespondent« (1928 Aufl. 1000 Ex.), im Ruhrgebiet »Der Proletarische Reporter«, in Düsseldorf »Der Arbeiterkorrespondent«.

Die Ak-B der RF nahm in den Jahren 1928/32 quantitativ zu: von anfangs mehreren Hundert registrierten Mitgliedern zählte sie Ende 1929 in Berlin aus 336 Betrieben 1200 Mitglieder, 1500 im Jahre 1930, im Juli 1932 1200 (die Zahlangaben sind zeitgenössischen Quellen entnommen). Der zwölfte Parteitag der KPD stellte im Juni 1929 einen großen Aufschwung der Ak-B fest, im Reichsmaßstab seien 3300 Ak, davon 163 parteilose, organisiert. Die Anzahl der veröffentlichten Arbeiterkorrespondenzen bewegte sich in der RF von 1000 im Jahre 1928 bis 2700 1929 und 1930. Die »Sächsische Arbeiter-Zeitung« druckte 1932 insgesamt 1136 Texte von Ak ab. Auch

der internationale Austausch von Texten entwickelte sich: 1929 erschienen in der RF 47 Texte russischer Ak, 150 Korrespondenzen aus der RF wurden in russischen Zeitungen abgedruckt. 1930 bildeten sich bei der Zentralkommission der Ak Unterkommissionen für internationale Verbindungen, für Radiokorrespondenten und die literarisch-dramatische Sektion (LITDRAM). Bei Veranstaltungen der Ak der RF wurde 1930 der Besuch von 400 000 Arbeitern, Angestellten, Beamten und Vertretern anderer Berufe registriert.

Das Mitwirken von Arbeitern an ihrer Presse hat in der Geschichte der Arbeiterbewegung eine lange Tradition, in der der Kampf um Erscheinen und Gestaltung des »Sozialdemokrat« während des Sozialistengesetzes einen Höhepunkte darstellt, und die Anfang des 20. Jh.s von F. Mehring und den deutschen Linken weiter befördert wurde. Lenin berief sich 1901/02 auf Funktion und Machart des »Sozialdemokrat«, als er seine Auffassung über die Spezifik von Arbeiterzeitungen entwickelte: »Die Zeitung ist nicht nur ein kollektiver Agitator, sondern auch ein kollektiver Organisator« (Lenin: *Werke*, Bd. 5, Berlin 1985, S. 11). Nach 1918 griff die KI den Gedanken Lenins auf und forderte in einem Zirkularbrief *Über den Charakter unserer Zeitungen* (Inprekorr, 1921, Nr. 1) Ak als kommunistische Berichterstatter. Ziel war, durch authentische Berichterstattung aus dem proletarischen Leben den Realitätsgehalt der Zeitungen zu erhöhen, eine engere Verbindung zwischen den Arbeiterlesern und ihrer Parteizeitung herzustellen. Die auf der 2. Konferenz der Ak der RF (Dez. 1924) verabschiedete 11-Punkte-Resolution definierte den Ak als »Verbindungsglied zwischen der Zeitung und der Masse der Werktätigen« (RF, 10. 1. 1925), seine Tätigkeit als Parteiarbeit, in deren Zentrum die Berichterstattung aus den Betrieben zu stehen habe. In der Broschüre *Der Arbeiterkorrespondent. Winke und Aufgaben für Berichterstatter der proletarischen Presse* (Berlin 1927 [=Bibliothek des Parteiarbeiters, Nr. 2]) wurde die Arbeit der Ak noch ausschließlich als »innerparteiliche Arbeit« (S. 18) bestimmt. Autor war

Paul (Herbert) Böttcher, geb. 2. 5. 1891 in Leipzig; gest. 17. 2. 1975 in Leipzig; gelernter Schriftsetzer, aktiv in der sozialistischen Jugendbewegung und im Arbeiter-Bildungs-Institut Leipzig, 1908 Mitglied der SPD, 1917 der USPD, ab Nov. 1918 Redakteur der »Leipziger Volkszeitung«, ab Feb. 1921 Chefredakteur der RF. Jan. 1929 aus der KPD ausgeschlossen, gehörte bis 1933 zur Führung der KPO. Emigrierte März 1933 in die Schweiz, wo er journalistisch tätig war. 1945 in die sowjetische Besatzungszone, wo er 1946 verhaftet und unter der Beschuldigung des Verrats der UdSSR, für deren Nachrichtendienst er seit 1927 gearbeitet hatte, zuletzt im Schweizer Kreis um Sándor Radó, zur Haft in sowjetische Lager verbracht wurde und hier bis 1955 aushalten mußte. Seine Rehabilitierung steht noch aus. B. schrieb mehrere »Gesellschaftsspiele« für die sozialistische Jugend. Sein *Spielbuch für die arbeitende Jugend* (Leipzig 1922) enthält Singspiele, Pfänderspiele, Sprach- und Schreibspiele, die zur Freizeitgestaltung in der Arbeiter-Jugend Anregungen geben wollen. B. hinterließ die umfangreiche Materialsammlung *Der zweite Weltkrieg*, die Dokumente und Aufzeichnungen zu den Ursachen und zum Verlauf des Krieges enthält, ergänzt durch persönliche Kommentare.

Seine Schrift enthielt auch eine – für die damalige KPD zeittypische – scharfe Verurteilung der sozialdemokratischen Presse, der eine staatserhaltende Funktion vorgeworfen wird. Sie unterscheide sich kaum von der bürgerlichen Regierungspresse und habe nach 1918 bewußt die Ausschaltung des Arbeiters von der Mitarbeit an der Zeitung betrieben. Tatsächlich hatte die SPD nach 1918 ein anderes Pressekonzept, in dem die organisierte Mitarbeit der Leser keine Rolle spielte. Sie sah in der Ak-B »bolschewistisches Asiatentum«, Überreste von Unkultur, eine Störung der Gewerkschaftsarbeit (so im »Vorwärts«, zit. nach: Inprekorr, 1924, Nr. 29).

Arbeiterkorrespondenzen waren zunächst auf Sonderseiten plaziert. Sie waren überschrieben: *Der Kampf in den Betrieben, Aus den Betrieben, Aus Betrieben und Gewerkschaft* (in der RF: *Klassenkampf, Sozialistische Republik, Arbeiter-Zeitung*), *Stimmen der Werktätigen* (»Der Kämpfer«, »Ruhr-Echo«, »Thüringer Volksblatt«), *Der Betriebsarbeiter spricht* (»Hamburger Volkszeitung«, »Norddeutsche Zeitung«). Um 1930 sind sie zunehmend auch im politischen Hauptteil (z.B. als Leitartikel), im Lokalteil und vor allem im Feuilleton zu finden. Häufig erscheinen sie anonym, sind mit Initialen oder Nummern gezeichnet, deren dahinter stehende Identität nur den Redakteuren bekannt war. Themen der Arbeiterkorrespondenzen waren konkrete Arbeitsbedingungen und Ausbeutungsmethoden in den Betrieben, Streiks und Arbeitskämpfe, Ursachen und Auswirkungen von Massenarbeitslosigkeit, Frauenarbeit und Jugendprobleme, soziales Elend, Gewerkschaftsarbeit, nationalsozialistische Aktivitäten in den Betrieben (»Betriebsfaschismus«). Die Zeitungen lassen eine Spezialisierung der Ak auf bestimmte Gebiete erkennen: Es gab Betriebs-, Gewerkschafts-, Demonstrations-, Parlaments-, Gerichts-, Sport- und Kulturkorrespondenten. Angestellten-Korrespondenzen wurde ab 1930 besondere Aufmerksamkeit zuteil. Die veröffentlichten Texte wurden in den Zusammenkünften und auch in der Presse analysiert und diskutiert, aus ihnen Regeln und Hinweise genereller Art für das Schreiben von Korrespondenzen entwickelt. Als Merkmale einer guten Korrespondenz galten: Beschreibung von sozialen Erscheinungen von Allgemeininteresse, kurze und sachliche Darstellung von Charakteristischem, Tatsachentreue. Authentizität und Wahrhaftigkeit sollten ausschlaggebende Kriterien sein. Daher sind Bericht und Reportage die Hauptformen der Arbeiterkorrespondenz. Zugleich gab es von Anfang an literarische Formen: Gedichte, Kurzgeschichten, Szenen und Skizzen. Diese wurden zu Beginn der Ak-B eher als Zugabe in Kauf genommen, als daß ihre spezifischen Wahrnehmungsmöglichkeiten bedacht wurden. So wandte sich etwa F. Rubiner 1925

gegen die Gefahr des Dilettantismus und literarischer Spielerei, die von der Parteiarbeit nur ablenke (vgl. Inprekorr, 1925, Nr. 5). In der RF (vom 7. 8. 1925) ist davon die Rede, daß viele Ak an der Krankheit der Dichteritis leiden, die sie von ihrer eigentlichen Arbeit abhalte. Zugleich wurde in deutlichem Widerspruch dazu eingeräumt, daß der literarischen Betätigung des Ak überhaupt keine Schranke gesetzt sei, und es wurde in der Resolution der Konferenz der Ak *Über die Aufgaben der Arbeiterkorrespondenten der Roten Fahne* verabsolutierend formuliert, der proletarische Journalist und proletarische Schriftsteller könne nur auf dem Boden der kommunistischen Presse entstehen (vgl. Inprekorr, 1925, Nr. 5). Diese Tendenz führte in der 2. Phase der Ak-B nach 1928 zu einer Überbewertung der Arbeiterkorrespondenzen hinsichtlich ihrer literarischen Relevanz, zu einer problematischen Vermischung von Formen proletarischer Selbstartikulation in der Presse und den literarischen Bemühungen schreibender Arbeiter. Im Zusammenhang mit der sich entwickelnden proletarisch-revolutionären Literaturbewegung, die in der Ak-B ihren zentralen konstitutiven Bestandteil sah, entstand die Auffassung von einem gesetzmäßigen, zwangsläufigen Weg vom Ak zum proletarischen Schriftsteller. Die Zentralkommission der Ak war 1930 der Meinung, eine wahre proletarisch-revolutionäre Literatur könne nur auf der Grundlage der Ak-B aufgebaut werden (vgl. RF, 1. 1. 1930). Dem entsprach auch die Bildung der LITDRAM der RF im selben Jahr. Hier sollten Ak und Schriftsteller zusammenarbeiten und die Ergebnisse dem Feuilleton zugute kommen. Die LITDRAM konzentrierte 1930 ihren journalistischen und künstlerisch-literarischen Unterricht auf Reportageformen, und sie rief dazu auf, die realistische Berliner Kurzgeschichte zu schaffen. Im Juli wurden z.B. von zehn eingegangenen Arbeiten zum Thema »Rund um den Bülowplatz« zwei in der RF abgedruckt und zur Kritik und Diskussion darüber aufgefordert. Arbeiterkorrespondenzen kommt in der Geschichte der kommunistischen Presse als Formen proletarischer Selbstartikulation und als Zeichen kultureller Emanzipation ein eigenständiger Wert zu. Sie sind Teil der Arbeiterkulturbewegung in der Weimarer Republik, die zusammen mit der Arbeiter-Fotographen-Bewegung an einer aussagekräftigen und wirkungsvollen Machart der Zeitungen beteiligt waren (vgl. R. Koch: *Der Arbeiterfotograf*, in: P. Böttcher: *Der Arbeiterkorrespondent*, a.a.O.). Manche Ak wurden Redakteure von Parteizeitungen, einige entwickelten sich zu Arbeiterschriftstellern, so H. Marchwitza, L. Turek, K. Huhn, P. Körner-Schrader u.a.

Lit.: H. Boehncke: ›Vorwärts und nicht vergessen‹. Ein Lesebuch (enth. Arbeiterkorrespondenzen der Weimarer Republik), Reinbek 1973; P. Kühne: Die Arbeiterkorrespondenten-Bewegung der Roten Fahne (1924–1933), in: Jahrbuch der Arbeiterbewegung, Bd. 3, Frankfurt a.M. 1975; H. Möbius: Progressive Massenliteratur, Stuttgart 1977;

Ch. Hempel-Küter: Die kommunistische Presse und die Arbeiterkorrespondentenbewegung in der Weimarer Republik. Das Beispiel »Hamburger Volkszeitung«. Frankfurt a.M./Bern/New York/Paris 1989.

Simone Barck

Arbeiterlebenserinnerungen (ALE)

Arbeiterlebenserinnerungen bilden keine einheitliche Gattung – weder in einem dichtungsimmanent-klassifizierenden Sinn noch als ästhetisch-soziale Kommunikations- und Vermittlungsform. Der Ausdruck kann als heuristisches Hilfskonstrukt jedoch Texte bündeln, die Gemeinsamkeiten aufweisen. Die Begriffe »Autobiographie« und »Memoiren« werden vermieden, weil sie, konzentriert auf die Aufzeichnung individueller Persönlichkeitsentwicklung oder die Erfüllung einer sozialen Rolle, an bestimmte Charakteristika bürgerlicher Lebenserinnerungen gebunden sind. ALE lassen sich nicht definieren, wohl aber beschreiben und in ihrer Geschichte analysieren. Der Ausdruck ALE wird bevorzugt, weil die unterschiedliche Gewichtung von Öffentlichem und Privatem oder die Übernahme einer bedeutenden Berufsposition keine Rolle spielt. Auch bei Arbeiterlebenserinnerungen wirken die allgemeinen Kennzeichen schriftlicher Erinnerung. Durch sie wird das Gedächtnis sensibilisiert und das Geschehene vom gegenwärtigen Standpunkt aus neu geordnet. Insofern hat ihr Autor einen Doppelcharakter: Er ist Subjekt und Objekt zugleich. Einerseits versucht er, sein Leben und seine Entwicklung »von außen« zu erkennen, andererseits ist er das interpretierende und rekonstruierende Subjekt, dessen gegenwärtiger Standpunkt vom Objekt Lebenslauf geprägt ist. Der reale Lebenslauf bedingt Inhalt und Form des Erinnerungswerks, bestimmt sie aber nicht ausschließlich. Denn in ihm vergegenständlicht sich nicht nur die Erzählbarkeit des gelebten Lebens, sondern auch die Erzählfähigkeit des Autors, sein »Talent«, seine kulturelle Kompetenz. ALE sind nicht von literalen Spezialisten verfaßt. Sie stehen nicht in der Traditionslinie der Höhenkammliteratur. Ihre Verfasser verbindet zwar eine gemeinsame Lebenslage und Lebensweise. Wie der einzelne Arbeiter lebt und sich literarisch darstellt, das entfaltet sich allerdings individuell verschieden und gründet doch in Klassenzugehörigkeit wie im jeweiligen historischen Zustand der Arbeiterbewegung. Erscheinung, Funktionsweise und Wirkung der einzelnen Werke sind heterogen. Liest man die überlieferten ALE und Erinnerungsskizzen - es sind mehr als 300 (W. Emmerich (Hg.) *Proletarische Lebensläufe. Autobiographische Dokumente zur Entstehung der Zweiten Kultur in Deutschland*, Bd. 1, Reinbek b. Hamburg 1974, S. 14) - dann fällt auf, daß es sich hier weder inhaltlich noch formal um eine neue literarische Gattung handelt. Die Texte berichten zwar von gemeinsamen

Erfahrungen des Ausgebeutetseins und dokumentieren die Existenz einer neuen Klasse. Darin unterscheiden sie sich z.B. von Handwerkererinnerungen. Auch der Schreibstandpunkt weist Gemeinsamkeiten auf. Alle Autoren schreiben mit dem Anspruch der Befugtheit und im Bewußtsein einer Repräsentanz; sie stellen die Authentizität des Selbsterfahrenen heraus. Doch sind die in ihnen präsentierten individuellen Entwicklungen höchst unterschiedlich. Deshalb ist es unzutreffend, ALE pauschal als »lebensvolle Monumente der sozialistischen Menschwerdung« (U. Münchow *Frühe deutsche Arbeiterautobiographie*, Berlin 1973, S. 7) zu bezeichnen. Denn Lebenslage und Lebensweise der Arbeiter bedingen einen einheitlichen und widersprüchlichen Entwicklungsraum. Seine Einheit umreißt die Eingrenzung verschiedener typischer Lebensmöglichkeiten und die Abgrenzung gegenüber untypischen Aufsteigermemoiren. Das Spektrum reicht von der resignativen Reproduktion monotoner Alltagserfahrungen eines zerissenen Lebens bis zu den optimistischen Entwicklungsgeschichten sozialistischer Arbeiter. Unter funktionsgeschichtlichem Aspekt kommt hinzu, daß die Texte zwar von Arbeitern geschrieben, aber nicht immer für Arbeiter publiziert werden, daß sie in agitatorisch-didaktischer Absicht oder als Anschauungsmaterial aus einer fremden Welt fürs bürgerliche Publikum erscheinen.

Soziologen und Historiker interessieren sich für die in den ALE dokumentierte gesellschaftliche Individualität. Ihnen geht es, auch wenn sie sich auf Einzelfälle beziehen, um kollektive Mentalitäten und Verhaltensweisen. Insofern dienen ALE als wichtige Quellen für die sozialwissenschaftliche Forschung. Für das literaturwissenschaftliche Interesse an den ALE ist hingegen belangvoll, die Lebensgeschichte einer konkreten Individualität als typische *und* besondere zu sehen. Denn die Subjekt-Objekt-Beziehung in der Erinnerung bedingt ein Herauswachsen der literarischen Form aus dem gelebten Leben. Die Form der Lebenserinnerungen, ihr Aufbau, ihre Erzählweise ist eng mit dem gelebten Leben ihres Verfassers verbunden, mit dessen Fähigkeit, seinem Leben Sinn und Kohärenz abzugewinnen. Das Selbstbewußtsein, nicht als etwas rein Innerliches, auf das Subjekt Bezogenes, sondern als aktives Handeln und Erweiterung des Bewußtseins, wirkt dabei als Kraftfeld für die ordnende Erinnerung. Dieser Zusammenhang (seit J. Burckhardt für die bürgerliche Autobiographik immer wieder herausgestellt) läßt sich allerdings nicht einfach auf ALE übertragen. Denn deren Vielfalt und Geschichte ist mit der Blockierung des Selbstbewußtseins im entfremdeten Alltag oder mit dessen Herausbildung als Teil des durch die Arbeiterbewegung vermittelten allgemeinen Klassenbewußtseins verknüpft. Dies betrifft zunächst die Gestaltqualität der Erinnerungen und nicht unmittelbar ihre Funktion.

Sich zu erinnern ist weder schichten- noch klassenspezifisch.

Hingegen hängt die Art des Erinnerns von den sozial unterschiedlich verteilten Individuierungschancen ab, von den Möglichkeiten, sinnvoll zu leben, von dem Verhältnis zwischen Lebenszeit und Zeit zum Leben. Wer immer die gleiche Arbeit verrichtet, kann wenig erzählen. Das gilt nicht nur für Fabrikarbeiter. Schon die Handwerkererinnerungen berichten vorrangig von »sonntäglichen« Ereignissen, von Gesellenausständen, Festlichkeiten und besonderen Walzerlebnissen. Zahlreiche Handwerker empfinden nicht ohne Grund die einsetzende Industrialisierung mit ihrer monotonen Arbeit und den versachlichten Personenbeziehungen als Bedrohung. Trotz fließender Übergänge zwischen der Handwerker- und Arbeiterlebenswelt stellt die Industrialisierung und die Herausbildung der modernen bürgerlichen Klassengesellschaft einen historischen Bruch dar.

Vor 1933 lassen sich zwei Phasen in der Entwicklungsgeschichte der ALE ausmachen. Die erste reicht vom Ende des 19. Jh.s bis zum I. Weltkrieg. In dieser Phase kann die heterogene Vielfalt der Texte (eher modellhaft) in drei Gruppen vorgestellt werden. In der ersten Gruppe präsentieren Arbeiter ihr Leben als zerrissenes und ihre Lebensgeschichte als tote, ihnen nicht gehörende Zeit (z.B. F. L. Fischer, *Arbeiterschicksale*, Hg. F. Naumann, Berlin 1906; C. Kahapka, *Memoiren eines österreichischen Handwerksburschen. Selbsterlebt und selbsterzählt von einem Schriftsetzer*, Edenkoben 1885). Diese Arbeiter erscheinen in einer eher spontanen Dokumentation alltäglicher Abläufe als Opfer der Verhältnisse. Daß dies nichts mit mangelndem Erzähltalent, aber umso mehr mit dem gelebten Leben und dem Erinnerungsstandpunkt der dokumentarischen Wahrhaftigkeit und des befugten Schreibens über Selbsterlebtes zu tun hat, zeigen die Erinnerungen des Erdarbeiters, Maurerhandlangers, Kalklöschers und Steinformers C. Fischer. Seine in 2 Bd.n erschienenen *Denkwürdigkeiten und Erinnerungen eines Arbeiters* (Hg. P. Göhre Leipzig/Jena 1903) können als eine der ersten bedeutenden ALE gelten, denn in ihnen dominiert industrielle Lohnarbeit – Fischer arbeitete über dreißig Jahre in Großbetrieben – und nicht wie bisher der Übergang vom Handwerker zum Arbeiter. Die Formlosigkeit der Erinnerungen resultiert aus einem formlosen Leben, in dem äußeres Geschehen wie Arbeitszeit und Arbeitsplatzwechsel die Lebenschronologie bestimmen. Zeit ist nicht Raum für eine wachsende Persönlichkeit; sie gewinnt im geschichtslosen Alltag keine Gerichtetheit. So beschreibt Fischer Zustände, nämlich die Monotonie der Lohnarbeit, und lockert sie gelegentlich durch Episoden und Anekdoten auf. Die Beschränkung auf den engen Lebenskreis der Arbeitsstätte reproduziert eine geschichtslos erfahrene Alltagswelt. Wenn man bedenkt, was sich während seiner Lebenszeit ereignete (die Reichseinigung, das Anwachsen der Arbeiterbewegung) und was davon in

seinen Erinnerungen durchschimmert, dann wird deutlich, wie der unpolitische Arbeiter mit veristischen Detailschilderungen eine beschränkte und statische Welt reproduziert. Es spricht aber für sein Erzähltalent, daß er an seinem Lebensende ein voluminöses Erinnerungswerk von großer dokumentarischer Authentizität verfaßte.

Sozialdemokratische Autoren wie M. Th. W. Bromme (*Lebensgeschichte eines modernen Fabrikarbeiters*, Hg. P. Göhre, Leipzig/Jena 1905), W. Holek (*Lebensgang eines deutsch-tschechischen Handarbeiters*, Hg. P. Göhre, Leipzig/Jena 1909) oder F. Rehbein (*Das Leben eines Landarbeiters*, Hg. P. Göhre, Leipzig/Jena 1911) bilden die zweite Gruppe. Sie sehen sich gegenüber der älteren Generation als »moderne« Arbeiter, die Ansprüche stellen, Widerstand leisten und sich weiterbilden möchten. Der Anschluß an die Arbeiterbewegung bedingt bei diesen Autoren ein Selbstbewußtsein, das die Geschichtslosigkeit und Verewigung des Alltagskreislaufs aufhebt. Im Emanzipationskampf verlieren Alltagsprobleme wie Wohn- und Arbeitsbedingungen ihren partikularen Charakter, d. h. sie werden als gewordene und veränderbare gesehen. In zahlreichen Erinnerungen wird deshalb das Bekanntwerden mit der Arbeiterbewegung und ihren Theorien, gleich ob reformistisch oder marxistisch-revolutionär, als lebensgeschichtlicher Einschnitt herausgestellt. Bei diesen Autoren erlaubt der »sozialdemokratische Standpunkt« als Ergebnis des eigenen Lebens und zugleich aktives, erinnerungsleitendes Moment Distanz zum Vergangenen und sinnhafte Kohärenz. Dies zeigen auch kritische Kommentierungen, die mit ihren häufigen Vor- und Rückblenden den lebensgeschichtlichen Entwicklungsraum öffnen. So resultiert aus gelebtem Leben und erinnerungsleitendem Standpunkt die Kohärenz der erzählten Lebensgeschichte. Diese Lebensgeschichten erscheinen als wertende Dokumentationen, in denen Erinnerungselemente zu einer authentischen Lebensgeschichte arrangiert werden.

Die dritte Gruppe bilden Lebenserinnerungen sozialdemokratischer Funktionäre. In ihnen gerät der Rückblick auf ein tätiges Leben zur memoirenhaften Erinnerung. Damit unterscheiden sie sich von anderen ALE durch die bewußte Zentrierung auf politisierende Knotenpunkte. Die Verfasser wollen nicht umfassend ihre Lebenslage und Lebensweise, gar ihre Individualentwicklung dokumentieren, sondern sie beschränken sich, vorrangig in agitatorischer Absicht, auf den eigenen politischen Lernprozeß und die Geschichte der Partei. So schildert O. Baader (*Ein steiniger Weg. Lebenserinnerungen*, Stuttgart/Berlin 1921) auf nur 25 S. ihres mehr als hundertseitigen Lebensberichts, wie sie als Fabrikarbeiterin und Heimarbeiterin zur Sozialdemokratie fand. Mit dem Eintritt in die Partei und der Übernahme einer bezahlten Parteifunktion (1904 wurde sie Leiterin des sozialdemokratischen Frauenbüros), gerät die noch subjektiv geprägte Jugendbeschreibung zum eher objektiv-memoirenhaften Dokumentieren. Baader präsentiert jetzt Dokumente aus der sozialdemokratischen Frauenbewegung, berichtet von Frauenkonferenzen, vom Nürnberger Parteitag 1908 und von anderen Ereignissen der Arbeiterbewegung. Bei J. Belli verweist schon der Titel seiner Erinnerungen, *Die rote Feldpost unterm Sozialistengesetz. Mit einer Einleitung: Erinnerung aus meinen Kinder-, Lehr - und Wanderjahren* (Stuttgart 1912), auf den Übergang von der individuellen Politisierung auf einen memoirenhaften Beitrag zur Parteigeschichte während des Sozialistengesetzes. Thema ist nicht die Geschichte seiner Individualität, sondern die Geschichte seiner Organisation aus individueller Sicht. Bezeichnend dafür, daß seine Erinnerungen mit der Aufhebung des Sozialistengesetzes (1890), also mit einem bestimmten Abschnitt der Parteigeschichte enden. In den Erinnerungen des Parteimitbegründers und Parteivorsitzenden A. Bebel (*Aus meinem Leben*, Stuttgart 1910/1914) ist vollends die Parteigeschichte bestimmend. Die persönliche autobiographische Schilderung seiner Jugendjahre macht nur ein Zehntel des Textes aus. Die Erinnerungen von Bebel und Belli erschienen im Dietz- Verlag, die von O. Baader in der Buchhandlung Vorwärts, d. h. in SPD-Parteiverlagen. Die Erinnerungen von Fischer, Bromme, Holek und Rehbein waren bei Eugen Diederichs, einem renommierten bürgerlichen Verlag herausgekommen. Das hat etwas mit der Literaturpoltik der SPD und dem Interesse des bürgerlichen Publikums zu tun. Die ALE passen in die weltanschauliche Richtung des Verlegers, denn Diederichs versteht sie als Anschauungsmaterial für die erhoffte harmonische Volksgemeinschaft, für eine Überwindung von Liberalismus und Sozialismus. Ihr Herausgeber Göhre, er veröffentlichte 1891 den vielbeachteten Reportageband *Drei Monate Fabrikarbeiter und Handwerksbursche* (Leipzig), kam den Absichten des Verlegers entgegen. Göhre stand auf dem rechten Flügel der Partei, forderte einen Ausgleich zwischen Sozialdemokratie und Monarchie, lehnte den Klassenkampf ab. Insofern konnten die ALE als Anschauungsmaterial für die Volkstumsideologie erscheinen. Von der SPD erfahren die schreibenden Arbeiter wenig Unterstützung, auch wenn Bebel im Vorwort zu *Die Jugendgeschichte einer Arbeiterin, von ihr selbst erzählt,* (München 1909) auf den möglichen operativen Charakter der Erinnerungen als Beispiel zur Nachahmung und als Anklage gegen die Gesellschaft hinwies. Dieses erst in der 3. Aufl. unter dem Namen seiner Verfasserin A. Popp erschienene populäre Buch nahm in seinem Grundgestus den Charakter einer sozialdemokratischen Agitationsbroschüre an.

Nach der Jahrhundertwende verlieren allerdings operative Literaturkonzeptionen weiter an Einfluß. Dies kann man nicht allein dem wachsenden reformistischen Flügel der SPD zu-

schreiben. Auch F. Mehring sieht in den ALE nur Dokumente der Klassengesellschaft, nicht aber mögliche Ansätze einer eigenständigen sozialistischen Literatur.

Mit dem Ausbruch des I. Weltkrieges, der Revolution und den Nachkriegskrisen ändert sich der Ermöglichungszusammenhang für das Schreiben von ALE auf zwei verschiedenen Ebenen. Zum einen betrifft dies das Verhältnis zwischen gelebtem Leben und dargestelltem Leben: Jetzt dringt verstärkt Geschichte in den Alltag ein, und dies wird als Katastrophe oder Befreiung empfunden. Zum anderen spaltete sich mit der Gründung der KPD um die Jahreswende 1918/19 die deutsche Arbeiterbewegung. Das hat Auswirkungen für die Gestaltqualität und die Funktion der ALE. Die beschleunigte Zeiterfahrung und politische Polarisierung führte allerdings nicht zur geradlinigen Politisierung des Erinnerten. Vielmehr bildete sich mit dem veränderten Ermöglichungszusammenhang eine erhöhte Heterogenität der Erinnerungen und ihrer Funktionen heraus. In der Sozialdemokratie setzte sich die Tradition der memoirenhaften Erinnerungen von Arbeiterfunktionären fort. Stellte sich mit N. Osterroth (*Vom Beter zum Kämpfer,* Berlin 1920), J. Bruhns (›*Es klingt im Sturm ein altes Lied‹, Aus der Jugendzeit der Sozialdemokratie,* Stuttgart/Berlin 1921) oder A. Hoffmann (›*A. Hoffmanns Erzählungen‹, Ges. W.e und heitere Erinnerungen aus sozialistengesetzlicher Zeit,* Berlin 1928) nochmals die alte kämpferische Garde der SPD vor, so konnten die Erinnerungen des ehemaligen Korbmachers und Reichswehrministers G. Noske (*Wie ich wurde,* Berlin 1919, *Von Kiel bis Kapp,* Berlin 1920) oder die des ehemaligen Setzers und Reichskanzlers Ph. Scheidemann (*Memoiren eines Sozialdemokraten,* Dresden 1928/29) eher als Rechtfertigungsmemoiren von Berufspolitikern gelesen werden, die sich von den ehemaligen Zielvorstellungen der sozialistischen Bewegung weit entfernt hatten.

In der Literaturpolitik der SPD läßt sich während der Weimarer Republik eine Haupttendenz ausmachen, die unter der Devise »Die Kunst dem Volke« auf die neutralen Bereiche des Guten, Schönen und Wahren setzt, die den Arbeitern Teilhabe an der unpolitisch verstandenen »hohen« Kunst ermöglichen will, ohne nach deren Funktion zu fragen. Solch traditionelle ästhetische Harmonievorstellungen, die auf den Menschen »schlechthin« und eine zeitlose Kunst setzen, üben auf die Schreibenden einen großen literarischen Stilisierungszwang aus. So sind denn die »Arbeiterdichter« (vgl. Ch. Rülcker *Ideologie der Arbeiterdichtung 1914-1933,* Stuttgart 1970) in ihrer Lyrik, aber auch in ihren autobiographischen Romanen auf »Höheres« ausgerichtet. In K. Brögers *Der Held im Schatten* (Jena 1920) oder H. Lerschs *Hammerschläge. Ein Roman von Menschen und Maschinen* (Berlin 1930) hat das Lohnarbeiterdasein beinahe episodischen Charakter, dafür präsentieren sich aber die Helden als einsame Individuen abseits der Masse. In ihnen geht es um die Ausbildung der isolierten Einzelpersönlichkeit, die eine nebulöse Gemeinschaft beschwört, aber keine konkrete Solidarität kennt. Die Autoren erzählen keine proletarischen Lebensläufe, sondern »schlechte Bildungsromane« (W. Emmerich (Hg.), Proletarische Lebensläufe. Bd. 2, mit Bibl. und Kurzbiographien, Reinbek b. Hamburg 1975, S. 15), in denen Ausbeutung ästhetisiert und Geschichte naturalisiert wird. Diesen Romanen fehlt der bescheidene Gestus des befugten, dokumentarischen Schreibens, und sie zeigen gerade in der literarischen Stilisierung, im falschen Pathos, ihre vom Expressionismus geborgte Sprache. Zunächst gehen wichtige literaturkonzeptionelle Anstöße vom organisierten Linkskommunismus aus (vgl. Fähnders/Rector, Bd. 1, S. 96 ff.). So veröffentlichte F. Pfemfert 1923/25 in seiner Zs. ↗ »Die Aktion« 58 Erinnerungsberichte von Arbeitern, die als »Material zur Erkenntnis des proletarischen Klassenkampfes« und als Beitrag zu einer neuen proletarischen Kultur präsentiert werden. Die Erinnerungsberichte sind für Pfemfert Ausdruck der Spontaneität der Massen und der Selbstbewußtseinsentwicklung. Folgenreicher für die beanspruchte Herausbildung einer »proletarisch-revolutionären« Literatur wirkte sich die Umorganisierung der KPD, ihre Orientierung auf die Betriebszellen, Mitte der 20er Jahre aus. In der Literaturpolitik ist damit die Absage an die traditionalistische Fixierung auf das bürgerliche Erbe in der Mehringschen Tradition und das Bemühen um eine »Kampfkultur« verbunden. Dies führte zu einer Aufwertung schreibender Arbeiter, die, organisiert in der Arbeiterkorrespondentenbewegung, sich als »proletarische Berichterstatter« in den »Dienst des Befreiungskampfs des Proletariats« (RF, 30. 12. 1924) stellen sollen. Die Gründung des BPRS 1928, der Autoren aus dem Bürgertum und der Arbeiterklasse verbinden will, wurde als Schritt zu einer eigenständigen proletarisch-revolutionären Literaturbewegung verstanden. Damit verbesserten sich die Produktions- und Kommunikationsbedingungen für (es sind insgesamt nur wenige) schreibende Arbeiter.

Nun verfassen, sich bewußt gegen die Arbeiterdichtung eines Bröger oder Lersch wendend und ihre Alltagserfahrungen erzählerisch nutzend, Arbeiterschriftsteller wie W. Bredel, K. Grünberg oder H. Marchwitza Kurzgeschichten, Erzählungen und schließlich auch Romane. Trotz des autobiographischen Erzählfundaments, das ja klassenspezifische Erfahrungen und Erinnerungen bündelt, entsteht jedoch keine neue Serie von ALE. In der operativen Prosa dieser schreibenden Arbeiter geht es vorrangig um den typischen Fall, um die charakteristische Enthüllung, um den Zusammenhang von Symptom und System. Gegenüber der Erinnerung, die sich ja nicht vom Lebensgang ihres Subjekts lösen kann, scheint der Roman eine parteilichere Gestaltung zu erlauben, und er gerät doch häufig zur literarischen Präsentation der falschen Sozialfaschismus-

theorie (z. B. K. Neukrantz *Barrikaden am Wedding*, Berlin 1931; Bredel *Maschinenfabrik N & K*, Wien/Berlin/Zürich 1930). Weniger tendenziös sind die Erinnerungen eines L. Turek (*Ein Prolet erzählt*, Berlin 1930), der sich als gelernter Setzer, als Landarbeiter, Konditor, Zigarrenhändler und Bergmann durchschlägt; oder eines A. Scharrer (*Vaterlandslose Gesellen*, Wien/Berlin 1930), der, aus der Dorfarmut kommend, als Schlosser in großen Metallbetrieben arbeitet. Ihr erinnertes Leben verbindet Individualgeschichte und Gesellschaftsgeschichte; ihre Politisierung erwächst aus alltäglichen Armuts – und Ausbeutungserfahrungen, und sie beschleunigt sich mit den politischen Ereignissen als Ablehnung sozialdemokratischer »Burgfriedenspolitik«, als begründete Kriegsgegnerschaft, als Teilnahme an der Novemberrevolution. So verschränken sich Lebensgeschichte und Zeitgeschichte in einem kämpferischen Leben, dem der Widerstand Würde und Sinn gibt und das damit auch erzählbar und erzählenswert wird. Diese Erinnerungen sparen den Ausbeutungsalltag nicht aus, und sie verlieren sich doch nicht in dessen monotoner Schilderung, weil der Alltag auch Widerstandsalltag ist, weil er auch Aktionen gegen Vorgesetzte, Meister, Offiziere aufweist, die sich in der literarischen Erinnerung zu Episoden auswachsen. In den Erinnerungen Scharrers oder Tureks ist die individualistische Abstiegs-Aufstiegsdichotomie durch ein komplexes Erzählen überwunden, das den elenden Alltag dokumentarisch benennt, ihn zugleich aber durch Widerstand und politische Perspektive seiner zeitlosen Wiederholbarkeit entkleidet.

1933 bedeutete nicht nur eine entscheidende Niederlage für die deutsche Arbeiterbewegung, für ihre politischen und kulturellen Aktivitäten, sondern auch die Ausschaltung jeglicher »linker« Literatur. Zur Verschleierung der Eigentumsverhältnisse mit Volksgemeinschaftsideologie und KdF passen keine ALE. Es sei denn, man stilisiert sich zum braven Werkmann und ästhetisiert den Arbeitsprozeß (z. B. A. Winnig *Als ich noch ein Maurergesell war*, Hamburg 1939). Nach der Niederlage des Nationalsozialismus reorganisierte sich in Westdeutschland zwar die Arbeiterbewegung politisch, nicht aber kulturell. Deutlich zeigt dies der Verzicht (sieht man von den »Naturfreunden« und dem Rad- und Kraftfahrerbund »Solidarität« ab) auf eigenständige Kulturorganisationen. Jetzt fehlt deren Netzwerk, das vor 1933 soziale Identität auch außerhalb der Produktionssphäre lebensweltlich stabilisierte. Im Verlauf des »Wirtschaftswunders« löste sich die traditionelle Arbeiterkultur auf. Schlagworte wie »Freizeit-« oder »Mittelstandsgesellschaft« fanden so ihre erfahrbare Plausibilität. Sensibel registrierte die Soziologie den Wandel in der »Arbeiterschaft«; ihr bescheinigte 1963 der Soziologe H. Schelsky eine »kleinbürgerlich-mittelständische Aufstiegsmentalität« (*Die skeptische Generation*, Köln 1963, S. 310). Und nach dem Scheitern des »Werkkreises Literatur der Arbeitswelt« gilt (heute) wieder, was W. Dirks bereits 1960 feststellte: »Es gibt kaum Arbeiterdichter und Arbeiterlieder und Autobiographien mehr, und wer die Lage der Arbeiterschaft mit Hilfe literarischer Selbstzeugnisse erkunden wollte, müßte sein Vorhaben bald aufgeben: Es gibt keine Selbstzeugnisse, die Arbeiterschaft schweigt«. (in: »Frankfurter Hefte« 1960, H. 10, S. 684).

Lit.: B. Neumann: Identität und Rollenzwang. Zur Theorie der Autobiographie und Memoiren, Frankfurt a.M. 1970; U. Münchow: Frühe deutsche Arbeiterautobiographie, Berlin 1973; G. Bollenbeck: Zur Theorie und Geschichte der frühen Arbeiterlebenserinnerungen. Kronberg/Ts. 1976; P. Frerichs: Bürgerliche Autobiographie und proletarische Selbstdarstellung. Eine vergleichende Darstellung unter besonderer Berücksichtigung persönlichkeitstheoretischer und literaturwissenschaftlich-didaktischer Fragestellungen, Frankfurt a.M. 1980; M. Vogtmeier: Die proletarische Autobiographie 1903–1914. Studien zur Gattungs- und Funktionsgeschichte, Frankfurt a.M. /Bern 1984; A. Federlein-Leisewitz: Autobiographien von Arbeitern 1890–1914, Marburg 1987; G. Bollenbeck: Arbeiterlebenserinnerungen, Gemeinsame Erfahrungen und Schreibstandpunkte, aber keine einheitliche Gattung. In: Deutsch-Unterricht 1989/2, S. 51–71.

Georg Bollenbeck

Arbeiterliederbücher (A)

A sind gedruckte, vervielfältigte oder handschriftliche Sammlungen, die spezifisches Liedgut der zumeist in politischen Parteien und Organisationen, Verbänden und Vereinen zusammengeschlossenen Arbeiter unterschiedlicher politischer und ideologischer Richtungen enthalten: Lieder der revolutionären, der reformistischen und der anarchistischen Arbeiterbewegung, Lieder evangelischer und katholischer Arbeitervereine. Sie bringen vorrangig politische Anschauungen und/oder ökonomisch-soziale Forderungen der Arbeiterbewegung zum Ausdruck. Im Unterschied zum Arbeiterlied schildern Arbeits- und Ständelieder, wie sie in traditionellen Volksliedsammlungen erfaßt wurden, berufliche Aspekte der verschiedenen Arbeitsgebiete (z.B. Bergarbeiter, Buchdrucker, Handwerker unterschiedlicher Sparten). Bei den frühen A vermischt sich allerdings oft das berufliche mit dem politischen Anliegen in den abgedruckten Liedern. Es ist schwer möglich, ein erstes Arbeiterliederbuch zeitlich genau zu fixieren. 1844 z.B. erschien das *Liederbuch des Berliner Handwerker-Vereins*, und 1848 wurde vom Königsberger Arbeiterverein ein Liederbuch mit dem Titel *Arbeiterlieder* herausgegeben. In diese Zeit fällt auch die Geburt des Typs von Arbeiterlied, das in wachsendem Maße die schwierigen Existenzbedingungen des arbeitenden Volkes anprangert und den Kapitalbesitzenden, den Fabrikanten dafür die Schuld zuweist, so z.B. im ⟋ *Blutgericht* aus dem schlesischen Weberaufstand 1844. Das

Arbeiterlied, das sich mit zunehmendem politischen Bewußtsein seiner Träger von der undifferenzierten Klage über die Anklage bis zum zielgerichteten Kampfaufruf entwickelte, war stets auch ein wirksames Instrument zur Propagierung sozialistischen Ideenguts.

Das Arbeiterlied war, vor allem in den Jahren bis zum ersten Weltkrieg, ein integraler Bestandteil der sozialistischen Literatur. Die Texte waren für die Wahl und den Charakter der Melodien bestimmend, die beliebten Volksliedern und Freiheitsgesängen (z.B. *Marseillaise*), aber auch kaisertreuen (z.B. *Heil dir, im Siegerkranz*) und chauvinistischen Liedern (z.B. *Die Wacht am Rhein*) entlehnt wurden. Dieses Parodieoder auch Kontrafakturverfahren war bedingt durch das Fehlen eigener Melodien, aber auch politisch-agitatorischen Zwecken geschuldet. Mit Hilfe bekannter Gesangsweisen konnten die Lieder besser in der Arbeiterschaft verbreitet werden. Darüber hinaus wurden durch Benutzung von Melodien bekannter nationalistischer Lieder reaktionäre Praktiken glossiert. Zu Zeiten der Illegalität (Sozialistengesetz) diente diese Art der Meldodiengebung auch zu Tarnzwecken. Durch ausgewählte bekannte Melodien konnte z.B. Vormärz- sowie frühe sozialistische Lyrik über Jahrzehnte hinweg populär bleiben. In seinem Aufsatz *Sozialistische Lyrik* von 1914 vermerkte F. Mehring in einem Vergleich, daß sich etwa die *Arbeitermarseillaise* von J. Audorf »bei ungleich geringerem dichterischen Werte« durch Verwendung der zündenden Weise der *Marseillaise* »mehr einschmeichelte als Herweghs Bundeslied durch die Komposition Hans von Bülows« (*Sämtliche Werke*, Bd. 10, Berlin 1982, S. 399). Die sozialdemokratischen und anderen A waren zunächst nur Textausgaben, in denen die Melodieangabe unter dem Liedtitel vermerkt war. Dort, wo Gedichte wegen unregelmäßiger Metrik nicht sangbar waren, d.h. keinen bekannten Melodien zugeordnet werden konnten, wurden sie in einen Anhang, »Deklamationen«, aufgenommen. Hauptsächlich unterscheiden sich A aber von Lyriksammlungen durch die vorrangige Aufnahme sangbarer Texte mit unmittelbarer, operativ-agitatorischer Wirkung.

Die demokratisch-revolutionären Liedsammlungen deutscher politisch organisierter Demokraten und proletarischer Handwerksgesellen in Frankreich und in der Schweiz aus der Zeit des Vormärz standen inhaltlich überwiegend im Zeichen der Befreiungsbewegung von 1813, enthielten aber auch neue Lieder führender Mitglieder des Bundes der Gerechten, u.a. von W. Weitling (unter Ps. Freimann). Die Liederbücher der bürgerlich-demokratischen Revolution von 1848/49 nahmen neben einem Grundbestand von Freiheitsliedern ebenfalls aus der Zeit um 1813 viele neue Lieder und Revolutionsgesänge von Dichtern wie G. Herwegh, F. Freiligrath, G. Weerth, H. Heine, H. Hoffmann von Fallersleben, R. Prutz oder H. Rollett auf. Demgegenüber fanden die einfachen, zumeist anonymen, aggressiven Spott-, Barrikaden- und Straßenlieder sowie Trauergesänge auf die Opfer der Revolution in keine dieser Liedsammlungen Eingang und fielen somit schnell der Vergessenheit anheim, wenn sie nicht durch mündliche Überlieferung oder Flugblattverbreitung davor zumindest teilweise bewahrt wurden. Aus den Titeln der frühen Anthologien sind die aktuellen nationalen Forderungen der Revolution und die Adressaten oft bereits ablesbar: *Deutsche Volksstimme* (Offenbach [Schweiz] 1833), *Volks-Klänge* (Paris 1841), *Liederbuch des deutschen Volkes* (Leipzig 1843), *Volks-Lieder für das freie Deutschland* (Erfurt 1848) oder *Deutsches Volksgesangbuch* (Leipzig 1848). Die revolutionären und proletarischen Liederbücher waren stets auch Zensur und polizeilichen Verfolgungen ausgesetzt. Als das *Republikanische(s) Liederbuch* (Leipzig) von Rollett 1848 in drei Auflagen hintereinander erschienen war, wurde es beschlagnahmt und vernichtet, der Herausgeber steckbrieflich verfolgt. Die 48er Revolution brachte auch Liederbücher für die Volks- und Bürgerwehren, für Handwerker- und Arbeitervereine hervor. Der Aufschwung der patriotischen Turnbewegung, die an den Freiheitskämpfen von 1813 aktiven Anteil gehabt hatte, war Anlaß zur Herausgabe vieler Liederbücher mit demokratischen Turnerliedern. Das Erstarken der deutschen Arbeiterbewegung und ihr Zusammenschluß in Organisationen und Parteien (ADAV und SDAP) schlug sich in umfangreichen Liedveröffentlichungen und hohen Auflagenziffern sozialdemokratischer A nieder, die z. T. alle ein bis zwei Jahre neu aufgelegt wurden. Die Gesamtzahl bisher ermittelter A zwischen 1867/1900 beträgt rund 150. Zu den frühesten Parteiliederbüchern gehörten seit etwa 1867 mehrere kleine Hefte, die dem ADAV gewidmet waren. Ab 1871 wurden sie durch A der Eisenacher ergänzt. Unterschiedliche ideologische Positionen innerhalb der deutschen Sozialdemokratie vertretend, zeigten sie auch inhaltlich große Differenzen. Dies läßt sich an Audorfs *Arbeitermarseillaise* anschaulich exemplifizieren. Die ursprüngliche Fassung des Refrains von 1864 huldigte F. Lassalle (»Der Bahn, der kühnen, folgen wir, die uns geführt Lassalle«) und fand Aufnahme in den A der Lassalleaner. Die Eisenacher Partei ersetzte diesen durch den Refrain der Freiligrathschen *Reveille* von 1849 (»Marsch! Marsch! Marsch! Marsch! Und wär's zum Tod! Denn uns're Fahn' ist rot!«) mit folgender Begründung in der Fußnote des Arbeiterliederbuches *Sozialdemokratische Lieder und Deklamationen* (Zürich 1874): »Viele Parteigenossen finden in obigem Refrain einen starken Personen-Cultus und ziehen deßhalb diverse Varianten vor.« Nach dem Gothaer Vereinigungsparteitag 1875 und während der Zeit des Sozialistengesetzes verschwand der Lassalle-Refrain aus den A, um nach 1890 erneut und endgültig die Vorherrschaft in den A zu behaupten, wiederum begründet in einer Fußnote mit dem Protest des Dichters über die vorgenommene Änderung. Auch das preußische Polizeipräsidium wußte in einem Aktenvorgang von 1874 zu unterscheiden zwischen den Liedern der Lassalleaner, als deren Arbeiterliederbuch *Gesammelte Gedichte für das deutsche Volk* (Berlin 1871) von O. Kapell angegeben wurde, und denen der »Bebelianer« in *Neuestes Proletarier-Liederbuch* (Chemnitz 1872) von J. Most. Dabei wurde der Abdruck der *Arbeitermarseillaise* mit dem Lassalle-Refrain bei Kapell genehmigt, doch die Liedfassung mit dem Freiligrath-Refrain in der Ausgabe von Most verboten. Solche Vorgänge sind aufgehoben in einem 225 Blatt umfassenden Konvolut *Acta des Königlichen Polizei-Präsidii betreffend die socialdemokratischen Liedersammlungen* aus der Geheimen Präsidial-Registratur der Jahre 1873/96. Von den frühen, militanten Arbeiterliedern waren es immer wieder Dichtungen von Most und H. Greulich, die auf den Verbotslisten standen, vor allem Mosts *Die Arbeitsmänner* und Greulichs *Arbeiter-Feldgeschrei*. Die frühen A, dünne Heftchen im Oktavformat, bei größerem Umfang in Kaliko gebunden, erschienen bis etwa 1872 in der Regel im Selbstverlag des Herausgebers oder Verfassers. Diese waren u.a. J. Franz, G. Geilhof, G. Linke, Most und C. E. Seifert. Zu den wichtigsten A aus dieser Zeit gehörten *Neuestes Proletarier-Liederbuch von verschiedenen Arbeiterdichtern*, gesammelt von Most (Chemnitz 1872/75 in 4 Aufl.) und *Sozialdemokratische Lieder und Deklamationen* (Hottingen/Zürich 1874/92 in 18 Aufl.). Beide A sind mit allen zuvor erschienenen Auflagen wenige Tage nach Inkrafttreten des Sozialistengesetzes verboten worden. In der Züricher Sammlung von 1874 waren im Anhang die Prinzipien-Erklärungen der IAA und der Sozialdemokratischen Partei sowie des Schweizerischen Arbeiter-Bundes abgedruckt. Enthalten waren 24 Arbeiterlieder und 32 Deklamationen von Herwegh, Freiligrath, Heine, Most, Greulich u.a. – politisch aggressive, revolutionär-polemische und appellative Kampflyrik internationalistischen Charakters, die in den A nach 1890 so nicht mehr zu finden ist. 15 der hier veröffentlichten Gedichte sind möglicherweise aus diesem Arbeiterliederbuch in die zehn Jahre später herausgegebene Anthologie *Vorwärts* (Zürich 1884) übernommen worden. Nach Verkündung des Sozialistengesetzes wurde die Verlagstätigkeit der SDAP nach Zürich und London verlagert und die Produktion illegal nach Deutschland gebracht. Dazu gehörten auch die A, die später zusätzlich in Chicago und New York verlegt wurden. In Zürich kam das *Sozialdemokratische(s) Liederbuch* bis etwa 1888 in 13 Auflagen heraus. Unter demselben Titel erschien zur gleichen Zeit (bis 1890) ein anderes Arbeiterliederbuch in London. Nach dem Fall des Sozialistengesetzes 1890 gab M. Kegel bei J. H. W. Dietz in Stuttgart *Max Kegel's Sozialdemokratisches Liederbuch* zwischen 1891 und 1897 in acht Auflagen heraus. Vier Auflagen erschienen allein im Jahr

1891. Die 8. Aufl. enthielt als Anhang erstmals Noten zu zwei Liedern, eines davon, der *Sozialistenmarsch* von Kegel und C. Gramm, dem Erfurter Parteitag der SPD 1891 gewidmet. Begünstigt durch die nach 1890 einsetzenden parlamentarischen Erfolge der Sozialdemokratie gewannen reformistische Auffassungen in der Arbeiterbewegung immer mehr Raum. Dies wirkte sich auch auf die inhaltliche Gestaltung der A aus. Lieder mit ausgeprägtem Kampfcharakter wie die genannten Dichtungen von Most und Greulich, aber z.B. auch Herweghs *Bundeslied*, wurden konfisziert oder durch Selbstzensur eliminiert. An ihre Stelle traten politisch gemäßigtere Texte, die den demokratischen Bewegungen und speziellen politischen Forderungen dieser Zeit entsprachen: Lieder zum 1. Mai, für den Achtstundentag und zum Ruhme der Arbeit, Wahlkampf- und Arbeiterfestlieder, Lieder über Freiheit, Gleichheit und Brüderlichkeit, in denen neben einem Anklagegestus vor allem Appelle und Proklamationen vorherrschten. Die *Arbeitermarseillaise* wurde wieder mit dem Refrain auf Lassalle abgedruckt. Neue Parteilieder entstanden kaum mehr. Sie machten spezifischem Liedgut Platz, das von gewerkschaftlichen Berufsverbänden, konfessionellen Arbeitervereinen, Organisationen des Arbeitersports und der Arbeiterjugend in A zumeist durch organisationseigene Verlage herausgegeben wurde. Zu einem Massenliederbuch wurde *Der freie Turner*, publiziert vom Arbeiter-Turnerbund in Leipzig seit 1894 bis Mitte der 20er Jahre in über 20 Auflagen und einer Auflagenhöhe von insgesamt etwa 400000 Ex. Neben Arbeiter-, Freiheits- und geselligen Liedern enthält es zahlreiche neugeschaffene Arbeiter-Turnerlieder, zu deren Textdichtern u.a. E. Klaar, H. Bobe und C. Rieck gehörten. Dieses Arbeiterliederbuch war in seiner 7. Aufl. 1905 erstmals mit Noten und eigenen Melodien erschienen. Ein ähnliches Liedrepertoire hatte das *Liederbuch des Turn-Vereins ›Fichte‹* mit dem Umschlagtitel *Frei Heil!*, das von 1899 bis 1930 in Berlin im Selbstverlag in acht Auflagen, seit 1927 als *Fichte-Liederbuch* der Berliner Arbeitersportler, herauskam. 1907/08 erschienen die ersten A der Arbeiterjugend, die einem offensichtlichen Bedürfnis der sich politisch organisierenden Lehrlinge und Jungarbeiter entsprachen. Das von der Zentralstelle für die arbeitende Jugend in Berlin ab 1907 herausgegebene *Jugend-Liederbuch* wurde nach 1918 zum offiziellen Liederbuch der sozialdemokratischen Arbeiterjugend. Die frühen Auflagen dieses Buchs, wie auch das *Arbeiter-Liederbuch für Massen-Gesang* (Dortmund 1910), gehörten zu den ersten, die die *Internationale* in deutscher Nachdichtung abdruckten. Der Text wurde von den Behörden sofort verboten und die Vernichtung der Druckplatten angeordnet. Nach dem Verbot der Verse E. Pottiers in der Nachdichtung von E. Luckhardt im *Arbeiter-Liederbuch für Massen-Gesang* tauschten die Herausgeber diesen Text gegen eine Nachdichtung F. Diederichs von 1901 aus und

setzten als Titel *Nun reckt empor* (die Anfangsworte der *Internationale*). Der Text wurde nicht beanstandet. Auch die beiden letzten Strophen von Mosts *Die Arbeitsmänner* wurden 1910 konfisziert, ein Jahr später der ganze Text, ebenso wie Herweghs *Bundeslied*. Enthalten sind auch Maifeier- und Gewerkschaftslieder von Geib, Klaar, Audorf und H. Kämpchen. Dieses Liederbuch zum Preis von fünf Pfennig wurde allein im Jahr 1910 in 300000 Ex. (in Aufl. von 10000–40000) verbreitet und erreichte bis 1921 eine Auflage von 550000.

Nach dem Ende des I. Weltkriegs setzte die SPD ihre Tradition der Herausgabe von A fort. Die regelmäßig veröffentlichten Neuausgaben des *Jugend-Liederbuches*, von A. Albrecht zusammengestellt, kam mit zehn Auflagen bis 1931 auf über eine halbe Million Exemplare. Es umfaßt 346 Liedtexte, darunter 73 Arbeiter- und Freiheitslieder, 16 Handwerks- und Gesellenlieder, 17 Turner- und Burschenschaftslieder sowie 240 Volks- und Wanderlieder. Die ersten drei Liedgruppen wurden 1928 gesondert als *Arbeiter- und Freiheits-Liederbuch* (Berlin) herausgegeben. Neben einer größeren Anzahl internationaler Arbeiterlieder, die auch zum Liedrepertoire der kommunistischen Jugend gehörten, enthält dieses Liederbuch neue sozialdemokratische Lyrik von J. Brand (d.i. E. Sonnemann), K. Bröger, J. Büttner, H. Claudius, W. Kagelmacher, E. Kerkow, B. Schönlank, R. Seitz und A. Zickler mit dem Vermerk verwendeter Melodien bzw. mit Angabe der Komponisten (u.a. M. Englert). Nach Gründung der KPD 1918 und des KJVD wurden von diesen Organisationen regelmäßig revolutionäre A veröffentlicht, oft mit verändertem Titel und bei wechselnden Verlagen. Gründe hierfür waren die häufigen Verbote und Verfolgungen der Partei und ihrer Publikationen. Bei den A des RFB und des KJVD zeichneten als kommunistische Reichstagsabgeordnete zeitweise E. Thälmann für den Rot-Front-Verlag und A. Becker für den Verlag Junge Garde verantwortlich, um aufgrund ihrer Mandate die Verlagsproduktion zu schützen. Dennoch gab es in dieser Zeit verstärkt Verfolgungen und Gerichtsprozesse wegen der Veröffentlichung von A oder Schallplatten mit Proletarierliedern. Die 3. und 4. Aufl. des Arbeiterliederbuches *Rot Front* (Berlin 1927/28) im Verlag Junge Garde enthalten mehrere Seiten ohne Texte, nur mit Noten und Titeln, so bei *Warschawjanka*, *Avanti Popolo*, *Russischer Rotgardistenmarsch* und *Hamburgs Jung-Spartakus-Lied*. Darunter steht der Vermerk: »Text vom Reichsgericht der deutschen Republik verboten.« 1919/32 sind etwa zehn kommunistische A mit je drei bis vier Auflagen zentral publiziert worden. Während der Weltwirtschaftskrise erschien im Verlag Junge Garde das Liederbuch *Mit Lenin. 50 Kampflieder* (Berlin um 1928) in einer Auflage von über 120000 und 1930/31 das Arbeiterliederbuch *Unter roten Fahnen* im gleichen Verlag in 330000

*»Wir sind die Moorsoldaten« gezeichnet 1935
im Moorlager Esterwege*

Ex. Diese kleinen Massenliederbücher, oft nur 32 Seiten stark, enthalten ausschließlich kämpferisch-agitatorisches Liedgut: Lieder und Hymnen der internationalen Arbeiterbewegung in deutschen Nachdichtungen, Lieder zu aktuellen politischen Auseinandersetzungen, Lieder der Roten Frontkämpfer und der Agitproptruppen. Die wirksamsten, wie das *Komintern-lied*, der *Rote Wedding* oder der *Rote Raketenmarsch*, wurden zu weitverbreiteten Massenliedern der kommunistisch orientierten Arbeiter.

Mit ihrem aktuell-politischen Liedrepertoire unterschieden sich die kommunistischen A inhaltlich von den sozialdemokratischen A. Vergleicht man ihre Auflagenhöhe in den Jahren der Weltwirtschaftskrise, so wird das Übergewicht des revolutionären Liedguts in dieser Zeit deutlich. Das sozialdemokratische *Jugend-Liederbuch* erschien 1930 in keiner Neuauflage und 1931 mit 30 000 Ex. Das kommunistische Arbeiterliederbuch *Unter roten Fahnen* hatte 1930 eine Auflage von 220 000 und 1931 von 110 000 Ex. Die KPD und ihre Jugendorganisation vernachlässigten dabei auch nicht die kulturellen Traditionen. In geselliger Runde, auf Heimabenden oder beim Wandern wurden nicht nur Kampflieder gesungen. Zu den beliebtesten A gehörte z.B. *Mit Gesang wird gekämpft* (Berlin 1922), ab 1928 mit dem Untertitel *Eine Sammlung proletarischer Kampflieder, Wander-, Volks- und heiterer*

Lieder herausgegeben. Die meisten kommunistischen A erschienen im Verlag Junge Garde, die der SAJ im Arbeiterjugend-Verlag. Neben KPD und SPD, ihren Jugendorganisationen sowie dem RFB und dem Reichsbanner veröffentlichten auch Gewerkschaften und Genossenschaften, der Deutsche Arbeiter-Sängerbund, Arbeitersport- und Arbeiterkinderorganisationen, Freidenker, Naturfreunde und konfessionelle Arbeitervereine A. Die Mehrzahl der A in den Jahren der Weimarer Republik waren Textausgaben ohne Noten.

Nach Errichtung der faschistischen Diktatur konnten gedruckte A nur außerhalb Deutschlands erscheinen, 1934 noch im Saargebiet *Alles singt mit!* (Saarbrücken) mit aktuellen antifaschistischen Kampfliedern, in der Mehrzahl von E. Weinert und in der Vertonung von P. Arma. Herausgeber war die Kampfgemeinschaft der Arbeitersänger an der Saar. Ein anderes Arbeiterliederbuch mit gleichem Titel gaben K. Kneschke und H. Reichmann 1936 in Liberec/ČSR heraus. Hier konnte bereits das *Moorsoldatenlied* Aufnahme finden. Innerhalb Deutschlands entstanden handschriftliche Liederbücher, verfaßt von Häftlingen unterschiedlicher Nationen in faschistischen Konzentrationslagern. Diese einzigartigen Dokumente wurden unter großen Gefahren hergestellt und aufbewahrt. Sie enthalten Texte (gelegentlich auch Noten) von Volksliedern und Liedern aus verschiedenen Konzentrationslagern, illustriert mit Vignetten und farbigen oder Bleistiftzeichnungen. In einigen Ländern des politischen Exils gaben deutsche Emigranten Liederbücher heraus, die u.a. neues antifaschistisches Liedgut und ins Ausland gelangte Lieder aus Konzentrationslagern verbreiteten. Meist waren es hektographierte Ausgaben, für die – wie ab 1943 in Großbritannien und 1944 in Schweden – die FDJ verantwortlich zeichnete. In Zusammenarbeit mit der 7. Abteilung der Roten Armee stellten Weinert und A. Kurella 1941, unter Verwendung des Titelblatts des faschistischen Liedhefts *Das neue Soldaten-Liederbuch* (Mainz), eine kleine Auswahl selbstverfaßter antifaschistischer Liedparodien zusammen, die nach dem Überfall auf die Sowjetunion über den deutschen Stellungen abgeworfen wurden und zugleich als Ausweis für den Übertritt auf die Seite der Sowjetarmee genutzt werden konnten. Für die Kämpfer der Internationalen Brigaden in Spanien gab E. Busch 1937 und 1938 das Liederbuch *Canciones de Guerra de las Brigadas Internacionales* (5 Aufl.) heraus: die erste Auflage mit nur 20 Liedern als Ausgabe der Ztg. »Le volontaire de la liberté« in Valencia u. d. T. *Kampflieder der Internationalen Brigaden* und die anderen Ausgaben im Auftrag der 11. Internationalen Brigade 1937 in Madrid, die 5. Aufl. 1938 in Barcelona mit erweitertem Umfang von 132 S. Diese Liederbücher enthalten bewährte Lieder und Hymnen der internationalen Arbeiterbewegung und neue Kampflieder, abgedruckt in den Originalsprachen, einige auch in deutscher und anderssprachiger Übersetzung. Die Kämpfe an den verschiedenen Fronten in Spanien brachten in den Bataillonen und Brigaden der Freiwilligen stets neue Lieder hervor, die von Busch für das Liederbuch erfaßt und mit Noten aufgezeichnet wurden. Den bekanntesten deutschen Spanienliedern liegen Dichtungen von Busch, L. Detsiny, K. Ernst (d.i. G. Kabisch), L. Renn und Weinert zugrunde.

Lit.: W. Steinitz: Deutsche Volkslieder demokratischen Charakters aus sechs Jahrhunderten, 2 Bde., Berlin 1954 und 1962; I. Lammel: Das Arbeiterlied, Leipzig 1970; Bibliographie der deutschen Arbeiterliederbücher 1833/1945, Hg. Arbeiterliedarchiv der Akademie der Künste der DDR, Bearb. I. Lammel, Leipzig 1973; Bibliographie der deutschen Arbeiterliedblätter 1844/1945, Hg. Kollektiv des Arbeiterliedarchivs der Akademie der Künste der DDR, Ltg. I. Lammel, Leipzig 1975; Arbeitermusikkultur in Deutschland 1844/1945. Bilder und Dokumente, Hg. I. Lammel, Leipzig 1984; Und weil der Mensch ein Mensch ist. 200 Arbeiterlieder, Hg. I. Lammel, Mitarb. P. Andert, Leipzig 1986.

Inge Lammel

Arendt, Erich
Geb. 15. 4. 1903 in Neuruppin; gest. 25. 9. 1984 in Berlin

Vater Schulhausmeister und -heizer. Mittelschule, Lehrerseminar in Neuruppin bis 1923. Hilfsredakteur, Bankangestellter. Arbeitslosigkeit, ab 1925 in Berlin. Erste Gedichte in »Der Sturm«. 1926 Eintritt in KPD. 1928/33 Lehrer, bis 1932 an pädagogischer Versuchsschule in Neukölln. 1928 BPRS, 1931/32 leitend in Ortsgruppe Neukölln. März 1933 Emigration in die italienische Schweiz, Jan. 1934 nach Spanien (Mallorca, Barcelona), Lebensunterhalt durch Hilfsarbeiten. Aug. 1936 vom francistischen Mallorca über Italien, Schweiz, Frankreich ins republikanische Spanien, Nov. 1936 Barcelona. Übersetzungsarbeit für deutsche Informationspresse der Interbrigaden, publizistische und literarische Beiträge in der katalanischen Presse, in IL, »Wort« u.a. Ab Frühjahr 1937 bei der 27. Division, Presseberichte und Reportagen. Kurz vor Fall Barcelonas Feb. 1939 über die Pyrenäen nach Frankreich; in Paris, dann in Lagern. Flucht aus dem Lager Bassens, untergetaucht in Marseille. Sep. 1941 über Spanien nach Kolumbien; in Curaçao vom Schiff geholt, bis März 1942 in Trinidad im Lager festgehalten. Lebte in Kolumbien zumeist in Bogotá; aktiv in der Anti-Nazi-Freiheitsbewegung (ANFB), seit Gründung Nov. 1943 in der Leitung des »Demokratischen Komitee Freies Deutschland« Kolumbien. Einige Publikationen im »Freien Deutschland« (Mexico). Erst 1950 Rückkehr nach Deutschland möglich. Seit 31. 3. 1950 in Berlin, lebte als freier Schriftsteller in der DDR.

A.s erste Gedichte waren Versuche intensiven Erlebnisaus-

drucks, entstanden im Bannkreis expressionistischer Wortkunst. Sie fortzuführen war dem jungen Kommunisten ohne Irritationen nicht möglich. Die kulturpolitische Orientierung im BPRS auf unmittelbar politisch wirksame literarische Arbeit führte zu einer Schreibkrise, die erst im Aufnehmen von Erlebnissen und sozialen Erfahrungen im spanischen Exil überwunden werden konnte. Die scharfen Kontraste im Leben der Bauern des Mittelmeerraumes, die prägende Kraft der Natur, die verhaltene Rebellion in scheinbar erstarrten Verhältnissen erscheinen nun in A.s Gedichten. Bereits vor dem Spanienkrieg Geschriebenes weist eine Besonderheit A.s unter den antifaschistischen deutschen Exillyrikern auf: die entschiedene Hinwendung zu Lebensproblemen in seinen Exilländern, die der kommunistische Antifaschist mit wachem Sinn für die sozialen und politischen Nöte und Kämpfe ebenso ergreift wie Eigenarten des Landes, der Mentalität ihrer Menschen und der Landschaft. – Das Vertrautsein mit der Lage im Lande wirkte sich produktiv auf A.s Schreiben über und für Volksfrontspanien aus; Spezifisches in der Verteidigung der Republik wird kenntlich gemacht – der Kampf um die Chance zur sozialen Befreiung, politischen und kulturellen Revolution. Davon zeugen kulturpolitische und -kritische Artikel, mit denen A. an den Bemühungen um die Revolutionierung der Kultur in Katalonien, um eine sozial und politisch eingreifende, aus der analytischen Kraft des Künstlers gespeiste literarische Arbeit teilnahm. Berichte und Reportagen, besonders die für die Presse, stehen auch unter der operativen Funktion, mit der Darstellung vom Widerstand gegen die Faschisten Widerstandskraft zu stärken. In den Erzählstücken aus der Geschichte des Volksheeres, *Herois* (= Helden, zus. mit dem katalanischen Autor J. Morera i Falcó, Barcelona 1938), treten diese demonstrativen Elemente stärker zurück, und sie werden nur in wenigen der Gedichte bestimmend. A.s Spanienkriegslyrik zeichnet eine Intensität gegenständlicher Darstellung, sinnlich konkreter, oft lakonischer Gestaltung sozialer Vorgänge und Konflikte aus, es finden sich aber auch bereits – in Verfahren, die später zunehmen – bildstarke, die Dynamik des erlebten Augenblicks mythisch überhöhende Gedichte. Die Eigenart von A.s Dichtungen im Exil (*Trug doch die Nacht den Albatros*, Berlin 1951) tritt in den Folgejahren mit der ihm eigenen Bildsprache in Erscheinung; Grundwidersprüche in der gesellschaftlichen Verfassung werden ihm unmittelbar erlebbar und darstellbar in den Gegensätzen von Arm und Reich, Unterdrückung und Befreiungssehnsucht, Erstarrung und Dynamik. Bilder aus der Geschichte weisen auf das ununterdrückbare Erwachen von Gegengewalt und die blutigen Niederlagen von Revolten und Revolutionen. Bedeutende Gestalten aus der Geschichte der Künste (insbesondere der bildenden Kunst) werden in Gedichten zu Zeugen und Zeichen menschheitlicher Kräfte und Spannungen, pro-

Erich Arendt

duktiven Widerstehens und Gestaltungswillens. In A.s Dichtung nach dem Exil vollzog sich keine einfache Fortsetzung, vielmehr wurde seit Mitte der 50er Jahre ein tiefgreifender Wandel in Weltsicht wie poetischer Sprache manifest; an wesentlichen Impulsen und Erfahrungen seines Lebens festhaltend, vermochte er sie illusionslos mit späteren zeitgeschichtlichen Einsichten in geschichtsintensiven, auch mythischen Bildern zu verbinden. Durch seine auf tragische Konflikte verweisende, Menschenwürde und humane Sinnerfüllung einklagende Lyrik, die, frei von Deklarativem, mit zunehmender sprachlicher Reduktion auf das Wort gestellt war, konnte A. auch zu einer bedeutenden, ermutigenden Gestalt für jüngere Dichter werden. Einen gewichtigen Anteil daran hatte A.s jahrzehntelange Arbeit als Nachdichter und Vermittler insbesondere der spanischsprachigen Moderne, die eine kulturhistorische Leistung darstellt.

W. W.: Bergwindballade (Ge. des spanischen Freiheitskampfes), Berlin 1952; Tropenland Kolumbien (Bildbd.), Leipzig 1954; Tolú (Ge. aus Kolumbien), Leipzig 1956; Gesang der sieben Inseln (Ge.), Berlin 1957; Über Asche und Zeit (Ge.), Berlin 1957; Flug-Oden, Leipzig 1959, Wiesbaden 1959; Inseln des Mittelmeeres (Bildbd., zus. mit K. Hayek-Arendt), Leipzig 1959, Hanau 1961; Griechische Inselwelt (Bildbd., zus. mit ders.), Leipzig 1962; Unter den Hufen des Winds (Ausgew. Ge. 1926–1965), Hg. V. Klotz, Reinbek 1966; Säule – Kubus – Gesicht (Bildbd.), Dresden 1966; Ägäis (Ge.), Leipzig 1967; Aus fünf Jahrzehnten. Gedichte (Nachw. H. Czechowski), Rostock 1968; Griechische Tempel (Bildbd.), Leipzig 1970; Feuerhalm (Ge.), Leipzig 1973;

Gedichte (Ausw. und Nachw. G. Wolf), Leipzig 1973, erw. 1976, 3. erw. Ausg. 1983; Memento und Bild (Ge.), Leipzig 1976, Darmstadt 1977; Zeitsaum (Ge.), Leipzig 1978, Darmstadt 1978; entgrenzen (Ge.), Leipzig 1981, Berlin-West 1981; Das zweifingrige Lachen (Ausgew. Ge. 1921–1980, Hg. und Nachw. G. Laschen), Düsseldorf 1981; Tagebuchnotizen aus dem Jahre 1929 (Hg. M. Schlösser und G. Laschen), Berlin-West 1983; Spanien-Akte Arendt. Aufgefundene Texte E. Arendts aus dem Spanienkrieg (Hg. S. Schlenstedt), Rostock 1986. – Nachdichtungen (Auswahl): Die Indios steigen vom Mixco nieder. Südamerikanische Freiheitsdichtungen (mit Einl.), Berlin 1951; N. Guillén: Bitter schmeckt das Zuckerrohr (Ge. von den Antillen), Berlin 1952; P. Neruda: Der große Gesang (mit Nachw.), Berlin 1953; ders.: Die Trauben und der Wind (Ge.), Berlin 1955; ders.: Spanien im Herzen (Ge., zus. mit St. Hermlin), Leipzig 1956; ders.: Elementare Oden, Berlin 1957, erw. Ausg. 1961; J. Zalamea: Der Große Burundún-Burundún ist tot (Poem, mit Nachw.), Berlin 1958; R. Alberti: Stimme aus Nesselerde und Gitarre (Ge.), Berlin 1959; P. Neruda: Aufenthalt auf Erden (Ge.), Hamburg 1960, Leipzig 1973; V. Aleixandre: Nackt wie der glühende Stein (Ge., zus. mit K. Hayek-Arendt), Reinbek 1963; R. Alberti: In der Morgenfrühe der Levkoje (Ge., zus. mit ders., Nachw. E. Arendt), Leipzig 1964; W. Whitman: Lyrik, Leipzig 1966; P. Neruda: Extravaganz-Brevier (zus. mit K. Hayek-Arendt), Berlin 1967; C. Vallejo: Funken wie Weizenkörner (Ge., zus. mit H. M. Enzensberger und F. R. Fries), Berlin 1971; M. Hernández: Der Ölbaum schmeckt nach Zeit (Ge.), Berlin 1972; L. de Góngora: Soledades (Ge.), Leipzig 1973; P. Neruda: Memorial von Isla Negra (Ge.), Berlin 1976. – *Lit.:* H. Czechowski: Gespräch mit E. A., in: trajekt 7 (Rostock) 1973; A. Endler: Über Erich Arendt, in: Sinn und Form, 1973, H. 2; G. Labroisse: Gespräch mit Erich Arendt, in: Deutsche Bücher (Amsterdam), Jg. VI, 1976, H. 2; Der zerstückte Traum, Hg. G. Laschen und M. Schlösser (enth. Ess., Erinnerungen, Gespräche, Bibl.), Berlin-West 1978; G. Laschen: Das Gedicht als Wahrheit der Geschichte, in: Zur Literatur und Literaturwissenschaft der DDR, Hg. G. Labroisse, Amsterdam 1978 (= Amsterdamer Beiträge zur Neueren Germanistik, Bd. 7); R. Bernhardt: Erich Arendt, in: Literatur in der DDR, Hg. H. J. Geerdts, Bd. 2, Berlin 1979; W. Emmerich: Erich Arendt (mit Bibl. von J. Gielkens), in: Kritisches Lexikon der deutschsprachigen Gegenwartsliteratur, Hg. H. L. Arnold, München 1982; S. Shipley Toliver: Exile and the Elemental in the Poetry of Erich Arendt, Bern/Frankfurt a.M./New York 1984 (= Europ. Hochschulschriften, Ser. I, Bd. 766), Erich Arendt, in: Text+Kritik 82/83/1984; S. Schlenstedt: Die Rückkehr Erich Arendts aus dem Exil, in: Exilforschung, Bd. 9, München 1991; Vagant, der ich bin. E. Arendt zum 90. Geburtstag. Texte und Beiträge zu seinem Werk. Hg. H. Röder, Berlin 1993.

Silvia Schlenstedt

Aston, Louise (geb. Hoche, verh. L. Meyer)

Geb. 26. 11. 1814 in Gröningen bei Halberstadt; gest. 21. 12. 1871 in Wangen (Allgäu)

Tochter eines Konsistorialrats; lebte seit 1835 in unglücklicher Ehe mit dem englischen Fabrikanten Samuel A. in Magdeburg; ging nach ihrer endgültigen Scheidung 1845 nach Berlin, wo sie sich der Vereinigung der revolutionären Demokraten, Die Freien, anschloß. A.s Engagement für die Emanzipation der Frau, ihre Kritik an Religion und Kirche sowie ihr öffentliches Auftreten – sie trug lange Hosen und rauchte Zigarren – erregte nicht zuletzt das Mißfallen der Behörden. 1846 Ausweisung aus Berlin und Aberkennung des Erziehungsrechts für ihre Tochter; Aufenthalt in der Schweiz; März 1848 Teilnahme an den Berliner Straßenkämpfen und danach als Krankenpflegerin bei den Berliner Freiwilligen im deutsch-dänischen Krieg. Gab Nov./Dez. 1848 in Berlin die politische Agitationszs. »Der Freischärler. Für Kunst und sociales Leben« heraus. Nach deren Verbot erneute Ausweisung; Versuche, in Hamburg, Leipzig und Breslau Fuß zu fassen, endeten ebenfalls mit Ausweisungen. 1850 Eheschließung mit einem Bremer Arzt. – Ihre Erfahrungen mit behördlicher, männlicher Willkür hatten sie bereits 1846 zu der politisch aufrührerischen Stellungnahme *Meine Emanzipation. Verweisung und Rechtfertigung* (Brüssel) veranlaßt. Mit bitterem Sarkasmus griff sie hier die Ehe ohne Liebe als gesetzlich geregelte Unsittlichkeit an. Das Vorbild in der Argumentation war dabei G. Sand. Ihr autobiographische Züge tragender Roman *Aus dem Leben einer Frau* (Hamburg 1847) ließ bereits das Leitmotiv ihres Gesamtwerks erkennen: konsequentes Eintreten für die Verwirklichung des Ideals der Gleichberechtigung zwischen Mann und Frau als Voraussetzung und Teil einer grundsätzlichen Veränderung der politischen und sozialen Ordnungsstrukturen. Die Romane *Lydia* (Magdeburg 1848) und *Revolution und Contrerevolution* (Mannheim 1849) sind durch ihre weiblichen Hauptfiguren verknüpft, deren Kampf um Emanzipation im politischen und sozialen Spektrum der Zeit gespiegelt wird. Das Leben von Fabrikarbeiterinnen z.B., ihre Not und Perspektivlosigkeit, wird im Gestus nüchterner Bestandsaufnahme und bitterer Anklage geschildert. Die Aktionsunfähigkeit der selbsternannten proletarischen Führer gilt ihr als Ergebnis mangelnder Organisiertheit und entzweienden Mißtrauens. Ästhetische Kriterien erklärte A. im Hinblick auf ihre Wirkung als zweitrangig gegenüber der Forderung nach Authentizität und Aufklärung. A.s unmittelbar politische Lyrik, in den *Freischärler-Reminiscencen* (Leipzig 1850) z.B., sind beeinträchtigt von einer oft überbordenden Metaphorik, wohingegen die Gedichte zur Frauenproblematik mit ihren Angriffen auf religiöse Dogmen und bigotte Moral bekenntnishaft klar, rebellisch und offensiv frisch wirken (vgl. *Wilde Rosen*, Berlin 1846).

Ausg.: Ein Lesebuch. Gedichte, Romane, Schriften in Auswahl, Hg. K. Fingerhut, Stuttgart 1983. – *Lit.:* R. Möhrmann: Die andere Frau. Emanzipationsansätze deutscher Frauen im Vorfeld der 48er Revolution, Stuttgart 1977; G. Goetzinger: Für die Selbstverwirklichung der Frau. Louise Aston in Selbstzeugnissen und Bilddokumenten, Frankfurt a.M. 1983; Frauen in der Geschichte. VI. Frauenbilder und Frauen-

Louise Aston

wirklichkeiten. Interdisziplinäre Studien zur Frauengeschichte in Deutschland im 18. und 19. Jahrhundert, Hg. R.-E. Boetcher Joeres/A. Kuhn, Düsseldorf 1985.

Petra Boden

Audorf, Jakob

Geb. 1. 8. 1835 in Hamburg; gest. 20. 6. 1898 in Hamburg

Sohn des Haartuchwebers Jakob A., der als Mitglied des BdK Marx und Engels persönlich kannte und 1848/49 an den revolutionären Ereignissen in Hamburg teilnahm. A. besuchte die Passmannsche Armenschule; 1852/57 Schlosser- und Mechanikerlehre; Mitglied des Arbeiterbildungsvereins; 1857/62 Wanderschaft; 1858/59 Präsident des Arbeiterbildungsvereins in Winterthur; 1859 Festredner auf der Schillerfeier in Zürich, wo er G. Herwegh kennenlernte; unterstützte im Nov. 1862 die Lasssallesche Bewegung; Teilnahme am Gründungskongreß des ADAV 1863, im Vorstand bis 1868; Bevollmächtigter des ADAV für Hamburg, zeitweilig Schriftführer; vertrat innerhalb der Lassalleaner die demokratische Opposition; 1868/75 Kaufmann in Rußland, der Heimat seiner Mutter; danach bis 1877 beim »Hamburg-Altonaer Volksblatt«; 1878/87 wegen Verfolgungen (Sozialistengesetz) wieder in Rußland; 1888/98

Redakteur am »Hamburger Echo«, für das er regelmäßig humoristische und satirische Wochenendplaudereien schrieb.

A. brachte als Lyriker besonders in den 60er Jahren die Hoffnungen und Ziele der im ADAV organisierten Arbeiter zum Ausdruck. In Wander- und Liebesliedern (1857/63) knüpfte er an volksliedhafte spätromantische Lyrik an und verwendete im Naturgedicht allegorische Gestaltungselemente. Seit Mitte der 50er Jahre wandte er sich den politischen Helden der Demokratie zu; das balladeske Gedicht *Zum Todestag Robert Blum's* (1858, ursprünglich: *Der Fischer von Sachsenhausen*) entstand zur mahnenden Erinnerung an die 48er Revolution. Typisch für A.s politische Lyrik der 60er Jahre sind agitatorische bekenntnishafte Liedtexte und Verse, die das Gefühl der Zugehörigkeit zur sozialistischen Bewegung stärken sollten (*Arbeiter-Bundeslied, Fahnenlied, An Deutschlands Arbeiter, Unsere feste Burg*). Das 1864 zum Tode Lassalles geschaffene *Lied der deutschen Arbeiter* wurde 1871 – da zur Melodie der Marseillaise gesungen – in *Arbeitermarseillaise* umbenannt. Es verdrängte sehr bald Herweghs *Bundeslied* (1863), da es, wie F. Mehring bemerkte, den damaligen Bedürfnissen des proletarischen Klassenkampfes besser entsprach und blieb bis zu M. Kegels *Sozialistenmarsch* (1891) das meistgesungene Kampflied der deutschen Arbeiterbewegung (nur die Eisenacher ersetzten A.s Refrain »Nicht zählen wir den Feind« häufig durch den von H. Greulichs *Arbeitermarseillaise*). Noch in den 70er Jahren propagierte A. Lassalles Thesen, so die vom »freien Wahlrecht«, zugleich bezog er sich immer wieder auf Traditionen der 48er Revolution, u.a. im Gedicht auf Florian Geyers *Schwarze Schar* (1864). Verbreitet war in den 70er Jahren das *Lied der Petroleure*, das in Form eines satirischen Trinklieds nach der damals bekannten Operettenmelodie zu *Mamsell Angot*, die Pariser Kommunarden verteidigte.

In A.s später Lyrik wird in verschiedenen Formen die soziale Lage der Arbeiter zum wichtigen Thema; sozialkritische Gedichte wie *Das stumme Königreich* (1889) und *Dividenden-Knechtschaft* entlarvten neue kapitalistische Ausbeutungsmethoden, die humoristische »Legende« *Sankt Peter und der Streikbrecher* unterstützte die Lohnkämpfe der Arbeiter; *Die sozialdemokratischen Dienstmädchen* zielten mit Spott auf den deutschen Militarismus, *Eine wahre Geschichte* und *Im Sachsenwald* auf Bismarck als Geschäftemacher. Armut, Unterdrückung und Erniedrigung werden in Gedichten angeklagt (*Aus der Gegenwart, Die Ausgesperrten, Den zu Weihnacht 1890 ausgesperrten Arbeitern Deutschlands, Die kleine Zeitungsverkäuferin, Zur Winterszeit*). In zahlreichen Liedern und Prologen zu Arbeiterfesten, zum 1. Mai und zu Parteikongressen soll Mut, Optimismus und Siegesgewißheit vermittelt werden.

W. W.: Herr Wilhelm Marr und die Arbeiterfrage (Abh.), Hamburg 1863; Reime eines deutschen Arbeiters, Hamburg 1890. - *Ausg.:* Gedichte. Deutsche Arbeiter-Dichtung, Bd. 2, Stuttgart 1893. - *Lit.:* Nachruf, in: Hamburger Echo, 21. 6. 1898; I. Auer: Jakob Audorf, in: Neue-Welt-Kalender, 1899.

Gisela Jonas

Aus dem Klassenkampf (AdKl)

Soziale Gedichte. »Dem klassenbewußten Proletariat zu eigen«. Herausgeber E. Fuchs/K. Kaiser/E. Klaar, München 1894 (Ndr. und Einl. K. Völkerling, Berlin 1978 [=*Textausgaben*, Bd. 18]). Es gab mehrere unveränderte Auflagen. Bestand aus ausgewählten Gedichten der drei Herausgeber, die fast ausschließlich 1892/1893 im »Süddeutschen Postillon« erschienen waren. AdKl versammelt wichtige und charakteristische Texte der Zeitschrift und der drei Autoren, stellt aber keine repräsentative Auswahl dar, da weite Themenkreise ausgespart bleiben.

Der schmale Band gewann Bedeutung als Gegenentwurf zu dem von K. Henckell im Auftrag der SPD-Führung herausgegebenen ⟋ *Buch der Freiheit* (Berlin 1893), das - gedacht als Erneuerung der Anthologie *Vorwärts* (Zürich 1884) - deren weitgehend auf Klassenkampf orientierte Konzeption durch eine mehr abstrakt-freiheitliche Ausrichtung ersetzte. Diese Konfrontation war Teil der Auseinandersetzung innerhalb der deutschen Sozialdemokratie zu Beginn der 90er Jahre, die sich auch im kulturell-literarischen Bereich abspielte. Innerhalb dieses komplizierten Streits trachteten die mit der Sozialdemokratie sympathisierenden »Friedrichshagener« danach, die künstlerischen Aktivitäten im Umkreis der organisierten Arbeiterbewegung aus der Einbindung in die politische Parteiarbeit zu lösen. In diesem Geiste vermied es Henckell, ausgesprochen tendenziöse oder formal anspruchslose Texte in seine Anthologie aufzunehmen. Das *Buch der Freiheit* war, ideologisch gesehen, ein Rückschritt gegenüber Positionen, wie sie, etwa im »Süddeutschen Postillon«, zu Beginn der 90er Jahre schon erreicht waren; vor allem unterschlug es die bereits vollbrachte poetische Leistung der deutschen Arbeiterbewegung. Bedeutende sozialistische Lyriker wie M. Kegel und Kaiser fehlten in Henckells Auswahl ganz, andere - wie R. Lavant, Klaar und H. Greulich - waren zugunsten bürgerlicher Autoren in den Hintergrund gedrängt worden. Mit Fuchs, Klaar und Kaiser stellten sich Henckell die drei politischen Lyriker der Sozialdemokratie entgegen, die in den 90er Jahren am entschiedensten revolutionär auftraten. Die Sammmlung AdKl erschien einige Wochen nach dem *Buch der Freiheit* und hob ihre auf Klasse und Kampf gerichtete Orientierung schon durch Titel und Widmung hervor. Damit wurde nachdrücklich betont, was Lavant als Herausgeber der »Vorwärts«-Anthologie fast zwei Jahrzehnte vorher ausgesprochen hatte: daß es nicht auf die Form, sondern auf den historisch bedeutsamen Inhalt ankomme (*An unsere Gegner*). In literaturprogrammatischen Gedichten forderten die Autoren den sozial engagierten und für die Klasse parteinehmenden Dichter. Fuchs verweist den »modernen« Dichter in die Welt der Großstadt, der Fabriken, des »Weltstadtschlamms« und des »Stahlgeästs«. Kaiser ruft die Ästhetizisten zu lebensnaher inhaltlicher Vertiefung auf (*Ode an die »Schönheitler«*). Klaar sieht die Männer der sozialistischen Presse »in vorderster Schlachtenreihe« (*Freie Presse*). Insofern war der Band ein wichtiger Orientierungspunkt in der sozialistischen Literaturbewegung um die Jahrhundertwende. Die Anthologie hat einen aggressiv-anklagenden Charakter, für den die folgenden Themenkreise bezeichnend sind: Hunger, Arbeitslosigkeit, Kinder- und Jugendelend, Selbstmördernot, Kleinhandwerkerverelendung, Not geistiger Arbeiter, Tyrannei, Gewalt und Repression, Philister- und Pfaffentum und Untertänigkeit, Kapitalismus als Elendsursache, menschliche Schwächen und Schwächen in den eigenen Reihen, z.B. Gleichgültigkeit, kleinbürgerlicher Sozialismus, Verbürgerlichung und die Tendenz, »neue Götter« zu schaffen. Freiheit, Wahrheit, Erkenntnisstreben, Pioniertum, Recht und Achtung der Arbeit sind die Wertorientierungsbegriffe, die der konstatierten deutschen und internationalen Misere entgegengestellt werden. AdKl war insofern eine entschiedene Auseinandersetzung mit der damals noch in Blüte stehenden sozialen Dichtung innerhalb des deutschen Naturalismus, als die Elends- und Misereschilderung mit unverblümter Anklage verbunden und der Kampf dagegen sichtbar gemacht wurde. Revolutionäres Wollen und revolutionäre Zuversicht kamen vielfach deutlich zum Ausdruck. Eindeutig war das Bekenntnis zur Pariser Kommune. Einige Thesen und Gedanken des Marxismus wurden poetisch umgesetzt, u.a.: Selbstbefreiung des Proletariats, proletarischer Internationalismus, das »Muß« in der Geschichte und die Notwendigkeit der Organisiertheit des Kampfes.

L. Jacoby (Rezension, in: »Süddeutscher Postillon«, 1894, Nr. 12) lobte das Buch, das »in hundert wechselnden Bildern« die Not und das Elend des Volkes, aber auch seinen Widerstand und sein anschwellendes Kraftbewußtsein widerspiegele. Die Anthologie ist das Produkt dreier wesentlich gleichrangiger Autoren, die einander in ihrer ausgeprägten Eigenart ergänzten: ↗ Fuchs etwa brachte marxistisches Wissen und gedankliche Tiefe ein, ↗ Klaar sorgte für eingängige Form und bildhafte Sprache, ↗ Kaiser bestach zuweilen durch gediegene Form und treffende Pointen. Während Fuchs mehr an G. Herwegh und auch F. Schiller geschult war und bei Kaiser Heinesche Töne anklingen, sind bei Klaar sehr verschiedene Einflüsse festzustellen. Die Auswahl besteht aus drei von

lyrischen Formen her gebildeten Teilen - *Lieder, Federzeichnungen, Epigrammatisches*-, die das ausgewählte Material gliedern; der damit betonte Anspruch wird in den liedartigen und balladesken Gedichten, Sonetten und Epigrammen überwiegend eingelöst.

Lit.: Münchow, S. 380-396.

Norbert Rothe

Bader, Paul (Ps. Konrad Terbin)

Geb. 13. 2. 1865 in Altenkirchen (Rügen); gest. 4. 4. 1945 in Greifswald

Besuch des Gymnasiums, ab 1883 Studium in Greifswald (Geschichte, Literatur, Volkswirtschaft); ab 1887 Redakteur in Frankfurt a.M., Marburg und Neustadt a. d. Hardt; übernahm 1899 die Leitung der »Magdeburger Volksstimme«, die er zu einer der angesehensten sozialdemokratischen Parteizeitungen entwickelte; 1919 Redakteur beim »Vorwärts« in Berlin; 1919 Abgeordneter der Nationalversammlung, bis 1932 MdR.

B. setzte sich für eine sozialistische Gegenwartskunst und deren Vordringen in den bürgerlichen Kunstbetrieb ein; seit Anfang der 90er Jahre eigene Bühnenstücke, in denen er Formen und Strukturelemente des klassischen bürgerlichen und des naturalistischen Dramas mit einprägsamen Darstellungen des sozialdemokratischen Kampfes verbindet. *Andere Zeiten* (UA Freie Volksbühne 1893, Berlin 1893), das erste Stück, in dem das Proletariat mit »hoffnungsfrohem Optimismus« (F. Mehring) agierte. Geschildert wird die Solidarität der Arbeiter bei den Auseinandersetzungen in einem Zeitungsverlag, wobei sich ein bürgerlicher Redakteur der proletarischen Bewegung nähert, während ein Proletarier seine Klasse verrät und moralisch verkommt.

Mit der zur Zeit des Sozialistengesetzes spielenden Tragödie *Das Gesetz* (Magdeburg 1914, UA Magdeburger Wilhelmtheater 1921, Ndr. *Knilli/Münchow*) erinnert B. an die politische Kraft der Sozialdemokratie unter den Bedingungen der Illegalität. Im Mittelpunkt steht eine kleine Gruppe von Sozialdemokraten, die illegal die Parteizeitung vertreibt. B. zeichnet differenzierte Charaktere, indem er die Figuren in ihrem familiären und gesellschaftlichen Umfeld zeigt. Große Aufmerksamkeit widmet er der Frau als aktiver Mitstreiterin im politischen Kampf. Im Drama *Astra* (Magdeburg 1922) spielt die sozialdemokratische Thematik keine Rolle mehr. In einer während des ersten Weltkrieges russisch besetzten Stadt Galiziens verhindert Astra (als Symbol der Humanität und Toleranz an F. Hebbels *Judith* erinnernd) durch ihren Einfluß auf den Stadtkommandanten die Unterwerfung von Deutschen und Juden.

W. W.: Strandräuber (Dr.), vermißt; Die versunkene Welt (Dr.), vermißt.

Ursula Menzel

Balázs, Béla (d. i. Herbert Bauer)

Geb. 4. 8. 1884 in Szeged; gest. 17. 5. 1949 in Budapest

Vater ungarischer Mittelschullehrer, Mutter deutsche Lehrerin. Studium in Budapest, Berlin und Paris; 1909 Dr. phil.; später Lehrer, Bibliothekar. Im Weltkrieg Kriegsfreiwilliger, dann radikaler Kriegsgegner. 1918 Mitglied der KP Ungarns; in der Ungarischen Räterepublik Mitglied des Schriftsteller-Direktoriums und Kämpfer der Roten Armee. 1919 Flucht nach Wien; Arbeit als Drehbuchautor; 1922 Filmkritiker der Zeitung »Der Tag«. 1926/31 in Berlin; Mitarbeiter der »Weltbühne«; 1928/29 Künstlerischer Obmann des ATBD; 1930 Leiter der Agitprop-Truppe »Die Ketzer«. Mitglied des BPRS; Dozent der MASCH; führend im Volksverband für Filmkunst. 1931/45 in Moskau, bis 1933 Mitarbeiter eines Filmstudios, dann Dozent der Filmakademie. Publikationen in der deutschen und ungarischen Emigrantenpresse. 1945 Rückkehr nach Budapest; Drehbuchautor, Redakteur und Professor an der Hochschule für Schauspielkunst, Leiter des Instituts für Filmwissenschaft.

B. begann 1907 mit irrationalistischer Lebensphilosophie und symbolistischer Dichtung, die gegen das feudal-bürgerliche Leben in Ungarn rebellierte. Interesse für Volkslied und Märchen schlagen sich in den Opernlibretti *Der holzgeschnitzte Prinz* (Wien 1922) und *Herzog Blaubarts Burg* (Wien 1922) nieder, die B. Bartók komponierte. Der Gedichtband *Férfiének* (Wien 1923) markiert die weltanschauliche Wende B.s. Mit dem Märchen *Das richtige Himmelblau* (München 1925; erw. Berlin 1931) ging er zur deutschen Sprache über. In Wien führte er die Filmkritik ein und wurde Drehbuchautor. *Der sichtbare Mensch oder Die Kultur des Films* (Wien/Leipzig 1924; 2. Aufl. u. d. T. *Der Sichtbare Mensch. Eine Film-Dramaturgie*, Halle/S. 1924) ist der Versuch einer empirisch erarbeiteten Theorie des Films. Er faßte den Film als eigenständige Kunst auf, die zugleich Erzeugnis kapitalistischer Großindustrie und Volkskunst unseres Jahrhunderts sei. Ausgehend von Mienenspiel und Gebärdensprache des Schauspielers im Stummfilm beschrieb er die ästhetischen Möglichkeiten der Großaufnahme. In Berlin 1926/27 Verfasser erfolgreicher Filmdrehbücher, die jedoch den Ansprüchen seiner Theorie nicht standhielten. Das Buch zum »Querschnittsfilm« (*Schriften*, Bd. 2, S. 111) *Die Abenteuer eines Zehnmarkscheins* (Regie B. Viertel; UA 1926) verlor durch Eingriffe der Produktionsfirma Fox seine ursprünglich rebellische Tendenz und wurde durch eine melodramatische Liebesgeschichte ent-

stellt (vgl. R. Schwarzkopf: *Abenteuer über Abenteuer*, in: »Film und Volk«, 1928, H. 2, S. 11/12). 1927 distanzierte sich B. öffentlich von seiner Autorschaft am Film *Dona Juana* (Regie P. Czinner, UA 1928). Der Film *Narkose* (Regie A. Abel, UA 1929) blieb ein Kritikererfolg; die Beteiligung an der von B. Brecht abgelehnten Drehbuchfassung des *Dreigroschenoper*-Films (Regie G. W. Pabst, UA 1931) führte zur Polemik mit H. Jhering. Gleichzeitig hat B. die revolutionäre russische Filmkunst propagiert und – weitgehend anonym – zahlreiche Sowjetfilme für den deutschen Markt bearbeitet. Diese gaben ihm auch Impulse zur Weiterentwicklung seiner Filmtheorie in *Der Geist des Films* (Halle/S. 1930). B. bilanzierte die Entwicklung des Films als »Kunst des Sehens« (*Schriften*, Bd. 2., S. 204), untersuchte mit Großaufnahme, Einstellung und Montage die Grundelemente seiner optischen Sprache, erörterte die künstlerischen Möglichkeiten des Umbruchs zum Tonfilm und bezog soziologische und sozialpsychologische Aspekte der kapitalistischen Filmproduktion in seine Überlegungen ein. Er hielt kulturpolitische Vorträge, schrieb Kurzszenen für Agitprop-Gruppen (z. B. *Hans Urian geht nach Brot. Eine Kindermärchenkomödie von heute*, Freiburg i. Br. 1929) und – nach historischem Protokollmaterial – das Stück *1871. Die Mauer von Père la Chaise* (Berlin 1928) für das Arbeitertheater.

Sein Roman *Unmögliche Menschen* (Frankfurt a.M. 1930) stellte mit surrealistischen Gestaltungsmitteln die Lebenskrise bürgerlicher Intellektueller dar; die »Not der Seele« (»Die literarische Welt«, 1929, H. 47, S. 8) führt die Hauptfiguren in die revolutionäre Bewegung. Diesem Thema ist auch die Artikelfolge *Die Furcht der Intellektuellen vor dem Sozialismus* (»Die Weltbühne«, 1932, H. 3, 4, 5, 6; vgl. *Intellektuelle Bedenken*, tschech. Praha 1932, dt. Prag 1933) gewidmet, in der B. von seinen Lesern prinzipielle Bejahung der kommunistischen Partei auch auf die Gefahr hin fordert, »manche Demütigung und auch manche ungerechte Ablehnung dulden zu müssen« (ebd., S. 210). In der sog. ⁊ Expressionismusdebatte 1937/38 schrieb er zu Problemen des Films, billigte aber auch Restriktionen gegen W. E. Meyerhold. Den antifaschistischen Widerstand deutscher Jugendlicher versuchte er – mit zeittypischen Verzerrungen – in Kinderbüchern (*Karlchen, durchhalten*, Moskau 1936, Ndr. Berlin 1956, und *Heinrich beginnt den Kampf*, Moskau 1941, Ndr. Berlin 1955) darzustellen. Die Kämpfe ungarischer Rotarmisten während des russischen Bürgerkrieges sind Gegenstand der Filmballade *Internationalisten* (Moskau 1939). Nach seiner Rückkehr erschien in Ungarn der autobiographische Roman *Die Jugend eines Träumers* (Wien 1947, Berlin 1949), in dem B. eine kritisch distanzierte Darstellung seiner Jugend gibt.

W. W.: Menschen auf den Barrikaden (Dr.), Freiburg i. Br. 1929; Achtung, Aufnahme! (Tragikomödie), Wien/Leipzig 1929; Mozart (dramatisches Lebensbild), Kiew 1938; Der mächtige Verbündete (E.), Moskau 1941; Der Film – Werden und Wesen einer neuen Kunst, Wien 1949. – *Ausg.:* Schriften zum Film, Hg. H. H. Diederichs, W. Gersch, Bd. 1, Berlin 1982, Bd. 2, Berlin 1984.

László Illés/Red.

Balk, Theodor (d.i. Dragutin Fodor; Ps. T. K. Fodor)

Geb. 22. 9. 1900 in Zemun (Jugoslawien); gest. 25. 3. 1974 in Prag

Sohn eines Handelsreisenden; nach Medizinstudium in Zagreb und Wien 1925/29 Kassenarzt in Belgrad. Gehörte dem Kommunistischen Jugendverband Jugoslawiens an, seit 1925 der KP Jugoslawiens. Im gleichen Jahr veröffentlichte B. erste gesellschafts- und sozialkritische journalistische Beiträge und redigierte mit O. Bihalji-Merin die Belgrader Zs. »Nova Literatura«. Bei Errichtung der monarchofaschistischen Diktatur 1929 emigrierte B. nach Deutschland, wurde Mitglied der KPD. 1929/30 Schiffsarzt; Reisen nach West- und Südafrika, Indonesien und Indien. Danach in Berlin Mitarbeiter der RF, der »Welt am Abend« und der »Linkskurve«, gehörte dem BPRS an. 1933 inhaftiert; nach Freilassung emigrierte B. zunächst nach Prag, hielt sich mehrere Monate im Saargebiet auf, ging dann nach Paris. Mitarbeit an »Gegen-Angriff«, »Deutsche Volkszeitung« und »Unsere Zeit«. 1935 Reise auf Einladung des sowjetischen Schriftstellerverbandes nach Moskau. 1937/39 Teilnahme am Spanischen Bürgerkrieg als Bataillonsarzt der 14. Internationalen Brigade. Bei Beginn des II. Weltkrieges in den französischen Lagern von Vernet und Les Milles interniert. 1941 Emigration nach Mexiko; Mitarbeit an der Zs. »Freies Deutschland«. 1945 Rückkehr nach Europa; zunächst in Jugoslawien Redakteur der Tages-Ztg. »Politika«, dann Leiter des Staatlichen Dokumentarfilms; 1948/66 in der Tschechoslowakei Redakteur der deutschsprachigen Ztg. »Aufbau und Frieden« (später »Prager Volkszeitung«).

Bei seinem ersten Berlinaufenthalt lernte B. E. E. Kisch kennen, der sein literarisches Talent förderte und dem er im Formalen teilweise nachfolgte. B. bevorzugte die induktive Methode, entwickelte aus einer Besonderheit das Allgemeine, gesellschaftlich und politisch Relevante. Er schrieb nach gründlichen Recherchen als Augenzeuge, der sich selbst – und hierin gibt es auch Unterschiede zu Kisch – als erlebendes Subjekt in Reportage und Bericht einbringt. In der Reportageserie *Rund um Afrika. Reiseerlebnisse eines Schiffsarztes* (in »Welt am Abend«, 1930, später z.T. Grundlage von *Unter dem schwarzen Stern*, Berlin 1960) schildert B. die Exi-

stenzbedingungen der afrikanischen Bevölkerung als Resultat internationalen kolonialistischen Gewinnstrebens und geht den Ansätzen revolutionärer Aktionen nach. In den Reportagen *Kapitalisten, Bonzen, Metallarbeiter* (Berlin 1930), *Baumwolle. Eine Reportage vom Kampf an der Textilfront* (Berlin 1931) und *Stickstoff. Eine Reportage aus der Welt des Kunstdüngers, der Giftgase und Sprengstoffe* (Berlin 1932) beschreibt er die Arbeitsbedingungen in der modernen Industrie, deckt das Zusammen- und Gegenspiel internationaler Wirtschaftsunternehmungen auf und demonstriert am Beispiel der Sowjetunion die Möglichkeiten schöpferischer Arbeit und sozialer Besserstellung in einer von Ausbeutung befreiten Gesellschaftsordnung. 1933 wandte er sich antifaschistischer Thematik zu, wobei zunächst die Information – über Gestapomethoden, über die illegale Arbeit der KPD – Vorrang gegenüber der Analyse hat. Mit seiner Buch *Hier spricht die Saar. Ein Land wird interviewt* (Zürich 1934, Moskau 1934, engl. London 1934) suchte er dem Bestreben entgegenzuwirken, das Saargebiet in das faschistische Deutschland einzugliedern. Während des Spanienkrieges schrieb er *La Quatorzième* (Die Vierzehnte, frz.) (Madrid 1937), einen Bericht über die 14. Internationale Brigade. Geschichtliche Prozesse als authentisches Geschehen individuellen Lebens vermittelt der in mehreren Ländern übersetzte Erlebnisbericht *Das verlorene Manuskript* (Mexiko 1943, erw. Berlin 1949). Anhand von Stationen seiner Emigration und Reportagereisen durch »künftige Kriegsschauplätze« werden vom Erzähler auf lebendige Art zeittypische politische Tendenzen gezeigt, z.B. Symptome der Faschisierung in mehreren europäischen Ländern. Mit der Darstellung des politischen Geschehens gibt er zugleich eine Bilanz seiner schriftstellerischen Bemühungen. Indem er Ereignisse einbezieht, die in den 30er Jahren Gegenstand seiner Reportagen gewesen waren, gelingt ihm eine Historisierung der Zeitgeschichte. Für den Dokumentarfilm über den Partisanenkampf in Jugoslawien *Vierundzwanzig Stunden. Auf den Spuren der 4. und 5. Offensive* erhielt er 1947 den jugoslawischen Staatspreis. Während seiner Tätigkeit als Kulturredakteur in Prag unternahm er Reportagereisen u.a. in die Sowjetunion, die DDR, die BRD und nach Spanien. Ein Resultat seiner Reise in die UdSSR war *Kein Wildwest in Wildost* (Berlin 1962), eine Reportage über Stadtgründungen in Kasachstan.

W. W.: Medicina i drustro (Medizin und Gesellschaft, serbokroat.), Beograd 1928; Ein Gespenst geht um, Paris 1934; Die Rassen – Mythos und Wahrheit (Abh.), Zürich 1935; Egon Erwin Kisch und die Reportage (Vorwort in: Kisch: Abenteuer in fünf Kontinenten, Paris 1936; Führer durch Sowjet-Krieg und Frieden, Mexiko 1942; Prodaná zeme (Das verkaufte Land, Sch., zus. mit F. Rachlik), UA Brno 1952; Ze dvou deniku (Aus zwei Tagebüchern, zus. mit L. Reinerová), Praha 1958; Liebe havariert – Regierungsdelegation empfangen (R., unveröff.); Die Rebellion des Soldaten Ilja (R., unveröff.); Mein Orientexpreß (Repn., unveröff.); Wen die Kugel vor Madrid nicht traf (Tgb.-R., unveröff.); Himmel, Hölle, Erde (Sch., unveröff.). – *Lit.:* E. E. Kisch: Zu Theodor Balks Roman »Das verlorene Manuskript«, in: Freies Deutschland (Mexico), 2. Jg., Nr. 10, Sep. 1943; R. Schock: Der Reporter des Saarkampfes. Bemerkungen zu Leben und Werk Theodor Balks, in: Hier spricht die Saar, St. Ingbert 1984; V. Madarevic: Politische Verfolgung und Zensur, in: Vjesnik (kroat. Tageszeitung) 1985.

Gisela Lüttig

Barthel, Max

Geb. 17. 11. 1893 in Loschwitz bei Dresden; gest. 17. 6. 1975 in Waldbröl

Sohn eines Maurers; Volksschule, ungelernter Fabrikarbeiter, Mitglied der sozialistischen Jugendbewegung; Förderung durch M. Dauthendey; 1912/13 Wanderungen durch Europa; Kontakt mit K. Henckel; in Zürich Bekanntschaft mit W. Münzenberg, beide geben die Anthologie *Weihnachtsglocken. Ein Büchlein für junge und alte Arbeiter und Arbeiterinnen* (Zürich 1913) heraus. 1914/18 Musketier an der Westfront, erste Gedichtbände, Briefwechsel mit H. Lersch, K. Bröger, R. Dehmel. Nov. 1918 für Münzenberg tätig; Eintritt in KPD, Jan. 1919 am Neckar bei revolutionären Aufständen verhaftet, nach fünf Monaten entlassen. Redakteur der »Kommunistischen Zeitung« in Mannheim. Mitbegründer der »Jugend-Internationale« in Wien; Juli 1920 als Delegierter beim II. Kongreß der KI in Petrograd, dann Mitarbeiter von H. Buback, der in Minsk Internationale Brigaden aufbaute. Frühjahr 1921 Rückkehr nach Deutschland; 1922 in Berlin Mitarbeiter im »Auslandskomitee zur Organisierung der Internationalen Arbeiterhilfe«, Herausgeber eines Bulletins sowie der illustrierten Ztg. »Sichel und Hammer«. 1923 Mitglied im SDS. Sep. 1923 zweite Sowjetunionsreise, Mitarbeiter und Leiter der Zentrale der IAH in Moskau, Arbeit in deren Wirtschaftsunternehmen, u. a. in Astrachan. Ende 1923 Rückkehr nach Deutschland, Austritt aus KPD und Eintritt in SPD. Dez. 1931 im SDS Vorsitzender der neugegründeten Ortsgruppe Berlin-Brandenburg, die die linksoppositionelle Ortsgruppe Berlin isolieren sollte. Am 11. März 1933 Vorstandsmitglied des gleichgeschalteten SDS, bekannte sich am 9. 6. 1933 im »Angriff« zur nationalsozialistischen Machtergreifung. Juni 1933/1935 Lektor im ehemaligen Gewerkschaftsverlag Büchergilde Gutenberg, Redakteur der Haus-Zs. »Gilde«. Übersiedlung nach Dresden, 1938 Redakteur der Roman-Zsn. »Das Vaterhaus« und »Illustrierte Roman-Woche«. 1942 als Polizeiwachtmeister eingezogen, Lesungen an den Fronten. Lebte nach 1945 in Niederbreisig am Rhein, publizierte Gedichte, Liedtexte, Kinderbücher. Erreichte im Nov. 1963 ein Gerichtsurteil, das dem Kröner Verlag unter-

sagte, über ihn den Satz »Schloß sich später dem Nationalsozialismus an« zu verbreiten.

B. wurde bekannt durch seine ersten Gedichtbände *Verse aus den Argonnen* (Jena 1916) und *Freiheit. Neue Gedichte aus dem Kriege* (Jena 1918). Epigonal im Formalen, entsteht poetische Eigenart durch die Kontrastierung von Naturidylle und Kriegsunbill aus der Schützengrabensicht. In sieben weiteren bis 1920 erscheinenden Gedichtbänden – so in den beiden (völlig unterschiedlichen) Auflagen von *Revolutionäre Gedichte* (Stuttgart 1919, Berlin 1921) sowie *Das Herz in erhobener Faust* (Potsdam 1920) – rückt das Aufbegehren des Proletariats gegen Demütigung und Unterdrückung thematisch ins Zentrum, wobei rhythmische Schwerfälligkeit und Aufdringlichkeit des Reims am ehesten überwunden werden, wenn der Text zum Balladesken tendiert (*Die Revolte, Petersburg*). Ab 1921 dominiert in B.s Schaffen die Prosa. Seinen informativen Reportagen (*Reise nach Rußland*, Berlin 1921, *Deutschland*, Berlin 1926) stehen zahlreiche Erzählungen und Romane gegenüber, die Wanderschafts- und Revolutionssujets variieren. Schleppende Handlung, blasse Figuren und ermüdende Überfülle an oft schief eingesetzten Symbolen und Metaphern charakterisieren diese Texte, in denen häufig die Sehnsüchte und Lebensschwierigkeiten des Aufsteigers sowie zunehmend eine diffuse Deutschland-Problematik im Mittelpunkt stehen. In *Das unsterbliche Volk* (Berlin 1933) schildert B. den Weg eines Arbeiters zum Nationalsozialismus, wobei die breitangelegte Romanhandlung in eine Verklärung des nationalsozialistischen Arbeitsbegriffs mündet.

W. W.: Kein Bedarf an Weltgeschichte. Geschichte eines Lebens, (Aut.), Wiesbaden 1950. – *Lit.:* H. Bieber: Max-Barthel-Bibliographie, in: Max Barthel, Hg. F. Hüser, Dortmund 1959; Alternative. Zeitschrift für Literatur und Diskussion, Berlin, 1964, H. 36; M. Rector: Über die allmähliche Verflüchtigung einer Identität beim Schreiben. Überlegungen zum Problem des »Renegatentums« bei Max Barthel, in: R. Schnell: Kunst und Kultur im deutschen Faschismus, Stuttgart 1978.

Leonore Krenzlin

Bauer, Heinrich

Geb. um 1813 in der Nähe von Würzburg; gest. unbekannt

B. lernte Schuhmacher und ging etwa 1830 auf Wanderschaft. Ende 1836 in Paris, wo er an der Bildung des Bundes der Gerechten beteiligt war. Das mit »Von einem Schuhmacher« gezeichnete Gedicht in *Volksklänge. Eine Sammlung patriotischer Lieder* (Paris 1841) war vermutlich von ihm verfaßt. Er organisierte 1841 den Vertrieb von W. Weitlings in Genf herausgegebenen Zs. »Der Hülferuf der deutschen Jugend« und wirkte auch als Korrespondent. Daraufhin im Dez. 1841 verhaftet und im März 1842 ausgewiesen. B. ging nach London und schloß sich dem kommunistischen Arbeiterbildungsverein an, bei dessen jährlichen Stiftungsfesten er als Redner auftrat oder eigene Gedichte vortrug. Eines davon wurde in »Der Volks-Tribun« (New York) im Mai 1846 veröffentlicht. Im Herbst 1843 Bekanntschaft mit F. Engels, im Sommer 1845 mit K. Marx; ab Mai 1846 war er Mitarbeiter des Kommunistischen Korrespondenz-Komitees. Mitverfasser von Adressen und Rundschreiben des Bundes der Gerechten, später des BdK. B. schrieb seit Ende 1846 für die »Deutsche-Londoner-Zeitung« und war wahrscheinlich 1847 auch an der Vorbereitung der »Kommunistischen Zeitschrift« beteiligt. B. war Delegierter des 2. BdK-Kongresses und seit März 1848 Mitglied der Pariser Zentralbehörde, ehe er im April nach London zurückkehrte, wo er im Okt./Nov. die neue Zetralbehörde mitbegründete. Auch während der Revolutionszeit veröffentlichte er Beiträge in der Beilage der »Deutschen-Londoner-Zeitung«, und in E. O. Wellers *Neujahrsalmanach für Unterthanen und Knechte für das Jahr 1850* (Leipzig 1849) erschien sein Gedicht *Aufruf!*, zu singen als Kampflied nach der Melodie der *Marseillaise*. Ende 1851 emigrierte er nach Australien, wo er verschollen ist.

Wolfgang Meiser

Bauer, Walter

Geb. 4. 11. 1904 in Merseburg; gest. 23. 12. 1976 in Toronto

Fünftes Kind eines Fuhrknechts, besuchte nach Abschluß der Volksschule ein Lehrerseminar; 1925 Wanderschaft durch Deutschland, Österreich und Italien; später Tätigkeit als Hauslehrer und Volksschullehrer im mitteldeutschen Industriegebiet. Während dieser Zeit Beginn seiner schriftstellerischen Arbeit und zeitweilige Nähe zur sozialistischen Arbeiterbewegung. 1933 wurden seine bis dahin erschienenen Bücher von den Nationalsozialisten verboten, er selbst war Schikanen ausgesetzt. Er zog sich auf den Standpunkt eines unverbindlichen, zeitlosen Humanismus zurück und konnte sich mit Romanen, Erzählungen, Biographien, Essays und Gedichten eine erfolgreiche Schriftstellerlaufbahn sichern. Die offizielle Kritik stand ihm wohlwollend gegenüber. Seit 1940 Soldat, 1946 Rückkehr aus englischer Kriegsgefangenschaft in Italien. Lebte als Schriftsteller bei München und in Stuttgart, bis er 1952 nach Kanada auswanderte. Arbeit in verschiedenen Berufen, Studium moderner Sprachen, ab 1967 Professor an der Universität Toronto.

Am Beginn von B.s literarischer Arbeit standen Zeitungsberichte und Gedichte, ab 1928 im sozialdemokratischen »Sächsischen Volksblatt«. Dessen Redakteur W. Victor stellte auch B.s erste größere Gedichtauswahl zusammen, den Band *Kameraden, zu euch spreche ich* (Dresden 1929). In häufig freirhythmischen Versen und einer lyrisch-rhetorischen Sprache erhebt B. Anklage gegen Menschen zerstörende Verhältnisse, gegen Krieg, Ausbeutung und die soziale Not der Arbeiter, als deren Sprecher er sich empfindet. Dies setzt sich fort in der Sammlung *Stimmen aus dem Leunawerk. Verse und Prosa* (Berlin 1930; Nachdr. mit einem Nachw. von H.-M. Plesske, Leipzig 1980), die in W. Herzfeldes Malik-Verlag erschien und als neue Stimme in der proletarischen Dichtung Aufmerksamkeit errang. Proletarischer Alltag, Leiden, Empörung über soziales Elend und Hoffnungen auf eine gerechtere Welt werden gegenständlich genau und mit intensiver Emotionalität vor den Leser gestellt. Das Buch ist im Wechsel von kurzer Prosa und Gedichten komponiert und gibt so den Lebensbogen eines »proletarischen Hiob« (S. 17), von Geburt, Arbeiterkindheit, Eintritt ins große Werk bis zum Ausgestoßenwerden als »Verbraucht« (S. 125). Die Prosastücke leben von persönlichem Erleben B.s und überhöhen es zugleich – Hiobs »Namen tragen viele« (S. 53); der engere Lebensbezirk der Industrielandschaft von Leuna wird besonders in den Gedichten vielfach überschritten, der größere Horizont einer Kameradschaft, eines solidarischen Fühlens der Arbeitenden vieler Länder gesucht, in einigen Gedichten werden auch politische Perspektiven entworfen, so in *Wenn wir erobern die Universitäten* ein Bild befreiter Arbeiter, deren Energien sich entfalten werden, »die freie Erde« »vollendet zu machen« (S. 92). B.s erster Roman, *Ein Mann zog in die Stadt* (Berlin 1931), ist eine Familiengeschichte mit vielen autobiographischen Momenten. Er schildert, wie ein Bauer in der Stadt zur Arbeiterexistenz gelangt, wie sich im Verlauf seines Lebens, durch Weltkrieg und das Entstehen des großen Industrieriers die Mentalität und das Verhalten seiner erwachsenen Kinder wandelt, wie die Eltern – Hiobsgestalten auch sie – den Tod eines Sohnes während des mitteldeutschen Aufstands erleben, doch kaum begreifen. Der Roman ist mit großer Nähe zum Erleben seiner vor allem Geschichte erleidenden Figuren erzählt. Das Mitgefühl des Erzählers, seine Antikriegshaltung, seine Zustimmung zum Verlangen, die Verhältnisse mit Gewalt ändern zu wollen, erhält Ausdruck in bekenntnishaften Passagen, jedoch durchdringen diese die epische Gestaltung nicht. Das war auch die Voraussetzung dafür, daß B. 1934 den Roman ohne Veränderung der Fabel mit einer der faschistischen Volksgemeinschaftsideologie angenäherten Tendenz herausbringen konnte.

W. W.: Die notwendige Reise (R.), Berlin 1932; Das Herz der Erde (R.), Berlin 1933; Das Lied der Freiheit (En.), München 1948; Mein blaues Oktavheft (Gde.), Frankfurt a.M. 1953; Aufsätze und kleine Schriften, Tübingen 1967; Lebenslauf. Gedichte 1929 bis 1974, München 1975.

Red.

Bebel, August   *Met*

Geb. 22. 2. 1840 in Köln-Deutz; gest. 13. 8. 1913 in Passung bei Chur (Schweiz)

August Bebel

Sohn eines preußischen Unteroffiziers, früh verwaist. Nach Armenschule, Drechslerlehre und Wanderschaft siedelte sich B. 1860 in Leipzig an, wo er im Arbeiter-Bildungsverein zunächst selbst lernte (Stenografie, Buchführung, öffentliches Debattieren) und Mitte der 60er Jahre die Führung übernahm. Unter W. Liebknechts Einfluß, aufgrund seiner sozialpolitischen Erfahrungen (Gewerkschaftsarbeit und Streiks) und der politischen Entwicklung vom Liberalismus über den Demokratismus zum revolutionären Sozialismus, machte er die Arbeiterbildungsvereine Ende der 60er Jahre von der liberalen Bourgeoisie unabhängig und führte sie 1869 zur Parteigründung der SDAP in Eisenach. 1867 als 27jähriger in den Norddeutschen Reichstag gewählt. Mit einer Unterbrechung von zwei Jahren bis zu seinem Tode MdR. Er war dort der entschiedenste Gegner Bismarcks, der »Verpreußung« Deutschlands und des deutschen Militarismus. Organisierte während des Sozialistengesetzes die Partei und ihre illegale Presse. 1889 schied er aus dem Drechslergeschäft in Leipzig aus, wurde 1892 einer der beiden Parteivorsitzenden der SPD.

B.s literarische Betätigung (Hunderte Reden und Artikel, eine stattliche Zahl von Broschüren und Büchern) war für ihn untrennbarer Teil seiner Tätigkeit in der Arbeiterbewegung. In den Haftzeiten (insgesamt 57 Monate seines Lebens), in denen die politisch-operative Parteiarbeit notgedrungen ruhen mußte, warf sich B. auf das autodidaktische Studium und auf die Arbeit an größeren Veröffentlichungen: Im Dez. 1869 wegen »Verbreitung staatsgefährdender Lehren« zum ersten Mal im Leipziger Gefängnis einsitzend, entstand die in vielen Auflagen gedruckte Programmschrift *Unsere Ziele* (Leipzig 1870), mit der B. einen endgültigen Trennungsstrich zwischen SDAP und kleinbürgerlicher Demokratie zog. Während der zweijährigen Festungshaft auf Hubertusburg (Juni 1872/Mai 74) absolvierte er ein umfangreiches Lektüreprogramm (sozialistische Klassiker und Werke der Weltliteratur) und lernte unter Anleitung des Mitgefangenen W. Liebknecht Englisch und Französisch. Wegen Majestätsbeleidigung zu neun Monaten Gefängnis verurteilt, schrieb er im Gefängnis Zwickau (Juli 1874/Apr. 1875) *Der deutsche Bauernkrieg* (Braunschweig 1876). Die sechs Monate Haft, die er wegen Beleidigung Bismarcks 1877/78 in Berliner und Leipziger Gefängnissen verbrachte, waren ausgefüllt mit der Vollendung seines Buches *Die Frau und der Sozialismus* (Zürich [Leipzig] 1879). 1886/87 schrieb er, wegen »Geheimbündelei« im Zwickauer Gefängnis, das Buch *Charles Fourier. Sein Leben und seine Theorien* (Stuttgart 1888). Mit seinen Schriften wollte Bebel dem Arbeiterleser Wissen auf Gebieten vermit-

teln, auf denen die antisozialistisch eingestellte Historiographie Lücken gelassen oder gar (wie im Falle des deutschen Bauernkrieges und des utopischen Sozialisten Fourier) zu Fälschungen gegriffen hatte. B. nahm Themen auf, die er für aktuell und wichtig erachtete, um Arbeiter im Sinne einer proletarischen Wissenschaft über weltanschauliche, politische und historische Zusammenhänge aufzuklären. So setzte er sich mit dem Verhältnis von *Christentum und Sozialismus* (Leipzig 1874) auseinander, schrieb die kulturgeschichtlich angelegte Darstellung *Die mohamedanisch-arabische Kulturperiode* (Stuttgart 1894), um die kulturelle Rolle der Araber für die europäische Kultur herauszustellen, und veröffentlichte 1893 die Schrift *Sozialdemokratie und Antisemitismus* (Berlin 1894), in der er die sozialökonomischen Wurzeln des Antisemitismus offenzulegen versuchte. Nie verhehlte B., daß er wie seine Leser auf allen diesen Gebieten ein Lernender war, der selbsterworbenes Wissen weitervermitteln wollte. Er zeigte sich als Meister einer populären Darstellungsart, durch die er komplizierte politische und historische Sachverhalte ohne Simplifikationen weiterzugeben vermochte. U. a. diese Fähigkeit begründete auch seinen Ruhm als Redner im Reichstag, auf den sozialdemokratischen Parteitagen, auf Versammlungen und Kundgebungen. Den Marxismus eignete sich B. vor allem über den historischen Materialismus an. Seine

Bebel als Weichensteller

Schrift *Der Deutsche Bauerkrieg* (Braunschweig 1876), die er mit dem Untertitel »mit Berücksichtigung der hauptsächlichsten sozialen Bewegungen des Mittelalters« versah, zeigt dies vor allem in der Analyse der am Bauernkrieg beteiligten Klassen und Schichten und ihrer Interessenlagen. B.s bedeutendste Schrift, *Die Frau und der Sozialismus*, erschien 1879 mit fingierter Angabe von Verlag und Ort illegal in Leipzig, die folgenden 7 Aufl. wegen des Sozialistengesetzes unter dem verharmlosenden Titel *Die Frau in der Vergangenheit, Gegenwart und Zukunft*. Zu Lebzeiten B.s erlebte dieses Buch 53 deutschsprachige Aufl., die vom Autor jeweils auf den aktuellen Wissensstand gebracht wurden. Es gehörte in der deutschen Sozialdemokratie zum meistgelesensten Buch überhaupt und wurde zu einem Klassiker der sozialistischen Literatur. Die Anziehungkraft des Buches rührt zweifellos daher, daß es die Frauenfrage in eine lange sozial- und kulturgeschichtliche Entwicklung stellte, deren historischer Endpunkt der Kampf der Arbeiter um ihre Emanzipation ist, der schließlich auch die Emanzipation der Frau bedeute. B. vermied alle zünftlerische Behandlung der Frauenfrage. Das Buch war zugleich Agitations- und Propagandaschrift, kulturgeschichtliche Darstellung und soziologische Untersuchung, populärwissenschaftliche Arbeit und eine literarische Utopie.

Die historischen Abschnitte des Buches geben eine Kulturgeschichte der Frau, die mit ihren Darstellungen des Geschlechtstriebes, der Ehe und der Prostitution auch ein Stück sexueller Aufklärung der proletarischen Jugend leistete. In der Zukunftsvison des vierten Abschnitts, *Die Sozialisierung der Gesellschaft*, vermittelte B. ein Bild des sozialistischen Zukunftsstaates, das den zukünftigen Alltag, das Wohnen, Arbeiten, Kaufen, Geselligsein in einer Gesellschaftsutopie plastisch darstellte. Diese konkreten Züge zukünftiger Gesellschaft werden aus der Auseinandersetzung mit der durch die kapitalistische Entwicklung erreichten industriellen und städtischen Kultur gewonnen, nicht in Absage an sie. Elektrizität, Hochhäuser, Verkehrswesen, Warenhäuser, Fernheizung, Zentralküchen usw. bestimmen dieses Sozialismus-Bild, wobei auch Züge aus Fouriers *Phalanstères* Eingang finden. Im Vergleich mit Bellamys und Morris' Büchern ist B.s Gesellschaftsutopie noch der Literatur im weiteren Sinne zugehörig, weil die Differenzierung zwischen Politikern, Theoretikern und Literaten zu dieser Zeit in der deutschen Sozialdemokratie (sichtbar eben vor allem in der Person B.s) noch nicht vollzogen war. Somit ist B.s Entwurf die letzte Gesellschaftsutopie aus der Feder eines Sozialisten. Danach erfolgte die Trennung der technischen Utopien von den Entwürfen gesellschaftlicher Entwicklung. Wenige Jahre vor seinem Tode begann B. die Autobiographie *Aus meinem Leben*, (1. Bd. 1910, 2. Bd. 1911, 3. Bd. postum Stuttgart 1914) zu schreiben, die zeitlich bis in die Jahre des Sozialistengesetzes reicht. In erster Linie Parteigeschichte, gehört sie aber durch die Einbeziehung der Jugendgeschichte und seiner Entwicklung zum revolutionären Sozialisten mit zu den herausragenden Arbeiterautobiographien des 19. Jh. s. B.s Urteil in Kunstfragen war zurückhaltend und tolerant. In der Naturalismus-Debatte des Gothaer Parteitages von 1896 bezog er als Parteiführer eine Position, die sich von der insgesamt konservativen, ja zum Teil philiströsen Haltung der Mehrheit der Delegierten weit abhob.

Ausg.: Ausgew. Reden und Schrn., Hg. H. Bartel/R. Dlubek/H. Gemkow, Berlin 1970ff. (bisher ersch. Bd. 1, Bd. 2/1 und 2/2 und Bd. 6) – *Lit.:* Bibl. B.s bis 1890 in: Ausgew. Reden und Schrn., Bd. 1, S. 686–721, und Bd. 2/2, S. 521–586; E. Schraepler: August-Bebel-Bibliographie, Hg. Kommission für Geschichte des Parlaments und der politischen Parteien, Düsseldorf 1962; G. Brandes: A. Bebel, in : Miniaturen, Berlin 1919; H. Bartel u. a.: A. Bebel, Berlin 1963; V. Wrona: Die weltanschauliche Entwicklung A. Bebels (1868/69–1878/79), Diss., Berlin 1966; H. Gemkow: A. Bebel, 2., überarb. Aufl., Leipzig 1966; H. Wolter: A. Bebel, in: Gestalten der Bismarckzeit, Bd. II, Hg. G. Seeber, Berlin 1978; H. W. Rohls: Bebels literarischer Entwurf vom Wohnen und Siedeln im Zukunftsstaat, in: Literatur; M. Nelken: Zum Beitrag A. Bebels im Ringen um die Durchsetzung weltanschaulich-theoretischer Grundanschauungen des Marxismus..., Diss., Berlin 1987; B. Seebacher-Brandt: Bebel. Künder und Kärrner im Kaiserreich, Berlin/Bonn 1988; I. Fischer/ W. Krause: A. Bebel 1840–1913 (Ausstellungskatalog, mit Bibl.), Köln 1988.

Dieter Kliche

Becher, Johannes R. (Robert)

Geb. 22. 5. 1891 in München; gest. 11. 10. 1958 in Berlin

Sohn eines Oberlandesgerichtspräsidenten. Früh Konflikte mit dem Elternhaus. 1910 Liebesbeziehung mit versuchtem Doppelselbstmord, den nur B. überlebte. Abitur in Ingolstadt. Studium der Medizin, Literatur und Philosophie (unabgeschlossen) in Berlin, München und Jena. Bekannt in Münchner und Berliner Boheme, galt seit 1913 und im I. Weltkrieg als ein Wortführer avantgardistischer Literaten. In dieser Zeit soziale Notlage, Krankheit, Drogen. 1914 entzog sich B. dem Kriegsdienst; gehörte zu den Kriegsgegnern um die Zsn. »Aktion« und »Weiße Blätter«; sympathisierte mit K. Liebknecht und R. Luxemburg. Begrüßte die russische Oktoberrevolution und die Novemberrevolution; schloß sich 1918 dem Spartakusbund, 1919 der KPD an. Die Niederlage der deutschen Revolution stürzte ihn in politische und weltanschauliche Krisen; Absage an den Expressionismus. Beschäftigung mit M.

Gorkis Essay *Die Zerstörung der Persönlichkeit* (Dresden 1922) und W. I. Lenins Schriften zum Imperialismus führte 1923 zu erneutem Eintritt in die KPD. 1925 Anklage wegen »Vorbereitung zum Hochverrat«; dagegen internationale Proteste von R. Rolland, Gorki, Th. Mann u. a.; der Prozeß fiel 1928 unter Amnestie. Versuche, linke Schriftsteller zu organisieren; 1926 in das IBRL berufen, 1928 Mitbegründer und Vorsitzender des BPRS, wurde dessen Vertreter in der IVRS. Seit 1927 Reisen in die Sowjetunion. 1927/29 mit K. Kläber Herausgeber der »Proletarischen Feuilleton-Korrespondenz«; Mitherausgeber von »Die Linkskurve«; später Feuilleton-Redakteur der RF. Nach dem Reichstagsbrand 1933 Exil in der UdSSR; im Auftrag der IVRS Reisen in die westlichen Exilzentren. 1934/35 in Paris an der Vorbereitung des Internationalen Kongresses zur Verteidigung der Kultur beteiligt. Okt. 1935 in der Sowjetunion; Chefredakteur der IL »Deutsche Blätter« in Moskau. Herbst 1941/Anfang 1942 Evakuierung nach Taschkent. Kurzer Fronteinsatz als Agitator, Arbeit unter deutschen Kriegsgefangenen, Mitglied des Nationalkomitees »Freies Deutschland«. Juni 1945 Rückkehr nach Deutschland; initiierte die Gründung (4. Juli) des Kulturbunds zur demokratischen Erneuerung Deutschlands, bis zu seinem Tode dessen Präsident. Begründete die kulturpolitische Wochen-Ztg »Sonntag« und mit P. Wiegler die Zs. »Sinn und Form«. Mitglied des ZK der KPD und – außer 1947/48 – des Parteivorstandes und des ZK der SED, Volkskammerabgeordneter, 1953/56 Präsident der AdK, 1954/58 Minister für Kultur der DDR.

B. gehört zu den meistumstrittenen Autoren der sozialistischen deutschen Literatur. Sein politisches Engagement in der kommunistischen Bewegung und für das sowjetische System, vor allem aber sein literaturpolitischer Einsatz für eine der sozialistischen Programmatik und der Errichtung eines sozialistischen Staates zugeordneten Literatur, sowie sein Hang zur autoritativen Setzung eigener Ansichten, zur Vereinfachung und nicht selten zum Überspielen von Widersprüchen forderten Freund und Feind zu extrem gegensätzlichen und oft haßgeladenen Stellungnahmen heraus. Als »wandelbar und stetig« hat B. Brecht (*Schriften zur Literatur und Kunst*, Bd. II, Berlin und Weimar 1966, S. 291) B.s Werk in seiner Entwicklung beschrieben: von schroffen Brüchen und Dissonanzen ebenso gekennzeichnet wie von einer unbeirrbaren, idealistisch gefärbten Überzeugtheit von der Macht der Dichtung und vom Dichter als Repräsentant von Volk, Nation und Menschheit.

B. begann als Schüler, Gedichte zu schreiben. Eine Kleist-Hymne (*Der Ringende*, Berlin 1911) und der Band *Die Gnade eines Frühlings* (Berlin 1913) deuten in Anspruch und Motivik Späteres an. In *De profundis Domine* (München 1913) und vor allem *Verfall und Triumph* (Bd. 1 *Gedichte*,

Bd. 2 *Versuche in Prosa*, Berlin 1914) trat er mit sprachmächtigen Versen und kraftvollen Bildern als einer der Expressionisten hervor, die auf gesellschaftliche Veränderung und Erneuerung drängten. Das Erlebnis der Großstadt Berlin mit ihrer urbanen Lebensweise, faszinierenden Erscheinungsvielfalt und sozialen Gegensätzlichkeit, aber auch literarische Erlebnisse, vor allem A. Rimbaud, W. Whitman und der Futurismus, wurden zu Quellen dichterischer Inspiration. Das Auseinanderbrechen verfestigter Verhältnisse und die Ankündigung von Katastrophen, Verfall und Verwesung, menschlicher Vereinsamung und selbstmörderischer Vernichtung machen eine Komponente dieser Dichtung aus; die andere ist Aufbegehren, Suche nach Auswegen und Utopie eines künftigen paradiesischen Lebenszustandes. Im I. Weltkrieg wurde B.s Dichtung zum Protestschrei, der moralisch und religiös, zunehmend aber auch politisch motiviert war und sich kühner Metaphern, Analogien und Wortkombinationen bediente. Im Funktionsverständnis eines Tribünen-Dichters schleuderte B. Appelle und Manifeste heraus. Herkömmliches Sprechen als ungenügend empfindend, bildete er eine originäre »neue Syntax« aus, die in extremer Weise die Sprache aufsprengte. Der Dichter erscheint als Führer und Prophet neuen Lebens, Wirkungsmacht und Verantwortung des Dichters werden maßlos übersteigert verkündet. Ab 1916 spitzte sich die Antikriegs-Position politisch zu; B.s Dichtungen passierten mehrfach nicht die Zensur. Seine Prosa-Dichtung *Die Schlacht* (in: *Das neue Gedicht*, Leipzig 1918) war »An die Soldaten der sozialistischen Armeen« (GW, Bd. 9, S. 254) gerichtet; *Der Sozialist* (in: »Die Erde«, 1919, H. 6) enthielt die Losung »Proletarier aller Länder vereinigt euch!« (GW, Bd. 9, S. 279). Ein *Widmungsblatt zur russischen Revolution 1917* (GW, Bd. 1, S. 393) belegt wache Aufmerksamkeit für geschichtliche Vorgänge, die auch privat angelegte Sujets beeinflußte (*Gedichte um Lotte*, Leipzig 1919). In *An Alle* (Berlin-Wilmersdorf 1919) und *Ewig im Aufruhr* (Berlin 1920) finden sich die stärksten prorevolutionären expressionistischen Gedichte B.s. Zwischen teils knapp, bildhaft, lakonisch formulierten Versen und weitschweifig ausufernden Sprachgebilden pendelnd, sucht er Revolution und Konterrevolution in Deutschland 1919/20 emotional und geistig zu verarbeiten. Der *Gruß des deutschen Dichters an die Russische Föderative Sowjet-Republik* (in: »Die Erde«, 1919, H. 9) mahnt auf dem Hintergrund des Scheiterns der deutschen Revolution unerbittliche Härte an und verkündet emphatisch das Kommen des heiligen Reiches, des irdischen Paradieses durch diesen neuen Staat.
In B.s. Dichtung der folgenden Jahre (*Um Gott*, Leipzig 1921, *Verklärung*, Berlin 1922) schlugen Niedergeschlagenheit und Trauer in mystisch-religiöse Erwartungen um. L. Tolstoi, F. Dostojewski, A. Schopenhauer und F. Nietzsche wurden gei

stige Bezugspunkte. An die Stelle der Sprachzertrümmerung traten feste Form und Wohlklang. Sein neuer Anschluß an die KPD verband sich mit konsequenter Ausrichtung seiner schriftstellerischen Arbeit auf deren wechselnde politische Orientierungen. Zunächst noch stark avantgardistisch intentioniert (*Maschinenrhythmen*, Berlin 1926, e. 1922/23), widmete sich B. mehr und mehr einer stark agitatorischen Dichtung. Seine Lyrik und Prosa der 20er und ersten 30er Jahre verstand er als Teil einer entstehenden revolutionären proletarischen Literatur, deren Vorhandensein und Entwicklung er vehement verkündete und durch straffe Organisation zu forcieren suchte. Er war bestrebt, sich rigoros aus dem bürgerlichen Literaturbetrieb herauszulösen, neigte zu radikaler Abweisung aller Linkskräfte, die sich kommunistischer Parteibindung versagten. Um sich und seinen Schriftstellergenossen neue Möglichkeiten künstlerischer Kommunikation zu erschließen, kämpfte er um angemessene Beachtung für Gedichte und Erzählungen in der revolutionären Presse und polemisierte gegen die Geringschätzung literarischer Arbeit in der KPD. In einer ersten Phase dieser Entwicklung verschmolz B. expressive Metaphorik und Gestik mit revolutionär-agitatorischer Attitüde; der Dichter suchte sich als anonymer Sprecher proletarischer Massen zu stilisieren (*Am Grabe Lenins*, Wien 1924, *Der Leichnam auf dem Thron*, Berlin 1925). In der zweiten Fassung seines Dramas *Arbeiter, Bauern, Soldaten* (Frankfurt a.M. 1924) sollten Dichtung und revolutionäre Wirklichkeit ineinander übergehen. Bewußte Annäherung an die Parteisprache, an Rapport und Appell wurden charakteristisch. Das Bestreben, sich der Realität des proletarischen Alltags zu nähern, führte nicht selten zu poetischer Verarmung, zur Verengung der Wirklichkeitswahrnehmung auf ideologisch geprägte Muster. Eine zweite Phase in B.s proletarisch-revolutionärem Schaffen war wieder stärker von poetischer Individualisierung, festen rhythmischen und strophischen Strukturen und Genres wie Chronik und Ballade geprägt. Mehrfach hat er seine biographische Wandlung in lyrische Bilder gefaßt. Thematisch dominierten Klassenkampferfahrungen, Kritik des reaktionären Terrors gegen die Linke und die Gefahr eines neuen Krieges. Im Experimental-Roman *(CHCl=CH)₃ As (Levisite) oder Der einzig gerechte Krieg* (Wien/Berlin 1926) wechseln schockierend ausgemalte Warn-Szenen, futuristisch eingeblendete Kriegstechnik und wissenschaftliche Argumentation; Erfahrungen des vergangenen Krieges und Visionen eines künftigen Einsatzes von Giftgas als Massenvernichtungsmittel verbinden sich; ein Bild der kommenden proletarischen Revolution wird entworfen. Motiviert war B. von der Erwartung eines unmittelbar drohenden Krieges zur Vernichtung der Sowjetunion. Das bestimmte auch seine Rede auf der II. Internationalen Konferenz proletarischer und revolutionärer Schriftsteller in Charkow 1930 (*Die*

Johannes Robert Becher
Gemälde von Ludwig Meidner von 1916

Kriegsgefahr und die Aufgaben der revolutionären Schrift-steller, in: »Literatur der Weltrevolution«, Sonderheft 1931).
Im BPRS war B. - ohne im eigentlichen Sinne Theoretiker zu sein - der wichtigste konzeptionelle Kopf. Produktiv war sein Bemühen darum, die Isolierung des Autors vom gesellschaftlichen Leben zu durchbrechen, die emanzipatorischen Möglichkeiten der Literatur durch ihre Bindung an die soziale Emanzipationsbewegung zu steigern und schöpferische Potenzen aus der Arbeiterklasse zu fördern (er unterstützte z.B. proletarische Schriftsteller wie H. Lorbeer und W. Tkaczyk). Doch die zunehmende Unterordnung künstlerischer Arbeit unter politische Direktiven und die Verabsolutierung aus der sowjetischen Praxis übernommener Kunstprinzipien wirkten oft kontraproduktiv. B.s Haltung schwankt von erfolgreichen Bemühungen, linksbürgliche Autoren einzubeziehen, zu radikal sektiererischer Ausgrenzung und Beschimpfung von Bundesgenossen (vgl. *Vom »Untertan« zum Untertan. Offe-ner Brief an Heinrich Mann*, in: »Linkskurve«, 1932, H. 4).
Durch die Herrschaft der Nationalsozialisten und seine Vertreibung aus der Heimat erschüttert, desillusioniert durch die Haltung der Mehrheit des deutschen Volkes, vollzog B. einen radikalen Bruch in seiner Entwicklung. Um eine breitere nationale Wirksamkeit seines Schaffens zu erreichen, bezog er sich auf überkommene humane Werte und Normen klassischer deutscher Kultur, insbesondere besann er sich auf traditionelle Formen lyrischen Ausdrucks. F. Hölderlin und J.W. Goethe, A. Puschkin und Gorki wurden ihm Vorbilder eines Traditionsverständnisses, das er bewußt gegen die literarische

Moderne setzte. Gegen die nationale Demagogie der deutschen Faschisten setzte er die Position eines Patrioten, der zugleich Revolutionär und Internationalist ist. In den Gedichtbänden *Der Glücksucher und die sieben Lasten* (Moskau 1938), *Gewißheit des Sieges und Sicht auf große Tage. Gesammelte Sonette 1935-1938* (Moskau 1939) und *Wiedergeburt* (Moskau 1940) wurden deutsche Landschaften und Geschichte, der Widerstand und die Exilheimat Sowjetunion thematisiert. Eine im Exil hochgeachtete, beeindruckende Deutschland-Dichtung entstand. In späteren Jahren mußte sich B. allerdings auch den Vorwurf traditionalistischer Erstarrung und des Nationalismus gefallen lassen. Im Roman *Abschied. Einer deutschen Tra-gödie erster Teil. 1900-1914* (Moskau 1940, e. seit 1935) macht er kaum verhüllt die eigene Jugendgeschichte zum Medium einer psychologisch differenzierten Auseinandersetzung mit Protest- und Fluchthaltungen gegenüber dem Wilhelminischen Deutschland und der Verführung, sich den herrschenden militaristischen Mächten und ihrer Ideologie anzupassen und dienstbar zu zeigen. Anderswerden ist das zentrale Motiv des Buches, in dem die Tradition des Entwicklungsromans mit modernen Erzählexperimenten verschmolzen wird.
Problematischster Teil von B.s Schaffen im Moskauer Exil ist seine emphatische Apologie der Sowjetunion und Stalins. Seine poetische Methode, Wunschbilder erträumter Zukunft in die Gegenwart zu projizieren, kam solcher Haltung entgegen. Tief von der Befreierrolle der Sowjetunion überzeugt, dankbar für die Wirkungsmöglichkeiten, die ihm geboten wurden, verklärte er nicht nur den Alltag seines Asyllandes, das er als zweite Heimat sah, sondern übersteigerte sein Herrscherlob auf Stalin in eben dem Moment, als der Terror den emanzipatorischen Impulsen der Oktoberrevolution den Garaus machte und dogmatische Ideologien das intellektuelle Leben deformierten. B. hat diese Vorgänge weitgehend verdrängt; innerhalb seiner Dichtung klingen sie nur in wenigen metaphorischen Wendungen als Empfindung der Angst und Verzweiflung des selbst von Verfolgung bedrohten Dichters an, der mehrfach Selbstmordversuche unternahm. Nach dem Überfall auf die UdSSR wandte er sich in Reden, Artikeln und Gedichten an das deutsche Volk und die deutschen Soldaten mit der Forderung, den ungerechten Krieg zu beenden. Diese Arbeiten wurden z.T. als Flugblätter und über den Rundfunk verbreitet. In Stalin sah er die Widerstandskraft und die historische Rolle der Völker der Sowjetunion verkörpert - ein Widerspruch, der poetisches Versagen einschloß. Unmittelbar nach der ersten Niederlage der deutschen Wehrmacht Ende 1941 schrieb er die dramatische Dichtung *Schlacht vor Mos-kau* (in: IL, 1942, H. 1/2, 3/4, 5/6, Bühnenfassung u. d. T. *Winterschlacht*), in der die Entscheidung und der tragische Tod eines deutschen Soldaten mit diesem historischen Wende-

punkt verknüpft werden und episch-distanzierende mit ly-
risch-kathartischen Elementen wechseln. Den Leiden der Rus-
sen und Polen sowie der Massenvernichtung europäischer
Juden widmete B. eindrucksvolle anklagende Verse (*Ballade
von den dreien*, in: GW, Bd. V, S. 287, *Kinderschuhe aus
Lublin*, ebd., S. 335). Seine gegen Kriegsende – im Auftrag der
KPD – erarbeiteten programmatischen Entwürfe zur künftigen
Kulturpolitik (*Bemerkungen zu unseren Kulturaufgaben*,
1944, in: GW, Bd. 16, S. 362 ff., *Zur Frage der politisch-
moralischen Vernichtung des Faschismus*, 1945, ebd.,
S. 403 ff., *Erziehung zur Freiheit. Gedanken und Betrach-
tungen*, Berlin/Leipzig 1946) erwiesen sich in der Nachkriegszeit als brauchbare Grundlage für eine antifaschistische
Sammlung der Intellektuellen und Künstler. In der sowjetischen Besatzungszone galt B. in dieser Zeit als einflußreichster
Repräsentant der kulturellen Erneuerung Deutschlands. Sein
Exil-Werk erlangte Breitenwirkung; seine neu entstehende
Lyrik (*Heimkehr*, Berlin 1946) traf jedoch mit dem übersteigerten Vorbild eigener Wandlung kaum den Lebensnerv
seiner Leser. Erst im Band *Volk im Dunkel wandelnd* (Berlin
1948) näherte er sich der realen Erfahrungswelt, der materiellen und moralischen Not vieler Menschen der Nachkriegszeit.
Seine Reden und Aufsätze fanden ein starkes öffentliches Echo.
Im Manuskript *Der Aufstand im Menschen* (Hg. I. Siebert,
Berlin und Weimar 1983, e. 1947-1948) vereinte B. in einer
präzisen essayistischen Prosa weltanschauliche Überlegungen mit Beobachtungen der Umbruchszeit. Diese betont subjektive Gedanken-Prosa setzte er in einem *Tagebuch 1950*
(*Auf andere Art so große Hoffnung*, Berlin 1951, erw. Berlin
1955) sowie 1952/58 in vier Bänden *Bemühungen* (GW, Bd.
14) fort, in denen er Verteidigung der Poesie und poetische
Konfession zu einem großangelegten Versuch nutzen wollte,
den Umriß einer »Lehre vom Menschen« (ebd., S. 16) zu
entwerfen. Gedanken über die Entfaltung der Persönlichkeit,
die Vereinigung von Geist und Macht und das Entstehen einer
»Menschengemeinschaft« (ebd., S. 222) münden in die Vision
eines »Reichs des Menschen« (ebd., S. 549), in dem das
Ästhetische zum Gesetz des Lebens werden soll. Der Vorgriff
auf die Zukunft verklärt die Gegenwart, flacht Konflikte ab,
wird – unbewußt – zu einer Legitimation von Verdrängen,
Verschweigen und Marginalisieren unliebsamer Tatsachen. Als
Präsident des Kulturbundes und Minister für Kultur war B.
eine der prägenden Persönlichkeiten der Kultur in der DDR.
Angetreten im Zeichen einer gesamtnationalen geistigen Erneuerung, hat er als Redner, Publizist und Dichter unablässig
gegen die Spaltung Deutschlands, für einen nationalen Dialog
gefochten, wie es seinem Selbstverständnis als Nationalautor
entsprach. In der DDR sah er die bessere deutsche Möglichkeit
und begleitete ihre Entwicklung mit Liedern und Gedichten.
Die Verbrechen der Stalinzeit, wie sie der XX. Parteitag der

KPdSU offenlegte und B. sie im Exil miterlebt hatte, werden in
Gedichten (*Das Unerklärliche*, in: GW, Bd. 6, S. 407, *In Licht
und Finsternis* u. a.) und essayistischen Bemerkungen reflek-
tiert, die der Dichter zu Lebzeiten nur zum Teil veröffentlichte.
Seine eigenen Irrtümer und seine widerspruchsvolle Verwick-
lung in das realsozialistische System, das von seinen Idealen
und Utopien immer erkennbarer abwich, ließen ihn den
tragischen Charakter seiner eigenen Existenz und den der
Epoche tief empfinden und führten zu einer stark spürbaren
Unsicherheit. Im seinem späten essayistischen und lyrischen
Werk (*Schritt der Jahrhundertmitte*, Berlin 1958) hat er diese
Irritationen zu artikulieren versucht.

Ausg.: Gesammelte Werke in 18 Bänden, Hg. Johannes-R.-Becher-
Archiv der AdK der DDR, Berlin und Weimar 1966-1981; Becher und
die Insel. Briefe und Dichtungen 1916-1954, Hg. R. Harder/I. Siebert,
Leipzig 1981; Johannes R. Becher/Heinrich F. S. Bachmair: Briefwech-
sel 1914-1920, Hg. M. Kühn-Ludewig, Frankfurt a. M./Bern/New York
1987; Johannes R. Becher: Briefe 1909-1958/Briefe an Johannes R.
Becher 1910-1958, 2 Bde., Hg. R. Harder, Berlin und Weimar 1993. –
Lit.: G. Rost: Johannes R. Becher-Bibliographie, in: Sinn und Form,
1960, 2. SH.; L. Becher/B. Prokop: Johannes R. Becher - Bildchronik
seines Lebens, Berlin 1963; Erinnerungen an Johannes R. Becher, Hg.
Johannes R. Becher-Archiv der DAK, Leipzig 1968; M. Rohrwasser: Der
Weg nach oben: Johannes R. Becher. Politiken des Schreibens, Basel/
Frankfurt a. M. 1980; H. Haase: Johannes R. Becher - Leben und Werk,
Berlin 1981; C. Gansel (Hg.): Der gespaltene Dichter Johannes R.
Becher. Gedichte, Briefe, Dokumente 1945-1958, Berlin 1991; D.
Schiller: Selbstbesinnung, Selbstzensur, Selbstzerstörung. Zum politi-
schen Dilemma Johannes R. Bechers in seinen letzten Lebensjahren, in:
Zeitschrift für Geschichtswissenschaft, 1993, H. 12.

Horst Haase

Beck, Karl Isidor
Geb. 1. 5. 1817 in Baja (Ungarn); gest. 9. 4. 1879 in
Währing bei Wien

Sohn eines jüdischen Kaufmanns; Schulausbildung in einem
Franziskanerkloster; Medizinstudium 1833 in Wien, 1835 in
Leipzig.
Schon Ende der 30er Jahre war B. ein bekannter politischer
Lyriker. Sein erster Gedichtband, *Nächte. Gepanzerte Lieder*
(Leipzig 1838), fand begeisterte Aufnahme. In bildkräftiger
Sprache und mit teilweise aufrührerischem Pathos verlieh B.
hier seinem Traum von Völkerfrieden, politischer Gleichheit
und Freiheit Ausdruck. Erstmals in der deutschen Literatur
wurde von B. auch der Zusammenhang von industrieller und
politisch-sozialer Umwälzung zu gestalten versucht (*Die Ei-
senbahn*), von dem aus er zugleich Ansprüche auf die Befreiung aus sozialer Not ableitete. Diese Intentionen waren auch
für B.s Lyrikband *Der fahrende Poet* (Leipzig 1838) und

seinen Versroman *Janko, der ungarische Roßhirt* (Leipzig 1841) prägend, worin er sich in romantisch gefärbter sozialkritischer Sicht mit den noch patriarchalischen Herrschaftsverhältnissen in Österreich-Ungarn auseinandersetzte. Die politische Oppositionshaltung B.s fand für kurze Zeit sogar die Anerkennung F. Engels', die jedoch nach dem Erscheinen der elegisch-introvertierten *Stillen Lieder* (Leipzig 1839) in prinzipielle Kritik umschlug. 1844 ging B. nach Berlin und veröffentlichte mit dem Gedichtzyklus *Auferstehung* (in: *Gedichte*, Berlin 1844) die hymnisch verklärte Vision eines sozial gerechten Gottkönigtums. B.s sozialer Veränderungswille richtete sich danach vor allem an der Hoffnung auf baldige politische Reformen aus. Die tiefe gesellschaftliche Kluft zwischen Arm und Reich riß er allerdings noch einmal nachhaltig mit seinen *Liedern vom armen Mann* (Leipzig 1846) auf. Sie waren Ausdruck des Mitleids mit den in materieller Not Lebenden, vor allem dem Proletariat, aber auch Mahnung und Appell an die Besitzenden, es nicht durch weitere Eskalation der sozialen Mißstände zu einer revolutionären Eruption kommen zu lassen. Im Verlauf der Revolution 1848/49 rückte B. dann aber immer mehr von seinen früheren sozialkritischen Ideen ab.

Lit.: E. Thiel: Karl Becks literarische Entwicklung, Diss., Breslau 1938; A. Madl: Karl Beck. Ein Vermittler zwischen ungarischer, österreichischer und deutscher Literatur, in: ders.: Auf Lenaus Spuren, Budapest 1982.

Petra Boden

Becker, August

Geb. 1814 in Hochweisel (Hessen); gest. 1871 in Cincinnati (USA)

Sohn eines Pfarrers; bis 1832 Theologiestudium in Gießen; Mitglied in dem von G. Büchner 1834 gegründeten Geheimbund Gesellschaft der Menschenrechte; Apr. 1835 wegen Verbreitung der Flugschrift *Der hessische Landbote* verhaftet und zu neun Jahren Gefängnis verurteilt; durch Amnestie freigekommen, ging Herbst 1839 in die Schweiz; im Nov. mit L. Weizel in Genf Gründung des Deutschen Gewerbestandsvereins, erste frühproletarische Organisation der Stadt; seit 1841 publizistische Arbeiten u.a. für A. Wirths »Deutsche Volkshalle«; 1841/43 enger Vertrauter W. Weitlings; 1842 Mitglied des Bundes der Gerechten; Korrespondenzen über frühproletarische und kommunistische Aktivitäten für J. Fröbels »Deutscher Bote aus der Schweiz«, »Rheinische Zeitung«, »Mannheimer Abendzeitung«, Pariser »Vorwärts«; veröffentlichte in Weitlings »Junger Generation« 1842/43 politischsoziale Gedichte (*Kommunistenfresserlied, Die Krämerei,*

Der Heimatlose u.a.), die auch gesammelt mit Lyrik von L. Seeger 1844 in Bern erschienen (*Politisch-soziale Gedichte von Heinz und Kunz*); nach Verhaftung Weitlings im Juni 1843 mit S. Schmidt Übernahme der Leitung der kommunistischen Arbeitervereine in der Schweiz; 1845 mit J.J. Treichler Gründung des Not- und Hülfsvereins für Züricher Arbeiter und Handwerker, Redaktion der vereinseigenen Ztg. »Allgemeines Not- und Hülfsblatt« (»Usterbote«); 1846 Ausweisung aus der Schweiz; danach in Straßburg; mit Beginn der Revolution 1848 wieder in Deutschland; Abgeordneter des hessischen Landtages; seit März 1848 in Gießen Herausgeber der für Arbeiter bestimmten Wochenschrift »Der jüngste Tag«; nach deren Verbot Exil in der Schweiz und ab 1852 in den USA; Journalist für amerikanisch-deutsche Zeitungen; Feldprediger und Kriegberichterstatter im amerikanischen Bürgerkrieg.

B. gehörte im Vormärz zu den wichtigsten Agitatoren des Weitlingschen Arbeiterkommunismus. Seine operative Publizistik zeichnete sich dadurch aus, daß er sich in Argumentationsstrategie und Sprachgestus auf die unterschiedlichen Anforderungen der aktuellen politischen und ideologischen Auseinandersetzungen genau einzustellen wußte, beispielhaft etwa in der *Volksphilosophie unserer Tage* (Neumünster 1843). Als Adept Weitlings stets heftigen Anfeindungen ausgesetzt, wußte er dabei sowohl die Mittel der objektiv-sachlichen Argumentation wie des polemische Angriffs gezielt einzusetzen. Er war bestrebt, den vielstimmigen Dämonisierungsversuchen des Kommunismusgedankens entgegenzuwirken, so z.B. in der Flugschrift *Brief eines Herrn Pfarrers aus Basel an einen Kommunisten in Lausanne nebst Antwort darauf* (Bern 1844), und eine schlüssige Darlegung einer kommunistischen Plattform zu geben, wobei er besonders strittige Fragen wie die der Organisation der Gütergemeinschaft, des Materialismus und Atheismus, der Individualitätsproblematik oder des Verhältnisses des Proletariats zur bürgerlichen Demokratie zu beantworten suchte (*Was wollen die Kommunisten?*, Lausanne 1844). B. geriet ab 1844 zunehmend unter den Einfluß der pseudosozialistischen Lehre G. Kuhlmanns, des Hauptideologen des Deutschkatholizismus. Das damit verbundene Abrücken von kommunistisch-atheistischen Positionen und der Verlust an elementarer proletarischer Substanz wurde deutlich in der Apr./Sep. 1845 von B. in Lausanne herausgegeben Monatsschrift »Die fröhliche Botschaft von der religiösen und sozialen Bewegung«. Daß B. trotzdem kaum etwas von seiner radikalen Realitätssicht und Gesellschaftskritik eingebüßt hatte, zeigen u.a. seine im Okt. 1845 im »Usterboten« erschienene, vielbeachtete *Selbstverteidigung der Kommunisten* sowie der ebenfalls dort publizierte und mehrfach nachgedruckte *Brief an die Reichen*. 1847 in Straßburg verfaßte B. auf Veranlassung Kuhlmanns die *Geschichte des religiösen und atheistischen Frühsozia-*

lismus (EA, Hg. E. Barnikol, Kiel 1932), ein authentisches historisches Quellenwerk, das Kuhlmann als Geheimagent Metternichs dem Mainzer Informationsbüro aushändigte. Während der Revolution 1848/49 trat B. für einen gesellschaftlichen Wandel auf friedlichem Wege über parlamentarische Gesetzgebung und Bildung von Assoziationen ein.

Lit.: G. M. Bravo: Il communismo tedesco in Svizzera. August Becker 1843-1846, in: Annali (Bibl.), Mailand 1963; A. Gerlach: Deutsche Literatur im Schweizer Exil, Frankfurt a.M. 1975; H.-J. Ruckhäberle: Bildung und Organisation in den deutschen Handwerkergesellen- und Arbeitervereinen in der Schweiz, Tübingen 1983; I. Pepperle: Ideologische Auseinandersetzungen in der Literatur deutscher frühproletarischer Organisationen 1843-1845 in der Schweiz, in: Literatur.

Ingrid Pepperle

Becker, Johann Philipp

Geb. 20. 3. 1809 in Frankenthal (Rheinpfalz); gest. 9. 12. 1886 in Genf

Sohn eines Schreinermeisters; bis 1823 Besuch des Progymnasiums; 1824/27 Bürstenbinderlehre; Handwerksmeister; nahm 1832 als radikal demokratischer Redner am Hambacher Fest teil; emigrierte 1838 in die Schweiz; gründete in Biel eine Zigarrenfabrik; 1841/42 Beziehung zu deutschen Arbeiterbildungsvereinen in der Schweiz; für kurze Zeit freundschaftliche Beziehungen zu W. Weitling; Offizier in den Schweizer Verfassungskämpfen; gründete 1848 eine Freischar von revolutionären deutschen Emigranten in der Schweiz; 1849 Oberkommandant aller Volkswehren während der Reichsverfassungskampagne; im badisch-pfälzischen Feldzug Führer einer Division in der Revolutionsarmee; gab Jan./März 1849 in Biel das Wochenblatt »Die Revolution« heraus, in dem er u.a. das vom *Kommunistischen Manifest* beeinflußte *Manifest der deutschen Demokraten im Ausland* veröffentlichte; lebte nach der Revolution zunächst in Genf, 1856/60 in Paris; seit 1860 engster politischer Mitstreiter und Freund von Marx und Engels; unterstützte 1860 als Gründer und Führer einer deutschen Freiwilligenlegion den Kampf der Freischaren Garibaldis in Italien; arbeitete ab 1862 als freier Schriftsteller, Journalist und Organisator der internationalen Arbeiterbewegung in Genf; gründete 1864 die erste Sektion der IAA in der Schweiz; ab 1867 Präsident der Sektionsgruppe deutscher Sprache in der IAA; gab 1866/71 in Genf als erstes deutschsprachiges Organ der IAA, den »Vorboten« heraus, dessen Beiträge zum großen Teil aus eigener Feder stammten; Mitbegründer der Eisenacher Partei; blieb auch nach Auflösung der IAA in den 70er Jahren einer der einflußreichsten Führer der internationalen proletarischen Bewegung; redigierte 1877/82 die sozialdemokratische Wochenschrift »Le Precurseur« (Der Vorbote)

in Genf; arbeitete an den führenden Organen der deutschen Arbeiterbewegung, u.a. am »Social-Demokrat«, dem »Volksstaat« und »Sozialdemokrat« mit.

B.s umfangreicher publizistischer Nachlaß enthält neben zahlreichen Gedichten Manifeste, kulturpolitische Programmschriften, wissenschaftliche Abhandlungen und Memoirenfragmente. Bereits zu Beginn der 60er Jahre engagierte er sich kulturpolitisch für eine mit der aufstrebenden Arbeiterbewegung verbundene Literatur. In der Programmschrift *Wie und wann?* (Genf/London/Manchester 1862) begründete er seine These, nach der die zeitgenössische bürgerliche Literatur den Bedürfnissen der Arbeiterorganisationen nicht gerecht werden könne. Im *Offnen Brief an die Arbeiter über Schulze-Delitzsch und Lassalle* (Genf 1863) forderte er dazu auf, eine eigenständige Literatur des vierten Standes zu schaffen. B.s kulturpolitische Vorstellungen waren geprägt von der Idee, die politischen und kulturellen Ideale des revolutionären Bürgertums in den revolutionären Zielen der Arbeiterbewegung aufzulösen. Erste Gedichte erschienen im »Vorboten« in den 60er Jahren. Zu einem der bekanntesten Lyriker der frühen deutschen Arbeiterbewegung wurde B. durch *Neue Stunden der Andacht*, neunundfünfzig *Psalmen in Reimform* (Leipzig 1875). Dem Band vorangestellt sind die schon 1857 formulierten *Standpunkte*, die in Thesenform sein Bekenntnis zum Atheismus, zu den modernen Wissenschaften markieren und die gedanklichen Voraussetzungen seiner Entscheidung für den revolutionären Kampf in der Arbeiterbewegung begründen. Die anschließenden *Psalmen* sollten dieses Gedankengut verbreiten. B. wählte, wie in den meisten seiner Gedichte kurze, einprägsame Formen, Vierzeiler und Wechselreime. Heuchelei und Volksverdummung bilden die bevorzugten Angriffsziele seiner satirischen Entlarvung. Dabei sprachen B.s Verse den proletarischen Leser direkt an, forderten ihn auf, veraltetes Denken zu überwinden und sich durch den politischen Kampf der »Erniedrigung und Duckerei« zu widersetzen. Die Befähigung des Arbeiterstandes, eigene Interessen mit Würde und Selbstbewußtsein vertreten zu können, hielt B. für eine der wesentlichen kulturellen Aufgaben der Arbeiterorganisationen. Unter den Titeln *Abgerissene Blätter aus meinem Leben* oder *Etwas über das Hambacher Fest* veröffentlichte er zwischen 1876 und 1878 in der »Neuen Welt« und im »Armen Conrad« seine von Marx und Engels geschätzten autobiographischen Skizzen. Sie berichten in einem deftigen, humorvollen Erzählstil vor allem aus den Jugendjahren B.s.

W. W.: Ein Wort über die Fragen unserer Zeit (Ess.), Belle Vue bei Constanz 1841; Zuschrift an den Fünfziger Ausschuß in Frankfurt a.M., Biel 1848; Geschichte der süddeutschen Mai-Revolution des Jahres 1849, Genf 1849; Polen, die Diplomatie und die Revolution (Ess.), Genf 1863; Die Internationale Arbeiterassoziation und die Arbeiterbewegung in Basel im Winter 1868 auf 1869 (Ess.), Genf

1869; A bas les Masques, Henri Rochefort & le Gutenberg, Geneve 1878. – *Lit.:* F. Engels: J. Ph. Becker (Nachruf), in: Social-Demokrat, Zürich 1886, Nr. 51; ders.: Vergessene Briefe, Briefe an J. Ph. Becker, Einl. E. Eichhorn, Berlin o. J.; R. Dlubeck: J. Ph. Becker. Vom radikalen Demokraten zum Mitstreiter von Marx und Engels, Berlin 1965.

Tanja Bürgel

Beer, Max (eigtl. Moshe)

Geb. 10. 8. 1864 in Tarnobrzeg (Galizien); gest. 30. 4. 1943 in London.

Wuchs in einer jüdischen Handwerkerfamilie polnisch- und deutschsprachig auf. Lernte Französisch und Englisch, ging 1889 über Wien nach Berlin, wo er durch Kontakte zu F. Mehring, W. Liebknecht, R. Luxemburg zum Sozialdemokraten wurde. Mitarbeiter der sozialdemokratischen Tages-Ztg. »Volksstimme« (Magdeburg), deswegen monatelang im Gefängnis. Nach Ausweisung aus Preußen seit Juni 1894 in London, in der englischen Gewerkschaftsbewegung tätig. Bekanntschaft mit F. Engels. 1901/11 Londoner Korrespondent des »Vorwärts«. 1911 Treffen mit W.I. Lenin. Studien zur Geschichte der englischen und deutschen Arbeiterbewegung, als deren Ergebnis die *Geschichte des Sozialismus in England* (Stuttgart 1913) erschien. Seit 1915 wieder in Berlin, zunehmend von reformistischer Politik der SPD-Führung abgestoßen, wurde er in einem »demonstrativen Akt« Anfang 1919 Mitglied der KPD. Ende 1919 Austritt und wieder Mitglied der SPD, die er 1923 endgültig verließ. Als Journalist und Wissenschaftler tätig. Im Herbst 1927 für ein Jahr nach Moskau ans Marx-Engels-Institut als Chefbibliothekar der englischen und amerikanischen Abteilung, danach am Frankfurter Institut für Sozialforschung. Juni 1933 Emigration nach London, wo er seine wissenschaftlichen Studien fortsetzte und ein autobiographisches Buch schrieb (*Fifty Years of International Socialism*, London 1935).

B. leistete als sozialistischer Publizist und marxistischer Wissenschaftler einen gewichtigen und wirkungsvollen Beitrag zur Darstellung und Popularisierung der marxistischen Ideen. Sein Hauptwerk, *Allgemeine Geschichte des Sozialismus und der sozialen Kämpfe* (Berlin 1921/23, seit der 6. Aufl. 1929 durch ein letztes, 40 S. umfassendes Kap. von H. Duncker zur Geschichte des Leninismus, der KI und KPD erg.) erschien bis 1932 in 38000 Ex. und ist bis heute die einzige deutsche Geschichte des Sozialismus von den Anfängen bis in die Neuzeit geblieben. Auf fast 800 S. vereint das Buch die Darstellung sozialistischer Ideen (als Ideologiegeschichte) mit der Geschichte der sozialen Bewegungen und Klassenkämpfe. B. vermittelt auf lebendige Weise ein vielschichtiges Bild vom Sozialismus: vorgeführt wird er von seinen urchristlichen,

urkommunistische Anfängen an, den religiösen und ethischen Wurzeln, über das »Zeitalter der Utopien« (Anfang 16./Ende 18. Jh.) bis zum Beginn der proletarischen Bewegung Anfang des 19. Jh.s und der Entfaltung der revolutionären Arbeiterbewegung, ihrer Organisationen und Parteien. Der Sozialismus erscheint als geistiges Produkt weltumspannender historischer Bemühungen von Individuen und sozialen Kämpfen der Volksmassen. Methodisch wird dies u.a. erreicht durch kurze Würdigungen von Persönlichkeiten vieler Länder, darunter zahlreicher Publizisten und Schriftsteller, aus deren Werk auch zitiert wird. In über 50 Personal- und Sachartikeln, die B. für eine vom Institut für Sozialforschung geplante, aber nicht realisierte Enzyklopädie sozialistischer Persönlichkeiten und Organisationen in den Jahren 1931/33 verfaßte (sie befinden sich im Beer-Nachlaß des IISG Amsterdam) erweist sich seine enzyklopädische Begabung. Seine begriffsgeschichtlichen Artikel (z.B. zu Sozialismus, Kommunismus) zeichnen sich durch logische Klarheit, sachlichen Stil und zurückhaltende Wertung aus. In den Personal-Artikeln gelingt es B., auf engem Raum die originären Leistungen von Denkern und Protagonisten des internationalen Sozialismus (z.B. Luxemburg, K. Kautsky) im Kontext der Gesamtentwicklung deutlich zu machen. Bei Schriftstellern (z.B. E. Toller, H. Barbusse, K. Eisner, M. Andersen Nexö) interessieren ihn vorrangig geistig-philosophische Physiognomie, menschliche Qualitäten sowie soziale Inhalte und moralische Aussagekraft ihrer Werke.

W. W.: Karl Marx (Mon.), Berlin 1918; A Guide to the Study of Marx: an introductory Course of classes and study circles, London 1924; Krieg und Internationale, Wien 1924; Sozialisten und Krieg, Prag 1937; zahlreiche Artikel in: Encyclopaedia of the Social Sciences, Columbia Univ. 1930/35. – *Lit.:* J. Saville: Beer, Max. In: Dictionary of Labour Biography. Vol. VII, ed. by Joyce M. Bellamy and John Saville, London 1984.

Simone Barck

Belli, Joseph

Geb. 11. 1. 1849 in Rammersweier (Baden); gest. 19. 8. 1927 in Gengenbach (Baden)

Sohn kleiner Weinbauern; früh Vollwaise; arbeitete nach dem Besuch der Volksschule als Knecht und erlernte dann das Schuhmacherhandwerk. Als Schustergeselle durchwanderte er Süd- und Westdeutschland, Österreich, Elsaß-Lothringen, die Schweiz und vervollständigte autodidaktisch seine Bildung. 1870/72 Soldat; trat 20jährig in Heidelberg der Sozialdemokratie bei und war fortan politisch und gewerkschaftlich tätig; ließ sich 1877 in Kreuzlingen bei Konstanz nieder; wurde 1879 beauftragt, für das illegale Zentralorgan der deutschen Sozialdemokratie, den in Zürich erscheinenden »Sozialdemokrat«, den Schmuggeldienst einzurichten. Unter Anleitung J. Mottelers baute B. ein tadellos funktionierendes illegales Verteilernetz im In- und Ausland auf, das unter dem Namen »Rote Feldpost« bekannt wurde. In den innerparteilichen Auseinandersetzungen dieser Zeit stand B. auf dem revolutionären Flügel. Nach Aufhebung des Sozialistengesetzes kehrte B. nach Deutschland zurück und wurde einer der leitenden Mitarbeiter des sozialdemokratischen Verlags von J. H. W. Dietz in Stuttgart. 1919 beendete er seine Tätigkeit im Verlag Dietz und siedelte nach Gengenbach über.

Die Erinnerungen B.s erschienen u. d. T. *Die rote Feldpost unterm Sozialistengesetz. Erinnerungen aus meinen Kinder-, Lehr- und Wanderjahren* ([mit Einl.], Stuttgart 1912, Neuaufl.: *Die rote Feldpost*, Hg. H. Gemkow, Berlin 1956) und erlebten zahlreiche Auflagen. Sie umfassen die Zeit von der Kindheit B.s bis zum Jahre 1890. Sie stehen zwar an historischer Bedeutung hinter Bebels Erinnerungen *Aus meinem Leben* weit zurück, ergänzen sie jedoch durch ihre Schilderung der süddeutschen Verhältnisse und stehen am Beginn der proletarischen Memoirenliteratur. In lebendiger, volkstümlicher Sprache schildert B. seinen Entwicklungsweg, der mit dem des proletarischen Befreiungskampfes untrennbar verbunden war.

Heinrich Gemkow

Benjamin, Walter (Ps. Detlef Holz, J. E. Mabinn, Karl Gumlich)

Geb. 15. 7. 1892 in Berlin; gest. 27. 9. 1940 in Port Bou (Spanien)

Aus wohlhabender Familie des jüdischen Berliner Bürgertums. Jugend- und Studienjahre geprägt vom Besuch des Landerziehungsheimes Haubinda und seinem Lehrer G. Wyneken, der (auch publizistischen) Teilnahme an der Jugendbewegung seit 1910. Aktiv in der Freien Studentenschaft, ihr Berliner Vorsitzender 1914. Studierte seit 1912 Philosophie, Germanistik und Kunstgeschichte in Freiburg, Berlin, München und Bern, wo er 1919 promovierte (*Der Begriff der Kunstkritik in der deutschen Romantik*, 1920). Habilitationsgesuch im Fach Ästhetik mit der Schrift *Ursprung des deutschen Trauerspiels* (1928) in Frankfurt 1925 abgelehnt. Freier Publizist für die »Literarische Welt« und das Feuilleton der »Frankfurter Zeitung«. Emigration im März 1933 nach Ibiza, dann nach Paris, das Ausgangspunkt längerer Aufenthalte in San Remo (Italien) und Skovsbostrand (Dänemark) sowie für Reisen nach Österreich und Italien wurde. Seit 1934 vom »Institut für Sozialforschung« unterstützt, ab 1937 Mitarbeiter an dessen Pariser Dépendance. Größere Aufsätze in der »Zeitschrift für Sozialforschung«: *Zum gegenwär-*

tigen gesellschaftlichen Standort des französischen Schriftstellers, 1934; *Probleme der Sprachsoziologie*, 1935; *Das Kunstwerk im Zeitalter seiner technischen Reproduzierbarkeit*, 1936; *Eduard Fuchs, der Sammler und Historiker*, 1937; *Über einige Motive bei Baudelaire*, 1939/40; *Über den Begriff der Geschichte*, 1942 [postum]). Das Exil-Hauptwerk *Paris, Hauptstadt des neunzehnten Jahrhunderts* blieb unabgeschlossen (1982 unter dem Titel *Das Passagen-Werk* herausgegeben). Bei Kriegsausbruch (September 1939) im Lager Vernuches/Nevers interniert, dank der Hilfe von A. Monnier befreit. Floh 1940 ohne Ausreisepapiere über die Pyrenäen, Selbstmord im spanischen Grenzort Port Bou, als ihm die Durchreise zur Weiteremigration nach Amerika verweigert wurde.

Außer seinen Übersetzungen aus dem Französischen (u. a. Ch. Baudelaire, M. Proust*)* veröffentlichte B. nur vier selbständige Bücher: neben der Dissertation und der Habilitationsschrift *Einbahnstraße* (Berlin 1928) und *Deutsche Menschen. Eine Folge von Briefen* (Luzern 1936). Die Schriften und Texte B.s lassen sich der deutschen sozialistischen Literaturbewegung nicht ungebrochen zuordnen. Bereits in *Zur Kritik der Gewalt* (in: »Archiv für Sozialwissenschaft und Sozialpolitik«, 1921/22), entwickelte er demonstrativ unabhängig von jeder Parteiausrichtung eine metaphysische Begründung der Legitimität revolutionärer Gewalt. Dabei machte sich B., der seit 1918 mit E. Bloch in einem freundschaftlichen Diskussionszusammenhang stand, weitgehend G. Sorels Invektiven gegen den systemimmanenten ›politischen‹ Streik und die sozialistischen Intellektuellen zu eigen. So gewann er einen Maßstab zur Beurteilung historischer Situationen und politischer Konstellationen, der sich an die sozialistische bzw. kommunistische Bewegung selbst anlegen ließ. Auch seine Grundsätze »philosophischer Forschung« standen quer zum Prinzip ›Weltanschauung‹ in der deutschen sozialistischen Literatur. B. suchte an literarischen Gegenständen deren Wahrheitsanspruch darzustellen und zugleich ihren geschichtlichen Dimensionen gerecht zu werden. Sein erkenntnis- und sprachtheoretisches Fundament gewann dabei die Gestalt profaner Mystik, ohne Zuflucht zum Kulturkonservatismus zu nehmen. Auf metaphysischer Grundlage thematisierte B. vielmehr den Herrschaftscharakter der Schrift und ihre sozialen Systembildungen. Neben gesellschaftlichen Funktionsbestimmungen hielt er der Kultur als kollektivem Gedächtnis eine transzendente Qualität offen. In den späten Exil-Schriften wählte er für diesen Themen- und Verfahrenskomplex den Begriff des historischen Materialismus. Emphatisch argumentiert er gegen den reduktionistischen Heilsweg des Fortschrittdenkens mit Hilfe einer messianischen, zugleich universalgeschichtlich-katastrophischen Idee der Tradition. Allgemein wird eine »Wendung zum Marxismus« (1924) mit der Liebesbeziehung zur lettischen Regisseurin A. ↗ Lacis in Zusammenhang gebracht. Sie gab zweifelsohne den Anstoß für B. s. Einstellungswandel gegenüber der kommunistischen Bewegung; auch die Annäherung an die zeitgenössische ästhetische Avantgarde im eigenen Schreiben kam damals zum Durchbruch. So legte sich B. während seines Moskau-Besuches 1926/27 bei ihr Rechenschaft über eine mögliche Zugehörigkeit zur Kommunistischen Partei ab: »9. Januar (1927). Weitere Erwägung: in die Partei gehen? Entscheidende Vorzüge: feste Position, ein, wenn auch nur virtuelles Mandat. Organisierter, garantierter Kontakt mit Menschen. Dagegen steht: Kommunist in einem Staate zu sein, wo das Proletariat herrscht, bedeutet die völlige Preisgabe der privaten Unabhängigkeit. Man tritt die Aufgabe, das eigene Leben zu organisieren, sozusagen an die Partei ab … Ob eine konkrete Rechenschaft für meine fernere Arbeit, besonders die wissenschaftliche, mit ihren formalen und metaphysischen Grundlagen sich geben läßt. Was ›Revolutionäres‹ in ihrer Form sei und ob es in ihr sei. Ob mein illegales Incognito unter den bürgerlichen Autoren einen Sinn hat. Und ob es entscheidend förderlich für meine Arbeit, gewissen Extremen des ›Materialismus‹ aus dem Wege zu gehen, oder ob ich die Auseinandersetzung mit ihnen in der Partei suchen muß.« (*Moskauer Tagebuch*, Frankfurt a.M. 1980, S. 108) Die Entscheidung fiel zugunsten der wissenschaftlichen Arbeit. Entsprechend entwickelte B. eine Publikationsstrategie zwischen dem »Incognito unter den bürgerlichen Autoren« und periodischer, durchweg kritischer, wenn auch verdeckter Adressierung an die Literaturdebatte im Rahmen bzw. in der Folge der Dritten Internationale. Zum ›Incognito‹ gehörte das um 1930 entwickelte Konzept Literaturkritik, das auch als Kritik der Germanistik und ihrer geistesgeschichtlichen Grundlagen postum fruchtbar geworden ist; die Texte über signifikante Schreibweisen der Weimarer Republik (S. Kracauer, A. Döblin, E. Jünger, E. Kästner) in der sozialdemokratischen Zs.»Die Gesellschaft«, Berichte über Theater, Filme, Literaturdebatten und Bücher aus der Sowjetunion meist in der »Literarischen Welt«; die Mitarbeit am Rundfunk sowie dessen Kritik als Institution; die Darstellung des Surrealismus 1929 bei weitgehender Selbstidentifikation mit der Position P. Navilles; eine Reihe von Kritiken über Brecht; die Zusammenarbeit mit H. Jhering, Brecht, Bloch, Kracauer, B. von Brentano und anderen zur Herausgabe einer Zs. »Krise und Kritik« sowie der Plan der »Zertrümmerung« der Ontologie M. Heideggers zusammen mit Brecht. Gemeinsamen Geistes mit Brecht verfaßte B. seine Polemiken gegen Mitarbeiter der »Weltbühne« (K. Tucholsky, W. Mehring) und Kästner. In die parteiinterne Literatur- oder gar Theoriedebatte schaltete sich B. nicht ein, obgleich er zunächst seine Lektüre (1924) von G. Lukács' *Geschichte und Klassenbewußtsein* im Hinblick darauf signalisierte. Überhaupt erschien nur ein einziger Beitrag B.s in

einem direkt dem Partei-Apparat unterstellten Presseorgan: Auszüge aus dem Städtebild *Moskau* in französischer Übersetzung (»Humanité« vom 7. 6. 1927, dt. 1927 in: »Die Kreatur« M. Bubers) Für A. Lacis schrieb er das *Programm eines proletarischen Kindertheaters* (in: *Asja Lacis, Revolutionär im Beruf. Berichte über proletarisches Theater, über Meyerhold, Brecht, Benjamin und Piscator*, Hg. H. Brenner, München 1971), das sie im BPRS, dessen Entwicklung er mit äußerster Skepsis verfolgte, zur Debatte stellte. Über »Krise und Kritik« strebte B. Diskussionen mit Partei-Intellektuellen wie A. Kurella an. B.s Pariser Adreßbücher führen u. a. auf: A. Tschesno, M. Tschesno-Hell, K. Kläber, M. Sperber, A. Koestler, E. Aufricht, S. Dudow, H. Eisler, J. Lorenz-Schmidt, M. Osten. B.s Teilnahme am Schicksal seines Bruders Georg wird in ihrem Briefwechsel (auch mit seiner Schwägerin H. Benjamin) deutlich: G. Benjamin, ehemals Schularzt im Berliner Bezirk Wedding, als KPD-Mitglied bereits vor 1933 entlassen, war seit 1936 ununterbrochen in Zuchthaus- und KZ-Haft, bevor er 1942 in Mauthausen umgebracht wurde. B.s Beziehungen zu französischen Linksintellektuellen standen im Spannungsfeld der Volksfront-Politisierung, wobei er kritisch am »Collège de Sociologie« (G. Bataille, P. Klossowski) mitwirkte, zugleich mit dem Herausgeber von »Europe«, J. Cassou, befreundet und L. Aragon und A. Gide, die beide sein Einbürgerungsgesuch (1938/39) unterstützten, offenbar nicht unbekannt war. Kontakte hatte B. aber ebenso zu Exponenten der KP-kritischen Arbeiterbewegung: zu P. Partos, auf seiten der spanischen Anarchosyndikalisten in führender Position, zum Jugendfreund F. Fränkel, Psychiater und Pariser Nachbar (seit 1937), Spanienkämpfer in den Internationalen Brigaden und aktiv in der SAP. Deren politischer Position am ehesten zugehörig fühlte sich auch der Basler Dozent F. Lieb, der als dialektischer Theologe am deutschen Antifaschismus in Paris bis 1939 beteiligt und im Lutetia-Komitee (1936) Gegner der KPD-»Umarmungstaktik« war. Bis auf Brecht und Gide hinterließen die Kontakte zu den erwähnten Intellektuellen in B.s Publikationen jedoch keine prägnante Spur. – Anders als am Ende der Weimarer Republik suchte B. in Paris die Auseinandersetzung in literarischen Volksfrontkreisen, insbesondere mit seinem Vortrag *Der Autor als Produzent*. Ihm lag daran, Beiträge von literaturpolitischem Gewicht vor allem in der Exilpresse der Sowjetunion zu veröffentlichen. In seiner Theorie des Films, die er in *Das Kunstwerk im Zeitalter seiner technischen Reproduzierbarkeit* auch als Thesen gegen »die Ästhetisierung der Politik, welche der Faschismus betreibt,« (*Ges. Schrn*, Bd. I, 2, Frankfurt a.M. 1974, S. 508) formulierte, entwickelte er ein Negativbild vom aktuellen Zustand der Kunst – in Anknüpfung an die beim Pariser Kongreß von 1935 dominante Ideologie vom »Erbe« sog. großer Kunst des Bürgertums. Seine Kunstwerkthesen stellte er im Pariser SDS zur Debatte. Vor allem für die Sowjetunion glaubte er sie »zuständig«, wo sie jedoch private (B. Reich) und offizielle Zensur nicht passierten, obwohl sich Brecht mehrfach für die Veröffentlichung im »Wort« einsetzte. Aufgenommen wurde hier hingegen die aktueller scheinende Arbeit *André Gide und sein neuer Gegner* (1936. H. 5). Die Fortführung solcher Berichterstattung aus Paris für 1937 mit einem Beitrag über kunsttheoretische Fragen des Realismus, in deren Erörterung B. für die moderne Malerei und die Fotomontage im Anschluß an Aragon und dessen Aufsatz über J. Heartfield (»Commune«, Mai 1935) argumentierte, wurde nicht veröffentlicht. Obgleich B. 1938 noch über A. Seghers, St. Lackner und Brecht in der Prager »Neuen Weltbühne« im Sinne eines unbefragten literarischen Antifaschismus berichtete, suchte er angesichts der politischen Entwicklung in Frankreich und der Sowjetunion seit 1937 eine publizistische und wissenschaftliche Neuorientierung. Die Allegorien des materialistischen Historikers und des Engels der Geschichte (in den Essays *Eduard Fuchs, Carl Gustav Jochmann* und *Über den Begriff der Geschichte*) lassen sich als Selbstfindungsprozeß und Rechenschaft darüber deuten. Die Verfahren zum Aufweis der Katastrophenstruktur der Geschichte verstand B. als »historischen Materialismus«. Seine offenbar erste Lektüre des *Kapital* von Marx sowie Auszüge aus K. Korschs *Karl Marx* datieren von 1938/39 aus diesem Zusammenhang und betreffen die methodische Grundlegung der geplanten Baudelaire-Studie.

W. W.: Schrn., 2 Bde., Hg. Th. W. Adorno/G. Adorno unter Mitwirkung von F. Podszus, Frankfurt a.M. 1955; Briefe, 2 Bde., Hg. G. Scholem/ Th. W. Adorno, Frankfurt a.M. 1966; Lesezeichen. Schrn. zur deutschsprachigen Literatur, Hg. G. Seidel, Leipzig 1970; Das Paris des Second Empire bei Baudelaire, Hg. R. Heise, Berlin u. Weimar 1971; Ges. Schrn., Bde. I-VII, Supplementbde. (bislang) II-III, unter Mitwirkung von Th. W. Adorno/G. Scholem hg. von R. Tiedemann/H. Schweppenhäuser, Frankfurt a.M. 1972 ff.; Versuche über Brecht, Neuaufl. 1978; W. Benjamin / G. Scholem. Briefwechsel 1933-1940, Hg. G. Scholem, Frankfurt a.M. 1980; Briefe an S. Kracauer. Mit vier Br. von S. Kracauer an W. Benjamin, Hg. Th. W. Adorno-Archiv, Marbach a. N. 1987; »Und aus welchem Fenster wir immer blicken, es geht ins Trübe«, Briefw. aus der Emigration, W. Benjamin - F. Lieb - D. Benjamin 1936-1944, in: Cahiers d'Etudes Germaniques 1987, no. 13, S. 245-282; Ecrits francais, prés. par J.- M. Monnoyer, Paris 1991. - *Lit.:* Bibl.(n): M. Brodersen, W. Benjamin Bibliografia critica generale (1913-1983), Palermo 1984 ; R. Markner/Th. Weber (Hg.): Literatur über W. Benjamin. Komm. Bibl. 1983-1992, Berlin 1993; B. Witte: W. Benjamin, Reinbek 1985; M. Brodersen: Spinne im eigenen Netz. W. Benjamin Leben und Werk, Bühl-Moos 1990; W. Benjamin 1892-1940, Katalog der Ausstellung im Deutschen Literaturarchiv Marbach a. N., bearb. von R. Tiedemann/Ch. Gödde/H. Lonitz, Marbach a. N. 1990; H. Puttnies/G. Smith: Benjaminiana, Giessen 1991; Materialien zu Benjamins Thesen »Über den Begriff der Geschichte«, Hg. P. Bulthaup, Frankfurt a.M. 1975; Ch. Kambas: W. Benjamin im Exil. Zum Verhältnis von Literaturpolitik und Ästhetik, Tübingen 1983; Aber ein Sturm

weht vom Paradiese her. Texte zu W. Benjamin, Hg. E. Wizisla/M. Opitz, Leipzig 1992.

Chryssoula Kambas

Bernstein, Eduard

Geb. am 6. 1. 1850 in Berlin; gest. 18. 12. 1932 in Berlin

Jüdischer Herkunft; Sohn eines Klempners und Lokomotivführers; Gymnasium in Berlin; 1866/70 kaufmännische Lehre im Bankgeschäft; seit 1871 Mitglied der SDAP; ab 1872 Bekanntschaft mit den Lehren von K. Marx und F. Lassalle; beeinflußt durch Schriften von E. Dühring und J. Most; 1878 literarischer Sekretär bei K. Höchberg in Zürich. B. leitete 1881/90 das zentrale Exilorgan »Sozialdemokrat« in Zürich (wo er auch marxistische Kurse gab) und in London; B.s Leistungen als Propagandist des Marxismus und vielseitiger Publizist waren unbestritten; beeindruckt von der englischen Arbeiterbewegung sowie den Schriften des deutschen Nationalökonomen G. von Schulze-Gävernitz; ab 1896 Aufsätze in der NZ über »Probleme des Sozialismus«; Zusammenfassung der theoretischen Grundpositionen seines Revisionismus im Hauptwerk *Die Voraussetzungen des Sozialismus und die Aufgaben der Sozialdemokratie* (Berlin 1899); schied 1899 aus dem Mitarbeiterkreis der NZ aus; bis 1914 einer der wesentlichen Mitarbeiter der »Sozialistischen Monatshefte«; 1901 Rückkehr nach Deutschland; gründete hier die Monatsschrift »Dokumente des Sozialismus«, die er bis 1905 herausgab; publizierte in sozialistischen Zeitschriften in England, Frankreich, Holland, Österreich und den USA; veröffentlichte eine umfänglich recherchierte und glänzend geschriebene *Geschichte der Berliner Arbeiterbewegung* (3 Bde., Berlin 1907-10); versuchte eine kulturgeschichtliche Betrachtung in *Die Arbeiterbewegung* (Frankfurt a.M. 1910); gab mit A. Bebel den *Briefwechsel 1844-1883* von Marx und Engels (Stuttgart 1913) heraus, außerdem Lassalles *Intime Briefe an Eltern und Schwester* (Berlin 1905) sowie dessen *Gesammelte Werke* (12 Bde., Berlin 1919-20). B. lehrte ab 1906 an der Gewerkschaftsschule in Berlin; stimmte 1914 für, 1915 gegen die Kriegskredite (ohne sich jedoch wie W. Liebknecht und O. Rühle von der SPD-Führung zu distanzieren). 1917/19 Mitglied der USPD, seit 1919 wieder der SPD; setzte sich während der Novemberrevolution für eine Nationalversammlung ein; 1920/21 Mitverfasser des Görlitzer Programms der SPD; Angriffe gegen den Leninismus und die sog. bolschewistische Abart des Sozialismus. MdR bis 1928.

Mit seiner Kernthese: Die Bewegung ist alles - das Endziel ist (mir) nichts, gilt B. als wichtigster Vertreter einer Revision Marxschen Denkens in der europäischen Arbeiterbewegung.

Eduard Bernstein, 1932

Die Diskussion über das Endziel der Bewegung war ein Versuch, den geschichtlichen Standort und die Dauer der proletarischen Emanzipation zu bestimmen. Sie stellte zugleich eine Korrektur der zeitgenössischen Auffassung vom Sozialismus dar (vgl. Marx' *Kritik des Gothaer Programms*, in: MEW Bd. 19). B.s. Thesen wirkten als theoretischer Gegenpol zu den sog. Romantikern in der Bewegung. In B.s Augen waren das weit verbreitete utopische Ziele in der Arbeiterbewegung. Als *Klassenromantik* (in: »Der Strom«, 1912, H. 7, Ndr. in: *Textausgaben*, Bd. 27) faßte er auch Konzepte, die auf eine eigene proletarische Kunst orientierten. Stärke und Aufgaben der Arbeiter lagen auf anderen Feldern und Gebieten. Mit Einschränkungen bezüglich der Architektur sah B. mit dem Proletariat keine neue Ära der Kunst emporsteigen und in ihm kein besonderes Kunstverständnis reifen. B. teilte damit in der Arbeiterbewegung damals fest verwurzelte Ansichten über Kunst und Proletariat. Er war vor allem der Meinung, daß die progressive ökonomische, soziale und kulturelle Entwicklung des Kapitalismus noch lange fortdauere und der Konzentrationsprozeß des Kapitals und die Vergesellschaftung der Arbeit sich erst am Anfang befänden. Die von Marx und Engels vorausgesagte angeblich schnelle Proletarisierung und damit Verelendung der arbeitenden Bevölkerung wäre ausgeblieben, dieser Prozeß sei sogar rückläufig. Dies erfordere neue Überlegungen. Auch werde das Proletariat nicht revolutionärer, sondern verbürgerliche als Folge der von B. positiv bewerteten kulturellen und sozialen Aufwärtsbewegung der

Lohnarbeiter. Die Arbeiteraristokratie erhebe sich als erste Schicht des Proletariats in den Mittelstand und die Zwischenschichten (Gewerbe, Handel, Verwaltung) wüchsen wegen der Stabilität der Kleinbetriebe, der zunehmenden Arbeitsteilung und des nur allmählichen Vormarschs der Trusts und Kartelle. Sie würden also nicht »vernichtet«, wie K. Kautsky und W. Liebknecht prophezeit hätten. Die von B. theoretisch straff geführte reformerische Fraktion in der deutschen Arbeiterbewegung verstand Sozialismus zudem immer mehr als eine Sache des Willens und nicht allein der ökonomischen und sozialen (gesetzmäßigen) Entwicklung. Unter Berufung auf Marx' *Theorien über den Mehrwert* war für B. die ständige Reproduktion der proletarischen Klassenbefindlichkeit keineswegs ökonomisch beweisbar und demzufolge auch nicht durch grundlegende sozialökonomische Wandlungen veränderbar. Unter Kontinuität des Lohnarbeiterstatus sei die kulturelle Grundsituation der Arbeiter durch jede Reform, und zwar immer ein Stück näher in den Sozialismus hinein, verbesserbar. Das von B. aus diesen Annahmen abgeleitete politische Programm richtete sich an die Arbeiter als Gewerkschafter, Genossenschafter, Wähler und als kommunal interessierte Bürger. B. sprach sich gegen jede gewaltsame proletarische Revolution aus (Vorwurf des Blanquismus). Kulturpolitisch vertrat B. kein ausgeformtes Programm, sondern bewegte sich innerhalb des reformerischen Konzepts kultureller ›Veredelung‹ der Arbeiter, das die zeitgenössische Bildungs- und Kunstpolitik in der deutschen Arbeiterbewegung prägte. Es erstrebte den bedürfnisreichen, aufgeklärten und mitbestimmenden Proletarier ohne grundsätzliche Änderung der kapitalistischen Produktionsverhältnisse, allerdings unter Einführung demokratisch verfaßter Zustände.

W. W.: Sozialismus und Demokratie in der großen englischen Revolution, Stuttgart/Berlin 1895; Zur Theorie und Geschichte des Sozialismus, Abh., 3 Tle., Berlin 1901; Geschichte der deutschen Schneiderbewegung. Ihre Organisation und ihre Kämpfe, 1. Bd., Berlin 1913; Sozialdemokratische Völkerpolitik. Die Sozialdemokratie und die Frage Europa, Berlin 1917; Ferdinand Lassalle. Eine Würdigung des Lehrers und Kämpfers, Berlin 1919; Die deutsche Revolution. 1 Bd.: Geschichte der Entstehung und ersten Arbeiterperiode der deutschen Republik, Berlin 1921; Der Sozialismus einst und jetzt. Streitfragen des Sozialismus in der Vergangenheit und Gegenwart, Berlin 1922. – *Lit.:* F. Gay: Das Dilemma des demokratischen Sozialismus. Eduard Bernsteins Auseinandersetzung mit Marx, Nürnberg 1954; H. Hirsch: Der »Fabier« Eduard Bernstein. Zur Entwicklungsgeschichte des evolutionären Sozialismus, Berlin/Bonn-Bad Godesberg 1977; H. Heimann/Th. Meyer: Bernstein und der Demokratische Sozialismus, Bonn 1978; Dies.: Reformsozialismus und Sozialdemokratie. Zur Theoriediskussion in der Weimarer Republik, Berlin/Bonn 1982.

Horst Groschopp

Bert-Brecht-Klub (BBK)

Bedeutende, von Kommunisten initiierte Vereinigung sozialistischer und bürgerlich-demokratischer Schriftsteller in der Tschechoslowakei (Sitz Prag) Okt. 1934/38. Wurde gegründet im Zusammenhang der Umorientierung der IVRS auf die Einheits- und Volksfrontpolitik. Im Unterschied zum BPRS in der Tschechoslowakei war der BBK eine amtlich zugelassene Vereinigung, die – lt. Statut – als unpolitischer Sportverein bei den Behörden geführt wurde (zur Tarnung) und den Instanzen gegenüber durch tschechoslowakische Staatsbürger als Geschäftsführer (H. H. Burger, B. Casinelli, G. Ledererová, N. Fryt) legitimiert war. Tatsächlich geleitet wurde er von F. C. Weiskopf und W. Herzfelde, dessen »Neue Deutsche Blätter« wichtige Vorarbeit für den Zusammenschluß der emigrierten Schriftsteller geleistet hatten. Seinen Namen erhielt der BBK unter dem Eindruck und der Resonanz der Aufführung der *Dreigroschenoper* 1934 im E. F. Burian-Theater; er sollte Standort und Inhalt der Arbeit des Klubs anzeigen. Brecht, in Prag bekannt, erfreute sich großer Wertschätzung in Kreisen der linken tschechischen Intelligenz. Der BBK vereinigte in seinen Reihen exilierte deutsche Schriftsteller und linksorientierte Vertreter der deutschprager Literatur. Zu seinen Mitgliedern sind zu zählen: Th. Balk, E. Bloch, F. Brügel, H. Budzislawski, F. Erpenbeck (bis 1935), B. Frei, R. Fuchs, L. Fürnberg, O. M. Graf, Herzfelde, K. Hiller, W. Ilberg, A. M. Jokl, K. Kersten, E. E. Kisch, K. Barthel (Kuba), H. Leupold, P. Nikl (d. i. J. Wüsten), E. Ottwalt (bis 1935), P. Reimann, L. Reiner, J. Steinfeld, A. Stübs, A. Wedding, D. Wentscher, Weiskopf, J. Winternitz, M. Zimmering, H. Zinner (bis 1935). Dr. J. Winternitz (Deckname: Lenz) gehörte der deutschen Kulturkommission im ZK der KPČ an; durch ihn gab es einen direkten Kontakt zur Parteiführung der KPČ. Enge Beziehungen bestanden zu den einheimischen deutschen Schriftstellern M. Brod, O. Baum, O. Pick, L. Winder und zu tschechischen Intellektuellen (J. Fucik, K. Konrad, F. X. Salda, O. Fischer). Zahlreiche Veranstaltungen verschiedenen Charakters kennzeichneten die Tätigkeit des BBK in den Jahren 1934/38. Vor allem fanden Schriftsteller, ansässige wie durchreisende, ein Forum für Lesungen und Debatten, standen neue Werke zur Diskussion, wurde von Herzfelde ein Seminar, vorzugsweise für junge Autoren, abgehalten. Bei wechselndem Tagungsort, meist jedoch in Gesellschaftsräumen von Kaffeehäusern, gab es regelmäßige Zusammenkünfte. Feiern und Lesungen für E. Mühsam, L. Renn, L. Feuchtwanger, H. und Th. Mann, J. R. Becher, Kisch, R. Rolland, Brecht (*Fünf Schwierigkeiten beim Schreiben der Wahrheit*) ergänzten sich mit dem Bekenntnis zum humanistischen Erbe (Gedenkveranstaltungen für A. Puschkin, G. Büchner, L. Börne, F. Hölderlin). Breiten Raum nahmen auch aktuell-politische Themen ein (der spanische Bürgerkrieg, der I. Allunionskongreß der Sowjetschriftsteller 1934, die Geldabwertung in Europa und ihre Folgen, Fragen des Trotzkismus), die der Aufmerksamkeit der Behörden nicht entgingen und – wie Polizeiberichte im Zentralen Staatsarchiv Prag belegen – zur ständigen Überwachung des BBK führten. An eine größere Öffentlichkeit wandte sich der BBK, gemeinsam mit tschechischen Intellektuellen, in einem Meeting zum Boykott der Berliner Olympiade (Dez. 1935) und einer Manifestation zur Verleihung des Friedensnobelpreises an C. von Ossietzky (Apr. 1936). Er arbeitete zusammen mit Organisationen wie der Linksfront (Levá fronta) und dem tschechoslowakischen Arbeiterlaientheaterbund DDOC. Letzterer war Mitveranstalter der Uraufführung *Bessie Bosch* von P. Nikl am 4. Sep. 1936 in Prag. Der BBK erlangte in den Jahren 1934/38 durch seine Aktivitäten größere Bedeutung und Ausstrahlung als der SDS in der Tschechoslowakei. Er war in den 30er Jahren das organisierende Zentrum des antifaschistischen Kampfes der deutschen Schriftsteller in der ČSR.

Lit.: G. Albrechtová: Die Tschechoslowakei als Asyl der deutschen antifaschistischen Literatur, Kandidaturarbeit, Bratislava (o. J.); B. Frei: Die deutsche antifaschistische, literarische Emigration in Prag 1933-1936, in: Weltfreunde. Konferenz über die Prager deutsche Literatur, Prag 1967; A. Becker-Cajthamlová: Emigranten. Interscaena '73, acta scaenographica 3/III, Praha; R. Seydewitz: Alle Menschen haben Träume. Meine Zeit mein Leben, Berlin 1976; M. Seydewitz: Es hat sich gelohnt zu leben. Lebenserinnerungen eines alten Arbeiterfunktionärs, Berlin 1976; H. Schneider: Exiltheater in der Tschechoslowakei 1933-1938, Berlin 1979; Exil und Asyl. Antifaschistische deutsche Literatur in der Tschechoslowakei 1933-1938. Von einem Autorenkollektiv unter Ltg. von M. Beck und J. Vesely, Berlin 1981; F. C. Weiskopf: Unter fremden Himmeln. Ein Abriß der deutschen Literatur im Exil 1933-1947, Berlin und Weimar 1981; L. Reinerová: Es begann in der Melantrichgasse, Berlin 1985; Exil, Bd. 5, 2. Aufl. 1987.

Hansjörg Schneider

Bihalji-Merin, Oto (Ps. Otto Biha, Peter bzw. Pierre Merin, Peter Thoene, Peter Berger, Paul Köppe, Peter Zell)
Geb. 3. 1. 1904 in Zemun bei Belgrad (damals Österreich-Ungarn); gest. 22. 12. 1993 in Belgrad

Mutter Lehrerin, Vater Malermeister. Landarbeiter, Versuch der Vorbereitung auf ein Leben als Siedler in Palästina; Maler im elterlichen Betrieb, Besuch der Kunsthochschule in Beograd. 1924 Eintritt in KP Jugoslawiens, nach Berlin, Mitglied der KPD. Studien an der Kunsthochschule, Meisterschüler von C. Klein. Hinwendung zur abstrakten Malerei. Revolutionäre Ungeduld veranlaßte ihn, Pinsel mit Feder zu vertauschen; ab 1925 erste literarische Versuche; Erzähler, Publizist, Kunst-

und Literaturkritiker. 1928 wieder nach Beograd, mit Bruder Pavle Gründung des Verlages Nolit (1941 von deutschen Faschisten liquidiert, Bruder hingerichtet) und Literatur- und Kunst-Zs. »Nova literatura«: Versuch, Jugoslawien der modernen europäischen und amerikanischen Literatur und Kunst zu öffnen. 1929 Flucht nach Berlin: Mit Hilfe H. Waldens Ausstellung *Die blutige Diktatur in Jugoslawien*. Eintritt in den BPRS; ab 1930 zeitweise Sekretär und Redakteur der »Linkskurve«, später der »Illustrierten Neuen Welt« (Organ des Freidenker-Verbandes, mit 300 000 Lesern). Lehrer an der MASCH. 1930 Sprecher des BPRS (Hauptreferat) auf der II. Internationalen Konferenz proletarischer und revolutionärer Schriftsteller in Charkow. Gab Feb. 1933 trotz kurzer Verhaftung Sondernummer der Zs. »Illustrierte Neue Welt« zum 50. Todestag von K. Marx heraus, als legal erscheinendes Nachfolgeblatt die antifaschistische Zs. ↗ »Kultur und Kunst«.

Juli 1933 Emigration über Prag und Zürich nach Paris, doch weiterhin Kontakt zum illegalen BPRS in Deutschland (L. Kaufmann). Anfang 1934 mit Hilfe französischer Intellektueller Gründung und Leitung des Instituts zum Studium des Faschismus (INFA), Zusammenarbeit mit A. Koestler und M. Sperber. Im gleichen Jahr organisierte er mit Freunden in Paris John-Heartfield-Ausstellung. 1935 Ausweisung, Exil in der Schweiz. Trotz größter Not und Entbehrungen begann Phase der Sammlung, des Lernens, der literarischen Produktion. 1936 nach Spanien, erlebte Tod H. Beimlers, schrieb auf Bitten der Pasionaria Broschüre über den Freund, an dessen Befreiung aus dem faschistischen KZ Dachau im Mai 1933 er mitgewirkt hatte (*Hans Beimler. Ein Leben für die Freiheit*, Verlag Weltkomitee gegen Krieg und Faschismus, Paris o.J.). 1936 (mit W. Langhoff) antifaschistische Tarnschrift *Das gute und das schlechte Regiment des Ambrosio Lorenzetti* (Zürich, illegal nach Deutschland geschmuggelt, verloren). Ablehnung stalinistischer Deformationen sozialistischer Entwicklung in der UdSSR führte zur Aufgabe politischer Funktionen und zu erneuter Hinwendung zur bildenden Kunst. Als Reaktion auf die faschistische Propagandaschau »Entartete Kunst« (München 1937) initiierte B.-M. die Gegen-Ausstellung *20th Century German Art* (7. 7./27. 8. 1938 in London) mit 270 Bildern und Skulpturen verfemter exilierter und in Deutschland lebender moderner Künstler (Briefwechsel z.B. mit E. Barlach). Zusammen mit dem Ausstellungskatalog erschien als erste Abhandlung zu dieser Thematik in England B.-M.s Taschenbuch *Modern German Art* (Penguin Books London, 50 000 Ex.).

Im Sommer 1940 wieder nach Jugoslawien, geriet als Offizier der jugoslawischen Armee in deutsche Kriegsgefangenschaft; Straflager; Haftzeit beschrieben im Tatsachenroman *Dividenja u Oktobru* (Wiedersehen im Oktober, Beograd 1947; verfilmt).

1945 Heimkehr nach Beograd: eine neue Phase politischer, literarischer und kunsttheoretischer Arbeit begann .

Bis 1933 dominierte die literaturorganisatorische und -kritische Arbeit, wobei B.-M. den Literaturauffassungen und Funktionsvorstellungen des BPRS folgte, dogmatische Enge und Einseitigkeiten z.T. durch eigene Arbeiten mitbestimmte. Neue historische Erfahrungen ab 1933 und das Erlebnis der Solidarität vieler Menschen unterschiedlicher Klassenherkunft und Weltanschauung halfen dem Exilierten, sich von sektiererischen Denk- und Verhaltensmustern zu lösen. Ausbildung eines neuen Geschichtsverständnisses, Korrektur und Neubestimmung kunstkritischer Arbeit und literarischer Orientierung. Gehörte für B.-M. z.B. 1930 G. Lorca noch zu einer »Gruppe tatsächlich reaktionärer Ideologen« (*Klassenkräfte in der spanischen Literatur*, in: »Unsere Zeit«, 1930, H. 1), so würdigte er 1937 dessen Beitrag für die Befreiung Spaniens, nannte ihn »Mund des Volkes« (in: *Spanien zwischen Tod und Geburt*, Zürich 1937, S. 47). B.-M. blieb bei der Forderung, daß Literatur am antifaschistischen Widerstand und an der sozialen Befreiung aller Menschen teilzunehmen habe, ohne sich darauf zu beschränken. Humanistische Literatur wurde als »konsequente Durchdringung der gesamten Materie des Gefühlten, des Gedachten und des Geplanten« verstanden und deren Aufgabe darin gesehen, bei »einer Neuordnung der Gesellschaft ... neue Wertmaßstäbe der Existenz zu setzen« (autobiographische Notiz, unveröff.). Wachsendes Verständnis für die durch die Revolution in Wissenschaft und Technik eingeleiteten Veränderungen menschlichen Lebens im 20. Jh. öffnete den Sinn für die notwendigen Umbrüche und Neusetzungen im Kunstschaffen. Literarische Experimente und das Ausprobieren neuer Techniken prägten auch die eigene Literaturproduktion im Exil. In *Eroberung des Himmels* (Geschichte des Fluggedankens, mit 12 Bildern, Wien/Leipzig 1936; Beograd/Amsterdam/Stockholm 1937; Filmszenario zus. mit H. Richter) wird der kulturgeschichtliche Bericht von den wissenschaftlich-technischen Neuerungen der Gegenwart eingebettet in die Geschichte menschheitlichen Denkens, beginnend mit den Mythen über das Fliegen. Im Stil der Darstellung nahm B.-M. Elemente mythischen Erzählens auf, abgestreift hatte er die einfache Tatsachenbeschreibung früher Texte, beziehungsvolles Zusammensetzen von Wort und Bild weitete die Darstellungsmöglichkeiten. In *Spanien zwischen Tod und Geburt* entwickelte er dieses Erzählen weiter. Das Buch entstand 1937 im Auftrag H. Oprechts, Präsident der Sozialdemokratischen Partei der Schweiz. Das Erlebnis des nationalrevolutionären Krieges gab dem Autor Anlaß, von der widerspruchsreichen Geschichte des spanischen Volkes und immer wieder den Leistungen seiner Künstler zu erzählen. In vielfältiger Weise nutzte B.-M. das Montageprinzip, wozu auch in den Text sinnvoll eingelagerte und kontrastierende Bilder

(Realfotos und Reproduktionen von Gemälden) gehörten. In Korrespondenz mit solchem Erzählen stand das letzte Buch dieser Phase, *Modern German Art* (ursprünglicher Titel *Die Legende von der entarteten Kunst*). B.-M. suchte eine historische Erklärung der Wandlungen in der Bildkunst zu geben und die Leistungen einzelner Künstler als Beitrag zur Auseinandersetzung mit einer durch soziale und wissenschaftlich-technische Umwälzungen geprägten Epoche zu interpretieren. Das Buch wandte sich gegen die Bemühungen der Nazis in Deutschland, moderne Kunst aus der Erinnerung der Menschen zu löschen; es war aber auch als Wortmeldung in der sog. ↗ Expressionismus-Debatte des Exils zu lesen, in der Avantgardekunst »ganz allgemein und ohne alle Differenzierung« verdammt wurde (Vorw. zur Neuaufl., Beograd 1955). Zugleich markierte es einen Wendepunkt im Schaffen B.-M.s: Von jetzt an betätigte er sich hauptsächlich als Kunsthistoriker und -theoretiker und wirkte als Mittler zwischen den Kulturen.

Zusammen mit Lise B.-M. als Koautorin versuchte er in zahlreichen Büchern und Ausstellungen »mit den überkommenen Vorstellungen von der naturgegebenen Vorherrschaft der abendländischen Kunst« zu brechen und eine »Synthese gleichberechtigter Kulturen der Völker« aller Erdteile und Zeiten vorzunehmen (*Die Kunst als universale Erscheinung*, in: *Weltkulturen und moderne Kunst. Die Begegnung der europäischen Kunst und Musik im 19. und 20. Jahrhundert mit Asien, Afrika, Ozeanien, Afro- und Indo-Amerika*, München 1972). Arbeiten zur Geschichte und Kultur Jugoslawiens entstanden, B.-M. wurde ein bedeutender Interpret der Malerei der Naiven, sein Hauptwerk ist F. Goya gewidmet (*Leben und Werk Goyas*, 4 Bde., Stuttgart/Zürich 1981, 1982, 1985, letzter Bd. noch nicht veröff.).

W. W.: Bio-bibliografija, Beograd 1976 (serb.); Berlin – Ankunft und Abschied, in: Berliner Begegnungen. Ausländischer Künstler in Berlin 1918–1933, Hg. K. Kändler u.a., Berlin 1987, S. 544–559. - *Lit.:* S. Bock: Abenteuer eines Lebens, in: WB 1984, H.7; S. Schlenstedt: Strukturierung eines Gesellschaftsbildes - Peter Merins Spanienbuch von 1937. In: Spanien 1937 - Bündnis und Literatur. Beiträge einer wissenschaftlichen Arbeitstagung, hg. Akademie der Wissenschaften der DDR, Berlin 1987, S. 87–100.

Sigrid Bock

Bisky, Friedrich Ludwig

Geb. 18. 10. 1817 in Genthin; gest. 2. 5. 1863 in Chancellorsville (USA)

Sohn eines Gendarmerieleutnants; Goldschmiedgehilfe; trat 1845 in den Berliner Handwerkerverein ein und gehörte dessen Dichterzirkel an; Gedichte im *Liederbuch des Berliner Handwerker-Vereins* (1847). Seit 1846 wahrscheinlich Mitglied im Bunde der Gerechten. Aktive Teilnahme an den revolutionären Märzkämpfen 1848 in Berlin. Als einziger Berliner Arbeiter Abgeordneten-Stellvertreter der Preußischen Konstituierenden Versammlung. Organisierte mit S. Born das Zentralkomitee für Arbeiter. Seit Sep. 1848 Vorsitzender des Berliner Bezirkskomitees der Allgemeinen Deutschen Arbeiterverbrüderung. Wegen seiner Betätigung als »Vorsitzender oppositioneller Gesellenverbindungen sozialistischer Färbung« aus Berlin ausgewiesen, wanderte er im Frühjahr 1850 nach den USA aus; im Juli 1851 nahm er in London am Kongreß des sich vom BdK abspaltenden Sonderbundes um A. Willich und K. Schapper teil. In den USA (Columbus, Philadelphia, New York) als Schablonenschneider und Silberschmied tätig; fiel als Soldat der Nordstaatenarmee im amerikanischen Bürgerkrieg.

B. besaß reiches rhetorisches und poetisches Talent. Das in Bänkelsängermanier gehaltene Gedicht *Der Berliner Communisten-Proceß* (in: »Deutsche-Brüsseler-Zeitung«, 11. 11. 1847) z.B. ironisierte in einmaliger Weise die offiziell entfachte Kommunistenhysterie jener Zeit. Während der Revolution entwickelten sich seine Gedichte vom Ausdruck einer anfänglich undifferenzierten Jubelhaltung – wie sie sich beispielsweise im auf der Beisetzungsfeier der Berliner Revolutionsopfer am 22. 3. 1848 vorgetragenen *Grablied* (in: G. Schirges: *Der Berliner Volksaufstand*, Hamburg 1848) wiederfindet – zu einer politisch aktivierenden, sozialkritischen Lyrik, etwa im *Lumpensammlerlied* (in: »Die Verbrüderung«, 1848, Nr. 8), in dem zur gewaltsamen Veränderung gesellschaftlicher Verhältnisse aufgerufen wird. Den Höhepunkt seines dichterischen Schaffens erreichte B. mit seinem ausgangs der Revolution geschriebenen Gedicht *Sendschreiben an das arme Pack* (ebd., 1849, Nr. 76), einer Kapuzinerpredigten nachempfundenen, ebenso verbitterten wie agitatorisch zündenden Ansprache an die militärischen Vollstrecker der Gegenrevolution. In seiner polemischen Darstellung des Märzstreiks der Berliner Kattundrucker 1849 (*An unsere Mitbürger!* und *Arbeiterbewegungen. Die Kattundrucker in Berlin*, in: ebd., 1849, Nr. 44, 48, 49) versuchte er bereits in Grundfragen des kapitalistischen Systemmechanismus einzudringen, indem er der Frage nachging, ob die Arbeiter durch ihre werteschaffende Tätigkeit nicht größeren Anteil am Besitz der Betriebe erlangt hätten als deren Eigentümer. Als eine Art politisches Vermächtnis an die Arbeiterbewegung ist B.s Aufsatz *Gewerberäte und Gewerbegerichte* (ebd., 1850, Nr. 23) anzusehen. Darin behandelt er das Verhältnis der Arbeiter zum demokratischen Bürgertum und stellte fest, daß die Interessen der Arbeiter von denen der anderen sozialen Gruppen grundverschieden seien und deshalb eine eigenständige politische Position verlangen.

Lit.: K. Wernicke: Ludwig Bisky. Ein Berliner Arbeiterführer, in: Männer der Revolution 1848, Bd. 2, Hg. H. Bleiber/W. Schmidt/R. Weber, Berlin 1987.

Kurt Wernicke

Blätter der Gegenwart für sociales Leben (BGL)

Monatsschrift, erschien Dez. 1844/Juli 1845 in acht Nummern zu 16 S. und einer Auflage von 1000 Ex. im Verlag L. A. Michod (Vivis/Lausanne). Organ der vom Geheimbund Junges Deutschland in der Schweiz geleiteten Arbeitervereine.

Herausgegeben von W. Marr unter Mitarbeit von H. Döleke und J. Standau.

Marr, Wilhelm; geb. 16. 11. 1819 in Magdeburg; gest. 17. 7. 1904 in Hamburg; Kaufmann, Vereinslehrer, Schriftsteller, Buchhändler. Im Zusammenhang mit W. Weitlings Verhaftung im Sommer 1843 aus Zürich, 1845 aus Lausanne verwiesen, danach Publizist in Hamburg, u.a. 1847/48 Herausgeber der satirischen Zs. »Mephistopheles«. Im Nachmärz Verfasser anarchistischer Schriften, später Anhänger der Reichseinigung von oben und Antisemit.

Döleke, Hermann; geb. um 1814/15 in Schleusingen; gest. unbekannt; Studium in Halle, wegen eines Duellvergehens verhaftet, Flucht in die Schweiz; Sprachlehrer, Publizist. Seit 1841 reorganisierte er zusammen mit J. Standau das Junge Deutschland; 1845 aus der Schweiz ausgewiesen, in Algerien verschollen.

Standau, Julius; geb. 1810 in Gotha; gest. unbekannt; Schlosser, 1835 in Straßburg Anschluß an das Junge Deutschland, seit 1838 in der Schweiz; Lehrer, Publizist; verfaßte vermutlich 1841 die neuen Statuten des Jungen Deutschlands. Nach Ausweisung seit 1845 in Frankreich; 1848 Mitorganisator des republikanischen Wehrbundes Hilf Dir. Dez. 1848 zum Präsidenten der Arbeitervereine in der Schweiz gewählt; nach der Revolution Emigration nach Amerika.

Die seit 1843 geplante Zeitschrift wurde finanziert aus dem Erlös von Marrs überarbeiteter Fassung der *Religion der Zukunft von Ludwig Feuerbach* (Lausanne 1844). Ihre Gründung beruhte einerseits auf den organisatorischen Erfolgen und der Ausweitung des Kommunikationsnetzes der jungdeutschen Arbeitervereine, war aber andererseits auch das Ergebnis des Scheiterns der bis Sommer 1844 unternommenen politisch-ideologischen Annäherungsversuche zwischen Bund der Gerechten und Jungem Deutschland. Die BGL dokumentieren die Um- und Neuorientierung des Jungen Deutschlands in Richtung auf soziale und spezifisch proletarische Fragestellungen. Die politische Stoßrichtung der BGL erwuchs in erster Linie aus der Abgrenzung zu den bisherigen, vor allem kleinbürgerlich-demokratischen Positionen innerhalb der Organisation (besonders ausgeprägt in den Schriften

G. Feins) sowie den religiös-schwärmerischen Sozialismusideen, die A. ↗ Becker unter Einfluß G. Kuhlmanns insbesondere in der »Fröhlichen Botschaft von der religiösen und sozialen Bewegung« (Lausanne) publizierte. Diese Neuorientierung betraf die Klärung grundlegender, theoretisch noch nicht gelöster Fragen für eine Weltanschauung und politische Strategie der neuen Klasse, des Proletariats, so des Verhältnisses der Arbeiterschaft zur ausstehenden bürgerlich-demokratischen Revolution und der Verbindung der wichtigsten Erkenntnisse der deutschen Philosophie mit den Leistungen des französischen Sozialismus. Ein weiterer Schwerpunkt der BGL lag in der Herausarbeitung der sozialen Konsequenzen der junghegelianischen Gesellschaftstheorie und der Feuerbachschen Religionskritik. Die atheistische Auffassung von der Selbsterzeugung des Menschen und des Produktcharakters der ihn beherrschenden gesellschaftlichen Verhältnisse wurde dabei mit der Eigentumskritik J. P. Proudhons und dessen Forderung nach einer gerechten sozialen Ordnung ohne Herrschaftsstrukturen (Anarchie) verbunden. Der Aufbau der Zeitschrift gliedert sich in redaktionelle Stellungnahmen (»Was wir wollen«, »An unsere Leser«), theoretische Abhandlungen (W. Marr: *Die soziale Frage*, H. 1–5; H. Döleke: *Atheismus*, H. 4–5), politische Erörterungen (E. Bauer: *Das Volk und die Preßfreiheit*, H. 1, *Staat und Christentum*, ebd.), Korrespondenzen sowie Nachrichten aus den Vereinen, Zuschriften von Arbeitern und satirisch-feuilletonistische Beiträge zu aktuellen Ereignissen und zur Politik des liberalen Bürgertums (»Dürre Äste aus dem deutschen Eichenwald«). Marrs Artikelserie *Die sociale Frage* gibt die politische Hauptorientierung vor. Aus seiner Analyse der gesellschaftlichen Grundlagen des Privateigentums, des Verhältnisses von Einzelnem und Gemeinschaft oder der Rolle des Staates leitete er den Anspruch auf uneingeschränkte Freiheit des Individuums als selbstbestimmtes Gattungswesen ab, der schließlich in der revolutionär-anarchistischen These von der Ablösung aller Herrschaftsverhältnisse in Religion, Staat und Gesellschaft mündete. Durch vom preußisch verwalteten Kanton Neuenburg initiierte Verfolgungen der Geheimbünde in der Schweiz kam es auch zur Unterdrückung ihrer Publikationsorgane.

Ausg.: Vom kleinbürgerlichen Demokratismus zum Kommunismus. Zeitschriften aus der Frühzeit der deutschen Arbeiterbewegung (1834–1847), Hg. W. Kowalski, Berlin 1967. – *Lit.:* W. Marr: Das Junge Deutschland in der Schweiz. Ein Beitrag zur Geschichte der geheimen Verbindungen unserer Tage, Leipzig 1846; A. Becker: Geschichte des religiösen und atheistischen Frühsozialismus, Hg. E. Barnikol, Kiel 1932; Bildung und Organisation in den deutschen Handwerksgesellen- und Arbeitervereinen in der Schweiz, Hg. H.-J. Ruckhäberle, Tübingen 1983; I. Pepperle: Ideologische Auseinandersetzungen in der Literatur deutscher frühproletarischer Organisationen 1843 bis 1845 in der Schweiz, in: Literatur.

Ingrid Pepperle

Blätter der Zukunft (BdZ)

Deutschsprachige Pariser Exilzeitschrift, erschien Apr. 1845/März oder Apr. 1846 in fünf Lieferungen zu je einem bzw. zwei Bogen (insgesamt 128 S.) unter dem Motto »Natur und Menschheit müssen Eins werden«; herausgegeben und finanziert vermutlich vom Bund der Gerechten, redigiert von H. Ewerbeck unter Mitwirkung von G. Mäurer und K. Grün, gedruckt bei Fain et Thunot, 28, rue Racine près du l'Odeon. Die BdZ, als ein wissenschaftliches Organ gedacht, bemühten sich um ein »tieferes Eingehen auf die socialen Probleme (Fragen und Rätsel), so wie um die weitere Ausdehnung des socialen Weltbewußtseins, d. h. um Aufklärung durch schriftliche und mündliche Discussion, ohne die keine gesunde, menschliche Entwicklung möglich ist« (1. Lieferung, S. 2). Verschiedene Artikel enthielten inhaltliche Berührungspunkte zur gleichzeitigen theoretischen Diskussion im Bund der Gerechten, so die wahrscheinlich von Ewerbeck verfaßten Beiträge *Ein Wort zur Verständigung, Theorie und Praxis* und *Unsere Epoche*, die Entwicklungsdarstellung des Bundes *(Fortschritte)* und der Auszug aus einem *Kommunistischen Katechismus*. In direkter Polemik mit W. Weitling sowie mit G. Kuhlmanns Deutschkatholizismus trat Ewerbeck gegen Wissenschaftsfeindlichkeit und Puritanismus im frühproletarischen Denken auf. Theoretische Ausgangspunkte bildeten neben H. Heine und L. Feuerbach auch K. Marx' Denkanstöße aus den »Deutsch-Französischen Jahrbüchern« über die menschliche Emanzipation, deren Kopf die Philosophie und deren Herz das Proletariat sein müsse. Bei den Beiträgen *Sozialismus, Christentum und Demokratie* von H. Arends und *Vorlesung von Professor Dönniges in dem wissenschaftlichen Verein in Berlin* von Weitling handelte es sich um Nachdrucke aus anderen Zeitungen. Einzelne Gedichte von W. Nolte und C. Lüchow sowie Epigramme und eine Fabel von Mäurer waren geprägt von aktuellen Tendenzen ›wahrsozialistischer‹ Agitationspoesie.

Irina Hundt/Red.

Bloch, Ernst

Geb. 8. 7. 1885 in Ludwigshafen; gest. 4. 8. 1977 in Tübingen

Sohn eines jüdischen Eisenbahnbeamten. Während der Schulzeit Kontakte zu Redakteuren des »Vorwärts«. 1905/06 Philosophie-Studium bei Th. Lipps in München, Nebenfächer: Physik, Germanistik und Musik. Erster veröffentlichter Aufsatz: *Über das Problem Nietzsches*, in: »Das Freie Wort«, 1906, H. 6. 1906/08 zu O. Külpe nach Würzburg. Vorlesungen in Psychologie, Physiologie, Philosophie und Physik. 1908/11

Besuch des Privatkolloquiums von G. Simmel in Berlin. Lernte hier 1910 G. Lukács kennen. In dieser Zeit erste und in der Folge nicht überbrückbare Differenzen zwischen B. und Lukács über die perspektivische Bedeutung der zeitgenössischen Avantgarde, den Expressionismus. *Die Erzeugung des Ornaments* (um 1916. In: Werke, Bd. 16) ist Resultat dieser Auseinandersetzung. Ab 1914 in Grünwald bei München, wo das Buch *Geist der Utopie* (1918, 2. Aufl.1923, In: Werke, Bd. 3, 1964) entstand. 1917/19 in der Schweiz, im Auftrag des »Archivs für Sozialwissenschaft und Sozialpolitik« Studien zu pazifistischen Ideologien. In Bern Kontakt zu einer Gruppe von Pazifisten um die »Freie Zeitung«: A. Kolb, A. Fried, R. Schikkele, H. Ball, H. Hesse. 1919 Rückkehr nach Deutschland. Aufenthalt in München und Berlin. 1921 erschien *Thomas Münzer als Theologe der Revolution* (in: Werke, Bd. 2, 1969). Zwei Jahre später folgte die Essay-Sammlung *Durch die Wüste* (in: Werke, Bd. 9, 1965). Zu Beginn der 20er Jahre Reisen nach Italien, Frankreich und Nordafrika, 1925/26 in Paris, danach wieder in Berlin. Hier entwickelten sich enge Beziehungen zu W. Benjamin, B. Brecht, Th. W. Adorno, K. Weill und O. Klemperer. Mitarbeiter u.a. am »Neuen Merkur«, der »Neuen Rundschau«, seit 1928 an der »Weltbühne« und auf Vermittlung von S. Kracauer am Feuilleton der »Frankfurter Zeitung«, wo Vorarbeiten für die Bände *Spuren* (Berlin 1930; in: Werke, Bd. 1, 1969) und *Erbschaft dieser Zeit* (Zürich 1935, in: Werke, Bd. 4, 1962) erschienen. Anfang März 1933 in die Emigration nach Zürich, 1934 nach Wien. 1935 in Paris, nahm am 1. Internationalen Kongreß zur Verteidigung der Kultur teil. 1936/38 Exil in Prag, 1938 Übersiedlung in die USA, Arbeit an *Das Prinzip Hoffnung* (in: Werke, Bd. 5, 1959), *Subjekt-Objekt. Erläuterungen zu Hegel* (in: ebd., Bd. 8, 1962) und *Naturrecht und menschliche Würde* (in: ebd., Bd. 6, 1961), die alle – mit Ausnahme eines Teilabdrucks aus *Das Prinzip Hoffnung* u. d. T. *Freiheit und Ordnung. Abriß der Sozialutopien* (New York 1946) - erst nach seiner Rückkehr aus dem Exil 1949 erscheinen konnten. 1949 übernahm B., vermittelt durch W. Krauss und E. Auerbach, den philosophischen Lehrstuhl an der Leipziger Universität. 1953/56 war B. zusammen mit W. Harich u.a. Herausgeber der DZfPh, seit 1948 Mitarbeiter der Zs. »Sinn und Form«. 1955 wurde er ordentliches Mitglied der Deutschen Akademie der Wissenschaften. Von einer im Aufbau-Verlag geplanten Werkausgabe erschien neben *Subjekt-Objekt* (Berlin 1951) *Das Prinzip Hoffnung*, die ersten beiden Bde. 1954 und 1955 und 1959 der 3. Bd. in einer geringen Auflage. 1957 erfolgte die Emiritierung B.s, weitgehende Isolierung und Lehr- und Veröffentlichungsverbot. Beginn einer öffentlichen, politisch motivierten, pauschalen Verurteilung seines Gesamtwerks (R. O. Gropp (Hg.) *Ernst Blochs Revision des Marxismus*, Berlin 1957). Seit 1958 regelmäßig zu Vorträgen in die BRD und nach

Frankreich. 1961 verließ B. die DDR, übernahm eine Gastprofessur an der Universität Tübingen. 1962 erschien *Verfremdungen* (Frankfurt a.M. 1983) mit Aufsätzen zu literarischen Themen, und 1964 *Geographica* (ebd.) mit Orts- und Reisebeschreibungen aus den 20er und 30er Jahren. B. war entschiedener Gegner der Notstandsgesetze von 1966, unterstützte die 68er Studentenbewegung und kritisierte wiederholt die Praxis der Berufsverbote in den 70er Jahren. Kurz vor seinem Tod beendete B. die Arbeiten am »Nachlaß zu Lebzeiten«, der zwischen 1908 und 1977 entstandene Texte versammelt und u. d. T. *Tendenz - Latenz - Utopie* 1978 als Ergänzungsband zur Werkausgabe erschien.

Die vor dem Hintergrund des I. Weltkriegs und den Revolutionen in Rußland und Deutschland entstandenen Werke *Geist der Utopie*, ein Dokument des Expressionismus, und *Thomas Münzer als Theologe der Revolution* entwerfen als philosophische Spekulation einerseits und geschichtsphilosophische Konkretion andererseits Motive des Blochschen Denkens, die bis in das Spätwerk hinein Drehpunkte der Annäherung an die Welt blieben: Rebellierende Kritik der bürgerlich-kapitalistischen Welt im beständigen Wechsel der Erzählperspektive. Die damit verbundene Hereinnahme einer utopisierenden Dimension in den Marxismus erinnert in den frühen Texten den Klang und Rhythmus eines religiös motivierten Messianismus. Wurde dieser in der weiteren Entwicklung auch zurückgenommen, so ist der Anfang doch im Spätwerk noch spürbar. B. ging es um eine Verbindung des Marxismus mit dem emanzipatorischen und utopischen Gehalt weit zurückliegender und jüngster historischer Epochen. In Abgrenzung von einem vor allem vom Neukantianismus geprägten Erkenntnisbegriff, suchte B. nach einem erkenntnistheoretischen Neuansatz, der sowohl den veränderten Wahrnehmungsweisen in hoch arbeitsteiligen Industriegesellschaften gerecht werden und zugleich ethisch fundiert sein sollte. Bereits in seiner Dissertation 1908 hatte er sich kritisch mit dem Neukantianismus auseinandergesetzt, der das Problem der »Geschichte« in der Einheit von Natur- und Sozialgeschichte bzw. das der »Utopie« offen gelassen habe. Insbesondere die zeitgenössische Kunst, die Musik, die Literatur, die Malerei, die Bewegung der Avantgarde erschien ihm als ein Seismograph, der das Neue anzeige, dem auch in der Philosophie eine Sprache gegeben werden müsse. B. nahm Erfahrungen der Existenzphilosophie, Phänomänologie genauso auf wie er S. Freuds Theorie des Unbewußten ins Zukünftige wendete als »einem noch-nicht-bewußten Wissen« (*Wir sind unserer nie selber*, in: »Die weißen Blätter«, 1919, H. 6). In seinen Erkenntnisbegriff bezog er Elemente des »Irrationalen«, des unmittelbar Sinnlichen, alltäglichen Lebens, Mystischen, Mythischen ein und verband ihn zugleich mit einer, die menschliche Gattungsgeschichte übergreifenden Setzung. Ihm gelang die Vermittlung von Ethik

und Erkenntnistheorie, indem er die gesamte Menschheitsgeschichte um das Problem der Antizipation einer von natürlicher Not und menschlicher Unterdrückung befreiten Welt zentrierte. B. entwarf die Vision eines sinnerfüllten individuellen Lebens mit Bezug auf die in der kulturellen Überlieferung bewahrten, unerledigten, auch vergessenen menschheitlichen Wunschträume. Die Freilegung des utopischen Gehalts der je unterschiedenen Lebens- und Ausdrucksformen, sei es auf der Ebene der Kunst, der politisch-sozialen Praxis oder des flüchtigen Augenblicks alltäglichen Lebens, zeichnet B.s Begriff von Utopie aus. Der vermittelnde Bezugspunkt war für B. die veränderungsbedürftige Wirklichkeit.

Erneute Annäherung an Lukács, die zugleich eine grundsätzliche Distanz andeutet, zeigt die Rezension zu *Geschichte und Klassenbewußtsein* (*Aktualität und Utopie*. In: »Der neue Merkur«, 1923, H. 1). B. nahm Lukács' Verdinglichungskritik an und interpretierte dessen Alternative, Wiederherstellen von Totalität im Kunstwerk und in der Wirklichkeit, als Pendant zum eigenen Utopiekonzept. Doch der Text blieb mehr eine Reminiszenz an vergangene gemeinsame Ausgangspunkte, als daß er theoretische Gemeinsamkeiten für zukünftige Unternehmungen feststellte. Lukács' praktisches Engagement in der kommunistischen Bewegung lehnte B. in dieser Form hier und später für den Intellektuellen ab, da es eine Verengung des Horizonts bedeute. Der Titel der Essay-Sammlung *Durch die Wüste* verweist programmatisch sowohl auf die biblische Geschichte der Kinder Israels als auch auf den vielgelesenen K. May. Der Band enthält neben kulturkritischen Essays kleinere Texte, von B. »Anekdoten« und »Studien« genannt. Sie verweisen auf den Band *Spuren*, der dieser für B. eigentümlichen Form philosophischer Reflexion gewidmet ist. Die Texte verbinden Märchenhaftes mit Parabeln und der Kolportage, vermitteln Entdeckungen des Poetischen im Augenblick und Beobachtungen von den Träumereien »kleiner und großer Leute«. B. ist der Chronist des Utopischen einer als ganzheitlich aufgefaßten »ästhetischen Wirklichkeit«, dem die Differenzen der Ausdrucksformen bewußt bleiben, der aber von der Gleichwertigkeit sog. hoher und niederer Kultur ausgeht. Den Gedanken, daß in den verschiedenen Abbildern der bürgerlichen Wirklichkeit auch utopische Reste enthalten sind, die es in Bezug auf den Humanisierungsanspruch der kommunistischen Bewegung aufzunehmen gelte, wendete B. angesichts der faschistischen Gefahr ins Politische. Nach den Reichspräsidentenwahlen 1932 fragte er in seiner Studie *Ungleichzeitigkeit und Pflicht zu ihrer Dialektik* (die als ein zentraler Teil in den Band *Erbschaft dieser Zeit* aufgenommen wurde) nach den Ursachen für die Massenbasis des Faschismus. Gegenüber dem gleichzeitigen Widerspruch von Arbeit und Kapital machte er den »ungleichzeitigen« Widerspruch geltend, der bei den Mittelschichten, auch den Bauern, zwischen sozialem

Sein und dem Bewußtsein über dieses Sein klafft. Ein über Jahrhunderte tradiertes Wertebewußtsein werde durch den Grundwiderspruch nicht erschüttert. Faschistische Demagogie erreiche die Massen gerade deshalb, weil sie sich der Bilder, Mythen, Ideologeme bemächtigte, die reale, bisher uneingelöste Sehnsüchte und Wünsche der Unterdrückten bergen. Mit der »Theorie der Ungleichzeitigkeit« zunächst auf wirksamere kommunistische Propagandaarbeit zielend, entfaltete B. von hier aus in *Erbschaft dieser Zeit* eine Erbtheorie der antifaschistischen Bewegung, indem die Gesamtheit überlieferter Kultur des 20.Jh.s nach dem Unerledigtem befragt wurde. Der Band ist über die beschriebene Situation hinaus ein wesentlicher Beitrag linker Sozialkritik geblieben. Die von B. gleichsam wie ein Kaleidoskop organisierte soziologisch genaue, differenzierende Darstellung steht in der Tradition der kulturkritischen Essayistik des 20.Jh.s, die die Grenzen zwischen Philosophie, Soziologie und Literatur flüssig werden ließ. Nach Erscheinen des Buches kam es in der Exilpresse, aber auch – in erst heute zugänglichen – internen Zeugnissen zu heftigen Kontroversen. Für Benjamin, dem das Buch »den Umständen, unter denen es erscheint, in gar keiner Weise« (in: Benjamin: *Briefe*, Bd. 2, Frankfurt a.M., 1978, S.648) zu entsprechen schien, übersprang B. nicht nur hier zu schnell die geschichtliche Situation, um bei seinem eigentlichen Thema, dem Utopischen, anzukommen. Der Wunsch, dem Utopischen entgegen den realen Erfahrungen auf die Spur zu kommen, führte bei B. auch zu einer weitgehend unkritischen Sicht auf die Rolle Stalins in den 30er Jahren, wie der Aufsatz *Originalgeschichte des Dritten Reiches* (in: »Das Wort«, 1937, H. 12) zeigt. Nach den »erhabenen Vätern des Marxismus« waren für B. Lenin und Stalin »wirkliche Führer ins Glück, Lichtgestalten der Liebe, des Vertrauens, der revolutionären Verehrung.« (*Vom Hasard zur Katastrophe. Politische Aufsätze aus den Jahren 1934-39*, Frankfurt a.M. 1972, S.146f.) Im Zentrum der Auseinandersetzung um *Erbschaft dieser Zeit* stand die in der IL (1936, H. 3, 6 und 8) geführte Debatte zwischen B. und H. Günther, die sich auf grundsätzliche Fragen von Faschismusanalyse, Ideologiekritik sowie Bündnis- und Erbepolitik der Volksfront bezog. In der »Neuen Weltbühne« hatte B. zusammen mit H. Eisler die Aufsätze *Avantgarde-Kunst und Volksfront* (1937, H. 50) und *Die Kunst zu erben* (1938, H. 1) veröffentlicht. Sie griffen Problemstellungen der mit Günther geführten Debatte auf und stehen im Kontext der vor allem in der Zs. »Das Wort« geführten ↗ Expressionismus-Debatte. »Läßt sich das sozial fortgeschrittene Bewußtsein heute bereits mit dem ästhetisch fortgeschrittensten verbinden und umgekehrt?« (*Avantgarde-Kunst und Volkskunst*. In: *Vom Hasard zur Katastrophe*. a.a.O., S. 323). Mit der Vorbereitung auf das USA-Exil konzentrierte sich B. auf theoretische Arbeiten, vor allem *Das Prinzip Hoffnung*. Die Übernahme

der Leipziger Professur nach seiner Rückkehr 1949 bedeutete für B. nicht nur einen Neuanfang – erstmals hatte er die Möglichkeit der Lehre an einer Universität –, sondern verwies im Umfeld des Kalten Krieges auf seine grundsätzliche Unterstützung des sozialistischen Experiments in der DDR. Zugleich wurden in B.s Begriff von einer zeitgemäßen Philosophie von Beginn an Differenzen zur offiziellen Ideologie und zunehmend Kritik am politischen System deutlich. Diese Entwicklung ist u.a. ablesbar an seinen öffentlichen Vorträgen von der Leipziger Antrittsvorlesung *Universität, Marxismus, Philosophie* (in: »Ost und West«, 1949, H. 11) bis zum Vortrag von 1955 *Universität, Wahrheit, Freiheit* (in: Werke, Bd. 10, 1969). Für B. ging es im Rahmen der Auseinandersetzungen in der DDR ähnlich wie für Lukács in Ungarn 1956 um eine Demokratisierung des bestehenden staatssozialistischen Systems, um die Verbindung von bürgerlich-politischen Freiheiten und sozialer Gerechtigkeit.

W. W.: R. Traub/H. Wieser (Hg.): Gespräche mit E. Bloch, Frankfurt a.M. 1975; A. Münster (Hg.): Tagträume vom aufrechten Gang. Sechs Interviews mit E. Bloch, Frankfurt. a.M. 1977; M. Landmann: Gespräche mit E. Bloch, In: Neue Deutsche Hefte, 1980, H. 1, 2 u. 3; H. Gekle (Hg.): E. Bloch: Abschied von der Utopie?, Frankfurt a.M. 1980; Spuren, Frankfurt a.M. 1982; E. Bloch u. G. Lukács. Dokumente zum 100. Geburtstag, Budapest 1982; Freiheit und Ordnung, Abriß der Sozialutopien, Leipzig 1985; E. Bloch, Briefe 1903-1975. 2 Bde., Frankfurt a.M. 1985 – *Ausg.:* Werke. Frankfurt a.M. 1959ff.; E. Bloch, Auswahl aus seinen Schriften. Zusammengest. u. eingel. v. H.H. Holz, Frankfurt a.M. 1967. – *Lit.:* Bibl.: Bloch-Almanache 1982/2, 1983/3, 1985/5; R.O. Gropp (Hg.), Fs. E. Bloch zum 70. Geburtstag, Berlin 1955; E. Bloch zu ehren. Beiträge zu seinem Werk, Frankfurt a.M. 1965; Über E. Bloch, Frankfurt a.M. 1968; G. Ueding: Glanzvolles Elend. Versuch über Kitsch und Kolportage, Frankfurt a.M. 1973; E. Blochs Wirkung. Ein Arbeitsbuch zum 90. Geburtstag, Frankfurt a.M. 1975; E. Bloch zum 90. Geburtstag. Es muß nicht immer Marmor sein, Berlin 1975; H.H. Holz: Logos spermatikos. E. Blochs Philosophie der unfertigen Welt, Darmstadt u. Neuwied 1975; G. Raulet (Hg.): Utopie-Marxisme selon E. Bloch, Paris 1976; K. Bloch/A. Reif (Hg.): Denken heißt überschreiten. In memoriam E. Bloch (1885- 1977), Köln u. Frankfurt a.M. 1978; H. Reinicke (Hg.): Revolution der Utopie. Texte von u. über E. Bloch, Frankfurt a.M. 1979; K. Bloch: Aus meinem Leben, Pfullingen 1981; G. Klatt: Vom Umgang mit der Moderne, Berlin 1984; E. Bloch und die spätbürgerliche Philosophie, Leipzig 1985; B. Schmidt, E. Bloch, Frankfurt a.M. 1985; P. Zudeick: Der Hintern des Teufels. E. Bloch, Moos/Baden-Baden 1987.; V. u. P. Caysa u.a. (Hg.): Hoffnung kann enttäuscht werden. E. Bloch in Leipzig, Frankfurt a.M. 1992.

Jörg Heininger

Blum, Klara (Ps. Zhu Bailan / Dshu Bai-lan)

Geb. 29. 4. 1904 in Czernowitz; gest. 4. 5. 1971 in Kanton (China)

Entstammte einer jüdischen Familie, der Großvater war noch Hausierer, der Vater begütert. B. entzog sich mit 19 Jahren einer auferlegten Heirat und floh nach Wien. Abitur, dann Hauslehrerin; ab 1924 Studium am Psychologischen Institut bei A. Adler. Mitglied der SPÖ; schrieb für das Feuilleton der »Arbeiterzeitung«. Mit den Kommunisten sympathisierend, verließ B. 1933 die SPÖ. Gewann mit der *Ballade vom Ungehorsam* beim Wettbewerb einer sowjetischen Zeitschrift 1934 einen Studienaufenthalt in der UdSSR, blieb in Moskau; Lehrerin, Mitarbeiterin der Internationalen Bibliothek, Gedichte und Nachdichtungen in IL und »Das Wort«. Für ihr weiteres Leben folgenreiche Begegnung mit dem Revolutionär und Theaterregisseur Zhu Xiangcheng aus Shanghai. Als heimatlose Jüdin im Exil gedemütigt, fühlt B. sich diesem verfolgten Chinesen und seinem unterdrückten Volk verbunden. Die Repressionspolitik Stalins, an den sie sich mit Dichtungen wandte, vermochte B. nicht zu durchschauen und stand später auch Mao Zedong ohne Distanz gegenüber. Sie nimmt nicht zur Kenntnis, daß ihr Lebensgefährte Stalinscher Repression zum Opfer fällt. Gelangte über Paris im Okt. 1947 nach Shanghai, im Winter 1948/49 bis zur Bürgerkriegsfront von Peking, den Geliebten zu suchen. 1951 Bibliothekarin, ab Sept. 1951 Professorin für deutsche Sprache und Literatur an Universität Shanghai, 1952 in Nanjing, ab 1957 in Kanton. 1959 Besuch in der DDR, Lesungen. 1952 chinesische Staatsbürgerin, seit 1963 im chinesischen Schriftstellerverband.

B.s empfindungslyrische, häufig bekenntnishafte Gedichte und Balladen, in den Formen traditionell, nehmen Erfahrungen des russischen Exils, später zunehmend chinesische Metaphern in sich auf. Losung von der bürgerlichen Welt, Antifaschismus, asketische Hingabe an die Revolution, Emanzipation als deutsche Jüdin und Internationalistin, gleichberechtigte Partnerschaft zwischen Frau und Mann sind Hauptgegenstand. Der Novellenband *Das Lied von Hong-kong* (Rudolstadt 1959) zeigt in Einzelschicksalen hundert Jahre Befreiungskampf Chinas; sonst ist B.s Prosa der eigenen Biographie nah: *Schicksalsüberwinder. Ein Mosaik-Roman aus dem neuen China* (unveröff., Literaturarchiv Marbach a. N.; ein Kapitel in: NDL, 1961, H. 10), besonders aber B.s bedeutendstes Werk, *Der Hirte und die Weberin* (Rudolstadt 1951). Leitmotiv ist die altchinesische Legende von der durch Trennung unerfüllten Liebe zwischen einem Kuhhirten und einer Weberin, zu der B. in der Gestalt der Hanna Bilkes ihr eigenes Schicksal in Beziehung setzt. L. Feuchtwanger, Schwächen des Buches (Blumenhaft-Sentimentales neben Leitartikelhaftem u.a.)

nicht verschweigend, lobte (in: *Greifenalmanach 1958*, Rudostadt 1957) die einmalige Würze des Werks, das Unvereinbares, »das Weltbild des jüdischen Exils mit seinem scharfen Witz und die uralte starke und zärtliche Weisheit des chinesischen Volkes« nebeneinanderstellt und schließlich verschmilzt.

W. W.: Die Antwort (Ge.), Moskau 1939; Erst recht! (Ge.), Kiew 1939; Wir entscheiden alles (Ge.), Moskau 1941; Donauballaden, Moskau 1942; Schlachtfeld und Erdball (Ge.), Moskau 1944; Li Dji, Wang Gue und Li Hsiang Hsiang (Nachdichtgn.), Peking 1954; Der weite Weg (Ge.), Berlin 1960. – *Lit.:* Th. Lange: Emigration nach China: Wie aus Klara Blum Dshu Bailan wurde, in: Exilforschung, Bd. 3.; Zhang Penggao: Biographische Hinweise zu Frau Professor Dshu Bai-lan (Klara Blum), (Ms.). In: Teilnachlaß K. Blum. Deutsches Literaturarchiv Marbach a. N..

Erhard Scherner

(Das) Blutgericht (B) (auch: Weberlied)

Ein anonym gebliebenes, 25, in anderer Fassung 24 Strophen umfassendes Gedicht der aufständischen Weber, die sich Anfang Juni 1844 in den schlesischen Weberdörfern Peterswaldau und Langenbielau gegen ihre Fabrikanten erhoben hatten. Zur Melodie des seinerzeit populären *Es liegt ein Schloß in Österreich* ist es über Jahrzehnte hinweg verbreitet gewesen. Abschriften existierten bereits seit dem 25. 5. 1844 in Polizeiakten. Im Juni 1844 erwähnte es K. A. Varnhagen von Ense in seinen Tagebüchern. Gedruckt wurde das B zuerst 1845 im Zusammenhang mit W. Wolffs Aufsatz *Das Elend und der Aufruhr in Schlesien* (»Deutsches Bürgerbuch für 1845«, Darmstadt 1844). Wolff bezeichnete hier das B als »Marseillaise der Notleidenden«. 1891 wurde der Redakteur F. Hoffmann für einen Abdruck im »Proletarier aus dem Eulengebirge« (Oberlangenbielau, 28. 6. 1891) zu einer mehrmonatigen Haftstrafe verurteilt. K. Henckell nahm den Text in sein *Buch der Freiheit* (Bd. 1, Berlin 1893) auf, 1904 erfolgte ein Abdruck im »Wahren Jacob« (Stuttgart, Nr. 456). 1921 erschien das B mit Noten im kommunistischen Arbeiterliederbuch *Kampflieder* (Berlin). Der Verfasser des B konnte weder polizeilich noch von der philologischen Forschung ermittelt werden. Das B beginnt mit dem Bild eines Gerichts, in dem die Weber als zur Folter Verurteilte, die Fabrikanten als Henker dargestellt sind. In der 4. Strophe schlägt dann das Motiv um, indem der Fürsprecher der Weber nun als Ankläger auftritt, die Fabrikanten für die Not der Weber verantwortlich macht und sie ans Jüngste Gericht mahnt. Im Folgenden werden detailliert die Beschwerdegründe der Weber vorgetragen, so daß der immer wieder anklingende religiöse Impetus, die Perspektive einer Gerechtigkeit im Jenseits, mehr und mehr zurücktritt. In präziser Anschaulichkeit stellt das Lied so die Lage der Weber dar, ihr Hungerleben, die Demütigungen beim Abliefern der Ware etc. Nicht weniger eindringlich werden die verhaßten Fabrikanten geschildert, ihre Profitgier und ihr Zynismus, aber auch die Gesetzmäßigkeiten der freien Konkurrenz, die selbst den human denkenden Kapitalisten zwingen, den Lohn niedrig zu halten. Das Lied enthält noch keine originär sozialistischen Ideen, gibt aber bereits deutlich zu erkennen, daß sich die Weber als Teil einer einheitlichen Klasse zu fühlen und den unüberbrückbaren Gegensatz zur Klasse der Besitzenden zu begreifen beginnen. Das zeigt sich auch darin, daß die Hoffnung, die Reichen durch moralische Appelle zu rühren und zu läutern, preisgegeben wird. Statt dessen kündigt das Lied Rebellion unmittelbar an. In seinem teilweise fast stammelnden, teilweise drängend hämmernden, stark rhythmisierten Sprachduktus mit direkter Anrede, eingängigen Wiederholungen und klarem Reimschema trägt das Lied die Merkmale sowohl einer echten Volksschöpfung als auch operativ handhabbaren Massengesangs. K. Marx z.B. wertete das B sogar als einen Beweis dafür, daß der Weberaufstand einen höheren Reifegrad des Proletariats repräsentiere als frühere französische und englische Arbeiterunruhen, da bereits am Beginn der Revolte das »Bewußtsein über das Wesen des Proletariats« gestanden habe (vgl. *Kritische Randglossen zu dem Artikel ›Der König von Preußen und die Sozialreform‹*, in: »Vorwärts!«, Paris 7. 8. 1844). Ausgewählte Strophen des B verwendete G. Hauptmann in seinem Drama *Die Weber* (Berlin 1892).

Lit.: F. Mehring: Zwei Weberlieder, in: Die Volksbühne, Berlin 1892/93, H. 6; Ders.: Das Weberlied von 1844, ebd., H. 7; W. Steinitz: Deutsche Volkslieder demokratischen Charakters aus sechs Jahrhunderten, Bd. 1, Berlin 1954; K. Gafert: Die soziale Frage in Literatur und Kunst des 19. Jahrhunderts. Ästhetische Politisierung des Weberstoffes, 2 Bde., Kronberg/Ts. 1973; W. Wehner: Weberaufstände und Weberelend in der deutschen Lyrik des 19. Jahrhunderts, München 1981.

Inge Lammel

Bosse, Friedrich (Ps. Heinrich Friedrich)

Geb. 14. 1. 1848 in Hessen (Kr. Wolfenbüttel); 28. 10. 1909 in Leipzig

Sohn eines Bauern und Stellmachers; nach einer Malerlehre 1871/74 auf Wanderschaft (Süddeutschland, Schweiz, Österreich); ab 1874 Malermeister in Leipzig. B. gründete 1879 den Leipziger Fortbildungsverein für Arbeiter (ab 1890 Arbeiterverein) und machte ihn während der Zeit des Sozialistengesetzes zu einem Sammelpunkt der sozialdemokratischen Bewegung. Zusammen mit K. und H. Duncker und M. Wittich organisierte er naturwissenschaftliche, kunsthistorische und

literaturgeschichtliche Vorträge, Deutsch-, Fremdsprachen- und Rhetorikkurse für Arbeiter. Die Erhöhung des Bildungsniveaus der Arbeiter war für B. der Weg zur gewaltfreien Veränderung der Gesellschaft. Sein aufklärerisches Konzept propagierte er in den von ihm herausgegebenen Zsn. »Sturmglocken. Organ für sozialdemokratische Arbeiter- und Volksbildungsvereine« (Leipzig 1894/95) und »Freier Bund. Organ für genossenschaftliche Arbeit auf dem Gebiet der freien Volksbildung« (Leipzig 1898/1902; ab 1900 »Der freie Bund«); es findet sich auch in seinen dramatischen Arbeiten, die meist aus Anlaß von Stiftungsfesten des Leipziger Arbeitervereins verfaßt und aufgeführt wurden. B. verwendete in diesen handlungsarmen didaktisch-agitatorischen Stücken häufig Mittel wie lebende Bilder und allegorische Figuren, um sein aufklärerisches Anliegen mit Pathos zu vermitteln. In dem Festspiel *Die Alten und die Neuen* (UA 1888, Leipzig 1888) gab er dem sozialen Befreiungskampf der Arbeiter durch die Einführung geschichtlicher Figuren (U. von Hutten, H. Sachs) eine historische Dimension: Der Kämpfer mit dem Schwert (Hutten) wird mit der Kraft einer Gemeinschaft konfrontiert, die Gewalt überflüssig macht. Das Stück bildete den Rahmen, der die Auftritte von Chören und einer Turnerabteilung als Symbole dieser neuen kollektiven Kraft einschloß. In späteren Stücken reflektierte B. auch die nach 1890 zunehmenden Differenzen zwischen SPD-Führung und Arbeitervereinen. So bekennt sich in *Verschiedene Weltanschauungen. Soziales Bild in einem Aufzug* (Leipzig 1892, u. d. T. *Gewissensfreiheit* Leipzig 1910) der Sozialdemokrat Kurz nachdrücklich zum unmittelbaren Zusammenhang von parteipolitischer Tätigkeit und Bildungs- bzw. Kulturarbeit. In *Der Traum eines Arbeiters. Festspiel für Arbeitervereine mit Gesang und drei lebenden Bildern* (Leipzig 1895, u. d. T. *Der Kampf um die Wissenschaft*, Leipzig 1892, 3. Fassg. Leipzig 1902), in dem B. Motive von H. Sachs verarbeitete, fügen sich in einem lebenden Bild am Schluß die allegorischen Figuren Wahrheit, Wissenschaft und Freiheit zu harmonischer Einheit zusammen. B.s positives Verhältnis zu den Intellektuellen, die er zur Mitarbeit in den Arbeitervereinen bewegen wollte, spiegelt sich auch in den Stücken *Der erste Mai. Ein Zeitbild in drei Abteilungen* (Leipzig 1890, Ndr. Berlin 1972) und *Die Arbeitervereine haben doch Zukunft! Soziales Bild in drei Abteilungen* (UA 1890; Leipzig 1890). In dem Schwank *Die Arbeiter und die Kunst* (Leipzig 1897, Ndr. in: *Textausgaben*, Bd. 3) setzte er sich mit der modernen Literatur auseinander, indem er die Naturalismus-Debatte nachzeichnete und in Gestalt des jungen Arbeiters Klar die kulturpolitische Linie der Parteiführung deutlich machte: Erst müsse durch Volkserziehung und politische Organisation die Gesellschaft verändert werden, dann könne auch die Kunst gedeihen. Die Verdrängung der Arbeitervereine durch neugegründete sozialdemokratische Ortsvereine spiegelt sich in dem Festspiel *Ein Blick in die Zukunft* (Leipzig 1898).

Eine Sonderstellung in B.s Schaffen nimmt das Drama *Im Kampf* (Leipzig 1892, Ndr. Berlin 1970) ein. Es ist das erste Streikdrama der deutschen Arbeiterbewegung. In einer mehrsträngigen Handlung, die bereits wesentliche Strukturelemente späterer Streikdramen enthält (Polizeiaktionen, Denunziationen und Verhaftungen, Streikbrecher u.a.), werden die sozialen Fronten und unterschiedlichen Strömungen innerhalb der Arbeiterbewegung deutlich gemacht. Dabei transponierte B. über den Sekretär Schleicher die Wurm-Handlung aus F. Schillers *Kabale und Liebe* in den Kontext der aktuellen Klassenauseinandersetzung.

W. W.: Unsere Ideale (Festsp.), Leipzig 1889 (vermißt); Eine Frau mit Vorurteilen (Schwank), Leipzig 1893; Vor der Predigerwahl, (Lsp.), vermißt; Das Volk erwacht (Festsp.), Leipzig 1904, vermißt; Der Arbeiterverein Leipzig. Seine Entstehung und seine Entwicklung, Leipzig 1904; Die Sozialdemokraten kommen! (Lsp.), Leipzig 1905; Zur Geschichte der Arbeiter-Sängerbewegung in Leipzig (Aufs.), in: Festbuch zum Bundeskonzert des Deutschen Arbeiter-Sängerbundes, Leipzig 1909. – *Ausg.:* Textausgabe, Bd. 3, 1964; Knilli/Münchow 1970: Textausgaben, Bd. 12, 1972. – *Lit.:* H. Lange: Aus einem alten Handwerksburschenmappe, Leipzig 1925; H. Wittstock: Friedrich Bosse, ein Dichter der Arbeiterklasse, Potsdam 1962; G. Schröder: Friedrich Bosse. Ein Pionier des sozialistischen Bühnenstücks, Potsdam 1967.

Thomas Wohlfahrt

Bracke, Wilhelm

Geb. 29. 5. 1842 in Braunschweig; gest. 27. 4. 1880 in Braunschweig

Sohn eines wohlhabenden Getreidegroßhändlers; besuchte das Braunschweiger Realgymnasium (Martino Katharineum) bis zur Obersekunda; folgte danach der Forderung seines Vaters, trat in dessen Geschäft ein und erlernte einen kaufmännischen Beruf; konnte seinen Wunsch, Naturwissenschaften und Geschichte zu studieren, nur partiell gegen den Vater durchsetzen, indem er für einige Semester Gasthörer im Braunschweiger Collegium Carolinum wurde; gründete im Sep. 1860 einen demokratischen Männerturnverein in Braunschweig; wurde 1862 Zugführer der Turnerfeuerwehr; rief am 6. 9. 1865 die Braunschweiger Gemeinde des ADAV ins Leben, zu deren Vorsitzenden man ihn wählte; arbeitete ab Dez. 1865 im Vorstand des ADAV, ab 1867 als Hauptkassierer; 1867 gründliches Studium des *Kapital* (Bd. 1) und der IAA-Dokumente; trat 1867 der IAA bei; hielt anläßlich der Generalversammlung des ADAV 1868 in Hamburg ein Referat zum Werk von K. Marx; setzte sich 1868/69 massiv gegen die diktatorischen Führungspraktiken und die Sektenideologie im ADAV

zur Wehr und bereitete als Führer der proletarisch-internationalistischen Opposition innerhalb des Vereins gemeinsam mit A. Bebel und W. Liebknecht den Eisenacher Gründungsparteitag der SDAP vor; 1869/70 Vorsitzender des Parteiausschusses der SDAP; gab am 15. 5. 1871 die erste Nummer des »Braunschweiger Volksfreundes« heraus, die in dem am selben Tage gegründeten ↗ Verlag W. Bracke jr., Braunschweig erschien; wurde im Lauf der 70er Jahre zu einem der wirkungsreichsten Verfechter und Propagandisten des Marxismus in der Arbeiterbewegung, was sich u.a. 1875 in seiner strikt ablehnenden Haltung gegenüber dem Gothaer Programm und der nachdrücklichen Unterstützung der Programmkritik durch Marx und Engels zeigte; vertrat 1877/79 die SAPD im Reichstag; ständige physische und psychische Überlastung durch gleichzeitige leitende Tätigkeit in Geschäft, Verlag und Politik führten ab Mitte der 70er Jahre zu einem rapiden Verfall seiner Gesundheit; nahm im Sep. 1878 im Reichstag massiv Stellung gegen das Sozialistengesetz; im Okt. 1878 wurden alle wichtigen Verlagspublikationen, darunter der »Braunschweiger Volksfreund« und der »Volks-Kalender« verboten. B.s Begräbnis gestaltete sich zu einer Demonstration gegen das Sozialistengesetz, an der ca. 40 000 Menschen teilnahmen.

B.s herausragende Leistung in der frühen deutschen Arbeiterbewegung lag in erster Linie auf literarisch-organisatorischem und theoretisch-propagandistischem Gebiet. Die Braunschweiger Lassalleaner entfalteten bereits in den 60er Jahren unter seiner Führung eine außergewöhnlich wirkungsreiche Flugschriftenliteratur. Als Verleger, Publizist, Buchhändler und Herausgeber gewann er vor dem Sozialistengesetz niveaubestimmenden Einfluß auf die sozialdemokratische Parteiliteratur. Seine eigenen politischen Schriften wiesen ihn als führenden Publizisten der Partei aus. Besonders die Streitschrift *Der Lassallesche Vorschlag* (Braunschweig 1873) und die Agitationsbroschüre *Nieder mit den Sozialdemokraten* (Braunschweig 1876) galten noch Jahrzehnte danach in der Arbeiterbewegung als Beispiele für das hohe theoretische Niveau und den wirksamen publizistischen Stil der frühen Sozialdemokraten. Mit der Streitschrift unterzog B. erstmals in der sozialdemokratischen Literatur die Lassalleschen Vorstellungen von »Produktivassoziationen« der Arbeiter »mit Staatshilfe«, die den Kapitalismus ›niederkonkurrieren‹ sollten, und von einem friedlichen Hineinwachsen in den Sozialismus durch eine Allianz von Arbeiterklasse und preußischer Monarchie einer fundierten Kritik. Den Sektencharakter der Lassalleschen Organisation bezeichnete er als historisch überholt. Wie die übrigen Schriften B.s griff die Broschüre unmittelbar in die aktuellen politischen und theoretischen Auseinandersetzungen in der Arbeiterbewegung ein. In Vorbereitung auf die angestrebte organisatorische Vereinigung von Lassalleanern und Eisenachern (Gotha 1875) sollte sie wesentliche theoretische

Wilhelm Bracke

und politische Grundpositionen konstruktiv klären helfen. *Nieder mit den Sozialdemokraten* repräsentiert einen anderen Typ politischer Publizistik, bei dem es weniger um theoretische Klärung als um eine wirkungsvolle Verbreitung festgeschriebener Parteiprinzipien ging. Die Broschüre entstand im Wahlkampf und trat mit klaren, scharfen Argumenten und einem populären Sprachstil den Losungen der Liberalen gegen die Arbeiterpartei entgegen. Bereits die erste Auflage konnte mit 85 000 Exemplaren vertrieben werden. Bis 1917 gab es zahlreiche Nachauflagen der Schrift sowie Übersetzungen in fünf Sprachen.

W. W.: Der Braunschweiger Ausschuß der social-demokratischen Arbeiter-Partei in Lötzen und vor dem Gericht, Braunschweig 1872; Die Verzweiflung im liberalen Lager, Braunschweig 1876; Hütet Euch vor 300 Millionen neuen Steuern! Nebst einem Anhange: Die Reden Brakkes im deutschen Reichstage 1877 und 1878, Braunschweig 1878. – *Lit.:* H. Leonhard: Wilhelm Bracke. Leben und Wirken, Braunschweig 1930; G. Eckert: Wilhelm Bracke und die Anfänge der Braunschweiger Arbeiterbewegung, Braunschweig 1957; J. Seidel: Wilhelm Bracke. Vom Lassalleaner zum Marxisten, Berlin 1966.

Tanja Bürgel

Brand, Jürgen (d. i. Emil Christian Sonnemann)

Geb. 25. 3. 1869 in Peine; gest. 2. 1. 1950 in Bremen

Aus ärmlichen Verhältnissen. Lehrerseminar in Hannover, 1896 Lehrer-Prüfung. Wegen des Vortrags *Die Entstehung der Arten durch natürliche Zuchtwahl* zeitweiliges Berufsverbot, 1898 Volksschullehrer, 1901 SPD-Mitglied, beteiligt am Bremer Schulstreit, 1905/07 leitender Redakteur der Zs. »Roland«. Vorträge für die Arbeiterjugend waren Anlaß für seine Entlassung aus dem Schuldienst 1913. Kulturredakteur der »Bremer-Bürger-Zeitung«. Nach Ausbruch der Revolution als Lehrer wieder eingestellt. 1919 Abgeordneter der Bremer Nationalversammlung. Direktor der Strafanstalt Oslebshausen 1919/März 1933, als Sozialdemokrat des Amtes enthoben, lebte er fortan zurückgezogen.
B. war Anfang des 20. Jh.s einer der ersten sozialdemokratischen Lehrer, die für Arbeiterkinder schrieben. Veröffentlichte 1905/17 etwa 50 Naturschilderungen in der Kinderbeilage der »Gleichheit«. In der Zs. »Arbeiter-Jugend« erschienen Beiträge über Erfindungen und Entdeckungen sowie über Erziehungsprobleme. Sein Kinder- und Jugend-Buch *Ulenbrook. Briefe aus der Heide an meine jungen Freunde* (Berlin 1907) fand große Resonanz. Es vermittelt Einsichten in die Schönheit der Natur, erläutert naturgesetzliche Zusammenhänge und vergleicht sie mit gesellschaftlichen Vorgängen, widerlegt religiöse Darstellungen.

W. W.: Wir sind jung…! (Ge.), Berlin 1924. – *Lit.:* J. Feest: E. Sonnemann 1869–1950. Eine Chronik, Bremen 1985.

Heide Drust

Braun, Franz

Geb. in Mühlheim (Ruhr; Datum unbekannt); gest. 14. 7. 1933 in Stettin

Sohn einer streng katholischen Arbeiterfamilie; mußte frühzeitig zum Lebensunterhalt der Familie beitragen. Nach der Volksschule in Sachsen, später in Berlin und Stettin. Mitglied der KPD. Publizistisch tätig als Arbeiterkorrespondent; Erzählungen, Skizzen, Berichte und Reportagen in der RF, der Sächsischen »Arbeiterstimme«, der Stettiner »Volkswacht« und der »Linkskurve«. Mitglied des BPRS. 1931/32 Mitarbeiter der RF, ab Sommer 1932 Redakteur der »Volkswacht«. Wegen »Beleidigung und übler Nachrede« mehrfach vor Gericht. Im Juli 1933 mit anderen Funktionären der illegalen Stettiner Bezirksleitung der KPD verhaftet. Am 14. 7. 1933 wurde offiziell die Nachricht verbreitet, Franz Braun, Redakteur der

»Volkswacht«, Stettin, sei in der Zelle tot aufgefunden worden. Man hatte ihn bestialisch ermordet.

Seine Kurzgeschichten, Skizzen und Reportagen nahmen ihren Stoff aus dem Leben von Arbeitern und armen Bauern, klagten das kapitalistische System in Deutschland an und sollten den Ausgebeuteten einen revolutionären Ausweg aus ihrer Lage zeigen. Im antiklerikalen Roman *Wer seinen Sohn liebt, züchtigt ihn* (Auszüge in: RF, 9.–13. 6. 1931; in: »Arbeiterstimme«, 1931, Nr. 108) schildert B. die Entwicklung des katholischen Jungarbeiters Johannes Gräve zum Freidenker und klassenbewußten Arbeiter. Der Roman trägt stark autobiographische Züge, seine Stärke liegt in der präzisen Milieuschilderung. Die Sprache ist hart, nüchtern, ungeschminkt und unsentimental; die Darstellung tendiert zum Bericht. Das Manuskript zeugt von literarischem Talent und erschließt einen Wirklichkeitsabschnitt, den die bürgerliche Literatur weitgehend ignorierte. Durch den nationalsozialistischen Machtantritt konnte das Buch nicht mehr publiziert werden.

W. W.: Der Alte (E.), in: Arbeiterstimme, 1931, Nr. 95; Im Revier (Sk.), ebd., Nr. 120; Jeder stirbt für sich selbst (Sk.), in: RF, 12. 3. 1931; Woran denken die Soldaten? (Glosse), in: Die Linkskurve, 1931, H. 5. – *Lit.:* Hirne hinter Stacheldraht, Basel 1934, S. 9.

Hans Baumgart

Braun, Lily (auch Lily von Gizycki)

Geb. 2. 7. 1865 in Halberstadt; gest. 9. 8. 1916 in Berlin-Zehlendorf

Entstammte der altadeligen preußischen Offiziersfamilie derer von Kretschman; erhielt ausschließlich Privatunterricht; heiratete 1893 den (gelähmten) sozialistischen Philosophen Prof. Georg von Gizycki; trat 1895 in die SPD ein; engagierte sich mit Schriften und Vorträgen in der Frauenbewegung; leitete 1893 die Zs. »Ethische Kultur«; gründete mit M. Cauer die Zs. »Die Frauenbewegung«; ein Jahr nach dem Tod ihres Mannes heiratete sie 1896 den sozialdemokratischen Publizisten Dr. Heinrich Braun (Mitbegründer der NZ); bekam einen Sohn; publizierte Aufsätze im »Vorwärts« und in der »Gleichheit«; geriet gemeinsam mit ihrem Mann in heftige Auseinandersetzungen mit führenden Vertretern des linken Flügels der SPD (F. Mehring, C. Zetkin); gab 1903 und 1905/08 mit H. Braun zusammen die antimarxistische Zs. »Die neue Gesellschaft« heraus; 1906 Publikationsverbot für die »Gleichheit«; zog sich unter dem Vorwurf des Revisionismus aus der sozialistischen Bewegung zurück.

B. wirkte vorrangig als Publizist. Einen wichtigen Beitrag zur theoretischen Begründung einer Frauenbewegung um 1900 leistete sie mit ihrem Buch *Die Frauenfrage. Ihre geschichtliche Entwicklung und wirtschaftliche Seite* (Berlin 1901). Sie versuchte, die Notwendigkeit einer Frauenbewegung historisch und ökonomisch zu belegen und zugleich zwischen bürgerlichen und sozialistischen Ansätzen einer solchen Bewegung zu vermitteln. Grundsätzlich blieb das Buch marxistischen Positionen, wie sie von F. Engels, A. Bebel und Zetkin zu dieser Frage entwickelt worden waren, verpflichtet (historisch-materialistisches Geschichtsverständnis, Emanzipation der Frauen über den Einbezug in die Befreiungskämpfe der Arbeiterbewegung). – Als Erzählerin wurde B. vor allem durch ihre *Memoiren einer Sozialistin* (2 Bde., Nachdr. mit Nachw. v. M. M. Kramme Berlin 1985) bekannt. Der erste Band, *Lehrjahre* (Berlin 1909), schildert B.s Ausbruch aus dem begüterten und preußisch gesinnten Elternhaus, ihr Engagement in der Frauenbewegung und vermittelt ein lebendiges und aufschlußreiches Bild von der deutschen Sozialdemokratie vor der Jahrhundertwende. Im Zentrum des zweiten Bandes, *Kampfjahre* (Berlin 1911), stehen die Auseinandersetzungen des Ehepaares Braun innerhalb der deutschen Sozialdemokratie. Das Buch ist wesentlich als Enthüllungsschrift und B.s Abrechnung mit den Linken in der SPD angelegt.

Die Autorin publizierte auch Bücher zu literaturgeschichtlichen Themen (*Die neue Frau in der Dichtung*, Berlin 1896) und nahm an Literatur-Debatten teil (ihr Beitrag zur ↗ Schiller-Debatte: *Schiller und Charlotte von Kalb*, in: *Schiller-Festschrift*, Berlin 1905). Namentlich in ihrer letzten Lebensphase verfaßte sie, zurückgezogen von den öffentlichen Auseinandersetzungen, einige Romane und Dramen (z. B. *Mutter Marie. Eine Tragödie in fünf Akten*, o. O. 1913).

Ausg.: Gesammelte Werke, 5 Bde., Berlin o. J. (1922). – *Lit.:* D. Borkowski: Rebellin gegen Preußen. Das Leben der Lily Braun, Frankfurt/M. 1984; I. Stolten: Lily Braun, in: Frauen. Porträts aus zwei Jahrhunderten, Hg. H. J. Schultz, Stuttgart 1986.

Tanja Bürgel

Braunbücher (B I; B II)

Braunbuch über Reichstagsbrand und Hitler-Terror, (B I), Basel 1933, (Vorw. von Lord Marley) Universum-Bücherei; Nachdr. in: *Antifaschistische Literatur in der Bewährung*, Reprints im Akademie-Verlag, Berlin, Hg. und Nachw. H. Berthold und D. Lange, Bd. 2, Berlin 1980; *Braunbuch II – Dimitroff contra Göring*, (B II) Enthüllungen über die wahren Brandstifter, Paris 1934; Nachdr. in: *Antifaschistische Literatur in der Bewährung*, Hg. und Nachw. L. Berthold und D. Lange, Bd. 4, Berlin 1981.

Das B I wurde von März bis Juli 1933 auf Initiative von W.

Pieck und W. Münzenberg in enger Zusammenarbeit zwischen dem Sekretariat der IAH und dem ZK der KPD vorbereitet. Das Vorwort schrieb Lord Marley, Vorsitzender des Weltkomitees für die Opfer des Hitlerfaschismus. Den Einband, eine Fotomontage, entwarf J. Heartfield. Die Ausarbeitung und Gesamtredaktion oblag A. Abusch und O. Katz (Ps. André Simone). Vor allem die Kapitel *Van der Lubbe, das Werkzeug* und *Die wahren Brandstifter* wurden von Abusch und Katz bearbeitet. Die anderen Kapitel heißen: *Der Weg zur Macht, Der Reichstag muß brennen!, Zerstörung der legalen Arbeiterorganisationen, Vernichtungsfeldzug gegen die Kultur, Misshandlungen und Folterungen, ›Juda verrecke!‹, Vierzigtausend Männer und Frauen in Konzentrationslagern, Mord, Die Welt läßt sich nicht belügen, Der heroische Kampf der deutschen Arbeiter.* Das Kapitel *Mord* enthielt eine Namens-Liste von 250 von der SA Ermordeten, Arbeitern und Intellektuellen. Zum engeren Kreis der Verfasser gehörten auch der Journalist R. Feistmann (Ps. Rudolf Fürth, 1908-1950), der Redakteur A. Norden (1904-1982) und der Publizist M. ↗ Schröder. Mitgearbeitet haben weiter B. Frei, B. Uhse, G. Regler, A. Kantorowicz, A. Koestler, F. Wolf und der KPD-Funktionär W. Koenen (1886-1963). Die Autoren blieben damals anonym. Viele Materialien wurden illegal aus Hitlerdeutschland gebracht. Daran hatte u. a. der KPD-Funktionär H. Dünow (1898-1973) hervorragenden Anteil, der die geheimgehaltene Anklageschrift gegen G. Dimitroff fotografierte und durch Kurier nach Paris bringen ließ. Der Journalist H. ↗ Willmann holte unter Lebensgefahr Informationen aus dem bayrischen »Aufbruch-Kreis« um E. Niekisch ein. In Berliner Bau- und Katasterämtern suchte E. König (E. Ferchland-König), nach Grundrissen des Reichstagsgebäudes. Schließlich gelang es ihr, diesen Grundriß sowie wichtige Angaben über das Gebäude zu beschaffen und durch Pieck an Abusch zu übermitteln. Das B I war eine hervorragende Mischung von Analyse und politischer Streitschrift, eine kollektiv geschaffene Dokumentation. Ihr bündnispolitisches Anliegen zielte nicht nur auf die Arbeiterbewegung, nannte als Opfer der Nationalsozialisten Kommunisten und Sozialdemokraten, Juden ohne sozialistische Orientierung und bürgerlich-humanistische Intellektuelle. Das B I erschien am 1. Aug. 1933 und wurde der größte internationale Bucherfolg dieses Jahres. Innerhalb weniger Monate kam es in Übersetzungen in 26 anderen Ländern heraus. Eine Ausgabe wurde mit Tarntitel von Reclams Universal-Bibliothek, verkleinert und auf Dünndruckpapier, nach Deutschland gebracht. Vom ersten Prozeßtag an half das B I den unschuldig angeklagten Dimitroff, B. Popoff, V. Taneff und E. Torgler. Es stellte irrigerweise den holländischen Räte-Kommunisten und Anarchisten M. van der Lubbe als »Werkzeug der Nazis« dar. Dimitroff schrieb: »Der Begriff Braunbuch ist mit der Geschichte unseres Prozesses

Aus Braunbuch II: Holzschnitt von F. Masereel

untrennbar verbunden. Denn dieses Buch war mehr als ein ›Buch‹. Es war eine Waffe, es war ein Stück des Kampfes zweier Welten, der sich um den Reichstagsbrand abgespielt hat.« (B II, S. 357).

Das B II erschien Ende Apr. 1934 in dem der IAH nahestehenden Verlag ↗ Editions du Carrefour in Paris, mit einem Vorwort des Vorsitzenden des Internationalen Untersuchungsausschusses zur Aufklärung des Reichstagsbrandes, des britischen Kronanwalts D. N. Pritt, sowie mit Beiträgen von Dimitroff (*Was wollte Hitler mit dem Reichstagsbrandprozeß?*), R. Rolland (*Brief an einen französischen Freund*) und L. Feuchtwanger (*Der Mord in Hitlerdeutschland*). F. Masereel lieferte eine Originalzeichnung. Der Einband zeigte wieder eine Fotomontage von Heartfield (»Der Richter – Der Gerichtete«). Das B II (die redaktionelle Bearbeitung lag vor allem bei Katz unter Mitarbeit von Abusch) brachte neben einer zusammenhängenden ausführlichen Darstellung der Ereignisse des Reichstagsbrandprozesses umfangreiches Faktenmaterial zu 747 Morden in Hitlerdeutschland. Die Befreiung Dimitroffs, Popoffs und Taneffs aus den Händen ihrer Henker hatte die Herausgeber bewogen, den Druck zu stoppen, um noch den Beitrag Dimitroffs in das Buch mitaufnehmen zu können. Bis Aug. 1934 erschienen drei Auflagen. Fast zur gleichen Zeit kam die französische Übersetzung heraus. Übertragen wurde das Buch auch ins Englische, Holländische, Schwedische und Dänische. Eine für Deutschland bestimmte Tarnausgabe (H. J. Becher: *Durch zwei Jahrtausende ausländische Verkehrsgeschichte*, Saarbrücken 1933) blieb der Gestapo fast zwei Jahre unbekannt.

Bis heute ist die Alleintäterschaft van der Lubbes umstritten. Seine Diffamierung als »Lustknabe« mindert allerdings den Wahrheitsgehalt der B I und II entscheidend. Von bleibender Bedeutung ist die These von den Nazis als den eigentlichen Nutznießern der Brandstiftung und die Entlarvung des NS-Terrors.

Lit.: Marinus van der Lubbe. Roodboek, Amsterdam 1933, dt. Hamburg 1983; F. Tobias: Der Reichstagsbrand, Rastatt 1962; G. Badia: Feu au Reichstag. L'acte de naissance du régime nazi, Paris 1983; H. Karasek: Der Brandstifter. Lehr- und Wanderjahre des Maurergesellen Marinus van der Lubbe, der 1933 auszog, den Reichstag anzuzünden, Berlin 1980; K. Sohl: Zur Rolle der Braunbücher bei der Entlarvung der Reichstagsbrandprovokation und der Verbreitung der antifaschistischen Kampffront, in: Künstler und Künste im antifaschistischen Kampf 1933–1935. Beiträge zu einer Arbeitstagung, Berlin 1983.

Red.

Braune, Rudolf

Geb. 16. 2. 1907 in Dresden; gest. 12. 6. 1932 in Düsseldorf (im Rhein ertrunken)

Stammt aus der Familie eines kleinen Reichsbahnbeamten, besuchte das Wettiner Gymnasium in Dresden und nahm eine Buchhandelslehre auf. Verkehrte in Kreisen der bürgerlichen Jugendbewegug, trat 1924 in den KJVD ein und leitete die oppositionelle Schülerbewegung Sachsens; Mitherausgeber und führender Kopf der Schüler-Zs. »Der Mob« (1925, nach dem 5. H. verboten), die mit Unterstützung der KPD entstand; Mitbegründer der Theatervereinigung »Proletarische Tribüne« in Dresden. Nach der Zerschlagung der Schülerbewegung durch Justiz- und Schulorgane ging B. (Herbst 1926) nach Düsseldorf, wurde 1927 Leiter der Agit-Prop-Abteilung der Bezirksleitung des KJVD, 1928 Mitglied der KPD und zunächst Volontär, dann Redakteur der KPD-Bezirks-Ztg. Niederrhein, »Freiheit« (Chefredakteur Th. Neubauer). Ab 1924 erste Veröffentlichungen in Zeitschriften der Jugendbewegung, in »Mob«, später in der »Freiheit« und anderen Tages-Zeitungen der KPD sowie in »Die Linkskurve«, »Die literarische Welt«, »Die Weltbühne«, »Das Tagebuch«.

In der »Freiheit erschienen seine ersten größeren Publikationen (Erzählungen, Reportagen, Gedichte, Aufsätze zu Politik, Kultur und Kunst, Film- und Theaterkritiken), im Sep. 1929 Berichte *Von einer Frankreich-Reise*, Juni/Juli 1929 der

Roman *Kampf auf der Kille*, Feb. 1930 die Erzählung *Geschichte einer Woche*.

B. wollte vor allem für seine Generation schreiben, deren Vertreter im Mittelpunkt seiner erzählerischen Arbeiten stehen. Seine Aufsätze weisen ihn als einen allem Neuen aufgeschlossenen und mit modernen Kunstleistungen vertrauten Menschen aus, der von einer anarchistisch gefärbten, sich vornehmlich als Spießerkritik äußernden Opposition zum Bürgertum bald zu einer marxistischen Haltung fand. In seiner literarischen Konzeption vereinen sich verschiedene Elemente: die Vertrautheit mit dem Leben der Arbeiter im rheinisch-westfälischen Industriegebiet, die Überzeugung, daß Alltag und Kampf des arbeitenden Menschen ein würdiger Gegenstand der Literatur sind, der genug an Abenteuerlichkeit und Farbigkeit bietet; Verbundenheit mit der revolutionären Avantgarde und ein Realismus, der sich von ästhetisierenden und elitären Auffassungen ebenso abgrenzt wie von überlieferten Klischees, der Wirklichkeitsnähe, Publikumswirksamkeit und Aufgeschlossenheit gegenüber neuen Gestaltungsmitteln (z. B. Verwendung der Simultantechnik in *Junge Leute in der Stadt*) vereint. *Der Kampf auf der Kille* (nhg. Berlin 1978) führt in den Alltag der Bergarbeiter an der Ruhr. Mit Paul Moll und Heinrich Hambruch zeichnet B. Figuren, die zu den ersten differenziert gestalteten Kommunisten in der deutschen proletarisch-revolutionären Literatur gehören. Reminiszenzen an die Ruhrkämpfe von 1920 geben der in der Gegenwart spielenden Handlung einen geschichtlichen Hintergrund. Die Heldin von *Das Mädchen an der Orga Privat* (Frankfurt a.M. 1930, nhg. Berlin 1960) ist die achtzehnjährige Erna Halbe, in einer mitteldeutschen Arbeiterfamilie aufgewachsen, die ihr Glück als Stenotypistin in Berlin versucht, einen Streik organisiert und schließlich ihre Stellung verliert. B. erzählt ihre Geschichte frisch, locker und unpathetisch, mit Sympathie für seine Heldin, aber auch für ihre Kolleginnen, die der ökonomischen und sexuellen Ausbeutung wehrlos gegenüberstehen. B.s Aufmerksamkeit gilt allen werktätigen Menschen, aber sein sozialer Ort ist die Arbeiterklasse geworden, da sie für ihn die Ideale der Solidarität und der Verteidigung menschlicher Würde verkörpert. Die künstlerischen Fortschritte B.s, die sich in der lebendigen, an H. Fallada erinnernden Gestaltung von Menschen und Milieu zeigen, prägen sich in *Junge Leute in der Stadt* (Berlin, Wien 1932, nhg. Berlin 1958, von der DEFA 1985 verfilmt, Regie K. H. Lotz) weiter aus. Die Zuneigung eines jungen arbeitslosen Chauffeurs zu einer Revuetänzerin wird bei B. zu einer dramatischen Liebesgeschichte, die spannende Unterhaltung bietet und wichtige Zeitprobleme behandelt. In der Gestaltung des Emanuel Roßhaupt zeigt sich besonders das literarische Können B.s. Er erscheint als differenzierte Individualität eines durchschnittlichen jungen Arbeiters. Im Verlaufe eines bewegten Geschehens, das durch rasch wechselnde Schauplätze einer deutschen Großstadt zur Zeit der Weltwirtschaftskrise und zugespitzter sozialer Spannungen führt, findet er die Liebe des Mädchens und seinen Platz im Kampf der Klasse.

W. W.: Der Kurier (E), in: Dreißig neue Erzähler des neuen Deutschland, Hg. W. Herzfelde, Berlin 1932; Strafexpedition Ronsdorferstraße (E), Charkow, Kiew 1933. – *Lit.:* Beiträge, Bd. 2; F. Albrecht: Nachw. zu: Braune: Der Kampf auf der Kille, Die Geschichte einer Woche, Berlin 1978.

Friedrich Albrecht

Brecht, Bertolt

Geb. 10. 2. 1898 in Augsburg; gest. 14. 8. 1956 in Berlin

Sohn eines Kaufmanns. Realgymnasium bis zum Notabitur 1917. Im gleichen Jahr Immatrikulation an der Philosophischen Fakultät der Universität München, im 2. Semester Wechsel zur Medizin. Okt. 1918/Jan. 1919 Militärdienst als Sanitätssoldat in einem Augsburger Reservelazarett. 1918 erste Niederschrift des *Baal* (UA 1923, Leipzig). 1919/20 *Trommeln in der Nacht* (UA 1922, München). 1921 Beginn der Arbeit an *Im Dickicht der Städte* (UA 1923, München). Exmatrikulation Nov. 1921. Die Gedichtsammlung *Bertolt Brechts Hauspostille* lag 1921 fertig vor, erschien jedoch erst 1927 in Berlin. Verleihung des Kleist-Preises 1922. Bearbeitete 1923 mit L. Feuchtwanger Ch. Marlowes *Leben Eduards des Zweiten von England*, 1924 unter B.s Regie in den Münchner Kammerspielen uraufgeführt. 1922 Ehe mit der Sängerin Marianne Zoff. 1924 Übersiedlung nach Berlin. Bekanntschaft mit der Schauspielerin Helene Weigel, die B. nach Scheidung von Zoff 1929 heiratete. In Berlin wurde E. Hauptmann zu seiner ständigen Mitarbeiterin. Auf der Grundlage der *Mahagonny-Gesänge* entstand in Zusammenarbeit mit dem Komponisten K. Weill das Songspiel *Mahagonny*, uraufgeführt unter B.s Regie 1927 bei den Musikfestwochen in Baden-Baden. 1927 Mitglied von Piscators Dramaturgischem Kollektiv am Theater am Nollendorfplatz. Arbeit mit Weill an der *Dreigroschenoper* (UA 1928, Berlin), später an der Oper *Aufstieg und Fall der Stadt Mahagonny* (UA 1930, Leipzig). Experimentierte 1929 mit dem Lehrstücktypus: *Der Lindberghflug* und *Das Badener Lehrstück vom Einverständnis* (UA 1929, Baden-Baden). Nach einer japanischen Vorlage entstand das Lehrstück *Der Jasager.* Diskussionen nach der Uraufführung (1930) veranlaßten ihn zu dem Gegenentwurf *Der Jasager und Der Neinsager.* Zusammenarbeit mit H. Eisler und Kulturorganisationen der Arbeiterbewegung (*Die Maßnahme*, UA 1930, Berlin). 1931 wurde B. von G. Weisenborn und G. Stark zur

Arbeit an der Dramatisierung von M. Gorkis *Mutter* hinzugezogen. Mit einem Kollektiv (S. Dudow, Eisler, Weisenborn) schuf er ein völlig neues Stück (UA 1932, Berlin). 1931 lag *Die heilige Johanna der Schlachthöfe* vor, das keine Bühne in Deutschland mehr aufzuführen wagte (UA 1959, Hamburg). Mit E. Ottwalt schrieb er das Drehbuch zu dem Film *Kuhle Wampe oder Wem gehört die Welt?*, der 1932 in Anwesenheit des Regisseurs Dudow und B.s in Moskau uraufgeführt wurde. Nach dem Reichstagsbrand verließen B. und Weigel am 28. Feb. 1933 Deutschland. Nach kurzen Aufenthalten in Österreich, der Schweiz, Frankreich folgten sie einer Einladung der Schriftstellerin K. Michaelis nach Dänemark. Kauf eines Hauses in Skovsbostrand bei Svendborg. Hier Zusammenarbeit mit ↗ M. Steffin, die ihm in die Emigration gefolgt war, und R. Berlau. 1934 erschienen der Band *Lieder Gedichte Chöre* (Paris) und der *Dreigroschenroman* (Amsterdam). Seit ca. 1935 Materialsammlung zu der Szenenfolge *Furcht und Elend des Dritten Reiches* (UA 1938 u. d. T. *99 %*, Paris). 1938 wandte sich B. wieder dem Roman zu: die Arbeit an *Die Geschäfte des Herrn Julius Cäsar* zog sich bis 1940 hin, der Roman blieb Fragment. 1938 beendete er innerhalb von drei Wochen die dänische Fassung von *Leben des Galilei* (UA 1943, Zürich). 1939 entstand im Rückgriff auf einen Plan von 1926 das Parabelstück *Der gute Mensch von Sezuan* (UA 1943, Zürich). 1939 Übersiedlung nach Schweden auf die Insel Lidingö, wo *Mutter Courage und ihre Kinder* (UA 1941, Zürich) und das Hörspiel *Das Verhör des Lukullus* entstanden (UA 1940, Radio Beromünster). 1940 ging er nach Finnland; die Schriftstellerin H. Wuolijoki lud B. auf ihr Gut Marlebäck in Kausala ein, wo er *Herr Puntila und sein Knecht Matti* (UA 1948, Zürich), das unvollendete Prosawerk *Flüchtlingsgespräche* und *Der aufhaltsame Aufstieg des Arturo Ui* (UA 1958, Stuttgart) schrieb. Nach Erhalt der Einreisepapiere 1941 über Leningrad, Moskau, Wladiwostok in die USA. Wohnsitz in Santa Monica, in der Nähe von Hollywood. Brotarbeit für die Studios von Hollywood. Zu realisieren vermochte B. jedoch nur den antifaschistischen Film *Hangmen Also Die*, mit F. Lang und J. Wexley (1943). Der Filmerfolg ermöglichte ihm, sich wieder dramatischen Arbeiten zuzuwenden: 1942 *Die Gesichte der Simone Machard*, gemeinsam mit Feuchtwanger (UA 1957, Frankfurt a.M.), 1943 *Schweyk im zweiten Weltkrieg* (UA 1957, Warschau), 1944 *Der kaukasische Kreidekreis* (UA 1948, Northfield). Mit dem englischen Schauspieler Ch. Laughton erarbeitete er 1944/45 die amerikanische Fassung von *Leben des Galilei* (UA 1947, Hollywood). Für den 30. Okt. 1947 erhielt B. eine Vorladung vor den »Ausschuß zur Untersuchung unamerikanischer Tätigkeit«. Einen Tag nach dem Verhör verließ er die USA und reiste nach Paris ab. Während des Aufenthalts in der Schweiz (1947/49) entstanden *Kleines Organon für das Theater* und

Bertolt Brecht und Sergej Tretjakow (Berlin 1931)

Die Tage der Commune nach N. Griegs Drama *Die Nieder-lage* (UA 1956, Karl-Marx-Stadt). Auf Einladung des »Kultur-bundes zur demokratischen Erneuerung Deutschlands« reiste B. mit Weigel zur Teilnahme an der Veranstaltungswoche »Berlin und der Frieden« nach Berlin. Ab 1949 in Berlin; das im gleichen Jahr eröffnete »Berliner Ensemble« wurde B.s wesentliche Wirkungsstätte als Regisseur, wo er die im Exil entwickelte Theatermethode unter den neuen gesellschaft-lichen Verhältnissen ausprobierte. Seine Inszenierungen (*Mut-ter Courage und ihre Kinder,* zus. mit E. Engel; *Herr Puntila und sein Knecht Matti,* wieder mit Engel; *Der Hofmeister* von J. M. R. Lenz; *Die Mutter; Der kaukasische Kreidekreis*) wurden internationale Theatererfolge. In seiner Theaterarbeit erwies er sich als einer der bedeutendsten Regisseure des 20. Jh.s. Auf der Basis seiner Methode gelang es ihm, eine neue Theaterkunst und Zuschauerkunst auszubilden. 1953 entstanden *Turandot oder Der Kongreß der Weißwäscher* (UA 1969, Zürich), in dem B. Fabelelemente und Figurenkon-stellationen aus früheren Jahrzehnten mit neuen Einsichten verband. Gleichzeitig arbeitete er an Projekten, die Vorgänge aus jüngster Zeit zum Gegenstand hatten; die Projekte über Leben und Tod A. Einsteins und die Aktivistentat des Hoch-ofenmaurers H. Garbe (*Büsching*) blieben jedoch Entwurf. Seine Hoffnungen und Erfahrungen in dem neuen Staat ka-men vor allem in der Lyrik zum Ausdruck (u. a. *Neue Kinderlieder,* 1950; *Die Erziehung der Hirse,* 1950; *Bucko-wer Elegien,* 1953). Zugleich nahm B. regen Anteil am politischen und kuturellen Leben in der DDR und engagierte sich in der Weltfriedensbewegung. Er kritisierte vor allem im Umfeld des 17. Juni 1953 entschieden die dogmatische Kultur-politik von Partei und Regierung, die viele Künstler abge-stoßen habe, den propagierten flachen Optimismus und die Primitivität der Kunstkritik. Auch die deutsche Arbeiterklasse sah er in ihrem »depraviertesten Zustand«, aber eben als Klasse. Ihr sei der Sozialismus verordnet worden, weil ihr der

eigene Antrieb, die eigene Kraft dazu fehle. Aber einen ver-ordneten Sozialismus hielt er für richtiger als keinen. B.s *Offener Brief an die deutschen Künstler und Schriftsteller* (1951) zählt zu den bedeutendsten Zeugnissen deutscher Pamphlet- und Flugblattliteratur. Dokumentation und Analyse von Ereignissen und Haltungen während Krieg und Faschis-mus leisteten die hauptsächlich in der Exilzeit entstandenen Epigramme zu Fotos, die B. als *Kriegsfibel* (Berlin 1955) herausbrachte. Als Mitglied der AdK hatte B. wesentlichen Anteil am strukturellen Aufbau dieser Institution und der ihr zugeordneten inhaltlichen Aufgaben. Er nutzte seine und die Autorität der Akademie, indem er sich in Kunstdebatten zu Wort meldete und sich gegen einengende Standpunkte wehrte (Barlach-Diskussion, »Faustus«-Debatte).

In B.s Frühwerk dominierte eine gegen herrschende Moral und Ideale gerichtete antibürgerliche Haltung, die sich noch keinen politischen Zielen verpflichtet fühlte. Er huldigte einem Vitalismus, der auch das Asoziale in einer asozialen Welt nicht ausschloß (*Baal*); er demonstrierte das egoistische Glücks-verlangen am Beispiel des Kriegsheimkehrers (*Trommeln in der Nacht*); den Existenzkampf im Dschungel der Großstadt beschrieb er als Kampf an sich (*Im Dickicht der Städte*), und er polemisierte gegen das »große Individuum«, indem er die Auswechselbarkeit des Individuums vorführte (*Mann ist Mann*). Die frühe Lyrik (*Hauspostille*) durchzog das Motiv der Kälte, bei Sympathie für die Schwachen, für die Opfer und Ausgestoßenen der Gesellschaft. Doch bereits hier fragte er, was die Kälte unter den Menschen hervorgerufen habe. Seine Dichtung richtete sich gegen die »faule Mystik« im Leben wie in der Literatur; statt Verzauberung forderte er von der Dich-tung Information und Nützlichkeit. Das Interesse, das das Publikum Sport und Kriminalroman entgegenbrachte, sollte auch von der Kunst beansprucht werden. Als Element für das neue Drama begriff er die Auflösung der Mittelpunktstellung des Individuums, die er durch die Materialschlachten des I. Weltkriegs und die Massenkämpfe der Nachkriegszeit in Frage gestellt sah. Der einzelne erreiche eingreifende Wirkung nur als Repräsentant vieler, über diese Gesichtspunkte vollzog sich der erste Ausbau seiner Vorstellung vom epischen Theater.

In der zweiten Hälfte der 20er Jahre brachte B.s Dichtung die großen Widersprüche der kapitalistischen Gesellschaft und die Bereitschaft des Proletariats zur revolutionären Umgestaltung zum Ausdruck. Er verband sich mit der revolutionären Arbei-terbewegung. Ende der 20er Jahre arbeitete er mit verschie-denen Kulturorganisationen der KPD zusammen. In der Zeit nach 1926 beschäftigte er sich intensiv mit ökonomischen und sozialen Problemen, studierte die marxistischen Klassiker, vor allem das *Kapital* von Marx und Arbeiten von Lenin. Seine Einsicht in den dialektischen Materialismus nutzte er zur Formierung seiner ästhetischen Methode einer nichtaristotelischen Poetik und Dramentechnik. Um ihn bildete sich ein neuer Freundeskreis, zu dem vor allem F. Sternberg, H. Jhering, Weill, Piscator, W. Benjamin, Eisler, K. Korsch, H. Duncker gehörten. Wesentlicher politischer Einfluß ging von Weigel und von B.s Mitarbeiterin Hauptmann aus. Stücke, in denen er die großen ökonomischen Grundkonflikte und Krisen des Kapitalismus in einer neuen dramatischen Gestaltung zeigen wollte, blieben Fragment (*Daniel Drews, Joe Fleischhacker, Der Brotladen*). Zu einem großen Erfolg wurden *Die Dreigroschenoper* und *Aufstieg und Fall der Sadt Mahagonny*; hier stieg er unbekümmert in die Unterhaltungsindustrie ein, brachte aber auch in diesen Werken soziale Probleme zur Sprache und entwickelte wichtige Elemente seines epischen Theaters. Mit den Lehrstücken strebte er einen radikalen Funktionswechsel in der Kunst an und versuchte, ein neues Verhältnis von Kunstproduktion und Kunstkonsumtion, von Spieler und Zuschauer herzustellen. Im Lehrstück ging es ihm darum, das Spiel auf der Basis des dialektischen Materialismus zu einer Trainingsstätte des politisch eingreifenden Denkens zu machen. Seine nichtaristotelische Methode bildete er vielfältig aus und experimentierte sowohl mit dem Typus der Oper, dem Lehrstück wie mit dem großen Schauspiel, der dramatischen Chronik. Auch den Lehrstücktypus selbst formierte er vielfältig. Neben Lehrstücken, die weitgehend »nur für Spieler« gedacht waren (*Der Jasager und Der Neinsager, Die Maßnahme*) benutzte er Elemente der Agitprop-Szene (*Die Mutter*), um sich direkt im politischen Kampf an der Seite des revolutionären Proletariats zu engagieren. Seine Lehrstückversuche veranlaßten ihn auch, mit dem neuen Medium Radio zu experimentieren, das er innerhalb der Veränderung gesellschaftlicher Verhältnisse aus einem Distributionsapparat ohne Konzeption in einen Kommunikationsapparat überführen wollte. Zu Beginn der 30er Jahre setzte sich B. mit seiner Dichtung gegen den immer stärker aufkommenden Faschismus zur Wehr (*Lied vom SA-Mann, Lied vom Klassenfeind, Hitler-Choräle*). Zu einer großangelegten Auseinandersetzung mit der faschistischen Demagogie, besonders der faschistischen Rassenlehre, wurde das Parabelstück *Die Rundköpfe und die Spitzköpfe*, das er 1934 und 1938 abermals umgestaltete (UA in dänischer Sprache 1936, Kopenhagen).

Als B. 1933 ins Exil ging, stand er vor völlig neuen Problemen. In den letzten Jahren der Weimarer Republik hatte er seine Werke und Kunstentwürfe in Zusammenarbeit mit revolutionären Kulturorganisationen und im Gedankenaustausch mit Persönlichkeiten entwickelt, die vom Standpunkt des Marxismus-Leninismus eine Veränderung der Gesellschaft anstrebten. Ausgestoßen vom deutschen Theater, ohne organisatorische Basis in der Arbeiterkulturbewegung, versuchte er unter den veränderten Bedingungen des Exils den Ausbau seiner

nichtaristotelischen Poetik fortzuführen. Auf neue Kampfbedingungen und Methoden lenkte er die Aufmerksamkeit in der Schrift *Fünf Schwierigkeiten beim Schreiben der Wahrheit* (1935), die auch illegal in Deutschland verbreitet wurde. In vielfältigen Projekten und Vorschlägen setzte er sich für die Zusammenarbeit aller Hitlergegner ein und suchte nach Möglichkeiten, die Zusammenarbeit und den Erfahrungsaustausch fortschrittlicher Künstler zu organisieren, um die Entwicklung neuer Darstellungsverfahren in Gang zu halten (so plante er eine »Diderot-Gesellschaft«, die Herausgabe einer antifaschistischen Enzyklopädie). 1935 beteiligte er sich am ersten Internationalen Schriftstellerkongreß zur Verteidigung der Kultur in Paris. Mit analytischer Konsequenz orientierte seine Rede auf einen Punkt: auf die Wurzel des faschistischen Übels, die er in den kapitalistischen Eigentumsverhältnissen sah. In Fortsetzung der Bestrebungen des Pariser Kongresses wurde er Mitherausgeber der in Moskau erscheinenden deutschsprachigen Monatsschrift »Das Wort« (1936/39), gemeinsam mit Feuchtwanger und W. Bredel. Um über die Gefahr des Faschismus aufzuklären und politisch-künstlerische Eingriffsmöglichkeiten für Exiltheatergruppen zu schaffen, schrieb er die Szenenfolge *Furcht und Elend des Dritten Reiches* und das kleine Stück *Die Gewehre der Frau Carrar* (UA 1937, Paris). 1939 erschien in Kopenhagen die Sammlung *Svendborger Gedichte*. Die finsteren Zeiten beschreibend, verwandte er hier erstmals im großen philosophischen Zusammenhang das Motiv der Freundlichkeit. Die Stücke *Leben des Galilei, Mutter Courage und ihre Kinder, Der gute Mensch von Sezuan, Herr Puntila und sein Knecht Matti, Der aufhaltsame Aufstieg des Arturo Ui* demonstrieren die poetische Vielfalt seines dramatischen Schaffens wie die verschiedenen Gestaltungsmöglichkeiten seiner nichtaristotelischen Methode. Die experimentellen Erfahrungen aus den 20er Jahren, Kunst dem Publikum auf eine ganz andere Art und Weise auszuhändigen, wurden hier im Stück selbst, im Fabel- und Figurenaufbau, umgesetzt. So seine materialästhetischen Versuche weiterführend, forderte er mit diesen Stücken zugleich die Ausbildung einer neuen Zuschauerkunst, theoretisch formuliert in *Der Messingkauf* (1939/40), *Kleines Organon für das Theater*. Durch die Werke aus dem skandinavischen Exil erlangte B. weltweit Berühmtheit und wurde in den 50er Jahren als bedeutendster Dramtiker des 20. Jh.s anerkannt.

Im Exil in den USA nahm er die Zusammenarbeit mit Feuchtwanger wieder auf; in ihrem Stück *Die Gesichte der Simone Machard* verwandten sie das Jeanne-d'Arc-Motiv für Vorgänge in dcm von Hitlertruppen besetzten Frankreich. Als eine Broadway-Produktion begann B. die Arbeit an dem Stück *Der kaukasische Kreidekreis*, mit dem er durch vielfältige epische Gestaltungsmittel und poetischen Reichtum dem Parabeltypus eine neue ästhetische Dimension erschloß. Während der Über-

Mit Freunden und Bekannten, Moskau 1935. Von links: S. Michoels, Dsiga Wertow, Erwin Piscator, Gertrud Azossew, Brecht, M. Azossew.

tragung von *Leben des Galilei* ins Englische veranlaßte der Atombombenabwurf auf Hiroshima B., das Stück erneut umzuarbeiten: in der neuen Fassung rückte der Verrat Galileis an der Wissenschaft in den Mittelpunkt der Fabelführung. Es wurde 1947 mit Laughton in der Titelrolle und unter wesentlicher Mitwirkung B.s als Regisseur uraufgeführt. Obwohl nicht ohne Erfolg, wurde das Werk erst nach B.s Tod als das einer ganzen Epoche verstanden.

Der im Exil vorangetriebene Ausbau seiner künstlerischen Methode führte zu einer erweiterten Realismusauffassung. Sie wurde vorgetragen in Auseinandersetzung mit G. Lukács in B.s Schriften und Journaleintragungen Ende der 30er Jahre, in Polemik gegen eine formalistisch gefaßte Dekadenzdefinition, die ausgehend von den »großen Mustern« realistischer Literatur vergangener Jahrhunderte, die Werke von Joyce, Proust, Kafka und Dos Passos verwarf. B. ging es darum, bestimmte Techniken und Kunstmittel für neue gesellschaftliche Zwecke zu nutzen. Er verteidigte eine experimentelle Schreibweise als notwendige Voraussetzung realistischer Literatur. Die von ihm entwickelte Kategorie der Umfunktionierung ermöglichte einen dialektischen Gebrauch formaler Kunstmittel und damit deren Weiterentwicklung innerhalb des Realismus. Seine Methode der Verfremdung, die zu Lebzeiten am meisten um-

stritten blieb, definierte er als ein Element des Realismus. Vorgänge und Handlungen sollten dem Befremden ausgeliefert werden, um verborgene Ursachen, den gesellschaftlichen Kausalnexus aufzuhellen. Verfremdung als Historisierung der Figuren und Vorgänge gehandhabt, um sie in ihrer historischen Entwicklung, ihrer zeit- und klassengebundenen Erscheinung erkennbar zu machen. Die so erreichte größere gesellschaftliche und individuelle Differenzierung sollte zu einem größeren Kunstgenuß führen. Der Ausbau seiner künstlerischen Methode zielte auf ein Realismusverständnis, das davon ausging, den Menschen bei der Lösung von Widersprüchen zu helfen. Zugleich etablierte er mit seiner Ästhetik die Position einer sozialistischen Moderne, in der der Gegensatz von Realismus und Moderne aufgehoben war.

Trotz der Verbundenheit mit der kommunistischen Weltbewegung seiner Zeit und mit der KPD der Weimarer Republik sowie der SED in der DDR, besaß B. als parteiloser Marxist eine sozialistische Position eigenwilliger Prägung. Die Weltanschauung, auch die sozialistische, betrachtete er als »Arbeitshypothese«. Wesentlich war für ihn die materialistische Dialektik als eine Betrachtungsweise der Welt, die durch das Aufzeichnen der umwälzenden Widersprüche das eingreifende Denken ermöglichte, das er als Gegensatz zum »spielerischen Denken«

auffaßte. Eingreifendes Denken bedeutete für ihn »nicht nur in Wirtschaft eingreifendes Denken, sondern vor allem in Hinblick auf Wirtschaft im Denken eingreifendes Denken« (GKBF, Bd. XXI, S. 415). In der Veränderung der Produktionsverhältnisse meinte er das wesentliche Kriterium einer neuen Gesellschaft auszumachen, das ein besseres Zusammenleben der Menschen ermöglicht. Deshalb betrachtete er die Deformationserscheinungen des Sozialismus durch die Herrschaft Stalins als einen vorübergehenden Zustand, der überwunden werden könne, solange die sozialistische ökonomische Basis weiter entwickelt werde. Er kritisierte die Demokratie »alten Stils«, in der das Volk nur gefragt werde, ob es einverstanden sei, was mit ihm gemacht werde. Eine tiefgreifende Lösung sah er in gesellschaftlichen Verhältnissen neuer Art, in denen die Freisetzung menschlicher Produktivität und die Entfaltung menschlicher Wesenskräfte erfolge. Ins Utopische geriet seine Theorie, wo er meinte, daß der Mensch durch Einsicht in den gesellschaftlichen Kausalnexus in der Lage sei, seine dringlichsten Schwierigkeiten und damit sein Schicksal zu meistern.

Ausg.: Stücke, 15 Bde., Berlin und Weimar 1955/68; Gedichte, 9 Bde., Berlin und Weimar 1961/69; Schriften zum Theater, 7 Bde., Berlin und Weimar 1964; Schriften zur Literatur und Kunst, 2 Bde., Berlin und Weimar 1966; Gesammelte Werke in 20 Bänden (und Supplementbd.), Frankfurt a.M. 1967; Schriften zur Politik und Gesellschaft, 2 Bde., Berlin und Weimar 1968; Texte für den Film, Hg. W. Gersch und W. Hecht, 2 Bde., Berlin und Weimar 1971; Prosa, 4 Bde., Berlin und Weimar 1973/75; Werke in fünf Bänden, Hg. W. Mittenzwei (Mitwirkung F. Hoffmann), Berlin und Weimar 1973; Tagebücher 1920–1922. Autobiographische Aufzeichnungen 1920–1954, Hg. H. Ramthun, Berlin und Weimar 1976; Arbeitsjournal 1938–1955, Hg. W. Hecht, Berlin und Weimar 1977; Briefe 1913–1956, Hg. G. Glaeser, 2 Bde., Berlin und Weimar 1983; Werke. Große kommentierte Berliner und Frankfurter Ausgabe (GKBF), Hg. W. Hecht, J. Knopf, W. Mittenzwei, K.-D. Müller in 30 Bdn., Berlin und Weimar/Frankfurt a.M. 1988ff. – *Lit.:* Sinn und Form. Sonderheft Bertolt Brecht, Berlin 1948; Sinn und Form. Zweites Sonderheft Bertolt Brecht, Berlin 1957; H. Ramthun: Bertolt-Brecht-Archiv. Bestandsverzeichnis, 4 Bde., Berlin und Weimar 1969ff.; R. Grimm: Bertolt Brecht, Stuttgart 1971; R. Steinweg: Das Lehrstück, Stuttgart 1972; E. Marsch: Brecht-Kommentar zum lyrischen Werk, München 1974; G. Seidel: Bibliographie Bertolt Brecht. Titelverzeichnis Bd. 1: Deutschsprachige Veröffentlichungen aus den Jahren 1913–1972. Werke von Brecht, Sammlungen, Dramatik (Mitarbeit G. Kunze, mit einem Beiheft), Berlin und Weimar 1975; Brecht in der Kritik. Rezensionen aller Brecht-Uraufführungen, Hg. M. Wyss, München 1977; E. Schumacher: Leben Brechts, Berlin 1978; J. Knopf: Brecht-Handbuch, Theater, Stuttgart 1980; K. Völker (Mitarbeit H.-J. Pullem): Brecht-Kommentar zum dramatischen Werk, München 1983; J. Knopf; Brecht-Handbuch, Lyrik, Prosa, Schriften, Stuttgart 1984; Bertolt Brecht. Epoche – Werk – Wirkung, Hg. K.-D. Müller, München 1985; W. Mittenzwei: Das Leben des Bertolt Brecht oder Der Umgang mit den Welträtseln, 2 Bde., Berlin und Weimar 1986.

Werner Mittenzwei

Bredel, Willi

Geb. 2. 5. 1901 in Hamburg; gest. 27. 10. 1964 in Berlin

Stammte aus einer sozialdemokratischen Arbeiterfamilie, wurde Metalldreher in Hamburg, schloß sich der sozialistischen Arbeiterjugend an, trat 1917 dem Spartakus-Bund, 1919 der KPD bei. 1921 arbeitslos, 1922/23 auf Wanderschaft in Italien, beteiligte sich 1923 am Hamburger Oktoberaufstand und wurde dafür zu zwei Jahren Gefängnis verurteilt; aus der Haftzeit datieren seine ersten literarischen Versuche. Nach seiner Amnestierung 1925 fuhr B. als Reparaturschlosser zur See und verfaßte Korrespondenzen für die kommunistische »Hamburger Volkszeitung«, für die er auch später, als Dreher in der Hamburger Maschinenfabrik Nagel & Kaemp, als Arbeiterkorrespondent aktiv war und deren ständiger Redakteur er 1928 wurde. Führendes Mitglied der Hamburger Ortsgruppe des BPRS und des Volksfilmverbandes. Seine Redakteurstätigkeit brachte ihm 1930/32 eine zweijährige Festungshaft wegen »Vorbereitung zum literarischen Hoch- und Landesverrat« ein, die er als seine »Universitätsjahre« zum Selbststudium und zum Schreiben nutzte (Nachwort in: *Maschinenfabrik N & K*, Berlin 1960, S. 185). 1934 gelang ihm nach 13-monatiger Haft im Konzentrationslager Fuhlsbüttel die Flucht nach Prag; von dort aus ging er 1934 in die UdSSR, wo er zusammen mit B. Brecht und L. Feuchtwanger »Das Wort« herausgab. 1937/39 kämpfte er im Spanischen Bürgerkrieg als Kriegskommissar im Thälmann-Bataillon der XI. Internationalen Brigade. Während des II. Weltkriegs war er politisch und publizistisch-literarisch auf Seiten der Roten Armee aktiv. 1941 gehörte er zu den Gründern des »Nationalkomitees ›Freies Deutschland‹«. Am 5. 5. 1945 kehrte B. als Instrukteur des ZK der KPD nach Deutschland zurück. Er leitete den Kulturbund in Mecklenburg, war Redakteur von »Heute und Morgen« (1947/54) und Chefredakteur der NDL (1953/57), 1954 Mitglied des ZK der SED und seit 1962 Präsident der Deutschen Akademie der Künste.

B. gehört zu den ›klassischen‹ sozialistischen Schriftstellern proletarischer Herkunft, deren literarische Anfänge aus dem Umkreis der Weimarer KPD datieren, die wichtige Beiträge zur antifaschistischen Literatur des Exils leisteten und schließlich beim Aufbau der DDR engagiert waren. Sein aus eigenem Erleben gespeister Romanerstling *Maschinenfabrik N & K* (Wien/Berlin/Zürich 1930) berichtet nach Art der Enthüllungstechnik von Arbeiterkorrespondenzen über Kampf und Niederlage einer kommunistischen Betriebszelle, wobei das heterogene Spektrum der Arbeiter und der Führungsanspruch der KPD-Zelle vorgeführt werden. Dabei steht neben den Machinationen der Betriebsleitung die Auseinandersetzung mit der ›sozialfaschistischen‹ Sozialdemokratie und die Propagie-

*Willi Bredel und Theodor Balk an der
Medianafront, 1937*

rung der Politik der Revolutionären Gewerkschafts-Opposition (RGO) im Zentrum (in den späteren DDR-Ausgaben – Berlin 1960, 1965 – hat B. solche Sozialfaschismus- und SPD-Attacken abgeschwächt). Mit *Rosenhofstraße* veröffentlichte B. 1931 den *Roman einer Hamburger Arbeiterstraße* (Untertitel), einen historisch aufschlußreichen Bericht über eine kommunistische Straßenzelle. Beide Romane riefen in der »Linkskurve« (1931, H. 11; 1932, H. 1, 4) eine heftige Kontroverse über Grundfragen parteilichen Schreibens hervor, in der G. Lukács im Zusammenhang auch seiner Kritik an E. Ottwalt gegen die ›offene‹ Form der Reportage und für geschlossene erzählerische ›Gestaltung‹ von gesellschaftlicher Totalität plädierte, während der Arbeiterschriftsteller O. Gotsche aufgrund von Umfragen unter proletarischen Lesern in Hamburg für B.s Romane Stellung bezog. In seinem folgenden Roman, *Der Eigentumsparagraph* (russisch: Moskau/Leningrad 1933, in deutscher Rückübers. erst: Berlin 1961), versuchte B. dann eine umfassende Gestaltung des Klassenspektrums, um die soziale Demagogie des Nationalsozialismus anzuprangern; hier versuchte er sich in den psychologisierenden Mitteln der individuellen Figurenzeichnung.

In seinem Dokumentarbericht *Die Prüfung*, im exilierten Malik-Verlag erschienen (Prag 1934), den der Autor selbst als eigentlichen Beginn seines Oeuvres ansah, verarbeitete er die eigenen KZ-Erfahrungen und gab frühe, authentische Einblicke in den faschistischen Terror. Dieser *Roman aus einem Konzentrationslager* (Untertitel) handelt vom Aug. 1933 bis März 1934 und berichtet auf unprätentiös-realistische, z. T. auf Dokumentation bedachte Weise von Einzelhaft und Folter, von

Diskussionen der Mitgefangenen und ihren Überlebenstaktiken. Die »Prüfung« liegt nicht zuletzt in der Entscheidung der kommunistischen Kader, so des freigelassenen Funktionärs Kreibel, auch weiterhin ihr Leben im antifaschistischen Kampf zu riskieren. Dabei ist die *Prüfung* kein kommunistischer Agitationsroman im operativen Sinne, sondern ein früher, die Weltöffentlichkeit aufklärender Bericht über die faschistischen Greuel, der dann auch in insgesamt 17 Sprachen übersetzt wurde. – B. führte das Thema des antifaschistischen Kampfes und des kommunistischen Widerstandes in Deutschland während des sowjetischen Exils fort, so in dem 1936 parallel in Moskau/Leningrad (Vegaar), London (Malik) und Basel (Universum) erschienenen Band *Der Spitzel und andere Erzählungen* sowie in *Dein unbekannter Bruder. Roman aus dem III. Reich*, der 1937 in denselben Verlagen erschien. Die Erfahrungen seines Engagements im Spanischen Bürgerkrieg hat B. in der Reportage *Begegnung am Ebro* (Kiew und Paris 1939) sowie in zahlreichen tagespolitischen publizistischen Aufzeichnungen niedergelegt (gesammelt in: *Spanienkrieg*, Hg. M. Hahn, 2 Bde., Berlin und Weimar 1977).

Als B.s Hauptwerk gilt die immer wieder nachgedruckte Roman-Trilogie *Verwandte und Bekannte* (1941/53), ein proletarischer Familienroman über die Entwicklung der deutschen Arbeiterbewegung vom späten 19. Jh. bis zum Ende des Faschismus, die am Beispiel der weitläufigen, über mehrere Generationen hinweg verfolgten Geschichte einer Hamburger Arbeiterfamilie erzählt wird. Der erste Teil, *Die Väter* (Moskau 1943, zuerst in Fortsn. in IL, 1941), über die Zeit zwischen Reichsgründung und I. Weltkrieg gibt ein dichtes und differenziertes Bild unterschiedlichster proletarischer Figuren aus der Frühzeit der sozialistischen Bewegung, von Frauen und Männern, Vätern und Söhnen, die sich zwischen Revolution und Reformismus, Verkleinbürgerlichung und Sozialismus, zwischen Partei und Gewerkschaft, Politik und Alltag bewegen. Der Folgeband, *Die Söhne* (Berlin 1949), setzt die Handlung in die Kriegs- und Revolutionsjahre und die Weimarer Republik fort, wobei B. wegen kompositioneller Schwächen (zunehmend autobiographische Elemente beim Protagonisten Walter Brenten) und politischer Einschätzungen (Rolle von Oktoberrevolution und KPD) in der DDR Kritik erntete (Umarbeitung 1952 und 1960). Mit dem dritten Band, *Die Enkel* (Berlin 1953) – er reicht vom Sieg des Nationalsozialismus 1933 bis zum Sieg der kommunistischen Bewegung und der Vereinigung von SPD und KPD 1946 –, wird die Trilogie perspektivisch abgeschlossen. Insgesamt zieht B. die politische Bilanz einer Epoche, wie es vergleichbar auch H. Marchwitza in den *Kumiaks* unternommen hat, wobei die erzählerische Tradition des Gesellschafts-, Familien- und des Entwicklungsromans adaptiert wird, um sozialistische Perspektiven und Realitäten zu vermitteln. Gelungen ist das am ehesten in den

Vätern, die ein überzeugendes Panorama des proletarischen Lebens im Hamburg der Jahrhundertwende geben, wobei Widersprüche in der Klasse und in den Individuen überzeugend vermittelt und nicht, wie häufig in den Folgebänden, nur rhetorisch oder schematisch aufgelöst werden. – Eine Art thematischer Fortsetzung fand die Trilogie in dem Roman *Ein neues Kapitel* (1. Bd.: Berlin 1959, 2. und 3. Bd.: Berlin und Weimar 1964) über den Aufbau in der DDR. Mit dem Störtebeker-Roman *Die Vitalienbrüder* (Schwerin 1950) versuchte sich B. auch als Jugendbuchautor. – Insgesamt hatte B. mit seinen Werken aus der Weimarer und der Exilzeit einen wichtigen Anteil an der proletarisch-revolutionären und antifaschistisch-sozialistischen Literaturentwicklung, deren auch politische Widersprüchlichkeit sie allerdings bezeugen. So verweisen seine ersten Romane literarhistorisch auf die Kontroverse in der proletarisch-revolutionären Literaturentwicklung um 1930 zwischen offener Form des dokumentierenden Tatsachenmaterials und eher traditionalem Anspruch episch-realistischen Erzählens. Die spätere Roman-Trilogie, die B. vom Standpunkt des in der DDR Erreichten schreibt, ist dagegen der nur in Teilen geglückte Versuch, Traditionen des Entwicklungs- und Familienromans für eine sozialistische Epochenbilanz zu nutzen.

W. W.: Marat der Volksfreund (Abh.), Hamburg 1924; Der Kommissar am Rhein. Historische Erzählungen, Moskau 1940; Scharnhorst, Gneisenau, Clausewitz und die bürgerliche Revolution von 1789 (Abh.), Moskau 1940; Der Moorbauer. Antifaschistische Kurzgeschichten, Moskau 1941; Kurzgeschichten aus Hitlerdeutschland, Moskau 1942; Das schweigende Dorf und andere Erzählungen, Rostock 1948; Ernst Thälmann – Sohn seiner Klasse (Filmdrehbuch, zus. mit M. Tschesno-Hell), 1953; Ernst Thälmann – Führer seiner Klasse (Filmdrehbuch, zus. mit M. Tschesno-Hell) 1955; Das Gastmahl im Dattelgarten (Rb.), Berlin 1956; Auf den Heerstraßen der Zeit (En.), Berlin 1957; Für Dich – Freiheit (Kurzgn., Skn. und Anekdoten), Berlin 1959; Unter Türmen und Masten. Geschichte einer Stadt in Geschichten (gemeint ist Hamburg), Schwerin 1960. – *Ausg.:* Gesammelte Werke in Einzelausgaben, 14 Bde., Berlin und Weimar 1962-76. – *Lit.:* Willi Bredel. Dokumente seines Lebens, Berlin 1961; Sinn und Form. Sonderheft Willi Bredel 1965; V. N. Tokmakov: W. Bredels »Verwandte und Bekannte«, in: Kunst und Literatur, 1959, H. 5, S. 484-509; L. Bock: Willi Bredel. Leben und Werk. Berlin 1967, bearb. Aufl. 1973 (= Schriftsteller der Gegenwart, Bd. 12); M. Beck: Bredel »Die Väter«, in: Der deutschsprachige Roman des 20. Jahrhunderts, Berlin 1969; Beiträge, Bd. 3; F. J. Raddatz: Von der Arbeiterkorrespondenz zur Literatur. Willi Bredel, F. C. Weiskopf, in: Raddatz: Traditionen und Tendenzen. Materialien zur Literatur der DDR, erw. Ausg., Frankfurt a. M. 1976, 2 Bde., Bd. 1; U. Köster: Willi Bredel »Maschinenfabrik N & K«. Politische Praxis und Literaturtheorie 1929-1932, in: Der deutsche Roman im 20. Jahrhundert, Bd. 2, Hg. M. Brauneck, Bamberg 1976, ; K.-H. Höfer: Willi Bredel (Bildb.), Leipzig 1976; M. Hahn: »Dokumentarische Wahrheit erzählend gestalten«. W. Bredel: »Die Prüfung«, in: Erfahrung Exil, Hg. S. Bock/M. Hahn, Berlin und Weimar 1979; L. Winckler: W. Bredel, Die Prüfung: Oder von den Schwierigkeiten literarischer Selbstprüfung, in:

Faschismuskritik und Deutschlandbild im Exilroman, Hg. L. Winckler/ C. Fritsch, Berlin 1981; R. Klettke: Die literarische Ausprägung internationalistischer Positionen bei Willi Bredel, Diss., Potsdam 1983; Willi Bredel – Findbuch des literarischen Nachlasses. Bearb. von G. Weißenfels (mit Primärbibl.), Berlin 1987 (= Schriftenreihe der Akademie der Künste, H. 14).

Walter Fähnders

Brentano, Bernard von

Geb. 15. 10. 1901 in Offenbach a. M.; gest. 29. 12. 1964 in Wiesbaden

Sohn des Zentrumsabgeordneten, später hessischen Justizministers Otto von B. Studierte 1920/25 in Freiburg, München, Frankfurt, Berlin. 1925/1930 im Berliner Büro der »Frankfurter Zeitung«, schrieb für deren Feuilleton Kritiken, Reiseberichte, Essays (z. T. in: *Kapitalismus und schöne Literatur,* Berlin 1930), seit 1930 auch für »Berliner Tageblatt«. 1931 Mitglied der KPD und des BPRS; in dessen Diskussionen berührten sich seine von der Neuen Sachlichkeit kommenden Argumente mit den Positionen B. Brechts und E. Ottwalts. 1929/32 Reisen nach Rom, Paris, Prag, Wien, Wilna, Warschau, Moskau. Apr. 1933 Flucht über Wien nach Küsnacht bei Zürich. 1934 Teilnahme an Gewerkschaftskämpfen in Zürich. Beiträge in »Die Sammlung«, »Maß und Wert«, »Neue Zürcher Zeitung,« »Die Tat« (Zürich), »Nationalzeitung« (Basel). Seit 1934/35 kritisierte er Vorstellungen der Kommunisten von der Diktatur des Proletariats, deren Parteiverständnis als Avantgarde und die unzureichende Auseinandersetzung mit der Niederlage der Arbeiterbewegung von 1933. Seine Wendung, die im Briefwechsel mit Brecht bis 1936 ihren Niederschlag fand, führte ihn in eine zunehmende Distanz zum sozialistischen Exil. B. verstand sich im folgenden als nationaler Demokrat. Beziehungen zu einer Gruppe von Schweizer- und Exilschriftstellern, die sich »École de Zurich« nannte. 1940 stellte er über das Deutsche Generalkonsulat in Zürich an das Auswärtige Amt ein Repatriierungsgesuch. Zur endgültigen Rückkehr kam es nicht, da die deutschen Behörden freie Publikationsmöglichkeit nicht garantierten. Dez. 1940 Besuch in Darmstadt, Heidelberg und Berlin. Die Schweizer Behörden setzten B. bis zum 8. 5. 1944 eine Ausreisefrist, gegen die er sich zur Wehr setzte. 1946 strengte B. einen Beleidigungsprozeß gegen M. Gasser an, der ihn in der Presse als Nazi und rabiaten Antisemiten bezeichnet hatte. Der Prozeß ging für B. günstig aus, da Freunde in der Schweiz (E. Staiger, J. Wirth, J. R. von Salis) ihn als einen deutschen Patrioten klassifizierten und da sich beim Prozeß zudem herausstellte, daß Gasser Mitglied der schweizerischen Nazi-Organisation

»Front« war. 1947 Besuch in Deutschland. 1949 Übersiedlung nach Wiesbaden.

B. begann mit Gedichten, sein umfangreiches Werk umfaßt Romane, Essays, historische Biographien und Stücke. B. gehört zum Typus des Intellektuellen, der sich durch theoretische Verarbeitung von Krisenerfahrung der sozialistischen Literaturbewegung nähert und sie eine zeitlang begleitet. Dieser Zeitraum der Nähe ist markiert durch die zwei essayistischen Werke *Kapitalismus und schöne Literatur* und *Der Beginn der Barbarei in Deutschland* (Berlin 1932) und durch *Berliner Novellen* (Zürich 1934), während *Theodor Chindler. Roman einer deutschen Familie* (Zürich 1936) und *Prozeß ohne Richter* (Amsterdam 1937) bereits Zeugnis der kritischen Loslösung sind. In *Kapitalismus und schöne Literatur* wird der wissenschaftliche Kommunismus als Alternative bezeichnet, wodurch die Krise des Kapitalismus und ihrer Kultur bewältigt und eine neue Funktion der Literatur erreicht werden könne. B. verlangt vom Autor eine forschende Haltung, Suche nach neuen Erkenntnissen, die Eingriffe in die reale Lage ermöglichen. In Berufung auf Brecht fordert er, Kunst als eine Unterabteilung der Pädagogik zu handhaben und wendet sich gegen den psychologischen Roman, der den Menschen nicht aus den Zuständen erkläre. Mit *Beginn der Barbarei in Deutschland* gibt B. eine Bestandsaufnahme der politischen, ökonomischen und kulturellen Verhältnisse in Deutschland, mit der er die Intellektuellen für die Perspektive des Sozialismus gewinnen wollte. Fußend auch auf B.s journalistischer Arbeit, ist das Buch eine Mischung aus sozialer Reportage, Feuilleton, ökonomischer Statistik und Analyse; indem es den Zusammenhang von Imperialismus und Faschismus nachwies, konnte es in bezug auf die soziale Demagogie der Nazis aufklärerisch wirken.

Die *Berliner Novellen* schildern in überraschenden Situationen, wie sich im proletarischen Milieu der Wille zum Widerstand regt. *Theodor Chindler* ist, wie ähnlich dann spätere Romane, angelegt als großer Gesellschafts- und Familenroman über die deutsche Entwicklung seit Beginn des 20. Jh.s; in breiten Nebenhandlungen setzt er sich von tradierten bürgerlichen Wertvorstellungen aus gedanklich mit den Kommunisten auseinander.

Der Roman *Prozeß ohne Richter* kann als eine modellhaft angelegte Antwort auf die stalinschen Säuberungen in der Sowjetunion gelesen werden. In einer an Kafkas Parabelstil geschulten Prosa gibt er ein beklemmendes Bild vom Leben und den verinnerlichten Ängsten in einer nicht näher bezeichneten Diktatur, in der die Protagonisten am eigenen Untergang mitwirken. Eine Kontinuität konservativer Lebenssicht zeichnet B. in der Autobiographie *Du Land der Liebe. Bericht von Abschied und Heimkehr eines Deutschen* (Wiesbaden 1952) als Lebensfazit.

W. W.: Gedichte, Freiburg 1923; Geld (K.), Freiburg 1924; Gedichte an Ophelia, Paderborn 1925; Über den Ernst des Lebens, Berlin 1929; Ansichten haben es in sich, in: Dichter helfen (Nn.), Zürich 1935; Phädra (Sch.), Zürich 1939; Die ewigen Gefühle (R.), Amsterdam 1939; Tagebuch mit Büchern, Zürich 1943; Franziska Scheler (R.), Zürich 1945; Die Schwestern Usedom (R.), Zürich 1948; Streifzüge. Tagebuch mit Büchern NF, Zürich 1948; Wo in Europa ist Deutschland? Bilder aus den zwanziger Jahren, Frankfurt a.M. 1949; Schöne Literatur und öffentliche Meinung (Ess.), Wiesbaden 1962. - *Lit.:* K. A. Horst: Bernard von Brentano, in: Handbuch deutscher Gegenwartsliteratur, Bd. I, Hg. H. Kunisch unter Mitarbeit von H. Hennecke, 2. Aufl. München 1969, S. 145-46; Exil, Bd. 2, S. 110-119; Wer schreibt, handelt, S. 70-73, 201-204.

Ursula Reinhold

Brüning, Elfriede
Geb. 8. 11. 1910 in Berlin

Tochter eines Tischlers. 1916/26 Besuch des Lyzeums, danach Büroangestellte, 1929 Redaktionssekretärin der Zs. »Filmtechnik«. 1930 Eintritt in die KPD. 1932 Mitglied des BPSR, in dem sie nach 1933 illegale Arbeit leistete. Veröffentlichte in den »Neuen Deutschen Blättern« unter dem Ps. Elke Klent. Am 12. 10. 1935 wegen »Vorbereitung zum Hochverrat« festgenommen, kurze Gestapohaft. Nach 1945 Feuilletonredakteurin beim »Sonntag«, seit 1950 freischaffend.

Ab 1926 kleine Berichte, später Glossen, Feuilletons u. ä. in bürgerlichen Zeitungen. Die Thematik dieser Arbeiten führte im BPRS zu dem Vorwurf, nur den »Sonntag« des Lebens darzustellen. Begann daraufhin Berichte und Reportagen für die proletarische Presse zu schreiben, arbeitete im Winter 1932/33 an dem bemerkenswerten Romanerstling *Handwerk hat goldenen Boden*, der jedoch erst 1970 u. d. T. *Kleine Leute* (Halle) erscheinen konnte. An der Lebensgeschichte ihres Vaters orientiert, schildert B. den sozialen Abstieg eines kleinen Handwerksmeisters in der Zeit der Wirtschaftskrise und setzt sich mit kleinbürgerlichen Denk- und Verhaltensweisen auseinander. 1933/34 entstand auf Anregung des BPRS die Liebesgeschichte *Und außerdem ist Sommer* (Leipzig 1934), in deren Hintergrund die Autorin 1934 die illegale Arbeit einer Jugendgruppe anzudeuten versuchte. Während der Haft schrieb sie zur Ablenkung und Tarnung den harmlosen Liebesroman *Junges Herz muß wandern* (Berlin 1936). Nach dem Erscheinen des Romans *Auf schmalem Land* (Leipzig 1938), der den Daseinskampf von auf der Kurischen Nehrung lebenden Fischern schildert, stellte B. ihre schriftstellerische Tätigkeit ein. B. konnte ihren im Romanerstling eingeschlagenen künstlerischen Weg erst nach 1945 fortsetzen.

W. W.: ... damit du weiterlebst (R.), Berlin 1949; Regine Haberkorn (R.), Berlin 1955; Wege und Schicksale. Frauen unserer Zeit (Porträts), Berlin 1962; Kinder ohne Eltern. Aus der Arbeit unserer Jugendfürsorger (Report), Halle 1968; Partnerinnen (En.), Halle 1978; Lästige Zeugen? Tonbandgespräche mit Opfern der Stalinzeit, Halle/Leipzig 1990; Und außerdem war es mein Leben. Aufzeichnungen einer Schriftstellerin, Berlin 1994 - *Lit.:* E. Simons: Eigenes Erleben von der Seele schreiben. Bemerkungen zu literarischem Schaffen von E. Brüning, in: WB, 1984, S. 620-628; R. Eberlein: Untersuchungen zur Darstellung der Persönlichkeitsentwicklung und des Ringens um die Gleichberechtigung der Frau in den Büchern E. Brünings und zu deren Aufnahme durch die Literaturkritik und die Leser der DDR 1950-1983, Diss., Magdeburg 1985.

Marion Vogel

Buch der Freiheit (BdF)

Gedichte von 151 Autoren, davon 49 nicht deutschsprachigen, gesammelt und herausgegeben von ↗ K. Henckell; Berlin 1893; Verlag der Expedition des »Vorwärts«; Berliner Volksblatt; zwei Bände, über 600 S. - Nach der Aufhebung des Sozialistengesetzes initiierte der Verlag eine Neubearbeitung der von R. Lavant 1884 herausgegebenen Anthologie ↗ *Vorwärts!*. Beauftragt damit wurde nicht der ursprüngliche Herausgeber, sondern 1891 Henckell, dessen frühe sozialkritische Lyrik unter dem Sozialistengesetz verboten gewesen war, der in der Sozialdemokratie als »unser Henckell« (E. Schlaikjer) galt. Die Entscheidung gegen Lavant, der A. Bebels Vertrauen besaß, für den 20 Jahre jüngeren Henckell, konnte auch als Geste des Vertrauens und einer angestrebten Übereinstimmung verstanden werden, als Bemühen, nach den Attacken von P. Ernst und W. Liebknecht gegen die Jüngstdeutschen die Zusammenarbeit mit einem ihrer Exponenten fortzusetzen. Ziel der Neubearbeitung der *Vorwärts!*-Anthologie sollte sein, den »guten sozialistischen Inhalt« (*Vorwort*) mit einer höheren ästhetischen Qualität zu verbinden, deren Fehlen Lavant in seiner Einleitung 1884 eingeräumt, aber auch mit dem Kampfcharakter und der besonderen Traditionslosigkeit dieser Dichtung begründet hatte. Zugleich sollte die Neubearbeitung die Anthologie der Möglichkeit staatsanwaltlichen Zugriffs entziehen. Angeregt worden war durch den Verlag eine Sammlung unter dem Titel *Proletarierlieder;* ihre Tendenz sollte sich überdies gegen den beginnenden, offenkundig als bedrohlich empfundenen Einfluß F. Nietzsches in der Literatur richten. Henckell hatte ein kritisches Verhältnis gerade zu den Wirkungen, die von diesem Philosophen ausgingen, wie zu Nietzsche selbst, dessen Rang als Dichter und Denker er zwar anerkannte (»großer Einsamer unter den Winzigen«, »Wortgewaltiger unter den Schwätzern«, »Denkkünstler unter den Plattfüßern«, (in: Henckell: *Gesammelte Werke*, Bd. 4, München 1923, S. 64), dessen Lehre aber Irrtum säe, denn das von Nietzsche denunzierte Mitleid könne auch Tugend der Schwa-

chen, sollte aber vor allem Leidenschaft der Starken sein. Und dieses heroische Mitleid als Metapher für die Verwirklichung des Sozialismus als eines Ideals wollte Henckell verkünden und befördern. Zwar hatte sich der SPD-Parteivorstand eine letzte Entscheidung über die Anthologie vorbehalten, die damit zur offiziösen Parteipublikation wurde, in der Konsequenz akzeptierte er aber die von der Konzeption der Vorlage abweichende Linie des neuen Herausgebers. Das ergab eine Anthologie, in der das Moment des Dokumentarischen zurücktrat zugunsten des ästhetischen Anspruchs, »daß die künstlerisch gelungenste, die dichterisch vornehmste Ausprägung des gesellschaftlichen Befreiungsgedankens schließlich doch immer die im edlen Sinne agitatorisch wirksamste ist« (*Vorwort*). Diesem Prinzip entsprach der gänzliche Verzicht auf Gedichte F. W. Fritzsches, K. F. Frohmes, W. Hasenclevers, M. Kegels, W. L. Rosenbergs, J. Scherrs, L. Seegers und A. Strodtmanns, wofür nun E. Klaar, E. Kreowski und Scaevola neu aufgenommen wurden. Die wesentlichsten Veränderungen in der Grundtendenz der Anthologie wurden jedoch bestimmt durch die erstmalige Einbeziehung der deutschen und österreichischen Klassik. J. W. Goethes *Prometheus* eröffnet BdF, und *Die erste Walpurgisnacht* wird abgedruckt »mit sinnbildlicher Vorwärtsbeziehung auf die neuheidnische Maifeier der Sozialisten« (S. 6). F. Schiller erscheint mit lyrischen Fragmenten als populärer politischer Zitatenspender. Aufgenommen sind auch Texte von A. von Platen, E. Geibel, F. Hebbel oder C. F. Meyer, die keine direkte Beziehung zur sozialistischen Bewegung haben. Hervorstechend ist die starke Repräsentation der zeitgenössischen Dichtung. Dazu gehören neben D. von Liliencron als lyrische Autorität dieser Generation insbesondere H. Conradi, R. Dehmel, H. Hart, O. E. Hartleben, J. H. Mackay, B. Wille und, mit immerhin 36 Gedichten, Henckell selbst. Das war dichterische Selbstdarstellung und gesellschaftliches Bekenntnis in einem. Und schließlich ist über P.-J. Béranger und P. B. Shelley hinaus die weltliterarische Dimension erweitert: G. Byron und R. Burns sind hinzugekommen, H. Drachmann und H. Ibsen, J. Vrchlicky, aber auch I. Turgenjew und A. C. Swinburne, A. Bruant und sogar G. D'Annunzio. Das ergab ein lyrisches Panorama, dessen Grundidee sein sollte »der moderne, ökonomisch-philosophische Freiheitsbegriff in seinen verschiedensten Anwendungen, so wie ihn heute in erster Linie das organisierte Proletariat erfaßt und verkündet hat, einmal als Erbe unerfüllter bürgerlicher Ideale und sodann als Erzeuger und Träger neuer Bewußtseinsforderungen der Menschheit« (*Vorwort*). Mit solchen Vorstellungen entsprach Henckell dem Selbstverständnis der Partei, Vollstrecker zu sein von der Bourgeoisie verratener, in der klassischen deutschen Dichtung exemplarisch ausgedrückter bürgerlich-emanzipatorischer Ideale aus Einsicht in die ökonomisch begründeten Gesetzmäßigkeiten der historischen

Entwicklung. Klug hatte Henckell in seiner Widmung des BdF an die »Hand- und Kopfarbeiter deutscher Zunge« die innerparteiliche Auseinandersetzung um die Intellektuellen in der Sozialdemokratie ebenso einkalkuliert wie eine Multifunktionalität von Kunst in der sozialistischen Bewegung ins Auge gefaßt: als Agitation und unmittelbare Waffe im Kampf, als Verklärung und Verkündigung der Idee, aber auch als Mittel der Erbauung und ideologischen Selbstbestätigung in Krisenzeiten wie als Refugium des Privaten. Zum Konzept des BdF gehörte, daß es sich nicht nur an den sozialistischen Arbeiterleser wandte und ihn durch den Abdruck von Zeugnissen proletarischer Kunstproduktion gleichermaßen in seiner kämpferischen Grundhaltung wie seinem intellektuell-ästhetischen Selbstwertgefühl gegenüber der herrschenden bürgerlichen Literatur bestärkte, sondern daß es auch den literarischen Zeitgenossen ein Muster und einen aus der Literaturgeschichte sinnfällig gemachten Anknüpfungspunkt bieten wollte. Denn nach Henckells Überzeugung hatte Literatur keine Chance öffentlicher Resonanz mehr, wenn sie sich der »allseitigen poetischen Behandlung unserer imponierendsten Gesellschaftsprobleme« entzog, weswegen es darauf ankomme, »Individualismus« und »Sozialismus« dahingehend zu durchdenken, daß schließlich vollendetes Gesellschaftsbewußtsein und vollendete Persönlichkeitsbildung in einem Prozeß, in dem Gerechtigkeit und Freiheit »allmählich siegen müssen«, zusammenfallen (S. 594ff.). Henckell entsprach mit solchen Überlegungen und seinem BdF wesentlichen sozialdemokratischen Vorstellungen auf kulturpolitischem Gebiet, und ihnen blieb er auch nach dem Ende seiner engeren Bindung an die Partei und die in ihr wirkenden Persönlichkeiten treu.

Eike Middell

Büchergilde Gutenberg (BG)

Erste Buchgemeinschaft der organisierten Arbeiterbewegung. Gegründet auf Beschluß des Vertretertags des Bildungsverbandes der Deutschen Buchdrucker (Leipzig, 29. 8. 1924) als Ausdruck des »Kulturwillens« der Arbeiter und als Gegengewicht gegen die bürgerlichen Buchgemeinschaften (vor allem: Volksverband der Bücherfreunde - seit 1919; Deutsche Buchgemeinschaft - seit Apr. 1924). Begann ihre Tätigkeit am 1. 10. 1924 mit 1500 Mitgliedern und brachte Ende Dez. 1924 die erste eigene Veröffentlichung (*Mit heiteren Augen*, Geschichten von M. Twain) heraus. Wirksamkeit bis 2. 5. 1933, als mit der Zerschlagung der Gewerkschaften und der Konfiszierung ihres Eigentums durch die Nationalsozialisten die Deutsche Arbeitsfront diese Arbeiterorganisation usurpierte, nachdem bereits Ende Apr. mehr als 30 Titel (fast ein Drittel

der seit 1929 erschienenen Bücher) entsprechend den faschistischen »schwarzen« Listen für Literatur »nicht mehr geführt« wurden. Die BG setzte ihre Arbeit - von der Schweiz aus - im Exil fort. Nach dem II. Weltkrieg Neugründungen in den westlichen Besatzungszonen bzw. in der BRD (1947, Sitz Frankfurt a.M.) und in der DDR (1949/50, Sitz Berlin, literarischer Leiter: W. Victor).

Die BG lieferte ihren Mitgliedern (Eintrittsgeld: 75 Pf.) für einen Monatsbeitrag von zuerst 75 Pf., ab Okt. 1925 1,- M., ab Feb. 1932 90 Pf., jährlich vier Bücher, zuerst in Form obligatorischer Quartalsbände, ab Okt. 1925 nach freier Wahl. Entsprechend der Entscheidung für Bücher aus drei Kategorien (Standardreihe: 3,- M., Kleine Reihe: 1,50 M., Große Reihe: 4,50 M.) wurden die gezahlten Beiträge verrechnet bzw. zusätzliche Kosten erhoben. Bis März 1933 waren 164 (z.T. zweibändige) Titel erschienen; vier der für das zweite Quartal 1933 angekündigten fünf Bücher konnten nur noch über die Filialen in Prag, Wien und Zürich ausgeliefert werden. Gildenbücher wurden auch über den gewerkschaftlichen Buchmeister-Verlag im Buchhandel zum Preis von 5,- M. verkauft. Die 164 Titel erreichten eine Gesamtauflage von ca. 2,5 Millionen Ex. Entsprechend den Satzungen war es Zweck der Organisation, »ihren Mitgliedern inhaltlich gute Bücher in technisch vollendeter Ausstattung zugänglich zu machen«. Der niedrige Buchpreis resultierte aus dem genossenschaftlichen Charakter der BG: »Der übliche Verlegergewinn wird ausgeschaltet.« »Die Auswahl der Werke obliegt einem literarischen Beirat in Gemeinschaft mit dem Vorstande des Bildungsverbandes.« Geschäftsführer der BG war seit ihrer Gründung der Vorsitzende des Bildungsverbandes der Deutschen Buchdrucker, B. Dreßler (1879-1952). Cheflektoren: bis Mai 1927 E. Preczang, von Juni 1927/Juli 1928 J. Schönherr, von Aug. 1928/33 E. Knauf. Die Mitgliederzahlen beliefen sich auf 10595 (Jan. 1925), ca. 15000 (Juli 1925), 45260 (Feb. 1928), ca. 68000 (Ende 1929), knapp 100000 (Mitte 1932), 80-85000 (Ende 1932/Anfang 33). Wurden anfangs fast nur Arbeiter des graphischen Gewerbes erfaßt (noch 1928 gehörten zwei Drittel der Mitglieder der Buchdruckergewerkschaft an), so konnte die BG später ihren Einfluß wesentlich ausdehnen. Hauptgeschäftsstelle und Verlag zuerst in Leipzig, ab 1926 in Berlin. Geschäftsstellen existierten in den meisten deutschen Großstädten, ebenso in Prag, Wien und Zürich.

Kulturpolitisches Profil und literarisches Programm der BG waren an die Bildungsziele der deutschen Sozialdemokratie angelehnt, die unter den in der Regel hochqualifizierten organisierten Arbeitern des graphischen Gewerbes lebendig waren. Bildung wurde als wichtige Voraussetzung zur Befähigung der Arbeiterklasse verstanden, die Macht im Staat zu übernehmen; Kunst und Literatur der Vergangenheit und Gegenwart galten als geistige und emotionale Anregung, sich der gesellschaftlichen Widersprüche bewußter zu werden und den Kampf um sozialen Fortschritt zu aktivieren. In diese Auffassungen waren Mitte der 20er Jahre unter dem Einfluß des Reformismus jedoch veränderte Zielvorstellungen eingeflossen, wodurch die allgemein-humanistischen Erziehungsimpulse gegenüber den Anstößen für den Klassenkampf dominierten. Dabei trat der Anspruch auf Erbauung und Erhebung, Wissenserweiterung und Unterhaltung, abgehoben von einer revolutionären politischen Strategie (die jedoch nicht selten in Losungsbegriffen weiterbehauptet wurde), in den Vordergrund.

Die Tätigkeit der BG vollzog sich im Wirkungsfeld solcher Widersprüche zwischen bewußter Aufgabenstellungen im Klassenkampf und davon relativ unabhängiger (z.T. von zunftgemäßen Anliegen der Buchdrucker hergeleiteter) kultureller Bildungs- und Erziehungsarbeit. In diesem Rahmen entwickelte sie sich zu einer der aktivsten kulturellen Arbeiterorganisationen in der Weimarer Republik. Dabei war der organisatorische Faktor entscheidend. Es gab ein weitverzweigtes Netz von Vertrauensleuten, »Kulturpionieren der proletarischen Literatur« (»Die Büchergilde«, 1932, H. 4), angeleitet von dem Mitteilungsblatt »Der Gildenfreund«. Mit ihrer Hilfe sowie durch die kultur- und kunstpropagandistische, werbende Tätigkeit vieler Mitglieder wurde eine Klassenorganisation aufgebaut, die sich als Gegengewicht gegen die bürgerliche Kultur, insbesondere gegen den kapitalistischen Literaturmarkt, verstand und – mit unterschiedlicher Konsequenz – Klassenbewußtsein und Solidarität der Arbeiter entwickeln half. Das Profil der BG war gekennzeichnet vom differenzierten Selbstverständnis einzelner Funktionäre und Mitglieder, unter denen die verschiedenen politischen Strömungen der Gewerkschaftsbewegung und der Sozialdemokratie vertreten waren; es kam in zwei Hauptentwicklungsetappen auf unterschiedliche Weise zum Ausdruck. Die erste Phase umfaßte die Jahre bis 1928, in denen vor allem auf eine »Kulturarbeit im geistigen Sinne« orientiert wurde, in Richtung »kultureller Erlösung und Erhöhung« durch »Werke ... voll unbestechlicher Wahrheit und darum auch ohne jede parteipolitische Tendenz« (»Die Büchergilde«, 1925, H. 7, 8). In der zweiten Phase, ab 1929, traten unter dem Cheflektor Knauf deutlicher Komponenten einer Buchgemeinschaft hervor, mit deren Hilfe »eine neue Literatur produziert und verbreitet werden soll, die dem Aufbau einer neuen Gesellschaftsordnung dient« (ebd., 1930, H. 3).

Die Buchveröffentlichungen der BG konzentrierten sich in der Gründungsphase zuerst auf Autoren, die als Vertreter der deutschen Arbeiterdichtung galten und als solche propagiert wurden: Preczang (4 Titel), M. Barthel (3 Titel), B. Schönlank, 1927/28 ergänzt durch Prosawerke der jüngeren Vergangenheit mit sozialer Thematik (M. Kretzer: *Meister Timpe*; Novellen von L. Anzengruber). Seit 1927 bemühte man sich auch, jungen Autoren, die sich der Arbeiterklasse verbunden fühlten, Publikationsmöglichkeiten zu geben: Schönherr, K. Schröder, Victor. Auch O. M. Graf wurde in den Anfangsjahren mit zwei Büchern (u.a. *Wir sind Gefangene*) dem Arbeiterleser nahegebracht. Weiteres Interesse galt der internationalen sozialistischen bzw. sozial engagierten Gegenwartsliteratur. 1927 erschienen Reisebeschreibungen von M. Andersen Nexö, im Folgejahr Romane des Dänen Povlsen und des Franzosen Reuze; bereits 1926 war – auf Grund eines Lizenzvertrags mit dem Universitas-Verlag – eine Jack-London-Volksausgabe (28 Bde.) begründet worden. Im gleichen Jahr veröffentlichte die BG das erste Buch von B. Traven (*Das Totenschiff*), der seitdem ihr wichtigster Stammautor wurde (bis 1931: 9 Titel) und über sie Weltruhm erlangte. In den Quartals- und Auswahlbänden der ersten Jahre waren neben Gedichten und Romanen auch alte und neue Märchen vertreten; einen relativ hohen Anteil hatte die Kurzprosa (Novellen, Erzählungen, Skizzen). Weiter erschienen Reiseberichte, Anthologien und Sachbücher. – Unter dem Cheflektorat von Knauf wurde auf diesem Fundament aufgebaut und das breite Spektrum der Editionen erweitert, in dem sozial engagierte Bücher über fremde Länder sowie politische und populärwissenschaftliche Schriften (z.B. *Das Brahmanenland im Frühlicht* des linkssozialistischen ADGB-Sekretärs F. J. Furtwängler (1894–1965), *Sport und Arbeitersport* von H. Wagner, *Geschlecht und Liebe* von M. Hodann), auch die Graphik-Mappe *Mein Vorurteil gegen diese Zeit* von K. Rössing einen festen Platz hatten. Die anläßlich des Marx-Jubiläums 1933 vorbereitete Herausgabe von G. Plechanows *Marxismus und Geschichte* kam nicht mehr zustande. Auf dem Gebiet der Belletristik – hier stellte die Gilde auch nach 1929 eine Reihe humoristischer Texte sowie, z.T. in Übersetzungen, recht beschauliche Romane vor – trat die Arbeiterdichtung vom Angebot und vom Begriff her zurück, wurde die ausdrücklich als sozialistisch oder proletarisch bezeichnete, vom »Standpunkt des marxistisch orientierten Sozialisten« (ebd., 1931, H. 4) aus geschriebene Literatur immer deutlicher ins Zentrum gerückt. Das Gildenprogramm des Jahres 1932 z.B. manifestierte in seiner Gesamtstruktur eine deutlich von kämpferischen Positionen geprägte kultur- und kunstpolitische Antwort auf die Zuspitzung der Klassenwidersprüche in Deutschland. Die Förderung sozialistischer Gegenwartsliteratur, die mit der Schilderung historischer und aktueller Vorgänge auf die Entwicklung proletarischen Klassenbewußtseins zielte, zeigte sich in der Herausgabe weiterer Bücher von Schröder (*Klasse im Kampf*, 1932) und Victor (*General und die Frauen*, 1932); und sie manifestierte sich in den kunsthistorischen, editorischen und literarischen Bemühungen Knaufs selbst. Er legte gleich zu Beginn seiner Lektorentätigkeit eine Reihe »Künstlerprofile von Daumier bis Kollwitz« vor (*Empörung und Gestaltung*), gab eine Sammlung von Aufsätzen Eisners heraus (*Welt werde froh!*) und publizierte seinen Reportageroman *Ça ira!*. Zwischen 1929/32 erschienen außerdem Märchen von L. Tetzner, der Erstlingsroman des sozialistischen Volksschullehrers R. Daumann (1896-1957), *Der Streik*, sowie, unter dem Titel *Kohlenpott*, Ruhr-Reportagen des kommunistischen Journalisten G. Schwarz (1896-1943), der sich 1933 von der Arbeiterbewegung lossagte. Mit Lizenzausgaben der Romane *Der Streit um den Sergeanten Grischa* (1929) und *Junge Frau von 1914* (1932) brachte die BG das Werk A. Zweigs dem Arbeiterleser nahe. Verstärkt wurde auch das Bemühen um die außerhalb Deutschlands entstandene und entstehende sozialistische und andere fortschrittliche Gegenwartsliteratur. Neben Traven und London wurde Andersen Nexö zu einem der meistedierten Autoren; 1929 begann eine Volksausgabe seiner Werke (5 Titel). Im gleichen Jahr übernahm die BG den Vertrieb der Romane des Spaniers Ibanez und brachte von ihm bis 1932 6 Titel heraus. Neben den Romanen *Die Kluft* der englischen Gewerkschafterin E. Wilkinson und *Der vergitterte Spiegel* des tschechischen Kommunisten I. Olbracht wurden U. Sinclair mit *Boston* und *So macht man Dollars* (Lizenzen vom Malik-Verlag) und S. Lewis mit *Babbit* (Lizenz vom Transmare-Verlag) ins Gildenprogramm aufgenommen. Auf Knaufs Initiative erschienen ab 1929 8 Titel russischer und sowjetischer Autoren, die vor allem über Traditionen der russischen Geschichte und Arbeiterbewegung – z.T. in Memoirenform – informierten oder den sowjetischen Alltag der 20er Jahre schilderten (u.a. Karpow: *Die fünfte Liebe*; der Erzählungsband *Die Stiefel des Zaren* von Sostschenko; Peregudow: *Die Porzellanstadt*). Die Auswahl dieser Werke sowie ihre Kommentierung in Einleitungstexten oder Ankündigungen war getragen von Zustimmung zur Oktoberrevolution – »die größte Revolution der Weltgeschichte« (ebd., 1933, H. 1) –, bejahte, z.T. zurückhaltend, die Grundprinzipien des Sowjetstaats und ging davon aus, daß die sowjetischen Schriftsteller »Pioniere« sind und »die Sprache des Vortrupps« reden (ebd., 1933, H. 4). Als bedeutsam erwies sich schließlich das Bestreben, den Lesern auch die klassische und kritisch-realistische Literatur des 18. und 19. Jhs. nahezubringen. Das belegen – nach Dickens' *Oliver Twist* (1928) – bibliophile Bände mit Schiller-Gedichten bzw. Goethes *Faust* (1932), eine Neuübersetzung von de Costers *Thyl Uhlenspiegel* (1929) sowie eine Volksausgabe der Werke Dostojewskis (10 Bde., 1929/30), die auf früher im Verlag Ladyschnikow erschienene (nicht auf die von Moeller van den Bruck und Mereshkowski für die Werkedition bei Piper initiierten) Übersetzungen zurückging, und die zehnbändige Jubiläumsausgabe der Werke Goethes (1932).

Zu den herausragenden Leistungen der BG gehörte neben der Förderung und Verbreitung sozialistischer und anderer humanistischer Literatur die hohe Qualität buchkünstlerischer Gestaltung der Bände. Ausgeschöpft wurden dabei in vielfältiger Form die Möglichkeiten einer fabrikmäßigen Umsetzung der besten Traditionen und neuen Errungenschaften des graphischen Gewerbes. Hohes handwerkliches Können war darauf gerichtet, Papier, Einband (Leinen), Schriftgestaltung, Typographie, Illustrationen, Buchschmuck und Druck als künstlerische Einheit materialgerecht zur Geltung zu bringen und so Geschmack und Schönheitssinn der werktätigen Leser zu fördern. Damit wurde ein Gegenbeispiel zu der mit geringwertigen Halbledereinbänden und Goldschnittprunk angestrebten »Demokratisierung des Luxus« geschaffen, wie sie die bürgerlichen Buchgemeinschaften propagierten. Die meisten Bände wurden in der verbandseigenen Buchdruckerwerkstätte hergestellt, die einen Stamm hervorragend geschulter, zu schöpferischer Arbeit ausgebildeter Kräfte besaß. Für die Ausstattung und Illustration zog man Fachleute der Leipziger Hochschule für Graphik und Buchkunst und der Buchdrucker-Lehranstalt – wie R. Dörwald, H. Hauschild oder C. Reibetanz – heran, ebenso Künstler aus dem Umfeld des Bauhauses – z.B. Jan (Ivan) Tschichold. Seit 1929 stützte sich Knauf verstärkt auch auf jüngere Künstler wie E. Ohser (Ps. E. O. Plauen) oder F. Winkler. So wurden über die Bücher der BG auch die Graphik (z.B. Radierungen, Holzschnitte und Zeichnungen von Daumier, M. Pechstein und F. Masereel, von Rössing, M. Schwimmer, A. Kubin, O. R. Schatz) sowie moderne Methoden der Fotoillustration verbreitet. Seit Einführung des Wettbewerbs um »Die schönsten Bücher des Jahres« (1929) war die BG jährlich mit zwei bis drei neuen Bänden unter den Preisträgern.

Die Arbeit der BG wurde, in Übereinstimmung mit den Satzungen von 1924, im Exil fortgesetzt. Auf Initiative des Leiters der Züricher Filiale, J. Wieder, übernahm der schweizerische Sozialdemokrat H. Oprecht, Bruder des Verlegers E. Oprecht, am 16. Mai 1933 die Leitung des Unternehmens. Wenig später brachte auch der bisherige Geschäftsführer, Dreßler, der im Mai 1933 von den Nazis verhaftet worden war und ein halbes Jahr später emigrieren konnte, seine Erfahrungen in die Arbeit ein. Gestützt auf die zuerst ca. 5000 Gilden-Mitglieder in der Schweiz sowie die bis 1938 weiterbestehenden Geschäftsstellen in Wien und Prag erwuchs die politische und verlegerische Leistung der BG im Exil in den ersten Jahren aus gemeinsamen Anstrengungen von deutschen Emigranten und schweizerischen Gewerkschaften und Genossenschaften. Wesentlicher Inhalt der Tätigkeit war antifaschistische Aufklärungsarbeit nicht zuletzt auch in jenen Bevölkerungskreisen (Handwerker, Bauern, Intellektuelle), die von der poliischen Propaganda nicht oder nur bedingt erreicht wurden. Mitte 1936 besaß die »Genossenschaft Büchergilde Gutenberg Zürich« 25000, 1938 40 000 Mitglieder, etwa die Hälfte davon in der Schweiz. Ihre Angebotsliste umfaßte 1936 wieder 59 Titel; zur Auswahl standen anfangs auch Bände, die im Apr. 1933 unter dem Druck der Nationalsozialisten von der Auswahlliste gestrichen worden waren und die Dreßler in die Auslandsfilialen verlagert hatte, auch der in Berlin nicht mehr ausgelieferte Roman *Der große Befehl* von Schönherr. Fortgeführt wurde vor allem die Tradition der Herausgabe von Werken Travens (6 alte, 4 neue Titel); und mit Preczang und Tetzner (je 2 Titel) konnten emigrierte Schriftsteller des bisherigen Autorenstamms neue Werke veröffentlichen. Antifaschistisches Engagement und das Bemühungen um eine deutsche Volksfront zeigen sich im Erscheinen von zehn weiteren Büchern von Emigranten – in eigener Regie oder als Lizenzausgaben – u.a. 1934 *Ein ernstes Leben* von H. Mann und *Die Kumiaks* von H. Marchwitza, 1936 *Ein Jahr im Schatten* von H. Zur Mühlen, 1937 *Prozeß ohne Richter* von B. von Brentano, 1938 *Pardon wird nicht gegeben* von A. Döblin und der Erlebnisbericht *Spanien zwischen Tod und Geburt* des jugoslawischen Kommunisten und früheren BPRS-Mitglieds O. Biha (d.i. Oto Bihalji), der ein Jahr zuvor unter dem Ps. Peter Merin erschienen war, 1943 auch *Der Weg ins Freie* von A. Siemsen. 1935 wurde W. Ilberg bei einem Preisausschreiben der BG für seinen Erstlingsroman *Die Fahne der Witwe Grasbach* ausgezeichnet; eine Veröffentlichung erfolgte allerdings nicht. An ausländischen Autoren wurden jetzt u.a. auch A. Malraux, Čapek, R. Rolland, Silone, und T. de Vries verlegt, und Fortsetzung erfuhr die Edition sowjetischer Literatur; es erschienen Werke von M. Scholochow (*Neuland unterm Pflug*, 1933; *Der stille Don*, 1943) und Gorki (*Meine Kindheit*, 1936; *Unter fremden Menschen*, 1937; *Wanderer im Morgen*, 1938). – Ab 1937 wurden die Neuveröffentlichungen schrittweise immer stärker im Sinne eines bürgerlichen Verlagsprogramms für einen heterogenen Abonnentenkreis ausgewählt, der 1945 über 100 000 Mitglieder zählte. Jetzt erschienen auch in größerem Umfang als vorher Bücher schweizerischer Autoren und literarische Werke der Vergangenheit – Cervantes, Dickens und Mörike, Gogol, Stendhal und Flaubert, Keller, Jacobsen und Stifter (1937: Gründung einer »Gildenbibliothek der Weltliteratur«). Bis Kriegsende brachte diese Exilorganisation insgesamt ca. 260 Titel heraus. Zu den ständigen Publikationen der BG gehörte ihre Monats-Zs. »Die Büchergilde«. Sie erschien seit Feb. 1925 16-seitig (1931: 32-seitig) im Format 15,5 x 21,5 cm (ab 1931: 17 x 24 cm). Von Anfang an reich illustriert, übernahm sie Aufgaben einer kleinen, geschmackvoll gestalteten Kunstzeitschrift, indem sie die Gildenmitglieder mit der Kunst der Vergangenheit (Dürer, Michelangelo, Daumier, Goya u.a.) und dem Schaffen fortschrittlicher zeitgenössischer Künstler aus vielen Ländern bekanntmachte. Neben den bereits als Illustratoren oder Ausstatter genannten Künstlern waren hier u.a.

Titelblatt Heft 3/1926

vertreten: M. Slevogt, P. Picasso, K. Kollwitz, D. Rivera, O. Kokoschka, M. Chagall, E. Nolde, O. Dix, M. Schlichter. – Der Inhalt war wesentlich darauf konzentriert, die Bücher durch Ankündigungen, Probedrucke, biographische und autobiographische Mitteilungen sowie Beiträge und Illustrationen über das thematische oder nationalliterarische Umfeld der neuen Produktionen vorzustellen. So entstanden teilweise Hefte monographischen Charakters, z.B. zu A. T. Wegner (1926, H. 8) oder Barthel (1926, H. 11), bzw. thematische Hefte, z.B. zur Natur als literarischem Gegenstand (1925, H. 6; 1928, H. 7; 1932, H. 8), zum Theater (1928, H. 1), zur Welt des Kindes (1928, H. 5), zu Traven und der proletarischen Kunst in Mexiko (1929, H. 3), zur russischen und sowjetischen sowie zur tschechischen Kunst und Literatur (1929, H. 8; 1932, H. 9) oder zu China (1932, H. 1). Veröffentlicht wurden auch Gedichte und Kurzprosa anderer Autoren (z.B. von K. Kläber und W. Bauer); dabei handelte es sich z.T. um Einsendungen von BG-Mitgliedern. Bis 1928 nahmen Artikel über die *Seele des Buches* (Überschrift in: 1927, H. 3) und seine typographische Schönheit sowie Beiträge über klassische und moderne Kunst, über Architektur und industrielle Formgebung einen relativ breiten Raum ein. Kunsttheoretische Aufsätze erschienen bis 1928 nur sporadisch; sie blieben in der Regel relativ unverbindlich. – Unter der Redaktion von Knauf wurden in Artikeln und Buchankündigungen die proletarische Literatur und ihr »Kampfcharakter« (F. Rosenfeld in 1929, H. 8) neben dem Bildungs- und Unterhaltungsanspruch mehr und vor allem konkreter, bezogen auf die Aufgabe zur Veränderung der bestehenden Gesellschaftsordnung, in den Vordergrund gerückt und der Marxismus als weltanschaulicher Ausgangspunkt, der historische Materialismus als Methode zur Beurteilung geschichtlicher Vorgänge und künstlerischer Gestaltung verstärkt propagiert. Noch im Jan. 1933 erschien der Aufruf zu einem Literarischen Wettbewerb; er zielte auf »den Gegenwartsroman, … der in seiner Idee den Geist der freien deutschen Arbeiterbewegung nicht verleugnet«. Im Mai-Heft dieses Jahres (redaktionell verantwortet von Schönherr i. V.) unterwirft sich die Redaktion erstmals nationalsozialistischen Sprachregelungen. Nach einem Provisorium im Juni (dort hieß es, daß »viele der bisher erschienenen Bücher … nicht dem Wesen des deutschen Geistes« entsprochen hätten und daß zu viele »fremdländische und fremdstämmige Autoren« veröffentlicht worden wären) usurpierten die Nazis im Juli 1933 auch die Zeitschrift. Einzelne Autoren der BG und ihrer Zeitschrift (unter ihnen Barthel, ab Aug. 1933 zeitweilig Lektor und Schriftleiter der »Büchergilde«) stellten sich der nationalsozialistisch gleichgeschalteten Buchgemeinschaft zur Verfügung. – Die »Genossenschaft Büchergilde Gutenberg Zürich« gab, ab Juni 1933, gleichfalls eine Mitgliederzeitschrift unter dem bisherigen Titel und mit dem traditionellen Profil heraus (Schriftleiter: F. Latal). Im ersten Heft – eine deutliche Kampfansage an den Faschismus – erschien u. a. E. Weinerts Gedicht *An einen deutschen Arbeiterjungen* unter dem Ps. Erhard Winzer.

Lit.: Die Büchergilde, Jg. 1, 1925 bis 9, 1933, Leipzig und (ab 1926, H. 3) Berlin; Gildenalmanach, Jg. 1, 1945, Zürich; H. Dreßler: Werden und Wirken der Büchergilde Gutenberg, Zürich o. J. (1946); Bücher voll guten Geistes. 30 Jahre Büchergilde Gutenberg, Frankfurt a.M. 1954; Bücher voll guten Geistes. 40 Jahre Büchergilde Gutenberg, Frankfurt a.M. 1964; H. Heinz: Die Büchergilde Gutenberg 1924–1933, in: Marginalien, 37. Heft, Berlin 1970; M. Buhnemann/T. Friedrich: Zur Geschichte der Buchgemeinschaften der Arbeiterbewegung in der Weimarer Republik, in: Wem gehört die Welt – Kunst und Gesellschaft in der Weimarer Republik, Berlin-West 1977; H. Bunke/H. Stern: Buchgestaltung für die Literatur der Arbeiterklasse 1918–1933, Leipzig 1982; H. Bunke: Bücher für Arbeiter in der Weltwirtschaftskrise. Büchergilde Gutenberg von 1924 bis 1933, in: Börsenblatt für den deutschen Buchhandel, Leipzig, 1984, Nr. 35; 60 Jahre Büchergilde Gutenberg 1924–1984, Frankfurt a.M. 1984; B. Messerschmidt: »Von Deutschland herübergekommen«. Die Vertreibung des freiheitlichen Gildengeistes 1933, in: Exilforschung, Bd. 3, München 1985.

Manfred Nössig

(Der) Bücherkreis (BK)

Buchgemeinschaft der organisierten Arbeiterbewegung; gegründet im Herbst 1924 auf Anregung des Reichsausschusses für sozialistische Bildungsarbeit der SPD und in Anlehnung an den Parteiverlag J. H. W. Dietz, der auch die ersten acht Editionen unter seinem Namen für diese Organisation herausbrachte. Trat im Okt. 1924 mit der Zs. »Der Bücherkreis« an die Öffentlichkeit, zwei Monate später erschien als erstes Buch eine Anthologie *Das 19. Jahrhundert in der Karikatur.* Der BK, in der jedermann gegen einen Eintrittsbetrag von 1,- Mark Mitglied werden konnte, wurde genossenschaftlich in Form einer GmbH betrieben. Die Verbindung zwischen der Berliner Hauptgeschäftsstelle und den Mitgliedergruppen wurde durch Obleute hergestellt, die auch Werbeabende veranstalteten. Als Zahl- und Verteilungsstellen fungierten z.T. örtliche Buchhandlungen, Zeitungsbüros und Literaturvertriebsabteilungen der SPD. Die Mitglieder (1926: 33000; 1927: 44500; 1932: schätzungsweise 30000) erhielten für einen Monatsbeitrag von 1,- M. (ab 1932: 90 Pf.) vierteljährlich ein Buch, zuerst in Form eines Pflichtbandes; ab 1927 konnte unter jeweils zwei Neuerscheinungen, ab 1929 aus dem gesamten Angebot (Ende 1928: 25 Titel; 1933: 69 Titel) ausgewählt werden. 1924/33 setzte der BK ca. 1 1/4 Millionen Bände ab. – Als Führungsgremium wurde ein leitender Ausschuß berufen. Ihm gehörten die sozialdemokratischen Funktionäre A. Crispien (einer der Vorsitzenden der SPD), A. Horlitz und Dr. R. Lohmann (ab 1930: A. Rupprecht) an. Im literarischen Beirat waren die Schriftsteller M. Andersen Nexö (bis Mai 1926), A. Holz und K. Henckell, der Maler H. Baluschek sowie P. Kampffmeyer als literarischer Leiter des Dietz-Verlages. Als literarischer Leiter des BK und Redakteur seiner Zeitschrift, die den Mitgliedern kostenlos zugestellt wurde, wirkten F. ↗ Wendel (bis 1928) und K. ↗ Schröder (1929/33).

Das literarische Programm war eingeschränkt auf belletristische, politische und populärwissenschaftliche Werke von Gegenwartsautoren; in drei Fällen wurde auf sozialkritische Romane vom Ende des 19. Jh.s zurückgegriffen. Der kultur- und literaturpolitische Kurs entsprach bis 1928 weitgehend der offiziellen Bildungs- und Kulturkonzeption der Sozialdemokratie; später gewannen Anschauungen linker Sozialdemokraten Einfluß. Vom Umfang der Veröffentlichungen, von der verlegerischen Aktivität und von der literarischen Qualität der meisten Bücher her vermochte der BK die Bedeutung der Büchergilde Gutenberg oder der Universum-Bücherei für Alle nicht zu erreichen. Am 2. Mai 1933, mit der Beschlagnahme der Betriebe und des Vermögens der SPD durch die nationalsozialistische Regierung, mußte der BK seine Tätigkeit endgültig einstellen, nachdem ein Vierteljahr zuvor die letzte Zeitschriften-Nummer und einen reichlichen Monat zuvor das letzte Buch erschienen waren.

Von Anfang an standen bei den Publikationen soziale und politische Themen im Vordergrund, wobei bis 1928 Einflüsse und Nachwirkungen des Naturalismus stark wirksam waren. Neben ausländischen Autoren dieser Traditionslinie (Gebrüder Goncourt, C. Lemonnier, J. Aakjär, A.M. de Jong) standen Werke sogenannter Arbeiterdichter wie M. Barthel (*Der Mensch am Kreuz, Putsch, Aufstieg der Begabten*) und B. Schönlank (*Agnes*) sowie eine Neuauflage des Romans *Der Baldamus und seine Streiche* (1912) von O. Wöhrle (1890–1946). Veröffentlichungsmöglichkeit erhielten auch P. Zech (*Die Geschichte einer armen Johanna*, 1925) und F. Wolf (*Kreatur*, 1926) sowie als Debütant Schröder (*Der Sprung über den Schatten*, 1928). Weiter erschienen 1925 die Romane *Sühne* von Andersen Nexö und *Der Sohn der Nonne* (d.i. Bd. 1 von *Matwej Koshemjakin*) von M. Gorki. Neben einigen historischen und populärwissenschaftlichen Darstellungen in der Tradition der Arbeiterbildung vom Jahrhundertbeginn (z.B. von W. Bölsche) brachte man Memoiren sozialdemokratischer Funktionäre wie E. Bernstein, Kampffmeyer und H. Müller (Reichskanzler 1920/22 und 1928/30) über die politischen Kämpfe am Ende des 19.Jh.s bzw. über die Novemberrevolution von 1918. – Unter Leitung von Schröder profilierte sich der BK ab 1929/30 entsprechend seinem gegen den Begriff der Arbeiterdichtung gesetzten Konzept einer »proletarischen Dichtung« und verstand sich als »Instrument der Verbreitung proletarisch-sozialistischer Gegenwartsliteratur« (in: *Jahrbuch der Deutschen Sozialdemokratie für 1928*). Das *Vier-Männer-Buch* vereinigte 1929 »Erlebnis-Novellen« der von Schröder im Vorwort als proletarische Dichter vorgestellten Schriftsteller M. Barthel, F. Jung, A. Scharrer und O. Wöhrle. Von Scharrer und Jung, die zu dieser Zeit ihre linksradikale Vergangenheit, die sie mit Schröder gemeinsam hatten, auf unterschiedliche Weise verarbeiteten, erschienen auch die Romane *Aus der Art geschlagen* (1930) bzw. *Hausierer* (1931). Überhaupt wurden verstärkt belletristische Werke herausgebracht, die die Klassenkämpfe seit 1918, vor allem aktuelle Themen, behandelten, dabei das herrschende Gesellschaftssystem pronociert kritisch darstellten und z.T. revolutionäre Aktionen der Arbeiter und politische Entscheidungen von Ausgebeuteten zu schildern versuchten. Neben Schröders Romanen *Die Geschichte Jan Beeks* (1929) und *Familie Markert* (1931) sind hier der soziale Roman *Laubenkolonie Erdenglück* von O.B. Wendler (1931) und der Arbeitslosenroman *Die Hungernden* des Arbeiterschriftstellers A. Klaus (1932) zu nennen, auch die Text-Foto-Reportagen von E. Grisar des Bandes *Mit Kamera und Schreibmaschine durch Europa* (1932). Diese – unterschiedlich gelungenen – Beiträge zur Entwicklung der sozialistischen Erzählliteratur bildeten jedoch nur einen Strang innerhalb einer Reihe ansonsten literarisch und weltanschaulich wenig

Umschlag vom 12. September 1925
[Gemälde von Franz Marc]

profilierter Bücher belletristischen, völkerkundlichen und politischen bzw. wirtschaftspolitischen Inhalts (z.B. über den Arbeitersport oder den IG Farben-Konzern). Zwischen 1929 und 1933 publizierte der BK neben anderen Literaturübersetzungen (u.a. von dem Spanier R.J. Sender und dem Venezolaner A.U. Pietri) sechs Bücher russischer und sowjetischer Autoren. Die wichtigsten waren die Romane *Das Sägewerk* (später u.d.T. *Die Fabrik im Walde*) von A. Karawajewa – mit erheblichen, vor allem auf Straffung epischer Breite zielenden Kürzungen, aber auch Eleminierung charakteristischer Passagen, was von kommunistischer Seite den überzogenen Vorwurf antibolschewistischer Verfälschung laut werden ließ – und *Dorf und Kommune* von N. Bogdanow. In den anderen Fällen handelte es sich um Memoiren-Bücher und belletristische Werke zur nichtbolschewistischen revolutionären Tradition in Rußland (z.T. mit distanzierenden Bemerkungen zum Sowjetstaat angekündigt) oder um literarisch wenig repräsentative neue Texte. Auch die Zs. »Der Bücherkreis« entwickelte sich inhaltlich und in der Erscheinungsform widerspruchsvoll. 1924/28 erschien sie monatlich, in der Regel 16-seitig im Format 14,5 x 21 cm, ab Jan. 1930 einmal im Vierteljahr im Format 12,5 x 18,5 cm, zuerst mit einem Umfang von 80 S., der seit 1931 mehrfach verringert wurde und Mitte 1932 wieder 16 S. erreichte. Die Hefte waren illustriert und brachten vor allem Kupferstiche, Holzschnitte und Zeichnungen von Künstlern der Vergangenheit (Dürer bis Spitzweg) und von Zeitgenossen (z.B. H. Baluschek, ab 1929 H. Vogeler, C. Meffert). Bis 1928 gab es auch – als Beilagen – farbige Reproduktionen: Die Kunstblätter des BK. Werbung für die eigene Produktion (und die des Dietz-Verlags), auch Organisationsnachrichten, spielten eine relativ geringe Rolle, obwohl (vor allem am Anfang) die neu erscheinenden Bücher und ihre Autoren des öfteren durch Kapitelabdrucke, ergänzende Texte, (selbst)biographische Aufsätze oder kurze Interpretationen vorgestellt wurden. Wendel bevorzugte »Novellen, Gedichte und Unterhaltungslektüre gemischten Inhalts« sowie »belehrende Aufsätze« (»Der Bücherkreis«, 1928, H. 1). Neben literarischen Texten (bis 1928 u.a. häufig vertreten: Barthel, J. M. Frank, O. M. Graf, Grisar, Henckell, A. T. Wegner, Zech) und gelegentlichen Überblicksdarstellungen zur zeitgenössischen deutschen und internationalen Literatur sowie einigen Gedenkartikeln (Beethoven, W. Liebknecht) erschienen Aufsätze zu Fragen der Weltanschauung, Kultur und Kunst. Dabei traten bis 1928 mit Bildungs- und Kulturfragen beschäftigte leitende sozialdemokratische Funktionäre als Autoren besonders hervor: Crispien, Kampffmeyer, Lohmann, der Sekretär des Reichsausschusses für sozialistische Bildungsarbeit A. Stein (1881–1948), der Direktor der Wiener Arbeiterhochschule L. Stern (1886–1966) und Wendel. Propagiert wurde in diesen Aufsätzen, mit teilweise deutlicher Absage an den Reformismus, die Verbreitung der Theorien des wissenschaftlichen Sozialismus, einschließlich des Klassenkampfgedankens und des Ziels der Machtergreifung durch die Arbeiterklasse, insbesondere die historisch-materialistische Betrachtungsweise. Auf dem Gebiet der Ideologie forderte man unter dem Motto »Das Wissen ist das tägliche Brot des Klassenkampfes« (Crispien, ebd., 1924, H. 2) eine »Pflege proletarischer Geistigkeit« (Wendel, ebd., 1925, H. 13); dabei verstand Wendel proletarische Kultur ausdrücklich nicht als Klassenkultur, sondern als eine »die völlige Aufhebung des Klassenbegriffs« voraussetzende »gesellschaftliche Kultur der Zukunft überhaupt«, der man lediglich vorarbeiten könne. Die klassischen Kunstleistungen galten dafür generell als Maßstab; der Begriff Arbeiterdichtung wurde vermieden. Scharfe Kritik erfuhren spätbürgerliche Kunst- und Literaturströmungen wie abstrakte Malerei, Expressionismus, atonale Musik. Beispiele »neuer proletarischer Dichtung« (ebd., 1924, H.3) sah man dort, wo das Thema (Arbeitswelt, Unterdrückung, Schicksale einfacher Menschen) und ein aktives, meist impulsives soziales Engagement auf den Arbeiterleser zugeschnitten schien und/oder wo eine feste Bindung des Schriftstellers an die Sozialdemokratie vorhanden war. Auch Gorki, »Dichter des russischen Proletariats«, wurde als ein sozialdemokratischer Autor interpretiert (Stein, ebd., 1925, H. 7 und 15) und seine Auseinandersetzung mit Lenin nach der Oktoberrevolution mit antibolschewistischer und antikommunistischer Intention hervorgehoben. Die Bemühungen der Zeitschrift, als ein Organ der Arbeiterbildung wirksam zu werden, zeigte sich auch in Artikelserien zu Problemen der modernen Naturwissenschaft (1927/28) und in der Konzentration einiger Hefte auf jeweils von einem Autor in populärwissenschaftlicher Weise behandelte Kunst- und Literaturperioden. So erschienen 1925 und 1926 drei »Kunst-Sonderhefte« (zur bildenden Kunst der Antike, der Renaissance und des deutschen Expressionismus), vier »Literatur-Sonderhefte« (zu Beaumarchais, zur deutschen Romantik, zu Balzac und zum Thema Zeitwende, das dem Naturalismus gewidmet war) sowie zwei »Musik-Sonderhefte« (zur Musikstadt Wien und zur Oper). Als Autoren traten dabei sozialdemokratische Literaturwissenschaftler und Journalisten wie A. Kleinberg, Wendel und Schröder hervor. Schröder stellte bei Übernahme der Redaktion (1929, H. 1) eine neue Konzeption der Zeitschrift in Aussicht, die eine in die Klassenkämpfe der Zeit eingreifende Literatur befördern und propagieren sollte. Er legte die Hefte grundsätzlich thematisch an, wobei sich literarische Beiträge und Sachartikel aufeinander bezogen. Das Spektrum reichte – analog der Praxis in der Zs. »Kulturwille« – von aktuellen Entwicklungsproblemen der Literatur (z.B. Sozialistische Erzählungen aus Südamerika – 1929 H. 8–9; Angelsächsische Literatur – 1931, H. 4) über in der Arbeiterbewegung viel diskutierte Fragen des gesellschaftlichen Lebens und der Freizeitgestaltung (z.B. Soziales Wandern – 1929, H. 7; Liebe – Ehe – Prostitution – 1930, H. 3) bis zu politischen Gegenständen (Nationalsozialismus – 1930, H. 4). Zwei Hefte (»Russischer Geist« – 1929, H. 2, »Ostliteratur – 1931, H. 3) berichteten über die Sowjetliteratur; sie waren – trotz offensichtlich eingeschränkter Informationen und, z.T. Trotzki folgend, voreingenommen gegenüber einer von Partei und Staat organisierten Literatur – um Objektivität bemüht, brachten Leseproben von V. Figner, W. Iwanow, F. Panfjorow, F. Gladkow sowie Beispiele neuer sowjetischer Graphik. Als Autoren der Zeitschrift (und als Buchautoren) traten verstärkt Freunde aus Schröders KAPD-Zeit bzw. linke Sozialdemokraten auf, neben Jung und Scharrer z.B. A. Goldstein, der 1929 auch *Das lustige Buch des Bücherkreises* herausgab, G. E. Graf (1881–1952), A. Schwab (1887–1943), der unter dem Ps. Albert Sigrist 1929 *Das Buch vom Bauen*, eine sozialistische Kritik des zeitgenössischen Bauwesens, für den BK schrieb, A. Siemsen oder H. Wagner. Ein weiteres hervorstechendes Merkmal der Zeitschrift wurde es in diesen Jahren, Schriftsteller und Laien zur Einsendung literarischer Arbeiten aufzufordern. Unter Überschriften wie »Aus unveröffentlichten Manuskripten« oder »Arbeiter senden Erzählungen (bzw. Gedichte) ein« erschienen literarische Prosa, Reportagen und Verse sowohl von etablierten sozialistischen und anderen linken Autoren wie W. Bauer, Grisar, K. Huhn, Jung, A. Neumann (1895–1952), Scharrer als auch von unbekannten Arbeiterschriftstellern und -korrespondenten, z.B. dem Tischlergesellen W. Seemann, dem Bergarbeiter M. Lorenz, dem Wirker Tutt oder F. Blazaicek (recte: Blazaizak) »aus der industriellen Reservearmee«. Diese Praxis mußte im 3. Quartal 1932 mit der Reduzierung des Umfangs der Zeitschrift, die nun fast ausschließlich Informations- und Werbeaufgaben übernahm, aufgegeben werden.

Lit.: Der Bücherkreis, Jg. 1, 1924, H. 1–10, 1933, H. 1, Berlin; Ch. Schwarz: Die Stellung der sowjetischen Belletristik im deutschen Verlagsschaffen 1917 bis 1933, in: Beiträge zur Geschichte des Buchwesens, Bd. IV, Leipzig 1969; H.-H. Müller: Intellektueller Linksradikalismus in der Weimarer Republik, Kronberg/Ts. 1977; M. Bühnemann/T. Friedrich: Zur Geschichte der Buchgemeinschaften der Arbeiterbewegung in der Weimarer Republik, in: Wem gehört die Welt – Kunst und Gesellschaft in der Weimarer Republik, Berlin/West/ 1977.

Manfred Nössig

(Die) Bücherwarte (B)

Zeitschrift für sozialistische Buchkritik, herausgegeben vom Reichsausschuß für sozialistische Bildungsarbeit Berlin, Verlag J. H. W. Dietz Nachf. Berlin, Jan. 1926/1928, 1929/März 1933 (faschistisches Verbot) als Beilage der Zs. »Sozialistische Bildung« (aus der Zs. »Arbeiter-Bildung« hervorgegangen), Schriftleiter A. Stein (1881–1948, seit 1926 Sekretär des Reichsausschusses für sozialistische Bildungsarbeit und Leiter der Freien Sozialistischen Hochschule Berlin); Redakteur R. Weimann (1890–1976). Umfang 32 S. (1926, H. 1 bis 1928, H. 3) bzw. 16 S. (1929, H. 1 bis 1933, H. 3). Enthält jahrgangsweise Autoren- und Bücher-Register.

Die B entsprach dem Bildungs- und Kulturkonzept der SPD der Weimarer Republik, dem »Kultursozialismus«. Sie nahm in der kulturpolitischen SPD-Parteiarbeit einen wichtigen Platz ein. Ihre Aufgaben bestimmte sie so: »Die sozialistische Arbeiterbewegung muß nicht nur das geistige Rüstzeug liefern, mit dessen Hilfe die bestehende Gesellschaftsordnung von Grund auf umgestaltet werden kann; sie muß auch den geistigen und seelischen Hunger befriedigen, der in den Massen des arbeitenden Volkes schlummert.« Es gehe um die Erziehung jener neuen Menschen, derer die Arbeiterklasse zu ihrer Befreiung bedürfe. Ziel und Zweck der Zeitschrift sei es, den »Pionieren der proletarischen Kultur bei ihrer Arbeit zu helfen« (1926, H. 1, S. 1). Nicht nur die Befriedigung der materiellen Bedürfnisse, sondern auch die geistige Förderung der Arbeiterklasse sei erforderlich, um die Gesellschaftsordnung von

Grund auf umzugestalten. Als Organ sozialdemokratischer Bildungsarbeit sah die B ihre Aufgabe darin, »auf dem Büchermarkt kritisch Ausschau zu halten und in den zu selbständigem Denken erwachten Massen den Drang nach geistiger Befreiung zu befriedigen, ihre Sehnsucht nach höheren, besseren Daseinsformen in die Bahn bewußter sozialistischer Kulturschöpfung zu lenken« (ebd.). Sie wollte dem bildungshungrigen Arbeiter beratend zur Seite stehen, ihm Wegweiser für seine Lektüre in knapp bemessener Freizeit sein und zur Aneignung geistiger Schätze verhelfen. Trotz Rundfunk und Film war für sie nach wie vor das Buch der wichtigste »Führer zum Sozialismus«.

In der *ersten Phase* (bis Dez. 1928) wurde einem breit angelegten Rezensionsteil jeweils ein theoretischer Grundsatzartikel vorangestellt. Darin nahmen namhafte Kulturtheoretiker oder Funktionäre der SPD zu politischen, wissenschaftlichen, literarhistorischen und kulturgeschichtlichen Themen Stellung, z.B. 1926 A. Braun: *Wissenschaft und Arbeiterbewegung* (H. 1), A. Stein: *Die Ideengeschichte des Sozialismus* (H. 2), A. Siemsen: *Soziale Dichtung* (H. 5), K. Schröder: *Der Roman als Gesellschaftsspiegel* (H. 9), A. Kleinberg: *Entwicklungslinien der neueren deutschen Literatur* (H. 12). Der Jahrgang 1927 brachte von M. Adler *Hauptrichtungen der modernen Soziologie* (H. 8) und *Marxismus als Gesellschaftswissenschaft* (H. 10), von Kleinberg *Geschichtliche Dichtung* (H. 6); im Jahrgang 1928 waren von Kleinberg *Theater und Drama* (H. 7), von A. Gurland *Die Strömungen des modernen Sozialismus* (H. 9/10) zu lesen. Diese Darlegungen hatten orientierenden Charakter, waren bemüht, die Kultur- und Bildungsprogrammatik der SPD zu profilieren. Die Geschichte des Sozialismus und marxistischer Theorie sollte popularisiert, literaturgeschichtliches Wissen vermittelt und Lektüreangebote unterbreitet werden.

Der Rezensionsteil war nach »Stoffgebieten« gegliedert. Er wies ein breites Spektrum auf, das differenzierten Bildungsansprüchen Rechnung tragen wollte. Es reichte von Agrarpolitik, Arbeiterbewegung, Anthropologie, Arbeitsrecht, Außenpolitik über Bevölkerungspolitik, Baukunst, Biographien und Erinnerungen, Erziehung und Schulwesen, Geographie, Jugend- und Frauenpolitik, Philosophie, Pädagogik, Soziologie, Technik bis Weltpolitik und Religion. Der Umfang der »Buchbesprechungen« ging selten über eine Seite hinaus, was ihnen oft den Charakter von inhaltlichen Annotationen gab. Häufige Rezensenten waren: A. Behne, C. Biging, K. H. Döscher, W. Fabian, Th. Geiger, R. Grötzsch, A. Goldstein, E. Hahnewald, O. Jenssen, P. Kampffmeyer, L. Kautsky, Kleinberg, K. Korn, S. Katzenstein, M. Kreuziger, K. Offenburg, K. Pinthus, A. Siemsen, G. Schwarz, A. Stein, R. Woldt, K. Wolf (d.i. Karl Schröder), F. Wendel. Deutschsprachige Neuerscheinungen wie Übersetzungen ausländischer Werke wurden berücksichtigt. Für den

Kunst- und Kulturbereich gab es die Rubriken »Dichtung«, »Erzählende Literatur«, »Theater und Drama«, »Film«, »Kinderliteratur und Jugendschriften«, »Kalender/Jahrbücher«. Informiert wurde vorrangig über Inhalte, bei Roman und Erzählung Handlungsverlauf oder Fabel vorgestellt, oft die literaturpädagogische Zwecksetzung der Bücher erörtert. Ideologische und moralische Aspekte überwiegen, ästhetische bzw. künstlerisch-gestalterische Fragen bleiben eher am Rande. Lesemotivierend zu wirken, war erklärtes Anliegen. Neben Hinweisen auf niedrige Preise und Art der Ausstattung der Bücher wurden Lesarten und möglicher Nutzwert vorgestellt. Wichtiges Wertungskriterium war die Art und Weise der Darstellung sozialer Zustände und gesellschaftlicher Verhältnisse. So werden etwa Bücher von O. M. Graf, M. A. Nexö, Gorki, U. Sinclair, J. London positiv hervorgehoben. Die exemplarische Bedeutung neuer Autoren wie z. B. F. Kafkas wird vermerkt. Kritisiert wird aber etwa bei E. E. Kisch ein »bürgerlich-intellektueller Kommunismus« (1927, H. 9, S. 266). Die analytischen Sammelrezensionen zur Kinderliteratur von I. Fechenbach beklagen den »Mangel an sozialistischen Kinderbüchern«, richten sich gegen militaristische und konfessionelle Kinderliteratur und sehen in Büchern »ohne aufdringliche Tendenz« in den bürgerlichen Verlage einen »guten Anfang« (1928, H. 11, S. 343). Die in der »Zeitschriftenschau« gegebenen Hinweise auf einschlägige Artikel in verwandten Kulturzeitschriften wie »Kulturwille« oder »Proletarische Heimstunden« erhöhen den Informationsgehalt der B. Die Rubrik »Glossen« behandelt kulturelle Ereignisse wie Preisverleihungen, Filmpremieren und Personalia. Dabei werden antisemitische Tendenzen in der sog. »völkischen Kultur«, deren nationalistische und präfaschistische Züge in den frühen 20er Jahren bereits deutlich erkennbar sind, aufmerksam registriert und kritisiert.

Die veränderte Erscheinungsweise der *zweiten Phase* der B (1929/1933) entsprach, wie die Redaktion erläuterte, den Wünschen der Leser und folgte einem Beschluß des Reichsausschusses für sozialistische Bildungsarbeit. Bei gleichem Preis sollte mit »Hauptorgan« und Beilagen »eine weitere Zusammenführung der Bestrebungen auf allen Gebieten der sozialistischen Kulturarbeit erzielt« (1928, H. 12, S. 353) werden. Angestrebt war sowohl »eine größere Konzentration aller in der sozialistischen Kulturarbeit stehenden Kräfte wie auch eine größere Verbreitung unserer Zeitschrift in proletarischen Kreisen« (ebd.). Die B enthielt jetzt nur noch »Buchbesprechungen«, war »Organ der Zentralstelle für das Arbeiterbüchereiwesen«, was den Abdruck eines »Schlüssels für Bibliotheken« auf der letzten Umschlagseite zur Folge hatte, der die rezensierten Titel in Hinblick auf Adressaten einordnete. Die Buchbesprechungen konnten so praxiswirksamer sein. Die eingeschränkte Seitenzahl bedingte Reduzierung der Sach-

gebiete und strengere Auswahl der zu besprechenden Titel. In den letzten Jahrgängen nahm die B mit ihren Besprechungen von Gegenwartsliteratur an den literarischen Auseinandersetzungen teil. Dabei widmete sie sich besonders der Arbeiter-Dichtung, die der SPD ideologisch und künstlerisch nahe stand. So sprach Goldstein dem Bücherkreis-Verlag für sein *Vier-Männer-Buch. Erlebnisnovellen von Barthel, Jung, Scharrer, Wöhrle* (Berlin 1929), den Dank aus »für das offenkundige Bestreben, der proletarischen Gegenwartsliteratur die Wege zu schöpferischen Leistungen freizumachen und sie auf neue Wege zu lenken« (1929, H. 10, S. 162). B. Schönlank wertete K. Schröders *Die Geschichte Jan Beeks* (Berlin 1929) als »Zeichen erster Blüte des deutschen Arbeiterromans« (1929, H. 5), Katzenstein urteilte über die Neu-Ausgabe von H. Kämpchens *Aus der Tiefe*, »der Inhalt der Tatsachen und das starke, aus eigenem Erleben und Mitempfinden geborene Gefühl füllen die herkömmliche Form mit eigenem, starkem Inhalt« (1932, H. 12, S. 172). Es gab aber auch kritische Stimmen. So lehnte K. Wolf die *Hammerschläge* von H. Lersch als »Erbauungsbuch für katholische Kleinbürger« (1931, H. 4, S. 50) kategorisch ab. Nicht ein einziges Mal gelänge es ihm, auch nur einen Begriff für die Wurzeln, die Weite und Tiefe des sozialistischen Seins und Bewußtseins der Arbeiterklasse aufzubringen. Berücksichtigt wurden auch Bücher aus KPD- oder ihr nahestehenden Verlagen. Dabei standen Bemühungen um Ausgewogenheit politisch/ideologisch motivierten Verrissen gegenüber. Schröder sieht bei H. Lorbeer zwar noch »keine sozialistisch-proletarische Haltung«, aber »hier rumore überall die Klasse« (1929, H. 10, S. 54). Bei W. Bauer vermißt derselbe Rezensent die »schöpferische Entfaltung des Klassenwillens« (1929, H. 12, S. 199). Scharfe Ablehnung erfährt L. Tureks *Ein Prolet erzählt* durch Wolf: sein Selbstbewußtsein stehe in umgekehrtem Verhältnis zu seiner Leistung, es herrsche eitle Selbstbespiegelung vor: »Der Malik-Verlag bereitet mit diesem Buch jener Art Moskauer Propaganda den Weg, die einzig und allein auf Beschimpfung der SPD gerichtet ist« (1930, H. 3, S. 35). F. Diederichs wertet A. Hotopps *Fischkutter H. F.* als »Heimatdichtung«, peinlich wegen der sich äußernden sexuellen Haltung und der aufgesetzten bolschewistischen Tendenz (1930, H. 7). Das *Volksbuch 1930* ist für Wolf ein typisches Produkt des Münzenberg-Kommunismus, der gerissen verschiedene Dinge zusammenbringe, fälsche und verleumde, um Effekte zu erzielen. Statt Sozialismus zu entfalten, werde hier individualistisch-kapitalistischer Geist künstlich gezüchtet (vgl. 1930, H. 1, S. 7). G. Grosz wird durch H. Hieber bei Lob seiner proletarischen Satire bescheinigt, daß sein reinigender Haß immer dann blind daneben treffe, wenn er die Führer der Sozialdemokratie anspringe (vgl. 1930, H. 3, S. 43). Aufmerksam und kritisch setzte sich die B mit NS-Schriften und

Analysen der NS-Bewegung auseinander. Die ausgezeichnete Analyse A. Rosenbergs von K. Heidens *Geschichte des Nationalsozialismus* (Berlin 1932) im Februar-Heft 1933 steht mit ihrem Appell an die Linken, die Gegenwoge zu der Naziwoge zu erzeugen, zwar schon auf historisch verlorenem Posten, markiert aber mit der Aufforderung an die Linke, aus ihren Fehlern zu lernen, ein würdiges Ende dieser Zeitschrift, der Aufklärung und Information von Arbeiterlesern oberstes Ziel gewesen war.

Lit.: F. Hüser: Literatur- und Kulturzeitschriften der Arbeiterbewegung (Festschrift), Köln 1977.

Manfred Altner/Red.

Buchhandlung Vorwärts (BV)

Agitationsverlag der SPD 1890/22; gegründet auf Beschluß der Parteileitung in Berlin; übernahm z. T. die Produktion des Exil-Verlages ↗ Verlagsbuchhandlung in Hottingen-Zürich nach dem Sozialistengesetz; verbreitete vor allem politische Parteiliteratur: Parteitagsprotokolle, Reichstagsreden, Abhandlungen zu aktuellen politischen Themen, Gesetzestexte u. a. Broschüren (zu 5-30 Pfennig, z. T. kostenlos) in Massenauflagen bis zu 100 000 Ex. waren die bevorzugte Verbreitungsform. Infolge Arbeitsteilung mit dem ↗ Verlag J. H. W. Dietz blieb das Angebot an umfangreicheren wissenschaftlichen Werken eingeschränkt. Dafür verbreitete der Verlag mit zunehmender wirtschaftlicher Stabilität in größerem Umfang Belletristik. Der Absatz erfolgte nahezu ausschließlich an Mitglieder und Anhänger der Partei. Parteitagsberichte verweisen auf die großen Schwierigkeiten des Unternehmens, seine Produkte im offiziellen Buchhandel unterzubringen. Die 1902 eröffnete eigene Druckerei des Verlages war Eigentum der Berliner Parteiorganisation. Bis zum Weltkrieg erweiterte die BV ihr Angebot ständig und steigerte mit der Entwicklung der SPD zur Massenpartei kontinuierlich den Umsatz. Im Abrechnungsjahr 1895/96 setzte der Verlag eine Million Druckschriften ab, 1902/03 waren es bereits 2,5 Millionen. Gewinne wurden der Partei zur Stützung anderer Vorhaben (Ausbau des Zentralorgans, Bildungsarbeit) zur Verfügung gestellt. Leiter war R. Fischer (Schriftsetzer; Redakteur sozialdemokratischer Blätter in den 70er Jahren), der zuvor im Schweizer und Londoner Exil als Metteur in der Setzerei des »Sozialdemokrat« gearbeitet hatte. 1890 nach Berlin zurückgekehrt, wurde er Sekretär und Vorstandsmitglied der Partei, ab 1893 Reichstagsabgeordneter. Unter seiner Führung entwickelte sich die BV bis zum Weltkrieg zum größten verlegerischen und buchhändlerischen Unternehmen in der europäischen Arbeiterbewegung. Die Verlagsbezeichnungen wechselten zunächst: 1890 Verlag der Expedition des »Berliner Volksblattes«/Theodor Glocke, 1897/1904 Expedition der BV/Theodor Glocke in Berlin, ab 1905 führte das Unternehmen den Namen BV.

Zum Programm gehörten Schriften von A. Bebel, R. Luxemburg, C. Zetkin, F. Mehring, E. Bernstein, K. Eisner, P. Kampffmeyer, K. Kautsky, C. Schippel, Parvus (d. i. A. Helphand). Die Verlagsleitung betrachtete marxistische Literatur als ein von ihr besonders zu kultivierendes Gebiet. Werke von K. Marx und F. Engels gehörten daher zum ständigen Angebot. Marx' *Lohnarbeit und Kapital* (1892) oder R. Luxemburgs *Die Akkumulation des Kapitals* (1913) erschienen zuerst in der BV. Eine der ersten anspruchsvollen und umfangreicheren Publikationen war die von Bernstein im Londoner Exil vorbereitete Ausgabe der *Schriften* von F. Lassalle in 3 Bde. (1892-93). Bernstein blieb einer der Hauptautoren des Verlages, gab hier u. a. seine *Geschichte der Berliner Arbeiterbewegung* (1907-10) heraus. Nahezu jährlich und in hohen Auflagen setzte die BV einige der wirkungsreichsten sozialdemokratischen Agitationsschriften aus der Zeit vor dem Sozialistengesetz ab; so W. Liebknechts *Wissen ist Macht* (Leipzig 1872) und W. Brackes Broschüre *Nieder mit den Sozialdemokraten!* (Braunschweig 1876).

Nach der Jahrhundertwende wurde das Verlagsangebot erweitert. Das Profil des Programms prägten ab 1904 zahlreiche Schriftenreihen. 12 Hefte der »Sozialdemokratischen Agitationsbibliothek« (1904-08) faßten Dokumente und Kommentare zu politische Zeitereignissen (u. a. in Nachdrucken Partei- und Reichstagsreden führender Sozialdemokraten) zusammen. Die Reihe wurde abgelöst von den »Sozialdemokratischen Flugschriften« (1907/22), die in schmalen Heften von ca. 15 S. unterschiedliche Themen sozialdemokratischer Politik (Wahlkampf, Landagitation, Kriegsgefahr) behandelten. Die »Sozialdemokratische Frauenbibliothek« (1911/16) widmete sich in neun Heften Themen, die Frauen über ihre Rechte und Möglichkeiten im politischen Kampf aufzuklären suchten. Autorinnen waren u. a. C. Zetkin, K. Duncker, L. Zietz und W. Zepler.

Häufige Nachauflagen erlebten die Broschüren der Reihe »Arbeiter-Gesundheits-Bibliothek«, herausgegeben von dem Berliner Arzt und sozialdemokratischen Stadtverordneten I. Zadek zwischen 1903/19. In der Reihe nahm die sexuelle Aufklärung als Teil einer wissenschaftlich fundierten Gesundheitserziehung der Arbeiter (u. a. *Der Geschlechtstrieb* von Bernstein, 1914, H. 18, *Geschlechtliche Erziehung in der Arbeiterfamilie* von J. Marcuse, 1908, H. 15) breiten Raum ein. Der Anteil bildungspolitischer Schriften (u. a. von Zetkin, H. Schulz, P. Göhre, O. Rühle, Zepler und M. Quark) wuchs 1904/05 beträchtlich. In jeweils zweibändigen illustrierten Einzeldarstellungen gaben insgesamt fünf Publikationen in der Reihe »Kulturbilder« (1904/13) Einführungen in die Kultur- und

Kunstgeschichte von den Religionskämpfen des 16. und 17. Jahrhunderts (*Wider die Pfaffenherrschaft* von E. Rosenow und H. Ströbel, 1904) bis zur Französischen Revolution (*Geschichte der Revolutionen* von A. Conrady, d. i. H. Alphons, 1911). 1908 eröffnete die BV zwei Schriftenreihen, die fundiertere historische und theoretische Kenntnisse über den Sozialismus vermitteln sollten. Die »Sozialistischen Neudrucke« (in Leinen, größerem Format, besserem Papier und einer vergleichsweise geringen Auflage von ca. 3000 Ex. Hg. Mehring) brachten 1908/20 Schriften von Marx, Engels, W. Wolff, W. Weitling, J. B. v. Schweitzer und F. A. Lange. Die sechs Schriften der Reihe »Der Klassenkampf des Proletariats« (1908/13 Hg. Parvus), bedienten den theoretisch interessierten Kreis sozialdemokratischer Arbeiter. Belletristische Publikationen realisierte der Verlag zum großen Teil ebenfalls über Reihen. 1894/1915 kamen 17 »Sozialistische Theaterstücke« in Heften heraus. Erfolgreichster Autor dieser Reihe war E. Preczang. BV veröffentlichte bekannte Autoren aus der Arbeiterbewegung wie L. Lessen (*Achtung Bombe!*, 1905; *Die überlistete Polizei*, 1909; *Rotkoller*, 1913), M. Kegel (*Die Tochter des Staatsanwalts*, 1909), G. M. Scaevola (*Der entlarvte Spitzel*, 1909), auch unbekanntere wie K. Rübezahl (*Assessor Schneidigs Abenteuer*, 1909; *Im Kampf ums Dasein*, 1909) oder N. Krauss, den Feuilletonredakteur des Zentralorgans »Vorwärts«, (*Wieder ein Kämpfer*, 1905). Der Zentrale Bildungsausschuß der Partei gab 1908/13 u. d. T. »Die Volksbühne« eine Sammlung von Einführungen in 25 Dramen und Opern heraus. Die schmalen Hefte mit jeweils acht Druckseiten, Gesamtauflage ca. 145 000 Ex., konnten jedoch nicht in gewünschtem Maß verkauft werden. Bei der maßgeblich von Mehring getroffenen Auswahl interpretierter Stücke, standen »Klassiker« im Vordergrund. Von Mehring selbst stammten Einführungen in Schillers *Räuber, Kabale und Liebe* und *Wilhelm Tell*. Hoch war auch der Anteil ›moderner‹ burgerlicher Literatur. Neben deutschsprachigen Autoren, u. a. L. Anzengruber (*Der Pfarrer von Kirchfeld*), Ch. F. Hebbel (*Maria Magdalene*), M. Halbe (*Jugend*), O. E. Hartleben (*Die Erziehung zur Ehe*) und G. Hauptmann (*Die Weber*), wurden auch ausländische Dramatiker wie Gogol (*Revisor*), Ibsen (*Nora*) oder Gorki (*Nachtasyl*) aufgenommen. Rosenow war mit den Stücken *Kater Lampe* und *Die im Schatten leben* der einzige deutsche sozialdemokratische Dramatiker in der Reihe. Bis 1905 beschränkte sich lyrische Publikationen auf wenige Anthologien (*Buch der Freiheit*, 1893; E. Adlers *Buch der Jugend*, 1895; L. Lessens *Fackeln der Zeit*, 1904). V. Hugos *1793* (1904) blieb zunächst der einzige Roman in den Verlagslisten. Erst um 1910 erweiterte die BV ihr belletristisches Programm, ging im Vergleich zum Verlag Dietz über die Schriften sozialistischer Autoren hinaus. In der BV setzte sich eine kulturpolitische Orientierung durch,

die auf die allgemeine ästhetische und ethische Bildung und Erziehung der Arbeiter, vorrangig durch die Rezeption von Werken der deutschen Aufklärung, Klassik und moderner Weltliteratur, zielte. Nachdem es in der Partei eine Reihe von Diskussionen um billige Klassikerausgaben für die Arbeiter gegeben hatte, brachte die BV 1911 eine von Mehring herausgegeben und eingeleitete zehnbändige Schiller-Werkausgabe heraus (10 000 Ex., 1911; 5000 Ex., 1912). Im selben Jahr erschien eine ebenso umfängliche und gleichfalls von Mehring vorbereitete Ausgabe der Werke H. Heines (15 000 Ex.). Zwei Jahre später folgten in Lieferungen eine dreibändige Goethe-Ausgabe (20 000 Ex.) und ein Band mit Werken F. Reuters (15 000 Ex.). F. Diederich, ab 1913 Lektor in der BV, gab 1911 die große Anthologie *Von unten auf*, 1912 *Unterm Brennglas*, die politisch satirischen Gedichte A. Glaßbrenners, und nach dem Krieg u. d. T. *Wir weben, wir weben* Heines politische Lyrik heraus. 1911 eröffnete die BV Mit dem Roman *Erweckt* von A. Ger (d. i. ↗ Gerisch) die »Vorwärts-Bibliothek«, die bis 1915 14 Prosa-Bände sozialistischer und mit der Arbeiterbewegung verbundener Autoren herausbrachte. In der Mehrzahl handelte es sich um Texte von R. Grötzsch, H. Hyan, M. Kautsky, M. Andersen Nexö und E. Preczang. Auch außerhalb der Reihe erschienen vor dem I. Weltkrieg häufiger Romane und Erzählungen, darunter der Roman *Arbeiter* des norwegischen kritischen Realisten A. Kieland (1908), und W. Lamszus' *Menschenschlachthaus* (1913). Hinzu kam die bereits seit 1897 herausgegebene Wochenschrift »In Freien Stunden«, deren Hauptakzent auf der Vermittlung von Prosawerken der Weltliteratur lag. Lyrik-Publikationen konzentrierten sich auf wenige sozialistische Autoren: L. Lessen *Aus Tag und Tiefe*, 1911, C. Müller-Jahnke *Gesammelte Gedichte; Wintersaat*, 1907, G. M. Scaevola *Rotdeutschlands Aufstieg*, 1907 und R. Seidel *Lichterglaube und Zukunftssonnen*, 1907. Seit den 90er Jahren hatte sich die BV auch um die Entwicklung sozialistischer Jugendliteratur bemüht: *Buch der Jugend*, Hg. E. Adler (1895), das *Jugendliederbuch* (1910, 1911, 1913) und J. Brand (d. i. E. Sonnemann): *Ulenbrock* (1907) und *Der Geist der Unzufriedenheit* (1910).

Zu Beginn und während des Krieges setzte sich, den Positionen führender Mitarbeiter wie R. Fischer und F. Diederich entsprechend, eine chauvinistische Verlagspolitik durch. Dies belegen z. T. auch die belletristische Publikationen dieser Jahre, vor allem die von Diederich herausgegebenen Anthologien *Zarengeißel. Sturmschreie aus 100 Jahren* (1914), *Kriegssaat. Kampfgedichte* (1916) und die Prosa-Sammlung *Herzen im Kriege* (1915). Wirtschaftliche Schwierigkeiten (Mangel an Papier und Maschinen, Preiserhöhungen) zwangen nach dem Krieg zu Fusionen. 1921 übernahm die BV zunächst die Produktion des Verlages Paul Cassierer und fusionierte wenig später mit dem Stuttgarter SPD-Verlag: J. H. W. Dietz.

Lit.: P. Läuter: Die Anfänge der sozialistischen Verlagstätigkeit in Deutschland, in: Beiträge zur Geschichte des Buchwesens, Bd. 2, Leipzig 1966; D. Hoffmann: Sozialismus und Literatur. Literatur als Mittel politisierender Beeinflussung im Literaturbetrieb der sozialistisch organisierten Arbeiterklasse des Deutschen Kaiserreichs 1876–1918, Diss., Münster 1975; Emig/Schwarz/Zimmermann.

Tanja Bürgel

Büchner, Georg

Geb. 17. 10. 1813 in Goddelau (Hessen); gest. 19. 2. 1837 in Zürich

Als Sohn einer Arztfamilie in Darmstadt aufgewachsen, wo der Vater als Amts- und Stadtphysikus tätig war. Ab Nov. 1831 Medizinstudium in Straßburg; Anschluß an die Studentenvereinigung Eugenia (Bekanntschaft mit Ad. und Au. Stöber, A. Muston, E. Boeckel u. a.), forcierte in der Zeit des Volksaufstands im Juni 1832 in Paris die Politisierung dieser Gruppe mit Diskussionsreden *Über die Verderbtheit der deutschen Regierungen* und *Das Unnatürliche unseres gesellschaftlichen Zustandes, besonders in Beziehung auf Reich und Arm* (*Sitzungsprotokoll der Eugenia*); weitere Diskussionsthemen waren u. a. »Saint-Simonismus, religiöse und soziale Erneuerung, universelle Republik, vereinigte Staaten von Europa« (A. Muston: *Tagebuch*, Sommer 1833). Anläßlich des Frankfurter Wachensturms im Apr. 1833 Bekenntnis zur Notwendigkeit des gewaltsamen Umsturzes der politischen und sozialen Ordnung durch das Volk. Gesetzlich vorgeschriebene Fortsetzung des Studiums an der großherzoglichen Landesuniversität Gießen im Herbst 1833. Die intensive Beschäftigung mit der Geschichte der Französischen Revolution konfrontierte ihn mit dem »gräßlichen Fatalismus der Geschichte« (Br. an W. Jaeglé, Nov. 1833). Vermittelt durch seinen Freund A. Becker trat B. mit F. L. Weidig, dem Organisator der geheimen Oppositionsbewegungen in Hessen und der benachbarten süddeutschen Länder, in Verbindung. Weidig verhalf ihm dazu, sich in einer revolutionären Flugschrift, *Der Hessische Landbote* (1834), an die pauperisierte und politisch entmündigte Landbevölkerung zu wenden. Weidig besorgte auch den geheimen Druck (Juli 1834) und die Verteilung der Schrift in einer von ihm einschneidend bearbeiteten Fassung (nochmals bearbeitete Nachaufl., Nov. 1834). März/Apr. 1834 gründete B. in Gießen und in Darmstadt mit Becker u. a. Freunden, Studenten und Handwerkern die Gesellschaft der Menschenrechte, den ersten sozialrevolutionären Geheimbund mit frühkommunistischer Orientierung in Deutschland. Die Gründung erfolgte nach dem Vorbild der Societé des Droits de l'homme in Frankreich. Die Aktivitäten der Gesellschaft waren bis Ende 1834 auf die Perspektive einer antifeudalen und zugleich antikapitalistischen sozialen Volksrevolution in ganz Deutschland gerichtet. Die Hoffnung oppositioneller Schriftsteller, die Gesellschaft »mittels der *Idee*, von der *gebildeten* Klasse aus reformieren« (Br. an K. Gutzkow, 1836) zu können, erschien B. illusionär, weshalb er auch die von den Jungdeutschen und ebenso von Heine verfolgte literarische Strategie des ›Ideenschmuggels‹ verwarf. Seine materialistische Auffassung der Revolution war: »Die ganze Revolution hat sich schon in Liberale und Absolutisten geteilt und muß von der ungebildeten und armen Klasse aufgefressen werden; das Verhältnis von Armen und Reichen ist das einzige revolutionäre Element in der Welt« (Br. an Gutzkow, 1835). Schon 1833 war B. zu der Einsicht gelangt, »daß nur das notwendige Bedürfnis der großen Masse Umänderungen herbeiführen kann« (Br. an die Eltern, Juni 1833). Eine nicht überlieferte, von B. für die Gesellschaft der Menschenrechte verfaßte Programmschrift reicht unmittelbar hinein in die Anfänge der Arbeiterbewegung in Deutschland. Der Text diente nach dem Zerfall der revolutionären Verbindungen in Hessen durch die Verhaftungs- und Fluchtwellen vom Sommer 1834/Frühjahr 1835 in dem Darmstädter Zelt des Bundes der Geächteten »zur Belehrung der Mitglieder« (A. Koch: *Vernehmungsprotokoll*, 1842). Über den Inhalt des Programms berichtete der Mitbegründer der Gesellschaft der Menschenrechte, G. Clemm: »Die Revolution sollte danach eröffnet werden mit einem Krieg gegen die Reichen. ›Alles Vermögen ist Gemeingut‹ wurde doziert« (G. Clemm: *Gnadengesuch an den Großherzog von Hessen-Darmstadt vom 22. 5. 1835*). Es sei, so Clemm, die »wahrhaft ruchlose Theorie« einer »gefährliche(n) Partei, welche Moral, Religion, Recht, ja selbst die Möglichkeit des Staates überhaupt aufzuheben trachtet« (ebd.). Im März 1835 entzog sich B., wie andere wegen revolutionärer Umtriebe in Hessen Verfolgte, der drohenden Verhaftung durch Flucht nach Straßburg. In den Wochen davor schrieb er das Drama *Danton's Tod*. Die Veröffentlichung in zensurbeschnittener Fassung (Frankfurt a. M. 1835) vermittelte Gutzkow. In Straßburg setzte B. seine wissenschaftliche Ausbildung mit empirischen Untersuchungen über das Nervensystem von Fischen fort, die dann 1837 mit der Promotion an der Universität Zürich ihren Abschluß fanden. Aus der Absicht, in Zürich Vorlesungen zur Geschichte der Philosophie zu halten, entstanden im Sommer 1836 die Studien über *Cartesius* und *Spinoza*. Daneben schrieb B. das Lustspiel *Leonce und Lena*, die Erzählung *Lenz*, Entwürfe zu seinem Drama *Woyzeck* und die Übersetzung von zwei Stücken V. Hugos. Im Okt. 1836 siedelte er nach Zürich über und nahm gemeinsame Wohnung mit dem revolutionären Demokraten W. Schulz u. a. politischen Emigranten. Zulassung als Privatdozent an der Universität. Schwere Erkrankung gegen Ende Jan. 1837. Tod durch Typhus.

Der Hessische Landbote, das bedeutendste Werk revolutionärer Flugschriftenliteratur in Deutschland seit dem Bauernkrieg, rechnet den zum »fronenden Vieh« herabgewürdigten Bauern mit den Zahlen des großherzoglichen Staatshaushalts schlüssig und in bildkräftiger, jedermann verständlicher Sprache vor, wie sie durch ein parasitäres Steuersystem gezwungen werden, das Wohlleben der Herrschenden und Besitzenden sowie die Kosten der eigenen Unterdrückung zu bezahlen. Die Originalfassung ist nicht überliefert. Streichungen und Texthinzufügungen Weidigs entschärften die aufrührerische Tendenz und überlagerten die materialistische, auf Erfahrungstatsachen gestützte Argumentation B.s durch eine moraltheologische und eschatologische. Von B. aufgenommene neobabouvistische Ideen (F. Buonarroti, L.-A. Blanqui) kamen jedoch auch in der bearbeiteten Fassung noch zum Ausdruck. Sie betreffen den Grundantagonismus, der die Gesellschaft in »Arme«, zur Arbeit Gezwungene, und »Reiche«, über Besitz und Bildung Verfügende, spaltet, sowie das Verständnis des Staates als Unterdrückungs- und Ausbeutungsmaschinerie und die Notwendigkeit einer sozialen Volksrevolution. B.s Texte lenkten die Aufmerksamkeit immer wieder auf das Schicksal der sozial Benachteiligten, Mißbrauchten und Entmündigten, die lasttragende Schicht der Gesellschaft. Sie rekurrieren aber nicht auf Mitleid, sondern bringen den Selbstwert dieser Geringgeschätzten zum Ausdruck, indem sie den Wurzeln der sozial determinierten Hierarchie- und Abhängigkeitsverhältnisse nachspüren. Ohne utopisch-visionären Ideen eines gesellschaftlichen Idealzustandes anzuhängen, erweiterte B. den damaligen allgemeinen Entwicklungshorizont sozialistischer Vorstellungen, indem er die Menschen in einer spezifisch historischen und ästhetischen Erkenntnisweise als gesellschaftliche Individuen begriff und den schier unauflöslich scheinenden Fatalismus des Geschichtslaufes als stetes, sich selbst reproduzierendes Ungleichheits- und Unfreiheitsverhältnis zu durchbrechen sucht. In *Danton's Tod* werden am dokumentarischen Material des historischen Modellfalls von 1794 hinter den propagierten ideellen Begründungen widerstreitende materielle Interessen als eigentlich bewegende Triebkräfte der gesellschaftlichen Kämpfe aufgedeckt. »Die Revolution frißt ihre Kinder«, das soziale Postulat der Freiheit und der gleichen Rechte für alle erfüllt sie nicht. Die Kluft zwischen Regierenden und Regierten wie »Reichen« und »Armen« reißt sie nur in neuer Art auf. B. läßt so die Hinterlassenschaft der Revolution als gegenwärtige, unerledigte Aufgabe deutlich werden. Von vermeintlich geschichtsmächtigen Führerpersönlichkeiten ist keine Lösung zu erhoffen. Damit relativiert sich der im traditionellen historischen Drama tragende personelle Konflikt zwischen Protagonisten und Gegenspieler - hier Danton und Robespierre - in dem umfassenderen Widerspruch zwischen den namhaften, machtausübenden Repräsentanten und den namenlosen, formell Repräsentierten. Am »notwendigen Bedürfnis« der »großen Klasse« (Br. an die Eltern, 1833; Br. an Gutzkow, 1835) gemessen, büßt der autonome zentrale Handlungsträger seine Legitimation ein. Das ästhetische Interesse verschiebt sich vom Schicksal des Helden auf das Umfeld. Das soziale Drama untergräbt die Tragödie der Persönlichkeit.

In *Woyzeck* (Erstdr. in: »Neue Freie Presse«, Wien Nov. 1875) rückt der Unangesehenste, der Mann von tief unten, den das traditionelle Schema des Dramas nur in Randrollen zuläßt, mit seiner ›gewöhnlichen‹ Lebenswelt auch dramaturgisch ins Zentrum. Die konsequent demokratische, soziale Sicht B.s, sein materialistisches Welt- und Menschenbild, in dem auch das Körperliche, das physiologische Detail seinen Platz erhält, setzen sich hier in der Form, der Struktur des Dramas und bis ins Einzelne der Sprache durch, einem Komprimat von Literatur- und Umgangssprache mit mundartlichen Elementen, Jargon und nonverbalen Ausdrucksweisen. Mit der Gestaltung der ›erbärmlichen Wirklichkeit‹ des mißbrauchten und entwürdigten Soldaten, der seine Frau ersticht, die er mit seiner Liebe allein nicht binden kann, gelang B. eine der radikalsten Umwälzungen der literarischen Konventionen. Hier, wie in der Erzählung *Lenz* (1836, Erstdr. in: »Telegraph für Deutschland«, Hamburg 1839), die das psychische Zerbrechen des Sturm-und-Drang-Dichters nachzeichnet, nimmt B. plebejisch-demokratische Traditionen auf und erhebt die Kunstwürdigkeit des ›Geringsten‹ zum Programm. Zensur und ästhetische Normativität, die B. respektlos überging, behinderten nachhaltig die Verbreitung seiner Werke und verursachten einschneidende Überlieferungsschäden. Der literarischen Durchsetzung brach erst, gleichzeitig mit dem Erstarken der Arbeiterbewegung, der Naturalismus Bahn. Erst im 20. Jh. erlangte B. weltliterarische Geltung.

Ausg.: G. Büchners sämtliche Werke und Briefe, Hg. F. Bergemann, Leipzig 1922 (neue durchgesehene Ausg., 9. Aufl. Frankfurt a.M. 1962); Werke und Briefe, Hg. K. Pörnbacher/G. Schaub/H.-J. Simm und E. Ziegler, 2. Aufl. München 1990; Sämtliche Werke, Briefe und Dokumente in 2 Bdn., Bd. 1: Dichtungen, Hg. H. Poschmann, Frankfurt a.M. 1993. – *Lit.:* H. Mayer: G. Büchner und seine Zeit, Wiesbaden 1946 (5. Aufl. Frankfurt a.M. 1983); K. Viëtor: G. Büchner, Politik, Dichtung, Wissenschaft, Bern 1949; Th. M. Mayer: Büchner und Weidig - Frühkommunismus und revolutionäre Demokratie, in: G. Büchner Bd. I/II text und kritik- Sonderbd., München 1981, S. 16–298; H. Poschmann: G. Büchner. Dichter der Revolution und Revolution der Dichtung, Berlin und Weimar 1983 (3. Aufl. 1988); G. Büchner-Jahrbuch, Hg. T. M. Mayer u.a., Frankfurt a.M. 1981–1990, Tübingen 1991 ff.; J.C. Hauschild: G. Büchner. Biographie, Stuttgart/Weimar 1993.

Henri Poschmann

Bund für proletarische Kultur

1919/20 in Berlin bestehende Künstlervereinigung, die sich gleichermaßen einer ›Revolution des Geistes‹ und dem ›revolutionären Klassenkampf‹ verschrieb und durch die Kooperation von sozialistischen Künstlern und revolutionärer Arbeiterschaft eine neue proletarische Kultur zu schaffen suchte. Mitglieder des von A. Holitscher und F. Natteroth initiierten Bundes waren u.a. H. Baluschek, M. Barthel, A. Behne, E. Bruck, H. Duncker, G. Eysoldt, E. Fuchs, A. Goldschmidt, R. Leonhard, L. Rubiner, H. Vogeler, H. Zille; angeschlossen hatten sich Vertrauensleute aus Berliner Betrieben, u.a. die Zentralarbeiterräte des Siemens-Konzerns, sowie die Experimentierbühne »Die Tribüne«. Ein eigenes, von Leonhard inspiriertes »Proletarisches Theater des Bundes für proletarische Kultur« führte Ende 1919 das spätexpressionistisch-pazifistische Stück *Freiheit* von H. Kranz (Regie: K. Martin) auf. In anderen Veranstaltungen wurden vor oftmals proletarischem Publikum expressionistisch-aktivistische Texte rezitiert.

Politisch getragen vom Kreis um Goldschmidts »Räte-Zeitung« und von der USPD, zeugen die Aktivitäten der kurzlebigen Vereinigung während der unübersichtlichen Revolutionsjahre 1919/20 von emphatischer, gleichwohl zeittypischer Hinwendung politisierter Künstler zum Proletariat und zum Projekt einer proletarischen Kultur, die mit expressionistischer Revolutionskunst identifiziert wurde und auf schärfste Kritik insbesondere der Linkskommunisten des »Aktion«-Kreises um F. Pfemfert und der KPD(S) stieß.

Lit.: Literatur im Klassenkampf. Zur proletarisch-revolutionären Literaturtheorie 1919–1923. Eine Dokumentation (Quellen mit Kommentar), Hg. W. Fähnders und M. Rector, München 1971.

Walter Fähnders

Bund proletarisch-revolutionärer Schriftsteller Deutschlands (BPRS)

1928/35 bestehende kulturpolitische und literarische Organisation von »haupt- oder nebenberuflich produzierenden Schriftstellern bzw. Schriftstellerinnen sowie Arbeiterkorrespondenten, die das proletarische Schrifttum bejahen« (*Organisationsstatut des BPRS*, in: *Zur Tradition*, Bd. 1, S. 135). Die Gründung am 19. Okt. 1928 in den Berliner Sophiensälen war seit Ende 1927 vorbereitet worden: Beschluß der I. Internationalen Konferenz proletarischer und revolutionärer Schriftsteller in Moskau 1927, außerhalb der UdSSR proletarische Schriftstellerorganisationen zu schaffen; Orientierung des XI. Parteitages der KPD in Essen (März 1927), eine »rote Kulturkampffront« zu bilden. Der provisorische Aktionsaus-

schuß zur Gründung des BPRS trat seit März 1928 mit Aufrufen, Appellen und Veranstaltungen an die Öffentlichkeit – Gründungsaufruf Juni 1928 in der »Proletarischen Feuilleton-Korrespondenz«. In der Gründungsversammlung, an der ca. 150 Schriftsteller, Arbeiterkorrespondenten und Literaturinteressenten teilnahmen, erklärten 55 Anwesende ihren Beitritt. Die Mitgliederzahlen betrugen: 350 Ende 1930, 500 Ende 1932. Ende Okt. 1930 hatte der Bund folgende soziale Zusammensetzung: 30 % Arbeiter und Angestellte, 25 % Redakteure, Journalisten, 5 % Theaterleute, 4 % Künstler, 3 % Studenten, Lehrer, Ärzte, 1 % freie Schriftsteller, 32 % »Mischexistenzen«. Von diesen Mitgliedern gehörten 40 % der KPD, 1,5 % der SPD, USP, anarchistischen Gruppierungen an, 58,5 % waren parteilos, aber in verschiedenen Arbeiterkulturorganisationen und proletarischen Hilfsorganisationen eingeschrieben. Der Anteil von Arbeiterschriftstellern betrug im Mai 1932 in Berlin 50 %, in der Ortsgruppe Frankfurt a.M. 20 %. Die Gründungsversammlung verabschiedete zwei Dokumente, die bis zum Ende des Bundes gültig blieben: Organisationsstatut des BPRS, Entwurf eines Aktionsprogramms. Sie beschloß, ein politischideologisches und ästhetisches Programm auszuarbeiten. Der im Dez. 1929 gewählte Hauptvorstand: 1. Vorsitzender J. R. Becher, 2. Vorsitzender P. Körner-Schrader, 3. Vorsitzender K. Grünberg; 1. Schriftführer G. W. Pijet, 2. Schriftführer K. Steffen; 1. Sekretär L. Renn (ab Jan. 1932 T. Richter), 2. Sekretär B. Lask; Kassiererin E. Geißler; Leiter der Arbeitsgemeinschaften A. Gábor; 1. Beisitzer K. Kläber, 2. Beisitzer K. Peterson (dazu kamen je ein Vertreter der Arbeiterkorrespondenten, vom ATBD, der ASSO [Assoziation Revolutionärer Bildender Künstler Deutschlands, ARBKD bzw. ASSO abgekürzt). Der Bund hatte Bezirks- bzw. Ortsgruppen, die mit einer eigenen Leitung (Vorsitzender, Schriftführer, Kassierer) selbständig arbeiteten. 1928 bestanden Ortsgruppen des BPRS in folgenden Bezirken: Berlin, Rhein, Ruhr, Sachsen, Thüringen, Hessen, Pfalz, Pommern, Schlesien, Niedersachsen; 1932 gab es außer der Berliner folgende Ortsgruppen: Bochum (u.a. E. Ginkel), Braunschweig, Bremen (u.a. Pelle Igel), Breslau (u.a. J. Koplowitz), Dortmund (u.a. B. Gluchowski, P. Polte), Dresden (u.a. M. Zimmering), Düsseldorf, Duisburg, Erfurt, Essen (u.a. W. Harzheim, F. Krey, H. Marchwitza), Frankfurt a.M., Hamburg (u.a. W. Bredel, O. Gotsche, C. Wüsthoff), Hannover, Hindenburg (u.a. W. Tkaczyk), Halle (u.a. H. Lorbeer, O. Müller-Glosa), Krefeld, Leipzig (u.a. B. Apitz), München, Oldenburg, Stuttgart, Wiesbaden (u.a. G. Berkhahn, R. Leitem, E. Lux, F. und G. W. Manfred). Der Mindestbeitrag – der Bezug der »Linkskurve« war darin eingeschlossen – betrug 50 Pf., wobei laut Statut von »Angestellten oder besser situierten Mitgliedern ein freiwilliger, höherer Beitrag« erwartet wurde.

Der BPRS als Deutsche Sektion des/r IBRL/IVRS realisierte das kommunistische Organisationsprinzip unter den gesellschaftlichen Bedingungen und den politischen Verhältnissen der Weimarer Republik. Er führte erstmalig kommunistische und nicht parteigebundene Schriftsteller, die sich an die Seite der revolutionären Arbeiterklasse stellten, in einer Organisation zusammen. Im *Entwurf eines Aktionsprogramms* wurden Grundsätze und Aufgaben fixiert: in der Klassengesellschaft sei die proletarisch-revolutionäre Literatur »Waffe der Agitation und Propaganda im Klassenkampf« (RF, 28. 10. 1928), habe Herz und Hirn der Arbeiterklasse und der breiten werktätigen Massen für die Vorbereitung der proletarischen Revolution, für die Verteidigung der Sowjetunion zu gewinnen, zu entwickeln und zu organisieren. Die proletarisch-revolutionäre Literatur habe die führende Stellung innerhalb der Arbeiterliteratur und der Gesamtliteratur anzustreben. Sie stehe in scharfem Gegensatz zur bürgerlichen Literatur, betrachte die künstlerisch gestaltete »Tendenz« als notwendiges Rückgrat ihrer Werke, vertrete den Vorrang des Inhalts vor der Form. Das praktische Ziel des Bundes, die systematische Förderung und Verbreitung der proletarisch-revolutionären Literatur, wurde im Zusammenhang mit der notwendigen theoretischen Arbeit gesehen:

Proletarisch-revolutionäre Dichtungen

Sonntag, 1. April 1928, vormittags 11 Uhr, in der
◄ PISCATOR-BÜHNE (Lessing-Theater
Berlin NW 40, Friedrich-Karl-Ufer 1

1. VERANSTALTUNG

ES LESEN AUS EIGENEN WERKEN:
Emil Ginkel / Karl Grünberg / Fritz Kopacek
Kurt Kläber / Franz Krey / Hans Lorbeer
Einleitende Worte: JOHANNES R. BECHER

EINTRITT 1.— M.

Bund proletarisch-revolutionärer Schriftsteller Deutschlands

Annonce 1928

den Marxismus-Leninismus auf Kultur und Literatur anzuwenden, Bausteine für eine marxistische Ästhetik und Literaturtheorie, Kriterien und Maßstäbe marxistischer Literaturkritik zu entwickeln. In der in mehreren Etappen, kompliziert verlaufenden Programm-Diskussion und der Konzipierung der Zs. ↗ »Die Linkskurve« konnte der BPRS Erfahrungen der seit 1925 existierenden Arbeitsgemeinschaft kommunistischer Schriftsteller (identisch mit der kommunistischen Fraktion im SDS) nutzen. Diese hatte ihre Diskussionsergebnisse 1928 im *Entwurf von Richtlinien für kommunistische Schriftsteller* (in: *Beiträge*, Bd. 3, S. 630–641) niedergelegt, die dem Weddinger Parteitag der KPD (Juni 1929) zur Beschlußfassung vorgelegt werden sollten. Die *Richtlinien* bestimmten die Aufgaben der kommunistischen Schriftsteller und Künstler im Klassenkampf, forderten eine stärkere Beachtung und Unterstützung der proletarisch-revolutionären Literatur und ihrer materiellen und geistigen Entwicklungsprobleme durch die Partei, ihre Presse und ihre Verlage. Die Partei müsse zur anerkannten Führerin, zum Mittelpunkt der proletarisch-revolutionären Literatur gemacht werden. Geschaffen werde diese Literatur von der »Klasse selbst« und den »Abtrünnigen« anderer Klassen, die sich ohne Vorbehalt dem revolutionären Proletariat angeschlossen haben. In der Bewertung dieser beiden Hauptströme der proletarisch-revolutionären Literatur und in der scharfen Abgrenzung gegenüber den bürgerlichen Schriftstellern (als »Steigbügelhalter des Imperialismus, linksbürgerlichen Liberaldemokraten, Heuchlerpazifisten, Scheinsozialisten, Pseudoanarchisten«) sowie der problematischen Klassifizierung der »bewußt linksorientierten Schriftsteller« als »Mitläufer« (ebd., S. 635) zeigte sich das bündnispolitische Hauptproblem des BPRS. Infolge des seit dem VI. Weltkongreß der KI verschärften Kampfes gegen die Sozialdemokratie (als »Sozialfaschismus«) verlor der BPRS auch seine im *Aktionsprogramm* proklamierte Aufgabe, eine führende Stellung innerhalb der Arbeiterliteratur anzustreben, mehr und mehr aus dem Blickfeld. Verschiedene Fassungen der *Richtlinien*, vor allem von Gábor und Lask ausgearbeitet, eine Reihe weiterer Programmentwürfe, Ergänzungs- und Korrekturvorschläge im Jahre 1929 (u.a. von E. E. Kisch, E. L. Lukas, Schwert, W. Nadolny, Becher) zeigten die Schwierigkeiten im bündnispolitischen und theoretischen Denken. Im Tätigkeitsbericht des BPRS für das Jahr 1929 wurde mitgeteilt, die Programmdebatte sei fallengelassen worden, da »bei unseren eigenen Genossen die Anwendung des Marxismus-Leninismus auf dem Literaturgebiet auf die größten Schwierigkeiten stößt« (*Zur Tradition*, Bd. 1, S. 181). In Auswertung der Charkower Konferenz 1930 trat die Programmdebatte in eine neue Phase. Der von den ungarischen Schriftstellern A. Komját und K. Biró-Rosinger im Sommer 1931 auf der Grundlage der *Richtlinien* vorgelegte *Entwurf einer Plattform des BPRS* (24 S., unveröff. Gábor-Nachlaß, AdK, Nr. 25/29) bestimmte den zentralen Platz der proletarisch-revolutionären Literatur im System der Literatur der Weimarer Republik, fixierte ihre erkenntnisvermittelnde und bewußtseinsverändernde Funktion und charakterisierte als ihre literarische Methode - in Übernahme von der RAPP - den »dialektischen Realismus«. Der *Entwurf* definierte den Bund als überparteiliche Organisation, eine wichtige Bestimmung, die in den folgenden Programmentwürfen fehlte und erst im Mai 1932 in Bechers Aufsatz *Kühnheit und Begeisterung* wieder aufgenommen wurde. Komját und Biró wiesen den aus dem Bürgertum zur proletarisch-revolutionären Literatur gekommenen Schriftstellern eine »Pionier«- bzw. »Bahnbrecher-Rolle« zu. Das war ein Fortschritt gegenüber der in den bisherigen Ausarbeitungen enthaltenen »Geburtshelfer-These«, maßgeblich von Gábor entwickelt und verfochten, nach der die ehemals bürgerlichen Intellektuellen nur an der »Geburt« der proletarisch-revolutionären Literatur beteiligt sein könnten, selbst aber keinen nennenswerten Beitrag mehr zu ihrer Entwicklung leisteten. Allerdings bezweifelten auch Komját und Biró, daß revolutionäre Intellektuelle genügend tief in das Leben der Arbeiterklasse eindringen könnten, ein Umstand, der bei den Arbeiterschriftstellern schon aufgrund ihrer Herkunft gegeben sei. Ihr Entwurf enthielt die voluntaristische These, die proletarisch-revolutionäre Literatur habe bereits eine qualitativ höhere Stufe als die bürgerliche und sozialdemokratische Literatur erreicht. Nachdem der *Entwurf* Ende Sep. 1931 von Becher zusammen mit seinem Artikel *Unsere Wendung* an die IVRS geschickt worden war, lehnte ihn die Reichsfraktionsleitung der kommunistischen Schriftsteller (unter der Leitung von Becher sowohl BPRS als SDS umfassend) Anfang Okt. in einem allen Ortsgruppen zugestellten Rundschreiben (E. Weiß: *Johannes R. Becher und die sowjetische Literaturentwicklung [1917-1933]*, Berlin 1971, S. 241-243) als in der Grund-

linie falsch ab. Der *Entwurf* gebe ein verschwommenes Bild der Aufgaben der proletarisch-revolutionären Literatur, es mangle ihm an kritischer Analyse und einer aufgeschlossenen Haltung zum Kulturerbe. Die Stellungnahme des Sekretariats der IVRS vom Dez. 1931 rügte ebenfalls den »linken« Charakter des *Entwurfs*. Eine Kommission - bestehend aus Becher, O. Biha, Gábor, Lukács, K. A. Wittfogel - wurde beauftragt, ein neues Programm auszuarbeiten. Es lag im Jan. 1932 vor und wurde nach Moskau geschickt. Trotz mehrfacher Mahnungen blieb eine Stellungnahme der IVRS aus. Die ursprüngliche Absicht, das Programm der geplanten Bundeskonferenz zur Verabschiedung vorzulegen, wurde nicht verwirklicht. Der damals unveröffentlicht gebliebene Programmentwurf, dessen verschiedene Fassungen besonders den Arbeitsanteil von Lukács, Gábor und Becher belegen, dokumentierte den 1932 erreichten Diskussionsstand, berücksichtigte die vorgebrachten Einwände und Kritiken. Er übernahm in wesentlichen Teilen Passagen aus früheren Entwürfen (u.a. von Komját/Biró), vor allem in der Bestimmung der Funktion der proletarisch-revolutionären Literatur als Teil des Befreiungskampfes des Proletariats. Die proletarisch-revolutionäre Literatur habe »in den verschiedenen Formen der Agitation und Propaganda zur Erweckung und Hebung des proletarischen Klassenbewußtseins mit den spezifischen Mitteln der Literatur beizutragen« (in: *Zur Tradition*, Bd. 1, S. 427). In der Adressaten-Bestimmung differenzierte der Entwurf: die proletarisch-revolutionäre Literatur wende sich nicht nur an den klassenbewußten Vortrupp des Proletariats, sondern auch an die bisher nur »instinktmäßig« revolutionären Schichten, an die Masse der werktätigen Kleinbürger, Bauern, an die Intelligenz. Es müsse eine »wirkliche Massenliteratur« geschaffen werden, die die »Nöte, Hoffnungen und Wünsche, die Leiden und die Kämpfe der Menschen der ganzen gegenwärtigen Gesellschaft« darstelle. Dieser letzte Programmentwurf hatte einen ausgeprägt selbstkritischen Grundgestus: weder sei bisher eine revolutionäre Massenliteratur geschaffen, noch habe der Bund aufgrund seines ideologischen und organisatorischen Zurückgebliebenseins alle schriftstellerischen Kräfte der deutschen revolutionären Arbeiterbewegung vereinigt, er erfasse nur einen Teil der proletarischen Literaturbewegung. Es gelte aber, die proletarische Grundlage der Arbeit auszubauen, die aus dem Bürgertum zur Arbeiterbewegung gekommenen Schriftsteller mit den »Arbeiterkadern« zu verschmelzen. Drei von insgesamt sieben Abschnitten des Entwurfs waren der künstlerischen Spezifik der proletarisch-revolutionären Literatur gewidmet, dies verweist auf eine deutliche Akkzentverlagerung gegenüber bisherigen Entwürfen. Im Abschnitt »Inhalt und Form« wurde eine Differenzierung gegenüber der bisher vertretenen Auffassung vom Primat des Inhalts gefordert, auf den dialektischen Zusammenhang beider verwiesen. Dem Inhalt der revolutionären Epoche entspreche als Form ein »kühner und allseitiger Realismus«, als Stil der »dialektische Realismus«. Das »große proletarische Kunstwerk« habe den proletarischen Alltag in Wechselwirkung mit dem Leben der anderen Klassen allseitig und tief zu erfassen. Die Forderung nach dem großen proletarischen Kunstwerk solle dabei nicht als Frage des Formats begriffen werden, sondern als Qualitätsanspruch - im Sinne der Beherrschung der materialistischen Dialektik - auch an alle anderen, darunter kleinen Formen. Diese in sich nicht sehr logische Position, die zudem die RAPP-Losung vom großen bolschewistischen Kunstwerk übernahm, barg die Tendenz und Gefahr der ausschließlichen Orientierung auf große epische Formen in sich. Und dies in einer politischen Situation, in der es darum ging, den Faschismus mit allen Mitteln, Formen und operativen Genres zu bekämpfen. Der Abschnitt »Kritik und Erbe« forderte eine »produktive Massenkritik«, die den historischen Materialismus und die wirkliche Kenntnis der Literatur der Vergangenheit und Gegenwart zur Grundlage habe. Durch konkrete marxistische Analyse müsse das Was und Wie des Lernens von den »Klassikern« erschlossen werden.

In einer von der Fraktionsleitung im Frühjahr 1932 für das Sekretariat des ZK der KPD vorbereiteten, aber nicht beschlossenen *Resolution* (ebd., S. 440/443) fiel die Einschätzung der bisherigen Entwicklung noch kritischer aus: der BPRS habe »die Aufgabe der Sammlung aller kommunistischen Schriftstellerkader und aller Mitläufer« (ebd., S. 440) nicht erfüllt. Er dürfe keine enge, sektiererische Organisation sein, in seiner Arbeit müßten die Probleme der schriftstellerischen Produktion, der weltanschaulichen Erziehung und Massenkultur im Zentrum stehen. Eine entschiedene Wendung, die »Erweiterung des proletarischen Literaturmilieus« (ebd., S. 442) sei erforderlich. In diesem Sinne tagte auch die seit 1929 mehrfach verschobene Reichsarbeitskonferenz des BPRS am 25./26. 6. 1932 in Berlin, deren Verlauf und Ergebnisse nur in einer kurzen Pressemitteilung (in: »Welt am Abend«, 29. 6. 1932) ablesbar sind. Danach habe der Bund mit der Konferenz einen »Umbau«, eine »Reorganisation« vollzogen, die proletarische Literaturbewegung auf eine verbreiterte und durch neue Methoden verbesserte und elastischere Basis gestellt. Er fasse die Schriftsteller in »Produktionskollektiven«, in »Arbeitsgemeinschaften« zusammen. Der Bund solle viel breiter als bisher jene Schichten der revolutionären Intelligenz aufnehmen, die bereit seien, gegen Faschismus, Kriegsgefahr, für den Fortbestand der Sowjetunion zu kämpfen. Dieses bündnispolitische Konzept schlug sich in der Zusammensetzung der neugewählten Bundesleitung nieder. Ihr gehörten so bekannte Schriftsteller an wie Becher, E. Glaeser, Kläber, B. Brecht, Kisch, Körner-Schrader, E. Weinert, A. Seghers, Bredel, Renn, Wittfogel.

Die praktische Arbeit des Bundes fand auf verschiedenen Ebenen statt. Ein wichtiges Tätigkeitsfeld bildeten die Arbeitsgemeinschaften. Sie tagten im Jahre 1929 in Berlin 15 Mal: 8 zur Kurzgeschichte, 5 zur Reportage, 2 zur Lyrik. Verantwortlich zeichneten: für Lyrik Becher, für die Kurzgeschichte Gábor, A. Gantner, für die Reportage Peterson, E. Bruck. Im Frühjahr 1932 existierten die folgenden Arbeitsgemeinschaften: für Reportage - T. Balk, für Kurzgeschichte - F. Brand, für Theater - Gábor, für Lyrik - Becher, für Literaturtheorie/-kritik - Renn, Biha, für marxistische Literaturkritik - Dr. Keller (d. i. Lukács). Die Arbeitsgemeinschaften gaben zu ihrem Themenkreis *Schulungsbriefe* heraus (nur von Gábor sind einige überliefert). In den Beratungen wurden Texte der Teilnehmer - in der Regel- so diskutiert, daß Anfangende und bereits Erfahrenere wechselseitig voneinander lernen konnten. Die in der Presse wirksamen literarischen Formen des Feuilleton-Teils: Bericht, Reportage, Szene, Skizze, Sketch, Erzählung, Glosse, Gedicht, Kurzgeschichte, Agit-Vers, Agit-Prop-Szene etc. bestimmten dabei das Hauptinteresse der Arbeiterkorrespondenten und der für die Parteipresse tätigen Redakteure und Journalisten. Sie brachten die neuen Gegenstände der proletarisch-revolutionären Literatur als eigene Erfahrung ein: die Darstellung des proletarischen Kampfes im Betrieb, des proletarischen Alltags. Wirksam wurden die Bundesmitglieder durch zahlreiche Großveranstaltungen, oft gemeinsam mit verschiedenen Arbeiterkulturorganisationen, der IAH, IRH, der MASCH, den Parteien und Gewerkschaften durchgeführt. Besondere Aufmerksamkeit widmeten sie der seit 1929 jährlich veranstalteten »Woche des proletarischen Buches«. Diese Aktivitäten der BPRS-Mitglieder waren Teil des Versuchs, eine proletarische Gegenöffentlichkeit in der Weimarer Republik zu schaffen. Ihre Tätigkeit wurde durch Verbote, Verfolgungen und Prozesse behindert. 1930 gab der BPRS die Wahlkampfbroschüre *Kulturkrise und kein Ausweg* heraus.

Der BPRS entwickelte sich in Konzeptionsbildung und praktischer Arbeit als Sektion der IVRS. Er orientierte sich am Vorbild der Sowjetliteratur, an den die Arbeit der IVRS bis April 1932 bestimmenden politischen und literarischen Losungen der RAPP. Dies schloß auch die Übernahme von Fehlorientierungen ein (»Verbündeter oder Feind«). Als stärkste außersowjetische proletarisch-revolutionäre Literaturvereinigung trug sie mit Vorschlägen und Kritik (besonders nach der Auflösung der RAPP) zur Veränderung der Arbeit der IVRS bei. Dies belegt der intensive Briefwechsel zwischen Becher und anderen BPRS-Mitgliedern und der Leitung der IVRS. Zahlreiche Reisen Bechers u. a. führender Mitglieder des Bundes in die Sowjetunion ermöglichten einen intensiven Erfahrungsaustausch, Kuraufenthalte und die Übersetzung vieler Werke ins Russische stärkten das Selbstbewußtsein und die Resonanz der

BPRS-Delegation in der UdSSR 1929, mit K. Grünberg, H. Lorbeer, K. Kläber

deutschen proletarisch-revolutionären Schriftsteller. Der BPRS entsandte zwei offizielle Delegationen in die UdSSR: im Frühjahr 1929 fuhren Kläber, Grünberg, Lorbeer, Peterson, Marchwitza, Gábor, im Herbst 1929 Becher, Gábor, Grünberg, Renn, Weiskopf. Leitungsmitglieder der IVRS wie B. Illés als Generalsekretär oder L. Awerbach als Vorsitzender der RAPP kamen 1932 nach Deutschland.

Die Errichtung der faschistischen Diktatur beendete die legale Existenz des BPRS und seiner 26 Ortsgruppen (so der Stand Ende 1932). Seine bekannteren Mitglieder, darunter fast der gesamte Bundesvorstand, mußten emigrieren. Andere wurden verhaftet: K. Neukrantz, L. Renn, W. Langhoff, W. Bredel u.a. Ortsgruppen des BPRS arbeiteten illegal weiter in Breslau (J. Koplowitz), Hamburg, Magdeburg, Oldenburg (F. Mütze-Specht), Stettin (F. Braun), Oberschlesien (W. Tkaczyk). Die zahlenmäßig stärkste und in ihrer Wirksamkeit bedeutendste Gruppe arbeitete in Berlin unter der Leitung von J. Petersen. Ihr gehörten an: K. Steffen, W. Stolle, W. Ilberg, E. Brüning, B. Waterstradt, T. Richter, A. und L. Kaufmann u.a. Sie brachte als wichtiges Zeugnis des politischen und literarischen Widerstands die illegale Ztg. ↗ »Stich und Hieb« heraus. Im antifaschistischen Kampf der BPRS-Mitglieder dominierten opera-

tive Formen: Zwei- und Vierzeiler, Knittelverse, Reime u.a. auf Klebezetteln, Flugblättern. Auch in der im Ausland erschienenen Literatur dieser BPRS-Mitglieder überwogen Formen der Kurzprosa (z.B. erschienen 60 solcher Texte in den Prager »Neue(n) Deutsche(n) Blätter(n)«), deren Hauptgegenstand der Alltag und antifaschistische Widerstand in Deutschland war. Die Verbindung des illegalen BPRS mit den sich in einigen Exilländern konstituierenden BPRS-Gruppen wurde durch einen gefahrvollen Kurierdienst hergestellt und realisiert (J. Petersen, E. Brüning, T. Richter). Für diese Arbeit zuständig war in Prag E. Ottwalt, in Paris Biha. Als »Mann mit der schwarzen Maske« legte Petersen 1935 auf dem I. Internationalen Schriftstellerkongreß zur Verteidigung der Kultur in Paris von diesem in Deutschland wirkenden Teil der revolutionären Literaturbewegung Zeugnis ab. Durch einen Gestapospitzel in den eigenen Reihen verraten, wurden im Okt. 1935 zwölf Mitglieder des BPRS verhaftet und in einem Prozeß im Okt. 1936 zu z.T. langjährigen Zuchthausstrafen verurteilt. In der Urteilsbegründung war der BPRS als »eine der gefährlichsten gegenwärtigen Hetzorganisationen« bezeichnet worden. In der praktischen Arbeit in den Exilländern, vor allem in Prag und Paris, bildeten sich neue Formen der antifaschistischen

Zusammenarbeit von Schriftstellern heraus. Im Dez. 1935 wurde der BPRS als Sektion der IVRS aufgelöst. Einzelne Mitglieder waren weiter illegal tätig.

Lit.: E. Simons: Zur Tätigkeit des BPRS (1928-1933), Diss., Berlin 1960; H. Leber: Die Linkskurve 1929-1932, Diss., Leipzig 1964; Beiträge, Bd. 1; H. Gallas: Marxistische Literaturtheorie. Kontroversen im BPRS, Neuwied/Berlin 1971; F. Albrecht/K. Kändler: BPRS 1928-1933, Leipzig 1978; M. Lefèvre: Von der proletarisch-revolutionären zur sozialistisch-realistischen Literatur. Literaturtheorie und Literaturpolitik deutscher kommunistischer Schriftsteller vom Ende der Weimarer Republik bis in die Volksfronta, Stuttgart 1980; G. Friedrich: Proletarische Literatur und politische Organisation. Die Literaturpolitik der KPD in der Weimarer Republik und die proletarisch-revolutionäre Literatur, Frankfurt a.M./Berlin 1981; R. Spilker: Die Arbeit des BPRS in Deutschland, Osnabrück 1982; Ch. M. Hein: Der BPRS (mit biobibliographische Angaben), Münster/Hamburg 1991 (= Arbeiterkultur und Arbeiterbewegung, Bd. 25).

Simone Barck

Claudius, Eduard (d.i. E. Schmidt, Ps. Edy Brendt, Sign.: -ius)

Geb. 29. 7. 1911 in Gelsenkirchen/Buer; gest. 13. 12. 1976 in Potsdam

Sohn eines Maurers, bereits 13-jährig auf dem Bau tätig, 1926/28 Maurerlehre, 1926/27 Gewerkschaftskassierer; Korrespondenzen u.a. für das »Ruhr-Echo«. Anschluß an die Wandervogelbewegung. 1929/31 auf Wanderschaft durch Schweiz, Frankreich, Spanien, Italien, Österreich. Arbeiterkorrespondenzen für den Rundfunk in Köln und Zürich. 1932 Mitglied der KPD, 1933 Verhaftung wegen illegaler Arbeit. 1934 Emigration in die Schweiz; in Zürich Begegnung mit H. Marchwitza, der ihn zum Schreiben ermunterte. 1936 vor drohender Verhaftung und Auslieferung nach Deutschland Flucht nach Paris. Nov. 1936 ging C. als einer der ersten Freiwilligen nach Spanien; bei den Internationalen Brigaden im Bataillon Edgar André zunächst als Soldat, dann als Kriegskommissar. 1938 nach zweiter Verwundung nach Frankreich entlassen. 1939 illegale Rückkehr in die Schweiz, verbarg sich vorübergehend in einer Irrenanstalt. Verhaftung und Einlieferung ins Zuchthaus Witzwil. A. Ehrenstein und H. Hesse verhindern seine Auslieferung. Aufenthalt in verschiedenen Arbeitslagern, in denen der Spanienroman *Grüne Oliven und nackte Berge* entstand (Zürich 1945, München 1946, Berlin 1947). Mit der Erzählung *Mensch auf der Grenze* gewann er den literarischen Wettbewerb der Emigrantenzeitschrift ↗ »Über die Grenzen«. Im Frühjahr 1945 Teilnahme an den Kämpfen der Partisanenbrigade Garibaldi in Oberitalien. Juli 1945 Rückkehr über die Schweiz nach Deutschland. In München Pressereferent im Ministerium für Entnazifizierung. Publizistische Aus-

einandersetzung mit der Nazizeit; schrieb Texte für die Münchner »Kleine Komödie«, Reportagen über die Krise im Ruhrbergbau und das zerstörte Deutschland u.a. für die bayrische »Neue Presse«, »Coburger Nachrichten« und »Radio Luxemburg«. Abdruck von *Grüne Oliven und nackte Berge* im Feuilleton der »Neuen Zeitung«. Im Sommer 1947 Umzug ins Ruhrgebiet, Berichte für die »Süddeutsche Zeitung«. Okt. 1947 Teilnahme am Ersten Deutschen Schriftstellerkongreß in Berlin; Übersiedlung nach Berlin, 1948 nach Potsdam. Lektor für Widerstandsliteratur im Verlag Volk und Welt. 1948 mit der ersten Delegation deutscher Kulturschaffender nach Moskau. In der DDR in verschiedenen kulturpolitischen und staatlichen Funktionen tätig, 1955/56 Sekretär des DSV, 1957/61 im diplomatischen Dienst in Syrien und Vietnam. 1967/69 Vizepräsident der AdK.

Bericht und Erzählung stehen im Zentrum des Werks, für das eigene Sozialerfahrungen und das Erlebnis des Spanienkrieges prägend wurden. In späterer Zeit entstanden auch nacherzählte Märchen und Legenden. Der erste Roman, *Jugend im Umbruch* (unter Ps. E. Brendt, Basel 1936), zeigt in locker verbundenen Episoden den Lebensweg eines jungen Arbeiters, der zunächst den Nazi-Parolen erliegt, zur SA geht, desillusioniert wird und Klassenbewußtsein erlangt. Diese Entwicklung spricht eher für die Hoffnungen der Antifaschisten auf ein schnelles Ende der Hitler-Diktatur als für die zeitgenössische Realität. Daß die Geschichte von dieser Erwartung aus konstruiert ist, verrät die noch wenig entwickelte Selbständigkeit des jungen Autors (C. distanzierte sich später wegen der mangelnden Glaubwürdigkeit in der Figurenzeichnung vom Roman). In Kurzgeschichten werden Kindheitserlebnisse aus den Hungerjahren nach dem I. Weltkrieg und Erfahrungen des Arbeitslosendaseins verarbeitet (*Hinterland*, in: »Pariser Tageszeitung«, 15. 10. 1936; *Der Menschenmarkt*, ebd., 18. 4. 1937, unter Ps.). In einem operativen Prosatext zum Spanienkrieg (*Wiedersehen vor Madrid. Brief an eine deutsche Mutter*, ebd., 6. 6. 1937.), aber stärker dann in den größeren Erzählungen *Das Opfer* (in: »Das Wort«, 1938, H. 2) und *Haß* (e. 1944, Berlin 1947) prägt sich C.s plastische Erzählkunst aus. Er zeichnet mit großer Intensität Figuren aus dem sie bestimmenden sozialen Erleben, den Emotionen und Sehnsüchten und richtet sein Schreibinteresse auf die Motive für Handlungsbereitschaft. Ausgehend von modellhaft angelegten, existentiell zugespitzten Situationen, die zu Todesangst oder Ausweglosigkeit führen, werden - im Rückbezug auch auf eine Kindheit in Armut und Demütigungen - die Antriebe erkundet für die Überwindung von Dumpfheit und Haß und den Einsatz des eigenen Lebens im Kampf um ein anderes, menschlicheres Leben. Im Opfertod für eine gerechte Sache erscheint individueller Lebenssinn und der der Gemeinschaft verwirklicht. Von Jugenderfahrungen lebt der kleine Roman

Salz der Erde (e. 1942, Berlin 1948), in dem ein Arbeiterjunge aus dem Ruhrgebiet im Zentrum steht. Zeitlich um 1932 angesiedelt, mit Rückgriffen auf die nachrevolutionäre Zeit, gibt er ein plastisches Bild der krisenhaften Situation vom Ende der Weimarer Republik und von bedrückenden Umständen proletarischen Lebens. Mit sozialer Genauigkeit werden die Sehnsüchte des jungen Proleten nach einem menschlicheren Leben und seine Motive dargestellt, sich am Kampf der organisierten Arbeiter zu beteiligen. Ein künstlerischer Höhepunkt in C.s Schaffens ist der Roman *Grüne Oliven und nackte Berge*. Er zeichnet sich durch ein intensives, sinnlichplastisches Erzählen aus, auch der spanischen Landschaft, ihrer Farben und Gerüche, und durch das reflektorische Durchdringen der Erlebnisse der Hauptfigur. Beides weist dem Buch in der Spanien-Literatur einen besonderen Rang zu. Mit der Figur und dem Weg Jack Rohdes und dem Schicksal seiner Kampfgefährten schildert C., wie der Krieg zum inneren Erleben wird, zwischen Furcht und Mut, Verzweiflung und Lebenswillen. In der existentiellen Gefahr des Krieges wird der Sinn des Einsatzes für die menschliche Befreiung bejaht. Der Roman beginnt mit dem begeisterten Empfang der Interbrigadisten in Valencia durch die Spanier, erzählt Stationen des Krieges bis zur schweren Verwundung des Helden und führt ihn im Schlußkapitel in die bedrückende Atmosphäre im Pariser Exil, in der die Vorahnung auf den großen Krieg ihre Schatten wirft. Dabei wird der Prozeß einer politischen und menschlichen Reife vorgeführt, eines bewußten Kämpfens. Der Roman fand eine große, auch internationale Resonanz und entsprechend weite Verbreitung. Nach der Übersiedlung in den Osten begann für C. eine neue Schaffensphase, in der er zum einen weiterhin Erfahrungen des antifaschistischen Kampfes verarbeitete, so in der Erzählung *Die Nacht des Käuzchens* (Berlin 1951, u. d. T. *Die Söhne Garibaldis* 1952 dramatisiert) mit einer spannenden, mehrschichtigen Handlung aus dem italienischen Partisanenkampf und der Gefangennahme Mussolinis; in einer Entscheidungssituation läßt er die Widerstände aufscheinen, die künftig der Erfüllung von Glückssehnsucht entgegenstehen. Zum anderen widmet er sich entschieden den Fragen einer neuen Gesellschaft und erkundet in genau erfaßten sozialen Milieus die menschlichen und politischen Beweggründe für das Handeln der Arbeiter. Der Band *Erzählungen* (Berlin 1951) enthält Texte, die erste Schritte und Konflikte eines schweren Anfangs zeigen (u.a. *Die Geburt, Das Dorf vor dem Fluß, Der letzte Galgen*). Besondere Bedeutung für die Entwicklung der DDR-Literatur gewann C. mit der reportagehaften Erzählung *Vom schweren Anfang* (Berlin 1950) und dem Roman *Menschen an unserer Seite* (Berlin 1951), der den gleichen Stoff zur Grundlage hat: den als Aktivistentat gewürdigten Einsatz des Ringofenmaurers Hans Garbe. Der authentische Fall wird aufgegriffen, um die

Eduard Claudius

inneren Gründe des Arbeiters, die Ursachen für die Widerstände seiner Kollegen und die bürokratischen Hemmnisse in neuen Verwaltungen präzise zu ermitteln. Die Fähigkeit, Alltagsverhalten der Menschen ohne Schönfärberei und ideologische Klischees zu erfassen und ihre Beweggründe zu entschlüsseln, bewährte sich auch in einer späteren Phase der DDR-Entwicklung; mit der Erzählung *Wintermärchen auf Rügen* (Halle 1965) beschritt er neue Wege bei der kritischen Darstellung von Lebensrealitäten. Stationen seines politischen und literarisches Lebensgangs sind in der Autobiographie *Ruhelose Jahre* (Halle 1968) nachgezeichnet, deren Erscheinen in der DDR gegen viele Widerstände durchgesetzt werden mußte.

W. W.: Gewitter (En.), Potsdam 1948; Notizen nebenbei (Rep.), Berlin 1948; Zu Anbeginn (E.), Berlin 1950; Früchte der harten Zeit (En.), Berlin 1953; Seemannsgarn, neu gesponnen (Rep.), Berlin 1954; Paradies ohne Seligkeit (Rep.), Berlin 1955; Von der Liebe soll man nicht nur sprechen (R.), Berlin 1957; Als die Fische die Sterne schluckten (M. und Legenden aus Vietnam, Laos und Kambodscha), Berlin 1961; Das Mädchen ›Sanfte Wolke‹ (En. aus Dschungel und Wüste), Berlin 1962; Aus den nahen und den fernen Städten (En.), Berlin 1964; Mit Netz und Winsch auf hoher See (Rep.), Halle 1973;

Syrien. Reise in sieben Vergangenheiten und eine Zukunft, Halle 1975. – *Ausg.:* Ausgewählte Werke, 4 Bde. Berlin 1959-60; Gesammelte Werke in Einzelausgaben, Hg. E. Pick. 1975ff. – *Lit.:* Bodo Uhse. Eduard Claudius. Abriß der Spanienliteratur, Berlin 1960 (= Schriftsteller der Gegenwart, Bd. 5); Gespräch mit Erika Pick, in: Sinn und Form, 1973, H. 2, S. 254-267; H. Haase: Befragung einer Biographie. Zu einigen Motiven im Leben und Werk von E. Claudius, in: WB, 1976, H. 7, S. 112-121; Exil, Bd. 6.

Ursula Reinhold

Crüger, Friedrich
Geb. 1820 in Danzig; gest. nach 1856

Kleinbürgerlicher Demokrat und Publizist. Gab mit J. Jacobi in Königsberg das *Königsberger politische Taschenbuch für das Jahr 1847* (Leipzig 1847) heraus und flüchtete noch vor dessen Verbot im Jan. 1847 nach Brüssel. Hier Mitarbeiter der »Deutschen-Brüsseler Zeitung«, Mitglied des kommunistischen Deutschen Arbeitervereins und Mitbegründer der Demokratischen Gesellschaft. Seit 1848 im BdK, ging er während der Februarrevolution nach Paris und kehrte Anfang Apr. nach Deutschland zurück, vor allem um an den Organisationsbestrebungen der Arbeiterbewegung mitzuwirken. In der »Berliner Zeitungshalle« berichtete er über seinen gemeinsam mit W. Wolff in der preußischen Botschaft in Paris geführten Kampf um einen Reisepaß. Über Köln kam er nach Königsberg und war Mitbegründer des Arbeitervereins, den er im Juni 1848 in Berlin bei der Vorbereitung und im Aug. bei der Gründung der Arbeiter-Verbrüderung vertrat. Ende Okt. 1848 gehörte er zu den Delegierten des 2. Demokratenkongresses in Berlin. In seiner Broschüre *La République s'amuse. Eine Revolutionsskizze aus der Zeit* (Berlin 1848) verteidigte er die Pariser Juniinsurgenten. Jan./Jun. 1849 arbeitete er als Redakteur der radikalen Danziger Wochenztg. »Volksblatt« und hatte den Vorsitz des Demokratischen Vereins in Danzig inne. In dieser Zeit schrieb er auch für »Die Verbrüderung« (Leipzig).
Nach dem Scheitern der Revolution emigrierte C. erneut, hielt sich etwa im Okt. 1849 für kurze Zeit bei K. Marx in London auf und ging dann wieder nach Paris, wo er Anfang 1850 ausgewiesen wurde. Danach vermutlich in der Schweiz. Mehrere Rückkehrsuche an den preußischen König, die im Sommer 1856 genehmigt wurden.

Wolfgang Meiser

D'Ester, Carl Ludwig
Geb. 4. 11. 1813 in Vallendar bei Koblenz; gest. 11. 6. 1859 in Châtel St. Denis (Schweiz)

Sohn eines kleinen Lederfabrikanten. Um 1831/35 Medizinstudium in Bonn und Heidelberg. 1838 ließ er sich als Arzt in Köln nieder. 1842/43 Aktionär und Mitarbeiter der »Rheinischen Zeitung«. Freundschaft zu K. Marx. Von 1844 an führende Rolle in der Oppositionsbewegung Kölns; Korrespondenzen für den Pariser »Vorwärts!«. Mit H. Bürgers und R. Daniels gab er 1845/46 in Köln das »Allgemeine Volksblatt. Populärer Monatsbericht über die wichtigsten Zeitfragen« heraus. Dort behandelte er u.a. soziale Themen und versuchte, in vorsichtiger Form auch sozialistisches Gedankengut zu verbreiten. 1846 unterstützte er das Brüsseler Kommunistische Korrespondenz-Komitee, wurde in den Kölner Gemeinderat gewählt und trat dort für demokratische Grundrechte ein. U. d. T. *Bericht über die Ereignisse zu Köln vom 3. und 4. August 1846 und den folgenden Tagen* (Mannheim 1846) erschien eine von ihm zusammengestellte Schrift der Ermittlungskommission über die blutigen Zusammenstöße zwischen Bevölkerung und Militär auf dem Alten Markt. 1847 BdK-Mitglied. Im Mai 1848 Wahl zum Abgeordneten der Preußischen Konstituierenden Versammlung und der Preußischen Zweiten Kammer, wo er auf Seiten der äußersten Linken stand. 1848/49 im Zentralausschuß der demokratischen Vereine. Mai/Juli 1849 Teilnahme an der revolutionären Bewegung in der Pfalz und in Baden. Nach der Niederlage der Revolution flüchtete er mit den Resten der badischen Volksarmee in die Schweiz. Die preußische Regierung ließ ihn in Abwesenheit zum Tode verurteilen. Bis 1851 war D'E. noch politisch tätig, dann zog er sich in den abgelegenen Gebirgsort Châtel St. Denis zurück, wo er sich als Arzt große Verdienste um die Armengesundheitspflege erwarb.

Wolfgang Meiser

Damerius, Helmut
Geb. 16. 12. 1905 in Berlin; gest. 29. 9. 1985 in Berlin

Blumenbinderlehre, danach arbeitslos; Gelegenheitsarbeiter. Fühlte sich zur anarchistischen Jugend hingezogen; beeindruckt von Rezitationskunst und Friedensagitation E. Friedrichs (1894-1967). Nach Abwendung von der anarchistischen Bewegung 1923 KPD-Mitglied. Arbeit im Proletarischen Sprechchor. A. Pieck beeinflußte seine künstlerisch-organisatorische und politische Entwicklung. Gründete 1928 die Agitproptruppe »Kolonne Links«, deren künstlerischer und politischer Leiter er wurde. Schrieb für sie Szenen, Lieder, Gedichte und führte Regie. Tourneen durch Deutschland. Für erfolgreiche Arbeit von der IAH mit einer Tournee durch die Sowjetunion belohnt. 1931 in Deutschland infolge Verbots keine Auftritte mehr, deshalb zweite Reise in die Sowjetunion, die durch Machtantritt der Faschisten zu D.s Exil wurde. 1933 Umwandlung der Truppe zum »Deutschen Theater der Arbeiterjugend – Kolonne Links,« das vor ausländischen Arbeitern in der UdSSR spielen sollte. Direktor bis 1933, danach zum Studium an die Westuniversität delegiert; 1934/38 Regiestudium am Institut für Theaterkunst in Moskau. Am 17. 3. 1938 unter falschen Anschuldigungen verhaftet, in verschiedenen Lagern im Nordural, 1947 Zwangsansiedlung in Kasachstan. 1955 rehabilitiert. 1956 Rückkehr nach Berlin; bis 1960 künstlerischer Direktor, dann Generaldirektor der »Deutschen Konzert- und Gastspieldirektion«. – Durch D. und seine Truppe wurde jene spezifische Form der operativ-künstlerischen Agitpropszene geprägt, die auf aktuelle politische Ereignisse reagierte und die innerhalb des Verständigungskodexes der revolutionären Massen ihre besondere Gestensprache, ihre suggestiv künstlerische Wirkung wie politische Überzeugung besaß. (*Abrüstung*, 1929; *Wir sind die politischen Köche vom Berliner Parlament*, 1929; *Arbeitersport*, 1930; *So oder So*, 1930; *BRIES*, Moskau 1931; *Einer von Tausenden*, Moskau 1932; *Deutschland anno 1937*, Moskau 1937). Schrieb für die Programme eine Reihe Lieder (Musik H. Hauska): *Truppenlied der Kolonne Links*, 1928; *Lied von der Roten Betriebswehr*, 1930; *Das Lied vom Franz Meier*, 1930; *Jugendaktivlied*, 1930. D. s Leistung bestand im Aufbau und in der künstlerisch-politischen Ausformung einer Agitproptruppe, die zu den besten der Weimarer Republik gehörte. In der nach 1933 erfolgten Orientierung der Agitproptruppen auf das große szenische Spiel, das Drama, sah er eine Fehlentwicklung.

W. W.: Über zehn Meere zum Mittelpunkt der Welt. Erinnerungen an die »Kolonne Links«, Berlin 1977; Unter falscher Anschuldigung. 18 Jahre in Taiga und Steppe, Berlin 1990. – *Lit.:* W. Mittenzwei: H. Damerius – Porträt eines Mannes vor dem Hintergrund des Jahrhunderts, in: Sinn und Form, 1987, H. 4.

Werner Mittenzwei

Daudistel, Albert

Geb. 2. 12. 1890 in Frankfurt a. M.; gest. 30. 7. 1955 in Reykjavik (Island)

Sohn eines Metzgermeisters; Volksschule, danach Wanderschaft in Europa und Nordafrika. Etwa 1909 heuerte er in Genua als Matrose an; betrieb später einen Zeitungshandel. Etwa 1913 Rückkehr nach Deutschland; an der Grenze als Militärdienstpflichtiger festgenommen, nach Wilhelmshaven

Liedblatt der Agitprop-Truppe »Kolonne Links«

zur II. Matrosendivision beordert; 1914 aufgrund einer simulierten Krankheit als dienstuntauglich entlassen; Fortführung des Zeitungshandels in Genua. Aug. 1914 Rückkehr nach Deutschland; Kriegsdienst in der kaiserlichen Marine; Kontakt zu revolutionären Matrosen; Herbst 1915 wegen Meuterei zu zehn Jahren Militärgefängnis verurteilt; zwei Jahre später begnadigt und zu einem Fischdampfer abkommandiert. 1918 beteiligt am revolutionären Kampf der Matrosen in Kiel, Bremen, Berlin, Braunschweig und Thüringen; gründete 1919 in München im Auftrag der Räteregierung das Zentralkommissariat für politische Flüchtlinge und ausländische Revolutionäre; nach Scheitern der Münchener Räterepublik zu sechs Jahren Festung verurteilt, von denen er fünf verbüßte. In der Festung Niederschönenfeld begann er zu schreiben. D. wurde Mitglied des BPRS, aber 1930 wegen seiner Haltung zum sog. Schmutz- und Schundgesetz wieder ausgeschlossen (vgl. »Die Linkskurve«, 1930, H. 6, S. 32). Nach 1934 lebte er in Island.
Mit seinen während der Festungshaft entstandenen Erzählungen *Die lahmen Götter* (Berlin 1924, mit Vorbemerkung von R. Leonhard) und dem Roman *Das Opfer* (Berlin 1925, russ. 1925, 2. Aufl. Berlin/Wien/Zürich 1929) hat D. der proletarisch-revolutionären Literatur der 20er Jahre wichtige Impulse verliehen. Vor dem Hintergrund eigener Erlebnisse in Krieg, Gefängnis und der revolutionären Matrosenbewegung propa-

gierte er ein proletarisches Rebellentum, das seine Wurzeln in individuellen sozialen Erfahrungen, nicht in revolutionärer Theorie und organisierter Parteiarbeit hatte. *Das Opfer* ist D.s wichtigstes Buch. In krasser Sprache und kurzen, pointierten Szenen klagt er den Militarismus der deutschen Bourgeoisie und die Politik der rechten SPD-Führung an. Die Hauptgestalt des Romans vertritt jene anarchistischen Ideen und Haltungen, die D.s Antwort auf die Niederlage der revolutionären Aktionen um 1920 waren. In den folgenden Werken verarbeitete er seine Erlebnisse als Vagabund (*Eine schön mißglückte Weltreise*, Berlin 1926) und erzählte eine Kriminalgeschichte (*Wegen Trauer geschlossen*, R., Berlin 1926). Die Manuskripte *Die Hungersteppe*, *Das Ende* (wahrscheinlich Romane) und das Hsp. *Von Mitternacht zu Mitternacht*, die er von Kopenhagen aus nach Moskau zur Publikation gab, müssen als verschollen gelten. Der Abenteuerroman *Der Bananenkreuzer* (Berlin 1935), die Geschichte eines Waffenschmuggels, ist - nach von der Reichsschrifttumskammer geforderten Veränderungen - im Berliner Universitas-Verlag erschienen. Er blieb D.s letzte nachgewiesene Veröffentlichung in deutscher Sprache.

W. W.: Das Leben eines Arbeiterdichters (Aut.), in: Die Welt am Abend, 31. 1. 1929, Ndr. in: Beiträge, Bd. 3, S. 666/671 - *Lit.:* Beiträge, Bd. 3, S. 224-232; A. Klein: Nachw. zu: Albert Daudistel, Das Opfer, Berlin 1981.

Andreas Schrade

Dehmel, Walter

Geb. 9. 5. 1903 in Berlin; gest. 20. 7. 1960 in Schöneiche bei Berlin

Vater Möbeltischler. 1917/21 Feinmechanikerlehre. 1920 Eintritt in SAJ und Metallarbeiterverband, 1922 SPD. Erkrankt, mußte D. seinen Beruf aufgeben, war Notenschreiber, Registraturgehilfe, lange arbeitslos, dann angestellt beim Bezirksamt Treptow. 1927/33 Gedichte und Prosa in der sozialdemokratischen Presse (»Vorwärts«, »Kulturwille« u.a.). Lernte als Autodidakt Schwedisch und Dänisch. 1933 von der SA mißhandelt, fristlos entlassen. 1935/38 angestellt bei einer jüdischen Transportfirma, dann Mechaniker. Während des Faschismus schrieb D. nicht mehr, sondern zeichnete und malte. 1945 Aufbau der Volkshochschule in Berlin-Treptow, ab 1946 freischaffender Schriftsteller. Seit 1949 schwer krank, wandte D. sich Prosaübersetzungen aus skandinavischen Sprachen zu.

Anregung zum Schreiben (Berichte, Gelegenheitsgedichte) erhielt D. in der SAJ. Seine Versuche, in politischen Bekenntnis- und Scheltgedichten Forderungen der Arbeiter zu artikulieren (*Das Volk will*; *Demonstration im Villenviertel*; *Aufruf*), sah er später - wegen sprachlich unbeholfener Pathetik - kritisch. Eigene Ansätze gelingen dort, wo er Arbeitsalltag unter dem Aspekt der Bedrückung schildert (*Arbeitsmorgen*; *Das Treppenhaus*), den Fabrikarbeiter, der sein Leben bei einer verhaßten, Körper- und Seelenkräfte aufzehrenden Fronarbeit verrinnen sieht (*Grauer Morgen wartet*). Durch nüchtern-elegischen Ton und gleichförmigen, doch drängenden Rhythmus wird Eindringlichkeit erzeugt. - In Gedichten und Sprechchören der ersten Nachkriegsjahre erinnert D. an sinnlose Leiden im Krieg und Untaten der Faschisten (*Lidice*), warnt vor der Gefahr einer Refaschisierung (*Nürnberg*) und ruft zu Aufbauarbeit auf (*Diese Zeit braucht deine Hände*). Kennzeichnend wird jetzt ein argumentativ-appellierender Typ des Sprechgedichts, der auf die Suggestivität des Rhythmus vertraut (*Ist das alles schon wieder vergessen*; *Den Müttern*). Diese Gedichte wurden häufig auf Versammlungen vorgetragen. Seine Texte *Aus der Enge dieser Tage* und *Wir sind die Jungen, die Unruhvollen* wurden vielgesungene Jugendlieder. Übersetzte das *Weltjugendlied* und *Bandiera rossa*.

W. W.: Aus der Wirrnis dieser Zeit, Berlin 1947; Novemberkantate (1948, vertont von J. K. Forest). - *Ausg.:* Großstadtperipherie, Einl. M. Schmidt, Berlin 1963 und 1972. - *Lit.:* R. Walter: Walter Dehmel - ein Arbeiterdichter, in: Deutschunterricht, 1963, H. 5; K. Böttcher: Zwiegespräch. Deutschsprachige Schriftsteller als Maler und Zeichner, Leipzig 1980.

Leonore Krenzlin

Deutsch für Deutsche (DfD)

Für den illegalen Vertrieb im faschistischen Deutschland zusammengestellte Anthologie im Exil entstandener antifaschistischer Literatur und Publizistik, herausgegeben vom SDS und von der Deutschen Freiheitsbibliothek in Paris (Faks.-Nachdr., Nachw. T. Pinkus, Frankfurt a.M. 1978). Umfang: (unpaginiert) 201 S. Die erste Ausgabe erschien unter dem Tarntitel *Deutsch für Deutsche* als »Miniaturbibliothek Nr. 481/483« (Verlag für Kunst und Wissenschaft Albert Otto Paul, Leipzig). Die Texte entsprechen im Schriftbild der jeweiligen Quelle. Der Band wurde im Juni 1935 auf dem Internationalen Schriftstellerkongreß zur Verteidigung der Kultur in Paris erstmals der Öffentlichkeit vorgestellt; für Herstellung und Vertrieb waren höchstwahrscheinlich O. Katz und der Verlag Editions du Carrefour verantwortlich; etwa 3000 Ex. sollten schon vor dem Kongreß nach Deutschland geschickt werden, tatsächlich blieben sie - zumindest bis Dez. 1935 - in Strasbourg liegen. Einige hundert Ex. wurden in den Exilländern verkauft, um weitere Anthologien zu finanzieren, die aber nicht zustande kamen. 1936 wurden zwei weitere Auflagen – ebenfalls als Hefte der Miniaturbibliothek – unter dem Titel *Deutsche Volkskunde* und *Deutsche Mythologie* gedruckt; über eine Wirkung in Deutschland liegen keine Angaben vor.

Der Mitarbeiterkreis läßt sich nur annähernd erschließen: Mit Sicherheit beteiligt waren B. Uhse, von dem ein Entwurf für das Vorwort erhalten ist, und E. Weinert, der das (anonyme) Vorwort schrieb und der auf dem Pariser Schriftstellerkongreß über DfD berichtete. Nach eigenen Angaben war M. Tschesno-Hell (damals Leiter der KPD-Parteiorganisation der Schriftsteller in Paris) Initiator und einer der Hauptmitarbeiter; M. Schroeder – er leitete die praktische Arbeit der Deutschen Freiheitsbibliothek – arbeitete mit, mit hoher Wahrscheinlichkeit auch der Generalsekretär des SDS und der Deutschen Freiheitsbibliothek, A. Kantorowicz, der einen programmatischen Aufsatz über *Deutsch für Deutsche* veröffentlicht hat. DfD sollte deutsche Leser über Vielfalt und Qualität der im Exil entstandenen Literatur informieren. Beabsichtigt war, Arbeiten »politisch, soziologisch und weltanschaulich noch sehr differierender Schriftsteller« vorzustellen, einen Eindruck von der »Vielfältigkeit der Nuancierungen« zu vermitteln; die Anthologie sollte intellektuelle Schichten in Hitlerdeutschland erreichen und ihnen den Weg zur Opposition und zum aktiven Widerstand erleichtern. Dieser Absicht entsprach der Verzicht auf jede »einschichtige Tendenz« (A. Kantorowicz in: »Pariser Tageblatt«, 14. Juli 1935) und das Bemühen, in einem antifaschistischen Vaterlandsbegriff, der die Einheit von nationaler und sozialer Befreiung einschloß, ein konzeptionelles Zentrum zu finden. Die Anthologie enthält keine Originalbeiträge; da eine repräsentative Bilanz literarischer Leistungen angestrebt war, mußte auf Buchveröffentlichungen – Romane, Geschichtsdarstellungen, zeitgeschichtliche Analysen, Dramen, Lyrik – aufmerksam gemacht und durch charakteristische künstlerische und publizistische Texte ein Eindruck von der Qualität der antifaschistischen Presse im Exil gegeben werden. Der »Quellen-Nachweis« für den Abdruck verzeichnet Buchtitel, Verlage und Zeitschriften ohne nähere Angaben. Programmatisch war auch die alphabetische Anordnung der Autoren; sie signalisierte Verzicht auf Abgrenzung proletarisch-revolutionärer Autoren von anderen, betonte Gemeinsamkeit des antifaschistischen Anliegens auch bei unterschiedlichen Vorstellungen von der gesellschaftlich-politischen Perspektive. Bei eindeutiger Orientierung auf den revolutionären Sturz des Hitlerregimes und eine sozialistische Alternative zum Nationalsozialismus folgen die Herausgeber einem Bündnisprogramm, das die literarische Linke der Weimarer Republik einbezieht.

DfD enthält Texte von J. R. Becher, Th. Balk, K. Billinger, B. Brecht, W. Bredel, F. Bruckner, F. Brügel, L. Feuchtwanger, B. Frank, B. Frei, O. M. Graf, M. Herrmann-Neiße, St. Heym, K. Hiller, Kantorowicz, Katz, E. E. Kisch, K. Kläber, W. Langhoff, E. Leonard, R. Leonhard, E. Ludwig, K. Mann, H. Mann, H. Marchwitza, W. Mehring, B. Olden, R. Olden, M. Osten, E. Ottwalt, G. Regler, B. von Salomon, A. Scharrer, W. Schönstedt, A. Seghers, E. Toller, Uhse, Weinert, F. C. Weiskopf, F. Wolf, H. Zinner sowie einen Auszug aus dem *Braunbuch II: Dimitroff contra Göring* (Paris 1934), eine Folge von Fotomontagen J. Heartfields aus der AIZ und von H. Eisler und P. Arma Noten zu vertonten Gedichten.

Für Auswahl und Ordnung der Texte war eine thematisch-dokumentierende Montage bestimmend; durch charakteristische Episoden, Szenen und Gedichte, durch Appelle, offene Briefe und Polemiken entsteht ein Bild der Verhältnisse im nationalsozialistischen Deutschland, wie es sich den Autoren von ihren jeweiligen Erfahrungen aus darstellt: Leidensgeschichten jüdischer Kinder und Jugendlicher (Leonhard: *Jüdisches Kind*, Feuchtwanger: *Die Geschwister Oppenheim*), Tatsachenberichte aus Konzentrationslagern (Langhoff: *Die Nacht der langen Latten*, Hiller: *Erich Mühsams Tod*), Schilderungen des Naziterrors (Graf: *Das war Deutschland*; Schönstedt: *Auf der Flucht erschossen*) und des Widerstands gegen das Hitlersystem sowie vom Vordringen des Faschismus (Wolf: *Doktor Mamlock*; Weinert: *Eine deutsche Mutter*; Seghers: *Der Weg durch den Februar*; Uhse: *Die Saalschlacht*); Texte mit agitatorischen Zügen wenden sich an SA-Leute, die das Massaker vom 30. Juni 1934 ernüchterte (Katz: *Grabrede auf die erschossenen SA-Führer*; Salomon: *Brief an einen unbekannten SA-Mann*); Umstände, unter denen die Nationalsozialisten an die Macht geschoben wurden, werden am Beispiel Hindenburgs beleuchtet (Ludwig: *Hindenburg bekommt ein Geschenk*, R. Olden: *Hindenburg*). Attackiert werden intellektuelle Mitläufer und Mittäter des Naziregimes (K. Mann: *An die Staatsschauspielerin Emmy Sonnemann-Göring*; Leonard: *Der Dichter*; Ottwalt: *Literarische Beihilfe zum Mord*), H. Manns Aufsatz *Die erniedrigte Intelligenz* (aus dem Band *Der Haß*) mündet in die Aufforderung an die Intellektuellen, »in der Sprache der Wahrheit« zu verharren und zu begreifen, daß »der herannahende Kommunismus« sich gegen die Hitlerei Bahn brechen werde. E. Thälmann, E. Mühsam und C. von Ossietzky werden als Leitfiguren des Widerstands und der antifaschistischen Alternative herausgestellt.

Eine zeitgenössische Rezension hob »Leidenschaft der Anklage« und »Mut zur Vision« (in: »Unsere Zeit«, 1935, H. 6/7) in dieser Anthologie hervor, die ein programmatischer Entwurf für eine Literatur war, welcher zur Entwicklung einer Volksfrontbewegung beizutragen vermochte.

Lit.: H. Gittig: Illegale antifaschistische Tarnschriften 1933-1945, Leipzig 1972, S. 157-158, 179; W. Herden: Anthologien und Dokumentationen im Kontext des antifaschistischen Kampfes, in: ders.: Wege zur Volksfront, Berlin 1978; D. Schiller: »Deutsch für Deutsche«. Zur Anthologie des Schutzverbandes Deutscher Schriftsteller im Exil, in: WB, 1985, H. 6.

Dieter Schiller

Deutsch-Französische Jahrbücher (DFJ)

1844 in Paris im Selbstverlag erschienene, deutschsprachige politisch-philosophische Zeitschrift. Mit den DFJ sollten die 1843 in Preußen verbotenen, führenden oppositionellen Presseorgane, »Deutsche Jahrbücher für Wissenschaft und Kunst« (Hg. A. Ruge) und »Rheinische Zeitung« (Redakteur: K. Marx), Fortsetzung finden. Über ein Doppelheft (1. und 2. Lieferung) vom 29. 2. 1844 kam das gemeinsam von Ruge und Marx herausgegebene, aber weitestgehend durch Marx redaktionell betreute und profilierte Unternehmen jedoch nicht hinaus. Persönliche Differenzen, politisch-strategische und philosophische Meinungsverschiedenheiten, fehlende Resonanz für die geplante Allianz mit den einflußreichen französischen Oppositionellen sowie Finanzierungsschwierigkeiten und der massive Druck seitens der preußischen Behörden (Verbot, Haftbefehl gegen Mitarbeiter) führten zum raschen Ende eines der sich gesellschaftspolitisch am weitesten vorwagenden Zeitschriftenprojekte des Vormärz. Das Doppelheft hatte 237 S. (oktav) und wurde bei einer Auflagenhöhe von 3000 Ex. zum Preis von vier Franc pro Lieferung abgegeben. Der ursprüngliche Grundkonsens, eine vorrangig politische Zeitschrift zu etablieren, die aktuelle Zeitprobleme aus Staat, Wirtschaft, Kultur und öffentlichem Leben aus radikaldemokratischer Sicht kritisch und bewußtseinsbildend behandeln sollte, wie er sich noch in Ruges (in DFJ gedruckten) *Plan der Deutsch-Französischen Jahrbücher* und der philosophischen Richtungsdebatte zwischen Marx, L. Feuerbach, M. Heß, M. Bakunin und Ruge (*Ein Briefwechsel von 1843*) fand, wurde in der Zeitschrift selbst dann z. T. weit überschritten. So finden sich neben den desavouierenden Tatsachen- und Enthüllungsberichten der rigiden Repressionspraktiken feudalstaatlicher Machtpolitik (J. Jacoby: *Urteil des Oberappellationssenats, in der wider den Dr. Johann Jacoby geführten Untersuchung wegen Hochverrats, Majestätsbeleidigung und frechen unehrbietigen Tadels der Landesgesetze*; C. Bernays: *Schlußprotokoll der Wiener Ministerialkonferenz vom 12. Juni 1834*) besonders mit Marx' *Kritik der Hegelschen Rechtsphilosophie. Einleitung* und F. Engels' *Umrisse zu einer Kritik der Nationalökonomie* Beiträge, die einmal von staatsphilosophischer und einmal von ökonomischer Seite her be-

reits versuchten, die gesellschaftspolitischen Grundlagen der sich entwickelnden bürgerlich-kapitalistischen Lebensverhältnisse zu bestimmen. Dabei entwickelte, im wesentlichen noch abstrakt-philosophische Denkansätze von menschlicher Emanzipation, sozialer Revolution und Aufhebung des Privateigentums markieren den Beginn der späterhin systematisch ausgebauten kommunistischen Ideologie von Marx und Engels. Seine publizistische Ergänzung fand dieser ausgedehnte Theoriepart in einer reflektierenden Situationsschilderung der sozialistischen und kommunistischen Bewegungen im damaligen Frankreich durch Heß (*Briefe aus Paris*), einer kommentierenden Kritik der deutschen Presselandschaft (*Deutsche Zeitungsschau*) sowie zwei Gedichten der damals wohl bedeutendsten deutschen politischen Dichter, H. Heine (*Lobgesänge auf König Ludwig*) und G. Herwegh (*Verrat!*).

Ausg.: Ndre. Leipzig 1925, Amsterdam 1965, Darmstadt 1967, Leipzig 1973. – *Lit.:* A. Cornu: Karl Marx und Friedrich Engels. Leben und Werk, Bd. 1, Berlin 1954; B. Mesmer-Strupp: Arnold Ruges Plan einer Alliance intellectuelle zwischen Deutschen und Franzosen, Bern 1963.

Volker Giel

Deutsche Arbeiterdichtung

Untertitel: *Eine Auswahl. Lieder und Gedichte deutscher Proletarier.* Stuttgart, Verlag von J. H. W. Dietz, 1893. Bd. 1: Gedichte von ↗ W. Hasenclever, ↗ K. E. Frohme und ↗ A. Lepp; Bd. 2: Gedichte von ↗ J. Audorf; Bd. 3: In Reih und Glied. Gedichte von einem Namenlosen (↗ R. Lavant, d. i. R. Cramer); Bd. 4: Gedichte von ↗ M. Kegel; Bd. 5: Gedichte von ↗ A. Scheu.

Die Reihe ist vom Herausgeber (wahrscheinlich dem Verleger J. H. W. Dietz selbst) als einmaliges bilanzierendes Sammelwerk angelegt, nicht als Periodicum, um der Weiterentwicklung dichterischer Bemühungen deutscher Arbeiter auf der Spur zu bleiben. Gesammelt und bewahrt werden sollte, was durch das Alter der Autoren oder die Erstveröffentlichung in oft kurzlebigen Presseorganen der Arbeiterbewegung verloren zu gehen drohte. Die Aufteilung in schmale Einzelpublikationen unter 200 S., jeweils einzelnen Autoren gewidmet, ist unterschiedlichen Leser- und Käuferinteressen, auch den finanziellen Möglichkeiten interessierter Arbeiter angepaßt. Die vergleichsweise luxuriöse Ausstattung im stabilen Ölleineneinband im Gegensatz zur sonst vielfach üblichen heft- oder auch bogenweisen Publikation zielte auch auf materiale Beständigkeit, betonte also die kultur- und literaturgeschichtliche Gültigkeit der Sammlung. Diese stellt eine »Lyrik der Opposition« vor. Das gilt vorrangig für den Inhalt der Gedichte, die sozialen und politischen Forderungen der deutschen Arbeiterklasse in poetischer Formulierung. Zugleich wird die poetische Äußerung von Arbeitern auch als Ausdruck und Produkt ihrer Bildung und Freiheit verstanden. Dem entspricht die teilweise von den Autoren selbst getroffene Auswahl aus ihrer lyrischen Produktion; deutlich ablesbar ist, wie ein Standard gesellschaftlich akzeptierter bürgerlicher Lyrik normativ auch das Dichtungsideal sozialistischer Autoren bestimmt. Herausgeber und Autoren stimmen überein in der Abgrenzung des Literarischen vom Politischen: die politischen Kämpfe hätten Hasenclevers schöngeistigen Neigungen keinen Abbruch getan; für Lepp ist revolutionäre Dichtung allenfalls Ersatz bei Einschränkungen des politischen Handlungsvermögens. Aber in diesem poetisch bekundeten Bildungstrieb wird für den Herausgeber auch eine »krafturssprüngliche Energie« der deutschen Arbeiterklasse fühlbar, die sich künstlerisch bewährt: »Der Vater der deutschen Arbeiterdichtung ist der Druck der Oberen auf die Unteren ... Punkt für Punkt, klar und bestimmt, stellt sie die Forderungen derjenigen Klasse auf, aus der sie hervorgegangen, die sozialen und politischen Forderungen der deutschen Arbeiterklasse.« Das legitimiert diese Dichtung, deren »künstlerischen Wert« der Herausgeber nicht immer einen hervorragenden nennt, begründet über die Dokumentation hinaus die Sammlung (*Vorwort*).

Biographische bzw. autobiographische Skizzen sind den Gedichtsammlungen vorangestellt: bei dem aus bürgerlichen Verhältnissen stammenden Lavant das politisch-ästhetische Bekenntnis, »in Reih und Glied« gekämpft zu haben, als Autor in die Namenlosigkeit des »einfachen Soldaten der großen Befreiungsarmee« zurücktreten zu wollen, entsprechend die Verachtung gegenüber ästhetischen Wertungen der bürgerlichen Literaturgeschichtsschreibung; bei Lepp, jungdeutscher Tradition verpflichtet, die Denunziation der Dichterfürsten als Fürstendiener, die Etablierung einer auf französische Muster (B. J. de Béranger) sich berufenden Gegentradition des »deutschen Chansonniers«. Politisch gilt, soweit formuliert, die Absage an den Bakunismus (Frohme) und den Anarchismus J. Mosts (Scheu); dominant ist die Berufung auf Lassalle. Die lyrischen Huldigungen an ihn reichen bis zum Prometheusvergleich (Kegel); über Audorfs Interpretation der von Lassalle eröffneten Bahn in der *Arbeiter-Marseillaise*, der am meisten zu hassende Feind sei der Unverstand der Massen, den nur des Geistes Schwert durchbreche, geht Hasenclever hinaus, der Lassalles Lehre so zusammenfaßt: »Erkenntnis eurer Lage ist die Macht ..., denn die Erkenntnis führt zur Einigkeit, und Einigkeit macht stark in alle Zeit« (*Vorwort*). Eine Reihe von Gedichten zum Sozialistengesetz dokumentiert, wie Sozialdemokraten beizeiten vor diesem Gesetz gewarnt haben. Deutlicher jedoch als die kapitalistischen Ausbeuter im engeren Sinne treten die Liberalen als die eigentlichen ideologi-

schen Gegner ins Blickfeld (Hasenclever, Lepp, Audorf). Die Sammlung betont eine Traditionswahl, die bis in die Befreiungskriege zurückreicht (Hasenclever:· *Voran schwebt uns der Geist vom alten Jahn*; Scheu unterlegt seinen Text *Männer der Arbeit* der populären Melodie von *Lützows wilde verwegene Jagd*). Die zahlreichen Gedichte zum 1. Mai 1890 und den nachfolgenden Mai-Feiern betonen proletarisches Selbstbewußtsein; entsprechend erscheint die Arbeit hier kaum als Fron oder Ausbeutung, eher ist die Rede von »der Arbeit heil'gen Zeichen« (Frohme); die Kampfentschlossenheit der Arbeitermasse, den Achtstundentag zu erstreiten (Audorf), mündet nicht selten in allgemeine Weltglückseligkeitsvorstellungen (Hasenclever »Die ganze Welt muß glücklich sein«) und Welterlösungsideale, die Recht und Gleichheit auch dem Arbeitsmann bringen sollen; der Klassenkampf wird verklärt zur Maifeier »nur mit des Geistes Friedenswaffen« (Audorf). Die Frühlings-, Natur- und allgemeine Aufbruchsmetaphorik dieser Gedichte faßt einerseits hymnisch das gestärkte Selbstbewußtsein der Sozialdemokratie nach dem Fall des Sozialistengesetzes, unterstützt andererseits zugleich, wie in anderer Weise das auch die Lassalle-Panegyrik tut, den allgemeinen Idealismus eines vermeintlich nahen Sieges. Nachdenklichere Töne wie in Scheus Reflexionen über einen »unbesonnenen Streik« bilden die Ausnahme.

Eike Middell

Deutsche-Brüsseler-Zeitung (DBZ)

Deutsche Emigrantenzeitung, erschien zweimal wöchentlich in Brüssel vom 1. 1. 1847/27. 2. 1848 in insgesamt 121 Nummern und vier Karikaturbeilagen; Auflage ca. 300 Ex. In ihrer politisch-ideologischen Grundhaltung und Zielsetzung unterstützte die DBZ die in Brüssel entstandene internationale Association Democratique, die frühe deutsche Arbeiterbewegung sowie die Verbreitung der kommunistischen Ideologeme von K. Marx und seiner Anhänger. Herausgegeben und geleitet von A. von Bornstedt.

Mehrfache Versuche, vor allem der preußischen Regierung, die DBZ zu unterdrücken, blieben vorerst ergebnislos. Erst mit dem Ausbruch der Februarrevolution 1848 in Paris mußte die Zeitung ihr Erscheinen einstellen, da die belgische Regierung die bekanntesten Kommunisten, darunter auch Marx und Bornstedt, zum Verlassen des Landes zwang. Die als liberales Oppositionsblatt gegründete Zeitung gewann durch die Mitarbeit von W. Wolff, ab Mitte 1847 von Marx und F. Engels, zunehmend politisches Gewicht, sowohl für den Kampf gegen die reaktionären politischen Zustände in Deutschland als auch für die sich organisatorisch zu formieren beginnende Arbeiterbewegung. Der Kreis der Brüsseler Kommunisten um Marx fand in der DBZ ein Instrument für die Popularisierung seiner Ideen vom Klassenkampf und der historischen Mission des Proletariats. Marx und Engels nutzten die Möglichkeit, hier in mehreren Beiträgen die Grundauffassungen ihres historischen Materialismus darzulegen, indem sie sich mit anderen, vor allem ›wahrsozialistischen‹ Theorien und kommunistischen Utopiemodellen auseinandersetzten. Ende 1847 wurde die DBZ anerkanntes Organ des BdK. Begünstigt durch die Zensurfreiheit in Belgien, vermochte die Zeitung ein informatives Bild über Entstehung und Ausbreitung der revolutionären Krise in den europäischen Ländern und besonders in Deutschland zu vermitteln. Einen wichtigen Platz nahm die DBZ auch innerhalb des Entstehungsprozesses der sozialistischen deutschen Literatur ein. Konnte Bornstedt auch weniger Originalbeiträge renommierter oppositioneller deutscher Dichter veröffentlichen als z.B. der »Vorwärts!«, dessen Traditionen die DBZ zu folgen bemüht war, so wurden in ihren Spalten doch in beträchtlichem Umfang Beiträge publiziert, in denen sich Angehörige der frühen Arbeiterbewegung literarisch artikulierten. G. Mäurer rief z.B. in *Wieder politische Gedichte* dazu auf, statt Gedichte Büchsen und Degen zur Erkämpfung politischer Freiheiten hervorzuholen. Gegen Preußen wetterte J.F. Martens in den Versen *An die königlich preußischen pietistischen Herrgottsknechte*. S. Born forderte politische Rechte für die Arbeiter im *Bettellied*, und sein *Wiegenlied* zeugt von der ungeduldigen Erwartung auf eine baldige Revolution. Viele urwüchsig humorvolle, teils auch satirisch zugespitzte, politisch sehr entschiedene Verse von Arbeitern veröffentlichte die DBZ anonym, wie z.B. die siebenteilige, im Stile einer Bänkelsängerballade verfaßte Dichtung von L. Bisky über den Berliner Kommunistenprozeß von 1847 (ohne Titel, Nr. 90, v. 11. 11. 1847). Am meisten nachgedruckt wurden Gedichte von F. Freiligrath (*Von unten auf*), G. Weerth (*Gebet eines Irländers*) oder H. Heine (*Die schlesischen Weber*). G. Kellers Gedicht *Waldstätte* erschien seines Angriffs auf die katholischen Schweizer Kantone wegen in Korrespondenz zu dem Artikel *Der Schweizer Bürgerkrieg* von Engels. Direkt in den Entwicklungsprozeß sozialistischer Literatur griff die Zeitung mit Engels Artikel *Deutscher Sozialismus in Versen und Prosa* ein, in dem am Beispiel von K. Becks Dichtungen eine Auseinandersetzung mit der Poesie des ›wahren‹ Sozialismus geführt wurde.

Ausg.: Faksimiledr., Hg. B. Andréas/ J. Grandjonc/H. Pelger, Brüssel 1981. - *Lit.:* F. Mehring: Deutsche-Brüsseler-Zeitung, in: Aus dem literarischen Nachlaß von Karl Marx, Friedrich Engels und Ferdinand Lassalle, Bd. 2, Stuttgart 1913; H. Förder: Marx und Engels am Vorabend der Revolution, Berlin 1960; W. Büttner: Über politische Tendenzen und Entwicklungen in der Feuilletonliteratur demokratischer Zeitungen der 40er Jahre des 19. Jahrhunderts, Diss., Berlin 1985.

Wolfgang Büttner

Deutsche Londoner Zeitung (DLZ)

Wochenzeitschrift, Nr. 1–307 (4. 4. 1845/7. 3. 1851) mit einer Beilage: Nr. 1–306 (28. 3. 1845/14. 2. 1851); gegründet und herausgegeben vom Verlagsbuchhändler D. Cahn; am 8. Jan. 1846 an den 1830 vertriebenen Herzog Karl von Braunschweig verkauft, der mit ihrer Hilfe seinen Thron wiederzuerobern hoffte. Redakteure waren ein gewisser Dr. Wagner (bis Sep. 1846), der Baseler Verlegersohn J. Schabelitz (Okt. 1846/Mai 1848), Mitglied des Londoner Kommunistischen Arbeiterbildungsvereins und des BdK sowie der demokratische Publizist und spätere Bankier L. Bamberger. Anfänglich nur antipreußisch und -österreichisch gesinnt, radikalisierte sich die DLZ in dem Maße, wie sie, um die potentielle Leserschaft von deutschen Emigranten und Gastarbeitern zu gewinnen, den emigrierten Publizisten in Westeuropa ihre Spalten öffnete. Mitarbeiter wurden u.a. J. H. Garnier und F. Freiligrath in London, K. Heinzen und G. Fein in der Schweiz, G. Herwegh in Paris. Darüber hinaus druckte die DLZ Novellen, Essays und Gedichte des Jungen Deutschlands sowie der Vormärzdichter L. Börne, K. Gutzkow, H. Heine, H. Laube, R. E. Prutz u.a. nach. Ab Ende 1846 gelang es durch Vermittlung von Schabelitz den führenden Mitgliedern des Kommunistischen Arbeiterbildungsvereins und der Fraternal Democrats – K. Schapper, H. Bauer, J. Moll, G. J. Harney, E. Jones – in der Zeitung Fuß zu fassen. März/Juli 1848 veröffentlichte die DLZ das eben in London herausgegebene *Manifest der kommunistischen Partei*. Anfang 1848 wurde K. L. Bernays regelmäßiger Korrespondent der DLZ, die seine Berichte von der Pariser, dann der deutschen und österreichischen Revolution veröffentlichte. Noch 1850/51 erschienen in der Zeitung zwei Artikel von K. Marx bzw. Marx und F. Engels aus der »Neuen Rheinischen Zeitung. Revue« u. d. T. *1848 und 1849* und *Revue der politischen Ereignisse der letzten sechs Monate*.

Lit.: B. Andreas: Le Manifeste communiste de Marx et Engels. Histoire et Bibliographie 1848–1918, Milano 1963; J. Grandjonc: Deutsche Emigrationspresse in Europa während des Vormärz 1830–1848, in: Heinrich Heine und die Zeitgenossen, Berlin und Weimar 1979.

Jacques Grandjonc

Deutsche Volkszeitung (DVZ)

Untertitel »Freiheit und Recht, Frieden dem deutschen Volk« (ab Jg. 2, Nr. 44 »La Voix du peuple allemand«); erschien 22. 3 1936/27. 8. 1939 als Wochenzeitung in Prag, ab Jg. 2, Nr. 44 in Paris, mit 8 S. Umfang, Auflage bis 45000 Ex. Chefredakteur war L. Breuer, Stellvertreter Ernst Melis.

Lex Breuer (d. i. **L. Ende**), geb. 6. 4. 1899 in Kissingen, gest. 15. 1. 1951 in Muldenhütten (Sachsen), vor 1933 Mitarbeiter von »Ruhr-

Echo«, RF u.a. 1928/1930 MdR als KPD-Abgeordneter. 1934 ins Exil nach Saarbrücken, 1936 Prag, 1937 Paris, Mitarbeiter des Sekretariats der Auslandsleitung der KPD. Bei Kriegsausbruch interniert, Flucht und illegale Tätigkeit in Marseille. 1945 Chefredakteur des »Neuen Deutschland (hieß bis Apr. 1946 »Deutsche Volkszeitung«), 1949 abgesetzt, im Verfolg der politischen Angriffe auf «Westemigranten» aus der SED ausgeschlossen und zur Arbeit in den Uranbergbau geschickt.

Die DVZ war Fortsetzung des »Gegen-Angriff«, wurde aber von Beginn an im Sinne der Volksfrontstrategie der KPD redigiert. Die Einheit aller Hitlergegner propagierte sie in einem werbenden Gestus, der Polemik und Abgrenzung so weit wie möglich mied; bezeichnend für die Linie der Redaktion, wie sie in Jg. I, Nr.4 aus der katholischen Wochenschrift »Europa« U. Bechers *Einigt euch um Gottes willen* nachdruckte und in der Folgenummer mit *Unsere Antwort an Ulrich Becher* (gezeichnet xbr= Breuer) reagierte: die Replik war unpolemisch und erklärte die Zusammenarbeit von Christen und Sozialisten als notwendig für einen erfolgreichen Kampf gegen Hitler. Werbende, mahnende, mit zunehmender Krise der Volksfrontbemühungen auch beschwörende Artikel finden sich in allen Jahrgängen, beginnend mit *Rafft euch auf!* von H. Mann (als Leitartikel in Jg. I, Nr. 1), bis zu *Standhaft und einig!* von A. Kerr (Jg. IV, Nr. 31), eindringliche Mahnung an alle Fraktionen, vom Zwist abzulassen, und *Ein ernstes Wort* von L. Feuchtwanger, worin vor einer Spaltung der Emigration gewarnt wurde - »ein deutscher Emigrant, der gegen Sowjet-Rußland polemisiert«, unterstütze »das Hitlerregime« (ebd., Nr. 33, S. 1). Jede Kritik an den 1936 einsetzenden Moskauer Prozessen wurde in der DVZ rigoros zurückgewiesen. Erbitterte Konfrontationen lösten A. Gides *Retour de l'URSS* und Feuchtwangers *Moskau 1937* aus. Vor allem L. Schwarzschilds antibolschewistische Position im »Neuen Tagebuch« wurde Ziel heftiger, auch unqualifizierter Angriffe (Jg. II, Nr. 3, 11, 33, 35 u.a.). Meinungsdifferenzen innerhalb der Kommunisten und die Wendung der KPD gegen W. ↗ Münzenberg sind in der DVZ auch abzulesen: im Juni 1937 wurde - mit positivem Vortext der Redaktion - ein Beitrag Münzenbergs, *Propaganda als Waffe*, gedruckt (Jg. II, Nr. 24), im Nov. 1937 sein Buch kritisiert und eine Korrektur seiner Fehler angemahnt (Nr. 45), dann mit der Veröffentlichung von ZK-Beschlüssen der KPD im Mai 1938 (Jg. III, Nr. 21) und im März 1939 (Jg. IV, Nr. 12) die Unversöhnlichkeit der Standpunkte, auch in Sachen Volksfront, manifestiert.

Eine herausragende Rolle bei der Werbung für eine breite Volksfront spielte H. Mann (Vorsitzender des Ausschusses zur Vorbereitung einer deutschen Volksfront), der mit 29 Beiträgen an programmatischer Stelle gedruckt wurde. Volksfrontprobleme erhielten in der DVZ viel Raum, u.a. in der Rubrik »Tribüne der deutschen Volksfront« (1937/1939) und durch Information über Veranstaltungen der Pariser »Freundeskreise der Deutschen Volksfront«, wo häufig Schriftsteller lasen oder sprachen (R. Breuer: *Kulturarbeit der Freundeskreise*, Jg. IV, Nr. 6).

Großes Gewicht kam Spanien in der DVZ zu, nach den Wahlen im Frühjahr 1936 als Beispiel einer siegreichen Volksfront, dann als Kampffeld gegen den internationalen Faschismus und Modell positiver Erfahrungen einer praktizierten Volksfront. Neben kontinuierlicher Berichterstattung und politischen Dokumenten brachte die DVZ von Okt. 1936/März 1939 viele literarische Beiträge - Reportagen, Porträts, Gedichte, Erzählungen - von Teilnehmern des Spanienkrieges: Th. Balk, W. Bredel, A. Kantorowicz, P. Kast, E. E. Kisch, M. Osten, G. Regler, L. Renn, K. Stern, B. Uhse, E. Weinert u.a., aber auch von anderen Exilierten wie W. Ilberg, R. Leonhard, M. Zimmering. Die DVZ machte sich zur Tribüne für den an Hörer in Deutschland gerichteten »Freiheitssender 29,8«; seit Frühjahr 1937 wurden dessen Sendungen angezeigt, viele Sendemanuskripte - häufig mit dem Vermerk »abgehört von 29,8« - wurden gedruckt, so B. Brechts Gedicht *Die Liebe zum Führer* (Jg. II, Nr. 31), Feuchtwangers *Der Pogrom* (Jg. III, Nr. 49), H. Marchwitzas *Brief an meine Heimatkumpel*, A. Zweigs *Gruß an die Landsleute* (ebd.), sowie Adressen von Intellektuellen anderer Länder (E. Hemingway, Jg. III, Nr. 3 und 50; F. Masereel, ebd., Nr. 32; P. Robeson, ebd., Nr. 8; J. Renoir, ebd., Nr. 14; R. Sender, ebd., Nr. 31). Seit 1938 verstärkten sich Bemühungen um eine deutsche Friedensbewegung (*Denkschrift deutscher Friedensfreunde*, Jg. III, Nr. 31/32; *Initiativkomitee deutscher Friedensfreunde*, Nr. 39; *Für ein deutsche Friedenskomitee*, Jg. IV, Nr. 13), wobei freilich eine illusionäre Sicht der Verhältnisse in Deutschland vorherrschte. Verantwortlich für den Kulturteil der Zeitung war der - Münzenberg eng verbundene - parteilose Publizist K. ↗ Kersten, der häufig über ideologische Vorgänge und Kultur in Hitlerdeutschland berichtete (Jg. II, Nr. 38 und 41) und die Emigrantenliteratur zu bilanzieren suchte (*Vier Jahre - sie machten uns nicht stumm*, ebd., Nr.5; *Schriftsteller in Sondermission*, Jg. III, Nr. 5). Regelmäßig informierte die DVZ über Aktivitäten des SDS, vor allem durch Ankündigung und Berichte von Veranstaltungen. Ein Höhepunkt dabei war die Deutsche Kulturwoche anläßlich des 5. Jahrestages des SDS im Exil im Nov. 1938 in Paris (ebd., Nr. 45-47). Beiträge von Schriftstellern erschienen zu allen wichtigen Themenbereichen und eingebunden ins politische Gesamtprogramm der Zeitung. Für Rundfragen (vgl. Jg. III, Nr. 8 und 36-39) erbat die DVZ Wortmeldungen bekannter Autoren. Auch das Feuilleton war von politischen Schwerpunkten geprägt, doch bemühte sich die Redaktion um regelmäßige Informationen zum Kulturleben im Exil, besonders zu Neuerscheinungen. Literatur- und Kunstkritik kam u.a. von Balk, Breuer (insges. 34 Beiträge), G. Forster (d.i. Kersten, insges. 92 Beiträge), Ilberg, P. Nikl (d.i. J. Wüsten, der vor allem durch 29 Zeichnungen zur Wirkung kam), Uhse, F. C. Weiskopf, Film- und Kunstkritik von P. Westheim (insges. 21 Beiträge). Kurze Prosatexte vieler Autoren erschienen in der DVZ regelmäßig, als Fortsetzungsdrucke brachte sie: K. Kläber *Die Jungens von der Möckern-Brücke* (Jg. III, Nr. 5-9), Teile von A. Seghers' *Die Rettung* (ebd., Nr. 10-14), Uhse *Ratten im Dorf* (ebd., Nr. 15-19), Kisch *Soldaten am Meeresstrand* (ebd., Nr. 20-26), *Erlebnisse unserer Spanienkämpfer.* Berichtet von Kantorowicz (ebd., Nr. 47-52), M. Arnold *Grüne Bohnen* (Jg. IV, Nr. 1-2) und Fr. Wolf *Pfarrer Wendt* (Filmexposé, ebd., Nr. 16-17). Premieren von Exildramatik wurden besprochen (z. B. Brechts *Gewehre der Frau Carrar,* Jg. II, Nr. 43, und *Furcht und Elend des Dritten Reiches* u. d. T. *99%,* Jg. III, Nr. 22; Nikls *Bessie Bosch,* Jg. I, 29; Ö. von Horvaths *Glaube Liebe Hoffnung* Jg. III, Nr. 51), und Geburts- und Jahrestage gewürdigt (z. B. *20 Jahre Malik-Verlag,* Jg. I, Nr. 10). Als Ende 1937 in der Moskauer Zs. »Das Wort« die ↗ Expressionismus-Debatte begann, reagierte die Redaktion umgehend mit einer Erklärung *Über die Freiheit der Kunst* (ungezeichnet; Jg. II, Nr. 52) und druckte demonstrativ eine Rezension E. Blochs über eine Kantate H. Eislers in Prag. Charakteristisch für das Feuilleton der DVZ war eine breite Beschäftigung mit historischen, geistigen und Kunst-Traditionen. Auseinandersetzungen galten nationalsozialistischen Verfälschungen (z. B. Dürers, Jg. II, Nr. 2; Fichtes, ebd., Nr. 20, 21, Jg. IV, Nr. 5), und demokratische Gestalten deutscher Kulturgeschichte (Seume, Jg. II, Nr. 14; Jg. III, Nr. 6; Göttinger Sieben, Jg. II, Nr. 27) wurden gewürdigt. Regelmäßig hat man auch an Ereignisse aus Vormärz und 1848er Revolution (Jg. I, Nr. 1; Jg. II, Nr. 13; Jg. III, Nr. 13; Jg. IV, Nr. 13) erinnert. Der Gleichschaltung der Presse in Nazideutschland wurden Beispiele des Kampfes um Pressefreiheit entgegengestellt (Görres, Jg. III, Nr. 7; Schubart, Jg. IV, Nr. 14). Den Bündnisbemühungen mit Mittelschichten diente eine Serie von Nikl über *Das deutsche Handwerk* (Jg. II, Nr. 12 ff.). Häufig sollten historische Exempel Vorgänge der Gegenwart interpretieren; auf sehr problematische Weise geschah dies anläßlich der Erschießung des sowjetischen Marschalls Tuchatschewski bei Ilberg (*Von Redl bis Tuchatschewski,* Jg. II, Nr. 25) und Kersten (*Französische Marschälle vor dem Revolutionstribunal,* ebd.). Ein redaktioneller Schwerpunkt wurde Ende der 30er Jahre der 150. Jahrestag der Französischen Revolution und Hitlers Nürnberger Polemik gegen die Französische Revolution und ihre Folgen (Jg. I, Nr. 28; Jg. IV, Nr. 20). Vor allem die Wirkungen der französischen Ereignisse auf Deutschland und die klassische deutsche Kultur wurden erörtert (Forster *Deutschlands Geistige und die Ideen von 1789,* Jg. I, Nr. 12; K. Obermann *Deutsche Dichter und Denker und die französische Revolution,* Jg. IV, Nr. 27 f.).

Lit.: L. Maas: Handbuch der deutschen Exilpresse 1933-1945, Bd. 4, München/Wien 1990, S. 295-301; F. Dahlem: Am Vorabend des zweiten Weltkrieges. Erinnerungen, Bd. 1, Berlin 1977.

Silvia Schlenstedt/Dieter Schiller

Deutsche Zentral-Zeitung (DZZ)

1926/39 Moskau. Sowjetische Tageszeitung in deutscher Sprache. Erschien seit 16. 5. 1926 als »Deutsche Zentral-Zeitung für Stadt und Land. Organ des Zentralbüros der deutschen Sektionen beim ZK der KP (B) der Räte-Union« bis 1932 dreimal wöchentlich, 1933/36 täglich als »Deutsche Zentral-Zeitung. Organ der deutschen Werktätigen in der UdSSR«, ab 1936 als »Deutsche Zentral-Zeitung. Moskau«, von Aug. 1938/Feb. 1939 als »Deutsche Zentral-Zeitung. Wochenblatt«, ab 1928 im Verlag des Meshrabpom, ab 1933 im Eigenverlag. Preis fünf oder ab 1936 zehn Kopeken bzw. 3/6 Cent.

In diesem Organ der sowjet-deutschen Minderheit in der Sowjetunion erschien bis 1932 zweimal im Monat eine Literaturbeilage, die sowjet-deutsche, sowjetische und proletarisch-revolutionäre Kultur und Literatur des Westens vorstellte. Der Umfang der DZZ betrug zunächt 4 S., die Auflage 1927 5800 Ex. Verantwortliche Redakteure waren bis 1932 K. Stürmer, D. Schellenberg, G. Brand. Zahlreiche Leserzuschriften belegen, daß die DZZ von sowjet-deutschen Bürgern und ausländischen deutsch-sprachigen Facharbeitern und Spezialisten in der Sowjetunion gelesen wurde. 1933 begann die zweite und bedeutendere Etappe in der Entwicklung der DZZ. Um deutschsprachige Emigranten in der UdSSR und anderen Exilländern zu erreichen, wurde ihre Berichterstattung aus dem In- und Ausland qualifiziert und ihr Umfang auf 8 S. erweitert. Wesentlichen Anteil an der gewachsenen nationalen und internationalen Bedeutung der DZZ hatte als Chefredakteurin 1933/Juni 1937 die aus Riga gebürtige Journalistin J. I. Annenkowa, die während der Massenrepressalien verhaftet wurde und sich im Straflager Magadan das Leben nahm. Ihre Nachfolger K. Kürschner (d.i. der Ungar Karczi-Garai) und R. Greve sowie weitere Mitarbeiter der DZZ verschwanden 1938 im Gulag, andere wie H. Huppert, in den 30er Jahren Leiter der Kultur- und Feuilletonabteilung, und E. Fabri als sein Stellvertreter, kehrten nach kurzer Haft zurück. E. Held war als ständiger Theater- und Filmkritiker in der Redaktion der DZZ tätig, O. Heller (bis 1936) verantwortlich für den außenpolitischen Teil.

Ein Teil der Mitte der 30er Jahre 40 000 Ex. betragenden Auflage wurde exportiert. Die DZZ wurde so zu einer Informationsquelle über die UdSSR, von B. Brecht, L. Feuchtwanger und E. Toller ist belegt, daß sie sie in diesem Sinne für ihre Arbeit nutzten. Ab 1933 wurde die Berichterstattung über den

deutschen Faschismus, seine Politik und Praxis sowie über den antifaschistischen Kampf der Emigrierten und Illegalen zum ständigen thematischen Schwerpunkt. Die DZZ blieb Organ der Sowjet-Deutschen und deutschsprachigen Facharbeiter, in ihr wurde die sowjetische Innen- und Außenpolitik propagiert und u.a. ausführlich über die politischen Schauprozesse der Jahre 1936, 1937 und 1938 berichtet. Im Jan./Feb. 1937 (Nr.21, 22, 24, 25) druckte sie zustimmende Äußerungen von J. R. Becher, W. Bredel und L. Feuchtwanger ab, am 12. 3. 1938 zum Prozeß gegen N. I. Bucharin u.a. eine Erklärung der deutschen Sektion des Sowjetschriftstellerverbandes: *Keine Gnade den grauenhaften Verbrechern.*
Zugleich wurde die Zeitung zum Forum der politischen und kulturellen Emigration aus Hitlerdeutschland. Indem sie ihre Seiten zunehmend der literarischen und publizistischen Tätigkeit deutscher Antifaschisten zur Verfügung stellte, leistete sie einen wichtigen Beitrag zur literarischen Kommunikation im Exil und trug durch ihre Honorare auch zur materiellen Existenz der vertriebenen Intellektuellen bei. Sie bemühte sich, die Emigranten organisatorisch im Sinne der antifaschistischen Volksfrontbewegung zusammenzuführen.
1933/39 druckte die DZZ literarische und publizistische Texte von 71 deutschsprachigen antifaschistischen Schriftstellern und Intellektuellen (vgl. Bibliographie der literarischen Beiträge der DZZ [61 S.] im Institut für Weltliteratur, Moskau), darunter publizistische Beiträge von bedeutendem Umfang, die über Aktivitäten und Bemühungen antifaschistischer Schriftsteller in verschiedenen Exilländern informierten (W. Herzfelde, F. C. Weiskopf, O. M. Graf, F. Wolf, M. Osten aus Frankreich, Spanien und der ČSR). Erlebnisse und Erfahrungen der sowjetischen Wirklichkeit der 30er Jahre schilderten Feuchtwanger, G. Regler, A. Kantorowicz, Toller, Huppert; Einblick in Leben und Wirken deutscher exilierter Schriftsteller in der UdSSR gaben Bredel, E. Weinert, A. Scharrer, Th. Plievier, Becher; mit der NS-Ideologie und dem Alltag im faschistischen Deutschland setzten sich H. Günther, F. Leschnitzer, A. Zweig, H. Mann, B. Olden auseinander. Die literarischen Beiträge waren einem kämpferischen Antifaschismus verpflichtet, ermöglichten Einblick in Themen und Formen der aktuellen Literaturproduktion. 1937/38 findet man regelmäßig Beiträge von Schriftstellern zum Spanischen Bürgerkrieg (u.a. H. Marchwitza: *Spanien,* 17. 6. 1937; E. E. Kisch *Valencia heute,* 26. 6. 1937; Weinert: *Spanisches Kinderlied,* 29. 4. 1938; E. Arendt: *Barcelona nimmt Abschied von seinen Internationalen Brigaden,* 17. 11. 1938; R. Leonhard: *El Campesino,* 20. 11. 1938). Aktuelle Gedichte (von Becher, Weinert, Brecht, H. Zinner) und Vorabdrucke aus neuerscheinenden Romanen oder Erzählungen (Plievier, Bredel, Scharrer, Feuchtwanger, Kisch, J. Petersen, B. Uhse, L. Renn, Regler, K. Kläber, Marchwitza, Leonhard) prägten das

literarische Profil der DZZ. Ausführliche Sonderseiten widmete sie den Internationalen Schriftstellerkongressen zur Verteidigung der Kultur 1935, 1937, 1938 sowie der Information über die Arbeit der ISVK (u.a. veröffentlichte die DZZ am 3. 7. 1936 Tollers Rede *Auf dem richtigen Wege* von der Londoner Tagung des Sekretariats der ISVK). Die Berichterstattung aus dem sowjetischen Kulturleben gehörte seit dem I. Allunionskongreß der Sowjetschriftsteller zum festen Programm der DZZ. Oft druckte sie Artikel aus der sowjetischen Presse nach, z.B. die Stellungnahmen zu Formalismus und Naturalismus. Sie dokumentierte die Auseinandersetzungen um den sozialistischen Realismus, die sog. Stil-Debatten der Jahre 1936/38. In einem aus der »Prawda« nachgedruckten Beitrag wies M. Kolzow auf die Gefahr des Schematismus in der Formalismus-Debatte hin und forderte eine echte Diskussion der brennenden Fragen des künstlerischen Schaffens (*Betrügerische Leichtigkeit,* 1. 4. 1936). Der Realismus-Diskussion (Expressionismus-Debatte) in verschiedenen Exil-Zeitschriften widmete die DZZ einen ausführlichen Bericht (*Schöpferische Diskussion bei den antifaschistischen Schriftstellern in Moskau. Scharfe Stellungnahme gegen den Expressionismus,* 17. 6. 1938). Als ein Nachtrag zu dieser Diskussion ist der Wortwechsel zwischen P. Wieden (d.i. E. Fischer) (*Einige Bemerkungen über die Zeitschrift »Internationale Literatur«,* 22. 1. 1939) und G. Lukács (*Grenzen des Realismus?,* 27. 2. 1939) zu werten. Provoziert durch Wiedens Auffassung, daß im Kampf gegen den Faschismus alle, auch sog. unrealistische literarische Mittel legitim seien, wiederholt Lukács seine normative Auffassung zum Realismus.
Die Rubriken »Veranstaltungskalender«, »Programm des Moskauer Rundfunks«, »Deutsche Schriftsteller des Sowjetverbandes« sowie die von deutschen Schriftstellern gestalteten thematischen Sonderseiten zu Jubiläen von H. Heine, A. Puschkin oder W. Majakowski informierten die Leser über das Wirken antifaschistischer Intellektueller in der Sowjetunion. Zur Verbesserung ihres Informationsgehalts entsandte die DZZ zeitweilig Sonderberichterstatter, so M. ↗ Osten nach Spanien oder H. Huppert in die sowjet-deutschen Gebiete. Bei der Berichterstattung über sowjetisches Theaterleben, Kultur- und Kunstereignisse sind die informativen und analytischen Beiträge von E. Held, L. Kait, A. Bernfeld hervorzuheben. In der ständigen Rubrik »Bücherschau« (ab 1936) wurden Neuerscheinungen der antifaschistischen Literatur, vor allem durch Huppert, Leschnitzer, Günther, Ottwalt, Lukács, F. Erpenbeck, R. Kern rezensiert. Wiederholt nahmen Politiker wie W. Pieck und G. Dimitroff Stellung zu antifaschistischen Kulturproblemen, Filmpremieren und Theaterereignissen. H. Wehner betätigte sich unter dem Ps. Kurt Funk mehrfach literarkritisch. Er analysierte die Darstellung des antifaschistischen Widerstandskampfes in Bredels Roman *Dein unbekannter*

Bruder (Moskau 1937) und wertete das Buch – trotz Kritik an der Darstellung der Faschisten – als »einen Schritt vorwärts« (DZZ, 23. 4. 1937). Dagegen lehnte er A. Gábors Erzählband *Die Rechnung* (Moskau 1937) ab, weil er die faschistische Wirklichkeit entstelle und den antifaschistischen Widerstandskampf als Akt individuellen Terrors darstelle (ebd.). Die damit aufgeworfene Frage nach den Möglichkeiten realistischer Darstellung des faschistischen Alltags vom Exil aus wurde als zentrales politisches und ästhetisches Problem im Jahr 1940 in der Deutschen Sektion am Beispiel der genannten Bücher von Bredel und Gábor erneut heftig und kontrovers diskutiert.

Lit.: H. A. Walter: Deutsche Exilpresse. 1933-1950, Bd. 7, Darmstadt/Neuwied 1974; H. Huppert: Wanduhr mit Vordergrund. Stationen eines Lebens, Halle 1977; A. Huß-Michel: Literarische und politische Zeitschriften des Exils 1933-1945, Stuttgart 1987; Exil, Bd. 1, 2. Aufl., Leipzig 1989.

Simone Barck

Deutscher Arbeiter-Sängerbund (DAS)

1908-1933. Vorsitzende: J. Meyer (1908/23); Meyer und C. Fehsel (1923/29), Fehsel und K. Klauder (1929/33); Sekretär: A. Kaiser (1908/29). – Die Anfänge der deutschen Arbeitersängerbewegung reichen in die 60er Jahre des 19. Jh.s zurück, als die ersten Arbeiterchöre entstanden, hervorgehend aus den Gesangsabteilungen der Arbeiterbildungsvereine bzw. gegründet von Mitgliedern des ADAV und Handwerkervereinigungen. Schon früh setzten Bestrebungen ein, die über ganz Deutschland verstreuten Chöre in einer zentralen Organisation (als Gegenkraft zum 1862 gegründeten bürgerlich-nationalen »Deutschen Sängerbund«) zusammenzufassen. Einen ersten Aufruf veröffentlichte E. Sauerteig Okt. 1876 im »Vorwärts«. Am 1. 4. 1877 erfolgte in Gotha die Gründung des »Allgemeinen Deutschen Arbeiter-Sängerbundes«, im gleichen Jahr erschienen die ersten Chorlied-Drucke im Verlag Sauerteig. Unter den Bedingungen des Sozialistengesetzes war der Bund nicht aufrechtzuerhalten, in den einzelnen Chören aber wurde auch 1878/90 weitergearbeitet. Sie entwickelten sich mit der Tarnung ›unverfänglichen Gesanges‹ zu Zentren und Sammelpunkten illegaler Arbeit der Sozialdemokratie während der Jahre polizeilicher Verfolgung. – Auf dem »Ersten Delegiertentag aller Arbeitersängerbünde Deutschlands« Weihnachten 1892 in Berlin wurden 320 Chöre mit ca. 9000 Mitgliedern vertreten. Man beschloß die Gründung der »Liedergemeinschaft der Arbeiter-Sänger-Vereinigungen Deutschlands«; deren Hauptaufgabe· Entwicklung und Herausgabe geeigneter Chorliteratur freiheitlicher Tendenz. Komponisten und Autodidakten schufen in den 90er Jahren die ersten »Tendenzchöre«, ihr bedeutendster Vertreter war der Färber und spätere Krankenkassenangestellte G. A. Uthmann, der von 1895 bis zu seinem Tode 1920 der Liedergemeinschaft bzw. dem DAS eng verbunden war. Er schuf etwa 400 Chorkompositionen und wurde zur prominentesten Persönlichkeit der deutschen Arbeitersängerbewegung vor dem ersten Weltkrieg.

Nach Gründung der Liedergemeinschaft entwickelte sich der Chorgesang in enger Anlehnung an die Entwicklung der SPD zu einer mächtigen Massenbewegung (1896: 24000 Mitglieder; 1904: 60000; 1908: 120000). Die einheitliche Organisation der annähernd 2000 Arbeiterchöre erfolgte 1908 mit der Gründung des DAS in Köln. Der Bund wurde in 27 Gaue (diese in Bezirke) eingeteilt, ein fünfköpfiger Vorstand leitete die Geschäfte, erster Vorsitzender wurde J. Meyer. Im bundeseigenen Verlag erschienen bis 1933 insgesamt 2000 Notendrucke von Chören und Liedern. Zu den Zielen hieß es in § 2 des Statuts: »Der Bund stellt sich in den Dienst der Arbeiter-Bildungsbestrebungen; er will vor allem … die Mittel und Wege weisen, die geeignet sind, die Arbeitergesangsvereine zu befähigen, mitzuwirken bei den Bestrebungen, künstlerische Kultur in der Arbeiterschaft zu wecken und zu verbreiten.« Bei Ausbruch des ersten Weltkriegs hatte der DAS 200000 Mitglieder, die Zahl ging bis 1918 auf 16000 zurück. Bereits 1920 jedoch gab es in Deutschland wieder 3000 Arbeiterchöre mit 230000 Mitgliedern. Die vor 1914 begonnene Qualifizierung des Chorgesangs wurde nun zielstrebig fortgeführt.

Zu den wichtigen Leistungen des DAS und seiner vielen engagierten Chorleiter ist zu zählen, daß die Dominanz des herkömmlichen Männergesangsvereins abgebaut wurde und Frauenchöre und vor allem leistungsfähige gemischte Chöre gebildet wurden, die sog. Volkschöre. Im Mittelpunkt der Arbeit standen die Pflege des Volksliedgutes sowie die Erarbeitung und Aufführung von großen oratorischen und vokalsinfonischen Werken der Klassik von Bach und Händel bis Haydn und Beethoven. Großereignisse (»Arbeiter-Händel-Fest« in Leipzig 1926, »Arbeiter-Musik-Woche« in Frankfurt a.M. 1927, die Ehrungen Beethovens 1927 aus Anlaß seines 100. Todestages) belegten mit den Auftritten der leistungsfähigsten DAS-Chöre den erreichten hohen Standard des Singens. (»Leipzig gehört zu den 50 Städten Deutschlands, deren Arbeiterchöre sich Beethovens *IX. Sinfonie* erobert haben«, heißt es im Okt. 1927 in der »Deutschen Arbeiter-Sängerzeitung«.) Auch bei den Gau-Sängerfesten (regelmäßig seit 1924) bzw. Gau-Sängertagen sowie auf dem »Ersten Deutschen Arbeiter-Sängerbundesfest« Juni 1928 in Hannover (mit über 50000 Teilnehmern Höhepunkt der Arbeit des DAS) standen Werke der Klassik und Volksliedprogramme im Mittelpunkt, ganz im Sinne der Orientierung des Vorstandes und des seit 1923 tätigen künstlerischen Beirats, in dem engagierte Musikliebhaber (wie die Berliner Ärzte A. Guttmann und E. Zander) und Chorerzieher (wie der Berliner Dirigent und Komponist S.

»Lebendes Bild 1890 (Wissen ist Macht)«

Ochs) arbeiteten. Zugleich aber traten mit dieser Art Repertoire in den Arbeiterchören das politische Kampflied und die sog. Tendenzchöre immer mehr in den Hintergrund. Diese Entwicklung entsprach reformistisch-kulturpolitischen Bestrebungen innerhalb des Bundesvorstands des DAS und hemmte verstärkt mit der einsetzenden Weltwirtschaftskrise das politische Wirken der Chöre. Zwar entstanden noch vereinzelt neue »Tendenzlieder«, wurden im Auftrag des DAS »proletarische Oratorien« entwickelt (B. Schönlank/H. Tiessen: *Frühlings-Mysterium*, A. Auerbach/O. Gerster: *Lied vom Arbeitsmann*, L. Frank/A. Wolff: *Kreuzzug der Maschine*), jedoch entsprachen sie in der sich zuspitzenden politischen Auseinandersetzung in Deutschland nicht der wachsenden Forderung aus den Chören nach einer wirklich politisch eingreifenden Kampfmusik, wie sie z.B.H. Eisler entwickelte.

An der Basis artikulierte sich verstärkt Widerstand gegen die Repertoirepolitik des DAS-Vorstandes (der 1928 auf dem Höhepunkt der Entwicklung 440000 Mitglieder repräsentierte). Einzige Reaktion darauf waren ab Herbst 1929 Ausschlüsse einzelner Mitglieder und ganzer Chöre. Dagegen formierte sich eine Opposition, die gemeinsam mit den Ausgeschlossenen Pfingsten 1931 die ↗ Kampfgemeinschaft der Arbeitersänger

(KdAS) gründete. Bei deutlich rückläufiger Mitgliederzahl (Mitte 1932: 325000) setzte die DAS-Führung ihre Politik jedoch bis 1933 fort. Im Feb. 1933 stellte die Bundesleitung ihre Tätigkeit ein und löste den DAS auf.

Auf Initiative des DAS wurde im Juni 1926 in Hamburg die »Internationale der Arbeitersänger« (IDAS) gegründet. Vertreter von fünf Länderverbänden (Deutschland, Österreich, Ungarn, Elsaß-Lothringen, deutsche Arbeitersänger der ČSR) beschlossen die Zusammenarbeit. Sitz des Sekretariats wurde Deutschland, der Vorstand des DAS bildete gleichzeitig das Sekretariat der IDAS. 1929 schlossen sich weitere fünf Landesverbände der IDAS an, die hauptsächlich Austauschkonzerte und gegenseitige Besuche der leistungsfähigsten Chöre organisierte. Im Feb. 1933 übernahm der »Deutsche Arbeiter-Sängerbund in der ČSR« die Leitung der IDAS, sie bestand noch bis 1938.

Offizielles Verbandsorgan des DAS war 1900/33 die »Deutsche Arbeiter-Sängerzeitung«. Sie erschien zunächst zweimonatlich mit 8 S., ab 1921 monatlich und ab 1925 mit 16 bis 24 S. Verantwortliche Redakteure waren Kaiser (1900/23, H. 6) und Fehsel (1923, H. 7/1933, H. 2). Entsprechend der rasch wachsenden Mitgliederstärke des DAS war die Zeitung nach dem ersten Weltkrieg eines der auflagenstärksten Periodika der Arbeiterkulturbewegung (Durchschnittsauflage 1921: 36 000 Exemplare; 1929: 85 000; Sonderheft vom Sängerbundesfest Hannover 1928: 250 000). Ihre inhaltliche wie äußere Gestalt war über 30 Jahre nahezu unverändert; im Mittelpunkt standen Tätigkeitsberichte einzelner Chöre sowie musikgeschichtliche und aufführungspraktische Themen, ab 1923 zumeist von Mitgliedern des künstlerischen Beirats abgehandelt. Die Rubriken »Aus den Mitgliedschaften« und »Konzert-Rundschau« ermöglichen heute einen detaillierten Überblick über die Praxis der Arbeitersängerbewegung in Deutschland und, durch die veröffentlichten Statistiken, über die Mitgliederbewegung in den Gauen und Bezirken. Die Rubrik »Neuerscheinungen im Bundesverlag« informierte die Chöre über das aktuelle Angebot an Aufführungsmaterial, die Rubrik »Aus der Arbeitersänger-Internationale« ab 1926 über die Chorarbeit der IDAS-Mitgliedsländer. Während die Orientierung auf die Pflege des klassischen Erbes das Blatt vielfältig prägte (zahlreiche musikhistorische und biographische Beiträge zu Leben und Werk von Bach, Händel, Haydn, Schumann u. a.; Beethoven-Sonderheft 1927, Schubert-Sonderheft 1928), fand die einsetzende Diskussion um Repertoire und Aufnahme neuer Kampflieder keinen Niederschlag; auch die Auseinandersetzung mit der Opposition ab 1930 wurde lediglich durch den Abdruck von Vorstandserklärungen dokumentiert.

Lit.: Protokolle der Bundes-Generalversammlungen des DAS, Berlin 1908–1932; W. Fillius: Die Arbeitersängerbewegung. Ein Beitrag zur Kulturgeschichte der Arbeiterschaft, Diss., Rostock 1922; V. Noack: Deutscher Arbeiter-Sängerbund. Entstehung, Kampf und Aufstieg, Berlin 1931; K. Klauder: Lehren der deutschen Arbeitersängerbewegung für die heutige Chorpraxis, in: Beiträge zur Musikwissenschaft, Berlin 1964, H. 4,; I. Lammel: Das Arbeiterlied, Leipzig 1970; W. Fuhr: Proletarische Musik in Deutschland 1928–1933, Göppingen 1977; I. Lammel: Arbeitermusikkultur in Deutschland 1844–1945, Leipzig 1984.

Jürgen Schebera

Deutsches Bürgerbuch für 1845, für 1846 (DB)

Von H. Püttmann herausgegeben, erschien Band 1 im Dez. 1844 bei C. W. Leske in Darmstadt und wurde sofort verboten, Band 2, im Schweizer Exil vorbereitet, 1846 bei H. Hoff in Mannheim. Ähnlich wie die ↗ »Rheinischen Jahrbücher« und das ↗ »Westphälische Dampfboot« erlangte das DB Bedeutung als eines der wenigen Organe der Konsolidierung und Differenzierung radikaldemokratischer und frühsozialistischer Ideen in Deutschland. Mit der krassen literarisch-journalistischen Darstellung gesellschaftlicher Mißstände in literari-

schen Dokumentationen (z. B. G. Weerth: *Die Armen in der Senne,* Bd. 1), Erzählungen und Berichten (u. a. von H. Zulauff, T. Mügge, O. von Wenckstern, E. A. Willkomm) Gedichten (von W. Müller von Königswinter, F. Freiligrath, E. Dronke, Weerth, Püttmann), philosophischen Erörterungen (Aufsätze von M. Heß, K. Grün, F. Schmidt, K. Heinzen), Erläuterungen von sozialen Kämpfen und Alternativen (F. Engels: *Beschreibung der in neuerer Zeit entstandenen und bestehenden communistischen Ansiedlungen,* Bd. 1, Püttmann: *Babeufs Prozeß* und *Ludwig Gall,* Bd. 2) und Stellungnahmen zur sozialistischen Literatur (Heß: *Beachtenswerthe Schriften für die neuesten Bestrebungen,* Bd. 1, Engels: *Ein Fragment Fouriers über den Handel,* Bd. 2) sollten Voraussetzungen geschaffen werden »eines nothwendig zu erwartenden und zu erringenden Gemeinwesens, in welchem die allgemeinen Interessen vorwiegen und der Egoismus nicht zur durchgreifenden Herrschaft gelangen kann« (Vorwort, Bd. 1, S. IV). Als ideales Ziel galt der ungeteilte, gebildete Mensch, »welcher freies Mitglied eines gesellschaftlichen Zustandes werden möchte, in dem freie Sittlichkeit die Grundlage bildet in einem Bunde Aller für Alle«, (ebd., S. III). Dabei wurde vor allem auf die Erkenntnisse der neueren deutschen Philosophie zurückgegriffen, die durch L. Feuerbach aus den Fesseln ihrer Abstraktheit befreit und vermenschlicht worden sei (Grün: *Feuerbach und die Sozialisten,* Bd. 1). Zu einem daraus abgeleiteten Grundgedanken in den Jahrbüchern wurde es, den neu entstandenen Proletarierstand als den Träger eines unverbildet lebendigen Gattungsvermögens zu kennzeichnen. Als angestrebtes Nahziel galt, der deutsche Kommunismus als Erbe der deutschen Philosophie müsse sich mit dem bereits praxiserfahreneren französischen Kommunismus verbinden, um im Kampf gegen das moralische und materielle Elend der Zeit wirksam zu werden. Als Alternative zur Trostlosigkeit der entfremdeten Arbeit und ihrer Folgen, des Massenelends und Verbrechens, beschrieb Engels z. B. amerikanische und englische Kommunen- und Gütergemeinschaftsprojekte (*Beschreibung der in neuerer Zeit...*). W. Wolffs Augenzeugenbericht vom schlesischen Weberaufstand (*Das Elend und der Aufruhr in Schlesien,* Bd. 1) markierte erstmals dessen historische Bedeutung wie die entscheidende Rolle der Besitzverhältnisse dabei und relativierte so die Hoffnungen, lediglich über Bildung und moralische Appelle Veränderungen zu erzielen. Die Notwendigkeit, ästhetische und politische Forderungen bewußt zu verbinden, betonte C. F. Leuthold in seinem anläßlich einer Potsdamer Theateraufführung von J. B. Racines *Athalie* geschriebenen *Offenen Brief* (Bd. 2). Die Öffentlichkeit von Gerichtsverfahren forderte K. Buchner in seiner *Rückschau auf die Opfer des geheimen Gerichts in Deutschland* (Bd. 1) ebenso wie ein anonymer Autor, der in Band 1 und 2 mit Gefängnisberichten (*Sechs*

Wochen im Gefängnis) vertreten ist, die die Willkür und Inhumanität des Strafvollzugs besonders bei politischen Gefangenen anklagen. In Ausformung wahrsozialistischer Ideen wurde der Sozialismus vor allem als Mittel dargestellt, eine drohende Revolution noch rechtzeitig zu vermeiden. Ein Interesse an sozialistischen Reformen wurde dabei auch den Besitzenden nahegelegt, deren Position durch die sich zuspitzenden Klassengegensätze ohnehin schon akut bedroht sei. Der relativ hohe Anteil literarischer Beiträge im 1. Band, 20 Gedichte und drei Kurzerzählungen (Willkomm: *Der Leineweber*, von Wenckstern: *Die Unduldsamen*, Anonymus: *Ein Selbstmörder im Wupperthale*), ist Ausdruck der gemeinsamen Überzeugung, auf möglichst breiter Front ideologische Aufklärungsarbeit zu leisten und dabei verschiedenste Wirkungsmöglichkeiten auszuloten. Die bei aller grundsätzlicher Übereinstimmung zutage tretende Heterogenität der Sicht- und Darstellungsweisen spiegelt die allgemeine Situation der politischen Selbstfindung der radikaloppositionellen Bewegung der Zeit wider. Alle literarischen Beiträge sind getragen von einer besonderen Akzentuierung aktueller sozial-politischer Themen. Das Spektrum reicht dabei von Appellen zu allgemeiner Gleichheit und Freiheit (Müller von Königswinter: *Gemein*) über anklagende Schilderungen des wachsenden Pauperismusproblems (Freiligrath: *Eine Proletarierfamilie in England*, Dronke: *Morgenruf*, von Wenckstern: *Paragraphen nach der Offenbarung*) bis hin zum Lobgesang auf die moderne Industrie und ihre zukünftige menschheitsbeglückende Funktion nach einer proletarischen Revolution (Weerth: *Die Industrie*). Die Unterordnung literarischer unter soziale Zwecke war unausgesprochener Konsens der Autoren, die sich zum größten Teil einer höchst expressiven Sprache sowie literarischer Mischformen bedienten, in denen sich Dokumentarisches, Theoretisches und Fiktionales in oft überzeugend argumentativer Weise verbanden. Aufgrund heftiger Kritik von Heß wurde der Literaturteil im 2. Band nicht fortgeführt.

Ausg.: Deutsches Bürgerbuch für 1845, neu hg. von R. Schloesser, Köln 1975.

Martina Braun

Deutsches Zeitungs-Correspondenz-Bureau (DZCB)

Deutsche Exilpresseagentur mit Sitz in Brüssel, bekannt auch unter den Namen Reinhard'sches bzw. Seiler'sches Zeitungs-Correspondenz-Bureau; existierte Anfang Mai 1845/Okt. 1847. Gründer und gemeinsame redaktionelle Leiter bis zum Herbst 1845 waren die deutschen Emigranten C. Reinhard und S. Seiler, danach Seiler allein, bis er im Apr. 1846 durch W. Wolff

unterstützt wurde. Das DZCB erfüllte zweieinhalb Jahre eine sehr wichtige Funktion, da es unabhängige politische deutsche Zeitungen und Zeitschriften auf dem schnellsten Wege mit Nachrichten, Auszügen und Übersetzungen vornehmlich aus der westeuropäischen Presse sowie mit Originalbeiträgen deutscher Emigranten bzw. ausländischer Publizisten versorgte. Daneben gab das DZCB ein tägliches Informationsbulletin heraus. Die seriöse Arbeitsweise wie die demokratisch-oppositionelle Ausrichtung der Agentur ermöglichten es, dem breiten politischen Meinungsspektrum Westeuropas in Deutschland Gehör zu verschaffen, worin zunehmend auch Meinungsbilder sozialistischer und kommunistischer Strömungen ihren Platz fanden.

Lit.: J. Grandjonc: Deutsche Emigrantenpresse in Europa während des Vormärz 1830–1848, in: Heinrich Heine und die Zeitgenossen, Berlin und Weimar 1979.

Volker Giel

Diederich, Franz
Geb. 2. 4. 1865 in Hannover; gest. 28. 2. 1921 in Polzin

Sohn eines Telegrafenobersekretärs; Studium der Ornithologie und Ethnographie in Jena und Leipzig; Dr. phil.; Redakteur am Brockhaus-Lexikon; Verlust der Anstellung infolge seiner Mitgliedschaft und Mitarbeit in der verbotenen SPD; 1889/90 Vorstandsmitglied des Leipziger Arbeiterbildungsvereins; 1891 politischer Redakteur der Dortmunder »Freien Presse« (seit 1892 »Rheinisch-Westfälische Arbeiterzeitung«), wegen Preßvergehens 18 Monate Haft; ab 1894 als leitender Redakteur der »Bremer Bürger-Zeitung« maßgeblicher Anteil an deren Umgestaltung nach dem Muster der »Leipziger Volkszeitung« zum modernen sozialdemokratischen Nachrichtenorgan. Zusammenarbeit mit F. Ebert, dessen Biographie *Lebensbild Friedrich Eberts* (Berlin 1920) zu den letzten Arbeiten D.s gehört; Zusammenarbeit mit dem Bildungspolitiker H. Schulz und dem linksliberalen Pfarrer A. Kalthoff; engagierte sich in der sozialdemokratischen Bildungsarbeit; 1896 Gründung der Bibliothek des Sozialdemokratischen Vereins in Bremen. Initiator des »Vereins für Volkskunstabende«, Popularisierung naturalistischer Literatur; Gründungsmitglied des Bremischen Goethebundes; seit 1900 regelmäßiger Mitarbeiter der NZ und der »Neuen Welt«. Übersiedelte nach Auseinandersetzungen mit dem linken Flügel der Bremer SPD nach Dresden und übernahm die Feuilletonredaktion der »Sächsischen Arbeiterzeitung« (später »Dresdner Volkszeitung«); arbeitete mit dem »Kunstwart«-Herausgeber F. Avenarius zusammen im Dürerbund, in dessen Flugschriften er über die Gestaltung von Volkskunstabenden, über häusliche Vorlesungen und die Gewöhnung an gute Lesestoffe schrieb; bereitete 1913 in Berlin

Franz Diederich

die Herausgabe einer sozialistischen Familienzeitschrift vor, die infolge des Kriegsbeginns nicht zustande kam; arbeitete als Lektor im Buchverlag des Vorwärts, war kurzzeitig auch politischer Redakteur des »Vorwärts«; wechselte wieder ins Feuilleton, als H. Ströbel u.a. aus Protest gegen die Parteipolitik im I. Weltkrieg aus der Redaktion ausschieden; 1919 Mitglied des Zentralen Bildungsausschusses der SPD; legte im Folgejahr alle Parteifunktionen (u.a. Freie Volksbühne) aus gesundheitlichen Gründen nieder.

D. begann mit Naturlyrik (*Worpsweder Stimmungen*, Berlin 1902; *Die weite Heide*, München/Leipzig, 1904), politische Ideale fanden in seiner Gedankenlyrik Ausdruck: Geist, Wollen, Aufopferung, Kraft, Naturfrömmigkeit, das Ziel, das erreicht werden muß, sind die Leitgedanken. Dem entsprach die Hoffnung, der Weltkrieg könne die Voraussetzung sein für eine neue Ordnung, der Frieden könne die Unterdrückung befreien (*Die Hämmer dröhnen*, Dresden 1904; *Kriegssaat*, Berlin 1912 – das darin enthaltene Gedicht *Kriegstrommel* wurde wegen der Verurteilung des Krieges als Not und Tod bringend polizeilich verboten). Als Essayist suchte D. zwischen literarischen und philosophischen Traditionen einerseits, literarischer und bildkünstlerischer Moderne andererseits (Maeterlinck, Klinger) zu vermitteln (*Hölderlin und sein Schicksalslied*,

Dresden 1903), Verständnis für das klassische Erbe zu wecken (*Einführung in Goethe*, Leipzig 1913). D. wirkte als Herausgeber von Anthologien (↗ *Von unten auf*, Berlin 1911; Antikriegs-Lyrikanthologie *Krieg*, Dresden 1912; zwei Bände Kriegserzählungen: *Herzen im Kriege*, Berlin 1915) und andere Herausgaben (*Unterm Brennglas. Politische Satiren Glaßbrenners*, Berlin 1912; *Goethe. Auswahl in 13 Bänden*, Berlin 1913; *Wir weben, wir weben. Heines politische Gedichte*, Berlin 1919), er bemühte sich um die propagandistische Aufbereitung sozialistischer Theorie (*Marxbrevier*, Berlin 1918; *Lassallebrevier*, Berlin 1919). Als Lektor förderte er Talente aus der Arbeiterjugendbewegung (R. Grötzsch, M. Barthel), als Journalist widmete er sich vor allem der sozialdemokratischen Bildungsarbeit und der Volkskunstbewegung. D. knüpfte an die revolutionären Traditionen von 1848 (*Bremer Märztage 1848*, Bremen 1898) und an den »wahren Sozialismus« an. Er sah und fand in einer auf dem Gebiet der Erbevermittlung verdienstvollen volksbildnerischen kulturpolitischen Wirksamkeit die Erfüllung seines Verständnisses sozialdemokratischer Politik. Mit seiner Idee einer der Arbeiterjugend zum »Werdefest« der Menschheit sich öffnenden klassischen Tradition (*Die Weimarfahrt der Arbeiterjugend*) hat er in der sozialdemokratischen Jugend idealbildend gewirkt (*Jungfreudig Volk*, Berlin 1925 – postume Zusammenstellung durch den Sohn Ludwig Diederich).

W. W.: Wie gewöhnt man an guten Lesestoff?, München 1906; Theater im Freien, München 1906; Fritz Ebert, in: Führer des Volks, Berlin 1919, H. 1 ; Die Zarengeißel. Sturmschreie aus hundert Jahren, Hg. F. Diederich, Berlin 1914 – *Lit.:* D. Pforte: Von unten auf, Giessen 1979.

Eike Middell

Dietsch, André Antoine (genannt Andres bzw. Andreas)
Geb. 13. 10. 1807 in Mulhouse; gest. 10. 11. 1845 in Neu Helvetia (Missouri/USA)

Sohn eines Gerichtsbeamten; ging 1831 als Bürstenbindergeselle nach der Schweiz, wo er sich in Aarau niederließ. Ab 1838 lernte D. durch die Aargauer Sozialisten G. Siegfried und R. Sutermeister die sozialkritischen Ideen der französischen Sozialisten, ab 1841 die kommunistischen Theorien E. Cabets und W. Weitlings kennen. Seit 1841 arbeitete er an der demokratischen Ztg. »Das Posthörnchen« (Aarau) mit. Cabets utopischen Roman *Voyage en Icarie* (Paris 1840) verwertete er zu einer Vision, *Das tausendjährige Reich*, die als Artikelserie im »Posthörnchen« Juli/Aug. 1842 erschien und die D. in Zusammenhang mit seinen Auswanderungs- und Kolonieplänen noch zweimal erweiterte und als Broschüre drucken ließ (*Gleichheit und Einigkeit, der Weg zur Freiheit und zum ewigen Frieden. Das tausendjährige Reich*, Aarau 1843, *Das tausendjährige Reich nebst Plan und Statuten zur Gründung von Neu-Helvetia im Staate Missouri in Nordamerika*, Aarau 1844). D.s Auswanderung nach ›Neu-Helvetia‹ begann am 2. Juni 1844 in einer Gruppe, die dem Bund der Gerechten nahegestanden haben dürfte. Sie erreichte ihr Ziel an der Osagemündung in den Missouri am 22. Sep. Mitte Dez. 1844 konnte D. sein *Tagebuch und Reisenotizen der Auswanderungs-Gesellschaft zur Gründung von Neu-Helvetia* (Aarau 1845, Ndr. u. d. T. *Die großartige Auswanderung des Andreas Dietsch und seiner Gesellschaft nach Amerika*, Zürich 1978) an die Aarauer Freunde schicken. Über seinen Tod berichtete die »Berner Zeitung« erst am 30. März 1846.

Lit.: N. Halder: Andreas Dietsch und seine Utopistenkolonie Neu Helvetia in Missouri, in: Aarauer Neujahrsblätter 1960, Nr. 61; J. Grandjonc: Neu Germanien/Germania. A propos d'un colonie communiste allemande de la Ligue des Justes dans le Wisconsin en 1844, in: Revolution und Demokratie in Geschichte und Literatur, Duisburg 1979.

Jacques Grandjonc

Dittmar, Louise
Biographische Daten unbekannt

Wirkte im Vormärz im Raum Mannheim als Publizistin und Dichterin. Ihre ersten Texte erschienen noch anonym und erst mit *Vier Zeitfragen. Beantwortet in einer Versammlung des Mannheimer Montagsvereins* (Offenbach 1847) bekannte sie sich offen zu ihren weitreichenden emanzipatorischen Überzeugungen. Danach sollten alle Unterprivilegierten und Besitzlosen über eine Korrektur der gesellschaftlichen Verhältnisse gleiche Rechte auf ein glückliches und menschenwürdiges Dasein erhalten. In diesem Zusammenhang lehnte sie unter dem Einfluß der Philosophie L. Feuerbachs auch die Religion als Stütze überkommener Machtstrukturen rigoros ab und forderte, daß sich die Menschen aus geistiger wie ökonomischer Abhängigkeit selbst befreien. In *Lessing und Feuerbach oder Auswahl aus G. E. Lessings theologischen Schriften nebst Originalbeiträgen und Belegstellen aus L. Feuerbachs Wesen des Christentums* (Offenbach 1847) argumentierte sie als Aufklärerin vor allem für ein allen Menschen erreichbares Maß an Vernunft als Voraussetzung eigenständigen geschichtlichen Handelns. D.s »Soziale Reform. Eine Zeitschrift für Frauen und Männer« (4 H., Leipzig 1849) zählte zu den ersten Periodika, in denen die soziale und politische

Lage der Frau vom Standpunkt ihrer Veränderungsbedürftigkeit verhandelt wurde. Neben der Verbreitung von Ansichten deutscher und französischer Frühsozialisten betonte sie vor allem die Notwendigkeit eines Bündnisses zwischen Bürgerinnen und Proletarierinnen, da für sie die Unterdrückung der Frau ein klassenübergreifendes Phänomen darstellte (*Das Wesen der Ehe nebst einigen Aufsätzen über die soziale Reform der Frauen*, Leipzig 1849). D.s Spottgedicht *Volkstümlich* über die diffusen politischen Konzeptionen im Frankfurter Nationalparlament wurde veröffentlicht in L. Otto-Peters »Frauen-Zeitung« (12. 5. 1849). Viele andere Dichtungen D.s gelten als verschollen.

W. W.: Skizzen und Briefe aus der Gegenwart, Darmstadt 1845; Brutus Michel (Ge.), 2. vermehrte Aufl., Darmstadt 1848; Wühlerische Gedichte eines Wahrhaftigen, Mannheim 1848. – *Lit.:* R. Möhrmann: Frauenemanzipation im deutschen Vormärz. Texte und Dokumente, Stuttgart 1978; C. Koepcke: Frauenbewegung zwischen den Jahren 1800 und 2000, Heroldsberg 1979.

Petra Boden

Döltz, Emma
Geb. 14. 2. 1866 in Berlin; gest. 16. 3. 1950 in Fulda

Wuchs im Armenhaus auf. Konnte nur unregelmäßig zur Schule gehen. Arbeitete als 14-jährige in einer Stahlfederfabrik, erlernte Posamentierarbeit und besuchte abends die Fortbildungsschule. Heimarbeit. Ein Vortrag P. Singers ließ sie sich der sozialdemokratischen Bewegung anschließen. War aktiv in der Frauenbewegung, der Kinderschutzkommission, im Bezirksvorstand der Berliner SPD sowie der Arbeiterwohlfahrt, deren 2. Vorsitzende sie war. Während des 2. Weltkrieges wurde ihr Haus in Berlin-Mahlsdorf zerstört. Lebte nach 1945 bei ihren Kindern in Fulda.

Frühe Erfahrungen sozialer Härten und gesellschaftlichen Unrechts verbanden sich bei D. mit einem von der Mutter ererbten Fabulier-Talent. Wurde von C. Zetkin, der sie ein Gedicht für »Die Gleichheit« geschickt hatte, zum Schreiben ermuntert. Veröffentlichte hier ab 1906 etwa 80 Beiträge. Ihre Gedichte griffen Probleme des Klassenkampfes auf (*Streik*, 1909; *Das Wahlrecht her!*, 1913), reagierten auf aktuelle Vorgänge (*Und ich habe gelacht*, 1915), wurden auf Demonstrationen, Frauentreffen, Jugendfeiern und Kinderfesten vorgetragen, in der sozialdemokratischen Presse verbreitet. Sie war eine begabte Kinderschrifstellerin, gab 1917 *Jugend-Lieder* im Selbstverlag heraus.

W. W.: Der Streikbrecher. Stimmungsbild aus dem Arbeiterleben in 3 Aufzügen, Berlin 1929; Gedichte in: Aus dem Schaffen früher sozia-

Emma Döltz

listischer Schriftstellerinnen, Hg. C. Friedrich, Berlin 1966. - *Lit.:* M. Juchacz: Sie lebten für eine bessere Welt, Hannover 1955.

Heide Drust

Dortu, Max (d. i. Karl Neumann)

Geb. 26. 7. 1878 in Nienstedten (Holstein); gest. 1935 (?) in Wetzlar

Verließ als Sechzehnjähriger sein Elternhaus, fuhr zur See und vagabundierte. Nach Europa zurückgekehrt, weigerte er sich, am I. Weltkrieg teilzunehmen, wurde vor ein Kriegsgericht gestellt und in eine Irrenanstalt eingewiesen. Lebte dann bis zu seinem Tod in Deutschland.

D.s schmales, uneinheitliches, in vielem unfertiges Werk erschien in Buchform sowohl im Verlag der USPD (Verlagsgenossenschaft »Freiheit« GmbH, Berlin) als auch im parteipolitisch nicht gebundenen Roten Türmer Verlag Leipzig. *Ein buntes proletarisches Skizzenbuch* (Berlin 1921) enthält Gedichte zum Thema Arbeit, Feuilletons und den Gedichtzyklus *Helle Gestirne,* in dem D. J. Jaurès, K. Eisner, K. Liebknecht, R. Luxemburg, G. Landauer, E. Leviné porträtiert. Durch Nachdrucke daraus in der sozialdemokratischen und linksgerichteten Presse wurde D. populär. Weitere Publikationen, mehr Broschüren als Bücher, sind *Großstadt* (Leipzig

1921), *Wir Männer vom Steinbruch* (Leipzig 1921), *Thomas Münzer* (Leipzig 1926). In einer Rezension zu D. heißt es, daß ihm »gelegentlich einfache, wenn auch nicht ursprüngliche, wirkungsvolle Verse (gelingen). Das Thomas-Münzer-Buch hebt sich aus seiner sonstigen Prosa durch wesentlichere Gestaltung heraus« (in: »Die neue Bücherschau«, 1927, H. 5). Mit der historischen Erzählung um den Bauernkriegsführer versuchte D. ein Zeitbild zu schaffen, das allerdings mehr wegen der ungewöhnlichen Form als wegen des Inhalts auffiel. Die »Linkskurve« (1930, H. 5) kritisierte ihn als Vertreter »sozialdemokratischer ›Arbeiterdichtung‹«; die Einschätzung seiner Arbeiten als Dreck, mit dem die SPD das Proletariat zu füttern suche, wurde seinen Bemühungen nicht gerecht.

Wolfgang U. Schütte

Dreißig neue Erzähler des neuen Deutschland (DnE)

Junge deutsche Prosa. 1932 im Malik-Verlag (Berlin) von W. Herzfelde herausgegebene Sammlung, 767 S. Sie sollte nach dem Erfolg des Bandes *Dreißig neue Erzähler des neuen Rußland* (Berlin 1929, bis 1931 mehrere veränderte Ausg.) eine ähnliche Auswahl von Prosa in deutscher Sprache präsentieren. Ausdrücklich wird ihr Einzugsgebiet nicht auf die Staatsgrenze beschränkt, es finden sich »auch Österreicher, ein Sudetendeutscher, ein Deutschbalte und ein Deutschpole und sogar ein Ungar« – Vorgriff auf »ein großes Deutschland«, das es erst im Sozialismus geben werde (*Einleitung des Herausgebers,* in: Neuausg., mit Vorwort von B. Schrader, Leipzig 1983, S. 22). Als »neue Erzähler« erwiesen sich nach Herzfelde die Autoren nicht durch ihr Lebensalter, vielmehr durch ihre Erkenntnisse und ihre Art zu schreiben: »fähig, Neues auf eine diesem Neuen entsprechende Art zu sagen«. Das Neue, das der Band vereinigen wolle, sei ein »gemeinsame(r) Wirkungswillen«; entschieden über die Aufnahme habe, ob »die Erzählung im Leser den Willen zur Veränderung der Welt wecken oder vertiefen« könne (ebd., S. 19). An dieser Wirkungsabsicht macht der Herausgeber auch fest, ob eine »künstlerische Leistung« vorliege (ebd., S. 19/20). Betrachtet man die den Erzähltexten vorangestellte Einleitung, so wird offenbar: Herzfelde suchte, als er nach längerer Sichtung und Auswahl die Arbeit an DnE abschloß, den Band einer aus der aktuellen Situation abgeleiteten politischen Bündnisstrategie zu unterstellen, und er sprach sie den Beiträgen zu, auch wenn sie nicht von deren Substanz und Tendenz getragen waren. In seiner Einleitung, datiert mit dem 9. Nov. 1932 (also mit Bezug auf die Revolution von 1918), bezeichnet er für das Heute nur eine Tendenz als bejahenswert, die auf »die soziale

Revolution«. Ungewöhnlich innerhalb der zeitgenössischen, von kommunistischen Marxisten getragenen Literatur ist nicht, wenn Herzfelde zur Zielvorstellung fast aller »Menschen im Deutschland von 1932« erklärt, ein *»neues* Deutschland« zu erkämpfen, wo »alle menschenwürdig leben können«, ungewöhnlich ist indes, daß er dabei auf die »drei stärksten deutschen Parteien« verweist, NSDAP, SPD und KPD zusammensieht; »dreiviertel der Bevölkerung marschieren unter roten Fahnen. Meinen auch die Führer der einen den Faschismus, die der anderen die demokratische Republik – sie hätten die meisten Anhänger nicht gewinnen können ohne das Wort Sozialismus.« Es gelte, Gemeinsamkeiten zu erkennen und Illusionen und Vorurteile zu durchleuchten und zu verjagen – dies müsse die »Tendenz heutiger Kunst sein«, die nur dann »im Einklang mit dem Werdenden wirkt« (ebd., S. 20/21). Namentlich die Auseinandersetzung mit dem Nationalsozialismus fehlt in DnE fast völlig, nur einmal, in einer Geschichte, die ironisch-satirisch deutsches Kleinbürgertum kritisiert (H. Baldus *Herr Witsch*) liefert sie den Zielpunkt. Zu Recht aber spricht die *Einleitung* – bei Betonung der Verschiedenheit der Erzähler in Hinblick auf ihren Stil und ihre Gedanken – von einer den Texten eingeschriebenen Parteinahme »für die arbeitenden Menschen und ihr Recht zu leben«. Dies äußert sich in DnE auf vielfältige Weise und mit mannigfaltigen Ansatzpunkten. Erzählt werden Episoden, Begebenheiten oder Lebensgeschichten aus unterschiedlichen sozialen Gruppen und Landstrichen, generell mit einem Zug zu genauer Darstellung des Milieus, häufig pointiert, oft sachlich, selten mit offen didaktischen oder agitatorischen Elementen. Die Skala reicht vom verhalten anklagenden Erzählstück (L. Turek *Leben und Tod meines Bruders Rudolf*), intensiven psychologischen Analysen (A. Latzko, F. Wolf), zu Texten, die sarkastisch auf Verhaltensabläufe zeigen (R. Huelsenbeck) oder die Innenwelt eines Staatsdieners zu erhellen suchen (E. Fischer). Die Einzeltexte sind in der Abfolge nach stofflichen Gebieten gruppiert: »die ersten behandeln von der sozialen ›Ordnung‹ zerbrochene Existenzen, es folgen die Arbeiter – zu Hause und im Betrieb –, dann Jugend ohne Fürsorge, die Angestellten, die Bauern und schließlich der Mann in Uniform« (ebd., S. 23). Der Band stellt so nicht nur eine beträchtliche Breite im Gegenständlichen vor, sondern auch eine Folge von unterschiedlichen Krisen, aus denen (im letzten Komplex) der Umschlag in gewaltsame Konfrontation folgt – vorgestellt an zeitgeschichtlichen Ereignissen (oder deren Umfeld) wie der Münchner Räterepublik (O. M. Graf), dem Kapp-Putsch (K. Raschke), Kämpfen der Nachkriegskrise (W. Bauer, E. Ottwalt), der französischen Ruhrbesetzung (Huelsenbeck), den blutigen Ereignissen des 15. Juli 1927 in Wien (Fischer), dem Kieler Matrosenaufstand 1919 (Th. Plivier). Mehrere der Geschichten zeigen bei ihren Hauptfiguren

das Aufnehmen neuer Erfahrungen (mehrfach während politischer Kollisionen), das Haltungsveränderungen nach sich zieht; so wird auf Bedingungen für das Entstehen von Veränderungen gewiesen, ohne daß eine Veränderung in politischer Praxis den Erzählvorgang bestimmte. Gerade hierin zeigen sich Unterschiede der DnE zum damals dominierenden Konzept des BPRS, das auf die unmittelbaren politischen Tageskämpfe orientierte – wenn auch mehrere der Beiträger BPRS-Mitglieder waren (Turek, Wolf, H. Marchwitza, P. Körner, F. C. Weiskopf u. a.). Unter ihnen waren Autoren, die der Malik-Verlag (z. T. seit längerem) ediert hatte. In DnE aufgenommen wurden aber auch Arbeiten von Schriftstellern anderen Standorts, die sich auf dem Buchmarkt durchgesetzt hatten (J. Ehrhardt, E. Johannsen, E. Kästner, E. Glaeser), und mehrere von weitgehend unbekannten, links engagierten Erzählern (V. Magd, P. Mattick, A. Stübs, H. Hertwig, M. Greßhöner [späteres Ps.: M. Osten] u. a.). Sie alle wurden am Ende der DnE in (z. T. selbst verfaßten) Notizen über Leben und Werk vorgestellt. Durch das Erscheinen kurz vor Beginn der Nazidiktatur konnten die DnE kaum noch zur Wirkung gelangen.

Silvia Schlenstedt

Dronke, Ernst Andreas Dominikus

Geb. 17. 8. 1822 in Koblenz; gest. 2. 11. 1891 in Liverpool

Sohn eines Gymnasialprofessors; Studium der Rechtswissenschaft 1839/44 in Bonn, Marburg und Berlin; ab 1844 als freier Journalist und Schriftsteller in Berlin und nach Ausweisung 1845 in Frankfurt a. M.; über E. Meyen und A. Rutenberg Verbindung zum Berliner Handwerkerverein und später zur darin wirkenden Gemeinde des Bundes der Gerechten; zugleich durch M. Heß Kontakte zu Kölner Kommunistenkreisen; 1846 Verurteilung zu zwei Jahren Festung wegen Majestätsbeleidigung und kommunistischer Umtriebe; während der Haft in Wesel Eintritt in den BdK; kurz vor Revolutionsausbruch 1848 Flucht nach Brüssel; enge Zusammenarbeit mit F. Engels; seit dieser Zeit bis zur Emigration nach Großbritannien 1852 im Auftrag des BdK aktiv am Revolutionsgeschehen beteiligt; März 1848 im Kreis um K. Marx in Paris; Apr./Mai Emissär des Bundes in Koblenz, Mainz und Frankfurt a. M.; seit Juni Redaktionsmitglied der »Neuen Rheinischen Zeitung«, u. a. deren Korrespondent am Frankfurter Parlament; Sep. Mitglied im Kölner Sicherheitsausschuß; nach Unterdrückung der »Neuen Rheinischen Zeitung« seit Sommer 1849 Korrespondent in Paris für die »Neue Deutsche Zeitung«; 1850/51 in der Schweiz um die Reorganisation des BdK bemüht; in den ersten englischen Exiljahren Beteiligung an politischen Aktionen der

Kommunisten; versuchte sich als Kaufmann selbständig zu machen, was ihm seit 1856 in Glasgow und ab 1860 mit einer Minenagentur in Liverpool auch gelang; trotz aufrechterhaltener loser Verbindungen zu alten Kampfgefährten wie Marx und Engels allmählicher Rückzug von politischen und publizistischen Aktivitäten. – Das zweiteilige Gedicht *Liebesblüten*, D.s erste literarische Veröffentlichung (»Salon«, Kassel 1841), stand wie andere frühe Gedichte, z.B. *Alpenrosen eines Flüchtlings* (»Kölnische Zeitung«, 1844), *Morgenruf*, *Rheinlied* und *Ständchen* (»Deutsches Bürgerbuch für 1845«) noch unter starkem Einfluß der Romantik. Das hier ausgesprochene allgemeine Pathos des Kampfes für Freiheit und gegen Tyrannei und Despotie verschwand weitgehend schon in seinen nächsten Gedichten, *Armsünder-Stimmen. Zwölf Lieder* (Altenburg 1845). Im typisierten Rollengedicht (*Die Gefangenen*) oder praphrasierten lyrischen Zustandsschilderungen sozialer Notlagen (z.B. *Das Glück der armen Leute*) versuchte D. einen unmittelbaren und funktionalen Zugriff auf die von wachsender Massenarmut geprägten gesellschaftlichen Zustände zu gewinnen. D.s Grundauffassung von einer systemgeschuldeten, auf den Prinzipien privaten Besitzes und freier Konkurrenz basierenden Herrschaft der Reichen über die Armen bildete nunmehr den zentralen Ausgangspunkt für sein gesamtes literarisches Schaffen. Seine Novellistik, zusammengefaßt in den Bänden *Aus dem Volke* (Frankfurt a.M. 1846) und *Polizeigeschichten* (Leipzig 1846), war dabei im besonderen Maße Ausdruck dieser neuen instrumentellen Literaturtendenz. Meist bilden dokumentarisch belegte Einzelschicksale, durch trivialliterarische Melodramatik aufgeladen, den strukturellen Kern dieser Novellen, während es vom Anliegen her um den Aufweis geht, »die Gegensätze und unzulänglichen Garantien der menschlichen Berechtigung der heutigen Gesellschaft darzutun« (*Vorwort*, in: *Aus dem Volke*). D.s Helden, kleine Handwerker, Arbeiter und Tagelöhner, scheitern mit unausweichlicher Schicksalhaftigkeit bei dem steten Versuch, sich durch ehrliche Arbeit und Redlichkeit in einzig auf Besitz und Geld ausgerichteten Gesellschaftsverhältnissen existentiell zu behaupten. Ihr Weg ins soziale Abseits oder Verbrechen wird als gesellschaftsparadigmatisch gezeigt. Äußerst aktiv wirkte D. auch als Journalist in mehreren liberalen, demokratischen und sozialistischen Blättern des Vormärz. Auf der Grundlage seiner Korrespondenzen, in erster Linie der 1844/45 für die »Grenzboten« (Leipzig) geschriebenen, verfaßte D. das philosophisch-publizistische Buch *Berlin* (2 Bde., Frankfurt a.M. 1846). In ihm versuchte er, neben genaueren Schilderungen des Berliner Alltagslebens unterschiedlicher Gesellschaftsschichten eine weitreichende Analyse und Kritik der sozialen und politischen Zustände Preußens zu geben. Das Werk überragte in seiner Mischung aus konkreter zeitgeschichtlicher Information, philosophischer

Reflexion und scheinbar willkürlich einsetzendem Autorraisonnement formal und thematisch ähnliche Bücher dieser Zeit. D.s gewachsene Einsicht, die Darstellung sozialer Realität von der Notwendigkeit ihrer Veränderung her zu begründen, welche mit der Vision eines sozialistischen Gemeinwesens (Gemeineigentum, gemeinschaftliche Organisation der Arbeit) korrelierte, prägte danach auch sein publizistisches Wirken vor allem an der »Neuen Rheinischen Zeitung« und führte zur Zusammenarbeit mit Marx und Engels in der polemischen Schrift *Die großen Männer des Exils* (London 1852).

W. W.: Die Maikönigin (N.), Leipzig 1846; Zur Geschichte des Elends der Philosophie (Aufse.), Hg. I. Hundt, in: Marx-Engels-Jahrbuch 9, Berlin 1986; – *Lit.:* E. Edler: Ernst Dronke und die Anfänge des deutschen sozialen Romans, in: Euphorion, Bd. 56, Heidelberg 1962; I. Hundt: Ernst Dronke – ein Freund und Kampfgefährte von Marx und Engels. Seine biographische Entwicklung bis zur Niederlage der Revolution von 1848/49, Diss., Berlin 1982; H.-J. Singer: Ernst Dronke. Einblicke in sein Leben und Werk, Koblenz 1986; B. Käss: Ernst Dronke. Leben und Werk, Magisterarbeit, Bonn 1988.

Irina Hundt/Red.

Durus, Alfred (d.i. Alfred Kemenyi bzw. Kamen)

Geb. 1895 in Novi Sad; gest. Aug. 1945 in Budapest

Sohn eines ungarischen Arztes. Studierte Jura, Ästhetik und Kunstgeschichte an der Budapester Universität. Politische Aktivität für die Ungarische Räterepublik, nach deren Niederschlagung er emigrieren mußte. Kam über Wien 1920 nach Berlin, wo er sich dem »Sturm«-Kreis um H. Walden anschloß. Unter dem Eindruck einer mehrmonatigen Sowjetunion-Reise 1921 näherte er sich nach seiner Rückkehr der kommunistischen Bewegung, wurde 1923 Mitglied der KPD. Als Redakteur und Kunstkritiker der RF tätig bis 1933. Lehrte an der MASCH Kunstgeschichte. Mitbegründer der Assoziation revolutionärer bildender Künstler Deutschlands, Mitglied des BPRS. Über Prag in die UdSSR, sein zweites Exil. 1935/37 Sekretär des Internationalen Büros revolutionärer Künstler, danach Sekretär im Moskauer Komitee des Verbandes bildender Künstler der UdSSR, ab 1938 Sekretär der Auslandskommission des sowjetischen Künstlerverbandes. 1941/1944 nach Taschkent evakuiert, Mai 1944 als Offizier der Roten Armee an die Front, starb nach schwerer Verwundung, nachdem er die Befreiung Budapests noch erlebt hatte.

D. war einer der führenden Kunstkritiker der kommunistischen Bewegung, der mit über 500 Artikeln in der deutschsprachigen Presse der Weimarer Republik (vor allem RF, »Rotes Sprachrohr«, »Linkskurve«) und des sowjetischen Exils (DZZ, »Das Wort«, IL), aber auch in sowjetischen Blättern

(»Isskusstvo«, »Literaturnaja Gazeta«, »Internationalnaja literatura«) und der ungarischen Exil-Zs. »Uj hang«, sich für die Entwicklung der mit der kommunistischen Bewegung verbundenen Künste und ihr zugehöriger Künstler engagierte. Vorausgegangen war eine Phase, in der sich D. für konstruktivistische Kunst eingesetzt hatte (publizierte in der ungarischen Zs. »MA« [Heute], zus. mit L. Moholy-Nagy das Manifest *Dynamisch-Konstruktives Kraftsystem*, in: »Der Sturm« 1922, Nr. 12), trennte sich mit anderen ungarischen Künstlern 1923 vom Konstruktivismus, der als »zunehmend verbürgerlicht« angesehen wurde (*Erklärung*, gez. von E. Kállai, A. Kemény, L. Moholy-Nagy, L. Péri, in: *Berliner Begegnungen. Ausländische Künstler in Berlin 1918–1933*, Hg. K. Kändler u.a., Berlin 1987, S. 299/300). Von da an trat er entschieden für eine selbständige proletarisch-revolutionäre Kunst und Kultur ein. Auf dem Gebiet des Theaters förderte er die Arbeit der Agit-Prop-Truppen, der Arbeitersprechchöre und E. Piscators Bemühungen um ein revolutionäres Theater. Die heftig umstrittene Aufführung der *Maßnahme* von B. Brecht und H. Eisler begrüßte er trotz Einwänden (gegen Brechts »bloße gehirnliche Verarbeitung der revolutionären Theorie«) als »künstlerisch, literarisch und musikalisch ... epochal«, als »das bisher ideologisch reifste und künstlerisch vollendetste abendfüllende Chorwerk für Arbeitersänger.« (in: RF, 20. 1. 1931). Seine Hauptfelder in der RF waren Film, Architektur, Tanz und bildende Kunst, wobei er auf die Entwicklung der sowjetischen Kultur und Kunst als beispielhaft hinwies. D.s Wertungen lag eine Auffassung vom »dialektischen Realismus« zugrunde, den er Proletkult und spätbürgerlicher Moderne (›Dekadenz‹) gegenüberstellte und als Methode der revolutionären Künstler forderte. Unter der Losung »Kunst ist Waffe!«, war D., nicht frei von vulgärmaterialistischen Ableitungen, besonders um alle Formen der Agitationskunst bemüht. Doch er suchte auch kunstspezifische Wahrnehmungs- und Darstellungsweisen zu erörtern und zu klären und verfolgte aufmerksam neue Phänomene wie Fotografie und Fotomontage. So empfahl er den Arbeiterfotografen 1932, beim Verwenden der Fotomontage nicht bei Wirklichkeitsausschnitten stehen zu bleiben, sondern Beziehungen und Gegensätze der sozialen Wirklichkeit zu zeigen und so die Gestaltungsmethoden der Fotomontage weiterzuentwickeln. Er würdigte die Arbeiten des »genialen Monteurs« J. Heartfield als klassisch und bahnbrechend: »Er konzentrierte die ästhetischen Wirkungselemente der ›Graustrukturen‹ der Fotografie, der Flächenaufteilung, der Verbindung von Foto und Schrift, stets auf die größtmögliche Steigerung des politischen Inhalts.« (in: »Der Arbeiter-Fotograf«, 1932, H. 3, S. 55 f.) D. verteidigte Heartfields Kunst gegen ausgrenzende Realismus-Verdikte à la Lukács (in der Buchbesprechung zu S. Tretjakow/ S. Telingater *John Heartfield*, Moskau 1936, in: DZZ, 28. 12. 1936, und

John Heartfield und die satirische Fotomontage, in: IL, 1934, H. 5). In der UdSSR schrieb D. u.a. über F. Masereel, K. Kollwitz, H. Vogeler, W. Busch, F. Ellis, L. Lozowick, W. Gropper, L. Meszaros und die kämpfende Kunst im spanischen Bürgerkrieg. Er beleuchtete am Werk des antifaschistischen Malers E. Neuschul Züge eines neuen Menschenbildes, sah ihn Arbeitsdarstellungen aus der Perspektive des sozialistischen Aufbaus schaffen. (in: Il, 1936, H. 2) Mit seinen Beiträgen zum Kunsterbe (zu A. Dürer, F. Goya, H. de Daumier, T. Riemenschneider, Grünewald, umfangreiche Studien zur Kunst von Bauernkrieg und Reformation, deren Manuskript verschollen ist u.a.) trug D. produktiv zur Diskussion der 30er Jahre um Naturalismus/Formalismus bei, sie waren zugleich als Polemik mit NS-Kunstverfälschungen angelegt. An der Expressionismus-Debatte beteiligte er sich mit dem Beitrag *Abstrakt, abstrakter, am abstraktesten*, der auf die widerspruchsvolle Entwicklung der »Ismen« hinwies, die ideologisch überzogene Aburteilung des Expressionismus ablehnte, diesen als Ausdruck realer Krise des Kapitalismus, als Zeichen der »Entgegenständlichung der Welt« begriff (in: »Das Wort«, 1938, H. 6, S. 81/82). Bis heute liegt keine Ausgabe von D.s umfänglichem publizistischem Werk vor, das – noch heute informativ – Teil der kulturellen Entwicklung der 20er/40er Jahre war und es trotz seiner dogmatischen Züge und zeitbedingter Schwächen verdient hätte.

Lit.: Bibl. in: Veröffentlichungen deutscher sozialistischer Schriftsteller in der revolutionären und demokratischen Presse 1918–1945, Berlin und Weimar 1966, S. 109–147; U. Kuhirt: Entwicklungswege der fortschrittlichen deutschen Kunst in der Periode von 1924–33, Diss., Berlin 1962; T. A. Durus: Die literaturkritische und publizistische Tätigkeit von A. Durus, Diss. (russ.), Moskau 1980; Exil, Bd. I/II (1989).

Red.

Eccarius, Johann Georg

Geb. 23. 8. 1818 in Friedrichroda; gest. 5. 3. 1889 in London

Sohn eines Schneidermeisters; 1833/36 Lehre als Schneidergeselle; 1839/46 Wanderschaft (Berlin, Hamburg, London). 1846 in London Beschäftigung in einem der großen Schneidershops und Bekanntschaft mit der modernen englischen Industrie. Anhänger W. Weitlings und aktives Mitglied im Bund der Gerechten. 1846/47 förderte er wesentlich die Verbindung von neuesten Sozialismustheorien und Arbeiterbewegung im Prozeß der Gründung des BdK. 1848/49 Mitglied der Zentralbehörde des BdK. Immer bemüht, einen selbständigen und möglichst umfassenden Zugang zu Bildung und Kultur zu erlangen, entwickelte sich E. zu einem der engagiertesten, wirkungsvollsten Publizisten und Propagandisten der Organisation. Auch nach dem Zerfall des Bundes gehörte E. bis etwa 1864 zum engsten Vertrautenkreis von K. Marx und F. Engels. 1864/72 im Generalrat der IAA und 1867/71 ihr Generalsekretär. Danach betätigte sich E. hauptsächlich in der englischen Tradeunion-Bewegung. – E.s Verdienste um die Mobilisierung und Organisierung der internationalen Arbeiterbewegung sind am deutlichsten aus seiner umfangreichen publizistischen Arbeit abzulesen. Zwischen 1850 und dem Beginn der 1870er Jahre schrieb E. annähernd 200 Artikel für fast alle in dieser Hinsicht wichtigen Ztgn. und Zsn., u.a. »Neue Rheinische Zeitung. Politisch-ökonomische Revue«, »The Red Republican«, »The People's Paper«, »Notes to the People«, »Reform«, »Das Volk«, »Stimme des Volkes«, »Der Social-Demokrat«, »The Evening Star«, »The Commonwealth«, »Demokratisches Wochenblatt«, »Der Volksstaat«. Seine bedeutendsten theoretischen Arbeiten sind *Die Schneiderei in London oder der Kampf des großen und des kleinen Capitals* («Neue Rheinische Zeitung. Politisch-ökonomische Revue», Hamburg 1850), *The last stage of bourgeois society* («The Friend of the People», London 1851) sowie sein Hauptwerk *Eines Arbeiters Widerlegung der national-ökonomischen Lehren Stuart Mills* (Orig. englisch in: «The Commonwealth», London 1866/67; deutsch: Berlin 1869). Vor allem diese Schrift wurde zu einem wichtigen Instrument im Kampf gegen die Einflußnahme bürgerlicher Ideologien auf die Arbeiterbewegung in Großbritannien und besaß darüber hinaus große Wirkung auf die Arbeit der IAA. E. war der bedeutendste und aktivste England-Korrespondent der deutschen sozialdemokratischen Presse in den 1860er Jahren. Seine Arbeiten zeichneten sich vor allem durch eine anschaulich-bildhafte Sprache, die Einbeziehung von konkret persönlichen Erfahrungen sowie ein hohes Maß an theoretischer Problemdurchdringung aus.

Ute Emmerich

Eck, Carl Gottlieb

Geb. 18. 7. 1822 in Wetzlar; gest. 1873 in Berlin (?)

Sohn eines Zeichenlehrers; E. arbeitete als Tapeziergehilfe. Aug. 1849 Verhaftung in Hannover, weil er im Arbeiterverein Revolutionsgedichte verbreitet hatte. Nach Preußen ausgeliefert, wurde E. 1850 insbesondere aufgrund seines Gedichts *An den König* wegen Majestätsbeleidigung und Anstiftung zum Hochverrat zu acht Jahren Zuchthaus verurteilt. Bis zum 6. 7. 1856 verbüßte er die Strafe in Halle, anschließend wegen »Gemütskrankheit« in Heilanstalt Siegburg, 1857 Begnadigung. Danach bestritt er seinen Lebensunterhalt durch den

Vertrieb von Kunstdrucken. Er endete vermutlich durch Selbstmord.

Der ›wahrsozialistischen‹ Ideologie verhaftet, machte E. in den vierziger Jahren in sentimental verklärter Weise auf die Lage der arbeitenden Menschen aufmerksam. Typisch dafür ist seine Erzählung *Einer von den Vielen* («Die Werkstatt«, Hamburg 1845, H. 1), in der er die menschenunwürdigen Lebensbedingungen von Fabrikarbeitern anprangert.

W. W.: Aus Berlin (Br.), in: Telegraph für Deutschland, Hamburg Juli 1845; Nach Westphalen. Ein anderes Wort zur Verständigung (Br.), ebd., Nov. 1845; Waldfrevel (G.), in: Album, Borna 1847; Moderne Walpurgisnacht. Dramatisches Charivari, Berlin 1856; Ein verlorener Sohn. Roman in Oktaven, Berlin 1857. – *Lit.:* B. Andreas/W. Mönke: Neue Daten zur ›Deutschen Ideologie‹, in: Archiv für Sozialgeschichte, Hannover 1968, Bd. 8; Die Allgemeine deutsche Arbeiterverbrüderung 1848–1850. Dokumente des Zentralkomitees für die deutschen Arbeiter in Leipzig, Hg. H. Schlechte, Weimar 1979.

Erhard Kiehnbaum

Editions du Carrefour (EdC)

Fungierte 1933/37 als deutscher Exilverlag in Paris. Gegründet 1928 von dem nach Paris übergesiedelten Schweizer P. G. Levy (1894–1945), der in EdC die Avantgarde-Zs. »Bifur« (1929/31) und eine Reihe von Büchern (Reisebeschreibungen, Kinderbücher, den Collageroman mit Bildtexten *La Femme 100 têtes* von M. Ernst, 1929) herausgab. Der französische kommunistische Schriftsteller P. Nizan, der auch in »Bifur« publiziert hatte, brachte im März 1933 W. Münzenberg in Kontakt mit Levy. Dieser stellte seinen Verlag für den Kampf gegen den Hitlerfaschismus zur Verfügung. Grundlegend für die Neuetablierung von EdC war, daß Münzenberg nicht nur den Namen des Verlages, sondern auch dessen Räume im Boulevard Saint Germain und die Verbindung des (zweisprachigen) Levy zu Druckereien nutzen konnte. Levy blieb nominell Eigentümer von EdC, die finanziellen Mittel für die Verlagsarbeit erhielt Münzenberg vor allem von der KI. Schon am 1. 8. 1933 erschien *Braunbuch über Reichstagsbrand und Hitlerterror*, mit der Verlagsangabe Universum-Bücherei Basel, aber im Mitarbeiterstab um Münzenberg in Paris ausgearbeitet – eine Dokumentation, die erstmals den Typus einer aktuellen, in der Zeitgeschichte operierenden Streitschrift präsentierte, wie er für EdC charakteristisch werden sollte.

Ab 1. Okt. 1933 kam bei EdC die Pariser Ausgabe des »Gegen-Angriff«, ab Ende 1933 die Monats-Zs. »Unsere Zeit« heraus.

Der Mitarbeiterstab von EdC war klein, zu ihm gehörten – wie schon beim »Neuen Deutschen Verlag« in Berlin – Münzenbergs Frau Babette Gross und O. Katz, Münzenbergs Sekretär H. Schulz, ferner wird als Exponent J. Füllenbach genannt.

Diesem kleinen Kreis zuzuordnen ist ein größerer von Publizisten und Redakteuren, die die Ausarbeitung der Braunbücher und ähnlicher Dokumentationen besorgten, außer Katz u.a. A. Abusch, A. Koestler, M. Schröder. Insgesamt gab EdC 45 Bücher und 11 Broschüren heraus, oft, letztere in der Regel, ohne Nennung der Autorennamen oder Verantwortlichen. Antifaschistische Komitees und Organisationen wie Welthilfskomitee für die Opfer des Faschismus, Internationales Antifaschistisches Archiv, Weltkomitee gegen Krieg und Faschismus wurden häufig als Herausgeber genannt.

Nach dem Braunbuch I, das bei EdC 1933 auch in der französischen Version erschien, und drei weiteren Titeln in seiner Nachfolge kam 1934 *Braunbuch II Dimotroff contra Goering* heraus (ebenfalls französisch), es fand wie das 1. eine weltweite Verbreitung. Enthüllungen zu den Folgen der Naziherrschaft, auch in Deutschland, bildeten ab 1934 einen weiteren Schwerpunkt der Verlagsarbeit – *Weißbuch über die Erschießungen des 30. Juni 1934* (Vorw. G. Branting; redigiert von Katz), *Naziführer sehen dich an. 33 Biographien aus dem III. Reich* (nach Gross geschrieben von W. Mehring); 1935 folgte *Das braune Netz. Wie Hitlers Agenten im Ausland arbeiten und den Krieg vorbereiten* (redigiert von Katz), *Das deutsche Volk klagt an! Hitlers Krieg gegen die Friedenskämpfer in Deutschland* (redigiert von M. Scheer), 1936 in französischer Ausgabe mit Vorwort von R. Rolland. Mit Scheers Namen erschien 1937 *Blut und Ehre* (unter Mitarbeit eines Kollektivs deutscher Antifaschisten, Vorw. E.J. Gumbel).

Seit Ende 1934 lenkte EdC die Aufmerksamkeit der Öffentlichkeit auf Aufrüstung in Deutschland und drohende Kriegsgefahr: *Hitler treibt zum Krieg. Dokumentarische Enthüllungen über Hitlers Geheimrüstungen* (1934 deutsch und französisch; erarbeitet von dem anonym bleibenden kommunistischen Militärexperten A. Schreiner, als Hg. zeichnete die Engländerin D. Woodman; Reprint, Hg. L. Berthold/D. Lange, Berlin 1979) und 1935 *Hitlers Luftflotte startbereit* (ebenfalls von Schreiner, gezeichnet von Woodman), von A. Müller *Hitlers motorisierte Stoßarmee. Heeres- und Wirtschaftsmotorisierung im 3. Reich* und von S. Erckner *Die Große Lüge. Hitlers Verschwörung gegen den Frieden*. In diesen Zusammenhang gehört 1936 auch das Buch *Das neue deutsche Heer und seine Führer* von B. Jacob, bekannt wegen seiner Artikel zur Rüstung in der »Weltbühne« vor 1933, von den Nazis 1935 entführt und auch später verfolgt; 1937 veröffentlichte Jacob bei EdC *Weltbürger Ossietzky* (Ein Abriß seines Werks mit Biographie Ossietzkys).

Den Gefahren des Rassenantisemitismus und der Verfolgung der Juden galten 1936 drei Titel, darunter die Dokumentation *Der gelbe Fleck. Die Ausrottung von 500 000 Juden*, Vorwort L. Feuchtwanger.

Mit einem Buch, das auf offiziellen, in Spanien gesichteten NS-Dokumenten beruhte, *Spione und Verschwörer in Spanien* (1936 unter Katz' Ps. F. Spielhagen), begannen bei EdC die Publikationen über den faschistischen Angriff auf die Spanische Republik und faschistischen Terror; das wichtigste 1937 – in deutsch und französisch –: Koestlers *Menschenopfer unerhört. Ein Schwarzbuch über Spanien* (mit Anhang: Der Appell R. Rollands an das Weltgewissen).

Neben den auf unmittelbare politische Wirkung zielenden Büchern und Broschüren spielten literarische Editionen bei EdC eine beträchtliche Rolle; es waren durchweg Neuerscheinungen und zumeist Bücher mit einem Zeitgeschichtsbezug und einer aktuellen Problematik. Titel deutscher Autoren des antifaschistischen Exils 1934: B. Brecht/H. Eisler: *Lieder Gedichte Chöre*, E. E. Kisch: *Eintritt verboten*, G. Regler: *Im Kreuzfeuer. Ein Saarroman*, W. Schönstedt: *Auf der Flucht erschossen. Ein SA-Roman*; 1935: J. R. Becher: *Der Mann, der alles glaubte. Dichtungen*, K. Billinger (d. i. P. Massing): *Schutzhäftling Nr. 888. Aus einem deutschen Konzentrationslager*, A. Seghers: *Der Weg durch den Februar. Ein Roman von den Februarkämpfen 1934 in Österreich*, B. Uhse: *Söldner und Soldat*; 1936: Kisch: *Abenteuer in fünf Kontinenten*. 1936 kamen zudem in deutschen Übersetzungen heraus: L. Aragon: *Die Glocken von Basel*, H. Barbusse: *Stalin. Eine neue Welt*, A. Malraux: *Die Zeit der Verachtung* (alle übersetzt von A. Kurella) und J. Lasts Roman *Zuidersee* (Übers. H. Schulze-Wilde).

Als letztes Buch der EdC erschien im Juni 1937 Münzenbergs *Propaganda als Waffe*, eine Untersuchung der spezifischen Methoden der Nazi-Propaganda, die eine bessere propagandistische Antwort von Seiten der Kommunisten begründen sollte. Im Herbst 1937 setzte eine öffentliche Kritik an diesem Buch in Zeitschriften der KI und der KPD ein, die aus den seit 1936 entstandenen Gegensätzen innerhalb der Parteiführung der KPD (zu der Münzenberg als ZK-Mitglied gehörte) und der Leitung der KI erwuchsen und die im größeren Zusammenhang der Auseinandersetzung um die politische Strategie der Kommunisten standen. Diese Gegensätze führten auch dazu, daß B. Šmeral, Mitglied des Exekutiv-Komitees der KI, im Dez. 1936 als Emissär von Moskau nach Paris geschickt wurde mit dem Auftrag, dort die politische Arbeit zu untersuchen und speziell den Einfluß von Münzenberg zurückzudrängen. Da EdC als französischer Verlag eingetragen war und weder KPD noch KI unterstellt, war es nicht möglich, Münzenberg die Leitung zu entziehen; auf Vorschlag Šmerals wurden EdC und seinen festen Mitarbeitern die Gelder der Komintern entzogen. Ab 1938 verlagerte Münzenberg seine Editionstätigkeit auf den Verlag Sebastian Brant, in dem auch Vorhaben der EdC weitergeführt wurden; deren Breite (auch im Belletristischen) konnte nicht mehr erreicht werden.

Lit.: H. Roussel: Editeurs et publications des émigrés allemands (1933-1939), in: Les barbelés de l'éxil (Hg. G. Badia u.a.), Grenoble 1979, S. 359-417; R. Müller: Bericht des Komintern-Emissärs Bohumil Šmeral über seinen Pariser Aufenthalt 1937, in: Exilforschung, Bd. 9 (1991); C. Lawton: Les Editions du Carrefour, rappel d'une passé antérieur, in: Willi Münzenberg. Un homme contre. Colloque International 26-29 Mars 1992 Aix-en-Provence (Konferenzbd.), Marseille 1993, S. 173-175.

Silvia Schlenstedt

Eichholz, Johann Eduard Ehrenreich (Ps. Ehrenreich, Eduard)

Geb. 19. 9. 1807 in Berlin; gest. 14. 1. 1871 in Hannover

Studierte in Berlin Theologie, Philologie, Naturwissenschaft und Kunst; danach Hauslehrer und 1836/37 Probelehrer am Werder'schen Gymnasium; freier Schriftsteller; 1844 wegen seines Manuskripts *Die deutschen Zeitungen und der Communismus* verurteilt; 1844/45 Lehrer im Berliner Handwerkerverein *(Vorträge, gehalten im Berliner Handwerkerverein*, Berlin 1845, *Die Jesuiten und ihr Grundsatz: der Zweck heiligt die Mittel*, Berlin 1846); 1846 Verbot seines Buches *Schicksale eines Proletariers* (Leipzig 1846); 1848/49 Teilnahme an den revolutionären Ereignissen in Berlin; seit Dez. Redakteur zuerst der »Presse«, dann der »Zeitung für Norddeutschland«, seit 1866 der »Deutschen Volkszeitung« in Hannover; 1867 Mitglied des Konstituierenden Reichstages, in dem er die bundesstaatlich-konstitutionelle Vereinigung (welfisch-katholisch und partikularistisch) vertrat; veröffentlichte im Nov. 1867 in seiner Zeitung eine von L. Kugelmann verfaßte Rezension zum 1. Band des *Kapital* (Hamburg 1867) von K. Marx.

W. W.: Die Kämpfer der Vendée in Deutschland und Italien (N.), 1833; Eduard Elfen (R.), Berlin 1839; Aus der Residenz. Schicksale eines Fürstensohnes (R.), Breslau 1843; Was haben wir durch die Revolution verloren?, Berlin 1848; Der Entwurf des Preußischen Verfassungs-Gesetzes kritisch beleuchtet, Berlin 1848; Volks-Taschenbuch für das Jahr 1850, Altona 1850. – *Lit.:* A. Bergmann: »Eduard Elfen« und Goethes »Faust«, in: Vimariensia für Max Hecker, Weimar 1930.

Irina Hundt

Einstein, Carl

geb. 26. 4. 1885 in Neuwied; gest. 5. 7. 1940 (Selbstmord) in Lestelle-Béllarram bei Pau

Sohn eines jüdischen Religionslehrers. Banklehre in Karlsruhe; 1904/08 Studium von Philosophie, Kunstgeschichte, Geschichte, Altphilologie in Berlin; seit 1907 Aufenthalte in Paris;

Publikationen in »Die Gegenwart«, »März« und F. Pfemferts Zsn. »Der Demokrat« und »Die Aktion«. 1914 Kriegsfreiwilliger, Soldat vor Verdun, nach Verwundung zur Zivilverwaltung nach Brüssel versetzt. Kontakte zu pazifistischen Kreisen. Nov. 1918 Mitglied des Brüsseler Soldatenrates, den E. bei Verhandlungen mit belgischen Behörden vertrat. Rückkehr nach Berlin, Mitglied im Spartakusbund, aktiv im Arbeiterrat Charlottenburg. 1919 Mitarbeit an der Zs. »Die Pleite«, mit G. Grosz Herausgeber der satirischen Zs. »Der blutige Ernst«. Ab 1921 regelmäßige Kunstkritik u.a. in »Der Querschnitt«, »Das Kunstblatt«. Gab mit P. Westheim den *Europa-Almanach* (Potsdam 1925) heraus. 1926 erschien E.s erfolgreichstes Buch, *Die Kunst des 20. Jahrhunderts* (veränd. Berlin 1928; völlig überarb. Berlin 1931), das seinen internationalen Ruf als Kunsttheoretiker begründete. 1928 Übersiedlung nach Paris; gab 1928/1931 mit G. Bataille u.a. die Zs. »Documents. Doctrines. Archéologie. Beaux Arts. Ethnographie« heraus. 1931 Vorträge in Deutschland. 1934 Filmdrehbuch für J. Renoirs *Toni*; Monographie *Georges Braque* (Paris/London/New York 1934). 1935 Vortrag im Pariser ↗ SDS, sonst Distanz zur deutschen Emigration. 1936 in Barcelona Kontakte mit der Confederación Nacional del Trabajo (CNT) und der Federación Anarquista Ibérica (FAI); Milizionär der Kolonne Durruti u.a. anarchistischer Einheiten. 1939 nach Frankreich, in Argelès interniert, dann mittelos nach Paris. 1940 Internierung bei Bordeaux, auf der Flucht vor deutschen Truppen Selbstmord. Als einen » Schrittmacher der Kommenden« hat M. Herrmann-Neiße 1916 E. charakterisiert, mit dessen »Denk-Epos« *Bebuquin oder die Dilettanten des Wunders* (Berlin 1912, überarb. ebd. 1917) »eine neue Epoche der Epik« (M. Herrmann-Neiße: *Die neue Entscheidung*, Hg. K. Völker, Frankfurt a.M. 1988, S. 348/349) beginne. Im Kreis der Aktivisten um Pfemfert vertrat E. sein Prinzip der Revolte als »Gemüts- und Denkform« (*Werke*, Bd. 1, S. 122), verwarf Parlamentarismus und Kompromiß und polemisierte gegen Wissenschaftsgläubigkeit und politische Praxis der Sozialdemokratie. In Anmerkungen *Über den Roman* forderte er, statt deskriptiver Darstellungsweise das »Absurde zur Tatsache« (ebd. S. 127 und 129) zu machen. Er wollte »Bücher, welche die Handlungen stärken und organisieren« (ebd., S. 125), wandte sich aber im *Brief an Ludwig Rubiner* gegen »Geschrei und Flugblatt« (ebd., S. 236) in der expressionistischen Literatur und Kunst. Von seinem vom Kubismus bestimmten ästhetischen Konzept aus setzte er in der Studie *Negerplastik* (Leipzig 1915) »kubische Raumanschauung« und »mythische Realität« (*Werke*, Bd. 1, S. 254 und 253) afrikanischer Kunst gegen die europäische Kunstüberlieferung, gegen eine Kunst zur »Stärkung des besitzenden Bürgers« (ebd., S. 19). Nur die soziale Revolution - so in *Zur primitiven Kunst* (in: *Die Gemeinschaft*, Hg. L. Rubiner, Potsdam 1919) - könne eine künftige »Kollektivkunst« (*Werke*, Bd. 2, S. 20) in Europa herbeiführen. Während der Novemberrevolution bestimmte das »Ethos des Bolschewismus« E.s Haltung. Er trat für eine »Diktatur des Proletariats« ein (ebd., S. 54), die er als anarchistisch geprägte, rätekommunistische Alternative zu kapitalistischer Gesellschaft und bürgerlichem Parlamentarismus verstand. Die Intellektuellen sah er nicht als Führer, er rief sie auf, in der Masse zu gehen (vgl. ebd., S. 16). In der »Pleite« waren E.s Beiträge vorwiegend appellativ, im »Blutigen Ernst« aggressiv-satirisch. Im Stil der Polit-Dadaisten attackierte er die »Bürokratie des Todes« (ebd., S. 22) im Weltkrieg, das Schiebertum der Kriegs- und Nachkriegszeit (*Freie Bahn dem Tüchtigen*, in: ebd., S. 34) und die nachrevolutionäre Gesellschaft, in der »Demokratie, Reformsozialismus und Kaiserei« sich im Zeichen des Antibolschewismus »bequem verschwägern« (ebd., S. 44). Höhe- und Krisenpunkt seiner Revue der »abgetriebenen Revolution« (*Über Deutschland*, ebd. S. 200) wurde das satirische Porträt des Typus *Schulze* (in: »Der blutige Ernst«, 1919, H. 6), einer Inkarnation des bürgerlichen Besitzfetischismus. Nach dem Scheitern der Revolution und des Dadaismus wurde E. seine Bindung an die KPD fragwürdig, weil er »keine fertigen parolen« ertrug und »im rationalen kommunism ... nur eine fortsetzung des rationalen kapitalism« (K. H. Kiefer: *Avantgarde - Weltkrieg - Exil. Materialien zu Carl Einstein und Salomo Friedlaender/ Mynona*, Frankfurt a. M. 1986, S. 21/22) zu erkennen vermochte. Sein Jesus-Drama *Die schlimme Botschaft* (Berlin 1921) versetzt die Passionsgeschichte in die Gegenwart, macht Jesus zum radikalen anarchistischen Kritiker der Bürgerwelt und läßt seine Lehre in die Zwickmühle zwischen Verfälschung als bürgerliche Herrschaftsideologie und kommunistische Parteipolitik geraten. Nur in 200 Ex. verkauft, erregte es 1922 Aufmerksamkeit durch einen Gotteslästerungsprozeß (vgl. H. H. Houben: *Verbotene Literatur*, Bd. 1, Berlin 1924, S. 137-174) und anschließende Beschlagnahme. In seinen kunstkritischen und -theoretischen Arbeiten entwarf E. vom absolut gesetzten Maßstab des Kubismus aus ein kritisches Panorama der künstlerischen Avantgarde. Die Frage, ob »Gegenstände abzubilden seien, oder freie Bildgestalten erfunden werden sollen«, beantwortete er, es gehe um Bilden, nicht um Abbilden. Dadurch werde Kunst »notwendig Kritik der Anschauung und der Erbschaft« (*Die Kunst des 20. Jahrhunderts*, Hg. T. Frank, Leipzig 1988, S. 73/75). Der Mensch sei nicht mehr Spiegel, sondern »Möglichkeit des Künftigen« (ebd., S. 129), nicht mehr »stabiler Typus, sondern ein Bündel schwer übersehbarer Vorgänge« (ebd. S. 167). Damit näherte sich E. in Paris dem Surrealismus. Mit der »Wendung zur halluzinativen Kunst« setze der Künstler »Bezirke des Traums und des Unbewußten« gegen die Zensur der Vernunft und Rationalität frei (ebd., S. 164-168). Kritisch ist E.s Resümee

Für die »Aktion« gezeichnet von Max Oppenheimer

der illustrativen Zeitkunst, die er als Zeugnis, nicht aber als selbständige Schöpfung (ebd., S. 207) wertet. Daß selbst der »zeichnende Propagandist des Proletariats« Grosz »die Zufriedenheit der verspotteten Objekte« (ebd., S. 253) erregt, führt zur Frage, ob Kunst, die aktuelle Motive konventionell verarbeitet, nicht »letzten Endes reaktionär« (ebd., S. 257) sei. Tieferer Sinn des Realismus sei Neubilden eines »konkret Wirklichen«, die »Verwandlung und Neubildung der Welt durch den Menschen« (ebd., S. 302). Goethes Einfluß auf die deutsche Dichtung hielt E. für verhängnisvoll, weil sein Weltbild die Realität rechtfertige und sein Klassizismus Flucht vor der Gegenwart bedeute. Indem A. Lunatscharski solchen Klassizismus rechtfertige, sei er »Vertreter eines akademischen reaktionären Sozialismus«. Ihm hält E. mit Berufung auf die Marxsche Theorie entgegen, »die intellektuelle Struktur« sei »Folge oder Korrelat der wirtschaftlichen Bedingungen«; erst eine durch Revolution erneuerte Gesellschaft werde eine »revolutionäre Kultur und einen neuen Menschentyp hervorbringen« (*Nachruf: 1832-1932*, in: *Werke*, Bd. 3, S. 124). Diese Überzeugung wurde im theoretischen Spätwerk *Die Fabrikation der Fiktionen* (Hg. S. Penkert, Reinbek 1973) zum Ausgangspunkt einer – eigene Postulate nicht aussparenden – vernichtenden Kritik der sozialen Rolle der Intellektuellen und der modernen Kunst in der bürgerlichen Gesellschaft. Als deutschschreibender Jude in Frankreich, dessen Dichtung nicht in Zusammenhang mit zeitgleicher deutscher Literatur stand, fühlte sich E. isoliert und glaubte nicht mehr, durch künstlerische Aktivität gesellschaftliche Veränderungen bewirken zu können. Aber er ergriff die Chance, in Spanien unter »syndikalistischen Kommunisten«, in der Gemeinschaft der Milizen an der »Verwirklichung eines sozialen Ideals« teilzunehmen, das »gerade die maximale Durchbildung der proletarischen Individualität« (*Die Kolonne Durruti*, in: *Werke*, Bd. 3, S. 461/62) versprach. Der Krieg der spanischen Arbeiter und Bauern gegen die meuternden Generäle war für ihn »mit der Revolution identisch«, die er in den »syndikalistischen Dorfgemeinschaften« (*Die Front von Aragon*, in: ebd., S. 462) auf dem Wege sah und gegen »demokratisch-volksfrontliche« (ebd., S. 66) Bemühungen verteidigte, die soziale Revolution abklingen zu lassen.

W. W.: Laurenz oder Schweißfuß klagt gegen Pfurz in trüber Nacht, Hg. W. Huder, Berlin 1971. – *Ausg.:* Werke, Bd. 1, Hg. R.-P. Baacke, Berlin 1980; Bd. 2, Hg. M. Schmid, Berlin 1981; Bd. 3, Hg. M. Schmid und L. Meffre, Berlin 1985; Band 4 (Nachlaß I), Hg. H. Haarmann und K. Siebenhaar, Berlin 1992. – *Lit.:* S. Penkert: Carl Einstein (mit Bibl.), Göttingen 1969; Ch. Braun: Carl Einstein. Zwischen Ästhetik und Anarchismus, München 1987; Carl Einstein (mit Bibl.), Text und Kritik, 1987, H. 95; K. H. Kiefer: Diskurswandel im Werk Carl Einsteins, Tübingen 1994.

Dieter Schiller

Eisner, Kurt (Ps.: Reinhard Fern, M. Verus, R. Sylvester, David August Sinnig, Sperans, Jocosus, Tat-twam, Houyhnhnm)
Geb. 14. 5. 1867 in Berlin; ermordet 21. 2. 1919 in München

Sohn eines aus Böhmen zugewanderten jüdischen Gerbers und Geschäftsmann, der 1873 sein Vermögen verlor. 1886 an der Universität Berlin Vorlesungen u.a. bei H. von Treitschke, A. Lasson, F. Paulsen sowie den Literarhistorikern L. Geiger, R. M. Meyer und E. Schmidt, von dem E. ein Dissertationsthema zu A. von Arnim erhielt; 1890 vor Abschluß aus Geldnot Abbruch des Studiums; 1890/91 journalistisch tätig im Berliner Depeschenbüro »Herold«; veröffentlichte erstes Buch, eine kritische Auseinandersetzung mit dem einsetzenden Nietzsche-Epigonentum: *Psychopathia spiritualis. Friedrich Nietzsche und die Apostel der Zukunft* (Leipzig 1892); 1891/93 Nachtredakteur und Lokalreporter der liberalen »Frankfurter Zeitung«. Mitarbeit an Zsn. »Die Neue Welt«,

»Deutsche Roman-Zeitung«, »Das Magazin für Literatur«, »Kleine Presse« u.a. «; 1893/97 politischer Redakteur der von P. Bader gegründeten »Hessischen Landeszeitung« in Marburg und Gasthörer der dortigen Universität, vor allem des Neukantianers H. Cohen; E.s Ruf als kritischer Publizist von ironisch-satirischer Virtuosität begründeten besonders die 1896/97 in der Berliner Wochen-Zs. »Die Kritik« veröffentlichten *Provinzialbriefe*, deren 25., die satirische Parabel *Ein undiplomatischer Neujahrsempfang* (2. 1. 1897), die Wilhelminische Justiz zum Anlaß nahm, E. zu neun Monaten Gefängnis in Plötzensee zu verurteilen (1. 11. 1897/1. 8. 1898); nach der Haft von W. Liebknecht in die Redaktion des »Vorwärts« berufen, am 1. 12. 1898 Eintritt in die SPD; ab 1900 führend in der Leitung des »Vorwärts«; dort setzte sich E. für die Qualität literarischer Beiträge und den Ausbau des außenpolitischen Teils ein; im »Vorwärts-Konflikt« 1905 aus der Redaktion ausgeschlossen; 1906/14 Herausgabe des »Arbeiter-Feuilletons«; 1907/10 leitender Redakteur der sozialdemokratischen »Fränkischen Tagespost« in Nürnberg; 1908 Erwerb der bayrischen Staatsbürgerschaft; 1910/14 politischer Redakteur und Parlamentsberichterstatter bei der sozialdemokratischen »Münchner Post«, 1914/17 deren Theaterkritiker; nach anfänglicher Befürwortung der Kriegskredite ab Herbst 1914 publizistische Agitation gegen die deutsche Kriegspolitik; 1916/18 private Diskussionsabende mit Kriegsgegnern unterschiedlicher politischer und weltanschaulicher Herkunft (u.a. W. Herzog, G. Landauer, E. Jaffé, F. W. Foerster, H. Mann, F. Fechenbach); Ostern 1917 Teilnahme am Gründungsparteitag der USPD; 1917/18 in Berlin Mitorganisator von Massenstreiks; Jan. 1918 Leitung des Massenstreiks in München; 4. 2./14. 10. 1918 Untersuchungshaft in Neudeck und München-Stadelheim, danach Vorbereitung revolutionärer Aktionen; nach Bildung eines Arbeiter-, Soldaten- und Bauernrats und Ausrufung des »Freistaats Bayern« dessen erster Ministerpräsident; vor seiner beabsichtigten Demission am 21. 2. 1919 durch den deutschen Armeeoffizier A. A. Graf von Arco-Valley auf offener Straße erschossen.

Der Entwicklungsweg, der E. vom frühen Leitbild eines synkretistischen »Sozialismus« 1898 schließlich zum Marxismus und in die SPD führte, war für ihn Konsequenz aus mehreren Prämissen: der eigenen Sozialerfahrung deklassierten Kleinbürgertums und antisemitischen Umweltdrucks, der politischen Entscheidung für radikal demokratische Prinzipien, dem kritischen Engagement für die Kunst der zeitgenössischen Moderne, nicht zuletzt aus dem Bestreben nach einer produktiven Aufhebung des Erbes der klassischen deutschen Philosophie und Literatur. Anders als für gleichaltrige Intellektuelle gleicher Provenienz wie z.B. P. Ernst war für E. diese Orientierung eine Lebensentscheidung. Sie fand Ausdruck in der Überzeugung, daß das Ziel individueller und menschheitlicher Emanzipation nicht außerhalb, sondern nur mit und innerhalb der organisierten Arbeiterbewegung moralisch erstrebenswert und politisch erreichbar sei. – E.s reiches und vielfältiges politisches, publizistisches und literarisches Wirken und Werk ist unter Einordnungsangebote wie »Revisionismus«, »Reformismus«, »ethischer« oder »libertärer Sozialismus« nicht angemessen zu subsumieren. Es handelt sich bei ihm – politisch wie theoretisch – stets um Problemlösungsbeiträge in jeweils konkreten Situationen. Viele dieser Beiträge haben eine weit über ihre Entstehungszeit hinausreichende Bedeutung für die Entwicklung des marxistischen Denkens, so etwa auf kulturtheoretischem und -politischem Gebiet die Stellungnahme des Noch-nicht-Sozialdemokraten E. zur ↗ »Naturalismus-Debatte« (*Parteikunst*, 1896) ebenso wie 1913 im Anschluß an die »Tendenzkunst-Debatte« die bahnbrechenden Einsichten in *Karl Marx' Kunstauffassung*. In seiner kulturpolitischen Konzeption wie in der praktischen Kultur- und Aufklärungsarbeit bestand E. darauf, daß die Sozialdemokratie ihren theoretischen Anspruch, Erbin der besten Traditionen der National- und Weltkultur zu sein, bereits innerhalb des kapitalistischen Systems betreiben müsse, und zwar als lebensgestaltenden und willensformenden Bildungsprozeß in Opposition zu den Statussymbolen bürgerlichen Bildungsbesitzes. Daß E. bei der Aneignung des philosophischen und literarischen Erbes die »tätige Seite« der »praktischen Vernunft« nachdrücklich betonte, besagt nicht, daß er die Bedeutung ökonomischer Determinanten verkannt hätte. Nur bedeutete für ihn Freiheit auch revolutionäre Anleitung zu einem Handeln, das von den Normen, die für die kapitalistische Wirtschafts- und Sozialordnung konstitutiv sind, auch ethisch unterscheidbar wäre. Deswegen hat E., als er in der Untersuchungshaft seine *Gesammelten Schriften* (2 Bde., Berlin 1919) zusammenstellte und kommentierte, die theoretische und zeitgeschichtliche Priorität seiner bereits 1908, vor allem im Aufsatz *Kommunismus des Geistes*, aufgestellten Forderung betont, die »Trennung der Intellektuellen von der aufsteigenden Klasse« (ebd., Bd. 2, S. 23) durch wechselseitige »Annäherung« im Geiste »gegenseitigen Vertrauens und gegenseitiger Bildung« zu überwinden, noch bevor im linksbürgerlichen Aktivismus der Kriegsjahre das »Modewort vom tätigen Geist« (ebd., S. 25 und 26) aufgekommen sei. Viele der kultur- und massenpolitischen ›Volksfrontprobleme‹, die sich im antifaschistischen Kampf der 30er Jahre abermals stellten, sind bereits früh von E. bedacht und während seiner hunderttägigen Regierungszeit zu lösen versucht worden (Konstituierung des Politischen Rats geistiger Arbeiter Münchens am 13. 11. 1918 unter aktiver Mitwirkung H. Manns). Achtung und Ansehen, die E. bei vielen, nicht nur linksbürgerlichen Autoren bis hin zu R. M. Rilke genoß, gründeten sich nicht nur auf eine persönliche und politisch-

Kurt Eisner

moralische Integrität, auf seine umfassende Erudition, die ihn auch für die *Weltliteratur der Gegenwart* (Titel einer Vortragsreihe von 1917) stets aufgeschlossen sein ließ, sondern nicht zuletzt auf seinen eigenen schriftstellerischen Rang, der sich keineswegs in dem Ruf erschöpfte, der beste Feuilletonist der sozialistischen Presse zu sein. Innerhalb eines umfangreichen und vielgestaltigen literarischen Gesamtwerks, das in wesentlichen Teilen nicht nur zeitgeschichtlichen Stellenwert, sondern auch künstlerischen Eigenwert besitzt, ist vor allem E.s Leistung auf dem Gebiet der Polemik und Prosasatire hervorzuheben. Von den frühen *Provinzialbriefen* bis zu den sarkastischen Glossen und Dialogen der Weltkriegsjahre verläuft eine kontinuierliche Entwicklungslinie von Werken, in denen eine Synthese von Kunst- und Kampfform realisiert ist.

W. W.: Wilhelm Liebknecht. Sein Leben und Wirken, Berlin 1900; Taggeist (ges. Aufse. 1889-1901), Berlin 1901; Der Sozialismus und die Jugend, Basel 1919; Die Götterprüfung. Eine weltgeschichtliche Posse in fünf Akten, Berlin 1920 - *Ausg.:* Wachsen und Werden (Aphorismen, Ge., Tgb.-Blätter, dram. Bruchstücke, Prosa), Leipzig 1926; Welt werde froh! Ein Kurt Eisner Buch, Hg. Büchergilde Gutenberg, Nachw. E. Knauf, Berlin 1930; Die halbe Macht den Räten (ausgew. Aufse. und Reden), Hg. R. und G. Schmolze, Köln 1969;

Sozialismus als Aktion (ausgew. Aufse. und Reden), Frankfurt a.M. 1975. – *Lit.:* H. Mann: Kurt Eisner. Gedenkrede, in: Macht und Mensch, München 1919; W. Hausenstein: Erinnerung an Eisner, in: Zeiten und Bilder, München 1920; F. Fechenbach: Der Revolutionär Kurt Eisner, Berlin 1929; F. Schade: Kurt Eisner und die bayrische Sozialdemokratie, Hannover 1961; A. Laschitza: Kurt Eisner. Kriegsgegner und Feind der Reaktion, in: BzG 1967, H. 3.

Kurt Krolop

El Libro Libre (Das Freie Buch) (ELL)

Deutscher antifaschistischer Exilverlag in Mexiko, Mai 1942/Mai 1946. Die Initiative zu seiner Gründung ging von Schriftstellern aus, die in Mexiko Asyl gefunden hatten und dort der Exilorganisation der KPD, der Bewegung Freies Deutschland und dem Heinrich-Heine-Klub angehörten. ELL publizierte 26 Titel: 22 in deutscher (Gesamtaufl. 36 000 Ex.) und 4 in spanischer Sprache (18 000 Ex.) – für den kleinen Exilverlag eine beachtliche Leistung. Vier Publikationen waren Protokolle oder Sammelbände. Die meisten Autoren der anderen Bücher (15 Titel) lebten in Mexiko. Vier Bücher kamen von deutschen Autoren in den USA (L. Feuchtwanger, B. Frank, H. Mann und F. C. Weiskopf), je ein Manuskript kam aus der Sowjetunion (Th. Plievier) und aus England (E. Sommer); ein Autor war Mexikaner. Alle Verlagstitel waren Erstausgaben, manche Texte jedoch zuvor in englischer Übersetzung erschienen.

Die Verlagsgründung wurde am 9. Mai 1942 auf einer Kundgebung für die freie deutsche Literatur im Palacio de Bellas Artes in Mexiko-Stadt bekanntgegeben. Neben mexikanischen Autoren sprachen L. Renn, A. Seghers, B. Frei und P. Neruda. ELL erklärte sich zur Selbsthilfeaktion deutscher Schriftsteller, die auf diese Weise fern von Deutschland und den Fronten des Krieges am Kampf gegen den Faschismus teilnehmen wollten. Verlagsleiter wurde

Walter Janka, geb. 29. 4. 1914 in Chemnitz, gest. 17. 3. 1994 in Berlin. Gelernter Typograph. Wurde 1930 Mitglied der KPD. Nach zwei Jahren Gefängnis und Konzentrationslager 1935 Ausweisung aus Deutschland. Über die ČSR begab sich J. 1936 nach Spanien, wo er, befördert bis zum Major, in der republikanischen Armee kämpfte. Nach Internierung in Frankreich (32 Monate), u.a. in Le Vernet, im Dez. 1941 nach Mexiko. Publizistisch tätig, u.a. *Buch und Verlag im kommenden Deutschland* (in: »Freies Deutschland«, März 1945). Frühjahr 1947 Rückkehr ins östliche Deutschland. Generaldirektor der DEFA, ab Anfang 1952 Leiter des Aufbau-Verlages. Ende 1956 verhaftet, 1957 im zweiten Prozeß gegen die »Harich-Janka-Gruppe« zu 5 Jahren Zuchthaus verurteilt. Nach Freilassung Dez. 1960 lebte er weiter in der DDR.

Ihm zur Seite stand ein Schriftstellerkuratorium, dem angehörten: Renn, A. Simone, Seghers, B. Uhse, E. E. Kisch, später auch A. Abusch, P. Merker und L. Katz. Lizenzträger von

ELL war der Mexikaner Antonio Castro Leal, Sekretärin Magda Stern. Das Lektorat leitete

Paul Mayer, geb. 1. 11. 1889 in Köln; gest. 6. 3. 1970 in Zürich. Dr. jur., Feb. 1919/Apr. 1939 Lektor im Rowohlt-Verlag, bis er als Jude entlassen wurde. Emigration nach Mexiko zu Verwandten. Als parteiloser Antifaschist Mitglied der Bewegung Freies Deutschland, Vorstandsmitglied des Heinrich-Heine-Klubs. Sein Gedichtband *Exil* (Mexiko 1944) enthält Verse schmerzlicher Klage über Leid und Zerstörung, die der Faschismus in viele Länder bringt, tiefer Trauer um ermordete Menschen, aber auch der Beschwörung an die Deutschen zur Selbstbefreiung und Hoffnung auf eine freie Zukunft.

Der Verlag begann seine Arbeit ohne jedes Geschäftskapital und finanzierte die ersten Editionen durch Bestellung mit Vorauszahlung, mit Subskriptionen, durch Spendenaktionen und Schriftstellerlesungen für USA-Touristen in Mexiko. ELL zahlte anfangs keine, später nur Anerkennungshonorare. Die Verlagsmitarbeiter lebten von Solidaritätszuwendungen des Joint Antifascist Refugee Committee in New York (Barsky-Komitee), das aus dem Hilfskomitee für das republikanische Spanien hervorgegangen war. Durch Vermittlung von Castro Leal erhielt ELL Steuerbefreiung. Die ursprüngliche Absicht, nur Bücher in deutscher Sprache herauszugeben, wurde fallengelassen, als Mexikos Staatspräsident Manuel Avila Camacho am 24. Juli 1942 eine Schriftstellerdelegation des Verlages empfing und seine Unterstützung (Übernahme der Druckkosten) für ein von Simone vorgeschlagenes Buch zur Aufklärung der Lateinamerikaner über den deutschen Faschismus (*Schwarzbuch über den Naziterror in Europa*) zusagte.

In chronologischer Reihenfolge erschienen bei ELL: 1942: Kisch: *Marktplatz der Sensationen*; Feuchtwanger: *Unholdes Frankreich*, mit einem Vorw. von Renn; Th. Balk: *Führer durch Sowjetkrieg und Frieden*, Nachw. P. Merker. 1943: Seghers: *Das siebte Kreuz*; Merker: *Was wird aus Deutschland? Das Hitlerregime auf dem Wege zum Abgrund*; *El Libro Negro del Terror Nazi en Europa. Testimonios de escritores y artistas de 16 naciones* (*Schwarzbuch über den Naziterror in Europa. Zeugnisse von Schriftstellern und Künstlern aus 16 Nationen*, mit 50 Zeichnung und 164 Fotos); B. Frank: *Die Tochter*; Simone: *La Batalla de Rusia* (*Die Schlacht von Rußland*); Balk: *Das verlorene Manuskript*; *Unser Kampf gegen Hitler. Protokoll des Ersten Landeskongresses der Bewegung »Freies Deutschland« in Mexiko*; H. Mann: *Lidice*. 1944: Uhse: *Leutnant Bertram*; L. Katz: *Die Totenjäger*; *El Ejército Alemán – tal como es. Diarios de oficiales y soldados alemanes* (*Die deutsche Armee – wie sie wirklich ist. Tagebücher deutscher Offiziere und Soldaten*); Merker: *Deutschland – Sein oder Nicht Sein?* 1. Bd.: *Von Weimar zu Hitler*; V. Lombardo Toledano: *Johann Wolfgang von Goethe*, Übersetzung aus dem Spanischen von Uhse; Weiskopf: *Vor einem neuen Tag*; P. Mayer:

Exil; Merker: *La caída de la República alemana. El Camino de Hitler al Poder* (*Der Untergang der deutschen Republik. Hitlers Weg zur Macht*, Vorw. von Lombardo Toledano, Übersetzung: M. Andujar); Renn: *Adel im Untergang; Deutsche, wohin? Protokoll der Gründungsversammlung des National-Komitees Freies Deutschland und des Deutschen Offiziersbundes*, Vorw.: Merker, A. Vieth von Golßenau (Renn); Sommer: *Revolte der Heiligen*. 1945: Kisch: *Entdeckungen in Mexiko*; Merker: *Deutschland – Sein oder Nicht Sein?* 2. Bd.: *Das 3. Reich und sein Ende;* Abusch: *Der Irrweg einer Nation*. 1946: Plievier: *Stalingrad*.

Etwa die Hälfte der Verlagserzeugnisse von ELL gewann bleibende literarische Bedeutung. Die größte zeitgenössische Wirkung – von *Das siebte Kreuz* abgesehen, dessen Welterfolg mit der Massenauflage in englischer Übersetzung begann – hatte das *Schwarzbuch über den Nazi-Terror* und den antifaschistischen Widerstand. Es wurde unter der Leitung von Simone zu einem während des II. Weltkrieges einmaligen Gemeinschaftswerk deutscher Schriftsteller mit Autoren aus Ländern, die der deutschen faschistischen Aggression ausgesetzt waren (u. a. J. Wittlin, P. von Paassen, M. Scholochow, A. Tolstoi und L. Leonow).

Der Vertrieb der ELL-Bücher war unter den Bedingungen des weltumspannenden Krieges schwierig, er war abhängig vom Funktionieren der Postverbindungen, von Entscheidungen alliierter Kontrollbehörden und den innenpolitischen Verhältnissen einzelner Länder. Verbreitung fanden die Bücher des Verlages vor allem im Mexiko, in den USA und in Kanada, mit Einschränkungen in Südamerika. Ab 1943 gelang die Lieferung nach Großbritannien, Palästina und Südafrika. Exemplare aller Verlagstitel erreichten auch die Sowjetunion. Bücher von ELL gelangten bis 1946 in 24 Länder. In der Endphase des Krieges und nach Kriegsende erhielten sie einen neuen Leserkreis: deutsche Kriegsgefangene in den Lagern der westlichen Alliierten in den USA, in Nordafrika und in Frankreich. So ermöglichte ELL vielen Deutschen die erste Begegnung mit antifaschistischer Literatur.

Lit.: W. Kießling: Alemania Libre in Mexiko, Bd. 1: Ein Beitrag zur Geschichte des antifaschistischen Exils (1941-1946), Bd. 2: Texte und Dokumente zur Geschichte des antifaschistischen Exils (1941-1946), Berlin 1974; Exil, Bd. 4, 2. Aufl. 1984.

Wolfgang Kießling

Engels, Friedrich (Ps. Friedrich Oswald)

Geb. 28. 11. 1820 in Barmen; gest. 5. 8. 1895 in London

»Parteischriftsteller« (MEW, Bd. 4, S. 315). Gemeinsam mit K. Marx arbeitete E. als materialistischer Aufklärer am Sturz des Kapitalismus durch die proletarische Revolution. Er suchte »Selbstbewußtsein, Selbstvertrauen der Klasse« (MEW, Bd. 39, S. 30) freizusetzen, damit das Proletariat die ökonomischen und mit diesen alle anderen sozialen Verhältnisse gezielt umzuwälzen vermochte. Seine Urteile über Literatur im engeren Sinn bildeten einen Teil dieser Arbeit; eine Ästhetik oder Literaturgeschichte hat E. weder verfaßt, noch läßt sie sich allein aus seinem und K. Marx' Werk konstruieren. In E.' Jugendzeit glühte es in seinem »bis weilen besoffenen Kopfe ganz ausnehmend« (MEGA, Bd. III/1, S. 171). Im großbürgerlichen Elternhaus pietistisch erzogen, interessierte er sich für die kritische Theologie von D. F. Strauß, für J. Böhme und F. Schleiermacher, bald aber vor allem für zeitgenössische Schriftsteller (L. Börne, K. Beck, F. Freiligrath, K. Gutzkow, H. Heine, A. von Platen) und wurde in der Opposition gegen das Deutschland der Heiligen Allianz »einer von den kecken Vögeln, die in dem Äthermeer der Freiheit segeln« (ebd., Bd. I/3, S. 121). Bis Mitte 1842 schwebte ihm eine schriftstellerische Existenz vor. Von jungdeutscher Literaturauffassung zeugen Gedichte, Prosa und der Entwurf zu einem Rienzi-Drama. Aufmerksamkeit für soziale Erscheinungen sprach sich vor allem in Reisebildern aus (*Briefe aus dem Wuppertal*, in: »Telegraph für Deutschland«, Hamburg März/April 1839). 1842 polemisierte E., inzwischen linker Junghegelianer, gegen die Berliner Vorlesungen F. W. J. Schellings sowie A. Jungs *Vorlesungen über die moderne Literatur der Deutschen* (»Deutsche Jahrbücher«, Nr. 160-162, Leipzig 1842), schrieb in der »Rheinischen Zeitung«, und es geriet erstmals »ein schwarzer Kerl aus Trier, ein markhaft Ungethüm« in sein Blickfeld (*Die frech bedräute, jedoch wunderbar befreite Bibel. Christliches Heldengedicht*, verfaßt mit E. Bauer, Neumünster bei Zürich 1842; MEGA, Bd. I/3, S. 408). Während des England-Aufenthalts 1842/44 erlebte E. konkret die *Lage der arbeitenden Klasse in England* (Artikel in der »Rheinischen Zeitung«, Köln 25. 12. 1842, ausgebaut zum Buch: Leipzig 1845; *Umrisse zu einer Kritik der Nationalökonomie*, in: »Deutsch-Französische Jahrbücher«, Paris 1844). Diese praktische Erfahrung prägte sein gesamtes weiteres Denken und Leben. Er verarbeitete sie im Bekenntnis zum Kommunismus, für den er lebenslang den ganzheitlichen Anspruch erhob, »die alte Arbeitsteilung« aufzuheben (MEGA, Bd. I/27, S. 480), und in dem Bemühen, diesen durch die proletarische Revolution möglichst schnell Wirklichkeit werden zu lassen. Unter seinen Freunden in England war G.

Weerth. Den zweiten Lebensabschnitt prägte umstürzlerische Ungeduld. Als »freche Teufel« (MEW, Bd. 36, S. 34) schürten Marx und E. das revolutionäre Feuer. E. tat sich als Polemiker und Redner hervor, schrieb in der englischen Chartistenpresse (für die er 1844 Heines *Schlesische Weber* ins Englische übersetzte), wirkte im BdK und im Kommunistischen Korrespondenz-Büro und riet allen deutschen Poeten von Talent, bis zum Beginn der Revolution einstweilen »auszuwandern in zivilisierte Länder« (MEW, Bd. 4, S. 222). Ende 1847 konzipierte er als unmittelbares Aktionsprogramm das *Manifest der Kommunistischen Partei* (London 1848). Die Revolution von 1848 brachte ihn letztmalig für eine längere Zeit nach Deutschland zurück. Er wurde einer der wichtigsten Mitarbeiter der »Neuen Rheinischen Zeitung« und griff, als das Scheitern der Revolution sich abzeichnete, Mai/Juli 1849 als Adjutant im Willichschen Freikorps selbst zu den Waffen. Gefestigt waren seit dieser Zeit die Kritik an der Auffassung, daß der Kommunismus »eine Sache der Menschheit« sei (»dies ist in abstraktem Sinn richtig, aber in der Praxis meist schlimmer als nutzlos«; MEW, Bd. 2, S. 505 und 641), sowie der prinzipielle Zweifel am Sinn von Reformen, die das Kapitalverhältnis nicht antasteten. Die auf das Scheitern der großen Erwartung folgende dritte Lebensphase war bestimmt vom Fehlen einer lebendigen proletarischen Bewegung. Illusionslos die Feststellung: »Wir sind von jetzt an nur noch für uns selbst verantwortlich ... Was soll uns ... eine ›Partei‹, d. h. eine Bande von Eseln, die auf uns schwört, weil sie uns für ihres Gleichen hält?« (MEGA, Bd. III/4, S. 41 f.) Als Angestellter in der Filiale der väterlichen Textilfabrik in Manchester suchte E. das Beste aus der nachrevolutionären Situation zu machen, indem er Marx das Schreiben der »dicken Bücher« (ebd., S. 42) zur Kapitalismusanalyse abverlangte, die ihm jetzt am dringlichsten schienen, und ihn durch Zeitungs- und Lexikonartikel, die unter Marx' Namen erschienen, sowie regelmäßige Geldsendungen unterstützte. E. selbst interessierte sich für Militärfragen, kam aber wenig zum »Ochsen« (MEGA, Bd. III/6, S. 154), konstatierte die »Effektlosigkeit« der »Emigrantenliteratur« (MEW, Bd. 30, S. 92) und gelegentlich auch, daß er »viel zuviel gebummelt« habe (MEW, Bd. 29, S. 100). Die ersten Anzeichen für einen Neubeginn der Arbeiterbewegung registrierte E. 1864 sofort, und es begann eine vierte Lebensphase, in der er als Journalist und Propagandist das politische Bewußtsein der deutschen Sozialdemokratie zu schärfen suchte, nach Befreiung aus dem väterlichen Geschäft und Übersiedlung nach London 1870/72 in der I. Internationale tätig wurde und 1873 mit der Arbeit an einer »Naturanschauung« (MEW, Bd. 33, S. 120) begann, die der Marxschen Kapitalismusanalyse an die Seite treten sollte. In der letzten Lebensphase nach dem Tod von Marx 1883 gab E., überzeugt vom Einmaligen des Marxschen Genies, die eigenen großen

Vorhaben auf, um die ökonomischen Manuskripte des Freundes herauszugeben und das Geschichtsbewußtsein der Arbeiterbewegung durch die kommentierte Herausgabe Marxscher und eigener Arbeiten – darunter erstmals der *Feuerbachthesen* (Anhang zu: *Ludwig Feuerbach und der Ausgang der klassischen deutschen Philosophie*, Stuttgart 1888) und der *Kritik des Gothaer Programms* (in: »Neue Zeit«, Nr. 18, Bd. 1, Stuttgart 1890/91) – zu stärken: »Mir scheint, daß es absolut nötig ist, daß die Partei ihre eigne Vergangenheit ... kritisiert und dadurch das Bessermachen lernt« (MEW, Bd. 38, S. 510). Dazu gehörten Bemühungen, die Leistungen von Veteranen der Arbeiterbewegung (Weerth, J. Ph. Becker) bekannt zu machen. Es schien ihm wichtig, daß in der Arbeiterbewegung »die Lokalgrößen und die kleinen Talente, wo nicht die Schwindler,« keine freie Hand bekamen, »die Umwege, die temporären und lokalen Verirrungen« nicht allzusehr anwuchsen (MEW, Bd. 35, S. 460 f.). A. Bebels Vorschlag, nach Deutschland überzusiedeln, lehnte er ab, um »Ruhe für theoretisches Weiterarbeiten« (MEW, Bd. 36, S. 21) zu behalten. Die Entwicklung der Arbeiterbewegung verfolgte und beeinflußte er aber durch eine intensive Korrespondenz und zahlreiche Gespräche mit Parteivertretern. Bei seiner letzten Reise auf den europäischen Kontinent wurde E. 1893 auf dem Züricher Internationale-Kongreß, in Wien und Berlin als Vorkämpfer und Repräsentant der internationalen Arbeiterbewegung gefeiert.

Zur Kultur der deutschen Arbeiterbewegung hat E. vier theoretisch und praktisch wesentliche Beiträge geleistet.

1. Bestimmungen des Verhältnisses von ökonomischen und ideologischen Formen. Der frühe E. war überzeugt von der Allmacht der Idee. 1842 schrieb er gegen Schelling: »Alle Philosophie hat es sich bisher zur Aufgabe gestellt, die Welt als vernünftig zu begreifen ... Es kommt aber darauf an, daß der Gedanke sich bewähre durch seine innere Kraft, sich zu verwirklichen« (MEGA, Bd. I/3, S. 313, 276, 282). Form und revolutionärer Elan waren schon die der Marxschen 11. Feuerbachthese; Kern der erstrebten Veränderung aber war noch der Gedanke, nicht die Welt. Die englische Erfahrung stieß E. zum Materialismus: »Wir müssen vom Ich, vom empirischen, leibhaftigen Individuum ausgehen« (MEGA, Bd. III/1, S. 252), formulierte er auf dem Weg dorthin im Nov. 1844. Die ein Jahr darauf mit Marx erarbeitete Geschichtsauffassung erklärte »die Ideenformationen aus der materiellen Praxis und kommt demgemäß auch zu dem Resultat, daß alle Formen und Produkte des Bewußtseins ... nur durch den praktischen Umsturz der realen gesellschaftlichen Verhältnisse ... aufgelöst werden können« (MEW, Bd. 3, S. 38). Zugleich wurde als Resultat der Teilung von materieller und geistiger Arbeit die »Bildung der ›reinen‹ Theorie, Theologie, Philosophie, Moral etc.« benannt (ebd., S. 31). Mit der gesamten *Deutschen*

Sept. 1893 in der Nähe von Zürich. Von links: Bebels Schwiegersohn Dr. Simon, Tochter Frieda, C. Zetkin, F. Engels, Julie B., Stiefsohn von E. Bernstein und dessen Frau, E. Bernstein, A. Bebel

Ideologie (e. 1845/46) wurden diese komplexen Bestimmungen erst 1932 veröffentlicht (Marx/Engels: *Historisch-Kritische Gesamtausgabe. Werke, Schriften, Briefe*, Abt. I, Bd. 5, Berlin). Bis zur 48er Revolution aktivierte E. aus ihnen vor allem den revolutionären Imperativ. Die anschließende Präzisierung des Praxisbegriffs durch die ökonomisch-historische Analyse war das Werk von Marx. E. rechnete sich in der Folge zu jenen, »die den Sozialismus in letzter Instanz nicht als Schlußfolgerung aus irgendwelchen Ideen oder Prinzipien, wie Gerechtigkeit etc., auffassen, sondern als ideelles Produkt eines materiell-ökonomischen Prozesses« (MEW, Bd. 34, S. 379f.). Seine Überzeugung vertiefte sich, daß mit der Umwälzung der Produktionsverhältnisse auch alle anderen Tätigkeitsbereiche der Menschen neu gestaltet werden könnten. In diesem Zusammenhang entstand z.B. die Feststellung, »Freiheit des Willens« sei »nichts andres als die Fähigkeit, mit Sachkenntniß entscheiden zu können« (MEGA, Bd. I/27, S. 312). Die relative Eigenständigkeit der ideologischen Bereiche trat demgegenüber lange in den Hintergrund. In den Analysen aktueller politischer Vorgänge gab es aber keine Anklänge an vulgärökonomische Ableitungen. Erst in *Ludwig Feuerbach und der Ausgang der klassischen deutschen Philosophie* sowie in einer Reihe später, z.T. noch vor der Jahrhundertwende

veröffentlichter Briefe kam E. auf die ›Reinheit‹ der ideologischen Formen zurück. Der nun entworfene Ideologiebegriff (»Beschäftigung mit Gedanken als mit selbständigen, sich unabhängig entwickelnden, nur ihren eignen Gesetzen unterworfenen Wesenheiten«; MEW, Bd. 21, S. 303), die Vorstellung einer Wechselwirkung zwischen (nur in letzter Instanz bestimmender) ökonomischer Lage und Überbauformen sowie die Sicht auf Geschichte als Resultante vieler Einzelwillen (»was herauskommt, ist etwas, das keiner gewollt hat«; MEW, Bd. 37, S. 463f.) synthetisierten die einseitigen Sichtweisen der früheren Phasen und verarbeiteten die historische Erfahrung der Arbeiterbewegung, daß die Geschichte sich nicht »automatisch, ohne Zutun der (sie doch machenden) Menschen« (MEW, Bd. 22, S. 83) vollzog.

2. Bestimmung des Verhältnisses von proletarischer Erfahrung und Theorie der geschichtlichen Bewegung. Im Herbst 1844 formulierte E. noch revolutionär-idealistisch: »Die kritische Kritik schafft Nichts, der Arbeiter schafft alles, ja so sehr Alles, daß er die ganze Kritik auch in seinen geistigen Schöpfungen beschämt.« (MEW, Bd. 2, S. 20) Er war sein Leben lang überzeugt, daß eine mit der Klassenlage angeborene, sozial jedoch unterdrückte revolutionäre Kultur der Arbeiterklasse schon im Kapitalismus existierte. Die Befreiung der Arbeiter-

klasse galt ihm daher als Werk der Arbeiter selbst. »Die Zeit der von kleinen bewußten Minoritäten an der Spitze bewußtloser Massen durchgeführten Revolutionen« sei vorbei, hieß es 1895 (MEW Bd. 7, S. 523). Mehrfach stellte er fest, »daß die Massen weit besser sind als fast alle Führer« (MEW, Bd. 36, S. 29). Die lebenslange, bis zu eigenen Übersetzungen gehende Beschäftigung mit Volksliedern und -büchern, die Aufmerksamkeit des jungen E. für die Kulturarbeit der englischen Chartisten und die Hochschätzung des späten E. für den 1. Mai als proletarisches Klassenfest oder für die Freie Volksbühne sind Beispiele für das Vertrauen in die der Arbeiterklasse immanente emanzipatorische Kraft, ebenso wie die mit Marx geteilte Auffassung, daß es in der kommunistischen Zukunft »keine Maler, sondern höchstens Menschen, die unter Anderm auch malen,« gebe (MEW, Bd. 3, S. 379), weil jeder einzelne wegen »verständiger Vertheilung der Arbeit ... hinreichend Muße« haben werde (MEGA, Bd. I/24, S. 16). Für die Beziehungen innerhalb der Arbeiterklasse folgte aus dem Vertrauen in deren Selbstbewußtsein, daß marxistische Sektenbildung möglichst zu vermeiden sei, »ohne unsre eigne aparte Stellung oder gar Organisation aufzugeben oder zu verbergen«; die Arbeiter würden nicht ohne »Beistand«, aber wesentlich »durch eigne Erfahrung« (MEW, Bd. 36, S. 598) zu revolutionären Standpunkten gelangen. Die Aufgabe der eigenen theoretischen Arbeit sah E. allein darin, »der zur Aktion berufenen, heute unterdrückten Klasse die Bedingungen und die Natur ihrer eignen Aktion zum Bewußtsein zu bringen« (MEGA, Bd. I/27, S. 447). Widerwillig folgte er immer wieder (erstmals 1859 mit einer Rezension von Marx' *Zur Kritik der politischen Ökonomie*, in: »Das Volk«, Nr. 14, London 6. 8. 1859) seiner Einsicht in die Notwendigkeit, »ein dünnes Broschürli« (MEW, Bd. 35, S. 396) oder einen Artikel zu Propagandazwecken zu schreiben. Erfolgreichste Propagandabroschüre war *Die Entwicklung des Sozialismus von der Utopie zur Wissenschaft* (französisch, in: »La Revue socialiste«, Nr. 3–5, Paris 1880; deutsch: Hottingen-Zürich 1883). Wesentlich aber war ihm der in den 70er und 80er Jahren unternommene Versuch, durch naturphilosophische und historische Arbeiten (*Dialektik der Natur,* e. 1873/83, EA. in: »Archiv K. Marksa i F. Engelsa«, Bd. 2, Moskau /Leningrad 1925; *Der Ursprung der Familie, des Privateigentums und des Staats*, Hottingen-Zürich 1884) sowie durch Systematisierung Marxscher und eigener Erkenntnisse (*Anti-Dühring*, Leipzig 1878) zur »Gesamtanschauung« (MEW, Bd. 36, S. 142) der Arbeiterklasse - »Weltanschauung« heißt es 1886 (MEGA, Bd. I/27, S. 492) - beizutragen. Hervorzuheben ist aus diesen Arbeiten vor allem der Nachweis, daß die Arbeit »den Menschen selbst geschaffen« hat (MEGA, Bd. I/26, S. 88). Zum Lebensende hin wurde jedoch die Einsicht immer klarer, daß »einfache Erforschungen der Tatsachen« (MEW, Bd. 37, S. 274)

fehlten und auch theoretisch »noch so viel zu tun« sei (MEW, Bd. 37, S. 291) - verbunden mit der Mahnung, die »Auffassungsweise« von Marx (nie wurde sie von E. »Marxismus« genannt) gebe »keine fertigen Dogmen, sondern Anhaltspunkte zu weiterer Untersuchung und die Methode für diese Untersuchung« (MEW, Bd. 39, S. 428). Das E.sche Literaturverständnis war dem Anspruch an die theoretische Arbeit zugeordnet. Er schätzte Bücher, die »durch treue Schilderung der wirklichen Verhältnisse die darüber herrschenden konventionellen Illusionen« zerrissen (MEW, Bd. 36, S. 394). Gegen Tendenz und für die historisch genaue Darstellung des Typischen sprach er sich dem Sinne nach schon 1839/40 aus. Anfang 1844 lobte er E. Sue dafür, die Aufmerksamkeit auf die Lage der Armen gelenkt zu haben. Zwei Briefe und ein Briefentwurf, alle erst im 20. Jh. veröffentlicht und zu einer Realismustheorie entwickelt (G. Lukács), bekräftigten später diese Literaturauffassung: Verschmelzung »des bewußten historischen Inhalts« mit »Lebendigkeit und Fülle der Handlung« (Br. an Lassalle 1859, in: MEW, Bd. 29, S. 601); die »Tendenz muß aus der Situation und Handlung selbst hervorspringen« (Br. an M. Kautsky, 26. 11. 1885, in: MEW, Bd. 36, S. 394); Balzac als Beispiel für Realismus, der »außer der Treue des Details die getreue Wiedergabe typischer Charaktere unter typischen Umständen« bedeute und »sogar trotz der Ansichten des Autors in Erscheinung treten« könne (Br. an M. Harkness, Anfang Apr. 1888, in: MEW, Bd. 37, S. 42 f.). Im übrigen schätzte E. »bitterste Satire« (MEW, Bd. 4, S. 217) sowie »Originalität, Witz« und den »Ausdruck natürlicher, robuster Sinnlichkeit und Fleischeslust« (MEW, Bd. 21, S. 7 f.), sah das zweckfreie Lesen eines Romans dagegen als bedenkliches Zeichen für ein schlappes »bürgerliche(s) Leben« an (MEW, Bd. 30, S. 624).

3. Bestimmungen des Verhältnisses der Arbeiterbewegung zu Intellektuellen. Lange Zeit bewegte E. in dieser Frage vor allem, daß nichtproletarische Theoretiker das Bewußtsein des Proletariats von der Tiefe seines Gegensatzes zur Bourgeoisie schwächen könnten. Keine Rede von Bündnis - gar nicht scharf genug konnte er die »Herren Literaten, diese lumpigste aller käuflichen Klassen« (MEW, Bd. 4, S. 281), die »die Scheiße zu ihrem Lebenselement erwählenden Maulwurfskrüppel« (MEW, Bd. 29, S. 524) geißeln. Diese Kritik erfolgte in zwei zeitlich und gedanklich verschiedenen Kontexten. Sie setzte im Sommer 1845 mit der auch selbstkritischen Feststellung ein, daß der deutsche »wahre« Sozialismus »verhegelt« sei und, anders als der englische und französische, keine »Kritik der bestehenden Gesellschaft« entwickelt habe (MEW, Bd. 2, S. 609) In der *Deutschen Ideologie* wurde die Kritik des Praxisverhältnisses ergänzt durch die des fehlenden Revolutionsverständnisses. Im Umfeld der 48er Revolution hielt E. »rücksichtslose Kritik, viel mehr noch gegen die

angeblichen Freunde als gegen die offnen Feinde«, (MEGA, Bd. I/10, S. 318) für unabdingbar – suchte in der Emigration dann allerdings, erfolglos, die noch größere polemische Verve von Marx mit dem Hinweis auf die mögliche »Unterstützung der Reaktion« (MEGA, Bd. III/1, S. 111) durch zu scharfe Angriffe auf andere Emigranten zu zügeln. Abgefertigt wurden so »die philosophischen Spiegelfechtereien..., die Liederlichkeit in Form und Inhalt, die arrogante Plattheit und aufgeblähte Fadaise, die bodenlose Trivialität und dialektische Misère« (MEGA, Bd. I/10, S. 334f.) bei K. Grün, K. Heinzen, G. Kinkel, A. Ruge, K. Vogt u.a.

Der zweite Abschnitt dieser Kritik (von E. selbst dem ersten parallelisiert) war Debatte um die Orientierung der 1875 vereinigten deutschen Arbeiterpartei. E. suchte dem »Fluch der bezahlten Agitatoren, der Halbgebildeten« (MEW, Bd. 34, S. 12) zu wehren. Politischer Kern der mit ungebrochener Lust an drastischer Polemik geführten Auseinandersetzung war die Abwehr von Reformismus, öffentlich ging es 1872/73 gegen A. Mülberger (*Zur Wohnungsfrage*, in: »Volksstaat«, Leipzig Juni/Feb. 1872/73), 1876/78 gegen *Herrn Eugen Dührings Umwälzung der Wissenschaft (Anti-Dühring)* und 1890 gegen »die Clique vorlauter Literaten und Studenten« (MEW, Bd. 22, S. 84), zu der P. Ernst und B. Wille gehörten. Während des Sozialistengesetzes enthielt sich E. öffentlicher Kritik, brachte aber brieflich seine Beunruhigung zum Ausdruck, insbesondere gegen W. Liebknechts »Sucht, jebildete Elemente aufzugabeln und alle Differenzen zu vertuschen« (»Marx-Engels-Jahrbuch«, Bd. 8, S. 319). Im Feuer der Polemik ließ er sich bis zu der Äußerung hinreißen, die Arbeiterklasse könne mit Ausnahme einiger, schlimmstenfalls zu kaufender, Spezialisten »sehr gut ohne die übrigen ›Gebildeten‹ fertig werden« (MEW, Bd. 37, S. 447). Erst am Lebensende, mit dem Erstarken der Sozialdemokratie, korrigierte sich E., zuerst mit dem Satz: »Jetzt sind wir stark genug, jedes Quantum gebildeten Quarks« (MEW, Bd. 38, S. 189) zu vertragen, schließlich 1893 mit der Feststellung, das »intellektuelle Proletariat« sei berufen, »an der Seite und inmitten seiner Brüder, der Handarbeiter, eine bedeutende Rolle in der nahenden Revolution zu spielen« (MEW, Bd. 22, S. 415).

4. Bestimmungen des Verhältnisses der Arbeiterpartei zu Arbeiterpresse und -wissenschaft. »Kommunistische Propaganda« galt schon dem jungen E. als unabdingbar, »Preßfreiheit« (MEGA, Bd. III/2, S. 15) als ihre wichtigste Voraussetzung. An über 60 Presseorganen arbeitete er in seinem Leben mit. Bis in die Revolution 1848/49 erschienen ihm »Zeitungen, Wochenblätter, Monats- und Vierteljahrsschriften und... ein paar größere Werke« (MEGA, Bd. III/1, S. 260) sogar als zentraler Ort umstürzlerischer Aktivität: charakteristisch, daß Marx und E. während der Revolution eine Zeitung machten. Reden, Briefe, Lese- und Diskussionsvereine

sollten sie in Zeiten der Repression, Plakate und Flugschriften in solchen der Aktion ergänzen: Partei- und Pressearbeit fielen tendenziell zusammen. Mit der Entwicklung der deutschen Arbeiterbewegung seit Mitte der 60er Jahre präzisierte und relativierte E. diese Auffassungen. In Kalendern, Zeitungen und Unterhaltungsblättern sah er wichtige, aber nicht die einzigen Mittel der Parteiarbeit. Zu Beginn des Sozialistengesetzes setzte er sich mit Marx im *Zirkularbrief an Bebel, Liebknecht, Bracke u.a. Führer der sozialdemokratischen Arbeiterpartei Deutschlands* (e. 16./18. 9. 1879, Erstdr. in: »Die Kommunistische Internationale«, H. 23, Berlin 1931) dafür ein, daß im »Sozialdemokrat« »die proletarische Anschauungsweise unumwunden« zu Wort komme und mit dem »fälschende(n) Element« bürgerlicher und kleinbürgerlicher Bildung gebrochen werde (MEGA, Bd. I/25, S. 184f.). Auf dieser Basis forderte er dann, nicht »Kommunismus in einem kleinen Winkelblättchen (zu) dozieren«, sondern nach dem Beispiel der »Neuen Rheinischen« eine »große Zeitung« zu machen, gegen »Selbsttäuschung« zu wirken, »keineswegs feierlich, ernst oder begeistert« zu sein, sondern mit »Hohn und Spott« gegen den Gegner und »flammende(r) Leidenschaft« für die eigene Sache zu streiten (MEW, Bd. 21, S. 18, 20-22). Noch 1890 störte ihn »der ertötend langweilige Ton« der Parteipresse: »Bringt etwas Leben in die Bude.« (MEW, Bd. 37, S. 481) E. begrüßte es, daß Parteiliteratur, wo möglich, in das kapitalistische Buchvertriebssystem eindrang und daß das sozialdemokratische Buchwesen »eine große Industrie« (MEW, Bd. 36, S. 546) zu werden begann. Diese werde sowohl »Massenabsatz« wie »wirklich wissenschaftliche Literatur« zu vertreten haben (MEW, Bd. 38, S. 377). Als Berater und Autor förderte er die »Neue Zeit«. Mit dem Ende des Sozialistengesetzes gehörte für E. der Grundsatz: »Wer nicht für uns ist, der ist wider uns«, der Vergangenheit an (MEW, Bd. 38, S. 480). In der jetzt legalen, großen Partei dürfe »zuviel Orthodoxie« (MEW, Bd. 39, S. 417) nicht mehr verlangt werden. Die Partei brauche »eine formell unabhängige Parteipresse«, die in der Lage sei, »innerhalb des Programms ungeniert Opposition zu machen und innerhalb der Grenzen des Parteianstandes auch Programm und Taktik frei der Kritik zu unterwerfen« (MEW, Bd. 38, S. 518). Gleichermaßen stand für E. fest: die Partei »*braucht* die sozialistische Wissenschaft, und diese kann nicht leben ohne Freiheit der Bewegung: Da muß man die Unannehmlichkeiten in den Kauf nehmen« (MEW, Bd. 38, S. 94). Hinter diesen Auffassungen stand der Optimismus, der E.' revolutionäre Tätigkeit bis zum Schluß bestimmte.

Ausg.: MEW; MEGA; K. Marx/F. Engels: Über Kunst und Literatur (Ausw.), Hg. M. Kliem, 2 Bde., Berlin 1967/68; K. Marx/F. Engels/ W. I. Lenin: Über Kultur, Ästhetik, Literatur (Ausw.), Hg. H. Koch, Leipzig 1969; – *Lit.:* H. Gemkow/H. Bartel/G. Becker u.a.: Friedrich Engels. Eine Biographie, Berlin 1970 (2. Aufl., Berlin 1981); Friedrich Engels.

Dokumente seines Lebens, hg. von M. Kliem, Leipzig 1977; Formationstheorie und Revolutionsgeschichte im Spätwerk von Friedrich Engels, in: Formationstheorie und Geschichte, hg. von E. Engelberg und W. Küttler, Berlin 1978; H. Koch: Marx, Engels und die Ästhetik, Berlin 1983.

Wolfgang Klein

(Die) Ente (E)

Satirische Wochenzeitschrift Berlin 1931/1933, war ein Kind der späten Weimarer Republik, erschien im Berliner Auffenberg-Verlag, der sich auf Publikationen zu Freikörperkultur und Sexualhygiene spezialisiert hatte. Verleger B. Gröttrup und Chefredakteur H. Worm waren 1931 angetreten, »ein linkes Groschenblatt von der Qualität des ›Simplicissimus‹ zu schaffen und den sich üppig entfaltenden Faschismus zu bekämpfen«. (zit. nach W. U. Schütte *Begegnung mit Hardy Worm*, in: H. Worm *Das Hohelied vom Nepp*, Berlin 1976, S. 369) Umfang 4 S., in Schwarz auf weißem Zeitungspapier gedruckt, Preis 10 Pf., für beinahe jeden erschwinglich. Aufl. 22 000 Ex. Der Name der Zeitschrift erinnert nicht zufällig an das französische Satire-Blatt »Le Canard enchaîné« - Worm und Gröttrup kannten es genau und druckten auch wiederholt Karikaturen daraus nach. - Es gelang, Autoren unterschiedlichster politischer Herkunft für eine satirische Einheitsfront gegen Reaktion und Nationalsozialismus zu gewinnen: E. Castonier, E. Mühsam, H. Reimann, J. H. Rösler, O. M. Graf, E. Kästner, Roda Roda, E. Weinert und der russische Satiriker M. Soschtschenko waren ebenso vertreten wie die Zeichner K. Holtz, R. Herrmann und K. Werth. Einige arbeiteten nur sporadisch, andere regelmäßig (oftmals auch unter Pseudonym) für die E. So vielfältig wie der Mitarbeiter-Kreis waren auch die literarischen Strategien der E. Sie entwickelte keine neue Ästhetik, sondern bediente sich bewährter Ausdrucksmittel - wobei Prosatexte von teils beachtlicher Aktualität hoch im Kurs standen. Tagespolitische Ereignisse wurden umgehend von der Redaktion aufgegriffen und mit ätzendem Spott kommentiert. Generell setzte man auf eine abwechslungsreiche Mischung aus anspruchsvoller Zeitsatire und humoristischer Witzblatt-Unterhaltung, abgerundet durch ein wenig Berliner Lokalkolorit. Zahlreiche Kolumnen hatten bestimmte Stilformen: so pflegte E. Castonier in ihren *Geschichten aus Hitlershofen* vor allem die Parodie, regelmäßig gab es satirisch verpackte Sprachkritik in der Rubrik »Die tolle Ente«. Chefredaktion und Herausgeber nutzten von Anfang an konsequent die Möglichkeiten der Bildsatire. Eine Vielzahl von Karikaturen prägte den optischen Charakter der Zeitschrift, allen voran R. Herrmanns Titel-Bild, das stets in allerletzter Minute entstand und aktuelle Themen noch mit spitzer Feder

würdigen konnte. Viele der Zeichnungen waren eigenständige Beiträge, die mit wenigen Federstrichen die zeitkritischen Anliegen der E auf den Punkt brachten. Worms rückblickende Charakterisierung der E als »antifaschistisches Kampfblatt« (ebd.) war für den ersten Jahrgang wohl übertrieben. Mit der Zuspitzung der politischen Verhältnisse gewann die E aber an inhaltlicher und stilistischer Prägnanz, gab zusehends satirische Distanz auf und schoß sich immer direkter auf die NSDAP und deren Repräsentanten ein. Immer häufiger waren groteske Töne zu vernehmen. Empörte Reaktionen belegen, daß das Blatt auch im gegnerischen Lager zur Kenntnis genommen wurde. Offenes Engagement für eine bestimmte Gruppierung der Linken wäre der Redaktion angesichts der heterogenen Mitarbeiterstruktur kaum möglich gewesen, denn die Zeitschrift zählte radikale Demokraten ebenso zu ihren Autoren wie sozialdemokratische und kommunistische Texter und Karikaturisten. Okt. 1931/Feb. 1933 gab es 71 Ausgaben, nach einem politisch motivierten Überfall auf die Redaktionsräume mußte das Blatt sein Erscheinen einstellen. *Das tolle Entenbuch* (Berlin 1933, Reprint Berlin 1980) mit Beiträgen früherer Ausgaben, im Jan. 1933 nur noch in wenigen Ex. in den Handel gelangt, wurde wenig später eingestampft. Worm war bereits nach Paris emigriert und die profiliertesten Mitarbeiter des Blattes mit Berufsverbot und Verfolgung belegt.

Lit.: K. Haese/W. U. Schütte: Frau Republik geht Pleite, Leipzig 1990

Alexander Maier

(Die) Erde (E)

Politische und kulturpolitische Halbmonatsschrift, herausgegeben von W. Rilla. Jahrgang 1 (1919) in Breslau (ab H. 18/19: Berlin)/Jahrgang 2 (1920), Jan. Eine der kurzlebigen, nach der Novemberrevolution gegründeten Zeitschriften im Umkreis des Expressionismus, von anderen dadurch unterschieden, daß in ihr das Weiterführen der Revolution über bürgerlich-demokratische Resultate hinaus und über nationale Grenzen in Richtung auf Weltrevolution das zentrale Problem war. Revolution war der Drehpunkt der steten Auseinandersetzung mit aktuellen politischen Verläufen in Deutschland, in die alternative Entwicklungen (Sowjetrußland, ungarische Räterepublik) einbezogen wurden. Sie erschien als Entscheidungsfrage auch für die Intellektuellen, ihr geistig-kulturelles Wirken, ihre Stellung in den Klassenkämpfen. Am Ende des 1. Jahrgangs wurde als Ziel und Programm der E bekräftigt, sie werde »nicht aufhören, die Revolution vorzubereiten«, immer stärker »zusammenfassender Ausdruck eines neuen wahrhaften Kulturwillens« sein, »dessen Manifestation in Politik, Literatur, Philosophie sie, an der Seite des revolutionären Proletariats, *gegen* diese Gegenwart stellt als Signal der kommenden, klassenlosen Gemeinschaft aller arbeitenden Menschen.« (H. 24) – Das Profil der E wurde durch den bei ihrer Gründung noch nicht neunzehnjährigen W. Rilla (1899–1980) bestimmt; für nahezu alle Hefte schrieb er Einleitungsaufsätze zu aktuellen politischen Ereignissen, worin er zugleich Ansichten und Haltungen von Intellektuellen diskutierte. In seinen Erörterungen vollzog er – reagierend auf das Vorgehen der Konterrevolution – eine Kritik an zuvor auch selbst verfochtenen Standpunkten eines ethischen Pazifismus und an der Ablehnung revolutionärer Gegengewalt, die als Fortsetzung der Gewalt des bürgerlichen Staates gewertet wurde. Im Unterschied zur ↗ »Aktion«, mit der die E manches verband, z.T. auch die Mitarbeiter, war hier die Darlegung erforderlicher Korrekturen auf Argumentation und Überzeugung gerichtet und auf das Herstellen von Gemeinschaftlichkeit. Schon nach dem Ende der E, seinen Lernprozeß und einzelne Beiträge politisch-theoretisch verallgemeinernd, gab Rilla mit seiner Schrift *Politik, Revolution und Gewalt* (Berlin 1920) eine in der zeitgenössischen Literatur einzigartige Analyse und Kritik antibourgeoiser, am Theorem des Kampfes mit geistigen Mitteln und der Gewaltlosigkeit festhaltender Positionen. In der linken Bewegung und sozialistischen Literatur ist er danach nicht mehr hervorgetreten. – Politische Aufsätze und Manifeste von deutschen Schriftstellern und Künstlern, die sich zu einer radikalen Umwälzung der bürgerlichen Ordnung bekannten, bildeten ein Hauptelement der E. Dabei war das Kriterium für die Publikation in der E, vor allem in den ersten Monaten, die Entscheidung für eine Welt ohne herrschende Ausbeuter und beherrschte Arbeitende, nicht die dazu vorgeschlagenen Mittel und Wege (vgl. Vorbemerkung Rillas zum Abdruck von K. Liebknechts *Was will der Spartakusbund?*, H. 5). Es ging um das Zusammenführen verschiedener Erfahrungen und Ansichten in bezug auf das Revolutionsproblem – dazu gehörten Aufsätze O. Kanehls, der gegen eine nur geistige Revolution polemisierte und für Diktatur des Proletariats durch Räte plädierte (vgl. *Diktatur des Proletariats*, H. 10 und 11, *Grundlagen des Rätesystems*, H. 12), F. Jungs (*Zweck und Mittel im Klassenkampf*, 4 Teile zw. H. 12 und 22/23) und J. Gumperz' (*Deutschland und der Kommunismus*, H. 13, *Über die Diktatur des Proletariats*, H. 18/19), dazu gehörten auch L. Meidners religiös gefaßter Appell zum Aufbruch für Gerechtigkeit und Liebe (*Bruder, zünd die Fackel an*, H. 4) oder R. Hausmanns Votum als »Anarcho-Kommunist« für Diktatur des Proletariats als Voraussetzung für Herrschaftslosigkeit (*Der individualistische Anarchist und die Diktatur*, H. 9). Wesentlich für die Position der E war die Auseinandersetzung um die »Clarté« (H. 22/23); nach einem Brief K. Hillers, der die internationale Intellektuelleliga als Befreiungsstat für die Menschheit begrüßte, gab Rilla eine Kritik der »Internationale des Geistes« – sie sei hemmend und

lähmend für die revolutionäre Entscheidung, da sie nicht »engsten Anschluß oder gar völliges Zusammengehen« mit der Internationale der Arbeiterschaft anstrebe, welche die revolutionäre Weltbewegung des Geistes tragen und entscheiden werde. Neben den größeren Artikeln boten die Spalten »Am Rande der Zeit« und »Glossen« Wortmeldungen zu Tagespolitik und aktuellen Streitpunkten; hier schrieben außer Rilla u.a. I. Goll (insbes. zu Frankreich), M. Herrman-Neiße, K. Kersten, B. Lask, H. Zur Mühlen (die vielfach auch als Übersetzerin fungierte), einige auch literaturkritische Glossen. In der Überzeugung, daß eine gerechte menschliche Gemeinschaft, eine sozialistische/kommunistische Ordnung nicht in einem Land allein, vielmehr durch den Prozeß der Weltrevolution zu realisieren sei, wurde in der E die Aufmerksamkeit auf Ereignisse der internationalen revolutionären Bewegung gelenkt. Außer Sowjetrußland, worauf sich vor allem Rilla in zahlreichen Artikeln bezog (u.a. *Zum ewigen Frieden*, H. 7, *Weltkommune*, H. 16/17), erhielt die ungarische Räterepublik besonders starkes Gewicht; deren Ziele und kulturelle Bestrebungen wurden zwischen Feb./Aug. 1919 von revolutionären Schriftstellern und anderen Repräsentanten der Räterepublik dargestellt (F. Karinthy, L. Sas, S. Kunfi. L. Barta, D. Szabo), auch wurden Beispiele sozialistischer ungarischer Literatur publik gemacht (Prosatexte von B. Révész, Würdigung von A. Ady durch St. J. Klein, der sonst als Übersetzer die ungarischen Beiträge vermittelte). Die E wurde so zu einem der wenigen Medien, durch die in Deutschland authentische Informationen über die ungarische Räterepublik zu erhalten waren. – Von den literarischen Arbeiten in der E hatten Prosatexte (u.a. W. Herzfeldes, Lasks) nicht Umfang und Rang der lyrischen. Besonderen Anteil daran hatten Goll, der auf die zerschlagenen Hoffnungen auf eine Umwälzung in neuartigen, ins Groteske umschlagenden Elegien reagierte (*Ode an Paris, Ode an Berlin*), und J. R. Becher, von dem wichtigste Gedichte, mit denen er auf Revolution und Konterrevolution antwortete (*Panzerwagen-Ballade, Gruß des Dichters, Ewig im Aufruhr, An Tolstoi* u.a.), gedruckt wurden. Mit ihrer Mischung von konkreten Realitätsbezügen mit übersteigernden Wortkaskaden, von Fluch und Verheißung eines utopischen Reiches befreiter Menschheit stellen sie den Wendepunkt expressionistischer Dichtung im Zeichen der proletarischen Revolution dar. Die E druckte auch internationale Zeugnisse einer prorevolutionären Poesie (bes. Hymnen H. Guilbeaux'). Unter den literatur- und kunstkritischen Arbeiten nimmt Lu Märtens *Revolutionäre Dichtung in Deutschland* (1920, H. 1) durch den Versuch zu theoretisch argumentierender Bilanz eine Sonderstellung ein. Mit Bezug auf einen Artikel in der Zs. »Internationale« wandte sie sich gegen eine schematische Unterscheidung in bürgerliche oder proletarische Kunst und gegen die Wertung bürgerlicher Moderne als Zeichen von

Auflösung und Chaos und forderte, im Chaos vorgebildete Keime einer neuen proletarischen Kunst zu erkennen. Bei P. Hille, seiner schöpferischen Sprache und befreiten Sinnlichkeit, sah sie den Ausgangspunkt gegenwärtiger revolutionärer Dichtung, die in Bechers dramatischer Dichtung *Arbeiter - Bauern - Soldaten. Der Aufbruch eines Volks zu Gott* (Erstdr. in der E) exemplarisch vorliege - eine Kunst, die das Erleben der Masse, die Ekstase der Revolution erfasse, nicht mehr Rollen und Charaktere, sondern Gebärden der neuen Zeit gebe.

Silvia Schlenstedt

Ernst, Paul

Geb. 7. 3. 1866 in Elbingerode; gest. 13. 5. 1933 in St. Georgen (Steiermark)

Sohn eines Grubensteigers; Studium der Theologie, später Philosphie, Geschichte, Volkswirtschaft, Literatur- und Staatswissenschaft in Göttingen; ab 1886 in Berlin; erster Aufsatz über L. Tolstoi in der »Vossischen Zeitung«; Kontakte zu den Brüdern Hart, zu B. Wille und P. Kampffmeyer; Mitglied der SPD; Jan. 1891 Chefredakteur der »Berliner Volkstribüne«; Nov. 1891 nach dem Erfurter SPD-Parteitag Gründung des Vereins unabhängiger Sozialisten (mit Kampffmeyer und ↗ Wille); Kontroverse mit F. Engels, der im Hinblick auf die »Jungen« in der SPD von »Studentenrevolte« gesprochen hatte; Übersiedlung in die Schweiz; Promotion in Bern; Freundschaft und Zusammenarbeit mit A. Holz; 1896 Austritt aus der SPD; Abwendung vom Naturalismus; neuklassische Tragödientheorie in *Der Weg zur Form* (1906); auf dieser Basis Freundschaft und Briefwechsel mit G. Lukács, der ihn noch in der *Eigenart des Ästhetischen* in eine Reihe mit W. Worringer, A. Malraux und Ortega y Gasset in den Zusammenhang jener wichtigen Kunstströmungen des 20. Jh.s stellt, die durch ein prekäres Verhältnis zur Masse gekennzeichnet seien.

Als Publizist von Aufsätzen zu sozialökonomischen, politischen und literarischen Themen arbeitete der frühe E. u. a. für die NZ, die »Leipziger Volkszeitung«, »Die Zukunft« und die »Freie Bühne«. Der Ausgangspunkt liegt bei Tolstoi als einem modernen Homer, den er politisch deutet als einen »kommunistischen Utopisten«, der von dem moralischen Axiom eines »Nichtwiderstehens dem Übel« herkomme, welche die ursprüngliche Moral des Proletariats sei, solange es nicht den Hoffnungsschimmer auf die Macht habe, welcher es zugleich zwinge, die Moral der Machthaber zu akzeptieren, daß die Gewalt das Recht schaffe (vgl. »Berliner Volkstribüne«, 26. 7. 1890). In Marx, dessen *Kapital* er 1887 studierte, sah E. den Führer, den er brauchte, im historischen Materialismus die zeitgemäße Dogmatik und im Sozialismus die Religion der

Gegenwart. Den Gegenpol zur Orthodoxie eines Neubekehrten bildete in seinem Denken der naive Revolutionär, den seine Illusionen tätig machen: »Die großen Taten werden nicht von nüchternen, kalten Verstandesmenschen geschaffen, sondern von begeisterten Phantasten« (»Berliner Volkstribüne«, 9. 8. 1890). Aus der Unauflösbarkeit dieses Widerspruches angesichts der deutschen SPD nach dem Sozialistengesetz, die ihm (wie P. Hille, F. Holländer, Holz oder K. Kraus) kleinbürgerlich geworden schien, folgte wohl die rebellische Opposition gegen die Partei und ihre »Patriarchen«. Als Rezensent der *Lessing-Legende* F. Mehrings in der NZ versuchte E. gegen eine ihm überzogen erscheinende sozialgeschichtliche Ableitung Elemente der persönlichkeitsgeprägten Unmittelbarkeit und der literarischen Tradition in Lessings Werk geltend zu machen, nicht sehend, in welchem Maße solche Gesichtspunkte auch Mehrings Literatur-, Partei- und Politikverständnis prägten und als lassalleanisches Erbe die Divergenzen zwischen Mehring und Kautsky begründeten. E. suchte in der Sozialdemokratie den Ausgleich zwischen einem idealen, traditionsgestützten überindividuellen Dogmatismus und einem idealistischen, letztlich aristokratischen Individualismus. Hier setzte auch seine Kritik an der Sozialdemokratie an, an der »Vermischung der Illusionen, die auf einer übertrieben hohen Vorstellung von den sittlichen und geistigen Fähigkeiten der Menschen ruhen, mit einer sozialen Organisationsmöglichkeit« (*Politische Studien und Kritiken 1894-1902*, München 1931, S. 205). Die Quintessenz war schließlich die Absage an die marxistische Idealkonstruktion des Proletariers, dafür die Verbindung bürgerlicher Psychologie mit einem individuellen Aristokratismus als ein unlösbarer und daher absolut tragischer Konflikt, wie gültig in E.s neuklassischem Drama *Brunhild* (1908) vorgeführt.

Ausg.: Gesammelte Werke in 22 Bde., München 1937. - *Lit.:* K. A. Kutzbach: Paul Ernst und Georg Lukács. Dokumente einer Freundschaft, Emsdetten 1974; N. Fürst: Paul Ernst. Der Haudegen des Geistes, München 1985.

Eike Middell

Erpenbeck, Fritz
(Ps. F. Beck, Fritz Erck, Fr. Lambert, Hannes Waterkant)

Geb. 6. 4. 1897 in Mainz; gest. 7. 1. 1975 in Berlin

Sohn eines Elektromonteurs. Gymnasium und Schlosserlehre in Osnabrück, 1915 Kriegsfreiwilliger, Artillerist bis 1918, ab 1921 Schauspieler, auch an Wanderbühnen, dann in Berlin (Lessingtheater, Piscatorbühne). 1927 Mitglied der KPD, 1928 des BPRS. Seit 1929 Journalist, u. a. Chefredakteur des »Magazin für alle« und des »Eulenspiegel«. Mitbegründer der Revolutionären Gewerkschaftsopposition (RGO). Emigrierte 1933 mit Ehefrau Hedda Zinner nach Prag, dort Dramaturg ihres Kabaretts »Studio 34« (Premieren: 10. 3., 8. 6., 25. 10. 1934), Redakteur der AIZ, 1935 als deren Korrespondent nach Moskau, redaktioneller Mitarbeiter am »Wort« und an der IL, während des Krieges Rundfunkjournalist in Moskau und Ufa. 1945 Rückkehr mit der Gruppe Ulbricht nach Berlin, betraut mit dem Aufbau des Presse- und Verlagswesens, gründete 1946 die Zsn. »Theater der Zeit« und »Theaterdienst«, die er bis 1959 leitete. Setzte sich als kulturpolitisch einflußreicher Theaterkritiker mit Brechts epischem Theater auseinander. 1959/62 Chefdramaturg der Volksbühne in Berlin.

Nach ersten Texten für Agitprop-Gruppen schrieb E. vorwiegend Prosa. 1934 wurde die Bearbeitung seines Kriegstagebuchs unter dem Titel *Aber ich wollte nicht feige sein* in einem Preisausschreiben der IVRS als beste Antikriegserzählung ausgezeichnet. Im selben Jahr begann er den Roman *Emigranten* (Moskau 1938 russisch, 1939 deutsch, Berlin 1954), eine der ersten epischen Schilderungen der Situation des Exils. Die Handlung zeigt das Bestreben der KPD, die unterschiedlichen Emigrantengruppen zu einer antifaschistischen Einheitsfront zusammenzuführen.

Mit dem historischen Roman *Gründer* (Moskau 1941, Berlin 1945) versuchte E., die Wurzeln des deutschen Faschismus bis in die Zeit vor der Jahrhundertwende zurückzuverfolgen. Hauptfigur ist ein um Objektivität bemühter Journalist, der in kapitalistische Interessenkämpfe gerät, beruflich scheitert und moralisch zerbricht. In Bd. 2 (Berlin 1965) findet er zum politischen Kampf und gewinnt seine Selbstachtung zurück. In den 60er Jahren schrieb E. eine Kriminalromanserie, die durch ihren Aktionsgehalt auffiel, aber bei der Wahl der Täterfiguren nach einem soziologischen Schema verfuhr.

W. W.: Aber ich wollte nicht feige sein! (En.), Moskau 1936; Musketier Peters (E.), Moskau 1936; Heimkehr (N.), Moskau 1936; Deutsche Schicksale (En.), Kiew 1939; Kleines Mädel im großen Krieg (E.), Moskau 1940; Volk ohne Raum (Aufs.), London o. J.; Wilhelm Pieck. Ein Lebensbild, Berlin 1951; Vorhang auf! Anekdoten und Geschichten, Berlin und Weimar 1964; Künstlerpension Boulanka (Kriminal-R.), Berlin 1964; Der betende Engel und andere Kriminalgeschichten von und mit Peter Brückner, Berlin 1975. – *Ausg.:* Aus dem Theaterleben. Aufsätze und Kritiken, Hg. M. Linzer, Berlin 1959. – *Lit.:* K. Hyrslova: Hedda Zinner – Fritz Erpenbeck, in: Exil und Asyl. Antifaschistische deutsche Literatur in der Tschechoslowakei 1933-1938, Berlin 1981, S. 305-315; H.-A. Walter: Deutsche Exilliteratur 1933-1950, Bd. 4, Stuttgart 1978, S. 410-412, 464-468, 471-475, 484-488, 493-496; Exil, Bd. 1, 2. Aufl. 1989, S. 240-248; G. Schröder: Hauptmann Brückner erzählt, in: Potsdamer Forschungen, Reihe A, Potsdam 1976, H. 21, S. 9-21.

Reinhard Hillich

Eulenspiegel (E)

Zeitschrift für Scherz, Satire, Ironie und tiefere Bedeutung, Eulenspiegel-Verlagsgesellschaft m. b. H., ab 1929, H. 10 Neuer Deutscher Verlag, Redaktion O. Nagel und B. W. Reimann, ab Heft 1931, H. 12 F. Erpenbeck; erschien Apr. 1928/Feb. 1933, ab 1932 mit geändertem Titel als »Roter Pfeffer«, zunächst monatlich, seit Nov. 1932 zweimal im Monat. Die Gedenknummer zum Tode von H. Zille nennt diesen als Mitbegründer der Zeitschrift. Der E setzte die Tradition der satirischen Zeitschriften der revolutionären Arbeiterbewegung in der Weimarer Republik fort, die mit der ↗ »Pleite« begonnen und dem unmittelbaren Vorläufer des E, ↗ »Der Knüppel«, massenwirksam geworden war. Die Wahl des Namens knüpft an Vorstellungen vom überlegenen Witz der überlieferten Volksgestalt an, die Namensänderung erfolgte aufgrund von Vorschlägen der Leser. Zunächst erschien der E in einer besseren Ausstattung als der »Knüppel«, was vor allem der bildkünstlerischen Gestaltung größere Möglichkeiten bot. Später ging man zu billigerem Papier (zuletzt Zeitungspapier) und Rotationsdruck über, um den Preis niedrig zu halten.

Nach dem Essener Parteitag der KPD 1927 wurden verstärkte Anstrengungen um massenwirksame Agitation unternommen, was sich auch in einer Vielzahl neuer Zeitungen und Zeitschriften zeigte. Auf Grund der guten Erfahrungen mit satirischer Polemik gegen Zustände und Verhältnisse im Staat kam es zur Neugründung einer satirischen Zeitschrift, in der sich literarische und graphische Genres – wie in früheren Blättern – in enger Wechselwirkung begegneten und anregten. In dieser geschichtlichen Phase erhielt die Satire ein immer stärkeres Gewicht in der Kunstarbeit der revolutionären Arbeiterbewegung – deutlichstes Anzeichen dafür war die sich rasch entfaltende Agitproptruppenbewegung, in der die Satire als ein wichtiges Mittel genutzt wurde. Neben der Wechselwirkungen zwischen Literatur und bildender Kunst war daher für die Arbeit des E auch die zum Arbeitertheater kennzeichnend – gelegentlich wurden satirische Szenen und Dialoge gedruckt. Die meisten der literarischen wie der graphischen Mitarbeiter waren in den 1928 gegründeten Vereinigungen des BPRS und der »Assoziation revolutionärer bildender Künstler« (ASSO) organisiert und nutzten den E als wichtige Publikationsmöglichkeit. Als literarische Mitarbeiter sind vor allem zu nennen J. R. Becher, F. Bernhard, E. Ginkel, O. M. Graf, K. Grünberg, A. Hotopp, K. Kläber, P. Körner-Schrader, B. Lask, H. Lorbeer, P. Nell, L. Renn, K. Schnog, Slang (d.i. F. Hampel), K. Sublimer, E. Toller, K. Tucholsky, E. Weinert, H. Weiß. Der Kern des Mitarbeiterstamms im »Knüppel« war also im E auch präsent, was auf Kontinuität deutet. Im Auftreten neuer Namen dokumentiert sich das Anwachsen der proletarisch-revolutionären Literaturbewegung. Viele Beiträge erschienen ungezeichnet bzw. unter Ps., die kaum mehr zu entschlüsseln sind.

Wie die gesamte proletarische Presse bemühte sich auch der E um die aktive Mitarbeit der Leser, wobei der Schritt vom Arbeiterkorrespondenten zum literarischen Mitarbeiter als Ziel verfolgt wurde. 1932 wurde ein Preisausschreiben für proletarische Witze veranstaltet. Zu den ständigen graphischen Mitarbeitern gehörten u.a. H. Baluschek, A. Beier-Red, P.P. Eickmeier, K. Frankenbach, G. Grosz, K. Holtz, K. Kollwitz, Nagel und Zille. Oft gestalteten Arbeiterzeichner zusammen mit Arbeiterkorrespondenten ganze Seiten. Der E verfolgte damit eine Linie, die damals verschiedentlich in der sozialistischen Presse praktiziert wurde.

Der Bezug auf die Volksfigur im Titel des E drückt im Vergleich zum »Knüppel« eine konzeptionelle Ausweitung des satirischen Programms aus, indem jetzt stärker Witz und Überlegenheit des Volkes, besonders der Arbeiter, gegenüber der herrschenden Klasse betont wurden. Diese Konzeptionsveränderung äußert sich vor allem darin, daß die Thematik des kämpfenden und siegreichen Proletariats einen breiteren Platz einnahm. Besonders in der Graphik trat zur Satire eine Gestaltung der Kämpfenden, die das proletarische Selbstbewußtsein mobilisieren sollte und dabei häufig Mittel der Überhöhung einsetzte.

Im E spiegeln sich auch die wachsenden internationalen Verbindungen der proletarisch-revolutionären Kunstbewegung wider; neben der Mitarbeit von ausländischen Künstlern, die in Berlin im Exil lebten, gewannen Beziehungen zur Sowjetunion an Gewicht. Das Pathos des sozialistischen Aufbaus in der Sowjetunion wurde nicht nur als Ergänzung der Satire eingesetzt, vielmehr versucht, die satirische Negation der deutschen Verhältnisse mit Darstellungen der Leistungsfähigkeit der sozialistischen Gesellschaft zu kontrastieren. Es wurden auch sowjetische theoretische Beiträge zu Problemen der Satire nachgedruckt und Beiträge aus dem »Krokodil«-übernommen. 1932, H. 2 des »Roten Pfeffer« erschien als Gastnummer der Mitarbeiter dieses sowjetischen Satireorgans. Im Mittelpunkt der Zeitschrift stand allerdings nach wie vor die satirische Auseinandersetzung mit den Zuständen in der Weimarer Republik. Arbeitslosigkeit, Weltwirtschaftskrise und Faschismus sind die wichtigsten sozialen und politischen Themenkomplexe, denen auch thematische Hefte gewidmet waren. Sie dominieren zugleich die Behandlung von Wahlkämpfen, der Auseinandersetzung mit dem Reformismus in der Sozialdemokratie bzw. den Gewerkschaften. Dies prägte die satirischen Glossen, Gedichte, Kurzgeschichten, Dialoge, wobei die politische Agitation mittels Kommentierung tagesaktueller Ereignisse vorherrscht. Anlässe sind der Kampf gegen den Panzerkreuzerbau, gegen das Schmutz- und Schundgesetz, gegen die Notverordnungen. Dagegengesetzt wird als Alterna-

tive das revolutionäre Handeln zur Erneuerung der Gesellschaft. E. Weinerts *Lied vom roten Pfeffer* (1932, H. 12) verdeutlicht mit seinem angriffslustigen Pathos das Selbstverständnis der Redaktion über ihre Aufgaben und Ziele. In der Zeitschrift spielte auch das Erbe engagierter Kunst eine Rolle, so wenn kleine Aufsätze über Goya oder Meunier gebracht wurden. Auch wurden von A. Durus proletarische Kinderzeichnungen vorgestellt, wodurch sich der Radius dieser satirischen Zeitschrift erweiterte.

Klaus Kändler

Ewerbeck, Hermann August (Ps. Wendel-Hippler)
Geb. 12. 11. 1816 in Danzig; gest. 4. 11. 1860 in Paris

Sohn eines Gymnasialdirektors; 1835/39 Medizinstudium in Berlin. E. hat aber nie praktiziert und lebte von einer kleinen Erbschaft. 1840 Emigration nach Holland; kam Ende 1841 nach Paris, Mitglied im Bund der Gerechten, bald darauf in dessen Bundesleitung. Bis 1847 war er der bedeutendste Agitator und Propagandist des Bundes in Paris, dem er alle Schattierungen des französischen Sozialismus und Kommunismus (F. M. Buonarroti, E. Cabet, P. J. Proudhon), des deutschen Handwerkerkommunismus (W. Weitling), des philosophischen Materialismus und wahren Sozialismus (L. Feuerbach, M. Heß, K. Grün) und des entstehenden Marxismus (K. Marx 1843/44, F. Engels 1846/47) vermittelte. 1844 Mitglied im Verein deutscher Ärzte und Mitarbeiter am Pariser »Vorwärts!«; gab zusammen mit G. Mäurer die ↗ »Blätter der Zukunft« (1845/46) heraus und korrespondierte für die meisten ›wahrsozialistischen‹ Organe (1846/47) in Deutschland. Ab 1846 unterstützte er das Kommunistische Korrespondenz-Komitee in Brüssel und wurde im Juni 1847 Mitglied des BdK. Das hinderte ihn nicht daran, Cabets *Reise nach Ikarien* (Paris 1847, Ndr. Berlin 1979), wahrscheinlich mit Mäurer ins Deutsche übersetzt, zu veröffentlichen. Während der Revolution wurde er französischer Staatsbürger (19. 4. 1848), arbeitete an der »Neuen Rheinischen Zeitung« sowie an Proudhons »Le Peuple« mit und vertrat im Okt. 1848 den Pariser Deutschen Verein auf dem 2. Demokraten-Kongreß in Berlin. Jan. 1850 trat er aus dem BdK aus und veröffentlichte hintereinander drei Werke, an denen er seit 1843/44 gearbeitet hatte: *Qu'est-ce que la bible d'après la nouvelle philosophie allemande* (Paris 1850) und *Qu'est-ce que la religion d'après la nouvelle philosophie allemande* (Paris 1850) enthalten hauptsächlich Übersetzungen aus dem Deutschen - u.a. Feuerbachs *Wesen des Christentums* -, mit denen E. die neue deutsche Religionskritik und materialistische Philosophie in Frankreich verbreiten wollte; in *L'Allemagne et les Alle-*

mands (Paris 1851) versuchte er, Cabet als den Initiator des französischen und des deutschen Kommunismus darzustellen. E. besuchte 1853 Cabets kommunitarische Kolonie Nauvoo (Illinois [USA]); 1854 kam er nach Paris zurück, wo er – nun mittellos – als Sprachlehrer und Hilfsbibliothekar tätig war. Ende der 50er Jahre scheint er sich unter dem Einfluß von Heß dem Bonapartismus zugeneigt zu haben. Trotz geringer theoretischer und organisatorischer Begabung hat E. sowohl in der Leitung des Bundes der Gerechten wie als Vermittler zwischen französischem und deutschem Sozialismus eine nicht zu unterschätzende Rolle gespielt.

W. W.: Übersetzung von A. Schleicher: Les langues de l'Europe, Paris 1852; (Anonym): La Russie et l'équilibre européen, Paris 1854; Kommunistischer Katechismus (Fragment), in: M. Hundt: Programmatische Bemühungen im Bund der Gerechten, in: Marx-Engels-Jahrbuch 2, Berlin 1979. – *Lit.:* H. Semmig: Das deutsche Gespenst in Frankreich, in: Orion, Hamburg 1863; M. Zmarzly: Einer der Führer des Bundes der Gerechten. Hermann Ewerbeck, in: BzG 1970/ ; J. Grandjonc: Les rapports des socialistes et néo-hégéliens allemands de l'émigration avec les socialistes français 1840–1847, in: Aspects des relations franco-allemandes 1830–1848, Metz 1978.

Jacques Grandjonc

Expressionismus-Debatte 1937–1939 (E)

Von der Redaktion der Moskauer literarischen Monatsschrift »Das Wort« ausgelöste Pressediskussion auf dem Hintergrund der literatur- und kulturpolitischen Auseinandersetzungen in der Sowjetunion (Formalismus-Naturalismus-Debatte, Kampagne gegen die vulgärsoziologische Methode in der Literaturwissenschaft). Dieser Streit über theoretische Probleme des Erbens und den Charakter eines zeitgemäßen Realismus in Kunst und Literatur wurde von Zeitgenossen auch als »Realismus-Debatte« bezeichnet. Als »Literaturdebatte großen Stils« (W. Mittenzwei: *Die Brecht-Lukács-Debatte*, in: »Sinn und Form«, 1967, H. 1, S. 236) ist in der Folgezeit vor allem die »Brecht-Lukács-Debatte« analysiert worden, die freilich aus damals ungedruckten Materialien rekonstruiert werden muß. Die E wurde durch A. Kurellas Artikel *Nun ist dies Erbe zuende...* (unter Ps. B. Ziegler in: »Das Wort«, 1937, H. 9;) ausgelöst. K. Manns Essay über G. Benn ist für Kurella/Ziegler Anlaß zur Behauptung, der Geist, aus dem der Expressionismus hervorgegangen ist, führe in den Faschismus (ebd., S. 43). Deshalb sei »jeder Rest aus jener Gedanken- und Gefühlswelt ein Fremdkörper in unserem Lager« (ebd., S. 49). Kriterien seiner Überwindung sind für Kurella/Ziegler, die Antike im Sinne Winckelmanns als »edle Einfalt und stille Größe« aufzufassen und den »Formalismus« als »Hauptfeind«

(ebd.) einer antifaschistischen Literatur anzuerkennen. Das kam einem Generalangriff auf die künstlerische Avantgarde des 20. Jh.s gleich. Kurella hatte den Aufsatz vor der berüchtigten Ausstellung *Entartete Kunst* und der Kultur-Rede A. Hitlers am 19. 7. 1937 in München geschrieben; seine Veröffentlichung wenige Wochen danach mußte Betroffenheit und Unwillen hervorrufen. E. Bloch erklärte in dem Aufsatz *Der Expressionismus* (in: »Neue Weltbühne«, 1937, Nr. 45), Hitlers Attacke beweise, daß die expressionistische Kunst keine Rechtfertigung des Feindes enthalte. Als »Rebellion gegen Verdinglichung und Oberfläche« sei sie antikapitalistisch und vom »Willen zur Veränderung« (E. Bloch: *Vom Hasard zur Katastrophe*, Frankfurt a.M. 1972, S. 275, 277) getragen gewesen. Bloch und H. Eisler stellten in den beiden Dialogen *Avantgarde-Kunst und Volksfront* (in: »Neue Weltbühne«, 1937, H. 50) und *Die Kunst zu erben* (ebd., 1938, H. 1) die Grundfrage, wie sich das »sozial fortgeschrittenste Bewußtsein« heute mit dem »ästhetisch fortgeschrittensten« verbinden lasse. Die Volksfront brauche die fortgeschrittensten Künstler, um der Wahrheit »den zeitgemäßesten, präzisesten, farbigsten Ausdruck zu verleihen« (H. Eisler: *Musik und Politik*, Leipzig 1973, S. 398); die fortschrittlichen Künstler brauchten die Volksfront, um nicht »ins Leere hinein« zu produzieren. Nur der Künstler bleibe Avantgardist, der »die neuen Kunstmittel für das Leben und die Kämpfe der breiten Massen brauchbar zu machen« versteht (ebd., S. 402). Für Künstler bleibe »die Wechselbeziehung: kritische Beachtung der Gegenwart, dadurch produktiv ermöglicher Erbantritt der Vergangenheit« (ebd., S. 411) entscheidend.

G. Lukács reagierte mit dem Aufsatz *Das Ideal des harmonischen Menschen in der bürgerlichen Ästhetik* (in: »Das Wort«, 1938, H. 4). Eine Reihe links stehender Schriftsteller - schrieb er - suchten ihre Empörung über die Erniedrigung und Zerstörung des Menschen durch den Kapitalismus künstlerisch auszudrücken, indem sie diese Tatsache in ihrer nackten Gräßlichkeit darstellen. Andere dagegen, deren »Revolte ... keine so offene politische und soziale Färbung erhält«, gestalteten mit lebendiger Intensität den alltäglichen Kampf des Menschen mit der kapitalistischen Umwelt um die »Bewahrung seiner menschlichen Integrität«. Diese »Revolte der großen Realisten« ist für Lukács »das Bedeutendste in der Kunst der bürgerlichen Welt unserer Zeit« (S. 89–91). Offenbar wollte Lukács die Debatte aus der Fixierung auf Ablehnung oder Verteidigung des Expressionismus herausführen. Denn Kurellas These forderte zur Ehrenrettung zumindest einiger seiner Gruppen und Vertreter heraus. F. Leschnitzer beispielsweise setzte sich für Lukács' Position ein, wollte aber die Lyrik von G. Trakl, G. Heym und E. W. Lotz als »Vermächtnis ... an uns« (ebd., 1937, H. 12, S. 53) würdigen. H. Walden, ehemals

Herausgeber der Zs. »Der Sturm«, blieb nicht bei solcher Halbheit stehen. Er betrachtete die künstlerische Avantgarde als aktiven Teil der Volksfront (ebd., 1938, H. 2, S. 100) und forderte, sie zu stützen. K. Berger, ein im Pariser Exil lebender Kunstwissenschaftler, meinte, das Erbe der expressionistischen Strömung als »Geist unseres 20. Jahrhunderts« zu pflegen, schaffe die ideologischen Voraussetzungen dafür, daß Künstler der Avantgarde »in die Volksfront treten« (ebd., S. 102). K. Kersten betonte, der Kampf für Demokratie habe »einen wesentlichen Teil der Grundhaltung zahlreicher Schriftsteller der expressionistischen Periode« ausgemacht: »Sie nahmen Richtung nicht auf die Bourgeoisie, sondern auf das Proletariat« (ebd., 1938, H. 3, S. 78). R. Leonhard interpretierte den Expressionismus als »Antithese zur Entartung der im Krieg versinkenden bürgerlichen Welt« (ebd., H. 6, S. 101), als »Zersetzung – nicht des bürgerlichen Erbes, aber der bürgerlichen Erbbewahrung« und »Vortrieb zu dem, was wir heute wollen« (ebd., S. 100). Vor allem Beiträger aus den westlichen Emigrationsländern beschrieben die expressionistische Bewegung als historisch abgeschlossenes, aber produktiv weiterwirkendes Erbe. Das entsprach den Erfahrungen ihrer künstlerischen Praxis, und sie unterschieden sich damit auch kaum von der Mehrzahl ihrer im Moskauer Exil lebenden Kollegen. Aber diese hatten - oft mit schwer errungener Überzeugtheit - die rigide Reglementierung des kulturellen Lebens in der Sowjetunion akzeptiert, der sich nur wenige zu verweigern wagten. Wer in den westlichen Ländern um die Weiterführung der Volksfront-Bemühungen besorgt war, mußte sich gegen die Moskauer Attacken stellen, weil linke Intelligenz und bildungsbürgerliche Schichten keinesfalls bereit waren, ein Verdikt über die künstlerische Avantgarde gutzuheißen. Dementsprechend reagierte die »Deutsche Volkszeitung«, das Sprachrohr des Sekretariats des ZK der KPD in Paris, auf den Beginn der E mit der Erklärung, die Volksfront trete für »uneingeschränkte Freiheit der Kunst« ein und überlasse die Beurteilung eines Kunstwerkes der öffentlichen Meinung (»Deutsche Volkszeitung«, 26. 12. 1937).

F. Erpenbeck, der Organisator der E, bemühte sich, wenn auch ohne Erfolg, der Debatte den Charakter einer fast durchgängigen Zurückweisung Kurellas zu nehmen. So warnte G. von Wangenheim zwar vor einem Kampf gegen künstlerische Experimente schlechthin (vgl. »Das Wort«, 1938, H. 3); seine Abrechnung mit dem Theater des Expressionismus korrespondiert jedoch auf prekäre Weise mit der Kampagne gegen das Meyerhold-Theater. B. Balázs bejahte in *Meyerhold und Stanislawski* sogar direkt die Absetzung Meyerholds mit dem Argument, der »ewige Neuerer« sei veraltet, sein Bühnenkonzept habe »keine Funktion mehr in der neuen Wirklichkeit« (ebd., H. 5, S. 116). Mehr Substanz besitzen die Versuche, die Entwicklung anderer Kunstgattungen im 20. Jh. in die Debatte

einzubeziehen. Die Geschichte des Films reflektieren W. Haas in dem Essay *Das kinematographische Zeitalter* (ebd., H. 3) und Balázs in der Studie *Zur Kunstphilosophie des Films*, die im Film als einziger im Zeitalter des Kapitalismus entstandenen Kunst ein »grundlegend neues Formprinzip« (ebd., S. 114) wirksam sieht. Auch die bildende Kunst wird erörtert. P. Fischer argumentiert, der Begriff »Expressionismus« sei in der Malerei entstanden und könne ohne diesen Bezug nicht sinnvoll erörtert werden (ebd., 1938, H. 6). Dem stellt A. Durus in *Abstrakt, abstrakter, am abstraktesten* einen Abriß der Kunstentwicklung vom Expressionismus zum »Konstruktivismus, Suprematismus und Neo-Plastizismus« (ebd., S. 81) gegenüber, als deren Grundtendenz er »Abkehr vom Leben, … Loslösung von der Wirklichkeit« (ebd., S. 78), »zunehmende Entfernung der Künste von der erfahrbaren Wirklichkeit« und »Entgegenständlichung der Welt« (ebd., S. 82) betrachtet. Die These, der Expressionismus münde in den Faschismus, lehnt er ab (ebd., S. 76); den »Tendenzen eines Neoexpressionismus« müsse jedoch entschieden entgegengetreten werden, um »die Wurzeln des Formalismus in Leben und Kunst endgültig aus[zu]reißen« (ebd., S. 83) zu können. Diesem theoretischen Verdikt sind die *Erfahrungen eines Malers* von H. Vogeler zugeordnet. Die Selbstdarstellung wird hier zu einer Selbstabrechnung des Künstlers, die darauf hinausläuft, trotz subjektiv revolutionär gemeinter Formsprengung sei der Expressionismus nur »der Totentanz der bürgerlichen Kunst« gewesen, von dem »keinerlei kulturelles Erbe zu übernehmen« (ebd., S. 92, 94) bleibe.

Ihren Höhe- und zugleich Endpunkt erreichte die öffentliche Debatte mit der Konfrontation der Auffassungen von Bloch und Lukács im Juni-Heft 1938 des »Wort«. Beide suchten die Bilanz der Debatte mit einer neuen Fragerichtung zu verbinden. In *Diskussionen über Expressionismus* deutete Bloch das Interesse am Expressionismus als Indiz, daß die vergangene Bewegung sich vielleicht »noch nicht ausgelebt« (ebd., H. 6., S. 104) habe. Er betonte die »subjektive Revolte« und »revolutionäre Phantasie« der »›Pioniere‹ des Zerfalls«, die zumindest keine »Ärzte am Krankenbett des Kapitalismus« (ebd., S. 106-109) gewesen seien. Bloch betonte zu recht, Lukács setze das »Experiment des Zerfällens mit dem Zustand des Verfalls gleich« (ebd., S. 108). Jedoch verfehlte er die Intention seines Kontrahenten mit der Behauptung, Lukács rechne »fast alle Oppositionen gegen die herrschende Klasse … der herrschenden Klasse« zu, sofern sie »nicht von vornherein kommunistisch« (ebd., S. 107) seien. Die Konzeption der »Revolte der großen Realisten« war keineswegs an eine kommunistische Option gebunden. Lukács' Gegenkritik lautete, Bloch identifiziere moderne Literatur mit einer ihrer Entwicklungslinien und spare die »Literatur der bedeutenden Realisten dieser Periode« (ebd., S. 113) aus. Durch das »vom realistischen Kunstwerk vermittelte Verständnis der großen progressiven und demokratischen Entwicklungsepochen der Menschheit« – heißt Lukács' zentrale These – werde »in der Seele der breiten Massen ein fruchtbarer Boden bereitet ... für die revolutionäre Demokratie neuen Typs, den die Volksfront vertritt« (ebd., S. 136). Der Kampf gegen antirealistische Traditionen bei Anhängern der Volksfront wird damit zu einer weit über literarische Diskussionen hinausreichenden Aufgabe.

In abschließenden Bemerkungen zur Debatte hoffte Erpenbeck, diese erste »grundsätzliche Aussprache innerhalb der deutschen antifaschistischen Literaturfront« (ebd., H. 7, S. 122) könne zum Auftakt eines neuen Meinungsaustauschs über »Volkstümlichkeit« als »Zentralproblem unseres künstlerischen Schaffens überhaupt« (ebd., S. 128) werden. Aussicht auf Erfolg hatte diese Anregung nicht, weil die Diskussion als »ein typisch deutsches Abbild der großen Auseinandersetzung zwischen Formalismus und Realismus ... in der Sowjetunion« (ebd., H. 6, S. 64) wenig Spielraum für eine konstruktive Debatte unterschiedlicher Grundkonzeptionen ließ. B. Brecht – selbst einer der Herausgeber der Zs. »Das Wort« – hat dennoch im Jahr 1938 mehrfach solche Vorstöße erwogen. Obwohl zunächst nicht geneigt, der »Moskauer Clique« (B. Brecht: *Arbeitsjournal 1938–1955*, Berlin und Weimar 1977, S. 11) um Lukács »im theoretischen Bezirk« (W. Benjamin: *Versuche über Brecht*, Hg. R. Tiedemann, Frankfurt a.M. 1966, S. 130) entgegenzutreten, suchte er schließlich doch mit *Volkstümlichkeit und Realismus* (Erstdruck in: »Sinn und Form«, 1958, H. 4) diese Begriffe historisch, kämpferisch, politisch zu fassen, beweglich und »souverän gegenüber den Konventionen« (Brecht: *Schriften zur Literatur und Kunst*, Band II, Berlin und Weimar 1966, S. 61). Sie sollten dem Künstler erlauben, »seine Phantasie, seine Originalität, seinen Humor, seine Erfindungskraft« (ebd., S. 62) einzusetzen, dem Betrachter, Zuschauer oder Leser die Möglichkeit geben, »die unter der Oberfläche des ohne weiteres Sichtbaren wirkenden eigentlichen sozialen Triebkräfte genauer dargestellt zu bekommen« (ebd., S. 67). Der Aufsatz blieb damals unveröffentlicht; möglicherweise scheute sich der Autor, sich an einer Debatte zu beteiligen, »wenn ... jedesmal am Schluß die Meinung des guten Lukács als *die* marxistische gepriesen wird« (Brecht: *Briefe*, Bd. 1, Berlin und Weimar 1987, S. 354).

Eine Bilanz der Debatte aus Moskauer Sicht wurde im Juni 1938 in der Generalversammlung der deutschen Sektion des Verbandes der Sowjetschriftsteller gezogen. Sie bejahte den Willen, »zu einer gemeinsamen literarischen Plattform der Volksfrontbewegung zu kommen« (in: DZZ, 17. 6. 1938), ohne zu reflektieren, daß die ausgrenzende Polemik eine solche Plattform von vornherein ausschloß. Die Generalab-

rechnung Lukács' mit der Mehrzahl der Debatten-Teilnehmer und sein Versuch, eine grundsätzliche Ablehnung der künstlerischen Avantgarde zu erzwingen, wurden gegen jeden Augenschein zum Ergebnis der Aussprache erklärt. Dieser Position entsprach auch das *Schlußwort* Kurellas in »Das Wort« vom Juli 1938. Als Fehler räumte er ein, den Fall Benn in den Fall Expressionismus verwandelt und behauptet zu haben, der Expressionismus führe, konsequent durchgeführt, in den Faschismus (vgl. »Das Wort«, 1938, H. 7, S. 111–112). Aber er hielt fest an der These, der Expressionismus sei »Ausdruck eines Verfallsprozesses« und habe beigetragen, den »›Ungeist der Nazis siegen zu lassen‹, indem er eine bedeutende Fraktion der deutschen Intelligenz entwaffnete«; ein »wesentliches echtes Erbgut« habe er nicht hinterlassen (ebd., S. 121).

Der Abschluß der Debatte bedeutete dennoch nicht, daß sich eine der vertretenen Positionen durchgesetzt hätte. Lediglich in der Moskauer Schriftstellergruppe wurde – zumindest öffentlich – eine weitgehende Übereinstimmung über die Thesen von Lukács hergestellt. In keinem der übrigen Exilzentren wurde ein solcher Konsens auch nur angestrebt. A. Seghers bemühte sich, das Gespräch offen zu halten und sinnlose Konfrontationen abzubauen, als sie im Juni 1938 einen Briefwechsel mit ihrem Freund Lukács eröffnete. Erschienen ist er erst im Mai 1939 in der Moskauer IL. Sie geht von einem Gefühl des »Unbefriedigtseins« (vgl. G. Lukács: *Probleme des Realismus*, Berlin 1955, S. 240) beim Abschluß der »Realismusdiskussion« (ebd., S. 242) aus. Denn beim »Schaffen eines Kunstwerks wie bei jeder menschlichen Aktion« sei »das Maßgebende die Richtung auf die Realität«. Was Lukács als Zerfall und Formexperiment vorkomme, erscheine ihr selber »eher wie eine Bestandsaufnahme, ... wie ein heftiger Versuch eines neuen Inhalts« (ebd., S. 248). In Lukács' Zuordnung aller seinem Realismus-Modell nicht entsprechenden künstlerischen Verfahren zur Dekadenz wird für Seghers »der Kurs auf die Realität« (ebd., S. 261) verlassen und die Kampffront gegen den »Hauptfeind ... Faschismus« (ebd., S. 260) geschwächt.

Ausg.: H.-J. Schmitt (Hg.): Die Expressionismusdebatte. Materialien zu einer marxistischen Realismuskonzeption, Frankfurt a.M. 1973. – *Lit.:* D. R. Bathrick: Moderne Kunst und Klassenkampf. Die Expressionismus-Debatte in der Exilzeitschrift Das Wort, in: R. Grimm/J. Hermand: Exil und innere Emigration, Frankfurt a.M. 1972; K. L. Berghahn: »Volkstümlichkeit und Realismus«. Nochmals zur Brecht-Lukács-Debatte, in: Basis. Jahrbuch für deutsche Gegenwartsliteratur, Band 4, 1973; W. Mittenzwei (Hg.): Dialog und Kontroverse mit Georg Lukács. Der Methodenstreit deutscher sozialistischer Schriftsteller, Leipzig 1975; D. Pike: Deutsche Schriftsteller im sowjetischen Exil 1933–1945, Frankfurt a.M. 1981; J. Dürr: Die Expressionismusdebatte. Untersuchungen zum Werk von Georg Lukács, Diss., München 1982; D. Schiller: Die Expressionismus-Debatte 1937–1939 aus der Sicht des Pariser Exils, in: WB, 1986, H. 3; Exil Bd. 1, 2. Aufl. 1989.

Dieter Schiller

Flugschriften des Deutschen Volksvereins: Brüder und Freunde

Paris Nov. 1833, Jan. 1834. Die Flugschriften sind die ersten Dokumente proletarischer Literatur, die die veränderten gesellschaftlichen Widersprüche im Zuge des in einer neuen Qualität einsetzenden Kapitalisierungsprozesses vom Grundsatz her zu diskutieren versuchten. Proletarisches Bewußtsein artikulierte sich hier erstmals als unmißverständliche Kampfansage an die kapitalistischen Abhängigkeits- und Ausbeutungsverhältnisse. Die kollektiv verfaßten Texte sind das Ergebnis der Unzufriedenheit der proletarisierten Handwerker, die die Mehrheit der Mitglieder im Deutschen Volksverein in Paris stellten, mit der Politik und den revolutionär-demokratischen Inhalten der bisherigen Vereinspublikationen. Sie sind in kontroversen Diskussionen über die politische Strategie der Emigrantenvereinigung erarbeitet worden und signalisieren den Beginn der ideologischen und organisatorischen Trennung der proletarisierten Handwerker von den kleinbürgerlich-revolutionären Demokraten, die schließlich zur Gründung des Bundes der Geächteten führte. Von den wahrscheinlich vom Schriftsetzer J. Goldschmidt und dem Klavierbauer W. Strähl entworfenen drei Flugblättern konnten aufgrund politischer Verfolgungen nur zwei erscheinen (Aufl. 2000 Ex.). Die enthaltenen Texte verarbeiten auf der Grundlage der neuesten Erkenntnisse des französischen Sozialismus (neobabeuvistische Gütergemeinschaftslehre) die als Klassenkämpfe interpretierten Auseinandersetzungen der frühen Arbeiterbewegung, insbesondere hier die Erfahrungen der großen Streikkämpfe vom Herbst 1833 in Paris, an denen die deutschen Handwerker selbst beteiligt waren. Sie vermitteln in einfacher und bildhafter Sprache erste Einsichten in die Mechanismen kapitalistischer Prozesse (Verhältnis von formal politischer Freiheit und ökonomischer Abhängigkeit, Zustandekommen kapitalistischer Gewinne, Diskrepanz von Warenpreis und Produktivlohn). In diesen für Bauern und Arbeiter bestimmten Informations- und Aufklärungsschriften wird in durchaus selbständiger Art - beispielsweise bei der Gewinnanalyse - der neobabeuvistische Denkansatz weitergeführt, der mit seiner akzentuierten Eigentumskritik einem neuen Selbstverständnis vom revolutionären Proletariat Vorschub leistete.

Lit.: W. Kowalski: Vorgeschichte und Entstehung des Bundes der Gerechten, Berlin 1962; Frühproletarische Literatur. Flugschriften der deutschen Handwerkergesellenvereine in Paris 1832-1839, Hg. H.-J. Ruckhäberle, Kronberg/Ts. 1977.

Ingrid Pepperle

Franz, Rudolf Friedrich Karl (Ps. Siegfried Eckart)
Geb. 1. 9. 1882 in Köln; gest. 25. 10. 1956 in Leipzig

Studierte Philosophie, Germanistik und Romanistik, Diss. Marburg 1907 *Der Monolog bei Ibsen.* Arbeitete in Redaktionen der SPD-Presse; veröffentlichte u.a. in NZ, »Die Neue Welt«, »Bremer Bürgerzeitung«, »Arbeiter-Jugend«. Verfaßte das *Handbuch der sozialdemokratischen Parteitage von 1910-1913, II. Bd.* (München 1917), Feuilletonredakteur des »Vorwärts« (1914/15), der »Leipziger Volkszeitung« (1918/21), dann der »Sächsischen Arbeiter-Zeitung«; publizierte auch in »Bergische Arbeiter-Stimme«, RF. Wurde 1939 aus politischen Gründen bei der Sozialfürsorge beim Leipziger Magistrat gekündigt, bis 1945 Korrektor in einer Druckerei; nach 1945 im Dezernat Volksbildung, Amt für Kunst und Kunstpflege, ab 1949 Gutachter für die Einkaufszentrale der Deutschen Bücherei Leipzig.

F.s Vita und Werk sind weitgehend unbekannt, was dem Umstand geschuldet ist, daß er, der immer linkssozialistisch engagiert war, zwar mit der sozialistischen Literatur als Kritiker und Schriftsteller verbunden war, aber - einer inneren Konsequenz folgend - mit wechselnder Parteibindung. Sein Weg führte ihn von der SPD (1900) über USPD zur KPD (1921/22, Ausschluß 1926; 1946 SED). F.s Handeln wurde vom Ideal einer künftigen sozialistischen Gesellschaft geprägt. Dem bemühte er sich, theoretisch-ästhetisch wie praktisch, eigenständige Formen - proletarische oder/und revolutionäre - zu erschließen, dachte über Gehalt und Gestalt proletarischer Kunst nach. Angesichts der beliebten »Kampftopoi«, der Bevorzugung von »ausschließlich kriegerischer ... Bildsprache, Ausdrucksweise der revolutionären Poesie«, mahnte er Formenwechsel kritisch an. Fragte nach Wert und Sinn des »Spottgedichts«, der »politisch-satirischen Lyrik« (vgl. *Revolutionäre Lyrik*, in: NZ, 1910, I. Bd., S. 341, 344). Ihn interessierten Kriterien ästhetischer Wertung gegenüber üblicher ideologischer Deduktion, was er als methodologische Frage in *Ästhetik und historischer Materialismus* (in: »Das Forum«, 1919, H. 3) thematisierte, und in *Liquidatoren des historischen Materialismus* (in: »Die Internationale«, 1922, H. 24) wandte F. sich gegen ein vereinfachendes Verständnis des historischen Materialismus wie gegen Intuitions- und Genieerklärungen von Kunst. Seine Satire ist gleichermaßen aufs Entlarven der Eliten des Kaiserreichs wie der Weimarer Republik (SPD-parteibürokratische Klientel einbegriffen) aus. *Warum ich kein Sozialdemokrat bin!* (München 1910, unter Ps.) ist im Gestus eines »2. Vorsitzenden eines Oberlehrerstammtisches« verfaßt, der um Wohl und Wehe der Nation, des Vaterlandes wie der Kinder besorgt ist. Originell: *Die schönsten Märchen für die nationale Kinderwelt.* Bear-

beitet im Sinne des Reichsverbandes gegen die Sozialdemokratie von R. Franz (München 1911, Ndr., Hg. B. u. D.
Emig, Bremen 1984), in denen F. die Märchen der »›Genossen‹ Grimm«, die sie »durch ihre rote Parteibrille betrachten« (Vorrede, S. 3) in den aktuellen Zeitkontext stellte,
mit absolut antikapitalistischen Intentionen wie prosoziali-
stischer Handlungsaufforderung (s. Sternentaler, Von dem
Fischer un syner Fru). In Abrechnung (Dortmund 1911)
teilte er »Versfußtritte« gegen Steuern, Justiz, Kriegshetze,
Militarismus, Preußische Parlamente, Monarchen aus; mit
Simba-Simba oder Die schwarze Schmach (RF, 1921,
Nr. 229 und 230) attackierte F. die doppelte Moral der kapitalistischen Welt am Beispiel eines missionierten Negers. Seine
Freidenkergeschichten aus der Weltliteratur (Berlin 1929)
wie Libretti u. a. haben wohl etwas mit Antireligiosität zu tun,
mehr noch mit F.s politischer und publizistischer Ausgrenzung.

W. W.: Theater und Volk, München 1914; Wähler und Sozialdemokratie, Leipzig 1918; Soermus, der russische Geiger, Leipzig 1922; Aus
Briefen Konrad Haenischs, in: Archiv für die Geschichte des Sozialismus und der Arbeiterbewegung, Leipzig, 1929, H. 3. – Hg.: Georg
Büchners dramatische Werke, München 1912; Feuilleton-Korrespon-
denz Janus, Bremen 1912; Rückwärts. Früher: Vorwärts. Einmalige
Sonderbeilage der ›Freien Welt‹, 9. Nov. 1919 [Ztg.]; März, Leipzig
1924 [Zs.]; Leipziger Neuestes Narrenschiff und Schwindelzeitung,
Leipzig 1925; Das sterbende Leipzig, Leipzig 1926/27 [Zs.]. – Lit.: K. E.
Moring: Die Sozialdemokratische Partei in Bremen 1890–1914, Hanno-
ver 1968; G. Fülberth: Proletarische Partei und bürgerliche Literatur,
Berlin/Neuwied 1971.

Rainhard May

Frei, Bruno (d. i. Benedikt Freistadt; Ps. Bruno, F. Bruno, Karl Franz)

Geb. 11. 6. 1897 in Preßburg (Bratislava); gest. 21. 5.
1988 in Klosterneuburg bei Wien

Sohn einer verarmten jüdischen Familie. Ab 1912 Studium in
Wien, 1922 Dr. phil., erste journalistische Arbeiten für den
Wiener »Abend«, kam über die Sozialistische Studentenbewegung zur SPÖ. 1922/25 Korrespondent des »Abend« in Berlin.
1921 zusammen mit L. Lania Herausgeber des Nachrichten-
bulletins »ABC«; Mitarbeiter der »Weltbühne« seit 1923. 1925
Rückkehr nach Wien, Leitung der außenpolitischen Redaktion
des »Abend«. 1928 Sowjetunionreise. Gründete 1929 auf Vorschlag von W. Münzenberg die Tages-Ztg. »Berlin am Morgen«.
Am 28. Feb. 1933 Emigration nach Prag; zusammen mit F. C.
Weiskopf Gründung des »Gegen-Angriff«; 1934 Aufnahme in
die KPD; 1936 Übersiedlung nach Paris, umfangreiche publizistische und organisatorische Tätigkeit für die Volksfront; Se-

kretär des SDS. Ab 31. Aug. 1939 interniert (Lager Vernet und
Les Milles); Anfang 1941 Ausreise nach Mexiko, Nov. 1941
Mitbegründer der Zs. »Freies Deutschland«, bis zur Ankunft
von A. Abusch Chefredakteur, danach Mitglied des Redaktions-
kollegiums. Ab 17. Jan. 1942 Redakteur des in spanischer
Sprache zunächst wöchentlich, dann alle 14 Tage erscheinenden Blattes der Bewegung »Freies Deutschland«, »Alemania
Libre«, ab 15. Apr. 1943 – zusammen mit R. Feistmann –
Redakteur der deutschsprachigen Beilage »Der Deutsch-Mexi-
kaner«. Aktive Tätigkeit im Heinrich-Heine-Klub, Mitglied der
Menorah (Vereinigung deutschsprachiger Juden), Vorstands-
mitglied der Acción Republicana Austriaca de Mexiko (ARAM)
(einer Vereinigung österreichischer Republikaner in México);
Rückkehr nach Wien Anfang Apr. 1947 über Murmansk.
1948/56 Chefredakteur des »Abend«, 1947/65 Herausgeber des
»Österreichischen Tagebuchs«. Mitarbeit im Weltfriedensrat.
Korrespondent der »Volksstimme« (KPÖ) in Peking 1957/59.
F.s frühe journalistische Arbeiten sind Sozialreportagen, die
von sozialistisch-utopischen Vorstellungen aus die bürgerliche
Gesellschaft aufrütteln wollen. Sie geben eine umfassende
Beschreibung des Wiener Massenelends nach dem I. Weltkrieg.
Im Zentrum der Reportage Im Lande der roten Macht (Berlin
1929) steht die spannungsvolle Dialektik von sozialistischem
Menschenbild und Lebensrealität im Verlauf der Kulturrevolution in der UdSSR. Mit seiner publizistischen Tätigkeit im
Rahmen der IAH und für zahlreiche fortschrittliche Presseorgane der Weimarer Republik betrieb er eine Kunst der Entlarvung und Enthüllung im Dienste politischer Aufklärung. So
gelang es F., »Berlin am Morgen« eine beachtliche Massenwirksamkeit zu verschaffen, indem er Grundelemente des
bürgerlichen Journalismus benutzte und im Sinne einer eingreifenden Literatur umfunktionierte. In seinen besten Reportagen entwickelte er eine Form des journalistischen Tat-
sachenberichts, die das Gespür für sensationelles Material mit
der nüchternen Analyse sozialer Hintergründe verbindet und
emotional wirkungsvoll gestaltet. Dazu zählt die politische
Enthüllungsschrift über einen Vertuschungsskandal der staatlichen Jugendfürsorge Scheunen. Gericht über die Schuldigen
(Berlin 1931), die biographische Studie Hanussen. Ein Bericht (Strasbourg 1934), in der er frühzeitig und pointiert die
Frage nach der Massenbasis des Faschismus aufgriff, und nicht
zuletzt der Tatsachenbericht Die Männer von Vernet (Berlin
1950). In der Darstellung der komplizierten politischen Verhältnisse im »französischen Dachau«, unter denen Antifaschisten, Nazis, Kriminelle, sympathisierende und feindliche
französische Soldaten und Offiziere mit- und gegeneinander
kämpften, erfaßte F. wie in einem Brennspiegel die großen
weltpolitischen Vorgänge. Nach Überwindung der vor allem
im ↗ »Gegen-Angriff« verfochtenen sektiererischen Linie entwickelte F. ein intensives und weitverzweigtes journalistisches

Bruno Frei

Engagement für das Zustandekommen einer Volksfront. In den »Deutschen Informationen« (1936/39) gelang es ihm als einem der drei Herausgeber, zeitweise Kommunisten, Sozialdemokraten und bürgerliche Demokraten im Kampf gegen den deutschen Faschismus zusammenzuführen. Die erste Nummer des »Freien Deutschland« enthält einen Vorschlag zur Gründung eines einheitlichen Aktionsausschusses der deutschen Emigration auf lateinamerikanischem Boden. Nach 1947 entstanden zahlreiche Reisereportagen, die Biographie *Ossietzky. Ritter ohne Furcht und Tadel* (Berlin und Weimar 1966; Berlin West 1978) - sie gilt als ein Standardwerk der Ossietzky-Forschung - sowie die Autobiographie *Der Papiersäbel* (Frankfurt a.M. 1972).

W. W.: Wiener Wohnungselend (Abh.), Wien/Leipzig 1918; Jüdisches Elend in Wien, Wien/Berlin 1920; Gespräch über das Glück, Wien/Leipzig 1920; Das Elend Wiens, Wien/Leipzig 1921; Im Lande der fluchenden Rabbis und der hungernden Bauern, Leipzig/Wien 1927; Internationaler Marxismus oder nationaler Sozialismus? Eine Diskussion zwischen O. Strasser und B. Frei, Berlin 1930; Karl Franz (Ps.): Hitler über Deutschland oder wie es kam ..., Prag 1933; Rakosi zum dritten Mal vom Galgen bedroht! Zürich/Paris 1935; Was geht in Deutschland vor? Paris 1936; Die anarchistische Utopie, Frankfurt a.M. 1971; Zur Kritik der Sozialutopie, Frankfurt a.M. 1973; Im Schatten von Karl Marx. Moses Heß - Hundert Jahre nach seinem Tod, Wien/Köln/Graz 1977. - *Lit.:* W. Kießling: Alemania Libre in Mexiko, Bd. 1, 2, Berlin 1974; L. Maas: Deutsche Exilpresse in Lateinamerika, Frankfurt a.M. 1978; K. Kändler u.a.: Berliner Begegnungen. Ausländische Künstler in Berlin 1918-1933, Berlin 1987.

Eva-Maria Siegel

Freies Deutschland (FD) Alemania Libre, ab Jan. 1946 Neues Deutschland (ND; Nueva Alemania)

Politisch-literarische und kulturpolitische Monatsschrift des deutschsprachigen antifaschistischen Exils, erschien Nov. 1941/Jun. 1946 in Mexiko. Chefredakteur war zuerst B. Frei, ab Jan. 1942 A. Abusch. Redakteure waren: R. Feistmann (bis Sommer 1943, bis er Chefredakteur der neugegründeten »Demokratischen Post« wurde), Frei (bis Ende 1945), K. Stern (ab Sommer 1942) und B. Uhse. Den Verlag des FD leitete A. Callam. Lizenzträger (Gerente) war der mexikanische Hochschullehrer, Schriftsteller und Bankier A. Castro Leal. Im Redaktionssekretariat arbeiteten M. Menzel-Merker, H. Abusch, I. Katz-Simone und H.O. Margon, in der Redaktionskommission außer dem Chefredakteur anfangs A. Simone und G. Stibi, Sommer 1942/46 P. Merker und E. Jungmann. Der Umfang der Zeitschrift, deren Titelklischees von dem früheren Bauhausdirektor H. Meyer stammten, betrug zunächst 32, später 36 S. Hauptverbreitungsgebiete: Lateinamerika und die USA, Vertriebsstellen in Kanada, Großbritannien, Palästina, Südafrika und Australien. Die Auflage stieg von anfangs einigen hundert auf 3500 Ex. (Frühjahr 1942) und schließlich auf mehr als 4000.

Die Idee zur Herausgabe des FD entwickelten E.E. Kisch, Uhse, A. Seghers, L. Katz, Simone, Frei, Feistmann und Th. Balk, nachdem Mexiko im Herbst 1941 zum Emigrationszentrum der KPD auf dem lateinamerikanischen Kontinent geworden war. Bestimmend war der Gedanke, mit einer Zeitschrift die Politik der antifaschistischen Einheits- und Volksfront unter den Bedingungen des Krieges nach dem faschistischen Überfall auf die Sowjetunion weiterzuführen und allen von Mexiko aus erreichbaren deutschen Hitlergegnern verschiedener Denkrichtung eine entsprechende Orientierung zu geben. Der Titel sollte das politische Grundanliegen ausdrücken: FD trat für ein freies, demokratisches und friedliebendes Deutschland ein, in dem die Grundlagen des Imperialismus, des Faschismus und Militarismus beseitigt sind, und bekannte sich zur Antihitlerkoalition, in der sie die Garantie für den militärischen Sieg über das faschistische Deutschland sah. FD stand allen Autoren offen, die diese allgemeindemokratische Linie akzeptierten und sollte vor allem auf dem amerikanischen Kontinent die Sammlung und Einigung der deutschen Hitlergegner stimulieren. Die Redaktion bemühte sich von Anfang an, Mitarbeiter aus allen Exilländern zu gewinnen. Das FD veröffentlichte in den 55 Nummern mehr als 200 Autoren aus nahezu 20 Ländern (z.T. Nachdrucke).

FD wurde zu einem Forum antifaschistischer Politiker, Schriftsteller und Wissenschaftler. Sie vertraten kommunistische, sozialdemokratische, bürgerliche Standpunkte. Für FD schrieben außer Deutschen Autoren verschiedener Nationalitäten: u.a. I. Ehrenburg, E.G. Martinez, P. Neruda, A. Tamas, S. Téry und V.L. Toledano. FD brachte Artikel, Aufsätze, Essays, Erzählungen, Gedichte, Romanauszüge und Rezensionen. Die Rubrik »FD berichtet« informierte über den antifaschistischen Widerstand in Europa, über den Alltag in Nazideutschland und über Ereignisse in den Ländern der Antihitlerkoalition. Die Rubrik »FD liest« enthielt Nachrichten aus der internationalen Presse, »FD hört« Kulturnotizen. Viele Autoren suchten aus der deutschen Geschichte Lehren zu ziehen und auf Geschichtsdenken und Geschichtsbild der Leser einzuwirken. Durch viele Beiträge sollten fortschrittliche Traditionen des deutschen Volkes erschlossen werdem, vor allem der Arbeiterbewegung. Humanistische Traditionen vermittelten Arbeiten von und über Marx und Engels, über Lessing, Goethe, Humboldt, Heine, Kant, Hölderlin und Fichte. Die ungezeichneten Leitartikel zum aktuellen Geschehen schrieb zumeist Abusch. Aufsätze zu Fragen des antifaschistischen Kampfes und seiner Perspektiven nach dem Ende des Naziregimes stammten von Abusch, Jungmann, Merker und A. Norden. Zur internationalen Entwicklung und zur Außenpolitik schrieb Simone. Militärstrategische und militärpolitische Fragen behandelte vor allem Renn. Der Entlarvung nazistischer Kriegsverbrechen und -verbrecher widmete sich Feistmann. Ein Grundanliegen des FD war die Solidarität mit der die militärische Hauptlast der Antihitlerkoalition tragenden Sowjetunion. Frontberichte und Übersetzungen sowjetischer Autoren veranschaulichten die Rolle der UdSSR bei der Zerschlagung des Aggressors. Bis zum Sommer 1944 ging es immer wieder um die Errichtung einer zweiten Front in Europa. Den Widerstand der europäischen Völker und ihrer Partisanen gestalteten besonders Frei, Balk und F.C. Weiskopf.

FD zeigte seine Verbundenheit mit dem Gastland, indem es in vielfältiger Weise die Leser mit Geschichte, Kultur und Politik Mexikos vertraut machte. Das Juniheft 1943 erschien als Mexiko-Sondernummer mit Beiträgen deutscher und mexikanischer Autoren. FD führte eine weitgespannte Diskussion über die Zukunft Deutschlands nach der Zerschlagung des Faschismus. Einen Höhepunkt in diesem Meinungsaustausch bildete L. Feuchtwangers Beitrag *Die Zukunft Deutschlands* vom Nov. 1944, in dem er schrieb, daß Deutschland nur dann demokratisch sein werde, wenn es von Großagrariern, Militaristen und Monopolisten frei ist. Einzigartig in der von Kommunisten redigierten Exilpresse ist im FD die sich durch alle Jahrgänge ziehende Erörterung des Problemkomplexes Antisemitismus und faschistische Judenvernichtung, die Diskussion zur Wiedergutmachung an den Juden und die Akzeptanz zionistischer Bestrebungen zur Bildung eines jüdischen Nationalstaates. Die Initiative hierzu ging von (dem ›Nichtjuden‹) Merker (1894–1969) aus, dem Leiter der KPD-Organisation in

Mexiko. Seine von der Mitverantwortung aller Deutschen, auch der Hitlergegner, am jüdischen Schicksal getragenen Beiträge *Hitlers Antisemitismus und wir* (Okt. 1942) und *Brief an einen Freund. Die Bewegung Freies Deutschland und die Zukunft der Juden* (Apr. 1944) dienten 1955 in der DDR u.a. als »Beweismittel« in einem Geheimprozeß gegen Merker, in dem er zu acht Jahren Zuchthaus verurteilt wurde. FD veröffentlichte Reportagen von Kisch, von denen die meisten in sein Buch *Entdeckungen in Mexiko* aufgenommen wurden. Uhse veröffentlichte mehr als 40 Arbeiten. Fast in jeder Nummer erschienen biographische Beiträge: von Feuchtwanger *Heinrich Mann* und *Hasenclevers Tod*, von Renn *Das Leben des Dichters Jaques Roumain*, von H. Mann *Zum Tode Stefan Zweigs; Der Dichter Alfred Döblin; Kisch, der Entdecker Mexikos* und *Mein Bruder*, von P. Westheim *Käthe Kollwitz* und *Der Dichter der ›Kleinen Stadt‹*, von M. Zimmering *In memoriam Johannes Wüsten (Peter Nikl)*, von W. Victor *Der Mensch Friedrich Engels*.

Programmatischen Charakter hatten mehrere Essays von Seghers. Sie machte darin den Exilgefährten an vielen Beispielen bewußt, daß es ihre Aufgabe ist, alle progressiven Traditionen zu wahren und zu fördern, um sie später in den Dienst eines antifaschistischen Deutschlands und demokratischen Neuaufbaus zu stellen. Den Sinn der Emigration sah sie darin, sich auf diese große historische Aufgabe nach Hitler vorzubereiten. In Beiträgen wie *Deutschland und wir; Tolstois literarisches Erbe; Volk und Schriftsteller; Aufgaben der Kunst; Gotthold Ephraim Lessing* und *Inneres und äußeres Reich* führte Seghers ihre Überlegungen zur Realismusdiskussion der 30er Jahre weiter. FD führte eine Debatte zum Problem der Volksverbundenheit und der nationalen Wirksamkeit des Schriftstellers, an der sich Seghers, Uhse, F. Bruckner und Weiskopf beteiligten. Trotz unterschiedlicher Meinungen forderten sie vom Schriftsteller - sie selbst lebten es vor - die aktive Teilnahme am Kampf des Volkes um Demokratie, der vom Kampf gegen Faschismus und Imperialismus nicht getrennt werden könne. Im FD hatte die Literaturkritik einen festen Platz. Für die von Uhse geleitete Rubrik »FD bespricht« bzw. »Das Buch in unserer Zeit« schrieben, außer Uhse selbst, vor allem Abusch, Balk, Frei, Feistmann, Kisch, P. Mayer, Renn, A. und I. Simone und Weiskopf über Publikationen des deutschsprachigen Exils und über internationale Neuerscheinungen. FD hatte, obwohl keine Honorare gezahlt wurden - eine Sonderregelung gab es für H. Mann - ständig mit finanziellen Schwierigkeiten zu kämpfen. Spenden von Lesern in Mexiko und in den USA halfen über solch schwierige Lagen hinweg. Die Redakteure bestritten ihren Lebensunterhalt aus Solidaritätszuwendungen des Joint Antifascist Refugee Committee in New York. Ab Jan. 1942 war FD auch das Publikationsorgan der Bewegung Freies Deutschland in Mexiko, ab Frühjahr

1943 außerdem des Lateinamerikanischen Komitees der Freien Deutschen. Nach dem 8. Mai 1945 veränderten sich die Aufgaben des FD. Es betrachtete sich nunmehr als eine Auslandsstimme des in der sowjetischen Besatzungszone gebildeten Blocks der vier antifaschistisch-demokratischen Parteien und informierte über den demokratischen Neuaufbau. Trotzdem blieb FD eine Zeitschrift des Exils und endete, als es den meisten Mitarbeitern der Redaktion und den in Mexiko lebenden Autoren möglich war, nach Deutschland zurückzukehren.

Ausg.: Freies Deutschland. Alemania Libre (fotomechanischer Nachdr., Geleitwort A. Abusch, Einl. Kießling), 4 Bde., Leipzig 1975. – *Lit.:* W. Kießling: Alemania Libre in Mexiko, Bd. 1: Ein Beitrag zur Geschichte des antifaschistischen Exils (1941–1946), Bd. 2: Texte und Dokumente zur Geschichte des antifaschistischen Exils (1941–1946), Berlin 1974; Freies Deutschland. México 1941–1946. Bibl. einer Zeitschrift, Bearb. V. Riedel, Vorw. A. Abusch, Berlin und Weimar 1975 (= Analyt. Bibln. deutschsprachiger literarischer Zsn. 4); H. A. Walter: Deutsche Exilliteratur 1933–1950, Bd. 4: Exilpresse, Stuttgart 1978; Exil, Bd. 4, 2. Aufl. 1984; F. Pohle: Das mexikanische Exil, Stuttgart 1986.

Wolfgang Kießling

Freie Volksbühne, Neue Freie Volksbühne (FV, NFV)

Nach dem Fall des Sozialistengesetzes 1890 wurde unter Beteiligung der Sozialdemokratie und ihr nahestehender bürgerlicher Intellektueller die FV in Berlin als Besucherorganisation des Theaters gegründet. Im Unterschied zu Programmen und Praxis bürgerlicher Volksbühnenbestrebungen seit den 80er Jahren, die der allgemeinen Hebung des Kunstsinnes im Volke dienen sollten, nahm sich die FV vor, unter Umgehung der Zensur in geschlossenen Veranstaltungen zeitgenössische dramatische Texte, die mit der sozialen Lage und den politischen Interessen der Arbeiter korrespondierten, aufzuführen. Diese Veranstaltungen sollten durch einführende Vorträge und anschließende Diskussionen ergänzt werden. Die FV wurde begründet als genossenschaftliche Organisation überwiegend proletarischer Theaterbesucher. Die Mitglieder zahlten eine Einschreibegebühr von einer Mark und monatlich gestaffelte Beiträge von 50 bis 20 Pfennigen. Die Plätze wurden verlost, für jeweils eine Veranstaltung im Monat am Sonntagnachmittag, im Rotationsprinzip. Gespielt wurde mit eigens dafür engagierten Schauspielern in gemieteten Theatern. Ziel des Vereins war es, eine von den Verwertungsbedingungen des bürgerlichen Geschäftstheaters freie Institution zu schaffen, die werktätigen Schichten den Zugang zum Theater eröffnen sollte. Damit war die FV als Produktions-, Rezeptions- und Distributionsstätte des Theaters ein wesentlicher Bestandteil der sozialdemokratischen Arbeiterkultur.

Ursprünglich hervorgegangen war der Verein aus dem in den Jahren des Sozialistengesetzes entstandenen politischen Debattierklub Alte Tante. Mitglieder des Klubs wandten sich an ↗ B. Wille mit ihrem Bedürfnis, Theaterbesuche nach dem Vorbild der Freien Bühne zu organisieren. Wille entsprach diesem Wunsch mit seinem Projekt einer FV unter der Losung »Die Kunst dem Volke«. Die Gründungsversammlung am 8. 8. 1890 wählte Wille zum ersten Vorsitzenden des Vereins. Beisitzer waren W. Bölsche, J. Hart, C. Baake, C. Schmidt, sowie J. Türk als Schriftführer. Es wurde eine Gruppe von Ordnern gebildet, die für die Verlosung der Plätze und die organisatorische Absicherung der Veranstaltungen verantwortlich war. Diese Ordnergruppen haben in der konfliktreichen Geschichte der FV eine politisch wichtige Rolle gespielt. Nach Paragraph I der Statuten verpflichtete sich der Verein besonders zur Förderung der »modernen« Richtung der Poesie. Die Eröffnungsvorstellung fand am 19. 10. 1890 mit H. Ibsens *Stützen der Gesellschaft* im Berliner Ostend-Theater statt.

Es folgten: *Der Volksfeind, Nora, Gespenster* von Ibsen, *Vor Sonnenaufgang* von G. Hauptmann, *Ehre* von H. Sudermann, *Eisgang* von M. Halbe, *Therese Raquin* von E. Zola, *Kabale und Liebe* und *Die Räuber* von F. Schiller sowie *Maria Magdalene* von Ch. F. Hebbel. Der Verein beschäftigte zwei eigene Regisseure (C. Hachmann, G. Stollberg). In den ersten zwei Jahren ihres Bestehens zeichnete sich die FV bei der öffentlichen Durchsetzung zeitgenössischer Dramatik aus. In der Frage, wie der Verein zu führen und welche politische Ausrichtung man vornehmen solle, schieden sich die Geister. Die Fraktion um B. Wille war bestrebt, die Arbeit des Vereins, der überwiegend aus mit der Sozialdemokratie verbundenen Arbeitern bestand, aus jeder Parteiorientierung herauszuhalten. Die Gruppe um J. Türk sprach sich für eine politisch akzentuierte Arbeit und eine demokratische Vereinsstruktur aus, während die Fraktion um B. Wille an ihrem Programm einer überparteilichen Erziehungs- und Bildungsarbeit unter Führung von künstlerischen Experten festhielt. Hier zeigten sich Widersprüche, die die kulturpolitischen Auseinandersetzungen in der Sozialdemokratie jener Jahre generell prägten. Im Okt. 1892 trat Wille mit der Gruppe der sogenannten »Unabhängigen« aus dem Verein aus. Die gesamte Ordnerschaft und die Vertreter der literarischen Intelligenz im Verein schlossen sich an. Sie gründeten am 15. 10. 1892 die NFV. Nach dieser Spaltung übernahm F. Mehring bis 1896 die Leitung der FV. Unter seinem Vorsitz wuchs die Mitgliederzahl der FV beträchtlich (1895 zählte die FV 8000, die NFV dagegen nur 1000 Mitglieder). Nach einer neuangelegten Berufsstatistik war die FV ein Arbeiterverein. Mehring räumte im Spielplan jener modernen Dramatik Platz ein, die die proletarische

Emanzipation thematisierte. Dafür steht vor allem die Aufführung der *Weber* von Hauptmann 1893. Da sich aber zeitgenössische Dramatiker (wie etwa die Entwicklung Hauptmanns zeigte) von den sozialdemokratischen Positionen eher entfernten, nur wenig geeignet erscheinende moderne Stücke vorlagen, orientierte der Verein unter Mehrings Leitung die Spielplangestaltung stärker auf das klassische Erbe. Die FV verzichtete nun auf eigene Inszenierungen und kaufte sich in bislang dem gehobenen bürgerlichen Publikum vorbehaltenen Theatern (z.B. dem renommierten Lessing-Theater) ein. In diesem Anspruch auf Teilhabe an den kulturellen Errungenschaften der Bourgeoisie zeigte sich eine bestimmte kulturpolitische Haltung der deutschen Sozialdemokratie in jener Zeit. Dieser Neuorientierung entsprechend, relativierte Mehring die Bedeutung des Theaters für den proletarischen Emanzipationskampf generell.

Im Apr. 1895 wurde die FV, wie alle anderen Freien Bühnen einschließlich der NFV unter Zensur gestellt. Eine erfolglose Klage der FV, die den Zensurparagraphen generell anficht, führte im Jan. 1896 zur Auflösung des Vereins, der einen Teil seines Vermögens streikenden Cottbuser Webern überwies. Am 1. 4. 1897 konstituierte sich die FV neu unter Leitung von C. Schmidt. Der Verein verfügte 1902 über fünf Pachttheater für eigene Inszenierungen und organisierte Vorstellungen in drei weiteren Theatern. Es gab mehr Abendvorstellungen und die Sonntagnachmittagsprogramme wurden um ein musikalisches Repertoire erweitert. Insgesamt spielte der Unterhaltungsaspekt bei der Spielplangestaltung nach der Jahrhundertwende eine größere Rolle.

Am 30. 12. 1914 wurde, finanziert aus Mitgliederbeiträgen und einer Hypothek der Stadt Berlin, das neu errichtete Theater der Volksbühne am Lützowplatz mit B. Björnsons *Wenn der junge Wein blüht* eröffnet. 1913 hatten sich FV und NFV zu einem Kartell zusammengeschlossen, aus dem 1914 der Verband der FVn unter Vorsitz von G. Springer hervorging. Die Vereine glichen sich konzeptionell an in ihrem Bemühen um immer umfassendere Teilhabe an der bestehenden Theaterkultur. 1916 übergab der Verein sein Theater zu kostenloser Pacht bei Übernahme der Hälfte der Plätze an M. Reinhardt. Damit fügte sich die FV bis 1918 in den Betrieb bürgerlicher Geschäftstheater ein und der Verein sicherte sein Bestehen während des Krieges. Reinhardt nutzte die moderne Technik des Hauses für große Klassikerinszenierungen und führte ein Sommertheater ein. Mit Kriegsende übernahm der Verein das Theater wieder. Die Programmatik konzentrierte sich nun auf ein Kulturtheater, daß sich ökonomischen Interessen nicht unterwerfen und kulturelle Werte, dem Aufbau einer zukünftigen Gesellschaft dienend, pflegen wollte. Zentrale Spielplanpositionen waren Stücke von Shakespeare, Ibsen, A. Tschechow, A. Strindberg und G. Kaiser. Das Pro-

gramm eines Kulturtheaters, das sich vom bürgerlichen Geschäftstheater abgrenzte, trug auch der quantitativen Entwicklung der FVn Rechnung. Um 1920 hatten sich die Vereine auf das gesamte Reichsgebiet ausgedehnt, es entstand auf der Basis einer Volksbühne e. V. der Verband der deutschen Volksbühnenvereine. Er verfügte 1927 über 263 Ortsvereine mit 540 000 Mitgliedern. Damit war die Volksbühnenbewegung zu einer beachtlichen Kulturorganisation im europäischen Maßstab herangewachsen. Die Organisation unterhielt einen eigenen Verlag und gab die Zs.en »Freie Volksbühne« (ab 1891) und »Die Volksbühne« (ab 1920) heraus. Es wurden Volksbühnentage in verschiedenen Städten veranstaltet.

Die Politisierung der Theaterlandschaft in der Weimarer Republik, die Ausbreitung einer linken proletarischen Kulturbewegung entfachte Diskussionen über die Rolle der Volksbühnen im proletarischen Klassenkampf unter linken und der KPD nahestehenden Kräften. Das bisherige Konzept einer nicht parteipolitisch orientierten Vereinsarbeit wurde problematisiert. Der Konflikt brach auf anläßlich der Regiearbeiten von E. ↗ Piscator an der FV in Berlin. Piscator war zunächst als Gastregisseur verpflichtet worden: 1924 inszenierte er *Fahnen* von A. Paquet nach dem Konzept eines proletarisch revolutionären Theaters. Mit seiner anschließenden Berufung zum Oberspielleiter wurde deutlich, daß die Führung des Vereins auf die Entwicklung eines aktuellen, politisch orientierten Theaters reagieren mußte. Zur Volksbühnenkrise kam es dann 1927 nach der Piscator-Inszenierung von E. Welks *Gewitter über Gotland*. Piscator hatte den historischen Stoff so angeordnet, daß eine neue Qualität revolutionärer Prozesse seit der Oktoberrevolution zum Ausdruck kam. Der Volksbühnenvorstand (J. Bab, S. Nestriepke u.a.) distanzierte sich von dieser Inszenierung und ordnete Streichungen an, die einen energischen Protest von Kultur- und Kunstschaffenden linker und liberaler Provinenz zur Folge hatten. Damit wurde die schon zuvor in der Presse (»Weltbühne«) diskutierte Krise der Volksbühne eklatant. Die Arbeiten Piscators konnten nun nicht länger als einzelne politische Experimente in der Volksbühne betrachtet werden. Sie repräsentierten die Richtung eines linken politischen Theaters als eine Dominante in der Volksbühnenarbeit. In den Auseinandersetzungen profilierte sich die Volksbühnenjugend in Solidarität mit Piscator zu einer Organisation mit eigenem Arbeitsausschuß in sog. Sonderabteilungen, deren Mitgliederstärke schnell auf 16 000 anwuchs. Als Piscator 1927 die Volksbühne verließ, folgte ihm diese Organisation (mit Einwilligung des Vereins) auch an das neugegründete Theater am Nollendorfplatz. Sie nahm auch Einfluß auf den Spielplan der Volksbühne (E. Toller, B. Brecht, F. Wolf. Th. Plivier, G. Weisenborn). Die Sonderabteilungen, die die Volksbühne zu einem politischen Zeittheater profilieren wollten, fanden Solidarität und breite Unterstützung bei nahmhaften Künstlern und Intellektuellen (E. Mühsam, H. Jhering, A. Kerr). Sie wurden von der Volksbühnenleitung zu befrieden versucht. Nachdem sie sich als führende Richtung in der FV nicht hatten durchsetzen können, gründeten sie 1930 die Junge Volksbühne als eine dem Klassenkampf verpflichtete proletarische Theaterorganisation (Aufführungen von F. Wolfs *Die Jungen von Mons, Tai Jang erwacht*).

Die Auswirkungen der Weltwirtschaftskrise führten bis 1933 auch in den FVn zum Mitgliederschwund und finanziellen Defiziten. 1933 erfolgte die Gleichschaltung der Bühnenvereine in der NS-Reichsorganisation Deutsche Bühne. 1935 wurde ein faschistischer Vorstand installiert, der 1939 die Auflösung des Vereins Volksbühne beschloß.

Lit.: J. Bab: Wesen und Weg der Berliner Volksbühnenbewegung, Berlin 1919; H. Jhering: Der Volksbühnenverrat, Berlin 1928; S. Nestriepke: Geschichte der Volksbühne Berlin, Berlin 1930; E. Piscator: Das politische Theater, Schriften Bd. I, Berlin 1968; H. Braulich: Die Volksbühne, Berlin 1976; M. Gärtner: Verband der deutschen Volksbühnenvereine, Düsseldorf 1978; Freie Volksbühne Berlin 1890–1990, Hg. D. Pforte, Berlin 1990; D. Klenke, P. Lilje, F. Walter: Arbeitersänger und Volksbühnen in der Weimarer Republik, Bonn 1992.

Christa Hasche

Freiligrath, Ferdinand

Geb. 17. 6. 1810 in Detmold; gest. 18. 3. 1876 in Cannstatt

Sohn eines Lehrers; bis 1831 kaufmännische Lehre in Soest; erste Gedichte; 1832/36 Handelskommis in Amsterdam und 1837/39 in Barmen. Schon während dieser Jahre erreichte F. mit seinen an englischer und französischer Lyrik (vor allem V. Hugo) geschulten exotischen Gedichten den öffentlichen Durchbruch als Dichter. 1838 erste Sammlung *Gedichte* (Stuttgart); freier Schriftsteller (Unkel 1839/41, Darmstadt 1841/42, St. Goar 1842/44). 1842 Dichterpension (300 Taler) vom preußischen König Friedrich Wilhelm IV.; 1841/43 sogenannter ›Parteistreit‹ mit G. Herwegh um Aufgaben und Funktion zeitgemäßer Dichtung. F., der darin anfangs noch den Standpunkt strikter Unvereinbarkeit von parteinehmendem politischem Engagement und Poesie vertrat, wandelte aber im Verlauf dieser Kontroverse, die ihn scharfen Angriffen der demokratischen Opposition aussetzte, seine Einstellung. Wachsende Enttäuschung und Verbitterung über den zunehmend restriktiven Kurs preußischer Politik führten F. 1843/44 zu einer sukzessiven Radikalisierung seiner bis dahin gemäßigt liberalen politischen Position. Sein 1844 in Mainz in einer Auflage von 8.000 Exemplaren erschienener Band *Ein Glaubensbekenntnis. Zeitgedichte* war trotz weitreichendem Verkaufsverbot rasch vergriffen. F., der seit Anfang 1844 auf die königlich-preußische Pension verzichtet hatte, bezog hier z.T. offen gegen die nun als reaktionär empfundene absolutistische Machtpolitik Stellung. Aus Furcht vor politischer Verfolgung emigrierte er nach Belgien; im Sep. 1844 in Brüssel Bekanntschaft mit K. Heinzen, H. Bürgers und K. Marx. Im März 1845 Übersiedlung in die Schweiz, zunächst nach Rapperswyl, im Herbst nach Hottingen nahe Zürich. Enge Verbindungen u.a. mit G. Keller und den hier ansässigen deutschen Emigranten W. Schulz, A. L. Follen, J. Fröbel, A. Ruge und H. Püttmann. Im Bannkreis der hier ausgetragenen politisch-ideologischen Richtungskämpfe um verschiedene radikal-demokratische, sozialistische und kommunistische Positionen entwickelte F. eine sehr weitgehende revolutionär-demokratische Haltung, die ihn auch mit kommunistischen Ideen sympathisieren ließ (*Ça ira!*, Herisau 1846). Ab Juli 1846 Tätigkeit als Handelskorrespondent in London. Unter dem unmittelbaren Eindruck der revolutionären Ereignisse im Feb./März 1848 in Frankreich und Deutschland entstand in kurzer Folge eine Reihe von emphatisch die revolutionäre Entwicklung kommentierenden Gedichten, die F. auch als Flugblattdrucke verbreiten ließ. Im Mai 1848 Rückkehr nach Deutschland; führendes Mitglied des Demokratischen Volksvereins in Düsseldorf und Ehrenmitglied des Kölner Arbeitervereins. Im Juli schrieb F. sein wohl wirkungsvollstes Revolutionsgedicht, *Die Toten an die Lebenden*, das ihm, in 9000 Flugblättern verbreitet, Verhaftung und einen Prozeß wegen »Aufreizung zum Umsturz« eintrug. Anfang Okt. unter Druck der öffentlichen Meinung und breiter Solidaritätsbekundungen freigesprochen. Von Marx in die Redaktion der »Neuen Rheinischen Zeitung« nach Köln gerufen, verantwortlich für Auslandsberichterstattung. Veröffentlichung neuer Gedichte; Eintritt in den BdK. Nach dem Verbot der »Neuen Rheinischen Zeitung« blieb F. zunächst in Köln, wo er 1849 im Selbstverlag seine vor allem die frühen Revolutionsgedichte enthaltende Sammlung *Neuere politische und soziale Gedichte. Erstes Heft* herausbrachte. Als Mittelsmann von Marx und Engels illegale Arbeit bei der Reorganisation des BdK, seit Ende 1850 Mitglied der nach Köln verlegten Zentralbehörde des Bundes. Ab Juni 1850 in Bilk bei Düsseldorf, dokumentierte er noch einmal öffentlich mit dem zweiten Heft *Neuere politische und soziale Gedichte* (Düsseldorf 1851) seine ungebrochen revolutionäre Gesinnung. Haftbefehl; Exil in London (Mai 1851). Hier wieder Handelskorrespondent und ab 1856 Filialleiter der Schweizer Generalbank in England. 1852 stellte sich F. als Dichter nochmals unmittelbar in den Dienst der kommunistischen Bewegung, indem er im Sinne von Marx mit den zwei Gedichten *An Joseph Weydemeyer* in die Auseinandersetzung um revolutionsvoluntaristische Auffassungen innerhalb der Exilopposition eingriff. In den Folgejahren setzte bei F. im

Bewußtsein des Schwindens einer realen revolutionären Perspektive ein allmählicher Entfremdungsprozeß von Marx ein, der nach der Prozeßaffäre um K. Vogt 1860 zum offenen Bruch und zur endgültigen Lossagung von der organisierten Arbeiterbewegung führte. Eine als Nationaldotation proklamierte Geldsammlung ermöglichte ihm 1868 die Rückkehr nach Deutschland. In Stuttgart, ab 1874 in Cannstatt, verbrachte er zurückgezogen seine letzten Lebensjahre.

F. gehörte zu den bekanntesten und wirksamsten politischen Lyrikern des deutschen Vormärz. Idealistische Züge in seiner Weltanschauung hat er nie ganz abgelegt, und auch seinen Beitritt zur kommunistischen Gruppierung um Marx vollzog er weniger auf der Grundlage theoretischer Einsichten als aus dem Gefühl heraus, hier die konsequentesten Vertreter einer für den politischen und sozialen Fortschritt notwendigen revolutionären Veränderung gefunden zu haben. Er erreichte seinen künstlerischen Zenit, als er sein Vermögen zu einer intensitätsgeladenen, bildkräftigen Verssprache in der Darstellung der Revolutionskämpfe in besonderer Weise zu entfalten vermochte. Die Revolutionsdichtung F.s wurde zum integralen Bestandteil der kulturellen Traditionsbildung der deutschen Arbeiterbewegung. Mit der Gedichtsammlung *Ein Glaubensbekenntnis* hatte F. seinen exklusiven poetischen Standpunkt (»Der Dichter steht auf einer höhern Warte / als auf den Zinnen der Partei«, *Aus Spanien*, 1841) zugunsten einer operativen, politisch intendierten Dichtungsauffassung aufgegeben. Die Gedichte artikulierten mehrheitlich bürgerlich-liberale Positionen und Forderungen nach nationaler Identität und Einheit (*Zwei Flaggen, Von acht Rossen*), nach konstitutioneller Verfassung (*Die weiße Frau, Vom süßen Brei*) und nach staatsbürgerlichen Rechten und politischen Freiheiten (*Im Himmel, Die Freiheit! Das Recht!, Der Adler auf dem Mäuseturm*). Als charakteristisches Merkmal F.scher Dichtweise war schon hier ein appellativ-rhetorischer Grundgestus zu erkennen, der als Mahnung oder Aufruf realpolitisch aktivieren sollte (*Trotz alledem!*, nach R. Burns; *Hamlet*). Mit der Monologballade *Aus dem schlesischen Gebirge* machte F. auch schon auf die neuartige Dimension sozialer Problematik (Pauperismus) aufmerksam. Die darin ausgeprägte Verbindung von verzweifeltem Hoffen, Anklage und ohnmächtigem Protest kommt auch in F.s, an die ›wahrsozialistische‹ Mitleidslyrik erinnernden sozialen Gedichten der Folgejahre immer wieder zum Tragen (*Irland*, 1847; *Das Lied vom Hemde*, nach T. Hood, 1847). Ein neue Qualität seiner politischen Dichtung erreichte F. mit den 1845/46 entstandenen Gedichten der Sammlung *Ça ira!* Die neugewonnene Überzeugung von der Notwendigkeit und Rechtmäßigkeit einer Volksrevolution durchzieht als Grundmotiv diese sechs Gedichte. In leidenschaftlicher, oft ins Pathetische reichender Diktion fordert er den Sturz des absolutistischen

Systems. Mit der Darstellung von spontanen Volkserhebungen in *Wie man's macht!* und *Freie Presse* versuchte F., unmittelbar Revolutionsbereitschaft zu wecken. Die wuchtig-kühne Ballade *Von unten auf!* gibt fast zeitgleich mit G. Weerth in der deutschen Dichtung dem Proletarier Gestalt, der sich seiner gesellschaftlichen Kraft und geschichtsbildenden Rolle bewußt wird. In antithetischer Struktur und hyperbolischen Metaphernsequenzen kennzeichnet F. den proletarischen Maschinisten, der unten im königlichen Rheindampfer arbeitet und ihn in Bewegung hält, als den entscheidenden Träger einer künftigen Revolution. Reagierte F. auf den Beginn der Revolution 1848 mit monumentalen Gedichten in begeistert hymnischem Ton (*Die Republik, Schwarz-Rot-Gold, Berlin*), so waren auch die Werke der Folgezeit, die ihre Themen ausschließlich aus realem Geschehen bezogen, geprägt von leidenschaftlichem Eintreten für die Ideale und politischen Ziele der Revolution. Rhythmisch betonter Versbau, pathetischer Sprachstil, jähe Metaphorik, pointierte Endreime und eindringliche Refrainverwendung sind dabei immer wiederkehrende Gestaltungsmittel einer auf unmittelbare Aktivierung bedachten Lyrik. Die Mehrzahl dieser Gedichte wird von dem Grundgedanken getragen, die Revolution fortzuführen und zu vollenden mit dem Ziel, eine demokratische Republik zu errichten (*Ein Lied vom Tode, Die Toten an die Lebenden*). F. wußte sich darin einig mit der von Marx und Engels vertretenen strategischen Linie der vollständigen Durchsetzung der bürgerlich-demokratischen Ziele als Voraussetzung für eine weitergehende sozialistische Veränderung. Eine Reihe von Gedichten zeigt sogar direkten Einfluß der von Marx und Engels vertretenen politischen Wertungen und Handlungsvorgaben (*Wien, Blum, 24. Juni – 24. November*). Nach der Niederlage der Revolution versuchte F. mit Zuversicht und Verve, seinen revolutionären Impetus weiterzutragen (*Abschiedswort der Neuen Rheinischen Zeitung*, 1849; *Am Birkenbaum*, 1850; *Die Revolution*, 1851). Die späte Lyrik F.s, die sich neben Nachdichtungen (H. W. Longfellow, W. Whitman u.a.) vor allem auf Gelegenheitsdichtungen sowie einige lyrische Äußerungen im Zusammenhang mit dem deutsch-französischen Krieg beschränkte, kann einen poetischen Substanzverlust kaum verbergen.

Ausg.: Gesammelte Dichtungen. 6 Bde., Stuttgart 1870; Ferdinand Freiligrath. Ein Dichterleben in Briefen, 2 Bde., Hg. W. Buchner, Lahr 1882; Werke, 6 Tle., Hg. J. Schwering, Berlin/Leipzig/Wien Stuttgart o. J. (1909), Ndr.: Hildesheim/New York 1974; Ferdinand Freiligraths Briefwechsel mit Karl Marx und Friedrich Engels, 2 Bde., Hg. M. Häckel, Berlin 1968. – *Lit.:* W. E. Hartkopf: Ferdinand Freiligrath. Ein Forschungsbericht, o.O. (Düsseldorf) 1977; J.-C. Forster: Phantasie. Phrasen und Fanatismus im Vormärz. Eine historische Untersuchung von Leben und Werk der Dichter Ferdinand Freiligrath und Georg Herwegh im Spiegel der Literatur, Nürnberg 1978; E. Fleischhack:

Freiligrath-Bibliographie, in: Grabbe-Jahrbuch, Bd. 1 ff., Emsdetten 1982 ff.

Volker Giel

Fritzsche, Friedrich Wilhelm (Ps. H. W. Dornbusch)

Geb. 25. 2. 1825 in Leipzig; gest. 5. 2. 1905 in Philadelphia

Ein halbes Jahr Armenschule; danach Zigarrenarbeiter; nahm 1848 in Schleswig-Holstein und 1849 in Dresden an den revolutionären Kämpfen teil; wurde verhaftet und wegen Hochverrats zu Kerkerhaft verurteilt; gründete 1863 in Leipzig den Zigarrenarbeiterverein und 1865 als erste Gewerkschaftsorganisation den Deutschen Tabakarbeiterverein, dessen Organ, der »Botschafter«, er 1866/79 herausgab; 1863 Mitbegründer des ADAV, 1865 dessen Vizepräsident; 1869/70 politische Auseinandersetzungen mit J. B. von Schweitzer; blieb jedoch Lassalleaner; setzte die Aufnahme Lassallescher Thesen in das Gothaer Parteiprogramm durch; 1871/78 MdR; wurde am 29. 11. 1878 auf Grund des Sozialistengesetzes aus Berlin ausgewiesen; gab 1879 die Zs. »Der Wanderer« für die Zigarrenarbeiter in Leipzig heraus; emigrierte 1881 in die USA.
F. zählt zu den bekanntesten Lyrikern der Lassalleaner. In seinen Gedichten orientierte er sich an der griechischen Mythologie, an Schiller und der politischen Lyrik des Vormärz und der 48er Revolution. Mit allegorischen und satirischen Mitteln gestaltet er sprachlich gewandt soziale und politische Themen der sozialdemokratischen Bewegung der 60er und 70er Jahre, das elende Leben und die entwürdigende Arbeit in proletarischen Familien in *Die Proletarierin* (1874), *Der Bergmann* (1869) und *Menetekel*. Er fordert alle Unterdrückten, Männer wie Frauen, auf, ihre Unwissenheit zu besiegen (*Reißt die Götter von dem Throne*) und sich im Kampf um ein freies, besseres Leben zu verbünden (*Kampflied, Der Tantalus des XIX. Jahrhunderts*). Er begrüßte die vereinigte Arbeiterpartei, die SAPD, (*Prolog*, Apr. 1876). In scharfer Satire (*Kapuzinerpredigt des Herrn Harkort*, 1872) verspottete er den rheinischen Industriellen F. Harkort, der sich öffentlich gegen den Sozialismus ausgesprochen hatte, und kritisierte die Verhältnisse des neuen Bismarck-Reiches. In *Prolog* zur *Feier des 18. März, Neujahrs-Gruß* und *Freiheitsdrang* vermittelte er Arbeitern Zuversicht und Siegesgewißheit der sozialistischen Bewegung. Nachdrucke seiner Gedichte wurden in Anthologien aufgenommen. F. veröffentlichte auch Erzählungen und Skizzen wie z.B. *Die besiegte Revolution* (in: »Berliner Freie Presse, 1876, Nr. 1-10), *Lockout. Ein Weihnachtsmärchen* (in: *Der Arme Conrad*, Leipzig 1876)

und *Weihnachtsbilder aus einem Proletarierleben* (ebd., Leipzig 1878/79).

W. W.: Blut-Rosen (Ge., unter Ps. H. W. Dornbusch), Zürich 1876; Die sociale Selbsthilfe nach der Lehre Ferdinand Lassalle's (Aufs.), Leipzig o. J. – *Lit.*: Friedrich Wilhelm Fritzsche, in: Stimmen der Freiheit, Hg. K. Beißwanger, Nürnberg 1900.

Gisela Jonas

Frohme, Karl Franz Egon

Geb. 4. 2. 1850 in Hannover; gest. 9. 2. 1933 in Hamburg

Sohn eines Handwerksmeisters; Besuch der katholischen St. Clemens-Schule; Maschinenbaulehre; Geschichts- und nationalökonomische Studien; 1868 Mitglied und Schriftführer des ADAV; ab 1870 Agitator und Mitarbeiter am Zentralorgan des ADAV, »Neuer Social-Demokrat«; 1875/78 Herausgeber und Redakteur des »Volksfreund« in Frankfurt a.M.; nach Erlaß des Sozialistengesetzes Herausgeber legaler Blätter (»Die Hoffnung«, »Justitia«); ein erster Gedichtband, *Feierstunden*, erschien 1876 in Frankfurt a.M.; trotz sozialistengesetzlicher Verfolgung – aus Frankfurt a.M. am 25. 8. 1887 ausgewiesen, übersiedelte F. nach Hannover – Mitarbeit an mehreren legalen Zeitungen der Partei und Gewerkschaft; mehrfach wegen »Majestätsbeleidigung«, »Hochverrats« und »Preßvergehens« zu Gefängnisstrafen verurteilt; 1881/1924 MdR; seit 1890 Redakteur des »Hamburger Echo«, später ständiger Mitarbeiter der »Sozialistischen Monatshefte«; 1919/20 Mitglied der Nationalversammlung.
F. trat in den 70er bis 90er Jahren als vielseitiger Dichter der Lassalleaner hervor. Gefühlvolle Naturgedichte (*Schöne Rast, Am Meer, Gewitter im Gebirge*) und Verse über Jahres- und Tageszeiten klingen wie das symbolhafte Gedicht *Völkerlenz* mit der Hoffnung auf eine durch die Macht des Geistes zu erringende, sozial gerechte Welt aus. Der Alltag des Proletariats und die Solidarität der Arbeiter im Kampf gegen das Sozialistengesetz sind wesentliche Themen seiner politischen Lyrik (*Unter der Erd'; Denkt ihr daran?; Es ist der Mensch; Unser Kampf; Das Sozialistengesetz; Bestie und Mensch; Zur ersten Arbeiter-Maierfeier*). Traditionen der klassischen deutschen Literatur, Goethes und Schillers, verwandte er ebenso wie Bibelsprüche zur Propagierung seiner durch Lassalle geformten Auffassungen. Mit schlagkräftigen satirischen Versen und Sprüchen attackierte er verschiedene politische Richtungen der Bourgeoisie und warnte vor deren politischem Dummenfang (*Politische Haifischfänger 1879, Freiheitshymne eines deutschen Philisters*) und entlarvte treffend politische Heuchelei und Untertanengeist des national-libe-

ralen Bürgers, besonders seine lobhudelnde Verehrung Bismarcks (*Moderner Kunstsinn*). F. verstand seine Dichtung als Beitrag zu einer ›wahren‹ Kunst, deren Rettung nur den Sozialdemokraten gelingen könne.

W. W.: Ein Immortellenkranz, Bremen 1872; Freikugeln, Bockenheim 1879; Deutsche Arbeiter-Dichtung, Bd. 1, Stuttgart 1893; Arbeit und Kultur (Abh.), Hamburg 1905; Empor! Lieder und Gedichte, Hamburg 1910; Politische Polizei und Justiz im monarchistischen Deutschland. Erinnerungen, Hamburg 1926.

Gisela Jonas

Fromm, Otto Max (Ps. Max Wittenberg)

Geb. 18. 1. 1875 in Wittenberg; gest. 4. 7. 1962 in Berlin

Sohn eines kleinen Zigarrenfabrikanten; nach Stukkateurslehre wurde er Mitglied der SPD; in Nürnberg aktive Beteiligung am süddeutschen Maurerstreik; Armierungssoldat im I. Weltkrieg; Übertritt zur USPD und Anschluß an die Gruppe Internationale; Nov. 1918 Mitglied des Soldatenrats in Königsberg; KPD-Mitglied seit Gründung; Postangestellter in Berlin und Betriebsratsfunktionär; Mitarbeiter des Neuen Deutschen Verlages; 1928 BPRS-Mitglied; nach dem II. Weltkrieg Bezirksvorsteher des Bezirksamts Berlin-Neukölln. – F.s erste größere literarische Veröffentlichung, *Gedichte, die der Krieg gebar* (Königsberg 1918), stand noch ganz im Zeichen der pazifistischen Antikriegslyrik der damaligen Zeit. Während der Weimarer Republik entwickelte sich F. zum Prototyp des schreibenden Arbeiters der kommunistischen Kulturbewegung. Mit Kurzprosa und kämpferisch-agitatorischen Gedichten, zumeist für die Organe der kommunistischen Arbeiterpresse geschrieben, prangerte er soziale Mißstände sowie die weitgehende Rechtlosigkeit und Benachteiligung des Arbeiterstandes an und warnte vor den aufkeimenden Gefahren eines erneuten Krieges. Mit seinem besonders symbolgeladenen und bildkräftigen Sprachstil knüpfte F. dabei vor allem an bekannte sozialdemokratische Lyriktraditionen an (*Maienflammen*, Berlin 1924). Anfang der 20er Jahre gründete er eine eigene Arbeiter-Theatergruppe, für die er selbst Liedprogramme und kleine Stücke schrieb. Zu seinen bekanntesten, immer wieder aufgeführten und häufig rezitierten Arbeiten zählten das Sprechchorwerk *Sonnenwende* und der Einakter *Sturm. Zwei Szenen aus dem Proletarierleben* (Berlin 1925).

Inge Lammel

(Die) Front (F)

Zeitschrift, von Sep. 1928/Dez. 1931 von H. Conrad herausgegeben, erschien im »Front«-Verlag mit jeweils ca. 30 S. zum Preis von zunächst 50, später 30 bzw. 40 Pf. Ab 1930, H. 5 mit dem Untertitel »Zeitschrift für Wirtschaft / Politik / Kultur der Arbeiterbewegung«, ab 1930, H. 8–9 »Zeitschrift für Arbeiterbewegung / Politik / Wirtschaft und Kultur«. Die F erschien monatlich, im 1. Halbjahr 1929 halbmonatlich, später unregelmäßig in einer Auflage von 8–10 000 Exemplaren in Berlin sowie zeitweilig auch in Halle (bis Mitte 1929) und Zürich (Apr. 1929/Mitte 1931) und wurde regelmäßig auch in Österreich und der Schweiz vertrieben.

Thematische Schwerpunkte bildeten politische, wirtschaftspolitische und kulturelle Fragen, in der ersten Phase insbesondere auch Fragen der Literatur. Als *Unser Programm* wurde formuliert: »geleitet im Geiste revolutionärer Weltanschauung« und im Sinne des Marxschen Diktums, daß die Philosophen die Welt nur verschieden interpretiert hätten, es aber darauf ankomme, sie zu verändern, wolle die F im Sinne Zolas »nichts als die Wahrheit sagen, und zwar in einfachen Worten« und ihre Leser »zur Aktivität erziehen«. Zwischen Proletariat und Intellektuellen sollten Brücken geschlagen und gleichermaßen Beiträge von bekannten wie von unbekannten Autoren, vor allem auch von Arbeitern, aufgenommen werden (H. 1, Umschlagseite). Das betont aktivistische Engagement des der KPD nahestehenden Herausgebers äußert sich im unermüdlichen Aufruf zu einer gemeinsamen »Front« gegen das kapitalistische System, wobei der auch literarischen Aktivierung von Arbeitern besonderer Stellenwert eingeräumt wird (so 1929 durch ein Preisausschreiben *Aus dem Leben erzählt*, durch die feste Rubrik »Arbeiter schreiben« und durch die Förderung von Arbeiterkorrespondenten). Dank dieses politisch-literarischen Profils nahm die erste Berliner Mitgliederversammlung des BPRS 1928 das von der Redaktion der F unterbreitete Angebot an, die F zum Bundesorgan zu erklären (vgl. 1928, H. 4). Zu dieser Zeit hatten sich die Konflikte des BPRS mit der zuvor favorisierten, von G. Pohl herausgegebenen ↗ »Neuen Bücherschau« soweit zugespitzt, daß diese als BPRS-Organ nicht mehr, die Herausgabe einer eigenen Zeitschrift aber noch nicht in Frage kam.

Zudem wurde die F ab Jan. 1929 »Mitteilungsorgan« der kommunistisch orientierten »Assoziation revolutionärer bildender Künstler Deutschlands« (ARBKD), deren Organisations- und Veranstaltungshinweise sie fortan abdruckte und für deren Tätigkeit sie warb (vgl. H. Rothziegel: *Sagen Sie mal: ARBKD!*, 1929, H. 5, sowie Beiträge des kommunistischen Kunstkritikers A. Durus [d. i. A. Kemény]).

Die enge organisatorische Verbindung von F und BPRS ergibt sich durch die zeitweilig gemeinsame Kontoführung für Mitglieds- und Abonnementbeiträge (durch den für Verlag und Redaktion der F verantwortlichen G. A. Bode), durch die feste Rubrik »Mitteilungen des BPRS«, durch die Mitarbeit wichtiger BPRS-Autoren an der Zeitschrift und insgesamt durch das große Interesse, das die F der jungen proletarischen Literatur entgegenbrachte (Rezensionen einschlägiger Neuerscheinungen, literarische und theoretische Beiträge). So schrieben in der F kommunistische Funktionäre und prominente und auch wenig bekannte BPRS-Mitglieder wie J. R. Becher, P. Brand, A. Daudistel, Durus, A. Ganter, E. Ginkel, K. Grünberg, O. Heller, A. Hotopp, K. Kersten, P. Körner(-Schrader), A. Kurella, B. Lask, P. Maslowski, O. (Müller-)Glösa, K. Neukrantz, E. Ottwalt, G. Rieger, F. Rubiner, Slang, E. Weinert, F. C. Weiskopf, K. A. Wittfogel, M. Zimmering. Daneben waren auch Autoren vertreten, die der KPD bzw. dem BPRS nicht angehörten und ihnen eher kritisch gegenüberstanden, so der libertäre Sozialist F. Brupbacher, der Sozialdemokrat E. Knauf, der 1929 aus der KPD ausgeschlossene F. Rück, A. Goldschmidt, A. Holitscher, H. Kesser, H. Kurz, A. Seehof, K. Tucholsky sowie K. Herrmann und Pohl von der »Neuen Bücherschau«.

Wichtig für die Selbstverständigungs-Debatte über die neue proletarisch-revolutionäre Literatur wurden neben Textproben und Buchbesprechungen programmatische Theoriebeiträge von F. Rubiner (*Der Schriftsteller in der sozialen Revolution*, 1928, H. 3), Rück (*Das Proletariat und die ›radikale‹ Literatur*, 1928, H. 4, eine Auseinandersetzung mit W. Haas und seiner Enquete über die proletarische Dichtung in der »Literarischen Welt«), Lask (*Über die Aufgaben der revolutionären Dichtung*, 1929, H. 8) sowie des Piscator-Mitarbeiters F. Gasbarra (*Kunst und Partei*, 1929, H. 1), in denen über die Klassenposition des Schriftstellers und über Prinzipien kommunistischer ›Parteilichkeit‹ reflektiert wurde. 1929 wurde eine Debatte geführt, die sich in der F über mehrere Hefte (H. 7–11) erstreckte, über die Rolle von linken Intellektuellen in der Arbeiterbewegung und über die Möglichkeiten, aber auch die Notwendigkeit ihres Zusammengehens. An ihr beteiligten sich neben Arbeitern und dem Herausgeber (*Deutschlands Tragödie*, 1929, H. 7) u.a. Tucholsky. Tucholsky verwarf jedwede Führungsansprüche von Intellektuellen gegenüber dem Proletariat und mahnte intellektuelle Bescheidenheit an, warnte die KPD aber auch vor z. T. ressentimentgeladenem, »übertriebenem Mißtrauen« hinsichtlich der linken Intelligenz, das bei Funktionären zu finden sei, nicht aber bei Arbeitern (*Die Rolle des Intellektuellen in der Partei*, 1929, H. 9). In einer Antwort auf Tucholsky kam Zustimmung zu dieser Beobachtung von Seiten Zimmerings (vgl. 1929, H. 11). Für die Verständigung über das Verhältnis von Partei und Intellektuellen Ende der 20er Jahre wurde in dieser Debatte wichtige Positionen abgesteckt.

Diese Auseinandersetzung stand schon im Zeichen der Tren-

nung vom BPRS. Offenbar publizierte der Herausgeber nicht alle Arbeiten, auf deren Veröffentlichung die BPRS Wert legte, wie denn Conrad überhaupt eine strikte Bindung der revolutionären Schriftsteller und ihrer Literatur an die KPD ablehnte. Seine Aktivierungsversuche zumal der Arbeiter mündeten in den Versuch einer Initiative ›von unten‹, einer selbständigen Arbeiterkorrespondentenbewegung außerhalb der KPD. So sah sich die RF veranlaßt, ihre eigene Korrespondentenbewegung »nachdrücklich« von derjenigen der F abzugrenzen (vgl. Ch. M. Hein: *Der »Bund proletarisch-revolutionärer Schriftsteller Deutschlands«. Biographie eines kulturpolitischen Experiments in der Weimarer Republik*, Münster/Hamburg 1990, S. 94). Mit der zeitweiligen Verlegung der Redaktion nach Zürich im Apr. 1929 hatten sich zudem die äußeren Bedingungen für eine weitere Kooperation zwischen BPRS und F verschlechtert. Mittlerweile waren im »Bund« die Pläne für eine eigene Zeitschrift so weit gediehen, daß er nach heftigen öffentlichen Kontroversen über die Möglichkeiten proletarischer Literatur seine Redaktionsmitarbeiter aus der »Neuen Bücherschau« abberief, sich aber auch stillschweigend von der F zurückzog. Als eigenes BPRS-Organ erschien dann ab 1. 8. 1929 »Die Linkskurve«, deren erstes Heft Becher mit seinem anspielungsreichen Programmartikel *Unsere Front* eröffnete. Die F widmete sich in der Folgezeit zunehmend allgemeinen und tagespolitischen Fragen und brachte nur mehr wenige Literatur-Beiträge; so beteiligte sie sich an den Auseinandersetzungen über Brecht/Eislers Lehrstück *Die Maßnahme* (Florian [Ps.]: *Eine unmögliche Maßnahme*, 1931, H. 1–2 [recte: 1–4]; M. H. Brauner: *Noch einmal: »Die Maßnahme«*, 1931, H. 3–4). – Eine im Nov. 1929 in Berlin gegründete »Arbeitsgemeinschaft der ›Front‹-Freunde« hielt ihre Mitglieder zur aktiven Mitarbeit für die F und zur Forcierung der Korrespondentenbewegung an (vgl. 1929, H. 12). Eine für die Entwicklung der proletarisch-revolutionären Literatur relevante Rolle, die sie 1928/29 innegehabt hatte, spielte die F nicht mehr.

Lit.: H. Leber: Die Linkskurve 1929–1932, Diss., Leipzig 1962.

Walter Fähnders

Fuchs, Eduard

Geb. 31. 1. 1870 in Göppingen, gest. 26. 1. 1940 in Paris

Sohn eines Kaufmanns in der schwäbischen Kleinstadt Göppingen, kam während seiner kaufmännischen Lehre in einer Stuttgarter Druckerei mit der Arbeiterbewegung in Berührung, schloß sich bereits als Sechzehnjähriger der Sozialdemokratie an; zunächst auf dem anarchistischen Flügel mehr als nur ein

Mitläufer. Stuttgarter Behörden führten ihn bald in einer Liste der »sozialdemokratischen Agitatoren und sonstigen Träger von Vertrauensposten«. Kaum 18jährig kam er erstmals unmittelbar mit dem Gesetz in Konflikt, hatte in einem Flugblatt Kaiser Wilhelm als »preußischen Massenmörder« tituliert, was ihm fünf Monate Haft eintrug. Wandte sich hinter Gittern zunehmend dem Marxismus zu. Weitere illegale Arbeit nach Haftentlassung: Als Kurier der »Roten Feldpost« schmuggelte er verbotene Schriften der Sozialdemokratie aus der Schweiz über den Bodensee nach Stuttgart. Mit schrittweiser Abwendung vom Anarchismus gewann F. zunehmend Einsicht in die Notwendigkeit gewerkschaftlicher Arbeit. Zählte Apr. 1889 in Stuttgart zu den Initiatoren eines »Vereins der Handlungsgehilfen«. Wenige Wochen später erneut verhaftet und wegen Verbreitung sozialdemokratischer Druckschriften zu fünf Monaten Gefängnis verurteilt. Wieder auf freiem Fuß, ging F. Aug. 1890 nach München, wurde Anzeigenleiter der sozialdemokratischen Tages-Ztg. »Münchner Post«. Mai 1892/1901 verantwortlicher Redakteur der satirischen Zs. ↗ »Süddeutscher Postillon«, die er zu einer der erfolgreichsten und am modernsten gestalteten Satirezeitschriften vor der Jahrhundertwende entwickelte. Es waren nicht nur seine recht pathetischen Gedichte, seine satirischen, kulturhistorischen und politischen Beiträge, mit denen er dem Blatt seinen Stempel aufdrückte. Ebenso wichtig war, daß F. frühzeitig die agitatorische Kraft der Karikatur erkannte und sie konsequent in den Dienst des politischen Kampfes der Arbeiterbewegung stellte. Im Streit ums richtige Zeitschriften-Konzept scheute er nicht harte Auseinandersetzungen mit anderen sozialdemokratischen Blättern wie dem »Wahren Jacob«. Selbst auf Parteitagen wurde engagiert über F.' Forderungen für eine zeitgemäße SPD-Pressepolitik gestritten. Mehr noch als im eigenen Lager wurde der »Süddeutsche Postillon« von der Obrigkeit beargwöhnt und schikaniert. Wiederholt mußte F. als verantwortlicher Redakteur vor Gericht und wurde mehrfach zu Haftstrafen verurteilt. 1901 kehrte F. München den Rücken, er hatte sich nicht nur mit der rechtslastigen bayrischen Parteiführung, sondern auch mit seinem Verleger überworfen. Nach Berlin als freier Schriftsteller. Veröffentlichte Bücher und satirische, kulturhistorische und politische Beiträge in sozialdemokratischen Zeitschriften. Viele dieser Texte geben noch heute Aufschluß über die Richtungskämpfe der Vorkriegssozialdemokratie, der F. weiterhin verbunden blieb. So redigierte er z.B. zu den Kampftagen der Arbeiterbewegung regelmäßig und erfolgreich die im Vorwärts-Verlag erscheinenden Festzeitschriften, denen er neues künstlerisches Profil gab. Obwohl inzwischen zu beachtlichem Wohlstand gelangt, blieb er der Arbeiterbewegung eng verbunden und seinem antimilitaristischen Engagement treu. Es war nur konsequent, daß er später zu den Gründungsmitgliedern von Spartakusbund und KPD zählte. Wegen lang-

jähriger enger Beziehungen zur russischen Arbeiterbewegung im Dez. 1918 von Spartakus beauftragt, W. I. Lenin einen Entwurf für das Gründungsprogramm der Kommunistischen Partei zu überbringen. In den folgenden Jahren engagierte sich F. in Organisationen wie im Bund für proletarische Kultur und der Gesellschaft der Freunde des Neuen Rußland, unterstützte die IAH, machte gegen Zensur, das »Schund- und Schmutzgesetz« mobil und gehörte zu den Wegbereitern des Frankfurter Instituts für Sozialforschung. Im Herbst 1928 überwarf sich F. mit der KPD und unterstützte fortan die Arbeit der oppositionellen KPD (O). Den erstarkenden Nationalsozialismus erkannte F. frühzeitig als die zentrale Gefahr für die Weimarer Republik und trat engagiert gegen ihn auf. Nach dem Reichstagsbrand blieb F. und seiner Frau Grete kein anderer Ausweg als die Flucht ins Pariser Exil. F.' Berliner Villa wurde von den Nazis beschlagnahmt, die wertvolle Kunstsammlung (darunter viele Arbeiten Daumiers) 1937/38 zu Spottpreisen versteigert. Der Verlust der Sammlung, die F. nach seinem Tode zur Gründung eines proletarischen Kunstmuseums in Berlin ausersehen hatte, war für ihn ein schwerer Schlag. Ende 1939 wurde F. schwer krank und starb wenige Tage vor seinem 70. Geburtstag, er wurde auf dem Pariser Friedhof Père Lachaise begraben - demselben, auf dem auch Daumier begraben worden war.

Um 1890 entstanden erste Gedichte, die F. später als *Radler-Lieder* im »Süddeutschen Postillon« (1892, Nr. 8) veröffentlichte. Seine lyrischen Arbeiten, die meist in sehr pathetischen Worten für die Sache des Proletariats Partei ergriffen, in den folgenden Jahren in Zeitschriften, der Anthologie ↗ *Aus dem Klassenkampf* (München 1894) und zwei eigenen Gedichtbänden, *Ein königliches Mahl* (München 1893) und *Gedanken eines arbeitslosen Philosophen* (München 1897) veröffentlicht, wollte F. nicht überbewertet wissen. In einem Brief an den Herausgeber eines Dichterlexikons schrieb er 1902: »Gewiß habe ich gedichtet, aber da das eine Eigenschaft aller Deutschen ist, so unterscheidet mich nur der Umstand, daß ich das Unglück hatte, einen Verleger zu finden. Ich gehöre nicht in ein Dichterlexikon, das wäre ein strafbarer Mißbrauch des Attributs Dichter.« (zit. nach U. Weitz: *Salonkultur und Proletariat. Eduard Fuchs - Sammler, Sittengeschichtler, Sozialist*, [mit Bibl.] Stuttgart 1991, S. 10). F. propagierte in jenen Jahren die Karikatur nicht nur als ein populäres Medium der politischen Agitation, sondern auch als eigenständige historische Quelle. In Studien, die er großzügig mit dokumentarischen Bildern ausstattete, beleuchtete er Themen wie *1848 in der Karikatur* (München 1898) oder *Lola Montez in der Karikatur* (München 1898). Er publizierte in Blättern wie der »Zeitschrift für Bücherfreunde« Beiträge über einzelne Aspekte der Karikatur, in denen er allerdings nur Fingerübungen für ein weit umfassenderes Werk sah. Eine

Zeichnung von B. F. Dolbin

längere Haftstrafe wegen Majestätsbeleidigung nutzte er, um dieses auf den Weg zu bringen: Die zweibändige, mit historischen Dokumenten ausgestattete Sammlung *Die Karikatur der europäischen Völker vom Altertum bis zur Neuzeit* (Berlin 1901/1903). Neben seiner Arbeit als Parteijournalist und Bildredakteur machte F. zusehends auch als Schriftsteller von sich reden – vor allem mit seiner *Illustrierte(n) Sittengeschichte vom Mittelalter bis zur Gegenwart* (München, im Langen Verlag, 1909/1912), die ihrem Autor rasch den Spitznamen »Sitten-Fuchs« eintrug. Trotz ihres relativ hohen Preises und obwohl sie wegen sittlicher Bedenken der Behörden nur an ein ausgewähltes Leserpublikum verkauft werden durften, erreichten die Bände hohe Auflagen und machten F. zum Millionär. Sofort nach ihrem Erscheinen wurde die *Illustrierte Sittengeschichte* in der Öffentlichkeit heiß diskutiert und in Büchereien ständig verlangt – in der Berliner Reichstagsbibliothek war der 1. Bd., *Renaissance*, zeitweilig das meistgelesene Buch, bzw. das am häufigsten entliehene, denn die Fuchs'sche Sittengeschichte wurde weniger gelesen als angeschaut. Wichtiger als die Texte waren vielen die erotischen Darstellungen, mit denen der Autor die Bände illustriert hatte. Dabei war es F. nicht um die Befriedigung erotischer Bedürfnisse seiner Leser gegangen (für Leserinnen waren die Bücher verboten). Sein Anliegen war, Wechselwirkungen zwischen sozialen und politischen Zeitverhältnissen einerseits und dem erotischen Verhalten der Menschen andererseits aufzuzeigen. Trotz dieses politischen Anspruchs

wurde das Werk von der Arbeiterbewegung nur am Rande beachtet, nicht zuletzt wegen seines hohen, für Proletarier unerschwinglichen Preises. Lange bevor ihm seine Erfolge als Buchautor hohe Einkünfte bescherten, hatte F. begonnen, Kunst zu sammeln. Bereits in jungen Jahren entdeckte er seine Liebe zu dem damals noch unbekannten französischen Zeichner und Maler H. Daumier, dessen satirische Werke er privat sammelte und öffentlich propagierte. Die Liebe zu Daumier sollte für F. zum Anknüpfungspunkt für eine enge Freundschaft mit Künstlern wie M. Slevogt und später auch M. Liebermann werden. Mit ihnen diskutierte F. engagiert über die gesellschaftliche Funktion der Kunst. Es gelang ihm so, die beiden fortschrittlichen Künstler der Arbeiterbewegung näher zu bringen. Während der Weimarer Republik war F. nicht nur auf politischem, sondern auch auf schriftstellerischem Gebiet aktiv wie eh und je. Er untersuchte Weltkrieg, Juden und Frauen jeweils im Spiegel der Karikatur, erschloß das reichhaltige Werk Daumiers und legte eine *Geschichte der erotischen Kunst* (München 1923/26) vor. Als Nachlaßverwalter F. Mehrings gab er ab 1929 dessen *Gesammelte Schriften* heraus (z. T. von A. Thalheimer ediert).

W. Benjamin charakterisierte 1937 F.: »Er war von Hause aus nicht zum Gelehrten bestimmt worden. Und bei aller Gelehrsamkeit, zu der er im späteren Leben gekommen ist, hat er nie den Gelehrtentyp angenommen. Seine Wirksamkeit ist stets über die Ränder hinausgeschossen, die das Blickfeld des Forschers umgrenzen. So ist es um seine Leistung als Sammler bestellt, so um seine Aktivität als Politiker.« (W. Benjamin *Eduard Fuchs, der Sammler und der Historiker*, in: W. Benjamin *Gesammelte Schriften*, Hg. R. Tiedemann und H. Schweppenhäuser, Frankfurt a.M. 1980, Bd. II, 2, S. 470) F. war sicherlich eine der ungewöhnlichsten Persönlichkeiten der deutschen Arbeiterbewegung und über viele Jahre hinweg einer ihrer wichtigsten Kunstexperten. Dennoch blieb er bis vor wenigen Jahren von der einschlägigen Forschung kaum beachtet.

Alexander Maier

Fuchs, Rudolf
Geb. 5. 3. 1890 in Podebrady; gest. 17. 2. 1942 in London

F. stammte aus einer tschechisch-jüdischen Familie, erlernte erst mit 10 Jahren das Deutsche. Nach Abitur an der Handelsakademie Prag angestellt in Firmen in Berlin (1909), Prag und Wien. Gedichte in vielen expressionistischen Periodika veröffentlicht. Ab 1917 gewerkschaftlich organisiert; sympathisierte mit dem proletarischen Dezemberaufstand 1920. Übersiedlung nach Berlin mit Hilfe E. E. Kischs kam 1922 nicht zustande, danach übernahm F. das Kunstreferat im »Prager Tagblatt«. 1923/39 Übersetzer der Handels- und Gewerbekammer der ČSR. Beiträge in der deutschen Exilpresse (u. a. in IL) und der tschechischen Zs. »U-Blok« (1936/38). F. wirkte für eine antifaschistische Volksfront (Funktionär der IAH und IRH, im Vorstand der »Liga für Menschenrechte«, Mitglied des Bertolt-Brecht-Klubs); Herderpreis der ČSR 1937. 1939 emigrierte F. nach London; Mitarbeit im Freien Deutschen Kulturbund.

Das Engagement für die tschechisch-deutsche kulturelle Annäherung, das für F.' Werk bestimmend war, begann im Kreis der Prager »Herder-Blätter« 1911. Die besten Frühgedichte (*Der Meteor,* Heidelberg 1913) stehen dem slawischen Volkslied nah. Es folgte expressionistisch geprägte Lyrik (*Die Karawane,* Leipzig 1919), die einer Vision des verlorenen Sohns in der »Unzeit« die Lichtwelt der alttestamentarischen Propheten entgegensetzten. Parallel dazu entstanden Übertragungen der tschechischen sozialrevolutionären Lyrik Bezruč' (*Die Schlesische Lieder des Petr Bezruc,* Vorw. F. Werfel, Leipzig 1917; *Lieder eines schlesischen Bergmanns,* 2. Bd. der *Schlesischen Lieder,* München 1926, überarb. Ausg. mit Vorw.: Mährisch-Ostrau 1937). Andere Übersetzungen, so die Sammlung *Ein Erntekranz. Aus hundert Jahren tschechischer Dichtung* (München 1926), die mit Texten von J. Wolker und V. Nezval endet, sprechen für F.' Nähe zur tschechischen linksavantgardistischen Lyrik der Identitätssuche. Dies ist zugleich der Kern einer Auswahl aus 20 Schaffensjahren, *Deutsche Gedichte aus Prag* (1938, unveröff.), und der Londoner persönlichen Bilanzgedichte, darunter *An Marxens Grab* und *Prager Aposteluhr.* – F.' Szenenfolge über den Mitteldeutschen Aufstand, *Aufruhr im Mansfelder Land* (Berlin 1928, Vorw. M. Hoelz) hat thematisch und formal Nähe zu B. Lasks *Leuna 1921;* sie benutzt die Filmtechnik des Kameraauges zur Gestaltung von Massenszenen. *Der Einsturz* (e. 1929, in: *Ein wissender Soldat. Ge. und Schrn. aus dem Nachlaß,* Hg. P. Reimann u. a., London 1943) geht von einer Baukatastrophe in Prag aus, bei der 50 Arbeiter von einem einstürzenden Billigbau begraben wurden. Die Montage rasch wechselnder oder simultan ablaufender Szenen zeigt den Vorgang zugleich aus dem Blickwinkel von Leidtragenden, Spekulanten, Duckmäusern, Träumern, politisch Erwachenden. Dies ist verbunden mit Attacken auf Wahlrummel, Dichterfürsten und Sensationspresse. Ein Prager Dichter Baal steht im Zentrum von *Kannitverstan* (Bühnen-Ms., Berlin 1929); zwischen der Titelfigur und dem Kommunisten Halfar geht es um die Frage, ob und wie kommunistische Parteilichkeit und künstlerische Freiheit zu vereinbaren seien. F. beteiligte sich so an der kulturpolitischen Parteilichkeitsdebatte der KPČ. In dem Vortrag *Tschechische und deutsche Dichtung in der Tschechoslowakei* (tschechisch Prag 1937) reflektiert F. die Tragik des

deutschen Autors in der ČSR, der seinen intendierten Leser kaum erreicht, als literarischer Mittler dagegen die Chance zur Bereicherung der internationalen proletarischen Lyrik hat. Darin sah F. seine Lebensaufgabe.

W. W.: Das Kommunistische Manifest (Text zum Oratorium E. Schulhoffs, e. 1932), UA 1962 Prag. – *Ausg.:* Vzkas (Botschaft), Hg. P. Eisner, Prag 1950; Die Prager Aposteluhr, Hg. I. Seehase, Halle 1985. – *Lit.:* P. Reimann: Rudolf Fuchs, in: Reimann: Von Herder bis Kisch, Berlin 1961; L. Topolská: R. Fuchs. Sein lyrisches, dramatisches und prosaisches Werk, Diss., Olomouc 1980; Topolská: Rudolf Fuchs – Dichter und Nachdichter, in: Philologica Pragensia, 1986, Nr. 1, S. 1-14.

Ilse Seehase

Fürnberg, Louis (Ps. Nuntius)

Geb. 24. 5. 1909 in Iglau (Mähren); gest. 23. 6. 1957 in Weimar

F.s Vater war ein Kaufmann, dessen kleine Fabrik sich meist am Rande des Konkurses bewegte, die Mutter starb kurz nach seiner Geburt; F. kam aus einer frommen jüdischen Familie, gehörte zur deutschen Minderheit im deutsch-böhmischen Grenzgebiet (zu Hause wurde deutsch gesprochen, F. bemühte sich um die tschechische Sprache, doch schrieb er seine Texte immer deutsch); als Gymnasiast in Karlsbad (1920/26) erlernte F. Klavierspiel; gehörte dort zum Kreis junger Dichter, die deutsch-nationalistisch auftraten; bereits als Schüler in der Sozialistischen Jugend; nach der Schulzeit Lehrling in einer Porzellanfabrik; wegen Tuberkulose (Krankheiten begleiten von früh an sein Leben) mußte F. Arbeit aufgeben, besuchte ab 1927 eine Handelsschule in Prag; interessierte sich für die Ursachen der sozialen Lage, las Marx und Lenin; Kulturarbeit für die KP als »Liedermacher«, 1928 Eintritt in die deutsche Sektion der KPČ; brach Kaufmannslehre ab, besuchte germanistische und philosophische Vorlesungen; Gelegenheitsarbeiten für Presse, verfaßte Werbetexte; 1929 vorübergehend in Berlin, als Barpianist und Lektor im Ullstein-Verlag tätig; kam in Prag in Kontakt mit linken Autoren (u. a. E. E. Kisch); gründete nach russischem Vorbild im Mai 1932 (zus. mit fünf Arbeitslosen) die proletarische Spieltruppe »Echo von links«, mit ihr 1933 Reisen nach Moskau und Paris, 1935 83 Auftritte vor rund 70000 Zuschauern; zur Heilung einer schweren Tbc mit Unterstützung der Partei 1936 in die Schweiz; Arbeit für eine Volksfront gegen faschistische Kräfte (Henlein-Partei); Leitung der Spieltruppe »Das neue Leben« (von Kuba übernommen). Bei der Besetzung Böhmens und Mährens durch Hitlertruppen März 1939 verfehlte F. die rechtzeitige Abreise ins Exil, wurde beim Versuch der Flucht nach Polen im April zusammen mit seiner Frau verhaftet; F. wurde durch 13 deutsche Gefängnisse geschleift und bei einem schweren Verhör fast taub geschlagen; seine Frau erwirkte im Aug. 1939 F.s Entlassung; nach Odyssee durch Italien in Jugoslawien bis 1941, über Griechenland und Türkei nach Palästina; 1941/46 Exil in Jerusalem, gründete den »Jerusalem Book-Club« (wo u. a. A. Zweig auftrat); F.s politische Tätigkeit in der Emigrantenbewegung erschwert 1946 seine Rückkehr nach Europa (Aufenthalt im Lager El Shatt in der Wüste Sinai; vgl. den Gedichtzyklus *El Shatt*, Berlin 1960); in seiner tschechischen Heimat zunächst Prager Korrespondent ausländischer KP-Zeitungen, ab 1948 im Ministerium für Information tätig; 1949/52 Botschaftsrat der ČSR in der DDR; im Zusammenhang mit dem Slánsky-Prozeß wurde F. aus Berlin abberufen, aber in Prag nicht, wie befürchtet, vor Gericht gestellt; Arbeit im Ministerium, das anderssprachige nationale Gruppen betreute; das Gefühl des Fremdseins in der Heimat, der sprachlichen Isolierung verstärkte sich; F.s Bemühungen, unterstützt auch von Seiten der DDR (J. R. Becher, F. C. Weiskopf, P. Wandel u. a.) führten dann 1954 (nicht ohne Schikanen von tschechischer Seite) zur Übersiedlung in die DDR. 1954 bis zu seinem Tode Vizedirektor der Nationalen Forschungs- und Gedenkstätte der klassischen deutschen Literatur in Weimar; begründet 1955 (zus. mit H.-G. Thalheim) »Weimarer Beiträge. Zeitschrift für deutsche Literaturgeschichte«; Mitglied der AdK; im Schiller-Jahr 1955 Generalsekretär der Deutschen Schiller-Stiftung; 1956 in den Vorstand des DSV gewählt; schwerer Herzinfarkt im Sommer 1955, danach eingeschränkte Arbeitskraft.

F. war in seiner Jugendzeit offensichtlich von Gleichaltrigen weitgehend isoliert. Solches Fremdsein, das es auch in späterer Lebenszeit gab, förderte seine Sensibilität und disponierte ihn nach eigenem Zeugnis eher zum Träumer als zum Kämpfer. Früh zog ihn die Musik an und in der Dichtung R. M. Rilke. 1926 pilgerte F. zu Rilke in die Schweiz, auf Schloß Muzot kam es zu einem kurzen Gespräch, das F.s hohe Erwartungen nicht erfüllte; der Rilke-Bezug blieb wichtig. Erste Gedichte F.s sind stimmungsvoll zart; bei ihrer Veröffentlichung (in einem Sammel-Band *Singesang*, Karlsbad/Prag 1928), war F. schon darüber hinaus. Zu F.s frühen Prägungen gehörte seine Mitarbeit in der sozialistischen Jugend, wo er politische Abende mit kleinen Programmen umrahmte. F. sang Lieder von F. Wedekind und F. Villon, später von B. Brecht, E. Weinert, K. Tucholsky und W. Majakowski, die er vertonte und in deren Manier er dichtete. 1930 reagierte F. auf die Erschießung von Demonstranten im Hungerstreik von Dux mit dem *Duxer Lied*, in dem er Heines *Schlesische Weber* aufnahm und im Vers erstmals deutlich zur politischen Argumentation für den sozialen Kampf fand. Diese Form kultivierte F. in der ersten Hälfte der 30er Jahre vor allem im Zusammenhang mit seiner Spieltruppe (vgl. *Echo von links. Songs und Gedichte*, unter

Ps. Nuntius, Reichenberg 1933). Es ist also die politische Gelegenheitsdichtung, seine Rolle als »Liedermacher«, die F.s Weg zunächst bestimmt. Er bekennt sich zu Agitation und Propaganda als Zweck des Schreibens. Theaterspiel lehnte »Echo von links« ab; programmatisch heißt es im *Truppenlied*: »Unser Spiel, es soll kein Spielen,/ unser Spiel soll Kämpfen sein!« (GW Bd. 1, S. 29) Zwischen 1930/35 entwickelte F. die szenische Kantate und verfaßte für seine Spieltruppe Lieder, satirische Couplets, Spielszenen, die er als operative Arbeit durch Wort und Musik verstand. Eine erneute gesundheitliche Krise, die Kur in der Schweiz (1942 schrieb F. darüber *Der Urlaub* – seinen Anti-Zauberberg) trennte ihn von unmittelbar politischer Arbeit; F. fand stärker zu seinen dichterischen Formen (doch entstanden auch populäre Lieder wie 1937 *Du hast ja ein Ziel vor den Augen*). Am deutlichsten wird seine Suche nach einem Weg, das Politische und das Persönliche zu vereinen, zu jener Zeit in der Prosadichtung *Das Fest des Lebens* (e. 1937, Zürich/New York 1939): wenn hier ins Zentrum die Genesung eines vormals sterbensmüden Träumers gestellt wird, thematisierte er seine eigene Entscheidung. – So sehr F. mit manchem Gelegenheitsgedicht (*Der Radiopapst*) auch Nähe zur Lyrik Weinerts hat, so unterscheidet er sich doch von dessen Sprechdichtung. F. trägt in sich die tiefe Kraft lyrischen Sprechens, die menschliche Natur bestimmt oft seine Themen und Motivfelder, er sucht in ihr den Widerstreit zu zeigen zwischen dem Gefühl des Geworfenseins und dem Begreifen der Notwendigkeit, das Leben mit Sinn zu erfüllen. F.s Traum ist es, als Dichter des kommunistischen Ideals ein »Bruder Namenlos« zu sein (vgl. *Der Bruder Namenlos. Ein Leben in Versen*, Wien 1947). Viele seiner naturlyrischen Gedichte sind Ausdruck großer innerer Gefühlsbewegung des Autors. Aber diese subtile Gestaltungskraft findet auch Eingang in die politische Bekenntnisdichtung, etwa in das G. Lorca gewidmete Poem *Die spanische Hochzeit* (e. 1944/45, Berlin 1948), ausgelöst durch eine Zeitungsmeldung über eine königliche Hochzeit, die in Spanien mitten im Kriege mit beispiellosem Prunk gefeiert wurde; das Gefühl für das schreiende Unrecht von gleichzeitigem Massenmord, Sterben und unbekümmertem Feiern bewegt F. zu seinen zwölf Gesängen, die er mit dem Versen schließt: »Erst wenn/ vom letzten Schatten befreit/ allem ein Morgen erglüht,/ segnet die Waffe und segnet die Zeit,/ die Euch den Sieg beschied!« (GW, Bd. 1, S. 454) – F. nahm seine Parteigebenheit in seine Dichtung auf. Im Prosafragment *Krankengeschichte* (tagebuchartiger Text, geschrieben nach dem schweren Herzinfarkt 1955) heißt es: »Aber erst künftige Generationen werden es zu schätzen wissen, daß wir den morbiden, von Verfall und Krankheit affektierten negativen Helden gegenüber mißtrauisch wurden, daß wir der Zerstörung keinerlei Reiz mehr abgewinnen wollten« (GW, Bd. 4,

S. 169). Wenn er in seinem Tagebuch der Heimreise aus der Emigration schrieb: »Ich halte das Dichten von verzweifelten Stimmungen für unmenschlich und antihuman. Ich begehre dagegen auf«, dann übersah er, daß er damit auch gegen die Wahrheit des Lebens verstieß. Und selbst zahlte er einen hohen Preis dafür. Als F. 1949 als Deutscher nicht zum Parteitag der KPČ eingeladen worden war, hat er dies als tiefe Kränkung empfunden; um seine eigenen Zweifel zu besiegen, schrieb er damals das *Lied von der Partei* (»Die Partei hat immer Recht«), ein Lied, das – was er schon bei Entstehen des Textes ahnte –, als blinde Gläubigkeit mißverstanden, ihm einst sehr schaden könnte. (Vgl. *»Ohne Utopie kann ich nicht leben«. Lotte Fürnberg.* In: U. Edschmid: *Verletzte Grenzen. Zwei Frauen, zwei Lebensgeschichten,* Hamburg/Zürich 1992, S. 22/23) – Es bedarf heute wieder einer behutsamen Annäherung an F. und seine Poesie gelebten Lebens, an einen Dichter, der sich zwang, »nicht Flöte zu sein«, sondern »Fanfare«.

W. W.: Worte der Liebenden. Nach dem »Hohen Liede«, Prag 1935; Lieder, Songs und Moritaten, Basel 1936; Festliche Kantate, Reichenberg 1938; Hölle, Haß und Liebe (Ge., unter Ps. Nuntius; Vorw. A. Zweig), London 1943; Im Namen der Menschlichkeit (Kantate), Jerusalem 1943; Mozart-Novelle, Wien 1947; Wanderer in den Morgen. Ein Gedichtkreis, Berlin 1951; Die Begegnung in Weimar (N.), Berlin 1952; Das wunderbare Gesetz (Ge.), Berlin 1956; Das Jahr des vierblättrigen Klees. Skizzen, Impressionen, Etüden, Berlin 1959. – *Ausg.:* Ges. Werke in 6 Bde., Berlin und Weimar 1964–1973 [=GW]; Der Briefwechsel zwischen Louis Fürnberg und Arnold Zweig, Hg. R. Poschmann und G. Wolf, Berlin und Weimar 1978; Briefe. Auswahl, 2 Bde., Hg. L. Fürnberg und R. Poschmann, Berlin und Weimar 1986. – *Lit.:* Louis Fürnberg. Ein Buch des Gedenkens zum 50. Geburtstag, Berlin 1959; G. Wolf: Der Dichter Louis Fürnberg. Leben und Wirken. Ein Versuch (mit Bibl.), Berlin 1961; H. Poschmann: Louis Fürnberg. Leben und Werk, Berlin 1967 (= Schriftsteller der Gegenwart, Bd. 21); Fürnberg. Ein Lesebuch für unsere Zeit (Ausw. H. Böhm, Einl. H. Poschmann), Berlin und Weimar 1985.

Michael Hametner

Gábor, Andor

Geb. 17. 1. 1884 in Ujnép (Ungarn); gest. 21. 1. 1953 in Budapest

Sohn eines Beamten; studierte in Budapest Philologie; bereits während des Studiums journalistisch und literarisch tätig. Debütierte mit Übersetzungen (G. Mistral, L. Byron, H. Heine, P. Verlaine u.a.), schrieb humoristisch-satirische Romane, Lustspiele und Chansons. Im ersten Weltkrieg Pazifist, näherte er sich dem bürgerlichen Radikalismus; identifizierte sich mit der bürgerlich-demokratischen Revolution 1918. Arbeitete 1919 während der Ungarischen Räterepublik im Volkskom-

missariat für Kultur, nach deren Sturz für zwei Monate verhaftet. 1920 emigrierte G. nach Wien, wo er sich der kommunistischen Emigration anschloß. Mitbegründer der Ztg. »Magyar Bécsi Ujság«, schrieb für das Parteiorgan »Proletár«. Wegen publizistischer Kritik des weißen Terrors und der Schrecknisse des Horthy-Regimes 1924 auf ungarische Intervention aus Wien ausgewiesen, über Frankreich 1925 nach Berlin. G. wurde Mitglied der KPD, arbeitete in der Leitung des IRH-Verlags und in der RF. 1927 Berlin-Korrespondent des »Ogonjok« und 1928 – nach einer Moskaureise mit seiner Frau O. Halpern – Feuilletonkorrespondent der »Prawda«. Mitbegründer des BPRS und 1929 Redaktionsmitglied der »Linkskurve«. 1934 emigrierte G. über Prag in die Sowjetunion. War 1938/41 in Moskau Redakteur der Literatur-Zs. »Uj Hang«, die der Vereinigung der ungarischen antifaschistischen Kräfte diente. Seit 1941 Kommentator der ungarischen Sendungen von Radio Moskau, später auch von Kossuth-Radio. Im Mai 1945 nach Ungarn zurückgekehrt, beteiligte er sich am Aufbau der kommunistischen Presse.

Während der Berliner Jahre war G. eng mit der revolutionären deutschen Arbeiterbewegung verbunden. Als Berichterstatter der »Prawda« nahm er an vielen ihrer Kämpfe teil und schilderte seine Erlebnisse in zahlreichen Reportagen, Skizzen und Glossen, die die Lebens- und Kampfbedingungen prägnant erfaßten und die moralischen Haltungen von Arbeitern in den Klassenauseinandersetzungen herausstellten. Satire und Ironie verleihen G.s Reportagen und Skizzen kämpferischen und entlarvenden Charakter. Vor 1933 war er vorwiegend journalistisch tätig, seine Literatur- und Theaterkritiken trugen zur politischen und literarischen Profilierung des proletarischen Feuilletons bei. G. setzte sich engagiert und radikal für eine selbständige proletarisch-revolutionäre Literatur ein, war jedoch der irrigen – nach 1933 überwundenen – Auffassung, daß nur Schriftsteller aus der Arbeiterklasse die Fähigkeit hätten, den Befreiungsprozeß vom revolutionären Klassenstandpunkt aus zu gestalten. Vom BPRS mit der Leitung der Arbeitsgemeinschaften Kurzgeschichte/Reportage und Theater beauftragt, förderte G. besonders schreibende Arbeiter und betreute junge proletarisch-revolutionäre Autoren (u.a. K. Grünberg, H. Marchwitza). In speziellen *Schulungsbriefen* orientierte G. dabei auf die kulturellen deutschen Traditionen, z.B. auf das Werk J. W. Goethes. Er las »auch die bescheidensten, dürftig anmutenden Arbeiten«, wie A. Seghers bemerkte, da er in ihnen eine »erste und eigene Aussage der kämpfenden Arbeiterklasse« erkannte (*Geleitwort.* in: A. G.: *Der rote Tag rückt näher. Reportagen und Skizzen 1928–1932,* Berlin 1959, S. 6). J. R. Becher schätzte G. als seinen »poetischen Korrektor« (J. R. Becher: *Verteidigung der Poesie,* Berlin 1952, S. 351 f.) und bezeichnete seine aufmerksame und kluge Art der Kritik als vorbildlich. Andere Autoren wie etwa W.

Bredel erlebten ihn in den 30er Jahren dogmatisch und sektiererisch. In der Sowjetunion führte G. in Novellen und Erzählungen die Auseinandersetzung mit dem deutschen Faschismus weiter. Seine publizistische Arbeit konzentrierte sich auf Beiträge zur faschistischen Kultur- und Literaturpolitik, zur faschistischen Literatur; auf Rezensionen antifaschistischer Neuerscheinungen (z.B. von L. Feuchtwanger , J. Roth, E.E. Kisch); auf die Systematisierung und Propagierung von Grundfragen der marxistischen Ästhetik (u.a. *Marx und Engels über Realismus, Tendenz und Kritik*, in: IL, 1938, H.3). Im zweiten Weltkriegs wandte er sich besonders in der Lyrik wieder stärker den Problemen seiner ungarischen Heimat zu; seine Gedichte wurden an der Front verbreitet und in den ungarischen Sendungen von Radio Moskau und dem Sender Kossuth verlesen.

W. W.: Horthys Lager. 3 Bilder aus dem ungarischen Leben und vom ungarischen Tod, Berlin 1924; Die Topfriecher und andere Erzählungen, Engels 1935; Die Rechnung und andere Erzählungen aus dem dritten Reich, Moskau 1936; Souper im »Hubertus«, Moskau 1936; – *Ausg.:* Gespenster bei Sonnenlicht, Ausw. H. Günther (mit Bibl. der deutschsprachigen Publikationen G.s), Halle-Leipzig 1979. – *Lit.:* Ein »schrecklicher Lehrer«. Andor Gabor im Briefwechsel mit Hans Marchwitza, Karl Grünberg, Berta Lask, in: NDL, 1988, H. 10.

Vera Thies

Der Geächtete (G)

Eine der ersten deutschsprachigen politischen Exilzeitschriften, entstanden im Auftrag und in Trägerschaft des Bundes der Geächteten. G erschien in einer Auflage von bis zu 500 Ex. Juli 1834/Feb. 1836 in Paris in insgesamt 12 Nummern zu je 3 Druckbogen (48 S., oktav) zunächst monatlich (1. Bd.: 6 Nrn.), ab 1835 in unregelmäßigen Abständen (2. Bd.: 6 Nrn.) zum Abonnementspreis von einem Franc bzw. eineinhalb Franc pro Einzelnummer mit dem Motto »Erlöse uns vom Übel! Amen!«. Geführt wurde die Zeitschrift von dem Kölner Publizisten J. Venedey, der offiziell und mit dem euphemistischen Zusatz »In Verbindung mit mehreren deutschen Volksfreunden« auch als Herausgeber angegeben war. Nach Venedeys Ausweisung aus Paris im Apr. 1835 firmierte der elsässische Buchdrucker E. Rauch als dessen Nachfolger. Die eigentliche Redaktionsarbeit aber lag seitdem in den Händen des Göttinger Rechtsdozenten K. W. T. Schuster. An der Nahtstelle zwischen radikaldemokratisch-republikanischer Opposition und frühproletarisch-sozialistischer Strömungen angesiedelt, wirkte G für ein politisches Aktionsbündnis gegen die als obsolet angesehenen absolutistischen Herrschaftssysteme. Den ideologischen Ausgangspunkt dafür bildete die Deklaration der Bürger- und Menschenrechte (*Menschen- und Fürstenrecht*,

Titelblatt aus »Der Geächtete«

Bd. 2, H. 2). Hauptzielrichtung war ein bürgerlich-republikanisches Gemeinwesen unter besonderer Berücksichtigung der Lösung der bereits als zentral begriffenen sozialen Frage (Venedey: *Die Propaganda*, Bd.1, H. 2; Schuster: *Der Kampf für eine bessere Zukunft*, Bd.1, H. 5f.). Unter Schusters Ägide gewannen Themenkomplexe, die von wachsenden Einsichten in die kapitalistischen Funktionsmechanismus zeugten, immer mehr Raum – Diskussion um Eigentumsverhältnisse und soziale Reformideen (Nationalwerkstätten) in Anlehnung an frühsozialistisches Gedankengut (Schuster: *Gedanken eines Republikaners*, Bd. 2, H. 2f.). Das Profil der Zeitschrift war in erster Linie geprägt durch die auch quantitativ bestimmenden politischen bzw. politisch-philosophischen Aufsätze. Ergänzt wurden diese durch zwei feste Rubriken: »Deutsche Örtlichkeiten«, mit Kommentaren zu politischen Ereignissen und Zuständen in Deutschland und »Auszüge aus dem Briefwechsel eines Geächteten«, größtenteils fingierte politische Korrespondenzen oder verschlüsselte Informationen für die konspirative Arbeit des Bundes. Bemerkenswert sind vor allem der professionelle, argumentative und bildkräftige Sprachstil der meisten Beiträge sowie die Tatsache, daß auch so bekannte Autoren wie H. Heine (*Die zukünftige Revolution in Deutschland*, Bd. 1, H. 6) und L. Börne (*Die Rettung*, Bd. 1, H. 1) hier vertreten waren. Ein singuläres, aber weithin unbekanntes Zeugnis einer, frühen oppositionell-politischen Vormärzlyrik stellen die im G aufgenommenen Freiheitslieder G. Feins (*An die Fürsten, Prüfung*, Bd. 2, H. 1, 2) dar. Über Emigrantenkreise in Frankreich, Belgien und der Schweiz sowie bereits politisierte Teile der wandernden Handwerkerschaft hinaus vermochte G seinen Wirkungskreis kaum auszudehnen, da ein bereits im Sep. 1834 erlassenes Zensurverbot die Verbreitung der Zeitschrift in Deutschland weitgehend verhinderte.

Ausg.: Ndre.: Glashütten/Ts. 1972, Leipzig 1972. – *Lit.:* F. Brügel: Aus den Anfängen der deutschen sozialistischen Presse, Wien 1929; W. Kowalski: Vorwort, in: Der Geächtete, Leipzig 1972; J. Grandjonc: Deutsche Emigrationspresse in Europa während des Vormärz 1830-1848, in: Heinrich Heine und die Zeitgenossen, Berlin und Weimar 1979.

Volker Giel

Geck, Ernst Adolf

Geb. 9. 2. 1854 in Offenburg (Baden); gest. 13. 4. 1942 ebd.

Bürgerlich-demokratischer Herkunft; Gymnasium und Polytechnikum in Karlsruhe; 1877/79 Ingenieur; 1879/81 Sekretär der Deutschen Volkspartei und Redakteur der »Frankfurter Zeitung«; 1881 im Freiburger Geheimbundprozeß angeklagt; 1883 Mitglied der SAPD; löste sich nach dem Studium marxistischer Schriften vom Lassalleanismus; gründete unter dem Sozialistengesetz den »Volksfreund« als legales Organ in Offenburg, zugleich illegaler Vertrieb des Züricher »Sozialdemokrat«; gab seit den 90er Jahren die lokale Ztg. »D'r alt' Offenburger« heraus; 1898/1911 und 1920/24 MdR, 1903/14 des Badischen Landtages und 1902/14 der Parteikontrollkommission; nahm zu Beginn des 20. Jh.s eine zentristische Position in der SPD ein; zeitweilig in der USPD, später wieder SPD.

G. trat mit balladesken Gedichten im illegalen ↗ »Sozialdemokrat« in den 80er Jahren hervor. In *Am 12. November* (1881) schreibt die Tochter eines ausgewiesenen sozialdemokratischen Arbeiters in Berlin »an des Palastes Wand« mit Kohle die Worte: »Wählt Bebel!«, die für tausende Wähler zur Losung werden. In dem an die antifeudale Tierfabel anknüpfenden Gedicht *Des Staren Rache* (1887) legte G. mit den Mitteln der äsopisch verhüllten Satire die tatsächliche Wirkungslosigkeit der Sozialistengesetze bloß. Der Star des Schusters Kneip wird wegen ständigen Pfeifens der *Marseillaise* polizeilich bestraft

und aus Deutschland ausgewiesen. Im Exil kann er nun erst recht sein Lied singen und es andere lehren. G. schuf mit dem Gedicht eine Ballade sozialistischen Charakters und entsprach damit zugleich Engels' Forderung an die Redaktion des »Sozialdemokrat«, den Gegner mit Ironie, Hohn und Sarkasmus zu bekämpfen. Nachdrucke seiner Gedichte wurden in Anthologien aufgenommen. Dem Kampf der Partei unter dem Sozialistengesetz sind auch G.s spätere Prosaarbeiten gewidmet.

W. W.: Aus der Pürschzeit auf Rotwild. Aus meinen Tagebuchblättern der sozialistengesetzlichen Zeit, in: Neue Welt, 1906; Vorwort zu: 10 Jahre danach, Dokumentensammlung, Hg. I. Auer, Berlin 1913.

Red.

(Der) Gegen-Angriff (GA)

Antifaschistische Zeitschrift, ab 1. 10. 1933: Antifaschistische Wochenschrift. Ende Apr. 1933/März 1936; in Prag von B. Frei begründet und die längste Zeit auch dort redigiert. Die »Prager Ausgabe« enthielt eine spezielle Seite (»Der Gegenangriff in der Tschechoslowakei«), die Problemen der ČSR und auch der Sudeten gewidmet war; eine »Pariser Ausgabe« erschien vom 1. 10. 1933/10. 3. 1935 mit einer Regionalseite (»Der Gegenangriff im Westen«) über Vorgänge in Frankreich, im Saargebiet und auch in Spanien. In unregelmäßiger Folge wurden kleinformatige Dünndruckausgaben des GA für die Verbreitung in Deutschland hergestellt. Chefredakteur war Frei (im Impressum wurden als Verantwortliche in Prag M. Schnierer bzw. in Paris R. Balzinger genannt). Auflage des GA: 8–12 000 Ex. – Der Stil des GA und seine materielle Basis waren mit Pressearbeit und Organisationskraft W. Münzenbergs verbunden (in dessen Auftrag Frei ab 1929 die Ztg. »Berlin am Morgen« geleitet hatte). Zum journalistischen Profil des GA gehörten die zupackende, oft polemische Darstellung, Enthüllungen, Demontage gegnerischer Demagogie und Ideologie, das Organisieren von Kampagnen. Kennzeichnend dafür war der Einsatz des GA zur Aufklärung des Reichstagsbrandes: es gab im Sep. 1933 neun Sondernummern während des Londoner »Gegenprozesses« zum Leipziger Reichstagsprozeß, Abdrucke von Reden G. Dimitroffs, die Publikation von Dokumenten und Aussagen aus dem »Braunbuch« sowie von literarischen Texten, u. a. B. Brechts *Ballade vom Reichstagsbrand*, die im Dez. 1933 anonym in der satirischen Beilage »Roter Pfeffer« erschien. Zielpunkt der Zeitung waren Leser und Lage in Deutschland, weniger die des Exils. Berichte über Auswirkungen faschistischer Herrschaft, Zeugnisse über Widerstand und Opfer, Aufrufe zur Aktion, ideologiekritische Argumentation dominierten. Aufklärung leisteten authentische Aussagen ehemaliger Häftlinge von Konzentrationslagern und antifaschistischer Flüchtlinge (zumeist über den illegalen Parteiapparat der KPD an die Redaktion des GA gelangt, z.T. von deren Mitarbeitern, u.a. P. Kast, aufgeschrieben); aus H. Beimlers Bericht *Im Mörderlager Dachau* erschien ein Auszug (1933, Nr. 11). Im Beitrag zum Widerstand in Deutschland sahen die Träger des GA Sinn und Maßstab für die Emigration. Im politischen Programm und Operieren war GA der Strategie der KPD verpflichtet, Veränderungen vollzogen sich in deren Rahmen. In der Anfangsphase orientierte die Zeitung auf einen revolutionären Umsturz in Deutschland und den Kampf um eine Räterepublik. Dementsprechend dominierte die Gegenüberstellung von Faschismus und Sozialismus, Hitlerdeutschland und Sowjetunion auf den Seiten des GA, und die Aufforderung zur Sammlung der Antifaschisten war ein Aufruf zum Kampf gegen Kapitalsdiktatur und für die sozialistische Ordnung, was viele Hitlergegner ausschloß. Die sektiererische Grundlinie, die mit Polemiken gegen ›Anbeter‹ der Demokratie und den Klassenverrat der Sozialdemokratie verbunden war, blieb, bei Korrekturen im einzelnen, auch im Jahrgang 1934 in Kraft. 1935 setzte sich die Orientierung auf Einheitsfront durch und der GA entwickelte ein bündnispolitisches Konzept, das alle, auch bürgerliche Hitlergegner einbezog. Wichtige Etappen dafür waren 1934 Kampagnen für den eingekerkerten E. Thälmann, gegen Hinrichtungen in Nazideutschland und der vom GA initiierte *Appell deutscher Intellektueller* an die Saarbevölkerung (10. 9. 1934, u.a. von H. Mann, L. Feuchtwanger, E. Gumbel, L. Frank, A. Kerr, G. Bernhard, L. Schwarzschild, K. Mann). – Der Anteil von Schriftstellern an der Arbeit des GA war groß – von Nr. 1 an Beiträge zur Enthüllung der wirklichen Vorgänge und Zusammenhänge (E. E. Kischs »kriminalistische Bemerkungen«, *Der Reichstagsbrand*), Abrechnung mit »Gleichgeschalteten« (F. C. Weiskopfs Texte in der Reihe »In der Garderobe des 3. Reichs« über M. Barthel, G. Benn, G. Hauptmann u.a.), Ideologiekritik des Faschismus (besonders von H. Günther, K. Stern, Durus). Manche Schriftsteller waren fast nur mit Artikeln zu sozialen, politischen und literaturpolitischen Fragen vertreten (z.B. E. Ottwalt, B. Uhse). Nach einem Jahr GA werden Autoren, »die das geschriebene Wort in den Dienst des großen Befreiungskampfes stellen« und der BPRS in Prag und in Paris als wichtigste Stütze genannt (1934, Nr. 17). Symptomatisch ist die Funktionsbestimmung antifaschistischer Literatur in einem Artikel von A. Kantorowicz: sie müsse »Kritik der Wirklichkeit« sein, sei es in Analyse oder Darstellung, immer bereit, sich ins Handgemenge zu stürzen, denn sie sei »keine Unterabteilung der ›Ästhetik‹, sondern eine Unterabteilung der Soziologie (…) wir wollen nicht beruhigen, sondern aufstacheln, nicht ablenken, sondern ins Zentrum führen, nicht den Mußestunden dienen, sondern zum Kampf

vorbereiten« (1933, Nr. 19). In diesem Sinne wurde Literatur als »Kampfliteratur« für die agitatorisch-politischen Schwerpunkte und die antifaschistische Bewegung eingesetzt. Auf der Satire lag ein besonders starkes Gewicht (u.a. 1934 mit Blättern in der Art von Comics vom »SA-Mann Wörtlich«, die jeweils faschistische Losungen oder Ereignisse attackierten, fortgesetzt mit der gezeichneten Serie »Film der Woche«). GA brachte Gedichte überwiegend satirischen und pathetisch-aufrufenden Charakters von E. Weinert (15), A. Stübs (Ps. S. Albin, 15), J. Wüsten (Ps. Buntschuh, 10; seine bedeutenden graphischen Arbeiten im GA unter Ps. Nikl), R. Leonhard (8), J. R. Becher (8), M. Zimmering (6), Brecht (5), K. Schnog (Ps. Coblenz, 4), und viele nur mit Ps. gezeichnete. Wie bei den Gedichten bildete auch bei Artikeln, berichtender und erzählender Prosa die Lage und Abstimmung an der Saar (Jan. 1935) ein wichtiges Zentrum schriftstellerischen Engagements (zahlreiche Beiträge G. Reglers, Th. Balks u.a.); die Grenzen eines vom politischen Wunsch und Appell, nicht von realistischer kritischer Wirklichkeitszuwendung formierten Schreibens – das vielfach den GA bestimmte – werden hierbei deutlich. Bei erzählender Prosa und Reportagen sind weiter E. Karr (11), Kast (11), W. Schönstedt (5) zu nennen, die oft soziale und auf bestimmte Gruppen zielende Themen aus Nazideutschland behandelten. Kischs Spanienreportage *Menschen im Quecksilber, Quecksilber im Menschen* (1934 in 5 Fortsn.) stellt mit ihrem analytischen, nicht eigentlich operativen Verfahren eine Ausnahme im GA dar. Neben der politischen Publizistik besonders von Frei, A. Abusch (Ps. E. Bayer), Münzenberg u.a. sind als wichtige Beiträge einer aktuelle Prozesse analytisch durchdringenden literatur- und ideologiekritischen Publizistik insbesondere Weiskopf und K. Kersten (Ps. G. Forster) zu nennen. Mit all dem wurde der GA ein markantes Zeugnis und Dokument einer vom unbedingten Willen zum politischen Eingreifen bestimmten publizistisch-literarischen Arbeit in den ersten Jahren des antifaschistischen Exils. GA fand seine Fortsetzung in der »Deutschen Volkszeitung« (Paris), die – was sich im GA 1935/36 vorbereitete – gänzlich im Zeichen kommunistischer Volksfrontstrategie stand.

Ausg.: Reprint: Der Gegen-Angriff. Antifaschistische Wochenschrift, mit einem Geleitwort von B. Frei und einer Einl. von S. Schlenstedt, Leipzig 1982. – *Lit.:* W. Krämer/G. Müller: Der Gegen-Angriff (Prag, Paris 1933-1936). Autoren-, Personen- und Sachregister. Mit Beiträgen von B. Frei, Worms (1982), (= Schriftenreihe Deutsches Exil, Bd. 15).

Silvia Schlenstedt

(Der) Gegner (G)

Untertitel: »Blätter zur Kritik der Zeit«. Apr. 1919/Sep. 1922. Herausgeber K. Otten und J. Gumperz, ab Jahrgang 2: Gumperz und W. Herzfelde. Als »für den gesamten Inhalt verantwortlich« immer Gumperz genannt, mit Ausnahme des letzten Heftes, das dafür Herzfelde nannte. Jg. 1, H. 1-5 im Franz Joest Verlag Halle, H. 6 und 7 im A. J. von der Boecke Verlag Leipzig, H. 8/9 – Jg. 3, H. 3 im Malik-Verlag, Berlin. Untertitel entfiel ab Jg. 1, H. 10-12, ab Jg. 2, H. 1/2 dafür: »Mit dem satirischen Teil ›Die Pleite‹«. Die Übernahme durch den Malik-Verlag stellt eine Zäsur in der Entwicklung des G dar. – Die Bejahung einer Revolution, die die im Vorkrieg und Krieg herrschenden Verhältnisse beendet und die Überzeugung, daß die Ergebnisse der deutschen Novemberrevolution diese Umwälzung nicht erbrachten, waren die Ausgangspositionen des G. In der Anfangsphase dominierte die Auseinandersetzung mit Krieg und Kriegsschuld, besonders auch der »Geistigen«; gegen Bourgeoisherrschaft und Gewalt wurde dabei die Utopie eines Menschentums gestellt, das von Güte, Liebe, Gemeinschaftsgeist bestimmt ist. Das betrifft die Aufsätze Ottens, die noch im Krieg geschrieben und aus Zensurgründen nicht erschienen waren (*Vorrede*, H. 1, *Vom lebenden Geist*, H. 2/3, 4, 6), aber auch seine anderen Beiträge wie die von Gumperz in den ersten Monaten (von den beiden Herausgebern stammt die Mehrzahl der Texte). Otten (1889-1963) gehörte zu den politisch engagierten Expressionisten und entschiedenen Kriegsgegnern, die von einem utopisch verstandenen Kommunismus Welterlösung erwarteten. In pathetischen Gedichten hatte er die russische Revolution begrüßt und sich für die notleidenden Massen ausgesprochen. Als Voraussetzung für Änderung der Zustände sah er die innere Wandlung des Menschen zu Liebe und Güte. Dies prägte den Entwurf einer geistig-moralisch erneuerten Menschheit in seinen stark emotional gehaltenen Aufsätzen im G. Den Herausgebern gemeinsam war zunächst auch die Orientierung an der Idee eines »antinationalen« Sozialismus (gerichtet gegen Nationalismus und die II. Internationale, die den proletarischen Internationalismus im Krieg verraten hatte), was auch Berufungen auf F. Pfemfert und die von ihm initiierte Antinationale Sozialistische Partei anzeigen. Neue gesellschaftliche Erfahrungen konkretisierten zwar Ottens Denken politisch, insbesondere im Aufsatz *Sozialismus aus Angst vor dem Communismus* (Jg. 1, H. 5), in dem Ebert und Scheidemann des Erwürgens der Revolution angeklagt werden, doch blieb er bei einer moralisierenden und mythisierenden Sicht geschichtlicher Vorgänge. Gumperz (1898-197?), dessen Gesellschaftskritik stärker politisch war (vgl. *Deutschland und der Kommunismus*, Jg. 1, H. 6 mit dem Versuch, »Geistrevolution« und »Sozialrevolution« realistischer aufeinander zu beziehen), vermochte dagegen, sein

idealistisches Revolutionskonzept zu korrigieren. Schriften von Marx, Engels, Lenin und K. Liebknecht besprach er empfehlend im G und versuchte sie schon im 1. Jahrgang in Zitatmontagen in die Diskussion aktueller politischer Prozesse einzubringen. Dies war eine Grundlage für die Annäherung Gumperz' an den politisch entschiedeneren Malik-Kreis und die organisatorische und ideelle Bindung an den Malik-Verlag und seinen Leiter. Seit dem Ende des 1. Jahrgangs setzte eine deutliche Veränderung im G ein; das betraf die Beiträge zur politischen Zeitgeschichte, in denen nun die Vorgänge in Sowjetrußland – das seit Beginn als Alternative zu Deutschland gesehen wurde – konkreter, differenzierter und informativer präsentiert wurden. Anteil daran hatten neben Beiträgen deutscher Autoren (besonders F. Jung) Berichte von ausländischen Zeitzeugen (R. Marchand, J. Sadoul u.a.) und der Abdruck von Artikeln führender sowjetischer Politiker (N. Bucharin über die Rote Armee, Jg. 1, H. 10-12, Sinowjew: *N. Lenin. Sein Leben und seine Tätigkeit*, Jg. 1, H. 10-12 und Jg. 2, H. 1/2, L. Trotzki über den III. Kongreß der KI, Jg. 2, H. 10/11 u.a.). Wichtig war der Einsatz des G für Solidarität und Verteidigung Sowjetrußlands (Aufruf des westeuropäischen Sekretariats der KI *Friede für Sowjetrußland*, Jg. 1, H. 8/9), insbesondere 1921 in den Hilfsaktionen zur Bekämpfung der Hungersnot (Aufsatz von Gumperz, Jg. 2, H. 10/11, Aufruf des Komitee Künstlerhilfe für die Hungernden in Rußland, H. 12). Der entstehenden sozialistischen Ordnung in Rußland galt stete solidarische Aufmerksamkeit, was sich im Rezensieren der wichtigsten Rußlandreportagen und -berichte im G äußerte (Herzfelde über Jung und A. Goldschmidt, Jg. 2, H. 4, G. Tonn über A. Holitscher, H. 8/9, K. A. Wittfogel über J. Reed, Jg. 3, H. 3). Zeitgleich mit den Veränderungen in den politischen Beiträgen, die zunehmend an der kommunistischen Partei orientiert waren, verstärkte sich im G der kunstpolitische und literarisch-künstlerische Teil. Unter den literarischen Arbeiten, die anfangs im G kaum zu finden waren, gab es – zumeist kurze – Prosatexte von Herzfelde (drei »Träume«, Jg. 1, H. 8/9), R. Hausmann (Prosasatiren, Jg. 1, H. 10-12, Jg. 2, H. 1/2 und 5), Tonn (Jg. 2, H. 8/9), O. M. Graf (Jg. 3, H. 2 und 3), Jung (Jg. 3, H. 2). Als einziger Text aus zurückliegenden Literaturepochen wurde G. Heyms Revolutionsnovelle *Der 5. Oktober* gedruckt (Jg. 2, H. 5). Stärkeres Gewicht als die Prosa erhielt die Dramatik; nach dem Theaterheft (Jg. 2, H. 4, darin anonym der Einakter des ungarischen Autors L. Barta *Rußlands Tag*) erschienen mehrere Bühnenstücke mit revolutionärer Thematik ganz oder in Ausschnitten (U. Sinclair *Prinz Hagen*, Jg. 2, H. 5; Jung *Wie lange noch?*, H. 6; Jung *Dialog zwischen Lenin und Wells* aus *Die Kanaker*, H. 7; Gasbarra, Szene aus dem politischen Puppenspiel *Preussische Walpurgisnacht*, Jg. 3, H. 2). Lyrik wurde vom G kaum gedruckt, was aus dem Literaturkonzept der Herausgeber resultierte, einer »Antipathie gegen Gedichte« (Herzfelde, Jg. 3, H. 1), sofern sie nicht politisch eindeutig und Verse revolutionärer Propaganda sind (vgl. Herzfeldes Rezension zu O. Kanehls *Steh auf, Prolet!*, Jg. 2, H. 7). Nach juristischer Verfolgung des Autors druckte der G Gedichte Kanehls ab (Jg. 3, H. 1 und 3).

Ein für Profil und Leistung des G wesentlicher Bereich waren kunstpolitische und theoretische Beiträge, die den Klärungsprozeß unter politisch avancierten Künstlern, besonders über die Funktion der Künste und den Kunstumgang in den gesellschaftlichen Kämpfen wesentlich voranbrachten und z. T. wichtige Impulse für die Herausbildung der marxistischen Kunststrategie der Arbeiterbewegung nach 1917/18 vermittelten. Der Aufsatz von G. Grosz und J. Heartfield *Der Kunstlump* (Jg. 1, H. 10-12) war polemische Reaktion auf eine Äußerung bürgerlichen apolitischen Kunststandpunkts und der Versuch, dem ein revolutionäres Aufgaben- und Funktionsverständnis von Kunst entgegenzusetzen. Der radikal formulierte Standpunkt löste die erste ausgedehnte Debatte um das Verhalten des revolutionären Proletariats zum Kunsterbe und die Aufgabe revolutionärer Kunst aus (↗ Kunstlump-Debatte). Weitere Aspekte bürgerlichen und proletarischen Verhaltens zur Kunst wurden in Aufsätzen zweier Autorinnen erörtert: G. Kaus polemisierte in *Über den Kritiker* (Jg. 2, H. 3) gegen vorgebliche Objektivität der Kunstkritik und attackierte die tradierten bürgerlichen Wertungskriterien als desorientierend. Lu Märten forderte in *Die revolutionäre Presse und das Feuilleton* (Jg. 2, H. 6) eine historisch-materialistische Kritik in der Arbeiterpresse, die nicht durch einfache Analogien zu ökonomischen Tatbeständen, vielmehr durch eine komplexe historische Analyse zu erreichen sei. Im G fand – wie nirgends sonst in der zeitgenössischen deutschen sozialistischen Presse – eine besonders intensive Erörterung über das revolutionäre Theater statt. Beginnend mit einem thematischen Heft (Jg. 2, H. 4) mit Artikeln von E. Piscator (*Über Grundlagen und Aufgaben des Proletarischen Theaters*), H. Schüller (*Proletkult - Proletarisches Theater*) und F. Ichak (-Rubiner) wurde das Projekt eines proletarischen Theaters, das unmittelbar in den Klassenkämpfen zu operieren vermag, theoretisch begründet und diskutiert. Um das Verhältnis von Kunst und Propaganda, die politische Instrumentalisierung von Kunstarbeit wurde damit eine Debatte ausgelöst (ausgetragen auch in der RF), in deren Kontext weitere Aufsätze im G standen (ein postum publizierter von L. Rubiner, H. 5, der Beitrag des sowjetischen Autors Kerschenzew über das sozialistische Theater, H. 10/11, von Wittfogel *Grenzen und Aufgaben der revolutionären Bühnenkunst*, Jg. 3, H. 2). Herzfeldes Abhandlung *Gesellschaft, Künstler und Kommunismus* (4 Folgen ab Jg. 2, H. 5) brachten den Höhepunkt der kunstpolitisch-programmatischen Darlegungen im G. Sie standen im Zusammenhang mit einer in mehreren Zeitschriften geführten Diskussion über die Stellung der Intellektuellen zur und in der Arbeiterbewegung, ging aber durch die Genauigkeit in der Darlegung von Lage und Arbeitsproblemen der Künstler, der Erfahrungen kommunistischer Künstler mit der Partei und durch die Vorschläge zu einer das spezifische Vermögen der Künstler einrechnenden kunstpolitischen Strategie und Bündnispolitik entschieden darüber hinaus. – Revolutionär-antikapitalistischer Charakter und Wirkungskraft des G wurden durch die bildkünstlerischen Beiträge wesentlich bereichert, die seit der Übernahme durch den Malik-Verlag erschienen. Die Umschlagsgestaltung durch Heartfield, auch Grosz, Hausmann u. a., die auf aktuelle politischer Ereignisse und soziale Zustände satirisch und anklagend antwortenden Zeichnungen von K. Holz, R. Schlichter, G. Scholz und besonders zahlreich von Grosz, zuweilen auch Fotos und Fotomontagen, hatten großen Anteil am zupackenden, zugleich analytisch und mobilisierend operierenden Grundzug der Zeitschrift. Ein wichtiges Dokument der Politisierung der Künstler brachte der G mit dem *Offenen Brief an die Novembergruppe*, verfaßt von der Opposition dieser Künstlergruppe (Jg. 2, H. 8/9), zu der mehrere seiner Mitarbeiter gehörten. – Über drei Jahre hat der G den Prozeß der Klärung unter revolutionierten Künstlern und des Suchens nach einer Verbindung von künstlerischer und politischer Avantgarde dokumentiert und vorangetrieben.

Ausg.: Der Gegner. Fotomechan. Nachdr. mit einem Geleitwort von W. Herzfelde und einer Einl. von H.-J. Görlich, Leipzig 1979.

Rainer Pätzold/Silvia Schlenstedt

Geib, Wilhelm Leopold August
Geb. 10. 4. 1842 in Duchroth (Rheinbayern); gest. 1. 8. 1879 in Hamburg

1855/58 Kaufmannslehre in Meisenheim; 1858/64 Kaufmann in Hamburg; eröffnete dort 1864 eigene Buchhandlung mit Leihbücherei; 1864 Mitglied des ADAV, wurde bald dessen Bevollmächtigter für Hamburg; lehnte die präsidiale Diktatur J. B. von Schweitzers ab und trat 1869 aus dem ADAV aus; 1869 Mitbegründer und Vorstandsmitglied der SDAP; im Sep. 1870 gemeinsam mit dem Parteiausschuß (W. Bracke u. a.) wegen Solidaritätsbekundung mit französischen Arbeitern im Braunschweiger Manifest auf Befehl des Gouverneurs Vogel von Falckenstein verhaftet und drei Monate als »Staatsverbrecher« in der Festung Boyen interniert; 1873 Sekretär des Parteivorstandes; 1874/76 Reichstagsabgeordneter; nach dem Gothaer Vereinigungskongreß Kassierer der SAPD.

G. gehörte zu den produktivsten und bekanntesten Lyrikern der Eisenacher. Er verkörperte den Prototyp des Funktionärs,

August Geib

Agitators und Lyrikers der Partei. Seine frühe Dichtung knüpfte zu Beginn der 60er Jahre an die Traditionen der deutschen Klassik (Goethe, Schiller) und politische Lyrik F. Freiligraths und G. Herweghs an (vgl. Hamburger Zs. »Braga« und Ztg. »Nordstern«). Die Naturgedichte *Frühlingszeit, Im Wald, Fröhliche Wandlung* und *Freiheitswächter* vermitteln ihre Aussage zunehmend allegorisch. Nach Anschluß an die Arbeiterbewegung gestaltete er immer häufiger soziale und politische Themen (*Im Winter, Weihnachten, Reden, denken, handeln*). Im Vergleich zu dem frühen Gedicht *Die Armen* sprach in *Die Proletarier* und *Der Kleinbürger* ein politisch gereifter Dichter, der die sozialen Widersprüche des Kapitalismus benannte und die Arbeiter aufrief, sich Wissen für den politischen und sozialen Kampf anzueignen. Nach Gründung der SDAP schrieb G. zahlreiche politische Lieder und Gedichte, Aphorismen und Epigramme für Arbeiterkalender und die Arbeiterpresse (»Social-Demokrat«, »Volksstaat«, »Volksstaat-Erzähler«, »Vorwärts«, »Hamburg-Altonaer Volksblatt«). Sie spiegeln den Aufschwung der Arbeiterbewegung in den 70er Jahren, schildern das soziale Elend der Arbeiterfamilien und fordern zum Kampf auf. Die Kommune-Gedichte wie *Der Tod des Rebellen* (1871) und *Zur Erinnerung an die Pariser Kommune* (1873) bilden einen Höhepunkt seiner

politischen Lyrik. Er beschreibt den Kampf der Kommunarden als den aller Unterdrückten in der Welt; Aufstieg und Niederlage der Kommune stellt er als eine Etappe im proletarischen Emanzipationskampf dar, der sich fortsetzen werde. Ähnliche Kontinuität der proletarischen Bewegung bringt G. in *Der alte Demokrat* zum Ausdruck. Ein deutscher Achtundvierziger erkennt und begrüßt in den 70er Jahren in den Sozialdemokraten seine Erben, die um Freiheit und Gleichheit für das arbeitende Volk kämpfen. Den Gedanken, gleiches Recht in freiem Staat auch für die Arbeiter zu erringen, kennzeichnet G. als fortbestehende Aufgabe und Ziel der sozialdemokratischen Bewegung (*1871*, später in *Die Kommune* umbenannt). In seinem *Lied der Internationalen* appelliert er an das Proletariat der ganzen Welt, vereint seine Freiheit und das Recht auf die Früchte seiner Arbeit zu erringen. Seine politische Lyrik folgt der Überzeugung vom historisch gesetzmäßigen Sieg der internationalen Arbeiterbewegung. Sie gab der gesamten proletarischen Lyrik der Eisenacher wesentliche Impulse. Einige seiner Gedichte wurden vertont und die populärsten in Anthologien aufgenommen.

W. W.: Gedichte, Hamburg 1864, 2. erw. Ausg. Leipzig 1876; Die Partei Lassalle, Hamburg 1867; Der Normalarbeitstag (Abh.), Leipzig 1873; Heinrich Heine, in: Der Arme Conrad, Leipzig 1879. – *Lit.:* W. Friedrich (Hg.): Im Klassenkampf. Deutsche revolutionäre Lieder und Gedichte aus der zweiten Hälfte des 19. Jahrhunderts, Halle 1962; B. Witte (Hg.): Deutsche Arbeiterliteratur von den Anfängen bis 1914, Stuttgart 1977.

Gisela Jonas

Gerisch, Karl Alwin (Ps. A. Ger)

Geb. 14. 3. 1857 in Rautenkranz (Erzgebirge); gest. 8. 8. 1922 in Berlin

Maschinenbauer; seit seiner Lehrzeit 1871/74 in Auerbach Kontakt zur Sozialdemokratie; ab Anfang der 80er Jahre Maschinenbauer in Berlin; 1885/92 Vorstandsmitglied und Rendant in der Berliner Metallarbeitergewerkschaft; 1890 im Vorstand der Freien Volksbühne Berlin; 1890/92 mit P. Singer Vorsitzender der SPD, 1892/1912 Schatzmeister der Partei, danach Sekretär des Parteivorstandes bis 1917; unterstützte 1914 die Bewilligung der Kriegskredite; setzte sich als führender Parteifunktionär besonders für die organisatorische Festigung der Partei und den Ausbau der Parteipresse ein.

G. war einer der Erfolgsautoren sozialdemokratischer Prosa vor dem ersten Weltkrieg: 1899/1916 erschienen in der »Neuen Welt« acht Erzählungen und Romane. Nachdrucke in der Buchhandlung Vorwärts erreichten hohe und wiederholte Auflagen (z.B. *Erweckt*, Berlin 1911: 4000, 1912: 2000, 1919: 5000 Ex.). Wie vor ihm A. Otto-Walster oder M. Kautsky griff

G. Erzählstrukturen und Gestaltungselemente der Unterhaltungsliteratur, besonders des Liebes- und Familienromans Marlittscher Prägung auf und funktionierte sie den agitatorisch-didaktischen Intentionen der Sozialdemokraten entsprechend um. Alle bis 1914 veröffentlichten Prosawerke handeln im proletarischen Milieu seiner erzgebirgischen Heimat. Autobiographische Elemente werden, am deutlichsten in den Romanen *Erweckt* (in: »Neue Welt«, 1910) und *Der Gotteslästerer* (ebd. 1912), dabei zur Stilisierung eines sozialdemokratischen Heldentypus ausgebaut, der charakteristisch für G.s Prosa ist. Diese Helden sind keine aufrührerischen Rebellen. Sie stammen meist aus ärmlichsten Verhältnissen, haben sich mit Fleiß und Ausdauer politisch-weltanschauliche Bildung und besondere berufliche Fachkenntnisse angeeignet und wirken als Vorbilder und politische Führer für die Arbeiter. In dramatischen Konflikten mit den Gegnern der Sozialdemokratie (Pfarrer, Kapitalist) zeigen sich die moralisch-geistige Überlegenheit und politische Überzeugungskraft des sozialdemokratischen Protagonisten. In den Liebesgeschichten G.s profiliert sich der sozialdemokratische Held in ähnlicher Weise durch Intelligenz und ethische Prinzipienfestigkeit und wird so auch für die geliebte Frau zum geistigen »Erwecker« und Vorbild. Die drei, während des ersten Weltkrieges veröffentlichten Erzählungen (*Um eine Urkunde*, 1915; *Sein Eiland*, 1916; *Laichschonrevier Nr. 8* , 1917) zeigen ein modifiziertes politisch-literarisches Konzept. Die sozialdemokratischen Hauptfiguren verfügen durch gehobene berufliche Position (Techniker, Redakteur) über Verbindungen zu den Herrschenden. In handlungsbestimmenden Konflikten tritt der Sozialdemokrat nun als Vermittler auf und kann in jeweils begrenzten Rahmen Kompromisse und damit soziale Verbesserungen durchsetzen.

W. W.: Im Eisenhammer, in: Neue Welt 1899; Joseph und Maria, in: Neue Welt 1906; Die Husterhütte, in: Neue Welt 1908; Die Liebe aber bleibet das Höchste, in: Neue Welt 1908; Waldandacht, in: Neue Welt 1910; Kugelsegen und Hellsehen, in: Neue Welt 1916. – *Lit.:* E. Böhm: Die vor uns gingen (Gedenkschr. zum 100. Geburtstag A. Gerischs), Rautenkranz 1957; M. Köppen: Sozialdemokratische Belletristik vor dem ersten Weltkrieg, Köln 1982.

Tanja Bürgel

Gesellschaftsspiegel (G)

Mit dem Untertitel »Organ zur Vertretung der besitzlosen Volksklassen und zur Beleuchtung der gesellschaftlichen Zustände der Gegenwart« zwischen Mai 1845/Juli 1846 im Verlag J. Baedeker in Elberfeld insgesamt zwölfmal erschienene frühsozialistische Monatsschrift (Nachdr. u. d. T. »Die gesellschaftlichen Zustände der civilisierten Welt«, Elberfeld/Iserlohn

1846/47). Herausgeber war M. Heß, anfangs gemeinsam mit F. Engels, ab Aug. 1845 mit F. Schnake. Als Hauptabteilung brachte die Zeitschrift unter der Rubrik »Die gesellschaftlichen Zustände der civilisierten Welt« vor allem kritische Berichte und Nachrichten (z.T. als Übernahmen aus anderen Zeitungen), die die neu aufbrechenden Widersprüche im Zusammenhang mit den verstärkt einsetzenden Kapitalisierungsprozessen reflektierten und untersuchten. Der G vertrat dabei in Deutschland erstmals ausdrücklich proletarische Interessen, indem er vornehmlich über Arbeits- und Lebensprobleme der untersten Schichten des In- und Auslandes berichtete (Heß, G. Weerth, H. Bürgers, Schnake u.a.). Mit einem Umfang von je vier Druckbogen zensurabhängig, behandelte der G theoretische Probleme nur peripher bzw. in unmittelbarem Bezug auf soziale Konflikte – wie in Engels' *Die Lage der arbeitenden Klassen in England* (Teildr. H. 3-5) oder in Schnakes Beiträgen, die als Ursachen der Verelendung die Polarisierung von Kapital und Arbeit durch den Privatbesitz an Produktionsmitteln herausarbeiten. In Heß' Texten erscheint z.B. das englische Proletariat in seinen Lohnkämpfen schon als bewußte Aktionskraft, bei Weerth (*Das Blumenfest der englischen Arbeiter*, H. 5) auch als der Bewahrer von Menschlichkeit und Schönheit. Abgerundet wurden solche Erörterungen in fast jedem Heft durch die Aufnahme eines oder mehrerer sozialpolitischer Gedichte. Hervorzuheben ist dabei vor allem der Abdruck zahlreicher Gedichte Weerths, u.a. seiner berühmt gewordenen *Lieder aus Lancashire* (H. 2, 5), der *Sozialen Gedichte* Püttmanns (H. 1) sowie einzelner Agitationspoesien A. Grüns (*Ungebetene Gäste*, H. 8), L. Seegers (*Noth bricht Eisen*, H. 12) oder des kämpferischen Hymnus *Dem Volke* (H. 9) von G. R. Neuhaus. Den Abschluß jedes Heftes bildete die Abteilung »Nachrichten und Notizen«, in der in Kurzform Meldungen zum politischen Geschehen und zur sozialen Entwicklung sowie Mitteilungen über proletarische Vereinsgründungen, Streiks u. ä. nebst Ankündigungen und kurzen Rezensionen sozialistischer Literatur enthalten waren. Der publizistische Erfolg des G.s - er wurde von Arbeitern in mehreren Staaten des Deutschen Bundes gelesen - wurde zum Mitauslöser für ähnlich gerichtete Zs.n wie das »Westphälische Dampfboot«, der »Breslauer Volksspiegel«, »Der Bote aus dem Katzbachthale« oder die Wochenschrift »Veilchen«.

Lit.: E. O. Weller: Nekrolog für den Gesellschaftsspiegel, in: Demokratisches Taschenbuch für 1848, Leipzig 1847; E. Silberner: Kommunistenrabbi und der Gesellschaftsspiegel, in: Archiv für Sozialgeschichte, Hannover 1963, Bd. 3.

Martina Braun

Gift und Galle

Unterirdische Literatur aus zwei Jahrhunderten (1700–1918). Gesammelt, mit Einleitung und Erläuterungen, von E. Drahn. Hoffmann & Campe Verlag, Hamburg/Berlin 1919.

Die Anthologie faßt Zeugnisse eines literarischen Untergrundes zusammen, dessen poetische Reaktionen auf Beispiele sozialer Ungerechtigkeit und politischer Unterdrückung nicht durchweg eigenen künstlerischen Rang beanspruchen, ihre lebendige Frische vielmehr vorzugsweise als Zeitzeugnisse und Dokumente von Aufsässigkeit und Widerstand beweisen. Verdienst des Herausgebers ist es, zu ihrer Zeit vielfach verbotene und unterdrückte, später vergessene oder verschwiegene Texte vornehmlich des 18. und 19. Jh.s mit zeitgenössischen u.a. von K. Eisner, S. Balder, R. Franz vereint zu haben zu einem Gedichtbuch, in dem sich soziale und sozialistische Ideen und Utopien des revolutionären Aufbruchs 1918 ausdrücken. Aufgenommen sind antityrannische Texte des 18. Jh.s (u.a. Ch. F. D. Schubart, K. Pfeffel, Ch. E. von Kleist), eine als angebliche Urfassung deklarierte Umdichtung von F. Schillers Lied *An die Freude* von R. Griependorf, Bänkellieder über den Berliner Kommunistenprozeß aus der »Deutschen Brüsseler Zeitung« von 1847, als Reaktion auf die Revolution von 1848 ein Zyklus »Sechs neue Fürsten-Mörder-Lieder«, deren eines allerdings G. A. Bürgers *Der Bauer an seinen durchlauchtigsten Tyrannen* ist. Die Wirkung H. Heines auf die oppositionelle Literatur ist belegt mit einem *Neuen Wintermärchen*, das der Bostoner Zeitung »Pionier« nachgedruckt ist. Anarchistische Tendenzen z.T. aus der Tradition J. Mosts finden sich in Versen, die Flugblättern aus dem I. Weltkrieg und Tageszeitungen der Novemberrevolution entnommen sind. Sie enthalten literarische Reflexe auf die Oktoberrevolution (*Der Sturm*). Angefügt ist ein Teil »Die revolutionäre Dichtung des Auslands« mit dem altdänischen Volkslied *Herr Tidmann* in der Nachdichtung von F. Engels, der *Marseillaise* und der *Internationale* sowie Texten von A. Mickiewicz und P. B. Shelley. Der Herausgeber suchte mit seiner im Umfang nur schmalen Anthologie im Sinne der anarchistischen Formel, daß Eigentum Diebstahl sei, in der Revolutionsperiode aktuell politisch eingreifend zu wirken. Indem sich Drahn auf Engels beruft, die revolutionäre Poesie vergangener Zeiten sei wegen der in ihr auch bewahrten inzwischen überlebten Massenvorurteile für neuere Revolutionen selten effektvoll, nahm sein Unternehmen auch Züge einer eher retrospektiven bibliophilen Raritätensammlung an.

Eike Middell

Gilde freiheitlicher Bücherfreunde (GFB)

Buchgemeinschaft syndikalistischer und anarchistischer Gruppen. Die Gründungsphase lag zwischen Apr. 1928 (Bildung einer Ortsgruppe in Leipzig) und Mai 1929 (Einrichtung als Reichsorganisation); die Tätigkeit wurde nach dem Machtantritt des Faschismus, etwa im Feb. 1933, eingestellt. Die Bedeutung der GFB war sehr begrenzt. Erfaßt wurden insbesondere Angehörige der anarcho-syndikalistischen Splittergruppe FAUD (Freie Arbeiter-Union Deutschlands). Anfangs 80, im Feb. 1930 600, 1931 ca. 1200 Mitglieder erhielten für einen monatlichen Beitrag von 1,- M. jährlich mindestens drei Bücher. Ein eigenständiges literarisches Programm entwickelte sich nicht. Neben dem im Aug. 1929 vorgelegten ersten Gildenband (dem Roman *Alf* von B. Vogel) wurden insgesamt ca. 20 Titel zur Auswahl angeboten, darunter viele Erinnerungsbücher deutscher und ausländischer Anarchisten sowie Schriften zur Geschichte des Anarchismus. Dabei handelte es sich teils um Restauflagen des Verlags Der Syndikalist bzw. seines 1927 gegründeten Nachfolgers, des Asy-Verlags, teils um Neuerscheinungen dieses Unternehmens, die 1929/31 als »Asy-Bücher« erschienen. In der Angebotsliste befanden sich auch aus anderen Verlagen (K. Wolff, J. M. Späth, Malik, Rowohlt) übernommene Bestände oder Teilauflagen von Büchern E. Mühsams, K. Kläbers, Th. Pliviers, E. Ottwalts. Stärkere Impulse vermittelte die GFB durch die von den Ortsgruppen veranstalteten Vortrags- und Diskussionsabende. Dort traten neben anarchistischen Propagandisten wie R. Rokker (1872–1958) Schriftsteller wie Vogel, Mühsam oder Plievier auf. Informiert wurde u.a. über das Werk M. Gorkis, J. Londons, U. Sinclairs, B. Travens und über bildende Künstler wie H. Daumier und V. van Gogh, F. Masereel und G. Grosz. Mit der Geschichte der sozialkritischen Literatur und Kunst sowie aktuellen Problemen einer revolutionären Lyrik und Prosa beschäftigte sich auch die als »Monatsblätter freiheitlicher Bücherfreunde« seit Mai 1929 herausgegebene Zs. »Besinnung und Aufbruch«. Sie erschien (ab Frühjahr 1931 unregelmäßig) bis zum Feb. 1933; Schriftleiter und zugleich verantwortlich für den Verlag »Gilde freiheitlicher Bücherfreunde« war W. Jadau, ab 1931 W. Henneberger, zeitweilig auch H. Rüdiger. Sie richtete sich »an das proletarische Publikum« und wollte »für die Ideen des freiheitlichen Sozialismus ... werben«. Die Organisatoren der Gilde verstanden sich als »die fortgeschrittene Minderheit der Ausgebeuteten und Unterdrückten« (1929, Mai-H.), zu denen nicht zuletzt die Außenseiter der Gesellschaft gezählt wurden: Vagabunden, Homosexuelle, Einzelkämpfer – wie K. Plättner, dessen Selbstdarstellung in dem Buch *Der mitteldeutsche Bandenführer* zum Titelangebot der GFB gehörte. Die Thematik der »Außenseiter« spielte in den vertriebenen Schriften sowie in Berichten und literarischen Skizzen, die die Zeitschrift veröffentlichte, eine wesentliche Rolle. Proklamiert wurde als Ziel der Gildenarbeit: »Das Werk dient allein der Verbreitung freiheitlicher Gedanken, der Aufhellung der Köpfe und der Höherstimmung der Herzen.« (ebd.) Dieses Programm lag dem Kampf gegen das bürgerliche Unterdrückungssystem zugrunde (angeprangert wurden wiederholt Verbots- und Einschränkungsmaßnahmen gegenüber der fortschrittlichen Literatur), aber auch sarkastischen Stellungnahmen gegen politisch als zu harmlos eingeschätzte Bücher (z.B. E. M. Remarques *Im Westen nichts Neues*) sowie eine deutliche Abgrenzungen von den großen Arbeiterparteien; der Hauptstoß richtet sich gegen die SPD, vom anarchistischen Freiheitsbegriff aus wurde auch die KPD und die Politik der UdSSR (z.B. die organisierten Einladungen von Arbeiterdelegationen aus Deutschland) attackiert. – In ihren Auffassungen von einer freien Literatur und Kunst für eine nicht näher bestimmte »sozialistische Gemeinschaft« trafen sich die GFB und ihre Zeitschrift mit Vorstellungen radikaler bürgerlicher Intellektueller wie F. W. Seiwert oder R. Hausmann; beide wirkten 1931/32 an der Zeitschrift mit, Seiwert als Illustrator, Hausmann veröffentlichte dort seinen Aufsatz *Kunst und Proletariat* (1931, Sept.-H.). Zielend auf eine Literatur und Kunst für »die gemeinschaft, die eine klassenlose sein wird«, für »die gemeinschaft des freiheitlichen kommunismus«, sah er die aktuelle Aufgabe der Kunst darin, »eine seelische analogie zum kampf des proletariats für eine neue lebensform« zu sein. »Der weg dieser kunstrevolution« sei jedoch »nicht notwendig der gleiche, wie der der arbeitenden. ... In diesem stadium ist die kunst nur auf dem ihr eigenen gebiet umwälzend«. Der geforderte revolutionäre Umbau des ästhetischen Materials erscheint damit relativ unabhängig von der notwendigen revolutionären Veränderung der Gesellschaft, die wiederum stärker als eine moralische denn als eine politische und ökonomische Aufgabe gesehen wird. Mit der Orientierung auf eine »freie Kunst«, wie sie »Besinnung und Aufbruch« forderte – teils in agitatorischen Aufrufen, teils weitgreifende theoretische Entwürfe ins Spiel bringend –, stand sie insgesamt den Bemühungen der organisierten Arbeiterbewegung um eine revolutionäre sozialistische Literatur kritisch oder skeptisch gegenüber. Dennoch unterstützte und propagierte die Zeitschrift eine Reihe von Autoren, die zu dieser Zeit gerade einen solchen Weg beschritten. Das betraf nicht nur Schriftsteller, deren Lebensweg bisher besonders enge Berührung mit der Erfahrungs- und Ideenwelt des Syndikalismus und Anarchismus hatte: Plievier oder Kläber, der als »der proletarische Dichter« vorgestellt wurde (1929, Juni-H.), sondern auch J. R. Becher oder G. W. Pijet, die als Bezugspersonen oder als Autoren in der Zeitschrift vertreten waren.

Lit.: W. Fähnders/M. Rector; M. Bühnemann/Th. Friedrich: Zur Geschichte der Buchgemeinschaften der Arbeiterbewegung in der Weimarer Republik, in: Wem gehört die Welt – Kunst und Gesellschaft in der Weimarer Republik, Berlin (West) 1977.

Manfred Nössig

Ginkel, Emil

Geb. 27. 11. 1893 in Elberfeld; gest. 31. 3. 1959 in Wuppertal

Sohn eines Missionars. Wurde Textilarbeiter, 1913 eingezogen, während des Weltkriegs Soldat; danach Eintritt in den Polizeidienst, den G. nach Erlebnissen im Kapp-Putsch quittierte. Eintritt in die USDP, 1920 in die KPD. Begann neben der Fabrikarbeit Arbeiterkorrespondenzen und Gedichte zu schreiben. Mitglied des BPRS. Seit 1929 arbeitslos, bemühte er sich 1931, als Arbeiter in die Sowjetunion zu gehen. Gelegenheitsarbeiten. Nach 1933 war G. in Deutschland Schikanen ausgesetzt und konnte nicht mehr publizieren. Er war am Widerstand beteiligt, zunächst der illegalen KPD, später isoliert. Nach 1945 mehrere Jahre Lokalredakteur der KPD-Presse in Wuppertal. Buchpublikationen nur noch in der DDR.

Der Weg zur schriftstellerischen Tätigkeit war bei G. eng mit dem in die Arbeiterbewegung verknüpft. Forciert benannte er 1929 sein Selbstverständnis: »Ich lebe als Fabrikarbeiter den Glauben an ein Welt- und Lebensgefühl, das spezifisch dem proletarischen Menschen eigen ist«, ich kann mich »nicht jenseits meiner parteipolitischen Betätigung als proletarischer Dichter fühlen.« (Antwort auf eine Umfrage, in: »Die literarische Welt«, 1929, Nr. 28) Vom Beginn der 20er Jahre an schrieb er für die proletarische Presse Prosaskizzen, die Arbeitsvorgänge in verschiedenen Bereichen genau schilderten und eigene Erfahrungen unter seinesgleichen vermittelten, um sie zur Änderung ihrer sozialen Lage zu bewegen. Auch die Gedichte, seit Mitte der 20er Jahre entstanden und G.s gewichtigste literarische Leistung, haben in der proletarischen Arbeits- und Lebenswelt ihr Zentrum und bisweilen unmittelbare Nähe zu seinen Skizzen (z.B. die Skizze *Erlebnisse am Schienenstrang*, in: RF, 1928, Nr. 218 und das Gedicht *Gleisarbeiter*). Seine Gedichte gewinnen ihre besondere Qualität durch die Darstellung von Arbeitsprozessen, die als körperlicher Vorgang und prägender Rhythmus erfaßt werden, und durch die Genauigkeit, in dem proletarischen Alltag kompakt zur Sprache kommt. Das Gedrängte, den ganzen Körper Umgreifende in der Sprache der Gedichte hob J. R. Becher 1928 an G. besonders hervor: »kein kultivierter, kein abwägender, kein abgewogener Dichter«, aber: »Seine Gedichte enthalten Tatsachen, viele Menschen leben darin, in einem Ginkelschen

Gedicht geschieht viel.« (Becher, *Ges. Werke* Bd. 15, Berlin und Weimar 1977, S. 168)

In den Gedichten des Bandes *Pause am Lufthammer* (Berlin 1928) erscheinen verschiedene Arbeits- und Lebensbereiche in Gestalt direkter Selbstaussprache von Arbeitenden. Der von der Maschine, vom Fließband, vom Akkord bestimmte Rhythmus, die kräftezehrende Schwere der Arbeit werden vorgeführt (z.B. *Fitschgetau, Akkord!*) und die Gefahr, unter die gegebenen Bedingungen sich zu ducken, sich mit ihnen abzufinden (*Ich will!*). Auflehnung gegen den zermürbenden Trott will G. vermitteln, nicht im rhetorischen Appell, vielmehr als Ergebnis eigener Erfahrung in der Arbeit selbst, dem Erwachen des Willens, nicht mehr Hand zu sein, die sich verkaufen muß, sondern künftige Befreiung vorzubereiten (vgl. *Noch sind wir die willigen Hände*). – Nach *Pause am Lufthammer* gelang es G. nicht mehr, weitere Bände zu publizieren, die er vorbereitete. Viele Texte wurden in Zeitungen und Zeitschriften veröffentlicht (besonders in »Kulturwille« 1929-1932, AIZ 1931-1932). Zwei Problembereiche seien hervorgehoben: Gedichte zum Thema Krieg und Kriegsgefahr, denen bereits im ersten Band ein wichtiger Platz zukam; vor allem mit *Skagarrak!* gelang es G., das Gedenken an die Toten im Weltkrieg als Warnbild zu gestalten und so einen poetisch starken Beitrag zur aktuell politischen Debatte um den Panzerkreuzerbau zu liefern. Eine zunehmend große Rolle spielen in G.s Gedichten die Wirkungen der Wirtschaftskrise auf die Arbeiterschaft. Die bedrückende Atmosphäre im Leben der arbeitslosen Massen, die Entwürdigung der Arbeiter durch die Arbeitslosigkeit, die Auflösung von Familienbeziehungen und Kameradschaft, der Einbruch von Konkurrenzdenken und Rücksichtslosigkeit gegenüber Schwachen, aber auch Ausbrüche von Empörung und Revolte werden ohne Beschönigung dargestellt. Intensität in der Gestaltung von sozialer Lage und sozialem Verhalten erlangt G. besonders, wenn er sie in balladesken Vorgängen oder Szenen gibt (z.B. *Das gepumpte Lachen*, in: »Kulturwille«, 1931, H. 7/8, *Der Arbeitsmarkt*, in: AIZ 1931). Häufig aber überschreitet er das zeigende Bild, leitet er daraus eine politisch-operative Handlungsmaxime ab. Wie sehr der Verlust einer Arbeit in der Produktion sein spezifisches lyrisches Vermögen angriff, war G. durchaus bewußt, als er seine Bitte um Arbeit in der Sowjetunion begründete: »Meinen Werksgedichten mangelt immer mehr der Klang der Arbeit, weil mir die Werkarbeit fehlt!« (Brief an den IVRS 1931, in: *Aktionen*, S. 256)

Eine Auswahl aus Texten vor 1933 (z.T. überarbeitet) enthält die Sammlung *Lied überm Strom. Gedichte eines Arbeiters* (Berlin 1950), dazu einige wenige aus der Hitlerzeit (bemerkenswert *Die Kristallnacht*) und eine Folge von Nachkriegsgedichten aus der westdeutschen Arbeitswelt. Die Gegenständlichkeit, sinnliche Dichte und Rhythmik seiner frühen

Lyrik erreichte G. nach 1945 nicht mehr. Das betrifft besonders jene Texte, in denen er die Verhältnisse im Osten Deutschlands thematisiert. Das Arbeiten im volkseigenen Betrieb erscheint vor dem Horizont der ersehnten Befreiung von Ausbeutung als welthistorisch Neues, Neuerungen in der Arbeitsorganisation werden zu grundlegenden Wendungen verklärt. Dieser Zug zur Idealisierung von Möglichkeiten findet sich sowohl in den Gedichten des Bandes *Fabrik ohne Aktionäre* (Berlin 1950) als auch in der Schwarz-Weiß-Malerei der Erzählung *Die Gelegenheit* (Berlin 1951), die den Eingliederungs- und Wandlungsprozeß eines ehemaligen SA-Mannes darstellt.

Lit.: Beiträge, Bd. 3, insbes. S. 432-465; Briefe an den IVRS, in: Aktionen, S. 255-259.

Silvia Schlenstedt

Glaser, Georg K.

Geb. 30. 5. 1910 in Guntersblum (Rhein)

Sohn eines Postbeamten; machte früh Erfahrungen mit väterlichem Terror, mit Vagabondage, Fürsorgeheimen, Gefängnis und Industriearbeit im Rhein-Main- und Ruhrgebiet, engagierte sich in kommunistischen und anarchistischen Jugendgruppen. Ende der 20er Jahre in der KPD organisiert; begann im Umkreis des BPRS zu schreiben (Prosaskizzen u.a. in »Linkskurve«, »Deutsche Republik«, »Frankfurter Zeitung«). Im kommunistischen Agis-Verlag erschien sein vielbeachteter Erstling *Schluckebier* (Berlin/Wien 1932), ein Roman über das zu dieser Zeit virulente Thema der Rebellion aufsässiger Fürsorgezöglinge, das G. sympathetisch-parteilich, aber illusionslos angeht. 1933 floh er ins Saarland (eine Erzählung auf Grund »persönlicher Erlebnisse« erschien im März 1934 in »Neue deutsche Blätter«, H. 8), war seit 1934 in Pariser Exil, wo er sich von der KPD abwandte. G. wurde im II. Weltkrieg als französischer Soldat mehrfach interniert, seit 1949 arbeitet er als ›Dinandier‹ (Silberschmied) mit einer eigenen Werkstatt in Paris.

G. hat seinen abenteuerlichen Lebensweg in *Geheimnis und Gewalt* (Stuttgart/Hamburg 1953; zuerst in französischer Übers. Paris 1951) niedergelegt, das trotz seiner acht Ausgaben 1951/89 zu den wenig bekannten, gleichwohl bedeutendsten Lebensberichten über die erste Hälfte des 20. Jh.s gehört und ›von unten‹ die Sehnsüchte und Utopien, aber auch deren brutales Scheitern durch den Faschismus vergegenwärtigt. In seinem insgesamt schmalen Oeuvre zeigt sich G. als eigenwilliger und eigenständiger Kopf, der seine Berührungen mit der revolutionären und kommunistischen Bewegung radikal zu reflektieren weiß und den die Auseinandersetzung mit der Parteilinie und sein Eintreten auch für die rebellischen Einzelkämpfer zu einem genauen Kritiker von Machtstrukturen, sei es in der Familie oder der Partei, und zum Analytiker der Sozio- und Psychogenese von Gewalt hat werden lassen.

W. W.: Die Geschichte des Weh (E.), Hamburg/Düsseldorf 1968; Aus der Chronik der Rosengasse und andere kleine Arbeiten, Berlin/Bonn 1985; Jenseits der Grenzen. Betrachtungen eines Querkopfs, Düsseldorf 1985. – *Lit.:* S. Kracauer: Jugend in dieser Zeit, in: Frankfurter Zeitung, 5. 2. 1933; W. Fähnders/H. Karrenbrock: »Zweierlei Denken«. Nachwort, in: G. Glaser: Schluckebier (Reprint), Berlin 1979; U. Schweikert: Geheimnis und Gewalt. Eine Einladung, G. Glaser zu lesen, in: Frankfurter Rundschau, 31. 5. 1980; M. Rohrwasser: Der Stalinismus und die Renegaten. Die Literatur des Exkommunismus (Kap. VIII: G. K. Glaser: Die Partei und das Schreiben), Stuttgart 1991.

Walter Fähnders

Zeitschrift für die Interessen der Arbeiterinnen

(Die) Gleichheit, Zeitschrift für die Interessen der Arbeiterinnen (Gl)

Frauenzeitschrift der deutschen Sozialdemokratie. Vorläufer: »Die Staatsbürgerin. Organ für die Interessen der Arbeiterinnen und der Centralkranken - und Begräbniskasse für Frauen und Mädchen in Deutschland«, März 1885/Juni 1886, Hg. von G. Guilleaume für den Verein zur Vertretung der Interessen der Arbeiterinnen. Nach 24 Nummern wegen »Aufreizung zum Klassenkampf« verboten. Dez. 1890/91 Wochenschrift »Die Arbeiterin. Zeitschrift für die Interessen der Frauen und Mädchen des arbeitenden Volkes, Organ aller auf dem Boden der modernen Arbeiterbewegung stehenden Vereinigungen der Arbeiterinnen«, Hamburg, bis 1897 Hg. E. Ihrer (1857-1911). Gl erschien 28. 12. 1891/1. 9. 1923 als Zweiwochenschrift (1918/20 als Wochenschrift) im Verlag J. H. W. Dietz Stuttgart, ab Juli 1919 im Verlag Vorwärts, Berlin. Apr. 1901 wurde Gl Parteieigentum. Für die Redaktion verantwortlich: C. Zetkin 1891 bis zu ihrer Entlassung durch den Parteivorstand im Mai 1917, K. Duncker, B. Selinger (1894-1980), E. Hoernle, H. Buchheim. H. Schulz, M. Juchacz (1879-1956) bis Apr. 1919, C. Bohm-Schuch bis Feb. 1922, E. Radtke-Warmuth, ab Nov. 1922 M. Wurm (1874-1934). Ab 1917, Nr. 18 Untertitel: »Zeitschrift für Arbeiterfrauen und Arbeiterinnen«, ab 1918, Nr. 1 »Zeitschrift für die Frauen der SPD«, ab 1922, Nr. 21 »Zeitschrift für Frauen und Mädchen des werktätigen Volkes, Organ der vereinigten SPD«. Umfang: 8 S., Preis 0,10 DM. Abonnentenzahl von 2000 1891/92 stieg auf 12000 bis 1904, gelesen wurde Gl zu diesem Zeitpunkt von mindestens 24000 Personen. Am 30. 6. 1912 hatte Gl 107000 Abonnenten, 1914 bereits 125000. (Von den 1912 in der SPD 970000 organisierten Mitgliedern waren 130371 weiblich). Bis 1917 (letzte ermittelte Auflagenzahl) Rückgang auf 19000 Ex. Zum Hauptblatt der Gl kamen hinzu: ab Jan. 1905 eine Frauenbeilage, ab Jan. 1907/Mai 1917 u. d. T »Für unsere Mütter und Hausfrauen«, ab Juli 1919/Dez. 1921 »Die Frau und ihr Haus. Zeitschrift für Kleidung, Gesundheit, Körperpflege und Wohnungsfragen«, Hg. E. Röhl (1888-1930), K. Sander, E. Wirmingshaus, seit Okt. 1920 Beilage »Die Heimat auf dem Lande«, ab Jan. 1905/Sep. 1923 die Beilage »Für unsere Kinder«. Gl war seit Dez. 1919 auch Publikationsorgan der Arbeiterwohlfahrt. Seit 1907 Organ der internationalen sozialistischen Frauenbewegung, internationale Korrespondentinnen waren A. Balabanoff (Italien), H. Roland-Holst (Holland), E. Freundlich, A. Popp (Österreich), A. Kollontai, V. Sassulitsch (Rußland), A. Lindhagen (Schweden), T. Kirkow (Bulgarien), F. Nissen (Norwegen), H. Pärsinnen (Finnland), M. Longman (Großbritannien).

Programmatisch hieß es in der ersten Nummer *An die Leser*: »Die Gleichheit tritt für die volle gesellschaftliche Befreiung der Frau ein, wie sie einzig und allein in einer im Sinne des Sozialismus umgestalteten Gesellschaft möglich ist, wo mit der ökonomischen Abhängigkeit eines Menschen von einem anderen Menschen die Grundursache jeder sozialen Knechtung und Ächtung fällt. Sie geht von der Überzeugung aus, daß der letzte Grund der Jahrtausende alten niedrigen Stellung des weiblichen Geschlechts nicht in der jeweils ›von Männern gemachten‹ Gesetzgebung, sondern in den durch wirtschaftliche Zustände bedingten Eigentumsverhältnissen zu suchen ist« (28. 12. 1891). Gl war stukturiert in Leitartikel und Beiträge über internationale Arbeiterbewegung, in Rubriken »Arbeiterinnen-Bewegung« und »Kleine Nachrichten«, in Informationen über die sozialistische Bewegung sowie einen Notizenteil. Hinzukamen Porträts bedeutender Frauen der Vergangenheit: A. L. Karschin, E. Prohaska, A. Garibaldi, Dr. D. Schlözer, A. Wabnitz, L. Otto-Peters u.a. Skizzen und historische Beiträge sollten mit Ereignissen und Persönlichkeiten revolutionärer Geschichte und internationaler Befreiungsbewegungen bekannt machen. Das regelmäßige Feuilleton wurde in der ersten Nummer mit M. Kautskys Erzählung *Weihnachten* eröffnet. Ständige Mitarbeiterinnen der Gl waren die 450 Vertrauenspersonen, die aus mehr als 300 deutschen Städten und Gemeinden berichteten. Sie diskutierten zum Frauenwahlrecht, zur Streikbewegung, zur Arbeit der Kinderschutzkommissionen. Häufig publizierten: I. Altmann-Bronn, O. Baader-Dietrichs, L. Baumann, E. Fiedler, A. Frenzel, M. Greifenberg, H. Grünberg, W. Kähler, A. Nemitz, M. Wackwitz, F. Wulff und

Luise Zietz (geb. Körner), geb. 25. 3. 1865 Bargteheide in Schleswig-Holstein; gest. 27. 1. 1922 in Berlin. Tochter eines Webers, besuchte die Volksschule. Ab 1878 Dienstmädchen, Fabrikarbeiterin, später Ausbildung an der Hamburger Fröbel-Schule zur Kindergärtnerin. Seit 1892 SPD-Mitglied, gehörte ab 1908 als erste Frau dem Parteivorstand an. Begründete 1917 die USPD mit, 1919 in die Nationalversammlung und 1920 in den Reichstag gewählt. Von ihr erschienen in der Gl etwa 200 Beiträge. Veröffentlichte u.a. *Die Frau und der politische Kampf* (Berlin 1911), *Komm zu uns !* (Berlin 1914); *Zur Frage der Frauenerwerbsarbeit* (Berlin 1916).

Zusammen mit der Frauenbewegung veränderte sich Gl nach 1900. Sie hatte bisher vor allem als Hauptziel verfolgt, »die Genossinnen, die im Vordertreffen des Kampfes stehen, prinzipiell klar auf den Boden der SPD zu stellen und sie nicht von der bürgerlichen Frauenrechtlerei durchseuchen zu lassen« (*Protokoll des Stuttgartes SPD-Parteitages*, Berlin 1898, S. 131). Nach der Pressedebatte auf der Bremer Frauenkonferenz 1904 nahm die Redaktion eine Umgestaltung vor, die ohne grundsätzliche Veränderung des Charakters der Zeitschrift erreichen wollte, daß sie der Arbeiterin nicht nur treue Beraterin für ihre Beteiligung am Befreiungskampf ihrer Klasse sei, sondern auch für ihre allseitige Selbstbildung, für die bessere Erfüllung ihrer Pflichten als Hausfrau und Mutter. Zetkin schätzte auf dem Nürnberger SPD-Parteitages 1908 ein, die Gl habe schulend, fördernd gewirkt und sei unentbehrlich für die Aufklärung des Proletariats (vgl. *Protokoll des Nürnberger Parteitages*, Berlin 1908, S. 484, 481). Bei der Erweiterung des Wirkungskreises spielten die Beilagen (die nach Zetkin mit dem Hauptblatt Gl »organisch verbunden« sein

Clara Zetkin

sollten) mit ihrem umfangreichen Unterhaltungsteil eine wichtige Rolle.

Nach Ausbruch des I. Weltkrieges erschien Gl am 5. 8. 1914 mit der Antikriegsresolution des Stuttgarter Internationalen Sozialistenkongresses von 1907, *Krieg dem Kriege!* auf der Titelseite. In der Ausgabe vom 28. 8. 1914 würdigte Zetkin den ermordeten J. Jaurès. Die Zensur griff wiederholt ein: so wurde u.a. die gesamte Nr. 5 von 1914/15 verboten. Zetkin kennzeichnete in der Gl die von der Militärzensur verbotenen Texte durch leerbleibende Flächen. In sozialdemokratischen Kreisen artikulierten sich verstärkt mißbilligende Stimmen, die korrigierendes Eingreifen des Parteivorstandes gegen Zetkins konsequent antimilitaristische Redaktionsführung und kämpferische Gestaltung der Gl verlangten. Gewerkschaftsführer sprachen der Gl die Eignung für Gewerkschaftsarbeit ab. Auf Protestveranstaltungen bekundeten jedoch Leserinnen ihre Verbundenheit mit Zetkin. F. Mehring hatte zum 60. Geburtstag Zetkins geschrieben: »Die Jahrgänge der ›Gleichheit‹ sind das unvergängliche Denkmal Clara Zetkins. Sie standen durchweg auf der Höhe des sozialistischen Prinzips ... Nicht der geringste Vorzug der ›Gleichheit‹ war, daß sie ihre Leserinnen nicht nur zum praktischen Handeln und theoretischen Erkennen, sondern nicht minder zum künstlerischen Schauen anregte: ihre Beiträge waren mit erlesenstem Geschmack redigiert« (F. Mehring: *C. Zetkin-Zundel*, in: *Ges. Schrn.*, Bd, 4, Berlin 1963, S. 506/07). Der Parteivorstand enthob im Mai 1917 Zetkin ihres Amtes und setzte als verantwortliche Redakteure der Gl M. Juchacz und H. Schulz ein, unter deren Leitung Gl ein »Familienblatt« werden sollte mit »politischer Schulung, leicht verständlicher Belehrung und wertvoller Unterhaltung« (8. 6. 1917). Die Zeitschrift sollte über lokale Parteikämpfe hinaus sozialdemokratische Frauen ganz Deutschlands erfassen, weniger polemisch als ausgleichend wirken. In der »Leipziger Volkszeitung« (29. 6. 1917, Frauen-Beilage) hatte Zetkin *Abschied von der ›Gleichheit‹* genommen: »Als Hauptaufgabe der ›Gleichheit‹ dünkte mir jederzeit die Klärung und Vertiefung des sozialistischen Empfindens und Denkens der proletarischen Frauen, eine Klärung und Vertiefung, die als Vorstufe eines unbeugsamen, tatbereiten Wollens und eines fruchtbaren opferfreudigen Handelns unerläßlich ist. ›Die Gleicheit‹ würde dieser ihrer Pflicht untreu geworden sein, wäre sie den Mehrheitlern gleich ins nationalistische Lager abgeschwenkt...«. Unter der neuen Redaktion wurde die Frauenbeilage erweitert. An ihrer Gestaltung war maßgeblich beteiligt

Clara Bohm-Schuch, geb. 6. 12. 1879 bei Rathenow, gest. Mai 1936 in Berlin. Tochter eines Kleinbauern, nach Volksschule ab 1897 Handelsschule in Berlin. Arbeitete als Buchhalterin und Korrespondentin für die Gl. Seit 1904 aktiv in der sozialistischen Frauenbewegung, in den Kinderschutzkommissionen. 1919 in der Nationalversammlung und 1920/33 MdR. Nach Inhaftierung durch die Nazis gestorben, ihre Beisetzung trug den Charakter einer antifaschistischen Demonstration von ca. 5000 Menschen. Sie schrieb 1906/23 etwa 90 Beiträge für die Gl, darunter viele Gedichte, die gesammelt als *Willst du mich hören? Ein Weckruf an unsere Mädel* (Berlin 1921) in mehreren Auflagen erschienen.

Zu Problemen der Kindererziehung und der Rolle der Mutter als Erzieherin schrieben regelmäßig in der Gl H. Schulz, J. Brand, O. Rühle und

Käte Duncker, geb. 23. 5. 1871 in Lörrach; gest. 2. 5. 1953 in Bernau. Aus einer Kaufmannsfamilie stammend, besuchte sie in Friedrichroda die höhere Töchterschule, eine Handelsschule in Gotha und 1888/90 das Lehrerinnenseminar in Eisenach. War als Lehrerin und Übersetzerin tätig. Seit 1896 aktives SPD-Mitglied. Entwickelte Grundsätze einer sozialistischen Erziehungstheorie, wandte sich gegen jegliche Kinderausbeutung. Gehörte zur Zentrale des Spartakusbundes und war Mitbegründerin der KPD, Abgeordnete des 2. Landtages von Thüringen. Emigrierte 1939/47 mit ihrem Mann Hermann Duncker in die USA. Zahlreiche Beiträge für die Gl 1895/1916, redigierte die Beilage »Für unsere Kinder«. Veröffentlichte u.a. *Über die Beteiligung des weiblichen Geschlechts an der Erwerbstätigkeit* (Hamburg 1899), *Sozialistische Erziehung im Hause* (Berlin 1914).

Die Frauenbeilage hatte bis 1917 neben Beiträgen über naturwissenschaftliche und kulturgeschichtliche Themen regelmäßig literarische Texte und Problemerörterungen von Zetkin

und Hoernle gebracht. Für die Kinderbeilage wurden literarische Texte aus Vergangenheit und Gegenwart ausgewählt. 1905/17 stellte Gl Beiträge von 400 Autoren vor. Auswahlkriterien waren Gehalte wie Solidarität, Freiheitsliebe und Gerechtigkeitsempfinden. Gl spielte eine wichtige Rolle bei der Veröffentlichung und Verbreitung von Texten proletarischer Autorinnen, ermutigte so zu weiterem Schreiben (E. Döltz, A. Mosegaard, C. Müller-Jahnke, A. Popp). Sie stellte sozialistische Literatur von M. Gorki, O. Krille, E. Preczang, B. Schönlank u.a. zur Lektüre zur Verfügung. Das Niveau ihrer Literaturkritik bestimmten Mehring, Zetkin, M. Wittich, Hoernle. In besonderer Weise förderte sie die sozialistische Kinderliteratur (E. Almsloh, J. Brand, A. Fendrich [1868-1949], R. Grötzsch, R. Woldt [1878-1952]).

Eine besondere Publikation war das von Zetkin 1906 edierte *Weihnachtbuch der ›Gleichheit‹ Für unsere Kinder* (Stuttgart). Die Anthologie enthielt die Texte der Kinderbeilagen der Jahre 1905/06: Gedichte, Lieder, Balladen, Sprüche, Kinderreime, Nonsensverse, Fabeln, Sagen, Märchen, Erzählungen. Das gut ausgestattete Buch, das proletarische Eltern auch beim Bücherkauf beraten sollte, hatte jedoch nicht den erwarteten und gewünschten Erfolg.

Ausg.: Für unsere Kinder. Texte aus der Kinderbeilage der ›Gleichheit‹ 1905-1917, Hg. H. Drust, Berlin 1986 – *Lit.:* F. Staude: Die Rolle der ›Gleichheit‹ im Kampf C. Zetkins für die Emanzipation der Frau, in: BzG, 1974, H. 3; S. Richebächer: Uns fehlt nur eine Kleinigkeit. Die deutsche proletarische Frauenbewegung 1890-1914, Frankfurt a.M. 1982; D. Fricke: Handbuch zur Geschichte der deutschen Arbeiterbewegung, Bd. 1, Berlin 1987, S. 567-570, 627-628.

Heide Drust/Red.

Gmeyner, Anna (Ps. A. Reiner)
Geb. 1902 Wien; gest. 1991 in York (Großbritannien)

Tochter eines jüdischen Rechtsanwaltes; folgte 1926 ihrem an die Universität Edinburgh berufenen Mann. Nach Scheidung in Berlin. Studien des schottischen Bergarbeiterstreiks von 1926 waren Grundlage von *Heer ohne Helden* (1929 UA »Neue Freie Bühne« Dresden, 26. Jan. 1930 im Berliner »Wallner-Theater«, Regie S. Dudow) Ihr nächstes Stück, *Zehn am Fließband*, thematisierte Folgen der Rationalisierung (UA »Internationales Theater« für ausländische Arbeiter Moskau 1932). Die Kleinbürger-Satire *Automatenbuffet* (25. Okt. 1932 UA Hamburger Kammerspiele) war Fleißerschen und Horváthschen Volksstücken nahe. Blieb nach Beginn der NS-Herrschaft in Frankreich, wo sie zu Drehbucharbeiten für G. W. Pabsts *Don Quixote*-Film weilte. *Mary Ann wartet* 1934 in Fortsetzung im »Pariser Tageblatt«. 1935 Übersiedlung nach

London. 1938 unter Ps. in Amsterdam *Manja. Roman um fünf Kinder*, 1939 englisch in New York und London.

G. kündigte sich als starkes dramatisches Talent an. Links-liberale Haltung führte sie zu vorurteilsloser Sicht des Arbeiterlebens, das sie – besonders in *Heer ohne Helden* - in einprägsamen Figuren zeigte. In *Manja* schilderte sie am Beispiel von fünf Kindern unterschiedlicher Herkunft von der Nacht ihrer Zeugung bis in die Konfliktphase der Pubertät – die Vorgänge in Deutschland von 1920/34. Der ungleiche Freundschaftsbund der Fünf, dessen »Seele« das ostjüdische Mädchen Manja ist, wehrt sich verzweifelt und am Ende vergeblich gegen den hereinbrechenden NS-Rassenwahn. Der lange Zeit vergessen gebliebene Exilroman zeichnet sich durch seine sozial und psychologisch differenzierte Milieu- und Figuren-Sicht aus. Dem Vorwurf mangelnder »Komposition« in der Rezension I. Frankes (d. i. I. von Wangenheim) im »Wort« (1938, H. 12) lag ein vereinfachender Widerspiegelungsbegriff zugrunde; von A. Gabor wurde das Buch in der IL (1939, H. 5) als unvereinbar mit der Volksfrontpolitik zurückgewiesen. G.s zweiter Roman *Café du Dome* (London 1941, New York u. d. T. *The Coward Heart*, bisher nicht in deutscher Sprache) zeigt den Kampf einer Frau im französischen Exil um die Freilassung ihres Mannes aus einem deutschen Konzentrationslager.

Lit.: H. Klapdor-Kops: »Und was die Verfasserin betrifft, laßt uns weitersehen«. Die Rekonstruktion der schriftstellerischen Laufbahn Anna Gmeyners, in: Exilforschung, 1985.

Peter Diezel

Gog, Gregor

Geb. 7. 11. 1891 in Schwerin a. d. Wartha; gest. 7. 10. 1945 in Taschkent

Kind eines Zimmermanns und einer Magd; nach Volksschule Handlanger, Schreiber; 1910/13 Marinefreiwilliger, 1914 Gärtner; Kriegsdienst, Bekanntschaft mit Th. Plivier; Feldgericht wegen antiimperialistischer Propaganda, Degradierung/Arrest; da »kriegsuntauglich«, Gärtner, Hilfsforstarbeiter; ab 1920 Mitherausgeber der Zs. »Weltwende. Kampfschrift des Christrevolutionärs«; 1923/24 Erzieher von Jugendlichen in Heimen in Hildburghausen und Strausberg; Apr./Sep. 1924 nach Brasilien, um in einer »Internationalen Bruderschaft des Dienstes der Liebe in Freiheit« zu siedeln; Rückkehr, freier Schriftsteller; 1927 Mitbegründer der »Internationalen Bruderschaft der Vagabunden« und ihrer Zs. »Der Kunde« (1927/1930 vierteljährlich unter G.s Schriftleitung, Aufl. 1000 Ex.; ab 1931 »Der Vagabund«). Bildete 1928 mit H. Tombrock u. a. die »Künstlergruppe der Bruderschaft der Vagabunden«; organisierte Mai

1929 erstes Vagabundentreffen in Stuttgart; Juni 1930 Film »Vagabund« (UA im Berliner Marmorhaus, F. Weiß/Erdeka-Film GmbH), mit G. und den Vagabundenmalern und -dichtern Tombrock, H. Bönninghausen, H. Klose, R. Geist als Darsteller; erste Fahrt in die UdSSR zu den Besprisornikis (Obdachlosen-Kindern); 1930 KPD-Mitglied, 1931/33 Korrespondent der »Komsomolskaja Prawda«. Herbst 1932 auf Einladung der IVRS zweite UdSSR-Reise. 7. Apr. 1933 von Gestapo verhaftet, Beschlagnahme allen Materials, eingeliefert in Konzentrationslager Heuberg, Reutlingen bzw. Ulm; 15. Nov. wegen Rückgratszündung entlassen; Dez. 1933 Flucht in die Schweiz, ab Juni 1934 auf Einladung der MOPR zur Heilung in die UdSSR; 1935 Erzieher in der Kinderstadt der KI in Odessa (*Die Straße lockt*, in: »Büchergilde«, 1936, Nr. 1); spielte 1936 im Film *Kämpfer*; 1938/39 Antrag an das ZK der KPD auf Ausreise in die USA; 16. Okt. 1941 evakuiert nach Ferghana; Sep. 1942 zum Arbeitseinsatz, krank, Frühjahr 1943 freigestellt; betrieb Rückkehr nach Moskau – mit Hilfe von M. Andersen Nexö, E. Weinert, W. Bredel u.a.; 1945 Angebot zur Arbeit in der IL, ab Juni 45 wegen Verschlechterung seiner Leiden im Krankenhaus, wo er an Lungenentzündung starb.

In G.s Konzept von Literatur verbinden sich von Mensch und Gesellschaft kündende individuelle neue Utopien und organisierende (Heer der Landstraße), politisierende (Klassenkampf) Elemente. Beim Weg vom »Christrevolutionär« über den Anarchisten zum KP-Genossen hat er seine individuelle, an den Menschen und die Menschheit glaubende Grundhaltung von Subjektivitätsentfaltung jeglicher Disziplinierung entziehen können. *Von unterwegs. Tagebuch des verlorenen Sohnes* (Stuttgart 1926, Vorw. A. Paquet), sein *Vorspiel zu einer Philosophie der Landstraße. Aus den Notizen eines Vagabunden* (Stuttgart 1928) wie auch S. Tretjakows Gog-Porträt *Der König der Vagabunden* (in: K. Trappmann (Hg.) *Landstraße, Kunden, Vagabunden. Gregor Gogs Liga der Heimatlosen*, Berlin 1980) zeugen davon. Die Entscheidung für eine Partei kam aus dem politischen Kampf gegen die faschistische Gefahr, worüber z.B. der Diskussionsabend mit H. Eisler, E. E. Kisch, K. A. Wittfogel und G. zum Thema *Kulturbewegung des deutschen Faschismus* (20. Sep. 1932 in Moskau) und die Zs. »Der Vagabund« Aufschluß geben. Anfangs vermochte G. die Vagabunden zu künstlerischer Äußerung, bewußter Thematisierung ihres Anspruchs von Freiheit, ihrer Sicht auf Menschlichkeit zu bewegen. Mit zunehmender wirtschaftlicher Regression, den sozialen Zuspitzungen (*Zwei Millionen auf der Landstraße*, in: »Der Vagabund«, 1931, H. 4) und wegen seines Versuchs, sie als »Reservearmee des kämpfenden Proletariats« (zit. nach: *Der König der Vagabunden*, a.a.O., S. 331) zu organisieren, ging nicht nur der Kern der Bruderschaft anfang der 30er Jahre dazu auf Distanz. In der Emigration widmete sich G. der

Umschlag der Zeitschrift »Der Kunde« mit Zeichnung von Hans Tombrock

Vagabondage als Moment individueller Befreiung und sozialen Ausgegrenztseins zugleich: *Straße ohne Ende, Der Landstreicher Tombrock*, (in: »Die neue Weltbühne«, 1937, Nr. 18; 1938, Nr. 20); *Junge Talente*; *Die Märchenerzählerin Krjukowa* (in: IL 1940, H. 11; 1941, H. 6); *H. Tombrock, ein deutscher Malervagabund*; *Kinderkunst in der Sowjetunion*; *Die Kukryniksy. Meister der Sowjetsatire* (in: »Das Wort«, 1938, H. 2, H. 4 ; 1939, H. 1). G.s Arbeit mit den Besprisornikis spiegelt *Sowjetkinder erzählen* (Moskau 1941). *Ferghana - Briefe und Bilder aus einem usbekischem Kolchos* (1941/42) und *Die hohe Schule der Dressur* (1943) - eine Abrechnung mit A. Hitler - werden sowohl von J. R. Becher (IL) als auch von Weinert (»Das freie Deutschland«), weil sie »nicht den Regeln der Agitationsliteratur« (Brief v. 28. 3. 1943) entsprächen, zur Veröffentlichung abgelehnt.

Lit.: Ch. Hoffmeister: G. Gog und die Künstlergruppe der Internationalen Bruderschaft der Vagabunden. In: Entwicklungsprobleme der proletarisch-revolutionären Kunst von 1917 bis zu den 30er Jahren, Berlin 1977; Wohnsitz: Nirgendwo (Katalog), Berlin 1982.

Rainhard May

Goldschmidt, Alfons

Geb. 28. 11. 1879 in Gelsenkirchen; gest. 20. 1. 1940 in Cuernavaca, Mexiko

Sohn eines Textilkaufmanns. Studierte 1900/04 an den Universitäten München, Berlin und Freiburg i. B. Jura und Staatswissenschaften. Seine Fachrichtung und sein frühes Interesse für Kunst und Literatur verknüpfte er in seiner Doktorarbeit (Dr. rer. pol.) über *Leo Tolstois soziales Problem*. Nach Militärdienst 1905/Anfang 1911 Redakteur und Wirtschaftsjournalist verschiedener Berliner Zeitungen, zuletzt mit wachsendem Erfolg im Pressekonzern Ullstein. Enthüllte aus bürgerlich-liberaler Sicht die Praktiken des Bank- und Finanzwesens, fand deshalb, bis auf vorübergehende Tätigkeit als Lehrbeauftragter für Wirtschaftspublizistik und Dozent am Institut für Zeitungskunde der Universität Leipzig (Okt. 1917/1921), in Deutschland keine Anstellung. Lebte als freier Schriftsteller, zunächst mit eigener Finanzkorrespondenz und Herausgabe von Marktberichten. Seine theoretischen Erkenntnisse verband G. während der Novemberrevolution mit politischem Engagement; schloß sich der Rätebewegung an und gab 1919/20 die »Räte-Zeitung« heraus, die er der KPD, wenn deren Presse verboten war, für Veröffentlichungen zur Verfügung stellte. 1921 Mitbegründer der deutschen Künstlerhilfe für die Hungernden in Rußland, aus der die deutsche Sektion der IAH hervorging; 1929 zu deren Reichsvorsitzenden gewählt. 1922 zum Professor für Wirtschaftswissenschaften an die Universität Córdoba in Argentinien berufen, mußte nach sieben Monaten die Lehrtätigkeit abbrechen (Begründung: er sei als Marxist untragbar). Nach dieser Reise entstand G.s Buch *Argentinien* (Berlin 1923). 1923/Ende 1924 lehrte G. an der Nationaluniversität in Mexiko-Stadt, ab 1925 pendelte er zwischen Deutschland, der Sowjetunion und dem amerikanischen Kontinent mit europäischen Zwischenstationen und dem Wohnort Berlin. Feb. 1927 Teilnahme am Kongreß gegen koloniale Unterdrückung und Imperialismus in Brüssel, G. gehörte zu den Mitbegründern der Liga gegen Imperialismus und für nationale Unabhängigkeit (Antiimperialistische Liga). März/Nov. 1928 Reise in die USA und durch neun lateinamerikanische Länder. Seine Absicht war der nach Anfangserfolgen gescheiterte Versuch, der antiimperialistischen Bewegung durch die Bildung von Forschungsinstituten in Berlin und lateinamerikanischen Hauptstädten eine wissenschaftliche Basis zu geben. Dies fand Niederschlag in *Die dritte Eroberung Amerikas* (Berlin 1929). Feb. 1933 Emigration zunächst in die Sowjetunion, lebte ab Aug. 1933 in den USA. Lehrte am New York City College, war Gastprofessor an der New York School of Social Work, gründete 1935 ein eigenes sozialwissenschaftliches Institut, das jedoch nach zwei Jahren wegen fehlender finanzieller Mittel einging. G. wirkte im Sinne der antifaschistischen Volksfrontpolitik für den Zusammen-schluß der Deutsch-Amerikaner und Emigranten. War Herausgeber der 1937 gegründeten Ztg. »Deutsches Volksecho«. Anfang 1939 Einladung der mexikanischen Regierung, Übersiedlung nach Mexiko-Stadt, wo G. eine Professur an der Nationaluniversität erhielt und an der Arbeiteruniversität lehrte. Wurde Berater im Wirtschaftsministerium. G. schloß sich der Liga für deutsche Kultur in Mexiko an und nutzte sein Ansehen bei den Regierenden des Gastlandes für die weitere Einreise deutscher Antifaschisten. In Mexiko beendete G. sein Buch *Boden und Freiheit*, eine Geschichte der mexikanischer Bauern, das 1940 postum u. d. T. *Tierra y Libertad* erschien.

Als marxistischer Wirtschafts- und Sozialwissenschaftler war G. auf vielfältige und engagierte Weise an den Klassenkämpfen der Weimarer Republik und am antifaschistischen Exil beteiligt. Die entscheidende Wende seines Lebens, die ihn an die Seite der Arbeiterbewegung führte und zum Marxisten werden ließ, bewirkten die russische Oktober- und die deutsche Novemberrevolution. G. gehörte zu den ersten deutsche Schriftstellern, die nach Sowjetrußland fuhren. Seine Tagebuchblätter *Moskau 1920* (Berlin 1920; Nhg. und Einl. W. Kießling, Berlin 1987) wurden zu seinem ersten bedeutenden Buch, das auch in 13 Ländern in Übersetzungen erschien. Bis 1933 veröffentlichte G. mehrere tausend Zeitungs- und Zeitschriftenbeiträge (u. a. in »Weltbühne«, »Tage-Buch«, AIZ) in der linken Presse in Deutschland, Österreich und anderen Ländern Europas und Amerikas. Seine Themen waren breit gefächert, wobei wirtschafts- und sozialwissenschaftliche Probleme und die antiimperialistische Befreiungsbewegung in den kolonialen und abhängigen Ländern, besonders in Lateinamerika, überwog. Sein politisches Engagement ließ ihn als Weggefährten der KPD große Popularität gewinnen. G.s Bedeutung für die sozialistische deutsche Literatur bis 1933 - später erschienen seine Arbeiten nur noch in englischer oder spanischer Übersetzung - liegt vor allem in der Reiseliteratur; ihr gab er, wenn auch anders als E. E. Kisch, einen neuen, vor allem sozialen Inhalt und humanistischen Anspruch gegenüber anderen Völkern und eine eigene, unverwechselbare sprachkünstlerische Form. G.s Veröffentlichungen beeindrucken durch analytisches Denkvermögen, seine Betrachtungsweise fesselt durch Eigenwilligkeit. Seine Schreibart ist packend, nicht selten provokant, besonders auffällig in seiner radikalen Gesellschaftskritik in *Deutschland heute* (Berlin 1928).

W. W.: Mexico, Berlin 1925; Wie ich Moskau wiederfand, Berlin 1925; Auf den Spuren der Azteken, Berlin 1927. - *Ausg.*: Große Liebe - weite Welt oder Zwischen Rio Bravo und Moskwa. Reise- und Zeitbilder 1920-1940, Hg. R. Greuner, Berlin 1974; Mexico. Auf den Spuren der Azteken, Hg., mit Essay, W. Kießling, Leipzig 1985. - *Lit.*: R. Greuner: Alfons Goldschmidt - Im Feuer der Veränderung, in: R. G.: Gegen-

spieler. Profile linksbürgerlicher Publizisten aus Kaiserreich und Weimarer Republik, Berlin 1969; W. Kießling: ...denn er war Marxist, in: BzG, H. 3, S. 376-387.   *Wolfgang Kießling*

Goldstein, Hermann
25. 1. 1852 in Möckern bei Leipzig; gest. 14. 6. 1909 in Dresden

In der Kindheit Hütejunge und Tabakripper in der Fabrik; später kaufmännischer Angestellter und Antiquar, bevor er in den 70er Jahren seine agitatorische Tätigkeit in der Sozialdemokratie in Dresden aufnahm; 1877 erste dramatische Arbeiten; nach dem Sozialistengesetz Redakteur des Parteiorgans in Zwickau; gehörte 1891/1900 und von 1905 bis zu seinem Tod (lange Zeit als einziger Sozialdemokrat) der Zweiten Kammer des Sächsischen Landtags an. G.s Schrift *Das Reichstagswahlrecht und seine Gegner. Unter dem Gesichtspunkt der augenblicklichen Situation im Reiche und der nächsten Reichstagswahlen* (Leipzig 1903) lieferte eine klare Analyse der politischen Parteien und Kräfte sowie der konkreten Aufgaben der Sozialdemokratie auf dem parlamentarischen Weg sozialer Veränderungen. Von 1903 bis zu seinem Tod MdR.

Von G. sind vier Dramen erhalten, die die sozialen und politischen Kämpfe der Sozialdemokraten behandeln. In *Die Sozialdemokraten* (Dresden 1877) und *Das vergessene Konzept oder Ein sitzengebliebener Reichstagskandidat* (UA Dresdner Dramatischer Klub 1878, gedr. Dresden 1901, 1903, 1910) charakterisiert G. die sozialdemokratischen Figuren in ihrer moralischen und politischen Überlegenheit beim Arbeitskampf in der Fabrik bzw. in ihren politischen Auseinandersetzungen. In den beiden späteren Dramen *Die Denkmalsfeier* (Leipzig 1901) und *Von Amtswegen* (Leipzig 1905 und 1910) gestaltet G. den wirtschaftlichen Egoismus und die Demagogie der Kapitalisten und ihrer Helfer. Der Tumult während einer Denkmalsfeier, verursacht durch die Bekanntmachung vom Konkurs der örtlichen Bank, wird zur Fluchttarnung für einige Spekulanten, die den wirtschaftlichen Ruin der Kleinstadt zu verantworten haben. Die bürokratischen und korrupten Beamten der Regierung erweisen sich als handlungsunfähig. Dagegen zeigen die Argumente der sozialdemokratischen Protagonisten die rettenden sozialen Alternativen. G. zeichnet die gegnerischen Figuren mit Satire und Situationskomik. Die dramatischen Konflikte werden gelöst, indem sich die Gegner der Sozialdemokraten von deren Argumenten überzeugen lassen oder kapitulieren. Detailliert schildern G.s dramatische Arbeiten den Alltag der Arbeiter.

Lit.: Nachruf, in: Gleichheit, 1909, Nr. 20.

Ursula Menzel

Gotsche, Otto

Geb. 3. 7. 1904 in Wolferode; gest. 17. 12. 1985 in Berlin

Sohn eines Bergarbeiters. Klempner; Aug. 1918 in Eisleben Mitglied einer Jugendgruppe mit Verbindung zum Spartakusbund. Aktiv an der Novemberrevolution, der Abwehr des Kapp-Putsches, der Märzaktion 1921 und der Vorbereitung des bewaffneten Aufstandes im Herbst 1923 beteiligt. 1921/23 Unterbezirksleiter des KJV für Mansfeld; erste Arbeiterkorrespondenzen. 1921 und 1923/24 längere Freiheitsstrafen wegen Hochverrats. Ende 1924 auf Arbeitssuche nach Norddeutschland. Mitglied des BPRS und Instrukteur des KPD-Bezirks Wasserkante in Hamburg. 1933 illegal tätig, im März verhaftet (Konzentrationslager Sonnenburg), Ende Sep. 1933 entlassen. Nahm weiter am Widerstand teil; organisierte seit 1940 mit R. Büchner die Antifaschistische Arbeitergruppe Mitteldeutschlands, das stärkste Widerstandszentrum im Raum Eisleben/Leuna-Werke/Halle. Nach Einmarsch der amerikanischen Truppen suchte die Gruppe im Mansfelder Land Grundlagen einer antifaschistischen Ordnung zu schaffen. G. beteiligte sich am Neuaufbau der KPD und wurde in Eisleben Landrat. Ab Juli 1945 1. Vizepräsident des Regierungsbezirks Merseburg, leitete dort die Durchführung der Bodenreform. März 1946 Bezirkspräsident, später Ministerialdirektor im Ministerium des Innern, Land Sachsen-Anhalt. 1949 nach Berlin berufen; Leiter des Sekretariats W. Ulbricht.

Die schriftstellerische Entwicklung G.s begann mit Berichten über lokalpolitische Ereignisse für die »Mansfelder Volkszeitung«, den Halleschen »Klassenkampf«, später für die niedersächsische »Arbeiterzeitung« in Hannover und die »Hamburger Volkszeitung«. Mitte der 20er Jahre ging er vom Bericht zur Reportage (*Bei den Holzfällern im Deister, Nun blüht's im Alten Lande, 18 Wochen Streik,* in: »Hamburger Volkszeitung«, »Norddeutsches Echo« u. a.) und zur Kurzgeschichte über. *Zeche Pluto* (in: »Magazin für alle«, 1933, H. 3) schildert den tödlichen Unfall eines Bergmanns und klagt den Mansfeldkonzern wegen hemmungsloser Arbeitshetze an. Straffer aufgebaut ist *Rätselhafte Ladung* (ebd., 1932, H. 7); ausgehend von wirklichen Vorfällen wird erzählt, wie Waffentransporte für die japanischen Aggressoren in China verhindert werden. Im Mittelpunkt seines ersten Romans *Märzstürme* (e. 1928/29) steht das Geschick des Jungarbeiters Gretschke und seiner Freunde während der Klassenkämpfe vom Aug. 1918 bis zum März 1921 im Mansfelder Land. Das Buch, mehr ein erzählender Bericht als ein Roman, sollte als Band X der Reihe »Roter 1-Mark-Roman« 1932 mit d. T. *Sturmtage im März* erscheinen, wurde aber von den Nazis eingestampft und blieb (von zwei Abdrucken in Schweizer Zeitungen 1933 abgesehen) nur in einem Exemplar erhalten (Neuausgabe dieser 1.

Fassung Berlin 1962, Neufassung Berlin 1953). G.s Artikel *Kritik der Anderen - Einige Bemerkungen zur Frage der Qualifikation unserer Literatur* (in: »Linkskurve«, 1932, Nr. 4) richtete sich gegen die Kritik von G. Lukács an den frühen Romanen W. Bredels, die G. verteidigte, ohne ihre Mängel oder die Schwächen der proletarisch-revolutionären Literatur insgesamt zu übersehen.

Das schriftstellerische Hauptwerk G.s entstand nach 1945. Wie Bauern und Landarbeiter eines Dorfes an der Saale die Bodenreform durchführen, erzählt der Roman *Tiefe Furchen* (e. 1947/48, Halle 1949). Der Widerstandskampf der Antifaschistischen Arbeitergruppe Mitteldeutschlands und der Beginn des Neuaufbaus ist Gegenstand des Romans *Zwischen Nacht und Morgen* (Halle 1955).

W. W.: Die Märzaktion 1921 in Mitteldeutschland und ihre historische Bedeutung (Abh.), Berlin 1956; Auf Straßen, die wir selber bauten (Repn. und Skn.), Berlin 1959; Die Fahne von Kriwoj Rog (R.), Halle 1959; Unser kleiner Trompeter (R.), Halle 1961; Erlebt und aufgeschrieben (Aufse., Reden), Halle/Leipzig 1981. – *Lit.:* W. Friedrich: Otto Gotsche (mit Werkverzeichnis und Literaturhinweisen), Halle 1960; M. Rost: Otto Gotsche. Auswahl-Bibliographie, Leipzig 1984 (= Sonderbibliographien der DB, 63).

Red.

Graf, Oskar Maria

Geb. 22. 7. 1894 in Berg am Starnberger See; gest. 28. 6. 1967 in New York

Neuntes von elf Kindern einer Bauerntochter und eines Bäckermeisters, vom 12. Lebensjahr an Konditor-Lehrling, floh mit 17 Jahren nach München, um Schriftsteller zu werden. Hilfsarbeiter in wechselnden Berufen, angetan von E. Mühsam und seinem »Tat«-Kreis, Zaungast bei der Bohème in Schwabing und Ascona, erste kleine Erfolge in expressionistischer Dichtart. Entzog sich nach einem Jahr dem Kriegsdienst durch Befehlsverweigerung und »Idiot«-Spielen. Beteiligte sich begeistert und ungeschickt an der November-Revolution. Suchte während der Weimarer Republik die Arbeiterkultur und vor allem das Selbstbewußtsein der Arbeiter zu stärken. Emigrierte Feb. 1933 nach Wien. Sein offener Brief zur Bücherverbrennung, »Verbrennt mich!«, wurde zum bekanntesten Dokument des Protests von Intellektuellen. Das Exil (ab 1934 Brünn, seit 1938 New York) beflügelte zunächst seine Solidarität und sein Organisationstalent, vor allem zugunsten verfolgter Schriftsteller. 1938/40 Vorsitzender der German American Writers Association. 1929/40 stand er den Kommunisten am nächsten und versprach sich vor allem von ihnen energische Anstrengungen, die Opposition gegen Hitler im Reich wie im Exil zu einigen. Die Querelen unter den Emigranten, die Entwicklung der Sowjetunion und die Nachkriegspolitik der Alliierten enttäuschten ihn gänzlich. Setzte sich weiter für den Weltfrieden, für das Recht des Regionalismus, für Toleranz und Solidarität ein. In seine Heimat kehrte G. nur besuchsweise (viermal zwischen 1958 und 1965) zurück.

G. definierte sich je nach Fragezusammenhang als einen natürlichen oder spontanen Sozialisten, als unabhängigen oder religiösen Sozialisten. In seinem politischen oder moralischen Engagement konnte er sehr rigoros werden. Frühe Gedichte und erste Erzählungen waren vom Pathos sozialer Anklage und der Aufbruchsstimmung einer neuen Generation getragen. Die Anklage verschärfte sich zu bittern, beklemmenden Sozialstudien: *Finsternis* (München 1926), *Kalendergeschichten* (München/Berlin 1929). Druck und Zwangsverhältnisse werden analysiert, gegeißelt, mitunter karikiert. Die soziale Normung, die Erstickung von Individualität und persönlichem Glück wirft G. der Dorfgemeinschaft wie dem engen kleinbürgerlichen Milieu vor (*Die Chronik von Flechting*, München 1925, *Bolwieser*, München/Berlin 1931). Außenseiter aller Art, Unangepaßte, Hilflose, Trottel u.a. Verhöhnte stellte er mit zugespitzter Aufmerksamkeit dar und griff die verständnislose, unbarmherzige ›kompakte Majorität‹ an. Das von der lebensfeindlichen Ordnung zurückgestoßene, also zu jedem Protest berechtigte Ich wurde in G.s Werk immer fragwürdiger. Von der berühmt gewordenen Autobiographie *Wir sind Gefangene* (München 1927) an verschärfte sich die Abrechnung mit den eigenen Fixierungen und (praktischen wie gedanklichen) Tölpeleien. Ein in sich selbst verunsichertes, fahriges, ja partiell irres Ich findet sich in fahrlässigen oder irrsinnigen sozialen Zuständen. Der befreiend anarchistische Impuls der Unbekümmertheit, die Reaktionen der Rebellion, des Aufstands oder wenigstens der Respektlosigkeit und Zersetzung werden in immer neuen Varianten ins Spiel gebracht, aber auch in ihrer Unbeherrschtheit bloßgestellt. Die Abrechnung mit den Aspirationen des Ich wird immer bitterer im Exil. Die desolaten Erfahrungen mit (auch eigener) Ortlosigkeit und Haltlosigkeit (vgl. G.s.letzte Autobiographie, *Gelächter von außen*, München 1966) führten bei G., anders als bei zahlreichen dezidiert »modernen« Autoren, keineswegs zur Verzweiflung. In bewußter Fortführung volkstümlicher Erzählformen, in Verehrung für die großen epischen Meister wie H. de Balzac, J. Gotthelf, L. Tolstoi und M. Gorki, in immer entschiedenerer Kritik an der »bequemen« Preisgabe von Erzählzusammenhängen und sozialer Bedeutung entwickelte er seine sinnlich-anzügliche Erzählkunst. In mehrfacher Hinsicht ist diese Kunst für das Projekt Sozialismus relevant. Das Engagement für »die Kleinen«, die Schlechtweggekommenen wird verwirklicht in einem dichten Gewebe von (gewöhnlich unbeachteten) Selbstverständlichkeiten und Alltäglichkeiten, in denen der Mensch als sinnliches und (selbst als Einzelgänger) zutiefst soziales Wesen erscheint. In Miniaturen und in großen Sozial- und Charakterstudien deckt G. Antriebe und Hemmungen seiner Zeitgenossen auf, zumeist ohne eine Spur eigenen Willens oder Bewußtseins sozialisiert, z.T. bewußt oder unbewußt a-sozial geworden, in der Regel borniert Egoisten, politisch kaum organisiert, die dennoch »dumpf« die politische Realität ihrer Gesellschaft mitbestimmen. Das Geflecht der Interaktionen lenkt den Blick auf darin verwickelte Subjekte, auf ihre Verantwortung und ihr Versagen. Zug um Zug expliziert G. Beweggründe und »Charaktere«, die sich als Resultate von Lebensprojekten erweisen: den auf sein Eheglück versessenen und sich dadurch um sein Glück bringenden *Bolwieser*, den eigensinnigen Tüftler in einem Versicherungsstreit, der seine Lebenszeit seinem Hof aufopfert (*Der harte Handel*, Amsterdam 1935), den philosophisch-anarchistisch verbrämten Opportunisten in seiner beklemmenden politischen Gefährlichkeit, mit der noch beklemmenderen Lesehilfe, in manchen Zeiten hießen diese Typen »du« und »ich« (*Anton Sittinger*, London 1937). In *Das Leben meiner Mutter* (New York 1940) baut G. in den einfachen Lebensgewohnheiten des Volkes ein mächtiges Widerlager gegen alle Aspirationen der Intellektuellen auf und zeigt zugleich die gänzliche Schutzlosigkeit, also auch Fragwürdigkeit jener »natürlichen« Lebensformen. G.s erzählerische Strategie produziert zugleich Abstand und die Chance, die Verhältnisse neu zu betrachten. Wie der Autor im persönlichen Umgang gern provozierte, so sucht er als Erzähler zu frappieren, aufzuschrecken oder heimtückisch zu beschwichtigen. Sein »Humor« kann ebenso behaglich wie beißend sein. Die Frage nach Solidarität, Dasein für andere und einer anderen Vergesellschaftung als der drückenden seiner Gegenwart zieht sich unabweisbar durch G.s Geschichten. Der schlichte (ebenso ästhetische wie moralische) Impuls des »Zusammenhelfens« regiert G.s Bericht seiner Erlebnisse mit einer Münchner Arbeiterbühne nach der Revolution: *Wunderbare Menschen* (Stuttgart 1927). Von G.s überschwenglich-hartnäckigem Freundschaftskult (der »Urfreund« F. Jung hat ihn sein Leben lang, der mitreißende Freund S. Tretjakow in entscheidenen Exil-Jahren stark geprägt) zeugen seine Briefe stärker als seine Werke. Das gespielte und reale Staunen über die Prägung anderer Menschen, das Grübeln darüber, was ein Mensch den anderen angeht, hat in Essays und literarischen Porträts (*u.a. Mitmenschen*, Berlin 1950) Gestalt gewonnen. G.s Einfluß auf die Arbeiterbewegung ist schwer zu messen; der Eindruck seiner Person auf jüngere Genossen muß beträchtlich gewesen sein. Reden und politische Stellungnahmen hielt er zumeist allgemein, entschieden parteilich, doch nicht für oder gegen einzelne Organisationen. Sein offenstes politisches Werk, konzentriert auf die Mahnung zur Einheitsfront von Kommunisten und Sozialdemokraten, ist *Der Abgrund*

Oskar Maria Graf

(London, Moskau 1936, später entschärft, historisch ironisiert als *Die gezählten Jahre*, München 1976). Nur hier arbeitet G. mit positiven Helden, mit Klischees der politischen Propaganda, aber auch mit einer beeindruckenden Montage aus historischen Informationen und Kommentaren. Die Kritik an der Führung beider Arbeiterparteien verzögerte die Publikation und wurde ihm von den Kritikern beider Seiten verübelt. Sein ebenso spöttischer wie anerkennender Bericht über seine neunwöchige *Reise in die Sowjetunion 1934* konnte erst postum erscheinen (Neuwied 1974). G.s Geschichten vermitteln ebenso viel Freiheit wie Notwendigkeit, mit den eigenen Augen zu sehen, mit den eigenen Nerven zu fühlen und mit dem eigenen Kopf zu denken, also eine Grundvoraussetzung eines Sozialismus der Zukunft.

Ausg.: Werke in Einzel-Bänden, bisher 18 Bde., München 1975/89 (ausgehend von den Texten letzter Hand); Werke in Einzel-Bänden. Büchergilde Gutenberg, bisher 15 Bde., Frankfurt a.M. 1982/91 (ausgehend von den EA). – *Lit.:* R. Recknagel: Ein Bayer in Amerika, Berlin 1974; O.M. Graf. Beschreibung eines Volksschriftstellers, Hg. W. Dietz/ H.F. Pfanner, München 1974; H.F. Pfanner: Oskar Maria Graf. Eine kritische Bibliographie, Bern 1976; R. Stollmann: Der Faschismus und das Private. Eine Analyse des *Anton Sittinger* von O.M. Graf, in: Brecht-Jb. 1979; O.M. Graf. Sonder-Bd. Text + Kritik (mit Bibl.), München 1986; G. Bauer: Gefangenschaft und Lebenslust. Oskar Maria Graf in seiner Zeit, München 1987; G. Mersmann: O.M. Graf. Rebellisches Exil – utopische Provinz, Frankfurt a.M. u.a. 1988.

Gerhard Bauer

Greif, Heinrich
Geb. 11. 3. 1907 in Dresden; gest. 16. 7. 1946 in Berlin

Sohn eines Postbeamten; 1925 Ausschluß aus dem Wettiner Gymnasium in Dresden wegen Mitarbeit an der aufsehenerregenden, polizeilich verbotenen Schüler-Zs. »Mob« (Hg. u.a. R. Braune); aus G.s Artikeln spricht Suche nach weltverändernder Kunst und Weltanschauung. 1926 in Berlin Schüler an E. Piscators Volksbühnenstudio; ab 1929 Schauspieler (Piscator-Kollektiv; Wangenheims »Truppe 31«); 1933 Eintritt in die KPD; illegale Arbeit, u.a. Mitarbeit an der bisher noch nicht aufgefundenen Schauspieler-Zs. »Rampe«; 1934 Schauspielhaus Zürich (Dr. Hellpach in F. Wolfs *Professor Mamlock*); 1935/45 Sprecher am Moskauer Rundfunk (deutsche Redaktion) und Mitwirkung an sowjetischen Filmen (u.a. *Kämpfer*; Regie: G. von Wangenheim); ab Mai 1945 Stadtrat für Kultur in Dresden; Spielzeit 1945/46 Schauspieler am Deutschen Theater Berlin, Sprecher am Rundfunk. 1951 stiftete die Regierung der DDR den H.-G.-Preis für fortschrittliches Filmschaffen.

G.s Übersetzungen aus dem Russischen (Verse von Puschkin, Lermontow, Majakowski) und Gedichte, von G. selbstkritisch geheimgehalten, wurden nach seinem Tod von M. Vallentin herausgegeben (*Ein Deutscher dreißig Jahre alt*, Weimar 1947) als Beitrag zur geistigen Bewältigung von Faschismus, Krieg, Antisowjetismus. Denn G.s Gedichte, vorwiegend reflektierenden oder argumentierenden Charakters, sind – Liebesgedichte eingeschlossen – Selbstverständigung über seinen eigenen Weg vom ichbefangenen, pessimistischen, kritischen jungen Intellektuellen zum politisch denkenden, handelnden, selbstbewußten Zeit-Genossen, für den das Erlebnis Sowjetunion und seine Liebe zu den sowjetischen Menschen grundlegend wurde, oder es sind direkt an die Soldaten der faschistischen Armee gerichtete Mahnungen, Beschwörungen zur Beendigung von Krieg und Faschismus. Gegenstand seiner Reflexionen sind sein Verhältnis zu seiner Partei, seine konfliktreiche Zuneigung zum geschändeten Deutschland, seine Gewißheit vom notwendigen Untergang des Faschismus. Bevorzugte Formen sind das Sonett und thematisch bestimmte Gedichtszyklen.

Lit.: C. Trepte/R. Waack: Heinrich Greif. Künstler und Kommunist, Berlin 1974; R. Waack: Bedeutende antifaschistische Filme und die Wirkung deutscher Schauspieler im sowjetischen Film, in: Exil, Bd. 1, 2. Aufl. 1989.

Renate Ullrich

Greulich, Hermann
Geb. 9. 4. 1842 in Breslau; gest. 8. 11. 1925 in Zürich

Besuch der Armenschule und Buchbinderlehre; ab 1862 Wanderschaft; 1865 Abgeordneter des Arbeitervereins Reutlingen auf dem Arbeitertag in Stuttgart; hielt sich in kritischer Distanz zur Lassalleschen Bewegung; vertrat die liberalen Anschauungen von H. Schulze-Delitzsch; seit 1865 in der Schweiz, wo er sich unter dem Einfluß J. Ph. Beckers der IAA anschloß und 1867 Leiter der Züricher Sektion wurde; Mitbegründer der Sozialdemokratischen Partei in der Schweiz; 1869/80 Redakteur der »Tagwacht« in Zürich, wo er eigene Gedichte und Liedtexte abdruckte, z.B. *Arbeitermarseillaise*, *Arbeiter-Feldgeschrei*, *Arbeiter-Festlied* und *Arbeiterlied*. Seine politische Lyrik wurde sehr bald in Anthologien und Liederbücher aufgenommen, die besonders in Deutschland verbreitet wurden.

Nach der Pariser Kommune wollte G. seine Mitstreiter für das Ziel der sozial befreiten Welt begeistern (*Geb' deine Bahn*; *Den Racheopfern der Reaktion*, 1871). Sein 1885 verfaßtes Gedicht *Und sie bewegt sich doch!* vermittelte die Überzeugung, daß der »Freiheitskampf nicht fruchtlos« geführt worden war und das Volk seine Rechte noch erkämpfen wird.

Hermann Greulich

W. W.: Vor hundert Jahren und heute. Die Revolution des Bürgertums und der Befreiungskampf der arbeitenden Klasse, Zürich 1895; Über die materialistische Geschichtsauffassung, Berlin 1897; Karl Fourier, ein Vielverkannter, Zürich, 2. Aufl. 1919; Zur Klarheit und Kraft. Notwendige Darlegungen, Hg. Sozialdemokratische Partei des Kantons Zürich, Zürich 1919. – *Ausg.:* Das grüne Hüsli. Erinnerungen von H. Greulich, Hg. G. Medici-Greulich, Zürich 1942.

Gisela Jonas

Grisar, Erich
Geb. 11. 9. 1898 in Dortmund; gest. 30. 11. 1955 in Dortmund

Kam aus sozialdemokratischer Arbeiterfamilie; 1912 Ausbildung als Vorzeichner für Kessel- und Brückenbau; ab 1916 Frontsoldat; seit 1919 Arbeit in der Kesselschmiede der Dortmunder Westfalenhütte; Anfang der 20er Jahre Mitglied der SPD; ab 1924 freier Schriftsteller; 1939 wieder Fabrikarbeit; nach 1945 Bibliothekar in Dortmund.

Aus dem Kriegserlebnis bezog G. einen wesentlichen Impuls für sein Schreiben; erste literarische Arbeiten, beeinflußt vom pazifistisch appellativen Expressionismus, und spätere (z.B. die Prosa *Schreie in der Nacht*, Leipzig 1925) wollen Antikriegshaltungen stärken durch Erinnerung und den Aufruf, nie wieder zum Teil einer zum Töten und Sterben benutzten Masse zu werden. Das Industrierevier der Ruhr und Fabrikarbeit wurden für G.s Gesamtwerk bestimmend wie auch die Bindung an sozialdemokratisch geprägte Kulturarbeit vor 1933; Gedichte, Erzählungen und Reportagen erschienen insbesondere in den Zsn. »Kulturwille« und »Der Bücherkreis«, Sprechchöre wurden auf Veranstaltungen der SPD häufig rezitiert. Charakteristisch für G.s Texte der 20er Jahre, die um Arbeit und Fabrikwelt kreisen, ist ein unauflöslicher Zwiespalt zwischen Stolz auf die Kraft der Schaffenden und auf das Geschaffene und Leiden unter der kräftezehrenden Bindung des Arbeitenden an sein Werk. Beide Seiten des Widerspruchs erscheinen häufig in sakralen Bildern und Mythisierungen: einerseits die Fabrikhallen als »Dome der neuen Zeit,/ Des gewaltigsten Gottes: Arbeit!« (*Der Gesang von der Fabrik*, in: *Gesänge des Lebens*, Jena 1924), andererseits die Fabrik als Vampir, als Untier, das unersättlich Menschen frißt und schlingt und »zermürbte Wesen« ausspeit (*Die Fabrik*, in: *Morgenruf*, Leipzig 1923). Macht- wie Ohnmachtgefühle werden zuweilen hinübergeführt in die Zuversicht auf eine von Not und Elend freie Zukunft, die indes weniger als erkämpfte Befreiung, denn als erlangte Erlösung apostrophiert wird. Klage, Anklage und Aufruf von Gemeinschaftlichkeit bilden wie in Gedichten und lyrisch formierten Prosaskizzen auch die Grundtöne in G.s Sprechchören. Soziale Verhältnisse und geschichtliche Erfahrungen sucht er in allegorisierenden Typen zu erfassen; *Unser ist der Tag* (Leipzig 1924) z.B. bezieht sich mit Figuren wie Der Tod, Der Fronmeister, Der Lustmeister, Die Schaffer auf Vorgänge in Deutschland seit 1918 (Niederlage, neue Hoffnung, Verführung der Arbeiter) und stellt den gemeinsamen Gesang der *Internationale* ans Ende. - Um 1930 verändern sich Weltsicht und Stil merklich, emphatische Sprache und Appellstrukturen weichen in Gedichten stärkerer Gegenständlichkeit und balladesker Sachlichkeit (*Brüder, die Sirenen schrein*, Hirsau 1931), in Prosaberichten werden Landschaften und Orte mit Aufmerksamkeit auf ihre geschichtliche Geprägtheit und die konkreten sozialen Verhältnisse skizziert; bemerkenswert (und bis heute gut zu lesen und aufschlußreich) ist *Mit Kamera und Schreibmaschine durch Europa. Bilder und Berichte* (Berlin 1932) mit sozial genauen Miniaturen und Städtebildern, in die aktuelle Kämpfe und Zeugnisse der Tradition der Arbeiterbewegung eingezeichnet sind (z.B. den Kapiteln »Das Borinage«, über Marx, »eines Großen Grab« in London, »Lodz, das polnische Manchester« oder über Zürich als Exilort von der Zeit des Sozialistengesetzes bis Lenin im Weltkrieg).

Nach 1933 suchte sich G. einer nationalsozialistischen Vereinnahmung als »Arbeiterdichter« zu entziehen; in neuer Erzählprosa blieb er beim ihm bekannten Milieu, das er, ohne soziale Widersprüche zu notieren, episodisch beschrieb. Daran schloß er auch nach 1945 an.

Mit einer kleinen Anthologie (*Denk ich an Deutschland in der Nacht*, Karlsruhe 1946) unternahm es G., deutsche Leser mit Gedichten aus der Emigration, mit deren kämpferischem Geist und Hoffnungen auf ein befreites Deutschland bekannt zu machen. Bemerkenswert die Textgrundlage, über die G. einleitend schrieb, er besitze eine kleine Sammlung von Gedichten, »von emigrierten Freunden gelegentlich in der harmlosen Form eines von liebender Hand geschriebenen Privatbriefes übermittelt« (S. 5). Geboten werden 29 Texte aus den ersten Jahren des Exils von B. Brecht, O.M. Graf, M. Herrmann-Neisse, W. Mehring, E. Mühsam, K. Schnog, E. Weinert u.a. (eine ungenannte Quelle offenbar die Anthologie ↗ *Verse der Emigration*, Karlsbad 1935, worin 20 davon standen).

W. W.: Morgenrot (Ge.), Sulzbach 1920; Das Herz der Erde hämmert (Skn. u. Ge.), Leipzig 1923; Das atmende All (Ge.), Leipzig 1925; Opferung (Sprechchor), Dortmund 1927; Das Tor (Sprechchor), Waldenburg-Altwasser 1929; Heinrich Volkmann (R.-Fragment, Leseprobe in: Kulturwille, Jg. 1929, H. 12); Der Tag des Lichts (Sprechchor), Waldenburg-Altwasser 1930; Die Grenzen auf! (Sp.), Bielefeld-Südbrack 1932; Siebzehn Brückenbauer - ein Paar Schuh (R.), Hamburg 1937; Monteur Klinkhammer und andere Brückenbauergeschichten, Bayreuth 1943, durchges. u. erweit. Marburg 1948; Zwischen den Zeiten. Ausgew. Ge., Hamburg 1946; Kindheit im Kohlenpott (En.), Karlsruhe 1946; Die Holtmeiers (R.), Hamburg 1946; Die Tat des Hilko Boßmann (E.), Offenbach 1947; Die Hochzeit in der Kesselschmiede

(R.), Marburg 1949).- *Lit.:* J. Büscher: Erich Grisar, in: Gewerkschaftliche Rundschau für die Bergbau- und Energiewirtschaft, 1963, H. 6.

Manfred Nössig

Grötzsch, Robert Gottlieb (Ps. Robert Plöttner, Rebold Gretsch, St. Jose, Bruno Brandy)

Geb. 10. 3. 1882 in Naunhof bei Leipzig; gest. 6. 3. 1946 in New York

Sohn eines früh verstorbenen Arbeiters, lernte Klempner. 1904 in der »Sächsischen Arbeiterzeitung« erste literarische Versuche. Von F. Diederich ermuntert. Ab 1906 Redakteur der »Sächsischen Arbeiterzeitung«. Erstfassungen zum *Verschrobene(n) Volk*, Berlin 1912, erschienen in »Sächsische Arbeiterzeitung«, »Vorwärts«, »Zeit am Montag« und in der Kinderbeilage der »Gleichheit«. Mit E. Hahnewald (1884-1961) nach den Ereignissen der Novemberrevolution 1918 im Presseamt des Dresdener Arbeiter- und Soldatenrates. 1919 Redakteur der »Dresdener Volkszeitung« (vormals »Sächsische Arbeiterzeitung«). Durch Aufdeckung eines Fememordes den deutschen Faschisten besonders verhaßt. Seine Redaktionskollegen, M. Sachs (1883-1935) und K. Heilbut (1888-1943), fielen den Nazis in die Hände und wurden im Konzentrationslager ermordet. G. gelang im März 1933 die Flucht nach Prag. Ständiger Mitarbeiter des »Neuen Vorwärts«, zeichnete politische Glossen und Satiren mit B. Brandy. Nach fünfjährigem Aufenthalt mußte er Prag verlassen, ging nach Paris, von wo er nach zwei Jahren erneut fliehen mußte. Als feindlicher Ausländer in einem französischen Lager interniert, nach Freilassung gelang ihm von Südfrankreich aus beim dritten Versuch die Überquerung der Pyrenäen, kam über Spanien und Portugal im Jan. 1941 nach Amerika. Seine Gesundheit war zerrüttet, er wurde mehrmals operiert. Als fast 60jähriger mußte er seinen Unterhalt als Klempner verdienen. G. arbeitete an der »New Yorker Volkszeitung« mit, schrieb die Komödie *Aufruhr im Schloß* (o. J.), war Vorstandsmitglied der Newcomer-Gemeinschaft in New York. Versuchte ein Hilfswerk für die Arbeiterwohlfahrt in Deutschland aufzubauen. Im letzten Brief an E. Hahnewald schrieb er, daß ihn die nach dem Ende des Dritten Reichs zu lösenden Kulturaufgaben lockten. Nach einer erneuten Operation verstarb er im Exil.

G. gehörte Anfang des 20. Jh.s zu den ersten sozialdemokratischen Schriftstellern, die für die proletarische Jugend schrieben. Seine Erzählungen und Märchen üben humorvoll Kritik, schärfen den Blick für die Zeit, die Arbeiterkinder von der geistigen und materiellen Kultur ausschließt. Er zeigt anschaulich, wie nötig es ist, sich gegen die Ausbeuter aufzulehnen, gestaltet Helden, die sich gegen ihre Unterdrücker zu organisieren beginnen. Die Kinderbeilage der »Gleichheit« veröffentlichte 1907/23 Geschichten, in *Nauckes Luftreise und andere Wunderlichkeiten* (Dresden 1908) und *Der Zauberer Burufu* (Berlin 1922) zusammengefaßt. Sie fanden weite Verbreitung, bevor sie in Buchform erschienen. Weihnachten 1913 legte G. *Muz der Riese. Ein heiteres Abenteuermärchen* (Dresden 1913) vor. Neben journalistischer Arbeit verfaßte er auch einige dramatische Werke. Im I. Weltkrieg hatte seine Komödie *Dyckerpotts Erben* (Berlin/München 1917) im Königlichen Schauspielhaus in Dresden Premiere, wurde dann auf 150 deutschen Bühnen gespielt, verfilmt und im Mai 1947 neu aufgeführt in Dresden. Beachtliche Resonanz fand sein Roman *Wir suchen ein Land. Roman einer Emigration* (Bratislava 1936) in der Presse Prags, Zürichs, Kopenhagens und Paris'. G. gestaltet ein Stück Zeitgeschichte, erzählt vom Leben der aus neun deutschen Emigranten bestehenden Kolonne Herkner, die sich Asyl suchend in der Tschechoslowakei, nahe der böhmisch-deutschen Grenze, zusammengefunden hat. Sie sind als Sozialdemokraten, Reichsbannerleute, Führer der Kinderfreunde und Juden verfolgte Gegner des Nationalsozialismus aus verschiedenen Bevölkerungsschichten und Generationen. Die Solidarität böhmischer Genossen ermöglicht ihren Aufenthalt. Jeder ist Anfechtungen ausgesetzt, trägt aber tapfer und nicht ohne Humor sein Schicksal. Mit Heimweh im Herzen und der Sehnsucht nach einem neuen Deutschland, für das sie kämpfen wollen, gehen sie nach Palästina, Albanien und Jugoslawien.

W. W.: Die Kohlenzille und andere Erzählungen, Berlin 1917; Sächsische Leute (satirische Geschn.), Berlin 1924; Journalist über Bord (Sp. in drei Akten), Berlin 1930; Gerechtigkeit. 14 Bilder aus dem Freiheitskampf, Bratislava 1936; Tormann Bobby (R., unveröff.); Die Husarenuniform (E.), Ndr. in: Überhaupt brauchen wir eine sozialistische Literatur ... Eine Skizze über die Anfänge sozialistischer deutscher Kinderliteratur mit einem Dokumenten-Anhang, Hg. G. Holtz-Baumert, Berlin 1972; Die alten Straßenbahngäule (E.), Ndr. in: H. Kunze/H. Wegehaupt: Spiegel proletarischer Kinder- und Jugendliteratur 1870-1936, Berlin 1985; Der Zauberer Burufu (M.), Ndr. in: Für unsere Kinder. Texte aus der Kinderbeilage der ›Gleichheit‹ 1905-1917, Hg. H. Drust, Berlin 1986; Nauckes Luftreise und andere Wunderlichkeiten (Geschn. für Arbeiterkinder), neu hg. von M. Altner, Berlin 1986. – *Lit.:* E. Hahnewald: In memoriam R. Grötzsch (Ms.), Stockholm (o. J.), in: Sächsische Landesbibliothek Dresden; F. Stampfer: Gedenkrede (Ms.), New York (o. J.), in: ebd.; T. Sender: Gedenkrede (Ms.), Washington (o. J.), in: ebd.; H. F.: R. Grötzsch, in: Sächsische Ztg., 1946, Nr. 9; e.: R. Grötzsch zum Gedenken, in: Sächsische Ztg., 1947, Nr. 90.

Heide Drust

Grün, Karl Theodor Ferdinand (Ps. Ernst von der Haide)

Geb. 30. 9. 1817 in Lüdenscheid, gest. 18. 2. 1887 in Wien

Sohn eines Volksschullehrers; 1835 Theologie-, Philosophie- und Philologiestudium in Bonn (Bekanntschaft mit K. Marx) ab 1837 in Berlin; Anhänger des Junghegelianismus; 1838 Deutschlehrer in Colmar (Elsaß); 1841 Redakteur der »Mannheimer Abendzeitung«; Okt. 1842 Ausweisung aus Rheinbayern; nach Parisaufenthalt Mitte 1843 Übernahme der Zs. »Der Sprecher oder Rheinisch-Westphälischer Anzeiger« (Hamm/Soest/Wesel) bis zu deren Verbot im Okt. 1844; Ende 1844 erneut nach Paris; Kontakte zu französischen Sozialisten, u.a. E. Cabet, V. Considerant, C. Fourier und J.-P. Proudhon; regelmäßige Beiträge für demokratische und sozialistische Periodika, z.B. die »Rheinischen Jahrbücher«, das »Deutsche Bürgerbuch« und »Die Werkstatt«; 1847 Ausweisung wegen kommunistischer Verbindungen, u.a. zum Bund der Gerechten; über Belgien und England 1848 wieder nach Deutschland; Abgeordneter der preußischen Nationalversammlung; Mai 1849 Verhaftung wegen Rädelsführerschaft im Trierer Volksaufstand, 1850 freigesprochen; danach lebte G. als Publizist in Brüssel; Kontakte zur Bewegung Junges Italien; 1862 Professur für Musik und Kultur in Frankfurt a.M.; seit 1865 in Heidelberg und 1867 in Wien, hielt er mit Erfolg Wandervorträge vor allem zu kulturgeschichtlichen Themen. – Nach weniger bedeutungsvollen literarischen Anfängen (*Gutenberg-Lieder*, Straßburg 1840) betätigte sich G. seit 1842 ähnlich wie Marx, F. Engels oder M. Heß hauptsächlich als politischer Journalist, wobei aus anfänglicher Übereinstimmung mit diesen bald erbitterte Gegnerschaft in bezug auf die Ansichten vom Sozialismus /Kommunismus erwuchs. *Meine Ausweisung aus Baden, meine gewaltsame Ausführung aus Rheinbaiern und meine Rechtfertigung vor dem deutschen Volke* (Zürich/Winterthur 1843), das unzensierte Dokument seiner bisherigen journalistischen Erfahrungen, enthielt als frühes politisches Glaubensbekenntnis seine Überzeugung, daß alle notwendigen Veränderungen in Richtung eines neuen humanen Gemeinwesens nur auf friedlichem Wege durch Verfassungsgebung und parlamentarische Kontrolle möglich seien. G.s brillanter und farbiger Stil, seine Scharfzüngigkeit und analytische Klarsicht wie auch die Fähigkeit zu bissiger Satire und Ironie machten ihn bald zu einem der populärsten Publizisten des Vormärz. Mit seiner Zs. »Der Sprecher ... « erlangte er sogar größeren Einfluß als die »Rheinische Zeitung«. Darüber hinaus versuchte G. seine Auffassungen von der Errichtung einer sozialistischen Demokratie auch über Vorträge zu verbreiten. Für unabdingbar hielt er vor allem eine Neuorganisation der Arbeit, wenn nicht anders möglich, dann jetzt auch mit Mitteln der Gewalt durchzusetzen, denn die sittliche Bestimmung des Menschen als oberstes Ziel sei erst erfüllbar, wenn alle die notwendigen Existenzmittel durch den Ertrag eigener Arbeit erhielten (*Über wahre Bildung. Eine Vorlesung gehalten den 28. April 1844 zu Bielefeld zum Besten der armen Spinner im Ravensbergischen*, Bielefeld 1844). Ein anderes Anliegen G.s war es, aus der kritischen Analyse französischer Sozialismustheorien eine Leitlinie für die deutsche sozialistische Bewegung zu gewinnnen. Während seines Parisaufenthaltes ab 1844 interviewte G. hierfür die namhaftesten französischen Sozialisten. Seine Eindrücke faßte er zusammen in der Schrift *Die sociale Bewegung in Frankreich und Belgien. Briefe und Studien* (Darmstadt 1845), die in einem eindeutigen Bekenntnis zu den Lehren Proudhons mündete. Was G. fortan den ›wahren‹ Sozialismus nannte, war ein sowohl soziale wie auch moralische und ästhetische Komponenten umfassendes Gesellschaftskonzept, das auf der Wahrung der unveräußerlichen Rechte des Individuums beruhte. Hier setzte eine ebenso scharfe wie polemische Kritik seitens Marx' und Engels' ein, da G. ihrer Meinung nach nicht zwischen nationalökonomischen und sozialen Fragen zu unterscheiden wußte. Ab Jan. 1847 schrieb G. daraufhin zur eigenen Rechtfertigung mehrere Artikel für die »Trier'sche Zeitung«, in denen er gegen die Art von Kommunismus Front machte, die seiner Meinung nach in einer Setzung der Allmacht des Staates gegenüber dem Einzelnen nur Despotismus und neue Unterdrückung zu erzeugen drohe. Statt Abschaffung des Privateigentums forderte er dessen Beschränkung auf das Maß der jeweils tatsächlich dafür geleisteten Arbeit. Arbeit und Genuß sollten sich nach individuellen Bedürfnissen regeln. So hoffte er, könne sich ein harmonisches Gesellschaftsleben entwickeln, in dem der Glücksanspruch des Einzelnen lediglich begrenzt bliebe durch den ebenso berechtigten des Anderen. Als entscheidende Triebkraft auf dem Weg dahin sah G. den menschlichen Willen an. In den Prozeß der Erzeugung einer diesbezüglichen Willenskraft (›Philosophie der Tat‹) sah G. auch als wesentliches Movens die Kunst eingeschlossen. So interpretierte er z.B. in seinem Buch *Über Goethe vom menschlichen Standpunkte* (Darmstadt 1846) den Klassiker als eine Art Ursozialisten, der mit seinen Werken nichts weniger als eine ästhetische Antizipation einer grundlegenden gesellschaftlichen Erneuerung geschaffen habe.

W. W.: Friedrich Schiller als Mensch, Geschichtsschreiber, Denker und Dichter, Leipzig 1844; Ludwig Feuerbach in seinem Briefwechsel und Nachlaß sowie in seiner philosophischen Charakterentwicklung dargestellt, Leipzig 1874. – *Lit.:* F. W. Reinhardt: Karl Theodor Ferdinand Grün, Diss., Gießen 1922; W. Sauerländer: Karl Theodor Ferdinand Grün und der ›wahre‹ Sozialismus, Lüdenscheid 1958; J. Strassmeier:

Karl Grün und die kommunistische Partei. 1845–1848, in: Schriften aus dem Karl-Marx-Haus in Trier, Bd. 10, Trier 1973.

Petra Boden

Grünberg, Karl (Ps. Schlarks, Schnaffke, Atta Troll, Kage)

Geb. 5. 11. 1891 in Berlin; gest. 1. 2. 1972 in Berlin

Sohn eines sozialdemokratischen Schuhmachers; mußte früh als ungelernter Arbeiter zum Unterhalt der Familie beitragen. 1910 Besuch der Arbeiter-Bildungsschule in Berlin; Mitglied der Gewerkschaft. 1911 Beitritt zur SPD. 1912 Laborant in Berlin, Oldenburg und Leverkusen. 1915/17 Armierungssoldat an der Ostfront; 1918 Organisator der Wahl von Soldatenräten; 1919 USPD. 1920 Führer eines proletarischen Abwehrbataillons gegen den Kapp-Putsch in Berlin. 1920 Mitglied der KPD, mit der Organisierung und Schulung von Arbeiterkorrespondenten betraut. 1924 Redaktionsvolontär der RF, später Lokalredakteur der »Welt am Abend«. Beteiligt an der Herausgabe einer der ersten Betriebszellen-Zeitungen der KPD, »Die Borsig-Lokomotive«. 1926 im Auftrag der KP-Organisation Berlin Herausgabe der illegalen »Korrespondenz für Zellenzeitungen«. 1928 Mitbegründer des BPRS, erster Sekretär der Berliner Ortsgruppe. Chefredakteur der Rote-Hilfe-Pressekorrespondenz »MOPR«. 1929 Teilnehmer der ersten Delegation des BPRS in die Sowjetunion, 1931 einer internationalen Brigade von Schriftstellern, die die UdSSR besuchte. Herausgeber des Almanachs proletarisch-revolutionärer Lyriker und Erzähler *Feder und Faust* (Moskau 1930). 1933 illegale Arbeit gegen den Nationalsozialismus; Juni 1933 verhaftet (Konzentrationslager Sonnenburg), durch Massenamnestie freigekommen. G. schrieb Berichte für die skandinavische Presse (»Ny Dag«, »Sydsvenska«, »Brandt«), u.a. *Die Ermordung Erich Mühsams* und *Furchtbare Folterungen an Ernst Thälmann und Dr. Zenes*. Herausgabe der illegalen KPD-Wahl-Ztg. »Der Maulwurf« zur letzten Betriebsrätewahl 1935. Ab 1936 Chemielaborant in verschiedenen Orten, dauernde Überwachung durch die Gestapo. 1943/45 Feuerwehrmann in Essen und Berlin. 1945 Amtsgerichtsdirektor in Berlin-Pankow, Mitarbeiter der »Täglichen Rundschau«, danach freischaffender Schriftsteller in Berlin.

In den 20er und 30er Jahren hat G. zahlreiche Glossen, Skizzen, Erzählungen und Gedichte für die Presse proletarischer Jungendorganisationen und die Wahlagitation der KPD geschrieben, die sich satirisch und anklagend gegen Bourgeois, Junker, Militaristen und Versöhnler in den Reihen der SPD wandten. Im Winter 1926/27 entstand – während G. arbeitslos war – der Roman *Brennende Ruhr* (Rudolstadt 1929, recte 1928, Vorw. J. R. Becher; zahlreiche Übers.; Ndr.

Der Roman des Kapp-Putsches

Der Roman der heldenhaften Kämpfe der roten Armee in Essen, Gelsenkirchen, Dortmund und vor Wesel

Brennende Ruhr

Wir haben diesen Roman von Karl Grünberg vom Greifen-Verlag in Rudolstadt erworben. Dieses Buch, das bisher durch seinen hohen Preis von keinem Arbeiter gekauft werden konnte, wird jetzt von uns gebunden mit RM. 5.—, broschiert mit RM. 3.50 herausgegeben. Es ist dadurch in der Ausstattung und im Papier nicht schlechter, sondern sogar besser. Es hat eine gute Leinendecke und einen prächtigen, zweifarbigen Umschlag aus den Kämpfen an der Ruhr.

KARL GRÜNBERG,
der Verfasser von „Brennende Ruhr"

Einige Urteile von Arbeitern:

August Weltershaus, Chemnitz: Ich habe schon viele Bücher gelesen, aber selten hat mich ein Buch so gefesselt wie dieses.

Melanie Illig, Chemnitz: Man kämpft, leidet, liebt und haßt mit den Ruhrkumpeln.

Walter Voigt, Chemnitz: ... Allerdings wäre mit diesem Roman mehr gedient, wenn er in der „Volksstimme" stände und den vernagelten Sozialdemokraten die Wahrheit ins Maul geschmiert würde.

H. Frohberg, Berlin: Noch hat mich kein Roman in der „Roten Fahne" oder im „Vorwärts" so interessiert, wie dieser.

Ernst Möller, Düsseldorf: War leider zur selben Zeit bei der Reichswehr und

Inserat des Internationalen Arbeiter-Verlags

Rudolstadt 1948), die erste literarische Gestaltung der Kämpfe der Roten Ruhrarmee 1920. Es gelang G., Milieu und Atmosphäre der Kämpfe in eindrucksvollen Episoden zu erfassen; er versuchte, die sozialen Triebkräfte und politischen Motive der Akteure sichtbar zu machen. Der Handlungsverlauf trägt kolportagehafte Züge und wirkt zuweilen klischeehaft, besonders bei der Darstellung der Gegenseite. Erzählt wird, wie soziale und politische Erfahrungen die Illusionen eines kleinbürgerlichen Werkstudenten erschüttern und er zu den kämpfenden Proletariern findet. Der Roman, als Vorabdruck in 16 Parteizeitungen erschienen, war von Bedeutung für die Entwicklung der proletarisch-revolutionären Prosaliteratur in Deutschland. In der UdSSR hatte das Buch eine Auflage von über 400 000 Exemplaren. Vom zweiten, vor 1933 konzipierten Roman G.s erschien nur ein Teilabdruck u. d. T. *Fortsetzung folgt?* (in: »Die Junge Garde«, 1931/32, ab Nr. 5 in Fortsn.), eine zweite Fassung erschien u. d. T. *Gloria Victoria* (Berlin 1960). G. schildert das Kriegsgeschehen 1914/18, die Massenstimmungen gegen den Krieg, die Auswirkungen des Krieges auf den proletarischen Alltag. Der dritte, stark autobiographische Roman, *Das Schattenquartett* (Rudolstadt 1948), gibt eine

bewegende Darstellung des sozialdemokratischen Familenmilieus, dem der Autor entstammt. Die Erzählung *Hitlerjunge Burscheidt* (Rudolstadt 1948, u. d. T. *Heimkehrer Burscheidt* im Erzählungsband *Es begann im Eden*, Berlin 1951) war ein Versuch, der vom Nationalsozialismus irregeleiteten Jugend nach dem II. Weltkrieg einen Ausweg zu zeigen.

W. W.: Die sozialistische Volkswehr, Berlin 1919; Moloch Wohnungsamt (Bilder von der Wohnungsnot) und weitere Wahl-Sketchs, in: Agitationspiele für die Wahlkämpfe 1928, Berlin 1928; Was geht im kollektivierten Sowjet-Dorf vor?, Berlin 1931; Mit der Zeitlupe durch die Weimarer Republik, Berlin 1960; Episoden, Berlin 1960. – *Ausg.:* Werke in Einzelausgaben, Hg. H. Baumgart, Berlin 1975–1983.

Ernst Albrecht/Red.

Gumbel, Emil Julius

Geb. 18. 7. 1891 in München; gest. 10. 9. 1966 in New York

Sohn eines liberalen jüdischen Bankiers. Abitur 1910. Studierte Mathematik und Nationalökonomie, Promotion 1914. Kriegsfreiwilliger; Herbst 1915 Anschluß an den Bund Neues Vaterland, in dessen Auftrag Flugschrift *Vier Jahre Lüge* (Berlin 1919). Nov. 1917 USPD; während der Novemberrevolution für Nationalversammlung gegen Diktatur. Hielt 1921 Einführungskurse in Sozialismus und Wirtschaftsstatistik in der Betriebsräteschule der Gewerkschaften. 1922 mit der Mehrheit der USPD Eintritt in die SPD. 1923 Statistik-Lehrauftrag an der Universität Heidelberg. Proteste korporierter und NS-Studenten gegen antimilitaristische Äußerungen G.s erzwangen ein Disziplinarverfahren. 1925/26 im Marx-Engels-Institut in Moskau für die Herausgabe der mathematischen Manuskripte von K. Marx tätig. 1930 Ernennung zum außerordentlichen Professor in Heidelberg. 1931 Übertritt zur SAP. 1932 führte eine neue Kampagne zum Entzug der Lehrberechtigung. 1932/1933 Vortragsreise in die USA, Gastvorlesungen in Paris. 1933 Emigrant in Frankreich; 1934/1940 Professor für Versicherungsmathematik. Gründete deutsche Emigrantengruppe in Lyon. Mitunterzeichner des Aufrufs *Bildet die Deutsche Volksfront*. 1937 mit H. Mann und S. Marck Gründung des Bundes Freiheitlicher Sozialisten. 1939 französischer Staatsbürger. 1940 Flucht in die USA. Tätigkeit an der New School for Social Research in New York. 1941 Mitglied des German-American Council for the Liberation of Germany from Nazism. 1944 Gründungsmitglied des Council for a Democratic Germany. Auftragsarbeiten für das Office of Strategic Services über Geheimorganisationen der Weimarer Republik. 1946 Naturalisierung in den USA.

Mit seinen präzis recherchierten, mit sachlicher Nüchternheit

Buchumschlag. Malik-Verlag, 1924

dargebotenen Dokumentationen über Erschießungen, Attentate und Fememorde der radikalen Rechten ist G. bei nationalistischen Gruppen und Presseorganen zu einem der meistgehaßten Publizisten der Weimarer Republik geworden. Sein Bericht *Zwei Jahre Mord* (Berlin 1921) erschien in 5. Auflage unter dem Titel *Vier Jahre politischer Mord* (Berlin 1922) im Malik-Verlag. In seinen Beiträgen zur Geschichte und Soziologie der deutschen nationalistischen Geheimbünde seit 1918 (*Verschwörer*, Wien 1924; Neudr. mit Vorw. von K. Buselmeier, Frankfurt a.M. 1984) untersuchte er deren Charakter als Bürgerkriegsarmee und Kapitalschutzgarde, deckte ihre Geldgeber und Hintermänner sowie Beziehungen zur Reichswehr und zum Staatsapparat auf. Zugleich bewies er die systematische Begünstigung politischer Morde rechtsradikaler Gruppen durch die Justiz der Weimarer Republik. Eine zusammenfassende Darstellung gab G. in seiner Schrift *Verräter verfallen der Feme. Opfer, Mörder, Richter* (Mitarbeit von B. Jacob, E. Falck, Berlin 1929), welche die Wehrverbände als politische Macht mit dem Ziel einer eigenen Diktatur untersucht. G. charakterisierte die nationalsozialistische Bewegung als »Sammelbecken der Enttäuschten, der Verbitterten, der Desperados, der Illusionäre« (*Auf der Suche nach Wahrheit.*

Ausgew. Schrn., Hg. A. Vogt, Berlin 1991, S. 49). Ihre terroristischen Methoden belegt er in der Flugschrift *Laßt Köpfe rollen. Faschistische Morde 1924-1931* (Berlin 1931). Seine methodischen Prinzipien hat G. in *Klassenkampf und Statistik* (russ. in: »Problemi statistiki«, Moskau 1926, H. 1, dt. Amsterdam 1928) dargelegt. In seinen pazifistischen Schriften vertrat er die These von der Kriegsschuld des kaiserlichen Deutschland, verurteilte aber auch die Ungerechtigkeit des Friedens von Versailles. *Die Kriegrüstungen der imperialistischen Staaten* (1928, in: Ch. Jansen, S. 162 ff.) hatte er in seiner Rede auf dem Gründungskongreß der Freunde der Sowjetunion als ein international gutes Geschäft für die Herrschenden enthüllt. Bei schärfster Kritik des Bündnisses zwischen Ebert und der Heeresleitung 1918 trat G. für »eine demokratische Republik mit sozialem Einschlag« (ebd., S. 225) ein. Ohne je Kommunist gewesen zu sein, interessierte er sich für das gesellschaftliche Experiment in der Sowjetunion. Der Bolschewismus sei »eine der größten Erscheinungen unserer Zeit« (Einleitung zu: B. Russell: *Politische Ideale*, Berlin 1922, in: Jansen, S. 194), aber der erste Versuch einer Arbeiterregierung gescheitert, weil die Macht der Räte durch die Macht der Partei ersetzt und Opposition gewaltsam unterdrückt worden sei. Im Bericht *Vom Rußland der Gegenwart* (Berlin 1927) schilderte er den Alltag in Moskau realitätsnah, mit kritischer Sympathie und analytischer Scharfsicht. Den erbitterten politischen Kontroversen im Exil stand er skeptisch gegenüber. Neben fachlichen Schriften (*La durée extrême de la vie humaine*, Paris 1937) analysierte er die Wissenschaftsentwicklung in Hitlerdeutschland und gab eine Studien-Sammlung namhafter exilierter deutscher Gelehrten unter dem Titel *Freie Wissenschaft* (Strasbourg 1938) heraus.

W. W.: Denkschrift des Reichsjustizministers über Vier Jahre politischer Mord (Hg.), Berlin 1924; Weißbuch über die Schwarze Reichswehr. Von E.J. G., B. Jacob, H. Lange, P. von Schoenaich, Berlin 1925; Das Zufallsgesetz des Sterbens, Leipzig 1932; Statistics of Extremes, New York 1958; Vom Fememord zur Reichskanzlei. Geheime Rüstung und politische Morde in der Weimarer Republik, Heidelberg 1962. – *Ausg.:* Ch. Jansen (Hg.): Emil Julius Gumbel. Portrait eines Zivilisten (mit B. und Werkbibl.), Heidelberg 1991. – *Lit.:* W. Benz: E.J. Gumbel, in: U. Walberer (Hg.): 10. Mai 1933, Frankfurt a.M. 1983; A. Brenner: Hirngespinste oder moralische Pflicht? Emil J. Gumbel im französischen Exil, in: Exilforschung, Bd. 8.

Dieter Schiller

Günther, Hans

Geb. 8. 9. 1899 in Bernburg (Saale); gest. 10. 10. 1938 in Wladiwostok

Nach Tischlerlehre studierte G. 1920/23 Volkswirtschaft und Jura in Frankfurt a.M.; Diss. *Die klassische Werttheorie und die Theorie vom Grenznutzen* 1923 bei F. Oppenheimer, kurz danach auch Dr. jur. Solidarisierte sich als Geschäftsführer einer Aktiengesellschaft mit den Arbeitern und Angestellten, sie wurde 1929 aufgelöst. Im Okt. 1930 Mitglied der KPD, seit Sommer 1931 in Berlin. Im Auftrag der Abteilung Agitation und Propaganda beim ZK der KPD Vortrags- und Schulungstätigkeit, Kursuslehrer an der MASCH. Ab 1930 theoretische Beiträge, Theater-, Film-, Literatur-Kritiken in der kommunistischen Presse. Seit 1931 aktive Mitarbeit im BPRS, Okt. 1932 als dessen Vertreter in die IVRS-Leitung nach Moskau delegiert. Redakteur der deutschen Ausgabe der IL (1932, H. 4/5 bis 1933, H. 2), Leiter der Arbeitsgemeinschaft für Theorie und Kritik, Gutachter und Lektor der VEGAAR. Beiträge über antifaschistische und faschistische Literatur in »Gegen-Angriff«, IL, DZZ, »Der Kämpfer«, »Literaturnaja gazeta«, »Iswestija«, »Monde«. Am 4. Nov. 1936 verhaftet, »konterrevolutionärer trotzkistischer Tätigkeit« angeklagt und verurteilt zu fünf Jahren Lager. Starb an Typhus in einem Durchgangslager. 1956 durch die Regierung der UdSSR rehabilitiert.

G. hat als marxistischer Theoretiker einen eigenständigen Beitrag zur sozialistischen Literatur, zur Auseinandersetzung mit dem Nationalsozialismus, zur Herausbildung der antifaschistischen Einheitsfront der exilierten Schriftsteller geleistet. Ende 1932 entwarf er als Aktionsprogramm eine »breite Schriftstellerfront gegen Faschismus und Krieg« (*Von den nächsten Aufgaben der IVRS*, in: Günther: *Der Herren eigner Geist.* Ausgew. Schrn. [mit Bibl.], Hg. W. Röhr, Berlin 1981, S. 437) Diesem Anliegen waren sowohl die Literaturkritiken (zu H. Mann, L. Feuchtwanger u.a.) wie sein wissenschaftliches Hauptwerk, *Der Herren eigner Geist. Die Ideologie des Nationalsozialismus* (Moskau 1935, Reprint Berlin 1983) verpflichtet. Das Buch war als aktuelle Streitschrift zu Fragen des antifaschistischen Bündnisses angelegt und wurde von Schriftstellern wie J. R. Becher, H. Mann, Feuchtwanger auch so rezipiert. Es ist durch die Analyse des Klassencharakters, der ökonomischen, politischen und geistigen Grundlagen des deutschen Faschismus ein wichtiger Beitrag marxistischer Faschismusanalyse. Die Stärke von G.s literaturkritischer Arbeit lag mehr in der inhaltlichen Untersuchung, in der Bestimmung des weltanschaulichen Standorts des jeweiligen Autors als in detaillierter Form-Analyse. Er wandte sich gegen proletkultistische und vulgärsoziologische Positionen und gegen vulgärmaterialistische Interpretationen, legte seiner Arbeit einen an F. Engels geschulten Realismusbegriff zu-

grunde und propagierte eine kritische Erbeaneignung. Er bevorzugte traditionelle literarische Formen und Mittel, hatte Vorbehalte gegen Reportageformen und lehnte Techniken wie die Montage als Irrweg für die sozialistische Literatur ab (vor allem in der Polemik mit E. Bloch in: IL, 1936, H. 3, 8). Im »Objektivismus« (untersucht bei E. Glaeser 1932, B. von Brentano 1932, 36), »Individualismus« und »Psychologismus« (angemerkt Aug. 1936 zu Becher) sah er Gefahren für die antifaschistische Literaturentwicklung. In seiner einzigen belletristischen Arbeit, der Erzählung *In Sachen gegen Bertram* (Kiew/Charkow 1936), demontiert er die soziale Demagogie des Nationalsozialismus und zeigt das langwierige Erkennen des Eisendrehers Bertram, daß nur die gemeinsame Aktion von Kommunisten und Sozialdemokraten den antifaschistischen Kampf wirksam macht.

Lit.: Exil, Bd. 1, 2. Aufl. 1989, G. Lukács/J. R. Becher/F. Wolf u. a. Die Säuberung. Moskau 1936, Hg. R. Müller, Reinbek 1991.

Simone Barck

Haenisch, Walter

Geb. 11. 12. 1906 in Dortmund; erschossen 16. 6. 1938 in der UdSSR

Aus sozialdemokratischer Funktionärs-Familie (Vater Konrad H. preußischer Kultusminister 1918/23). Studium der Geschichte und Philosophie in Göttingen und Berlin, aus finanziellen Gründen nicht beendet. 1928 Mitglied des KJVD und der KPD, in den nächsten Jahren agitatorisch und propagandistisch tätig (Kursusleiter für Geschichte der Arbeiterbewegung an der MASCH, Sommer 1931 u.a.). Jan. 1932 im Parteiauftrag an das Marx-Engels-Lenin-Institut in Moskau, wo er bis April 1935 als wissenschaftlicher Mitarbeiter an der Druckvorbereitung des Marx-Engels-Briefwechsels beteiligt war und sich als Mitautor des für die Marx-Forschung grundlegenden Buches *Karl Marx. Chronik seines Lebens in Einzeldaten* (Moskau 1934) profilierte. Wegen Verringerung des Kaderbestandes entlassen, ab Mai 1935 freier Mitarbeiter der sowjetdeutschen und Exil-Presse. Feb. 1938 als Redakteur bei der DZZ angestellt. Am 11. März 1938 unter falschen Anschuldigungen verhaftet, am 17. 5. zum Tode verurteilt. Rehabilitiert am 28. 7. 1956.

H. trug mit literarhistorischen Studien und Kritiken zur marxistischen Literaturgeschichtsschreibung im antifaschistischen Exil bei. Seine Arbeiten über H. Heine (besonders *Heine und Marx. Ein Dokumentarbericht aus den literarischen Anfängen des Kommunismus*, in: IL, 1936, H. 11), G. Weerth, G. Börne, G. Büchner sind Beispiele der produktiven Erschließung der literarischen Epoche des Vormärz. Sie bereicherten die ideologische und literarische Basis der antifaschistischen Volksfront substantiell. H.s literarische Analysen (zur Vormärz-Lyrik, zu Werken von K. Kersten und H. Kesten, zu P. B. Shelley) sind ideologiekritisch und von polemischem Zuschnitt.

W. W.: La Vie et les luttes de Philippe Buonarroti, Paris 1938; Marxistische Literatur- und Kunstkritik. In: Das Wort, 1937, H. 11 (nachgedr. in: Kritik in der Zeit 1933–1945, Halle/Leipzig 1981).

Simone Barck

Halpern-Gabor, Olga
Geb. 24. 3. 1887 in Mogiljow-Podolzk (Rußland); gest. 2. 4. 1967 in Budapest

H. stammte aus einer Bankiers- und Großgrundbesitzerfamilie, studierte in Wien Literatur und erwarb das Lehrerdiplom. Lernte in Wien 1923 A. Gabor kennen, ging mit ihm nach seiner Ausweisung über Paris nach Berlin. Wurde 1926 Mitglied der KPD, gehörte der Betriebszelle der Reichsdruckerei an. Mitbegründerin und Bundes-Sekretärin des BPRS. Ab 1933 im sowjetischen Exil, wo sie als Sekretärin der deutschen Sektion des Sowjetischen Schriftstellerverbandes in Moskau bis zur Evakuierung 1941 tätig war. 1945 folgte H. ihrem Mann nach Ungarn. Nach dessen Tod machte sie das Andor-Gabor-Archiv der internationalen Forschung zugänglich.
H. war organisatorisch an der Entwicklung der deutschen proletarisch-revolutionären Literatur beteiligt, sie unterstützte insbes. Arbeiterschriftsteller. Ihr gelang es, wichtige Dokumente des BPRS ins Exil zu retten. Von Moskau aus entwickelte sie anerkannte Kontakte zu anderen Exilzentren wie Prag und Paris. Als Übersetzerin (F. Gladkow, M. Scholochow, M. Gorki, S. Jessenin u.a. ins Deutsche) war sie vor 1933 beteiligt am Bekanntmachen der in Deutschland noch kaum zur Kenntnis genommenen Sowjetliteratur.

Lit.: J. R. Becher: Dem unbekannten Mitarbeiter. O. Halpern zum 50. Geburtstag, in: IL, 1936, H. 5; L. Becher: Gruß an eine ferne Freundin – zum 80. Geburtstag von O. Halpern, in: ND, 23. 3. 1967.

Vera Thies

Hammer, Franz
Geb. 24. 5. 1908 in Kaiserslautern; gest. 10. 4. 1985 in Tabarz

Sohn eines Metallschleifers, Kindheit in Eisenach. Realschule; als Schüler erste Aufsätze in der sozialdemokratischen Presse. 1924/28 Arbeit als Fürsorgeerzieher; 1928/30 Studium der Germanistik, Philosophie, Zeitungswissenschaft in Berlin. 1925 Mitglied des Bundes Freier Sozialistischer Jugend; wäh-

rend der Studienzeit Mitarbeit in der Roten Studentengruppe. Ab 1930 in Eisenach, Betätigung in der Roten Sportbewegung und im RFB. 1931 Herausgeber der Flugschrift *Die Junge Front. Stimme der Jugend.* 1933 kurzzeitig verhaftet, danach Gelegenheitsarbeit, wurde Mitglied der Reichsschrifttumskammer; 1941 Ausschluß und Publikationsverbot. 1945 Mitglied der KPD; aktiv beim Aufbau des Kulturbundes in Thüringen, gründete 1947 dort den ersten Arbeitskreis Junger Autoren. H., der vor allem nach 1945 als Literaturkritiker, Herausgeber und Förderer junger Autoren wirksam wurde, begriff sich in erster Linie als Literaturvermittler. 1926/32 schrieb er u.a. für die Zsn. »Junge Menschen«, »Die Neue Bücherschau«, »Die Weltbühne« und die »Freie Sozialistische Jugend« Annotationen und Rezensionen. Eigene schriftstellerische Versuche sind Sprechchöre (*Aufbruch*, Berlin 1929) und die Erzählung *Die schwarzen Gitter* (AIZ, 1930, Nr. 38 f.); in dieser und in kleinen antifaschistischen Novellen – *Der Krüppel* (1935, illegal), *Gerichtstag* (1938, illegal) und *Phosphor* (e. 1938) alle unter diesem Titel als Sammelband: Weimar 1946) – verarbeitet der Autor hauptsächlich Erfahrungen aus seiner Fürsorgetätigkeit. Wertvolles Zeitdokument ist die zweibändige Autobiographie *Traum und Wirklichkeit* (Rudolstadt 1975) und *Zeit der Bewährung* (Berlin 1984), mit deren Niederschrift H. Mitte der 40er Jahre begann.

W. W.: Ein Blick in eine Idiotenanstalt (Pamphlet), Berlin 1926; Jugend klagt an (Pamphlet), Berlin 1930; Die Enthüllung (E., e. 1939/40), Weimar 1947; Die kleine Geige (N.), 1944, illegal.

Susanne Schulz

Hartig, Rudolf
Geb. 16. 5. 1893 in Hösbach (Spessart); gest. 24. 11. 1962 in Berlin

Volksschullehrer, nach Kriegsverwundung 1917 Gedichte in »Die Aktion«, erfüllt von Kriegsleend und Sehnsucht nach Menschenverbrüderung; Mitglied der USPD sowie des Arbeiter- und Soldatenrates von Aschaffenburg. Wegen Verteidigung der Bayerischen Räterepublik zu zwei Jahren Haft verurteilt, die er 1919/1921 – u.a. in Ansbach mit E. Mühsam, in Niederschönenfeld mit seinem Bruder Valtin und E. Toller – verbüßte. Haftverschärfung löste 1920 Solidaritätsbekundungen von H. Barbusse aus. H. wurde während der Haft Mitglied der Dichtervereinigung »Junges Franken« und des SDS; veröffentlichte vereinzelt Lyrik und Prosa in »Die Sichel«, »Die Rote Erde«, »Eos«, »Die Erde«. H.s Gedichtband *Gerechtigkeit*, den F. S. Bachmair herausbringen wollte, blieb mangels Subskribenten ungedruckt. Nach 1921 Berufsschullehrer, Mitglied der KPD.

Nach Haft im Konzentrationslager Colditz 1933 Berufsverbot und Polizeiaufsicht. 1945 Gewerbeschulrat, dann Leiter des Kulturamtes Leipzig, 1954 Leiter des Zentralen Ausschusses für Jugendweihe der DDR. H. hinterließ ein autobiographisches Romanfragment über die Novemberrevolution.

Lit.: H. Richter: R. Hartig zum Gedenken, in: Leipziger Volkszeitung, 16. 5. 1968; H. F. Müller: Ein unveröffentlichter Brief von H. Barbusse an R. Hartig, in: Beiträge zur romanischen Philologie, 1987. H. 2.

Horst F. Müller

Hartmann, Moritz (Ps. Pfaffe Maurizius)
Geb. 15. 10. 1821 in Duschnik bei Příbram (Böhmen); gest. 13. 5. 1872 in Oberdöbling bei Wien

Sohn eines jüdischen Hammerwerksbesitzers; ab 1838 Medizin- und Philosophiestudium in Prag und Wien; 1844/47 wechselnde Aufenthalte in Berlin, Leipzig und Paris; 1847 wieder in Prag. Nach Märzrevolution Mitglied im böhmischen Nationalausschuß und Abgeordneter der demokratischen Linken im Frankfurter Nationalparlament; Teilnahme am Wiener Septemberaufstand 1848 und den badischen Kämpfen 1849. Danach im Exil (Schweiz, Frankreich, England) vor allem literarhistorische Arbeiten und Korrespondent u. a. für die »Kölnische Zeitung«. Ab 1868 Redakteur der »Freien Presse« in Wien. - Mit seinem ersten Gedichtband, *Kelch und Schwert* (Leipzig 1845), erneuerte er die Tradition des politischen Freiheitsliedes, verblieb aber in einer Haltung sozialen Mitleidens und visionären Erlösungsglaubens. Der Desillusionierung durch den Verlauf der Revolution und seinen Erfahrungen als Parlamentarier konnte H. nur noch in aggressiver Spottmanier begegnen. Der satirische Versroman *Reimchronik des Pfaffen Maurizius* (Frankfurt a. M. 1849) gehörte gleichwohl zu den erfolgreichsten Dichtungen der Revolutionszeit. Reisebeschreibungen und autobiographische Aufzeichnungen H.s über das Jahr 1848 (*Revolutionäre Erinnerungen*, e. 1861, EA. Leipzig 1919) sind zeitgeschichtlich aufschlußreiche Dokumente. Seine Revolutionserfahrungen verarbeitete H. auch in dem Roman *Der Krieg um den Wald* (Frankfurt a. M. 1850). Vor dem Hintergrund einer historischen Bauernrevolte ging H. in geschickter Verbindung realistischer und märchenhafter Elemente den Zusammenhängen von sozialer Frage und Revolution sowie naturrechtlich bedingtem geschichtlichem Handeln und demagogischer Verführung nach.

W. W.: Neuere Gedichte, Leipzig 1847; Erzählungen eines Unstäten, 2 Bde., Berlin 1858; Novellen, 3 Bde., Hamburg 1863. - *Ausg.:* Gesammelte Werke, 10 Bde., Hg. L. Bamberger/W. Vollmer, Stuttgart

1873-74; Briefe, Hg. K. Paul, Berlin 1972. - *Lit.:* O. Wittner: Österreichische Portraits und Charaktere, Wien 1906; H. Laß: Moritz Hartmann. Entwicklungsstufen des Lebens und Gestaltwandel des Werkes, Diss., Hamburg 1963; M. Pazi: Moritz Hartmann. Der Reimchronist des Frankfurter Parlaments, in: Jb. des Instituts für deutsche Geschichte. Tel Aviv 1973, Bd. 2.

Petra Boden

Hasenclever, Wilhelm
Geb. 19. 4. 1837 in Arnsberg (Westfalen); gest. 3. 7. 1889 in Schöneberg (bei Berlin)

Sohn eines Gerbers; Besuch des Gymnasiums in Arnsberg bis zur Sekunda; Lohgerberlehre; 1857/58 Militärdienst; 1859/62 Lohgerber; schrieb Artikel für die »Rheinische Zeitung«; redigierte 1862/63 die kleinbürgerlich-demokratische »Westfälische Volkszeitung« in Hagen; wurde mit den Ideen F. Lassalles bekannt; 1864 Landwehrsoldat im Deutsch-Dänischen Krieg; 1866 im Deutsch-Österreichischen Krieg; Ende 1864 Mitglied, 1866 Sekretär, 1868/70 Kassierer und 1871/75 Präsident des ADAV; seit 1870 Redakteur des »Social-Demokrat«, 1871/76 des »Neuen Social-Demokrat«; gab die Zs. »Lämplein« heraus und gemeinsam mit W. Hasselmann 1873/75 die »Social-politischen Blätter zur Unterhaltung und Belehrung für die deutschen Arbeiter«; 1875/76 einer der beiden Vorsitzenden der SAPD; 1875 Redakteur des »Hamburg-Altonaer Volksblattes«; redigierte 1876/78 mit W. Liebknecht das Zentralorgan »Vorwärts«; 1869 Mitglied des Norddeutschen Reichstages; 1874/78 und 1879/88 Abgeordneter des Deutschen Reichstages; 1881 aus Leipzig und 1884 aus Berlin ausgewiesen; lebte danach in Wurzen, Halle und Dessau; kam Ende 1887 geistesgestört nach Berlin zurück, wo er starb.
H. propagierte als Lyriker, Novellist und Feuilletonist in den 60er und 70er Jahren Lassallesche Ideen in der Arbeiterbewegung. Er verfaßte zunächst schwärmerische Liebesgedichte; löste sich in *Abschied* (1860) von den spätromantischen Vorbildern nachgeformten kleinen Liedern. In *Distichen* (1859/65) und *An Körner's Grab* (1863) wies H. auf seine geistigen und literarischen Vorbilder, insbesondere auf Lessing, Schiller, Goethe, Freiligrath, Heine und Herwegh hin. In den Versen *Erkämpft!* (1864), *Republik* (1864), *An die Männer!* und *Unsere Sache ist die Sache der Menschheit* (1866) appelliert er an die Arbeiter, nicht länger als Knechte zu dienen, sich zu verbünden und Freiheit, gleiche Pflichten und Rechte sowie Frieden und Brot für alle Menschen zu erkämpfen. In *Die Parteien* (1865), *Die Volksbeglücker* (1873) und *Liberal* (1874) geißelt er Junker, Liberale und Bourgeoisie-Demokraten, die auf Kosten des Volkes leben. H.s populäre Gedichte wurden in Anthologien aufgenommen.

Wilhelm Hasenclever

Kleine politisch-operative Prosaarbeiten (z.B. *Die Erinnerungen aus dem Soldatenleben*, in: *Erlebtes. Skizzen und Novellen*, Leipzig 1875) vermitteln seine Haltung gegen den Krieg. Andere Prosastücke, *Eine entscheidende Reichstagssitzung* und *Glückliche Ehen* (ebd.), thematisieren den Sittenverfall der herrschenden Klassen. Gegen die bürgerliche Moral, die Ehen zur reinen Geschäftssache herabwürdigt, stellt H. eine aus dem Proletariat erwachsende gesunde und echte Moral.

W. W.: Liebe, Leben, Kampf. Gedichte, Hamburg 1876. – *Ausg.:* Deutsche Arbeiter-Dichtung, Bd. 1, Stuttgart 1893;

Gisela Jonas

Heine, Heinrich
Geb. 13. 12. 1797 in Düsseldorf; gest. 17. 2. 1856 in Paris

Stammt aus kleinbürgerlicher jüdischer Familie. Kaufmännische Lehre in Frankfurt a.M. und Hamburg (1815/18), dann Jurastudium in Bonn, Göttingen, Berlin. 1825 Promotion und Übertritt zum Christentum. Seitdem lebte H. als freier Schriftsteller an verschiedenen Orten (Hamburg, Lüneburg,

München, Potsdam u.a.). 1827/28 Reisen nach England, Holland, Italien. Im Mai 1831 Übersiedlung nach Paris. Dort zeitweilig Mitglied des Deutschen Volksvereins. Besuchte Deutschland 1843 und 1844. Seit 1848 völlig ans Krankenlager gefesselt. – Als Dichter und Kritiker der Epoche des Übergangs von der Emanzipationsbewegung des Bürgertums zu den frühen Aufstiegskämpfen der Arbeiterklasse ist H. zum einen als Poet und Ideologe der sozialen Befreiung der Ausgebeuteten und Unterdrückten, zum anderen als Zugehöriger des Pariser Kreises um K. Marx mit sozialistischer deutscher Literatur verbunden.

H. wurde zuerst bekannt als Dichter einer nachklassischen und nachromantischen Lyrik (*Buch der Lieder*, Hamburg 1827). Als Verfasser der *Reisebilder* (Hamburg 1826/1831) entwickelte er sich rasch zu einem energischen Kritiker der deutschen Zustände, der schließlich unverhüllt einer dem Muster von 1789 folgenden deutschen Revolution das Wort redete. Besonders seine Reise nach England bewirkte, daß er in wachsendem Maß neben der politischen Unfreiheit auch bereits den Gegensatz von arm und reich als Moment des ›großen Weltrisses‹ sah, z.B. in seiner glänzenden Analyse des deutschen Bauernkrieges, in der er für Müntzer und die Bauern, gegen Luther Partei ergriff (*Französische Zustände. Beilage zu Artikel VI*, in: DA, Bd. 12/1, S. 142f.). Er hoffte 1830, daß in der Julirevolution »die armen Leute« siegen (*Ludwig Börne. Zweites Buch. Briefe aus Helgoland Juli/Aug. 1830*, in: DA, Bd. 11, S. 51). Sozialistische Züge nahm H.s Gesellschaftskonzept in der ersten Hälfte der 30er Jahre an. Er analysierte in Paris die politischen und sozialen Kämpfe, in denen die werktätigen Schichten bereits in offener Opposition zur Bourgeoisie, dem Nutznießer der Julirevolution, standen (*Französische Zustände*, Hamburg 1833). In dieser Zeit stand er auch dem Zirkel der Schüler des utopischen Sozialisten H. Saint-Simon persönlich und geistig nahe. Es sei heute, schrieb er 1834, bereits historisch überholt, in der Sprache von 1789 die Spitze der Kritik nur gegen »Priesterschaft und Aristokrazie« zu richten, vielmehr gelte es, gegen »alle diejenigen« vorzugehen, »welche, gleichviel wie sie sich nennen, das Volk ausbeuten. Die schöne Formel, welche wir ... den Saint-Simonisten verdanken 'exploitation de l'homme par l'homme' führt uns weiter als alle Deklamationen über Vorrechte der Geburt« (*Préface. Vorrede zur französischen Ausgabe der Reisebilder 1834*, in: DA, Bd. 6, S. 349). Es gelte, nicht nur für politische Rechte, sondern vor allem für die materiellen, sozialen Bedürfnisse der Volksmassen einzutreten. In einer künftigen Revolution würden die armen Leute nicht mehr für fremde Interessen kämpfen, sondern für ihre eigenen. Diese Überzeugungen standen in Wechselwirkung mit H.s sensualistischer Denkweise. Er bekämpfte alle Ideologien, die darauf ausgingen, den Wert des diesseitigen Lebens herabzusetzen und den Menschen auf ein ›besseres Jenseits‹ zu vertrösten. Nach seiner Auffassung sind die Menschen zu irdischem Glück bestimmt. Die Geschichte war ihm ein fortwährender Kampf um menschliche Emanzipation, um die Freisetzung aller Naturanlagen, Kräfte und Genußmöglichkeiten des Menschen, folglich gegen alle Spielarten des Asketismus, des ›Spiritualismus‹ oder ›Nazarenertums‹. Religionen, Mythologien, Philosophien, Kunstströmungen und -werke durchmusterte er unter dem Aspekt ihrer emanzipatorischen oder antiemanzipatorischen Wirkung, und er bekannte sich zu einem an B. Spinoza orientierten Pantheismus etwa Goethescher Prägung, jedoch mit einer sozialrevolutionären Handlungsorientierung, die er bei diesem vermißte. Nicht nur in Frankreich, sondern auch in Deutschland waren daher in seiner Sicht die großen geistigen Bewegungen des 18. und frühen 19. Jh.s, Aufklärung und klassische deutsche Philosophie und Literatur, Wegbereiter der Revolution (*Zur Geschichte der Religion und Philosophie in Deutschland*, Hamburg 1835; *Die romantische Schule*, Hamburg 1836). Dies war das »Schulgeheimnis« der deutschen Philosophie, das er »ausgeplaudert« habe (*Briefe über Deutschland*, in: WB, Bd. 7, S. 305). Die deutsche Zensur unterdrückte den Schluß seines Buchs *Zur Geschichte der Religion und Philosophie in Deutschland*, in dem H. humoristisch-utopistisch vor Augen führte, wie die Schüler der klassischen Philosophie zum allgemeinen Erschrecken einer gründlichen deutschen Revolution voranschritten, gegen die die französische verblassen würde. (Diese Passage damals nur abgedruckt in: »Der Geächtete«, Bd. 1, H. 6, 1834, dem Organ radikaler deutscher Emigranten in Paris) Wo die Revolution als gründliche Emanzipation auf der »Höhe des deutschen Gedankens« steht, bejaht er sie (*Vorwort. Deutschland ein Wintermärchen*, Hamburg 1844, in: DA, Bd. 4, S. 300). Sozialismus war ihm praktizierter Sensualismus, wie ihm dieser die Theorie jenes war. Auch in den 40er Jahren blieb H. diesem Konzept im wesentlichen verpflichtet. Weiterentwickelt und präzisiert wurde es insofern, als er, der erreichten höheren Stufe der sozialen Bewegung und ihrer theoretischen Reflexion in Frankreich entsprechend, seit 1840/41 vom »Proletariat« und vom »Kommunismus« sprach. Er beobachtete die anschwellenden Kämpfe zwischen Bourgeoisie und Proletariat in England und Frankreich, er bezeichnete sie sogar als den Hauptinhalt der Epoche und sagte - als einer der ersten - in der deutschen Presse eine Revolution proletarischen Charakters voraus (Korrespondenzberichte in der »Augsburger Allgemeinen Zeitung« 1840/43; als Buch u. d. T. *Lutetia*, Hamburg 1854). H. distanzierte sich jetzt von den zur Bourgeoisie übergegangenen utopischen Sozialisten und sah, gelegentlich mit Genugtuung, dann auch wieder mit Schrecken, die Industriearbeiter (französisch: »ouvriers«) als die legitimen Träger der sozialistischen Ideen.

Im Dezember 1843 lernte H. Marx kennen. Bis zu dessen Ausweisung aus Paris im Feb. 1845 bestand zwischen beiden enger persönlicher Kontakt und Gedankenaustausch. Für die von Marx und A. Ruge herausgegebenen »Deutsch-Französischen Jahrbücher« (Paris 1844) verfaßte H. ein satirisches Gedicht von bis dahin unbekannter Schärfe (*Lobgesänge auf König Ludwig*). Gegen Ende des Jahres 1844 schrieb F. Engels, H., »der hervorragendste unter allen lebenden deutschen Dichtern«, habe sich »uns angeschlossen« (»has joined our ranks«) (MEW, Bd. 2, S. 512). Das traf insoweit zu, als H. zu den aktiven Beiträgern der in Paris erscheinenden deutschsprachigen Zs. »Vorwärts!« gehörte, die um die Mitte des Jahres unter der Redaktion von C. Bernays und dem bestimmenden Einfluß von Marx zu einem Organ der Verbreitung kommunistischen Gedankenguts umgestaltet wurde. Im »Vorwärts!« erschienen einige der aggressivsten politischen Verssatiren, die der Dichter in die gleichzeitig erscheinende Ausgabe seiner *Zeitgedichte* (in: *Neue Gedichte*, Hamburg 1844) nicht aufzunehmen wagte, z. B. sein Webergedicht (in der ersten, vierstrophigen Fassung unter dem Titel *Die armen Weber*, 10. 7. 1844) und auch *Deutschland. Ein Wintermärchen* (19. 10./30. 11. 1844). Nur dieses eine Mal in seinem Leben war H. für kurze Zeit mit einer Gruppe Gleich- oder Ähnlichgesinnter eng verbunden. Dieser Zustand endete mit der Unterdrückung des »Vorwärts!« und der Ausweisung von Marx. In der Zeit seines persönlichen Umgangs mit Marx aktualisierte H. sein Programm eines sensualistischen Sozialismus insofern, als er den beginnenden Zusammenschluß von Arbeiterbewegung und Kommunismus auf der Basis der fortgeschrittensten Philosophie und unter Führung der ›Doktoren der Revolution‹ bejahte: »Die Massen tragen nicht mehr mit christlicher Geduld ihr irdisches Elend und lechzen nach Glückseligkeit auf Erden. Der Kommunismus ist eine natürliche Folge dieser veränderten Weltanschauung ... Es ist eine ebenso natürliche Erscheinung, daß die Proletarier in ihrem Ankampf gegen das Bestehende die fortgeschrittensten Geister, die Philosophen der großen Schule, als Führer besitzen; diese gehen über von der Doktrin zur Tat, dem letzten Zweck alles Denkens, und formulieren das Programm.« Dieses aber habe er, H., »längst geträumt und ausgesprochen« (*Briefe über Deutschland*, in: WB, Bd. 7, S. 307). H. wurde von Marx nicht theoretisch belehrt, die geistige Nähe beider Männer entsprang vielmehr der Erfahrung einer auf die Praxis ›menschlicher Emanzipation‹ zielenden Bewegung, in der der Dichter seine eigenen Bestrebungen bekräftigt sah. Deshalb war bei H. in dieser Zeit auch nicht - wie früher und später mehrfach - die Rede von Furcht vor der Proletarierherrschaft. Die weitere Ausarbeitung der Grundzüge des historischen Materialismus durch Marx und Engels hat der Dichter nicht mitvollzogen. Auch mied er jede persönliche Berührung mit Proletariern und Plebejern, wie er fast zynisch beispielsweise bei der Schilderung seiner Begegnung mit W. Weitling bekannte – dessen Bedeutung er aber sehr wohl begriff (*Geständnisse*, in: *Vermischte Schriften*, Bd. 1, Hamburg 1854, in: WB, Bd. 7, S. 123 f.). 1846 kam H. auch mit dem späteren Arbeiterführer F. Lassalle in Berührung. Zu jener Zeit spielte der blutjunge Lassalle noch keine politische Rolle. Er erwarb sich den überschwenglichen Dank des Dichters dadurch, daß er ihm bei der Bewältigung seiner Familienstreitigkeiten und Finanzprobleme behilflich war. Zum Medium der Äußerung seiner sozialen und politischen Ansichten machte H. zuerst eine Prosa, die er in der Abgrenzung von den – seiner Meinung nach – indifferenten künstlerischen Bestrebungen der deutschen Klassik und Romantik entwickelte. Sie entstand aus der Nähe zum Zeitungs- und Zeitschriftenwesen. H. war in dieser Hinsicht dem Vorbild des demokratischen Publizisten L. Börne verpflichtet, entwickelte sich dann aber hin zu selbständigen literarisch-publizistischen Formen. Der Haltung des Lyrikers war die Prosa durch ihre Subjektivität verwandt, d. h. dadurch, daß der Autor das Geschehen, das er mitteilte, weitgehend als denkendes und fühlendes, urteilendes und kommentierendes Individuum begleitete. Sein bewegtes Inneres war gleichsam der Seismograph der geschichtlichen Bewegung. H.s Prosa hat den Gestus der improvisierten Rede, die den Leser direkt anspricht und des Autors heitere oder zornige, ironische oder pathetische Reaktionsweise als eine dem jeweiligen Sachverhalt angemessene übermittelt. Frei vom Zwang überlieferter poetologischer Normen und philosophischer Systeme vermochte der Dichter, zwischen poetischem Bild und wissenschaftlichem Begriff sich bewegend, im essaystischen Ansatz, im Aperçu, in der Anekdote, im Geistesblitz auf philosophischem, geschichtlichem, kunsttheoretischem und nicht zuletzt auf sozialem und politischem Gebiet neue Horizonte zu öffnen. H.s politische Lyrik der 40er Jahre – mit dem Höhepunkt 1844 – war das Ergebnis seiner bisherigen Gesamtentwicklung. Vor 1840 gab es in seinem Werk nur vereinzelt politische Gedichte. Die ideellen Voraussetzungen einer politischen Poesie großen Formats erarbeitete er sich in der Prosa der späten 20er und 30er Jahre. Sein Konzept menschlicher Emanzipation, das sein Endziel nicht in der Erringung einzelner politischer Freiheiten sehen konnte, brachte ihn innerhalb der politischen Lyrik des Vormärz in eine widerspruchsvolle Situation. Einerseits war er der prominenteste und bedeutendste Repräsentant dieser Richtung, andererseits ihr Kritiker. In einer Reihe von Gedichten kritisierte und verspottete er die politische Halbheit und Unbestimmtheit der liberalen Ideologen und den »Enthusiasmusdunst, der sich mit Todesverachtung in einen Ocean von Allgemeinheiten stürzte« (*Atta Troll. Vorrede* 1846, in: DA, Bd. 4, S. 10; vgl. auch: *Die Tendenz*; *An Georg Herwegh*; *Unsere Marine* u.a.). Wo er

selbst die deutschen Zustände zum Gegenstand machte, beleuchtete die satirische Kritik der Einzelerscheinung meistens zugleich den Gesamtzustand der Gesellschaft. Das politische Gedicht wurde oft auch ein geschichtsphilosophisches. H. ging nicht vom frommen Wunsch aus, sondern von der Wirklichkeit, er glaubte nicht, daß man mit moralischen Appellen und ›Fürstenerziehung‹ etwas erreichen könne, sondern deckte desillusionierend die bestimmenden Widersprüche der Zeit auf. Er behandelte als Satiriker die deutsche Gesellschaft in ihrem anachronistischen Zustand und erhob sich in humoristischer, aber nicht versöhnlicher Weise über sie. Seine Personalsatiren verschonten selbst gekrönte Häupter nicht. H.s größte poetische Schöpfung, *Deutschland. Ein Wintermärchen*, verband die Kritik am vorrevolutionären Deutschland mit der Prophezeiung einer Revolution, die das vollenden werde, was die bisherigen französischen Revolutionen erst begonnen haben. Die Volksmassen werden nicht nur Brot erhalten, sondern aller Genüsse teilhaftig werden, die das Leben zu bieten hat (vgl. *Vorwort* und *Caput I*). Diese Zukunft faßte H. als Realisierung aller revolutionären Gedanken und Bestrebungen der Vergangenheit auf, von der antiken Prometheus-Mythe über die Wiedertäuferbewegung bis zu den enttäuschten Hoffnungen der Julirevolution. Ohne jede metaphorische Umschreibung gestaltete H. die Arbeiterklasse einmal – in dem Gedicht *Die schlesischen Weber*. Im Bilde der Proletarier, die für »Altdeutschland« ein Leichentuch weben, in dem dreifachen Fluch auf Gott, König und (falsches) Vaterland, auf die Losungsworte der alten Gesellschaft, zeigte H. die Arbeiterklasse bereits als Totengräber der alten Welt. In den Revolutionsjahren 1848/49 konnte H. wegen seines völligen physischen Zusammenbruchs nicht, wie geplant, an der »Neuen Rheinischen Zeitung« mitarbeiten. In seine ›Matratzengruft‹ gebannt, schuf er bis zu seinem Tode noch ein sehr bedeutendes, besonders lyrisches Spätwerk. (*Romanzero*, Hamburg 1851, *Gedichte. 1853 und 1854*, in: *Vermischte Schriften*, Bd. 1, Hamburg 1854, Nachlaßgedichte). Der späte H. hielt, wie er selbst betonte, an seinen politischen und sozialen Ansichten in allen wesentlichen Punkten fest, jedoch sah er nach dem Ausgang der europäischen Revolution die Konstellation der sozialen Kräfte derart grundlegend verändert, daß die Akzente seiner poetischen Weltsicht sich stark verschoben. Mit dem Sieg der Konterrevolution und der Durchsetzung der Herrschaft der Bourgeoisie verschwand die Aussicht auf ein Zeitalter, das »für alle Menschenkinder« Brot und Rosen, Schönheit und Lust bereithielte (*Deutschland. Ein Wintermärchen. Caput I*, in: DA, Bd. 4, S. 92). Stattdessen triumphiere – vielleicht für immer – das Gemeine, das Häßliche. Das Heroisch-Schöne der Revolutionszeit ist in Blut erstickt worden, das Genußreich-Schöne erscheint in immer wiederholten Bildern als ohnmächtig, sterbend, pervertiert und geschändet. In lyrischer Selbstdarstellung sieht sich der Gelähmte selbst als Verkörperung dieser geschichtlichen Niederlage. Geschichtsausschnitte, u.a. das Schicksal des jüdischen Volkes, Legenden und Mythen lieferten ihm die Gegenstände der Darstellung seiner Auffassung. Auch H.s Rückkehr zum ›lebendigen Gott‹ gründete sich paradoxerweise auf sein früheres geschichtsphilosophisches Konzept einerseits wie auf die veränderten Umstände andererseits. Nach seiner Überzeugung (die er mit Marx teilte) war die Religion der Trost der bedrängten Kreatur, die um die irdischen Genüsse betrogen worden ist. Der späte H. sah sich selbst als eine solche bedrängte Kreatur und gab die Auffassung von der ›Göttlichkeit‹ des Menschen, die ein ›höheres Wesen‹ überflüssig machte, preis. Er nahm den alttestamentarischen Gott als poetische Figur des Weltschöpfers, mit dem er in ›blasphemisch-religiösen‹ Gedichten hadern konnte, weil er die Welt so miserabel eingerichtet und den Dichter so unglücklich gemacht hatte (»Ob deiner Inkonsequenz, Oh Herr, / Erlaube, daß ich staune! / Du schufst den fröhlichsten Dichter und raubst / Ihm jetzt seine gute Laune«, *Die Söhne des Glücks beneide ich nicht*, in: DA, Bd. 3/1, S. 349). Bisweilen gelangte er zu fatalistischen Konsequenzen – der Kranke wünschte den Tod herbei. Im ganzen jedoch setzte H. seinen lebenslangen Kampf gegen die alte Gesellschaft ungebrochen und kraftvoll fort. Noch stärker als früher richtete sich seine Kritik gegen den Kapitalismus, der aus dem Scheitern der Revolution Nutzen gezogen hatte (*Der Wanzerich*, *Das Sklavenschiff*, *Weltlauf* u.a. Gedichte). In *Die Wanderratten* schilderte H. das Proletariat als eine Sintflut hungriger Ratten, deren Vormarsch durch kein Hindernis, weder durch Glockengeläute noch durch Pfaffengebete, nicht einmal durch schwerste Kanonen aufzuhalten sei, und er verspottete den Bürger der »das Palladium des sittlichen Staats, das Eigentum« gefährdet sieht. In den Depressionen der Reaktionszeit kam H. wieder auf die Furcht vor dem Proletariat zurück. Als »finstere Bilderstürmer« würden sie, meint er, die Kulturschätze der Welt zerschlagen. Aber er bekräftigte auch am Ende seiner Lebens, daß sie die Logik wie den Sinn der Geschichte, wenn es denn einen solchen geben sollte, auf ihrer Seite hätten. Ihr Sieg sei unvermeidlich und gerecht, weil nur sie imstande seien, eine Gesellschaft zu beseitigen, »wo die Unschuld zugrunde ging, wo die Selbstsucht gedieh, wo der Mensch vom Menschen ausgebeutet wurde« (*Lutetia. Vorrede zur französischen Ausgabe*, Paris 1855, in: WB, Bd. 6, S. 247).

Marx und Engels schätzen H. als den größten deutschen Dichter der Epoche nach Goethes Tod. Sie zitierten häufig Verse und Redewendungen aus seinen Schriften, weil die Rücksichtslosigkeit und gedankliche Klarheit seiner Kritik, die Zerstörung aller Illusionen über die alte Gesellschaft große Bedeutung für die Herausbildung eines Selbstbewußtseins der

Arbeiter hatte. *Die schlesischen Weber* wurden vor 1848 als Geheimliteratur in revolutionären Zirkeln in Deutschland verbreitet und dienten als Beweismaterial in Kommunistenprozessen. Sowohl als Kritiker wie als Verkünder sozialistischer Ideen wurde der Dichter von Vertretern der deutschen wie der internationalen Arbeiterbewegung zitiert. F. Mehring gab für die deutschen Arbeiter H.s Werk heraus und betonte in der dazugehörigen Biographie die politische Bedeutung seines Werkes. G. Lukács' im Exil geschriebener Aufsatz *Heinrich Heine als nationaler Dichter* (in: »Internationale Literatur«, Moskau 1937, H. 9/10) gewann nach 1945 Bedeutung für die Rezeption des während der Naziherrschaft verbotenen Dichters. Die mit Bezug auf die Arbeiterbewegung enstandenen Lyrikanthologien enthielten gewöhnlich eine Reihe politischer Gedichte H.s, die in Veranstaltungen vorgetragen und von vielen auswendig gewußt wurden.

Ausg.: Werke und Briefe in 10 Bdn., Hg. H. Kaufmann, Berlin und Weimar 1961/64 (WB); Werke, Briefwechsel, Lebenszeugnisse. Säkularausgabe, hg. von den Nationalen Forschungs- und Gedenkstätten der klassischen deutschen Literatur in Weimar und dem Centre Nationale de la Recherche Scientifique in Paris, Berlin/Paris 1970ff.; Sämtliche Werke. Düsseldorfer Ausgabe, Hg. M. Windfuhr, Hamburg 1973ff. (DA). – *Lit.:* G. Wilhelm/E. Galley: Heine-Bibliographie, 2 Bde., Weimar 1960 (Teil I: Primärliteratur 1817–1953; Teil II: Sekundärliteratur 1822–1953); Heine-Jahrbuch (mit fortlaufender Bibliographie), Hg. Heinrich-Heine-Institut Düsseldorf, Hamburg 1962ff.; S. Seifert: Heine-Bibliographie 1954–1964, Berlin und Weimar 1968; N. Altenhofer: Dichter über ihre Dichtungen. Heinrich Heine, 3 Bde., München 1971; M. Werner: Begegnungen mit Heine. Berichte der Zeitgenossen, 2 Bde., Hamburg 1973; F. Mende: Heinrich Heine. Chronik seines Lebens und Werkes, 2. überarbeitete Aufl., Stuttgart 1981; S. Seifert/A. A. Volgina: Heine-Bibliographie 1965–1982, Berlin und Weimar 1986; G. Höhn: Heine-Handbuch. Zeit, Person, Werk, Stuttgart 1987.

Hans Kaufmann

Heinrich Heine-Klub (HHK)

Club Enrique Heine, deutschsprachige antifaschistische Kulturvereinigung in Mexiko, Nov. 1941/Feb. 1946. Gegründet wurde der HHK von A. Seghers, E. E. Kisch, R. Feistmann, Dr. E. Römer und Dr. P. Mayer mit dem Ziel, sich der deutschen und österreichischen Kultur, Kunst und Wissenschaft in öffentlichen Veranstaltungen zu widmen und die Verbundenheit mit der mexikanischen Kultur zu demonstrieren. Die Gründer orientierten sich an den Erfahrungen des SDS im französischen Exil. Der HHK war parteipolitisch und weltanschaulich nicht festgelegt, einzige Bedingung für die Mitgliedschaft war ein eindeutiges Bekenntnis zum Kampf gegen den Hitlerfaschismus. Auch in der nationalen Zugehörigkeit gab es keine Beschränkung. Viele Mitglieder des HHK gehörten der Bewegung Freies Deutschland, der Asociación Republicana Austríaca en México (Organisation der republikanischen Österreicher in Mexico) oder einer anderen nationalen Gruppierung an. Ursprünglich sollten nur diejenigen in den Klub aufgenommen werden, die sich selbst künstlerisch oder wissenschaftlich betätigten, da sich aber bald die Erkenntnis durchsetzte, eine kulturelle Erneuerung nach der Zerschlagung des Faschismus werde nicht die alleinige Aufgabe von Kulturschaffenden sein, änderte sich bereits im ersten Jahr seines Bestehens der Charakter des HHK. Er wurde zur Kulturorganisation für alle deutschsprachigen Antifaschisten. Mitglieder des Vorstandes waren: die Präsidentin Seghers, die Vizepräsidenten Kisch, Römer und L. Deutsch, die Sekretäre Feistmann und K. Stern sowie A. Abusch, K. Berci, R. L. Buchholz, G. Düby, P. Feibelmann, W. Janka, I. Katz-Simone, P. Mayer, H. Neumann, M. Rubin, St. Spira und B. Uhse. Mitglieder und Freunde des HHK waren Emigranten, aber auch zahlreiche in Mexiko seit langem ansässige demokratische Deutsche und Österreicher. Die genaue Mitgliederzahl ist nicht bekannt. Anfang 1942 zählte der Klub bereits mehr als 150 Mitglieder. Schätzungen lauten später auf etwa 250 bis 300 Mitglieder: Kommunisten, Sozialdemokraten und bürgerliche Hitlergegner. Mehr als die Hälfte der Mitglieder waren emigrierte Juden.

Der HHK führte 68 Veranstaltungen durch: 23 Literatur- und 6 Musikabende, 11 aktuell-politische und 9 wissenschaftliche Vorträge, 5 Abende zu Ehren des Gastlandes Mexiko oder derjenigen Völker, die vom Faschismus unterjocht bzw. bedroht waren, 3 Filmveranstaltungen, 1 Vortrag über bildende Kunst, 3 Mitgliederversammlungen und 7 Theateraufführungen. Durchschnittlich besuchten die Abende in Mexiko-Stadt 200 Personen. Zu den Theater- und Filmaufführungen kamen 400 bis 800 Besucher. Stätte der Begegnung war vor allem der Mendelssohn-Saal im Musikhaus Schiefer in der Calle Venustiano Carranza. Für Theaterabende stand auch das Haus des Gewerkschaftsbundes der Elektrizitätsarbeiter zur Verfügung. Der HHK bildete das geistig-kulturelle Zentrum der deutschsprachigen Emigration in Mexiko. Schriftsteller gaben Einblicke in ihre neuesten Werke. Seghers, L. Renn, Kisch, Uhse u.a. bezogen durch Vorlesungen und Vorträge die Zuhörer ins Nachdenken über Konzeptionen und Fabelführungen ein. Schriftsteller und Schauspieler erschlossen aus der Sicht des gegenwärtigen antifaschistischen Kampfes Werke von Shakespeare, Goethe, Schiller, Hölderlin, Büchner, Heine, Hebbel, Freiligrath und Herwegh. Der HHK inszenierte erstmals im Mexiko die *Dreigroschenoper* von Brecht/Weill. J. R. Bechers *Hundert Kilometer vor Moskau* (*Winterschlacht*) erlebte in Mexiko seine Uraufführung. Von F. Brucknes *Denn seine Zeit ist kurz* fand die Welturaufführung statt. Konzertprogramme umfaßten Werke von Komponisten, die in Hitlerdeutschland verboten waren oder mißbraucht wurden: Beethoven, Mendelssohn, Liszt, Smetana, Mahler, Schönberg, Meyerbeer, Offenbach, Donizetti, Bizet, Delibes und J. Strauß. Veranstaltungen mit mexikanischen Gästen dienten dem Vertrautwerden mit der Kultur des Gastlandes. Spezielle Veranstaltungen waren der Kultur der Sowjetunion, Frankreichs, der Tschechoslowakei und Spaniens gewidmet. Der HHK orientierte auf Probleme der antifaschistisch-demokratischen Umgestaltung im Nachkriegsdeutschland, seine nach Berlin zurückgekehrten Mitglieder Abusch und Stern brachten Erfahrungen aus dem HHK in die Leitungsarbeit des Kulturbundes zur demokratischen Erneuerung Deutschlands ein.

Ausg.: Heines Geist in Mexico, hg. vom Heinrich Heine-Klub, Mexico D. F. 1946 (enth. Beiträge von P. Mayer, A. Seghers, L. Deutsch, R. Feistmann, E. E. Kisch, K. Stern, P. Merker, A. Simone, St. Spira, L. Renn, B. Frei u.a.; mit Chronik aller Veranstaltungen). – *Lit.:* W. Kießling: Alemania Libre in Mexico. Bd. 1: Ein Beitrag zur Geschichte des antifaschistischen Exils (1941-1946), Bd. 2: Texte und Dokumente zur Geschichte des antifaschistischen Exils (1941-1946), Berlin 1974; Exil, Bd. 4, 2. Aufl. 1984.

Wolfgang Kießling

Held, Franz (d. i. Herzfeld, Franz)
Geb. 30. 5. 1862 in Düsseldorf; gest. 4. 2. 1908 in Valduna (Vorarlberg)

Aus einem jüdischen Elternhaus stammend, begann H. 1882 in Bonn Jura zu studieren, danach bis 1885 Philologie- und Philosophiestudien in Leipzig, München und Berlin. Als freier Schriftsteller und Bohemien vor allem in München und Berlin lebend. H. hatte sich den deutschen Naturalisten angeschlossen und pflegte schon zur Zeit des Sozialistengesetzes den Kontakt zur Sozialdemokratie, der im Laufe der Jahre immer enger wurde. Mit 23 Jahren gehörte er zum Münchener Dichterkreis, der sich durch Zola-Nachfolge auszeichnete, und war Mitarbeiter der von M. G. Conrad herausgegebenen Kunst- und Literaturzs. »Die Gesellschaft«. H. entwickelte ausgeprägtes Interesse für revolutionäre Ereignisse der Geschichte sowie die sozialen Auseinandersetzungen seiner Zeit und versuchte dies zunehmend in seiner literarischen Produktion umzusetzen. Seit 1887 in Berlin, wurde er Mitglied des aktivistisch-literarischen Vereins Durch. Hier erlebte H. auch G. Hauptmanns Vortrag über G. Büchners revolutionäres Geschichtsdrama *Dantons Tod* – eine für H.s Künstlertum entscheidende Prägung. Er empfand die Dramatik Büchners und Grabbes, die die Massen als dramaturgisch eigenständig handelnde und geschichtstragende Kräfte auf die Bühne brachten, als hochaktuell. Er reiste mehrmals nach Paris, um sich vor Ort mit der Geschichte der Französischen Revolution auseinanderzusetzen. 1889 erschien sein erstes Drama *Ein Fest auf der Bastille* (Berlin), das einen Dramenzyklus unter dem programmatischen Titel *Massen* eröffnen sollte und die krassen sozialen Widersprüche der französischen Gesellschaft am Vorabend des Bastillesturmes thematisierte. Seit 1891 Bekanntschaft mit F. Mehring. 1892/94 Ausschußmitglied der Freien Volksbühne, durch die am 3. 2. 1894 die Uraufführung von H.s Revolutionsdrama am Nationaltheater, dem späteren Rose-Theater, ermöglicht wurde. Nach 20 Aufführungen polizeilich verboten. Sein zweites großes Drama, *Manometer auf 99!* (Berlin 1893), das in einem hyperbolisch aufgeladenen Szenario die virulenten gesellschaftspolitischen Gegensätze der Zeit in archaisch-apokalyptischer Weise zuspitzte, erlebte gar nur eine Vorstellung. H. hatte bereits in München den Kontakt zur sozialdemokratischen Satirezs. »Süddeutscher Postillon« geknüpft, für die er in den 90er Jahren Verssatiren und Prosaskizzen schrieb. In den bekannten sozialdemokratischen Lyrikanthologien *Von unten auf* (Berlin 1911) und *Stimmen der Freiheit* (4. Aufl., Nürnberg 1914) wurden mehrere seiner Gedichte aufgenommen. Trotz offenkundiger Sympathien für die Arbeiterbewegung blieb H. in seiner übersteigerten ästhetischen Vision sozialer Menschheitsverbrüderung und in seinem rigorosen Anspruch eines absoluten Künstlertums weitgehend isoliert. Sein Werk, mehrere Bände mit lyrischer (*Groß-Natur*, Berlin 1893; *Trotz alledem!*, Berlin 1894), versepischer (*Gorgonenhäupter*, Leipzig 1887), dramatischer Dichtung (*Jahrtausendwende*, e. 1893), Romanen (*Tartarin in Paris*, Berlin 1891) und Erzählungen (*Au delà de l'eau*, Berlin 1898) unterschiedlicher Qualität, weist partiell bereits auf den Expressionismus voraus. Sprachliche Dichte und ein bildhafter, metaphorisch oft überbordender Stil kennzeichnen sein Schreiben, das einer tiefempfundenen Weltzerrissenheit in teilweise satirischen, teilweise schwermütig-grüblerischen dissonanten Tönen Ausdruck zu verleihen sucht. Zunehmend unter depressiven Wahnpsychosen leidend, verbrachte er seine letzten Lebensjahre von 1899 an in einer Nervenklinik.

Ausg.: Ausgewählte Werke, Hg. E. Kreowsky, Berlin 1912.

Ursula Münchow

Heller, Otto
Geb. 14. 12. 1897 in Wien; gest. 24. 3. 1945 im Konzentrationslager Ebensee

Als Sohn eines Prokuristen in wohlhabender jüdischer Familie geboren. 1912 Anhänger des (freideutschen) Freien Wandervogels. März 1915 zur Armee, Herbst 1915 an die Front (Italien, Frankreich). Schloß sich 1917 der (verbotenen) sozialistischen Studentenorganisation in Wien an, nach dem

Krieg Eintritt in SP Deutsch-Österreichs. Von Wien zum weiteren Studium (Recht) nach Prag. 1920 als Sekretär von J. L. Stern für das Bildungswesen der deutschen Sozialdemokraten in der ČSR tätig. Trat 1921 für den Anschluß an die III. Internationale ein, seit Gründungsparteitag in der KP der ČSR. Redakteur des Zentralorgans der deutschen Gruppe der KPČ, »Vorwärts« (Reichenberg/Liberec). Erste Reise in die UdSSR 1925, danach aus ČSR ausgewiesen. Seit 1926 in Berlin, Arbeit als Journalist, zeitweilig Redakteur der »Welt am Abend«. 1929 Reise auf dem Eisbrecher »Krassin« nach Sibirien (*Sibirien. Ein anderes Amerika*, Berlin 1930). Bereiste 1930 alle jüdischen Siedlungsgebiete in der Sowjetunion und den fernen Osten (*Der Untergang des Judentums*, Berlin 1931; *Wladiwostok*, Berlin 1932). 1932 wieder in Berlin. Ende Jan. 1933 Flucht nach Liberec, dann in die Schweiz. Arbeit an »Inprekorr«. Im Sommer 1934 Übersiedlung nach Moskau, in der DZZ Redakteur für Außenpolitik. Betrieb im Sommer 1936 seine Versetzung nach Paris; dort Arbeit an Komintern-Ztg. »Europäische Stimme« und Broschüren (z.B. über die französische Revolution und den Balkan) und einer neuen Studie zur Judenfrage. Gab die Monats-Zs. »Nouvelles d'Autriche« heraus (1938 bis Kriegsbeginn). Im Sep. 1939 interniert, erlangte H. als Ex-Österreicher Jan. 1940 Freilassung; Mai 1940 erneut interniert (Meslay), kam in Compagnie des travailleurs étrangers nach Langlade (Südfrankreich), Arbeit auf einem Bauernhof zusammen mit anderen österreichischen Antifaschisten. Bemühungen um Visa für Mexiko oder die USA schlugen fehl. Apr. 1941 Verhaftung, Prozeß in Montauban. Flucht aus dem Lager Vernet. Ab Sommer 1942 in Lille Widerstandsarbeit (Deckname Raymond Brunet), von der Gestapo am 23. 12. 1943 verhaftet. H. wurde nach Auschwitz deportiert, bei der Evakuierung von Auschwitz im Winter 1944/45 nach Mauthausen, von dort nach Ebensee, wo er an Unterernährung und Phlegmone starb.

Zwei Themen- und Lebensbereiche vor allem bestimmten H.s Schreiben, die für ihn miteinander verschränkt waren: der Aufbau einer sozialistischen Gesellschaft in der Sowjetunion und die Geschichte der Juden und deren Perspektiven. In Reportagebüchern suchte er die Veränderungsmöglichkeiten von Land und Mensch zu zeigen, welche der Aufbau sozialistischer Verhältnisse brachte, eine Alternative zum Kapitalismus, die H. besonders in den neu erschlossenen Gebieten Sibiriens und des fernen Ostens greifbar schien (das Alternative betont auch der Untertitel von *Sibirien*). H. verbindet die Beschreibung weitgehend unwegsamer Landstriche und nichtzivilisierter Natur mit Skizzen von der Lebensweise ihrer Bewohner unterschiedlichster Ethnien und Tradition. In den anschaulichen Bericht wird statistisches u.a. Material eingearbeitet - H. wollte mit seinen Reportagen nicht nur Neuland darstellen, sondern zugleich für die soziale und politische Umwälzung nach dem sowjetischen Modell argumentieren; dessen wirtschaftliche und soziale Effektivität und dessen Nationalitätenpolitik vertrat er vorbehaltlos. Die Auffassung des Nationalitätenproblems im Zeichen der Stalinschen Thesen zur nationalen Frage stellt das Bindeglied dar zwischen H.s Sowjetunion-Reportagen und seiner Abhandlung *Untergang des Judentums:* ihr Untertitel, *Die Judenfrage, ihre Kritik, ihre Lösung durch den Sozialismus* weist auf die Grundüberzeugung, mit dem sozialistischen Aufbau, wie er in der UdSSR begonnen wurde, werde auch die Judenfrage als soziale und nationale Frage gelöst. Sozialhistorisch wurden die Juden von H. bestimmt als eine Kaste, die in der Antike Träger der Warenzirkulation wurde, die diese besondere Funktion aber mit dem Entstehen des Kapitalismus einbüßte, womit ihre Auflösung als Kaste eingeleitet worden sei. Emanzipation und Assimilation nach der Öffnung des Ghettos hätten bei den westeuropäischen Juden die Reste der Nationalität zum Verschwinden und den Rückgang der Religiosität gebracht, woraus sich der Untergang notwendig ergebe. Die Masse der proletarisierten Juden in Osteuropa, wo sich Reste der Nationalität erhalten hätten, werde ihre soziale Befreiung durch den Kampf der Arbeiterbewegung erlangen, nicht als jüdische Nation, sondern als eine Nationalität neben anderen innerhalb einer sozialistischen Gesellschaft. Diese Perspektive sah H. in der Sowjetunion eingeleitet; im *Protokoll einer Reise* berichtet er über die sozialen Umschichtungen durch die Einbeziehung von Juden in die Industrialisierung und die Ansiedlung in der Landwirtschaft, besonders über die Einrichtung eines fernöstlichen jüdischen autonomen Gebiets Birobidjan. In Birobidjan wird das »rote Gegenpalästina« (S. 336) gesehen, in dem eine Kolonisation ohne Verdrängung und Ausbeutung anderer Völkerschaften erfolge und frei von imperialistischen Macht- und Einflußinteressen. In seiner Verbindung von Antizionismus, der Polemik gegen jüdischen Nationalismus, der als generell reaktionär bewertet wurde, mit der Vermittlung einer kommunistischen Utopie der Lösung der »Judenfrage«, symbolisiert in Birobidjan, gewann H.s Buch weithin Einfluß in der sozialistischen Bewegung (es erschien 1933 auch in französischer und 1934 in polnischer Übersetzung), auch mit seinen politischen Rigorismen und seinen vereinfachenden historisch-materialistischen Erklärungen weltanschaulicher Phänomene. An seiner antizionistischen Polemik hielt H. auch nach 1933 fest wie an seiner Utopie. Jedoch wandeln sich in einem zweiten Buch, das H. im Aug. 1939 abschloß, *Der Jude wird verbrannt, Studien zur Juden- und Rassenfrage* (271 S., ungedruckt), Problemstellung und Ziel wesentlich: er ergreift Partei für die verfolgten und verleumdeten Juden, »weil es sich beim Antisemitismus und insbesondere seiner grausamsten, niedrigsten und gefährlichsten Gestalt, dem Rassenantisemitismus natio-

nalsozialistischer Prägung, um ein Attentat auf die gesamte Menschheit handelt.« (S. 6) Gegen akute Bedrohung will er Material und Argumente bereitstellen durch Analysen zur Geschichte der Juden und des Antisemitismus, die faktenreich und Zusammenhänge aufklärend bis in die Gegenwart des Novemberpogroms 1938 geführt werden und auch die aktuelle Lage der Ostjuden einbeziehen. Im Rassenantisemitismus, dessen Vorgeschichte er untersucht, sieht H., wie im Antisemitismus früherer Zeiten, eine Ablenkungsstrategie von den sozialen Problemen und speziell zur ideologischen Vorbereitung des Expansionskrieges. Als entschiedener Marxist wollte er für antifaschistische Solidarität wirken und eine Welt warnen, die er am »Scheidewege zwischen Barbarei und Fortschritt zu höheren Formen der gesellschaftlichen Ordnung« (S. 4) sah.

W. W.: Das Geheimnis der Mandschurei (Abh.), Hamburg/Berlin 1932; Kommunismus und Judenfrage, in: Klärung. 12 Autoren/Politiker über die Judenfrage, Berlin 1932; Auf zum Baikal! (Abh.), Moskau 1933; Die Rote Fahne am Pazifik (Abh.), Moskau 1933. – *Lit.:* E. Freundlich: Die fahrenden Jahre. Erinnerungen, Salzburg 1992, S. 90–98.

Silvia Schlenstedt

Henckell, Karl
Geb. 17. 4. 1864 in Hannover; gest. 30. 7. 1929 in Lindau

Studierte Philologie, Philosophie und Geschichte in Berlin, Heidelberg, München und Zürich. Die sozialkritische Lyrik der Bände *Amselrufe* (Zürich 1888) und *Diorama* (Zürich 1890) war unter dem Sozialistengesetz in Deutschland verboten; 1890 Schweizer Bürger; Reisen nach Wien, Mailand, Brüssel, gab in Zürich im eigenen Verlag *Sonnenblumen*, Flugblätter für Lyrik heraus; liquidierte, nach Berlin zurückgekehrt, 1902 den Verlag; war Vorsitzender der Neuen Freien Volksbühne; Aufführung seines Festspiels *Glühende Gipfel* bereits 1891; lebte ab 1908 als freier Schriftsteller in München; nahm 1923 am sozialdemokratischen Reichsjugendtag in Nürnberg teil. Eine Auswahl seiner Gedichte war 1923 Jugendweihegeschenk des Verbandes der sozialistische Arbeiterjugend.

Für H.s künstlerische und politische Entwicklung waren das frühe Erlebnis der Großstadt Berlin, der Züricher Freundeskreis, das rasche Ende der naturalistischen Bewegung entscheidend. Als Freund O. E. Hartlebens und der Brüder Hart, als Verfasser eines der beiden Vorworte zur Lyrikanthologie *Moderne Dichtercharaktere* (Berlin 1885) war H. in die Literatur eingetreten. In Berlin hatte er »die Tiefen des Elends« gesehen. Hier waren ihm das Proletarierlos und das Schicksal der Deklassierten zum nachhaltigen Erlebnis geworden. Er zweifelte aber auch am eigenen dichterischen Anspruch, Prophet und Menschheitsführer zu sein: Kein dichterischer Anruf vermochte es, die bleiche, abgezehrte Näherin vom Zwang ihrer Arbeit wegzulocken in die grüne Natur (vgl. *Näherin im Erker*). H. hat später mit Recht seine frühe Dichtung als soziale Lyrik charakterisiert, als die spontane Reaktion eines ratlos schwankenden Träumers auf das Erlebnis einer Großstadt. Aber in ihr hatte er das Kämpfen, Leiden und Sehnen einer Menschheit gespürt, die sich in krampfhaft zuckenden Massen neu zusammenballte. Solcher Empfindung entwuchsen die Parteinahme gegen das herrschende Sozialistengesetz, das »Schandgesetz für Schergen«, und der Protest gegen den »Staatsverbrecher Staat«. In der Schweiz wurden für die Ausprägung von H.s lyrischem Stil – und zumeist in strenge strophige Form gefaßtes demokratisches Pathos der Parteinahme für den sozialen Anspruch der Massen – ebenso die intensiven Kontakte mit G. Keller und C. F. Meyer wesentlich; Naturalismus und Antinaturalismus waren Gegenstand der Debatten im Kreis der Generationsgenossen, zu denen in Zürich G. und C. Hauptmann wie auch F. Wedekind gehörten. Auch wenn sich H. 1887 im Aufruf zur Gründung eines Ulrich-Hutten-Bundes dagegen verwahrt, »Schildsklave des sozialdemokratischen Schemas« zu sein, da er dafür nicht Sozialökonom genug sei (*Ulrich Hutten-Bund*, in: *Gesammelte Werke*, 5. Bd., München 1923, S. 292), spielte sozialistisches Gedankengut eine bestimmte Rolle. J. H. Mackay predigte einen Anarchismus Stirnerscher Prägung, P. Kampffmeyer, dem Friedrichshagener Dichterkreis verbunden gewesen, vermittelte Theorie und Geschichte des Sozialismus, vor allem wurde die Begegnung mit A. Bebel wichtig, dem H. freilich neben Volkstümlichkeit in erster Linie ein Dichterherz nachrühmte, das mit Goethe und Keller fühlen konnte. Wiederholt hat sich H. zur lyrischen Tradition L. Jacobys bekannt.

H.s Stellung in der Geschichte sozialistischer Literatur ist bestimmt durch die spontane parteinehmende lyrische Darstellung sozialer Probleme und Konflikte, das deutliche Bekenntnis zur verbotenen Sozialdemokratie. Dafür fand er sein Wirklichkeitsmaterial in der Erfahrung zunehmender Verpreußung ganz Deutschlands nach 1871. Seine Stärke ist die sprachintensive Darstellung einer lebhaft empfundenen gesellschaftlichen Krisensituation mit lauter kleinen Entladungen, die noch keine grundsätzliche Änderung bringen. Aus dem Wissen um die Rolle des Proletariers, in der Masse Objekt kapitalistischen Fortschritts zu sein, kommt H. auch zu einer Idealisierung des Proletariers, den er in gehämmerten Versen, die den Rhythmus der Maschine und der Fabrik in sich aufnehmen, als Riesen feiert, als Siegfried mythisiert. Enthusiastisch pries er den *Weltmai*. Seine Poesie ist zum einen gekennzeichnet durch Schärfe und Präzision, mit denen er die Konflikte der Epoche auf den Punkt bringt: »Gott ist der

Getreidepreis« (*Statistik*), Sozialhilfe für die Armen ist Sicherung der industriellen Reservearmee (*Klingelbeutel*), die preußische Armee in der Glorie von 1870/71 und die Soldateska im Einsatz gegen Streikende sind identisch – so fällt auch das Streikopfer auf dem Felde der Ehre (*Streik*). Zum anderen aber hatte für H. der Sieg der sozialistischen Sache immer Schönheit, die Verwirklichung eines Kulturideals zum Ziel. Dem galt seine Poesie, galten auch seine editorischen und kunstpropagandistischen Bemühungen in der Polemik gegen Trivialliteratur, bei der Umgestaltung der *Vorwärts!*-Anthologie R. Lavants zum ↗ Buch der Freiheit (Berlin 1893), in den lyrischen Flugblättern 1896/99 mit Illustrationen von Fidus und den Vorträgen in der Freien Hochschule Berlin oder vor Bildungsgemeinschaften von Arbeitern und Studenten. Als »schwertgegürteter Vorkämpfer in der Schlacht« wie als »zartbemyrteter Spielmann auf stiller Wacht« (*Mein Lied*, in: *Gesammelte Werke*, 4. Bd., ebd., S. 1) wollte dieser Dichter verstanden werden, dessen Dichtung sich als eine Art politisierter Jugendstil darstellt. Im Bekenntnis zu den Leidenden und Unterdrückten hat seine Dichtung einen Zug ästhetisierender Symbolisierung.

Lit.: Karl Henckell im Spiegel seiner Umwelt, Hg. K. F. Schid, Leipzig 1931.

Eike Middell

Hermlin, Stephan
Geb. 13. 4. 1915 in Chemnitz

Stammt aus wohlhabender bürgerlicher Familie (sein Vater war Unternehmer), in der er schon früh mit Kunst und Literatur vertraut gemacht wurde. Verlebte die Kindheit in Chemnitz und in Berlin, trat dort 1931 als Gymnasiast dem KJVD bei. 1933/36 arbeitete er in einer Berliner Druckerei und leistete illegale Arbeit gegen den Faschismus. 1936 ins Exil (Ägypten, Palästina, England, ab 1937 Frankreich). Unterstützte den antifaschistischen Kampf der spanischen Republik. 1939 in der Hilfstruppe der französischen Armee (Prestataire), danach in mehreren Lagern. 1944 Flucht in die Schweiz, in Arbeitslagern interniert. Mitarbeit in der Bewegung »Freies Deutschland«, in der Redaktion der Zs. ↗ »Über die Grenzen«. Sommer 1945 Rückkehr nach Deutschland, Redakteur in Frankfurt a. M., Rundfunkarbeit beim Sender Frankfurt. 1947 Übersiedelung in die damalige sowjetische Besatzungszone nach Berlin. Mitarbeit in Zeitschriftenredaktionen (»Ulenspiegel«, »Aufbau« u. a.). Aktiv in der Weltfriedensbewegung. Mitglied der AdK der DDR seit 1950, der Akademie der Künste in Berlin-West seit 1976. Vorstandsmitglied des DSV. Seit 1975 Vizepräsident des Internationalen PEN-Clubs.

Von den Schreibanfängen H.s ist fast nichts erhalten, das wenige aber ist aufschlußreich: ein Schülergedicht, 1931 gedruckt, zeigt die Neigung, Empfindungen in suggestiven Bildern zu objektivieren und bewußt mit der Form umzugehen, ähnlich ein politisches Gedicht, 1934 für ein Flugblatt geschrieben, bereits wesentlich von einem neuen Pathos geprägt; der lyrische Sprecher tritt als Wir auf, trägt die Gewißheit eines Kollektivs zum Widerstand Entschlossener vor, die Sprache vereint losungshafte Wendungen mit visionär überhöhten Bildern. Der Eintritt in die kommunistische Bewegung, die Teilnahme am politischen Kampf war die tiefgreifende, das weitere Leben beherrschende Entscheidung, die H.s Verhalten, sein öffentliches Wirken, seine literarische Arbeit durchdrang. Wesentliche Motive seines Werks wurden von ihr geprägt: die Einsamkeit und ihre Überwindung durch die Entscheidung, in der Gemeinschaft den Kampf gegen die Grundübel der Gesellschaft aufzunehmen, die Konfrontation der Herrschenden und ihrer menschenfeindliche Macht mit den leidend und kämpfend Widerstehenden. Diese Motive erhielten in den *Zwölf Balladen von den großen Städten* (e. 1940/44; Zürich 1945) und anderen Gedichten des Exils bedeutende Gestalt. Mit den Städteballaden entstand eine moderne sozialistische Großstadtdichtung origineller und einzigartiger Prägung. Sie führt die Städte als die Orte vor, in denen modernes Leben konzentriert ist, Not und Entfremdung herrschen und die Aufmärsche der Massen sich formieren und die im Krieg von Bomben zerstört, von Armeen umkämpft werden. In der Nachfolge neuerer Großstadtlyrik (u.a. des Expressionismus) und verbunden mit deutscher Dichtungstradition seit Luther, Kirchenlied und Barock, stellen sie die Widersprüche der gegenwärtigen Welt in ihren historischen Dimensionen groß aus, geben eine Subjektivität, deren Pathos der Klage und Anklage die Lösung der Widersprüche als unausweichliche entwirft. - *Der Leutnant Yorck von Wartenburg,* H.s erste große Erzählung, entstand wenige Wochen nach der Verschwörung des 20. Juli 1944 und der Hinrichtung daran beteiligter Offiziere. Die Novelle ist in Erzählweise und Gehalt ganz der Entstehungssituation verhaftet - die Zusammenhänge der Aktion lagen noch weitgehend im Dunkel, die Hoffnung der Antifaschisten im Exil, auch des Autors, waren auf eine Selbstbefreiung Deutschlands im Zeichen des Nationalkomitees Freies Deutschland gerichtet, welche als mögliche Perspektive in der Geschichte aufscheint. Zugleich weist sie wesentliche Merkmale der späteren Erzählungen auf. H. arbeitet mit authentischem Wirklichkeitsmaterial, über dem er die erzählerische Fiktion aufbaut, der innere Prozeß, in dem der Held die Einsicht gewinnt, daß kollektives Handeln nötig sei, wird in äußeren Aktionen dargestellt, die der Leutnant Yorck in seiner Todesstunde in einer Halluzination durchlebt. Ähnliche Erzählstrukturen, in denen durch Traum oder Halluzina-

tion Handlungsmöglichkeiten in der Realität durchgespielt werden, finden sich auch in der Nachkriegszeit, insbesondere in der herausragenden Geschichte, die vom Warschauer Ghettoaufstand 1943 handelt, *Die Zeit der Gemeinsamkeit* (Berlin 1949) (in gewandelter Weise spielt dies später auch in *Abendlicht* eine gewichtige Rolle). - Im letzten Exiljahr trat H. in »Über die Grenzen« als Lyriker und Nachdichter auf, mit Literaturkritiken und politischen Artikeln. Diese Vielfalt der Wirkungsfelder blieb für lange profilbestimmend. Sein politisches Engagement manifestierte sich in der Publizistik, in politischen und kulturpolitischen Reden, besonders in der Weltfriedensbewegung seit den 50er Jahren. Die Vermittlung der Erfahrungen des antifaschistischen Kampfes bildete ein Zentrum von H.s politischem und literarischem Wirken. Schon 1944 begann er mit Übertragungen von Gedichten P. Eluards, später folgten Nachdichtungen weiterer bedeutender Dichter des Widerstands und der sozialistischen Moderne. Mit literarischer Kritik und Essayistik suchte H. Möglichkeiten zu erschließen, einer breiten Leserschaft Werke der antifaschistischen Literatur, der internationalen kämpferischen Kunst, den Reichtum des Erbes zu vermitteln und damit an einer ästhetischen Kultur des Sozialismus zu arbeiten, Aufnahmebereitschaft und -fähigkeiten für Kunst zu erweitern. - Nach der Rückkehr aus dem Exil setzten sich H.s politische und kulturelle Aktivitäten vielfältig fort, doch brachte für ihn die Rückkehr in ein materiell und geistig-kulturell vom Faschismus gezeichnetes Deutschland auch krisenhafte Prozesse mit sich. Das war u.a. in der Eigenart seines Entwicklungsweges begründet. Fast 30jährig hatte er am Ende des Exils literarische Arbeiten in verschiedenen Gattungen zu publizieren begonnen, die ein hoher Grad ästhetischer Bewußtheit und poetischer Dichte auszeichnete. Sie konnten nicht leicht eine breitere Rezeption finden. Für den Autor erwuchsen daraus Spannungsverhältnisse, vor allem in den ersten Jahrzehnten der DDR-Kultur, die H. zu befördern bemüht war, dabei jedoch wiederholt Konflikte mit borniertem Kultur- und Kunstpolitik zu bewältigen hatte. Produktivität war nicht ohne Schreibkrisen und Entwicklungsbrüche zu bewahren. Die Kontinuität seines Weges zeigt sich gerade auch in der Fähigkeit, selbst in Krisenzeiten (besonders in den 60er Jahren) Wirkungsfelder zu suchen, um die eigenen Lebens- und Kunsterfahrungen in die Öffentlichkeit einzubringen und sie in neuen literarischen Ansätzen aufzuheben. Kontinuität und Erneuerung äußerten sich ebenso darin, wie H. an den grundlegenden Motiven seiner Frühzeit festhielt, indem er mit ihnen literarisch weiterarbeitete; besonders Erinnerung erwies sich als ein das ganze Werk umspannender und es prägender Grundimpuls - Erinnerung an die Zeit der Gemeinsamkeit und der Opfer und Erinnerung als ein Verhalten des geschichtsbewußten Dichters. Dies zeigte sich nochmals im späten Werk H.s, vor allem der poetischen Prosa *Abendlicht* (Leipzig 1979) und in der breiten Resonanz, die es gewann.

Ausg.: Primär- und Sekundärliteratur in Buchform und Periodika, bis März 1984 verzeichnet in: Stephan Hermlin: Bibliographie / Texte, Materialien, Bilder, 2 Bde., Leipzig 1985; Mein Friede. Rückkehr, Berlin und Weimar 1985; Traum der Gemeinsamkeit. Ein Lesebuch, Hg. K. Wagenbach, (W.-)Berlin 1985; Briefe an Hermlin. Hg. S. Schlenstedt, Berlin und Weimar 1985; Gedichte und Nachdichtungen, Berlin und Weimar 1990; Erzählende Prosa, ebd. 1990. – *Lit.:* S. Schlenstedt: Stephan Hermlin, Berlin 1985.

Silvia Schlenstedt

Herrmann (-Neiße), Max
Geb. 23. 5. 1886 in Neiße; gest. 8. 4. 1941 in London

Vater Brauereiangestellter, später Gastwirt. 1905/09 sieben Semester Studium Literatur- und Kunstwissenschaft in München und Breslau, Rückkehr ins Elternhaus, freier Schriftsteller. Veröffentlichte schon als Student Gedichte und Skizzen, ab 1911 vor allem in Zeitschriften und Anthologien des Expressionismus. Als Verwachsener nicht zum Militär eingezogen. Nach dem Tod der Eltern ging H. März 1917 nach Berlin, bis Ende 1919 Korrektor im S. Fischer Verlag. Aufsätze und Literaturkritik in linken Zeitschriften (»Die Erde«, »Die Aktion«), daneben regelmäßig Theater- und Kabarettkritik (»Die Neue Schaubühne«, »Der Kritiker«). Bindung an den Linksradikalismus des Aktion-Kreises, nach 1924 aufgegeben. Ab 1925 ständige Mitarbeit in der »Neuen Bücherschau«; gab 1929 mit einer Benn-Rezension den Anlaß für den Bruch der kommunistischen Redaktionsmitglieder J. R. Becher und E. E. Kisch mit der Zeitschrift. Ging nach dem Reichstagsbrand 1933 ins Exil über Zürich, Paris, Amsterdam, im Sep. 1933 nach London. Mit L. Feuchtwanger, R. Olden und E. Toller im Dez. 1933 Initiator der Bildung des deutschen PEN-Zentrums im Ausland.

Leben und Schreiben des jüngeren H. waren wesentlich von Zwiespalten bestimmt, unter denen er selbst litt. Mit Haßliebe hing er an der Schlesischen Provinz und dem Milieu seiner Herkunft, suchte sich schreibend davon frei zu machen, mit Sarkasmus trug er seine Bürgerkritik vor und war doch eher weich. Den Krieg lehnte er ab, die Unterstützung von Krieg und Militarismus durch seine geistigen Vorbilder erschütterte ihn tief, sein Denken politisierte sich, indes drang dies kaum in seine Gedichte, die in Antikriegsblättern und 1918 und 1919 in Büchern erschienen; Sehnsucht nach Liebe, Harmonie, Hingabe an die Mitmenschen dominierten seine Lyrik, die er als Einspruch gegen jeglichen »Gewalt- und Machtkult« und Einsatz »für eine Befreiung und Erlösung alles Irdischen« verstanden wissen wollte (Selbstanzeige in »Die Aktion«, 1918).

Herrmann-Neiße ca. 1919

Die Hoffnung auf eine Welt ohne Herrscher und Beherrschte führte H. 1918/19 zur Bejahung der Revolution und ihrer Weiterführung. Er band seine Erwartung tiefgreifender Gesellschaftsänderung an das Proletariat, dessen Erfahrungen und organisierte Bewegung ihm fremd waren. Zur Leitfigur H.s wurde F. Pfemfert, für den er nicht nur Gesinnungsgenosse, vielmehr Arbeitsgenosse sein wollte. H.s Bestreben war, in der Nachkriegsgesellschaft, deren soziale Strukturen er kaum geändert, in der er die Revolution in Reformen abgebogen sah, revolutionären Geist (z.B. K. Liebknechts) bewahren und stärken zu helfen durch das publizistische Engagement für eine dem Proletariat dienliche politisch-geistige Kultur. Daraus resultierte 1919 sein Einsatz für eine das Bürgertum, seine Kultur, die herrschenden Normen entlarvende Literatur (H. Manns *Untertan*, besonders C. Sternheim) wie für Autoren und Bücher, die den Freiheitsdrang mobilisieren, den Nöten der Proletariermassen Gehör verschaffen (L. Frank, F. Jung, der Franzose Ch.-L. Philippe). Wie seine Kritik der bürgerlichen Literatur (auch in einigen Gedichten, s. *Gavotte gegen die Bourgeois-Dichter*) intensivierten und radikalisierten sich 1921/24 seine Vorschläge für einen Kunstumgang vom proletarischen Klassenstandpunkt aus, am umfassendsten in *Die bürgerliche Literaturgeschichte und das Proletariat* (Berlin 1922). Gerichtet gegen die Behauptung überzeitlicher Kunstwerte (insbes. der Klassik), wertete H. in ideologiekritischem Rigorismus die bürgerliche Kultur, besonders Kunst und Literatur, als dem Proletariat feindlich, da dem herrschenden System dienstbar, bürgerliche Ideologie verbreitend. Im Durchgangsstadium vor der Herrschaft des Proletariats und der Errichtung einer klassenlosen Gesellschaft (in der differenzierte ästhetische Würdigung z.B. Goethes möglich werde) sei 1. zu arbeiten an der Befreiung des Proletariats vom Einfluß bürgerlichen Geistes und Erbes, 2. zu zeigen, welche für das Proletariat brauchbare Literatur es schon gäbe: die verheimlichte, totgeschwiegene Literatur der Vergangenheit mit revolutionärer Sprengkraft (Villon, Rabelais, Swift, Büchner) und von Künstlern, die mit dem Bürgertum gebrochen, das Proletariat »in seinem Gemeinschaftswerden begleiten«, anspornen, ihm nützlich sind (Zola, Philippe, France, Sternheim, Sinclair, Andersen-Nexö, Jung, O. Kanehl, G. Grosz u.a.). Am Beispiel M. Gorkis wird (gegen den Typ der »Arbeiterdichter«) proletarische Kunst und Erbeverhalten gewürdigt (kritisch zu Dostojewski und Tolstoi, im Gegensatz zu den reformistischen Goethe-Feiern 1922). Das Ziel, »Dichter für das revolutionäre Proletariat« zu präsentieren, lag auch H.s Schrift zu Zola (Berlin 1925) wie seiner Swift-Auswahl (1919) zugrunde. – Antibürgerlichkeit, Kritik deutscher Untertanenmentalität und Passivität äußern sich 1922 in H.s Erzählung *Die Klinkerts* (zuerst in »Die Aktion«, 1922, H.43/44, dann in *Die Begegnung,* Berlin 1925). Am Verhalten eines Bierbrauers in einer schlesischen Kleinstadt seit 1890 wird ein Typ, eine »weitverbreitete Art« unter Arbeitern satirisch modelliert, die Ausbeutungs- und Herrschaftsverhältnisse als gegeben hinnimmt, sich beherrschen, von herrschender Ideologie manipulieren läßt. Der linksradikalen Kritik an den apolitischen wie den sozialdemokratisch organisierten Arbeitern liegt ein anarchistisches, jegliches Parteiwesen ablehnendes Moment zugrunde; mit der Erzählung gelingt eine der seltenen Darstellungen der Benutzbarkeit proletarischer Massen gegen ihre eigenen Interessen, für Ausbeutungs- wie Reformpolitik. Um 1924 verstärkten sich in H.s Publizistik Töne der Enttäuschung, resignierte Urteile über das Proletariat und über Folgenlosigkeit und Vereinzelung von revolutionären Künstlern in Deutschland (wogegen bei der Sowjetliteratur neues gemeinschaftliches Weltgefühl, Lebenstempo, Realismus tatsächlicher Lebensfülle bewundert wird). Mit solcher Resignation trat H.s voluntaristischer Entschluß außer Kraft, sich nur für eine Kunst einzusetzen, die durch einen gesinnungshaften Standpunkt »zur Revoltierung der Geister« (in: Die Aktion, 1924, Sp. 89) beitrage. H. konnte nun auch Dichtung ohne solche Gesinnung – wie 1925 z.B. Benn – als Ereignis werten.

Seinem gesellschaftskritischen antibourgeoisen Standpunkt blieb er auch später treu, wie H.s starke antifaschistische Lyrik zeigt.

Ausg.: Der kleinen Stadt Refrain. Prosa, Briefe und Gedichte, Hg. H. Bemmann, Berlin 1984 (darin auch Bibl. der Werke H.s); Gesammelte Werke, Hg. K. Völker, Frankfurt/Main 1986ff. – *Lit.:* R. Lorenz: Max Herrmann-Neiße, Stuttgart 1966 (mit Bibl.); Fähnders/Rector; Literaturdebatten.

Silvia Schlenstedt

Herwegh, Georg
Geb. 31. 5. 1817 in Stuttgart; gest. 7. 4. 1875 in Lichtenthal bei Baden-Baden

Sohn eines Garkochs; 1831/35 im Theologischen Seminar Maulbronn; ab Herbst 1835 Studium am Evangelischen Stift in Tübingen; Sommer 1836 wegen Auflehnung gegen die Anstaltsordnung verwiesen; ein Jurastudium in Tübingen brach H. aus finanziellen Gründen im Frühjahr 1837 ab und begann in Stuttgart literarisch zu arbeiten; im Frühjahr 1839 Flucht in die Schweiz nach Emishofen bei Konstanz, um Zwangsrekrutierung zu entgehen; Redakteur des literaturkritischen Teils der von A. Wirth herausgegebenen Zs. »Deutsche Volkshalle«; Apr. 1840 Übersiedlung nach Zürich; Aufnahme in den Kreis deutscher Exildemokraten um A. L. Follen, J. Fröbel, W. und K. Schulz; Juni 1841 erschienen noch anonym H.s *Gedichte eines Lebendigen* in Fröbels Literarischem Comptoir Zürich und Winterthur; Herbst 1841/Feb. 1842 Parisaufenthalt, Bekanntschaft mit H. Heine, F. Dingelstedt und den Fourieristen; Herbst 1842 Werbereise durch Deutschland, um Mitarbeiter für eine neue Zs., »Deutscher Bote aus der Schweiz«, zu gewinnen; die Reise wurde von der antifeudalen Opposition zu öffentlicher politischer Demonstration genutzt; H. traf u.a. mit K. Marx, A. Ruge, J. Jacoby, R. E. Prutz und K. Gutzkow zusammen; der Empfang H.s, dessen Gedichte in Preußen verboten waren, bei Friedrich Wilhelm IV. rief sowohl politische und publizistische Aktivitäten der preußischen Behörden gegen seine Person hervor als auch die Kritik der Liberalen an H., die das Vorgehen des Dichters als schädlich ansahen; Ende Dez. Ausweisung H.s aus Preußen aufgrund seines Protestbriefs an Friedrich Wilhelm IV. gegen das nach seiner Audienz erfolgte Einfuhrverbot der geplanten Zeitschrift für Preußen; März 1843 Ausweisung aus Zürich wegen seines nachhaltigen Bekenntnisses zur radikalen Programmatik seiner Zeitschrift; Erlangung des Bürgerrechts im Kanton Baselland und Heirat mit E. Siegmund, Tochter eines Berliner Seidenhändlers; ab Sep. 1843 in Paris; Umgang mit Marx, Ruge, H. Ewerbeck, K. L. Bernáys, G. Mäurer und M. Bakunin; Ende 1843 Erscheinen des 2. Teils der *Gedichte eines Lebendigen* (Zürich/ Winterthur); unter Einfluß der Philosophie L. Feuerbachs, mit dem ihn eine lebenslange Freundschaft verband, naturwissenschaftliche Studien 1846/47 an Atlantik und Mittelmeer; 1848 von den deutschen Emigranten in Paris zum Präsidenten des Republikanischen Komitees und zum politischen Leiter der Deutschen Demokratischen Legion gewählt; zur Unterstützung der in Süddeutschland unter F. Hecker kämpfenden Republikaner kam die Legion mit H. an der Spitze jedoch zu spät und wurde im April 1848 bei Niederdossenbach aufgerieben; Flucht H.s in die Schweiz, danach wieder in Paris; 1849, einer erneuten Ausweisung zuvorkommend, gemeinsam mit A. Herzen nach Genf bzw. Nizza; seit 1851 wieder in Zürich; Freundschaft u.a. mit R. Wagner, G. Semper, W. Rüstow sowie französischen und italienischen Emigranten; konspirative Tätigkeit für das Risorgimento und publizistisches Engagement für G. Garibaldi und J. Mazzini; ab 1860 enge Verbindung zu F. Lassalle; Bevollmächtigter des ADAV für die Schweiz; seit 1866 Ehrenkorrespondent der I. Internationale; von 1869 an der SDAP nahestehend; seit Amnestie 1866 in Baden-Baden.

H. s literarhistorische Bedeutung ist nicht zuletzt dadurch gekennzeichnet, daß er als einziger namhafter politisch-oppositioneller Lyriker des Vormärz den Weg vom bürgerlich-revolutionären Demokraten zur deutschen Arbeiterbewegung gefunden hat und in seiner dort verankerten sozial-politischen Lyrik die gesellschaftlichen Grundwidersprüche seines Jahrhunderts zu gestalten suchte. H. hat darüber hinaus schon durch sein frühes Werk eine grundsätzliche Debatte über Aufgabe, Charakter und ästhetische Wertung politischer Dichtung ausgelöst, die bis in die Gegenwart andauert. Schon in seinen Literaturkritiken, in A. Lewalds »Europa. Chronik der gebildeten Welt«, 1837/38, Gutzkows »Telegraph für Deutschland«, 1839, A. Wirths »Deutscher Volkshalle«, 1838/40, und H. Elsners »Waage«, 1841, suchte er den gesellschaftlichen Funktionswandel der Literatur seit 1830 zu erfassen, orientierte dabei auf ein hohes Maß poetischer Qualität einer politisch und sozial engagierten Dichtkunst und erörterte ästhetische Grundprobleme unter dem emanzipatorischen Aspekt einer Demokratisierung literarischer Produktion und Kommunikation. Diese Arbeiten flankierten die künstlerische Haltung und die politischen Aussagen der *Gedichte eines Lebendigen*, die H. zu einem Hoffnungsträger des um demokratische Rechte kämpfenden Bürgertums werden ließen. Trotz sofortigen Verbots in den meisten deutschen Bundesstaaten erreichte diese bedeutendste Sammlung politischer Lyrik der 40er Jahre mit allein sieben Auflagen und 15 600 Ex. bis 1843 eine beispiellose Verbreitung. Die Gedichte (u.a. *Der letzte Krieg, Das freie Wort, Aufruf, Der Freiheit eine Gasse, Vive la Republique, Das Lied vom Hasse*) bezogen ihre

aktivierende Wirkung vor allem aus einem ungestümen, keine Tabus scheuenden, aktionistischen Pathos. In ihnen wandte sich H. nach dem Vorbild P.-J. Bérangers in stark rhythmisierten, liedhaften Versformen unter Verwendung eines noch recht undifferenzierten Volksbegriffs an das politisch erwachende deutsche Lesepublikum. An die Tradition der rhetorisch-appellativen Lyrik der Befreiungskriege, der Burschenschaftsbewegung sowie A. von Platens anknüpfend, machte H. mit wuchtig drängender Ausdrucksverve, einprägsamen Metaphern, zeittypischer Symbolik und zugkräftigen Parolen Front gegen politisches Abstinenzverhalten, absolutistische Machtstrukturen und die sie stützende klerikale Ideologie. »Pfaffen«, »Philister« und »Tyrannen« gehörten zu den immer wiederkehrenden Schlagworten dieser Lyrik, ebenso wie »Freiheit« und »Einheit« als die Parolen der demokratischen Bewegung. Dieser appellativ-pathetische Grundcharakter war es, den ↗ Heine ob seiner Abstraktheit rügte bzw. verspottete (*An Georg Herwegh, Der Ex-Lebendige*), auf dem aber wesentlich der große Einfluß und die Vorbildwirkung der frühen Lyrik H.s innerhalb der deutschen Arbeiterbewegung beruhen sollte. Frühjahr 1842 beteiligte sich H. (u.a. im »Schweizerischen Republikaner«) an den publizistischen Auseinandersetzungen mit der konservativen Staatstheorie F. und T. Rohmers und deren Einfluß auf die Züricher Kantonsregierung. Er veröffentlichte weitere politische und sozialkritische Lyrik in der »Rheinischen Zeitung« und in W. Weitlings »Junger Generation«. Im Sommer 1843 gab H. dann die eigentlich für den »Deutschen Boten aus der Schweiz« bestimmten Beiträge (u.a. von F. Engels, M. Heß, B. Bauer, Hecker, Jacoby) u. d. T. *Einundzwanzig Bogen aus der Schweiz* im Literarischen Comptoir heraus. Dieser sofort verbotene Sammelband dokumentierte erstmals den Übergang deutscher Gesellschaftstheoretiker zu frühsozialistischen Positionen und ist neben den »Hallischen Jahrbüchern«, den »Anecdota zur neuesten deutschen Philosophie und Publicistik« und den »Deutsch-Französischen Jahrbüchern« eines der bedeutendsten Zeugnisse für diese wegweisende Geistesentwicklung im deutschen Vormärz. Die Radikalisierung von H.s politischen und sozialen Ansichten nach seinem ersten Parisaufenthalt wirkten sich in Thematik und Struktur seiner Verse im 2. Teil der *Gedichte eines Lebendigen* aus. Neben dem seit seiner Veröffentlichung in der »Rheinischen Zeitung« 1842 viel und kontrovers diskutierten Bekenntnis zur Parteinahme des Dichters in den Konflikten seiner Zeit im Gedicht *Die Partei* stehen hier auch erste soziale Balladen (*Die kranke Lise, Der arme Jakob*). Desillusionierte Einsicht in das reale gesellschaftliche Kräfteverhältnis artikuliert sich in vorwiegend epigrammatisch zugespitzten satirischen wie in elegisch meditativen Dichtungen, deren stilistische Eigenart u.a. das kontrafaktierende Zitat bekannter poetischer Bilder und Stillagen ist (*Wiegenlied, Xenien, Auch dies gehört dem König*). Danach veröffentlichte H. in den »Deutsch-Französischen Jahrbüchern«, dem »Vorwärts!«, der »Deutsch-Brüsseler-Zeitung«, der »Deutschen-Londoner-Zeitung« und den »Horen« von Mäurer, alles Blätter mit mehr oder minder ausgeprägter proletarischer und sozialistischer Orientierung. H.s Zug zur persiflierenden Satire setzt sich dabei weiter durch (*Verrat, Borussia, Ordonnanzen*). Die Gedichte und Artikel während der Revolution 1848/49 erschienen u.a. in Ruges »Reform«, in R. Blums »Reichstags-Zeitung« und in der Zeitung des Kölner Arbeitervereins »Freiheit, Arbeit«. Der vorherrschende Charakter seiner Revolutionsdichtungen ist der bitterer Ironie – auch Selbstironie –, eine von Enttäuschung und ohnmächtigem Zorn getragene Kommentierung zu den in ihrem Verlauf so nicht erwarteten Revolutionsereignissen (*Das Reden nimmt kein End, Mein Deutschland strecke deine Glieder*). Dies spiegelt sich u.a. auch in H.s Übersetzung von Herzens Epilog auf das Jahr 1849 (*Mein Lebewohl*), einem verzweifelten Resümee des als große historische Niederlage empfundenen europäischen Revolutionsgeschehens. Ende der 50er Jahre, als die demokratischen Bewegungen wieder stärker politisches Gewicht erlangten, begann H. neben der fortgesetzten politischen Publizistik, Literatur- und Theaterkritik auch wieder mit politischer Lyrik hervorzutreten (u.a. in »Leipziger Allgemeine Zeitung«, »Unita Italiana«, »Kladderadatsch«, Stuttgarter »Beobachter«, Züricher »Intelligenzblatt«). In epigrammatischer Schärfe, mit Wortwitz ebenso wie mit beißender Satire und Sarkasmus kritisierte er in zumeist balladesker oder moritatenhafter Form die retrograde Politik der europäischen Dynastien, wobei er möglichst konkret unter Verwendung beziehungsreicher Details sowie literarischer Anspielungen und Zitate zu tagespolitischen Ereignissen Stellung zu beziehen suchte, öffentliche Personen und deren politische Motive karikierte und verspottete. Mit der Neuformierung der Arbeiterbewegung zu Beginn der 60er Jahre fand H. dann einen neuen Adressaten seiner Dichtung. Sie gewann dadurch gleichzeitig eine andere inhaltliche Dimension und einen neuen, vor allem durch Eindringlichkeit und Klarheit geprägten Stil. 1863 schuf er auf Drängen Lassalles und angeregt durch P.B. Shelleys *Song of the men of England* mit dem *Bundeslied* für den ADAV (vertont von H. von Bülow) die erste große Hymne der deutschen Arbeiterbewegung mit dem symbolhaft gewordenen, proletarisches Selbstbewußtsein und Kampfentschlossenheit ausdrückenden Zuruf »Alle Räder stehen still, wenn dein starker Arm es will«. H.s Gedichte aus dieser Zeit (*Die Arbeiter an ihre Brüder, Die Soziale, 18. März, Immer mehr, Epilog zum Kriege, Zuchthaus* u.a.) wie auch seine Prosaarbeiten, besonders die französischen Korrespondenzen, fanden immer wieder einprägsame Bilder vor allem für die gesellschaftlichen Widersprüche und ihre soziale Sprengkraft. H. verurteilte mit Entschieden-

heit den Ausbruch des deutsch-französischen Krieges und begleitete mit großer Sympathie die Pariser Kommune. Eindringlich warnte er vor dem wachsenden Macht- und Gewaltpotential des neuen deutschen Kaiserreichs. Im Proletariat sah H. auch weiterhin die konsequenteste demokratische und revolutionäre gesellschaftliche Kraft.

Ausg.: Werke in drei Teilen, Hg. H. Tardel, Berlin/Leipzig/Wien/Stuttgart o. J. (1909); Aus Georg Herweghs Nachlaß, Hg. V. Fleury, Lausanne 1911; Frühe Publizistik 1837–1841, Hg. B. Kaiser, Berlin 1971; Über Literatur und Gesellschaft (1837–1841), Hg. A. Ziegengeist, Berlin 1971; Einundzwanzig Bogen aus der Schweiz, neuhg. von I. Pepperle, Leipzig 1989. – *Lit.:* G. Farese: Georg Herwegh und Ferdinand Freiligrath. Zwischen Vormärz und Revolution, in: Demokratisch-revolutionäre Literatur in Deutschland. Vormärz, Hg. G. Mattenklott/K. Scherpe, Kronberg/Ts. 1974; W. Büttner: Georg Herwegh. Ein Sänger des Proletariats, 2. Aufl., Berlin 1976; I. Pepperle: Georg Herwegh und Ludwig Feuerbach, in: Ludwig Feuerbach und die Philosophie der Zukunft, Hg. H.-J. Braun/N.M. Sass/W. Schuffenhauer/F. Tomasi, Berlin 1990; »Freiheit überall, um jeden Preis.« Georg Herwegh 1817–1875, Hg. H. Vahl/I. Fellrath, Stuttgart 1992.

Ingrid Pepperle

Herzfelde, Wieland (eigtl. Herzfeld)
Geb. 11. 4. 1896 in Weggis (Schweiz); gest. 23. 11. 1988 in Berlin

Aus traditionsreicher, jüdischer Familie stammend, wuchs H. bei Pflegeeltern in Salzburg, dann Wiesbaden auf. Die Eltern lebten seit 1899 in einer psychiatrischen Klinik. 1914 folgte H. seinem Bruder Helmuth (der sich ab 1916 John Heartfield nennt) nach Berlin. Kriegsabitur, Immatrikulation zum Literatur- und Geschichtsstudium; medizinische Kurzausbildung; Militärdienst, von dem er 1916 und 1918 desertiert. Gründete 1916 gemeinsam mit Heartfield Zeitschrift und Verlag »Neue Jugend«, nach Verbot im März 1917 den ↗ Malik-Verlag, den er bis 1933 in Berlin, dann 1933/38 als Exilverlag in Prag leitete. Begründete und leitete 1944/47 den Aurora-Verlag New York. H. war seit ihrer Gründungsnacht 1918/19 Mitglied der KPD. Er folgte 1949 einer Berufung zum Professor für Soziologie der neueren Literatur an die Universität nach Leipzig; 1951 aufgrund ungerechtfertigter Anschuldigungen kurzfristig aus der SED ausgeschlossen und emeritiert; ab 1961 ordentliches Mitglied der AdK der DDR.

Als Schüler beschloß H. zunächst, angeregt durch das Werk seines Vaters, F. ↗ Held, Schriftsteller zu werden. Die Texte des Lyrikbandes *Sulamith* (Berlin 1917) und des kleinen Prosabandes *Tragigrotesken der Nacht* (Berlin 1920) reichen bis 1912/13 zurück. Sie stehen dem Expressionismus nahe und gewinnen ihren poetischen Gehalt durch bewußt eingesetzte Naivität und phantasiereiche sprachliche Bilder – Züge, die

Hermyna Zur Mühlen und Wieland Herzfelde

auch in den späteren Gedichten H.s wiederkehren. Von E. Lasker-Schüler in Berliner expressionistische Kreise eingeführt, initiierte H. 1916 die Zs. »Neue Jugend«, um dem künstlerischen Wort aller Kriegsgegner soziale Wirkungskraft zu verleihen. Entdeckt G. Grosz. Die Begabung H.s, Talente freundschaftlich zu fördern (z.B. W. Bredel, L. Turek, M. Osten und viele andere) und zu organisieren, bleibt Schlüssel seiner verlegerischen Tätigkeit, auf die er sich seit 1918/19 fast ausschließlich konzentrierte. Mit der Produktion des Malik-Verlages, der 1919/20 zunächst Zentrum des Berliner Dadaismus war, eine breite, sozialkritische Zeitschriftenproduktion aufbaute und sich gleichzeitig in großer Breite Neuansätzen in- und ausländischer Literatur im Geiste der revolutionären Nachkriegsphase widmete, machte H. einen eigenständigen, couragierten Entwurf revolutionärer Kunst und Kunstkommunikation in der Praxis wirksam. Programmatisch ist H.s seinerzeit wenig beachteter Essay *Gesellschaft, Künstler und Kommunismus* (Berlin 1921). Mit sensibler Kenntnis analysiert er die Besonderheiten des Schaffensprozesses, der Produktionsbedingungen und der sozialen Stellung des Künstlers und denkt über die Aufgaben der Kunst in der zu erkämp-

fenden kommunistischen Gesellschaft nach. Ausdruck der theoretischen Bemühungen H.s um langfristige, realitätsnahe Vorstellungen vom Zusammengehen der künstlerischen und sozialen Revolution, die sich in kritischer Distanz von engeren Positionen in der KPD abheben, ist auch der gemeinsam mit G. Grosz verfaßte Aufsatz *Die Kunst ist in Gefahr* (Berlin 1925). Als Verleger und Herausgeber der Werke mutiger Militarismus- und Gesellschaftskritiker war H. wiederholt politischer Verfolgung ausgesetzt. Die Erfahrungen seiner Verhaftung durch die Nosketruppen 1919 sind in der entlarvenden Studie *Schutzhaft* (in: »Die Pleite«, 1919, H. 2) festgehalten; berühmt sind die gegen H. und Grosz wegen Reichswehrbeleidigung und Gotteslästerung geführten juristischen Prozesse. Im Unterschied zu anderen kommunistischen Verlegern bestand H. auf dem privatwirtschaftlichen Charakter des Malik-Verlages, verwahrte sich aber in Essays wie *Prinzipielles vom Verleger* (in: »Die Neue Bücherschau«, 1927, 4. Folge) und *Das deutsche Buch ist zu teuer* (in: »Die Weltbühne«, 1928, Nr. 33) entschieden gegen die Kommerzialisierung der Kunst und entwickelte für die Malik-Bücher eine Preispolitik, bei der bibliophile Ausgaben gutausgestattete Volksausgaben stützten und dafür Minimalpreise ermöglichten. Die nachweislich große Wirksamkeit der avantgardistischen Buchgestaltung des Verlages, bei der die enge Zusammenarbeit mit Heartfield und Grosz fruchtbar wurde, zeugt vom innovativen Konzept H.s für die Durchsetzung revolutionärer, linker Literatur. Seit Mitte der 20er Jahre fungierte H., wie zuvor schon für einige Autoren der progressiven amerikanische Literatur, als bedeutendster Förderer von Übersetzungen der modernen Sowjetliteratur, die damit erstmals in großem Stil auf dem deutschen Buchmarkt zugänglich wurde. Als Mitglied des BPRS setzte H. seit Ende der 20er Jahre seine verlegerischen Möglichkeiten auch für die vom BPRS favorisierte Form der proletarischen Autobiographie ein, behielt aber durch die Veröffentlichung der Werke des Pazifisten E. J. Gumbel und des Anarchisten M. Hoelz sein weiter gefaßtes Konzept aufklärerischer Kunst bei.

Nach 1933 baute H., unter bedrückenden finanziellen Bedingungen, den Malik-Verlag erneut auf und widmete sein gesamtes Engagement der aus Deutschland vertriebenen, antifaschistischen Literatur. Bereits 1933 entstand unter seiner Leitung die Exil-Zs. »Neue Deutsche Blätter«, 1936 hatte H. maßgeblichen Anteil am Aufbau der in Mokau erscheinenden Zs. »Das Wort«. Einem antifaschistischen Bündnis verpflichtet, verteidigte H. in seiner Rede auf dem 1. Allunionskongreß in Moskau 1934 Werke der künstlerischen Avantgarde entschieden gegen zunehmende formalistische Angriffe. Als Freund, produktiver Gesprächspartner und Verleger vieler exilierter Autoren, u.a. Bredels, O. M. Grafs, B. Brechts, gelang H. die Veröffentlichung von mehr als 40 deutschsprachigen Buchtiteln, elf davon im »Aurora-Verlag« New York, einem von H. ins Leben gerufenen und mit integrativem Talent praktizierten Gemeinschaftsverlag von elf antifaschistischen Autoren, zu denen u.a. H. Mann, E. Bloch, Brecht und A. Döblin gehörten. In diesen Jahren trat H.s eigene schriftstellerische Tätigkeit erneut in den Vordergrund; als umfangreichstes Prosawerk entstand die Autobiographie *Immergrün* (Berlin 1949), die in literarisierendem Gestus Episodisches lose nebeneinander stellt, dabei zeitgeschichtliche Zusammenhänge nahezu unreflektiert läßt. Nach seiner Rückkehr aus den USA setzte sich H. als Verfasser einer Monographie über Heartfield (Dresden 1962) und Organisator einer Ausstellung zur Geschichte des Malik-Verlages 1966 in Berlin für die Integration der avantgardistischen Kunsttradition in die kulturpolitischen Entwicklungen in die DDR ein.

W. W.: Im Gehen geschrieben (Ge.), Berlin 1956; Unterwegs. Blätter aus fünfzig Jahren, Berlin und Weimar 1961; Blau und Rot (Ge.), Leipzig 1971; Zur Sache geschrieben und gesprochen zwischen 18 und 80, Berlin und Weimar 1976; Anna Seghers/Wieland Herzfelde. Ein Briefwechsel 1939-1946, Berlin und Weimar 1985; Briefe von und an Wieland Herzfelde 1933-1938, Kiel 1991. – *Lit.:* Der Malik-Verlag 1916-1947. Ausstellungskatalog (verf. und zusammengestellt von W. H.), Berlin und Weimar 1966; Der Malik-Verlag 1916-1947. Chronik eines Verlages, Kiel 1986; U. Faure: Im Knotenpunkt des Weltverkehrs. Herzfelde, Heartfield, Grosz und der Malik-Verlag 1916-1947, Berlin 1992.

Susanne Schulz

Heß, Moses
Geb. 21. 1. 1812 in Bonn; gest. 6. 4. 1875 in Paris

Sohn eines Kolonialwarenhändlers und späteren Zuckerfabrikanten. Besuch einer Talmudschule. Erwarb als Gehilfe im Geschäft seines Vaters in Köln autodidaktisch weltliche Bildung. 1837/39 Philosophiestudium in Bonn. Bereits H.’ erste - in mystisch-religiöser Sprache verfaßte - Schriften *Die heilige Geschichte der Menschheit. Von einem Jünger Spinozas* (Stuttgart 1837) und *Die europäische Triarchie* (Leipzig 1841) sind von der Idee des Sozialismus geprägt. 1841 gehörte H. zu den Gründern der seit Okt. 1842 von K. Marx geleiteten »Rheinischen Zeitung«, für die er als Redakteur und - 1843 - als Paris-Korrespondent tätig war. Nach ihrem Verbot (März 1843) publizierte er in verschiedenen sozialkritischen Zeitschriften. Zu G. Herweghs *Einundzwanzig Bogen aus der Schweiz* (Zürich/Winterthur 1843) trug er die drei Arbeiten bei, mit denen er den größten Einfluß auf das philosophische Denken im Vormärz erzielte - die Aufsätze *Sozialismus und Communismus; Philosophie der That* und *Die eine und ganze Freiheit.* 1845/46 gab H. in Elberfeld eine eigene Zs., ↗ *Gesellschaftsspiegel. Organ zur Vertretung der besitzlosen Volksklassen und zur Beleuchtung der gesellschaftlichen Zustände der Gegenwart,* heraus, die relativ breite Wirkung erlangte. In Brüssel, wo er seit 1845 lebte, arbeitete H. zunächst eng mit Marx und F. Engels zusammen. Er lieferte Zuarbeiten zu deren erstem gemeinsamem Werk *Die deutsche Ideologie* (e. 1845/46). Bereits im Frühjahr 1846 zog er jedoch die Konsequenz aus den bei Marx’ Auseinandersetzung mit der Position W. Weitlings offenkundig gewordenen Meinungsverschiedenheiten, indem er mit Marx und Engels brach. Diese rechneten mit ihm im *Manifest der kommunistischen Partei* (London 1848) ab. Unter ihr Verdikt gegen den deutschen oder ›wahren‹ Sozialismus fiel auch seine ›Philosophie der Tat‹. Trotzdem wurde H. 1847 in den BdK aufgenommen und zum Vizepräsidenten des Deutschen Arbeitervereins gewählt. Nach Ausbruch der Revolution hielt er sich einige Wochen in Köln auf, wo sein Versuch, die »Rheinische Zeitung« wieder zu begründen, scheiterte, und ging dann nach Paris. Dort war er eine Zeitlang Präsident des im Sommer 1848 ins Leben gerufenen Deutschen Vereins. Im Apr. 1849 aus Frankreich geflüchtet, lebte er bis 1852 hauptsächlich in der Schweiz. In Genf leitete er 1850/51 die Gemeinde des vom BdK abgespaltenen Sonderbundes von A. Willich und K. Schapper. Durch Familienerbschaft finanziell unabhängig geworden, verlegte H. nach einem Zwischenaufenthalt in Belgien im Sommer 1853 seinen Wohnsitz wieder nach Paris, wo er, mit kurzen Unterbrechungen, bis zu seinem Tode blieb. Er beschäftigte sich nun vorwiegend mit philosophischen Problemen der Naturwissenschaft und – seit Ende der 50er Jahre – mit der Frage der Judenemanzipation. Mit seinem Buch *Rom und Jerusalem, die letzte Nationalitätenfrage* (Leipzig 1862) wurde er zum ideellen Wegbereiter des Zionismus. H. bekannte sich zu F. Lassalle, wirkte 1863 als Generalbevollmächtigter des ADAV für Köln und schrieb bis 1867 für das Vereinsblatt »Der Social-Democrat«. Danach näherte er sich der SDAP an und wurde Mitarbeiter des »Volksstaat«.

In den in den *Einundzwanzig Bogen aus der Schweiz* enthaltenen Artikeln entwickelt H. den bereits in der *Europäischen Triarchie* angelegten Gedanken, daß die Philosophie an den Punkt gekommen sei, wo sie sich selbst überwinden und in praktisches Handeln übergehen müsse, weil die Entfremdung des Menschen, als deren Ausdruck sie Religion und Politik erkannt habe, ihre Wurzeln in den gesellschaftlichen Verhältnissen habe und also nur durch deren Veränderung aufgehoben werden könne. Geistige Freiheit sei nicht zu gewinnen, solange das Volk in materieller Knechtschaft und Elend lebe, sondern habe die freie, von jedem äußeren Zwang unabhängige Tätigkeit zur Voraussetzung, die erst nach Abschaffung der Kapitalherrschaft möglich sei. Diese Wendung der von G. W. F. Hegel und L. Feuerbach entwickelten Entfremdungstheorie ins Soziale findet sich bei H. früher als bei Marx, wie denn überhaupt die Verbindung der französischen Sozialtheorien mit der klassischen deutschen Philosophie von H. früher oder zumindest zeitgleich mit Marx vorgenommen wurde. Einige Philosophiehistoriker, z. B. Z. Rosen, leiten aus dieser von der marxistischen Geschichtsschreibung übergangenen Tatsache eine weitgehende Abhängigkeit im Denken des jungen Marx von H. ab. Demgegenüber verweisen andere, so P. Vranitcki und Sh. Na'aman, darauf, daß beide auf dieselben literarischen Quellen reflektierten und zu dieser Zeit in engem Gedankenaustausch standen. H.'s Einsatz für die jüdische Nationalidee stand nicht im Widerspruch zu seinen sozialistischen Idealen. Vielmehr ging er davon aus, daß der Judenstaat auf sozialdemokratischer Basis organisiert werden müsse, sei doch der Geist des Judentums seinem Wesen nach sozialistisch. Der Arbeiterbewegung empfahl er als Teilnehmer an den IAA-Kongressen 1868 und 1869 den parlamentarischen und genossenschaftlichen Weg. Einen dritten Weg, der darin bestünde, soziale Reformen durch die Diktatur einer Klasse einzuführen, hielt er für nicht gangbar. In der aus seinen naturphilosophischen Studien hervorgegangenen

Moses Heß

Schrift *Dynamische Stofflehre* (postum Paris 1878) vertrat H. einen mechanischen Materialismus, ähnlich dem L. Büchners, K. Vogts und J. Moleschotts.

Ausg.: Jüdische Schriften, Hg. T. Slocisti, Berlin 1905; Sozialistische Aufsätze 1841–1847, Hg. T. Slocisti, Berlin 1921; Briefwechsel, Hg. E. Silberner, Den Haag 1959; Philosophische und sozialistische Schriften 1837–1850. Eine Auswahl, Hg. A. Cornu/W. Mönke, Berlin 1961. – *Lit.:* T. Slocisti: Moses Hess. Der Vorkämpfer des Sozialismus und Zionismus, 2. neubearb. Aufl., Berlin 1921; G. Lukács: Moses Hess und die Probleme der idealistischen Dialektik, in: Archiv für die Geschichte des Sozialismus und der Arbeiterbewegung, Leipzig 1926, Bd. 12; H. Hirsch: Denker und Kämpfer, Frankfurt a. M. 1955; I. Berlin: The Life and Opinions of Moses Hess, Cambridge 1959; J. Weiss: Moses Hess, the Utopian Socialist, Detroit 1960; E. Silberner: Moses Hess. Geschichte seines Lebens, Leiden 1966; Sh. Na'aman: Emanzipation und Messianismus. Leben und Werk des Moses Heß, Frankfurt a. M. 1982; Z. Rosen: Moses Heß und Karl Marx. Ein Beitrag zur Entwicklung der Marx'schen Theorie, Hamburg 1983.

Rainer Rosenberg

Heym, Stefan (d.i. Helmut Flieg, Ps. Elias Kemp, Gregor Holm)
Geb. 10. 4. 1913 in Chemnitz

Sohn eines jüdischen Kaufmanns. Wegen eines antimilitaristischen Gedichts (in: »Volksstimme«, 7. 9. 1931) vom Gymnasium relegiert. Abitur in Berlin, Studium der Germanistik und Zeitungswissenschaft. Gedichte in der »Weltbühne«. März 1933 Flucht nach Prag, Mitglied des neu aufgebauten BPRS. Gedichte, Feuilletons, Reportagen, Kritiken in tschechischen und deutschsprachigen Zs.: »Neue Deutsche Blätter«, »Gegen-Angriff«, »Simpel«, »Neue Weltbühne«, »Das Wort« u.a. Mit H. Burger Dramatisierung von M. Twains *Tom Sawyers große Abenteuer* (UA 1937 in Prag, tschechisch; deutsch 1952), 1933 erhielt H. durch die jüdische Studentenverbindung »Phi Sigma Delta« ein Stipendium zur Fortsetzung seiner Studien in Chicago; Abschluß mit Master of Arts. Während dieser Zeit Arbeit als Kellner, Tellerwäscher, Buchverkäufer. 1937/39 Chefredakteur der die Volksfrontbewegung unterstützenden deutsch-amerikanischen Wochen-Ztg. »Deutsches Volksecho«. Ab 1939 Korrektor und Vertreter einer Druckerei. Ab 1941 Mitarbeit in der »Tribüne für freie deutsche Literatur und Kunst in Amerika«. 1941/42 Niederschrift des ersten Romans, *Hostages* (New York 1942, in mehrere Sprachen übersetzt, in Hollywood verfilmt), dem ein Theaterstück über den Hellseher Hanussen vorausgegangen war. 1943 Eintritt in die US-Army, amerikanische Staatsbürgerschaft und Bestätigung für den Namen St. H. Wurde für Verhöre von deutschen Kriegsgefangenen ausgebildet; nahm ab 1944 als Sergeant, später als Lieutenant der Psychological Warfare am Krieg teil, von der Invasion in Frankreich bis zur Besetzung Deutschlands. Arbeit als Redakteur der »Frontpost«, des »Soldatensenders Luxemburg«. Nach Kriegsende Redakteur eines von der US-Army herausgegebenen Informationsblatts und der »Neuen Zeitung«. Wegen Kritik an der amerikanischen Besatzungspolitik endete seine Mitarbeit. Dez. 1945 Rückkehr in die USA. 1948 Reise in die ČSR, Materialsammlung über die Prager Februarereignisse für den Roman *The Eyes of Reason* (Boston 1951). Zurückgekehrt in die USA, berichtete er als Journalist über Bergarbeiterstreiks in Pennsylvanien (Stoffgrundlage für den Roman *Goldsborough*, New York 1953). Politische Bevormundung durch den McCarthy-Ausschuß und der Beginn des Koreakrieges veranlaßten H., die USA zu verlassen und über Frankreich, Schweiz zunächst nach Prag zu gehen. Jan. 1952 Übersiedlung in die DDR. Politische und kulturpolitische Kontroversen auf dem IV. Schriftstellerkongreß, eskalierende Auseinandersetzungen 1964/65, 1969, 1979; Ausschluß aus dem Schriftstellerverband der DDR 1979.

H. gehört mit seinem Werk nicht nur in die sozialistische deutsche, sondern auch in die amerikanische Literatur. Ein großer Teil seiner Bücher ist in englischer Sprache geschrieben, er steht in der Erzähltradition von amerikanischem Roman und short story. Er verficht das Konzept einer politisch-moralisch eingreifenden, antifaschistische und sozialistische Überzeugungen propagierenden, effektvoll geschriebenen, unterhaltenden Literatur, die reportagehafte mit fiktionalen Elementen verbindet. Nach Gedichten und dramatischen Vesuchen in seiner Frühzeit schrieb H. Publizistisches, Reportagen und ein umfangreiches Prosawerk – Romane, Erzählungen, Kinderbücher. Die politische Lyrik der 30er Jahre ist auf den antifaschistischen Kampf gerichtet, darunter Rollengedichte und Satiren mit häufig rhetorischen und agitatorischen Mitteln. Die Publizistik dieser Zeit umfaßt Appelle, Kommentare, Betrachtungen zu sozialen und politischen Problemen der USA, Auseinandersetzungen mit dem deutschen Faschismus, seinen internationalen und amerikanischen Fürsprechern (*Nazis in USA*, New York 1938), in den 40er Jahren ist der militärische Auftrag zur Beendigung des Krieges bestimmend (Rundfunkkommentare, Hör-Szenen, Flugblätter; zusammengefaßt in: *Reden an den Feind*, Berlin 1986). In den 50er Jahren spielte die Publizistik eine gewichtige Rolle, als Reportage vom sozialistischen Aufbau in der DDR und der UdSSR, besonders als Polemik und politisches Feuilleton (*Im Kopf – sauber. Schriften zum Tage*, Leipzig 1954; *Offen gesagt. Neue Schriften zum Tage*, Berlin 1957). H. wollte, verstärkt nach 1956, sozialistische Überzeugungen bilden durch öffentliche Aussprache über Fehlentwicklungen, diskutierte Fragen der sozialistischen Demokratie, das Verhältnis von politischer Führung und Massen, kritisierte Schönfärberei und Schematismus in Literatur und Presse. Das Romanwerk aus den 40er Jahren – *Hostages* (dt. *Der Fall Glasenapp*, Leipzig 1958), *Of smiling peace* (Boston 1944), Vorstufe zum bekanntesten Roman *The Crusaders* (dt. *Kreuzfahrer von heute*, Leipzig 1950, u. d. T. *Der bittere Lorbeer*, München 1949), *The Eyes of Reason* (1951, dt. *Die Augen der Vernunft*, Leipzig 1955) – gewinnt aus zeitgeschichtlichen Ereignissen und Konflikten spannende und unterhaltsam zu lesende Prosa, in der in geschickter Komposition ein vielschichtiges historisches und individuelles Geschehen zu einer übersichtlichen Fabel verknüpft ist. *Hostages* funktioniert dafür Elemente des Detektivromans um, der an einer Geiselaffäre im Prag des Jahres 1938 den antihumanen Charakter des Faschismus enthüllt und die moralische Überlegenheit tschechischer Untergrundkämpfer zeigt (u.a. durch Adaption der Schwejk-Figur). *The Crusaders* dokumentiert die Schrecken des Krieges und macht in einem vielschichtigen Kompositionsgeflecht die politischen und moralischen Widersprüche innerhalb der US-Army beim Kampf gegen den Faschismus erkennbar. In *Die Augen der Vernunft* nutzt H. das Modell des Familienromans, um die moralischen und politischen Entscheidungen beim Übergang von der demokratischen zur sozialistischen Umwälzung darzustellen. Ähnliche Verfahren liegen auch dem Roman *Fünf Tage im Juni* (München 1974) zugrunde, in dem H. in einer Verknüpfung von journalistischer Chronik und individuellem Handlungsablauf die Widersprüche in den Ereignissen des 17. Juni 1953 aufhellt. In seinem Romanwerk gibt es auch einen Strang historischer Gleichnisse, die aktuelle Themen an historischen Stoffen behandeln: *Die Papiere des Andreas Lenz* (2 Bde., Leipzig 1963, engl. *The Lenz Papers*, London 1964) und *Lassalle. Ein biographischer Roman* (München 1969, engl. *Uncertain Friend*, London 1968). Die stoffliche Grundlage der Romane *Der König David Bericht* (Berlin 1973) und *Ahasver* (München 1981) bilden biblische Legenden, aus denen H. Gleichnisse über aktuelle Problemlagen formt. Die Autobiographie *Nachruf* (München 1988) vermittelt Zeitgeschichte seit Beginn der 30er Jahre und Einblicke in die politische und künstlerische Biographie von H. als einem unabhängigen Sozialisten.

W. W.: Gestern-Heute-Morgen. Deutschamerikanisches Festspiel. In: Das Wort, 1937, H.3; Die Hinrichtung (Sch.), Chicago 1935; Die Kannibalen und andere Erzählungen, Leipzig 1953; Forschungsreise ins Herz der deutschen Arbeiterklasse (Rep.), Berlin 1953; Reise ins Land der unbegrenzten Möglichkeiten (Rep.), Berlin 1954; Keine Angst vor Rußlands Bären. Publizistik, Düsseldorf 1955; Das kosmische Zeitalter (Ber.), Berlin 1959; Schatten und Licht (En.), Leipzig 1960; Die Schmähschrift oder Königin gegen Defoe (E.), Zürich 1970, Leipzig 1974; Erzählungen, Berlin 1976; Die richtige Einstellung und andere Erzählungen, München 1977; Collin (R.), München 1979; Schwarzenberg (R.), München 1984; Auf Sand gebaut. Sieben Geschichten aus der unmittelbaren Vergangenheit, München 1990. – *Ausg.:* Wege und Umwege. Streitbare Schriften aus fünf Jahrzenten, Hg. P. Mallwitz, München 1980; Einmischung. Gespräche, Reden, Essays, Hg. I. Heym/H. Henniger, München 1990; Stalin verläßt den Raum. Politische Publizistik, Hg. H. Henniger, Leipzig 1990. – *Lit.:* Beiträge zu einer Biographie. Eine Freundesgabe für Stefan Heym zum 60. Geburtstag am 10. April 1973, München 1973; R. Zachau: Stefan Heym, München 1982; H. Wolfschütz: Stefan Heym, in: Kritisches Lexikon zur deutschen Gegenwartsliteratur, Bd. 4 (mit Bibl. zur Primär- und Sekundärliteratur), München 1986.

Ursula Reinhold

Hoelz, Max

Geb. 14. 10. 1889 in Moritz bei Riesa; gest. 16. 9. 1933 bei Gorki (UdSSR)

Sohn eines Ackerknechtes und einer Tagelöhnerin; Volksschule; war danach Landarbeiter, Hausdiener in Riesa, Heidelberg und Baden-Baden; Liftboy, Wagenwäscher, Küchenjunge und technischer Zeichner in London 1906/09, Rückkehr nach Deutschland, Hausknecht und Hilfskellner in Berlin. 1912 Landvermesser in Falkenstein/Vogtland. 1914/18 an verschiedenen Fronten als Soldat. Rückkehr nach Falkenstein, Mitglied des Arbeiter- und Soldatenrates in der Novemberrevolution, 1919 Mitglied der KPD, Vorsitzender des Arbeitslosenrates; Teilnahme an bewaffneten Kämpfen gegen den Kapp-Putsch. 1920 wegen Disziplinlosigkeit aus der KPD ausgeschlossen, Kontakte zur anarcho-syndikalistischen KAPD. 1921 führend an den Märzkämpfen in Mitteldeutschland beteiligt, Verhaftung in Berlin, Verurteilung zu lebenslänglicher Zuchthausstrafe. Abkehr von der KAPD und Bekenntnis zur KPD. 1921/28 in den Zuchthäusern Münster, Breslau, Groß-Strehlitz (Oberschlesien) und Sonnenburg. Entlassung aus der Haft: 18. 7. 1928. Parteiarbeit und Agitation für die KPD, 1929/30 erste Reise in die Sowjetunion, Rückkehr nach Deutschland zum Wahlkampf 1930. 29. 9. 1930 Emigration in die UdSSR, Besuch der Lenin-Schule in Moskau, politische Arbeit unter deutschen Facharbeitern im Auftrag der KI. 1931/33 Reisen durch die Sowjetunion, Arbeit in Kusnezkstroj, als Bergarbeiter in Sibirien und Landarbeiter in der Nähe von Gorki, politischer Agitator und Publizist. Todesursache bisher nicht aufgeklärt, wahrscheinlich von der GPU ermordet.

H. wurde in erster Linie als politischer Revolutionär und militärischer Führer in bewaffneten Kämpfen vor allem in Mitteldeutschland bekannt und durch sein unerschrockenes, entschieden politisches Auftreten vor dem Gericht 1921 (vgl. H.s *Anklagerede gegen die bürgerliche Gesellschaft*, gehalten vor dem Moabiter Sondergericht am 22. Juli 1921, Berlin 1921). Literarische Tätigkeit war für ihn nur Ergänzung und Dokumentation seines politischen Kampfes. Er wird aus politischer Erfahrung zum Chronisten von Zeitgeschichte. Seine literarische Bedeutung liegt in der parteilichen, präzisen Schilderung proletarischer Kämpfe der Novemberrevolution und während der revolutionären Nachkriegskrise in Deutschland. Seine Sprache ist einfach, überzeugend in der Agitation und scharf in der Polemik. Im Zuchthaus geschriebene Berichte sind von »Frische der Darstellungskraft« und einem »fast unglaublichen Humor« (Kisch in der *Vorbemerkung* zu H.s *Meine Erlebnisse in Mitteldeutschland*, in »Welt am Abend« Jul. 1928 in Forts. gedr.). Seine Autobiographie *Vom Weißen Kreuz zur roten Fahne. Jugend- Kampf- und Zuchthauserfahrungen* (Berlin 1929) ist der Lebensbericht eines deutschen Revolutionärs, in dem er individuelle Entwicklung und Zeitgeschichte zu verbinden weiß. Der erste Teil behandelt vor allem die Kämpfe im Vogtland 1919/20 und die Märzkämpfe in Mitteldeutschland 1921, der zweite Teil ist eine scharfe Anklage der Zustände in den Gefängnissen der Weimarer Republik und eine Verteidigung der politischen Häftlinge. H. erfüllt damit ein Versprechen, das er Häftlingen in den verschiedenen Zuchthäusern gegeben hatte, in denen er sieben Jahre lang litt und kämpfte. Von seinem literarischen Sinn und

Schutzumschlag mit Foto von Hoelz

Vermögen, von großer Menschlichkeit, einem starken und sensiblen Charakter zeugen seine *Briefe aus dem Zuchthaus* (hg. und mit einem Nachw. versehen von E. E. Kisch, Berlin 1927) wie auch seine *Briefe nach der Schweiz* (hg. von Theo Pinkus, Zürich 1972). Über den Kampf des Kommunistischen Jugendverbandes 1928/29 berichtet er in Reportagen und Erzählungen (*Ein Jahr Kampf des KJD*, Moskau 1930); neben genauen Schilderungen von Land-Agitation und Jugendtreffen stehen Beiträge, in denen er frei mit den Fakten umgeht und literarische Überhöhung anstrebt, wobei immer wieder seine aktionistische Grundhaltung, ein oft blindes Draufgängertum zum Ausdruck kommt. In der Sowjetunion sammelt H. Material für ein Buch über den sozialistischen Aufbau, das Fragment blieb. Erhalten sind Zeitungsartikel und Briefe, die seine gewachsene sprachliche Ausdruckskraft und Reife belegen.
H. unterhielt besonders während der Zuchthausjahre enge Verbindungen zu Schriftstellern. Bücher bewahrten ihn »vor geistiger Zermürbung ... und es gibt doch Stunden, wo ich über den Büchern ganz vergesse, daß ich doch nur ein lebendig Begrabener bin« (*Briefe aus dem Zuchthaus*, S. 64). Die starke Faszination seiner Persönlichkeit für viele Intellektuelle äußerte sich im publizistischen Engagement und dem Wirken zahlreicher Schriftsteller und Verleger in einem Neutralen Komitee für H.s Freilassung 1927.

Lit.: Sonderheft für Max Hoelz mit Beiträgen von F. Pfemfert, M. Hermann-Neisse, V. Fraenkel, R. Hausmann, M. Harden u.a., »Die Aktion«, 1921, H. 29/32; G. Schumann: Die Enthüllungen zu den Märzkämpfen, Halle 1922; J. Schneider: Die blutige Osterwoche im Mansfelder Land, Wien 1922; G. Schumann: Max Hoelz der »Gemeine Verbrecher«, Material zu dem an Max Hoelz verübten Justizmord, Halle 1923; E. Mühsam: Gerechtigkeit für Max Hoelz, Berlin 1926; E. E. Kisch: Sieben Jahre Justizskandal Max Hoelz, Berlin 1928; Max Hoelz – Ein deutscher Partisan, Moskau 1921 und 1933; M. Gebhardt: Max Hoelz – Wege und Irrwege eines Revolutionärs. Biographie, Berlin 1983, erg. 1989.

Manfred Gebhardt

Hoernle, Edwin (Ps. Oculi, Georgi, Spartacus)

Geb. 11. 12. 1883 in Bad Cannstadt; gest. 21. 7. 1952 in Bad Liebenstein

Sohn eines protestantischen Pfarrers und Missionars; Kinderjahre in Ostindien, aufgewachsen in Beimbach (Württemberg), wo H. frühzeitig das Leben der Bauern kennenlernte. Lateinschule und Gymnasium; Studium der Theologie in Tübingen, der Geschichte, Philosophie, Ästhetik und Psychologie in Berlin. 1909 theologische Dienstprüfung und Aufgabe des Berufs. 1910 Eintritt in die SPD; 1912 Redakteur der »Schwäbischen Tagwacht«, Stuttgart; 1915/16 Redakteur der Frauen-Ztg. »Die Gleichheit«, Herausgeber der Jugend-Ztg. »Morgenrot«; Mitbegründer des Spartakusbundes; 1917 Verhaftung an der Front; 1918 Mitglied des Stuttgarter Arbeiter- und Soldatenrates; 1919/20 KPD-Landesvorsitzender von Württemberg; Juni 1919 Hauptangeklagter im Stuttgarter Kommunistenprozeß; Juli 1919 Chefredakteur der ersten kommunistischen deutschen Wochen-Ztg. für die werktätige Landbevölkerung, »Der Pflug«; 1920 Mitglied des ZK der KPD, verantwortlich für Landwirtschaftspolitik, Teilnahme am III. und IV. Weltkongreß der KI; Mitglied des EKKI; 1924/32 MdR. Leitung der Zsn. »Das proletarische Kind« (1921/33) und »Der junge Genosse« (1921/24). Reden und Aufsätze zur Schulpolitik und Pädagogik. Während der Weltwirtschaftskrise Konzentration auf Agrar- und Handelspolitik. 1933 Emigration über die Schweiz in die Sowjetunion; Mitarbeit am Internationalen Agrarinstitut, später Weltwirtschaftsinstitut in Moskau; 1943/45 Mitglied des Nationalkomitees »Freies Deutschland«; 1945 Rückkehr nach Berlin, Präsident der Zentralverwaltung für Land- und Forstwirtschaft, 1949 Vizepräsident der Deutschen Verwaltungsakademie Forst Zinna, Professor und Dekan der Agrarpolitischen Fakultät.

H. war ein umfassend gebildeter, vielseitig interessierter Funktionär der SPD, der KPD und später der SED, der immer auch literarisch tätig war. Die *Oculi-Fabeln* (ab 1915 in der von J. Borchardt geleiteten Zs. »Lichtstrahlen« unter dem Ps. Oculi, BA Stuttgart 1920) wandten sich in Gestalt der Äsopischen

Tierfabel scharf und witzig gegen Chauvinismus und kriecherische Anpassung an herrschende Autoritäten. In den Figuren des Chamäleons, des vollgefressenen Maikäfers, der nicht mehr fliegen kann, des Pudelhundes, der den anderen Hunden beibringen will, sich wie ihre Herrchen zu benehmen, kritisierte H. die Politik der rechten SPD-Führung. Bereits im Frühjahr 1915 hatte H. in dem Artikel *Kriegsgedichte* (in: »Lichtstrahlen«, Nr. 7) die Literaten verspottet, die in schlechten Versen Kriegsbegeisterung reimten. Seine eigenen Gedichte, *Aus Krieg und Kerker* (Stuttgart-Degerloch 1918), handeln vom bitteren Erlebnis des Frontsoldaten. In *Wann?* taucht das Bild des Geschützes auf, das gegen die eigenen Herren gerichtet wird. Der Band *Rote Lieder* (Wien 1924) enthält vor allem H.s Gedichte aus den Tagen der Revolution. Besonders *Kampfspruch, Wir zünden Feuer, Karl Liebknecht, Unter den Linden, Reserven vor, Am Vorwärts, Der Mord von Mechterstädt, Die Geschlagenen, Kommunisten* wurden oft rezitiert. Sehr populär war H.s Lied *Brüder, seht, die rote Fahne*, das er 1921 nach der Melodie des amerikanischen Liedes *Hold the Fort* schrieb. Der Einakter *Arbeiter, Bauer und Spartakus* (unter Ps. Georgi, Berlin 1921) war die erste dramatische Gestaltung der Idee einer revolutionären Einheitsfront zwischen Arbeitern und Bauern in Deutschland. Die Erzählung *Bauern unterm Joch* (Moskau 1936) schildert die Auswirkungen des NS-Regimes auf eine süddeutsche Landgemeinde.

W. W.: Aufstand! Unsern Toten gewidmet! (Anth., Hg.), Stuttgart-Degerloch 1919. – *Ausg.:* Schulpolitische und pädagogische Schriften, Ausw. und Einl. E. Mehnert, Berlin 1958; Das Herz muß schlagen. Gedichte und Fabeln (Ausw.), Hg. W. Seifert/E. Mehnert, Berlin 1963; Zum Bündnis zwischen Arbeitern und Bauern, Ausw. der agrarpolitischen Reden und Schriften. 1928-1951, Hg. Kollektiv unter Ltg. von S. Graffunder, Berlin 1972. – *Lit.:* Edwin Hoernle. Ein Leben für die Bauernbefreiung (mit Werkausw. und Bibl.), Hg. N. Steinberger u.a., Berlin 1965; Lothar Berthold/Dieter Lange: Nachwort, in: Edwin Hoernle: Deutsche Bauern unterm Hakenkreuz (Reprint), Berlin 1981.

Red.

Holitscher, Arthur

Geb. 22. 8. 1869 in Budapest; gest. 14. 10. 1941 in Genf.

Aus großbürgerlicher deutsch-jüdischer Kaufmannsfamilie, besuchte das Priaristen-Gymnasium in Budapest, als Bankkaufmann 1887/93 in Budapest, Fiume und Wien tätig. Nach Erscheinen des Novellenbandes *Leidende Menschen* (Dresden 1893) Entschluß, Schriftsteller zu werden. Übersiedelung nach Paris; für seine spätere politische Einstellung prägende Be-

kanntschaft mit Pariser Anarchistenkreisen um S. Faure. Kontakte zu K. Hamsun und A. Langen. Erster Roman, *Weiße Liebe. Roman aus dem Quartier Latin* (München 1896), 1897 Mitarbeit an Zs. »Simplicissimus«. Übersiedelte nach München, Bekanntschaft u. a. mit F. Wedekind, M. Dauthendey und Th. Mann. Als Autor bisher wenig beachtet, verhalf ihm der Reisebericht *Amerika heute und morgen* (Berlin 1912), in dem er Erlebnisse seiner achtmonatigen Amerikareise 1911/12 zusammenfaßte, zum literarischen Durchbruch. Reisen nach England sowie 1915 nach Ostpreußen, Tirol und Friaul schließen sich H.s Nordamerikaaufenthalt an. Trat dem pazifistischen Bund Neues Vaterland bei, dem er nach Verbot (1916) und Umbenennung in Deutsche Liga für Menschenrechte (1922) bis 1931 als Vorstandsmitglied angehörte. Während der Novemberrevolution kontrollierte H. als Beauftragter des Berliner Arbeiter- und Soldatenrates die Tätigkeit der Demoblisierungs-Kommission und engagierte sich im Rat Geistiger Arbeiter K. Hillers. Langjähriger Autor der »Neuen Rundschau«, publizierte in Hillers »Ziel«-Jahrbüchern, A. Wolfensteins »Erhebung«, F. Pfemferts ⚹ »Aktion«, aber auch in A. Goldschmidts »Räte-Zeitung«. 1919 ein Initiator der Gründung des ⚹ Bundes für Proletarische Kultur, beteiligt auch an dessen »Proletarischem Theater« mit R. Leonhard, Goldschmidt u.a. Herbst 1920 im Auftrag der United Telegraph erste von insgesamt fünf Reisen in die Sowjetunion. 1921 Fahrt nach Palästina *(Reise durch das jüdische Palästina,* Berlin 1922*)* sowie auf Einladung G. Sinowjews Teilnahme am III. Kongreß der KI in Moskau. H. wurde der »Reisende mit den Fotografieraugen« (K. Tucholsky, 1921 , in: *Werke I,* Reinbek b. Hamburg 1960, S. 949). 1921 Mitinitiator des Komitees Künstlerhilfe für die Hungernden in Rußland und der IAH, 1922 als deutscher Vertreter in einer achtköpfigen Delegation der IAH (u. a. mit F. Jung) unter Leitung W. Münzenbergs in die Hungergebiete an der Wolga entsandt *(Stromab die Hungerwolga,* Berlin 1922). Vortragsreise durch die Schweiz und Deutschland, 1923 Mitbegründer der Gesellschaft der Freunde des neuen Rußlands, setzte sich für kulturellen Austausch beider Ländern ein. Einer einjährigen Reise nach Palästina, Indien, China und Japan 1925/26, auf der H. u. a. Mahatma Gandhi interviewte *(Das unruhige Asien,* Berlin 1926*)*, schloß sich 1927 eine Reise durch die Balkanländer an. Teilnahme an I. Internationaler Konferenz proletarischer und revolutionärer Schriftsteller 1927 in Moskau. 1929 zweite Reise in die USA. H.s Bücher wurden 1933 von den Nationalsozialisten, vor deren Gewaltherrschaft er in dem Roman *Ein Mensch ganz frei* (Berlin 1931) gewarnt hatte, verboten und verbrannt. Das Gründungsmitglied des Internationalen Hilfskomitees für die Opfer des Hitler-Faschismus (Frühjahr 1933) lebte ab 1933 u. a. in Paris, Ascona und Genf im Exil. 1941 starb H. krank und verarmt in einer Genfer Unterkunft der Heilsarmee. An seinem Grab sprach Robert Musil.

A. Holitscher, C. Zetkin, Jonson auf dem IV. Weltkongress der Kommunistischen Internationale in Moskau, 1922

H.s autobiographisch gefärbte Künstlerromane *Der vergiftete Brunnen* (München 1900) und *Worauf wartest du?* (Berlin 1910) thematisierten Außenseiterexistenz und Scheitern in der Boheme des Fin de siècle. Sein 1908 »schön und schwermütig gedichtet[es] Drama, [das] Undrama« (A. Zweig *Der Golem*, in: »Schaubühne«, 1915, Nr. 10, S. 225) *Golem. Ghettolegende in drei Aufzügen*, diente P. Wegener als Anregung zum gleichnamigen Film (1920). *Amerika heute und morgen*, nach H.s Bekunden das »erste in deutscher Sprache geschriebene Buch, das eine Reise vom sozialistischen Standpunkt geschildert hat«, erreichte bis 1923 14 Auflagen. Es ist ein wichtiger Vorläufer sozialengagierter Reiseberichte und Reportagebücher der 20er Jahre. Von H.s pazifistischer Gesinnung, aber auch seinem religiös-anarchistischen Sendungsbewußtsein gibt sein 1918 in Berlin erschienenes Bekenntnisbuch *Bruder Wurm* Zeugnis, in dem H. seine Teilnahme am Weltkongreß der II. Internationale in Stockholm 1917 literarisch gestaltet. Das von Erlösungshoffnungen und der Naherwartung eines kommenden Messias, des »heiligen Rebellen«, erfüllte Buch fordert von den Intellektuellen, als »Apostel ... des erwarteten Heiligen« ihr solipsistisches Sonderdasein aufzugeben und zugunsten der Unterdrückten ins politische Geschehen einzugreifen. Sein Reisebericht *Drei Monate in Sowjet-Rußland* (Berlin 1920), neben den Schriften A. Paquets, Jungs und Goldschmidts eine der frühen Schilderungen der

russischen Verhältnisse nach der Oktoberrevolution, vermittelte erstmals ein Bild der kulturellen Aktivitäten der Bolschewiki. Die Sowjetunion galt H., der zeitlebens parteilos blieb, als »lebendig[e] Utopie«, als »erste[r] ... entscheidende[r] Schritt zur Verwirklichung des anarchistischen Ideals« eines herrschaftslosen Beisammenlebens (*Mein Leben in dieser Zeit*, Potsdam 1928, S. 193). Trotz ausgedehnter Reisetätigkeit gelang es H., eigene Akzente in den Kulturdebatten der Weimarer Zeit zu setzen. Neben seinem Engagement gegen das ›Schmutz- und Schundgesetz‹ (1926) sowie den Hochverratsprozeß gegen J. R. Becher (1928) nahm seine wiederholte Kritik an der fehlenden proletarisch-revolutionären Ausrichtung der Volksbühne (1925/26) auf den Volksbühnenstreit 1927 maßgeblichen Einfluß. H. engagierte sich zugunsten Piscators. Aufgeschlossen gegenüber den sozialpolitischen Möglichkeiten des Films, war H. neben H. Mann, Piscator, K. Kollwitz u.a. Gründungs- und Vorstandsmitglied des 1928 gegründeten Volksverbandes für Filmkunst, der sich die Produktion gesellschaftskritischer Filme sowie die Organisation der Besucher zum Ziel gesetzt hatte. Von Belang bleiben die in ihrer Zeit vielbeachteten Reportagen und Reiseberichte H.s, aber auch seine zweibändige Autobiographie, *Lebensgeschichte eines Rebellen* (Berlin 1924) und *Mein Leben in dieser Zeit* (Potsdam 1928), die wichtige Einblicke in das Selbstverständnis linksbürgerlicher Intellektueller in den Jahren zwischen der Jahrhundertwende und dem Ende der Weimarer Republik gewährt.

W. W.: Das Theater im revolutionären Rußland, Berlin 1924; Der Narrenbaedecker, Berlin 1925; Ravachol und die Pariser Anarchisten, Berlin 1925; Es geschah in Moskau, Berlin 1929; Es geschieht in Berlin, Berlin 1931. - *Ausg.:* Reisen. Ausgew. Reportagen und autobiographische Berichte, Hg. und Vorw. F. Beer, Berlin 1973; Ansichten. Essays, Aufsätze, Kritiken, Reportagen 1904-1938, Hg. und Nachw. F. Beer, Berlin 1979. - *Lit.:* M. Bruchmann: Arthur Holitscher. Ein Dichter zwischen Literatur und Politik, Diss., Graz 1972; R. Greuner: Gegenspieler, Berlin 1969; W. Kaiser: Palästina - Erez Israel. Deutschsprachige Reisebeschreibungen jüdischer Autoren von der Jahrhundertwende bis zum Zweiten Weltkrieg, Hildesheim/Zürich/New York 1992; G. Mattenklott: Zeit in Holz geschnitten. Arthur Holitscher und Franz Masereel. In: Neue Rundschau, Jg. 97 (1986), H.2/3; H. Seifert: Objektiv und gläubig. Einige Hinweise zu Leben und Werk Arthur Holitschers, in: J. Hermand/G. Mattenklott (Hg.): Jüdische Intelligenz in Deutschland, Hamburg 1988.

Eckhard Gruber

Holm, Johannes (Hans)
Geb. 3. 1. 1895 in Hamburg; gest. 31. 10. 1981 in Berlin

Aus sozialdemokratischer Arbeiterfamilie. Schloß sich während der Lehre als Dekorationsmaler der SPD-Jugendbewegung und Gewerkschaft an. 1914 SPD-Mitglied, seit 1919 Mitglied der KPD, in deren Auftrag er 1919 eine Arbeiterbuchhandlung in Hamburg einrichtete. 1921/24 Leiter des Hamburger Teils des KI-Verlags (Verlag für Literatur und Politik). Parteiausschluß auf Betreiben R. Fischers. 1926/29 Leiter des Internationaler Arbeiterverlags, zuständig für die Entwicklung des Literaturvertriebs. Leitete 1929 die Buchabteilung des ↗ Neuen Deutschen Verlages und die ↗ Universum-Bücherei für Alle. Unterstützte ab 1932 im Auftrag des EKKI kommunistische und andere linke Verlage in West- und Nordeuropa. Emigrierte April 1933; in Dänemark, der Schweiz, in Frankreich und der Tschechoslowakei an der Bildung neuer Betriebe, an Herausgabe und Druck antifaschistischer Literatur beteiligt. Ab 1936 tätig im Auftrag der KPČ. 1939 Flucht nach Norwegen, illegale Arbeit, u.a. zur Rettung jüdischer Emigranten. 1943 Verhaftung, Konzentrationslager Sachsenhausen (registriert als Norweger). 1945 Rückkehr nach Norwegen. Leiter des Verlags der KP Norwegens, Ny Dag. Einrichtung eines weiteren Verlags für Belletristik (Falkon Forlag). Ab 1948 in Berlin tätig für Verlagswesen und Buchhandel (»Büro Holm«) beim Parteivorstand der SED. 1952/57 Arbeit im Mitteldeutschen Verlag; 1957/60 Leiter des Urania-Verlages. H. verfügte über besondere organisatorische Fähigkeiten, er war unter legalen und illegalen Bedingungen in leitenden Funk-

tionen an der Herausgabe revolutionärer Literatur beteiligt. Er wollte die Massen bewegende Bücher in billigen, gut ausgestatteten Ausgaben herausbringen.

Barbara Kontny

Holzmann, Johannes (Ps. Senna Hoy)
Geb. 30. 10. 1882 in Tuchel (Preußen); gest. 28. 4. 1914 in Meschtscherskoje (Rußland)

H. stammte aus einer bürgerlichen jüdischen Familie; begann Lehrerausbildung in Berlin, gründete dort 1903 einen »Bund für Menschenrechte«, war Feb. 1904/Apr. 1905 Herausgeber und Chefredakteur von »Kampf. Zeitschrift für gesunden Menschenverstand«, gab im eigenen Verlag Broschüren heraus (u. a. L. Tolstoi: *An die Soldaten und jungen Leute*, M. Gorki: *Der Mensch* und *Das Lied vom Falken*) und trat als Versammlungsredner auf. Wegen »Majestätsbeleidigung« und »Aufreizung« in seinen anarchistischen Reden und Artikeln von Gefängnisstrafe bedroht, floh er 1905 aus Berlin, in Zürich propagierte er die »action directe«, war Redakteur der Zs. »Der Weckruf«, 1906 in Paris; im Apr. 1907 ging er nach Rußland, um sich an revolutionären Aktionen zu beteiligen. Ende Juni 1907 verhaftet, wurde er zu 15 Jahren Zuchthaus verurteilt, er starb nach sieben Jahren Kerkerhaft in der Irrenabteilung einer Zitadelle nahe Moskau an Lungenschwindsucht.

H.s streitbare, Protest und Handeln fordernde Publizistik trug Angriffe auf Rechtsordnung und politische Praxis des Kaiserreichs vor (Verfolgung der Homosexualität, Bespitzelung und Ausweisung russischer Studenten, Zensur), Kritik an Reformismus und Parlamentarismus in der SPD, wogegen er außerparlamentarische Kampfformen, insbesondere den Generalstreik propagierte, Parteinahme für die revolutionäre Bewegung und sozial engagierte Literatur in Rußland. Er profilierte den »Kampf« als ein Organ oppositioneller Autoren auf der Suche nach antibourgoisen Alternativen. Die Kunst, die Ästhetik galt H. als ein Hauptfeld zur Emanzipation der freien Persönlichkeit. Schriftsteller vor allem einer neuen Generation publizierten im »Kampf« Prosa und Gedichte (P. Hille, E. Lasker-Schüler, F. Pfemfert, L. Rubiner) und politische und kulturkritische Beiträge (E. Mühsam, P. Scheerbart, H. Walden). – In H.s literarischen Arbeiten vollzog sich eine tiefgreifende Radikalisierung: *Goldene Kätie. Eine Künstlernovelle* (Berlin 1904) war ganz Gefühlsentwurf eines erfüllten, ungebundenen Lebens; aus H.s Haftzeit gibt es (in »Die Aktion«) Gedichte, in denen er sich als Kämpfer-Poet vorstellt, und suggestive Prosaskizzen aus dem opferreichen illegalen Kampf gegen den Zarismus.

Johannes Holzmann/Senna Hoy
Zeichnung von Richter-Berlin

Lit.: F. Pfemfert: Senna Hoy ist gestorben, in: Die Aktion, 1914, H. 19; E. Mühsam: Johannes Holzmann, in: Kain, 1914, H. 2; U. Linse: Organisierter Anarchismus im Deutschen Kaiserreich von 1871, Berlin 1969; W. Fähnders: Johannes Holzmann (Senna Hoy) und der »Kampf« (mit Bibl. J. Holzmann/Senna Hoy), in: »Kampf. Zs. für gesunden Menschenverstand«, Reprint, Vazud/Liechtenstein 1988.

Silvia Schlenstedt

Hotopp, Albert
Geb. 20. 9. 1886 Berlin; gest. nach dem 1. 8. 1942

Sohn einer Waschfrau und eines Schmiedes; Kellnerlehre, Trimmer, ab 1904 Maschinenarbeiter in Bremen, 1905 Mitglied der SPD. Bis 1911 Heizer und Matrose, Monteur im Eisenbahnsignalwesen. 1912 Austritt aus der SPD, kurzzeitige Annäherung an anarcho-syndikalistische Positionen. 1918 Mitglied der USPD. Nahm an der Novemberrevolution teil; Heizer und Kranführer. Trat 1920 mit dem linken Flügel der USPD zur KPD über. Betriebsratsvorsitzender des Berliner Holzkontors, wegen Streikbeteiligung gemaßregelt und 1921 entlassen. Als hauptamtlicher Parteifunktionär in Berlin. 1923

Verhaftung, wegen »Hochverrat« drei Jahre Gefängnis in Cottbus. Beginn literarischer Arbeit in der Haft, 1925 erste Publikation in der RF. Nach Haft in der Org-Abteilung des ZK der KPD tätig; bis 1929 Pol-Leiter der KPD im Bezirk Prenzlauer Berg; zweiter Vorsitzender des RFB und Stadtverordneter. 1928 Mitglied des BPRS, in der Finanzkommission der Berliner Ortsgruppe des SDS. Ging 1929 nach Hamburg, um den Roman *Fischkutter H. F. 13* zu schreiben (Berlin 1930; russisch: Moskau, Leningrad 1931, nhg. Berlin 1986; Hamburg 1986); enge Beziehung zu W. Bredel. Bis 1933 tätig in der Universum-Bücherei. Illegal in Deutschland bis Feb. 1934, Emigration in die Sowjetunion. Mitglied der IVRS, Arbeit für VEGAAR und Deutschen Staatsverlag Engels, der drei Bücher von ihm herausbrachte. 1936 Lehrer am Pädagogischen Institut für Fremdsprachen in Moskau; 1937 zum Dekan gewählt. Arbeit an einem deutschen Wörterbuch; ein Roman ist verschollen. Wurde im Mai 1941 unter falschen Anschuldigungen verhaftet und am 1. 8. 1942 zum Tod durch Erschießen verurteilt.

H. begriff seine schriftstellerischen Arbeiten als »Nebenprodukte eines Parteifunktionärs« (1931); es sind zumeist Kurzgeschichten, in deren Zentrum eindrucksvolle Gestalten mit proletarischer Protesthaltung stehen. Der Roman *Fischkutter H. F. 13* (Hamburg Finkenwerder 13) ist stofflich und thematisch ein wichtiges Buch für die proletarisch-revolutionäre Literatur. Milieuecht, wenn auch teilweise schablonenhaft und mit didaktisch-referierender Darlegung politischer Fragen überladen, schildert H., wie ein Nordseefischer vom Großkapital ruiniert wird. Im Kampf zwischen Natur und Konkurrenz steht die Fischersfrau Lee, die Mann und Sohn verliert und in die Hände der Klassenjustiz gerät. H. zeigt, daß die vielgepriesene Freiheit des Meeres, wie sie in der romantisierenden Seefahrerliteratur erscheint, in Wirklichkeit nicht existiert. Der Roman fällt auf durch psychoanalytische Elemente und sprachlich differenzierte Figurengestaltung (u. a. Verwendung des plattdeutschen Dialekts). Um Hafenarbeiter und Seeleute geht es in den Erzählungen der Sammlung *Stürme überm Meer* (Engels 1933). Hinzu kommen Schilderungen von Kriegs- und Kerkererlebnissen. Dabei interessiert H. das spontane Aufbegehren des Einzelnen gegen brutale Antreiber auf einem Schiff (*Der Heizer Hesse*, in: RF, 1925, Nr. 29) oder das bewußte Handeln eines Kommunisten, der die Seeleute gegen den Widerstand der Gewerkschaftsbürokratie in den Streik führt (*Jan*, in: RF, 1926, Nr. 222). In *Die Unbesiegbaren. Kurzgeschichten aus Deutschland* (Engels 1935) erzählt H. von antifaschistischen und kommunistischen Widerstandskämpfern. Die Rahmenerzählung *Stander »Z«* (Moskau 1936) erinnert an den Kampf der revolutionären Matrosen von 1914/18 und zeigt die Kriegsvorbereitungen der deutschen Faschisten.

W. W.: An der Front (E), in: DZZ, 18. 12. 1934. – *Lit.:* Beiträge, Bd. 3.; U. Jarnach: A. Hotopp, in: »Liebe die im Abgrund Anker wirft«, Hg. I. Stephan/H. G. Winkler, Hamburg 1990.

Ernst Albrecht

Huhn, Kurt

Geb. 18. 5. 1902 in Elbing; gest. 6. 9. 1976 in Berlin

Sohn eines Metallarbeiters. Nach Schlosserlehre arbeitslos; Tippelbruder, Hilfsarbeiter, später Betriebsschlosser. Trat 1917 der SAJ, 1923 der KPD bei. Um 1920 erste Gedichte in Betriebszellen- und Gewerkschaftszeitungen (»Der Dachdek-ker«, »Arbeit«). Seit Mitte der 20er Jahre Arbeiterkorrespon-dent. Publikationen in RF, »Welt am Abend«, »Berlin am Morgen«, »Linkskurve«. 1928 Mitbegründer und Vorstandsmit-glied des BPRS, mit J. R. Becher Leiter der Arbeitsgruppe Lyrik. 1932 Redakteur der Zs. »Der Steinklopfer«. 1938/40 Inhaftie-rung (Konzentrationslager Sachsenhausen und Neuen-gamme). Lebte seit Jan. 1945 illegal. Nach Kriegsende kultur-politische Tätigkeit.

H. ist einer der ersten und begabtesten Lyriker, die aus der Arbeiterkorrespondentenbewegung hervorgingen. Schon 1923 erschienen die Gedichte *Rhythmus der Zeit* (Berlin), das hymnische Sprechchorwerk *Tat befreit* (Berlin) und der Band *Kampfruf!* (Berlin), der einen Hochverratsprozeß, Beschlag-nahme und Verbot zur Folge hatte. Freie Rhythmik und der Gestus des Aufrufs vermitteln in einprägsamen Bildern revolu-tionäre Überzeugungen und Bekenntnisse zu Klassenkampf und internationaler Solidarität. Daneben stehen feinsinnige Naturgedichte, die Erlebnisse des Walzbruders wiedergeben. Für das weitere Schaffen werden kleine Prosaformen, Im-pressionen und Miniaturen bestimmend. *Flügelschlag der Epochen* (Berlin 1948) vereint Prosatexte von 1919 bis 1947. Sie teilen pointiert und bildhaft individuelle Eindrücke und soziale Erfahrungen mit (*Geburtstag in der Fabrik, Kollege Springer, Der letzte Soldat*), ohne ausgeprägte Handlung oder Spannung, aber mit Sinn für Atmosphäre, Stimmung und sprachliche Verdichtung. Von dem autobiographischen Roman *Blut und Eisen* (e. um 1930) erschien der Abschnitt *Der Kalkulator* in der »Linkskurve« (1930, H. 4); ein gerettetes Manuskript wurde, nach Ergänzung der beschädigten Teile, ohne weitere Veränderungen u. d. T. *Peter gibt nicht auf* (Berlin 1962) veröffentlicht.

W. W.: Das tägliche Brot (E.), Berlin 1946; Die stählernen Harfen (R.), Halle 1950; Beschreibung eines Weges, in: Hammer und Feder. Deut-sche Schriftsteller aus ihrem Leben und Schaffen, Berlin 1950; Nur der Gleichschritt der Genossen singt (Ge.), Berlin 1958; Solange das Herz schlägt (E.), Halle 1960; Linksrum geht der Lauf der Welt (Ge.), Halle 1961; 22 Erzählungen, Halle 1973. – *Lit.:* H. Rein: Kurt Huhn, in: Rein:

Die neue Literatur. Versuch eines ersten Querschnitts, Berlin 1950; Bibliographische Kalenderblätter 1962, F. 5; Beiträge, Bd. 3; H. Hey-drich: Strukturen und Funktionen deutscher proletarisch-revolutio-närer Kurzprosa 1925–1933, Diss., Jena 1981.

Martina Langermann/Red.

Huppert, Hugo

Geb. 5. 6. 1902 in Biala-Bielitz; gest. 25. 3. 1982 in Wien

Vater österreichisch-ungarischer jüdischer Postbeamter. Gym-nasium, 1921 Mitglied im Kommunistischen Jugendverband Österreichs. 1921/25 Studium der Staatswissenschaften in Wien, 1925 Dr. rer. pol., Soziologiestudium in Paris, 1926 Mitarbeit in »Bulletin du Secours Rouge« und »Agence balka-nique«. 1927 ausgewiesen, in Wien Mitarbeit an Wiener und Berliner RF. 1928 nach Moskau, im Marx-Engels-Institut tätig. 1928/34 Reisen durch die UdSSR. Beziehung zu W. Majakow-ski und LEF-Kreis. 1930 Mitglied der KPdSU. 1931 nach »Reinigung« des Marx-Engels-Instituts (Entlassung von 127 Mitarbeitern) stellt H. den MEGA-Band *Ökonomisch-philo-sophische Manuskripte* fertig. 1932/35 Literaturstudium im Institut für Rote Professur, Redakteur der deutschen Ausgabe der IL, löste 1936 K. Schmückle als stellvertretenden Chef-redakteur ab. 1934/38 Kulturredakteur der DZZ. 1938 aus der deutschen Kommission des Sowjetschriftstellerverbandes und dem Redaktionskollegium der IL ausgeschlossen. 1938/39 Untersuchungshaft, nach Entlassung 1939/41 Dozent am In-stitut für Weltliteratur, Übersetzertätigkeit. 1941/44 Arbeit für die Politische Verwaltung der Sowjetarmee, u. a. in Kriegsge-fangenenlagern. 1944 Sekretär I. Ehrenburgs, dann Major im Hauptquartier der 2. Ukrainischen Heeresgruppe, an der Be-freiung Wiens beteiligt. 1945 Kulturredakteur der »Öster-reichischen Zeitung«, Mitbegründer des österreichischen Schriftstellerverbandes. 1949/56 in der UdSSR, dann Rückkehr nach Wien.

Einen zentralen Platz in H.s Schaffen nimmt das lyrische Werk ein. Der neusachliche Ansatz mit seinen »anti-sentimentalen Akzentuierungen« (*Wanduhr mit Vordergrund*, Halle/S. 1977, S. 164) geht in den zyklisch aufgebauten Gedichtbän-den in eine visuell-gegenständliche, subjektbetonte, oft be-kenntnishafte Grundhaltung über; Impressionen, Begegnun-gen, Reflexionen werden – zuweilen wortreich-plakativ – in episodischer, balladesker Manier dargestellt. Zentrale Motive sind Weltneugier, Wandertrieb und der Drang, Zeugnis ab-zulegen über das Erfahrene, über Menschen, Jahreszeiten, Landschaften, Kultur- und Völkergeschichte (vgl. *Vaterland*, Ge., Kiew 1940, *Jahreszeiten*, Ge., Moskau 1941, erw. Wien 1951). An der Grenze des deutschen und slawischen Kulturkreises aufgewachsen, war H. aufgeschlossen für Kultur und Lebensart im Vielvölkerstaat Sowjetunion, fasziniert von der industriellen Entwicklung und sozialen Umwälzung, was ihn jedoch zum Apologeten der sowjetischen Realität werden ließ, bis hin zur Rechtfertigung der Schauprozesse (*Der Kreis ist geschlossen*, in: IL, 1936, H. 9). In Reportagen und Reisebildern berichtete er von seinen Fahrten durch das Sowjetland (zusammengefaßt in *Flaggen und Flügel*, Engels 1939). Erste größere Publikation H.s war *Sibirische Mannschaft. Ein Skizzenbuch aus dem Kusbass* (Moskau/Leningrad 1934, Ndr. Berlin 1961), das im Auftrag der Ztg. »Iswestija« nach einer Schriftstellerbrigadefahrt zum neuerrichteten Industriezentrum im Ural entstand.

Kulturpolitisch ist H. hervorgetreten mit programmatischen Arbeiten (vgl. *Ergebnisse und Perspektiven der Literaturbewegung in der UdSSR*, in: IL, 1933, H. 1; *Unionskonferenz der sowjetdeutschen Schriftsteller*, in: DZZ, 1934, Nr. 67; *Das Plenum der Sowjetdichter. Ein Rückblick*, in: DZZ, 1936, Nr. 45), Berichten über Kulturereignisse in der Sowjetunion und aktueller Literaturkritik (*Der Dreigroschenroman*, in: DZZ, 1936, Nr. 149; *Roman einer Karriere. Klaus Manns »Mephisto«*, In: IL, 1937, H. 2). Seine bleibende Leistung ist die Nachdichtung der Werke Majakowskis (W. Majakowski: *Zwei Dichtungen*, Moskau 1940; Majakowski: *Ausgewählte Gedichte*, mit F. Leschnitzer, Moskau 1941; Majakowski: *Ausgewählte Gedichte und Poeme*, Berlin 1946, 2. Aufl. 1953), dem er auch eine Reihe von Artikeln (DZZ, 1935, Nr. 86, IL, 1943, H. 7) und später ausführliche *Erinnerungen* (Frankfurt a.M. 1966, erw. u. d. T. *Ungeduld des Jahrhunderts*, Berlin 1976) gewidmet hat.

W. W.: Der Heiland von Dachau (Balladenpoem über den Propst Johann Rieser), Wien 1945; Den morgigen Tag zu erschließen: Studien eines Österreichers im Sowjetland, Wien 1949; Die angelehnte Tür: Bericht von einer Jugend, Halle/S. 1976.- *Ausg.:* Gesammelte Werke in Einzelausg., 3 Bde., Hg. M. Reso, Halle/S. 1975-1977; W. Majakowski: Ausgewählte Werke, Bd. 1-5, Hg. L. Kossuth, Berlin 1966-1973. – *Lit.:* J. Holzner: Geglückte Integration in der UdSSR – gestörte Integration in Österreich, in: W. Frühwald/W. Schieder (Hg.): Leben im Exil, Hamburg 1981; Georg Lukács/Johannes R. Becher/Friedrich Wolf u.a.: Die Säuberung, Hg. R. Müller, Reinbek 1993.

Red.

Ilberg, Werner

Geb. 20. 7. 1896 in Wolfenbüttel; gest. 30. 12. 1978 in Berlin

Sohn jüdischer Eltern; erlernte den Beruf eines Textilkaufmanns. Drei Jahre an der Front, Novemberrevolution und der Antisemitismus bewirkten Annäherung an die Arbeiterbewegung. Ab 1925 für kurze Zeit Mitglied der SPD; aufgrund seines Verhaltens als Kommunist bezeichnet und ausgeschlossen. Infolge Weltwirtschaftskrise Bankrott des väterlichen Geschäfts. In Dresden erstmals engere Kontakte zu Kommunisten; Teilnahme an Diskussionen des KJVD und an einem Zirkel des MASCH; Begegnung mit M. Seydewitz und M. Zimmering. Arbeitslos; Ende 1932 Umzug nach Berlin, wo er mit antiquarischen Büchern handelte. Wollte Schriftsteller werden; erste Gedichte. Durch Buchhändler W. Stolle 1932 Mitglied des BPRS, in dessen Arbeitsgemeinschaft für Lyrik er E. Brüning, B. Waterstradt und J. Petersen kennenlernte. Arbeitete mit an der ersten Ausgabe der illegalen Zs. »Stich und Hieb«, Verhaftung. Konzentrationslager Brandenburg. Nach Entlassung im Herbst erneut kurzzeitig inhaftiert. Noch 1933 Emigration in die ČSR; erst nach Teplitz (Teplice), hier 1934 erste Veröffentlichung (ein Bergarbeiterlied) in einer regionalen kommunistischen Zeitung, danach Prag; Eintritt in die KPD, 1939 London. 1947 Rückkehr nach Wolfenbüttel. 1956 Übersiedlung in die DDR.

Im Exil entwickelte sich I. zum Essayisten und Kritiker; 1936/45 zahlreiche Aufsätze, Kurzgeschichten und Gedichte, vor allem in: »Das Wort«, »Deutsche Volkszeitung« und »Freie Deutsche Kultur«, AIZ, »Der Gegenangriff« und »Jüdische Presse«. Sein autobiographische Züge tragender Roman *Die Fahne der Witwe Grasbach* (e. 1935, Berlin 1948), im Preisausschreiben der Büchergilde Gutenberg (Zürich) mit dem 2. Preis ausgezeichnet, vermittelt anhand der Geschehnisse von sieben ereignisreichen Septembertagen ein Bild vom Deutschland des Jahres 1930. Er schildert den Kampf von Kommunisten und Sozialdemokraten gegen die faschistische Gefahr mit deutlicher Kritik an der SPD. Das Verhalten der jüdischen Intelligenz zu Hitler und zum Zionismus spielt im Buch eine wichtige Rolle (ebenso in *Rastlose Jahre* [En.], Berlin 1948).

W. W.: Wie die Umerziehung begann. Ernstes - heiter gesagt (aut. Skn.), in: Hammer und Feder, Berlin 1955; Die Befreiung aus dem Zuchthaus (E.), Berlin 1955; F. Freiligraths Werke (Ausw. und Einl. W. Ilberg), Weimar 1962.

Ernst Albrecht

In Freien Stunden

Eine Wochenschrift. Romane und Erzählungen für das arbeitende Volk. Die illustrierte Romanbibliothek erschien Jan. 1897/1919 in der Buchhandlung Vorwärts im Umfange von 24 S. (ab Jan. 1898: 36 S.) zum Preis von 10 Pfennig pro Heft. Ab 1911 Kunstblattbeilage. Verantwortliche Redakteure: Th. Glocke (1897/1903) und E. Preczang (1904/19). Illustratoren: E.M. Lilien, J. Damberger. Die ersten Jahrgänge boten nur einen laufenden Roman und – auf den Umschlaginnenseiten – Kurzformen der Erzählliteratur (Skizzen, Novelletten, Anekdoten, Witze) sowie Notizen aus der Natur und dem Leben der Völker; in späteren Jahren wurde der Hauptroman durch parallel abgedruckte andere Romane oder Erzählungen, zuweilen auch Essays, ergänzt. Ab 1901 wurden Texte der kleineren Erzählformen im sogenannten »Feuilleton« auf der letzten Seite des Heftes gebracht. Ab 1909 mehrere Umgestaltungen des inhaltlichen Aufbaus; 1912 erhielt die Zeitschrift eine neue äußere Gestalt. Einschneidende inhaltliche Strukturveränderungen, die zur Sprengung des Rahmens einer eigentlichen Romanbibliothek führten, fanden ab 1913 statt. Seitdem wurden vermehrt auch nichtliterarische, vor allem naturwissenschaftliche und technische Texte gedruckt und mit entsprechenden Illustrationen versehen. Die Zeitschrift fand trotz diverser Experimente und intensiver Werbung nicht die erhoffte Verbreitung. Bis 1906 wuchs die Abonnentenzahl langsam an, danach stagnierte sie.

Das Blatt wurde nach der Literaturdiskussion auf dem Gothaer Parteitag 1896 mit dem Ziel gegründet, dem Bedürfnis von Parteimitgliedern und Arbeiterfamilien nach Unterhaltungsliteratur zu entsprechen und mit »guten« Romanen und Erzählungen, zu geringem Preis, geschrieben von »besten« Autoren aus aller Welt, der wachsenden Flut von Schundliteratur entgegenzuwirken; insbesondere wollte man mittels der Romanbibliothek auf politisch noch indifferente Arbeiter und Kleinbürger bewußtseinsbildend einwirken (vgl. SPD-Parteitag 1897, Protokoll, Hamburg 1897, S. 24, 97, 177). Diese Ziele mußten weitgehend unerreicht bleiben, weil ein erfolgsträchtiges Konzept und ausreichende finanzielle Mittel fehlten. Den Lesern wurde vor allem eine Teilhabe am bürgerlichen literarischen Kulturgut ermöglicht; ihnen wurden weitgehend Werke geboten, die von der bürgerlichen Literaturwissenschaft anerkannt worden waren. Dabei verzichtete das Blatt auf literarhistorische Information und auf kritische Auseinandersetzung mit den veröffentlichten Texten, es gab nur knappe bio- und bibliographische Notizen. Bevorzugt wurden das jüngere Erbe der Weltliteratur und anspruchsvolle Unterhaltungsliteratur, vor allem aus Deutschland, England und Frankreich. Die am häufigsten ausgewählten Autoren waren: R. Schweichel, W. W. Jacobs, Ch. Dickens, V. Hugo, E. Zola, Th. Mügge, M. Hartmann, W. Hauff, H. Kurz, F. Gerstäcker und O. Ruppius. Die Zeitschrift publizierte vor allem historische Romane (z.B. von W. Alexis, F. Grillparzer, W. Scott, H. Kurz und R. Schweichel), Bauernromane und Dorfgeschichten (B. Auerbach, J. Gotthelf, F. Moeschlin) und Abenteuerromane (F. Gerstäcker, J. Scherr, J. Verne). Eine gewisse Beachtung fand die Heimatliteratur (T. Kröger, F. Moeschlin). Andere wichtige Autoren des In- und Auslands wurden mit einzelnen Werken

vorgestellt (B. Björnson, A. Daudet, A. von Droste-Hülshoff, A. Dumas, O. Ernst, E. T. A. Hoffmann, H. von Kleist, S. Lagerlöf, G. de Maupassant, W. Raabe, H. Sienkiewicz, F. Spielhagen, A. Stifter, Th. Storm, L. Tolstoi, C. Viebig). Verbundenheit mit den Freiheitskämpfen der Zeit kam durch den Abdruck von Texten zum Ausdruck, die in einem Zusammenhang mit der russischen Revolution 1905 standen, aber im zaristischen Rußland nicht gedruckt werden konnten (W. Jakszakow, E. Tschirikow, S. A. Sawinkowa). Die unmittelbar zeitgenössische bürgerliche Literatur blieb weitgehend ausgespart, nachnaturalistische moderne Strömungen fanden keine Berücksichtigung. Die Zeitschrift mußte sich aus finanziellen Gründen weitgehend auf urheberrechtlich nicht mehr geschützte Werke beschränken; es wurde aus Buch- und Pressepublikationen nachgedruckt, Vorabdrucke gab es nicht. Die frühe sozialistische bzw. der Arbeiterbewegung nahestehende Literatur wurde angemessen berücksichtigt, auch wenn nicht alle ihre – gerade im Bereich der Erzählliteratur sehr begrenzten – Möglichkeiten genutzt wurden. R. Schweichel war mit seinem Bauernkriegsroman *Um die Freiheit* und mit 15 Erzählungen vertreten; damit war er der meistgedruckte Autor des Blattes, innerhalb der Gruppe der sozialistischen Autoren aber stark überrepräsentiert. Von M. Kautsky wurde nur der Roman *Stefan vom Grillenhof* gebracht, von M. Gorki der Roman *Im Banne der Dämonen*, von H. Heijermans die Skizze *Trinette* und von M. Andersen-Nexö die *Mär vom Glück* und *Eine Frauenrevolution*. Die »Freien Stunden« konnten keine wirkliche Alternativfunktion gegenüber entsprechenden bürgerlichen Unternehmungen ausüben; sie haben aber mitgeholfen, einen nicht unbeträchtlichen Teil der proletarischen Leserschaft mit guter Literatur bekannt zu machen.

Lit.: K. Zerges: Sozialdemokratische Presse und Literatur, Stuttgart 1982

Norbert Rothe

Interessengemeinschaft für Arbeiterkultur und moderne Volkskunst e. V. (Ifa) 1929/1933

Dachorganisation von kulturellen Vereinigungen der kommunistischen Arbeiterbewegung und ihr nahestehender Intellektueller, gegründet am 13. 10. 1929 in Berlin entsprechend der Forderung des XII. Parteitages der KPD (8./15. 6. 1929 Berlin-Wedding), »die zahlreichen auf dem kulturpolitischem Gebiet wirkenden Kräfte zu einem einheitlichen Ziel zusammenzufassen und unter Führung der Partei gegen die Kulturreaktion einzusetzen« (*Waffen für den Klassenkampf, Beschlüsse des XII.Parteitages der KPD*, Berlin o. J., S. 93) Der

Ifa gehörten folgende Organisationen an: Arbeiter-Abstinentenbund (Opposition), Arbeiter-Esperanto-Bund, Arbeiterfilmkomitees München, Arbeiter-Ido-Bund, ATBD, Arbeiter-Stenographen-Bund (Opposition), Assoziation revolutionärer-bildender Künstler Deutschlands (Asso), Bibliotheken und Lesezirkel, Bund der Freunde der Sowjetunion, BPRS, Deutscher Arbeiter-Mandolinisten-Bund Berlin, Filmgewerkschaft Berlin, Freie Arbeitersängervereinigung, Freier Radio Bund, Gruppe der Jungen Schauspieler, Hörerkreis des Rundfunks, Internationaler Bund der Opfer des Krieges und der Arbeit, Jüdischer Arbeiterkulturverein, Junge Volksbühne, Klub der Geistesarbeiter, Abendschule (MASCH), Opposition im Arbeiterverein für Biochemie und Lebensreform, Opposition im Einheitsverband für proletarische Sexualreform, Opposition im Volkswohlbund, Proletarische Elternbeiräte, Reichsverband freisozialistischer Studenten, Revolutionäre Teile der Freidenkerbewegung, RGO-Film/Bühne Musik, RHD, Rote Naturfreunde, Sozialistischer Schülerbund, Vereinigung der Arbeiterfotografen Deutschlands, Volksfilmverband.

Die Basis für die Ifa-Arbeit waren Ortskartelle, die in Bezirkskartellen zusammengefaßt waren. Am 1. 9. 1931 existierten 17 Bezirkskartelle: Baden-Pfalz, Berlin, Danzig, Halle, Hessen, Mecklenburg, Mittelrhein, Niederrhein, Oberschlesien, Pommern, Ruhrgebiet, Saar, Sachsen, Schlesien, Thüringen, Wasserkante und Württemberg. Erster Vorsitzender der Ifa war:

Horst Fröhlich, geb. 19. 7. 1891 in Ratibor; ermordet 4. 1. 1943 in Auschwitz. Sohn einer jüdischen Kaufmannsfamilie, nach Gymnasium Studium. Schloß sich während des Krieges den Bremer Linken an. Mitarbeiter von F. Pfemferts »Aktion«. Bekannte sich frühzeitig zur KPD. 1919/30 Redakteur für verschiedene KPD-Zeitungen: 1919 Bremer KPD-Zeitung, 1924/25 »Arbeiterzeitung« Breslau (Chefredakteur), 1929 RF Berlin. Autor der antireligiösen Schrift *Opium für das Volk. Kampf dem Opium* (Berlin 1930). Neben journalistisch-redaktioneller Arbeit in verschiedenen Funktionen des KPD-Apparates tätig: 1925 Mitarbeiter der Sportabteilung des ZK, 1926/27 Leiter der Agitpropabteilung der Berliner Bezirksleitung, 1927/29 technischer Leiter der KPD-Schulen Hohenstein und Fichtenau. Ging 1931 in die UdSSR. Kehrte Dez. 1934 illegal nach Deutschland zurück. 1935 in Hamburg verhaftet, 1936 zu 15 Jahren Zuchthaus verurteilt, als Jude 1942 ins Konzentrationslager eingeliefert.

Seit Dez. 1930 war F. Bischoff 1. Vorsitzender, 2. Vorsitzender: O. Pariser, weitere Mitglieder der Reichsleitung: H. Falk, H. Hirschfelder, H. Kahle, S. Liebermann, R. Scheffel. Ifa veranstaltete eine Reihe zentraler Konferenzen: 15./16. 3. 1930 1. Reichskulturkongreß in Berlin, 7. 1. 1931 Zentrale Konferenz der Funktionäre in Gotha, 14./15. 3. 1931 Reichskulturkongreß in Leipzig.

Mit der Gründung der Ifa reagierte die KPD auf die zunehmende Rechtsentwicklung in der zweiten Hälfte der 20er Jahre. Als Hauptfeind wurde der Faschismus benannt. Zusammenfassung und einheitliche Führung der Arbeiterkulturbe

Umschlag Katalog ifa-Kulturschau 1931

wegung, Ausbau und Politisierung aller Arbeiterkulturorganisationen und Schaffung neuer Kulturorganisationen wurden als zentrale Aufgaben der Ifa fixiert. Die Mobilisierung aller Kräfte gegen die faschistische Gefahr entsprach politischen Notwendigkeiten. Jedoch waren die Zielstellungen der Ifa deutlich geprägt durch zunehmend linkssektiererische Tendenzen in der KPD. Diese Tendenzen drückten sich aus in der Forderung nach der »Führung« durch die KPD, im Vorbeigehen an gewachsenen Traditionen in bestehenden proletarischen Kulturorganisationen und in einer zu direkten Unterordnung der Kulturarbeit unter politisch-praktische Bedürfnisse. Ausstellungen, kulturelle Veranstaltungen, politische Manifestationen und die Präsenz von Kulturorganisationen bei aktuellen politischen Ereignissen demonstrierten die Existenz der Ifa. In der Reichsarbeiterkulturausstellung 1930 wurde erstmals das Wirken der proletarisch-revolutionären Kulturbewegung zusammenhängend dokumentiert.

Die Ifa gab seit 1929 die Zs. »Ifa-Rundschau« heraus, die jeden zweiten Monat erschien. (Aufl. 1930 3000 Ex., 1931 5000–6000 Ex.). Die »Ifa-Rundschau« war in erster Linie Mitgliederzeitschrift, enthielt Informationen für die einzelnen Organisationen, Berichte über deren Wirken und aktuell-politische Materialien, Aufrufe, Richtlinien u. ä. Zu ihren Autoren zählten u.a. Fröhlich, Kahle, M. Keilson, B. Lask, J. Schmidt, A. Pieck. Der Ifa gelang es, trotz Schwierigkeiten

1932 noch eine zweite Zs., »Illustrierte Neue Welt«, herauszubringen, die sich in Stil und Aufmachung von der »Ifa-Rundschau« unterschied und an einen breiteren Leserkreis wandte. »Illustrierte Neue Welt« nahm in populärwissenschaftlicher Form zu Problemen des kulturellen Lebens vom marxistischen Standpunkt aus Stellung. Als Nummer 5 der vom ZK der KPD herausgegebenen Reihe »Kampf um die Massen« erschien 1929 die Broschüre *Die kulturpolitischen Aufgaben der KPD und die Arbeit in der Ifa.* Die der Ifa assoziierten Organisationen zeigten den weitgefaßten Kulturbegriff der Ifa. Auf literarischem Gebiet wurde die Arbeit der Ifa durch den BPRS, der KPD nahestehende Verlage und die MASCH realisiert. Es fanden öffentliche Kritikerabende statt, auf denen Werke der Bundesmitglieder diskutiert wurden, und es wurden Lesestuben betrieben. Im Rahmen der Ifa-Aktionen beteiligten sich Mitglieder des BPRS an ökonomischen und politischen Kampfaktionen, so am Berliner Metallarbeiterstreik. In der literarischen Arbeit der Ifa wurde der propagandistische Aspekt und die Möglichkeiten, ein breites Massenpublikum mit entsprechenden Werken zu erreichen, in den Vordergrund gestellt. Künstlerisch-ästhetische Probleme spielten eine untergeordnete Rolle. Programmatisch unterstützte die Ifa mit ihrem *Kampfappell gegen die soziale und kulturelle Reaktion* die Proklamation zur nationalen und sozialen Befreiung des deutschen Volkes (vgl. »Ifa-Rundschau«, 1931, H. 5/7). Im Mai 1932 wandte sich die Ifa angesichts drohender faschistischer Gefahr mit ihrem Aufruf *An die deutsche Arbeiterklasse!* an die Mitglieder der verschiedenen Kulturorganisationen; Arbeiter, Angestellte, Intellektuelle, Kommunisten, Sozialdemokraten und Christen wurden aufgerufen, gemeinsam den Kampf »gegen Hunger, Krieg und Faschismus« zu führen (in: Inprekorr, 18. 5. 1932). Damit stellte sie sich hinter den Aufruf der KPD zur »Antifaschistischen Aktion« vom Mai 1932, die sie mit regionalen Kulturkongressen und Arbeiter-Kultur-Wochen in einigen Städten unterstützte. Deren letzte fand 11./17. 12. 1932 in Erfurt statt. In Vorbereitung der Reichstagswahlen vom 5. 3. 1933 meldete sich die Ifa mit ihrem Bericht *Die Kulturorganisationen, die Treibriemen der Partei* noch einmal zu Wort. Mai 1933 erfolgte das Verbot der Ifa. Im Agieren der Ifa traten zwei diametral wirkende Tendenzen zutage. Das Zusammenfassen und Sammeln derer, die gegen das Vordringen der reaktionärsten Kräfte opponierten, war Ausdruck eines konsequent antifaschistischen Kampfes. Aber das parteiübergreifende Anliegen der Ifa, möglichste viele Gegner der faschistischen Bewegung auf kulturpolitischem Gebiet zu vereinen, wurde durch ihr Selbstverständnis, daß die Kulturorganisationen »Treibriemen« der KPD-Politik sein sollten, in sehr starkem Maße eingeschränkt. So wurde die Ifa ihrem Anspruch, eine überparteiliche Vereinigung zu sein, nicht gerecht. Hemmend auf die Entfaltung einer breiten Bündnis-

politik wirkte auch das Beharren auf der Sozialfaschismusthese und anderen linkssektiererischen Positionen.

Lit.: G. Ihlow: Genesis, Intentionen, Struktur und Wirkungsweise der »Interessengemeinschaft für Arbeiterkultur«(Ifa) 1929/1933, Diss., Halle 1983; A. Püschel: Die Entwicklung bündnispolitischer Beziehungen der KPD mit den darstellenden Künstlern, insbesondere mit der filmkünstlerischen Intelligenz in der Weimarer Republik (1919/1933), Diss., Potsdam 1981; P. Jung: Die Einflußnahme der KPD auf das revolutionäre Arbeitertheater in der Weimarer Republik, Diss., Potsdam 1984.

Almuth Püschel

Internationale Literatur (IL)

Literarische Zeitschrift, Moskau 1932/1945. Hervorgegangen aus: »Vestnik inostrannoj literatury« (Bote der ausländischen Literatur) 1928, H. 1–1929, H. 12 (monatlich), dann »Literatur der Weltrevolution« 1931, H. 1–1931, H. 6 (russ.); 1931 ab Juni deutsche, ab Juli französische und englische Ausgaben (zweimonatlich). Titel IL ab 1932, H. 1 (ab 1934 monatlich, 1941 nur 6 Hefte). Herausgeber: 1929/1930 IBRL, 1931 bis 1935, H. 10 IVRS (Zentralorgan der IVRS). Ab 1936, H. 1 ohne Hg., 1937, H. 1–1945, H. 11/12 als Internationale Literatur/ Deutsche Blätter; ohne Hg.-Angabe, aber faktisch herausgegeben vom Sowjetischen Schriftstellerverband/Deutsche Sektion.

Die IL war eng verbunden mit der international organisierten Entwicklung der proletarisch-revolutionären und der antifaschistischen Literatur, wie sie mit den Schriftstellervereinigungen IBRL, IVRS und ISVK verknüpft war. Als internationale Zeitschrift bot sie proletarischen und fortschrittlichen bürgerlichen Autoren Publikationsmöglichkeiten, wirkte als organisierendes und kommunikatives Zentrum, wurde »Ort« literarischer Debatten, wirkte stil- und theoriebildend, vermittelte Kenntnisse über Trends und Ereignisse in den verschiedenen Literaturen; besonders über sowjetische Kultur und Literatur erwarteten die Leser von der IL authentische Informationen. Die Unterschiede zwischen den verschiedenen Ausgaben der IL sind gravierend; während die russische Ausgabe keine Beiträge der russischen bzw. sowjetischen Literatur brachte, waren diese in den anderen Ausgaben von beträchtlichem Umfang. Im folgenden wird nur die deutsche Ausgabe der IL Gegenstand sein.

Für die Redaktion der deutschen IL waren nacheinander verantwortlich tätig: H. Günther 1932/1933; K. Schmückle 1934/1936; ab 1936, H. 5–1945, H. 6/7 J. R. Becher. In der Redaktion arbeiteten mit: H. Huppert, F. Erpenbeck, F. Leschnitzer, H. Willmann. Der Umfang der IL wurde mehrfach verändert (vgl. *Internationale Literatur. Moskau 1931-1945.*

Umschlag Heft 1/1937

Bibliographie einer Zeitschrift, 2 Bde., bearb. von Ch. Streller, V. Riedel, Berlin und Weimar 1985, S. 25-28), bewegte
sich bis 1940 zwischen 112 und 160 S., betrug ab 1941 meist
80 S. Die Auflage betrug Ende 1935 2600 Ex., davon gingen
800 Ex. in den Auslandsvertrieb, eine geplante Erhöhung auf
4500 Ex. ist (bisher) nicht nachgewiesen. (Quelle: ZGALI,
Fond 631, op. 12, ed. chr. 156)
Die Geschichte der Zs. verlief in vier durch politische Zäsuren
bestimmte Phasen: 1931/1933; 1933/Ende 1935; 1936/1939;
1939/41 bzw. 1945.
In der 1. Phase ist die IL geprägt von den Konstituierungs- und
Entwicklungsproblemen der proletarisch-revolutionären Literatur, deutlich ablesbar u.a. in dem 271 S. starken Sonderheft
mit dem Gesamt-Protokoll von der Internationalen Konferenz
proletarischer und revolutionärer Schriftsteller in Charkow
Nov. 1930 (erschienen Juni 1931). Entsprechend ihrem Motto
»Proletarier aller Länder vereinigt euch!« (das nach 1937 nicht
mehr regelmäßig erschien, ab 1942 völlig verschwand),
wollte sie als »einzige, der revolutionären und proletarischen
Literatur aller Länder gewidmete(n) internationale(n) Zeitschrift« (Umschlagseite 1932, H. 1) das Kulturleben aller Län-

der, besonders der Sowjetunion allseitig revolutionär-marxi-
stisch beleuchten und besondere Aufmerksamkeit den Fragen
marxistischer Literaturforschung zuwenden. (ebd.) Nach der
Auflösung der RAPP April 1932 suchte die IL als Zentralorgan
der IVRS über den bisherigen engen Rahmen hinaus zu
wirken – programmatisch erläuterte dies H. Günther in *Die
nächsten Aufgaben der IVRS* (1933, H. 1). Bis Ende 1932
bestimmten Texte von W. I. Lenin (1931, H. 1), A. Lunatscharski (1931, H. 2), G. Plechanow (1931, H. 4, 5) das
theoretische Profil, abgedruckt wurden literarische Arbeiten
von L. Turek, E. E. Kisch, E. Weinert, F. Wolf, Becher, L. Renn,
E. Gläser. Die Literaturkritik profilierte sich besonders durch
Abgrenzung: so in A. Kurellas Verriß der Brechtschen *Maßnahme* (1931, H. 4) und O. Bihas Verdikt über E. M. Remarque als »Lakai des Kapitals« (1931, H. 4, S. 112-115). In
1932, H. 2 waren die Antworten von Schriftstellern und
Künstlern auf die Enquete der IVRS zu lesen, was sie gegen die
drohende imperialistische Kriegsgefahr unternehmen wollten:
von R. Rolland, H. Barbusse, J. R. Bloch, Weinert, Wolf, W.
Bredel, O. M. Graf, St. Zweig, K. Kollwitz u.a. Das März/April-
Heft 1933 kam als Marx-Sondernummer (50. Todestag) heraus, es enthielt bisher unbekannte Marx-Texte und Briefe aus
dem Nachlaß, theoretische Beiträge von G. Lukács: *Die Sickingendebatte zwischen Marx-Engels und Lassalle*, M. Lifschitz: *Karl Marx und die Ästhetik*, Schmückle: *Der junge
Marx und die bürgerliche Gesellschaft*, F. P. Schiller: *Heine
und Marx* und die Antworten von Schriftstellern auf eine
Umfrage der IVRS über ihr Verhältnis zu Marx: von P. Eluard,
A. Goldschmidt, W. Haas, K. Grünberg, O. Heller, K. Mann, St.
Zweig, J. Wassermann. Der Abdruck von Texten von Marx und
Engels sowie von Arbeiten über das Verhältnis vom Marxismus zu Kunst und Literatur war konzeptionell grundlegendes
und strukturierendes Element der IL, es korrespondierte mit
ihrem Anspruch, eine marxistische Zeitschrift zu sein. Diesem
Anspruch konnte sie durch die seit 1936 zunehmenden dog-
matisierenden Züge und durch die Überlagerung der Problem-
erörterung durch eine stalinistisch geprägte pragmatische
Marx/Engels-Rezeption nur noch in beschränktem Maße gerecht zu werden. Bei der Veröffentlichung sowjetischer Literatur wurden die anerkannten Vertreter des sozialistischen
Realismus bevorzugt: M. Gorki, A. Tolstoi, M. Scholochow, A.
Fadejew und (seit der Stalinschen Kanonisierung 1936) W.
Majakowski.
Die Errichtung der NS-Diktatur spiegelt sich erst im 3. Heft
1933, was sowohl dem langen Produktionsprozeß der Zeitschrift geschuldet sein mag, als auch dem Schock, den dieses
Ereignis auslöste. Neben Bechers *Deutschem Totentanz* waren die *Zwölf Sätze der Deutschen Studentenschaft* und
Auseinandersetzungen mit dem »deutschen Kulturfaschismus«
von Günther, mit *Wissenschaft und Kirche im Dritten Reich*

von T. Richter zu lesen. In dieser 2. Phase der IL (bis Ende 1935) spiegelt sich, wie kompliziert es war, auf die veränderte Lage mit flexibler Haltung und neuen Strategien zu reagieren. Die Schwierigkeiten, die sozialistische Autoren beim Umdenken hatten, werden u.a. deutlich in der Polemik der IL gegen die »Neuen Deutschen Blätter«, die wegen ihres »gefährlichen Abrutschens in grundsätzlichen ideologischen Fragen« gerügt wurde (1934, H. 2, S. 10), oder in Kurellas Urteil über Th. Manns *Geschichten Jakobs*, sie seien »Geist vom Geiste der Henker Deutschlands« (ebd. S. 158). In der IL wurde die Sozialfaschismus-These noch bis Mitte 1934 vertreten, z.B. in der Debatte um Bechers Gedicht *Vier Proleten*, in der Literaturkritik von F. Leschnitzer (1934, H. 3), A. Gabor (1933/34, H. 6). In der neu eingeführten Rubrik »Stimme der Illegalen« (ab 1934, H. 3) kamen BPRS-Mitglieder zu Wort, die Auseinandersetzung mit dem NS-Regime wurde in den »Glossen«, in der Rubrik »Antifa« (ab 1933/34, H. 6) und »Wir rechnen ab« (ab 1937, H. 7) geführt. Heft 5, 1934, berichtete über den I. ↗ Allunionskongreß der Sowjetschriftsteller mit deutlichem Akzent auf den Reden von K. Radek, druckte von den deutschen Teilnehmern nur die Beiträge von Becher und Bredel ab, enthielt aber mit Weinerts Aufsatz *Zehn Jahre an der Rampe* eine beeindruckende autobiographische Chronik des »revolutionären Sprechdichters«, die zu Radeks Abwertung der deutschen sozialistischen Literatur quer stand. Schmückles Verdienst war das E. E. Kisch zum 50. Geburtstag gewidmete Heft 4 (1935), das vielfältige Stimmen vereinte (Beiträge u.a. von Barbusse, S. Tretjakow, M. Kolzow, Briefe von L. Feuchtwanger, Brecht, E. Piscator, A. Holitscher, Graf, M. Brod, A. Ehrenstein). Dies zeigte an, daß sich in der IL die antifaschistische Volksfrontpolitik durchzusetzen begann. 1935, H. 5, startete die IL den kompletten Abdruck von H. Manns Roman *Henri Quatre* (in 22 Folgen bis 1939, H. 4). (Ein ähnlich umfangreiches Manuskript gelangte nur mit Th. Pliviers *Stalingrad* zum Abdruck [1943, H. 10-1944, H. 9]). Feuchtwangers *Exil* erreichte 7 Fortsetzungen (1938, H. 8 bis 1939, H. 8), sie wurden als Folge des deutsch-sowjetischen Nichtangriffsvertrags zusammen mit A. Seghers *Das Siebte Kreuz* [nach der 2. Forts.] abgebrochen.) Seit der im Märzheft 1935 abgedruckten Rede G. Dimitroffs *Die revolutionäre Literatur im Kampfe gegen den Faschismus* und dem Pariser Schriftstellerkongresses zur Verteidigung der Kultur begann sich in der IL das antifaschistische Volksfrontdenken auch praktisch niederzuschlagen. Beispiele dafür sind der differenzierte Beitrag von P. Merin (d.i. O. Bihalji) *Das Werk des Bert Brecht* (1935, H. 7) und die theoretisch anspruchsvolle und freundschaftlich-kritische Rezension Schmückles von Seghers *Der Weg durch den Februar* (1935, H. 10).
Im Jahrgang 1936 wurde die neue Rubrik »Klassische Dokumente« eingeführt, sie bot einen Fundus klassischer und

fortschrittlicher Zeugnisse aus Philosophie, Literatur und Kunst und stellte ihn dem Leser als traditionsbildend wie als Kontrapunkt zur NS-Erbeverfälschung zur Verfügung. Die Enthüllungen über den »Kulturverfall im Dritten Reich« sind der Gegenstand regelmäßiger und zahlreicher Glossen, die meist von F. Leschnitzer, H. Walden, Gabor, Willmann verfaßt wurden. Seit 1936 prägte Becher die IL, nutzte sie auch reichlich zum Abdruck eigener Texte (58 Gedichte und 18 andere Texte nach A. Huß-Michel: *Die Moskauer Zeitschriften »Internationale Literatur« und »Das Wort« während der Exil-Volksfront 1936-1939. Eine vergleichende Analyse*, Frankfurt a.M. 1987, S. 382, 370). Wohl um gegenüber der Zs. »Das Wort« bestehen zu können, trug die IL ab 1937, H. 1, den Zusatz »Deutsche Blätter«. Ein von Becher verfaßtes Statement informierte über diese »Neuerung«, die »keinerlei Vereng(e-r)ung (sic) ihres alten Programms als einer deutschen literarischen Zeitschrift, die im Dienste der Freiheit und des Fortschritts *international* ist und bleibt.«(1937, H. 1, letzte Umschlagseite). IL mache die Mitarbeit von keinerlei Parteibekenntnis abhängig, wolle einen Sammel- und Stützpunkt bilden für die literarischen Kräfte aller Richtungen. Und: IL stelle breiten Raum der Diskussion zur Verfügung, gründlich und eindringlich sollen die für die Entwicklung der deutschen Literatur lebenswichtigen Fragen behandelt werden. Mit letzterem war die Achilles-Ferse der IL berührt, ihr unzureichender dialogischer Charakter. Das offiziöse und etwas steife Bild der IL ergab sich vor allem aus dem Abdruck politischer und kulturpolitischer sowjetischer Dokumente, der zunehmenden Schärfe des polemischen Tons und des ideologisch-entlarvenden Duktus (vgl. z.B. *Gegen Formalismus und Naturalismus*, 1936, H. 6; *Gegen die Vulgär-Soziologie*, 1936, H. 10). Als in erster Linie sowjetische Zeitschrift (und erst in zweiter Linie Zeitschrift der exilierten deutschen Literatur) hatte das Blatt (und seine Mitarbeiter) die sowjetische Innen- und Außenpolitik zu bejahen, brachte Zustimmungen zu den ungesetzlichen Prozessen der 30er Jahre, rechtfertigte den NKWD-Terror. So beklagte etwa Becher den »Mord an Gorki« (1938, H. 4). Zugleich ist jedoch diese Phase bis 1939 literarisch die interessanteste, der Mitarbeiterkreis der größte, Themen und Gegenstände sehr vielfältig und breit. Es erschienen literarische Texte von: K. Mann, K. Kersten, K. Kläber, E. Arendt, R. Leonhard, Brecht, A. Zweig, G. Regler, Graf, A. Döblin, B. Viertel, P. Westheim, G. Manfred u.a. Diskussionen bzw. Diskussions-Ansätze gab es zu vier Komplexen: zur Faschismus-Analyse (Günther und E. Bloch in: 1936, H. 3, 6, 8), Moral und Faschismus (Bloch *Rettung der Moral* [mit redaktioneller Vorbemerkung, die von Bloch »mit 20 Jahren wissenschaftlicher Arbeit hinter sich « als »Rohrstock« empfunden wurde (Brief an F. Erpenbeck v. 22. 12. 1937, in: ZGALI, Fond 631, Op. 12, ed. chr.141)], 1937, H. 3; L. Mar-

cuse, Kurella in: 1937, H. 6), zum Humanismus (Prawda-Artikel zum Pariser Kongreß, *Sowjethumanismus*, 1935, H. 8; Kurella zum Erscheinen der *Grundrisse* von Marx, 1941, H. 6), zum Realismus (Beiträge von Lukács, z.B. *Erzählen oder Beschreiben*, 1936, H. 12; Seghers/ Lukács *Ein Briefwechsel*, 1939, H. 5, der für das inzwischen eingestellte »Wort« im Kontext der ↗ Expressionismus-Debatte entstanden war). IL übernahm aus der sowjetischen Zs. »Der Literaturkritiker« die umfangreiche kanonisierende Chronik *20 Jahre Sowjetliteratur* (1937, H. 11–1938, H. 9). Ergebnisse redaktionseigner Initiativen waren u.a. :
- die in Heft 10, 1937, veröffentlichte *Kleine Anthologie: Deutsche Dichtung der Gegenwart*, die sich für den Rang und die hohe Bestimmung der Poesie einsetzte und sich gegen ihre Unterschätzung im Verlagswesen richtete. Sie enthielt Gedichte von: Becher, K. Blum, Brecht, F. Brügel, R. Fuchs, Huppert, Th. Kramer, M. Hermann-Neisse, Weinert, H. Zinner,
- die in Heft 6, 1938 abgedruckten »Autobibliographien« von 19 Schriftstellern, 11 davon außerhalb der UdSSR (in »Das Wort« 1937, H. 4/5 waren die bibliographischen Angaben von 105 Autoren zusammengetragen worden),
- das nur zweimal erschienene Verzeichnis »Antifaschistische Publizistik« (1939, H. 5 und 6), eine aufwendige, aber nützliche Aufstellung, für die auch »Das Wort« Vorbild war. Die für die internationale Kommunikation wichtigen »Literaturbriefe« reduzierten sich bis auf eine Ausnahme (F. C. Weiskopf *Prager Brief*, 1935, H. 9) auf Moskau.

Sep. 1939/Juni 1941 mußte die IL als im sowjetischen Staatsverlag erscheinende Zeitschrift den Vereinbarungen des deutsch-sowjetischen Nichtangriffsvertrags folgend, keine gegen NS-Deutschland gerichtete Propaganda zu treiben, auf nicht konkret antifaschistische Texte und auf Übersetzungen und Nachdichtungen multinationaler Sowjetliteratur (darunter aus dem Jiddischen: Scholem Alejchem u.a.) ausweichen. Welche komplizierte Gratwanderung die Redaktion dabei zu vollführen hatte, macht ein internes Gutachten von B. Sutschkow über die Zeitschrift (Nummern 1939, H. 9/10–1940, H. 5) deutlich. Darin wird der Redaktion eine zu »passive Berichterstattung über das sowjetische Leben« vorgeworfen, bei der begrüßenswerten Verteidigung des Realismus habe sie die politisch-aktive Rolle der Kunst nicht zu vernachlässigen. IL erlitt in dieser Phase einen deutlichen literarischen Substanzverlust, nach Erklärungen von Stalin und Molotow zum Pakt konnte man 1939, H. 12 (in Übersetzung M. Schicks) eine Zusammenstellung *Episoden aus großen Tagen* über die »Eingliederung der westlichen Ukraine und des westlichen Belorußlands in die UdSSR« lesen. Im gleichen Heft markierte die Propagierung des von Weinert herausgegebenen Sammel-Bandes *Dem Genius der Völker*, Kiew 1939, einen Höhepunkt des Stalin-Kults in der IL. Es gehört zum wider-

sprüchlichen Bild der IL, daß in dieser Phase mehr Texte von Brecht (demgegenüber bisher J. Hay als bedeutender antifaschistischer Dramatiker präsentiert worden war) als vorher veröffentlicht werden: *Das Verhör des Lukullus*, 1940, H. 3; *Der Augsburger Kreidekreis*, 1941, H. 6; Szene aus *Mutter Courage und ihre Kinder* 1940, H. 12; die von M. Steffin und ihm übersetzten M. Andersen Nexö-Erinnerungen *Unter offenem Himmel*, 1940, H. 2. Zu lesen waren auch: A. Scharrer *Arme Leute*, 1940, H. 6; A. Holitscher *Zeitgemäße Rückblicke*, 1941, H. 2. (Ebenfalls eine Folge des Pakts war 1940, H. 8 bis 1941, H. 6 die Mitteilung über eine »Auslieferungsstelle in Deutschland: Firma Koehler & Volkmar in Leipzig«.)

Unter den Bedingungen des Krieges in der Sowjetunion verengte sich in der letzten Phase der IL notgedrungen der Mitarbeiterkreis immer mehr auf die in der UdSSR lebenden deutschen Schriftsteller. Im Theorieteil und in der Literaturkritik dominieren noch mehr Lukács und Kurella. Thematisch konzentrierte man sich auf den deutsch-sowjetischen Krieg, das publizistische Genre überwog. Fortgesetzt wurde der Abdruck von W. Bredels *Verwandte und Bekannte* 1941, ab H. 7/8; häufig zu lesen waren Gedichte von Becher, K. Blum, Weinert. 1944, H. 8 enthielt einen Auszug aus Grafs *Aus dem Leben meiner Mutter*. Mit H. Mann *Ein Zeitalter wird besichtigt* kam 1945 (H. 3/5) noch einmal einer der in der IL meistgeschätzten antifaschistischen Schriftsteller zum Abdruck.

IL ist ein wichtiges Zeitdokument, umfangreich und in sich widersprüchlich, es spiegelt Leistungen, Probleme und Schicksale der vom Faschismus vertriebenen Literatur und gleichermaßen die stalinistischen Zwänge, unter denen sie im sowjetischen Exil stand, wie ihre dadurch bedingten Beschädigungen. Angesichts des in Deutschland herrschenden NS-Regimes war sie ein willkommenes Publikationsorgan und erfreute sich der Wertschätzung vieler antifaschistischer Autoren, für die nicht zuletzt auch die beachtlichen Valuta-Honorare lebenswichtig waren.

B. Uhse reflektierte, als er 1942 in Mexiko mitten im Krieg erschienene Hefte der IL »im wohlvertrauten gelbem Umschlag« in die Hand bekam, über den historischen Vorgang, wie auch in Zeiten der mörderischen Bedrohung Moskaus aus sowjetischen Setzmaschinen die schmalen Bleistreifen mit den Zeilen deutscher Dichtung fielen und er sprach wohl für viele exilierte Autoren: »In dunklen Tagen unseres Flüchtlingslebens fanden wir in dieser Zeitschrift Trost und Stärkung. Sie galt uns viel. Jedes neue Heft diskutierten wir nächtelang sowohl in unseren Hotelzimmerchen im 14. und 19. Arrondissement in Paris als auch in jenen kleinen spanischen Städten, in denen wir zwischen den Kämpfen in Ruhe lagen.« (*Das kann nie vergessen werden*. In: IL 1943, H. 12, S. 74)

Lit.: Exil, Bd. 1, (1989); H. A. Walter: Internationale Literatur (Deutsche Blätter), in: ders. Deutsche Exilliteratur 1933-1945, Bd. 4, Stuttgart 1978, S. 377-423; L. Maas: Handbuch der deutschen Exilpresse 1933-1945, Bd. 4, München 1990, S. 206-214; A. Huß-Michel: Literarische und politische Zeitschriften des Exils 1933-1945, Stuttgart 1987, S. 124-128.

Simone Barck

Internationale Presse-Korrespondenz (Inprekorr) / Rundschau über Politik, Wirtschaft und Arbeiterbewegung (Rdsch)

Inprekorr wurde nach dem III. Kongreß der KI auf Beschluß des EKKI ab 1921 als internationales Pressebulletin zunächst in deutscher, englischer, später auch in spanischer, italienischer, tschechischer, ungarischer, schwedischer Sprache herausgegeben. Erscheinungsorte waren Wien, Berlin, Basel, Paris. Chefredakteur aller Ausgaben war J. Alpari. Einseitiger Manuskriptdruck. Die deutsche Ausgabe von Inprekorr erschien Sep. 1931/Dez. 36 dreimal in der Woche. Der Umfang differierte von 8 bis 32 S. Die Auflage im Jahre 1921 betrug 1400 Ex., weitere Auflagen unbekannt.

Als verantwortlich für den Inhalt zeichneten in chronologischer Folge: H. Eberlein, A. Thalheimer, F. Dahlem, R. Neumann, W. Bartz, M. Krause, H. Kurella, M. Gohl. Redaktionelle Mitarbeiter waren: A. Komját, F. Runge, O. Heller u. a.

Inprekorr wollte »ein treues Bild der jeweiligen politischen und wirtschaftlichen Verhältnisse aller Länder bieten, die wichtigsten Erscheinungen des proletarischen Klassenkampfes darstellen, den Stand und die Fortschritte unserer Bewegung aufzeigen, ferner die für die Öffentlichkeit bestimmten Mitteilungen des EKKI vermitteln.« (1921, Nr. 1) Es dominierte die politische Berichterstattung vom Standpunkt der KI, die als Gegengewicht zur bürgerlichen Presse entwickelt wurde. Aufgrund der in Deutschland zunehmenden Faschisierung wurde von Komját vorausschauend in der Schweiz eine Redaktion aufgebaut, die ab Juli 1932 die Rdsch als Monatsschrift, ab März 1933 als Wochenschrift herausbrachte. Bis Dez. 1936 erschienen in Basel Inprekorr und Rdsch parallel, Okt. 1937/Okt. 39 bzw. Jan. 40 erschien nur noch die Rdsch. in deutscher, englischer, französischer, tschechischer Ausgabe. Verantwortlich zeichnete O. Schudel. Auflage von Rdsch nicht zu ermitteln.

Rdsch definierte als ihre Aufgaben: treue Widerspiegelung der wichtigsten politischen und wirtschaftlichen Ereignisse, besonders des Befreiungskampfes des Proletariats und der unterdrückten Kolonialvölker, des heroischen Aufbaus des Sozialismus in der Sowjetunion. Als ihre Adressaten bestimmte sie: den Politiker, den Journalisten, vor allem den fortgeschrittenen Arbeiter, um dessen Sache es gehe (Rdsch, 1932, Nr. 1). Einschränkungen der Pressearbeit in der Schweiz, Verbot der Zeitschrift in Frankreich und der Schweiz bedingten ihr Ende (in Nr. 52, vom 18. Okt. 1939, gab die Redaktion eine Unterbrechung der Herausgabe bekannt, im Jan. erschienen noch 4 Nummern in Basel). Als Nachfolger von Rdsch gilt: »Die Welt. Zeitschrift für Politik, Wirtschaft und Arbeiterbewegung«, die in Stockholm Sep. 1939/Mai 43 erschien.

Inprekorr und Rdsch waren zentrale Presseorgane der KI, die von einem kleinen Stamm hauptamtlicher Redakteure und einer großen Zahl von freien Mitarbeitern, schreibenden Parteifunktionären, Arbeiterkorrespondenten kollektiv hergestellt wurden. Für das Jahr 1931 werden 500 Mitarbeiter in 58 Ländern angegeben (Inprekorr, 1931, Nr. 91): Als Autoren häufig vertreten waren: C. Zetkin, Thalheimer, Eberlein, G. Dimitroff, W. Münzenberg, K. Radek, G. Sinowjew, N. Bucharin u. a. Im Rahmen der politischen Berichterstattung nahmen Berichte und Artikel zu kulturellen und künstlerischen Fragen und Problemen einen untergeordneten Platz ein. Beiträge zum Kulturverständnis und zur Kulturpolitik trugen informatorischen und orientierenden Charakter. Sie handelten von Entwicklungen der internationalen Kultur- und Literaturorganisationen ab 1924 (Inprekorr, 1924, Nr. 135; 1925, Nr. 34; 1927, Nr. 114; 1930, Nr. 24, 38, 99) mit besonderer Berücksichtigung der Arbeiterkorrespondentenbewegung (1924, Nr. 30; 116/34; 1925, Nr. 117; 1928, Nr. 13; 1929, Nr. 18; 1929, Nr. 50), und über die antifaschistische Kulturbewegung (Rdsch, 1934, Nr. 50; 1935, Nr. 28; 1937, Nr. 30). Inprekorr war ein Forum zur Erörterung theoretischer Probleme proletarischer Kultur- und Kunstentwicklung (zum proletarischen Film: 1923, Nr. 60; 1926, Nr. 27; zum proletarisch-revolutionären Theater: 1923, Nr. 55; 1931, Nr. 16; 1927, Nr. 95), zur Diskussion mit Trotzkis Auffassungen zur proletarischen Kunst (1924, Nr. 56; 1925, Nr. 16), zur Darlegung von Erbekonzepten (K. A. Wittfogel zu Goethe: 1932, Nr. 23). Gemeinsam war den Beiträgen die Orientierung auf eine dem proletarischen Befreiungskampf dienliche Literatur. In den Rubriken »Buchbesprechung«, »Proletarische Kunst«, »Proletarische Kultur« wurde regelmäßig die Produktion folgender Verlage vorgestellt: Vereinigung internationaler Verlagsanstalten, Internationaler Arbeiter-Verlag, Neuer Deutscher Verlag, Verlag für Literatur und Politik, Agis-Verlag, Editions du Carrefour, Verlagsgenossenschaft ausländischer Arbeiter in der UdSSR.

Als Rezensenten arbeiteten vor allem: G. G. Alexander, Komját, Heller, P. Friedländer, H. Wertheim, B. Frei. Viele Beiträge erschienen unter Pseudonym. Bücher folgender Autoren wurden besprochen: J. R. Becher, E. E. Kisch, W. Bredel, E. Hoernle, A. Gabor, B. Lask, A. Scharrer, A. Hotopp, A. Daudistel, R. Braune, A. Holitscher, F. C. Weiskopf, B. Uhse. Von der ausländischen Literatur wurden Werke von M. Gorki, H. Barbusse,

L. Reissner, S. Tretjakow, F. Gladkow, R. Rolland, M. Kolzow berücksichtigt. Die zeitgenössische Literatur bürgerlicher Autoren wurde nur in Ausnahmefällen einbezogen: so wurde etwa Remarques *Im Westen nichts Neues* als Anklage gegen den Krieg gewertet (Inprekorr, 1929, Nr. 37). In der Literaturkritik wurde in erster Linie der politisch-ideologische Gehalt des Werks und die politische Haltung des Autors betrachtet und meist kurz der Inhalt angegeben. Nur in Ausnahmefällen wurden Beziehungen von Inhalt und Form, Gattungs- oder Sprachprobleme reflektiert (L. Märten: 1924, Nr. 56; Komját: 1926, Nr. 11).

Ausg.: Reprint der Rundschau (Jg. 1932–Jg. 1939), Mailand 1967. – *Lit.:* I. Komját: Die Geschichte der Inprekorr. Zeitschrift der Kommunistischen Internationale (1921–1939), Frankfurt a. M. 1982.

Simone Barck

Internationale Schriftstellervereinigung zur Verteidigung der Kultur (ISVK)

1935/39 bestehende Organisation von Schriftstellern, die dem Kapitalismus und speziell der wachsenden Macht des Faschismus ein auf revolutionären Humanismus gegründetes Bündnis von Hand- und Kopfarbeitern entgegenzusetzen suchten. – Die Vorgeschichte der ISVK begann mit antisektiererischer Kritik an der IVRS. Eine internationale Schriftstellertagung, von P. Vaillant-Couturier (Generalsekretär der französischen Sektion der IVRS) am Rande des Amsterdamer Antikriegskongresses (27./29. 8. 1932) organisiert, kritisierte die Bündnispolitik der IVRS und regte an, als Teil der Amsterdamer Bewegung ein internationales Komitee für kulturelle Fragen des Friedenskampfes zu bilden; auf einer weiteren Konferenz nach dem Antifaschistischen Arbeiterkongreß in Paris (6./8. 6. 1933) schlug Vaillant-Couturier die Bildung einer internationalen Organisation der antifaschistischen Schriftsteller vor. J. R. Becher folgerte aus einer Europareise Juli/Sep. 1933, eine Weltkonferenz antifaschistischer Schriftsteller sei vonnöten, und erkundete auf einer zweiten (Apr./Juni 1934) Möglichkeiten für ein »Europäisches Büro der Revolutionären Schriftsteller und Künstler«. Nach dem Kongreß der Sowjetschriftsteller (17. 8./1. 9. 1934) beschloß die Politische Kommission des EKKI am 11. 9. 1934, ein IVRS-Sekretariat in Paris unter Leitung von H. Barbusse zu bilden; als dessen Ziel bezeichnete es Stalin Anfang Nov. Barbusse gegenüber, die IVRS nicht »zu reformieren, sondern sie zu liquidieren« (W. Klein: *Nachträge zu »Paris 1935«*, in: WB, 1985, H. 6, S. 899). Barbusse entwarf daraufhin ein Programm für eine »Internationale Liga der Schriftsteller«, die er leiten und parallel zur Amsterdam/Pleyel-Bewegung wirksam ma-

chen wollte, fand dafür aber keine breitere Zustimmung. Zum Erfolg führte dagegen der von L. Aragon, A. Malraux, J.-R. Bloch Ende Aug. 1934 in Moskau gefaßte, von I. Ehrenburg, M. Kolzow und Becher sofort unterstützte Plan zu einem breit angelegten Kongreß 1935 in Westeuropa. Vaillant-Couturier sprach im Nov. 1934 in der Pariser Zs. »Commune« (Nr. 15) erstmals von »Verteidigung der Kultur«; A. Seghers schlug auf einer SDS-Veranstaltung in Paris am 15. 12. 1934 eine Konferenz aller fortschrittlichen Kräfte der Literatur in Westeuropa vor. Jan. 1935 begannen – fast ohne materielle Unterstützung – Aragon, R. Blech, Bloch, L. Guilloux, Malraux, L. Moussinac, P. Nizan, Vaillant-Couturier sowie Becher und Ehrenburg (der die Verbindung zu Kolzow in Moskau hielt), einen Schriftstellerkongreß in Paris vorzubereiten. Der Kongreßaufruf einschließlich der Losung »Verteidigung der Kultur« wurde Anfang März 1935 unter Federführung A. Gides formuliert; unterzeichnet von 25 französischen Autoren unterschiedlicher Positionen (darunter auch Barbusse), wurde er Anfang Apr. 1935 veröffentlicht. Er orientierte auf den Zusammenhang von sozialen und kulturellen Entwicklungen und auf intensivere soziale Wirksamkeit humanistischer Schriftsteller. Tagesordnungspunkte waren: Das Kulturerbe; Humanismus; Nation und Kultur; Das Individuum; Die Würde des Denkens; Die Rolle des Schriftstellers in der Gesellschaft; Literarisches Schaffen; Die Tätigkeit der Schriftsteller zur Verteidigung der Kultur.

Der 1. Internationale Schriftstellerkongreß zur Verteidigung der Kultur tagte 21./25. 6. 1935 im Palais de la Mutualité in Paris. Zu den neun öffentlichen Sitzungen kamen jeweils mehrere 1000 Zuhörer; der Kongreß fand ein breites Echo, auch in der nichtsozialistischen Presse. Nach Angaben der Veranstalter nahmen etwa 250 Schriftsteller aus 38 Ländern teil. Es sprachen, z. T. mehrmals, oder veröffentlichten vorbereitete Beiträge 89 Teilnehmer (darunter auch Historiker, Soziologen, Philosophen, Politiker) aus 20 Ländern; hinzu kamen mehrere Grußbotschaften. Die deutschsprachigen Redner waren Becher, E. Bloch, B. Brecht, M. Brod, L. Feuchtwanger, L. Frank, R. J. Humm, A. Kantorowicz, A. Kerr, E. E. Kisch, R. Leonhard, H. Mann, K. Mann, H. Marchwitza, L. Marcuse, R. Musil, J. Petersen (der »Mann mit der schwarzen Maske«), G. Regler (der dem Präsidium die Anthologie *Deutsch für Deutsche* überreichte, am 25. 8. aber wegen »unrichtige[r] wie besonders vor diesem Forum deplazierte[r] Kritik an der Partei« in seiner Rede von seiner Parteigruppe kritisiert wurde – s. ZPA Moskau, Fond 495/30/1076), Seghers, B. Uhse und E. Weinert. Grußbotschaften sandten der SDS sowie E. Toller; die deutsche Delegation gab eine Erklärung zum Asylrecht ab; H. Mann leitete die Beratungen zum Komplex »Das Individuum« und gehörte neben Regler und Musil zu der Kommission, die die Kongreßresolution ausar-

Internationaler Schriftstellerkongress in Madrid, 1937 mit A. Seghers, E. E. Kisch, R. Alberti, J. Bergamin, M. T. Leon, M. Nelken u. a.

beitete. Von verschiedenen Standpunkten aus konzentrierten sich die Redner auf das Verhältnis von Kommunismus und Humanismus; die meisten unterstützten – kurz vor dem VII. Weltkongreß der KI (25. 7./20. 8. 1935) – das Streben nach Einheits- und Volksfront. Häufig verstanden sie sich als Aufklärer und als Repräsentanten der Menschheit. Die französischen Teilnehmer diskutierten im Kontext der erstarkenden Volksfrontbewegung vorrangig soziale und kulturelle Ideen zur Gesellschaftsveränderung; polemisch gegen die Kongreßstrategie gerichtet waren die Reden des Surrealisten A. Breton (kurz vor dem Kongreß nahm sich dessen Kamerad R. Crevel tuberkulosekrank und unter dem Eindruck von Auseinandersetzungen zwischen Breton und Ehrenburg das Leben) und der Trotzki-Anhängerin M. Paz (die dazu aufrief, sich mit dem in der UdSSR verbannten V. Serge zu solidarisieren) sowie das Auftreten des anarchisch-proletarischen Schriftstellers H. Poulaille. Die sowjetischen Teilnehmer suchten den Zuhörern die Errungenschaften ihres Landes seit 1917 zu vermitteln; die Sowjetunion galt fast allen Rednern als Beispiel begonnener Verwirklichung humanistischer Gesellschaftsideale. Deutschen Rednern ging es darum, Lehren aus der Niederlage von 1933 zu ziehen, Strategien für den antifaschistischen Kampf zu entwickeln und durch Reaktivierung des humanistischen Kulturerbes die Schriftsteller zusammenzuführen. Der Kongreß

gründete die ISVK, die in der Abschlußerklärung bekundete, sie werde Begegnungen zwischen Autoren verschiedener Länder fördern und auf dem Gebiet der Kultur gegen den Krieg, den Faschismus, gegen jede Bedrohung der Zivilisation kämpfen. Zum Präsidium der ISVK gehörten als deutsche Vertreter H. und Th. Mann, zum Büro außerdem Brecht, Feuchtwanger, Frank, Graf, Marchwitza, Kisch, Seghers und Weinert sowie als Sekretäre Becher und Regler.

Die ISVK konzentrierte sich 1935/36 auf die Organisierung der Pariser Zentrale sowie einzelner nationaler Sektionen (mit Erfolg vor allem in den USA, Spanien, der Slowakei und Polen). Die Finanzbasis war schmal; regelmäßige Beiträge sind erst 1938/39 aus der Sowjetunion und den USA belegt. Rückhalt hatte die ISVK vor allem in der französischen Sektion; von sowjetischer Seite leisteten nur Ehrenburg und Kolzow Unterstützung. Spezifische Aktivitäten deutscher Schriftsteller gab es nicht; intern kritisierte ihre Moskauer Gruppe (W. Bredel, G. Lukács u. a.) im Herbst 1935 scharf die »Vernachlässigung unserer spezifischen ideologischen Aufgaben« und der »Lage im Lande selbst« durch die Pariser IVRS-Gruppe (ZPA Moskau, Fond 495/30/1076). Die ISVK rief zur Beteiligung an dem von Gorki 1934 initiierten internationalen Projekt »Ein Tag der Welt« auf (das von Kolzow redigierte Buch erschien 1937 in Moskau), organisierte in Paris am 4.

11. 1935 eine internationale Protestkundgebung gegen die italienische Aggression in Äthiopien und am 31. 1. 1936 eine Veranstaltung zum 70. Geburtstag R. Rollands. Die erste Plenartagung der ISVK fand 19./23. 6. 1936 in London statt. Teilnehmer aus 15 Ländern diskutierten über das kulturelle Erbe sowie das Projekt einer neuen Enzyklopädie zur Geschichte der menschlichen Kultur (sie kam nicht zustande). Deutsche Teilnehmer waren Toller, Regler und Brecht. Wichtigstes Ergebnis war der Beschluß zum 2. Kongreß der ISVK im Feb. 1937 in Madrid. Dem Generalsekretariat stand nun Aragon vor.

Nach Beginn des Spanienkrieges (18. 7. 1936) unterstützte die ISVK die kämpfende spanische Republik; im Sep. gründete sie das Komitee zur Verteidigung der spanischen Kultur, das zuerst Aragon, ab Jan. 1937 T. Tzara leitete. Es organisierte Solidaritätskundgebungen, den Druck spanischer Gedichte und Bücher in Frankreich, Tourneen, Kunstausstellungen, Vorträge, Manuskriptauktionen u.a. Am 4. 10. 1936 bekräftigten R. Alberti, J. Bergamín, A. Machado u.a. aus der spanischen Sektion auf einer Beratung mit Ehrenburg, Kolzow und Malraux den Beschluß zur Durchführung des 2. Kongresses in Spanien; er wurde auf Mai 1937 verschoben. Ende Okt. 1936 rüstete die ISVK drei Lkw mit Propagandamaterialien aus; einer wurde auf einer Kundgebung in Madrid am 27. 10. übergeben, an der neben Aragon und E. Triolet Regler, Renn und K. Stern teilnahmen. Gemeinsam mit dem französischen Thälmann-Komitee organisierte die ISVK am 14. 12. 1936 eine Veranstaltung in Paris zur Würdigung C. von Ossietzkys (Redner u.a. Kisch und M. Braun).

Der 2. Kongreß wurde ab März 1937 organisatorisch vorbereitet: über das Pariser Sekretariat der ISVK (Aragon, Blech, Guilloux, Malraux, Tzara), durch Kolzow und Ehrenburg im Zusammenwirken mit der spanischen Sektion sowie durch P. Neruda für Lateinamerika. Er begann am 4. 7. 1937 in Valencia, tagte vom 6./8. 7. in Madrid, am 10. 7. in Valencia, am 11. 7. in Barcelona. Zwei erst in Madrid beschlossene Abschlußsitzungen fanden am 16./17. 7. 1937 in Paris statt. Auch kulturelle Veranstaltungen (z.B. ein Konzert von P. Casals) und die Pariser Demonstration zum 14. Juli vereinten die Teilnehmer. Die Sitzungen hatten den Charakter öffentlicher Kundgebungen; außerhalb Spaniens fanden sie allerdings nur ein geringes Presseecho. Nach Angaben der Organisatoren nahmen Schriftsteller aus 28 Ländern teil; von Paris aus waren etwa 80 Autoren nach Spanien gereist. Es sprachen 105 Redner aus 24 Ländern; unter den 30 spanischen waren auch Politiker sowie Sprecher von Arbeiter- und Soldatenabordnungen. Die nichtspanischen Redner waren - anders als beim 1. Kongreß - fast alle der kommunistischen Bewegung eng verbunden. Deutsche Redner in Spanien waren Th. Balk, Bredel, H. Kahle, Kisch, Marchwitza, M. Osten, Regler, Renn,

Seghers, Stern, Uhse und Weinert; in Paris sprachen H. Mann, Brecht und H. Maddalena; eine Botschaft schickte Feuchtwanger. Die in der Einladung benannten Problemkomplexe (Die Aktivität der Vereinigung; Humanismus, Nation und Kultur, Das Individuum, Die Würde des Denkens; Die Probleme der spanischen Kultur; Die Rolle des Schriftstellers in der Gesellschaft, Die literarische Schöpfung, Die Verstärkung der internationalen Bindungen zwischen den Schriftstellern; Hilfe für die Schriftsteller des republikanischen Spanien) organisierten noch weniger als beim 1. Kongreß den Ablauf; Solidarität mit Spanien und die Wirkungsmöglichkeiten von Literatur im antifaschistischen Kampf standen im Mittelpunkt. Aus der elementaren Bedrohung menschlicher Existenz im Spanienkrieg erwuchs ein allgemeiner, kämpferischer Humanismus, der seine Kraft aus dem Benennen der Gefahren zu gewinnen suchte. Einigende Momente auf der politischen Ebene bildeten die absolute, jedoch kaum analytisch begründete Gegnerschaft zum Faschismus und die Unterstützung der Volksfrontpolitik; das Bekenntnis zur Sowjetunion wurde jetzt fast ausschließlich aus deren Solidarität mit Spanien begründet (so in Bergamíns Ablehnung von Gides Sowjetunion-Büchern), die innere Entwicklung der UdSSR kaum noch als Beispiel benannt. Aussagen zur Kultur und ihrer sozialen Rolle waren geprägt von Erlebnis und Anforderungen des Krieges (so die Debatte zwischen Renn und J.-R. Bloch um das Machen und das Schreiben von Geschichte im Krieg) und den Erfahrungen der spanischen Sektion der ISVK bei dem Versuch, Künstler und Volksmassen im Kampf zu vereinen. Die Abschlußerklärung betonte, angesichts des faschistischen Angriffs auf Kultur, Demokratie, Frieden, Glück und Wohlergehen der Menschheit sei Neutralität unmöglich, und bekräftigte die Solidarität der ISVK mit der spanischen Republik. Als deutsche Vertreter gehörten nun zum Präsidium der ISVK Th. Mann, H. Mann und Feuchtwanger, zum Generalsekretariat Regler und Bredel, zum Büro Renn, Brecht, Becher, Kisch, Seghers und Graf. Die ISVK wurde eingeladen, den 3. Kongreß 1939 in Mexiko abzuhalten.

Die Unterstützung der spanischen Republik dominierte auch nach dem 2. Kongreß in der ISVK; das von Tzara geleitete Komitee dehnte seine Arbeit auf materielle Hilfe für spanische Intellektuelle aus. Wirksamer als zuvor wurde die ISVK in Lateinamerika. Die Generalversammlung des SDS-Frankreich bekannte sich am 18. 10. 1937 zu dem vom Kongreß proklamierten kämpferischen Humanismus und zur Einigung der freiheitlich gesinnten Deutschen. Von der Verbundenheit deutscher Antifaschisten mit Spanien zeugten im Herbst 1937 drei Nummern der Zs. »El Mono Azul« (Organ der spanischen ISVK-Sektion). Am 4. 4. 1938 fand in Paris eine Solidaritätskundgebung der ISVK mit Österreich statt (Redner u.a. H. Mann, J. Roth, E. Ludwig). Ab Juni 1938 erschien auf Initiative

Aragons in der Pariser Zs. »Europe« ein ständiges Bulletin mit Briefen aus Mitgliedsländern, umgekehrt gingen »Briefe aus Frankreich« in andere Länder; als erster Band einer Reihe der ISVK wurde Nerudas *Spanien im Herzen* (Paris 1938, mit Vorw. von Aragon) veröffentlicht (geplant war auch Kolzows *Spanisches Tagebuch*). Die englische Sektion organisierte am 8. 6. 1938 in London eine Kundgebung, auf der u. a. Aragon vor 2500 Zuhörern sprach. Am 25. 7. 1938 wurde in Paris eine Konferenz der ISVK durchgeführt. Unter Vorsitz von Th. Dreiser nahmen Schriftsteller aus 17 Ländern teil (erstmals niemand aus der Sowjetunion; Kolzow telegrafierte, die meisten Autoren seien »im Urlaub oder auf Reisen« - *Conférence extraordinaire tenue à Paris le 25 juillet 1938*, Paris 1938, S. 9). Es sprachen 25 Teilnehmer aus 10 Ländern; deutsche Redner waren Leonhard, Seghers und Toller. Die Tagesordnung fragte nach der Rolle des Schriftstellers in der Welt sowie nach Möglichkeiten, die kulturellen Verbindungen zwischen den geteilten Völkern aufrechtzuerhalten und Spanien, China und der Tschechoslowakei zu helfen. Die Reden waren geprägt von der gewachsenen Macht des Faschismus und der Kriegsgefahr; gefordert wurden die Einheit der Schriftsteller und unmittelbarere Wirksamkeit ihres Denkens. Höhepunkt war die Ansprache von D. Ibárruri, der Pasionaria. Die Resolution rief zur Intensivierung des kulturellen Austausches und zu Solidarität mit Spanien auf; sie schlug vor, den 3. Kongreß der ISVK 1939 in Mexiko und New York abzuhalten. Jedoch gelangte die ISVK danach nicht zu erweiterter Wirksamkeit. Im Herbst 1938 rief sie zur Solidarität mit der bedrohten Tschechoslowakei auf; im Dez. 1938 erschien in den von ihr unterstützten, bis zur Verhaftung Kolzows aus Moskau mit 40 000 Francs subventionierten und von Osten und Bredel geleiteten Editions du 10 mai, Paris, Bredels *Begegnung am Ebro*, Anfang 1939 H. Manns Essays *Mut* (geplant waren Seghers' *Das siebte Kreuz* und Bücher von W. Franck, K. Kersten, H. Kesten, Kisch, Marchwitza, Osten, F. C. Weiskopf, E. Weiß, A. Zweig); im Jan. 1939 organisierte die ISVK ein Empfangskomitee für Intellektuelle des republikanischen Spanien. Im März 1939 intervenierte A. Fadejew bei Aragon dagegen, den 3. Kongreß der ISVK in Mexiko, dem Exilland Trotzkis, durchzuführen; so konnte Aragon im Juni 1939 nur dem 3. Kongreß der League of American Writers in New York die Grüße der ISVK überbringen. Mit dem Beginn des II. Weltkrieges endete - ohne formellen Auflösungsbeschluß - die Tätigkeit der ISVK; ihre Archive gingen bei der faschistischen Besetzung Frankreichs Mai/Juni 1940 verloren.

Die ISVK hatte sich bemüht, die humanistischen Grundlagen und Ziele des Marxismus sowie die soziale Bedeutsamkeit aufklärerischer kultureller Tradition und Erziehung, einschließlich der unersetzbaren Rolle der Intellektuellen, für revolutionäre Bewegungen zu verdeutlichen, gegen sektie-

rerische Auffassungen die Notwendigkeit eines gleichberechtigten Bündnisses verschieden denkender Partner im Kampf um ein würdigeres Leben der Menschen klarzustellen und gegen antikommunistische Tendenzen sowie gegen Stimmungen des Aktionsverzichts zur politischen Solidarität, besonders mit spanischen und deutschen Antifaschisten sowie mit der Sowjetunion und der französischen Volksfront, beizutragen. Im Gegensatz zur IVRS hat sie auf Schreibanweisungen an Schriftsteller verzichtet. Ihre Ziele konnte die ISVK unter den Bedingungen der Vorkriegszeit (Machtzuwachs des Faschismus; Massenrepressalien in der Sowjetunion; Appeasement-Politik der Westmächte) nicht durchsetzen; ihr Einfluß wurde nach dem Kongreß 1935 zunehmend schmaler; die Hoffnungen auf die Macht des vernünftigen Wortes erfüllten sich nicht. Erfahrungen der ISVK wurden jedoch nach 1945 immer wieder dort wirksam, wo Künstler revolutionäre und humanistische Handlungsmöglichkeiten in der Gesellschaft suchten.

Ausg.: Paris 1935. Erster Internationaler Schriftstellerkongreß zur Verteidigung der Kultur, Reden und Dokumente. Mit Materialien der Londoner Schriftstellerkonferenz 1936, Einl. und Anhang W. Klein, Berlin 1982; 1935 New York 1937. Reden und Dokumente der Schriftstellerkongresse, Hg. und Einl. E. Brüning, Berlin 1984; R. J. Humm: Rede auf dem Pariser Schriftstellerkongreß 1935, in: ZfG 1986, H. 4; II Congreso internacional de escritores para la defensa de la cultura (Valencia, Madrid, Barcelona, Paris 1937), Bd. 3: Actas, ponencias, documentos y testimonios, Hg. M. Aznar Soler und L.-M. Schneider, Valencia 1987. - *Lit.:* Beiträge, Bd. 6 (darin Aufsätze von K. Kändler und Ch./K. Schnelle); W. Klein/S. Schlenstedt: Wirkungsstrategien auf dem Pariser Schriftstellerkongreß 1935, in: Wer schreibt, handelt; Il pericolo che ci raduna. Congresso internazionale degli scrittori per la difesa della cultura, Parigi 1935, Hg. A.-M. Sauzeau-Boetti, Mailand 1986; Verteidigung der Kultur. Beiträge einer Konferenz, Hg. M. Hahn, Berlin 1986; M. Aznar Soler: Literatura española y antifascismo (1927-1939), Valencia 1987; Spanien 1937 - Bündnis und Literatur. Beiträge einer wissenschaftl. Arbeitstagung, Red. C. Giese, Berlin 1987.

Wolfgang Klein

Internationale Vereinigung Revolutionärer Schriftsteller (IVRS)

1930/35 bestehende internationale Schriftstellerorganisation, die an der Seite der KI gegen Imperialismus, Faschismus und Krieg kämpfte und für Sozialismus, die Verteidigung der Sowjetunion, Frieden und Humanismus eintrat. Sie war Ergebnis der seit der Oktoberrevolution in Gang gesetzten kollektiven internationalen Bemühungen um eine organisierte Zusammenarbeit proletarischer und revolutionärer Schriftsteller im Dienste des gesellschaftlichen Fortschritts. 1918 war der Internationale Proletkult gegründet worden, 1920 das Provisorische Internationale Büro für Proletkult (A. Lunatscharski, W. Poljanski, W. Herzog, M. Barthel, J. Reed, R. Lefebvre u.a.). Dessen Verdienste bestanden in der Sammlung und Förderung proletarischer Schriftsteller; sein Alleinvertretungsanspruch beim Schaffen einer neuen Kultur und seine Negierung aller kulturellen Traditionen hatten jedoch W.I. Lenins entschiedenen Protest herausgefordert. (Lenin: *Resolution über proletarische Kultur*, 1920). Nachdrücklich begrüßt und unterstützt wurde von Lenin hingegen die erste internationale Vereinigung fortschrittlicher Schriftsteller und Kulturschaffender: Clarté, von H. Barbusse 1919 als antimilitaristische Organisation begründet. Ihr gelang bis etwa 1923, vor allem durch die Zs. »Clarté«, eine internationale Diskussion über die gesellschaftlichen Aufgaben des Künstlers im Kampf gegen Imperialismus und Krieg, für Frieden und Sozialismus. Zur Führung der Clarté gehörten außer Barbusse: A. France, R. Lefebvre, P. Vaillant-Couturier, Th. Hardy, H. Wells, U. Sinclair, St. Zweig u.a. In Deutschland bildeten sich Clarté-Gruppen, in denen H. Mann, L. Frank, F. von Unruh, E. Toller, I. Goll u.a. tätig waren. 1924 ging vom V. Weltkongreß der KI die Initiative aus, eine »Literatur-Internaionale« zu bilden. Der Aufruf *An die proletarischen und revolutionären Schriftsteller* des Internationalen Verbindungsbüros für proletarische Literatur unter der Leitung von Lunatscharski – ab 1926 »Internationales Büro für revolutionäre Literatur« (IBRL), in dessen Präsidium seit 1927 außer Lunatscharski L. Awerbach, Barbusse, Vaillant-Couturier, F.C. Weiskopf, J.R. Becher u.a. sowie B. Illés als verantwortlicher Sekretär wirkten – setzte einen Prozeß in Gang, der mit der Vorbereitung und Durchführung der I. Internationalen Konferenz proletarischer und revolutionärer Schriftsteller 1927 in Moskau einen neuen Abschnitt einleitete. An der von Lunatscharski, D. Bedny, H. Kagan u.a. geleiteten Beratung nahmen 30 Schriftsteller aus elf Ländern teil. Aufgrund des in verschiedenen Ländern erreichten Entwicklungsstandes proletarischer und revolutionärer Literatur konnte die Organisierung nationaler Verbände beschlossen werden, die zugleich Teil der noch zu schaffenden internationalen Organisation sein sollten. Als proletarische Plattform wurde die Bereitschaft zum Kampf gegen imperialistischen Krieg, Faschismus und weißen Terror bestimmt. Die deutsche Literatur wurde von Becher, B. Lask, A. Gabor, A. Kurella, A. Holitscher, Weiskopf, E. E. Kisch vertreten. In seinem Referat wies Becher, der sich seitdem kontinuierlich für den internationalen Zusammenschluß progressiver Schriftsteller einsetzte, auf die schwierigen materiellen Bedingungen für proletarisch-revolutionäre Schriftsteller in Deutschland hin, informierte über die Tätigkeit der »Gruppe 1925« als Versuch, sich mit Schriftstellern wie L. Frank, A. Döblin, J. Roth u.a. zu verbinden, plädierte für eine intensivere internationale Zusammenarbeit der proletarischen und revolutionären Schriftsteller, deren

Literatur zur »wirksamen Waffe des Proletariats« werden müsse. Die Konferenz gab Impulse: mit Lunatscharskis Referat *Die Entwicklungsetappen der sowjetischen Literatur*, mit Barbusses Vortrag über die Aufgaben der Schriftsteller gegen die Kriegsgefahr sowie durch die den Teilnehmern übergebene Resolution des ZK der KPdSU vom 18. Juni 1925 *Über die Politik der Partei auf dem Gebiet der künstlerischen Literatur*, die Lenins kulturpolitische Grundsätze weiterentwikkelte, deren bündnispolitische Orientierung jedoch in den folgenden Jahren unzureichend zur Grundlage der Arbeit gemacht wurde. Der BPRS wurde im Okt. 1928 in Auswertung der Moskauer Beratung als Deutsche Sektion des IBRL gegründet. In den Jahren bis 1930 entwickelte das IBRL spezifische Arbeitsformen und Methoden der Zusammenarbeit. Im Bestreben, möglichst viele progressive Kräfte gegen Faschismus, Terror und Krieg für die Verteidigung der Sowjetunion zusammenzuführen, veranstaltete es zahlreiche Umfragen, internationale Protest-Aktionen, literarische Preisausschreiben, z.B. 1929 Umfrage anläßlich des 15. Jahrestages des Ausbruchs des I. Weltkrieges; 1930 die von ihrer Resonanz her erfolgreichste Enquete »Wie würden Sie sich bei einem imperialistischen Angriff auf die SU verhalten?« (200 Fragenbogen wurden verschickt, 75 beantwortet, darunter von B. Shaw, T. Dreiser, R. Rolland, St. Zweig, J. Galsworthy.) Das IBRL führte einen intensiven Briefwechsel (dokumentiert in: *Is istorii meshdunarodnogo obedinenija revoljuzionnich pisatelej [MORP]*, Moskwa 1969), ermöglichte zahlreichen Schriftstellern den Besuch und Veröffentlichungen ihrer Werke in der Sowjetunion. Ergebnisse, aber auch Hemmnisse, Probleme und Widersprüche in der von Moskau aus geführten internationalen Zusammenarbeit wurden zum Thema der II. Internationalen Konferenz proletarischer und revolutionärer Schriftsteller in Charkow (6./15. 11. 1930). Sie wurde als Erweitertes Plenum des IBRL eröffnet, konstituierte sich zur Konferenz und benannte sich in IVRS um. Teilnehmer waren 100 Delegierte aus 22 Ländern Europas, Asiens, Afrikas und Amerikas. Ihre Präsenz spiegelte die Breite der internationalen revolutionären Literaturbewegung, war Beweis für die Möglichkeit proletarischer und revolutionärer Literatur auch unter kapitalistischen Verhältnissen. Ergänzend zu den 1927 vereinbarten Aufgaben wurde als politischer Konsens beschlossen: Der proletarische und revolutionäre Schriftsteller habe in der revolutionären Bewegung des Proletariats seines Landes aktiv mitzuwirken und für den Schutz der Sowjetunion einzutreten. Die Forderung, nicht nur gegen Faschismus, sondern auch gegen »Sozialfaschismus« auf dem Gebiet der Literatur vorzugehen, zeigte ebenso wie die Haltung gegenüber den sogenannten Mitläufern bzw. »Sympathisanten«, von denen »Übergang ... zur proletarischen Ideologie« (*Resolution zu den politischen und schöpferischen Fragen der internationalen proletarischen und revolutionären Literatur*, in: *Zur Tradition*, Bd. 1, S. 323) erwartet wurde, den sektiererisch verengten Horizont des bündnispolitischen Denkens nach dem KI-Kongreß von 1928. Als verfehlte Bündnispolitik wurde auf der Konferenz der »Fall Barbusse« und seiner Zs. »Monde« (1928/35) verhandelt. Barbusse hatte die »überparteiliche« Zeitschrift zum Forum der Aussprache zwischen Intelligenz und Arbeiterklasse machen wollen; er strebte eine »umfassende internationale Information auf dem Gebiet der Literatur, der Kunst, der Wissenschaft und des gesellschaftlichen Lebens« an. Hier publizierten neben Kommunisten und Sozialisten auch Anhänger Trotzkis sowie Vertreter verschiedener idealistischer Richtungen, Liberale, Pazifisten: z.B. bei den Rundfragen *Gibt es eine proletarische Literatur?* (zus. mit der »Neuen Bücherschau«, Okt. 1928/Jan. 1929 veranstaltet) oder *Krise des wissenschaftlichen Sozialismus* (1929). Diese Praxis brachte Barbusse den Vorwurf der »rechten Abweichung«, der »kleinbürgerlichen Beschränktheit« ein; »Monde« wurde als »Kaufhaus der Ideologie« (B. Jasienski), als »Tanzboden für alle Salonsozialisten« (Gabor), als »Organ des reaktionären und dem revolutionären Proletariat feindlich gesinnten Kleinbürgertums« diskreditiert. Erst im Herbst 1932 konnten die Differenzen zwischen Barbusse und der IVRS ausgeräumt werden. Auf der Charkower Konferenz wurde das Bemühen erkennbar, erste künstlerische Erfahrungen theoretisch zu fassen. In der Resolution wurde festgehalten: »Die schöpferische Methode der proletarischen Literatur ist die Methode des dialektischen Materialismus« *(Resolution, a.a.O., S. 321).* Weiter auszuarbeiten seien Kriterien realistischer Gestaltung, des Verhältnisses von Inhalt und Form, der Beziehung zwischen Weltanschauung und Methode, der Traditionsbeziehungen.

Die deutsche Delegation war nach der russischen mit 14 Mitgliedern (Becher, O. Biha, E. Glaeser, W. Harzheim, Kisch, P. Körner-Schrader, Kurella, H. Marchwitza, Renn, G. Ring, A. Seghers, J. Schneider, E. Schulz, Weiskopf) die größte. Sie hatte ihre starke Beteiligung an der inhaltlichen Vorbereitung und Durchführung der Konferenz engagiert bei der IVRS-Leitung durchgesetzt: von den sieben Hauptreferenten im Plenum war Becher mit seinem Beitrag *Die Kriegsgefahr und die Aufgaben der revolutionären Schriftsteller* der einzige ausländische Sprecher. Vor der Deutschen Kommission hatte Biha ausführlich Entwicklung, Ergebnisse und Probleme der deutschen »proletarischen Kampfliteratur« bilanziert. Er definierte sie als »Literatur, die die Welt vom Standpunkt des revolutionären Proletariats erkennt und die Lesermassen den Aufgaben der Klasse entsprechend zum Kampf gegen den Kapitalismus erzieht« (*Die proletarische Literatur in Deutschland*, in: *Zur Tradition*, Bd. 1, S. 243) und kennzeichnete sie als Ergebnis der Bemühungen von Arbeiterkorrespondenten und ehemals

linksbürgerlichen, revolutionären Schriftstellern, die zur schöpferischen Verbundenheit mit der Arbeiterklasse gefunden hätten. Proletarisch-revolutionäre Literatur sei Teil des revolutionären Kampfes, wirksam in der Einheit von Kampf- und Kunstwert. In seinen Bemerkungen zur schöpferischen Methode ging Biha vom »Primat der Weltanschauung« aus, wies kritisch auf die noch vorherrschende und zu überwindende »antipsychologische Methode« in der proletarisch-revolutionären Literatur hin. Nur so könne Schematismus vermieden werden, es seien »Charaktere tiefer als bisher in einer wirklich marxistischen Analyse als Produkt der konkreten, materiellen, sich in Widersprüchen bewegenden Gesamtheit darzustellen« (ebd. S. 269). In seinen bündnispolitischen Aussagen spiegelt sich die Widersprüchlichkeit der BPRS-Position zu dieser Zeit: die erkannte Notwendigkeit des gemeinsamen Vorgehens mit den »Sympathisierenden« entsprach nicht den gleichzeitigen Abgrenzungsdebatten (Polemiken gegen K. Tucholsky, Toller, C. v. Ossietzky u.a.). Fast alle Delegationsteilnehmer hielten kurze Beiträge, in denen der enge Zusammenhang deutscher und sowjetischer Literaturentwicklung betont und zugleich auf die unterschiedlichen Aufgaben und Existenzweisen aufmerksam gemacht wurde. Becher wurde in Charkow als einziger nicht in der UdSSR lebender Schriftsteller in das fünfköpfige Leitungsgremium – das Sekretariat der IVRS bildeten Illés, Awerbach, J. Mikitenko, Jasienski – gewählt. Dem 25 Personen umfassenden Präsidium gehörten neben zahlreichen sowjetischen Schriftstellern Barbusse, M. Gold und Marchwitza an. Die Auswertung der Beschlüsse von Charkow war im BPRS verbunden mit der Arbeit am Programm und wurde, wie die Tätigkeit aller nationaler Sektionen der IVRS, positiv beeinflußt durch den im Apr. 1932 wirksam werdenden Beschluß des ZK der KPdSU *Über den Umbau der literarisch-künstlerischen Organisationen.* Die Auflösung der RAPP sowie die Orientierung auf einen einheitlichen Verband der Sowjetschriftsteller bedeutete für die IVRS, in der die RAPP weitgehend bestimmend war, eine Zäsur. Der Beschluß richtete sich gegen das von der RAPP praktizierte Sektierertum, ihren administrativen Stil, ihre theoretischen Unklarheiten über die Spezifik der Literatur im Klassenkampf. Ihre Losung: »Verbündeter oder Feind« entsprach nicht den Anforderungen an eine revolutionäre Literaturpolitik. Im Aug. 1932 bestimmte die IVRS ihre Aufgaben neu: systematischer Kampf gegen die Vorbereitung eines imperialistischen Krieges gegen die Sowjetunion, Anwendung der Leninschen Theorie der Kulturrevolution und die Aneignung des klassischen Erbes, Erforschung der Probleme der künstlerischen Methode der revolutionären Literatur, Stärkung der Reihen der fortschrittlichen Künstler der Welt. Eine Reihe organisatorischer Maßnahmen wie die Bildung von Länderkommissionen mit eigner Kompetenz, in die die nationalen Sektionen Vertreter nach

Moskau entsandten, sowie die Entscheidung, die IVRS-Zs. »Internationale Literatur« in die Hand nationaler Redaktionen zu geben, ermöglichten eine intensivere und wirksamere internationale Arbeit, sie verbesserten die Kollektivität in der IVRS-Leitung. Mit der in russischer, englischer, französischer und deutscher Sprache erscheinenden ↗ »Internationale(n) Literatur« – ihre Vorläufer waren der vom IBRL in russischer Sprache herausgegebene »Bote ausländischer Literatur« (1928/30) und »Literatur der Weltrevolution« (1931) – machte die IVRS die proletarische und revolutionäre Literatur bekannt, förderte den Erfahrungsaustausch. Durch eine großzügige Einladungspraxis erhielten viele Schriftsteller Gelegenheit, sich vom Stand des sozialistischen Aufbaus in der Sowjetunion selbst ein Bild zu machen: u.a. M. Gold, L. Aragon, Becher, R. Fox, Kisch, Toller, Weiskopf, St. Zweig, O.M. Graf, Barbusse, Rolland.

Ende 1932 gehörten der IVRS außer den sowjetischen Gruppen folgende nationale Verbände an: der BPRS mit ca. 500 Mitgliedern, der Bund proletarisch-revolutionärer Schriftsteller und Künstler Ungarns mit ca. 60 Mitgliedern, der Bund proletarisch-revolutionärer Schriftsteller Österreichs mit ca. 80 Mitgliedern, die Association des Ecrivains et Artistes Révolutionnaires (AEAR) mit ca. 200 Gründungsmitgliedern, die chinesische Liga linker Schriftsteller mit ca. 100 Mitgliedern, die amerikanische Sektion (aus dem Kreis der Zs. »New Masses« und dem John-Reed-Klub bestehend), eine japanische Sektion, die koreanische Vereinigung proletarischer Kunst, die tschechoslowakische, eine holländische, spanische Sektion, einige Gruppen polnischer, bulgarischer, lettischer Schriftsteller, der englische Robert-Tressal-Klub. – Einer Reihe von nationalen Sektionen der IVRS gelang es, eigene Zeitschriften herauszubringen, z.B. die deutsche »Linkskurve« 1929/32, die französische »Commune« 1933/39, die ungarische »Sarló és Kalapács« (Sichel und Hammer) 1929/37, die tschechische »Az Ut« (Der Weg) 1931/36, die amerikanische »New masses« ab 1930.

Die Deutsche Länderkommission bzw. Deutsche Sektion, seit Okt. 1932 von H. Günther in Moskau geleitet, entwickelte eine rege Veranstaltungstätigkeit, an der sich die meisten der ab 1933 in die Sowjetunion emigrierten Schriftsteller beteiligten. Theoretische und praktische Probleme des antifaschistischen Bündnisses standen dabei im Zentrum der Diskussionsrunden zu aktuellen politischen Fragen, zu literarischen Neuerscheinungen, zu Methodenfragen der Literatur. In den Jahren 1933/36 existierten drei Arbeitsgemeinschaften: Lyrik und Experimentalform, Leitung: Becher; erzählende Prosa, Leitung: Gábor; Theorie und Kritik, Leitung: Günther, P. Reimann. Außerdem gab die Deutsche Länderkommission ein Bulletin heraus, das literarische Texte, Informationen, Berichte für die sowjetische und ausländische Presse zur Verfügung

stellte. (In der Rubrik »Aus der Werkstatt des Schriftstellers« schrieben Bredel, Scharrer, B. Lask, Ottwalt u.a.). In der letzten Phase ihrer Existenz, den Jahren 1933/35, waren die Anstrengungen der IVRS darauf gerichtet, die revolutionären Schriftsteller der Welt gegen den Faschismus zu mobilisieren. Bereits im Sep. 1933 hatte Becher der IVRS-Leitung den Vorschlag unterbreitet, eine »Weltkonferenz aller antifaschistischen Schriftsteller« vorzubereiten. Er reagierte damit auch auf die Antikriegsbewegung seit dem Amsterdamer Kongreß von 1932 (maßgeblich von Barbusse und Rolland angeregt und durchgeführt, unterstützt von der KI), auf die Bemühungen französischer Schriftsteller, von Paris aus eine antifaschistische Schriftstellerfront zu befördern. Für die ideologischen Grundlagen und die praktischen Formen des antifaschistischen Bündnisses erbrachte der I. ↗ Allunionskongreß der Sowjetschriftsteller (Aug. 1934) wichtige Erkenntnisse. S. Tretjakow, zusammen mit M. Kolzow führend in der IVRS tätig, hatte hier bereits auf den zu eng gewordenen organisatorischen Rahmen der IVRS hingewiesen und den Kampf gegen den Faschismus zur Basis der internationalen Arbeit erklärt. Auch der I. Amerikanische Schriftstellerkongreß im Apr. 1935 in New York, an dem 150 ausländische Schriftsteller teilnahmen, war ein Forum des Meinungsstreits über Ziele und Aufgaben der Schriftsteller im Kampf gegen Faschismus und für die Solidarität mit der Sowjetunion. F. Wolf, Delegierter der IVRS, bestimmte die Einheitsfront aller linken Schriftsteller mit der Arbeiterklasse im Kampf gegen den Faschismus in internationalem Maßstab zur vorrangigen Aufgabe. In einem angestrengten Lernprozeß, der im Kontext mit den Strategie- und Taktikdiskussionen in Vorbereitung des VII. Weltkongresses der KI stand, erarbeiteten sich die sozialistischen Schriftsteller das ideologische und künstlerische Fundament für die internationale antifaschistische Literaturbewegung.

Nach der Gründung der ISVK im Juni 1935 in Paris existierte die IVRS nur noch formal. Einem Sekretariatsbeschluß entsprechend, löste sie sich im Dez. 1935 auf und bat ihre Mitglieder und »Sympathisanten«, sich der neuen Organisation mit dem Zentrum Paris anzuschließen. Das historische Verdienst der »roten Literatur-Internationale« (Becher, 1930) bestand in der organisierten Zusammenarbeit proletarischer und revolutionärer Schriftsteller vieler Länder, in der Beförderung internationaler Literaturbeziehungen neuer Art.

Lit.: O. Jegorow: Die sozialistische Revolution und die internationalen proletarischen Literaturvereinigungen, in: Beiträge, Bd. 1; F. Albrecht: Das große Bündnis, in: WB, 1974, H. 11, S. 65–96; O. Jegorow/J. Trustschenko: Die Rolle der IVRS bei der Formierung der internationalen Literatur des sozialistischen Realismus in den 20er und 30er Jahren, in: Beiträge, Bd. 6; Exil, Band 1, 2. erw. und erg. Aufl., 1989.

Simone Barck

Internationaler Arbeiter-Verlag (IAV)

1927/33 zentraler Parteiverlag der KPD; verschiedene Ortsangaben: Berlin, Wien – Berlin – Zürich. Die KPD setzte seit ihrer Gründung Literatur zur Erfüllung ihres Programms ein, sie sollte Parteimitglieder politisch und ideologisch bilden und Nicht-Mitglieder gewinnen. Bei Parteigründung waren die Voraussetzungen für eine eigene Verlagstätigkeit denkbar ungünstig, die KPD besaß weder Verlage noch Druckereien. Bald in die Illegalität gedrängt, war sie Verfolgungen und konterrevolutionärem Terror ausgesetzt. Parteiliteratur wurde anfangs direkt durch die Zentrale der KPD herausgebracht, ihr war angeschlossen ein Literarisches Büro (auch Literaturabteilung genannt) und eine Druckabteilung. Zum Literarischen Büro gehörten Mitglieder der Zentrale und »literarisch« tätige Mitarbeiter. Sie schrieben Broschüren, Traktate und Flugblätter, lieferten Artikel für Zeitungen und Zeitschriften. Für Herstellung und Vertrieb waren anfangs in der Zentrale H. Eberlein und W. Pieck verantwortlich. Mai 1919 wurde in Leipzig mit dem Vulkan Verlag der erste zentrale KPD-Verlag gegründet, Sep. 1919 in Frankes Verlag Leipzig umbenannt. Mit ihm war die zentrale Literaturvertriebsstelle der KPD – auch Reichsexpedition genannt – entstanden. 1919 vollzog sich die Arbeit weitgehend illegal. Nur ein Teil der Parteiliteratur trug das Signum des Parteiverlags. Die Zentrale kaufte Okt. 1921 den Verlag A. Seehof & Co Berlin, der gemeinsam mit Frankes Verlag als Vereinigung Internationaler Verlagsanstalten (VIVA) zum neuen zentralen Verlag der KPD wurde (der Seehof Verlag schied 1922 wieder aus). Die VIVA hatte ab 1. Aug. 1922 den Sitz nur noch in Berlin. Seit 1927 firmierte der Parteiverlag unter IAV. – Formell bestand für einige Zeit weiterhin die VIVA. Bei der VIVA bzw. beim IAV gab es den ↗ Agis Verlag mit eigenem Programm. 1919 hatte die KPD Gedichte u. a. von E. Hoernle herausgegeben, am Ende des Jahres erschien *Das freie Land. Kommunistischer Bauernkalender für das Jahr 1920* (Aufl. 10 000 Ex., die späteren Aufl. bis 1926 waren höher). Der Bauernkalender vermittelt einen Einblick, wie belletristische Literatur in die damalige Bildungsarbeit der KPD einbezogen wurde: er enthielt u. a. Gedichte von Hoernle und R. Dehmel, ein Märchen von M. Gorki und eine Humoreske von M. Twain sowie Skizzen aus dem *Rollwagenbüchlein* von J. Wickram. Verantwortlich war M. Barthel, der zum Literarischen Büro gehörte. Der Parteiverlag arbeitete mit dem Ende 1919 entstandenen KI-Verlag in Deutschland, Verlag für Literatur und Politik, zusammen. Die Literatur beider Verlage wurde in Deutschland ausschließlich über den zentralen Parteiverlag der KPD vertrieben. Der IAV bemühte sich zunehmend um seine Aufgaben als Buchverlag und Verlag für Massenbroschüren. Als Parteiverlag der KPD arbeitete er nach Prinzipien, wie sie W. I. Lenin in *Parteiorganisation und Parteiliteratur* entwickelt hatte. Die herausgegebenen Zeitschriften hatten eigene, nicht zum Verlag gehörende Redaktionen. Die vordringliche Aufgabe des Verlags aber war immer der Literaturvertrieb. Die KPD konnte sich, 1920 beginnend, nach und nach eigene Druckereien schaffen, die in den meisten Fällen für die Herstellung von Zeitungen ausgestattet waren. In ihnen wurde nur ein Teil der Literatur hergestellt. Kommunistische Verlage haben immer mit privaten Druckereien und Buchbindereien zusammengearbeitet. 1922 entwickelte die VIVA ihr erstes längerfristiges Verlagsprogramm. Darin war formuliert: literarische Werke belletristischer Natur aus der proletarischen Bewegung herauszugeben, die trotz hoher Preise beim deutschen Leser starken Absatz finden sollten. Die Abteilung Bildung bei der Zentrale, geleitet von Hoernle, war sog. kollektiver Lektor des Verlags. Leiter des Verlags waren W. Firnhaber, P. Frassek und R. Wolfstein; die politische Verantwortung lag 1922/23 bei C. Zetkin. 1922 erschienen bei der VIVA die ersten belletristischen Titel: von H. Zur Mühlen der Roman *Der Tempel* sowie vier Märchen in verschiedenen Ausgaben; neben anderen Autoren findet man K. Tucholsky mit *Die verkehrte Welt* unter dem Ps. Kaspar Hauser. Die Herausgabe von Dostojewskis Novellen (1923) mit einem Vorwort von A. Lunatscharski und einem Anhang von K. A. Wittfogel zeigen den veränderten Charakter des Verlagsprogramms. Die Auflagenhöhe dieser Titel lag zwischen 2000 und 10 000 Ex., bei anderen Titeln wurden bis 100 000 Ex. erreicht. Sep. 1923 Bildung der Abteilung Zentral-Agitprop bei der VIVA. Durch das Verbot der KPD im Nov. 1923, das die VIVA einschloß, wurde die Entwicklung des Verlags vorerst unterbrochen. Unter den in den Druckereien fast fertiggestellten Arbeiten befand sich u. a. R. Schweichels Roman aus dem deutschen Bauernkrieg, *Um die Freiheit*, der erst 1926 erschien. Nach 1925 brachte die VIVA zunehmend proletarisch-revolutionäre Literatur heraus. E. Schneller hatte Anfang 1925 Vorschläge zur Verbesserung der Agitation und Propaganda unterbreitet und vorgeschlagen, dem Kampf gegen Krieg und drohenden Faschismus erhöhte Aufmerksamkeit zu schenken und verstärkt Schriftsteller in die Arbeit einzubeziehen. Die niedrigen Preise der VIVA-Bücher sollten für viele erschwinglich sein. Die proletarisch-revolutionäre Literatur konnte sich entwickeln, so betonte J. R. Becher, weil die Arbeit der Verlage und des Literaturvertriebs erst eine erfolgreiche Arbeit der Schriftsteller ermöglichten. An der Entwicklung des kommunistischen Verlagswesens, Literaturvertriebs und Buchhandels, hatten viele Mitarbeiter dieser Bereiche anteil. Leiter der VIVA 1924/25 war der österreichische Kommunist J. Deutsch, ihm folgten R. Siewert, H. Holm (er löste 1926 den Literaturvertrieb aus dem Verlag heraus; wurde unter seiner Leitung selbständig, blieb dem Verlag zugeordnet), B. Gabelin, B. Peterson und K. Kläber. In der

KPD-Leitung waren für den Verlagsbereich zuständig Eberlein, der auch im EKKI verantwortlich zeichnete, Pieck und Schneller.

Beteiligt waren auch Becher als Vorsitzender des BPRS und M. Keilson als Vorsitzender der Revolutionären Künstlerorganisation. 1924 bahnten sich mit der Sammlung proletarisch-revolutionärer Bühnenspiele *Rote Tribüne,* zu deren Autoren B. Lask, H. Lorbeer und G. von Wangenheim gehörten, neue Tendenzen an. 1925 machten drei Titel von Becher (*Roter Marsch, Der Leichnam auf dem Thron* und *Bombenflieger*) auf das neue Verlagsprofil aufmerksam. Es folgten die Serien »Arbeiterdichtungen« (1928), »Das neue Drama« (1929), »Neue proletarische Dichtung« (1930) und ↗ »Der Rote 1-Mark-Roman« (1930). Die Verlagsproduktion mit dem Signet des IAV bzw. der VIVA spiegelt die Entwicklung solcher proletarisch-revolutionärer Schriftsteller wie Becher, W. Bredel, E. Ginkel, K. Grünberg, Kläber, Lask, Lorbeer, H. Marchwitza, P. Neukrantz, Wangenheim, E. Weinert, F. Wolf u.a. Mit der Serie »Der Internationale Roman« (1929, Aufl. 10 000 Ex.) erweiterte der Verlag seine Dimension. 1932 wurden mehr als 200 000 Ex. herausgegeben. Die proletarisch-revolutionäre Literatur trug zur Erhöhung des Literaturabsatzes des IAV bei, dessen Literatur mit der anderer kommunistischer oder befreundeter bzw. sympathisierender Verlage vertrieben wurde. In zahlreichen Veranstaltungen und Ausstellungen war das Buch Mittelpunkt. Ein Bericht P. Nells von einer Buchausstellung (*Unsere Bücher sind deine Helfer,* in: RF, 16. 12. 1932) machte die Steigerung deutlich: 1928 waren im Monat durchschnittlich 30 000 Ex. erschienen, 1932 waren es eine Million. Die faschistische Diktatur setzte der Arbeit des IAV in Deutschland ein Ende. Im Exil organisierte die KPD-Führung im Saargebiet (bis 1935), in Frankreich (bis 1940), in der Schweiz, der Sowjetunion und Tschechoslowakei (bis 1939) eine antifaschistische Verlagsarbeit.

Lit.: H. Lohse/H. Halfmann: Die Sammlung der Exil-Literatur 1933 bis 1945 der Deutschen Bücherei, Leipzig 1973.

Karl-Heinz Hädicke

Internationaler Arbeitertheater-Bund (IATB) / Internationaler Revolutionärer Theaterbund (IRTB) / Das Internationale Theater

Erste Schritte zu internationaler Kontaktaufnahme gingen von der 1928 gewählten kommunistischen Bundesleitung des ↗ ATBD aus. Aktive Partner fand sie besonders im sowjetischen »Theater der Arbeiterjugend« (TRAM) und dem tschecho-

slowakischen DDOČ. Am 7. Okt. 1929 konstituierte sich in Moskau ein einstweiliges Organisationskomitee unter Vorsitz von H. Diament (Rote Gewerkschaftsinternationale), später Generalsekretär des Bundes. Die auf dem 1. Plenum am 22./23. Dez. 1929 verabschiedete Gründungsdeklaration verwies auf Gemeinsamkeiten in Lage und Entwicklungsbedingungen des revolutionären Arbeitertheaters, rief alle Arbeitertheater-Organisationen zum Anschluß auf, engte dies jedoch zugleich durch die starre und undifferenzierte Entgegensetzung: Diktatur des Proletariats oder Diktatur der Bourgeoisie, Sozialismus oder Faschismus, sowie die Sozialfaschismus-These erheblich ein. Der ATBD wurde beauftragt, ein westeuropäisches Büros einzurichten, Leitung A. Pieck. Zentraler Diskussionspunkt auf der 1. Konferenz des IATB 25./28. Juni 1930 in Moskau war die von A. Pieck vertretene Agitprop-theater-Linie des 11. ATBD-Bundestages. Bis dahin waren dem IATB Mitglieder-Sektionen bzw. Gruppen aus 13 Ländern angeschlossen, bis 1933 waren es 20 (der Aufbau einer sowjetischen Sektion kam trotz mehrfacher Forderung nie zustande). Das 1. erweiterte Plenum des IATB 26. Juni/2. Juli 1931 in Moskau machte sich zum Fürsprecher der vom sowjetischen TRAM und deutschem »Roten Sprachrohr« (Referat E. Schliesser) praktizierten sog. dialektischen Methode. Mit der Öffnung für die international erstarkten Kräfte des oppositionell demokratischen und revolutionären Berufstheaters auf dem 2. erweiterten Plenum 9./14. Nov. 1932 in Moskau bahnte sich eine Verlagerung der bisherigen Organisationsbasis an; man nannte sich nun »Internationaler Revolutionärer Theaterbund«. 25. Mai/5. Juni 1933 fand in Moskau die vom IRTB veranstaltete »Internationale Olympiade des revolutionären Theaters« statt, an der 15 ausländische Kollektive teilnahmen. Darunter die französische Gruppe »Octobre« mit J. Préverts brillanter satirischer Montage *Die Schlacht von Fontenoy,* das Arbeitertheater Kopenhagen unter Leitung von P. Knutzon und R. Berlau, das »Proletarische Theater« Brüssel und die holländische Truppe »Die sieben Provinzen«. Deutschland war entgegen ursprünglicher Planung (»Truppe 1931«, »Junge Volksbühne« Berlin, »Kollektiv Hamburger Schauspieler« und F. Wolfs »Spieltrupp Südwest«) nur durch die in einer mutigen illegalen Aktion angereiste »Neue Tanzgruppe« J. Weidts und die bereits in der Sowjetunion tätige »Kolonne links« vertreten. Das dem IRTB angeschlossene »Internationale Musikbüro« richtete 8./10. Juni 1935 in Strasbourg die »I. Internationale Arbeiter-Musik- und Gesangs-Olympiade« aus, die zu einer Manifestation proletarischen Einheitswillens wurde. Ihr folgte 15./16. des gleichen Monats das »Nordböhmische Arbeiter-Musikfest« auf der Königshöhe bei Reichenberg (Liberec) als ein Bekenntnis friedlichen Zusammenlebens im tschechisch-deutschen Grenzgebiet.

Nov. 1934 wurde E. Piscator Präsident des IRTB, sein Ansehen sollte der Bewegung neue Impulse verleihen. Er entwickelte weitreichende Pläne zum Aufbau einer eigenen Berufstheater-Internationale, die sich dem fortschrittlichen und avantgardistischen Kunstschaffen, seiner Verteidigung gegenüber den Angriffen der Reaktion verpflichtet fühlen sollte. Parallel dazu versuchte sich der IRTB stärker in der Weltfriedensbewegung zu verankern. Der auch von den betreffenden KI-Stellen gebilligte Aufbau eines vorbereitenden Büros in Paris durch Piscator und A. Pieck scheiterte an der mangelnden Unterstützung der französischen Volksfront-Kräfte. Am 16. Jan. 1937 beschloß die KI die Auflösung des IRTB.

Organisatorisch stützte sich der IATB/IRTB hauptsächlich auf die meist kommunistisch gelenkte revolutionäre Arbeitertheater-Bewegung. Allein der DDOČ besaß als stärkster nationaler Verband 10 000 Mitglieder. Bis 1931 gingen die wichtigsten methodischen Einflüsse vom sowjetischen TRAM und den deutschen Agitproptruppen aus. Die mit der Auflösung der RAPP Apr. 1932 in der UdSSR geführten Diskussionen halfen zwar einerseits, bestehende Vorbehalte gegen oppositionell-demokratische und revolutionäre Berufstheaterkräfte abzubauen, andererseits bewirkten sie in ihrer gegen den TRAM (RAPP-Mitglied und Vertreter der nun diskriminierten »dialektischen Methode«) gerichteten Verwerfung eigener Wege des Arbeitertheaters und der geforderten Angleichung an das Berufstheater eine zunehmende Verunsicherung. Zugunsten der professionellen Theatergruppen sprach auch, daß sie unter den Bedingungen der Notverordnung in Deutschland weniger gefährdet waren als die wegen außerkünstlerischer Gründe leichter zu verbietenden Agitproptruppen. Mit solchen bedeutenden linken Berufstheaterunternehmen wie L. Moussinacs »Theater der internationalen Aktion« in Paris, dem »Neuen Avantgarde-Theater«, dem Kollektiv E. F. Burians und dem »Befreiten Theater« in Prag, dem »Left Theatre« in London, P. Knutzons Inszenierungen im Kopenhagener »Riddersalen« und der »Theatre Union« in New York konnten neue Zuschauerkreise angesprochen und die Ausdrucksmittel politischer Theaterkunst bereichert werden. Dazu gehörte ebenso, obwohl es vorwiegend mit Laiendarstellern arbeitete, aber professionelle Regisseure hatte, das Londoner »Unity Theatre«. Im Zusammenfassen dieser Potenzen blieb der IRTB jedoch weit hinter den Möglichkeiten zurück. Piscator drängte deshalb auf einen Wechsel von Moskau nach Prag oder Paris und eine Trennung von Laien- und Berufstheater-Organisation. Neben der unaufgekündigten KI-Anbindung war es besonders die vom sozialistischen Realismus bestimmte Kunstpraxis der Sowjetunion, die einen unaufhebbaren Widerspruch zu einem künstlerischen Avantgardetheater-Konzept bildete. Die mit der politischen Zuspitzung am Vorabend des II. Weltkrieges und den Stalinschen Repressionen einhergehende Zurücknahme der antifaschistischen Volksfrontpolitik besiegelte auch das Ende des IRTB.

Zentrales Publikationsorgan des IATB/IRTB war die Zs. »Das Internationale Theater« (1932/34). Laut Antrag des 1. erweiterten IATB-Plenums sollte an die Stelle des seit Anfang 1931 unregelmäßig erscheinenden hektographierten Bulletins »Das Internationale Arbeiter-Theater« (Nachfolger des IATB-»Informationsmaterials«) eine ständige Zeitschrift treten. Dem entsprach das 1932/33 in russischer, englischer, französischer und deutscher Sprache erscheinende »Bulletin der Internationalen Arbeiter-Theater-Olympiade« (anfänglich war diese für Aug. 1932 geplant), das sich ab Nr. 2 »Das Internationale Theater« nannte, ab Nr. 1/1934 »Zeitschrift für Theater, Musik, Film und Tanz«). Die Hefte 1 und 2 des Jahrgangs 1932/33 befaßten sich hauptsächlich mit dem Stand der Olympiade-Vorbereitung in den Ländern, 3 und 4 mit dem 2. erweiterten IRTB-Plenum (Ergebnisse und Materialien). In 1933, H. 5 und 1934, H. 1-6, überwog das Vorstellen von Dramatikern, Regisseuren und Kollektiven des revolutionären bzw. linken Berufstheaters. In *Über die Lehren der Vergangenheit und die Aufgaben der Zukunft* steckte Piscator das Programm für seine IRTB-Präsidentschaft ab (1934, H. 5-6). Eine ständige Rubrik galt dem »Theater im Lande der Sowjets«, in der russischen Ausgabe wurde über das westliche Theater informiert. Manuskript- und Druckschwierigkeiten minderten vielfach die Aktualität.

Lit.: Arbeitertheater; P. Diezel (Hg.): »Wenn wir zu spielen – scheinen«. Studien und Dokumente zum Internationalen Revolutionären Theaterbund, Bern u. a. 1993.

Peter Diezel

Jacoby, Leopold

Geb. 29. 4. 1840 in Lauenburg (heute Polen); gest. 20. 12. 1895 in Zürich

Sohn eines jüdischen Religionslehrers, der früh starb; entbehrungsreiche Jugend, Gymnasiumsbesuch in Danzig; ab 1862 als Werkstudent Studium der Medizin, später Zoologie, Philosophie, Ästhetik und Geschichte in Berlin; arbeitete nebenbei als Sekretär und Stenograph im preußischen Abgeordnetenhaus; Berichterstatter im Parlamentsbüro für die »Kölnische Zeitung« und die »Oldenburger Kammerkorrespondenz«; blieb zwölf Jahre Presseberichterstatter im preußischen Land- und deutschen Reichstag; promovierte 1867 mit einem zoologischen Thema in Halle; schloß 1870 in Marburg sein Medizinstudium ab; als freiwilliger Assistenzarzt im Deutsch-Französischen Krieg; verstand sich seit diesen Kriegserfahrungen als Sozialist und wurde Schriftsteller; seine zoologischen Studien führten ihn 1877 nach Triest. J. entschloß sich 1882 wegen des Sozialistengesetzes auszuwandern, lebte bis 1888 in Cam-

bridge bei Boston als Privatdozent; nach Europa zurückgekehrt, hielt er Vorlesungen über deutsche Literatur in Mailand; verdiente seinen Lebensunterhalt mit Sprachunterricht;
nach einem Schlaganfall gelähmt, zog er sich 1892 nach
Zürich zurück, wo er von Freunden (u. a. von K. Henckell) bis
zu seinem Tode unterstützt wurde.

J. gehörte zu den wenigen Schriftstellern bürgerlicher Provenienz, die sich in den 70er Jahren zur Sozialdemokratie bekannten. Unter den Lyrikern der frühen Arbeiterbewegung
nimmt er eine wohl einmalige Position ein. Seine sozialkritischen, vor allem seine hymnisch prophetischen Gedichte
in freirhythmischen Versen fielen formal entschieden aus dem
Rahmen der sozialdemokratischen Lyrik jener Zeit. Und anders als die meisten anderen sozialistischen Lyriker fühlte sich
J. der Sozialdemokratie vorrangig ideell weltanschaulich, weniger praktisch organisatorisch verbunden. In seinen Dichtungen kommt dies zum Ausdruck, wenn sie immer wieder die
Weltbefreiungs-Visionen des Dichters auf die künftigen Aufgaben des Proletariats projizieren. Was J., der sich politisch
vom Liberalismus und wissenschaftlich vom Darwinismus her
dem Marxismus näherte, vor allem interessierte, war »das
Große, was die neue Lehre verkündet« – daß der Mensch
Arbeiter sei und der Arbeiter Mensch (*Bekenntnis*, in: *Erinnerungen und Gedichte*, Hg. M. Häckel, Berlin 1959, S. 75).

Häufig druckten die sozialdemokratischen Blätter Gedichte aus
J.s Band *Es werde Licht* (München 1872, 4. Aufl. 1893) nach,
die ihn erstmals als sozialistischen Lyriker auswiesen (der
Titel führte 1878 die erste Liste der durch das Sozialistengesetz
verbotenen Bücher an). Die Sammlung vereinigt vorrangig
Gedichte, die von der gedanklichen Arbeit des Autors formiert
waren und häufig auch direkt eine Lehre zu vermitteln such-
ten. J. setzte stark auf die didaktische Wirkung des poetischen
Sprechens, er wollte Gedichte, die dorthin gehen, »wo das
Elend zu Tische sitzt«, die dem Proletarier »seinen zerschlagenen Arm stark / und seinen stumpfen Blick helle« machen
(*Der deutschen Sprache Lobgesang*, in: *Erinnerungen und
Gedichte*, S. 85/86). Dabei zielte er auf das Erzeugen von
Wissen, nicht auf ein Verbreiten von Hoffnung (vgl. *Lasciate
ogni speranza*). In *Antike und moderne Welt* z. B. versucht
er seine Leser über die Phänomene der Entfremdung in der
kapitalistischen Gesellschaft aufzuklären. Hervorzuheben ist
sein großes Gedankengedicht *Klage* (ebd.), das mit kraft-
vollem Pathos und biblischem Sprachgestus die sozialen
Grundverhältnisse der Arbeitenden, die Ursachen für herrschende Ungerechtigkeit und Ohnmacht zu ergründen sucht;
dabei unterzieht J. auch die bürgerlichen Dichter einer grundsätzlichen Kritik, weil sie sich der sozialen Aufgabe entziehen
und das Wort mißbrauchen. J. benutzt vielfach (auch welt-
literarisch vermittelte) Bilder großer Natur und Geschichte,
um seinen sozialphilosophischen Überzeugungen Gestalt zu

Leopold Jacoby

geben. Gleichnisse des Lichtes, des Frühlings und der aufge-
henden Sonne stehen für die künftige Befreiung von jeglicher
Entfremdung und Unterdrückung in einer sozialistischen
Welt.

In seinen späteren Gedichten, gesammelt in dem Band *Deutsche Lieder aus Italien* (München 1892), erhält diese Prophe-
tie noch größeres Gewicht. Sozialismus steht hier für ein
irdisches Erlösungsversprechen biblischen Ausmaßes. In eu-
phorischer Zukunftserwartung überschreibt er eines dieser
Gedichte *Die Erde ist zu klein für den Sozialismus*. Die
sozialistische Menschheit werde, so J.s Zukunftstraum, mit
ihren freigesetzten Energien auch den Weltraum erobern. In
seinen Visionen wird die sozialistische oder kommunistische
Gesellschaft zum Ziel und zur Erfüllung der gesamten bisherigen Menschengeschichte; sie ist nicht nur entgrenzter (befreiter) Lebensraum, sondern zugleich das »Reich der Schönheit«. Das Schöne realisiert sich in diesen lyrischen Visionen
vor allem durch die Vereinigung von Kunst und Leben, es ist
die harmonische Auflösung aller antagonistischen widersprüchlichen und zerstörerischen Kräfte (Macht, Habgier, Klassenherrschaft) in der Gesellschaft. Der Begriff der Schönheit ist
in J.s Denken zentral. Sie gilt ihm als Zweck und Ziel aller
Entwicklung. Dies belegen auch die »sozialphilosophischen«
Darlegungen, vor allem in dem zweibändigen Werk *Die Idee
der Entwicklung* (Berlin 1874 und 1876), worin J. versucht,
die naturwissenschaftliche Entwicklungslehre Darwins, die er

als Naturwissenschaftler vertrat, auf die Gesellschaft zu übertragen. Das *Kapital* von Marx gilt ihm dabei als Fortsetzung und Ergänzung der Darwinschen Lehre von der Entstehung des Menschen. J.s hohe Gesinnung im Umgang mit den Naturwissenschaften entsprach der allgemeinen Wissenschaftsverehrung seiner Zeit und zog damals auch viele der bildungswilligen organisierten Arbeiter an. Von seinen Dichtungen blieben nach J.s Tod in der Arbeiterbewegung vor allem die hymnischen Feiergedichte zum 1. Mai und sein Gedicht zu *Karl Marx' Totenfeier* (1883) in Erinnerung.

W. W.: Jugenderinnerungen aus Pommern und dem alten Pommerellenlande, Berlin 1864; Weinphantasien, Marburg 1869; Das Lustspiel, o.O. 1870; Über die Nachahmung von Naturstimmen in der deutschen Poesie, in: Frommel/Pfaff: Sammlung von Vorträgen für das deutsche Volk, Heidelberg 1880; Der Uhrmacher von Danzig (Dr.), ungedr. 1880; Ein Ausflug nach Comacchio (Abh.), Triest 1881; Die deutsche Makame (Abh.), Hamburg 1883; Cunita, o.O. 1884; Annette von Droste-Hülshoff. Deutschlands Dichterin (Abh.), o.O. 1889. – *Ausg.:* Textausgaben Bd.10. – *Lit.:* M. Geith: Leopold Jacoby. Ein Lebensmärchen, München 1893.

Tanja Bürgel

Jung, Franz
Geb. 26. 10. 1888 in Neiße (Nysa); gest. 21. 1. 1963 in Stuttgart

Sohn eines Uhrmachermeisters; 1907/13 Studium in Leipzig, Jena, Breslau und München (Nationalökonomie und Jura); 1911 Münchener Bohème, enger Kontakt zu E. Mühsam und der Gruppe Tat; Freundschaft mit dem Psychoanalytiker O. Gross, Bekanntschaft mit dem Biologen und Lebensphilosophen R. Francé; 1913 Übersiedlung nach Berlin, Tätigkeit als Wirtschaftsjournalist, enge politische und literarische Bindung an F. Pfemferts »Aktion«; 1914 Kriegsfreiwilliger, bereits im Okt. Desertion und Haft; nach Freilassung im Juni 1915 Handelsredakteur, Gründung der Zs. »Die freie Straße« zusammen mit Gross und O. M. Graf; seit 1917 Propaganda für die Spartakusgruppe, Mitarbeit an der Zs. »Neue Jugend«, 1918 Mitinitiator der Berliner Dada-Bewegung; in der Novemberrevolution als Agitator tätig, beteiligt an der Besetzung des Wolffschen Telegrafenbüros 1918 und an den Kämpfen im Berliner Zeitungsviertel im Jan. 1919; Eintritt in die KPD; rege Publikationstätigkeit für die kommunistische, linksradikale und syndikalistische Arbeiterpresse; im Okt. 1920 mit anderen linksradikalen Kräften aus der KPD ausgeschlossen; Mitbegründer der KAPD in Berlin, als deren Sprecher im Mai 1920 Reise auf einem gekaperten Schiff nach Sowjetrußland, Verhandlungen mit Lenin, Bucharin, Sinowjew und Radek um die Aufnahme der KAPD in die KI; nach Scheitern des Versuchs, die Positionen der KI in der KAPD durchzusetzen, Rückzug aus der Parteiführung; Sep. 1920 Verhaftung wegen Schiffsraubes; durch eine von der Sowjetregierung gestellte Kaution im Feb. 1921 freigelassen; Teilnahme an den Märzkämpfen 1921; während einer Reise nach Irland in Holland verhaftet, nach Verleihung der sowjetischen Staatsbürgerschaft Ausreise nach Moskau im Aug. 1921; Anstellung in der Presseabteilung der KI, dann unter W. Münzenberg Leitungsaufgaben als Wirtschaftsexperte im Führungsgremium der IAH; Dez. 1921 Austritt aus der KAPD; Differenzen mit der IAH-Führung nach dem gescheiterten Versuch der Gründung einer Ural-AG.; ab Sommer 1922 Wiederaufbau einer Zündholzfabrik bei Nowgorod; 1923 Administrator in einer Petrograder Maschinenfabrik; Nov. 1923 Rückkehr nach Deutschland; ab Jan. 1924 Herausgeber der Zs. »Der Gegner«, weiterhin Veröffentlichungen in der Arbeiterpresse, bis 1928 auch in der RF, aber zunehmender Rückzug von der organisierten Arbeiterbewegung; ab 1927 dramaturgischer Mitarbeiter E. Piscators; mit seiner Frau Cläre J. Gründung eines Feuilletondienstes und einer Wirtschaftskorrespondenz; 1931 Leitung des Verlags- und Handelsunternehmens Deutsche Korrespondenz Verlags GmbH; dazu gehören auch die Zs. »Der Gegner«, ab Juni 1931 neu herausgegeben unter Mitarbeit von H. Schulze-Boysen und K. Korsch, und die Aufricht-Produktion, die u.a. die Uraufführungen von B. Brechts *Die Mutter* und *Mahagonny* finanzierte; 1933 für kurze Zeit im Strom-Verlag tätig; 1934 Widerstandsarbeit in der von A. Schwab und K. Schröder geleiteten Gruppe »Rote Kämpfer«; 1936 verhaftet, freigelassen auf Intervention der Abwehr des Reichskriegsministeriums unter Admiral Canaris, mit dem J. wahrscheinlich seit dessen Amtsantritt 1935 Kontakt hatte; 1937 Prag, Mitarbeit an den »Grünen Berichten« der Auslandsleitung der SoPaDe; 1938 Schweiz, wegen Verdachts auf Wirtschaftsspionage ausgewiesen; ab 1939 Budapest, angestellt bei einer Versicherungsfirma, unter bis heute noch nicht völlig geklärten Umständen Widerstandsarbeit und gleichzeitig Tätigkeit für die von Canaris geleitete deutsche Abwehr; im Feb. 1944 von den ungarischen Pfeilkreuzlern verhaftet und zum Tode verurteilt, Flucht aus dem Gefängnis; nach Verhaftung durch den deutschen Sicherheitsdienst erneute Flucht im Nov. 1944; 1945 in Norditalien gefaßt, bis zur Befreiung im Konzentrationslager Bozen (Bolzano); Gelegenheitsarbeit in verschiedenen italienischen Städten; 1948 Übersiedlung in die USA, Tätigkeit als Wirtschaftsstatistiker; 1960 Rückkehr nach Europa.

Nach seinem ersten Erzählungsband, *Das Trottelbuch* (Leipzig 1912), machte sich J. neben Veröffentlichungen in Zeitschriften vor allem mit autobiographisch angelegten Romanen wie *Kameraden...!* (Heidelberg 1913), *Sophie. Der Kreuzweg der Demut* (Berlin 1915), *Der Sprung aus der Welt*

*Franz und Cläre Jung 1920 kurz vor der Schiffsentführung
in Cuxhaven und der Reise zu Lenin*

(Berlin 1918) und der Novellensammlung *Gnadenreiche,
unsere Königin* (Leipzig 1918) einen Namen. Gestaltet werden meist lebensbedrohende Konflikte in den Beziehungen
von Mann und Frau. In seiner expressionistischen Prosa folgt
er einem spontanen Aktionismus von der Selbstbefreiung des
Individuums aus gesellschaftlichen Zwängen durch radikales
Ausleben natürlicher Anlagen und Bedürfnisse. Nach 1918
führt er dieses von Gross, Francé und anarchistischen Utopien
hergeleitete Konzept, das er Technik des Glücks nennt und das
auch seine eigene Lebenshaltung bestimmt, mit linkskommunistischen Revolutionstheorien zusammen. Während der
Haftzeiten 1920/21 entstehen jene Erzählungen, Romane und
Dramen, in denen J. versucht, Literatur für die Erziehung zu
proletarischem Bewußtsein und kollektivem Handeln nutzbar
zu machen und mit denen er für einige Jahre einer der
erfolgreichsten Schriftsteller der Arbeiterbewegung wird. In
der aus Kurztexten montierten Erzählung *Joe Frank illustriert
die Welt* (Berlin 1921) werden Episoden erfolgreicher revolutionärer Aktionen aus anderen Ländern Einzelschicksalen von
Menschen in Deutschland während der Konterrevolution gegenübergestellt; aus dem Kontrast wird die Überzeugung von
der Notwendigkeit revolutionärer Gewalt vermittelt. Auf die
Entwicklung von Kollektivbewußtsein orientiert die Erzählung
Proletarier (Berlin 1921), in der J. inhaftierte Arbeiter, namenlos, ohne individuelles Profil, allein in ihrer sozialen
Situation als Gefangene beschreibt, die in ihren gemeinsamen
Aktionen zum »kollektiven Helden« werden. Ähnlich geht er

auch in dem Roman *Die Rote Woche* (Berlin 1921) und in
den Dramen *Die Kanaker* (UA 1921 durch Piscator) und
Annemarie (Berlin 1922) vor, in denen er einen psycho-
analytischen Ansatz mit der linkskommunistischen Offensivtheorie verbindet, die den Hauptakzent der revolutionären
Bewegung auf den subjektiven Faktor legt. J. schildert Niederlagen als jene Phasen des Kampfes, in denen die Proletarier
erst ihr Gemeinschaftsgefühl entwickeln und zur Überzeugung
von der Notwendigkeit der Revolution gelangen. Im Sinn einer
solchen Aktionsästhetik, die den spontanen Massenwillen in
den Vordergrund rückt, ist auch der Roman über die proletarische Revolution, *Die Eroberung der Maschinen* (Berlin
1923), konzipiert, der Erfahrungen der Märzkämpfe 1921
verarbeitet und das Bild einer kommenden Weltrevolution
entwirft. Zwischen 1920/24 entstehen J.s publizistische Arbeiten über Sowjetrußland. *Hunger an der Wolga* (Berlin 1922)
schildert die Auswirkungen der Mißernte 1922; *Die Geschichte einer Fabrik* (Wien 1924) berichtet vom Aufbau der
Zündholzfabrik bei Nowgorod. Im Essay *Der neue Mensch im
neuen Rußland. Rückblick über die erste Etappe proletarischer Erzählkunst* (Wien 1924) setzt sich J. mit Proletkult-
auffassungen auseinander und resümiert Möglichkeiten und
Grenzen proletarischer Kunst. Nach 1924 gibt er die Orientierung auf die Arbeiterbewegung auf. Mit den noch folgenden
Stücken *Legende* (UA 1927 in Dresden), *Heimweh* (UA 1928
an der Piscator-Bühne) und dem Roman *Hausierer* (Berlin
1931) kann er nicht an die früheren Erfolge anknüpfen. Erst
nach 30 Jahren veröffentlicht er wieder ein Buch, seine Autobiographie *Der Weg nach unten. Aufzeichnungen aus einer
großen Zeit* (Neuwied 1961, u. d. T. *Der Torpedokäfer* 1972;
Nachdr. Hamburg 1988, mit Nachw. und einer Chronik von F.
Mierau, Leipzig 1991), in der er ein kritisches Fazit seines
Lebens zieht.

W. W.: Opferung (R.), Berlin 1916; Saul (Dr.), Berlin 1916; Reise in
Rußland (Ber.), Berlin 1920; Der Fall Gross (N.), Hamburg 1921; Die
Kanaker. Wie lange noch? (2 Sche.), Berlin 1921; Die Technik des
Glücks. Psychologische Anleitung in vier Übungsfolgen, Berlin 1921;
Arbeitsfriede (R.), Berlin 1922; An die Arbeitsfront nach Sowjetruß-
land (Abh.), Berlin/Leipzig 1922; Mehr Tempo Mehr Glück Mehr
Macht. Ein Taschenbuch für Jedermann, Berlin 1923; Das geistige
Rußland von heute (Ber.), Berlin 1924; Geschäfte (K.), Potsdam 1927;
Der verlorene Sohn (Sch.), Potsdam 1928; Das Erbe, in: Das Vier-
Männer-Buch. Erlebnisnovellen von Barthel, Jung, Scharrer, Wöhrle,
Berlin 1929. – *Ausg.:* Die roten Jahre (Ausw. in 2 Bde.), Hg. W.
Fähnders/H. Karrenbrock/M. Rector, Darmstadt/Neuwied 1972/73;
Gott verschläft die Zeit. Frühe Prosa (Ausw.), Hg. K. Ramm, München
1976; Der tolle Nikolaus. Prosa, Briefe (Ausw.), Hg. C.M. Jung/F.
Mierau, Leipzig 1980, Frankfurt a.M. 1981; Schriften und Briefe in
zwei Bänden (Ausw.), Hg. P. und U. Nettelbeck, Salzhausen 1981;
Werke, Hg. L. Schulenburg, 12 Bde., Hamburg 1981 ff.; Die Eroberung
der Maschinen (mit Abh. von F.J. im Anhang), Hg. M. Jendryschik,
Halle/Leipzig 1990. – *Lit.:* F. Mierau: Leben und Schriften des Franz

Jung. Eine Chronik, Hamburg 1980; W. Fähnders: Franz Jung-Bibliographie, in: W. Rieger: Glückstechnik und Lebensnot. Leben und Werk Franz Jungs, Freiburg i. Br. 1987; Der Torpedokäfer. Hommage à Franz Jung, Hamburg 1988; C. Jung: Paradiesvögel. Erinnerungen, Hamburg 1988.

Bärbel Schrader

Kaiser, Karl

Geb. 1868 in Straßburg; Todesdatum unbekannt

Sohn eines Schlossers; während des Deutsch-Französischen Krieges übersiedelte die Familie nach Zürich, wo K. die Volksschule besuchte; Ende der 70er Jahre Umzug nach Stuttgart, dort erlernte K. den Beruf eines Klaviermechanikers; lebte später in München; 1889 Anschluß an die Arbeiterbewegung und erste Gedichte; war neben seiner beruflichen Tätigkeit ständiger Mitarbeiter des »Süddeutschen Postillons«, für den er fast ausschließlich schrieb; redigierte zeitweilig die Arbeiter-Schachzeitung; liebte die Einsamkeit, regelmäßige einsame Ausflüge; am Himmelfahrtstag 1899 Sturz in einen Steinbruch, in der Folge Krankenhausaufenthalt.

Seine starke, satirisch-sarkastisch geprägte Begabung und seine revolutionäre Haltung machten K. zu einem der schärfsten Gesellschaftskritiker unter den Lyrikern der deutschen Sozialdemokratie. Sein Schaffen beschränkt sich im wesentlichen auf das Jahrzehnt vor der Jahrhundertwende. Er gehört zu den bedeutenden und markanten sozialistischen Autorenpersönlichkeiten vor dem ersten Weltkrieg. Sein Wirken war eng verbunden mit dem von E. Fuchs und E. Klaar, mit denen er den ↗ »Süddeutschen Postillon« über ein Jahrzehnt als revolutionäres Kampfblatt gestaltete und die – programmatisch gegen revisionistische Tendenzen gerichtete – Anthologie ↗ *Aus dem Klassenkampf* (München 1894) herausgab. Er gehörte zu den linken Kräften der Partei, bekannte sich zur Diktatur des Proletariats und verbreitete durch seine Dichtung materialistisches und marxistisches Gedankengut (z.B. *Gut denn*, in: »Süddeutscher Postillon« 1893, H. 12). Hervorzuheben ist die Entschiedenheit seiner Abwehr kleinbürgerlicher und indifferenter Verhaltensweisen unter Sozialdemokraten. Zuweilen geriet er in Gefahr, sich in einseitiger Misere-Schilderung zu verlieren (z.B. *Wahrheitsdrang*, in: »Süddeutscher Postillon« 1892, H. 11). Thematisch beschränkte er sich auf politische und soziale Fragen und Probleme des Klassenkampfs. Wie kaum ein anderer Sozialdemokrat seiner Zeit fand K. für seine Gedanken individuellen formalen Ausdruck; er vermochte die für große Teile der Literatur der revolutionären Sozialdemokratie charakteristische Neigung zu rhetorischer Abstraktheit zu vermeiden. Manche seiner Gedichte erinnern an H. Heine und G. Weerth. Wie

kein anderer seiner sozialistischen Zeitgenossen meisterte er die Form des Epigramms. Seine beste Zeit als Poet waren die ersten 90er Jahre; der Sieg des Proletariats und der demokratischen Kräfte über Bismarcks Ausnahmegesetz und der Aufschwung der sozialistischen Bewegung in den Jahren danach gaben ihm den Mut zu seinem poetischen Kämpfertum.

Ausg.: Gedichte, in: Stimmen der Freiheit 1902, 1914 (in beiden Ausg. mit Kurzbiographie); Gedichte, in: Im Klassenkampf. Deutsche revolutionäre Lieder und Gedichte aus der zweiten Hälfte des 19. Jahrhunderts, Hg. W. Friedrich, Halle 1962 – *Lit.:* Münchow, S. 380–396.

Norbert Rothe

Kalender der Arbeiterbewegung

Entstanden nach 1870 im Prozeß rascher politischer und literarischer Organisation der deutschen Arbeiterparteien. Mit ihren Kalendern griffen die ersten sozialdemokratischen Verlage die Tradition jener Volks- und Bauernkalender auf, die deutsche Aufklärer seit Mitte des 18. Jh.s mit dem Ziel verbreitet hatten, die unteren Volksschichten zu erziehen und zu belehren. Die Kalender gelangten bis in Bevölkerungsschichten, die sonst kaum mit Gedrucktem in Berührung kamen. Vor allem in der Zeit bis zum Sozialistengesetz waren die sozialdemokratischen Herausgeber dieser Kalender mit ihren Versuchen, an literarische Rezeptionserfahrungen breiter Volksschichten anzuknüpfen und dabei politische Agitation, populärwissenschaftliche Information sowie literarische Bildung und Unterhaltung zu verbinden, besonders erfolgreich. Der erste Arbeiterkalender war *A. Eichhoffs deutscher Arbeiterkalender für das Jahr 1869*. Ab 1872 erschien in der Leipziger Genossenschaftsbuchdruckerei der *Volksstaat-Kalender*, der bereits im ersten Jahrgang für das Jahr 1873 in 3 Aufl. verbreitet werden konnte. Seit 1874 gab der ADAV den *Deutschen Arbeiterkalender des Neuen Sozialdemokrat* (Nachfolger von *W. Grüwels Deutscher Arbeiterkalender*, Berlin 1870/74) heraus, der ebenfalls raschen Absatz fand. Nach der Vereinigung der Arbeiterparteien 1875 gab es laut Beschluß nur noch einen Parteikalender: *Der arme Conrad*. Parallel dazu veröffentlichte W. Bracke in seinem Verlag in Braunschweig ab 1875 den *Volks-Kalender*, der sich speziell an die ländliche Bevölkerung wandte, und besonders die tradierten Formen der Bauernkalender aufgriff. Beide Kalender erreichten Massenwirkung; die Gesamtauflage des *Armen Conrad* stieg 1876/1878 von 41 000 auf 60 000 Ex. Vom *Volks-Kalender* konnten 1876/77 jeweils 40 000 Ex. abgesetzt werden. Beide Kalender wurden durch das Sozialistengesetz verboten.

Neben den üblichen nützlichen Beiträgen, wie Kalendarien,

Verzeichnissen von Messen und Märkten, statistischen Mitteilungen und dergleichen nahmen die sozialdemokratischen Kalender in großer Formenvielfalt künstlerisch-literarische und publizistische Beiträge auf, die meist aus der Feder sozialdemokratischer Autoren stammten. Die Kalender enthielten Aufsätze zu politischen, naturkundlichen, weltanschaulichen oder historischen Themen, biographische Skizzen berühmter Persönlichkeiten, Gedichte, Sinnsprüche, Rätsel, Anekdoten und Witze. Aufbau und Formenspektrum entsprachen der Struktur traditioneller Volkskalender. Viele namhafte sozialdemokratische Redakteure, Agitatoren und Publizisten schrieben Kalenderbeiträge in unmittelbarem Auftrag der Kalenderredaktionen (u. a. J. Ph. Becker, F. W. Fritzsche, A. Geib, W. Hasenclever, C. Hirsch, W. Liebknecht, J. Most, A. Otto-Walster, E. Roßbach). In nahezu allen Beiträgen bis hin zu Rätseln und Anekdoten kommt die politisch und weltanschaulich belehrende Absicht zum Ausdruck. W. Bracke nutzte in seinem Kalender selbst die übliche Rubrik der Wetterprophezeiungen für die Agitation. Die Aufforderung an die Leser, die Angaben aus dem *Hundertjährigen Kalender* mit der tatsächlichen Wetterentwicklung zu vergleichen, sollte die bäuerlichen Leser vom Aberglauben weg und an eine materialistische Weltanschauung heranführen. Der *Volksstaat-Kalender* 1873 brachte unter der Überschrift *Zahlen reden* statistische Angaben über die Finanzierung des Militärsystems in Europa und stellte sie den Ausgaben für Volksbildung und Kultur (speziell in Preußen) gegenüber. Die Kalender erforderten und förder-

ten die Bildung kurzer, operativer Formen in der mit der Arbeiterbewegung verbundenen Literaturbewegung.

Neben Gedichten, die in der politischen Literatur jener Zeit generell dominierten, kam hierbei den Kalendergeschichten besondere Bedeutung zu. Novellistische (vor allem R. Schweichel) und skizzenartige (u.a. Otto-Walster) Strukturen kennzeichnen diese Geschichten. Es handelte sich um politische Gebrauchsliteratur, die häufig auf konkrete Themenwünsche der Redaktionen hin entstand und auf aktuelle Wirkung bedacht war. Bei Schweichels Kalendergeschichten, die sich z.T. direkt auf authentische Ereignisse in Berichten der Arbeiterpresse stützen, wird die Nähe dieser Form zum Journalismus besonders deutlich. Die meisten der in den 70er Jahren hervorgetretenen Autoren der Arbeiterbewegung verfaßten Kalendergeschichten (A. Geib, W. Hasenclever, M. Kegel, M. Kautsky, R. Lavant, C. Lübeck u.a.). In ihnen werden bestimmte Themen variiert: das Verhältnis der oberen Gesellschaftsschichten zu den unteren Klassen. Dabei wird die moralische Überlegenheit der arbeitenden Menschen herausgestellt, auch Entwicklung einer jungen Frau aus kleinbürgerlichen Verhältnissen zur Anhängerin sozialistischer Ideen dargestellt (M. Kautsky). In den Kalendern der Eisenacher sind Geschichten zu finden, in denen die Agitation oder der Wahlkampf im Mittelpunkt stehen, auch der Streik als politisches Kampfmittel wird literarisch gestaltet.

Einen besonderen Anteil an den Kalendergeschichten hat Schweichel, der seit 1873 für die Kalender der Partei schrieb. Seine Erzählungen mit Themen aus dem Bauernkrieg wollten zur Ausbildung des Geschichtsbewußtseins seiner Leser beitragen. Historische Skizzen (W. Blos), Biographien führender Sozialisten (R. Owen), Schriftsteller und Publizisten (G. Herwegh, M. Heß) vermittelten die Gewißheit, daß der Emanzipationskampf des Proletariats Fortsetzung aller Kämpfe der Unterdrückten in der Vergangenheit ist. Mehrfach wurden Vorgänge aus den Tagen der Pariser Kommune aufgegriffen, ohne aber deren historische Bedeutung deutlich zu machen. R. Schweichel erfaßte ein wichtiges Merkmal proletarischen Kampfes, wenn er die Lösung von der bürgerlichen Ideologie, gefördert durch sozialistische Lektüre, gestaltet. Reportagehafte Berichte aus Frankreich und Nordamerika sollten den historischen Horizont des proletarischen Lesers erweitern. Erzählungen und Skizzen von A. Otto-Walster machten auf soziale Widersprüche, die deutsche Auswanderer am eigenen Leib erfuhren, im »Land der ungeahnten Möglichkeiten« aufmerksam.

In den Kalendern zeigte sich die kulturelle Traditionswahl der frühen Sozialdemokratie. Über ihre politisch und weltanschaulich agitatorische Funktion hinaus sollten die Kalender in einem allgemeinen Sinne aufklärend und bildend zugleich wirken. Brackes *Volks-Kalender* für das Jahr 1878 enthielt z.B. biographische Skizzen zu G. E. Lessing (von Bracke), zu J. Jacoby (von S. Kokosky) und zu K. Marx (von F. Engels). Seine Kalender nahmen Gedichte und Aphorismen von A. von Chamisso, A. Glaßbrenner, A. Hoffmann von Fallersleben, R. Prutz u.a., aber auch Textzitate von G. Danton, J.-P. Marat, H. de Mirabeau, M. de Robespierre, C. de Saint-Simon und Ch. Darwin, teilweise ergänzt durch Porträts und Holzschnitte, auf. Für die Jahre 1879/82 wurde, angeregt durch W. Hasenclever, der Kalender unter dem Titel *Omnibus* als Parteikalender weitergeführt. Er hatte als unscheinbares Heftchen vor allem die Aufgabe, die Verbindung zwischen den Genossen aufrechtzuerhalten. Die Kalenderausgabe für das Jahr 1883, die in der von J. H. W. Dietz gegründeten Druckerei in Stuttgart gestaltet wurde, erschien in neuer Ausstattung u. d. T. *Illustrierter Neue-Welt-Kalender* bis 1933 als Organ der SPD. Bis zum Erlaß des Sozialistengesetzes hatten die Kalender offen und direkt den Befreiungskampf des Proletariats unterstützt. Während des zwölfjährigen Verbotes mußten sie auf das historische Beispiel oder solche poetischen Formen zurückgreifen, die eine symbolische oder getarnte Darstellung ermöglichten (Lyrik, Parabel, Fabel u.a.). Nach dem Fall der Sozialistengesetze ging die vorrangig politische Ausrichtung der Kalender zurück. Neben wenigen Erzählungen aus den Kämpfen des modernen Industrieproletariats erschienen vorwiegend solche mit Stoffen aus kleinbürgerlichem Milieu, in denen der proletarische Kampf nur Vehikel für persönliche Schicksale ist. Die Kalender wurden mehr und mehr zum Unterhaltungsblatt mit kulturhistorischen Skizzen, Aufsätzen zur Technik, zur Pflanzen- und Tierwelt, zur Freizeitgestaltung u. ä. Die mit den frühen politischen Kämpfen vor und während des Sozialistengesetzes verbundenen Autoren machten jüngeren Platz, für die die politische Funktion ihrer Literatur nicht mehr so bedeutsam war. Der Anspruch auf operative Wirksamkeit des Kalenders im politischen Kampf wurde weitgehend aufgegeben.

Auch die KPD nutzte die Kalender für ihre agitatorische und propagandistische Arbeit. Der erste Kalender, *Das freie Land. Kommunistischer Bauernkalender für das Jahr 1920*, (Erscheinungszeitraum 1919/26) nahm Traditionen des von Bracke herausgegebenen *Volks-Kalenders* auf; ihm folgte 1920 der *Taschenkalender für Kommunisten 1921*. Daneben gab es Kalender auf Bezirksebene und solche, die von Zeitungsverlagen, z.B. dem der RF herausgegeben wurden. Der bekannteste war der *Arbeiter-Wandkalender*, als »Roter Abreißkalender« (G. Alexander) bekannt geworden, der auf Beschluß des EKKI vom 3. 12. 1921 als kommunistischer Kalender der deutschen Arbeiterbewegung vom Jahrgang 1923 an - ausgeliefert im Okt. 1922 - bis 1933 im Verlag der KI in Deutschland, C. Hoym Nachfolger L. Cahnbley Hamburg, erschien. Die ersten Jahrgänge des Kalenders hatten eine Auflage

von 100000 Ex., die aber, bedingt durch die sich verschärfende Wirtschaftskrise, für das Jahr 1929 auf 50000 zurückging. Der »Rote Abreißkalender«, Dokument revolutionärer Kämpfe aus Vergangenheit und Gegenwart, sollte als Wandkalender täglich Einfluß auf seine Leser nehmen. Geprägt von Humanismus und Solidarität mit allen Ausgebeuteten und Verfolgten, entschiedener Ablehnung von Krieg und Faschismus, wurde er von den Lesern begrüßt und von den Behörden mit Verboten bedacht. Hauptherausgeber bzw. Textredakteur war bis zum Jahrgang 1927 der Kunsthistoriker J. Thomas, der gegenüber dem EKKI zeitweilig für den Verlag der KI in Deutschland verantwortlich war. Vom Jahrgang 1928 an hatten die im Impressum Genannten vor allem juristische Funktionen wahrzunehmen (P. Wenzek, P. Dietrich, A. Creutzburg).

Der »Rote Abreißkalender« - Umfang etwa 200 bis 250 Seiten - vereinte in der Regel auf einem Blatt die Tage einer Woche. Lediglich der Jahrgang 1926 ist als Tagesabreißkalender gestaltet, der Jahrgang 1925 ist neben der Blockform auch in Buchform erschienen. Bereits in den ersten Jahrgängen des Kalenders wird Revolutionsgeschichte und revolutionäre Literatur einbezogen, bei den Jahrgängen 1932 und 1933 weist ein dem Kalender vorangestelltes Motto auf die Oktoberrevolution von 1917 und auf die deutsche Revolution von 1918 hin. Jeder Monat wird unter ein sich auf das zentrale Motto beziehendes Thema gestellt (z.B. Motto für Jg. 1933: »15 Jahre Deutsche Revolution«; Januarthema: »15 Jahre Rote Armee - 15 Jahre Schwert der Weltrevolution«; Februarthema: »Proletarier aller Länder, vereinigt Euch!«). Die Gestaltung aller Kalenderblätter folgt in den elf Jahrgängen einem Schema: Vorder- und Rückseite sind aufeinander abgestimmt. Die Vorderseite enthält jeweils die Tagesangaben, an die sich eine Chronik vergangener Ereignisse und in zunehmendem Maße aktuelle Informationen anschließen. Die Grafiken, Illustrationen, Fotos, Fotomontagen und Karikaturen auf der Vorderseite werden durch Bildtexte ergänzt und korrespondieren mit den Texten auf der Rückseite, die aus Kalendergeschichten und kleineren Formen, aus Zitaten von Autoren aus Vergangenheit und Gegenwart, aus Zeugnissen revolutionärer und progressiver Bewegungen bestehen.

Vier Themenkreise erfahren dabei besondere Beachtung: 1. Die Klassiker des Marxismus-Leninismus, besonders die Schriften W. I. Lenins zur sozialistischen Revolution und zum Staat (z.B. enthält die Ausgabe für 1926 Auszüge und Zitate aus bisher nur in russischer Sprache vorliegenden Artikeln und Reden Lenins: *Heer und Revolution*, 1905 und *Das rückständige Europa und das fortschrittliche Asien*, 1913); 2. Informationen und Dokumente vom Aufbau der Sowjetunion; 3. bei Gedenktagen und Jahrestagen stehen große historische Ereignisse im Vordergrund, so die Französische

Revolution von 1789, die Revolutionen des Jahres 1848, die Pariser Kommune. Seit 1926 wird stärker auf das deutsche und internationale Geschehen der jüngsten Vergangenheit und besonders der Gegenwart Bezug genommen, verbunden mit einer scharfen Polemik gegen die SPD-Politik; 4. Kunst und Literatur haben an der Wirkung der Kalender einen großen Anteil.

Der »Rote Abreißkalender« ist reich illustriert: er enthielt insgesamt 107 künstlerische Beiträge von bekannten und 100 Abbildungen von bisher nicht ermittelten Künstlern. G. Grosz, Fuk, J. Heartfield, K. Holtz, K. Kollwitz und R. Schlichter haben den größten Anteil. Grafiken und Plakate sowjetischer Künstler, Arbeiten von F. Masereel und von Künstlern aus den USA wurden einbezogen. Dazu kamen Werkabbildungen von H. Daumier, E. Delacroix, F. Goya, A. von Menzel, W. Hogarth u. a.

Das Spektrum der literarischen Beiträge umfaßte deutsche und ausländische zeitgenössische sozialkritische Texte, sowie revolutionäre und humanistische des nationalen und internationalen Literaturerbes. Bei den insgesamt ermittelten 88 literarischen Beiträgen dominieren die kommunistischen Autoren. Vorrang haben Gedichte von J. R. Becher und die populären Gedichte von E. Weinert. Abgedruckt wurden auch Verse von E. Ginkel, H. Lorbeer, K. Tucholsky sowie Auszüge aus H. Marchwitzas Roman *Sturm auf Essen* (Berlin 1930). Aus den Literaturen anderer Länder sind u. a. H. Barbusse, M. Gorki, W. Majakowski, J. Reed und B. Shaw vertreten.

Lit.: W. Uhl: Unser Kalender in seiner Entwicklung von den ältesten Anfängen bis heute, Paderborn 1893; Unsere Kalender, in: Illustrierter-Neue-Welt-Kalender für das Jahr 1901, Stuttgart 1900; Textausgaben, Bd. 14; B. Kontny: Der Rote Abreißkalender, in: Studien zum Buch- und Bibliothekswesen, Bd. 2, Leipzig 1982.

Cäcilia Friedrich/Red.

Kameraden der Menschheit

Dichtungen zur Weltrevolution. Eine Sammlung. (Hg. von L. Rubiner, Gustav Kiepenheuer Verlag, Potsdam 1919. Aufl.: 5000). Mit Gedichten von L. Bäumer, J. R. Becher, A. Ehrenstein, C. Einstein, I. Goll, H. Guilbeaux, W. Hasenclever, A. Holitscher, H. Lachmann, R. Leonhard, P.-J. Jouve, M. Martinet, K. Otten, L. Rubiner, E. Toller, F. Werfel, A. Wolfenstein, P. Zech, entstanden zwischen 1914 und Frühjahr 1919. Als Beiträger wählte Rubiner (mit Ausnahme von Holitscher und Lachmann, Gattin des in München ermordeten G. Landauer) Dichter der jüngeren Generation, die durch die Erfahrung des Weltkrieges zu poetischen Darstellungen gelangten, die eine (unterschiedlich, oft abstrakt gefaßte) Erneuerung der Ver-

hältnisse als notwendig erscheinen ließen. Zu ihnen gehörten Mitglieder der KPD (S) (Bäumer, Becher, Rubiner), in den Revolutionskämpfen Engagierte (Einstein, Otten, Toller) wie auch Autoren, die 1919 vor der realen Revolution zurückschreckten (Hasenclever, Werfel, Wolfenstein); nicht aufgenommen wurden »die sogenannten Arbeiterdichter«, die »sich vom Kriegskapitalismus mißbrauchen ließen«. Bei solch unterschiedlichen Standpunkten gab es im Poetischen aber auch gemeinsame Strukturdominanzen: den Zug zum Rhetorischen (oft im Rückgriff auf Whitman), zur Projektion des Gewünschten, und die Konfrontation einer Bildwelt der Gewalt, technisch-kriegerischer Sphäre, mit einer naturhaften, oft floralen, harmonisch-lichten Bildwelt; das Satirische blieb Ausnahme (so in Hasenclevers starkem Gedicht *Die Mörder sitzen in der Oper*).

Der Herausgeber akzentuierte den Zusammenhang von Krieg und Revolution: seit 1914 gehe es (was den drei französischen Autoren des Buches bewußt sei) um die »Entscheidung im Kampfe des internationalen Sozialismus«. Im *Nachwort* begründete Rubiner die Auswahl und die Eigenart der Gedichte. Ihnen gemeinsam sei »ein Bekenntnis ... zum Kampf gegen eine alte Welt, zum Marsch in das neue Menschenland der sozialen Revolution«. Die offene Politisierung der Dichtung in Gestalt einer »künstlerisch ganz ausgedrückten ... Parteinahme« wurde bejaht und gegen ein »Denksystem des Bürgers«, das »des sogenannten ›rein künstlerischen‹ Wertes« verteidigt. Den Typus des Dichters in seiner Sammlung kennzeichnete Rubiner als »Neuling der Revolution«; gegenüber dem Proletariat, dessen langjährige Schulung in der Hingabe für die Gemeinschaft ihm fehle, stehe er sachlich und erkenntnismäßig weit zurück, er nehme noch nicht praktisch an der »Gemeinschaftstat« teil, habe sich zuerst selbst aus dem Kleinbürgertum zu befreien, weswegen diese »Revolutionsdichtung« nicht sozialistisch, sondern vorläufig noch utopistisch« sei. Ihr Wert liege, auch wenn der sachliche Inhalt der Revolution – »die Produktionsmittel der Erde in die Hände der Produzierenden« – nur in geringem Maße deutlich werde, im unbedingten Willen und Ethos, die Wirklichkeit umzubilden und in der entschiedenen »Proklamation des seelischen Neubaus, ... der revolutionären Solidarität, der Gemeinschaftsfreiheit, der sozialen Gerechtigkeit.« Bei Markierung ihrer Grenzen bestimmte Rubiner das spezifische Leistungsvermögen dieser Dichtung: es »tritt der Dichter ... an die Seite des Proletariers: Der Proletarier befreit die Welt von der wirtschaftlichen Vergangenheit des Kapitalismus; der Dichter befreit sie von der Gefühlsvergangenheit des Kapitalismus.« Damit versuchte Rubiner das Bündnis von Dichtern bürgerlicher Herkunft und Proletariat als arbeitsteiliges solidarisches Zusammenwirken zu fassen: sie seien »Kameraden der Menschheit«, die »zur Weltrevolution« »rufen«. Dies zu betonen war ihm wichtiger, als Unterschiede zwischen den Beiträgern hervorzuheben. Das Buch sollte zeigen, wie die Dichtung mitwirken kann an der Verständigung über den Epochenvorgang zum Sozialismus hin und über das Verhalten zur Niederlage der Revolution in Deutschland (welches, wie die Dichter, in bezug auf die Revolution ein Neuling sei und sich revolutionäres Bewußtsein mit größeren, schrecklicheren Opfern erkaufen müsse als Länder mit revolutionärer Vergangenheit). Diesem Ziel diente das Kompositionsprinzip der Sammlung. Die in ihr vereinten (meist expressionistischen) Gedichte zeugen von der Idee gewaltloser Umkehr zur Mitmenschlichkeit wie von revolutionären Positionen (z.B. Bechers *Gruß des deutschen Dichters an die Russische Föderative Sowjet-Republik*); durch die nicht-chronologische Abfolge der Gedichte in den sechs Teilen (mit markant gesetzten Anfangs- und Schlußstücken) erhalten die Texte ihren Stellenwert in der Gesamtaussage des Buches: Es soll – nach Niederschlagung der Januarkämpfe in Berlin, der Bremer und Münchner Räterepubliken – die Einsicht vermitteln, daß ein Durchbrechen passiver Haltung, das Erwachen von Empörung notwendig, aber kein einmaliger Akt ist, daß sich Aufbruch zu Umwälzung und menschlicher Gemeinschaft wiederholen wird, daß das Volk, die »rote Schar« auf konterrevolutionäre Gewalt stoßen, doch das Ethos der Empörung und Brüderlichkeit im Wissen um den Verlauf der zeitgeschichtlichen Ereignisse bewahrt und weitergetragen werden wird.

Lit.: Kameraden der Menschheit, Ndr. Leipzig 1971, mit Vorw. von F. Albrecht; dass., Stuttgart 1979, Ndr. mit Nachw. und Literaturverz. von H.-O. Hügel.

Silvia Schlenstedt

Kämpchen, Heinrich
Geb. 23. 4. 1847 in Altendorf (Ruhr); gest. 6. 3. 1912 in Bochum-Linden

Sohn eines Bergmanns; verlor die Mutter in früher Jugend; fuhr 13jährig erstmals in die Zeche »Hasenwinkel« ein, die fast 30 Jahre sein Leben bestimmte; schloß sich der Sozialdemokratie an, schrieb erste Gedichte während der Arbeit auf der »Buttertüte«; wurde nach dem großen Bergarbeiterstreik vom Mai 1889 Vertrauensmann der Kumpel seines Schachtes und als »Aufwiegler« auf die »Schwarze Liste« gesetzt; Invalide geworden, mußte K. als Mann von Anfang vierzig von einer spärlichen Knappschaftsrente leben und litt bis zum Lebensende materielle Not; arbeitete nun für die Bergarbeitergewerkschaft und die »Deutsche Berg- und Hüttenarbeiterzeitung«. Zwischen 1890/1910 gibt es kaum ein wesentliches Ereignis im Leben der Bergarbeiter, das der Aufmerksamkeit des lyrischen Chronisten der Kämpfe entgangen wäre. Als Dichter blieb K. Sprecher der Kohlekumpel. Seine Gedichte gehörten zum Profil des Gewerkschaftsjournals, waren z.T. nur mit dem Bergmannszeichen Schlegel und Hammer gekennzeichnet und erfreuten sich – wie seine Liedtexte – großer Beliebtheit. Die im Sep. 1897 vom Vorstand »wegen Platzmangels« verfügte Absetzung seiner Beiträge scheiterte u.a. am Einspruch der »Kameraden von Linden-Dahlhausen«.

Um die Jahrhundertwende ist K. der bedeutendste Dichter der Bergarbeiter. Zu seinen Lebzeiten erscheinen drei Lyrikbände: *Aus Schacht und Hütte* (Bochum 1899), *Neue Lieder* (Bochum 1904) und *Was die Ruhr mir sang* (Bochum 1909). Sie nehmen die Tradition deutscher Bergmannsdichtung auf, setzen sich aber von der Idealisierung und Romantisierung des Bergmannslebens ab. Sie zielen stattdessen auf eine Analyse der aktuellen Klassenkonflikte, von der Klage über das schwere Bergmannslos zur Anklage des auf Ausbeutung beruhenden Gesellschaftssystems in der Ära zwischen Bismarcks Sturz und dem Vorabend des Weltkriegs. Begriffe wie »Dividende«, »Kohlenjunker«, »Kohlensyndikat«, »Profit«, »Steikbrecher« u.a., undenkbar in der vorausgegangenen Bergmannslyrik, legen neue Sachverhalte bloß. Im Gegensatz zum stark religiösen Charakter der überlieferten Bergmannsdichtung ist K.s Lyrik atheistisch geprägt und antiklerikal. K.s Gedichte forderten die Bergleute auf, in den Kämpfen der Proletarier eine Führungsrolle zu übernehmen (*Erneute Mahnung*, 1896). Die Gedichtbände zeigen einen Autor, der die Tradition des Vormärz und der Revolution von 1848 aufnimmt und weiterführt, inspiriert von der Lyrik H. Heines, G. Herweghs und F. Freiligraths, was u.a. den sozialen Balladen, Liedstrophen und satirischen Texten abzulesen ist. K. verehrte Goethe und Schiller, auch A. von Droste-Hülshoff, versuchte sich in traditioneller Naturlyrik, die dort realistische Züge hat, wo er die von der Industrialisierung bedrohte Heimat konkret ins Bild setzt. Manchmal wird das Naturbild zur Metapher für die politische Hoffnung (*Eifelmohn*). K. benutzt traditionelle lyrische Formen wie Sinnspruch, Ballade, Sonett oder Liedstrophen. In den Texten überwiegt der rhetorische Gestus direkter Ansprache. Die Stärke der Dichtungen war ihre Operativität, die K. anstrebte, sowie die auf genauer Kenntnis der proletarischen Lebensumstände beruhende Realitätsnähe des Autors.

Zeitweilig resignierte K. in seiner kämpferischen Position und näherte sich der auf Klassenversöhnung zielenden Politik solcher Bergarbeiterführer wie O. Hue an, den er beim Ruhrbergarbeiterstreik von 1905 auch mit Gedichten unterstützte. Zugleich schätzt er parlamentarische Erfolge wie den Einzug des ersten Bergarbeiters in den Reichstag, nicht gering. Hauptthema vieler Gedichte ist sein Aufruf zu gemeinsamem Handeln der Bergarbeiter (*Arbeitsbrüder*; *An die Unorganisier-*

ten usw.), wobei er Christen und Nichtchristen, auch die Ehefrauen der Kumpel, in einer Front vereinigt sehen will. K.s Liedtext »Glück auf, Kameraden, durch Nacht zu Licht« (1889, gesungen nach der Melodie zu F. Schillers *Wohlauf, Kameraden*) wurde u. d. T. *Internationales Knappenlied* weithin bekannt. Andere Gedichte setzen sich mit dem chauvinistischen »Sedan-Rummel« oder kaiserlicher Kolonialpolitik auseinander (*Im Buschwald*). Als Internationalist begrüßte K. 1905 die russische Revolution (*Potemkin*). Er war überzeugt, es werde ein alle Völker umschließendes »Reich des Friedens« entstehen (*Mein Glaube*), in dem es auch dem Proletarier möglich werde, ein ganzer Mensch zu sein. Noch in den 20er Jahren werden Gedichte K.s in alle wichtigen Anthologien zur proletarischen Dichtung aufgenommen.

Ausg.: Aus der Tiefe, Hg. W. Helf, Bochum 1931; Das Lied des Ruhrkumpels, Hg. W. Seifert/E. Scherer, Berlin 1960.

Erhard Scherner

Kampfgemeinschaft der Arbeitersänger (KdAS)

Kommunistische Organisation der wegen ihrer oppositionellen Haltung aus dem Deutschen Arbeiter-Sängerbund (DAS) ausgeschlossenen Mitglieder der Arbeitersängerbewegung; gegründet im Mai 1931, wirksam bis Mitte 1935.
In den Jahren der Weltwirtschaftskrise ab 1929 wuchs in zahlreichen Chören die Unzufriedenheit mit der kulturpolitischen Linie der DAS-Führung. Auf die Forderung nach verstärkter Einbeziehung des Gesangs in die sich zuspitzenden politischen Auseinandersetzungen sowie nach Aufnahme neuer revolutionärer Kampflieder in das Repertoire reagierte die Führung des DAS ab Nov. 1929 mit Ausschlüssen einzelner Mitglieder und ganzer Chöre. Daraufhin formierte sich zunächst eine »Opposition im DAS«, die erstmals im März 1931 beim Reichskulturkongreß der Interessengemeinschaft für Arbeiterkultur (IfA) auftrat, wenig später (Pfingsten 1931) wurde auf der 1. Reichskonferenz der oppositionellen Arbeitersänger in Berlin die KdAS gegründet. Zur Aufgabenstellung hieß es im Gründungsdokument: »Während die einzelnen oppositionellen Gruppen bisher lose ihre Aufgaben durchführten, kommt es jetzt darauf an, eine einheitliche Reichsleitung zu schaffen, in der sowohl die Opposition im DAS als auch die Ausgeschlossenen erfaßt werden ... Das Hauptmoment unserer Arbeit muß es sein, unsere Massenbasis zu erweitern mit dem Ziel der Schaffung einer einheitlichen Arbeitersängerbewegung unter revolutionärer Führung.« In der Leitung der KdAS arbeiteten die Komponisten H. Eisler und E. H. Meyer; mit ihren Gesangsvereinigungen kamen hervor-

ragende Chordirigenten zur KdAS, unter ihnen K. Rankl, R. d'Arguto, E. Lendvai, G. Knepler, F. Deutsch und J. Goldstein. Mit ihren Chören (u. a. »Gemischter Chor Groß-Berlin«, »Schubert-Chor Berlin« und »Gemischter Chor Fichte Berlin«) setzten sie Maßstäbe für den hohen musikalischen Standard in der praktischen Arbeit der KdAS. Ihr Wirken führte in den Jahren 1931/32 zu einem großen Aufschwung des revolutionären Arbeitergesangs in den deutschen Großstädten. Im Auftrag der KdAS entstanden neue, politisch eingreifende Kompositionen vom einstimmigen Massenlied über Chöre bis hin zum Lehrstück, deren Aufführungen zu Höhepunkten proletarisch-revolutionärer Kunst vor 1933 wurden (z. B. B. Brecht/Eisler: *Die Maßnahme*; J. R. Becher/K. Vollmer: *Der große Plan*).
Zeitschrift der KdAS war von Jan. 1931/Feb. 1933 die »Kampfmusik. Organ der revolutionären Arbeitersänger und -musiker Deutschlands«, die monatlich mit 8 bis 12 S. und einer durchschnittlichen Auflage von 6000 Ex. im Verlag für Arbeiterkultur Berlin erschien. Verantwortlicher Redakteur war ab Mai 1931 E. H. Meyer. In der Zeitschrift erschienen wichtige Beiträge zur Theorie und Ästhetik der Kampfmusik (z. B. Eisler *Fortschritte in der Arbeitermusikbewegung*) wie zu ihrer Aufführungspraxis (z. B. Rankl: *Über den musikalischen Vortrag unserer neuen Chormusik*). Durch die regelmäßigen Notenbeilagen der »Kampfmusik« fanden die neuesten Kampflieder rasch in den Chören Verbreitung. Es erschienen u. a. Erstdrucke von Eisler/E. Weinert: *Der heimliche Aufmarsch*, von Eisler/D. Weber: *Stempellied* sowie Kompositionen von St. Wolpe, W. Vogel und Vollmer.
Analog zur Sängerbewegung vollzog sich auch in den Organisationen der Arbeiter-Instrumentalisten (u. a. »Deutscher Arbeiter-Mandolinistenbund«, »Deutscher Konzertina- und Bandonion-Bund«) der Kampf gegen die Neutralisierungspolitik ihres Dachverbandes, des Bundes der Arbeiter-Musikvereine Deutschlands; 1931 wurde auch eine Kampfgemeinschaft der Arbeitermusiker (KdAM) gegründet, die gemeinsam mit den Blasmusikformationen des RFB klassenkämpferisch wirken wollte. In der Zs. »Kampfmusik« erschien ab Jan. 1932 die ständige Rubrik »Aus der Kampfgemeinschaft der Arbeitermusiker«.
Nach dem Verbot aller proletarischen Kulturorganisationen im faschistischen Deutschland setzte die KdAS ihre Arbeit bis 1935 als »Kampfgemeinschaft der Arbeitersänger an der Saar« fort. Mit einer eigenen Sammlung alter und neuer Kampflieder, *Alles singt mit!*, die u. a. neue Lieder von Weinert/P. Arma enthielt (*Das Thälmannlied, Das Dimitroflied, Das Rote Saarlied*), wurde den Chören aktuelles Material für ihre Auftritte während des Saarkampfes 1934 bereitgestellt. Nach der Beteiligung an der Arbeitermusik- und Gesangsolympiade im Juni 1935 in Strasbourg endete die Tätigkeit der KdAS.
Die Strategie der KdAS war geprägt durch die zunehmende

Härte der politischen Auseinandersetzung in den Jahren ab 1931. Scharfe Ablehnung von klassischer Chorliteratur und Volkslied wie der betonte Einsatz von Agitation und Strenge im Gegensatz zum gefühlsmäßigen Singen kennzeichneten die Ästhetik der damaligen Kampfmusikperiode, die später von Eisler und Meyer korrigiert wurde.

Lit.: E. H. Meyer: Aus der Tätigkeit der Kampfgemeinschaft der Arbeitersänger, in: Sinn und Form, Sonderheft Hanns Eisler, Berlin 1962; H. Eisler: Musik und Politik. Schriften 1924-1948, Leipzig 1973; W. Fuhr: Proletarische Musik in Deutschland 1928-1933, Göppingen 1977; I. Lammel: Arbeitermusikkultur in Deutschland 1844-1945, Leipzig 1984; J. Schebera: Das Lied im Saarkampf, in: Der Kampf um die Zukunft des Saargebiets 1934/35, Berlin 1984.

Jürgen Schebera

Kanehl, Oskar

Geb. 5. 10. 1888 in Berlin; gest. 28. 5. 1929 (Selbstmord) in Berlin

Vater Volksschullehrer. Studium der Germanistik 1908/12 in Berlin, Würzburg, Greifswald. Promotion Nov. 1912 in Greifswald (*Der junge Goethe im Urteil des jungen Deutschland*). K. lebte in Wieck, gab ab Juni 1913 den »Wiecker Boten« heraus (Juli 1914 verboten), zunächst mit der Studentenschaft als Zielgruppe, doch bald in Beziehung zu Autoren und Ziel der Zs. »Die Aktion«. 1914/18 vier Jahre an der Front. Am 8. Nov. 1918 in Berlin in den Vollzugsrat der Arbeiter und Soldaten gewählt. Mitglied der KPD bis zum Heidelberger Parteitag Okt. 1919, 1921 der Allgemeinen Arbeiter-Union, Einheitsorganisation (AAUE). K. publizierte, außer in der »Aktion«, in der Halbmonatsschrift für proletarische Kultur »Der Prolet« (1919/20) und in »Einheitsfront«, Organ der AAUE (1923/26). Von Anfang 1921 bis zu seinem Tod war er bei den Rotter-Bühnen in Berlin Regisseur meist seichter Komödien, versuchte dies als »Broterwerb« von seiner politisch-literarischen Tätigkeit zu trennen. Mai 1924 Prozeß wegen »Anstiftung zur Gewalttätigkeit« durch sein Gedicht *Straße frei*. Von der Gründung Nov. 1926 bis zu seinem Tod Mitglied des »Spartakusbund linkskommunistischer Organisation«. Ende 1928 Beschlagnahme seines Buches *Straße frei* (Berlin 1928) und Strafantrag wegen Aufreizung zum Klassenhaß und Vorbereitung zum Hochverrat.

In K.s Leben, politischem und literarischem Wirken brachte die Novemberrevolution eine Zäsur und eine entschiedene Wendung zur revolutionären proletarischen Bewegung. Mit seinen Anfängen hatte er am Protest junger bürgerlicher Intellektueller in Jugendbewegung und Vorkriegsexpressionismus teil; seine Publizistik wandte sich gegen konventionelle Erstarrung des akademischen Lebens und bürger-

lichen Kunstbetriebs, gegen Apolitismus und eine Ästhetik, die der Gegenwartskunst fremd gegenübersteht, seine Gedichte bewegten sich mit ihren Natur- und Großstadtbildern im Rahmen der frühen expressionistischen Bewegung. Ausdruck seiner Konsequenz war, daß K. aus seiner Vorkriegslyrik nur einen Text in einen späteren Gedichtband aufnahm: *Der Söhne junger Ruf* (in: *Steh auf, Prolet*, Berlin 1920, 2. erw. Aufl. Berlin 1922), in dem jugendliches Aufbegehren als Kampfansage an den »morschen Väterbau« vorgetragen wird. Während des Weltkriegs entstanden Gedichte (nur wenige wurden publiziert), in denen sich K.s Opposition gegen den Krieg in sachlichen Darstellungen des Frontalltags und in Anklagen erlittener Entmenschlichung äußerte. In dem Band *Die Schande. Gedichte eines dienstpflichtigen Soldaten aus der Mordsaison 1914-1918* (Berlin 1922 [=Aktions-Lyrik Bd. 7]) fügte er sie als »Dokumente des Widerwillens, des Ekels, Haß und Galle, Leid und Sehnsucht« der Soldaten (*Vorrede*, S. 3) so zusammen, daß ein Entwicklungsbogen von Einberufung bei Kriegsbeginn bis zu Friedenssehnsucht und Revolutionsbereitschaft entstand. In der in der Zs. »Die Erde« 1919 erschienenen Folge von fünf Aufsätzen, die sich mit Grundfragen der Revolution auseinandersetzten, überschritt er Haltungen des ethischen Sozialismus und pazifistische Illusionen. Die bürgerliche Demokratie der deutschen »Nationalrevolution« kennzeichnete er als Mittel zur Verhinderung proletarischer Revolution, »Schutz der alten, widergeistigen Mächte«, »Kapitaldemokratie« (*Demokratie - Lügendemokratie*, in: Die Erde, Jg. I, S. 267), dagegen die Diktatur des Proletariats als »ein notwendiges revolutionäres Mittel auf dem Wege zur Weltdemokratie«. Im Eintreten für Diktatur des Proletariats vermochte K. ihre bürgerlich-demokratische Kritik zurückzuweisen, und doch blieb das Proletariat abstrakt bestimmt, als »Träger des politischen Geistes, die Exekutive der Weltrevolution« (*Diktatur des Proletariats*, ebd. S. 308-309). In der direkten Aktion, im Generalstreik sah K. den Weg, das Ende der Ausbeuter herbeizuführen. In der revolutionären Situation 1919/21 konnten von diesem politischen Standpunkt aus Gedichte entstehen, die den Klassenantagonismus ins Zentrum setzten und zur revolutionären Aktion, zum Weitertreiben der begonnenen Revolution aufriefen. Besonders *Der Prolet, Der Bürger, An Karl Liebknecht, Fahneneid der Roten Armee, Wer fragt danach* (in: *Steh auf, Prolet* von 1922) zeichnen in kämpferischer, einleuchtend schlagender Weise den Gegenspieler zur Bourgeoisherrschaft, der sich nur mit revolutionärer Gewalt befreien und gegen Terror zur Wehr setzen kann, und geben wie kaum sonst in der sozialistischen deutschen Literatur der Zeit Klassenkampflage und proletarischem Klassenbewußtsein neuartigen sprachlichen Ausdruck. Dies gilt ebenso von *Junge Garde* (als Lied in der Arbeiterbewegung sehr populär, in

Oskar Kanehl, die »Aktion« lesend

1924 verdichteten sich Momente der Resignation (*Melancholie*) und der vorwurfsvollen Kritik am Proletariat, das passiv bleibe, vor seiner Aufgabe versage. Damit geriet K. auch in krisenhaften Widerspruch zum eigenen politisch-literarischen Selbstverständnis. Mit den Gedichten »das kollektivistische, das Massen- und Klassenerlebnis« zu geben, zu »helfen, die Selbstbewußtseinsentwicklung der Arbeiterklasse vorwärts zu treiben zu dem Ziel der Befreiung der Arbeiterklasse« (Rede vor Gericht 1924) war von K. auf realistische Weise in seinen letzten Lebensjahren nicht mehr zu leisten.

Lit.: E. Friedrich: O. Kanehl. Der proletarische Dichter. Sein Leben. Auszüge aus seinen Werken, Berlin 1924; Beiträge Bd. 2; Fähnders/Rector; U. Druvins: O. Kanehl. Ein politischer Lyriker der expressionistischen Generation, Bonn 1977.

Silvia Schlenstedt

Kantorowicz, Alfred (Ps. Helmuth Campe)

Geb. 12. 8. 1899 in Berlin; gest. 27. 3. 1979 in Hamburg

vielen Arbeiterliederbüchern, auch als *Wir sind die erste Reihe*, gedruckt), wirkungsvoll durch den kollektiven Akteur als Sprecher, dadurch Kampfappell und Kampfansage in einem, durch harte knappe Fügungen, vorwärtsdrängenden Aufbau und rhythmische Gestalt, sparsamen Einsatz von Symbolzeichen der proletarischen Bewegung. Die K. beherrschende Vorstellung, subjektive Aktionsbereitschaft des Proletariats könne unter allen Umständen und unvermittelt die Selbstbefreiung erreichen, seine linksradikale, spontanistische Ablehnung organisierten politischen und ökonomischen Klassenkampfes und parlamentarischer Arbeit bewirkten, daß er vor allem beim Übergang zur relativen Stabilisierung die Leistungen seiner Revolutionsdichtung nicht fortzusetzen vermochte. Folgend dem linkskommunistischen Theorem, der Kapitalismus befinde sich im Stadium seiner akuten Todeskrise (s. Aufs. *Todeskrise*, in: »Die Aktion«, 1925), verdammte K. jeglichen Kompromiß und andere Kampfformen als die direkte Attacke. Daher veränderten sich ab 1923 die Zielpunkte seiner lyrischen Arbeit. Es entstanden vor allem satirische und polemische Gedichte, die besonders SPD-Repräsentanten als Verräter ihrer Klasse (*Ein Sohn des Volkes, Die sind nun Minister* u.a.), aber auch Strategie und Parteiprinzip der KPD als Hindernisse für revolutionäres Handeln attackierten (*Völker hört die Zentrale, Der Parteiidiot* u.a.).

Aus konservativer jüdischer Kaufmannsfamilie. 1917 Kriegsfreiwilliger; 1919 Mitglied einer Bürgerwehr. 1920/23 Jura- und Germanistik-Studium in Berlin, Freiburg/Br., München und Erlangen; 1923 Dr. jur. (*Die völkerrechtlichen Grundlagen des nationaljüdischen Heims in Palästina*). 1924/27 Theaterkritiker und Feuilletonredakteur. 1928/29 Kulturkorrespondent der »Vossischen Zeitung« in Paris. Publikationen u.a. in »Literarische Welt« und »Die Tat«. Herbst 1931 Mitglied der KPD. März 1933 Emigration nach Paris. Mitarbeit am ↗ *Braunbuch* (Basel 1933); Generalsekretär des ↗ SDS im Exil; Initiator und Leiter der Deutschen Freiheitsbibliothek in Paris. Schrieb in »die aktion«, »Unsere Zeit«, »Neue Weltbühne«, »Das Wort«. 1934 und 1936 Reisen nach Moskau. Dez. 1936/Apr. 1938 Teilnehmer am spanischen Bürgerkrieg; Jan./Apr. 1937 Redakteur der Interbrigadenzeitung »Le Volontaire de la Liberté« (deutsche Ausg.); Herausgabe der Dokumentation *Tschapaiew, das Bataillon der 21 Nationen* (Madrid 1938, Ndr. Rudolstadt 1948). Rückkehr nach Paris; in Südfrankreich bei Kriegsbeginn interniert; Juni 1940 Flucht nach Marseille, 1941 in die USA. 1942/46 Analysen deutscher Radiosendungen für den Sender CBS; Arbeit für Exilblätter und amerikanische Zeitschriften. Dez. 1946 Rückkehr nach Berlin. Im Sammelband *Verboten und verbrannt* (mit R. Drews, Berlin/München 1947) Versuch eines Überblicks über die Literatur des Widerstands. 1947/49 Herausgeber der Zs. »Ost und West«, die unter finanziellem und politischem Druck ihr Erscheinen einstellen mußte. 1949 Universitätsprofessor in Berlin; 1950

Leiter des Heinrich Mann-Archivs. Aug. 1957 Bruch mit der SED und Flucht in die BRD.

Im Exil hat sich K. als rühriger und ehrgeiziger Organisator der Exilliteratur, Essayist und Literaturkritiker – nach anfänglich polemisch überzogener revolutionärer Rhetorik – im Sinne der Volksfrontbemühungen der KPD betätigt. Konflikte mit dem Parteiapparat und Akzeptanz stalinistischer Dogmen sind für seine Haltung gleichermaßen charakteristisch. Der Titel des Bandes *In unserem Lager ist Deutschland* (Paris 1936) ist ein Programm, dessen illusionäre Züge K. später kritisch gewertet hat. Der Band *Vom moralischen Gewinn der Niederlage* (Berlin 1949) vereinigt Aufsätze, Reden und Aufzeichnungen, die deutschen Lesern Erfahrungen der Exilierten vermitteln sollten. Das geheime Zentrum von K.s Schaffen war sein seit 1926 geführtes Tagebuch, in dem er die »bedrängenden Erfahrungen zu verarbeiten, zu bewerten und einzuordnen« sowie »Rechenschaft … über sein Handeln, Denken und Wollen« (U. Büttner: *Alfred Kantorowicz im französischen Exil*, in: »Exil«, 1989, H. 1) zu geben versuchte. 1939 stellte er ein *Spanisches Tagebuch* (Berlin 1948, neu als *Spanisches Kriegstagebuch*, Köln 1966, erw. 1979) zusammen. Die erste Fassung eines autobiographischen Zeitromans (*Der 5. März*) blieb 1936 nach Kritik der kommunistischen Schriftstellerfraktion in Paris unveröffentlicht; eine zweite u. d. T. *Der Sohn des Bürgers* erschien (unter Ps. Helmuth Campe) in »Ost und West« (1947, H. 6–1949, H. 10). Nach seiner Flucht veröffentlichte K. sein *Deutsches Tagebuch* (Erster Teil: München 1959, Zweiter Teil: München 1961), eine von Frustration, Zorn und Ressentiment geprägte Lebensbilanz. Ihr dokumentarischer Wert wird von der Neigung des Autors zu rückwirkender Selbststilisierung als Opponent der Parteibürokratie (vgl. H.-A. Walter: *Alfred Kantorowicz wäre neunzig geworden*, Sendemanuskript, Saaländischer Rundfunk, 12. 8. 1989) eingeschränkt.

W. W.: Porträts. Deutsche Schicksale, Berlin 1947; Deutsche Schicksale. Neue Porträts, Berlin 1949; Suchende Jugend. Briefwechsel mit jungen Leuten, Berlin 1949; Exil in Frankreich. Merkwürdigkeiten und Denkwürdigkeiten, Bremen 1971; Politik und Literatur im Exil, Hamburg 1978. – *Lit.:* Wache im Niemandsland. A. Kantorowicz zum 70. Geburtstag, Hg. H. J. Heydorn, Köln 1969; Alfred Kantorowicz, Hamburg 1969 (Hamburger Bibliographien, Bd. 3); In memoriam Alfred Kantorowicz, Hg. A. W. Mytze, 1979 (europäische ideen, H. 44); D. Pike: Alfred Kantorowicz: Politik und Literatur im Exil, in: Internationales Archiv für Sozialgeschichte der Literatur, Bd. 6, 1981; U. Büttner: Alfred Kantorowicz. Sein Beitrag zum geistigen Widerstand, in: U. Walberer (Hg.): 10. Mai 1933, Frankfurt a. M. 1983; U. Büttner: Alfred Kantorowicz und der »Tag des Freien Buches«, in: Exil 1933–1945, 1984, H. 1; H. A. Walter: Das Risiko des Moralisten, in: A. Kantorowicz: Es ist etwas ausgeblieben. Hamburg 1985; H. Kuhn: Bruch mit dem Kommunismus, Münster 1990; M. Rohrwasser: Der Stalinismus und die Renegaten, Stuttgart 1991.

Dieter Schiller

Kapell, August
Geb. 21. 3. 1844 Berlin; gest. 1901.

Zimmerer; seit den 60er Jahren Lassalleaner; 1871 Vorstandsmitglied des ADAV; Funktionär und bekannter Agitator der lassalleanischen Gewerkschaftsdachorganisation »Berliner Arbeiterbund«; ab 1875 Schriftführer der SAPD; 1877/78 sozialdemokratischer Reichstagsabgeordneter; während des Sozialistengesetzes zunächst aus Berlin, dann aus Hamburg ausgewiesen; wanderte 1880 nach Amerika aus und zog sich aus der Arbeiterbewegung zurück. – K.s Zweiakter *Dr. Max Hirschkuh oder das Amt des Heuchlers* (o. O. 1872, Nachdr. in: *Knilli/Münchow*), ein Charakterbild aus der Berliner Arbeiterbewegung, gehört neben ↗ J. B. von Schweitzers Agitationsstücken zu den wenigen überlieferten Zeugnissen (die meisten blieben ungedruckt) politisch operativer Dramatik im Umkreis der Lassalleaner. Wie viele andere Autoren des frühen Arbeitertheaters verarbeitete K. einen aktuellen Stoff zu einem Stück, das anläßlich des Stiftungsfestes des ADAV in Berlin am 10. 8. 1872 aufgeführt wurde. Charakteristisch ist die Kombination von Elementen der Komödie und des dramatisierten Streitdialoges. Gegenstand der Auseinandersetzung im Stück sind die, von den liberalen Hirsch-Dunckerschen Gewerksvereinen ins Leben gerufenen Einigungsämter, die die Streikbewegung Anfang der 70er Jahre unterdrücken sollten. Der Arbeiterfunktionär Ernst stellt sich im Dialog dem Industriellen Borstig und den liberalen »Vertretern der Volkswohlfahrt« Hirschkuh und Dunkler entgegen, die die angeblich unumgängliche Harmonie von Kapital und Arbeit zu erhalten trachten. Während Ernst politisch klar, scharf und souverän argumentiert, werden die Vorschläge seiner politischen Gegner ironisiert und ad absurdum geführt. Außer diesem Stück sind nur wenige politisch operative Gedichte K.s, veröffentlicht in der Presse der Lassalleaner, bekannt.

Tanja Bürgel

Kast, Peter (d. i. Carl Preißner)
Geb. 1. 8. 1894 in Elberfeld; gest. 23. 5. 1959 in Berlin

Sohn eines Küfers, lernte Schlosser, 1913 freiwillig zur Kriegsmarine. 1918 Spartakusanhänger, Delegierter im Arbeiter- und Soldatenrat in Emden. Gründungsmitglied der KPD, schrieb als Arbeiterkorrespondent Agitprop-Szenen und Glossen. Trat 1928 dem BPRS bei und wurde Redakteur der RF. In dieser Eigenschaft 1932 dreimonatige Haft. Ende 1932 Flucht vor drohender erneuter Verhaftung nach Prag. 1935 von dort ausgewiesen, fand er Asyl in Moskau, wo er für deutsche Funksendungen und Zeitschriften Hörspiele und Erlebnisberichte schrieb. Seit Juni 1937 in Spanien, Reakteur im »Verlags«-Stab der Interbrigaden, ab 1939 in Südfrankreich interniert, 1941 Flucht in die Schweiz und erneut interniert. 1946 Rückkehr nach Berlin, leitete die Kulturredaktion des »Vorwärts« und die Arbeitsgemeinschaft sozialistischer Schriftsteller und Journalisten. Seit 1951 freischaffend.

In K.s literarischem Werk steht der Kampf gegen Ausbeutung, Militarismus und Faschismus thematisch im Vordergrund. 1931 erhielt sein Drama *Docks* (nur als Fragment überliefert) in einem Preisausschreiben der »Linkskurve« eine Anerkennung. K. bevorzugte spannende Sujets und sinnfällige Gestaltungen der Darstellungsabsicht. So schildert seine »Erzählung von der Sinnlosigkeit des Krieges« (Untertitel), wie ein blühender Birnbaum in Flandern dem Bau eines deutschen Militärflugplatzes zum Opfer fällt (*Der Birnbaum*, Moskau 1939, Berlin 1948, überarbeitet u. d. T. *Hein, Antje und die anderen*, 1958). In der Erzählung *Irgendwo an der Grenze* (Berlin 1947, überarbeitet u. d. T. *Die Nacht im Grenzwald*, 1952) rettet ein Junge durch sein mutiges Handeln Illegale vor der Verhaftung. Der Roman *Das Geschenk* (Berlin 1954) ähnelt in seiner Grundstruktur A. Seghers' Roman *Das siebte Kreuz*. Er behandelt das Thema der internationalen antifaschistischen Solidarität, indem er schildert, wie durch die Unterstützung vieler Menschen die Flucht eines in Südfrankreich internierten deutschen Spanienkämpfers, der eine kostbare Ausgabe des *Kapital* mit Korrekturen von K. Marx bei sich trägt, bis nach Moskau gelingt.

W. W.: Lohntüte Nr. 7543 (Hsp.), UA 1929; Tscheljuschkin (Hsp.), UA Moskau 1936; Kampf an der Grenze (En.), Moskau 1937; Ein Jahr der Interbrigaden (Bildbd., span., Hg. P. Kast/Juanita/Turai), Madrid 1937, Reprint mit deutscher Übers.: Berlin-West 1976; Der Millionenschatz vom Müggelsee (R.), Berlin 1952; Jagd auf der Autobahn (E.), Berlin 1953; Unternehmen Z ... A ... (E.), Berlin 1953; Die entscheidende Nacht (E.), Berlin 1954; Die Versprengten (E.), Berlin 1955; Der rote Admiral (B.), Berlin 1958; Zwanzig Gewehre (E.), Berlin 1958. – *Ausg.:* Unternehmen Z ... A ... (En.), Berlin 1961; Erlebnisse auf weiter Fahrt. Aus dem Nachlaß, Hg. L. Heller/H. Hoeffken-Kast, Berlin 1963. – *Lit.:* Exil, Bd. 6, S. 272, 285.

Reinhard Hillich

Katz, Otto (Ps. André Simone, O. K. Simon, Franz Spielhagen)

Geb. 27. 5. 1893 in Prag; gest. 3. 12. 1952 in Prag

K. entstammte einer deutschsprachigen jüdischen Kaufmannsfamilie. Die Mutter starb bei seiner Geburt. Nach Besuch der Handelsschule sollte K. auf Wunsch des Vaters Bodenmakler werden. Als Soldat der österreichischen Armee 1915 verwundet, desertierte K. nach der Genesung, wie er selbst angab, aus romantisch-pazifistisch-sozialistischen Vorstellungen. Mit-

häftlinge im Prager Militärgefängnis verstärkten sein frühes Interesse für Politik und Literatur. 1921 Übersiedlung nach Berlin; K. war im Verlagswesen angestellt und schrieb u. a. für die »Weltbühne« außenpolitische Kommentare. 1922 Mitglied der KPD. War für die Parteipresse tätig, hielt Radiovorträge, verfaßte Hörszenen; wurde 1927 Verwaltungsdirektor der Piscator-Bühne. Es begann seine zehn Jahre währende enge Zusammenarbeit mit W. Münzenberg. Wurde Leiter des IAH-Verlages, führte mit A. Hotopp die Geschäfte der ↗ Universum-Bücherei. 1930/Anfang 1933 arbeitete K. als Direktor der Meschrabpom in Moskau. 1933 holte ihn Münzenberg nach Paris. K. arbeitete im Hilfskomitee für die Opfer des deutschen Faschismus, war Sekretär des Komitees zur Untersuchung des Reichstagsbrandes, dessen Finanzierung dienten Vortragsreisen in Großbritannien und in den USA. Mit A. Abusch leitete er die Redaktion des *Braunbuch über Reichstagsbrand und Hitler-Terror* (Paris 1933), verfaßte das zweite Braunbuch *Dimitroff contra Göring. Enthüllungen über die wahren Brandstifter* (Paris 1934) und das *Weißbuch über den 30. Juni 1934* (Strasbourg 1934, beide anonym ersch.), redigierte *Das braune Netz. Wie Hitlers Agenten im Ausland arbeiten und den Krieg vorbereiten* (Strasbourg 1935). K. unterhielt vielfältige Kontakte zu bürgerlichen französischen und englischen Politikern und Publizisten, gewann sie zur Unterstützung des Kampfes gegen Hitler. 1936 nach Spanien; von den spanischen Republikanern beschlagnahmte Dokumente der Auslandsorganisation der NSDAP dienten K. als Grundlage für sein Buch *Spione und Verschwörer in Spanien* (unter Ps. Franz Spielhagen, Paris 1936, diverse Übers., u. a. *La Conspiratión Nazi en Espana*, Mexiko 1938). In der Folgezeit leitete K. in Paris die Presseagentur der spanischen Regierung. 1938 wurde er (unter Ps. O. K. Simon) außenpolitischer Redakteur der von E. Buré herausgegebenen Pariser Tagesztg. »L'Ordre«. Apr./Aug. 1939 Reise im Auftrag des Sekretariats des ZK der KPD nach den USA, sammelte besonders unter den Filmschaffenden Hollywoods 10 000 Dollar für die Unterstützung des deutschen antifaschistischen Widerstandes. Ende 1939 in Paris verhaftet, wurde K. aus Frankreich abgeschoben, lebte ab Feb. 1940 in New York. Ein Deportationsverfahren wegen seiner KPD-Aktivitäten erzwang K.s Verlassen der USA. Ende 1940 erhielt er, gemeinsam mit E. E. Kisch, mit dem er seit seiner Jugend befreundet war, Asyl in Mexiko. Wurde Mitbegründer der KPD-Organisation in Mexiko, des Heinrich-Heine-Klubs, der Zs. »Freies Deutschland«, war Sekretär der Bewegung Freies Deutschland (Jan./Apr. 1942) und Mitglied des literarischen Beirates des Verlages El Libro Libre. 1942 war K. Initiator und Redakteur von *El Libro Negro del Terror Nazi en Europa* (Mexiko 1943), eines unter der Schirmherrschaft des mexikanischen Staatspräsidenten herausgegebenen Sammelbandes über den Naziterror und den Widerstand in

Europa, an dem 56 Autoren aus 16 Ländern mitarbeiteten und der in Lateinamerika zum großen Aufklärungsbuch über den deutschen Faschismus wurde. K. wurde Mitarbeiter von Vicente Lombaro Toledano, dem Vorsitzenden des Lateinamerikanischen Gewerkschaftsbundes, und Direktor der Arbeiteruniversität von Mexiko, an der er auch lehrte; schrieb für mehrere mexikanische Zeitungen, hielt Vorträge, besonders über das Kräftespiel innerhalb der Antihitlerkoalition, sprach dreimal wöchentlich im mexikanischen Regierungssender politische Kommentare. Gegen Ende des Krieges schloß sich K. der tschechoslowakischen Vereinigung Asociación Checoslovaco-Méxicana an und wurde deren Vorstandsmitglied. Im März 1946 kehrte er gemeinsam mit Kisch über New York und London nach Prag zurück. Er wurde Mitglied der KPČ und außenpolitischer Kommentator der Parteiztg. »Rudé právo«. Anfang 1952 wurde K. unter der ungeheuerlich konstruierten Beschuldigung, ein imperialistischer Agent zu sein, verhaftet, im Slánsky-Prozeß zum Tode verurteilt und mit zehn Mitangeklagten hingerichtet. 1963 erfolgte seine volle Rehabilitierung.

In seinem ersten Buch, dem Tatsachenbericht *Neun Männer im Eis. Dokumente einer Polartragödie* (Berlin 1929; überarb. Neuausg. unter André Simone, Berlin 1950) schildert K. die Nobile-Expedition 1928 und die spektakuläre Rettung durch den sowjetischen Eisbrecher Krassin. 1930 gab er im Neuen Deutschen Verlag die Anthologie *Volksbuch 1930* heraus. Besonders durch die Dokumentation und Enthüllung, Analyse und Agitation vereinenden Bücher der Jahre ab 1933 und durch seine Pressebeiträge wurde K. zu einem antifaschistischen Publizisten von internationalem Ruf – er sprach und schrieb deutsch, englisch, französisch, spanisch und tschechisch. Als intimer Kenner der französischen Politik schrieb er von März bis Ende Juni 1940 in englischer Sprache sein zum Welterfolg gewordenes Buch *J'accuse. The men who betrayed France* (New York 1940, unter Ps. André Simone, danach als ständiger Name beibehalten). Diese Studie über den Untergang der französischen Republik ist eine anschaulich geschriebene geschichtliche Analyse, in der der Autor als berichtendes Reporter-Ich und Augenzeuge französischer Zeitgeschichte spricht und viele politische Hauptakteure mit ihren Lebensläufen und Eigenheiten charakterisiert. Der Untergang der Republik von 1940 wird aus den widersprüchlichen Vorgängen seit 1933, der Zeit der Volksfront und deren Scheitern erklärt. Das Buch erschien auch in England, der Sowjetunion, in Lateinamerika, Australien, Kanada, Neuseeland, nach 1945 in Frankreich und der ČSR. Die erste deutsche Ausgabe kam als *Der Untergang der Dritten Republik* in der Übersetzung von K.s Ehefrau Ilse Simonova 1948 im Aufbau-Verlag Berlin heraus.

W. W.: Ivan Olbracht: Anna. Der Roman einer Arbeiterin, (Übers.), Berlin 1929; Men of Europe, New York 1941; La Batalla de Rusia, Mexico 1943.

Wolfgang Kießling

Kautsky, Karl

Geb. 16. 10. 1854 in Prag; gest. 17. 10. 1938 in Amsterdam

Führender marxistischer Theoretiker der Epoche der II. Internationale. Studierte in Wien einige Semester Geschichte, Volkswirtschaft und Jura, beschäftigte sich unter dem Eindruck der Pariser Kommune mit sozialistischen Ideen und trat 1875 der Sozialdemokratischen Arbeiterpartei Österreichs bei. Sein Vater Johann war ein in Wien überaus beliebter Theatermaler und seine Mutter Minna, eine Schauspielerin und Schriftstellerin, die später mit ihren sozialkritischen Romanen durchaus Resonanz fand. Von großer Bedeutung wurde, daß K. seit 1880 als Mitarbeiter des Bankiers K. Höchberg, der die deutsche Sozialdemokratie in beträchtlichem Maße finanziell unterstützte, in Zürich wirkte. Hier lernte er E. Bernstein kennen, und zusammen mit diesem vertiefte er sich in die damals zugänglichen Werke von K. Marx und F. Engels. Dabei war, wie er später immer wieder betont hat, die Lektüre des *Anti-Dühring* von Engels entscheidend für seine Rezeption des Marxismus und sein Marxismusverständnis. 1883 wurde er Chefredakteur der in Stuttgart gegründeten Zs. »Neue Zeit« (NZ), die unter seiner Leitung zum führenden theoretischen Organ der deutschen und internationalen Arbeiterbewegung aufstieg. Bis 1917, als ihm wegen seines Anschlusses an die USPD auf schäbige Weise die Redaktion entzogen wurde, prägte er maßgebend diese wichtigste sozialistische Zeitschrift der Epoche. Neben seiner Tätigkeit als Redakteur verfaßte er viele Bücher und Broschüren, die zum Ziel hatten, den Marxismus zu popularisieren und zu verbreiten sowie mit marxistischen Methoden aktuelle Probleme zu analysieren und historische Ereignisse darzustellen. Vor allem seine popularisierende Fassung des *Kapital* u. d. T. *Karl Marx' ökonomische Lehren,* die zuerst in Stuttgart 1887 erschien, erzielte viele Auflagen und wurde in fast alle bedeutenden Sprachen übersetzt. Zusammen mit Bernstein verfaßte er auch das *Erfurter Programm* von 1891, dessen Aussagen weitgehend von marxistischer Theorie bzw. Zukunftserwartung bestimmt waren. Seit der Jahrhundertwende verlor die von ihm geprägte Interpretation Marx-Engelscher Theorie allmählich an Verbindlichkeit. Seine Position wurde von rechts im Revisionismusstreit und von der radikalen Linken, den Befürwortern neuer Strategien im Zeitalter des Imperialismus, in der Massenstreikdebatte in Frage gestellt. Schon am Vorabend des I. Weltkrieges,

Karl Kautsky

vor allem nach dem Tod A. Bebels, war K. in der deutschen Sozialdemokratie relativ isoliert. Seine Ablehnung der Kriegspolitik der Mehrheitssozialdemokratie führte ihn 1917 zur USPD. Nach der Novemberrevolution arbeitete er vorübergehend als beigeordneter Staatssekretär im Auswärtigen Amt und stellte eine heftig angefochtene Dokumentation zum Ausbruch des I. Weltkrieges zusammen (*Die deutschen Dokumente zum Kriegsausbruch*, Berlin 1919), die die allgemeine Ansicht von der nicht gegebenen deutschen Kriegsschuld ins Wanken bringen sollte. Als Vorsitzender der Sozialisierungskommission seit 1918 lernte er den Unterschied zwischen marxistischer Theorie und Wirklichkeit der Situation in Deutschland zu dieser Zeit hinsichtlich der Vergesellschaftung von Schlüsselindustrien kennen. Nach der Vereinigung der Mehrheits-SPD mit der Rest-USPD, die er mit vorbereitete, sah er keine Möglichkeit, in der deutschen Partei weiterhin bestimmenden Einfluß auszuüben. Eine neue Generation von Theoretikern, vor allem R. Hilferding, prägte nun Programmatik und Strategie der Sozialdemokratie. Resigniert ging K. 1924 nach Wien, wo er schriftstellerisch tätig war und durchaus beachtliche Bücher schrieb, z.B. sein großes Werk *Sozialisten und Krieg. Ein Beitrag zur Ideengeschichte des Sozialismus von den Hussiten bis zum Völkerbund* (Prag 1937) sowie *Die Materialistische Geschichtsauffassung* (Berlin 1927), die

Summe seines Denkens. Der Anschluß Österreichs an das nationalsozialistische Deutschland trieb den über 80jährigen K. nach Amsterdam, wo er bald starb.

K. hatte unter dem Einfluß seiner Mutter in der zweiten Hälfte der 70er Jahre eine Karriere als Dramatiker angestrebt. Immerhin gelang es ihm 1878, eine Art Musical, *Atlantic-Pacific-Company*, über den Bau des Panamakanals zur Aufführung zu bringen. Das »Original-Spektakel-Stück in zehn Bildern« wurde in Wien, Berlin, Graz, London, Paris und Prag gezeigt, wobei die Kritik in der Regel die Ausstattung lobte und den Text (unvöff., befindet sich im Amsterdamer Nachlaß von K.) verriß. Warum und wie er diese Laufbahn aufgab, hat er in seinen *Erinnerungen und Erörterungen* (Hg. B. Kautsky, Den Haag 1960) anschaulich beschrieben. Für die sozialistische Literaturentwicklung war besonders seine Tätigkeit in und für die NZ von Bedeutung, darauf basierte sein gewaltiges Ansehen in den 90er Jahren. In dieser Zeit entwickelte sich die NZ zu einem Organ, das den 1889 aus der Taufe gehobenen neuen Internationalismus erst herstellte. Der eher rhetorische Charakter des Internationalismus der II. Internationale verwirklichte sich wahrscheinlich tatsächlich nur in der NZ, die bis zur zweiten Massenstreikdebatte ein Forum für jede ausgewiesene Position in der sozialistischen Arbeiterbewegung bot. Es gibt wohl kein Sachgebiet, zu dem sich K. in der NZ nicht geäußert hätte. Sein Stil war aufklärerisch und einfach, ohne primitiv zu sein. Was er schrieb, beruhte in der Regel auf umfangreichen Recherchen, war hart erarbeitet. K. spricht in erster Linie den Verstand, weniger die Emotionen an. Da ist wenig Glanz, aber auch keine Scharlatanerie zu entdecken, da ist viel redliche Trockenheit, auch Pedanterie und manchmal kaum zu ertragende Schulmeisterei, später auch Zensur, am harmlosesten noch in Gestalt jener »Schwänzchen«, von denen I. Auer oft spottend sprach.

Heute ist K. jemand, der trotz seiner Bedeutung für die Geschichte des Sozialismus und der fast 1800 Titel, die in der Bibliographie seiner Werke verzeichnet sind (W. Blumenberg *Karl Kautskys literarisches Werk. Eine bibliographische Übersicht*, 'S Gravenhage 1960), kaum Anhängerschaft hat. Bis heute gibt es keine Werk-Ausgabe. K. war so sehr Repräsentant des Marxismus der II. Internationale, daß mit dem Niedergang dieser Ideologie, die eine bestimmte Art der Rezeption und Interpretation Marxschen Denkens darstellt – erstanden aus den Bedingungen der Epoche vor dem I. Weltkrieg –, auch sein Werk naturgemäß die Verbindlichkeit verlor, die es einmal in hohem Maße hatte. Im Bereich des »real existierenden Sozialismus« galt er als Renegat, so wie ihn W. I. Lenin beschimpft hatte, weil er nach der Oktoberrevolution darauf bestanden hatte, daß ein Sozialismus ohne Demokratie denaturieren und zur Gewaltherrschaft führen müsse. Außerdem weigerte er sich mit sehr guten Gründen, in der Oktober-

Kautsky und Bebel, 1910

Karikatur von Kautsky mit einem Gedicht in der Handschrift Bernsteins in einem Brief an Engels vom 26. 11. 1884: »Es gratulieren dem Fritze Engels / zwei verrufende Züricher Bengels. / Der Eine von Beiden ist kein Christ, / der Andre nicht mal ein Jude ist.«

revolution und dem, was darauf folgte, ein Modell für die Umgestaltung entwickelter Industrieländer mit starkem Bürgertum zu sehen. Die Geschichte hat K. in dieser Hinsicht voll bestätigt. Von rechts wurde ihm mit Blick auf seine Gegnerschaft gegen Revisionismus und Reformismus ein Festhalten an überkommenen Doktrinen angesichts einer sich wandelnden Gesellschaft vorgeworfen. Tatsache ist: K. hat heute keine politische Lobby. Er gehört im Gegensatz zu R. Luxemburg, Bebel und Bernstein nicht zu den Ahnen derer, die sich, welcher Richtung auch immer, der Geschichte der deutschen sozialistischen Arbeiterbewegung verpflichtet fühlen. K. verkörpert ganz offensichtlich eine Tradition in der Geschichte des Sozialismus, die verschüttet ist. Im Jahre 1934 schrieb der fast 80jährige K. in einem Brief an den russischen Sozialisten G. Bienstock: »Meine Zeit wird wieder kommen, davon bin ich fest überzeugt.« (IISG Amsterdam, Kautsky-Familien-Archiv, Nr. 5) Es könnte der Diskussion um Grundwerte und die Wurzeln des Sozialismus, um die Bedeutung des Marxismus für eine wichtige Phase der Geschichte der deutschen Arbeiterbewegung gewiß nicht schaden, wenn sich ein wenig von dieser Prophezeiung verwirklichen würde. Mit Recht nannte ihn R. Hilferding 1934 angesichts von Nationalsozialismus und Stalinismus den Vertreter eines Sozialismus, »der nicht auf den Wunderglauben an die Gewalt und die Begnadung des Diktators begründet ist, sondern auf Einsicht und Wissen und den Willen zur Humanität.« (IISG, Kautsky-Nachlaß, DXIII, 662, Hilferding an K., 15. 10. 1934)

Lit.: R. Hünlich: K. Kautky und der Marxismus der II. Internationale, Marburg 1981; G. P: Steenson: K. Kautsky 1854–1938. Marxism in the Classical Years, Pittsburgh 1978; I. Gilcher-Holthey: Das Mandat des Intellektuellen, Berlin 1986; J. Rojahn/T. Schelz/H.J. Steinberg (Hg.): Marxismus und Demokratie. K. Kautskys Bedeutung in der sozialistischen Arbeiterbewegung, Frankfurt a.M./New York 1992.

Hans-Josef Steinberg

Kautsky, Minna (Ps. Eckert, Wilhelm Wiener)

Geb. 11. 6. 1837 in Graz; gest. 20. 12. 1910 in Berlin

Stammte aus kleinbürgerlicher Familie; besuchte ein Jahr die öffentliche Schule; weitere Ausbildung autodidaktisch; 1851/63 als Schauspielerin an verschiedenen Bühnen; 1854 Heirat mit dem Theatermaler Johann Kautsky; in den Jahren von 1854/64 Geburt ihrer vier Kinder; übersiedelte 1863 nach Wien und kam durch die Anstellung ihres Mannes am Wiener Burgtheater zu solidem Wohlstand; um 1870 Anfänge schriftstellerischen Schaffens; M. wurde zur namhaften Autorin erst durch ihre Bindung an den Sozialismus als Idee und an die organisierte Arbeiterbewegung. Dabei war der Einfluß ihres Sohnes Karl wesentlich, der sich 1875 dem radikalen Flügel der österreichischen Sozialdemokratie anschloß und seine Mutter anregte, sich mit Schriften von Ch. Darwin und F. Engels zu beschäftigen. K. trat vielfach in Arbeiterversammlungen auf, nutzte ihre Mitgliedschaften im Allgemeinen Österreichischen Frauenverein und im Verein der Schriftstellerinnen und Künstlerinnen in Wien, dessen Präsidentin sie von 1878/87 war, zur Propagierung ihrer sozialistischen Überzeugungen; trennte sich 1896 vom Allgemeinen Österreichischen Frauenverein, der seine Forderungen auf Bildung und Wahlrecht für Frauen konzentrierte, und bekannte sich öffentlich zu ihrer Position, nach der die Befreiung der Frau nur im Zusammenhang mit dem Kampf des Proletariats erfolgen könne; lebte von 1904 bis zu ihrem Tode im Haus ihres Sohnes Karl in Berlin; Bekanntschaft mit A. Bebel, F. Engels, W. Liebknecht, R. Luxemburg, F. Mehring, C. Zetkin.

Von ihren Lesern »rote Marlitt« genannt, wurde K. gegen Ende der 70er Jahre zur bekanntesten Prosaautorin der deutschen Arbeiterbewegung. Nicht zuletzt durch ihre Romane, von denen allein fünf in den 80er Jahren in der »Neuen Welt« erschienen, gewann die Zeitschrift das seit der Gründung angestrebte Profil einer »Anti-Gartenlaube«. Auch als Mitarbeiterin der NZ, des *Österreichischen Arbeiterkalenders* u.a. sozialdemokratischer Organe war sie seit den 80er Jahren in der Arbeiterbewegung populär. Ihre Erzählungen und Romane erlebten nicht selten sechs (*Victoria*, Zürich 1889) oder sieben (*Stefan vom Grillenhof*, Leipzig 1881) Nachauflagen. Ihr Werk war mit der Phase des Aufschwungs der Arbeiterbewegung in der 70er Jahren verbunden; es verlor erst um 1910 seine Wirkung, wie der mißlungene Versuch der Nürnberger Fränkischen Verlagsanstalt zeigt, kurz nach ihrem Tode eine Gesamtausgabe der Werke zu veranstalten.

In ihrer Prosa knüpft K. an Traditionen realistischen Erzählens, besonders an die österreichische Dorfgeschichte (M. von Ebner-Eschenbach, P. Rosegger) im 19.Jh. an, nutzt aber auch deutlicher als andere Prosaautoren der Arbeiterbewegung Ge-

Minna Kautsky

staltungselemente der zeitgenössischen Unterhaltungsliteratur. Strukturelle Analogien zu Werken von E. Marlitt werden dann deutlich, wenn K. Lebensbereiche des Adels und der Bourgeoisie darstellt. Auch zeitgenössische Rezensenten in der sozialdemokratischen Presse vermerkten die Verbundenheit ihres Erzählens mit der gängigen Feuilletonprosa jener Zeit. An den Stil der Marlitt erinnern die relativ starren, kontrastierenden Figurenkonstellationen in K.s Romanen, die stark typisierten Figuren (etwa der reiche, moralisch verkommene Lebemann) oder das Motiv der Verführung als kompositorisches Mittel. Das soziale Milieu der unteren Volksschichten, mit dem K. selbst auf vielfältige Weise verbunden war, beschreibt sie sehr genau und anschaulich. In einigen ihrer erfolgreichsten Werke u.a. *Die Alten und die Neuen* (Leipzig 1885), *Victoria* und *Ein Maifesttag* (Hamburg 1907), werden dabei auch die sozialen und politischen Kämpfe der Zeit literarisch vital und spannungsreich erfaßt. Abgesehen von einem frühen historischem Drama (*Madame Roland*, Wien 1878) behandeln K.s Werke ausschließlich Gegenwartsstoffe. Sie greift hierbei nahezu immer zentrale soziale Probleme auf – die Befreiung der Frau, die Verurteilung von Kriegen oder den wirtschaftliche Ruin kleiner Handwerksbetriebe durch rasante Industrialisierung. Bei der Erörterung und Diskussion solcher Themen in den Erzählwerken spielen immer wieder Figuren eine hervorragende Rolle, die K.s Vorstellungen von moderner Wissenschaft und sozialem Fortschritt vertreten; Prof. Wüst z.B. (*Stefan vom Grillenhoß*), der im Geiste des Darwinismus wissenschaftlich arbeitet oder Prof. Barr, der in London sein ökonomisches Hauptwerk der Arbeiterbewegung widmet (*Die Alten und die Neuen*). Diese Figuren stammen meist aus unteren Volksschichten und sind mit allen denkbaren moralischen Tugenden ausgestattet. F. Engels, der in seinem bekannten Brief an K. (26. 11. 1885) ihren Realismus bei der meisterhafte Schilderung aus dem Leben der Salzarbeiter im Roman *Die Alten und die Neuen* hervorhebt, benennt andererseits mit dem Hinweis auf eben solche idealisierte Gestalten seinen zentralen Einwand gegen die Erzählweise der Autorin.

K.s Absicht, mit ihrer unterhaltenden Prosa sozialistische Aufklärung bei einem breiten Lesepublikum zu befördern (Frauen waren für das Studium trockener Agitationsbroschüren schwer zu gewinnen), realisiert sich allerdings kaum in den Haupthandlungssträngen ihrer Werke. Das Leben der Arbeiter, die Themen der Arbeiterbewegung werden in der Regel auf Nebenhandlungen verwiesen. Ihre aus dem Proletariat oder den unteren Volksschichten kommenden, kräftig gezeichneten und originellen Randfiguren offenbaren ihren Charakter durch ihre soziale Herkunft und ihr Engagement im proletarischen Befreiungskampf. Im Roman *Victoria* steht der Maler Eugen Oswald im Vordergrund, während die Nebenhandlungen, die im proletarischen und kleinbürgerlichen Milieu spielen, den Existenzkampf der kleinen Handwerker gegen die großen Fabriken eindrucksvoll schildern. Im Unterschied zu den meisten Verelendungsschilderungen dieses Milieus bei zeitgenössischen naturalistischen Schriftstellern (z.B. M. Kretzer: *Meister Timpe*, Berlin 1888) gibt K. ihren kleinen Handwerker-Figuren Hoffnung und Perspektive, wenn sie sich den Arbeiterorganisationen anschließen.

In *Helene* (Stuttgart 1894) stellt sie den Weg einer Frau aus kleinbürgerlichen Verhältnissen zur Sozialdemokratin dar. Hier spielt die Arbeiterbewegung auch in der Haupthandlung eine Rolle. Die Charaktere sind nicht idealisiert, ihre Handlungen und Veränderungen erscheinen motiviert. Die Heldin findet ihren Weg zur Sozialdemokratie nach erschütternden Erlebnissen als Schwester im russisch-türkischen Krieg von 1877/78, durch ihre Freunde und durch die direkte Berührung mit der Arbeiterbewegung. Helene nimmt in Zürich an der politischen Arbeit der deutschen Sozialdemokratie teil, hilft beim Versand des illegalen Zentralorgans und bei der Betreuung der Delegierten des geheimen Parteitages auf Schloß Wyden. In kompositorischer Hinsicht ist es K. gelungen, alle Handlungselemente in Beziehung zur Heldin zu bringen. In diesem Roman erreicht sie eine überzeugendere literarische Durchdringung ihres Stoffes als in den früheren Werken. Zugleich handelt es sich dabei um das einzige Werk, das sich stofflich und thema-

tisch auschließlich dem Leben des kämpfenden Proletariats widmet. Die im *Neue-Welt-Kalender* für 1907 veröffentlichte Erzählung *Ein Maifesttag* behandelt die Reaktionen der Linken in der deutschen und der österreichischen Arbeiterbewegung auf die revolutionären Ereignisse in Rußland 1905. Am Schluß der Erzählung formuliert K. ihre Überzeugung, daß der Sieg des Proletariats nur mit revolutionärer Gewalt zu erreichen sei.

Lit.: C. Friedrich: Minna Kautsky. Ein Beitrag zur Entstehungsgeschichte der sozialistischen deutschen Literatur, Diss., Halle 1963. – *Ausg.:* Textausgaben, Bd. 4.

Tanja Bürgel

Kegel, Max (Ps. Georg Franz, A. Aaberg, Max Sax)

Geb. 6. 1. 1850 in Dresden; gest. 10. 8. 1902 in München

Unehelicher Sohn einer Näherin und eines Arbeiters; wuchs in ärmlichen Verhältnissen auf; Volksschule; Schriftsetzerlehre; mit 19 Jahren Eintritt in die SDAP; Bekanntschaft mit Parteifunktionären (u.a. A. Bebel, W. Liebknecht und J. Motteler); beeinflußt von A. Otto-Walster; Referent in Versammlungen, im Arbeiterbildungsverein und auf Agitationsfahrten; ab 1871 Journalist beim »Dresdener Volksboten«, der seine ersten Gedichte druckte; setzte Leitartikel für die Zeitung, oft in Versform, ohne Manuskript; Beschäftigung mit Volkswirtschaft und Literatur; gründete 1871 zusammen mit J. Most in Chemnitz den »Nußknacker« (zeitweilig: »Chemnitzer Raketen«, Beilage der »Chemnitzer Freien Presse«), das erste politisch-satirische Blatt der deutschen Sozialdemokratie, redigierte es und schrieb viele Texte dafür selbst; vielfältige, intensive Parteiarbeit; ab 1873 Redakteur der »Chemnitzer Freien Presse«, 1874 Übersiedelung nach Chemnitz; lernte am 26.9. 1874 in Dresden Marx kennen; wurde einer der Führer der Chemnitzer Sozialdemokraten; gründete in Chemnitz einen Arbeitertheaterklub; ging nach dem Verbot der »Chemnitzer Freien Presse« 1878 nach Berlin, um das Feuilleton der »Berliner Nachrichten« zu übernehmen; nach deren Verbot wandte er sich nach Dresden, wo er die »Dresdner Volkszeitung« nach Verhaftung des gesamten Redaktionsstabs weiterführte, für andere sozialdemokratische Periodica korrespondierte und Verbindung zu schweizerischen sozialdemokratischen Zeitungen hielt; nach dem Verbot der »Dresdner Volkszeitung« zusammen mit Schlüter am 14.12. 1878 Gründung der »Dresdner Presse«; 1879 Gründung der »Dresdner Abendzeitung« und des politisch-satirischen Blattes »Hiddigeigei«, für das er die meisten Texte selbst schrieb; nach erzwungener Einstellung am 11. 4. 1881 weitere, wenig erfolgreiche Versuche, Zeitungen in Dresden zu gründen; war 1878 einer der Väter der »Interne«, des Führungszentrums der Dresdener Sozialdemokraten während des Sozialistengesetzes, rief scheinbar harmlose, revolutionäre Vereine (z.B. »Sachsengrün«) ins Leben; beteiligte sich stark am Vertrieb von Parteischriften, insbesondere auch des »Sozialdemokrat«; zusammen mit Schlüter Dresdener Delegierter des Wydener Kongresses; 1882 Übersiedelung nach München; 1882/83 Redakteur der »Süddeutschen Post«; arbeitete auch für andere Münchener Partei-Ztgn.: »Gerichtszeitung«, »Recht auf Arbeit«, »Deutsches Wochenblatt«; initiierte die Broschüren-Reihe *Sozialpolitische Zeit- und Streitfragen*; gründete 1882 den ↗ »Süddeutschen Postillons«, den er bis 1888 leitete und dessen erste Jahrgänge er allein schrieb; 1884 Übersiedelung nach Nürnberg; gab dort 1884/88 die »Bayrische Gerichtszeitung« heraus; nebenher Mitarbeit an der »Fränkischen Tagespost« und der »Arbeiter-Chronik«; ab 1887 Herausgabe der sehr verbreiteten »Arbeiterzeitung«; 1888 bis zu seinem Tod Redakteur am »Wahren Jakob« und literarischer Mitarbeiter des Verlages Dietz; nebenher Arbeit für die »Münchener Post«.

K. repräsentiert jenen Typ des sozialdemokratischen Schriftstellers und Journalisten in Deutschland zwischen der Reichsgründung und der Jahrhundertwende, in dessen Wirken sich politisch-sozialer Kampf und agitatorisch-literarische Arbeit eng verknüpften. Er war kein feinsinniger Poet, sondern ein Kämpfer und Sänger von Kampfliedern, ein Spötter, der seine Feinde pausenlos attackierte. Die meiste Zeit seines Lebens in unmittelbarem Kontakt zu Arbeitern, vermochte er deren Gedanken und Empfindungen überzeugend zu artikulieren. Der Tradition des Vormärz verbunden, wurde er selbst zu einer markanten Gestalt in der Geschichte der sozialistischen Literatur. Was er schrieb, diente der Agitation, war Orientierungshilfe, Demaskierung oder Ausdruck von Kampfesmut. Sein ausgeprägtes Formtalent befähigte ihn, von vielen deutschen Lyrikern, vor allem von Heine, Schiller und Herwegh zu lernen, die verschiedensten Formen und Stilmittel - gerade auch satirisch umfunktionierte journalistische »Gebrauchsformen« - zu benutzen und wirksame Formen mit neuen Inhalten zu füllen. Auch seine Praxis, neue Texte zu gängigen Melodien zu schreiben, hat zu seinem Erfolg und seiner Popularität beigetragen, die nicht nur durch die Auflagen der satirischen Blätter, sondern auch durch Nachdrucke von Liedern und Gedichten und Separatdrucke zur Massenverbreitung belegt sind. Sein Werk spiegelt die preußisch-deutsche Wirklichkeit in ausgeprägt satirischer Sichtweise als Misere: Deutschland als Hort der Reaktion, der Unterdrückung und Ausbeutung, des Militarismus und Kolonialismus und nicht zuletzt des Philistertums. Einzig im organisiert kämpfenden Proletariat sieht er eine Hoffnung für das ganze Volk. Auf diese Weise ließen sich wesentliche Widersprüche der Zeit erfassen, war es möglich, Kampfhaltung zu wecken oder zu verstärken und proletarisches Selbstbewußtsein zu erzeugen. Die soziale Alternative ergab sich für ihn aus der Einigkeit der Arbeiterbewegung, der Selbstbefreiung des Proletariats, Völkerverbrüderung und Solidarität. Die Pariser Kommune diente als Vorbild. Die vielbenutzte Frühlings-Metapher drückte historischen Optimismus aus. Eine der schönsten Dichtungen K.s, der *Sozialistenmarsch* (1891), der nach Audorfs *Arbeitermarseillaise* zur Hymne der Sozialdemokratie wurde, offenbart K.s Orientierung am Lassalleschen Gedanken vom »Schwert des Geistes«. Die Ablehnung der Waffengewalt erwächst aber bei K. aus humanistischer Gesinnung. Wenn ihm auch an seinem Lebensende ein gut Teil seines revolutionären Schwungs verlorengegangen war, so hat K. doch nie das Grundanliegen seines Lebenskampfes vergessen: zu opponieren, bis »die Klassenherrschaft fällt« (*Nicht spitzeln!*, 1902).

In den 70er Jahren förderte K. den Aufschwung der deutschen Arbeiterbewegung, ihrer Presse und Literatur wesentlich. Unter dem Sozialistengesetz bewährte er sich als Kämpfer und Poet in besonderem Maße, die von ihm vorrangig gepflegte Satire - vor allem das Mittel der »äsopischen« Verhüllung - wurde zu einer Waffe gegen Bismarcks Repressionspolitik. Den veränderten Bedingungen der 90er Jahre vermochte K. nur partiell zu entsprechen; zu dieser Zeit hatte er in K. Kaiser, E. Fuchs und E. Klaar bereits Nachfolger gefunden, die ihn an ideologischem Verständnis und revolutionärem Elan übertrafen.

K.s Stärke war die Lyrik; sie ist vor allem »Zeitungslyrik«, die sich thematisch auf Zeitfragen und aktuelle Tagesprobleme konzentriert. Leidenschaftlich-appellative, agitatorische und satirische Gedichte stehen nebeneinander, ergänzt durch wirkungsvolle politische Massenlieder. Er verfaßte aber auch mit Geschick kleinere Erzählungen, Humoresken, Satiren, kurze Prosa sowie ein erfolgreiches Stück (*Preß-Prozesse oder Die Tochter des Staatsanwalts*, Lsp. in zwei Aufzügen, Zürich 1876), satirisch-humoristische Dialoge und Szenen und die Novelle *Robert, der Vereinsteufel* (München 1883, 2. Aufl. 1893). Weniger bedeutend war die Biographie *Ferdinand Lassalle* (Leipzig 1883, unter Ps. A. Aaberg, Neuaufl. unter dem wirklichen Namen des Verfassers, Stuttgart 1889 und 1890), in der er u.a. den parlamentarischen Weg zum Sozialismus propagierte. K.s Lyrik-Anthologie *Lichtstrahlen der Poesie* (Stuttgart 1890) machte auch mit zahlreichen Autoren bekannt, die in anderen Anthologien der Sozialdemokratie nicht vertreten sind. Große Verbreitung fand *Max Kegels Sozialdemokratisches Liederbuch* (Stuttgart 1890).

W. W.: Freie Lieder (Ge.), Chemnitz 1878. – *Ausg.:* Deutsche Arbeiter-Dichtung, Bd. 4, Stuttgart 1893; Textausgaben, Bd. 13.

Norbert Rothe

Keisch, Henryk (Ps. Claude Chaillet)
Geb. 24. 2. 1913 in Moers (Rheinland); gest. 2. 7. 1986 in Berlin

Sohn kleiner Gewerbetreibenden. Aktiv im Sozialistischen Schülerbund. 1932 Abitur; Studium der Theater- und Literaturwissenschaft in Köln. 1933 Studium in Paris, dann Gelegenheitsarbeit als Sprachlehrer, Übersetzer und Lieferchauffeur. Veröffentlichungen in der Exilpresse, u.a. in »Deutsche Volkszeitung«, »Pariser Tageszeitung«, »Neue Weltbühne«, »Das Wort«. Als polnischer Staatsbürger im II. Weltkrieg Freiwilliger in der französischen Armee; nach Demobilisierung in der Resistance in Grenoble. 1944 Verhaftung durch die Gestapo, auf der Flucht schwer verletzt. Während der Besatzungszeit schrieb K. französisch; nach der Befreiung Redakteur der französischen Ztgn. »Fraternité« und »Front National«. 1946 Korrespondent in Berlin. 1950 Übersiedlung in die DDR. Chefredakteur der »Friedenswacht«.

In Paris war K. in Sympathisantengruppen der KPD aktiv, nahm am Zirkel des SDS für junge Schriftsteller teil und schrieb Texte für das Emigrantenkabarett »Die Laterne«. Seine – oft im Gestus naiver Reflexion gehaltenen – Gedichte behandeln satirisch, anklagend oder appellativ die faschistischen Aggressionen in Spanien, Österreich und der ČSR und warnen vor dem drohenden Weltkrieg. Der Gedichtband *Das Leben kein Traum* – 1938 mit dem Heine-Preis des SDS ausgezeichnet – ist verloren; erhalten sind nur in politischen Zeitungen gedruckte Texte, die – nach Meinung des Autors – keinen Eindruck von der Sammlung vermitteln. A. Wolfenstein beschrieb K.s Gedichte als »Mischung von Polemik und Melancholie«, in der »Gesang und Gesinnung miteinander harmonieren« (in: »Das Wort«, 1939, H. 2, S. 110/13).

W. W.: Das Gedächtnis der Regenwürmer, in: Lehrzeit. Geschichten und Erinnerungen, Hg. W. Nowojski, Berlin 1979; In die Freiheit mußt du springen, in: NDL, 1970, H. 1; Junge Autoren gestern, in: NDL 1968, H. 3.

Red.

Kersten, Kurt (Ps. Georg Forster)
Geb. 19. 4. 1891 in Wehlheiden bei Kassel; gest. 18. 5. 1962 in New York

Sohn einer konservativen Familie; Besuch des Gymnasiums in Kassel; 1910 Studium der Germanistik und Geschichte in München und Berlin, 1914 Promotion in München. 1911 erste Veröffentlichungen in der Zs. »Pan«, von A. Kerr gefördert. 1912 Bekanntschaft mit F. Pfemfert, dessen radikal kriegsgegnerische Haltung ihn im Weltkrieg stark beeinflußte; 1915 Einsatz als Frontoffizier. Seit 1919 freischaffend; enger Kontakt zur revolutionären Arbeiterbewegung; publizistisch vor allem für die KPD tätig; seit 1922 mehrfach Reisen in die UdSSR (*Moskau. Leningrad. Eine Winterfahrt*, Frankfurt a.M. 1924). Mitglied des SDS, später des BPRS. Journalist und Autor historischer Werke; enger Mitarbeiter W. Münzenbergs, der für K. - nach eigener Aussage - die größte Bedeutung in seinem Leben hatte. Frühjahr 1934 Exil, zuerst in Zürich, dann in Prag; ab 1937 in Paris. K. unterstützte die Politik der KPD; Mitunterzeichner des Aufrufs »Bildet die deutsche Volksfront!«. Redakteur der kommunistisch redigierten »Deutschen Volkszeitung«, gleichzeitig Mitarbeit an bürgerlichen Exilorganen; hielt seine Beziehungen zu Münzenberg auch nach dessen Bruch mit der KPD aufrecht. 1939 in Südfrankreich interniert, 1940 Flucht nach Martinique; erst 1946 Übersiedlung nach New York. Sein Bericht *Der Tod auf der Insel* sowie eine Geschichte der Kreolen blieben unveröffentlicht. Nach dem Krieg trennte sich K. von der kommunistischen Arbeiterbewegung, ohne seine Vergangenheit zu verleugnen. Redakteur der Zs. »Aufbau«, New York.

K. schrieb für das Feuilleton der RF, für die »Welt am Abend« und eine Vielzahl anderer Periodika (u.a. »Die Weltbühne«, AIZ, »Magazin für alle«, »Der Rote Aufbau«, »Die Linkskurve«, »Das Neue Rußland«) Reiseberichte aus Paris und London, Literatur- und Theaterkritiken, Ausstellungsberichte, historische Miniaturen und kulturpolitische Betrachtungen zum Tage. Seine Schrift *N. Lenin. Sein Leben und Werk* (Berlin 1920) ist bekenntnishaft, versucht jedoch auch, Lenins politisches Konzept zu skizzieren. Im »Tagebuch«, in der »Weltbühne« u.a. Zeitschriften publizierte er Reiseberichte über die Sowjetunion, als Herausgeber das zweibändige Werk *Das heutige Rußland 1917-1922* (Berlin 1923). Für die Reihe »Außenseiter der Gesellschaft« verfaßte er die reportagehafte Studie *Der Moskauer Prozeß gegen die Sozialrevolutionäre 1922* (Berlin 1925), in der er den politischen Kriminalprozeß als Knotenpunkt des Kampfes zwischen Revolution und Konterrevolution in der Sowjetunion interpretierte. K. ist ein engagierter Geschichtsforscher in der Tradition F. Mehrings. Zeitlebens galt sein Interesse dem Lebenswerk von G. Forster (*Ein europäischer Revolutionär. Georg Forster 1754-1794,*

Kurt Kersten

Berlin 1921, Reprint Leipzig 1981; als Hg.: G. Forster: *Revolutionsbriefe,* Berlin 1925) und der Geschichte der deutschen Revolution von 1848 (*1848: Die deutsche Revolution,* Berlin 1933). Eine differenzierte Auseinandersetzung mit der preußisch-deutschen Geschichte und den bürgerlichen Geschichtslegenden führt K. in seinen biographischen Studien über Friedrich II. von Preußen (*Fridericus Rex und die Krise des Absolutismus,* Berlin 1922) und Bismarck (*Bismarck und seine Zeit,* Berlin 1930). In den ersten Exiljahren schrieb er die Biographie *Peter der Große. Vom Wesen und von der Ursache historischer Größe* (Amsterdam 1935), in der er den historischen Weg Rußlands nachzeichnet, um unhistorischen Konzepten von historischer Größe entgegenzutreten.
K. gehörte zum Redaktionsstab der »Deutschen Volkszeitung«, war Autor und Gutachter für »Das Wort«, veröffentlichte in vielen Zsn. (IL, »Neue Weltbühne« und »Neues Tagebuch«) Buchrezensionen, programmatische Aufsätze zur Exilliteratur und Artikel zur Literatur und Kunst im nationalsozialistischen Deutschland. Hauptanliegen seiner journalisten Arbeit war, Geschichtserkenntnis für den antifaschistischen Kampf zu mobilisieren. K. bevorzugte einen Typus von Geschichtsskizze, der historische Erfahrung mit Gegenwartskonstellationen verbindet und durch Vergleich und Analogie Entscheidungen stimulieren soll. Diesen Typus realisiert er auch in dem Buch

Unter Freiheitsfahnen. Deutsche Freiwillige in der Geschichte (Strasbourg 1938). Der Kampf der Internationalen Brigaden in Spanien wird zum Anlaß, die Geschichte europäischer Freiwilliger seit dem 16. Jh. zu erzählen, die ihr Leben für den Sieg fortschrittlicher Ideen einsetzten.

W. W.: Die deutsche Revolution 1848-1849, Frankfurt a.M. 1955; Der Weltumsegler. J. G. A. Forster 1754-1794, Frankfurt a.M./Bern 1957. - Hg. und Übers.: A. S. Suvorin: Das Geheimtagebuch, Berlin 1925; Michael Bakunins Beichte aus der Peter-Pauls-Festung an Zar Nikolaus I., Berlin 1926; E. de Goncourt: Germinie Lacerteux, Berlin 1928. - Hg.: Fridericus und sein Volk, Berlin 1925, Reprint Leipzig 1981; K. Liebknecht: Reden, Berlin 1925; A. Bebel: Auswahl aus seinen Reden, Berlin 1926. - *Lit.:* D. Schiller: Kurt Kersten als Historiker und Publizist in den Jahren des Exils 1933 bis 1940, in: H. Roussel/L. Winckler (Hg.): Deutsche Exilpresse und Frankreich 1933-1940, Bern/Berlin/Frankfurt a.M./New York/Paris/Wien 1992.

Dieter Schiller

Kisch, Egon Erwin
Geb. 29. 4. 1885 in Prag; gest. 31. 3. 1948 in Prag

Stammt aus jüdischer Kaufmannsfamilie; Studium in Prag und Berlin, 1906/13 Lokalreporter und Redakteur der Prager deutsch-liberalen Tages-Ztg. »Bohemia«. 1913/14 freier Schriftsteller in Berlin, Dramaturg am Deutschen Künstlertheater. Arbeitsverbindung mit der »Humanité« (J. Jaurès). 1914/15 als Soldat der k. u. k. Armee an der Front, 1917/18 im Kriegspressequartier Wien. Anfang 1918 illegale Antikriegsarbeit, Mitglied des vom österreichischen Aktionskomitee der Linksradikalen inspirierten geheimen Arbeiter- und Soldatenrats, seit Ende Okt. 1918 Teilnahme an den revolutionären Kämpfen. Erster Kommandant der Wiener Roten Garde, später Vorsitzender ihres Soldatenrates. Im Nov. Mitbegründer der Förderation revolutionärer Sozialisten »Internationale« und ihres Organs »Der freie Arbeiter« (Redaktion der Beilage »Die rote Garde« bis März 1919). Mitglied der KPDÖ nach deren Fusion mit der Föderation Mai 1919. In Wien, 1920 in Prag, seit 1921 in Berlin erneute Arbeit für die bürgerliche Presse und für das Theater. Die Sammlung neuerer und älterer Reportagen *Der rasende Reporter* (Berlin 1925) machte K. in der deutschen Literatur bekannt. Arbeit im SDS-Vorstand 1928/29, 1930/31. Seit 1925 in der KPD; Aktivitäten in von ihr initiierten Organisationen (Arbeitsgemeinschaft kommunistischer Schriftsteller, MASCH, BPRS - besonders durch Austritt aus der Redaktion der »Neuen Bücherschau« 1929 zeitweilig an dessen Politik der Abgrenzung von der linksbürgerlichen Literatur beteiligt) und in ihrer Presse (RF, AIZ u. a.). Mitwirkung in den Zeitkämpfen (Rote Hilfe, Einsatz für die Freilassung von M. Hoelz, gegen Zensur). Große Reportagereisen:

Sowjetunion 1925/26, Nordafrika 1926/27, USA 1928/29, China 1932. Anfang der 30er Jahre längere Aufenthalte in der UdSSR (Internationale Konferenz der revolutionären Schriftsteller in Charkow, Radio-Arbeit in Moskau, Reportagefahrt ins sowjetische Mittelasien 1931). Nach dem Reichstagsbrand Feb. 1933 in Berlin verhaftet, als tschechoslowakischer Staatsbürger aus Deutschland abgeschoben. Antifaschistische literarische, literaturpolitische und politische Tätigkeit vor allem in Prag und Paris: Publikationen in AIZ, »Gegen-Angriff«; 1933 Prager Organisator des antifaschistischen Arbeiterkongresses der Länder Europas, der dann im Juni in' Paris stattfand; in Frankreich Arbeit im exilierten BPRS und SDS - hier 2. Vorsitzender, vielfältige Veranstaltungen; 1934/35 Delegierter des Weltkomitees gegen Faschismus und Krieg zum Antikriegskongreß in Melbourne; Sprecher auf den Kongressen zur Verteidigung der Kultur 1935 und 1937; 1937/38 Aufenthalt bei den Interbrigaden in Spanien; 1938 Wahl in den Prager Stadtrat als Vertreter der KPC. - 1939 Flucht aus Frankreich, über die USA 1940 nach Mexiko; dort im Heinrich-Heine-Klub, in der Zs. »Freies Deutschland«, im Verlag El Libro Libre tätig. März 1946 auf Einladung der Regierung der ČSR Rückkehr nach Prag. Ehrenvorsitzender des Rats der jüdischen Kultusgemeinden Böhmens und Mährens 1948. Todbringende Krankheit unterbrach Arbeit an einem Reportagebuch über die wiedergeborene ČSR.

Die Feuilleton-Rubrik der »Bohemia« gab K. mit der Serie *Prager Streifzüge* (1910/11) die Möglichkeit zur Aneignung der Form, die seine besondere zeitgenössische und literaturgeschichtliche Bedeutung bestimmt: der literarischen Reportage, welche, Skizzentraditionen des 19. Jh.s (Ch. Dickens, E. Zola, J. Neruda) aufnehmend, sich vom aktuellen Zeitungsbericht wie vom impressionistischen Feuilleton abhebt. Zur sozialen Reportage wurde sie durch Erkundung des umgebenden Alltags, seiner Örtlichkeiten und Einrichtungen, der Arbeitswelt und gesellschaftlicher Randbereiche (Obdachlose und Vagabunden, Verbrechen und Prostitution). Ihre realistischen Wirkungspotenzen lagen anfänglich im provokanten Vorstellen von Übersehenem und Verdrängtem, in der immanenten Polemik gegen verklärende Illusionen. Der naturalistische Impuls zum Stoffbereich der »Prager Gassen und Nächte« und Züge rebellischen Aufbegehrens bestimmten auch die erzählerischen Versuche K.s bis zum Roman *Der Mädchenhirt* (Berlin 1914) und einen Teil seiner späteren kabarettistischen Stücke, zuerst 1920 für A. Longens Prager »Revoluční scéna« geschrieben (z.B. *Die Himmelfahrt der Tonka Šibenice*). - Zu einem wichtigen Dokument des Erlebnisses der zerstörerischen Wirkung des Krieges wird das 1922 veröffentlichte Fronttagebuch *Soldat im Prager Korps* (u. d. T. *Schreib das auf, Kisch!*, Berlin 1929). Während des Krieges geht K., tangiert auch von anarchistische Strömungen, zu sozialrevolutionären Positio-

Egon Erwin Kisch
Gemälde von Rudolf Schlichter

nen über, nach der russischen Revolution 1917 zu bolschewistischen Orientierungen und setzt sie 1918/19 in der politischagitatorischen Publizistik der »Roten Garde« um. Dies veränderte die literarischen Grundhaltungen K.s zunächst wenig. Beobachtungen im Krieg und marxistische Studien führten in Bereiche moderner industrieller Technik, die er als widersprüchliches Zeugnis sah für menschliche Schöpferkraft und entwickelte Kriegsmaschinerie, verschärfte Ausbeutung. Für die Nachkriegsreportage wird das Erlebnis der Niederlagen in der eigenen politischen Aktivität und in der sozialen Revolution Westeuropas Motiv für Depression, Skepsis gegenüber der Möglichkeit von Gesellschaftsveränderung, für den Abschied von der Politik und für ein K.s Ironie fundierendes Konzept der Geistigkeit (s. *Vorwort* zur Anth. *Klassischer Journalismus*, Berlin 1923; Ndr., Hg. F. Hofmann, Berlin und Weimar 1982, und Hg. Ch. Siegel, München 1974). Das Reportageprogramm der Sachlichkeit als strikter empirischer Objektgebundenheit wird zu dem einer Sachlichkeit als (gegen Lüge und Demagogie gesetzter) Tendenzlosigkeit erweitert. Dies leitet Verfahren der »rasenden Reportagebände« (auch *Hetzjagd durch die Zeit*, Berlin 1926), ihre Anlage als Berichtswirbel, Ausdruck und Evokation des Empfindens von Gleichzeitigkeit, Entwicklungslosigkeit, Tempo und Hast, und läßt K. als Vorläufer der Strömung der Neuen Sachlichkeit erscheinen. In der Kontinuität seiner Arbeit (Fülle und Vielfalt recherchierten Materials, Erlebniskräftigkeit, stilistische Eleganz, Richtung auf Aufhellung von Unbekanntem und unterhaltsame Interessantheit) zeichnet sich dagegen Mitte der 20er Jahre Diskontinuität ab, die K. zu einem der Begründer der sozialistischen literarischen Reportage machte: Kulturanstrengungen der KPD bildeten ein Feld, in dem die Bereitschaft zu gesellschaftlich eingreifender Tätigkeit reaktiviert wurde (Wiederaufnahme politischer Publizistik, so: *Sieben Jahre Justizskandal Max Hoelz*, Berlin 1928; Hg. von M. Hoelz: *Briefe aus dem Zuchthaus*, Berlin 1928); das Erlebnis Sowjetunion vermittelte Hoffnung auf den Fortgang des revolutionären Prozesses, die Idee einer Dreidimensionalität der Zeit, in der »Vergangenheit und Gegenwart in den Dienst der Zukunft« gestellt sind (GW, Bd. IX, S. 247); mit Bezug besonders auf J. Reed und L. Reißner und im Wissen um Neuansätze sozialistischer Literatur wird das Programm einer parteiergreifenden Reportage entwickelt, die sich auf Beobachtung wie auf Entwicklungs- und Systemwissen stützen und den Sinn für revolutionäre Möglichkeiten schärfen soll. Gedacht war ein Bericht mit Funktionen der Erweiterung sozialer Erkenntnis, Entfetischisierung von Realität, Humanisierung des Verhaltens, Anregung sozialen Engagements. Mittelbare Operativität, Wirksamkeit im unabgeschlossenen Geschichtsprozeß durch Kritik verbreiteter Ideologeme war beabsichtigt – in deutlicher Differenz zu der Forderung nach unmittelbarer Operativität, die andere kommunistische Reportagekonzepte erhoben (S. Tretjakows Projekt des »operierenden Schriftstellers«, O. Bihaljis Bestehen auf Formen direkter, Losungen umsetzender Beteiligung an politischen Auseinandersetzungen). Die Produktivität des neuen Ansatzes von K. zeigte sich in den Reisebüchern der Folgezeit, die von vornherein auf Darstellung geschichtlich-gesellschaftlicher Komplexe hinzielten. So die Berichte vom – bald auch in Porträts vorgestellten – Leben in der Sowjetunion, gebaut auf dem Vertrauen in den hier beobachtbaren gesellschaftlichen Veränderungsprozeß unter Mitwirkung und Kommunikation vieler, in die sichtbaren Zeichen neuen Verhaltens im Raum von Ausbeutung befreiter Arbeit (*Zaren, Popen, Bolschwiken*, Berlin 1927; *Asien gründlich verändert*, Berlin 1932); von kapitalistischen Ländern, gerichtet vor allem auf den Widerspruch zwischen Scheinwelt, Reklamephrase, Kinobild und Realität in Arbeits- und Lebensbedingungen (*Paradies Amerika*, Berlin 1930); von den Spannungen in der dritten Welt, von einem Dasein unter dem Gesetz brutaler Ausbeutung, kolonialistischer europäischer Einmischung, unter der Perspektive von Befreiungsbewegungen (*Wagnisse in aller Welt*, Berlin 1927; *China geheim*, Berlin 1933). Die Gleichzeitigkeit von direkter politischer Tätigkeit,

Publizistik und literarischer Arbeit wird nach der Vertreibung aus Deutschland fortgesetzt. Beispiel 1933/Anfang 1934: U. a. in der AIZ erscheint die Artikelserie *In den Kasematten von Spandau*, einer der ersten Berichte, die den Naziterror aus persönlichem Erleben im Ausland bekannt machten; ein Teil geht in das *Braunbuch über Reichstagsbrand und Hitler-Terror* (Basel 1933) ein; weitere publizistische Enthüllungen zu den Hintergründen des Reichstagsbrandes. Vielfältiger politischer Einsatz für die Stärkung des Widerstands gegen das Vordringen der Nazis, zuerst in der ČSR; Teilnahme an Pariser Kundgebungen für die Opfer der faschistischen Verfolgungen (besonders E. Mühsam, C. von Ossietzky); für das Bündnis von Arbeitern und Intelligenz, das Zusammengehen aller Hitlergegner wirbt die Rede *Faschismus und Kultur*, K. wird Mitglied des Weltkomitees gegen Faschismus und Krieg. – Zugleich sammelt er in Belgien, ČSR, Frankreich, Holland, Monte Carlo, Spanien weiteren Stoff für Reportagen; der Band *Einritt verboten* (Paris 1934) ragt aus der Reihe der Reisebücher hervor mit analytischen Berichten weitgespannter ökonomischer, politischer, sozialer und historischer Dimensioniertheit, sprachlicher und kompositorischer Dichte, lebendiger Gestaltung, mit Glanzpunkten der literarischen Reportage (z.B. *Borinage, vierfach klassisches Land*). Mit deutlich aktuellen Bezügen verwirklicht K. den Plan zu einer Sammlung mit Bildern aus dem Leben jüdischer Menschen, *Geschichten aus sieben Ghettos* (Amsterdam 1934), die zu seinem ständigen Bemühen um die historische Skizze zählt (vgl. *Prager Pitaval*, Berlin 1931; *Karl Marx in Karlsbad*, Berlin 1953). Was K. beim Pariser Kongreß zur Verteidigung der Kultur in einer Selbstkritik der revolutionären Literatur vom »sozial bewußten Schriftsteller« verlangte, lebte er vor: die Einheit von Wahrheit, Kunst und Kampf, die immer auch auf ›communion‹ des Schriftstellers mit dem Volk zielte, – von Wahrheit als »Sichtbarmachung der Arbeit und der Lebensweise«, von Kunst als »Schwung und Form«, »Farbe und Perspektive«, »Phantasie« auch in den sogenannten literarischen »Nebenformen«, von Kampf als bewußtem, kritischem Eintritt in die Zeitauseinandersetzungen, als Widerspruch gegen Apologien und die Idee unveränderlicher Zustände (GW, Bd. IX, S. 397–400). Zeugnis dieser Einheit wurde das Buch *Landung in Australien* (Amsterdam 1937). Es ist Produkt einer Reise im politischen Auftrag, der K. in Zentren der Parteienkämpfe führte und sie exemplarisch verschärfte (Bildung von K.-Verteidigungsausschüssen gegen das australische Einreiseverbot). Im autobiographischen Teil *Sprung zu den Antipoden* gibt K. seinen Fall als Beispiel erhoffter Volksbewegungen gegen Krieg und Faschismus. Sie wurde durch die Aktivität von Antikriegskomitees, den Zusammenschluß von Kräften der Demokratie und des Sozialismus und durch das mutige, dynamische, auf breiteste Verständigung bedachte

Auftreten eines Mannes ermöglicht, der Einheits- und Volksfrontpolitik, die Idee eines »militanten« Humanismus fördern wollte. Der Bericht geht so zur Erzählung über. Das Buch im Ganzen ist zugleich Ergebnis gezielter empirischer Recherchen und historischer, landeskundlicher Studien. Es gibt episodisch Skizzen aus der Geschichte und lebendige Gegenwartsschilderungen, die das Leben des Volkes, die Lage der Arbeiter und wichtige Produktionszweige und die Sonderentwicklung Australiens unter den allgemeinen Bedingungen der bürgerlichen Weltordnung vorstellen. In der letzten großen Schaffensphase auf dem amerikanischen Kontinent beendete K. zunächst sein zweites Memoirenbuch *Marktplatz der Sensationen* (Mexiko 1942, engl. *Sensation Fair,* New York 1941). Wie der autobiographische Teil der *Abenteuer in Prag* (Wien/Prag/Leipzig 1920) ist es auf die Heimatstadt konzentriert, stellt nun aber den Werdegang des Reporters wie seiner literarischen Konzeption vor. Wilde Natur, alte Kultur, Besonderes der Wirtschaft und der gesellschaftlichen Umwälzungen sind Gegenstand von *Entdeckungen in Mexiko* (Mexiko 1945), bei deren literarischer Anlage und gedanklicher Durchdringung K. sich in eine Nachfolge G. Forsters und A. von Humboldts stellte. Der unagitatorische soziale Ernst des Buches, seine humorvolle Leichtigkeit, sein weitgespannter Beobachtungsreichtum veranlaßten eine spanische Übersetzung in Mexiko. Geprägt vom Empfinden für existentielle Fragen, von Wachheit für die Lage des Volkes, von Konzentration auf ökonomische Prozesse, kritisch-solidarisch auf das Geleistete und das Unerledigte demokratischer Reformen, polemisch gegen faschistischen Rassenwahn und die Einflußnahme großen internationalen Kapitals gerichtet, entstand hier »ein schwerwiegendes Dokument vom Menschen« (H. Mann: *Kisch, der Entdecker Mexikos,* in: »Freies Deutschland«, 1945, Nr. 5).

Ausg.: Gesammelte Werke in Einzelausgaben, Hg. B. Uhse/G. Kisch, ab Bd. VII F. Hofmann/J. Poláček, Bd. I–XII, Berlin und Weimar 1960–1993 (= GW); Briefe an den Bruder Paul und an die Mutter. 1905–1936, Hg. J. Poláček, Berlin und Weimar 1978. – *Lit.:* J. Smith: On the Pacific Front. The Adventures of Egon Erwin Kisch in Australia, Sidney 1936; E. Utitz: Egon Erwin Kisch. Der klassische Journalist, Berlin 1956; D. Schlenstedt: Die Reportage bei Egon Erwin Kisch, Berlin 1959; Ch. E. Siegel: Egon Erwin Kisch. Reportage und politischer Journalismus, Bremen 1973; R. Geissler: Die Entwicklung der Reportage Egon Erwin Kischs in der Weimarer Republik, Köln 1982; D. Schlenstedt: Egon Erwin Kisch. Leben und Werk, Berlin 1985; K. Haupt/H. Wessel: Kisch war hier. Reportagen über den »Rasenden Reporter«, Berlin 1985; Servus Kisch. Erinnerungen. Rezensionen. Anekdoten, Hg. F. Hofmann/J. Poláček, Berlin und Weimar 1985; F. Hofmann: Egon Erwin Kisch. Der Rasende Reporter (B., mit Bibl.), Berlin 1988.

Dieter Schlenstedt

Klaar, Ernst

Geb 25. 12. 1861 in Chemnitz; gest. 13. 10. 1920 in Dresden

Kind armer Weber; Dorfschule; Schriftsetzerlehre; seit 1884 in der SPD; Parteijournalist; Freundschaft mit M. Kegel; Bekanntschaft mit I. Auer, A. Bebel, H. Goldstein; rege politische und journalistische Tätigkeit; schrieb für die »Dresdner Abendzeitung« und die »Dresdner Volkszeitung«; ab 1888 nur noch Journalist und Schriftsteller beim ↗ »Süddeutschen Postillon« und ab 1910 beim ↗ »Wahren Jacob«.

Sein politisches Engagement, leidenschaftliches Temperament und eine ungewöhnliche lyrische, zur Satire wie zum Pathos gleichermaßen neigende Begabung, ließen K. zu einer herausragenden sozialistischen Autorenpersönlichkeit um 1900 werden. Sein Name ist untrennbar verbunden mit der Geschichte der satirischen Zsn. »Wahrer Jacob«, »Süddeutscher Postillon« und mit der Lyrik-Anthologie ↗ *Aus dem Klassenkampf* (München 1894). Die Lyrik K.s ähnelt in vielem der Kegels. Wie dieser verfaßte er aktuell agitatorische Zeitungslyrik, satirische, hymnische und pathetische Gedichte. Er schrieb Prologe für Arbeiterveranstaltungen, Humoresken und kleine Erzählungen sowie Gedenkartikel und einige Rezensionen. Ausgeprägt war seine Neigung zu volksliedartigen Gedichten in eingängigen Formen. Beeinflußt wurde seine Lyrik auch von der H. Heines, G. Herweghs und F. Freiligraths. K.s fruchtbarste Schaffenszeit waren die 90er Jahre, als er mit ↗ E. Fuchs und ↗ K. Kaiser eine Autorengruppe revolutionärer Denkungsart bildete, die sich eine gewisse politische Selbstständigkeit gegenüber der SPD bewahrte. Nach der Jahrhundertwende engagierte sich K. sehr für den antizaristischen Befreiungskampf in Rußland. Aus »Zorngeloder« und »Aufruhr«, so hoffte der Lyriker, würde ein Weltenbrand werden. Nach Kriegsausbruch folgte er aber dann der Burgfriedenspolitik der Parteiführung. Er verstand den Krieg als »Völkerwahn« und sah die Kriegsschuld bei den Gegnern Deutschlands. In seinen Dichtungen klagte er über die Opfer, das Leid und Elend des Krieges. Der Frieden im Osten weckte dann Hoffnungen auf eine Zukunft ohne Throne und Kronen und ließ K. an eine Völkerverbrüderung, einen »Weltenmai« glauben. Die Spaltung der deutschen Arbeiterbewegung war für ihn ein bedauerlicher »Bruderzwist«. Klangen in späten Jahren auch wieder revolutionäre Töne an, so wollte K. die Zukunft doch durch Wahlen bestimmt wissen. Späte Gedichte weisen ihn dann als empfindsamen Natur- und Gedankenlyriker aus. Hier zeigt sich auch eine resignative Tendenz: K. wollte nicht »in Reih und Glied« begraben sein.

W. W.: Der erste Mai im Spiegel der Dichtung (Ge., Hg.), Dresden 1891; Worte der Weihe. Prologe für Arbeitervereine und Feste, München

1905; Knute und Bombe. Lieder und Gesänge für ein freies Rußland, München 1905. – *Ausg.:* E. Klaar als Lyriker, mit Vorw. von G. Ritscher-Klaar, Dresden o. J. (1920).

Norbert Rothe

Kläber, Kurt (Ps. Kurt Held)

Geb. 4. 11. 1897 in Jena; gest. 9. 12. 1959 in Sorengo b. Lugano

Sohn eines Werkmeisters bei Zeiß. Gymnasium bis zum 14. Lebensjahr. Schlosser- und Mechanikerlehre. Wanderschaft durch Deutschland, Holland, Österreich, Ungarn, Italien, Frankreich. 1914/18 Soldat, verwundet und malariakrank. In der Novemberrevolution aktiv in Berlin, Halle und Hamburg. Mitglied des Spartakusbundes und 1919 der KPD. Als Bergmann im Ruhrgebiet, Schiffer, Hochofenarbeiter, Wanderbuchhändler, Redakteur, Leiter der Bochumer Arbeiterhochschule. 1923 für ein Jahr nach Amerika. Seit 1924 in Carona (Schweiz) ein Bauernhaus gemietet. 1924/32 vorwiegend in Berlin, mit seiner Frau Lisa Tetzner im ›roten‹ Künstlerviertel am Breitenbachplatz. Seit 1927 Herausgeber der ↗ »Proletarischen Feuilleton-Korrespondenz« (zus. mit J. R. Becher). Mitglied des Aktionsausschusses zur Gründung des BPRS und Redaktionsmitglied der »Linkskurve« 1929/32. Vertrat im BPRS die Position der schreibenden Arbeiter, unterstützte Arbeiterschriftsteller wie W. Bredel, H. Lorbeer, förderte als künstlerischer Leiter des Internationalen Arbeiter-Verlages mit den Reihen »Der Internationale Roman« und »Der Rote-1-Mark-Roman« die Durchsetzung deutscher und internationaler proletarisch-revolutionärer Literatur. Herausgeber von ↗ *Der Krieg*, Berlin 1929, und (zus. mit Becher und F. Rück) *Kampfgenoss. Ein Buch für die proletarische Jugend*, Berlin 1928. 1929 als Mitglied der ersten BPRS-Delegation in die UdSSR (Moskau, Charkow, Kiew), wo er durch die Übersetzung von *Barrikaden an der Ruhr* (Berlin 1925, Moskau 1928) bekannt war. 1929 im Vorstand des IBRL. 1933 in der Nacht des Reichstagsbrandes verhaftet, kam er durch Geschick seiner Frau nach einigen Tagen frei und floh mit ihrer Hilfe über die ČSR nach Zürich. Pläne zu einer antifaschistischen Künstlerkolonie in Carona mit B. Brecht, B. von Brentano u. a. scheitern. Im Auftrag der KPD in der Schweiz illegal für die Sammlung der Nazi-Gegner tätig, Bechers Kontaktmann für die IVRS bis 1935. Berufsverbot. Eine Erbschaft ermöglichte den Kauf von etwas Land, K. wurde während des Krieges zum landwirtschaftlichen Selbstversorger. Veröffentlichte u. a. in »Neue deutsche Blätter«, IL. Bitte an Bredel im Aug. 1936, ihn als Mitarbeiter des »Wort« auszuweisen, in dem er dann aber nicht mehr publizierte. Zunehmende Enttäuschung über die kommunistische Parteipolitik, die Stärke des deutschen Fa-

schismus und die alarmierenden Entwicklungen in der UdSSR seit den Schauprozessen 1936 leiteten einen Prozeß der Distanzierung von der KPD und dem organisierten Antifaschismus ein, die er allerdings nicht öffentlich machte. Eine Angabe, er sei 1938 aus der KPD ausgetreten, ist nicht belegt, eher ist von einem Erlöschen der Mitgliedschaft zu sprechen. Im Juli 1940 richtete er an die Redaktion der IL die Bitte, ihm weiter die Zeitschrift zu schicken, damit er deutschsprachige Bücher aus der UdSSR für die skandinavische Presse annotieren könne. Neben dieser Brotarbeit entstand das Jugendbuch *Die rote Zora und ihre Bande* (Aarau 1941, unter Ps. Held), das eine neue und letzte schriftstellerische Phase einleitete.

K. begann mit expressionistisch beeinflußten Gedichten, die thematisch in den Kontext der Arbeiter-Dichtung gehören, wie sie der Verleger E. Diederichs und die sozialdemokratische Kulturpolitik förderten: dem Band *Neue Saat* (Jena 1919), dessen Problemzentrum gebildet ist vom Proletarier-Dasein in seiner Spannung zwischen Ohnmacht, Leiden, Aufbegehren und Protest. Die Gedichte setzen oft religiöse Bilder ein und suggestive Beschwörungen des »Bruder-Seins« – symptomatisch die Titel *Wir sind Arbeiter; Wir stehen an glühenden Feuern; Bruder, was ging so heimlich durchs Land?*. K.s Integration in die Arbeiter-Dichtung war eng und sein Interesse an ihr anhaltend: für die Hamburger Zs. »Junge Menschen« (Blatt der deutschen Jugend. Stimme des neuen Jugendwillens. Hg. K. Ahlborn und W. Hammer) stellte er 1922 ein Heft zur Arbeiter-Dichtung zusammen, als dessen Anliegen er bestimmte, mittels der Arbeiter-Dichtung »die Jugend und die arbeitenden Massen wieder gegenseitig näher zu bringen« (S. 110). In den »Lebensbildern und Gedichten« komme die »Seele, die Kraft und die Sehnsucht der Gesamtheit der arbeitenden Massen« (ebd.) zum Ausdruck. Sein Engagement brachte ihm 1929 in der Sondernummer Arbeiterdichtung der »Literarischen Welt« (Nr. 28) eine Polemik M. Raschkes ein, der K.s Bestimmung von Literatur als Agitation im Jahre 1929 im Widerspruch sah zu seiner Auffassung von Arbeiter-*Dichtung* im Jahre 1922. Die scharfe politische Reaktion K.s im ersten Heft der »Linkskurve« ist Teil der militanten Abgrenzung der proletarisch-revolutionären Literatur in dieser Phase. Ein Zeugnis von K.s Bemühungen um die Arbeiterliteratur aus der Zeit vor 1933 ist bisher unveröffentlicht: eine umfangreiche Text-Sammlung (geplant: 3 Bde.) für eine Anthologie *Revolution! Die gesamte Lyrik der Völker zum Klassenkampf*, die im Verlag der Jugend-Internationale deutsch und in anderen Sprachen erscheinen sollte. Th. Pinkus, dem K. in den 50er Jahren das Projekt übergab, hat es bekannt gemacht, K.s Einleitung im Pinkus-Katalog Nr. 128 (Zürich 1969) abgedruckt und das Manuskript dem Institut für Arbeiterliteratur in Dortmund zur Aufbewahrung übergeben.

Kläber mit B. v. Brentano, B. Brecht und L. Tetzner in einer Gasse im Tessin, 1933

Öffentliches Aufsehen erregte K.s Gedicht- und Prosaband *Barrikaden an der Ruhr* (Berlin 1925), der bei Erscheinen verboten wurde und solidarische Proteste namhafter Autoren wie A. Döblin, Th. Mann, H. Hesse, St. Zweig, E. Toller u. a. auslöste. *Revolutionäre* (Leipzig 1925) enthielt daraus einige Erzählungen und dokumentierte Verbot und Proteste. Aus der Erfahrung seines vierjährigen Ruhraufenthaltes gespeist, der »schönsten und erfreulichsten Zeit, der Arbeitsgemeinschaft mit hunderten von jungen Schleppern ... die Kameradschaft unter der Erde war mit das Tiefste und für mich Erschütterndste, was mir auf meiner Erdenlaufbahn begegnete« (Brief an H. Alker, 3. 11. 1955, unveröff., Hüser-Institut Dortmund), zeigen die kurzen Erzählungen Arbeit und Leiden der Proletarier, aber auch den wachsenden Entschluß zum Kämpfen gegen die drückenden Verhältnisse. Einzelne Figuren (Der lange Spenzer, Der Alte, Eine Frau geht, Die Jungen) sind als repräsentativ für verschiedene Haltungen angelegt. Diese Methode der Typisierung von Arbeiter-Figuren prägte K. weiter aus in seinem Roman *Passagiere der III. Klasse* (Berlin 1927), dessen »neusachlicher« Vorspann lautete: »Dreizehn Arbeiter und drei Frauen fahren sieben Tage zusammen auf einem Schiff. Die ›Passagiere der III. Klasse‹ sind die beinahe stenogrammartige Niederschrift ihrer Gespräche und Hand-

lungen.« So lakonisch die Inhaltsangabe, so nüchtern entsteht durch die Erzählungen und Gespräche der aus verschiedenen Ländern der Welt stammenden »Passagiere der III. Klasse« - einfache Arbeiter, deklassierte Kleinbürger, Tramps und Lumpenproletarier - ein internationales Panorama sozialen Ausgebeutetseins und die Vision einer befreiten und gerechten Welt, nach der alle irgendwie auf der Suche zu sein scheinen. Es entsteht das Gesicht einer internationalen Arbeiterschaft, unheroisch und mit wenig Klassenbewußtsein, voll menschlicher Schwächen wie animalisch im Sexuellen. Wie das unbestimmte Ziel wahrer Freiheit für alle und »Gleichheit und Brüderlichkeit« (S. 268) zu erreichen sei, bleibt in der Vorstellung der Personen eher unkonkret und »dumpf«. K. geht es um das langsame Entstehen von Rebellion, weniger um bewußt gewollte Revolution. Diese Denkhaltung - das Setzen auf den spontanen, massenhaften Protest und nicht auf die organisierte Aktion durch Parteien oder Organisationen - blieb als ein anarchistischer, linksradikaler Zug auch in Kraft, als K. KPD-Mitglied war und prägte sein weiteres Werk. Zwei wesentliche Aspekte, die seine Prosa von der anderer Arbeiterautoren unterschied - ihre Internationalität und das Bemühen um Gestaltung proletarischen Alltags -, zeichnen auch den Erzählungsband *Die Toten von Pabjanice* (Moskau 1936) aus. Die Titelgeschichte berichtet vom polnischen Textilarbeiterstreik 1932, in dessen Verlauf die Särge mit den Erschossenen den Weiterstreikenden als Schutz gegen die anrückenden Tanks dienen. So wird von unterschiedlichen politischen Entscheidungen erzählt, vom parteilosen Arbeiter, der auf der Seite des österreichischen Schutzbundes fällt, oder von der polnischen kommunistischen Funktionärin Meliska, die trotz neun Jahren Zuchthaus ungebrochen bleibt, dem Streik der japanischen Seidenweberinnen, dem Protest italienischer Bauern gegen den faschistischen Krieg in Abessinien oder dem Untergang des amerikanischen schwarzen Rebellen John Henry; häufig wird dies mit allgemeinen, aufgesetzt wirkenden kämpferischen Parolen versehen. Eine Rezension von H. Günther bemängelte den monotonen Schematismus der Figuren und fehlende Gestaltung (vgl. »Der Kämpfer«, 1936, H. 8, S. 67). Wenig überzeugend ist die Erzählung *Johann Gottlieb Leberecht auf der Suche nach Land* (in: »Der öffentliche Dienst«, 1936, Nr. 47–51), in der K. die Irrfahrten eines Wolga-Bauern durch Deutschland, Kanada, Lateinamerika zurück in die UdSSR als »Lehrbeispiel« vorführt. Ähnlich voluntaristisch auch *Die Jungs von der Möckernbrücke* (In: »Deutsche Volkszeitung«, 1938, Nr. 5–9), deren illegale Arbeit in den Tagen nach dem Reichstagsbrand in Berlin reichlich abenteuerlich verläuft. Ein künstlerischer Neuanfang gelang K. mit *Die rote Zora und ihre Bande*, deren Stoff und Helden er in dem kroatischen Dorf Seny gefunden hatte. Die Geschichte dieser selbsthelferischen Kindergemeinschaft ist stark sozialkritisch und demonstriert die notwendige Solidarität der Armen und Entrechteten. Die differenzierte Figurenzeichnung der Kinder um die rote Zora ließ das Buch zum internationalen Bestseller werden (1962 im deutschsprachigen Raum 300 000 Ex.).

W. W.: Empörer! Empor! (Gde., Skizzen, Reiseberichte), Berlin 1925. – *Lit.:* Th. Pinkus: Kläber – ein Pionier der revolutionären Arbeiter Literatur, in: K. Kläber, Barrikaden an der Ruhr, Frankfurt a. M 1973; L. Tetzner: Das war Kurt Held. 40 Jahre Leben mit ihm, Frankfurt a.M. 1961; Beiträge, Bd. 3; Exil, Bd. 2 (2. Aufl. 1981).

Simone Barck

Knauf, Erich

Geb. 21. 2. 1895 in Meerane; hingerichtet 2. 5. 1944 im Zuchthaus Brandenburg

Sohn eines sozialdemokratischen Arbeiters; ab 1909 Schriftsetzerlehre, Leiter der SAJ in Gera; Gesellenwanderschaft u.a. durch Italien, Griechenland, die Türkei. Soldat und Verwundung im I. Weltkrieg. Anfang 1920 Teilnahme am ersten Kurs der Heimvolkshochschule Tinz bei Gera, dort aktiv an der Niederschlagung des Kapp-Putsches beteiligt; dann Presseamtsleiter der sozialistischen Thüringer Landesregierung Reuß. 1922/28 Redakteur der »Volkszeitung für das Vogtland« in Plauen, zahlreiche Literatur-, Theater- und Kunstkritiken. Aug. 1928/Apr. 1933 literarischer Leiter der ↗ »Büchergilde Gutenberg« und Redakteur ihrer Zs. »Die Büchergilde«. Ab Mitte 1933 Schriftleiter des Berliner »8 Uhr Abendblatts«; eine Opernkritik in dieser Zeitung führte 1934 zum Ausschluß aus dem »Reichsverband der deutschen Presse«. Zehnmonatige Haft in den Konzentrationslagern Oranienburg und Lichtenberg, anschließend Arbeit in der Industriewerbung und bei der Terra-Filmgesellschaft. Am 28. März 1944 aufgrund von Denunziation gemeinsam mit seinem Freund Erich Ohser (dem als E. O. Plauen bekannten Zeichner), verhaftet und am 7. Apr. 1944 vom Volksgerichtshof wegen »Wehrkraftzersetzung« und Feindbegünstigung« zum Tode verurteilt.

Den größten Einfluß auf Herausbildung und Verbreitung sozialistischer Literatur sowie Entwicklung kulturell-künstlerischer Bildung deutscher Arbeiter erreichte K. als Lektor und Redakteur bei der »Büchergilde Gutenberg«. Unter seiner Leitung profilierte sich diese Buchgemeinschaft als eine Kulturorganisation, die sich »bewußt in die Front der kämpfenden Arbeiterklasse« stellte (»Die Büchergilde«, 1930, H. 2). Er verfolgte ein Programm, das politische Aufklärung, kulturelle Bildung und Unterhaltung vereinte, förderte junge sozialistische Schriftsteller – R. H. Daumann (1896–1957), J. Schönherr, K. Schröder, L. Tetzner, W. Victor – und bildende Künstler – Ohser, K. Rössing, E. Uphoff. K. orientierte auf ein breites Spektrum internationaler sozialistischer, auch sowjetischer Belletristik. Mit seinen journalistischen Beiträgen förderte er zielstrebig ein historisch-materialistisches Kunstverständnis, das von großer Sensibilität und aktueller politischer Wirkungsabsicht getragen war (u.a. Artikel zu Dürer oder Goya, zu M. Andersen Nexö oder – in H. 3 des Jahres 1932 u. d. T. *Die Flucht auf den Olymp* – zu Goethe). Für die zeitgenössische Literatur stellte er das Was der Gestaltung (Thematik, Problemstellung) über das Wie, Literatur und Kunst sollten Teil des proletarischen Klassenkampfes zur grundlegenden Gesellschaftsumwälzung sein. Mit dieser Zielstellung war er bemüht, den »Bruderkampf« zwischen den proletarischen Parteien zu beenden; sah darin »die Voraussetzung für die nächste siegreiche Etappe des proletarischen Kampfes« (ebd., H. 10). K.s Auffassung vom kämpferischen Charakter sozialistischer bzw. proletarischer Literatur, die Anklage, Aufruf, Enthusiasmus vermitteln soll, spiegelt sich auch in der von ihm herausgegebenen Kurt-Eisner-Monographie *Welt werde froh!* (Berlin 1930). Auf der Basis seiner seit Anfang der 20er Jahre geschriebenen Artikel verfaßte er 22 prägnant formulierte »Künstlerprofile von Daumier bis Kollwitz«: *Empörung und Gestaltung* (Berlin 1929). Diese zielten darauf, die aktive Rolle der Kunst des

Erich Knauf
Gemälde v. Kurt Günther, 1934

19. und 20. Jh.s hervorzuheben und Verständnis für unterschiedliche künstlerische Handschriften zu wecken. Das gleiche Anliegen verfolgte die reich illustrierte Monographie *Daumier* (Berlin 1931). Die sozial zupackende Zeitgenossenschaft, die politische Kunst des Zeichners wird anschaulich aus dessen Biographie erklärt. - K.s einzige bekannte literarische Arbeit ist *Ça ira!* (Berlin 1930), ein »Reportageroman aus dem Kapp-Putsch«, dessen montageartiger Darstellungsstil in der Ausgabe der »Büchergilde Gutenberg« durch zahlreiche Fotos und Fotoausschnitte unterstützt wurde. In 22 von Ereignissen her formierten Kapiteln berichtet ein Erzähler in kraftvoll-plebejischem Ton und mit poetischen Beschreibungen - weitgehend autobiographisch - über die Erlebnisse eines Stoßtruppführers in den mitteldeutschen Arbeiterkämpfen von März bis Mai 1920. Er will damit Lehren aus der Vergangenheit für die Gegenwart vermitteln. Verteidigt wird, Widersprüche hervorkehrend, die revolutionäre Kampfbereitschaft der Massen gegen das Verhalten von Arbeiterfunktionären und Regierungsvertretern, die, von der Angst der herrschenden Klasse vor dem »Mob« angesteckt, den »krummen Weg der Verhandlungen« (S. 95) gehen. Nach der Verteidigung der bürgerlichen Demokratie entwaffnen sie die Sieger. Der Roman endet mit Reflexionen über die Notwendigkeit, eine einheitliche »Front der Klasse« (S. 162) zu schaffen, »nicht die aufständischen Massen zu trennen, sondern sie zu organi-

sieren und auf ein bestimmtes Ziel zu orientieren, kurz: den Aufstand zur Revolution zu gestalten« (S. 177): Ça ira - Es wird gehen.

W. W.: Das blaue Auge (humoristische Anth.), Berlin 1930; Aktuelle Filmbücher (9 Informations- und Werbeschriften), Berlin und Hamburg 1940/41. - *Ausg.:* Das Traumboot (nachgelassene Ge.), Berlin 1949.

Manfred Nössig

(Der) Knüppel (K)

Satirische Arbeiterzeitung. Erschien 1923/27 monatlich in der Vereinigung Internationaler Verlagsanstalten GmbH (Viva); verantwortlich für den Inhalt: H. Knipschild (zeitweise H. Remmele). Der K erschien in der Regel mit 16 S. Umfang und in mehrfarbigem Druck. Seine einzelnen Nummern wurden regelmäßig von der RF angezeigt. - Die Herausgabe des K fällt in die Zeit, als die KPD im Zeichen ihres Kampfes um die Massen eine Reihe von Zeitungen und Zeitschriften zu gründen begann, die auf je spezifische Weise und mit differenzierten Mitteln unterschiedliche Interessen verschiedener Adressaten bedienen und die Agitation vielseitiger gestalten sollten. Satirische Blätter hatten in der Arbeiterbewegung eine bereits im 19. Jh. begründete Tradition (z. B. ↗ »Der Wahre Jacob«), in der die Genres der politischen Satire zu einem massenwirksamen Mittel der Auseinandersetzung mit den herrschenden Klassen und deren Machtstrukturen ausgebildet wurden. Im K wurden vor allem Ereignisse und Personen attackiert, die für die Restauration der kapitalistischen Machtverhältnisse in der Weimarer Republik charakteristisch waren bzw. als deren Repräsentanten angesehen wurden. Die Justiz - deren Praxis selbst wiederholt ein Gegenstand der Kritik war - belegte den K oft mit Verboten, so z. B. Aug./Okt. 1926 wegen des Gedichts *Cave Canem oder Achtung Hunde!* von H. B. (H. Borchardt), das im Zusammenhang mit der Fürstenabfindung gegen den Reichspräsidenten Hindenburg gerichtet war. Der K war wie andere satirische Blätter der Arbeiterbewegung für die Entwicklung der sozialistischen Literatur wie der sozialistischen Graphik von Bedeutung. Die allgemein zeittypischen Wechselbeziehungen der Künste wurden hier in der Bindung der Autoren und bildenden Künstler an die proletarisch-revolutionäre Zeitung vielfach produktiv. Häufig korrespondierten literarische Beiträge mit den graphischischen wie umgekehrt diese die literarischen Texte inspirieren oder illustrieren. Wichtige literarische Mitarbeiter waren u. a. J. R. Becher, B. Brecht, Borchardt, J. Förste, E. Ginkel, O. M. Graf, K. Grünberg, W. Herzfelde, H. Lorbeer, E. Mühsam, K. Schnog, O. Steinicke, Slang (d. i. F. Hampel), K. Tucholsky, E. Weinert,

F. C. Weiskopf, H. Zur Mühlen. Die Autoren vieler ungezeichneter, mit Kürzeln versehener oder unter Ps. erschienener Beiträge sind heute nicht mehr zu identifizieren. Wichtige graphische Mitarbeiter waren A. Erbach, Fuk (d.i. B. Angeluschew), O. Griebel, L. Griffel (d.i. L. Dállos), G. Grosz, J. Heartfield, A. Keil (d.i. S. Ék), R. Schlichter, J. Szilágyi.

Die literarischen wie die bildkünstlerischen Mitarbeiter gehörten zu jenen aus der linken Kunst-Avantgarde, die dauerhaft oder zeitweise ein Bündnis mit der Arbeiterbewegung eingingen bzw. die zu Protagonisten der proletarisch-revolutionären Kunst in der Weimarer Republik wurden. Die Redaktion bemühte sich auch um neue Talente aus der Arbeiterklasse. Nr. 6 von 1927 enthält einen Aufruf, Kurzgeschichten aus dem Arbeiterleben einzusenden. Das korrespondierte mit gleichzeitigen Bemühungen der RF und der »Proletarischen Feuilleton-Korrespondenz« im Vorfeld der Gründung des BPRS. Unter den graphischen Mitarbeitern fällt der hohe Anteil von Künstlern aus Ländern Südosteuropas (Bulgarien, Ungarn) auf, die aufgrund der in ihren Ländern herrschenden reaktionären Regimes in Berlin im Exil lebten. Sie fanden in der Presse der deutschen Arbeiterbewegung ein produktives Betätigungsfeld und brachten ihre Erfahrungen mit der Konterrevolution in die künstlerische Auseinandersetzung mit dem Imperialismus in Deutschland ein.

Vorherrschende literarische Genres waren im K das Gedicht bzw. die Kurzgeschichte, in denen mit einem starken agitatorischen Impetus Tagesereignisse, Wahllosungen, das Verhalten von SPD-Politikern, Maßnahmen der Regierung, Justizthemen oder die Restaurierung des Militarismus aufgegriffen, satirisch kommentiert und glossiert wurden. Politische Kampagnen wie die zum Volksentscheid gegen die Fürstenabfindung wurden umfangreich thematisiert. Daneben erschienen zahllose Anekdoten, Witze, Zeichnungen, deren Autoren meist ungenannt blieben. Seltener waren Satiren oder Humoresken zu einer allgemeineren Thematik, wie z. B. aus der Feder von Graf oder Zur Mühlen.

Klaus Kändler

Koestler, Arthur (Ps. Iwan Steinberg, Dr. A. Costler)

Geb. 5. 9. 1905 in Budapest; gest. 3. 3. 1983 in London (Selbstmord)

neu

Stammt aus wohlhabender jüdischer Familie. 1922 Studium an der Technischen Hochschule in Wien. Zionistische Aktivitäten, 1926 nach Palästina-Besuch Exekutiv-Sekretär der Revisionistischen Partei Jabotinskys. 1927 Palästina-Korrespondent für Ullstein-Blätter, 1929 Korrespondent in Paris, 1930 Wissenschafts-, später Auslandsredakteur. 1931 Eintritt

in die KPD (als Iwan Steinberg), Mitglied des BPRS. Nach Entlassung bei Ullstein (wegen konspirativer Arbeit für die KPD) Parteiarbeit im »Roten Block« in Berlin. 1932/33 Reporterreise in die Sowjetunion. Sep. 1933 nach Paris, Arbeit im Institut zum Studium des Faschismus (INFA). Auf Anregung W. Münzenbergs zu Beginn des spanischen Bürgerkrieges Korrespondent des »News Chronicle« im Hauptquartier Francos. Enthüllungen über die deutsche Beteiligung an der Vorbereitung des Generalsputsches und die Greueltaten der Franco-Truppen im Dokumentationsband *Menschenopfer unerhört* (Paris 1937). Von Franco-Truppen bei der Eroberung Malagas gefangen; zum Tode verurteilt; internationale Protestaktionen erreichen K.s Freilassung. 1938 Bruch mit der KPD, vor allem angesichts der Verfolgung von POUM-Anhängern im republikanischen Spanien und der Moskauer Schauprozesse. Herbst 1938 kurzzeitig Chefredakteur von Münzenbergs Zs. »Die Zukunft«. Bei Kriegsbeginn im Lager Le Vernet interniert (vgl. *Scum of the Earth*, London 1941). Herbst 1940 Flucht nach England. Freiwillig zur Armee, vom Ministerium für Information rekrutiert. Arbeit am Roman *Arrival and Departure* (London 1943, dt. *Ein Mann springt in die Tiefe*, Zürich 1945) und an den Essays *Der Yogi und der Kommissar* (London 1945, dt. Eßlingen 1950), einer grundsätzlichen Auseinandersetzung mit der Sowjetunion und dem Kommunismus. 1944 Sonderkorrespondent in Jerusalem. Arbeit am Kibbuz-Roman *Thieves in the Night* (London 1946, dt. *Diebe in der Nacht*, Wien 1953). Mit Unterstützung der CIA Bemühen um Schaffung einer Intellektuellen-Organisation gegen den Kommunismus. Führender Anteil an der strategischen Planung und dominierende Figur des »Kongreß für Kulturelle Freiheit« 1950 in Westberlin.

Die frühe journalistische Karriere K.s ist durch sein zionistisches Engagement und seine naturwissenschaftlichen Interessen geprägt. Im Juli 1931 nahm er als Berichterstatter an der Zeppelin-Polar-Expedition unter Leitung von H. Eckener teil. In Buchform erschien sein Bericht darüber zusammen mit Reportagen von seiner mehrmonatigen Reise als Delegierter des BPRS durch die Sowjetunion in dem Band *Von weißen Nächten und roten Tagen* (Charkow 1934). Um seinen Lebensunterhalt zu verdienen, gab K. unter dem Ps. Dr. A. Costler ein Sexuallexikon in drei Bänden (1934/1939) heraus. Sein erster Roman, *Die Erlebnisse des Genossen Piepvogel und seiner Freunde in der Emigration*, erzählt von Schicksalen und individuellen Entwicklungskonflikten der Insassen eines Heims für Emigrantenkinder (vgl. *The Invisible Writing*, London 1954, S. 227). Das Buch blieb aufgrund der Kritik der kommunistischen Fraktion im SDS ungedruckt. Erster veröffentlichter Roman K.s wurde die Geschichte des Sklavenaufstandes unter Spartakus, *Die Gladiatoren* (e. 1934/38, engl. *The Gladiators*, London 1939, dt. Hamburg

1948). In freiem Umgang mit den historischen Quellen entwirft der Autor ein Bild der Krise der römischen Gesellschaft und der wirtschaftlichen wie psychologischen Bedingungen der Sklavenkriege. Sein Held scheitert am Konflikt, seiner Utopie – dem auf Gemeineigentum gegründeten Sonnenstaat – nur durch rücksichtslose Tyrannei näher kommen zu können; sein Zögern, unbotmäßige Mitkämpfer zu vernichten, führt zur Niederlage der Sklavenrevolution. Eine solche Konstellation ist Selbstrechtfertigung des Autors für sein kommunistisches Engagement und artikuliert zugleich seinen Vorbehalt gegenüber stalinistischen Praktiken. Im Kreis um Münzenberg wirkte K. im Sinne einer antifaschistischen Volksfrontpolitik und trat für die Verteidigung der spanischen Republik ein. Seine Aufzeichnungen aus dem Bürgerkrieg, *Ein spanisches Testament* (London 1937, Zürich 1938), schildern mit großer Eindringlichkeit seine Erlebnisse als zum Tode Verurteilter im Gefängnis der Rebellen. Diese Erfahrungen sind – nach dem Bruch mit der KPD im Jahr 1938 – wesentliche Voraussetzung für K.s nächsten Roman, *Sonnenfinsternis* (*Darkness at Noon*, London 1940, dt. Stuttgart 1948), in dem er die Geständnisse und Selbstbezichtigungen alter Bolschewiken in den Moskauer Schauprozessen 1936 bis 1938 zu erklären sucht. Sein Held Rubaschow – modelliert nach N. Bucharin, L. Trotzki und K. Radek – wird durch seine prinzipielle Übereinstimmung mit dem Diktator gegen die willkürliche Anklage wehrlos, weil er Moral der Zweckmäßigkeit und Mittel dem Zweck unterordnet, das vermeintliche Interesse der Menschheit über das des einzelnen Menschen stellt. Als K. diesen Roman zu schreiben begann, sympathisierte er noch mit der Sowjetunion, begriff aber sein Buch als moralische Anklage gegen den Stalinismus. Es wurde im Frühjahr 1940 beendet und in Übersetzung gedruckt; das deutsche Original ging verloren. Alle weiteren Werke K.s wurden in englischer Sprache geschrieben. Nach dem Krieg spielte das Buch eine zentrale Rolle in der Auseinandersetzung mit dem Stalinismus; als Kritiker des Sowjetsystems und des Kommunismus erlangte K. beträchtliche Wirkung in der intellektuellen Öffentlichkeit der westlichen Länder. In den folgenden Jahren veröffentlichte er weitverbreitete Sachbücher zu naturwissenschaftlichen und psychologischen Themen.

W. W.: Sowjet-Mythos und Wirklichkeit, Hamburg 1948; Ein Gott der keiner war, Vorw. R. Crossmann, Konstanz/Zürich/Wien 1950; Gesammelte autobiographische Schriften, Bd. 1.: Frühe Empörung, Bd. 2.: Abschaum der Erde, Wien/München/Zürich 1970, 1971 – *Lit.:* P. A. Huber: Arthur Koestlers Werk in literarischer Sicht, Zürich 1962; I. Hamilton: Koestler. A Biography, London 1982; M. Levene: Arthur Koestler, New York 1984; Th. Koebner: Arthur Koestlers Abkehr vom Stalinismus, in: Exilforschung, Bd. 1; H. Kuhn: Bruch mit dem Kommunismus, Münster 1990; F. Trapp: Annäherung an Arthur Koestler: Sonnenfinsternis, in: Exil 1933–1945, 1991, Nr. 2; M. Rohrwasser: Der Stalinismus und die Renegaten, Stuttgart 1991.

Dieter Schiller

Kokosky, Samuel
Geb. 1838 in Danzig; gest. 22. 5. 1899 in Berlin

K. studierte Rechtswissenschaft in Königsberg; 1864/68 Referendar am Kreisgericht Königsberg; in den 60er Jahren politischer Schüler J. Jacobys; gab 1868/72 in Königsberg die »Ostpreußischen Briefe« und die »Demokratischen Blätter« heraus, in denen er radikal-demokratische Positionen vertrat. Nach dem Leipziger Hochverratsprozeß gegen A. Bebel und W. Liebknecht trat er, wie sein Lehrer Jacoby, der SDAP bei. 1873/78 leitender Redakteur und Autor des »Braunschweiger Volksfreundes« und dessen satirischer Wochenbeilage »Leuchtkugeln«. K. unterstützte die IAA u. a. durch seine Übersetzung der Schrift *Ein Komplott gegen die Internationale Arbeiterassoziation* von Marx, Engels und Lafargue (Braunschweig 1874). Neben W. Bracke führender Agitator und Organisator der SDAP/SAPD im Braunschweiger Raum. Nach dem Verbot des »Braunschweiger Volksfreundes« gründete K. 1879 das »Braunschweiger Unterhaltungsblatt«, das er mit politischem Geschick über die Jahre des Sozialistengesetzes halten konnte, danach redigierte er erneut den »Braunschweiger Volksfreund«, übersiedelte 1891 nach Berlin; politischer Redakteur beim »Vorwärts«, leitete 1893/96 die »Neue Welt« und den »Neue-Welt-Kalender«.

K.s Stärke war die aktuelle, politisch eingreifende Satire in Balladen, Couplets, lyrischen Fabeln oder szenischen Dialogen. Typisch ist der Umgang mit feststehenden Figuren, die jeweils die Hauptrichtungen der satirischen Angriffe verkörpern. In den »Leuchtkugeln« debattieren so zwei »Eisensklaven«, Vertreter des modernen Industrieproletariats, über ihr politisches Selbstverständnis; die »Standreden« des nationalliberalen »Gimpel« parodieren die politische Haltung der liberalen Bourgeoisie, die lyrischen Auslassungen des »Dachhöhlen-Philosophen Daniel Krippstapel« den politischen Opportunismus des intellektuellen Kleinbürgers und die Äußerungen des »Staats-Hämorridarius von Duckwitz« die Moral des bismarcktreuen Untertanen. Unter dem Titel *Raketen und Leuchtkugeln, geschleudert in die Nacht des Sozialistengesetzes* (Berlin 1891) veröffentlichte K. eine Auswahl aus den ersten satirischen Blättern der Arbeiterbewegung vor dem Sozialistengesetz. K. hielt eine Blüte sozialistischer Kunst in der kapitalistischen Gegenwart nicht für möglich (*Vom Schlachtfelde der Arbeit*, in: »Braunschweiger Volksfreund«, 1877, Nr. 98). Er versuchte, das politische Ringen der Arbeiterbewegung mit dem der deutschen Klassik (Schiller, Goethe) und der 48er Revolution um Humanität und Freiheit zu verknüpfen (*Kunst und Sozialismus*, ebd., 1873, Nr. 236; *Johann Jacoby*, in: *Brackes Volkskalender* 1878).

Lit.: T. Bürgel: Politische Organisation und literarische Kommunikation, Diss., Berlin 1983.

Tanja Bürgel

Kolbenhoff, Walter (d. i. Walter Hoffmann)

Geb. 20. 5. 1908 in Berlin; gest. 29. 1. 1993 in Germering bei München

Kind einer sozialdemokratischen Arbeiterfamilie. Lehre als Chemiegraph, Mitglied der SDAJ. Ab 1925 Wanderungen durch Europa und Nordafrika. 1929 Mitglied der KPD, 1930 des BPRS. Seit Frühjahr 1931 als Reporter bei der RF angestellt. Bericht über den 5. Reichsjugendtag des KJVD (*Rote Fahnen über Leipzig*, Berlin 1930). Emigration über Holland nach Dänemark (schrieb seitdem unter K.). 1934 wegen Verbindung zu W. Reich Ausschluß aus der KPD. Versuche, dänisch zu schreiben: Hörspiele für den dänischen Rundfunk, Kurzprosa für Zeitungen, Mitarbeit an antifaschistischen Flugblättern. 1940 Eintritt in die Wehrmacht mit der Absicht, antifaschistisch zu arbeiten. Kriegseinsätze in Jugoslawien und Italien. 1944 amerikanische Kriegsgefangenschaft. Dort und nach der Rückkehr in München Mitarbeit an der Zs. »Ruf«. 1946/49 Reporter bei der »Neuen Zeitung«. Mitbegründer der Gruppe 47.

1926 begann H. mit Kurzprosa für das Feuilleton sozialdemokratischer und kommunistischer Zeitungen, u. a. mit exotisch abenteuerlichen Motiven aus dem Wanderleben. Schreibanlaß waren Fragen des politischen und sozialen Klassenkampfes, die er mit teils reportagehafter Sachlichkeit, teils erzählerischer Pointierung festhält. Neben Publizistik über kulturelle Interessen der Arbeiter entstehen politische Gedichte, die mit analytisch-agitatorischem Zuschnitt Klassenbewußtsein entwickeln wollen. Der Fortsetzungsroman *Das Hinterhaus* (in: RF, 1931, Nr. 22-37) entwirft in montierten Handlungssträngen ein Panorama proletarischer Lebensläufe und ein anschauliches Bild der Arbeiterabwehr gegen den Kapp-Putsch in den südlichen Vororten Berlins. Montageverfahren kennzeichnen auch den Roman *Untermenschen* (Kopenhagen 1933, München 1979), in dem K. den Ursachen für den Sieg der Faschisten im subproletarischen Milieu nachgeht. Einige Texte aus *Moderne Ballader* (Kopenhagen 1936) erschienen in deutscher Fassung, so *Ballade von den Torpedos* (in: »Neue Deutsche Blätter«, 1933/34, H. 11), die eindringlich vor neuen Vernichtungswaffen warnt und Selbstopferideologie und ihre Apologie durch die Dichtung unter Kritik stellt. - Bekannt wurde K. durch die Romane *Von unserem Fleisch und Blut* (München 1947, e. in der Kriegsgefangenschaft, auf der Grundlage von Verhören deutscher

Soldaten) und *Heimkehr in die Fremde* (München 1949), in denen er sich mit dem Weiterwirken der Naziideologie in der Nachkriegszeit auseinandersetzt. Im Stil der Sozialreportagen erzählt er von den Verirrungen junger Werwölfe, vom Alltag zwischen Schwarzmarkt, Wirrnis und Hoffen. Aufzeichnungen von Stationen seines Lebens gibt K. in *Schellingstraße 48. Erfahrungen mit Deutschland* (Frankfurt a. M. 1984). In den 50er Jahren schrieb er zahlreiche Hörspiele (1953 Hörspielpreis des Bayerischen Rundfunks).

Lit.: M. Müller: Kontinuität engagierter Literatur vor und nach 1945. Zum Werk Walter Kolbenhoffs, in: Nachkriegsliteratur, Bd. 2, Autoren, Sprache, Traditionen, Hg. J. Hermand/H. Peitsch/K. R. Scherpe, Berlin-West 1984.

Ursula Reinhold

Kommunistische Zeitschrift (KZ)

Als Organ des BdK geplant, dessen erster Kongreß im Juni 1847 in London beschlossen hatte, bis Jahresende drei oder vier Ausgaben vorwiegend bundesintern erscheinen zu lassen und ab 1848 mit der KZ als öffentlicher Wochenzeitung hervorzutreten. Es erschien jedoch nur ein Probeblatt im Umfang eines Druckbogens in den ersten Septembertagen 1847 in London. Im Titelkopf war erstmals die neue Losung des Bundes, »Proletarier aller Länder, vereinigt euch!«, gedruckt. Die redaktionelle Arbeit war vom Präsidenten der Zentralbehörde, K. Schapper, übernommen worden. Druck und Vertrieb oblag dem Londoner Kommunistischen Arbeiterbildungsverein. Eröffnet wurde das Probeblatt nach einer kurzen *Einleitung* mit Schappers Leitartikel *Proletarier.* Darin wird jeder - selbst Gelehrte, Künstler und kleine Bourgeois - als Proletarier definiert, der nicht vom Besitz an Kapital leben könne. Als Vorstufe eines konkreten Programms der Kommunisten propagiert der Artikel die Befreiung des Proletariats durch die völlige Umgestaltung der Eigentumsverhältnisse mit der Orientierung auf eine nach längerer Übergangsphase zu errichtenden Gütergemeinschaft. Es folgen die Polemik *Der Auswanderungsplan des Bürgers Cabet*, dessen Pläne zu einer kommunistischen Kolonie in Übersee als Schwächung der kommunistischen Bewegung verworfen werden, und die politisch und theoretisch außerordentlich klare Darlegung *Der preußische Landtag und das Proletariat in Preußen wie überhaupt in Deutschland* von W. Wolff, der zum taktischen Bündnis mit der Bourgeoisie rät und die organisatorische Einigung des Proletariats als Voraussetzung seiner Selbstbefreiung fordert. Die Artikel *Die deutschen Auswanderer* sowie eine »Politische und soziale Revue« - vermutlich ebenfalls von Wolff - und eine Art aphoristisches Kurzfeuilleton mit kritisch ironischen Kommentaren zu politischen Zeitereignissen beschließen die Probenummer. Das Unternehmen, das über dem BdK nahestehende Arbeitervereine Verbreitung finden sollte, scheiterte vor allem an unzureichender finanzieller Absicherung.

Ausg.: Archiv für die Geschichte des Sozialismus und der Arbeiterbewegung, Hg. C. Grünberg, Jg. 9, Leipzig 1921; Bücher-Such-Dienst-Bibliothek gesellschaftswissenschaftlicher Neudrucke, Nr. 1, Hg. B. Andreas, Zürich o. J.; W. Kowalski: Vom kleinbürgerlichen Demokratismus zum Kommunismus. Zeitschriften aus der Frühzeit der deutschen Arbeiterbewegung (1834–1847), Berlin 1967.

Irina Hundt/Red.

Koplowitz, Jan (Ps. Gulliver, Jonny)
Geb. 1. 12. 1909 in Kudowa (Schlesien)

Aufgewachsen in gutbürgerlicher Hotelbesitzerfamilie, geprägt vom jüdischen Leben und den verschiedenen Kulturkreisen im sog. Dreiländereck. Trat 1924 dem KJVD bei, trennte sich von seiner Familie. Leiter und Darsteller der Agitprop-Gruppe »Rote Knüppel«, »Trommler«, für die er Texte und Songs schrieb. Nach Abschluß von Lehrer- und Buchhändlerausbildung Journalist und Buchhändler. 1928 Mitglied von KPD und BPRS. 1931/33 verantwortlicher Redakteur der »Schlesischen Arbeiterzeitung«, schrieb u. a. zahlreiche Rundfunkrezensionen. Feb. 1933 von Nazis verhaftet und mißhandelt, konnte K. in die ČSR entkommen. Gelegenheitsarbeiten, schrieb unter Ps. in deutscher und tschechischer Presse. Aktiv im Bert-Brecht-Club. Frühjahr 1939 Flucht nach Polen, über Schweden nach England. 1939 aus der KPD wegen Verstoßes gegen die Parteidisziplin ausgeschlossen, erhielt sein Parteibuch erst 1953 zurück. Metallarbeiter und aktiver Gewerkschafter. Pen-Club-Mitglied und Leiter der Theatergruppe des Freien Deutschen Kulturbundes. 1947 nach Berlin, Rundfunkarbeit, Journalist. 1948/54 in Maxhütte Unterwellenborn (vgl. *Unser Kumpel Max, der Riese,* En., Repn., Ge., Berlin 1954). Drei Jahre Halle-Neustadt verarbeitete er in *Die Taktstraße. Geschichte aus einer neuen Stadt,* Berlin 1969. Lebt als freier Schriftsteller in Berlin.
K.s Leistungen liegen auf dem Gebiet operativer Genres, mit denen er als Arbeiterkorrespondent begann und zu denen er immer wieder zurückkommt. Er bevorzugte »offene Reportagen« und »dynamische Porträts«, meist auf eigene Erfahrungen und Erlebnisse gestützt (solche aus dem Exil gerettete Texte z. T. in: *Geschichten aus dem Ölpapier,* Halle 1972). Er vermag Wirkung zu erzielen durch seine Fähigkeit, zu agitieren und zu unterhalten. K. hat lange vor dem »Bitterfelder Weg« seine schriftstellerische Praxis an die Produktionsbasis

verlegt. 1979 erschien als Ergebnis jahrzehntelanger Arbeit sein autobiographisch angelegter Roman ›*Bohemia*‹ – *mein Schicksal* (Halle), in dem die Familiengeschichte um das Hotel Bohemia, von Glanz und Elend zwischen den Weltkriegen und seinem Ende in der NS-Periode, spannend erzählt wird.

W. W.: Es geht nicht ohne Liebe. Eine freiwillige Brigadlerin der ›Nová Huta Klement Gottwald‹ erzählt von sich und ihm, Berlin 1956; Glück auf, Piddl (Jugend-R.), Berlin 1960; Das Brot der fremden Länder, Hg. I. Hiebel u. a., Halle/Leipzig 1989. – *Lit.:* Ch. Berger: Interview mit Jan Koplowitz, in: WB, 1983, H 1, S. 86–100; Exil, Bd. 5.

Rotraut Wieland-Pfitzmann

Körner-Schrader, Paul (d. i. Schrader, Karl)
Geb. 25. 4. 1900 in Wedderstedt (Harz); gest. 18. 5. 1962 in Berlin

Sohn eines sozialdemokratischen Stellmachers. Kindheits- und Jugenderlebnisse von Not und Armut waren für K.s weiteren Lebensweg prägend. Abbruch einer Gärtnerlehre wegen Einberufung zum Militär 1918. Unter dem Eindruck der Persönlichkeit K. Liebknechts verfaßte er im Auftrag des Spartakusbundes noch als Soldat das Antikriegsgedicht *Schluß mit dem Kriege!,* wofür er zu einem Jahr Festungshaft verurteilt wurde. Während der Novemberrevolution, durch die er frei kam, Mitglied des Soldatenrates; Jan. 1919 KPD-Beitritt; aktiver Kämpfer gegen den Kapp-Putsch 1920 und Beteiligung am Mitteldeutschen Aufstand 1921; entging der daraufhin erfolgten Verurteilung zu sieben Jahren Zuchthaus durch die Illegalität, in der er bis zur Generalamnestie 1928 unter dem Namen Paul Körner lebte; schlug sich mit Gelegenheitsarbeiten durch und begann nebenher Gedichte, Reportagen und Glossen für die Arbeiterpresse, u. a. die »Rote Fahne«, »Arbeiterstimme«, »Welt am Abend«, »Linkskurve« und AIZ zu schreiben, die z. T. auch in sowjetische Zeitungen Eingang fanden (»Prawda«, »Komsomolskaja Prawda«). Seit 1926 Redakteur der RF, war K. besonders um den Aufbau der Arbeiterkorrespondentenbewegung bemüht; wurde wegen »Hochverrats«, »Gotteslästerung«, »Aufreizung zum Klassenhaß« u. a. mehrfach inhaftiert (insgesamt fünf Jahre). Sein Roman *Schlagende Wetter* (e. 1929), der die verheerenden sozialen Folgen der Rationalisierungen im Kohlebergbau thematisierte, wurde noch vor der Drucklegung konfisziert. Einige Kapitel konnten aber als Vorabdruck in der »Roten Fahne« erscheinen. Als Vertreter des BPRS nahm K. 1930 am Internationalen Kongreß revolutionärer Schriftsteller in Charkow teil. Nach 1933 arbeitete er weiterhin an verschiedenen linken Zeitschriften mit (»Der rote Bohnsdorfer«, »Stich und Hieb«, »Rund um den Wasserturm«, »Neue Deutsche Blätter«) und verfaßte Flugblätter, die sich gegen die Praktiken der Nazi-Diktatur richteten. Erneut mehrfach verhaftet. 1939 zur Wehrmacht eingezogen, nahm er als Soldat Kontakte zu illegalen Widerstandsorganisationen und Partisanen in Polen, der ČSR und der Sowjetunion auf. Nach Kriegsende und in der DDR setzte K. seine journalistisch-publizistische Tätigkeit an verschiedenen Zeitungen und Zeitschriften sowie beim Rundfunk fort. – In den 20er Jahren entwickelte sich K. zu einem führenden Vertreter der Arbeiterkorrespondentenbewegung, avancierte zum kommunistischen Publizisten und Parteischriftsteller. In zahlreichen Gedichten, Erzählungen, Glossen und Reportagen übte K. vor allem Kritik an unhaltbaren sozialen Verhältnissen wie Arbeitslosigkeit, Wohnungsnot, Kinderarbeit oder ausbeuterischen Beschäftigungspraktiken. In Gedichten wie *Die Kellerwohnung, Der Zeitungsjunge, Im Wohlfahrtsamt, Der lebende Leichnam* oder *Kinderspiel im Hinterhof* gelangen ihm treffliche Charakteristiken von Menschen und Milieu in den Berliner Arbeitervierteln. Sein besonderes Talent zu volkstümlichen Erzähltechniken bewies er in mehreren autobiographischen Erzählungen mit Kindheits- und Jugenderinnerungen (*Das vergessene Kind, Meine Sonntagsschuhe,* in: *Feder und Faust. Almanach proletarisch-revolutionärer Lyriker und Erzähler Deutschlands,* Moskau 1930). Grundlage seines Schreibens blieb immer die unmittelbare Verarbeitung eigenen Erlebens. Dies zeigt sich auch in seinen am bekanntesten gewordenen Skizzen und halbdokumentarischen Erlebnisberichten *Mit der Knarre in der Hand* (»Linkskurve«, 1931, Nr. 4) aus den Tagen des Kapp-Putsches sowie *Ich schlief auf Dynamit* (in: *30 neue Erzähler des neuen Deutschland,* Berlin 1932) und *Mai macht Mut* (RF, 29. 4. 1931) über die Märzkämpfe 1921 und seine abenteuerlichen Fluchterlebnisse vor Stand- und Ausnahmegerichten. Insgesamt erschienen in den 20er und 30er Jahren annähernd 600 solcher reportagehafter Berichte und Kurzgeschichten, die die Farbigkeit der Erlebnisschilderung mit der Vermittlung eines festen politisch-parteilichen Standpunktes zu verbinden suchten. Nur ein Teil davon ist bisher wiedererschlossen und in der Sammlung *Brot für den großen Tisch* (Halle 1960) neu herausgegeben worden. Auch in der DDR setzte K. diese Art der politischen Erinnerungs- und Erlebnisliteratur mit mehreren Erzählungen, Hörspielen und Laienspielstücken fort, machte sich aber auch einen Namen als Kinderbuchautor.

Inge Lammel

Köttgen, Gustav Adolph
Geb. 1805 in Barmen; gest. 1882

Maler und Dichter, der dem ›wahren‹ Sozialismus als Literaturströmung nahestand. Hielt neben F. Engels und M. Heß im Feb. 1845 auf kommunistischen Versammlungen in Elberfeld Reden, die in z. T. überarbeiteter Form in den »Rheinischen Jahrbüchern« (Bd. 1, Darmstadt 1845) erschienen. Verfaßte im Mai 1846 als Mitarbeiter des Kommunistischen Korrespondenz-Komitees in Deutschland ein Rundschreiben im Namen mehrerer Kommunisten des Wuppertales, in dem er die Literatur als wichtigstes Mittel zur Verbreitung des Kommunismus hervorhob und zur finanziellen Unterstützung der Schriftsteller sowie zur Gründung von Zeitschriften und Lesevereinen aufrief. Er nahm an der Revolution 1848/49 in Deutschland teil, war Mitglied des Bremer Allgemeinen Arbeitervereins und gab in dessen Auftrag von Apr./Juni 1849 die »Vereinigung. Zeitung für sämtliche Arbeiter« (Bremen) heraus, in der er als konsequenter Verfechter einer Volksdemokratie auftrat.

Wolfgang Meiser

Kreowski, Ernst (Ps. Ernst Werder)
Geb. 12. 6. 1859 in Rossitten (Ostpreußen); gest. 14. 1. 1920 in Britz

Sohn eines Gartenbauingenieurs; Besuch höherer Bildungsanstalten; Tätigkeiten im Post- und Telegrafendienst; Musik-, Literatur- und Geschichtsstudien; 1879 Lehrer; seit 1882 schriftstellerisch tätig; 1885/97 in München; 1885/89 Musiklehrer; Herausgabe eines Journals für Poesie und Kritik; seit 1893 Mitglied der SPD; 1893/1902 Mitarbeiter des »Süddeutschen Postillon«; 1894/96 Musik-, Kunst- und Theaterkritiker der »Münchener Post«; 1898/01 Mitredakteur der Zsn. »Vom Fels zum Meer« und »Gartenlaube« in Stuttgart bzw. Berlin; 1904/05 Feuilletonredakteur der »Chemnitzer Volksstimme«; ab 1902 ständiger Mitarbeiter des »Vorwärts« für Literatur und Theater.

K.s wichtigste Leistung für die deutsche Sozialdemokratie waren Gedichte mit stark sozialkritischer oder deutlich revolutionärer Tendenz, die 1893/1902 im »Süddeutschen Postillon« und in den Lyrikbänden *Schlagende Wetter! Soziale Gedichte* (Bamberg 1898) und *Auf der Barrikade* (Berlin 1911) veröffentlicht wurden. K. begreift den Dichter als Kämpfer, als Leidenden in Gemeinschaft mit den Menschen im Geiste Tolstois. Der Dichter soll »mit dem Volke gehen« (*An die deutschen Dichter*). Im Kampf der »Arbeit« mit dem »Kapital« sollen »des Trutzgesangs Signale« vorausziehen. »Tausend Lieder« sollen klingen, dann wird die Freiheit, von den Proletariern ersehnt und von den Dichtern gesungen, Wirklichkeit werden (*Das Lenzsturmlied*). Im Gedicht *Russischer Ver-banntenzug* (1889) wird das russische Volk aufgerufen, die Ketten abzuschütteln. Der 18. März weckt in K. eine revolutio-näre Vision (*Dem Lenz entgegen!*) und veranlaßt ihn zu der entschiedenen Forderung: »Gerechtigkeit!«. Der sozialdemo-kratische Zukunftsstaat erscheint ihm als Hort »unvergängli-cher Schönheit und Freude« (*Zukunftsverheißung*). K. ver-teidigt die Parteinahme des Dichters, die Tendenz. Er warnt davor, im proletarischen Klassenkampf die agitatorische Be-deutung der revolutionären Poesie zu übersehen. In den Bänden *Von goldner Spindel. Lyrisch-epische Dichtungen* (Dresden/Leipzig 1899) und *Rotfeuer* (Leipzig o. J. [1904]) findet sich auch Natur-, Stimmungs- und Liebeslyrik. K. ver-suchte sich auch an schwierigen lyrischen Formen, der Bal-lade, dem Sonett und lyrisch-epischen Dichtungen. Sein Schaf-fen umfaßt auch Erzählungen, Novellen und Satiren sowie Abhandlungen, Porträts und Rezensionen für die »Neue Welt«, die »Neue Zeit« und den »Süddeutschen Postillon«, Theater-kritiken für den »Vorwärts« und die »Chemnitzer Volks-stimme« und Einführungen für die Volksbühne (»Die Volks-bühne«, Nr. 8, 11, 17). Zusammen mit E. Fuchs schrieb er das Buch *Richard Wagner in der Karikatur* (Berlin 1907), in dem das progressive Element in Wagners Schaffen stark betont wird.

W. W.: Franz Held: Ausgewählte Werke. Mit Vorw. und literarischem Charakterbild, Hg. E. Kreowski, Berlin 1912.

Norbert Rothe

Krey, Franz E.
Geb. 04. 01. 1904 in Essen

Wuchs in einer kinderreichen armen Stahlschmelzerfamilie auf. Versuche zu einer Berufsausbildung (Kaufmann, Zeich-ner, Ingenieur) scheiterten aus materiellen Gründen. War Schlepper, Hilfsschlosser, arbeitslos und Tippelbruder. Um 1925 Mitglied der KPD. Leiter des Feuilletons der KPD-Tages-zeitung »Ruhr-Echo«. 1928 Mitglied des BPRS, Ortsgruppe Essen. Veröffentlichte seit Mitte der 20er Jahre Gedichte und Kurzprosa in: RF, »Ruhr-Echo«, »Westfälischer Kämpfer«, »Leip-ziger Volkszeitung«, »Kulturwille«, AIZ. K. verdiente seinen Unterhalt durch journalistische Arbeit. Ging 1933 in illegalen Widerstand, 1935 Verfahren wegen Vorbereitung zum Hoch-verrat. Keinerlei literarische Tätigkeit mehr.
K. s Hauptthema als »Dichter aus Arbeitslosigkeit« (»Kultur-wille«, 1929, H. 11) war Leben, Kampf und Alltag der Arbei-terklasse. Seine Gedichte, besonders der Zyklus *Der Pütt*, gestalten in liedhafter und balladesker Form den Arbeitsprozeß

unter Tage aus der Sicht des ausgebeuteten Bergmanns. Die Kurzprosa schildert aktuelle Probleme des Arbeitskampfes und charakterisiert die Naturverbundenheit von Arbeitern in ihrer knappen Freizeit. Motiviert vom Bedürfnis der Arbeiterleser nach populärer Lektüre, schrieb K. *Maria und der Para-graph. Ein Roman um den § 218* (Wien/Zürich 1931, Aufl. 35 000 Ex., [=Der Rote-Mark-Roman, Bd. 5], Reprint Berlin 1972, 1976). Das Buch vereint Elemente des Kriminalromans (Verwechslung, Erpressung, Mord) und der Reportage; es ist eine dokumentarisch belegte (Statistiken, Zeitungsberichte), sozialpolitisch orientierte literarische Darstellung der verhee-renden Auswirkungen des Abtreibungs-Paragraphen am Bei-spiel einer Stenotypistin. Durch simultan geführte Handlungs-stränge kommt ein komplexes Bild vom Umgang mit dem § 218 in verschiedenen gesellschaftlichen Schichten zustande, und es wird gezeigt, wie in der Zeit großer Arbeitslosigkeit Arbeiterorganisationen und solidarische Ärzte gemeinsam ge-gen den Paragraphen kämpfen. Der agitatorische Wert des Romans dominiert. Ein zweiter Roman, *Vertauschte Ge-schlechter,* über Arbeitslosigkeit im Angestelltenmilieu, für den Neuen Deutschen Verlag konzipiert und vertraglich ge-bunden (Vorabdr. in den AIZ ab Mai 1933 geplant), konnte nicht mehr realisiert werden.

Lit.: Antworten von F. Krey zum BPRS, in: Sozialistische Zs. für Kunst und Gesellschaft, 1972, H. 11/12, S. 55–62; Beiträge, Bd. 3; M. Rohr-wasser: Saubere Mädel – starke Genossen. Proletarische Massenlite-ratur?, Frankfurt a.M. 1975; H. Möbius: Progressive Massenliteratur, Stuttgart 1977; Ch. M. Hein: Der BPRS. Biographie eines kultur-politischen Experiments in der Weimarer Republik, Münster/Hamburg 1991.

Simone Barck

(Der) Krieg

Das erste Volksbuch vom großen Krieg. Internationaler Arbei-ter-Verlag Berlin/Wien/Zürich 1929 (143 S., 2 Aufl., zus. 20 000 Ex.), Zusammenstellung und Herausgabe: K. Kläber; mit Vorwort (datiert 4. Aug. 1929) von J. R. Becher. Die Literatur-Anthologie bot eine Sammlung zeitgenössischer Stimmen zum ersten Weltkrieg, die in der Aufnahme sozia-listischer und bürgerlicher Autoren von einem weiten Bünd-niskonzept getragen ist. Enthält 65 Texte (Gedichte, Skizzen, Auszüge aus Prosawerken, Tagebuchaufzeichnungen, Briefe). Vertreten sind 10 ausländische Autoren (H. Barbusse, A. France, J. Hašek, B. Illés, M. Martinet, J. Dos Passos, Poittier, R. Rolland, U. Sinclair, A. Tarassow Rodinow), 36 deutsche Schriftsteller u.a. Zeitzeugen. Die meisten Texte sind Nach-drucke aus Büchern: 43 Titel aus 28 Verlagen, einige, vor allem von kommunistischen Autoren, waren Erstdrucke. Im

Zentrum stehen Lyrik und Prosa sozialistischer Autoren verschiedener Prägung, insbesondere aus dem BPRS und zu dieser Zeit mit ihm verbundener Schriftsteller: Becher, B. Brecht, A. Daudistel, B. Frei, E. Ginkel, E. Glaeser, O. M. Graf, K. Grünberg, K. Kersten, E. E. Kisch, B. Lask, H. Marchwitza, E. Mühsam, K. Neukrantz, L. Renn, F. Rück, A. Scharrer, K. Tucholsky, E. Weinert, F. C. Weiskopf. Daneben wurden – mit Ausnahme von A. Zweig (*Grischa*-Roman) – alle bekannten und auch weniger bekannte bürgerliche Autoren berücksichtigt, die Erfahrungen im Krieg wahrhaftig festgehalten bzw. Gegnerschaft und Widerstand gegen den Krieg thematisiert hatten, u.a. L. Frank, A. M. Frey, W. Hasenclever, E. Johannsen, W. Mehring, E. M. Remarque, J. Ringelnatz, B. Vogel, G. von der Vring, H. Wandt. Aufgenommen wurden auch Texte von E. Jünger und F. Schauwecker; obwohl von Kriegsbejahern geschrieben, siege in ihren Darstellungen »in dem Kampf zwischen Wirklichkeit und Gesinnung ... die Wirklichkeit«, was Ausruf sein möchte, werde »wider Willen zu einem Fragezeichen«, trage so einen bescheidenen Teil bei zu dem großen Kriegswerk, das noch zu schreiben sei (Becher im *Vorwort*, S. 8). Die Bündnisabsichten werden auch erkennbar in den jeweils vermerkten Verlagen, auf deren Bücher man zurückgriff: neben KPD-Verlagen oder ihr nahestehenden Unternehmen sozialdemokratische Verlage (z.B. J. H. W. Dietz Nachf.), anarchistische (z.B. Der Syndikalist) sowie bürgerliche Verlage (vor allem: Kiepenheuer, Rowohlt, Propyläen). Angesichts aktueller Vor-Kriegssymptome (Panzerkreuzerbau und geheime Giftgasproduktion in Deutschland, internationale Interventionspläne gegen die UdSSR) orientiert die Anthologie auf eine Lösung der Kriegsfrage durch Beseitigung des den Krieg produzierenden imperialistischen Gesellschaftssystems. Diese Zielstellung prägt den Aufbau des Buches und das in ihm angewendete Montageprinzip entscheidend: es entwickelt sich in der Chronologie eine »Fabel«. Sie führt vom Antikriegsmanifest des Baseler Sozialistenkongresses 1912 über den von SPD- und Gewerkschaftsführern und Kirche unterstützten chauvinistischen Kriegstaumel von 1914, die Schilderung des Grauens im Krieg und der in ihm offenkundig werdenden sozialen Konflikte bis zum Widerstand (Matrosenaufstand, Munitionsarbeiterstreik) und zur revolutionären Antwort in den russischen Revolutionen von 1917. Gestützt wird dieser Entwicklungsbogen dadurch, daß zwischen literarische und andere zeitgenössischen Texte einzelne Passagen aus dem *Kommunistischen Manifest* und von Engels, Liebknecht, Luxemburg, Lenin u.a. montiert wurden, die Alternativen zeigen, oder Dokumente (Zeitungsartikel, Heeresberichte, Aussagen vor Gericht), die den imperialistischen Charakter des Krieges und in ihm manifest werdende Klassenwidersprüche bzw. die – von der herrschenden Klasse »bescheinigte« – Unterstützung der Kriegspolitik durch die SPD-Führung entlarven.

Lit.: M. Nössig: Ein »Volksbuch« vom Krieg aus dem Jahr 1929, in: WB, 1986, Nr. 1.

Manfred Nössig

Kriege, Hermann

Geb. 20. 7. 1820 in Lienen (Westfalen); gest. 31. 12. 1850 in New York

Nach Medizinstudium in Bonn und Leipzig (1840/42) Journalist. Seit 1842 Kontakt zu L. Feuerbach; als aktiver Demokrat politisch verfolgt, entschloß er sich Ende 1844 zu emigrieren. Anfang 1845 reiste er nach Barmen zu F. Engels und Mitte Feb. zu K. Marx nach Brüssel, hier Miglied des Kommunistischen Korrespondenz-Komitees; ab Juni 1845 in London, wo er dem Bund der Gerechten beitrat und an den Diskussionen der dortigen Mitglieder (K. Schapper, W. Weitling, H. Bauer, J. Moll u.a.) teilnahm; seit Ende Aug. als Emissär des Bundes in New York und Gründung einer Bundesgemeinde, die sich bald der Bodenreformagitation der National Reformers anschloß. K., der schon 1845 am »Westphälischen Dampfboot« mitgearbeitet hatte, gründete eine eigene Wochenzs., »Der Volks-Tribun. Organ der deutschen Sozialreform-Association in New York«, später »Organ des Jungen Amerika« (5. 1./31. 12. 1846). Die ›wahrsozialistische‹ und antikommunistische Tendenz des Blattes wurde vom Brüsseler Kommunistischen Korrespondenz-Komitee in einem im Mai 1846 verfaßten Sendschreiben *Zirkular gegen Kriege* einer scharfen Kritik unterzogen, worauf die New Yorker Gemeinde nicht weniger scharf antwortete. 1847 plante K. eine umfangreiche Publikation über *Die Väter unserer Republik in ihrem Leben und Wirken* (New York 1847/48), wovon nur die ersten acht Lieferungen bis Feb. 1848 erschienen. Nach Ausbruch der Revolution Rückkehr nach Deutschland; Juni 1848 Teilnahme am 1. Demokraten-Kongreß in Frankfurt a. M., der ihn zum Mitglied des Zentralausschusses wählte. Im Sommer 1849 verließ er endgültig Europa und wurde ab Sep. Redakteur der »Illinois Staats-Zeitung« in Chicago; verfiel im Apr. 1850 dem Wahnsinn.

Lit.: H. Schlüter: Die Anfänge der deutschen Arbeiterbewegung in Amerika, Stuttgart 1907; W. Mönke: Die heilige Famlie. Zur ersten Gemeinschaftsarbeit von Karl Marx und Friedrich Engels, Berlin 1972; R. E. Cazden: A Social History of the German Book Trade in America to the Civil War, Columbia 1984.

Jaques Grandjonc

Krille, Otto

Geb. 5. 8. 1878 in Börnersdorf bei Gottleuba (Sachsen); gest. 31. 1. 1954 in Zürich

Sohn eines Maurers; jahrelanges Armenhausdasein; Dorf- und Volksschule; ab 1. 4. 1891 Zögling der Königlich Sächsischen Soldatenknaben-Erziehungsanstalt in Kleinstruppen bei Pirna, ab 1893 in der Unteroffiziersvorschule in Marienberg im Erzgebirge, 1895 entlassen wegen »Ungeeignetheit zum Unteroffiziersstande«; beharrliche Schreibversuche im Kindes- und Jugendalter; 1895/1900 Arbeiter in Dresden, Anschluß an die Arbeiterbewegung; Abdruck von Gedichten in sozialdemokratischen Zeitungen und in der Anthologie *Stimmen der Freiheit* (Nürnberg 1899); 1900/02 Militärdienst; danach ein Jahr in Berlin Studien an der Humboldt-Akademie und der Neuen Freien Hochschule; ab 1900 Arbeit für die proletarische Jugendbewegung; Mitbeit an der Zs. »Arbeiter-Jugend«; ab 1903 Redakteur an sozialdemokratischen Ztgn. (»Schleswig-Holsteinische Volkszeitung« in Kiel, »Volksblatt für Harburg a. E.«, »Schwäbische Tagwacht« in Stuttgart), arbeitete dann in der Schriftleitung der literarischen Wochenschrift »Die Lese«; ab 1907 freier Schriftsteller in Berlin, Stuttgart und München; 4 Jahre Teilnehmer am ersten Weltkrieg, Rückkehr mit einem Nervenleiden; Tätigkeit in der sozialdemokratischen Jugendbewegung; geriet unter den Einfluß des Revisionismus in der SPD; nahm an der Gründung des Reichsbanners Schwarz-Rot-Gold teil, wurde Gausekretär für Oberbayern und Schwaben; emigrierte 1933 in die Schweiz.

K.s erster Lyrik-Sammelband *Aus engen Gassen* (Berlin 1904, Vorw. C. Zetkin) stieß bei linken Literaten der SPD auf besonderes Interesse. Zetkin begrüßte die Talentprobe des jungen Arbeiters enthusiastisch als ein Beispiel für die künstlerische Schöpferkraft der Massen und zählte K. zu den »Vorläufern« des »messianischen Zeitalters der Kunst« (Vorw., S. 5). F. Mehring erkannte in K.s Gedichten »die unbändige Kraft des Proletariats, die unaufhaltsam zur Sonne drängt . . .« (in: NZ, 1904/05, Bd. 1, S. 355/56). Es war ein Novum in der Literatur der deutschen Sozialdemokratie, daß sich ein Autor so betont auch der Liebes- und der Naturlyrik zuwandte. Seine Liebeslyrik hatte zugleich sozialen Charakter: ihr Gegenstand war die Liebe zu Menschen aus dem Proletariat bzw. aus dem Volk (*Die Spulerin*). K. klagte nicht nur über Not, Mühsal, Ungerechtigkeit und erzwungene Knechtschaft, sondern auch über die verdorbene Chance eines schönen Lebens, über »gestorbene Träume« (*In tiefster Schmach*). Die Fabriken erschienen ihm düster und traurig, die Arbeit war ihm Fron und Qual, das Leben eine »Dornenbahn« (*Heimkehr*). Aus dem beklagten Zustand erwuchs kämpferische Haltung und Zuversicht: »Doch wir kämpfen! Das will besagen, / Daß wir Hoffnung im Herzen tragen / Hoffnung auf einen Frühlingstag,

Otto Krille

/ Der uns Erlösung bringen mag« (*Ostern*). Zuweilen klangen allerdings auch sehr elegische Töne auf (*Trübe Stunden*). In dieser Zeit stand K. in seiner Kunstanschauung Zetkin nahe; er gehörte zu den wenigen sozialdemokratischen Autoren vor dem I. Weltkrieg, die sich für die Entwicklung einer sozialistischen Gegenwartskunst engagierten. In dem Artikel *Die Kunstphrase und die Arbeiterfeste* (in: NZ, 1904/05, Bd. 1, S. 459/60) verteidigte er die Tendenzpoesie entschieden gegen die Verfechter der »wahren Kunst«, die er als bürgerliche Weltanschauungskunst charakterisierte. In dem Aufsatz *Kunst und Kapitalismus* (in: NZ, 1905/06, Bd. 1, S. 530/34) kennzeichnete er die kapitalistische Gesellschaftsordnung als Hindernis für die Entwicklung einer wahrhaft großen Kunst. Auch in seiner zweiten Lyriksammlung *Aus Welt und Einsamkeit* (Berlin 1905) trat K. als kämpferischer Tendenzpoet auf. In mehreren Gedichten des Bandes nahm er eindeutig Partei für die Revolution in Rußland 1905.

Die Gedichtbände *Neue Fahrt* (Berlin 1908) und *Das stille Buch* (Berlin 1913) zeugen von einem deutlichen Wandel, wenngleich nicht von einer grundsätzlichen Korrektur: Der kämpferisch-optimistische Gestus wich einer philanthropischen Haltung; Liebes-, Stimmungs- und Naturgedichte verdrängten tendenziell die soziale und politische Lyrik. Im *Stillen Buch* wurden Gedichte aus dem Band *Aus engen Gassen* wiederabgedruckt. K.s Stück *Anna Barenthin* (Berlin 1911) wurde in Stuttgart 1911 uraufgeführt. Seine Autobiographie *Unter dem Joch* (Die Geschichte einer Jugend, Berlin 1914; nhg. Berlin 1975 [=Textausgaben, Bd. 15]) gehört – als Zeitzeugnis wie als Erzählwerk zu den herausragenden Leistungen der deutschen proletarischen Autobiographie.

Erst zehn Jahre danach erschien *Die rote Palette* (Konstanz 1924), ein Band mit kurzer Prosa, Gedichten und einer Szene. Er ist das Produkt allgemein-humanistischer Gesinnung. Aus der Erinnerung an das Grauen des Krieges ergeben sich Friedensliebe, Schaffensfreude und Freiheitssehnsucht. Ausgleich und Versöhnung zwischen den sozialen Schichten sollen zu einer einigen Nation führen. Dem Dichter kommt dabei die Rolle des Vermittlers zwischen der geistigen Bildung bürgerlichen Kultur und den unverbrauchten seelischen Kräften der Massen zu (*Volk und Dichter*).

K. verstand diese Position offenbar nicht als Abkehr von den Idealen seiner frühen Dichtung – das belegt der Band *Aufschrei und Einklang* (ausgew. Ge. für die Jugend, Berlin 1925), bis auf wenige Ausnahmen aus Texten der Vorkriegsbände zusammengestellt, wobei die meisten Texte dem Band *Aus engen Gassen* entnommen wurden.

Die Gedichte der Sammlung *Der Wanderer im Zwielicht* (Zürich 1936) offenbaren tiefe Resignation des einst so hoffnungsvollen, »zur Sonne drängenden« Proletarierdichters, der sich nun bei den Ausgestoßenen findet – und sich dabei doch frei und unabhängig fühlt als »Lächler und Träumer über allen Dingen« (*Der Wanderer*). In seinem letzten Band *Klänge* (o.O. /Zürich/ o.J. /um 1943/) entwickelt K. neues Engagement; es sind das »Unrecht« und der »irre Pöbelwahn« in seiner Heimat, die seinen Zorn, Widerstand und die Hoffnung wecken, daß »alter Heldensinn« erwache (*Und manchmal...*).

W. W.: Sonnenaufgang (Festsp. in Versen), Berlin 1900; Sonnensehnsucht. Eine Dichtung aus dem Arbeiterleben, Berlin o.J. (1903); Aus der »Guten, alten Zeit« (K.), Berlin o.J. (1904); O wag es doch nur einen Tag!, Berlin 1905; Die Flut (Dr., Bühnenmanuskript), 1914; Die Weihe, Waldenburg-Altwasser um 1927; Frühlingssturm. Ein Sprechchor, Waldenburg-Altwasser 1929; Erlösung. Ein Prologspiel, Waldenburg-Altwasser 1929; Die bunte Stunde, München 1929. – *Ausg.:* Aus engen Gassen (Ge.), 3 Bde., München 1929.

Norbert Rothe

Kuba (d.i. Kurt Walter Barthel)

Geb. 8. 6. 1914 in Garnsdorf; gest. 12. 11. 1967 in Frankfurt a.M.

Sohn eines Eisenbahners, wuchs in sozialdemokratischer Familientradition auf; 1920/28 Volksschule, 1928/32 Malerlehre in Chemnitz. 1930 Freidenker, gründete 1931 in seinem Heimatdorf eine Gruppe der SAJ und der Roten Falken. Frühjahr 1932 arbeitslos auf Wanderschaft. Trat 1932 dem Jungbanner, am 1. 1. 1933 der SPD bei. März 1933 Emigration in die ČSR; Feb. 1934 nach Wien, um sich dem bewaffneten Kampf des Proletariats anzuschließen; Flucht nach Zagreb, Kontakt zu illegalen jugoslawischen Kommunisten. Im Herbst 1934 Rückkehr in die ČSR; politische Jugendarbeit und unter dem Namen Egon David illegale Grenzarbeit; wegen Verbindung zu Kommunisten Anfang 1935 aus der SPD ausgeschlossen. Freundschaft mit L. Fürnberg. Unter K.s Leitung vereinigten sich 1935 die Gruppen »Roter Stern« und »Roter Sender« zur Spieltruppe »Neues Leben«, die gemeinsam mit Fürnbergs Truppe »Echo von links« den Kampf gegen Henlein führte. Für K.s künstlerische Entwicklung wurde das Bekanntwerden mit Geschichte und Kultur der Tschechen und Slowaken, vor allem aber mit dem Theater E. F. Burians und den Dichtungen von J. Wolker und P. Bezruč wichtig. Erste literarische Arbeiten – Gedichte und Reportagen – erschienen in der deutschsprachigen Ztg. der KPČ, »Die Rote Fahne« (Prag), und der Zs. »Das Wort« (Moskau); die ersten drei Folgen eines Kinderromans *Zack streitet sich mit der ganzen Welt* in der Prager Ztg. »Welt am Morgen«. Nach der Besetzung Prags 1939 Flucht über Polen nach Großbritannien. Arbeit als Landarbeiter in Nordwales; im Krieg zeitweilig interniert; 1944/46 Bauarbeiter in London; aktiv im Freien Deutschen Kulturbund und der Freien Deutschen Jugend. Okt. 1946 Rückkehr nach Deutschland, Eintritt in die SED. Redakteur im Dietz-Verlag, Berlin. 1948/49 Kulturleiter in der Maxhütte; 1952/54 Generalsekretär des DSV, 1950 Kandidat, 1954 Mitglied des ZK der SED. Ab 1957 Theaterarbeit in Rostock.

Äußerer Anlaß zu eigenem literarischen Schaffen war für K. der Mangel an geeigneten Texten für die von ihm inspirierten Jugend- und Spielgruppen. Die Begegnung mit dem kommunistischen Liedgut und der Lyrik von Weinert und Brecht prägte K.s Lieder und Gedichte, in denen Erschütterungen (Flucht aus Deutschland, die Scham, nicht bei den Kämpfenden daheim zu sein) Ausdruck gegeben werden. Schmerzhafte Gewissenserforschung (s. *Böhmischer Frühling*) verbindet K. mit historischem Optimismus. Die Verschmelzung volksliterarischer Traditionen mit den Ausdrucksmitteln der proletarischen Agitprop-Bewegung machen Stärke und Besonderheit vieler Gedichte K.s aus. Er solidarisierte sich mit allen Verfolgten und Unterdrückten (*Menschenbruder, Juden-*

liedchen u.a.), mit den vom faschistischen Italien überfallenen Abessiniern (*Kulturträger*), vor allem aber mit den bedrohten Tschechen und Slowaken (*Gruß an die Tschechen*). Sinnlich konkret und poetisch gestaltet K. Solidarität und Zusammenhalt proletarischer Kinder in einer deutschen Stadt und ihren Umgang mit dem schwierigen Charakter des Jungen Zack im Kinderroman *Zack streitet sich mit der ganzen Welt* (e. 1936/38, Halle/Leipzig 1982).

Ein Hauptmotiv des Schreibens wird für K. - dessen Vater im I. Weltkrieg gefallen war - der Kampf gegen den imperialistischen Krieg. Ein bis 1935 zurückreichender Plan, in einer Folge erzgebirgischer Volksballaden vom schweren Leben des arbeitenden Volkes zu berichten - von den Kämpfen der Gegenwart, aber auch von denen der Hussiten - wurde Ausgangspunkt des zyklischen Poems *Die Ballade*. In England niedergeschrieben, war dieses Poem Teil des Zyklus *O, Menschheit, hilf*, der später im *Gedicht vom Menschen* Aufnahme fand. Eine »Antiballade« sollte dann die Oktoberrevolution ins Bild rücken (*Das Lächeln Lenins*). Als lyrischer Chronist appelliert K. an seine Landsleute, den sinnlosen Krieg zu beenden (*Macht Frieden*). Dabei wandte er sich immer stärker an ein künftiges Publikum im befreiten Deutschland. Sein autobiographischer Roman *Niet*, in England skizziert, zeigt Berührungen zum gleichzeitig entstehenden Poem, blieb aber unvollendet (in: *Zack streitet sich mit der ganzen Welt*). Das *Gedicht vom Menschen* wurde 1947 in Berlin abgeschlossen und stellte den Autor durch Kühnheit des Wurfs, Bilderreichtum und Dynamik der Sprache sogleich in die vordere Reihe sozialistischer Lyriker.

W. W.: Gedichte. Eine Auswahl, Berlin 1952; Louis Fürnberg/Kuba: Weltliche Hymne. Ein Poem auf den großen Oktober, Berlin 1958. -*Ausg.:* Brot und Wein (Ge.), Leipzig 1961; Gedichte, Rostock 1961; Das Wirkliche und das Wahre (Reden, Aufse.), Halle/Leipzig 1984; Nun fügt euch, Worte (Ge.), Halle/Leipzig 1987. - *Lit.:* E. Braemer: Laudatio für den Schriftsteller Kuba, in: WZ Universität Rostock, Gesellschaftswiss. und sprachwiss. Reihe, Rostock 1961, H. 1; D. Schiller: Die politische Lyrik des Dichters Kuba (Kurt Barthel) 1934-1947, Diss., Berlin 1965; G. Deicke: Begegnungen mit dem Dichter Kuba, in: Sinn und Form, 1971, H. 1; A. Hofmann: Kuba in der tschechischen Emigration, in: Sinn und Form, 1972, H. 2; E. Scherner: Der Schriftsteller Kuba. Zu Grundpositionen seines künstlerischen Schaffens, 2 Bde., Diss., Berlin 1973; ders.: Ich hab den Morgen oftmals kommen sehen . . . Zur Poetik des Dichters Kuba, Halle 1975; ». . . tausend neue Träume . . .« Erinnerungen an den Dichter KuBa, Halle, Leipzig 1985.

Erhard Scherner

Kuckhoff, Adam

Geb. 30. 8. 1887 in Aachen; hingerichtet 5. 8. 1943 in Berlin-Plötzensee

Sohn eines rheinischen Fabrikanten. Ab 1906 Studium (u.a. Germanistik, Geschichte, Philosophie), 1912 Dr. phil. in Halle. 1914 Kriegsfreiwilliger; 1915 kritische Auseinandersetzung mit dem Krieg im Schauspiel *Rufendes Land* (Berlin 1915, u. d. T. *Der Deutsche von Bayencourt*, UA 1918 im Frankfurter Neuen Theater). Kurze Mitgliedschaft in der USPD. Theaterarbeit als Schauspieler, Dramatiker und Spielleiter; 1920/23 Intendant einer Wanderbühne mit anspruchsvollem Programm. 1927 Lektor im Verlag Eugen Diederichs, Jena; Herausgeber der ersten Volksausgabe der Werke G. Büchners. 1928/29 Schriftleiter der Zs. »Die Tat«. 1930/32 Dramaturg am Staatlichen Schauspielhaus Berlin. Seit 1933 Lektor im Ullstein-Verlag (später Deutscher Verlag). Artikel zur Literatur, zum Erbe und zum Film in »Kölnische Zeitung«, »Die Dame« u.a., daneben Übersetzungen, Kulturfilme, Filmdrehbücher. Gleichzeitig illegale antifaschistische Tätigkeit in der Freundesgruppe um A. Harnack; ab Frühjahr 1941 zusammen mit A. Harnack und H. Schulze-Boysen Aufbau einer Kundschaftergruppe, die sich in ein internationales Netz antifaschistischer Widerstandsarbeit eingliederte (Rote Kapelle). Mitbeteiligt an der illegalen Zs. »Die innere Front. Kampfblatt für ein neues freies Deutschland« (1940 oder 1941, Hg. J. Sieg) und an Flugblättern und -schriften unter dem Kennwort »Agis«. Sep. 1942 bei Dreharbeiten zu einem Film in Prag verhaftet. Wegen des Aufrufs *An die Arbeiter der Stirn und Faust, nicht gegen Rußland zu kämpfen* - der Gestapo nur vom Hörensagen bekannt und bis heute nicht wieder aufgefunden - wurde K. zum Tode verurteilt.

In der Tradition von Aufklärung und deutscher Klassik - vor allem Lessings - stehend, wollte K. als unabhängiger Intellektueller die demokratischen Möglichkeiten der Weimarer Republik zur humanistischen Bildung und Erziehung des Volkes nutzen. Als Schriftsteller, Dramaturg, Filmemacher, Redakteur, Literaturkritiker und -theoretiker vielseitig tätig, wies er der Literatur die Aufgabe zu, »Kampfwaffe« der zukunftsträchtigen gesellschaftlichen Kräfte zu sein (*Lebendiges Theater*, in: *A. Kuckhoff. Eine Auswahl von Erzählungen, Gedichten, Briefen, Glossen und Aufsätzen*, aus dem Nachlaß, Hg. und Einl. G. Wiemers, Berlin 1970, S. 348). Zunächst wollte er mit der Wanderbühne die Keimzelle für ein »Kulturtheater« schaffen, das neben der Schule für das Volk zum zweiten großen Bildungzentrum werden sollte (*Gutes Theater als Geschäft. Die Zukunft der Provinzbühnen* [1924], in: ebd., S. 335). In zahlreichen Artikeln hat er seine - vom Erlebnis sowjetischer Bühnenkunst (A. I. Tairow, W. E. Meyerhold, Arbeiter-Spieltrupps) beeinflußte - Programmatik dar-

Adam Kuckhoff

gelegt. Später konzentrierte sich K. auf die Erzählkunst. In *Scherry. Eine Begegnung* (Frankfurt a.M. 1931; Neudr. Leipzig 1972) stellt er das Leben eines Pantomimen dar und appelliert an die Künstler, Verantwortung für Mensch und Gesellschaft zu übernehmen. Höhepunkt seiner erzählerischen Bemühungen ist der Roman *Der Deutsche von Bayencourt* (e. 1933/37, Berlin 1937, Vorabdruck 1937 in der »Kölnischen Zeitung«). Das einer Zeitungsnotiz entnommene Sujet – die Erschießung eines naturalisierten deutschen Bauern als »Landesverräter« durch ein französisches Kriegsgericht im Jahr 1914 – wird zum Ansatzpunkt, den Krieg als Zerstörer menschlicher Beziehungen und Kultur zu beschreiben. In der Figur des Sozialisten Barnabas läßt K. vorsichtig die proletarische Revolution als eine Alternative zum imperialistischen Krieg aufscheinen – ein kühner Versuch, die Reihe der Antikriegsromane der Weimarer Republik im nationalsozialistischen Deutschland fortzuführen. Zwei weitere Bände sollten die Handlung bis zum Ausbruch des II. Weltkrieges fortführen. Die Verhaftung verhinderte den Abschluß des Werkes.

Ausg.: Adam Kuckhoff zum Gedenken. Novellen, Gedichte, Briefe, Hg. und Einl. G. Kuckhoff, Berlin 1946. – *Lit.:* Ein Stück Wirklichkeit mehr.

Zum 25. Jahrestag der Ermordung von Adam Kuckhoff, Hg. G. Wiemers, Berlin 1968; G. Kuckhoff: Vom Rosenkranz zur Roten Kapelle, Berlin 1972; S. Bock, Kämpfer vor dem Sieg. Adam Kuckhoffs »Der Deutsche von Bayencourt«, in: Erfahrung Nazideutschland 1933–1945, Hg. S. Bock/M. Hahn, Berlin und Weimar 1987.

Sigrid Bock

Kultur und Kunst (KuK)

»Eine Schrift der Zeit für Vergangenheit und Gegenwart kultureller und geistiger Werte«. Illustrierte Zeitschrift, im Auftrag der KPD von O. Bihalji-Merin (unter Ps. Paul Köppe) vom 1. 4./1. 7. 1933 in 4 Heften herausgegeben; vermutlich einmaliger Versuch legalen antifaschistischen Widerstands in Deutschland. Nachfolgeblatt der »Illustrierten Neuen Welt«, Organ des Freidenkerverbandes mit rund 300 000 Lesern, wahrscheinlich an Teile von deren Abonnenten versandt. Redaktion in einer Garage mit zwei Ausgängen nahe Berliner Nollendorfplatz, offizielle Adresse: Stresemannstraße. Aufgabe, als »volkstümliches Bildungsorgan« (H. 1, S. 22) gegen Ratlosigkeit und Verwirrung zu wirken, geistige Werte der Arbeiterbewegung und humanistischen Denkens zu bewahren, Gewißheit vom Weiterleben der KPD zu geben. Brachte Lyrik, Reportagen, Essays, Zeugnisse von Cervantes, Grimmelshausen und aktuelle Dokumente, Texte (ungezeichnet oder mit Ps.) zu naturwissenschaftlichen, technischen, literarisch-künstlerischen Problemen, die Seite »Die Welt lacht« und Rätsel. Mitarbeit u.a. von G. Lukács. Reportagen zur sozialen Situation der Arbeiter gaben genauen Lagebericht ohne Schönfärberei und kurzschlüssige Appelle; verdeckte Polemik gegen die Rassenideologie; aesopische Redeweise in einem Bericht über die Bücherverbrennung am 10. Mai (mit Auszug aus der Goebbels-Rede), verbunden mit einem historischen Exkurs über literarische Zensur, der die Überzeugung vermitteln sollte, Scheiterhaufen vermöchten »vor dem Forum der Geschichte« die weltweite Wirkung humanistischer Literatur nicht aufzuhalten (H. 3). KuK wurde mit Bihaljis Emigration eingestellt.

Sigrid Bock

Kulturwille (KW)

Monats-Zs. für Arbeiterbildung und -kultur. Zuerst herausgegeben vom Arbeiterbildungsinstitut Leipzig (ABI, gegr. 1907), einer Institution der SPD und der Freien Gewerkschaften. Initiator war V. Hartig (1889–1980), der als Mitglied der bayerischen Räteregierung eine mehrjährige Festungshaft verbüßt hatte und 1923/26 das ABI leitete. Zunächst als zweiseitiges Flugblatt konzipiert, mit dessen Hilfe das während der Inflation weitgehend eingestellte Theater- und Konzertabonnement des ABI neu aufgebaut werden sollte, brachte Hartig im Feb. 1924 die erste Nummer mit 12 S. heraus. Dies war die erste periodische Publikation der Arbeiterbewegung, die sich nach dem Ende der revolutionären Nachkriegskrise mit Fragen der Arbeiterbildung und -kultur beschäftigte. Nach Beginn der NS-Herrschaft konnte die Zeitschrift im März 1933 zum letzten Mal erscheinen. Der Untertitel war »Mitteilungsblatt des ABI. Organ für kulturelle Bestrebungen der Arbeiterschaft«, ab 1925 »Monatsblätter für Kultur der Arbeiterschaft«. KW veröffentlichte in allen zehn Jahrgängen das Monatsprogramm der ABI (Theaterveranstaltungen, Konzerte, Vorträge) sowie einführende und auswertende Beiträge dazu und wurde anfangs den Inhabern des Leipziger ABI-Anrechts kostenlos zugestellt. Er erreichte jedoch rasch die von Hartig angestrebte überregionale Bedeutung, obwohl die zentralen Leitungen der SPD und des ADGB, auf deren Unterstützung man rechnete, die Zeitschrift kaum propagierten. Im Okt. 1924 besaß sie 15000 Abonnenten (davon 10000 in Leipzig). Später war wiederholt von steigenden Leserzahlen die Rede, im Krisenjahr 1931 vom Rückgang der Abonnenten - genaue Daten wurden nicht mitgeteilt. Schriftleiter waren nach Hartig: Juni 1926/Apr. 1928 M. Loose, der die mit Graphiken und Fotomontagen gestalteten Titelseiten einführte; Dez. 1928/März 1932 (nach einer interimistischen Redaktionsleitung durch W. Biach) J. Kretzen, der die Verlagsrechte des KW ab Jan. 1929 vom ABI auf die sozialdemokratische Leipziger Buchdruckerei AG überführte; seit Apr. 1932 H. Wiegand. Die Zeitschrift erschien im Format 22x31 cm, Umfang in der Regel 16 bis 24 (teilw. bis zu 40) S. Der Preis betrug anfangs 10 Pf., ab 1925 20 Pf.; 1928 kostete ein Vierteljahresabonnement 75 Pf., ab 1929 eine Mark. Im Aug. 1924 ging die Monatsschrift der Heimvolkshochschule Tinz, »Der Tinzer«, im KW auf, der seitdem die ständige Rubrik »Arbeiterschulung« enthielt. Die Rubrik »Der Bücherwart« erschien Dez. 1924/Jan. 1926, als der Reichsausschuß für sozialistische Bildungsarbeit der SPD eine eigene Bildungs-Zs., ↗ »Die Bücherwarte«, herauszugeben begann; KW veröffentlichte jedoch weiter zahlreiche Rezensionen und Empfehlungen neuer Bücher. Im März 1925 übernahm KW kurzzeitig die Funktion eines Bundesorgans der Sozialistischen Studenten und brachte bis Juni dreimal die Beilage »Der sozialistische Student«. Seit Nov. 1927 erschien in den meisten Nummern die Beilage »Reisen und Schauen«, um für die seit diesem Jahr vom ABI veranstalteten Arbeiter-Ferienreisen durch Ankündigungen, Berichte und belletristischen Beiträge zu werben.

Im Geleitwort der ersten Nummer des KW wurde der Aufbau »einer aus dem Geist der klassenbewußten Arbeiterschaft sich entwickelnden neuen Kultur« als Hauptanliegen formuliert;

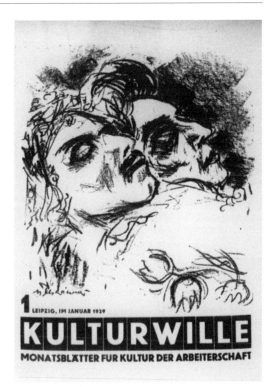

Titelblatt Januar 1929 mit Zeichnung von Max Schwimmer

durch die Pflege tradierter Kulturgüter und die Entwicklung einer »Kultur brüderlicher Gemeinschaft« sollte eine »Erziehung neuer Menschen« (1924, H. 6) erfolgen. Bis 1929 standen Fragen der Arbeiterbildung und Probleme einer Arbeiterkultur (proletarischer Kultur) stark im Vordergrund. Hartig berücksichtigt dabei die Verbindung von Arbeit und Kultur sowie von Politik und Kultur. Auch die von ihm bevorzugten Autoren A. Braunthal (geb. 1897), W. Fabian, G. E. Graf (1881-1952), O. Jenssen (geb. 1883), K. Löwenstein (1885-1939), A. Siemsen sowie der austromarxistische Soziologe M. Adler vertraten linkssozialistische Anschauungen. Sie gingen von materialistischen Positionen der marxistischen Theorie und Weltanschauung aus, begriffen Bildung stets primär als politische Bildung und propagierten z. T. Erfahrungen der Bildungsarbeit der Heimvolkshochschule Tinz (1920 bei Gera gegr.). Ihre Beiträge standen in Kontrast zu den in der Zeitschrift - wenn auch zurückhaltender - publizierten Vorstellungen eines durch Reformen zu erreichenden »Kultursozialismus«, wie sie in der Parteiführung z.B. von P. Kampffmeyer vertreten wurden. Von Anfang an beschäftigte sich der KW mit dem geistig-kulturellen Leben in großer Breite. Jede seiner Nummern hatte einen thematischen Schwerpunkt. Behandelt wurden verschiedene Bereiche proletarischer Lebensweise (Feste und Feiern, Kindererziehung, Jugend- und Frauenfragen, Wandern, Arbeitersport, Liebe usw.) sowie spezielle Probleme einzelner Künste (Bildende Kunst, Literatur, Musik, Architektur, Theater). Wiederholt wurden auch historische Daten von politischer Relevanz ins Zentrum gerückt und ihre Reflexion in den Künsten beschrieben und bewertet, so z.B. der 1. Mai und der 1. Aug. (Kriegsbeginn 1914); besondere Aufmerksamkeit galt der Krieg-Frieden-Frage (vgl. 1924, H. 8: *Arbeiterschaft und Friedensbewegung*; 1928, H. 7/8: *Krieg dem Kriege*; 1931, H. 7/8: *Gedenkt des Tages im August*, H. 9: *Der kommende Krieg*; 1932, H. 8: *Abrüstung*). Dabei reagierte der KW ab 1928 unter dem Einfluß von Kretzen prononciert kritisch auf die Politik der SPD-Führung (Haltung zum Panzerkreuzerbau und zur Koalition mit bürgerlichen Parteien, Aufgeben von Klassenkampfzielen zugunsten der Teilnahme an parlamentarischer Arbeit, Tolerierung der Regierung Brüning und ihrer Notverordnungen). Auch weitere jetzt behandelte Themen zeigen die Politisierung der Zeitschrift, z.B. die I. Internationale (1928, H. 8), die Novemberrevolution von 1918 (1928, H. 11), der Mord an Luxemburg und Liebknecht (1929, H. 1), die Niederschlagung des Kapp-Putsch von 1920 (1930, H. 3) und die Gefahr des aufkommenden Faschismus (1930, H. 5). Seit 1927 setzte sich der KW unter dem Begriff »Kulturreaktion« (vor allem 1927, H. 5 und 1931, H. 5/6) ausführlich mit dem Zurückdrängen der 1918/19 erkämpften Fortschritte auf dem Gebiet von Volksbildung und Kultur auseinander und verteidigte sozialistische und demokratische Ansprüche. Viel Aufmerksamkeit widmete der KW den kulturellen Organisationen und Institutionen, die proletarische Interessen vertraten (Verlage, Buchgemeinschaften), ebenso wurden die neuen Probleme massenwirksamer Medien, ihr Einsatz zur Verbreitung reaktionärer Ideologie sowie der Möglichkeit reflektiert, sie im Interesse der Arbeiterbewegung einzusetzen (z.B. 1925, H. 11: *Kino und Kultur*; 1926, H. 10 und H. 11: *Großmacht Presse*; 1927, H. 2: *Rundfunk und Arbeiterschaft*; 1927, H. 12: *Verlage*; 1930, H. 7/8: *Film und Funk*). Durch die von thematischen Schwerpunkten bestimmte Behandlung von Bildungs-, Kultur- und Kunstproblemen wurden diese eng mit aktuellen Aufgaben des Klassenkampfs verbunden. Zum Teil versuchte man dabei, bei der Orientierung auf eine neue Kultur der Arbeiterklasse reformistische und aus historisch-materialistischer Betrachtungsweise abgeleitete revolutionäre Gesichtspunkte zu verschmelzen. Das galt in bezug auf die Künste vor allem für jene Zeit, in der Kretzen die Redaktionsarbeit beeinflußte bzw. leitete und sich die Widersprüche zwischen den beiden großen Arbeiterparteien zuspitzten (1928/32). Kretzen ging von der Maxime aus: »Obwohl in einem sozialdemokratischen Parteiverlag erscheinend, wird der ›Kulturwille‹ frei sein im Rahmen der Allgemeininteressen der sozialistischen Arbeiterbe-

wegung« (1928, H. 12). Er artikulierte selbst wiederholt seine Ablehnung kommunistischer Standpunkte und seine Vorbehalte gegenüber der Sowjetunion, jedoch nahm er zeitweilig bereits von seinen Vorgängern angebahnte Kontakte mit Autoren auf, die der KPD angehörten oder ihr nahestanden. Vor allem publizierte er viele Beiträge von linken Sozialdemokraten, die revolutionäre Kultur- und Kunstauffassungen vertraten. Doch als einige von ihnen 1931 die SPD verließen und sich in der SAP organisierten (u.a. Siemsen, Fabian), erschienen von ihnen keine Beiträge mehr.

Die Literatur spielte im KW durchgängig eine große Rolle. Das betrifft die Veröffentlichung von Texten, Rezensionen und Problembeiträgen. Bei den Textabdrucken stand die Lyrik im Vordergrund, seltener wurden Auszüge aus Prosawerken und Dramen publiziert. Besonders zahlreich und kontinuierlich vertreten waren M. Barthel, E. Grisar, H. O. Henel, E. Mühsam, E. Toller, W. Victor; bei Mühsam und Toller war dies 1924 mit Protesten gegen ihre weitere Inhaftierung bzw. mit Sympathieerklärungen anläßlich ihrer Freilassung verbunden. Zurückhaltender vorgestellt wurden K. Bröger (sein Roman *Bunker 17* erfuhr eine prinzipielle Kritik), A. Daudistel, G. Engelke, H. Lersch, A. Petzold, E. Preczang, B. Schönlank, A. Thieme, P. Zech sowie R. Dehmel, K. Henckell, O. Krille, L. Lessen, J. Zerfaß. Zeitweilige Aufmerksam fanden 1924/25 der auch als Rezensent tätige J. Schönherr; bis 1926: W. Steinbach; bis 1927: M. Andersen Nexö; 1926/27: J. R. Becher; 1926/29: K. Kläber und E. Weinert; 1929: W. Bauer, F. Krey; 1929/31: E. Ginkel. Auch einige zeitgenössische Autoren, die nur bedingt oder nicht mit der Arbeiterbewegung verbunden waren, wurden mehrfach – vor allem mit gesellschaftskritischen und satirischen Beiträgen – vorgestellt, z.B. E. Kästner, Klabund, W. Mehring, A. Polgar, J. Ringelnatz, K. Tucholsky. Heft 4 (1928) enthielt mehrere Textnachdrucke M. Gorkis, angeregt durch die Werk-Ausgabe des Malik-Verlags. Später spielte Gorkis Schaffen (mit Ausnahme einer Rezension zu *Das Leben des Klim Samgin*) keine Rolle mehr im KW. 1926 gab es eine Diskussion um K. Kraus; mit mehreren Leseproben vertreten waren (neben Autoren des 19. Jh.s von H. Heine bis W. Whitman) auch K. Hamsun und Dichter wie Joe Hill aus dem Umkreis der Industrial Workers of the World. Durch diese Auswahl präsentierte der KW eine Breite fortschrittlicher und sozialistischer Positionen, weltanschaulicher Standorte und künstlerischer Schreibweisen. Im Zusammenhang mit der Antikriegsnummer von 1929, aber auch später – vgl. Veröffentlichungen unter dem Motto »30 junge Arbeiter berichten von ihrem Leben«, in: 1930, H. 9 – forderte der KW seine Leser auf, kurze Texte einzusenden, in denen sie Erinnerungen und Erfahrungen niederschrieben. Kontinuierlich wurden Gedichte nur örtlich bekannter oder unbekannter Arbeiterautoren abgedruckt. – Im Laufe der Zeit nahmen Rezensionen belletristischer Literatur sowie von Reise- und Sachbüchern in Einzel- und Sammelbeiträgen einen großen Platz ein; 1931 z.B. wurden über 100 Titel besprochen. Es rezensierten vor allem die Redakteure Kretzen und Wiegand, deren knappe, manchmal beiläufige literarische Urteile ihrem journalistischen Anliegen einer möglichst umfangreichen Information untergeordnet waren; politische Titel besprachen auch der Leipziger Bildungsfunktionär und SPD-Linke K. Lohmann und der Dresdener Dramaturg W. Schumann. Nahezu vollständig vorgestellt wurden die Neuerscheinungen der sozialdemokratischen bzw. gewerkschaftlichen Buchgemeinschaften »Der Bücherkreis« und »Büchergilde Gutenberg« (besonderes Lob für die Romane von Barthel und K. Schröder) sowie des SPD-Verlags J.H.W. Dietz Nachf. Publikationen kommunistischer Verlage berücksichtigte der KW seit 1927, in der Regel tat er dies sachlich und anerkennend; das galt für den Malik-Verlag, den Verlag für Literatur und Politik, den Neuen Deutschen Verlag und den Verlag der Jugendinternationale (sie waren auch regelmäßig im Inseratenteil der Zeitschrift vertreten). Dabei wurde bevorzugt über wissenschaftliche und belletristische Literatur aus der Sowjetunion informiert, z.B. auf die Lenin-Werkausgabe oder die Romane *Zement* von F. Gladkow, *Die Neunzehn* von A. Fadejew oder *Der stille Don* von M. Scholochow empfehlend hingewiesen, in anderen Fällen aber auch mit politischer und ästhetischer Kritik nicht gespart. Keine Berücksichtigung fanden deutsche Roman-Autoren wie W. Bredel oder H. Marchwitza, da der KW - besonders ab 1930 - das Literaturkonzept des BPRS nicht zur Kenntnis nahm. Behandelt wurden auch Neuerscheinungen bürgerlicher Verlage. Die *Versuche 1-7* von Brecht schätzte A. Schirokauer - einmalig für die sozialdemokratische Kritik - als eine literarische Revolution von gesellschaftlicher Tragweite ein (vgl. 1931, H. 2).

Spezielle Entwicklungsfragen sozialistischer Literatur behandelten drei thematische Hefte der Zeitschrift: *Schöne Literatur als Zeitspiegel* (1925, H. 12), *Deutsche Arbeiterdichtung der Gegenwart* (1926, H. 12), *Proletarische Dichter* (1929, H. 11). In ihrer Abfolge spiegelten sich Veränderungen in der literaturpolitischen Konzeption des KW. 1925 erfolgte eine Aufarbeitung der fortgeschrittensten literaturtheoretischen Positionen, wie sie in der deutschen Arbeiterbewegung bisher entwickelt worden waren. Siemsen schrieb den Leitartikel und prognostizierte, daß der »sozialen Literatur« des 19.Jh.s eine »proletarische« als »Träger eines neuen Klassen- und Weltbewußtseins« folgen müsse. (Weitere Beiträge von Siemsen u.a.: *Unser Kampf um die künstlerische Form*, 1926, H. 12; *Gibt es eine proletarische Kunst?*, 1928, H. 10.) *Der politische Roman* überschrieb G. Pohl, Chefredakteur der Zs. »Die Neue Bücherschau«, einen Aufsatz (Pohl und sein Redaktionskollege K. Herrmann publizierten bis Ende 1929 mehrfach im

KW.) Er charakterisierte den sozialkritischen Roman des 19. und 20.Jh.s (von Balzac bis H. Mann) als ablösungsreif durch den »Klassenkampfroman«, den »proletarischen Kollektivroman«, den er in *Der eiserne Strom* von A. Serafimowitsch vorgeprägt sah. 1926 griff das Heft über »Arbeiterliteratur« in den fortschreitenden Formierungsprozeß der sozialistischen deutschen Literatur ein. Im Leitbeitrag von K. Offenburg, der auf dessen Buch *Arbeiterdichtung der Gegenwart* (Frankfurt a.M. 1925) zurückging, wurde die Vorstellung vertreten, daß Arbeiterdichtung »an sich zweckfreies und schöpferisches Ausströmen eines bestimmten Lebensgefühls« sei (nachdem R. Leonhard in seinem Artikel *Proletarisches Theater* bereits 1924 ein »Klassenkampftheater« gefordert hatte). Gegen Offenburgs Konzept polemisierte Kläber in *Neuere Arbeiterdichtung*; der Beitrag enthielt die These: »Der Arbeiterdichter hört aber dort auf, wo er vom Kämpfer zum Sänger wird«. Becher formulierte seine Zielstellung mit den Worten: »Kampf um die Eroberung der Form, die dem proletarisch-revolutionären Inhalt entspricht.« Diese Äußerungen wie Stellungnahmen und Texte von Barthel, Grisar, Henel, Lersch, Mühsam, Preczang, Schönlank, Toller, Weinert und Zech spiegelten gegensätzliche und differenzierte Vorstellungen über sozialistische Literatur wider, z.T. wurde nachdrücklich die Forderung nach ihrem eingreifenden Charakter artikuliert. Diese diskussionsfördernde Präsentation unterschiedlicher Standpunkte war - das zeigt sich im gleichen Heft - angeregt durch die gemeinsame Protestbewegung gegen das im Reichstag zur Debatte stehende sog. Schmutz- und Schundgesetz, mit dem die politische und kulturelle Linke in Deutschland mundtot gemacht werden sollte (Stellungnahmen von Becher, B. von Brentano, Klabund, S. Jacobsohn). Im Heft des Jahres 1929 über »Proletarische Dichter« zeigte sich weiteres Zurückdrängen von Konzeptionen, die vorrangig auf bloß thematische oder gefühlsmäßige Beziehungen zur Arbeitswelt gerichtet waren. Im Mittelpunkt standen junge Lyriker, die der KPD angehörten oder vor allem in der KPD-Presse publizierten: Ginkel, Bauer und der noch kaum bekannte Krey. Das Heft, von Kretzen und Ch. Zweter konzipiert, brachte genaue Analysen der politischen und künstlerischen Qualität der Arbeiten, übte helfende Kritik. Dabei signalisierte Zweter vor allem bei Gedichten von Steinbach die Gefahr einer »Vers-Artistik«, er beurteilte die eben erschienenen Anthologien ↗ *Das proletarische Schicksal* (Gotha 1929) und *Jüngste Arbeiterdichtung* (Berlin 1929) als »merkwürdig reserviert, auf vornehme, unagitatorische Haltung bedacht«. Dem wurden »Natürlichkeit« und »revolutionärer Elan« bei Ginkel, auch bei W. Tkaczyk oder in H. Lorbeers Erzählungen gegenübergestellt. Dieses komplexe Verfolgen von sozialistischer Gegenwartsliteratur wurde in den späteren Heften des KW nicht fortgesetzt; die Beziehungen zu kommunistischen Autoren gingen verloren, nachdem von dieser Seite gegenüber den SPD-orientierten Teilen der Arbeiterbewegung auch im kulturell-künstlerischen Bereich der Vorwurf des »Sozialfaschismus« erhoben worden war (vgl. *In eigener Sache*, 1929, Nr. 9). Die Zeitschrift unterstützte jedoch weiterhin revolutionäre Kunstleistungen (z.B. die Piscator-Inszenierung von Credés *Paragraph 218*) und gegen reformistische Kunstaktivitäten opponierende Kräfte (wie die Berliner Volksbühnenopposition, vgl. Wiegand in: 1930, H. 7/8). Der KW setzte sich kämpferisch mit der faschistischen Verunglimpfung sozialistischer Kultur- und Kunstleistungen als »Kulturbolschewismus« auseinander (Kretzen in: 1931, H. 5/6).

Lit.: V. Hartig: Wie der Kulturwille entstand, in: Kulturwille, 1932, H. 4/5; F. Hüser: Literatur- und Kulturzeitschriften der Arbeiterbewegung, in: Arbeiterbewegung – Erwachsenenbildung – Presse. Festschr. für W. Fabian zum 75. Geburtstag, Köln/Frankfurt a.M., 1977; F. Heidenreich: Arbeiterbildung und Kulturpolitik. Kontroversen in der sozialdemokratischen Zs. »Kulturwille« 1924–1933 (mit Literaturhinweisen), Berlin-West 1983 .

Manfred Nössig

Kummer, Fritz (Ps. Chagrin)

Geb. 1. 6. 1875 in Albrechts (Thüringen); gest. Sep. 1937 in New York (Unfalltod)

Sohn eines sozialdemokratischen Nagelschmieds, lernte Schlosser und eignete sich die englische und französische Sprache an. SPD-Eintritt. Wanderschaft durch Europa. 1898 Präsident des deutschen Arbeitervereins in Genf; 1900/03 Auslandskorrespondent des »Vorwärts«; 1906/25 Mitarbeit an europäischen und nordamerikanischen Arbeiter-Zeitungen; Okt. 1921/Apr. 1933 Chefredakteur der auflagenstarken »Metallarbeiter-Zeitung«. Ab Mai 1933 Konzentrationslager-Haft im Steinbruch bei Bad Sulza, kann über die ČSR nach USA fliehen, 1938 in Abwesenheit von den Nazis zum Tode verurteilt.

K. schildert in *Eines Arbeiters Weltreise* (Stuttgart 1913) aus eigenem Erleben informativ, unterhaltsam und vergleichend Arbeiteralltag aus der Sicht eines »proletarischen Weltenbummlers«. Als deutscher Sozialist beschreibt er Arbeiten, Wohnen, Lebenshaltung, Versammlungen, Gesetzgebung, Rassenpolitik, Familien- und Geschlechtsleben von Arbeitern in USA, Japan, China, Ceylon und Pälästina.

Lit.: H. Groschopp: Der »proletarische Weltenbummler« F. Kummer. Zur deutschen Arbeiterreiseliteratur bis 1933, in : WB, 1985, H. 12.

Horst Groschopp

Kunstlump-Debatte (K-D)

Stellt die erste große theoretische Auseinandersetzung um das Verhältnis des revolutionären Proletariats zur Kunst dar, die von revolutionären Künstlern und Intellektuellen nach der Novemberrevolution geführt wurde. Im Mittelpunkt der K-D standen die Diskussionen um ein sozial bestimmtes Funktionsverständnis von Kunst und die Frage nach Bedeutung und Stellenwert des Kunsterbes in den politischen Kämpfen der Nachkriegszeit. Die sich von März/Aug. 1920 erstreckende Debatte wurde vor allem in der von J. Gumperz und W. Herzfelde herausgegebenen Zs. »Der Gegner« und im Kulturfeuilleton der RF ausgetragen, für das G. Alexander und A. Thalheimer verantwortlich zeichneten.

Anlaß gab ein Aufruf des 1919 in Dresden zum Akademieprofessor ernannten Malers O. Kokoschka vom März 1920, der gegen die Beschädigung eines Rubens-Gemäldes protestierte, das während des Kapp-Putsches von einer Gewehrkugel getroffen worden war. Gleichzeitig wandte sich Kokoschka gegen die Fortführung der revolutionären Auseinandersetzungen, da für ihn das deutsche Volk im Anblick geretteter Bilder später »mehr Glück und Sinn als in sämtlichen Ansichten der politisierenden Deutschen von heute« finden werde. Der Maler und Fotomonteur J. Heartfield und der mit ihm befreundete Grafiker G. Grosz nahmen den Protest Kokoschkas zum Anlaß, um in ihrem Aufsatz *Der Kunstlump* das künstlerische Erbe als bürgerliche Ideologie zu verwerfen. Linksradikalen Positionen des Berliner Dadaismus verpflichtet, wandten sie sich dagegen, die »verlogenen Anschauungen über Kunst hinüberzuretten in den proletarischen Aufbau der Welt« und plädierten für eine Revolutionierung der Kunst. Mit der Überlegung, inwieweit die überkommene Kunst dem Arbeiter im täglichen Kampf um seine Lebensbedürfnisse zur Seite gestanden habe, wird ein tendenzloser und zeitferner Kunstwerktypus abgelehnt, der als bloßes Dekor und Spekulationsobjekt für »Ruhe und Ordnung« sorge und die »heiligsten Güter« des Bürgertums repräsentiere. Grosz und Heartfield entwickeln mit diesem Angriff auf den Autonomie- und Warencharakter von Kunst und mit der Ablehnung des Status des schaffenden Künstlers ein sozial intendiertes, funktionales Kunstverständnis, das Grundpositionen des russischen Proletkultes nahestand. Kunstwerken wird eine soziale Funktion nur dann zugesprochen, wenn sie dem »Befreiungskampf des Arbeitenden entsprechen«, ihn »lehren, sich zu befreien« und helfen, »den Zerfall dieser Ausbeuterkultur zu beschleunigen« (in: »Der Gegner«, 1919-20, Nr. 10-12. S. 48-56). Der am Schluß der Polemik gegebene Aufruf, »Stellung zu nehmen gegen die masochistische Ehrfurcht vor historischen Werten, gegen Kultur und Kunst«, provozierte eine Reihe unterschiedlicher Wortmeldungen.

Die Redaktion der in München erscheinenden Kunst-Zs. »Der Ararat«, in der Grosz 1920 mit einer Sondernummer vertreten war, erinnerte daran, daß die von A. Lunatscharski vertretene Kulturpolitik der Bolschewiki alles andere als Bilderstürmerei betreibe. Die Forderung nach Vernichtung der Kunst käme einer Beraubung des Proletariats gleich. – Der Kölner Grafiker und Bildhauer F. W. Seiwert unterstützte Grosz' und Heartfields Anliegen in seinem Beitrag *Das Loch in Rubens Schinken*. Da für Seiwert Kunst an die »Ewigkeit des schöpferischen Geistes« gebunden ist, könne wirkliche Kunst nicht zerstört werden. Unter der Zerstörung von Kunst und Kultur verstand Seiwert einen Legitimationstest für ihre Verwendbarkeit in einer künftigen proletarischen Gesellschaft. Verworfen gehörten allerdings die »Götzenbilder« bürgerlicher Kultur – in diesem Sinne könne »gar nicht genug ›Kultur‹ zerstört werden, wegen der Kultur« (in: »Die Aktion«, 1920, Nr. 29–30, Sp. 419). Mit Empörung reagierten die Expressionisten. In der von R. Schickele herausgegebenen Zs. »Die weißen Blätter« erinnerte B. Bernson unter der Überschrift *Dadaistenwitz* daran, daß die Lebensweise großer bürgerlicher Autoren wie Schiller, Kleist, Hebbel und Dostojewski durchaus proletarisch zu nennen sei (vgl. »Die weißen Blätter«, 1920, H. 7, S. 330). J. R. Becher nannte den Kunstlump-Aufsatz in einem Brief an L. Meidner einen »Schmutz-Artikel« und bescheinigte Kokoschka weitaus mehr proletarisches Gefühl als den beiden Autoren. Seinen Beifall zu der »Ohrfeige« für den apolitischen Maler zollte K. Hiller Grosz in einer Zuschrift *Zum Fall Kokoschka*, die auf dem aktivistischen Theorem von der Führungspflicht des Geistigen bei der Änderung der Welt basierte (vgl. »Der Gegner«, 1920–21, Nr. 1–2, S. 45).

Von außerordentlicher Bedeutung sind die Beiträge der RF für die spätere Ausbildung einer revolutionären Kultur- und Kunsttheorie. Während sich Grosz, Heartfield und Gumperz für die Einheit von politischer und künstlerischer Revolution einsetzten und das kulturelle Erbe aus der revolutionären Kunst weitgehend ausklammerten, betonten Alexander und Thalheimer dessen Unverzichtbarkeit und plädierten ausdrücklich für eine Kunst, die den traditionellen ästhetischen Normen verpflichtet bleibt. Eine vermittelnde Position entwickelte Lu Märten, indem sie das politische und soziale Engagement als das konstruktiv Neue in den Kunstströmungen der revolutionären Umbruchszeit herausstellte.

In einer ersten Reaktion, *Herrn John Heartfield und George Grosz*, wandte sich Alexander gegen die pauschale Ablehnung des künstlerischen Erbes und wertete dahingehende Versuche als »Vandalismus«. Die Ansätze um Revolutionierung und Umfunktionierung der Kunst, wie sie Grosz und Heartfield mit dem Berliner Dadaismus 1918/20 unternahmen, wurden von ihr, wie auch die anderen Kunstrichtungen der Revolutionszeit, als Teil der zum Verfall bestimmten bürgerlichen Kultur

bewertet. Als Schülerin F. Mehrings knüpfte sie dabei an den von ihm entwickelten Dekadenzbegriff an und machte deutlich, daß der Arbeiter durchaus ein Recht auf den ästhetischen Genuß überlieferter Kunstwerke habe. Dem sozialdemokratischen Kultur- und Bildungskonzept verpflichtet, unterstrich sie die Bedeutung des überkommenen Erbes, da es das Fundament darstelle, an dem sich eine zukünftige Kunst zu orientieren habe. Von den neuen Kunstrichtungen gehe dagegen »die Revolutionierung und Neuschöpfung der Kunst nicht aus« (in: RF vom 9. Juni 1920).

J. Gumperz versuchte in seiner Antwort *Kunst, Vandalismus und Proletariat. Eine Antwort an G. G. L.*, das eigentliche Anliegen des Kunstlump-Aufsatzes herauszustellen. Grosz und Heartfield komme es nicht auf die Zerstörung des Erbes an, sondern auf eine veränderte Haltung gegenüber Kunstwerken. Abgelehnt werde die unkritische »Hingabe« an Kunst, nicht Kunst schlechthin. Die Leistung des Kunstlump-Aufsatzes sei der Nachweis, daß Kunst nicht als ewiger Wert über den Klassen stehe, sondern sozial eingebunden ist. Als Kriterium der künftigen Brauchbarkeit eines Kunstwerkes sah Gumperz, wie zuvor schon Grosz und Heartfield, die Funktion in den sozialen Auseinandersetzungen (vgl. RF, 22. 6. 1920).

Alexander äußerte sich in einem zweiten Aufsatz, *Kunst, Vandalismus und Proletariat. Eine Erwiderung*, grundsätzlich zum kulturellen Erbe und zur Funktion von Kunst. Indirekt auf Gumperz eingehend, hielt sie ihm entgegen, daß Kunst nicht nur Objekt der Hingabe, sondern auch Objekt der Erkenntnis sei und begründete von hier aus den aktuellen Wert historischer Kunst für das Proletariat. Mit den Produktionsmitteln der bürgerlichen Gesellschaft habe das Proletariat auch das »Erbe der Gesamtkultur von Kunst und Wissenschaft« zu übernehmen, »ob es ihm gefällt oder nicht«. Alexander blieb dabei einem an der Genieästhetik orientierten Kunstwerkbegriff verhaftet und stellte diesen den sozial orientierten Vorstellungen von Grosz und Heartfield entgegen. Das Kunstwerk werde nicht allein durch sein »zeitlich oder klassenhaft Bedingtsein« bestimmt, sondern auch durch sein »Genie-geborensein«, durch das es zum »Dokument« seiner Zeit werde. Die kunstrevolutionären Haltungen von Grosz und Heartfield wurden von ihr abschließend als »anarchistisch« gewertet, die zwar antibürgerlich, nicht aber revolutionär seien und lediglich die nichtüberwundene bürgerliche Herkunft zeigten. Grund für diese scharfe Entgegnung war die Befürchtung Alexanders, daß die auf dem Heidelberger Parteitag der KPD im Okt. 1919 abgelehnten linksradikalen Positionen in den Kunstdiskussionen der revolutionären Intellektuellen erneut aufleben könnten (RF, 23. und 24. 6. 1920). – Einen vorläufigen Schlußpunkt erhielt die K-D durch Thalheimers Zusammenfassung: *Das Proletariat und die Kunst. Politische Bemerkungen*. Er führte aus, daß es das Anliegen des Proletariats sei, den gesamten materiellen und kulturellen Besitz in die neue Gesellschaft zu überführen. Da die Bourgeoisie, ihrer Natur nach, selber kunst- und kulturfeindlich sei, wäre es nicht Aufgabe des Proletariats, Kunst zu vernichten. Der Aufruf nach »Vernichtung oder der Ablehnung der Kunst der Vergangenheit« sei daher in Wahrheit eine bürgerliche Losung. Abschließend wies auch Thalheimer in Anlehnung an Mehring die Bemühungen um eine Revolutionierung von Kunst und Kultur ab, da das Proletariat erst nach siegreicher Revolution, aber nicht während des Kampfes »schon seine eigene Kulturwelt sich aufbauen« könne (RF, 24. 6. 1920).

Neu belebt wurde die Debatte durch die Auseinandersetzungen um das von E. Piscator und H. Schüller 1920 gegründete »Proletarische Theater« und durch den Streit um die von Herzfelde, Grosz, Heartfield, R. Schlichter, R. Hausmann u.a. im Sommer 1920 initiierte »Erste Internationale Dadamesse«. Diese bildete den Höhepunkt und Abschluß des Berliner Dadaismus, der sich im Unterschied zur Züricher Ausrichtung um H. Arp, H. Ball und T. Tzara nicht als eine neue Kunstrichtung, sondern als eine künstlerisch-politische Methode zur Destruierung und Revolutionierung der Gesellschaft verstand. Unter Ausnutzung neuer Techniken und Materialien leistete der Berliner Dadaismus mit den Mitteln des Schocks, der Provokation und durch die Demonstration völliger Sinnentleerung vor allem Kritik an den vorherrschenden bürgerlichen Wertvorstellungen und Verhaltensnormen. Mit der Ablehnung des traditionellen Kunstwerkes und seiner Einfühlungsästhetik versuchten die Dadaisten, den Kunstmarkt zu torpedieren und seine Marktgesetze außer Kraft zu setzen. Für die weitere Praxis revolutionärer Kunst in den 20er Jahren ist die Anwendung der von den Dadaisten entwickelten Collage- und Montagetechniken in der Malerei, Fotografie, Literatur und im Film von Bedeutung; so die von Heartfield entwickelte Fotomontage in der politischen Plakat- und Buchkunst.

In ihrer Rezension der Dada-Messe, *Dada*, protestierte Alexander »gegen die Umfunktionierung von Kunstwerken« in ein Instrument sozialer Auseinandersetzung und kritisierte den »Extrafeldzug gegen Kunst und Kultur«, mit dem das Proletariat in seinem politischen Kampf nichts zu tun habe und verwahrte sich dagegen, daß sich die Veranstalter als Kommunisten bezeichnen. Alexander, die mit ihren ästhetischen Vorbehalten zugleich auch eine politische Abgrenzung zu ziehen versuchte, verkannte, daß es den Dadaisten mit neuen künstlerischen Mitteln um eine neue Form der sozialen Auseinandersetzungen ging (vgl. RF, 25. 7. 1920).

Einen anderen theoretischen Ansatz unternahm Märten in ihrer Besprechung der Dada-Messe, *Geschichte, Satyre, Dada und Weiteres*. Im Gegensatz zu Alexander wertete sie die Bestrebungen der Dadaisten um die Revolutionierung der Kunst nicht als Verfallserscheinung, sondern als Anzeichen für ein gewandeltes Funktionsverständnis, mit dem ein Wiederaufleben der Satire verbunden ist. Die dabei erreichten Leistungen maß Märten am revolutionären Anspruch der Künstler und stellte abschließend fest, daß die im Dadaismus noch enthaltene »Ambition Kunst« verschwinden müsse, wolle dieser wirklich »zum Feind« und nicht nur »zum Spektakel« des Bürgertums werden (RF, 22. und 24. 8. 1920).

Wieder aufgenommen wurden die in der K-D aufgeworfenen Fragen über das Verhältnis von politischer und künstlerischer Revolution und über die Bedeutung des Erbes in der von Herzfelde 1921 verfaßten theoretischen Schrift *Gesellschaft, Künstler und Kommunismus* (in: Herzfelde: *Zur Sache*, Berlin und Weimar 1976) und in der von Märten 1924 veröffentlichten Studie *Wesen und Veränderung der Formen (Künste)* (in: Märten: *Formen für den Alltag. Schriften, Aufsätze, Vorträge*, Dresden 1982).

Vorgeprägt hat die K-D wesentliche Standpunkte in den späteren Auseinandersetzungen (Realismusstreit 1934/38; Formalismusdebatte 1950/51), die zwischen Positionen entbrannten, die sich der Revolutionierung des künstlerischen Materials verpflichteten (Herzfelde, Heartfield, Märten, W. Benjamin, H. Eisler oder B. Brecht) und Positionen, die sich am ästhetischen Standard des kulturellen Erbes orientierten (G. Lukács, A. Kurella).

Lit.: J. R. Becher: Brief an Ludwig Meidner vom 3. 7. 1920 in: Becher: Briefe 1909–1958. Veröff. der Akademie der Künste zu Berlin, Hg. R. Harder u.a., Berlin und Weimar 1992; Fähnders/Rector; W. Fähnders/ M. Rector: Literatur im Klassenkampf. Zur proletarisch-revolutionären Literaturtheorie 1919–1923, Frankfurt a.M. 1974; Literaturdebatten; Stellungnahme der Zs. »Der Ararat«, 1920, S. 119, in: J. Heartfield: Der Schnitt entlang der Zeit. Selbstzeugnisse, Erinnerungen, Interpretationen. Eine Dokumentation. Hg. R. März, Dresden 1981, S. 124.

Klaus Michael

Kurella, Alfred (Ps. B. Ziegler, V. Röbig, A. Bernard)

Geb. 2. 5. 1895 in Brieg (Schlesien, heute Polen); gest. 12. 6. 1975 in Berlin

Aus einer Arzt-Familie stammend, wurde K. am Gymnasium Mitglied der Wandervogelbewegung. 1913 Studium an der Münchner Kunstgewerbeschule, Okt. 1914 freiwillig zur Artillerie. 1916 bewußte Kriegsgegnerschaft, 1917 Kontakte zur illegalen Freien Sozialistischen Jugend (FSJ) Berlin; über G. Wyneken Bekanntschaft mit K. Hiller und dem Kreis um die »Ziel«-Jahrbücher. Gründete 1918 die FSJ in München, wurde Mitglied der KPD. Reiste im Apr. 1919 als illegaler Kurier nach Moskau. Begegnung mit W. I. Lenin. Mitglied des ZK des Komsomol, als dessen Delegierter Rückkehr nach Deutschland,

Mitarbeit am Aufbau der KJI in Westeuropa, bis 1924 deren Funktionär. 1924/26 Direktor der Parteihochschule des ZK der FKP in Paris, 1924 Mitglied der KPdSU, 1926/29 Stellvertretender Leiter der Agit-Prop-Abteilung der KI in Moskau. 1927/29 Leiter des Ressorts Bildende Kunst im Volkskommissariat für Bildungswesen. 1929/32 Instrukteur der KI in Berlin, Lehrer an der MASCH, schrieb in »Die Linkskurve«, »Literatur der Weltrevolution«, AIZ, »Der Rote Aufbau«, Mitglied des BPRS. 1930 strenge Rüge durch die KPD, Teilnahme an der 2. Internationalen Konferenz proletarischer und revolutionärer Schriftsteller in Charkow. 1931 Italienreise, 1932 als Instrukteur der KI-Delegierten auf dem Amsterdamer Kongreß des von R. Rolland und H. Barbusse geleiteten »Comité Mondial de Lutte contre la Guerre«, bis 1934 dessen Sekretär. Okt. 1933/Jan. 34 Chefredakteur der von Barbusse herausgegebenen Zs. »Monde«. Frühjahr 1934 Übersiedelung in die Sowjetunion, bis Herbst 1934 Sekretär G. Dimitroffs; nach Denunziation wegen »parteischädlicher Zusammenkünfte« aus dem Apparat der Komintern entlassen, strenge Parteirüge. Bis Sep. 1937 (Verhaftung seines Bruders Heinrich K., der im Gulag umkommt) Leiter der Bibliographischen Abteilung der Moskauer Zentralbibliothek für ausländische Literatur. Als Publizist und Übersetzer tätig. Vom Überfall auf die Sowjetunion während einer Kaukasus-Reise überrascht, stellte sich K. in Moskau der politischen Arbeit zur Verfügung, wurde verantwortlicher Redakteur in der 7. Abteilung der Politischen Hauptverwaltung der Roten Armee. 1943/45 stellvertretender Chefredakteur der Zeitung des Nationalkomitees »Freies Deutschland«. 1946/49 lebte K. als Schriftsteller und Übersetzer im Kaukasus, danach in Moskau. 1954 Rückkehr in die DDR, 1955/57 Direktor des Leipziger Instituts für Literatur Johannes R. Becher, 1957/63 Leiter der Kulturkommission beim Politbüro der SED, ab 1963 Mitglied des ZK. Führte bis zu seinem Lebensende in kulturpolitischen Partei- und Staatsfunktionen einen rigorosen Kampf gegen alles, was er für Dekadenz und Modernismus hielt.

K. verstand sich als Berufsrevolutionär, der als Philosoph, Kultur- und Literaturtheoretiker, Schriftsteller und Übersetzer die sozialistische Kultur- und Literaturentwicklung entscheidend mitgeprägt hat. In der politischen und theoretischen Arbeit setzte er sich für die Durchsetzung der sozialistischen Revolution, für den Aufbau des Sozialismus in der UdSSR und DDR ein und kämpfte konsequent gegen Krieg und Faschismus. Dabei war die Aneignung des Marxismus-Leninismus ausschlaggebend für sein Bemühen, durch dessen Propagierung Antworten auf aktuelle Fragen der Bewegung zu geben. K.s philosopisches und kulturtheoretisches Schaffen hat zwei inhaltliche Schwerpunkte. 1. das Humanismus-Problem, das ihn bereits in seiner Wandervogelzeit - als Frage nach der Bewahrung von Humanität im imperialistischen Lebensalltag

- bewegte und das er vor allem durch das Studium der Frühschriften von Marx seit den 30er Jahren theoretisch reflektierte; 2. die Entwicklung einer proletarischen Kultur und Kunst. Die nur kurze Mitarbeit in der sowjetischen Künstlergruppe »Oktjabr« (1928/30) prägte seine Vorstellung einer aus der Alltagspraxis der Massen erwachsenden Verbindung von Kunst und Leben. Seit Ende 1930 wirkte er in der proletarisch-revolutionären Literaturszene der Weimarer Republik. Er gab Hinweise zur Durchsetzung der Orientierung des IBRL unter den Bedingungen in Deutschland. Gegen sektiererische Auffassungen betonte er, daß sich die proletarisch-revolutionäre Literatur sowohl aus Schriftstellern bürgerlicher Herkunft als auch aus den Kadern der Arbeiterklasse formiere. Er begründete dies auch mit Hinweisen auf Differenzierungsprozesse innerhalb der deutschen bürgerlichen Intellektuellen. K. kritisierte Tendenzen von Traditionalismus in der Arbeiterkorrespondentenbewegung. Revolutionäre proletarische Kunst müsse auch in ihren Mitteln innovatorisch sein. In der Publizistik bis 1933 widmete sich K. besonders dem Intellektuellenproblem und suchte am Beispiel G. Benns die Affinität von antihumanistischen Orientierungen zu faschistischem Gedankengut nachzuweisen. Mit *Mussolini ohne Maske* (Berlin 1931) schrieb er die erste Reportage über den Alltag im faschistischen Italien, die zugleich vor der Gefahr des Faschismus in Deutschland warnte. K. beteiligte sich aktiv an den politisch-ästhetischen Debatten des antifaschistischen Exils. In seinen Aufsätzen zur Humanismus- und Expressionismusdebatte zwischen 1936/38 fragte er, wie auf der Basis von Volksfront- und Bündnispolitik das »Positiv-Gemeinsame« der antifaschistischen Front konkret zu bestimmen sei. Er reflektierte über die Geschichte des Humanismus in Deutschland, interpretierte die Marxschen Frühschriften in ihrem humanistischen Gehalt, zeigte wie Marx die Kategorie der produktiven Arbeit als Vermittlung zwischen Individuum und Gattungswesen entwickelte. K. verstand den Entfremdungsbegriff als Fundament für die wissenschaftliche Begründung des Humanistischen im Marxismus. K.s Unterscheidung zwischen »positiver« und »negativer« Entfremdung wurde in den Diskussionen um die *Ökonomisch-philosophischen Manuskripte* nur bedingt akzeptiert. Nach Erscheinen der *Grundrisse zur Politischen Ökonomie* (Moskau 1939) versuchte K. 1941, den Zusammenhang zwischen den Frühschriften und deren Weiterentwicklung in der ausgereiften ökonomischen Theorie von Marx herauszuarbeiten. Dabei konzentrierte er sich auf den Unterschied zwischen Entfremdung und Vergegenständlichung und zeigte den widersprüchlichen Charakter von Produktivitätsentwicklung im Kapitalismus. K.s Aufsatz *Nun ist dies Erbe zuende* (in: »Das Wort«, 1937, H. 9) bildete den Auftakt der ↗ Expressionismus-Debatte, in deren Verlauf seiner These, der Expressionismus habe folgerichtig in den Faschismus geführt, heftig widersprochen wurde. In seinem zurückhaltenderen *Schlußwort* (in: »Das Wort«, 1937, H.8) stellte K. den inhaltlichen Bezug zur Humanismusdiskussion her und plädierte für weitere Klärung der Probleme. 1962 kam K. erneut in der sog. Kurella-Fradkin-Kontroverse (in: »Kunst und Literatur«, 1962, H. 1, 2) auf die Fragestellungen der alten Debatte zurück, hielt vehement besonders an seinem Dekadenz-Begriff fest. Sein Verdikt der ästhetischen Moderne des 20. Jh.s stieß dabei zunehmend auf Widerspruch und in den 60er Jahren kam es bei Künstlern und Kunstwissenschaftlern in der DDR zu einer differenzierten Haltung zur Moderne und zur sukzessiven Publikation expressionistischer Texte.

K. nutzte die Jahre, in denen er nicht direkt politisch tätig sein konnte, für belletristische Arbeiten. Zwischen 1936/41 entstanden die beiden Romane *Die Gronauer Akten* (Berlin 1954), *Kleiner Stein im großen Spiel* (Berlin 1961) sowie seine Spanien-Erzählungen *Wo liegt Madrid?* (Kiew 1939). Während die Erzählungen und *Die Gronauer Akten* aktionsbetont politisch-moralische Wandlungen zeigen, die einen baldigen Sieg über den Faschismus vorwegnehmen, verarbeitet der Roman *Kleiner Stein im großen Spiel* Exilprobleme. K. zeichnet das Bild eines deutschen Schriftstellers (das Vorbild war wahrscheinlich E. Glaeser), der – humanistisch gesinnt und auf einen vagen Antifaschismus orientiert – seit vier Jahren in der Pariser Emigration lebt und mit diesem Leben nicht zu Rande kommt. Er kann nicht mehr schreiben, hat Sehnsucht nach deutscher Landschaft. Als er beiläufig die Überlegung äußert, nach Deutschland zurückzukehren, wird er zum »kleinen Stein im großen Spiel«. Plötzlich interessieren sich die verschiedensten politischen Kräfte für ihn: die französischen Kommunisten, die deutsche Emigration, die französische Kulturszene und die deutsche Botschaft in Paris. K. gelingt es, die Atmosphäre im Pariser Exil einzufangen und den Konflikt seiner Hauptfigur, die am Romanende nach Deutschland zurückgeht, glaubwürdig zu motivieren. Die geplante Fortsetzung *Das Kraut Moly* blieb Fragment (vgl. *Ruhe und Fülle*; *Wirklichkeit*, in: *Neue Texte*, 3, Berlin 1963, S. 321–360).

W. W.: Der Mensch als Schöpfer seiner selbst, Berlin 1961; Zwischendurch. Verstreute Essays 1934-1940, Berlin 1961; Unterwegs zu Lenin, Berlin 1967; Der ganze Mensch, Berlin 1969; Gespräch mit A. Kurella, in: Sinn und Form, 1975, H. 2. – *Ausg.:* Wofür haben wir gekämpft. Beiträge zur Kultur und Zeitgeschichte (mit Bibl.), Berlin und Weimar 1975; Der Traum von Ps'chu. Ein Ehe-Briefwechsel im zweiten Weltkrieg, Berlin und Weimar 1984; Das Eigene und das Fremde. Beiträge zum sozialistischen Humanismus. Hg. von H. Koch (mit Bibl.), Berlin 1981; D. Garai - A. Kurella. Ein Briefwechsel, in: Sinn und Form 1990, H. 4. – *Lit.:* J. Pischel: Beiträge zur Theorie und Praxis des sozialistischen Humanismus. Zur kulturtheoretischen Position A. Kurellas, in: Positionen. Leipzig 1969; Die Expressionismusdebatte, hg. von H. J.

Schmitt, Frankfurt a.M. 1973; D. Schiller: »... von Grund auf anders«, Berlin 1974; G. Lukács/J. R. Becher/F. Wolf u. a. Die Säuberung Moskau 1936: Stenogramm einer geschlossenen Parteiversammlung. Hg. R. Müller, Reinbek b. Hamburg 1991.

Gudrun Klatt/Red.

Kuttner, Erich (Ps. nach 1933: Justinian)
Geb. 27. 5. 1887 in Berlin; gest. 6. 10. 1942 im Konzentrationslager Mauthausen

Sohn eines jüdischen Kaufmanns, 1905/09 in Berlin und München Jurastudium, daneben Kunstgeschichte bei J. Meier-Gräfe, Redakteur an Gewerkschaftszeitungen, 1912 Eintritt in SPD, Redakteur der »Volksstimme« (Chemnitz), 1915 Kriegsfreiwilliger, 1916 Verwundung, danach Redakteur des »Vorwärts«. Jan. 1919 mit dem »Regiment Reichstag« Einsatz gegen die Spartakuskämpfer für die Regierung Ebert. 1921/33 SPD-Abgeordneter im preussischen Landtag. Publikationen zu juristischen Problemen, Mitwirkung bei parlamentarischer Untersuchung von Fememorden. 1922/23 Redakteur der sozialdemokratischen Zs. »Die Glocke«, 1924/26 der satirischen Ztg. »Lachen links«. 1933 Emigration, zuerst Paris, dann Amsterdam. Pressearbeit für »Het Volk« (Amsterdam), »Neuer Vorwärts«, M. Brauns »Deutsche Freiheit« u. a. Exilzeitungen. Kritische Auseinandersetzung mit (auch eigenem) rechtsopportunistischem Verhalten in der SPD führten K. in die »Gruppe Revolutionärer Sozialisten« (Amsterdam), zusammen mit R. Breitscheid, Braun zur Zusammenarbeit mit Kommunisten im Lutetia-Kreis und Teilnahme am vorbereitenden Volksfront-Ausschuß 1935/36. Am 1. 2. 1937 Ausbürgerung durch Nazideutschland. Ende 1936/Sep. 37 als Korrespondent in Spanien, Pressearbeit und politische Aktivitäten für antifaschistische Volksfront, Besuche bei den Interbrigaden, bei Brunete Sommer 1937 Verwundung, Rückkehr nach Amsterdam. März 1941, zur »Überzeugung gelangt, daß es in jetziger Zeit meine Pflicht ist, mich in jeder Weise zum Judentum zu bekennen«, Wiedereintritt in die jüdische Gemeinde. Anfang Apr. 1942 in Amsterdam verhaftet, nach Gefängnis und Lager Amersfoort im Sep. ins Konzentrationslager Mauthausen, wo K. angeblich »auf der Flucht erschossen« wurde.

In K.s Jugend waren literarische Äußerungen und die Neigung, sich mit Kunst zu befassen, Sache des privaten Bereichs und juristischen Studien und politischer Tätigkeit untergeordnet. Nicht (im Nachlaß erhaltene) Gedichte persönlicher Selbstaussprache, sondern die Schrift *Klassenjustiz* (Berlin 1912) bildete die erste Publikation. Die Politisierung des Bürgersohns führte ihn in die SPD (wodurch ihm eine juristische Laufbahn verwehrt war), deren reformistischem Kurs er viele Jahre

Der Sozialdemokrat Erich Kuttner spricht zu
Interbrigadisten. Fotografiert von Hans Schaul

(Zürich 1937, Ndr. Dresden 1958) suchte er den schwierigen Werdegang eines Malers, seinen geistig-künstlerischen Anspruch, seine eigenartige Bilderwelt zu vergegenwärtigen. 1936 begann K. mit Quellenstudien zu der Anfang 1940 abgeschlossenen umfassenden geschichtlichen Darstellung *Das Hungerjahr 1566. Eine Studie zur Geschichte des niederländischen Frühproletariats und seiner Revolution*. In einem marxistischen Ansatz der Analyse, mit Fakten argumentierend und erzählend, werden darin ökonomische, soziale und religiöse Bewegungen differenziert aufeinander bezogen, um, in Auseinandersetzung mit bürgerlichen Historikern, dem Proletariat der Niederlande seine Urahnen, ihre Kämpfe um die großen Losungen der Menschheit - Wahrheit, Freiheit, Gerechtigkeit – zu zeigen. Dieses in deutscher Sprache ungedruckte Buch liegt wie späte Fragmente zu einer Autobiographie im Nachlaß in Amsterdam (IISG).

W. W.: Warum versagt die Justiz? (Abh.), Berlin 1921; Schicksalsgefährtin (R.), Berlin 1924; Otto Braun (B.), Leipzig 1932); Reichstagsbrand. Wer ist verurteilt? (Abh., unter Ps. Justinian), Karlsbad 1934; Het hongerjaar 1566 (geschichtl. Studie), Amsterdam 1949. – *Lit.:* U. Langkau-Alex: Volksfront für Deutschland? Vorgeschichte und Gründung des »Ausschusses zur Vorbereitung einer deutschen Volksfront« 1933-1936, Frankfurt a.M. 1977; S. Schlenstedt: Exil und antifaschistischer Kampf in Spanien, in: Exil, Bd. 6.

Silvia Schlenstedt

Lachen links (LL)

Satirische Wochenzeitschrift, Berlin 1924/1927, zählte zu den traditionsreichsten Publikationsorganen der SPD in der Weimarer Republik, erschien im J. H. W. Dietz-Verlag (Berlin). Ihre Wurzeln reichten bis 1884, ins Geburtsjahr des sozialdemokratischen Witzblattes »Der wahre Jacob« zurück. An dessen Stelle war LL Jan. 1924 getreten, um ihm bereits im Juni 1927 wieder zu weichen. Ihren Titel verdankte die Zeitschrift einer ständig wiederkehrenden Formulierung in Parlaments-Protokollen: Wenn darin vermerkt wurde, daß sich die Fraktionen der Linken (meist über den politischen Gegner) amüsierten, notierten die Stenographen »Lachen links«. Der Untertitel »Das republikanische Witzblatt« signalisierte entschiedenes Eintreten für die Weimarer Republik. Mit einer Startauflage von 75 000 Ex. etablierte sich LL sofort unter den erfolgreichsten Satire-Titeln jener Zeit, wenngleich die Verkaufserfolge des »Wahren Jacob« aus der Vorkriegszeit nie mehr erreicht wurden. Und das, obwohl prominente Autoren und Zeichner zu den Beiträgern zählten: E. Weinert, O. M. Graf, K. Schnog, J. Ringelnatz, B. Schönlank, W. Mehring, A. Holz und J. Roth gehörten ebenso zum Mitarbeiterstab wie K. Kollwitz, H. Zille, H. Baluschek, W. Steinert, A. Florath, G.

folgte. Den sozialdemokratischen Standpunkt der »Vaterlandsverteidigung« im I. Weltkrieg und Ablehnung der sozialen Revolution bekundeten K.s Kriegstagebuch *Von dort marschieren sie...* (Chemnitz 1916) und *Die erdolchte Front. Eine Anklage in Versen* (Berlin 1920). Diese Haltung der SPD zum Krieg sollte ein Hauptpunkt in K.s kritischer Bilanz werden, die er über Geschichte und schuldhaftes Versagen im Juni 1933 niederschrieb (*Der Untergang der Deutschen Sozialdemokratie*, 50 S., ungedr.). Dem wachsenden Einfluß der nationalsozialistischen Rassendemagogie entgegenzuwirken, bemühte sich K. mit der Studie *Pathologie des Rassenantisemitismus* (Berlin 1930), die in psychologischem Ansatz Rassenantisemitismus als Neurose beschreibt und erklärt; aufklärerisch ist dabei sein Ziel, »den Trägern dieser Neurose ihren Zustand bewußt« zu machen und sie durch »Selbsterkenntnis« zu heilen (S. 32).

Die Krise des Jahres 1933 löste Wandlungsprozesse in K.s politischer und schriftstellerischer Existenz aus: in praktischer Revision antikommunistischer Standpunkte bekräftigte er seine sozialdemokratischen Überzeugungen, suchte sie in einen breiten antifaschistischen Dialog einzubringen und in diesem Sinne auch auf den Parteivorstand in Prag einzuwirken. Dieser Impuls bewegte seine Exilpublizistik, am stärksten Reportagen über die Interbrigaden und die politische Bilanz *Erkenntnis eines Jahres*: Spanien werde die Brücke, über die die ehemals streitenden Brüder zueinanderfinden, Vorbild einer möglichen gemeinsamen antifaschistischen Front im Weltmaßstab (in: »Volontaire de la liberté« vom 18. 7. 1937). In die Anfangsphase des Exils fiel zugleich die intensive Zuwendung zu Geschichte und deutscher Kunst, durch die K. einen produktiven Wiederanschluß an Bestrebungen der Jugend erreichte. Mit seiner Künstlerbiographie *Hans von Marées. Die Tragödie des deutschen Idealismus*

Wilke. Viele galten keineswegs als Parteigänger der SPD, die Redaktion öffnete LL für Autoren aus anderen Lagern links von der Mitte. Dennoch blieb LL ein Parteiorgan, Strategie und Zielen der SPD verpflichtet, was sich vor Wahlen und in der Bewertung tagespolitischer Ereignisse niederschlug und der Redaktion von linken Kritikern angekreidet wurde. Anders als im »Wahren Jacob« hielt sich die Heroisierung von Arbeiterbewegung und Sozialdemokratie in Grenzen. Vermutlich wurde die Zeitschrift auch deshalb in bürgerlichen Kreisen gelesen. Mit einer Entschiedenheit, wie sie »Der wahre Jacob« weder vorher noch nachher erreichte, zog LL gegen Untertanengeist, Junker- und Spießertum, gegen Kriegshetzer, Klassenjustiz, latenten Antisemitismus und wirtschaftliche Not zu Felde. Allerdings waren die Attacken nicht so scharf, wie sie in kommunistischen Satire-Zeitschriften der Weimarer Republik üblich waren. LL blieb stattdessen seinem Witzblatt-Charakter treu und pflegte eine Mischung aus Scherz, Satire, Ironie und tieferer Bedeutung, ohne sich zum unversöhnlichen Agitationsorgan zu entwickeln. Wenn die Lebenswirklichkeit der Arbeiter thematisiert wurde, appellierten die Autoren gerne an die Betroffenheit ihrer Leserinnen und Leser. Oder sie arbeiteten die Gegensätze zwischen Arbeiterklasse und Kapital heraus. Sozialkritik erschien als soziale Anklage. Ein typisches Beispiel ist H. Baluscheks Karikatur »Saisonarbeiter«, deren Bildunterschrift lautet: »Die Saison der feinen Leute ist Erholung und Vergnügen, unsere Saison ist Schwitz und Arbeet, und trotzdem verdienen die mehr Geld! Wie kommt das bloß...?« (in: »Lachen Links«, 1926, Nr. 26, S. 310) Fragen wie diese mußte sich das Publikum selbst beantworten. Politische Aufrufe in LL waren alles andere als revolutionär, stattdessen staatstragend und damit parteikonform. Ihrem Bekenntnis zur Weimarer Republik blieb die Zeitschrift treu, nahm regelmäßig deren innere Feinde ins Visier. Besonders die Nationalsozialisten wurden frühzeitig als zentrale Gefahr identifiziert. Die antikommunistische Kritik blieb meist moderat, verstummte allerdings nie, zumal E. Kuttner als Hauptschriftleiter die Zusammenarbeit von Sozialdemokraten und Kommunisten ablehnte. Angefeindet wurde LL vor allem von rechts. Der Bannstrahl der Zensur traf LL im Herbst 1925: Unter Berufung auf das Gesetz zum Schutz der Republik wurde Heft 41 in Lünen beschlagnahmt, weil eine Karikatur den Reichspräsidenten Hindenburg in despektierlicher Weise gezeigt hätte. Zahlreiche Karikaturen, teils in Farbe, prägten das Bild von LL, das die Möglichkeiten publizistischer Bildsprache weitaus gezielter einsetzte, als es ältere Organe der Arbeiterbewegung getan hatten. Karikaturen wurden nicht nur mit illustrativen Absichten eingerückt, vor allem ein Verdienst von Redakteur F. Wendel, der sich auch mit der Edition einschlägiger Sammelbände als profunder Kenner der Bildsatire ausgewiesen hatte. Wenig experimentierfreudig

Titelblatt: 7. 5. 1926 »Dem deutschen Richter«

blieb man meist den klassischen Techniken der satirischen Publizistik verhaftet. In der letzten Ausgabe beschwor das Blatt seine »Treue zur Republik und zum hohen Gedanken der sozialen Demokratie«, versicherte, daß der gegen soziale und kulturelle Rückständigkeit mit der Waffe der Satire geführte Kampf weitergeführt werde »unter der alten, der deutschen Arbeiterschaft und der gesamten Öffentlichkeit durch lange Jahrzehnte hindurch wohlvertraut gewordenen Flagge des Wahren Jacob«.(in: »Lachen Links«, 1927, Nr. 26, S. 2)

Lit. : Lachen Links. Das republikanische Witzblatt 1924–1927, Hg. U. Achten, Berlin, Bonn 1985; H.- J. Steinberg: Satirische Zeitschriften der deutschen sozialistischen Arbeiterbewegung, in: Arbeiterbewegung und Geschichte, Trier 1983.

Alexander Maier

Lacis, Anna Ernestovna (genannt Asja)

Geb. 19. 10. 1891 in Ligatne (Kreis Riga); gest. 21. 11. 1979 in Riga

Tochter eines Sattlers und Schneiders. Nach Privatgymnasium in Riga zweijähriges Studium am Psychoneurologischen Institut W. Bechterews in St. Petersburg. 1914/17 am Theaterwissenschaftlichen Institut F. F. Kommissarschewskis in Moskau, Lehrerin in lettischer Flüchtlingsschule. 1918/19 Theaterarbeit mit Heimkindern und Besprisornikis in Orel. Mitglied der KPR (B). 1920/22 Leitung eines Theaterstudios an der Volksuniversität Riga, 1922/24 in Berlin und München; Lebensgemeinschaft mit B. Reich. 1924 Italien-Aufenthalt, befreundete sich mit W. Benjamin, den sie politisch entscheidend beeinflußte. 1925 halblegale Inszenierungen in Riga; da politisch verfolgt, 1926 Flucht nach Moskau, tätig bei Sojuskino. 1928/30 in der Filmabteilung der sowjetischen Handelsvertretung in Berlin; Kontakte zum BPRS. 1931/33 Regieassistentin und Dolmetscherin für E. Piscator bei den Dreharbeiten zu *Der Aufstand der Fischer von St. Barbara* in Murmansk und Odessa. Inszenierte 1934 F. Wolfs *Bauer Baetz* am Staatlichen lettischen Theater in Moskau. 1938 verhaftet, bis 1948 Arbeitslager in Kasachstan. 1948/57 Chefregisseurin in Walmiera (LSSR).

L. vermittelte als kommunistische Regisseurin und Publizistin zwischen dem sowjetischen und dem deutschen proletarisch-revolutionären Theater. Ende der 20er Jahre bemühte sich L., in den proletarischen Kulturorganisationen das sowjetischen Drama, Theater und Film zu propagieren, organisierte Vorführungen der Filme D. Wertows. Mit dem nach 1933 geschriebenen Buch *Revolucionnyi teatr germanii* (Moskva 1935) legte sie die erste Theatergeschichte der Weimarer Republik vor, die historisches Dokument und methodologisches Angebot zugleich ist. In der Analyse der Theaterentwicklung von der Novemberrevolution bis Jan. 1933 – das Theater M. Reinhardts, das expressionistische Theater, die Volksbühne u.a. einbeziehend – akzentuierte sie die Herausbildung des proletarisch-revolutionären Theaters (die Agitpropkollektive, die Arbeiten Piscators, Wolfs, B. Brechts u.a.) in seiner historischen Besonderheit. Bezog in ihre analytische Bilanz das Theater als Institution, die Organisationsformen des proletarisch-revolutionären Theaters sowie die politisch-ästhetischen Debatten und künstlerischen Leistungen ein.

W. W.: Deti i kino, Moskva 1928; Dramaturgija un teatris, Riga 1926; Revolutionär im Beruf, Hg. H. Brenner, München 1971; Krasnaja Gvozlika (Rote Nelke), Moskva 1981.. - *Lit.:* B. Reich: Im Wettlauf mit der Zeit, Berlin 1970.

Gudrun Klatt

Lamszus, Wilhelm (Ps. Lucia Kahl, Paul Willis)

Geb. 13. 7. 1881 in Altona; gest. 18. 1. 1965 in Hamburg

Vater Handwerker, aktiver Sozialdemokrat. Nach Abschluß der Volksschule Lehrerseminar; 1902/33 Volksschullehrer in Hamburg, nach 1918 an einer Versuchsschule. Zusammen mit A. Jensen Publikation reformpädagogischer Streitschriften. L. sieht die Reform in der Wiederentdeckung der produktiven Kräfte des Kindes; Wegbereiter des modernen Aufsatzunterrichts; Theoretiker zur Lehrerbildung. Mitglied der »Sozialwissenschaftlichen Vereinigung« – des ersten sozialdemokratischen Lehrervereins Deutschlands. 1915/16 Kriegsdienst. Enttäuscht von der Politik der SPD trat er der KPD bei; Mitglied 1918/27. Förderte im »Lamszus-Kreis« schriftstellerische Talente der SAJ. Bis 1933 Arbeit beim Rundfunk »NORAG«, wo L. zusammen mit Kindern Programme gestaltete. 1933 Entlassung aus dem Schuldienst; Schreibverbot; bis 1945 einzelne Beiträge für das Feuilleton des »Hamburger Anzeigers« unter Ps. Nach 1945 kehrte L. nicht mehr in den Schuldienst zurück. Mitarbeit beim Rundfunk »NDR« (Hörspiele). Aktives Mitglied der »Deutschen Friedensgesellschaft«. 1960 Ehrendoktor der »Humboldt-Universität« zu Berlin.

L. verstand seine literarische Tätigkeit als Teil seines bildungspolitischen Anliegens. Die Protagonisten seiner Werke stehen in geschichtlichen Umbruchs- und Krisensituationen, die eine neue ethische und moralische Haltung erfordern. So findet Th. Müntzer (in: *Thomas Müntzer. Eine Tragödie des Prophetentums,* Hamburg 1909) zu den Unterdrückten; er spaltet jedoch die Bewegung, weil die ihm zugewiesene Prophetenrolle unvereinbar mit seinen atheistischen Erkenntnissen wird. Im Roman *Das Menschenschlachthaus. Bilder vom kommenden Krieg* (1912 im »Hamburger Echo«, BA 1912, Ndr. München 1980) antizipiert L. visionär die Materialschlachten des ersten Weltkrieges. Mit expressiven Mitteln, in formaler Analogie zum expressionistischen Stationendrama, demontiert er das bürgerliche Heldenklischee, indem die Ideologie der Kriegstreiber vom Erzähler-Ich aufgenommen und mit den Erfahrungen von Solidarität im Arbeitsleben, aber auch im Kriegsalltag konfrontiert wird. Mit der Gestalt des »finsteren Holsteiners« schafft L. einen aktiven Gegen-Helden zum Erzähler-Ich, der revoltierend seine Menschlichkeit und sein Lebensrecht behauptet. Versuche, ihn wegen seiner antimilitaristischen Haltung aus dem Schuldienst zu entfernen, scheitern am Protest Hamburger Arbeiter und Demokraten (u.a. H. Hesse). Der Druck des zweiten Teils, u. d. T. *Das Irrenhaus. Visionen vom Krieg* (e. 1914; Hamburg 1919, 2 Tle. in 1 Bd. 1923) wurde verhindert. Im März 1915 folgt das Verbot des 1. Teils. Auch im 2. Teil die genaue Voraussage der kommenden Ereignisse: Stagnation des Krieges, Krisensituationen in Deutschland, Solidarisierung des internationalen Proletariats, soziale Revolution. In seinen appellierenden Gedichten (*Der große Totentanz. Gesichte und Gedichte vom Krieg*, Hamburg 1946) findet sich neben pazifistischen eine verstärkte Hinwendung zu christlich-eschatologischen Themen. L. verfaßte Kinderbücher; er wirkte als Nacherzähler und gab Aufsätze von Kindern heraus.

W. W.: Das Geheimnis der Gesundheit. Selbstbefreiung aus dem Krankheitselend (aut. Abh.), Hamburg 1950. – *Lit.:* W. Bredel: Ein Hamburger Schullehrer, in: NDL 1955, H. 9; M. Christadler: Kriegserziehung im Jugendbuch, Frankfurt a.M. 1978; Das Menschenschlachthaus, München 1980 (mit Beiträgen zur Wirkungsgeschichte, Erinnerungen von Zeitgenossen an Wilhelm Lamszus, Abdr. der Vorw. von C. von Ossietzky, H. Barbusse und M. Andersen Nexö und Werkverzeichnis); M. Altner: Die deutsche Kinder- und Jugendliteratur zwischen Gründerzeit und Novemberrevolution, Berlin 1981.

Jens Lawrenz

Landauer, Gustav

Geb. 7. 4. 1870 in Karlsruhe; ermordet 2. 5. 1919 in München-Stadelheim

Sohn eines jüdischen Kaufmanns; nach Absolvierung des humanistischen Gymnasiums 1888/92 Studium der Germanistik, Philosophie und Kunstgeschichte in Heidelberg, Straßburg und Berlin; erste Publikationen in der von F. Mauthner herausgegebenen Wochenschrift »Deutschland« (*Über epische und dramatische Dichtung*, 1890, H. 1); ab Herbst 1891 Wohnsitz in Friedrichshagen bei Berlin; 1892 Eintritt in den Verein Unabhängiger Sozialisten; Mitbegründer der Neuen Freien Volksbühne (bis 1917 in deren künstlerischem Ausschuß); Abbruch des Studiums und Relegierung von allen preußischen Universitäten; ab 1892 Mitarbeiter, 1893 Mitherausgeber der anarchosozialistischen Zs. »Der Sozialist« (1891/99); Aug. 1893 Delegierter der Berliner Anarchisten und der Metallarbeiter Berlins zum III. Internationalen Sozialistenkongreß in Zürich und Teilnahme am Sonderkongreß der ausgeschlossenen »Unabhängigen« und Anarchisten, Veröffentlichung des Romans *Der Todesprediger* (Dresden 1893), der von E. Bernstein in der NZ als »sozialistischer Tendenzroman« eines »Unabhängigen« scharf kritisiert wurde; 1893/94 einjährige Gefängnishaft wegen Aufforderung zum Ungehorsam gegen die Staatsgewalt und Aufreizung durch die Presse; 1896 Delegierter des Londoner Sozialistenkongresses, der den endgültigen Ausschluß der Anarchisten aus der II. Internationale bewirkte; L.s Kritik gilt der Initiativrolle der SPD bei dieser Aussperrung (*Social Democracy in Germany*, London 1896; *Von Zürich nach London*, Berlin 1896);

1896/97 zweimonatige Untersuchungshaft unter Anklage wegen »Beamtenbeleidigung«, weil er publizistisch gegen die Bespitzelungsmethoden der politischen Polizei polemisiert hatte; danach Arbeit an literarischen und philosophischen Themen; ab März 1898 Vortragszyklus zur Geschichte der deutschen Literatur, tätige Mitarbeit am »Lebenswerk« seines Freundes F. Mauthner, *Beiträge zu einer Kritik der Sprache* (3 Bde., Stuttgart/Berlin 1901/02), das die ideologiekritische Komponente der Weltanschauung L.s entscheidend vertiefte; gemeinsam mit dem freidenkerischen Sozialethiker M. von Egidy und dem anarchosozialistischen Anwalt Dr. V. Fraenkl Engagement für die Revision des als Fall von Klassenjustiz gewerteten Urteils im Mordprozeß gegen den Elberfelder Barbier A. Ziethen (*Der Fall Ziethen. Ein Appell an die öffentliche Meinung*, Berlin 1898); im Zusammenhang damit 1899/1900 sechsmonatige Gefängnishaft wegen »verleumderischer Beleidigung« der Polizeiinstanzen, die L. der Urkundenfälschung beschuldigten; Mitwirkung an der Programmatik des im Frühjahr 1900 gegründeten sozial-ethischen Reformbundes um die Brüder Hart und Die Neue Gemeinschaft; am 18. 6. 1900 Vortrag *Durch Absonderung zur Gemeinschaft* (Berlin 1901), der prägenden Einfluß u.a. auf M. Buber und E. Mühsam hatte. Ab 1901 Distanzierung von der Neuen Gemeinschaft; 1901/02 zehnmonatiger England-Aufenthalt gemeinsam mit der Lyrikerin und Übersetzerin H. Lachmann , die 1903 seine zweite Frau wurde; Bekanntschaft mit dem russischen Anarchokommunisten P. A. Kropotkin, dessen theoretische und historische Hauptwerke L. übersetzte; 1904/06 Arbeit als Verkäufer im Buchhandel; ab 1907 neue Bemühungen um geschichtsphilosophische Fundierung seines anarchistisch »libertären« Sozialismus-Konzepts; Publikation des (ursprünglich für die »Fackel« bestimmten) Programmentwurfs *Dreißig Sozialistische Thesen* in M. Hardens Zs. »Die Zukunft« (12. 1. 1907); L.s geschichtsphilosophisches Hauptwerk, *Die Revolution*, erschien in der von M. Buber herausgegebenen Schriftenreihe »Die Gesellschaft« (Frankfurt/M. 1907); 1908 Gründung des Sozialistischen Bundes, Vortrag *Aufruf zum Sozialismus* und Formulierung des Programms *Die 12 Artikel des Sozialistischen Bundes* (Buchausg. von Vortrag und Programm: Berlin 1911); 1908/10 »Agitationstouren« vor allem durch Süddeutschland, die Schweiz und Rheinland-Westfalen; von 1909/15 erschien unter L.s Leitung von neuem »Der Sozialist. Organ des Sozialistischen Bundes« (Reprint: Vaduz 1980), der auf dem Höhepunkt seiner Verbreitung (um 1911) ca. 1.000 Mitglieder zählte, überwiegend Intellektuelle der Mittelschicht, die in insgesamt 21 autonomen, streng föderalistisch zusammengefaßten Gruppen organisiert waren (regionale Schwerpunkte: Berlin, Leipzig, Rheinland, Süddeutschland, Schweiz); ab Frühjahr 1912 Theaterkritiker des von E. Faktor (1876-1942) geleiteten

»Berliner Börsen-Courier«; in den Vorkriegsjahren verstärktes Engagement in der Antikriegs- und Friedensbewegung mit zeit- und kulturkritischen Essays (gesammelt in dem Band *Rechenschaft*, Berlin 1919); Mitbegründer des im Juni 1914 in Potsdam konstituierten übernationalen »Forte-Kreises« zur »Einigung der Menschheitsvölker« zusammen mit M. Buber, Th. Däubler, F. van Eeden, F. Ch. Rang; L. blieb bei Kriegsausbruch konsequenter Internationalist; 1915/16 Mitwirkung im pazifistischen antiannexionistischen »Bund Neues Vaterland«; Engagement im Kreis der von E. Joel herausgegebenen Zs. »Der Aufbruch. Blätter aus der Jugendbewegung« (Juli/Okt. 1915), Vorträge zur Geschichte der Friedensbewegung sowie literarische Vorträge über Shakespeare, Goethe, Hölderlin, G. Kaiser u.a.; ab Herbst 1918 Dramaturg des Düsseldorfer Schauspielhauses und Herausgeber der Haus-Zs. »Masken«; unmittelbar nach Kriegsende Entwurf einer demokratisch-föderalistischen Umgestaltung Deutschlands (*Die vereinigten Republiken Deutschlands und ihre Verfassung*, in: »Das Flugblatt«, Hg. N. Einstein, H. 3); nach der Revolution von K. Eisner nach München berufen; Mitglied des Revolutionären Arbeiterrates sowie des Münchner Arbeiter-, Bauern- und Soldatenrates; im Revolutionären Zentralrat der ersten, am 7. 4. 1919 ausgerufenen Bayrischen Räterepublik Beauftragter für Volksaufklärung, Unterricht, Wissenschaft und Künste; beim Einmarsch konterrevolutionärer Truppen am 1. 5. 1919 verhaftet.

Die literarische Bedeutung L.s, eines »der besten Prosaiker, die es im Augenblick gibt« (F. Rosenzweig an die Eltern, 3. 11. 1916), gründet sich weniger auf seine Erzählwerke, als seinen Rang als Meister der »erörternden deutschen Prosa« (K. Hiller: *Leben gegen die Zeit*, Reinbek 1969, S. 38). Im Spektrum der sozialistischen deutschen Literatur nimmt er eine Sonderstellung ein. Er gehörte zu den wenigen originären Anarchisten, die nicht über die Sozialdemokratie, sondern von Anfang an in Auseinandersetzung mit ihr – aber auch mit individualistischen und syndikalistischen Doktrinen des Anarchismus – ein libertäres, antiautoritäres dezidiert nichtmarxistisches, ethisch fundiertes Sozialismus-Konzept entwickelt haben. Es appelliert an das konkrete Individuum, für sich selbst, und zwar hier und jetzt, durch bewußte »Absonderung«, durch entschiedene Absage an die Machtmittel und -strukturen staatlicher Gewalt- und Herrschaftsausübung die Voraussetzung für das Zusammenleben in einer herrschaftsfreien nichtantagonistischen »Gemeinschaft« zu schaffen. Sie soll auf dem Wege der »Binnenkolonisation« Gleichstrebender auch unter den Rahmenbedingungen der Klassengesellschaft bereits punktuell und modellhaft verwirklicht werden. Mit seinen umfassenden Bemühungen, weite Bereiche des Erbes der National- und Weltkultur im Sinne einer Traditionswahl für dieses Emanzipationsmodell zu erschließen, hat das Le-

Gustav Landauer

benswerk L.s, zumal außerhalb der sozialdemokratisch geprägten Arbeiterbewegung, eine intensive Nach- und Fernwirkung auf Schriftsteller und Theoretiker sozialistischer und linksbürgerlicher Richtung entfaltet (u.a. M. Buber, E. Mühsam, W. Benjamin, E. Bloch, Ret Marut/B. Traven, O. M. Graf, G. Kaiser, E. Toller, K. Tucholsky, Th. Plivier, F. Jung, L. Frank, A. Zweig, A. Döblin, A. Camus, P. Celan, E. Fried). Als Übersetzer, Herausgeber und Interpret hat L. ausländische Repräsentanten seiner Traditionswahl (u.a. La Boétie, P. Proudhon, M. A. Bakunin, P. Kropotkin, O. Wilde) deutschen Lesern erschlossen.

W. W.: Macht und Mächte, Berlin 1903, erw. Ausg. Berlin 1923. – *Ausg.*: Shakespeare. Dargestellt in Vorträgen, Hg. M. Buber, 2 Bde., Frankfurt a.M. 1920; Der werdende Mensch. Aufse. über Leben und Schrifttum, Hg. M. Buber, Frankfurt a.M. 1921; Beginnen. Aufse. über Sozialismus, Hg. M. Buber, Köln 1924; Gustav Landauer. Sein Lebensgang in Briefen, Hg. M. Buber, 2 Bde., Frankfurt a.M. 1929; G. Landauer. Zwang und Befreiung. Eine Ausw. aus seinem Werk, Hg. H.-J. Heydorn, Köln 1968; Gustav Landauer und die Revolutionszeit 1918/19. Die politischen Reden, Schriften, Erlasse und Briefe, Hg. U. Linse. Berlin 1974; Gustav Landauer. Erkenntnis und Befreiung, Ausgew. Reden und Aufse., Hg. R. Link-Salinger, Frankfurt a.M. 1976; Die Botschaft der Titanic. Ausgew. Essays, Hg. W. Fähnders und H. Schmidt-Bergmann, Berlin 1994. – *Lit.*: W. Kalz: Gustav Landauer.

Landauer bei einer Kundgebung auf der Theresienwiese in München. 1919

Kultursozialist und Anarchist (mit ausführl. Bibl.), Meisenheim am Glan 1967; S. Wolf: Gustav Landauer. Zur Einführung (mit Bibl.), Hamburg 1988.

Kurt Krolop

Langhoff, Wolfgang
Geb. 6. 10. 1901 in Berlin; gest. 25. 8. 1966 in Berlin

Kaufmannssohn, aufgewachsen 1902/16 in Freiburg i. Br.; ging als 15jähriger aus Opposition gegen Vater und Schule zur See. 1919/23 Schauspieler in Königsberg, 1923/24 in Hamburg, 1924/28 in Wiesbaden; 1928/33 Schauspieler und Regisseur in Düsseldorf. 1928 Mitglied der KPD; gründete eine der erfolgreichsten Agitprop-Gruppen: »Nordwest ran«. Mitarbeit im Bund für neue Volkskunst und in der Gesellschaft zur Organisierung sozialwissenschaftlicher Vorträge. Vom 28. 2. 1933/1. 4. 1934 in »Schutzhaft« (Konzentrationslager Börgermoor und Lichtenberg). 29. 6. 1934 Flucht in die Schweiz. 1934/45 Schauspieler am Zürcher Schauspielhaus. L. gründete im Aug. 1943 in Zürich die erste Schweizer Gruppe der Bewegung »Freies Deutschland« und leitete 1943/44 die Ztg.

»Freies Deutschland«. 1945 Mitglied der KPD-Landesleitung. Okt. 1945 Rückkehr aus dem Exil; zunächst Generalintendant in Düsseldorf, 1946/63 Intendant des Deutschen Theaters in Berlin.

L.s wichtigster Beitrag zur sozialistischen Literatur ist der genaue und chronologische »Bericht« *Die Moorsoldaten* (Zürich 1935), Szenen von seinen ersten Hafttagen bis zur Flucht ins Exil. Die dokumentarische und literarische Kraft dieses – neben W. Bredels *Die Prüfung* (Prag 1935) – international verbreitetsten KZ-Buches beruht darauf, daß L., mit nichts aussparender Wahrhaftigkeit, von sich, von seinem individuellen Erleben spricht, und daß dabei ohne direkte politische Kommentierung existentielle Erfahrungen mit dem Faschismus nacherlebbar werden. So vermitteln z.B. die Anfangsszenen das Grunderlebnis L.s, wie unter den Folterungen sein bisheriges, auf Menschenwürde bauendes Ich- und Weltempfinden erschüttert wird; erfahrbar wird, wie rasch und zerstörend der Faschismus aus der bürgerlichen Normalität hervorbrechen kann. L. schildert als erster detailliert den Alltag in einem der frühen Konzentrationslager, insbesondere auch die kulturellen Aktivitäten der Gefangenen (u.a. das *Lied der Moorsoldaten*), und zeigt dabei vor allem, wie lebensnotwendig ihr solidarisches Handeln war. Auch in seiner Börgermoor-Geschichte *Eine Fuhre Holz* (Moskau 1937) erzählt L., wie ein von den Nazis gebrochener Häftling durch die Solidarität der Mitgefangenen wieder Mensch wird.

Lit.: Wolfgang Langhoff. Schauspieler – Regisseur – Intendant (mit Lebenschronik und Verzeichnis der Rollen und Inszenierungen), Hg. Ch. Funke/D. Kranz, Berlin 1969; W. Mittenzwei: Das Zürcher Schauspielhaus 1933–1945 oder Die letzte Chance, Berlin 1979

Manfred Hahn

Lania, Leo (d. i. Lazar Herman)

Geb. 13. 8. 1896 in Charkow; gest. 9. 11. 1961 in München

Sohn eines Arztes und Universitätsprofessors; ab 1904 in Wien, dort Gymnasium und Studienbeginn an der Handelsakademie. Im Kreis sozialistischer Studenten Begegnung u. a. mit G. Eisler, P. Friedlaender und E. Eisler (spätere R. Fischer). Anfang 1915 Beginn journalistischer Tätigkeit an der Wiener »Arbeiter-Zeitung«, von Herbst 1915/18 Kriegsdienst. 1919 Mitglied der KPÖ und zeitweilig Redakteur bei der Wiener »Roten Fahne«. Im Frühjahr 1921 Bruch mit der KPÖ, im Sep. 1921 Umzug nach Berlin, wo L. als Journalist arbeitete: 1922 Gründung der Intel – Internationale Telegraphenagentur –, 1923 gemeinsam mit B. Frei Gründung der Presseagentur ABC, 1926 kurzzeitig Lokalredakteur beim »Berliner Börsen-Courier«, ab 1927 Mitarbeiter u. a. von »Weltbühne« und »Tagebuch«. 1927/28 Mitglied des Dramaturgenkollektivs der Ersten Piscatorbühne (dort im Apr. 1928 Aufführung seines Stückes *Konjunktur*, das die Praktiken der internationalen Ölkonzerne angreift). 1929 Übersetzung von S. Tretjakows Stück *Brülle, China*, 1931 (zus. mit L. Vajda und B. Balázs) Drehbuchautor der Verfilmung von Brecht/Weills *Dreigroschenoper*. Ende 1932 angesichts der drohenden Machtübernahme durch die Nationalsozialisten nach Wien, Ende 1933 nach Paris. Bis 1939 Mitarbeiter u. a. an »Pariser Tageblatt«/ »Pariser Tageszeitung«. Nach der Annexion Österreichs 1938 Kontakte zur bürgerlich-konservativen österreichischen Emigration. 1939 Internierung und vier Monate Haft, 1940 erneute Internierung in einem Lager in der Bretagne. Flucht nach Lissabon, Ende 1940 in die USA. Vielfältige publizistische Tätigkeit in New York und Mitarbeit in der österreichischen Emigrantenorganisation »Austrian Action«. Ab 1946 Redakteur beim »United World Magazine«, Mitte der 50er Jahre Rückkehr nach Deutschland.
Im Herbst 1923 hielt sich L., getarnt als italienischer Faschist, einige Wochen in München bei der NSDAP-Führung auf und interviewte Hitler. Seine beiden danach entstehenden Bücher

Die Totengräber Deutschlands (Berlin 1924) und *Der Hitler-Ludendorff-Prozeß* (Berlin 1925) begründen L.s vom Journalismus geprägte besondere Schreibweise: mit dokumentarischem Material arbeitend, schrieb er auch in der Folgezeit zugleich enthüllende und anklagende politische Sachbücher wie die 1925 im Malik-Verlag erscheinenden Dokumentarberichte über die Rolle der deutschen Schwerindustrie (*Gruben, Gräber, Dividenden*) sowie die illegale Aufrüstung der nationalistischen Wehrverbände (*Gewehre auf Reisen. Bilder aus deutscher Gegenwart*). Die Einbeziehung von Dokumentarmaterial führt L. auch in seinen Romanen ab 1927 und den im Exil erscheinenden Reportagen (*Pilgrims without Shrine*, London 1935; *The Darkest Hour*, Boston 1941) fort.

W. W.: Indeta, die Fabrik der Nachrichten, Berlin 1927; Gott, König und Vaterland (Sch.), Berlin 1928; Nikolaus II. Herrschaft der Weiberröcke, Berlin 1928; Der Tanz ins Dunkel – Anita Berber, Berlin 1929; Land of Promise (R.), London 1934, dt.: Land im Zwielicht, Wien 1949; Wanderer ins Nichts (R.), in Forts. im »Pariser Tageblatt« Aug./Okt. 1935; Today We Are Brothers. Biography of a Generation, Boston 1942, dt.: Welt im Umbruch. Biographie einer Generation, Frankfurt a. M. 1954; The Nine Lives of Europe, New York 1950; Der Außenminister, München 1960; Bildbiographie Ernest Hemingway, München 1960.

Jürgen Schebera

Lask, Berta (eigentl. Jacobsohn-Lask, Ps. Gerhard Wieland)

Geb. 17. 11. 1878 in Wadowice (Galizien); gest. 28. 3. 1967 in Berlin

Aus Fabrikantenfamilie, bürgerlich-humanistische Erziehung. Lernt als Frau eines Berliner Arztes die gesellschaftlichen Polarisierungen und sozialen Mißstände der Großstadt Berlin kennen. Kontakte zur Antikriegsbewegung und zu sozialistischen Kreisen. Unter dem Eindruck von russischer Oktoberrevolution und deutscher Novemberrevolution 1923 Eintritt in die KPD. Vielseitige literarische Tätigkeit für Agit-Prop-Truppen und Arbeitersprechchöre. 1925 erste Reise in die UdSSR, die Erlebnisse weiterer Reisen in die Sowjetunion schlagen sich nieder in *Kollektivdorf und Sowjetgut. Ein Reisetagebuch*, Berlin 1932. Mitbegründerin des BPRS, zweite Sekretärin in dessen Bundesvorstand. Durch ihre theaterpraktische Arbeit für die KPD bekannt, 1933 einige Monate in NS-Haft, ging noch 1933 ins Exil über die ČSR in die UdSSR, wo sie in Moskau, Sewastopol und Archangelsk mit einem Sohn und ihrer Schwiegertochter lebte. Publizistisch tätig für DZZ, »Zwei Welten«, IL u. a. Wesentlich älter als die meisten Emigranten – sie war mit 53 Jahren ins Exil gegangen –, fühlte sie sich in der Deutschen Sektion des Sowjetischen Schriftstellerverbandes

isoliert. Litt unter der mangelnden Anerkennung ihrer schriftstellerischen Produktion, klagte in Briefen an W. Pieck mehrfach, daß sie von den Literaturzeitschriften (gemeint waren IL
und »Das Wort«) konsequent boykottiert werde und auch
Schwierigkeiten habe, in den Verlagen etwas unterzubringen.
Während des Krieges bemüht sie sich vergeblich, nach Moskau
zu kommen, um hier an der zentral geführten antifaschistischen Arbeit teilzunehmen. Nach 21jähriger Parteimitglied-
schaft glaube sie ein Recht zu haben, konkret in den antifaschistischen Kampf einbezogen zu werden. Mit 73 Jahren
kam L. in die DDR, wo sie an ihrem autobiographischen
Roman *Stille und Sturm* (Halle 1955, neu bearb. 1974)
weiterschrieb.

L. hatte mit Sprechchorwerken (*Weihe der Jugend*, Berlin
1922), dramatischen Szenenfolgen (*Die Befreiung*, Bilder aus
dem Leben der deutschen und russischen Frauen 1914-1920,
UA 1925 durch Arbeiterspieler in Berlin, zum Internationalen
Frauentag), Massenspielen (*Thomas Münzer*, UA 1925 in
Eisleben) eine beachtliche zeitgenössische Wirkung. Vom Proletkult beeinflußt, bildete sie eine dramatische Form aus, die
durch Vor- und Zwischenspiele, Kommentare und aktuelle
Einschübe operativ zu agitieren verstand. Auch in der nicht
aufgeführten epischen Szenenfolge *Leuna 1921. Drama der
Tatsachen* (Berlin 1927), wofür L. im Mansfelder Land recherchierte, geht es eher um das Gesicht und die Aktion der
Klasse als um die des einzelnen Bergarbeiters/Kämpfers. Mit
dem im Exil geschriebenen (unaufgeführten, nicht veröffentlichten) Stück *Fackelzug* (von L. als »ein großes Weltan-
schauungsdrama« bezeichnet, in dem es um die »Faschisierung der deutschen Universität« gehe, in: Brief an W. Pieck 24.
11. 1937, in: SAPMO NL 36/532) gelang es L. nicht, an frühere
Erfolge anzuknüpfen. Durch Intervention von Pieck 1937 beim
Moskauer Revolutionstheater kam die vereinbarte Aufführung
nicht zustande. Begründung: pessimistischer Grundton, es
werde ein falsches Bild vom gegenwärtigen Deutschland vermittelt.

Eine zweite Richtung ihrer literarischer Arbeit bildeten Texte
für Kinder und Jugendliche: *Auf dem Flügelpferde durch die
Zeit. Bilder vom Klassenkampf der Jahrtausende* (Berlin
1925) ist die reizvolle und lebendige Traumgeschichte eines
kranken Berliner Proletarierjungen, der auf der Suche nach
Glück und Freiheit auf einem weißen Traumpferd Zeiten und
Kontinente durcheilt - trotz zuweilen starker didaktischer
Aussagen durchaus noch lesbar. Auch *Wie Franz und Grete
nach Rußland kamen. Erzählung für die Arbeiterjugend
und Arbeitereltern* (Berlin 1926) ist kindgemäß und mit Witz
geschrieben, sie folgt dem damaligen KPD-Trend der weitgehend apologetischen Darstellung sowjetischer Verhältnisse.
Prosaarbeiten wie *Januar 1933 in Berlin* (Kiew/Charkow
1935) oder *Die schwarze Fahne von Kolbenau* (Moskau

Berta Lask

1939) bedienen politische Klischees und wirken sprachlich
unbeholfen. Seit 1938 hat L. an dem Roman *Stille und Sturm*
geschrieben, dem breit angelegten Versuch eines Gesellschaftsromans: auf der Grundlage eigenen Erlebens wird der Weg der
jüdischen Fabrikantentochter Gertrud Weygand-Bernary und
ihrer Kinder zu Kommunisten und Kämpfern gegen den Nationalsozialismus geschildert. Die Überschriften der Teile sollen
diese Entwicklung spiegeln: *Irren und Suchen, Stille und
Sturm, Der große Kampf*. Das Buch, das von der Autorin
nicht mehr bis zu Ende durchstrukturiert werden konnte
(auch die Ausgabe 1974 schafft dies nicht), ist auch als
Zeugnis einer Frauenemanzipation im 20. Jh. zu lesen.

W. W.: Stimmen (Ge.), Hannover 1919; Rufe aus dem Dunkel.
Auswahl 1915-1921 (Ge.), Berlin 1921; Unsere Aufgabe an der
Menschheit (Aufs.), Berlin 1923; Der Obermenschenfresser Welt-
kapitalismus und die Internationale Arbeiterhilfe (Sp.), Berlin 1924;
Giftgasnebel über Sowjtrußland (Revue-Dr.), Berlin 1927; Ein Dorf
steht auf (En.), Kiew/Charkow 1935; Aus ganzem Herzen (Ausw.),
Leipzig 1961 - *Lit.:* Beiträge, Bd. 4.

Red.

Lassalle (bis 1846 Lassal), Ferdinand
Geb. 11. 4. 1825 in Breslau; gest. 31. 8. 1864 in Genf

Sohn eines Seidenhändlers. 1840/41 Handelsoberschule in Leipzig. 1843 Abitur in Breslau. 1843/46 Studium der Philosophie, Geschichte und Philologie in Breslau und Berlin. Mußte die Absicht, eine Universitätskarriere einzuschlagen, im Hinblick auf seine jüdische Religionszugehörigkeit aufgeben. Winter 1845/46 Besuch bei H. Heine in Paris, der ihn mit G. Herwegh und K. Grün bekannt machte. Begegnung mit P. J. Proudhon. Von Heine angeregt, Beschäftigung mit der Lehre L. Blancs. Ab 1846 Rechtsbeistand und Generalbevollmächtigter der Gräfin S. von Hatzfeld in deren Ehescheidungsprozeß und erst 1854 beendetem Vermögensstreit. In dieser Eigenschaft erwarb L. ausgezeichnete juristische Kenntnisse und gewann den Ruf eines brillanten Verteidigungsredners. Als zwei seiner Freunde, um Beweismaterial gegen den Grafen von Hatzfeld zu beschaffen, der Geliebten des Grafen eine Kassette entwendeten, wurde L. Feb. 1848 wegen »intellektueller Urheberschaft des Kassettendiebstahls« angeklagt und in Haft genommen; Aug. 1848 Freispruch. Eintritt in den Demokratischen Volksclub und die Düsseldorfer Bürgerwehr. Bekanntschaft mit K. Marx und F. Engels und Mitarbeit an der »Neuen Rheinischen Zeitung«. Nov. 1848 erneut verhaftet, Mai 1849 zwar von der Anklage freigesprochen, »die Bürger zur Bewaffnung gegen königliche Gewalt aufgereizt« zu haben, aber »wegen Beleidigung des Generalprokurators« wieder festgenommen und zu einer sechsmonatigen Gefängnisstrafe verurteilt (Vollzug teilweise ausgesetzt). Verbindung zum BdK. Die Aufnahme in den Bund lehnte die Kölner Zentralbehörde jedoch wegen L.s Verstrickung in die Hatzfeld-Prozesse ab. Während der Haft Okt. 1850/Apr. 51 schrieb L. eine *Geschichte der sozialen Entwicklung*. 1851/52 unterstützte er die Angeklagten des Kölner Kommunisten-Prozesses. Nach Beendigung der Hatzfeld-Prozesse widmete sich L. – nun finanziell unabhängig – wissenschaftlichen Studien. 1857 erschien seine Arbeit *Die Philosophie Herakleitos' des Dunklen von Ephesos, nach einer neuen Sammlung seiner Bruchstücke und der Zeugnisse der Alten* (Berlin). Okt. 1858 »bedingte Aufenthaltserlaubnis« für Berlin. L. verfaßte hier die Flugschrift *Der italienische Krieg und die Aufgabe Preußens* (Berlin 1859), in der er für die Einigung Deutschlands unter Anschluß Österreichs eintrat, den Aufsatz *Fichtes politisches Vermächtnis und die neueste Gegenwart* (Hamburg 1860) und arbeitete sein politisch-philosophisches Hauptwerk *Das System der erworbenen Rechte, eine Versöhnung des positiven Rechts und der Rechtsphilosophie* (Leipzig 1860/61) aus. Juli 1860/Jan. 1862 bereiste er die Schweiz und Italien, wo er Kontakte zur revolutionären Einigungsbewegung aufnahm. Versuche L.s, 1861/62 die Wiedereinbürgerung von

Marx in Preußen zu erwirken, scheiterten ebenso wie der Plan einer gemeinsamen Tageszeitung. Im preußischen Verfassungskonflikt 1862 trat L. mit den Vorträgen *Über Verfassungswesen* (Berlin) und *Was nun?* (Zürich) auf, worin er Verfassungsfragen als Macht- und nicht als bloße Rechtsfragen behandelte. Aufgrund seines Vortrags *Über den besonderen Zusammenhang der gegenwärtigen Geschichtsperiode mit der Idee des Arbeiterstandes* (Berlin 1862) wurde L. in einem Prozeß wegen »Aufreizung zum Klassenhaß« zu vier Monaten Gefängnis, in zweiter Instanz zu einer Geldstrafe, verurteilt. L.s Verteidigungsreden erschienen als Broschüren u. d. T. *Die Wissenschaft und die Arbeiter* (Berlin 1863) und *Die indirekte Steuer und die Lage der arbeitenden Klassen* (Zürich 1863). Dez. 1862 bot eine Initiativgruppe Leipziger Arbeiter, die einen Arbeiterverein gründen wollten, L. die Leitung dieses Vereins an. Im Feb. 1863 forderte die Gruppe L. förmlich auf, ein Programm zu entwerfen, was dieser mit dem am 1. 3. 1863 publizierten *Offenen Antwortschreiben* (Zürich) tat. Mai 1863 konstituierte sich in Leipzig der ADAV. L. wurde zum Präsidenten gewählt und erhielt aufgrund der (von ihm ausgearbeiteten) Statuten große Vollmachten. Seit 1863 geheime Kontakte zu Bismarck, den er mit dem Angebot eines Bündnisses gegen das liberale Bürgertum für die Forderungen des ADAV zu gewinnen suchte. Gleichzeitig großangelegte Werbekampagne für den Verein. Nov. 1863 in Berlin verhaftet und in einem Hochverratsprozeß 1864 zu sechs Monaten Gefängnis verurteilt (blieb aber in Freiheit). 1864 erschien *Herr Bastiat-Schulze von Delitzsch, der ökonomische Julian, oder Kapital und Arbeit* (Berlin), eine Polemik gegen liberale bürgerliche Vorschläge zur Organisation des Genossenschaftswesens und eine zusammenfassende Darstellung seiner politisch-ökonomischen Auffassungen. Juli 1864 lernte L. in der Schweiz H. von Dönniges, die Tochter des Historikers W. von Dönniges, kennen. Als der Vater die Zustimmung zur Eheschließung verweigerte, provozierte L. ein Duell, in dem er vom ehemaligen Verlobten der Dönniges tödlich verletzt wurde.

Mit dem ADAV schuf L. die erste politisch selbständige Arbeiterorganisation mit Massenbasis. Programm und vorgeschlagene Strategie basierten auf der Hegelschen Philosophie und Systemen des utopischen Sozialismus und Kommunismus, sozialökonomisch wesentlich auf der Wert- und Mehrwerttheorie D. Ricardos. Im Unterschied zu Marx' und Engels' historischem Materialismus betrachtete L. die Geschichte nicht als eine Geschichte von Klassenkämpfen, sondern als Abfolge herrschender Prinzipien oder Ideen. Er sah die im Mittelalter herrschende »Idee des Adels« oder des Grundbesitzes durch das Prinzip des großen bürgerlichen Besitzes oder des Kapitals abgelöst, dem gegenüber seit der Revolution von 1848 die »Idee des Arbeiterstandes« sich zum herrschenden Prinzip

Ferdinand Lassalle

entfalte (GRS, Bd. 2, S. 185–187). Dieser Geschichtskonstruktion entsprechen L.s Einschätzungen des Bürgertums und der Bauern als reaktionärer Klassen und seine Frontstellung gegen die liberale Bourgeoisie. Den Staat begriff L. in der Denktradition der idealistischen deutschen Philosophie als Verkörperung der sittlichen Idee. Er schrieb ihm die Aufgabe der »Erziehung und Entwicklung des Menschengeschlechts zur Freiheit« (ebd., S. 198) zu. L. dachte folglich auch an die Errichtung des Sozialismus durch die Macht des Staates, in dem die ›Idee des Arbeiterstandes‹ sich durchgesetzt hat. Den Weg dahin sah er in der Einführung des allgemeinen und gleichen Wahlrechts und in der Gründung von Arbeiterassoziationen (Produktionsgenossenschaften) – die beiden Hauptforderungen, auf die er den politischen Kampf der Arbeiter orientierte. L. glaubte, daß aus Wahlen eine Demokratie hervorgehen könne, die in Richtung auf eine sozialistische Umgestaltung der Gesellschaft sich weiter zu entwickeln imstande sei. L.s Demokratieverständnis ist jedoch nicht identisch mit dem bürgerlich parlamentarischen System. Es beruht auf den Prinzipien einer plebiszitären Demokratie, die einer zur Erkenntnis der herrschenden Idee gelangten revolutionären Elite zur Macht verhilft, von der eine

zum Sozialismus und Kommunismus führende Erziehungsdiktatur (›Diktatur der Einsicht‹) ausgeübt wird. Die Verbreitung, die L.s Auffassungen dank seiner agitatorischen und organisatorischen Fähigkeiten gefunden hatten, erschwerte die insbesondere von W. Liebknecht und A. Bebel betriebene Durchsetzung des »wissenschaftlichen Kommunismus« von Marx und Engels in der deutschen Arbeiterbewegung. Von Bedeutung für die Geschichte der deutschen Literatur ist L. vor allem als Organisator der Arbeiterbewegung. Die Organisation war die Basis, auf der seit Anfang der 60er Jahre der 1849 unterbrochene Entstehungsprozeß proletarischer Literaturkommunikation wieder in Gang kam. Autoren wie J. Audorf, W. Geib, F. W. Fritzsche waren Mitglieder des ADAV und veröffentlichten ihre für den Gebrauch in Arbeiterversammlungen bestimmten politischen Gedichte in der vom Verein herausgegebenen Ztg. »Social-Demokrat«. L. selbst förderte die kulturelle Selbstbetätigung der Vereinsmitglieder. Er regte Herwegh an, das *Bundeslied* für den ADAV (»Mann der Arbeit, aufgewacht!«) zu dichten. Nach L.s Tod entstanden viele Gedichte, die den in der deutschen Arbeiterbewegung mit seiner Person betriebenen Kult widerspiegeln. Literaturgeschichtlich bedeutsam sind L.s Reden. Sie hatten großen Einfluß auf die politische Rhetorik der deutschen Arbeiterbewegung, auf ihren Argumentations- und Agitationsstil. Mit der 1856/58 entstandenen Tragödie *Franz von Sickingen* (Berlin 1859) hatte L. nur geringen Erfolg, obwohl sie in Kulturveranstaltungen des ADAV und in der lassalleanischen Presse propagiert und nach L.s Tod einige Male aufgeführt wurde. In dem künstlerisch ganz in der Tradition der Schiller-Nachfolge stehenden Stück, das am Vorabend des Bauernkrieges spielt, stellt L. den Kampf des Ritters gegen die Fürsten als einen Kampf für die Einheit Deutschlands dar. Sickingen geht unter, weil er sich in diplomatische Verwicklungen einläßt, statt an die Volksmassen zu appellieren und sich an die Spitze eines Bauernheeres zu stellen. L.s Bitte an Marx und Engels um Meinungsäußerung führte zu einer umfangreichen Korrespondenz, der sogenannten ↗ Sickingen-Debatte. Von den Mustern der klassischen deutschen Literatur und den Maßstäben der Hegelschen Ästhetik ging L. auch in seinen literaturtheoretischen und literaturhistorischen Stellungnahmen aus. In dem Aufsatz *Lessing vom kulturhistorischen Standpunkt* von 1858 schloß er sich der im 19. Jh. verbreiteten Auffassung an, daß Friedrich II. die Voraussetzungen für den Aufstieg der deutschen Literatur geschaffen habe. Gegen die Kritik J. Schmidts nahm er die Weimarer Klassiker leidenschaftlich in Schutz. In der Schrift *Herr Julian Schmidt, der Literarhistoriker. Mit Setzer-Scholien herausgegeben von Ferdinand Lassalle* (Berlin 1862) versuchten L. und dessen Freund L. Bucher die auf den Vorwurf des übersteigerten Idealismus und der Resignation vor den nationalen

Aufgaben gegründete Klassikkritik, in der Schmidt mit anderen Nachmärz-Liberalen übereinstimmte, durch den Nachweis der Inkompetenz des Literaturhistorikers zu entkräften. Von Anhängern wie Gegnern L.s wurde die Schrift als Attacke gegen den politischen Liberalismus überhaupt verstanden. Literaturgeschichtsbild und Kunstauffassung der deutschen Sozialdemokratie wurden von L. mitgeprägt.

Ausg.: Gesammelte Reden und Schriften, Hg. E. Bernstein, 12 Bde., Berlin 1919/20 (GRS); Nachgelassene Briefe und Schriften, Hg. G. Mayer, 6 Bde., Stuttgart/Berlin 1921/25 (Ndr. Osnabrück 1967); Reden und Schriften (Ausw.), Hg. F. Jenaczek, München 1970; Reden und Schriften (Ausw.), Hg. H.J. Friederici, Leipzig 1987. – *Lit.:* B. Becker: Geschichte der Arbeiteragitation Ferdinand Lassalles, Braunschweig 1874; E. Bernstein: Ferdinand Lassalle und seine Bedeutung in der Geschichte der Sozialdemokratie, Berlin 1891; J. Vahlteich: Ferdinand Lassalle und die Anfänge der deutschen Arbeiterbewegung, München 1903; H. Oncken: Lassalle. Eine politische Biographie, Stuttgart 1904 (5. Aufl., Stuttgart/Berlin/ Köln/Mainz 1966); H. Hümmler: Opposition gegen Lassalle. Die revolutionäre proletarische Opposition im ADAV 1862/63-1866, Berlin 1963; Sh. Na'aman: Ferdinand Lassalle. Deutscher und Jude, Hannover 1968; Ders.: Lassalle, Hannover 1970; H. Stirner: Die Agitation und Rhetorik Ferdinand Lassalles, Marburg 1977; H.P. Bleuel: Ferdinand Lassalle oder der Kampf wider die verdammte Bedürfnislosigkeit, München 1979; H.J. Friederici: Ferdinand Lassalle. Eine politische Biographie, Berlin 1985.

Rainer Rosenberg

Lavant, Rudolf (d.i. Richard Cramer)
Geb. 30. 11. 1844 in Leipzig; gest. 6. 12. 1915 in Leipzig

Ältestes von fünf Kindern eines eng mit R. Blum befreundeten Privatgelehrten und Redakteurs; kaufmännische Tätigkeit (Commis, Prokurist, später vereidigter Bücherrevisor der Stadt Leipzig, von A. Bebel mit der Revision der »Vorwärts«-Druckerei beauftragt); Freiwilliger in der österreichischen Armee; Teilnahme an der Schlacht von Königgrätz; Reisen nach Italien und in die Schweiz; Lehrer und Vortragender im Leipziger Arbeiterbildungsverein. Seit 1871 literarische Tätigkeit: Lyrik, auch Romane, Reiseberichte, Übersetzungen (u.a. die *Internationale*, Daudet, Dźamy); Herausgeber der Lyrik-Anthologie ↗ *Vorwärts!* 1884; Publikationen in der sozialistischen Presse: »Leipziger Volkszeitung«, »Der Sozialdemokrat«, »Der Wahre Jacob«, »Lämplein«, »Die Neue Welt«, »Der Neue Welt-Kalender«; humoristische Verse in sächsischer Mundart unter dem Namen Fritzchen Mrweeßesnich.
L. wird von der durch den Vater vermittelten demokratischen Tradition von 1848 geprägt. Die Gegenwart gilt ihm als Epoche des Umbruchs mit neuen technischen Möglichkeiten und geistigen Veränderungen; da der dritte Stand sie preis-

gegeben habe, übernehme nun der vierte Stand die Fahne »Ideal« (*Festgesang*). Damit sind die zentralen Themen von L.s Lyrik benannt. Die zornige, aggressiv argumentierende, satirische Attacke in seinen Versen richtet sich gegen die Bourgeoisie des Kaiserreiches als eine der Natur, der Wahrheit, der Mitmenschlichkeit entfremdete Schicht. Dagegen gesetzt ist die Verteidigung des aufbrechenden vierten Standes, der sich von den verkommenen bürgerlichen Idealen und ästhetischen Normen abwenden müsse, ohne darum gefühllos zu sein gegen die tradierte Substanz dieser Ideale (*Rote Weihnachten*, *An unsere Gegner*). L. thematisiert ansatzweise die Spannung von sozialistischer Gegenkultur und Tradition. Zugleich artikuliert er die Konflikte des Bürgers, der sich als Dichter zum Sprecher des Proletariats macht (*Kämpferlos*, *Ein Gedankenbrief*), das Verhältnis zu einer sozialistischen Bewegung, die weitgehend noch Vortrupp ist, so daß die im Zorn aufspringende heilige Poesie dieser Bewegung die Funktion bekommt, Sprecher und Anwalt des Volkes zu sein. Schwierigkeiten, ein praktisches Modell für die Lösung dieses Konflikts zu entwickeln, zeigt L.s Roman *Ein verlorener Posten* (in:»Die Neue Welt«, 1878), der mit der Exilierung des Liebespaares, des Ex-Offiziers im Industriellendienst und der Fabrikantentochter, nach England zwar noch auf das geistige Zentrum der sozialistischen Bewegung, den Wirkungskreis von Marx und Engels, anspielt, aber letztlich über die auch die bürgerliche Literatur beschäftigende Frage, wie die Inhaber der ökonomischen Macht und des technischen Fortschritts mit den Vertretern idealer Gesinnung zusammenkommen könnten, kaum hinausgeht. Der Lyriker L. hat den für ihn unlösbaren Konflikt gerade in den Brüchigkeiten des Werkes voll ausgelebt. Auf der einen Seite steht eine Gedankenkette Wahrheit, die nicht zu töten ist, gleich Gesundheit, gleich Kraft, gleich Übereinstimmung mit einer ständig sich regenerierenden Natur, die nicht nur Idylle, sondern auch Kampf und Sturm ist, gleich vierter Stand. Das ergibt ein ästhetisches Prinzip der Unmittelbarkeit sozialistischer Kampfpoesie unabhängig von geltenden ästhetischen Normen. Den Gegensatz bildet die Denaturiertheit der Bourgeoisie. Aber in der Konsequenz wird eine lyrische Innovation, die Beschreibung des Urlaubs am Meer als kräftigende Begegnung mit Elementargewalten, zerstört, wenn sie nur als Negativbild, als das eben nicht von den aus der Sommerfrische heimkehrenden Kapitalisten Erfahrene erscheint (*Da sind sie wieder*). Die lyrische Verteidigung des Rechts aller Menschen auf das Naturerlebnis Wald gegen ein restriktives Umweltgesetz verquickt den sozialen Aspekt Erholungsraum gerade für die Unterprivilegierten aber auch mit romantischen antizivilisatorischen Überlieferungen, in denen Natur und Gerechtigkeit verbunden sind: Wald als Ort der Feme.
L.s Stärke ist die logisch stringente, lyrisch pointierte Polemik

gegen einzelne Maßnahmen der Bourgeoisie, so daß seine Gedichte gleichsam als gereimte Leitartikel fungieren konnten, und in den Jahren des Sozialistengesetzes, in denen sein Schaffen den Höhepunkt erreichte, das Bekenntnis zur Kraft des Volkes, das zunehmend die bourgeoise Ideologie durchschaut. L. bringt dabei in seine Lyrik eine differenzierte Sicht auf die sozialistische Bewegung ein, die sich in der Auseinandersetzung mit jeweils konkreten Maßnahmen oder Ideologemen der Bourgeoisie formieren. Konkretheit des Gegenstandes, Schärfe des Gedankens, Prägnanz des poetisches Ausdrucks sowie eine beträchtliche Flexibilität und Eleganz im Rhythmischen rechtfertigen Mehrings Lob, L. sei der Formvollendetste der frühen Periode. Das Pathos seiner Dichtung von Natur und Wahrheit, Gesundheit, Kraft, Kampf und Sieg fand Ausdruck auch in Turnerliedern und dem Lob von Körperertüchtigung im Sinne des Turnvater Jahns (*Eichenlaub und Fichtenreis*). Der nie verschwiegene Konflikt zwischen bürgerlicher Existenz und sozialistischem Bekenntnis führte zunehmend zu resignativen Tönen. Auf den Kriegsbeginn 1914 reagierte L. noch einmal mit polemischen Gedichten gegen Völkerhetze und Militarismus, die jedoch aus Zensurgründen nicht publiziert wurden. Ein Nachlaß ist nicht erhalten.

Ausg.: Textausgaben, Bd. 6.

Eike Middell

Lazar, Auguste (Ps. Mary Macmillan)
Geb. 12. 9. 1887 in Wien; gest. 7. 4. 1970 in Dresden

Stammt aus bürgerlich-liberaler jüdischer Familie, Vater Ingenieur; studierte in Wien Germanistik, 1916 Dr. phil.; Lehrerin an der Schule der fortschrittlichen Pädagogin E. Schwarzwald; 1920 heiratete L. den Mathematikprofessor Karl Wieghardt und zog nach Dresden; 1924 Tod ihres Mannes. Schloß sich einem Kreis linker Intellektueller an (H. und L. Grundig, H. Gute, V. Klemperer u.a.), besuchte die MASCH in Dresden, wo sie u.a. bei H. Duncker hörte. Unterstützte nach 1933 den illegalen Kampf gegen den Faschismus. Zwischen 1933 und 1939 mehrere Reisen nach Dänemark zu ihrer Schwester, der Schriftstellerin Maria L. (1905–1948). 1939 ins Exil nach England. In London Arbeit als Köchin, später halbtags als Stenotypistin, daneben Studien zur Französischen Revolution im Britischen Museum. Zwei ihrer in Deutschland gebliebenen Schwestern kamen in Konzentrationslagern um. 1949 Rückkehr nach Deutschland, lebte als freie Schriftstellerin in Dresden.

L.s literarischer Erstling wurde sogleich ein großer Wurf: *Sally Bleistift in Amerika*, 1935 in deutscher Sprache erschienen

(Moskau/Leningrad, unter Ps. Mary Macmillan, mit Ill. von A. Keil), während L. noch in Deutschland lebte. Erzählt wird die Geschichte der alten jüdischen Kleiderhändlerin Sally Bleistift, die von Judenpogromen aus ihrer russischen Heimat vertrieben, in Amerika ihre Enkelin betreut und einen Indianerjungen und ein ›Negerbaby‹ in ihre Familiengemeinschaft aufnimmt. Durch diese Figur wird der Zusammenhang von humanistischem Denken und Fühlen und praktischem solidarischem Handeln anschaulich vermittelt und von dieser Position aus den Kindern Geschichte erzählt (John Browns Kampf gegen den Negersklavenhandel, die Verfolgung der Juden im zaristischen Rußland und der Indianer in den USA). Auf behutsame Weise werden Unterschiede im politischen Verhalten gezeigt, so wenn die Kinder, die die gütige Sally lieben, vor ihr die eigene Beteiligung am organisierten politischen Kampf geheimhalten. Am Ende tritt Sally mit ihrer dreifarbigen Familie die Reise in die Sowjetunion an als dem Land ihrer Hoffnung auf Gerechtigkeit. Die Beliebtheit dieses Kinderbuchs, mit dem L. Internationalismus, Antirassismus und Solidarität als Themen in die deutsche sozialistische Kinderliteratur einbrachte, beruht vor allem auf der Gestalt der Sally wie der Sprache der Erzählerin, ihrer Nähe zum Sprechgestus, der Ironie in der Figurenzeichnung und ihrem Humor; dies verbürgte die langdauernde Wirkung des Werks (1947/78 18 Aufl. in Österreich und der DDR, Übersetzungen ins Tschechische und Italienische). Die in der Originalausgabe enthaltenen jiddischen Ausdrücke und die jiddische Syntax der Sally wurden in den 50er Jahren in Ausgaben des Kinderbuchverlages getilgt.

Dem gestalterischen Prinzip, Geschichte in individuellen Erlebnissen lebendig werden zu lassen, folgt die Autorin in Kinderbüchern wie dem vor 1939 geschriebenen *Jan auf der Zille* (Dresden 1950), *Bootsmann Sibylle* (Dresden 1953) oder *Jura in der Leninhütte* (Berlin 1960). Ihr autobiographisches Erinnerungsbuch *Arabesken* (Berlin 1957) verbindet in *Aufzeichnungen aus bewegter Zeit* (Untertitel) den persönlichen Lebensbericht einer Frau, die ihre bürgerliche Welt verläßt, mit Begegnungen im Exil und Erzählungen aus der britischen Gesellschaft. Die Erfahrungen in der Zeit des Faschismus und des Widerstands bilden ein Zentrum des Schreibens, in mehreren ihrer Bücher wird die Verantwortung des einzelnen in der Geschichte und für die Sache des Fortschritts zum Hauptmotiv. So auch in dem künstlerisch reifen Kinderbuch *Die Brücke von Weißensand* (Berlin 1965), das auf dokumentarischem Material beruht; in der Geschichte der Rettung zweier jüdischer Mädchen wird ein eindringliches Bild von der Würde der Menschen gezeichnet, die sich bewähren, indem sie dem Faschismus nicht erliegen. Das Streben nach unmittelbarer Beziehung der Zeitgenossen zur Geschichte, auch speziell der der Revolutionen, prägt mehrere von L.s Büchern, so

Die Schreckensherrschaft und das Glück der Anette Martin
(Berlin 1961), worin die Briefform intime Zwiesprache über
Epochenerfahrungen der Jahre 1789 und 1848 ermöglichen
soll und aktuelle Probleme (Gleichberechtigung von Mann
und Frau) in der Vorgeschichte gezeigt werden. Auch der
Band *Kampf um Kathi* (Berlin 1967) mit vier Erzählungen
widmet sich der Auseinandersetzung mit der Vergangenheit.
Die Titelgeschichte erzählt vom Kampf zweier Mütter um ein
Kind in den Jahren der Emigration. Das für Erwachsene
geschriebe Buch *Schach dem König. Phantastische und
nüchterne Bilder aus der Französischen Revolution* (Berlin
1964; überarb. Ausg. Rudolstadt 1969) versucht, durch die
Figur eines Studenten, der sich um eine Annäherungen an die
Geschichte bemüht, ein neues, gegen bürgerliche Darstellungen gesetztes Bild der Revolution zu gewinnen.

W. W.: Der neue Däumling (Zeichnungen H. Grundig), Berlin 1954;
Akelei und das Wurzelmännchen, Berlin 1970. - *Lit.:* A. Wedding: Tante
Sally und ihr Negerbaby, in: AIZ, 1935, Nr. 27; I. Ploog: Auguste Lazar,
in: Beiträge zur Kinder- und Jugendliteratur, 1963, H. 3; M. Altner:
Zum Kinderbuchschaffen Auguste Lazars, in: Das sozialistische Men-
schenbild in der Kinder- und Jugendliteratur der DDR, Berlin 1972; H.
Meyer: Sally Bleistift, in: Die deutsche Kinder- und Jugendliteratur von
1933-1945, Studie 7, Berlin 1975.

Manfred Altner

Leitner, Maria

Geb. 19. 2. 1892 in Varazdin (Kroatien); verschollen
1942 in Südfrankreich

Sie stammte aus einem kleinbürgerlichen Elternhaus, wuchs
in Budapest auf und studierte in der Schweiz. L. begann ihre
journalistische Laufbahn um 1913 bei der auflagenstarken
Boulevard-Ztg. »Az Est« (Der Abend) in Budapest. 1919 trat
sie der KP Ungarns bei. Nach dem Sturz der Räterepublik
mußte sie emigrieren, kam über Wien nach Berlin. Ab 1921
arbeitete L. im Verlag der KJI, zu deren Gründungsmitgliedern
ihr Bruder J. Lekai (auch Johann Leitner, Janos L., John
Lassen) gehörte. 1925/28 unternahm sie für den Berliner
Ullstein-Verlag Reisen durch Nord- und Südamerika und
schrieb über ihre Arbeitserfahrungen in etwa 80 verschiedenen Stellungen u.a. für das Magazin »Uhu«. Auf nachfolgende kürzere Reisen nach Amerika und Afrika deuten Reportagen u.a. in »Uhu«, »Die Welt am Abend«, AIZ und RF. Der
Roman *Hotel Amerika* (Berlin 1930) und das Reportagebuch
Eine Frau reist durch die Welt (Berlin/Wien 1932) machten
L. auch außerhalb Deutschlands bekannt (spanische, ungarische, polnische Übersetzungen). Mit aktuellen politischen
deutschen Problemen setzte sie sich ab 1930 öffentlich auseinander, solidarisierte sich u.a. 1931 mit den gemaßregelten

Kollegen im SDS und berichtete über *Entdeckungsfahrten
durch Deutschland* am Vorabend der Naziherrschaft (in:
»Welt am Abend«, 1932, Nr. 161-178). L. war Mitglied des
BPRS. Im Frühjahr 1933 emigrierte sie über Prag nach Paris.
Sie nahm 1934 am Saarkampf teil. In Paris gehörte sie dem
SDS an und veröffentlichte in Exilzeitungen und -zeitschriften
u.a. über illegale Reisen nach Deutschland. Im Mai 1940
wurde L. im Camp de Gurs interniert, konnte fliehen und
gelangte über Toulouse nach Marseille. Seit Frühjahr 1942 ist
sie verschollen.

Auf den Lebensbedingungen der arbeitenden Frauen und
Mädchen in verschiedenen Ländern der Welt lag das Haupt-
gewicht von L.s literarischen Arbeiten. In den genannten
Romanen und Erzählungen, Reiseberichten und vielen Presse-
reportagen, besonders für die kommunistische Presse, stellte
sie den Kampf um die Rechte der Frau dar als Teil des
allgemeinen Kampfes um soziale Gerechtigkeit und ein menschenwürdiges Leben aller Arbeitenden (z.B. *Kapstadt*, Rep.,
in: RF, 1928, Nr. 76, dem kleinen Roman *Mädchen mit drei
Namen*, in: »Welt am Abend«, 1932, Nr. 151-178, den Porträt-
skizzen *Frauen im Sturm der Zeit*, ebd. 1933, Nr. 24-33). Der
Gedanke der Solidarität durchzieht all ihr Schreiben. Auf ihre
eigene Herkunft verweist die Novelle *Sandkorn im Sturm*
(ebd. 1929, Nr. 109-128), die eine Episode aus der ungarischen Räterepublik gestaltet. Weite Verbreitung und Leserer-
folg verdankten sich L.s Fähigkeit, Alltagserlebnisse leicht
zugänglich vorzustellen, Gesellschaftsverhältnisse immer vermittelt durch die Erfahrungen einzelner Figuren mit einer
Fülle sozialer Realitäten zu beschreiben. Oft verband sie die
Darstellung unbekannten Milieus mit abenteuerlichen Sujets.
Im Exil schrieb sie (besonders für »Pariser Tageszeitung« und
»Das Wort«) noch heute bemerkenswerte Reportagen über die
Zustände in Hitlerdeutschland, u.a. über die Entwicklung von
Giftgas bei IG-Farben. Der Roman *Elisabeth, ein Hitlermädchen* (in: »Pariser Tageszeitung«, 1937, Nr. 315-367) war
einer der ersten Versuche, die Situation der Jugend in Deutsch-
land von innen aufzuschließen, die Wirkung von NS-Demagogie und Gemeinschaftserlebnissen zu zeigen in einer Geschichte vom alltäglichen Faschismus, in die authentisches
Material (Lieder, Verfügungen, Zeitungsartikel) eingearbeitet
ist.

Ausg.: Elisabeth, ein Hitlermädchen (erzählende Prosa, Repn. und Ber.,
Hg. mit Nachw. H. W. Schwarz (mit Bibl. der Schriften L.s), Berlin und
Weimar 1985. - *Lit.:* H. Schwarz: Maria Leitner - eine Verschollene des
Exils? In: Exilforschung, Bd. 5; H. W. Schwarz: Maria Leitner. In:
Schwarz: Internationalistinnen. Sechs Lebensbilder. Berlin 1989; E.-M.
Siegel: Jugend, Frauen, Drittes Reich. Autorinnen im Exil 1933-1945,
Pfaffenweiler 1993.

Helga W. Schwarz

Leonhard, Rudolf (Ps. Olf, Raoul Lombat, Roger Lehardou, Robert Lanzer)

Geb. 27. 10. 1889 in Lissa (Leszno, Polen); gest. 19. 12. 1953 in Berlin

Rudolf Leonhard

Sohn eines Rechtsanwalts; studierte Germanistik und Jura in Göttingen und Berlin. Abschluß 1912. Referendar im Strausberg und Berlin. Erste Gedichte und literarische Aufsätze in expressionistische Zsn. »Die Aktion«, »Die Weißen Blätter« u. a. 1914 Kriegsfreiwilliger, veröffentlichte Kriegsgedichte (*Über den Schlachten*, Berlin 1914), die trotz chauvinistischer Töne verboten wurden. Nach Fronteinsatz wegen pazifistischer Äußerungen unter psychiatrischer Beobachtung. Kontakt zu pazifistischen und sozialistischen Kreisen. Innerhalb des literarischen Aktivismus gewinnt er als Lyriker, Aphoristiker und Essayist (*Das Werk Heinrich Manns*, Berlin 1917) Profil; seine publizistische Arbeit konzentrierte sich auf »Die Schaubühne/Die Weltbühne«. Teilnahme an der Novemberrevolution, propagierte revolutionären Pazifismus. Kurzzeitige Tätigkeit im Auswärtigen Amt. Ohne Mitglied der KPD zu sein, hat sich L. seit 1918 als Kommunist verstanden. Sep. 1919 mit K. Martin Gründung des Theaters »Die Tribüne«, das direkte Aktion der Kunst und schöpferische Beteiligung des Publikums erproben sollte. Leitender Lektor des ↗ Verlags Die Schmiede, bemühte sich um eine im Sinn revolutionärer Gesellschaftsveränderung wirkende Kunst. Im Herbst 1925 initiierte L. die Gründung der »Gruppe 1925«. Nach Konflikten mit der Verlagsleitung und innerhalb der »Gruppe 1925« ging L. 1927 nach Paris. Dort entstanden eine Auswahl der Schriften G. Forsters (1928), politische Essays (*Comment organiser la collaboration franco-allemande*, Paris 1930; *L'Allemagne et la Paix*, Paris 1932; *De l'Allemagne*, Paris 1933), Hörspiele und Dramen. 1929 Deutscher Hörspielpreis für *Orpheus* (1928). Ab 1933 war L. Initiator und Vorsitzender des ↗ SDS in Frankreich, gehörte zu den Vorbereitern der Volksfrontbewegung und war in einer Vielzahl von Organisationen und Komitees tätig. Seine umfangreiche publizistische Produktion (u. a. für »Die Neue Weltbühne«) blieb zu großen Teilen unveröffentlicht. 1935 aus finanziellen Gründen nach Hyères (Südfrankreich), wo er bis 1938 bei seiner französischen Frau Yvette lebte. Führend im »Initiativkomitee deutscher Friedensfreunde« tätig. Am 11. 10. 1939 verhaftet und in Le Vernet interniert; der Auslieferung an Nazideutschland entging er Sep. 1943 durch Flucht aus dem Gefängnis Castres. Als Raoul Lombat schloß er sich in Marseille der Resistance an. 1944 erschien sein an deutsche Soldaten gerichteter Gedichtband *Deutschland muß leben* unter dem Ps. Robert Lanzer. Herbst 1944 Rückkehr nach Paris; Leitung des »Deutschen Kulturkreises«. Juni/Nov. 1947 Aufenthalt in Berlin, maßgeblich an Vorbereitung und Durchführung des Ersten Deutschen Schriftstellerkongresses (Okt. 1947) beteiligt; endgültige Übersiedlung in die DDR 1950.

L.s poetische Entwicklung und sein poetologisches Denken sind durch Gegenständlichkeit und Phantasie gekennzeichnet; zentral in seiner Kunstvorstellung ist das schöpferische Subjekt: »Die Lyrik, die immer Explosion ist und nicht anders Ekstase als jede Dichtung, soll die Angelegenheiten unserer Menschen und unserer Zeit, soll unsere Wirklichkeit ausdrücken« (Dialog zwischen L. und W. Hasenclever, 1929, in: *Ausgewählte Werke*, Bd. IV, S. 63). Die Politisierung seiner Haltung erfolgte durch den Kreis um F. Pfemferts »Aktion«, später unter dem Einfluß von L. Nelson und die Gruppierung um K. Hillers »Ziel«-Jahrbücher. Seine gesammelten Kriegsgedichte (*Das Chaos*, Hannover 1919) zeigen L.s Entwicklung vom Kriegsbegeisterten zum Pazifisten. In den *Polnischen Gedichte* (Leipzig 1918) – gerichtet gegen nationale Unterdrückung und Chauvinismus – wird der Jahrhunderte währende polnische Befreiungskampf zum Medium einer politischen Lyrik, die demokratische Alternativen zum Eroberungskrieg nahebringt. Wegbereiter proletarisch-revolutionärer Literatur wurde L. mit seinen *Spartakus-Sonetten* (Stuttgart 1921), die er »Der russischen Sowjetrepublik, der Dritten Internationale und dem deutschen Proletariat« widmete. In diesen seit Dez. 1919 erschienen Gedichten bilanzierte er

Zeichnung von Ludwig Meidner

Erfahrungen der Novemberrevolution vom Standpunkt ungebrochener Hoffnung auf die Zukunft, die durch die proletarische Revolution erkämpft werden soll. Damit vollzog er einen Bruch mit seiner Vergangenheit; die bürgerlichen Literaturverhältnisse hingegen suchte er – seit 1918 freischaffend – zu nutzen, um ein Zusammengehen von revolutionärem Proletariat und linker Literatur und Kunst zu fördern. In der Tragödie *Die Vorhölle* (1916 e., UA. 1919 Berlin) wird der Schmerz eines sterbenden Soldaten als Gegenpol zu Kadavergehorsam und Heldenverherrlichung dargestellt. Ersten Erfolg hatte L. mit dem Schauspiel *Segel am Horizont* (Berlin 1925, UA 1925 Berlin) in der Inszenierung E. Piscators. Angeregt durch eine Zeitungsmeldung, werden in dem Stück Kollektivbeziehungen und kommunistische Moral in Sowjetrußland debattiert. Weder den *Anonymen Briefen* (e. 1928, unveröff.), einer »Komödie ohne Helden«, noch der politischen Komödie *Führer und Co* (e. vor 1933, Paris 1936), die das Aufkommen autoritärer faschistischer Kräfte in Frankreich behandelt, war Erfolg beschieden. Während des Exils konnte L. nur wenige Gedichte in Buchform veröffentlichen, z.B. in der für den illegalen Vertrieb in Nazideutschland bestimmten Sammlung *Gedichte* (1936) und dem Band *Spanische Gedichte und*

Tagebuchblätter (Paris 1938), der nach einer Spanienreise L.s als Delegierter des französischen Comité d'Entre Aide entstanden war. Schon vorher hatte L. mit *Der Tod des Don Quijote* (Zürich 1938) einen Band mit Novellen und Erzählungen über Vorgeschichte, Verlauf und internationalen Kontext des Generals-Putsches und der Intervention der deutschen und italienischen Faschisten in Spanien geschrieben, die präzis erzählte individuelle Begebenheiten mit sachlich-dokumentierenden Passagen verknüpfen. Die variantenreiche Erzählerhaltung reicht von bissiger Polemik bis zu pathetischer Nüchternheit und mündet nur selten in publizistische Didaktik. Während der Internierung entstand der große chronikartige Gedicht-Zyklus *Le Vernet* (Berlin 1961), der im individuellen Erleben den Alltag des Lagerlebens, die Beziehungen der Gefangenen und ihre geistige Haltung lyrisch vergegenwärtigt. Nicht durchgängig poetisch verdichtet, bleiben diese Gelegenheitsverse dennoch von dokumentierendem Wert und dichterischer Authentizität. Seine bedeutendste Leistung in den 40er Jahren ist die in Vernet entstandene Tragödie *Geiseln* (e. 1941, Lyon 1945), in der erstmals der Kampf der französischen Résistance dramatisch gestaltet worden ist.

W. W.: Angelische Strophen (Ge.), Berlin 1913; Der Weg durch den Wald (Ge.), Heidelberg 1913; Barbaren (Balln.), Berlin 1914; Äonen des Fegefeuers (Aphorismen), Leipzig 1917; Katilinarische Pilgerschaft (Ge.), München 1919; Kampf gegen die Waffe (Rede), Berlin 1919; Alles und Nichts (Aphorismen), Berlin 1920; Die Ewigkeit dieser Zeit. Eine Rhapsodie gegen Europa, Berlin 1924; Das nackte Leben (Sonette), Berlin 1925, Ndr. Berlin 1948; Tragödie von heute (Dr.), Berlin 1927; Das Wort. Versuch eines sinnlichen Wörterbuchs der deutschen Sprache, Berlin 1931; Plaidoyer pour la démocratie allemande (Es.), Paris 1947; Deutsche Gedichte, Berlin 1947; Rudolf Leonhard erzählt, Einl. u. Hg. M. Scheer, Berlin 1955. – *Ausg.:* Ausgewählte Werke in Einzelausgaben, Hg. Deutsche Akademie der Künste zu Berlin, Ausw. und Zus.stellung M. Scheer, Bd. I-IV, Berlin 1961-1970. – *Lit.:* R. Stöber: Rudolf Leonhard, seine literarische und weltanschauliche Entwicklung, Diss., Halle 1963; St. Hermlin: Rudolf Leonhard, in: Hermlin: Lektüre, Berlin und Weimar 1973; B. Jentzsch: Rudolf Leonhard. Gedichteträumer (biograph. Es.), München 1984.

Dieter Schiller

Lepp, Adolf

Geb. 21. 6. 1847 in Halberstadt; gest. 2. 12. 1906 in Zwickau

Sohn eines Zigarrenarbeiters und 1848er Demokraten; infolge von Unterernährung schweres Augenleiden; nach dem Tode des Vaters 1856 Übersiedlung nach Mittweida; erste Verse; 1862 ebenfalls Zigarrenarbeiter. L.s Heimat blieb Halberstadt, trotz vorübergehender Aufenthalte in Roßwein, Döbeln und Waldheim. 1865 Mitglied des Allgemeinen Deutschen Tabakarbeitervereins, der ersten Gewerkschaftsorganisation Halberstadts. Schloß sich dann der Eisenacher Partei an, für deren Ziele er mit seiner politischen Lyrik kämpfte. Auseinandersetzungen mit Halberstädter Genossen führten ihn dort zeitweilig in eine gewisse Isolation. Als junger Mann trat er mit seiner Frau in Arbeiterversammlungen auf, entwickelte sich zu einer Art Sprechdichter und sang seine Lieder zur Gitarre. Bis 1874 wegen seiner politischen Tätigkeit zweimal im Gefängnis, hat er dies später in der autobiographischen Erzählung *Der Spottvogel im Käfig* (in Fortsetzungen in: »Sächsisches Volksblatt«, Zwickau 1899) beschrieben. Nach dem Tode seiner Frau 1882 zog er, um seine drei Kinder zu ernähren, als Hausierer durch den Harz, verkaufte Abschriften seiner Gedichte und verfaßte auf Bestellung Gelegenheitslyrik. Nach seiner zweiten Heirat (1886) wieder seßhaft geworden, gab er 1889 seinen ersten Gedichtband, *Wilde Blumen. Ein frischer Liederstrauß, dem Volke gewidmet* (Halberstadt), im Selbstverlag heraus. Dadurch gewann er sich wichtige literarische Freunde wie R. Lavant oder E. Klaar und konnte nun auch Gedichte in der sozialdemokratischen Parteipresse veröffentlichen, u.a. im »Wahren Jacob« und dem »Süddeutschen Postillon«. In dem 1. Band der *Deutschen Arbeiter-Dichtung* (Stuttgart 1893) erschienen 23 Gedichte L.s, und in der Anthologie *Stimmen der Freiheit* war er mit 30 Gedichten schon der am häufigsten vertretene Dichter. 1894 war L. in die politisch lebendigere Bergarbeiterstadt Zwickau übergesiedelt. Als er an Tuberkulose starb, umfaßte sein lyrisches Werk insgesamt über 2000 Gedichte, die meisten davon freilich noch unveröffentlicht. L. bezeichnete sich als Volkssänger bzw. in Anlehnung an P.-J. Béranger als ›Deutschen Chansonnier‹. Seine Gedichte waren in erster Linie Vortragslyrik kabarettistischen Zuschnitts. Meist sangbar mit einfachen Strophenformen, einprägsamen Refrains und in oft unmißverständlicher proletarisch-umgangssprachlicher Färbung, zielten die Gedichte auf unmittelbare politische Aussagen und Haltungen im Sinne der sich emanzipierenden proletarischen Bewegung. L. vermied es aber, plakative Parteipropaganda und bloße Agitation zu betreiben. Die Gestaltung von unmittelbar Erlebtem war dabei genauso wie das aktuelle politische Ereignis und die weltanschaulich-aufklärerische Botschaft Thema seiner Lyrik. Dem Proletariat, als von ihm gewünschten Rezipienten, versuchte er so seine politischen Erkenntnisse und Erfahrungen zu vermitteln, sei es im scherzhaften Spott- oder im aggressiv kritischen Zeitgedicht. Immer wieder polemisierte er auch gegen die seiner Meinung nach schablonenhafte, gedrechselte Schönfärberei der sogenannten ›hohen Literatur‹ und warb für eine politisierte Poesie, die die Wirklichkeit aus der Perspektive des vierten Standes zeigt. L. verehrte G. Herwegh, F. Freiligrath und H. Heine, er schätzte die Satire J. Audorfs und die Lyrik R. Lavants, ging als Autodidakt jedoch einen weitge-

hend eigenständigen Weg. Bediente er sich anfangs vor allem des vierzeiligen Knittelversspruches und einfacher Liedstrophen, so wandte er sich später auch komplizierteren Formen zu: dem die Sachlichkeit des politischen Anliegens balladesk verfremdenden Streitgespräch (*Der Pastor*, in: *Deutsche Arbeiter-Dichtung*, a.a.O.), der Burleske und der umfangreicheren Verserzählung wie *Ilin* (ebd.) oder *Feldzug gegen die Herero* (e. 1905). L. gehörte mit seiner vielfältigen proletarischen Bekenntnislyrik zu den markantesten Vertretern der vom Aufschwung der Arbeiterbewegung in der zweiten Hälfte des 19. Jh.s getragenen elementaren Arbeiterliteratur.

Ausg.: Ein deutscher Chansonnier. Aus dem Schaffen Adolf Lepps, hg. von U. Münchow und K. Laube, Berlin 1976 (= Textausgaben, Bd. 16). – *Lit.:* Ein Naturtalent sozialistischer Prägung. Adolf Lepp, in: U. Münchow: Arbeiterbewegung und Literatur, Berlin 1981.

Ursula Münchow

Leschnitzer, Franz
Geb. am 12. 2. 1905 in Posen; gest. am 16. 5. 1967 in Berlin

Stammte aus einer jüdischen Apothekerfamilie, nach Abitur 1924 kurze Zeit Lehrling in einer Berliner Ölfirma. 1924/30 Studium der Nationalökonomie, Germanistik, Philosophie und Jura. Mitglied der Deutschen Friedensgesellschaft, Juni 1926 Gründungsmitglied der Gruppe Revolutionärer Pazifisten. 1931 Reise in die UdSSR, Mitglied von KPD und BPRS. 1931/33 Mitarbeit im »Deutschen Kampfkomitee gegen imperialistischen Krieg«. Emigrierte 1933 über die ČSR in die Sowjetunion. Nach eigenen Angaben 1933/41 Redakteur der IL, 1934 Mitglied des Schriftstellerverbandes der UdSSR, 1941/48 in Taschkent, lehrte an sowjetischen Militärakademien und Pädagogischen Instituten. 1946/48 Agitationsarbeit unter deutschen Krieggefangenen. Ab 1948 in Moskau Übersetzer beim Rundfunkkomitee und TASS. 1959 übersiedelte L. in die DDR. L. begann seine publizistische Arbeit 1924 mit pointierten Glossen, Rezensionen und Berichten in der »Weltbühne«, dem »Fackelreiter«, der »Neuen Generation«. Vertrat pazifistische Positionen und bekannte sich mit Artikeln wie *Nelson und Hiller* (in: »Weltbühne«, 1925, H. 46) und *Dialog über Karl Kraus* (in: »Fackelreiter«, 1925, H. 1) zu seinen geistigen Vorbildern. Eine relativ unvermittelte Distanzierung davon setzte 1932/33 ein. Im Exil veröffffentlichte L. kleinere literaturhistorische Arbeiten, mit denen er sich an der Erbe-Diskussion der Antifaschisten beteiligte. Gab eine erste kleine Sammlung von Gedichten G. Weerths heraus (zus. mit A. Beer, Engels 1936). In Literaturkritiken und Essays u.a. über Kraus, C. von Ossietzky, K. Tucholsky, W. Hasenclever neigte L. zu vulgärmaterialistischen Interpretationen. Kontinuierlich rezensierte er in der Zs. IL faschistische Literatur. Die in der Sowjetunion erschienenen Lyrik-Bände *Verse* (Kiew 1939) und *Zwei Welten* (russisch, Taschkent 1943) sind Versuche. Bedeutender sind seine Übersetzungen, am bekanntesten die (Moskau 1941, zus. mit H. Huppert) Nachdichtungen einer Auswahl von Majakowski-Gedichten.

Ausg.: Literaturgeschichtliches Lesebuch (Anth., Hg.), Kiew 1934; Literarisches Lesebuch (Anth., Hg.), 1935; Von Börne zu Leonhard oder Erbübel – Erbgut. Aufsätze aus 30 Jahren Literaturgeschichte, Rudolstadt 1966.

Susanne Schulz

Lessen, Ludwig (d. i. Louis Salomon)

Geb. 17. 9. 1873 in Lessen (Westpreußen); gest. 11. 2. 1943 (Freitod) in Müllrose (Mark)

Ab 1875 in Berlin, Gymnasium und Hochschulstudium des Maschineningenieurwesens; entwickelte während einer praktischen Ausbildung durch Kontakt mit Arbeitern reges Interesse an den Bestrebungen des organisierten Proletariats; Eintritt in die sozialdemokratische Partei; gab den Maschinenbauerberuf auf; Studium der Geschichte, Philosophie und Literatur; Abdruck erster Gedichte in der »Neuen Welt«; ab 1893 Mitarbeit an der »Neuen Welt«, am »Wahren Jacob« und anderen sozialdemokratischen Presseorganen; 1896/97 Redakteur am »Volksblatt« (Halle/S.), viele Strafen wegen Preßvergehens; 1898/99 Redakteur an der »Chemnitzer Volksstimme«; leitete 1900/1919 die »Neue Welt«, daneben Herausgabe des »Neue-Welt-Kalenders« und zeitweilig auch Feuilletonredakteur des »Vorwärts«; ab 1919 Redakteur im »Vorwärts«-Verlag; lebte seit Mitte der 20er Jahre in Müllrose (Mark); 1933 Berufsverbot; als Jude und Sozialdemokrat verfolgt.

L.s Hauptleistung liegt auf dem Gebiet der Lyrik. Bereits mit 23 Jahren hatte er zwei Gedichtbände publiziert: *Vignetten* (Dresden/Leipzig/Wien 1895) und *Kosmische Kränze* (Dresden/Leipzig/Wien 1896), mit denen er sich als sprach- und formgewandter (zuweilen auch wortreicher) Lyriker auswies. Auffällig ist sein Bemühen um einfache, eingängige Formen. Diese frühe Lyrik hatte noch keinen sozialistischen Charakter. Die meisten seiner politisch-sozialen Gedichte, mit denen er Anteil an der Geschichte der sozialistischen Literatur gewann, finden sich in den Bänden *Fackeln der Zeit* (Berlin 1904) und *Aus Tag und Tiefe* (Berlin 1911). Darin ist von Arbeitern und Menschen aus dem Volk die Rede, von Armen, Elenden und Unterdrückten, besonders in der modernen Großstadt und der Industrie. Seine elegische Neigung läßt L. die traurigsten

Augenblicke in ihrem Leben einfangen. Um den Bedrängten Mut zu machen, verweist er auf eine bessere Zukunft. Aggressive Satire wie kämpferisches Pathos sind ihm fremd. Wenn L. von Kampf spricht, meint er vor allem inneren Widerstand, das Festhalten an einer Zukunftshoffnung. Im *Flugblattlied* ruft er dazu auf, »mit Singen, / Die Feinde zu bezwingen«. Er wählt Revolte zum Gegenstand, nicht Revolution (*Revolte*). Eindrucksvoll sind seine einfachen lyrischen Schilderungen menschlicher Not (*In der Mansarde*). L. erkennt die Notwendigkeit der Selbstbefreiung des Proletariats (*Selbstbefreiung*), freilich nur als eines »stolzen Kämpfers der Gedanken«, nicht als konkrete soziale Zielvorstellung. Zuweilen wird die Natur zur Kraftspenderin. L. ersehnt einen Zustand allgemeiner Glückseligkeit: Gleichheit, Gerechtigkeit, Wahrheit, Kraft und Schönheit. Er trauert um diejenigen, die vor Erreichung dieses Zustands sterben (*Weihnachtsgang*). Charakteristisch für L. ist das häufige Motiv des kleinen Glücks mit Frau und Kind in einem dürftigen Heim; in dem Gedicht *Das Heidehaus* wird auch dieses kleine Glück zerstört. Mit den Motiven der verdorbenen Jugend und der Sehnsucht nach Sonne erinnert L.s *Sang der Jungen* an O. Krille. L. vertrat 1914 keine chauvinistische Position, auch wenn er den Krieg zunächst als Verteidigung des deutschen Vaterlands verstand. Sein Gedichtband *Wenn Frieden würde...* (Berlin 1918) ist eine Klage über das Elend und die Unsinnigkeit des Krieges. Zugleich keimt neue Hoffnung auf: »Wenn wieder Frieden würde, / Leben, wie wärst du schön!« (*Wenn Frieden würde...*)

In den 20er Jahren wendet er sich speziell an die Jugend, jedoch mit einem Anliegen, das sich von dem der bürgerlichen Jugendbewegung kaum unterscheidet: »Aus den öden Mietskasernen / sehnen wir uns nach den Fernen / blauer Wälder, still und rein!« (*Die Häuser im Arbeiterviertel*) Der Mensch soll, von innen wachsend, um das Hohe, Schöne und Freie (*Den Jungen*) ringen. Sein letzter Lyrikband *Wir wollen werben / Wir wollen wecken ... Gedichte für die arbeitende Jugend* (Berlin 1924, 2. Aufl. 1926) schließt bezeichnenderweise mit der alten Losung »Wissen ist Macht!«, ohne W. Liebknechts Ergänzung »Macht ist Wissen!«.

L. hat auch schwankhafte Stücke und Reisebeschreibungen verfaßt sowie Rezensionen und einige Aufsätze für die NZ (1916/23). Seine Leistung als Redakteur in der Parteipresse ist hoch bewertet worden; unter seiner Leitung gewann die »Neue Welt« allgemeine Anerkennung.

W. W.: Achtung Bombe! (Schwank in einem Akt), Berlin 1905 (= Sozialistische Theaterstücke, 11); Die Perlenschnur der Adria (Ge.), Dresden 1906; Die überlistete Polizei (Schwank in Reimen), Berlin 1909 (= Sozialistische Theaterstücke, 12); Lebensmittag (Ge.), Berlin 1910; Rotkoller oder die mißglückte Demonstrationsvereitlung (Zwei-

aktige Burleske in Reimen), Berlin 1913 (= Sozialistische Theaterstücke, 16).

Norbert Rothe

Liebknecht, Karl

Geb. 13. 8. 1871 in Leipzig; ermordet 15. 1. 1919 in
Berlin

Sohn des Mitbegründers der sozialdemokratischen Partei Wil-
helm L. 1890/93 studierte L. in Leipzig und Berlin Jura und
Nationalökonomie. 1893/94 Militärdienst. 1897 Promotion
zum Dr. jur. et rer. pol. 1899 Eintritt in die gemeinsame
Anwaltspraxis mit Bruder Theodor in Berlin. 1900 Beitritt zur
SPD; 1901 Wahl zum Berliner Stadtverordneten. Seit 1904
regelmäßige Teilnahme an Parteitagen der SPD. Wegen seiner
Schrift *Militarismus und Antimilitarismus unter besonderer
Berücksichtigung der internationalen Jugendbewegung*
(Leipzig 1907) in einem Hochverratsverfahren zu 18 Monaten
Festungshaft verurteilt. Während der Haft 1908 ins Preußische
Abgeordnetenhaus gewählt. L. bemühte sich um die Schaf-
fung einer sozialdemokratischen Jugendbewegung (*Arbeiter-
bewegung und Jugendorganisation*, in: »Arbeitende Jugend«,
1908, H. 8) und kämpfte gegen Dreiklassenwahlrecht und für
Verwaltungreform in Preußen. 1912 Wahl zum Reichstagsab-
geordneten im Kaiserwahlkreis Potsdam-Spandau-Osthavel-
land. Heirat mit Sophie Ryss. 1913 enthüllte L. im Reichstag
Korruption und internationale Verflechtung des Rüstungskapitals als eine Quelle von Kriegsgefahr (*Die Internationale des
Rüstungskapitals*, in: *Gesammelte Reden*, Bd. VI, S. 258 ff.).
Bei Kriegsausbruch 1914 beugte sich L. der Fraktionsdisziplin
und stimmte im Reichstag für Kriegskredite. Nach dem Scheitern seiner Bemühungen um ein Minderheitsvotum der
Kriegsgegner in der Fraktion lehnte er als einziger am 2. 12.
1914 die Kriegskredite ab. 1915 Einberufung als Armierungs-
soldat. März 1915 Mitbegründer der Gruppe Internationale und
Jan. 1916 der Spartakusgruppe. Redaktion der »Spartakus-
briefe«. Durch Kleine Anfragen Antikriegsarbeit im Parlament.
Nach seiner Rede auf der illegalen Antikriegskundgebung am
1. Mai 1916 auf dem Berliner Potsdamer Platz Hochverratsprozeß und Verurteilung zu vier Jahren und einem Monat
Zuchthaus. 8. 12. 1916/23. 10. 1918 Zuchthaus Luckau. Nach
Entlassung wirkte er für sofortigen Frieden und Räteordnung.
Rief am 9. 11. 1918 die freie sozialistische Republik Deutsch-
land aus und lehnte den Eintritt in den Rat der Volksbeauftrag-
ten ab. Mit R. Luxemburg Redakteur der RF. Mitbegründer des
Spartakusbundes am 11. 11. 1918 und der KPD am 1. 1. 1919.
Während der Januarkämpfe im Revolutionsausschuß; auf Be-
schluß der Zentrale der KPD am 8. 1. 1919 abberufen. Flucht

Karl Liebknecht

und Illegalität, am 15. 1. 1919 Verhaftung und Ermordung
durch konterrevolutionäre Truppen.

L.s Beziehung zu Kultur und Kunst wird in seinem kulturpolitischen Wirken als Parlamentarier, seinem Entwurf einer
Kunsttheorie sowie seinen persönlichen Aufzeichnungen und
Briefen erkennbar. Seine poetischen Versuche im Zuchthaus
erweisen ihn als einen sprachsensiblen Menschen, der seine
Empfindungen und Hoffnungen als Gefangener in traditionellen Naturmetaphern mit eigenartig suggestiver Intensität zu
formulieren weiß. Die Gedichte sind rhetorisch strukturiert,
ihre schlichte Symbolik ist Ausdruck der Selbstbestätigung wie
des Appells an einen imaginären Leser, eine trotzige Ermunte-
rung in quälender Isoliertheit. Als Zeugnisse revolutionärer
Überzeugung anrührend, blieben sie ohne innovativen Impuls
für die sozialistische Dichtung. L.s erfolgreiche Karriere als
sozialdemokratischer Parlamentarier war nicht nur seiner Fähigkeit zur Analyse politischer Konstellationen, sondern auch
seiner charismatischen Wirkung als selbstbewußter und politisch eigenständiger Agitator geschuldet. In der Parteihierar-
chie war er isoliert, ein Außenseiter. In kulturpolitischen
Reden trat er gegen Abhängigkeit der Kunst vom Kapital,
gegen Chauvinismus und Antisemitismus im kulturellen Leben und gegen Byzantinismus und Hohenzollernkult auf,
gegen die militaristische Erziehung der Jugend und den Mißbrauch der Wissenschaft durch den preußisch-deutschen Militarismus. Seine Aufmerksamkeit galt den öffentlich bedeutsa-

men Institutionen – dem Theater, den Museen, den Bibliotheken und Universitäten – und dem Problem, was getan werden müsse, um sie den kulturellen Bedürfnissen der arbeitenden Massen aufzuschließen. L. ging vom organischen »Zusammenhang zwischen Demokratie und freier Entwicklung von Kunst und Wissenschaft« aus, die »nicht fortgesetzt noch oben schielen können und sich nicht richten können nach allerhand Reglements, die von der Staatsgewalt ausgegeben werden« (*Gesammelte Reden*, Bd. IV, S. 238-239). Mit kunsttheoretischen Fragen befaßte sich L. während seiner Haftzeiten. Er suchte seine Erfahrungen und Einsichten in einem »System von Fingerzeigen, Richtlinien, Zeitgedanken« (*Studien über die Bewegungsgesetze der gesellschaftlichen Entwicklung*, Hg. Dr. Morris, München 1922, S. 15) zusammenzufassen. Der Text blieb fragmentarisch, ein Dokument der Selbstverständigung, das er selbst wohl so sicherlich nicht veröffentlicht hätte. Aber er sah doch eine »Hauptarbeit« (*Briefe aus dem Felde, aus der Untersuchungshaft und aus dem Zuchthaus*, Berlin-Wilmersdorf 1922, S. 83) darin und beabsichtigte ihm eine abschließende Gestalt zu geben. Über Marx' Lehre hinaus – die er als eine vorwiegend ökonomische mißverstand und kritisierte – wollte er die gesellschaftliche Entwicklung als dynamischen Prozeß begreiflich machen, in dem der organische »Höherentwicklungstrieb« (*Studien*, S. 234) des Menschen eine bestimmende Rolle spielt. Kunst wird als »menschlich-gesellschaftliche Erscheinung« begriffen, deren »Hauptaufgabe nicht die Herstellung vollkommener Kunstwerke, sondern einer vollkommenen Welt« (ebd., S. 319) sei. Damit entwickelt L. ein ästhetisches Programm, das von der Wirkung der Kunst ausgeht: Nicht Schilderung von Erscheinungen sei ihre Aufgabe, sondern Einwirkung auf den seelischen Zustand des Empfangenden, dem der Künstler als »Schöpfer, Gestalter, Erzieher, Erwecker« gegenübertrete. In der »Zergliederung, Darlegung der Gesetzmäßigkeit von In- und Umwelt« sieht er nur ein »Mittel ... zur psychischen Gesamtbeeinflussung des Empfangenden« (ebd., S. 321). Realismus der Kunst liege einzig in der Realität einer solchen Wirkung. L. gehört zu den wenigen politisch aktiven Sozialdemokraten, die eine produktive Beziehung zur expressionistischen Kunstströmung gefunden haben. Dazu mag seine Zusammenarbeit mit F. Pfemfert beigetragen haben. Doch entscheidend ist der konzeptionelle Ansatz, der Kunst gebe gerade die »Entfernung von der Wirklichkeit, die Erhebung über sie«, jene »Suggestiv- und Ekstatisierungskraft, die auf den Empfangenden höchst real wirkt, ja bis zu einer gewissen Grenze sein Inneres um so realer zu gestalten vermag, je irrealer die Darstellung des Kunstwerks ist« (ebd., S. 324). Daß L. von hier aus eine »Apologie der Tendenzkunst« (ebd., S. 332) formuliert, liegt in der Konsequenz eines solchen aktivistischen Kunstkonzepts. Für ihn ist das kein Gegensatz

Jugendbildnis Karl Liebknechts

zum grundlegenden ästhetischen Postulat der »Vollkommenheit, Harmonie im Sinne des Schönen«, denn er sieht ästhetische Vollkommenheit als Mittel, zur Vervollkommnung der Wirklichkeit beizutragen. Für eine Zusammenführung von künstlerischer Avantgarde und revolutionärer Arbeiterbewegung wäre ein solcher Versuch der Verknüpfung aufklärerisch-klassischer Kunsttradition mit den Vorstellungen der Moderne bedeutsam gewesen. Im breiteren Rahmen ist er nicht wirksam geworden. Bekannt geworden durch seinen Kampf gegen den Militarismus, wurde L. zu einer internationalen Symbolfigur des Kampfes gegen den imperialistischen Krieg. Seine Ermordung und der am gleichen Tage erschienene Artikel *Trotz alledem* (*Gesammelte Reden*, Bd. IX, S. 709 ff.) ließen ihn zu einer fast mythischen Verkörperung des Tribunen und Märtyrers der Revolution werden.

Ausg.: Gesammelte Reden und Schriften, Bd. I-IX, Hg. Institut für Marxismus-Leninismus beim ZK der SED, Berlin 1958-1971; Studien

Maipostkarte Ende 19. Jahrhundert; Freiheit überreicht »Geistesschwert«

über die Bewegungsgesetze der gesellschaftlichen Entwicklung, Hg. O. K. Flechtheim, Hamburg 1974; Gedanken über Kunst. Schriften, Reden, Briefe, Hg. M. M. Korallow, Dresden 1988. – *Lit.:* H. Wohlgemuth: Karl Liebknecht. Stationen seines Lebens, Berlin 1977; H. Trotnow: Karl Liebknecht. Eine politische Biographie, Köln 1980; A. Laschitza u.a.: Karl Liebknecht. Eine Biographie in Dokumenten, Berlin 1982; G. Wirth: Zu den kulturpolitischen Auffassungen und Aktivitäten Karl Liebknechts, in: Jahrbuch des Märkischen Museums, Bd. 1, Berlin 1975, S. 25ff.; Trommler, S. 274ff.; Literaturdebatten, S. 54ff.; U. Kösser: » ... sondern Herstellung einer vollkommenen Welt« Zum Ästhetik-Konzept von Karl Liebknecht, in: WB, 1989, H. 12.

Dieter Schiller

Liebknecht, Wilhelm
Geb. 29. 3. 1826 in Gießen; gest. 7. 8. 1900 in Berlin

Sohn eines Juristen; 1842/47 Studium der Philologie, Theologie, Philosophie in Gießen, Berlin und Marburg; ab 1847 Lehrer an der Musterschule F. Fröbels in Zürich und Korrespondent der »Mannheimer Abendzeitung«; nahm 1848/49 am Badischen Aufstand teil; wurde Leutnant im »Mannheimer Arbeiterbataillon«; emigrierte 1849 nach Genf, später nach London, wo er 1850 dem BdK beitrat. Hier u.a. Kontakte zu K.

Marx und F. Engels; 1862 nach Deutschland zurückgekehrt, blieb er einer ihrer engsten Vertrauten und Korrespondenzpartner. L. versuchte als Mitglied des ADAV (1863/65) und Mitarbeiter des »Social-Demokrat« J. B. Schweitzers, den ADAV vom diktatorischen und probismarckschen Kurs F. Lassalles abzubringen. Übersiedelte 1865 nach Leipzig, wo er gemeinsam mit A. Bebel die oppositionellen Kräfte aus dem ADAV und den Arbeitervereinen auf der Basis der IAA zu organisieren begann; gründete 1868 das »Demokratische Wochenblatt«, in dem er Dokumente der IAA und marxistische Schriften propagierte. Nach Gründung der Eisenacher Partei wirkte L. vor allem als leitender Redakteur der sozialdemokratischen Zentralorgane »Volksstaat« und »Vorwärts«; redigierte 1876 die »Neue Welt«; maßgeblicher Einfluß auf die Ausarbeitung des Gothaer Parteiprogramms; war während des Sozialistengesetzes verantwortlich für die Beziehungen der deutschen Sozialdemokraten zu ausländischen Arbeiterparteien; gehörte zu den scharfzüngigsten, glänzendsten Agitationsrednern der deutschen Arbeiterbewegung; arbeitete als Lehrer in der von ihm 1891 gegründeten Berliner Arbeiterbildungsschule.

L. prägte als herausragender sozialdemokratischer Kulturpolitiker das Bildungs- und Literaturverständnis der Partei im 19. Jahrhundert. In den Aufsätzen *Zu Schutz und Trutz* (Leipzig 1871) und *Wissen ist Macht – Macht ist Wissen* (Leipzig

1872) formulierte er erstmals seine Positionen. Ausgangspunkt war die Auseinandersetzung mit der in den 70er Jahren verbreiteten Auffassung, die die Ziele der Sozialdemokratie mit der Zerstörung der bestehenden Kultur gleichsetzte. L. kritisierte zunächst die herrschende Kultur, indem er sie an der Lebenssituation der arbeitenden Klasse maß, die von der Konsumtion des gesellschaftlichen Reichtums weitgehend ausgeschlossen sei. Unter der »dünnen Kruste« gehegter oberflächlicher Kultur zeige sich hier die durch Klassenherrschaft geprägte eigentliche »Unkultur«; Unterdrückung, Knechtschaft und Korruption in allen gesellschaftlichen Bereichen. Die »geistige Nahrung des Volkes«, die Tagespresse und die Unterhaltungsliteratur seien lediglich »Opium für den Verstand«. Mit dem Programm einer revolutionären Umgestaltung der ökonomischen und politischen Verhältnisse, so L., erstrebten die Sozialdemokraten, Bildung, Wissenschaft und Kunst konsequent zu demokratisieren. Mit seinen Argumenten setzte er der zeitgenössischen bürgerlichen Kulturauffassung, die vor allem von der individuellen intellektuellen und künstlerischen Kreativität ausging, ein Kulturverständnis entgegen, das sozial-kommunikative Kriterien einbezog. Dabei berief er sich wiederholt auf den englischen positivistischen Kulturhistoriker H. Th. Buckle, wenn er die menschliche Kultur als Resultat eines fortwährenden Vergesellschaftungsprozesses faßte. Im Unterschied zu Marx begriff L. diesen Prozeß nicht primär als Ausdruck sozialer Kämpfe zwischen progressiven und reaktionären, den Kulturfortschritt hemmenden Klassen, sondern als zunehmende Demokratisierung geistiger Kultur. Daraus leiteten L. und andere führende Sozialdemokraten die Auffassung vom Freien Volksstaat, dem zukünftigen »Kulturstaat«, ab. Wie Lassalle berief sich L. dabei auf große Entwürfe aus der Vergangenheit, das aristotelische Staatsideal und J. G. Fichtes Konzept einer Nationalerziehung. In den 80er Jahren, vor allem in *Anarchismus, Sozialdemokratie und revolutionäre Taktik* (Zürich 1886) entwickelte er konkretere Positionen. Als aktuelle kulturelle Aufgabe der Arbeiterbewegung forderte L. die scharfe Auseinandersetzung mit den herrschenden kulturverbreitenden Institutionen. Wie schon in *Wissen ist Macht* nannte er die soziale und politische Agitation als kulturelle Hauptaufgabe der Sozialdemokraten. Dabei stand die politische und wissenschaftliche Bildung und Aufklärung der Arbeiter im Mittelpunkt. In diesem Sinne verstand L. die Sozialdemokratie als »Partei der Bildung«. Sein Bildungsverständnis erfaßte aber darüberhinaus, dem allgemeinen Verständnis jener Zeit folgend, auch die modernen Naturwissenschaften, klassische Literatur und Philosophie. Seine Forderung nach einer »sozialistischen Literatur« auf dem Coburger Parteitag 1874 konkretisierte L., indem er den Plan einer populär geschriebenen, wissenschaftlich fundierten »Welt- und Kulturgeschichte« vorstellte, die kollektiv als wirk-

sames Bildungsinstrument zu erarbeiten sei. Obgleich L.s Verständnis der sozialistischen Literatur belletristische Schriften einschloß (das belegen u.a. sein Engagement für die »Neue Welt«, die Zusammenarbeit mit R. Schweichel), stand er solcher Literatur häufig skeptisch gegenüber. Er befürchtete, daß eine sozialistische Belletristik die geforderte Wissenschaftlichkeit der sozialistischen Literatur hemmen und zu Verflachung im Sinne eines Kompromisses mit der bürgerlichen Unterhaltungsliteratur führen würde. Grundsätzlich ging L., wenn er Fragen der sozialistischen Literatur behandelte, stets von deren erzieherischem Wert, ihrer Bedeutung für die Ausprägung eines Klassenbewußtseins aus. In diesem Sinne sollten wissenschaftliche Werke und Agitationsschriften, sozialistische Gedichte, Kalender und Unterhaltungszeitschriften mit unterschiedlichen Mitteln dasselbe Ziel verfolgen. Daß L. persönlich ein Freund schöngeistiger Literatur war, stellte er nicht zuletzt durch seine Tätigkeit als Herausgeber von Romanen und als Nachwortautor unter Beweis (E. Lynn-Lintons *Joshua Davidson*, Zürich 1884, Zors *Ritter der Arbeit*, Zürich 1888, W. Morris' *Kunde von Nirgendwo*, Stuttgart 1900).

W. W.: Ein Blick in die Neue Welt, Stuttgart 1887; Brief aus Berlin, in: NZ 1890, H. 1; Karl Marx zum Gedächtnis, Nürnberg 1896; Acht Tage in Holland, in: NZ 1897, H. 2; Zum Jubeljahr der Märzrevolution, Aufs., Berlin 1898; Im Tale des Friedens, Aufs., in: Wahrer Jakob, 1899; Zum 18. März, ebd. 1900; Der Erste Mai, Aufs., ebd. 1900. – *Ausg.:* W. Liebknecht 1826–1900, Vorw. K. Kersten, Berlin 1925; Briefwechsel mit deutschen Sozialdemokraten, Bd. 1, 1862–1878. Hg. G. Eckert, Assen 1973, Bd. 2, 1878–1884, Hg. G. Langkau u.a., Frankfurt a.M./New York 1988; Kleine Politische Schriften, Leipzig 1976. – *Lit.:* R. Schweichel: Wilhelm Liebknecht als Schriftsteller, in: Neue Welt, 1900; ders.: Zum Gedächtnis Wilhelm Liebknechts, in: NZ, 1901/2; W. Tschubinsky: Wilhelm Liebknecht, Berlin 1973; W. Liebknecht. Erinnerungen eines Soldaten der Revolution, Hg. H. Gemkow, Berlin 1976.

Tanja Bürgel

Die Linkskurve (L)

Zeitschrift des BPRS. Erschien vom Aug. 1929 monatlich im Umfang von 30 bis 40 S. im Internationalen Arbeiter-Verlag Berlin mit insgesamt 40 Heften und zum 100. Todestag Goethes mit einem Sonderheft (Mai 1932). Gegliedert war die Zeitschrift nach dem Prinzip: politischer oder literaturpolitischer Spitzenartikel, im Mittelteil literarische Texte proletarischer Schriftsteller, vorrangig von Autoren des BPRS, aber auch der zeitgenössischen und Weltliteratur, daran anschließend die ständigen Rubriken »Neue Bücher«, »Glossen, Kritiken, Berichte« (hier spielten sich vor allem die Angriffe auf die linksbürgerlichen Sympathisanten ab) und unter der Überschrift »Bund proletarisch-revolutionärer Schriftsteller« Nachrichten und Mitteilungen des Bundes und seiner Ortsgruppen. Herausgeber der Zeitschrift waren J. R. Becher, K. Kläber, E. Weinert, L. Renn, A. Gábor (bis Jg. 2, H. 2, dann abberufen wegen seiner linkssektiererischen Artikel), als sein Nachfolger H. Marchwitza. Als Redakteure nennt das Impressum bis Jg. 4, H. 9 Renn, der für die letzten drei Hefte wegen der ihm drohenden Verhaftung und des zu befürchtenden Verbots der Zeitschrift von Becher abgelöst wurde. Daneben waren aber auch Kläber, Th. Balk, O. Biha, K. A. Wittfogel, K. Neukrantz, F. Erpenbeck, T. Richter u. a. über kürzere oder längere Zeit in der Redaktion tätig. Das Einzelheft kostete 30 Pf. und wurde über Buchhandlungen, den Literaturvertrieb der Partei, oft auch im Straßenverkehr und bei Veranstaltungen verbreitet. Jedes Mitglied des BPRS (ca. 500 Mitglieder) bezog die Zeitschrift; der Preis war im Bundesbeitrag inbegriffen. Die Auflage betrug für die ersten drei Hefte etwa 12000, die aber nicht abgesetzt werden konnten, später dann ca. 5000 und im letzten Jahr des Erscheinens nicht mehr als 3500 Exemplare. Die Zeitschrift wurde ursprünglich vom IBRL (IVRS) in Moskau finanziert, später zumindest teilweise vom Internationalen Arbeiter-Verlag. Nachdem wegen Geldmangels insgesamt neunmal die Druckereien gewechselt worden waren, mußte die Zeitschrift Ende 1932 (die letzte Nummer erschien als Doppelheft) aus finanziellen Gründen ihr Erscheinen einstellen.

Als Zeitschrift des BPRS wollte die L zur Herausbildung einer deutschen sozialistischen Literatur proletarisch-revolutionärer Prägung und zu ihrer Organisierung als selbständige, Produktion, Distribution und Rezeption umgreifende Literaturbewegung beitragen. Zusammen mit der Schriftstellervereinigung BPRS sollte der praktische Beweis angetreten werden, daß auch schon vor der sozialistischen Revolution eine Literatur der Arbeiterklasse möglich ist. Dieser Kampf um die »Existenz« der proletarisch-revolutionären Literatur wurde unter der politischen Parole der Auseinandersetzung mit dem Trotzkismus geführt und, da die Skepsis hinsichtlich einer proletarischen Literatur vor der sozialistischen Revolution zum Gemeinverständnis aller, auch der linken Sozialdemokraten (R. Luxemburg, F. Mehring, K. Zetkin) gehört hatte, mit der theoretischen Abgrenzung von der linken Vorkriegssozialdemokratie und von der zeitgenössischen sozialdemokratischen Arbeiterdichtung verbunden. Für die Mitglieder des BPRS war die L ein Publikationsort für ihre literarische Produktion. Vor allem von diesen Autoren veröffentlichte die Zeitschrift Gedichte, kurze Prosatexte und Auszüge aus bereits erschienenen oder in Arbeit befindlichen Romanen. Die L gab (vor allem in den regelmäßigen Kopfartikeln Bechers) literaturpolitische Programmatik; sie diente dem organisatorischen Zusammenhalt des Bundes und zur Information und Schulung der Mitglieder. Das war von besonderer Bedeutung, weil wegen

Titelblatt der Zeitschrift Jg.1, Nr. 1

Geldnot eine Bundesversammlung erst 1932 durchgeführt werden konnte. Sie war ein Debattenforum für Grundfragen marxistischer Literaturauffassung und Ästhetik und ein Sprachrohr des BPRS in Richtung auf die politische und literarische Öffentlichkeit der Weimarer Republik. Die L wollte eine *literarische* Zeitschrift sein und behandelte in ihren Spalten Schaffensfragen, Genreprobleme, das Verhältnis Künstler und Weltanschauung oder die Beziehung Proletariat und Theater, Literatur und Kunst; ihrem programmatischen Anspruch nach war sie zugleich *politische* Zeitschrift im Dienst der Kommunistischen Partei und des proletarischen Klassenkampfs (Wahlaufrufe und Aktionsprogramme, Umfragen zu politischen Zeitthemen, politische und soziologische Analysen). Aus diesem Zusammenspiel von Literatur und Literaturtheorie mit Strategie und Taktik der KPD am Vorabend des Faschismus erwuchs das für die L charakteristische Zeitschriften-Profil. Obwohl kein Parteiorgan (ähnlich wie dem BPRS ging es der L um das Bekenntnis zur und um die Organisation der proletarisch-revolutionären Literatur), war sie mit der politischen Strategie und Taktik der KI und der KPD aufs engste verbunden, ja sie betrachtete sich als ein Mittel zu deren Durchsetzung auf literarischem Gebiet. So zeigt sich die

Zeitschrift wie auch der BPRS als Sachwalter und Propagandist *eines* Teils der sozialistischen Literatur um 1930: der proletarisch-revolutionären Literatur. Zu deren Kernprogramm gehörte die rigide politische Instrumentalisierung literarischer Arbeit, die in der politischen und wirtschaftlichen Krise am Ende der 20er Jahre und in der Erwartung einer unmittelbar bevorstehenden sozialistischen Revolution ihre Ursachen hatte. In der Geschichte der Zeitschrift läßt sich verfolgen, wie in den verschiedenen theoretischen Konfrontationen versucht wurde, diese radikale politische Instrumentalisierung der Literatur abzuschwächen bzw. sie in der letzten Phase der Zeitschrift, so in den Aufsätzen G. Lukács', zu überwinden. In den vier Jahrgängen der Zeitschrift zeichnen sich die verschiedenen Schwerpunktsetzungen im Verhältnis von Literatur und Politik, die durch die Veränderungen kommunistischer Strategie und Taktik des Klassenkampfes ausgelöst wurden, deutlich ab:

Die *erste* Phase der Zeitschrift (Aug. 1929/März 1930) stand ganz im Zeichen der Selbständigkeitserklärung der proletarisch-revolutionären Literatur und der strikten literaturpolitischen Abgrenzung von linksbürgerlichen Schriftstellern und ihren Zeitschriften. Sowohl von der Zs. ↗ »Die Front« (Hg. H. Conrad), die seit Gründung des BPRS Funktionen eines Bundesorgans wahrgenommen hatte, wie von der ↗ »Neuen Bücherschau« (Hg. G. Pohl), in deren Redaktionskomitee Becher, K. Kersten und E. E. Kisch mitarbeiteten, zog sich der BPRS zurück. Der Name der Zeitschrift und Bechers das erste Heft eröffnender Spitzenartikel, *Unsere Front*, betonten die Abgrenzung bereits in den Titeln. In dieser Abgrenzung wurde zum einen die Selbständigkeit proletarisch-revolutionärer Literatur proklamiert. Das richtete sich auch gegen die Enquete der »Neuen Bücherschau« und der »Monde« (Hg. H. Barbusse) über die Möglichkeiten proletarischer Literatur im Kapitalismus (sie waren dort eher skeptisch beantwortet worden) wie gegen das Sonderheft *Arbeiterdichtung* (1929) der »Literarischen Welt« (Hg. W. Haas). Zum anderen betraf die Abgrenzung die Parteilichkeit des Schriftstellers für eine politische Richtung und Partei. Die L druckte in ihrem 2. Heft (Sep. 1929) den um die Passagen über die Presse gekürzten Artikel *Parteiorganisation und Parteiliteratur* von Lenin unter der allerdings nur einen Gesichtspunkt des Aufsatzes (den der selbständigen Literatur und ihrer Organisation) betonenden Überschrift *Lenin und die Literatur der Arbeiterklasse*.

Diese Abgrenzung und Selbständigkeitserklärung proletarisch-revolutionärer Literatur, die sich aus dem Bestreben erklärt, die sozialistische Literatur zu einer Literaturbewegung zu machen, geriet jedoch im Fahrwasser des vom VI. Weltkongreß der KI sanktionierten ultralinken Kurses zu einem sektiererischen Programm, das eine auf die faschistische Gefahr orientierte Bündnispolitik mit den linksbürgerlichen »Sym-

pathisanten« und »Mitläufern« auf Jahre hin erheblich beeinträchtigte. Die Serie der Angriffe, bei denen vor allem Gábor federführend war, begann im Heft 3 (Okt. 1929) mit Polemiken gegen E. Piscator und G. Kaiser; sie setzte sich fort in den Heften 5 (Dez. 1929) gegen Barbusse, A. Eggebrecht, E. Toller und E. M. Remarque, im Heft 1 (Jan. 1930) gegen K. Hiller, K. Tucholsky, F. Pfemfert und Th. Plivier und erreichte im Februar-Heft 1930 ihren Höhepunkt, als sich Toller, Tucholsky und Plivier gegen die unsachlichen, z. T. auf falschen Informationen beruhenden Angriffe verwahrten, Gábor aber bei seinen Behauptungen blieb (*Drei Berichtigungen, die berichtigt werden*). Im selben Heft war in einem Beitrag von E. Steffen die Literatur, die unmittelbar aus den Erfahrungen am Arbeitsplatz, aus dem materiellen Produktionsprozeß entsteht, zur »Urzelle« und zur eigentlichen proletarischen Literatur erklärt worden. An dieser Position übte im Folgeheft der unter dem Ps. N. Kraus schreibende Leiter der Abteilung Agitation und Propaganda beim ZK der KPD, J. Lenz, scharfe Kritik. Er griff auf Lenins Proletkult-Auseinandersetzung von 1920 zurück, stellte die Bündnisfrage für die proletarische Literatur und empfahl ihr, die Erfahrungen bürgerlicher Literatur zu verarbeiten und mit bürgerlichen Schriftstellern zusammenzugehen. Er argumentierte mit Lenins in *Was tun?* aufgestellter Forderung, daß sich die Arbeiterklasse nicht einschließen darf in den künstlich eingeengten Rahmen einer »Literatur für Arbeiter«. Diese Kritik am »Ökonomismus in der Literaturfrage« eröffnete eine *zweite* Phase der Geschichte der L (Frühjahr 1930/Mitte 1931), in der auch unter dem Einfluß des im Aug. 1930 von der KPD verabschiedeten *Programms zur sozialen und nationalen Befreiung* und der von der Charkower Konferenz (Nov. 1930) geübten Kritik die Intellektuellenfeindschaft zurückgedrängt wurde und sich neue, auf die Qualität und Gestaltung proletarisch-revolutionärer Literatur orientierte Fragestellungen eröffneten: Im Aprilheft 1930 untersuchte H. Duncker das Verhältnis von Schriftsteller und Weltanschauung. Im selben Heft wurde über M. Vallentins Thesen vom Kampf- oder Kunstwert des Agitpropspiels eine Diskussion eröffnet, die zur Überwindung der alten unproduktiven Entgegensetzung von Kunst und Tendenz führen sollte. Mit scharfer Kritik an diesem Begriffspaar verlagerte sich die Diskussion auf das von Inhalt und Form, mit dem den Eigengesetzlichkeiten der Kunstproduktion stärker Rechnung getragen werden sollte. Dieser Aufgabe unterzog sich vor allem Wittfogel mit seiner Artikelserie *Zur Frage der marxistischen Ästhetik*, die in 7 ausführlichen Artikeln (Mai 1930/Nov. 1930) den ersten Versuch einer Grundlegung marxistischer Ästhetik im Geiste Hegels darstellte. Durch ihre Orientierung auf »Stoff« und »Inhalt« vernachlässigte sie freilich die Kunstformen und ihre genrespezifische Entwicklung, worauf L. Märten im Maiheft 1931 ihre Entgegnung gründete und gegen den Hegelianismus Wittfogels Gesichtspunkte einer Material-Ästhetik geltend machte. Es kam bereits hier zu einer für die verschiedenen Ansätze marxistischer Ästhetik charakteristischen Konfrontation. – Zur Reichstagswahl im Sep. 1930, in der die NSDAP hinter der SPD zur zweitstärksten Partei wurde, veranstaltete die Redaktion eine Umfrage, in der deutsche Intellektuelle über ihr Verhältnis zur Weltwirtschaftskrise, zum Charakter der SPD, zum ersten Fünfjahrplan in der Sowjetunion, zu ihrem Verhalten im Falle eines Krieges gegen die Sowjetunion und andere aktuelle Probleme befragt wurden (1930, H. 9, 10). Unter den bürgerlichen Intellektuellen sollte differenziert werden und neue Partner sollten für ein antiimperialistisches und antifaschistisches Bündnis gewonnen werden. Diesem Ziel dienten auch A. Kurellas Aufsatz *Symptome* (Feb. 1931), in dem Bücher von B. von Brentano, H. Jhering und G. Benn analysiert wurden, und das Juniheft 1931, in dem unter der Losung *Einbruch in die Front des Gegners* »Betriebsarbeiter, Angestellte, Vertreter der werktätigen Intelligenz und Schriftsteller« (so die Ankündigung im vorangegangenen Heft) »ihren Entwicklungsweg von der anderen Seite zum Marxismus-Leninismus schildern werden«. Aber auch in diesen Aktionen blieb der Widerspruch zwischen Bündnis-Angebot einerseits und zu eng, ja immer noch sektiererisch gehandhabten Bündniskriterien andererseits bestehen, so z. B. im redaktionellen Schlußwort der Umfrage (Okt. 1930).

Die Vorbereitung und Auswertung der Charkower Konferenz hatte in dieser Phase der L entscheidendes Gewicht, weil von ihr Impulse ausgingen, die proletarisch-revolutionäre Literatur auch als eine »Literaturbewegung« zu begreifen. Damit wurden die theoretischen Themen Schriftsteller und Weltanschauung, Kunst- oder Kampfwert, Inhalt/Form, Tendenz/Parteilichkeit durch den Gesichtspunkt der Wirkung und des Adressaten bereichert. Der auslösende Faktor war dabei: gegen den Masseneinfluß bürgerlicher Literatur sollte eine sozialistische massenwirksame Literatur geschaffen werden (vgl. den Bericht über die Charkower Konferenz im Dez.-Heft 1930), vor allem in Form des »proletarischen Massenromans« (Kläber: *Der proletarische Massenroman*, Mai 1930). Mit dieser Orientierung verbanden sich Bemühungen, das Niveau der Kunstkritik zu heben (vgl. H. Günther: *Mängel unserer Kunstkritik*, März 1931).

Eine *dritte* Phase der Zeitschrift begann Mitte 1931 und erstreckte sich bis zu ihrer Einstellung Ende 1932. Der Inhalt dieser Phase wurde durch Bechers Aufsatz *Unsere Wendung* (Okt. 1931), dessen Untertitel *Vom Kampf um die Existenz der proletarisch-revolutionären Literatur zum Kampf um ihre Erweiterung* lautete, markant umrissen. Orientiert an den aktuellen sowjetischen Literaturdebatten, wurde jetzt die Wendung zu den Massen, für eine neue Qualität der proleta-

risch-revolutionären Literatur zum Programm erhoben und gegen avantgardistische Kunstkonzepte, z. B. das von S. Tretjakow, in schärfster Weise polemisiert. Diese »Wendung« fiel mit dem Beginn der Debatte um das neue Programm des BPRS zusammen, die allerdings in der L kaum Spuren hinterlassen hat, weil sie die interne Auseinandersetzung unter den leitenden Bundesfunktionären noch nicht überschritt. Nach Auflösung der RAPP und der Proklamierung des national einheitlichen Literaturmodells (Beschluß des ZK der KPdSU vom Apr. 1932, über den in der L allerdings erst im Aug.-Heft 1932 von Gábor berichtet wurde), verstärkte sich diese Tendenz. Im letzten programmatischen Artikel in der L, *Kühnheit und Begeisterung* (Mai 1932), fordert Becher den Umbau des Bundes von einer Schriftstellerorganisation in ein »literarisch produktives Massenkollektiv«, die Hebung des weltanschaulichen Niveaus der proletarisch-revolutionären Literatur und Literaturkritik, »um mit unserer weltanschaulichen Verwahrlosung Schluß« zu machen, und die Entwicklung der großen und kleinen Literaturformen. Sein Aufsatz zeigt aber auch, daß neuerlich und wohl auch unter dem Einfluß der sowjetischen Debatten, »literaturpolitische« Gesichtspunkte wieder stark in den Vordergrund treten.

Literaturtheoretisch war diese Phase ganz von den großen Aufsätzen Lukács' bestimmt, der von Moskau nach Berlin gekommen war und sehr schnell maßgeblichen Einfluß im BPRS und in der L gewann. Seit dem Herbst 1931 finden sich nahezu in jeder Nummer Beiträge von ihm. Im Sep. 1931 analysierte er G. B. Shaws Bekenntnis zur Sowjetunion als Zeichen der Differenzierung in der westeuropäischen Intelligenz, im Nov. 1931 setzte er sich mit W. Bredels Romanen auseinander. Im Juniheft 1932 wurde sein Aufsatz *Tendenz oder Parteilichkeit* veröffentlicht, der seine Abrechnung mit den sozialdemokratischen, avantgardistischen und linken Kunstkonzepten darstellte. Im Juliheft 1932 schließlich die Auseinandersetzung mit E. Ottwalt, *Reportage oder Gestaltung*. Lukács nutzte seine theoretische Autorität, um ein neues Funktionsmodell der Literatur zu propagieren, das auf Volkstümlichkeit und realistische Widerspiegelung der Wirklichkeit ausgerichtet war. Dabei blieb Lukács nicht ohne Widerspruch. Bredel und Ottwalt als die Angegriffenen und O. Gotsche als Verteidiger der Romane Bredels machten Einwände geltend, konnten sich aber gegen den theoretisch weit überlegenen Lukács nicht durchsetzen. Das hatte zur Folge, daß der Gesichtspunkt der Operativität der Formen, den besonders Ottwalt vertreten hatte, in der theoretischen Debatte zurückgedrängt wurde. Auf Lukács' Einfluß ist es auch zurückzuführen, daß das Verhältnis zum bürgerlichen literarischen Erbe im Rahmen der Zeitschrift, vor allem im Goethe-Sonderheft vom Mai 1932 (darin: Wittfogel über die Ansätze einer sozialistischen Goethe-Rezeption; Engels' Aufsatz über K.

Grüns Buch *Über Goethe vom menschlichen Standpunkt* und Lukács über die bürgerlichen Goethe-Interpretationen anläßlich des Jubiläums), jetzt als *kritische* Aneigung neu bestimmt wurde. Wittfogels und Lukács' Beiträge im Goethe-Sonderheft standen im engsten Zusammenhang mit der Programm-Debatte des BPRS, indem sie sich um eine breite literaturhistorische und ästhetische Grundlegung der Bundesarbeit bemühten. Sie waren überdies auch direkt politisch orientiert: bei Wittfogel in der Entgegensetzung des Erbes von Weimar und der vorklassischen Literaturrevolution eine Kritik des politischen Systems der Weimarer Republik; bei Lukács in der kritischen Revue der Goethe-Literatur von 1932 der Entwurf einer ideologischen Strategie des Kampfes gegen Faschismus. Der letzte Jahrgang der Zeitschrift widmete sich überhaupt stärker der politischen und literarischen Auseinandersetzung mit dem Faschismus, vor allem getragen von A. Norden (*Sie morden*, 1932, H. 1), Günther (*Rote Front oder eiserne Front*, 1932, H. 2) und H. Jäger (*Die Auflockerung im bürgerlichen Lager*, 1932, H. 3, 4; *Der entlavte Mythos*, 1932, H. 7; *Nationalsozialismus und Literatur*, 1932, H. 9). Die Analysen des Faschismus blieben verbunden mit der Vorstellung von einem unmittelbar bevorstehenden imperialistischen Krieg gegen die Sowjetunion, der – so die Erwartung – in eine Phase sozialistischer Revolutionen übergehen werde. Im Juni 1932 stellte der BPRS in den Spalten der L *11 Fragen zum Krieg*, die aber, weil relativ abstrakt, nur wenige zur Stellungnahme veranlaßten: W. Hasenclever, A. Stenbock-Fermor, Toller und W. Wolfradt (Aug.-Heft 1932). Neue Versuche zu antifaschistischen Bündnissen blieben immer noch dadurch behindert, daß die Sozialfaschismus-These nicht aufgegeben wurde, Becher sprach noch im Maiheft 1932 vom »Kampf gegen den Faschismus in jeder Form (gegen Hitler- und Sozialfaschismus)«, und auch die sektiererischen Polemiken gegen bürgerliche und linksbürgerliche Intellektuelle wurden fortgeführt, bzw. sie flammten neu auf. Im Jahrgang 1932 gab es bis zum letzten Heft u. a. schärfste Angriffe auf H. Mann, I. Keun, G. Hauptmann, G. von Wangenheim, K. Hiller, F. Hilpert und C. von Ossietzky.

Die Publikation literarischer Texte, ca. 10 % der Gesamtbeiträge, orientierte sich gleichfalls an literaturpolitischen und propagandistischen Funktionen. Selbst bereits zu der Zeit bekannte sozialistische Autoren wie Becher, Renn, Grünberg, Marchwitza, Neukrantz veröffentlichten in der Zeitschrift kaum literarische, sondern in der Hauptsache politische und polemische Texte. Die Masse der veröffentlichten literarischen Texte stammte von Autoren des BPRS, darunter viele, deren Namen heute weithin unbekannt sind. An ausländischen Autoren waren amerikanische, einige ungarische und nur zwei sowjetische (M. Kolzow, L. Laicens) vertreten. Vom Genre her wurden, auch hier die deutliche Dominanz politischer Instru-

mentalisierung, das politisch-operative Gedicht (W. Bauer, E. Ginkel, B. Waterstradt, Weinert, M. Zimmering), die Sozialreportage (Renn, Dos Passos, Kisch, Balk, A. Seghers, P. Brand) und die polemische Glosse (vor allem von Slang, Neukrantz, Gábor, Günther, L. Kaufmann, A. Durus, K. Grünberg, Balk) bevorzugt. Eine produktive Funktion hat die L bei der Förderung und Entwicklung literarischer Talente aus der Arbeiterklasse wahrgenommen. Neben der Publikation von jungen sozialistischen Autoren (K. Huhn, R. Braune, K. Grünberg, P. Körner-Schrader, Marchwitza, W. Tkaczyk u. a.) veranstaltete sie 1931/1932 ein Preisausschreiben um die besten proletarisch-revolutionären Arbeiten auf den Gebieten des Romans, des Theaterstücks, der Erzählung, der Reportage, des Gedichts und der Kurzerzählung. Zu den Preisträgern zählten neue Namen: H. Weiss, Zimmering, A. Bagga, F. Janiczek, H. Schatte, E. Grosser, P. Kast u. a.

Mit der vom Charkower Kongreß ausgehenden Umorientierung auf literarischen Masseneinfluß nahm die L ab Jahrgang 1931 auch stärker literaturpropagandistische Funktionen wahr. Das zeigte sich zunächst in der größeren Rolle, die die Literaturkritik in der Zeitschrift spielte (insgesamt wurden über 100 Literaturkritiken, vor allem von Günther, Gábor, Kersten, B. Lask, Kaufmann, Biha, veröffentlicht), aber auch in der Eröffnung solcher Rubriken wie »Bibliographien für Arbeiterleser« und »Zeitschriften des Monats«, in Buchempfehlungen und Literatursammlungen, im Abdruck von Schulungs- und Lehrbriefen für die theoretische Diskussion. Durchgängig druckte die L auch Texte oder Zitate der Klassiker des Marxismus-Leninismus mit Aussagen zur Literatur und Kunst, um ihre literaturpolitischen Zielstellungen zu fundieren und zu bekräftigen.

Ausg.: Die Linkskurve (unveränderter Ndr.), Glashütten im Taunus 1970; Die Linkskurve (unveränderter Ndr.), Frankfurt a.M. 1971. (= Reihe Bücherei des Marxismus-Leninismus, Bd. 8–11). – *Lit.:* Die Linkskurve. Berlin 1929–1932. Bibl. einer Zeitschrift (darin sämtliche Daten, einschließlich Sekundärliteratur zur L), Berlin und Weimar 1980 (= Analytische Bibliographien deutschsprachiger Zeitschriften, hg. von der AdK, Bd. 7); Helga Gallas: Marxistische Literaturtheorie. Kontroversen im Bund proletarisch-revolutionärer Schriftsteller, Neuwied/Berlin 1971; Ilja Seifert: Vom Leben dreier Zeitschriften. Arbeiter-Literatur (1924), Die Neue Bücherschau (1919–1929), Die Linkskurve (1929–1932), Diss., Berlin 1980; G. Friedrich: Proletarische Literatur und politische Organisation: Die Literaturpolitik der KPD in der Weimarer Republik und die proletarisch-revolutionäre Literatur, Frankfurt a.M./Berlin 1981; Ch. M Hein: Der »Bund proletarisch-revolutionärer Schriftsteller Deutschlands«. Biographie eines kulturpolitischen Experiments in der Weimarer Republik, Hamburg 1991 (= Arbeiterkultur und Arbeiterbewegung, Bd. 25).

Dieter Kliche

Lorbeer, Hans

Geb. 15. 8. 1901 in Kleinwittenberg; gest. 7. 9. 1973 in Wittenberg

Als uneheliches Kind bei proletarischen Pflegeeltern aufgewachsen; nach Schulentlassung 1915 Hilfsarbeiter, Klempnerlehrling, Hilfsarbeiter in verschiedenen Chemiebetrieben. Unter dem Einfluß der Novemberrevolution 1919 Eintritt in die Freie Sozialistische Jugend, den KJVD, und 1921 in die KPD. 1925 wegen politischer Agitation im Betrieb entlassen, bis 1933 arbeitslos, geriet in schwerste wirtschaftliche Not. Erste appellhafte politische Gedichte entstanden ab 1919; ab 1922 veröffentlichte er vor allem in Zeitschriften der »Naturfreunde«. Erster Gedichtband: *Gedichte eines jungen Arbeiters* (Halle 1925), erster Prosaband: *Wacht auf!* (Berlin 1928). Ab 1926 schrieb L. literarische Reportagen und Kurzgeschichten für die Hallesche KPD-Tageszeitung »Klassenkampf« und die RF, die andere Arbeiterzeitungen nachdruckten. Dadurch zählte L. in den Jahren 1927/31 neben E. Weinert und J. R. Becher zu den am häufigsten publizierten proletarisch-revolutionären Autoren. Seine Texte erschienen auch in sowjetischen Zeitschriften. L., seit 1927 mit Becher befreundet, unternahm mit ihm 1928 eine Reise in die Schweiz, wurde im gleichen Jahr Mitbegründer des BPRS und fuhr mit der ersten Delegation des Bundes in die Sowjetunion. Um 1930 geriet er aus Opposition gegen die sektiererische Politik der KPD gegenüber den Gewerkschaften in Konflikte mit der Partei und wurde 1931 ausgeschlossen; der Ausschluß wurde nach 1945 annulliert. Wegen antifaschistischer Widerstandsarbeit 1933/34 im Konzentrationslager Lichtenburg, 1937/39 in den Zuchthäusern Brandenburg und Bayreuth sowie in einem Moorlager an der holländischen Grenze inhaftiert. Dann Hilfsarbeiter unter Gestapo-Aufsicht. 1945/50 Bürgermeister, danach freischaffender Schriftsteller.

L. schrieb von Anfang an mit der Absicht literarischer Gestaltung und unterschied sich darin von anderen proletarischen Autoren, die als Arbeiterkorrespondenten mit journalistischen Beiträgen begannen. Schon in frühen Gedichten prägten sich unterschiedliche Haltungen aus; neben Natur- und naturbezogener Liebeslyrik, die er kaum veröffentlichte, entstanden sozialkritische und revolutionäre Gedichte, die sich inhaltlich und formal deutlich unterscheiden: in aggressivem politischen und sprachlichen Gestus gehaltene Aufrufe zur Abrechnung mit Unterdrückern und Peinigern; ergreifende Bilder vom sozialen und menschlichen Elend im Alltag der Ärmsten; ruhig argumentierende, für revolutionäres Bewußtsein werbende Verse; schließlich Gedichte, in denen äußere Bedingungen und psychische Folgen der entfremdeten Fabrikarbeit an konkreten Vorgängen und menschlichen Verhaltensweisen geschildert werden. Zwei Gestaltungsprinzipien sind für L. be-

Hans Lorbeer

zeichnend: die häufige Verwendung von Naturbildern und -attributen auch in politischen Gedichten als Sinnträger menschlicher Lebenswerte und zur Veranschaulichung des Kontrastes von Ideal und gesellschaftlicher Realität, sowie die Genauigkeit im Beobachten und Schildern sozialer Verhältnisse. Diese Genauigkeit und der revolutionäre Wahrheitsgehalt bei der Darstellung einzelner Entwicklungsstufen der Arbeiterbewegung in individuellen Gestalten und Schicksalen charakterisieren auch seine Prosatexte (Erlebnisberichte, skizzenhafte Reportagen, Kurzgeschichten, knappe Erzählungen), mit denen L. eine neue Qualität im Gestalten proletarischen Alltags und Arbeitslebens erreichte. Seine Stoffe waren die Arbeitsbedingungen in der chemischen Großindustrie, die Widerstands-, Streik- und Solidaritätsaktionen klassenbewußter Arbeiter, die elenden Lebensumstände der Ärmsten, Ausgesperrten und Alten. In dem Roman *Ein Mensch wird geprügelt* (ersch. 1930 in russischer Sprache, deutsch u. d. T. *Der Spinner,* Halle 1959) stellte L. erstmals in der deutschen Literatur einen proletarischen Einzelhelden in seinem Werdegang ins Zentrum der Handlung. Er führte ihn durch desillusionierende Erfahrungen auf einem Entwicklungsweg bis zu dem Punkte, an dem die literarischen Darstellungen Bredels u. a. einsetzten: der Bewährung im Klassenkampf. Politisch-literarische Operativität hatten seine revolutionären Stücke für Sprechchöre (*Liebknecht, Luxemburg, Lenin*, Berlin 1927), Szenenfolgen (*Märzkämpfe in Mitteldeutschland*, 1929), seine Agit-Prop-Truppen Texte (*Phosphor*, 1928; 1931 auch ins Russische übers.), u. a. für das Rote Sprachrohr, ein revolutionäres Oratorium (*Panzerkreuzer Potemkin*, Düsseldorf 1929). Als letzte Publikation vor 1933 erschien unter dem Ps. »Peter im Exil« in der Ztg. »Arbeiterpolitik« die Folge *Dichterköpfe*, 15 literarische Porträts von mit dem Proletariat verbundenen Autoren, u. a. M. Barthel, K. Bröger, H. Lersch, E. Mühsam und Becher.

1933/45 konnte L. nichts veröffentlichen. Seine während dieser Zeit geschriebenen Gedichte (*Die Gitterharfe*) erschienen 1948 in Berlin, eine Erzählung über die Söldnerideologie deutscher Soldaten (*Die Legende vom Soldaten Daniel*) kam 1948 in Rudolstadt heraus. Spätere Lyrik und Prosa galt den ersten Schritten in die für viele noch ungewisse Zukunft sowie den neuen Aufgaben und Konflikten bei der gesellschaftlichen Umgestaltung in der DDR (u. a. in dem Roman *Die Sieben ist eine gute Zahl*, Halle 1953). In dem beeindruckenden Spätwerk, der Romantrilogie *Die Rebellen von Wittenberg* (*Das Fegefeuer*, Halle 1956, *Der Widerruf*, Halle 1959 und *Die Obrigkeit*, Halle 1963) gestaltet L. als erster sozialistischer deutscher Autor die Reformation des 16. Jh.s als Beginn der revolutionären Traditionen des deutschen Volkes.

Ausg.: Werke, Halle 1970 ff. - *Lit.:* Beiträge, Bd. 3; D. Heinemann: Wir wollen uns und alles, alles haben. Der Weg H. Lorbeers zum proletarisch-revolutionären Dichter, Halle 1977.

Dieter Heinemann

Lübeck, Carl

geb. 1843; gest. 1890

1871 Redakteur der Wochenschrift »Der deutsche Demokrat« in Kaiserslautern/München, in der er sich gegen die Annexion von Elsaß-Lothringen wandte und die Pariser Kommune verteidigte; ab Okt. 1871 Mitherausgeber der Berliner »Demokratischen Zeitung«, Organ der radikalen Demokraten um J. Jacoby, die den Eisenachern nahestanden; emigrierte 1872 in die Schweiz, um sich mehrerer Haftstrafen wegen Preßvergehens zu entziehen; Mitglied der sozialdemokratischen Partei in der Schweiz; freundschaftlicher Kontakt zu R. Luxemburg; schrieb weiter für deutsche bürgerliche und sozialdemokratische Zeitungen (u. a. »Frankfurter Zeitung«, »Volksstaat-Erzähler«, »Neue Welt«) Prosa, Berichte und kulturhistorische Abhandlungen.

Wie R. Schweichel gehörte L. zu den wenigen bürgerlich-demokratischen Prosaisten, die in den 70er Jahren Erzählungen für sozialdemokratische Organe verfaßten. Als Hauptwerk gilt die Erzählung *Der Faden der Ariadne* (in: »Volksstaat-Erzähler«, 1874/75), deren abenteuerreiche Handlung Erlebnisse und Wandlungen von Figuren unterschiedlicher Herkunft und Generation im Deutsch-Französischen Krieg verknüpft. Den Höhepunkt bildet die lebendige Schilderung der Kämpfe um die Pariser Kommune als Verheißung einer zukünftigen revolutionären Befreiung. In der historischen Erzählung *Goldene und eiserne Ketten* (in: »Neue Welt«, 1876) thematisiert L. mit dem Aufstand schlesischer Weber und kleiner Bauern gegen die Fabrikanten und Gutsbesitzer 1844 ebenfalls den sozialen Emanzipationskampf. Die Schicksale bürgerlich-demokratischer Revolutionäre verfolgt die Erzählung *Die Vaterlandslosen* (in: »Braunschweiger Volksfreund«, 1874), deren Handlung einen Bogen vom polnischen Aufstand gegen die zaristische Fremdherrschaft 1830 bis zu den Kämpfen in Baden 1849 spannt. L.s Revolutionserzählungen stehen in Stil und Struktur typischen Abenteuerromanen der zeitgenössischen Feuilletonliteratur nahe. Verschlungene, aktionsreiche Handlungsabläufe sind für die Veröffentlichung in Fortsetzungen konzipiert. Die Figurenkonstellationen kontrastieren jeweils moralisch überlegene, charakterstarke demokratische Volkshelden mit skrupellosen, habgierigen, moralisch verkommenen und machtbesessenen Unterdrückern und deren Handlangern. Nicht die Einsicht in soziale Widersprüche, sondern moralische Motive treiben die Helden in ihren Kampf um eine von sozialer Not befreite Welt. Vor allem in der Weber-Erzählung und den spannungsärmeren Gegenwartsgeschichten aus dem Arbeiterleben (u. a. *Der Arme darf nicht weinen*, in: »Neue Welt«, 1876) erscheint die Unmoral der Herrschenden als Ursache für die Verzweiflung des leidenden und den berechtigten Aufruhr des kämpfenden Proletariats.

W. W.: Im Dämmerlicht, in: »Braunschweiger Volksfreund«, Braunschweig 1873; Das verlorene Kind, in: Arbeiterkalender, Wien 1880; An der Wiege des Christentums, in: »Neue Welt«, 1880; Familie und Gesellschaft, in: »Neue Welt«, 1881; Die russischen Juden in den Gegenden schlimmster Judenhetze, in: »Neue Welt«, 1883. - *Lit.:* E. Bernstein: Sozialdemokratische Lehrjahre, Berlin 1928; F. Oelßner: Rosa Luxemburg, Berlin 1951.

Tanja Bürgel

Lüchow, Johann Christian

Geb. 12. 1. 1820 in Amelinghausen bei Hannover; gest. unbekannt (zuletzt nachweisbar 1854 in Berlin)

Sohn eines Schneidermeisters; erlernte das Schneiderhandwerk; in Paris Mitglied des Bundes der Gerechten; in 40er Jahren aktiv im Hamburger Bildungsverein für Arbeiter und Mitarbeiter an der von G. Schirges geleiteten Arbeiter-Zs. »Die Werkstatt«; ab Herbst 1846 in Berlin; Kontakte zum sich bildenden BdK; Beginn sozialistischer Agitationstätigkeit vor allem im Kreise seiner Berufsgenossen; Ende März 1848 Mitinitiator des von BdK-Mitgliedern gegründeten Zentral-Arbeiter-Klubs und im Apr. des Zentralkomitees für Arbeiter, zu dessen Kassierer er berufen wurde; Führer im Streik der Berliner Schneidergesellen (16./22. 4. 1848). Nach W. Weitlings Eintreffen in Berlin im Sommer 1848 schloß sich L. diesem an und zog sich vom Zentralkomitee für Arbeiter sowie der Allgemeinen Deutschen Arbeiterverbrüderung zurück. Eine Mitarbeit an Weitlings Zs. »Der Urwähler« ist wahrscheinlich; Anfang Nov. 1848 Eintritt in Weitlings Befreiungsbund. Nach Weitlings Ausweisung im Nov. 1848 blieb L. dessen Verbindungsmann in Berlin. Im Aug. 1849 Mitbegründer einer Schneidergenossenschaft; wegen Veruntreuung von Geldern ausgeschlossen, kam er nach monatelanger Untersuchungshaft im Herbst 1850 vor Gericht, wurde aber freigesprochen. 1850 wieder Kontakte zur Arbeiterverbrüderung und zum BdK. In den 50er Jahren verfiel L. offenbar dem Alkohol und war zeitweilig obdachlos.

L. verfaßte als Beitrag zu der im Berliner Zentralkomitee für Arbeiter geführten Debatte zur Organisation der Arbeit im Mai 1848 eine Flugschrift *Die Organisation der Arbeit und deren Ausführbarkeit* (2 Lieferungen), die als Spiegelbild des ideologischen Niveaus der führenden Köpfe der Berliner Arbeiterbewegung nach der Märzrevolution gelten kann. L. ging von der Einschätzung aus, daß der bisherige Verlauf der Revolution lediglich den Boden bereitet habe, von dem aus die Arbeiter in einem weiteren Schritt ihre Selbstbefreiung angehen müßten. Unter Bezugnahme auf F. Engels *Die Lage der arbeitenden Klasse in England* (Leipzig 1845) warnte L. vor den Folgen ökonomischer und sozialer Diskrepanzen und empfahl die Schaffung von Nationalwerkstätten unter weitgehender Selbstverwaltung der Arbeiter bei Ablieferung der Produkte in ein Nationalmagazin. Als prinzipiellen, langfristigen Lösungsweg sah L. eine durchgehende Organisierung der Arbeiter in Produktivgenossenschaften vor. Bemerkenswert sind beide Teile der Flugschrift auch durch die sie jeweils abschließenden lyrischen Aufrufe. Der 1. Lieferung ist das Gedicht *Das Proletariat* (»Es quillt und keimt von unten auf . . .«) beigefügt, dessen vierzeilige jambische Strophenform den Arbeitstakt von Maschinen zu übertragen versucht. Dieses rhythmisch wuchtige Kampf- und Preislied gehörte zu den meistgedruckten Gedichten in der Arbeiterpresse während der Revolution und blieb durch die Veröffentlichung in zahlreichen Arbeiterliederbüchern bis ins 20. Jh. bekannt. Das aus der 2. Lieferung stammende *Proletarier-Vater-Unser* ist zwar rhythmisch weniger stark ausgeprägt, formuliert aber in Form einer säkularisierten Heilserwartung deutlich L.s gesellschaftsutopische Hoffnung auf ein sozialistisch-egalitäres Gemeinwesen.

Lit.: K. Wernicke: Kommunisten und politische Aktivisten in der Berliner Arbeiterbewegung vor, während und nach der Revolution 1848/49, in: BzG 1968/2.

Kurt Wernicke

Lukács, Georg (d. i. György Szegredi von L., Parteideckname: Blum, Keller)

Geb. 13. 4. 1885 in Budapest; gest. 4. 6. 1971 in Budapest

Wuchs als Sohn eines 1891 geadelten jüdischen Bankiers in einer besonders durch die Mutter (geb. Wertheimer) geprägten familiären Atmosphäre auf, die ihn frühzeitig mit zeitgenössischer Literatur und Kunst vertraut machte. Bereits vor dem Abitur 1902 veröffentlichte er Theaterkritiken. Studierte Jura und Nationalökonomie (Dr. rer. oec. 1906), danach Philosophie, Kunstgeschichte und Literatur (Dr. phil. 1909) an der Budapester Universität. Neben den Schriften W. Diltheys übte vor allem G. Simmels kulturkritischer Antipositivismus einen starken Einfluß auf L. aus. 1904 gehörte er zu den Gründern der Thalia-Bühne in Budapest, die einen wichtigen Beitrag zur Herausbildung einer modernen ungarischen Theaterkultur leistete. L. beteiligte sich als Regisseur und Dramaturg an der Aufführung der Dramen von M. Gorki, H Ibsen, den er 1902 in Oslo besucht hatte, A. Strindberg, A. Tschechow u.a. Seit 1908 Mitarbeiter der Zeitschrift »Nyugat« (Westen), dort veröffentlichte er seine ersten bedeutenden Essays und Vorstudien zur *Entwicklungsgeschichte des modernen Dramas* (2 Bde., Budapest 1911, vollständig deutsch in: Werke, Bd. 15, Neuwied 1981). 1908/09 und 1909/11 studierte er Philosophie in Berlin bei G. Simmel, wo er 1910 in Simmels Kolloquium erstmals mit E. Bloch zusammentraf. Beide verband in den Jahren 1911/1914 eine enge Beziehung des Zusammenlebens und -arbeitens. Noch 1965 schrieb L. an Bloch: »Die Begegnung um 1910 hatte etwas so Vehementes, dass sie mit keiner von anderen Altersgenossen auch nur vergleichbar ist. Wie bald und wie entscheidend die Trennung der Wege eintrat, ändert nichts an diesem Faktum.« (*Ernst Bloch und G. Lukács. Dokumente zum 100. Geburtstag.* Budapest 1982, S. 123.) 1911/12 lebte L. in Florenz und begann einen Briefwechsel mit P. Ernst. 1912 folgte er Bloch nach Heidelberg, wo er im Wechsel mit Budapest 1912/17 wohnte. In Heidelberg studierte L. bei H. Rickert, W. Windelband und E. Lask und lernte St. George und F. Gundolf kennen. Er gehörte zum »Sonntagskreis« (B. Balázs, B. Fogarasi, K. Mannheim, A. Hauser) und war – wie Bloch – Mitglied des Max-Weber-Kreises. 1914/15 beschäftigte sich L. intensiv mit Arbeiten von K. Marx und R. Luxemburg und dem Anarcho-Syndikalismus (E. Szabó, G. Sorel). 1917 kehrte er nach Budapest zurück. Ende 1918 trat er der KP Ungarns bei, wurde 1919 Mitglied des ZK und war während der Räterepublik Volkskommissar für Unterrichtswesen und politischer Kommissar einer Roten Division. Nach dem Sturz der Räterepublik arbeitete er 1919/1929 illegal für die KP Ungarns in Budapest und Wien, war ihr Delegierter auf dem II. und III. Weltkongreß der KI in Moskau (1920, 1921). Der Schwerpunkt seiner theoretischen Arbeit lag in den 20er Jahren auf Problemen, die sich aus der theoretischen und politisch-praktischen Situation der kommunistischen Weltbewegung ergaben (u.a. *Lenin. Studie über den Zusammenhang seiner Gedanken*, Wien 1924; *Moses Hess und die Probleme der idealistischen Ästhetik*, Leipzig 1926). 1930 wurde L. aus Österreich ausgewiesen, emigrierte zunächst nach Moskau und lebte 1931/33 in Berlin. Er gehörte zu den führenden Mitgliedern des BPRS und des SDS und veröffentlichte in der ↗ »Linkskurve« mehrere programmatische Aufsätze, die in die Diskussion um ein neues Funktionsverständnis der proletarisch-revolutionären Literatur eingriffen (*Tendenz oder Parteilichkeit*, 1932, H.6; *Reportage oder Gestaltung*, 1932, H.7/8 u.a.). Im März 1933 emigrierte L. erneut in die UdSSR, wo er Mitarbeiter zahlreicher Zeitschriften (IL, »Literaturnyi Kritik« u.a.) wurde, in denen als Teilabdrucke seine bedeutenden literarhistorischen und ästhetischen Untersuchungen erschienen (u.a. zu F. Schiller, Marx, F. Mehring, F.T. Vischer). 1936 und 1939/40 beteiligte er sich intensiv an Debatten der sowjetischen Literaturwissenschaft, deren Anlaß z.T. seine eigenen Arbeiten waren (*Moskauer Schriften. Zur Literaturtheorie und Literaturpolitik 1934-40*, Darmstadt 1981). Ausgehend von seinem Essay *Größe und Verfall des Expressionismus* (russisch 1933, deutsch in: IL, 1934, H.1) griff er 1938 in die sog. ↗ Expressionismus-Debatte der deutschen Exilschriftsteller ein (*Es geht um den Realismus*, in: »Das Wort«, 1938, H.6). Weiterhin setzte sich L. ausführlich mit der Entwicklungsgeschichte der Philosophie im 19. u. 20.Jh. vor dem Hintergrund der Herausbildung der faschistischen Ideologie auseinander (*Wie ist die faschistische Philosophie in Deutschland entstanden*, e. 1933, BA Budapest 1982; *Nietzsche als Vorläufer der faschistischen Ästhetik*, russisch 1934, deutsch in: IL, 1935, H.8; *Wie ist Deutschland zum Zentrum der reaktionären Ideologie geworden*, e.

Georg Lukács

1941, BA: Budapest 1982). Der Band *Die Zerstörung der Vernunft* (Berlin 1954) ist das Resultat dieser Auseinandersetzung. 1944 kehrte L. nach Budapest zurück, wurde Professor für Ästhetik und Kulturphilosophie und gehörte 1949/56 dem ungarischen Parlament an. 1956 trat L. als Minister für Volksbildung in die Regierung I. Nagy ein. Nach dem Sturz der Regierung Nagy wurde er nach Rumänien verbannt. Er konnte 1957 nach Budapest zurückkehren. Im Zentrum seiner wissenschaftlichen Arbeit stand bis zuletzt die Ausarbeitung seiner *Ästhetik* (in: *Werke*, Bde. 1/2, 1963) und *Ontologie* (ebd., Bde. 13/14. 1984/86). Bis 1956 veröffentlichte L. in den Zsn. »Sinn und Form«, »Aufbau« und »Deutsche Zeitschrift für Philosophie« Texte zu philosophiegeschichtlichen und ästhetischen Themen. 1958 erfolgte auch in der DDR eine öffentlich-kritische Auseinandersetzung mit L. (WB, 1958, SH.), die eine politisch geprägte, weitgehend pauschale Verurteilung seines Gesamtwerks zur Folge hatte (H. Koch [Hg.]: *Georg Lukács und der Revisionismus*, Berlin 1960). Mitte der 60er Jahre begann in der DDR eine sachlich-kritische Neubeschäftigung mit L.' Werk, die sich allerdings auf die literaturtheoretischen Texte seit Beginn der 30er Jahre konzentrierte und das vormarxistische Werk und die Veröffentlichungen der 20er Jahre weitgehend unberücksichtigt ließ (W. Mittenzwei: *Die Brecht-Lukács-Debatte*, in: »Sinn und Form«, 1967, H.1; ders. (Hg.): *Dialog und Kontroverse mit G. Lukács*, Leipzig 1975).

L.' Schriften der Jahre vor 1918/19, *Die Seele und die Formen* (Essays, ungarisch Budapest 1910, deutsch Berlin 1911), *Die Theorie des Romans* (EA in: »Zeitschrift für Ästhetik und allgemeine Kunstwissenschaft«, Bd. 2 bzw. Berlin 1920), *Hei-*

Nahe Moskau 1935: Lilli Becher, Gertrud Lukács, Georg Lukács, J. R. Becher, Hedda Zinner

delberger Ästhetik (EA: Werke. Bd. 17, 1974), zeugen von einem umfassenden Krisenbewußtsein angesichts erfahrener Sinnlosigkeit und Entfremdung in der bürgerlichen Welt und der Suche nach Gemeinschaft und einem möglichen sinnvollen Handeln. L.' antibürgerliche Rebellion fand in einem auch später bewahrten ethischen Rigorismus ihr Zentrum. Seine Auseinandersetzung mit ästhetischen Fragestellungen – u.a. ausgehend von einer bis heute faszinierenden essayistischen Annäherung an F. Schlegel, Novalis, F. Solger und G. W. F. Hegel – bewegte sich in dieser Zeit auf zwei eng miteinander verbundenen Ebenen: Einerseits ging es ihm um eine historisch-soziologische Analyse künstlerischer – insbesondere literarischer – Formen und Prozesse. Andererseits suchte er auf der Grundlage einer eigenständigen Verarbeitung aktueller philosophischer Strömungen (Lebensphilosophie, Neukantianismus, Neuplatonismus) Grundstrukturen einer Kunstphilosophie als Weltanschauung zu entwerfen. Dabei nahm er in seinem *Stefan-George*-Essay von 1908 (in: *Die Seele und die Formen*, a.a.O.) expressionistische Entwicklungen in der Lyrik vorweg. Neben Novalis, S. Kierkegaard und F.M. Dostojewski standen zunehmend die klassische deutsche Philosophie und Literatur im Mittelpunkt von L.' geistiger Entwicklung. Hier sah er ein Welt- und Menschenbild, das für ihn eine weltanschaulich-philosophische Alternative zur erlebten gei-

stigen und praktischen Zerrissenheit der bürgerlichen Welt wurde. In der geschichtsphilosophisch orientierten *Theorie des Romans*, die als Reaktion auf den Ausbruch des I. Weltkriegs entstand, entwirft L. den theoriegeschichtlich nachwirkenden Gedanken: Die Kunst ist im Verhältnis zum Leben immer ein Trotzdem. Das Schaffen künstlerischer Formen gibt sich zu erkennen als die tiefste Bestätigung sozialer Dissonanz. L. entwickelte diesen Ansatz u.a. am Problem der Zeit und leistete damit einen wesentlichen Beitrag zur Ästhetik des modernen Romans. Der Gedanke vom »Trotzdem« lebt in seiner späteren Theorie des »großen Realismus« als ein utopischer Schimmer fort.

Das Buch *Geschichte und Klassenbewußtsein* (Berlin 1923) wie auch die Aufsatzsammlung *Theorie und Ethik* (ungarisch Budapest 1919, deutsch in: Werke, Bd. 2, 1968) sprechen von messianistischer Erwartung der nun anbrechenden Welt des Sozialismus, die L. mit zahlreichen anderen linken Intellektuellen der Zeit teilte. *Geschichte und Klassenbewußtsein* beeinflußte mit seiner von Hegel ausgehenden Marx-Rezeption wichtige philosophische Strömungen (Wissenssoziologie, Frankfurter Schule). Durch L.' Einführung ökonomischer Bestimmungen begann ein neuer Abschnitt in der geschichtlichen Analyse der Antinomien des bürgerlichen Bewußtseins. Daneben zeigt das Buch, wie L. das Humanitätsideal der deutschen Klassik auf spezifische Weise mit dem Marxismus in Verbindung zu bringen suchte. Das Proletariat erscheint als reales Subjekt der Geschichte, dem die Aufgabe zufällt, dieses Ideal in die gesellschaftliche Realität zu überführen. 1928 entwarf L. für den II. Kongreß der KP Ungarns die *Thesen über die politische und wirtschaftliche Lage in Ungarn und die Aufgaben der KPU* (sog. *Blum-Thesen*, Budapest 1956, deutsch in: Werke, Bd. 2, 1968). Sie wurden bei ihrem Erscheinen durch die KP Ungarns und die KI als »rechtsopportunistisch« verurteilt. L. zog die *Thesen* zurück und übte Selbstkritik. Der dort unternommene Versuch einer Vermittlung der bürgerlich demokratischen Traditionen mit der geschichtlichen Bewegung zum Sozialismus muß einerseits im Zusammenhang mit dem Problem der Volksfront vor dem Hintergrund des Faschismus gesehen werden, andererseits wurden die *Thesen* von L. als ein Beitrag zur Herausbildung einer dem Sozialismus gemäßen Demokratiekonzeption begriffen. L. zielte mit seinen in aktuelle politische Debatten eingreifenden theoretischen Arbeiten, zuletzt in dem Band *Demokratisierung heute und morgen* (e. 1968, EA Budapest 1985) auf die historischen Möglichkeiten einer sinnerfüllten Gemeinschaftlichkeit des Menschen, die er vom Sozialismus forderte und erwartete.

Die in der UdSSR entstandenen ästhetisch-literaturgeschichtlichen Arbeiten zur deutschen Klassik, deren philosophischen Gehalt L. auf eine bis dahin kaum gegebene Weise erschloß, und zu H. Heine, G. Büchner und Th. Mann orientierten in ihrer wesentlich historisch-philosophischen Methodologie auf Humanität und Demokratie. Ausgehend von der Leninschen Widerspieglungstheorie und in Verbindung mit historischen Studien (u.a. zu H. de Balzac, L. Tolstoi, W. Scott) hatte L. mit Beginn der 30er Jahre seine Konzeption der poetischen Widerspieglung und des Realismus entworfen, den er als dem Wesen der Kunst gemäß ansah. L.' Realismusbegriff – der von ihm zur ästhetischen Norm erhoben wurde – findet in der deutschen Klassik, vor allem in Goethe, und im Realismus des 19. Jh.s seine Bezugspunkte. Die Gesamtheit der Moderne wertete er als Dekadenz und Formalismus ab. Lediglich die Vertreter der Moderne, die den Traditionen des Realismus im Sinne L.' folgten (Th. Mann, A. Zweig), wurden von dieser Wertung ausgenommen. Die Erhebung des Realismus des 19. Jh.s durch L. zum allein gültigen Maßstab gegenüber den unterschiedlichen Strömungen der Avantgarde und gegenüber einzelnen Vetretern der Moderne (u.a. F. Kafka, J. Joyce) konnte deren künstlerisch-ästhetischen Leistungen und den damit erschlossenen neuen Erfahrungen von einer im Vergleich zum 18. und 19. Jh. veränderten Welt nicht gerecht werden. »Realismus« als ein poetisches Prinzip brachte für L. in der Widerspieglung das unter der Oberfläche der Erscheinungen verborgene Wesen des geschichtlichen Seins zur Dar-

stellung. Als dieser unterstellte Weltsinn für ihn in der gesellschaftlichen Wirklichkeit und ihrer historischen Bewegung nicht mehr sichtbar wurde, erhielt die Kunst immer mehr die Funktion der Sinnbewahrung angesichts der Zerrissenheit der gesellschaftlichen Realität. Dieser Realismusbegriff verbaute L. auch den produktiven Zugang zu den künstlerisch-ästhetischen Konzeptionen linker Intellektueller am Ende der 20er und Beginn der 30er Jahre (B. Brecht, W. Benjamin, H. Eisler, Bloch). Die gegen L.' Ästhetik vorgebrachte Kritik, die bereits in den 30er Jahren einsetzte (durch Brecht, A. Seghers, Bloch), hat wiederholt auf die Grenzen seines Realismusbegriffs sowie seiner Konzeption der poetischen Widerspieglung hingewiesen. Seine späte Ästhetik (*Die Eigenart des Ästhetischen*, in: Werke, Bde. 11, 12, 1963), die in Adornos *Ästhetischer Theorie* ein Gegenmodell findet, ist gleichwohl einer der umfassendsten Versuche dieses Jahrhunderts, die philosophische Dimension von Kunst im historischen und perspektivischen Sinne zu erschließen.

W. W.: Fortschritt und Reaktion in der deutschen Literatur, Berlin 1945; Deutsche Literatur während des Imperialismus, Berlin 1945; Aristokratische und demokratische Weltanschauung, Paris 1947; Der junge Hegel. Über die Beziehungen von Dialektik und Ökonomie, Zürich/Wien 1948; Essays über den Realismus, Berlin 1948; K. Marx und F. Engels als Literaturtheoretiker, Berlin 1948; Thomas Mann, Berlin 1949; Goethe und seine Zeit, Berlin 1950; Deutsche Realisten des 19. Jahrhunderts, Berlin 1951; Beiträge zu einer Geschichte der Ästhetik, Berlin 1954; Der historische Roman, Berlin 1955; Wider den mißverstandenen Realismus, Hamburg 1958; Gespräche mit G. Lukács, Frankfurt a.M. 1967; Kunst und objektive Wahrheit, Leipzig 1977; Gelebtes Denken. Eine Autobiographie im Dialog, Frankfurt a.M. 1981; Briefwechsel 1902–17, Budapest 1982; Über die Besonderheit als Kategorie der Ästhetik, Berlin 1985; Über die Vernunft in der Kultur (Ausgew. Schrn. 1909–69), Leipzig 1985. – *Ausg.:* Werke. Neuwied 1962 ff.; Schriften zur Ideologie und Politik, Neuwied 1967; Politische Aufsätze. 1918–29, 5 Bde., Darmstadt 1975–79; Moskauer Schriften. Zur Literaturtheorie und Literaturpolitik. 1934–40, Darmstadt 1981. – *Lit.:* Bibln. in: Festschrift zum 80. Geburtstag, Neuwied 1965; Magyar filozófiai szemle. 1/2 (1985). – Th. W. Adorno: Erpreßte Versöhnung (1958), in: ders.: Ges. Schriften. Bd. XI, Frankfurt a.M. 1974; P. Ludz: Marxismus und Literatur, in: G. L.: Schriften zur Literatursoziologie, Neuwied 1963; G. Fröschner: Die Herausbildung und Entwicklung der geschichtsphilosophischen Anschauungen von G. Lukács, Diss., Berlin 1965; D. Kettler: Marxismus und Kultur, Neuwied 1967; D. Glowka: G. Lukács im Spiegel der Kritik, Diss., Neuwied 1968; G. Lukács, in: Text+Kritik 39/40 (SH 1973); J. Kammler: Politische Theorie von G. Lukács. Struktur und historischer Praxisbezug bis 1929, Darmstadt 1974; L. Goldmann: Lukács und Heidegger, Darmstadt 1975; I. Herrmann: Die Gedankenwelt von G. Lukács, Budapest 1976; U. Apitzsch: Gesellschaftstheorie und Ästhetik bei G. Lukács bis 1933, Stuttgart 1977; A. Heller (Hg.): Die Seele und das Leben. Studien zum frühen Lukács, Frankfurt a.M. 1977; Lukács, in: Europe 57 (1979) 600; D. Schlenstedt (Ltg.): Literarische Widerspiegelung, Berlin 1981; J. Dürr: Die Expressionismusdebatte. Untersuchungen zum Werk von G. Lukács, Diss., München 1982; M. Dammaschke: Gemeinschaftlichkeit und

Revolution, Diss., Berlin 1982; F. Benseler (Hg.): Revolutionäres Denken, Darmstadt 1984; G. Lukács, K. Mannheim und der Sonntagskreis, Frankfurt a.M. 1985; G. Pasternak: G. Lukács' späte Ästhetik und Literaturtheorie, Frankfurt a.M. 1985; L. Sziklai: G. Lukács und seine Zeit 1930-45, Budapest 1986; D. Pike: Lukács und Brecht, Tübingen 1986; M. Buhr/J. Lukács (Hg.): Geschichtlichkeit und Aktualität. Beiträge zum Werk und Wirken von G. Lukács, Berlin 1987; U. Tietz: Ästhetik und Geschichte. Eine Analyse des Frühwerks von G. Lukács. In: WB, 1989, H. 4.

Jörg Heininger

Luxemburg, Rosa

Geb. 5. 3. 1871 in Zamocz (bei Lublin); ermordet 15. 1. 1919 in Berlin

Rosa Luxemburg mit Kostja Zetkin in Berlin, 1907/08

Wurde in dem von Rußland annektierten Teil Polens geboren, in ihrer relativ wohlhabenden emanzipierten jüdischen Familie sprach man deutsch, russisch und polnisch. Um den Kindern die Ausbildung zu erleichtern, zog die Familie sehr früh nach Warschau. Mit 16 Jahren gehörte L. zum »Proletariat«, einer kleinen Partei revolutionärer Sozialisten. Vor drohender Verhaftung durch die zaristische Polizei emigrierte sie 1889 in die Schweiz, studierte an der Universität Zürich zunächst Naturwissenschaft und Mathematik, dann Ökonomie und Politikwissenschaften. Lernte hier L. Jogiches kennen, dessen Lebensgefährtin sie wurde. Gemeinsam mit ihm, J. Marchlewski und A. J. Warski gab sie die Zeitung »Sprawa Robotnicza« heraus und gründete die sozialdemokratische Partei Polens. Als Korrespondentin der »Sprawa Robotnicza« 1893/1894 in Paris. Ab 1896 veröffentlichte L. in der »Neuen Zeit«. 1897 verteidigte sie ihre Diss. *Die industrielle Entwicklung Polens* (Leipzig 1898) und ließ sich, nachdem sie durch Scheinheirat die preußische Staatsbürgerschaft erworben hatte, in Berlin nieder. 1898 Mitglied der SPD. In der deutschen Sozialdemokratie wurde sie berühmt mit einer Reihe von Artikeln, die 1898 und 1899 in der »Leipziger Volkszeitung« erschienen (*Sozialreform oder Revolution?*, Leipzig 1899), in denen sie sich mit den revisionistischen Theorien E. Bernsteins auseinandersetzte. Bei Ausbruch der russischen Revolution von 1905 kehrte sie nach Warschau zurück, wurde im März 1906 verhaftet. Nach Freilassung auf Kaution analysierte sie in *Massenstreik, Partei und Gewerkschaften* (Hamburg 1906) die Aktionsmethoden der russischen Revolutionäre, die sie der SPD als ein Beispiel empfahl. Deren Führung gab einer ganz anderen Taktik den Vorzug. L. hatte nach 1906/07 kaum Gelegenheit, in der Parteipresse zu publizieren. Daher widmete sie einen Teil ihrer Zeit dem Studium der politischen Ökonomie. Veröffentlichte 1913 *Die Akkumulation des Kapitals. Ein Beitrag zur ökonomischen Erklärung des Imperialismus* (Berlin). Auf die Rezeption dieser Schrift reagierte sie

mit einer *Antikritik* (*Die Akkumulation des Kapitals oder Was die Epigonen aus der Marxschen Theorie gemacht haben*, Leipzig 1921), worin sie die Grenzen der Expansion des Kapitalismus zu bestimmen suchte. Wegen ihrer antimilitaristischen Reden 1914 zu einem Jahr Gefängnis verurteilt. Analysierte hier in der Schrift *Die Krise der Sozialdemokratie {Junius-Broschüre}* (Zürich 1916) die Irrtümer der deutschen Sozialdemokratie und denunzierte den imperialistischen Charakter des I. Weltkrieges. Zur selben Zeit beteiligte sie sich an der Konstituierung der spartakistischen Bewegung und veröffentlichte zahlreiche Artikel in den *Spartakusbriefe(n)*. Die russische Revolution von 1917 begrüßte sie enthusiastisch. Bei aller Bewunderung für die Kühnheit und das Werk der Bolschewiki kritisierte sie bestimmte ihrer Entscheidungen in einem unvollendeten Manuskript, das erst postum veröffentlicht wurde (*Zur russischen Revolution*, GW, 4, S.332-373). Am 8. Nov. 1918 aus dem Breslauer Gefängnis entlassen, übernahm sie in Berlin die Redaktion der RF, des Organs der Spartakisten, worin sie vehement die Politik der Mehrheitssozialisten kritisierte. Im Dez. brach sie mit der USPD, zu der die Spartakisten seit 1917 gehörten. Auf der Gründungskonferenz der KPD (30. Dez.1918/1. Jan. 1919) gelang es ihr nicht, die Delegierten zur Teilnahme an der Wahl zur verfassunggebenden Versammlung und zur Mitarbeit in den reformistischen Gewerkschaften zu bewegen. Der Kongreß nahm aber das von ihr ausgearbeitete und vorgeschlagene Programm an. Während der Berliner Blutwoche wurde sie mit

K. Liebknecht von den konterrevolutionären Truppen verhaftet und erschossen.

Obwohl sie sich der von W. I. Lenin formulierten Parteikonzeption widersetzte (*Organisationsfragen der russischen Sozialdemokratie*, in: »Neue Zeit«, 1904/1905, Nr. 42, 43) und die Notwendigkeit der Demokratie innerhalb der revolutionären Partei betonte, ist sie nicht die Anti-Leninistin, zu der sie eine ganze Literatur hat machen wollen. Als Kritikerin einiger Entscheidungen Lenins und L. Trotzkis hat sie keineswegs eine Alternative zur Generallinie der Bolschewiki vorgeschlagen. In der deutschen Sozialdemokratie gehörte L. zweifellos zu den Persönlichkeiten, die die gründlichsten Kenntnisse des Werkes von F. Lassalle, K. Marx und F. Engels besaßen, sie zögerte aber nicht, bestimmte ökonomische Schlußfolgerungen von Marx in Frage zu stellen. Bei L.s Beziehungen zur Literatur sind zwei Bereiche zu unterscheiden: ihre literarischen (und künstlerischen) Theorien und ihr eigenes literarisches Werk, ihre Fähigkeiten als Journalistin, Polemikerin und Schriftstellerin. L. hat ihren künstlerischen Auffassungen nie eine systematische Form gegeben. Ihre literarischen Urteile sind zu finden in ihren Artikeln (z.B. in den drei L. Tolstoi gewidmeten), in der Einleitung der von ihr übersetzten *Geschichte meines Zeitgenossen* (Berlin 1919) von W. Korolenko sowie in ihrer umfangreichen Korrespondenz. L. hatte eine breite Kenntnis der Weltliteratur, konnte die Werke deutscher, russischer, polnischer und französischer Schriftsteller im Original lesen und interessierte sich gleichermaßen für zeitgenössische wie für klassische Literatur. Sie hat dazu beigetragen, dem deutschen Publikum die russische und polnische Literatur besser bekannt zu machen. Sie hat Kampflieder der polnischen Arbeiterbewegung, darunter die *Warschawjanka*, ins Deutsche übersetzt. L. besaß eine umfangreiche musikalische und künstlerische Kultur (vor allem auf dem Gebiet der Malerei). »Musik ... Malerei wie Literatur« waren ihr »Lebensluft« (GB, 5, S. 327). Wenn sie bemerkt, die Größe Tolstois entstehe aus der Tatsache, daß sein Werk »die ganze soziale Geschichte eines Jahrhunderts« spiegelt und wenn sie als Verdienst der russischen Literatur ihre »soziale Verantwortlichkeit« benennt, lehnt sie die Tendenzliteratur ab. »Im Roman schaue ich nicht nach der Tendenz, sondern nach künstlerischem Wert.« (GB, 5, S. 179) Beim wahren Künstler sei das soziale Rezept, das er empfiehlt, Nebensache, »die Quelle seiner Kunst, ihr belebender Geist, nicht das Ziel, das er sich bewußt steckt, ist das Ausschlaggebende.« (GW, 4, S. 307) L. streift damit eine (damals) moderne Idee, daß nämlich das Kunstwerk an den Gefühlen und Überzeugungen teilhat, die tief im Unbewußten des Schriftstellers verwurzelt sind. Man kann aber aus L.s Reflexionen über den Wert künstlerischer Werke keine ästhetische Theorie ableiten. Sie ist sensibel für die Form eines Gedichts oder eines Romans, selbst wenn es

scheint, als würde sie sich vorrangig für den Inhalt eines Werkes interessieren. In Goethes Gedichten schätzt sie »die Musik der Worte« (GB, 5, S. 280). Und wenn sie auch die Einfachheit klassischer Werke bevorzugt, hat sie ein Empfinden für die Kunst St. Georges, dessen Gedichte sie schön findet. Ihre entsprechenden Urteile sind »naiv« in dem Sinne, daß sie sich auf ihre unmittelbaren Eindrücke als Leserin verläßt und für gelehrte Kommentare und Erklärungen wenig übrig hat. Ihre bevorzugten klassischen Autoren sind Goethe und vor allem Mörike. Sie hat auch die Naturalisten gelesen und erbat im Gefängnis ein Buch von Th. Mann. Ihre Urteile können auch unterschiedlich sein, so schreibt sie über R. Rollands *Jean Christophe*: » ... mehr Pamphlet als Roman, kein eigentliches Kunstwerk«, und wenige Monate später urteilt sie über denselben Autor, daß sie ihn lieben lernt und vorschlägt, »ihn (nach dem Kriege) nach Deutschland einzuladen.« (GB, 5, S. 298, 342) Ein Mittel des Klassenkampfes war die Kunst für L. nicht. Soziale Wirkung sei nicht das erste Ziel der Kunst, die dazu tendiere, das »Allmenschliche« auszudrücken. Sie teilte die Meinung F. Mehrings, solange das Proletariat eine unterdrückte Klasse sei, könne es keine eigene Kultur hervorbringen. Seine »Kulturmission« bestünde vielmehr darin, »die Wiedergabe der gesamten menschlichen Kultur an die menschliche Gesamtheit« (GW, 1/2, S. 402) zu sichern. Die literarische Bedeutung des Werkes von L. besteht jedoch nicht in den verstreuten Urteilen über Literatur, sondern in ihrem oeuvre. Wegen ihrer sprachlichen Ausdruckskraft, wegen ihrer Schreibweise – bisher kaum untersucht – ist L. eine begabte Schriftstellerin. Sie ist auch eine der bedeutendsten Journalistinnen, die es je in Deutschland gegeben hat und ohne Zweifel die glänzendste sozialistische Journalistin Anfang des 20. Jh. s. Ihre Texte spannen die Aufmerksamkeit des Lesers durch knappe, überraschende Eröffnungen, halten ihn in Atem durch eine breite Skala von rhetorischen Figuren (Allegorien, Metaphern, Parabeln), die sie zum genaueren Verständnis konkreter Sachverhalte oder eines Begriffs und als Denkanstöße einsetzt. Sie schließt ihre Artikel oft mit einer resümierenden Sentenz, einer Pointe, die Lachen oder amüsiertes Staunen beim Leser hervorruft, ihn nicht überrumpelt, sondern zum Weiterdenken anregt. Es kommt ihr darauf an, das Gewöhnliche nicht als das Dauernde, Ewige darzustellen. L.s Stil zeichnet sich aus durch Einfachheit und Eindringlichkeit, originelle Wortwahl (vgl. z.B. GW, 1/1, S. 777; 1/2, S. 400), Verwendung von Sprichworten und literarischer Zitate, meistens aus klassischen Werken, öfter aus Goethes »Faust«. Es sei hier auf zwei Artikel exemplarisch hingewiesen, *Im Asyl* (in: »Die Gleichheit«, 1912, H. 8), *Die Ordnung herrscht in Berlin* (in: RF vom 14. 1. 1919), in denen beinahe alle Kunstmittel ihrer Prosa zu finden sind. L. war eine ebenso gefürchtete wie angefeindete Polemikerin.

Man hat sie mit K. Kraus verglichen. Es machte ihr solchen Spaß, ihre Gegner lächerlich zu machen, daß sie über der polemischen Lust zuweilen den Gegenstand aus dem Blick zu verlieren scheint. Sie benutzt häufig Bilder, die sie einem absurd anmutenden Denkstil integriert. (GW, 1/2, S. 356; 4, S. 112, 423). Sie versetzt die Formeln und Argumente ihrer Gegner in andere Zusammenhänge, um deren Absurdität und das Gefährliche deutlich werden zu lassen. Manche ihrer Polemiken sind regelrechte Inszenierungen, die die Schwächen oder Ausflüchte eines Gegners bloßstellen. So wird z.B. O. Bauer wie ein Taschenspieler präsentiert, der ein Kaninchen aus dem Zylinder zaubert. »Und Bauer fügt, zum Publikum gewendet, mit leichtem Lächeln hinzu: voilà!« (GW, 5, 465) Die Schreibweise der Journalistin und Polemikerin hat ihre Entsprechung auch bei der Rednerin L. Ihr Talent ist auch hier kein sich selbst genügendes. Es steht immer im Dienst einer Ideologie: der Verteidigung und Erläuterung des revolutionären Sozialismus, der von Bourgeoisie und sozialdemokratischen Führern zugleich bekämpft wurde. Adressat sind die Volksmassen und die der Sache des Sozialismus verbundenen Intellektuellen. L. hat weder ein Gedicht, noch eine Erzählung oder einen Roman geschrieben. Manche ihrer Briefe aber enthalten beachtliche Beschreibungen, die teils wie Bilder, teils wie dramatische Szenen konstruiert sind. Verwiesen sei auf ihre Beschreibung einer korsischen (GB, 5, S. 160) oder einer schweizerischen Landschaft (in einem Brief an H. Diefenbach GB, 5, S. 188/189), aber auch auf imaginäre Szenen, ausgehend z.B. von Geräuschen, die sie in der Gefängniszelle wahrnimmt (GB, 5, S. 268f.), vor allem aber auf die immer wieder zitierte Büffelszene (GB, 5, S. 349/350). In diesen Texten drückt sich mit feiner Sensibilität für das Elend der Menschen ein innerliches Gefühl des Verwachsenseins mit der Natur aus. Vielleicht kommt die Meisterschaft L.s am besten auf den ersten Seiten des 1915 im Gefängnis geschriebenen Textes *Die Krise der Sozialdemokratie* zum Ausdruck. Besonders deutlich wird hier die Kunst der Konstruktion (Eröffnung, Nennung des Themas, Gegenüberstellung zweier Teile, Finale) und der Wortwahl (durch die der Enthusiasmus der Berliner Menge im August 1914 und im zweiten Kriegsjahr die Erschlaffung, Traurigkeit und Verzweiflung gekennzeichnet werden). Wenn bis heute das literarische Talent L.s nicht anerkannt worden ist, wenn ihre Texte weder in die Schullesebücher noch in Anthologien aufgenommen wurden, so hat das sicher eher politische Motive als literarische Gründe.

Ausg.: R. Luxemburg Listy do Leona Jogichesa-Tyszki, Hg. Feliks Tych, 3 Bde., Warschau 1968/71; Ges. Werke, 5 Bde., hg. vom IML, Berlin 1970/75 (GW); Ges. Briefe, 5 Bde., hg. vom IML, Berlin 1982/1984 (GB), 6. Bd. hg. von A. Laschitza, Berlin 1993; Schriften über Kunst und Literatur. Hg. und Nachw. M.M. Korallow, Dresden 1972; Ich umarme Sie in großer Sehnsucht. Briefe aus dem Gefängnis 1915/1918, Berlin/Bonn 1980; Herzlichst ihre Rosa. Ausgew. Br., Hg. A. Laschitza/G. Adler, Berlin 1989. - *Lit.:* P. Fröhlich: R. Luxemburg. Gedanke und Tat, Paris 1939; J. P. Nettl: R. Luxemburg, Köln/Berlin 1967; A. Laschitza/G. Radczun: R. Luxemburg. Ihr Wirken in der deutschen Arbeiterbewegung, Berlin 1971; G. Badia: R. Luxemburg journaliste, polémiste, révolutionnaire, Paris 1975; D. Schiller: R. Luxemburg, in: Positionsbestimmungen, Leipzig 1977; R. Luxemburg aujourd'hui, Université Paris VIII, 1986; M. Nishikawa: R. Luxemburg. Bibliographie ihrer Schriften und der Literatur über sie. 1945/1987, in: Rekishi to Bunka, Nr. 16, Bulletin of the Section of History College of Art and Science, University of Tokyo 1988; Veröffentlichungen von und über K. Liebknecht und R. Luxemburg in der DDR. Bibl., Zus.stellung H. Kögler, Einl. G. Schumacher, Berlin 1988; K. Gietinger: Nachträge betreffend Aufklärung der Umstände, unter denem Frau R. Luxemburg den Tod gefunden hat, in: IWK, 1992, H. 3. - R. Luxemburg in Literatur und Kunst: W. Jens: Die rote Rosa, Fernsehsp. 1966; A. Döblin: November 1918. 4 Bde. Hg. M. Beyer, Berlin 1981; H. Knobloch: Meine liebste Mathilde, Berlin 1985; M. von Trotta: R. Luxemburg, in: Die Bleierne Zeit und andere Filmtexte, Berlin 1988; M. Gallo: R. Luxemburg. Eine Biographie, Zürich 1993.

Gilbert Badia

Lyser, Gustav

Geb. 1841 in Dresden; gest. 1909 in den USA

Sohn des Kunstmalers und Vormärzlers L. Burmeister; Buchdrucker; bis 1873 Redakteur des »Braunschweiger Volksfreundes«, dann der »Chemnitzer Freien Presse«; 1873 wegen eigenmächtiger Einigungsverhandlungen mit den Lassalleanern aus der SDAP ausgeschlossen; wanderte 1874 nach New York aus; wurde Redakteur des dortigen »Sozial-Demokrat«; 1875 aus der nordamerikanischen Sozialdemokratie wegen gewerkschaftsfeindlicher Haltung ausgeschlossen; ab 1875 in Milwaukee Herausgabe verschiedener Ztgn.: »Sozialist«, »Rote Laterne«, »Leuchtkugeln«; arbeitete ab 1878 in Chicago an sozialdemokratischen Blättern mit; ging 1880 wieder nach Milwaukee und zog sich aus der Arbeiterbewegung zurück.

L. gehörte in den 70er Jahren zu den Gründern der ersten satirischen Blätter der deutschen Arbeiterbewegung (»Braunschweiger Leuchtkugeln«, »Chemnitzer Raketen«) und prägte deren Profil wesentlich mit. Er verfaßte eine Vielzahl von Gedichten, satirischen Dialogen, Theaterkritiken und einige Romane für die regionale sozialdemokratische Presse. H. Heine als literarischem Vorbild verpflichtet, zeichnet sich seine häufig aktuelle politische Anlässe aufgreifende Lyrik durch sprachliche Originalität, gekonnten Witz und satirische Schärfe aus. Sein Feuilleton-Roman *Der Musikmeister von Bagdad* (in: »Braunschweiger Volksfreund«, 1873) geht bei der Verwendung von Stil- und Strukturelementen der zeitgenössischen Unterhaltungsprosa weiter als andere sozialdemokratische Prosaautoren (A. Otto-Walster, C. Lübeck). Durch die satirische Überzeichnung der für triviale Romane typischen Handlungselemente (exotisches Milieu, fremde Länder, dramatische Liebeskonflikte) erreicht er eine Persiflage solcher Leseprodukte. Das Milieu, in dem sich die verwickelte Handlung des Fortsetzungsromans abspielt (die Theaterwelt), wird dabei als Beispiel für die Konsequenzen einer Vermarktung im gesamten Kulturbetrieb dargestellt. Unter dem glitzernden Schein legt L. mit Witz und Ironie die brutal durchgesetzten Geldinteressen der Theaterunternehmer und ihrer Agenten auf der einen und die jämmerlich abhängige Situation der Schauspieler und Sänger (»Bühnenproletariat«) auf der anderen Seite bloß.

L. benutzte eine in der sozialdemokratischen Feuilletonliteratur vor 1914 äußerst selten verwendete Form: die Reportage. Er schrieb Reportagen z.B. über seine längeren Agitationsreisen in den Harz, schilderte dabei u.a. die Landschaften, die Lebens- und Arbeitssituation der Forstarbeiter und deren soziale und politische Probleme. Sein kurzes Drama *Kongreß zur Verwirrung der Arbeiterfrage in New York* (Chicago 1878, Nachdr. in: *Textausgaben*, Bd. 24) behandelt offizielle Verhöre wegen sozialer Unruhen anläßlich eines Eisenbahnerstreiks 1877. Es gehört zu den wenigen sozialdemokratischen Stücken, die noch heute lebendig wirken.

Lit.: C. Poore: German-American Socialist Literature 1865–1900, Bern 1982; T. Bürgel: Politische Organisation und literarische Kommunikation, Diss., Berlin 1983.

Carol Poore

Mackay, John Henry (Ps. Sagitta)

Geb. 6. 2. 1864 in Greenock (Schottland); gest. 18. 5. 1933 in Berlin

Seit früher Kindheit in Deutschland. Buchhändler; 1884/86 Studium Literatur- und Kunstgeschichte. Stand in Berlin in Kontakt zur naturalistischen Bewegung des Friedrichshagener Kreises; fand mit seinen frühen sozialkritischen Gedichten *Arma parato fero* (1887) und der mehrmals aufgelegten Lyriksammlung *Sturm* (1888, Reprint Freiburg 1974), die beide Opfer der Sozialistengesetze wurden und deshalb im Zürcher Exil erscheinen mußten, nachhaltige, bis in die Weimarer Republik reichende Resonanz auch in proletarisch-sozialistischen Kreisen. M. war einflußreicher Vertreter des individualistischen Anarchismus, den er seit seiner Entdeckung des damals nahezu vergessenen Linkshegelianers M. Stirner um 1890 in essayistischen und literarischen Werken sowie in seiner Stirner-Biographie (1898, Reprint der 3., überarb. Aufl. Freiburg 1977) und -Edition (1898) unermüdlich verfocht. In seinem Roman *Die Anarchisten* (Zürich

1891, Ndr. Freiburg 1976, Leipzig 1992) entwarf er ein facettenreiches *Kulturgemälde aus dem Ende des XIX. Jahrhunderts* (Untertitel) über Kontroversen zwischen individualistischem und kommunistischem Anarchismus und zwischen Anarchismus und Sozialismus. Mit einer Fortsetzung, dem *Freiheitssucher* (1921, Ndr. Freiburg 1975) suchte M. vergebens, an den Erfolg der *Anarchisten* anzuknüpfen. Sein Stirner-Kult isolierte ihn seit der Jahrhundertwende zunehmend; die späte autobiographische *Abrechnung* (Berlin 1932, Ndr. Freiburg 1976) zeugt von Verbitterung. M.s pseudonyme »Sagitta«-Schriften (*Bücher der namenlosen Liebe*, 2 Bde., 1913/1926, Reprint Berlin 1979) sind bemerkenswerte Beiträge zur Homosexuellenliteratur.

W. W.: Moderne Stoffe (2 Berliner Nn.), Großenhain 1888; Zwischen den Zielen. Prosa, 2 Bde., Berlin 1896–1903; Gesammelte Dichtungen, Zürich/Leipzig 1897; Gedichte, Berlin 1909. – *Ausg.:* Gesammelte Werke, 8 Bde., Berlin 1911; Werke in 1 Band, Hg. L. Kasarnowski, Berlin 1928; John Henry Mackay. Eine Auswahl aus seinem Werk (mit Bibl.), Hg. K. Schwedhelm, Wiesbaden 1980. – *Lit.:* Th. A. Riley: Germany's Poet-Anarchist John Henry Mackay. A Contribution to the History of German Literature at the Turn of the Century. 1880–1920, New York 1972; K. H. Z. Solneman: Der Bahnbrecher John Hery Mackay. Sein Leben und sein Werk, Freiburg 1979; W. Wucherpfennig: John Henry Mackay. Dichter, Anarchist, Homosexueller, in: Jahrbuch des Instituts für deutsche Geschichte 12, 1983; W. Fähnders: Anarchismus und Literatur. Ein vergessenes Kapitel deutscher Literaturgeschichte zwischen 1890 und 1910, Stuttgart 1987; H. Kennedey: Anarchist der Liebe. John Henry Mackay als Sagitta, Berlin 1988.

Walter Fähnders

Malik-Verlag (MV)

Gegründet und geleitet von W. Herzfelde, 1916/17 zunächst Zeitschrift und Verlag »Neue Jugend«, Berlin. Ab März 1917 Malik-Verlag, Berlin. Der Name (hebräisch Melech: Prinz) geht auf eine Romanfigur E. Lasker-Schülers zurück. Literarischer Verlag; seit 1918/19 enge Zusammenarbeit mit der KPD, blieb aber privatwirtschaftlich. Bis 1933 über 350 Buchtitel, Kunstmappen, fünf Zeitschriften. Buchauflagen z.T. bis zu 125 000 Exemplare. 1925 Umwandlung zur Malik-AG, zeitweilige Mitinhaber F. Weil, J. Gumperz, E. Fuchs, finanzielle Unterstützung u.a. durch H. Graf Kessler und durch die KPD. Profilbestimmende Mitarbeiter bis 1933 G. Grosz, J. Heartfield, Gumperz, kurzfristig R. Hausmann, R. Huelsenbeck; Übersetzer: H. Zur Mühlen, F. C. Weiskopf, R. Selke, M. Einstein, M. Tschesno-Hell, E. Boehme; technische Mitarbeiter: M. Buchholz, E. Borchert-Hilgert, A. Eggebrecht, M. Osten u.a. Ab März 1933 bis Ende 1938 Exil-Verlag, Prag, nur pro forma ab Juni 1934 unter englischer Lizenz als Malik-Verlag/Publishing Company, London. Es erschienen die Zs. »Neue Deutsche

Blätter« (1933/35) sowie 40 Buchtitel. Mitarbeiter in Prag:
O. M. Graf, H. Günther, E. Ottwalt, Alex Wedding, G. Herzfelde,
Weiskopf. Nachfolgeunternehmen war 1944/47 der Aurora-
Verlag, New York, eine Gemeinschaftsgründung von Herzfelde,
B. Brecht, E. Bloch, F. Bruckner, A. Döblin, L. Feuchtwanger,
Graf, H. Mann, B. Viertel, E. Waldinger, Weiskopf.

Der Erwerb einer ehemaligen Schülerzeitschrift schuf den
Brüdern Herzfelde und Heartfield die Voraussetzung dafür,
ohne zensierte Anmeldung die Zs. »Neue Jugend« herauszugeben, die rasch Forum von Kriegsgegnern und geistiger Opposition wurde. Sie gehört zu den bedeutenden Zeitschriften des
Expressionismus während des Krieges, u. a. mit Beiträgen von
F. Jung, E. Lasker-Schüler, J. R. Becher, H. M. Davringhausen, L.
Meidner, S. Friedländer und T. Däubler. Wegen Druck »feindlicher Ausländer« (M. Chagall, W. Whitman) und der Anti-
kriegsabende verboten. Leistung der Zeitschrift ist u. a. die
Entdeckung G. Grosz'. Mit der Herausgabe seiner graphisch-
satirischen Arbeiten erweiterte sich die Verlagsproduktion, in
der ersten Hälfte der 20er Jahre prägten Kunstmappen wie
Gott mit uns (Berlin 1920) oder *Das Gesicht der herrschenden Klasse* (Berlin 1921) unverwechselbar das künstlerisch-politische Profil des MV. Zwischen Grosz, Herzfelde und
Heartfield entwickelte sich eine kollektive Zusammenarbeit,
die exemplarisch für die praktizierte Idee eines Gemeinschafts-
verlags war.

Nach Kriegsende schnelle Vergrößerung des Verlags. Durch
Hausmann und Huelsenbeck gewann zunächst der Dadaismus
an Einfluß, der durch den Malik-Kreis eine radikale Politisierung erfuhr. Im Wettlauf mit der Zensur entstanden die
satirischen Zsn. »Jedermann sein eigner Fußball« (1919),
»dada 3« (1920) und ↗ »Die Pleite« (1919/23), bei deren
Gestaltung Heartfield erstmals Elemente der Photomontage
erprobte. Höhepunkt war 1920 die »Erste internationale Dada-
Messe«, deren couragierte Militarismuskritik zu einem der
vielen juristischen Prozesse gegen den MV führte. Weiteres
Periodikum war seit 1919 die urspr. von K. Otten und Gumperz gegründete politische Monatsschrift ↗ »Der Gegner«
(1919/1922). Mit Gumperz, später Mitbegründer der Frankfurter Schule, gewann der MV einen Mitarbeiter, der wichtige
finanzielle Mittel, betriebswirtschaftliche Erfahrungen und vor
allem seine theoretisch-philosophischen Interessen einbrachte.
Ausgehend von den Ideen einer proletarischen Revolution,
entwickelte der Malik-Kreis 1919/21 ein der Kulturpolitik der
KPD gegenüber relativ unabhängiges Kunstkonzept, das auf
eine gemeinsame Kunst- und Gesellschaftserneuerung orientierte und in der ↗ »Kunstlump-Debatte« (1919/20) und in
dem seinerzeit zu wenig beachteten Aufsatz Herzfeldes *Gesellschaft, Künstler und Kommunismus* (1921) auch theoretisch begründet wurde. In der Buchproduktion, die 1921
bereits 23 Titel umfaßte, galt das Engagement zunächst unein-

Titelblatt »Jedermann sein eigner Fussball«

geschränkt allen Neuansätzen und Genres einer zeitgenössischen, fortschrittlichen Literatur, deren Spektrum vom Kinderbuch bis zur Sozialwissenschaft reichte und zwischen 1920/24
in sechs großen, international ausgerichteten Buchreihen präsentiert wurde. In Zusammenarbeit mit E. Piscator, für dessen
politisches Theater der Verlag auch ein eigenes Programmheft
gestaltete, entstand die »Sammlung revolutionärer Bühnenwerke« (1921/22) mit Dramen E. Mühsams, F. Gasbarras und
U. Sinclairs, vor allen aber Jungs und K. A. Wittvogels, die
durch dramatische Darstellung revolutionärer Sujets neue agi-
tative Kunstformen für eine proletarische Massenkultur erprobten. Die Kinderbuchreihe »Die Märchen der Armen«
(1923/24) von H. Zur Mühlen, E. Lewin-Dorsch und M.
Szucsich zeigt eine von anderen vergleichbaren Verlagen
kaum beachtete Editionslinie. In der »Roten Roman Serie«
(1921/24) und der Reihe »Unten und Oben« (1923) kamen
neben der avantgardistischen Prosa Jungs und Dos Passos' mit
Graf und Sinclair auch Vertreter einer realistischen Erzähltradition zu Wort. Sinclair wurde mit einer Werkausgabe
(1922/23) erstmals dem deutschen Leser vorgestellt und
zählte mit seinen Romanen *100%* (1924) und *Petroleum*
(1927) zu den Erfolgsautoren. Mit den Büchern A. Meyen-
bergs und P. Schnurs setzte sich der Verlag, lange vor den
Bemühungen des BPRS, für die proletarische Autobiographie

ein. Da die Durchsetzung junger linker Literatur auf dem Buchmarkt hohe verlegerische Aufmerksamkeit forderte, entwickelte der MV für seine Bücher neue Formen der Präsentation. Innovativ war die publikumsorientierte Buchgestaltung von Heartfield und Grosz, die den Schutzumschlag zum künstlerischen Experimentierfeld der Materialästhetik machten. Geschickt war die Preispolitik, bei der bibliophile Einzelausgaben hochaufgelegte Volksausgaben stützten; ein Prinzip, das bei hervorragender Ausstattung Minimalpreise unter 2 Mark ermöglichte. Für Bücher u.a. L. Lanias und E.J. Gumbels, die wegen ihrer scharfen Sozialkritik und frühen Faschismusauseinandersetzung in Deutschland nicht erscheinen konnten, nutzte der MV seine Filiale in Wien. Auswahlkriterium des MV war, neben politischen und ästhethischen Gesichtspunkten, in erster Linie die soziale, aufklärerische Wirkungskraft eines Textes. Das schloß auch publizistische Literatur ein, die in der »Kleinen revolutionären Bibliothek« (1920/23) erschien. Die Beiträge G. Sinowjews, P. Pascals, Wittfogels, L. Trotzkis, A. Blocks, Herzfeldes, L. Erharts, F. Nansens zur Entwicklung in Rußland bzw. zur Stellung der Kunst in der Revolution waren tages- und kulturpolitisch aktuellen Themen gewidmet, z.T. als Agitationsschriften der IAH. Die Betreuung dieser und der geschichtsphilosophischen Reihe »Wissenschaft und Gesellschaft« (1924) lag bei Gumperz, der auch die Veröffentlichung von G. Lukács' *Geschichte und Klassenbewußtsein* (Berlin 1924) anregte. Als 1924 eine zum Druck vorbereitete erste deutschsprachige Lenin-Ausgabe am Ressentiment der KPD und dem Veto des Moskauer Marx-Engels-Instituts scheiterte, stellte der MV seine Bemühungen auf diesem Gebiet ein.

Um 1924/25 setzte mit dem Jahrbuch *Platz dem Arbeiter* (Berlin 1924) eine Umprofilierung ein, die von einer Rückbesinnung auf die weltweiten Traditionen menschlicher Befreiungskämpfe begleitet war. Bedeutender Beitrag zu einem praxisbezogenen Erbeverständnis war die von der zeitgenössischen Kritik als »Inselbücherei des werktätigen Volkes« bezeichnete »Malik-Bücherei« (1924/26). Neben Liedanthologien aus dem Tschechischen und Französischen waren hier mit A. Guidony, W. Majakowski, A. Marty, E. Leviné, A. Ehrenstein, V. Hugo, W. Figner, G. Herwegh, Sinclair, E. de la Boétie, G. Forster, O. Ameringer, K. Kersten, F. Slang und M. Gorki Autoren aus Geschichte und Gegenwart vereint, die in zumeist volkstümlicher Erzählweise authentisch-autobiographisches Zeugnis von den gesellschaftlichen Umbrüchen ihrer Zeit ablegten. Ausgehend von der Grundidee dieser Verlagsreihe entwickelte sich MV zum profiliertesten deutschen Verlag für Sowjetliteratur, die er in über 35 Titeln in großem Stil auf dem deutschen Buchmarkt zugänglich machte. Meistverlegte Autoren waren I. Babel und S. Tretjakow, vor allem aber, mit eigenen Werkausgaben, I. Ehrenburg und Gorki. Neben der Anthologie *Dreißig Neue Erzähler des neuen Rußland* (Ber-

Aus: »Platz dem Arbeiter«, 1924

lin 1929) wurden Titel von K. Fedin, A. Kollontay, M. Schaginian, L. Sejfullina, I. Grusdew, M. Liebermann veröffentlicht. Ergänzt wurde das Programm durch Rußlandreiseberichte wie Weiskopfs *Zukunft im Rohbau* (Berlin 1932). Größtes, dem Erbe verpflichtetes Projekt war eine Werkausgabe L. Tolstois. Durch die Veröffentlichung der ersten größeren Prosaarbeiten Th. Pliviers, W. Bauers und L. Tureks sowie der Anthologie ↗ *Dreißig Neue Erzähler des neuen Deutschland* (Berlin 1932) unterstützte der MV in diesen Jahren auch den BPRS. Dennoch blieb das kulturpolitisch flexiblere Konzept des MV gegenüber den programmatisch engeren Vorstellungen des BPRS dominierend. So galten die Anstrengungen des MV der Autobiographie des von der Justiz verfolgten Anarchisten M. Hoelz, *Vom weißen Kreuz zur roten Fahne* (Berlin 1929), auch der Pazifist Gumbel fand, wie früher schon, mit der analytisch-literarischen Dokumentation über die Justizverbrechen der Weimarer Republik *Verräter verfallen der Feme!* (Berlin 1929) erneut Zugang zum Verlag; zudem erschienen die bekenntnishaften Reportageromane Ottwalts.

1933 vertrieben und unter schweren finanziellen Bedingungen in Prag neu aufgebaut, wurde der MV 1933/38 zu einem

Sammelpunkt der antifaschistischen literarischen Emigration. Auf Initiative von Herzfelde, H. Günther und Graf entstand die literarisch-kritische Monatsschrift ↗ »Neue Deutsche Blätter« (1933/35), die zu den ersten Exilzeitschriften gehörte und mehr als 40 Autoren unterschiedlicher politischerr Richtungen zur Mitarbeit gewinnen konnte. Mit der Zielstellung, zur Verständigung über Ursachen und Folgen des Faschismus beizutragen, nahm sich der MV des literarischen und publizistischen Schaffens exilierter Autoren wie A. Scharrer, Weiskopf, A. Wedding, Graf, K. Doberer, M. Seydewitz, J. R. Becher, A. Apfel an. Zeugnis der kameradschaftlichen Hilfe für seine Autoren durch Herzfelde, der als Verleger in den 20er Jahren eine der legendären Integrationsfiguren der fortschrittlichen Literaturszene geworden war, ist die Entstehung des »Romans aus einem Konzentrationslager« von W. Bredel, *Die Prüfung* (Prag 1935), der in den Prager Verlagsräumen niedergeschrieben wurde. Wichtiger Autor des MV in dieser Zeit war B. Brecht, für den er eine 1938 bei Band 2 abgebrochene Werkausgabe begann. Im internationalen Programm erschienen A. Smedley, Sinclair, M. Scholochow, M. Iljin, Ehrenburg, P. Jilemnicky, A. Serafimowitsch und der literarische Nachlaß des Rumäniendeutschen S. Hermann. Letzte Publikation vor der Emigration in die USA waren Brechts *Svendborger Gedichte* (London 1939). Versuche, den MV in den USA als Zuflucht für die auf dem amerikanischen Buchmarkt nahezu heimatlose deutsche Exilliteratur fortzuführen, schlugen zunächst fehl. Erst 1944 gelang Herzfelde gemeinsam mit zehn exilierten Autoren die Gründung des Aurora-Verlages. Er sollte nicht nur für den deutschsprachigen Leser in den USA, »sondern ebenso für die geistig ausgehungerten und desorientierten Menschen« in Deutschland einen literarischen Grundstock für die Nachkriegszeit legen. Es erschienen elf ausgewählte Werke des Exilschaffens, u.a. B. Brechts *Furcht und Elend des Dritten Reiches* (New York 1945), E. Blochs *Freiheit und Ordnung* (New York 1946) und A. Seghers' Erzählungsband *Der Ausflug der toten Mädchen* (New York 1946) und als Abschluß der Verlagsproduktion die von H. Mann eingeleitete Anthologie *Morgenröte* (New York 1947), die dichterische Stimmen aus drei Jahrhunderten vereint, einig »in der Verteidigung von Frieden und Recht« (S. 16). 1948 übernahm der Berliner Aufbau-Verlag einen Teil der Buchproduktion unter dem Namen »Aurora-Bücherei« in sein Programm. Unter den kulturpolitischen Bedingungen in der DDR konnte Herzfelde nach seiner Rückkehr aus dem Exil seine verlegerische Tätigkeit nicht fortsetzten.

Lit.: Der Malik-Verlag 1916–1947. Ausstellungskatalog. Verfaßt und zusammengestellt von W. Herzfelde, Berlin und Weimar 1966; W. Herzfelde: Zur Sache, geschrieben und gesprochen zwischen 18 und 80, Berlin und Weimar 1976; Der Malik-Verlag 1916–1947. Chronik eines Verlages, Hg.: J. Hauberg, G. de Siati, T. Ziemke, Kiel 1986; F.

Hermann: Der Malik-Verlag. Eine Bibliographie, Kiel 1989; U. Faure: Im Knotenpunkt des Weltverkehrs. Herzfelde, Heartfield, Grosz und der Malik-Verlag 1916–1947, Berlin, 1992.

Susanne Schulz

Marchwitza, Hans

Geb. 25. 6. 1890 in Scharley bei Beuthen (heute Bytom, Polen); gest. 17. 1. 1965 in Potsdam-Babelsberg

Aufgewachsen im katholischen, deutsch-polnischen Bergarbeitermilieu Oberschlesiens, arbeitete M. vom 14. Lebensjahr an unter Tage, zunächst in seinem Heimatort, seit 1910 im Ruhrgebiet. Als Kriegsfreiwilliger nahm er 1915/18 am I. Weltkrieg teil. Durch Krieg und Novemberrevolution politisiert, trat er 1919 der USPD bei; 1920 kämpfte er in der Roten Ruhr-Armee gegen den Kapp-Putsch und schloß sich der KPD an. Nach einem Streik 1924 entlassen, blieb M., da auf eine schwarze Liste gesetzt, auf Dauer arbeitslos. Er schlug sich als Straßensänger durch und engagierte sich als Organisationsleiter und Abgeordneter der KPD im Gemeinderat von Stoppenberg bei Essen. Seit dieser Zeit begann M., sich schriftstellerisch zu betätigen. Er war Mitglied des BPRS, leitete dessen Ortsgruppe Essen/Ruhrgebiet, bereiste 1929 mit einer Schriftstellerdelegation die Sowjetunion und war 1930/32 (als Nachfolger des abberufenen A. Gábor) zusammen mit J. R. Becher, K. Kläber, E. Weinert und L. Renn Herausgeber von »Die Linkskurve«. 1933 emigrierte M. in die Schweiz. 1934 wegen antifaschistischer Betätigung ausgewiesen, ging er im Auftrag der KPD ins Saargebiet und 1935 nach Frankreich. 1935 Teilnahme am 1. Internationalen Kongreß zur Verteidigung der Kultur in Paris (und 1937 am 2. in Madrid). Nach Beginn des Spanischen Bürgerkrieges kämpfte M. seit Nov. 1936 im Tschapajew-Bataillon der XIII. Internationalen Brigade, nach einer Kriegsverwundung 1937 war er in deren Stab. Berichte über die Brigade und Erzähltexte vor allem über Bauern und Dörfer im Spanienkrieg erschienen in Interbrigadezeitungen bzw. der Exilpresse (»Pariser Tageszeitung« u.a.). Im Apr. 1937 aus Deutschland ausgebürgert, M.s »sämtliche Werke« wurden 1938 in die Liste der verbotenen Bücher aufgenommen. 1938 wieder in Frankreich; zu Beginn des II. Weltkriegs interniert, gelang M. 1941 die Flucht in die USA, wo er in New York als Straßen- und Bauarbeiter seinen Lebensunterhalt verdiente. Mit seiner zweiten Frau Hilde, der Tochter des Psychologen W. Stern, kehrte er 1946 nach Deutschland zurück, zunächst nach Stuttgart, dann 1947 nach Potsdam-Babelsberg, wo er bis zu seinem Tode überwiegend lebte. M. war 1950 Gründungsmitglied der AdK, ging 1950/51 als Kulturattaché nach Prag, 1956 wurde er Stellvertreter

Vorsitzender des DSV. Einen nach ihm benannten Literatur-preis vergab die AdK der DDR.

M. gehört zu jenen Arbeitern, die durch die revolutionäre Parteipresse zum Schreiben kamen; über die elementaren Schwierigkeiten eines schreibenden Arbeiters hat er mehrfach berichtet, so in *Von der ersten Arbeiterkorrespondenz zur ersten Kurzgeschichte* (in: »Die Linkskurve«, 1929, H. 2) und auf eine für ihn charakteristische Weise in der Pariser Rede 1935 *Wir schreiben nur unsere Erfahrungen* (in: »Neue Deutsche Blätter«, 1935, H. 6). An den Theoriedebatten des BPRS hat er, trotz seines Status in der »Linkskurven«-Redak-tion, eher rezeptiven Anteil genommen. – Der arbeitslose Bergmann schrieb Gedichte und Laienspiele und veröffent-lichte seit Mitte der 20er Jahre Arbeiterkorrespondenzen, Pro-saskizzen und Erzählungen im »Ruhr-Echo« (unter der Lei-tung von A. Abusch), später auch in »Bergische Arbeiter-stimme«, RF, »Sozialistische Republik« u.a. Organen der KPD. Als Auftaktband der auf ein Massenpublikum zielenden Reihe »Der Rote 1-Mark-Roman« erschien M.s erstes Buch, *Sturm auf Essen* (Berlin 1930, Neufassung 1952) über die Nieder-schlagung des Kapp-Putsches von 1920 – ein autobiogra-phisch grundiertes Pendant zu K. Grünbergs auf Recherchen beruhender Behandlung desselben Sujets von 1928 (*Bren-nende Ruhr*). Diese auch in der Parteipresse abgedruckte, mit Tatsachenmaterial angereicherte, 1931 verbotene Schilderung der *Kämpfe der Ruhrarbeiter gegen Kapp, Watter und Severing* (Untertitel) verschaffte M. Popularität als Arbeiter-autor der entstehenden proletarisch-revolutionären Literatur, zumal er bereits 1931/32 ins Englische und Russische über-setzt wurde. 1931 folgte, ebenfalls als »Roter 1-Mark-Roman«, *Schlacht vor Kohle*, 1932 in der »Universum-Bücherei für Alle« *Walzwerk. Roman aus dem Duisburger-Hamborner Industriegebiet* (Neufassung: *Treue*, Berlin 1961). Darin be-mühte sich M. um die Ausfaltung des Klassenspektrums über das Proletariat hinaus und um eine ausgeführte epische Fabel, um auf diese Weise und nicht mehr reportagemäßig-doku-mentarisch Politisierungsprozesse der Protagonistin und des kommunistischen Arbeiterhelden zu gestalten und dadurch Identifikationsangebote zu offerieren. In diesen frühen Ro-manen M.s werden thematisch und formal Anspruch und Problematik der BPRS-Literatur deutlich, die das proletarische Leben, insbesondere das politische im Betrieb, sowie das kämpfende Kollektiv und die Entwicklungsprozesse von Hel-denfiguren präsentiert und sich dabei zwischen Reportage-roman und Tatsachenliteratur auf der einen, psychologisieren-der ›Gestaltung‹ von gesellschaftlicher ›Totalität‹ (Lukács) auf der anderen Seite bewegt.

Mit seinem *Kumiak*-Romanzyklus (1934/1959) unternahm M. den groß angelegten Versuch eines epochentypischen Pa-noramas über gesellschaftliche Entwicklungen der Arbeiter-

Hans Marchwitza

klasse im 20. Jh. Der erste Band, *Die Kumiaks*, in der exi-lierten Büchergilde Gutenberg erschienen (Zürich/Wien/Prag 1934, überarb. Berlin 1948), schildert mit deutlich autobio-graphischen Zügen das Leben des gänzlich naiven Land-arbeiters Peter Kumiak, der von Oberschlesien ins Ruhrgebiet übersiedelt; statt im erhofften Gelobten Land findet er sich als Bergarbeiter in den zugespitzten Klassenauseinandersetzungen um 1922 wieder. Dabei gelingt es M., politische Illusionen und Rückständigkeiten, aber auch gesellschaftliche Lernprozesse des Protagonisten zu vermitteln, ohne daß er vordergründig-doktrinäre oder überhaupt positive Identifikationsangebote lie-ferte: die Entwicklung Peter Kumiaks mündet nicht ›klassen-typisch‹ in seine Solidarisierung mit der revolutionären Arbei-terbewegung ein, vielmehr wandert er nach einem gescheiterten Streik mit seiner Familie erneut aus und geht nun nach Holland. Gerade um eine ›klassentypische‹ Orientie-rung geht es M. dann in den nach der Rückkehr aus dem Exil verfaßten Folgebänden, die das Geschehen um die ins Ruhrge-biet zurückgekehrten Kumiaks von den 20er Jahren bis zur faschistischen Machtergreifung (*Die Heimkehr der Kumiaks*, Berlin 1952) und schließlich in die Nachkriegszeit fortführen, wo der aus dem Konzentrationslager entlassene Kumiak als Bauer einen sozialistischen Neuanfang unternimmt (*Die Ku-miaks und ihre Kinder*, Berlin 1959). Eine nur mehr vorder-gründig dargebotene Parteilichkeit mißlingt, weil hier, anders als noch im ersten Band, Widersprüche nicht mehr entfaltet werden, sondern ihre Lösung nur schematisch behauptet wird.

Während des Exils hat M. nur wenige Erzählungen und Gedichte veröffentlicht (*Untergrund* und *Wetterleuchten*, beide 1942 im Selbstverlag, New York). In der DDR bemühte er sich neben der Weiterführung der *Kumiaks* auch um die Thematisierung des sozialistischen Industrieaufbaus. Sein Roman *Roheisen* (Berlin 1955) über den Aufbau eines Eisenhüttenkombinats in der DDR verfällt einer äußerst planen, klischeehaften Realismus-Auffassung.

Insgesamt sind vor allem die früheren Werke M.s, sein autobiographischer Bericht *Meine Jugend* (Berlin 1947) eingeschlossen, und besonders der erste *Kumiak*-Band, wichtige Zeugnisse für proletarische Lebensläufe seit der Jahrhundertwende und für politische und ästhetische Bewußtseinslagen schreibender kommunistischer Arbeiter. Zu seiner Eigenart als Erzähler sagte W. Herzfelde: »... er beschreibt nicht, er formuliert nicht Probleme, er beweist nicht – er macht den Leser einfach zum Miterlebenden. ... Es lag ihm nicht, dem Leser eine schwarze oder rote Brille aufzusetzen. Versuchte er es manchmal doch, denn seine Lehrzeit als Schriftsteller war schwer und lang, und manches vermeintliche Vorbild führte ihn in die Irre – dann tat er es ausgesprochen ungeschickt.« (In: *Kamst zu uns aus dem Schacht. Erinnerungen an Hans Marchwitza*, Berlin 1980, S. 90.) M.s Gesamtschaffen markiert Etappen bei der Entwicklung proletarischer Schriftsteller von der Spätphase der Weimarer Republik über das Exil bis in die DDR, wobei die auch bei anderen Arbeiterautoren wie A. Scharrer oder L. Turek zu bemerkende literarische Stärke gerade in der ästhetisch eher ›offenen‹ Präsentation und Verarbeitung autobiographischen Materials liegt, während die Gestaltung des Aufbaus der DDR und auch der Entwicklung von Arbeiterklasse und Arbeiterbewegung im 20. Jh. eher mißrät.

W. W.: Vor Verdun verlor ich Gott und andere Erzählungen, Berlin 1932; Janek und andere Erzählungen, Charkow/Kiew 1934; Zwei Erzählungen, Moskau 1939; In Frankreich, Potsdam 1949; Mein Anfang (En.), Potsdam 1950; Unter uns. Erzählungen aus älterer und neuerer Zeit, Potsdam 1950; In Amerika, Berlin 1961; Gedichte, Berlin und Weimar 1965. – *Ausg.:* Gesammelte Werke in Einzelausgaben, 9 Bde., Berlin 1957/61. – *Lit.:* G. Caspar: Hans Marchwitza. Dichter der behutsamen Überzeugung, Berlin 1951; J. Bonk: Hans Marchwitza, in: Hans Marchwitza. Otto Gotsche, 2. durchgesehene Aufl., Berlin 1962 (= Schriftsteller der Gegenwart, Bd. 7); W. Ilberg: Hans Marchwitza (Bildb.), Leipzig 1971; Beiträge, Bd. 3; S. Schöberl: Kontinuität und Bruch. Proletarisch-revolutionäre Romane in der Weimarer Republik und Betriebsromane in der DDR-Aufbauphase (u.a. zu »Walzwerk« und »Roheisen«), Frankfurt a.M./Bern/New York 1986.

Walter Fähnders

Märten, Lu (Anna Luise Charlotte) (Ps. Luzifer, Lu., [M.] Lux, Isis, Raa Bonare, Allan [Ludwig] Loeben, Tamas, Wächter)

Geb. 24. 9. 1879 in Berlin; gest. 12. 8. 1970 in Berlin (West)

Tochter eines Eisenbahnbeamten. Autodidaktischer Erwerb umfassender Kenntnisse in Geschichte, Philosophie, Kunst- und Kulturgeschichte. Um 1901 Verbindung zur Bodenreformbewegung und zum Nationalsozialen Verein F. Naumanns. Seit 1902 Artikel in linksbürgerlichen, sozialliberalen und sozialdemokratischen Blättern. 1903 Eintritt in die SPD. 1906/07 Mittelpunkt eines Kreises von Mitarbeitern der Zs. »Die Hilfe« (Th. Heuss, E. Katz u.a.) und der Freisinnigen Vereinigung (R. Breitscheid). In diesem Kontext entstehen *Meine Liedsprachen* (Ge., Berlin-Schöneberg 1906) und der autobiographische Schlüsselroman *Torso. Das Buch eines Kindes* (München/Leipzig 1909). Ihr Einakter *Bergarbeiter* (Stuttgart 1909, Frankfurt a.M. 1924) wird in Köln (1911), in Japan (1928, 1929) und China (1930) aufgeführt. Bis etwa 1910 Arbeit als freie Reporterin; gleichzeitig Lyrik, Prosaskizzen, Märchen, Feuilletons, Kunst- und Literaturkritik. Förderung durch C. Zetkin, Mitarbeit an der »Gleichheit« (1904/09, 1912). Beiträge u.a. in »Die Hilfe« (1902/09), »Arbeiterinnen-Zeitung« (1903/08), den bürgerlich-liberalen Organen »Freiburger Volkszeitung« (1909/10) und »Hannoverscher Courier« (1909/13), der linksbürgerlichen »Frauen-Zukunft« (1910/11) und im von F. Pfemfert redigierten »Der Demokrat« (1910/11). Zwischen 1910 und 1914 entstehen drei umfangreiche kunstsoziologische Arbeiten. In *Die wirtschaftliche Lage der Künstler* (e. 1911, München 1914) geht M. vor allem dem Konflikt zwischen individueller künstlerischer Arbeit und ihrer ökonomischen und gesellschaftlichen Verwertung in der kapitalistischen Gesellschaft nach und fordert gewerkschaftliche Organisation der bildenden Künstler. Den spezifischen Problemen, die sich für die künstlerisch tätige Frau ergeben, ist *Die Künstlerin* (e. 1914, München 1919) gewidmet. Unveröffentlicht blieb *Ästhetik und Arbeiterschaft* (e. 1913/14), wo M. ihr – von der Kulturpolitik der SPD abweichendes – Programm einer Arbeiterkunsterziehung entwickelt. 1917/19 Arbeit in der Russischen Telegraphen-Agentur (ROSTA) in Berlin unter der Leitung von E. Levilné. Publikationen vor allem in der USPD-Ztg. »Die Freiheit«. Mitarbeit in der Genossenschaft sozialistischer Künstler (1919) und in der Deutschen Kunstgemeinschaft (1920). 1919 oder 1920 Eintritt in die KPD. Zahlreiche Beiträge in RF (1920/21, 1925), »Jugend-Internationale« (1920/21), »Arbeiter-Literatur« (1924), Inprekorr (1924), »Die Neue Bücherschau« (1927/28); einzelne Beiträge in Pfemferts »Die Aktion« (1911, 1920, 1927), W. Rillas »Die Erde« (1920), W. Herzfeldes »Der

Gegner« (1921), »Die Arbeit« (1921), »Die neue Erziehung« (1926), »bauhaus« (1929) und »Die Linkskurve« (1931). M. setzte sich für L. Rubiner, G. Kaiser und J. R. Becher, für Dada und das Proletarische Theater E. Piscators und H. Schüllers ein. Auf Grund der Studie *Historisch-Materialistisches über Wesen und Veränderung der Künste* (Berlin 1921, japanisch 1928) wurde M. 1922 vom Russischen Staatsverlag beauftragt, ihre Vorstellungen einer marxistischen Ästhetik ausführlich darzulegen. *Wesen und Veränderung der Formen/Künste. Resultate historisch-materialistischer Untersuchungen* erschien 1924 (Frankfurt a.M.) und 1927 (Wien, Berlin), eine japanische Teilübersetzung 1931; eine russische Ausgabe kam nicht zustande. 1928/30 Beginn der Arbeiten an einer Bibliographie *Schriften zur Geschichte und Theorie des Sozialismus* (unveröff.). Artikel zur Spezifik der Medien Rundfunk und Film erschienen in verschiedenen Zeitschriften. 1929 Vortragsreihe über philosophischen und historischen Materialismus an der MASCH. Während der NS-Zeit wandte sich M., die 1941 aus der Reichsschrifttumskammer ausgeschlossen wurde, wieder schriftstellerischer Tätigkeit zu, verfaßte Filmexposés und einen umfangreichen Roman (*Yali*, e. 1935/36, unveröff.). Nach 1945 Mitglied des Kulturellen Beirats für das Verlagswesen der sowjetischen Besatzungszone (1946/49) und Gutachterin für verschiedene ostdeutsche Verlage (1946/57). 1947 Teilnahme am I. Bundeskongreß des Kulturbundes und am 1. Deutschen Schriftstellerkongreß. 1946/48 Lektorin im Verlag Volk und Wissen in Ostberlin; Neufassung ihres Hauptwerks (*Wesen und Veränderung der Formen und Künste*, Weimar 1949). 1948 erschien der dokumentarische Bericht *Bürgermeister Tschech und seine Tochter. Erinnerungen an den Vormärz (1844)*. Unveröffentlicht blieben eine Schrift über die *Geschichte der Frau vom Mutterrecht bis zur Gegenwart* (1947) und eine Georg-Forster-Biographie (1950).

Um 1911 begann M., Grundthesen einer Kunstsoziologie aufzustellen. Den Versuch einer geschlossenen historisch-systematischen Darstellung für alle Kunstgattungen unternahm sie in ihrem 1924 erschienenen Hauptwerk. M. faßt die künstlerische, »formierende« Tätigkeit als ein ursprünglich integrierendes Moment aller menschlichen Produktion. Die gesellschaftliche Arbeitsteilung, speziell seit der industriellen Revolution, habe das qualifizierte Formvermögen aus dem allgemeinen Produktionsprozeß ausgegliedert und zur Kunst konstituiert. Entsprechend der Marxschen Vorstellung von der Aufhebung der Arbeitsteilung jenseits der Klassengesellschaft sieht M. Tendenz und anzustrebendes Ziel der historischen Entwicklung in der Reintegration künstlerischer Arbeit in einen ganzheitlichen Produktionsprozeß. Die überwiegend maschinelle Grundlage der modernen Produktion erscheint dabei nicht als Hindernis, sondern als Quelle neuer qualifizier-

Lu Märten

ter Formen. Der ästhetische Faktor wird wieder zum integrierenden Bestandteil aller menschlichen Lebenstätigkeit, und eine selbständige Kunst erübrigt sich; sie geht in der klassenlosen Form auf. In dieser Auffassung der Kunst als einer transitorischen Erscheinung, eines menschheitsgeschichtlich bedingten Sonderfalls der Form, versucht M. den historischen Materialismus auf die Kunstgeschichte und -theorie anzuwenden. Zugleich führt sie damit Gedanken von G. Semper, J. Ruskin, W. Morris und aus dem Umkreis des Werkbunds weiter. Mit der Entwicklung einer nicht literaturzentristischen, in erster Linie von der bildenden Kunst und der Architektur ausgehenden Ästhetik befindet sich M. im Gegensatz zur Tradition der philosophischen Ästhetik, einschließlich deren marxistischen Varianten (F. Mehring, A. Thalheimer, K. A. Wittfogel, G. Lukács). Sie polemisiert gegen das Dekadenzschema, das den Niedergang der Kunst dem Niedergang einer Gesellschaftsformation bzw. ihrer herrschenden Ideologie parallel setzt. Die Rückführung des künstlerischen Formvermögens in die allgemeine Produktion schließt – bei Anerkennung einer proletarischen Kampfkultur – eine besondere »proletarische Kunst« ebenso aus, wie sie die Widerspiegelungsfunktion der Kunst radikal einschränkt. Ihre öffentlichen Kontrahenten im Streit um die Dada-Ausstellung 1920 sowie um die Anwendung des historischen Materialismus und der materialistischen Dialektik auf die Kunstgeschichte und -theorie waren vor allem G. Alexander (1921) und Wittfogel (1931). M.s Versuch, theoretisch den Weg zu ebnen für das Einbringen des höchstentwickelten technischen Standards in die sich herausbildende sozialistische Kunstbewegung, wurde Ende der 20er Jahre, als die proletarisch-revolutionäre Literatur sich gegen bürgerliche Künstler abgrenzte, nicht akzeptiert. Bedeutenden Einfluß hatten M.s Arbeiten seit 1921 auf die theoretischen Positionen des tschechischen »Poetismus« (K. Teige, B. Václavek). Positive Resonanz fand M. am Bauhaus. Einer breiteren Wirksamkeit ihres Entwurfs zur Überwindung einer »vorindustriellen« Ästhetik stand in der DDR – neben seinen utopischen Zügen – vor allem die seit dem Herbst 1948 in Gang gesetzte Formalismus-Diskussion entgegen.

W. W.: Briefe über Kunst I-IV (Abh.), in: Jugend-Internationale, Berlin 1921.- *Ausg.:* Formen für den Alltag. Schriften, Aufsätze, Vorträge (mit Nachw., W.-Verzeichnis), Hg. R. May. Dresden [1982]. - *Lit.:* alternative, 1973, H.89 (E.H. Schütz und F. Vaßen; Bio-Bibl.); G. Plumpe: Kunstform und Produktionspraxis im Blick auf Lu Märten, in: Arbeitsfeld: Materialistische Literaturtheorie, Hg. K.-M. Bogdal/B. Lindner/G. Plumpe, Frankfurt a. M. 1975; R. May: Theorie der »Formen« wider Theorie der »Künste«, in: Kunst im Klassenkampf. Arbeitstagung zur proletarisch-revolutionären Kunst. 16.–18. Jan. 1979, Berlin 1979; J. Rosenberg: Lu Märtens Entwurf einer historisch-materialistischen Theorie der Künste, in: WB, 1979, H. 10; M. Zeman: Zu Václaveks und Lu Märtens Versuch einer marxistischen Synthese, in: Zs. für Slawistik, 1980, H. 3; Chr. Kambas: Die Werkstatt als Utopie. Lu Märtens literarische Arbeit und Formästhetik seit 1900 (mit W.-Verzeichnis), Tübingen 1988; Chr. Kambas: Androgyne – ein Selbstentwurf Lu Märtens zwischen Romantik und Sozialismus, in: Frauen und Film, 1989, H. 46; B. Geisel: Unterdrückte Sozialismuskritik. Lu Märten, eine frühe feministische Dissidentin, in: Feministische Studien, 1991, H. 1.

Johanna Rosenberg

Martens, Joachim Friedrich
Geb. 19. 12. 1806 in Hamburg; gest. 11. 2. 1877 in Hamburg

Tischlerlehre bis 1826, Wanderschaft durch Deutschland, die Schweiz und bis nach Paris, wo er sich von Feb. 1834/Jan. 1844 aufhielt. Hier wurde M. Mitglied des Bundes der Geächteten und später Mitbegründer des Bundes der Gerechten. 1844 ging M. nach Hamburg zurück und initiierte dort noch im gleichen Jahr eine Gemeinde des Bundes der Gerechten und 1845 mit G. Schirges den Hamburger Arbeiterbildungsverein. M. war bis Ende der 40er Jahre ein Anhänger W. Weitlings, den er in Paris kennengelernt hatte. 1848 setzte er sich für die Vereinigung der deutschen Arbeitervereine ein und unternahm mit S. Born u. a. erste Schritte zur Gründung der

Arbeiterverbrüderung. Als Leiter der Hamburger Gemeinde des BdK wurde er 1851 in den Hamburger Kommunistenprozeß verwickelt. M., der sich 1849 als Holzhändler etabliert hatte, gehörte bereits während der Revolution der äußersten Linken des Hamburger Parlaments an; 1859/77 erneut Bürgerschaftsabgeordneter; Mitinitiator der Arbeiterkonsumgenossenschaftsbewegung in der Hansestadt. In seinen zwischen Aug./Okt. 1844 pseudonym im Pariser »Vorwärts!« veröffentlichten Gedichten, die einem elementaren Bedürfnis entsprungen waren, sich literarisch zu artikulieren, legte M. ein Bekenntnis zum Atheismus ab und besang die Schöpferkraft des arbeitenden Menschen (*Ohne Gott!*), wandte sich gegen die herrschende Scheinmoral (*Die Ketten*) und den bürgerlichen Nationalismus (*An die Nationalen*).

In der Broschüre *Das Zunftwesen in Hamburg im Conflict mit der Gesellschaft* (Hamburg 1846) sowie in Zeitungsartikeln bekämpfte M. entschieden die überlebten Vorrechte der Zünfte.

Lit.: J. Breuilly/W. Sachse: Joachim Friedrich Martens (1806–1877) und die Deutsche Arbeiterbewegung, Göttingen 1984 (= Göttinger Beiträge zur Wirtschafts- und Sozialgeschichte, Bd. 8).

Erhard Kiehnbaum

Marx, Karl
Geb. 5. 5. 1818 in Trier; gest. 14. 3. 1883 in London

Die Ausbildung ästhetischer Anschauungen und poetischer Ideale des jungen M. hatte sich im Kontext zeitgenössischer Literatur und Philosophie vollzogen. Die Jugendgedichte des Gymnasiasten verweisen auf Schiller- wie Heine-Lektüre, im satirisch polemischen Epigramm sind Aufklärungstraditionen lebendig. Daß der Jüngling, wenn auch vergeblich, 1837 seine Verse A. von Chamisso für dessen »Deutschen Musenalmanach« angeboten hatte, kann als Indiz für einen Versuch eigener literarischer Zuordnung zu einer romantisch sozialkritischen Tendenz verstanden werden. Erst 1841 erschienen die *Wilden Lieder* im junghegelianischen Berliner »Athenäum« (H. 4). Weitere literarische Versuche des jungen M. zeigen ihn beschäftigt mit einem philosophischen Dialog (*Kleanthes*) in der durch Schleiermachers Übersetzungen vermittelten literarischen Platontradition, mit einem Romanprojekt (*Scorpion und Felix*) in der Tradition L. Sternes und der ironisch diskursiven Prosa J. Pauls. Die Bonner Studien noch bei A. W. Schlegel begründeten einen von der Romantik geprägten Kanon von Weltliteratur, der W. Shakespeare ebenso einschließt wie Dante, M. Cervantes und P. Calderon. Der Verkehr im Berliner ›Doctorclub‹ (u.a. B. Bauer, F. Köppen) förderte das intensive Studium der Hegelschen Philosophie, die M. ursprünglich abgelehnt hatte, der gegenüber er nun gerade in der Anwendung der Ästhetik auf die christliche Kunst ein Verhältnis der freieren, daher gründlicheren Darstellung anstrebte. In der Auseinandersetzung mit der Spätantike (*Differenz der demokritischen und epikureischen Naturphilosophie*, Diss., Jena 1841) wurde ein Verständnis der »Alten« als »Kindheit des Menschengeschlechts« entwickelt. Die Bevorzugung von Aischylos gegenüber den späteren griechischen Tragikern, wie M. sie gemeinsam hat mit seinen Zeitgenossen von R. Wagner bis F. Nietzsche, war auch als Affront gegen die Ästhetik des deutschen Klassizismus (J. Winckelmann, F. Schiller) gedacht.

1843 vollzog M. fast abrupt mit dem Eintritt in die Redaktion der »Rheinischen Zeitung« in Köln eine Abkehr von ästhetischen und philosophiegeschichtlichen Arbeiten. In den *Debatten über Preßfreiheit* (1842, Nr. 125–139) verteidigte M. die literarische (publizistische) Tätigkeit durchaus als Selbstzweck, dennoch weist er nun als Journalist, der sich mit der Lage der Rhein- und Moselbauern zu befassen hat, die ästhetisch-philosophische Verbrämung sozialer Tatbestände nachdrücklich ab.

Ihm geht es schon hier im Widerspruch zu einer Publizistik, die Politisches und Soziales zum Schutz vor der Zensur ins Literarisch-Kritische oder Philosophisch-Spekulative, in eine Art ›Sklavensprache‹ verhüllte und damit sogar ein starkes Maß an elitärer Wirkungsmöglichkeit hatte erreichen können (vgl. MEW, Bd. 8, S. 15 ff.), um einen unmittelbar eingreifenden Journalismus. An die Stelle weiterer Auseinandersetzung mit der Hegelschen Ästhetik traten geschichts- und rechtsphilosophische Fragestellungen. Der besondere Stil des Publizisten und Pamphletisten M. prägte sich in der Anwendung philosophischen Denkens und Formulierens auf die Gegenstände des unphilosophischen Alltags aus. Dominant ist das Streben nach subtilster begrifflicher Scheidung, aus der Sprache in oft epigrammatischer Verkürzung herausgetrieben mit aller Raffinesse Hegelscher Formulierungskunst, in der immer auch in der M.schen Adaption ein Element aus der Romantik stammender Bildlichkeit und Poesie wirksam ist. Die andere Seite ist eine auf persönlich intellektuelle und moralische Vernichtung des Kontrahenten zielende aktuelle Radikalität der Polemik im Kontext vormärzlicher Entwicklung der Publizistik und ihrer Sprache. Die Zeitgenossenschaft mit B. Bauer, A. Ruge, G. Herwegh, die Nähe vor allem zu H. Heine ist evident.

Mit der *Heiligen Familie* (Frankfurt a.M. 1845) hatte M. zusammen mit F. Engels »gegen Bruno Bauer und Konsorten« aus der frisch gewonnenen Erfahrung des Zusammenhangs von kommunistischer Theoriebildung und Praxis der proletarischen Organisation in Frankreich, die Polemik gegen den

›wahren Sozialismus‹ eröffnet. Der ›wahre Sozialismus‹ erscheint in sich verschärfenden Formulierungen als die historisch überholte »vollkommenste soziale Literaturbewegung, die ohne wirkliches Parteiinteresse entstand und nun, nachdem die kommunistische Partei sich formiert hat, trotz ihr fortbestehen will« (MEGA I, Bd. I/3, S. 442 ff.). In dem großen Gedankenexperiment der *ökonomisch-philosophischen Manuskripte* (e. 1844, MEGA II, Bd. I/3) expliziert M., an G. F. W. Hegels und L. Feuerbachs Gebrauch des Begriffs anschließend, die Kategorie der Entfremdung. Ökonomisch versteht er sie nicht nur als die J. W. Goethe bereits bewußte und problematische Abgelöstheit des für einen anderen geschaffenen Produkts von dessen Schöpfer, sondern als Vorgang in der kapitalistischen Produktion selbst (entfremdete Arbeit), um daraus den Grund für die Teilung von Arbeit und Kapital (Arbeiter und Kapitalist) abzuleiten. Philosophisch bedeutet für ihn Entfremdung der gesellschaftlich produzierte Widerspruch im Individuum, das seine Existenz als Gattungswesen, welches nach dem jeweils dem Gegenstand eigenen Maß, also frei, zu formieren vermag, nur als Mittel seiner Existenz erfährt.

Insofern M. in der Tradition der europäischen Aufklärung nach der Verwirklichungsmöglichkeit des menschlichen Gattungswesens fragt, muß er den Blick auf eine Aufhebung von Entfremdung richten; aus seiner Bestimmung indessen des Gattungswesens als der jeglicher menschlicher Tätigkeit innewohnenden Potenz, nach dem der Sache inhärenten Maß, so auch dem Gesetz der Schönheit zu formieren, folgt polemisch gegen die Ästhetik der deutschen Klassik gewendet, daß zwar dem menschlichen Gattungswesen auch ein Künstlertum eignet, daß sich indessen das Gattungswesen nicht in der künstlerischen als der unentfremdeten Tätigkeit erfüllt. Die Konsequenz ist die Kulturutopie, die Kommunismus als positive Aufhebung des Privateigentums, als wirkliche Aneignung des menschlichen Wesens versteht, als vollendeten Naturalismus = Humanismus, als vollendeten Humanismus = Naturalismus. M. glaubte, hier das Rätsel der Geschichte aufgelöst zu sehen. Von nun an entwickelte er gegen alle Illusionen, aus einer bürgerlich-intellektuellen Mitleidsphilosophie heraus die menschliche Gesellschaft human umbilden zu können, seine Theorie vom Kommunismus als wirklicher Aneignung des menschlichen Gattungswesens durch Aufhebung des Privateigentums. Die 1845 formulierten *Thesen über Feuerbach* fassen folglich die menschliche Tätigkeit nicht als theoretische, sondern als gegenständliche, als »revolutionäre Praxis« (MEW, Bd. 3, S. 6). Die *Heilige Familie* hatte in diesem Denkprozeß einen wesentlichen Einschnitt in M.' Entwicklung markiert. In Abgrenzung gegen den zeitgenössischen Gebrauch des Begriffs Sozialismus ist fortan die Bezeichnung seiner Weltanschauung und seiner Bestrebungen Kommunismus. In den zu Jahres-

beginn 1844 erst- und einmalig erschienenen »Deutsch-Französischen Jahrbüchern« (Paris) hatte M. seine revolutionäre
Grundthese formuliert, daß die Waffen der Kritik die Kritik der
Waffen nicht ersetzen können; aber auch die Philosophie
könne sich nicht ohne Aufhebung des Proletariats verwirklichen, das Proletariat sich nicht ohne Verwirklichung der
Philosophie aufheben (vgl. *Zur Kritik der Hegelschen Rechtsphilosophie. Einleitung*, in: MEW, Bd. 1, S. 385 und 391). Den
Bedingungen und Möglichkeiten wiederherzustellender Einheit
von menschlicher Individualität und menschlichem Gattungswesen nachfragend, blieb M. Erbe des 18. Jh. s. Indem aber die
ökonomische Theorie für ihn angewandte Naturwissenschaft
wurde, überwand er die Traditionen philosophischer Spekulation in einem neuen Verhältnis von wissenschaftlicher Erkenntnis und politischer Theorie. Gegen allen ›wahrsozialistischen‹ Philanthropismus ist damit das Prinzip der proletarischen Revolution als Kardinalfrage der historischen und
so auch der philosophischen Entwicklung gesetzt. Indem M.
die herrschenden Gedanken als die Gedanken der Herrschenden bestimmte, dekonstruierte er den allgemeinmenschlichen
Anspruch der klassischen bürgerlichen Dichtung und einer
sich auf deren Ideale berufenden ›wahrsozialistischen‹ Literatur. Mit Hervorhebung einer aus dem kämpfenden Proletariat hervorgehenden plebejischen Literatur, der M. am Beispiel
des Weberliedes (*Das Blutgericht*) gerade das Bewußtsein
einer proletarischen Existenz kontrovers zur bürgerlichen Gesellschaft nachrühmte (vgl. *Kritische Randglossen zu dem
Artikel ›Der König von Preußen und die Sozialreform‹*, in:
MEW, Bd. 1, S. 404), war aber auch die Frage nach dem
Verhältnis von proletarischer Bewegung und bürgerlicher Intelligenz impliziert. In den *Ökonomisch-philosophischen Manuskripten* und in der Auseinandersetzung mit M. Stirner
definierte M. die wissenschaftliche und die künstlerische Tätigkeit als spezifische Formen von Produktion in der arbeitsteiligen Gesellschaft. Literatur und im weiteren Sinne Kunst
überhaupt werden damit als praktisch-geistige Tätigkeit im
Zusammenhang des Vorgangs menschlicher Naturaneignung
und damit in ihrer Geschichtlichkeit erkenn- und begreifbar.
Die Kritik von M. galt einer sich von der Arbeiterbewegung
unabhängig, nach eigenen, nicht dem wissenschaftlichen
Kommunismus verpflichteten Vorstellungen sozusagen urwüchsig, wenngleich nicht traditionslos entwickelnden Literatur, soweit sie mit dem Anspruch auftrat, sozialistische
Vorstellungen auszudrücken oder zu verbreiten. Sie galt ihm
als für Kommunismus sich ausgebende »phantastische Ge-
mütsschwärmerei« (*Zirkular gegen Kriege*, Brüssel 1846, in:
MEW, Bd. 4, S. 3). Dabei traten später an die Stelle des
historisch erledigten ›wahren Sozialismus‹ als Zielpunkt der
Polemik die agitatorisch nicht minder einflußreichen, rhetorisch effektvollen und damit in besonderem Maße auch auf die

Lyrik wirkenden Formulierungen Lassalles (*Kritik des Gothaer Programms*, e. April/Mai 1875, in: »Neue Zeit«, Nr. 18,
Stuttgart 1891). Fragen der Belletristik wurden in der *Heiligen Familie* mit der Analyse von E. Sues Roman *Les
Mystères de Paris* (Paris 1843) und der polemischen Ab-
fertigung seiner Interpretation durch F. Zychlin von Zychlinski
(Szeliga) erörtert. Am exemplarischen Fall des mit dem Indu-
striezeitalter aufkommenden Feuilletonromans als Typus von
bürgerlicher Massenliteratur rücken ins Blickfeld der Zuge-
winn an Realismus in der Schilderung sozialer Verhältnisse
und der ihnen verhafteten Figuren einerseits, die Unterwerfung eben dieses Wirklichkeitsabbildes andererseits unter idealistische, säkularisiert religiöse Vorstellungen, wo doch nach
M. der notwendige Übergang der Figuren vom empörten zum
revolutionären Selbstbewußtsein das zeitgemäße Thema gewesen wäre – wenn nicht des Autors, so zumindest des
Interpreten. Ihre äußerste Zuspitzung fand die negative Charakterisierung »dieser schmutzigen, entnervenden Literatur«
des ›wahren Sozialismus‹ im *Kommunistischen Manifest*
(London 1848, in: MEW, Bd. 4, S. 488). Hier wurde gegen alle
anderen Sozialismusvorstellungen ein Programm gesetzt, das
von den Prinzipien des Klassenkampfes als geschichtstreiben-
der Kraft, der Repräsentation der Mehrheitsinteressen durch
das Proletariat, der Führungsrolle der Kommunisten, der
schließlichen Aufhebung der Klassen und Klassengegensätze
her die sozialistische Bewegung auf Gesetzmäßigkeiten historischer Entwicklung orientierte. Das *Kommunistische Manifest* stellte den Drehpunkt von sozialistischer Utopie und
Geschichtsanalyse dar. Als Nachhall der Auseinandersetzung
mit dem ›wahren Sozialismus‹ erschien im *Achtzehnten
Brumaire des Louis Bonaparte* (New York 1852) die Absage
an alle antiken Drapierungen bisheriger Revolutionen, die
Forderung, die proletarische Revolution in ihrem widersprüchlichen Verlauf könne ihre Poesie nicht aus der Vergangenheit, sondern nur aus der Zukunft schöpfen. M. hat gegen
jeglichen voraussetzungslosen Revolutionarismus, gegen alle
voluntaristischen Übereilungen Front gemacht.

M. hat keine in sich kohärente Ästhetik hinterlassen. Seine
Bemerkungen zu ästhetischen und literaturgeschichtlichen
Themen und Gegenständen gehören in den Zusammenhang
einer als Kulturkonzept angelegten ökonomisch-philosophischen Theorie und ihrer Konsequenzen. Als Liebhaber der
schönen Literatur war M. ein fleißiger, wenngleich unsystematischer Leser, dem Belletristisches vielfach nur als historisches Zeugnis diente. Zu wesentlichen Erscheinungen der
deutschen und europäischen Literatur seiner Zeit von G.
Büchner bis Nietzsche, von G. Flaubert bis Ch. Baudelaire, zu
L. Tolstoi, F. Dostojewksi oder H. Ibsen hatte er kein Verhältnis
oder hat sich dazu nicht geäußert. Einerseits lieferten M. die
ständigen Bezüge auf Autoren, Gestalten und Werke der Welt-

literatur von Prometheus und Homer bis zu H. Balzac Be-
legmaterial für ideologische und ästhetische Reflexion gesellschaftlicher Tatbestände, andererseits erkannte er dem über-
zeitlich gültigen Kunstwerk als Produkt sui generis – und
letztlich interessierte M. nur dieses – einen besonderen Status
in dem »unegale(n) Verhältnis der Entwicklung der materiellen Produktion, z.B. zur künstlerischen« (*Einleitung zur
Kritik der politischen Ökonomie*, MEW, Bd. 13, S. 640) zu.
Das Verhältnis von M. speziell zur deutschen Literatur wurde
zudem von seiner Situation als politischer Exilant, von seinem
Umgang mit exilierten Autoren des deutschen Vormärz geprägt. Die persönlichen Beziehungen zu Heine und G. Weerth
blieben Episoden. Wichtig war die freundschaftliche Aufmerksamkeit, die der berühmte Heine 1844 dem jungen Publizisten
gewidmet hatte, dessen er sich bediente, *Deutschland. Ein
Wintermärchen* durch Vorabdruck im Pariser »Vorwärts!«
(1844, Nr. 85–96) publik zu machen. Und umgekehrt bediente
sich M. zuweilen Heinescher Verse, wenn sie ihm der treffende
Ausdruck z.B. antimonarchistischer politischer Forderungen
schienen. Die literarische Gemeinschaft mit Weerth ging mit
der »Neuen Rheinischen Zeitung« zu Ende. In den Beziehungen
zu F. Freiligrath, Herwegh, aber auch J. G. Kinkel vermischten
sich unausgesetzt Menschliches und Politisches, Querelen, die
dem Exilalltag geschuldet waren. M. hat da wohl durchweg
mehr zeitweilige Freunde und politische Parteigänger, im Falle
Freiligraths einen tüchtigen Bankfachmann und einen politisch nützlichen Verseschmied gesehen, dem er gelegentlich
riet, seine Strophen lieber haushälterisch auf zwei selbständige
Gedichte zu verteilen. Ebenbürtigkeit im Literarischen hat M.,
von der episodischen Beziehung zu Heine abgesehen, nicht
gefunden. So blieb sein persönliches Verhältnis zu den literarischen Bemühungen innerhalb der revolutionären deutschen
Arbeiterbewegung distanziert. Daß deren Lyrikideal vornehmlich durch Herwegh und Freiligrath beeinflußt wurde, mochte
wohl bei ihm, soweit er mit den dichtenden Funktionären der
deutschen sozialistischen Bewegung in persönlichem Kontakt
stand, wenig Neugierde auf deren Poesie erregen. Was M.,
soweit bei seinen ökonomischen Arbeiten im Umkreis des
Kapital (3 Bde., Hamburg 1867, 1885, 1894) ästhetische
Fragestellungen berührt wurden, interessierte, waren die Besonderheiten der künstlerischen Produktion und Rezeption,
war die Dialektik, daß die Produktion nicht nur einen Gegenstand für das Subjekt produziert, sondern zugleich das Subjekt
für den Gegenstand (vgl. MEW, Bd. 13, S. 624). Wichtig wurde
das nicht schematisch aus der Basis-Überbau-Relation als
platte Harmonie von Gesellschafts- und Kunstfortschritt dedu-
zierbare »unegale Verhältnis der materiellen Produktion z.B.
zur künstlerischen«, die Frage, wieso die griechischen Kunstwerke der Antike, Produkte vergleichsweise unentwickelter
ökonomischer Verhältnisse, fortdauernden Genuß zu vermit-

teln vermögen, wieso unter entwickelteren gesellschaftlichen
Verhältnissen die Erneuerung des antiken Epos als höchster
Kunstnorm, wie das Beispiel der Voltaireschen *Henriade* gezeigt und Schiller bereits eingesehen hatte, sich als unmöglich
erwies. Damit problematisierte M. nicht nur ästhetische Ansprüche des 18. Jh.s, sondern mehr noch Vorstellungen, wie
sie z.B. Wagner entwickelte, die bürgerliche Revolution des
19. Jh.s könne, die Ideale der deutschen Klassik verwirkli-
chend, eine Entsprechung zur antiken Polisdemokratie in-
stallieren. Für M. setzte die Kunst der Griechen Mythologie als
besondere und historisch nicht wiederholbare Verarbeitung
von Natur durch die Volksphantasie voraus. Von daher begründete sich seine Skepsis hinsichtlich eines entsprechenden
Kunstfortschritts in der bürgerlichen Gesellschaft. Andererseits
entwickelte er, da die Klassizität der antiken Kunst an nicht
wiederholbare gesellschaftliche Bedingungen geknüpft ist, die
seit den *Ökonomisch-philosophischen Manuskripten* und
der *Deutschen Ideologie* (e. 1845/46, gemeinsam mit Engels,
in: MEGA I, Bd. I/5) verfolgte und ausgebaute Vorstellung
einer auf der freien Entwicklung der Individuen basierenden,
nicht mehr professionellen künstlerischen Ausbildung und
Aktivität, insofern es der menschlichen Gattung eigen und
möglich sei, zwar unter vorgefundenen Bedingungen, aber
auch frei nach dem Gesetz der Schönheit zu formieren.

Nur allmählich hatte sich eine Kenntnis und Aneignung des
gesamten überlieferten Werks von M. und der in ihm enthaltenen ästhetischen Überlegungen einstellen können. Wichtiges war dem Mäusefraß anheim gefallen, anderes über lange
Zeit Vergessenheit oder der Zensur ausgeliefert gewesen. Engels hatte, soweit nicht Persönlichkeitsrechte der Marx-Familie
vor allem an Briefen betroffen waren, den eigenen Nachlaß
wie den von M. der deutschen Sozialdemokratie überant-
wortet. E. Bernstein, F. Mehring und K. Kautsky wurden mit
der Herausgabe betraut und veröffentlichten mehr unter jeweiligen parteipolitischen Gesichtspunkten oder nach eigenem
Verständnis denn nach philologischen Normen sukzessiv einzelne Texte. Darunter befanden sich allerdings auch literaturtheoretisch relevante Aussagen z.B. im Briefwechsel mit Freiligrath oder mit Lassalle über dessen Sickingendrama (↗
Sickingen-Debatte). Eine neue Situation trat ein, als 1920
unter D. Rjasanows Leitung das Moskauer Marx-Engels-Institut gegründet wurde. Über Vermittlung des Frankfurter
Instituts für Sozialforschung und des in Verbindung mit ihm
gegründeten Marx-Engels-Archiv-Verlags konnten nun auch
die Texte des im SPD-Parteibesitz liegenden Nachlasses von M.
und Engels in der ersten unvollendeten MEGA I (1927–1935)
publiziert werden. Für die deutschen und ausländischen Theoretiker der II. Internationale hatten bei der Marx-Rezeption der
historische Materialismus, die Etablierung einer historisch-
materialistischen Geschichtsauffassung, die Anwendung der

M.schen Basis-Überbau-Relation auch auf die Theorie und die Geschichte der Künste im Vordergrund gestanden. M. hatte die These vom Widerspruch zwischen der herrschenden Klasse und den fortgeschrittenen Produktivkräften, damit von einer Aushöhlung bestehender Bewußtseinsformen entwickelt. Von daher ließ sich in Berufung auf ihn die Ablehnung der künstlerischen Moderne als Erscheinungsform der bürgerlichen Dekadenz begründen. Zugleich stand die sozialistische Bewegung einer systemimmanenten bürgerlichen kritischen Kunst gegenüber, die jenem Prinzip der Formation nach einem (ewigen) Gesetz der Schönheit deutlich widersprach. Nach der Novemberrevolution 1918 wurden zunehmend vor allem W. I. Lenins Anwendung M.scher Gedanken auf die revolutionäre Praxis im 20. Jh., das in der Schrift über *Parteiorganisation und Parteiliteratur* (in: »Nowaja Shisn«, St. Petersburg 1905, H. 12) dargelegte Organisationsprinzip, aber auch die kontroversen Anschauungen A. Bogdanows einerseits, L. Trotzkis andererseits einflußreich. Gegen das Marx-Verständnis der Theoretiker der II. Internationale entwickelte sich in den 20er Jahren in Deutschland eine Marx-Rezeption, die die philosophische Dimension des M.schen Denkens, die Probleme der Dialektik ins Zentrum rückte. G. Lukács ging es in *Geschichte und Klassenbewußtsein* (Berlin 1923) um das Problem der konkreten und geschichtlichen Dialektik, damit um die bisher von Marxisten unterschätzte Beziehung von M. zu Hegel. K. Korsch analysierte in seiner Kritik an Kautsky die schließlich antirevolutionären Konsequenzen einer einseitigen Betonung objektiver Faktoren und eines Verzichts auf revolutionäre Dialektik. Diese philosophische Marx-Rezeption vollzog sich und wirkte in erheblichem Maße außerhalb der organisierten Arbeiterbewegung, u.a. in kapitalismuskritisch intendierten Arbeiten des Frankfurter Instituts für Sozialforschung (F. Pollock, M. Horkheimer, T. W. Adorno, H. Marcuse), gewann auch über solche Vermittlungen Bedeutung für Bewußtseinsbildungsprozesse innerhalb der künstlerischen Avantgarden. Dabei standen zumeist weniger spezielle ästhetische als vielmehr grundsätzliche, methodologische, erkenntnistheoretische und gesellschaftskritische Fragestellungen im Vordergrund. Wesentliche, »den ›Rausch des Neuanfangens‹« (Lukács: *Frühschriften*, Bd. 2, Neuwied/Berlin 1968, S. 38) stimulierende Impulse erhielt die Marx-Rezeption durch die Erstveröffentlichung der Frühschriften. Im Zusammenhang der sowjetischen Kunstdebatten am Ende der 20er und Beginn der 30er Jahre erfolgte durch M. Lifschiz wie durch Lukács der Versuch einer Ordnung und Deutung der M.schen Äußerungen zu ästhetischen Fragen im Sinne eines kohärenten Systems. Anthologien wie die von Lifschiz *Marx, Engels über Kunst und Literatur* (Berlin 1948) und entsprechende Nachfolgearbeiten erschlossen, solange nicht mit MEW eine erste Gesamtübersicht über das Werk vorlag, einzelne Aspekte des kunsttheo-

retischen Denkens von M., systematisierten es allerdings auch und leisteten solcherart einer parteipolitische Fixierungen übergreifenden Dogmatisierung Vorschub.

Ausg.: K. Marx, F. Engels: Historisch-kritische Gesamtausgabe. Werke, Schriften, Briefe, Hg. D. Rjazanov u.a., Frankfurt a. M 1927, Berlin 1929–1932, Moskau/Leningrad 1933–1935 (MEGA I); MEW; MEGA II. – *Lit.:* P. Demetz: Marx, Engels und die Dichter, Frankfurt a.M./Berlin 1969; S. S. Prawer: Karl Marx and world literature, Oxford 1976; M. Naumann: Literatur im »Kapital«, in: Ders.: Blickpunkt Leser, Leipzig 1984.

Eike Middell

Marxistische Arbeiterschule (e. V.) (MASCH)

Ende 1926/März 1933 existierende, der KPD nahestehende, finanziell aber selbständige Bildungseinrichtung, die das Ziel hatte, den Marxismus unter den Arbeitern und anderen Werktätigen zu verbreiten. In ihren Programmen wird sie »Die Hochschule der Werktätigen« genannt. Ihr Aufbau stand im Zusammenhang mit dem 11. Parteitag der KPD 1927, der höhere Anstrengungen in der Massenpolitik der KPD als Aufgabe stellte. Ein Gründungsaufruf (in: RF, 5. 4. 1927) war unterzeichnet von Mitgliedern der KPD wie H. Duncker, H. Fröhlich, R. Oehring, J. Heartfield und parteilosen Intellektuellen wie A. Goldschmidt, J. Meyer, L. Klauber. – Die MASCH führte ihre Veranstaltungen in gemieteten Räumen in Schulen durch; die Gebühr für einen Kursabend betrug 25 Pf., ab Schuljahr 1930/31 30 bzw. für Arbeitslose 20 Pf. Die Lehrer an der MASCH arbeiteten unentgeltlich.

Die MASCH entwickelte sich in zwei Etappen. In den ersten drei Schuljahren ging es um die praktische Umsetzung des Grundkonzepts; es gelang der MASCH, sich als marxistische Bildungseinrichtung in Berlin mit wachsendem Einfluß zu formieren: Von 19 Kursen und 146 Hörern im Jahr 1926/27 stieg die Zahl der Kurse auf 352 und der Hörer auf 1900 im Jahr 1928/29. Nachdem sich das Profil der Schule ausgeprägt hatte, die Veranstaltungen in regelmäßiger Folge stattfanden, ein fester Hörerstamm sich herausbildete, erlangte die Schulung einen Umfang, der die bisherige marxistische Bildungsarbeit außerhalb der Parteischulung der KPD weit übertraf und sich mit den schon jahrelang mit staatlicher Unterstützung wirkenden bürgerlichen und sozialdemokratischen Erwachsenen-Bildungseinrichtungen, wie der Volkshochschule Groß-Berlin, messen konnte.

Für die weitere Entwicklung war der 12. Parteitag der KPD 1929 von Bedeutung, auf dem die Erfolge der MASCH besonders bei vielen parteilosen Arbeitern anerkannt und der Ausbau ihres Schulungs-Systems in den wichtigsten Städten

Unterricht in der MASCH

Deutschlands als Aufgabe gestellt wurde. Die MASCH sollte ihr Wirken auch auf die Betriebe ausweiten. In den Jahren 1929/31 erreichte die MASCH eine neue Stufe ihrer Massenwirksamkeit: 1929/30 nahmen zunächst in zwölf, danach in 30 Orten neue Schulen ihre Tätigkeit auf, u.a. in Leipzig, Hamburg, Stuttgart, Essen, Duisburg, Düsseldorf, Köln, Saarbrücken, Frankfurt a.M., Dresden, Chemnitz, Dessau, Erfurt, Hagen, Halle, Nürnberg. Die MASCH erweiterte und intensivierte ihre pädagogische Praxis durch Veränderungen in der methodischen Arbeit; sie ging von den bis dahin vorherrschenden Vorträgen verstärkt zu Diskussionsabenden und zu Kursen über, in denen Lernen in Arbeitsgemeinschaften geübt wurde.

Die Zahl der Lehrveranstaltungen und der Lehrfächer erweiterte und differenzierte sich wesentlich. Die Berliner MASCH bot im Schuljahr 1931/32 400 Kurse an, im Jahr davor 200. Zu den Hauptfächern marxistische Philosophie, politischen Ökonomie, Geschichte der Arbeiterbewegung und Sowjetunion trat vom 3. Schuljahr an eine Vielzahl von Kursen zur Gesellschaftsgeschichte, zu Weltanschauungsfragen, zu Schul- und Erziehungsfragen, zu verschiedenen Gebieten der kulturellen Entwicklung, zu Medizin, Hygiene und Sexualfragen, zu naturwissenschaftlichen Fächern, es gab Sprachkurse und Führungen u.a. Mit der Gründung der Marxistischen Arbeiterbibliothek (MAB) im Frühjahr 1930 in Berlin, einer zentralen Leihbibliothek, verbesserten sich die materiel-

len Möglichkeiten für das Selbststudium der Hörer; später wurde der MAB noch ein Lesesaal mit Zeitungen und Zeitschriften angeschlossen. Mit der Herausgabe von Fernunterrichtsbriefen »Marxistische Arbeiterschulung« (Hg. Duncker, Goldschmidt, K.A. Wittfogel), die 1930/31 zu Fragen der politischen Ökonomie und der Geschichte der Arbeiterbewegung von Duncker und J. Schmidt erarbeitet worden waren, und eines eigenen Publikationsorgans, der Zs. »Der Marxist - Blätter der Marxistischen Arbeiterschule« (7 Hefte 1931/32) erweiterte die MASCH ihren Wirkungsradius und arbeitete ihre theoretische Basis genauer heraus.

In den Schuljahren 1930/31, 1931/32 und dem Beginn der folgenden Unterrichtsperiode erreichte die MASCH den Höhepunkt ihres Wirkens, die Zahl der Hörer stieg auf über 5000. Unter den Bedingungen der verschärften Krise, Arbeitslosigkeit und Klassenkämpfe wurde die Verbindung der theoretischen Arbeit mit der unmittelbaren politischen Praxis in der MASCH verstärkt. Im antifaschistischen Kampf suchte die MASCH unter der Losung: »Die Marxistische Arbeiterschule ist die Schule der Antifaschistischen Aktion« wirksam zu werden. Jedoch war die MASCH dabei nicht frei von der damals in der KPD verfochtenen fragwürdigen Sozialfaschismus-These (so gab es 1930/31 Kurse von W. Ulbricht zum Sozialfaschismus und von K. Sauerland *Die Philosophie des Faschismus und des Sozialfaschismus*). Allerdings hielt sich das Programm der Schule auch durchaus offen für unter Kommunisten umstrittene Probleme, etwa die der Psychoanalyse und der Sexualität (M. Hodann war 1928/30 Lehrer an der MASCH, W. Reich 1931/32).

Die Erfahrungen der Schulungsarbeit der MASCH erwiesen sich auch als anregend für kommunistische Parteien anderer Länder; so wurden in Wien, Zürich und Paris (Université Ouvrière) nach dem Berliner Vorbild und z.T. mit dessen Unterstützung marxistische Arbeiterschulen aufgebaut.

Die MASCH verstand sich als überparteiliche Bildungseinrichtung, die marxistisches Wissen vermitteln und revolutionäre Bündnis- und Einheitsfrontpolitik realisieren wollte. Von Kommunisten initiiert, die enge Beziehungen zur Parteischulung der KPD gehabt hatten, waren in steigendem Maße ihre Hörer Parteilose (schon im Sep. 1928 wurden die Lehrer von der Leitung der MASCH darauf hingewiesen, daß die Hörer zu 80 % Nichtkommunisten sind). Der politisch und sozial weiten Fächerung der Hörer und der Vielfalt der Fachgebiete entsprach auch die Zusammensetzung der Lehrkräfte. Zwei Persönlichkeiten prägten wesentlich die Entwicklung der MASCH: H. Duncker (1874-1960), der über reiche Erfahrungen in der proletarischen Schulungsarbeit verfügte, war von Anfang an dabei. Die von ihm seit 1923 herausgegebenen Reihen »Elementarbücher des Kommunismus«, »Marxistische Bibliothek« und »Kleine Lenin-Bibliothek« wurden in den Kursen der MASCH benutzt. Duncker war beliebt als leidenschaftlicher Vermittler des Marxismus (seine Hauptthemen: »Kommunistisches Manifest« und »Die philosophischen, ökonomischen und politischen Grundlehren des Marxismus«), für viele Hörer – so z.B. für B. Brecht – verband sich die MASCH mit seinem Namen. Der Wirtschaftswissenschaftler J.-L. Schmidt (d.i. László Radványi, 1900-1978) war von der Gründung der Schule bis zu ihrer Zerstörung durch die Nazis organisatorischer Leiter der Berliner und dann auch der Reichs-MASCH. Zugleich unterrichtete er politische Ökonomie und dialektischen Materialismus.

Neben Mitgliedern und Funktionären der KPD, die das politisch-ideologische Profil der Schule bestimmten, wie G. Benjamin, J. Kuczynski, W. Münzenberg, Oehring, G. Reimann, F. Rubiner, E. Schneller u.a. wirkten zunehmend auch parteilose Intellektuelle, die für die Bildungsarbeit der MASCH als Bündnispartner gewonnen werden konnten. Ein herausragendes Ereignis in dieser Hinsicht war das von A. Seghers (seit 1925 mit J.-L. Schmidt verheiratet) vermittelte Auftreten in der MASCH 1930 und 1931 von A. Einstein, der damals auf dem Gipfelpunkt seines Weltruhms stand.

Gab es in der Anfangszeit der MASCH nur einzelne Vorträge zu Kultur- und Kunstfragen, so wurde das Lehrprogramm zu diesen Problemen ab 1928/29 entschieden ausgebaut. Die MASCH ermöglichte ihren Hörern Begegnung und Auseinandersetzung mit den verschiedenen Künsten. Behandelt wurden Themen zu proletarisch-revolutionärer und zu bürgerlicher Kunst und Literatur. Die meisten Kurse waren der Literatur und den bildenden Künsten gewidmet, weitere der Musik, dem Theater und dem Film. Enge Verbindung hielt die Schule, die der IfA angehörte, mit dem BPRS, der Assoziation Revolutionärer Bildender Künstler Deutschlands, dem ATBD; das betraf den Inhalt der Arbeit wie die Gewinnung von Lehrkräften. Bei Vorträgen und Diskussionsabenden zu Werken der Gegenwartsliteratur, zu literaturgeschichtlichen und literaturtheoretischen Themen wirkten Schriftsteller als Lehrer; manche Autoren sprachen nicht bzw. nicht allein über Fragen der Literatur, sondern auch über soziale Probleme in anderen Erdteilen (Goldschmidt 1927/32, Kisch 1928/32, A. Holitscher 1928/30), Geschichte (K. Kersten, 1929/33), philosophische und politische Probleme (H. Günther 1931/33, Wittfogel 1930/32), über die »Lösung der Judenfrage in der Sowjetunion« (O. Heller 1932/33), über Erziehungsfragen (M. Sperber 1932/33), über den italienischen Faschismus (A. Kurella 1932/33), im gleichen Jahr über Rechtsfragen (E. Ottwalt), über die Bauernbewegung (B. Uhse). Literaturkurse hielten u.a. J.R. Becher (1928/30), O. Biha (1930/33), A. Gábor (1928/33), K. Grünberg (1931/33), K. Kläber (1928/33), B. Lask (1928/31), L. Märten (1928/29), K. Neukrantz (1930/33), L. Renn (1929/33), F. Rubiner (1928/30), F.C. Weiskopf (1929/30). G. Lukács hielt 1932/33 (unter Ps. H. Keller) einen Kurs über marxistische Literaturtheorie. Neben dem Lehrfach »Literatur« gab es auch eines zu »Presse und Reportage«; hier referierte Kisch mehrfach zum Thema »Soziale Reportage«, außerdem Heller, O. Steinicke, B. Frei u.a. Besondere Diskussionsabende, die u.a. G.W. Pijet einleitete, galten Neuerscheinungen der proletarisch-revolutionären Literatur. In der Zs. »Der Marxist« wurde ebenfalls zur Vertiefung der Literaturkenntnisse beigetragen; z.B. erschien 1932 anläßlich des 100. Todestages von J.W. Goethe Lukács' Artikel *Goethe und die Dialektik.* In den Materialien der MASCH wurde regelmäßig auf Neuerscheinungen des Malik-Verlages, des IRH-Verlages oder des Internationalen Arbeiter-Verlags hingewiesen; z.T. wurden Bücher für Hörer der MASCH zu ermäßigten Preisen abgegeben. Die Tätigkeit der MASCH auf dem Gebiet der Musik wurde in erster Linie durch das Wirken H. Eislers als Lehrer (1928/33) bestimmt. Er war der Musiktheoretiker der MASCH und hielt Vorträge zu Themen wie *Die Aufgabe der Musik im Klassenkampf* oder *Was muß der Proletarier von der Musik wissen.* Darüber hinaus weisen die Lehrprogramme zu Beginn der 30er Jahre praktischen Musikunterricht aus, wie Notenlesen, Harmonielehre, Klavierspielen. In einer proletarischen Spiel- und Singestunde wurden Arbeitermusikstücke und -lieder einstudiert. Außerdem existierte an der MASCH ein Russisch-Chor. Auf dem Gebiet der bildenden Kunst ging es um die Vermittlung von

Wissen über die proletarisch-revolutionäre Malerei und Grafik sowie über die verschiedenen Kunstepochen. Kurse zu Problemen der bildenen Künste hielten u.a. Durus (1928/33), E. Fuchs (1928/29), F. Schiff (1929/33). Dazu organisierte die Schule auch Führungen durch Berliner Museen. Die praktischen Zeichenkurse, die von A. Beier-Red, E. Bischoff, P. Eickmeier, M. Keilson u.a. angeleitet wurden, umfaßten figürliches und Schriftzeichnen sowie Linolschnitt. Heartfield hielt 1928/32 Vorträge zur Fotomontage, und es gab - in Zusammenarbeit mit dem Arbeiterfotografen-Bund - Kurse über proletarische Fotografie (ein Hörer dabei war z.B. der Arbeiterfotograf E. Rinka). Zu Fragen der Architektur, besonders zu Problemen des Städtebaus, sprachen führende Vertreter des Staatlichen Bauhauses, wie W. Gropius, H. Meyer, L. Mies van der Rohe und B. Taut.

Auch Theater gehörte zur Thematik der MASCH. Vor allem E. Piscator (1930/32) und F. Gasbarra (1928/30) sahen in der MASCH ein geeignetes Forum, ihre Vorstöße in künstlerisches Neuland vorzustellen und gleichzeitig zu propagieren. Nicht nur Vorträge wie *Das revolutionäre Theater* von Piscator oder *Drama und Gesellschaft. Die Grundelemente des revolutionären Theaters* von Gasbarra fanden statt, die Hörer wurden auch aufgerufen, die Veranstaltung »Proletarische revolutionäre Dichtung« der Piscator-Bühne zu besuchen. Brecht war 1929 Hörer der MASCH und diskutierte mit Lehrern und Schülern über seine Stücke. An der Schule gab es eine eigene Agitpropgruppe, die z.B. Schuljahreseröffnungen und Sonderveranstaltungen künstlerisch umrahmte.

Zunehmend beschäftigte sich die MASCH mit der Filmkunst. Der Zusammenhang zwischen Filmkunst und Klassenkampf wurde zum Thema besonders in Vorträgen von B. Balázs (1928/30) und Durus (1929/32). Die MASCH sah ihre Aufgabe auch in der Propagierung der ersten sowjetischen Filme, die ab 1927 in Deutschland unter komplizierten Bedingungen aufgeführt wurden. Hörer mit Kursuskarten bekamen in der proletarischen Filmbühne »Babylon«, wo viele der sogenannten »Russenfilme« liefen, Ermäßigung. Die MASCH war für viele Angehörige der künstlerischen Intelligenz zu einer Tribüne geworden, von der aus sie ihre weltanschaulich-künstlerischen Anliegen wirksam vertreten konnten. Deshalb unterstützten sie die Schule, als im Sep. 1931 der Berliner Magistrat der MASCH alle Schulräume mit der Begründung sperrte, sie sei eine Bildungseinrichtung der KPD. Spontan stellte eine Reihe von Schriftstellern, Komponisten, Schauspielern und anderen Künstlern ihre Privatwohnung für Kurse der MASCH zur Verfügung. Dazu gehörten Brecht, B. von Brentano, Eisler, L. Feuchtwanger, Heartfield, H. Weigel, K. Weill. Außerdem förderten sie eine Geldsammlung für die Schule, damit sie neue Räume mieten und einrichten konnte (Unterzeichner des Aufrufs: Feuchtwanger, Brecht, Eisler, G. Weisenborn, Bren-

tano), bei der u.a. E. Busch, E. Engel, F. Kortner, H. Mann, Weill, der S.-Fischer- und der Gustav-Kiepenheuer-Verlag Beiträge spendeten.

Am 29. 3. 1933 wurde die MASCH verboten, das zentrale Schullokal und das Archiv zerstört. Im Exil wurde versucht, die Tradition marxistischer Massen-Schulungsarbeit fortzusetzen. So gründete J.-L. Schmidt in Paris die Freie Deutsche Hochschule, mit der bewußt an die Erfahrungen in der MASCH angeknüpft wurde.

Lit.: J.-L. Schmidt: 5 Jahre MASCH, in: Der Marxist, 1931, H. 1; ders.: Die MASCH - eine traditionsreiche Bildungsstätte, in: Einheit, 1976, H. 12; G. Gerhard-Sonnenberg: Marxistische Arbeiterbildung in der Weimarer Zeit (MASCH), Köln 1976; D. Müller: Der Beitrag der Marxistischen Arbeiterschule (MASCH) zur Durchsetzung des Marxismus-Leninismus in der deutschen Arbeiterbewegung, Diss., Berlin 1979; K. Schlowag: Die Bewahrung und Weiterführung kultureller Traditionen der Arbeiterklasse, dargestellt am Beispiel der kultur- und kunstpolitischen Bildungsarbeit der Marxistischen Arbeiterschule (MASCH), Berlin (Diplomarbeit, Parteihochschule »Karl Marx«), Berlin 1988; K. Kinner: Wissen für den Klassenkampf. Kommunistische Bildungsarbeit und marxistisch-leninistische Theorieentwicklung, Bd. 1: Die Weimarer Zeit, Berlin 1989.

Klaus Kinner/Dietmar Müller

Marxistische Büchergemeinde

Buchgemeinschaft, Ende 1930 begründet von den linken Sozialdemokraten und Herausgebern der Halbmonatsschrift »Der Klassenkampf« - M. Adler, K. Rosenfeld, M. Seydewitz, H. Ströbel -, die ab 1931 z.T. Mitglieder der SAPD waren. Die Mitglieder (ihre Zahl ist nicht bekannt) sollten für einen Monatsbeitrag von 1 M. vierteljährlich ein Buch mit politischer Thematik (Reihentitel: »Rote Bücher«) erhalten. Im Arbeitsprogramm stellte man sich die Aufgabe, »die Massen des Proletariats zum Kampf gegen die Ausbeuter und ihre faschistischen Söldner (zu) mobilisieren« und zu zeigen, wie »der Weg zur Eroberung der Macht, der Weg zum Sozialismus« beschritten werden könne. Die Publikationen traten ein für eine revolutionäre Politik auf der Grundlage des Marxismus, für die Aktionseinheit der Arbeiterklasse gegen die faschistische Gefahr und für ein sachliches Verhältnis zur Sowjetunion. 1931 und 1932 erschienen fünf Bücher u.a. zu den Themen *Die Krise des Kapitalismus und die Aufgaben der Arbeiterklasse, Die Organisation im Klassenkampf, Unsere Stellung zur Sowjetunion*. Auch A. Siemsens Schrift *Auf dem Weg des Sozialismus. Kritik der sozialdemokratischen Programme von Heidelberg bis Erfurt* wurde im Rahmen dieser Buchgemeinschaft publiziert.

Manfred Nössig

Mäurer, Friedrich Wilhelm German (eigtl. Wilhelm Meurer)

Geb. 18. 2. 1811 in Bensberg bei Köln; gest. 7. 7. 1883 in Issy bei Paris

Bauernsohn, Besuch des Gymnasiums; ab 1829 Hauslehrer in Berlin; ab Juli 1833 in Paris, Korrektor und Journalist; seit Aug. 1833 Mitglied des Deutschen Volksvereins, dann des Bundes der Geächteten, in dem er bald eine leitende Funktion inne hatte. 1836/38 nahm er entscheidenden Anteil an der Gründung des Bundes der Gerechten und seiner Propaganda, u.a. in der »Pariser Zeitung« (1838/39), in »Die Zeit« (1839) sowie beim Druck von W. Weitlings erster Programmschrift *Die Menschheit, wie sie ist und wie sie sein sollte* (Paris 1838). Nach K. Schappers Ausweisung aus Frankreich (Herbst 1839) und W. Weitlings Weggang in die Schweiz (Frühjahr 1841) stand M. zusammen mit H. Ewerbeck dem Bund vor, dem sie die verschiedensten ideologischen Einflüsse aus dem französischen und deutschen Sozialismus/Kommunismus zu vermitteln suchten. Während der Revolution 1848/49 hielt er sich mehrmals in Deutschland auf, u.a. in Bensberg und Frankfurt a.M. In Paris wirkte er mit Ewerbeck im Deutschen Verein und organisierte die Verbreitung der »Neuen Rheinischen Zeitung«. Im Nov. 1851 wurde M. im Zuge der Kommunistenverfolgungen in Frankfurt a.M. festgenommen, als französischer Staatsbürger (seit 27. 10. 1843) jedoch Mitte Jan. 1852 wieder freigelassen. Er mußte aber auch bald Paris verlassen, da die bonapartistische Polizei und Justiz ähnlich wie in Deutschland Prozesse gegen deutsche Kommunisten zu initiieren begann (Feb./März 1852). M. hielt sich einige Jahre als Lehrer und Journalist in der Schweiz auf, arbeitete u.a. am »Schweizer Volksblatt« (Zürich 1854/55) mit, bis er im Herbst 1857 nach Paris zurückkehrte. Seit 1858 Deutschlehrer an verschiedenen Gymnasien in West- und Mittelfrankreich sowie bei Paris. In 70er Jahren Mitarbeit an dem vom Internationale-Mitglied E. O. Weller gegründeten »Sonntagsblatt für Unterhaltung und Belehrung« und der »Mühlheimer Zeitung«, in der er für die eigene Legende sorgte (angebliche Promotion in Berlin; Hauslehrertätigkeit am Hofe Napoleon III., Leitung des Pariser Schulwesens; Titel nie verfaßter Bücher u.a.). 1874 Verdienstmedaille (Officier de l'instruction publique); 1879 wegen beruflicher Unfähigkeit pensioniert. Beisetzung in seiner Vaterstadt.

Mit Hilfe des Setzers und Geächteten-Führers A. N. Gummen hatte M. seine erste Gedichtsammlung, *Lyrische und dramatische Dichtungen* (Paris 1836), veröffentlicht, die er als *Poetische Lehrjahre* (Paris 1837) erweiterte und neu druckte. M. lieferte seichte Gedichte und Aufsätze an viele Periodika der Emigration: »Hülferuf der deutschen Jugend« (1841/42), Pariser »Vorwärts!« (1844), »Deutscher Steuermann« (1845/46), »Deutsche-Brüsseler-Zeitung« (1847); er gab selbst die »Blätter der Zukunft« (1845/46) und »Pariser Horen« (1847) heraus. 1851 veröffentlichte er bei Lizius in Frankfurt a.M. die *Anthroposophie oder Menschenweisheit. Ein Beitrag zur Lösung der politischen, sozialen und pädagogischen Fragen der Zeit.* Trotz zahlreicher politischer und poetischer Schriften zeichnete sich M. weder durch ein besonderes Maß an künstlerischer Begabung noch durch originelle Gedanken aus. Und obwohl ihn z.B. Weitling für seine Verdienste um die Verbreitung des kommunistischen Prinzips lobte, war er eigentlich nie wirklich Kommunist gewesen. Theoretisch ging er über einen aufgeklärten Kosmopolitismus nicht hinaus. Er ist jedoch bedeutsam als Zeuge der Epoche wie als aktiver Demokrat und kultureller Vermittler.

W. W.: Briefe vom Lande, Paris 1839; Politische Briefe aus Berlin, Paris 1840; Verschmähte Blätter und Blüten, Paris 1842; Briefe aus der Einsamkeit, Paris 1843; Das Weltdrama, Zürich 1844; Gedichte und Gedanken eines Deutschen in Paris, Zürich 1844; Ein Buch für Leute, die denken, Zürich 1845; Herzensergießungen, Leipzig 1847; Für's Leben. Ein Geschenk für gebildete Leser und Leserinnen, Schaffhausen 1860; Sursum corda, oder Erhebet eure Herzen, Paris/Zürich 1868; L'Allemand réduit aux règles les plus simples. Nouvelle grammaire raisonée de la langue allemande (zus. mit L. Vallée), Paris 1880; Der neue Eulenspiegel, wie er für unsere Zeit paßt, in deutschen Reimen abgefaßt, Paris 1882.

Jacques Grandjonc

Mehring, Franz Erdmann

Geb. 27. 2. 1846 in Schlawe (heute Slawno, Republik Polen); gest. 28. 1. 1919 in Berlin

Aus protestantischem Elternhaus; Vater preußischer Offizier und Steuerbeamter; 1866 Abitur am Gymnasium in Greifenberg (Gryfice); wollte ursprünglich Pfarrer werden. Studierte 1866/70 klassische Philologie in Leipzig und Berlin. Kam 1869 in engen Kontakt zu den radikalen Demokraten um J. Jacoby und G. Weiß in Berlin. Abbruch des Studiums, trat in die Redaktion des von Weiß geleiteten Wochenblatts »Die Zukunft. Zeitschrift für Politik und Literatur« ein. Weltanschauung und journalistischer Stil wurden hier dauerhaft geprägt. Begann sich mit den Schriften F. Lassalles zu beschäftigen. 1871/73 Berichterstatter für das Oldenbergsche Korrespondenzbüro, Feuilletonredakteur der nationalliberalen »Spenerschen Zeitung« und bis 1875 Mitarbeit an der Wochenzeitung »Die Waage«. 1874/75 Berliner Korrespondenzen für die bedeutende liberale, von L. Sonnemann geleitete »Frankfurter Zeitung«. Mitte der 70er Jahre haben sich M.s sozialpolitische Grundüberzeugungen voll ausgebildet. Die Hoffnung auf die Selbstemanzipation des Menschen verbindet sich mit dem Bekenntnis zur Demokratie und der Forderung nach einer durchgreifenden Sozialreform. Dadurch soll das niedrige Lebensniveau der Arbeiter gehoben werden, das seinerseits die allgemeine und gleichmäßige Kulturentwicklung aller Glieder der Gesellschaft verhindere. Später, beim marxistischen M., wird zur Verwirklichung dieser Ziele die soziale Revolution gefordert. In der 1875 verfaßten Kampfschrift *Herr von Treitschke der Sozialistentöter* (Leipzig) bekundet M. erstmals seine Sympathie für die Sozialdemokratie. 1876 kommt es zum Bruch mit Sonnemann, den M. öffentlich wegen »Preßbeteiligung« an wirtschaftlichen Unternehmungen der Gründerzeit anklagte. In diesem Kampf gegen die Korruption (»Manchestertum«) der Presse unterstützte ihn die Sozialdemokratie nicht. Deshalb, aber vor allem weil M., beeindruckt von Bismarcks Erfolgen, seine sozialpolitischen Vorstellungen durch eine Sozialreform von oben, in der Art des Staatssozialismus der Kathedersozialisten zu verwirklichen trachtete, rückte er von seiner prosozialistischen Haltung wieder ab. Schrieb in den folgenden Jahren vor allem für die regierungstreue nationalliberale Presse. 1877 erschien seine weitverbreitete, mit schärfsten Angriffen gegen die Sozialdemokratie und ihre Führer durchsetzte antisozialistische Darstellung *Zur Geschichte der deutschen Sozialdemokratie. Ein historischer Versuch* (Magdeburg, neue erw. Aufl. 1878 und 1879, 1880 in einer Aufsatzfolge im ersten deutschen illustrierten Massenblatt, der »Gartenlaube«), wodurch er derjenige bürgerliche Schriftsteller wurde, »der am meisten von den Sozialdemokraten gehaßt wurde« (K. Kautsky, 1903). Promovierte 1882 mit dieser Schrift »sine examine« an der Leipziger Universität, obwohl er innerlich bereits von ihr abgerückt war. M. begriff die Erfolglosigkeit einer konsequenten Sozialreform von oben, anerkannte die politische Rolle der Arbeiterklasse für die Durchsetzung ihrer sozialen Emanzipationsziele und kritisierte mit zunehmender Schärfe das zunächst befürwortete Sozialistengesetz. 1884 Mitarbeit an der liberalen Berliner »Volks-Zeitung« (ab 1889 faktisch ihr Chefredakteur), die zur Zeit des Sozialistengesetzes das schärfste bürgerliche Oppositionsblatt war. Sein 1888 in der NZ veröffentlichter Aufsatz über R. Schweichel macht die Annäherung M.s an die Sozialdemokratie deutlich. In der Aufsatzfolge *Die Hohenzollern und die Revolution* (in: »Volks-Zeitung«, 13. 10./17. 11. 1889) bekannte sich M. zur materialistischen Geschichtsauffassung. Entscheidender Anstoß für den 45jährigen, sich endgültig der Sozialdemokratie anzuschließen (Parteieintritt 1891), war 1890 der »Fall Lindau«. Auch hier klagte M. die Korruption in der Presse und am Theater an. Er wurde daraufhin von den Aktionären der »Volks-Zeitung« auf die Straße gesetzt, schrieb 1891 die glänzende, den Fall analysierende Streitschrift *Kapital und Presse* (Berlin 1891) und ging im Frühjahr 1891 auf das Angebot von J. W. Dietz und

Kautsky zur Mitarbeit an der NZ ein. Ihr galt über 20 Jahre seine Hauptarbeit: wöchentlich schrieb er, zunächst anonym, den politischen Spitzenartikel, verfaßte Theaterkritiken und Rezensionen; 1892 erschien in Fortsetzungen die *Lessing-Legende* (Stuttgart 1893), 1908/13 leitete er das Feuilleton der NZ. Beginnend mit der *Lessing-Legende* beschäftigte er sich in den folgenden historischen Arbeiten mit der »preußischen Ecke der deutschen Geschichte« (F. Engels). 1892/95 Vorsitzender der »Freien Volksbühne« und Herausgeber ihrer Monatsschrift. 1893/98 erarbeitete er die neue vierbändige *Geschichte der Sozialdemokratie* (Stuttgart 1897/98), ursprünglich als Teil der von Dietz, E. Bernstein und Kautsky geplanten Geschichte des internationalen Sozialismus gedacht. Im Anschluß an Kautsky setzte er sich ab 1897 mit Bernsteins Revisionismus auseinander. 1902 vierbändige Edition des Nachlasses von K. Marx und F. Engels (Bd. 4 enthielt die Briefe Lassalles an Marx). In seinen »Sozialistischen Neudrucken« edierte er u.a. W. Weitling, W. Wolff und A. Labriola. 1902/07 Chefredakteur der »Leipziger Volkszeitung«, die unter seiner Leitung eine der besten sozialdemokratischen Arbeiterzeitungen wurde und die deutschen Linken organisieren half. Ab 1906 im Zentralbildungsausschuß der SPD, bis 1911 neben R. Luxemburg einer der anerkanntesten Lehrer an der Berliner Parteischule. Widmete einen beträchtlichen Teil seines publizistischen Schaffens biographischen Darstellungen. Seine Schiller-Biographie (Leipzig 1905) und die Heine-Biographie als Teil einer zehnbändigen Heine-Ausgabe (Berlin 1911) sind, so der Untertitel der Schiller-Biographie, »Lebensbilder für deutsche Arbeiter«. Ähnliches gilt für die während der Kriegsjahre geschriebene, nach langen Zensurschwierigkeiten 1918 erschienene große Marx-Biographie (*Karl Marx. Geschichte seines Lebens*, Leipzig 1918), die erste in der Geschichte der Arbeiterbewegung überhaupt. 1912 begann M.s Konflikt mit Kautsky und sein Streit mit dem Parteivorstand über den Umgang mit dem Marxschen Erbe und über die Rolle des Parlamentarismus. Er wurde zunächst aus der Redaktion der NZ, dann aus seiner Stellung als Leiter des Feuilletons, schließlich 1913 mit R. Luxemburg und J. Marchlewski auch aus der »Leipziger Volkszeitung« verdrängt; gründete mit beiden die »Sozialdemokratische Korrespondenz« und im Frühjahr 1915 »Die Internationale«, deren einziges erschienenes Heft zum Banner der Linken und der späteren Spartakus-Gruppe wurde. Als 70jähriger Aug./Weihnachten 1916 in »militärischer Schutzhaft«. Kandidierte 1917 an Stelle des inhaftierten K. Liebknecht erfolgreich für den Preußischen Landtag. In der Artikelserie *Die Bolschewiki und wir* (in: »Leipziger Volkszeitung« [Zentralorgan der USPD], Mai/Juni 1918) analysierte er die Bedeutung der Oktoberrevolution. Die Räteregierung ernannte ihn 1918 zum ordentlichen Mitglied der Sozialistischen Akademie der Gesellschaftswissenschaften der RSFSR. Kurz vor seinem Tode wurde M. zum Mitbegründer der KPD.

Franz Mehring
Zeichnung von Felixmüller

M.s Parteinahme für die Arbeiterklasse war von der Überzeugung diktiert, daß sie die einzige zukunftsweisende Kraft der Gesellschaft sei und aller politische und kulturelle Fortschritt, alle Emanzipation, Humanisierung und Demokratisierung nur noch von dem organisierten Proletariat ausgehen könne. Als Historiker und Journalist, der sich im Dienst der Sozialdemokratie und ihrer Partei begriff, sind seine historischen und publizistischen Arbeiten unmittelbar auf die soziale und kulturelle Emanzipation der Arbeiterklasse bezogen. Sie sind primär praktischer und propagandistischer Natur, ihr Adressat sozialdemokratische Arbeiter und Intellektuelle, nicht die bürgerliche Wissenschaft. Dieser Bezug gibt allen seinen Arbeiten einen klassenpädagogischen Charakter. Das gilt auch und insbesondere für seine dreijährige Organisationsarbeit als Leiter der »Freien Volksbühne«. Die Absicht, eine Spezialdisziplin marxistische Literaturwissenschaft zu begründen, lag ihm fern. Wohl aber ist M. der erste, der in breit angelegten Analysen den historischen Materialismus auf die Literatur anwandte; er wurde damit zum Nestor einer marxistischen Literaturbetrachtung. In der *Lessing-Legende* benutzt M. den historischen Materialismus und die marxistische Ideologiekri-

tik für die Sezierung der Legende von der nationalen und kulturellen Sendung der Hohenzollern, deren literarhistorisches Kernstück die These vom angeblich engen Zusammenhang der Politik Friedrich II. und der Blüte der klassischen deutschen Literatur in der Lessing-Monographie des Scherer-Schülers E. Schmidt ist. Diese Legende sei Teil der bis in die Arbeiterbewegung hinein wirksamen preußisch-deutschen Reichsideologie und ein Ausdruck des nach 1848 erfolgten, nach 1871 zementierten Klassenkompromisses zwischen Adel und Bürgertum. Mit ihr beruhige das liberale Bürgertum sein schlechtes Gewissen wegen der Absage an die ehemaligen Ideale und rechtfertige seine politische Kapitulation vor dem Junkertum. M. lieferte eine kritische Lesart preußischer Geschichte und markierte den historischen Platz und die soziale Funktion der klassischen deutschen Literatur, die diese für die Arbeiterklasse hat. Mit der Destruktion der Legende beabsichtigte er, die Arbeiterklasse auf dem Gebiet der Geschichtsschreibung wie dem der Literaturgeschichtsschreibung aus der Bevormundung durch die liberale Bourgeoisie zu lösen und ihren Anspruch auf kulturelle Selbständigkeit geltend zu machen. Charakteristisch für sein Konzept von Literaturgeschichte ist das sich in der *Lessing-Legende* zeigende Doppelinteresse an der sozialen Funktion von Literatur und Kunst einerseits, an deren in der Epoche liegenden sozialen Grundlagen andererseits. Die Verbindung zwischen beidem geschieht bei M. wie bei anderen Theoretikern der II. Internationale mittels einer relativ direkten Ableitung der literarischen und künstlerischen Formen und Inhalte aus den ökonomischen und sozialen Zuständen der Epoche. Dem entspricht, daß sich M.s literaturgeschichtliche Arbeiten insgesamt zwischen den Polen einer sozial- und kulturgeschichtlichen Betrachtung einerseits und biographischen Darstellung andererseits bewegen. Beide von M. bevorzugten Darstellungsarten deuten auf sein primäres historisches Interesse und auf seine Geringschätzung von Erkenntnistheorie und Ästhetik. Auch über den Sinn von Methoden-Diskussionen äußerte er sich höchst skeptisch. Sie liefen darauf hinaus, »die Sense auf den Amboß (zu) legen, um Scharten in sie zu hämmern, statt mit ihr die wogende Ernte zu schneiden« (*Kant, Dietzgen, Mach und der historische Materialismus*, in: NZ, 1909/10, Bd. 1, S. 173-183). Seine zahlreichen biographischen Miniaturen belegen sein literarisches Talent. Die Vorliebe für die Biographie erklärt auch den Hang M.s zur »Rettung« von historischen Personen, an denen er die moralische Integrität hervorhob und von denen er meinte, daß sie aus politischen Gründen vergessen oder der offiziellen Parteigeschichtsschreibung geopfert werden könnten: vor allem J. B. Schweitzer, Lassalle, F. Freiligrath, aber auch die »wahren«, Katheder- und Staatssozialisten. Obwohl M. die geplante Gesamtdarstellung deutscher Literaturgeschichte nicht ausgeführt hat, liefern seine verschiedenen Beiträge das Gerüst einer historisch-materialistischen Literaturgeschichte von der Aufklärung bis zum Naturalismus. In diesen Zusammenhang gehört auch der weitverbreitete, aus dem Unterricht an der Parteischule erwachsene nationalhistorische Abriß *Deutsche Geschichte vom Ausgang des Mittelalters* (Berlin 1910). M.s weltanschauliche und politische Überzeugungen werden von seinem engen Verhältnis zur klassischen deutschen Literatur entscheidend geprägt. Da die revolutionären Ideale von der liberalen Bourgeoisie verraten worden seien, komme es der Arbeiterklasse zu, diese aufzunehmen, sich anzueignen, mit eigenen Idealen zu verbinden und sie im proletarischen Emanzipationskampf zu verwirklichen. In dieser Hinsicht in der Tradition Lassalles stehend, propagierte M. ein Bündnis zwischen Arbeiterklasse und klassischer deutscher Literatur, Philosophie und Wissenschaft. Seine persönlichen Anschauungen treffen sich mit dem Bildungskonzept der revolutionären deutschen Sozialdemokratie. Der Gedanke einer sozialistischen Klassik-Nachfolge wurde zu einer Leitlinie sozialistischer Kulturpolitik in der DDR. Diese Hochschätzung der Klassik und die direkte Verbindung von Arbeiterklasse und klassischer Literatur hatte zur Folge, daß in den von M. propagierten und von der Arbeiterbewegung praktizierten Erbebeziehungen vorrangig das soziale Pathos rezipiert wurde (vgl. die am Schluß der Schiller-Biographie formulierte emphatische Beziehung zu Schiller). Das in der sozialistischen Kunstproduktion wie -rezeption dieser Zeit praktizierte Pathos ist Ausdruck einer ästhetischen Überhöhung, die aus dem Widerspruch zwischen der realen Lage des Proletariats und seinem universellen historischen Anspruch folgt. Das soziale Pathos der klassischen Literatur bezog M. funktional und in klassenpädagogischer Absicht auf die politische und emotionale Disposition von proletarischen Individuen für im Klassenkampf notwendige Haltungen. Neben literaturgeschichtlichen und biographischen Arbeiten ist M.s literaturkritische Tätigkeit hervorzuheben, die aus der praktischen Volksbühnen-Arbeit und seiner Verantwortlichkeit für das Feuilleton der NZ erwuchs. Eine relativ große Zahl von Kritiken ist der Gegenwartsliteratur gewidmet, obwohl er zu ihr ein eher distanziertes Verhältnis hatte. Das gilt sowohl für die sozialistische wie für die bürgerliche zeitgenössische Literatur. Zur sozialistischen Literatur seiner Zeit hatte M. ein distanziertes Verhältnis, weil er große Skepsis hinsichtlich ihrer Wachstumsmöglichkeiten und Breitenentwicklung vor der sozialistischen Revolution hegte (↗ Sperber-Debatte). Als Austragungsort der Emanzipation der Arbeiterklasse (hierin unterscheidet sich nach M.s Auffassung der Aufstieg des Proletariats von dem der bürgerlichen Klasse im 18. Jh.) sieht er die politischen, sozialen und ökonomischen Kämpfe an, nicht aber die eigene Kunstproduktion. Intensive Anstrengungen auf eine Kunstproduktion des Proletariats zu verwenden, berge

zudem die Gefahr, von den eigentlichen Zielen des Kampfes abzulenken. Eine neue Blüte der Kunst wird erst von der vollendeten sozialen Revolution und vom sozialistischen Zukunftsstaat erwartet. Außer dem Naturalismus kommt auch die zeitgenössische bürgerliche Literatur bei M. nicht vor. Am Naturalismus jedoch forderte ihn soziale Thematik und sozialistischer Anspruch heraus. M.s Naturalismus-Auseinandersetzung (besonders in *Kapital und Presse*, a.a.O.; *Etwas über Naturalismus*, in: »Die Volksbühne«, 1892/93, H. 2; *Der heutige Naturalismus*, ebd., H. 3; *Kunst und Proletariat*, in: *Geschichte der Sozialdemokratie*, 2 T., Stuttgart 1898; *Ästhetische Streifzüge*, in: NZ, 1898/99, Bd. 1) geschah fast ausschließlich unter dem thematischen und ideologiekritischen Gesichtspunkt, ob und wie sich die Arbeiterklasse und ihr Kampf um soziale Emanzipation dort spiegeln. M. sah im deutschen Naturalismus (den skandinavischen, französischen und russischen nimmt er ausdrücklich aus, weil sie weit über dem deutschen ständen) zwei Linien: eine Linie, die im demokratischen und sozialen Boden wurzele und eine, die mit dem Kapitalismus und seinem Verfall zu tun habe. In der Auseinandersetzung mit der zweiten Linie setzte M. seinen Kampf gegen das »Manchestertum« in der Literatur (P. Lindau, O. Brahm) fort und kritisierte den nietzscheanischen Individualitäts- und Originalitätskult (M. Harden). In der ersten Linie sah er G. Hauptmann verwurzelt. Dessen Stücke *Die Weber* und *Der Biberpelz* bedachte er mit großem Lob. Die neuromantische Wendung Hauptmanns (*Hanneles Himmelfahrt* und *Die versunkene Glocke*) registrierte er mit großer Enttäuschung, bemühte sich aber weiter um ihn bis zum Jahre 1913. Für das sozialdemokratische Verhältnis zur bürgerlichen Moderne war der »Fall Hauptmann« exemplarisch. Er markierte die Grenze, über die M. u.a. nicht hinausgingen: Th. Fontane, Th. Mann, der Expressionismus lagen jenseits dieser Grenze. Dieses Moderne-Verdikt wurde von einer aus der materialistischen Geschichtsauffassung hergeleiteten Dekadenz-Theorie entwickelt. Auf- und absteigende Klassen hätten jeweils die ihnen entsprechenden auf- und absteigenden Literaturen. Den Naturalismus sah M. als typische Abstiegsliteratur an, mit der »feudalen Romantik« vergleichbar: beide seien künstlerischer Ausdruck einer absterbenden Gesellschaft (vgl. *Ästhetische Streifzüge*, a.a.O.).

Eine unkritische und verflachende Nachfolge hat M. zunächst in der Literaturgeschichtsschreibung der SPD in der Weimarer Republik gefunden (A. Kleinberg). Eine Phase produktiver Auseinandersetzung begann Ende der 20er Jahre, als sein Nachlaßbetreuer E. Fuchs mit der Ausgabe seiner Schriften begann und den befreundeten A. Thalheimer zur Mitarbeit einlud. Der Faschismus verhinderte die Fertigstellung dieser Ausgabe (*Ges. Schrn. und Aufse. in Einzelausg.*, Bde. 1–5 und 12, Hg. E. Fuchs, Berlin 1929/33). Unter dem Eindruck des Kampfes gegen den Trotzkismus, gegen die »menschewistischen Reste« bei den deutschen Linken (Brief J. W. Stalins an die Zs. »Proletarskaja Rewoljuzija«, 1931) sowie gegen den »Rechtsopportunismus« der Gruppe um G. Brandler und Thalheimer begann Anfang der 30er Jahre eine politisch motivierte Kampagne schärfster Kritik M.s und der Herabwürdigung seines Erbes. K. A. Wittfogel (in: »Roter Aufbau«, 1932, H. 3/4) und K. Sauerland (*Der dialektische Materialismus*, Berlin 1932) setzten sich weit unter Niveau mit M. auseinander. G. Lukács' großer Aufsatz über M., 1933 als Einleitung für die nicht realisierte russische Mehring-Ausgabe geschrieben, gehörte mit seinen überscharfen ideologiekritischen Wertungen gleichfalls in diesen politischen Zusammenhang, geht darin allerdings nicht auf. Lukács setzte sich von der »Mehring-Etappe« marxistischer Literaturwissenschaft ab und forderte, eine erkenntnistheoretisch fundierte marxistisch-leninistische Ästhetik und eine materialistische Widerspiegelungstheorie, die mit Mehrings Konzept nicht zu leisten seien. Der Lukácssche Aufsatz (1954 unverändert neugedruckt) schrieb das Mehring-Bild fest und hat erst Ende der 50er Jahre, nachdem nun Lukács politisch geächtet worden war, vorsichtige Korrekturen erfahren. Ab 1960 konnten auch M.s *Gesammelte(n) Schrifte(n)* (Hg. Th. Höhle/H. Koch u. a., Vorw. W. Pieck, 16 Bde., Berlin 1960/65) erscheinen.

Ausg.: Aufsätze zur deutschen Literaturgeschichte, Hg. H. Koch, 4. Aufl. Leipzig 1972; Werkauswahl in 3 Bdn., Hg. F. J. Raddatz, Darmstadt/Neuwied 1974/75. – *Lit.:* W. Schupp, Bibl. der Veröff.en von und über F. Mehring, Potsdam 1980; K. Kautsky: F. Mehring und die deutsche Sozialdemokratie. Ein Beitrag zur Parteigeschichte, (als Manuskript. gedr.), o. O. 1918; G. Lukács: F. Mehring, in: Beiträge zur Geschichte der Ästhetik, Berlin 1954; Th. Höhle: F. Mehring. Sein Weg zum Marxismus 1869–1891, 2., verb. und erw. Aufl., Berlin 1958; H. Koch: F. Mehrings Beitrag zur marxistischen Literaturtheorie, Berlin 1959; J. Schleifstein: F. Mehring. Sein marxistisches Schaffen 1891–1919, Berlin 1959; G. Fülberth: Proletarische Partei und bürgerliche Literatur, Neuwied 1972; K.-M. Bogdal: F. Mehring als Literaturkritiker, in: Bogdal/Plumpe/ Lindner: Arbeitsfeld materialistische Literaturtheorie, Frankfurt a. M. 1975; A. Laschitza: F. Mehring – ein Lehrmeister der marxistischen Biographie, in: BzG, 1976, H. 1; H. Koch: F. Mehring, in: Positionsbestimmungen, Leipzig 1977; M. Kramme: F. Mehring – Theorie und Alltagsarbeit, Frankfurt a. M./New York 1980.

Dieter Kliche

Meißner, Alfred

Geb. 15. 10. 1822 in Teplitz (heute: Teplice, Tschechien); gest. 29. 5. 1885 in Bregenz

1840/46 Medizinstudium in Prag, Spitalarzt. Seit 1846 in Leipzig. Seine *Gedichte* (Leipzig 1845) und das Versepos *Zizka* (Leipzig 1846) über den gleichnamigen böhmischen Freiheitshelden, das in Österreich sofort verboten wurde, wiesen ihn bereits als ambitionierten politischen Dichter aus. Wegen drohender Verhaftung 1847 Flucht nach Paris, wo er engen Kontakt zu H. Heine pflegte (*Heinrich Heine. Erinnerungen von Alfred Meißner*, Hamburg 1856). Ende 1847 Rückkehr nach Böhmen. 1848 Mitglied des böhmischen Nationalausschusses und Abgeordneter der äußersten Linken des Frankfurter Nationalparlaments; enttäuscht von Parlamentsarbeit und dem Revolutionsverlauf 1849 wieder nach Paris. Politisch immer stärker resignierend, wurde er, fortan vor allem in Karlsbad und ab 1868 in Bregenz lebend, ein Anhänger konservativer national-preußischer Vorstellungen.

Seit seinen *Gedichten* von 1845, die in pathetischer Manier zum Freiheitskampf aufriefen, war M. als ›wahrsozialistischer‹ Dichter stigmatisiert. Agressive, scharfe Töne fand M. immer dann, wenn er elementare Menschenrechte verletzt sah und soziale Benachteiligungen anprangerte. So z. B. in seiner politisch wohl radikalsten Schrift *Revolutionäre Studien aus Paris* (Frankfurt a. M. 1849). Unter kritischer Verarbeitung der Ideen des französischen Frühsozialismus gab M. hier die erste umfassende Darstellung der revolutionären Prozesse in Frankreich und warnte vor der Gefahr, mit der Neuetablierung eines bürokratischen Staatsapparates nur eine Autorität durch eine andere zu ersetzen, anstatt das Volk über veränderte ökonomische Mechanismen zu wirklich selbstbestimmtem, gemeinnützigem Handeln und nicht zu einer neuerlichen Revolution zu motivieren. Mit seiner Autobiographie *Geschichte meines Lebens* (Wien/Teschen 1884) gelang M. besonders in den Abschnitten über den Vormärz und die Revolution noch einmal ein bedeutendes literarisches Zeitdokument.

Ausg.: Gesammelte Schriften, 18 Bde., Leipzig 1871/73; – *Lit.:* R. Humborg: Alfred Meißner. Eine literarhistorische Studie, Münster 1911; W. Häusler: Alfred Meißner. Ein österreichischer Dichter zwischen Revolution und Reaktion, in: Jb. des Instituts für deutsche Geschichte, Tel Aviv 1980, Bd. 9.

Petra Boden

Mit Hammer und Sichel

Flugschriften der Kommunistischen Jugend Deutschlands bzw. (ab Nr. 6) Agitationsspiele des KJVD. Erschienen als Bühnentext-Reihe für Verbandsveranstaltungen im Verlag »Junge Garde« Berlin 1921/27. Die ersten Stücke (1921/22, o. J.) beruhen noch auf einfacher allegorischer Grundsituation. In Georgis (d. i. E. Hoernle) *Arbeiter, Bauer und Spartakus* (Nr. 1) werden Bauer und Arbeiter durch Junker und Fabrikanten aufeinander gehetzt. Auf Hilferufe des von allen

Seiten bedrohten Arbeiters erscheint als Symbolgestalt Sparta-kus, schleudert die Widersacher des Arbeiters beiseite und lehrt den Bauern, sich mit dem Arbeiter zu verbünden. In O. Müllers *Der Wagen. Beinahe ein Putsch aus dem Leben junger Proletarier* (Nr. 2) versagen einem schmächtigen Jungarbeiter die Kräfte, als er einen schweren Handwagen bergan ziehen soll. Während er von bürgerlichen Passanten beiläufig getröstet oder barsch zurechtgewiesen wird, helfen ihm spontan zwei KJ-Mitglieder (durch eine KJVD-Gruppe Sept. 1926 in Berlin und eine koreanische Gruppe 1932 in Japan aufgeführt). Ein grundlegender methodischer Neuansatz erfolgte mit *Roter Rummel* 1 und 2 (Nr. 3 und 4). Mit der von der KPD 1925 angestrebten Wende in der Massenarbeit hatte sich auch der KJVD kritisch mit seiner bisherigen Versamm-lungspraxis auseinanderzusetzen, vom ermüdenden Referatstil abzukommen und sich auf psychologische Besonderheiten und Bedürfnisse der Arbeiterjugend einzustellen. E. Piscators *Revue Roter Rummel* bot hierfür ein ausbaufähiges Konzept an. Kennzeichnend für die Rezeption durch den KJVD und die Entwicklung in Richtung Agitproptheater waren: die Einheit von »künstlerischer« Darbietung (als Mittel, nicht Zweck) und Referat bzw. Diskussion, größtmögliche Aktualität bis hin zu laufender szenischer Veränderung und Improvisation, der da-von mitbestimmte Rückgriff auf einfache, politisch aktive Mitglieder anstelle von Schauspielern bzw. deren Epigonen in Theatervereinen, direktes Mitspiel des Zuschauers und hohe Mobilität. Der in Vorbereitung des 11. Internationalen Jugend-tages (6. Sept. 1925) entstandene 1. KJVD-Rummel hatte die Themen: geplante Einführung der Arbeitsdienstpflicht für Ju-gendliche, Annahme der Schutzzölle im Reichstag und die als Bedrohung der Sowjetunion empfundenen Verhandlungen über einen »Sicherheitspakt« zwischen England, Frankreich und Deutschland. In insgesamt 16 Vorstellungen 25. Aug./5. Sept. 1925 in Berliner Stadtbezirken wurden 15000 Zuschauer erreicht. Am Text arbeiteten u.a. C. Blenkle - kurz darauf zum Vorsitzenden des ZK des KJVD gewählt - und R. Schwarz - Redakteur der »Jungen Garde« - mit. Regisseur war H. Rothzie-gel, späterer Leiter der »Roten Raketen«, der führenden Agit-proptruppe auf der Linie des politisch-satirischen Kabaretts (1929 schloß sich ihr Kern der KPD/Opposition an, was auf Betreiben orthodoxer Parteikräfte zur Ausgrenzung aus dem ATBD führte). Der 2. KJVD-Rummel wurde u. d. T. *Locarno* vom 14./19. Dez. 1925 gezeigt. In die Druckfassung aufge-nommen wurden die Szenen *Wilhelm kehrt zu seinem Volk zurück (Die Fürstenabfindung)* und *Die Konferenz von Locarno*, ergänzt durch *Ausverkauf der Dawes-Republik* als Auftritt eines Straßenhändlers und das Lied *Unsere Repu-blike*. Bis auf die 1926 aufgeführte Bilderfolge *Zehn Jahre Kampf* (Nr. 5) wiesen alle weiteren Nummern von »Hammer und Sichel« einen revuehaft-satirischen Zuschnitt auf. *Schlag*

ins Kontor (Nr. 6) führte anhand proletarischer Alltagserfah-rungen die von P. Silverberg, stellvertretender Vorsitzender des Reichsverbandes der Deutschen Industrie, vertretene These vom angeblich erreichten »Fürsorgestaat« und dessen not-wendigem Abbau ad absurdum. Mit Tendenz zum aktuellen Zeitstück und demonstrativ lehrhaft, dabei oft stark simplifi-zierend, wurden in *Hände weg von China* (Nr. 7) Hinter-gründe und Methoden modernen Kolonialverhaltens freizu-legen versucht. Als »Revue« bzw. »Agitationsspiel« von der Agitproptruppe des KJVD unter M. Vallentin (erstmals Bezeich-nung »Agitproptruppe«) für den Reichsjugendtag Ostern 1927 in Hamburg erarbeitet und dort u. d. T. *Alarm - Hamburg - Schanghai!* aufgeführt, übte es einen nachhaltigen Einfluß auf die Verbreitung der Agitproptechnik aus. *10 Jahre Sowjetruß-land* (Nr. 8) stellte dem »politischen Trauerspiel« Deutschland die Umwälzungen in der UdSSR gegenüber und karikierte das Bündnis ihrer Gegner.

In der Reihe spiegeln sich zwei Entwicklungsstufen des revo-lutionären Arbeitertheaters wider: seine frühe, traditionell symbolhaft-allegorische Form und die von politischer Revue und »Rotem Rummel« ausgehende Herausbildung des Agitpro-ptheaters.

Lit.: Arbeitertheater; Ch. Hasche: Bürgerliche Revue und Roter Rum-mel. Studien zur Entwicklung massenwirksamen Theaters in den Formen der Revue in Berlin 1903-1925, Diss. Berlin 1980.

Peter Diezel

Möller, Werner (Ps. Stauffacher)

Geb. 6. 2. 1888 in Barmen; erschossen 11. 1. 1919 in Berlin

Sohn eines Schuhmachers. Früh in der Sozialdemokratie tätig. Erste literarische Arbeiten in der Barmer »Freien Presse«; weitere in der sozialdemokratischen Presse. Entschiedener Kriegsgegner; 1916 wegen Verbreitung von Flugblättern K. Liebknechts zu zwölfeinhalb Monaten Festungshaft verurteilt. Seit Nov. 1918 in den Reihen der Spartakisten; vom 6./11. 1. 1919 Schriftleiter des »Vorwärts«; als »Vorwärts«-Parlamentär mit sechs weiteren Genossen von Noske-Truppen erschossen. Die Gedichtsammlung *Krieg und Kampf* erschien postum (Chemnitz 1919, Hg. F. Harjes, graphische Gestaltung H. Vogeler).

Mit den Gedichten des Bandes *Sturmgesang* (im Selbstverlag, Elberfeld 1918) steht M. in der Tradition sozialdemokratischer Arbeiterlyrik. Er spricht von der Not der Arbeitenden, ihrer Sehnsucht nach Glück und Freiheit. Elend und Ausbeutung der Arbeiterschaft stellt er proletarischen Kampfeswillen ge-genüber. Seine Gedichte tragen häufig den agitatorischen Zug von Aufrufen, sie verkünden ein allgemeines Freiheitsideal; dadurch bewegen sich Metaphorik und Bildwahl vorwiegend in der Sphäre pathetischer Naturmetaphern (Sturmesbrausen, lieblicher Völkermai, brodelnde Glut) und traditioneller Bilder politischer und sozialer Unterdrückung (Sklave und Tyrann, Arme und Reiche). Die natursymbolischen Figurationen verweisen auf Traditionen von Klassik und politischer Vormärz-Lyrik. Nur in wenigen, z.T. balladesken Gedichten erfaßt M. die Lage des Proletariats gegenständlich und greift politische Vorgänge satirisch auf. In der poetischen Gestaltung des Verhältnisses zwischen dem von Akkordarbeit gezeichneten Arbeiter und dem Fabrikherrn (*Bergarbeiter, Bilder aus der Gießerei*) gelingt ihm konkrete Kapitalismus-Kritik. Einige Texte der Sammlung deuten voraus auf den drohenden imperialistischen Krieg (*Sedan, An die Kriegshetzer*). Nach 1914 erschöpfte sich seine Kritik des Krieges nicht in Grauensschilderungen, er attackierte den nationalistischen Siegestaumel, rechnete satirisch mit Kriegsgewinnern und der nationalen Demagogie der Volksvertreter ab, nicht zuletzt der sozialdemokratischen, und stellte die Rechtfertigung des Krieges durch die Kirche bloß. Gedichte wie *An den Reichstag* oder *Die Parlamentarier* sind vom kraftvoll fordernden Gestus eines revolutionären Agitators geprägt. In den Zsn. »Lichtstrahlen« und »Arbeiterpolitik« trat M. mit kritischen und programmatischen Artikeln als Parteigänger des linken Flügels der SPD hervor. Zeitweise hing er anarcho-syndikalistischen Vorstellungen von einer proletarischen Einheitsorganisation – jenseits von Partei und Gewerkschaft – an. Durch die Erfahrungen der Revolution erhält das Freiheitpathos seiner Gedichte neuen und konkreteren Gehalt. Der Sieg der Konterrevolution wird als Ergebnis falscher Ideologie und des Verrats (*Die deutsche Revolution*), aber auch der ungenügenden Organisiertheit der Revolutionäre erklärt. Gedichte wie *Der Kommunismus* und *Die Revolution* geben seinem Glauben an eine kommunistische Zukunft Gestalt.

Ausg.: Sturmgesang. Krieg und Kampf (Ge.), Einl. M. Dau, Berlin 1977. – *Lit.:* Illustrierte Geschichte der Deutschen Revolution (mit Foto des Dichters auf S. 288), Hg. Internationaler Arbeiter-Verlag, Berlin 1929 ; Beiträge, Bd. 3, S. 51-59.

Mathilde Dau/Red.

Mosegaard, Anna

Geb. 2. 1. 1881 in Nordhausen; gest. 26. 3. 1954 in Hadersleben

Vater Brauereiarbeiter, verstarb, als M. drei Jahre alt war. Wuchs im Waisenhaus auf, wurde 14jährig für 16 Taler Lohn im Jahr als Magd vermietet. Dienstmädchen und Tabakar-beiterin bis zu ihrer Heirat. Die Familie zog 1906 nach Hadersleben, das aufgrund des Versailler Vertrages 1920 an Dänemark fiel. War hier in der sozialistischen Bewegung aktiv. Vertrat 1919 als SPD-Abgeordnete Schleswig-Holstein in der Preußischen Landesversammlung. War eine der ersten schreibenden Arbeiterinnen. Ab 1908 erschienen ihre Beiträge in der »Gleichheit«, sie prangerte darin Frauenausbeutung und Alkoholmißbrauch an. Schrieb vor allem für Kinder und Jugendliche, ihre populären Texte spiegeln Erfahrungen der Kindheit, der Zeit als Dienstmagd und der politischen Arbeit im dänisch-deutschen Grenzland. Publizierte u. a. in: »Schleswig-Holsteinische Volkszeitung«, »Der rode Pustbud«, »Norddeutsche Volksstimme«, »Vorwärts«. Ihre zahlreichen Märchenspiele wurden in Arbeiterjugendgruppen aufgeführt und mehrfach aufgelegt, wie z.B.: *Aus dem Riesengebirge* (Leipzig 1912, 1920, 1923 [=Neue Märchenbühne Nr. 1]).

W. W.: Die Riesenspinne (M.), in: Kinderland, Berlin 1928; Tal Eden (R.), Dresden 1931; - *Ausg.:* Streik, in: Arbeiterinnen kämpfen um ihr Recht, Hg. R. Klucsarits/F. G. Kürbisch, Wuppertal 1975; Ein kleiner Held, in: Für unsere Kinder: Texte aus der Kinderbeilage der »Gleichheit« 1905-1917, Hg. H. Drust, Berlin 1986.

Heide Drust

Most, Johannes

Geb. 5. 2. 1846 in Augsburg; gest. 17. 3. 1906 in Cincinnati

Sohn eines Schreibers und fahrenden Sängers; 1863/68 Wanderschaft durch Deutschland, die Schweiz, Österreich, Ungarn und Italien; 1868 Mitglied der Züricher Sektion der IAA; schloß sich 1868 als leidenschaftlicher Lassalleaner der österreichischen Arbeiterbewegung an; wegen »Volksaufreizung« im Wiener Hochverratsprozeß 1870 zu fünf Jahren Kerker verurteilt; 1871 amnestiert und aus Österreich ausgewiesen; ab 1871 Mitglied der SDAP; übernahm zunächst die »Chemnitzer Freie Presse«, ab 1874 die Mainzer »Süddeutsche Volksstimme«; arbeitete ab 1876 an der »Berliner Freien Presse« mit; veröffentlichte Gedichte und Publizistik im »Volksstaat«, den »Socialpolitischen Blättern«, der »Waage«, der »Neuen Welt« und Parteikalendern; beschäftigte sich Anfang der 70er Jahre intensiv mit marxistischen Schriften und deren Popularisierung; *Kapital und Arbeit* (Braunschweig 1873), sein »populärer Auszug« aus dem *Kapital*, fand in der ersten und zweiten, von Marx überarbeiteten Fassung (Braunschweig 1876) große Verbreitung. M. geriet ab 1875 zunehmend in Konflikt mit der sozialdemokratischen Parteiführung, wurde Anhänger E. Dührings; 1874/77 MdR; emigrierte 1878 nach London, wo er ab Jan. 1879 die Wochenschrift »Freiheit«

herausgab: vertrat nun Positionen eines »kommunistischen Anarchismus« (Kropotkin); daraufhin 1880 Parteiausschluß; zog 1882 nach New York und blieb, u.a. in der von ihm gegründeten International Working People Association, einer der namhaftesten Anarchisten in den USA.

M. gehörte in den 70er Jahren zu den kämpferisch aggressivsten und mitreißendsten Agitatoren und Lyrikern der Sozialdemokratie. Er schrieb ab 1870 vorwiegend Texte für Kampflieder. Das wirkungsreichste seiner Lieder, *Die Arbeitsmänner* (»Wer schafft das Erz zu Tage?...«), konnte 1870 aus dem Gefängnis geschmuggelt und in der »Tagwacht« erstmals veröffentlicht werden. Der Text wurde mehrfach vertont (von A. Douai, H. Jost) und noch während der Novemberrevolution von aufständischen Arbeitern gesungen. Knappe, aufrüttelnde Formulierungen kennzeichnen hier, wie in anderen Liedtexten, M.s operativen Stil. Das rebellische Selbstbewußtsein der Arbeiter, das den Gestus seiner Lieder prägt, leitet sich für M. aus deren erheblichem Anteil an der gesellschaftlichen Arbeit her (vgl. *Die Macht der Bajonette*). Der Appell an die Solidarität und Einigkeit der Arbeiter im Kampf ist sein zentrales Motiv (z.B. *Des Volkes Wille*). Die Texte vermitteln meist den Eindruck eines unmittelbar bevorstehenden revolutionären Aufstandes. Auch in M.s *Neuestem Proletarierliederbuch von verschiedenen Arbeiterdichtern* (Chemnitz 1871, 4. Aufl. 1873) dominieren aufrührerische Kampfgesänge. Bemerkenswert ist dabei, daß er unter mehreren gängigen Refrains zu J. Audorfs *Arbeitermarseillaise* den radikalsten, aus Freiligraths *Reveille* entliehenen (...Die ganze Rebellion/ Marsch! Marsch!...), auswählt.

Das thematische Spektrum seiner z.T. umfangreichen popularwissenschaftlichen Abhandlungen zu historischen, politischen und weltanschaulichen Fragen reicht von den sozialen Konflikten im alten Rom über die sozialen Fragen der Gegenwart bis zu Überlegungen zu einer Sprache der Zukunft. Seine Publizistik sollte erklärtermaßen der »Aufklärung für die Verführten« und »Aufreizung gegen die Verführer« (die Ideologien der Herrschenden) dienen. Die »Geißel des Spotts« und die »Fackel der Wissenschaft« waren hierfür die von ihm bevorzugten Mittel (*Die Gottespest*, New York 1891, S. 17). Lakonische Knappheit, scharfer Witz und grimmiger Humor kennzeichnen auch den Stil seiner Memoiren, *Erlebtes, Erforschtes, Erdachtes* (4 Bde., New York 1903/07). Im Unterschied zu anderen führenden Sozialdemokraten deutscher Herkunft hatte die proletarische Emanzipation für M. weniger mit diszipliniertem Ringen um Organisation und Bildung, dafür aber mehr mit lustvoller und vitaler Selbstbehauptung zu tun.

W. W.: Die Pariser Kommune vor den Berliner Gerichten, Braunschweig 1875; Die Bastille von Plötzensee, Braunschweig 1876; Der

Johannes Most

Kleinbürger und die Sozialdemokratie, Augsburg 1876; Sturmvögel (Anth.), New York 1888. – *Lit.:* D. Kühn: Johann Most. Ein Sozialist in Deutschland, München 1974.

Tanja Bürgel

Motteler, Julius (Ps. Ihmis, Friedrich Weißmann)
Geb. 18. 6. 1838 in Eßlingen; gest. 29. 9. 1907 in Leipzig

Lernte nach dem Besuch des Pädagogicums Kaufmann und Tuchmacher, arbeitete 1856/59 als Buchhalter und Werkführer in Augsburg, übersiedelte 1859 nach Crimmitschau. Zusammen mit dem ihm eng befreundeten A. Bebel entwickelte er sich vom liberalen Arbeitervereinler und kleinbürgerlichen Demokraten zum marxistischen Revolutionär. Ab 1863 als glänzender Agitator, Propagandist und Organisator im westlichen Sachsen tätig, gründete er dort zahlreiche Arbeitervereine. 1867 gemaßregelt, erwarb sich M. in den Folgejahren besondere Verdienste um die Gründung und Leitung sozialdemokratischer Genossenschaften und Gewerkschaften. Als

Julius Motteler und Frau, 1893 in London

Präsident der Internationalen Gewerksgenossenschaft der Manufaktur-, Fabrik- und Handarbeiter (1869 gegründet) wirkte er unermüdlich für die soziale Gleichberechtigung der Arbeiterinnen und ihre Einbeziehung in den proletarischen Befreiungskampf. M. war einer der Mitbegründer und führenden Funktionäre der SDAP (Eisenacher), deren Parteidruckerei er in Leipzig 1874/79 leitete. Als die Partei 1871 schweren Verfolgungen ausgesetzt war, opferte er sein ganzes Vermögen und lebte jahrelang in bitterer Not. 1874/78 vertrat er den Wahlkreis Zwickau/Crimmitschau im Reichstag (später 1903/07 Leipzig), wo er sich besonders für den Schutz der Arbeiterkinder vor kapitalistischer Ausbeutung einsetzte. Seit den 70er Jahren veröffentlichte M. anonym zahlreiche Gedichte (z.B. im »Lämplein«, Hg. W. Hasenclever, im »Sozialdemokrat« u.a. *Der letzte Schlag. Neujahrsgruß 1880)* und einige propagandistische Arbeiten. 1879 übertrug ihm die Partei die Expedition und Geschäftsführung des illegalen Zentralorgans, des »Sozialdemokrat«, in Zürich. Unter seiner Leitung entstand das als »Rote Feldpost« bekannte, großartig funktionierende illegale Verteilernetz des »Sozialdemokrat« und anderer sozialistischer Literatur, das Vorbedingungen für den Sieg über das Sozialistengesetz schuf. Auf Druck Bismarcks 1888 aus der Schweiz ausgewiesen, übersiedelte der »Rote Postmeister« nach London. In England widmete er sich

vor allem dem Ausbau des unter seiner Leitung entstandenen Parteiarchivs der Sozialdemokratie und vermittelte seine politischen Erfahrungen anderen Arbeiterparteien. Aus dieser Zeit stammen Korrespondenzen und satirische Beiträge für die »Schwäbische Tagwacht« und den »Wahren Jacob«. 1901 nach Deutschland zurückgekehrt, leitete er in Leipzig Verlag und Druckerei der »Leipziger Volkszeitung«. Als Gegner des Revisionismus stand er in enger Verbindung mit C. Zetkin, F. Mehring und anderen Marxisten.

W. W.: Über die Kinderarbeit in den Fabriken (Vortrag), Crimmitschau 1872; Die Wucher-Frage, Chur 1880. – *Lit.:* C. Zetkin: Julius Motteler, in: Zur Geschichte der proletarischen Frauenbewegung Deutschlands, Berlin 1958; E. Engelberg: Revolutionäre Politik und Rote Feldpost. 1878-1890, Berlin 1959; ders.: Julius Motteler. Demokratischer Patriot und revolutionärer Sozialist, in: Gestalten der Bismarckzeit, Bd. II, Hg. G. Seeber, Berlin 1986.

Heinrich Gemkow

Mühsam, Erich

Geb. 6. 4. 1878 in Berlin; ermordet 10. 7. 1934 im Konzentrationslager Oranienburg

Sohn eines Apothekers, in Lübeck aufgewachsen; nach Druck einer Glosse im sozialdemokratischen »Lübecker Volksboten« 1896 vom Gymnasium verwiesen, bis Untersekunda in Parchim; Apothekerlehre bis 1899, ab 1901 Schriftsteller in Berlin; Anschluß an Bohemezirkel; Lebensfreundschaft mit G. Landauer; wurde rasch zum markantesten und literarisch fruchtbarsten Vertreter des deutschen Anarchismus. M.s Anschauungen verschmolzen Postulate anarchistischer Theoretiker (P.-J. Proudhon, M. Bakunin, P. Kropotkin, Landauer) mit Elementen des bürgerlichen Individualismus (M. Stirner, F. Nietzsche) zu einem kaum reflektierten »Gefühlsanarchismus«, der vor allem von Autoritätshaß und tief empfundener Verbundenheit mit den sozial Unterdrückten geprägt wurde. M. suchte der Bohemekultur einen politischen Inhalt und eine anarchistische Mission zu geben (Vorwegnahme der Anarchie durch betont antibürgerliche, vitalistische Lebensführung). Seine heftige Kritik am Reformismus und Legalismus in der SPD führte zu pauschaler Ablehnung des Marxismus und romantisierenden Hoffnungen auf eine Revolte des Subproletariats. 1904/08 Aufenthalte in Zürich, Ascona (Monte Verità), Norditalien, München, Wien, Paris; ab 1909 in München. Gründung der Gruppe Tat zwecks Agitation des Subproletariats für die Ziele des Sozialistischen Bundes; 1910 wegen Geheimbündelei angeklagt (Freispruch), fortan von der bürgerlichen Presse boykottiert. Zentralfigur der Schwabinger Boheme. Ab 1915 Ehe mit Kreszenzia (Zenzl) Elfinger (1884-1962). Kurz nach Ausbruch des ersten Weltkriegs

Versuche, mit der Gründung eines internationalen Bundes der Kriegsgegner die ideologischen Gegensätze zwischen Anarchisten, SPD-Linken, Sozialpazifisten und bürgerlichen Pazifisten zu überbrücken. Sein Scheitern führte 1916 zur Annäherung an die Positionen der Spartakusgruppe. 1916/18 Mitorganisator vorrevolutionärer Proteste und Streiks. Nach der russischen Oktoberrevolution offene Opposition zur Münchner USPD um K. Eisner. 1918 Internierung in Traunstein. Ab 7. 11. 1918 in München als populäre Leitfigur prägend für den Verlauf der Revolutionsereignisse bis zur Räterepublik; radikaler Verfechter des Rätesystems und der proletarischen Opposition gegen das Bündnis von SPD-Führung und Bourgeoisie. Am 13. 4. 1919 verhaftet; verurteilt zu 15 Jahren Festungshaft (Ansbach, Niederschönenfeld). Im Sep. 1919 Eintritt in die KPD; Austritt im Nov. 1919 nach Verkündung der »Heidelberger Leitsätze«; Entwurf eines proletarisch-revolutionären Einigungsprogramms »links von den Parteien«. Nach Amnestierung Ende 1924 nach Berlin. Mitglied der RHD; intensiver Einsatz als Redner, Publizist u.a. 1925 Ausschluß aus der Föderation kommunistischer Anarchisten Deutschlands wegen seines Bekenntnisses zur Diktatur des Proletariats und der Mitwirkung in der RHD. 1926 Austritt aus der jüdischen Gemeinde. Als Wortführer der Anarchistischen Vereinigung Mitarbeit in vielen linken und antifaschistischen Organisationen, u.a. beim ATBD, 1927/28 im künstlerischen Beirat der Piscator-Bühne. Wachsende Verbitterung über die Politik der deutschen Arbeiterparteien und der KPdSU (1929 Austritt aus der RHD). Als einer der eindringlichsten und frühesten Warner vor dem Nationalsozialismus wurde M. zunehmend Zielscheibe faschistischer Hetze. Am 28. 2. 1933 verhaftet und 16 Monate lang Mißhandlungen ausgesetzt. Seine Unbeugsamkeit wurde zum Symbol des antifaschistischen Widerstands.

M. publizierte seit 1898 Aufsätze und Gedichte vorwiegend in linken Zeitschriften. In vielfältigem Produzieren (auch als Dramatiker, Redner, Kabarettist) verbanden sich Autonomieanspruch und Sendungsbewußtsein. Während seine frühe Lyrik Einsamkeit und Weltekel in krassen, wenngleich konventionellen Bildern artikulierte, trat er in satirischen »Tendenzgedichten« (u.a. in »Der Wahre Jacob«, 1904/06) als scharfer Kritiker des Wilhelminismus und als »Tatpropagandist« hervor. In *Krater* (München 1909, Ndr. 1912) und *Wüste - Krater - Wolken* (Berlin 1914) näherten sich lyrisches und politisches Bekenntnis einander an. Vor allem von Naturalismus und Nachnaturalismus beeinflußt (A. Holz, H. Conradi, F. Wedekind, R. Dehmel), stand M. dem Expressionismus fern. Er blieb einer zweckhaften Poetik verbunden, die in Dichtung eher Mittel als Gegenstand geformten Ausdrucks sah. Bildhafte Drastik, Witz und polemische Treffsicherheit verbanden sich mit populären Sujets und liedhaften Formen zu einem unver-

Erich Mühsam
Zeichnung von Kurt Lange

wechselbaren Stil. Es gelang ihm jedoch selten, die Aufspaltung seines Talents in ›private‹ Lyrik, in Kampfdichtung und tagespolitische Satire zu überwinden, wie z.B. mit *Der Revoluzzer* (e. 1907, populär geworden in der Gesangsfassung E. Buschs). Herausgeber und Alleinautor von »Kain. Zeitschrift für Menschlichkeit« (München 1911/14 und 1918/19, Nachdr. Vaduz 1978), mit der er zur Verbrüderung der künstlerischen Intelligenz mit dem Subproletariat aufrief und der Bohemekultur einen politisch oppositionellen Inhalt geben wollte. Während des Weltkriegs ohne Publikationsmöglichkeiten, wurden seine *Tagebücher* (1910/24, unveröf.) zum wichtigsten Medium der Zeitkritik. M.s Gedichte während des Krieges (*Brennende Erde*, München 1920, Ndr. Berlin 1930) wenden sich von der verzweifelten Anklage zur Propagierung der bewaffneten Aktion gegen den Krieg (*Soldatenlied*, e. 1916). Die Kampflieder greifen auf den Gestus der Vormärzdichtung zurück und fassen das Wirken von Geschichtskräften in eine naturhafte Symbolik. Mündlich und illegal verbreitet, trugen sie bedeutend zur Formierung von Kriegsgegnerschaft und Revolutionsstimmung unter Arbeitern und Soldaten bei. *Judas. Ein Arbeiterdrama* (UA 1921, Berlin 1921) gestaltet

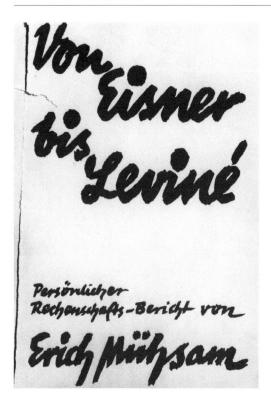

einen revolutionären Massenstreik, in dessen Verlauf der Protagonist, statt sich auf die Massen zu stützen, zur Intrige greift und wider Willen zum Verräter wird. Das Romanfragment *Ein Mann des Volkes* (e. 1921/23, in: *Streitschriften/Literarischer Nachlaß*, Ausw. u. Hg. Ch. Hirte, Berlin 1984) verbindet mit der satirischen Entlarvung eines Karrieresozialisten die an alle Linkskräfte gerichtete Warnung vor Korruption, Machtmißbrauch und organisatorischer Erstarrung. M.s literarische und politische Aktivitäten nach 1918 waren dem Ziel gewidmet, die zersplitterten Linkskräfte von der Bindung an Parteien und Gewerkschaften zu lösen und zur Revolution zu bewegen. Sein lyrisches Schaffen beschränkte sich auf satirische Gedichte und Kampflieder, die z.T. große Verbreitung fanden (z.B. *Max-Hoelz-Marsch*, e. 1920, in: *Revolution. Kampf-, Marsch- und Spottlieder*, Berlin 1925). Doch machte sich zunehmend Enttäuschung über das Ausbleiben der Revolution in einem Gestus der Beschwörung und der Schelte bemerkbar (z.B. *Mahnung der Gefallenen*, e. 1922, in: *Alarm. Manifeste aus 20 Jahren*, Berlin 1925). Die Broschüre *Gerechtigkeit für Max Hoelz!* (Berlin 1926) entlarvte mit ihrer beredten Faktendarbietung die Weimarer Klassenjustiz. Die Zs. »Fanal« (Berlin 1926/31, Nachdr. Glashütten 1973), überwiegend mit Beiträgen M.s, spiegelte die zunehmende Verhärtung seines anarchistischen Revolutionskonzepts und

politische Isolierung wider, die auch seinen meisterhaften Analysen des Verfalls der Weimarer Demokratie die Breitenwirkung entzog. *Unpolitische Erinnerungen* (in: »Vossische Zeitung«, Berlin 1927/29, BA [unvollst.], Leipzig 1931, u. d. T. *Namen und Menschen*, Leipzig 1949) bieten einen memoirenhaften, atmosphärisch dichten und faktenreichen Rückblick auf die Bohemekultur nach der Jahrhundertwende. Das Dokumentarstück *Staatsräson. Ein Denkmal für Sacco und Vanzetti* (Berlin 1928, UA 1929), verfaßt für die Piscator-Bühne, versuchte mit beträchtlichem Erfolg, die Empörung über die amerikanischen Justizmorde gegen die Weimarer Justiz zu mobilisieren. Im Volksstück *Alle Wetter* (e. 1930, in: *Streitschriften*) gestaltet M. eine anarchistische Siedlung, die durch Übergriffe des korrupten Staatsapparats in Gefahr gerät, doch dank ihrer ethischen Überlegenheit und mit Hilfe einer »Wettermaschine« obsiegt. M.s letzte Kampfschrift, *Die Befreiung der Gesellschaft vom Staat* (in: »Die Internationale«, Berlin 1932, H. 6–8), entwirft ein anarchistisches Weltbild und Gesellschaftsmodell, bleibt aber weitgehend den Aporien des »Gefühlsanarchismus« verhaftet.

W. W.: Billy's Erdengang (Kinderb., zus. mit H. H. Ewers), Berlin 1904, Nachdr. Leipzig 1982; Kain-Kalender 1912, München 1912; Kain-Kalender 1913, München 1913; Bilder und Verse für Zenzl (e. 1924), Faks. Leipzig und Düsseldorf 1975. – *Ausg.:* Gedichte. Eine Auswahl, Hg. F. A. Hünich, Berlin 1958; Eine Auswahl aus seinen Werken, Hg. N. Pawlowa, Moskau 1960: Auswahl. Gedichte, Drama, Prosa, Hg. D. Schiller, Berlin 1961; Ausgewählte Werke, Hg. Ch. Hirte, Mitarbeit R. Links/D. Schiller, 2 Bde., Berlin 1978; Gesamtausgabe, 5 Bde., Hg. G. Emig, Berlin 1978 ff.; Handzeichnungen und Gedichte, Hg. Leon Hirsch, Leipzig 1984; In meiner Posaune muß ein Sandkorn sein. Briefe 1900–1934, 2 Bde., Hg. G. W. Jungblut, Vaduz 1984. – *Lit.:* K. Mühsam: Der Leidensweg Erich Mühsams, Zürich/Paris 1935; N. Pavlova: Tvorčestvo Ericha Mjusama, Moskva 1965; H. Hug: Erich Mühsam. Untersuchungen zu Leben und Werk, Glashütten 1974; Erich Mühsam zum 40. Todestag (Aufs. und Dokumente), Berlin 1974 (= Europäische Ideen, H. 5/6); Färbt ein weißes Blütenblatt sich rot ... Erich Mühsam. Ein Leben in Zeugnissen und Selbstzeugnissen, Hg. W. Teichmann, Berlin 1978; W. Haug: Erich Mühsam. Schriftsteller der Revolution, Reutlingen 1979, erw. 1984; R. Kauffeldt: Erich Mühsam. Literatur und Anarchie, München 1983; Ch. Hirte: Erich Mühsam. »Ihr seht mich nicht feige« (B.), Berlin 1985; Schriften der Erich-Mühsam-Gesellschaft, Lübeck 1989 ff.; H. Hug/G. W. Jungblut: Erich Mühsam. Bibliographie, Vaduz 1991; H. v. d. Berg: Erich Mühsam. Bibliographie der Literatur zu seinem Leben und Werk, Leiden 1992.

Chris Hirte

Müller-Gösa, Otto (Ps. Ömu)

Geb. 18. 8. 1892 in Glösa bei Chemnitz; gest. ?

Sohn eines Stellmachers und Fuhrmanns, nach abgebrochener Tischlerlehre 1909/13 Wanderschaft; SPD-Eintritt, im Krieg 1915 schwer verwundet, ab 1916 wehrdienstuntauglich. Schloß sich dem Spartakusbund an. 1918 Gründung einer Buchhandlung in Leipzig, 1919 KPD-Mitglied, 1920 Mitglied der KPD-Bezirksleitung Westsachsens und Kulturredakteur des Hallenser »Klassenkampf«. 1922 in Wittenberg freiberuflich als Schriftsteller und Publizist. 1924 nach Berlin, 1929 Vorstandsmitglied des BPRS; 1933 Emigration in die Schweiz, 1946 Rückkehr nach Berlin, bis Mitte der 50er Jahre bei der »Täglichen Rundschau«. Siedelte Ende der 50er Jahre in die BRD über, wo sich seine Spur verliert.

Das literarische Schaffen von M.-G. ist durch ausgeprägt sozialkritisches Engagement bestimmt. Das zeigt 1913 die erfolgreiche Aufführung seines für den Dramatischen Arbeiterverein Chemnitz geschriebenen Anti-Kriegs-Stückes *Um des Friedens willen!*. Davon geprägt ist sein Kriegs-Erlebnis-Buch *Der Krieg und das Herz* (Dresden 1917). Ab 1920 zahlreiche Rezensionen, Feuilletons, Skizzen, Erzählungen, Glossen und Satiren. Ins Zentrum von Auseinandersetzungen um Gehalt und Gestalt proletarisch-revolutionärer Literatur geriet M.-G. durch seinen 1920 geschriebenen, in mehr als 20 Tageszeitungen der KPD abgedruckten, danach als Buch erschienenen Roman *Ein Arbeitermädel* (Naunheim 1926). Darin wird die schmerzhafte Desillusionierung einer jungen Näherin geschildert, die – aus kleinbürgerlich-dünkelhafter Arbeiterfamilie stammend – ihrem sozialen Los durch reiche Heirat zu entgehen hofft und erst in der Verbindung mit einem jungen Sozialdemokraten ihre Denkhaltung überwindet. Wegen der breiten Leserzustimmung verfaßte M.-G. mit *Rosa Bergers Wandlung* (Berlin 1926) eine Fortsetzung, in der die junge Frau allmählich zum Verständnis des Klassenkampfes gelangt. Da M.-G. mit seinen Romanen proletarische Leser gewinnen wollte, konzentrierte er alltägliche individuelle und familiäre Lebensprobleme in einer Handlung, die psychologisch und emotional elementaren Unterhaltungsbedürfnissen entsprach; er setzte Gestaltungsmittel der Trivialliteratur ein, um anschaulich und leicht faßbar proletarisches Klassenbewußtsein zu vermitteln. Sujet und Gestaltung besonders des ersten Romans wurden erbittert attackiert, weniger wegen vorhandener künstlerischer Schwächen z.B. der Sprachgestaltung, als vielmehr wegen fehlender klassenkämpferischer Zuspitzung. Dies und die von M.-G. zugrunde gelegte legitime Unterhaltungswirkung von Literatur wurde im BPRS nicht akzeptiert. Unter diesen Umständen kam eine sachbezogene Diskussion über tatsächliche Möglichkeiten und Grenzen solcher Art von Literatur nicht zustande.

W. W.: So könnte es gewesen sein, in: Hammer und Feder, Berlin 1955. – *Lit.*: D. Heinemann: Über unser Verhältnis zu überlieferten Wertungen im Bereich der proletarisch-revolutionären Literatur, in: WB, 1988, H. 10.

Dieter Heinemann

Müller-Jahnke, Clara

Geb. 5. 2. 1860 in Lenzen (Pommern); gest. 4. 11. 1905 in Wilhelmshagen bei Berlin

Tochter eines Landpfarrers; nach dessen Tod früh gezwungen, für sich und die Mutter den Lebensunterhalt zu verdienen; besuchte in Berlin die Handelsschule; 16jährig Buchhalterin in einer Berliner Firma; 1884 Übersiedlung nach Kolmar, in einer Volksschule tätig; ab 1889 für mehr als zehn Jahre in der Redaktion der »Zeitung für Pommern«; Mitarbeit an Zsn. wie »Deutsche Romanzeitung«, »Gesellschaft«, »Neuland«; Gedichte in sozialdemokratischen Blättern (»Neue Welt«, »Gleichheit« u.a.). Eine Erbschaft ermöglichte ihr ein Leben als freie Schriftstellerin; Heirat mit dem Maler Oskar J., der die Gesamtausgabe *Gedichte* (Berlin 1910) mit Zeichnungen versah.

M.-J. ist vor allem Lyrikerin, deren Gedichte ab 1900 auch in Buchausgaben erschienen (*Mit roten Kressen*, Stuttgart 1900; *Sturmlied vom Meer*, Stuttgart 1901). Vielfach richten sich ihre Anklage und Empörung gegen das unfreie Dasein der Frau und Lohnarbeiterin, deren Lebens- und Entfaltungsmöglichkeiten beschnitten sind. Auch auf Grund eigener Erfahrungen erklärte sie sich solidarisch mit dem Proletariat, von dessen Kampf sie auch die Befreiung der Frau erhoffte (*Genug der Qualen, Dem Kampf entgegen*). In sozialen Gedichten stellte M.-J. das Elend der in langer, kräfteverzehrender Arbeit gefesselten Proletarier dar und wies zugleich auch auf das erwachende Selbstbewußtsein der Arbeiterschaft, worauf sie ihre Zuversicht in eine sozial gerechte, befreite, glückliche Zukunft baute. Vielfach äußern sich solche Überzeugungen und Bekenntnisse im Gedicht in einer am allgemeinen Rhythmus in der Natur festgemachten Metaphorik (Erwachen von Tag und Frühling; Ruhe und Sturm; Saat und reife Frucht) und in tradierten Licht-Dunkel-Vergleichen, die emphatisch gesetzt werden. Stärker sind ihre Gedichte, wenn sie – z.T. in balladesker Form – zeitgeschichtliche Gelegenheiten ergreift, so den Crimmitschauer Textilarbeiterstreik von 1903 (*Die Ausgesperrten*), Arbeiterkämpfe in Budapest (*Der Knabe von Budapest*), die russische Revolution von 1905 (*Der 22. Januar*). In ihrer autobiographischen Prosa *Ich bekenne* (Berlin 1904) schildert sie ihren Lebensweg als Lohnarbeiterin und Frau, ihr Bekanntwerden mit der Arbeiterbewegung, die Diskreditierung der unehelichen Mutter, sie richtet sich dabei stets gegen eine bürgerliche Moral und Erziehung, die die Frau nur darauf ausrichten soll, Ehefrau und Mutter zu werden.

W. W.: Wach auf! (Gde.), Goslar 1907; Wintersaat (Gde.), Goslar 1907. – *Lit.:* F. Mehring: Clara Müller-Jahnke: Gedichte, in: Mehring: Ges. Schriften, Berlin 1961, Bd. 11; Textausgaben, Bd. 8.

Red.

Münzenberg, Willi

neu

Geb. 14. 8. 1889 in Erfurt; gest. Juni (?) 1940 in Südfrankreich

Willi Münzenberg

Sohn eines Dorfgastwirts. Nach abgebrochener Friseurlehre 1904/10 Arbeit in einer Erfurter Schuhfabrik, 1906 Eintritt in den sozialdemokratischen Arbeiterbildungsverein »Propaganda«; 1910/18 in der Schweiz aktiv im sozialistischen Jugendverband (ab Apr. 1915 Sekretär des internationalen Jugendsekretariats, Gründung der Zs. »Jugend-Internationale«), Kontakt zu Lenin, Anschluß an Zimmerwalder Linke. Als Organisator von Protestkundgebung Nov. 1917 in Haft, erneut Mai 1918; Nov. 1918 Abschiebung nach Deutschland, in Stuttgart Beteiligung an Novemberrevolution, deshalb Jan./Juni 1919 in Ulm und Rothenburg inhaftiert; Eintritt in die KPD 1919. Nach der Jugendarbeit (1919/21 Leiter des Exekutivkomitees der KJI) wichtigstes Tätigkeitsfeld in der IAH (Generalsekretär ab 1922, in Berlin Herausgeber ihrer Zs. ↗ »Der Rote Aufbau« bis 1933). Seit 1924 MdR, Mitglied des ZK der KPD seit 1927, außerdem in der Weltliga gegen den Imperialismus ab 1927, im Weltkomitee gegen den imperialistischen Krieg 1932. M. leitete Verlage (Neuer Deutscher Verlag, Kosmos-Verlag), gründete Zsn. »Sichel und Hammer«, »Magazin für Alle«, »Das Neue Rußland«, »Der Arbeiter-Fotograf« u. a., war Initiator kultureller Vereinigungen (Künstlerhilfe für die Hungernden in Rußland, Vereinigung der Arbeiterfotografen Deutschlands, Vorsitz 1927/29), einer proletarischen Buchgemeinschaft (↗ Universum-Bücherei für Alle), von Filmbetrieben (»Meshrabpom-Russ« Moskau 1924, ↗ Prometheus Film-Verleih und Vertriebs GmbH, Filmkartell »Weltfilm« GmbH). Feb. 1933 Emigration nach Paris und Fortführung der politischen (Leiter des Welthilfskomitees für die Opfer des deutschen Faschismus ab 1933, Arbeit im Ausschuß zur Vorbereitung der Volksfront ab 1935), der verlegerischen (↗ Editions du Carrefour) und publizistischen Arbeit (»Braunbücher«, Artikel für »Unsere Zeit«, »Der Gegen-Angriff«, »AIZ/ Volks-Illustrierte«, »Deutsche Information« u. a.); Sep. 1933 Organisator des Londoner Gegenprozesses zum Reichstagsbrandprozeß. Seit Mitte 1937 deuteten sich Konflikte mit der Parteiführung an, die sich publizistisch (in Zs. »Die Zukunft«, im Programm des Verlags »Sebastian Brant«, übernommen 1938) wie organisationspolitisch (Deutsche Freiheitspartei, Freunde der Sozialistischen Einheit Deutschlands) manifestierten; März 1938 Ausschluß aus dem ZK, März 1939 aus der KPD; Internierung im Mai 1940, im Juni Flucht, im Okt. im Wald von Caugnet bei Lyon tot aufgefunden. Die Umstände seines Todes sind bis heute nicht geklärt.

An der sozialistischen Literatur hatte M. Anteil als Autor mit frühen dramatischen (*Kinder der Tiefe*, Zürich 1913; *Die Kommune*, e. 1912/13) und lyrischen Versuchen (*Zum frohen Fest*, Zürich 1913 u. a.), später mit vielen Broschüren, Pressebeiträgen und besonders dem autobiographischen Buch *Die dritte Front. Aufzeichnungen aus 15 Jahren proletarischer Jugendbewegung* (Berlin 1930, Ndr. Frankfurt a. M. 1972), das die politische Sozialisation des jungen Arbeiters, die sie befördernden Menschen und Ereignisse genau beschreibt und den Bericht über politische und kulturelle Emanzipation der Arbeiterjugend in einem werbenden und streitbaren Gestus gibt. Von außerordentlicher Bedeutung war vor allem seine kultur- und literaturorganisatorische Leistung und Anregungskraft. »Die Agitation ist der Lebensnerv der Organisation« (*Agitation*, in: *Was wollte Münzenberg?* Aufse. u. Ge., Zürich 1918) war die aus Erfahrung gewonnene Maxime, die M.s Denk- und Arbeitsstil bestimmte; für die Propaganda der kommunistischen Sache die modernsten Mittel und Medien einzusetzen, war ein Beweggrund seines Wirkens, bei dem er die Kreativität vieler zu stimulieren und sie als Mitarbeiter zu gewinnen verstand. So gelang es M., vielfältige

Bedingungen für die Entwicklung der politischen und ästhetischen Kultur der Arbeiterklasse, der sozialistischen Literatur und Literaturvermittlung in den 20er und 30er Jahren zu schaffen. Die IAH und ihr Verlag bildeten den Grundstock, durch wirtschaftliche Aktivitäten M.s erweitert (u. a. »›Aufbau‹ Industrie- und Handels-AG«, 1922), für weitere Unternehmungen, die mit dem Aufbau einer materiell relativ unabhängigen Produktion, eines eigenen Distributionsapparats und eines eigenständigen Rezeptionsumfelds Grundzüge eines Systems klasseneigener Massenkommunikation trugen. M.s politische Intention bei der Nutzung visueller Mittel und technischer Medien sprach sich mit Bezug auf die erste illustrierte kommunistische Ztg., »Sowjet-Rußland im Bild«, aus: Die »Propaganda durch das Bild (Kino, Lichtbild, Plakat, Illustrierte Zeitung, Ausstellung photographischer Bilder usw.)« wirkt »in einem viel stärkeren Maße und lebendiger, stärker und überzeugender ... als das nüchterne, kalte, gedruckte Wort«. Dadurch sei es viel leichter, »Tausenden von Arbeitern die erste Anregung zum Lesen kommunistischer Schriften zu geben« (*Die Propaganda durch das Bild*, in: RF, 1922, Nr. 38). Solche Ansichten wußte M. kulturelle Praxis werden zu lassen, durch seine agile, großzügig planende, unbürokratische Art und Risikobereitschaft gewann er dafür Mitstreiter, auch viele nichtkommunistische Autoren und Fachleute. Dies erklärt sich besonders aus den eröffneten Möglichkeiten publizistischen und literarischen Produzierens auf modernstem technischem Standard in Verbindung mit den Möglichkeiten, ein Massenpublikum zu erreichen. Für die Zielstellung, das herrschende bürgerliche Kommunikationssystem zu durchbrechen, konnte M. partnerschaftliche Gemeinsamkeit von kommunistischen, sozialdemokratischen und linksbürgerlichen Kräften auf vielen Arbeitsfeldern erreichen. Die von ihm gegründeten bzw. initiierten Presseorgane wandten sich an unterschiedliche Adressaten und Bedürfnisse – illustrierte Ztg. (↗ AIZ), satirische Zs. (»Eulenspiegel/Roter Pfeffer«) u.a. Massen-Ztgn. (»Welt am Abend« 1926, »Berlin am Morgen« 1929, Chefredakteur: B. Frei, Feuilleton: F. C. Weiskopf; »Der Weg der Frau« und »Neue Montagszeitung« 1931). Sie alle enthielten vielfache Angebote an die Arbeiterleser zu literarisch-kultureller Mitwirkung; ein besonderes Verdienst von M. in diesem Zusammenhang ist die Begründung der Bewegung der Arbeiterfotografen, durch die Arbeiter zur Darstellung ihrer Erfahrungen und Sichtweisen angeregt und zugleich eine eigenständige sozialistische Publizistik fundiert wurden. Aus den vielfältigen Kombinationen von Wort und Bild (Bild-Text-Reportage, Bildgedicht u.a.) resultierte das – nicht nur innerhalb der sozialistischen Bewegung – Innovative vieler von M. angeregter Unternehmungen; ein besonders überzeugendes Beispiel dafür war das von K. Tucholsky und J. Heartfield gemeinsam geschaffene Buch *Deutschland, Deutschland über alles* (Berlin 1929). Wenn M. »roter Hugenberg« tituliert wurde, sprach darin neben der Anerkennung seines Organisationstalents vor allem kritische Abwehr seines souveränen Agierens. Dazu provozierte auch M.s Ablehnung, mit der »SPD-Bureaukratie« zusammenzuarbeiten und sein Einsatz für die Herstellung der Arbeitereinheit an der Basis. Dies äußerte er z.B. in der Diskussion »10 Jahre Republik. 10 Jahre Spaltung in der deutschen Arbeiterbewegung« mit P. Oestreich (SPD), K. Hiller und H. Dehmel und in einem »Weltbühne«-Interview (beides Sep. 1930). Schon früh sah er die Faschisten als gemeinsam zu bekämpfenden Feind der Arbeiterklasse (vgl. Zs. »Chronik des Faschismus«, 1923/24). Eine starre Haltung vertrat M. in der von ihm angeregten Aussprache in der »Welt am Abend« 1931, »Wie kämpfen wir gegen das 3. Reich? Wie schmieden wir die Einheitsfront der Werktätigen?«; sein Beitrag *Erst Klarheit, dann Einheit* war – wie damals dominant in der KPD – ein Einheitsangebot unter der Vorbedingung ideologischen Positionswechsels. Zur Zusammenarbeit M.s mit Sozialdemokraten kam es bei der Organisierung des Kongresses Das freie Wort (am 19. 2. 1933 in Berlin), der letzten großen Aktion gegen die Nazis in Deutschland. Mit viel Energie und öffentlichen Kampagnen wirkte M. für die Weiterführung sozialistischer Verlags- und Pressearbeit unter den Bedingungen des Exils und hatte Anteil am Zustandekommen von antifaschistischen Bündnissen im Zeichen der Volksfront. Das Ergebnis der Saarabstimmung, die Krise in der Volksfront ab 1936, vor allem aber die politischen Vorgänge in der Sowjetunion, besonders die Prozesse gegen alte Kommunisten, führten M. zunehmend zu Einschätzungen der internationalen politischen Lage und erforderlichen Strategien, die von der KPD-Führung abwichen und ihn andere Wege zur Bildung sozialistischer Einheit suchen ließen. Nach dem deutsch-sowjetischen Nichtangriffspakt und dem Freundschaftsvertrag trug M. öffentlich seine radikale Kritik an der Politik Stalins, der KI und der KPD vor.

W. W.: Weihnachtsglocken. Ein Büchlein für junge und alte Arbeiter und Arbeiterinnen (zus.gestellt zus. mit M. Barthel), Zürich 1913; Jung-Volk (Sch.), Zürich 1915; Die Entwicklung und der Stand der faschistischen Bewegung, Berlin 1924; Erobert den Film!, Berlin 1925; Solidarität. 10 Jahre internationale Arbeiterhilfe. 1921-1931, Berlin 1931; Die Propaganda als Waffe, Paris 1937. – *Ausg.:* Das neue Rußland. 30 Bilder nach Originalfotografien, Berlin 1922; Propaganda als Waffe (Ausgew. Schrn. 1919/40), Hg. T. Schulz, Frankfurt a.M. 1972. – *Lit.:* B. Gross: Willi Münzenberg. Eine politische Biographie, Stuttgart 1967; B. Frei: Der Papiersäbel, Frankfurt a.M. 1972; F. Dahlem: Am Vorabend des zweiten Weltkrieges. Erinnerungen, Berlin 1977; Exil, Bd. 7; R. Surmann: Die Münzenberg-Legende. Zur Publizistik der revolutionären deutschen Arbeiterbewegung 1921-33, Köln 1983; R. May: Gesellschaftliche Bewegung und Geschichte der marxistisch-leninistischen Ästhetik, Habil., Berlin 1986; Im Zeichen der Solidarität (Bibl., zus.gest. und eingel. von H. Sommer), Berlin

1986 (= Bibl. Beiträge zur Geschichte der Arbeiterbewegung, Bd. 1); T. Schlie: »Alles für die Einheit«. Zur politischen Biographie Willi Münzenbergs (1936–1940), Magister-Arbeit, Hamburg 1990; G. Paul: Lernprozeß mit tödlichem Ausgang. Willi Münzenbergs Abkehr vom Stalinismus, in: Exilforschung, Bd. 8 (1990); Willi Münzenberg. Un homme contre. Colloque International 26–29 Mars 1992 Aix-en-Provence (Konferenzbd.), Marseille 1993.

Rainhard May

Naturalismus-Debatte (ND)

Kunstdebatte auf dem SPD-Parteitag 1896, im weiteren Sinne: Debatte über die Stellung der deutschen Sozialdemokratie zum Naturalismus 1891/1896. Erste öffentliche Kunst- und Literaturdiskussion der deutschen Arbeiterbewegung, in der das Verhältnis zur zeitgenössischen bürgerlichen Literatur und Grundfragen eines sozialistischen Literaturbegriffs erörtert wurden. Zugleich Teil langjähriger Erörterungen innerhalb der deutschen Sozialdemokratie über ihr Verhältnis zur Intelligenz, berührte sie auch parteipolitische Aspekte (Abwehr von oppositionellen Gruppierungen und Einflußnahmen von außen). Beteiligt waren Funktionäre der SPD, sozialdemokratische Autoren, Publizisten, Redakteure und Parteitagsdelegierte sowie – indirekt – Vertreter des deutschen Naturalismus. Die wichtigsten Beiträge erschienen in der NZ, weitere im Parteitags-Protokoll 1896, in der »Gleichheit«, in F. Mehrings »Volksbühne« und in seiner Streitschrift *Kapital und Presse*, im »Sozialistischen Akademiker«, in regionalen sozialdemokratischen Zeitungen. Die Naturalisten meldeten sich in der »Freien Bühne für modernes Leben« und in M. G. Conrads »Gesellschaft« zu Wort. Weitere Stellungnahmen wurden u.a. im »Magazin für Litteratur« und M. Hardens »Zukunft« veröffentlicht.

Die ND stand in engem Zusammenhang mit dem politischen Kampf der sozialdemokratischen Parteiführung gegen die innerparteiliche linksoppositionelle Gruppierung der »Jungen« und den Auseinandersetzungen um die Freie Volksbühne; sie war auch geprägt durch Befürchtungen führender Persönlichkeiten der Sozialdemokratie, »Junge« und »Jüngstdeutsche« (überwiegend naturalistische Schriftsteller, der Friedrichshagener Dichterkreis und seine Umgebung) könnten über Literatur und Volksbühnenbewegung politischen Einfluß auf die Partei gewinnen. In den 80er Jahren hatten sich progressive Intellektuelle, darunter zahlreiche naturalistische Schriftsteller, aus Opposition zur kapitalistischen Gesellschaft und aus Solidarität mit den Verfolgten des Sozialistengesetzes, der Sozialdemokratie so weit angenähert, daß konservative Kritiker bereits einen deutlichen Zusammenhang zwischen sozialdemokratischer Partei und naturalistischer Literatur zu erkennen glaubten.

Unter den Bedingungen des Ausnahmegesetzes bedeutete die Annäherung eine moralische Rückenstärkung der Sozialdemokratie. Zu Beginn der 90er Jahre wurde erkennbar, daß Intellektuelle bzw. Naturalisten nicht bereit und in der Lage waren, sich – wie es F. Engels von »Ankömmlingen« aus bürgerlichen Kreisen gefordert hatte – »*vollständig* auf den proletarischen Standpunkt« (*Die Briefe von Friedrich Engels an Eduard Bernstein*, Berlin 1925, S. 115) zu stellen. Ihre Hilfe und Partnerschaft blieben der Sozialdemokratie willkommen, die von ihnen ausgehenden politisch-ideologischen Wirkungen innerhalb der Partei veranlaßten die Parteiführung jedoch zu Abwehrmaßnahmen.

Es ging in der ND um die Frage, wieweit naturalistische Werke von Autoren des »Jüngsten Deutschlands« als Literatur für Proletarier geeignet wären und sich zum Abdruck in sozialdemokratischen Periodika oder zu Inszenierungen der Freien Volksbühne eigneten. In einer anonymen Leserzuschrift (*Naturalismus und Sozialismus*, in: »Berliner Volks-Tribüne«, 18. 10. 1890) war vermutet worden, daß im sozialen Naturalismus die Zukunft der deutschen Literatur liege. P. Ernst, Sprecher der »Jungen« und Mitautor des *Manifests der Unabhängigen Sozialisten*, reagierte darauf mit dem Beitrag *Die neueste literarische Richtung in Deutschland* (in: NZ, 1890/91, Bd. 1), der den eigentlichen Debattenbeginn markiert. Er meinte, die »neue Schule« werde über ein beständiges Experimentieren nicht hinauskommen, die Kunst der Zukunft aber werde auf ganz anderen sozialen Grundlagen aufgebaut sein. Wenn er auch die positive Leistung des deutschen Naturalismus erkannte, lehnte W. Liebknecht in seinen *Briefe(n) aus Berlin* vom 17. 2. und 25. 3. 1891 (in: NZ, 1890/91, Bd. 1, S. 709–710, Bd. 2, S. 41–45) den Naturalismus, die »Hervorbringungen« des »Jüngsten Deutschlands«, rundweg als historisch zurückgeblieben, realitätsfern und der Sozialdemokratie fremd ab. Aus diesem Verdikt sprach die enttäuschte Erwartung des Parteifunktionärs, daß das »Jüngste Deutschland« ein ähnliches Verhältnis zur Sozialdemokratie suchen werde wie einst das »Junge Deutschland« zum bürgerlichen Liberalismus. Wer vom »Odem der Zeit« angeweht sei und Verständnis für die soziale Bewegung habe, kämpfe, der Kampf aber schließe Kunst aus. Der führende, marxistische Theoretiker der SPD K. Kautsky (Passage in *Der Alkoholismus und seine Bekämpfung*, in: NZ, 1890/91, Bd. 2, S. 86–88) und der namhafte sozialdemokratische Schriftsteller R. Schweichel (*Deutschlands jüngste Dichterschule*, ebd., S. 624–630) bekräftigten Liebknechts Abweisung des »Jüngsten Deutschlands«. Kautskys Kritik betraf vor allem die Einseitigkeit der Realitätsabbildung: das Fehlen der Keime einer künftigen Gesellschaft. Schweichel beklagte das angeblich tiefe sittliche Niveau und den Pessimismus der »jüngsten Dichterschule«, die unter mißbräuchlicher Berufung auf die Naturwissenschaften die Menschen aus der Gemeinschaft löse und ein schrankenloses Ausleben des Individualismus rechtfertige. Er warf die Frage nach einem »neuen wirtschaftlichen Prinzip« auf, auf dem sich ein »neues goldenes Zeitalter« der deutschen Dichterkunst aufbauen könne. Weder Liebknecht noch Schweichel konnten die Frage nach einer alternativen Literatur für Arbeiter und Sozialdemokraten überzeugend beantworten. Liebknecht suchte sich zwar an W. Shakespeare, Herwegh, Freiligrath und an sozialistischer Literatur (L. Jacoby, M. Kegel, A. Otto-Walster, A. Geib) zu orientieren, widersprach sich aber selbst mit der These, die Zeit des Kampfes könne keine echte Kunst hervorbringen. Entschiedener bekannte sich Schweichel zur sozialistischen Literatur seiner Zeit. Er lobte ihre Ideen, ihren Idealismus und ihr Pathos, ohne ihre Unscheinbarkeit als Literatur im Frühstadium zu leugnen. Nach Schweichel konnte sich eine neue Blüte der Dichtkunst nur aus der Arbeiterklasse heraus entfalten, in der er alle Bedingungen dafür gegeben sah. Einig waren sich Liebknecht, Kautsky und Schweichel in der Ablehnung von Sozialistengestalten in naturalistischen Werken, wie Loth in G. Hauptmanns *Vor Sonnenaufgang*. Für Kautsky war Loth ein bürgerlicher Ideologe. Solche Gestalten, meinte Schweichel, würden dem Sozialismus nur schaden durch die Unklarheit ihrer Ideen und den moralischen Defekt, der ihnen angedichtet würde. Bei aller Unterschiedlichkeit der Auffassungen zeichnete sich bereits zu Beginn der Debatte ab, was Sozialdemokraten jener Zeit im allgemeinen von Literatur erwarteten: daß sie die organisierte Arbeiterbewegung in ihrem Kampf unterstütze, ihr zumindest nicht entgegenwirke. Wirkungen, die der Parteilinie nicht entsprachen, wurden als gefährlich empfunden.

Sprecher des »Jüngsten Deutschlands« reagierten mit heftigen Gegenattacken: Für O. Brahm (*Naturalismus und Sozialismus*, in: »Freie Bühne für modernes Leben«, 1891, H. 10, S. 241-243) war die von Liebknecht erhobene Forderung, Kunst solle den politischen Kampf der Arbeiterbewegung unterstützen, Ausdruck eines trostlosen Doktrinarismus. Vom Dichter sei nicht zu fordern, daß er Parteiprogramme dramatisiere. Er bezweifelte auch, daß »poetisch Strebende« auf den »politischen Kampfplatz« getrieben werden können. Brahm erkannte Verbindungen von naturalistischen Werken mit »Zeitströmungen in den anderen Kulturländern« und »Keimen des Neuen« und sah in ihnen einen Beweis für die »Einheit sozialer und künstlerischer Bewegungen«, die Liebknecht vermisse. M. G. Conrad (*Die Sozialdemokratie und die Moderne*, in: »Die Gesellschaft«, 1891, 2. Quartal, S. 588-592) forderte »über der Politik« stehende Kunst und bedauerte die Angst der sozialdemokratischen Führung vor einem »Kräfteabfluß« vom ökonomisch-politischen Kampf in den Bereich der Kunst. J. Hart (*Ein sozialdemokratischer Angriff auf das Jüngste Deutschland*, in: »Freie Bühne für modernes Leben«,

1891, H. 37, S. 913-916) verwies darauf, daß die Literatur des »Jüngsten Deutschlands« gleichermaßen von sozialdemokratischer wie von konservativer Seite angegriffen werde. Aufgabe der »jüngeren sozialistischen Geister« sei es, »die geistige Bewegung in fortwährendem Fluß zu erhalten und allen Dogmatismus, alle Erstarrung abzuwehren«. Er plädierte für eine differenziertere Betrachtung des deutschen Naturalismus. Den von W. Liebknecht, Kautsky und Schweichel aufgerissenen Graben zwischen politischer und künstlerischer Avantgarde überbrückte F. Mehring, der ab 1891 Mitglied der SPD und Mitarbeiter der NZ war, z.B. in *Kapital und Presse* (Berlin 1891, S. 130-136), indem er beim deutschen Naturalismus nach seiner sozialen Basis einen progressiven, wahrheitsliebenden und einen reaktionären unterschied. An den progressiven knüpfte er gewisse Hoffnung für den Fall, daß es ihm gelänge, die Einseitigkeit der Realitätsabbildung zu überwinden, d. h. in der Zeitmisere die Zukunftshoffnung zu erkennen und sie darzustellen. P. Lafargue, G. Landauer und E. Bernstein unterstützten die Naturalismus-Kritik der SPD von divergenten Positionen aus. Der französische Sozialist und Mitarbeiter der NZ, P. Lafargue, arbeitete - in Auseinandersetzung mit E. Zola - einige Bedingungen zeitgemäßer Literatur (Verständnis des Autors für das Wesen der Erscheinungen, eine bestimmte Auffassung von der Gesellschaft, Rücksichtnahme auf tagespolitische Auswirkungen) heraus, die in Diskussionen über sozialistische Literaturentwicklung im 20. Jh. eine wesentliche Rolle spielen sollten (*Das Geld von Zola*, in: NZ, 1891/92, Bd. 1, S. 4-10, 41-46, 76-86, 101-110). G. Landauer, ab 1892 Angehöriger des »Vereins Unabhängiger Sozialisten« und Mitarbeiter des »Sozialist«, erklärte in *Die Zukunft und die Kunst* (ebd., S. 532-535) für die »nächste Zukunft« das Schreiben als Nachahmung des Gegebenen für sinnlos und forcierte die These, das kämpfende Deutschland habe keine Zeit zum Dichten, zu dem Aufruf, die Feder zu lassen und zur Waffe zu greifen. Bernstein wandte sich entschieden gegen Landauer und forderte von Literatur sozialpolitische Einsicht, Engagement und ausgewogene Schilderung des Proletariats (vgl. *Etwas Erzählungsliteratur*, In: NZ, 1892/93, Bd. 2, S. 260-270).

1892/93 erhielt die Debatte durch Mehring erneut einen Anstoß (*Etwas über Naturalismus*, in: »Die Volksbühne«, 1892/93, H. 2, S. 7-11, und *Der heutige Naturalismus*, ebd., H. 3, S. 9-12). Er interpretierte nun den »progressiven« Teil des Naturalismus sogar als »Widerschein« der sich entfaltenden Arbeiterbewegung in der Kunst und wünschte, der Naturalismus möge - durch Einbeziehung des werdenden Neuen in die Darstellung - ein neues Kunst- und Literaturzeitalter eröffnen. Nach vergeblichen Vermittlungsversuchen von einem Anonymus und E. Schlaikjer schien die Debatte Mitte der 90er Jahre beendet. Der grundlegende Unterschied zwischen antikapitalistischem Protest bürgerlich-oppositioneller Literaten und dem Denken und Fühlen des Proletariats war verdeutlicht worden, aber auch die Notwendigkeit, Fragen von Literatur und Kunst gründlicher zu durchdenken. Die Probleme der Sozialdemokratie mit dem Naturalismus waren ungelöst geblieben.

Das zeigte sich, als der Redakteur der »Neuen Welt«, E. Steiger, – bekannt als Verfechter von Naturalismus und Moderne – die Schwierigkeiten, die es mit dem Blatt seit langem gab (wiederholte Kritik auf Parteitagen), durch eine einseitige Orientierung auf den Naturalismus zu bewältigen suchte. Unmittelbar vor dem Parteitag 1896 kam es zu einer Pressefehde zwischen der »Leipziger Volkszeitung«, in der Steiger in mehreren Artikeln sein Konzept darlegte, und dem »Hamburger Echo«, das die Auffassungen seiner Redakteure K. Frohme und R. Bérard vertrat. Diese Kontroverse wurde auf dem Parteitag fortgesetzt (*Protokoll über die Verhandlungen des Parteitages der Sozialdemokratischen Partei Deutschlands. Abgehalten zu Gotha vom 11. bis 16. Oktober 1896*, Berlin 1896). Der Streit entzündete sich vor allem an den in der »Neuen Welt« 1896 abgedruckten Romanen *Der neue Gott* von H. Land und *Mutter Bertha* von W. Hegeler. Die politische Lage hatte sich gegenüber 1891 wesentlich verändert. Einerseits entwickelte sich eine ernste Bedrohung durch extrem reaktionäre Kreise: Der Kaiser und führende Kräfte der herrschenden Klassen trachteten nach einer Erneuerung der massiven Repressionspolitik gegenüber der Sozialdemokratie, die auch bürgerlichdemokratische Kräfte und besonders bürgerlich-oppositionelle Intellektuelle bedrohte – und deren Widerstand hervorrief. Andererseits begannen Teile der Intelligenz den Einflüssen preußisch-deutscher Reichsverherrlichung und der Ideologie der imperialistischen »Weltpolitik« zu erliegen. Für die SPD galt es, sich auf Gemeinsamkeiten der demokratischen und progressiven Kräfte zu besinnen. Das Sich-Öffnen gegenüber potentiellen Verbündeten wirkte sich auf den Verlauf der ND aus. Steigers Konzept ähnelte dem der »Friedrichshagener«, nur war seine Bindung an die Partei stärker. Lehrhafte Literatur, »seichte Unterhaltungslektüre« oder Kunst als Waffe lehnte er strikt ab. Sein Programm war, moderne Kunst als Mittel zur Veredlung des arbeitenden Menschen zum »Vollmenschen« zu nutzen, um so dem Sozialismus zu dienen. In dessen Sinn wollte er das Proletariat »zur Kunst« erziehen. Der Sozialismus solle auch in der Kunst auf dem Erbe aus früheren Gesellschaften weiterbauen. Steigers Kontrahenten spielten den Moral-Aspekt hoch: die Neigung naturalistischer Literatur zur Schilderung des »Gemeinsten« und »Kränksten« (Frohme). Dadurch wurden die in der ersten Phase der Debatte aufgeworfenen wesentlichen Fragen in den Hintergrund gedrängt. Dennoch kamen einige wichtige Aspekte zur Sprache: Frohme wollte den Naturalismus auch deshalb aus der »Neuen Welt«

verdrängen, weil dieser sich rühme, »über jeder Partei« zu stehen. Bérard und H. Molkenbuhr (ebenfalls Redakteur am »Hamburger Echo«), verwiesen nachdrücklich auf die Funktion von Literatur als Kampf- und Lebenshilfe. Bérard forderte eine die guten Triebe im Menschen fördernde Literatur, »frische, herzerfreuende Erzählungen«, die der gesunde Menschenverstand erfassen könne. Liebknecht zeigte – im Gegensatz zu 1891 – eine unentschiedene Haltung; er charakterisierte das »Jüngste Deutschland« zwar als unreif, erklärte sich aber mit Steiger theoretisch einverstanden. Auch er monierte die »prickelnde Lust« des Naturalismus, »alle sexuellen Dinge auszumalen«. Anders als Steiger, der in G. Hauptmann den größten lebenden deutschen Dichter sah, stellte Liebknecht bei ihm »Plattes«, »Geschmackloses«, »Häßliches« und »Spießbürgerlich-Reaktionäres« fest. Bebel bekannte sich allgemein zum Fortschritt in der Kunst und initiierte einen Kompromiß, der Steiger zunächst die Fortsetzung seines Kurses in der »Neuen Welt« erlaubte. Ähnlich wie 1891 J. Hart konstatierte Bebel einen Widerspruch zwischen politischem und ökonomischem Radikalismus und ästhetischem Konservatismus einiger Parteimitglieder. R. Fischer, Leiter der Buchhandlung »Vorwärts«, verweigerte eine Stellungnahme zum Naturalismus, weil solche Probleme »nicht durch Abstimmungen auf Parteitagen gelöst« würden. In Nachbetrachtung zum Parteitag wurde der in der Debatte erreichte Erkenntniszuwachs deutlich: Die »Gleichheit« (28. 10. 1896, *Der Parteitag zu Gotha-Siebleben*) schlug eine Brücke zwischen Steigers Programm und dem Prinzip Kunst als Waffe: sie forderte, Kunst solle die allseitige harmonische Entwicklung des Proletariats fördern, um über dessen veredelte Genußfähigkeit seine Kampffähigkeit zu erhöhen. Der kritische Publizist und spätere Redakteur des »Vorwärts«, K. Eisner, forderte eine Parteikunst »im höchsten Sinne«: auf der Basis des Verständnisses der Partei als »Essenz jedes fortschreitenden Geistes«. Solche Parteikunst bot ihm die Gewähr für die Entwicklung der »modernen Strömung« (*Parteikunst*, in: »Das Magazin für Litteratur«, 31. 10. 1896, Sp. 1348–1353). Mehring, der nicht am Parteitag teilgenommen hatte, setzte auch in dieser zweiten Phase der Debatte die wichtigsten Akzente. Seine Naturalismus-Einschätzung hatte sich inzwischen wesentlich gewandelt; dessen Entwicklung hatte seine früheren Hoffnungen enttäuscht. Jetzt galt ihm die moderne Kunst als Reflex nicht aufhaltbaren Verfalls; das grundlegend Trennende hatte sich für ihn als entscheidend herausgestellt. Anerkennend, daß die moderne Kunst innerhalb der bürgerlichen Gesellschaft ein Fortschritt wäre, erklärte er doch die »gelassene Kühle«, mit der das Proletariat ihr gegenüber stehe, nicht aus ästhetischem Unvermögen der Arbeiter, sondern aus politisch-historischer Zurückgebliebenheit der Moderne (*Kunst und Proletariat*, in: NZ, 1896/97, Bd. 1, S. 129–133).

Steigers Programm, Arbeiter zur Kunst zu erziehen, hielt er für illusorisch. Eine Alternative zu Naturalismus und Moderne war für ihn die Klassik, in der er das »freudige Kampfelement« fand, das das Proletariat brauchte. In den *Ästhetischen Streifzügen* hat er später diese Einschätzung des Naturalismus bekräftigt und theoretisch untermauert (vgl. NZ, 1898/99, Bd. 1, S. 281-288, 314-320, 348-352, 379-384, 410-416, 443-448, 506-512, 538-544, 569-576, 637-640). Große Kunst erwartete er, da sie vom Bürgertum nicht mehr, vom Proletariat noch nicht geschaffen werden könne, *vor* dem Sieg der Arbeiterklasse nicht.

Mit den Nachbetrachtungen zum SPD-Parteitag 1896 ging die Debatte zu Ende; die Beschäftigung sozialdemokratischer Kritiker und Theoretiker mit dem Naturalismus setzte sich fort, vor allem in der NZ und in den »Sozialistischen Monatsheften«. In Aufsätzen des sozialdemokratischen Publizisten und Literaturkritikers H. Ströbel (*Moderne deutsche Lyrik*, in: NZ, 1896/97, Bd. 1, S. 388-395, 472-477, 527-534) und der holländischen sozialistischen Schriftstellerin H. Roland-Holst (*Der Mystizismus in der modernen Literatur*, in: NZ, 1901/02, Bd. 1, S. 389-396, 437-440) zeichnete sich - als Ausdruck offensichtlicher Notwendigkeit, zwischen Proletariat und moderner Literatur ein positives Verhältnis zu schaffen - eine neue Naturalismus-Sicht ab, die die positive Leistung dieser Richtung betonte. In direktem Gegensatz zu Liebknecht 1891 bezeichnete Ströbel nun den deutschen Naturalismus als eine »modernisierte Ausgabe des Jungen Deutschlands«. Roland-Holst sah im Naturalismus einen »Verkünder« und »Vorläufer« proletarischer Literatur. Die ND führte zu keiner Entscheidung für oder gegen den Naturalismus als Literatur für Proletarier. Dennoch blieb er ein wichtiger Orientierungspunkt. Der »Vorwärts« veröffentlichte am 22. 11. 1896 u. d. T. *Arbeiterpresse und moderne Literatur* eine Leserzuschrift, die beleuchtet, wie das Naturalismus-Problem nach der Gothaer Debatte in der Sozialdemokratie gesehen wurde: »Wenn unsere Presse - was selbstverständlich ausgeschlossen ist - nicht den faden, farblosen Familienroman der meisten bürgerlichen Blätter kultivieren will, wird sie, da die Vorbedingungen für eine aus dem Boden sozialistischen Denkens erwachsende Kunst auf lange hinaus fehlen, nach wie vor auf den Import aus jener ›modernen‹ Literatur, wie unsympathisch sie auch viele Genossen berühren mag, angewiesen sein.«

Ausg.: Textausgaben, Bd. 25. - *Lit.:* G. Fülberth: Sozialdemokratische Literaturkritik vor 1914, Diss., Marburg a. d. Lahn 1969; G. Fülberth: Proletarische Partei und bürgerliche Literatur, Neuwied/Berlin 1972; H. Scherer: Bürgerlich-oppositionelle Literatur- und sozialdemokratische Arbeiterbewegung nach 1890, Stuttgart 1974; M. Brauneck: Literatur und Öffentlichkeit im ausgehenden 19. Jahrhundert, Stuttgart 1974; D. Pforte: Die deutsche Sozialdemokratie und die Naturalisten, in: Natura-

lismus. Bürgerliche Dichtung und soziales Engagement, Hg. H. Scheurer, Stuttgart/Berlin/Köln/Mainz 1974; A. Huyssen: Nochmals zu Naturalismus-Debatte und Linksopposition, in: Naturalismus/ Ästhetizismus, Hg. C. Bürger/P. Sasse, Frankfurt a.M. 1979.

Norbert Rothe/Red.

Nell, Peter (d. i. Kurt Heinze)

Geb. 10. 10. 1907 in Berlin; gest. 27. 11. 1957 in Berlin

Arbeiterkind, begann 1922 eine Kaufmannslehre und trat der SAJ bei, wurde Buchhalter. 1927 Mitglied der KPD, erste Korrespondenzen für die RF. 1931/32 kaufmännische Tätigkeit bei Sojusimport in Moskau, Mitglied der KPdSU. 1933 gab N. in Berlin die Wochen-Ztg. »Der Stachel« heraus, die nach zwei Nummern verboten wurde. Bis 1939 Buchhalter im Berliner Osthafen, schrieb für eine kommunistische Betriebszelle Broschüren und Flugblätter. Aus dem Krieg kehrte N. 1943 als Invalide zurück. 1946/52 Chefredakteur des Potsdamer Landessenders und Mitarbeit an mehreren Tageszeitungen, dann freischaffend. Ab 1955 Leiter der Hauptabteilung Schöne Literatur im Ministerium für Kultur.

N. war ein »Versprengter« der proletarisch-revolutionären Literatur (*Das Brot auf dieser Erden*, Weimar 1959). Durch den Nationalsozialismus in seiner literarischen Entfaltung unterbrochen und von den kunstprogrammatischen Debatten des Exils abgeschnitten, konnte er umfangreichere Projekte erst nach 1945 realisieren. Zu seinen besten Werken gehören der Entwicklungsroman *Der Junge aus dem Hinterhaus* (Weimar 1955), der das politische Reifen eines Arbeiterjungen in der Weimarer Republik schildert, und die *Liebesbriefe aus Wiepersdorf* (Weimar 1958), in denen N. u. a. über Bettina von Arnim, Geschichte und Natur reflektiert.

W. W.: Die Entlassung (E.), in: RF, 1. 5. 1931, 3. Beilage; Der Mord (E.), in: DZZ, 10. 12. und 12. 12. 1931; Menschen in der großen Stadt (Skn.), Potsdam 1948; Die Eysenhardts (Sch.), Halle 1950; Weg nach vorn (E.), Erfurt 1951; Bauplatz DDR (Repn.), Potsdam 1951; Nachbarland im Frühling (Repn.), Berlin 1951; Ich sah die Sonnenseite von Berlin (E.), Berlin 1953; Der Fischer von Sylt (En.), Weimar 1953; Das Paradies (M.), Berlin 1955. - *Ausg.:* Die Sonne den anderen (Ausw.), Hg. E. Nell/R. Kunze, Weimar 1959; Heinrich Rothschuh erzählt (R.), Hg. E. Nell/W. Pollatschek, Weimar 1960.

Reinhard Hillich

Nespital, Robert

Geb. 19. 1. 1881 Altstrelitz; gest. 21. 11. 1961 in
Rostock

Lyriker, Dramatiker, Prosaist und Kritiker; Kaufmannslehre; ab
1899 Buchhalter; trat 1902 der Liberalen Partei und 1906 der
SPD bei; Schopenhauer-Lektüre; bis zum ersten Weltkrieg
aktiver sozialdemokratischer Agitator; seit 1905 Mitarbeiter,
1918/33 leitender Redakteur der »Mecklenburgischen Volkszeitung«; 1918/24 unbesoldeter Stadtrat für Kriegswitwen-
und Waisenversorgung; agitierte gegen die Aktionseinheit mit
der KPD und für die Zusammenarbeit mit den Liberalen;
1933/45 keine politische oder journalistische Arbeit; 1944 im
Zusammenhang mit dem Hitler-Attentat für drei Wochen inhaftiert; nach 1945 als Rechnungsprüfer am Aufbau der SVK
beteiligt; verfaßte bis 1918 vier Volksstücke über das mecklenburgische Landleben für Volksbühnen gemeinsam mit

Franz Starosson, geb. 3. 5. 1874 in Berlin; gest. 6. 7. 1919 in
Rostock; Friseur; seit 1893 Mitglied der SPD; ab 1898 Redakteur und
seit 1902 Herausgeber der »Mecklenburgischen Volkszeitung«; 1903/19
Mitglied der Rostocker Bürgerschaft; 1918 Staatsminister der revolutionären Regierung in Mecklenburg; schrieb z.T. rührselige Erzählungen
für die lokale Parteipresse und Artikelserien, die sich u.a. mit der
Misere der Landbevölkerung in Mecklenburg beschäftigten.

Tutenhusen (1912), das erste Stück von N. und Starosson,
zeigt die sozialen Folgen der Industrialisierung auf dem Land.
Mit naturalistischen Gestaltungsmitteln führt das Stück differenzierte, z.T. kauzige bäuerliche Charaktere vor, die sich
unter dem Einfluß eines Milieuwechsels vom bäuerlichen
Grundbesitz zum Aktienbesitz in tendenziell ähnlicher Weise
wandeln. Andererseits wird die Politisierung der Büdner durch
die Arbeiterbewegung gezeigt. Dabei spielen auch christliche
Motive bei der Formulierung des Leidens an der Welt und
einer pathetischen Heilserwartung eine Rolle. N. und Starosson sprengen damit die Grenzen naturalistischer Milieudar-
stellung durch agitatorische Formen des Volksstücks. F. Mehring zählte das Drama zu jenen »wohlgemeinten« Arbeiten, »die
der Forderung nach einem ›sozialen Drama‹ der Gegenwart
gerecht zu werden versuchen.« (in: NZ, 1911/12, Bd. 2,
S. 503) Auch bürgerliche Kritiker würdigten die Leistung von
N./Starosson im Vergleich zur zeitgenössischen bürgerlichen
Dramatik. *Verflucht sei der Acker* (1913) beschreibt die
Rechtlosigkeit der Tagelöhner und Hofgänger im »Junkerpara-
dies« Mecklenburg, deren Hilflosigkeit schließlich zur terroristischen Gewalttat führt. Organisierter Widerstand scheint
nur in Ansätzen möglich, die Flucht in die Stadt bleibt unaus-
weichlich. Auch hierbei verwendeten N. und Starosson naturalistische Gestaltungselemente. In *Häusler Grothmann*
(1914) und *Wilhelm Marten* (1918) scheitern die Hauptfiguren auf tragische Weise bei ihren Versuchen, im Rahmen

des ländlichen Milieus ›aufzusteigen‹. Beide Dramen bleiben
dem naturalistischen Familiendrama verpflichtet, wobei *Wilhelm Marten* auch auf einen deutlichen Einfluß von L. Anzen-
grubers *Märchen vom Steinklopferhanns* (1875) verweist.
N. veröffentlichte zwei Lyriksammlungen, *Sansara. Gedichte
des Pessimismus* (o.O. 1906) und *Wetterzeichen. Soziale
Gedichte* (o.O. und J.), die seine weltanschauliche Wandlung
von subjektivem Weltschmerz zu politischer aktionistischer
Kollektivität zeigen. Seine Lyrik zeichnet sich durch volksliedhafte Schlichtheit aus, benutzt auch balladeske Formen,
häufig wird der Einfluß Heines (u.a. *Bismarckfeier*, 1923)
spürbar. N.s Kurzprosa, die er für das Feuilleton der» Mecklenburgischen Volkszeitung« schrieb, trägt vor allem politisch-
didaktischen Charakter. Ein erzählerischer Rahmen schließt
meist antithetische Dialoge ein, die die ländliche Leserschaft
mit den Zielen und Positionen der Sozialdemokratie vertraut
machen sollten.

W. W.: Nespital: Der ewige Wanderer, o.O., o. J.; Das tausendjährige
Reich, o.O., o. J. – *Lit.:* Knilli/Münchow, S. 438–440; Nachruf zu St. in:
Mecklenburgische Volkszeitung, 6. 7. 1919.

Thomas Wohlfahrt

(Die) Neue Bücherschau (NB)

Literarische Zeitschrift 1919/29. Nach Jg. 1, herausgegeben
von H. Th. Joel im Albert Karl Lang Verlag München-Pasing
(nur H. 1-4, H. 5 und 6 ohne Angabe) erschien sie nach
dreijähriger Pause 1924 in Berlin, im Verlag der NB, Elena
Gottschalk Verlag GmbH, 1928 im I. M. Spaeth Verlag, 1929 im
Adalbert Schultz Verlag. Neuer jugendlicher Herausgeber
wurde

Gerhart Pohl, geb. 9. 7. 1902 in Trachenberg (Schlesien); gest. 14.
8. 1966 in Berlin-West; studierte Germanistik, Kunstgeschichte und
Psychologie in Breslau, München und Berlin. Als Herausgeber der NB
vor allem literaturkritisch tätig, erste literarische Versuche in Prosa.
Seine Erzählung *Eine Liebe kurz vor Zwölf,* eine konfliktgeladene
Liebesgeschichte zwischen einem Arbeiter und einem »Kinderfräulein«,
wurde in der AIZ 1931 abgedruckt. 1932 Übersiedelung nach Wolfs-
hau/Riesengebirge, wo er in freundschaftliche Beziehungen zu G.
Hauptmann trat. Nach 1933 wurde P. aus der Reichsschrifttums-
kammer ausgeschlossen, erhielt zeitweilig Schreibverbot. Rechnete
sich der sog. Inneren Emigration zu, mehrere Bücher mit hohen
Auflagen bis Ende der 30er Jahre. Bevorzugtes Thema Geschichte und
Leben in seiner schlesischen Heimat. Nach Hauptmanns Tod und
Beisetzung in Hiddensee (Schilderung der letzten Tage Hauptmanns in
Bin ich noch in meinem Haus, 1953), siedelte P. nach Berlin über,
wo er bis 1950 als Lektor beim Aufbau-Verlag und Mitglied des
Herausgeber-Gremiums der Zs. »Aufbau« tätig war. Bis zu seinem Tode
ständige Leitartikel für die in Recklinghausen erscheinende Vertrie-
benen-Zs. »Der Schlesier. Breslauer Nachrichten« unter dem Ps. Silesi-
alter.

Obwohl durch Jahrgangszählung stets zum ersten Jg. in Beziehung gesetzt, wurde die NB faktisch neugegründet. Pohl setzte sie zunächst als Schriftenfolge fort, deren einzelne Hefte oft thematisch zusammengestellt waren, bis sie in den Jahren 1928 und 1929 wieder zu einer Heftzählung überging. Konzeptionell Auskunft erteilende Untertitel erschienen nur in den Jahrgangsinhaltsverzeichnissen: Jg. 1 »Buchkritische Zeitschrift für Literatur, Kunst, Kulturpolitik«, Jg. 3–4 »Eine kritische Schriftenfolge«, Jg. 5 »Eine kritische Schriftenfolge. Dichtung, Kritik, Grafik«. In der 5./6. Schrift der 4. Folge (1926/27), datiert mit Anfang März 1927, wurde die Bildung eines Redaktionskomitees angekündigt, das den Bündnischarakter und den Anteil sozialistischer Schriftsteller an der NB auswies. Ihm gehörten an: J. R. Becher (Jg. 5 bis Jg. 7, H. 8), O. Brattskoven, B. von Brentano, K. Herrmann, M. Herrmann-Neiße, A. Holitscher (Jg. 6 bis 7), K. Kersten (Jg. 5 bis 7, H. 2), E. E. Kisch (Jg. 5 bis 7, H. 8), L. Lania, H. Rosenkranz (Jg. 6 bis 8), A. Schultz (Jg. 7). Der Umfang der Zeitschriftenhefte betrug zwischen 30 und 60 S. Die Auflage lag zunächst 1922 bei 5000 Exemplaren, war 1928 mit 8000 Exemplaren am höchsten und 1929 mit 2000 Exemplaren am niedrigsten.

Bereits im 1. Jg. unterschied sich die NB von vielen zeitgenössischen literarischen Zeitschriften, die meist noch im Banne des Expressionismus standen. Die buchkritische Absicht kam in Überblicksartikeln zu literarischen Tendenzen oder auch einzelnen Autoren zum Ausdruck. Der Herausgeber nannte als Aufgabe, Mittler »des Guten im Alten – und heute vielleicht Vergessenen – des Wertvollen im Neuen« sein zu wollen (*Zum Geleit*, 1919, H. 1, S. 1). Damit wurde der Kritik gegenüber dem Abdruck künstlerischer Texte der Vorzug gegeben. Für die Wertung gab es offenbar keine verbindlichen Festlegungen, sie divergierte in den Beiträgen der einzelnen Autoren. So besprachen K. Edschmid zeitgenössische Kritik und Klabund zeitgenössische Lyrik (darunter G. Benns Band *Fleisch*) zustimmend, während O. Walzel in *Der neueste deutsche Roman* (Vorabdruck eines Kapitels aus seinem Buch *Die deutsche Dichtung seit Goethes Tod*) sich gegen die Antikriegsliteratur und auch einen Roman wie H. Manns *Der Untertan* wandte. Strukturell setzte Pohl die buch- und kunstkritische Tendenz der NB fort. Angezeigt wurden »bemerkenswerte Neuerscheinungen« aus den Bereichen Dichtung; Philosophie, Weltanschauung, Wissenschaft; Kunst, Musik, Tanz, Schauspiel; Kultur, Politik, Wirtschaft. Laut einer redaktionellen Notiz war die Arbeit für die erste Schrift der neuen Folge am 15. 11. 1922 abgeschlossen. Die Fortsetzung der NB erfolgte also inmitten der Inflation. Auch Pohl begann seine Herausgebertätigkeit mit einer programmatischen Erklärung: *Schöpferische Kritik.* Den Intentionen des 1. Jg. folgend, postulierte er: »Kritik ist eine Sache des Aufbaus: Aus der Literatur die Zeit mit Dreck und Blut und ihren tausend

Verlagsanzeige 1926

Zeitlichkeiten lesen.« Und: »Kunst ist, wo sie wirklich ist, immer nur Kristall gewordenes Leben. Kritik: Prüfung seiner Dichtigkeit, Dynamik und des blühenden Farbenspiels in seinen Brechungen. Damit Vorstoß zum Leben« (1. Schrift, S. 23, S. 5 f.). In einer »Kulturchronik« genannten Serie und in »Briefe(n) an einen Studenten« erörterte Pohl regelmäßig aktuelle kulturpolitische Probleme. Sie waren seine Leitartikel in der NB. Ebenso regelmäßig erschienen eine »Kunst-Chronik« und eine »Radio-Chronik«, beide verfaßt von Brattskoven, eine »Film-Chronik«, zu der mehrere Autoren beitrugen, darunter F. C. Weiskopf, der sich zum Film in der Sowjetunion äußerte (und der auch ausländische Literatur vorstellte). E. Köppen informierte über Neuerscheinungen und Neuentwicklungen der Schallplatte. Konzeptionelles Bindeglied zwischen den Mitarbeitern wurde die Frage nach dem Verhältnis von Kunst und Leben, Kunst und Politik. Bereits in der 2. Schrift 1923 beschäftigte sich Herrmann-Neiße mit G. Grosz, wobei er hervorhob, daß dieser seine Kunst aus der Darstellung von Klassenkonflikten gewinnt. Er stellte ihn in eine Traditionslinie sozial-kritischer Kunst, die er an den Namen Goya, Hogarth und Meunier festmachte. In der 3. Schrift setzte sich Pohl mit dem Expressionismus auseinander, den er als das Produkt einer chaotischen Zeit charakterisierte. Distanz dazu habe schon B. Brecht gewonnen. Damit kristallisierten sich einige

Leitlinien für den Neubeginn der NB heraus. Auffällig war, welche große Bedeutung bei den kritischen Analysen der Haltung von Schriftstellern und Künstlern in den Epochenauseinandersetzungen und im politisch-kulturellen Tageskampf zugemessen wurde. Gelegentlich eines Artikels über A. France (1. Schrift 1924) forderte Pohl eine namentlich genannte Reihe von Schriftstellern der älteren Generation auf, sich in den gesellschaftlichen Konflikten so zu verhalten wie France, der während der Dreyfus-Affäre zu Zola gestanden habe. Er bezweifelte aber sogleich den Erfolg solchen Appells, denn Nachfolger von France sah er nicht unter den deutschen, sondern unter den Schriftstellern der USA, von denen er U. Sinclair und J. London heraushob. Von diesem Verdikt wurden später nur H. Mann und Holitscher ausgenommen, die ihm bewiesen, daß Jugendlichkeit nicht eine Frage des Lebensalters sei. Der Generationsbegriff war einer der kritischen Ausgangspunkte Pohls, z.B. bei der Gestaltung des Sonderheftes »Decadence und Jugend« (5./6. Schrift, Anfang 1927). Einleitend druckte Pohl darin Zuschriften an die »Literarische Welt« ab, in denen auf *Worte an die Jugend* von Th. Mann, J. Ponten und R. Schickele vom Jan. 1927 unter der Überschrift *Worte an die Alten* geantwortet wurde. Pohl apostrophierte u.a. Th. Mann als einen Autor, der bereits zu Lebzeiten der Literaturgeschichte angehöre, so bedeutsvoll wie P. Heyse. Von der Literaturkritik in der RF (A. Abusch) wurde der verwendete Generationsbegriff als bürgerlich-idealistisch kritisiert. Als Beispiel für Jugend wurde K. Kläber vorgestellt mit einer Erzählung und mit einer kritischen Analyse von K. Herrmann, der Kläber als Wegbereiter der Kurzgeschichte charakterisierte. Konzeptionell stand hinter der Entgegensetzung von Jugend und Decadence die Forderung nach Eingreifen in die Kämpfe des Tages. In solchen Polemiken wandelte Pohl seinen Begriff der »schöpferischen« in den der »kämpferischen Kritik« um, für die ihm Lessing und Mehring die Vorbilder waren. Die Traditionslinie, in die sich die NB seit 1923 stellte, ist mit dem Namen Zolas zu identifizieren. So hieß das Sonderheft im Sep. 1927 *Im Banne Emile Zolas. Zu seinem 25. Todestage.* Herrmann-Neiße apostrophierte Zola als den »Klassiker des Proletariats«. Holitscher begrüßte es, daß der Einfluß Zolas allmählich den von Balzac verdränge. J. Roth bedauerte es, daß sich im Falle von Sacco und Vanzetti kein neuer Zola gefunden habe. Sinclair bezeichnete Zola als sein Vorbild. Lania sah in S. Lewis und F. Gladkow die zeitgenössischen Erben Zolas. Kisch schließlich machte in seinem Aufsatz *Die sozialistischen Typen des Reporters Emile Zola,* der sich hauptsächlich mit *Germinal* beschäftigte, das Erbe Zolas produktiv für die sozialistische Literaturentwicklung. Weiter waren in diesem Heft mit Würdigungen Zolas H. Jhering, H. Kesser, A. Lunatscharski, H. Mann, M. Andersen Nexö, A. Siemsen, H. Barbusse, Brattskoven und auch Pohl vertreten.

Es waren die wichtigsten deutschen und ausländischen Mitarbeiter der NB versammelt, die das Erbe Zolas als wesentlichen Anknüpfungspunkt für die zeitgenössische Literatur betrachteten. Die NB bekannte sich auch noch an vielen anderen Stellen zu dieser weltliterarischen Linie, der sich dann wenige Jahre später G. Lukács in der »Linkskurve« entgegenstellte (*Reportage oder Gestaltung*). In der NB aber war ein breites Bündnis sozialistischer und linker bürgerlicher Schriftsteller im Namen Zolas zustande gekommen. Diese Traditions- und Erbelinie wurde in der NB direkt verbunden mit der Selbstverständigung in der proletarisch-revolutionären Literaturbewegung zur Zeit der Gründung des BPRS. Ende 1928 veranstaltete die NB zusammen mit der von H. Barbusse herausgegebenen »Monde« die Umfrage *Gibt es eine proletarische Kunst?* Die Antworten der deutschen Schriftsteller waren überwiegend bejahend. E. Weinert, Weiskopf, Kisch, W. Herzfelde oder Kläber artikulierten in ihren Antworten Grundpositionen der proletarisch-revolutionären Schriftsteller, wie sie auch auf der Gründungsversammlung des BPRS vertreten worden waren. Die französischen Schriftsteller reagierten skeptischer und zurückhaltender zur Möglichkeit, Notwendigkeit und Existenz einer proletarischen Kunst und Literatur. Die Redaktion der NB versuchte in 1929, H. 1 eine Zusammenfassung, in der es abschließend hieß: »Zola und Gorki. Der Weg, auf dem heute nicht mehr die Literatur eines einzelnen Landes, sondern die Weltliteratur voranschreitet, ist klar vorgezeichnet. Unsere Umfrage hat es bestätigt, selbst noch in der Negation« (S. 34). Im Nebeneinanderstellen der Namen Gorki und Zola wurde überdies unterstrichen, daß es der NB nicht primär um eine Methodenfrage ging, sondern um soziale Inhalte und um Haltungen der Schriftsteller. In ihrer redaktionellen Arbeit widmete allerdings die NB Zola weitaus mehr Beiträge als Gorki. In diesem Sinne wurden auch die Werke meist noch junger proletarisch-revolutionärer Schriftsteller abgedruckt bzw. besprochen, so von K. Grünberg, Kläber, L. Renn, A. Seghers, W. Tkaczyk, Weiskopf oder Weinert. Regelmäßig wurden die deutsch erschienenen Werke der Sowjetliteratur vorgestellt. Für die Ausprägung der proletarisch-revolutionären Literaturprogrammatik wichtige Beiträge kreisten um das Problem der Massenliteratur, das in der NB zunächst unter dem Begriff der Trivialliteratur diskutiert wurde. Anlaß zur Debatte war das Erscheinen zweier Romane von O. Müller-Glösa, der zu den jüngeren proletarisch-revolutionären Autoren gehörte. Pohl warf bei ihrer Beurteilung die Frage auf, ob bei Werken, die für ein massenhaftes Leserpublikum bestimmt waren, die Muster der bürgerlichen Trivialliteratur zu übernehmen seien. Müller-Glösa hatte deren Schema einfach umgestülpt. Der Blick nach »oben« brachte dem »Arbeitermädel« Unglück, die Entwicklung ihres Klassenbewußtseins bedeutete »Rosa Bergers Wandlung«. Pohl bemerkte dazu, daß Autoren wie Becher Anerkennung nicht wegen ihrer Gesinnung, sondern wegen ihres Könnens gefunden hätten, und Tendenzkunst müsse eben in erster Linie Kunst sein. Literatur könne nicht bloß wegen Gesinnung Anerkennung finden. Im Sinne seines Engagements für Zola zählte Pohl auch Balzacs Werke zur Trivialliteratur. Im Zusammenhang mit dieser Debatte druckte die NB längere Passagen aus Bechers Vorwort zu Grünbergs Roman *Brennende Ruhr* mit der Überschrift *Wirklichkeitsbesessene Dichtung* ab. Becher beschäftigte sich weiter mit dem Problem und entwickelte sein Programm einer proletarisch-revolutionären Massenliteratur, indem er, u. a. auf der Charkower Konferenz (1930), die falschen Alternativen früherer Debatten dazu kritisierte. Pohls Entgegensetzung von Gesinnung und Können deutete auf nur wenig später offen aufbrechende Gegensätze innerhalb der Redaktion der NB am Beginn einer neuen Phase sozialistischer Literaturentwicklung, die zum Austritt Bechers und Kischs aus dem Redaktionskomitee führten. Die Debatte, durch die es zum Bruch mit Pohl kam, kreiste im Kern um Fragen der Parteilichkeit der Kunst im Sinne Lenins und betraf damit ein zentrales Problem innerhalb der theoretischen Selbstverständigung der sozialistischen Schriftsteller, die zur Zeit der Gründung des BPRS mit einer Abgrenzung von zahlreichen linken Autoren einherging. Unter der Überschrift *Über die Rolle des Schriftstellers in dieser Zeit* erschienen innerhalb einer ausführlichen Stellungnahme von Pohl Auszüge aus den Austrittserklärungen von Becher und Kisch. Anlaß zu diesem Schritt war ein Aufsatz von Herrmann-Neiße über *Gottfried Benns Prosa* (1929, H. 7), in dem einleitend Benn als Dichter gegen »Lieferanten politischen Propagandamaterials« gestellt wurde. Benn und Kisch legten als Antwort auf Pohls Stellungnahme ihre Ansichten in Briefen dar, die im Heft 10 unter der gleichen Überschrift gedruckt wurden. Kersten, der das Redaktionskomitee schon vorher verlassen hatte, antwortete in der 1. Nummer der »Linkskurve« mit *Der Jahrtausendputsch der Literaturnihilisten.* Die Divergenzen waren sehr tiefgreifend. Für Pohl war nicht allein das Problem des Parteiergreifens wesentlich, und er grenzte die NB nicht bloß in dieser Beziehung von der proletarisch-revolutionären Literaturbewegung ab. Im theoretischen Hintergrund der Polemik stand die Orientierung an Theorien L. Trotzkis, der von Pohl mit seiner Schrift *Literatur und Revolution* als der Mehring des 20. Jh.s akzentuiert worden war. So war z.B. in einer Rezension zu Bechers Gedichtband *Im Schatten der Berge* (1929, H. 1) vermerkt worden, daß solche Agitationslyrik ein Beweis für Trotzkis These sei, Dichtung und Kampf des Proletariats schlössen einander aus. Für die proletarisch-revolutionären Schriftsteller war die Zurückweisung gerade dieser These Trotzkis ein Kernstück ihres Selbstverständnisses. Mit Bechers und Kischs Austritt aus der Redaktion geriet die

NB in eine existentielle Krise, die schließlich zu ihrem Ende im Dez. 1929 führte. Wie im gesamten literarischen Spektrum am Ende der 20er Jahre handelt es sich um die Abgrenzung des BPRS-Literaturstandpunkts von anderen progressiven Positionen, die Übereinstimmungen in weiteren Punkten nicht ausschloß. Das Augustheft 1929, *15 Jahre Krieg und Kriegserlebnis,* aus Anlaß des Kriegsausbruchs von 1914, reihte sich ein in das breite Feld der Antikriegsliteratur, die besonders in Drama und Roman die Kriegsproblematik literarisch von antimilitaristischen, pazifistischen Standpunkten aus aufzuarbeiten suchte. Die NB setzte sich mit der chauvinistischen Kriegsdichtung von 1914 auseinander (G. Hauptmann, R. Dehmel u.a.) und stellte dagegen Dokumente pazifistischer Antikriegshaltung (z.B. M. Harden). Im Aug. noch wurde redaktionell Bechers geplanter Austritt aus der Redaktion mit der Übernahme einer anderen Redaktion begründet. Im Leitartikel der ersten Nummer der »Linkskurve« charakterisierte Becher das 20. Jh. als Zeitalter der imperialistischen Kriege und Revolutionen (*Unsere Front*). So weit ging die NB nicht. Der negative Ausgang der Zusammenarbeit von Schriftstellern verschiedener ideologischer Standpunkte prägte noch lange danach das Bild der NB, die Wertung ihrer Leistung für die Entwicklung der sozialistischen Literatur in der Periode der relativen Stabilisierung des Kapitalismus. Tatsachenliteratur, Reportage, das Streben nach faktologisch gestützter Wahrheit, nach künstlerischer Nutzung und Bewertung neuer technischer Medien (Rundfunk, Schallplatte), das Vordringen der Literatur zur sozialen Wirklichkeit waren von der NB als Grundtendenzen junger Kunst durch Kritik, Analyse und Werkabdruck reflektiert und bestimmt worden. Mit den in ihr ausgetragenen Debatten zu Grundfragen von sozial und sozialistisch engagierter Literatur, zum Verhältnis von Literatur und Politik, zu der Stellung und den Aufgaben des Schriftstellers in seiner Zeit, zu den Traditionslinien, zur wahrhaftigen und realistischen Schreibweise hatte die NB eine wichtige Funktion bei der Entwicklung einer linken Literatur, auch der proletarisch-revolutionären Literatur, praktizierte sie Formen der Zusammenarbeit von Schriftstellern unterschiedlicher Weltanschauung.

Lit.: Die neue Bücherschau. Berlin 1919–1929. Bibl. einer Zeitschrift (einschließlich Sekundärliteratur), Berlin und Weimar 1980 (= Analytische Bibliographien deutschsprachiger Zeitschriften, hg. von der AdK, Bd. 9); I. Seifert: Vom Leben dreier Zeitschriften. Arbeiter-Literatur (1924), Die Neue Bücherschau (1919–1929), Die Linkskurve (1929–1932), Diss., Berlin 1980.

Klaus Kändler

Neue Deutsche Blätter (NDB)

»Monatsschrift für Literatur und Kritik«, Sep. 1933/Aug. 1935 insgesamt 18 Hefte, Faust Verlag Prag – Wien – Zürich – Paris – Amsterdam (einer Gründung W. Herzfeldes ausschließlich für die Herausgabe der NDB; ab Jahrgang I, H. 12 ohne Verlagsangabe). Sitz der Redaktion: Prag, ihr gehörten an: *** (d.i. J. Petersen, Berlin); O. M. Graf, Wien, später Brünn; W. Herzfelde, Prag, und A. Seghers, Paris. Umfang 64 S., Aufl. 7000 (Okt. 1933), Abonnentenzahl 5300 (Dez. 1933). Auslieferungsstellen Paris, Brüssel, Amsterdam, London, Olten (Schweiz), Belgrad, Cernauti (Rumänien), Buenos Aires und Tel-Aviv. Vorbereitungen zur Gründung der Zeitschrift betrieb Herzfelde, im März 1933 aus Deutschland geflohen, seit April, unterstützt von F. C. Weiskopf, H. Günther und J. R. Becher im Auftrag der IVRS, der KPČ und tschechischen Geldgebern. Zur Mitarbeit an den NDB erklärten sich über 100 Autoren bereit, von denen jedoch nicht in jedem Falle Beiträge erschienen. Die NDB hatten das Ziel, den Faschismus mit den Mitteln des dichterischen und kritischen Wortes zu bekämpfen. Die Redaktion sah im Faschismus »das organische Produkt des todkranken Kapitalismus« (1933, H. 1, S. 1) und im Proletariat die einzige reale Kraft, ihn zu besiegen. Zur Mitarbeit waren nicht nur kommunistische Autoren aufgerufen; es sollten alle zu Wort kommen, die am antifaschistischen Kampf teilnehmen wollten. An alle literarischen Genres war gedacht. Mit diesem Programm gingen die NDB über die proletarisch-revolutionär orientierte »Linkskurve« hinaus, setzten sich für eine »überparteiliche« einheitliche antifaschistische Front ein. Es publizierten neben sozialistischen Schriftstellern auch bürgerliche Antifaschisten und Demokraten (u.a. L. Feuchtwanger, A. Zweig, E. Toller, J. Wassermann, A. Holitscher, H. Kesten, L. Marcuse, W. Mehring, B. Olden). Neue Beziehungen wurden geknüpft, indem kommunistische Autoren Bücher ihrer bürgerlich-demokratischen Kollegen besprachen (z.B. E. Ottwalt H. Manns *Haß* und Feuchtwangers *Die Geschwister Oppenheim*) wie auch umgekehrt (*Brecht-Abriß* v. A. Zweig, B. Olden über W. Bredels *Die Prüfung*). Zu einer Demonstration antifaschistischer Solidarität wurde das Sonderheft zum 50. Geburtstag von E. E. Kisch u.a. auch mit Beiträgen von M. Brod, J. Roth und A. Ehrenstein. Diese ersten Schritte auf dem Wege zu einer antifaschistischen Einheitsfront waren kompliziert. Gleich beim ersten Heft drohte es zum Eklat zu kommen; H. Günther als von der IVRS geschickter Beauftragter bezichtigte Herzfelde opportunistischer ideologischer Abweichungen. Die Redaktion hatte ihre flexible Bündnispolitik gegenüber einer scharfen Polemik der IL zu behaupten (vgl. IL, 1934, H. 2), die ihr vorwarf, in grundlegenden ideologischen Fragen auf gefährliche Abwege abgerutscht zu sein. Dabei verteidigte sie den Grundsatz, im antifaschistischen Kampf gäbe es keine

Neutralität, und am wenigsten für den Schriftsteller. Sie setzte sich kritisch mit Th. Mann, St. Zweig, A. Döblin und R. Schickele auseinander, die, dem Druck ihrer Verleger und mittelbar des Goebbels-Ministeriums nachgebend, sich von K. Manns antifaschistischer Zs. »Die Sammlung« distanziert hatten (vgl. 1933, H. 3). Die These des Programmartikels, nach der Schrifttum von Rang heute nur antifaschistisch sein könne, wurde durch die Praxis der Zeitschrift bestätigt. Es wurden zahlreiche Werke von Rang vorgestellt, u.a. Bredels *Die Prüfung*, Brechts *Dreigroschenroman*, B. Uhses *Söldner und Soldat*, Grafs *Anton Sittinger*, A. Zweigs *Erziehung vor Verdun*, F. Wolfs *Floridsdorf*, ferner Prosaarbeiten von Seghers, Kisch, A. Scharrer, Th. Plievier und Ottwalt, Gedichte von Becher, Brecht, E. Weinert, St. Heym, W. Mehring, H. Huppert. Die Kreativität und Produktivität antifaschistischer Schriftsteller spiegelt sich auch im Rezensionsteil, in dem auf neue Werke wie auf den ersten Band von Th. Manns Josephs-Tetralogie, *Die Geschichten Jaakobs*, Marchwitzas *Kumiaks*, Tollers *Eine Jugend in Deutschland* und B. Franks *Cervantes* hingewiesen werden konnte. Das Profil der NDB wurde durch die ständige Rubrik »Die Stimme aus Deutschland« wesentlich mitbestimmt. Die in ihr unter Ps. oder anonym abgedruckten Erzählungen, Skizzen, Gedichte, Reportagen, Kritiken und Glossen stammten fast ausschließlich von Mitgliedern der Berliner Ortsgruppe des BPRS, die in der Illegalität ihre literarische Arbeit fortsetzte, bis sie im Sommer 1935 von der Gestapo entdeckt wurde. Die Gruppe wurde von Petersen geleitet, der zwischen 1933 und 1935 etwa zehnmal nach Prag kam und sich mit Herzfelde, Weiskopf u.a. beriet, auch den Versand von Manuskripten an Prager Deckadressen besorgte; andere Texte wurden durch Kuriere überbracht. Die Beiträge dieser Nachwuchsautoren (E. Brüning, B. Waterstradt, T. Richter, W. Ilberg, W. Stolle, L. Kaufmann, P. Körner-Schrader, K. Steffen u.a.) vermittelten authentische Einblicke in die inneren Verhältnisse NS-Deutschlands, in den Widerstandskampf, die Konzentrations- und Arbeitsdienstlager, die verstärkte Ausbeutung in den Betrieben. Aufmerksamkeit widmete die Redaktion auch internationalen Problemen und Vorgängen. Im März 1934 brachte sie das Sonderheft *Der Bürgerkrieg in Österreich* heraus, das, vor allem in Beiträgen von I. Ehrenburg und Graf, über die Februarkämpfe berichtete. Das Generalthema eines weiteren, anläßlich des 20. Jahrestags des Weltkriegsbeginns erschienenen Sonderheftes mit Beiträgen u.a. von Ottwalt, A. Zweig, Feuchtwanger, Bredel, A. Smedley und P. Nizan war »Der letzte und der nächste Krieg«. Besonders engagierten sich die NDB für progressive internationale Literatur. Bei den Beiträgen aus zahlreichen Ländern zeichneten sich zwei Schwerpunkte ab: Autoren des Gastlandes (J. Wolker, P. Jilemnický, O. Łysohorsky u.a.) und Sowjetschriftsteller (K. Fedin, M. Scholochow, B. Pasternak, B.

Pilnjak, K. Paustowski u. a.) sind besonders stark vertreten. Dem ↗ Allunionskongreß der Sowjetschriftsteller 1934 war ein ganzes Heft gewidmet (1934, H. 12). Es brachte neben Proben aus der Sowjetliteratur zahlreiche Auszüge aus Diskussionsreden des Kongresses, auch aus den Ansprachen deutscher und anderer ausländischer Teilnehmer (u. a. Becher, Herzfelde, Bredel, J.-R. Bloch, A. Malraux und G. Germanetto), sowie den Wortlaut des Grußschreibens von H. Mann. Ähnliche Beachtung fand im folgenden Jahr im letzten Heft der NDB der Internationale Schriftstellerkongreß zur Verteidigung der Kultur, Paris, Juni 1935. Abgedruckt wurden die Ansprachen (z. T. Auszüge) von A. Gide, A. Huxley, Becher, Brecht, Marchwitza, Petersen, Seghers u. a.

Die Zeitschrift widmete sich auch der Verteidigung des kulturellen Erbes. Sie trat dem Mißbrauch, der Verfälschung und der Diffamierung dieses Erbes durch die NS-Ideologen entgegen. Mit dem Abdruck von Texten H. Heines, G. Büchners, G. E. Lessings, F. Hölderlins, Jean Pauls u. a. begründeten sie eine Praxis der Präsentation des nationalliterarischen Kulturerbes, die ab 1936 vom »Wort« weitergeführt wurde. Bereits in ihrem zweiten Heft stellte die Zeitschrift einen Grundsatzartikel Günthers über Ziele und Methoden der Kritik am »Kulturfaschismus« zur Diskussion. Es folgten Beiträge aller kritischen Genres von der theoretischen Abhandlung bis zur tagesbezogenen Glosse, die zunehmenden Terror und den Niedergang des Kulturlebens in Deutschland aufmerksam verfolgten. Publik gemacht und analysiert wurden offizielle Verlautbarungen führender Naziideologen zu Kunst und Literatur, die Vorgänge in faschistischen Kulturorganisationen, die Gleichschaltung in allen Bereichen des geistigen Lebens, die Auswirkungen des Rassenfanatismus, die Verrottung der Sprache usw. Speziell interessierten sich die NDB für die Entwicklung der Literatur unter dem Hitlerregime. Scharfe Polemik richteten sie gegen Exponenten der faschistischen Literatur wie H. Johst, auch gegen M. Barthel und G. Benn, die sich öffentlich mit dem Dritten Reich solidarisiert hatten. Differenzierter setzte man sich mit G. Hauptmann und H. Fallada auseinander, die ihren Frieden mit den neuen Machthabern geschlossen hätten und bei denen bedenkliche Folgen dieses Kompromisses zu konstatieren seien.

Die NDB hatten von Anfang an mit finanziellen Schwierigkeiten zu kämpfen. Nach dem Sieg der österreichischen Reaktion im Feb. 1934 und der Rückgliederung des Saargebietes verringerte sich der Absatz, die Verhaftung der Berliner Gruppe des BPRS brachte Einbußen an literarischem Material. Nachdem die Redaktion Sep. 1934 und Aug. 1935 die Leser ohne zureichenden Erfolg zur solidarischen Hilfe aufgerufen hatte, Herzfeldes Bemühungen um finanzielle Unterstützung bei der IVRS und KI in Moskau Ende 1935 gescheitert waren, ein Fusionierungsplan mit K. Manns »Sammlung« ebenfalls

wegen fehlenden Geldes nicht zustande kam, mußten die NDB ihr Erscheinen einstellen. Dies wurde von vielen Autoren zu Recht beklagt. Die NDB hatten unter der redaktionellen Leitung von Herzfelde eine mutige Vorreiterrolle im Praktizieren antifaschistischer Volksfront eingenommen und eine bleibende literarhistorische Leistung erbracht. Hieran konnte das ab 1936 in Moskau herauskommende »Wort« anknüpfen.

Lit.: Neue Deutsche Blätter, Prag 1933-1935. Bibl. einer Zeitschrift, Bearb. H. Praschek, Vorw. W. Herzfelde, Berlin und Weimar 1973 (= Analyt. Bibl. deutschsprachiger literarischer Zeitschriften, 6); Neue Deutsche Blätter. Monatsschrift für Literatur und Kritik, fotomechan. Nachdr. (mit Personen- und Werkregister), Nachw. F. Albrecht, 3 Bde., Berlin 1974; H. A. Walter: Deutsche Exilliteratur 1933-1950, Bd. 7, Exilpresse I, Darmstadt/Neuwied 1974; Exil, Bd. 5, 2., erw. Aufl., Leipzig 1987; A. Huß-Michel: Literarische und politische Zeitschriften des Exils, Stuttgart 1987; S. Barck: Zur Spezifik des deutschen literarischen Exils in der Sowjetunion unter kommunikationsgeschichtlichem Aspekt, in: Kommunisten verfolgen Kommunisten..., Hg. H. Weber u. a., Berlin 1993.

Friedrich Albrecht

Neue Deutsche Zeitung (NDZ)

Erschien als Tageszeitung unter der Redaktion von O. Lüning und leitender Mitarbeit von J. Weydemeyer ab 1. Juli 1848 in Darmstadt im Verlag von C. W. Leske, vom 1. Apr. 1849/14. Dez. 1850 in Frankfurt a. M. mit dem Untertitel »Organ der Demokratie«. Die NDZ stand der entschiedenen Linken der Frankfurter Nationalversammlung nahe und verstand sich als politischer Wegbereiter der Revolution. Die zunehmende Eindämmung der Revolution führte im Herbst 1849 auch fast zur Einstellung des Blattes, doch die Übernahme der von R. Blum gegründeten Frankfurter »Deutschen Reichstags-Zeitung« sowie Spenden linker Demokraten sicherten das weitere Erscheinen. Dritter Redakteur wurde G. Günther, bisher Herausgeber der »Deutschen Reichstags-Zeitung«. Gleichzeitig verstärkte sich der Einfluß des BdK vor allem durch das Wirken Weydemeyers. Er war es, der die damalige Strategie des BdK, den Zusammenschluß und den Zusammenhalt aller linken Kräfte zur Durchsetzung einer republikanisch-demokratischen Zielsetzung auf dem Weg hin zu einer späteren sozialistischen Umgestaltung der Gesellschaft in die Zeitung einbrachte. Die NDZ veröffentlichte Erklärungen von Bundesmitgliedern, Notizen über das von ihnen geschaffene Flüchtlingsunterstützungskomitee in London und über die von K. Marx und F. Engels herausgegebene »Neue Rheinische Zeitung. Politisch-ökonomische Revue« (Hamburg 1850). Mitte 1849 kam zwar eine vorgesehene Mitarbeit des damals in Paris lebenden Marx nicht zustande, aber bald darauf korrespondierten die Bundesmitglieder E. Dronke aus Paris sowie C. Schramm und S. Seiler aus London für die NDZ. In dem seit 1. Feb. 1850 vorhandenen Feuilleton erschienen Gedichte von A. Meißner, G. Kinkel und H. Heine, Novellen von A. Clifford und J. Kinkel, Auszüge aus den *Revolutionären Studien aus Paris* von Meißner und den *Pariser Revolutions-Memoiren* von Dronke sowie mehrere Erinnerungen an die deutsche Reichsverfassungskampagne und die revolutionären Ereignisse in Italien. Relativ regelmäßig besprach die NDZ in ihrer »Bücherschau« politische und literarische Neuerscheinungen. Auch Lünings zunehmendes Abrücken vom radikaldemokratischen Kurs der Zeitung konnte am Ende die NDZ nicht mehr retten. Er wurde im Dez. 1850 ebenso wie Weydemeyer und Günther aus Frankfurt ausgewiesen, so daß das Blatt sein Erscheinen einstellen mußte.

Lit.: K. Obermann: Joseph Weydemeyer. Ein Lebensbild 1818–1866, Berlin 1968; I. Hundt: Dronke contra Proudhon. Artikel in der »Neuen Deutschen Zeitung« von 1849, in: Marx-Engels-Jahrbuch 9, Berlin 1986; H.-J. Singer: Ernst Dronke. Einblicke in sein Leben und Werk, Koblenz 1986.

Irina Hundt/Red.

Neue Rheinische Zeitung (NRZ)

Tageszeitung, erschien großformatig in 301 Nummern vom 1. 6. 1848/19. 5. 1849 in Köln mit dem Untertitel »Organ der Demokratie« in einer Auflage von bis zu 6000 Ex. Die NRZ umfaßte in der Regel vier Druckseiten. Anläßlich besonderer politischer Ereignisse wurde sie auch zweimal täglich herausgegeben oder durch Beilagen und Extrablätter in Form von Flugblättern ergänzt. Die Zeitung wurde von K. Marx unter Bezugnahme auf die »Rheinische Zeitung für Politik, Handel und Gewerbe«, deren Redakteur er 1842/43 gewesen war, und F. Engels gegründet und herausgegeben. Als Chefredakteur leitete Marx ein Redaktionskollegium, dem neben Engels H. Bürgers, E. Dronke, G. Weerth, F. Wolff, W. Wolff und seit Okt. 1848 F. Freiligrath angehörten. Alle waren Mitglieder des BdK. Die Mehrzahl der Leitartikel wurde von Marx und Engels geschrieben. Unter den Bedingungen der in der Märzrevolution erkämpften Pressefreiheit konnte die Zeitung zensurfrei erscheinen, wurde aber vom 28. Sep./11. Okt. 1848 verboten. Sie mußte ihr Erscheinen endgültig einstellen, als die preußische Regierung nach der Niederlage der demokratischen Kräfte in der Reichsverfassungskampagne 1849 Marx auswies und auch die übrigen Redakteure Preußen verlassen mußten. Das politische Programm der NRZ fußte auf Grundsatzüberlegungen, die Marx und Engels im *Manifest der Kommunistischen Partei* (London 1848) für den Kampf des Proletariats in

einer bürgerlich-demokratischen Revolution ausgearbeitet und in den 17 *Forderungen der Kommunistischen Partei in Deutschland* (Flugblatt, Paris 30. 3. 48) weiter konkretisiert hatten. Die Zeitung vertrat den äußersten linken und den proletarischen Flügel der revolutionären Demokratie. Die NRZ sah im halbfeudalen bürokratischen System der Staaten des deutschen Bundes, der herrschenden Adelsschicht sowie in der auf ein Zweckbündnis mit dem Adel gerichteten Orientierung eines Teils der Bourgeosie und der politischen Unentschlossenheit des bürgerlichen Mittelstandes die Haupthemmnisse für den gewünschten grundsätzlichen Gesellschaftswandel. Ausgehend von dieser Position wurde das Wirken der Frankfurter Nationalversammlung und der Parlamente in den deutschen Einzelstaaten kritisch begleitet. Die NRZ unterstützte die in den Märzkämpfen in Deutschland geweckte politische Aktivität in breiten Teilen des Volkes im Sinne ihrer Strategie der Weiterführung der Revolution mit dem Ziel der Verwirklichung eines demokratischen Gemeinwesens. Vor allem vom zweiten Halbjahr 1848 an trat aber immer mehr die Richtlinie einer eigenständigen politischen Position für die Herausbildung eines möglichst hohen Organisationsgrades des Proletariats in den Vordergrund. Die NRZ verfügte über ein weitgespanntes Netz in- und ausländischer Korrespondenten. Die Redakteure konzentrierten sich jeweils auf bestimmte Schwerpunkte der Berichterstattung. Engels kommentierte ausführlich die Debatten der konstituierenden Versammlung Preußens, des Frankfurter Nationalparlaments und verfaßte eine große Anzahl von Artikeln über nationale Freiheits- und Unabhängigkeitsbestrebungen in Böhmen, Italien und Polen. Er berichtete über die revolutionären Kämpfe in Paris und über den Krieg mit Dänemark. W. Wolffs Spezialgebiet war die Agrarfrage und die Berichterstattung über die revolutionäre Entwicklung auf dem Lande. Er bearbeitete außerdem die umfangreiche Rubrik mit Meldungen aus den deutschen Staaten. Neben Engels schrieb auch Dronke über die Deutsche Nationalversammlung, deren Tätigkeit er eine zeitlang als Korrespondent der NRZ in Frankfurt verfolgte. Darüber hinaus war er verantwortlich für die Nachrichten aus Polen und Italien. Informationen über die revolutionären Kämpfe in Frankreich nahmen in der NRZ einen hervorragenden Platz ein. Die Berichterstattung über den Juniaufstand der Pariser Arbeiter hatten Marx – vor allem in seinem Grundsatzartikel *Die Junirevolution* (Nr. 29) – und Engels übernommen, obwohl generell für die Analyse der Entwicklung in Frankreich F. Wolff zuständig war, der mehr als 170 Beiträge über diesen Gegenstand in der NRZ schrieb. Das in den meisten Nummern enthaltene Feuilleton der NRZ leitete Weerth in Zusammenarbeit mit Freiligrath. Weerths, in der Titelzeile eines seiner besten Gedichte ausgedrücktes Motto, *Kein schöner Ding ist auf der Welt, als seine Feinde zu beißen* (Nr. 114 –116),

Letzte Nummer mit Abschiedsgedicht von Freiligrath

prägte das Feuilleton insgesamt. Gedichte von Weerth wie *Die komischen Kaiser* (Nr. 2) oder *Ich wollt', ich wär' Polizeiminister* (Nr. 39), die *Humoristischen Skizzen aus dem deutschen Handelsleben* (Nr. 1-36), vor allem aber der ab Nummer 69 abgedruckte Persiflageroman *Leben und Taten des berühmten Ritters Schnapphahnski*, der den Fürsten Lichnowski, einen bekannten Abgeordneten der Rechten in der Frankfurter Paulskirche, attackierte, erschienen als Zeitsatire zuerst in der NRZ. Das Feuilleton spannte den Bogen von der historischen Dokumentation (Nachdruck von Protokollen der Konventsverhandlung gegen Ludwig XVI. aus dem Pariser »Moniteur« von 1793) und der außenpolitischen Polemik (Nachdr. 1844 in London publizierter Enthüllungen über *Russisches Militär,* Nr. 38-44) über die Auszüge aus den *Memoiren des ehemaligen Polizeipräfekten Caussidiere* (Nr. 166, 175) und einen Tatsachenbericht über *Die letzten Stunden Robert Blums* (Nr. 164) bis zu den Weerthschen Glossen *Aus dem Tagebuch eines Heulers* (Nr. 51, 53, 63). Immer wieder wurde auch das Entsetzen des bürgerlichen Spießers angesichts des umstürzlerischen Voluntarismus in Presseerzeugnissen wie der NRZ karikiert. Die literarisch-romantische Tradition der Philisterkritik hat hier ihre revolutionär-demokratische Radikalisierung erfahren. Bürgerliche

und konservative Presseorgane, so die »Reform« oder die »Kreuzzeitung«, wurden verspottet, indem die NRZ verschiedene ihrer Artikel ironisch-sparsam kommentiert in der Spalte *Blödsinn deutscher Zeitungen* (Nr. 133-253) wiedergab. Darüber hinaus fanden Texte von F.R. Lammenais, F. Chateaubriand und G. Sand ebenso Platz wie die feuilletonistischen Reiseberichte Weerths, die z.B. Darstellungen des englischen Parlamentarismus, der Chartistenbewegung oder auch Portraitskizzen (u. d. T. *Punch, Harlequin und Henneschen,* Nr. 182 oder *Die Langeweile, der Spleen und die Seekrankheit,* Nr. 238-258) umfaßten. Besonders charakteristisch für das NRZ-Feuilleton war dabei immer wieder der Vergleich von Aktuellem mit historischen Vorgängen, beispielhaft etwa in der polemischen Glosse *Wie und in welch Manier der fromme König Friedericus Wilhelmus der viert in der billigen Statt von Cöllen empfangen und zum Keyser gekrönet werden müßt* (Nr. 271), die das vieldiskutierte Thema Kaiserwahl 1849 in Beziehung setzte zur Geschichte der Aachener Kaiserkrönungen von Noppius 1630. Die NRZ profilierte sich aber auch als Lokalzeitung, indem sie u.a. die ökonomischen Verflechtungen und Verfilzungen im Kölner Kornhandelsgeschäft aufdeckte oder die vasallenhafte Gesinnung der preußischen Königstreuen in der Stadt verspottete.

Einen Gegenpol zu den meist von Weerth selbst verfaßten ironisch-satirischen Beiträgen bildeten die Texte Freiligraths, der u.a. sein berühmtes *Trotz alledem* (Nr. 6), das Requiemgedicht *Blum* (Nr. 146) und seine Verse zur Revolutionsfeier auf dem Kölner Gürzenich, *Reveille* (Nr. 251), für die NRZ schrieb. Eigens für die letzte Nummer der Zeitung dichtete er sein pathetisch-visionäres *Abschiedswort der Neuen Rheinischen Zeitung* (Nr. 301). Die Aussage der einzelnen feuilletonistischen Beiträge folgte der politischen Leitlinie, die die Redaktion entsprechend dem Verlauf der Revolution für den Kampf der revolutionären Demokratie und des Proletariats erarbeitete. Dabei ist die Vielfalt der verwandten künstlerischen Formen beträchtlich. Erzählende Prosa, politische Lyrik, Memoirenliteratur, Glossen, Epigramme und publizistische Dokumentationen versuchte man zu einer Einheit von politischer Aussage mit literarischem Anspruch zu verschmelzen. Das NRZ-Feuilleton war wegweisend für die politische Kunst- und Kulturentwicklung der späteren Arbeiterbewegung.

Ausg.: Ndr.e: Berlin 1928 (2 Bde.), Berlin/Bonn-Bad Godesberg 1973 (2 Bde.). – *Lit.:* S.M. Gurevic: »Novaja reinskaja gazeta« – K. Marksa i F. Engelsa, Moskau 1958; G. Becker: Karl Marx und Friedrich Engels in Köln, Berlin 1963; J. Strey/G. Winkler: Marx und Engels 1848/49. Die Politik und Taktik der »Neuen Rheinischen Zeitung« während der bürgerlich-demokratischen Revolution in Deutschland, Berlin 1972; S.Z. Leviova: Die Redaktionsarbeit der »Neuen Rheinischen Zeitung«, in: Jahrbuch für Geschichte, Berlin 1973, Bd. 8; W. Büttner: Das Feuilleton der »Neuen Rheinischen Zeitung«, in: ebd., Berlin 1981, Bd.

Das Redaktionskomitee

22; Ders.: Über politische Tendenzen und Entwicklungen in der Feuilletonliteratur demokratischer Zeitungen der 40er Jahre des 19. Jahrhunderts, Diss., Berlin 1985.

Wolfgang Büttner

(Das) Neue Rußland (NR)

Illustrierte Zeitschrift der Gesellschaft der Freunde des neuen Rußland, 1923 bzw. 1924/1932, hervorgegangen aus »Neue Kulturkorrespondenz«, Informationsorgan für Kultur und Wirtschaft des neuen Rußland, ab 1923, H. 8 »Das neue Rußland« (NR), Kultur- und Wirtschaftskorrespondenz, ab 1924, H. 1/2 (Mai/Juni) »Das Neue Rußland«, Monats-Zs. für Kultur und Wirtschaftsfragen, Hg. von der Gesellschaft der Freunde des Neuen Rußland in Deutschland, Berlin-Pankow, Leitung E. Baron, seit 1. 2. 1924 deren Generalsekretär.

Erich Baron, geb. 20. 7. 1881 in Berlin; ermordet am 26. 4. 1933 in der Untersuchungshaft im Berliner Polizeipräsidium. Aus sozialdemokratisch orientierter jüdischer Familie. Jura-Studium, 1898 /1903 an der Berliner Universität, danach Journalist der sozialdemokratischen Parteipresse, ab Okt. 1907 Redakteur der »Brandenburger Zeitung«, ab Jan. 1910 SPD-Stadtverordneter von Brandenburg, Anschluß am linken Flügel der SPD, 1912/14 Antikriegspropaganda, erhielt Rechtsbeistand durch K. Liebknecht, ab 1916 Frontsoldat. Nahm an Novemberrevolution 1918 und Januarkämpfen 1919 teil, ab 10. Nov. 1918 Mitglied der Leitung des Arbeiter-und-Soldaten-Rates in Brandenburg (USPD). Seit Vereinigung von KPD und USPD Mitglied der VKPD. 1921/24 in der KPD-Presse journalistisch tätig. 1924/32 Herausgeber und verantwortlicher Redakteur des NR. B. war »der ehrliche Mittler zwischen dem neuen Leben im neuen Rußland und dem westeuropäischen Geist.« (in: *Hirne hinter Stacheldraht*, Basel 1934, zit. nach *Zur Tradition*, Bd. 1, S. 607). Bericht über seine Sowjetunion-Reise in NR 1929, H. 7/8. B. verfügte über ein bemerkenswertes Organisationstalent, Fleiß, Bescheidenheit, Sensibilität und setzte seine journalistische Begabung ganz für das NR ein.

NR erschien monatlich, vorwiegend in Doppelheften, gut illustriert, als Titelblatt Fotos von Ereignissen oder Persönlichkeiten der Sowjetunion, Einbandzeichnung und typographische Anordnung J. Heartfield (oft Foto-Montagen) und P. Urban, Auflage 3000 Ex., Umfang 50–100 S., maximal 107 S., minimal 39 S., ca. 40–50 Abbildungen pro Heft, letzte Nr. 1932, H. 7/8. Anfangs Spiegelbild der kulturpolitischen Arbeit der IAH, die u. a. Erstaufführungen sowjetischer Filme und Dokumentarfilme der Meshrabpom-Rus, Kunstausstellungen und Verbreitung neuer sowjetischer Literatur organisierte. NR profilierte sich als Berichtsorgan über das differenzierte kultur- und wirtschaftspolitische Arbeitsprogramm der Gesellschaft der Freunde des neuen Rußland, widerspiegelte die Arbeit ihrer Sektionen Kunst, Literatur, Justiz, Medizin, Pädagogik, Technik (Radiotechnik), Wissenschaft, Erziehung und Volksbildung, Sozialpolitik/Sozialfürsorge und Wirtschaft. Enthielt »Mitteilungen der Gesellschaft der Freunde des neuen Rußland«. Brachte regelmäßig Informationen von Intourist über Reisemöglichkeiten in die UdSSR.

Adressaten waren vor allem bürgerliche Intellektuelle und Angehörige nichtproletarischer Schichten, tätig in Wissenschaft, Bildung, Kultur, Politik, Wirtschaft, die das neue Rußland »planmäßig organisiert« kennenlernen wollten. Dem NR ging es um »sachliche Aufklärung über die kulturellen und wirtschaftlichen Strömungen im neuen Rußland« mit dem Ziel, ein »vorurteilsfreies Bild« entstehen zu lassen. Die Redaktion hoffte dabei auf die »Teilnahme breitester Schichten deutscher Geistesarbeiter und wirtschaftlicher Pioniere«, die auf dem Boden der Rapallo-Politik standen. Beiträge von »ersten russischen Fachleuten und von deutschen Kennern russischer Verhältnisse« (1924, H. 1/2, S. 1) hielten sich zunächst die Waage, später überwogen Artikel sowjetischer Autoren. NR gab führenden Staats- und Parteifunktionären der UdSSR das Wort: A. Lunatscharski, O. D. Kamenewa, N. A. Semaschko, G. Tschitscherin, N. Krestinski, A. Mikojan, K. Woroschilow, ab 1929 Exklusivbeiträge von J. W. Stalin *Der sozialistische Wettbewerb und die Arbeitsbegeisterung der Massen* (1929, H. 3/4), *Das Jahr des großen Umschwungs* (1929, H. 7/8). Sie informierte ausführlich über die Entwicklung des sowjetischen Theaters (1926, H. 7/8 über W. Meyerhold, A. Tairoff, die »Blauen Blusen«), des Films (1927, H. 1/2 *Der Siegeszug des sowjetischen Films*; 1928, H. 4 S. Eisenstein *Die Schöpfungsgeschichte unseres Oktoberfilms*), der Literatur (über I. Babel, S. Jessenin, W. Majakowski, I. Ehrenburg, F. Gladkow, L. Seifullina, K. Fedin, M. Gorki u. a.). In der ständigen Rubrik »Neue Literatur über Rußland« (ab 1925, H. 9/10) u. a. Rezension von A. Kollontays Aufsehen erregenden Erzählungen *Wege der Liebe* (Berlin 1925). Generelle Probleme kultureller und literarischer Produktion und Rezeption thematisierten Lunatscharski (u. a. *Entwicklung der So-*

Majakowski in Berlin 1927 u. a. mit L. Seifulina,
A. Wolfenstein, H. Guilbeaux, Helene Stöcker, Ed. Fuchs

wjetliteratur, 1928, H. 5; *Die kulturellen Erfolge der Sowjet-union*, 1932, H. 3/4; *Goethe und die Sowjetunion*, ebd.), L. Trotzki (*Kultur und Sozialismus*, 1927, H. 3/4 und 5/6; 1926, H. 1/2 *Dem Andenken S. Jessenins*), P. S. Kogan (*Die Literatur nach der Revolution*, 1927, H. 11/12). Zur Diskussion stellte das NR die skeptische Meinung des Franzosen H. Guilbeaux *Gibt es eine proletarische Kunst in Sowjetruß-land?* (1928, H. 1). Regelmäßig druckte NR Berichte und Texte von Sowjetunion-Reisenden ab, darunter von E. E. Kisch (*Klub der politischen Sträflinge*, 1926, H. 11/12; *Die Freiheit in Rußland und anderswo*, 1927, H. 9/10; *Die Knebelung des russischen Schrifttums*, 1928, H. 1;), E. Toller (*Eine Frauenversammlung*, 1926, H. 5/6;), H. Vogeler (*Eindrücke aus Karelien ... mit Zeichnungen*, 1926, H. 5/6) E. Gumbel (*Russisches Schulwesen*, 1926, H. 9/10), E. Fuchs, der Präsident der Gesellschaft der Freunde des Neuen Rußland war (*Die Sonne der Menschheit geht im Osten auf*, H. 1927, H. 9/10), St. Zweig (*Reise nach Rußland*, 1928, H. 11/12), H. Steinberg (*Als Dirigent in Moskau und Leningrad*, 1932, H. 3/4), B. Walther (*Musik in Sowjetrußland*, 1927, H. 3/4), A. Seghers (*Die neue Wirklichkeit*, 1931, H. 6/7), H. Eisler (*Situation der Musik in der Sowjetunion*, ebd), M. Hirschfeld, A. Holitscher, B. Taut, B. Lask, M. Osborn, H. Huppert, H. Stöcker. In der Nummer zum 10. Jahrestag der Oktoberrevolu-tion (1927, H. 9/10) waren neben offiziellen Beiträgen u. a. des deutschen Botschafters in der UdSSR U. Brockdorff-Rant-zau, von N. Krestinski, Graf von Arco, Freiherr von Schoen-aich, Texte von J. R. Becher (Gedicht *Zehn Jahre*), H. Mann (*Gute und gedeihliche Beziehungen*), A. Behne (*Ankunft in Moskau*), E. Piscator (*Dank an Sowjetrußland*), A. Paquet (*Ein Gruß zum Jahrestag*), A. T. Wegener (*Das tiefe Wehen*), Vogeler (*Schaffende Kräfte*) abgedruckt.

Heft 11/12 1927 informierte über den Weltkongreß der Freunde der Sowjetunion (Nov. 1927 in Moskau), an dem 947 Delegierte aus 43 Ländern, davon 173 Delegierte aus Deutsch-land, teilgenommen hatten. Die erfolgreiche Arbeit der Gesell-schaft in Deutschland paßte antisowjetischen Kräften nicht. Das NR reagierte 1930, H. 1/2 mit eindeutiger Parteinahme für die Sowjetunion: *Was geht vor? Die Freunde gegen die Feinde* und 1930, H. 7/8 *Für oder gegen* von Baron. Auf einer Veranstaltung der Gesellschaft der Freunde des neuen Rußland am 16. 12. 1930 in der Berliner Singakademie artikulierten die 700 Teilnehmer ihr »lautes und deutliches Für, Für und dreimal Für« die Sowjetunion« (1931, H. 1, S. 37). In den Jahrgänge 1931/32 überwogen Beiträge über wirtschaftlichen Aufbau (5-Jahrplan), die Entwicklung von Wissenschaft, Bil-dung und Technik (z. B. *Neuer Städtebau in der UdSSR*, 1931, H. 4/5), A. Lifschitz *Die Polytechnisierung der Sowjet-schule...*, 1931, H. 6/7). Das letzte Heft, 1932, 7/8, stand unter dem Motto: *Fünfzehn Jahre Sowjetunion*. Hervor-zuheben ist der Artikel von F. Lenz *Deutschland und die Sowjetunion*, der die Linie der Rapallo-Politik bekräftigte – sie zu verlassen bedeute, Frieden, Sicherheit und beiderseitig vorteilhafte Zusammenarbeit aufs Spiel zu setzen. O. Leh-mann-Rußbüldt schrieb zu *Antikriegskongreß und die So-wjetunion* (Amsterdamer Kongreß 1932). Würdigungen der sowjetischen Entwicklung stammten von A. Grabowski, A. Kerr, Stöcker, Osborn u. a. Beiträge über Gorki standen neben L. Körbers *Das Sowjetkind auf der Bühne*, L. und M. Ruben-Wolfs *Die neue Wolga* und Behnes kritisch-bilanzierendem Beitrag *15 Jahre Sowjetkunst*. Problemhaltig A. Döblins *Be-merkungen zum 15-Jahres-Jubiläum*, worin er vordergrün-diges Lob ablehnte, sich jedoch zum «Grundsätzlichen» be-kannte: »Niederwerfung der Tyrannei, Beseitigung der Le-thargie der Massen, kraftvolle Einzelmenschen mit wirklicher Einsicht in die historische Situation, Wissen um den Sozia-lismus und kämpferischer Wille zum Sozialismus.« (S. 24) Der Stil der Zs. NR war sachlich und problemorientiert, freundschaftlich, aber nicht glorifizierend.

Lit.: H. Münch: Die Gesellschaft der Freunde des neuen Rußland in der Weimarer Republik, Berlin 1958; ders.: Die Gesellschaft der Freunde des neuen Rußland (1923-1933), in: Deutschland – Sowjetunion. Aus fünf Jahrzehnten kultureller Zusammenarbeit, Berlin 1966; G. Rosen-feld: Sowjetunion und Deutschland 1922-1933, Berlin 1984; R. Elias:

Die Gesellschaft der Freunde des neuen Rußland. Mit Inhaltsverz. der Jg. der Zs. »Das Neue Rußland« 1923 bis 1932, Köln 1985.

Hans Münch/Red.

(Die) Neue Welt (NW)

NW (1) *Illustriertes Unterhaltungsblatt für das Volk*, erschien Jan. 1876/Dez. 87 als selbständige Wochenschrift (im 1. Jahrgang auch als Gratis-Beilage der »Berliner Freien Presse«, 1887 nur noch unregelmäßig mit 22 Nummern). Leitende Redakteure waren W. Liebknecht (1876) und sein Schwiegersohn B. Geiser, der die Redaktion 1877/87 mit einer kurzen Unterbrechung (Juli/Sep. 1881 Dr. M. Vogeler) führte. Gedruckt und verlegt wurde die NW zunächst in der Leipziger Genossenschaftsbuchdruckerei, ging aber während des Sozialistengesetzes in Privatbesitz über (ab Juli 1880: W. Fink, Leipzig, ab Jan. 1881: F. Goldhausen, Leipzig). Jan. 1882 erwarb J. H. W. Dietz in Stuttgart das Blatt und übernahm Druck und Verlag. Okt. 1886, als der Verlag nach Hamburg übersiedelte, war Geiser Eigentümer, gedruckt wurde weiter bei Dietz. Die Auflage stieg 1876/78 von 21 000 auf 50 000 Ex., sank unter dem Sozialistengesetz, bis das Blatt sein Erscheinen einstellen mußte.

NW (2) *Illustrierte Beilage für Wissenschaft, Belehrung und Unterhaltung*, erschien Jan. 1892/Dez. 1919 als Sonntags-Gratis-Beilage für insgesamt 29 größere Parteiblätter der SPD. Leitende Redakteure waren C. Baake (1892/93), S. Kokosky (1893/96), E. Steiger (1896/98), O. Kühl (1898/1900), L. Lessen (1900/19). Druck und Verlag übernahm die Hamburger Buchdruckerei und Verlagsanstalt Auer u. Co. 1892 betrug die Auflage 112 000 Ex., stieg bis 1902 nur um 20000, erhöhte sich aber rasch und kontinuierlich, erreichte vor dem I. Weltkrieg mit 650 000 Ex. ihren Höchstand.

Zu NW (1): Bereits auf dem Eisenacher Parteikongreß der SDAP 1873 war ein Beschluß über die Gründung eines selbständigen sozialdemokratischen Unterhaltungsblattes verabschiedet worden. Aus wirtschaftlichen Gründen konnte die NW erst drei Jahre später erscheinen. Inhaltliche Struktur und Aufmachung des Illustrierten Unterhaltungsblattes waren orientiert am auflagenstärksten deutschen Familienblatt, der »Gartenlaube«, die auch in proletarischen Haushalten weit verbreitet war. Erreichen sollte sie vor allem Frauen. Als »oberste« Aufgabe setzte sich die NW das Ziel, jene Leserschar zu vergrößern, »die nicht bloß Unterhaltung, sondern auch Belehrung« begehre, und sie in »ihrem Streben nach wirklicher Aufklärung auf allen Gebieten des Wissens« zu unterstützen (1876, Nr. 1). Neben Romanen, Novellen und Gedichten brachte NW populärwissenschaftliche Abhandlungen zu Themen aus Natur, Technik, Kultur, Geschichte, Geographie

und Philosophie. Sie veröffentlichte biographische Skizzen zu G. Büchner, H. Heine, C.-H. de Saint-Simon, J.-P. Marat, M. de Robespierre, R. Owen, Ch. Darwin u. a. Hinzu kamen Beiträge zu gesunder Lebensführung, Kindererziehung und Haushalt sowie Rätsel.

Unter Liebknechts Leitung gewann die NW 1876 das Profil eines politisch-operativen, sozialdemokratischen Bildungs- und Unterhaltungsorgans, das z. T. noch die folgenden Jahrgänge bis zum Sozialistengesetz prägte. Die Autoren der literarischen Beiträge waren überwiegend Sozialdemokraten oder standen der Arbeiterbewegung nahe (R. Schweichel, A. Otto-Walster, J. Ph. Becker, C. Lübeck, J. Most, E. König, E. Roßbach u. a.). Mit der Novelle *Ein Proletarierkind* (1876, Nr. 38–48) wurde M. Kautsky vom 1. Jahrgang an zur Stammautorin. Von R. Lavant druckte die NW außer Gedichten 1878 seine erste große Prosaarbeit, den autobiographischen Roman *Ein verlorener Posten* (Nr. 14–43). Einen thematischen Schwerpunkt der literarisch unterhaltenden und historisch belehrenden Beiträge bildeten revolutionäre Ereignisse und soziale Kämpfe, vor allem die Französische und die 1848er Revolution, die deutschen Weberaufstände und die Pariser Commune. Im Lyrikteil dominierten zum Emanzipationskampf aufrufende Gedichte und Lieder (z. T. mit Kompositionen), wobei sowohl die Vormärz-Dichter (F. Freiligrath, G. Herwegh) als auch die jüngere Generation sozialdemokratischer Lyriker (M. Kegel, A. Geib, A. Scheu, K. Mook) zu Wort kamen. 1877 wurden Auszüge aus P. Lissagarays *Geschichte der Commune von 1871* (Nr. 3–7) aufgenommen. Engels engagierte sich für das neue Blatt, indem er die Aufnahme der *Abgerissenen Bilder aus meinem Leben* von J. Ph. Becker (1876, Nr. 17–26) anregte und eine biographische Skizze zu W. Wolff (1876, Nr. 31) beisteuerte. Operativ wirkte die NW, indem sie Arbeiter mit Tatsachenberichten und literarischen Skizzen (u. a. von A. Douai und Otto-Walster) vor übereilter Auswanderung in die USA warnte.

Während des Sozialistengesetzes gehörte die NW zu den drei mit der Sozialdemokratie verbundenen Organen, die legal weiter erscheinen konnten. Um Verboten zu entgehen, leugnete die Zeitschrift ihre Beziehungen zur Partei. Unter der Redaktion des Journalisten B. Geiser veränderte sich das Profil der NW. Er lehnte den politischen Klassenkampf ab. Seine kulturpolitische Position war geprägt von einem eher unpolitischen, an den gängigen Standards orientierten Bildungsstreben. Geiser verehrte die modernen Naturwissenschaften und die klassische deutsche Literatur. Wissenschaftliche, ästhetische und moralische Belehrungen waren für Geiser der Hauptzweck der NW und bestimmten während des Sozialistengesetzes den Inhalt der meisten populärwissenschaftlichen, z. T. auch der literarischen Beiträge. War die Zeitschrift in den ersten Jahrgängen zu einem wichtigen Publikations-

Kopf der Zeitschrift

organ für schriftstellerische Talente aus der Arbeiterbewegung geworden, so verlor sie diese Funktion nach 1878 weitgehend. Der von Liebknecht hergestellte literarische Traditionsbezug zum Vormärz und der 1848er Revolution wurde aufgegeben. Im Prosateil blieben sozialdemokratische Autoren nun die Ausnahme, stattdessen dominierten Beiträge, die der zeitgenössischen Heimat- und trivialen Unterhaltungsliteratur zuzurechnen sind. M. Wittichs kulturhistorische Studien (z.B. zur Geschichte des Märchens) gehören zu den wenigen publizistischen Beiträgen dieser Jahre, die von politischen Positionen der Arbeiterbewegung aus argumentierten. Mit der Veröffentlichung zahlreicher Gedichte zeitgenössischer sozialdemokratischer Lyriker (zu den bereits genannten kamen Gedichte von L. Jacoby, R. Seidel, J. Audorf, E. Klaar u.a.), behielt die NW noch deutlich den Charakter eines Organs, in dem sozialistische Autoren gefördert wurden. 1882 richtete Geiser zusätzlich eine Rubrik »Proben deutscher Volkspoesie der Gegenwart« ein, in der auch unbekannte proletarische Einsender von Gedichten zu Wort kamen. 1887 veränderte Geiser die Struktur des Blattes, indem er einen »rein unterhaltenden« von dem »wissenschaftlich belehrenden« Teil trennte. Dies entsprach seinem redaktionellen Konzept: »leichteste Lektüre« für »die Frauen und Jungfrauen« (vor allem aber, um den Absatz zu sichern) auf der einen und »ernste, wissenschaftliche« Belehrung zur »Hebung« der Arbeiter auf der anderen Seite (1887, Nr. 1).

Zu NW (2): Kurz nach dem Fall des Sozialistengesetzes 1890 wurde die Gründung eines neuen sozialdemokratischen Unterhaltungsblattes geplant. Der Erfurter Parteitag (1891) beschloß, ab Jan. 1892 eine auflagenstarke wöchentliche Unterhaltungsbeilage mit dem Namen NW für die Parteiorgane herauszubringen, um den einflußreichen bürgerlichen Unterhaltungsblättern entgegenzuwirken. 1892/1900 konnte sich

das Blatt nur mit erheblichen Zuschüssen der Parteikasse halten. Die Schwierigkeiten, ein geeignetes und absatzförderndes Profil auszubilden, zeigten sich auch im häufigen Wechsel der verantwortlichen Redakteure. Baake, zuvor Redakteur des »Berliner Volksblattes« und 1890 führendes Gründungsmitglied der »Freien Volksbühne«, wurde erster Chefredakteur. Er fühlte sich der Gruppe der halbanarchistischen »Jungen« in der Partei sowie dem »Friedrichshagener Dichterkreis« um W. Bölsche und die Brüder Hart verbunden. In dem programmatischen Gedicht *Was wir wollen* (1892, Nr. 1) forderte K. Henckell die modernen Dichter auf, sich am politischen Kampf der Arbeiter zu beteiligen. C. Schmidt, ebenfalls zum Kreis um Bölsche, Hart und B. Wille gehörig, rief in derselben Nummer u. d. T. *Literatur und Sozialdemokratie* dazu auf, die sozialdemokratischen Organe stärker für die ästhetische und kulturelle Schulung der Arbeiter zu nutzen, wobei der zeitgenössischen naturalistischen Literatur besondere Bedeutung zukommen solle. A. Holz, J. Hart, Bölsche, Henckell waren die am häufigsten vertretenen Autoren der beiden ersten Jahrgänge. Die Beilage nahm Prosa von A. Strindberg auf und würdigte H. Ibsen in einer biographischen Skizze. In den Lyrik-Veröffentlichungen pflegte sie die sozialistische Traditionslinie, druckte Gedichte von G. Weerth und G. Herwegh, von L. Jacoby, Audorf, Seidel u.a. In der Rubrik belehrender Publizistik standen literaturkritische und -historische Beiträge im Vordergrund. Es gab nur wenige Abhandlungen aus den Naturwissenschaften und anderen Wissensgebieten. Bestimmten zunächst lange Folgen des Fortsetzungsromans die Struktur der Beilage, so nahm S. Kokosky (ab Aug. 1893 leitender Redakteur) nach scharfer Kritik auf dem Parteitag mehr Kurzprosa (Skizzen, Biographien, Novellen) auf. Die neue Rubrik »Rundschau« mit zahlreichen kurzen Beiträgen aus Technik, Medizin, Botanik, Pädagogik und anderen Bereichen sollte den

Unterhaltungs- und Informationseffekt erhöhen. Anstelle naturalistischer Literatur druckte das Blatt nun häufiger Texte von L. Anzengruber oder Th. Storm.

Ab März 1896 versuchte **Edgar Steiger** (1858-1919) als leitender Redakteur ein Konzept für die Unterhaltungsbeilage durchzusetzen, das sich am Naturalismus (namentlich am »Jüngsten Deutschland«) orientierte. Steiger (Lyriker, Essayist, Redakteur) schrieb bereits in den 80er Jahren am Naturalismus orientierte Gedichte, arbeitete seit 1890 für sozialdemokratische Blätter (u.a. für die »Leipziger Volkszeitung«), lebte nach seinem Ausscheiden aus der NW als freier Publizist, veröffentlichte in bürgerlichen Zeitungen, blieb aber Sozialdemokrat. War im 1. Jahrgang der Beilage unter Baakes Leitung versucht worden, naturalistische Dichtung und proletarischen Emanzipationskampf zusammenzudenken, so verzichtete Steiger gänzlich auf ein politisches Konzept in der Naturalismus-Rezeption. Seine Beiträge, vor allem *Die Kunst des Lesens* (1896, Nr. 9), zeigen, daß es ihm ausschließlich um die Erziehung der Arbeiter zur modernen Kunst und zum allgemeinen Kunstverständnis ging.

Bis Sommer 1897 enthielt nahezu jede Nummer der NW Beiträge, die den Lesern kultur- und kunsthistorische Kenntnisse vermittelten oder sie mit moderner Kunst vertraut machen wollten. Neben den genannten naturalistischen Lyrikern nahm Steiger Gedichte von R. Dehmel und J. H. Mackay auf. An seiner Roman-Auswahl für die NW entzündete sich schließlich auf dem Gothaer Parteitag 1896 die ↗ Naturalismus-Debatte.

Nach der Übernahme der Redaktion durch Lessen 1900 konzentrierten sich die Bemühungen noch deutlicher auf die Konkurrenzfähigkeit mit den bürgerlichen Unterhaltungsblättern. Werke der zu jener Zeit in den Feuilletons besonders erfolgreichen Heimat- und Dorfliteratur (A. Bock, W. Holzamer, C. Viebig, E. Zahn) wurden in stärkerem Maße aufgenommen. Ausstattung und Qualität der Illustrationen wurde verbessert. Zu dem mit der Sozialdemokratie verbundenen Autorenstamm der NW gehörten nun E. Preczang, Kautsky, Lessen, R. Seidel, O. Krille, D. Goebler und R. Grötzsch. K. A. Gerisch avancierte nach der Jahrhundertwende durch seinen Fortsetzungsroman *Erweckt* (1910, H. 1ff.) neben Preczang zum erfolgreichsten Prosaautor der NW. Im Unterschied zur Roman-Zs. »In Freien Stunden«, die ab 1897 parallel zu der Beilage erschien, konzentrierte sich die NW wesentlich auf die deutschsprachige Literatur. Von Ausnahmen abgesehen (H. Hesse, L. Thoma), fand dabei die zeitgenössische deutsche Literatur kaum Beachtung. Deutschsprachige naturalistische Texte blieben gänzlich ausgespart. Beiträge zum Leben und Werk revolutionärer und sozialdemokratischer Autoren (Heine, Freiligrath, Herwegh, Gorki, Schweichel, M. Kautsky) trugen vorrangig informierenden Charakter. Die NW würdigte anläßlich der Veröffentlichung von Erzähltexten ausländischer zeitgenössischer Autoren häufig deren gesellschaftskritische und realistische Leistungen (Gorki, Maupassant, Strindberg).

Dez. 1919 wurde die NW ein Opfer der wirtschaftlichen Situation auf dem Pressemarkt nach dem Weltkrieg. Sie erschien nach 1919 nur noch als Beilage zum »Hamburger Echo«und hatte die Funktion eines zentralen Unterhaltungsorgans der SPD verloren.

Lit.: D. Hoffmann: Sozialismus und Literatur. Literatur als Mittel politisierender Beeinflussung im Literaturbetrieb der sozialistisch organisierten Arbeiterklasse. 1876-1918, Diss., Münster 1975; B. Emig: Die Veredelung des Arbeiters, Frankfurt a.M./New York 1980; K. Zerges: Sozialdemokratische Presse und Literatur, Stuttgart 1982.

Tanja Bürgel

Die neue Weltbühne (NWB)

»Wochenschrift für Politik/Kunst/Wirtschaft« (Untertitel), erschien Apr. 1933/Juni 1938 in Prag, dann bis Aug. 1939 in Sèvres. Nachfolgeorgan der »Wiener Weltbühne«, die 1932, angesichts drohenden Verbots der Berliner »Weltbühne«, unter der Redaktion von W. Schlamm (Ps. Wilhelm Stefan) in Wien gegründet und – nach der Verhaftung C. von Ossietzkys, dem Verbot der »Weltbühne« im 3. Reich und der Erichtung eines autoritären Regimes durch Dollfuß in Österreich (15. 3. 1933) – nach Prag verlagert worden war. Umfang je Heft ca. 30 S.; Auflagenhöhe wird unterschiedlich mit 5000 (U. Madrasch-Groschopp) oder 9000 Ex. (H. Eckert) angegeben.

Als Chefredakteur wollte Schlamm »gegen den Weltfaschismus und für ein neues Deutschland« (1934, Nr. 1, Umschlag) wirken und eine Neuformierung der europäischen Linken fördern. Dabei stützte er sich auf die Mitarbeit H. Manns, der die Hitlerdiktatur als Quelle der Kriegsgefahr für Europa charakterisierte (1933, H. 35) und die Aufgabe der Emigration in Erziehung zur Demokratie (1934, H. 1) und Vorbereitung eines geeinten Europa (1933, II. 33) sah, und H. von Gerlachs, der die Emigration nicht als vorübergehenden Zustand betrachtete (1933, H. 35). Zu den Autoren gehörten u.a. L. Marcuse, H. Fischer und H. Sahl mit kultur- und literaturkritischen Beiträgen; über Politik und Alltag der Sowjetunion berichtete L. Fischer (1934, H. 4, 6), Schlamm und L. Trotzki analysierten die stalinistische Entartung der sowjetischen Gesellschaft (1933, H. 49; 1934, H. 7). Schlamm druckte Trotzkis Artikel über die Niederlage des Proletariats und das Versagen der kommunistischen Strategie (1933, H. 23), die demagogische Friedenspropaganda Hitlers und die Konsolidierung der NS-Herrschaft (1933, H. 28, 30), ohne dessen Theorie streng zu folgen. Er rechnete mit der verfehlten Politik der großen Linksparteien ab und forderte, die politische Emigration müsse sich von ihren politischen Repräsentanten trennen und neu formieren (1933, H. 47; 1934, H.4). Diese radikale Kritik bot keinen konsensfähigen Sammlungs- und Erneuerungsplan, die Auflage des Blattes sank. Zerwürfnisse zwischen Schlamm und E. Jacobsohn, der Haupteigentümerin des Blattes, führten im Jan. 1934 zur Berufung H. Budzislawskis zum Chefredakteur. Nach heftigem Widerstand wurde Schlamm – der seinem Nachfolger unterstellte, ein Strohmann der KPD zu sein – Anfang März 1934 entlassen.

Hermann Budzislawski (Ps. Hermann Eschwege, Ulrich Schweitzer, Donald Bell), geb. 11. 2. 1901 in Berlin, gest. 28. 4. 1978 in Berlin. 1919/23 Studium in Tübingen, Dr. rer. pol.; 1924/33 journalistische Tätigkeit in Berlin, 1929 SPD. März 1933 Emigration nach Zürich; 1934/39 Chefredakteur, 1935 Herausgeber, später Eigentümer der NWB, die von sowjetischer Seite lediglich zeitweise durch einige hundert Abonnements unterstützt wurde. 1936 Mitunterzeichner des Volksfront-Aufrufs, 1939 führend im Aktionsausschuß deutscher Oppositioneller in Paris. 1939/40 Internierung und Flucht in die USA. 1941 Mitarbeiter von D. Thompson, 1944 Mitbegründer des Council for a Democratic Germany. 1948 Rückkehr nach Deutschland, Mitglied der SED, 1949 Volkskammerabgeordneter, Professor für Zeitungswissenschaft, 1954/62 Direktor des Instituts für Pressegeschichte in Leipzig.

Im ersten Leitartikel, *Ein Jahr Emigration* (1934, H. 11), grenzte sich Budzislawski von Gruppenegoismen und parteipolitischer Polemik ab und forderte Solidarität der Antifaschisten. Sein Blatt sollte unabhängiges Diskussionsforum für eine Einheitsfront werden. Damit vermochte er sein Publikum und seinen Mitarbeiterkreis zu erweitern. Die redaktionelle Orientierung deckte sich zunehmend, im Zuge der Wendung zur Einheits- und Volksfrontpolitik, mit der Politik der KPD. Die NWB initiierte den ersten Dialog zwischen linken Sozialdemokraten (S. Aufhäuser: *Hauptfeind Fascismus. Von der Einheitsaktion zur Einheitsfront*, in: 1934, H. 35) und Vertretern der KPD-Führung (W. Ulbricht: *Für die Aktionseinheit*, in: 1934, H. 43) und veröffentlichte drei Jahre nach der Machtübergabe an Hitler ein Sonderheft zur Volksfront mit Beiträgen von H. Mann, E.J. Gumbel, Aufhäuser, K. Böchel, R. Olden, G. Bernhard, W. Sollmann, L. Feuchtwanger, Ulbricht, A. Zweig, F.C. Weiskopf, E. Ludwig, E. Toller, A. Schifrin, M. Braun und W. Koenen. 1935 wurde die NWB das wichtigste volksfrontorientierte Organ. H. Mann· veröffentlichte hier seine eigenwilligen Zeitkommentare, Polemiken und – als Vorsitzender des Ausschusses zur Vorbereitung einer deutschen Volksfront – programmatische Artikel über *Geburt* (1937, H. 45), *Kampf* (1937, H. 49) und *Ziele der Volksfront* (1937, H. 53). Budzislawskis Sicht auf den Nationalsozialismus (1934, H. 26, 1937, H. 24, 1938, H. 4) war differenziert, er neigte jedoch zu unrealistischen Vorstellungen von einer Krise des Faschismus und der Stärke des Widerstandes in Deutschland, besonders in Beiträgen zum Saarkampf 1934/35, zur materiellen Lage der deutschen Bevölkerung und ihrer Haltung zur drohenden Kriegsgefahr 1938/39. Die besten Leistungen der NWB liegen in Enthüllungen zur deutschen

Kriegsvorbereitung, in Warnungen vor der aggressiven Politik der faschistischen Mächte und den selbstmörderischen Konsequenzen der Appeasement-Politik der Westmächte, vor allem der Nichtinterventionspolitik während des spanischen Bürgerkriegs. Aufmerksam wurde die politische Situation Westeuropas, besonders Frankreichs, beobachtet (Gerlach, Schifrin u.a.). Reportagen informierten über die Auslandspropaganda des Dritten Reiches und Aktivitäten nationalsozialistischer Auslandsorganisationen in den Nachbarstaaten (M. Scheer u.a.). Regelmäßig wurden Porträts führender Politiker Nazideutschlands veröffentlicht (H. Pol, W. Grimm, K. Heiden). Die Sowjetunion wurde als Beispiel sozialistischer Erneuerung der Gesellschaft, als Verbündete des demokratischen Europa und einzige konsequent antifaschistische Großmacht dargestellt; Berichte L. Fischers entwarfen bis 1936 ein Bild wirtschaftlichen Aufschwungs und politischer Demokratisierung. Die Moskauer Schauprozesse lösten eine Krise aus. Während die redaktionelle Linie – durch Beiträge von H. Mann (1936, H. 39) und E. Bloch (1937, H. 10) bestärkt – die Prozesse rechtfertigte, zogen sich wichtige Mitarbeiter zurück: W. Türk, Pol, F. Burschell und Sahl. – Auswahl und Behandlung der Themen und Gegenstände des Kulturteils, auch die Literaturkritik, folgte oft politischen Kriterien, z.B. bei Türk und A. Kantorowicz; Burschell (Ps. Karl Lange), Marcuse, B. Viertel, B. Olden und A. Wolfenstein akzentuierten stärker ästhetische Kriterien; vor allem K. Mann und Weiskopf zeichneten sich durch ausgewogene Wertung von Büchern deutschsprachiger Exilautoren, in geringerem Umfang auch ausländischer Schriftsteller aus. Über bildende Kunst schrieb P. Westheim, der – mit anderen – auch über Gleichschaltung und Terrorisierung des geistigen und kulturellen Lebens in Nazideutschland informierte. Die NWB orientierte sich am Konzept der Verteidigung der Kultur und der Aneignung des geistigen Erbes. Sie berichtete von den Schriftstellerkongressen in Moskau 1934 (Olden, 1934, H. 36; H. Walden, 1934, H. 37; Weiskopf, 1934, H. 38) und Paris 1935 (1935, H. 28). Der Verwerfung der künstlerischen Avantgarde durch die Moskauer Emigrantengruppe um G. Lukács in der ↗ Expressionismusdebatte stellte sie Bloch/Eislers Dialoge *Avantgarde-Kunst und Volksfront* (1937, H. 50) und *Die Kunst zu erben* (1938, H. 1) entgegen. Die Redaktion dokumentierte durch literarische Originalbeiträge und Vorabdrucke (von B. Brecht, J. R. Becher, E. Weinert, W. Mehring, Viertel, F. Wolf, Gerlach, A. Polgar, E. E. Kisch, R. Leonhard, L. Lania, A. Zweig, K. Kersten, Wolfenstein, Th. Plivier, K. Hiller, Weiskopf, S. Heym, P. Merin, K.O. Paetel, Heiden, B. Menne, A. Kuh, A. Goldschmidt, H. Keisch, A. Kerr, A. Seghers, G. Regler, P. Zech u.a.) die Entwicklung antifaschistischer Literatur und Publizistik. Sie informierte über die Situation der Emigranten in den verschiedenen Asylländern (vor allem durch K. Grossmann) und über Kulturorganisationen und -institutionen des Exils. Veranstaltungen wurden angekündigt, Ausstellungen und Theateraufführungen besprochen, und schließlich sogar zum fünften Jahrestag der Neugründung des ↗ SDS im Exil ein Abriß der Geschichte des Verbandes durch Westheim und Leonhard (1938, H. 46) gegeben. – Jüdische Fragen wurden – angesichts des Novemberpogroms und der physischen Bedrohung – zunehmend behandelt (z.B. Bernhard: *Das Judenterritorium*, in: 1939, H. 8; S. Marck: *Selbstbesinnung nach sechs Jahren*, ebd., H. 10; H. Eschwege *Der Weg der Juden*, ebd., H. 11; C. Z. Klötzel: *Juden und Fascisten*, ebd., H. 18; E. Bloch: *Demokratie als Ausnahme*, ebd., H. 14; Bernhard: *Der Irrweg der Juden*, ebd., H. 13; H. Mann: *Nachwort zum Pogrom*, ebd., H. 20). Nach dem Münchner Abkommen treten in der NWB akute Kriegsgefahr und Bündnisprobleme in der internationalen Politik in den Vordergrund. Budzislawski hielt ein Bündnis zwischen den westeuropäischen Demokratien und der Sowjetunion für notwendig; der Abschluß des Nichtangriffspaktes zwischen Hitlerdeutschland und der Sowjetunion bedeutete das Scheitern seiner redaktionellen Politik. Im Leitartikel *Die europäische Tragödie* (1939, H. 35) konstatiert er eine brutale Umkehrung der Sowjetpolitik, die die kommunistische Bewegung der westlichen Länder ruiniere und den Ausbruch des Krieges beschleunige. Für ihn behielt der Widerstand gegen den Faschismus Vorrang gegenüber russischer Staatsräson.

Ausg.: Repr., Vorw. Th. A. Eckert, München/London/New York/Paris 1992.– *Lit.:* H. Eckert: Die Beiträge der deutschen emigrierten Schriftsteller in der »Neuen Weltbühne« von 1934-1939, Diss., Berlin 1962; H.-A. Walter: Deutsche Exilliteratur 1933-1950, Bd. 4: Exilpresse, Stuttgart 1978, S. 24-71; U. Madrasch-Groschopp: Die Weltbühne, Berlin 1983, S. 311-397; L. Maas: Handbuch der deutschen Exilpresse 1933-1945, Bd. 4, München/Wien 1990, S. 106-121; Th. A. Eckert: Die Neue Weltbühne unter der Leitung von Hermann Budzislawski – im »Fahrwasser der KPD«? in: M. Grunewald/F. Trapp (Hg.): Autour du »Front Populaire Allemand«/ Einheitsfront – Volksfront, Bern/Frankfurt a.M./New York/Paris 1990, S. 111-131; J. Armer: Die Wiener Weltbühne, Wien 1932-1933, Die neue Weltbühne, Prag, Paris 1933-1939: Bibliographie einer Zeitschrift, 2 Bde., München/London/ New York/Paris, 1992.

Dieter Schiller

(Die) Neue Zeit (NZ)

Untertitel: *Revue des geistigen und öffentlichen Lebens* (ab 1901 mit dem Übergang in Parteieigentum: *Wochenschrift der deutschen Sozialdemokratie*). Erschien Jan. 1883/1923, zunächst monatlich, ab Okt. 1890 wöchentlich im Verlag J. H. W. Dietz, Stuttgart. Verantwortliche Redakteure: K. Kautsky (bis 1917), H. Cunow (für die letzten Jahrgänge); 21 Ergän-

zungshefte. (Ndr., Stuttgart 1971-1976, ab 1977 beim Verlag J. H. W. Dietz Nachfolger).

Die Gründung einer Zeitschrift zur Verbreitung des Marxismus betrieb K. Kautsky – auch zur Schaffung einer persönlichen Existenzgrundlage – seit Juni 1882 im Kontakt mit W. Liebknecht und dem Verleger J. H. W. Dietz, dessen Bekanntschaft E. Bernstein vermittelt hatte. Sie wurde Okt. 1882 in Salzburg von A. Bebel, Kautsky, W. Liebknecht und Dietz beschlossen. Daß an der Zusammenkunft auch Liebknechts Schwiegersohn B. Geiser teilnahm, dürfte auf Dietz zurückzuführen sein, für dessen Verlag Geiser die unter dem Sozialistengesetz noch nicht verbotene »Neue Welt« redigierte. So sollten da auch bestehende Erfahrungen politischer Taktik und redaktioneller Praxis eingebracht und genutzt werden. Dietz plädierte auch später noch dafür, die wissenschaftliche Revue durch Romanabdrucke populär zu machen. Kautsky intendierte indessen entsprechend der mit dem *Anti-Dühring* von Engels eingeleiteten Popularisierung des Marxismus eine Zeitschrift des Klassenkampfes, ein entschieden marxistisches Organ auf dem Boden des *Kommunistischen Manifests* und der dort entwickelten Geschichtsauffassung. Und diese Zeitschrift sollte sich gerade gegen opportunistische Haltungen in der Partei und deren Fraktion richten, gegen Geiser, W. Blos, K. Frohme.

Die Anfangsphase der NZ ist gekennzeichnet durch die Auseinandersetzung mit Blos und dessen »Politischer Rundschau«, durch den Streit um kontroverse Standpunkte der Fraktionsmehrheit um Geiser und L. Viereck und der kritischen Minderheit um A. Bebel und W. Liebknecht. So votierte Bebel schließlich bei Dietz, der Blos als potentiellen verantwortlichen Herausgeber der NZ favorisiert hatte, als sich Kautsky weigerte, von Wien nach Stuttgart überzusiedeln, sowohl gegen Blos wie gegen Geiser. Er fand die beiden Grundtendenzen in der Partei ausgedrückt einerseits in der »Neuen Welt«, andererseits in der NZ, mit der er sich identifizierte. Kautskys Hoffnungen, die NZ zu einem massenhaft rezipierten Blatt theoretisch gebildeter deutscher Arbeiter machen zu können, erfüllten sich nicht; gelegentlich hatte er zu klagen, die Mehrzahl der Leser – die Abonnentenzahl stieg von 2300 Okt. 1883 auf 10 600 im Jahre 1914 – seien Bourgeois, und er registrierte »Mißstimmung gegen akademische Elemente in unseren Reihen« (NZ 1900/01, Bd. 2, S. 91). Zu den Mitarbeitern der Anfangsphase gehörten J. Dietzgen, R. Schweichel, I. Zadek, aber Kautsky nahm auch Texte von L. Büchner oder M. von Meysenburg über den eben verstorbenen R. Wagner auf. Ihren Rang und auch ihre internationale Geltung erlangte die NZ durch Publikation von Texten von K. Marx und F. Engels und von Arbeiten ausländischer Sozialisten, mit ihrem Anspruch auf theoretische Reflexion und Begründung der Praxis der Partei, als Widerspiegelung unterschiedlicher individueller Positionen und politischer Strömungen innerhalb der Partei. Daß 1883 den Programmartikel der NZ anstelle Kautskys W. Liebknecht schrieb, kennzeichnete die NZ in ihrer Grundtendenz als ein – wenn auch zunächst den Bedingungen des Sozialistengesetzes Rechnung tragendes – marxistisches Parteiorgan.

Engels, der sich anfangs wohl nicht zuletzt wegen der Beziehungen Kautskys zu K. Höchberg reserviert verhalten und ein eventuelles Eingehen des Blattes durchaus nicht als eine Katastrophe für die Partei angesehen hatte, erklärte 1885 im Falle einer erwarteten Spaltung der Partei, die NZ neben der Züricher Druckerei und Buchhandlung sowie der Leitung des »Sozialdemokrat« für einen der drei unbedingt zu haltenden Posten. Er vermittelte den Abdruck bisher unveröffentlichter Marx-Texte (*Briefe zur Kommune, Kritik des Gothaer Programms*) und publizierte selbst 1885/95 in der NZ (u.a. *Ludwig Feuerbach und der Ausgang der klassischen deutschen Philosophie*, 1886). Zum Autorenstamm gehörten auch P. und L. Lafargue, F. A. Sorge, E. Marx-Aveling, F. Mehring, der ab 1891 als Berliner Korrespondent und Leitartikler fungierte, E. Bernstein bis zu seinem Anspruch auf Revision der Marxschen Lehre, G. T. Ledebour, H. Cunow, R. Hilferding, dann R. Luxemburg, C. Zetkin, A. Thalheimer, G. W. Plechanow, später Karski (d.i. J. Marchlewski), L. Trotzki, K. Radek, A. Kollontai und weitere ausländische Sozialisten. Solche Internationalität der Revue ließ allerdings auch Kritik laut werden, die NZ könne auch »in Kamtschatka« publiziert werden angesichts der vielen Ausländer, die in ihr schrieben. Insgesamt war die NZ innerhalb der Partei umstritten. Das betraf ihren theoretisch-wissenschaftlichen Charakter und ihre »anspruchsvollen« Artikel. Sie stellte einen neuen Typus von Parteiorgan dar, der selbst Mehring wehmütig Rückschau halten ließ auf die »frische Freude und Lust an theoretischen Auseinandersetzungen« in den Parteizeitungen der 60er, gar der 40er Jahre; er hielt »knifflige Haarspaltereien der Durchschnittsprofitrate und der Mehrwerttheorie« für wenig wünschenswert, warnte aber auch, »daß eine so gänzliche Vernachlässigung der Theorie, wie sie in einem sehr beträchtlichen Teile der Partei, wir möchten sagen, schon zum guten Ton gehört, durch die größten praktischen Erfolge jemals ausgeglichen werden könne« (1898/99, Bd. 1, S. 100). Auf dem Parteitag 1905 verteidigte R. Luxemburg den wissenschaftlichen Anspruch der NZ. Zur Charakteristik der NZ gehört das politische, literarische und publizistische Polemikfeld, in dem sie sich angesiedelt hatte. Innerhalb der Partei etablierte sie sich zunächst gegen einen theorieabstinenten politischen Praktizismus, betonte ihren marxistisch wissenschaftlichen Charakter in Entgegensetzung zur populären Propaganda im »Vorwärts« und in Schriften des Vorwärts-Verlages. Die Debatte, die 1905 vor allem K. Eisner mit seiner

Studie *Über Schillers Idealismus* in der Schiller-Festschrift des Verlages Vorwärts auslöste (↗ Schiller-Debatte), und an der sich in der NZ Kautsky, Mehring und Luxemburg beteiligten, galt ebenso sehr der Frage marxistischer Aneignung des klassischen Erbes wie der Polemik gegen die Positionen leitender »Vorwärts«-Redakteure und führte zum Ausscheiden Eisners aus der Redaktion. Auch in der Debatte um H. Sperbers (H. Heijermans) Überlegungen zu einer sozialistischen Tendenzkunst unter kapitalistischen Bedingungen, die 1910 zunächst im »Vorwärts« mit H. Ströbel als Sperbers Kontrahenten ausgetragen wurde, stand schließlich die NZ (Mehring, R. Grötzsch, L. Märten, H. Ströbel) gegen den »Vorwärts« (↗ Sperber-Debatte). In der durch Bernsteins Artikelserie *Probleme des Sozialismus* (1896/98) ausgelösten grundsätzlichen Auseinandersetzung um den Revisionismus verteidigte die NZ marxistische Positionen vor allem gegen die »Sozialistischen Monatshefte« und deren Anspruch auf Anerkennung als zweites offizielles theoretisches Organ der Partei. Außerhalb der Partei polemisierte die NZ gegen die von W. Bölsche redigierte nietzscheanisch orientierte »Freie Bühne« von O. Brahm, zu deren Mitarbeitern auch der junge P. Ernst, in Sachen Lessing und als Rezensent der »Lessing-Legende« Kontrahent Mehrings, gehörte. Sekundiert von W. Liebknecht (*Brief aus Berlin*, 1890/91, Bd. 1, S. 709ff., Bd. 2, S. 41ff.) trug er mit einer scharfen Kritik am Naturalismus der NZ auch die Gegnerschaft der »Gesellschaft« M. G. Conrads ein. Als publizistischer Kontrahent der NZ erscheint weiterhin die »Zukunft« M. Hardens (der sich um Mehring vergeblich als Mitarbeiter bemüht hatte), dessen Publikation sozialismusfeindlicher Texte aus dem Nietzsche-Nachlaß Mehrings Nietzsche-Kritik in ihrer zunehmenden Schärfe deutlich beeinflußte. Offiziell war die NZ bis 1901 kein Parteiorgan. Im Zusammenhang mit der Kautsky-Bebel-Kontroverse anläßlich der Veröffentlichung der Kritik von Marx am Gothaer Programm hatte Engels im Mai 1891 Bebel nachdrücklich gemahnt: »Seit Ihr versucht, die Veröffentlichung des Artikels mit Gewalt zu verhindern, und der NZ habt Warnungen zukommen lassen, sie würde im Wiederholungsfall vielleicht auch parteilich verstaatlicht und unter Zensur gestellt, muss mir die Besitzergreifung Eurer ganzen Presse durch die Partei doch unter einem eigentümlichen Licht erscheinen ... Ihr – die Partei – *braucht* die sozialistische Wissenschaft, und diese kann nicht leben ohne Freiheit der Bewegung ... Dass der Vorstand resp. Du persönlich einen bedeutenden *moralischen* Einfluss auf die NZ und auf alles sonst erscheinende behältst und behalten musst, ist selbstredend. Aber das muss Euch auch genügen und kann es« (August Bebel: *Briefwechsel mit Friedrich Engels*, Hg. W. Blumenberg, The Hague 1965, S. 417). Kautsky, der wie H. Braun 2000 Mark Garantiesumme an Dietz gezahlt hatte, betrachtete die Revue mit einem gewissen Recht als die seine. Das wurde sogar noch 1912 in den Auseinandersetzungen mit Mehring von diesem als Kautskys älteres Recht anerkannt. Hatte Dietz anfänglich Kautsky für die Redaktion ein Monatsgehalt von 250 Mark geboten, wovon dieser allerdings nur 150 Mark annahm und noch 30 Mark Geschäftsunkosten zu bestreiten hatte, so erhöhten sich 1891 die Einkünfte auf 5000 Mark jährlich (im Vergleich zu 2200-2400 Mark für Parteiredakteure in größeren Städten). Die Spitzengehälter einiger Parteijournalisten, von der Basis kritisiert unter Hinweis auf die Verpflichtungen der »geistigen Proletarier« gegenüber der Partei, von Bebel verteidigt durch den Vergleich mit Einkommen der Mitarbeiter bürgerlicher Blätter, beschäftigten 1894 den Frankfurter Parteitag, führten 1895 zu einer Debatte über Intelligenz und Sozialdemokratie in der NZ. Vor allem engagierte sich die NZ gegen die deutsche lassalleanische Parteitradition und kontrovers zum Parteivorstand, dem Kautsky den Text nicht zur Druckgenehmigung vorgelegt hatte, für die Marxsche Kritik am Gothaer Programm. Dieses blieb – als Streitpunkt zwischen Redaktion und Parteivorstand, aber auch als persönliche Differenz zwischen Kautsky und Mehring – ein Dauerthema: wieviel von Marxscher Kritik an Lassalle, aber auch an anderen ehemaligen Freunden wie z.B. F. Freiligrath (vgl. F. Mehring: *Freiligrath und Marx in ihrem Briefwechsel*, 1912, Ergänzungs-H. 12,) bekannt gemacht werden dürfe, wieweit um der Geschlossenheit der Partei willen die Entscheidung beim Parteivorstand liegen müsse, was veröffentlicht und öffentlich diskutiert werde. Aus Kontroversen zwischen Kautsky (als Nachlaßverwalter von Engels) und Mehring (von L. Lafargue mit der Vorbereitung der Marx-Briefe zur Veröffentlichung beauftragt), aber auch aus kleinlichen Kompetenzstreitigkeiten als Vorwand ideologischer Differenzen folgte schließlich der Bruch, der 1913 zum Ausscheiden Mehrings führte.

Während des I. Weltkrieges näherten sich die Standpunkte Kautskys und Bernsteins einander an, so daß Bernstein zu einem Hauptautor der NZ wurde. Nachdem Kautsky Apr. 1917 die Partei verlassen hatte, wurde er in der Leitung der NZ ab Okt. 1917 von H. Cunow abgelöst. Damit sollte die NZ vom »Kampforgan der Unabhängigen« zurückkehren zu ihren »alten Jugendtraditionen«. Cunow deklarierte sie aber nicht nur als »Kampforgan zur Vertretung bestimmter Parteiauffassungen«. Im Programmartikel (Okt. 1917) bezeichnete er sie als Mittel der Selbstverständigung zur inneren theoretischen Neuorientierung im Sinne der Nachkriegspolitik der SPD als Regierungspartei. Bekenne sich die NZ als Vertreterin marxistischer Grundauffassungen, so würden ihr doch auch Beiträger willkommen sein, die von nichtmarxistischen Auffassungen ausgehen.

Kunstfragen behandelte die NZ im Kontext ihrer politisch-historischen Beiträge sowie in der thematisch weitgefächerten, im Umfang knappen »Bücherschau«. 1908 bis zu seiner Einstellung 1913 erschien zunächst monatlich, dann in unregelmäßigen Abständen unter Mehrings Redaktion das Feuilleton der NZ. Bis dahin hatten in der Literaturkritik vor allem E. Bernstein, H. Ströbel, D. Bach, F. Stampfer, F. Diederich meinungsbildend gewirkt, nun kamen H. Wendel, der auch in den »Sozialistischen Monatsheften« schrieb, R. Grötzsch, H. Diefenbach, K. Korn, E. Hoernle hinzu. Unter Cunows Leitung nahm schließlich E. Steiger mit seinem »Büchertagebuch« und anderen literaturpropagandistischen Beiträgen – u.a. einer engagierten Würdigung F. Wedekinds – eine zentrale Stelle ein. Den Wandel der ideologischen Positionen zeigt L. Lessens Besprechung von K. Brögers Kriegsgedichten: die Arbeiterdichter seien es gewesen, die in ihren Versen von Kriegsbeginn an für das Volksempfinden die wahren Töne gefunden hätten. Bedeutung erlangte die Einbeziehung literarischer und literaturgeschichtlicher Themen bis hin zu frühen Erörterungen über Filmkritik als Mittel ästhetischer Erziehung vor allem in der von Mehring geprägten Phase der Revue für die Entwicklung und Erprobung einer historisch-materialistischen Behandlung ästhetischer Phänomene. Die Analyse der sozialökonomischen Bestimmtheit kultureller und künstlerischer Prozesse und Erscheinungen präzisierte das Erbeverständnis. Ein Instrumentarium für den weitgehend ablehnenden Umgang mit der bürgerlichen Moderne wurde entwickelt, die Frage nach einer sozialistischen Kunst unter bürgerlich-kapitalistischen Bedingungen vertieft. Dabei wurden Wertungssysteme entwickelt, die im literaturgeschichtlichen und literaturtheoretischen Denken der deutschen Linken lange Zeit bestimmenden Einfluß behielten. Es gehörte zum sozialdemokratischen Selbstverständnis, daß der Sieg des Proletariats schließlich ein Sieg der Kultur, der von der Arbeiterklasse bewahrten, in ihr aufgehobenen kulturellen, ethischen, auch religiösen Werte und Traditionen der Menschheit sein werde, daß die Arbeiterklasse auch Erbin jenes Idealismus sein werde, den nach Bebels Auffassung die Bourgeoisie an ein rein »materialistisches« Profitdenken verraten habe. Entsprechend wurde die deutsche Klassik als höchster künstlerischer Maßstab verstanden. Das ging einerseits parallel zum Klassikverständnis der bürgerlichen Literaturwissenschaft, zielte andererseits auf die historisch-materialistische Neudeutung. Als Kunst der bürgerlichen Aufstiegsphase eigne der Klassik jener Optimismus, den das Bürgertum verloren habe, den nun die Arbeiterklasse vertrete, von der Mehring annahm und forderte, sie ziehe der bürgerlichen Moderne nicht die Produkte des Kunstkommerzes, sondern die Werke Goethes oder Schillers vor (vgl. 1896/97, Bd. 1, S. 129). In diesem literaturgeschichtlichen Denken blieb – auch in den Beiträgen von C. Zetkin oder L. Märten für die NZ – der aus dem Sturm und Drang datierende Geniebegriff dominant. Aus den literarischen

Kontroversen der Goethezeit und deren literaturgeschichtlicher Interpretation wurde, nun begründet aus sozialgeschichtlicher Voraussetzung und Funktion, die grundsätzliche Ablehnung der deutschen Romantik fortgeschrieben. Von entscheidender Bedeutung für die Entwicklung marxistischen literaturgeschichtlichen Denkens wurde Mehrings *Lessing-Legende* (NZ, 1891/92), in welcher Kritik an der preußisch-feudalen Verzögerung bürgerlichen Fortschritts – ein Grundthema von Mehrings Arbeiten für die NZ – und am offiziellen Umgang des Wilhelminischen Kaiserreichs mit dem literarischen Erbe verbunden ist mit einer Lessing-Deutung, die Widerspruch anmeldete gegen das gängige Lessing-Bild der zeitgenössischen Literaturwissenschaft.

Die mit der sozialistischen Bewegung verbundene Vormärzliteratur (Heine, Weerth, Herwegh, Freiligrath) fand in literarhistorischen Gedenkartikeln ihre Würdigung. Indessen wurde das Problem eines Übergangs von der revolutionär-demokratischen Opposition von 1848 zur Repräsentanz des bürgerlichen Staates allenfalls am ausländischen Beispiel (Lafargue: *Die Legende von Victor Hugo*, NZ, 1887/88) reflektiert. Aber über R. Wagner schrieb Kreowski erst 1913, daß man nun, da sein Werk tantiemenfrei geworden sei, Grund habe, sich mit ihm zu befassen, der fälschlich als Komponist des Bürgertums bezeichnet werde. Das bedeutete entgegen konsequenter Anwendung der historisch-materialistischen Methode auf die komplizierte Dialektik geschichtlicher und literaturgeschichtlicher Entwicklung nur (wie auch in Ströbels Bekenntnissen zu J. von Eichendorff oder dem der engen Sphäre seiner Klassenherkunft entrückten D. von Liliencron) den Nachvollzug allgemeiner Anerkennung. Die außerordentlich vielfältigen kritischen Reaktionen auf den aktuellen Literaturprozeß keineswegs nur von Rezensenten, die sich zu marxistischem Herangehen bekannten, hatten ihre Grundlage in der Überzeugung, daß die absteigende Bürgerklasse keine große Kunst mehr, das politisch kämpfende Proletariat eine solche noch nicht schaffen könne, der Sieg des Proletariats aber eine Weltwende auch der Kunst herbeiführen werde (Mehring: *Ästhetische Streifzüge*, NZ, 1898/99). Das ergab in der Kritik am deutschen Naturalismus als »letzter Evolution der besitzenden Klasse« (Schweichel, 1890/91, Bd. 2, S. 624) vor allem die Feststellung, »der Hauch der sozialistischen, oder meinetwegen auch nur der sozialen Bewegung ist nicht auf die Bühne des ›jüngsten Deutschland‹ gedrungen« (W. Liebknecht, 1890/91, Bd. 1, S. 709). Mehring sah in ihm zwar den Widerschein der immer mächtiger auflodernden Arbeiterbewegung, erwartete revolutionäre Wirkung aber erst, wenn der Naturalismus die kapitalistische Denkweise durchbreche (↗ Naturalismus-Debatte). Deutlich wurde auf eine eigene, mit der Sozialdemokratie verbundene Linie der literarischen Entwicklung verwiesen. So stellte Liebknecht den Autoren des

jüngsten Deutschland, deren Interesse an sozialen Fragen er durchaus anerkannte, das aber mit dem Sozialismus und der Sozialdemokratie nichts zu tun habe, Autoren wie L. Jacoby, R. Lavant, A. Geib, H. Greulich, J. Audorf entgegen als Sänger und Dichter der Sozialdemokratie, die in einzelnen ihrer Gedichte an Freiligrath und Herwegh heranreichten, die sängen, wie ihnen der Schnabel gewachsen sei, und deren Lieder das sozialdemokratische Volk sänge (vgl. 1890/91, Bd. 2, S. 44). Berechtigte Aufmerksamkeit galt den frühen Arbeiterautobiographien. Dagegen blieb die Entwicklung einer modernen bürgerlichen deutschen Literatur nach dem Naturalismus lange Zeit am Rande der Betrachtung. Das änderte sich erst unter Steigers Einfluß nach dem ersten Weltkrieg mit mehr kritischer Aufmerksamkeit nun auch z.B. für H. Mann.

Differenzierter war von Anfang an der Umgang mit außerdeutscher Literatur. Die theoretische Prämisse, daß in Abhängigkeit von der unterschiedlichen Entfaltung des Kapitalismus in verschiedenen Ländern die Künste noch in unterschiedlichem Maße der Gestaltung großer Themen fähig seien, ermöglichte eine hohe Wertschätzung der skandinavischen Literaturen. Und nach einer, den deutschen, theoretischen Standard gegen die noch wild gärende amerikanische Arbeiterbewegung ausspielenden, höchst kritischen Bellamy-Rezension Kautskys (1889, Bd. 1, S. 268 ff.) erschien die sensible ästhetische Würdigung vom Sozialismus in der amerikanischen Poesie durch H. Roland-Holst (1907). P. Lafargue, der über lange Zeit im Untertitel als Mitherausgeber der NZ geführt wurde, im Ergänzungsheft 15 eine Studie über *Die französische Sprache vor und nach der Revolution* publizierte, bilanzierte die Grundprobleme der literarischen Moderne aus sozialistischer Sicht. Auch er verwendete zunächst in seinem Essay über Zolas *Geld* den Vergleich zwischen den gegenstandsbedingt eingeschränkten Möglichkeiten moderner Literatur mit dem gesellschaftlich repräsentativeren Darstellungsspielraum eines Balzac. Der naiven urwüchsigen Darstellungsgabe eines Homer stellte er die eingeschränkten Möglichkeiten des modernen Proletariers gegenüber, der bei höherer gesellschaftswissenschaftlicher Bildung über einen abnehmenden Wortschatz verfüge (als Zeichen allgemeiner menschlicher Verkümmerung unter kapitalistischen Bedingungen). Der moderne soziale Roman als Verbindung von Gesellschaftsanalyse und literarischer Gestaltung sei nur noch aus der Sicht von draußen schreibbar. Unter Berufung auf Brunetière beklagte Lafargue aber ein mangelndes soziales Interesse der bürgerlichen Intelligenz (vgl. 1891/92). Solcher Problemlage zwischen der begrenzten Möglichkeit aus dem kämpfenden Proletariat sich entwickelnder Literatur und Kritik am Desinteresse der bürgerlichen Moderne hatte die NZ mit ihrer Favorisierung der bürgerlich-aufklärerischen Tradition als Maßstab zu begegnen gesucht.

Lit.: G. A. Ritter. Die Arbeiterbewegung im Wilhelminischen Reich, Berlin 1963; G. P. Steenson: Karl Kautsky. Marxism in the Classical Years, Pittsburgh 1978; Zum Kulturprogramm des deutschen Proletariats im 19. Jahrhundert, Hg. H. Barth, Dresden 1978; M. Kramme: Franz Mehring. Theorie und Alltagsarbeit, Frankfurt a.M./New York 1980; E. Behler: Zur frühen sozialistischen Rezeption Nietzsches in Deutschland, in: Nietzsche-Studien 1984; V. Vivarelli: Das Nietzsche-Bild in der Presse der deutschen Sozialdemokratie um die Jahrhundertwende, in: ebd.; Naturalismus. Manifeste und Dokumente zur deutschen Literatur 1880-1900, Hg. M. Brauneck/Ch. Müller, Stuttgart 1987.

Eike Middell

Neuer Deutscher Verlag (NDV)

1924/30 Neuer Deutscher Verlag Willi Münzenberg, Berlin, 1930/33 Neuer Deutscher Verlag GmbH, Berlin. Zentraler Zeitschriften- und Buchverlag der IAH. Gegründet und geleitet von W. Münzenberg, Teilbereiche verantworteten zeitweise F. Höllering und L. Korpus (AIZ), P. Dornberger und H. Holm (Buchverlag), B. Gross (Geschäftsführung). Infolge der komplizierten politischen Verhältnisse Ende 1923/Anfang 1924 – die KPD und andere revolutionäre Organisationen waren verboten – wurde der NDV als formal selbständiger Verlag gegründet; als Vertreter der IAH übernahm Münzenberg von dem Rechtsanwalt F. Halle Verlagstitel und Rechte auf den bereits seit 1913 bestehenden Neuen Deutschen Verlag. Stand zu Beginn die Herausgabe der AIZ im Vordergrund, so erweiterte der NDV in der Folgezeit sein Programm um weitere Zeitschriften und eine umfangreiche Buchproduktion. Im Feb. 1933 endete die Tätigkeit des Verlags mit der Beschlagnahme aller Verlagsmaterialien durch die Nationalsozialisten.

Weite Verbreitung fanden die vom NDV herausgegebenen bzw. vertriebenen Zeitschriften. Neben der ein Millionenpublikum erreichenden ↗ AIZ erschienen hier »Der Arbeiter-Fotograf« (1926/33), die satirische Zs. ↗ »Eulenspiegel« (1928/31), 1932/33 fortgesetzt durch »Roter Pfeffer«, und »Der Weg der Frau« (1931/33, Redaktion: M. Gundermann). Zum Vertrieb übernahm der Verlag darüber hinaus Zeitschriften befreundeter Organisationen (»Das neue Rußland«, »Film und Volk«) und in Moskau erscheinende deutschsprachige Periodika (»Moskauer Rundschau«, »Literatur der Weltrevolution« bzw. IL). Fast alle genannten Zeitschriften veröffentlichten auch literarische und literaturkritische Beiträge und stellten durch Anzeigen, Annotationen, Teilabdrucke und Rezensionen Neuerscheinungen vor. Die Buchproduktion des NDV verfolgte das Ziel, »jedem fortschrittlich gesinnten Menschen, jedem Arbeitenden, der die besten Werke der Gegenwart kennenlernen will und muß, die Bücher (zu) geben, die er braucht, die er immer wieder zu lesen wünscht: Bücher, die ermutigend und

anfeuernd, Bücher, die ohne verstaubte Gelehrtheit unterrichtend, Bücher, die in den Stunden der Muße fesselnd und unterhaltend sind« (*Almanach des Neuen Deutschen Verlages*, Berlin 1928, S. 5). Einen wesentlicher Teil der im NDV erschienenen Titel bildeten politische und Sachbücher. Profilbestimmende Gebiete waren die Propagierung progressiver und revolutionärer Traditionen, die wahrhaftige Unterrichtung über die Sowjetunion, die Behandlung aktueller nationaler und internationaler Probleme und die Herausgabe sexuell aufklärender Literatur. Herausragende Veröffentlichungen waren die Serie »Redner der Revolution«, die Reihe »Wissenschaftliche Elementarbücher«, der Band *Pariser Kommune 1871* (1931), die *Illustrierte Geschichte der russischen Revolution* (1927/28), die *Illustrierte Geschichte des Bürgerkrieges in Rußland* (1929), der Bericht vom internationalen Antifaschistenkongreß *Faschismus* (1930). Die vom NDV herausgegebenen literarischen Veröffentlichungen bildeten etwa ein Drittel der nichtperiodischen Publikationen und ordneten sich in die politische Grundkonzeption des Verlags ein. Die Bemühungen der IAH um den solidarischen Zusammenschluß der Werktätigen im Kampf gegen Imperialismus, Faschismus und Krieg bestimmten die Wahl der Verfasser und Themen. So wurden fast ausschließlich Werke zeitgenössischer kommunistischer und mit der revolutionären Bewegung verbundener Autoren verlegt. Bilder vom Leben und Kampf in anderen Ländern vermittelten Werke ausländischer Autoren: dazu gehörten Romane von R. Tressell (*Die Menschenfreunde in zerlumpten Hosen*, 1925) und A. Londres (*Die Flucht aus der Hölle*, 1928). Einen besonderen Platz in der Tätigkeit des NDV nahmen die Schriften von H. Barbusse ein, von dem die Titel *Die Kette* (1926), *Tatsachen* (1929) und *150 Millionen bauen eine neue Welt* (1930) verlegt wurden. Zeitgeschichtliche Vorgänge in Deutschland beleuchteten L. Reissners Reportagen *Hamburg auf den Barrikaden* (1924) und *Im Lande Hindenburgs* (1926) oder R. Fuchs' Massendrama *Aufruhr im Mansfelder Land* (1928). Über ausländische Auseinandersetzungen informierten Reiseberichte von A. Kurella (*Mussolini ohne Maske*, 1931) und A. L. Strong (*China-Reise*, 1928). Realistische Darstellungen der sozialen Verhältnisse boten die Bücher von M. Leitner (*Hotel Amerika*, 1930), A. Hotopp (*Fischkutter H. F. 13*, 1930) und M. Gold (*Juden ohne Geld*, 1931). Besonders erfolgreich dank vollendeter Einheit von Wort und Bild war der in Zusammenarbeit von K. Tucholsky und J. Heartfield entstandene Band *Deutschland, Deutschland über alles* (1929), der in satirischer Form Spießertum, Militarismus und Faschismus angriff. Von der Entwicklung in der Sowjetunion berichteten Reportagen von B. Frei (*Im Lande der roten Macht*, 1929), Reissner (*Oktober*, 1926) und O. Heller (*Sibirien. Ein anderes Amerika*, 1930, und *Wladiwostok*, 1932). Ihre Bilder

Annonce für Leo Trotzki-Bücher

zur Ausbildung, Entwicklung und Verbreitung der sozialistischen Literatur bei. Mit seinen Veröffentlichungen suchte er proletarisch-internationalistisches Denken zu befördern, besonders die Verbundenheit mit der Sowjetunion, und an der Herausbildung eines marxistisch-leninistischen Geschichtsbildes mitzuwirken. Die ins Verlagsprogramm des NDV aufgenommenen literarischen Werke progressiver deutscher und ausländischer Autoren leisteten dazu einen wichtigen Beitrag.

Lit.: G. Alexander: Publikationen des Neuen Deutschen Verlages, in: Inprekorr, 1924, H. 29; Das Arbeiter-Buch, Berlin 1925; Das Buch der Werktätigen, Berlin 1925/26; Die Bücher des Neuen Deutschen Verlages. Preisliste 1928, dass.: Preisliste Dez. 1928, Berlin 1928; K. Herrmann: Neuer Deutscher Verlag. Gespräch mit Willi Münzenberg, in: Die neue Bücherschau, 1928, H. 2; Jahrbuch 1929. Neuer Deutscher Verlag, Berlin 1928; L. Korpus: Die Entwicklung des Neuen Deutschen Verlages, in: Inprekorr 1928, H. 127; Robert: Verlagsausstellung der Komintern in Moskau, in: Inprekorr 1928, H. 94; Katalog Neuer Deutscher Verlag 1930, Berlin 1930; W. Münzenberg: Solidarität. Zehn Jahre IAH, Berlin 1931; NDV-Katalog 1932, Berlin 1932; B. Gross: Willi Münzenberg. Eine politische Biographie, Stuttgart 1967; Ch. Schwarz: Die Stellung der sowjetischen Belletristik im deutschen Verlagsschaffen, in: Beiträge zur Geschichte des Buchwesens, Bd. 4, Leipzig 1969; R. Surmann: Die Münzenberg-Legende. Zur Publizistik der revolutionären deutschen Arbeiterbewegung 1921-1933, Köln 1982; H. Sommer: Im Zeichen der Solidarität. Bibliographie von Veröffentlichungen der Internationalen Arbeiterhilfe in Deutschland 1921-1933, Berlin 1986 (= Bibliographische Beiträge zur Geschichte der Arbeiterbewegung, 1).

Heinz Sommer

von der UdSSR fanden Ergänzung durch Romane und Erzählungen sowjetischer Schriftsteller wie K. Fedins *Die Brüder* (1929), A. Newerows *Taschkent, die brotreiche Stadt* (1925, 1929, 1930), B. Pilnjaks *Die Wolga fällt ins Kaspische Meer* (1930), A. Serafimowitschs *Der eiserne Strom* (1925, 1929, 1930) oder den Novellenband *Transvaal* (1928).
Durch ein weit entwickeltes Vertriebssystem bis hin zur Kolportage von Büchern und Zeitschriften, durch die Teilnahme an Ausstellungen (z.B. »Zehn Jahre Internationale Arbeiterhilfe«, 1931), aber auch durch Veranstaltungen wie den Internationalen Solidaritätstagen stellte der Verlag mit seinen Autoren den direkten Kontakt zu den Lesern her und wurde so zu einem Wirkungsfaktor in der proletarischen Gegenöffentlichkeit und Kultur. Auch an der Entwicklung der ↗ »Universum-Bücherei für Alle« hatte der NDV durch Investitionen und durch Bereitstellung von Titeln wesentlichen Anteil. Internationale Wirkung erreichte der NDV über mehrere Verlagsfilialen im Ausland. Er unterstützte u.a. die Gründung von »Nos regards«, Paris, einem Bruderorgan der AIZ. Der NDV verlegte und vertrieb in den Jahren 1924/33 insgesamt 12 Zeitschriften und 144 selbständige Publikationen, häufig in mehreren Auflagen und Ausgaben. Damit trug er wesentlich

Neukrantz, Klaus
Geb. 1895; gest. nach 1941

Stammt aus bürgerlichem Elternhaus. 1914 Kriegsfreiwilliger, später Offizier. Wurde 1919 mit dem Sozialismus vertraut und besuchte politische Versammlungen und Vorlesungen. Verschiedene Berufe, u.a. Arbeit auf einem Nordseesegler. Seine politische Aktivität begann als oppositionelles Betriebsratsmitglied im Bezirksamt Kreuzberg (Berlin). 1923 Mitglied der (illegalen) KPD. Redakteur im Rahmen der IAH. Tournee durch das Ruhrgebiet im Auftrag der »Künstlerhilfe« mit einer von ihm gegründeten und geleiteten Agitationsgruppe, für die er *Sprung ins Parkett* schrieb. 1926 Redakteur der »Welt am Abend«. Wegen einer Kriegsverletzung zwei Jahre in Krankenhaus und Heilstätte, dann längerer Aufenthalt in der Sowjetunion. In Berlin bis 1933 »aktiver Parteiarbeiter und proletarisch-revolutionärer Schriftsteller« (Vorbemerkung zu *Barrikaden am Wedding*). Mitglied des BPRS, Mitarbeiter u.a. der RF, der »Linkskurve«, des »Arbeiter-Sender«. Anfang 1933 Vorsitzender der Unabhängigen Rundfunkautoren. Im März

1933 verhaftet und zusammengeschlagen, später in einer Nervenheilanstalt; sein weiteres Schicksal ist unbekannt.

Seit 1924 hat N. publizistisch zu kulturellen Tagesfragen Stellung genommen, z.B. zu Fragen des Films (*Vom Wesen des Films*, in: RF, 11. 5. 1924), des Rundfunks (*Rundfunkhetze gegen Sowjetrußland*, in: RF, 7. 9. 1926), des Theaters (*Über die proletarische Bühne*, in: »Das Wort«, Halle, 8. 12. 1924; *Jeßners Bekenntnis zum Zeit- und Kampftheater*, in: »Welt am Abend«, 16. 12. 1927) und der Literatur (*Der soziale Roman der Gegenwart*, in: »Arbeiter-Sender«, 1931, H. 28; *Die proletarisch-revolutionäre Literatur stößt vor*, in: »Welt am Abend«, 11. 3. 1931). In seinem journalistischen Schaffen nahmen Kritik des bürgerlichen Funkwesens und kritische Analyse der sozialdemokratischen Sozial- und Kulturpolitik in Berlin einen großen Raum ein. Immer wieder setzte er sich mit dem Erlebnis des Krieges publizistisch und als Erzähler auseinander. Eindrucksvoll ist vor allem die Schilderung eines 1918 von Ärzten und Schwestern im Stich gelassenen Lazaretts (*Das gestorbene Lazarett*, in: *Der Krieg. Das erste Volksbuch vom großen Krieg*, Berlin/Wien/Zürich 1929). Ein Beispiel internationaler Solidarität erzählt N. in *Mac, der Pfeifer* (in: »Arbeiter-Sender«, 1932, H. 16–37), der Geschichte eines englischen Sergeanten während des Krieges in China, der mit der Dokumententasche eines Generals auf die »andere Seite« geht.

N.s Hauptwerk ist der »Roman des Blutmai 1929« (RF, 2. 8. 1930) *Barrikaden am Wedding* (Wien/Berlin/Zürich 1931; Neudr. Berlin 1958). Geschrieben Anfang 1930, ist das Buch als Vorabdruck in der RF und in der »Linkskurve«, dann als zweiter Band der Reihe »Der Rote 1-Mark-Roman« erschienen. Teils erzählend, teils in reportagehaftem Bericht, in den Dokumente eingefügt werden, schildert N. die Vorgänge um den 1. Mai 1929, als die traditionelle Maikundgebung vom sozialdemokratischen Berliner Polizeipräsidenten Zörgiebel verboten und schließlich zusammengeschossen wurde. Mit dem traditionellen Motiv des Barrikadenkampfes sucht N. den aktuellen Vorgang historisch zu verallgemeinern. N.s Darstellung beruht auf genauer Kenntnis der Ereignisse und Örtlichkeiten in der Kösliner Straße am Wedding, wo 33 Todesopfer zu beklagen waren. In der einsträngigen, chronologisch ablaufenden Handlung des »Romans einer Straße« (Untertitel) werden Umfeld und Tätigkeit der kommunistischen Straßenzelle geschildert, die angesichts des Vorgehens der Polizei die Gegenwehr organisiert. Direkte Rede, z.T. in Berliner Mundart, ironische und satirische Darstellungsart und inneren Monolog nutzt N. zur Verlebendigung der Handlung und zur Charakterisierung der Personen. Jedoch werden die individuellen Figuren vorwiegend in ihren politischen Qualitäten erfaßt, insgesamt dominiert eine Darstellung des Kollektivs, von Massengefühlen und -reaktionen. Trotz scharfer – von der Sozialfaschismusthese

geprägter – Kritik an der Sozialdemokratie werden SPD-Mitglieder und Polizisten verhältnismäßig differenziert gesehen; das Buch sollte auch sozialdemokratische Leser erreichen. Der Roman wurde im Juni 1931 verboten; IVRS und BPRS protestierten. In einer Massenversammlung sprachen sich die Bewohner des Kampfgebietes dafür aus, den Inhalt des Buches »unauslöschlich in der Weddinger Arbeiterschaft zu bewahren«. Peter Weiss würdigt in seinem Roman *Die Ästhetik des Widerstandes* (Bd. 1, Frankfurt a.M. 1975) das »kleine Kampfbuch von Neukrantz«, weil es aufrief, »den Leiden praktische Abwehrmittel entgegenzustellen, es spornte uns zum direkten Eingreifen an und konnte von allen, die in unserer Straße wohnten, verstanden werden« (ebd., S. 180–181).

W. W.: Die 12 Galgen des Fürsten Woronzow (E.), in: Magazin für alle, 1930, H. 12.

Red.

Osten, Maria (d. i. Maria Greßhöner)

Geb. 20. 3. 1908 in Muckum (Westfalen); erschossen 8. 8. 1942 in Moskau

Aus westfälischer Gutsbesitzerfamilie, wuchs im westpreußischen Neugolz auf. Entfloh Gymnasium und deutschnationaler Familie, ab 1925 in Berlin als Gehilfin in einer Lungenheilstätte; Malunterricht bei L. Meidner. Arbeitete ab 1928 im Malik-Verlag, Kontakte zu linken Künstlern. Kurze Ehe mit dem sowjetischen Regisseur J. Tscherbjakow. KPD-Mitglied. Lernte 1932 in Berlin M. Kolzow kennen, mit dem sie eine Liebes- und Arbeitsbeziehung verband. Als Zeichen ihrer Verbundenheit mit der Sowjetunion Wahl ihres Ps. Osten. Journalistische Arbeit für die DZZ. Mit Kolzow Herbst 1934 antifaschistische Arbeit im Saargebiet. Organisierend und schreibend für die antifaschistische Volksfront aktiv, u.a. für die ISVK in Paris, als Korrespondentin der DZZ in Spanien (1936, 1937 und 1938). Rief in ihrem Beitrag auf dem II. Internationalen Schriftstellerkongreß zur Verteidigung der Kultur Juli 1937 in Spanien dazu auf, die Macht der Feder zu verzehnfachen gegen den Faschismus, der seine zerstörerische Macht durch Bomben demonstriere. 1938/39 tätig in der Pariser Redaktion von »Das Wort«. Fuhr nach Verhaftung Kolzows (Dez. 1938) im Mai 1939 nach Moskau, um dies »Mißverständnis« aufzuklären. Isoliert und mit ihrer Parteinahme für den »Staatsfeind« Kolzow verdächtig, von der KPD-Leitung Juni 1939 wegen ihrer Kontakte zum Malik-Kreis als »Versöhnlerin« und »ruhendes Mitglied« klassifiziert. Auf Vermittlung des Sowjetischen Schriftstellerverbandes Arbeit im Moskauer Lenfilm-Studio, lebte mit ihrem spanischen Adoptivkind in billigem Hotel. Betreute Juni 1941 die Brecht-Familie auf der Durchreise und pflegte die sterbende Freundin M. Steffin. Nach faschistischem Überfall auf die UdSSR verhaftet und (wie Kolzow am 2. 2. 1940) 1942 erschossen.

Literarisches Talent verraten erste Teile des Romans *Kartoffel-schnaps* (in: *24 Neue Deutsche Erzähler*, Berlin 1929; in: *30 Neue Erzähler des neuen Deutschland*, Berlin 1932), der als Panorama ländlicher Ausbeutungsverhältnisse in Westpreußen angelegt und autobiographisch gespeist ist. Eindeutige Partei-nahme für die geschundene Landbevölkerung verbindet sich mit einer psychologischen Studie der Gutsbesitzerkaste und atmosphärisch intensiven Landschaftsschilderungen. Ihr Buch *Hubert im Wunderland* (Moskau 1935, Vorwort G. Dimi-troff)) gibt in einer Mischung von Dokument und Fiktion den Erlebnisbericht eines saarländischen Jungpioniers über seine Reise und sein Leben in der Sowjetunion – ein informatives, uneingeschränkt prosowjetisches Zeitzeugnis. Mit Dokumen-ten, Fotos und Zeichnungen ausgestattet, ist es ein auch buchkünstlerisch auffallendes Buch. Genauer Blick und emo-tionales Engagement bestimmen O.s zahlreiche Reportage-Texte aus Spanien: Porträts spanischer Frauen und jugend-licher Kämpfer (in: DZZ, 1936, Nr. 237), Schilderungen über Entstehung und Wirkung von Frontzeitungen der Interbri-gaden (in: DZZ, 1937, Nr. 101), über das belagerte und bombardierte Madrid (in: DZZ, 1937, Nr. 99; »Deutsche Volks-zeitung«, 1938, Nr. 28) und immer wieder über das Schicksal der Kinder in diesem Krieg (in: DZZ, 1936, Nr. 241 und 250).

W. W.: Die Reise nach Spanien (russ.), in: Internationalnaja literatura 1938, H. 7. – *Lit.* : Exil Bd. 1; Exil, Bd. 6; J. Okljanski: Die Legende vom kleinen Soldaten (russ.), Moskau 1978; S. Barck: Ein schwarzes Schaf mit roten Stiefeln; In: Notate 1990, H. 2.

Simone Barck

Otto-Peters, Louise (geb. Otto, Ps. Otto Stern)

Geb. 26. 3. 1819 in Meißen; gest. 13. 3. 1895 in Leipzig

Tochter eines Gerichtspräsidenten. Nach einer Reise durchs Erzgebirge 1840, wo das Elend der Weberinnen und Klöppl-lerinnen ihr Mitgefühl weckte, begann sie mit ersten Ge-dichten, die schon die Sozialproblematik sowie Forderungen nach Verbesserung der Lage der Frauen zum Thema hatten (*Weberlied, Die Klöpplerinnen*). O. veröffentlichte in E. Keils »Leuchtthurm« und »Planet«, später auch in dessen »Garten-laube« sowie in R. Blums »Sächsischen Vaterlands-Blättern«, wobei sie sich vor allem für die politische Gleichberechtigung der Frau, mehr Demokratie und soziale Rechte einsetzte. Am 20. 5. 1848 erschien in der »Leipziger Arbeiter-Zeitung« ihre

Luise Otto-Peters

Adresse eines deutschen Mädchens, in der sie mitten in den Revolutionsereignissen öffentliches Interesse für die Probleme der Arbeiterinnen einforderte. In die gleiche Richtung wiesen auch viele Beiträge in der von O. gegründeten »Frauen-Zeitung« (Meißen, später Gera 1849/52), des ersten Publika-tionsorgans der sich etablierenden Frauenbewegung in Deutschland. Nach ihrer Heirat 1858 mit dem Schriftsteller und Revolutionär A. Peters ging O. 1860 nach Leipzig, wo sie von 1861/65 das Feuilleton der »Mitteldeutschen Volkszeitung« leitete. Im März 1865 zusammen mit A. Schmidt Gründerin des Leipziger Frauenbildungsvereins und im Okt. Initiatorin der ersten deutschen Frauenkonferenz, auf der sie zur Vor-sitzenden des Allgemeinen deutschen Frauen-Vereins gewählt wurde. Bis zu ihrem Tod blieb sie Leiterin der Vereinsztg. »Neue Bahnen«. – O. gilt als die bedeutendste Vorkämpferin der Frauenemanzipation in Deutschland. Ihre Dichtungen – über 20 Romane, zahlreiche Erzählungen und Gedichte, von denen der größte Teil aber als verloren gilt – behandelten immer wieder die Probleme des arbeitenden Volkes aus einer Haltung sozialen Verantwortungs- und Mitgefühls heraus, die das Bestreben nach gesamtgesellschaftlichem Interessenaus-gleich erkennen läßt. Mit den berühmt gewordenen *Liedern eines deutschen Mädchens* (Leipzig 1847) und ihrem Roman

Schloß und Fabrik (Leipzig 1846), der erst nach erheblichen Streichungen erscheinen durfte, gelang ihr, nicht zuletzt wegen der enthaltenen Schilderungen des proletarischen Alltags und der Rolle der Frauen darin, der Durchbruch als sozialpolitisch engagierte Schriftstellerin. Sie bat immer wieder Arbeiterinnen, über ihre Lage selbst zu schreiben, und druckte diese Erlebnisberichte in ihrer »Frauen-Zeitung« ab. O.s Publizistik richtete sich zwar vornehmlich an Leserinnen aus dem Kleinbürgertum, ihr umfassender sozialer Impetus zur Aufklärung über von Frauen selbst zu schaffende Möglichkeiten und Voraussetzungen ihrer Selbstbestimmung schloß aber immer auch die Berücksichtigung der spezifischen Situation des entstehenden weiblichen Proletariats mit ein. Ihre Schrift *Das Recht der Frauen auf Erwerb* (Hamburg 1866) z.B. enthielt die erste Zurückweisung des Vorbehalts der Lassalleaner gegenüber einer auch ökonomischen Gleichberechtigung der Frau und widersprach deren These, daß die Lage der Frauen nur gebessert werden könne durch eine Verbesserung der Lage der Männer.

W. W.: Aus der neuen Zeit (Nn.), Leipzig 1845; Drei verhängnisvolle Jahre (R.), Altona 1867; Frauenleben im deutschen Reich, Leipzig 1876. – *Lit.:* M. Twellmann: Die deutsche Frauenbewegung. Ihre Anfänge und ihre Entwicklung. Quellen 1843–1889, Meisenheim 1972; C. Koepcke: Louise Otto-Peters. Die rote Demokratin, Freiburg i. B. 1981; R.-E. Boetcher Joeres: Die Anfänge der deutschen Frauenbewegung. Louise Otto-Peters, Frankfurt a.M. 1983.

Petra Boden

Otto-Walster, August (Ps. Dr. Theodor Giftschnabel, Dr. Holofernes Honigschnabel)

Geb. 5. 11. 1834 in Dresden; gest. 20. 3. 1898 in Waldheim (Sachsen)

Sohn eines Lederhändlers; Realschulbesuch in Dresden; Studium der Staatswissenschaften und Philosophie in Leipzig (1854/59); 1860 kurzzeitig Lehrer an der Handelsschule Braunschweig; 1861 Redakteur der Zs. »Saxonia« und des »Generalanzeigers« in Dresden; 1862 an der »Leipziger Abendpost« beschäftigt; bis Mitte der 60er Jahre Anhänger der demokratischen Volkspartei; ab 1865 Kontakt zur Arbeiterbewegung; propagierte in der weitverbreiteten Broschüre *Ein Ostergruß an die deutschen Arbeiter* (Leipzig 1866) Agitationsziele des ADAV; 1866 Redakteur der »Nassauischen Landeszeitung«; 1867 Kandidat des ADAV für den Reichstag; 1867/70 Redakteur des »Bulletin International« in Dresden; Gründungsmitglied der Eisenacher Partei (1869); organisierte die Dresdener Sektion der Partei und arbeitete 1870 als Sekretär des leitenden Parteiausschusses in Dresden; Agitator der

Eisenacher in Sachsen und Böhmen; gründete 1871 den »Dresdener Volksboten«, die erste Arbeiter-Zeitung der Stadt, die er bis 1875 leitete; verbüßte 1874 seine 25. Gefängnisstrafe; 1875/76 Redakteur des »Crimmitschauer Bürger- und Bauernfreundes«; 1876 Teilnahme am letzten Kongreß der IAA in Philadelphia; übersiedelte im gleichen Jahr nach St. Louis, wo er die »Volksstimme des Westens« leitete; trat in den USA als Schriftsteller und Politiker kaum hervor; arbeitete aber weiterhin mit Kalendergeschichten und Feuilletonbeiträgen für deutsche Arbeiterorgane; kehrte 1890 alkoholkrank nach Deutschland zurück; nach kurzer redaktioneller Tätigkeit an der Chemnitzer »Presse« lebte er bis zu seinem Lebensende als freier Schriftsteller in Dresden.

O.-W. begann in den 60er Jahren Erzählungen und Gedichte, im folgenden Jahrzehnt auch Dramen zu schreiben. Zwischen 1869 und 1876 erlebte er, als einer der bekanntesten Schriftsteller der Eisenacher Partei, seine produktivsten Jahre. Als Schriftsteller, Parteijournalist und Kulturpolitiker versuchte er, eine eigene Unterhaltungsliteratur der Arbeiterbewegung zu entwickeln. Auf Parteikongressen (vor allem 1870 in Stuttgart) argumentierte er dabei mit dem Bedürfnis der Arbeiterleser nach unterhaltender Lektüre, sprach von der Notwendigkeit, dem »Gift der Kolportageromane« eine wirksame Feuilletonliteratur in den Arbeiterorganen entgegenzusetzen. In der von ihm bevorzugten Erzählprosa verknüpfte er Stil- und Strukturelemente der zeitgenössischen Unterhaltungsliteratur mit politischer Agitation. O.-W.s Verfahren war wirkungsvoll. Noch im Jahre 1900 taucht sein Name als einziger gelesener Prosaautor sozialistischer Tendenz in Untersuchungen zum Lektüreverhalten von Arbeitern auf. Seine literarischen Arbeiten wurden in der Regel unmittelbar für die Veröffentlichung in den Organen der Arbeiterbewegung der 70er Jahre verfaßt und mehrfach nachgedruckt.

Sein Hauptwerk, der dreibändige Roman *Am Webstuhl der Zeit,* entstand 1869/70 in den Monaten um den Gründungskongreß der Eisenacher Partei (1. Buchveröffentlichung bei Bracke, Braunschweig 1873, bis 1893 insgesamt 12 Presse- und Buchveröffentlichungen). Der Roman zeichnet ein Panorama politischer Gruppierungen und Klassenauseinandersetzungen in einer größeren deutschen Residenzstadt Ende der 60er Jahre. Er schildert exemplarisch, wie sich eine lassalleanische Produktivgenossenschaft herausbildet und die »Volkspartei« der Arbeiter mit den Liberalen in Konflikte gerät. Die Handlung endet programmatisch mit einem bewaffneten Volksaufstand, in dem die Arbeiterorganisation die Führung übernimmt und den freien Volksstaat errichtet. O.-W. verwendet hierbei erprobte Muster einer sozialkritischen Feuilletonliteratur, wie sie in der ersten Hälfte des Jahrhunderts wesentlich von E. Sue entwickelt wurden. Die politischen Vorgänge sind verknüpft mit Nebenhandlungen (dramatische private Schicksale, tragische Liebesgeschichten), die z.T. im exotischen Milieu der Schlösser oder der Unterwelt angesiedelt sind. O.-W. diskutierte mit dem Braunschweiger Parteiausschuß die politische Wirkungspotenz des Werkes und berücksichtigte entsprechende Hinweise (z.B. die Darstellung der Volksstaat-Perspektive). Als der Roman 1870/71 in ersten Fortsetzungen im »Volksstaat« erschien, arbeitete er noch aktuelle Erfahrungen des Krieges und der Pariser Kommune ein.

In seinem zweiten großen Werk, dem Roman *Braunschweiger Tage* (Braunschweig 1874, 1892 u. d. T. *Ein Held des Geistes und des Schwertes*), wie auch in der Erzählung *Eine mittelalterliche Internationale* (Braunschweig 1875) bedient sich O.-W. gestalterischer Elemente eines anderen sehr beliebten Genres zeitgenössischer Unterhaltungsliteratur, des historischen Abenteuerromans. Geschildert werden die Kämpfe der unteren Volksschichten gegen das Patriziat und Landesfürstentum während der Belagerung Braunschweigs durch den Herzog Friedrich Ulrich von Braunschweig-Wolfenbüttel im 30jährigen Krieg. Im Mittelpunkt steht ein mutiger und gerechter Held, Thomas Fillier, der an der Seite des Volkes für die Befreiung der Stadt kämpft. Der Autor gestaltete das historische Vorbild seinen Intentionen entsprechend zum echten demokratischen Volkstribun um.

Die Unterhaltungsbeilage »Volksstaat-Erzähler« (1873/75) eröffnete ihre Fortsetzungsreihe mit einer der zahlreichen Gegenwartserzählungen O.-W.s, die im Vergleich zu seinen Romanen literarisch weniger überzeugen. Die Hauptfiguren in *Allerhand Proletarier* (»Volksstaat-Erzähler«, Leipzig 1873), Kleinbürger eines Miethauses, verbünden sich zu zeitweiliger Solidarität gegen die Profitgier und Willkür des Hausbesitzers. Die Geschichte beleuchtet die sozialen Ursachen ihrer Schicksale – materielle Not, finanzielle Bedrängnis, vorenthaltene soziale Anerkennung. Die massenhafte Proletarisierung der kleinbürgerlichen Bevölkerung als wesentlicher sozialer Vorgang erscheint hier vorrangig als Verarmung und Verelendung der Betroffenen. Der Autor läßt seine Helden aber nicht sozialpraktisch aktiv werden. Sie finden stattdessen ihr Glück im privaten Bereich (erfüllte Liebesbeziehungen, unverhoffter Geldsegen). Wie in vielen dieser Geschichten verwendet O.-W. die Struktur typischer »Frauenromane« der Zeit, die auf kompensatorische Wunsch- und Traumerfüllung durch ein gütiges Schicksal angelegt ist. Diese Struktur gerät mit der agitatorischen Absicht des Autors, Bündnispartner für die Arbeiterbewegung politisch zu aktivieren, in Widerspruch, wodurch auch die angestrebte agitatorische Wirkung fragwürdig erscheint. Einige Erzählungen O.-W.s enden mit sozial harmonisierenden Konfliktlösungen. So heiraten in *Strike* (Dresden 1872) und *Das Patent* (Leipzig 1878) die sozialdemokratischen Helden schließlich Fabrikantentöchter, werden dadurch

zu Direktoren und Teilhabern und wirken fortan als Kapitalisten für ihre sozialen Ziele und gegen egoistische Profitinteressen.

O.-W.s literarische Stärke zeigt sich vor allem dann, wenn er die Gegner der Sozialdemokraten mit scharfzüngiger Satire karikiert. Dies geschieht bereits ausführlich im Hauptwerk, *Am Webstuhl der Zeit*, ebenso im Lustspiel *Ein verunglückter Agitator* (Braunschweig 1875, Nachdr. in: *Textausgaben*, Bd. 3), das die Beschlüsse der IAA zur Grund- und Bodenfrage unter der Landbevölkerung propagieren sollte, oder in der Kalendergeschichte *Wo liegt die Rettung?* (Leipzig 1875), in der ein Eisenacher einen Kleinbauern und einen Gewerksvereinler im Streitgespräch vom Programm seiner Partei überzeugt. 1876 übertrug O.-W. sämtliche Autorenrechte seinem Freund W. Bracke in Braunschweig. In der Zeit des Sozialistengesetzes waren die Schriften O.-W.s ausnahmslos verboten.

Ausg.: Textausgaben, Bd. 7. – *Lit.:* H. Reinelt: August Otto-Walster, 1834–1898. Sein Beitrag zur sozialistischen deutschen Prosaliteratur des 19.Jh., Diss., Potsdam 1967; K. Mathes: August Otto-Walster: Schriftsteller und Politiker in der deutschen Arbeiterbewegung, Darmstadt 1987.

Tanja Bürgel

Ottwalt, Ernst (d. i. Ernst Gottwalt Nicolas)

Geb. 13. 11. 1901 in Zippnow (Westpreußen, Sypniewo, Polen); umgekommen am 24. 8. 1943 in einem sibirischen Lager bei Archangelsk

Aus einer Pfarrerfamilie; Gymnasium bis zum Abitur in Halle 1920. Ließ sich als Oberschüler von rechtsradikalen Militärs zu Spitzeldiensten in Arbeiterorganisationen anwerben. März 1919 Zeitfreiwilliger im »Freikorps Halle«, hier wie 1920 beim Kapp-Putsch auf der Seite der bewaffneten Konterrevolution. Jura-Studium in Halle 1922, aus finanziellen Gründen und mangelnder Motivierung abgebrochen. Volontär in einem Berliner Bankhaus, 1923 Werkstattschreiber in einer Düsseldorfer Lokomotivfabrik. 1925/27 journalistische Arbeiten in Düsseldorfer Zeitungen. 1927/28 Lektor im Berliner Reiseführer-Verlag Grieben. Lernte Waltraut Bartels, Gerichtsberichterstatterin für die »Deutsche Allgemeine Zeitung«, kennen; Heirat März 1929. Kontakte zum Kreis um den Malik-Verlag, in dem 1929 sein erster Roman, *Ruhe und Ordnung* (Berlin) erschien, unter dem – seine Distanz zum bisherigen bürgerlichen Leben betonenden – neuen Namen Ottwalt, und zum BPRS (gehört der Reichsfraktionsleitung Kommunistischer Schriftsteller im SDS an, Redakteur der »Linkskurve). Bis 1932 politische (seit Sep. 1931 KPD-Mitglied) Arbeit, u.a. als Lehrer

Ernst Ottwalt

an der MASCH. Wurde zur «Apparats-Arbeit» im illegalen M(militärischen)-Bereich der KPD (sog. BB [d.h. Betriebs-Beobachtung]-Abteilung) «herangezogen». Künstlerische Produktivität auf verschiedenen Gebieten. 1930 Premiere seines Bergarbeiterdramas *Jeden Tag vier* (Text verschollen) an der Berliner Piscator-Bühne, das eine Serie von Grubenunglücken im Sommer 1930 zum Anlaß nahm, eine grundsätzliche Attacke auf kapitalistische Ausbeutungsmethoden und eine eindringliche Schilderung des Elends im Bergarbeiterdasein gab. Nach dem Willen des Autors «ein wahrheitsgetreues Abbild der tatsächlichen Verhältnisse» (zit. nach: *Theater der Kollektive*, Bd. 1, Berlin 1980, S. 221), erschien 1931 bei Malik sein zweiter Roman *Denn sie wissen, was sie tun* (Berlin). Ein Ergebnis der Zusammenarbeit mit B. Brecht und S. Dudow war der Film *Kuhle Wampe*, der ab Mai 1932 mit großem Erfolg gezeigt wurde. Für den Rundfunk entstand *Kalifornische Ballade* (zus. mit H. Eisler, Rundfunkerzählung mit Musik, Berlin 1932, UA im Flämischen Rundfunk 1939 mit E. Busch). Seine Studie *Deutschland erwache. Geschichte des Nationalsozialismus* (Wien/Leipzig 1932, Moskau 1933 russ.) war ein bemerkenswerter, in der kommunistischen Bewegung umstrittener Beitrag zur Faschismusanalyse, der O. den besonderen Haß der Nazis eintrug. Konnte sich bis Mai 1933 illegal in Deutschland halten, zunächst mit seiner Frau

nach Dänemark zu K. Michaelis, wo sich schon Brecht aufhielt. Okt./Nov. 1933 in Moskau, dort von KI und IVRS beauftragt, in Prag die Sammlung der exilierten Schriftsteller zu koordinieren, die Zs. «Neue deutsche Blätter» mitherauszubringen und als Fraktionsleiter des BPRS in Prag besonders für dessen illegale Arbeit in Deutschland als Kontaktperson zu wirken. Bis Nov. 1934 in Prag, dann in die UdSSR auf Einladung der Meshrabpom, um mit E. Piscator einen antifaschistischen Film (der nicht zustande kam) zu machen. In Moskau publizistische Arbeit für «Der Kämpfer», DZZ, «Das Wort» und IL, in deren Redaktionskomitee O. Mai/Okt. 1936 war. Für die VEGAAR als Redakteur und Gutachter tätig. Wurde am 6. 11. 1936 mit seiner Frau auf dem Roten Platz in Moskau verhaftet und «wegen Agitation gegen den (sowjetischen) Staat» angeklagt, in Untersuchungshaft 1939 zu fünf Jahren Lager verurteilt. W. Nicolas wurde Jan. 1941 mit anderen politischen Gefangenen nach Deutschland «ausgetauscht».

O. ist in der proletarisch-revolutionären Literaturszene der Weimarer Republik ein künstlerisch vielseitiger Autor, der die Auffassung von Literatur als Waffe im Klassenkampf teilte, diese Funktion revolutionärer Kunst jedoch mit neuen ästhetischen Verfahren und künstlerischen Mitteln und Techniken realisieren wollte, wofür er eine dokumentarische Schreibweise für besonders geeignet hielt. Ist sein erstes Buch, *Ruhe und Ordnung. Roman aus dem Leben der nationalgesinnten Jugend* noch »wahrheitsgetreues Protokoll *eigener* Erlebnisse« (*Vorbemerkung*, S. 9), eine Wiedergabe des Mißbrauchs bürgerlicher Jugendlicher für Vaterland und Nation, so konzipierte er den Justiz-Roman *Denn sie wissen, was sie tun* als »Tatsachen-Roman«. In der Kombination von fiktiver Biographie des Richters Dickmann und dokumentarischem Material (Rechtsurteile, Statistiken, Protokolle) entsteht ein beeindruckendes Panorama der Weimarer Klassenjustiz, in dessen Bewertung der Autor den Leser fragend und kommentierend hineinzieht. Die Verwendung auktorialen und personalen Erzählens, die durch Tatsachen-Material strukturell durchsetzte »Geschichte« des Richters lassen eine interessante und wirkungsvolle Mischform entstehen, die zum Gegenstand einer erregten literaturtheoretischen Debatte im BPRS wurde. Auf G. Lukács' Vorwurf mangelnder »Gestaltung« und des Fehlens von Kampf und Widerstand der Arbeiterklasse (*Zur Tradition*, Bd.1, S. 512) argumentierte O. gegen die philosophische Abstraktheit und Normativität der Vorstellung vom »vollendeten Kunstwerk« mit vehementer Verteidigung von Formexperimenten in der revolutionären Literatur, die sich aus der Wirklichkeit ergäben. (Vgl. ebd., S. 524 ff.) O. war angeregt vom Literaturkonzept S. Tretjakows, mit dem er ein Doppel-Bio-Interview eines (deutschen und sowjetischen) Direktors plante. Er sammelte auch Biographien von Frauen für ein (nichtrealisiertes) *Buch über Frauen*. Seit Sommer 1933 arbeitete O. am »dokumentarischen Roman« *Erwachen und Gleichschaltung der Stadt Billigen*, der Fragment blieb. Die 70 S. umfassenden, in Exil-Zeitschriften 1933/36 veröffentlichten sechs Teile geben Einblick in seine Absicht, am Beispiel einer durchschnittlichen deutschen Stadt und ihrer Einwohner den Prozeß der Faschisierung und der Etablierung der NS-Diktatur 1932/1934 darzustellen. Das Figurenensemble erfaßt soziologisch relevante Kreise: Vertreter der Groß- und Kleinindustrie, Beamte, Nazi-Funktionäre, Kommunisten, Arbeiter, Gewerkschafter. Besonderes Schwergewicht legt O. auf die Demontage der nationalen und sozialen Demagogie, zeigt überzeugend und beklemmend ihre Wirkungsmechanismen. Der Roman sollte in einer modellhaft gefaßten Roman-Welt über individualisierte Figuren Realitätszusammenhänge ästhetisch vermitteln und aufklärerisch wirken. Beim Schreiben des Romans geriet O. in eine Krise, auch verursacht durch die Bedingungen im sowjetischen Exil. Emigranten-Psychosen, alte Feindschaften und Konkurrenzgehabe führten in der nach 1934 zunehmend angespannten innenpolitischen Lage zu ausgeprägtem Denunziantentum. Nach dem 1991 publizierten Stenogramm einer geschlossenen Parteiversammlung vom Sep. 1936 (G. Lukács, J. R. Becher, F. Wolf u. a. *Die Säuberung Moskau 1936*, Hg. R. Müller, Hamburg 1991) belastete O. u. a. T. Richter, K. Schmückle, M. Osten als »Versöhnler« und »Trotzkisten«, die gleich ihm im Gulag umkamen.

W. W.: Die letzten Dinge (Nov.), Moskau 1936; Der Riß (Erz.), in: Der Kämpfer, 1936, Nr. 5. – *Ausg.:* Schriften, Hg. A. W. Mytze, Berlin 1976. – *Lit.:* W. Nicolas: Die Kraft, das Ärgste zu ertragen. Frauenschicksale in Sowjetgefängnissen, Bonn 1958; A. W. Mytze: Ottwalt. Leben und Werk des vergessenen deutschen Schriftstellers (mit Bibl. und Dokumenten), Berlin 1977; S. Barck: Achtung vor dem Material. Zur dokumentarischen Schreibweise bei E. Ottwalt, in: Wer schreibt, handelt, 1983; R. Cohen: Die gefährliche Ästhetik E. Ottwalts, in: The German Quarterly, Spring 1988; Exil, Bd. 2, 2. Aufl. 1989.

Simone Barck

Petersen, Jan (d. i. Hans Schwalm; Ps. Klaus, Claus Halm, Otto Erdmann, Erich Otto)

Geb. 2. 7. 1906 in Berlin; gest. 11. 11. 1969 in Berlin

Vater Maurer. Dreher und Werkzeugmacher; 1921 Kommunistische Arbeiterjugend, 1930 KPD; 1931/33 organisatorischer Leiter des BPRS. 1933/35 Aufbau und Leitung des illegalen BPRS, verantwortlich für Herstellung und Verbreitung der Zs. ↗ »Stich und Hieb« und die Rubrik »Stimmen aus Deutschland« in den »Neuen Deutschen Blättern«, Prag. Juni 1935 illegal nach Paris zum Schriftstellerkongreß zur Verteidigung der Kultur, Rede über die illegale Literatur in Deutschland. Weil Rückkehr unmöglich, Exil in Frankreich und der Schweiz, 1937 nach England. 1938/46 Vorsitzender der Schriftstellersektion des Freien deutschen Kulturbundes in London. 1946 Rückkehr nach Berlin.

P. kam durch politische Praxis zum Schreiben, verfaßte für Spieltrupps und Sprechchöre Texte und – von J. R. Becher ermutigt – kleine Prosastücke (ab Mai 1932 in RF, »Arbeiterstimme«, »Illustrierte Rote Post«, »Illustriertes Volksecho«). In der Illegalität entstand seine erste größere Prosaarbeit, die trotz Anfängerschwächen sein bedeutendstes literarisches Werk wurde. Aus Deutschland herausgeschmuggelt, ist das Manuskript in Paris – wahrscheinlich mit Hilfe von A. Seghers – überarbeitet und unter dem Ps. Jan Petersen veröffentlicht worden: *Meine Straße. Aufzeichnungen eines deutschen Illegalen* (in: »Berner Tagwacht«, 22. 4./26. 6. 1936, russisch Moskau 1936, englisch London 1938, deutsch u. d. T. *Unsere Straße. Eine Chronik. Geschrieben im Herzen des faschistischen Deutschlands 1933/34*, Berlin 1947).

P. erzählt aus eigenem Erleben von tatsächlichen Ereignissen. Die vorangestellte »Totenliste« nennt Namen ermordeter Kommunisten, unter ihnen Richard Hüttig, eine Hauptfigur der Chronik. Dem literarisch vorgeformten Sujet (K. Neukrantz, E. E. Noth, W. Bredel) gibt P. neue Züge durch einen Augenzeugen und Ich-Erzähler, der seine Erlebnisse tagebuchartig festhält. Im Zentrum stehen der authentische Überfall einer SA-Gruppe auf die Bewohner der Wallstraße und seine Folgen; zugleich geben Szenen, Reportagen, Reflexionen und die Montagen aktueller Zeitungs- und Redeausschnitte eine erste Bilanz faschistischer Herrschaft 1933/34. Folgen von Arbeitslosigkeit, Not und Angst, aber auch Lernprozesse in den Reihen der Kommunisten werden vorgeführt sowie erste, noch nicht von allen akzeptierte Versuche, mit Sozialdemokraten zusammenzuarbeiten. Im Ich-Erzähler, einer eigenständigen Kunstfigur mit autobiographischen Zügen, beschreibt P. soziale Lage und Selbstverständnis eines Arbeiterschriftstellers, der sein Schreiben als Parteiauftrag betrachtet, das Erlebte für Leser im Ausland und für das Gedächtnis der Nachgeborenen aufzuzeichnen. Probleme illegalen Schreibens werden dargestellt: Schwierigkeiten der Materialbeschaffung, die Auswirkung notwendiger Konspiration und Verschlüsselung auf den Text, die persönliche Gefährdung des Schreibenden. Das macht das Buch zu einem einzigartigen Dokument antifaschistischer Literaturproduktion im illegalen BPRS.

Terror und Widerstand in Nazideutschland blieben für P. Themen seiner Kurzgeschichten und Erzählungen (*Germany beneath the Surface. Stories of the Underground Movement*, London/Melbourne 1940, deutsch *Und ringsum Schweigen. Erzählungen aus der deutschen Widerstandsbewegung 1933/35*, Berlin 1949) sowie des Romans *Gestapo Trial. A*

Novel about the German State Police (London 1939, deutsch *Sache Baumann und andere*, Berlin 1948). In der Autobiographie *Die Bewährung. Eine Chronik* (Berlin und Weimar 1970) blickt der Autor noch einmal auf Erlebnisse von 1933 bis 1935 zurück.

W. W.: Weg durch die Nacht (En.), London 1944, Berlin-Potsdam 1949; Yvonne (E.), Berlin 1958; Er schrieb es in den Sand (En.), Berlin 1960. – *Lit.:* F. Vaßen: Das illegale Wort. Literatur und Literaturverhältnisse des BPRS nach 1933, in: Kunst und Kultur im deutschen Faschismus, Hg. R. Schnell, Stuttgart 1978; S. Bock: Arbeiterkorrespondenten und -schriftsteller bewähren sich. Jan Petersen, Unsere Straße, in: Erfahrung Nazideutschland. Romane in Deutschland 1933–1945, Hg. S. Bock/M. Hahn, Berlin und Weimar 1987; W. Brekle: Schriftsteller im antifaschistischen Widerstand 1933–1945 in Deutschland, Berlin und Weimar 1985.

Sigrid Bock

Petzold, Alfons

Geb. 24. 9. 1882 in Wien; gest. 26. 1. 1923 in Kitzbühel

Sohn eines verarmten kleinen Geschäftsmannes; religiöse Erziehung; frühzeitig Erfahrungen mit Not und schwerer körperlicher Arbeit; gesundheitliche Gründe verhinderten Berufsausbildung; Tätigkeit als Laufbursche, Fensterputzer, Bau- und Fabrikarbeiter und häufig arbeitslos; nach kurzer Periode deutschnationaler Begeisterung Kontakt zur Arbeiterbewegung durch Arbeiterjugendverein, wo P. auch seine ersten Gedichte vortrug; Weiterbildung in Bildungsstätten des Wiener Proletariats; 1908 körperlicher Zusammenbruch (Tbc); bürgerliche und sozialdemokratische Freunde ermöglichten ab 1909 Heilstättenaufenthalte; seit 1917 Leiter einer Buchhandlung in Kitzbühel; dort ab 1918 sozialdemokratischer Gemeinderat; Ehrenpension der Stadt Wien seit 1917.

P. veröffentlichte ab 1910 ein umfangreiches literarisches Werk in österreichischen und deutschen Verlagen (44 Veröffentlichungen zu Lebzeiten) und in zahlreichen sozialdemokratischen und bürgerlichen Zeitungen, Zeitschriften und Anthologien. Er gehört neben M. Barthel, K. Bröger und H. Lersch zu den bekanntesten Repräsentanten der sogenannten Arbeiterdichtung. Zu Bröger und Lersch unterhielt P. freundschaftliche Beziehungen, ebenso zu K. Henckell, P. Zech, St. Zweig und P. Altenberg.

Seine frühe, von Heine, Freiligrath und Herwegh beeinflußte Lyrik (*Trotz alledem*, Wien 1910) thematisiert wirklichkeitsnah das alltägliche Dasein des Proletariats. Sein erster umfangreicherer Gedichtband, *Der Ewige und die Stunde* (Leipzig 1912), vereint Gedichte sozialer Thematik mit religiösen Dichtungen und an romantischen und neoromantischen Vorbil-

dern orientierter Naturlyrik und zeugt von der thematischen und formalen Vielfalt des Lyrikers.

P.s Prosa, die vornehmlich autobiographische Erlebnisse verarbeitet, zeichnet ein realistisches Bild vom Wien der Jahrhundertwende aus der Sicht »von unten«. Höhepunkt ist der Roman *Das rauhe Leben* (Berlin 1920), der Kindheit und Jugend des Autors erzählt und bis heute nichts von seiner erschütternden Wirkung verloren hat. P.s proletarische Helden leiden zutiefst an den Verhältnissen, ihre Hoffnungen auf Befreiung sind durch die Verbindung sozialistischer Ideen mit pantheistisch geprägter Religiosität gekennzeichnet. In *Der feurige Weg. Ein russischer Revolutionsroman* (Wien/Leipzig 1918) wird der Sozialismus als die »neue Religion aller Armen und Unterdrückten« (S. 105) propagiert. P.s Bekenntnis zum revolutionären Kampf in der *Ballade von der Revolution* (1906), angeregt durch die Bekanntschaft mit russischen Revolutionären 1905 in Kattowitz, bleibt allerdings Ausnahme. Besonders in der Lyrik verstärkt sich stattdessen in späteren Werken die Tendenz zur ästhetischen Überhöhung, zur Poetisierung des Daseins, verbunden mit zunehmender symbolischer Bildhaftigkeit und einem Verlust an konkreter sozialer Thematik und Aussage. Im Weltkrieg preist er anfänglich die »Vaterlandsverteidigung«, findet jedoch in der Folgezeit eindrucksvoll anklagende Bilder für das Grauen des Krieges.

W. W.: Heimat Welt (Ge.), Wien 1913; Aus dem Leben und der Werkstätte eines Werdenden, Wien/Leipzig 1913; Krieg (Ge.), Wien/Leipzig 1914; Der Dornbusch (Ge.), Wien 1919; Menschen im Schatten, Hamburg/Großborstel 1920. – *Lit.:* H. Exenberger u.a.: Alfons Petzold. Beiträge zum Leben und Schaffen, Dortmund 1972.

Frank Seiffarth

Pfemfert, Franz

Geb. 22. 11. 1879 in Lötzen (Ostpreußen); gest. 26. 5. 1954 in Mexiko-City

Sohn kleiner Geschäftsleute, wuchs in Berlin auf. Mit 13 Jahren, nach dem Tod des Vaters, Gymnasiumsbesuch beendet. Ausbildung als Fotograf. Um die Jahrhundertwende mit anarchistischen Gruppen in Berührung. 1904/05 im Kreis um S. Hoys Zs. »Kampf«. Lernte 1908 die Russin Alexandra Ramm kennen (ab 1910 seine Frau), für ihn und seinen späteren Verlag wichtige Vermittlerin und Übersetzerin russischer Schriften. 1. Jan. 1910/10. Feb. 1911 Schriftleiter des »Demokrat«: vorher der Freidenkerbewegung gewidmet, von P. zu einer politisch-literarischen Zeitschrift ausgebaut. Nach Konflikt mit dem Herausgeber gründete P. ↗ »Die Aktion« (20. 2. 1911), die zum wichtigsten Organ des politisch engagierten Expressionismus wurde. Im Krieg (1915?) Gründer der Anti-

nationalen Sozialistischen Partei, publizierte am 16. Nov. 1918
deren Aufruf zur sozialistischen Revolution (Unterzeichner: L.
Bäumer, A. Ehrenstein, J. T. Keller, K. Otten, F. P., H. Schäfer, H.
Siemsen, C. Zuckmayer). Trat bis März 1919 als Redner der
Antinationalen Sozialistischen Partei auf, zugleich solidarisierte sich P. im Nov. 1918 mit dem politischen Konzept des
Spartakusbundes, setzte sich für die Bildung von Räten und
gegen die Nationalversammlung ein. Wegen Beteiligung an
den Berliner Januarkämpfen 1919 inhaftiert. P. trat der KPD
bei, von der er sich aber nach dem 2. Parteitag Okt. 1919
trennte, da er deren Wendung gegen den Antiparlamentarismus ablehnte. Im Frühjahr 1920 Mitbegründer der KAPD;
zusammen mit O. Rühle verfocht er das föderative gegen das
Parteiprinzip und lehnte den Eintritt der KAP in die KI ab;,
wurde daher im Apr. 1921 ausgeschlossen. Versuch, durch
eine »Einheitsorganisation« des Proletariats Syndikalismus, Räteidee und Diktatur des Proletariats, ökonomischen und politischen Kampf zu verbinden. Nov. 1926 hielt P. die Programm-
rede bei der Gründung des »Spartakusbund Nr. 2«, der alle
linksradikalen und aus der KPD ausgeschlossenen Opposi-
tionsgruppen vereinen sollte. In eingeschränkter Form und
Wirksamkeit führte er Verlag und Zs. »Aktion« bis 1932 weiter.
Zur Existenzsicherung eröffnete P. 1924 ein Fotoatelier. Am 1.
3. 1933 Flucht nach Karlsbad (ČSR). Arbeit als Fotograf. 1936
nach Paris, 1940 Perpignan, über Lissabon nach New York.
Vergebliche Bemühungen um Aufenthaltsgenehmigung, ab
März 1941 in Mexiko-City, wo P. sich mit Fotoarbeiten durch-
schlug. Isoliert von den antifaschistischen Exilgruppen, in
Kontakt nur noch mit wenigen Anarchisten (z. B. R. Rocker)
und früheren Gefährten, zunehmend verbittert, starb P. vereinsamt.

Die politische Biographie P.s ist durch schrittweise und stete
Radikalisierungen gekennzeichnet. Anfangs baute der Kritiker
der Wilhelminischen Ordnung noch auf die konsequent bürgerlich-demokratischen Kräfte (Votum für die »Demokratische
Vereinigung« in der Zs. »Das Blaubuch« 1909). Die Hoffnung,
zum Zusammenschluß der »Großen Deutschen Linken« beitragen zu können (im »Demokrat« und anfangs in der »Aktion«), gab er rasch auf. Er kritisierte die Vorkriegssozialdemokratie, die er ihre revolutionäre Vergangenheit verraten
sah, besonders in ihrem Verhalten zu Militarisierung und
Kriegsgefahr (s. *Bis August 1914*, Aufse., Berlin 1918); gleichzeitig Engagement für R. Luxemburg 1913/14. Bei der Suche
nach gesellschaftlicher Alternative orientierte er sich und die
»Aktion« an anarchistischen Ideen (Bakunin, Kropotkin). P.s
antiautoritäre Haltung, Antiparlamentarismus und Ablehnung
von Realpolitik und Kompromiß verstärkten sich durch die
Erfahrung des Verrats am proletarischen Internationalismus
durch die II. Internationale Aug. 1914; ein imperialismusfeind-
liches Verhalten sah er nur noch im Antinationalen garantiert.

Franz Pfemfert

– Seine größte gesellschaftskritische und literaturgeschichtliche Wirkung erlangte P. zwischen 1910/11 und 1918/19; als
Publizist, Organisator und Verleger bot er der um 1910 beginnenden bürgerlichen Autorengeneration mit der »Aktion«
eine Plattform und stimulierte ihre Politisierung. Er war weniger an künstlerischen Innovationen interessiert als an einer
Literatur, die Widerpart der herrschenden Kultur wurde, der
Kriegsideologie entgegenwirkte und Revolutionsbereitschaft
artikulierte. Mit den ab 1916 verlegten Reihen verhalf er
gleichgesinnten Autoren (C. Einstein, F. Jung, L. Rubiner) zur
Öffentlichkeit und druckte politische Schriften zur Beförderung
der Revolution (1918/19 Marx, Lenin, Lunatscharski, K. Liebknecht). Enttäuschung über den Revolutionsverlauf wie über
die Mehrheit früherer »Aktions«-Autoren, die über bürgerliche
Demokratie nicht hinausstrebten, bewirkten eine weitere Radikalisierung. Der frühe Propagandist des Räteprinzips sah
Fehlentwicklungen der Sozialdemokratie (Parlamentarismus,
Zentralismus, Parteibürokratie) in der KPD, dann auch der KI,
weiterwirken. P.s Kritik wurde zunehmend abstrakt und sektiererisch und führte ihn in politische Wirkungslosigkeit. Nach
1932 hat er nichts mehr publiziert.

W. W.: Hg. von Büchern: 1914–1916 (Anth.), Berlin 1916 (= Aktions-
Lyrik, Bd. 1); Jüngste tschechische Lyrik (Anth.), Berlin 1916, (=
Aktions-Lyrik, Bd. 2); Das Aktionsbuch, Berlin 1917; K. Liebknecht:
Briefe aus dem Felde, aus der Untersuchungshaft und aus dem

Zuchthaus, Berlin 1919; K. Liebknecht: Politische Aufzeichnungen aus dem Nachlaß, Berlin 1921 (= Politische Aktions-Bibliothek, Bd. 10); J. Most: Für die Einheitsfront des revolutionären Proletariats: Das Ziel des Kommunismus: Kommunistischer Anarchismus, Berlin 1921 (= Der Rote Hahn, Bd. 53/54). – Hg. von Reihen: Die Aktions-Lyrik, Bd. 1–7, Berlin 1916–22; Aktionsbücherei der Aeternisten, Bd. 1–10, Berlin 1916–21; Der Rote Hahn, Bd. 1–59/60, Berlin 1917–25; Politische Aktions-Bibliothek, Bd. 1–13, Berlin 1916–30. – *Lit.:* P. Raabe: Ich schneide die Zeit aus, München 1964; L. Peter: Literarische Intelligenz und Klassenkampf, Köln 1972; Th. Rietzschel: Einführung, in: Die Aktion 1911–1918, eine Ausw., Berlin und Weimar 1986.

Silvia Schlenstedt

Pijet, Georg W. (Ps. Peter Pinkepank)
Geb. 14. 2. 1907 in Berlin; gest. 16. 7. 1988 in Berlin

Sohn eines Arbeiters; Besuch der Handelsschule, Bankangestellter; 1924 Eintritt in den KJVD, arbeitslos; seit 1925 Mitglied der KPD. Funktionär des ATBD; aktiv im Agitprop-Theater. Gründungsmitglied des BPRS und dessen 1. Schriftführer. Nach 1933 illegale Parteiarbeit (Flugblattaktionen). Vor drohender Verhaftung floh P. mit seiner Frau vorübergehend nach Dänemark, nach Rückkehr verhaftet; da keine konkreten Anschuldigungen vorlagen, wieder freigelassen. Verdiente sich seinen Lebensunterhalt mit Kindergeschichten, mit Skizzen und Feuilletons für Frauen- und Mode-Zeitschriften. 1944 Einberufung zum Kriegsdienst (Flugabwehr), aus dem er im Frühjahr 1945 desertierte. Nach 1945 Journalist und freier Schriftsteller in Berlin.

P. begründete seinen Platz in der proletarisch-revolutionären Literatur der 20er Jahre vor allem mit didaktisch-agitatorischen Stücken und Szenen; 1927/33 gelangten acht zur Aufführung (z.B. *D-Zug CK 3*, 1928; *Die Zermalmten*, 1929, Tragödie über die Auswirkungen der Arbeitslosigkeit). Weiterhin Erzählungen, Skizzen, Reportagen und Kritiken in Arbeiter-Zeitungen und -Zeitschriften. Seine erste größere Prosaarbeit, *Aufruhr im Schacht*, erschien in der RF (10. 7. 1927). P.s Ezählungen *Die Straße der Hosenmätze* (Berlin 1929), *Wiener Barrikaden und andere Erzählungen* (Berlin 1930) handeln vom revolutionären Kampf der Arbeiterjugend (Ndr. einer Ausw. von En. und Skn. einschließlich eines autobiographischen Nachw. u. d. T. *Die Proviantkolonne und andere Erzählungen*, Berlin 1963). P.s Autobiographie *Die Bretter meiner Welt. Geschichten eines Lebens* (Halle/Leipzig 1987) vermittelt ein lebendiges Bild von der Formierung der proletarisch-revolutionären Literaturbewegung Ende der 20er Jahre und der illegalen Arbeit im faschistischen Deutschland.

W. W.: Kreuzer unter Rot (Dr.), Leipzig 1927; Das Mandat (K.), Leipzig 1929; Die Kumpels (Dr.), Leipzig 1929 – *Lit.:* Beiträge, Bd. 3.

Andreas Schrade

Piscator, Erwin Friedrich Max
Geb. 17. 12. 1893 in Ulm; gest. 30. 3. 1966 in Starnberg

Vater Kaufmann; nach Gymnasium privater Schauspielunterricht in München; volontierte am dortigen Hoftheater und hörte Vorlesungen in Geschichte, Literatur und Philosophie. Anfang 1915 zum Militärdienst eingezogen; in den Schützengrabenkämpfen von Ypern, Verwundung; 1917 Leitung eines Fronttheaters in Flandern. Antikriegsgedichte in F. Pfemferts »Aktion«. 1918 in Berlin; gehörte zum DADA-Kreis. KPD-Eintritt 31. 12. 1918 mit den Brüdern Herzfelde und G. Grosz. 1919/20 oppositionelles Theaterunternehmen in Königsberg (»Das Tribunal«). Kontakte zu H. Schüller und »Bund für proletarische Kultur« führten zur Gründung des auf genossenschaftlicher Basis organisierten »Proletarischen Theaters, Bühne der revolutionären Arbeiter Groß-Berlins«, das sich Okt. 1920 mit *Gegen den weißen Schrecken – für Sowjetrußland* (*Der Krüppel* von K. A. Wittfogel, *Vor dem Tore* von A. Gábor und *Rußlands Tag* von L. Barta) vorstellte. Weitere Inszenierungen: M. Gorkis *Die Feinde*, U. Sinclairs *Prinz Hagen* und F. Jungs *Wie lange noch – Du Hure bürgerliche Gerechtigkeit?* sowie *Die Kanaker*; Behörden verweigerten Konzession. Sekretär der »Künstlerhilfe für die Hungernden in Rußland«. Übernahm 1922/23 mit H.J. Rehfisch das Central-Theater in Berlin. Umfunktionierung des bürgerlichen Revue-Prinzips in *Revue Roter Rummel* (22. 11. 1924, anläßlich der Reichstagswahlen) und *Trotz alledem!* (12. 7. 1925, Eröffnung des KPD-Parteitages). 1924/27 Regisseur an der »Volksbühne« Berlin, wo er mit politisch provokanten Inszenierungen (*Fahnen* und *Sturmflut* von A. Paquet, *Gewitter über Gottland* von E. Welk) in Widerspruch zum neutralitätsbedachten Vorstand geriet. Seine *Räuber*-Inszenierung am »Staatlichen Schauspielhaus« Berlin (11. 9. 1926) warf neue Fragen der Klassikerrezeption auf. Dank eines privaten Geldgebers konnte er das »Theater am Nollendorfplatz« als »Piscator-Bühne« eröffnen; wegen niedriger Eintrittspreise für das proletarische Publikum auf zahlungskräftige bürgerliche Zuschauer angewiesen. Mit *Hoppla, wir leben!* von E. Toller am 3. 9. 1927, *Rasputin, die Romanows, der Krieg und das Volk, das gegen sie aufstand* (in einer Bearbeitung von A. N. Tolstois und P. E. Schtschegolews Drama *Rasputin oder Die Verschwörung der Zarin* durch das Kollektiv der »Piscator-Bühne«) am 10. 11. 1927 und *Die Abenteuer des braven Soldaten Schwejk* (ebenfalls vom Kollektiv nach der Bühnenfassung M. Brods und H. Reimanns bearbeitet) am 23. 1. 1928 gelang ein vielversprechender Anlauf; weniger erfolgreich L. Lanias Wirtschaftskomödie *Konjunktur*. Nach finanziellem Bankrott (ausgelöst durch Übernahme des »Lessing-Theaters«) Juni 1928 Fortsetzung als

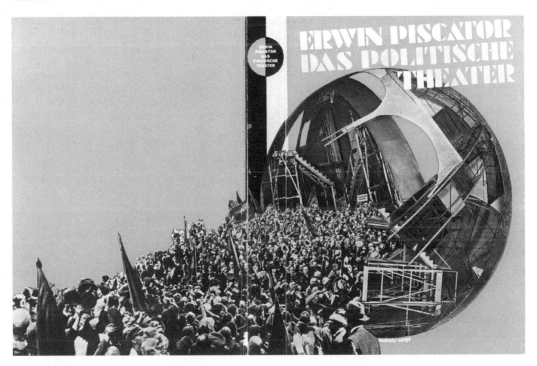

Buchumschlag von L. Moholy-Nagy 1929

zweite »Piscator-Bühne« mit W. Mehrings *Der Kaufmann von Berlin* am 6. 9. 1929. Scharfe Angriffe der Rechtskräfte führten zum Rückzug des eingesetzten Konzessionärs. Der Kern des Ensembles, das sog. »Piscator-Kollektiv«, übernahm im Sommer 1930 das »Wallner-Theater«. Hier überzeugte P. auch mit technisch weniger aufwendigen Inszenierungen: C. Credés *§ 218 (Frauen in Not)*, Th. Plieviers *Des Kaisers Kulis* und F. Wolfs *Tai Yang erwacht*. 1931/34 in der Sowjetunion Dreharbeiten zum Film *Der Aufstand der Fischer* nach der Novelle von A. Seghers. 1932 Wahl ins Sekretariat des Internationalen Revolutionären Theaterbundes; Nov. 1934 dessen Präsident. Sein Plan eines antifaschistischen. deutschen Exiltheaterzentrums in der wolgadeutschen Republik (Engels) scheiterte an ungünstigen lokalen Voraussetzungen und dem sich akut verschärfenden Repressionsklima in der Sowjetunion. Teilnahme am Brüsseler Weltfriedenskongreß Sep. 1936; im IRTB-Auftrag anschließend in Paris, wo er um die Gründung einer Internationale fortschrittlicher Berufstheaterkünstler bemüht war. Im Okt. 1936 durch W. Pieck überraschend von seinen IRTB-Verpflichtungen und der Rückkehr nach Moskau entbunden (parteiinterner Vorwurf des Trotzkismus). Engagierte sich für Friedensfestspiele auf den Schlachtfeldern des I. Weltkrieges, stellte mit A. Neumann erste Dramatisierung von L. Tolstois Roman *Krieg und Frieden* her. 1939/51 in den USA: Leitung des Dramatic Workshop an der »New School for Social Research« New York; u.a. »Studio Theatre«-Aufführungen von Shakespeares *König Lear* (1940) und einer Neufassung von *Krieg und Frieden* (1942); theaterpädagogische Arbeit. Entzog sich der Vorladung des »Committee on Un-American Activities« durch Übersiedlung in die BRD, wo er angesichts politisch-kultureller Restauration und der Dominanz des absurden Theaters nur schwer Fuß fassen konnte; erhoffte Angebote zur Übernahme eines Theaters in Ost-Berlin blieben aus. Ab 1962 Leitung der »Freien Volksbühne« Berlin (West); wurde mit seinen Inszenierungen von R. Hochhuths *Der Stellvertreter*, H. Kipphardts *In der Sache J. Robert Oppenheimer* und P. Weiss' *Die Ermittlung* zum Wegbereiter des dokumentarischen Theaters.

P. setzte konsequent sein Erlebnis des Krieges und der Revolution in eine neue politische Funktionsbestimmung von Theater um. Wichtige Ausgangsmomente waren der Zerstörungsimpuls des linken Dadaismus gegenüber der als verlogen empfundenen bürgerlichen Kunst und der revolutionäre Aktivismus des Proletkults. Mit dem von ihm entwickelten Revuetypus »Roter Rummel« prägte er wesentliche Elemente des späteren Agitproptheaters. Dies betraf die Aufnahme verschiedener Formen proletarischen Massenvergnügens und ihre bewußte Politisierung sowie die Allegorisierung in Figurenaufbau und szenischer Handlungsführung (letzteres bereits in *Rußlands Tag*). *Trotz alledem!* lieferte in der Verbindung von Revue und Dokument einen Baustein für P.s spätere große Inszenierungen (*Rasputin* als »Schicksalsrevue ganz Europas«). Seinen wiederholten Anläufen zur Gründung eines eigenen Theaters kommt als Versuch, in die herrschende Ideologie- und Kunst-Produktion einzudringen, immense Bedeutung zu. Der ersten und zweiten »Piscator-Bühne« lag notwendig der Widerspruch zwischen ökonomischer Einbindung in das Konkurrenzsystem des bürgerlichen Theaterbetriebs und intendierter politischer Gegenwirkung zugrunde, einschließlich daraus folgender Heterogenität des Publikums. Demgegenüber zeigte sich der »Rat« seiner Opponenten aus dem eigenen Lager (u. a. A. Gábor und B. Lask in der »Linkskurve«), sich ausschließlich als Theater für revolutionäre Arbeiter zu begreifen, als eng und isolationistisch. P.s Begriff des »politischen Theaters« ist deutlich von seinem Zeitbewußtsein her bestimmt – ihm ging es vorrangig um große gesellschaftliche Bewegungen und Konflikte: Kriege, Revolutionen, Krisen des Wirtschaftslebens sowie des gesellschaftlichen Überbaus, die er auf ihre Funktionsmechanismen hin untersuchte. Da ihm die zur Verfügung stehende Dramatik nur in seltenen Fällen genügte (frühe Ausnahme Paquets *Fahnen*), betrachtete er sie hauptsächlich als Stoff- und Materialangebot. Für sein dramaturgisches und inszenatorisches Herangehen charakteristisch ist die Steigerung privater Szenen ins Historische, gemeint als soziale Verallgemeinerung, Objektivierung. Wo der szenische Vorgang nicht ausreichte, wurde er durch einmontierte Dokumente unterbrochen und ergänzt. Die verwendeten Projektionen und Filme wirkten materialergänzend, szenisch dynamisierend, lehrhaft schlußfolgernd oder episch kommentierend. Der auf politische Einsichten gerichteten Stoffvermittlung entsprachen konstruktive Bühnenraumlösungen (so die berühmte Segment-Globus-Bühne T. Müllers in *Rasputin* und das laufende Band in *Schwejk*). Konzeptionsbedingte Grenzen zeigten sich im teilweisen Zurückdrängen des Individuellen zugunsten des sozial und geschichtlich Determinierten und einer zuweilen demonstrativ einschichtigen und zeichenhaft verkürzten Handhabung des Pädagogischen. P. schuf ein erstes Grundmodell epischen Theaters, an dem auch Brecht durch seine Mitarbeit im dramaturgischen Kollektiv der »Piscator-Bühne« lernend beteiligt war. Sein Buch *Das Politische Theater* (unter Mitarb. von F. Gasbarra und L. Lania, Berlin 1929) wurde zu einer weltweit rezipierten Programmschrift. Die Entwicklung des internationalen politischen Avantgardetheaters seit den 30er Jahren ist ohne sein Beispiel nicht denkbar.

Ausg.: Schriften 1 und 2, Hg. L. Hoffmann, Berlin 1968; Theater, Film, Politik. Ausgew. Schrn., Hg. L. Hoffmann, Berlin 1980; Zeittheater. »Das Politische Theater« und weitere Schriften von 1915 bis 1966, Ausw. und Bearb. M. Brauneck/P. Stertz, Nachw. H. Heyme, Reinbek bei Hamburg 1986. – *Lit.:* J. Fiebach: Die Darstellung kapitalistischer

Widersprüche und revolutionärer Prozesse in Erwin Piscators Inszenierungen von 1920-1931, Diss., Berlin 1965; J. K. Gleber: Theater und Öffentlichkeit. Produktions- und Rezeptionsbedingungen politischen Theaters am Beispiel Piscator 1920-1966, Frankfurt a.M. 1979; J. Willett: Erwin Piscator. Die Eröffnung des politischen Zeitalters auf dem Theater, Frankfurt a.M. 1982; Th. Kirfel-Lenk: Erwin Piscator im Exil in den USA 1939-1951, Berlin 1984; K. Boeser/R. Vatková (Hg.): Erwin Piscator. Eine Arbeitsbiographie in 2 Bde., Berlin 1986; M. Ley-Piscator: Der Tanz im Spiegel. Mein Leben mit Erwin Piscator, Reinbek bei Hamburg 1989; H. Haarmann: Erwin Piscator und die Schicksale der Berliner Dramaturgie, München 1991.

Peter Diezel

(Die) Pleite (P)

Satirische Zeitschrift Berlin 1919/20 und 1923/24; »Pleite glotzt Euch an. Restlos. Revolution wurde unterschlagen. Defraudanten der revolutionären Idee herrschen und betreiben die Sanierung des Spießers.« (»Die Pleite«, 1919, Nr. 1, S. 2) Mit dieser programmatischen Feststellung hoben W. Herzfelde, J. Heartfield und G. Grosz im März 1919 diese ungewöhnliche und umstrittene Zeitschrift aus der Taufe. Die Geschichte dieser »illustrierten Halbmonatsschrift« aus dem Malik-Verlag Berlin-Leipzig ist wechselhaft, hatte mit einer anderen Publikation begonnen: der satirischen Zs. »Jedermann sein eigner Fussball«. Obwohl ihre drei Initiatoren der KPD angehörten, blieb sie ein privates Unternehmen, das seine Wurzeln in der Dada-Bewegung und deren avantgardistisch-politischem Anspruch hatte. Entsprechend unkonventionell war die graphische Gestaltung: Ein großzügiges Layout mit verblüffender Typographie, zahlreichen Karikaturen und Heartfields Fotomontagen wurde zu ihrem Markenzeichen. Noch provozierender als das Erscheinungsbild waren die Inhalte des ersten und einzigen Heftes, für die neben den drei Herausgebern Autoren wie R. Huelsenbeck, W. Mehring, E. Piscator und Mynona standen: z.B. ein respektloser Appell »zum Schutze vor allgemein üblichem Wahlbetrug« (in: *Jedermann sein eigner Fussball*, 1919, Nr. 1, S. 1), Mehrings »Coitus im Dreimäderlhaus« mit höhnischer Umdichtung der Nationalhymne (ebd. S. 4), ein Aufruf des Landessoldatenrates Bayern »Gegen den weißen Terror«, der zum Verbot des Blattes führte. Die Herausgeber hatten von der drohenden Beschlagnahme erfahren und fast die gesamte Auflage von 7600 Ex. mit dadaistischem Spektakel unters Volk gebracht. Herzfelde wurde wegen Verächtlichmachung der Reichswehr und Verbreitung unsittlicher Schriften verhaftet. Danach sollte die P weiterführen, was mit »Jedermann sein eigner Fußball« begonnen hatte. Ihre Aufmachung wirkte nicht mehr ganz so experimentell, blieb aber am dadaistischen Stil des Malik-Umfeldes orientiert. Vom spöttisch-leichten Ton der Vorgängerzeitschrift war im ersten

Heft der P nur wenig zu spüren. Lediglich Grosz' revolutionäre Karikaturen, die in ihrer Schärfe und wirksamen Akzentuierung gesellschaftlicher Widersprüche neue Maßstäbe setzten, unterstrichen das satirische Profil des Blattes. Ansonsten dominierten revolutionäre Appelle und Bekenntnisse zur kommunistischen Gemeinschaft. Ganz anders Heft 2 des ersten Jahrgangs, das Ende März 1919 als Broschüre unter dem Titel *Schutzhaft* erschien. Auf 16 S. schilderte Herzfelde seine »Erlebnisse bei den Berliner Ordnungstruppen« nach der Verhaftung in Sachen »Jedermann sein eigner Fußball«. Das schmale Heft wurde trotz seines gemäßigten Tenors verboten, fand aber wohl gerade deshalb so viel Aufmerksamkeit, daß der Malik-Verlag vier Wochen später eine 2. Aufl. nachdrucken mußte. Zugleich erschien die P wieder in gewohnter vierseitiger Aufmachung, diesmal jedoch ohne Autorenangaben. Nur ein Beitrag war mit »Heartfield« gekennzeichnet – auf diese Weise führte Helmut Herzfeld sein später übliches Ps. ein. Die Zeitschrift war bemüht, etwas mehr satirisches Profil zu gewinnen – soweit dies angesichts des blutigen Terrors ungezügelter Freikorps-Banden und der allgegenwärtigen Bedrohung progressiver Kräfte möglich war. Viele Texte spiegeln die persönliche Betroffenheit ihrer Autoren. Thematisch konzentrierte sich die Zeitschrift auf einige zentrale Aspekte: Das rücksichtslose Vorgehen der konterrevolutionären Kräfte, der Verrat der Sozialdemokraten an der Revolution, das Versagen bürgerlicher Künstler und Kultur, das Erstarken von Militarismus und Kapital sowie jene von Grosz immer wieder karikierten »Stützen der Gesellschaft«, die ihren Einfluß nahezu unbehelligt von der monarchistischen in die republikanische Zeit herübergerettet hatten. Trotz regelmäßiger Verbote erschienen bis Jan. 1920 immerhin 6 Ausgaben der P, wobei die letzte Nummer beschlagnahmt wurde und zum endgültigen Verbot der Zeitschrift führte. Nachdem J. Gumperz, der seit 1919 in Halle die literarisch-satirische Zs. ↗ »Der Gegner« herausgab, vom Verbot der P erfahren hatte, bot er dem Blatt spontan publizistisches Asyl an. Herzfelde trat an die Stelle des bisherigen Mitherausgebers K. Otten, und die P wurde fortan offiziell als satirischer Teil des »Gegner« geführt, der nun im Malik-Verlag erschien. Sep. 1922 wurden beide Blätter aus finanziellen Gründen eingestellt. Erst ein Jahr später erschien P trotz Verbots nochmals in selbständiger Form. Vier Hefte erschienen bis Juni 1924 wegen des offiziellen Verbotes illegal, dann stellte das Blatt sein Erscheinen ein. Die Aufmachung dieser P-Hefte, in denen immer deutlicher die Gefahr eines aufkommenden Faschismus ins Blickfeld gerückt wurde, erinnerte bei erweitertem Umfang nur auf den ersten Blick an die der Jahre 1919/20. Neben den prägenden Illustrationen von Heartfield und Grosz wurden Bildbeiträge weiterer Zeichner gebracht, unter ihnen K. Holtz, R. Schlichter, O. Dix und C. Felixmüller. Das Layout war bildbetonter, oft findet man

Titelblatt-Zeichnung G. Grosz

ganzseitige Illustrationen. Neue Textautoren kamen hinzu, wobei viele Beiträge nur mit Ps. gezeichnet waren, vermutlich zur Irreführung der Behörden. Häufig wurden in diesen letzten Nummern Marx und Engels zitiert. Satirisch-literarische Texte bekamen mehr Gewicht als in den frühen Ausgaben.

Lit. : C.-U. Bielefeld: »Jedermann sein eigner Fußball«, »Die Pleite«, in: Die Zeit, 1977, Nr. 30; W. Herzfelde: Einl., in: Die Pleite (Reprint), Leipzig 1983.

Alexander Maier

Plievier Theodor (bis 1933 Plivier)

Geb. 12. 2. 1892 in Berlin; gest. 12. 3. 1955 in Avegno (Schweiz)

Aus niederländischer Seefahrerfamilie, Vater Feilenhauer. In der Maurerlehre Bekanntschaft mit nicht organisierten Anarchisten. Nietzsche-Lektüre. Abbruch der Lehre, Tramp. 17jährig zur See, vier Jahre Gelegenheitsarbeiter in Südamerika. 1914/18 Dienst in der Kaiserlichen Marine. In der Novemberrevolution Vorsitzender des Matrosenkomitees auf einem Küstenwachschiff, 1918 Redakteur der »Wilhelmshavener Republik-Nachrichten des Arbeiter- und Matrosenrates«. Lektüre von M. Stirner, M. Bakunin, P. Kropotkin, L. Tolstoi. Freundschaft mit G. Gog und K. Raichle, dem er nach Urach folgte und mit ihm den Verlag »Die Zwölf« gründete, in dem 1919 die Broschüre *Anarchie* (Weimar 1919) als sein anarchistisches Credo erschien. Nach Bruch mit Raichle 1920 Umzug nach Berlin. Verbindung zur organisierten linksradikalen Arbeiterbewegung (Anarchisten, Syndikalisten, Unionisten), ohne sich organisatorisch zu binden. Lernte R. Rocker kennen, gemeinsame Agitationstouren. Wanderredner. Redakteur, Herausgeber von Flugschriften im Verlag der Freien Arbeiter-Union (Beiträge von E. Mühsam, E. Toller, G. Landauer, O. Kanehl, Rocker, A. Jaski-Sybal). Unterstützte die antimilitaristische Internationale (Amsterdam). Beziehungen zu emigrierten ukrainischen und russischen Anarchisten (J. Gottverstein, N. Machno, Volin). Aufgabe des Verlages. Seit 1925 freier Autor. 1930/47 Lebensgemeinschaft mit Hildegard Piscator. 1933 Emigration über die Tschechoslowakei, Frankreich (Gründungsmitglied des SDS in Paris) und Schweden, blieb 1934 nach 1. Allunionskongreß der Sowjetschriftsteller in der Sowjetunion. Publizistische Tätigkeit, Filmmanuskripte. Lebte in Leningrad, 1935/36 in Paulskoje (Wolgadeutsche Republik), in Galitsino bei Moskau, baute 1939 mit Kredit des Literaturfonds ein Haus in Domodjedowo, in dem er bis Herbst 1941 wohnte. Freundschaft mit H. Vogeler. Evakuierung nach Taschkent, Ufa. Rundfunktätigkeit. Seit 1943 Präsidiumsmitglied des NKFD. 15. 5. 1945 Rückkehr nach Deutschland, im Auftrag der KPD bis 1946 Landesleiter des Kulturbundes in Weimar, Landtagsabgeordneter, 1947 Übersiedlung in die westlichen Besatzungszonen.

P.s erste Veröffentlichung, die Skizze *Proletariers Ende* (In: »Der freie Arbeiter«, 1909, Nr. 6), ist die unsentimental erzählte Geschichte vom lautlosen Tod eines alten, arbeitslosen Arbeiters inmitten einer flimmernden, reichen Welt. Sie fällt durch kontrastreiche Bildsprache und Wechsel der Erzählperspektive auf. Der trotzige, aufbegehrende Gestus prägt diesen Text wie auch die programmatischen Schriften (*Anarchie,* Weimar 1919, *Weltwende,* Berlin 1924, *Aufbruch,* Berlin 1923), die durch expressive Sprache poetische Züge bekommen. P. kritisierte jede Form fester Organisation. Für ihn standen das leiderschütterte Individuum, der die Massen erweckende Märtyrer und die Urkraft der erweckten Masse nebeneinander. Beeinflußt durch die Sprache der Luther-Bibel, besitzen die Texte prophetische, suggestive Kraft. Die frühen linksradikalen Schriften sind durch extremen Individualismus geprägt, sie entwerfen gefühlsbetonte Visionen, die sich gleichermaßen gegen Kapitalismus und »Bolschewismus« als »Herrschaft der Materie über die Masse« richten. Ab 1920 erhielten P.s Texte einen stärkeren Bezug zu den sozialen Bewegungen der Zeit. Großstadt wurde zum Ort der »Hybris«, er thematisierte die notwendige Wende der Welt durch die Wende des einzelnen. Mit dem ersten Roman, *Des Kaisers Kulis* (Berlin 1930, seit 1928 in der RF vorabgedruckt), erlangte P. schnell Weltruhm. Die Inszenierung der dramatisierten Fassung von E. Piscator 1930 fand nicht die Resonanz des Buches, das in verschiedenen politischen Lagern beachtet worden war. In der Arbeiterpresse entzündete sich anhand des den ermordeten Matrosen Köbis und Reichpietsch gewidmeten Buches erneut der Streit um die Rolle der Sozialdemokratie während der Novemberrevolution. Aus eigener Erfahrung beschreibt P. die Zustände in der Kaiserlichen Marine und die Matrosenrevolte vom August 1917. Stenogrammstil und die Aufnahme von dokumentarischen Zeugnissen sowie die Verwendung von Witz und Sprache der Matrosen geben dem Text Authentizität und Anschaulichkeit. Der Roman *Der Kaiser ging – die Generäle blieben* (Berlin 1932) zeigt die Entwicklung der Revolution im Heer und in Berlin. Er ist stärker durch dokumentarisches Material organisiert. Einen dritten, weiterführenden Roman (Arbeitstitel: *Demokratie*) konnte P. nicht mehr realisieren. Wesentliche Teile gingen 1933 auf der Flucht verloren (Rekonstruktion des ersten Kapitels in: *Der Wald von Compiegne* [E.] Moskau 1939). 1943 begann P. mit der Arbeit an *Stalingrad* (Berlin 1945), dem 1. Teil der Romantrilogie über den II. Weltkrieg (*Moskau,* München 1952, *Berlin,* München 1954). Für *Stalingrad* konnte P. Briefe und Tagebücher deutscher Soldaten auswerten. Von der IL in Fortsetzungen (ab Okt. 1943) veröffentlicht, wurde der Roman in kurzer Zeit in ca. 20 Sprachen übersetzt. P., der seine ersten Romane kritisch als »Reportagen« bezeichnete, verstand *Stalingrad* nicht als historischen Report, sondern als Zeugnis einer Zeit, in der einzelne nur »Menschenmaterial« ist. Auf kathartische Kunstwirkung zielend, enthält der Text den Ruf zu Umkehr und innerer Wandlung. Obgleich chronologisch erzählt, verläuft die Handlung nicht linear. Die Schilderung von Einzelschicksalen verschiedener Dienstgradebenen ist spannungsreich mit der Gestaltung anonymen Massensterbens verknüpft. Der Roman ist als Variation eines Themas komponiert: der Sinnlosigkeit des Sterbens, wobei P. die Absurdität des Geschehens bis an die Grenze des Erträglichen treibt. In der Variation des Themas wechselt auch der Erzählstil. Sachliches Beschreiben steht neben prophetisch-pathetischem Erzählen, der Original-Ton von Dokumenten neben dem Jargon der Soldaten. .

W. W. ; Zwölf Mann und ein Kapitän (Nn.), Leipzig/Wien 1930; Haifische (R.), Berlin 1930; Plivier über seine Arbeit, Berlin 1932; Das große Abenteuer (R.), Moskau/Amsterdam 1936; Im letzten Winkel der Erde (R.), Moskau 1941/Weimar 1946; Der Igel (En.), London/Moskau 1942; – *Ausg.:* Ich bin der Weg. Revolutionäre Flugschriften 1922–25, Hg. Th. Plivier, Vorw. U. Linse, (Repr.) Schlitz 1983; Das gefrorene Herz (En.), Nachw. H.-H. Müller, Köln 1988 – *Lit.:* H. Wilde: Nullpunkt der Freiheit. Biographie, München/Wien/Basel 1965; W.Fähnders/ M.Rector; H. Peitsch: Th. Pliviers »Stalingrad«, in: Ch. Fritsch/L. Winckler (Hg.): Faschismuskritik und Deutschlandbild im Exilroman, Berlin 1981; H.-H. Müller/W. Schernus: Th. Plivier. Eine Bibliographie. Frankfurt a.M. 1987.

Martina Langermann

Ernst Preczang

Lieder eines Arbeitslosen

Preczang, Ernst (Ps. Peter Labor)

Geb. 16. 1. 1870 in Winsen an der Luhe; gest. 22. 7. 1949 in Sarnen (Schweiz)

Sohn eines Gendarmeriewachtmeisters und ab 1880 Beamten im Berliner Kriegsministerium; Besuch der Volksschule; Buchdruckerlehre in Buxtehude; beschäftigte sich in dieser Zeit mit den Ideen der Arbeiterbewegung; Arbeitslosigkeit; schrieb ab 1888 Gedichte (*Gedichte eines Arbeitslosen,* Berlin 1902); bildete sich in Arbeiterbildungsvereinen und Volkshochschulen weiter; schloß sich 1890 der Gewerkschaft Verband der deutschen Buchdrucker und der SPD an; lieferte Beiträge für die Gewerkschafts- und Parteipresse (u.a. Skizzen für die »Gleichheit«); schrieb für Vereinsfeste Prologe, Gedichte und Szenen; eine Erbschaft ermöglichte ihm, ab 1900 als freier Schriftsteller zu leben; redigierte 1904/19 im Ostseebad Heringsdorf (ab 1917 in Berlin) die wöchentlich erscheinende Roman-Zs. ↗ »In Freien Stunden«, mit der er durch Romane aus der Weltliteratur des 19. Jh.s den »Schundromanen« entgegenwirken wollte. In diesen Jahren war P. mit eigenen Erzählungen der meistpublizierte Autor der ↗ »Neuen Welt«. Arbeit dann an verschiedenen Zeitungen; versuchte als Mitbegründer und Cheflektor (bis 1927) der ↗ Büchergilde Gutenberg, Arbeitern »inhaltlich gute Bücher in technisch vollendeter Ausführung« (Satzung) zu billigen Preisen zur Verfügung zu stellen; erwarb sich verlegerische Verdienste bei der Verbreitung zeitgenössischer sozialkritischer Weltliteratur, insbesondere durch die Kontaktaufnahme zum wichtigsten Autor der Gilde, B. Traven; schrieb in den 20er und 30er Jahren vor allem Erzählungen, auch Märchen und Sagen sowie einige größere Romane; emigrierte im Mai 1933 in die Schweiz; leitete die Zweigstelle der Büchergilde Gutenberg in Zürich und legte nach Auseinandersetzungen um das Profil der Gilde 1934 seine Mitarbeit nieder. Bemühungen 1941, in die USA auszuwandern, scheiterten; lebte danach bis Kriegsende in der Schweiz mit jeweils befristeter Aufenthaltserlaubnis.

P. verkörpert einen neuen Typ des Arbeiterschriftstellers nach 1900. Aus dem Kleinbürgertum stammend, kam er in Kontakt mit der Arbeiterbewegung und suchte sich als freier Schriftsteller auf dem Literaturmarkt zu etablieren. Er erhielt seine entscheidenden Impulse in der sozialdemokratischen und ge-

werkschaftlichen Bewegung vor 1914. Ihn interessierten hauptsächlich – wie er in seinem autobiographischen *Rückblick* schrieb – die »seelischen Einflüsse der Bewegung und ihr Anteil an einer neuen geistigen Kultur, die sich aus der Volkstiefe erheben sollte«. Er bezeichnete den Sozialismus als »Glauben«, die Arbeiterbewegung als eine »seelische Heimat« und die politische Forderungen der Arbeiter als »menschlich-ethische Postulate« (*Rückblick,* ungedr. Typoskript, o.O. 1920, S. 4).

Für die Entwicklung des Arbeitertheaters um 1900 ist sein Übergang von den agitatorischen Tendenzstücken *Sein Jubiläum* (e. 1897, Berlin 1904), *Töchter der Arbeit* (Berlin 1898), *Der verlorene Sohn* (Berlin 1900) u.a. zum ersten mehraktigen Drama, *Im Hinterhause* (München 1903), charakteristisch. Das Streikdrama *Töchter der Arbeit* verbindet zwei für die frühe Arbeiterliteratur typische Motive: die moralische Verkommenheit der Kapitalistenklasse und die verzweifelte materielle Lage der Arbeiter, die zur Solidarität zwingt. Die vom Kapitalistensohn verführte Arbeiterin Marie begeht Selbstmord, der den letzten Anstoß zum Streik der Arbeiterinnen bildet. Der Einakter ist geprägt vom Einfluß des Naturalismus und Schillers. Eine Szene, in der der Heizer Hellmuth dem Verführer seiner Tochter, Harland, entgegentritt, ist bis in wörtliche Entsprechungen geschult am Auftritt zwischen Miller und Präsident aus *Kabale und Liebe*. Auch *Im Hinterhause* nutzt die naturalistische Tradition (insbes. *Familie Selicke* von Holz/Schlaf und *Die Ehre* von Sudermann), dem Stück fehlt aber der unmittelbar eingreifende Impuls: Der arbeitslose Maschinist Gensicke könnte die Not seiner Familie durch eine Wiedereinstellung als Streikbrecher beenden, was er aber charakterfest ablehnt; als seine Tochter Klara vom moralisch verkommenen Angestellten Strebling verführt und für die Heirat mit dem klassenbewußten Mechaniker Petzold untauglich geworden ist, geht er in den Tod. Das Drama wurde 1903 von der Freien Volksbühne Berlin im Metropol-Theater aufgeführt. Die bürgerliche Presse bescheinigte P. Talent, kritisierte aber die »Tendenz«. Nur mit der völlig unpolitischen Burleske *Gabriello, der Fischer* (e. 1908, Berlin 1910), der Dramatisierung einer italienischen Novelle, die im Weimarer Hoftheater und im Berliner Schiller-Theater gespielt wurde, gelang P. ein Achtungserfolg in der bürgerlichen Kunstöffentlichkeit. In seinem einzigen Drama aus den 20er Jahren, *Wachtmeister Piper* (Leipzig 1927) - eine melodramatische Familiengeschichte aus den Revolutionstagen, in der ein unbelehrbar reaktionärer Wachtmeister zum Mörder seines Sohnes wird, den die an die Macht gelangten Arbeiter jedoch rächen - betrachtet P. die Novemberrevolution als gelungene Revolution und damit die Weimarer Republik als den Ort, der die angestrebte soziale Ordnung darstellt.

P.s Lyrik (*Im Strom der Zeit*, Stuttgart 1908, 5. Aufl. 1929, mit Ill. von F. Masereel) knüpft formal an die Lyrik der 48er sowie an die deutsche Klassik an. In *Hans Jörg* und *Tine Brecht* versucht er, das alte volkstümliche Genre der Ballade für neue Inhalte zu gewinnen. In *Die Revolution*, unmittelbar nach der gescheiterten russischen Revolution von 1905 entstanden, feiert P. die Revolution als Kind der immer lebendigen »Gebärerin Natur«. In dem Lyrikband, der von F. Mehring und C. Zetkin sehr positiv rezensiert wurde, stellt P. die kapitalistische Arbeitsfron der Schönheit der Natur - als Symbol einer künftigen menschlichen Ordnung - gegenüber. Wie in der Dramatik wandte sich P. in der Lyrik zunehmend großen Formen zu; er gab seine operativen aufklärerischen Versuche auf. Erst mit Beginn des Exils veröffentlichte er wieder satirische antifaschistische Gedichte u.a. Texte in Zeitungen, z.B. eine Auseinandersetzung mit dem in Nazideutschland geehrten G. Hauptmann (*Größe*, Gedicht, 1933).

Wirkungsvoll war P.s umfangreiches Prosawerk. Er schrieb bereits vor 1914 für einen über die sozialdemokratische Öffentlichkeit hinausgehenden Leserkreis und gehörte bis 1933 zu den meistgelesenen sozialdemokratischen Autoren Deutschlands. Seine Erzähltexte, häufig in der Novellentradition des 19. Jh.s stehend, behandeln das Leben kleiner Leute - Küstenfischer, Bauern, Handwerker und Künstler -, deren katastrophale Lebenslage oft als Verelendungsprozeß gegenüber

aufkommenden industriellen Produktionsformen mit präziser Kenntnis eindringlich und lebendig geschildert wird und die am Schluß - insbesondere in Texten nach 1914 - durch individuelle Hilfe oder unverhoffte glückliche Umstände eine Wende zum Besseren erfährt. Mit detaillierten Milieuschilderungen der engeren, meist norddeutschen Heimat sucht P. Muster der um die Jahrhundertwende aufkommenden Heimatdichtung für sozialdemokratische Zwecke zu verwenden. Ein bestimmtes stereotypes Figurenensemble bevölkert seine Prosa: die starke, lebenstüchtige, fröhliche Mutter; die arme, schwer arbeitende, verlassene Frau, die ihr hartes Schicksal erduldet und am Schluß meist belohnt wird; der helfende, freundliche Armenarzt; der tolerante pensionierte Kantor, der resignierende linke Intellektuelle, der sich aber im konkreten Fall gegen das Unrecht einsetzt. Eine gewisse Sonderstellung nimmt die frühe Erzählung *Der Ausweg* (Berlin 1912) ein. Es ist die Geschichte des Kassenarztes Nolten, der gegen die Gefährdung der Gesundheit seiner Patienten durch die örtliche chemische Industrie zunächst individuell und vergeblich verschiedene Maßnahmen durchzusetzen sucht (Sisyphus-Motiv), durch klassenbewußte Arbeiter die wahren Ursachen in den bestehenden Produktionsverhältnisses erkennen lernt und sich an ihre Seite stellt. Aus der Perspektive des bürgerlichen Helden wird hier eine, von moralisierenden Urteilen relativ unabhängige Analyse gesellschaftlicher Machtmechanismen geliefert. P.s größere Romane der 20er/30er Jahre plädieren für einen vom Individuum zu realisierenden Humanismus. Mit dem Jugendroman *Zum Lande der Gerechten* (Berlin 1928) versuchte P. seine reformpädagogischen Bestrebungen zu unterstützen. Erzählt wird die Leidensgeschichte eines armen Deichwärtersohnes, der durch einen Sozialdemokraten und einen sozialistischen Lehrer ein besseres zwischenmenschliches Verhalten kennenlernt und zum Lebensretter eines Piloten wird. Zum »Lande der Gerechten« soll die durch Vernunft und tätige Liebe umgestaltete Weimarer Republik werden. In den Romanen *Ursula* (Berlin 1931, Aufl. 1932 bereits 32000, bis 1947 über 100000) und *Ursula macht Hochzeit* (Zürich 1934, bis 1947 etwa 29000) wird der Lebensweg der unehelich geborenen Ursula beschrieben, die sich energisch hocharbeitet, Mutter und Vater wiederfindet und für kurze Zeit eine Ehe mit einem Nationalsozialisten eingeht, doch endlich später ihren väterlichen Freund, einen Schriftsteller in der Schweiz, heiratet. Die sozialen Faktoren bleiben nur noch Kolorit; die Beziehungen zur Arbeiterbewegung sind getilgt.

W. W.: Rückblick, auszugsweise in: Proletarische Lebensläufe, Hg. W. Emmerich, Bd. 1, Reinbek bei Hamburg 1974 und in: Knilli/Münchow. - *Ausg.:* Textgaben, Bd. 9; Im Hinterhause, in: Textausgaben, Bd. 11.

Marianne Streisand

Proletarische Feuilleton-Korrespondenz (PFK)

Im Auftrag der Abteilung Agitation und Propaganda im ZK der KPD von J. R. Becher und K. Kläber in Berlin herausgegebener Pressedienst für die Kulturseiten der KPD-Tageszeitungen. Erschien Nov. 1927/29 zunächst wöchentlich einmal, später zweimal, Umfang 25 S. Kein öffentlicher Vertrieb. Auflage nicht zu ermitteln. Aus finanziellen Gründen eingestellt.

Die PFK wurde nach dem XI. Parteitag der KPD (Essen 1927) ins Leben gerufen, um dem Bedarf der kommunistischen Parteipresse nach literarischen Beiträgen entsprechen zu können. Über die Ziele der PFK schrieb B. Lask, die selbst seit der Gründung ständig mitarbeitete, 1930: »Die Proletarische Feuilleton-Korrespondenz macht es sich zur Aufgabe, die Literatur zu fördern, die das Leben des Proletariats schildert, das Klassenbewußtsein weckt, den wirtschaftlichen und politischen Kampf vorwärtstreibt. Sie will die Feuilletonseiten der Arbeiterpresse von den Erzeugnissen bürgerlicher Ideologie befreien und sie dafür mit der Ideologie des proletarischen Klassenkampfes füllen, nicht in Leitartikeln, sondern bildhaft, anschaulich, als Ergänzung zu dem anderen Teil der Zeitung.« (»IfA-Rundschau«, Berlin 1930, Nr. 4-6). Die PFK war die erste Form einer organisierten Zusammenarbeit zwischen kommunistischen Schriftstellern und schreibenden Arbeitern. Zahlreiche junge Arbeiterschriftsteller, die als ehrenamtliche Mitarbeiter in Betriebs- und Zellenzeitungen oder der Parteipresse der KPD journalistische Erfahrungen gemacht hatten und zu operativen literarischen Formen übergingen, erhielten durch die PFK erstmals die Möglichkeit zum honorierten Abdruck ihrer Arbeiten. Becher und Kläber als Redakteure der PFK sowie weitere Mitglieder der Arbeitsgemeinschaft kommunistischer Schriftsteller wie K. Grünberg, E. E. Kisch leisteten durch kameradschaftliche Kritik an den eingesandten Manuskripten einen Beitrag zur literarischen Weiterentwicklung der schreibenden Arbeiter und Mitarbeiter der Parteipresse. Von letzteren stammte der Hauptteil der abgedruckten Texte, wiederholt finden sich die Namen P. Brand (Ps. E. Bruck), E. Ginkel, K. Huhn, P. Kast, P. Körner-Schrader, H. Lorbeer, H. Marchwitza, F. Krey, K. Steffen, Slang. Weitere Texte in der PFK kamen von den genannten Mitgliedern der Arbeitsgemeinschaft kommunistischer Schrifsteller; ein Teil stammte von heute weitgehend Unbekannten: W. Griese, W. Feller, H. Dachs, K. Sublimer, eine nicht geringe Zahl war nur mit Initialen gezeichnet bzw. erschien unter Ps.

Zu Beginn erschien die PFK ohne feste Rubriken, ab Frühjahr 1928 gliederte sie sich in fünf Teile: Gedichte/Satiren, Kurzgeschichten, Kritik, Wissen, Mitteilungen. Aufgrund der heute noch vorhandenen Exemplare (die PFK erschien ihrem Verwendungszweck entsprechend nur in kleiner Auflage und ist nur unvollständig erhalten geblieben) ergibt sich folgendes Bild: im literarischen Teil überwog auch quantitativ das Genre der Kurzgeschichte - sie wurde als der wesentliche Teil des Feuilletons angesehen. Thematisch dominierten hier wie in den Gedichten Schilderungen aus dem Industriealltag, der Arbeitslosigkeit, aus Streikkämpfen und internationalen Klassenauseinandersetzungen, aus dem Leben des Landproletariats. Im Kritik-Teil wurden aktuelle Berichte über Kulturereignisse (Theater, Film, Musik etc.) sowie Buchbesprechungen (u.a. zu H. Barbusse, J. Reed) und literarhistorische Würdigungen (z.B. zu M. Gorki) gedruckt. Der »Wissen« überschriebene Abschnitt enthielt populärwissenschaftliche Beiträge über wissenschaftliche und technische Neuerungen in verschiedenen Industriebereichen, in der ständigen Unterrubrik »Rotes Laufband« wurde über Rationalisierungsmaßnahmen und neue Arbeitstechniken informiert.

1928 veröffentliche die Redaktion der PFK verschiedene Aufsätze, die den politischen Standort und die Aufgaben einer notwendig gewordenen proletarischen Literaturorganisation klar umrissen. Im Juni 1928 wurde an alle Mitarbeiter der PFK ein Aufruf zur bevorstehenden Gründung des BPRS verschickt, den etwa 200 Arbeiterschriftsteller und Korrespondenten zustimmend beantworteten. Ihre Aufnahmeanträge und Wahlvorschläge beschleunigten den Abschluß der Vorbereitungen zur Gründung des Bundes. Die PFK veröffentliche im letzten Erscheinungsjahr ausschließlich Beiträge von BPRS-Mitgliedern. Indem die PFK viele Texte schreibender Arbeiter veröffentlichte, die zu großen Teilen von der RF und der kommunistischen Bezirkspresse (z.B. »Ruhr-Echo«, Essen) in die Rubrik »Proletarisches Feuilleton« übernommen wurden, leistete sie einen spezifischen Beitrag zur proletarischen Literaturentwicklung.

Elisabeth Simons/Red.

Proletarische Flugschriften 1848/49 (PF)

Neben der frühbürgerlichen Revolution des 16. Jh.s bildete die Revolution 1848/49 den quantitativen und qualitativen Kulminationspunkt in der Geschichte der Flugschriftenliteratur in Deutschland. Auch das neuentstandene und die Revolution wesentlich mittragende Proletariat hatte seinen Anteil daran. War die Flugschriftenliteratur - ein- bis zweiseitig bedrucktes Flugblatt bzw. kleinformatige, mehrseitige Broschur - ohnehin in den Randzonen des bürgerlichen Kulturwarenbetriebes angesiedelt, stand ihre proletarische Variante in der Regel gänzlich außerhalb und bezog schon von daher wesentliche Komponenten ihrer spezifischen formalen wie inhaltlichen Distinktion. Fast ausschließlich kostenlos abgegeben und verbreitet, waren die PF allein gebrauchswertbestimmt in einem vornehmlich operativen, politisch-agitatorischen Sinne. Herstellung und Vertrieb blieben weitgehend an die sich entwickelnden Organisationsformen der Arbeiterbewegung wie Arbeiter- oder Handwerkervereine u. ä. gebunden und konnten nur in Sonderfällen von Einzelpersonen getragen werden, wie etwa von E. O. Weller in Leipzig oder F. W. Held und G. A. Schlöffel in Berlin. So entstanden PF vor allem in städtischen Ballungszentren mit entsprechenden Organisationsstrukturen der Arbeiterschaft, allen voran Berlin, Leipzig und das Rheinland sowie einige nord- und süddeutsche Großstädte. Sie beinhalteten in der Hauptsache programmatische Äußerungen der proletarischen Organisationen und Vereine, politische und/ oder soziale Forderungen, Appelle und Bekanntmachungen, Berichte sowie Stellungnahmen zu revolutionären Ereignissen oder sie tangierende politische Aktionen wie Demonstrationen und Streiks, teilweise auch schon verbunden mit grundsätzlichen ideologischen Überlegungen. Häufigste Formen waren deshalb auch Manifeste und Programmschriften (Zentralbehörde des BdK: *Forderungen der Kommunistischen Partei Deutschlands, Beschlüsse des Arbeiter-Kongresses zu Berlin*), Aufrufe (Bildungsverein für Arbeiter Mainz: *An alle Arbeiter Deutschlands*, Maschinenbau-Verein Berlin: *Aufruf an sämtliche Maschinenbau-Arbeiter*), Adresse/Petitionen (Volksversammlung unter den Zelten Berlin: *Adressen an den gefangenen Volksfreund Gustav Adolf Schlöffel*), Protestschreiben (Arbeiterverein Offenbach: *Verwahrung der deutschen Arbeiter, An das deutsche Volk*), offene Briefe (*Antwort des Leipziger Arbeitervereins auf Harkorts Brief an die Arbeiter*), politische Reden (*Ansprache Borns an die erste Nationalversammlung der Buchdrucker zu Mainz*) sowie Berichte und Kommentare (Volksverein Berlin: *Flugblatt Nr. 1 der Volksversammlung unter den Zelten*). Gemeinsamkeiten lagen in der grundsätzlich politischen Ausrichtung, dem dokumentarischen bzw. appellativen Charakter und der agitatorischen Wirkungsabsicht. Literarische Mittel wurden für die PF nur relativ selten genutzt. Am häufigsten sind noch Flugblätter mit politischen Gedichten oder Liedern. Neben einigen Anonyma (*Lied der armen Leute*) sind es besonders Flugblattgedichte von Autoren wie F. L. Bisky (*Lumpensammlerlied*), J. C. Lüchow (*Das Proletariat*) oder H. Bauer (*Auf Proletarier, Arbeitsleute!*), die eine größere Verbreitung erfuhren. Aber auch verschiedene dem Proletariat zumindest aufgeschlossen gegenüberstehende Dichter ließen ihre Revolutionsgedichte z. T. über Flugblätter verbreiten. So z. B. F. Freiligrath (*Die Toten an die Lebenden*), G. Herwegh (*Huldigung*), L. Pfau (*Zum 18. März 1848*) oder J. Jaffe (*Lied von der Einigkeit*). Andere, von der proletarischen Literaturbewegung bereits entwickelte Genres wie das Lehr- oder Streitgespräch fehlen unter den PF. Auch die didaktisch-religiösen Kontrafakturen wie Katechismus, Gebet oder Al-

phabet bleiben auf Ausnahmen beschränkt (*Zehn Gebote der Arbeiter*, J. C. Lüchow: *Proletarier-Vater-Unser*).

Lit.: K. Obermann: Flugblätter der Revolution von 1848/49, Berlin 1970; H. Denkler: Berliner Straßenecken-Literatur 1848/49. Humoristisch-satirische Flugschriften aus der Revolutionszeit, Stuttgart 1977; H. Schütz: »Nun Brüder stehet wie ein Mann.« Flugblätter, Lieder und Schriften deutscher Sozialisten 1833-1863, Moldautal-Neunkirchen 1979; S. Weigel: Flugschriftenliteratur 1848 in Berlin. Geschichte und Öffentlichkeit einer volkstümlichen Gattung, Stuttgart 1979.

Volker Giel

Proletarische Heimstunden

1923/1926 Zeitschrift für proletarische Literatur, Kunst, Aufklärung und Unterhaltung. Herausgegeben und geleitet von A. Wolf. Verlagsanstalt für proletarische Freidenker Leipzig, ab 1925 u. d. T. »Heimstunden – Proletarische Tribüne für Kunst, Literatur, Dichtung«, Verlag Die Wölfe, Leipzig.

Die vom Freidenker-Publizisten A. Wolf (1890 – nach 1960) gegründete und geleitete Zeitschrift wollte »die Ideenwelt freigeistig-sozialen Schrifttums in weiteste Kreise tragen«, proletarische Autoren und Volksmassen in lebendige Verbindung bringen. Nach dem Vorbild der Zeitschrift ↗ »In freien Stunden« war beabsichtigt, »Frauen und Jugendlichen des werktätigen Volkes nach den Mühen des qualvollen Tages im eigenen Heim des Abends Unterhaltung, Anregung und Belehrung...(zu) geben – und der leider überall verbreiteten billigen und seichten Romanschundliteratur die Zugänge ins Arbeiterheim (zu) verlegen.« (Verlags-Anzeigen 1924/26) Wurde dieses hochgesteckte Ziel auch nur teilweise erreicht, bestand doch das Verdienst der Zeitschrift darin, zeitgenössische progressive Literatur von A. Daudistel (unter Der rote Glöckner), M. Dortu, M. Barthel, O.M. Graf, Fritz Hampel (später Slang), H. O. Henel, K. Kläber, L. Voigt, B. Vogel, H. Zur Mühlen, E. Preczang, B. Schönlank, A. Paquet, W. Steinbach sowie ungarische und amerikanische Literatur (J. Lengyel, J. Lassen, übersetzt von Stefan J. Klein) veröffentlicht zu haben. Die Jahrgänge enthielten umfangreiche, in Fortsetzungen publizierte Prosa unterschiedlicher literarischer Qualität (nahe an der Trivialliteratur H. Bauer: *Der arme Kasimir*, anders: Kläber: *Revolutionäre*) sowie Skizzen bekannter und unbekannter Autoren. In biographischen Aufsätzen, die durchweg gut illustriert waren, wurden Schriftsteller (A. Petzold, H. Lersch, A. Holz, B. Brecht, A. Rehtz, Steinbach, O. Wolfgang, H. Mann) und bildende Künstler (H. Baluschek, H. Gerner, K. Kollwitz, G. Scholz, M. Schrag, H. Zille) vorgestellt. Heft 9/1924 war ganz E. Toller gewidmet, enthielt neben Toller-Texten Beiträge über ihn von Steinbach, J. Schönherr, E. Grisar u. a. Regelmäßig gab es Beiträge zu kultur- und zeitgeschichtlichen Themen (u.a. von R. Franz, P. Krische) sowie Buchbesprechungen, die auf wichtige Neuerscheinungen im linken Spektrum hinwiesen. Der Jahrgang 1925 war der interessanteste, was Wolf dadurch dokumentierte, daß er 1926 u. d. T. *Saat und Ernte* ein »proletarisches Hausbuch« herausgab, das die Texte der Zeitschrift von 1925 komplett enthielt. (2. erw. Aufl. 1928). 1924 kamen zwei Sonderhefte *Krieg dem Kriege* heraus: eines als Kunstmappe mit Reproduktionen nach Vorlagen von Rob. Budzinski, H. Daumier, E. Drechsler, A. Gill, Th. Th. Heine, K. Holtz, M. Strauß, E. Ward, das andere als Kompilation aus Texten (M. Eastman, L. Engel, G. Engelke, Grisar, W. Lamszus, O. Kurpat, R. Scharl, Steinbach, Zur Mühlen) und Grafiken (nach Vorlagen von E. Drechsler, Fidus, J. Gould, G. Grosz, Holtz, J. Rozwadowski). Die von Wolf zur gleichen Zeit geleitete Vereinigung linksgerichteter Verleger spielte in der Zeitschrift keine Rolle, da er hierfür die »Kulturschau« in seinem Verlag gegründet hatte. Trotz Engagement und Aktivität konnten sich die Unternehmen Wolfs ökonomisch nicht halten, auch die von ihm 1924/25 ins Leben gerufene »Proletarische Literaturgemeinschaft« fand nicht genug Interessenten und ging nach vier Titeln ein (Zur Mühlen: *Der rote Heiland*, Henel: *Schuldige?*, Vogel: *Es lebe der Krieg*, Lassen: *Herren und Sklaven*).

Lit.: W. U. Schütte: Der Verlag »Die Wölfe«, in: Marginalien, Zs. für Buchkunst und Bibliophilie, 1968, H. 32; Unterm Pulverfaß glimmt noch der Zunder. Eine Auswahl aus »Das Wort« (1923-1925) und »Proletarische Heimstunden« (1923-1926), Hg. W. U. Schütte, Berlin 1979; W. U. Schütte: Publizist, Dichter und Verleger. Stationen aus dem Leben von A. Wolf. in: Börsenblatt, Leipzig 1980, Ausg. 20.

Wolfgang U. Schütte

Das Proletarische Schicksal (PSCH)

Ein Querschnitt durch die Arbeiterdichtung der Gegenwart. Herausgegeben von H. Mühle. Gotha 1929, 235 S. (1.-6000 Ex. 1929, 7.-8000 Ex. 1930, 9.-10000 Ex. 1931. Mit Abb. von O. Kast, K. Kollwitz, F. Masereel, R. Scheistl und einem Anhang: *Leben und Werk der Dichter*). Lyrik-Anthologie mit Texten aus drei Jahrzehnten, die ein Zeugnis für die bürgerliche Rezeption eines Teils der im Umkreis der Sozialdemokratie entstandenen Verdichtung am Ende der Weimarer Republik ist. Von den 159 Gedichten sind 30 Erstveröffentlichungen. Der Herausgeber, Dr. jur. Hans Mühle (geb. 1897), begreift in seiner Einführung »Arbeiterdichtung« als im Krieg entstandene (Krieg als ihr »Lebensspender«), sie sei »Schicksalsstimme der Arbeiterseele«, von Arbeitern als Teil der »Schicksalsgemeinschaft« geschaffen. »Arbeiterdichtung« müsse durch »Verstehen« den Riß, der mitten durch das Volk

klaffe, überbrücken. Er habe das Buch aus »heißer Liebe zu dem schweren Schicksal des Proletariats« konzipiert, aufgenommen habe er nur das, was vom »proletarischen Schicksal aus eigenstem Erleben zeugen« (S. X) könne.

PSCH ist thematisch in 12 »Lebenskreise« gegliedert, von denen 8 dem Alltag des Proletariats (*Jeden Morgen*; *Es braust der Lärm*; *Der Arbeit Freude*; *Der Arbeit Not*; *Feierabend*; *Von Sonntag und Sonne*; *Liebe*; *Zu Hause*) und 4 allgemeineren Themen (*Heimat und Volk*; *Revolution*; *Das neue Reich*; *Vom anderen Ufer*) gewidmet sind. Enthalten sind Gedichte von M. Barthel (22), K. Bröger (16), H. Lersch (12), E. Grisar (11), O. Wohlgemuth (7), Ch. Wieprecht (6), Texte der bereits verstorbenen G. Engelke (6) und A. Petzold (16). Hinzukommen Beiträge älterer sozialistischer Schriftsteller wie L. Lessen (10), O. Krille (4), E. Preczang (1) sowie von O. M. Graf (7), K. Kläber (7), M. Dortu (6), J. Zerfaß (5), P. Zech (4), B. Schönlank (4) u.a. Naturlyrik und soziale Dichtung, in Themen und Formen unterschiedlich, sind gleichermaßen dem Ausdruck proletarischen Lebens, Denkens und Fühlens zugeordnet. Der proletarische Arbeitsalltag erscheint in PSCH als »Hohes Lied der Arbeit« (Schönlank, Bröger), beschrieben wird der »große Rhythmus der Arbeit« (Barthel, Dortu), der sinnliche und schöpferische Umgang mit Arbeitsgegenständen und -materialien. Werkzeuge und Maschinen werden als Fundament von Stolz und Würde des arbeitenden Menschen dargestellt. Dabei dominiert das Sujet des vorindustriellen Handwerks (meist verwendetes Bild: Hammer und Amboß). Maschinen werden auch als lebensbedrohend gezeichnet. Ausbeutung und Entfremdung als Grunderscheinungen kapitalistischer Produktionsverhältnisse erscheinen allenfalls im Ansatz (bei Zech, Bröger: *Alter Arbeiter*), Produktionsstätten wie Fabriken und Bergwerke spiegeln sich als »Moloch«, als »stolzes Tier«. Die Arbeitsbedingungen (langer und schwerer, schmutziger und lauter Arbeitstag, geringer Lohn, fehlende Sozialleistungen u. ä. mehr) werden nicht in Zusammenhang gebracht mit dem Wesen der kapitalistischen Ausbeutung; die herrschende Klasse, der Klassengegner kommt nur selten konkret ins Bild (Preczang: *Hans Jörg*). Es dominieren »Erlebnis-Gedichte«, in denen oft Befindlichkeiten der »Seele« (Barthel: *Arbeiterseele*, auch bei Lersch) und weniger die lyrische Gestaltung von Arbeitsvorgängen, sozialen Konfrontationen, Streiks, durch Arbeiterparteien und Gewerkschaften organisierte Arbeitskämpfen im Mittelpunkt stehen. Das hat den zeit- und raumlosen Charakter vieler Gedichte zur Folge. Da der Herausgeber keine Entstehungsdaten angibt, sind die Texte beliebig bezieh- und austauschbar. Der Arbeiter - nur am Rande kommen Arbeiterinnen vor - als lyrisches Subjekt ist ambivalent: schuftendes und leidendes Arbeitstier, Götze, Gott und Herrscher zugleich (Arbeit als Gottesdienst, Grisar, S. 72). Es überwiegen die Ich-

Das proletarische Schicksal

Ein Querschnitt durch die
Arbeiterdichtung der Gegenwart

Herausgegeben von
Hans Mühle

Leopold Klotz Verlag / Gotha
1931

Gedichte (Ausdruck der Individualisierung), die Wir-Gedichte haben ihre frühere Funktion, Ausdruck des emanzipatorischen Anspruchs der Klasse zu sein, zugunsten eines allgemeinen »proletarischen Schicksals« eingebüßt. Nur in wenigen Gedichten gibt es einen Übergang vom Ich zum Wir (bei Barthel, S. 10), selten wird die lebensweltliche Stellung des Einzelnen thematisiert (bei Grisar, S. 44). Das appellative Du und Ihr kommt wenig vor. Zustandsbeschreibungen des durchaus als Fron und Last empfundenen Arbeitsalltags sind meist gar nicht und wenn, dann nur mit vagen, allgemeinen Zukunftsvorstellungen verbunden (»Es kommt der Tag, der keine Knechte kennt«, Grisar, S. 6). Im Abschnitt *Revolution* (16 Gedichte) – der Herausgeber betont auch hier das »Seelische« gegenüber dem Politischen – stehen einige Texte von Barthel, Grisar, Schönlank, Kläber, in denen das kämpfende Proletariat zu Wort kommt. Eine formale Besonderheit der Arbeiterdichtung, die für alle ihre Darstellungsbereiche gilt, zeigt sich auch hier: die Allegorisierung der Natur (Frühling für Revolution, Barthel, S. 167). Das Natur-Gedicht nimmt im PSCH breiten Raum ein, im Zusammenhang der Gestaltung des proletarischen Feierabends gewinnt besonders ein Typ an Gewicht: Gedichte, in denen die Natur als Gegenwelt zur Arbeits- und Stadtwelt erscheint. Das Erleben von Wald, Sonne, Wiesen, Himmel, Bäumen am Feierabend und Wochenende wird dem grauen Fabrikalltag so konträr gegenübergestellt, daß keinerlei gesellschaftlicher Zusammenhang zwischen beiden zu bestehen scheint. Die Idyllisierung erweckt den Eindruck, das proletarische Ich könne sich in der Natur als Individuum verwirklichen, frei von der »großen Städte Joch« (Zerfaß, S. 97), »der Städte Qualm, des Alltags Leid« (Schönlank, S. 89). In den 11 Gedichten des Abschnitts *Heimat und Volk*, darunter Brögers bekanntes kriegsbejahendes *Bekenntnis* von 1915 (40 Millionen Abdrucke schon bis 1916), dominiert die Mystifizierung der Begriffe Volk, Heimat, Vaterland, viel hohles Pathos und Gefühlskitsch. Die religiöse Komponente in der Arbeiterdichtung durchzieht alle thematischen Abschnitte (besonders bei Lersch, Bröger, Petzold), die christliche Symbolik ist besonders stark im Teil *Vom anderen Ufer* vertreten. – Im Formal-Ästhetischen knüpft die hier vorgestellte »Arbeiterdichtung« in manchem an die frühe sozialistische Literatur an: in ihrer Tendenz zur Allegorisierung, zur Naturalisierung und Personalisierung sozialer, gesellschaftlicher Prozesse, im Aufgreifen mythologischer Stoffe und Gestalten. Sie entwickelt wieder liedhafte Formen, sie enthält in Gestus und Bildwelt expressionistische Einflüsse (besonders bei Engelke, Barthel, Zech), versucht sich neben einfachen Reimen und konventionellen Formen (gängige Bildwahl, stereotype Wortwahl) auch in Ballade und Sonett (klassizistisch-epigonal bei Bröger). Wirkliches Sprachschöpfertum bleibt die Ausnahme, in einigen Gedichten von Barthel, Engelke und Zech. Selten sind direkte Bezugnahmen auf H. Heine, G. Herwegh, F. Freiligrath. Eine kritische Abweisung gibt es z.B. bei Bröger gegenüber Herweghs *Bundeslied für den Allgemeinen Deutschen Arbeiterverein*, wenn es bei ihm im *Lied der Arbeit* heißt: »Tausend Räder müssen gehn, / tausend Spindeln sich im Kreise drehn«. Die Bejahung des Status quo verband diesen Teil der Arbeiterdichtung der Weimarer Republik mit sozialdemokratischer Politik. Sie war der Grund für die scharfe ablehnende Haltung der mit der KPD verbundenen Schriftsteller und Kritiker gegenüber diesen »Feierabend-Lyrikern« (K. Neukrantz, 1930) und »Klassenversöhnungs-Poeten« (J. R. Becher, 1930).

Die Geschichte der Anthologie im Nationalsozialismus ist signifikant für die faschistische Indienstnahme dieses Teils der im Umkreis der SPD entstandenen und rezipierten Arbeiterliteratur. 1933 zunächst verboten, kam sie im gleichen Verlag 1935 als »erweiterte und neugeformte Ausgabe« neu heraus: *Lied der Arbeit. Selbstzeugnisse der Schaffenden. Ein Querschnitt durch die Arbeiterdichtung der Gegenwart, in Zusammenarbeit der Deutschen Arbeitsfront mit dem Reichsnährstand, dem Reichsstande des Deutschen Handwerks und dem Arbeitsdienst*, herausgegeben von H. Mühle. Geleitwort von Dr. R. Ley. Mühle begründete in seiner veränderten Einleitung die notwendige und logische Entwicklung von der Arbeiterdichtung zur NS-Arbeitsdichtung, die die Idee und Praxis der Volksgemeinschaft sinnfällig zum Ausdruck bringe. Das Buch, als »Gemeinschaftsleistung der Schaffenden Deutschlands«, vereine Laienschaffen und »große Dichtung«. Das lebensbejahende, vom Klassenhaß befreite, für Deutschland hingegebene Arbeitserlebnis sei das neue Element im NS-Arbeitsalltag. Die Anthologie führe die besten Lieder der alten Sammlung weiter und ergänze sie aus »Tausenden von Einsendungen« um »echte, unmittelbare Zeugnisse der Arbeit«. Von 25 Autoren des *Proletarischen Schicksals* blieben 10 (Barthel, Bröger, Engelke, Lersch, Petzold, W. Tkaczyk, Wieprecht, Wohlgemuth, F. Woike, A. Mellen) mit 46 Gedichten, d.h. einem knappen Viertel des alten Buches vertreten. Es kamen 65 neue Verfasser aus »allen Schichten des schreibenden Werkvolks« hinzu, darunter der Herausgeber selbst mit 6 Gedichten. Aufgrund ihrer ablehnenden Haltung zum Dritten Reich fielen heraus: Graf, Kläber, Krille, Preczang, Lessen, Schönlank, Zech, Zerfaß, ebenfalls Grisar (der aber ab 1937 wieder veröffentlicht wurde). Eine neue thematische Gliederung macht die Aufwertung der Arbeit als zentralen Bestandteil der NS-Demagogie augenfällig. Der klassenneutrale Arbeitsbegriff faßt Arbeit außerhalb ihrer gesellschaftlichen Bedingungen und sozialen Abhängigkeiten. Arbeit ist Opfer und Dienst, Ehre und Pflicht, Kampf und Ruhm, Dienst an Gott und Vaterland. Dementsprechend fielen jetzt alle Gedichte heraus, die in der Darstellung des Arbeitsprozesses noch die Existenz von Klassen und das Wirken von Ausbeutung erkennen oder ahnen ließen. Ebenso wurden die Abbildungen von Kollwitz und Masereel getilgt. Die genannten 46 identischen Gedichte waren integrierbar aufgrund ihrer Ambivalenz und Abstraktheit. Vorhandene vage Zukunftsverheißungen in einigen Gedichten wurden auf den Nationalsozialismus als »Ende der Knechtschaft« projizierbar. Arbeitslosigkeit galt als »Not vergangener Jahre«. Die Volksgemeinschaftsideologie direkt umsetzend, erweiterte Mühle die Sammlung um Gedichte von »Kopf- und Hand-Arbeitern«, mit besonderer Berücksichtigung der Bauern, Handwerker, Beamten und Funktionäre politischer Organisationen im Dritten Reich. Das »Lied der Scholle«, seine Blut- und Boden-Mystik wurde in die nationalsozialistische Arbeitsdichtung integriert.

Lit.: M. Loeb: Die Ideengehalte der Arbeiterdichtung, Diss., Gießen 1932; Beiträge, Bd. 3; F. Vaßen: Über die Brauchbarkeit des Begriffs »Arbeiterdichtung«, in: Arbeiterdichtung. Analysen -Bekenntnisse - Dokumentationen. Hg. von der Österreichischen Gesellschaft für Kulturpolitik, Wuppertal 1973, S. 117-131; G. Stieg/B. Witte: Abriß einer Geschichte der deutschen Arbeiterliteratur, Stuttgart 1973; Deutsche Arbeiterdichtung 1910-1933, Hg. G. Heintz, Stuttgart 1974; Ch. Rülcker: Proletarische Dichtung ohne Klassenbewußtsein. Zu Anspruch und Struktur sozialdemokratischer Arbeiterliteratur 1918-1933, in: Die deutsche Literatur in der Weimarer Republik, Hg. W. Rothe, Stuttgart 1974, S. 411-433; R. Stollmann: Ästhetisierung der Politik. Literaturstudien zum subjektiven Faschismus, Stuttgart 1978; A. Overwien-Neuhaus: Mythos Arbeit Wirklichkeit. Leben und Werk des Bergarbeiterdichters Otto Wohlgemuth, Köln 1986.

Simone Barck

Prometheus Film-Verleih und Vertriebs-GmbH (PFV)

Bedeutende Produktions- und Verleihgesellschaft der proletarisch-revolutionären Filmbewegung in Deutschland; gegründet auf Initiative von KPD und IAH im Dez. 1925, tätig bis Jan. 1932, Geschäftsführer R. Pfeiffer. - Erste proletarische Filmdokumente entstanden bereits kurz nach der Novemberrevolution (z.B. *USPD-Demonstration Mai 1919*), ab 1921 wurden im Auftrag des ADGB und der SPD kürzere Dokumentarfilme hergestellt (u.a. *Arbeiter-Turn- und Sportfest Leipzig*, 1922; *Die Schmiede*, 1924). Entscheidend für die Entwicklung des proletarischen Films in Deutschland wurden die Aktivitäten von KPD und IAH - ab 1923 begann unter Leitung von W. Münzenberg die kontinuierliche Filmarbeit: es entstanden die »IAH Aufbau- Industrie und Handels AG« und das »Filmamt für Sowjetrußland der Aufbau AG«, zu dessen Aufgaben auch die Produktion von Dokumentarfilmen gehörte.

Als spezifische Form der Arbeit mit dem Film entwickelte Münzenberg die »Filmabende der IAH«, bei denen die Vorführung neuer proletarischer Filme mit Auftritten von Arbeiterchören, Instrumentalgruppen und Sprechchören sowie politischen Diskussionen verbunden wurde. In der Broschüre *Erobert den Film!* legte Münzenberg 1925 die Position der KPD zur Arbeit mit dem neuen Medium ausführlich dar und schilderte die bisherigen Erfahrungen mit den Filmabenden der IAH in zahlreichen deutschen Großstädten. Mit Gründung der PFV, die eng mit der sowjetischen Filmgesellschaft der IAH »Meshrabpom-Rus« zusammenarbeitete, erhielt die Verbreitung der Meisterwerke des sowjetischen Revolutionsfilms in Deutschland entscheidenden Auftrieb. Erste große Tat war 1926 der Kampf mit der reaktionären Filmzensur um die Aufführung von S. Eisensteins *Panzerkreuzer Potemkin*, der seine deutsche Premiere am 29. Apr. 1926 in Berlin erlebte. In den Folgejahren bis 1931 brachte die PFV gemeinsam mit den Zeugnissen des deutschen proletarischen Films die wichtigsten Werke des »Russenfilms« (ein Terminus von A. Kerr, geprägt 1927 in seinem *Vorwort* zum Fotoband *Russische Filmkunst*) u.a. von Eisenstein, W. Pudowkin, D. Wertow und A. Dowshenko in die deutschen Kinos. Die Spielfilmproduktion der PFV begann 1926 mit der Tschechow-Verfilmung *Überflüssige Menschen* (Regie: A. Rasumny), 1928 folgte *Schinderhannes* (Drehbuch: C. Zuckmayer, Regie: K. Bernhardt). Im gleichen Jahr schloß die Prometheus einen Koproduktionsvertrag mit Meshrabpom-Rus, in dessen Ergebnis 1929 die Tolstoi-Verfilmung *Der lebende Leichnam* (Regie: F. Ozep, Hauptdarsteller: W. Pudowkin) sowie der Streifen *Salamander* (Regie: G. Roschal) entstanden. Als rein deutsche Produktion folgte 1929 *Jenseits der Straße* (Regie: L. Mittler). Zum Höhepunkt der Arbeit der PFV wurde gleichfalls 1929 die Produktion des ersten deutschen proletarischen Spielfilms, *Mutter Krausens Fahrt ins Glück* (Regie: P. Jutzi), der mit Unterstützung von O. Nagel, K. Kollwitz und H. Baluschek nach einem Bericht von H. Zille gedreht wurde. In deutlicher Gegenposition zu den seit 1926 entstandenen sogenannten »Zille-Filmen« des bürgerlichen deutschen Films, die bei bloßer Milieuschilderung des Arbeiterlebens verharrten, wurde hier die tatsächliche Lage der Arbeiterklasse dargestellt. Neben Berufsschauspielern wirkten im Film über 1000 Mitglieder des RFB mit, deren Auftritt bei der großen Kundgebung im Finale zur politischen Demonstration geriet. Neben diesen Spielfilmen produzierte die Prometheus zahlreiche kurze und mittellange Dokumentarfilme, u.a. Wahlfilme für die KPD, Berichte von Groß-

kundgebungen und Parteitagen sowie Streifen für die Agitationsarbeit in den kommunistischen Organisationen (u.a. über die Arbeit des RFB: *Die Rote Front marschiert*, 1927, Regie: Jutzi). Zunehmend dem Boykott durch die im Besitz der bürgerlichen Filmindustrie befindlichen Studios und Kopierwerke ausgesetzt, mußte die PFV infolge finanzieller Schwierigkeiten Anfang 1932 ihre Arbeit einstellen. Diese wurde bis 1933 von der 1927 gleichfalls durch die IAH gegründete Verleih- und Produktionsfirma »Film-Kartell Weltfilm GmbH« (Geschäftsführer E. Heintze) fortgeführt. Bei ihr waren u.a. 1928 der Spielfilm *Hunger in Waldenburg* (Regie: Jutzi) sowie danach die Dokumentarfilme *Der 1. Mai 1929 in Berlin* (Regie: Jutzi) und *Wie der Berliner Arbeiter wohnt* (Regie: S. Dudow) entstanden. Der 1928 unternommene Versuch zur Schaffung einer proletarischen Wochenschau, *Zeitbericht-Zeitgesicht*, wurde von der Zensur verboten. Das umfangreiche nichtkommerzielle Verleihprogramm des Film-Kartells Weltfilm (das neben seinem Sitz in Berlin Filialen in Düsseldorf, Frankfurt a.M., Hamburg, Leipzig und München unterhielt), umfaßte deutsche und sowjetische proletarische Dokumentar- und Spielfilme und unterstützte wirkungsvoll die Arbeit mit dem Film in den revolutionären Arbeiterorganisationen in ganz Deutschland.

Nachdem die Arbeiten noch bei der PFV begonnen hatten, wurde nach deren Konkurs 1932 von der Berliner Filiale der Schweizer »Praesens Film GmbH« der bedeutendste deutsche proletarische Spielfilm, *Kuhle Wampe*, fertiggestellt (Drehbuch: B. Brecht, E. Ottwalt, Dudow; Musik: H. Eisler; Regie: Dudow). Er entstand in maßstabsetzender Kollektivarbeit; um Dudow, Brecht, Eisler und Ottwalt gruppierten sich zahlreiche gleichgesinnte oder sympathisierende Mitarbeiter, die von Anbeginn der Arbeit schöpferisch zusammenwirkten. *Kuhle Wampe* entstand unter Mitwirkung von Berliner Arbeiterchören, 4000 Arbeitersportlern sowie der Agitproptruppe »Das Rote Sprachrohr« und erlebte nach heftigem Kampf mit den Zensurbehörden seine deutsche Erstaufführung am 30. Mai 1932 in Berlin. Die von SPD und ADGB bis 1932 hergestellten Dokumentarfilme wurden vom »Film- und Lichtbilddienst« der SPD verliehen. Hier entstanden neben zahlreichen Kultur- und Bildungsfilmen auch Berichte über SPD-Parteitage (u.a. *Streiter hervor, Kämpfer heraus*, 1931) sowie über die Jugendarbeit der Partei (u.a. *Die roten Falken*, 1930). Der Spielfilm wurde nur vereinzelt für die Filmarbeit bei der SPD verwendet, so in dem von der Zensur verbotenen experimentellen Kurzfilm *Überfall* von E. Metzner und dem gleichfalls 1929 entstandenen Streifen *Brüder* von W. Hochbaum, der eine Episode aus dem Hamburger Hafenarbeiterstreik von 1896/97 schildert.

Lit.: W. Münzenberg: Erobert den Film! Winke aus der Praxis für die Praxis proletarischer Filmpropaganda, Berlin 1925; Die Filme der IAH, Berlin 1926; R. Richter: Die Aufnahme sowjetischer Stummfilmkunst in Deutschland, Diss., Greifswald 1963; Briefwechsel der Prometheus mit S. Eisenstein, in: Filmwissenschaftliche Beiträge, 1967, H. 3; W. Gersch/W. Hecht: Kuhle Wampe oder Wem gehört die Welt? Protokoll, Leipzig 1971; G. Kühn/K. Tümmler/W. Wimmer (Hg.): Film und revolutionäre Arbeiterbewegung in Deutschland 1918–1932, 2 Bde., Berlin 1975; R. Freund/M. Hanisch (Hg.): Mutter Krausens Fahrt ins Glück. Filmprotokoll und Materialien, Berlin 1976; H. Kresse: Panzerkreuzer Potemkin – Siegeslauf eines Films, Berlin 1979.

Jürgen Schebera

Prometheus. Organ zur sozialen Reform (P)

Von H. ↗ Püttmann im Selbstverlag herausgegebene frühsozialistische Monatsschrift, von der nur das erste Doppelheft mit einem Umfang von 109 S. im Sep. 1846 in Kommission des Literarischen Instituts Herisau (Schweiz) erschien. Püttmann, durch behördlichen Druck wegen der Herausgabe der »Rheinischen Jahrbücher« und des »Deutschen Bürgerbuchs« zur Flucht in die Schweiz (Kreuzlingen) veranlaßt, versuchte im P unter dem Motto »Freiheit, Liebe, Gerechtigkeit!« sein bisheriges Anliegen fortzuführen, die bestehenden Gesellschaftsstrukturen einer umfassenden Kritik zu unterziehen und auf die für ihn »wichtigste Aufgabe des Jahrhunderts« (*Anzeige und Aufforderung*), die Beseitigung von Armut und Elend, aufmerksam zu machen. Im Zentrum stand dabei die Aufdeckung des Zusammenhangs zwischen der »unglücklichen Lage der besitzlosen Klassen« und der »falschen Stellung der Privilegierten« (ebd.). Hierzu plante er Korrespondenzen aus europäischen und amerikanischen Städten – es erschienen Berichte aus Berlin, Leipzig und London –, unterhaltsamaufklärerische Sittengemälde – Püttmann schrieb selbst zwei Beiträge (*England* und *Amerika*) – sowie sozialkritische novellistische Skizzen und Gedichte. Die enthaltenen sozialen Gedichte stammen von Püttmann, G. R. Neuhaus, L. Seeger und E. O. Weller, der auch einen detaillierten Überblick über 1845/46 erschienene politisch-soziale Lyrik und einen anderen u. d. T. *Die soziale deutsche Presse* beisteuerte. Der Beitrag *Ein deutscher Dichter* würdigte F. Freiligraths aufrechte Haltung in bezug auf die Aufkündigung seiner königlichen Pension und seiner Emigration nach England. Im Beitrag *Deutsche Buchhändler* wurde die Ohnmacht politisch engagierter Autoren gegenüber den Kapital- und Politikinteressen von Verlegern und Buchhändlern kritisch reflektiert. Des weiteren wurde mit einer Debatte zur deutschen Auswanderungswelle nach Amerika begonnen. Püttmann bat zur Aufrechterhaltung des P Buchhändler und Privatpersonen um

Abonnementsanzeigen, die Gesinnungsgenossen um finanzielle und literarische Beteiligung. Offenbar am Mangel dieser entscheidenden Unterstützung, aber auch aufgrund verstärkter Abgrenzungsbestrebungen der Kommunisten um K. Marx und F. Engels gegen die von ihnen so genannten ›wahren‹ Sozialisten – zu denen Püttmann als einer der aktivsten Vertreter gehörte – scheiterte die Weiterführung der Zeitschrift.

Martina Braun

Püttmann, Hermann

Geb. 12. 8. 1811 in Elberfeld; gest. 24. 12. 1874 in Richmond (Australien)

Sohn eines kleinen Textilunternehmers; Handelslehre, zwei Semester Philosophie, seit Herbst 1832 Kaufmann in Elberfeld. 1838/39 Redakteur der »Barmer Zeitung« und Mitglied des literarischen Vereins um F. Freiligrath; 1841 Übersiedlung nach Köln; Mitarbeit am »Hamburger Telegraph« und der »Rheinischen Zeitung«; 1842/44 Feuilletonredakteur der »Kölnischen Zeitung« (Ausschluß wegen kommunistischer Tendenzen); ab 1844 in seiner publizistischen Tätigkeit verstärkte Beschäftigung mit Proletarierproblematik und Assoziationsprojekten; 1844/45 u. a. mit K. Grün, M. Heß und G. Jung aktiv in Kölner Kommunistengruppierung. Sozialistische Agitation und soziales Engagement in eigenen Zeitschriftenprojekten mit dem Ziel, Hilfe und Orientierung »für die Armen und Verworfenen, für die Verrathenen und Verzweifelten« (Vorwort, in: »Rheinische Jahrbücher«, Bd. 2, S. V) zu geben. P.s ↗ »Deutsches Bürgerbuch« wurde sofort nach Erscheinen Ende 1844 beschlagnahmt und im Mai 1845 verboten. Daraufhin führte P. sein Anliegen mit den ↗ »Rheinischen Jahrbüchern« und dem ↗ »Prometheus« im Schweizer Exil (seit Juni 1845) weiter. Bis in die Revolution 1848/49 propagandistisch aktiv in schweizerischen, badischen, rheinischen und Berliner Handwerker- und Arbeitervereinen. 1849 aus Berlin ausgewiesen. Mitarbeit an der rheinischen Arbeiter-Ztg. »Volksmann« (Mai 1849/Juni 1850). Nach der Revolution Rückzug aus politischem Leben in den Kunsthandel u. a. mit einer eigenen Galerie in Düsseldorf. 1853 in London Bibliotheksassistent im Buckingham Palast. 1854 Übersiedlung nach Australien. Redakteur und Herausgeber innerhalb der deutschsprachigen Emigrantenpresse. – P. übersetzte u. a. P. B. Shelley und war Verfasser zahlreicher Kunstkritiken (u. a. *Die Düsseldorfer Malerschule*, Leipzig 1839), die er zunehmend auch als Vehikel seiner Gesellschaftskritik nutzte. Angeregt von Heß, L. Feuerbach sowie französischen und englischen Frühsozialisten begann er in den 40er Jahren, Gedichte zu schreiben. Dabei folgte er von Anfang an seiner Überzeugung von der politischen Zweckgebundenheit der Literatur. So entstand eine sehr volksverbundene, oft metaphorisch überhöhte, immer aber an tagespolitischer oder sozialer Thematik orientierte Lyrik. Neben zahlreichen Zeitschriftenveröffentlichungen erschienen die politischen Unabhängigkeitskämpfen gewidmeten *Tscherkessenlieder* (Hamburg 1841) und *Dithmarschenlieder* (Leipzig 1844) sowie die Sammlung *Sociale Gedichte* (Belle-Vue 1844) und der Auswahlband *Gedichte* (Herisau 1846). Daneben standen noch einzelne Versuche mit dokumentarisch-agitatorischer Kurzprosa für Zeitschriften, mit denen er unmittelbar gegen soziale und politische Unterdrückung Front zu machen suchte. Mit der Herausgabe des *Album* (Borna 1847, 2. Aufl. *Sozialistisches Liederbuch*, Kassel 1851), einer Anthologie politischer Lyrik mit Beiträgen u.a. von Freiligrath, G. Weerth und H. Heine gelang P. die erste bedeutendere Zusammenschau sozialistischer Lyrikentwicklung in Deutschland.

Martina Braun

Regler, Gustav (Ps. Thomas Michael, Thomas Michel, Gustav Saarländer)

Geb. 25. 5. 1898 in Merzig (Saarland); gest. 14. 4. 1963 in Neu Dehli (während einer Reise)

Sohn eines Buchhändlers; seine Jugend vom Katholizismus geprägt; nach Abitur 1916 Kriegsfreiwilliger, 1917 schwer verwundet, März 1918 Entlassung; Studium der Germanistik in Heidelberg; Vorstandsmitglied eines Bundes deutschnationaler Studenten. In der Novemberrevolution kurzzeitig Freiwilliger im – der SPD nahestehenden – »Regiment Reichstag« in Berlin. Studium in München, später Heidelberg. 1919 Mitglied einer Gruppe sozialistischer Akademiker, Sympathisant der Münchner Räterepublik. 1923 Promotion bei F. Gundolf (*Die Ironie im Werk Goethes*). Nach Heirat im Konzern seines Schwiegervaters tätig, zuletzt Direktor einer Wäschefabrik; 1926 Scheidung. Schriftstellerisches Debut mit der Erzählung *Judas* (in: *Querschnitt durch die fränkische Dichtung*, Nürnberg 1928); 1928 Verbindung mit Marielouise Vogeler (Heirat 1940); Eintritt in die KPD und Übersiedlung nach Berlin; Org.-Leiter einer KPD-Zelle. Nach dem Reichstagsbrand Flucht ins Saarland, dann nach Paris. Mitarbeit am »Braunbuch« I (Basel 1933). Im Saarkampf Versammlungsredner und Mitglied einer Saardelegation zum Völkerbundsrat in Genf. 1934 Teilnahme am Kongreß der Sowjetschriftsteller in Moskau. Nach der Abstimmungsniederlage an der Saar erneut in Paris. Redner auf dem 1. Internationalen Kongreß zur Verteidigung der Kultur in Paris 1935 (und auf dem 2. in Madrid Juli 1937); mit J. R. Becher einer der Sekretäre der Internationalen Schriftstellervereinigung zur Verteidigung der Kultur. 1936 zweite Reise in die UdSSR (Leningrad, Moskau);

nach eigenen Angaben an der Redaktion der deutschen Fassung des Berichts über den Prozeß gegen Sinowjew und Kamenew beteiligt. Nov. 1936 Politkommissar in den Internationalen Brigaden in Spanien; Juni 1937 vor Huesca schwer verwundet. Dez. 1937 Rückkehr nach Paris; 1938 Geldsammlung für den Sanitätsdienst der spanisch-republikanischen Armee in den USA. In Hilfsorganisationen für Spanienkämpfer und im SDS tätig. Okt. 1939/März 1940 Internierung im Lager Le Vernet; Bruch mit der KPD, der erst 1942 öffentlich wurde. Entlassung nach Intervention von A. Malraux, E. Hemingway u.a.; 1940 über die USA nach Mexico-City. Arbeit an einer (unveröffentlichten) Autobiographie *Son of Nomansland* und mehreren Gedichtbänden. Vorstandsmitglied der Liga für deutsche Kultur; nach Kontroversen über die Haltung zur Sowjetunion im Feb. 1942 Austritt. Im Mai 1942 mit M. Pivett, J. Gorkin und V. Serge antistalinistische Polemik: *La G.P.U. prepara un nuevo crimen* (Mexico 1942), die den gemeinsamen Kampf gegen den Faschismus aufkündigt. In *Zehn Briefe an meinen Sohn* (in:»Deutsche Blätter«, 1945, H. 26) bilanziert und rechtfertigt R. seine Entwicklung. Sein autobiographischer Roman *Das Ohr des Malchus* (Köln/Berlin 1958), der die biographischen Fakten zuweilen kräftig retuschiert, wurde sein erfolgreichstes Buch.

Am Beginn seiner schriftstellerischen Arbeit steht R.s intensive Auseinandersetzung mit religiösen Problemen: *Der Zug der Hirten* (R., Lübeck 1929) erzählt die alttestamentarische Geschichte von der ägyptischen Knechtschaft der Kinder Israel und ihrem Auszug unter der Führung Moses und stellt dar, wie der Volks- und Religionsstifter Moses ein »machtatmender Prophet« (H. Kesten in: »Literarische Welt«, 1928, Nr. 43) wird. Im sozialkritischen Zuchthausroman *Wasser, Brot und blaue Bohnen* (Berlin 1932) griff R. die (authentische) Geschichte einer scheiternden Meuterei gegen den Strafvollzug in der deutschen Republik auf und bekannte sich zur revolutionären Gesellschaftsveränderung. Mit *Der verlorene Sohn* (R., Amsterdam 1933) wandte sich R. gegen die Kirche als Instrument der Rechtfertigung der Macht und forderte soziale Gerechtigkeit und Emanzipation des Fleisches. Die Handlung des Saar-Romans *Im Kreuzfeuer* (Paris 1934) bettet das Schicksal eines jungen revolutionären Arbeiters und seiner katholische Freundin ein in einen reportagehaften Querschnitt durch das Saarland im Jahr 1933, der stark von politischem Wunschdenken geprägt ist. Besonders die kommunistische Losung von einer roten Saar in einem Rätedeutschland hatte sich bei Erscheinen des Buches längst als illusionär erwiesen. Konzeptioneller Ansatz seines historischen Romans aus dem deutschen Bauernkrieg (*Die Saat*, Amsterdam 1936) ist – wie in R.s Rede auf dem Pariser Schriftstellerkongreß 1935 – die Niederlage der Arbeiterbewegung. Erzählt wird die Geschichte des »Musterkonspirateurs« (F. Engels) Joss Fritz. Die revolutio-

Gustav Reglers Ausweis der Internationalen Brigaden

näre Bauernbewegung, die sich trotz Niederlagen erneuert, wird zum Modell der erhofften Erhebung gegen den deutschen Faschismus. Mit der Wandlung des Joss Fritz zum Atheisten nimmt R. seine Auseinandersetzung mit religiös motivierten Haltungen erneut auf, ohne deren sozial-revolutionäre Potenz zu leugnen. Im Roman *Das große Beispiel* (e. 1938, Köln 1976) gestaltet R. chronikartig Erlebnisse des politischen Kommissars Albert und seines Freundes, des Brigadearztes Werner im Spanischen Krieg. Ihr Nachdenken über den Sinn des Kampfes, ihre Irritation über die Moskauer Prozesse und ihre Hoffnung auf den Sieg des spanischen Volkes geben dem Buch seine geistige Dimension. Eine nach dem Bruch mit dem Kommunismus überarbeitete Fassung kam in englischer Sprache heraus (*The Great Crusade*, New York/Toronto 1940). Ein zweiter Spanienroman, *Juanita* (e. 1938/1942, Frankfurt a.M./Olten/Wien 1986) ist Ausdruck von R.s Weltanschauungs- und Lebenskrise nach seiner Trennung von der KPD. In die dokumentarische Darstellung der ersten Wochen nach dem Franco-Putsch wird die fiktive Geschichte eines Mädchens eingefügt, das an der Politisierung des Lebens zerbricht; menschlicher Lebenswille erscheint als Alternative zum politi-

schen Kampf. Ergebnis von R.s Neubewertung der Individualität und seiner Beschäftigung mit mexikanischer Archäologie und Volkskunde ist *Vulkanisches Land* (Saarbrücken 1947), ein Buch, in dem er das Scheitern der mexikanischen Reformpolitik mit dem Zerfall seiner eigenen revolutionären Hoffnung parallelisiert.

W. W.: The Bottomless Pit – Der Brunnen des Abgrunds (Ge.), Mexiko 1943; Marielouise Vogeler-Regler 1901–1945, Mexiko 1945; Marielouise (Ge.), Mexiko 1946; Amimitl oder Die Geburt eines Schrecklichen, Saarbrücken 1947; Sterne der Dämmerung (R.), Stuttgart 1948; Der Turm und andere Gedichte, Calw 1951; Aretino – Freund der Frauen, Feind der Fürsten (R.), Stuttgart 1955. – *Lit.:* Begegnung mit Gustav Regler, Hg. Verband Deutscher Schriftsteller, Landesverband Saar, Saarbrücken 1978; G. Schmidt-Henkel: Gustav Regler, in: Saarländische Lebensbilder, Bd. I, Saarbrücken 1982; A. Diwersy: Gustav Regler – Bilder und Dokumente, 1983; R. Schock: Gustav Regler - Literatur und Politik 1933–1940, Frankfurt a.M. 1984; Gustav Regler - Dokumente und Analysen, Hg. U. Grund/R. Schock/G. Scholdt, Saarbrücken 1985; F. Pohle: Das mexikanische Exil; D. Schiller: Gläubig an unsere Idee. Die letzten Jahre des revolutionären Schriftstellers Regler (1935–1939), in: WB, 1986, H. 7; H. A. Walter: Von der Freiheit eines kommunistischen Christenmenschen, oder Gustav Reglers »Saat« – ein Exilroman in der Sklavensprache, Frankfurt a.M. 1991; M. Rohrwasser: Der Stalinismus und die Renegaten, Stuttgart 1991.

Dieter Schiller

Renn, Ludwig (d.i. Arnold Friedrich Vieth von Golßenau)

Geb. 22. 4. 1889 in Dresden; gest. 21. 7. 1979 in Berlin

Vater aus altem Adelsgeschlecht, Gymnasiallehrer und Prinzenerzieher am sächsischen Hof. Nach Abitur 1910 wurde R. Offizier in Dresden. Im I. Weltkrieg verstärkte sich eine langjährige Krise in seinem Weltbild; er bejahte die Revolution von 1918 »ohne zu erkennen, wie die neue Macht aussehen sollte« (*Anstöße in meinem Leben*, Berlin und Weimar 1980, S. 392). Berufssoldat, zunächst Wahlführer eines Bataillons der sozialdemokratisch ausgerichteten Sicherheitstruppe Dresdens, dann Hundertschaftsführer der Sicherheitspolizei. Während des Kapp-Putsches weigerte sich R., auf revolutionäre Arbeiter zu schießen und quittierte im Spätsommer 1920 als Hauptmann den Dienst. Nach verschiedenen praktischen Tätigkeiten (Kunsthandel, Künstlerkolonie, Landwirtschaft) Studium in Göttingen und München (1920/23: Russisch, Jura, Nationalökonomie) und Wien (1926/27: Kunstgeschichte, Archäologie, byzantinische, türkische, chinesische Geschichte). Ausgedehnte Fußreisen durch Italien, Griechenland, Türkei, Ägypten, Sizilien. Ein »soziales Pflicht- und Mitgefühl für die Unterdrückten« (L. Martienssen: *Interview mit Ludwig Renn*, in: WB, 1969, H. 5, S. 976) machte 1927 die Lektüre von K. Marx, W. I. Lenin, J. Reed und eigene Erfahrungen als Augenzeuge des Massakers der Polizei unter demonstrierenden Arbeitern am 15. 7. 1927 in Wien zum Ausgangspunkt politischer Entscheidung. Okt. 1927 Rückkehr nach Deutschland, um sich »bei den Kommunisten zu organisieren« (*Ausweg*, Berlin 1967, S. 340). Seit 1. 1. 1928 Mitglied der KPD. 1927 Vorlesungen für Arbeiter an der Volkshochschule Zwickau über die Geschichte Chinas unter dem Ps. Ludwig Renn. Ende 1928 Übersiedlung nach Berlin. Mitglied und Sekretär des BPRS sowie Mitherausgeber der »Linkskurve« und der Militär-Zs. »Aufbruch«. 1929 erste, 1930 zweite Reise in die Sowjetunion. Im Nov. 1932 erste Verhaftung wegen des Verdachts, »sich im illegalen Apparat der KPD durch Ausarbeitung von Aufstandsplänen« (Anklageschrift, IfGA/ZPA, Akt ST 10/156, Bl. 121) betätigt zu haben; durch Amnestie befreit. Am 28. 2. 1933 erneut eingekerkert. Goebbels und Rosenberg versuchten vergeblich, den weltbekannten Autor für das Dritte Reich zu gewinnen. Am 16. 1. 1934 zu 30 Monaten Gefängnis verurteilt; im Aug. 1935 entlassen. Jan. 1936 Flucht in die Schweiz. Teilnahme am Spanienkrieg; ab Okt. 1936 als Kommandeur

Seite aus »Canciones Internationales« (1938)

des Thälmann-Bataillons, dann Stabschef der XI. Internationalen Brigade. 1937/38 Vortragsreise durch Amerika, um Hilfe für das kämpfende Spanien zu organisieren. Nach der Niederlage Internierung in einem südfranzösischen Lager; durch Intervention französischer Schriftsteller befreit. In Paris und England beendete er seine militärwissenschaftliche Studie *Kriegsführung und Gesellschaft* (englisch London/New York 1939, spanisch Mexiko 1940). 1939 über die USA nach Mexiko. 1940/41 Professor für moderne europäische Geschichte und Sprachen an der Universität in Morelia (Bundesstaat Michoacán); 1941/46 Präsident der Bewegung »Freies Deutschland« in Mexiko; ab 1943 auch Präsident des »Lateinamerikanischen Komitees der Freien Deutschen«. 1947 Rückkehr nach Deutschland, zunächst nach Dresden, dann Berlin. Mit seinem Roman *Krieg* (Frankfurt a.M. 1928), an dem er mehr als zehn Jahre gearbeitet hatte, erreichte R. weltweite Wirkung. Vom Muster der Offiziersmemoiren – freilich nicht zur Rechtfertigung, sondern zur Abrechnung mit dem Weltkrieg geschrieben – ging R. zur fiktiven Gestaltung des Materials über. Er führte die Figur des Ludwig Renn als Ich-Erzähler ein, einen Tischler und Gefreiten, kein autobiographisches, sondern »vielmehr ein kunstvolles Geschöpf wie nur irgendeine Dichterfigur, willentlich und mit Überlegung geschaffen« (A. Zweig: *Ein Kriegsroman*, in: *Ludwig Renn zum 70. Geburtstag*, Berlin 1959, S. 51). Aus der Sicht dieses einfachen Soldaten schildert R. Barbarei und Sinnlosigkeit des Kriegs und entwirft das Gegenbild einer »Kameradschaft«, »die nur in der Sorge für die Gemeinschaft lebt« (*Zu Fuß zum Orient/Ausweg*, Berlin und Weimar 1981, S. 10). R. bemüht sich um historische Wahrheit und verzichtet auf das Erfinden einer Fabel. Der chronologische Bericht bildet das Handlungsgerüst, in dem sich die literarische Figuren als »synthetisierte« Figuren eigener und fremder Erfahrungen bewegen. Das Manuskript wurde jahrelang von mehreren Verlegern abgelehnt; erst der Vorabdruck in der »Frankfurter Zeitung« (ab Sep.1928) setzte den Roman durch. Zusammen mit A. Zweigs *Der Streit um den Sergeanten Grischa* (Potsdam 1928) und E. M. Remarques *Im Westen nichts Neues* (Berlin 1929) begründete R.s Roman in Deutschland die »Antikriegsliteratur«. Der Nachfolgeband *Nachkrieg* (Wien/Berlin 1930) berichtete von den Erlebnissen des Ludwig Renn von 1918 bis zur Entlassung aus der Sicherheitspolizei im Jahr 1920. Einen von H. Duncker initiierten Schlußabsatz der Erstausgabe, der auf die Entwicklung der Hauptfigur zum Kommunisten aufmerksam machte, tilgte der Autor in den seit 1948 erscheinenden Nachauflagen.

Mit neuartigen Strukturen und Erzählweisen experimentierte R. auch im Exil. Unmittelbar nach der Flucht aus Deutschland 1936 entstand in der Schweiz der Roman *Vor großen Wandlungen* (Zürich 1936, Vorabdrucke im »Pariser Tageblatt«, Neuausg. Berlin und Weimar 1989). Hier versuchte er, ein Gesamtbild deutscher Verhältnisse 1933/34 zu entwerfen, verzichtete auf eine zentrale Vorbild-Figur, nutzte simultan verlaufende Handlungsstränge, szenische Montage und die Zusammenführung fiktiver und historisch-authentischer Personen. Trotz seines internationalen Erfolgs (Übersetzungen in London, New York, Paris, Amsterdam und Celákovice) wurde das Buch von politischen Freunden - W. Bredel, W. Pieck - abgelehnt. Der Autor führte diese Bemühungen nicht weiter. Mit *Adel im Untergang* (Mexiko 1944) konzentrierte er sich aufs direkt Autobiographische. Die Handlung des Buches reicht vom Eintritt Arnold Friedrich Vieth von Golßenaus in das Königliche Sächsische Leibgrenadierregiment im Jahr 1910 bis zum Ausbruch des I. Weltkrieges. Durch schonungslose Analyse militaristischer Gepflogenheiten und Traditionen einer überlebten Welt sollte das Erinnerungsbuch beitragen, ein erneutes »Anknüpfen an Militärtraditionen der Kaiserzeit« (*Anstöße in meinem Leben*, S. 59) zu verhindern. Dabei verfiel R. nicht in Schwarz-Weiß-Malerei: obwohl er detailliert ein Bild der geistigen und moralischen Hohlheit der Vertreter des untergehenden gesellschaftlichen Systems entwirft und ihre Mithilfe und Mitschuld am Aufkommen des Faschismus

rücksichtslos kritisiert, zeigte er an einigen wenigen Figuren (Major Trützschler), daß es auch in den Kreisen der Offiziere Menschen gab, die nach einem zukunftsträchtigen und würdigen Leben suchten. Diese Darstellung wollte gemäß dem Programm der Bewegung »Freies Deutschland« auch unter ehemaligen Soldaten Mitkämpfer für den Aufbau eines neuen antifaschistisch-demokratischen Deutschland gewinnen.

W. W.: Rußlandfahrten, Berlin 1932; Morelia. Eine Universitätsstadt in Mexiko, Berlin 1950; Trini (Jugendbuch), Berlin 1954; Der spanische Krieg, Berlin 1955; Der Neger Nobi (Jugendbuch), Berlin 1955; Herniu und der blinde Asni Jugendbuch), Berlin 1956; Krieg ohne Schlacht, Berlin 1957; Meine Kindheit und Jugend, Berlin 1957; Herniu und Armin, Berlin 1958; Auf den Trümmern des Kaiserreiches, Berlin 1961; Inflation, Berlin 1963, Camilo. Eine ungewöhnliche Geschichte aus Kuba, von einem tapferen kleinen Jungen und seinem Großvater, Berlin 1963; Krieger, Landsknecht und Soldat, Berlin 1974; In Mexiko, Berlin und Weimar 1979. - *Ausg.:* Gesammelte Werke in Einzelausgaben, Berlin und Weimar 1970-1989. - *Lit.:* A. Auer: L. Renn - Ein ungewöhnliches Leben, Berlin 1964; J. Schildt: Schriftstellerische Methode und erzählerische Eigenart L. Renns, Diss., Jena 1966; J.-H. Sauter: Interviews mit Schriftstellern, Leipzig und Weimar 1982; A. Roscher: Also fragen Sie mich! Gespräche, Halle/Leipzig 1983.

Sigrid Bock

Rewald, Ruth

Geb. 5. 6. 1906 in Berlin; ermordet in Auschwitz, nach Juli 1942

Kind eines jüdischen Kaufmanns. Jurastudium in Berlin und Heidelberg (nicht abgeschlossen). 1929 Ehe mit dem Rechtsanwalt Hans Schaul, mit dem sie 1933 nach Frankreich emigrierte. Literarisches Debüt 1931 (*Rudi und sein Radio*, En., Stuttgart); Geschichten für Kinder erschienen in (vor allem sozialdemokratischen) Zeitungen. In Paris Lebensunterhalt durch Arbeit in Buchhandlung, Adressenschreiben, Sprachunterricht u.a. 1937 Geburt der Tochter Anja (1944 auch sie nach Auschwitz verschleppt). 1937 von der Jury für den Heine-Preis des SDS lobende Erwähnung für ein Kinderbuch (u. d. T. *Tsao und Jing - Kinderleben in China*, auf Vermittlung L. Tetzners in der Schweizer Ztg. »Der Öffentliche Dienst« Mai/Juli 1937 in Forts. gedruckt; BA Mannheim 1993). Nov. 1937/Feb. 1938 in Spanien, sammelte Material für ein Kinderbuch, das sie nach Rückkehr in Paris schrieb. Tätig in einem Hilfskomitee für Spanienkämpfer. 1940 Flucht aus Paris, lebte in Les Rosiers-sur-Loire; wurde dort verhaftet und am 20. Juli 1942 nach Auschwitz deportiert.

R.s Schreiben ist vom Impuls bestimmt, für Kinder Geschichten von Kindern zu erzählen, die nicht von den Geschicken der Großen abgeschirmt, vielmehr durch sie bedingt sind. Ihr Interesse lag auf dem sozialen Verhalten der Kinder und auf

Vorgängen, die das Entstehen von Solidarität zeigen. Das sprach schon aus der Geschichte von Arbeiterkindern, *Müller-Straße* (Stuttgart 1932), deutlicher dann aus *Janko, der Junge aus Mexiko* (Strasbourg 1934; Ndr. Mannheim 1993), worin am Fall einer deutschen Kleinstadt das Umgehen von Deutschen mit dem Fremden befragt und zugleich früh das Erlebnis Exil verarbeitet wird. Wie R. sich um authentische Erfahrungen von Kindern bemühte, zeigen Materialien aus der Zeit ihres viermonatigen Aufenthalts in dem Kinderheim, das von der XI. Internationalen Brigade eingerichtet worden war: (im Nachlaß erhaltene) Aufzeichnungen von spanischen Kindern, die R. angeregt hatte. Sie gehen ein in Reportagen über Menschen, vor allem Kinder, im Spanienkrieg (in französischer Sprache überliefert, vermutlich nicht erschienen), und in ihr Kinderbuch *Vier spanische Jungen* (Hg. mit Nachw. D. Krüger, Köln 1987). R. verwendete hier eine reale Begebenheit – vier Kinder tauchen als »Überläufer« auf der Seite der Interbrigadisten auf – und erzählte von deren Vorgeschichte, dem Leben im francistisch beherrschten Dorf. Dies schrieb sie in der Überzeugung: »Kinder können auch Erwachsene wachrütteln« (ebd., S. 182).

Lit.: D. Krüger: Die deutsch-jüdische Kinder- und Jugendbuchautorin Ruth Rewald und die Kinder- und Jugendbuchliteratur im Exil, Frankfurt a.M. 1990; ders.: »Vater, du mußt mir zuerst etwas erklären. Was bedeutet staatenlos? Wie kommt es, daß jemand staatenlos ist?« – Kinder- und Jugendliteratur im Exil – Erinnerungen an die deutsch-jüdische Autorin Ruth Rewald, in: Exilforschung, Bd. 11 (1993).

Silvia Schlenstedt

Rheinische Jahrbücher zur gesellschaftlichen Reform (RJ)

Von H. ↗ Püttmann mit Unterstützung von F. Engels und M. Heß herausgegebenes Periodikum (Nachdr. Leipzig 1970), das als Vierteljahresschrift geplant, nur in zwei Ausgaben im Mai 1845 und Juli 1846 zustande kam. Band 1 erschien im Verlag C. W. Leske in Darmstadt, Band 2 nach Zensurmaßregelungen in der Schweiz (Verlagsbuchhandlung Belle-Vue bei Konstanz). Die RJ gehören neben ↗ »Gesellschaftsspiegel« und dem ↗ »Westphälischen Dampfboot« zu den ersten Zeitschriften, die frühsozialistisches Gedankengut in der widerspruchsvollen Phase des Aufkeimens des ›wahren‹ Sozialismus in Deutschland zu verbreiten suchten. Autoren waren vor allem sozial engagierte rheinisch-westfälische Intellektuelle wie Engels, Heß, K. Grün, R. Matthäi, H. Semmig, G. Meyen, F. Schmidt, H. Ewerbeck und Püttmann selbst. Die RJ brachten vornehmlich philosophisch-politische Aufsätze zur Theoriebildung und Verbreitung des Sozialismusgedankens in Deutschland sowie ak-

tuelle Berichte und authentische Darstellungen zur Kritik der gegenwärtigen gesellschaftlichen Zustände, die als obsolet und dringend veränderungsbedürftig angesehen wurden. In Band 1 stellt der Aufsatz *Über das Geldwesen* von Heß den originärsten und theoretisch weitreichendsten Beitrag dar. Heß übertrug die ethisch-religiöse Entfremdungstheorie L. Feuerbachs auf das Feld der Ökonomie und versuchte so, die historische Möglichkeit und Notwendigkeit des Kommunismus aus dem Entwicklungsstand der materiellen Produktion zu erklären. Grün wiederum leitete in seiner Darstellung *Politik und Sozialismus* eine kommunistische Perspektive aus der Idolatrie eines Gesellschaftsmodells ab, in welchem durch Gemeineigentum und die Produktion nach Bedürfnis und Vermögen des einzelnen die Freiheit und Gleichheit aller erreichbar würde. Neben der scharfsinnigen dialektischen Analyse von M. Stirners anarchistischer Programmschrift *Der Einzige und sein Eigentum* (Leipzig 1845) durch Matthäi finden sich darüber hinaus mehrere polemische Auseinandersetzungen mit der Politik des deutschen Liberalismus, dem am prononciertesten Schmidt in seinem Aufsatz *Deutscher Liberalismus* das inkonsequente Zurückweichen vor sozialen Problemlösungen vorwarf, womit er sich für jedwede Art politischer Zusammenarbeit selbst diskreditiere. Ein beredtes Zeugnis des theoretischen und politischen Konsolidierungsprozesses der kommunistischen Bewegung legten vor allem die *Adresse der deutschen Arbeiter in London an Johannes Ronge* und der Bericht *Versammlungen in Elberfeld* ab. Entsprechend dem allgemeinen theoretischen Entwicklungsstand und der Strategie der RJ hatte Püttmann hier das literarische Konzept einer sich entwickelnden »natürlichen Volkspoesie« entworfen, deren Quelle allein das »volle wahre Leben« sein sollte (*Vorwort*, Bd. 1, S. V). Im Augenblick gelte für die Poesie freilich der Maßstab unbedingter Funktionalität, d. h. konkret als Aufgabe, Selbstbewußtsein und Zuversicht der Benachteiligten und Unterdrückten zu wecken. Diesem schlichten Credo entsprachen dann auch die zahlreichen in Band 1 aufgenommenen literarischen Beiträge. Es handelt sich fast ausnahmslos um soziale Dichtungen, die anhand von realitätsbezogenen Sujets oder Motiven die Unhaltbarkeit der bedrückenden Elends- und Ungerechtigkeitsverhältnisse illustrieren. Das Schwergewicht lag dabei eindeutig auf der Lyrik. Enthalten sind über 20 Gedichte von G. Weerth, T. Opitz, G. R. Neuhaus, O. von Wenckstern, Schmidt und Püttmann, die bei aller formalen Unterschiedlichkeit ihre thematische Klammer in der Darstellung des Widerspruchs zwischen Arm und Reich, zwischen Besitzenden und Besitzlosen haben. Als Prosaarbeiten kamen noch E. A. Willkomms melodramatische Tragiknovelle *So lebt und stirbt der Arme*, Weerths Reportageskizze *Proletarier in England* sowie Püttmanns dokumentarische Collage *Elend* hinzu. Band 2 setzte den eingeschlagenen Kurs im wesentlichen fort, allerdings nun ohne den literarisch-poetischen Teil. Eine vor allem moralische Würdigung erfuhr z.B. *Jean Paul Marat als Mann der Wissenschaft und der Politik* durch Ewerbeck. Praktische proletarische Kampferfahrungen vermittelte Weerths *Joseph Rayner Stevens, Prediger zu Staleybridge, und die Bewegung der englischen Arbeiter im Jahre 1839*. Püttmanns dokumentarische Argumentation *Heuchelei* stellte den Zusammenhang zwischen geistiger Unterdrückung des Volkes durch die Religion und materieller Ausbeutung dar. Seine Übersetzung eines Fragments F.N. Babeufs *Après le deluge* (*Nach der Sintflut*) sowie ein *Kommunistisches Bekenntnis in Fragen und Antworten* enthielten programmatische Forderungen zu einem allmählichen Übergang zum Kommunismus und seiner praktischen Gestaltung, vor allem über neue Steuer- und Erbschaftsgesetze. *Soziale Merkzeichen aus dem vorigen Jahrhundert* fand O.E. Weller in der Literatur, deren Anregungen er dem zukunftsentscheidenden Bewußtsein des Arbeiters vermitteln wollte. Erstmals, wenngleich indirekt, wurde an Inhalt und Konzeption der RJ aber auch bereits Kritik laut, wenn z.B. Engels in seinem Aufsatz *Das Fest der Nationen in London* in polemischer Weise Vorstellungen und Ausrichtung der ›wahrsozialistischen‹ Bewegung insgesamt in Frage stellt.

Lit.: H. Singer: Die Theorie des »wahren« Sozialismus, Diss., Hamburg 1930; D. Dowe: Aktion und Organisation. Arbeiterbewegung, Sozialismus und Kommunismus in der preußischen Rheinprovinz 1820-1852, Hannover 1970 (= Schriftenreihe des Forschungsinstitutes der Friedrich-Ebert-Stiftung, Bd. 78).

Martina Braun

Richter, Trude (d.i. Erna Barnick)
Geb. 19. 11. 1899 in Magdeburg; gest. 4. 1. 1989 in Leipzig

Promovierte Germanistin und Lehrerin in Berlin, 1931 KPD-Mitglied. Ab Jan. 1931 Sekretär des BPRS, bis Apr. 1934 in Deutschland, da durch ihr Pseudonym T.R. geschützt. Kurierdienste für den illegalen BPRS. Über Prag ins sowjetische Exil am 19. 4. 1934. Bis Nov. 1936 Dozentin für deutsche Sprache und Literatur, publizistisch tätig. Beteiligt an der theoretischen Arbeit der Deutschen Sektion der IVRS. Am 5. 11. 1936 zusammen mit ihrem Lebensgefährten Hans Günther verhaftet, zu unrecht »konterrevolutionärer trotzkistischer Tätigkeit« angeklagt, zwanzig Jahre Straflager und Verbannung. Nach Rehabilitierung 1956 in die DDR, wo sie am J.R. Becher-Institut Leipzig lehrte.

R. wurde als aktives Mitglied des BPRS zur Chronistin der sozialistischen Literaturbewegung, vor allem in *Die Plakette. Vom großen und vom kleinen Werden*, Halle 1972. Besonders propagierte sie die Sowjetliteratur (*Das Glück des Bitteren. Reise durch die Literatur*, Halle 1969). Ihre Erinnerungen *Totgesagt*, Halle/Leipzig 1990, von denen ein kleiner Teil noch zu ihren Lebzeiten veröffentlicht wurde (in: »Sinn und Form«, 1988, H. 3) sind in den 60er Jahren geschrieben. Sie bezeichnet darin ihre Lager- und Verbannten-Zeit als ihre »Universitäten«, bleibt überzeugte Kommunistin, die durch Naivität, Vitalität und Optimismus den Gulag überlebt hat.

Lit.: S. Hilzinger: »Ich hatte nur zu schweigen«. Strategien des Bewältigens und des Verdrängens der Erfahrung Exil in der Sowjetunion am Beispiel autobiographischer Texte, in: Exilforschung 11 (1993).

Simone Barck

Rosenberg, Wilhelm Ludwig
Geb. 1850 in Hamm (Westfalen); gest. nach 1930 in den USA

Dr. phil.; lehrte Latein und Französisch in Frankfurt a.M.; seit 1875 Mitarbeiter von »Die Neue Welt«; 1880 Emigration nach den USA; Herausgabe sozialistischer Zeitungen; Sekretär des National-Exekutiv-Komitees der Sozialistischen Arbeiterpartei 1885/90 in New York; gründete in den 80er Jahren einen kleinen Musikverlag in New York (Rosenberg/Kirchner), der Werke für Arbeitergesangvereine verbreitete; zog sich nach 1890 von der sozialistischen Bewegung zurück; siedelte nach Cleveland in Ohio über, wo er erneut seinen Lehrerberuf aufnahm und eine Schule für sprachbehinderte Kinder gründete.

R. war der aktivste unter den deutsch-amerikanischen sozialistischen Schriftstellern (fünf Bände Gedichte, ca. zwölf Einakter für Arbeitertheater, Kurzgeschichten und Essays). Obwohl er die Praxis, »neuen Wein in alte Schläuche« zu füllen, verurteilte und sich in einigen Essays für die Schaffung einer neuen proletarischen Kultur einsetzte, verwandte er in eigenen Werken eine Fülle traditioneller Formen und Metaphern. Seine politischen Gedichte, in denen er Themen wie die Sozialistengesetze, den proletarischen Internationalismus und die Konflikte der amerikanischen Arbeiterbewegung aufgriff, wurden in der deutsch-amerikanischen sozialistischen Presse häufig nachgedruckt. R.s Lustspiel *Vor der Wahlschlacht* (New York 1887, Nachdr. in: *Knilli/Münchow*) behandelt die Wahlkämpfe deutscher Sozialdemokraten und wurde für das New Yorker deutsche Arbeitertheater geschrieben. R. versucht hier, »die Klippe dramatisierter, monotoner sozialpolitischer Leitartikel zu umschiffen« (*Vorbemerkung*) und differenzierte Charaktere auf die Bühne zu bringen.

W. W.: Aus dem Reiche des Tantalus, Zürich 1888; Crumbleton (Dr.), Cleveland 1898; Die Geisterschlacht, Cincinnati o. J.; Die Macht des Aberglaubens (Lsp.), Cleveland o. J.; An der Weltenwende (Anth.), Cleveland 1910; Krieg dem Kriege (Anth.), Cleveland 1915; Liebesglück und Liebesleid (Anth.), Cleveland 1916; Weltverrat und Weltgericht, Cleveland 1921. – *Ausg.:* Textausgaben, Bd. 24. – *Lit.:* C. Poore: German-American Socialist Literature 1865–1900, Berlin 1982.

Carol Poore

Rosenow, Emil
Geb. 9. 3. 1871 in Köln; gest. 7. 2. 1904 in Berlin

Sohn eines proletarisierten, früh verstorbenen Schuhmachers; mußte bereits mit 14 Jahren seinen Lebensunterhalt selbst verdienen; Buchhändlerlehrling, wechselte 1885 ins Bankfach über. R. schrieb Gedichte, Erzählungen und Leitartikel für den »Kölner Anzeiger« und die »Elberfelder Freie Presse«. R. schulte seinen Blick für die sozialen Verhältnisse, bekam immer engeren Kontakt zur Arbeiterbewegung und wurde 1888 Mitglied der SPD. Wegen seiner bald leidenschaftlich betriebenen sozialdemokratischen Agitation geriet er in Konflikt mit seinen Arbeitgebern und trennte sich von ihnen. Mit 21 Jahren Chefredakteur des sozialdemokratischen »Chemnitzer Beobachters« (1892/98); ab März 1898 redigierte er in Dortmund die »Rheinisch-westfälische Arbeiterzeitung«. 1898 jüngster Abgeordneter der SPD im Reichstag, 1903 Wiederwahl; 1900 Übersiedlung nach Berlin. Neben seiner Tätigkeit als Abgeordneter, gefragter, eloquenter Parteiredner und Agitator sowie Publizist, war R. seit Mitte der 80er Jahre stets auch schriftstellerisch aktiv gewesen. Er verstarb an einem rheumatischen Leiden.

R. hatte schon für den »Chemnitzer Beobachter« einige Fortsetzungsromane und Erzählungen geschrieben, die aber wie auch der hinterlassene Roman *Die Ungerechtigkeit des sozialen Lebens* über das Muster pathetisch mitleidheischender Elendsschilderungen und kolportagehafter Gut-und-Böse-Kontrastierungen kaum hinaus gekommen waren. R.s literarische Befähigung lag vielmehr auf dramatischem Gebiet. Hier entstanden seine bleibenden großen Leistungen, hier gelangte er über das bisher vorherrschende kurze Agitations- und Lehrstück des Arbeitertheatervereins hinaus zum großen Bühnenstück sozialistischen Gehalts. 1894 schrieb er sein erstes Drama, den Einakter *Daheim* (in: GD, S. 5–50). R. hat sich aus künstlerischer Überzeugung an den Stilmitteln des Naturalismus, am frühen G. Hauptmann, an A. Holz und J. Schlaf orientiert. R. wirkt aber, indem er in dieser Familientragödie die Unentrinnbarkeit des Prozesses sozialer Verelendung aufzeigt, gemessen an seinen Vorbildern bereits wesentlich aggressiver. R.s Dramenschaffen blieb fest verwurzelt in der Lebenswelt der Armen und Deklassierten. Sein Hauptthema ist der auf seinen Figuren lastende und sie prägende Determinismus übermächtiger, drückender Verhältnisse und die oft verzweifelte Suche nach deren Überwindung. Trotzdem vermied er in seiner Dramatik jede direkte sozialdemokratische Agitation. *Daheim* wurde z. B. von der Freien Volksbühne zurückgewiesen und kam so erst am 24. 9. 1921 auf einer Solidaritätsveranstaltung der KPD für Sowjetrußland zur Aufführung. Als Übergang zum großen vieraktigen Drama entstand in Anlehnung an Ibsens *Nora* (deutsch: Leipzig 1880) das Schauspiel *Der balzende Auerhahn* (e. 1897, in: GD, S. 51–140), das, wie auch schon *Daheim*, zu Lebzeiten des Autors niemals aufgeführt wurde. Hier versuchte R., abweichend von seiner sonstigen Stoffwahl, den Ausbruch aus der festgefügten und festgefahrenen Lebenssituation einer Unternehmersgattin als Akt menschlicher Selbstbefreiung zu gestalten, ohne daß er wie mit seinen anderen volksnahen Sujets die dazu notwendige künstlerische Dichte erreichte. Sein folgendes Drama, *Die im Schatten leben* (e. 1899, EA.: Berlin 1911), ist das Produkt von R.s Tätigkeit als Journalist und Agitator in der Dortmunder Gegend. Ein durch mangelnden Arbeitsschutz verursachtes Bergwerksunglück wird zum Auslöser einer ganzen Kette von sozialen Spannungen und Konflikten, die schließlich die Gefühlswelt und die zwischenmenschlichen Beziehungen der Betroffenen nachhaltig erschüttern. Ihre besondere Art von Authentizität und Wirklichkeitsnähe bezieht die Bergarbeitertragödie neben der realistischen Gestaltung proletarischen Alltagsmilieus vor allem aus dem genau charakterisierenden und differenzierenden Sprachgestus (Dialekt/Soziolekt) sowie detailgetreuer Einbeziehung einer ganzen Industrielandschaft. Die gleiche Intensität der Gestaltung zeichnet die in Berlin geschriebene, erzgebirgische Komödie *Kater Lampe* (e. 1902, EA.: Stuttgart/Berlin 1906) aus, die im Gegensatz zu dem nach vielen Verboten erst 1912 uraufgeführten *Die im Schatten leben* schon ab 1903 erfolgreich an mehreren deutschen Bühnen gespielt wurde und selbst bis heute kaum etwas von ihrer Wirkung eingebüßt hat. Die einfache Fabel mit ihrem satirisch zugespitzten Spannungsbogen verbindet sich mit der präzisen Widerspiegelung der Lebensverhältnisse in einem erzgebirgischen Industriedorf zu einer von sozialpolitischem Impetus getragenen, wirkungsvollen Volkskomödie. Durch regelrechte Sprachportraits, die sozialen Abstufungen entsprechen, gelang es R., seine Figuren sowohl mit einem hohen Maß an Vitalität und Lebensnähe als auch einer besonderen Art von Skurrilität auszustatten. In dem ins Absurde geführten Konflikt zwischen einem armen Spielzeugschnitzer, dessen Verleger und einem zum Gemeindevorstand avancierten Bauern um den streunenden Kater des Schnitzers versuchte R., im Aufeinanderprallen von selbstbewußtem Volksempfinden mit Standesdünkel und Herrschaftsallüren von Provinzmagnaten, die bis ins Mentale hineinreichende soziale Trennlinie in der bürgerlichen Gesellschaftshierarchie deutlich zu machen. Daß Hohn und Blamage am Ende allein bei dem reichen Emporkömmling und dem Unternehmer liegen, läßt deutlich erkennen, wie dabei R.s Sympathien verteilt sind. In der Geschichte der sozialistischen Dramatik wurde mit dieser Sozialkomödie ein für lange Zeit gültiger Höhepunkt erreicht. Von der Thematik ganz ähnlich, in der Darstellung aber wesentlich plakativer, präsentieren sich zwei für die sozialdemokratische »Neue Welt« geschriebene Kalendergeschichten R.s. Die Figuren in *Zwei Agitatoren* (e. 1901) und in *Die zehn roten Taler* (e. 1900) entsprechen dem Personenkreis und der Thematik seiner Stücke, es treten aber auch sozialdemokratische Redner auf, und eine Wahlversammlung der SPD findet statt, wodurch die Geschichten in die Nähe parteipolitischer Akklamation gerückt werden. Aus R.s Nachlaß liegen darüber hinaus interessante Entwürfe zu einem Stück aus dem Fahrensleutemilieu, *Die Hoffnung der Vagabunden*, vor, in das u.a. auch das Schicksal des zum populären Volkshelden stilisierten, erzgebirgischen Räuberrebellen K. Stülpner integriert ist.

Ausg.: Gesammelte Dramen. Mit einer biographischen Einl. von Ch. Gaehde, Berlin 1912 (GD).

Ursula Münchow

Der Rote Aufbau (RA)/ Unsere Zeit (UZ)

(RA 1922/23 und 1929/32; UZ 1933/35). Organ der IAH, erschien Sep. 1922/Juni 1923 (Nr.9/10) als »Monatsschrift der proletarischen Wirtschaftshilfe für Sowjetrußland« (Redaktion W. Münzenberg, Umfang 48 S.), ging aus »Bulletin des Auslandskomitees zur Organisation der Arbeiterhilfe für die Hungernden Rußlands« hervor (Beiträge u.a. von M. Andersen-Nexö, E. Hoernle, F. Jung, H. Roland-Holst, C. Zetkin, M. Barthel). Ab Mai 1929 gab Münzenberg den RA als »Monatsschrift für Politik, Wirtschaft, Sozialpolitik und Arbeiterbewegung« neu heraus. Preis 60 Pf., für Mitglieder und im Abo 30 Pf., Umfang 48 S. Mit der Sondernr. März 1931 *60 Jahre Pariser Kommune* (H. 3a) halbmonatliches Erscheinen (bis H. 8 [15. Apr. 1933]), ab 1933 u. d. T. UZ mit erweitertem (Okt. 1933) Umfang von 64 S., Mai 1933 (H. 9) wieder monatliche Lieferung [bis H. 12, 1934], dann zweimonatliche Folge bis zum letzten Heft 6/7 (Juli 1935). Erscheinungsorte waren: Berlin bis Jg. 1933, H. 4; Basel 1933 H. 7-13; Paris 1933, H. 15 [Nov.]; Basel-Paris 1933, H. 14, 16ff.; Paris-Basel-Prag (1934) H. 7. Verlage: »Der Rote Aufbau« GmbH, Berlin; »Unsere Zeit« GmbH, Berlin (H.1-9, 1933); »Zeitschriftenvertrieb Hans Märki«, Basel (H. 10-12, 1933); »Editions du

Carrefour«, Paris (ab H. 14, 1933). Als »Beihefte« (BH) des RA erschienen: Münzenberg *Münzenberg-Konzern?*, BH 1/1929; R. Feistmann *300 000 Posten zu vergeben (Der SPD-Apparat)*, BH 2/1929; P. Herman *Henningsdorf, 100 Tage Kampf*, BH 3/1930; Münzenberg/F. Platten *Mit Pflug und Traktor*, BH 4/1930; Münzenberg *Für oder gegen Moskau? Der Fünfjahresplan*, BH 5/1930; als »Beihefte« der UZ erschienen: B. Kun *Der Kommunismus im Kampfe gegen die Sozialdemokratie*, BH. 1/1933 und M. Mitin *Hegel und die Theorie der materialistischen Dialektik*. Beilagen: »Der kämpfende Materialist« 1930, H. 2-8 und »Universum. Blätter der Universum-Bücherei« 1934, H. 1-4/5. Mit Heft 10, 1933 ging die »Linksfront«, Organ der werktätigen Intelligenz der Tschechoslowakei, in UZ ein.

Der Neuausgabe 1929 ging die Diskussion voraus, was den RA als Ort der Verständigung theoretischer wie praktischer Sachverhalte und als Raum von Öffentlichkeit ausmache und auf welche Adressaten man sich orientieren solle. Neue Akzentuierung und inhaltlicher Anspruch des RA geben über das Diskussionsergebnis Aufschluß: Adressaten waren die höher Gebildeten, Intellektuelle, die sog. Linksbürgerlichen, die der kommunistischen Bewegung gegenüber Aufgeschlossenen. Die Aufnahme von »Literatur«, mit dem S-H. *60 Jahre Pariser Kommune* (3a/1931), signalisierte weiteren Profilwandel. Das Grundmuster der Heftgestaltung lag in breit gefächerter formaler wie thematisch-inhaltlicher Variierung von *aktuellen Beiträgen* (unterschiedlicher analytischer, speziell programmatischer oder pragmatischer Art), *Grundsatzbeiträgen* (politischer, philosophischer, ökonomischer, finanzpolitischer, kultur- und literar-, weniger kunstpolitischer Relevanz) und *Rubriken*. Relativ konstante RA-Rubriken waren: »Rundschau«; »Literaturbericht«; »Aus der Organisation«; »Aus dem ›Dritten Reich‹«(als »NS Bilderbogen« weitergeführt); außerdem gab es Rubriken kurzfristiger Art, u.a. »Vom 5-Jahr-Plan« (ab 8/1929), »Natur und Mensch«, »Antworten« (8-9/1931). UZ hatte andere Rubriken: »Wirtschaft unserer Zeit«, »Glossen«, »Kleine Beiträge«, »Im Spiegel der Presse«, »Literaturbericht«, »Zusammenschau«, »Mitteilungen des ›Klubs der Geistesarbeiter‹«, »Politische Karikaturen des Auslandes«. Zur verstärkten Aufnahme von Literatur in UZ hieß es: »Der literarische Teil der neuen Zeitschrift wird entsprechend den von zahlreichen Lesern geäußerten Wünschen erheblich ausgedehnt. Fragen der Literatur, Philosophie, Kulturpolitik werden stärker berücksichtigt.« (H. 1; 2. Umschlag-S.). Das Verständnis des RA und UZ von Literatur, von der Rolle von Kultur, Kunst und Literatur war streng funktional: von Anfang an verstand man sie als Mittel zum Zweck, im Sinne der »Bebilderung« von politischen Fragestellungen, notwendig zur Aktivierung revolutionären Bewußtseins. Dem entsprachen die Plazierungen von Schriftstellern und Literatur in den

Heften: so werden Autoren - wie H. Barbusse, R. Rolland, B. Shaw - genutzt als »Künder« in Sachen Sozialismusaufbau in der Sowjetunion, oder Werke - etwa von K. Kersten, A. Kollo, C. Credé, A. Goldschmidt, B. Frei, J. R. Becher, L. Renn, K. Tucholskys *Deutschland, Deutschland über alles*, B. von Brentanos *Der Beginn der Barbarei in Deutschland, Der Krieg* - quasi als Kommentare zur gesellschaftlichen Lage gebracht (so auch die Rezensionen in »Literaturbericht«), d. h. Literatur wurde primär als emotional besonders einprägsame Propagierung von Wahrheiten sozialer Realitäten aufgefaßt. - Durch thematische Hefte wurde versucht, innerhalb der normalen Heftabfolge politisch-publizistische wie theoretisch-philosophische Argumentationen zu konzentrieren. So im RA zu Nationalismus oder Bolschewismus, 1930, H. 8; Faschismus oder proletarische Diktatur, 1930, H. 9; Die Krise der SPD, 1931, H. 1; zur Weltwirtschaftskrise, 1931, H. 5; zu Kulturkrise und freier Liebe, 1931, H. 9; Der Zweite Fünfjahrplan, 1931, H. 7. In der UZ: Zur Judenfrage, 1934, H. 6; zu E. Thälmann, 1934, H. 8; zur Einheitsaktion, 1934, H. 9 und zur Problematik Jugend, 1934, H. 10; zur Saar, 1934, H. 11. Diese inhaltlichen Schwerpunkte spiegeln jeweils aktuelle politische Themen wie bündnispolitische Denk- und Handlungsweisen in konkreten historischen Phasen wider. Ihnen gruppierte die Redaktion literaturpolitische Artikel zu - z.b. A. Kurella *Die Reserven der proletarisch-revolutionären Literatur in den kapitalistischen Ländern*, 1930, H. 12, 1931, H. 1; Kersten *Der goldene Käfig. Der Schriftsteller und seine Zeit*, 1932, H. 4; O. Biha *Sowjet-Literatur auf dem Wege zum Sozialismus*, 1932, H. 14; H. Günther *Zur Faschisierung der bürgerlichen Literatur*, 1932, H. 22; Barbusse *Gegen die Regierung der Lügner und Mörder*, 1933, H. 7; Rolland *Offener Brief an die Kölner Zeitung, Der Weg des Überläufers Max Barthel. Antwort auf einen Brief im »Angriff«*, 1933, H. 11; B. Uhse *Worte und Waffen*, 1933, H. 15; Rede-Auszüge vom Internationalen Kongreß der Schriftsteller zur Verteidigung der Kultur 1935, H. 6/7 - und ebenso Beiträge, die das Hauptthema philosophisch-ästhetisch ergänzten - wie G. Lukács *Über das Schlagwort Liberalismus und Marxismus*, 1931, H. 21; K. W. Wittfogel *F. Mehring als Literaturwissenschaftler*, 1932, H. 3/4; P. Reimann *Goethe im Lichte der marxistischen Theorie*, 1932, H. 9; Lukács *Kritik der Literaturtheorie Lassalles*, 1932, H. 18, 19; F. Schiller *Marx und Engels über Balzac und den Realismus in der Literatur*, 1933, H. 3, 4. Literarische Arbeiten, die man im RA nicht findet [Ausnahme: Barthel *Maschinen!*, 1922/23, 2], erscheinen in beträchtlichem Umfang in UZ (z.T. als Erstdrucke): S. Tretjakow *Die Tasche*; B. Brecht *Adresse an den Genossen Dimitroff*, Becher *Meine Straße*, Brecht *Die Ballade vom Baum und den Ästen*, 1934, H. 1; Becher *Es lebe die Partei* 1934, H. 2; Brecht/H. Eisler *Die Ballade vom Wasserrad*, F. Wolf *Wir, die*

Toten von Wien, 1934, H. 5; E. E. Kisch *Le Pletzel*, 1934, H. 6; Uhse *Das Revolutionsmuseum*, 1934, H. 8; W. Schoenstedt *Der Spitzel des Kommissars X*, 1934, H. 10; Brecht/Eisler *Das Saarlied*, H. Barbusse *Stalin*, E. Weinert *Gesang der Rotationsmaschinen*, Brechts *Fünf Schwierigkeiten beim Schreiben der Wahrheit*, 1935, H. 2/3; J. Petersen *Die Denkmalsweihe*, ebd.; Rolland *Die Rolle des Schriftstellers in der heutigen Gesellschaft*, 1935, H. 4/5; A. Gide *Gedanken zum Kommunismus*, A. Malraux *Die Zeit der Verachtung*, 1935, H. 6/7 u.a. Die Beiträge wie die Themen der Sonderhefte künden einerseits von überraschend offenem Denken - vgl. zur Sexualreform (M. Hodann, 1929, H. 8; ›Marxismus‹ und freie Liebe, 1931, H. 9); zu Marx und Freud, 1931, H. 10 und 1932, H. 15; die Artikelfolge zur materialistischen Dialektik 1932, H. 23+24, 1933, H. 1+2. Andererseits geben sie einen verblüffend dogmatischen »Politik«- und Denkhorizont preis - so etwa in den Angriffen auf die Sozialdemokratie (*Rebellion in der SPD*, 1932, H. 20; Kun *Der Kommunismus im Kampf gegen die Sozialdemokratie*, 1932, H. 22), bei berechtigter Kritik der Tolerierungsstrategie der SPD in dezidierten Sozialfaschismus-Positionen (P. L. *»Neue« Theorien des Sozialfaschismus*, 1934, H. 5). Man findet akzeptable theoretische und politisch-scharfe, auch Parteiideologeme überspringende Sachanalysen und kritische Beleuchtungen der NS-Idologie: z.B. *Hitlers 25 Programmpunkte* (1932, H. 1) mit Analysen von H. Pol, Brentano, F. Halle, J. Resch, L. Lania, Kersten; *Wer finanziert Hitler*, 1932, H. 13; *Das Ende der Hitlerpsychose. Krise in der NSDAP*, 1932, H. 21; K. Sauerland *Der »Mythus« einer sterbenden Welt*, 1931, H. 3, 4; Wittfogel *Der Mystizismus des Faschismus*, 1932, H. 21. Probleme des Zustandekommens der Einheitsfront werden anregend und differenziert thematisiert: A. Brandt *Proletarische Einheitsfront und Wirtschaftskampf*, 1931, H. 2; *Schmiedet die Einheitsfront gegen den Faschismus*, 1931, H. 19 mit Äußerungen von Brentano, Pol, Hodann. Zugleich erscheinen im RA indiskutable Angriffe und apodiktische Statements zu diesem Thema: Sauerland *Abrechnung mit Kurt Hiller*, 1931, H. 10; Weiskopf *... oder Döblins Rettung der deutschen Intellektuellen*, 1931, H. 11; Münzenberg *Einheitsfront gegen wen - mit wem*, 1931, H. 19, 20; in der UZ begann man, sich etwas davon freizumachen. Es ist das Verdienst Münzenbergs, daß die Zs. RA/UZ seit 1929 unangefochten und relativ breit akzeptiert mit diesem politischen, geistigen, kulturell-praktischen wie philosophisch-ästhetischen Anspruch erscheinen konnte. In ihren Widersprüchen spiegelt sie komplizierte parteipolitische Vorgänge in diesen Jahren.

Rainhard May

(Die) Rote Fahne (RF)

Zentralorgan der KPD, erschien 1918/33, illegal März 1933/41. Zentralorgan für ganz Deutschland sowie Zeitung der Berliner Parteiorganisation der KPD. Die Geschichte der RF begann mit der Besetzung des »Berliner Lokal-Anzeigers« durch Mitglieder der Spartakusgruppe am 9. 11. 1918. Ab 18. 11. war die RF das Zentralorgan des Spartakusbundes, mit Gründung der KPD ab 31. 12. 1918 das Zentralorgan der KPD (Spartakusbund). Der konterrevolutionäre Terror machte 1919 das Erscheinen der RF an 270 Tagen unmöglich. Ab 25. 4. 1920 wurde die RF im Rotationsdruck hergestellt, erschien ab 1. 5. in der Regel mit 8 S. Die Zeitung war gegliedert in das Hauptblatt (meist 4 S.) und in numerierte oder unnumerierte Beilagen. Nach der Vereinigung mit dem revolutionären Teil der USPD bemühte sich die KPD, die RF zu einem »Massenorgan« zu machen. 1921/22 erschien die RF in der Regel 12mal wöchentlich, davon Dienstag bis Sonnabend mit je einer Morgen- und Abendausgabe (meist 8 bzw. 4 S.). Ab 1923 gab es täglich nur eine Ausgabe, daneben »Die Rote Fahne am Montag«. Während des KPD-Verbots (23. 11. 1923/29. 2. 1924) erschien als illegales Zentralorgan »Die Fahne der Revolution«, für Berlin-Brandenburg die illegale Zeitung »Die Rote Sturmfahne« (ab Dez. »Die Rote Fahne«). Ab 1. 3. 1924 kam die RF wieder legal heraus als RF, ab 7. 4. auch wieder »Die Rote Fahne am Montag«. Ab 1925 konnte die RF ihren Umfang erweitern von 10–12, sonntags 14–16 S. (1925) auf 12–16, sonntags 20–28 oder auch 36 S. (1927/30). 1928 erschien »Die Rote Fahne am Montag« am 14. 5. zum letzten Mal. 20. 5. 1928/6. 5. 1929 erschien »M. Z. Die Montagszeitung der Werktätigen«. Nach dem Blutmai 1929 wurde die RF 3. 5./23. 5. und 26.5./22.6. verboten. Die Redakteure der »M.Z.« W. Hirsch und Slang (F. Hampel) wurden wegen Hochverrats eingesperrt. Die Prozesse gegen Mitarbeiter der RF, auch in den vergangenen Jahren zahlreich, nahmen zu. Ab 1931 erschwerten politische Polarisierung und ökonomische Wirtschaftskrise und die gegen die Presse der KPD gerichtete Notverordnungspolitik die Lage der RF zunehmend. 1931 gab es 6 Verbote (davon eines für einen ganzen Monat). 1932 trafen die RF 12 Verbote, besonders ab 20. 7. Auch andere Formen polizeilicher Verfolgung und Behinderung nahmen zu (Schließung der Druckerei am 21. 7.) Nach dem 30. 1. 1933 unterlag jede Nummer der RF bei Herstellung und Vertrieb Schikanen der Polizei, der SA und SS. 4./7. Febr. sowie 11./25. Febr. wurde die RF verboten. Danach konnte noch eine Nummer legal erscheinen (26./27.2. 1933). Am 27. 2. 1933 wurde die gesamte kommunistische Presse verboten.

Während der NS-Herrschaft war das ZK der KPD darum bemüht, durch regelmäßiges Erscheinen der RF zu dokumentieren, daß die Partei weiterexistierte. Mitte März 1933 erschien die erste gedruckte illegale Nummer. Bis zum Beginn des II. Weltkriegs folgten etwa 95 Ausgaben. 1941 wurden mehrere Nummern verbreitet. Die RF wurde an verschiedenen Stellen in Deutschland gedruckt, wurde aber auch im Ausland hergestellt und illegal nach Deutschland gebracht.

Die RF enthielt seit 1918 wiederkehrende Rubriken (Politische Übersicht, Gewerkschaftliches u. ä.), deren Zahl und Vielfalt im Laufe der Jahre zunahm (z.B. Glosse vom Tage, Rundfunkkritik der Arbeiter). Ab 1921 wurden in der Regel ganzseitige Beilagen hergestellt. Es gab das »Feuilleton der RF« (1922/33), die »Wirtschaftliche Rundschau« (1921/28), 1930/32 eine »Literatur-Rundschau der RF«, Frauen-, Jugend- und Kinderbeilagen, solche für Erwerbslose, für den Kampf in den Betrieben, für Arbeiterkorrespondenten. 1924 entstand die »Militärpolitische Beilage ›Der Krieg‹« (1924/25); 1924/27 erschien »Klassenjustiz«. In »Taktik und Organisation« (1921/22) und der »Diskussions-Beilage der RF« (1924) wurden Entwicklungsprobleme der Partei diskutiert. Der RF beigelegt wurden: »Der Kommunistische Genossenschafter« (1924/29), »Der Kommunistische Gewerkschafter« und »Die Kommunistin« (beide 1924/26), die illustrierte Zs. »Der Rote Stern« (1924/32). In den 43 Verbotszeiten der RF (1919/33) wurden (noch) legal erscheinende andere Zeitungen der KPD – meist Bezirksorgane – als Ersatz geliefert.

Nach der Ermordung ihrer ersten beiden Schriftleiter K. Liebknecht und R. Luxemburg verzichtete die RF auf die Nennung des Chefredakteurs. Im Impressum wurde der jeweils presserechtliche Verantwortliche angegeben. Als Chefredakteure der RF konnten für 1919/33 bisher ermittelt werden (unabhängig von der Zeit ihres Einsatzes): A. Abusch, E. Alexander, P. Böttcher, Ph. Dengel, W. Herzog, W. Hirsch, H. Knodt, W. Koenen, E. Meyer, H. Neumann, H. Remmele, A. Rosenberg, Schumann, H. Süßkind, A. Thalheimer. Bei der illegalen RF wirkten als Chefredakteure: Abusch, H. Knodt.

Die RF bemühte sich, die proletarisch-revolutionäre Kunst- und Literaturentwicklung zu befördern. Dies tat sie mit kontinuierlicher, breit gefächerter Feuilletonarbeit, die vor allem von G. Alexander, O. Steinicke, Thalheimer, F. Rück, A. Durus, K. A. Wittfogel, J. R. Becher, Abusch, F. Rubiner, P. Brand (E. Bruck), Slang, O. Biha, G. Lukács, P. Braun (W. Guddorf) geleistet wurde. Dabei standen die literaturpolitischen, kulturell-kunstpropagandistischen wie ästhetisch-theoretischen Gehalte der Beiträge im Feuilleton in direktem Zusammenhang mit den politisch-ideologischen und sozialökonomischen Zielsetzungen der jeweils aktuellen Parteipolitik.

Die Veröffentlichung *Militärische Schutzhaft. Eine Gefängnisarbeit* des über 70jährigen F. Mehring »im Keller« der RF in loser Folge (1918, Nr. 6–42) signalisierte den Neubeginn des politischen Feuilletons. 1920 stand zum ersten Mal Feuilleton über der Seite (Nr. 16), das die ganze Seite einnehmende

Feuilleton wurde erst Ende 1922 (Nr. 579) zur Regel. Das »Feuilleton der Roten Fahne« erschien seit 1926 zweimal die Woche, wobei später die Rubrik »Aus Natur und Technik« auf die nächste Seite ausgegliedert wurde (1926, Nr. 74). Ab 1929 gab es das Feuilleton fast regelmäßig zweimal in einer Nummer (meist in der Sonntagsausgabe; 1929, Nr. 65). 1930 wurde neu die »Literatur-Rundschau der Roten Fahne« eingeführt. Sie gab Raum für umfangreichere und theoretisch vertieftere Darstellungen, Abhandlungen und Kritiken (Wittfogel: *Mehring. Zur Literaturgeschichte*, 1930, Nr. 93; K. Hotopp *zu »Fischkutter HF 13«*, 1930, Nr. 108). Eine Leserzuschrift, die auf der Reichs-Agitprop-Konferenz der KPD (1925) zitiert wurde, das Feuilleton mache den Eindruck »als wenn der Redakteur vorher Essig getrunken hätte«, sowie zahlreiche veröffentlichte Leserkritiken am Feuilleton (1932, Nr. 34, 228; 1933, Nr. 1, 2) führten zu dem Versuch einer Standortbestimmung: Wittenberg: *Über proletarisches Feuilleton*, 1933, Nr. 12-16. Die im Feuilleton genutzten Formen waren: Gedicht, Brief, Skizze, Novelle, kurze Erzählung, Fabel, Satire, Glosse, Korrespondenz/Leserzuschrift, die Rezension von Theater-, Musik-, Film- und Rundfunkaufführungen, die Ausstellungs-, Buch-, Veranstaltungskritik. Sie sollten die Leser orientieren, zu aktiver Auseinandersetzung mit den Erscheinungen bürgerlicher Kultur- und Kunstentwicklung, der kapitalistischen Kulturindustrie befähigen, über die Entstehung proletarischer Literatur und Kunst im nationalen und internationalen Rahmen informieren. Das thematische Spektrum der Beiträge im Feuilleton entsprach der Erlebnis- und Erfahrungswelt des proletarischen Alltags: Ausbeutung, physische Erschöpfung, soziokulturelle Nöte, Klassenkampf und Organisation der Klasse, Folgen von Inflation, Rationalisierung, Arbeitshetze, Auswirkungen der ökonomischen Krisen, des Arbeitskräfteabbaus. Weitere ständige Themen waren die »Einäugigkeit« der Justiz, das Wirken von IAH und RHD, das Verhalten von sozialdemokratischen Ministern und Funktionären, Polizei- und Staatsbeamten. Dem gegenübergestellt waren die unzähligen Berichte, Veröffentlichungen über und aus der Sowjetunion, über Oktoberrevolution und sozialistischen Aufbau; über die Lage der Arbeitenden, die Entfaltung des künstlerischen Lebens. Das Zentrum des kultur- bzw. kunstpolitischen und theoretischen Widerstreits im Feuilleton bildete die Rolle und Beschaffenheit von proletarisch-revolutionärer Kunst, Literatur und Kultur. Die Diskussionen vollzogen sich auf unterschiedlichem Niveau, abhängig vom Zustand der gesellschaftlichen Bewegung und den daraus abgeleiteten Sichtweisen, die in Thesen von Kampf- und Aufbaukultur, von Kampfkunst usw. ihre Verallgemeinerungen fanden. Ob dem Kampfwert oder Kunstwert nach der Ansicht des jeweiligen Verfassers der Vorrang gebühre, bestimmte die Stellungnahmen in wichtigen Diskussionen: zum

proletarischen Theater (1919/22), zur Inszenierungspraxis und Theaterkonzeption Piscators (1927/28), zum Sprechchor (1921), zu Durus' Bestimmung der *Drei Entwicklungsmomente proletarischer Kunst* (1924, Nr. 182), zu ›Neuer‹ *und revolutionärer Sachlichkeit* (1929, Nr. 1), wirkte sich aus in den Kritiken an A. Döblins *Berlin Alexanderplatz* (1929, Nr. 258), in Ausführungen O. Bihas *Heine und der Kommunismus* (1931, Nr. 44), Wittfogels *Vom Rebellen zum Renegaten. Zu Schillers 125. Todestag* (1930, Nr. 109) und *Goethe. Deutschlands größter Dichter - ein Opfer der deutschen* ›Misere‹ (1932, Nr. 62)). Die Redaktion favorisierte dabei Ansichten, Gestaltungskonzepte, die stark kämpferische Gehalte und bewußtheitsfördernde Gestaltungsmomente sowie eine Aufarbeitung des geistig-kulturellen Erbes unter diesen Aspekten betonten. Das Problem der proletarischen Kunst und Literatur wurde auf 3 Ebenen diskutiert. Es wurden einserseits künstlerische Leistungen (sowjetischer, amerikanischer, skandinavischer, deutscher Autoren) präsentiert. Andererseits wurde die Aneignung des progressiven Erbes und der Vermittlung neu entstehender, nicht nur proletarischer Leistungen erörtert. Auf der dritten Ebene, der theoretischen Arbeit, bemühte man sich durch spezielle philosophische, historische, politische, ökonomische und kunst- bzw. genrespezifische Konkretisierungen, konzeptionelle Fragen aufzuwerfen, Sichtweisen und Forderungen zur »Produktion« von proletarischer Literatur und Kunst zu formulieren und auch vorzugeben. Die Sowjetunion figurierte als praktischer Nachweis der Richtigkeit der marxistischen Weltanschauung, der Existenzfähigkeit der sozialistischen Gesellschaft und für die möglichen Perpektiven von Literatur. Deshalb stand von Beginn (M. Gorki: *Der Kleinbürger und die Revolution* 1919, Nr. 82) bis zum Ende der RF (Tschumandrin: *Der weiße Stern* 1933, Nr. 37) der Abdruck russischer, sowjetischer und neuer proletarischer Literatur, ob als Skizze, Novelle oder vielteiliger Fortsetzungsroman (W. Panferow: *Die Genossenschaft der Habenichtse* Jan./Juli 1929) im Mittelpunkt des Feuilletons. Die Breite der Literaturvermittlung kann belegt werden durch die Namen F. Dostojewski, Panin, Olgin, W. Iwanow, L. Sejfullina, G. Serafimowitsch, M. Kolzow. Zum Lesen anregen sollten Dichterporträts (Dostojewski 1921, Nr. 543; 1931, Nr. 34; V. Figner 1927, Nr. 146; Gorki 1922, Nr. 331; 1928, Nr. 73; L. Tolstoi 1928, Nr. 213 u. 225), Buchrezensionen, Film-, Theaterkritiken und Beiträge wie z. B. N. Bucharins *Notizen über die Strömungen in der russischen Literatur* (1927, Nr. 56), W. Lunatscharskis *Über proletarische Literatur* (1922, Nr. 523). Die Sowjetliteratur galt oft als Maß für Leistungen in Deutschland. Internationale Autoren wie Gorki, J. London, M. Andersen Nexö, U. Sinclair, B. Illes, A. Gábor, H. Barbusse, M. Scholochow wurden abgedruckt. Es erschienen Texte von M. Barthel, F. Jung, J. R. Becher, O. Tornseifer, K. Kläber, K. Grünberg, Th.

Plivier, K. Neukrantz, W. Bredel, A. Scharrer, H. Marchwitza. Oft gab es Fortsetzungsabdrucke. Im Feuilleton kam es auch zu Verzeichnungen von Werk und Produzent. Der Grund war theoretischer Natur, die politökonomische Bewegungsgesetzmäßigkeit des Kapitalismus, sein tendenzieller Verfall wurde linear auf andere Bereiche übertragen (*Die bürgerliche Kultur marschiert - rückwärts*, 1932, Nr. 55)). Der Niedergang galt als Stigma bürgerlicher Kultur und Kunst, der Grad seiner Widerspiegelung wurde zum alleinigen ästhetischen Maß von Realismusgehalt und bestimmte die Ablehnung. Darin sind u.a. die Ursachen für die überzogenen Zurechtweisungen, falschen und bündnispolitisch schädlichen Angriffe auf E. Toller, K. Tucholsky, H. Mann, A. Döblin u. a. zu sehen. Differenzierungen, Übergänge von Formtradition und Neuerung zu erfassen, sie zu analysieren und zu Produktions- und Wertungshilfen zu verallgemeinern, war Bestreben der theoretischen Reflexion im Feuilleton. Die Versuche der Standortbestimmung auf philosophisch-ästhetischem (A. Isaragof *Kommunismus und Humanitätsideal*, 1922, Nr. 158; Durus *Die über den Klassen schwebende Ästhetik*, 1931, Nr. 172), auf kunstpolitischem (O. Steinicke *Kunstpolitik der Stadt Berlin*, 1925, Nr. 269), auf literatur- bzw. kunsthistorischem Gebiet (*Marxismus und Literaturgeschichte*, 1922; Durus: *Ist die Malerei tot oder muß sie politisiert werden?* 1932, Nr. 108) lassen erkennen, daß Schwierigkeiten sich da auftaten, wo einem anderen denn kämpferischen Gestaltungskonzept gefolgt wurde. Die einseitige, nur ideologiekritische Sichtweise behinderte innovative Momente, neue Tendenzen ästhetischer Formierung ins Blickfeld zu bekommen (z.B. R.: *»Das Leben des Autos«. Ein konterrevolutionärer Hymnus auf die Technik*, 1930, Nr. 160). Wichtige Erfolge gab es bei der proletarischen Massenliteratur, der Reportage, den agitativ-publizistischen Kleinformen (s. die satirischen Serien »Kommerzienrat Fettigkeit an . . .«, 1921; »Artur Bürgerlich funkt«, 1931). Mehrteilige Reportagefolgen gibt es seit 1927 regelmäßig. Der Reportage wurde eine besondere Bedeutung bei der Entstehung proletarischer Literatur zuerkannt, weil sie in unmittelbarer Weise der Wirklichkeit verpflichtet schien. Das Feuilleton in all seinen Bestandteilen vereinte in sich differenzierte Wirkungsmöglichkeiten. Dafür ein Beispiel: durch die Veröffentlichung von Sinclairs *Petroleum* im Nov. 1927, J. Reeds *Zehn Tage, die die Welt erschütterten* (in Fortsetzungen seit Sep.) und H. Helmuts Reportageserie über Deutschland (Nr. 268, 270, 273, 275) tat sich plötzlich ein aufschlußreicher Blickwinkel auf Gesellschafts- und Kulturfragen auf. Konzeptionelle Überlegungen und praktische Maßnahmen wie Förderung der Arbeiterkorrespondentenbewegung, Preisausschreiben u. ä. zielten auf eine proletarische Massenliteratur (O. Biha *Der proletarische Massenroman. Eine neue Eine-Mark-Serie des Internationalen Arbeiterverlages*, 1930, Nr. 178).

Für die Wirkung des Feuilletons war sein Wirklichkeitsbezug sowie seine spezifische künstlerische Ausprägung gleichermaßen entscheidend. Die von ihm in gang gebrachten Diskussionen - zur Kulturreaktion, zu den Faschisierungstendenzen, zur Einheitsfront- und Bündnispolitik, sowie die Auseinandersetzungen um proletarische Literatur und Kunst - noch in RF 1933, Nr. 9 angekündigt - wurden mit dem Verbot der Zeitung jäh abgebrochen.

Lit.: B. Brauneck: Die rote Fahne. Kritik, Theorie, Feuilleton 1918–1933, München 1973.

Barbara Kontny/Rainhard May

Rote Signale (RS)

Gedichte und Lieder. Auswahl von 106 Bild-Gedichten aus der AIZ. Als Jubiläumsausgabe anläßlich des zehnjährigen Bestehens der ↗ AIZ herausgegeben. Auswahl und Einleitung: L. Korpus; Bildanordnung: H. Leupold. Mit einer Einbandzeichnung von K. Kollwitz. Berlin, Neuer Deutscher Verlag 1931, 128 S.

Fotografien aus der deutschen Arbeiterfotografenbewegung waren eine wesentliche und unentbehrliche Grundlage für die Existenz und Wirkung der bedeutendsten proletarischen Massenillustrierten AIZ. Die anklagende, aufrüttelnde und fordernde Bild-Welt der Arbeiterfotografen kam aus dem unmittelbaren Arbeiteralltag mit seinen Leiden und Freuden, die Fotografien waren - so H. Mann 1926 - mit den Augen der Arbeiter selbst gesehen. Die Idee einer Kombination zwischen fotografischem Bild und literarischem Text zu Bild-Gedichten ergab sich aus dem umfangreichen und aktuellen Bildfundus des Neuen Deutschen Verlages, der engen, aktiven und kameradschaftlichen Zusammenarbeit mit den Autoren und Fotografen und dem vom Verlag angestrebten Ziel nach politischer Aktualität, Parteilichkeit, Wahrheit und Anschaulichkeit, um breite Schichten der werktätigen Bevölkerung intellektuell und emotional für die Aktionseinheit der Arbeiterklasse unter Führung der KPD zu gewinnen. Entsprechend der praktizierten Bilddominanz der AIZ war es eine richtige und logische Schlußfolgerung der Redaktion, auch die Gedichte mit Fotos zu verbinden, so daß primär vom fotografischen Bild aus die Rezeption der Gedichte ausgelöst werden konnte. Auch die Fotomontagen von J. Heartfield waren oft mit Gedichten verbunden. In den meisten Fällen schrieben die Autoren der AIZ ihre Gedichte nach vorliegenden Fotos zu aktuellen Ereignissen (oftmals mit Angabe von Ort und Zeit des Geschehnisses). Korpus charakterisierte im *Vorwort* drei Bildarten, die für die AIZ von besonderem Interesse waren: 1. das einzelne Bild als Detail eines Geschehens mit Tatsachencharakter, 2. Bildfolgen (Bildreportagen), die in umfassenderer Weise Ursachen und Wirkung einer Erscheinung charakterisierten und 3. Einzelaufnahmen, die ein weiterführendes und emotional verstärkendes Wertungspotential enthielten, das durch das Gedicht literarisch gestaltet werden konnte, wobei der literarische Text illustrativ, konfrontativ, alternativ oder in anderer Weise zum Foto stehen konnte. Die Bild-Gedichte knüpften an überprüfbare Wirklichkeit an, sie klagten an, verurteilten, machten aber auch Mut. Als Motto und Leitmotiv wird ein Wort von G. Herwegh gesetzt – »Ein Schwert in Eurer Hand ist das Gedicht« –, das den kämpferischen Charakter der Auswahl betont. RS ist in sieben Teile gegliedert; ihre Titel: *Hell aus dem dunklen Vergangenen*; *Das Gesicht der herrschenden Klasse*; *Augen rechts!*; *Porträts*; *Unter Tage*; *Front der Frauen*; *Zwischenrufe*.

Die Gedichtauswahl ist ein Beispiel dafür, wie durch die Arbeiterpresse die sozialistische Literatur bereichert wurde, sie wirkte als Auftraggeber und Stimulator, sie lenkte die Autoren auf wichtige Themen, so erreichte diese Lyrik in direkter Verbindung mit dem Tageskampf große Wirksamkeit.

Folgende Autoren sind in RS mit einem oder mehreren Gedichten vertreten : F. Arnau (2); M. Barth (2); G. Dallmann; E. Ginkel (3); A. Gmeiner; M. Gold; H. W. Hillers; W. Karsch; E. Kästner; P. Körner; L. Korten; G. W. Manfred (2); A. Prugel (5); A. Raddatz; W. Regmer; G. Ring (2); Slang (16); K. Sublimer (2); K. Tucholsky (26); W. Völkel; H. Vogts; Warnke (2); Weber; E. Weinert (26); H. Weiss; M. Zimmering; H. Zinner und 3 unter nicht entschlüsselten Ps.

Lit.: G. Danner: Die Anfänge der Arbeiterfotografenbewegung in Deutschland und ihre Bedeutung für die »Arbeiter-Illustrierte Zeitung«, Diss., Leipzig 1966; L. Becher: Die ersten Schritte, in: Berichte, Erinnerungen, Gedanken zur Geschichte der deutschen Arbeiterfotografie 1926-1933, Berlin 1967; H. Leupold: Die »AIZ« und die Arbeiterfotografie, in: ebd.

Hans Sonntag

(Das) Rote Sprachrohr (RS)

Material für Agitprop-Truppen und Arbeiter-Theater-Vereine. In Form einer Zeitschrift von den Agitprop-Abteilungen des ZK der KPD und des KJVD (Zentralagitprop) herausgegeben; Jan. 1929/Juni 1931 monatlich, danach unregelmäßig bis Jan. 1933. Ging auf eine Forderung der 1. Reichskonferenz der Agitproptruppen-Leiter (11./12. 8. 1928 in Leipzig) nach zentraler Anleitung und laufender Herausgabe von Informations- und Spielmaterial zurück (Vorläufer des RS: »Material für Agitprop-Truppen« und »Agitprop-Truppe«). Redaktionsleitung durch Leiter der gleichnamigen Berliner Agitproptruppe,

Bildgedicht von Th. Tiger (Ps. von Kurt Tucholsky)

M. Vallentin. Mitarbeit E. Schliesser, die später die Redaktionsgeschäfte allein weiterführte.

Maxim Vallentin; geb. 9. 10. 1904 in Berlin; gest. 2. 9.1987 in Berlin. Sohn des Regisseurs R. Vallentin; Schauspielausbildung bei L. Jessner an der »Maria-Seebach-Schule«; erste Engagements in Berlin und Zürich. Radikaler Bruch mit bürgerlichem Theater und verschiedene alternative Versuche (Studio-Experimente, eigene Lyrik, revolutionäres Schauspielerkollektiv »Der Block«). 1926 KPD-Eintritt; studierte mit einer Gruppe Jungarbeiter aus Berlin-Wedding den von ihm verfaßten Sprechchor *Als die Fronten wankten* ein (in: RS, 1929, H. 12, aktualisiert im Jan. 1933). Mit *Alarm - Hamburg -Schanghai!* (↗ »Mit Hammer und Sichel«) im Apr. 1927 stellte sich die Gruppe unter der Bezeichnung »Agitproptruppe des KJVD« vor; ab Nov. 1927 als »Rotes Sprachrohr«. Im Dez. 1933 emigrierte V. nach Prag, im Juni 1935 nach der Sowjetunion. Dort zunächst künstlerischer Leiter des »Deutschen Gebietstheaters Dnepropetrowsk«, wo er u.a. Kleists *Der zerbrochene Krug* inszenierte. Jan./Sep. 1937 Regisseur am »Deutschen Staatstheater Engels«; mit anderen Emigranten als »bourgeoiser Nationalist« verleumdet (nach vorübergehendem Parteiausschluß 1938 rehabilitiert). Machte sich gegen Grundsätze seiner früheren Agitproptruppen-Arbeit zu einem Propagandisten des Stanislawski-Systems (Aufsatzfolge mit J. Hay in der DZZ und IL). 1938/45 Sprecher und Regisseur am Moskauer Rundfunk. Nach 1945 Aufbau des Deutschen Theaterinstituts in Weimar; 1952/68 Intendant des Berliner »Maxim Gorki Theaters«.

Agitroptruppe Rotes Sprachrohr

Die primäre Funktion des RS bestand darin, die Truppen mit Spielmaterial zu versorgen; außerdem sollten sie zur Produktion von Texten ermuntert und befähigt werden. Die Hefte wurden in der Regel mit einem redaktionellen Beitrag zur politischen Situation und zu den nächsten Arbeitsschwerpunkten bzw. zentralen Informationen eingeleitet und schlossen mit einem sog. »Fragekasten für Agitproptruppen«, in dem Arbeitsberichte veröffentlicht, Manuskripte besprochen wurden. Namentlich gezeichnete Texte (bis Okt. 1931) von: S. Moos (15), E. Weinert (8), F. Gumbel (8), F. Jahnke (7), B. Lask (6), H. Marchwitza (6), Th. Ring (6), G. W. Pijet (5). Dabei bestand eine zeitweilige Verbindung von Moos zu den »Ketzern« (Berlin), von Lask zur »Arbeitertruppe Neukölln« (Berlin) und von Marchwitza zu den »Schwarzen Kitteln« (Ruhrgebiet). Als Truppenmitglieder schrieben Gumbel und Jahnke vom »Roten Sprachrohr« und Ring von den »Roten Sensen« (Beeskow-Storkow). Mit 23 Texten (bis Okt. 1931) sowie den in zwei Sonderheften publizierten großen Montagen *Für die Sowjetmacht!* (Okt. 1930) und *Massenstreik* (1932, o. Nr.) rangierte das »Rote Sprachrohr« an der Spitze, gefolgt von der »Roten Schmiede« Halle mit zehn, der »Roten Truppe«

Frankfurt a.M. mit fünf, den »Ketzern«, der »Kolonne Links«, der »Jungen Garde« (alle Berlin) und den »Roten Sensen« mit jeweils vier, den »Nietern« (Hamburg), der »Arbeitertruppe Neukölln«, »Links ran« Hannover und »Nordwest ran« Düsseldorf mit jeweils drei. Ohne bestimmenden Einfluß auszuüben, war die Richtung des politisch-satirischen Kabaretts umfänglich vertreten, darunter die Presse-Nummern des »Roten Sprachrohrs« und der »Roten Schmiede« (1929, H. 5), Jahnkes *Des deutschen Spießers Wunderwelt* (1929, H. 10-11), die *Flugzeug-Nummer* der »Nieter« (1929, H. 12), die *Film*-Szene der »Kolonne Links« (1930, H. 2-3), *Im Geiste Bismarcks* der »Roten Rebellen« Chemnitz (ebd.) und *SPD-Kreuzer* des »Sturmtrupps Alarm« Berlin (1930, H. 9). Methodisch neu waren die Versuche des »Roten Sprachrohrs« mit dem aus dem Sprechchor entwickelten »Kollektivreferat« – vor allem *Zehn Jahre Komintern* bzw. *Dritte Internationale* (gemeinsam von Jahnke und Vallentin verfaßt und am 3. 3. 1929 in Berlin aufgeführt; RS, 1929, H. 2). Sein eigentlich weiterführendes dialektisches Moment lag darin, den mehr verallgemeinernden und objektivierenden Vortrag durch emotional aufrüttelnde sog. Blitzszenen zu sprengen, als Wechsel von

Analyse und Illusion. Ungenügend profiliert, erstarrte das Kollektivreferat bei anderen Truppen jedoch häufig zu bloßer Deklamation und Appellation. Im erstmals am 16. 10. 1930 aufgeführten UdSSR-Programm *Für die Sowjetmacht!* des »Roten Sprachrohrs« verband sich das Prinzip des Kollektivreferats mit dem der dialektischen Montage, zu dem die Truppe durch ihre Arbeitskontakte mit dem Leningrader »Theater der Arbeiterjugend« (TRAM) angeregt worden war (SH, Okt. 1930). Kennzeichnend war die Aufgliederung in thematische Komplexe wie geschichtliche Entwicklung, »Soziales und Kulturelles« und »Verteidigung« mit einer Reihe von Kontrast-»Umschaltungen« zu den Verhältnissen im damaligen Yong-Plan-Deutschland. Dialektisch angelegt war der Szenentyp *So oder so*, der falsches und richtiges Verhalten gegenüberstellte (1929, H. 12, 1930, H.6 und 1932, SH. 1). Im Bemühen um ein übergreifendes antifaschistisches Bündnis verlieh das »Rote Sprachrohr« dem Kollektivreferat einen deutlich realistischen Gestaltungsansatz. So sind *Einheitsfrontlied* (1931, H. 3) und Teile des *Massenstreik*-Programms in einem betont episch-balladesken Zuschnitt gehalten und greifen je nach Adressierung auf typische Erlebnis- und Erfahrungszusammenhänge zurück. In Bezug auf die von den Agitproptruppen vernachlässigten Stoffbereiche Dorf und Nationalsozialismus verdienen aus der Materialsammlung des RS hervorgehoben zu werden: *Grundeigentum* von Th. Ring (1929, H. 10–11) und *Brotpreis* (1931, H. 5) bzw. *Als die Firma verkrachte...* von G. W. Pijet (1930, H. 9), *Die Helden vom Dritten Reich* (1930, H. 10), *Nazis unter sich* (1930, H. 11–12 und *Wie sich der kleine Adolf die Welt vorstellt* von O. Hertwig (1931, H. 2–3).

Ergänzt durch das vom Verlag »Arbeiterbühne« herausgegebene Spielmaterial (nur noch teilweise vorhanden) stellt RS die wichtigste Quelle zum Repertoire der Agitproptruppen dar. Die Leistung einer kreativen proletarischen Basiskultur von unten wurde jedoch erheblich eingeschränkt durch den direkten Nachvollzug der politischen Fehler der KPD und KI in diesem Zeitraum.

Lit.: Arbeitertheater; B. Lupi: Das Rote Sprachrohr. Histoire d'une revue d'agit-prop, in: Le théatre d'agit-prop de 1917 à 1932, Bd. III, Lausanne 1978.

Peter Diezel

Rote Tribüne (RT)

Sammlung proletarisch-revolutionärer Bühnenspiele. Herausgegeben von der Vereinigung Internationaler Verlagsanstalten Berlin (VIVA) 1924/28 (1/15). Die Reihe dokumentiert verschiedene konzeptionelle Ansätze in der revolutionären Arbei-

ter- und Sprechchorbewegung. E. Hallupps Tragikomödie *Die Internationale* (1926/7) war bereits erfolgreich am Berufstheater uraufgeführt worden (27. 7. 1920 im Berliner »Walhalla-Theater«, u.a. mit vierwöchigem Gastspiel im Zirkus Busch in Breslau; nachfolgende Textausgabe im Verlag der »Freiheit«), ehe sie vom Arbeitertheater aufgegriffen wurde (Juni 1923 »Proletarische Spielgemeinschaft« Berlin-Neukölln; Jan. 1928 auch ATBD-Ortsgruppe Hamburg). In der Art gängiger proletarischer Tendenzdramatik zeigte sie am Einstellungswandel einer kleinen Gruppe von Reservisten kurz vor und nach Ausbruch des I. Weltkrieges, wie sich die SPD von den Baseler Beschlüssen entfernte. Die zuerst innerhalb der USPD entwickelte, später auch von der KPD übernommene Form des Sprechchors (↗ Arbeiter-Sprechchor-Bewegung) ist durch *7000. Ein Aufschrei aus den Gefängnissen und Zuchthäusern der deutschen Republik. Eine Mahnung an die Millionenarmee des deutschen Proletariats* (1924/1) und G. von Wangenheims *Chor der Arbeit* (1924/2) vertreten. *7000* war in wenigen Tagen von mehreren Autoren, darunter Wangenheim, für die Rosa Luxemburg-Gedächtnisfeier am 15. Juni 1924 im Berliner Lehrervereinshaus geschrieben worden (gespielt von der »Proletarischen Sprech- und Spielgemeinschaft« Berlin-Steglitz unter A. Pieck; im Rahmen eines größeren Programms auch im Okt. des gleichen Jahres in Stuttgart, wofür der Schauspieler J. Gärtner zu 15 Monaten Haft verurteilt wurde). Unaufgeführt blieb Wangenheims *Chor der Arbeit*. Er zeichnete ein eindringliches Bild des Grundwiderspruchs zwischen Kapital und Arbeit, der in der Auseinandersetzung mit sozialdemokratischen Positionen eine betont klassenkämpferische Lösung erfuhr. Einen bemerkenswerten Vorgriff auf den Szenentyp des politisch-satirischen Kabaretts und Roten Rummels stellte die Groteske *Strich durch die Rechnung!* des in Wien lebenden J. Magor dar (1924, eröffnete als H. 3 vor H. 1 und 2 die RT, wurde später aber nicht mehr im Titelverzeichnis genannt). Stinnes agiert hier als Marionettenführer der Weimarer Staatspolitik. Zum Ärger des eifersüchtigen Wilhelm II. ist er eine Ehe mit »Fritz« Ebert eingegangen, der ihm ein Kind namens »Republik« schenkt; darüber hinaus plant er auch ein Kind mit Hitler, das die »Völkische Freiheitsbewegung« heißen und besonders auf Kleinbürger anziehen wirken soll. In der politisch-satirischen Revue *Die Schwefelblüte* (1926, H. 6) von W. Troppenz (d. i. R. Renz) – auf einer RFB-Veranstaltung am 2. Okt. 1925 in den Berliner Sophiensälen aufgeführt – wurde im makabren Streit um ein Denkmal der Republik die Doppelbödigkeit des Weimarer Staates enthüllt. *Es lebe die Pressefreiheit* (1927/10) faßt die Szenen *Rationalisiert!* von Slang (d.i. F. Hampel) und *Die öffentliche Meinung* von K. Neukrantz zusammen. Letztere war Bestandteil der Revue *Der Sprung ins Parkett*, durch die »Truppe der Künstlerhilfe« am 25. 1. 1925 in Berlin aufgeführt. Der erstmals auf einer RFB-Veranstaltung am 25. 1. 1925 in Berlin gezeigte politische Schwank *Der Holzwurm* (1926, H. 4) von Troppenz schöpft seine naive Komik aus Findigkeit und List, mit der eine kleine kommunistische Betriebszelle ihre Zeitung vertreibt. *Die Befreiung* (1926, H. 5) von B. Lask verfolgt über den Lebensweg einer Berliner Arbeiterin und einer russischen Bäuerin die unterschiedliche Entwicklung des revolutionären Prozesses in beiden Ländern (1914/20). Die 16 Bilder umfassende und 60 Mitwirkende verlangende Montage wurde anläßlich der Internationalen Frauen-Kampfwoche März 1925 durch Berliner Arbeiter aufgeführt. Das *Thomas Münzer*-Stück (1926, H. 3) der gleichen Autorin entdeckte Münzer als große revolutionäre Führergestalt und konfrontierte sie mit dem sich von der Sache der Bauern abwendenden Martin Luther. I. Berend-Groa (Leiterin des »Proletkult Cassel«) studierte es in einer monumentalen Freilichtinszenierung (150 Mitwirkende) für die 15 000 Teilnehmer des »Roten Münzertages« Pfingsten 1925 in Eisleben ein (Titelrolle Wangenheim). Die Druckfassung der RT wurde wegen »Vorbereitung zum Bürgerkrieg« vom Staatsgerichtshof Leipzig beschlagnahmt, hauptsächlich mit Verweis auf die Aktualisierung des Vorspiels und der Zwischenspiele. In ihrer Aufführung am 6. Nov. 1925 setzen sich die Berliner Arbeiterspieler zum größten Teil über die von der Polizei erlassenen Strich-Auflagen hinweg. In *1871. Die Mauer von Père Lachaise* (o. J., H. 15) von B. ↗ Balázs, eine der ersten Thematisierungen des Kommune-Stoffes, stehen sich die Befürworter eines schleunigen Angriffs auf Versailles und die sich als Opportunisten enthüllenden zaudernden »Demokraten« gegenüber (u. d. T. *Die Mauer der Föderierten* am 18. 3. 1928 in der Regie des Autors von der »Proletarischen Versuchsbühne« Berlin-Prenzlauer Berg gespielt). Weiter erschienen in der RT: *Fiat Justitia* (1926, H. 8) von E. Hallupp, ein Stück über unterschiedliche Strafbehandlung von revolutionären Arbeitern und Kriminellen aus dem Bürgertum (Aufführung unter Leitung des Autors am 8. 10. 1925 durch die ATBD-Ortsgruppe Berlin-Charlottenburg); *Die Rationalisierung marschiert* (1927, H. 9) mit den Szenen: *Der Achtstundentag, Am laufenden Band* und *Die Massen schreiten* (alle ohne Verf.); die Gedichtsammlungen *Roter Mai* (1927, H. 11) und *Der Krieg* (1927, H. 12); H. Lorbeers Sprechchor für die sog. LLL-Feiern *Liebknecht, Luxemburg, Lenin* (1927, H. 13) und *Gegen die Kulturreaktion* (1927, H. 14) mit den Szenen *Warum Fritz nicht mehr am Religionsunterricht teilnimmt* (ohne Verf.) und einem kleinen Sprechchor F. Ausländers zum Kampf für eine demokratische Schule.

RT nahm vorwiegend solche Stücke auf, die außerhalb der eigentlichen Revue- und Agitproptruppen-Praxis lagen. Sie verweist so auf die vielfältigen Ansätze des Arbeitertheaters Mitte der 20er Jahre. Spätestens 1928/29 sollte sich jedoch

herausstellen, daß der Versuch realistischer Figurengestaltung – darunter von B. Lask – sowohl literarisch als auch im Verhältnis zu den darstellerischen Möglichkeiten der Arbeiterspieler der satirisch-kabarettistischen Form unterlegen war.

Peter Diezel

Der Rote Eine-Mark-Roman

1930 vom Internationalen Arbeiter-Verlag (IAV), Berlin, begründete Romanreihe. Sie wurde eröffnet mit H. Marchwitza: *Sturm auf Essen* (=Bd. 1); es folgten W. Bredel: *Maschinenfabrik N. & K.*, 1930 (=Bd. 4); B. Orschansky: *Zwischen den Fronten*, 1930 (=Bd. 3); K. Neukrantz: *Barrikaden am Wedding*, 1931 (=Bd. 2); F. Krey: *Maria und der Paragraph*, 1931 (=Bd. 5); Bredel: *Rosenhofstraße*, 1931 (=Bd. 6); H. Marchwitza: *Schlacht vor Kohle*, 1931 (=Bd. 7); W. Schönstedt: *Kämpfende Jugend*, 1932 (=Bd. 8). O. Gotsches *Märzstürme* (=Bd. 10) wurde vor der Auslieferung von den Nazis vernichtet. Geplant waren noch weitere neun Romane, die im Milieu der Landarbeiter, des Mittelstandes und der Intellektuellen spielen und den Kampf gegen den Faschismus zum Thema haben sollten, u.a. Bredel: *Der Eigentumsparagraph* (russisch Moskau 1933, deutsch Berlin 1961). Die Romanreihe ergänzte die Serien des IAV *Der internationale Roman*, *Neue proletarische Dichtung* und *Das neue Drama*.

Der Verlag stellte die Romanreihe in direkten Zusammenhang mit seiner Hauptaufgabe, der Schulung und Weiterbildung der Arbeiterklasse, welcher vor allem die Reihe der *Elementarbücher des Kommunismus* diente. »Einen besonderen Erfolg verspricht unsere neue Serie *Der Rote Eine-Mark-Roman*, dessen erste Bände soeben erschienen sind« (in: »Linkskurve«, 1930, H. 12, S. 23), heißt es in einer Verlagsinformation. Vom ersten Band der Reihe wurden 15 000 Ex. verkauft, vom Band 5 ist eine Auflage von 35 000 Ex. überliefert; die Reihe wurde also einem verbreiteten Leserbedürfnis gerecht. Der Verlag suchte diesem mit der Preisgestaltung entgegen zu kommen, doch war zur Zeit der großen Krise eine Mark für Industriearbeiter oder gar Arbeitslose nicht mehr erschwinglich, so daß der Verlag in Absatzschwierigkeiten geriet.

Die Romanreihe sollte ein Gegengewicht zur bürgerlichen Trivialliteratur schaffen und nicht minder fesselnd und unterhaltend sein als die in der bürgerlichen Kitschliteratur beschriebenen romantischen Schicksalsberichte des kleinen Mannes; »durchglüht vom Kampfeswillen der Klasse«, sollte sie dabei die »Ideologie des revolutionären Bewußtseins« »tief hinein in alle Schichten der Unterdrückten« tragen (O. Biha, in: RF, 2. 8. 1930). Die Handlung der Romane rankt sich vielfach um spontane, von Kommunisten geführte Aktionen, um Streiks, Entlassungen roter Betriebsräte und Polizeieinsätze gegen verbotene Demonstrationen. Der Versuch zur Vergegenwärtigung solcher Grundvorgänge des Arbeiter-Alltags brachte darstellerische Fortschritte der proletarisch-revolutionären Autoren mit sich. Doch wird deren realitätszugewandte Sicht durch die Tendenz überlagert, den Kampf der Arbeiterklasse als eine ständig aufsteigende Bewegung zu interpretieren. Stoff- und Themenwahl waren von der Absicht bestimmt, die revolutionäre Bewußtseinsbildung der proletarischen Massen zu fördern, Siegesgewißheit zu stärken, selbst wo von Niederlagen berichtet wurde, und Ermutigung zu geben. Der Gewinn dieser Romane liegt in der – oft reportagehaft-berichtenden-Dokumentation der politischen Erfahrungswelt, der Handlungsmotivationen und der Kampfbedingungen klassenbewußter Arbeiter. So vermittelt Neukrantz' Roman einen lebendigen Eindruck von den Ereignissen des 1. Mai 1929 während der Barrikadenkämpfe in Berlin. Bredels Beschreibung einer Streikaktion in der *Maschinenfabrik N. & K.* gibt ein Bild der alltäglichen Klassenkampfaktivitäten und der Beziehungen ihrer Akteure untereinander; seine *Rosenhofstraße* berichtet von Teilerfolgen kommunistischer Kleinarbeit in Arbeiterwohngebieten. Auf das Bewußtmachen solcher Teilerfolge sind die Mehrzahl der Geschichten hin gebaut, ob von Kampf und Niederlage der Roten Ruhrarmee bei Marchwitza die Rede ist oder vom Aufstand gegen den Abtreibungsparagraphen 218 bei Krey. Zielgerichtet sollten Erfolgserlebnisse vorgeführt und vermittelt werden: »...achtzig Proleten im Bewußtsein der unüberwindlichen Kraft ihrer Klasse« (Bredel: *Maschinenfabrik N. & K.*, Berlin 1960, S. 184) – wollte Bredel demonstrieren – wögen jede verlorene Aktion auf, weil sie künftige Siege ermöglichten. Eine solche Sicht läßt freilich auch die Grenzen der stark ideologisch geprägten Haltung der Autoren, der für sie charakteristischen politischen Instrumentalisierung der Literatur erkennen. Die Romanreihe sollte einen neuen Typ populärer Massenliteratur entwickeln, der Gestaltungsmittel der modernen Trivialliteratur innovativ aufzugreifen und umzufunktionieren vermochte. Fabelklischees, Charaktertypisierung und moralische Schwarz-Weiß-Technik bis hin zum Prinzip des Happy end wurden in veränderte sozial-politische Kontexte eingebaut. Diesen produktiven Ansatz behinderte jedoch die enge und unreflektierte Bindung an die offizielle sektiererische Politik der KPD jener Jahre, der eine illusionäre Einschätzung der geschichtlichen Möglichkeiten und vor allem Blindheit gegenüber der Notwendigkeit zugrunde lag, alle demokratischen Kräfte gegen den drohenden Nationalsozialismus zusammenzufassen. Häufig bestimmt eine undifferenzierte Gegenüberstellung von politisch bewußten Kommunisten und arbeiterfeindlichen SPD-Funktionären die Handlungsführung. Die literarische Technik der Massenliteratur bot wenig Möglichkeiten, solche politischen Fehlorientierungen ästhetisch zu konterkarieren. So ist der Wert dieser Romane als Dokument einer literaturpolitischen Wirkungsstrategie zumeist größer als der ihres tatsächlichen literarischen Wirklichkeitsaufschlusses. Doch bleiben das operative politische Anliegen der proletarisch-revolutionären Autoren und ihre mit leidenschaftlichem Kampfeswillen geschriebenen Bücher anrührende Zeugnisse einer Literatur, die sich als aktiver Faktor in den sozialen und politischen Kämpfen der Arbeiterbewegung verstand und in ihr Maßstab und Sinn ihres Wirkens suchte.

Lit.: U. Köster, Zum Verhältnis von proletarisch-revolutionärer Belletristik und kommunistischer Politik in Deutschland 1929-1932, in: Internationale wissenschaftliche Korrespondenz zur Geschichte der Arbeiterbewegung, 1972, H. 17; M. Rohrwasser: Saubere Mädel, starke Genossen. Proletarische Massenliteratur?, Frankfurt a.M. 1975; H. Möbius, Progressive Massenliteratur. Revolutionäre Arbeiterromane 1927-1932, Stuttgart 1977.

Franziska Arndt/Red.

Rubiner, Frida (geb. Ichak)

Geb. 28. 4. 1879 in Mariampol (Litauen); gest. 22. 1. 1952 in Berlin

Tochter eines Angestellten. Arbeitete als Schneiderin. 1900/03 studierte sie in Zürich, wo sie Lenin erstmals begegnete. Nach Promotion (Dr. phil.) ging sie nach Deutschland; 1906 Mitglied der SPD. Während des I. Weltkrieges lebte sie mit ihrem Mann Ludwig R. (seit 1910 übersetzte sie mit ihm gemeinsam russische Literatur, 1918 L. Tolstois *Tagebuch 1895-1899*) als Emigrantin in der Schweiz. Sie gehörte ab 1915 der Zimmerwalder Linken an. In den Folgejahren übersetzte sie mehrere Schriften Lenins (z.B. 1918 *Staat und Revolution*). Nach Deutschland zurückgekehrt, nahm R. an der Novemberrevolution teil, trat der KPD bei, begleitet F. Platten im Auftrag der KP zum I. Kongreß der KI 1919 nach Moskau, unterstützte danach die Räteregierung in Bayern. Verhaftet und zu 21 Monaten Festungshaft verurteilt. Nach der Haft 1919/20, aus der sie vorzeitig entlassen wurde (L. R. setzte sich für ihre Freilassung ein), arbeitete R. bis 1922 als Redakteurin der Wiener »Roten Fahne«, 1922/24 als Korrespondentin der Inprekorr in Moskau. 1924/30 in Berlin Redakteurin, Propagandistin der KPD und Lehrerin besonders auf kulturpolitischem Gebiet. Ab 1930 wieder in Moskau, zunächst am Marx-Engels-Lenin-Institut tätig, wirkte R. 1931/32 im Auftrag der KPdSU propagandistisch unter den in der UdSSR beschäftigten deutschen Arbeitern (vgl. ihre Broschüre *Der deutsche Arbeiter am sozialistischen Aufbau*, Moskau 1932). R. wurde 1932 Sekretär des Exekutivkomitees der IRH und reiste in dieser Funktion sowie im Auftrag des Exekutivkomitees der KI (EKKI) in verschiedene Länder. 1932/35 arbeitete R. in der Presseabteilung des EKKI, 1936/39 als Leiterin der Presseabteilung der sowjetischen Literaturagentur und 1939/41 als Redakteurin im Verlag für fremdsprachige Literatur in Moskau. Während des Krieges Mitarbeiterin der politischen Hauptverwaltung der Roten Armee; half bei der Umerziehung deutscher Kriegsgefangener. 1946 kehrte R. nach Deutschland zurück und wirkte bis zu ihrem Tode als Übersetzerin und Lehrerin an der SED-Parteihochschule »Karl Marx« in Kleinmachnow.

Das Zentrum der publizistischen, kulturpolitischen und literarischen Arbeit von R. bildete das Bemühen, die politisch-kulturellen Entwicklungen in der Sowjetunion als Beispiel für die Kultur der deutschen kommunistischen Bewegung zu vermitteln. In ihrer Publizistik, z.B. der Serie von Korrespondenzen *Brief aus Sowjetrußland* (in: Inprekorr, 1923/24), berichtete sie vom sowjetischen Aufbau, dem sozialen Wandel, der Überwindung kultureller Rückständigkeit, vom Neuen in der Kultur, besonders der Arbeiterkorrespondentenbewegung, dem sowjetischen Theater und den Agitpropgruppen. In ihrem Reportagebuch *Der große Strom. Eine unromantische Wolgafahrt* (Wien/Berlin 1930) stellte sie Menschen vor, die durch die Revolution und den Aufbau sozialistischer Verhältnisse verändert werden.

Lenins Artikel *Parteiorganisation und Parteiliteratur,* den R. 1924 übersetzte, war für ihre eigenen literatur- und kunstkritischen Beiträge wesentlich; sie setzte sich für offene Parteinahme der Schriftsteller und Künstler in den politischen Kämpfen ein, für eine Literatur, die den Arbeitern eine revolutionäre Alternative und sozialistische Weltsicht vermittelt (u.a. *Der Schriftsteller in der sozialen Revolution,* in: »Die Front«, 1926, H.3). Dem dienten auch ihre Artikel über sowjetische Literaturpolitik und Rezensionen sowjetischer Literatur (u.a. eine der ersten über F. Gladkows *Zement,* in: »Sozialistische Republik«, 1927, Nr.82; über *Gorki als Publizist,* in: IL, 1938, H.11). In ihrer Tätigkeit als Redakteurin und Rezensentin galt ihr vordringliches Interesse der Förderung der proletarisch-revolutionären Literatur.

W. W.: Der beste Fabrikdirektor (Skn.), Hamburg 1923; Sowjetrußland von heute, Berlin 1925; Die Grundlagen des Sowjetstaates, Berlin 1927; Eine Wende in der Menschheitsgeschichte. Zum 30. Jahrestag der Oktoberrevolution, Berlin 1947. – *Ausg.:* Einst unglaubliche Berichte (mit Vorw. und Bibl. der Publizistik und Buchausgaben, Hg. H. W. Schwarz), Berlin 1987. – *Lit.:* H. W. Schwarz: Frida Rubiner, in: Schwarz: Internationalistinnen. Sechs Lebensbilder, Berlin 1989.

Helga W. Schwarz

Rubiner, Ludwig

Geb. 21. 6. 1881 in Berlin; gest. 27. 2. 1920 in Berlin

R. stammte aus einer ostjüdischen Familie, sein Vater war Journalist und Romanautor. 1902/06 Studium in Berlin, erst Medizin, bald darauf Musikwissenschaft, Kunstgeschichte, Germanistik und Philosophie. Vorsitzender der literarischen Abteilung der Berliner Freien Studentenschaft. 1906/14 vor allem literatur- und kunstkritische Beiträge für die Zsn. »Die Gegenwart«, »Pan«, »Der Demokrat« und »Die Aktion« u.a. Aufenthalte in Italien 1908, Rußland 1909 (danach Übersetzungen russischer Literatur); 1912/13 in Paris. Spätsommer 1914/18 als Kriegsgegner Emigrant in der Schweiz, Publikationen in »Die Weißen Blätter« und »Aktion«, Herausgeber des 3. Jahrgangs des »Zeit-Echo« (Mai/Sep. 1917), das er zu einer linkspazifistischen, antinationalistischen und prorevolutionären Zeitschrift machte. Kontakt mit Kriegsgegnern und Internationalisten (neben R. Rolland besonders mit H. Guilbeaux und P.-J. Jouve) und Bolschewisten in der Schweiz (A. Lunatscharski u.a.). R. begrüßte die russische Februar- und Oktoberrevolution und förderte deutsche Publikationen über sie. Anfang 1919 Rückkehr nach Deutschland, Eintritt in die KPD. Arbeit als Lektor im Verlag Kiepenheuer, dessen neues Profil er weitgehend prägte. R. gründete im Herbst 1919 zusammen mit A. Holitscher, R. Leonhard, F. Jung und A. Goldschmidt den Bund für proletarische Kultur.

Bereits in seiner Studentenzeit kam R. im Kreis der Zs. »Kampf« um S. Hoy ↗ Holzmann in Kontakt mit oppositionell gesinnten Intellektuellen (H. Walden, F. Pfemfert u.a.), der für die Richtung seiner späteren journalistischen und schriftstellerischen Arbeit und seine Wirkungsmöglichkeiten wichtig wurde. R.s Kunstkritik zeichnet aus, daß sie sich gleichzeitig (und z.T. vergleichend) auf Literatur, bildende Kunst, Musik und Theater erstreckte und den Literatur- und Kunstprozeß in Deutschland – gefördert durch Erfahrungen im Ausland – mit Bezug auf andere Länder, damit relativierend betrachtete. Ein bleibendes Grundmotiv seines Schreibens wird schon im frühen Artikel *Politisierung des Theaters* (1908 in »Morgen«) erkennbar: Suche nach Funktionen und Wertkriterien von Kunst, die außerhalb der Ästhetik bürgerlicher Prägung liegen. Mit neuartiger Entschiedenheit erschien sie in *Der Dichter greift in die Politik* (in: »Die Aktion«, 1912, Nr.21, 22): mit rhetorischer Verve, einem herausfordernden Stil jagender Ungeduld wird der Appell an die Literaten vorgetragen, gegen Kontinuität, Entwicklung und den Glauben an den Zivilisationsfortschritt (der auch dem Marxismus unterstellt wird) den unbedingten Willen zur Bewegung, Sprengkraft des Geistes und Intensität des Eingriffs in die Politik zu setzen und damit auch eine neue Sittlichkeit zu gewinnen. In seinem Aufruf, die Verkrustungen in der bourgeoisen Kultur zu

Ludwig Rubiner
Zeichnung von Wilhelm Lehmbruck

durchbrechen, baute R. auf die destruktive Kraft der Deklassierten und Außenseiter der Gesellschaft (wozu er auch
die Dichter rechnete). Charakteristisch für R.s Aktivismus war
das Aufnehmen anarchistischer Denkmuster und eine idealistische Fundierung; der Geistige sei fähig und verpflichtet, Vor-
Bilder neuer Wirklichkeit zu schaffen. Er war jedoch nicht
elitär, sondern auf demokratische Verantwortung der Dichter
und Künstler gerichtet. Dies sicherte R.s Programmartikeln
starke Wirkung im Prozeß der Politisierung der expressionistischen Bewegung, wie es ihm eine soziale und politische
Konkretisierung seines Denkens ermöglichte. Ansätze dazu
zeigte schon 1914 der kritische und fordernde Aufsatz *Maler
bauen Barrikaden* (in: »Die Aktion«, 1914, Nr. 17), stärker
dann R.s Publizistik ab 1916/17, in der das Tun der Intellektuellen am Beitrag zur Beendigung des Krieges und der
Vorbereitung einer menschlichen Gemeinschaft gemessen
wurde, und in seiner Lyrik. Die Gedichte des Buches *Das
himmlische Licht* (Leipzig 1916 [=Der jüngste Tag, Bd. 33])
sind subjektiv rhetorisch formiert, gehen vom Appell in den
Entwurf über; die in Pathos und Verskunst W. Whitman
nahen, weit schweifenden Aufrufe, im Mitmenschen den Bruder zu erkennen und sich zu erheben, werden zu Evokationen
eines Zustands freigesetzter Menschlichkeit. Der Gedichtzyklus

Zuruf an die Freunde (in Pfemferts *Aktionsbuch*, Berlin
1917) ist ähnlich strukturiert, mit seiner Widmung »Für K. L.«
und konkreteren Zeitbezügen wies er auf Liebknecht als den-
jenigen, der gegen Krieg und Repression die befreiende Botschaft brachte und der (nicht mehr wie zuvor der Dichter) als
Führer gesehen wird. Ein tiefgreifender Wandel vollzog sich
bei R. in Reaktion auf die russische Februarrevolution 1917,
offensichtlich auch befördert durch Begegnungen mit russischen politischen Emigranten in der Schweiz. Wurde 1916 in
Änderung der Welt (in: *Das Ziel. Aufrufe zu tätigem Geist*,
Hg. K. Hiller, München/Berlin 1916, S. 99-120) noch die
Sozialdemokratie abgetan, weil sie der marxistischen »Beruhi-
gungslehre« vom »Hineinwachsen« in den Sozialismus folge,
und Änderungen vom »Mob« erwartet, sah R. 1917/18 in der
»Massenaktion des Volkes«, vom handelnden Proletariat, die
»Lösung der unmittelbarsten Lebensfragen« der Menschheit in
Gang gesetzt, und forderte dazu auf, den Weg zum Proletariat
zu gehen (*Die Erneuerung*, in: »Das Forum«, 1918/19, H. 1).
Von diesem gewandelten weltanschaulich-politischen Standort
aus gelangte R. zu Neuansätzen seines Wirkens als Publizist
und Herausgeber, nicht mehr allerdings in neuen literarischen
Arbeiten. Seine letzte publizierte, das Drama *Die Gewaltlosen*
(Potsdam 1919, e. 1917/18), war ideell und methodisch noch
ganz expressionistisches Wandlungs- und Verkündigungs-
drama, »Ideenwerk«, das der Zeit helfen soll, indem es »das
letzte Ziel selbst als Wirklichkeit aufstellte« (*Vorbemerkung*).
Gewaltlosigkeit und Menschheitsverbrüderung werden durch
abstrakt typisierte Figuren und Vorgänge zum Sieg geführt.
Die wirklichen Vorgänge der Revolution und der Sozialismus
als reale Bewegung bildeten Zielpunkt und Horizont von R.s
Arbeiten des letzten Lebensjahres, für die »Gemeinschaft« das
Leitwort war. Die wichtigsten Zeugnisse, die zum Fundament
sozialistischer deutscher Literatur nach 1917/18 gehören, waren zwei von ihm zusammengestellte Sammlungen, ↗ *Kameraden der Menschheit. Dichtungen zur Weltrevolution* und
Die Gemeinschaft. Dokumente der geistigen Weltwende
(beide Potsdam 1919). Bezog die erste ihr Material aus der
Lyrik seit 1914, griff die zweite weit zurück in die Geschichte.
Mit Textauswahl und -komposition der »Zeugnisse von Menschen . . ., die in der Änderung der Welt ihr Lebensziel sahen«,
präsentierte R. Dokumente des Erbes und der Gegenwart der
weltrevolutionären Bewegung, die 1917 und 1918 neuen
Anfang erfuhr durch die Realität und Idee »Sowjet« und
»Räte«. Vorgestellt wurden »Verzweifelte« und »Frondeure«, die
allein standen, »Aufrührer des Geistes«, endlich »die sozialen
Revolutionäre«, »Gestalter und Historiker der Massenaktionen«, die »Schöpfer der neuen sozialistischen Weltkultur«
(*Vorbemerkung*, S. 5-6), wobei neben deutschen Quellen
besonders viele französische und russische erschlossen wurden. Poetische, kunsttheoretische und politisch-programmati-

sche Zeugnisse vor allem seit der französischen Revolution wurden zusammengestellt; eröffnet wurde die Sammlung mit F. Hölderlin und W. Weitling, den letzten Abschnitt, *Weltbeginn*, bildeten *Das Manifest der kommunistischen Internationale* und Lunatscharskis *Proletarische Kultur* (von R., wie viele Texte, engagiert und sachkundig kommentiert). Durch Textbestand und Komposition war *Die Gemeinschaft* mehr als eine geschichtsillustrative Dokumentation, sie war Angebot zu einem sozialistischen Erbeverständnis, zu einem Zusammendenken von revolutionärer innovativer Kunst und Literatur und revolutionärer politischer Bewegung und Aktion.

W. W.: M. Kusmin: Taten des großen Alexander (R., Übers.), München 1910; N. Gogol: Abend auf dem Gutshof bei Dikanka (Nn., Übers. zus. mit F. Ichak [=Gogol: Sämtl. Werke, Bd. 3]), München 1910; Die indischen Opale (Kriminalr., unter Ps. E. L. Grombeck), Berlin/Leipzig 1910; Kriminalsonette (zus. mit F. Eisenlohr und L. Hahn), Leipzig 1913; Der Mensch in der Mitte (Aufse.), Berlin 1917, 2. erw. Aufl. Potsdam 1920; L. Tolstoi: Tagebuch 1895–1899 (Hg. und Einl.), Zürich 1918; A. Lunatscharski: Die Kulturaufgaben der Arbeiterklasse (Hg. und Vorrede), Berlin 1919; Voltaire: Die Romane und Erzählungen, 2 Bde. (Hg. und Einl. »Dichter Voltaire«; Übers. von Bd. 1 zus. mit F. Ichak), Potsdam 1919. – *Ausg.:* Der Dichter greift in die Politik. Werke 1908–1919, Hg. mit Nachw. K. Schuhmann, Leipzig 1976. – *Lit.:* K. Petersen: L. Rubiner. Eine Einführung mit Textausw. und Bibl., Bonn 1980.

Silvia Schlenstedt

Rück, Fritz (Ps. Peter Wedding, Leo Kipfer)

Geb. 15. 4. 1895 in Stuttgart; gest. 18. 11. 1959 in Stuttgart

Sohn eines Schreiners, 1909/13 Schriftsetzer und leitende Funktionen in der Stuttgarter SAJ. 1913 Mitglied der SPD, 1915/16 Teilnahme am I. Weltkrieg, Anschluß an die Spartakus-Gruppe, deren Vertreter auf dem Gründungsparteitag der USPD 1917, 1918 Vorsitzender der Landeskommission der USPD Württemberg. Redakteur der USPD-Ztg. »Der Sozialdemokrat«, Teilnahme an der Reichskonferenz der Spartakusgruppe und Verfasser eines Manifests für die Antikriegskundgebung am 30. Okt. 1918 in Stuttgart, das zur Bildung von Arbeiterräten aufrief. In der Novemberrevolution kämpfte er mit A. Thalheimer für sofortigen Waffenstillstand, Bildung von Arbeiterräten und eine sozialistische Republik. R. wurde in den Vorstand des Stuttgarter Arbeiterrates gewählt und gab dessen Mitteilungsblatt »Die rote Fahne« und die erste Nummer der »Braunschweigischen sozialistischen Landeskorrespondenz« heraus. Am 7. Nov. 1918 gemeinsam mit Thalheimer verhaftet. 1919 trat R. in die KPD ein, war Redakteur ver-

schiedener kommunistischer Zeitungen, u.a. 1921 politischer Redakteur der RF; Delegierter fast aller frühen KPD-Parteitage und auf dem III. Kongreß der KI in Moskau 1921. Ab 1927 Mitarbeiter der Agitprop-Abteilung des ZK der KPD und der Zs. »Inprekorr«. 1928 mit J. R. Becher und K. Kläber Begründer der Proletarischen Feuilleton-Korrespondenz und Herausgeber der Anthologie *Kampfgenoss*. Gehörte ab 1924 zum Parteiflügel um H. Brandler, 1929 Parteiaustritt und Mitglied der SPD, 1931 Eintritt in die SAPD, aus der er 1932 wegen des Aufrufs zum Boykott der Reichstagswahlen ausgeschlossen wurde. 1933 Emigration in die Schweiz, veröffentlichte unter seinen Ps. Porträtgedichte *(Silvester 1933*, Bern 1933) und den Roman *Nebengeräusche* (Berlin 1936). 1937 Korrespondent einer schweizerischen Zeitung in Schweden, Mitarbeiter an der Schwedischen Arbeiter-Presse, Mitglied der Landesgruppe Schweden der Auslandsvertretung deutscher Gewerkschaften, Apr. 1943 als Vertreter der sog. Opposition (aus KPDO, Trotzkisten und unabhängigen Sozialisten) Wahl in den Vorstand. 1950 Rückkehr nach Stuttgart, Chefredakteur des Zentralorgans und geschäftsführendes Vorstandsmitglied der IG Druck und Papier sowie Mitglied des Bundesausschuß DGB. Trat gegen die atomare Aufrüstung der Bundeswehr, gegen Antikommunismus und Rechtsextremismus in der BRD auf. Der Band *Kerkerblumen* (Stuttgart 1918) enthält von expressionistischen Einflüssen geprägte lyrische Bekenntnisse und Stimmungsbilder, Natur- und pathetische Liebesgedichte mit optimistischem Aufbruchsgestus, »wir säen feuertrunken / des Aufruhrs tolle Funken / ins leere Ackerfeld« *(Aussaat)*, leidenschaftliche Anklagen gegen den Krieg (*Der sozialdemokratischen Reichstagsfraktion 1914*), sowie Bilder von Trauer und Zuversicht aus der Kerkerzelle (*Lied eines Sträflings, Der Tod als Freund, Vorwärts*). Der Gedichtband *Feuer und Schlacken* (Stuttgart 1920) bietet expressive Erzählgedichte aus der Revolutionszeit, die die revolutionäre Aufbruchsstimmung 1918/19 und zugleich Trauer und Resignation über die Niederlage vermitteln. Seine genauen Schilderungen des Arbeitsalltags verbinden sich mit der Symbolik künftiger Veränderungen. Mit Ironie und Spott kritisiert R. den Verrat der SPD-Führung und der Gewerkschaften an den sozialistischen Idealen und würdigt in Helden- und Klageliedern mit teilweise religiöser Symbolik die Revolutionäre (*Auf Golgatha*). Das Scheitern der Revolution war für R. Anlaß für zahlreiche Analysen über den politischen Differenzierungs- und Spaltungsprozeß der SPD (*Vom 4. August bis zur russischen Revolution. Ein Beitrag zur Geschichte der kommunistischen Bewegung in Deutschland*, Berlin 1920; *Von Bismarck bis Herman Müller. Der Weg der deutschen Sozialdemokratie vom Sozialistengesetz zum Panzerkreuzer A 1878–1928*, Berlin 1928). In der Emigration erschienen historisch-materialistische Abhandlungen in schwedischer

Sprache, die sich mit der Vorgeschichte und den Entstehungsbedingungen des Nationalsozialismus sowie mit den Möglichkeiten einer europäischen Friedenspolitik beschäftigten (*1918. Kampen om Europa och fredsdiskussionen [1918. Der Kampf um Europa und die Friedensdiskussionen]*, Stockholm 1943; *Sovjetunionen och Komintern [Die Sowjetunion und die Komintern]*, Stockholm 1943; *1919–1939. Fred utan säkerhet*, Stockholm 1944 [*1919–1939. Frieden ohne Sicherheit*], Stockholm 1945; *Trillingarnas republik. Tre ar i vatt och torrt [Die Republik der Drillinge. Drei Jahre durch Naß und Trocken]*, zus. mit Britta Sjögren-Rück, Stockholm 1944).

W. W.: Aus dem Tagebuch eines Spartakisten, Moskau 1926; Reiche Fürsten, arme Leute. Der Volksentscheid für die entschädigungslose Enteignung der Fürsten, Berlin 1927; Der Wedding in Wort und Bild, Berlin 1931; Schweiz pa vakt (Die Schweiz auf Wache) (Abh.), Stockholm 1942; Kolossen pa stalfötter. Den ryska industrimaktens utvecking och problem (Der Koloß auf Stahlfüßen. Die Entwicklung und die Probleme der russischen Industriemacht), zus. mit S. Neumann, Stockholm 1945; Utopister och realister. Fran Rousseau till Marx (Utopisten und Realisten. Von Rousseau bis Marx), Stockholm 1948; Der Mensch ist frei (Ge.), 1955; Tausendjähriges Schweden. Von der Wikingerzeit zur sozialen Reform, 1956; November 1918 (Aufse.), Stuttgart 1958.

Dorothea Dornhof

Otto Rühle

Rühle, Karl Heinrich Otto (Ps. Carl Steuermann, Carlos Timonero)

Geb. 23. 10. 1874 in Groß-Voigtsberg (Sachsen); gest. 24. 6. 1943 in Mexiko

Sohn eines Bahnbeamten; 1881/89 Volksschule; 1889/95 protestantisches Lehrerseminar in Oschatz; 1896 SPD-Mitglied; Hauslehrer; 1899/1906 Redakteur verschiedener Arbeiterzeitungen; 1907/13 Wanderlehrer der SPD; 1912/18 MdR; stimmte im März 1915 mit K. Liebknecht gegen die Kriegskredite; Jan. 1916 berühmt gewordener Artikel *Zur Parteispaltung* (in: »Vorwärts«, 1916, 12. 1.), Anschluß an die Gruppe »Internationale« und Austritt aus der Fraktion; Okt. 1916 Antikriegsrede im Reichstag und Okt. 1918 Forderung nach Absetzung und Bestrafung des Kaisers; Nov. 1918 kurzzeitig Vorsitzender des Arbeiter-und-Soldaten-Rates in Dresden; seit dieser Zeit stets ganz links außen in der deutschen Arbeiterbewegung: Mitbegründer der KPD, aber Vertreter der ultralinken Mehrheitsposition gegen R. Luxemburg und Liebknecht; Jan. 1919 Gründung der KPD-Ortsgruppe Pirna; syndikalistische Auffassungen vom »Ende der Parteien«, R. lehnt jede Interessenvertretungskörperschaft in der Arbeiterbewegung ab; zielt dagegen auf eine Betriebsorganisation der Arbeiter in »Unionen« (nur in der Fabrik sei der Arbeiter Prolet, in der Freizeit sei er »verbürgerlicht«); faßte Gewerkschaften und Parteien als bürgerliche Organisationen, Eroberung der Betriebe als Voraussetzung proletarischer Räteherrschaft; Feb. 1920 Bruch mit der KPD, Juni mit der KI und W. I. Lenin persönlich, Okt. Trennung von linksradikaler KAPD; Anschluß an die Intellektuellen um »Die Aktion«; trotz politischer Isolierung große Wirkung vor allem auf Kulturideen in der Arbeiterbewegung; von Alice Gerstel 1921 in das kulturwissenschaftliche Denken im linken jüdischen Kulturkreis Prags eingeführt; 1924 Wanderredner, Verleger (eigener Verlag und Zs. »Am anderen Ufer« in Dresden; Herausgeber der Zsn. »Das proletarische Kind« und »Schwererziehbare Kinder«); wandte sich 1925 vom Linksradikalismus ab und gründet die Dresdener »Marxistisch-Individualpsychologische Arbeitsgemeinschaft« (Bruch mit der »Aktion«); Referent an Berliner Freidenker-Volkshochschule; Anfang der 30er Jahre zunehmend enttäuscht vom Zustand der Arbeiterbewegung und aufkommendem Faschismus; Sommer 1932 Aussiedlung in die ČSR; 1936 nach Mexico als Erziehungsberater der Regierung; 1938 entlassen wegen Betätigung im »Ausschuß zur Prüfung der Moskauer Anschuldigungen gegen L. Trotzki«; Gleichsetzung der Verbrechen Stalins mit denen Hitlers; freundschaftliche Beziehungen zur Trotzki trotz gegensätzlicher Auffassungen über die russische Revolution; versucht 1940 als Maler Carlos Timonero Geld zu verdienen; seit 1941 ohne Kontakte zu antifaschistischen Emigranten.

R. verfaßte über 60 Bücher, Broschüren und Flugschriften, wirkte als Verleger und Herausgeber sozialistischer Literatur, schrieb etwa 200 Beiträge zu Kulturfragen der Arbeiterbewegung und ihrer Geschichte. 1896 erste Schrift gegen autoritäre Erziehungsmethoden, später schulpolitische Schriften, Analysen des proletarischen Kinderalltags, Vorträge über sexuelle Aufklärung. Anfang der 20er Jahre Reflexion über die Differenz zwischen dem Realverhalten der Arbeiter und den politischen wie kulturellen Ambitionen der Ultralinken; zunächst utopische Gegenmodelle der *Erziehung zum Sozialismus* (Berlin 1920). R. suchte 1923/24 mit der Individualpsychologie A. Adlers das Arbeiterverhalten als »bürgerlich« und »autoritär« erklären zu können, verband dies mit dem Ziel, Marx' ökonomische Lehren mit einer Kulturtheorie zu ergänzen; entwickelte Konzept der »ideologischen Befreiung« der Arbeiter von bürgerlichen Verhaltensweisen durch eine kulturelle Revolution, die er im Gegensatz zum Leninismus und Sozialreformismus als die sozialistische Umwälzung selbst begriff. Aneignung der Theorien und Forschungsergebnisse von A. und M. Weber, A. Levenstein, G. le Bon, R. Michels, S. Freud, R. Goldscheid, M. Hirschfeld u.a.; R. erprobt seine Kernthesen am historischen Beispiel: in *Die Revolutionen Europas* (3 Bde., Dresden 1927) und *Karl Marx. Leben und Werk* (Hellerau 1928). Vernichtende Urteile von H. Duncker und G. Lukács kritisieren vor allem die Übertragung individualpsychologischer Kennzeichen auf die Klassengeschichte. R.s Begabung, große Mengen empirischen Materials einer synthetisierenden Betrachtung zu unterwerfen und in ein in den Hauptpunkten marxistisches Kulturmodell einzupassen, glückte in seinem Hauptwerk *Illustrierte Kultur- und Sittengeschichte des Proletariats* (1. Bd. Berlin 1930, Nachdr. Frankfurt a.M. 1970, Leipzig 1990. Der 2. Bd. erschien postum, Hg. G. Jacoby, Gießen 1977), kam 1929 zunächst in Einzelheften, Vorwort von A. Lunatscharski, Mitarbeiter J. Heartfield und F. Schiff, heraus. Es ist ein historischer Entwurf vom Proletarier als dem »neuen Menschen« der Zukunft, beschreibt die Geschichte proletarischer Lebensweise und faßt Kultur als »Sicherungsinstrument« herrschender Klassen. Zur Überwindung des Kapitalismus sei das Beseitigen der bürgerlichen Kultur in den »Seelen« der Menschen unabdingbar. Erst wenn altes Denken und »falsche« Lebensweise abgelegt werde, könne sozialistische Kultur entstehen. R. faßte Kulturvorstellungen der deutschen Linken, unter Abgrenzung von Konzepten der IFA und des Sozialistischen Kulturbundes, bei Übereinstimmung mit der These von der »Verbürgerlichung« der Arbeiter zu-

sammen. Seine Literaturvorstellungen waren durch die Idee der Interessenselbstvertretung der Arbeiter geprägt (jeder Prolet vermag sich selbst mündlich und schriftlich auszudrücken, lehne aber spezielle Kunstfertigkeiten ab). R. verwarf Unterhaltungsliteratur (*Die Schund-Literatur und ihre Bekämpfung von seiten des Lehrers*, Großenhain 1896) und setzte deren Wirken wiederholt dem Alkoholmißbrauch gleich. Er blieb im seinem Kunst- und Literaturverständnis an den sozialkritischen Werken des 19.Jh.s orientiert.

W. W.: Aus jungen Tagen. Ein neues Liederbuch, Großenhain 1896; Arbeit und Erziehung, München 1904; Volksbildung, Wissenschaft, Kunst und Sozialdemokratie, Berlin 1907; Das proletarische Kind (Mon.), München 1911; Grundfragen der Erziehung, Stuttgart 1912; Das kommunistische Schulprogramm, Berlin-Fichtenau 1920; Neues Kinderland, Berlin-Fichtenau 1920; Die Sozialisierung der Frau, Dresden 1922, 1924; Von der bürgerlichen zur proletarischen Revolution, Dresden 1924; Die Seele des proletarischen Kindes, Dresden 1925; Der Mensch auf der Flucht, Berlin 1932; Weltkrise - Weltwende. Kurs auf Staatskapitalismus, Berlin 1931; – *Ausg.:* Schrn. Perspektiven einer Revolution in hochindustrialisierten Ländern, Hg. G. Mergner, Reinbek b. Hamburg 1971; Baupläne für eine neue Gesellschaft, Reinbek b. Hamburg 1971. – *Lit.:* S. Franck (d.i. H. Jacoby): Soziologie der Freiheit. O. Rühles Auffassung vom Sozialismus, Ulm 1951; F. G. Hermann: O. Rühle als politischer Theoretiker, in: IWK, 1972, H. 17, 1973, H. 18; G. Mergner: Arbeiterbewegung und Intelligenz, Starnberg 1973; ; H. Jacoby/I. Herbst: O. Rühle zur Einführung, Hamburg 1985; H. Groschopp: Weltwende zu einer neuen Kultur, Leipzig/Weimar 1990.

Horst Groschopp

Rühle-Gerstel, Alice

Geb. 24. 3. 1984 in Prag; gest. 24.6. 1943 in Coyocan (Mexiko)

Tochter eines deutsch-jüdischen Möbelfabrikanten und einer tschechischen Mutter. Nach Lyzeumsbesuch 1912 Staatsprüfung für Musik am deutschen Lehrerinnen-Seminar in Prag.Im ersten Weltkrieg Lazarettkrankenschwester. Ab 1917 Studium der Germanistik und Philosophie in Prag und München, hier Diss. 1921 über »Friedrich Schlegel und Chamfort«. Heiratete 1921 Otto Rühle. Organisierte mit ihm eine überregionale, proletarische Erziehungsgemeinschaft, die Erziehung zum Selbstbewußtsein anstrebte. Gründeten zusammen 1924 in Dresden den Verlag Am anderen Ufer, gaben unter diesem Titel »Blätter für sozialistische Erziehung« heraus, ab 2. Jg. (1925) »Das proletarische Kind. Monatsblätter für proletarische Erziehung«. Umfangreiche Vortrags- und Verlagstätigkeit, eigene literarische Arbeiten. R.-G. wurde führende marxistische Individualpsychologin: *Freud und Adler. Elementare Einführung in Psychoanalyse und Individualpsychologie,*

Dresden 1924; *Der Weg zum Wir. Versuch einer Verbindung von Marxismus und Individualpsychologie*, Dresden 1927; *Das Frauenproblem der Gegenwart. Eine psychologische Bilanz*, Leipzig 1932 (neu hg. als *Die Frau und der Kapitalismus*, Frankfurt a.M. 1972). Im Herbst 1932 nach Prag, Mitarbeiterin des »Prager Tagblattes«. 1936 ging sie mit O. Rühle auf Einladung Präsident Cardenas nach Mexiko. Arbeitete hier als Übersetzerin eines Regierungsbüros. Übertrug u.a. Schriften von K. Marx ins Spanische. Freitod nach dem plötzlichen Ableben ihres Mannes.

Im Mittelpunkt ihres Interesses stand die Frauenfrage. R.-G. schrieb für »Die Literarische Welt« Rezensionen und Artikel zu diesem Thema, beteiligte sich mit dem Aufsatz *Gibt es heute eine proletarische Kunst?* im Sommer 1929 an der zu dieser Frage geführten Zeitschriftendiskussion. Forderte »einen neuen Aggregatzustand« der Kunst, der Gegenstand, Tendenz, Form, Kunstproduzenten und Kunstkonsumenten umfasse, bewertete proletarisch-revolutionäre Literatur als Stufe zur sozialistischen, auf grundlegend neuen gesellschaftlichen Verhältnissen aufbauender Literatur. Mit dem 1937/38 verfaßten Roman *Der Umbruch oder Hanna und die Freiheit* (Frankfurt a.M. 1984) bewarb sie sich – allerdings ergebnislos – um den 1938 von der »American Guild for German Cultural Freedom« ausgesetzten Exil-Roman-Preis. Geschildert wird das Emigrantenschicksal der Kommunistin Hanna Last, einer aus Deutschland geflohenen, politisch engagierten Frau, von einem auktorialen Erzähler, der ihre ideologischen und moralischen Probleme (Liebesverhältnis, während ihr Mann in Plötzensee inhaftiert ist) ehrlich offenbart. Der Roman gibt ein anschauliches, z.T. dokumentarisches Bild der Emigrantenszene im Prager Exil 1934/36, beleuchtet, gegen den Faschismus gerichtet, auch kritisch Entwicklungen in der tschechischen KP und in der KPdSU.

W. W.: Kein Gedicht für Trotzki. Tagebuchaufzeichnungen aus Mexiko, Frankfurt a.M. 1979. – *Lit.:* Literaturdebatten, Berlin und Weimar 1980; Exil, Bd. 4, 1984.

Heide Drust

Sachse, Willi Richard (Ps. Anti-Nautikus; Big Ben; Jan Murr; Hein Snut; Wisa)
Geb. 7. 1. 1896 in Leipzig, hingerichtet 21. 8. 1944 in Brandenburg-Görden

Vater Böttcher und Gastwirt; nach Realschule Mechanikerlehre; Okt. 1914 zur Kriegsmarine; 1917 als ein Führer des Flottenaufstands (mit M. Reichpietsch und A. Köbis) zum Tode verurteilt, zu 15 Jahren Zuchthaus begnadigt, Nov. 1918 amnestiert. Eintritt in USDP, Mitglied des Arbeiter- und Sol-

datenrates in Leipzig, 1920 VKPD; 1921 führend im Mitteldeutschen Aufstand; 1923 Sekretär der KPD (Bezirk Halle-Merseburg), Sept. 1923 von der Funktion entbunden. 1924/25 Reisen in die Sowjetunion, Teilnahme an Journalistenlehrgang; bis Apr. 1926 KPD-Org-Sekretär in Hamburg, dann Kulturredakteur der »Sächsischen Arbeiterzeitung«. Versammlungsredner und Verfasser von Artikeln zur Geschichte des Matrosenaufstands von 1917 (unter Ps. Anti-Nautikus *Deutschlands revolutionäre Matrosen*, Hamburg 1925, Vorw. E. Thälmann). Ab Jun. 1926 wegen dieser Publikation sieben Monate Untersuchungshaft; Apr. 1928 vom Vorwurf der Hochverratsvorbereitung freigesprochen. 1928 aus der KPD ausgeschlossen, Mitglied der KPD(O) in Leipzig bis kurz vor 1933. 1932 Mitglied des SDS; Anstellung bei W. Münzenberg. Okt. 1933/Febr. 1942 technischer Zeichner in Berlin; organisierte ab 1939 mit J. Römer die Widerstandsgruppe »Revolutionäre Arbeiter und Soldaten« (Leiter der »Gruppe Nord«), die sich 1941 mit der Widerstandsorganisation von R. Uhrig vereinigte. Schulungszirkel, Redakteur für den illegalen »Informationsdienst«. Am 4. Febr. 1942 verhaftet.

S. veröffentlichte 1934 vier Romane, einen Erzählungsband und Abenteuerheftchen. *Rost an Mann und Schiff. Ein Bekenntnisroman um Skagerrak* (abgeschlossen 1932; Berlin 1934) erzählt die Geschichte des Matrosenaufstands von 1917. Ein Geleitwort von M. Barthel akzentuiert den Deutschland-Gedanken, um das Erscheinen des Buches politisch möglich zu machen. Der Erzählungsband *Heizer Jan. Erlebnisse und Abenteuer auf See*, sowie *Jonetta. Roman einer Seefahrt* (beide Berlin 1934 unter Ps. J. Murr) schildern Abenteuer der Segelschiffahrt mit präziser Darstellung sozialer Spannungen innerhalb der Mannschaft. In den folgenden Büchern bevorzugte S. Stoffe von zeitloser Exotik.

W. W.: Wettfahrt mit Tod und Teufel. (R.), Berlin 1934; unter Ps. J. Murr: ›Tom ... Tom ...‹. Eine Erzählung aus dem Regenwald Madagaskars, Berlin 1934; unter Ps. H. Snut: Klaus Timm. Der Held von Kamerun. Nach seinen eigenen Erlebnissen, Heidenau 1934; J. Murr: Der Admiral. Leben und Tod derer von Falkland, Berlin 1935; Alaska Jim. Ein Held der Kanadischen Polizei, Heidenau 1935; Robben-Roy, Leipzig 1936.

Leonore Krenzlin

Scaevola, G. M. (Ps.)
Geb. 3. 4. 1859 in Berlin; gest. unbekannt

Identität ungeklärt; häufig verwechselt mit L. Wulff (Ps. M. Scaevola); war nicht proletarischer Herkunft; Gymnasialbildung; arbeitete vermutlich seit den 80er Jahren illegal in der sozialdemokratischen Partei.

S.s Gedichte und Stücke wurden nach Aufhebung des Sozialistengesetzes in der Parteipresse und im Parteiverlag in hohen Auflagen verbreitet. Die episch-dramatische Dichtung *12 Jahre Verbannung oder des Ausgewiesenen Heimkehr* (Berlin 1894; Nachdr. in: *Gedichte und Stücke*. Hg. G. u. H. Klatt, Berlin 1977) wurde anläßlich einer großen Gedächtnisfeier der Partei uraufgeführt, allein zwischen 1902/13 in 35000 Exemplaren verlegt und wie andere Zeitstücke S.s (*Der entlarvte Spitzel*, Berlin 1895) häufig aufgeführt. Literaturgeschichtlich bedeutsam ist seine episch-dramatische Dichtung *Die französische Revolution* (Berlin 1893, Nachdr. in: *Knilli/Münchow*, S. 290–302).

Während er im Gedicht *Prometheus Volk* mit den heroischen Illusionen der bürgerlichen Aufstiegsphase abrechnet, die Arbeiterklasse als legitime Fortsetzer von Prometheus' Taten einsetzt, dokumentiert das Stück die Sicht des Proletariats auf die bürgerliche Revolution. In seiner Form den lebenden Bildern (»Tableaux«) verpflichtet, läßt S. sein Stück mit dem 9. Thermidor enden; appellativ werden im letzten Bild die dem Proletariat noch bevorstehenden Kämpfe gezeigt. Dieser Typ von historischer Dokumentation hat sich für die sozialistische Dramatik nach 1917 (ohne daß direkte Traditionsbeziehungen nachzuweisen sind) als produktiv erwiesen. Vor allem in der Lyrik wird deutlich, daß sich S. als Agitator und Propagandist der Partei verstand. Die Anthologie *Rotdeutschlands Aufstieg* (Berlin 1907) versammelt seine Wahlkampf-Lieder aus den vorangegangenen Jahren. Im Unterschied zur Lyrik H. Kämpchens und E. Preczangs fehlen bei S. soziale wie autobiographische Erfahrungen. Seine Gedichte sind der Haltung des Volkstribuns (das Muster entspricht den Reden Saint-Justs) verpflichtet. Kennzeichnend ist ein abstraktes hymnisches Pathos, das zum konkreten operativen Anlaß (meist einer Wahl) in Widerspruch steht. Als »Leitgedichte« im »Vorwärts« oder regionalen Zeitungen der Partei erstveröffentlicht, lebt diese Lyrik, die sich formal zwischen Appell und Verkündigung bewegt, von der (über antike Bilder vermittelten) Überzeugung von einer welthistorischen Mission des Proletariats und der politischen Orientierung auf den parlamentarischen Weg.

W. W.: Die erste Reichstagssitzung nach Richter, Berlin 1893; Die Spar-Agnes von Eugen Richter, Berlin 1893; Der Schneiderstreik oder Durchlaucht als August, Berlin 1895; Völkerfrühlings-Weltenmai!, Berlin 1895. – *Lit.:* D. Trempenau: Frühe sozialdemokratische und sozialistische Arbeiterdramatik. 1890–1914, Stuttgart 1979.

Gudrun Klatt

Schapper, Karl Christian Friedrich

Geb. 30. 12. 1812 in Weinbach bei Weilburg (Hessen-Nassau); gest. 29. 4. 1870 in London

Sohn eines Pfarrers; ab 1831 Forstwirtschaftsstudium in Gießen; Burschenschafter. Nach Beteiligung an revolutionären Aktionen Flucht in die Schweiz. 1834 wegen Teilnahme am Savoyenfeldzug sechs Monate Haft; trat der Geheimorganisation Junges Deutschland bei und leistete politische Agitationsarbeit unter deutschen Handwerksgesellen. 1836 nach Ausweisung mitbeteiligt an der Bildung des Bundes der Gerechten in Paris. Im Ergebnis programmatischer Diskussionen entstand sein Gesellschaftsentwurf *Gütergemeinschaft*, der aber unvollendet blieb. 1839 nach Pariser Maiaufstand verhaftet, 1840 ausgewiesen, ging er nach London und gründete den deutschen kommunistischen Arbeiterbildungsverein. *Aufruf*, ein Gedicht Sch.s, dem Freiheitspathos T. Körners nachempfunden, erschien in *Volksklänge. Eine Sammlung patriotischer Lieder* (Paris 1841). 1842/43 schrieb er für die »Junge Generation« und 1844 für den Pariser »Vorwärts!« über die politische und soziale Bewegung in England. 1843 lernte er F. Engels, 1845 K. Marx kennen; ab Mai 1846 Mitarbeiter des Kommunistischen Korrespondenz-Komitees. Verfasser von Adressen und Rundschreiben des Bundes der Gerechten sowie des BdK. Schrieb seit Ende 1846 für die »Deutsche-Londoner-Zeitung« und war 1847 als Redakteur für die »Kommunistische Zeitschrift« vorgesehen. Rastloses Wirken als Versammlungsredner in Arbeitervereinen, propagierte als Übergang zu einer Gütergemeinschaftsgesellschaft mit demokratisch republikanischer Basis die Nationalwerkstättenidee. Juni 1847 in die Zentralbehörde des BdK gewählt und Mitautor des Entwurfs des *Kommunistischen Glaubensbekenntnisses*. Nach der Verlegung der Zentralbehörde ging er im März 1848 nach Paris, war Mitunterzeichner der *17 Forderungen der Kommunistischen Partei in Deutschland* und von Juni 1848 an Korrektor und Mitarbeiter der »Neuen Rheinischen Zeitung« in Köln. Während der Revolution Beteiligung an Koordination und Leitung von Aktivitäten der Arbeiterbewegung. Mai/Juni 1849 Engagement in seiner hessisch-nassauischen Heimat für einen Anschluß an die revolutionäre Bewegung in Baden und der Pfalz. Nach Haft und Ausweisung aus Köln und Wiesbaden ging er im Juli 1850 für immer nach London; unterstützte A. Willichs Revolutionarismusbestrebungen und war somit maßgeblich an der Spaltung des BdK beteiligt. 1856 näherte er sich wieder den Positionen von Marx an. Ab Mai 1865 im Generalrat der IAA, wirkte er bis an sein Lebensende in der organisierten Arbeiterbewegung.

Lit.: A. W. Fehling: Carl Schapper und die Anfänge der Arbeiterbewegung bis zur Revolution von 1848, Diss., Rostock 1922; A. M. Kuhnigk:

Karl Schapper. Ein Vater der europäischen Arbeiterbewegung, Camberg 1980; G. Becker: Karl Schapper, in: Männer der Revolution von 1848, Bd. 1, Hg. H. Bleiber/W. Schmidt/ R. Weber, 2. Aufl., Berlin 1988.

Wolfgang Meiser

Scharrer, Adam (Ps. Adam)
Geb. 13. 7. 1889 in Klein-Schwarzenlohe (Bayern);
gest. 2. 3. 1948 in Schwerin

Sohn eines Gemeindehirten, ältestes von 17 Kindern. Arbeitete, erst fünfjährig, als Hütejunge. Dorfschule, 1902/06 Schlosserlehre (bis Gesellenprüfung). Bis 1914 Wanderschaft als Arbeitsloser und Gelegenheitsarbeiter durch Deutschland, Schweiz, Italien, Österreich bis Polen. 1914 Kriegsteilnehmer, verwundet, dann Munitions- und Metallarbeiter in Norddeutschland und Berlin. 1914/18 Mitglied der SPD, 1918/19 Spartakusbund, dann KPD. Jan. 1918 Mitorganisator des Berliner Munitionsarbeiterstreiks. 1920/33 Mitglied der KAPD. Tätig in verschiedenen Berliner Betrieben, zeitweilig arbeitslos. Seit 1925 zunächst anonym, dann unter Ps. Adam Publikationen in »Kommunistische Arbeiterzeitung« und dem theoretischen Organ der KAPD, »Proletarier«. 1923 Geburt der Tochter Anneliese, die später von den Nazis in einer Anstalt gefangengehalten wird und an den Folgen stirbt. 1925 Tod der ersten Frau. 1924/28 nebenberuflich Korrektor in Buchdruckerei und Verlag der KAPD. 1928/29 in einer Buchhandlung für Arbeiterliteratur. Arbeitslos, beginnt Sch. autobiographische Erlebnisbücher zu schreiben. Bis Aug. 1933 in Berlin, zuletzt illegal; nach Ankündigung eines Hochverratsprozesses Emigration nach Prag. Im Aug. 1934 auf Einladung des sowjetischen Schriftstellerverbandes nach Moskau; nach kurzem Aufenthalt wird der Antrag zur Übersiedlung in ein ukrainisches Dorf genehmigt; Sch. begründet ihn mit der Absicht, über die Geschichte der deutschen Bauern in der UdSSR und über die Lösung der Bauernfrage in der Kollektivierung zu schreiben. 1938/41 in Moskau, wohnte im Haus des Schriftstellerverbandes in Peredelkino. Mitarbeit an IL, DZZ, »Das Wort«. Gehörte ab 1938 zum fünfköpfigen Leitungsgremium der deutschen Sektion des sowjetischen Schriftstellerverbandes. Arbeit für den deutschsprachigen Rundfunk. Pläne, im Moskauer Kammertheater 1941 das Stück *Der Acker auf dem schwarzen Berg* (russisch Moskau/Leningrad 1942) aufzuführen, zerschlugen sich wegen der Evakuierung. 1942 nach Taschkent evakuiert, dort Mitarbeit am deutschsprachigen Theater. Ab 1943 wieder Aufenthalt in Peredelkino; Mitarbeit an Zeitungen für deutsche Soldaten. Juli 1945 zurück nach Deutschland. Redakteur der »Schweriner Landeszeitung«, Mitglied des Landes- und Zonenvorstandes der VVN. Sch. war ein Mitbegründer des Kulturbundes in Mecklenburg, doch stand er dessen Konzept der Zusammenarbeit mit bürger-

Adam Scharrer

lichen Kulturschaffenden kritisch gegenüber. Dies begründete auch eine öffentliche Kontroverse mit E. Welk, während der er seiner Herzkrankheit erlag.

Sch.s in einer kurzen Schaffenszeit entstandenes umfangreiches Erzählwerk wurzelt in eigener Sozialerfahrung. Drei thematische Stränge dominieren: direkt Autobiographisches, proletarische Familiensujets und Leben auf dem Dorf. Außerdem entstanden einige im bäuerlichen Milieu angesiedelte Stücke. Die Reihe der autobiographischen Bücher beginnt mit *Auch eine Jugend* (in: *Das Vier-Männer-Buch*, Berlin 1929), es folgen *Aus der Art geschlagen. Reisebericht eines Arbeiters* (Berlin 1930) und *Vaterlandslose Gesellen. Das erste Kriegsbuch eines Arbeiters* (Wien/Berlin 1930, Vorabdr. in RF, 1929); dieses machte ihn weithin bekannt und wurde in mehrere Sprachen übersetzt. In die Vielzahl damals erschienener Kriegsbücher brachte es die Perspektive des proletarischen Kriegsgegners ein. Im Ich-Bericht der Figur Hans Betzoldt erzählt Sch. von den Erfahrungen eines Arbeiters an der Front und in der Rüstungsindustrie, von Drill und Hunger, vom nationalistischen Taumel und von langsamer Ernüchterung. Das Erzählen ist durch einen lakonisch-sarkastischen Grundton bestimmt, der mit rhetorisch-agitatorischen Elementen besonders bei der Schilderung der revolutionären Unruhen durchsetzt ist. Im Buch entsteht eine pazifistische Tendenz; die

Sprüche der Vaterlandsverteidiger werden durch die gezeigte Wirklichkeit konterkariert. Am Schluß steht eine Apotheose des revolutionären Aufbruchs. Weitere autobiographische Bücher sind der Roman *Wanderschaft* (Kiew 1940) und *In jungen Jahren. Erlebnisroman eines deutschen Arbeiters* (Berlin 1946, zus. mit *Wanderschaft* als T. 2), in denen Sch. Kindheit und Wanderleben bis zum Ausbruch des I. Weltkrieges mit einer größeren erzählerischen Distanz erinnert. Es sind lebendige, episodenreiche Erzählungen in einer kräftigen, alltagsnahen und dialektgefärbten Sprache. Mit *Der große Betrug. Geschichte einer proletarischen Familie* (Wien/Berlin 1931) und *Familie Schuhmann. Ein Berliner Roman* (Moskau 1939) steht Sch. in der Tradition proletarischer Familienromane. Der erste faßt im proletarischen Alltag die sozialen und politischen Ereignisse vom Beginn des I. Weltkrieges bis zur Inflation. Generationskonflikte und Gegensätze im Verhältnis zwischen vom Lande kommenden ungelernten und klassenbewußten großstädtischen Arbeitern bewegen ebenso wie der Kampf der Frauen gegen Hunger, Krankheit und Wohnungselend das episodenreiche Geschehen. Nicht alle Figuren sind gleichermaßen intensiv gestaltet. Das trifft auch auf den Roman *Familie Schuhmann* zu, der in der Zeit kurz vor und nach 1933 angesiedelt ist und in dem in einem Berliner Siedlungsgebiet den Gründen für das Versagen bei der Machtergreifung durch die Nazis nachgegangen wird. Das menschliche Verhalten erscheint als von Anpassungbereitschaft und Angst, Korrumpierbarkeit und Behauptungswille bestimmt. Unverwechselbares hat Sch. vor allem in den Romanen und Erzählungen mit Dorfsujet geschaffen, unter denen *Maulwürfe* (Prag 1933) als erster sozialistischer Bauernroman herausragt. Sch. untersucht die Verhältnisse in einem fränkischen Dorf im Vorfeld des Faschismus, und dabei gelingt es ihm, in individuellen Schicksalen im dörflichen Milieu die für die Zeit charakteristischen sozialen und historischen Konflikte aufscheinen zu lassen. Auch der Roman *Der Hirt von Rauweiler* (Moskau 1942), die Bände *Abenteuer eines Hirtenjungen und andere Dorfgeschichten* (Moskau/Leningrad 1935), *Der Landpostbote Zwickerer und andere Erzählungen* (Moskau 1944) und *Dorfgeschichten einmal anders* (Berlin 1948) geben einprägsame Schilderungen des Dorflebens aus verschiedenen zeitlichen Abschnitten vom Ende des 19. Jh.s bis zum Ende des II. Weltkrieges. Dabei greift Sch. Ereignisse im alltäglichen Dorfleben auf wie Geburt, Hochzeit, Tod, den Tages- und Jahresrhythmus der Arbeit, menschliche Elementarantriebe wie Habgier, Neid und Faulheit, aber auch gegenteilige Impulse, um in ihnen das Wirken von sozialen und politischen Konflikten der Zeit einzufangen. Seine Prosa lebt von kräftiger Bildhaftigkeit, alltagsnahem Handlungsgeschehen, meist bitterem Humor und lakonischer, die gesprochene Sprache einsetzender Charakterisierungskunst der

bäuerlicher Figuren. Mit dem Landpostboten Ignaz Zwickerer hat er eine Figur erfunden, durch die er als Chronist die Wirkungen des Krieges auf das Leben der Bauern schildern kann und die zugleich ein Medium der Reflexion wird; die bäuerliche Erlebniswelt und die Geschichtsereignisse werden so zueinander in Beziehung gesetzt. In der Motivierung der erzählten Figuren macht Sch. das Wirken des nazistischen Blut- und Bodenmythos deutlich und schafft so eine realitätsnahe Dorfliteratur, die sich zur Idyllisierung wie zur Mythisierung bäuerlichen Daseins polemisch verhält. Nach 1945 schrieb Sch. nur wenige Erzählungen, die die durch die Bodenreform herbeigeführten Veränderungen auf Mecklenburgischen Dörfern festhalten.

W. W.: Argrarpolitische Bausteine (unter Ps. Adam), in: Proletarier, 1926, H. 1, S. 41; Wege der Liebe (Rezension zu A. Kollontai), ebd. S. 81/82; Brüder in Not. Über deutsche Bauern in der UdSSR, in: Die Neue Weltbühne, 1934, S. 1587–89; Der Überfall, in: Gegen-Angriff, 12. 5. 1934; Die Bauern von Gottes Gnaden. Geschichte eines Erbhofes, Engels 1935; Zwei Erzählungen aus dem Leben deutscher Bauern, Moskau 1938; Die Zäuners (UA 1934), in: IL, 1939, H. 1, Ndr. in: Stücke aus dem Exil, Hg. H-J. Schneider, Berlin 1984; Der Krummhofbauer und andere Dorfgeschichten, Kiew 1939; Die Hochzeitsreise (E.), Moskau 1940; Der Herr im Haus, Moskau 1940; Zwei Freier und andere Dorferzählungen, Taschkent 1943; Der Landsknecht. Biographie eines Nazi (E.), Moskau 1943; Das letzte Wort. Die Sachverständigen (En.), Berlin 1948. – *Ausg.*: Gesammelte Werke in Einzelausg., 8 Bde., Berlin 1961 ff. *Lit.*: Beiträge, Bd. 3; F. Wagner: Bauernroman anders. Adam Scharrer: »Maulwürfe. Ein deutscher Bauernroman.«, in: Erfahrung Exil, Hg. S. Bock/M. Hahn, Berlin und Weimar 1979, S. 54–72; David Pike: Deutsche Schriftsteller im sowjetischen Exil 1933–45, Frankfurt a.M. 1981; Exil, Bd. 1/II, 2. Aufl. 1989.

Ursula Reinhold

Scheer, Maximilian (d. i. Walter Schlieper)
Geb. 22. 4. 1886 in Hahn (Rheinland); gest. 3. 2. 1978 in Berlin

Sohn eines sozialdemokratischen Schmieds. Nach Volksschule Bürotätigkeit. Kurzer Wehrdienst im Weltkrieg, dann leitender Angestellter eines Stahlwerks im Ruhrgebiet, nach dem Krieg Büroleiter einer Stahl- und Werkzeughandlung in Köln. Seit Ende der 20er Jahre Personalchef, Filialleiter in Essen und zweiter Direktor sowjetischer Exportunternehmen in Deutschland. Studierte als Gasthörer der Universität Köln Literatur, Völkerkunde und Theaterwissenschaft. Gründete 1929 die Oktobergruppe, eine linke Kulturvereinigung, die Veranstaltungen und Theateraufführungen organisierte. Theaterkritiker und kulturpolitischer Publizist in der kommunistischen Tages-Ztg. »Sozialistische Republik«, im »Berliner Börsen-Courier« u.a. März 1933 Emigration nach Paris, mit R. Leonhard

Herausgeber der Wochen-Ztg. »die aktion. Organ zur Verteidigung der deutschen Flüchtlinge und zum Kampf gegen den Hitlerfaschismus«. Nach deren Scheitern Ende 1933/1936 Mitarbeiter der von S. Radó geleiteten Presseagentur IN-PRESS. 1935 Mitarbeit im »Vorläufigen Ausschuß zur Vorbereitung einer deutschen Volksfront« (Aktionsausschuß für Freiheit in Deutschland). Publikationen in »Weltbühne«, »Gegen-Angriff« ,»Volks-Illustrierte«, »Pariser Tageblatt/Pariser Tageszeitung« und in französischen Blättern. 1939 interniert, diente als Prestataire. Juli 1940 Flucht nach Marseille, über Spanien und Lissabon nach New York. Redakteur der »Overseas News Agency«, 1944 Leiter der Fremdsprachenabteilung. Publikationen in »The Protestant«, »Aufbau« u.a. 1944 Mitarbeit im Council for a Democratic Germany, mit E. Hauptmann Redakteur des Bulletins. 1947 Rückkehr nach Berlin. 1947/49 Chefredakteur der von A. Kantorowicz herausgegebenen Zs. »Ost und West«.

Sch.s journalistische Arbeit begann mit Kulturpublizistik, im Exil erarbeitete er sich journalistische Professionalität. Charakteristisch sind seine Fähigkeit zur genauen Recherche und die wirksame Darbietung in dokumentierender und reportagehafter Schreibweise. Aufsehen erregten besonders seine Beiträge über Propaganda, Spionage und Verschwörung der Nationalsozialisten im Ausland. Ein Artikel über Interna der Pariser Deutschen Botschaft veranlaßte W. Münzenberg, Sch. mit der Erarbeitung einer Dokumentation (*Das deutsche Volk klagt an. Hitlers Krieg gegen die Friedenskämpfer in Deutschland*, Paris 1936) zu beauftragen (frz. Ausgabe: Einl. R. Rolland). Unter Sch.s Federführung entstand *Blut und Ehre* (Paris 1937, Vorw. E. Gumbel), eine dokumentierende Darstellung der »deutschen Zeitgeschichte als Etappen eines Bürgerkrieges« (S. 7) nationalistischer Gruppen und Organisationen von den Freikorps bis zum legalisierten Terror in Nazideutschland. Die Opfer und Leistungen des Widerstands werden als Beitrag zur »Schlacht um den Frieden Europas« begriffen. Freilich überschätzte Sch. Stärke und Umfang der deutschen Opposition beträchtlich. Über die Militarisierung der Schule in Deutschland berichteten Sch. und E. Wildangel in *L'école hitlerienne et l'étranger* (*Die Hitlerschule und das Ausland*, Paris 1937). Da Sch. eine der Wurzeln des Nationalsozialismus in der Kolonial-Ideologie und Unterdrückungspraxis des Wilhelminischen Imperialismus sah, schrieb er die Erzählung über Südwestafrika *Schwarz und Weiß am Waterberg*, die zunächst ungedruckt blieb (korrigierte Fassung Schwerin 1952). Im Roman *Fahrt an den Rhein* (e. 1942/43, Berlin 1948) sucht Sch. - mit stark kolportagehaften Handlungselementen - die psychische Verfassung der Menschen in Köln unter Gestapoterror und Kriegselend zu beschreiben. Seine Exilerfahrungen hat Sch. in materialreichen und spannend dargebotenen Aufzeichnungen von 1944/45 u. d. T.

Begegnungen in Europa und Amerika (Berlin 1949, erw. zu *Paris - New York*, Berlin 1966) und in dem autobiographischen Bericht *So war es in Paris* (Berlin 1964) festgehalten, der auf der Grundlage von geretteten Briefen, Aufzeichnungen und Manuskripten geschrieben wurde. Mit ihrer Montage von Originalquellen und persönlichen Erinnerungen vermitteln diese Bücher - bei manchen Aussparungen und subjektiven Wertungen - authentische Erfahrungen und eine Fülle von eindrucksvollen Fakten.

W. W.: Ein unruhiges Leben (Aut.), Berlin 1975; In meinen Augen. Auslese aus 50 Jahren, Berlin 1977.

Dieter Schiller

Scheu, Andreas

Geb. 27. 1. 1844 in Wien; gest. 28. 8. 1927 in Rapperswil

Sohn eines Möbeltischlers; kurzer Besuch der Realschule; Lehre als Modelleur und Vergolder; arbeitete in Möbelfabriken in Wien und Prag; schloß sich 1867 einem Arbeiterbildungsverein an; wurde zu einem der führenden Agitatoren der österreichischen Arbeiterbewegung; nahm 1869 am Eisenacher Gründungsparteitag der SDAP teil; wurde 1870 Redakteur der marxistisch orientierten Wiener Ztg. »Der Volkswille«; im selben Jahr gemeinsam mit anderen Redakteuren (u.a. J. Most) im Hochverratsprozeß zu fünf Jahren Kerker verurteilt; 1871 amnestiert; 1873/74 Redakteur der Wiener »Gleichheit«; emigrierte 1874 nach London; trat der IAA bei; Mitbegründer der Schottischen Land- und Arbeiterliga; Möbelzeichner in Glasgow und Edinburgh; ab 1880 in London für kurze Zeit für Mosts »Freiheit« tätig; bis 1911 Vertreter einer deutschen Firma in England; lebte ab 1914 in der Schweiz.

Sch. schrieb eine Reihe einprägsamer Arbeiterlieder, die auch in der deutschen Arbeiterbewegung große Verbreitung fanden. Bekannt wurde er vor allem durch sein *Arbeiter-Bundeslied*. Einigkeit, Geschlossenheit und internationale Solidarität waren die zentralen Begriffe in seinen Agitationsliedern. Sch.s frühe Gedichte thematisierten den aktuellen politischen Kampf der Arbeiterbewegung. Einige von ihnen sind der Pariser Kommune gewidmet (z.B. *Zum Andenken an die Kommune*). Die Ziele der Arbeiterbewegung sind in Sch.s lyrischen Formulierungen meist identisch mit denen der Französischen Revolution (Freiheit, Gleichheit, Brüderlichkeit). Dennoch betont er die Notwendigkeit einer politisch eigenständigen Arbeiterbewegung. Seine späteren *Maifestlieder* (Stuttgart 1899) agitieren für den Achtstundentag und das Recht auf Arbeit. Mit Naturallegorien drückt Sch. hier seine euphorischen Zukunftsvisionen aus. Dabei wird die erhoffte soziale Harmonie auf friedlichem Wege hergestellt, indem die Protagonisten der Arbeiterbewegung ihre Gegner durch Weisheit, Güte und hohe Moral überzeugen. Solche sozialutopischen Vorstellungen finden sich auch in dem Maifestspiel *Frühlingsboten* (Stuttgart 1893) und in seinen *Neugeistliedern in altmodischer Gewandung,* die als Anhang in seiner Autobiographie gedruckt wurden. Diese lebendig erzählte Lebensgeschichte u. d. T. *Umsturzkeime. Erlebnisse eines Kämpfers* (Wien 1923) schildert Sch.s Weg vom Männerturn-, über den Arbeiterbildungsverein zur Sozialdemokratie als Reifungsprozeß, in dem er sich von der bürgerliche »Phrase des Individualismus« allmählich löst und u.a. durch die Schriften von Lassalle und Marx zum politischen Kämpfer und führenden Agitator heranwächst.

W. W.: What's to be done? Agitate! Educate! Organise!, London 1892; Lebensbilder in England, in: NZ, 1893/94. – *Ausg.:* Gedichte. Deutsche Arbeiter-Dichtung Bd.5, Stuttgart 1893. – *Lit.:* Knilli/Münchow.

Tanja Bürgel

Schiller, Josef
Geb. 29. 6. 1846 in Reichenberg (Liberec); gest. 16. 8. 1897 in Germania (Pennsylvania, USA)

Josef Schiller genannt: Schiller-Sef

Sohn armer Weber; Fabrikarbeit seit dem zehnten Lebensjahr; begann mit zwölf Jahren, lesen und schreiben zu lernen; erste Gedichte mit etwa 18 Jahren; Mitbegründer der ersten sozialdemokratischen Organisation in Böhmen, die sich 1869 in Reichenberg konstituierte; wirkte fortan als Organisator und Agitator wie als Autor schöngeistiger Literatur, Rezitator, Herausgeber und Redakteur für die Arbeiterbewegung; zog, verfolgt von Unternehmern und Behörden, auf Arbeitssuche von Ort zu Ort; verbreitete dabei sozialistische Ideen und stimulierte die lokalen Arbeiterorganisationen; lernte Tuchweber und arbeitete als Bergarbeiter, Kohlenkarrer, Bauarbeiter, Hilfszimmermann, Anstreicher, Chemiearbeiter, Handlanger, Kleinhändler, Hausierer u.a.; lebte die meiste Zeit in Nordböhmen, zeitweilig auch in Mürzzuschlag (Steiermark) und in Dresden; erwarb sich durch sein besonderes Engagement die Achtung und Sympathie der Proletarier, wurde mehrmals zu Parteitagen delegiert. Sch. gehörte Ende der 70er Jahre der zentralen österreichischen Parteileitung an; Funktionär der Textilarbeiterbewegung; erlebte 1890/91 den Höhepunkt seiner politischen und literarischen Entwicklung; fungierte zeitweilig als Herausgeber oder Redakteur wichtiger Parteizeitungen: »Der Arbeiterfreund« (Reichenberg/Prag, ab 1874), »Sozialpolitische Rundschau« (Reichenberg, ab 1877), »Der Radikale« (Reichenberg, ab 1883), »Freigeist« (Reichenberg, ab 1890); gab eine Art satirische Betriebszeitung (»Die Brennessel«,

Aussig) und die satirische Faschings-Zs. »Die Maulschelle« – zeitweilig unter dem Titel »Der Spottvogel«- (Reichenberg, ab 1891) heraus. Sch. hatte 12 Haftstrafen bzw. eine Gesamthaftzeit von etwa drei Jahren zu verbüßen; leistete auch in der Haft Widerstand mit der Herausgabe einer Gefängniszeitung; organisierte einen Gefängnisstreik und schrieb Gedichte und Lieder, die Mitgefangenen Mut machten. Er gehörte zu den »Radikalen« und machte sich um die Wiedervereinigung der österreichischen Arbeiterbewegung verdient; geriet in Isolation, weil er die zunehmende »opportunistische Versumpfung« und »kleinbürgerliche Bildungsmeierei« (P. Reimann) auch in der nordböhmischen Sozialdemokratie nicht ertragen konnte, und wanderte 1896 in die USA aus; führte dort ein dürftiges, einsiedlerhaftes Dasein; rang um Anschluß an die amerikanische Arbeiterbewegung und um die Überwindung seiner Trunksucht. ›Schiller Seff‹ vermochte Volksmassen, besonders im mündlichen Vortrag, mit Engagement, Humor und Satire zu begeistern. Er wurde ungewöhnlich populär; noch Jahrzehnte nach seinem Tod erinnerten sich viele nordböhmische Arbeiter an ihn und seine Texte.

Inhalt der meisten Texte Sch.s ist eine betont kritische, auf grundlegende Veränderung zielende Auseinandersetzung mit der als unerträglich empfundenen gesellschaftlichen Umwelt. »Menschenliebe« und die Kraft des »Geistes« einerseits und harter, revolutionärer Kampf andererseits erscheinen als Mittel zur Veränderung der Welt. Als Vorbild dient ihm dabei die Natur in ihrer Harmonie. Der Proletarier-Dichter beklagt die Not der Weber und das Elend der Waisenkinder, verspottet die »Geldprotze«, Philister aller Arten und Gefängniswärter, setzt sich mit weltanschaulichen Fragen auseinander, vermittelt Kampferfahrungen und beschwört den Geist der Solidarität. Aus eigenem Erleben vermag Sch. die Sphäre der Arbeit, des Arbeitskampfes und der Kinderarbeit in seine literarischen Texte einzubeziehen. Aus dem sozialen Grunderlebnis von Elend, Bedrückung und Gewalttätigkeit der Mächtigen erwachsen Empörung und der Aufruf zum Kampf gegen Willkür und Bosheit der Ausbeuter. Seine - oft satirische - Abrechnung mit Reaktionären und Opportunisten aus den eigenen Reihen ist in ihrer Schärfe kaum überboten worden. In späten Gedichten zeigen sich Symptome der individuellen Krise und zugleich, als dominantes Moment, ein trotziges Sich-Aufbäumen, der Wille zur Fortsetzung des Kampfes. Sch.s Hauptleistung lag in der Lyrik, die großenteils zum eigenen mündlichen Vortrag bestimmt war. Von den über 1000 Gedichten, die er verfaßt haben soll, ist nur ein kleiner Teil überliefert. Der Textfundus belegt, daß Sch. die verschiedenen Formen der Lyrik benutzte: einfache, liedhafte Gedichte, satirische Verse, Gedankenlyrik und Balladen. Auch als Erzähler und Verfasser von Bühnenspielen hatte er Erfolg. Die beiden größeren autobiographischen Texte, *Bilder aus der Gefangenschaft* (in: »Freigeist«, Reichenberg, 1890, als Buch: Reichenberg 1890) und *Blätter und Blüten aus dem Kranze meiner Erinnerungen* (in: »Freigeist«, Reichenberg, 1890/91) sind, obwohl sie, um »gefälliger« zu erscheinen, tatsächliches Geschehen mit Erdichtetem mischen, von sozialhistorischem Wert. Seine Kurzerzählungen sollten operativ wirken. *Die Wahrheit im Kampfe mit Lüge und Unverstand!* (in: *Oesterreich. Arbeiter-Kalender für das Jahr 1885*, Reichenberg 1885) und *Selbstbefreiung* (Festspiel für vier Personen, Reichenberg o. J. [1889]) sind allegorische Dichtungen, wie sie damals als künstlerisch-agitatorische Bereicherung von Parteiveranstaltungen beliebt waren.

Ausg.: Gesammelte Werke, Reichenberg 1928; Textausgaben, Bd. 23.- *Lit.:* P. Reimann: Von Herder bis Kisch, Berlin 1961; P. Reimann: Ve dvacátých letech. Vzpomínky, Nakladatelstiv politické Literatury, Praha 1966.

Norbert Rothe

Schiller-Debatte

Nach der Diskussion um die bürgerliche Moderne in der ↗ Naturalismus-Debatte veranlaßte der 100. Todestag F. Schillers im Frühjahr 1905 führende Politiker und Journalisten der SPD, die Bedeutung des klassischen Dichters im Rahmen ihres sozialdemokratischen Kulturkonzepts zu erörtern. Die Debatte wurde in zentralen und regionalen Parteiorganen ausgetragen, u.a. im »Vorwärts«, der NZ, der »Neuen Welt«, »Leipziger Volkszeitung«, »Schwäbischen Tagwacht«, »Sächsischen Arbeiter-Zeitung«, »Neuen Gesellschaft« und dem Stettiner »Volks-Boten«. Wesentliche Beiträge zur Debatte leisteten F. Mehring mit dem Buch *Schiller. Ein Lebensbild für deutsche Arbeiter* (Leipzig 1905) , R. Luxemburg (als dessen Rezensentin in der NZ), die Teilnehmer an der *Schiller-Festschrift* (Berlin 1905) des Parteiverlages Vorwärts - F. Stampfer, K. Eisner, J. Schikowski, E. David und H. Molkenbuhr -, K. Kautsky mit dem Aufsatz *Die Rebellionen in Schillers Dramen* (in: NZ, 1904/05, Bd. 2, S. 133-153)), nochmals Mehring mit *Schiller und die großen Sozialisten* (in: NZ, 1904/05, Bd. 2, S. 153-156), weiterhin C. Schmidt, M. Maurenbrecher und F. Stampfer in der Schiller-Nummer des »Vorwärts«, F. Diederich mit dem Aufsatz *Schillers Volkstümlichkeit* (in: »Neue Welt«, 1905, S. 145-147) und K. Eisner mit dem Artikel *Schiller-Baalsdienst* (in: »Neue Welt«, 1905, S. 151/52), schließlich C. Zetkin mit der Festrede *Friedrich Schiller* vor Mannheimer Arbeitern (in: »Gleichheit«, 1909-10, Nr. 3-5).

Das Schiller-Bild deutscher Sozialdemokraten war um 1900 geprägt durch jene Verehrung des großen deutschen »Freiheitsdichters«, die das liberale Bürgertum auch durch F. Lassalle in der deutschen Arbeiterbewegung seit den 60er Jahren des 19. Jh.s verbreitet hatte. Auch die deutschen Schulen und populäre Schiller-Auswahlbände vermittelten ein idealisiertes Schiller-Bild, das den Dichter als »deutschesten«, »männlichsten« und »nationalsten« kennzeichnete und die Kinder des Volkes zu »kernig-deutschen« Charakteren erziehen helfen sollte. Angesichts des in diesem Sinne anläßlich des Jubiläums 1905 inszenierten offiziellen Schiller-Rummels, diskutierten die teilnehmenden sozialdemokratischen Parteiintellektuellen darüber, was die Arbeiter von Schiller tatsächlich übernehmen könnten. Sie polemisierten dabei sowohl gegen den »offiziösen« chauvinistisch und »gründeutsch« gefärbten Schiller-Kult, als auch gegen Idealisierungen des Dichters in den eigenen Reihen. Es ging in dieser Debatte um Schillers Erbe, speziell seinen Idealismus im Kontext der eigenen akuten innerparteilichen Auseinandersetzungen um Formen und Ziele des Klassenkampfes (Reform oder/und Revolution, Schlußfolgerungen aus den aktuellen revolutionären Ereignissen in Rußland 1905). Insofern hatte sie auch einen politisch konzeptionellen Charakter.

Zentrale Punkte der Kontroverse bildeten Schillers ästhetischer Idealismus, sein Verhältnis zur Französischen Revolution von 1789 und sein Programm zur ästhetischen Erziehung des Menschen. Erörtert wurden auch das Verhältnis des Dramatikers zu dem Historiker Schiller, seine Harmonielehre und seine Volkstümlichkeit. Der gemeinsame Ausgangspunkt war ein geschichtsphilosophisches Konzept, das dem Bürgertum die Fähigkeit einer adäquater Schiller-Rezeption wie den Anspruch auf dieses Erbe generell absprach. Man kritisierte die Preisgabe Schillerscher Ideen und Haltungen durch die zeitgenössische deutsche Bourgeoisie und meldete den Anspruch der Arbeiterklasse auf das Schillersche Erbe an. Hier manifestierte sich nochmals Mehrings zu Beginn der 90er Jahre formulierter Anspruch der deutschen Sozialdemokratie, »Bewahrerin aller wirklich großen Überlieferungen des deutschen Bürgertums« (in: NZ, 1892/93, Bd. 2, S. 132) zu sein. Die Autoren der *Schiller-Festschrift* (Eisner, Stampfer, David, Maurenbrecher und Molkenbuhr, Schmidt und Diederich) waren sich darin einig, daß nicht nur Schillers Freiheitspathos, sondern auch seine Freiheitsidee und sein ästhetischer Idealismus für die Arbeiterklasse von 1905 von aktueller Bedeutung wären. Eisner stimmte zwar mit Mehring darin überein, daß Schillers Ideal, die Freiheit aller Menschen auf ästhetischem Wege zu erlangen, den Arbeitern keine Freiheit bringen könne, doch war er der Meinung, daß Proletariat übernehme mit der klassischen Kunst auch den revolutionären Idealismus der Tat, den Schiller habe vertagen müssen; die Partei könne durch revolutionäres Handeln den ästhetischen Idealismus Schillers sowie dessen abstrakt formuliertes sittlich-politisches Ideal mit ihrer Bewegung verbinden. Stampfer stützte diese Position mit der These, die historische Mission der Arbeiter verlange von ihnen, die Ideale des klassischen Zeitalters aus unendlichen Höhen auf die festgegründete Erde herabzuholen. Er interpretierte F. Engels' Position; die Arbeiterklasse sei die Erbin der klassischen deutschen Philosophie, und die Schriften des jungen K. Marx (insbesondere die Einleitung *Zur Kritik der Hegelschen Rechtsphilosophie*) dahingehend, daß einzig das Proletariat berufen sei, das klassische Menschheitsideal als »klassenpolitische Notwendigkeit« zu realisieren. Dieser Auffassung liegt die Annahme zugrunde, das Proletariat werde auch ohne eigene, qualitativ neue Forderungen das klassische Menschheitsideal umfassend durchsetzen; die proletarische Revolution sei der konsequente Vollzug der inkonsequenten bürgerlichen Revolution. Molkenbuhr vertrat in seiner Untersuchung *Schillers Einfluß auf die Agitation der Sozialdemokraten* die These, daß Schiller schon demselben großen Ideal zustrebe, für welches die Sozialdemokraten kämpften. David kam zu einer ähnlichen Aktualisierung des Schillerschen Freiheits- und Gleichheitsideals, indem er davon ausging, daß der proletarische Freiheitsbegriff auch allgemein-

menschliche Ansprüche erfasse. Maurenbrecher hielt (wie Eisner) Schillers ästhetischen Idealismus für eine Art Fluchtposition; die einzige Möglichkeit für einen Dichter um 1800, mit den bürgerlichen Idealen weiter leben zu können. In *Was ist uns Schiller?* interpretierte er den Dichter als »Propheten« auch des proletarischen Emanzipationskampfes. Für ihn blieb Schiller der Freiheitsdichter schlechthin. Schmidt vertrat die Ansicht, daß die Aktualisierung der idealistischen Weltsicht Schillers aufgrund der historischen Distanz die Arbeiterklasse von 1905 politisch-ideologisch nicht mehr desorientieren könne. Dagegen lehnte er Schillers »Kultus der Humanität«, der in einen Kult künstlerisch Begnadeter, »Genies« münde, für eine Kultur sozialistisch gesinnter Arbeiter ab. Die Weltanschauung des mit neuen, realistisch fundierten Idealen entstandenen modernen Industrieproletariats enthalte einen »Idealismus sozialistischer Gesinnung«, der in ganz anderen Gedankenschichten und Gefühlen wurzele als Schillers unbestimmter Freiheitsenthusiasmus. Mehring betrachtete Schiller im Kontext der idealistischen Strömungen in der klassischen deutschen Philosophie. Dabei polemisierte er gegen das Vorurteil, daß Idealismus »Glaube(n) an sittliche Ziele«, Materialismus eine nur auf die existentiellen Belange des Lebens gerichtete Philosophie sei. Er lehnte den ästhetischen Idealismus und die Freiheitsidee Schillers entschieden ab und orientierte auf den historischen Materialismus als wissenschaftliche Weltanschauung. Allerdings gestand er dem Freiheitspathos Schillers eine gewisse mobilisierende Rolle für den revolutionären proletarischen Emanzipationskampf zu. Mit polemischem Bezug auf Stampfer benannte Luxemburg in ihrer Rezension des *Lebensbildes* die erbetheoretische Aufgabe, die Mehring ihrer Ansicht nach überzeugend herausgearbeitet hatte: »Was die Arbeiterschaft heute vor allem braucht, ist: alle Erscheinungen der politischen und auch der ästhetischen Kultur in ihren klaren, streng objektiven historisch-sozialen Zusammenhängen, als Glieder jener allgemeinen sozialen Entwicklung aufzufassen, deren mächtigste Triebfeder heutzutage ihr eigener revolutionärer Klassenkampf ist« (zit. nach: Textausgaben, Bd. 26, S. 91). Die Arbeiter müßten Schiller als einen bedeutenden Vertreter der bürgerlichen Kultur »ganz wissenschaftlich-objektiv« betrachten, sie dürften weder »in ihm subjektiv« aufgehen, noch ihn in »eigener Weltanschauung« auflösen. Kautsky dagegen wertete den unter den gegebenen historischen Bedingungen Ende des 18. Jh.s entstandenen Idealismus Schillers und Kants als bürgerlichen Utopismus und wies (wie Engels) auf dessen Verwandtschaft mit dem sozialistischen Utopismus eines Ch. Fourier und R. Owen hin. Er polemisierte gegen jene Sozialdemokraten, die den modernen Sozialismus mit dem Idealismus von Schiller und I. Kant gleichsetzten. Ähnlich wie Mehring sprach er dem Dichter nur in emotionaler Hinsicht

Aktualität zu: das revolutionäre Schillersche Pathos könne den politischen Charakter der Sozialdemokraten (besonders der Arbeiterjugend) festigen. Die künstlerische Wirkung der Dramatik Schillers im Jahre 1905 führte Kautsky auf jene »Unbestimmtheit seines revolutionären Ideals« zurück, das jede aufstrebende Klasse im Sinne ihrer besonderen, gegenüber Schillers Zeit anderen Ziele, interpretieren könne. Mit dieser Ansicht war er E. Bernstein nahe, der in *Schiller und die Revolution* (in: »Europa«, 1905, H. 16) versucht hatte, die permanente Aktualität des Dichters mit der These von einer »klassenlosen« Ideologie zu begründen. Luxemburg hatte gerade Mehrings *Lebensbild* als »hochwillkommene Gabe an die deutsche Arbeiterschaft« hervorgehoben, weil es »ein von bürgerlich-tendiziöser und andererseits auch von partei-tendenziöser Verzerrung freies Bild des großen Dichters« (zit. nach: Textausgaben, Bd. 26, S. 90) liefere, sie wandte sich entschieden gegen eine Rechtfertigung sozialistischer Ideale auf der Basis des Schillerschen Idealismus. Sie empfahl wie Mehring, Schiller ästhetisch anzueignen und ihn in historisch-kritischer Weise aus seiner »psychischen Eigenart« heraus zu verstehen. Auch Zetkin wandte sich gegen jede Art »blinder Verehrung« oder »fälschender Umdeutung« Schillers durch die Arbeiter. Sie forderte dazu auf, nicht nur die klassische deutsche Philosophie, sondern auch die »hehren weltbürgerlichen Ideale« der klassischen Literatur zu erben. Die sozialistische Perspektive müsse die ästhetische Erziehung des Menschen einschließen; sie werde in der künftigen Welt dem Menschen helfen, den vielfältigen Reichtum des Lebens zu erschließen und durch künstlerischen Genuß die schöpferischen Kräfte eines jeden zu entfalten. In diesem Sinne bleibe Schiller den Arbeitern ein Vorbild – vor allem als Erzieher zu den »höchsten Bürgertugenden« und den erhabensten »Menschheitsidealen«. Die Erfahrungen der Revolution in Rußland 1905 hatten für sie die Konsequenz, die soziale Revolution als unbedingt notwendiges Ziel des proletarischen Klassenkampfes theoretisch zu manifestieren; nur durch sie könne die sozialistische Gesellschaft errichtet werden, wobei die umfassende Aneignung des Kulturerbes Teil einer solchen Revolution sein müsse. F. Diederich ging in *Schillers Volkstümlichkeit* den Ursachen der aktuellen Wirkung klassischer Dichtung auf das Proletariat nach. Nicht nur die dichterische Leistung, so meinte er, garantiere Volkstümlichkeit. Letztere entstehe durch »bestimmte Kulturströmungen«, wenn Dichter Werke schüfen oder Ideen formulierten, die dem zeitbedingten Streben eines Volkes dienlich sind. Der entscheidenden Faktor, die Volkstümlichkeit ermöglichen oder auch verhindern könne, war für Diederich die konkrete »geschichtliche Situation«. (zit. nach: Textausgaben, Bd. 26, S. 225/226) Insgesamt bestätigten die sozialdemokratischen Intellektuellen in der Debatte vor allem ihr Bekenntnis zur eigenen ›idealen‹

Gesinnung. Diese Gesinnung verband sie mit der des klassischen deutschen Kulturerbes, und v. a. mit der Schillers. Die Positionen unterschieden sich lediglich in der Frage, auf welche Weise und mit welchem historischen und theoretischen Zugriff dieses Erbe anzutreten und für die eigenen Ziele zu nutzen sei. Einerseits wurde dabei der historische Schiller immer wieder zur »Kampfnatur« und zum »großen Menschen« (Mehring) schlechthin verklärt. Andererseits brachte die Diskussion aber auch produktive Impulse für den Umgang mit dem klassischen Kunsterbe vor allem dort, wo eine historisch-materialistische Erklärung nicht mehr (wie von Mehring eingeführt) als starres eingleisiges Basis-Überbau-Verhältnis, sondern dynamisch und wechselseitig begriffen wurde. Hier berührte die Auseinandersetzung grundsätzliche philosophische und politische Fragen des kulturellen Erbekonzept der deutschen Sozialdemokratie. Im Ergebnis dieser Debatte entwickelten Luxemburg, Zetkin u. a. produktive Ansätze und methodische Überlegungen zum Umgangs mit kulturellen und historischen Phänomenen überhaupt, die das bis dahin in der deutschen Arbeiterbewegung verbreitete Verständnis einer stringenten und direkten Ableitung aller Überbauprozesse aus der ökonomischen Situation problematisierten.

Ausg.: Der Menschheit Würde. Dokumente zum Schiller-Bild der deutschen Arbeiterklasse, Hg. G. Dahlke, Weimar 1959; W. Hagen: Die Schillerverehrung in der Sozialdemokratie, Stuttgart 1977; Textausgaben, Bd. 26, Berlin 1988. – *Lit.:* G. Fülberth: Proletarische Partei und bürgerliche Literatur, Neuwied/Berlin 1972; D. Schiller: Rosa Luxemburg in der Schiller-Debatte des Jahres 1905, in: WB, 1977, H. 8.

Gisela Jonas/Red.

Schirges, Georg Gottlieb
Geb. 16. 3. 1811 in Lüneburg; gest. 23. 2. 1879 in Mannheim

Sohn eines Tribunalprokurators; studierte Naturwissenschaften, Philosophie und Pharmazie; war Hauslehrer, Apotheker und Nachlaßverwalter. Ab 1837 in der Schweiz, wo er W. Weitling und A. Becker kennenlernte; vermutlich Mitglied des Bundes der Gerechten. Zeitweise Präsident des Genfer Arbeitervereins. 1840 Mitarbeit an Hamburger »Börsen-Halle« und den »Jahreszeiten«. 1842 Redaktion des Hamburger »Telegraph für Deutschland«, in dem er auch Dokumente des Bundes der Gerechten und Auszüge aus kommunistischen Schriften (u. a. F. Engels' *Geschichte der englischen Korngesetze*, Dez. 1845) veröffentlichte. 1845 mit J. F. Martens Initiator des Hamburger Arbeiterbildungsvereins. Der Durchsetzung einer umfassenden Volksbildung maß Sch. grundlegende Bedeutung bei. 1845/47 gab Sch. die Monats-, zuletzt Vierteljahresschrift ↗ »Die Werkstatt« heraus. 1848 gründete er mit dem späteren Verleger des Marx'schen *Kapital*, O. Meißner, den Verlag Meißner und Schirges. 1853 Übersiedlung nach Frankfurt a.M., 1854 nach Mainz und 1860 nach Mannheim. Noch bis in die 70er Jahre in der Arbeiterbewegung tätig. In seiner Schrift *Die zweite Welt-Ausstellung, mit besonderer Berücksichtigung der Deutschen Industrie. Briefe aus Paris* (Frankf. a.M. 1855) ließ er jedoch bereits eindeutige Tendenzen der Befürwortung und Verteidigung des kapitalistischen Systems erkennen. In den Mittelpunkt seiner in den 40er Jahren erschienenen Romane und Erzählungen stellte er den arbeitenden Menschen und machte auf eine sentimental verklärte Weise auf soziale Not und politische Rückständigkeit aufmerksam.

W. W.: Wellenschläge (Ge.), Genf 1840; Karl (R.), Hamburg 1841; Zwei Gräber (Nn.), Leipzig 1843; Der Bälgentreter von Eilersrode (En.), Hamburg 1845; Der Berliner Volks-Aufstand (Schr.), Hamburg 1848. – *Lit.:* B. Andreas/ W. Mönke: Neue Daten zur Deutschen Ideologie, in: Archiv für Sozialgeschichte, Hannover 1968, Bd. 8; T. Offermann: Arbeiterbewegung und liberales Bürgertum in Deutschland 1850–1863, Bonn 1979.

Erhard Kiehnbaum

Schmückle, Karl

Geb. 9. 9. 1898 in Gompelschauer (a. d. Nagold); gest. 14. 3. 1938 in Moskau

Sohn eines Forstwarts; nach Notreifeprüfung Soldat 1917/19. Studierte Theologie am Tübinger Stift 1919/20, Nationalökonomie in Berlin 1920/21 und Jena 1921/23 (u.a. bei K. Korsch). Diss.: *Logisch-Historische Elemente der Utopie* (Jena 1924). Schloß sich Juni 1919 der kommunistischen Studentengruppe in Tübingen an. Als Mitglied der KPD politisch (teils illegal) wirkend, wurde er (wahrscheinlich 1924) an das Marx-Engels-Institut in Moskau delegiert. Hier war er an der Edition mehrerer MEGA-Bände mit Texten und Briefen von K. Marx sowie an Übersetzungen von Schriften Plechanows und Lenins ins Deutsche beteiligt. Ab 1924 Artikel und Rezensionen zur Marx-Engels-Forschung, der Geschichte des Sozialismus und der sozialistischen Theorien, zu Philosophiegeschichte und Geschichtsdenken, u.a. *Zur Kritik des deutschen Historismus* (2 Tle., 1929/30, in: »Unter dem Banner des Marxismus«, 1929, H.2, und: »Pod znamenem Marksisma«, 1930, H.1) und *Der junge Marx und die bürgerliche Gesellschaft* (in: IL, 1933, H.2). 1931 zusammen mit seiner Lebensgefährtin Anne Bernfeld u.a. Mitarbeitern aus dem Marx-Engels-Institut entlassen, arbeitete er in der Moskauer Redaktion der deutschen Ausgabe der IL; 1934/36 als stellvertretender Chefredakteur. Im Aug. 1936 aufgrund ungerechtfertigter Anschuldigungen verhaftet und 1938 wahr-

scheinlich erschossen. Am 23. Okt. 1969 wurde Sch. vom Militärtribunal des Moskauer Militärbezirks rehabilitiert.

Das neue Arbeitsfeld veranlaßte Sch., sich in den 30er Jahren intensiv der Literatur und der Literaturwissenschaft zuzuwenden; zugleich veröffentlichte er eine Reihe von Reportagen: *Vom usbekischen Theater*, in: DZZ, 4. 1. 1935; *Juden in Buchara*, in: »Die neue Weltbühne«, 1935, H.17, 19; *Festzug im Reiterlager*, in: DZZ, 28. 6. 1936; *Kolchis*, in: IL, 1936, H.6. Mit Arbeiten zum Humanismus- und Freiheitsbegriff unterstützte er aktiv die Einbeziehung fortschrittlicher bürgerlicher Schriftsteller, die ihn als Partner anerkannten, in die antifaschistische Volksfront und setzte sich mit der faschistischen Ideologie auseinander. In den Diskussionen der Moskauer Schriftstellergruppe um einen zeitgemäßen Realismus bejahte Sch. gegen damals einengende Ansichten neue Formen literarischen Schaffens wie die Sonette J. R. Bechers, die Reportagen von E. E. Kisch, die Werke B. Brechts, die Simultandarstellung bei A. Seghers. Neben Zeitungs-Artikeln schrieb Sch. kenntnisreiche Aufsätze über *Don Quijote* (in: IL, 1936, H.4, 8) und Thomas Morus. Als Philosoph und Literaturkritiker bemühte er sich, die Spezifik künstlerischer und wissenschaftlicher Erkenntnis und Aneignungsweise von Vergangenheit und Gegenwart zu bestimmen, ihre Gemeinsamkeiten und Unterschiede herauszuarbeiten. Den Realismusbegriff mit bis heute aktuell gebliebenen Fragestellungen erörternd, setzte er sich für die Vielfalt künstlerischer Ausdrucksmittel ein. Als Philosoph, Historiker und Literaturkritiker gehört Sch. zu den leider immer noch wenig bekannten marxistischen Wissenschaftlern vor 1945.

Ausg.: Von der Freiheit und ihrem Trugbild; Lob der Entdeckerkunst, beide in: Zur Tradition, Bd. 1. – *Lit.:* H. Huppert: Wanduhr mit Vordergrund, Halle 1977; H. Malorny: Ein Dokument des Marxismus aus dem Jahre 1933, in: WZ Jena, Gesellschafts- und sprachwissenschaftl. Reihe 1977, H.5; H. Schleier: K. Schmückles Auseinandersetzung mit dem bürgerlichen deutschen Historismus (mit Schriftenverz.), in: Jahrbuch für Geschichte, Bd. 25, Berlin 1982.

Hans Schleier

Schnog, Karl (Ps. Ernst Huth, Anton Emerenzer, Carl Coblenz, Tom Palmer, Charlie vom Thurm)

Geb. 14. 6. 1897 in Köln; gest. 23. 8. 1964 in Berlin

Sohn eines Handwerkers, der Anhänger A. Bebels war. Nach kaufmännischer Lehre Soldat im I. Weltkrieg. 1918 Mitglied eines Arbeiter- und Soldatenrats in Hagenau. Schauspielunterricht; Schauspieler und Regisseur an Theatern und literarischen Kabaretts in Berlin u.a. Städten. 1925 erster Gedichtband (*Gezumpel*, Berlin) und Beginn der Mitarbeit an der

»Weltbühne«, der er – bei Publikationen in vielen Zeitschriften, u.a. in »Lachen links« – am engsten verbunden blieb. Gehörte mit E. Weinert, W. Mehring, K. Tucholsky zur Gruppe Revolutionärer Pazifisten. Apr. 1933 Emigration in die Schweiz, wo er u.a. für das Zürcher Kabarett »Cornichon« Texte schrieb; Ausweisung aus der Schweiz, danach in Luxemburg. Veröffentlichte Gedichte in der Exilpresse (»Deutsche Freiheit«, »Der Gegen-Angriff«, »Pariser Tageblatt«, »Der Simplicus/Der Simpl« u.a.). Beim Einmarsch der deutschen Truppen 1940 in Luxemburg verhaftet, danach fünf Jahre in den Konzentrationslagern Dachau, Sachsenhausen und Buchenwald; Zeugnis davon gibt der Erlebnisbericht *Unbekanntes KZ* (Luxemburg 1945). 1945 Rückkehr nach Luxemburg, Arbeit am Sender der UNO. 1946 Redakteur bei der politisch-satirischen Zs. »Ulenspiegel« in Berlin, 1948/51 Redakteur beim Berliner Rundfunk.

Zur Eigenart des Autors Sch. gehört von seinen Anfängen an ein Schreiben in unmittelbarem Zusammenhang mit dem Publikum, dem er seine Texte vorträgt, und mit Medien wie Zeitung, Zeitschrift und Rundfunk. Der spritzig oder sarkastisch gereimte lyrische Kommentar zu Zeitereignissen, das satirische und ironisch-witzige Porträt des Spießers, der Konservativen in Politik und Kunstbetrieb und anderer Zeitgenossen der Weimarer Republik gehören zu den bevorzugten Gedichtarten. Wiederholt signalisiert wird das Weiterwirken militaristischer Tradition und die Gefahr einer schleichenden Faschisierung. Solche politisch pointierte Zeitgedichte, in Nonpareille gesetzt, d.i. kleingedruckt – man nannte ihn den Nonpareille-Dichter –, bildeten mehrere Jahre den Schlußpunkt der »Weltbühnen«-Hefte. In den 20er Jahren war Sch. auch Autor von Hörspielen und hat das Genre in seinen neuen Möglichkeiten wesentlich mitgeprägt (u.a. 1927 *So geht es bei wilden Völkern zu*, 1928 *Das Gewitter*). Nach 1933 dominiert in Sch.s Gedichten – in Zeitschriften, in seinem Band *Kinnhaken* (Luxemburg 1934), auch in der Anthologie *Verse der Emigration* (Karlsbad 1935) – die satirische Faschismuskritik. Schreiben und Vortragen von Gedichten als Widerstand bezeugte ein Mithäftling im Lager Buchenwald: Die Satire »bei unseren illegalen Veranstaltungen von Dir vorgetragen, hat uns damals mit befreiendem Lachen erfüllt« (Nachwort von E. Kogon. In: *Jedem das Seine. Satirische Gedichte*, Berlin 1947). Der Band *Zeitgedichte – Zeitgeschichte. 1925–1950* (Berlin 1949) umfaßt eine Auswahl seiner besten Verse. Im Vorwort würdigt A. Zweig Sch. als »Chronisten« und rechnet ihn »zu den Warnern und Wächtern auf dem Weg in eine bessere Zukunft«.

W. W.: Der Friede siegt (Hsp.), Basel 1938; Weltwochenschau (Ge.), Luxemburg 1939; La Grande Compagnie de Colonisation (utopischer R.), Luxemburg 1939; Swift. Ein Lesebuch für unsere Zeit (Hg. zus. mit H. Mohr), Berlin 1954; Charlie Chaplin. Filmgenie und Menschen-

freund (Mon.), Berlin 1960. – *Lit.:* F. Leschnitzer Dreifaches Gedenken, in: NDL, 1964, H. 11; Exil, Bd. 2.

Dagmar Schipka

Schönherr, Johannes (Ps. Hanns Sirod)
Geb. 2. 1. 1894 in Dresden; gest. 27. 10. 1961 in Leipzig

Sohn eines Handwerksmeisters; Ausbildung zum Volksschullehrer; 1912 erste Gedichte in Tageszeitungen. 1914 Meldung als Kriegsfreiwilliger und Soldat in Belgien und Frankreich; 1917 schwer verwundet und ausgemustert; 1918/20 Hilfslehrer, dann Volksschullehrer in einem Leipziger Arbeitervorort. 1925/33 literarische und journalistische Texte u.a. im »Vorwärts« und in den Zsn. »Die Büchergilde«, »Proletarische Heimstunden«, »Kulturwille«. 1927/28 verantwortlicher Lektor der ↗ Büchergilde Gutenberg und Redakteur ihrer Zeitschrift; Verdienste bei der Entdeckung B. Travens; kreierte eine Kleinbücherei (1927/28 erschienen zehn Titel, darunter O.M. Graf, W. Victor, B. Traven) und spezielle Buchreihen für Frauen und Kinder. 1933 wegen »Pazifismus, Sozialdemokratie und Antinationalismus« Dienstentlassungsverfahren, seit Feb. 1934 wieder als Lehrer zugelassen. Nach 1945 publizistische Tätigkeit; 1947/49 Lektor der Abteilung »Künstlerisches Wort« beim Mitteldeutschen Rundfunk; 1949/54 Schuldienst.

Seine erste Buchveröffentlichung, *Herz der Zeit* (Berlin 1924), eine Gedicht-Auswahl aus der Kriegs- und Revolutionszeit, ist in der Metaphorik z.T. vom Expressionismus beeinflußt. Aufmerksamkeit erregte der autobiographische Roman *Befreiung, Geschichte eines jungen Mannes* (Berlin 1927, Illn. von M. Schwimmer), der den Werdegang eines jungen Arbeiters bis zu dessen Eintritt in ein Lehrerseminar schildert. Der literarisch interessante, noch im März 1933 veröffentlichte Antikriegsroman *Der große Befehl* (Berlin, Lithographien von M. Pechstein) zeigt den tragischen Untergang einer Gruppe von Frontsoldaten, versteht sich als eine »Enthüllung … jener von Dünsten des Nationalismus idealistisch verschleierten Macht« (»Die Büchergilde«, März 1933). Ab 1933 einzelne Erzählungen; nach 1945 zahlreiche Liedtexte; publizierte zu Person und Werk B. Travens.

Klaus Michael

Schönlank, Bruno
Geb. 31. 7. 1891 in Berlin; gest. 1. 4. 1965 in Zürich

Sohn des gleichnamigen jüdischen SPD-Politikers und Chefredakteurs der Leipziger Volkszeitung (1894/1901). Nach Gymnasiumsbesuch in Erfurt 1906/08 Ackerbauschule bei

Jena. Danach auf einem Freigut bei Weimar tätig. Ab 1909 in Berlin. Auf Vermittlung R. Luxemburgs und H. Haases erhielt er eine Anstellung auf einem Rittergut in Masuren, verschiedene landwirtschaftliche Tätigkeiten. Machte hier die Erfahrung, daß er sich nicht »zum Prellbock zwischen Gutsherrn und Leuten« (*Sei uns du Erde!*, Berlin 1925, Einl. S. 4) eigne. 1911/13 Buchhandlungsgehilfe im J. H. W. Dietz-Verlag, verkehrte im Kreis von C. Zetkin, aktiv in sozialistischer Jugendarbeit, erste revolutionäre Gedichte in »Vorwärts« und »Schwäbischer Tagwacht«. 1913/14 Reise nach Brüssel, Antwerpen, Paris. Bei Ausbruch des I. Weltkrieges nach Berlin, wo er 1915 wegen führender Beteiligung an einer großen Friedensdemonstration für einige Monate ins Gefängnis kam. Mitte 1916/Ende 1917 Soldat. Gehörte beim Ausbruch der Novemberrevolution zum linken Flügel der USPD, Feuilleton-Redakteur von »Die Freiheit«. Lehnte Militarismus und Krieg konsequent ab, bei Ausbruch der Novemberrevolution auf Seiten der äußersten Linken. Wurde nach Ermordung von K. Liebknecht und R. Luxemburg Mitglied der KPD, schrieb den *Prolog* (in: RF, 1919, Nr. 17) zur Gedächtnisfeier für die Ermordeten am 3. Feb. 1919. Anfang 1922 wechselte Sch. zur SPD über und wurde freier Schriftsteller. Durch Publizistik und Arbeiter-Sprechchöre in den Arbeiterkulturorganisationen wirksam. Sprechverbot im Rundfunk Sommer 1932. Direkt gefährdet nach »flammender Anklagerede gegen den Nazismus« (*Lebenslauf*, zit. nach: Sch.-Nachlaß in Fritz-Hüser-Institut Dortmund) im Mai 1933 vor 2000 Arbeitersängern in Bielefeld und nach im SDS Aug. 1933 verweigertem Bekenntnis zum Nazi-Staat emigrierte Sch. Okt. 1933 in die Schweiz, wo er in bedrängten finanziellen Verhältnissen lebte (unterstützt von Arbeiterhilfswerk und Evangelischer Kirche). Um eine Emigration nach den USA bemühte er sich vergeblich. Beteiligte sich zunächst an Veranstaltungen der Emigranten und der Schweizerischen Arbeiterbewegung. Zunehmend politisch isoliert und von fehlender sozialistischer Solidarität enttäuscht. Übernahm im 1945 gegründeten Schutzverband deutscher Schriftsteller eine Funktion im Präsidium. Erst 1949 erhielt er für sich und seine Familie eine Daueraufenthaltsgenehmigung. Eine zunächst erwogene Übersiedelung in die sowjetische Besatzungszone kam aufgrund des zunehmenden kalten Krieges nicht zustande. Sch. machte seine Ablehnung des Stalinismus 1951 auf einer PEN-Tagung gegenüber J. R. Becher öffentlich.

Sch.s Bedeutung ist eng mit der Entwicklung der ↗ Arbeitersprechchorbewegung verbunden, deren Initiator und führender Vertreter er in der Weimarer Republik ist. Das Weihespiel *Erlösung* (Berlin 1920), C. Zetkin gewidmet, verfaßt als Beitrag zur Jugendweihe, zeigt Leiden und Sehnsüchte sowie die Kampfbereitschaft der proletarischen Massen. Es steht mit seinen allegorischen Motiven (Licht/Dunkel, Sonne, Über-

Bruno Schönlank

allmai), seiner Symbolik und Bild-Welt in der Tradition der Arbeiter-Lyrik des späten 19. Jh. s. Das aus diesem Werk stammende *Lied vom täglichen Brot* wurde zum beliebten und viel verwendeten Chorgedicht in der proletarischen Fest- und Feier-Gestaltung. Nach den Sprechchören *Großstadt* (Berlin 1923), *Moloch* (Berlin 1923), *Jugendtag* (Berlin 1925) gelang Sch. mit *Der gespaltene Mensch* (Berlin 1927) in der Form des »bewegten Sprechchors« etwas künstlerisch Neues: die Darstellung der Ausbeutung am Fließband als Kennzeichen des modernen Kapitalismus wird in der »epischen Aneinanderreihung und Abfolge der sich gegenseitig kommentierenden und ergänzenden Bilder ... erst zu einem dramatischen Ganzen« (J. Clark *Bruno Schönlank und die Arbeitersprechchorbewegung*, Köln 1984 [mit Bibl.] S. 114). Die 5 Bilder: Laufendes Band, Arbeitslose, Der Spiegel, Der Globus, Dämonen, zeigen eine Einheit von Sprache und Rhythmus, erreicht durch differenziertes Einsetzen und Kombinieren von Chören, Einzelstimmen, Sprechern, Tänzern. Sein Einheitsfrontsprechchor *Wir wollen zusammen marschieren* von 1932, (in: *Fiebernde Zeit*, Arbon 1935), verfaßt mit operativer politischer Absicht, ist fast frei von abstrakt-allegorischen Elementen, konkret dramatisch konzipiert (3 Bilder: Krieg und Revolution, Konjunktur und Krise, Die letzte Konsequenz), konnte nach Errichtung des NS-Regimes nicht mehr aufgeführt werden. Wie die Sprechchöre war auch seine Lyrik (*In diesen Nächten*, Berlin 1917; *Ein goldner Ring, ein dunkler Ring*, Berlin 1918; *Blutjunge Welt*, Berlin 1919), die seine Zuordnung zur Gruppe der SDP-nahen Arbeiter-Dichter begründete, in die Arbeiterkulturbewegung integriert. Sch.s dramatische Werke, u. a. *Brennende Zeit* (Berlin 1920) und *Verfluchter Segen* (Berlin 1921), meist für Laienbühnen verfaßt, sind dem aktuellen Zeitgeschehen verpflichtet und agitatorisch angelegt. Der Roman *Agnes* (Berlin 1929), in den Sch. dokumentarisches Material einfügte, beschreibt die Entwicklung der unpolitischen Heldin zur engagierten Sozialdemokratin während des Sozialistengesetzes.

W. W. : Großstadt-Märchen, Berlin 1924; Laß Brot mich sein (Ge.), Zürich 1940; Wir schaffen alle Hand in Hand (Festsp.), Stuttgart 1954. – *Lit.*: Trommler; Will/Burns; Arbeitertheater.

Red.

Schönstedt (Schoenstedt), Walter (Ps. Walter)

Geb. 14. 2. 1909 in Berlin (nach eigener Angabe: in Bernburg); seit 1951 verschollen

Als Arbeiterkind in Berlin aufgewachsen – sein Vater Franz Sch. war Mitglied der USPD –, lernte 1925/27 wahrscheinlich auf einem Gut am Rande Berlins Schweizer. Anderen Angaben zufolge absolvierte er eine Tischler- oder Bildhauerlehre. Danach ohne Anstellung, verdingte er sich zwei Jahre als Bauhilfsarbeiter in Berlin. Etwa um diese Zeit (1927) trat er dem KJVD und der Roten Jungfront bei, betätigte sich dort aktiv, auch als Agitprop-Funktionär. Er begann Berichte und Reportagen aus dem Leben junger Arbeiter zu schreiben, erster namentlich gezeichneter Artikel erschien in der RF vom 15. 11. 1929. 1933 Emigration nach Paris, leitete dort das kommunistische Flüchtlingsbüro, 1934 Mitbegründer des SDS im Exil. Ging 1935 nach New York, heiratete eine Amerikanerin, 10. 8. 1936 Geburt der gemeinsamen Tochter Ellen Sylvia; die Ehe ging auseinander wie auch die zweite Ehe mit Christiane Toller. Sch. arbeitete in antifaschistischen Emigrantenorganisationen, war Mitunterzeichner des »Aufrufs der deutschen Volksfront für Frieden, Freiheit und Brot!« (Dez. 1936), schrieb Jan./Aug. 1940 Beiträge für deutschsprachige Radiosendungen der German Writers Association (Reihentitel zuletzt: »Freie deutsche Radiostunde«). Diente ab 1941 als Leutnant der US-Armee im Kriegsgefangenenlager Fort Keary, gab dort die Lagerzeitung »Der Ruf« heraus; ab 1943 in der Funktion eines Provost Marshal General zuständig für psycho-

logische Kriegsführung und Betreuung von Kriegsgefangenen. 1945 Anreger und – neben G. Bermann-Fischer und C. Vinz – Mitherausgeber der Taschenbuchreihe *Neue Welt* (24 Bde.) für deutsche Kriegsgefangene. Nach Kriegsende im Range eines Captains, blieb Militärangehöriger. An der Gründung der in München herausgegebenen Zs. »Der Ruf« beteiligt. Seit einer Europareise 1951 ist Sch. verschollen.

Sch.s Reportagen und erste literarische Arbeiten, direkt aus dem politischen Kampf um die kommunistische Organisierung junger Arbeiter und Erwerbsloser erwachsen, haben diesen auch zum Gegenstand. Sein Debütroman *Kämpfende Jugend. Roman der arbeitenden Jugend* (Berlin 1932, in der Reihe der Rote-1-Mark Roman Bd. 8 – am 9. Feb. verboten), in der »Linkskurve« als »Buch, das zum ersten Male in Deutschland Leben und Kampf der proletarischen Jugend vom Standpunkt dieser Jugend schildert« (1932, H. 2, S. 28) begrüßt, handelt vom Leben arbeitsloser Jugendlicher der Berliner Nostizstraße im Jahr 1931. In einer Reihe von Einzelschicksalen werden Reaktionen auf die aussichtslose soziale Situation erfaßt: Da sind Resignierende, die in Lethargie verfallen oder Selbstmord verüben, anarchisch Rebellierende, die zum Verbrecher werden oder in wilden Cliquen verwahrlosen, und schließlich die als Alternative dargestellte kommunistische Jugendzelle der Straße, die mit ihren Aktionen (Landagitation, Organisation einer Betriebszelle, Gründung einer Zeitung, Straßenschlacht mit der SA) Hoffnung auf Veränderung weckt, sich nach anfänglicher geheimbündlerischer Abschottung öffnet und sogar enttäuschte Anhänger der Nazibewegung anzieht. Der agitierende Charakter des Romans schlägt sich auch formal nieder: in einmontierten politischen Ansprachen, ausgiebig zitierten Zeitungs- und Radiomeldungen. Der Roman *Motiv unbekannt* (Berlin 1933, zugleich Fortsetzungsabdr. in der AIZ) gestaltet wieder das Sujet jugendlicher Arbeitsloser einer Berliner Straße – der Naunynstraße – zwischen Verwahrlosung und kämpferischer Selbstbehauptung. Diesmal werden die Alternativen stärker personalisiert und die Stufen der Deklassierung detaillierter erfaßt. Im Mittelpunkt stehen die Schicksale zweier arbeitsloser Freunde. Der Tischlerlehrling Max Altdorf wird nach seiner Gesellenprüfung entlassen, ebenso der ungelernte Arbeiter Karl Thiehle. Nachdem ihr Versuch gescheitert ist, sich als Straßenmusikanten durchzuschlagen, verüben sie aus blanker Not einen Einbruch, werden gefaßt und inhaftiert. Während Max danach zum Strichjungen verkommt und sich schließlich umbringt, findet Karl in der kommunistischen Bewegung Gemeinschaft und Lebensperspektiven. Beide Romane – ihre Titel hat Sch. von eigenen Zeitungsbeiträgen übernommen (vgl. RF, 29. 1. u. 15. 11. 1929) – gehen von der Erwartung einer nahen Volksrevolution in Deutschland aus. Die Erzählung *Jungarbeiter Fritz Stein* (Charkow/Kiew 1933, Vorw. O.

Biha) bereitet die Handlung von *Motiv unbekannt* in einer leicht variierten Kurzversion auf, möglicherweise handelt es sich um eine Vorarbeit zum Roman: Hier sind der arbeitslose Tischler Fritz Stein und sein Bruder Max die Mittelpunktsfiguren, deren Entwicklung konträr verläuft: Während Fritz sich bei den Kommunisten organisiert, landet Max als Dieb im Gefängnis. Sch.s bekanntestes Buch ist *Auf der Flucht erschossen. Ein SA-Roman* (Paris/Moskau 1934), der in mehrere Sprachen übersetzt wurde. Hauptfigur ist der gläubige Nationalsozialist Albert Scheffler, den das Ausbleiben der versprochenen sozialen Veränderungen nach Hitlers Machtergreifung enttäuscht. Zudem muß er erleben, daß idealistische »alte Kämpfer der Bewegung« wie er von opportunistischen Postenjägern verdrängt oder ermordet werden. Ihn schiebt man zum Wachpersonal eines KZ-Lagers bei Oranienburg ab, er beteiligt sich aber nicht an dessen Brutalitäten und verhilft einem kommunistischen Häftling zur Flucht. Dieser Roman, eine der ersten epischen Auseinandersetzungen mit dem Thema des Naziterrors, trägt die Widmung »Heinz Bässler, ehemaligem Stürmführer der SA Düsseldorf, im April 1933 von den Nationalsozialisten ermordet« und wandte sich an irregeleitete Arbeiter bei den Nazis. Die im amerikanischen Exil geschriebenen, stark autobiographischen Romane *Das Lob des Lebens* (New York/Zürich 1938) und *The Cradle Builder* (New York/Toronto 1940) sind stilistisch unterschiedlich - lyrisch im Ton der erste, lakonischer der zweite - und verraten Einflüsse amerikanischer Erzähler (J. Dos Passos, E. Hemingway). In ihnen schildert Sch. den Lebensweg des Peter Volkers vom erwerbslosen Jungarbeiter zum antifaschistischen Emigranten, der in den USA eine Familie gründet und heimisch wird (das Titelmotiv des Wiegenbaus symbolisiert diesen Prozeß). Beide Bücher sind nicht mehr parteigebunden. Ihr Autor hat, offenbar unter dem Eindruck des stalinistischen Terrors in der Sowjetunion, ein distanziertes Verhältnis zur KPD entwickelt und sieht nun in den demokratischen Traditionen der USA die positive Alternative. Generell kennzeichnet Sch.s Art des Erzählens, daß er häufig Lieder einflicht. Auf diese Weise deutet er die psychische Befindlichkeit seiner sich äußerlich emotionsarm gebenden proletarischen Protagonisten an.

W. W.: Jugend befreit sich (E., unter Ps. Walter), Berlin 1931; Liebesnacht - ihre Nacht - unsere Nacht (E., unter Ps. Walter), in: RF, 6. 9. 1931, 2. Beilage. - *Ausg.:* Kämpfende Jugend (R., mit Kurzbiogr. u. Kommentar), Berlin 1971. - *Lit.:* Beiträge, Bd. 3, S. 766-772; W. Köpke in: J. M. Spalek/J. Strelka (Hg.): Deutschsprachige Exilliteratur seit 1933, Bd. 2, Teil 1, New York/Bern 1989, S. 864-878.

Reinhard Hillich

Schröder, Karl (Ps. Karl Wolf)

Geb. 13. 11. 1884 in Polzin bei Belgrad; gest. 6. 4. 1950 in Berlin-West

1904 Abitur; Studium der Theologie, Philosophie, Kunstgeschichte und Geschichte in Berlin und Marburg, 1908 Militärdienst; 1912 Diss. über J. G. Schnabels *Insel Felsenburg*; 1913 SPD-Eintritt in Berlin; Apr. 1914 Anstellung als »wissenschaftliche Hilfskraft des Zentralbildungsausschusses« der SPD; mit F. Mehring und K. Korn befreundet; im Krieg 1914 Unteroffizier in einem Lager russischer Kriegsgefangener; wahrscheinlich seit 1917 Mitglied des Spartakusbundes; Delegierter zum Gründungsparteitag der KPD; Mitarbeiter der RF; unter Einfluß O. Pannekoeks und F. Gorters stehend, wurde Sch. im Frühjahr 1919 zum Mittelpunkt des linksradikalen KPD-Bezirks Groß Berlin. Okt. 1919 aus der KPD ausgeschlossen, Apr. 1920 Mitbegründer der KAPD, formulierte deren Parteiprogramm, redigierte »Kommunistische Arbeiter-Zeitung« und »Der Proletarier«; kam im Dez. 1920 in Moskau während der Verhandlungen um Aufnahme der KAPD in die KI mit W. Lenin und K. Radek zusammen und wurde in Lenins Schrift *Der Linksradikalismus, die Kinderkrankheit des Kommunismus* namentlich angegriffen. Nach organisatorischen und theoretischen Differenzen März 1922 aus der KAPD ausgeschieden, mit A. Goldstein und B. Reichenbach 1922 KAPD-Essener Richtung; 1926 nach der Rückkehr zur SPD ausgeschlossen; 1924/33 pädagogische und publizistische Tätigkeit für die SPD; Vortragsreisender und Lehrer an der 1926 gegründeten Hochschule des Reichsausschusses für sozialistische Bildungsarbeit; ab 1930 Lehrtätigkeit für die SAJ. Jan. 1929 als Nachfolger F. Wendels zum Leiter der SPD-Buchgemeinschaft ↗ »Der Bücherkreis« und Herausgeber der gleichnamigen Zeitschrift berufen, konzentrierte sich auf die Herausgabe von Gegenwartsliteratur (F. Jung, A. Scharrer, Goldstein, A. Schwab unter Ps. Albert Sigist); gehörte zu den Organisatoren der innerparteilichen Opposition »Die Roten Kämpfer«; bereits 1932 Vorbereitung auf die Arbeit in der Illegalität; 1934 erste Verhaftung; 1936 wurde die Organisation von der Gestapo entdeckt und innerhalb weniger Wochen zerschlagen. Nach einem Jahr Untersuchungshaft zu vier Jahren Zuchthaus in Brandenburg verurteilt, dann im Konzentrationslager Boergermoor bei Walchum/Ems; am 30. Nov. 1940 entlassen; dokumentierte seine Hafterlebnisse in *Die letzte Station* (Berlin 1947), 1941/45 Hilfsarbeiter und Korrektor; 1945 Dezernent im Schulamt Berlin-Neukölln, gab im Gebrüder-Weiß-Verlag L. Turek, K. Kläber und F. Mehring heraus; Nov. 1948/Mai 49 Kuraufenthalt in der Schweiz durch das »International Rescue Committee«; nach Rückkehr Verlust der Schulamtsstelle wegen SED-Beitritt 1948; Arbeit im Verlag Volk und Wissen.

Weihnachtswerbung
des Bücherkreises

Während frühe Publikationen Grundgedanken der Jugendbewegung verpflichtet sind, ist Sch.s kulturpolitisches Konzept nach 1920 von der »Todeskrisentheorie« geprägt, die unmittelbar revolutionäre Veränderungen bevorstehen sieht. Die politische und ökonomische Vorherrschaft der Bourgeoisie erscheint als »geistige Herrschaft«, die durch einen spontanen, revolutionären Akt des Proletariats gebrochen werden könne. Voraussetzung revolutionären Handelns ist die im KAPD-Programm von 1920 niedergelegte These von der »Selbstbewußtseinsentwicklung des Proletariats«, die sich auf »proletarisch-revolutionäre Weltanschauung« und den »Proletkult« stützt (*Vom Werden der neuen Gesellschaft*, Berlin 1920). Mit umfangreicher Rezensionstätigkeit (ca. 3000 Rezensionen) wurde Sch. zum scharfen Kritiker des sozialdemokratischen »Kultursozialismus«, entwarf mit »Proletarischer Dichtung« ein Gegenkonzept zur SPD-»Arbeiter-Dichtung«, das sich nicht auf die Herkunft eines Autors, sondern auf den »Dichtungsinhalt« eines Werkes bezieht. Trotz konzeptioneller Verwandtschaft zur Literaturkonzeption des BPRS sucht Sch. einen eigenen, parteienübergreifenden funktionalen Begriff proletarischer Literatur zu fundieren, der von der Einheit politischer und kultureller Umgestaltung ausgeht, die Ursprünglichkeit proletarischen Angriffsgeistes und die Gestaltung einer neuen Welt einschließt (*Arbeiterdichtung? – Proletarische Dichtung!*, in: »Arbeiter-Jugend«, 1928, H. 20). Mit seinem literarischen Schaffen leistete Sch. einen gewichtigen Beitrag zur Entwicklung des proletarischen Entwicklungs- und Gesellschaftsromanes. In relativ kurzer Zeit erschienen 1928/32 fünf Romane, von denen er drei als »Klassenstudien« konzipierte. *Die Geschichte Jan Becks* (Berlin 1929) zeigt, nach dem autobiographische Züge tragenden Entwicklungsroman *Der Sprung über den Schatten* (Berlin 1928), als erste Klassenstudie den Werdegang eines ländlichen Handwerkers zum Anarchisten. Die zweite Studie, *Aktiengesellschaft Hammerlugk* (Berlin 1930), thematisiert die Auswirkungen des kapitalistischen Ausbeutungssystems auf die Entwicklung eines Intellektuellen am Beispiel eines Direktionssekretärs in einem Stahlwerk bei Weißwasser. Seine dritte Klassenstudie *Familie Markert* (Berlin 1931) ist ein frühes Dokument der Auseinandersetzung proletarischer Literatur mit dem Faschismus, der im Roman für den Zerfall einer Berliner Arbeiterfamilie verantwortlich gemacht wird. Im Vorwort heißt es dazu: »Diese Studien sind Versuche, allmählich Stoff und Form zu gewinnen für einen Gesellschaftsroman über die Gegenwart, der die entscheidenden Klassen, ihre Beziehungen und Bewegungsrichtungen darstellen soll« (S. 5). Im Stil traditionell und mit didaktischen, den Erzählfluß unterbrechenden Passagen, erreicht dieser Roman nicht das literarische Niveau seiner Vorgänger. Die zunehmende Faschisierung des Alltags und die Spaltung der deutschen Arbeiterklasse ist auch das Thema des dokumentarischen Romans *Klasse im Kampf* (Berlin 1932), der vor dem Hintergrund des großen Berliner Metallarbeiterstreiks vom Okt. 1930 die Klasse als Ganzes auf literarisch eindrucksvolle Weise darzustellen sucht. Sch. hat mit seinem Roman sensibel auf die Faschisierung reagiert, früher als andere die NS-Gefahr erkannt und zur Einheitsfront aufgerufen. Ein auf drei Bände konzipierter autobiographischer Roman *Herbst* blieb unvollendet.

Lit.: H.M. Bock: Syndikalismus und Linkskommunismus von 1918–1923, Meisenheim am Glan 1969; W. Fähnders/M. Rector; H.H. Müller: Intellektueller Linksradikalismus in der Weimarer Republik, Kronberg/Ts. 1977.

Klaus Michael

Schroeder, Max

Geb. 16. 4. 1900 in Lübeck; gest. 14. 1. 1958 in Berlin-Buch

Sohn eines Rechtsanwalts. Notabitur, Soldat im I. Weltkrieg. Kunstgeschichtsstudium in Rostock, Freiburg i. Br., München, Berlin und Göttingen (unabgeschlossen). Freier Mitarbeiter der »Grünen Post« und der »Berliner Volks-Zeitung«. Seit 1929 politisch aktiv, 1932 Eintritt in die KPD. Feb. 1933 Emigration nach Paris, im Münzenberg-Kreis, im SDS und der Deutschen Freiheitsbibliothek tätig. 1936/38 Redaktionssekretär des Bulletins »Deutsche Informationen«, Paris. 1939/40 Internierung in Nord- und Südfrankreich, dann in Marokko. 1941 nach New York. 1942 stellvertretender Chefredakteur von »The German American«. Mai 1944 Mitglied des Council for a Democratic Germany. 1946 nach Berlin. 1947/57 Cheflektor des Aufbau-Verlages. Literatur- und Theaterkritiker.

Während seines frühen Boheme-Lebens war Sch. journalistisch tätig und schrieb Gedichte und Dramen, die bei seiner Flucht aus Deutschland verloren gingen. 1933 in Paris beteiligt an der Redaktion des *Braunbuch über Reichstagsbrand und Hitlerterror* (Basel 1933) und am Aufbau der Deutschen Freiheitsbibliothek, deren organisatorischer Leiter er 1934/35 war. Während des Saarkampfs betreute Sch. Nov. 1934 eine Ausstellung des Internationalen Antifaschistischen Archivs in Saarbrücken. Er organisierte die Ausstellung »Das deutsche Buch in Paris 1837–1937« zur Pariser Weltausstellung 25. 6./20. 11. 1937. Sch. gehörte zu den Mitbegründern des ↗ SDS im Exil, arbeitete zeitweilig als Sekretär, bereitete Veranstaltungen vor und trat als Referent (*Die deutsche Literatur in der Emigration*, 27. 10. 1938) und Moderator auf, war 1935 an der Herausgabe der Anthologie ↗ *Deutsch für Deutsche* beteiligt und zeichnete für das Sonderheft »Der deutsche Schriftsteller« zum Verbandsjubiläum 1938 verantwortlich. Im gleichen Jahr fungierte er als Sekretär der Jury für den Heinrich-Heine-Preis 1938. Zwei kunsthistorische Manuskripte *Die Entstehung der deutschen Baukunst im 9. und 10. Jahrhundert* und *Die Entwicklung des Bildes vom Reimser Portal über den Genter Altar zu Dürer* gingen bei der Flucht 1940 verloren. In den USA war Sch. 1942 Gründungsmitglied der German American Emergency Conference und unter der politischen Leitung von G. Eisler anonymer Chefredakteur der Zs. »The German American«. Er schrieb – vor allem in der Rubrik »Kultur unserer Zeit« – Kommentare (*1933–10. Mai – 1943. Zehn Jahre Scheiterhaufen*, in: The German American, Vol. II, 1943, Nr. 1), Rezensionen (*Europäische Künstler in Hollywood*, in: ebd., Vol. II, 1943, Nr. 4, *Im Kessel von Stalingrad*, in: ebd., Vol. III, 1944, Nr. 14), Würdigungen (*Dem Genius Max Reinhardts*, in: ebd., Vol. II, 1944, Nr. 9, *Egon Erwin Kisch*, in: ebd., Vol. III, 1945, Nr. 24) und

informierte über das kulturelle Leben der Emigration. In seiner Tätigkeit als Lektor im Aufbau-Verlag verstand sich Sch. als Partner und Anwalt seiner Autoren; von vielen wurde seine Sachkunde, Sensibilität und Urteilsfähigkeit geschätzt. Er war als Verlagsmann einer der wichtigsten Mittler der Exilliteratur und hat wesentlich zur Ausprägung des Verlagprofils beigetragen.

Ausg.: Von hier und heute aus. Kritische Publizistik, Berlin 1957. – *Lit.:* Max Schroeder zum Gedenken, Berlin 1958; Allein mit Lebensmittelkarten ist es nicht auszuhalten. Autoren- und Verlegerbriefe 1945–1949, Hg. E. Faber und C. Wurm, Berlin 1991; » … und leiser Jubel zöge ein«. Autoren und Verlegerbriefe 1950–1959, Hg. E. Faber und C. Wurm, Berlin 1992.

Dieter Schiller

Schulz, August Heinrich (Ps. Ernst Almsloh, Aug. Weinrich)

Geb. 12. 9. 1872 in Bremen; gest. 4. 9. 1932 in Berlin

Sohn eines Werkmeisters beim Norddeutschen Lloyd, wuchs in Bremen auf, besuchte 1881/89 die Realschule, bis 1892 das Lehrerseminar. Seit 1892 SPD-Mitglied. Kurze Lehrtätigkeit 1892/93 an einer Bremer Realschule; kehrte nach Militärdienst nicht in die Schule zurück. Studierte 1893/94 in Leipzig neuere Sprachen. 1894/97 auf Empfehlung W. Liebknechts an die Berliner Arbeiterbildungsschule berufen, seit 1895 deren Vorsitzender. 1896/97 zweiter Vorsitzender der Freien Volksbühne. Sch. verbüßte aus politischen Gründen in den Jahren 1896, 1898, 1899/1900 drei Gefängnisstrafen. Chefredakteur der »Thüringer Tribüne« in Erfurt (1897/1901), der »Volksstimme« in Magdeburg (1901/02) und der »Bremer Bürgerzeitung« (1902/06). Nov. 1906 Geschäftsführer des Bildungsausschusses der SPD in Berlin (zu dem E. David, H. Heimann, K. Korn, F. Mehring, G. von Vollmar und C. Zetkin gehörten) und Leiter der Parteischule. 1912 MdR, dem er bis 1918 und 1920/30 angehörte. Ab 1917 gemeinsam mit M. Juchacz Redaktion der »Gleichheit«. Nov. 1918/Feb. 1919 Referent F. Eberts und Geschäftsführer der Reichskanzlei. 1919/20 Mitglied und zeitweise Vizepräsident der Nationalversammlung in Weimar. 1919 Staatssekretär für Schul- und Bildungsfragen im Reichsministerium des Innern, Vorsitzender des SPD-Reichsausschusses für sozialistische Bildungsarbeit bis 1932. Seit 1908 in der Zentralstelle für die arbeitende Jugend Deutschlands, deren Leitung er 1919 übernahm, Herausgeber der Zs. »Arbeiter-Jugend. Organ für die geistigen und wirtschaftlichen Interessen der jungen Arbeiter und Arbeiterinnen« (Redakteur: K. Korn). Regte die Durchführung der Reichsjugendtage (Weimar 1920) und der sozialistischen Kulturtage an, unterstützte die entstehende Kinderfreundebewegung. Leitete ab 1926 den ↗ Sozialistischen Kulturbund. Zur Unterstützung notleidender Künstler gründete Sch. 1926 mit M. Liebermann die Deutsche Kunstgemeinschaft. 1927 in den Ruhestand versetzt. Berichtete auf dem SPD-Parteitag in Leipzig 1931 über den Stand der sozialistischen Bildungsarbeit.

Die umfangreiche literarische Produktion von Sch. war vor allem Erziehungs- und Bildungsproblemen der jungen Generation gewidmet. Veröffentlichte in der »Frauen-Beilage« der »Gleichheit« von 1905/12 68 Beiträge in der Rubrik »Die Mutter als Erzieherin« (1907 als Buch u. d. T. *Die Mutter als Erzieherin. Kleine Beiträge zur Praxis proletarischer Hauserziehung* bei J. H. W. Dietz Nachf. in Stuttgart, 9 Aufl. 1926, 1908 ins Holländische übersetzt, auch hier mehrere Aufl.), die durch anschauliche Beispiele die sozialistische Erziehung in der Familie unterstützen wollten. Gemeinsam mit Zetkin referierte Sch. auf dem Mannheimer Parteitag 1906 über *Sozialdemokratie und Volkserziehung*. In sechs Leitsätzen erläuterten sie u.a. die Notwendigkeit, eine sozialistische Kinderliteratur zu schaffen und künstlerisch wertvolle Unterhaltungsliteratur herauszubringen. In den Jahren 1905/08 war er mit A. Fendrich (1868-1949) der am häufigsten veröffentlichte Autor der »Gleichheits«-Beilage »Für unsere Kinder«. In seinen Skizzen schärfte er den Blick der jungen Leser für die gerechten Forderungen der Arbeiter, wollte in Dialog-Form Argumente für die politische Diskussion vermitteln. Sch. befürchtete, eine spezifisch sozialistische Jugendliteratur, die zur Förderung und Propagierung von Parteiinteressen genutzt werde, könnte in die »Arena der tendenziösen Jugendschriftstellerei« herabsteigen, unterstützte aber den Beginn systematischer Arbeit auf diesem Gebiet. Um das zunehmende Lesebedürfnis junger Arbeiter zu unterstützen und zu lenken, legte Sch. als Geschäftsführer des Bildungsausschusses Weihnachten 1907/11 das »Verzeichnis empfehlenswerter Jugendschriften« vor. Die Auswahl orientierte sich am Verzeichnis der Hamburger Lehrerschaft mit dem Ziel, die Kinder des klassenbewußten Proletariats »zu aufrechten und helläugigen Bürgern einer späteren besseren gesellschaftlichen Ordnung zu erziehen«, war gegen Schundliteratur gerichtet. Jeder Titel wurde von drei Personen geprüft. 1907 waren 83, 1911 bereits 705 aufgeführt, bei 668 abgelehnten Büchern.

W. W.: Gehörst Du zu uns? Eine Anrede an einen jungen Arbeiter, Berlin 1911 (1929: 130000); Der kleine Jan. Ein Jahr aus seinem Leben, Berlin 1920, Leipzig 1921; Von Menschlein, Tierlein und Dinglein. Märchen aus dem Alltag, Berlin 1924; Sozialismus und Kultur, Berlin 1927; Politik und Bildung. 100 Jahre Arbeiterbildung, Berlin 1931; Meine Bekanntschaft mit Schiller, in: Dem Proletariat die beste sozialistische Literatur! Hg. H. Drust, Berlin 1984; Der kleine Streikposten, in: Spiegel proletarischer Kinder- und Jugendliteratur 1870-1936, Hg. H. Kunze/H. Wegehaupt, Berlin 1985; Acht Stunden,

in: Für unsere Kinder. Texte aus der Kinderbeilage der ›Gleichheit‹ 1905-1917, Hg. H. Drust, Berlin 1986. – *Lit.:* Bremische Biographie 1912-1962, Hg. Historische Gesellschaft zu Bremen und Staatsarchiv Bremen, Bearb. W. Lührs, Bremen 1969; F. Neumann: H. Schulz und die sozialdemokratische Bildungspolitik im wilhelminischen Deutschland 1893-1906, Diss., Marburg 1979.

Heide Drust

Schutzverband Deutscher Schriftsteller, Sektion Frankreich (SDS)

Société allemande des gens de lettres, siège Paris. – Nach der Gleichschaltung des SDS in Nazideutschland auf Initiative von R. Leonhard und A. Kantorowicz im Mai 1933 in Paris neugegründete »repräsentative gewerkschaftliche Vertretung ... für alle Angehörigen des deutschen Schrifttums, die auf Grund freiheitlicher und fortschrittlicher Anschauungen nicht mit dem Hitlerfaschismus paktiert haben« (in: »Unsere Zeit«, 1933, H. 11). Zum vorbereitenden Komitee gehörten A. Seghers, Leonhard, A. Kurella, Th. Balk, E. Leonard, G. Regler, L. Marcuse, V. Schiff, H. A. Joachim, Kantorowicz, M. Schröder und E. J. Gumbel. Erste öffentliche Stellungnahme des Vorstands und des Organisationskomitees war eine Erklärung an den Internationalen PEN-Kongreß in Ragusa (Mai 1933), in welcher der Nazi-Delegation das Recht abgesprochen wurde, im Namen des deutschen Schrifttums aufzutreten. Zu Vorsitzenden der Pariser Ortsgruppe (mit der Sektion Frankreich identisch) wurden Leonhard und Kurella gewählt, Sekretär des geschäftsführenden Vorstandes war von Mai 1933/Juni 34 D. Luschnat. Später wird Kantorowicz als Generalsekretär genannt. Noch im Juni 1933 fanden zwei Veranstaltungen mit mehr als 100 Teilnehmern statt, auf denen neben E. E. Kisch und K. Mann auch H. Barbusse und P. Nizan sprachen. Die konstituierende Versammlung der Sektion Frankreich des SDS am 30. Okt. 1933 gilt als offizielles Gründungsdatum des SDS im Exil. Ende 1934 wurde der Verband durch Eintragung ins französische Vereinsregister legalisiert.

Die Sektion Frankreich verstand sich als Keimzelle und Kern einer umfassenden Vereinigung, die auch Schriftsteller einschließen sollte, die noch in Deutschland lebten. Im Sommer 1933 waren vom geschäftsführenden Vorstand Verbindungen zu Schriftstellern in allen Emigrationszentren aufgenommen worden (u.a. Prag, Zürich, Basel, Wien, Amsterdam), die Gründungsversammlung im Okt. beschloß ein »Programm zum Aufbau einer Gesamtorganisation der nichtgleichgeschalteten deutschen Schriftsteller« (in: »Gegen Angriff«, 1933, Nr. 17). In der Folgezeit waren im Vorstand auch andere literarische Exilzentren vertreten. Mit ihren 150 Mitgliedern und einer regen kulturellen Aktivität war die Pariser Sektion bis zum Frühjahr 1939 als Zentrum des Verbandes anerkannt; außerdem existierten in Prag der Schutzverband Deutscher Schriftsteller in der Tschechoslowakei, der sich im Apr. 1933 gegen eine Gleichschaltung mit der Schriftstellerorganisation im Dritten Reich ausgesprochen hatte, selbständige Landesgruppen in Brüssel (Landesgruppe Belgien des SDS, 1936), New York (German American Writers Association, 1938) und London (Free German Writers Association, 1939). Vor allem der von O. M. Graf geleitete Verband in New York mit etwa 150 Mitgliedern erlangte größere Bedeutung.

Der SDS im Exil war – so der Vorsitzende Leonhard – »von Anfang an eine Einheitsorganisation, ... in bemerkenswerter Weise haben Schriftsteller aller antinationalsozialistischen Richtungen im SDS kollegial und kameradschaftlich zusammengearbeitet« (»Information von Emigranten für Emigranten«, Paris 1936). Der Verband knüpfte an die Tradition der Gewerkschaft der Schriftsteller an, verstand sich jedoch zugleich mehrheitlich, wenn auch nicht unangefochten, als antifaschistische Kampforganisation. Sein Profil wurde in starkem Maße geprägt durch die ca. 30 Mitglieder der Gruppe des BPRS in Paris, die unter Leitung Kischs stand. Nach Angaben A. Abuschs ging diese Gruppe in einer »gut organisierten kommunistischen Fraktion innerhalb des ... Schutzverbandes« (Abusch: *Der Deckname*, Berlin 1981, S. 347) auf. J. R. Becher, der als Vertreter der IVRS in Paris weilte, regte an, in der Hauptversammlung des SDS vom 28. 1. 1935 H. Mann und L. Feuchtwanger zu Vorsitzenden des SDS zu wählen. Leonhard blieb mit der Geschäftsführung beauftragt. In den folgenden Jahren wurden H. Mann als Ehrenpräsident, Leonhard als Erster Vorsitzender oder Präsident des SDS genannt. Zu Mitgliedern des neuen Vorstands wurden außerdem Seghers, Kisch, Becher, Leonhard und Kantorowicz gewählt. 1936 wurden Leonhard zum Ersten und Kisch zum Zweiten Vorsitzenden des SDS gewählt, ihre Wiederwahl erfolgte am 8. März 1937 in einer sich zuspitzenden Krisensituation des Verbandes. Scharfe Kontroversen innerhalb der Pariser Emigration, die beginnende Krise der Volksfrontbewegung und die Auswirkungen der Moskauer Schauprozesse und Repressalien in der Sowjetunion bildeten den Hintergrund dafür; hinzu kam die Abwesenheit einer Reihe der aktivsten Mitglieder des SDS, die in Spanien kämpften, sowie von Leonhard, der aus finanziellen Gründen 1935/38 vorwiegend in Südfrankreich lebte. So mußten im Sommer 1937 M. Sperber und M. Schröder die Vertretung der ständig abwesenden Vorsitzenden Leonhard und Kisch übernehmen. Dem neugewählten Vorstand gehörten ferner an: Th. Fanta, W. Franck, H. Marchwitza, E. Schlesinger, Seghers und H. Siemsen. Das Büro des Vorstandes bildeten Franck und B. Frei (in Vertretung von Marchwitza). Nachdem im Juni 1937 die volksfrontfeindliche Gegenorganisation »Bund Freie Presse und Literatur« gegrün-

Der deutsche Schriftsteller

Zeitschrift des Schutzverbandes Deutscher Schriftsteller

Sonderheft zum Jubiläum des SDS   November 1938

Unser Volk und seine Schriftsteller

30 JAHRE S D S   1906-1933 Berlin / 1933-1938 Paris

IN DIESEM HEFT SPRECHEN:
Heinrich Mann, Thomas Mann, Romain Rolland, Louis Aragon, Victor Margueritte, Bert Brecht, Alfred Doeblin, Arnold Zweig, Stefan Zweig, Franz Werfel, Johannes R. Becher, Alfred Kerr, Max Herrmann-Neisse, Egon Erwin Kisch, Else Lasker Schüler, Friedrich Wolf, Joseph Roth, Berthold Viertel, F. C. Weiskopf, Edmond Vermeil, Ludwig Marcuse, Erich Kuttner, Balder Olden, Alfred Kurella, Jean Cassou, Anna Seghers und viele Andere.

det worden war, kam es zu einer weiteren Krise, als einige Mitglieder - unter ihnen Fanta - den Verband mit dem Argument verließen, die Vorherrschaft kommunistischer Funktionäre mache eine weitere Mitarbeit unmöglich. Dennoch gelang es in der ordentlichen Generalversammlung am 18. Okt. 1937, die Fortführung des SDS und seiner Bemühungen um eine deutsche Volksfront zu sichern. Leonhard und Kisch wurden in ihren Ämtern bestätigt, dem neuen Vorstand gehörten an: B. Brecht, R. Breuer, Franck, Marchwitza, Seghers, Siemsen und P. Westheim.

Am 10. Nov. 1938, zur Feier des 30. Jahrestages der Gründung des SDS und des 5. Jahrestages der Neugründung im Exil, konnte die Generalversammlung in einer einstimmig angenommenen Entschließung feststellen, daß »die Schriftsteller, die in der Emigration die deutsche Literatur repräsentieren, die Notwendigkeit der Einheit und der Aktivität erkennend, in immer größerer Zahl sich um den SDS als die zentrale Schriftstellerorganisation gruppieren«. Sie erklärten ihre Entschlossenheit, den »Mißbrauch der berechtigten Friedenssehnsucht der Völker durch die faschistischen Kriegsentfesseler zu entlarven und für einen wahren Frieden zu kämpfen« (in: »Das Wort«, 1939, H. 2). Die beiden Vorsitzenden wurden wiedergewählt, den neuen Vorstand bildeten: W. Bredel, Breuer, H.

Budzislawski, Kantorowicz, Marchwitza, L. Marcuse und West-heim. Beschlossen wurde, ein Präsidium zu schaffen, für das ihre Teilnahme zusagten: Becher, Brecht, A. Döblin, Feucht-wanger, L. Franck, Graf, A. Kerr, H. Mann, L. Renn, Seghers, E. Toller, F. Werfel, A. Zweig. Nach dem Nichtangriffspakt zwi-schen der Sowjetunion und dem Deutschen Reich vom 23. 8. 1939 gab Leonhard am 30. 8. 1939 eine Erklärung ab, in der er den Willen der Mitglieder des SDS zum gemeinsamen Antihitler-Kampf mit allen bekräftigte, die »für die Freiheit kämpfen, für Demokratie, die die Bedingungen des Lebens der Literatur und für die Freiheit Deutschlands sind« (in: »Le Temps«, 30. 8. 1939). Nach Kriegsbeginn wurde der SDS im Okt. 1939 von den französischen Behörden unter dem Vor-wand aufgelöst, eine »Sowjetagentur« zu sein. (in: »Das Neue Tage-Buch«, 1939, H. 44)

Das gewerkschaftliche Programm des SDS im Exil zielte zu-nächst auf die Vertretung der Rechte der emigrierten Schrift-steller gegenüber den Rechtsbrüchen im Dritten Reich und gegenüber ausländischen Verlegern. Die Hoffnung auf Ver-öffentlichungsmöglichkeiten in ausländischen Verlagen und Presseorganen erwies sich bald für die meisten als Illusion. Hilfreich war dagegen die juristische Beratung, die Unter-stützung bei der Beschaffung von Aufenthaltsbewilligungen und die moralische Stärkung durch den Versuch, im Exil eine Art politisch-literarischer Öffentlichkeit durch wöchentliche »Montagsabende«, Vortrags- und Ausspracheabende für ein größeres Publikum zu schaffen. Das war der wirksamste Teil der Tätigkeit der Schriftstellerorganisation, machte sie zum »kulturellen Mittelpunkt« (in: IL, 1938, H. 10) für die Flücht-linge aus Hitlerdeutschland. Das Kulturinteresse stellte – wie Frei, Sekretär des SDS seit 1937, schrieb – das »stärkste Band der sonst vielfach der Zersplitterung verfallenden Emigration« (ebd.) dar. Die Kundgebungen für die Befreiung von E. Müh-sam, C. von Ossietzky und Renn im Herbst 1933 und Frühjahr 1934 begründeten eine Tradition von Solidaritätsveranstaltun-gen, die ein Einheitsbewußtsein der Emigration ausbilden sollten. Dies schloß das Bemühen ein, nach Deutschland hinein zu wirken: Eine Arbeitsgemeinschaft unter E. Weinerts Leitung beschäftigte sich mit illegalen Flugschriften für den Widerstand im Reich und das Verbandsorgan des SDS, »Der Schriftsteller«, kam als Informationsblatt für Intellektuelle in Hitlerdeutschland über das Wirken der Schriftsteller im Exil heraus. Die Aufmachung des Blattes entsprach dem dort erscheinenden Schriftsteller-Organ. Die erste von Leonhard redigierte Nummer wurde im Sommer 1934 nach Deutschland geschickt. Die Nazipropaganda reagierte heftig. Eine zweite Ausgabe, »Der deutsche Schriftsteller«, erschien im Sommer 1937 als Sonderheft Spanien mit einem Aufruf Th. Manns für das republikanische Spanien und Berichten der in Spanien kämpfenden Schriftsteller, das dritte Heft (Nov. 1938) war ein

Sonderheft zum Jubiläum des SDS (Red. M. Schröder). Neben Begrüßungen und Bekenntnissen von exilierten Autoren fast aller Richtungen enthielt es auch eine ausführliche Veranstal-tungschronik über fünf Jahre SDS in Paris, in der ca. 175 öffentliche Veranstaltungen ausgewiesen wurden. Anläßlich des Pariser Schriftstellerkongresses zur Verteidigung der Kultur erschien 1935 die Anthologie ↗ *Deutsch für Deutsche*. Ob-wohl Generalsekretär Kantorowicz das Selbstverständnis des SDS als »eine Kampforganisation« mit dem Ziel der »Revolu-tion in Deutschland« (in: »Gegen-Angriff«, 1935, H. 10) her-vorhob, lag das Hauptwirkungsfeld des Verbandes in der Entfaltung eines geistig-kulturellen Lebens innerhalb der Emi-gration, die politisch aktive Antifaschisten wie politisch wenig engagierte Verfolgte des nazifaschistischen Rassenwahns glei-chermaßen umfaßte. Darüber hinaus sollte die Öffentlichkeit des Asyllandes mit Vorgängen in Nazideutschland vertraut gemacht werden. Diesen Zielen dienten Kundgebungen und Manifestationen zum Saarkampf, zu den Jahrestagen der Bü-cherverbrennung, zur Auseinandersetzung mit der Demagogie der Nazipropaganda, seit Sommer 1936 vor allem zur Unter-stützung des republikanischen Spanien gegen Franco und die Intervention der Achsenmächte. Neben verbandsinternen Mit-gliederversammlungen wurden literaturkritische und -histori-sche Abende, literarische Jubiläums- und Gedächtnisfeiern, Autorenabende und kulturpolitische Diskussionen durchge-führt, in denen Schriftsteller und Publizisten nahezu aller Richtungen zu Wort kamen. Als »geistiges und gesellschaft-liches Zentrum der Emigration« (in: »Das Wort«, 1938, H. 12) hat der SDS im Sommer 1935 eine Serie von Veranstaltungen der Klärung von Problemen gewidmet, die mit den Reden von A. Huxley, E. M. Forster, R. Musil und M. Brod auf dem Internationalen Schriftstellerkongreß in Paris aufgeworfen worden waren. Eine spezielle Veranstaltung war E. Blochs Rede *Dichtung und sozialistische Gegenstände* vorbehalten. Neben aktuellen literarischen Fragen wie der Debatte um den historischen Roman (Veranstaltungen zu H. Manns *Henri Quatre*, A. Koestlers *Spartacus*, Döblins Essay *Der historische Roman und wir*) fanden regelmäßige Aussprachen über faschistische Ideologie und Kulturpolitik statt. 1935 galt die spezielle Aufmerksamkeit der Analyse der faschistischen Kriegsliteratur und dem Kampf gegen den imperialistischen Krieg. Theoretische Debatten kamen nur selten zustande, so zu C. Einstein (*Kunst als kollektiver Gebrauchsgegenstand*), W. Benjamin (*Die Kunst im Zeitalter ihrer technischen Reproduzierbarkeit*), Koestler (*Die Revolution im natur-wissenschaftlichen Weltbild*), S. Marck (*Neuhumanistische und marxistische Philosophie*).

Die Tätigkeit des SDS wurde wesentlich unterstützt durch die im Mai 1934 in Paris gegründete Deutsche Freiheitsbibliothek (DFB) unter Leitung von Kantorowicz und Schröder; sie war aus dem Internationalen Antifaschistischen Archiv hervorgegangen, dessen Schaffung schon im Dez. 1933 vom Sekretariat des Weltkomitees für die Opfer des Faschismus beschlossen worden war. Hier wurden Dokumente, Berichte, Photos, Zeitungen und Zeitschriften gesammelt, die Auskunft über den faschistischen Terror und den Widerstandskampf geben konnten. Mit der Gründung der DFB wurde diese Tätigkeit erweitert zu einer systematischen Sammlung von Büchern, die im Dritten Reich verboten waren, von Büchern und Presseerzeugnissen, die im Exil erschienen, sowie von Werken, die für das Studium des Hitlerfaschismus nötig waren. Ein Atelier am Boulevard Arago war Arbeitsstätte von acht Mitarbeitern, von denen nur Schröder ein kleines Gehalt bezog. Die wichtigste Leistung dieser Einrichtung bestand in der Bereitstellung von Material für dokumentarische Publikationen, die vor allem vom Kreis um W. Münzenberg und O. Katz erarbeitet wurden. Eine Hauptform der öffentlichen Tätigkeit der DFB waren Ausstellungen, die in enger Zusammenarbeit mit dem SDS erarbeitet wurden: zur Eröffnung der Bibliothek im Herbst 1934 über »Die Lage der deutschen Presse«, in Saarbrücken eine Bilddokumentation über das von den Nationalsozialisten beherrschte Deutschland, zum Internationalen Schriftstellerkongreß 1935 über die Bücherverbrennung und den Rückgang der Literatur im Dritten Reich (zusammengestellt von Schröder). Wichtige Reden vom Kongreß wurden innerhalb der – seit Apr. 1935 in unregelmäßiger Folge erscheinenden – »Mitteilungen der Deutschen Freiheitsbibliothek« veröffentlicht, die später der politischen Diskussion um die Schaffung der deutschen Volksfront dienten. Die gemeinsame Arbeit mit dem SDS zur Bilanzierung und Propagierung des literarischen Schaffens im Exil wurde weitergeführt in der Ausstellung »Das Freie Deutsche Buch« (Nov. 1936), die »zum ersten Male ... das politisch-geistige Werk der deutschen Emigration« (in: »Das Wort«, 1937, H. 1) zusammenfaßte. Anläßlich der Pariser Weltausstellung gab es in der Rue Gay-Lussac die umfassende Schau »Das deutsche Buch in Paris 1837–1937« (Juni/Nov. 1937). Ein Grundgedanke der Ausstellung war, die »Verbundenheit der deutschen klassischen und freiheitlichen Literatur mit dem Frankreich der Aufklärung, des Humanismus, der großen Revolution, der Menschenrechte« (in: »Deutsche Volkszeitung«, 1937, Nr. 27) in Erinnerung zu rufen. Sie sollte zeigen, daß »man mit der klassischen deutschen Literatur in der Hand gegen Hitler kämpfen kann« (in: »Rundschau«, 1937, Nr. 32).

Im Rahmen seiner Möglichkeiten bemühte sich der SDS um Förderung des literarischen Nachwuchses im Exil. Eine Arbeitsgemeinschaft unter Kischs Leitung widmete sich im Mai 1934 theoretischen und praktischen Fragen der Reportage; Anfang 1936 wurde unter Leitung Marchwitzas ein Arbeitskreis für den literarischen Nachwuchs gebildet. Der Förderung

junger Autoren galt auch der 1935 gestiftete Heine-Preis des SDS; er war dotiert mit 1000 frs., 1936 konnte er auf 2000 frs. erhöht werden. Viele Manuskripte (1938 waren es 82) gingen zur Prüfung ein. 1936 wurde der Preis an H. W. Katz für den Roman *Die Fischmanns* (Amsterdam 1938) vergeben, 1937 an E. Karr für den Roman *Alles ist umgekehrt* (unveröff.), 1938 an H. Keisch für den Gedichtband *Das Leben kein Traum* (unveröff.). Die Vergabe erfolgte im Rahmen der Deutschen Kulturwoche 1938 in Paris, die anläßlich des Verbandsjubiläums des SDS im Nov. veranstaltet wurde. Im Vorfeld des Jubiläums war es im Mai 1938 mit Unterstützung des SDS zur Uraufführung von Brechts Zyklus *99 %* (*Furcht und Elend des 3. Reiches*) gekommen, mit der an die erfolgreiche Uraufführung des Spanien-Dramas *Die Gewehre der Frau Carrar* (Okt. 1937, Paris) angeknüpft werden konnte. Kundgebungen mit aus Spanien zurückgekehrten Mitgliedern des SDS, gegen die Annexion Österreichs, für Ossietzky, eine deutsch-französische Goethekundgebung und eine Feier zu Döblins 60. Geburtstag bildeten 1938 Höhepunkte der Kulturarbeit im Exil. Hinzu kam die im Mai 1938 erfolgte Gründung des Freien Künstlerbundes, der im Nov. 1938 innerhalb der Kulturwoche die Kunstausstellung »Freie deutsche Kunst« veranstaltete. Nach der Generalversammlung des SDS konnte am 12. 11. 1938 erstmals eine Konferenz über spezifische Schaffensfragen im Exil stattfinden: »Der historische Stoff als Waffe im Kampf um die deutsche Freiheit«, an der Feuchtwanger, H. Kesten, K. Kersten, Regler u. a. teilnahmen. Die Kulturwoche wurde durch eine deutsch-französische Kundgebung für die freie deutsche Kultur abgeschlossen.

Lit.: B. Frei: Fünf Jahre Schutzverband Deutscher Schriftsteller im Exil, in: IL, 1938, H. 10; A. Zweig: Fünfundzwanzig Jahre SDS, in: Das Wort, 1938, H. 11; A. Kantorowicz: Fünf Jahre Schutzverband Deutscher Schriftsteller im Exil, in: Das Wort, 1938, H. 12; R. Leonhard: Der emigrierte SDS, in: Neue Weltbühne, 1938, H. 46; M. Scheer: So war es in Paris, Berlin 1972; S. Thiel Kaynis: Der SDS (Schutzverband Deutscher Schriftsteller) in Berlin und Paris. Geschichte eines freiheitlichen Verbandes und seines Schriftführers David Luschnat, Diss., University of Cincinnati 1973; A. Kantorowicz: Politik und Literatur im Exil, Hamburg 1978; Exil, Bd. 7; A. Betz: Exil und Engagement. Deutsche Schriftsteller im Frankreich der dreißiger Jahre, München 1986; D. Schiller: Der Pariser Schutzverband Deutscher Schriftsteller (Société allemande des gens de lettre, siège Paris). Eine antifaschistische Kulturorganisation im Exil, In: Exilforschung, Bd. 6.

Dieter Schiller

Schweichel, Robert (Ps.: Heinrich Friedmann)

Geb. 12. 7. 1821 in Königsberg; gest. 26. 4. 1907 in Berlin

Robert Schweichel

Sohn eines Handelskaufmanns; studierte in Königsberg Staats- und Rechtswissenschaft; 1848 Mitbegründer des Königsberger Arbeitervereins, der sich der Arbeiterverbrüderung St. Borns anschloß; gab 1850/53 die demokratisch oppositionelle »Ostpreußische Dorfzeitung« heraus; wurde mehrmals wegen Preßvergehens verhaftet; aus Preußen und anderen deutschen Ländern ausgewiesen; emigrierte 1853 nach Lausanne, wo er als Schuldirektor und Lehrer für deutsche Sprache und Literatur arbeitete; begann im Exil erste literarische Arbeiten zu verfassen; kehrte 1861 nach Deutschland zurück, wo er mit W. Liebknecht in enge freundschaftliche Verbindung trat; war Redakteur der »Norddeutschen Allgemeinen Zeitung«, die er gemeinsam mit Liebknecht 1862 verließ, als sich die bismarckfreundliche Haltung der Redaktion offenbarte; arbeitete danach journalistisch an einem liberalen Blatt in Hannover; übersiedelte 1866 nach Leipzig, wo er mit Liebknecht das »Demokratische Wochenblatt« herausgab; war politisch agitatorisch für die sächsischen Arbeitervereine tätig; hielt 1868 in Nürnberg auf dem Vereinstag der Arbeitervereine (VdAV) das Hauptreferat, in dem er sich für den Anschluß der Vereine an die IAA einsetzte; wurde 1869 Feuilleton-Redakteur der vom Verlag Janke in Berlin herausgegebenen »Romanzeitung«; veröffentlichte 1864/70 vier Novellenbände und einen Roman, die ihn als begabten Erzähler bekannt machten und mehrere Auflagen erlebten; schrieb in den 70er Jahren vor allem Kalendergeschichten für sozialdemokratische Kalender (*Volksstaat-Kalender, Der arme Conrad*) aber auch für *Jahnke's Illustrierten Volkskalender,* und mehrere umfangreichere Romanwerke (*Der Bildschnitzer vom Achensee,* Berlin 1873; *Die Falkner von St. Vigil,* Berlin 1881); gehörte zwischen 1883/1901 mit zahlreichen Rezensionen, Aufsätzen und feuilletonistischen Skizzen (u.a. zum Naturalismus, zur russischen und französischen Literatur, zu Shakespeare, H. Heine oder L. Jacoby) zu den wichtigsten literaturkritischen Mitarbeitern der NZ; wurde 1897/1903 zum meistgedruckten Autor in der Roman-Zs. ↗ »In Freien Stunden«. Sch. näherte sich Ende der 60er Jahre von einer kleinbürgerlich-demokratischen Position aus der sozialdemokratischen Arbeiterbewegung. Die Freundschaft und Zusammenarbeit mit Liebknecht spielten dabei eine maßgebliche Rolle. Er blieb auch nach dem Erlaß des Sozialistengesetzes bei seiner politisch aktiven Haltung gegenüber der Sozialdemokratie; verlor 1883 seine Stellung bei Janke und arbeitete von da ab als freier Schriftsteller in Berlin. Im Unterschied zu anderen Prosaautoren, die in den 70er Jahren für die Organe der Arbeiterbewegung zu schreiben begannen (A. Otto-Walster, M. Kegel), trennte Sch. strikt zwischen seiner politischen Haltung und seinen Ambitionen als Schriftsteller. Er verstand sich als Volksschriftsteller, der vom starken Kern im Leben und Denken proletarischer Schichten überzeugt war und hier die Hoffnung auf eine Gesundung der gesamten Gesellschaft in einer zukünftigen ›sozialen Demokratie‹ sah. Vor allem seine frühe Prosa steht in der Tradition der durch J. Gotthelf, K. L. Immermann, B. Auerbach geprägten Dorferzählung des 19.Jh.s Die Geschichten sind novellistisch angelegt und erzählen von proletarischen Figuren in dörflich oder kleinstädtisch überschaubaren Handlungsräumen meist in der französischen Schweiz.

Einen wesentlichen Beitrag zur Literatur in der Arbeiterbewegung leistete Sch. mit jenen Erzählungen, die er 1873/79 für sozialdemokratische Kalender schrieb und die bis zur Jahrhundertwende wiederholt nachgedruckt wurden. Die Geschichten behandeln Stoffe aus dem Bauernkrieg und den sozialen Kämpfen des Proletariats im 19.Jh. In seinen Gegenwartserzählungen, u.a. *Der Weber von Obergeiersdorf* (in: *Volksstaat-Kalender,* Leipzig 1873) und *In Acht und Bann* (in: *Der arme Conrad,* Leipzig 1877) orientiert sich Sch. an authentischen Vorfällen in jeweils konkreten Situationen zugespitzter sozialer Auseinandersetzungen (Lugauer Bergwerksunglück 1867; Ruin der Handweber im Erzgebirge), von denen Korrespondenten in der Arbeiterpresse berichteten. Im Zentrum dieser Geschichten steht der sozialdemokratische Held, der sich durch Tüchtigkeit, politischen und humanistischen Lern- und Leseeifer und moralische Makellosigkeit auszeichnet und damit das sozialdemokratische Persönlichkeitsideal repräsentiert. Weniger die objektive Situation als die Willkür und Unmoral der jeweils klassengegnerischen Figuren stürzen diese Helden in tragische Konflikte. So wird Klaus Jung, Protagonist in der Geschichte *In Acht und Bann*, auf dessen Bücherregal Lassalles und Schillers Werke stehen und der in führender Position für einen Massenstreik der Bergarbeiter agitiert, durch die feindseligen Machenschaften des Grubenbesitzers Krählinger schließlich in den Tod getrieben. Sch.s idyllische Vorstellungen vom unverdorbenen, gesunden Volksempfinden zeigen sich in dieser Geschichte, wenn er z.B. vom Glück des Helden in seinen kleinbürgerlichen Familienverhältnissen erzählt. In den drei Bauernkriegserzählungen *Der Pauker von Niklashausen* (in: *Volksstaat-Kalender*, Leipzig 1874), *Rote Ostern* (ebd., 1875) und *Florian Geyers Heldentod* (in: *Der arme Conrad*, Leipzig 1876) stehen ebenfalls Volkshelden in aufrührerischen Situationen im Mittelpunkt. Sch. bemüht sich auch hier um historische Konkretheit. So stützt er sich in der zuerst genannten Erzählung deutlich auf geschichtliche Überlieferungen, u.a. auf W. Zimmermanns Darstellung des Bauernkrieges. Die Geschichte spielt im historischen Vorfeld des Bauernkrieges und erzählt von Hans Böheim, dem bäuerlich revolutionären Agitator, den seine ketzerischen Predigten vor Bauern auf den Scheiterhaufen brachten, dessen aufrührerische Ideen aber unter der ländlichen Bevölkerung weiterwirkten. Die zweite Erzählung berichtet von der Hinrichtung des Grafen Helfenstein durch die aufständischen Bauern unter Führung von Jäcklein Rohrbach und Florian Geyer und die dritte von der Niederschlagung der Geyerschen ›Schwarzen Schar‹ durch das Heer des Schwäbischen Bundes. Auch in den historischen Erzählungen stehen die rebellischen, zugleich aber tugendhaften und aufgeklärten Helden im Zentrum. In *Rote Ostern* und dem späten Bauernkriegsroman *Um die Freiheit* (Stuttgart 1889/99) ist es eine heldenhafte Frauenfigur, die schwarze Hofmännin, die die männlichen Protagonisten in der Konsequenz ihres Aufbegehrens und ihrer kämpferischen Leidenschaft noch übertrifft. In dem Roman, der nochmals die Geschichte Florian Geyers und seines schwarzen Haufens aufgreift, profiliert Sch. einen im Vergleich zu den frühen Erzählungen modifizierten Heldentypus. Es ist nun nicht mehr der Typ des Vorkämpfers, der sich aus der unterdrückten Masse herausarbeitet, um sie anzuführen, sondern der gebildete, aus einer herrschenden sozialen Schicht übergetretener Führer des Volksaufstandes. In den seit Beginn den 80er Jahre geschriebenen Erzählungen treten moralisierende und idyllisierende Momente deutlicher

hervor (u.a. in *Der Märtyrer*, in: *Neue-Welt-Kalender*, 1896; *Das Meisterstück*, ebd., 1897). Den Prozeß der raschen Veränderungen in der Lebens- und Kampfsituation der Arbeiter (Großindustrie, großstädtische Lebensformen, im nationalen Rahmen organisierte politische Massenbewegung) hat der am dörflichen oder kleinstädtischen Milieu und dem Volksleben orientierte Erzähler kaum noch mitvollziehen können. In seiner Stellungnahme zur ↗ Naturalismus-Debatte äußert sich nicht nur der Vorwurf, die Naturalisten schilderten nur das leidende, nicht das kämpfende Proletariat, sondern auch seine Haltung, die die Phänomene großstädtischer Zivilisation als Gegenstand literarischer Gestaltung letztlich nicht akzeptierte.

Ausg.: Textausgaben, Bd. 2. – *Lit.*: E. Pick: Robert Schweichel. Von den Schweizer Novellen zum Bauernkriegsroman (mit ausführl. Bibl.), Diss., Berlin 1961.

Tanja Bürgel

Schweitzer, Johann (auch: Jean Baptist von)

Geb. 12. 7. 1833 in Frankfurt a.M.; gest. 28. 7. 1875 in Villa Giesbach am Brienzer See (Kanton Bern)

Sohn eines Offiziers und späteren Kammerjunkers; 1845/52 Besuch der von Jesuiten geleiteten Katholischen Lateinschule in Aschaffenburg; 1852/55 Studium der Rechtswissenschaft in Berlin und Heidelberg; 1855 Promotion; seit 1857 Rechtsanwalt in Frankfurt a.M.; 1861/62 dort Präsident des Arbeiterbildungsvereins; 1863 Mitglied des ADAV in Leipzig; ab Dez. 1864 Redakteur und Mitbesitzer des »Social-Demokrat«, ab 1868 alleiniger Eigentümer; 1867/71 Präsident des ADAV; 1867/71 Mitglied des Norddeutschen Reichstags; unterstützte Bismarcks Politik der Einigung Deutschlands unter der Hegemonie Preußens, was K. Marx, F. Engels, W. Liebknecht 1865 zum Bruch mit ihm und seiner Zeitung veranlaßte. Ab 1868 Präsident des auf dem Berliner Arbeiterkongreß gegründeten Allgemeinen Deutschen Arbeiterschaftsverbandes, (gewerkschaftliche Dachorganisation, die unter Ausschluß des von A. Bebel und Liebknecht geführten Verbandes Deutscher Arbeitervereine, agierte); wachsende Opposition gegen Sch.s politisches Konzept und seinen diktatorischen Führungsstil führte 1869 zum Austritt der von W. Bracke geführten Gruppe aus dem ADAV. Im Juni 1870 stimmte Sch. im Reichstag vorbehaltlos für die Kriegskredite, im Nov. 1870 dagegen; legte Ende März 1872 alle politischen Funktionen nieder, März 1872 Ausschluß aus dem ADAV.

Sch. lernte Anfang der 60er Jahre F. Lassalles Schriften kennen und widmete ihm, nachdem er in den 50er Jahren verschiedene historische Tragödien, Lustspiele und Schwänke geschrieben hatte, seinen ersten Roman, *Lucinde oder Capital und Arbeit* (Frankfurt a.M. 1863-64). Das dreibändige *sozial-politische Zeitgemälde* (Untertitel) verknüpft in der Form eines an E. Sue geschulten, reißerischen Abenteuerromans eine Vielzahl von Handlungselementen und -strängen (Elendsschilderungen, dramatische Liebesgeschichte, politische Kämpfe und Intrigen), die schließlich in einen tragisch verlaufenden Arbeiteraufstand münden. Der Darstellung zufolge hat die spontan aus dem Arbeiterelend erwachsende Volkserhebung (unter Hinweis auf die Pariser Junischlacht 1848) keine Erfolgschance. Als Mittel zur Lösung der sozialen Frage propagiert der Roman die allmähliche organisatorische Stärkung der Arbeiterbewegung und Produktivgenossenschaften mit Staatshilfe. Die politische Handlung basiert auf den Interessenkonflikten dreier Figurengruppen, die die deutsche liberale Bourgeoisie, die Arbeiter und den Adel repräsentieren. Das »Capital« (die liberale Bourgeoisie) erweist sich dabei als der eigentliche und mächtigste Feind des Volkes. Der junge Held aus dem Adel (Graf Theodor), der auf der Suche nach seiner Geliebten (dem Arbeitermädchen Emma) unter die aufständischen Arbeiter gerät, kämpft an deren Seite gegen die liberale Regierung. Um die beabsichtigte agitatorische Wirkung zu forcieren, verwendet Sch. wiederholt wörtliche Zitate aus Schriften von Lassalle und P. Proudhon. Lassalle ließ große Auszüge des Romans in Arbeitervereinen vorlesen. Längere Passagen (1864/65) und das vollständige Werk erschienen (1872) im »Social-Demokrat«. Obwohl sich die politischen Positionen Sch.s von der Orientierung Marx', Engels' und W. Liebknechts wesentlich unterschieden, propagierte er in publizistischer Form theoretische Erkenntnisse des Marxismus. Unmittelbar nach Erscheinen des *Kapital* (Bd. 1) 1867 versuchte er in unterschiedlicher Form die schwierige Materie zu verbreiten. Wesentliche Punkte der Mehrwerttheorie vermittelt das humoristische Streitgespräch zwischen dem Arbeiter Roth, einem Commerzienrat und einem Ökonomen, das Sch. im Nov. 1867 u. d. T. *Ein Schlingel. Eine nationalökonomisch-soziale Humoreske* anstelle von Leitartikeln in seiner Zeitung drucken ließ (als Bühnenfassung mit komödiantischer Rahmenhandlung im »Agitator«, Feb. 1870; Ndr. in: *Textausgaben*, Bd. 3). Es trug wesentlich zur Popularisierung der Mehrwerttheorie unter deutschen Arbeitern bei (Abonnenten-Zahl des »Social-Demokrat« 1867: 3000; Auflagenhöhe der deutschen Erstausgabe des *Kapital*: 1000 Exemplare). Das 1869 ebenfalls als Leitartikel im »Social-Demokrat« veröffentlichte Stück *Eine Gans. Dramatisches Gespräch über die Erweiterung des weiblichen Arbeitsmarktes* (Jan. 1870 im »Agitator«, Ndr. in: *Knilli/Münchow*) versuchte in ähnlicher Form, ökonomische Grundstrukturen der Gesellschaft aufzudecken. In beiden Agitationsstücken beweist die Figur des Arbeiters Roth ihre intellektuelle und moralische Überlegen-

heit, während sich ihre Gegner bis zur Lächerlichkeit in unhaltbare Argumente verstricken. Bis in die 70er Jahre wurden beide Stücke häufig in Arbeitervereinen der Lassalleaner und Eisenacher aufgeführt. Sch.s von Marx gewürdigte Artikelserie *Das Werk von Carl Marx* (»Social-Democrat«, Jan.-Feb. 1868) konzentrierte sich ebenfalls auf eine populäre Darstellung der Mehrwerttheorie. Sie gehört zu den überzeugendsten Kapital-Rezensionen der 60er und 70er Jahre. Nachdem der ADAV sich nach der Reichsgründung von Sch. wegen seiner bonapartistischen Leitungsmethoden distanziert hatte, war seine politische Laufbahn beendet. Er schrieb bis zu seinem Tode noch 14 Lustspiele, Schwänke und Possen ohne gesellschaftskritischen Gehalt. Mit dem Versuch, in seinen obengenannten Stücken politische Agitation mit satirischen Mitteln zu betreiben, gehört Sch. zu den Vorläufern des Agitproptheaters der 20er Jahre.

Ausg.: Politische Aufsätze und Reden von Johann Baptist von Schweitzer, Hg. F. Mehring, Berlin 1912; Die Gewerkschaftsfrage. Aufsätze von Jean Baptist von Schweitzer, Hg. F. Hertneck, Berlin o. J. (um 1927). – *Lit.:* G. Mayer: Johann Baptist von Schweitzer und die Sozialdemokratie (mit Bibl. der dramat. und Prosawerke), Jena 1909.

Marianne Streisand

Schweizerischer Republikaner (Sch. R.)

Im Nov. 1830 als Organ der liberaldemokratischen Partei auf finanzieller Basis einer Aktiengesellschaft in Zürich gegründete Zeitung; bis 1846 zweimal wöchentlich unter wechselnden Redaktionen erschienen; Dez. 1842/Jun. 1843 unter Leitung von J. Fröbel in einer Auflage von 700 Ex. in dessen Verlag Literarisches Comptoir Zürich und Winterthur herausgebracht, erlangte die Zeitung eine die Züricher Regionalpolitik weit überragende europäische Bedeutung.

Fröbel, Julius; geb. 16. 7. 1805 in Griesheim; gest. 6. 11. 1893 in Zürich; kam 1833 nach Zürich; 1836 Professor für Mineralogie an der dortigen Universität; seit 1839 radikaldemokratisches politisches Engagement; Neujahr 1841 Gründung des Literarischen Comptoirs, das wegen der Veröffentlichung zensurflüchtiger deutscher Bücher zu einem der wichtigsten Verlage der deutschen Vormärzliteratur wurde; nach Einfuhrverbot seiner sämtlichen Verlagserzeugnisse durch den Deutschen Bund 1846 Rückkehr nach Deutschland; 1847 Erscheinen seines Hauptwerks *System der sozialen Politik* (Mannheim); 1848 Abgeordneter der demokratischen Linken im Frankfurter Nationalparlament; Nov. 1848 zusammen mit R. Blum in Wien verhaftet und zum Tode verurteilt, aber wieder begnadigt; Engagement für die badische Revolutionsregierung; 1849 Emigration in die USA; in den 60er Jahren in Wien Eintreten für die großdeutsche Reichseinigung; nach 1870 im diplomatischen Dienst.

Neben den Zeitschriften W. Weitlings war es vor allem der Sch. R., der unter der Ägide Fröbels der Erörterung kommunistischer Theorieansätze und des neuen Klassenwiderspruchs in den europäischen Industriegesellschaften früh breiten Platz einräumte. Hier wurde die durch die Presseverbote in Deutschland zu Anfang des Jahres 1843 fast gänzlich unterbundene politische und theoretische Diskussion zur gesellschaftlichen Entwicklung weitergeführt. Autoren wie F. Engels (*Briefe aus London I-II,* Mai/Juni 1843), M. Heß (u.a. *Stimmen aus Frankreich. Beiträge zur sozialen Lage und zu sozialistischen und kommunistischen Lehren in Frankreich,* Mai/Juni 1843), M. Bakunin (*Der Kommunismus,* Juni 1843), F. von Sallet, A. Ruge, G. Herwegh und Fröbel (*Programm der neuen Redaktion des Republikaners. Über unsern Parteikampf,* Dez. 1842, *Die gegenwärtige Redaktion,* Feb. 1843, *Programm des Republikaners,* Juni 1843) publizierten hier ihre zukunftsweisenden Überlegungen zu einem grundlegenden Strukturwandel in Staat, Wirtschaft und Gesellschaft. Vor allem Bakunins Stellungnahmen zum Kommunismus, die besonders großes Aufsehen erregten, Fröbels sozialrevolutionäre Ausführungen im *Programm* vom Juni 1843 sowie sein Eintreten für W. Weitling, der im Juni 1843 verhaftet wurde, lösten eine politische Kampagne seitens der konservativen Züricher Regierung aus. Als daraufhin die radikal-demokratische Partei Fröbel nicht mehr mehrheitlich unterstützte, gab dieser trotz wachsender Abonnentenzahlen Redaktion und Verlag des Sch. R. auf.

Lit.: J. Fröbel: Ein Lebenslauf, Bd. 1, Stuttgart 1890; W. Näf: Das Literarische Comptoir Zürich und Winterthur, Bern 1929; H. G. Keller: Die politischen Verlagsanstalten und Druckereien in der Schweiz 1840–1848, Bern/Leipzig 1935; R. Renschler: Die Linkspresse Zürichs im 19. Jahrhundert, Zürich 1967; J. Grandjonc: Deutsche Emigrationspresse in Europa während des Vormärz 1830–1848, in: Heinrich Heine und die Zeitgenossen, Berlin und Weimar 1979.

Ingrid Pepperle

Seghers, Anna (d.i. Netty Radványi, geb. Reiling, Ps. Peter Conrad)
Geb. 19. 11. 1900 in Mainz; gest. 1. 6. 1983 in Berlin

Tochter eines Antiquitäten- und Kunsthändlers, der zur orthodoxen Israelitischen Religionsgesellschaft gehörte. 1920 Abitur; Studium der Sinologie, Kunstgeschichte und Geschichte in Heidelberg und Köln. 1924 Dissertation: *Jude und Judentum im Werke Rembrandts.* 1925 Heirat mit dem Ungarn Laszlo Radványi (Ps. Johann Lorenz Schmidt), der in Budapest zum Sonntagskreis um G. Lukács gehört hatte, 1920 nach Heidelberg emigriert war, 1925 der KPD beitrat und in Berlin die MASCH leitete. 1925 Übersiedlung nach Berlin; um diese Zeit Austritt aus der Israelitischen Religionsgesellschaft. 1928 Mitglied der KPD, 1929 des BPRS und SDS. 1930 Teilnehmerin

Anna Seghers, 1928

der Konferenz proletarisch-revolutionärer Schriftsteller in Charkow. Anfang März 1933 Emigration über Zürich nach Paris. Mitarbeit in »Neue Deutsche Blätter«, »Das Wort« und IL, in der französischen Presse und an Broschüren für den illegalen Vertrieb in Deutschland. Referate auf den Internationalen Schriftstellertreffen zur Verteidigung der Kultur in Paris 1935, Madrid 1937 und Paris 1938. Mitglied im Ausschuß zur Vorbereitung einer deutschen Volksfront in Paris. 1940 illegal im von deutschen Truppen besetzten Paris. 1941 Flucht von Marseille über Martinique, San Domingo, Ellis Island, Kuba, Veracruz nach Mexiko-Stadt. Präsidentin des Heinrich-Heine-Clubs 1941/46, Mitarbeit im Verlag El Libro Libre 1942/46 und in der Zs. »Freies Deutschland«. 1947 Rückkehr nach Europa. S. lebte in Ost-Berlin, wo sie – nach anfänglichem Versuch eines »bikontinentalen Lebens« (KW, Bd. IV, S. 153) – 1950 festen Wohnsitz nahm. Starkes Engagement in der Weltfriedensbewegung. Unter ihren zahlreichen Ämtern war das einflußreichste das der Vorsitzenden des Schriftstellerverbandes 1952/78.

In ihren 1928 mit dem Kleist-Preis ausgezeichneten Novellen vom Flößer *Grubetsch* (Frankfurt a.M. 1927) und vom *Aufstand der Fischer von St. Barbara* (Potsdam 1928) artikulierte S. einen Grundimpuls ihres eigenen Daseins: die Hoffnung, aus dem Gefangensein in einer als sinnentleert empfundenen krisenhaften Welt ausbrechen und ein ganz anderes, ein menschenfreundliches Leben führen zu können. Sie erzählt von den Ärmsten der Armen in einer Mietskaserne und von Fischern auf einer Insel, die Hunger und Sehnsucht nach etwas mehr Freundlichkeit zum Aufstand treiben. In der blutig niedergeschlagenen Hungerrevolte ließ sie Hoffnung auf eine erreichbare bessere Zukunft aufschimmern. Trotz aller Wirklichkeitsnähe in der Zeichnung psychischer Folgen von Armut und Ausbeutung blieb ihre erzählte Welt eine mythische. Aufbruch, Kampf, Niederlage, Hoffnung und wieder Aufbruch arbeitender Menschen waren zentrale Motive ihres Erzählens; das Ausbrechen des einzelnen aus unmenschlichen Verhältnissen zieht sich als Leitmotiv durch ihr Werk; gesucht wird nach Möglichkeiten, ein Pariadasein zu überwinden und Selbstbewußtsein, Selbstvertrauen, menschliche Würde zu erringen. Dabei nutzte S. Erzählung und Novelle, Sage und Märchen als ihr eigentliches schriftstellerisches Element. Höhepunkte ihres Schaffens sind Geschichten wie *Die schönsten Sagen vom Räuber Woynok* (Moskau 1938), *Sagen von Artemis* (Moskau 1938), *Das Argonautenschiff* (Berlin 1949), *Karibische Geschichten* (Berlin 1949/61) und *Sagen von Unirdischen* (Berlin und Weimar 1973).

Berichte einfacher Menschen, in denen sie mündliches Erzählen als alltägliche Tätigkeit erlebte und vertraut wurde mit Lebenserfahrungen von Menschen aus ihr fremden Wirklichkeitsbereichen, sind oft Material der Erzählerin. Mit der Geschichte der *Bauern von Hruschowo* (Berlin 1930) beginnt »das Nacherzählen von gehörten Erlebnissen« (Brief um 1951, Anna-Seghers-Archiv). In einer Distanz schaffenden, objektivierenden Erzählhaltung suchte sie bäuerliche und proletarische Lebens- und Kampferfahrungen zu bewahren, weiterzutragen und zu vermitteln. Schon 1927 hatte sie auf die Notwendigkeit neuer Schreibweisen in einer grundlegend veränderten Wirklichkeit aufmerksam gemacht (*Revolutionärer Alltag*, 1927, in: KW, Bd. II, S. 50) und 1930 in der Erzählung *Auf dem Wege zur amerikanischen Botschaft* (Berlin 1930) den inneren Monolog als epische Technik eingesetzt. 1932 nutzte sie internationale Neuerungen des Erzählens und des Romanaufbaus, um die Stoffmassen ihrer »Märtyrerchronik« (S. Kracauer in: »Frankfurter Zeitung«, 13. 11. 1932) *Die Gefährten* (Berlin 1932) erzählerisch bewältigen zu können. Sie erzählt auf der Grundlage authentischer Erfahrungsberichte vom Schicksal von Kommunisten, die, aus ihren Heimatländern Ungarn, Polen, Italien, Bulgarien und China vertrieben, ihr Exil als Möglichkeit menschlichen Bewährens und/oder Versagens erleben. Mit seiner Stoffülle und seinem Versuch, Brennpunkte internationalen Geschehens von 1919/30 in die Romanhandlung einzubeziehen, blieb dieser Roman einmalig in der Geschichte deutscher Erzählkunst. An die hier erprobten strukturellen Neuerungen und erzähltechnischen Verfahren konnte S. im Exil anknüpfen. Der Schwer-

punkt ihres Schaffens verschob sich zum Roman hin, sie baute ein umfangreiches Figurenensemble auf, setzte szenisches und episodisches Erzählen ein, nutzte Montagen und simultan geführte, unabhängig voneinander verlaufende Handlungsstränge und bemühte sich um eine strukturelle Konzentration auf einen überschaubaren Raum oder ein einzelnes historisches Geschehen. Schritt für Schritt suchte S. eine Lücke deutscher Literaturentwicklung auszufüllen, auf die französische Freunde (L. Aragon, J. R. Bloch, A. Malraux) sie aufmerksam gemacht hatten; sie arbeitete an einem Gesellschaftsroman, der Lebensvorgänge erklären kann. Das gilt für *Der Kopflohn* (Amsterdam 1933), in dem die Geschichte einer Flucht die Analyse eines deutschen Dorfes im Spätsommer 1932 ermöglicht, für die Darstellung der Ereignisse des österreichischen Februaraufstandes 1934 in *Der Weg durch den Februar* (Paris 1935) und den Bericht vom Schicksal sieben verschütteter, dann geretteter Bergleute in einer deutschen Arbeitersiedlung (*Die Rettung*, Amsterdam 1937). Durchbruch zum Weltruhm war die Geschichte von sieben Flüchtlingen aus einem deutschen Konzentrationslager im Roman *Das siebte Kreuz* (Boston 1942, englisch; Mexiko 1942). Im Verhalten von Menschen verschiedener Schichten in Nazideutschland entwarf S. ein dichterisches Gesamtbild der Gesellschaft. Begegnungen des Flüchtlings Georg Heisler mit anderen Menschen decken deren Humanität auf oder wecken sie erneut, der Gejagte wird zum Erlöser, der spürt und spüren läßt, daß »zwar tief und furchtbar die äußeren Mächte in den Menschen hineingreifen können bis in sein Innerstes«, daß es aber »im Innersten etwas gab, was unangreifbar war und unverletzbar« (GW, Bd. IV, S. 423). Der Roman wurde in Hollywood von F. Zinnemann verfilmt (*The Seventh Cross*, 1944) als »eine Legende von der Würde des Menschen« (B. Viertel, zit. in: *Argonautenschiff*, Bd. 2, Berlin und Weimar 1993, S. 221). Im Roman *Die Toten bleiben jung* (Berlin 1949) legte S., alle bisherigen Erfahrungen zusammenfassend, eine Bilanz deutscher Entwicklung von 1919/45 vor. Sie verstand Kriegsende und Niederlage des Faschismus als Möglichkeit eines neuen Aufbruchs.

Mit ihren Romanen hatte S. die Fähigkeit entwickelt, behutsam die historischen Wurzeln des Geschehens auszugraben und deutsche Geschichte des 20. Jh.s so zu zeigen, daß der Leser begreifen kann, wie »alles kam, wie es kommen mußte« (*Transit*, in: GW, Bd. V, S. 27). Mit dem Titel des – auch eigene Selbstklärung vortragenden – Essays zu Dostojewski, *Woher sie kommen. Wohin sie gehen* (in: *Über Tolstoi. Über Dostojewski*, Berlin 1963), benannte sie ein Prinzip eigenen Erzählens: Sie fragt nach Ursprung und Zukunft gegenwärtigen Geschehens, läßt Geschichte eindringen in ihre Geschichten von Menschen und ihren Schicksalen. Ihr großer Gesellschaftsroman soll Leben erklären und den einzelnen

Menschen in ein grelles Licht rücken, zugleich bringt er das Psychologische, den Prozeß von Selbstfindung oder Persönlichkeitsverlust, mit dem Gesellschaftlichen in Zusammenhang. Um genaue und differenzierende Analyse bemüht, machte S. in den Handlungen ihrer Figuren »ihr Wesen und das Gesetz der Ereignisse« (Vorwort zu *Der Weg durch den Februar*, GW, Bd. II, S. 186) sichtbar. Schonungslos sah sie den geschichtlichen Tatsachen ins Auge, der Niederlage der deutschen und österreichischen Arbeiterbewegung ebenso wie dem Versagen ihrer Parteien um 1933 und 1934. Das trug ihr häufig heftige Kritik ihrer Genossen an ihren Büchern ein. Bei ihrer Suche nach den Ursachen für faschistischen Einfluß und Machtgewinn ging S. den Wirkungen sozialer Demagogie nach, vor allem einem Problem, das sie seit Jahren beschäftigte: In der Berliner Reportage *Was wissen wir von Jugendcliquen?* (in: »Der Weg der Frau«, 1. 12. 1931, auch in: KW, Bd. III, S. 175 f.) hatte sie gezeigt, wie menschliche Möglichkeiten, Fähigkeiten und Sehnsüchte durch Arbeitslosigkeit ungebraucht, ungenutzt ruhen und verkümmern. Arbeit betrachtete sie als Grundwert und Grundrecht des menschlichen Lebens; den Drang, etwas leisten zu wollen, als ein natürliches Grundbedürfnis jedes einzelnen, vor allem der Jugend. In ihrer Pariser Rede *Vaterlandsliebe* (1935, in: KW, Bd. I, S. 63 f.) sprach sie von den Gefahren, die aus Massenarbeitslosigkeit erwachsen. Der Weltkrieg drohe nicht nur, er verlocke auch, weil Millionen junger Menschen glaubten, endlich gebraucht zu werden, sich auf dem Schlachtfeld bewähren zu können. In ihren Romanen entwirft S. eine Reihe von Figuren, die »sich so sehr danach sehnen, die Arbeitslosigkeit möge endlich aufhören, daß sie bereit sind, für jeden, selbst für den Teufel zu arbeiten« (KW, Bd. II, S. 17). Solche Wirklichkeitserkundungen schließen für S. auch die selbstkritische Prüfung ihres eigenen Standpunkts ein. Sie war einem – aus den Emanzipationskämpfen der Arbeiterklasse selbst erwachsenden – Widerspruch auf die Spur gekommen. Die Beziehung einiger Figuren, kommunistischer Funktionäre, zum Nebenmenschen wird durch »Kälte« bestimmt, eine Kälte, die sie unfähig macht, Vertrautheit mit den Menschen, denen sie helfen wollen, herzustellen und ihr Vertrauen zu finden. Von Albert – im Roman *Die Rettung* – heißt es, daß er keine Fragen, keine Zweifel, weder Sehnsucht noch Liebe kenne, die Menschen ihm austauschbar scheinen. »Erstaunlich klar, wirklich ganz ohne Lügen, aber auch ganz ohne Träume« (GW, Bd. III, S. 430) sind seine Augen. In *Die schönsten Sagen vom Räuber Woynok*, besonders im direkt an ihre Kampfgefährten adressierten Motto, weist S. auf diesen fundamentalen Mangel hin; der Sinn für das Phantastische, das Wunderbare wird zum Symbol dafür, daß menschliches Leben nicht allein durch das Politische ausgefüllt und bestimmt wird. Eine entzauberte Welt droht zur unmenschlichen Welt zu werden und das

menschheitliche Ziel des Emanzipationskampfes der Arbeiterklasse zu zerstören. Gegen solche »Kälte« richtete sich auch das visionäre Bild eines anderen Lebens, das S. im Exil zu entwerfen begann. Selbst durch die geschichtlichen Umstände gezwungen, ein »gefährliches Leben«, ein »Leben auf der Kante« (*Die Gefährten*, GW, Bd. I, S. 114) zu führen, sehnte sich die Autorin keineswegs nach Rückkehr in eine verlorene alte Welt, wußte aber, daß Ausbruch und Kampf nicht von selber das ersehnte Neue bringen. Dem »gefährlichen Leben« setzte sie den Traum eines »gewöhnlichen Lebens« entgegen, in dem neue gesellschaftliche Beziehungen, aber auch die überkommenen Werte humanen Zusammenlebens wirken. Im Roman *Das siebte Kreuz* formuliert Franz Marnet, einer der Helfer Georg Heislers, als Ziel seines antifaschistischen Kampfes ein Leben, das von den einfachsten Sachen bestimmt ist, von blühender Natur, von friedlicher Arbeit eines jeden, vom freundlichen Miteinander der Menschen. Das ist das Bild eines einfachen Lebens, in dem Gerechtigkeit herrschen und die Kälte für immer überwunden sein soll (vgl. GW, Bd. IV., S. 313 f.).

Damit führte S. fort, was sie im Roman *Die Gefährten* an Frauenfiguren zu bedenken begonnen hatte. Sie hatte am Schicksal der Italienerin Bordoni gezeigt, daß der Ausbruch von Frauen aus vorgeprägten Lebensweisen weitaus qualvoller verläuft als bei Männern, aber auch der im Roman eingelagerten Legende vom unsterblichen Märtyrer Dudoff eine Frau mit legendären Zügen zur Seite gestellt: die Polin Dombrowski, deren Leben nicht vorrangig durch politische Aktivität bestimmt ist. Aus dem proletarischen Lebensalltag heraus gewinnt sie Selbständigkeit, Selbstbewußtsein, menschliche Würde, wird sie zum sicheren Halt der Familie und vieler Revolutionäre. Sie wird dem Mann, der als politischer Kämpfer auftritt, ebenbürtig, sogar überlegen gezeigt – auf ihr, einer Frau, ruht die Welt. Nicht um eine gesonderte Frauenfrage ging es der Autorin, vielmehr um das Verhältnis von politischem Kampf der Kommunisten und dem Alltag einfacher Menschen, um das menschheitliche Ziel der politischen Anstrengungen, Entbehrungen und Opfer. Sie stellte der Polin Dombrowski sechs Jahre später den deutschen Arbeiter Franz Marnet und sein Bild vom gewöhnlichen Leben an die Seite und zeigte damit, daß sie die Emanzipation der Werktätigen als gemeinsame Aufgabe von Männern und Frauen verstand.

Zurückhaltung im Autobiographischen ist für das Werk der S. charakteristisch. Nur einmal entnahm sie Stoff und Thematik eines literarischen Textes jüdischem Leben, in *Post ins gelobte Land* (in: *Der Ausflug der toten Mädchen und andere Erzählungen*, New York 1946); nur einmal ließ sie Autobiographisches in einer Erzählung hervortreten. Nach einem schweren Unfall der Autorin in Mexiko (1943), den Nachrichten von der Ermordung ihrer Mutter im Konzentrationslager Piaski in Polen und der Zerstörung ihrer Heimatstadt Mainz durch Bomben gibt sich eine Erzählerin in der Novelle *Der Ausflug der toten Mädchen* als Netty zu erkennen und berichtet von eigenen Erlebnissen in Kindheit und Jugend – ohne daß damit S. zur unverhüllten Selbstdarstellung übergeht. Auch der Roman *Transit* (Mexiko 1944, spanisch; Konstanz 1948) beruht auf autobiographischem Material; doch projiziert die Schreiberin ihre Erfahrungen auf einen Mann als Erzähler und Hauptfigur. Seine Ängste und Nöte bei der Jagd durch die Ämter und Konsulate nach Transits und Visen sind die der S. in Marseille während ihrer Flucht (vgl. *Briefe an Weiskopf,* in: NDL, 1985, H. 11). Damit gelingt ihr die eindringlichste Darstellung des Emigrantenschicksals in der deutschen Literatur. Nicht allein die äußeren, unterm Druck deutscher Besatzer von der französischen Bürokratie verursachten Beschwernisse, auch eine Skala unterschiedlichster Verhaltensweisen der Emigranten werden vorgeführt. Zugleich läßt die Autorin den Erzähler, einen namenlosen Arbeiter, ihr eigenes Kunstprogramm vortragen. Sie versteht Erzählen als lebensnotwendige Tätigkeit, um sich über die eigene Situation klar zu werden und für sich und den Leser Hoffnung und Zuversicht selbst in auswegloser Lage zu gewinnen. Sie will ihren Leser nicht allein lassen, er soll nach der Lektüre nicht so »elend wie zuvor« (GW, Bd. V, S. 27) sein: Erzählen birgt für sie die Möglichkeit zum kollektiven Austausch von Erfahrungen und zum gemeinsamen Ratschaffen. Parallel zum Erzählwerk entstand eine umfangreiche Publizistik, mit der S. in literarische und politische Debatten ihrer Zeit eingriff. Von nachhaltigem Einfluß waren ihre Briefe an Lukács 1938/39 (in: IL, 1939, H. 5). Gegen Bevormundung und Festlegung auf eine bestimmte literarische Methode polemisierend, bemühte sie sich wenige Monate vor Kriegsausbruch um eine Zusammenfassung der antifaschistischen Schriftsteller und eine starke, an Fülle und Farbigkeit reiche Literatur. In ihren großen Essays am Ende des Hitlerregimes fragte sie nach Möglichkeiten, faschistische Ideologie, Nationalismus und Rassenwahn zu überwinden. Lessing und Heine als Vorbilder anrufend, wollte sie, aufklärend, an der Entfaschisierung in ihrer Heimat mitwirken: Deutschland sollte »künftig kein Wintermärchen mehr sein« (*Abschied vom Heinrich-Heine-Club,* Mexiko 1946, auch in: KW, Bd. I, S. 207). 1947 heimgekehrt, hoffte sie, endlich in Übereinstimmung mit ihrer Zeit leben und arbeiten zu können. Ihre Erwartungen brachen sich an unvorhergesehenen Schwierigkeiten historischer Verläufe. Mit den Romanen *Die Entscheidung* (Berlin 1959) und *Das Vertrauen* (Berlin und Weimar 1968), angelegt wieder als dichterisches Gesamtbild der historischen Entwicklung, suchte sie Vorgänge im zweigeteilten Deutschland 1949/53 zu erfassen. Doch bilden Erzählungen, Novellen, Märchen und Legenden den umfangreichsten und wichtigsten Teil ihres Nachkriegswerkes. Neben der unvollendeten und erst postum veröffentlichten Novelle *Der gerechte Richter* (e. wahrscheinlich um 1957, Berlin und Weimar 1990), in der S. staatlich sanktionierte Ungesetzlichkeiten im Sozialismus thematisiert hat, läßt vor allem die Erzählung *Überfahrt* (Berlin und Weimar 1971) die tragische Konstellation ahnen, in die die Autorin während ihrer letzten Lebensjahrzehnte verstrickt war, weil Kalter Krieg und drohende Atombombenkatastrophe, das gespaltene Deutschland und die bittere Erfahrung sie belasteten, daß die DDR, die sie als historische Alternative zur kapital- und profitorientierten Gesellschaft bejahte, ihrem geschichtlichen Anspruch nicht gerecht zu werden vermochte.

W. W.: Der Prozeß der Jeanne d'Arc zu Rouen 1431 (Hsp.), Leipzig 1975; Drei Frauen aus Haiti, Berlin und Weimar 1980; Die Toten auf der Insel Djal, Sagen von Unirdischen, Berlin und Weimar 1985. – *Ausg.:* Briefe an Leser, Berlin und Weimar 1970; Über Kunstwerk und Wirklichkeit, 4 Bde., Bearb. und Einl. S. Bock, Berlin 1970–1979 (KW); Gesammelte Werke in Einzelausgaben, Bd. I-XIV, Berlin und Weimar 1975–1980 (GW). – *Lit.:* K. Batt: Anna Seghers, Leipzig 1973; Über Anna Seghers. Ein Almanach zum 75. Geburtstag, Hg. K. Batt (mit Bibl.), Berlin und Weimar 1975; E. Haas: Ideologie und Mythos. Studien zur Erzählstruktur und Sprache im Werk von Anna Seghers, Stuttgart 1975; Anna Seghers. Materialienbuch, Hg. P. Roos/F. J. Hassauer-Roos, Darmstadt/Neuwied 1977; K. Sauer: Anna Seghers, München 1978; F. Wagner: Anna Seghers, Leipzig 1980; Anna Seghers. Text und Kritik (mit Bibl.), Hg. H. L. Arnold, H. 38, 2. Aufl. Göttingen 1982; Ch. Zehl Romero: Anna Seghers, Reinbek bei Hamburg 1993; U. Brandes: Anna Seghers, Berlin 1993; A. Schrade: Anna Seghers, Stuttgart/Wien 1993; Argonautenschiff. Jb. der Anna-Seghers-Gesellschaft Berlin und Mainz, Berlin und Weimar 1992 (Nr. 1), 1993 (Nr. 2).

Sigrid Bock

Seidel, Robert

Geb. 23. 11. 1850 in Kirchberg (bei Zwickau); gest. 19. 7. 1933 in Zürich

Volksschule; Tuchmacher, Webmeister; ab 1867 in der Crimmitschauer Arbeiterbewegung; nahm 1869 am Gründungskongreß der SDAP teil; gründete 1869, zusammen mit J. Motteler u.a. den »Crimmitschauer Bürger- und Bauernfreund«; emigrierte 1870 in die Schweiz, um nicht gegen die französische Republik kämpfen zu müssen; Fabrikarbeiter, Buchhandlungsgehilfe, kaufmännischer Angestellter und geschäftlich-organisatorische Tätigkeit in der Arbeiterbewegung; Volksschullehrer; Besuch der Universität Zürich; Sekundarlehrer; 1890/98 Gesamtschriftleitung der Züricher »Arbeiterstimme«; dann Redakteur des »Volksrechts« (Zürich); 1899/1921 Redakteur des »Grütli-Kalenders«; ab 1905 Privatdozent und Professor für Sozialpädagogik in Zürich; Gedichtpublikationen u.a. in: »Die Neue Welt«, »Süddeutscher Postillon« und »Der Wahre Jacob«; Mitarbeiter der NZ.

S. glaubte an eine Wesensverwandtschaft von Sozialdemokratie und Ethik und hoffte auf ein Zusammenfließen dieser beiden »Ströme« zu einem »breiten Kulturstrom« zur Befreiung der Menschheit »von Unfreiheit, von Ungerechtigkeit, von Not und Unwissenheit« (*Socialdemokratie und ethische Bewegung*, Zürich 1897, S. 15). Sein politisches Streben lief auf eine Verständigung zwischen den Klassen mit Hilfe der Ethik hinaus. Engels bezeichnete ihn 1893 als einen »fanatischen Antimarxisten« (in: MEW, Bd. 39, S. 93). In den 20er Jahren nahm er eine antikommunistische Position ein.

Als Funktionär wirkte S. aufopferungsvoll für die Arbeiterbewegung. Als Sozialpolitiker stritt er vor allem für den Achtstundentag. Als Pädagoge erlangte er mit zahlreichen Publikationen internationale Geltung als Vorkämpfer der Arbeiterschule. In seiner Schrift *Friedrich der Grosse. »Der Heros der deutschen Volksbildung« und die Volksschule* (Wien/Leipzig 1885) versuchte er, die Legende von Friedrich II. als großem Schulreformer zu zerstören. Seine Gedenkrede bei der Einweihung des Herwegh-Denkmals in Liestal (Schweiz) am 16. 10. 1904 (*Georg Herwegh ein FreiheitsSänger,* Frankfurt a.M. 1905, Ndr. 1975) gab ihm Gelegenheit, sich zur Parteinahme des Dichters im Sinne G. Herweghs zu bekennen, unter Voraussetzung einer weiten Fassung des Parteibegriffs (Einbezug von Vaterland und Menschheit).

S.s Lyrik ist Dichtung der Freiheit, des Friedens, der Arbeit und des »Menschentums«. S. preist seine Wahlheimat Schweiz um ihrer Freiheit (von Despotie) willen; sein deutsches Vaterland warnt er 1905 vor Weltherrschaftsgelüsten. Er spricht ihm aber die Mission eines Führers der Welt »zu eines Bruderreiches Heil« zu *(Dichterwort und Unkenruf)*. Charakteristisch für seine Lyrik ist die Verbindung von Kämpfertum und menschheitsbefreiendem Gestus, allerdings wird das kämpferische Pathos nach und nach von einem starken Sehnen nach Eintracht und Harmonie und der Tendenz zur Versöhnung ersetzt. S. versteht das Dichten als Arbeit, Kampf und Dienst für die Sache des Volkes. Der Dichter und die »Edlen« sollen die einfachen Menschen erziehen und die in ihnen schlummernden Kräfte wecken. Seine Gedichte sind in der Form schlicht und volkstümlich, in ihrer Sprache bestechend einfach und klar. Die Moderne mit ihren »dunklen, schwülen Worten« *(Dichtungslehre für Moderne)* blieb S. fremd. Die Melodik seiner Poesie reizte zu zahlreichen Vertonungen. Texte und Lieder von S. wurden häufig auf Arbeiterveranstaltungen vorgetragen.

W. W.: Der Grütlibund. Poesien..., Zürich 1880, 1894; Aus Kampfgewühl und Einsamkeit (Ge.), Stuttgart 1895; Lichtglaube und Zukunftssonnen (Ge.), Berlin 1908; Gesammelte Gedichte, Berlin 1925. – *Lit.:* Robert Seidel. Zu seinem siebenzigsten Geburtstag 23. November 1920, Zürich 1920; H. Ernst: Zum 80. Geburtstage von Robert Seidel. Feierrede, Zürich/Leipzig 1930.

Norbert Rothe/Red.

Sickingen-Debatte

Briefwechsel – keine in der Öffentlichkeit geführte Debatte, wie die von G. Lukács eingeführte Bezeichnung suggeriert – von K. Marx und F. Engels mit F. Lassalle über dessen Tragödie *Franz von Sickingen* (Berlin 1859). Besteht aus einem Brief von Lassalle an Marx vom 6. 3. 1859, dem ein Manuskript *Über die tragische Idee* beigefügt ist (Lassalle: *Nachgelassene Briefe und Schriften.* Bd. 3, Stuttgart/Berlin 1922, S. 147-151, 151-158), einem Brief von Lassalle an Engels vom 21. 3. 1859 (ebd., S. 161-162), Antwortschreiben von Marx an Lassalle vom 19. 4. 1859 und von Engels vom 18. 5. 1859 (MEW, Bd. 29, S. 590-593, 600-605) sowie einer Rückantwort von Lassalle an Marx und Engels vom 27. 5. 1859 (Lassalle: a.a.O., Bd. 3, S. 185-213). Lassalle schickte drei Exemplare der Druckfassung seines Stücks an Marx mit der Bitte, je ein Exemplar an Engels und an Freiligrath weiterzureichen und ihm »ein ganz aufrichtiges Urteil zu schreiben«. Engels informierte er darüber in dem Brief vom 21. 3. In dem zum Stück verfaßten Aufsatz *Über die tragische Idee* stellte Lassalle die These auf, daß die Kollision zwischen den »revolutionären Zwecken« und den von den Revolutionsführern eingesetzten »diplomatischen Mitteln«, d. h. der Widerspruch zwischen der »Begeisterung«, dem »unmittelbaren Zutrauen der Idee in ihre eigene Kraft und Unendlichkeit«, und der Notwendigkeit einer »Realpolitik« die generelle Ursache für das Scheitern von Revolutionen sei. Tragisch sei diese Kollision insofern, als »Scharfblick, Klugheit und Bildung« der Führer es ihnen gebieten, Kompromisse zu schließen, die Massen aber »keinen Sinn für Vermittlungen« haben, es also dazu kommen müsse, »daß solche Revolutionsführer, statt die getäuschten Feinde nicht vor sich und die Freunde hinter sich zu haben, zuletzt umgekehrt die Feinde vor sich und die Anhänger ihres Prinzips nicht hinter sich haben«. Marx begrüßte in seinem Antwortschreiben, daß Lassalle diese Kollision »zum Drehpunkt einer modernen Tragödie« gemacht hat, sei es doch »die tragische Kollision, woran die revolutionäre Partei von 1848/49 mit Recht untergegangen ist«. Er bezweifelt aber, daß »das behandelte Thema passend zur Darstellung dieser Kollision war«. Sickingen sei nicht an seiner »Pfiffigkeit« untergegangen, sondern daran, daß »er als *Ritter* und als *Repräsentant einer untergehenden Klasse* gegen das Bestehende sich auflehnte oder vielmehr gegen die neue Form des Bestehenden«. Marx schreibt, daß Lassalle, wenn er Sickingen und Hutten zu »Organen der modernen Ideen« macht, sie nicht alles Interesse hätte absorbieren lassen dürfen, sondern daß dann »die Vertreter der Bauern (namentlich dieser) und der revolutionären Elemente in den Städten einen ganz bedeutenden aktiven Hintergrund« hätten bilden müssen. Lassalle hätte »dann von selbst mehr *shakespearisieren* müssen«, während Marx ihm »das *Schillern*, das Verwandeln von Individuen in bloße Sprachröhren des Zeitgeists« als bedeutendsten Fehler anrechnet. Marx vermißt »das Charakteristische an den Charakteren«. Im gleichen Sinne urteilte Engels. Er begrüßt, »daß die handelnden Hauptpersonen ... Repräsentanten bestimmter Klassen und Richtungen, somit bestimmter Gedanken ihrer Zeit« sind, meint jedoch, daß »es dem Gedankeninhalt des Dramas nicht geschadet« hätte, »wenn einzelne Charaktere etwas schärfer voneinander in mehr gegensätzlicher Weise geschieden worden wären«. Engels plädiert dafür, im Drama »über dem Ideellen das Realistische, über Schiller den Shakespeare nicht zu vergessen«. Er nennt die »Zurücksetzung der Bauernbewegung« als Ursache dafür, daß Lassalle »das *wirklich* tragische Element in Sickingens Schicksal« sich habe entgehen lassen. Eine »nationale Adelsrevolution« hätte nämlich nur »durch eine Allianz mit Städten und Bauern, besonders den letzteren«, eine Chance gehabt. Diese Allianz kam aber weder für die Ritter, die von der Ausbeutung der Bauern lebten, in Frage, noch war »die *Masse* der Nation, die Bauern« zu einem solchen Bündnis bereit. Hier lag nach Engels' Ansicht »die tragische Kollision zwischen dem historisch notwendigen Postulat und der praktisch unmöglichen Durchführung«. Stattdessen lasse Lassalle Sickingen »einfach an der Gleichgültigkeit und Feigheit des Adels untergehen«. Lassalle bestätigte in seiner Rückantwort, daß der Untergang der revolutionären Partei von 1848/49 der Punkt gewesen sei, weshalb er das Stück geschrieben habe. Er räumte ein, daß der Sickingen seiner Tragödie »gewiß nicht ganz identisch« mit dem historischen Sickingen ist, bestand aber auf dem »Recht des Dichters, seine historischen Gestalten zu idealisieren«. Er meint, daß Marx nicht nur gegen seinen Sickingen nicht recht habe, sondern auch den historischen Sickingen falsch einschätze. Eine Allianz Sickingens mit den Bauern sei durchaus möglich gewesen, »weil die Idee der Bauernkriege in *letzter* Instanz *nicht weniger reaktionär* war wie die Sickingens«. Seine Auffassung vom reaktionären Charakter der Bauernbewegung stützt Lassalle auf die These, daß »das geltende politische Moment ... in ihrer Idee« der »*Privatgrundbesitz*« gewesen sei. Eine Tragödie über den Bauernkrieg habe er aber auch deswegen nicht schreiben wollen, weil es ihm nicht um »eine vergangene *bestimmte* Revolution« gegangen sei, sondern um »den innersten und *ewig* wiederkehrenden Konflikt des revolutionären Handelns und seiner Notwendigkeit«. Marx

und Engels haben auf diesen Brief nicht mehr geantwortet. In einem Brief an Engels vom 10. 6. 1859, in dem Marx den Eingang von Lassalles Replik mitteilte, bezeichnet er sie als grotesk. Lassalles in der Handschrift *Über die tragische Idee* und in dem Brief an Marx und Engels gegebene theoretische Erläuterungen seiner Auffassung des Tragischen basieren auf der Ästhetik Hegels. Sie zielen in der Akzentuierung der Kategorie der Versöhnung bei gleichzeitiger Verallgemeinerung des Tragischen auf den »tiefen dialektischen Widerspruch, welcher der Natur alles Handelns, zumal des revolutionären, innewohnt«, weisen aber auch deutliche Bezüge zu der Hegel-Rezeption F. T. Vischers und zum ›Pantragismus‹ F. Hebbels auf.

Der Briefwechsel über Lassalles Stück wurde zuerst von F. Mehring, der allerdings nur Lassalles Briefe kannte und Marx' und Engels' Standpunkt aus den darin enthaltenen Zitaten erschließen mußte, kommentiert (*Aus dem literarischen Nachlaß von Karl Marx, Friedrich Engels und Ferdinand Lassalle*, Bd. 4, Stuttgart 1902). Mehring setzte gewissermaßen die Debatte fort, indem er zu den wesentlichen Punkten von Lassalles letztem, von Marx und Engels nicht mehr beantwortetem Brief Stellung nahm. Er erkannte zwar grundsätzlich das von Lassalle in Anspruch genommene Dichterrecht an, seinen Helden zu idealisieren, wenngleich er G. E. Lessings Ansicht favorisierte, der Dichter sollte lieber auf historische Namen verzichten als ihren Trägern andere oder gar entgegensetzte Charaktere unterzuschieben. Lassalles Auffassung der Rolle des historischen Sickingen ließ Mehring jedoch nicht gelten. Auf Engels' Bauernkriegs-Aufsatz von 1850 (*Der deutsche Bauernkrieg*, MEW, Bd. 7) Bezug nehmend, widersprach er Lassalles Meinung, daß ein Bündnis der Städte mit den Rittern eine geschichtliche Chance gehabt hätte und daß Adels- und Bauernbewegung von demselben reaktionären Grundprinzip geleitet worden seien.

Marx' und Engels' Stellungnahmen zu Lassalles Stück enthielten auch ein klar formuliertes Kunsturteil. Engels' Forderung nach »der shakespeareschen Lebendigkeit und Fülle der Handlung« ging in seine später - in den Briefen an M. Kautsky vom 26. 11. 1885 und M. Harkness von Anfang Apr. 1888 (MEW, Bd. 36 und 37) - von ihm genauer umrissene Realismusauffassung ein. Zusammen mit diesen Briefen und anderen Äußerungen von Marx und Engels über Kunst und Literatur wurde der Sickingen-Debatte daher von marxistischen Literaturhistorikern seit Lukács (1933) eine wichtige Rolle bei der Begründung einer materialistischen Ästhetik und seit M. Lifschitz (1935) bei der Entwicklung der marxistischen Realismus-Theorie zugesprochen. Während für Marx und Engels - wie auch noch für Mehring - Lassalles Geschichtsauffassung der eigentliche Gegenstand der Auseinandersetzung war, wurden später aus der Debatte noch weiterreichende

Schlußfolgerungen für die marxistische Ästhetik gezogen. Marx' und Engels' Äußerungen zu Lassalles Stück wurden »die theoretischen Grundsätze einer Geschichtsdramatik des sozialistischen Realismus und im weiteren Sinne Erfordernisse der Methode des sozialistischen Realismus überhaupt« (Artikel *Karl Marx*, in: *Lexikon sozialistischer deutscher Literatur*, Halle 1963, S. 356) abgelesen. Aus Marx' Feststellung einerseits, daß Lassalle, wenn er den Bauern und städtischen Plebejern mehr Raum in seinem Stück gegeben hätte, den »Fehler«, Individuen in »bloße Sprachröhren des Zeitgeistes« zu verwandeln, hätte vermeiden können, und aus der Tatsache andererseits, daß Lassalle das eben deswegen nicht getan hatte, weil er die Bauernbewegung für reaktionär hielt, wurde im Umkehrschluß ein Zusammenhang zwischen »richtiger«, d. h. historisch-materialistischer Geschichtsauffassung und künstlerischer (= realistischer) Qualität hergestellt: »Marx und Engels analysierten sorgsam alle Seiten der Tragödie und bewiesen, daß die falsche politische Position Lassalles zu Fehlern im künstlerischen Schaffen führte, da die Lossage vom Realismus, die Verwandlung der Helden in ›bloße Sprachröhren des Zeitgeistes‹ seine politischen Fehler vertieften« (*Grundlagen der marxistisch-leninistischen Ästhetik*, Berlin 1962, S. 388). Die schwerwiegenden Folgen, die eine solche Sicht der Rolle der Weltanschauung im künstlerischen Schaffensprozeß - in staatliche Kulturpolitik umgesetzt - für die Literatur in den ehemals sozialistischen Ländern hatte, können Marx' und Engels' Einwänden gegen Lassalles Drama allerdings kaum angelastet werden.

Lit.: G. Lukács: Die Sickingendebatte zwischen Marx - Engels und Lassalle, in: Internationale Literatur, H. 2, Moskau 1933; M. Lifschiz: Voprosy iskusstva i filosofii, Moskva 1935; A. Dymschiz: Zur Sickingen-Debatte, in: WB, 1960, H. 4; F. Mehring: Lassalles Trauerspiel »Franz von Sickingen«, in: ders.: Gesammelte Schriften, Bd. 11, Berlin 1961; H. Koch: Marxismus und Ästhetik, Berlin 1961; G. M. Fridlender: K. Marks i F. Engels i voprosy literatury, Moskau 1962; P. Weber: Die Einheit von politischer und ästhetischer Kritik in Marx' und Engels' Stellungnahme zu Lassalles Drama »Franz von Sickingen«, in: WB, 1966 H. 5/6; W. Hagen: Zur Archäologie der marxistischen Geschichts- und Literaturtheorie. Die sogenannte Sickingen-Debatte, in: Literaturwissenschaft und Sozialwissenschaft 4, Stuttgart 1974. W. Hinderer (Hg.): Sickingen-Debatte. Ein Beitrag zur materialistischen Literaturtheorie (mit Bibl.), Darmstadt/Neuwied 1974.

Rainer Rosenberg

Sieg, Ignatius Johann (gen. John S., Ps. Siegfried Nebel)

Geb. 3. 2. 1903 in Detroit (Michigan, USA); gest. 15. 10. 1942 (Freitod in NS-Haft)

Vater Mechaniker, deutscher Einwanderer; erste Kindheitsjahre in Detroit, 1912 nach Deutschland, ab 1919 Vorbereitung auf den Lehrerberuf. 1924 zurück in die USA, Arbeit am Fließband in den Fordwerken und den Fleischfabriken Chicagos; zwei Semester am College of Detroit. 1928 Rückkehr nach Deutschland, freier Schriftsteller, Übersetzer und Bauarbeiter in Berlin. 1928/29 erste Veröffentlichungen in »Die Tat«, »Welt am Abend«,»Berliner Tageblatt«, dann unter Ps. in »Welt am Abend«, »Arbeiterstimme«, »Linkskurve«, RF. 1929 Eintritt in die KPD. Feuilletonredakteur der RF. S. beteiligte sich ab 1933 am Aufbau konspirativer Verbindungen im Widerstand, schrieb und verbreitete illegal Flugblätter, Klebezettel, Aufklärungsschriften. Nach dem Überfall auf die Sowjetunion Mitglied der Kundschaftergruppe um A. Harnack und H. Schulze-Boysen, die für die Sowjetunion arbeitete. Redigierte 1940 oder 1941 zusammen mit den Kommunisten H. Grasse und O. Grabowski die für Industriearbeiter bestimmte illegale Zs. »Die innere Front. Kampfblatt für ein neues freies Deutschland«, von der wahrscheinlich 16 Nummern zu je 100 bis 500 Ex. vertrieben wurden (Beilagen vermutlich in polnischer, französischer, italienischer und russischer Sprache für Kriegsgefangene und ausländische Zwangsarbeiter). Am 11. 10. 1942 verhaftet, nach schweren Folterungen Freitod.

In seinen Reportagen, Erzählungen, Gedichten und Skizzen gestaltete S. zunächst eigene Lebenserfahrungen in den USA. Seine ersten Publikationen polemisieren gegen den »Amerikanismus« und die trügerische Hoffnung, der technische Fortschritt werde automatisch zum Glück aller Menschen führen. S. lehnte technische Neuerungen nicht ab, sondern forderte, sie für eine neue »menschliche Kultur« zu nutzen. Ab Okt. 1929 veröffentlichte S. Reportagen über Ereignisse in Deutschland. In ihnen drängt S. die Darstellung eigener Erlebnisse zurück, verliert an Unmittelbarkeit, gewinnt aber an Fähigkeit zu sozialer Analyse. Seine Texte zeichnen ein Bild der Arbeits- und Lebensbedingungen der Proletarier in der Großstadt Berlin und an Brennpunkten sozialer Kämpfe (z. B. im Mansfelder Kupferbergbau) und rufen zur Veränderung der gesellschaftlichen Zustände auf. Seine nach 1933 geschriebenen und illegal verbreiteten Texte sind größtenteils verloren; die erhaltenen lassen - da sie kollektiv produziert und anonym veröffentlicht wurden - seinen Anteil nicht mehr erkennen. Neuartiges Können beweist der einzige nachweisbar von S. geschriebene Text, *Offene Briefe an die Ostfront. 8. Folge. An einen Polizeihauptmann* (in: *Einer von Millionen spricht. Skizzen, Erzählungen, Reportagen, Flugschrif-*

ten, Hg. (mit Werkbibl.) H. Schmidt, Vorw. H. Scheel, Nachw. S. Bock, Berlin 1989). In die Beschreibung faschistischer Greueltaten an der russischen Zivilbevölkerung fügte S. Erinnerungen an den Kampf deutscher Partisanen und Patrioten gegen Napoleon ein, um deutsche Soldaten zu ermutigen, sich vom Hitlerregime zu befreien.

Lit.: St. Hermlin: John Sieg, in: Hermlin: Die erste Reihe, Berlin 1951.

Sigrid Bock

Siemsen, Anna Marie (Ps. Friedrich Mark)

Geb. 18. 1. 1882 in Mark (Westfalen); gest. 22. 1. 1951 in Hamburg

Anna Siemsen

Vater evangelischer Pfarrer. 1901 Lehrerinnenexamen in Münster. 1905 Abitur (Hameln). 1905/09 Studium der Germanistik, Philosophie und Altphilologie in München, Münster und Bonn. 1909 Promotion. 1909/19 Oberlehrerin in Detmold, Bremen und Düsseldorf. Im I. Weltkrieg zunehmend antimilitaristische Haltung; Beginn publizistischer Tätigkeit in »Die weißen Blätter«. Anschluß an den Bund Neues Vaterland. 1919 USPD. Publikationen zu politischen, kultur- und bildungspolitischen sowie literaturgeschichtlichen Themen, u.a. in »Die Freiheit« und »Bergische Arbeiterstimme«. 1919/20 im preußischen Kultusministerium, 1921/23 Oberschulrätin für Berufsschulwesen in Berlin. 1922 Teilnahme am Parteitag der USPD in Leipzig, danach Mitglied der SPD. 1923 Honorarprofessorin für Pädagogik in Jena; mit der Reformierung des Mittelschulwesens und der Lehrerbildung in Thüringen beauftragt. 1924 unter Beibehaltung der Professur amtsenthoben. Führende Vertreterin der linken Opposition in der SPD; Mitbegründerin des Bundes Sozialdemokratischer Intellektueller. Mitarbeit in »Der Klassenkampf«, »Leipziger Volkszeitung«, »Sozialistische Monatshefte«, »Kulturwille«, »Bücherwarte«, »Die Neue Bücherschau«, »Sozialistische Bildung«. Oktober 1926 Referat über *Sozialismus und Kunst* (in: *Sozialismus und Kultur,* Jena 1927) auf der ersten Tagung des ↗ Sozialistischen Kulturbundes. 1928/30 MdR. 1931 Anschluß an die SAPD. Auseinandersetzung mit dem Reformismus in der SPD in der Abhandlung *Auf dem Wege zum Sozialismus. Kritik der sozialdemokratischen Programme von Heidelberg bis Erfurt* (Berlin-Tempelhof o. J. [1932]). Mitarbeit u.a. in »Sozialistische Arbeiterzeitung« und »Die Fackel« (später »Kampfsignal«). Führerin des rechten Flügels der SAPD; Anfang März 1933 Parteiaustritt. 1932 Aberkennung der Professur durch das faschistische Innenministerium Thüringens. März 1933 Emigration in die Schweiz. Arbeit in der Bildungszentrale der Schweizerischen Sozialdemokratischen Partei, Leiterin der Zs. »Die Frau in Leben und Arbeit«. Mitunterzeichnerin des Volks-

frontaufrufs vom Dez. 1936. Mitglied der Union deutscher Lehreremigranten. Mitarbeit an Münzenbergs »Die Zukunft«. 1946 Rückkehr nach Hamburg, Dozentur für Literatur und Pädagogik an der Universität. S. wandte sich gegen die Wiederbewaffnung Deutschlands und die militärische Blockbildung. Mitbegründerin der Sozialistischen Bewegung für die Vereinigten Staaten von Europa.

S. war eine profilierte Kulturpolitikerin und Literaturkritikerin der Sozialdemokratie. Ihr verbreitetes Buch *Literarische Streifzüge durch die Entwicklung der europäischen Gesellschaft* (Jena 1925, 2. Aufl. 1929, 3.: Frankfurt a.M./Bielefeld/Mainz 1948) und Rezensionen zeitgenössischer Weltliteratur folgen dem Vorbild F. Mehrings. Doch hebt sie die Internationalität des Literaturprozesses stärker hervor und fordert Aufmerksamkeit für vorliterarische und subliterarische Ausdrucksformen sowie für Veränderungen der Rezeption. In der zweiten Auflage der *Literarischen Streifzüge* geht sie auf die Bedeutung der Reproduktions- und Kommunikationstechnik für die Entwicklung der Sprachkunst ein. Mit der Einführung der neuen Medien (Radio, Film) sieht sie das Ende der Vorherrschaft des gedruckten Wortes heraufziehen. Im Gegensatz zu Mehring weist sie in der Broschüre *Politische Kunst und Kunstpolitik* (Berlin 1927) der Kunst einen hohen Stellenwert innerhalb der politischen Arbeit zu. Sie faßt Kunst als ursprüngliches menschliches Vermögen auf, das durch fortschreitende Arbeitsteilung bei der Masse verkümmert und zur Kluft zwischen produzierendem Künstler und passiv rezipierendem Publikum führt. Kulturelle Selbstbetätigung der Massen in kollektiven Formen und die Eroberung der Reproduktions- und Kommunikationstechnik sollen den Künstler von der Marktabhängigkeit befreien und ihn wieder zum Gestalter des Lebensgefühls einer Gemeinschaft machen, die ihn trägt. S. fordert eine starke Kulturorganisation, um die sozialdemokratische Kulturarbeit in die politischen Kämpfe zu integrieren. Dem dienen auch die Anthologien *Kämpfende Menschheit. Ein Geschenkbuch zur Jugendweihe* (Leipzig o. J. [um 1925]), *Buch der Mädel* (Jena 1927, 1.–3. Aufl.), *Von unten auf* (Dresden 1928, 3. Aufl.), *Menschen und Menschenkinder aus aller Welt* (Jena 1929) u.a. Mit ihren Reisebüchern *Daheim in Europa* (Jena 1928) und *Deutschland zwischen Gestern und Morgen* (Jena 1932) propagiert sie das Kennenlernen anderer Völker als unerläßlich für die Herausbildung eines internationalen proletarischen Bewußtseins. Das *Spanische Bilderbuch* (Paris 1937, 2. Aufl. Düsseldorf 1947) ist eines der ersten Bücher über den Bürgerkrieg, den sie als Vorspiel eines neuen Weltkriegs begreift. In der Schweiz entstand 1934/35 S.s pädagogisches Hauptwerk, *Die gesellschaftlichen Grundlagen der Erziehung* (Hamburg 1948), in dem sie das Fundament für eine marxistische Erziehungswissenschaft zu legen sucht. Unveröffentlicht blieben *Erinnerungen*, eine *Deutsch-europäische Literaturgeschichte*, die Biographie *Georg Ledebour* sowie *Mein Leben in Deutschland vor Hitler*.

W. W.: Erziehung im Gemeinschaftsgeist, Stuttgart 1921; Beruf und Erziehung, Berlin 1926; Religiöses Kulturgut und weltliche Schule (Vortrag), Magdeburg 1926; Zur Jugendweihe. Der Weg zur Gemeinschaft, Leipzig o. J. [um 1928]; Selbsterziehung der Jugend, Berlin 1929; Religion, Kirche und Sozialismus, Berlin 1930; Parteidisziplin und sozialistische Überzeugung, Berlin 1931; Diktaturen – oder europäische Demokratie?, St. Gallen 1937; Europa wohin?, St. Gallen 1937; Die Schweiz und das tschechoslowakische Schicksal, Zürich o. J. [1939]; Der Weg ins Freie, Zürich 1943, 2. Aufl. Frankfurt a.M. 1950; Frau und Sozialismus, Arbon 1946; Zehn Jahre Weltkrieg. Eine Chronik in monatlichen Berichten von Januar 1935 bis März 1945, Hauenstein 1946, Düsseldorf 1947; Briefe aus der Schweiz, Hamburg 1947; Einführung in den Sozialismus, Hamburg 1947; Kunst und Politik. Ein Wort zu unserer Zeit und ihren Verpflichtungen (veränd. Neuausg. der Broschüre von 1927), Hamburg 1948; Frauenleben in drei Jahrtausenden. Märchen der Wirklichkeit, Düsseldorf 1948; Goethe, Mensch und Kämpfer, Frankfurt a.M. 1949. – *Lit.:* August Siemsen: Anna Siemsen. Leben und Werk (mit Bibl.), Hamburg o. J. [1951].

Johanna Rosenberg

Skrobek, Oskar

Geb. um 1815 in Ober-Glogau (Schlesien); gest. unbekannt

Schriftsetzer in Leipzig; gehörte zum Freundeskreis von R. Blum; Gemeindemitglied der oppositionell-antifeudalen Deutsch-Katholiken und eines Redeübungsvereins. S. war 1846 an der Gründung der ersten gewerkschaftlichen Vereinigung deutscher Buchdrucker, Gutenberg, beteiligt und leitete 1846/48 die Redaktion von deren Ztg. »Typographia« (Leipzig/Mittweida). In der Revolution 1848/49 propagierte er auf Arbeiterversammlungen in Leipzig ein Arbeiterprogramm, in dem er für das Bündnis von kleinbürgerlicher Demokratie und Arbeiterbewegung auf der Grundlage einer demokratischen Sozialreform eintrat. S. warb für die Schaffung von Unterrichtskursen für Arbeiter, Leihbibliotheken, Kranken- und gewerkschaftliche Unterstützungskassen. Mit einem Drechsler und einem Tischler rief er die »Leipziger Arbeiter-Zeitung« ins Leben, die vom 1. Mai/22. Juli 1848 mit dem Motto »Durch Bildung zur Freiheit und durch diese zum Wohlstand« erschien. S. prangerte hier die Ausbeutungspraktiken der Unternehmer und die katastrophale Lage der Fabrikarbeiter an, trat für die Beseitigung des Bildungsprivilegs ein und lenkte die Aufmerksamkeit auf die besonders benachteiligte Stellung von Frauen und Mädchen. Er war Initiator des Leipziger Arbeitervereins sowie dessen Vizepräsident und Funktionär im Landesverband der sächsischen Arbeitervereine. Für die Deutsche Arbeiterverbrüderung wirkte er mit Beiträgen im Vereinsorgan »Die Verbrüderung« und als Versammlungsredner. Seine Publizistik zielte auf Bewußtseinsbildung durch Sichtbarmachung von Antinomien und Widersprüchen, z.B. zwischen Armut und Reichtum, industriellem Wachstum und Zunahme der Pauperisierung. (»Während beim Steigen der Industrie Einzelne gewinnen, kommen, wo sie es nicht schon sind, Tausende dabei an den Bettelstab«, in: »Die Verbrüderung«, 28. 11. 1848) Im Sommer 1848 in die sog. Dresdner Arbeiterkommission gewählt, verhandelte S. mit Regierungsvertretern bezüglich sozialer Reformen. Wegen Anstiftung zum Aufruhr 1850 zu zwei Jahren Zuchthaus verurteilt. Später kehrte S. in seine schlesische Heimat zurück.

Lit.: G. Beier: Schwarze Kunst und Klassenkampf. Geschichte der Industriegewerkschaft Druck und Papier und ihrer Vorläufer mit dem Beginn der modernen Arbeiterbewegung, Bd. 1, Frankfurt a.M./ Wien /Zürich 1966; R. Weber: Die Revolution in Sachsen 1848/49. Entwicklung und Analyse ihrer Triebkräfte, Berlin 1970; H. Zwahr: Zur Konstituierung des Proletariats als Klasse. Strukturuntersuchung über das Leipziger Proletariat während der industriellen Revolution, Berlin 1978.

Rolf Weber

Slang (d. i. Fritz Hampel; Ps. Halep, Friha)

Geb. 28. 4. 1895 in Crimmitschau; gest. 10. 8. 1932 in Koserow

Sohn eines Buchdruckers; bis 1914 Lehrerseminar, danach Lehrer. 1916/1918 Militärdienst. Volksschullehrer in Leipzig bis 1924. Schrieb daneben für linksbürgerliche Zeitungen und Zeitschriften (z.B. für H. Reimanns satirische Wochenschrift »Der Drache«, 1924 kurze Zeit verantwortlicher Schriftleiter) sowie für das Kabarett Satiren gegen den deutschen Nachkriegsspießer. In den Jahren der revolutionären Nachkriegskrise zunächst Mitglied der SPD und USPD, 1922 Mitglied der KPD. Er kämpfte 1923 in den Proletarischen Hundertschaften gegen die Truppen der Reichsregierung in Sachsen und Thüringen, begann für die kommunistische »Sächsische Arbeiterzeitung« Lokalreportagen zu schreiben und Karikaturen zu zeichnen. In dieser Zeit nahm er das Ps. Slang an. 1924 Aufgabe des Lehrerberufes. Übersiedlung nach Berlin, Zeichner für die RF, dann Mitarbeiter und verantwortlicher Redakteur der Lokalredaktion. Mitbegründer des BPRS (Referat auf der Gründungsversammlung: *Was erwartet die Arbeiterpresse vom Bund?*). Von der Weimarer Klassenjustiz mehrmals verhaftet und zu zweieinhalb Jahren Gefängnis und Festung verurteilt.

In den acht Jahren seiner journalistischen Tätigkeit an der RF und anderen Zeitungen und Zeitschriften (AIZ, »Eulenspiegel«, »Der Knüppel«, »Roter Pfeffer«, »Linkskurve«, »Welt am Abend« u.a.) wurde S. neben Weinert zum populärsten Satiriker in der proletarischen Kulturbewegung. Er trug wesentlich dazu bei, daß das Feuilleton der kommunistischen Presse sich künstlerisch-politisch verbesserte und dem Unterhaltungsbedürfnis der Arbeiterleser gerecht wurde. Er hatte – auch als begabter Theater-, Film- und Literaturkritiker – großen Anteil daran, daß das Feuilleton zum festen Bestandteil der kommunistischen Agitation und Propaganda wurde. Zahlreich sind S.s »Glosse(n) vom Tage«, in denen er (vor allem in der RF) aktuelle politische Vorgänge satirisch kommentierte. Mit zugespitzten Dialogen und fingierten Briefen, satirischen Bildgedichten und Kurzszenen, Gerichtsszenen, Interviews, Filmszenarien u.a. Formen trug er seine satirischen Attacken vor. Häufig verwandte er auch das literarische Porträt, um politisches Handeln von realen und fiktiven Gestalten der Weimarer Republik bloßzustellen. Er griff den »militaristischen Paradeochsen«, die »studienräthliche Patriotenvisage«, die »Potsdamer Moralwachtel« (Weinert, *Nachruf*) und andere Typen der herrschenden Klasse an, Monopolisten, Großgrundbesitzer, Militärs und Faschisten, aber auch reformistische Führer der deutschen Sozialdemokratie. In seinen Arbeiten ging S. von Ereignissen aus, die dem Zeitungsleser bekannt waren oder knüpfte an die alltägliche Erlebniswelt der Prole-

leten an. Seine Satiren sind meist gegenständlich und pointiert gestaltet, mit vielfältigen stilistischen Mitteln (Kontrast, Vergleich, Anspielung, Wortspiel und -kombination, Dialekt, Sprichwort u.a.). Viele seiner Satiren wurden von Agitprop-Truppen verwendet, mehrere Gedichte vertont und als Songs auf Meetings vorgetragen. Für Agitprop-Truppen schrieb S. Kurzszenen und Einzelprogramme (u.a. *So seh'n sie aus! Eine Wahl-Revue in 7 Bildern,* Berlin 1928).

Seine einzige größere Arbeit, *Panzerkreuzer Potemkin* (Berlin 1926, fotomechanischer Ndr. Leipzig 1980) beschreibt, gestützt auf dokumentarisches Material, die Geschichte vom Aufstand der russischen Matrosen 1905. Bei der Darstellung der Offizierskaste bedient sich S. satirischer Mittel, während die Partien über Leiden und Kampf der Matrosen im Ton eines ernsten Pathos gehalten sind, das sich in seinen anderen Arbeiten kaum findet.

W. W.: Unser Weg (Laiensp., zus. mit C. Ihme und A. Oehmichen), Leipzig 1923; Die lebende Zeitung. Propagandastück für Aufführungen, Berlin 1925; Alle Neune! Neun S.P.D-Köpfe zum Umkegeln (Ge.), Frankfurt a.M. 1928; Rationalisiert (in: Es lebe die Pressefreiheit. Berlin 1927 [=Rote Tribüne, 10. Heft]); Heiraten oder Steuer zahlen? (Agitationsbrosch.), Berlin 1929; Was bringt dir das Hakenkreuz (Dialog), Berlin 1931; Glossen vom Tage, Wien/Berlin/Zürich 1932. – *Ausg.:* Slang. Eine Auswahl Lyrik und Prosa, Hg. R. Hoffmann und E. Simons, Berlin 1958; Das amtliche Knie. Humoresken, Gedichte, Feuilletons / Slang, Hg. und Nachw. W. U. Schütte, Berlin 1977; Panoptikum von vorgestern. Satiren, Humoresken und Feuilletons / Fritz Hampel (Slang), Hg. und Nachw. W. U. Schütte, Berlin 1980; Gebet einer Potsdamer Jungfrau. Gereimtes und Ungereimtes aus den »goldenen« zwanziger Jahren, Berlin 1986.

Rudolf Hoffmann/Red.

Social-Demokrat – Neuer Social-Demokrat (SD, NSD)

Der SD war zunächst das einzige zentrale Organ des ADAV; redigiert von ↗ J. B. von Schweitzer, dem Präsidenten des ADAV, der zunächst (gemeinsam mit J. B. von Hofstetten) Miteigentümer - von 1868 an alleiniger Inhaber - des Blattes war; erschien ab 15. 12. 1864, vom 4. 1. 1865 an dreimal wöchentlich, später täglich bis 26. 4. 1871; konnte anfänglich in ca. 400 Ex., 1869 in 4600 und während des Krieges 1870/71 in ca. 2700 Ex. vertrieben werden. Infolge der wachsenden demokratischen Opposition innerhalb des ADAV gegen den diktatorischen Führungsstil Schweitzers wurde die Weiterführung des SD als Organ des ADAV von der Generalversammlung Jan. 1870 mit großer Mehrheit abgelehnt. Als Eigentum und zentrales Blatt des ADAV erschien statt dessen 2. 7. 1871/29. 9. 76 (ab Juni 1875: Organ der SAPD) der NSD, redigiert von W. Hasselmann und W. Hasenclever, dreimal wöchentlich. Die Auflage des NSD stieg von 5000 Ex. (1871) auf ca. 13–14 000 Ex. (1873/74). Der NSD wurde zur Tribüne heftiger Kontroversen gegen den »Volksstaat« der Eisenacher. Beide Blätter vereinigten sich Okt. 1876 zum Zentralorgan der SAPD »Vorwärts«. Jan. 1873/Dez. 1875 gaben Hasenclever und Hasselmann zusätzlich ein separates Unterhaltungsblatt mit dem Titel »Sozialpolitische Blätter« heraus (monatlich, ab Juli 1874 wöchentlich), das wie der »Volksstaat-Erzähler« zum Vorläufer der »Neuen Welt« wurde.

Das Programm des SD, in den ersten Nummern der Zeitung veröffentlicht, verwies auf die »Solidarität der Völkerinteressen«, den »Kampf um ein einheitliches, freies Deutschland als Freier Volksstaat«, die Beseitigung der Herrschaft des Kapitals. Auch K. Marx und F. Engels, von Schweitzer und W. Liebknecht dazu aufgefordert, sagten ihre Beteiligung zu. Zu den Mitarbeitern des Blattes gehörten anfänglich weiterhin G. Herwegh, J. Ph. Becker und M. Heß. Bereits in den ersten Nummern brachte der SD die Inauguraladresse der IAA in deutscher Erstveröffentlichung. In einer Reihe von Arbeiten, so im Gedenkartikel zum Tode P.-J. Proudhons (Februar 1865) kritisierte Marx im SD Thesen des Lassalleanismus. Engels schickte die Übersetzung des altdänischen Bauernliedes *Herr Tidmann* zur Veröffentlichung (Feb. 1865) und nutzte eine Anmerkung, um gegen die Orientierung Lassalles und Schweitzers die Arbeiter zum Kampfbündnis mit der Landbevölkerung gegen den Feudaladel aufzurufen. Trotz der von Liebknecht als inoffiziellem Redakteur unterstützten Bemühungen, die von Schweitzer diktierte politische Linie des SD zu ändern, wurde das Blatt nach dem Urteil von Marx immer »bismarckscher« und entfalte einen maßlosen Lassalle-Kult. In seinem Artikel *Das Ministerium Bismarck* kokettierte Schweitzer im Feb. 1865 offen mit der politischen Strategie Fürst O. von Bismarcks. Marx, Engels, Liebknecht, J. Ph. Becker, Herwegh u. a. kündigten daraufhin ihre Mitarbeit am SD auf. Schweitzer, später auch Hasselmann und Hasenclever blieben bei der lassalleanischen Grundorientierung. Lehnten Marx und Engels Schweitzers politische Positionen auch ab, so schätzten sie doch dessen theoretische, literarische und agitatorische Fähigkeiten. Wert- und wirkungsvoll für die deutsche Sozialdemokratie und ihre Literatur waren vor allem jene Beiträge aus der Feder Schweitzers, die sich mit nationalökonomischen Themen befaßten. Seine *Kapital*-Rezension (Jan. 1868) und die beiden, anstelle eines Leitartikels gedruckten dramatischen Agitationsszenen *Ein Schlingel* (1867) und *Eine Gans* (1869) zeugen von agitatorischem Geschick und theoretischem Verständnis. In den 60er Jahren blieb der SD die einzige Zeitung der deutschen Arbeiterbewegung, die Prosa und dramatische Texte im Feuilleton aufnahm: 1864/65 und 1868 umfangreiche Auszüge, 1871/72 einen vollständigen Nachdruck des Romans *Lucinde oder Capital und Arbeit* von

Schweitzer. Erzählungen, wie W. Grothes *Der Bundschuh von Leben* (Jan./Feb. 1869) oder W. Bernhardis *Der Fluch der Armuth* (April 1868) hatten im Unterschied zu Schweitzers Roman kaum etwas mit den politischen Agitationszielen der Lassalleaner zu tun. Grothes Erzählung behandelt im Stil des historischen Abenteuerromans eine Bauernkriegsepisode und Bernhardis Gegenwartserzählung knüpft in der Beschreibung proletarischen Elends an die Tradition der wahren Sozialisten an. Daß es in den 60er Jahren zunächst vor allem die Lassalleaner waren, die belletristische Literaturformen für ihre politische Agitation nutzten, belegen am deutlichsten die zahlreichen politischen Gedichte im SD. Sie thematisierten Agitationsthesen und den Kult um die Person Lassalles, unterstützten den Kampf der Lassalleaner gegen die liberale Bourgeoisie, riefen zur Wahl der lassalleanischen Kandidaten in den Norddeutschen Reichstag auf und beschrieben das Elend proletarischen Alltags. Zum großen Teil handelt es sich um Gelegenheitsdichtungen, die anläßlich der Lassalle-Feiern und Wahlveranstaltungen in den Gemeinden des ADAV entstanden und häufig zu bekannten Melodien gesungen werden konnten. Neben den auch später namhaft gebliebenen Autoren wie J. Audorf, A. Geib oder W. Bracke traten unter vielen anonymen Einsendungen unbekanntere Lyriker wie H. Roller und F. Polling hervor. W. Hasenclever wurde zu einem Hauptautor im NSD. Im Unterschied zum SD, dessen lyrisches Feuilleton sich, von Ausnahmen (wie einigen Gedichten L. Otto-Peters) abgesehen, auf Gedichte aus dem Umkreis der Lassalleaner beschränkte, bezogen der NSD und die »Sozialpolitischen Blätter« in großem Umfang die Traditionen bürgerlicher und sozialistischer Lyrik mit ein. Wie in den Zeitungen der Eisenacher standen dabei die Dichter des Vormärz und des Jungen Deutschland, vor allem F. Freiligrath, Herwegh, F. von Sallet, H. Heine, N. Lenau und H. von Fallersleben im Vordergrund. Auch in seinen Prosaveröffentlichungen erweiterte der NSD das Spektrum. So brachte das Feuilleton 1875 J.-J. Rousseaus *Bekenntnisse* in Auszügen. Die Ausweitung des Lektüreangebots erklärt sich u. a. aus einem zunehmenden allgemeinen und humanistischen Bildungsanspruch und der Forderung nach höherer kulturpolitischer Wirksamkeit des ADAV in den 70er Jahren. Auch die historischen didaktischen und kulturpolitischen Beiträge im NSD verweisen auf diese Tendenz.

Tanja Bürgel

(Der) Sozialdemokrat (S)

Zentrales Organ der SAPD während des Sozialistengesetzes; erschien wöchentlich im Exilverlag der Partei 28. 9. 1879/27. 9. 1890, zuerst in Hottingen-Zürich, ab Oktober 1888 in der

Titelseite mit Zeichnung

German Cooperative Printing and Publishing Co. in London. Um die Legalität des Blattes in der Schweiz zu gewährleisten, traten die Schweizer A. Herter und von 1882 an C. Conzett offiziell als Eigentümer und Verleger auf. Die sozialdemokratische Reichstagsfraktion setzte eine Redaktionskommission des Blattes ein, der A. Bebel, W. Liebknecht und F. W. Fritzsche angehörten. Zusammen mit I. Auer und K. Grillenberger waren sie zugleich nominelle Eigentümer und Treuhänder des S. Als wichtigster Mitarbeiter der Zeitung aus der Parteiführung erwies sich Bebel. Die Redaktion leitete zunächst G. von Vollmar, ab Januar 1881 E. Bernstein. In der Aufbauphase mußte das Blatt von K. Höchberg und F. Engels finanziell gestützt werden, erbrachte aber ab 1883 zunehmend Gewinne, mit deren Hilfe später andere Parteiunternehmen (u. a. der Verlag J. H. W. Dietz) unterstützt werden konnten. Die Auflage stieg von 2700 Ex. im Oktober 1879 auf ca. 4000 (1884) und 10 600 Ex. (1887). Der S wurde von J. Motteler und J. Belli über die »Rote Feldpost« nach Deutschland geschmuggelt und illegal verbreitet. Unter den Bedingungen des Sozialistengesetzes war der S die einzige Zeitung, die sich offen als zentrales Organ der deutschen Sozialdemokratie bezeichnen und die Funktion eines organisierenden und geistigen Zentrums der Partei übernehmen konnte. Nach anfänglichen

Unklarheiten über die Tendenz des S wurde die Zeitung unter der redaktionellen Führung Bernsteins (durch F. Engels und Bebel unterstützt) zu einem der wirkungsvollsten sozialdemokratischen Blätter der Arbeiterbewegung im 19. Jahrhundert. In historischen und theoretischen Beiträgen, in den Leitartikeln und der »Sozialpolitischen Rundschau« entwickelte der S Positionen, die davon ausgingen, die Taktik des organisierten Widerstandes gegen das Sozialistengesetz mit der strategischen Orientierung einer zukünftigen sozialistischen Umgestaltung der Gesellschaft zu verbinden. Bernstein stand in engem Briefwechsel mit Engels und stützte sich in allen wesentlichen Fragen auf dessen theoretische und politische Vorschläge. Beide gehörten neben Bebel, W. Liebknecht, K. Kautsky und J. Dietzgen zu den Hauptbeiträgern des S. Deutlicher als die Arbeiterpresse vor dem Sozialistengesetz betonte der S die Bedeutung einer wissenschaftlichen Theorie. Mit Hinweisen und eigenen Beiträgen versuchte Engels, die Erfahrungen der Arbeiterbewegung, vor allem aus der Zeit der »Neuen Rheinischen Zeitung« und der Pariser Kommune für die aktuelle Klärung des historischen und theoretischen Selbstverständnisses der Partei zu nutzen. So veröffentlichte der S Engels' Studien *Marx und die Neue Rheinische Zeitung. 1848/49, Zur Geschichte des Bundes der Kommunisten* und sein Vorwort zu den Aufsätzen *Zur Wohnungsfrage*. Unter dem Titel *Wie Marx 1846 über Streiks und Arbeiterkoalitionen dachte* publizierte die Zeitung im September 1885 das Schlußkapitel aus Marx' *Elend der Philosophie*, brachte Auszüge aus dem *Kommunistischen Manifest*, dem *Achtzehnten Brumaire* und druckte die *17 Forderungen des Bundes der Kommunisten*.

Wesentlich bestimmt wurde das Profil der Zeitung durch ihre enge Verbindung zu illegal arbeitenden deutschen sozialdemokratischen Organisationen. Eine Fülle von »Korrespondenzen« aus allen Teilen Deutschlands hielten den Informations- und Erfahrungsaustausch aufrecht.

Der S druckte regelmäßig Gedichte ab, verfügte aber nur über einen unregelmäßig erscheinenden Feuilletonteil. Unterm Strich dominierten historische und theoretische Beiträge, Berichte aus der deutschen und internationalen Arbeiterbewegung. So brachte das Feuilleton u. a. P. Lafargues *Das Recht auf Faulheit* und K. Kautskys ausführliche Skizze über den biographischen und wissenschaftlich-politischen Werdegang Engels', dazu Gedenkartikel anläßlich der Jahrestage der Pariser Kommune, der 1848er und Französischen Revolution, aber auch zu Geburts- und Todestagen. Die wenigen belletristischen Arbeiten waren geprägt von der starken politisch-kämpferischen Intention des gesamten Feuilletons. Ein typisches Beispiel sind die zwei Agitations-»Dramolette« *Die Geschwister* und *Der Gehetzte* (Nr. 18/19 u. 23/24, 1884) von E. Gr., einer anonymen sozialdemokratischen Autorin. Sie behandeln Themen aus dem Wahlkampf bzw. der Geschichte der Arbeiterbewegung und wurden den Arbeitervereinen für die Aufführung auf Wahlfesten und Märzfeiern auch im Separatdruck angeboten. Im weitaus umfangreicheren lyrischen Feuilleton dominierten Gedichte, die zum Kampf gegen das Sozialistengesetz aufriefen und den Blick auf die erwartete soziale Revolution richteten. Ebenso zahlreich waren lyrische Äußerungen, die sich satirisch mit den sozialen und politischen Verhältnissen, vor allem mit Bismarck und den Nationalliberalen in Deutschland auseinandersetzten. Mit Rücksicht auf die Sozialistenverfolgung erschienen die meisten Gedichte anonym oder mit Pseudonymen. Verfasser waren Arbeiter und Arbeiterinnen. Unter den bekannten zeitgenössischen Autoren der Arbeiterbewegung traten u.a. A. Geib, M. Kegel, J. Ph. Becker und A. Lepp hervor. Mit Gedichten von G. Herwegh und F. Freiligrath aus der Revolutionszeit stellte die Zeitung in der Lyrik den Traditionsbezug zum Vormärz und der 1848er Revolution her. Angeregt durch Engels machte der S die deutschen Leser allerdings häufiger als zuvor mit der Lyrik G. Weerths bekannt. Darüberhinaus engagierte sich Engels für das lyrische Feuilleton, indem er Gedichte aus der englischen Arbeiterbewegung und Volkspoesie für den S. übersetzte (*Der Vikar von Bray*, politisches Volkslied mit einer aktualisierenden Nachbemerkung von Engels, 1882; *König Dampf* von E. P. Mead, 1884).

Vor allem in den letzten Jahren des Sozialistengesetzes widmete sich das Feuilleton des S der Literaturkritik. Unter der Überschrift »Bücherschau sozialistischer Dichterwerke« rezensierte die Zeitung 1889 z.B. aktuelle Lyrik-Bände von J.H. Mackay, K. Henckell und die schon ältere, unter dem Sozialistengesetz verbotene Anthologie L. Jacobys *Es werde Licht* (München 1872). Jacobys Sammlung wurde als hervorragendes Beispiel dafür vorgestellt, wie sich die neue Poesie als eine Seite der »Kulturbewegung des Sozialismus« entwickeln könne. Die Besprechung von Henckells *Diorama* (1889, Nr. 27) gehört zu den ersten sozialdemokratischen Auseinandersetzungen mit dem Naturalismus. Gewürdigt wurde der klare Blick auf soziale Verhältnisse, der Henckell zukünftig noch enger mit der Arbeiterbewegung verbinden könne. Dagegen kritisierte der Rezensent anhand der 2. Aufl. von J. H. Mackays *Sturm* (1889, Nr. 40) dessen auf den Einfluß M. Stirners zurückgeführten Individualismus und Anarchismus, seine »unwissenschaftliche Verachtung der Masse«, die ihn zunehmend von der Arbeiterbewegung entferne. Insgesamt versuchten auch die literaturkritischen Feuilleton-Beiträge des S, Literatur unter einem stark politisierenden Aspekt zu vermitteln und damit auf geringstem Raum (insgesamt betrug der Umfang des S einen halben Bogen) auszugleichen, was den mit der Arbeiterbewegung verbundenen Organen in Deutschland zu jener Zeit untersagt blieb.

Ausg.: Der Sozialdemokrat. Vollständiger Wiederabdr., Hg. H. Bartel, Berlin 1970. – *Lit.:* H. Bartel: Marx und Engels im Kampf um ein revolutionäres deutsches Parteiorgan, 1879–1890, Berlin 1961; H. Bartel/W. Schröder/G. Seeber/H. Wolter: Der Sozialdemokrat 1879–1890, Berlin 1975; D. Hoffmann: Sozialismus und Literatur, Diss., Münster 1975; Mahnruf einer deutschen Mutter an die gemißhandelten deutschen Soldaten sowie andere Gedichte, die Arbeiterinnen und Arbeiter unter dem Sozialistengesetz an die Redaktion des illegal vertriebenen »Sozialdemokrat« geschickt haben und die nicht abgedruckt wurden, Hg. H.-J. Steinberg, Nachw. W. Emmerich, Bremen 1983.

Tanja Bürgel

Sozialistische Monatshefte (SM)

Erschienen Jan. 1897/Feb. 1933; zunächst monatlich; 1918/23 14-tägig; 1897/98 mit der Beilage »Der sozialistische Student« (insgesamt neun Nrn.); Hg. im Verlag der Sozialistischen Monatshefte in Berlin; Redakteure waren zunächst B. Heymann, O. Holz, H. Warschawski, O. Richter. Vorgänger der SM war »Der sozialistische Akademiker. Organ der sozialistischen Studierenden und Studierten deutscher Zunge« (Hg. J. Sassenbach, Verlag H. Baake, Berlin 1895/96). Mit ihm war angesichts des Verbots politischer Versammlungen und Vereine im akademischen Bereich ein publizistisches Gegengewicht zur bürgerlichen Sozialismuskritik beabsichtigt, wie auch die kritische Weiterführung demokratischer Freiheitsideale, die nur in einer sozialistischen Gesellschaft zu erreichen seien. Die Zeitschrift wollte den wissenschaftlichen Sozialismus propagieren und forderte zugleich die Erweiterung der diesbezüglichen Theorie als Aufgabe der Akademiker.

Die Abonnentenzahl der SM stieg von 800 (»Sozialistischer Akademiker«, 1896) bis auf 2900 (1901) und betrug dann im Durchschnitt 2000. Die finanzielle Basis bildete ab 1902 eine GmbH mit 20000 Mark Grundkapital. Gesellschafter waren u.a. J. Bamberger, E. Bernstein und J. Bloch, Geld kam von dem sozialdemokratischen Physiker L. Arons. Diesem, einem Schwiegersohn des Bismarck-Bankiers J. Bleichröder, war 1897 wegen seines Auftretens auf dem Hamburger SPD-Parteitag auf Initiative Wilhelms II., gegen den Widerstand der Fakultät, die Privatdozentur an der Berliner Universität aberkannt worden (»Lex Arons«). Er wirkte seitdem in der Arbeiterbildung. 1919 widmete ihm A. Einstein einen Nachruf in den SM. Weitere Finanzmittel kamen aus den Überschüssen jährlicher Feste, in den 20er Jahren auch aus der Werbung für politische Literatur renommierter bürgerlicher Verlage auf den Umschlagseiten. Herausgeber der SM war Bloch (1871–1936), ein aus Litauen stammender Mathematiker und Privatlehrer, der Vorstandsmitglied der Freien Volksbühne war. Die Gründung der SM entsprach dem Interesse bürgerlicher Intellektueller an der Sozialdemokratie sowie der Entwicklung eines ›gelehrten Proletariats‹; dafür sprach auch die Öffnung von Universitäten und akademischen Berufen für Frauen. (A. Bebel: *Akademiker und Sozialismus* [Vortrag 1897], Dresden 1898). Bloch deklarierte die Zeitschrift als »freies Diskussionsorgan für alle Anschauungen auf dem gemeinsamen Boden des Sozialismus« (1897, S. II), verstand sie aber bereits ab 1899 nicht mehr als bloßes Forum der Diskussion, sondern als Gegenorgan zur ›Mehring-Presse‹ (»Die Neue Zeit«, »Leipziger Volkszeitung«), als Organ eines Revisionismus, der nicht dogmatisch werden dürfe. Wegen dieser Grundhaltung kündigten W. Liebknecht, R. Luxemburg und C. Zetkin ihre anfängliche Mitarbeit auf. Mit Bebels Votum, die SM stünden außerhalb der Partei, lehnte 1902 der Münchener Parteitag der SPD den Antrag E. Bernsteins, G. von Vollmars, E. Davids ab, die Zeitschrift als gleichberechtigtes theoretisches Organ der Partei neben der »Neuen Zeit« anzuerkennen. Jedes Heft enthielt theoretische Beiträge und eine weit gefächerte »Rundschau« mit insgesamt 35 Rubriken (u.a. Staatslehre, Ökonomie, Philosophie, Rechtswissenschaft, Literatur, Kunst, Musik, Kunstgewerbe), die mit Personalnachrichten aus dem akademischen Leben sowie Annotationen wissenschaftlicher Neuerscheinungen die ursprüngliche Zielgruppe der Akademiker berücksichtigten und auf ein zunehmend vielseitiger und umfassender gebildetes und interessiertes Publikum aus der Arbeiterschaft und dessen Teilnahme am bildungsbürgerlichen Kulturleben gerichtet waren. Zu den Mitarbeitern auf philosophischem, literarischem und künstlerischem Gebiet gehörten J. Bab, M. Hochdorf, W. Hausenstein, P. Westheim, B. Taut, K. Nötzel, M. Maurenbrecher, O. Nagel, M. Butting, H. Kollwitz und H. Spaemann. Gemäß einem Selbstverständnis, daß die Sozialdemokratie sich von der kleinen revolutionären Sekte zur großen, die Welt vorwärtsstrebenden internationalen sozialistischen Reformbewegung entwickelt habe, daß die moderne Arbeiterbewegung zu einer positiv aufbauenden Partei geworden sei, trat die Zeitschrift für die Profilierung der Sozialdemokratie als parlamentarische Kraft ein. Sie betonte, entsprechend Bernsteins Verständnis der Sozialdemokratie als Gewissen der Nation, die Unabhängigkeit eines intellektuellen Individualismus. Auf der Grundlage reiner Sachlichkeit und Wahrhaftigkeit wünschte sie die persönliche Anerkennung des politischen Gegners und durch den politischen Gegner. Bloch erstrebte in allen politischen Fragen ein Zusammengehen mit den bürgerlichen Parteien, gegen Bebels Protest 1899 in Fragen der Kolonial-, Flotten- und Schutzzollpolitik die Einbindung der Sozialdemokratie in einen allgemeinen nationalen Konsens auf der Grundlage einer zivilisatorischen Mission der Europäer. So reduzierte sich nach seinem Programm der ›Arbeiterstandpunkt‹ in den SM auf ökonomische Fragen. Gegen K. Liebknecht wurde im ersten Weltkrieg die Bewilli-

gung der Kriegskredite durch die SPD-Reichstagsfraktion verteidigt: aus wirtschaftlichen, kulturellen und politischen Interessen, insofern der bestehende Staat Ausgangspunkt sozialen Fortschritts sei, folge die Verbundenheit des Sozialdemokraten mit seiner Nation, aber Zukunftsaufgabe eines neuen sozialistischen Ideals sei eine sozialistische Politik auf der Basis des Selbstbestimmungsrechts der Völker, nach dem Maßstab von F. Nietzsches Ideal des guten Europäers zu einem europäischen Zusammenschluß. Entsprechend widersprüchlich waren die kulturpolitischen und ästhetischen Positionen. So verteidigte Westheim als deutschen Geist den Potsdamer Geist, den Geist Friedrichs des Großen als Mischung des Soldatischen und Musischen und polemisierte gegen einen Überpatriotismus Th. Manns, gegen einen patriotischen Provinzialismus, der Wissenschaftsbeziehungen zum Kriegsgegner abbrechen möchte (vgl. 21. Jg., 1915). Hochdorf wandte sich gegen den Glauben an eine Inspiration neuer großer Dichtungen durch den Krieg: als literarische Heldenmanifestationen blieben nur Don Quichotte und Sancho Pansa. Akademiker und Angehörige der freien Berufe sollten zur Macht von Intellektuellen aufsteigen, sich wie in Rußland zur revolutionären Kraft formieren, das Proletariat zu dessen Klassenstandpunkt führen (vgl. K. Eisner, 13. Jg., 1907). Die russische Literatur mache die soziale Bedingtheit des Menschen zum Erlebnis, aber in Deutschland bestehe keine Veranlassung zur sozialen Ungeduld, die den Werken russischer Schriftsteller über das Dichterische hinaus Bedeutung verliehe (vgl. Nötzel, 21. Jg., 1915). Unter Bezug auf L. Tolstoi und vor allem F.M. Dostojewski, gegen W.I. Lenin (*Staat und Revolution*, Berlin 1918) wurde eine neue Religiosität propagiert, die eine sozialistische sein müsse. Dabei gehörte zum Profil der Zeitschrift ein breites Spektrum sozial- und bildungspolitischer Themen: Sexualerziehung, Judenfrage, Frauenproblematik. 1918 bekannten sich die SM zur Marxschen Tradition gegen eine philosophische Verflachung in der Sozialdemokratie, meinten damit aber auch ›Orthodoxe‹ und ›Dogmatiker‹, gegen die sie den Anspruch auf das Marxsche Erbe erhoben, das kritisch diskutiert werden müsse. 1919 hieß es, die Philosophie des Sozialismus, der nicht reine Wirtschaftslehre sei, wäre noch nicht geboren, alles komme auf Versittlichung und Vergeistigung, die Gemeinschaft, eine neue auf Tolstoi gegründete Innerlichkeit an. Und so wertete 1929 P. Kampffmeyer das Heidelberger SPD-Programm als Rückkehr zum Lassalleschen Prinzip, das Sozialismus nicht Sache der Arbeiter, sondern der Menschheit sei. Allerdings erklärte hier auch C. Mierendorff nach A. Hitlers Machtergreifung, eine Rettung könne es nur durch den Sozialismus, durch die außerparlamentarische Bekundung des sozialistischen Massenwillens geben, gebraucht werde ein Kampfprogramm als Plattform zur Einheit der arbeitenden Klasse unter sozialistischer Führung. Entsprechend der Grundüberzeugung, je freier und fortschrittlicher der Arbeiter denke, um so wichtiger sei die nationale Geisteskultur, die Aneignung der Schätze des Geisteslebens als Element des Klassenkampfes, konzentrierten sich die SM auf bildungspolitische Aspekte der Parteiarbeit (vgl. Bernstein: *Kulturverelendungstheorie*, 16. Jg., 1910; *Der Klassenkampf und der Fortschritt der Kultur*, 17. Jg., 1911). Aber Kunst und Wissenschaft sollten außerhalb der Parteipolitik bleiben. Dennoch machte Bab 1915 auf wirtschaftliche Schwierigkeiten der Dichter im Kriege aufmerksam, denen sie ohne Schutzorganisation ausgeliefert seien. 1929 polemisierte A. Behne gegen den Kunstsoziologismus U. Sinclairs. Kunst müsse nicht nach ihren Inhalten, sondern nach ihren inneren Gesetzen bewertet werden. Viele russische Revolutionsbilder seien als politische Manifestationen links, künstlerisch aber kleinbürgerlich und reaktionär. Es gehe nicht um den Künstler, der sich in der Tagespolitik verläuft, nicht um den staats-, sondern den menschheitspolitischen Gehalt von Kunst. Für W. Zepler war Kunst die Übersetzung des vernünftigen Bewußtseins in Gefühl, mithin Gefühlsausdruck des Sozialismus (vgl. 25. Jg., 1919). Von solchen Prämissen her erhoben die SM einen sozialdemokratischen Anspruch auf die gesamte moderne Weltkultur: in Sonderheit J.-P. Shelley, G. Büchner, C. D. Grabbe, J. Vrchlicky , F. Hebbel, E. Zola, R. M. Rilke, P. Altenberg, E. Lasker-Schüler, russische Literatur und russische bildende Kunst. J. Schlaf verteidigte insbesondere die religiöse Komponente des Naturalismus. E. Steiger, der in der Sozialdemokratie, die in künstlerischen Dingen immer etwas ›gartenlaubenmäßig‹ gewesen sei, neuer Literatur die Bahn zu brechen gesucht habe, erfuhr eine nachträgliche Würdigung seiner Rolle in der Naturalismus-Debatte. Am Expressionismus wurde die Verbindung der aus Frankreich kommenden sozialistischen Idee eines gefühlsmäßigen Antikapitalismus mit Geist und Formen altrussischer Kunst hervorgehoben. Dominant blieb der Anspruch auf die bürgerlich-humanistische Repräsentationskunst (R. Strauss *Die Frau ohne Schatten*, Wien 1919) bei deutlicher Reserviertheit gegenüber avantgardistischer linksbürgerlicher Kulturkritik (Vorwurf des bürgerlichen Snobismus gegenüber E. Blochs *Geist der Utopie*, München 1918). Aus dieser antiavantgardistischen Einstellung folgte das Plädoyer für die Eigengesetzlichkeit der neuen Kunstform Film gegen literarische Ansprüche der Schriftsteller an das neue Medium. Das ästhetische Ideal der Zeitschrift wurde stärker vom französischen und deutschen Impressionismus (Aufs.e von W. Hausenstein), der in der russischen Malerei und Literatur gesehenen Verbindung von Sozialkritik und religiöser Tradition bestimmt, als von den avantgardistischen Strömungen des 20. Jh.s. Abdrucke literarischer Texte blieben Ausnahmen. Bevorzugte ausländische Autoren waren W. Whitman und P. Verhaeren (14. Jg., 1908, S. 944). Aus der deutschen Literatur u.a. H. Dohm, E. von Egidy, G. Wied, E.

Siewert, S. Siwertz, H. Essig, W. Bauer, R. Italiaander, G. Müller-Wolf.

Eike Middell

Sozialistischer Kulturbund (SK)

Am 9. Feb. 1926 in Berlin begründet als Dachorganisation sozialdemokratischer Kultur- und Bildungsorganisationen. Gemäß der Satzung bezweckte der SK »die Erweckung und Stärkung aller kulturschöpferischen Kräfte der Arbeiterschaft auf den Gebieten der Wissenschaft, Kunst, Erziehung, Volksbildung, Jugendwohlfahrt und Körperpflege und damit die Verbreitung und Vertiefung des sozialistischen Kulturbewußtseins« (in: »Arbeiter-Bildung« 1926, H. 3, S. 47). Als Vorsitzende waren Heinrich ↗ Schulz, ab Dez. 1932 A. Grimme (1889–1963), als stellvertretender Vorsitzender M. Westphal (1893–1942) tätig, die Geschäftsführung lag bei A. Stein und R. Weimann. Die SPD besaß nach dem I. Weltkrieg mit dem als Reichsausschuß für sozialistische Bildungsarbeit wiedererweckten früheren Zentralbildungsausschuß eine zentralisierende Kulturorganisation. Doch war während der 2. Arbeiterkulturwoche 1924 in Leipzig Kritik an der Kulturarbeit der SPD geübt und deren einheitlichere Gestaltung gefordert worden. Diese Aufgabe sollte der SK übernehmen und dabei den Kurs des Parteivorstandes der SPD in den zusammengeschlossenen Kulturorganisationen durchsetzen. Seine Gründungsorganisationen waren der Reichsausschuß für sozialistische Bildungsarbeit, die SAJ, der Hauptausschuß für Arbeiterwohlfahrt, die Arbeitsgemeinschaft sozialdemokratischer Lehrer und Lehrerinnen und die Kinderbewegung. Leitungsorgan war der Kulturausschuß, in den der Reichsausschuß für sozialistische Bildungsarbeit 5, die anderen Gründungsorganisationen je 3 Vertreter entsandten. Er wählte aus seiner Mitte den Vorstand, dessen Vorsitzender und Geschäftsführer vom Reichsausschuß für sozialistische Bildungsarbeit gestellt wurden. Der SK war – trotz Deklarierung als überparteilich – dem sozialdemokratischen Parteitag rechenschaftspflichtig. Im Rahmen der Politik der SPD sollte er erstens die Tätigkeit der Organisationen aufeinander abstimmen und anleiten, um ihre Wirksamkeit und Massenbasis zu verstärken, zweitens als formell überparteilicher Verband Arbeiter, Angestellte und Intellektuelle ansprechen, die in Opposition zum bestehenden gesellschaftlichen System standen, jedoch nicht in der SPD organisiert waren. Drittens sollte der SK in jenen Kulturorganisationen, in denen Sozialdemokraten und Kommunisten gemeinsam wirkten, die noch vorhandenen traditionellen und durch die KPD-Mitglieder vertärkten marxistischen Positionen zurückdrängen. Der SK propagierte seine Ziele und Aktivitäten vor allem in der »Arbeiter-Bildung« (1926/29

Titelblatt zur 1. Mai-Festschrift 1926

Monatsschrift des Reichsausschusses für sozialistische Bildungsarbeit, Redaktion: K. Korn, R. Weimann) und der »Sozialistischen Bildung« (1929/33 Zentralorgan für alle Fragen der Kultur- und Bildungsarbeit der modernen Arbeiterbewegung. Hg. vom Reichsausschuß für sozialistische Bildungsarbeit, Redaktion: A. Stein, Weimann). Die praktische Arbeit wurde von den Bezirkskulturkartellen und örtlichen Arbeiterkulturkartellen getragen, deren Wirken sich von denen der Bildungsausschüsse des Reichsausschusses kaum unterschied. Es erwies sich als schwierig, die ältere Organisationsform, d. h. die Bildungsausschüsse, abzulösen und die neuen, die Kartelle, überall zu etablieren: 1930 standen 1100 Arbeiterbildungsausschüsse 300 Kulturkartellen gegenüber. In den Kartellen waren weitere Kulturorganisationen vertreten, die in der Dachorganisation jedoch nur beratende Stimme besaßen: Deutscher Arbeitersängerbund (DAS); Arbeiter-Radio-Klub (ARK), ab 1927 Arbeiter-Radio-Bund (ARB); Volksbühne; Verband für Freidenker und Feuerbestattung; Touristenverein Die Naturfreunde; Arbeitersportorganisationen u. a. Der SK gab den Kartellen in zentralen Mustersatzungen Aufgaben und Richtlinien vor, jedoch gab es in bezug auf Namen, Aufbau und

Einfluß der Kartelle in den einzelnen Landesteilen und Städten starke Unterschiede. Die Mitglieder der örtlichen Kulturkartelle, an deren Spitze oft linke Sozialdemokraten standen, bemühten sich um eine marxistischen Traditionen verpflichtete Kulturarbeit. Sozialdemokraten und Kommunisten führten gemeinsam Veranstaltungen und politische Diskussionen durch und waren in der Pflege proletarischer Kultur verbunden. Der SK trat vor allem während der Kulturtage, Reichsbildungskonferenzen und Parteitage der SPD in Erscheinung, wo seine führenden Mitglieder bestrebt waren, ihre oft neukantianistisch geprägten reformistischen Kulturvorstellungen gegen die Position der Linken durchzusetzen, die auf diese Veranstaltungen keinen Einfluß zu gewinnen vermochten. Als Auftrag der proletarischen Bildung wurden die »Aufhebung des kapitalistischen Minderwertigkeitsgefühls im Proletarier« (Reichsbildungskonferenz in Kiel, 28. Mai 1927. Protokoll) angesehen und die »Erziehung jener neuen Menschen...«, deren die Arbeiterklasse zu ihrer Befreiung bedarf« (in: »Arbeiter-Bildung« 1928, H. 8, S. 115). Seit der Gründung des SK waren die etwa alle drei Jahre stattfindenden Sozialistischen Kulturtage gleichzeitig Reichstagungen des SK. Die Reichstagung des SK am 2./3. Okt. 1926 in Blankenburg sollte grundsätzliche Fragen in Theorie und Praxis der Kulturarbeit klären, doch gelangten die Delegierten von 26 Organisationen weder zu einem Aktionsprogramm noch zu einer Verständigung auf theoretischer Ebene. Stein konstatierte in der »Arbeiter-Bildung« (1926, H. 11), auf der Tagung sei nichts unternommen worden, um die dem SK angehörenden oder ihm nahestehenden Organisationen zu einheitlicher Wirksamkeit zusammenzufassen und das Durcheinander in der Arbeiterkulturbewegung zu beenden.

Die Hauptarbeit der Dachorganisation konzentrierte sich in den Jahren 1926 und 1927 auf Kundgebungen, Aufrufe und Reichstagseingaben gegen den Külzschen Gesetzentwurf zum Schutze der Jugend gegen Schund und Schmutz, das Gesetz zum Schutz der Jugend bei Lustbarkeiten sowie gegen den Keudellschen Schulgesetzentwurf. Eine besondere Kommission zur Bekämpfung des Schundgesetzes unter Vorsitz von C. Baake wurde gegründet; mehrere Kundgebungen unter Beteiligung namhafter Künstler, unter ihnen Th. und H. Mann, M. Liebermann, A. Döblin und M. Slevogt folgten. Doch betonte 1927 H. Schulz, der SK beziehe sich nur auf die kulturelle Seite des Kampfes, nicht aber auf die politische. Er habe keine unmittelbar praktischen Aufgaben, sondern sei nur »Warner« und »Überschauer«. Unter Berufung auf ihren beratenden Charakter entzog sich die Dachorganisation jahrelang der Forderung nach einem konkreten Arbeitsprogramm.

Die 2. Reichstagung vom 28./29. 9. 1929 stand unter dem Motto »Film und Funk«. Sie wurde von einer Ausstellung des sozialdemokratischen Film- und Lichtspieldienstes, einer

Funkschau des ARB und der Reichsrundfunkgesellschaft sowie einem Festkonzert mit Werken der drei Gewinner des Musikpreisausschreibens des SK 1928 begleitet. Vorausgegangen war Ende Mai der Magdeburger Parteitag der SPD, auf dem die Konzeptualisierung des »demokratischen Sozialismus« einen gewissen Abschluß gefunden hatte. Der Kulturtag vertrat dieses Konzept, indem er politische Neutralität der Medien in einer neutralen Weimarer Republik forderte und dabei auch scharf gegen die Kulturpolitik der KPD Front machte. In der RF (6. 4. 1929) wurde daher konstatiert, der Kulturtag des SK sei an den brennenden Fragen der Arbeiterkulturbewegung vorbeigesteuert.

Das Interesse des SK konzentrierte sich im wesentliche auf Musik, Rundfunk und Film. Am 1. Aug. 1927 fand in Frankfurt a.M. eine Konferenz zur Förderung der Musikkultur statt, auf der beschlossen wurde, beim SK eine besondere Musikkommission zu gründen, die enge Verbindung mit den Arbeiterorganisationen und der Presse herstellen, die Musikproduktion anregen und die einzelnen Singekreise unterstützen sollte. Diese 1928 ins Leben gerufene Musikkommission unter Vorsitz von L. Kestenberg veranstaltete u.a. Preisausschreiben für proletarische Musikstücke, für die sie P. Hindemith, A. Einstein und K. Pringsheim als Jurymitglieder gewann, und gab 1930 einen *Leitfaden musikalischer Veranstaltungen der Arbeiterschaft* heraus. Ab 1931 war die Kommission auch für die Ausgestaltung aller Festveranstaltungen zuständig und setzte eine Beratungsstelle dafür ein. Die Zusammenarbeit von ARB und SK zielte vor allem darauf, Einfluß auf die staatlichen Sender zu erlangen. Durch Mitarbeit in den Überwachungsausschüssen, Kulturbeiräten und Programmkommissionen erhofften sich die Sozialdemokraten wesentliche Mitbestimmung bei der Programmgestaltung. Der SK hatte 1926/27 den ARK wiederholt angeregt, in diesen Institutionen mitzuarbeiten. So saßen z.B. im Berliner-Rundfunk-Ausschuß u.a. Vertreter von ADGB, SPD und SK. Der 1925 konstituierte »Film- und Lichtspieldienst« lieh nicht nur fortschrittliche Filme aus, sondern stellte auch selbst Streifen her. 1927 gründete die SPD in Berlin eine »Arbeiter-Film-Genossenschaft«, die diese Filme in eigenen Lichtspielhäusern zeigen sollte, und richtete Wanderfilmtheater ein. Seit 1929 war beim SK eine zentrale Kommission zur Bearbeitung von Filmfragen tätig, die »Wege zu einer stärkeren Einflußnahme auf die Filmproduktion ... erschließen« (in: »Sozialistische Bildung« 1929, H. 11, S. 344f.) und Beisitzer in die staatlichen Filmprüfstellen entsenden sollte. Der Kampf gegen Filme der politischen Rechten wurde jedoch mit Attacken auf die kulturpolitischen Bestrebungen der KPD verbunden, mit der Warnung vor ihren kommunistischen Organisationen und Veranstaltungen, denen enge organisatorische, ideologische und materielle Abhängigkeit von der Komintern vorgeworfen wurde.

Der SK blieb auch Anfang der 30er Jahre bei der Priorität von Einflußnahme durch Mitarbeit und ging über »ununterbrochene Schulungen« in der Eisernen Front, Informationsabende, Resolutionen und Eingaben nicht hinaus. Im Mai 1932, ein halbes Jahr nach Veröffentlichung der »Proklamation zur kulturellen Befreiung des werktätigen Volkes« durch die KPD, stellte die SPD ihren »Entwurf eines kulturpolitischen Aktionsprogrammes« zur Diskussion (in: »Sozialistische Bildung« 1932, H. 5). Als geschichtliche Aufgabe der Arbeiterklasse wurde postuliert, »die scheinbare Freiheit des dem ungezügelten Existenzkampf preisgegebenen Menschen durch die kollektive Freiheit der solidarisch verbundenen Gesellschaft zu ersetzen« und » ... das wirtschaftliche, politische und kulturelle Leben den Geboten der Menschlichkeit und der Solidarität entsprechend zu formen« (in: »Sozialistische Bildung« 1932, H. 5, S. 92). Neben Forderungen auf Bildungs- und kulturpolitischem Gebiet stand die Überzeugung der Verfasser, daß »die Arbeiterbewegung ... an der Verwaltung und der Staatsführung im Interesse des Gesamtvolkes teil-(nehme)« (ebd., S. 98). Das Aktionsprogramm ließ erkennen, daß sich die führenden Sozialdemokraten nicht von ihrem sozialreformistischen Ideengefüge zu trennen vermochten. 1932, unter dem Eindruck des verschärften Kampfes der demokratischen Kräfte gegen den Faschismus, intensivierte der SK seine Bemühungen zur Abwendung der Gefahr und führte zahlreiche Protestkundgebungen durch. Doch war seine letzte Konferenz am 17. Dez. 1932 schon von deutlicher Resignation geprägt. SK-Vorsitzender Grimme klagte, in den eigenen Reihen seien Müdigkeit und Skepsis zu beobachten. Angesichts der Schärfe des politischen Kampfes erschienen die Forderungen K. Löwensteins, »gegen autoritäre Einstellungen die gesellschaftlich notwendige soziale Demokratie ..., gegen ... metaphysische Verschleierung ... die gefühlsbetonte lebendige Wirklichkeit ..., gegen Drill die freie Körperbewegung« zu setzen (in: »Sozialistische Bildung«, 1932, H. 1, S. 7), historisch unkonkret und hilflos.

Am 9. Jan. 1933 veranstaltete der SK in Berlin seine letzte Kundgebung, auf der er noch einmal alle Künstler und Arbeiter aufrief, sich einheitlich zum Protest gegen die faschistische Willkür zu versammeln. Die für den 15. Feb. 1933 geplante Kundgebung mit Th. Mann konnte nicht mehr stattfinden. Die »Sozialistische Bildung« brachte daraufhin in ihrem letzten Heft (1933, H. 2) Manns *Bekenntnis zum Sozialismus* als Leitartikel. Am 23. Juni 1933 wurde der SK zusammen mit sämtlichen Hilfs- und Nebenorganisationen der SPD verboten.

Lit. : Ch. Schönfeld: Der Sozialistische Kulturbund. Untersuchungen zur Entwicklung und Funktion einer kulturpolitischen Dachorganisation der SPD (1926-1933), Diss., Potsdam 1981; Will/Burns 1982.

Christine Schönfeld

Sperber, Manès (Ps. Paul Haland, C. A. Chareau, Jan Heger, J. P. Haller, N. A. Menlos)

Geb. 12. 12. 1905 in Zablotow; gest. 5. 2. 1984 in Paris

Aus ostgalizischer Familie, die durch Kriegsfolgen verarmt in Wien ansässig wurde. Gymnasiast, Mitglied einer linksradikalen zionistischen Jugendorganisation. 1921 Bekanntschaft mit dem Individualpsychologen A. Adler, der ihn zeitweise als »besten Interpreten seiner Anschauungen« (*Die vergebliche Warnung*, Wien 1975, S. 171) betrachtete. 1927 Eintritt in die KPD und Übersiedlung nach Berlin. 1930 Vorsitzender der Berliner Gesellschaft für Sozialpsychologie. 1931 Teilnahme am internationalen Psychologenkongreß in Moskau; mehrmonatige Reise durch die Sowjetunion. 1932 Krise und Bruch seiner Beziehungen zu Adler. März 1933 verhaftet; Emigration nach Wien. Vortragsreisen nach Zagreb, illegale Tätigkeit für die KP Jugoslawiens. Juni 1934 ideologischer Leiter des Instituts zum Studium des Faschismus (INFA) in Paris. Freundschaft mit A. Koestler und A. Malraux. Leitende Tätigkeit im SDS und publizistische Arbeit für »Unsere Zeit«, » Rundschau«, »Deutsche Freiheit«, »Das Wort«, »Weltjugendkurier«. 1935 Mitglied im Weltjugendkomitee, Vorbereitung eines Weltkongresses für den Frieden. Nach den Moskauer Prozessen Bruch mit der Komintern. 1937 nach Zagreb und Wien; nach Rückkehr im Dez. 1937 in Paris Arbeit für den Verlag Gallimard. Okt. 1938 Mitarbeiter in W. Münzenbergs Zs. »Die Zukunft«. Mit dem Artikel *Das Bündnis* (in: »Die Zukunft«, 1939, Nr. 43, 46) machte S. den Bruch mit dem Kommunismus öffentlich. Dez. 1939 bis Sep. 1940 Freiwilliger in der Fremdenlegion; nach Demobilisierung Arbeit am Roman *Der verbrannte Dornbusch* (fertiggestellt im Sommer 1948) in Cagnes-sur-Mer. 1942 Flucht in die Schweiz. 1945 Rückkehr nach Paris. 1946 unter dem Ps. A. J. Haller Herausgeber der Zs. »Die Umschau« in Mainz und literarischer Direktor für ausländische Literatur im Verlag Calman-Lévy, Paris. 1950 Engagement für den Kongreß für kulturelle Freiheit.

Als Neunzehnjähriger entschloß sich S., auf die Veröffentlichung erzählerischer Prosa zu verzichten und sich der therapeutischen Praxis und der Propagierung der individualpsychologischen Lehre zu widmen. In *Alfred Adler. Der Mensch und seine Lehre* (München 1926) gab er eine erste zusammenfassende Würdigung des Begründers der Individualpsychologie und seiner Lehre als einer »Psychologie des vergesellschafteten Menschen« (S. 5). Sein eigenes Konzept einer marxistisch fundierten kritischen Sozialpsychologie entwickelte S. auf der Grundlage seiner Berliner Vorlesungen und Seminare – u. a. am Sozialpolitischen Seminar der Preußischen Hochschule für Politik und in der MASCH – in einem Buch über *Menschenkenntnis als soziale Charakterologie* (vgl. *Bis man mir*

Scherben auf die Augen legt, Wien 1977, S. 43). Das Buch erschien u. d. T. *Individuum und Gemeinschaft. Versuch einer sozialen Charakterologie* (Stuttgart 1978). S. wollte das Verhalten der Unterdrückten nicht aus einem »Massencharakter« erklären, sondern »die sogenannten Massen individualpsychologisch aufgliedern und sie sowohl in den gegebenen sozialökonomischen Zusammenhängen wie auch in der individuellen politischen Motivation« (*Individuum und Gemeinschaft*, Frankfurt a. M./Berlin/Wien 1981, S. 8) erfassen. Im Herbst 1937 enstand in Wien der sozialpsychologische Essay *Zur Analyse der Tyrannis* (Paris 1939), der die psychologischen Grundlagen totaler Herrschaft modellhaft darzustellen versuchte, ohne Hitlerdeutschland oder das stalinistische Regime in der Sowjetunion namentlich zu bezeichnen (vgl. *Die Tyrannis und andere Essays aus der Zeit der Verachtung*, Hg. J. Sperber, Franfurt a. M. 1987, S. 18). Der Nichtangriffspakt zwischen der UdSSR und dem Deutschen Reich wurde für S. zum Anstoß, die »falsche Alternative« zu durchbrechen, die Vorstellung, jede Kritik an Stalin und den stalinistischen Herrschaftsmethoden leiste »Hitler Schützenhilfe« (ebd., S. 11/12). Im Winter 1940 begann er die Arbeit an seinem literarischen Hauptwerk, der Romantrilogie *Wie eine Träne im Ozean* (franz. 1950/1953). Weder Autobiographie noch Schlüsselerzählung, ist die Geschichte um den kommunistischen Intellektuellen Dojno Faber und seine politische Desillusionierung von S.s eigenen Erlebnissen und Erfahrungen in der deutschen und jugoslawischen KP geprägt. Die Erzählweise ist episodisch, stark mit dialogischen und essayistisch-reflektierenden Elementen durchsetzt. Dargestellt werden individuelle Biographien von Aktivisten des antifaschistischen Widerstandes, die als disziplinierte Revolutionäre handeln, aber angesichts der verfehlten Politik der Komintern und des stalinistischen Terrors in Konflikt mit der Komintern geraten. Tragischer Höhepunkt ist die Ermordung führender Funktionäre in sowjetischen Gefängnissen. Weil die Bewegung, der er sein Leben gewidmet hatte, zur »Agentur eines totalitären Staates« (*Wie eine Träne im Ozean*, München 1980, S. 641) geworden sei, wagt Faber »den Sprung ins Nichts« (ebd., S. 437), in die Einsamkeit und Illusionslosigkeit. Im Auftrag Münzenbergs hatte S. das Programm einer neuen sozialistischen Bewegung entworfen. Nach dem Krieg konnte er an solche demokratischen Sozialismusvorstellungen anknüpfen und setzte sich für »die Einheit Europas«, die »Vereinigten Staaten Europas« (*Die Achillesferse. Essays*, Köln/Berlin 1960) ein.

W. W.: Zur Analyse der Tyrannis. Das Unglück, begabt zu sein. Zwei sozialpsychologische Essays, Paris 1939; Der verbrannte Dornbusch, Mainz 1950; Tiefer als der Abgrund, in: Wie eine Träne im Ozean. Romantrilogie, Köln/Berlin 1961; Die verlorene Bucht, Köln/Berlin 1955; Alfred Adler oder das Elend der Psychologie, Wien/Zürich/

München 1970; Die Wasserträger Gottes. All das Vergangene. Erster Teil, Wien 1974; Die vergebliche Warnung. All das Vergangene. Zweiter Teil, Wien 1975; Bis man mir Scherben auf die Augen legt. All das Vergangene. Dritter Teil, Wien 1977. – *Lit.*: W. Müller: Manès Sperber: Wie eine Träne im Ozean. Ein Beitrag zur Theorie des modernen Romans, Diss., Graz 1980; Schreiben in dieser Zeit. Für Manès Sperber, Hg. W. Kraus, Wien 1976; W. Licharz/L. Kauffeldt/H.-R. Schießer (Hg.): Die Herausforderung Manès Sperber, Frankfurt a.M. 1988.

Dieter Schiller

Sperber-Debatte (Tendenzkunst-Debatte) (Sp-D)

Nach der ↗ Naturalismus- und ↗ Schillerdebatte die letzte konzentrierte Diskussion unter Sozialdemokraten um das Verhältnis von Arbeiterklasse, Weltanschauung und Kunst vor dem I. Weltkrieg. Im Unterschied zu den vorangegangenen Debatten, die um das Verhältnis der Arbeiterbewegung zur modernen bürgerlichen Kunst bzw. zur Klassik kreisten, bildeten nun Probleme einer mit der Arbeiterbewegung verbundenen Kunst in der kapitalistischen Gegenwart den Ausgangspunkt der Auseinandersetzung. Ausgetragen wurde die Debatte in den Jahren 1910/12, zunächst im Feuilleton des Zentralorgans »Vorwärts«, später auch in der Vereins-Zeitschrift »Freie Volksbühne«, in der NZ und der »Gleichheit«. An der Diskussion beteiligten sich u.a. Kritiker und Theoretiker wie H. Ströbel, R. Franz, C. Zetkin, F. Mehring, E. Bernstein und K. Eisner, sozialdemokratische Schriftsteller wie Lu Märten und R. Grötzsch sowie führende Kulturpolitiker wie der konzeptionell führende Kopf der »Freien Volksbühne«, F. Stampfer. Provoziert wurde die Sp-D durch eine Reihe von Feuilletonbeiträgen des holländischen naturalistischen Dramatikers, Journalisten und Sozialdemokraten H. Sperber (d.i. Herman Heijermans), der 1908/12 als freier Publizist in Berlin lebte. Seit seinem Stück *In der Hoffnung auf Segen* (Berlin 1900) galt Sperber neben M. Gorki und M. Andersen Nexö unter sozialdemokratischen Kritikern als hervorragendes Beispiel für die Möglichkeit einer sozialistischen Kunst in der kapitalistischen Gegenwart. Mit seinen die Debatte einleitenden Aufsätzen, *Kunst und Industrie* (in: »Vorwärts«, 7. und 14. Aug. 1910), führte er wesentlich neue Aspekte in die sozialdemokratische Diskussion ein. Er charakterisierte und kritisierte zentrale Phänomene der damaligen Kunstindustrie: zunehmende Konzentration ökonomischer und kulturpolitischer Macht auf wenige große Verlagsunternehmen (Scherl, Ullstein), die den Literaturmarkt beherrschten, forcierte Industrialisierung und Kommerzialisierung des gesamten Kunstbetriebes, Geschmacksmanipulation (Amerikanismus, Ausstattung) in den großstädtischen Theatern. Unter diesen Bedingungen könnten, wie Sperber meinte, nur noch

»Kunst-Surrogate«, keinesfalls aber eine »wirkliche« Kunst als Ausdruck der Weltanschauung, der Gesinnung des Künstlers, entstehen. Durch Zustände, die die Künstler zwingen, ihre Weltanschauung zugunsten des Geschäftsinteresses aufzugeben, sah er die Entwicklung der Künste existentiell gefährdet. An diesem Punkt der Argumentation setzte Sperber mit seinen scharfen Vorwürfen gegen die sozialdemokratischen Kritiker und Kulturpolitiker an. Er forderte sie auf, die geschilderten Zustände unbarmherzig zu kritisieren, und warf ihnen vor, sich zu wenig für die Entwicklung einer alternativen sozialistischen Tendenzkunst (einer Kunst, in der sich die Weltanschauung der Arbeiterbewegung ausdrücke) einzusetzen. Es ist bezeichnend für den damaligen Stand sozialdemokratischer Kulturkritik, daß Sperbers Kontrahenten in der anschließenden Diskussion auf die Ausgangspunkte seiner Argumentation nicht eingingen. Stattdessen konzentrierte sich die Auseinandersetzung auf seine Forderung nach einer sozialistischen Tendenzkunst. Er stieß mit dieser Forderung, wie die Sp-D erneut zeigte, auf die allgemeine Skepsis auch linker Sozialdemokraten gegenüber einer proletarischen oder sozialistischen Kunstentwicklung unter kapitalistischen Gesellschaftsbedingungen. Sperbers Beiträge enthielten eine Reihe auffälliger Ansatzpunkte für die Kritik seiner Position, auf die sich seine Diskussionsgegner konzentrierten. So verwarf er alle bisherige wie die gegenwärtige bürgerliche Kunst als Klassenkunst, deren Tendenz den Bedürfnissen der Arbeiterklasse nicht gerecht werden könne. Den proletarischen »Klasseninstinkt« erklärte er zur einzig zuverlässigen Instanz für die Beurteilung von Kunst. Die sozialdemokratischen Kritiker (vor allem Franz) hielten entgegen, Sperber favorisiere die weltanschauliche und politische Tendenz in der Kunstbetrachtung zu einseitig. Sozialistische Tendenzdichtungen seien nicht einer solchen Tendenz wegen, sondern aus Gründen mangelnder ästhetischer Bewältigung unbeachtet bzw. ungewürdigt geblieben. Ströbel nannte Sperbers pauschale Ablehnung aller bisherigen, namentlich der bürgerlichen Kunst vom Standpunkt der Arbeiterklasse aus eine »Ästhetik der schwieligen Faust« (NZ, 1910/11, Bd. 1). Er warf dabei auch die Frage der Bündnismöglichkeit und -bereitschaft der Arbeiterbewegung mit antiimperialistischen kulturellen Kräften auf und verwies auf Differenzierungen in den weltanschaulichen Positionen moderner bürgerlicher Literaten. Den von Sperber nur unscharf bezeichneten Begriff des Klasseninstinktes ordnete Ströbel dem Marxschen Begriff von der Lage der Klasse zu. Nicht der spontan aus ihrer Lage entstehende Instinkt, sondern nur das in zähem Ringen der Arbeiterorganisationen durchgesetzte Klassenbewußtsein könne die Arbeiter zu kritischem Urteilsvermögen befähigen.

Einen Höhepunkt erreichte die Sp-D 1911 in einer kontroversen Auseinandersetzung zwischen Sperber und Stampfer.

Sperbers Angriffe richteten sich nun gezielt gegen die Politik und Programmatik der mit der SPD verbundenen Kulturorganisationen. Die »Freie Volksbühne« bezeichnete er als Konsumverein für die Vermittlung bürgerlicher Kunst. Er forderte dazu auf, das Vereinsprogramm zu ändern, verlangte Experimente, um sozialistische Tendenzstücke auf die Bühne zu bringen und ein proletarisches Theater zu fördern. Stampfer wies die Provokation scharf zurück, indem er von unterschiedlichen Standpunkten in den Bereichen Kunst und Politik ausging. In Sachen der Kunst (-kritik und -politik) könne nur der Standpunkt der Ästhetik, niemals der des Klassenkampfes gelten. Den Zusammenhang von Kunst und Klasse negierte Stampfer generell, für ihn gab es nur eine über den Klassenwidersprüchen stehende, ewige und wirkliche Kunst. Sozialdemokratische Kulturpolitik verfolge dementsprechend das Ziel, dem »modernen Arbeiter der Großstadt«, der bereits gelegentlich »vom Becher des Kunstgenusses nippen« konnte, die »Stätten kultivierten Lebensgenusses« zu eröffnen (in: »Freie Volksbühne«, 1911, Nr. 9). Die Auseinandersetzung blieb ohne Konsequenzen für die Tätigkeit der »Freien Volksbühne«. Nach dieser entschiedenen Zurückweisung meldete sich Sperber nur noch zweimal zu Wort, bevor er (resigniert) nach Amsterdam zurückkehrte und die Leitung einer freien Schauspielgruppe übernahm. In den letzten Stellungnahmen schränkte er seine Thesen ein. Sozialistische Kunst, meinte er nun, könne doch nicht in der kapitalistischen Gesellschaft wurzeln. Sozialdemokratische Journalisten und Kritiker seien, da sie mit der sozialdemokratischen Presse über ein eigenes Terrain und Publikum verfügten, dazu berufen, die »Vorpostengefechte« für eine neue Kunst zu führen. Er relativierte seine Position angesichts der ökonomischen und politischen Übermacht herrschender Kulturinstitutionen und betonte die Notwendigkeit, ökonomische und politische Ziele in den Mittelpunkt des proletarischen Emanzipationskampfes zu stellen. Im Frühjahr 1912 lebte die Diskussion erneut auf. Den Anlaß gab Mehring ungewollt mit einer eher beiläufig an den Schluß seiner Schrift *Marx und Freiligrath in ihrem Briefwechsel* (im Ergänzungsheft zur NZ, 1912, Nr. 12) gestellten Anmerkung. Die ebenso knappe wie verärgerte Bemerkung bezeichnete, ohne Sperber zu nennen, die im »Vorwärts« propagierte »Ästhetik der schwieligen Faust« als »Unfug« und »vorübergehende Verirrung«, die man jedoch als Zeichen dafür, wie viel auf diesem Gebiet noch zu tun sei, ernst nehmen müsse. K. H. Döscher, Feuilletonredakteur des »Vorwärts«, der Sperbers Beiträge ermöglicht und unterstützt hatte, wies die »Anrempelung« scharf zurück und forderte Mehring auf, das Feuilleton der NZ endlich für die Diskussion der Problematik zu öffnen. Nach kurzer und heftiger Auseinandersetzung rief Mehring schließlich zu einer »Enquete über die Beziehungen der Arbeiterklasse zur Kunst« auf. Im 54. Feuilleton der NZ vom Aug.

1912 erschienen daraufhin Beiträge zum Thema von Ströbel, Märten, von dem Architekten W. Zimmer und dem Schriftsteller Grötzsch, mit denen die unmittelbare Debatte ihren Abschluß fand. In diesen vier grundsätzlichen Stellungnahmen wurde Sperbers »ästhetische Werttheorie« kaum noch diskutiert. Gegen seine Vorstöße setzten sich die Beiträge übereinstimmend für geduldiges Ringen um ästhetischen Genuß- und künstlerische Urteilsfähigkeit als Hauptaufgabe sozialdemokratischer Kulturpolitik ein. Den interessantesten Beitrag lieferte Lu Märten, in dem sie die gesamte Fragestellung der Debatte problematisierte. Ihre Argumentation ging von den großen sozialökonomischen und politischen Veränderungen der Epoche aus. Sie fragte, ob die gewaltigen Umwälzungen, die sich mit dem wissenschaftlich-technischen Zeitalter, den veränderten Arbeits- und Lebensbedingungen und einer mächtigen Arbeiterbewegung ankündigten, nicht ganz andere Konsequenzen im ästhetischen und kulturkonzeptionellen Denken erfordere, als es die Diskussion erahnen ließe. Sie gab zu bedenken, ob die in der bürgerlichen Epoche ausgebildeten ästhetischen Normen, Formen, Stile und Techniken den zu erwartenden materiell-technischen und sozialen Veränderungen entsprechen könnten. Letztlich verwarf Märten die Fragestellungen der Debatte – Tendenzkunst oder allgemeine Kunst, Politik und/oder Ästhetik – als zu eng angesichts der Dimension anstehender kultureller Aufgaben. Indem sie die Frage der Formen, Gattungen und Stile in den Mittelpunkt rückte, verwies sie zugleich auf eine andere Grenze der gesamten Diskussion: die Beschränkung der Problematik auf künstlerische Inhalte und deren Interpretationen. Es kennzeichnet die Ausstrahlungskraft der Sp-D und ihrer Problematik, daß führende Sozialdemokraten bis zum Weltkrieg eine Reihe resümierender Stellungnahmen außerhalb der unmittelbaren Debatte veröffentlichten. Hierzu gehören die Aufsätze von Zetkin *Kunst und Proletariat* (Stuttgart 1911), Bernstein *Klassenromantik* (in: »Der Strom«, Wien 1912), Eisner *Karl Marx' Kunstauffassung* (Berlin 1913) und Franz *Theater und Volk* (München 1914). Angeregt durch die Debatte, markieren diese Schriften die Pole unterschiedlicher kulturpolitischer und -theoretischer Orientierung in der Sozialdemokratie vor dem I. Weltkrieg. Lieferte Zetkin die differenzierteste Stellungnahme der marxistischen Linken, so Bernstein die der revisionistischen Rechten. Hielt Zetkin ein eigenes politisches weltanschauliches Kulturkonzept und eine proletarische Gegenwartskunst für erforderlich, so sprach Bernstein der Arbeiterklasse (ausgehend von der These vom friedlichen Hineinwachsen in eine sozialistische Gesellschaft) jede eigenständige künstlerische oder kulturelle Mission ab. Zetkin verteidigte den Anspruch des Proletariats auf eine Kunst sozialistischer Tendenz, die sie im Fühlen und Wollen starker proletarischer Begabungen entstehen sah (z.B. in O. Krille, den sie im

Vorwort zu seinem ersten Gedichtband 1904 gewürdigt und gegen den Vorwurf, Tendenz als »gereimte politische Leitartikel« zu geben, verteidigt hatte). Deutlicher als Mehring betonte sie dabei die Gefahren, die sich aus der übermächtigen Einflußnahme herrschender Kulturinstitutionen auf die Arbeiter ergeben, womit sie erstmals in der Diskussion Sperbers Ansatz aufgriff. Um hier Widerstand zu leisten, müßte proletarische Kunst Tendenz als sozialistische Idee mit »künstlerisch reifen Darstellungsmitteln« geben. Für Bernstein stellten sich kulturelle Aufgaben des Proletariats in der kapitalistischen Gesellschaft ausschließlich auf der Ebene ihrer Organisation und ihres sozialen Emanzipationskampfes. In der zentralen Debattenfrage Kunst und/oder Tendenz trennte er, wie später G. Lukács, zwischen einer Tendenz, die ins Besondere gehende Interessen verfolge und dabei didaktisch verfahre, und einer, die umfassende Strebungen zum Ausdruck bringe, Tendenz sei im großen, ethisch wie künstlerisch gestalterischen Sinne, wobei er nur die letztere gelten ließ. Das Wesentliche der Kunst sei aber nicht deren Tendenz, sondern die Beherrschung des geistigen und materiellen Stoffs. Bernstein verwarf damit die Frage Kunst und/oder Tendenz als zu eng für eine zeitgemäße Diskussion über Kunst und Proletariat.

Einig waren sich Zetkin und Bernstein in der Überzeugung, daß eine große Kunstentwicklung erst jenseits des Kapitalismus in einer zukünftigen Gesellschaft zu erwarten sei. Übereinstimmend plädierten sie für die Erziehung der Arbeiter zu einem allgemeinen, kritischen Kunstverständnis in der kapitalistischen Gegenwart.

Eisners Argumentation hingegen sprengte, ähnlich wie die Märtens, den theoretischen konzeptionellen Rahmen der gesamten Debatte. Eine »ästhetische Artikelpraxis« in der sozialdemokratischen Presse, die im Namen des historischen Materialismus etwa aus der Analyse einer historisch niedergehenden Klasse den Charakter einer »Niedergangskunst« ableitet, erklärte er für platter und gefährlicher als die Sperberschen Angriffe. Marx' bekannte Ausführungen zur »Griechenfrage« in der *Einleitung zur Kritik der politischen Ökonomie* (1857), die bis dahin in den Diskussionen unbeachtet geblieben waren, dienten ihm als Beleg für die Unhaltbarkeit dieses, wesentlich von Mehring eingeführten Verfahrens. Gegen die strikte Ableitung künstlerischer Phänomene aus sozialökonomischen Basisprozessen begründete er seine, an Marx' Formulierungen anknüpfende Auffassung vom »Eigenrecht der ästhetischen Probleme« und der »in sich ruhenden Selbständigkeit der Kunst« (K. Eisner: *Gesammelte Schriften*, Berlin 1919, Bd. 2, S. 272–278).

Insgesamt bewegte sich die Sp-D so zwischen entschiedener Ablehnung einer sozialistischen oder proletarischen Tendenzkunst wie der Tendenz in der Kunstentwicklung generell und

deren Verteidigung, wobei der Aspekt des notwendigen Widerstandes gegen die ideologische und kulturelle Einflußnahme der herrschenden Kulturinstitutionen betont wurde. Dabei erwies sich wiederholt die Unschärfe der zentralen Debattenbegriffe Tendenz und Tendenzkunst. Tendenz hieß zum einen, den sozialen und weltanschaulichen Anspruch einer Klasse in Kunst auszuprägen, zum anderen bedeutete Tendenz das außerkünstlerisch Gewollte, die mangelhafte ästhetische Umsetzung der Ansprüche. Schließlich verweisen die unterschiedlichen Positionen auf einen wichtigen Differenzierungsprozeß im kunsttheoretischen und -politischen Denken der Sozialdemokraten vor dem I. Weltkrieg. So deutete sich in den Stellungnahmen vor allem jüngerer marxistischer Theoretiker (Märten, Eisner, Ströbel) die historisch anstehende Überwindung der aus dem Vormärz stammenden Fragestellung Kunst und/oder Tendenz an. Die von Mehring entwickelte Verknüpfung der klassischen bürgerlichen Ästhetik und Kunst mit den kulturellen Aufgaben der Arbeiterbewegung, die von ihm favorisierte Methode, den historischen Materialismus auf die Kunst und ihre Geschichte anzuwenden, wurde dabei problematisiert. Damit war prinzipiell die Frage aufgeworfen, ob das im 19. Jh. entwickelte theoretische und kulturpolitische Instrumentarium noch ausreiche, um den kulturellen Aufgaben einer proletarischen Massenpartei im 20. Jh. gerecht werden zu können.

Ausg.: Dokumente zur Kulturgeschichte der deutschen Arbeiterbewegung, Hg. P. von Rüden, K. Koszyk, Frankfurt a.M./Wien/Zürich 1979; Textausgaben, Bd. 27. – *Lit.:* S. Nestriepke: Geschichte der Volksbühne Berlin. 1. Teil 1890–1914, Berlin 1930; G. Fülberth: Sozialdemokratische Literaturkritik vor 1914, Diss., Marburg 1969; ders.: Proletarische Partei und bürgerliche Literatur, Neuwied/(W.-)Berlin 1972.

Tanja Bürgel

Stechan, Gottfried Ludwig

Geb. 26. 1. 1816 in Hannover; gest. 17. 8. 1875 in Edinburgh

Sohn eines Tischlermeisters; Tischlerlehre; ab 1833 Wanderschaft (Schweiz und Frankreich). In Paris 1835 Freundschaft mit J. F. Martens; Mitglied des Bundes der Gerechten. Mai 1840 kehrte S. als Emissär des Bundes über London nach Hannover zurück. Sep. 1840 als Bundesmitglied verhaftet, nach eineinhalb Jahren Untersuchungshaft wegen Verbreitung einer illegalen Flugschrift zu vier Wochen Gefängnis verurteilt. 1846/47 Mitarbeit an der von G. Schirges in Hamburg herausgegebenen Zs. »Die Werkstatt«. In seinen Beiträgen propagierte S. vor allem die im Bund der Gerechten diskutierten Auffassungen über Produktionsassoziationen und bekämpfte entschieden die

Zünfte und ihre rückständige Gesetzgebung. Mai/Sep. 1850 in Hannover Redaktion der »Concordia. Organ der Association der Cigarrenarbeiter Deutschlands«. In ihr publizierte S. u. a. V. Tedescos *Katechismus eines Proletariers.* Besondere Verdienste erwarb er sich außerdem als Redakteur der »Deutschen Arbeiterhalle. Wochenschrift für die arbeitenden und besitzlosen Klassen« in Hannover (Jan./Jun. 1851), in der er z.T. Auszüge aus Dokumenten des BdK sowie aus Arbeiten von K. Marx und F. Engels wie *Das Kommunistische Manifest, Lohnarbeit und Kapital* und *Klassenkämpfe in Frankreich 1848 bis 1850* abdruckte. Besonders in den Jahren 1848/51 avancierte S. zu einem der bedeutendsten und angesehensten Führer der norddeutschen Arbeiterbewegung. Seit Aug. 1850 Mitglied des BdK. 1851 Flucht nach England, wo er sich kurzzeitig dem vom BdK abgespaltenen Sonderbund um A. Willich und K. Schapper anschloß. Im Jan. 1852 einer der Leiter des unter marxistischem Einfluß stehenden Neuen Londoner Arbeitervereins.

Lit.: H. von Berg: Entstehung und Tätigkeit der Norddeutschen Arbeitervereinigung als Regionalorganisation der Deutschen Arbeiterverbrüderung nach der Niederschlagung der Revolution von 1848/49, Diss., Berlin 1970; H. Geiling: Zur Verarbeitung der politischen Niederlage von 1848. Die »Deutsche Volkshalle. Wochenschrift für die arbeitenden und besitzlosen Volksklassen«, redigiert von L. Stechan, in: Hannoversche Geschichtsblätter, Hannover 1985, N. F., Bd. 39.

Erhard Kiehnbaum

Steffen, Kurt (Ps. H. Jana?)
Geb. 23. 9. 1904 in Berlin; gest. 1968 in Berlin

Vater Schlosser. Als Werkzeugmacher 1919 in Kommunistische Arbeiterjugend, 1925 in KPD. Ab 1928 Arbeiterkorrespondent, Texte in RF, »Linkskurve«, »Illustrierte Neue Welt« u.a., Mitglied des BPRS, 1929 im Vorstand, 1931 zweiter Sekretär. 1933 illegaler Widerstand; Mitarbeit im Berliner illegalen BPRS, den er seit der Emigration von J. Petersen im Sommer 1935 leitete. Okt. 1935 von der Gestapo verhaftet, die den BPRS durch einen Spitzel observiert hatte. Wegen »Hochverrat« und »Beeinflussung der Massen durch Verbreitung von Schriften« zu fünf Jahren Zuchthaus verurteilt. Nov. 1941 freigelassen; trotz Polizeiaufsicht wieder illegale Arbeit in KPD. Nach 1945 Verlagslektor.
St. schrieb – von J. R. Becher und F. C. Weiskopf gefördert – Reportagen und Kurzgeschichten. Seine Texte überzeugen dort am stärksten, wo er die Arbeitssituation in Großbetrieben – mit Talent für Satire – beschreibt. Er betrachtet den proletarischen Erzähler als »Sprachrohr« der leidenden Massen, der »ihren Hoffnungen und Wünschen« Ausdruck geben soll (*Der proletarische Roman in Front*, in: »Illustrierte Neue Welt«,

1930, H. 10). Wahrscheinlich ist St. Autor der im Ausland unter dem Ps. H. Jana veröffentlichten Kurzgeschichte *Das Begräbnis* (in: »Neue Deutsche Blätter«, 1934, H. 4, auch in: *Stimme aus Deutschland*, Moskau/Leningrad 1934), die von proletarischer Solidarität erzählt und zum Widerstand aufruft. 1932 begann St. mit der Arbeit an einem Roman; erste Entwürfe wurden noch im BPRS diskutiert. Das Manuskript ging 1933 bei einer Haussuchung verloren.

Lit.: S. Bock: Kurt Steffen. Feuerprobe der Arbeiterkorrespondenten, in: Sturz ins Dritte Reich. Historische Miniaturen und Porträts 1933/35, Leipzig/Berlin/Jena 1983.

Sigrid Bock

Steffin, Margarete
geb. 21. 3. 1908 in Berlin; gest. 4. 6. 1941 in Moskau

Wuchs in kommunistisch proletarischer Familie auf, nach Volksschule Ausbildung zur Kontoristin und Buchhalterin. Lernte in Abendkursen Englisch, Französisch, Russisch, Steno. Aktiv in der Arbeiterkulturbewegung: Mitglied der Naturfreunde, Sportverein »Fichte«, Gruppe junger Schauspieler. Besuchte Sprechkurse von H. Weigel in der MASCH. Rezitierte bei Veranstaltungen der KPD. Lernte Jan. 1932 bei der Uraufführung der »Mutter«, in der sie das Dienstmädchen spielte, B. Brecht kennen, mit dem sie seitdem eine komplizierte Liebes- und eine intensive Arbeitsbeziehung verband. Von 1932/37 wiederholt Reisen in die UdSSR, wo sie ihr Lungenleiden behandeln ließ und als Vermittlerin von Brechts Werk wirkte. Feb. 1933 wegen Lungentuberkulose zur Kur in Agra/Tessin. Als Kommunistin wegen ihrer öffentlichen Auftritte gefährdet, Exil in Paris, Dänemark, Schweden, Finnland. Nach dramatischen Bemühungen um Visa für die Familie Brechts und sich selbst, brach St. auf der Durchreise in Moskau zusammen, während Brecht mit seiner Familie und R. Berlau die Flucht in die USA gelang.
Das schmale und fragmentarische literarische Werk St.s, einem harten Exil-Dasein abgetrotzt und erst 50 Jahre nach ihrem Tod veröffentlicht (*Konfuse versteht nichts von Frauen. Nachgelassene Texte* [mit bio-bibliographischem Anhang], Hg. I. Gellert, Berlin 1991) vereint in sich frühe autobiographische Prosa, Kurzgeschichten, Gedichte (darunter Liebes-Sonette für Brecht), zwei Theater-Stücke für Kinder. Als »wertvollste Mitarbeiterin« (H. Eisler) Brechts, der ihre Beteiligung bei acht seiner Stücke (darunter *Furcht und Elend des Dritten Reiches, Arturo Ui*) namentlich ausweist, hat sie spezifischen Anteil an Brechts Werk. Sie war hochintelligente Zuarbeiterin, Kritikerin, Übersetzerin (u.a. aus dem Dänischen: N. Grieg: *Die Niederlage*, in: »Das Wort«,

Lidingö 1939: Brecht, Andersen-Nexö, Margarete Steffin

1938, H. 1, 3, 4; M. Andersen Nexö: *Die Kindheit: Erinnerungen*, Berlin 1946, zus. mit Brecht), Kommentatorin, Lektorin. Ihre Texte zur proletarischen Kindheit und Jugend stehen in der Tradition der Arbeiter-Autobiographie, die Kurzgeschichten, sozial engagiert und geschult am Genre Kalendergeschichte, thematisieren zeithistorisch aktuelle Vorgänge wie den deutschen Faschismus, beschreiben Verhaltensweisen in der Diktatur. Ihr besonderes Interesse gilt dem Schreiben über und für Kinder. Während das Stück *Die Geister-Anna* (unv.) eher traditionell gebaut ist, gelingt St. mit *Wenn er einen Engel hätt'* (UA 1978 in Berlin-Ost) ein Stück mit stark aufklärerischem Gestus im Stil des epischen Theaters, das ihr durch ihre Zusammenarbeit mit Brecht theoretisch und praktisch bestens vertraut war. Die Geschichte vom Arbeiterjungen Karl, dessen existentielle Probleme am Ende der Weimarer Republik mit Hilfe eines Schutzengels gelöst werden sollen, hat starke agit-prop-artige Passagen, ist mit Witz und Phantasie ins Bild gesetzt.

Lit.: B. Brecht: Arbeits-Journal 1938–1955, Berlin 1977; H. Bunge: Fragen Sie mehr über Brecht. Hanns Eisler im Gespräch, München 1970; J. Okljanski: Povest' o malenkom soldate, Moskwa 1978/1984; Brechts Lai-Tu. Erinnerungen und Notate von R. Berlau, Hg. H. Bunge, Berlin 1987; S. Kebir: Ein akzeptabler Mann? Streit um Bertolt Brechts Partnerbeziehungen, Berlin 1987; Internationales Brecht-Jahrbuch 19. Focus: Margarete Steffin, Madison 1994.

Simone Barck

Steinbach, Walter
Geb. 20. 3. 1902 in Leipzig; gest. 10. 4. 1947 in Berlin

Aus kleinbürgerlicher Familie. Nach dem Abitur zum Theater, Dramaturg und Hilfsregisseur in Leipzig. Religiöse Opposition, wurde in der Novemberrevolution zur Kriegsgegnerschaft. Die Niederlage der revolutionären Kräfte bewirkte tiefe weltanschaulich-politische Entwicklungsbrüche; St. schloß sich der Sozialdemokratie an, schrieb Sprechchöre für sie und arbeitete an Kulturzeitschriften (»Kulturwille«, »Proletarische Heimstunden«) mit. St. erwies sich gegenüber der Volksgemeinschaftsideologie der Nationalsozialisten anfällig, wurde Mitglied der Reichsschrifttumskammer. Als Soldat im okkupierten Jugoslawien erkannte er den räuberischen Charakter des Faschismus. 1946 begrüßte er die Vereinigung von KPD und SPD. Die Lebensbedingungen der Nachkriegsjahre ließen seinen Versuch, im Leben Fuß zu fassen, scheitern. Er starb in einem Berliner Asyl.

St. verehrte P. Hille, F. Villon und A. Rimbaud, war beeinflußt von E. Toller und E. Mühsam und näherte sich dem frühen B. Brecht in Thematik, Vokabular und Form an. Seine 1920/24 geschriebenen *Proletarischen Gedichte* (Leipzig 1924) und *Die Roten Straßen* (Leipzig 1925, ill. von M. Schwimmer) zeigen einen gefühlsmäßig der Arbeiterbewegung verbundenen Autor, der die Barbarisierung der bürgerlichen Gesellschaft im Kriege anklagt und ihre Ungerechtigkeit attackiert. Als Außenseiter lobt und verflucht er die großen Städte, fühlt er sich Dirnen, Vagabunden, Gestrauchelten, Gescheiterten, Ausgestoßenen, Entrechteten, Ausgebeuteten und Elenden verbunden. Jedoch erscheinen in seinen Balladen und Songs die arbeitenden Menschen nicht mehr nur als Getriebene und Gehetzte, sondern als geschichtlich Handelnde, z.B. in *Chronik von der russischen Januarrevolution 1905, Ballade von den Männern der Turksib-Bahn, Song von der großen Gemeinsamkeit.* Sie sind in dem Band *Balladen und Songs des Walter Steinbach* (Berlin 1948) enthalten, der Texte von Anfang der 30er bis Mitte der 40er Jahre vereinigt. Zahlreiche Verse aus der Kriegszeit sind Landschaften und Städten gewidmet, als Gegenpol zum Krieg und als Räume der Sehnsucht nach einem sinnvollen Leben. Letzte Gedichte rechnen schonungslos, auch eigenes Fehlverhalten bloßlegend, mit dem Nationalsozialismus ab und zeugen von der Sehnsucht nach einer friedlichen, sozial gerechten Gesellschaft.

W. W.: Worte der Zeit, Hg. R. Schwachhofer, Halle 1956.

Erhard Scherner

Stenbock-Fermor, Graf Alexander (Ps. Peter Lorenz)

Geb. 30. 1. 1902 in Mitau; gest. 8. 5. 1972 in Berlin (West)

Vater baltischer Gutsbesitzer aus russischem Hochadel; Internat bei Jena; kämpfte 1918/20 im Baltikum als Freiwilliger auf der Seite der Weißgardisten. 1920 Emigration nach Deutschland, Abitur, Ingenieurschule. Unter dem Eindruck Tolstojscher Ideen 1922/23 Bergarbeiter im Ruhrgebiet. 1924/25 Ausbildung im Buchhandel, 1926/27 Mitarbeit im Verlag Eugen Diederichs Jena, seit 1928 freier Schriftsteller, ab 1930 in Berlin. Bekannte sich Juli 1931 in der RF zum Kommunismus. Gründer und Leiter des »Scheringer-Komitees«, warnte 1932 in über 150 Massenversammlungen vor dem Faschismus. Leitete zusammen mit J. (Beppo) Römer den »Aufbruch«-Kreis; Mitglied im BPRS, SDS, PEN. 1933 ein Vierteljahr verhaftet und ausgebürgert, jedoch nicht ausgewiesen. Seit Juni 1934 Mitglied der Reichsschrifttumskammer, veröffentlichte zwei Erzählungen sowie unter Ps. Reportagen in Zeitungen und

Zeitschriften; Sommer 1939/Herbst 1941 Mitglied der von Römer geleiteten Widerstandsgruppe Revolutionäre Arbeiter und Soldaten, Jan. 1945 zur Wehrmacht eingezogen. Nach Kriegsende Bürgermeister in Neustrelitz, seit Sommer 1945 in Berlin (West). Zusammen mit J. Barckhausen Drehbuchautor bei der DEFA.

Bekannt wurde St. durch seine Reportage *Meine Erlebnisse als Bergarbeiter* (Stuttgart 1928), verfaßt 1925 aus dem neokonservativen Impuls, die Oberschicht müsse sich mit Lage und Mentalität des Proletariats vertraut machen. Sein so lebendiger wie undistanzierter Erlebnisbericht *Freiwilliger Stenbock* (Stuttgart 1929), der die Niederschlagung der revolutionären Bewegung in den baltischen Ostseeprovinzen schildert, läßt noch kein Interesse für das sozialistische Rußland oder Lage und Motivation der lettischen Revolutionäre erkennen. Erst 1930, so teilt er in seiner Autobiographie *Der rote Graf* mit (Berlin 1973; hg. aus dem Nachlaß), führte ihn Besorgnis über den zunehmenden Einfluß der NSDAP sowie das Studium marxistischer Schriften in die Arbeiterbewegung. In der Reportage *Deutschland von unten. Reise durch die proletarische Provinz* (Stuttgart 1931) prangert er die Not in den Elendsgebieten des krisengeschüttelten Deutschland an und bekennt sich zu proletarischen Kampfzielen. Die in diesem Buch entwickelte Mischung aus Erlebniswiedergabe und Faktendokumentation kam nach Kriegsende noch einmal zum Tragen, als er die Erinnerungen des Gefängnispfarrers H. Pölchau niederschrieb (*Die letzten Stunden*, Berlin 1949).

W. W.: Das Haus des Hauptmanns von Messer (En.), Wuppertal Barmen 1933; Schloß Teerkuhlen (E.), Braunschweig 1942; Grube Morgenrot (Film, zus. mit J. Barckhausen), 1948; Henriette (E.), Berlin 1949; Semmelweis - Retter der Mütter (E.), Berlin 1950, auch als Film, zus. mit J. Barckhausen, 1950; Mord an Rathenau (Fernsehsp., zus. mit H. Kamnitzer), 1962.

Leonore Krenzlin

Stich und Hieb

Illegale Zeitschrift einer Berliner Gruppe des BPRS, redigiert von ihrem Leiter J. Petersen. Mitarbeiter waren E. Brüning, W. Ilberg, A. Kaufmann, E. Lodemann, K. Smettan, W. Stolle, B. Waterstradt u.a., sowie die Graphiker G. Wagner (Gü), P. W. Schulz (Ps. Pewas), A. Keil u.a. Erschien erstmalig Aug. 1933, in Abständen von 6-8 Wochen bis Mitte 1935, Erscheinen wegen Verhaftung oder Emigration vieler Mitarbeiter eingestellt. Aussagen über den Inhalt sind nur durch zwei Nummern möglich, die 1933 in der AIZ (Nr. 38, 48) faksimiliert waren, die übrigen sind verschollen.

»Stich und Hieb« erschien in einer Auflage von 350-500 Stück je Nummer. Die jeweils 12 S. wurden mit einer Schreibmaschine geschrieben, dann abfotografiert und in einer Größe von 6 x 9 cm auf dünnem Fotopapier zu einem kleinen Heftchen zusammengeklebt. Spätere Versuche, diese Zeitschrift in einem anderen Verfahren herzustellen, scheiterten. »Stich und Hieb« wurde in Berlin-Charlottenburg hergestellt und in verschiedenen Teilen Deutschlands unter der Intelligenz verbreitet. In Leitartikeln, Aufrufen, Glossen, Geschichten, Gedichten und Berichten wurde versucht, den ökonomischen und sozialen Hintergrund der Politik der Nationalsozialisten zu analysieren, um zu zeigen, daß es nicht ausreiche, die Auffassungen und Theorien der Nationalsozialisten als widerspruchsvoll, hohl und barbarisch bloßzustellen. Der Beitrag *Rückfall in die Barbarei* von L. Kaufmann in der ersten Nummer der Zeitschrift wandte sich gegen alle, die »das Dritte Reich Hitlers ... als den Anbruch einer neuen Ära kulturellen Fortschritts nach einem Jahrhundert geistiger Verdummung und öder Barbarei« anpreisen. Ein programmatisches Bekenntnis der illegalen Schriftsteller in der zweiten Nummere lautet: »Wir wollen, daß der Kampf der deutschen Werktätigen um ihre Befreiung auch mit kulturellen Mitteln, mit Feder und Zeichenstift, die aufklären und agitieren, geführt wird«. In Nr. 2 erschien eine »Erzählung aus dem Berlin von 1933« *Die Straße*, ein Vorläufer der späteren Roman-Chronik *Unsere Straße* von ↗ Petersen (auch in »Neue Deutsche Blätter«, Prag, Nr. 2). Jede Nummer enthielt den Abschnitt »Hier lacht der Untermensch«, in dem namhafte Faschistenführer satirisch entlarvt und mit ihren eigenen Worten geschlagen wurden. Die Heftchen waren mit Graphiken und Zeichnungen illustriert, die die »großen Worte und die kläglichen Dementi« der Hitler, Göring und Goebbels bloßstellten.

Lit.: J. Petersen: Stich und Hieb, in: Almanach für deutsche Literatur, Neue Texte, Berlin 1964; F. Vaaßen: Das illegale Wort. Literatur und Literaturverhältnis des BPRS nach 1933, in: Kunst und Kultur im deutschen Faschismus, Hg. R. Schnell, Stuttgart 1978; J. Stroech: Die illegale Presse 1933-1939, Leipzig 1979; K. L. Hofmann: Antifaschistische Kunst in Deutschland, in: Widerstand statt Anpassung. Deutsche Kunst im Widerstand gegen den Faschismus 1933-1945, Berlin 1980.

Hans Baumgart/Red.

Stimmen der Freiheit (SdF)

Lyrikanthologie mit dem Untertitel: *Blüthenlese der hervorragendsten Schöpfungen unserer Arbeiter- und Volksdichter.* Mit 38 Porträts 1899 in 50 Einzelheften herausgegeben von K. Beißwanger im Litterarischen Bureau Nürnberg (Verlag für Volks- und Arbeiterlitteratur); weitere Auflagen in Buchform im gleichen Verlag 1900, 1902 und grundlegend umgestaltet 1914. Mit einer Auswahl von durchschnittlich 15 bis 20

Gedichten werden 39 Lyriker in nichtchronologischer und unsystematischer Reihung präsentiert, mit Kurzbiographie und Bild (Ausnahme: G. Weerth) vorgestellt. Ein Anhang enthält jeweils eine geringere Anzahl Gedichte von 29 weiteren Dichtern. Dort formuliert der Herausgeber lyrisch sein politisches Credo. Für Beißwanger (Inhaber des Litterarischen Bureaus) hat ein Programm von Freiheit, Gleichheit und Menschenrecht, die Hoffnung auf einen Völkerbund der schwergeprüften Menschheit, seine poetische Tradition in der Vormärzdichtung. Dafür stehen in seiner Anthologie u.a. Weerth, H. Heine, G. Herwegh, F. Freiligrath, N. Lenau, R. E. Prutz und A. H. Hoffmann von Fallersleben. Mit 18 Autoren, darunter auch hoffnungsvollen Anfängern wie O. Krille oder E. Fuchs, ist die zeitgenössische Dichtung von Arbeitern oder mit der Arbeiterbewegung unmittelbar verbundenen Schriftstellern vertreten, wobei die in der *Deutschen Arbeiter-Dichtung* (5 Bde., Stuttgart 1893) des Verlages von J. W. H. Dietz ausführlich vorgestellten E. Frohme, A. Scheu und R. Lavant mit nur wenigen Gedichten im Anhang bei Beißwanger deutlich unterrepräsentiert sind. Aufgenommen sind aus der zeitgenössischen deutschen Literatur auch Autoren wie B. Wille, J. H. Mackay und K. Henckell, die in ihren sozialen, sozialliberalen oder anarchistischen Vorstellungen, freidenkerischen oder abstinenzlerischen Haltungen, mit ihrer antibourgeoisen Gesinnung in die Arbeiterbewegung hineinwirkten, sich mit einzelnen ihrer Problemstellungen berührten und sich selbst zumindest zeitweilig als politische und künstlerische Parteigänger oder Verbündete der Sozialdemokratie verstanden. Neben P.-J. Béranger werden die Italienerin A. Negri als Beispiel des dichtenden Proletarierkindes, das sich über die Volksschullehrerin auf Grund seiner literarischen Leistungen in den höheren Schuldienst heraufgearbeitet hat, und die aus Ungarn stammende, in Wien lebende Bürgertochter M. E. delle Grazie vorgestellt, die in packender Weise erschütternde Bilder aus dem Bergarbeiterleben zeige. Der Anhang ergänzt diesen Autorenkreis in der Spannweite von G. Byron und P. B. Shelley bis S. Petöfi und I. Nikitin, von G. Seume, A. von Chamisso, A. von Platen über F. T. Vischer, A. Grün, G. Keller und F. Bodenstedt bis zu D. von Liliencron und R. Dehmel. Beißwanger folgte damit einem Begriff von Arbeiter- und Volksdichtung, wie er sich bereits in K. Henckells ↗ *Buch der Freiheit* (Berlin 1893) fand und in F. Diederichs ↗ *Von unten auf* (Berlin 1911) wie selbstverständlich weitergeführt wurde. Aber seinem Konzept, das den in der Arbeiterbewegung als volkstümlich empfundenen und wirkenden Teil bürgerlicher Literatur vom 18. Jh. bis zur Moderne einbezog, lag ebenso sehr eine bündnispolitische Idee wie ein poetologisches Programm zugrunde. Ihm galt die von Arbeitern und Parteifunktionären geschaffene Literatur als Teil einer auf Volkstümlichkeit und Volksverbundenheit gerichteten Gegenkultur wie aber

Stimmen der Freiheit

auch als Dokument eines durch literarische Leistung vermittelten moralischen und schließlich sozialen Aufstiegs, z.B. bei J. Hannich und Negri.

Bemerkenswert ist unter den Arbeiterschriftstellern in SdF der große Anteil solcher, die aus Böhmen stammen bzw. zumindest zeitweilig dort wirkten (A. Behr, E. Rieger, F. Bernt, J. Schiller und dessen Schwiegersohn H. Bartel, A. Starck u.a.). Hier hatte offenbar die eben 1899 von Bartel herausgegebene Sammlung *Nordböhmische Klänge. Eine Sammlung von Arbeitergedichten* (Chemnitz) benutzt werden können. Themen wie das armselige Leichenbegängnis für den Ernährer der Familie, der Gruß des Eingekerkerten an die zur Mai-Feier in freier Natur und Bergwelt Versammelten, Armenhaus und Feldarbeit, die Konfrontation von aufständischer Masse und Militär erhalten da aus dem lokalen Erfahrungsbereich der Autoren auch eine poetische Authentizität. In diesen Gedichten ist eine landschaftsgebundene Kultur der proletarischen Feste und Feiern lebendig, im Duktus dieser Lyrik eine auf Sangbarkeit gerichtete Musikalität in Vers und Rhythmus, in einer weitgehend noch naturgeprägten, von Bergen und Tannenwald bestimmten Welt der Kleinindustrie und des Handwerks

die Bindung an Arbeit als jedes Menschen Pflicht, damit die Welt kein Paradies, hübsch wohnlich aber für alle werde (vgl. W. Breuer: *Festgruß*, S. 453). Politische Agitation kann das Pathos elementaren Aufbegehrens haben, stellt sich aber auch – wenn Behr als M. Brutus Rückschau hält (S. 295 ff.) – bewußt in eine Bildungstradition des humanistischen Gymnasiums. Industrierevier und Großstadt als Zentren massenhaften Leidens der Ausgebeuteten wie als Zentren revolutionärer Aufbrüche rücken in Beißwangers Anthologie nur ausnahms- und ansatzweise ins Blickfeld in Gedichten von Autoren, die mit der naturalistischen Bewegung in die Literatur eintraten.

Indem Beißwanger seine Anthologie auf dem Prinzip des Dichterporträts – mit Konterfei, Biographie, Werkauswahl – aufgebaut hat, betonte er poetische Individualität, über die Dokumentation eines in seinem Kampfwert gewürdigten Materials hinaus die Zuordnung einer sich mit der Arbeiterbewegung entwickelnden Poesie zu literaturgeschichtlichen Traditionen. In der sozialistischen Presse fand SdF lebhafte Resonanz. Hervorgehoben wurde die Vorführung der ›Geistesheroen‹ des Proletariats, die schon lange ein dringendes Bedürfnis für die vom Bildungsdrang ergriffene Arbeiterschaft sei. Hier grüße den Arbeiter das Ideal seiner eigenen Befreiung. Von einem politischen Liederbuch für das Volk, einem Erbauungsbuch, verglichen mit Gesangs- und Gebetbuch, war die Rede. Solche Rezeption verwies auf einen charakteristischen literarischen und politischen Erwartungshorizont. Gerade wo Gesangs- und Gebetbuch lange die ästhetischen Bedürfnisse und Maßstäbe gebildet hatten, führte das Verlangen nach einem Ersatz dafür bei Schreibenden wie Lesern leicht zu einem abstrakten Idealismus des Anspruchs an das eigene Selbst und die Welt wie in der Kritik an deren Unzulänglichkeiten zu einem auf Überwindung zielenden Moralismus. Gegenüber einem Poesiebegriff in der klassisch bürgerlichen Tradition seit F. Schillers Bürger-Rezension fand eine kritischsatirische Linie in der sozialistischen Literatur trotz bedeutender Vorbilder (Heine, Weerth) und deren Favorisierung durch F. Engels eher in der Tagespresse oder in politisch-satirischen Zeitschriften Platz als in Anthologien mit einer gewissen Repräsentativfunktion. Eine grundlegende Umgestaltung erfuhr SdF mit der 4. Auflage, die wieder in 50 Heften im wöchentlichen oder vierzehntägigen Bezug zu einem Preis von jeweils zehn Pfennig erschien, auf den der Verleger Genossen, die die Werbung für das Werk übernähmen, noch sehr bedeutenden Rabatt versprach. Deutlicher noch als vordem ist die Anthologie adressiert an das arbeitende Volk, an die klassenbewußte Arbeiterschaft, um Begeisterung für den harten Kampf um die Güter der Menschheit zu entfachen. Das Werk wende sich mit einer großen Anzahl von proletarischen Kampfliedern und einer Fülle freidenkerischer Dichtungen speziell an die religiös freien Menschen. SdF ist nun klar in zwei Serien gegliedert: »Die Sänger des Proletariats«, eröffnet durch die schreibende Arbeiterin E. Döltz, deren Eintritt in die Literatur sich über »Die Gleichheit« und Förderung durch C. Zetkin vollzogen hatte, 78 Autoren vorstellend, unter denen E. Preczang, R. Nespital, A. Petzold, L. Lessen, M. Gorki neu sind, und »Das freiheitliche Bürgertum« mit 32 Autoren von Heine bis Liliencron und Mackay.

Eike Middell

Stolle, Walter (Ps. H. Wurm)

Geb. 1. 1. 1904 in Gleiwitz (Gliwice); gest. 16. 9. 1974 in Berlin

Vater Architekt. Schlosserlehre, 1919/23 SAJ, später Anschluß an die rote Sportbewegung, 1928 Eintritt in die KPD. Seit Gründung zur Berliner Gruppe des BPRS gehörig; neben J. Petersen führend an Herstellung und Verbreitung von ↗ »Stich und Hieb« beteiligt. Juni/Dez. 1933 und Frühjahr/Dez. 1935 in »Schutzhaft«. Nach 1945 Bezirksrat für Volksbildung in Berlin-Schöneberg; Jan. 1962 Übersiedlung in DDR, Arbeit als Schlosser.

St. schrieb Gedichte und kleine Prosatexte für den unmittelbaren Tagesgebrauch, er verwendete operative Formen, die eine sofortige Reaktion auf politische Ereignisse ermöglichten. Außer der in den »Neuen Deutschen Blättern« (1935, H. 5) veröffentlichten Erzählung *Sie stehlen uns die Kinder* über Erziehungspraktiken des Nationalsozialismus hat St. im »Wort« (1937, H. 6) u. d. T. *Verse aus deutschen Zuchthäusern* mehrere Gedichte anonym veröffentlichen können, in denen sich Leiderfahrung der Haft und ungebrochener Widerstandswille vereinen. Sein Hauptanliegen war jedoch der Vertrieb von Büchern. Als einer der ersten hat er von unten her einen Vertriebsapparat für proletarisch-revolutionäre Literatur aufgebaut und ihn über 1933 hinaus aufrechtzuerhalten versucht. Aus einem alten Kinderwagen baute er sich Anfang der 20er Jahre einen Bücherkarren und begann mit dem Verkauf proletarischer Literatur und dem Aufbau des Verleihsystems PROLEG (Proletarische Lesegemeinschaft), deren Grundlage mühsam vervielfältigte Angebotskataloge bildeten. Die PROLEG arbeitete auf nichtkommerzieller Grundlage.

W. W.: Der erste Mai 1924 (E.), in: Volkswacht, 1925, Nr. 75; Junge Schriftsteller besprechen ihre Arbeiten, in: Die Linkskurve, 1932, H. 5. - *Lit.:* W. Brekle: Schriftsteller im antifaschistischen Widerstand 1933-1945 in Deutschland, Berlin und Weimar 1985.

Eva-Maria Siegel

Strähl, Wolfgang Anicetus

Geb. 17. 4. 1807 in Mumliswil (Schweiz); gest. 4. 12. 1872 in Neuchâtel (Schweiz)

Lehre und Wanderschaft als Papiermacher und Tischler in der Schweiz und Frankreich; 1826/28 in Lyon; ab 1828 in Paris, Ausbildung als Pianofortemacher. Feb. 1832 Mitglied des Deutschen Vaterlandsvereins zur Unterstützung der freien Presse, ab Juli 1832 der Nachfolgeorganisation, des Deutschen Volksvereins; Apr. 1834 Mitbegründer der frühproletarischen Geheimorganisation Bund der Geächteten. 1836 Rückkehr in die Schweiz, wo er in Neuchâtel und Solothurn als Klavierbauer lebte. Noch bis 1841 mit Emissärauftrag des Bundes der Geächteten aktiv in der elementaren Arbeiterbewegung; Gründung und Leitung von geheimen Arbeiterclubs in Neuchâtel und La Chaux-de-Fonds. S. zählte in Paris zu den wichtigsten Initiatoren und Propagandisten am Beginn des politischen Organisationsprozesses der hier ansässigen deutschen Handwerker und Arbeiter. Aufbauend auf einer breitgefächerten autodidaktischen Bildung und anknüpfend an moderne französische Soziallehren, vor allem des Neobabouvismus und Saint-Simonismus, gehörte S. ab 1833 im Deutschen Volksverein und dann im Bund der Geächteten zu den richtungsweisenden theoretischen Vordenkern und aktiven Führungspersönlichkeiten. Von seiner im Aug. 1833 veröffentlichten Grundsatzerklärung zu den politischen Zielen und Wegen einer selbständigen proletarischen Bewegung in der Flugschrift *Der deutsche patriotische Volksverein* an war S. Mitautor aller wichtigen Programmschriften des Volksvereins, so des *Komitee-Aufrufs* vom 5. 9. 1833, der beiden Flugschriften *Brüder und Freunde* vom Nov. 1833 bzw. Jan. 1834 und des Bundes der Geächteten mit dem *Aufruf eines Geächteten*, der *Erklärung der Menschen- und Bürgerrechte* sowie dem *Glaubensbekenntnis eines Geächteten* (Apr. 1834). Zur Unterstützung tagespolitischer Aktivitäten bediente sich S. auch der Möglichkeiten literarischer Meinungsäußerung. So entstanden immer wieder Gedichte, die auf populäre, eingängige Melodien getextet, unmittelbare Orientierunghilfe und Handlungsmotivation in den anstehenden politischen und sozialen Auseinandersetzungen vermitteln wollten (*Das Mayfest in Paris gehalten den 27 May 1832*, 1832; *Gruß eines neuaufgenommenen Patrioten*, 1833; *Trauernd, aber nicht verzweifelnd, sehen wir uns Brüder hier*, 1834; *Die Deutschen in Paris*, 1835; *Der deutsche Bundestag*, 1835). Ein für die frühproletarische Literatur der Zeit noch ungewöhnliches Feld betrat S. mit seinem 1835/36 entstandenen, zu Lebzeiten aber unveröffentlicht gebliebenen Hauptwerk *Briefe eines Schweizers aus Paris* (Vaduz, Berlin 1988). An einen fiktiven Adressaten in Deutschland, den Typus eines am Beginn des politischen Bewußtwerdungsprozesses stehenden Arbeiters, gewandt, versuchte S. eine grundsätzliche Abklärung von Fragen zukünftiger Gesellschaftsentwicklung aus der Perspektive und Interessenlage der arbeitenden Bevölkerung. In anschaulicher Vermittlung zwischen Theorie und Empirie, mit historischer Argumentation und Beispielen aus der individuellen Erlebnissphäre entwickelte S. das praxisbezogene Modell einer sozialen Volksdemokratie, deren Eckpunkte auf einer allgemeinen Güter- und Rechtsgleichheit beruhen. Seine Forderungen nach politischer Freiheit und Gleichheit, Absicherung der notwendigen Existenzmittel, eines staatlich gestützten Genossenschaftswesens, allgemeiner Bildung und Altersversorgung beruhen dabei auf dem Prinzip, dafür allgemeine soziale Voraussetzungen zu schaffen.

Lit.: J. Grandjonc: Wolfgang Strähl ›Briefe eines Schweizers aus Paris‹ 1835/36. Zur Geschichte des Bundes der Geächteten in der Schweiz und zur Rezeption Heines unter deutschen Handwerkern in Paris, Trier 1978.

Volker Giel

Ströbel, Heinrich
Geb. 7. 6. 1869 in Bad Nauheim (Hessen); gest. 11. 1. 1944 in Zürich

Gymnasium und Militärdienst (als Einjährig-Freiwilliger); private Studien der Literatur, Geschichte und Nationalökonomie; Promotion; trat ab 1889 als sozialdemokratischer Redner und Schriftsteller hervor. 1892/1916 Redakteur: des »Volksblatts für Hessen und Waldeck« in Kassel 1892/93, der »Schleswig-Holsteinischen Volkszeitung« in Kiel 1893/1900, des »Vorwärts« 1910/16, Mitarbeiter bereits seit 1900; ab 1917 freier Schriftsteller; seit 1908 Abgeordneter der SPD im Preußischen Landtag, 1917 wegen oppositionellen Verhaltens (Kritik an der Bewilligung der Kriegskredite; der »Burgfriedenspolitik« des Parteivorstandes) aus der Landtagsfraktion ausgeschlossen, zog jedoch 1918 nach der Novemberrevolution als Vertreter der USPD in die neue preußische Regierung ein, war dort bis 3. 1. 1919 Kabinettsdirektor; 1920 Ausschluß aus der USPD und erneuter Eintritt in die SPD; 1924/32 MdR (mit Unterbrechung 1931: im Sep. Austritt aus der SPD, im Okt. neben M. Seydewitz und K. Rosenfeld zu einem der Vorsitzenden der SAPD gewählt, am Jahresende Wiedereintritt in die SPD); engagierte sich stark in der Friedensbewegung, ab 1921 in der Geschäftsleitung der »Deutschen Friedensgesellschaft«; arbeitete in deren Organ »Das andere Deutschland«; war Mitherausgeber von »Der Klassenkampf - Marxistische Blätter«; publizierte häufig in »Weltbühne« und »Welt am Montag«; emigrierte 1933 nach Zürich, wo er seit Okt. 1932 ein Quartier im Alkoholfreien Kurhaus Zürichberg besaß; um 1936 als Schauspieler tätig.

St. publizierte vor allem politisch-programmatische und geschichtliche Abhandlungen; sein literarisches Werk ist dagegen schmal. Nach dem Tode E. Rosenows (1904) vollendete er dessen populäres, reich illustriertes Werk *Wider die Pfaffenherrschaft. Kulturbilder aus den Religionskämpfen des 16. und 17. Jahrhunderts*, das sich an das Proletariat wandte und ein klassenmäßiges Geschichtsbild entwerfen sollte. Der Lyrikband *Seid Menschen* (Berlin 1918) enthält neun zumeist längere Antikriegsgedichte, die getragen sind von der Grundstimmung des Grauens angesichts der jüngsten »maschinenmäßigen Schlächterei«. In balladesken Texten (*Krieg, Der Garten Eden, Ein Arzt erzählt*) besteht das poetische Verfahren darin, schockierende Kriegsepisoden mit der Harmonie und Schönheit von Naturlandschaften zu kontrastieren. Andere, eher zum philosophischen Weltanschauungsgedicht tendierende Texte nehmen den Krieg als Anlaß, um nach den sozialen und geistigen Triebkräften der »Morddelirien« zu fragen. Gegeißelt werden Nationalismus (*Nur wo das Recht ist, ist mein Vaterland*), das Verdrängen schlimmer historischer Erfahrungen (*Der Kopfschüttelnde*) und technologischer Fortschritt ohne ethisches Korrektiv (*Der Triumph der ärztlichen Kunst, Die Eroberung der Luft*). Durchgängig ist die pazifistische Ablehnung von Gewalt, die St.s politischer Grundüberzeugung entsprach (vgl. *Nicht Gewalt, sondern Organisation. Der Grundirrtum des Bolschewismus*, Berlin 1921). Von der praktischen sozialen Umsetzung sozialdemokratischer Ideen handelt das Buch *Die erste Milliarde der zweiten Billion. Die Gesellschaft der Zukunft* (Berlin 1919), das St. zwischen Aug. und Okt. 1918 »in sicherer Erwartung des Zusammenbruchs unseres Militarismus und des Triumphes der Demokratie« (S. 5) schrieb. In der Form eines fiktiven, im Jahre 1930 vorgelegten Rechenschaftsberichts des Bundes »Neue Menschheit« werden in 20 Kapiteln soziale Utopien der Arbeiterbewegung und politische Reformvorstellungen der Sozialdemokratie im Prozeß ihrer Realisierung geschildert und bilanziert. Es geht um Reformen des Presse-, Schul- und Gesundheitswesens, des Strafvollzugs, des Wahlrechts, des Natur- und Tierschutzes, um die Überführung von Großgrundbesitz in genossenschaftliches Eigentum, um die Emanzipation der Frau, um die Förderung von Sport, Kultur und (realistischer) Literatur. (St. war zeitlebens ein Gegner modernistischer Strömungen mit nicht klar erkennbarer Aussage; er zog den Naturalismus stets dem Symbolismus oder Expressionismus vor.) Vereinzelt werden skurrile Auffassungen proklamiert - so wenn das Wandern zum »Sport höherer Art« (S. 169) erklärt oder von der vegetarischen Lebensweise eine »Veredelung des Menschengeschlechts« (S. 199) erwartet wird. Der Buchtitel bezieht sich auf die ökonomische Bilanz der zehnjährigen Bundestätigkeit, die »eine Million freiwilliger Steuern für Zwecke der Menschheitsläuterung« (S. 7) beträgt.

Die Form des Rechenschaftsberichts wird konsequent beibehalten, gelegentlich eingestreute fingierte Dokumente (Zeitungsartikel, Tagebuchnotizen, Briefe) lockern den steifen
Duktus der Darstellung kaum auf; erzählerische Elemente wie
Figuren, Handlung und Dialoge fehlen.

Reinhard Hillich

Strzelewicz, Boleslav (auch Bernhard)

Geb. 25. 8. 1857 in Wierschnicin bei Bromberg; gest.
25. 7. 1938 in Dresden

Sohn eines Webers; erlernte Holzbildhauerberuf; in den 70er
Jahren Wanderschaft (Berlin und Dessau), arbeitete ab 1876
in Zeitz; trat 1883 dem Zeitzer Arbeiterbildungsverein bei;
leitete vor 1890 den »unpolitischen« Verein »Lachmuskel« und
– um auch Frauen an der politischen Arbeit zu beteiligen –
den gemischten Chor »Morgenrot«; nach 1890 Lokalredakteur
an der von A. Hoffmann gegründeten Partei-Ztg. »Volksbote«
in Zeitz; lebte ab 1892 in Berlin; gründete 1893/94 die
Spielgruppe »Gesellschaft Vorwärts« (auch St.-Truppe genannt); übersiedelte 1911 nach Dresden-Wachwitz; im Weltkrieg infolge des Militärdiensts einiger Spieler keine Weiterarbeit möglich; St. baute 1918/19 das Ensemble wieder auf;
schloß sich 1920 der KPD an; 1924 offizielle Gründung als
»Rote Truppe« (Mitarbeiter W. Ost und Tochter G. Strzelewicz,
Ausstattung oft von O. Griebel); aufgelöst 1928; trat danach
allein auf; zog nach 1933 als über 75-jähriger in Dresden als
Kommissionshändler für Kaffee und Schokolade mit Bauch-
laden von Tür zu Tür und trug antifaschistische Gedichte vor.
St. hielt schon zur Zeit der Sozialistengesetze unter dem
Deckmantel harmloser Vereinstitel »Vorträge mit politisch ver-
blümter Tendenz«, nach 1890 offen »politisch-satirische Vor-
träge« (*35 Künstlerfahrten unter deutscher Monarchie und
Republik*, Dresden o. J., S. 5). Nachdem er auf der Ab-
schlußveranstaltung des Erfurter (1891) und Berliner Partei-
tages (1892), sowie zu Ehren des Berlin-Besuches von F.
Engels (1893) mit eigenen Liedern und Gedichten aufgetreten
war, wurde er in Arbeiterkreisen bekannt und gründete – auf
Anraten A. Hoffmanns – die erste Berufsagitationsgruppe der
Sozialdemokratie. Sie hatte zunächst den Status eines Wander-
theaters, trat später nur noch bei von der Partei organisierten
Veranstaltungen auf. Die Nummernprogramme (Bunten
Abende) umfaßten Lieder, Kurzszenen, Duette, Couplets, Rezi-
tationen politischen-agitatorischen und humoresken Inhalts,
die der jeweiligen aktuellen Vortragssituation entsprechend
verändert wurden. Sie verlachten innenpolitische, auch lokale
Mißstände (*Wann wird gelöst die soziale Frage* [Duett],
1895, in: *Knilli/Münchow*, S. 324), verkündeten die Zukunftsvorstellungen der SPD (*Der Zukunftsstaat* [Couplet], ebd.

S. 320). Mit vom Arbeiterpublikum leicht zu entschlüsselnden
Zeichen und Mitteln wurden Personen und Zustände karikiert
(z.B. das »dreihaarige Ungetüm« für Bismarck, »Putt-Putt« für
R. von Puttkamer, »Lehmann« für Wilhelm II). St., der Text
und Musik meist selbst verfaßte, griff vorhandene Formen des
bürgerlichen Revue- wie auch Volks-Theaterrepertoires für
politische Zwecke auf, nutzte bekannte Melodien für eigene
Texte (berühmt wurde sein *Arbeiter-Stille-Nacht*, 90er Jahre,
in: Arbeitermusikkultur in Deutschland 1844–1945, Hg. I.
Lammel, Leipzig 1984, S. 94, 95–97). Seine Stärke lag im
Satirischen. Die Truppe bereiste ganz Deutschland, trat aber
vor allem im süddeutschen Raum auf. Sie war in den ersten
Jahren ständigen Repressalien durch die Polizei ausgesetzt, St.
wurde selbst mehrmals verhaftet. Er nutzte mit seinen Programmen für Arbeiterfeiern die Festtradition bürgerlicher und
plebejischer Vereine für die sozialdemokratische Parteiarbeit;
besondere Bedeutung hatte seine künstlerische Wahlagitation
für die SPD. Auch während des Krieges trat er mit »Künstlerischen Unterhaltungsabenden« auf. Nach Kriegsende stellte
St. seine »Proletarischen Kunstabende« in den Dienst der KPD
und der IRH; begrüßte die Oktoberrevolution (z.B. *Rußland*,
Sonderdruck, o. J.), attackierte die sozialdemokratische Regierung (*Den Revolutionshelden und ihren Henkern* [Sonder-
druck], o. J.; *Der Massenmord in Berlin* [G., Sonderdruck], o.
J.). Die »Rote Truppe« war in den 20er Jahren sehr populär. Sie
spielte innerhalb abendfüllender politischer Revuen vor Massenpublikum u.a. kurze Grotesken auf das politische Zeitgeschehen (zum Dawes-Plan: *Der kranke deutsche Geld-
sack*, 1924; zum Völkerbund: *Genfer Völkerbundkomödie*,
1926; zur Remilitarisierung: *Der Traum des Generals*, 1925,
Sonderdruck o. J.) und wirkte als Vorbild für zahlreiche
Agitproptruppen dieser Jahre. St. wurde damals als ein »Vorkämpfer der Arbeitertheaterbewegung« (in: RF, 13. 4. 1928)
verstanden.

W. W.: Herr von Hammerhahn und von Lieberstein. Lieutnants a. D.,
Berlin o. J., in: Des Morgens erste Röte, S. 351. – *Lit.:* H. Beck:
Bernhard Strzelewicz – unbeugsamer sozialistischer Arbeiterkünstler,
in: Kunst im Aufbruch. Katalog zur Ausstellung der Staatlichen Kunstsammlung Dresden (mit Bibl.), Dresden 1980.

Marianne Streisand

Süddeutscher Postillon (SP)

Ab Anfang 1909: »Der Postillon«; Neben dem ↗ »Wahren
Jacob« bedeutendste politisch-satirische Zeitschrift der deutschen Sozialdemokratie; erschien 30. 1. 1882/28. 6. 1910;
gegründet von ↗ M. Kegel (Ps. Georg Franz) und L. Viereck.
Erscheinungsweise: zunächst wöchentlich, ab 15. 10. 1884

monatlich, ab 1. 1. 1891 vierzehntägig, ab 16. 11. 1909 alternierend mit dem »Wahren Jacob«; zunächst als Feuilleton der »Süddeutschen Post« (München), ab Jan. 1883 Gratis-Beilage diverser sozialdemokratischer Zeitungen, ab Jan. 1887 völlig selbständig. Verlage: Louis Viereck, München 1982/90; Maximin Ernst, München 1890/1909; Paul Singer, Stuttgart 1909/10. Ab 1. 5. 1892 Farbdruck. Redakteure: Kegel (1882/88), L. Viereck (1888/90), M. Ernst (1890/92, 1901/03, 1904/09), E. Fuchs (1892/98, 1899/1901), A. Kiefer (1898/99), C. Bettermann (1903/04), A. Rettelbusch (1909/10). Auflagenhöhe: unter dem Sozialistengesetz vermutlich maximal 5000, 1894: 40000. Wichtige Autoren bzw. Beiträger: Kegel (schrieb die ersten zwei Jahrgänge fast allein, wechselte 1888 zum »Wahren Jacob«), Fuchs, E. Klaar, K. Kaiser sowie L. Jacoby, J. Brand (Ps. J. Hillebrand), B. Schönlank, E. Kreowski und O. Krille. Wichtige Karikaturisten: Damberger, R.M. Engert, J.B. Engl, A. Fiebiger, O. Galle, R. Grimm, E.M. Lilien, H. Paul, O. Steinbergs, A. Staehle, J. Stichler und M. Vanselow. Verbreitungsgebiet: vor allem Süddeutschland, Thüringen und Sachsen.

Wie der »Wahre Jacob«, nur ausgeprägter, verstand sich der SP als ein »Kampfblatt«. Er enthielt satirische, pathetische, hymnische und erzählende Texte einer betont engagierten und entschlossen parteinehmenden Literatur, der entsprechende Karikaturen und Bildallegorien gegenüberstanden. Sachprosa kam ergänzend hinzu: In Biographien und Nekrologen wurden bekannte Sozialisten und Demokraten (z.B. F. Lassalle, W. Liebknecht und J. Jacoby) und namhafte Schriftsteller und Künstler (z.B. A. Negri, E. Pottier, H. Heine, R. Schweichel, C. D. Grabbe, H. Daumier, A. Böcklin) gewürdigt. Knappe Rezensionen informierten hauptsächlich über sozialdemokratische Publikationen. Wie der »Wahre Jacob« attackierte der SP den junkerlich-imperialistischen Staat Bismarcks und Wilhelms II., speziell Militarismus, Ausbeutung und Unterdrückung, aber auch die Reaktion in anderen Ländern, insbesondere den Zarismus in Rußland. Er stand in der Tradition des Feuilletons der »Neuen Rheinischen Zeitung«, der bürgerlich-demokratischen »Frankfurter Laterne« und der ersten sozialdemokratischen satirischen Blätter, bewährte sich mit verdeckter Satire unter den Bedingungen des Sozialistengesetzes und erlebte seine Blütezeit unter der Redaktion von Fuchs 1892/1901, dann einen allmählichen Verfall in den Jahren 1902/10.

In den 90er Jahren trat der SP revolutionärer auf als der »Wahre Jacob«. Das lag an den Positionen von Fuchs, Klaar und Kaiser, die mit ihrer Tätigkeit die linken Kräfte in der SPD unterstützten. Besonders Fuchs suchte marxistische Gedanken zu vermitteln; Klaar steuerte eine große Zahl bissiger Satiren in Vers und Prosa und zahlreiche kämpferisch-pathetische Gedichte in eingängiger, volkstümlicher Form bei; Kaiser

setzte sich u.a. mit Tendenzen des »Opportunismus« und der »Verkleinbürgerlichung« innerhalb der Arbeiterpartei auseinander. In dieser Zeit verstand sich der SP als das »schärfste und entschiedenste politische Witzblatt der Arbeiterbewegung«; die Feder war ihm ein »scharfes Schwert« gegen den »Drachen der Reaktion«, »dem noch mancher Hieb und Stich versetzt werden« müsse, ehe er »krepiere« (1898, H. 25). In einer Anzeige in der Anthologie *Aus dem Klassenkampf* machte der SP Front gegen die kapitalistische Weltordnung mit ihrem »Raubthiercharakter« und alle, die sich »erfrechten«, »dem Sozialismus in die Zügel zu fallen«. Stärker als der »Wahre Jacob« entsprach der SP mit einem großen Teil seiner Texte und Karikaturen der Forderung von F. Engels nach einer flotten, zielbewußten, aufmunternden und erheiternden Schreibweise in den Periodika der Sozialdemokratie; Engels wollte, daß die Gegner verhöhnt und mit Verachtung behandelt werden: jeder Witz über »Bismarck & Co.« sei wertvoll (vgl. MEW, Bd. 35, S. 153, 170-171). Allerdings überwucherten Kampfgeist, Groll und auch Haß zuweilen den Witz beim SP: In dem Gedicht *Bismarck ist todt!* (1898, H. 18, S. 150) wurde der Urheber des Sozialistengesetzes als »des Reiches blutiger Gründer«, »der Freiheit grimmer Hasser« und »Gewaltmensch« bezeichnet. Seine Revolutionserwartung brachte Fuchs in dem Gedicht *Bourgeoisie- und Proletarier-Kunst* (1893, H. 15, S. 3) zum Ausdruck: »Es geht zu Ende mit eurer Klasse, / Es geht zu Ende mit eurem Recht, / Bald wird sich freuen der schönen Erde / Ein freies, edleres Geschlecht.« Ausdrücklich distanzierte sich der SP vom bürgerlichen »Kladderadatsch« seiner Zeit, dessen Humor er im Sumpf des Nationalliberalismus zugrunde gegangen sah. Den Kämpfern der Revolution von 1848 und der Pariser Kommune widmete er ehrendes Gedenken. Auf so unverblümt staatsfeindliche Haltung reagierten die Behörden mit Verfolgung und Haftstrafen für Redakteure - die von den Satirikern gern als Anlässe zu weiteren Attacken benutzt wurden. So war 1899, H. 17 - u.a. durch die Verwendung von Goethe-Zitaten zu politischen Anspielungen - als »Goethe-Nummer« gestaltet worden; auf deren Konfiskation antwortete die Redaktion mit einer ironischen »polizeifrommen Goethe-Nummer« (H. 19).

Kurz nach der Jahrhundertwende zog sich Fuchs aus der unmittelbar politischen Tätigkeit zurück, fast gleichzeitig verstummte Kaiser; Klaar allein vermochte den revolutionären Posten innerhalb der sozialdemokratischen Presse auf Dauer nicht zu halten. Politisch-ideologisch wurde der SP dem »Wahren Jacob« immer ähnlicher, so daß beide Blätter 1910 unter dem Namen des weitaus erfolgreicheren Bruderorgans vereinigt werden konnten. Die revolutionäre Anthologie ↗ *Aus dem Klassenkampf* (München 1894) setzte sich zum größten Teil aus Texten von Kaiser, Fuchs und Klaar zusammen, die der SP in den ersten 90er Jahren veröffentlicht hatte. Die

Gedanken eines arbeitslosen Philosophen (anonym, München 1897) sind eine Auswahl kleiner, teilweise aphoristischer Prosa von Fuchs aus dem SP.

Ausg.: Textausgaben, Bd. 19; Süddeutscher Postillon, Hg. und Einl. U. Achten, Berlin-West/Bonn 1979; Textausgaben, Bd. 22. - *Lit.:* K. Völkerling: Die politisch-satirischen Zeitschriften »Süddeutscher Postillon« (München) und »Der Wahre Jakob« (Stuttgart), Diss., Potsdam 1969; K. Hickethier: Karikatur, Allegorie und Bilderfolge. Zur Bildpublizistik im Dienste der Arbeiterbewegung, in: Kulturgeschichte, Bd. 1, S. 79-165.

Norbert Rothe

Tetzner, Lisa
Geb. 10. 11. 1894 in Zittau; gest. 2. 7. 1963 in Carona (Schweiz)

Tochter eines Arztes, mit elf Jahren Knochen-Tbc, ab 1913 Besuch der Sozialen Frauenschule in Berlin, Ausbildung in Sprecherziehung und Stimmbildung. 1917/18 Begegnung mit dem Verleger und Mentor der bürgerlichen Jugendbewegung E. Diederichs in Jena und Verbindung zu H. Lersch, A. T. Wegner, M. Barthel, J. Kneip; lernte 1919 Kurt Kläber kennen und heiratete ihn am 23. 12. 1924. 1921/24 erneuter Ausbruch der Krankheit mit bleibendem körperlichen Schaden. Ab 1927 Leiterin der Kinderstunde des Berliner Rundfunks. Das Haus der Kläbers wurde zu einem Treffpunkt des avantgardistischen literarischen und politischen Lebens in Berlin. Folgte Anfang 1933 Kläber ins Exil nach Carona bei Lugano, wo sie seit 1924 durch die Vermittlung H. Hesses ein Sommerdomizil gemietet hatten. 1935 nach einem denunziatorischen Angriff der SS-Ztg. »Das schwarze Korps« auf ihr Kinderbuch *... was am See geschah* (Baden-Baden 1935) Abbruch der Verlagsbindungen nach Deutschland; in der Schweiz zeitweilig Arbeitsverbot, Vortragsreisen u.a. nach Skandinavien, materielle Not. 1937/55 Lektorin für Sprechtechnik am Kantonalen Lehrerseminar in Basel. Nach Kriegsende mehrere Reisen nach Deutschland. 1949 Schweizer Staatsbürgerschaft.
T. zog von Sommer 1918/23 als Märchenerzählerin durch Deutschland und kam auf diese Weise mit vielen sozialen Schichten in Berührung. Davon berichtet sie in ihren Fahrtenbüchern *Vom Märchenerzählen im Volke* (Bd. 1, Jena 1919; *Aus Spielmannsfahrten und Wandertagen*, Bd. 2, Jena 1923; *Im Lande der Industrie zwischen Rhein und Ruhr*, Bd. 3, Jena 1923). Sie erwarb sich große Verdienste um die Sammlung, Bearbeitung und Übersetzung von Märchen der Weltliteratur und begründete eine Ästhetik des Märchens als gesprochene Dichtung. Die bereits in ihren frühen Werken enthaltene gefühlsmäßige Hinwendung zu sozialen Fragen verdichtet sich in *Hans Urian. Geschichte einer Weltreise*

Lisa Tetzner

(Stuttgart 1931) zu einer kompositorisch und sprachlich gelungenen Umsetzung gesellschaftlicher Konflikte in eine kindgemäße Darstellung von hoher Wirkungskraft. Durch Kombination realer und phantastischer Erzählelemente gelingt es ihr, die Klassenbeziehungen im Kapitalismus durchschaubar zu machen. Es ist die umfangreichste geschlossene Erzählung im phantastischen Genre der proletarisch-revolutionären Kinderliteratur. Sie wurde in fast alle europäischen Sprachen übersetzt. Die im Exil verfaßten Kinderbücher T.s künden von einer zunehmenden Bindung an die südschweizerische Landschaft und ländliche Lebensweise, so *Die Reise nach Ostende* (Aarau 1936) und *Die schwarzen Brüder* (Bd. 1, 2; zus. mit K. Kläber, Aarau 1940/41). Eine Ausnahme bildet die Romanfolge *Erlebnisse und Abenteuer der Kinder aus Nr. 67. Die Odyssee einer Jugend* (1. *Erwin und Paul*, Stuttgart 1933; 2. *Das Mädchen aus dem Vorderhaus*, Aarau 1948; 3. *Erwin kommt nach Schweden*, Stockholm 1941; 4. *Das Schiff ohne Hafen*, Stockholm 1943; 5. *Die Kinder auf der Insel*, Aarau 1944; [Bd. 1-5 auch Dresden 1949]; 6. *Mirjam in Amerika*, Aarau 1945; 7. *War Paul schuldig?*, Aarau 1945; 8. *Als ich wiederkam*, Aarau 1946; 9. *Der neue Bund*, Aarau 1949), in der T. sich mit den Wurzeln des Faschismus in Deutschland, seiner Praxis und seinen Folgen auseinandersetzt. Im Zentrum der Handlung, die in den Krisenjahren um

1930 beginnt und in den Wirren des zweiten Weltkrieges endet, steht das Schicksal einer Kinderfreundschaft in Deutschland und in der Emigration. Für die emotional wirkungsvolle Gestaltung komplexer Themen wie der Hitlerjugend, der jüdischen Frage, Krieg und Desertation, Exil und Deportation werden überzeugend verschiedenartige Erzähltechniken eingesetzt und Sujets von ungewöhnlicher Leuchtkraft gefunden. Die letzten Bände weisen allerdings zunehmend einen Mangel an sozialer Konkretheit auf.

W. W.: Deutsches Rätselbuch, Jena 1924; Guck heraus heißt mein Haus (Bilderbuch), Mönchen-Gladbach 1925; Im blauen Wagen durch Deutschland, Berlin 1926; Der Gang ins Leben, Jena 1926; Siebenschön, München 1926; Die schönsten Märchen der Welt für 365 und 1 Tag. Bd. 1, 2, Jena 1926/27; Die sieben Raben (E.), Königstein/Leipzig 1928; Vom Märchenbaum der Welt, Berlin 1929; Der kleine und der große Klaus (Sp.), Berlin 1929; Hans Urian geht nach Brot (zus. mit B. Balázs), Freiburg 1929; Der Fußball, Potsdam 1932; Der kleine Su aus Afrika, Berlin 1952; Die schwarze Nuß, Düsseldorf 1954; Bunte Perlen, Gütersloh 1956; Wenn ich schön wäre (R.), Baden-Baden 1956; Das Mädchen in der Glaskutsche, Berlin 1957; Das war Kurt Held, Aarau/Frankfurt a.M. 1961. – Ausg.: Lisa Tetzner. Aus der Welt des Märchens. Aus dem Nachlaß zusammengestellt von V. Mönckeberg-Kollmar, München/Westphalen 1965 (= Schrn. der Gesellschaft zur Pflege des Märchengutes europ. Völker, Bd. 4). – *Lit.:* A. Loos: Vier neue Kinderbücher, in: Die Linkskurve, 1931, 12, wiedergedr. in: D. Richter: Das politische Kinderbuch, Darmstadt/Neuwied 1973; Das Märchen und Lisa Tetzner. Ein Lebensbild, Frankfurt a.M. 1966; Studien zur Geschichte der deutschen Kinder- und Jugendliteratur, Hg. H. Kunze, H. 6/7 (I. Dreher/H. Meyer), Berlin 1975; G. Pelz: Untersuchungen zur marxistisch-leninistischen Kritik der Kinder- und Jugendliteratur 1918–1933, Diss., Zwickau 1983; H. Kunze/H. Wegehaupt: Spiegel proletarischer Kinder- und Jugendliteratur 1870–1936, Berlin 1985; I. Weber: Zum epischen Werk Lisa Tetzners für Kinder und Jugendliche, Diss., Zwickau 1986.

Eva-Maria Siegel

Thalheimer, August

Geb. 18. 3. 1884 in Affaltrach (heute Obersulm) in Württemberg; gest. 19. 9. 1948 in Havanna

Aus liberaler jüdischer Kaufmannsfamilie, in der führende Sozialdemokraten Württembergs wie C. Zetkin verkehrten. Th. und seine Schwester Berta Th. (1883–1959; Funktionärin der sozialdemokratischen und kommunistischen Frauenbewegung) wurden so frühzeitig mit sozialistischem Gedankengut vertraut. 1902/07 studierte Th. an deutschen und englischen Universitäten. Diss. *Beitrag zur Kenntnis der Pronomina personalia und possesiva der Sprachen Mikronesiens* 1907 in Straßburg, bis 1909 Ökonomie- und Philosophie-Studium in Berlin. Ab 1909 erste Artikel für NZ und »Die Gleichheit«, darunter eine polemische brillante Rezension von W. Sombarts

Das Lebenswerk von Marx (in: NZ, 1909, Bd. 2, S. 292 ff.) und eine Auseinandersetzung mit F. Mehring über die Methode des historischen Materialismus (in: NZ, 1910, H. 23/24). Auf Empfehlung R. Luxemburgs als Volontär an die »Leipziger Volkszeitung«, wo er 1910 in die SPD eintrat. Juli 1911/Juni 1912 Redakteur der Göppinger »Freien Volkszeitung«; 1913/14 politischer Kolumnist der Zetkinschen »Gleichheit« und 1914/16 bis zur Einberufung zum Militärdienst (Übersetzer im Hauptquartier des Kronprinzen) Chefredakteur des Braunschweiger »Volksfreunds«. Auf der Gründungsversammlung des Spartakusbundes (11. 11. 1918) in die Leitung gewählt, war Th. in der Zentrale der KPD bis 1923 in verschiedenen Funktionen. Neben publizistischer Tagesarbeit (Hg. der »Internationale«; 1919/21 und 1923 Chefredakteur der RF) war er ein auf politische Analyse und Strategiebildung orientierter Theoretiker der Partei, aus dessen Feder die wichtigsten programmatischen Dokumente der KPD bis 1923 stammen. 1921 vertrat er die sog. »Offensivtheorie« (Referat auf dem V. Parteitag der KPD, Nov. 1920), war einer der frühesten Verfechter einer Einheitsfrontpolitik und ein erbitterter Gegner von Sektierertum und linkem Radikalismus. Daher lehnte er auch die Angriffe von G. Grosz und J. Heartfield in der ⁄ »Kunstlump«-Debatte (1920) strikt ab. In der revolutionären Krise Herbst 1923 verfolgte Th. (er führte in diesem Jahr zusammen mit H. Brandler die KPD) eine eher vorsichtige, abwartende Politik. Vom IX. Parteitag der KPD (Apr. 1924), auf dem die Ultralinken siegten, deshalb nicht wieder in die Zentrale gewählt. Wegen vorliegenden Haftbefehls als Führer der verbotenen KPD Emigration in die Sowjetunion. Wurde Mitglied der KPdSU und war 1923/28 als Wissenschaftler im Moskauer Marx-Engels-Institut, an der Sun-Yat-Sen-Universität und an der Kommunistischen Akademie tätig. Während der Parteikrise vom Herbst 1928 (Wittorf-Affäre) nach Berlin zurückgekehrt, wurde er als Hauptvertreter der Rechten aus der KPdSU und der Kommunistischen Akademie ausgeschlossen. Dez. 1928 an der Gründung der KPD/Opposition (KPO) beteiligt. Emigrierte 1933 nach Paris. 1936 versuchte er in Katalonien, eine Verbindung zwischen KPO und Partido Obrero de Univicatión Marxista (POUM) herzustellen. Seit 1940 zusammen mit Brandler in Kuba, wo, von den Zentren der Arbeiterbewegung und der Emigration isoliert, seine publizistische Tätigkeit zwischen 1940/45 endete. Bemühte sich mehrmals um Rückkehr nach Deutschland, die ihm die westlichen Alliierten verweigerten.

Wie seine Lehrer Zetkin, Luxemburg und Mehring sah Th. die publizistische Beschäftigung mit Kunst und Literatur als Teil seines politischen Gesamtauftrages. Seine philosophie- und sozialhistorischen, linguistischen, ethnologischen, physikalischen, geographischen Artikel und die literaturgeschichtlichen Beiträge sind vom Grundimpuls bestimmt, den Materialismus auf das jeweilige Wissensgebiet anzuwenden. Mehrings stark betonter Differenzierung zwischen Natur und Gesellschaft begegnete er mit einem sich auf B. Spinoza berufenden materialistischen Substanzbegriff, der ihm die Grundsätze des Determinismus und Monismus verbürgen sollte. Th. vertrat in der Nachfolge von Mehring und einig mit G. L. Alexander eine Erbeauffassung, die sich am progressiven bürgerlichen Erbe orientierte. In der Zs. »Arbeiterliteratur« war er mit Artikeln über I. Kant und G. Lukàcs' *Lenin. Studie über den Zusammenhang seiner Gedanken* (Wien 1924) sowie mit einer Analyse der materialistischen Dialektik Lenins einer der wichtigen Autoren. In der von H. Duncker herausgegebenen »Marxistischen Bibliothek« erschienen 1928: in Bd. 13 (zus. mit A. Deborin) zwei größere Aufsätze *Die Klassenverhältnisse und die Klassenkämpfe in den Niederlanden zur Zeit Spinozas* und *Spinozas Einwirkung auf die klassische deutsche Literatur* und in Bd. 14 *Einführung in den dialektischen Materialismus* (Wien/Berlin). Hier stellte Th. als erster marxistischer Kritiker den wichtigen materialistischen Einfluß Spinozas auf G. E. Lessing, J. G. Herder und J. W. Goethe dar. Zur russischen Ausgabe des Buches von R. Sorge (Ps. R. Sonter) *Der neue deutsche Imperialismus* (Hamburg/Berlin 1928), in dessen Analysen ein systematischer Zusammenhang hergestellt wird zwischen Ökonomie, Klassenanalyse und der politischen, die Probleme des Faschismus berücksichtigenden Strategie, schrieb Th. ein Vorwort. Th.s Bündnisstrategie, die aus Sorges Buch wesentliche Impulse bezog, ist gegen die linkssektiererischen Tendenzen des VI. KI-Kongresses (1928) (»Sozialfaschismus«, »Einheitsfront von unten«) gerichtet. Diese wichtigen, im Kampf gegen den Faschismus unerläßlichen und vom KI-Kongreß 1935 schließlich auch bestätigten Grundsätze antifaschistischer Einheitsfrontpolitik wurden von Th. und den Rechten gegen die Parteimehrheit verfochten – aus diesem Grunde der Vorwurf »fraktioneller Tätigkeit«. Grundlegend ist in diesem Zusammenhang auch seine Faschismustheorie (seit 1923 entwickelt, ausdifferenziert 1929/32 in Artikeln der Wochen-Ztg. der KPO, »Gegen den Strom«, und in der Broschüre *Wie schafft die Arbeiterklasse die Einheitsfront gegen den Faschismus* [Berlin 1932]), mit der Th. einen eigenständigen, bis heute in der internationalen Diskussion beachteten Beitrag zur marxistischen Faschismusanalyse geliefert hat. Auf dem Hintergrund der Marxschen Bonapartismus-Analyse von 1852 verweist Th. auf wesentliche, für einen wirklich antifaschistischen Politikansatz zentrale Momente des Faschismus, auf die Differenz zwischen politischer und sozialer Herrschaft der bürgerlichen Klasse, auf die Verselbständigung der Exekutive und des Staates, auf die Rolle der konterrevolutionären faschistischen Massenorganisationen. E. Fuchs, der als Nachlaßverwalter Ende der 20er Jahre die *Gesammelten Schriften* F. Mehrings herausgab, betraute

Th. mit der Edition der Bände zur Literatur- und Philosophiegeschichte (Berlin 1929), die dieser mit ausführlichen Einleitungen und Anhängen versah. Hiermit wie mit seinem wichtigen Aufsatz *Clara Zetkin und die deutsche Arbeiterbewegung* (in: Inprekorr, 1927, H. 67) verwies Th. die Parteigeschichtsschreibung auf die wichtige Brückenfunktion, die dem Werk von Zetkin, Mehring und Luxemburg in der Entwicklung von der II. zur III. Internationale zukommt. Ein bemerkenswertes Fragment *Über die Kunst der Revolution und die Revolution der Kunst* (in: *Über die Kunst der Revolution und die Revolution der Kunst. Aufsätze zur historisch-materialistischen Ästhetik und zur Anwendung der historisch-materialistischen Methode auf dem Gebiet der Literaturgeschichte*, Hg. E. H. Schultz, Gießen 1972) hat sich in seinem Nachlaß gefunden. Ausgehend von der nie aufgegebenen These, daß erst die Revolution eine sozialistische Kunst hervorbringen wird, untersucht Th. das Verhältnis von sozialistischen, klassenlosen, kollektivistischen und den revolutionären Klassen-Momenten in einer Kunst der Übergangsgesellschaft, wie sie in der sowjetischen Kunstentwicklung nach 1917 gegeben sei. Seinem Basis-Überbau-Schema entsprechend, ordnet er dieser Übergangskunst die gesellschaftlichen Besonderheiten der Entwicklung des Sozialismus in der Sowjetunion zu, einem Land, das die »ursprüngliche Akkumulation« unter nun schon sozialistischen Bedingungen nachholen müsse. Momente sozialistischer und klassenloser Kunst sieht er in dem Maße wachsen, wie die Gesellschaft materielle Not überwinde und neue Formen des Kollektivismus in der Arbeit und in der Freizeit entwickele.

Lit.: Literaturdebatten; J. Kaestner: Die politische Theorie A. Thalheimers (mit Bibl.), Frankfurt a.M./New York 1982; W. Abendroth: Die Aktualität der Arbeiterbewegung, Frankfurt a.M. 1985.

Dieter Kliche

Tkaczyk, Wilhelm

Geb. 27. 2. 1907 in Zabrze (Oberschlesien); gest. 2. 12. 1982 in Berlin

Wurde als unehelicher Sohn einer Magd geboren, besuchte die achtklassige Volksschule, war danach Arbeiter. T. bildete sich autodidaktisch weiter, vor allem auf literarischem Gebiet. Mit 16 Jahren trat er dem Metallarbeiterverband bei, mit 19 Jahren der KPD. Arbeitslosigkeit in Oberschlesien, Wanderung durch Deutschland, u.a. als Gärtner, Bürobote, Angestellter und Landarbeiter tätig. Erste Gedichte 1925 im sozialdemokratischen »Hindenburger Tageblatt«, in den Anthologien *Jüngste Arbeiterdichtung* (Hg. K. Bröger, Berlin 1925) und *Das proletarische Schicksal* (Gotha 1929), dann in den Zsn. »Die neue Bücherschau«, »Die Linkskurve« und RF. T. trat 1928 in Berlin dem BPRS bei, kehrte 1929 in seine Geburtsstadt zurück, gründete und leitete eine Ortsgruppe des BPRS (»Industriegruppe Oberschlesien«). J. R. Becher gab T.s ersten Gedichtband, *Fabriken, Gruben* (Magdeburg 1932), heraus, der jedoch infolge der faschistischen Machtübernahme nicht mehr ausgeliefert werden konnte. Nach 1933 wurde T. wegen Mitarbeit in illegalen antifaschistischen Gruppen zeitweise inhaftiert bzw. überwacht. In dieser Zeit gingen erstmals alle Manuskripte verloren. Nach Tätigkeit in der Oberschlesischen Landesbibliothek war T. 1939/45 Infanteriesoldat, geriet 1945 in sowjetische Gefangenschaft und besuchte verschiedene Antifa-Schulen. 1945 erneuter Verlust aller Manuskripte. 1946 kehrte T. nach Berlin zurück und war dort bis 1972 Bibliothekar im Klub des Kulturbunds.

T.s frühe Gedichte sind geprägt von der physischen und psychischen Not des jungen Fabrikarbeiters und dem Drang nach Selbstverständigung durch poetische Mitteilung. Erste Verse (*Trost*, 1923; *Schatten der Vergangenheit*, 1924), recht sentimental und konventionell in der Form, sind geprägt von elegischem Pathos, doch findet er in den nachfolgenden Texten zunehmend zu einer verhaltenen, Sachverhalte zeigenden Art der Darstellung sozialer Erfahrungen des proletarischen Alltags, bei der lokale Besonderheiten des Lebens im oberschlesischen Gebiet prägend sind (in *Oberschlesien im Zeichen der Krise* erscheinen »neben den Gruben und Hütten« »Kirchen - Kneipen - Kintopps« als Wahrzeichen). In Gedichten des Bandes *Fabriken, Gruben* werden vielfältige lyrische Verfahren und poetische Darbietungsweisen erprobt (z. B. Monologe, der Versuch zu einem tradierte Formen einsetzenden Epos, ironische und satirische Rede). T.s Sprechweise und Metaphorik sind schlicht und anschaulich; häufig wird der Leser durch direkte Ansprache in den Text einbezogen. Zumeist schreibt T. Gedichte, die ein lyrisches Ich aus einer konkreten Lebenssituation heraus in seinen sozialen Verhaltensweisen und individuellen Reflexionen vorführen. Je mehr der Autor zur Erkenntnis gelangt, daß das individuell erfahrene und zur lyrischen Äußerung gebrachte Arbeiterleben paradigmatische Züge trägt, vermag er eine neuartige lyrische Äußerungsform innerhalb der proletarisch-revolutionären Dichtung auszubilden. Becher, der sich für T.s Dichtung engagierte, sie »reichhaltig und kühn« nannte, betonte als besondere Leistung, daß in den Gedichten das Thema des Klassenkampfes nicht in Deklamation »versackt«, daß Widersprüche der revolutionären Bewegung nicht »hurra-proletarisch« als Resultate gegeben, sondern als Prozesse gezeigt und dichterisch gestaltet werden (in: »Linkskurve«, 1932, H. 3). Dominantes Thema der frühen Lyrik ist der Protest gegen die Beschneidung proletarischer Persönlichkeitsentwicklung unter den Bedingungen der Fabrikarbeit. Zunächst äußert sich dies

als Rebellion gegen die Fabrik schlechthin, als Ruf nach Emanzipation von den Lebensbedingungen des Lohnarbeiters: »Komme, was kommen will, / ich / mach / mich / frei!!!« (*Prometheus in der Fabrik*, e. 1925). Spätere Texte fragen genauer nach den gesellschaftlichen Ursachen und gelangen - teils satirisch - zur Systemkritik, so in Gedichten, in denen das lyrische Ich seine Entwicklungschancen denen der priviligierten Schichten gegenüberstellt. In diesem Kontext wird auch nach dem Verhältnis von Arbeiter und Kunst gefragt. Gestörtes proletarisches Kunst- und Schönheitsempfinden signalisiert für T. Reduktionen der Lebensmöglichkeit (*Unser die Kunst, Fron oder Sport* u. a.).

T.s Gedichte aus den Jahren des Krieges und der Gefangenschaft sind fast gänzlich verlorengegangen. Erst der Band *Der Tag ist groß* (Dichtungen und Nachdichtungen, Ges. We. in einem Bd., Halle 1972) stellte einen verbliebenen Rest (31 Texte) vor. In ihnen spricht sich Haß gegen den Krieg aus und seine Urheber, Scham über das eigene Tun als Soldat, aber auch der Glaube an eine künftige Wende. Auffällig ist das Beibehalten des sachlichen, mitunter heiter-ironischen Tons (*Der Dichter*), die Verwendung von Fabelmomenten sowie dichtere Metaphorik und eine sicher gewordene Handhabung des Rhythmus (z. B. *Marschmaschine*).

Die Wiederaufnahme der lyrischen Produktion nach dem Krieg erweist sich als schwierig. Im vergleichsweise umfangreicheren Werk sind gegenüber der proletarisch-revolutionären Phase Veränderungen deutlich, eine stärkere Lakonik, Reflektiertheit und heitere Sinnlichkeit. Das eigenständige Profil T.s innerhalb der deutschen sozialistischen Lyrik nach 1945 (zu deren Bereicherung er auch durch viele Nachdichtungen moderner polnischer, russischer, tschechischer und slowakischer Poesie beigetrug), beruht weitgehend auf dem von Beginn an vorherrschenden poetischen Verfahren, ins Zentrum des Gedichts ein lyrisches Ich in konkreten sozialen Bezügen zu stellen und von daher einen plebejischen wie universellen Lebensanspruch vorzutragen - oft heiter-ironisch, sarkastisch, zunehmend philosophisch.

W. W.: Wir baun uns eigne Himmelswiesen (Ge.), Berlin 1958; Auf dieser Erde (Ge. und Nachdn.), Halle 1963; Regenbogenbaldachin (Ge.), Halle 1969; Spiegel unseres Werdens. Mensch und Arbeit in der Dichtung von Goethe bis Brecht (hg. mit René Schwachhofer), 1969; Lastkahn mit bunter Fracht (Ge. und kurze Prosa), Halle 1977; Meine Wolken sind irdisch (Ge.), Halle 1981; Rundflüge im Abendrot (Ausgew. Ge.), Halle/Leipzig 1983. – *Lit.:* Beiträge, Bd. 3; Mathilde Dau: Wilhelm Tkaczyk, in: Literatur der DDR. Einzeldarstellungen von einem Autorenkollektiv unter Ltg. von H. J. Geerdts unter Mitarbeit von H. Prosche, Bd. 3, Berlin 1987.

Ingrid Pergande

Toller, Ernst

Geb. 1. 12. 1893 in Samotschin (Provinz Posen); gest.
22. 5. 1939 in New York (durch Freitod)

T. entstammt einer deutsch-jüdischen Kaufmannsfamilie.
Gymnasium, danach Studium in Grenoble/Frankreich; vom
Kriegsausbruch 1914 überrascht, über die Schweiz nach München, wo er sich, in nationalistischen Illusionen befangen,
freiwillig zum Kriegsdienst meldete. 1915 als dienstuntauglich
entlassen; Fortsetzung des Studiums in Heidelberg, Berlin und
München. Seine Fronterlebnisse hatten ihn zum Kriegsgegner
gemacht; gründete mit gleichgesinnten Studenten den »Kulturpolitischen Bund der Jugend in Deutschland« (als hoch-
verräterisch verboten). Unter dem Einfluß K. Eisners Mitglied
der USPD. T. verteilte während des Munitionsarbeiterstreiks
1917 in München Szenen seines Stückes *Die Wandlung* (1918
im Militärgefängnis beendet) - es zeigt den Weg eines jungen
jüdischen Künstlers durch den Krieg, von dem er sich Zugehörigkeit zur Gemeinschaft der Deutschen erhoffte, bis zum
Aufruf zu Revolution und Menschheitserneuerung. Wegen
Streikaufruf inhaftiert. Nach Eisners Ermordung 1919 führend
an der Münchner Räterepublik beteiligt, wurde T. nach deren
Niederschlagung zu fünf Jahren Festungshaft verurteilt, die er
- vornehmlich in der bayrischen Festung Niederschönenfeld -
vollständig verbüßen mußte. Hier entstand ein Großteil seines
Frühwerks. Aufführungen seiner ersten Stücke in Berlin und
anderen deutschen Städten gestalteten sich jeweils zu Manifestationen für die Befreiung der politischen Gefangenen der
Weimarer Republik. Nach Haftentlassung aus Bayern ausgewiesen, führte T. ein rastloses Leben, das ihn durch Deutschland und mehrere Länder, 1926 in die Sowjetunion führte
(*Quer durch. Reisebilder und Reden*, Berlin 1930). Bevorzugtes Thema seiner Publizistik war die Justiz (*Justiz.
Erlebnisse*. Berlin 1927). Jan. 1933 zu einem Vortrag in der
Schweiz, so entging T. der Verhaftung. Seine Werke kamen auf
den Scheiterhaufen, als einer der ersten Schriftsteller schon im
Aug. 1933 ausgebürgert. Auf dem internationalen PEN-Kongreß 1933 in Ragusa trat er gegen die Unterdrückung des
Geistes in Deutschland auf - Anlaß für die Delegierten aus
Nazideutschland, die Veranstaltung zu verlassen - und warb
im Exil engagiert für eine antifaschistische Gemeinschaft, so
auf dem I. Allunionskongreß der Sowjetschriftsteller 1934 in
Moskau und dem Kongreß zur Verteidigung der Kultur 1938 in
Paris. T. reiste viel, war in verschiedenen Exilzentren, wirkte
hauptsächlich von London aus, suchte dann in den USA Fuß
zu fassen. Während des Spanienkrieges (Juli 1938 fuhr er
nach Spanien) setzte sich T. energisch für eine Hilfsaktion
zugunsten der Zivilbevölkerung, vor allem der spanischen
Kinder ein, sprach und verhandelte in mehreren europäischen
Ländern, dann in den USA. Das Ende der spanischen Republik,

Ernst Toller

der anscheinend unaufhaltsame Vormarsch des Faschismus
und dessen Duldung durch die bürgerlichen Demokratien,
aber auch private Enttäuschungen führten zu T.s tiefen Depressionen, die sein tragisches Ende auslösten.

T.s im Gefängnis entstandenes Frühwerk markiert das express-
sionistisch-aktivistische Element in der sozialistischen Literatur der revolutionären Nachkriegskrise. T. verband den
idealistischen Aufruf zur Erneuerung des Menschen mit dem
Kampf um die Befreiung des Proletariats, war ein Sozialist mit
entschiedenem sozialem Ethos, ohne sich organisatorisch an
die Arbeiterbewegung zu binden. In den expressionistischen
Stationendramen agieren seine Figuren im Widerspruch zwischen Erfordernissen konkreten politischen Handelns und der
Erfüllung abstrakter humanistischer Prinzipien (Menschenliebe, Gewaltfreiheit), an dem sie zugrunde gehen, auch dort,
wo - wie in *Die Maschinenstürmer. Ein Drama aus der Zeit
der Ludditenbewegung in England* (Leipzig/Wien/Zürich
1922) - ein geschichtlicher Stoff der Handlung zugrunde liegt.
Damit wird eine Lebensproblematik ihres Autors verarbeitet,
die sein politisches Handeln geprägt hat und die Kritik der
revolutionären Arbeiterbewegung an seinem Verhalten während der Räterepublik herausforderte; auch weit über seinen
Tod hinaus hat sie die Bewertung seines Schaffens mitbestimmt. T.s Lyrik aus dieser Zeit reflektiert mit starkem Pathos

die Lage des politischen Gefangenen, sein Ausgeliefertsein und sein Lebensverlangen, so in *Gedichte der Gefangenen* (München 1921) und *Das Schwalbenbuch* (Potsdam 1924).

Das erste nach der Haft entstandene Stück, *Hoppla, wir leben!* (Potsdam 1927), geht ebenfalls von eigenen Erfahrungen aus. Sein ins Sachliche veränderter Stil ist von T.s Desillusionierung geprägt. Im Mittelpunkt steht Karl Thomas, der zusammen mit anderen an der Revolution Beteiligten 1919 zunächst zum Tode verurteilt, dann zu Haft begnadigt und in eine Irrenanstalt eingeliefert worden war. Nach der Entlassung trifft er die Mitgefangenen in unterschiedlichen Positionen wieder. Konflikt und Handlung erwachsen aus der Konfrontation der revolutionären Ideale von 1918/19, von denen der Held unverändert getragen ist, mit der Wirklichkeit von 1927, in der er auf allen Ebenen Realpolitiker agieren sieht. Er trifft den totgeglaubten Kilman als korrupten SPD-Minister, die junge Eva Berg und den Arbeiter Kroll als Funktionäre der Arbeiterbewegung, aufgehend in Kleinarbeit. In beiden Verhaltensweisen sieht er ein Aufgeben der alten Ideale. Um ein Zeichen zu setzen, beschließt er, Kilman zu erschießen, ihm kommt aber ein von Nationalisten gedungener Student zuvor. Für den Täter gehalten, wird er wieder ins Gefängnis gebracht, wo er sich das Leben nimmt. Durch die Abrechnung mit dem Weg, den die Weimarer Republik eingeschlagen hat, im Rückbezug auf die Revolution war das Stück wichtig für die Weiterentwicklung sozialistischer Theaterarbeit. An die Uraufführung, mit der E. Piscator 1927 in Berlin sein Theater am Nollendorfplatz eröffnete, schloß sich eine hauptsächlich in der RF geführte Debatte an, worin Fragen der sozialistischen Kunst und Kunstbewegung und ihrer Haltung zu Verbündeten, als den man T. zumeist sah, kontrovers erörtert wurden; beteiligt waren Slang (d.i. F. Hampel), A. Kémeny (Durus), F. Rubiner, A. Abusch und W. Hirsch. Beim nächsten Stück, *Feuer aus den Kesseln* (Berlin 1930), diente T. der Aufstand in der deutschen Flotte 1917 als Stoff; das Authentische des Falls und dessen juristischer Aspekt wurde durch Dokument-Beigaben in der Buchveröffentlichung unterstrichen. Der Konflikt ergibt sich hier aus dem Widerspruch von Recht und Macht. Die Matrosen suchen ihr Recht und wollen damit ihre Menschenwürde wieder herstellen. Sie scheitern an der Macht des militärischen Apparates, der sich über ihr Anliegen hinwegsetzt. Die Macht-Recht-Konstellation wiederholte T. in *Pastor Hall*, das im Exil entstand und den Konflikt als Auseinandersetzung mit dem Faschismus zuspitzt. T.s gewichtigster Beitrag zur deutschen Literatur des antifaschistischen Exils war die Autobiographie *Eine Jugend in Deutschland* (Amsterdam 1933), niedergeschrieben in den Endjahren der Weimarer Republik, abgeschlossen am »Tag der Verbrennung meiner Bücher in Deutschland« (S. XV). Den aktuellen Bezugspunkt betont er in der Einleitung *Blick 1933*: »Wer den Zusammen-

bruch von 1933 begreifen will, muß die Ereignisse der Jahre 1918 und 1919 in Deutschland kennen, von denen ich hier erzähle.« (S. IX) Mit der eigenen Jugend will T. ein Stück Zeitgeschichte aufzeichnen, unbeschönigt auch eigenes Versagen zeigen, von Befreiungsbewegung und ihrer Unterdrückung erzählen, damit sie nicht vergessen werde. Auf diese Lebensbilanz eines politischen Dichters folgt ein zweites autobiographisches Buch, *Briefe aus dem Gefängnis* (Amsterdam 1935), mit der T. sich erneut den Jahren 1918/24 zuwendet. T. behandelt die subjektive Form des Briefes als dokumentarisches Material so, daß das Persönliche deutsche Geschichte erhellt; er stilisiert und ergänzt dabei auch die Brief-Zeugnisse. Verwies die Einleitung der ersten Autobiographie auf K. Liebknecht, »die Stimme der Wahrheit und des Friedens« (S. XIV), so wird im zweiten Buch R. Luxemburg zur Berufungsinstanz, deren *Briefe aus dem Gefängnis* auch immanenter Bezugspunkt sind. Es zeichnet den Weg von der verlorenen Revolution 1918/19 bis zum Aufstieg der Nationalsozialisten und weist im Durcharbeiten der Jahre im Zuchthaus auf die Gegenwart im gewaltsamen Deutschland und des leidenden und kämpfenden »anderen Deutschland«. Ein angekündigter dritter Band der Autobiographe wurde nicht mehr geschrieben.

Ausg.: Ausgewählte Schriften. Vorw. B. Uhse/B. Kaiser, Berlin 1959; Prosa. Briefe. Dramen. Gedichte. Vorw. K. Hiller, Hamburg 1961; Gesammelte Werke, 5 Bde., Hg. J. M. Spalek/W. Frühwald, München 1978. – *Lit.:* Der Fall Toller. Kommentar und Materialien, Hg. W. Frühwald/J. M. Spalek, München 1979; Zu Ernst Toller. Drama und Engagement (mit Bibl. der Sekundärliteratur), Hg. J. Hermand, Stuttgart 1981; S. Rothstein: Der Traum von der Gemeinschaft. Kontinuität und Innovation in Ernst Tollers Dramen (mit Bibl. zur Primär- und Sekundärliteratur), Frankfurt a.M./Bern/New York/Paris 1987; R. Dove: Ernst Toller. Ein Leben in Deutschland, Göttingen 1993.

Klaus Kändler

Traven, B. (d. i. Ret Marut)

deutscher oder amerikanischer Herkunft, geb. zwischen 1882 und 1890 in (San Franzisko) den USA; gest. 26. 3. 1969 in Mexico City

Die Identität T.s gilt immer noch als das größte literarische Geheimnis dieses Jahrhunderts. Nach dem letzten Forschungsstand von R. Recknagel (1982) und Karl S. Guthke (1983, 1990, 1992) handelt es sich bei T. sehr wahrscheinlich um den Mann, der um 1907 umter dem Namen Ret Marut als Schauspieler und Regisseur in Essen und Düsseldorf auftauchte. Gab 1917/1921 die Zs. »Der Ziegelbrenner« heraus, die seine radikalen Attacken gegen Monarchismus, Militarismus, Staat und Kirche enthielt. In der Münchener Räterepublik im Propagandausschuß des Revolutionären Zentralrats des Räterepublik, engagierte sich besonders für die »Sozialisierung der Presse«. Begrüßte die Oktoberrevolution. Von Weißgardisten am 1. Mai 1919 verhaftet, gelang ihm die Flucht in letzter Minute, Fahndung wegen Hochverrats zwang T. zur Illegalität, er verließ Deutschland Ende 1922, war ab Juni 1924 in Mexico. Umfangreiche Vorkehrungen, seine Identität mit dem steckbrieflich gesuchten Ret Marut zu verschleiern. Unter T. Torsvan/Hal Croves bis zum seinem Tod in Mexico.

Als einer der meistgelesenen Autoren des 20. Jh.s verdankt T. seine Wirkung der meisterhaften Mischung von sozial-radikalem Engagement für die Ausgebeuteten und Unterdrückten und einer besonderen Qualität spannend-abenteuerlichen Erzählens. Literarisch entdeckt wurde er von E. Preczang, dem Leiter der Büchergilde Gutenberg, der die literarische Bedeutung des damals unbekannten Autors in dem im »Vorwärts« als Feuilleton-Fortsetzung erschienenen Buchs *Die Baumwollpflücker* (Juni/Juli 1925) erkannte und 1926 den Roman *Das Totenschiff. Die Geschichte eines amerikanischen Seemanns* (Berlin) herausbrachte. Mit dieser scharf anklagenden, anarchistisch und rebellisch aufrührerischen Erzählung eines Länder und Meere durchirrenden »einfachen Deckarbeiters«, der schonungslos die Ausbeutung der Seeleute in internationalem Maßstab aufzeigt, gefährlichste Arbeitsbedingungen und miserable Lebensverhältnisse an Bord, der aber auch das solidarische Verhalten einiger weniger erfährt, begann T.s sensationelle Schriftstellerkarriere (bei seinem Tod war er in mehr als zwei Dutzend Sprachen übersetzt und in ca. 25 Millionen Ex. verbreitet). K. Schröder begrüßte das Buch in seiner »proletarisch-künstlerischen Realistik« als »Meilenstein am Wege neuer, von Grund auf antibürgerlicher Kunst« (in: »Die Bücherwarte«, 1926, H. 8, S. 204) T.s Wirkung beim Arbeiterleser wurde durch das Erscheinen seiner Bücher im Rahmen der Büchergilde (*Der Schatz der Sierra Madre*, 1927; *Der Busch* (En.) 1928; *Land des Frühlings*, 1928; *Die Brücke im Dschungel*, 1929; *Die weiße Rose*, 1929; *Der Karren*, 1931; *Regierung*, 1931) befördert, deren literarisches »Zugpferd« er wurde. Auf die Errichtung der NS-Diktatur reagierte er eindeutig mit der Solidarisierung mit den Büchergilden-Machern, die ins Exil gezwungen waren – hier befände sich die wahre Büchergilde mit ihrem freiheitlichen Geist, zu der er stehe; voller Abscheu und Verachtung spricht er von der »Herrschaft der Hemden« und »gebrochenen Kreuzzeichen«, den »Auferstehungsbrüllern«, »Menschenjägern«, und bietet der Büchergilde Zürich seinen neuen Roman (*Der Marsch ins Reich der Caoba*, Zürich/Wien/Prag 1933) an, um gegenüber den NS-Versuchen zur Usurpation der Gilde zu demonstrieren (Brief an Büchergilde Gutenberg, Zürich, vom 13. Mai 1933, Quelle: E. Preczang-Nachlaß im Institut für Arbeiterliteratur Dortmund). Seine Themen in den 30er Jah-

B. Traven – Ret Marut

ren sind die brutalen Ausbeutungsverhältnisse in Mittelamerika, in den Goldminen, auf den Erdölfeldern und Baumwollplantagen, in den Holzfällerlagern und Mahagony-Camps im tiefen Dschungel. Er nimmt vehement Partei für die mexikanischen Indios, zeigt sie ungeschminkt auf der untersten Stufe brutalster kapitalistischer Ausbeutung. Seine Sozialkritik ist Zustandsbeschreibung sozialen Elends, die anklagt und nach Veränderung schreit. Von den »Hemden« im Dritten Reich wurden seine sämtlichen Werke verboten, unter Tex Harding erschien in einer Berliner Illustrierten ein Plagiat des *Totenschiffs* (vgl. IL, 1936, H. 11, S. 138). Im Exil wurde sein Roman *Die Rebellion der Gehenkten* (Zürich/Prag 1936) zum Gegenstand einer politisch-literarischen Debatte, die sich besonders an T.s Darstellung der Handwerkerschicht entzündete. Der anonyme Rezensent in »Das Wort« stellte T., diesen »hochbegabten Prosaiker«, einen der »stärksten Autoren« der deutschen antifaschistischen Literatur, vor als »ständig zwischen humanitärem Reformismus und wildestem Anarchismus schwanken(d)« und kritisierte am Buch, besonders in Bezug auf die Mittelschichten, Tendenzen, »die dem einhelligen Kampf aller Freunde der Menschlichkeit eher abträglich als dienlich sind« (»Das Wort«, 1936, H. 2, S. 88/89).

Einige Monate später meldete sich G. Schwinghammer, ein Arbeiter-Leser, Jungbuchdrucker und Gildenfreund aus Prag, um den »neuen Traven« zu verteidigen (ebd., 1937, H. 4/5, S. 126–130). Er bekräftigte dessen Darstellung der Mittelschichten, sie zeige mit Recht ihre ambivalente Haltung. Sie könnten nur an der Seite der kämpfenden Arbeiter überleben, sonst verpaßten sie die Zukunfts-Chance. Die Replik von K. Kersten (1937, H. 9) betont, daß T. einen Roman und keine Geschichtsdarstellung verfaßt habe, deren bleibendes Verdienst es sei, eine eindringliche Schilderung vom Leben des mittelamerikanischen Proletariats gegeben zu haben. Abzulehnen sei im Zeichen der Volksfront aber die undifferenziert ablehnende Haltung gegenüber den Mittelschichten, wie sie bei T. angelegt sei.

Ausg.: Das Gesamtwerk, hg. E. Päßler, *Frankfurt a. M.* 1977/83; Aus dem Land des Frühlings. Auszüge, Aufsätze, Auskünfte, hg. H. D. Tschörtner, Berlin 1986. Ich kenne das Leben in Mexiko. Briefe an John Schikowski 1925–1932. Hg. K. S. Guthke, Frankfurt a.M. 1992. – *Lit.:* R. Recknagel: B. Traven. Beiträge zur Biografie, Leipzig 1966, 1982; W. Wyatt: The secret of the Sierra Madre. The Man, who was B. Traven, New York 1980; Karl S. Guthke: B. Traven. Biographie eines Rätsels, Frankfurt a. M. 1987; ders. Ein Romancier kommt aus dem Dschungel, Berlin 1992.

Red.

Buchumschlag von Heartfield, 1929

Tucholsky, Kurt (Ps. Kaspar Hauser, Peter Panter, Theobald Tiger, Ignaz Wrobel)

Geb. 9. 1. 1890 in Berlin-Moabit; gest. 21. 12. 1935 in Göteborg (Schweden)

Sohn eines Kaufmanns. Kindheit und Jugend in Stettin und Berlin. Nach Abitur 1909 Jurastudium in Berlin und Genf. Während des Studiums publizistische Tätigkeit für den »Vorwärts« und Beginn regelmäßiger Mitarbeit in S. Jacobsohns Zs. »Schaubühne«. Erster Roman *Rheinsberg. Ein Bilderbuch für Verliebte* (Berlin-Charlottenburg 1912). 1915 juristische Promotion in Jena, danach Einberufung zu einem Armierungsbataillon. 1916 als Unteroffizier nach Kurland versetzt, dort Leiter einer Bibliothek. 1918 Chefredakteur der satirischen Zs. »Ulk«, daneben wichtigster Mitarbeiter der zur »Weltbühne« umgestalteten »Schaubühne«. Zwischenspiel als Volontär und Privatsekretär im Bankhaus Bett, Simon und Co. 1924 Pariser Korrespondent der »Vossischen Zeitung«. 1924/28 lebte T. mit seiner zweiten Frau Mary Gerold in Paris. Die Übernahme der Chefredaktion Ende 1926 nach dem plötzlichen Tod des Weltbühnenbegründers Jacobsohn blieb ein kurzes Intermezzo. Seit 1929 lebte T. in Schweden.

T.s Verhältnis zu den sich seit dem Weltkrieg auseinander entwickelnden Parteien der Arbeiterbewegung ist komplex und facettenreich. Vom April 1911 bis zum ersten Weltkrieg veröffentlichte er etwa hundert Beiträge im »Vorwärts«. Am 1. 3. 1920 trat er der USPD bei, der er bis zu ihrer Auflösung im Okt. 1922 angehörte. Seine regelmäßige Mitarbeit in der »Freiheit«, der Berliner Tageszeitung der Unabhängigen Sozialdemokraten, endete mit Einstellung ihres Erscheinens. Den Weg des linken Flügels der USPD zur KPD im Oktober 1920 beschritt T. nicht. Für seine spätere Angabe, er sei nach der Auflösung der USPD Mitglied der SPD gewesen, gibt es keine Belege. In den Jahren als Parteimitglied der USPD 1920/22 beschränkte sich T.s politische Aktivität neben dem Schreiben von Artikeln auf die Teilnahme an Versammlungen als Redner. Funktionen und Ämter in der Partei hat er nicht innegehabt. T. hielt »den Durchschnittstypus des deutschen Intellektuellen – mich eingeschlossen – nicht für den berufenen Führer des deutschen Proletariats« (an B. Wiedehöft 19. 4. 1926, in: *Briefe. Auswahl 1913–1935.* Hg. R. Links, Berlin 1983, S. 173). In seiner berühmten Besprechung proletarischer Gedichte von O. Kanehl begründete er das: »Wer aber nur besser schreiben kann als ein Proletarier; wer nur dessen Schmerzen so ausdrücken kann, daß jener sie nun doppelt und dreifach als aktivistisches Stimulans fühlt; wer ein Mann der Formulierung und weniger der Tat ist, der biete seine Hilfe an, tue sei Werk und schweige. Führer sollen andere sein« (*Gebrauchslyrik,* in: *Werke,* Bd. 6, S. 319). Führende Intellektuelle im sozialistischen Lager wie K. Liebknecht, R. Luxemburg und K. Eisner hat T. in Nachrufgedichten als mutige und entschiedene Persönlichkeiten gewürdigt, ihre Politik hielt er aber für gescheitert. An der SPD störte T. Profillosigkeit und Opportunismus. Doch auch hier differenzierte er zwischen scharfer Kritik an F. Eberts Politik und hohem Respekt vor der Person des ersten sozialdemokratischen Reichspräsidenten, den er als uneigennützigen, zurückhaltenden und anständigen Menschen sah, dem jede persönliche Bereicherung fremd war.

Bereits nach der Ermordung W. Rathenaus im Juni 1922 hatte T. seinen Forderungskatalog zur Rettung der von rechts bedrohten Republik im Wunsch nach einer Einigung der sozialistischen Parteien gipfeln lassen (vgl. *Die zufällige Republik*, 1922, in: *Werke*, Bd. 3, S. 223/24). Im räumlichen Abstand zu Deutschland wuchs während der Pariser Jahre bei T. der Zwiespalt zwischen Neigungen zur Flucht ins unpolitische Private und Sympathie für kommunistische Positionen (*Monolog mit Chören*, 1925, in: *Werke*, Bd. 4, S. 199f.). Neben der regelmäßigen Mitarbeit in W. Münzenbergs berühmter AIZ bildete der gemeinsam mit J. Heartfield gestaltete Bildband *Deutschland, Deutschland über alles* (Berlin 1929) den Höhepunkt seiner publizistischen Arbeit im kommunistischen Umfeld. Gedichte aus dieser Zeit fanden nicht zuletzt auch durch die von E. Busch gesungenen Eisler-Vertonungen weite Verbreitung. Während agitatorische Lieder wie *Bürgerliche Wohltätigkeit* (1929, in: *Werke*, Bd. 7, S. 311f.) heute vergessen sind, führte der sentimental berlinische Ton des Loblieds auf die proletarische Mutter (*Mutterns Hände*, 1929, in: *Werke*, Bd. 7, S. 138f.) bis heute zu einer breiten Rezeption über den parteipolitischen Ursprungskontext hinaus.

Die Politik der KPD zu Beginn der 30er Jahre hat T. zunehmend abgelehnt. Die Entfernung von einer dogmatischen KPD, welche die angesichts des erstarkenden Nationalsozialismus notwendige Einheit der Arbeiterbewegung verhinderte, spiegeln Briefe und Tagebucheintragungen aus dem schwedischen Exil. Im letzten Brief an A. Zweig vom 15. 12. 1935, in dessen Mittelpunkt Gedanken zu seiner jüdischen Herkunft und seiner Rolle als jüdischer Intellektueller in einer antisemitischen Gesellschaft stehen, bilanzierte T. ein Scheitern des Sozialismus. Dabei ging er mit beiden Parteien und Lagern hart ins Gericht: » ... ich sehe eine Sozialdemokratie, die erst siegen wird, wenn es sie nicht mehr gibt – und zwar nicht nur, weil sie charakterlos und feige gewesen ist (...) – sondern die die Schlacht verloren hat, weil die Doktrin nichts taugt – sie ist falsch. (...). Man muß von vorn anfangen – nicht auf diesen lächerlichen Stalin hören, der seine Leute verrät, so schön, wie es sonst nur der Papst vermag – nichts davon wird die Freiheit bringen. Von vorn, ganz von vorn« (*Briefe*, S. 576). – Neben der – oft visionär prophetischen – Scharfsichtigkeit seiner politischen Analysen bleibt als große

Leistung T.s, wie er unterschiedliche Biographien und Milieuzugehörigkeiten produktiv und ohne Herablassung zeitlebens zu reflektieren und produktiv zu berücksichtigen verstand. Wahrscheinlich ist sein Kampf für eine demokratische Öffentlichkeit mit einer offenen, nichthierarchischen Kommunikation sein wichtigster politischer Beitrag über die Grenzen der Arbeiterbewegung hinaus gewesen. Der Abbau der Sprachbarrieren und der Einsatz für eine nicht verdummende, aufklärerische Massenkultur waren Leitmotive seiner Arbeit. »Stirbt die Kunst?« (*Werke*, Bd. 1, S. 40) fragte er 1911 im »Vorwärts« in Bezug auf bürgerliche Besorgnisse, die Kunst, wohlverstanden die bürgerliche, habe im Gefolge der Demokratisierung der Gesellschaft keine Zukunft. Der 21jährige verneinte die Frage mit Blick auf den Bildungshunger der Arbeiter. Nach dem Krieg sah T. die Arbeit von Arbeiterbildungsvereinen und Volksbühnen nüchterner. Milieuspezifische Geschmacksvorstellungen hinderten, daß ein Stück wie E. Tollers *Die Wandlung* (Potsdam 1919) von den Arbeitern verstanden würde. Die verunglückte Rezeption richte das Stück, nicht das Publikum. T. forderte die Partizipation der Massen am kulturellen Leben und beschrieb die Hindernisse, die einer Öffnung des Publikums im Wege stehen: Schlechte Schulausbildung, mangelnde Gesundheit und vor allem das Fehlen der notwendigen Zeit erschwerten bei Angehörigen der Arbeiterklasse den Zugang zu schwierigen Texten und Kunstwerken. T. hat sich immer wieder über die Überheblichkeit halbgebildeter Bürger mokiert und gleichzeitig vor einer »Arbeiterfreundlichkeit« gewarnt, die »verlogen ist bis ins Mark« (*Die hochtrabenden Fremdwörter*, 1930, in: *Werke*, Bd. 8, S. 109). Statt eines »Snobismus der schwieligen Faust« (ebd. S. 108) und proletarischer Maskierung der Intellektuellen bedürfe es der Anstrengung zu einem das Rezeptionsvermögen des anderen angemessen berücksichtigenden Reden und Schreiben.

W. W.: Die Rolle des Intellektuellen in der Partei, in: Werke, Bd. 7, S. 13-17. – *Ausg.*: Gesammelte Werke, Hg. M. Gerold-Tucholsky und F. J. Raddatz, Bde. 1-10, Reinbek 1975; Ausgewählte Briefe 1913-1935, Hg. M. Gerold-Tucholsky und F. J. Raddatz, Reinbek 1962. – *Lit.*: H. Mörchen: Schriftsteller in der Massengesellschaft, Stuttgart 1973; H. Bemmann: Kurt Tucholsky, Berlin 1990; M. Hepp: Kurt Tucholsky, Berlin 1993.

Helmut Mörchen

Turek, Ludwig
Geb. 28. 8. 1898 in Stendal; gest. 9. 11. 1975 in Berlin

Sohn eines Schlossers, der früh starb. T. lernte früh die Not proletarischer Lebensverhältnisse kennen, arbeitete schon als Kind schwer beim Bauern und als Bäcker. Lernte Setzer, organisierte sich 1912 in der SAJ, nahm an politischen Agitationseinsätzen auf dem Lande teil. Während des I. Weltkrieges distanzierte er sich von der Politik der rechten SPD, der auch sein Stiefvater, ein Zigarrenarbeiter, angehörte, trat der USPD bei, sympathisierte mit Spartakus. Desertion aus dem Heer, auf der Flucht durch Deutschland und beim Versuch, ins Ausland zu kommen, mehrmalige Festnahmen, Festungshaft. Befreiung während der Novemberrevolution 1918. T. ließ sich 1919 bei einer Freikorps-Einheit anwerben mit dem abenteuerlichen Plan, die Nationalversammlung in Weimar zu sprengen. Eintritt in die KPD. 1920 Teilnahme am Kampf der Ruhrarmee gegen Kapp. 1921 Wanderung nach dem Osten, um sich der in Polen kämpfenden Roten Armee anzuschließen, geriet in litauische Gefangenschaft und entging mit knapper Not der Erschießung. Wanderte kreuz und quer durch das Ruhrgebiet, arbeitete in mehreren Berufen, u.a. auf Zechen und in Bergwerken. Versuchte als Inflationsschieber sein Glück. Fand Arbeit als Buchdrucker. Seit 1927 ansässig in Leipzig. Heirat und Arbeit als Setzer. Ab 1929 Arbeiterkorrespondent für Betriebs-Ztg. »Rote Aale« und die »Sächsische Volkszeitung«. Mitglied des BPRS, 1930/32 Reise durch die Sowjetunion mit einem Paddel- bzw. Segelboot von Leningrad über Moskau bis zum Schwarzen Meer, mit längeren Stationen in Moskau und Odessa, wo er u.a. an Kollektivierungskampagnen bei den Krimtataren teilnahm, beschrieben in *Ahoi, Dufte Wanne* (Berlin 1974). Seine Segelboottour führte weiter in die Türkei, durch den Bosporus, Griechenland, ins Mittelmeer, bis an die Riviera, wo er im Feb. 1933 in Nizza von Hitlers Machtergreifung erfuhr. Er verstand sich nun als Emigrant. Besuch bei H. Barbusse, Arbeit als Strandfischer und Weinleser, Sommer 1933 Fußwanderung von Südfrankreich nach Paris, Kontakt zu deutschen Emigranten, Teilnahme an deren politischen und literarischen Aktivitäten. Publikationen in »Gegen-Angriff« und IL. 1933/Juni 1934 bei A. Gide, der die 1932 in Moskau geschriebene und publizierte anrührende Erzählung *Leben und Tod meines Bruders Rudolf* übersetzte und in »Commune« drucken ließ. T. schrieb hier *Die letzte Heuer,* (Mai/ Aug. 1935 in der AIZ in Prag und 1935 im Malik-Verlag). Im Sommer 1934 ging T. in die Türkei, um sich dort ein Schiff nach eigenen Plänen bauen zu lassen. Bis 1936 kreuzte es als Touristenschiff im Mittelmeerraum, dann machten ihm das die Schikanen der französischen Behörden unmöglich. Juli 1937 wiederum Paris, ein halbes Jahr Gefängnis wegen »Nichtbefolgung einer Landesverweisung«. 1939 bei Kriegsausbruch interniert. 1940 nach der Besetzung Frankreichs Rückkehr nach Deutschland. Hier Fabrikarbeit und illegale Arbeit, die die stoffliche Grundlage der Erzählung aus der Zeit des Krieges, *Die Freunde* (Berlin 1947), bildet. Seit 1945 als freier Schriftsteller in Berlin.

T. gehört zu den Begabungen aus dem Proletariat, deren politische und literarische Entwicklung sich in und mit der Arbeiterbewegung nach dem I. Weltkrieg vollzog. Sein originelles erzählerisches Talent ist vor allem im Frühwerk wirksam, wo er auf Selbsterlebtes zurückgreift. *Ein Prolet erzählt. Lebensschilderung eines deutschen Arbeiters* (Berlin 1930), als bedeutendes Zeugnis sozialistischer Erzählkunst von großer Wirksamkeit (in mehrere Sprachen übersetzt), besticht durch unbeschönigte Authentizität der provokativ unliterarischen Darstellung, mit der T. ein bewußtes proletarisches Gegenstück zur Memoirenliteratur bürgerlichen Zuschnitts geben wollte und gibt. Diese Lebensschilderung eines deutschen Arbeiters dokumentiert in der proletarischen Sozialerfahrung subjektive Quellen der Entwicklung revolutionären Bewußtseins: aufsässige Ungeduld gegen Elend und Erniedrigung, vagantenhafter Freiheitswillen und Abenteuerlust, und ist so auch ein Spiegel der Entwicklung der politischen Bewußtwerdung in der Arbeiterbewegung, ihrer Wirrnisse und Begrenzungen im ersten Drittel des 20. Jh. s. Das Erzählen ist durch einen unsentimentalen Blick, durch sachlich-lakonische Beschreibung gekennzeichnet, die Sprache ist alltagsnah und bildreich. Episoden daraus verarbeitet auch das Kinderbuch *Ich war kein Duckmäuser* (Berlin 1978). Die Fortführung der autobiographischen Prosa in *Klar zur Wende* (Berlin 1949) ist durch die Abenteuer der Seefahrt, den Kampf mit den Elementen, durch Aufmerksamkeit für die sozialen und politischen Lebensverhältnisse in den verschiedenen Ländern bestimmt, über die er humorvoll, in einer Mischung aus sachlicher Schilderung und phantastischer Übertreibung erzählt. So werden auch Erfahrungen des französischen Exils dokumentiert. Die Erlebnisse der Sowjetunion-Reise, die bei aller Sympathie für die neuen Verhältnisse auch einen Blick auf die Probleme und Kuriositäten des sowjetischen Alltags werfen, werden in dem späteren Bericht *Ahoi, Dufte Wanne* mitgeteilt, der einige Episoden aus *Klar zur Wende* wieder aufnimmt. Auch der Roman *Die letzte Heuer* lebt vom Seefahrerkolorit und ist ein bemerkenswerter Beitrag aus der ersten Phase des Exils, der die Antifaschisten moralisch ermuntern sollte. In einer politischen Kriminal-Story wird mit Humor und Spannung von einem kleinen Sieg über die Faschisten erzählt (1951 verfilmt). Thematisch verwandt sind dem Roman einige später entstandene Erzählungen, z.B. *Die Palermo hat falschen Kurs.* Insgesamt konnte T. nach 1945 seine erzählerische Originalität nur in einzelnen Erzählungen bewahren, in denen er pointiert und humorvoll Episoden aus abenteuerlichem Erleben bzw. aus dem Alltag der Gegenwart festhält (gesammelt in *Die Flucht der Grüngesichtigen,* Berlin 1959; *Die Liebesfalle,* Berlin 1970). In seinen Romanen *Anna Lubitzke* (Berlin 1952, 1960 verfilmt u. d. T. *Steinzeitballade*), *Mittelstürmer Werner Schwing* (Berlin 1954), *Familie Nagelschwert* (Berlin 1961), *Mein Freund Bruno* (Berlin 1975) erzählt er Episoden aus dem Alltag des Neuaufbaus unter den Bedingungen der politischen Ost-West-Konflikte. Konflikt- und Fabelaufbau wollen politisch-moralischen Wandel der Menschen motivieren, indem sie die Probleme als lösbar vorführen. Die Darstellungen besitzen bei einem weiterhin humorvollen Blick auf alltägliche Lebensverhältnisse eine Neigung zum Idyllischen und Sentimentalen.

W. W.: Unser täglich Brot (Film, zus. mit S. Dudow), 1948; Die goldene Kugel (phantast. R.), Berlin 1949; Herbert Bachmanns große Reise (E.), Berlin 1952; »Palermo« auf richtigem Kurs (E.), Berlin 1955; Freund oder Feind (En.), Berlin 1956; Gejagt bis zum Morgen (Film nach: Ein Prolet erzählt), 1957; Es wächst die Kraft (Film, zus. mit B. Scholz), 1964. - *Lit.:* Beiträge, Bd. 3; Irmtraud Morgner: Über Ludwig Turek. In: Liebes- und andere Erklärungen. Schriftsteller über Schriftsteller, Hg. A. Voigtländer, Berlin und Weimar 1972.

Ursula Reinhold

Türk, Werner
Geb. 1. 5. 1901 in Berlin

Sohn eines jüdischen Kaufmanns. Mußte aus finanziellen Gründen ein Musik-Studium aufgeben. Arbeitete als Volontär in der Konfektion, als Gehilfe eines Börsenmaklers, als Kontokorrist bei einer Bank. Nach 1924 freier Schriftsteller und Literaturkritiker. Texte in linksbürgerlicher und proletarischer Presse. Um 1930 Mitglied des SDS. Emigrierte 1933 nach Prag, später über Oslo nach England, wo er interniert und nach Australien deportiert wurde. Rezensionen und Aufsätze in: »Gegen-Angriff«, »Neue Weltbühne«, »Simpl«, »Neue Deutsche Blätter«, »Das Wort«. Blieb nach 1945 in England.

T. s erste Arbeiten fallen auf durch die Verbindung von sozialen und psychologisierenden Elementen (*Der Arbeitslöwe*, Berlin 1924; *Kellernächte*, 1928 in: RF, 1928, Nr. 100/106/108). In der Erzählung *Ehe im Streik* (in: *30 neue Erzähler des neuen Deutschland*, Berlin 1932) stellt T. den Konflikt eines klassenbewußten Stahlwerkers mit seiner Ehefrau, deren politische »Erziehung« er versäumt hat, humorvoll dar. T. schrieb in der Folge sozialistische Unterhaltungsromane.

Konfektion (Berlin und Wien 1932) ist ein Berlin-Roman; fußend auf eigenen Erfahrungen, zeigt er sehr exakt und aufschlußreich die Geschichte eines jüdischen mittleren Konfektionshauses am Hausvogteiplatz - dem in der Textilbranche damals einschlägigen Zentrum - von 1923 bis zur Weltwirtschaftskrise. Der Aufstieg des ehrgeizigen Willi Kramer vom Lehrling bis zum Mitbesitzer der Firma, erkauft durch Anpassung und Rücksichtslosigkeit gegenüber Kollegen und Freunden, schildert T. auf dem Hintergrund der komplizierten Struktur der Textilbranche mit Konfektionären, Zwischenmeistern,

Zuschneidern, Vertretern und den am meisten ausgebeuteten Heimarbeiterinnen. Eine ältere Arbeiterin reflektiert: »Een Ausbeuter is een Ausbeuter. Und zwar egal welcher Konfession und Rasse.« (S. 92) Die wenig schmeichelhafte Darstellung einiger Juden im Roman hält sich mit der Gestaltung der durchgehend umsympathischen (nichtjüdischen) Hauptfigur durchaus die Waage.

Sein im Exil geschriebener Roman *Kleiner Mann in Uniform* (in 2 Ausgaben erschienen: Basel Universum Bücherei für alle, o. J.; Kacha Verlag Prag, Leipzig [!] 1934) versucht mit der Figur des Hilfspostschaffners Rudi Böttcher und seinem Weg vom politisch uninteressierten, mit den Kommunisten liebäugelnden und endlich bei den Nationalsozialisten landenden deutschen Kleinbürgers ein zeitpolitisch wichtiges Thema zu behandeln. Die verführerische Seite des Nationalsozialismus für diesen Typ Kleinbürger, der seine Mentalität spezifisch anzusprechen weiß, wird verbunden mit der chronikartigen Schilderung der politischen Tagesarbeit der Kommunisten im Berliner Osten, die den Helden nur wegen seiner emotionalen Beziehung zur Kommunistin Ilse interessieren. Während Ilse und ihre Genossen nach Jan. 1933 »zum Nazi-Freiwild« (S. 177) werden, begibt sich Böttcher in die Uniform A. Hitlers. Wenngleich T. in der soziologischen und psychologischen Darstellung der Angestellten und Kleinbürgermentalität nicht die Differenziertheit eines O. M. Graf oder F. C. Weiskopf erreicht, sind seine Romane doch noch heute lesbare Bemühungen, die Massenanhängerschaft der Nazis begreifbar zu machen.

Simone Barck

Über die Grenzen. Von Flüchtlingen – für Flüchtlinge (ÜdG)

Antifaschistische Zeitschrift zur Orientierung und Information der in der Schweiz internierten Flüchtlinge, erschien Ende Nov. 1944/Dez. 1945 mit Genehmigung der Schweizer Zentralleitung der Arbeitslager (Heft 1-15, Erscheinungsort: Wallisellen-Zürich. Reprint, Einf. W. Mittenzwei, Dokumentation und Bibl., Leipzig 1988). Bis Sommer 1945 durfte sie nicht an Schweizer verkauft und nicht öffentlich vertrieben werden. Die Auflage betrug anfangs 5000, gegen Ende des Erscheinens 2200 Ex. Bis zu Heft 11 setzte sich die Redaktion aus den Emigranten E. T. Goldschmidt, St. Hermlin, Dr. H. Mayer, Dr. H. Mode, W. Saul, M. Tschesno-Hell zusammen. Tschesno-Hell war Chefredakteur, Hermlin Redaktionssekretär (verantwortlich für Korrespondenz, Satz und Vertrieb). Die Finanzierung erfolgte eigenverantwortlich und durch Spenden der Flüchtlinge. Nach Einstellung von ÜdG ergab sich ein Defizit von rd. Fr. 3700,-, das vom Schweizer Justiz- und Polizeidepartement übernommen wurde. Zur Zeitschrift gehörte die Schriftenreihe *Über die Grenzen,* die für umfangreichere Beiträge gedacht war. Es erschienen 5 Hefte – Nr. 1: *Gesang auf dem Wege* (Ge.), Nr. 2: *Studenten und Universitäten nach dem Kriege* (W. Frank), Nr. 3: *Der Maler Disteli und die Flüchtlinge* (B. Kaiser), Nr. 4: *Theater* (Meinungen und Erfahrungen von Mitgliedern des Zürcher Schauspielhauses), Nr. 5: *Von der dritten zur vierten Republik* (H. Mayer). Mit Heft 11 veränderte sich durch die Heimkehr von Hermlin, Mode, Saul, Tschesno-Hell die Redaktion; neu hinzu kamen Th. Klaper, S. Schmitt, Dr. W. Theilheimer. Ende des Jahres 1945 sah die Redaktion durch die Rückkehr der meisten Flüchtlinge ihre selbstgestellte Aufgabe erfüllt.

Die Gründung von ÜdG erfolgte im Umfeld der Initiativen, die von der Bewegung »Freies Deutschland« seit 1944 in der Schweiz ausgingen. Kulturelle Bestrebungen, die vorher in den illegalen Lagerzeitungen zum Ausdruck kamen, fanden hier ihre legale Fortsetzung. Die Hauptaufgabe der Zeitschrift bestand in der Information und Orientierungshilfe der Flüchtlinge bei Rückkehr in ihre Heimatländer. Sie versuchte durch praktische Lebenshilfe unmittelbar politisch zu wirken: durch eine Vielzahl von Artikeln, die Auskunft über organisatorische und administrative Verordnungen, über Schulungen und Umschulungskurse gaben. Zugleich gelang es, durch lyrische und essayistische Beiträge wie durch graphische Gestaltung eine literarisch-künstlerische Zeitschrift von beachtlichem Format zu schaffen. Maßgeblichen Anteil daran hatten einige Autoren, die damals am Anfang ihrer schriftstellerischen Laufbahn standen und später in der DDR wirkten: Hermlin, Tschesno-Hell, Mayer, E. Claudius, Kaiser. Emigranten rezensierten die Bücher von Emigranten; so schrieb Mayer über Hermlins *Zwölf Balladen von den großen Städten,* Hermlin über Claudius' Spanien-Buch *Grüne Oliven und nackte Berge.* In ÜdG kamen emigrierte Künstler und Schriftsteller zu Wort, die am Zürcher Schauspielhaus arbeiteten bzw. nicht in Lagern interniert waren, so der Schauspieler W. Langhoff, der Regisseur L. Lindtberg, der Schriftsteller B. Schönlank, die Tänzerin und Schriftstellerin Jo Mihaly, der Filmregisseur S. Dudow, der Bühnenbildner T. Otto. Hier erschien Graphik von Flüchtlingen aus den Lagern, von Emigranten, die sich schon einen Namen gemacht hatten, oder von bekannten Schweizer Künstlern, die, wie H. Erni, auf diese Weise ihre Verbundenheit mit den deutschen und österreichischen Antifaschisten zum Ausdruck brachten. In der Schriftenreihe wurden erste Berichte über Erfahrungen und Arbeitsergebnisse des Exils veröffentlicht. Es gab Analysen und Prognosen über den politischen und wirtschaftlichen Neubau im befreiten Frankreich, über Belgien und Holland, Berichte über Polen, Österreich, Jugoslavien, die Tschechoslowakei, Ungarn und das neue Einwandererland Palästina. Merkwürdig wenig Aufschluß bot

dagegen die Zeitschrift über die Situation in Deutschland kurz vor und nach der Kapitulation. Die politisch-publizistischen wie die essayistischen und literarischen Beiträge spiegelten die Hoffnung wider, daß aus dem verwüsteten, zerstörten Europa etwas Neues hervorgehen müsse. Da ÜdG ein Organ aller Flüchtlinge sein wollte, die zwar allesamt Opfer der faschistischen Kriegs- und Unterdrückungspolitik waren, sich jedoch verschiedenen weltanschaulichen Richtungen zugehörig fühlten, konnte sie nicht sozialistisch ausgerichtet sein. Aber sie wurde von engagierten Sozialisten gegründet und gemacht. Sie wandte sich gegen die Taktik des Abwartens und orientierte auf eine positive Mitarbeit an einer »solidarischen Welt«.

Werner Mittenzwei

Uhse, Bodo (Ps. Christian Klee, B. Schleswig, Ernst Rademacher, Joos Fritz)

Geb. 12. 3. 1904 in Rastatt; gest. 2. 7. 1963 in Berlin

Sohn eines Berufsoffiziers, aufgewachsen in Glogau, Braunschweig und Berlin. Als Oberrealschüler im März 1920 Zeitfreiwilliger im Kapp-Putsch. 1921 Trennung von der Familie, bis 1926 am »Bamberger Tagblatt« tätig. Mitglied im Bund Oberland. 1927 Beitritt zur NSDAP, zum Strasser-Flügel gehörig. Redakteur einer Nazizeitung in Ingolstadt, später Hauptschriftleiter der nationalsozialistischen »Schleswig-Hosteinischen Tageszeitung« und Stadtverordneter in Itzehoe. Freundschaft mit B. von Salomon. Wegen Zusammenarbeit mit der Landvolkbewegung um Claus Heim Konflikt und im Juli 1930 Bruch mit der Führung der NSDAP. Verbindung mit der KPD (Mitglied 1935) und Mitarbeiter des Vorsitzenden des Reichsbauernbundes, E. Putz (Redaktion der »Bauernbriefe«). Jan. 1932 Hauptredner auf dem Deutschen Reichsbauernkongreß in Berlin und Sekretär des Reichsbauernkomitees. Mitarbeit an der Zs. »Aufbruch«, einem »Kampfblatt im Sinne des Leutnant a. D. Scheringer« (»Aufbruch«, 1931, Nr. 1). Redakteur und Verfasser anonymer Publikationen des Reichsbauernkomitees und des Mitteilungblattes »Bauernkampf in Deutschland«. Apr. 1933 Flucht nach Paris, Mitarbeit am *Braunbuch* (Basel 1933). Aktiv im SDS tätig. Publikationen in »Unsere Zeit«, »Gegen-Angriff«, IL, »Das Wort«, AIZ, »Pariser Tageszeitung«, DZZ, »Deutsche Volkszeitung«. Mitunterzeichner des Aufrufs für die deutsche Volksfront. Sep. 1936 als Reporter nach Spanien, Apr. 1937 Kriegskommissar im Stab der 17., später der 45. Division. Schrieb den Bericht *Die erste Schlacht. Vom Werden und von den ersten Kämpfen des Bataillons ›Edgar André‹* (Strasbourg 1938). Jan. 1938 Rückkehr nach Paris. 1939 Einladung zum Kongreß der League of American Writers nach New York. März 1940 Übersiedlung nach Mexiko-

Stadt, lebte unter schwierigsten materiellen Bedingungen. Aktiv in der Liga pro cultura alemána en México und im Heinrich-Heine-Club; Mitbegründer und Redakteur für Literatur und Literaturkritik der Zs. »Freies Deutschland«; 1942 Mitglied im Arbeitsausschuß der Bewegung Freies Deutschland; Mitarbeit im Redaktionskomitee des Bandes *El libro negro del terror Nazi en Europa* (1943). Arbeit an Romanen und Erzählungen; publizistische Beiträge für die »Demokratische Post«. Dramatische Arbeiten, u. a. *Preis des Lebens* (Schauspiel, UA 1947). 1948 Rückkehr nach Deutschland und Jan. 1949/58 Chefredakteur der Zs. »Aufbau« in Berlin. 1950/52 Vorsitzender des DSV.

Frühe literarische Versuche U.s, Gedichte und Feuilletons, erschienen im »Bamberger Tagblatt«. Größere, künstlerisch unausgereifte Prosatexte, die Erzählung *Menschen in Ingeldorf* und der Roman *Christian Klee, der Soldat des Friedens* (e. 1927/29), blieben ungedruckt. Die erste im Exil veröffentlichte Erzählung (*Brot und Wasser*, in: »Neue deutsche Blätter«, 1. Jg., H. 1) wurde Anlaß freundschaftlicher Beziehungen zu E. E. Kisch. Der literarische Durchbruch gelang U. mit seinem Bekenntnisbuch *Söldner und Soldat* (Paris/Moskau 1935, Ndr. Berlin 1956), einer rigorosen Selbstauseinandersetzung des Autors mit seiner Tätigkeit und seinen Illusionen innerhalb rechtsradikaler Organisationen und der nationalsozialistischen Bewegung. Von Kisch beraten, entwickelte U. einen nüchternen, auf zeitgeschichtliche und autobiographische Faktizität gegründeten Erzählstil. Es gelang ihm, Haltungen und Motivationen der von nationalrevolutionären Vorstellungen geprägten Gefolgsleute des Nationalsozialismus kritisch vorzustellen und Einblick in ihre Konflikte mit der Naziführung zu vermitteln. Die Lösung der Zentralfigur des Romans vom Faschismus und ihre Hinwendung zur kommunistischen Bewegung erwächst aus ihrer – besonders vom Verrat an der Landvolkbewegung ausgelösten – Einsicht in das skrupellose Machtstreben und die soziale und nationale Demagogie der Naziführer auf dem Weg zur Diktatur.

U.s bedeutendstes Buch, der Roman *Leutnant Bertram* (Mexiko 1944, Berlin 1947) wurde 1935 nach der Wiedereinführung der Wehrpflicht in Deutschland begonnen, um vor der wachsenden Kriegsgefahr zu warnen. Ein Kapitel erschien 1936 (in: »Das Wort«, 1936, H. 1), weitere Teile wurden u. d. T. *Angriff auf Wyst* mit einer Selbstanzeige des Autors im Frühjahr 1939 in 72 Fortsetzungen gedruckt (in: »Pariser Tageszeitung«, 1939, Nr. 953–1026). Seit Jan. 1941 erfolgte eine grundlegende Neubearbeitung, die im Juli/Aug. 1942 abgeschlossen wurde. Hintergrund der spannend geführten Fabel ist die Schaffung der deutschen Luftwaffe. U. wollte in der Haltung deutscher Fliegeroffiziere den »Irrweg einer ganzen Kaste« (K. Walter: *Bodo Uhse. Leben und Werk*, Berlin 1984, S. 57) bloßlegen. Es gelingt ihm, die »Atmosphäre in der

B. Uhse und E. Busch in Spanien

deutschen Wehrmacht«, die »Ehrgeize und Freundschaften der Offiziere, ... ihre Ehen, Liebschaften und Belustigungen« (A. Seghers: *Zu Bodo Uhses Roman*, in: »Freies Deutschland«, Mexiko, 1943/44, Nr. 3) fesselnd darzustellen. Seine Hauptfiguren sind Major Jost, Oberleutnant Harteneck und der Held des Romans, Leutnant Bertram. Jost muß erkennen, daß er seine menschliche Substanz verliert, weil er sich zum Werkzeug des neuen Regimes hat machen lassen, das er ursprünglich ablehnte. Der Nazi Harteneck aber übt mit seiner Erziehung zum Tode eine verderbliche Faszination auf den jungen Bertram aus. Psychologisch genau geht U. der Verführbarkeit des Leutnants nach, der am Tod eines pazifistischen Fischers schuldig wird. Als Angehöriger der Legion Condor im Spanienkrieg an Bombenangriffen auf Madrid und Guernica beteiligt, löst sich Bertram später allmählich von seinen Vorgesetzten und wird nach seinem Absturz auf republikanischem Gebiet an die Schwelle seiner Wandlung geführt. Schon im ersten Teil seines Romans hatte U. Gestalten des Widerstands in die Handlung einbezogen; innerhalb der Darstellung des Kampfs der Interbrigaden im zweiten Teil gewinnen sie schließlich ein eigenständiges Profil.

Im 1942 begonnenen Roman *Wir Söhne* (Berlin 1948) griff U. nochmals auf autobiographisches Material zurück. Aus dem Blickwinkel eines Fünfzehnjährigen werden Erlebnisse einer Jugend-Gruppe in einer kleinen schlesischen Garnisonsstadt vom Frühjahr 1918 bis zur Novemberrevolution straff und situationsorientiert erzählt. Berichtet wird von ihrer Rebellion gegen den bürgerlichen Alltag und ihrer Suche nach sinnvollen Lebenszielen. Der Bund der Knaben zerfällt während der revolutionären Kämpfe: der Ich-Erzähler trennt sich von seinen Freunden, weil sie ins präfaschistische Fahrwasser abgleiten. Mit diesem Schluß löst sich der Autor von der autobiographischen Vorgabe und betont das fiktive Moment seiner Geschichte.

U.s Erzählungen aus den ersten Exiljahren (u. a. *Worte und Waffen,* in: »Unsere Zeit«, 1933, H. 15; *Der Feuersalamander,* in: »Das Wort« 1937, H. 2; *Ratten im Dorf,* in: »Deutsche Volkszeitung«, 10. 4.- 8. 5. 1938; *Ausmarsch im September,* in: IL, 1939, H. 6) sind didaktisch-anekdotenhafte Episoden aus dem deutschen Alltag, meist im militärischen oder ländlichen Milieu angesiedelt, die unmittelbar auf Tagesereignisse reagierten. Das gilt auch für die weit komplexer strukturierte Malergeschichte *Die heilige Kunigunde im Schnee* (e. 1938/46), in der ein Ich-Erzähler aus Bamberg über die Nazi-Aktionen gegen »entartete Kunst«, die Situation der Kunst und charakteristische Haltungen von Künstlern im Dritten Reich berichtet. Mit ihr eröffnete U. seine Reihe von Künstlergeschichten (zu K. Kollwitz, D. Rivera). Die Erzählung gab der ersten Sammlung seiner Geschichten aus dem Exil den Titel, die allerdings erst nach U.s Rückkehr als Band der *Aurora-Bücherei* im Aufbau-Verlag erscheinen konnte (*Die heilige Kunigunde im Schnee und andere Erzählungen,* Berlin 1949). Eine Auswahl aus seinem publizistischen Schaffen, darunter Aufsätze, Essays und Reden zu Literatur und Kunst aus der Exilzeit, hat U. u. d. T. *Gestalten und Probleme* (Berlin 1959) veröffentlicht.

W. W.: Mexikanische Erzählungen, Berlin 1957; Die Aufgabe. Eine Kollwitz-Erzählung, Dresden 1958; Sonntagsträumerei in der Alameda, Berlin 1961. - *Ausg.:* Gesammelte Werke in Einzelausgaben, Hg. G. Caspar, Bd. 1-6, Berlin und Weimar 1974-1983; Bodo Uhse/F. C. Weiskopf: Briefwechsel 1942-1948, Berlin und Weimar 1990 - *Lit.* Bodo Uhse. Ein Almanach. Aufsätze und Erinnerungen, Hg. G. Caspar, Berlin und Weimar 1984.

Red.

Universum-Bücherei für Alle (UB)

Buchgemeinschaft der organisierten Arbeiterbewegung, als GmbH geführt, Okt. 1926 auf Initiative der deutschen Sektion der IAH und mit Unterstützung des Neuen Deutschen Verlags gegründet, beide angeleitet von W. Münzenberg. Trat im Dez. 1926 an die Öffentlichkeit mit der Monatszs. »Dies und Das«; gemäß den darin gedruckten Satzungen sollten Bücher aller Wissensgebiete »unter Beseitigung aller Zwischengewinne« geliefert, das gute Buch »in gediegener Ausstattung ... auch

den minderbemittelten Kreisen wieder zugänglich« gemacht werden. Das Eintrittsgeld betrug zuerst 30 Pf., ab 1930 entfiel es. Für einen Monatsbeitrag von 1,10 M. (ab 1929: 1 M.) erhielten die Mitglieder vierteljährlich ein Buch, entweder eine als Quartalsband empfohlene Neuerscheinung oder ein anderes Buch aus dem Angebot, sowie die Zeitschrift. Neben einem dreiköpfigen Vorstand wurde ein literarischer Beirat, ein Ehrenausschuß berufen. Ihm gehörten an: Politiker der Friedens- und Frauenbewegung wie Freiherr von Schöneich oder H. Stöcker, deutsche Schriftsteller, Künstler und Wissenschaftler wie Graf G. Arco, J. R. Becher, A. Behne, F. Brupbacher, A. Einstein. G. Grosz, M. Harden, K. Kollwitz, E. E. Kisch, A. Paquet, E. Piscator, A. T. Wegner und ausländische Autoren wie H. Barbusse, S. Eisenstein, A. Kollontay und - seit 1927 - U. Sinclair. Man grenzte sich im ersten Heft der Zeitschrift von bürgerlichen Buchgemeinschaften als profitorientierten Unternehmen und »den alten Kategorien der bürgerlichen Literaturgeschichte« ab, versprach, »vor allem die jungen Kräfte« unter den Schriftstellern zu unterstützen und »im Sinne des Fortschritts und der Kultur« »aus der geistigen Arbeit der anderen Völker« auszuwählen. Im Jan. 1927 erschien als erste Buchveröffentlichung M. Gorkis *Das Werk der Artamanows.* - Die UB wollte sich von den vorrangig bildungspolitisch orientierten, von Gewerkschaften bzw. der SPD getragenen sozialistischen Buchgemeinschaften - ↗ Büchergilde Gutenberg, ↗ Bücherkreis - abheben, mit denen sie zugleich eine Alternativstrategie gegenüber dem bürgerlichen Literaturbetrieb verband (in der Gründungsphase wurde keine Polemik mit diesen Organisationen geführt). Die UB beförderte seit Ende der 20er Jahre entscheidend die Formierung einer klasseneigenen »Gegenöffentlichkeit« zur herrschenden bürgerlichen Literatur, in der auch andere revolutionär-demokratische, antiimperialistische Potenzen wirksam wurden. Sie half, »den proletarischen Schriftsteller wirklich an die proletarischen Massen heranzubringen« (in: »Magazin für Alle«, 1931, H. 10).

Der Hauptsitz der UB war Berlin; Mitgliedergruppen wie Zahl- und Vertriebsstellen wurden im gesamten Reichsgebiet aufgebaut. Darüber hinaus wirkte sie auch in anderen Ländern mit deutschsprachiger Bevölkerung bzw. mit deutschsprachigem Bevölkerungsanteil (Österreich, Schweiz, Tschechoslowakei). Die Mitgliederzahl stieg ständig (1927 von 5000 auf 10000; 1928: 13700; 1929: 21600; 1930: 30000; 1931: 36000; Anfang 1932: ca. 40000). Letztmalig konnte die Zeitschrift (ab 1929 u. d. T. »Magazin für Alle«) im März 1933 erscheinen; kurz darauf mußten Herausgabe und Versand von Büchern eingestellt werden. Bis 1933 gab es 113 Veröffentlichungen der UB. (Die offizielle Bezifferung der Bände - bis 131 - täuscht, da einige Nummern nicht besetzt oder mehrfach vergeben und einige Titel doppelt gezählt wurden.) Insgesamt vertrieb sie etwa eine dreiviertel Million Bände; außerdem vermittelte ab Mai 1928 eine Abteilung Buchvertrieb fortschrittliche Literatur aus anderen Verlagen zu Vorzugsbedingungen.

Die Entwicklung der UB verlief in zwei Etappen. In der ersten, bis Jahreswende 1928/29, zeichnete G. Pohl für die literarische Produktion verantwortlich und redigierte auch die Zeitschrift. Unter seiner Leitung waren Buchprogramm und Zeitschrift weit offen für unterschiedliche gesellschaftskritische Standpunkte und künstlerische Darstellungsweisen. Der Abgrenzungsprozeß vieler kommunistischer Schriftsteller von bisherigen linksbürgerlichen Mitstreitern, der u.a. im Okt. 1928 in der Gründung des BPRS zum Ausdruck kam, bewirkte auch Veränderungen in der Arbeit der UB. Pohl schied im Okt. 1928 aus der Geschäftsleitung aus – und zum 31. Dez. aus der Zeitschriften-Redaktion, danach gab es eine kollektive Verantwortung für das literarische Programm, u.a. von F. Demuth, H. Holm (1928/32 Leiter des Neuen Deutschen Verlags, 1929 auch für die UB verantwortlich), O. Katz (zeitweilig Lektor), A. Hotopp, E. Lange und Dr. H. von Zwehl. Ab 1930 fungierte Zwehl – er publizierte auch Städte-Reportagen im »Magazin für Alle« – als Leiter der UB. Seit 1929 orientierte man sich an den ausdrücklich auch für die Kulturarbeit der Kommunisten geltenden Beschlüssen des 11. Parteitages der KPD vom März 1927. Dabei folgte die UB nicht in allen Punkten dem Vorgehen des BPRS, vertrat vor allem nicht dessen Anspruch auf Hegemonie in der sozialistischen Literatur. Allerdings proklamierte sie jetzt, die »einzige Buchgemeinschaft der klassenbewußten Arbeiter« zu sein (ebd., 1930, H. 8), ihr Ziel blieb weiterhin, auch die unorganisierten Arbeiter und Bündnispartner aus anderen Schichten zu erreichen. Die meist der KPD angehörenden Funktionäre bewahrten – entsprechend dem Konzept ↗ Münzenbergs – die Selb- und Eigenständigkeit der Organisation und leiteten sie mit großer Fachkenntnis in literarischen Fragen, um Werktätigen ein politisch aktivierendes, breites Leseangebot vorzulegen. Die UB engagierte sich zugleich verstärkt innerhalb des Kulturkartells der IfA. Die seit 1927 üblichen Leserdiskussionen und Werbeveranstaltungen wurden jetzt gemeinsam mit Schriftstellern, Theaterleuten durchgeführt – etwa im Nov. 1929 und 1930 in der Berliner Hasenheide (mit 1500 bzw. 4000 Teilnehmern) oder im Dez. 1931 im Berliner Sportpalast (mit 20000 Teilnehmern).

Das Buchangebot der UB zeichnete sich von Anfang an durch einen weiten Literaturbegriff aus: neben der erzählerischen Prosa standen gleichwertig die Reportage, der politische Reisebericht, die historische Dokumentation und verschiedene künstlerische Montageformen. In den ersten beiden Jahren 1927/28 und im Jahr 1929, das noch die vorbereitende Hand Pohls spüren ließ, publizierte man Autoren wie Kisch (*Wagnisse in aller Welt*), A. Goldschmidt (*Auf den Spuren der Azteken, Die dritte Eroberung Amerikas*) und Katz (*Neun*

Männer im Eis) sowie E. Müllers (1897–1980) Buch mit 18 »Porträts deutscher Rebellen« von Störtebecker bis M. Hoelz: *Ewig in Aufruhr.* Auch 1929 erschienen der mit Texten K. Tucholskys und Photomontagen J. Heartfields gestaltete Band *Deutschland, Deutschland über alles,* ein von O. Nagel und H. Zille zusammengestelltes Buch mit Zille-Zeichnungen, *Für Alle* sowie K. Kerstens marxistische Darstellung *Bismarck und seine Zeit.* Das Jahr 1930 wurde eingeleitet durch *Volksbuch 1930,* eine von Katz herausgegebene Anthologie, die literarische und politische Texte mit Photos und Graphik montierte. Später folgten weitere Bücher von Kisch (*Paradies Amerika, Hetzjagd durch die Zeit, China geheim*), der damit zum wichtigsten Autor der UB wurde, und Bücher über die Sowjetunion von O. Heller (*Sibirien. Ein anderes Amerika; Wladi Wostok!*), von E. Glaeser und F. C. Weiskopf *Der Staat ohne Arbeitslose,* ein Bild-Text-Band, und *15 Eiserne Schritte,* Tatsachenberichte mit Vorwort von Barbusse, außerdem der Italien-Bericht *Mussolini ohne Maske* von A. Kurella und die illustrierte Dokumentation *Pariser Kommune 1871* (Geleitwort: H. Duncker).

Ein zweites Charakteristikum beider Entwicklungsphasen der UB war die Propagierung der Sowjetliteratur. Dem Debüt mit Gorki folgten 1927/28 Werke von A. Serafimowitsch (*Der eiserne Strom*), A. Newerow und K. Fedin, 1929 N. Ognjews *Das Tagebuch des Schülers Kostja Rjabzew,* A. Tarassow-Rodinows *Februar* und eine Auswahl von Schriften L. Reissners unter dem Titel *Oktober.* Später wurden die jeweiligen Fortsetzungsbände von Ognjew und Tarassow-Rodinow veröffentlicht, Romane von J. Tynjanow (*Die Dekabristen*), M. Tschumandrin (*Konfitürenfabrik Rabléwerke*) und B. Pilnjak (*Die Wolga fällt ins Kaspische Meer*), das Kinderbuch *Die Rache der Kabunauri* von H. Bobinska sowie S. Tretjakows biographischer Bericht *Den Schi-chua.*

Die wichtigsten Unterschiede zwischen den zwei Entwicklungsphasen zeigten sich im Titelangebot für die zeitgenössische deutsche, westeuropäische und amerikanische Literatur. 1927/29 wurde eine Linie gebildet von Romanen, die einen weitgehend spontanen sozialen Protest artikulierten, wie er die frühe proletarisch-revolutionäre Literatur in Deutschland wesentlich bestimmte (Daudistels *Opfer,* Kläbers *Passagiere der III. Klasse),* bzw. von ausländischen Vorläufern dieser Tradition wie Zola (1928 Werkauswahl in 8 Bdn., 1930 um 3 Bde. erw.), R. Tressal, S. Streuvels. Eine andere Linie wurde durch Autoren markiert, die von demokratischen Positionen aus die kapitalistische Wirklichkeit kritisch betrachteten: neben Tucholsky (*Mit 5 PS, Das Lächeln der Mona Lisa)* M. Herrmann-Neiße (*Die Begegnung*), G. von der Vring (*Soldat Suhren*), A. Polgar (*Hinterland*), E. Ludwig (*Juli 14*); auch Pohls Erzählungsband *Partie verspielt* und eine Auswahl von Novellen L. Pirandellos wären hier zu nennen. Ergänzt wurde das Angebot zeitgenössischer Literatur 1927/29 u.a. durch Bücher von Sinclair, Barbusse (*Tatsachen,* mit Vorw. von E. Toller), S. Lewis, I. Olbracht oder J. Dos Passos. Ab 1930 nahm die deutsche Literatur deutlich einen größeren Platz ein, wobei (neben W. Mehring: *Brand in Paris*) vor allem Autoren zu Wort kamen, die Vertreter oder Verbündete des BPRS waren: Kisch, Weiskopf (mit den Novellen *Der Traum des Friseurs Cimbura*), Becher (mit den Gedichtbänden *Ein Mensch unserer Zeit* und *Der Mann, der in der Reihe geht*), Hotopp (*Fischkutter H. F. 13*), H. Marchwitza (*Walzwerk*), A. Seghers (*Die Gefährten*)*,* M. Leitner (*Hotel Amerika*), Glaeser (*Frieden*), W. Schönstedt (*Motiv unbekannt*), G. Regler (*Wasser, Brot und blaue Bohnen*). Die zeitgenössische Übersetzungsliteratur reichte von J. Hašek (*Schwejk*-Roman) über den Slowaken M. Urban, den Franzosen E. Peisson bis zu den Amerikanern S. Lewis und M. Gold.

Eine weitere Leistung der UB bestand darin, Werke klassischer und anderer bedeutsamer Dichter der Vergangenheit den Lesern in qualitätsvollen und preiswerten Ausgaben zugänglich zu machen. Hatte man 1927 Texte von Balzac und Stendhal herausgebracht, 1928 die Rechte für eine umfängliche Auswahl aus dem Werk Zolas erworben (und 1930/31 Romane von E. de Queirós und Azevedo veröffentlicht), so folgten 1929 *Schillers Werke* (6 Bde., mit Einl. von F. Mehring) und 1930 *Heines Werke* (4 Bde., komm. von H. F. Lange). Im Dez. 1930 wurde eine »Marxistische Reihe« eröffnet, die Bücher zur weltanschaulichen und historischen Orientierung anbot. Sie stützte sich auf die seit 1929 erschienen *Schriften* Mehrings (6 Bde. zur Literaturgeschichte, zur preußischen und deutschen Geschichte, zur Geschichte der Philosophie und die Karl-Marx-Biographie), 1931 folgten die von H. Duncker im Auftrag des Autors erweiterte Neuauflage von M. Beers *Allgemeine Geschichte des Sozialismus und der sozialen Kämpfe* (1. Aufl. 1921), vom sowjetischen Philosophen I. Luppol *Lenin und die Philosophie,* von R. Luxemburg die Auswahl *Gewerkschaftskampf und Massenstreik* sowie 1932 von W. I. Lenin *Ausgewählte Werke* (von 12 vorgesehenen Bänden erschienen 4), eine Neuauflage des *Volksfremdwörterbuchs* von W. Liebknecht und von K. Sauerland *Der dialektische Materialismus.* Geplant war eine *Marx-Engels-Volksausgabe* in 20 Bänden; 1932 konnte allerdings nur *Das Kapital,* zwei Bände in der Edition von Engels, erscheinen. Daß in der UB die Anfang der 30er Jahre in der KPD problematisierten Arbeiten von Mehring und von Luxemburg erschienen, zeugt von beträchtlicher Souveränität in der Editionspolitik, um so mehr, als man Ausgaben mit Vorworten der ehemaligen KPD-Funktionäre A. Thalheimer und P. Frölich brachte, die seit 1928 aus der Partei ausgeschlossen waren.

Die umfangreiche Editionstätigkeit der UB (durchschnittlich im Jahr 20 Bde.) wurde nur zu ca. 20 % durch Werke realisiert, für die man selbst das Copyright besaß. Von anderen Verlagen wurden Teilauflagen verbreitet (anfangs auch nur das Verlagssignet überklebt) oder Lizenzen erworben, (oft erhielten gelieferte Rohbogen lediglich Einbände der UB und eigene Titelei). Der größte Teil der Lizenzen kam vom Neuen Deutschen Verlag (22 Titel). Weitere Verbindungen bestanden zu kommunistischen Partei- und Privatverlagen (Verlag für Literatur und Politik, Verlag der Jugendinternationale bzw. Malik-Verlag), aber auch zu sozialdemokratischen Unternehmen (von der Soziologischen Verlagsanstalt Frankfurt a.M. erwarb man die Vertriebsrechte der Werke Mehrings) und bürgerlichen Verlegern wie Kurt Wolff (Lizenz für die Zola-Ausgabe), Rowohlt (bis 1929) und Gustav Kiepenheuer.

Die UB war um eine geschmackvolle, moderne buchkünstlerische Gestaltung bemüht. Das bezog sich bei eigenen (und z. T. den vom Neuen Deutschen Verlag übernommenen) Produktionen auf die Typographie und vor allem auf die Text-Bild-Montierung, generell auf die Einbandgestaltung. Hier traten Graphiker des Neuen Deutschen Verlags wie P. Urban (bis 1930) und F. Stammberger (ab 1929) hervor, auch W. Heisig und Heartfield.

Im Frühjahr 1933 setzte die UB (als »Universum, Genossenschaft für Verlag und Vertrieb neuzeitlicher Literatur«) ihre Tätigkeit im Schweizer Exil fort. Zu den ersten Veröffentlichungen gehörten 1933 der Roman *Fontamara* von I. Silone und das *Braunbuch über Reichstagsbrand und Hitler-Terror.* Um 1935/36 verstärkten Emigranten und schweizerische Mitglieder der UB ihre Bemühungen, in Basel (und Zürich) eine »Universum-Buchgemeinschaft« neu aufzubauen und Mitglieder zu werben. Unter den Quartals- und Auswahlbänden befanden sich eine Reihe von Werken exilierter sozialistischer deutscher Autoren, u.a. W. Türk (*Kleiner Mann in Uniform*), W. Bredel (*Der Spitzel*), L. Renn (*Vor großen Wandlungen*), O. M. Graf (*Der Abgrund*), Weiskopf (*Die Versuchung*), Regler (*Die Saat*), Kisch (*Geschichten aus sieben Ghettos*). Es handelte sich dabei um Lizenzausgaben von Exilverlagen in Amsterdam, Paris und Prag sowie der Moskauer Verlagsgenossenschaft ausländischer Arbeiter. Es erschien der M. Lifschitz zusammengestellte Sammelband *Marx/Engels über Kunst und Literatur.* Ein vermutlich 1936 angefertigter hektographierter Prospekt bot über 100 Titel an, darunter einige bis 1933 in der UB erschienene, sowie Bücher anderer kommunistischer Verlage, die offenbar in ausländischen Filialen ausgelagert waren. Darüber hinaus annoncierte man neue politische Literatur (z.B. H. Günthers *Der Herren eigener Geist*), Romane sowjetischer Autoren und weitere in Exilverlagen erschienene Werke von K. Billinger, Kisch, Regler, Scharrer, Schönstedt, Seghers, B. Uhse, H. Zur Mühlen. In der Reihe »das kleine universumbuch« erschienen Erzählungen von Hotopp (*Stander »Z«*) und Kläber (*Die Toten von Pabja-*

nice), eine von L. Fürnberg zusammengestellte Auswahl »lieder, songs, moritaten« (Texte von E. Weinert, H. W. Hillers [1901–1962], Tucholsky, B. Brecht, Weiskopf, Renn und Fürnberg selbst) und der Gedichtband *Unter den Dächern* von H. Zinner. Über die Initiatoren dieser Neugründung, über Tätigkeitsdauer (vermutlich bis 1937/38) und Wirkung der Universum-Buchgemeinschaft im Exil liegen z. Z. keine Informationen vor.

Die UB gab von Anfang an eine Monatszeitschrift heraus, beginnend im Dez. 1926 mit »Dies und Das«, 1927/28 dann »Blätter für Alle« (20 bis 24 S.), ab 1929 »Magazin für Alle« (jetzt im Kupfertiefdruck – 1929, H. 7–12 zweifarbig –, meist 32, ab 1931, H. 10: 40 und ab 1932, H. 6: 48 S.). Als Herausgeber zeichneten zuerst die UB, ab 1931, H. 7 der Neue Deutsche Verlag, ab 1932, H. 8 F. Erpenbeck. Verantwortliche Redakteure waren Pohl (bis 1928), Hotopp (Jan./Mai 1929), E. Lange (Juni 1928/März 1932), Erpenbeck (ab Apr. 1932). Nachdem bis 1928 aktuell-politische Artikel nur in begrenzter Zahl erschienen waren, profilierte sich die Zeitschrift immer stärker als »interessanter Führer durch die Welt« (1929, H. 1), ein gut illustriertes Magazin für Arbeiter, das eine Mischung literarischer, populärwissenschaftlicher, politischer und wirtschaftspolitischer Beiträge (auch Kuriosa, Humor, Rätsel) sowie moderner Graphik bot. Großer Wert wurde auf die Foto-Berichterstattung gelegt sowie auf Probleme im Arbeiteralltag (Ernährung, Erziehung, Familie, Sport). Autoren und Redakteure pflegten einen unkomplizierten Sprachstil, der auch dem politisch oder fachlich weniger erfahrenen Leser verständlich war. Seit 1930 gab es eine Reihe von Leserumfragen und Problemdiskussionen; 1931 druckte man eine unvollendete aktuell-politische Erzählung Pijets, die nach dem Aufruf »Wer zeigt den Ausweg?« ca. 250 Leser »zuendeschrieben«. 1932 schuf man eine ständige Rubrik »Intelligenzaufgaben« und ein »Kindermagazin«. Seit Herbst 1928 wurde die Zeitschrift auch den Abonnenten der vom Neuen Deutschen Verlag herausgegebenen Tages-Ztgn. »Die Welt am Abend« und »Berlin am Morgen« kostenlos geliefert, sie war ab 1931 auch im Freiverkauf für 10 bzw. 20 Pf. erhältlich. Die Auflage betrug Mitte 1927 8000, Ende 1928 70000, im Herbst 1931 132000; nach einer Mitteilung im Heft 1/1933 soll sie sich 1932 nochmals fast verdoppelt haben. – Bis 1928 waren die literarischen Beiträge sozialistischer Autoren gegenüber denen bürgerlicher in der Minderheit; 1927 erschien z.B. in 5 Fortsetzungen C. Zuckmayers Erzählung *Der Bauer aus dem Taunus*. Ein programmatischer Leitartikel A. Seehofs *Über die deutsche Literatur in dieser Zeit* (Jan. 1927) attackierte allerdings die zeitgenössische bürgerliche Literatur aller Spielarten und trat unter der Devise »Der größte Künstler des Proletariats ... heißt Karl Marx« für eine »arbeiterrevolutionäre Literatur« ein, die aus dem Journalismus entwickelt

werden müsse. Seit 1929 dominierten dann Gedichte und vor allem Erzählungen, Skizzen und Reportagen von proletarisch-revolutionären Schriftstellern, kommunistischen Journalisten und Arbeiterkorrespondenten; allerdings reichte die Skala der Veröffentlichungen auch darüber hinaus. Es erschienen neben Textnachdrucken aus der UB und Kurzgeschichten sowjetischer Autoren zahlreiche Originalbeiträge; neben bereits genannten Autoren auch von Th. Balk, F. Bernhard (d.i. Erwin F. B. Albrecht), O. Gotsche, K. Grünberg, K. Huhn, P. Kast, P. Körner (-Schrader), B. Lask, K. Neukrantz, F. Rück, G. Schwarz, Slang, O. Steinicke, Berta Wiener (d.i. B. Waterstradt), H. Weiss. Nachdem zuerst vor allem Seehof und Pohl die Leser über aktuelle Literatur unterrichteten, lieferten 1929/Anfang 1931 die knappen, urteilskräftigen Rezensionen Weiskopfs zur zeitgenössischen sozialistischen und bürgerlichen Literatur markante Beispiele marxistischer Literaturkritik. Regelmäßige Berichte und Problembeiträge gab es auch über Theater (u.a. Zwehl), Film sowie bildende Kunst und Architektur (u.a. Durus); für viele Beiträge zu Natur, Naturwissenschaft und Technik (auch Auslandsberichte) wurden bürgerliche Fachleute gewonnen. Unter den Redakteuren und freien Mitarbeitern der Zeitschrift traten relativ kontinuierlich mit Beiträgen unterschiedlichen Charakters hervor: J. Borchardt, G. Brodt, H. Eisler, Kersten, H. F. Lange (Ps.: iml.). Illustrationen, vor allem zu literarischen Beiträgen, lieferten u.a. G. Wagner (1927/28), später P. Urban, C. Meffert, unter dem Ps. Fuk oder Fuck B. Angeluschew, O. Bittner, P. Eickmeier sowie E. Jadzewski und A. Beier-Red.

Lit.: Dies und Das, 1926, H. 1; Blätter für Alle, 1927, H. 1–1928, H. 12; Magazin für Alle, 1929, H. 1–1933, H. 3; M. Bühnemann/T. Friedrichs: Zur Geschichte der Buchgemeinschaften der Arbeiterbewegung in der Weimarer Republik, in: Wem gehört die Welt – Kunst und Gesellschaft in der Weimarer Republik, Berlin-West 1977; H. Bunke/H. Stern: Buchgestaltung für die Literatur der Arbeiterklasse 1918–1933, Leipzig 1982; H. Lorenz: Universum-Bücherei für Alle. Proletarisch-revolutionäre Buchgemeinschaft an der Kulturfront 1926–1933, in: Marginalien, H. 92 (Berlin 1983); H. Sommer: Das »Magazin für Alle«, in: BzG, 1985, H. 4.

Manfred Nössig

Die Verbrüderung (Vb)

Vb, im Untertitel »Correspondenzblatt aller deutschen Arbeiter«, war das Verbandsorgan der Ende Aug. 1848 in Berlin gegründeten Allgemeinen Deutschen Arbeiterverbrüderung, der ersten überregionalen deutschen Arbeiterorganisation. Herausgegeben vom dreiköpfigen Führungsgremium der Vereinigung, dem Centralcomité für die deutschen Arbeiter in Leipzig. Sie erschien in insgesamt 169 Nummern vom 3. 10.

1848/29. 6. 1850, wobei die 39 Nummern des Jahrgangs 1850 eine eigene, wieder mit eins beginnende Zählung aufweisen. Vb besaß Quartformat und kam zweimal wöchentlich zu einem Monatspreis von fünf Neugroschen heraus. Seit dem 6. 4. 1850 (Nr. 27) erschienen die letzten Nummern bei doppeltem Umfang nur noch einmal pro Woche. Von Nummer 105 (2. 10. 1849) bis Nummer 26 (29. 3. 1850) war Vb mit der Hamburger »Concordia«, der Zeitung des Fachverbandes der Zigarrenarbeiter Deutschlands fusioniert, um sich vor drohendem Konkurs zu bewahren. Zeitweilig sank dadurch der Abonnementspreis auf drei Neugroschen pro Monat. Erster verantwortlicher Redakteur war bis zu seiner Emigration im Mai 1849 der Berliner Schriftsetzer S. Born (↗ »Das Volk«). Vom 25. 5. /10. 8. 1849 führte der Essener Geometer F. Schwenniger die Zeitung, ehe nach dessen Verhaftung der Leipziger Buchdrucker C. Gangloff das Blatt bis zu seinem durch Verbot erwirkten Ende redaktionell betreute. Vb nimmt unter den vergleichbaren Presseerzeugnissen der elementaren Arbeiterbewegung während der Revolution 1848/49 eine herausgehobene Stellung ein. Als Organ der größten Vereinigung der damaligen Arbeitervereinsbewegung mit gesamtnationalem Wirkungsradius und fast zweijähriger Erscheinungsdauer leistete sie einen wesentlichen Beitrag zur Formierung und Entwicklung eines selbständigen proletarischen Bewußtseins in der Arbeiterschaft Deutschlands. Ihr Hauptaugenmerk richtete Vb von Anfang an auf die immer drängender werdende Lösung der sozialen Frage. Neben der Aufklärung über die sozialökonomische Stellung der Hauptklassen und den neuen Grundwiderspruch zwischen Kapital und Arbeit wurde unter Borns Leitung in der Vb der Weg über staatlich unterstützte Produktionsassoziativen der Arbeiter nach französischem Muster als sozialreformerisches Modell einer sozialistisch orientierten Umgestaltung der Gesellschaft propagiert (Born: *Die sociale Frage*, 7 Tle., Nr. 1-21). Zwar gab es in den Anfangsmonaten auch eine Berichterstattung über die wichtigsten nationalen und internationalen Geschehnisse in einem regelmäßigen Nachrichtenblock (»Vermischtes«) und Stellungnahmen zu aktuellen politischen Themen (Demokratie, Wahlen, Parlamente u.a.), doch war ein auf konsequentes politisches Eingreifen und Handeln ausgerichtetes Aktionsprogramm nicht zu erkennnen. Das änderte sich erst ab Frühjahr 1849. Vb radikalisierte und ideologisierte sich in dem Maße, wie sich in der Führung der Arbeiterverbrüderung unter wachsendem Einfluß des BdK die Auffassung durchsetzte, daß erst durch Erkämpfung und Sicherung demokratischer Rechte und Freiheiten mittels eines konsequenten Vorantreibens der Revolution die Voraussetzungen der angestrebten sozialen Umwälzungen zu erreichen seien. Politische und ökonomische Fragen wurden nun in ihrem engen wechselseitigen Zusammenhang betrachtet. Die Auseinandersetzung mit dem Klas-

sencharakter des bürgerlichen Staates und die daraus abgeleitete Erkenntnis der Notwendigkeit einer Arbeiterrepublik ergänzten sich mit Mobilisierungskampagnen der Arbeiterschaft in den revolutionären Kämpfen des Frühsommers 1849. Mit der weitgehenden Niederschlagung der Revolution Mitte des Jahres war auch der Handlungsspielraum der Vb eingeengt und der organisatorische Zusammenhalt der Arbeiterverbrüderung stark gefährdet. Das ideologische Profil der Vb in der zweiten Jahreshälfte 1849 zeigte daraufhin kaum noch klare Konturen. Desillusionierung und Desorientierung führten dazu, daß sich ein Spektrum unterschiedlichster politisch-ideologischer Richtungen in der Zeitung ausbreitete, angefangen etwa von den anthropologisch-philanthropischen Ideen J. Fröbels über Klassenharmonie postulierende wahrsozialistische Auffassungen H. Rolletts oder E. Pelz' bis hin zu einer revolutionären, kommunistischen Linie, vertreten durch E. O. Weller. Eine von Beginn an tragende Säule in der Zeitungsarbeit der Vb, die Bemühungen um den Ausbau der Organisationsstrukturen der Arbeiterverbrüderung, wurde ab Herbst 1849 in zunehmendem Maße als primäre Aufgabe begriffen. In wachsender Zahl verdrängten jetzt Beispiele und Berichte von der Arbeit und den Aktivitäten der verschiedenen Arbeitervereine und Arbeiterselbsthilfeorganisationen wie Unterstützungskassen und Assoziationen alle anderen Themen. Das hatte auch Auswirkungen auf den Literaturteil der Zeitung, der von Anfang an eine feste Größe in der Vb gebildet hatte, auf den nun aber immer öfter verzichtet wurde. Bis dahin jedoch konnte Vb auf ein reiches und qualitätsvolles Literaturangebot verweisen. In fast allen Nummern mit mindestens einem, meist politischen oder sozialen Gedicht aufwartend, avancierte Vb zum wohl bedeutendsten Literaturpropagandisten der frühen deutschen Arbeiterbewegung. Die dabei angebotene Palette war äußerst breit und reichte von den herausragenden Werken einer wiederbelebten oppositionellen Vormärzlyrik, engagierten und nach wie vor aktuellen Gedichten H. Heines (*Die schlesischen Weber*, Nr. 33), G. Herweghs (*Aufruf*, Nr. 52), G. Weerths (*Der Wirt von Lancashire*, Nr. 60), H. Hoffmann von Fallerslebens (*Knüppel aus dem Sack*, Nr. 44), G. Kellers (*Der Kürassier*, Nr. 42) über sozial ambitionierte Balladen und Lieder, etwa E. Dronkes (*Das Glück der armen Leute*, Nr. 79), L. Seegers (*Noth bricht Eisen*, Nr. 24), K. Becks (*Anna Marie*, Nr. 41) oder A. Meißners (*Den Reichen*, Nr. 15) bis hin zur unmittelbaren Revolutionslyrik (F. L. Bisky: *Sendschreiben an das arme Pack*, Nr. 76; F. Freiligrath: *Wien*, Nr. 11, *Ungarn*, Nr. 69; F. Bobzin: *Den Manen Robert Blum's*, Nr. 31). Bei einer derartigen Lyrikkonzentration blieben andere Genres wie das Lehrgespräch (*Gespräch zwischen einem Geldmann und einem Bauer*, Nr. 43), die Kurzerzählung (*Der Traum eines Hungrigen*, Nr. 13) oder didaktische Adaptionsformen (*Die zehn*

Gebote der Arbeiter, Nr. 46) lediglich marginal. – Vor der Vb hatte es nach den ersten Revolutionserfolgen in Leipzig schon früh Versuche gegeben, mit speziell für Arbeiter geschriebenen Zeitungen die relativ starke sächsische Arbeiterbewegung ideologisch und organisatorisch zu kanalisieren: »Der Volksfreund« (Vfr) z.B., der zwischen Ende März oder Anfang Apr./Mitte Juni 1848 in der Regel einmal wöchentlich in insgesamt zwölf Nummern (davon drei Doppelnummern) zum Preis von einem bzw. einem halben Silbergroschen auf acht Kleinformatseiten herauskam, war mit seiner neobabouvistisch-kommunistischen Zielorientierung eines der radikalsten Zeitungsunternehmen während der Revolution überhaupt. Dem Sozialistischen Klub, einer Vereinigung linker Intellektueller Leipzigs, nahestehend, wurde Vfr herausgegeben und im wesentlichen auch selbst verfaßt vom BdK-Mitglied E. O. ↗ Weller. Weller wandte sich im Vfr direkt an das arbeitende Volk, das er für seine Idee einer revolutionär durchzusetzenden demokratischen Selbstherrschaft des Volkes als Voraussetzung für ein anzustrebendes kommunistisch-anarchistisches Gemeinwesen zu gewinnen hoffte (*Warum?,* Nr. 1). Aufklärung über die historische Rolle und gesellschaftliche Stellung des Proletariats sowie eine scharfe und unmißverständliche Kampfansage an die politische Strategie der liberalen Großbourgeoisie wie die offen reaktionäre Machtpolitik des Ancien régime bildeten dabei unverrückbare Grundpositionen Wellers (*Unsere Politik,* Nr. 5; *Was wollen die Kommunisten,* Nr. 6). Auffallend an Wellers Artikeln war nicht nur die rhetorische Verve, sondern auch der häufige Einsatz statistischen Materials (*Zur Rechenkunst,* Nr. 7 f.; *Deutschlands Regimentskosten,* Nr. 4). Affinitäten zur Politik des BdK drückten sich am deutlichsten im Abdruck der *Forderungen der Kommunistischen Partei Deutschlands* (Nr. 5) aus.

Ein weiteres Zeitungsprojekt hatte der Lehrer F. H. Semmig mit dem wahrsozialistisch orientierten Blatt »Die Stimme des Volkes. Organ für Arbeiter« zu gründen versucht. Allerdings kam er über eine einzige Nummer am 25. 3. 1848 nicht hinaus.

Den größten Einfluß unter der Leipziger Arbeiterschaft besaß die »Leipziger Arbeiter-Zeitung« (LAZ), das Organ des Leipziger Arbeitervereins. Sie erschien einmal wöchentlich in 13 Nummern auf 8 S. zum Preis von einem Neugroschen zwischen 1.5./22. 7. 1848 und wurde redigiert von den Handwerksgesellen A. Büttner (ab Nr. 10 vom 1. 7., F. Hampel), L. Kirsinger und O. Skrobek. Ihr Motto »Durch Bildung zur Freiheit, und durch diese zum Wohlstand« war zugleich Programm. Sowohl die regelmäßigen Grundsatz- oder Leitartikel wie der breite kommentierte Nachrichtenteil orientierten sich an der Aufgabe, über allgemeine und politische Bildung die Arbeiter in den Stand zu versetzen, sich für eine Verbesserung

ihrer Lage selbst einzusetzen, ohne die bestehenden Eigentumsverhältnisse und die gesellschaftlichen Strukturen gravierend zu verändern. Ziel war ein sozial harmonisierter, politisch demokratisierter Nationalstaat mit industrieller Prägung ohne feudalstaatliche Bürokratie. Sozialrevolutionäre und kommunistische Vorstellungen wurden als anarchistisch strikt abgelehnt. In der LAZ fanden statt dessen die Unterstützung gewerkschaftlicher Forderungen der Arbeiter (Löhne, Arbeitszeit) genauso wie protektionistische Maßnahmen zur Förderung der deutschen Industrie ein breites Echo. Darüber hinaus gewann die LAZ besondere Ausstrahlungskraft, indem sie den Arbeitern die Möglichkeit einräumte, selbst über ihre soziale und politische Interessenlage zu kommunizieren. Jede Nummer brachte entsprechende Schilderungen, Berichte und Beschwerden einzelner Arbeiter oder Gewerksgruppen über Arbeitsverhältnisse bzw. Lebensbedingungen, aus denen die Verfasser Forderungen oder Meinungen zu organisatorischem und politischem Grundsatzverhalten ableiteten (A. Warth: *Die Klagen und Wünsche der Feuerarbeiter, Skizzen aus dem Leben der Handarbeiter*). Die LAZ stellte ihr Erscheinen bezeichnenderweise ein, als das Redaktionskollegium in die Kommission zur Erörterung der Gewerbs- und Arbeiterverhältnisse des sächsischen Innenministeriums, einer Art ›konzertierten Aktion‹ zur friedlichen Beilegung der sozialen Konflikte, berufen wurde.

Ausg.: Der Volksfreund, Ndr. Leipzig 1947; Die Verbrüderung, Ndr. Leipzig 1975. – *Lit.:* M. Quark: Die erste deutsche Arbeiterbewegung. Geschichte der Arbeiterverbrüderung 1848/49, Leipzig 1924 (Ndr. Glashütten/Ts. 1970); R. Weber: Die Revolution in Sachsen 1848/49. Entwicklung und Analyse ihrer Triebkräfte, Berlin 1970; E. Schraepler: Handwerkerbünde und Arbeitervereine 1830–1853, Berlin/New York 1972; H. Schlechte: Die Allgemeine Deutsche Arbeiterverbrüderung 1848/1850. Dokumente des Zentralkomitees für die deutschen Arbeiter, Weimar 1979 (= Schriftenreihe des Staatsarchivs Dresden, Bd. 11); W. Feudel: Proletarische Presse und künstlerische Literatur während der Revolution von 1848/49, in: Literatur.

Volker Giel

Verlag W. Bracke jr., Braunschweig (VB)

Gegründet am 15. 5. 1871 von ↗ W. Bracke, der die Tätigkeit des Verlages 1879 infolge der Verbote durch das Sozialistengesetz einstellen mußte. Neben der Leipziger Genossenschaftsbuchdruckerei (gegründet 1872, geleitet von A. Bebel, W. Liebknecht u.a.) einer der ersten selbständigen Verlage der deutschen Arbeiterbewegung; wurde wirtschaftlich von Bracke allein getragen, wobei er insgesamt 200 000 Mark, sein gesamtes eigenes und einen Teil des ererbten väterlichen Vermögens, investierte; wiederholt stand der Verlag vor dem wirtschaftlichen Bankrott. Das Unternehmen entstand als Zeitungsverlag. Der »Braunschweiger Volksfreund« blieb das wesentliche Verlagsprodukt und wurde zum wirkungsvollen Organisator der regionalen Arbeiterbewegung. Nach 1871 erweiterte Bracke das literarische Unternehmen um eine eigene Druckerei und Versandbuchhandlung, womit eine vom offiziellen Literaturbetrieb relativ unabhängige Entwicklung der sozialdemokratischen Parteiliteratur gewährleistet werden konnte. Es gelang ihm jedoch nicht, mit Büchern und Broschüren im offiziellen Buchhandel Fuß zu fassen. Der Wirkungsradius blieb beschränkt auf die Mitglieder und Anhänger der lokalen Arbeitervereine. Zwischen der sozialdemokratischen Leipziger Genossenschaftsbuchdruckerei und dem Verlag entstand im Verlauf der 70er Jahre eine Arbeitsteilung. Während Leipzig neben den Zentralorganen »Volksstaat« bzw. »Vorwärts« hauptsächlich aktuelle Agitationsbroschüren druckte, spezialisierte er sich auf umfangreichere historische und theoretische Werke. In den Expeditionslisten des Verlages nahmen politische Schriften zeitgenössischer sozialdemokratischer Autoren und Werke von F. Lassalle, K. Marx und F. Engels den breitesten Raum ein. 1874 erschienen hier die Kampfschrift *Ein Komplott gegen die Internationale Arbeiterassoziation* von Marx, Engels und P. Lafargue in der deutschen Übersetzung von Brackes Mitarbeiter S. Kokosky und der *Bericht des Londoner Generalrates der IAA*.

Einen weiteren Schwerpunkt bildeten Schriften, die die Erfahrungen der Pariser Kommune auswerteten. Auf Vorschlag von Marx ließ Bracke eine deutsche Ausgabe von P. Lissagarays *Geschichte der Kommune von 1871* (Brüssel 1876) erarbeiten, die im Frühjahr 1878 herausgegeben werden konnte. Diese, nach Marx' Auffassung »erste *authentische* Geschichte der Kommune« (in: MEW, Bd. 34, S. 203) war ein Höhepunkt in Brackes verlegerischer Tätigkeit.

Belletristik spielte im VB im Unterschied zur Leipziger Genossenschaftsbuchdruckerei zumindest eine untergeordnete Rolle. Bedeutsam war die von A. Strodtmann herausgegebene Sammlung *Arbeiterdichtung in Frankreich* (Braunschweig 1873). Auf der Grundlage dieser Ausgabe wurden Gedichte namhafter proletarischer Dichter Frankreichs in der Arbeiterpresse häufig nachgedruckt und fanden eine relativ große Verbreitung. Die im Verlag publizierten proletarischen Liederbücher entsprachen einem starken Bedürfnis der lokalen Vereine und einzelner Arbeitersänger und erreichten meist mehrere Nachauflagen. Das Prosaangebot beschränkte sich auf die Romane und Erzählungen A. Otto-Walsters. Ab 1884 gab Bracke einen *Volks-Kalender* heraus, den er selbst redaktionell betreute. Der Kalender sollte, anknüpfend an die Tradition der Bauernkalender, als Bildungs- und Agitationsschrift auf dem flachen Lande wirken. Er bemühte sich, möglichst viele Beiträge bei sozialdemokratischen Autoren in Auftrag zu ge-

ben. Es wurden aber auch Gedichte und Aphorismen von G. E. Lessing, A. von Chamisso, A. Glaßbrenner oder R. Prutz aufgenommen.

Wie die meisten sozialdemokratischen Lokalblätter, die Anfang der 70er Jahre entstanden, verfügte der »Braunschweiger Volksfreund« von Beginn an über ein literarisches Feuilleton. Die unterhaltenden Teile des Blattes wurden im Laufe der 70er Jahre ständig erweitert, so daß zum »Braunschweiger Volksfreund« vor seinem Verbot 1878 zusätzlich zum Feuilleton im Hauptblatt eine wöchentlich erscheinende satirische Beilage, die »Braunschweiger Leuchtkugeln«, und eine Sonntagsbeilage mit Prosa in Fortsetzungen gehörten. Die inhaltliche Gestaltung repräsentiert den Typ des sozialdemokratischen Feuilletons, wie er sich in diesen Jahren ausprägte. Die Redakteure versuchten, viele der Gedichte, satirische Agitationsdialoge, Theaterkritiken und kurze Prosastücke selbst zu verfassen oder bei sozialdemokratischen Autoren in Auftrag zu geben. ↗ G. Lyser (Redakteur bis 1873) schrieb für das Feuilleton neben Gedichten und Kritiken den »humoristischen« Roman *Der Musikmeister von Bagdad* und eine Reihe von Reportagen (ein in der damaligen Feuilletonliteratur kaum verwendetes Genre) über seine Agitationsreisen im Harz. ↗ S. Kokosky (Redakteur 1873/78) gehörte zu den wenigen sozialdemokratischen Feuilleton-Redakteuren (wie M. Kegel), die versuchten, Werke bürgerlicher Erzähltraditionen einzubeziehen. Belehrende Beiträge würdigten Kunstleistungen der deutschen Literatur des 18. und 19. Jh.s. Im Jahrgang 1878 wurden z.B. Kleists *Michael Kohlhaas*, drei Novellen von W. Hauff und eine Skizze von Ada Christen abgedruckt. Wie in anderen Arbeiterblättern der Zeit nahm die Vormärz-Lyrik (vor allem G. Herwegh und F. Freiligrath) im Feuilleton breiten Raum ein. Arbeiten der meisten namhaften sozialdemokratischen Lyriker (A. Geib, Kegel, J. Audorf u.a.) und Erzähler (Otto-Walster, K. Lübeck) wurden aufgenommen, ebenso anonym eingesandte Gedichte, Liedtexte und Prosaskizzen unbekannter proletarischer Autoren. So wurden die Feuilletons der Arbeiterpresse in diesen Jahren zum wesentlichen Forum belletristischer Literaturentwicklung in der Arbeiterbewegung. Engagierte Redakteure wie Kokosky und Kegel rangen darum, die politisch-agitatorische Wirksamkeit der Feuilletons in den Arbeiterblättern zu verstärken, eine humanistisch bildende Funktion in den Beiträgen durchzusetzen und zugleich den durch bürgerliche Feuilleton-Lektüre geprägten Unterhaltungsbedürfnissen der Arbeiterleser und ihrer Familien gerecht zu werden.

Lit.: T. Bürgel: Politische Organisation und literarische Kommunikation, Diss., Berlin 1983.

Tanja Bürgel

Verlag Die Schmiede, Berlin (Sch)

Gegründet am 25. Nov. 1921; 1929 letzte Publikationen; 1931 Auflösung. Inhaber waren Dr. F. Wurm, Dr. J. Selter und H. Wendriner; das Verlagsprogramm wurde vor allem durch die bis 1927 währende Lektorenschaft R. Leonhards bestimmt. Weiterhin war der spätere Lektor des Kiepenheuer-Verlages und Mitarbeiter der deutschen Abteilung des Amsterdamer Verlages Allert de Lange, W. Landauer (1902–1945), bis 1928 für die Sch tätig.

Mit der Übernahme von zwei Reihen des Münchener Roland-Verlages: »Die kleine Roland-Bücherei« und »Die neue Reihe« begann Sch 1921 ihre verlegerische Tätigkeit und konzentrierte sich damit auf die Herausgabe zeitgenössischer Literatur. Diesem Anliegen entsprachen vor allem die sozialkritische Reportage-Reihen: »Außenseiter der Gesellschaft« (1925) und »Berichte aus der Wirklichkeit« (1927). Als Folge der Inflation wurde der Verlag 1924 in eine Aktiengesellschaft umgewandelt. Die Auswahl der Publikationen erfolgte von nun an nicht allein nach rein ästhetischen Gesichtspunkten. Die finanzielle Belastung aus der Edierung moderner Literatur versuchte der Verlag durch die Einführung der Reihen »Der unbekannte Balzac« und »Klassiker der erotischen Literatur« zu kompensieren. Von einer bibliophilen Reihe »Offizina Fabri« konnte nur eine mit Original-Radierung versehene Ausgabe (E. Weiss: *Die Feuerprobe*, 1923) realisiert werden. Ende 1926 übernahm der Verlag die von H. Reimann in Frankfurt a.M. herausgegebene satirische Zs. »Das Stachelschwein«, in der von 1927/29 Beiträge von R. Arnheim, I. Goll, M. Herrmann-Neiße, E. Kästner, Th. Lessing und K. Valentin enthalten waren. Verlegerischer Erfolg war der Bühnenvertriebs-Abteilung des Verlags beschieden, die bis 1931 bestand und zu deren Autoren u.a. V. Baum, Goll, W. Hasenclever, Ö. von Horvarth, G. Kaiser, Leonhard, Weiss, A. Wolfenstein, S. Maugham, A. Richman, H. Sonmogne und F. Karinthy zählten. Unter der Lektorenschaft Leonhards entwickelte sich der Verlag 1923/27 zu einem Sammelbecken moderner linksgerichteter Autoren, mit denen Leonhard bereits aus der Zeit des Expressionismus verbunden war oder die er durch seine leitende Tätigkeit in der Schriftstellervereinigung »Gruppe 1925« für die Sch gewinnen konnte. Die durch die Freundschaft mit Hasenclever und Kaiser vermittelten Autoren trugen zur wesentlichen Bereicherung des Verlagsspektrums bei. Von Leonhard wurden u.a. das Werk A. Daudistels herausgegeben und die erste Lenin-Biographie von H. Guilbeaux auf den deutschen Buchmarkt gebracht. Sein Versuch, Sch zum Stammverlag der »Gruppe 1925« umzuformen und eine eigene Zeitschrift erscheinen zu lassen, ließ sich, wie die Idee einer dem Verlag angeschlossenen Buchgemeinschaft, nicht realisieren. Bis 1927 erschienen hier Werke von 19 der 39 in der »Gruppe 1925« vereinigten Autoren. Verdienste erwarb sich der Verlag bei der Herausgabe moderner zeitgenössischer Literatur. In der seit 1924 veröffentlichten Reihe »Romane des zwanzigsten Jahrhunderts«, in der u.a. H. Barbusse, K. Čapek, Daudistel, F. Kafka und M. Proust erschienen, wurde das erzählerische Werk von J. Roth zum ersten Mal der Öffentlichkeit vorgestellt. Nach der Intention ihrer Verleger sollte diese Roman-Reihe nicht nur »die beste Prosa bringen, die in unserer Zeit geschaffen wird«, sondern sich auch durch eine sorgfältig und künstlerisch herausragende Aufmachung auszeichnen. Diese Vorstellungen konnten allerdings nur durch einen relativ hohen Verkaufspreis realisiert werden.

Sch machte sich als bedeutender linksbürgerlicher Verlag besonders um die Verbreitung sozialkritischer und sozialistischer Literatur verdient. Einen bedeutenden Beitrag zur Schaffung einer sozial engagierten Reportage in Deutschland leistete Leonhard mit der Reihe »Außenseiter der Gesellschaft«. In ihr wurden 14 bedeutende zeitgenössische Kriminalfälle zum Anlaß genommen, um gesellschaftliche Krisenpunkte zu verdeutlichen und sich kritisch mit den Ursachen von Außenseitertum und sozialen Randgruppen auseinanderzusetzen. Die Reihe stellt einen besonderen Typ linker Reportageform dar, die von Stilmitteln der neuen Sachlichkeit beeinflußt, Mitte der 20er Jahre beginnt, aktuelles Realitätsmaterial auf innovative Weise zu erschließen. Mit dieser Art literarischer Reportage versuchten die Autoren, ein gegen den etablierten bürgerlichen Literaturstandard gerichtetes Modell sozial engagierter Literatur zu entwickeln. Die soziologische Analyse von Kriminalfällen und Außenseitern wurde zum Mittel, in der Phase der relativen Stabilisierung gegen die rechtsgerichtete Justizpraxis zu protestieren, von der die Autoren in zunehmender Weise selber betroffen waren. E. E. Kisch wies 1925 auf den »zeitgeschichtliche(n) Wert« der Serie und auf ihren literarischen Rang: »Die Form, die Komposition und die psychologische Durchdringung heben diese Darstellungen über alles hinaus, was bisher an pitavalesken Werken erschienen ist« (in: Kisch: *Ges. We.*, Bd. 12, Berlin und Weimar 1993, S. 146). In der Außenseiter-Reihe veröffentlichen A. Döblin, Kisch, E. Trautner, Weiss, Goll, Lessing, K. Otten, A. Holitscher, L. Lania, F. Th. Czokor, Th. Schramek, K. Kersten, K. Federn und H. Ungar. Aufsehen erlangten die Studien Lessings über den Massenmörder Haarmann als Typus des sexuellen Außenseiters, die Reportage Lanias über das Verhalten der Justiz im Prozeß 1924 (*Der Hitler-Ludendorff-Prozeß*, Berlin 1925), die seither mehrfach verfilmte Studie Kischs über den österreichischen Doppelspion Redl vor dem I. Weltkrieg und die Arbeit Trautners über einen 1919 gegen die KPD geführten Mordprozeß (*Der Mord am Polizeiagenten [Karl] Blau*, Berlin 1924).

Die von Trautner 1927 herausgegebenen »Berichte aus der

Wirklichkeit« setzten das Anliegen des Verlages, sich neuen sozialen Erfahrungsbereichen zu öffnen, mit weiteren sechs Reportagen fort; Kisch, Lania, P. Mac Orlan, Roth, H. Siemsen und der Herausgeber widmeten sich Problemen moderner Informationsfabrikation, neuer Religiosität und Rauschgiftkriminalität, der Homosexualität, des Alkoholschmuggels und der Problematik des Judentums. Die Reportagen wandten sich, wie alle Publikationen des Verlages, an einen linksgerichteten, gesellschaftskritisch eingestellten Leser, der nicht ausdrücklich in parteipolitischer Bindung gedacht war. Nach den Anzeigen des Verlages war dieser Leser vor allem im Umkreis der Zsn. »Die Weltbühne«, »Die Neue Rundschau«, »Das Tage-Buch« oder »Die Menschenrechte« zu suchen. Eine zeitgenössische Rezension bescheinigte indes dem Verlag, daß man dessen Publikationen »für Veröffentlichungen proletarischer Verlage halten könnte«. Die Bücher der Sch könnten, ungeachtet ihres hohen Preises, von Arbeiterbuchhandlungen in Vertrieb genommen und ihre Lektüre Proletariern nur empfohlen werden, da ihre Verfasser zu den »geistigen Vorkämpfern« der proletarischen Bewegung zu zählen seien (R. Förster: *Deutschland im Spiegel seiner Verleger. Die Schmiede A.-G.*, in: »Die Neue Bücherschau«, 1926/27, 4. Folge, 4. Schrift, S. 173–174).

Lit.: I. Wrobel: Außenseiter der Gesellschaft, in: Die Weltbühne, 1925, Nr. 2; H. Siemsen: Außenseiter der Gesellschaft, ebd.; G. Pohl: Außenseiter der Gesellschaft, in: Die Neue Bücherschau, 1925, 3. Folge, 4. Schrift; K. Herrmann: Die Reporter, ebd., 1926/27, 4. Folge, 4. Schrift; R. Stöber: Rudolf Leonhard. Seine literarische und weltanschauliche Entwicklung, Diss., 1963; K. Petersen: Die »Gruppe 1925«. Geschichte und Soziologie einer Schriftstellervereinigung, Heidelberg 1981; W. U. Schütte: Der Verlag Die Schmiede 1921-1931, in: Marginalien, 90. Heft (1983).

Klaus Michael

Verlag J. H. W. Dietz (Nachf. GmbH)

Führender SPD-Verlag, gegründet am 31. 12. 1881 in Stuttgart von Johann Heinrich Wilhelm Dietz, Schriftsetzer, seit 1871 Mitglied der SDAP, der bis 1897 als privater Verleger für die Partei arbeitete. Ab 1897 war die SPD Miteigentümer des Verlages, A. Bebel und P. Singer bestimmten als Kompagnons das Verlagsprogramm mit. Der Verlag führte nun den Firmennamen J. H. W. Dietz Nachf. GmbH. 1906 übernahm die Partei den Verlag, Dietz blieb weiterhin Verlagsleiter. Das Unternehmen fusionierte 1921 aus wirtschaftlichen Gründen mit der ↗ Buchhandlung Vorwärts und nannte sich bis 1933 J. H. W. Dietz Nachf., Berlin SW 68, Lindenstr. 3. Der Parteivorstand berief 1921 P. Kampffmeyer zum Archivleiter und führenden literarischen Berater des Verlages. 1933 letzte Publikationen

des Verlages, bevor er in die Konzentrations AG (Sammlung eingezogenen sozialdemokratischen Betriebskapitals) eingegliedert und am 24. 8. 1934 aus dem Handelsregister gestrichen wurde. Nach dem zweiten Weltkrieg bemühten sich SED wie SPD um die Weiterführung des traditionsreichen Verlagsnamens. Die Rechtsstreite führten erst 1955 zu einer Klärung. Von da ab firmierte der Verlag in der DDR unter dem Namen Dietz Verlag Berlin, der SPD-Verlag in der BRD unter J. H. W. Dietz Nachf.

Im Unterschied zu den früheren sozialdemokratischen Verlagen der 70er Jahre gelang es Dietz erstmals, den engen Kreis des Parteibuchhandels zu überschreiten und die wissenschaftliche Literatur des Sozialismus systematisch über den offiziellen Buchhandel zu verbreiten. Das Unternehmen entstand aus den Resten der Leipziger Genossenschaftsbuchdruckerei, die unter den Bedingungen des Sozialistengesetzes nicht mehr gehalten werden konnte. Unter schwierigsten wirtschaftlichen Bedingungen, ständig bedroht durch polizeiliche Überwachung, baute Dietz 1882 eine eigene Druckerei und Versandbuchhandlung auf. Aus dem Leipziger Verlagsprogramm wurden nur zwei Periodika übernommen: ↗ »Die Neue Welt« (ab Apr. 1882 bei Dietz) und der unter dem Tarntitel *Omnibus* verbreitete Parteikalender (bis 1878 *Der arme Conrad*, 1885/92 als *Neue-Welt-Kalender*). Bis 1885 konnten nur zehn gebundene Titel, darunter zwei Lyrik-Anthologien (*Edelsteine deutscher Dichtung*, Hg. B. Geiser, 1882; J. Wedde: *Grüße des Werdenden*, 1884) verlegt werden. A. Bebels verbotene Schrift *Die Frau und der Sozialismus* (1883) erschien überarbeitet als *Die Frau in Vergangenheit, Gegenwart und Zukunft* mit einer Zürcher Verlagsangabe und dem Tarnumschlag *Berichte der Fabrik-Inspektoren 1883*. In dieser Form erreichte das Buch während des Sozialistengesetzes sechs Nachauflagen mit einer Gesamtauflage von 15 000 Ex. Jan. 1883 begann Dietz das theoretische Organ NZ zu veröffentlichen. Mit dem satirischen Blatt »Der Wahre Jacob« (ab Jan. 1884) war beabsichtigt, ein massenwirksames Organ aufzubauen, um aus den Einnahmen stützungsbedürftige Verlagserzeugnisse wie die NZ (Anfang der 90er Jahre auch »Die Gleichheit«) halten zu können. 1885/87 arbeitete Dietz selbst in der Redaktion des Blattes. Erst gegen Ende der 80er Jahre, als die Zeitschrift vierzehntägig mit einer Auflage von 85 000 Ex. erschien, erreichte sie ökonomische Effektivität. 1885 gab der Verlag in deutscher Erstausgabe *Das Elend der Philosophie* (deutsch von E. Bernstein und K. Kautsky mit Vorw. u. Noten von F. Engels) von K. Marx heraus. Zwei Jahre später eröffnete der Verlag mit der »Internationalen Bibliothek« jene Reihe, die zusammen mit der NZ Dietz als führenden sozialistischen Verleger international machen sollte. Die Bibliothek war enzyklopädisch angelegt, umfaßte Werke aus Ökonomie, Geschichte, Soziologie, Gesellschaftstheorie und Naturwissenschaften. Angestrebt wurden populäre Darstellungen, die für die Bildung unter Sozialdemokraten und interessierten Arbeitern genutzt werden konnten. Bis 1923, als die Reihe infolge der Inflation und eines veränderten Verlagsprogramms eingestellt werden mußte, erschienen 67 Bände, darunter Werke von Marx, Engels, Kautsky und A. Bebel. Ihre Verbreitungsform war ein Novum für den offiziellen Buchhandel: Um eine maximale Wirkung zu erreichen, lieferte Dietz einzelne Hefte zu 50 Pfennig, fünf Hefte ergaben in der Regel einen Band, zu dem der Verlag den einheitlichen roten Einband lieferte. Bis zum ersten Weltkrieg bildete die Reihe den Kern des Verlagsprogramms.

Als das Sozialistengesetz fiel, nahm der Verlag eine Reihe wichtiger wissenschaftlicher Werke (u.a. Marx' *Kritik der politischen Ökonomie*, Engels' *Anti-Dühring*) in die »Internationale Bibliothek« auf. Auch Schriften von Bebel, Kautsky und F. Mehring erlebten in der Reihe Anfang der neunziger Jahre mehrere Auflagen. Vom Herbst 1891 an konnte die NZ wöchentlich erscheinen.

Ab 1891 erschienen im Verlag zwei neue Periodika: die als Unterhaltungsbeilage wiedergegründete »Neue Welt« und die von C. Zetkin geleitete Frauenzeitschrift »Gleichheit«. Zwei Jahre später begann er eine »Geschichte des Sozialismus in Einzeldarstellungen« herauszubringen. Die Herausgeber waren führende sozialdemokratische Theoretiker. Band 1, *Vorläufer des neueren Sozialismus bis zum Ende des 18. Jahrhunderts*, in zwei Teilen, verfaßt von Kautsky, Bernstein und P. Lafargue, erschien 1895. Nachdem der 2. Band nicht realisiert werden konnte, brachte Dietz als Band 3 1897/98 Mehrings *Geschichte der deutschen Sozialdemokratie* (12 Aufl. bis 1922) heraus.

Erst in den Jahren nach dem Sozialistengesetz wurden gebundene belletristische Publikationen zu einem festen, wenn auch untergeordneten Bestandteil des Verlagsprogramms. Der Tradition proletarischer Dichtung entsprechend, standen Lyrikausgaben, vor allem Liederbücher, im Vordergrund. *Max Kegels sozialdemokratisches Liederbuch* (1891) erlebte 1897 die 8. Aufl. Die 71 Hefte der Serie »Der freie Sänger. Lieder für vierstimmigen Männerchor« (1890/92, Hg. C. Gramm), enthielten Texte von G. Herwegh, J. Audorf, M. Kegel, F. W. Fritzsche u.a. Dietz selbst stellte (wahrscheinlich) die Sammlung ↗ *Deutsche Arbeiter-Dichtung* (1893) zusammen. Gedichte von K. Henckell (1891), Kegel (1892), R. Seidel (1895), A. Scheu (1899), C. Müller-Jahnke (1901) und E. Preczang (1908) erschienen in Einzelausgaben. Die Werke von A. Dulk (Apotheker, Märzkämpfer 1848, sozialdemokratischer Agitator von den 60er Jahren bis zum Lebensende) fanden im Verlagsprogramm mit einer Lyrik-Anthologie (1892) und einer dreibändigen Ausgabe *Sämtlicher Dramen* (1893/94) besondere Würdigung. Als erste Gedichtsammlung

eines ausländischen Autors veröffentlichte Dietz 1897 die *Lieder eines Sklaven* des tschechischen Dichters S. Čech. Prosapublikationen deutscher Autoren beschränkten sich bis zum Weltkrieg auf Ausgaben bekannter sozialistischer Autoren wie M. Kautsky (*Helene*, 1893) und R. Schweichel (*Um die Freiheit*, 1899). Dramatik blieb, abgesehen von Dulks Stücken und einer Ausgabe von L. Märtens *Bergarbeiter* (1909), gänzlich ausgespart. E. Bellamys *Ein Rückblick aus dem Jahre 2000* (bei Dietz 1890, zuvor in hoher Aufl. bei Reclam 1889 publiziert) erreichte auch in der Übersetzung von C. Zetkin ein Massenpublikum (7. Aufl. 1922). In gleicher Richtung, wenn auch nicht mit so spektakulärem Erfolg, wirkte eine zweite erzählte Sozialutopie, die des englischen Architekten und sozialistischen Politikers W. Morris mit dem Titel *Kunde von Nirgendwo* (1900, Hg. u. Vorw. W. Liebknecht; 5. Aufl. 1922). Ab 1893 erschien auch Kinderliteratur, zunächst ein Jahrbuch *Bilderbuch für große und kleine Kinder*. Zu den ersten selbständigen literaturwissenschaftlichen Arbeiten bei Dietz gehörten F. Mehrings *Lessing-Legende* (1893) in der »Internationalen Bibliothek« (bis 1926 weitere 8 Aufl.) und 1896 L. von Gizyckis (später Braun) Studie *Die neue Frau in der Dichtung*. Zu Beginn des 20. Jh.s konzentrierte der Verlag sein Interesse an internationalen Publikationen auf die russische politische und belletristische Literatur. Die Erstveröffentlichung von Lenins *Was tun?* gab Dietz 1902 in russischer Sprache heraus. 1901/02 übernahm er Druck und Verlag der theoretischen Zeitschrift russischer Sozialdemokraten im Exil »Zarja«. Von G. Plechanow erschienen die *Tschernyschewski-Biographie* und die *Beiträge zur Geschichte des Materialismus*. M. Gorkis *Kinder der Sonne* (1905), die Reportage *In Amerika* (1908), eine Ausgabe mit Märchen und Dramen (1906), L. N. Andrejew und A. Issajew wurden verlegt.

Die Jahre vor dem Weltkrieg brachten einen geschäftlichen Höhepunkt in der Verlagsgeschichte. Die wichtigsten Zeitschriften erreichten ihre bislang höchsten Auflagen (»Der Wahre Jacob« 1912: 380000, »Die Gleichheit« 1914: 125000, NZ 1914: 10600 Ex.). Von 1911/15 erschienen 15 Ergänzungshefte zur NZ (Heft 1-9 bei P. Singer in Stuttgart), in denen u.a. Mehrings *Freiligrath und Marx in ihrem Briefwechsel* (1912) und zuletzt L. Zietz' Schrift *Die sozialdemokratischen Frauen und der Krieg* (1915) gedruckt wurden. Dietz gab in diesen Jahren umfängliche, reich ausgestattete und illustrierte Mai-Festschriften heraus.

Die dreibändige Ausgabe der *Theorien über den Mehrwert* (1905/10), eine von F. Mehring herausgegebene Auswahl *Aus dem literarischen Nachlaß von Karl Marx, Friedrich Engels und Ferdinand Lassalle* (4 Bde., Stuttgart 1902), die in drei Bänden Schriften von Marx und Engels aus den Jahren 1841/50 enthielt, der vierbändige *Briefwechsel 1844–1883* von Marx und Engels (Hg. Bebel und Bernstein, 1913) und der von Kautsky herausgegebene erste Band des *Kapital* (1914) wurden 1907/15 ergänzt durch die »Kleine Bibliothek« (u.a. Marx: *Der achtzehnte Brumaire des Louis Bonaparte*; Engels: *Po und Rhein*).

Um 1910 begann der Verlag mit Ausgaben proletarischer Autobiographien: Bebel *Aus meinem Leben* (1910/14), A. Popp *Erinnerungen* (1915), A. Rudolf *Wie ich flügge wurde* (1916) C. Müller-Jahnke *Ich bekenne* (1920), O. Baader *Ein steiniger Weg* (1921) u.a. Generell ging der Anteil von Belletristik bei Dietz vor dem Krieg drastisch zurück. Sozialdemokratische deutsche Autoren fanden kaum noch Aufnahme in die Titelkataloge. Diese Entwicklung korrespondierte zum einen mit der Kulturpolitik der Partei, die die Möglichkeit einer sozialistischen Kunst im Kapitalismus als illusionär verwarf, zum anderen führte die Spezialisierung der SPD-Verlage dazu, daß Dietz Belletristik zunehmend dem Vorwärts-Verlag überließ.

Der I. Weltkrieg brachte die Verlagstätigkeit fast zum Erliegen (1916 erschienen nur drei Bücher). Nach der Novemberrevolution gab es eine kurze Konjunktur. Werke von Engels, Bebel, Mehring, vor allem aber von Kautsky und Marx erlebten bis 1922 mehrere Auflagen. Aus wirtschaftlichen Gründen einigten sich Dietz und Vorwärts-Verlag 1921 auf ein gemeinsames Verlagsprogramm. 1922 mußte die Druckerei verkauft werden, zwei Jahre später stand der vereinigte Partei-Verlag vor dem wirtschaftlichen Zusammenbruch. Nach der Krise trat der Verlag 1924 mit verändertem Programm an die Öffentlichkeit. War es vor dem Krieg wesentlich der Einfluß Bebels und Singers, der die marxistische Ausrichtung des Unternehmens geprägt hatte, so veränderte sich nach 1914 dieses Profil. Die letzte Arbeit Mehrings, seine 1918 abgeschlossene *Marx-Biographie*, erschien nicht mehr in diesem Verlag. Ab 1924 gab Dietz kaum noch Werke marxistischer Autoren heraus. Erst während der Weltwirtschaftskrise und wachsender faschistischer Gefahr gab es eine kurze Renaissance marxistischer Standardwerke. Die neue Struktur des Verlagsangebotes ab 1924 zeigte eine Tendenz zur Entpolitisierung und einer stärkeren Beachtung kommerzieller Interessen des Unternehmens. Dietz verbesserte die Qualität seiner Produkte, nahm Kochbücher, Reisebeschreibungen und Wanderführer auf. Schulbücher erzielten hohe Auflagen. Der Verlag erweiterte auch sein Belletristik-Programm beträchtlich. 1924 erwarb er die Rechte für eine, auch von der offiziellen Kritik stark beachtete A. Holz-Werkausgabe. Vom Münchener Verlag Müller übernahm er im selben Jahr die *Gesammelten Werke* von K. Henckell. Unter den ausländischen Autoren nahm M. Andersen Nexö seit 1921 die Spitzenposition ein. Die ersten Bände der Buchgemeinschaft ↗ »Der Bücherkreis« wurden 1925/26 bei Dietz verlegt. Danach erschienen die Bücher im eigenen Verlag der Buchgemeinschaft. M. Gorki (*Der Sohn*

der Nonne, 1925) und P. Zech (*Geschichte einer armen Johanna*, 1925) gehörten zu den Autoren dieser ersten Bücherkreis-Bände. H. Baluschek, der wie H. Windisch viele Dietz-Bände graphisch gestaltete und illustrierte, erlebte mit seinen *Großstadtgeschichten* (1924) eine Auflage von 15 000 Ex. F. Wendel widmete Baluschek eine Monographie, die ebenfalls 1924 bei Dietz erschien. Der Verlag druckte u.a. *Gesammelte Gedichte* von R. Seidel, Romane von K. Bröger, A. Daudistel und J. Roth, Märchen von H. Schulz und J. Zerfaß. Mit der ↗ »Bücherwarte« gab er ab 1926 ein eigenes Rezensionsorgan heraus, das ab 1929 als Beilage der Zs. »Sozialistische Bildung« erschien. Im Zuge der Umstrukturierung ab 1924 erhielt der ↗ »Wahre Jacob« den neuen Titel ↗ »Lachen Links«. Aber auch als der Verlag 1927 auf den traditionsreichen Namen des Blattes zurückgriff, erreichte die Zeitschrift bis 1933 nicht mehr die politisch-satirische Schärfe der Vorkriegszeit. Anstelle der »Gleichheit« publizierte der Verlag 1924/29 die »Frauenwelt«, die in hohen Auflagen (schon im 1. Jg. 100 000 Ex.) verbreitet werden konnte. »Die Gesellschaft. Internationale Revue für Sozialismus und Politik« (1924/33) löste die NZ ab. Der Finanzökonom und führende SPD-Politiker R. Hilferding (ab 1928 Finanzminister) führte das Blatt in eine Richtung, nach der vom bestehenden Staat die Unterstützung einer sozialistischen Gesellschaftsperspektive erwartet wurde. Kulturpolitik spielte in der Zeitschrift kaum eine Rolle.

In den Jahren vor 1933 finden sich belletristische Publikationen nur noch in Ausnahmefällen im Verlagsprogramm (F. Osterroths Liederbuch *Wenn wir marschieren*, 1930; W. Victors *Einer von vielen*, 1930). Vielmehr erschien eine Reihe antifaschistischer Schriften. Als eine der letzten Publikationen wurde 1933 eine Gedenkschrift zum 50. Todestag von Marx: *Karl Marx. Der Denker und Kämpfer* (Mitarbeiter u.a. P. Kampffmeyer, W. Biehahn) veröffentlicht.

Lit.: P. Läuter: Die Anfänge der sozialistischen Verlagstätigkeit in Deutschland, in: Beiträge zur Geschichte des Buchwesens, Bd. 2, Leipzig 1966; Emig/Schwarz/Zimmermann – *Lit. zu J. H. W. Dietz*: P. Kampffmeyer: Heinrich Dietz. Ein kultureller Bahnbrecher, Berlin 1922; W. Keil: Der Verleger Heinrich Dietz, in: 1876–1956. 80 Jahre »Vorwärts«, Bonn 1956; P. Läuter: J. H. W. Dietz, in: Leben und Werk deutscher Buchhändler, Leipzig 1965.

Tanja Bürgel

Verlag für Literatur und Politik (VLP)

Verlagsbezeichnung des Verlags der KI in Deutschland mit Ortsangabe Wien – Berlin (im zeitgenössischen Sprachgebrauch meist Litpol genannt) 1919/33. Seit Sep. 1919 gab das Westeuropäische Sekretariat, ein Büro des EKKI, in Berlin deutschsprachige Publikationen heraus. 1920 kaufte das EKKI in Hamburg den Verlag Carl Henry Hoym, führte ihn unter dem Namen Carl Hoym Nachfolger Louis Cahnbley fort und legalisierte damit die Tätigkeit des deutschen KI-Verlags. Zu dessen Aufgaben gehörte es, der Literatur der KI legalen Zugang in den Buchhandlungen der Organisationen der Arbeiterbewegung sowie im bürgerlichen Buchhandel zu verschaffen. Leiter des KI-Verlags mit Sitz in Berlin war J. S. Reich (Ps. Thomas oder James Thomas). Wenige Titel der deutschsprachigen Literatur der KI erschienen ab 1920 noch in Petrograd oder Moskau, die meisten kamen in Deutschland heraus mit z. T. verwirrenden Verlagsangaben: Herausgegeben vom Westeuropäischen Sekretariat: Redaktion der »Russischen Korrespondenz«; Verlag der KI, Verlag Carl Hoym Nachfolger Louis Cahnbley Hamburg in verschiedenen Varianten u.a. als Auslieferungsstelle des Verlags der KI; aber auch mit fingierten Verlagsangaben oder Nennung von Kommissionsverlagen wie A. Seehof & Co. Berlin bzw. Frankes Verlag Leipzig. In Hamburg war eine Abteilung des Verlags entstanden, die 1920 unter Leitung J. Treubers mit dem Nachdruck der Zs. »Die Kommunistische Internationale« begann und ab 1921, unter Leitung von H. Holm, immer mehr politische Literatur herausbrachte. Nach dem KPD-Verbot im Nov. 1923, das auch die Tätigkeit des KI-Verlags einschloß, wich der Verlag nach Wien aus. 1924 wurde der VLP Wien - Berlin gebildet, nach der Wiederherstellung der Legalität der KPD hatte er seinen Sitz nur in Berlin, die Titel des KI-Verlags in Deutschland wiesen entweder diese Verlagsbezeichnung oder den Verlag Carl Hoym Nachfolger Hamburg - Berlin aus. 1924 wurde J. Gumperz Leiter des KI-Verlags, 1925 folgte ihm F. Zillig; der Verlagsteil in Hamburg war aufgelöst worden.

Der Arbeit des KI-Verlags lagen die Beschlüsse des EKKI zugrunde. Die KPD war seit Jan. 1922 direkt an ihr beteiligt; seine Pläne waren mit dem Plänen des KPD-Verlags (Internationaler Arbeiter-Verlag) koordiniert, der auch die Literatur des KI-Verlags in Deutschland vertrieb. 1920/22 wurde in Berlin die Zs. »Russische Korrespondenz« herausgegeben, die ein erstes detailliertes Bild von Sowjetrußland, seiner Entwicklung auf wichtigen gesellschaftlichen Gebieten geben wollte. Unter »Erziehung und Bildung« wurden Informationen zu kulturellen Ereignissen, zu Fragen des Proletkults und auch erste Erzählungen aus dem Bürgerkrieg gebracht. Autoren waren u.a. A. Bogdanow (d.i. Malinowski), M. Gorki, A. Lunartscharski, V. Tamarin und V. Iwanow. Einige der Titel erschienen auch in Einzelausgaben. Die belletristische Literatur des Verlags 1922/23 stammte vorwiegend von sowjetischen Autoren; sie informierten über den Sowjetstaat, den Kampf gegen die imperialistische Intervention und den Bürgerkrieg. A. Libedinskis *Eine Woche* und *Zehn Tage, die die Welt erschütterten* von J. Reed (28 000 Ex. in drei Aufl.)

gehörten zu den erfolgreichsten Titeln. 1922/1933 kam der *Arbeiter-Wandkalender* heraus, für den wegen seiner künstlerischen Ausstattung und literarischen Beiträge als Arbeiter-Kunstkalender geworben wurde. 1924 erschien im VLP die Zs. ↗ »Arbeiterliteratur« (nur ein Jahrgang). In den folgenden Jahren kam, in der Regel nur unter VLP, zunehmend auch belletristische Literatur heraus, orientiert an der Entwicklung der proletarisch-revolutionären Literatur in der Sowjetunion. Zu den Autoren gehörten 1924: D. Bedny mit *Die Hauptstraße* (in einer Nachd. von J. R. Becher); L. Reissner mit *Die Front 1918-1919*; 1925: A. Newerow, P. Dorochow; 1927: J. Dorfmann, F. Gladkow mit *Zement*; 1928: A. Fadejew mit *Die Neunzehn*; 1929/30: M. Scholochow mit *Der stille Don* (Band 1 und 2); 1931: A. Isbach (d.i. Bachrach), F. Panferow mit *Die Genossenschaft der Habenichtse*; 1932: Argutinskaja, O. Erdberg, V. Stavski (d.i. Petrovic); 1933: M. Kolzow. VLP brachte viele seiner Titel, darunter auch belletristische, in guter Aufmachung heraus und konnte die Auflagen steigern. Waren 1924 über 400 000 Ex. herausgeben worden, so im Jahre 1932 in den Monaten Jan. bis Nov. schon 4 100 000 Ex. Die Bücher von VLP und Internationalem Arbeiter-Verlag standen im Dienst der kommunistischen Parteipolitik. In der NS-Diktatur wurde VLP die Weiterarbeit in Deutschland verboten, die verlegerische Tätigkeit wurde deshalb ins Ausland verlagert.

Lit.: B. Kontny: Der Rote Abreißkalender: Der Arbeiter-Wandkalender für die Jahre 1923 bis 1933, Leipzig 1982 (= Studien zum Buch- und Bibliothekswesen, Bd. 2); K.-H. Hädicke: Der Parteiverlag der KPD und der Verlag der KI in Deutschland 1919/1923 (mit Bibl. u. Dokumentenanhang), Diss., Berlin 1974.

Karl-Heinz Hädicke

Verlagsanstalt (auch: Druck- und Verlagsanstalt) »Graphia« Karlsbad (VAG)

Bedeutendster Exilverlag der SPD 1933/38, gegründet im Mai 1933 im Auftrag des Auslandszentrums der Partei (ab Ende Juni: Parteivorstand der SoPaDe) unter Benutzung der parteieigenen Druckerei »Graphia«, wo seit 1893 die Zeitung der sudetendeutschen Sozialdemokraten, »Volkswille«, hergestellt wurde. Verlagsleiter war A. Müller, ab 1937 F. Heine. Bei VAG erschienen (mit dem Schwerpunkt politischer und Sachbuch-Veröffentlichungen) ca. 40 Bücher und Broschüren sowie die wichtigsten Periodika der Partei: das Organ des Parteivorstands, »Neuer Vorwärts« (ab Juni 1933), das theoretische Organ »Zeitschrift für Sozialismus« (Okt. 1933/Sep. 36) sowie für die illegale Verbreitung in Deutschland die »Sozialistische Aktion« (Okt. 1933/März 38).

Als erste programmatische Schrift wurde im Juli 1933 die Broschüre des Parteivorstands, *Revolution gegen Hitler. Die historische Aufgabe der deutschen Sozialdemokratie*, veröffentlicht (Aufl. 15 000 Exemplare). Ausgehend von dem Aufruf *Zerbrecht die Ketten!* (in: »Neuer Vorwärts«, 18. 6. 1933) und dem Verbot der Partei in Deutschland am 23. Juni 1933 wurde hier ein erstes Programm für den antifaschistischen Kampf der Partei formuliert: unbestrittener Führungsanspruch der SPD, Verhinderung jeder Kritik an der Parteiführung, Politik des Abwartens der weiteren Entwicklung in Deutschland sowie Beharren auf dem feindlichen Kurs gegenüber der KPD. Für viele Parteimitglieder stellte sich die Lage der SPD völlig anders dar, sowohl die linke Opposition im Parteivorstand als auch Gruppen an der politischen Basis orientierten auf aktiven Kampf gegen den Faschismus, gemeinsam mit den Kommunisten. Deutlicher Ausdruck solch unterschiedlicher Standpunkte war das Prager Manifest vom Jan. 1934, *Kampf und Ziel des revolutionären Sozialismus. Die Politik der Sozialdemokratischen Partei Deutschlands* (in: »Neuer Vorwärts«, 28. 1. 1934), in dem unter Einfluß der revolutionären Kräfte in der Partei die Position von 1933 korrigiert, vom Festhalten an der Politik legalistischer Illusion abgerückt und eine Annäherung zwischen Sozialdemokraten und Kommunisten als möglich angesehen wurde. Die kontroversen Spannungen zwischen der Gruppe um den Parteivorsitzenden O. Wels und oppositionellen Kräften (etwa der im Herbst 1933 gegründeten Gruppe »Neu Beginnen« und dem ab 1934 tätigen »Arbeitskreis revolutionärer Sozialisten«) prägten die Auseinandersetzungen in der Partei; sie spiegeln sich auch im Programm von VAG wider. In der bis 1935 mit 15 Titeln erschienenen Reihe »Probleme des Sozialismus. Sozialdemokratische Schriftenreihe« wurden 1933 sowohl die Erklärung des Parteivorstands (*Revolution gegen Hitler*, in: H. 1) gedruckt, als auch *Neu Beginnen* (in: H. 2), die Gegenerklärung der Opposition. In dieser Reihe erschienen neben Analysen der historischen Entwicklung der Weimarer Republik (z. B. Historikus [d. i. A. Rosenberg]: *Der Faschismus als Massenbewegung*, 1935, H. 12) vor allem aktuelle Berichte über die Vorgänge in Nazideutschland, von denen zwei 1934 publizierte Titel starke Beachtung fanden (G. Seger: *Oranienburg. Der erste authentische Bericht eines aus dem Konzentrationslager Geflüchteten. Mit einem Geleitwort von H. Mann*, H. 5, und *Konzentrationslager. Ein Appell an das Gewissen der Welt. Ein Buch der Greuel. Die Opfer klagen an - Dachau, Brandenburg, Papenburg*, H. 9). Segers Augenzeugenbericht (er war als ehemaliger Reichstagsabgeordneter der SPD nach Oranienburg gekommen) stand am Anfang einer Reihe von dokumentarischen Berichten über die Konzentrationslager (u. a. H. Beimler: *Im Mörderlager Dachau*, Moskau 1934; W. Langhoff: *Die Moorsoldaten*, Zü-

rich 1935; K. Billinger (d. i. P. Massing): *Schutzhäftling 880*, Paris 1935) und wurde noch im gleichen Jahr in sechs Sprachen übersetzt. Auch die Reihe »Braunes Deutschland. Bilder aus dem Dritten Reich« war der Situation in Nazideutschland gewidmet (u. a. J. Willenbacher: *Deutsche Flüsterwitze*, 1935, H. 2). Eine dritte Reihe des Verlages, »Sozialistische Zeit- und Streitfragen«, war theoretischen Texten vorbehalten und wurde Ende 1933 mit M. Adlers Broschüre *Linkssozialismus* eröffnet, in der gleichfalls eine Position gegen die Politik des Parteivorstandes vertreten wurde. Unter den Veröffentlichungen sind zwei größere Darstellungen zur Geschichte der Weimarer Republik hervorzuheben: O. Friedrich (d. i. O. Friedlaender): *Selbstmord einer Demokratie* (Ende 1933) und A. Rosenberg: *Geschichte der deutschen Republik* (1935). Aktuell reagierte der Verlag auf die Februarkämpfe in Österreich (J. Deutsch: *Bürgerkrieg in Österreich*, 1934) und auf die erstarkende Henlein-Bewegung in der Tschechoslowakei (Fischer/Patzak/Parth: *Ihr Kampf. Die wahren Ziele der Sudetendeutschen Partei*, 1937). Eine Analyse der sich zuspitzenden Lage in Europa gab das 1937 erschienene Buch von G. Bienstock, *Europa und die Weltpolitik. Die Zonen der Kriegsgefahr.*

Die wenigen literarischen Veröffentlichungen von VAG ordneten sich in die politische Grundkonzeption des Parteiverlags ein und waren ausschließlich der Lyrik gewidmet. So erschienen zwei Gedichtbände des sozialdemokratischen Publizisten und Schriftstellers K. Doberer (geb. 1904), der nach seinem Ingenieurstudium ab 1929 zu schreiben begonnen hatte: *Hebt unsre Fahne in den Wind! Gedichte dieser Zeit* (1936) und *Singendes Volk* (1938). Operative Wirkung im Sinne einer Sammlung der Kräfte strebte die 1935 von H. Wielek herausgegebene Anthologie ↗ *Verse der Emigration* an, die neueste antifaschistische Lyrik von mehr als 20 Autoren vereinte, darunter B. Brecht, F. Brügel, O. M. Graf, M. Herrmann-Neiße, St. Heym, A. Kerr, W. Mehring, Th. Plievier, E. Weinert, H. Zinner sowie K. Doberer.

Am 18. Juni 1933 erschien bei VAG die erste Nummer des sozialdemokratischen Wochenblatts ↗ »Neuer Vorwärts« (Hg. E. Sattler, Chefredakteur F. Stampfer, ab 1937 C. Geyer; Auflage zunächst 3000 Ex., ansteigend auf 12 000 1935/36), mit dem die SPD ihr ehemaliges Zentralorgan »Vorwärts« im Exil fortführte. Das Blatt erschien bis zur Besetzung der Tschechoslowakei in Karlsbad, danach bis Mai 1940 in Paris. Die widersprüchliche und starre Position seines Chefredakteurs Stampfer machte den »Neuen Vorwärts« zur ständigen Plattform von Angriffen gegen die KPD. Von Juli/Sep. 1933 wurde zusätzlich eine Dünndruckausgabe für die illegale Verbreitung in Deutschland hergestellt. Diese wurde auf Beschluß des Parteivorstandes im Okt. 1933 durch ein eigens für diesen Zweck geschaffenes neues Organ abgelöst; ab 29. Okt. erschien bei VAG die Wochen-Ztg. »Sozialistische Aktion« (ab 1936 halbmonatlich, Auflage etwa 5000 Ex.), herausgegeben von P. Hertz. Im Vergleich zum »Neuen Vorwärts« wird erneut die Differenziertheit sozialdemokratischer Positionen deutlich: Hertz vertrat die revolutionären Kräfte in der Partei, die »Sozialistische Aktion« setzte sich immer wieder für antifaschistische Aktionen ein, auch gemeinsam mit den Kommunisten. Als Hertz schließlich Anfang 1938 zur Gruppe »Neu Beginnen« überging, entzog der Parteivorstand der Zeitung die finanziellen Mittel, im März 1938 mußte sie ihr Erscheinen einstellen. Von Okt. 33/Sep. 36 erschien monatlich bei VAG das theoretische Organ der SPD, »Zeitschrift für Sozialismus« (Hg. E. Sattler, Chefredakteur R. Hilferding, Aufl. 800 bis 1000 Ex.). Der Titel lautete ursprünglich »Sozialistische Revolution«, mußte jedoch nach Erscheinen von Heft 1 auf Intervention der tschechischen Behörden geändert werden. Mitarbeiter der Zeitschrift waren u.a. R. Breitscheid, K. Heiden, Hertz, Rosenberg, K. Kautsky, Hilferding und M. Seydewitz. Der in jedem Heft enthaltene Rezensionsteil brachte literaturkritische Beiträge zu den wichtigsten antifaschistischen Neuerscheinungen aller bedeutenden Exilverlage, wobei deutlich ein Streben nach Ausgewogenheit erkennbar ist und oberstes Kriterium die Funktion der Bücher im antifaschistischen Kampf bildet (z.B. in der Sammelrezension von F. Brügel, *Bücher gegen die Barbarei*, 1936, Nr. 33).

Nach der Annexion der Tschechoslowakei durch Hitlerdeutschland mußte die VAG im Sep. 1938 ihre Tätigkeit einstellen, auch die Druckerei wurde geschlossen.

Lit.: G. Albrechtova: Die Tschechoslowakei als Asyl der deutschen antifaschistischen Literatur, Diss., Prag 1960; Exilliteratur 1933-1945. Ausstellungskatalog der Deutschen Bibliothek, Frankfurt a.M. 1965; H. Halfmann: Bibliographien und Verlage der deutschsprachigen Exilliteratur 1933-1945, in: Beiträge zur Geschichte des Buchwesens, Bd. 4, Leipzig 1969; Exil und Asyl. Antifaschistische deutsche Literatur in der Tschechoslowakei 1944-1938, Hg. M. Beck, J. Vesely, Berlin 1981.

Jürgen Schebera

Verlagsgenossenschaft ausländischer Arbeiter in der UdSSR (VEGAAR)

Am 27. März 1931 beim Volkskommissariat für Volksbildung der RSFSR gegründeter sowjetischer Verlag mit internationalem Programm und Mitarbeiterstab. Existierte bis Mai 1938, ab Juni 1938 weiter unter dem Namen Verlag für fremdsprachige Literatur, hatte Abteilungen in Moskau und Leningrad. Brachte im Zeitraum 1931/45 1220 Titel in deutscher Sprache in einer Auflage von 12444000 Ex. heraus. Bibliographisch nachgewiesen sind davon bei G. Schick: *Bibliographie deutschsprachiger Veröffentlichungen der VEGAAR Moskau,*

Leningrad (Berlin 1992 [=Bibliographische Beiträge zur Geschichte der Arbeiterbewegung 10]) 741 Titel mit einer Gesamtauflagenhöhe von 7703980 Ex. VEGAAR war in erster Linie ein politischer Verlag und hatte als editorischen Schwerpunkt die Herausgabe der Werke von K. Marx und F. Engels sowie von W. I. Lenin und J. W. Stalin in der Originalsprache bzw. in Übersetzungen. Enge Zusammenarbeit mit dem EKKI, dem Marx-Engels-Lenin-Institut beim ZK der KPdSU, der Unionsgesellschaft für kulturelle Verbindung mit dem Ausland (WOKS) und verschiedenen gesellschaftlichen und kulturellen Institutionen in der Sowjetunion. Erster Direktor der VEGAAR war der Sowjetbürger M. E. Krebs, sein Stellvertreter und Leiter des Westlichen Sektors und der Deutschen Abteilung E. Wendt, ab Sep. 1936 gefolgt von O. Bork (d.i. O. Unger). Im Verlag wirkten zahlreiche deutsche politische Emigranten als Redakteure, Übersetzer, Lektoren: H. Angarowa, A. Bernfeld-Schmückle, K. Blum, O. Braun, M. Globig, H. Huppert, M. Schick, A. Kurella, H. Neumann, E. Noffke, F. Rubiner, W. Schulz, L. Wendt (später Ulbricht), H. Willmann, E. Wolf, W. Zaisser (1939/43 Chefredakteur der Deutschen Sektion).

Die bereits seit Ende der 20er Jahre vom Zentralverlag der Völker der UdSSR (auch: Zentral-Völker-Verlag) herausgebrachte deutschsprachige Buchproduktion – darunter mehrere Anthologien deutscher proletarisch-revolutionärer Literatur sowie Erstausgaben von J. R. Becher, E. Weinert, R. Braune, W. Schönstedt, A. Seghers – konnte die seit Beginn der 30er Jahre gestiegenen kulturellen Bedürfnisse der deutschsprachigen Bevölkerung der UdSSR nicht mehr befriedigen. VEGAAR sollte sich als Fremdsprachenverlag profilieren, ihr Verlagsprogramm sollte drei Aufgaben erfüllen: 1. die im Verlauf des I. und II. Fünfjahrplans in zunehmendem Maße in die Sowjetunion geholten ausländischen Arbeiter und Spezialisten (vor allem deutsche und englische) mit Lese- und Lernstoff versorgen; 2. der deutschsprachigen Bevölkerung (im Jahre 1936 1,25 Millionen) und dem fremdsprachig interessierten sowjetischen Lesepublikum ein vielfältiges Lektüreangebot unterbreiten; 3. der internationalen Arbeiterbewegung sowie dem sozialistischen Aufbau aufgeschlossenen Bündnispartnern im westlichen Ausland die Werke von Marx, Engels, Lenin und Stalin sowie politische Dokumente und Materialien der KI zur Verfügung stellen. Im Verlag arbeiteten ab 1936 sieben große Sprachredaktionen, 30 Sprachsektionen, eine Lehrbuch-Redaktion, im Jahre 1937 hatte er 335 Mitarbeiter, davon etwa 100 deutsche. Die deutsche Redaktion war von Beginn an die größte, ihr Editionsprogramm umfaßte: Klassiker des Marxismus-Leninismus, Internationale Politik und Arbeiterbewegung, allgemeinbildende und populärwissenschaftliche Literatur, Lehrbücher, Belletristik und Kinderliteratur. Die Auflagen hatten im Durchschnitt 6000-7000 Ex. Von internationaler Bedeutung ist die Edition der ersten MEGA

(*Historisch-kritische Gesamtausgabe der Werke-Schriften-Briefe.* Im Auftrag des Marx-Engels-Lenin-Instituts, Moskau), von den insgesamt 42 geplanten erschienen bis 1945 zwölf Bände, sowie die Veröffentlichung einer Lenin-Gesamtausgabe (von der bis 1941 20 Bde. erschienen).

Sowjetische Verlage öffneten sich in den 30er Jahren der von den deutschen Faschisten vertriebenen Literatur. Dabei standen VEGAAR und der Verlag für fremdsprachige Literatur mit 160 Titeln an der Spitze. Weitere Titel – insgesamt 1933/45 300 Werke exilierter deutscher Schriftsteller, Wissenschaftler und Künstler in einer Auflage von über 2 Millionen Ex. – erschienen bei Meshdunarodnaja Kniga, Moskau 1938/42, im Staatverlag für nationale Minderheiten, Kiew und Charkow, im Deutschen Staatsverlag, Engels. Daß VEGAAR sich in den 30er Jahren zum international anerkannten Verlag mit antifaschistischer Buchproduktion entwickeln konnte, ist in besonderem Maße der Tätigkeit E. Wendts zuzuschreiben, der sich mit persönlichem Engagement für die antifaschistische Gegenwartsliteratur einsetzte.

Erich Wendt (29. 8. 1902- 8. 5. 1965), gelernter Buchdrucker, hatte das Verlagswesen des KJVD und der KJI in den 30er Jahren wesentlich mitgestaltet, war 1931 auf Beschluß der KPD in die Sowjetunion gegangen, da ihm in Deutschland ein Verfahren wegen »literarischen Hochverrats« drohte. Der für ihn charakteristische freundschaftliche Umgang mit Schriftstellern und anderen Verlags-Autoren bildete sich hier in der VEGAAR heraus. Dies bezeugen u.a. Berichte von W. Bredel, F. Wolf und Becher. Wendt wurde im Sep. 1936 in Saratow verhaftet, nach Einstellung des Verfahrens wurde er 1938 entlassen. Als Deutschlehrer und Übersetzer in Engels, ab 1942 Übersetzer im Radiokomitee der UdSSR tätig. März 1947 Rückkehr nach Berlin, wo er bis 1954 den Aufbau-Verlag leitete.

Auch Schriftsteller in anderen Exilländern wie z. B. F. C. Weiskopf, O. M. Graf, B. Brecht schätzten und nutzten die Möglichkeiten, bei VEGAAR zu publizieren. Zuweilen gab es Beschwerden über zu lange Druckzeiten, nicht eingehaltene Verträge, nicht gezahlte Honorare. Die Zuspitzung der innenpolitischen Situation 1937/38 wirkte sich auf die Verlagsarbeit verheerend aus. Zahlreiche Mitarbeiter des Verlages, darunter der Direktor Krebs und Bork, wurden verhaftet und kamen im Gulag um (vgl. Schick, a.a.O., S. 4).

Das deutschsprachige belletristische Programm der VEGAAR war international wie das Gesamtprofil. Neben zahlreichen Übersetzungen aus dem Russischen – in der Serie »Der neue Sowjetroman« Werke von F. Panfjorow, A. Awdejenko, M. Scholochow, M. Schaginjan, Ausgewählte Werke M. Gorkis in 6 Bdn., Ausgewählte Werke A. Puschkins, (Bd. 1, 1938) – erschienen auch Bücher von L. Aragon, J. Hašek, J. London, A. Smedley u. a. VEGAAR und der Verlag für fremdsprachige Literatur veröffentlichten vorrangig Bücher kommunistischer Schriftsteller sowie der revolutionären Arbeiterbewegung nahestehende Autoren: Bredel (13 Titel), Becher (10), Wolf

(10), E. Weinert (6), A. Scharrer (5), E. E. Kisch (3), Brecht (2), F. Erpenbeck (2), L. Renn (2), B. Uhse (2), Weiskopf (2), H. Zinner (1), Seghers (1), H. Marchwitza (1). Sie druckten Werke von Bündnispartnern im antifaschistischen Kampf: Graf (1), H. Mann (2), L. Feuchtwanger (2). Besonders hervorzuheben ist die VEGAAR-Bücherei, eine antifaschistische Erzählerreihe mit Auflagen von 11- bis 16000 Ex. (bis Ende 1936 von E. Ottwalt herausgegeben), von der bis Ende 1937 11 Titel erschienen (u.a. Seghers: *Der letzte Weg des Koloman Walisch*, 1936; Ottwalt: *Die letzten Dinge*, 1936; W. Langhoff: *Eine Fuhre Holz*, 1937; P. Kast: *Kampf an der Grenze*, 1937). Auflagen bis zu 50000 Ex. hatte die Serie »Schritt für Schritt«, Lehrbücher für Anfänger mit Wortverzeichnis und grammatischem Kommentar, 1936/44. Sie enthielt Auszüge von antifaschistischen Werken K. Kläbers, Weinerts, Renns, Bredels, Brechts, Feuchtwangers u.a. Mit 4 Aufl. (1936/40) erzielte hier das Reportagebuch von M. Leitner *Eine Frau reist durch die Welt* die höchste Auflage eines antifaschistischen deutschen Textes in der Sowjetunion dieser Jahre überhaupt. Ein Roman wie Bredels *Die Prüfung* hatte allein im Jahre 1935 zwei Auflagen mit je 8000 bzw. 14000 Ex.; Brechts *Dreigroschenroman* kam 1935 mit 5000 Ex. heraus. Th. Plieviers *Der 10. November 1918* 1935 mit 25100 Ex. Die Auflage der Lyrik-Bände bewegten sich zwischen 5000 und 8000 Ex., in den 40er Jahren gab es entsprechend der operativen Funktion von Gedichten in der Agitations- und Aufklärungsarbeit wesentlich höhere Auflagen. VEGAAR kooperierte in den 30er Jahren mit dem Malik-Verlag sowie mit Oprecht & Helbing. Für die Buchgestaltung und Ausstattung arbeiteten bei VEGAAR A. Keil (d.i. Sandor Ek), H. Vogeler, J. Heartfield (bei Gemeinschaftsproduktionen mit Malik), Griffel (d.i. Dallos), F. Hüffner, H. Leistikow.

Lit.: H. Halfmann: Bibliographien und Verlage der deutschsprachigen Exil-Literatur 1933-1945, in: Beiträge zur Geschichte des Buchwesens, Bd. IV, Leipzig 1969; M. Shurkina: Zur Geschichte der Herausgabe von deutschsprachigen Büchern in der Sowjetunion 1931-1945, in: Marginalien. Zs. für Buchkunst und Bibliophilie, 1980, H. 3; Exil in der UdSSR, 2. Aufl. 1989 (Exil, Bd. 1); S. Barck: Zur Spezifik des deutschen literarischen Exils in der Sowjetunion unter kommunikationsgeschichtlichem Aspekt, in: Kommunisten verfolgen Kommunisten. Stalinistischer Terror und ›Säuberungen‹ in den kommunistischen Parteien Europas seit den 30er Jahren. Hg. H. Weber/D. Staritz, Berlin 1993, S. 318-326.

Simone Barck

Versandhaus Arbeiter-Kult (VH-AK)

Von der KPD im Mai 1929 gegründetes Vertriebsunternehmen für Organisationsmaterial (»Freies Versandhaus Arbeiter-Kult«), das die Arbeit der »GEBAGOS. Bekleidungs- und Ausrüstungsvertriebsstelle des RFB« nach deren Verbot fortsetzte und zur wichtigsten Produktionsfirma proletarischer Schallplatten in Deutschland wurde. Tätig bis Ende 1930, Geschäftsführer A. Oelßner, Mitarbeiterin M. Moser. Unter dem Label »Versandhaus Arbeiter-Kult. Proletarische Schallplatten-Zentrale« erschienen 1929/30 ca. 70 Platten. – Die Schallplatte wurde erstmals 1928 von den beiden Arbeiterparteien KPD und SPD für die politische Agitation genutzt. In Vorbereitung der Reichstagswahlen vom Mai 1928 veröffentlichte man Platten mit Reden führender Politiker, die mit Arbeiterliedern gekoppelt und bei Wahlkampfveranstaltungen und Versammlungen eingesetzt wurden. Mit dem Label »KPD« erschienen insgesamt 17 Platten (u. a. Reden von W. Pieck, C. Blenkle und W. Stoecker sowie K. Liebknechts *Trotz alledem!*, gesprochen von E. Piscator), die SPD veröffentlichte unter ihrem Label 12 Platten (u. a. Reden von O. Wels, R. Breitscheid, C. Severing). – Die Arbeitermusik war bereits frühzeitig von den großen bürgerlichen Schallplattenfirmen als lohnender Absatzbereich entdeckt worden; seit Anfang der 20er Jahre erschienen bei der Deutschen Grammophon AG sowie beim Lindström-Konzern (vor allem mit den Labels »Homocord« und »Gloria«) Platten, die vorwiegend das sozialdemokratische Liedgut in Aufnahmen mit Chören des Deutschen Arbeiter-Sängerbundes verbreiteten. »Homocord« brachte ab 1931 auch verschiedene Kampflieder von H. Eisler in Aufnahmen mit E. Busch heraus. Daneben finden sich einzelne Platten mit Arbeitermusik im Programm fast aller damaligen Plattenproduzenten.

Bereits bei der GEBAGOS befanden sich die Schallplatten der KPD-Produktion im Angebot. Anfang 1929 erschienen dort (mit dem Label »RFB – Im Vertrieb der GEBAGOS«) die ersten vier Schallplatten mit Blasorchestern des RFB. Durch den Ausbau von Plattenproduktion und -vertrieb im VH-AK wurde ab Mitte 1929 die massenweise Verbreitung neuer Formen revolutionärer Kampfmusik und Dichtung möglich. Schallplatten und Abspielgeräte wurden in den kommunistischen Kultur- und Sportorganisationen vertrieben, mit einem eigenen Agitpropfahrzeug beteiligte sich das Versandhaus an Kundgebungen und Großveranstaltungen der KPD. Es erschienen Platten mit Liedern, Songs und Szenen aus der Agitpropbewegung (u. a. mit den Truppen »Das Rote Sprachrohr«, »Rote Raketen«, »Der Rote Wedding« und »Die Stürmer«). Daneben wurden zahlreiche Instrumentalaufnahmen veröffentlicht, zumeist Einspielungen mit Tambourkorps und Schalmeienkapellen, Bearbeitungen klassischer Arbeiterlieder für Blasorchester und Aufnahmen mit Balalaika-Orchestern aus der UdSSR. Zur Reichstagswahl im Sep. 1930 wurden Reden von KPD-Politikern (u. a. Pieck, H. Neumann und W. Münzenberg) herausgegeben. Auch Mitglieder der 1929 gegründeten »Gruppe Junger Schauspieler« (R. Stobrawa, A. Fischer) waren auf Platten vom VH-AK zu hören. Von besonderer Bedeutung war die Zusammenarbeit mit E. Weinert. Großer Beliebtheit bei den Arbeitern erfreuten sich sowohl Platten, auf denen der Dichter einige seiner satirischen Gedichte selbst rezitierte (*Gustav Kulkes seliges Ende, Gesang der Latscher, Der rote Feuerwehrmann, Lied von der Rationalisierung*), als auch Aufnahmen seiner Kampflieder in Vertonungen von H. Eisler und W. Vogel (*Der Rote Wedding, Der heimliche Aufmarsch, Kampflied gegen den Faschismus* mit E. Busch).

Die Herstellung der Platten erfolgte in den Produktionsbetrieben der bürgerlichen Schallplattenindustrie. Diese setzte das VH-AK mit besonders harten Zahlungskonditionen zunehmend unter Druck, so daß das Unternehmen Ende 1930 Konkurs anmelden mußte. Der vorhandene Bestand an Platten wurden auch weiterhin in den kommunistische Organisationen vertrieben. Großes Aufsehen in der Öffentlichkeit erregte im Okt. 1931 ein »Schallplattenprozeß« gegen Weinert und das VH-AK. Anhand von sechs Plattenaufnahmen wurden Weinert und Oelßner wegen »Aufreizung zum Klassenhaß, Gotteslästerung, Aufreizung zu Gewalttätigkeit und Verächtlichmachung der republikanischen Staatsform« angeklagt. Der Prozeß endete mit Freispruch für Weinert, 100 Mark Geldstrafe für Oelßner und dem Verbot sowie der Vernichtung von vier Aufnahmen (*Der Rote Wedding, Der rote Feuerwehrmann, Das Gottlosenlied, Niggersong*). *Der heimliche Aufmarsch* und *Proletarisches Weihnachtslied* entgingen der Konfiskation. Vor der Urteilsverkündung kam es im Gerichtsgebäude zu einer ungewollten Demonstration, als der Richter die inkriminierten Platten zu Beweiszwecken abspielen ließ. »Zum ersten Male erlebte Moabit ein Schallplattenkonzert, und auf den Fluren drängten sich die Menschen, als am Ende von Erich Weinerts *Proletarischem Weihnachtslied Brüder zur Sonne, zur Freiheit* ertönte.« (»Die Welt am Abend«, 26. Okt. 1931). Während der Zeit des Faschismus wurden bei Haussuchungen die proletarischen Schallplatten an Ort und Stelle zerbrochen, ihr Besitz war lebensgefährlich. Dennoch ist es gelungen, eine beträchtliche Zahl dieser kostbaren Tondokumente zu retten, entweder in geheimen Verstecken oder durch Überkleben der Labels mit unverfänglichen Etiketten anderer Plattenfirmen.

Lit.: E. Berger/I. Lammel: Diskographie der deutschen proletarischen Schallpalten aus der Zeit vor 1933, Leipzig 1980; W. Preuß: Erich Weinert. Eine Bildbiographie, Berlin 1976; M. Moser: Unter den Dächern von Morcote. Meine Lebensgeschichte, Berlin 1985.

Jürgen Schebera

Verse der Emigration (VdE)

Gesammelt von H. Wielek. Verlagsanstalt Graphia Karlsbad 1935 (114 S.). – Die Anthologie ist durch den sozialdemokratischen Verlag (er druckte VdE als »Nr. 1 der Schriftenreihe: Braunes Deutschland. Bilder aus dem dritten Reich«) und den Herausgeber Wielek (d. i. Willi Kweksilber, geb. 13. 3. 1912 Chemnitz) als Beitrag der Emigration zum Kampf gegen die nationalsozialistische Herrschaft in Deutschland angelegt. Im Nachwort wird die Einheit der Kämpfenden diesseits und jenseits der Grenzen für eine gesellschaftliche »große Wende« als Ziel betont: »Im Elend der Emigration, in der Freude des Zusammengehörigkeitsgefühles mit den kämpfenden Arbeitern aller Länder wurden die Gedichte geschrieben. Sie gehören dem neuen Deutschland; es steht im Dunkel und im Verborgenen drüben – und es steht jenseits der Grenzen, es wird neu geformt, es wird umgestaltet werden von den Helden der Illegalität und von denen, die man in die Emigration gehetzt hat.« (S. 113) Dieser Zielsetzung entspricht die Zusammenführung von Autoren unterschiedlicher politischer Herkunft und künstlerischer Eigenart in der Anthologie; in ihr sind Texte von mehr als 40 Autoren (z. T. unter heute nicht mehr aufschließbaren Psn.) vereint, davon jeweils mit mehr als 2 Gedichten: E. Weinert [z. T. unter dem Ps. Erhart Winzer bzw. Gustav Winterstein] (9), A. Kerr (6), W. Mehring (6), F. Brügel [z. T. unter dem Ps. Wenzel Sladek] (5), K. Schnog [z. T. unter dem Ps. C. Coblenz bzw. Willi Eckenroth] (5), Horatio [?] 5, O. M. Graf (5), K. Doberer (4), A. Hahn (4), St. Heym (4), B. Brecht (3), J. Soyfer [unter Ps. Jura] (3), Wielek (3), H. Zinner (3). Als Quelle für die Verse werden – neben wenigen Bucheditionen – die »mühsam gewachsenen, tapfer kämpfenden Zeitschriften und Zeitungen der deutschen Emigration« genannt: »Neuer Vorwärts«, »Deutsche Freiheit«, »Pariser Tageblatt«, »Gegen-Angriff«, »AIZ«, »Unsere Zeit«, »Freie Presse«, »Die Wahrheit«, »Aufruf«, »Die Sammlung«, »Neue Deutsche Blätter«, »Simpel«, »Neue Weltbühne«, »Neues Tagebuch«, »Freie Jugend«. – Der Zielstellung des Herausgebers, die gemeinsame Verpflichtung der emigrierten antifaschistischen Autoren zum Kampf gegen das »Dritte Reich« zu bezeugen und zu stärken, entsprechen Aufbau und Komposition der VdE: die Anthologie besteht aus drei Teilen, der erste Abschnitt, *Emigration* (8 Gedichte), stellt die zur Flucht Gezwungenen vor und verweist am Schluß die angesichts der Niederlage Zweifelnden und in Diskussionen Verstrickten auf das *Gesetz dieser Zeit* (Brügel), das »im Manifest und im Achtzehnten Brumaire« stehe (S. 13). Der zweite, umfangreichste Teil (65 Gedichte), *Der Blick zurück*, ist den Zuständen in Deutschland gewidmet, beginnend mit Stübs' *Der Toten Vermächtnis*, das von der Verpflichtung spricht, die Arbeit der Toten weiterzuführen, abschließend mit Schnogs *Der Gerichtstag*,

einer Vision künftigen Strafgerichts für die Naziherrschaft. Die Themenfolge in diesem Teil: Opfer des nationalsozialistischen Regimes, dessen Machtausübung, Reichstagsbrand und Reichstagsbrandprozeß, Ideologeme und Ideologen des deutschen Faschismus, Rassengesetz und seine Handhabung, nationalsozialistische »Gleichschaltung«, besonders die Anpassung von Intellektuellen, Widerstand, der kommende Abrechnung erwarten läßt.

Im dritten Teil, wieder *Emigration* überschrieben (29 Gedichte), werden Heimatverlust, Rechtlosigkeit, materielle Nöte der Emigranten gezeigt, wobei Auswahl und Abfolge vor allem darauf orientieren, Zuversicht in die Kraft der gemeinsam Kämpfenden zu vermitteln: so mit dem ersten, Weinerts *An einen Jugendgenossen*, in dem ein Vertriebener den illegal Kämpfenden die Hand reichen will, um »den Stromkreis« zu schließen (S. 87), mit Doberers *Eine Partei nur...*, das meint: die der Kämpfenden, mit Grafs *Gib mir, Genosse, deine Hand* und seiner beschwörenden Aufforderung »Wir dürfen nur nicht voneinandergehen« (S. 111), wie mit dem Schlußstück der Sammlung, Schnogs *Nicht stumpf werden!* mit der Aufforderung, die »Freiheit für die Brüder« in Deutschland zu nutzen: »du darfst nicht ausruhn, wie in einem Hafen. / Kein Friede lächelt uns. / Der Kampf beginnt!« (S. 112). – Die politische Intention des Herausgebers ist es vor allem, einen Lern- und Verständigungsprozeß innerhalb der Hitlergegner zu befördern und eine Einheitsfront in der Arbeiterbewegung herstellen zu helfen, weswegen die Aufgabe der Beseitigung der faschistischen Herrschaft in Deutschland deutliche Priorität erhält und auf Probleme ihrer Vorgeschichte, der Hindernisse für eine Einheit in der Arbeiterbewegung, kaum verwiesen wird, und weswegen auch Gedichte von sozialistischen Autoren, die unterschiedlichen Parteien angehören, mit denen von Sozialisten ohne Parteibuch und von engagierten linksbürgerlichen Hitlergegnern zusammengeführt werden. – Auffallend ist die Dominanz der Satire in VdE, mit vielen komisch-satirisch formierten Texten verschiedener Spielarten (Persiflagen, Gedichte in ironisiertem Moritatenstil, Spottlieder, satirisch parodierte Kirchenlieder), aber auch zornig pathetische Anklagen; an der Tendenz zur komisch-satirischen Faschismuskritik hatten Autoren verschiedener politischer und literarischer Herkunft teil, sie entsprach der Ansicht, die nationalsozialistische Macht sei nicht nur unrechtmäßig, sondern auch in Kürze besiegbar. Im Vergleich zu den Satiren präsentiert VdE nur wenige Gedichte, die das Ausmaß der Niederlage und der menschlichen Verluste beklagen und plaziert sie (z. B. Brechts Elegie *Deutschland*) so, daß durch die folgenden Gedichte der Zuversicht und Kampfentschlossenheit der Ton ernster Klage abgefangen wird. Damit wie mit dem Konzept politischer Einheit war die Anthologie durchaus repräsentativ für die ersten Jahre antifaschistischer sozialistischer Lyrik (wie Literatur überhaupt) nach 1933.

Silvia Schlenstedt

Victor, Walter (Ps. Werner Voigt, C. Redo)

Geb. 21. 4. 1895 in Bad Oeynhausen; gest. 19. 8. 1971 in Bad Berka

Stammt aus jüdischer Fabrikantenfamilie. 1913 Abitur in Posen (Poznan); Studium (Jura, Nationalökonomie, Literaturgeschichte) in Freiburg i. Br.; 1914 Soldat, 1918 Mitglied eines Soldatenrates. 1919 Studium in Halle/Saale; Gründer der Sozialistischen Studentengruppe und Mitglied der SPD. 1919/23 Redakteur am »Hamburger Echo«, 1923/31 in Zwickau Kulturredakteur am »Sächsischen Volksblatt«, Stadtverordneter, Stadtrat, Vorsitzender der IAH. Mitarbeiter der »Weltbühne«. 1931 Feuilletonchef des »8-Uhr-Abendblattes«, Berlin. 1933 illegales Leben als Werner Voigt. 1935 Flucht in die Schweiz. 1936 Redakteur der Zs. »Die Naturfreunde«. Veröffentlichungen in der Schweizer Arbeiterpresse, der Prager »Volksillustrierten« und der Zs. »Das Wort«. 1938 wegen politischer Betätigung ausgewiesen; über Luxemburg 1939 nach Frankreich. 1940 Internierung und Flucht nach New York, wo die Autobiographie *Kehre wieder über die Berge* (New York 1945, Neuausg. Berlin und Weimar 1982) entstand. 1943/45 Produktionsleiter des Alfred A. Knopf Verlages. Kam 1947 in die sowjetische Besatzungszone, schloß sich der SED an. Nach kurzer Tätigkeit in der sächsischen Landesregierung freier Schriftsteller.

V. galt als einer der besten sozialdemokratischen Feuilletonredakteure der Weimarer Zeit. Er propagierte demokratische und revolutionäre Traditionen, zeigte Wege zur Aneignung des klassischen kulturellen Erbes und bekämpfte den nationalsozialistischen Rassenwahn. Veröffentlichte im Schweizer Exil u. a. *Das Felix-Fechenbach-Buch* (Arbon 1936), die Streitschrift *Zwei Deutsche. Goethe und Hitler* (Ps. C. Redo, Arbon 1936), die Sammlung *Meister, Werke, Meisterwerke* (Bern 1937) und eine Skizze zur Geschichte der Arbeiterbewegung (*Auf Bebels Grab*, Aarau 1938, Neuausg. Weimar 1948). In *Mathilde. Ein Leben um Heinrich Heine* (Leipzig 1931) und *Die letzten sechs Nächte des Heinrich Heine* (St. Gallen 1936) suchte er seinen Lesern das Leben des Dichters nahezubringen. Seine engagierte Studie *Marx und Heine* (Berlin 1951) erwies sich in ihrem Quellenwert rasch als überholt. Sein Bemühen, die Begründer des Marxismus populär und fesselnd darzustellen, erreichte mit dem Buch über F. Engels, *General und die Frauen* (Berlin 1932) beachtliche Resonanz.

Bleibende Wirkung erzielte V. seit 1949 mit der Herausgabe der *Lesebücher für unsere Zeit*.

W. W.: Atemzüge der Besinnung. Feuilletons, Berlin 1928; Einer von vielen (R.), Berlin 1930; Marchesa Spinola, Locarno 1936, Neuausg. Schwerin 1948; Zwischen Himmel und Hölle. Jack London – der Roman seines Lebens, in: Das große Abenteuer, Zürich 1937; Köpfe und Herzen. Begegnungen mit Zeit und Zeitgenossen, Weimar 1949. – *Ausg.:* Ausgewählte Schriften, Bd. 1-3, Weimar 1961-1962. – *Lit.:* Exil, Bd. 2, S. 92-96; C. Sowa: Maria Gleit und Walter Victor, in: Galerie. Revue culturelle et pédagogique, 1991, Nr. 3.

Jochanaan Trilse-Finkelstein/Red.

Vogel, Bruno

Geb. 29. 9. 1898 in Leipzig; gest. 5. 4. 1987 in London

Sohn eines Beamten, schlug nach dem Gymnasium die Beamtenlaufbahn ein; fakultativ an der Universität. Führte ein unstetes Leben, arbeitete in verschiedenen Berufen u. a. Hausierer, Vertreter. Mitte der 20er Jahre nach Berlin, arbeitete im Institut für Sexualwissenschaft (Leitung: M. Hirschfeld). Schloß sich der von G. Gog geleiteten Vagabundenbewegung an. Mitglied der SPD bis zur Zustimmung der Partei zum Panzerkreuzerbau. V. ging noch vor 1933 über die ČSR, Österreich, die Schweiz und Frankreich nach Norwegen. 1937 gelang ihm die Ausreise in die Südafrikanische Republik, wo er als Journalist, Redakteur, Arbeiter, Soldat tätig war. Mußte wegen zahlreicher Verstöße gegen die Apartheidgesetze 1953 das »sonnige Sadistan« (V. über die Republik Südafrika) verlassen, siedelte nach England über, wo er britischer Staatsbürger wurde; Arbeit in der Wiener Library, London, danach bis zum Rentenalter Sekretär eines westdeutschen Journalisten. 1973 Besuch seiner Geburtstadt Leipzig. Bis ins hohe Alter aktiv in Anti-Apartheid-Organisationen. Seine positive Haltung zur Sowjetunion behielt er zeitlebens.

V.s journalistische und literarische Tätigkeit begann 1924 mit Rezensionen und Feuilletons in der »Leipziger Volkszeitung« und der »Neuen Leipziger Zeitung«, gelegentlich Texte auch in »Der Drache«, »Der gemütliche Sachse« sowie in »Proletarische Heimstunden«. 1924 brachte der Leipziger Verlag Die Wölfe als Privatdruck die Skizzensammlung *Es lebe der Krieg!*, illustriert von R. Berlit (1883-1939), heraus (Ndr. Berlin-West 1979, Osaka 1983). Um dieses erste Antikriegsbuch der Weimarer Republik gab es einen durch alle Instanzen gehenden Prozeß wegen Gotteslästerung und Unzucht, letztinstanzlich mußten zwei Texte V.s (*Die ohne Zukunft; Der Heldentod des Gefreiten Müller III*) und eine Illustration Berlits eliminiert werden. Zahlreiche Künstler und Intellektuelle setzten sich nachdrücklich für die unzensierte Publikation ein, u. a. H.

Mann, Th. Mann, K. Hiller, S. Jacobsohn, K. Tucholsky, K. Kollwitz, R. Schlichter. V.s Buch, das Sarkasmen und die Beschreibung sexueller Vorgänge nicht ausspart, ist zu werten als Dokument einer verlorenen Illusion, als kompromißloses Buch gegen jedweden Krieg. Publizistisch und literarisch war V. für die Arbeiterpresse tätig, hauptsächlich für den »Syndikalist«, eine Auswahl enthält *Ein Gulasch* (Rudolstadt 1928). Seine im Exil entstandenen literarischen Arbeiten, die in deutschsprachigen Zeitungen und Zeitschriften erschienen, befassen sich kritisch mit dem südafrikanischen Rassismus. Für den Roman *Mashango* und die Erzählungen *Slegs vir Blanks* fand er keinen Verleger. Sein Nachlaß befindet sich in der Akademie der Künste (Berlin).

W. W.: Alf, Berlin 1930 (auch als Bd. 1 der Gildenbücher, Ndr. mit Nachw. des Autors, Lollar 1977); Ein junger Rebell, Hg. und Nachw. W. U. Schütte, Berlin 1987.

Wolfgang U. Schütte

Vogeler, Johann Heinrich

Geb. 12. 12. 1872 in Bremen; gest. 14. 6. 1942 in Kornejewka bei Karaganda (Kasachstan)

Sohn eines Eisenwarenhändlers; 1890/93 Studium an Kunstakademie Düsseldorf, unterbrochen 1891/92 von Wanderung durch die Eifel, Reisen nach Holland und Italien. 1894 erster Aufenthalt in Worpswede, 1895 Kauf des Barkenhoffs, der zum Treffpunkt von Künstlern und Schriftstellern wurde. 1897 an Gründung des »Künstler-Vereins Worpswede« beteiligt, Freundschaft mit den Malern O. Modersohn, F. Mackensen, H. am Ende und P. Modersohn-Becker, seit 1898 mit R. M. Rilke, der auch über V. schrieb. 1914 Kriegsfreiwilliger, an der Front erster Kontakt mit den Ideen der russischen Revolution, schrieb 1918 Protest-Brief an den Kaiser gegen den Brest-Litowsker Gewaltfrieden, mit einem *Märchen vom lieben Gott* (als Flugschr.: *Ein offener Brief zum Frieden unter den Menschen*, Bremen 1919); zur Beobachtung in eine Irrenabteilung eingeliefert, als dienstunfähig entlassen. Vorträge; mehrfach verhaftet; Mitglied des Arbeiter- und Soldatenrats in Worpswede. Gründete 1919 auf dem Barkenhoff eine Arbeitskommune, die Anlaufpunkt von Pazifisten und Syndikalisten wurde. V. verstand sich als »unabhängiger kommunistischer Bündler«; Mitarbeit in der Allgemeinen Arbeiterunion Deutschlands (AAUD). Die kollektivistisch autonom organisierte Kommune Barkenhoff konnte sich finanziell nicht halten (1932 endgültige Auflösung). V. übereignete den Barkenhoff 1923 (formeller Verkauf 1924) an die RHD zur Einrichtung eines Kinderheims. 1923 erstmals Reise in die Sowjetunion, mit Z. Marchlewska (ab 1926 V.s Ehefrau),

Heinrich Vogeler

darüber idealisierender Bericht (*Reise durch Rußland. Die Geburt des neuen Menschen*, Dresden 1925). Mitglied im Vorstand der IRH, Ende 1924 der KPD. 1925/26 wiederholt in der UdSSR, Reisen durch Karelien, Usbekistan, Tadshikistan. In Berlin Arbeit als Zeichner in einem Architekturbüro (Modelle, Dioramen u. a.). V. hielt Vorträge über die Sowjetunion, zeigte seine »Komplexbilder« als Agitationstafeln. 1928 Mitbegründer der Assoziation Revolutionärer Bildender Künstler Deutschlands (ARBKD). 1929 Ausschluß aus der KPD wegen Sympathien für die Fraktion um H. Brandler und A. Thalheimer, seitdem parteilos. 1931 auf Einladung des Komitees für Standardisierung des Bauwesens in die Sowjetunion. V. kehrte nicht mehr nach Deutschland zurück, sprach sich prononciert gegen den Faschismus aus (34 Zeichnungen in *Das Dritte Reich*, Text J. R. Becher, Moskau 1934), arbeitete für die IRH, entwarf Bühnenbilder und landwirtschaftliche Siedlungen, lehrte Malerei, veranstaltete mehrere Ausstellungen, reiste wiederholt durchs Land. Nach dem Überfall der deutschen Truppen auf die Sowjetunion arbeitete V. in der Propagandaabteilung der Roten Armee (Rundfunk-Reden an die deutschen Künstler, Plakate, Flugblätter). Im Sep. 1941 Evakuierung aus dem bedrohten Moskau in eine landwirtschaftliche Siedlung in Kasachstan. Anfangs arbeitete er freiwillig am Bau eines Staudamms mit. V. hatte für seinen Unterhalt selbst aufzukommen; seine Rente aus Moskau erreichte ihn erst Apr. 1942, er hungerte. Eine Krankheit verschlimmerte sich, stark entkräftet wurde V. in ein Landkrankenhaus eingeliefert, wo er starb.

V.s Frühwerk stand im Zeichen des dekorativen Jugendstils: Erfolge mit Radierungen »An den Frühling«, Illustrationen (zum Gedichtband *Dir*, Berlin 1899; zu Rilke, G. Hauptmann, H. von Hofmannsthal), der Gestaltung der Zs. »Die Insel«, Neugestaltung der Güldenkammer im Bremer Rathaus 1904/5, Architekturentwürfen u.a. Nach 1918 setzte sich der Expressionismus durch in Gemälden wie »Die Geburt des neuen Menschen« (1923/26), »Barkenhoff-Fresken«, die wegen ihrer politischen Themen (Aufstand der Völker; politische Verfolgung; Vision einer neuen Gesellschaft) 1927 verhängt werden mußten (1939 vernichtet) und literarischen Veröffentlichungen: mit Pathos propagierten sie utopisch-pazifistische Ideen: *Über den Expressionismus in der Liebe. Der Weg zum Frieden*, Bremen 1918; *Siedlungswesen und Arbeiterschule*, Hannover 1919 (= »Die Silbergäule«, Nr. 36), eine Programmschrift zur ländlichen Kommune als klassenloser Sozietät. 1924/36 entstanden die episch-narrativen Simultangemälde der »Komplexbilder« (Themen: Rote Hilfe, neue Produktionsverhältnisse, Aufbau und Leben in der Sowjetunion). Kunstkritiken V.s erschienen in der Ztg. »Moskauer Rundschau«, Reisereportagen in IL und »Das Wort« (dort auch sein Beitrag zur ↗ Expressionismusdebatte). Mitte der 30er Jahre wurden V.s bildkünstlerische Werke in der Sowjetunion als unrealistisch kritisiert. Seine letzten »Komplexbilder« zerschnitt er. In der Folgezeit entstanden naturnahe Landschaftsaquarelle und Porträts von Freunden und Angehörigen. Den durch politische Säuberungen erzwungenen Rückzug ins Private nutzte V. zur Niederschrift einer Autobiographie: *Werden. Lebenserinnerungen aus den Jahren 1923–1942* (unvoll., Hg. J. Priewe/P.-G. Wenzlaff, Berlin 1989; EA Hg. E. Weinert, Berlin 1952)

W. W.: Das neue Leben. Ein kommunistisches Manifest, Hannover 1919; Expressionismus. Eine Zeitstudie, Hamburg 1920; Proletkult. Kunst und Kultur in der kommunistischen Gesellschaft, Hannover 1920; Die Arbeitsschule als Aufbauzelle der klassenlosen menschlichen Gesellschaft, Hamburg 1921; Die Freiheit der Liebe in der kommunistischen Gesellschaft, Hamburg 1921; Friede, Bremen 1922. – *Ausg.:* Das Neue Leben. Schriften zur proletarischen Revolution und Kunst, Hg. D. Pforte, Neuwied 1972. – *Lit.:* Z. Marchlewska: Eine Welle im Meer. Erinnerungen an Heinrich Vogeler, Berlin 1968; H. W. Petzet: Von Worpswede nach Moskau: Heinrich Vogeler – ein Künstler zwischen den Zeiten, Köln 1972; H.-H. Rief: Heinrich Vogeler. Das graphische Werk, Bremen 1974; D. Erley: Vogeler. Ein Maler und seine Zeit,

Fischerhude 1981; B. Stenzig: Worpswede – Moskau. Das Werk von Heinrich Vogeler, Worpswede 1989.

Tanja Frank

Vogts, Hanns
Geb. 2. 12. 1900 in Mönchen-Gladbach; gest. 1960 in Freudenstadt (Schwarzwald)

Aus bürgerlichem Elternhaus, besuchte 1915/21 ein Lehrerseminar, 1918 eingezogen. Die Kriegsereignisse ließen ihn mit der katholischen Kirche brechen. Bekannte sich zum Sozialismus. 1922/24 Hauslehrer und Sekretär bei G. Kaiser, der ihn auch literarisch stark beeinflußte. 1924/33 Lehrer an einer weltlichen Schule am Niederrhein. Emigrierte 1933 nach Holland, kehrte bald nach Deutschland zurück. Verschiedene Gelegenheitsarbeiten. 1943 Soldat, leitete 1944/1945 eine antifaschistische Widerstandsgruppe bei Calw an der Nagold. Wurde 1945 Stadtrat, 1947 Mitbegründer und Lektor des Pan-Verlages in Wildbad. Seit 1951 freischaffender Autor.

V. veröffentlichte in den 20er Jahren Gedichte in Zeitschriften und Anthologien. In der AIZ (1926, Nr. 23) wurde V. als junger proletarischer Dichter vorgestellt, dessen erste Gedichte »durch ihren revolutionären Inhalt in einer neuen Form bemerkenswert sind«. Seine Gedichte sind in Gestus und Bildwelt stark expressionistisch geprägt, enthalten leidenschaftliche Anklagen gegen den Krieg (*Wo ist das Eiland Einsamkeit, Dichter; Tod des Vogels, Wo bleibt die Tat*). Die »Linkskurve« (1929, Nr. 2) druckte von V. die Antikriegsgedichte *Einfacher Soldat, Blutest Du, Bruder*, die durch aufrüttelnde Bilder der Empörung und des Zorns auffallen. V. gelingen in Versen, in denen sich das lyrische Ich mit den Arbeitern identifiziert, intensive poetische Bilder schwerer körperlicher Arbeit und der Sehnsucht nach einem befreiten Leben. Gedichte aus der Emigration und den Kriegsjahren sprechen von Einsamkeit, Tod und Verzweiflung (*Und es wird Abend und Morgen*, Wildbach 1948). Im Drama *Streikbrecher* (Berlin 1928) gestaltet V. den Kampf der Ruhrarbeiter gegen deutsche und ausländische Industriekonzerne und die belgische Besatzungsmacht, es erhielt 1930 den Preis der »Linkskurve«. Mit *Elf Jungen und ein Fußball* gelingt V. ein erfolgreiches Jugendbuch (Fortsetzungsabdr. in: AIZ, 1932, Nr. 3-17), das im proletarischen Milieu angesiedelt ist.

W. W.: Zwischen Steglitz und Wedding (Dr.), Berlin 1929; Kunstseide (Dr.), Berlin 1930; Heudepot (Dr.), Berlin 1931; König der Kunstseide (Hsp.), Berlin 1932; Robinson am Rhein (Jugendb.), Darmstadt 1951; Und wir leben auf der Erde (Ge.), Neuenburg 1952.

Dorothea Dornhof

Das Volk (V)

Organ des am 11. 4. 1848 in Berlin gegründeten Central-Komites für Arbeiter, der ersten eigenständig organisierten Interessenvertretung der Berliner Arbeiterbewegung. Erschien in Quartformat mit dem Untertitel »Eine sozial-politische Zeitschrift« in 33 Nummern und einem Extra-Blatt (25. 5. 1848) vom 1. 6./29. 8. 1848 dreimal, ab Aug. zweimal wöchentlich auf 4 S. zu einem Monatsabonnementspreis von fünf Silbergroschen. Herausgeber war der Präsident des Central-Komites, S. Born.

Stefan Born (d. i. Buttermilch, Simon), geb. 28. 12. 1824 in Lissa bei Posen (heute Poznan), gest. 4. 5. 1898 in Basel; Schriftsetzer, seit 1840 in Berlin; publizistische und literarische Arbeiten mit vorrangig sozialer Thematik; 1847 nach Bekanntschaft mit F. Engels und K. Marx in Paris und Brüssel Mitglied im BdK; 1848 als Agitator, Organisator und Publizist führend in der Berliner Arbeiterbewegung; ab Okt. 1848 Mitglied des Zentralkomitees der Arbeiterverbrüderung in Leipzig und Herausgeber ihres Zentralorgans, »Die Verbrüderung«; Mai 1849 Teilnahme am Dresdener Aufstand, danach Flucht nach Straßburg, Anfang 1850 in die Schweiz; Ausschluß aus dem BdK und Entfremdung von Arbeiterbewegung und Kommunismus; Lehrer, später Literaturprofessor in Schaffenhausen und Basel.

V ist inhaltlich bestimmt durch eine Doppelstrategie: zum einen die Konzentration auf ökonomisch-soziale Belange sowie organisatorische Fragen der Entwicklung der Arbeiterbewegung, zum anderen eine revolutionär-demokratische Orientierung zur Erringung der Volksherrschaft, wie sie weitestgehend auch vom BdK vertreten wurde. Über die Zeitung versuchte Born der Arbeiterschaft unter Berücksichtigung der politischen Realitäten in Preußen eine möglichst praxisnahe Anleitung für die anstehenden revolutionären Auseinandersetzungen zu geben. Neben der Verbreitung zahlreicher Adressen und Aufrufe zur Festigung und zum stadialen Ausbau des Organisationsniveaus der Arbeiterbewegung (*Aufforderung an die arbeitenden Klassen Deutschlands*, Nr. 11) stand in der Zeitung die Propagierung des vom Central-Komite unter Federführung Borns entwickelten sozialpolitischen Programms im Vordergrund. Ein diesbezüglicher Forderungskatalog (*Centralkomite für Arbeiter*, Nr. 5), der auch Bourgeoisie- sowie Handwerkerinteressen zu berücksichtigen suchte, war in seinem Schwerpunkt, den Arbeiterforderungen nach Produktionsassoziationen mit Staatshilfe, ein an utopisch sozialistischen Vorstellungen L. Blancs orientiertes sozialreformerisches Programm zur friedlichen Umgestaltung der als inhuman abgelehnten Kapitalherrschaft. Der Hauptteil der Artikel und Aufsätze im V stand ganz im Zeichen dieses Programms (*Anträge des Central-Komites für Arbeiter an die Frankfurter Nationalversammlung*, 10 Tle., Nr. 7–22). Die politische Berichterstattung und Agitation erfolgte in festen Rubriken (»Vermischtes«, »Briefwechsel zwischen Berlin

und Paris«), wobei der hohe Anteil an überregionalen und internationalen Nachrichten zum Revolutionsgeschehen besonders auffällt. Vorbild hierfür war die ↗ »Neue Rheinische Zeitung«, aus der ein Großteil der politischen Berichte direkt übernommen wurde. Ähnliches trifft auch auf die literarischen Beiträge im V zu. Am häufigsten finden sich darunter Arbeiten des Feuilletonredakteurs der »Neuen Rheinischen Zeitung«, G. Weerth, der sowohl mit seinen politisch mobilisierenden und ideologisch klärenden Gedichten (*Pfingstlied*, Nr. 6; *Die hundert Männer von Hasewell*, Nr. 15) als auch mit Auszügen aus seinen satirischen Prosaarbeiten (*Humoristische Skizzen aus dem deutschen Handelsleben*, Nr. 4–26; *Aus dem Tagebuch eines Heulers*, Nr. 23, 24, 27) vertreten war. Das Lehrgespräch *Drei politische Gespräche, von Timon* (Nr. 1–3) und auch die von Arbeitern verfaßten Gedichte, u. a. Borns *Bettellied* (Nr. 2) und das erste deutsche Streikgedicht *An die feiernden Buchdrucker* (Nr. 30) des Druckers C. Fröhlich, machen darüber hinaus deutlich, daß vor allem Literatur bevorzugt wurde, die Zusammenhänge zwischen sozialen und politischen Problemkonstellationen für das Proletariat zu veranschaulichen suchte. Neben dem V entstanden im Revolutionsjahr 1848 weitere Zeitungen in Berlin, die sich direkt an die Arbeiter wandten oder versuchten, durch Wahrnehmung ihrer Interessen politischen Einfluß auf die Arbeiterbewegung auszuüben: »Der Volksfreund. Zwangloses Flugblatt« (VF) brachte es zwar nur auf neun Nummern zwischen 5. 4./30. 6. 1848, doch war er mit seiner konsequenten Ausrichtung als revolutionäres, kommunistischen Idealen verpflichtetes Agitationsblatt für die Formierung eines selbständigen proletarischen Bewußtseins maßstabsetzend. In Oktavformat zu je 4 S. herausgebracht und weitgehend auch selbst verfaßt von G. A. Schlöffel (Nr. 8/9 von E. Monecke), besaß er mit seiner Auflage bis zu 2000 Ex., die z. T. kostenlos an Arbeiter abgegeben wurden, einen relativ großen Wirkungsradius.

Gustav Adolph Schlöffel, geb. 1828 in Eichberg (Niederschlesien), gefallen 21. 6. 1849 in der Schlacht bei Waghäusel (Baden); 1846/47 Philosophiestudium in Heidelberg, u. a. Kontakt mit junghegelianischen und utopisch-kommunistischen Ideen; illegale Tätigkeit zur Vorbereitung eines revolutionären Umsturzes in Südwestdeutschland; seit März 1848 in Berlin; Mitglied verschiedener politischer Vereine, u. a. des Central-Komites für Arbeiter; 21. 4. Verhaftung mit anschließender Festungshaft in Magdeburg wegen aufrührerischer Betätigung; Okt. 1848 Flucht über Wien nach Ungarn, um sich am dortigen Befreiungskampf zu beteiligen; Frühjahr 1849 Anschluß an Pfälzer und Badener revolutionäre Bewegung.

Den Inhalt des VF bestimmten vorwiegend Artikel und Kommentare, die zur Weiterführung der Revolution mit dem Ziel einer gleichheitskommunistischen Ordnung auf der Grundlage von Gemeineigentum und vergesellschafteter Produktion aufriefen. Ergänzt wurden die Beiträge durch einen kleinen Nachrichtenteil und gelegentliche Gedichte, die diese sozialrevolutionäre Tendenz zu unterstützen suchten.

Die »Deutsche Arbeiter-Zeitung. Organ für Arbeiter und Arbeitgeber« (DAZ) war als Zeitung des Berliner Handwerkervereins besonders auf eine Neuordnung der ökonomischen und sozialen Beziehungen im Sinne einer Existenzverbesserung der arbeitenden Klassen fixiert. Die DAZ erschien zweimal wöchentlich in 23 Nummern vom 8. 4./24. 6. 1848 auf 8 S. in Quartformat zu einem Monatspreis von fünf Silbergroschen. Herausgegeben wurde sie von den Lehrern im Handwerkerverein, F. Behrend und E. Schmidt, denen ein achtköpfiges Arbeiterredaktionskollegium zur Seite stand, u.a. mit den BdK-Mitgliedern A. Hätzel, F. Schwarz und F. L. Bisky. Die DAZ verstand sich im wesentlichen als Mitteilungs- und Berichtsblatt, in dem alle mit der Organisation der Arbeit und der sozialen Situation verbundenen Fragen öffentlich diskutiert werden sollten. Sie veröffentlichte daher hauptsächlich Forderungen, Beschwerden und Zustandsschilderungen von einzelnen Arbeitern oder Gewerken, aber auch die Meinung von Unternehmern und Handwerksmeistern. Anliegen der DAZ war es dabei, einen Interessenausgleich zwischen Arbeitern und Besitzenden durch Zugeständnisse der Arbeitgeber sowie durch staatliche Sozialmaßnahmen zu erreichen. Programmatisch gelenkt wurde diese sozialreformerische Linie durch Leitartikel und redaktionelle Aufsätze sowie eine sich an die demokratische Bewegung ankoppelnde politische Informationsstrategie. Für die DAZ schrieb u.a. auch das BDK-Mitglied J.C. Lüchow, durch seine Proletariergedichte (*Proletarier-Vater-Unser*) und die Führung im Berliner Schneidergesellenstreik vom Apr. 1848 bekannt geworden.

»Die Volks-Stimme. Blatt des Volksvereines für Arbeiter und Arbeitgeber« (VS) gab ähnlich der DAZ den sozialen Problemen der Arbeiterklasse und ihrer Bewegung breiten Raum. VS wurde geleitet vom Vorsitzenden des Volksvereins, M. Schasler, und dem Buchdrucker und späteren BDK-Mitglied H. Kannegießer. Sie kam in 22 Nummern zwischen 6. 4./27. 5. 1848 dreimal wöchentlich in Quartformat und je nach Stärke (4 oder 8 S.) zu einem Preis von sechs Pfennig bzw. einem Silbergroschen heraus. In einer festen Rubrik »Forderungen und Beschwerden« wurde den Arbeitern die Möglichkeit eingeräumt, selbst zu ihrer gesellschaftlichen Lage und Perspektive Stellung zu beziehen. Der Haupttenor der Kommentare und Artikel war, ein Eindringen sozialistischen oder kommunistischen Ideengutes in die Arbeiterschaft zu verhindern. Angemahnt wurden Maßnahmen zur Verbesserung der Lebensbedingungen der Arbeiter (Arbeitsgarantie, Arbeitszeit, Lohn) und eine allgemeine patriotische Fürsorgepflicht der Bourgeoisie, um die soziale Frage nicht in eine revolutionäre Eskalation münden zu lassen. Die politischen Nachrichten konzentrierten sich vorrangig auf Domänen der demokrati-

schen Bewegung wie Verfassungs-, Parlaments- und Rechtsprobleme. Einen Feuilletonteil besaß VS nicht.

»Zeitung für die politische Bildung des Volkes« nannte sich im Untertitel die sechsmal pro Woche mit einem Umfang von 4 S. (oktav), vom 1. 4. 1848/17. 1. 1849 erscheinende Tagesztg. »Lokomotive« (L). Herausgeber war F. W. Held.

Friedrich Wilhelm Held, geb. 11. 8. 1818 in Neiße (Niederschlesien), gest. 26. 3. 1872 in Berlin; preußischer Offizier; danach unstetes Wanderleben als Schauspieler und Publizist; 1842/43 Herausgeber der Leipziger politischen Ztg. »Lokomotive. Intelligenz-Zeitung für Deutschland«; 1846/47 Festungshaft wegen Preßvergehens; ab März 1848 Versuche, als politischer Agitator in Berlin Fuß zu fassen; desavouierte sich als agent provocateur der preußischen Regierung, als er im Nov. 1848 öffentlich als Denunziant agierte; nach Revolution königlicher Torfinspektor bei Freienwalde.

Held, der in der L über eine breitangelegte Berichterstattung aus dem öffentlichen und politischen Leben Information und Bildung für die Masse des Volkes zu vermitteln suchte, sah in der Lösung der sozialen Frage das Kernproblem seiner Zeit. Immer wieder und mit rhetorischer Verve stellte er sich in ganzen Artikelserien (*Die soziale Revolution*) dieser Problematik. Deutlich sein Bemühen, über ein eigenes Sozialmodell (Erhöhung der industriellen Arbeitsproduktivität, angemessenes Lohn-Preis-Verhältnis, Familienplanung) die Arbeiterklasse in ein bürgerliches Gesellschaftskonzept einzubinden.

Daneben existierten mit dem »Vereinsblatt der Maschinenbau-Arbeiter zu Berlin« (VM) und dem »Gutenberg. Organ für das Gesamtinteresse der Buchdrucker und Schriftsetzer Deutschlands« (G), zunächst herausgegeben vom Zentralkomitee des Nationalen Buchdruckervereins, ab Ende 1848 vom Gutenbergbund als dessen Nachfolgeorganisation, zwei sehr einflußreiche Gewerkszeitungen. Während das VM einmal wöchentlich wahrscheinlich Juni 1848/Apr. 1849 erschien, sich in der Hauptsache um gewerkschaftliche Belange seiner Berufsgruppe kümmerte und politisch eher gemäßigt auf soziale Reformen orientiert war, gewann der G, der 13. 5. 1848/Ende 1852 ebenfalls einmal wöchentlich gedruckt wurde, besonders nach seinem Hervortreten als Streikzeitung während des Auguststreiks der Berliner Buchdrucker, deutlich an klassenspezifischem ideologischem Profil. In klarer Abgrenzung zur Bourgeoisie vertrat der G vor allem Ende 1848/Anfang 1849 einen entschieden sozialrevolutionären Kurs zur Selbstbefreiung des Volkes.

Ausg.: Das Volk, Ndr. Glashütten/Ts. 1973. – *Lit.:* W. Friedensburg: Stephan Born und die Organisationsbestrebungen der Berliner Arbeiterschaft bis zum Berliner Arbeiterkongreß (1840 – Sep. 1848), in: Archiv für die Geschichte des Sozialismus und der Arbeiterbewegung, Leipzig 1922, Beih. 1; M. Quark: Die erste deutsche Arbeiterbewegung. Geschichte der Arbeiterverbrüderung 1848/49, Leipzig 1924, Ndr. Glashütten/Ts. 1970; K. Wernicke: Geschichte der revolutionären Berliner Arbeiterbewegung 1830/1849, Berlin 1978; ders.: Beiträge zur frühen Geschichte der Berliner Arbeiterbewegung 1830/1849, Diss., Berlin 1979; W. Feudel: Proletarische Presse und künstlerische Literatur während der Revolution von 1848/49, in: Literatur.

Volker Giel

Volksbuchhandlung Hottingen Zürich

Exilverlag der deutschen Sozialdemokraten 1879/88; gehörte bis 1882 als Schweizer Vereinsdruckerei in Hottingen Zürich dem Schweizer Arbeiterbund, der den Druck und Verlag des illegalen Zentralorgans ↗ »Sozialdemokrat« und einiger Broschüren ermöglichte.

Um staatliche Repressalien zu umgehen, fungierten die Schweizer A. Herter, ab 1882 C. Conzett als offizielle Verleger. 1882 konnte die deutsche Partei das Unternehmen kaufen und auf dieser Grundlage einen eigenen Auslandsverlag gründen. Auf Empfehlung A. Bebels wurde H. Schlüter als Verlagsleiter eingesetzt. J. Motteler leitete die Expedition, E. Bernstein die Redaktion des Zentralorgans und L. Tauscher die Druckerei. Unter Schlüters Leitung wuchs das Unternehmen rasch und erhöhte sein verlegerisches Niveau. Gleichzeitig baute Schlüter in Zürich ein Parteiarchiv der deutschen Sozialdemokraten auf. Die Schriften wurden in Verlagslisten im »Sozialdemokrat« den deutschen Lesern regelmäßig angeboten. Über die »Rote Feldpost« konnten wöchentlich 3–4 Pakete à 100–200 kg mit Zeitungen, Flugschriften und Büchern über die Grenze nach Deutschland geschmuggelt werden. Ein dichtes Netz von Kolporteuren versorgte die Sozialdemokraten mit den bestellten Schriften. Als Schlüter, Motteler, Bernstein und Tauscher 1888 aus der Schweiz ausgewiesen wurden, setzten sie die verlegerische und buchhändlerische Tätigkeit bis zum Fall des Sozialistengesetzes in der neugegründeten Cooperative Printing and Publishing Co. in London fort.

Das Sozialistengesetz zwang die deutschen Sozialdemokraten, ihr Literatur- und Pressesystem neu zu organisieren. Im Mittelpunkt der verlegerischen Arbeit in Zürich stand bis 1882 der Aufbau einer Zeitung. Erst ab 1883 konnten Parteischriften in größerem Umfang gedruckt und verbreitet werden. Es erschienen von F. Engels in deutscher Erstauflage *Die Entwicklung des Sozialismus von der Utopie zur Wissenschaft* (noch 1883 weitere 2 Aufl., insgesamt 10 000 Ex.) und *Ursprung der Familie* (1884). Der Verlag brachte eine Neuauflage des *Kommunistischen Manifestes* (1884) und, erstmals von Engels überarbeitet und mit einer Einleitung versehen, Marx' Aufsätze aus der »Neuen Rheinischen Zeitung« zu *Lohnarbeit und Kapital* (1884). Bebels *Die Frau und der Sozialismus* hatte der Verlag bereits 1879 in 1. Aufl. veröffent-

licht, und getarnt u. d. T. *Die Frau in Vergangenheit, Gegenwart und Zukunft,* konnten bis 1880 weitere 7 Aufl. illegal in Deutschland verbreitet werden. Die Verlagsverzeichnisse der ersten Jahre unter dem Sozialistengesetz enthielten auch ältere Parteischriften aus den 60er und 70er Jahren, darunter Agitationsbroschüren F. Lassalles, W. Liebknechts und W. Brackes. Eine bedeutende verlegerische Leistung war die auf Initiative Schlüters 1885 gegründete »Sozialdemokratische Bibliothek«, in der bis 1890 34 überwiegend marxistische Abhandlungen zur Theorie und Geschichte des Sozialismus erschienen. Beabsichtigt war, das Beste der sozialdemokratischen Broschürenliteratur in einheitlicher Form und – um Transport und Verbreitung zu erleichtern – in geringem Umfang zusammenzufassen. Die Reihe sollte die Leser anregen, sich eine eigene politische und wissenschaftliche Bibliothek einzurichten. Zu diesem Zweck bot der Verlag auch feste Einbanddecken für die Broschüren an. Engels wirkte als Berater Schlüters und als Autor wesentlich an der Gestaltung mit. Er bereitete seine Artikel *Zur Wohnungsfrage* für die Veröffentlichung vor und verfaßte zu weiteren vier Broschüren Einleitungen, die den Charakter eigenständiger Abhandlungen hatten. Zur dritten deutschen Ausgabe von Marx' *Enthüllungen über den Kommunisten-Prozeß zu Köln* (1885) erschien als Einführung *Zur Geschichte des Bundes der Kommunisten* von Engels; W. Wolffs Schrift *Die schlesische Milliarde* (1886) wurde eingeleitet durch die Abhandlung *Zur Geschichte der preußischen Bauern.* Die Bibliothek vereinigte u.a. je vier Broschüren von Marx, Engels, Liebknecht und P. Lafargue, drei von J. Dietzgen, fünf von F. Lassalle und ein Heft mit Aufsätzen von J. B. v. Schweitzer. Von Anfang an bot der Auslandsverlag belletristische Schriften, vor allem sozialdemokratische Lied- bzw. Gedichtsammlungen, an. Breiten Raum nahmen Publikationen aus der Lyrik des Vormärz und der 1848er Revolution ein. Der Verlag führte damit die Tendenz der in den Zeitungen und Verlagen der Sozialdemokratie vor 1878 praktizierten belletristischen Lektüreauswahl fort. Die Publikationen sollten in erster Linie die Tätigkeit proletarischer Gesangs- und Theatervereine unterstützen. 1883 nahm der Verlag die von J. Franz in der Schweiz gesammelten *Sozialdemokratischen Lieder und Deklamationen* (in 7. Aufl.) auf. Ab 1884 führte er die in diesem Jahre erstmals veröffentlichte sozialdemokratische Lyrik-Sammlung *Vorwärts* von R. Lavant. Hinzu kamen Gedichtbände einzelner sozialdemokratischer Autoren wie G. Herweghs *Neue Gedichte und Gedichte eines Lebendigen,* die ersten, schmalen Anthologien von A. Geib und M. Kegel sowie J. Ph. Beckers *Neue Stunden der Andacht.* Auch die in den 70er Jahren in der Arbeiterbewegung berühmt gewordene Sammlung *Arbeiterdichtung in Frankreich* von dem radikalen Demokraten A. Strodtmann gehörte zum ständigen Angebot. Bereits 1880 war das belletristische Programm mit der Reihe »Sozialistische Theaterstücke« erweitert worden, von der Buchhandlung Vorwärts nach 1890 weitergeführt. Veröffentlicht wurden zunächst vier der bekanntesten Agitationsstücke aus der Zeit vor 1878 (Schweitzer: *Der Schlingel*; Kegel: *Pressprozesse oder die Tochter des Staatsanwalts*; W. Stichelhuber: *Der Staatsstreich von Galgenhausen*; Kapell: *Dr. Max Hirschkuh*). Romane und Erzählungen der sozialdemokratischen Prosaautoren A. Otto-Walster, C. Lübeck und W. Hasenclever, die die Arbeiterpresse der 70er Jahre in Fortsetzungen publiziert hatte, bot der Verlag im Separatdruck an. Zum ersten Mal in der Geschichte sozialistischer Verlage begann das Unternehmen Anfang der 80er Jahre sein belletristisches Angebot über die sozialistische Literatur hinaus zu erweitern. Neben F. Freiligraths *Gedichte in drei Bänden* (1883) brachte sie L. Börnes *Gesammelte Werke* (1880) und G. Büchners *Dantons Tod* (1888) heraus. In der 1883 eröffneten Reihe »Hausbibliothek«, einer »Auslese in Nummern«, erschien auch klassische Literatur. Das Spektrum reichte von der Antike (Plutarch) über F. Schiller (3 Hefte), G. E. Lessing und J. W. Goethe (2 Hefte) bis zur Gegenwart (E. Zola) und erfaßte wesentliche Autoren der Weltliteratur unterschiedlicher Epochen (W. Shakespeare, J. Racine, J.-P. Molière u.a.). Als einziger russischer Autor war der mit Engels und G. W. Plechanow befreundete russische Volkstümler Stepnjak (d. i. S. M. Krawtshinski) mit der Skizzensammlung *Das unterirdische Rußland* (1885) vertreten.

Eine Novum im Verlagswesen der Arbeiterbewegung war die erste separat gedruckte literaturwissenschaftliche Arbeit eines sozialdemokratischen Autors: M. Wittichs *Das Volk und die Literatur* (1888), die in der »Hausbibliothek« herauskam. Nach 1885 wurden fast ausschließlich Arbeiten sozialdemokratischer Autoren wie M. Kautsky und L. Jacoby in das literarische Verlagsprogramm neu aufgenommen. Auch erste sozialdemokratische Kinderbücher, *König Mammon und die Freiheit* und der *Deutsche Jugendschatz* (1888), wurden verlegt. Vor der Übersiedelung des Verlages nach London 1888 machten die belletristischen Publikationen fast 20 Prozent des gesamten Verlagsprogramms aus. Der Literaturbestand blieb nach der Londoner Verlagsgründung in Zürich und wurde erst nach 1890 z. T. nach Stuttgart überführt.

Lit.: D. Hoffmann: Sozialismus und Literatur, Diss., Münster 1975; F. Schaaf: Zur Gründung und Entwicklung der deutschen sozialdemokratischen Parteiverlage in Hottingen Zürich und London in der Zeit des Sozialistengesetzes, in: Beiträge zur Geschichte des Buchwesens, Bd. VIII, Leipzig 1980; Emig/Schwarz/Zimmermann, 1981.

Tanja Bürgel

(Der) Volksstaat (V)

Zentralorgan der SDAP, ab Juni 1875 der SAPD und der Internationalen Genossenschaften. Der V, in Leipzig herausgegeben, gegründet 1869, ging auf Beschluß des Eisenacher Gründungsparteitages aus dem von W. Liebknecht und A. Bebel geleiteten »Demokratischen Wochenblatt« (1868/69) hervor; war im Gegensatz zum »Social-Demokrat« Parteieigentum; das Abonnement galt als Parteibeitrag. Der V wurde nach der Vereinigung der Arbeiterparteien in Gotha durch den »Vorwärts« ersetzt. Erschien ab 2. Okt. 1869 zunächst zweimal, ab 1. Juli 1873/29. Sep. 1876 dreimal wöchentlich. Verantwortliche Redakteure waren Liebknecht, zeitweise auch A. Hepner, C. Hirsch und W. Blos. Die Expedition leitete Bebel; Marx, Engels und J. Dietzgen gehörten zu den festen Mitarbeitern bzw. Beiträgern. Ab Dez. 1873 verfügte das Blatt mit dem »V-Erzähler« über eine selbständige, wöchentliche Feuilletonbeilage, die ab Jan. 1876 zugunsten der »Neuen Welt« eingestellt wurde. Während der Pariser Kommune solidarisierte sich der V als einziges deutsches Blatt mit der Kommune als »Arbeiterregierung«, druckte Dekrete der Kommunarden und organisierte Solidaritätskundgebungen. Der V veröffentlichte in diesem Zusammenhang auch die beiden Adressen der I. Internationale zum Krieg. Mit weltanschaulich-theoretischen Publikationen, bildungs- und kulturpolitischen Diskursen übernahm das Blatt die Funktion eines theoretischen Organs der Partei. Schriften von Marx und Engels wurden vollständig oder in Auszügen, z. T. auch erstmals im V gedruckt. Den Auseinandersetzungen mit dem Bakunismus in der IAA widmete die Zeitung breiten Raum. In zahlreichen naturwissenschaftlichen Beiträgen spielte die Propagierung des Darwinismus eine gewichtige Rolle. Im Bildungskonzept des V dominierte die sozialwissenschaftliche, naturwissenschaftliche und politische Aufklärung (kulturpolitisch-programmatische Beiträge von Liebknecht, Philimund u.a., Artikel zur Kindererziehung, Frauenbewegung, zur bürgerlichen Presse und Unterhaltungsliteratur). Der V verfügte über ein auffällig umfangreiches lyrisches Feuilleton (ca. 400 Gedichte von mehr als 50 Autoren). Viele Gedichte wurden pseudonym (Rhenanus, Heine II, Kade) veröffentlicht. Die Zeitung stellte Lyrik-Anthologien sozialdemokratischer Autoren (J. Ph. Becker, A. Geib, W. Hasenclever) in Auszügen vor, ermunterte die Leser zum Einsenden eigener Texte und wählte interessante lyrische Beiträge aus der lokalen Arbeiterpresse aus. Im Vergleich zur sozialdemokratischen Zeitungslyrik späterer Phasen nach dem Sozialistengesetz fällt der fast durchgängig starke agitatorische Duktus dieser Gedichte auf. Ihre Sujets korrespondieren häufig mit politischen und theoretischen Themen im Hauptteil des Blattes. Sie behandelten den Alltag des Proletariers, die sozialdemokratischen Agitationsziele, griffen unterstützend in den

Wahlkampf ein, beleuchteten in satirischer Schärfe die »herrschende« Realität; Regierung, Kirche und Liberalismus. Beliebt waren einfache lyrische Formen, Wechselreime, vier- oder achtzeilige Strophen, besonders aber neue Texte zu bekannten Liedern, etwa der *Marseillaise* oder Parodien auf *Die Wacht am Rhein*. Der kämpferische, häufig die großen sozialen Ziele der Arbeiterbewegung antizipierende Grundton ist am deutlichsten in den zahlreichen Kommune-Gedichten ausgeprägt, die anläßlich der jährlichen Kommune-Feiern in den Arbeiterorganisationen entstanden. Die in diesen Gedichten vielfältig verwendeten Natur-Metaphern (Sonne, Licht der Zukunft, Völkerfrühling) entsprachen der Überzeugung, daß sich die Arbeiterbewegung mit der Kraft und Unausweichlichkeit eines naturgesetzlichen Prozesses durchsetzen müsse, und wollten damit ein unabhängiges proletarisches Selbstbewußtsein fördern. Ihre rebellische Grundhaltung, die appellierende und mobilisierende Wirkungsabsicht verbanden diese Lyrik mit den Liedern und Gedichten der Vormärz-Dichter. Im V-Feuilleton äußerte sich die Auseinandersetzung mit dieser Tradition in umfangreichen Reprisen der Revolutionslieder F. Freiligraths. Als der Dichter während des Krieges mit nationalen Siegesgesängen seinen politischen Übergang zum Nationalliberalismus erkennen ließ, kontrastierte die Zeitung Verse aus der Revolutionszeit mit aktuellen Äußerungen Freiligraths, um seinen ideologischen Frontenwechsel deutlich zu machen. G. Herwegh fand im V mit seinem Spätwerk eine neue literarische Heimat, wenn sich auch die jungen sozialdemokratischen Lyriker der 70er Jahre stärker an seiner Vormärz-Dichtung orientierten, als an den häufig sarkastischen Versen des Spätwerkes.

Deutlich verweist die satirische Lyrik im V auf das Vorbild H. Heine. Obgleich kaum Nachdrucke Heinescher Verse erfolgten, ist die Anzahl der Adaptionen und Variationen seiner Lyrik (u.a. bei M. Kegel, S. Kokosky) unübersehbar. Nachdem der erste Versuch, eine umfangreiche Prosaarbeit (A. Otto-Walster: *Am Webstuhl der Zeit*, 1869/70) im Feuilletonteil des Hauptblattes in Fortsetzungen zu drucken, abgebrochen werden mußte, bot erst die selbständige Unterhaltungsbeilage »V-Erzähler« ab 1873 die Möglichkeit, Romane, Erzählungen und Dramen aufzunehmen. Neben Lyrik und Prosa enthielt sie eine Fülle belehrender Aufsätze zu historischen oder naturwissenschaftlichen Themen und biographische Skizzen bedeutender historischer Persönlichkeiten. Im Mittelpunkt standen die in Fortsetzungen gedruckten Erzählungen und Dramen von A. Otto-Walster (*Allerhand Proletarier*, 1873; *Rienzi*, 1874; *Die Tempelritter*, 1875) und C. Lübeck (*Der Faden der Ariadne*, 1874). Zugleich wurde das belletristische Lektüreangebot über die sozialistische Literatur hinaus erweitert (Kleists *Michael Kohlhaas* oder Gedichte von Prutz und Glaßbrenner). Auch die ausländische proletarische Lyrik

(Gedichte aus der von A. Strodtmann gesammelten *Arbeiterdichtung in Frankreich*) wurde vorgestellt.

Ausg.: Der Volksstaat. Reprint, Einl. E. Kundel, Leipzig 1971; Textausgaben, Bd. 21. – *Lit.:* T. Bürgel: Politische Organisation und literarische Kommunikation, Diss., Berlin 1983.

Tanja Bürgel

Von unten auf (Vua)

Lyrikanthologie mit dem Untertitel *Ein neues Buch der Freiheit*, gesammelt und gestaltet von ↗ F. Diederich; erste Auflage 1911 in zwei Bänden im Verlag Buchhandlung Vorwärts Berlin ebenso wie die zweite veränderte Auflage des ersten Bandes 1920 (Aufl. 11.–30. Tausend); 1928 weitgehend bearbeitete und ergänzte dritte Auflage von A. Siemsen im Verlag Kaden & Comp. Dresden. Vua wurde ausdrücklich mit Bezug auf K. Henckells *Buch der Freiheit* (Berlin 1893) konzipiert. Sie vereint Zeugnisse moderner deutscher und ausländischer »sozialer Lyrik« (*Vorwort*) mit Texten seit dem frühen 18. Jh. Als politisch-moralisches Motto wie als Rückversicherung an klassischer Tradition ist J. W. Goethes *Beherzigung* (1777) vorangestellt. Dieser Rückgriff auf die Weimarer Klassik, der sich für R. Lavant und K. Beißwanger in deren Anthologien noch ausgeschlossen, der bei Henckell gesonderter interpretatorischer Begründung des Bezugs auf die Arbeiterbewegung bedurft hatte, erfolgte nun umstandslos und ohne Rücksicht auf die Erörterungen innerhalb der Sozialdemokratie um die klassenmäßigen Bedingtheiten dieser Literatur. Diederich geht es um den uralten Kampf um Freiheit, der unaufhaltsam durch die Zeit schreite, um den »lodernden Geist der großen Bewegung in dichterischen Schöpfungen aus den unverwelkt neuen Vergangenheiten bis zur Gegenwart herauf« (ebd.). – Die thematische Ordnung des Materials erfolgte im ersten Band nach historischen Zäsuren (Bauernkrieg 1525, Revolutionen 1789, 1830, 1848, Weberaufstand 1844), im zweiten Band nach Kristallisationspunkten gesellschaftlicher Konflikte in der zweiten Hälfte des 19. Jh.s (Großstadt, Arbeitsjoch, Kapital, sozialistische Massenbewegung, Bekenntnis zur Arbeit). Die Leistung des Herausgebers bestand darin, dieses Material, ohne dessen historische Zuordnung, damit dessen dokumentarischen Zeugnischarakter preiszugeben, zu lyrischen Zyklen komponiert zu haben. Prophetenstimmen, Massenschritt, Sorgenglück, Opferblut-Heldenglut sind Formeln, denen das einzelne Gedicht in einem ideellen Kontext untergeordnet ist. Das ergab ein ästhetischen Idealen unterworfenes Programm historisch-politisch begründeter poetischer Kanonbildung, auf die es Diederich ankam. Eine solche ist auch in der Bildauswahl erkennbar, die von F. Goya bis zur Gegenwart reicht, und in der ersten Auflage 26 Illustrationen nach Vorlagen von M. Klinger, J.-L. David, I. Pils, E. Delacroix, A. Rethel, H. Daumier, F. Millet, K. Kollwitz, Fidus (d. i. H. Höppner), C. Meunier, A. Menzel, W. Crane, T.-A. Steinlen, G. Doré, Goya, S. Sortini, E. Kuithan und H. Thoma enthält. Sach- und Worterklärungen, bio-bibliographische Angaben, Hinweise auf benutzte und im Buchhandel verfügbare wohlfeile Ausgaben entsprachen dem literaturpropagandistischen volksbildnerischen Anliegen des Herausgebers. Vua hat deutlich ihr Vorbild in den »Kunstwart«-Anthologien von F. Avenarius (*Hausbuch der deutschen Lyrik*, München 1903; *Balladenbuch*, München 1907; *Das fröhliche Buch*, München 1910), war den kunstpädagogischen Intentionen des Dürerbundes verpflichtet und deutete Beziehungen zu frühexpressionistischer Weltsicht an. Vua wandte sich an den sozialdemokratischen Leser, aber auch an den sozial engagierten bürgerlichen Kunstfreund. Leitendes Prinzip ist Komposition des Materials. Dazu wurden nicht nur Gedichte, sondern auch gänzlich aus dem originalen Zusammenhang isolierte Fragmente oder einzelne Sentenzen aus dramatischen Werken wie etwa G. E. Lessings *Nathan der Weise* (1779) benutzt. Die aus der sozialistischen Bewegung hervorgegangenen oder unmittelbar mit ihr verbundenen Autoren treten auch quantitativ in den Hintergrund. Dafür sind in bemerkenswertem Umfang Lyriker der deutschen und europäischen Moderne von F. Nietzsche bis P. Hille, von Ch. Baudelaire, P. Verlaine, E. Verhaeren bis G. D'Annunzio aufgenommen. F. Mehring, der als Rezensent von Vua in der NZ (1911, Bd. 2, S. 385 ff.) gegen Diederichs Prinzip einer lyrischen Totalität den Gesichtspunkt historischer Entwicklung geltend machte und das Fehlen eines literaturgeschichtlichen Abrisses in der Einleitung monierte, verteidigte ausdrücklich die starke Betonung der lyrischen Moderne. Versammelt seien damit auch all jene Stimmen, deren in der herrschenden Gesellschaft vergebliche Hoffnungen erst der Sozialismus erfüllen werde. Für Diederich bedeutete Dichtung schlechthin Bewahrung von Gefühlen, von gelebtem Denken, Konzentrat der Empfindungen auch der vielen Namenlosen. Solche Bewahrung ist für ihn der geschichtliche Auftrag der Dichtung, die auch Gefühle zu Waffen mache. Sie wirke als ein Stück Solidarität der Zeiten, ergebe ein großes Weltbild kulturellen Lebens. Soziale und politische Gedichte seien Atemzüge und Pulsschläge ihrer Zeit, in diesem Wesen will die Anthologie sie sichtbar machen. Deren literaturgeschichtliche Leistung liegt in der Zusammenstellung der Texte zum Weberaufstand 1844, in der Thematisierung der Großstadt, der Ausweitung auf Befreiungskämpfe in Rußland, Frankreich, Amerika, im Umfang der aus dem nationalen und internationalen literarischen Erbe rezipierten Texte und Autoren, im Beitrag zur Auseinandersetzung mit der literarischen Moderne, im ästhetischen Anspruch an eine weltoffen gewordene soziale Dichtung der

Zeichung von Fidus – aus »Von unten auf«

neuesten Zeit. Rezensionen zu Vua erschienen in der sozialdemokratsichen Presse (u. a. Mehring in der NZ; E. Kreowski im »Vorwärts«, 1911, Nr. 58, S. 191; M. Hochdorf in den »Sozialistischen Monatsheften«, 1911, Bd. 3, S. 1299 ff.) wie in bürgerlichen Organen (u. a. Th. Heuss in der »Frankfurter Zeitung«, 1911, Nr. 339; Avenarius im »Kunstwart«, 1911, S. 367 f.; E. Lissauer im »Literarischen Echo«, 1912/13, Sp. 251). Die dritte Auflage wurde von Siemsen bearbeitet. Bemüht, Vua als persönliche Leistung Diederichs, als unantastbares einheitliches Ganzes zu bewahren, schied sie behutsam historisch Überholtes aus, suchte den gesellschaftlichen und literarischen Wandlungen im Gefolge von Weltkrieg und Novemberrevolution Rechnung zu tragen, indem sie sammelte, »was als Ausdruck des Gemeinschaftswillens in der Arbeiterschaft sich seinen Platz erobert hat«. So weist die dritte Auflage Kürzungen im Textkorpus des ersten Bandes auf (Wegfall der Kapitel »Julistürme« und »Moloch Hunger«), bietet dafür unter den Überschriften »Betäubung und Erwachung«, »Empörung – Zusammenbruch«, »Not und Kampf«,

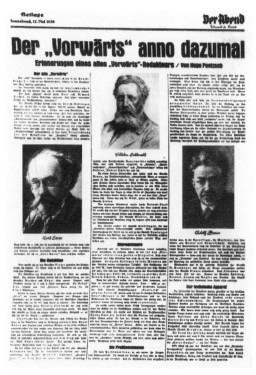

»Vorwärts« vom 17. 5. 1930

»Jugend voran« neue Kapitel, die Krieg, Revolution und Nachkriegselend behandeln. Vua schließt nun mit einer Zusammenstellung internationaler lyrischer Bekenntnisse zur sozialistischen Idee. Neu aufgenommen sind Dichter des deutschen Expressionismus (J. R. Becher, G. Benn, F. Werfel, A. Ehrenstein), ›Arbeiterdichter‹ wie H. Lersch, K. Bröger, M. Barthel und linksbürgeliche Autoren wie K. Tucholsky, internationale Kampflieder (*Warschawianka* u. a.) sowie Texte u. a. von U. Sinclair, E. Turati, J. S. Cotter. Auf Diederichs Konzept ist Siemsen unter Rückgriff auf Textteile der Anthologie von Henckell zurückgekommen, als sie am Ende des II. Weltkrieges u. d. T. *Das Buch der Freiheit* eine neue Sammlung zusammenstellte, die von altägyptischer Poesie bis zu Autoren des antifaschistischen Exils und der inneren Emigration reichte und die Kämpfer für Recht und Wahrheit in der Gewißheit einer geistigen Tradition und einer internationalen Gemeinschaft bestärken sollte. Diese Anthologie erschien erst nach Siemsens Tod in einer von J. Zerfaß veränderten Fassung 1956 (*Von unten auf. Stimmen der Völker und Nationen aus vier Jahrtausenden*, Frankfurt a.M.).

Lit.: D. Pforte: Von unten auf. Studie zur literarischen Bildungsarbeit der frühen deutschen Sozialdemokratie und zum Verhältnis von Literatur und Arbeiterklasse, Gießen 1979.

Eike Middell

Vorwärts (V)
1876/1940

Seit 1. 10. 1876 erschienenes »einziges offizielles Parteiorgan« der auf dem Gothaer Parteitag vereinigten Sozialisten. Erschien wöchentlich dreimal in Leipzig, redaktionelle Leitung: W. Liebknecht, W. Hasenclever. Letzte Nummer vor dem Sozialistengesetz am 26. 10. 1878. Auf Beschluß des Hallenser Parteitages von 1890 kam ab 1. 1. 1891 in Berlin der V als Zentralorgan der SPD mit dem Untertitel »Berliner Volksblatt« heraus. Bis 1890 zeichneten P. Singer und M. Bading wirtschaftlich für den V verantwortlich, danach übernahm die SPD als Partei den V. Aus der Doppel-Funktion des V als Zentralorgan und Berliner SPD-Lokal-Organ ergaben sich weitreichende Konflikte und Kompetenzschwierigkeiten, die auf den Parteitagen 1897 und 1899 zwischen Pressekommission und Parteivorstand ausgetragen wurden. Bis 1900 bemühte sich W. Liebknecht mit sechs Redakteuren »um eine den verschiedenen Strömungen innerhalb der Partei gerecht werdende Berichterstattung und Meinungsbildung.« (V. Schulze *Vorwärts 1876–1940*, in: *Vorwärts 1876–1976. Ein Querschnitt in Faksimiles*, Hg. G. Grünwald/F. Merz, Bonn 1976, S. XI) Unter der folgenden Redaktion von K. Eisner wurden die politischen Auseinandersetzungen im V brisanter und gipfelten in der V-Krise von 1905. Nachdem die Pressekommission Eisner und weiteren V-Redakteuren gekündigt und H. Ströbel, seit 1900 Mitarbeiter des V, zum neuen politischen Redakteur bestimmt hatte, gelang es Verlag und Redaktion, die Auflage des V von 56 000 Ex. (1902) auf 112 000 Ex. zu verdoppeln. V erschien seit 1902 im Berliner parteieigenen Verlag, der Vorwärts-Buchdruckerei und Verlagsanstalt Paul Singer & Co. Im Sommer 1914 bezog man in der Lindenstraße in Berlin ein neu erworbenes Redaktionsgebäude. Unter der Leitung R. Hilferdings, der seit 1907 das politische Ressort von H. Ströbel übernommen hatte, verweigerte die V-Redaktion bei Ausbruch des Krieges 1914 die von Parteileitung und Reichstagsfraktion (Ausnahme K. Liebknecht) gegebene Zustimmung zur Bewilligung der Kriegskredite. Als sich 1916 die V-Redaktion offen zu den Kriegsverweigerern bekannte, setzte der Parteivorstand einen Zensor ein. Diese Maßnahme stieß auf ebenso energischen Protest der sozialdemokratischen Minderheit wie die Entlassung der 12 V-Redakteure Mitte Aug. 1916 durch den Parteivorstand. Am 9. Nov. 1916 übernahm F. Stampfer als loyaler Verfechter des Kurses der Parteimehrheit die Redaktion und führte sie (mit Unterbrechung vom 22. 6. 1919/31. 1. 1920) bis 1933, sein Stellvertreter war F. Klühs. Seit 1. 10. 1922 kam V als »Zentralorgan der Vereinigten Sozialdemokratischen Partei Deutschlands« heraus. V bemühte sich. die Zahl seiner Abonnenten zu erhöhen, Direktive war, jedes Parteimitglied sollte den V halten. Nach 1918 war der V

bemüht, sich zu einem modernen politischen Massenblatt zu
entwickeln. Ab 15. 11. 1918 erschien eine Morgen- und eine
Abend-Ausgabe. Die Auflagen betrugen ab 1922 durchschnittlich jeweils 380 000 Ex. Ab 1920 wurden Umfang und Redaktion erweitert und mit verschiedenen Beilagen versucht, gezielt unterschiedliche Leserinteressen anzusprechen: seit 1920
»Volk und Zeit«, 1925/31 »Frauenstimme«, 1930/31 »Jugend-
Vorwärts«, »Heimwelt«, »Kinder-Freund« u.a.
Nach der Errichtung der NS-Diktatur erschien der V noch
unregelmäßig im Feb., wurde nach dem Reichstagsbrand
verboten, gegen Stampfer u.a. SPD-Politiker und Journalisten
Haftbefehl erlassen. Ende März endgültiges Verbot der gesamten SPD-Presse, im Mai beschlagnahmten die Nazis das
Parteivermögen und lösten Verlag und Ztg. V auf. Nachdem
ein Teil des Parteivorstandes nach Prag emigriert war und
bestehende Verbindungen zur Karlsbader Druckerei Graphia
gefestigt hatte, erschien als Fortsetzung des V im Exil die Ztg.
»Neuer Vorwärts« als sozialdemokratisches Wochenblatt vom
18. 6. 1933/Mai 1940 (ab 1938 in Paris) in Prag, Graphia-
Verlag (Aufl. 1933 3000; 1935 10000; 1938 5000 Ex.). Hg. E.
Sattler, verantwortlicher Redakteur: V. Hora, Chefredakteur F.
Stampfer, ab 1935 C. Geyer. Ab 1933 dazu in einer Dünn-
druck-Ausgabe (Aufl. bis zu 500 000 Ex.) zur illegalen Verbreitung in NS-Deutschland bestimmt, ab Nov. 1936 dies
weitergeführt als »Sozialistische Aktion«, Hg. P. Hertz.
Entsprechend ihrem Selbstverständnis verstand sich die SPD
als Organisation der Arbeiter, die neben der politischen und
ökonomischen auch die kulturelle und intellektuelle Emanzipation erstrebte. Daher maß sie der bildungspolitischen Arbeit
zentrale Bedeutung zu und das Zentralorgan fungierte als
deren wichtiges Medium. Der Stellenwert von Kultur, Kunst
und Literatur war im V als zentralem Parteiorgan der SPD
untergeordneter Natur. Entsprach im Rahmen der offiziellen
Parteipolitik der »dritten Säule« (neben der politischen und
ökonomischen Säule) der Parteiarbeit. Als Teil des Konzepts
vom »Kultursozialismus« hatte diese Säule vor allem die
Funktionen der Bildung, Aufklärung, Erziehung, Orientierung
und (erst in allerletzter Instanz) der Unterhaltung der Parteimitglieder zu erfüllen und zu bedienen. Nur in diesem Sinne
gewann sie einen eigenständigen Platz in der Zeitung. Diese
Funktionen bestimmten die Präsentation des kulturell/ künst-
lerisch/literarischen Materials in der Zeitung. Sie struktu-
rierten auch den Inhalt und die Aufmachung der diversen
Beilagen. Während vor 1914 im V einige wichtige Grundsatz-
Debatten zu Kulturproblemen stattgefunden hatten (↗ Schiller-Debatte 1905, ↗ Sperber-Debatte oder »Tendenzkunst-Debatte«), folgte der V in den 20er Jahren der Auffassung, daß
die Arbeiterklasse vor der Erringung der Macht keine eigene
proletarische Kultur und Kunst schaffen könne, die Arbeiterbewegung selbst Kulturbewegung sei. Generelle Erörterungen

»Vorwärts«-Beilage »Volk und Zeit« 1930

über das Verhältnis Basis und Überbau oder die Problematik
einer proletarischen Ästhetik fanden nicht mehr statt. Die
Berichte über die Tätigkeit verschiedener Arbeiterkulturorganisationen, sozialdemokratisch bestimmter Kulturtage, die Informationen über die Vereins- und Festekultur und den Kampf
der Volksbühnen-Bewegung (z.B. in den Jg. 1920/1922) sowie die Bemühungen der SPD um Einflußnahme auf Film-
wesen (auch die ausführliche Thematisierung und Problematisierung von Fragen des Films als dem neuen Medium ab
1920 ff., darunter des sowjetischen Films wie z.B. *Der Kampf
um einen Freiheitsfilm (Potemkin)* 1926, Nr. 210) und
Rundfunk bestimmten das kulturelle Profil des V. 1928 wurde
auf der Internationalen Presseausstellung in Köln ein »sozialistischer Pressefilm«, Regie E. Metzner, mit E. Tenary und F.
Kortner, nach einem Manuskript von M. Barthel, gezeigt. Der
Film habe »in packender Weise ein Stück allgemeiner Parteigeschichte mit der besonderen Geschichte der sozialistischen
Presse« verbunden (in: V, 1928, vom 7. 5.).
Die Konkurrenz der bürgerlichen Massenpresse zwang den V
zunehmend ab 1922/26, sich zu modernisieren und seine
Mitarbeiter zu professionalisieren. Es fehlte der Parteipresse an
qualifizierten Kräften. Eine systematische Ausbildung zum
Redakteur war unbekannt. Ein wichtiger Ort der Selbstver-
ständigung für die in der SPD-Presse Tätigen waren die
»Mitteilungen des Vereins Arbeiterpresse Berlin«, in denen

SPD-Redakteure Autoren waren: K. H. Döscher, W. Victor, R. Grötzsch, J. Kliche, E. Prager, F. Fechenbach u. a. In einer der letzten Nummern der »Mitteilungen« (1933, Nr. 335) betonte J. Zerfaß die Verantwortung der sozialistischen Schriftsteller für die Gestaltung des Feuilletons in der SPD-Presse.

Auf einer Redakteurskonferenz des Vereins Arbeiterpresse am 16. 1. 1926 wurde über das Verhältnis von Politik und Unterhaltung debattiert. Im Referat hatte W. Sollmann dazu u. a. ausgeführt: »Ich bin für die Einschränkung des politischen Teils. Dadurch braucht er nicht weniger reichhaltig und nicht weniger sozialistisch zu sein. Wir müssen mehr redigieren, mehr streichen, mehr fortwerfen. Das Feuilleton muß mehr unterhaltenden Charakter tragen. Immer wieder sollte jeder Redakteur sich überlegen, unter welch elenden Verhältnissen oft die Leser unserer Parteipresse leben. Entscheidend ist die Entpolitisierung des lokalen und des provinziellen Teils. Wir müssen weniger polemisieren und mehr plaudern.« (Zit. nach: K. Koszyk/G. Eisfeld *Die Presse der deutschen Sozialdemokratie. Eine Bibliographie*, Bonn 1980, [1. Aufl. 1966], S. 41)

Im Feuilleton schrieben vor allem beim V festangestellte Redakteure regelmäßig zu den verschiedenen Komplexen: J. Schikowski über Theater, Ballett/Tanz und Bildende Kunst, M. Hochdorf über Theater und Film, K. Singer über Konzert- und Musikbetrieb, C. Schmidt über Bildende Kunst. Informiert wurde über Kunstausstellungen, die Debatten um das Bauhaus (*Keine philosophischen Erwägungen? Zum Weimarer Bauhaus-Skandal,*in: V, 1925, Nr. 12; *Auflösung des Weimarer Bauhauses*, in: V, 1925, Nr. 480).

Zentraler Teil des Feuilletons war der Fortsetzungsroman. Abgedruckt wurden: 1891 R. Schweichel *Der Falkner von St. Vigil*, 1892 A. Otto-Walster *Am Webstuhl der Zeit*, 1893 M. Kautsky *Helene*, B. v. Suttner *Die Waffen nieder.* In den 20er Jahren nehmen die Texte mehr den Charakter von »Gebrauchsliteratur« an: z. B. H. Wagner *Die Räder*, 1921, Nr. 269–429; W. Rhenus *Kolonisten aus Weltschmerz*, 1921, Nr. 569–590; A. Zickler *Der Sprung in die Welt. Ein Jungarbeiterroman*, 1922, Nr. 632 ff.; C. Viebig *Die Passion*, 1926, Nr. 55 ff.; St. Pollatschek *Schicksal Maschine*, (»Gegenwartsroman«) 1932, ab 30. 11.; S. Christiansen *Zwei Lebende und ein Toter*, 1932, ab 11. 12.; J. Buchholz *Die Wunder der Klara von Haag*, 1927, Nr. 1 ff.; I. Heilbutt *Zu stark für dieses Leben*, 1927, Nr. 312 (Ende des Abdrucks). Als anspruchsvoller fällt auf: F. Gladkow *Zement*, 1927, Nr. 518/28. Folge. Eine hervorhebenswerte Leistung der V-Redakteure stellt der Abdruck von B. Traven-Texten dar, was die »Entdeckung« dieses Autors und den Beginn seiner starken Wirkung in der deutschen Arbeiterbewegung bedeutete. Noch vor den Buch-Ausgaben in der Büchergilde erschienen im V: *Die Baumwollpflücker*, 1925, 21. Juni/16. Juli und *Die Brücke im Dschun-*

gel, 1927, 14. Mai/24. Juni. Ende 1932/Anfang 1933 druckte der V von I. Keun *Gilgi, eine von uns* ab, damit sicher dem Wunsch vieler Leser nach dem damals populären Genre des Angestellten-Romans entsprechend. Am 23. 2. 1933 wurde im V von den Ergebnissen eines Preisausschreibens berichtet, an dem sich 207 Teilnehmer beteiligt hätten. Die Frage hatte gelautet: Ist Gilgi eine von uns ? Abgedruckt werden die Texte der drei Preisgewinner: »soziologisch erschütternde Dokumente«, die Texte machen deutlich. daß das Schicksal von Gilgi nicht »durchschnittlich« sei, die Masse der Angestellten komme aus dem Proletariat, und der Mittelstand gehe im Proletariat auf. Das Kunstwerk müsse heute vor den Hintergründen seiner Zeit gewertet werden, als Maßstab diene seine Bezogenheit auf das Heute. Dieses Preisausschreiben ist wohl einer der wenigen Versuche, parteioffiziell dokumentarische Literatur zu fördern (wohl auch in Reaktion auf das Arbeiter-Korrespondentenwesen in der KP-Presse zu verstehen).

Neben den Romanen und anderen Prosa-Texten bildete einen Schwerpunkt der im V abgedruckten Literatur die Arbeiter-Dichtung ab 1919: K. Bröger, F. Diederich. M. Dortu, J. Zerfaß *Die Maschine ruft*, 1919, Nr. 44; *Genossen* (G.), V, 1927, Nr. 122, M. Barthel *China* (G.), 1925, Nr. 309; eine ganze Nummer der Beilage »Heimwelt« 1921, vom 20. 10. zur »Neuen Arbeiter-Lyrik«: W. Schenk, M. Barthel, G. Engelke. K. Bröger. – M. Barthel *Sacco und Vanzetti*, V, 1927, Nr. 366, Beilage »Jugend-V«, am 10. 2. 1922 zur Literatur der Arbeiterjugend. Diese Autoren sind auch mit Prosa regelmäßig vertreten, außerdem A. Zickler, A. Petzold, P. Zech, Armin T. Wegner, E. Grisar, K. Kraus u. a. Einen weiteren Schwerpunkt stellt der Abdruck von Texten aus der »erbewürdigen« deutschen Literatur und Weltliteratur dar: A. Strindberg, F. Dostojewski, L. Tolstoi, G. de Maupassant, E. Zola, G. Herwegh, F. Freiligrath, H. von Kleist, J. W. Goethe.

Zu lesen sind aus der zeitgenössischen deutschen und internationalen Literatur· K. Tucholsky *Unser täglich Brot* (G.), 1922, Nr. 256; Klabund (G.e) 1927, Nr. 110; ders. *Abschiedsworte an einen Nordpolfahrer* 1927, Nr. 10; E. Toller *Brief an Gustav Landauer*, 1926, Nr. 11; M. Andersen-Nexö (einer der meist-gedruckten und gewürdigten Autoren im V), K. Michaelis *Das Mädchen mit den Scherben*, 1927, Nr. 560.

Bei den Beiträgen über Literatur gibt es den Typ der Gedenkartikel: zu B. Willes 70. Geburtstag (1920, Nr. 67 von W. Spohr); E. Preczang zum 50. Geburtstag (1920, Nr. 28, von N. N.); G. Herwegh zum 50. Todestag (1925, vom 5. 4. von E. Marquard). Erinnert wird an die sozialistischen Traditionen: *G. Herwegh als Schutzpatron Schweizer Bauern* (1925, Nr. 77); *Marx und die deutsche Brüsseler Zeitung*, (1926, Nr. 412). Als Autoren werden vorgestellt: K. Eisner, A. Holz, R. Dehmel, I. Goll, Th. Mann, F. Kafka, O. Baum, P. Verlaine, R. Rolland. Auch das Spektrum der rezensierten Belletristik, meist in der Rubrik »Die Bücherschau«, weist ähnliche Präferenzen auf: erste Kategorie, die berücksichtigt wird, ist die Arbeiter-Dichtung mit den entsprechenden Autoren (Beispiel: Rezension von B. Schönlank zu *Jüngste Arbeiter-Dichtung*, 1925, Nr. 330); eine zweite Kategorie bilden Bücher aus dem »Kultur-Erbe«: z. B. Rezension zu L. Tolstois Ges. Werken in 14 Bd., 1925 vom 12. 7.; eine dritte Kategorie stellen die Rezensionen zur zeitgenössischen Literatur dar, hier erfolgt z. B. auch die Werbung für die parteieigenen Verlage: so wird die Produktion des Dietz-Verlags vorgestellt (1924, Nr. 588 auf 4 S.), über die Buchgemeinschaften Bücherkreis (1924, Nr. 596) und Büchergilde (1925, Nr. 21) berichtet. Ein Beispiel für den Kunstgeschmack der V-Redakteure ist M. Hochdorfs Verriß von Brechts Baal-Aufführung im V, 1926, Nr. 76 verbunden mit der Empfehlung an die Genossinnen und Genossen, nicht ihre Sonntage bei dieser jungen Bühne zu verlieren und lieber stattdessen in den Wald zu wandern.

Im Exil bewirkte die Veränderung von einer Tageszeitung zu einer Wochenzeitung (von nur 4 S.) und der Wegfall aller Beilagen eine Reduzierung des Feuilletons gegen Null. Der NV interessierte sich »nur für Politik und Wirtschaft, nicht aber für Kunst und Kultur. Er rezensierte ausschließlich politische Bücher, widmete dem in der KP-Presse ausführlich diskutierten Verhalten von Exil- und NS-Künstlern bestenfalls einmal eine knappe Notiz und kannte Literatur, wenn überhaupt, nur als politische Gedichte und kleinere Erzählungen von Gebrauchsschriftstellern.« (L. Maas: *Handbuch der deutschen Exilpresse 1933–1945*, Bd. 4, München/Wien 1990, S. 324) Es schrieben im NV außer den Politikern K. Kautsky, F. Stampfer, O. Wels, C. Geyer, R. Hilferding u.a. A. Stein, F. Brügel, S. Marck, P. Westheim, G. Seger, R. Grötzsch, F. Neumann, H. Wendel. Die wenigen literarischen Texte stammten fast ausschließlich aus der Produktion der ↗ Verlagsanstalt Graphia.

Lit.: Ch. Rülcker: Arbeiterkultur und Kulturpolitik im Blickwinkel des »Vorwärts« 1918–1928, in: Archiv für Sozialgeschichte, 1974; Ch. Zerges: Sozialdemokratische Presse und Literatur, Empirische Untersuchungen zur Literaturvermittlung in der sozialdemokratischen Presse 1876 bis 1933, Stuttgart 1982.

Red.

Vorwärts! (V)

Pariser deutschsprachige Zeitung, erschien zweimal wöchentlich vom 2. 1./28. 12. 1844 in insgesamt 104 Nummern; bis Nr. 52 mit dem Untertitel »Pariser Signale aus Kunst, Wissenschaft, Theater, Musik und geselligem Leben«, ab Nr. 53 mit »Pariser Deutsche Zeitschrift«. Der V wurde von H. Börnstein herausgegeben, der im ersten Halbjahr 1844 das Blatt auch

redaktionell mit Unterstützung durch A. von Bornstedt leitete. Im zweiten Halbjahr übernahm K. L. Bernays zeitweilig die Geschäfte des verantwortlichen Redakteurs. Während dieser Zeit erschien der V unter Mitarbeit von A. Ruge, H. Heine, K. Marx und F. Engels. In den ersten 52 Nummern fehlte, wohl wegen des insgesamt feuilletonistischen Charakters der Zeitung, ein eigenständiges Feuilleton, das jedoch ab Nr. 53 eingeführt wurde. Der preußischen Regierung gelang nach intensiven Bemühungen durch Unterstützung der französischen Behörden die Unterdrückung des Blattes. Für den vorgesehenen 2. Jahrgang konnte unter dem Datum des 1. 1. 1845 nur noch eine vierseitige Vorankündigung erscheinen. Börnstein hatte die Zeitung als politisch unverbindliches Unterhaltungsblatt gegründet. Soweit politische Tendenzen überhaupt zum Ausdruck kamen, beschränkten sie sich auf gemäßigt liberale Forderungen nach Pressefreiheit oder öffentlichen Gerichtsverfahren. Dennoch war der V in den Staaten des Deutschen Bundes verboten. Diese Maßnahme vor allem drängte die Redaktion zu politisch radikalerer Haltung. Ab Mai 1844 nahm der V zunehmend revolutionär-demokratische Positionen ein. In Gedichten Heines (*Der Kaiser von China* u. a.), in Bernays Aufsatz *Brief eines Franzosen über Deutschland* oder dem anonymen Beitrag *Preußische Zustände* wird diese Entwicklung deutlich. In einer als *Kindermärchen* publizierten Fabel wurde jetzt z. B. auch das Recht armer Leute auf Widerstand gegen Ausbeutung und Unterdrückung verteidigt. Mit dem Redaktionseintritt von Bernays, Juli 1844, gewann der V ein neues, politisch engagiertes Profil. Von diesem Zeitpunkt an begann der V, den Widerspruch zwischen Kapital und Arbeit reflektierend, proletarisch-kommunistische Auffassungen zu propagieren. Diese Entwicklung kam vor allem in drei Themenkomplexen zum Ausdruck: In Berichten über revolutionäre Bewegungen und Aktivitäten des Proletariats, in Informationen über frühe proletarische und kommunistische Organisationen, speziell über den Bund der Gerechten, und in Beiträgen über die neuen sozialistischen Lehren. Im Mittelpunkt des ersten Themenkomplexes stand die Berichterstattung über den Aufstand der schlesischen Weber 1844. Ursachen und Ablauf wurden von kommunistischen Positionen aus analysiert. In seiner Grundsatzreplik *Kritische Randglossen zu dem Artikel »Der König von Preußen und die Sozialreform«* von Ruge charakterisierte Marx die historische Bedeutung des Aufstandes, dessen prinzipielle Wertung von da an die zum Kommunismus tendierenden revolutionären Demokraten um Marx vom kleinbürgerlichen Demokratismus trennte. Im Zusammenhang mit der Auseinandersetzung über den Kampf der schlesischen Weber erfolgte im V die Erstveröffentlichung des Gedichts *Die armen Weber* von Heine. Kontinuierlich informierte der V seine Leser über besondere Aktivitäten der Arbeiterschaft im Gebiet des deutschen

Bundes, so über Arbeiterunruhen in Berlin, Ingolstadt, Magdeburg, Prag oder die Kämpfe der Arbeiter am Bau neuer Eisenbahnstrecken. Die Verbindung der Redaktion zu führenden Mitgliedern des Bundes der Gerechten ermöglichte es dem V, neben den Informationen über den Bund immer wieder auch poetische Zeugnisse aus der frühen deutschen Arbeiterbewegung selbst zu veröffentlichen. Darin wurden in Versen oder Prosa Erfahrungen der proletarischen Emanzipationsbewegung und kommunistische Zukunftserwartungen zum Ausdruck gebracht. So fanden z.B. Teile aus W. Weitlings *Kerkerpoesien,* A. Beckers Revolutionsgedicht *Not bricht Eisen,* W. Marrs Sozialanklage *Der deutsche Proletarier,* G. Mäurers Fabel *Das Reitpferd und der Esel,* J.F. Martens Mahnaufruf *Die Ketten* sowie K.L. Bernays aufrüttelnder Reportagebericht *Die Weber im Riesengebirge im Juni 1844* Aufnahme in der Zeitung. Neben Marx und Engels waren es vor allem Bernays, G. Weber und W. Wolff, die den immer offener zutage tretenden neuen Grundgegensatz zwischen Bourgeoisie und Proletariat thematisierten, kapitalistische Willkürpraktiken kritisierten, die eminente Rolle des Privateigentums und des Geldes im Kapitalisierungsprozeß aufdeckten und aus ihren Untersuchungen kommunistische Schlußfolgerungen ableiteten. Einen festen Bestandteil der Zeitungsarbeit bildeten immer wieder Aufsätze über geistige Quellen, theoretische Wurzeln und Traditionen sozialistisch-kommunistischer Bewegungen und Anschauungen. Gleichberechtigt neben der Kritik am Kapitalismus stand im V auch der Kampf gegen politische Restriktionen und die rückständige deutsche Kleinstaaterei. Scharfe Satiren richteten sich vor allem gegen den Preußenkönig Friedrich Wilhelm IV., so neben Heines *Der Kaiser von China* und *Der neue Alexander* z.B. auch in A. Schults Spottgedicht *Vom Beglückten Volk.* Die wohl bedeutendste Veröffentlichung des V auf literarischem Gebiet war in den Nummmern 85–96 der vollständige Abdruck von Heines *Deutschland. Ein Wintermärchen.*

Ausg.: Faksimiledr., Hg. W. Schmidt, Leipzig 1975. – *Lit.:* G. Mayer: Der Untergang der »Deutsch-Französischen Jahrbücher« und des Pariser »Vorwärts!«, in: Archiv für Geschichte des Sozialismus und der Arbeiterbewegung, Leipzig 1913, Jg. 1; F. Hirth: Zur Geschichte des Pariser »Vorwärts!«, ebd. 1915, Jg. 3; J. Grandjonc: »Vorwärts!« 1844. Marx und die deutschen Kommunisten in Paris, Berlin/Bonn-Bad Godesberg 1974; W. Büttner: Das Feuilleton des Pariser »Vorwärts!«, in: Jb. für Geschichte, Berlin 1985, Bd. 32; ders.: Über politische Tendenzen und Entwicklungen in der Feuilletonliteratur demokratischer Zeitungen der 40er Jahre des 19. Jahrhunderts, Diss., Berlin 1985.

Wolfgang Büttner

Vorwärts! (V!)

Untertitel: *Eine Sammlung von Gedichten für das arbeitende Volk.* Zusammengestellt und herausgegeben in sechs Heften (H. 1–2, 1884; H. 3–6, 1885) von ↗ R. Lavant im Verlag von H. Schlüter in Zürich. 1886 anonym als Buch ebenfalls in Zürich. Eröffnet wird die Anthologie mit F. Freiligraths *Ça Ira!,* beschlossen mit J. Audorfs *Arbeiter-Marseillaise.* Sie enthält zu einem erheblichen Teil Gedichte von Vormärz-Lyrikern (H. Heine, A.H. Hoffmann von Fallersleben, G. Herwegh, F. Sallet, H. Püttmann, G. Weerth), als Beispiele ausländischer Dichtung Verse von J.-P. Béranger, P. Dupont und P.B. Shelley. Vor allem aber stellt sie mit Gedichten von A. Geib, A. Otto-Walster, M. Kegel, H. Greulich, A. Strodtmann und J. Audorf Zeugnisse einer mit der Entwicklung der deutschen Sozialdemokratie entstandenen revolutionären Poesie vor. Damit kam V! unter den Bedingungen des Sozialistengesetzes eine wichtige Funktion zu als Dokumentation des Entwicklungsstandes sozialistischer Lyrik, vor allem aber bei der Bewahrung und Verbreitung politischer Zielvorstellungen der Sozialdemokratie. So hatte die Anthologie vorrangig eine politisch-propagandistische Aufgabe innerhalb der Partei zu erfüllen. Dementsprechend unterlagen die aus der Schweiz illegal nach Deutschland gebrachten Gedichthefte polizeilichem Zugriff. Die beiden ersten Hefte wurden noch 1884 verboten. In V! ragen jene Gedichte hervor, in denen die Pariser Kommune als großes geschichtliches Ereignis gespiegelt wird. Geib interpretiert sie als Verwirklichung einer Idee vom Recht des Volkes, damit als Gegenstück zu jeglicher Hungerrevolte. Der Kampf des Proletariats wird von unmittelbaren, aktuellen sozialpolitischen Zwecksetzungen abgehoben, als Ringen um Menschheitsprobleme begriffen und lyrisch gefeiert. In der Bilderwelt dieser Gedichte findet eine Idealisierung und Heroisierung des Klassenkampfes statt. Eine Kriegs-, Kampf- und Siegmetaphorik der lyrischen Tradition wird auf den Kampf um soziale Gerechtigkeit übertragen, Strodtmann nennt die Revolution die letzte Völkerschlacht, die Unterdrückten figurieren als die Ritter im großen Kampf der Zeit, vom Schlachtfeld der Arbeit ist die Rede, und Audorf singt das Loblied des braven Mannes, der in seiner Selbstlosigkeit dem Kapitalisten moralisch überlegen ist. Ganz in der Schillerschen Tradition erscheint die klassische Idylle des aufgehobenen Konflikts, der wiederhergestellten Harmonie als die Perspektive. Und dem entspricht nicht selten auch ein veredelnder Klassizismus des poetischen Bildes, wenn etwa von der keuschen Marmorbrust des in den Kommunekämpfen füsilierten französischen Proletariermädchens gedichtet wird. Demgegenüber treten unmittelbar anklagend und damit aufrüttelnd wirkende kritische Wirklichkeitsabbilder sozialer Probleme in den Hintergrund. Im Anschluß an die Traditionen des 18. und frühen 19. Jh.s von G. A. Bürger und F. Schiller bis L. Uhland wird die Ballade eingesetzt, historische Vorgänge als Modelle im Gedächtnis der Nachwelt zu bewahren (z. B. bei Kegel). In seinem der Anthologie vorangestellten Gedicht *An unsere Gegner* macht der Herausgeber Lavant der bürgerlichen Gesellschaft einen Anspruch auf die Kunst schlechthin streitig. Der an den hier gesammelten Gedichten zu monierende Mangel an Kunstfertigkeit resultiere gleichermaßen aus dem Fehlen aller ästhetischen Erziehung der Autoren wie aus Zorn und Fluch, der sich in diesen Versen kundtue. Und Lavant bekennt sich gegen die reizvolle Mannigfaltigkeit des künstlerischen Übermuts und zu einer von Zorn und Klage, Haß und Groll hervorgebrachten Eintönigkeit. Diese aber ist für ihn eine formierte Kraft, vergleichbar Naturgewalten wie Wald, Meer oder Regen. In seiner Einleitung formuliert Lavant programmatisch Prinzipien sozialistischer Dichtung in der Zeit des Sozialistengesetzes und verweist auf eine Reihe ihrer Entwicklungsprobleme in Deutschland. Sozialistische Dichtung als Poesie von Männern der Arbeit für Männer der Arbeit sei auch eine solche, die von Autoren stammt, die für die Arbeit und die Arbeiter Partei nehmen. Sie sei Kampfpoesie, Ausdruck des großen als weltgeschichtlich empfundenen Kampfes der Unterdrückten, der ein Kampf gegen Besitz und Macht, um Recht, Wissenschaft und Gedankenfreiheit sei, anstelle der Klassenherrschaft die freie Gesellschaft im Sinne des *Kommunistischen Manifests* zum Ziel habe. Diese Zielbestimmung ist gleichermaßen bedeutsam wie das Bekenntnis zu einer theoretischen Entwicklungslinie von G. Babeuf, R. Owen und L.-A. Blanqui zu K. Marx. Sozialistische Dichtung gäbe Abbilder politischer Zustände und drücke Hoffnung aus, sie sei Tendenzpoesie, Arbeiterpoesie als Teil der organisierten Arbeiterbewegung. Ihre Ausdrucksmittel seien Klage und Wutschrei ebenso wie Satire. In dieser Einleitung wird die besondere Funktion einer solchen sozialistischen Kampfpoesie damit begründet, daß sich die politische Agitation innerhalb der Arbeiterbewegung vorzugsweise an Verstand, Erkenntnis und Einsicht wende, daß darüber die Gefühle und Leidenschaften oft zu kurz kämen. Aus diesem Konzept ergibt sich in V! die Tendenz zur Bevorzugung appellativer Texte. Eingeräumt wird, die deutsche Arbeiterbewegung sei ohne eigene lyrische Tradition, wie sie in Frankreich aus den 30er und 40er Jahren resultiere. Bei aller Wertschätzung, die insbesondere Weerth mit dem Wort von F. Engels als erster und bedeutendster Dichter des deutschen Proletariats schon hier erfährt, wurde gerade er, der als Dichter bereits 1849 verstummt war, dennoch nicht als traditionsstiftend anerkannt. Die vom Herausgeber als Problem empfundenen Entwicklungsschwierigkeiten einer frühen sozialistischen Lyrik in Deutschland im Widerstreit von spontanem Aufbegehren, revolutionärem Aufruf einerseits und weitgehender theoretischer wie politisch-orga-

nisatorischer Formierung der Bewegung andererseits finden ihren Ausdruck in der Aufnahme von Texten auch solcher Autoren, die im biographischen Anhang als Renegaten charakterisiert werden (F. Dingelstedt, R. Gottschall) oder später die freiheitliche Richtung ihrer Jugend verleugnet hätten (A. Meißner).

Eike Middell

(Der) Wahre Jacob (WJ)

Untertitel: »Illustriertes humoristisch-satirisches Monatsblatt« (von 1888, H. 58 bis 1923 ohne Untertitel). War eine der bedeutendsten deutschen satirischen Zeitschriften, mit besonders großer Massenwirksamkeit. Erste Gründung: Nov. 1879/März 1881 als lokales Blatt für Hamburg; zweite Gründung: 2. 1. 1884/12. 10. 1923 als Organ für die ganze sozialdemokratische Partei; dritte Gründung: 9. 7. 1927/März 1933 (durch Umbenennung von ↗ »Lachen links«, das Jan. 1924/Juli 1927 an Stelle des WJ erschienen war). Die erste Gründung fiel dem Sozialistengesetz zum Opfer, die zweite der Inflation, die dritte dem Verbot durch die Nazis. Vor allem im Kampf gegen das Sozialistengesetz stützten sich Redakteure und Mitarbeiter des WJ auf eigene Erfahrungen mit frühen sozialdemokratischen Satireblättern: M. Kegel mit »Nußknacker« (Chemnitz 1872/7) und »Hiddigeigei« (Dresden 1879/81), W. Blos mit »Braunschweiger Leuchtkugeln« (Braunschweig 1872/78) und »Mainzer Eulenspiegel« (Mainz 1875), R. Lavant mit »Das Lämplein« (Leipzig 1978/80). Vorbild war auch die liberal-demokratische »Frankfurter Latern« F. Stoltzes. Erscheinungsweise: zunächst monatlich, ab Okt. 1888 zweimal monatlich, 16. 1. 1909/ Juni 1910 alternierend mit dem »Süddeutschen Postillon«, mit dem der WJ 1910 unter seinem Namen vereinigt wurde. Verlage: J. H. W. Dietz (Hamburg/Stuttgart/Berlin), zwischenzeitlich von 1905/10: P. Singer (Stuttgart). Ab 1891 Mehrfarbdruck. Ab 1890 Beilagen; als wichtigste: »Illustri(e)rte Unterhaltungs-Beilage des Wahren Jacob« (ab 22. 6. 1897). Verantwortliche Redakteure: Blos (1879/81, 1886/87), R. Seiffert (1884/85), G. Baßler (1885, 1890/1900), J. H. W. Dietz (1885/86, 1887/90), F. Fischer (1900/01), B. Heymann (1901/19), G. Durst (1919/21), A. Rettelbusch (1912/22), P. Enderling (1922/23) und F. Wendel (1927/33). Auflagenhöhe: noch unter dem Sozialistengesetz bis 100000, 1905/06: 200000, 1912: 380000, 1914: 365000, 1918: 173000, 1919: über 200000; die Spitzenauflagen vor dem Weltkrieg wurden nicht wieder erreicht. Bis 1914 erzielte der WJ ständig Überschüsse, mit denen andere Publikationen gestützt wurden, u. a. die NZ und die »Gleichheit«. Wichtige Beiträger bis zum Weltkrieg waren Kegel und Lavant sowie J. Audorf, Blos, H. Flux, E. Klaar, L. Lessen, E. Mühsam, C.

Titelseite 1. Mai 1894

Müller-Jahnke, E. Preczang, S. Schwartz und R. Seidel; fast alle namhaften Autoren der Sozialdemokratie arbeiteten damals für den WJ, nach dem Weltkrieg: M. Barthel, H. Bauer, O.M. Graf, E. Grisar, L. Heller, E. Hoferichter, G. Junghans, E. Kästner, E. Preczang, J. Ringelnatz, Roda Roda, J.H. Rösler, K. Schnog, Wendel und O. Wöhrle. Es gab viele anonym abgedruckte Texte, darunter zahlreiche besonders aggressive. Auch bürgerliche Autoren arbeiteten zeitweilig mit, darunter F. von Bauernfeld, A. Holz, H. Hyan. Karikaturisten bzw. Zeichner waren: O. Consée, Galantara (Ps. Rata Langa), H.G. Jentzsch, M. Vanselow, Edel, R.M. Engert, E. Erk, Galle, R. Graef, C. von Grimm, O.E. Lau, H. Rewald, E. Schilling, Steinberg; nach dem Weltkrieg: H. Baluschek, J. Belsen, Bertsch, A. Florath, K. Holtz, H. Kossatz, W. Krain, G. Kretschmar, A. Krüger, H. Landwehrmann, Marcus, O. Marquardsen, L. Reiz, W. Steinert.

Bis zum Weltkriegsbeginn und besonders in seiner Blütezeit in den 90er Jahren war der WJ kein satirisches Blatt im engeren Sinne; vielmehr verstand er sich als »Kampfblatt« für Sozialdemokraten, das mit verschiedenen literarischen Mitteln die Bestrebungen der Arbeiterbewegung unterstützte. Er veröffentlichte neben Satire und Humor auch hymnische und pathetische Lyrik und Kurzerzählungen sowie politische und

historische Abhandlungen, Essays, Biographien und Beiträge zu Kunst und Literatur. Das Klassenbewußtsein des Proletariats sollte gestärkt, politische Erkenntnis gefördert, Heiterkeit und Kraft gespendet und aktuelle Orientierungshilfe gegeben werden. WJ wurde zu einem Agitations- und Propagandaorgan, zugleich aber auch zu einem literarisch-kulturellen Zentrum der Arbeiterbewegung. Vor der Jahrhundertwende war es wichtig, daß zahlreichen Autoren der Sozialdemokratie relativ sichere Publikationsmöglichkeiten geboten wurden. Hier publizierten führende Politiker wie A. Bebel, W. Liebknecht, E. Bernstein und W. Blos. Veröffentlicht wurden u.a. Mehrings Arbeiten zu J.W. Goethe, H. Ibsen und L. Tolstoi, R. Schweichels Aufsätze über F. Freiligrath, H. Heine, L. Börne, P. Shelley, G. Büchner und P.-J. Béranger. In der ersten Phase des WJ, die ganz im Zeichen des Sozialistengesetzes stand, war die Ausbildung einer im engeren Sinne satirischen Literatur der Sozialdemokratie nicht möglich, weil auf offene Attacken gegen das herrschende Regime ebenso verzichtet werden mußte wie auf unverblümte sozialdemokratische Agitation. Doch die »äsopische« Schreibweise bot einen beträchtlichen Aktionsraum: Gegen Teuerung, Steuerlasten, Rüstung, Ausbeutung, Sozialistenhetze und Lockspitzelunwesen konnte polemisiert werden, wie man es auch wagen durfte, an G. Bruno zu erinnern und F. Lassalles oder des gerade verstorbenen W. Hasenclever zu gedenken und in den großen Arbeitskämpfen 1889/1890 solidarische Haltung zu zeigen. In den 90er Jahren konnte sich die gesellschaftskritische Satire des WJ – trotz ständiger staatsanwaltlicher Bedrohung – voll entfalten. Ausbeutung und Unterdrückung, Militarismus und Kolonialismus forderten die Satire heraus. Besondere Angriffspunkte boten das »persönliche Regiment« Wilhelms II., die »Weltpolitik« des Reiches und die anhaltende Tendenz zur Schaffung ausnahmegesetzlicher Zustände. Mit beachtlichem Erfolg bemühten sich die Mitarbeiter des Blattes nun, im Geiste des Erfurter Programms zu wirken. Militarismus, Polizeistaatlichkeit und Kapitalismus/Imperialismus sowie Monarchismus, Junkertum, dekadentes Bürgertum, Philistertum, Kirche in staatserhaltender Funktion, Kolonialismus, reaktionäre Sozialpolitik und gefährliche Außenpolitik wurden Hauptthemen. Besonderer Haß galt Spitzeln und Denunzianten. Auch die Zustände im Ausland wurden kritisch beleuchtet; besonders die im zaristischen Rußland, das dem WJ als Hort der Reaktion galt. Innerparteiliche Auseinandersetzung oder Kritik an eigenen Fehlhandlungen erfolgte kaum. Die Kampfziele des Blattes waren: Freiheit, Gleichheit, Gerechtigkeit, Wahrheit, Frieden, Sozialismus und Wohlergehen für alle Menschen. Der WJ verstand sich als Vertreter einer breiten humanistischen, sozialen und revolutionären Tradition. Ende der 90er Jahre wurden die zu epischer Breite tendierenden Kommentare und Plaudereien, die das Einflechten politischer Anspielungen ermöglichten und insofern unter dem Sozialistengesetz unentbehrlich gewesen waren, durch stärker satirische und anspruchsvolle Formen verdrängt. Die Karikatur dominierte immer gegenüber der Illustration. Beliebt war auch das Verfahren, populäre Formen mit neuem Inhalt zu füllen. Volks- und Soldatenliedmelodien wurden neue Texte unterlegt. In bunter Folge wechselten Witze, Glossen, Anekdoten, Aphorismen, Epigramme, Dialoge, Kurzszenen, anspruchslose Reimereien, Verse und Gedichte verschiedenster Art, sogenannte Federzeichnungen, Sprüche, Humoresken, Satiren, Novelletten, Skizzen und Erzählungen, fiktive Briefe und Leserbriefkästen, Äußerungen »fester« Figuren, Parodien und Travestien, Karikaturen, Allegorien in verschiedenen Formaten, Bildergeschichten, »Typenreihen«, »Porträt-Galerien«, thematische Bildergruppen.

Großes Echo riefen die Streikkämpfe am Jahrhundertbeginn und die Russische Revolution von 1905 im Blatt hervor, weckten noch einmal den kämpferischen Geist. Nachdem Mehring ab 1905 nicht mehr mitarbeitete, prägten Bernstein, V. Adler und J. Schikowski den Charakter des WJ. Seine radikal revolutionäre Ausrichtung verlor er mehr und mehr. August 1914 folgte er der Burgfriedenspolitik der SPD, nachdem er noch kurz zuvor das Auftreten R. Luxemburgs vor dem Berliner Landgericht gegen Soldatenmißhandlungen gewürdigt und den Repräsentanten der Flottenrüstung, von Tirpitz, als gefährliche »Hundstags-Seeschlange« gezeichnet hatte. Nun machte er Front gegen die ›Feindmächte‹ und wandte sich im Innern gegen Wucherer, Schieber und Spekulanten. Im Laufe des Krieges wurde die Friedenssehnsucht zum beherrschenden Thema. In der Schlußphase des Krieges prangerte WJ Kriegsgewinnler, annexionslüsterne Presseorgane und verständigungsfeindliche Alldeutsche an. Auf die Not der Menschen reagierte er mit erneutem antikapitalistischem Protest. Er verdammte die Vergewaltigung Deutschlands durch die Siegermächte. Hoffnung auf Befreiung Deutschlands von den Reparationslasten knüpfte er an das internationale Proletariat. Bei allgemeinem Bekenntnis zur Novemberrevolution orientierte sich der WJ an der SPD-Führung und machte Front gegen USPD, KPD und »Anarchie«. Im Namen von Marx, Engels, Bebel, W. Liebknecht und Lassalle verurteilte er die Bruderkämpfe in der deutschen Arbeiterbewegung. Für die Oktoberrevolution brachte er kein Verständnis auf. Zunächst Friedenshoffnung an den »Stern im Osten« knüpfend, die antibolschewistischen Aktivitäten der Entente verurteilend und die solidarische Hilfe für die Hungernden in Sowjetrußland unterstützend, ging der WJ bald zu einer antibolschewistischen Haltung über. In den frühen 20er Jahren war die vom Zorn auf die Reaktion und der Hoffnung auf Verbesserung der Verhältnisse getragene satirische Attacke, die dem alten WJ Schwung und Farbe gegeben hatte, kaum spürbar. Für ihn

war Deutschland nach dem Krieg zum »Aschenbrödel« unter den Nationen, zugleich aber zum freiesten Land der Welt geworden.

1927/33 bekämpfte der WJ Kapitalismus, Nationalsozialismus und (deutschen wie sowjetischen) Kommunismus. J. Belsens allegorisches Bild *Die Aufgabe, die das Proletariat zu erfüllen hat!* (1927, H. 5) zeigt einen Arbeiter, der Kapitalisten vom Globus wischt. Im ganzen waren die Attacken gegen Kapitalismus und soziales Unrecht in dieser Zeit zwar häufig, aber zaghaft. Zeitweilig anklingende radikale Töne hatten eher eine Ventilfunktion. Der Antikommunismus des späten WJ nahm zuweilen bissige Formen an; so wurden in 1927, H. 6 sowjetische Bauern abgebildet, die ein Marx-Bild im Gebet anflehen, ihr Ferkel gesund zu machen. Weitere Themen jener Zeit waren: Arbeitslosigkeit, Preiserhöhungen, Pfändungen, Hinterhöfe ohne Sonne, Dienstmädchenmißhandlungen, Bürgerblock, Zentrumsarbeiter, antirepublikanische Justiz, Deutschnationale, Stahlhelm, internationale Rüstung, Lebensmittelzölle, Konfessionsschule, Pfaffentum, Schieber, Spießer, Kunstzensur. Ab Ende 1930 wurde der Kampf gegen Nationalsozialismus zum wichtigsten Anliegen des WJ. Er warnte vor dem bei einem Machtantritt der Nazis zu erwartenden Terror, vor ihrer sozialen Demagogie, ihrer Verbundenheit mit dem Kapital und dem Zusammenhang zwischen Faschismus und Kriegsgefahr. So stellte eine Karikatur 1931 Hitler als Stiefelputzer des Kapitals dar. Andere Beiträge unterschätzten die Gefahr. Häufig wurden Nazis und Kommunisten gleichzeitig attackiert. Versuche, mit Fotos satirische Wirkungen zu erzielen, brachten keinen durchschlagenden Erfolg.

Ausg.: Textausgaben, Bd. 19; Der wahre Jacob. Ein halbes Jahrhundert in Faksimiles, Hg. H.J. Schütz, Berlin/Bonn-Bad Godesberg 1977; Textausgaben, Bd. 22. – *Lit.:* 50 Jahre Wahrer Jacob. Eine Festschrift, Berlin 1929; K. Völkerling: Die politisch-satirischen Zeitschriften »Süddeutscher Postillon« (München) und »Der wahre Jakob« (Stuttgart), Diss., Potsdam 1969; Kulturgeschichte, S. 79–165.

Norbert Rothe/Red.

Walden, Herwarth (d.i. Georg Lewin)

Geb. 16. 9. 1878 in Berlin; gest. 31. 10. 1941 in Saratow

Sohn eines jüdischen Arztes. Nach Besuch des Gymnasiums Studium am Berliner Konservatorium (Klavier, Komposition, Musikwissenschaft). 1897/98 Stipendium der Franz-Liszt-Stiftung in Florenz. 1903/12 mit E. Lasker-Schüler verheiratet. Gründete 1904 den »Verein für Kunst«, der Abende mit P. Altenberg, H. Bahr, M. Brod, L. Corinth, J. Hart, P. Hille, H. Graf Kessler, A. Loos, H. und Th. Mann, R. M. Rilke, L. Rubiner, H.

Zeichnung Herwarth Walden von Emil Orlik, 1926

van de Velde, F. Wedekind veranstaltete. Redakteur verschiedener Zeitschriften. Seit 3. März 1910 erschien die von ihm herausgegebene Monats- bzw. Wochenschrift für Kultur und Kunst »Der Sturm« (insgesamt 21 Jahrgänge bis 1932). Zeitschrift, gleichnamiger Verlag und Galerie entwickelten sich zum Zentrum der europäischen Avantgarde. W. organisierte eine weltumspannende Ausstellungtätigkeit, zeigte mehr als 250 Ausstellungen moderner internationaler Kunst. Befreundet u. a. mit W. Majakowski, L. Brick, V. Schklowski, M. Chagall, El Lissitzky, A. Lunatscharski. Nach 1918 trat W. in die KPD ein, war seit Nov. 1928 in der Leitung des Bundes der Freunde der Sowjetunion aktiv. 1932 wurde er Schriftführer des deutschen PEN-Clubs. Ab Mitte der 20er Jahre wiederholt Reisen in die UdSSR. Nach Tätigkeit für die sowjetische Handelsvertretung in Berlin übersiedelte W. im Juni 1932 nach Moskau. Dozent am Moskauer Fremdsprachen-Institut, als Herausgeber und Gutachter für VEGAAR und den Deutschen Staatsverlag Engels tätig. Mitarbeit an Exil-Zeitschriften und sowjetdeutscher Presse. Am 13. 3. 1941 unter falschen Anschuldigungen verhaftet, starb W. in einem Gefängnis in Saratow. 1966 wurde er rehabilitiert.

W., der als Komponist eine Oper, zahlreiche Klavier- und Gesangswerke schuf, war vor allem als Kunst-Verleger, Galerist und Herausgeber des »Sturm« für die Entwicklung und Durchsetzung moderner internationaler Kunst (Expressionis-

mus, Futurismus, Dada, Konstruktivismus) von herausragender Bedeutung. Zunächst verstand W. unter Expressionismus alle Strömungen, die sich gegen Althergebrachtes wandten (*Einblick in die Kunst*, Berlin 1917; *Expressionismus – Die Kunstwende*, Berlin 1918; *Die neue Malerei*, Berlin 1919). Erst später trennte er davon die Begriffe Futurismus, Kubismus, Dadaismus usw. Sein kunstprogrammatisches Denken bezog neben der bildenden Kunst stets Dichtung, Theater und Musik ein. Sein ursprüngliches Konzept »Kunst *ist* Revolution«, das sich vordergründiger Politisierung verweigerte, änderte sich ab Mitte der 20er Jahre, er näherte sich materialistisch-dialektischen Auffassungen. Seine Dichtungstheorie, seine Theorie von der Wortkunst, beeinflußt von Ideen E. Cassirers und W. Worringers (präzisiert in Einl. der Anth. *Expressionistische Dichtungen*, Hg. H. W., Berlin 1932) war Teil seines kunstrevolutionären Programms. Im Vordergrund seiner Überlegungen stand das Verhältnis zwischen Emotion und Ratio. Sein Interesse galt der Spezifik künstlerischer Produktionsweise, der besonderen Inhalt-Form-Relation, dem Material- und Technikproblem, dem künstlerischen Experiment. W.s kunsttheoretische und -kritische Arbeiten sowie seine umfangreiche Exilpublizistik (über 100 Beiträge zu Problemen deutscher und internationaler Literatur, sowjetischer Gesellschafts- und Kulturentwicklung, der Auseinandersetzung mit dem Faschismus, veröffentlicht vor allem im »Wort« und in der IL) zeigen polemisches Talent, satirische Begabung, einen prägnanten und aphoristischen Stil. Im Beitrag zur ↗ Expressionismus-Debatte, *Vulgär-Expressionismus* (in: Das Wort, 1938, H. 2), setzte sich W. engagiert für den Expressionismus als eine revolutionäre, auf Realität orientierte Kunstrichtung ein, betonte den Zusammenhang von Kunstavantgarde und politischer Volksfront, forderte statt ausschließlich ideologischen Bewertungen eine materialistische Kunstanalyse. W.s literarisches Werk (Dramen, Gedichte, Romane) steht im Schatten seines sonstigen Wirkens. Der begeistert aufgenommene erste Roman *Das Buch der Menschenliebe* (Berlin 1916) versucht die Gesetze des Lebens in ihren rhythmischen Abläufen zu zeigen. Im Zeitdrama *Krise* (beendet 1933) wollte W. mittels lebendiger Dialoge einer Vielzahl von Personen Klassenstrukturen verdeutlichen. Eine kritische Bilanz der Weimarer Republik enthielt auch W.s letztes literarisches Werk, der Roman *Neutral* (e. 1939, Ms. verschollen).

W. W.: Die Härte der Menschenliebe, Berlin 1918; Die Härte der Weltenliebe (R.), Berlin 1918; Die Beiden (Dr.), Berlin 1918; Erste Liebe (Dr.), Berlin 1918; Letzte Liebe (Dr.), Berlin 1918; Kind (Tr.), Berlin 1918; Menschen (Tr.), Berlin 1918; Trieb (Dr.), Berlin 1918. – *Lit.:* N. Walden: Herwarth Walden – Ein Lebensbild, Berlin (West)/ Mainz 1963; G. Brühl: Herwarth Walden und »Der Sturm«, Leipzig/ Köln 1983 (enth. Bibl. der Zs. »Der Sturm« und Gesamt-Bibl. zu Walden); M. S. Jones: Der Sturm – A Focus of Expressionism, Columbia 1984; W. Pirsich: Der Sturm – Eine Mon., Herzberg 1985; Herwarth Walden und Der Sturm, Katalog, Hg. R. Stolz, Köln 1987.

Georg Brühl

Wangenheim, Gustav von (Ps. Hans Huss)

Geb. 18. 2. 1895 in Wiesbaden; gest. 5. 8. 1975 in Berlin

Sohn des Schauspielers E. von Winterstein. Studium an M. Reinhardts Schauspielschule. Im Krieg als Leutnant in Belgien, Verwundung und Nervenschock; vorzeitige Entlassung. Kontakt zu F. Pfemfert und »Aktion«. Sein erstes Drama, *Der Mann Fjodor* (UA am »Neuen Volkstheater« Berlin 1921), war expressionistisch beeinflußt. Während der Novemberrevolution im »Rat geistiger Arbeiter«; zunächst USPD, 1922 KPD. Schrieb 1923 für den zentralen Sprechchor der KPD den *Chor der Arbeit*; Mitautor des Sprechchors *7000* (vgl. ↗ Rote Tribüne); 1927 am »Deutschen Schauspielhaus« Hamburg. Texte für das revolutionäre Arbeitertheater, darunter das im Hamburger Zirkus Busch einstudierte Massenspiel *Erinnert Euch*, ein Chorwerk über den Achtstundentag, die am 14. 6. 1929 in Berlin von den »Roten Blusen« und ausländischen Studenten aufgeführte Revue *Imperialismus*; die Szene *Arbeiterfrau und Klassenjustiz* (1930) und die 1931 vom ATBD in Auftrag gegebene Montage *Immer und überall Bolschewisten*. Künstlerischer Leiter der »Truppe 1931«, die mit seinem – kollektiv entwickelten – Angestellten-Stück *Die Mausefalle* sensationellen Erfolg hatte (22. 12. 1931 »Kleines Theater Unter den Linden« Berlin, ca. 350 Vorstellungen auf Tournee durch Deutschland und die Schweiz). Es folgten Okt. 1932 *Da liegt der Hund begraben*, 4. 2. 1933 *Wer ist der Dümmste?* (unter Verwendung des Marionettenspiels von K. A. Wittfogel). Teilnahme an Internationaler Theater-Olympiade 1933 in Moskau; Übersiedlung in die Sowjetunion. Schrieb und inszenierte für das von ihm geleitete »Deutsche Theater Kolonne Links« Moskau die Einakter: *Leitung besetzt*, *Helden im Keller* (Kiew-Charkow 1935, Ndr. in: *Stücke aus dem Exil*, Hg. H. Schneider, Berlin 1984) und *Agenten*. Im Reichstagsbrandprozeß-Film *Kämpfer* verband W. Dokumentarisches mit einer Spielhandlung (Mitarbeit von A. Kurella und J. Ivens). Das Drama *Die Friedensstörer* (NS-Rassenideologie bloßstellend) wurde 1939 in Rostow am Don, Moskau und Odessa aufgeführt, nach dem Hitler-Stalin-Pakt aus den Spielplänen entfernt. Seit Kriegsbeginn in der Roten Armee (Flugblätter, Lautsprechertexte). Ende 1941/Mitte 1943 nach Taschkent evakuiert. Mitglied des NKFD und Redakteur am »Deutschen Volkssender«. Juni 1945 Rückkehr nach Berlin; Intendant des »Deutschen Theaters« 1945/47.
Wie kein anderes revolutionäres Berufstheaterkollektiv stellte

sich die »Truppe 1931« unter W. der notwendigen und vernachlässigten Auseinandersetzung mit der Ideologie des Nationalsozialismus. Dies besonders in der *Mausefalle* in ihrer für den Mittelstand zentralen Problematik von »Verantwortung, Führer, Persönlichkeit«. W. verband die vom Leningrader »Theater der Arbeiterjugend« (TRAM) übernommene und vom »Roten Sprachrohr« propagierte »dialektische Methode« der Entwicklung der Widersprüche mit einer über den Erkenntnisgang des Angestellten fleißig wirkenden Identifikationsdramaturgie. *Da liegt der Hund begraben* setzte sich mit Heimat und Nation auseinander, blieb jedoch ohne Strukturierung. Im Exil wandte sich W. zu eigenem künstlerischen Schaden vom diskreditierten Montageverfahren ab. Nach 1945 Filme und Stücke mit aktueller Thematik, ohne an früheres künstlerisches Niveau anknüpfen zu können.

W. W.: Fährmann wohin? (En. und Nn.), Berlin 1961; Im Kampf geschrieben (Dr., Prosa, Lyrik), Berlin 1962; Da liegt der Hund begraben und andere Stücke, Reinbek bei Hamburg 1974 – *Lit.:* K. Pfützner: Schriften zur Theaterwissenschaft, Bd. 4, Berlin 1966; F. W. Knellessen: Agitation auf der Bühne. Das politische Theater der Weimarer Republik, Emsdetten 1970; Theater der Kollektive. Proletarisch-revolutionäres Berufstheater in Deutschland 1928–1933, Hg. L. Hoffmann, 2 Bde., Berlin 1980; F. N. Mennemeier/F. Trapp: Deutsche Exildramatik, München 1980; Exil, Bd. 1.

Peter Diezel

Waterstradt, Berta (Berta Wiener)

Geb. 9. 8. 1907 in Kattowitz (Katowice); gest. Mai 1990 in Berlin

Tochter eines Kaufmanns; übersiedelte 1925 nach Berlin; von Beruf Stenotypistin. Während ihrer Arbeitslosigkeit ab 1930 Besuch der MASCH; im gleichen Jahr Mitglied des BPRS und 1931 der KPD. Ende März 1933 »Schutzhaft« wegen Tätigkeit in den Berliner illegalen Schriftstellergruppen. Emigrierte bis März 1934 nach England. Rückkehr nach Berlin und erneute Verhaftung. Okt. 1935 zusammen mit anderen Mitgliedern des illegalen BPRS wieder festgenommen und im Juli 1936 zu zweieinhalb Jahren Zuchthaus verurteilt. Nach Entlassung trotz ständiger Überwachung durch die Gestapo illegale Tätigkeit. Seit 1945 Arbeit beim Rundfunk in Berlin; 1953 freischaffende Schriftstellerin.
Bereits vor 1933 veröffentlichte W. Kurzgeschichten, Satiren und Gedichte in der RF, »Roten Post«, »Linkskurve« und in »Berlin am Morgen«. Nach 1933 erschienen Beiträge von ihr in der illegalen Zs. »Stich und Hieb«. Nach 1945 schrieb sie mehrere Hörspiele, Filme, Gedichte und Erzählungen. Nach ihrem Hörspiel *Während der Stromsperre* (1946) entstand der DEFA-Film *Die Buntkarierten* (UA 1949), der vom Le-

benslauf der unehelichen Tochter eines Berliner Dienstmädchens erzählt, eine Geschichte von proletarischen Menschen, deren »Standessymbol« die buntkarierten Bettbezüge waren.

W. W.: Sind wir nicht alle Opfer des Faschismus? (Hsp.), 1949; Meine Töchter (Hsp.), 1949; Achtung! Kopfjäger (Hsp.), 1949; Besondere Kennzeichen: Keine! (Hsp.), 1954, (Film), 1956; Ehesache Lorenz (Dr., Bühnen-Ms.), Berlin 1958, Fernsehspiel und Film 1959; Nora (Fernsehsp.), 1960; Alle Tage ist kein Alltag (En.), Berlin 1974; Blick zurück und wundre dich. Aus meinen zerstreuten Werken, Berlin 1985.

Hans Baumgart

Wedde, Johannes
Geb. 15. 1. 1843 in Uelzen; gest. 13. 1. 1890 in Lübeck

Fabrikantensohn; Kindheit und Jugend überwiegend in Hamburg; Studium der Geschichte, Germanistik, Nationalökonomie und Philosophie; schlug akademische Germanistenlaufbahn aus, war zeitweilig Lehrer; unter dem Eindruck der Pariser Kommune Annäherung an die Sozialdemokratie; Ende 1872 Anschluß an die SDAP; nichtöffentliche Parteiarbeit und rege schriftstellerische Tätigkeit (Aufsätze, Buchbesprechungen, Kritiken); Reise nach London, verkehrte mit Marx; ab 1881 im Auftrag der Partei Herausgabe der Hamburger »Bürgerzeitung«, das Nachfolgeorgan, »Hamburger Echo«, wurde zuerst von W. redigiert; 1887 Ausweisung aus Hamburg, Übersiedlung nach Lübeck; 1889 Teilnahme am Internationalen Arbeiter-Kongreß in Paris; Reichstagskandidatur für die Sozialdemokratie; an seinem Begräbnis nahmen etwa 30 000 Menschen teil.

W. war einer jener Intellektuellen, die die Konsequenz ihres Ringens um Wahrheit, Recht und Freiheit an die Seite des kämpfenden Proletariats führte. Sein Schaffen umfaßt Werke der schöngeistigen Literatur, Aufsätze bzw. Abhandlungen historischer, literarischer und philosophisch-theologischer Thematik, Theaterkritiken, Landschaftsschilderungen und Übersetzungen. Die Lyrik des reifen W. ist geprägt vom Suchen und Streben nach »Licht« und »Recht«, nach »Freiheit in Ewigkeit«. Zur sozialistischen Literatur sind Gedichte aus der Sammlung *Grüße des Werdenden* (Hamburg 1884, 2. Ausg. 1885, erw. durch eine philosophische Abh.) zu zählen, die den Übergang des Autors auf die Seite der Arbeiterbewegung reflektieren. Das Bekenntnis zur Pariser Kommune und zur Sozialdemokratie steht hier neben Spott auf Philister und Schwadroneure in den eigenen Reihen und dem Aufruf zum Kampf gegen das Sozialistengesetz.

W. W.: Gedichte, in: Stimmen der Freiheit (mit B.), 4. Aufl. Nürnberg 1914. – *Ausg.:* Gesammelte Werke, 2 Bde. (unvollst., mit Hinweisen auf weitere Werke), Hamburg 1894; Gedichte, Einl. W. Hübbe, Hamburg 1903. – *Lit.:* J. Audorf: Johannes Wedde, in: Neue-Welt-Kalender, Stuttgart 1891; Johannes Wedde. Gedenkblätter von seiner Schwester Theodora Wedde, Hamburg 1891; E. Kreowski: Johannes Wedde als Dichter, in: NZ, 1903/04, Bd. 1.

Norbert Rothe

Wedding, Alex (d. i. Grete Weiskopf)
Geb. 11. 5. 1905 in Salzburg; gest. 15. 3. 1966 in Saalfeld

Vater Handelsangestellter. W. verließ als 17jährige ihr Elternhaus; Warenhausangestellte in Innsbruck; seit 1925 in Berlin Stenotypistin, Bankangestellte, Buchhändlerin und freie Journalistin. 1925 Eintritt in die KPD. 1931 Heirat mit F. C. Weiskopf, der sie zum Schreiben ermutigte. Mitglied des BPRS. 1931 erstes Kinderbuch (*Ede und Unku*, Berlin 1931, Neudr. Berlin 1954) im Malik-Verlag unter dem Ps. Alex Wedding (gewählt nach den damaligen Zentren der revolutionären Arbeiterbewegung in Berlin - Alexanderplatz und Wedding). 1933 mit F. C. Weiskopf Emigration nach Prag, wo sie bei der AIZ tätig war. 1939 Flucht nach Frankreich, dann in die USA. 1949 mit ihrem Mann nach Prag und – nach dessen Ernennung zum Gesandten der ČSR - längere Zeit in den USA, Schweden und China. 1953 Übersiedlung nach Berlin.

W.s Werke haben die Kinder- und Jugendliteratur thematisch bereichert, zur Erhöhung ihres ästhetischen Niveaus und ihrer Anerkennung als Bestandteil der sozialistischen Literatur beigetragen. In *Ede und Unku* stellt die Autorin erstmalig das Leben von Arbeiterkindern zur Zeit der Weltwirtschaftskrise in Deutschland 1929 dar. Im Mittelpunkt steht die Kinderfreundschaft zwischen dem Zigeunermädchen Unku und Ede, dem Sohn des arbeitslosen Sozialdemokraten Sperling. Als Vater Sperling sich als Streikbrecher mißbrauchen lassen will, kann Ede das mit Hilfe des Kommunisten Klabunde verhindern, der ihm Erkenntnisse über gesellschaftliche Zusammenhänge vermittelt und die Ursachen der Arbeitslosigkeit benennt. Die liebevolle Zeichnung des Zigeunermädchens Unku vermittelt dem jungen Leser die Notwendigkeit der Solidarität zwischen den unterdrückten Klassen und wendet sich gegen Rassendiskriminierung. W. schätzte E. Kästner als Autor, von dessen Kinderbüchern die »guten Eigenschaften« übernommen werden sollten, jedoch »ohne Zugeständnisse an ihre Ideologie« (vgl. *Kinderliteratur,* in: »Das Wort«, 1937, Nr. 4/5), insbesondere das Festhalten an der Vorstellung einer Klassenharmonie. Nach einem Besuch in der Sowjetunion (1935) entstand *Das Eismeer ruft* (London 1936, Neuausg. Berlin 1948). Das Buch berichtet von fünf Arbeiterkindern aus der Prager Harrantgasse, die aufbrechen, um den Überlebenden des sowjetischen Expeditionsschiffes »Tscheljuskin« zu helfen. Ohne die ästhetische Qualität ihres Erstlingswerks zu erreichen, vermittelt W. in der kindlichen Aktion den Gedanken internationaler Solidarität. In ihren nächsten beiden Jugendbüchern wandte sie sich historischen Stoffen zu. *Die Fahne des Pfeiferhänslein* (Berlin 1948) behandelt die frühbürgerliche Revolution in Deutschland. Zur historischen Gestalt des Hans Böheim, »Pfeiferhänslein« genannt, treten fiktive Figuren wie der Bauernsohn Seppl Plattner, den soziale Not und Schutzlosigkeit zum Pfeiferhänslein treiben. Nach dem Scheitern dieser frühen Bauernerhebung in Franken entkommt Seppl der Vernichtung und verläßt ungebrochen mit anderen Aufständischen seine Heimat. Auf Originalberichte deutscher Söldner, die im amerikanischen Unabhängigkeitskrieg auf Seiten Englands kämpften, greift W. in *Söldner ohne Sold* (Berlin 1948; ab 1951 u. d. T. *Das große Abenteuer des Kaspar Schmeck*) zurück. Sie schildert das Schicksal eines 14jährigen Knaben aus Kassel, der in die Hände hessischer Soldatenwerber gerät, als Söldner im amerikanischen Befreiungskrieg kämpfen muß, sich aber zu den Freiheitstruppen unter General Washington durchschlägt. Der historische Konflikt bleibt allerdings undeutlich, und den Hauptfiguren fehlt es an individuellem Profil. Als W.s reifstes Werk gilt *Das eiserne Büffelchen* (Berlin 1952), in dem sie die konfliktreiche Entwicklung des Bauernjungen Tie-niu in der Volksrepublik China plastisch-anschaulich gestaltet.

W. W.: Leuchtende Schätze. Aus der Werkstatt Jung Pao-Dsai (Texte zu chinesischen Farbholzschnitten), Berlin 1957; Lissy (Drehbuch nach F. C. Weiskopf, zus. mit K. Wolf), 1957; Schatz der Erde und Weißer Schnee (Jgb.) Berlin 1961; Hubert das Flußpferd (Kb.), Berlin 1963; Die Geschichte von der kleinen Schildkröte und den Goldfinken (Kb. nach einer Fabel aus Ghana), Berlin 1963. - Hg. und Übers.: Die Drachenbraut (Nachdn. chinesischer Volksmärchen), Berlin 1953; Im Schatten des Baobab (M. und Fabeln aus Afrika, ausgew. und nacherz.), Berlin 1965. - Übers.: A. Pankey: Der Feuervogel (Berlin 1964). - *Lit.:* H. Wegehaupt: Bibliographie der Werke Alex Weddings, in: Marginalien, 1966, H. 23G; I. Dreher: Die deutsche proletarisch-revolutionäre Kinder- und Jugendliteratur zwischen 1928 und 1933, Berlin 1975; H. Meyer: Die deutsche Kinder- und Jugendliteratur 1933-1945. Ein Versuch über die Entwicklungslinien, Berlin 1975; G. Ebert: Moralische Erziehung durch Kunst, in: Beiträge zur Kinder- und Jugendliteratur, Berlin 1975, H. 7; M. Lange: Alex Wedding, in: ebd., 1975, H. 34; H. Scheibe: Alex Weddings Beitrag zur sozialistischen deutschen Kinderliteratur, Berlin 1976.

Dagmar Schipka

Weerth, Georg Ludwig
Geb. 17. 2. 1822 in Detmold; gest. 30. 7. 1856 in Havanna

Sohn eines Pfarrers; ab Sep. 1836 Ausbildung als Kaufmann in Elberfeld; 1840/42 Buchhalter in Köln; 1842/43 Privatsekretär seines Onkels, des Textilfabrikanten F. aus'm Weerth, in Bonn; W. hörte Philosophie- und Literaturvorlesungen an der dortigen Universität und unterhielt Verbindungen zu G. Kinkels Maikäferbund und dem Dichterkreis um K. Simrock; seit 1838 Freundschaft mit H. Püttmann, der für W. eine Art literarischer Mentor wurde, indem er es ihm als Feuilletonchef der »Kölnischen Zeitung« 1843 ermöglichte, erste Gedichte zu veröffentlichen. Dieser Einstieg als Zeitungs- bzw. Feuilletonschriftsteller sollte für W.s weiteres literarisches Schaffen bestimmend bleiben. Die entscheidenden Entwicklungsjahre verbrachte W. von Dez. 1843/Apr. 1846 als Kontorist einer englischen Textilfirma in Bradford. Hier erlebte er die politischen und sozialen Begleiterscheinungen der modernen kapitalistischen Industrialisierung hautnah mit. Er interessierte sich für den Arbeitsalltag in den Fabriken, besuchte die Bradforder Elendsquartiere und war Beobachter von Arbeitermeetings und Streikversammlungen der Chartisten. Angeregt durch F. Engels, den W. im Frühjahr 1844 kennengelernt hatte, beschäftigte er sich mit der Philosophie L. Feuerbachs, Schriften der englischen Nationalökonomie (A. Smith und D. Ricardo) sowie mit Theorien des Frühsozialismus, neben R. Owen und W. Weitling vor allem mit dem Frühwerk von K. Marx. Seine neuen Erfahrungen und Erkenntnisse versuchte W. literarisch zu verarbeiten. Er schrieb ganze Serien feuilletonistischer Reiseberichte (*Englische Reisen*, 1844; *Scherzhafte Reisen*, 1845) für die »Kölnische Zeitung« und stieß vor allem in seinen Arbeiten für wahrsozialistische Zeitschriften, in denen er Dokumentation und Analyse von Alltagsrealität bereits mit ambitionierter politischer Parteinahme für die besondere Lage und die Interessen der Arbeiterschaft verband, in literarisches Neuland vor. Davon zeugen die Pauperismuserzählung *Die Armen in der Senne* (»Deutsches Bürgerbuch für 1845«, Darmstadt 1844), die einfühlsame Prosaskizze *Das Blumenfest der englischen Arbeiter* (»Gesellschaftsspiegel«, Elberfeld 1845, H. 5) oder der Hintergrundbericht *Proletarier in England* (»Rheinische Jahrbücher zur gesellschaftlichen Reform«, Bd. 1, Darmstadt 1845) ebenso wie die aufrüttelnde Reportage *Der Gesundheitszustand der Arbeiter in Bradford* und der berühmte Gedichtzyklus *Lieder aus Lancashire* (»Gesellschaftsspiegel«, H. 2, 5). Seit Apr. 1846 Handelsvertreter in Brüssel. Enge Kontakte zu Marx und Engels sowie dem BdK. Mitarbeit an der kommunistisch orientierten »Deutschen-Brüsseler-Zeitung«, aber auch der »Deutschen Zeitung« in Heidelberg und weiterhin der »Kölnischen Zeitung«, wo von

Nov. 1847/Feb. 1848 die ersten vier Kapitel seiner satirischen Erzählung *Humoristische Skizzen aus dem deutschen Handelsleben* erschienen. Nach der französischen Februarrevolution Aufenthalt in Paris, nach den Märzereignissen in Deutschland Rückkehr ins Rheinland, wo er mit den Vorbereitungen zu einer revolutionären Zeitung begann. Mit der Gründung der von Marx geleiteten »Neuen Rheinischen Zeitung« wurde W. Juni 1848 deren Feuilletonredakteur. Hauptertrag dieser fast einjährigen Tätigkeit sind neben zahlreichen kritischen Polemiken und Glossen zur aktuellen Tagespolitik und kämpferischen Revolutionsgedichten vor allem seine bissigen Bourgeoisiesatiren *Humoristische Skizzen aus dem deutschen Handelsleben* (Fortsetzung, Nr. 1-36) und *Aus dem Tagebuch eines Heulers* (Nr. 51, 53, 63) sowie die romanhafte Skizzenfolge *Leben und Taten des berühmten Ritters Schnapphahnski* (Nr. 69-201), die als einziges Werk W.s zu seinen Lebzeiten auch als Buch erschien (Hamburg 1849). W.s Arbeiten wurden immer wieder in den Zeitungen der deutschen Arbeitervereine, wie der »Verbrüderung«, dem »Volk« oder der »Zeitung des Arbeitervereins zu Köln« nachgedruckt. Nach dem Verbot der »Neuen Rheinischen Zeitung« im Mai 1849 arbeitete W. wieder als Handelsvertreter zunächst in Lüttich und dann in London. März/Mai 1850 Verbüßung einer Gefängnisstrafe in Köln wegen Beleidigung des Abgeordneten der Nationalversammlung Fürst Lichnowski, den er wegen seiner reaktionären Gesinnung als »Ritter Schnapphahnski« verspottet hatte. W.s anschließende weitgehende Abkehr von politischem Engagement ging einher mit einem Verstummen auch als Dichter und Publizist. Enttäuscht von dem Gang der nachrevolutionären Entwicklung in Deutschland und Europa, verlagerte er seine Lebensperspektive jetzt auf die ›Neue Welt‹. Als Handelsvertreter durchreiste er Süd- und Mittelamerika und die Karibik. Er verstarb an Gelbfieber.

W. bezeichnete sich selbst als Kommunist und Engels nannte ihn den »erste(n) und bedeutendste(n) Dichter des deutschen Proletariats« (in: »Der Sozialdemokrat«, Zürich, 7. 6. 1883). Diese Kurzcharakterisierungen zeigen bereits an, worin die wesentliche Eigenart des literarischen Schaffens W.s begründet liegt: in der untrennbaren Verbindung zur proletarischen und revolutionären Bewegung im Vormärz und der daraus resultierenden politisch eingreifenden Wirkungsstrategie seiner Texte. W. erlangte dabei vor allem durch die produktive Aufnahme neuartiger literarischer Tendenzen, etwa der politischen Lyrik, der Feuilletonpublizistik und der poetischen Innovationen H. Heines, eine politisch-ästhetische Qualität, die über zeitgleiche Anfänge einer sozialistischen Literatur in Deutschland weit hinausging. Als Lyriker begann W. mit unbeschwerten Liebes- und Trinkliedern im Tone der Spätromantik. Unter dem Eindruck seiner Englanderfahrungen änderte sich die Thematik rasch. 1844/45 entstanden mehrere

großangelegte Weltanschauungsgedichte, in denen er, angeregt durch Feuerbach und Heine, das Bekenntnis zu einer von Natürlichkeit und Sinnlichkeit getragenen Lebensauffassung zum ästhetischen Programm erhob (*Vernunft und Wahnsinn, Das Nackte, Die Natur*). Das Gedicht *Die Industrie*, ein Hymnus auf menschliche Schöpferkraft und die scheinbar unendlichen Möglichkeiten des technischen Fortschritts, ließ aber auch schon den Grundwiderspruch kapitalistischer Industrialisierung zwischen massenhafter proletarischer Fron und dem Potential zu einer neuen Art menschlicher Selbstverwirklichung anklingen. In den 1844 entstandenen *Liedern aus Lancashire* traten an die Stelle der bisher vorwiegend allegorisierenden Darstellung nun konkrete Szenen aus dem Leben der englischen Arbeiterschaft und eine einfache liedhaft-volkstümliche Ausdrucksweise. Diese Gedichte bezogen ihre außerordentliche soziale und politische Brisanz vor allem daher, daß hier nicht mehr das Bild des mitleidheischenden Proletarierparias gezeichnet wird, sondern bereits der Typ eines politisch denkenden Arbeiters gestaltet ist, der sich der eigenen Kraft als historisch gestaltendes Individuum bewußt wird (*Der Kanonengießer, Der alte Wirt in Lancashire, Sie saßen auf den Bänken*). Dies wie die unsentimentale Schlichtheit und ihre unprätentiös optimistische Ausstrahlung machten die Lancashire-Lieder zu solitären Erscheinungen innerhalb der deutschen Vormärzlyrik. Einen ähnlichen Rang auf dem Gebiet der Erzählliteratur nimmt W.s frühe Prosaskizze *Das Blumenfest der englischen Arbeiter* ein. Im Unterschied etwa zu Heines geäußerter Furcht vor der Zerstörung der Kultur duch eine zukünftige Proletarierherrschaft werden gerade die selbständigen kulturschöpferischen Leistungen der Arbeiter betont, die sie nach W.s Überzeugung aufgrund eines ihnen eigenen natürlichen Verhältnisses zum Schönen und im Verein mit ihrer wachsenden politischen Kraft einst in den Stand setzen werden, »eine frische Literatur, eine neue gewaltige Kunst durch die Welt zu führen« (VT, Bd. 1, S. 274). Die 1847 auf der Grundlage seiner Englandkorrespondenzen für die »Kölnische Zeitung« neu zusammengestellten *Skizzen aus dem politischen und sozialen Leben der Briten* lehnten sich methodisch in ihrer beispielhaft zur Beweisführung genutzten Materialfülle wie auch in der weltanschaulichen Aussage stark an Engels' Buch *Die Lage der arbeitenden Klasse in England* (Leipzig 1845) an, übertrafen es aber in genauer und lebendiger Milieuschilderung und Mentalitätsbeschreibung. W.s hier erkennbare besondere Fähigkeit zum Genrerealismus zeichnet auch sein 1846/47 vorangetriebenes *Romanfragment* aus. So ist es nicht das auf Totalität ausgerichtete Grundkonzept eines repräsentativen Gesellschaftsromans, das Handlungsstränge und Figuren aus Adel, Bürgertum und Proletariat miteinander in Beziehung zu setzen sucht, dabei aber zumindest tendenziell eher zu verklärenden bzw. vereinfachenden Gegenüberstellungen führt, als vielmehr die aus Dialog-, Milieu- und Charakterzeichnung erwachsende Detailwahrhaftigkeit, in der soziale Umbrüche und gesellschaftlicher Wertewandel, die mit der kapitalistischen Industrialisierung einhergehen, evident gemacht werden. Unter Reduzierung des Stoff- und Handlungsbereiches ließ W. eine seiner neben der Figur des Arbeiters Eduard Martin gelungensten Hauptgestalten des Romans, den Fabrikanten Preiss, noch einmal in den *Humoristischen Skizzen aus dem deutschen Handelsleben* aufleben. In überschaubarer, episodenhafter Erzählstruktur entwickelte W. eine manchmal bis zur Groteske übersteigerte, satirische Fallstudie des deutschen Handelsbourgeois. In der kauzig-schrulligen Parodie seiner Figur, ihrer Provinzialität und Spießigkeit, ihrer politischen Kleinmütigkeit und Egozentrik legte W. die Rückständigkeit der deutschen Gesellschaftsstruktur bloß. Mit den *Humoristischen Skizzen* begann W.s eigentliche Phase als politischer Satiriker, die, gekennzeichnet durch sein eindeutiges Plädoyer für die Revolution und die Interessen des Proletariats, während seiner Zeit an der »Neuen Rheinischen Zeitung« ihren Zenit erreichte. W.s Arbeiten waren eng mit der politischen Gesamtstrategie der Zeitung, dem konsequenten Eintreten für die Durchsetzung der demokratischen Ziele der Revolution, verbunden. Sie stellten ironisch-satirische Kommentare zu politischen Vorgängen dar, die sich offen oder verdeckt gegen die Revolution richteten. Dabei nahm W. häufig direkt Bezug auf die im politischen Teil der Zeitung aufgegriffenen Themen. Die übertreibende spöttische Attacke gehörte dabei ebenso zu seinem Repertoire wie die feinsinnig ironische Persiflage, wenn er die reaktionären Aktionen und Bestrebungen der Aristokratie (*Leben und Thaten des berühmten Ritters Schnapphahnski, Welche Römischen Keyser und Königen in Aach im Gotteshaus gekrönet seyen*, Nr. 265) oder das in seinen Augen mangelnde politische Handlungs- und Durchsetzungsvermögen der Bourgeoisievertreter (*Aus dem Tagebuch eines Heulers, Kriegserklärung der Schwarz-Weißen, gegen die Schwarz-Roth-Goldenen Annoncen*, Nr. 65 f., *Blödsinn deutscher Zeitungen*, ab Nr. 133) kritisierte. Aber nicht nur seine Prosa, auch seine Lyrik, meist aktuell-politische Zeitgedichte, waren von diesem aggressiven Satirestil geprägt (*Kein schöner Ding ist auf der Welt, als seine Feinde zu beißen*, Nr. 114–116, *Heute morgen fuhr ich nach Düsseldorf*, Nr. 44). W. schreibt aus der Überzeugung desjenigen, der mit der Idee des Sozialismus eine Position besitzt, die ihn historisch ins Recht setzt. Seine Texte bleiben bei aller Effektmalerei konkret, sind zweckgerichtet und wirkungsorientiert. Für die Entwicklung der Feuilletonliteratur wie für die Herausbildung einer sozialistischen Literaturtradition hat W. damit wichtige Impulse geben können. Nach dem Ende der Revolution fehlten W. die entscheidenden

objektiven wie subjektiven Voraussetzungen, um diesen Weg weiter zu gehen.

Ausg.: Sämtliche Werke in fünf Bänden, Hg. B. Kaiser, Berlin 1956/57; Vergessene Texte. Werkauswahl in zwei Bänden, Hg. J.-W. Goette/J. Hermand/R. Schloesser, Köln 1975/76 (VT); Sämtliche Briefe, 2 Bde., Hg. J.-W. Goette, Frankfurt a.M./New York 1989. – *Lit.:* K. Weerth: Georg Weerth. Der Dichter des Proletariats, Leipzig 1930; F. Vaßen: Georg Weerth. Ein politischer Dichter des Vormärz und der Revolution von 1848/49, Stuttgart 1971; E. Fleischack: Georg-Weerth-Bibliographie, in: Lippische Mitteilungen aus Geschichte und Landeskunde, Detmold 1972, Bd. 41; Ders.: Bibliographische Nachträge, in: Grabbe-Jahrbuch, Jg. 1 ff., Detmold 1982 ff.; Georg Weerth. Neue Studien, Hg. B. Füllner, Bielefeld 1988; U. Zemke: Georg Weerth. Ein Leben zwischen Literatur, Politik und Handel, Düsseldorf 1989.

Werner Feudel/Volker Giel

Weinert, Erich (Ps. Erhart Winzer, Gustav Winterstein)

Geb. 4. 8. 1890 in Magdeburg; gest. 20. 4. 1953 in Berlin

Sohn eines Ingenieurs. Kindheit und Jugend im Magdeburger Arbeitermilieu; ab 1896 Knabenbürgerschule, Rezitation erster Gedichte, gleichzeitig Neigung zur Malerei; 1905/08 Lehre und Geselle als Maschinenschlosser in einer Lokomobilfabrik; Interesse für germanisches Heidentum und antireligiöse Bekenntnisse. Gedichte zur Lage der Lehrlinge, Beschäftigung mit H. von Kleist, G. Bruno und romantischer Poesie, die er als »Weltflucht« empfand; naturwissenschaftliche und Sprachstudien (englisch, französisch, griechisch, italienisch, lateinisch); 1908/10 Kunstgewerbeschule Magdeburg; 1910/12 Königliche Kunstschule Berlin. 1909 Drama *Thomas Müntzer* (unveröff.), Staatsexamen als akademischer Zeichenlehrer. Bis zur Einberufung zum Heeresdienst 1913 freischaffender Maler, Graphiker und Buchillustrator; nach Kriegsausbruch Offizier der Infanterie an der Westfront, 1919 Entlassung vom Militär. Hilfslehrer an der Kunstgewerbeschule Magdeburg, Schauspieler in Kissingen, Gelegenheitsarbeiter, arbeitslos. Erste Gedichtveröffentlichungen in der linksbürgerlichen Magdeburger Kunst-Zs. »Die Kugel«; satirische Gedichte und Szenen, mit denen er 1921 am Leipziger Kabarett »Retorte« (Leitung H. Reimann) engagiert wurde. Kontakte zu M. Schwimmer, M. Hermann-Neiße und J. Ringelnatz. 1923 Wechsel zum Berliner »Kü-Ka« (Künstler-Cafe), 1924 Mitarbeit an den Kabaretts »Die Rampe« (u. a. mit F. Holländer) und »Die Wespen«, in dem auch Li Holms, W.s spätere Frau auftrat. Beziehungen zu kommunistischen Intellektuellen und Redakteuren linker Zeitschriften, satirische Texte in »Die Weltbühne«, »Simplicissimus«, »Lachen Links«, »Eulenspiegel«, »Roter Pfeffer«, seit

W. Bredel und E. Weinert bei Stalingrad 1942/43

1924 ständiger Mitarbeiter der RF. Erste Auftritte in Arbeiterversammlungen der SPD. Mitarbeit in der von K. Neukrantz und E. Piscator zur Reichstagswahl inszenierten *Revue Roter Rummel*; Auftritte in Massenkundgebungen der KPD und Tourneen mit eigenem Rezitationsprogramm im gesamten deutschen Sprachgebiet (ges. u. a. in *Erich Weinert spricht Gedichte*, Berlin/Wien/Zürich 1930). Neben satirischen Texten zur Tagespolitik Lieder für Agitproptruppen und Szenen für Arbeiterbühnen; Veröffentlichungen in über 40 Zeitungen der sozialdemokratischen, linksbürgerlichen und kommunistischen Presse (»Der Montag Morgen«, »Die Welt am Abend«, AIZ, »Die rote Post«). Ab 1925 neben Th. Mann, E. E. Kisch, W. Hasenclever u. a. regelmäßige »Lesestunden« im Rundfunk. Mitbegründer des BPRS und Redaktionsmitglied der »Linkskurve«. 1929 Mitglied der KPD, 1931/32 Reise in die UdSSR, KPD-Reichstagskandidat. Auseinandersetzungen mit der Justiz, verschiedene Verfahren wegen eine Serie von Schallplatten, 1931 – im sog. Schallplattenprozeß – Anklage wegen »Aufreizung zum Klassenhaß«, »Aufforderung zur Brandstiftung« und »Aufforderung zum bewaffneten Aufstand«; Freispruch nach Verjährung, jedoch Redeverbot in Preußen durch Ausnahmegesetz (»Lex Weinert«). Proteste von M. Andersen-Nexö, H. Barbusse, Th. Dreiser, M. Gorki, R. Rolland u. a. sowie des SDS fordern die Annulierung des Verbots, was 1932 geschah. 1933 befand sich W. auf einer Vortragsreise durch die Schweiz und entging so der Verhaftung. Die SA vernichtete sein Berliner Manuskriptarchiv, darunter die unveröffentlichten Dramen *Thomas Müntzer* (1909), *Antigone* (1913), *Die Kommune* (1919). Exilstationen Straßburg und Paris; 1934 bis zum Plebiszit Feb. 1935 als Rezitator bei antifaschistischen Versammlungen im Saarland (*Pflastersteine*, Saarbrücken 1934). In Paris Teilnahme am Internationalen Schriftstellerkongreß zur Verteidigung der Kultur, als »Fraktionsleiter der deutschen Schriftsteller«. Aug. 1935 auf Einladung des sowjetischen Schriftstellerverbandes nach Moskau, wo er als Publizist und

Sprecher am Moskauer Rundfunk arbeitete. Zum Schriftstellerkongreß 1937 nach Madrid delegiert, 1937/39 Frontberichterstatter im Spanienkrieg, Mitglied der XI. Internationalen Brigade (*Camaradas. Ein Spanienbuch*, Berlin 1951). Nach Kriegsende im französischen Konzentrationslager St. Cyprien interniert. Rückkehr in die Sowjetunion Sommer 1939; vorwiegend Übersetzungen: W. Majakowski, M. Lermontow, I. Franko, T. Schewtschenko, E. Pottier u. a. Seit dem faschistischen Überfall auf die Sowjetunion in der 7. Abteilung der Roten Armee propagandistisch tätig. Mit W. Bredel und W. Ulbricht 1942/43 Propagandaeinsätze an der Stalingrader Südfront (*Erziehung vor Stalingrad. Fronttagebuch eines Deutschen*, Vorw. O. M. Graf, New York 1943), bei denen W. über Megaphon zu deutschen Soldaten sprach. Flugblätter mit Gedichten W.s galten als Passierschein zum Überschreiten der Frontlinie. 1943 zum Präsidenten des NKFD gewählt. Bis Kriegsende aufklärerisch in deutschen Kriegsgefangenenlagern tätig, Arbeit für Frontzeitungen und Rundfunk. Jan. 1946 – bereits schwer lungenkrank – Rückkehr nach Deutschland, zum Vizepräsidenten der Zentralverwaltung für Volksbildung in der sowjetischen Besatzungszone berufen. 1950 Gründungsmitglied der Deutschen Akademie der Künste, Arbeit an Ausgaben eigener Werke und Herausgebertätigkeit.

Vom allgemeinen Aufschwung des politischen Kabaretts begünstigt, entwickelte W. in den Gedichten, Szenen und Chansons der frühen 20er Jahre einen aggressiven satirisch-polemischen Stil als Reflex auf restaurative Tendenzen und Wilhelminischen Militarismus in der Weimarer Republik. Oft in parabelhafter oder allegorischer Form werden Spießertum, naive Religiosität, Deutschtum und überbrachter Wilhelminischer Zeitgeist parodiert (*Der verbogene Zeitspiegel*, Berlin 1923). Wortwitz, Aktualität und die Aggressivität seines Humors machten W.s kabarettistische Auftritte schnell populär. Geläufige Versmaße und Strophenformen (oft in Diktion des Bänkelsangs) garantierten Eingängigkeit und Singbarkeit. Früh thematisierte W. das Einsetzen diffiziler Ausgrenzungsmechanismen gegen Juden und Slawen im Alltag der Weimarer Republik. Eine für den kabarettistischen Auftritt geschulte, satirisch-vereinfachende Darstellungsweise bewirkte nicht selten inhaltlich Vages, besonders dort, wo die sozialen Bezüge fehlen. Viele didaktisch angelegte Texte gehen über antibürgerliche, speziell antiintellektuelle Ressentiments kaum hinaus (*Der Gottesgnadenhecht und andere Abfälle*, Berlin 1923). In Berliner Kabaretts nach 1923 radikalisierte W. seinen Affront gegen indifferente Denk- und Verhaltensweisen des Kleinbürgertums und polemisierte gegen den Sozialdemokratismus (*Sozialdemokratisches Mailiedchen*, in: Ges. Gde., Bd. I, S. 131). Seit Bekanntschaft mit RF-Redakteuren im »Kü-Ka« verstärkten sich W.s Verbindungen zur KPD, mit deren Politik er die Hoffnung auf revolutionäre Veränderungen verband. Mit Forderungen nach »revolutionärem Ernst« im Dienst des »sozialen Befreiungskampfes« kritisierte W. die Unterhaltungsfunktion des bürgerlichen Kabaretts und begann ein politisches Kabarett zu entwickeln (Vorbilder waren H. Heine und P.-J. Béranger), das auf ein Publikum proletarischer Herkunft orientierte. Die kabarettistische Aktion war als gemeinsame, schöpferisch-revolutionäre Handlung gleichgesinnter Akteure und Zuschauer konzipiert (*Politisches Kabarett*, in: GW, Bd. 6, S. 76 ff). Mit diesem, die Möglichkeiten der kleinen Bühne überschreitenden Ansatz, erschloß W. die im Kabarett der 20er Jahre und von der künstlerischen Avantgarde seiner Zeit praktizierten Formen und Wirkungsmechanismen von »Sprechdichtung« für seine rezitatorischen Auftritte vor proletarischem Massenpublikum. Nach ersten Erfolgen als Rezitator in Großveranstaltungen der KPD glaubte er, mit den Mitteln seines agitatorischen, meist tagespolitisch motivierten Vortrags zu einer Freisetzung des kämpferisch-emanzipatorischen Potentials im Proletariat beitragen zu können. Die Praxis seiner literarischen Agitation sprengte schließlich den traditionellen Begriff des Autors: Für W.s »Sprechdichtung« war nicht Schriftlichkeit, d. h. Druck oder Buchform von erstrangiger Bedeutung, sondern Zweck und Wirkung des politisch-künstlerischen Auftritts, der literaturpolitische Vorgang selbst. Das soziale Spektrum der Hörerschaft, politische Stimmungen, Themen der Vorredner und Resonanzen im Publikum waren wirkungsstrategisch in die Dynamik seiner rhetorisch-suggestiven Aktionen einbezogen. »So kam es, daß manche Gedichte nach mehreren Wiederholungen eine völlige Umgestaltung erfahren hatten.« (*Zehn Jahre an der Rampe*, in: GW, Bd. 6, S. 15). Beim proletarischen Publikum waren W.s Auftritte außerordentlich beliebt, übersetzten sie doch, weitaus wirksamer als es die oft abstrakte Agitation der KPD-Funktionäre vermochte, die konkreten Nöte der ökonomisch zunehmend belasteten Arbeiterschaft (Weltwirtschaftskrise) schlagartig in eine für sie greifbare, satirisch-pointierte politische Dimension. Begriffswelt und Sprache der Arbeiter aufnehmend, hatte W. seine »Sprechdichtung« auf sofortiges Verstehen angelegt, was zu ihrer Massenwirksamkeit wesentlich beitrug. Die Diktion dieser Dichtung war durchgängig geprägt von dem Selbstverständnis, als Teil und politischer Sprecher einer Klasse aufzutreten. Viele der pädagogisch intendierten Texte imitieren als Rollenmonolog oder als argumentierende Ansprache Formen der direkten Rede, oft getragen von einem stark rhetorischen Pathos. Pathetische Rufgedichte, anarchorebellische Reimparolen (*Das Lied vom roten Feuerwehrmann* ,in: Ges. Gde., Bd. I, S. 311) und balladeske Rollengedichte forderten über vormalige Haltungen der Anklage hinaus zur »Offensive«, zum praktischen politischen Kampf gegen ökonomische Ausbeutung und politische Diskriminierung auf. Stärker an Formen des traditionellen Arbeiterkampfliedes ori-

entiert (G. Herwegh), ist die Motivik einprägsam organisiert. Leitmotivisch begleitet die Variation eines signalhaften Bildes die zum revolutionären Vorgang gesteigerte und appellierende Handlung des Textes (*Das Lied von der roten Fahne*, in: Ges. Gde., Bd. 4, S. 236.). Integriert in die Propagandaarbeit der KPD (zeitweise tritt W. fast täglich auf) entstanden aktuell-politische Texte oftmals nach Auftrag und in kürzester Frist. In den sich radikalisierenden politischen Auseinandersetzungen Ende der Weimarer Republik galt W. die unmittelbare, erzieherisch-mobilisierende Wirkung solcher Texte »weit mehr, als ... den Hörern Kunstwerke zu präsentieren« (*Zehn Jahre an der Rampe*, in: GW., Bd. 6, S. 20). Als eine Art gelegenheitspoetische Chronik der Weimarer Zeit kommentieren seine Verssatiren, Hymnen, Lieder, Szenen und Prosastücke praktisch alle Aspekte proletarischen Daseins, von Alltagsproblemen wie Schulspeisung oder Krankenversicherung über soziale Arbeitskämpfe bis zu den systemischen Zusammenhängen des Gesellschaft (Medien, Rüstungspolitik, Parlamentarismus). In den letzten Jahren vor 1933 akzentuierte W. verstärkt soziale Verelendung, Demokratieverlust und drohende faschistische Diktatur; es entstanden Warngedichte und Kriegsvisionen (*Nach dem Gasangriff*, in: Ges. Gde., Bd. 3, S. 437).

Nach 1933 blieb W.s literarische Faschismuskritk mit karikierenden Personalsatiren und allegorisch-polemischer Ideologiekritik zunächst überwiegend im früheren Gestus, obwohl das Ausmaß der politischen und ideologischen Erfolge der Nationalsozialisten satirische Darstellungen zunehmend problematisch werden ließ. Trotz deutlicher Niederlage der Antifaschisten bei der Saarabstimmung - W. hatte am Wahlkampf aktiv teilgenommen - hoffte er auf einen antifaschistischen Volksaufstand. Um seine Adressaten zu aktivieren, verband er in den tragisch-pathetischen Balladen dieser Zeit die Darstellung der Realitäten des faschistischen Terrors mit dem Bekenntnis zur Besiegbarkeit des Faschismus und der Verheißung künftigen Widerstands (vgl. *Eine deutsche Mutter*, in: Ges. Gde., Bd. V, S. 118 f). Zwar schienen die propagandistischen Möglichkeiten der operativen Schreibweise W.s am ehesten der herrschenden Auffassung vom Schriftsteller als »Parteiarbeiter« zu entsprechen - seine Hoffnung aber, mit Hilfe von Übersetzungen seiner Gedichte ein sowjetisches Arbeiterpublikum zu finden, erfüllte sich nicht. Als »Tribun« ohne Publikum geriet der im sowjetischen Exil als »wirklicher Parteidichter« geschätzte Autor in eine Schaffenskrise, die sich bis an sein Lebensende auswirkte. Die Dynamik einer von W. oft empfundenen »unio mystica« von »Sprechdichter« und proletarischem Publikum war vor 1933 zur unmittelbarsten Voraussetzung seines Schreibens geworden. Solch direkter Adressatenkontakt erwies sich während des Spanienkriegs noch einmal als äußerst produktiv. Neben Gedichten und

Liedern entstand, W.s formales Repertoire erweiternd, eine Prosa stark dokumentarischen Charakters (Reportagen, Porträts, Kurzgeschichten), in der W. die deutsche Beteiligung an der Invasion Francos analysierte und als Vorspiel zu einem neuen Weltkrieg bezeichnete (*Camaradas. Ein Spanienbuch*, GW, Bd. 3). Seine nach Rückkehr in die Sowjetunion entstandenen Nachdichtungen Lermontows und Schewtschenkos, Übertragungen der Literatur des Ostens, insbesondere der des vorrevolutionären Rußland, sollten dem Diktum von der »Unenträtselbarkeit der slawischen Seele« entgegenwirken und zur Aufklärung ethnischer sowie kultureller Zusammenhänge beitragen. Die Auffassung einer weitgehend literarischen Eigenständigkeit von Nachdichtungen veranlaßte W., Übertragungen aus seiner Nachdichtungs-Anthologie *Stalin im Herzen der Völker* (Moskau 1939) später in eigene Gedichtsammlungen aufzunehmen. Der Paradigmen des Personenkults reproduzierende *Vorspruch* dieser Anthologie beschrieb Liebe und Verehrung für Stalin als tiefsten Ausdruck literarischer Volkstümlichkeit. In der Frontpropaganda setzte W. sich für künstlerisch-volkstümliche Propagandaformen auf Flugblättern und in Frontzeitungen ein. Die Diktion erbeuteter Feldpostbriefe imitierend, riefen seine Flugblattgedichte zur Beendigung des Krieges, zur Sabotage und zum Bruch mit Hitler auf. (*An die deutschen Soldaten*, Moskau 1942 Teil 1, 1943 Teil 2). Unter dem Ps. »Tom der Reimer« gab W. sich als deutscher Soldat in Gefangenschaft aus. Seine Parodien auf Parolen und Symbole der Nationalsozialisten sind oft bekannten Schlagermelodien oder Volksliedern nachempfunden. Grotesken in der Verstechnik des Kabarett-Liedes wie *Der Führer* (in: Ges. Gde., Bd. VI, S. 127f) gehören zu den seltenen durchgängig satirischen Gedichten dieser Zeit. Im sprachlichen Widerstreit mit Ideologemen des Faschismus (»Nation«, »Neuordnung Europas«, »Sozialismus«), versuchte W. die Existenz eines »anderen«, »wahren« Deutschlands zu behaupten, das er im antifaschistischen Widerstand bezeugt sah. Gespräche mit Gefangenen veranlaßten W. zu Texten, die um Offenlegung der historischen Ursachen für die Massenbasis des Faschismus bemüht waren (vgl. *Die Mutter*, in: Ges. Gde., Bd. VI, S. 341ff).

Dem kontroversen Programm eines »poeta militans« bot die eher auf einen übergreifenden Konsens der Richtungen abzielende antifaschistische Kulturpolitik der Nachkriegszeit wenig Raum. Als Dichter in Staatsfunktion zeigte sich W. zwar um eine literarische Affirmation politischer Direktiven bemüht, die vergleichsweise wenigen neuen Texte dieser Zeit erreichten jedoch selten das Niveau der aktuell-politischen Dichtung aus den 20er und 30er Jahren. In *Bekenntnis eines Künstlers zur neuen Welt* (in: Ges. Ged., Bd. VI, S. 559f) thematisierte W. noch einmal das Verhältnis von Dichter und »Volk« in der für ihn existentiellen Bedeutung. Bis zuletzt galt

ihm das Ideal einer Symbiose mit der Bewegung eines »zu neuen Himmeln« gewandten Volkes als eine Art poetischer Urzustand, aus dem der sozialistische Dichter moralisch erneuert hervorgehen könne. Die elegischen Züge dieses und anderer, die Weimarer Zeit erinnernder Texte, können als Hinweis gedeutet werden, daß auch W., der scheinbar ungebrochen die offizielle politische Linie des Staates propagierte, nicht verborgen geblieben war, wie weit jene Utopie einer geistigen Erneuerung von der realen Entwicklung im Osten Deutschlands entfernt war.

Ausg.: Ges. Werke in 9 Bde., Hg. im Auftrag der DAdK zu Berlin von L. Weinert unter Mitarbeit von U. Münchow, Berlin 1955-1960; Ges. Gedichte in 7 Bde., Hg. von der AdK der DDR unter Mitarbeit von L. Weinert, B. Kaiser, W. Schulz, E. Zenker, Berlin und Weimar 1970-1987; Erich Weinert erzählt. Hg. R. Engel, Berlin 1955; Das Nationalkomitee »Freies Deutschland« 1943-1945. Bericht über seine Tätigkeit und seine Auswirkung, Berlin 1957; Der preußische Wald, Hg. W. Sellhorn, Vorw. G. Deicke, Berlin 1986. – *Lit.:* H. Schurig: Vorläufiges Findbuch des literarischen Nachlasses von Erich Weinert (mit Bibl.), Berlin 1959; Erich Weinert. Dichter und Tribun. 1890-1953, Hg. DAdK zu Berlin, Berlin und Weimar 1965; W. Preuß: Erich Weinert. Sein Leben und Werk, Berlin 1970; D. Posdzech: Das lyrische Werk Erich Weinerts, Berlin 1973.

Lutz Seiler

Weisenborn, Günther (Ps. Christian Munk, W. Bohr, Borlan)

Geb. 10. 7. 1902 in Velbert; gest. 26. 3. 1969 in Berlin-West

Kaufmannssohn; studierte Theaterwissenschaft, Germanistik, Philosophie und Medizin 1923/26 in Köln und Bonn; als Tramp durch Europa. 1926/28 Regisseur und Schauspieler in Godesberg und Bonn. Nach erfolgreicher Ringuraufführung des Antikriegsstücks *U-Boot S 4* (1928, u.a. durch Piscator) nach Berlin als freier Schriftsteller; 1928/29 neue Stücke im Piscator-Stil (u.a. *S.O.S*, UA 1931). 1929 nach Argentinien: Farmer, Postreiter. Juli 1930 Rückkehr nach Berlin. 1933 Verbot von W.s Stücken. Entschluß, in Deutschland zu bleiben; Versuche, mit Romanen und Dramen antifaschistisch zu wirken; Abenteuergeschichten (unter Ps. Christian Munk, Sammlungen 1937, 1938), seit 1936 Mitarbeit an Unterhaltungsfilmen. Nach kurzem ›Emigrationsversuch‹ in New York 1937 Rückkehr. Anschluß an Schulze-Boysen/Harnack-Widerstandsorganisation (»Rote Kapelle«); in ihrem Auftrag Sep. 1940 zum »Großdeutschen Rundfunk« (Redakteur, Leiter der Kulturredaktion). 1941 auch Dramaturg am Schiller-Theater Berlin. Sep. 1942 Verhaftung, Feb. 1943 verurteilt zu 3 Jahren Zuchthaus. Nach Befreiung durch die Rote Armee 1945 Bürgermeister für vier Dörfer um Luckau. Chefdramaturg am Hebbel-Theater Berlin. Mit H. Sandberg Dez. 1945/48 Herausgabe der Zs. »Ulenspiegel«. Vorsitzender des Schutzverbandes Deutscher Autoren. Initiator des I. Deutschen Schriftstellerkongresses 1947. 1948 Übersiedlung nach Engelswies am Bodensee, 1951 Hamburg, 1964 Berlin-West.

Nach hilflos empörerischen nachexpressionistischen ersten Stücken begann W., zunächst als linker Einzelgänger, mit *Die Studenten vom Rhein* (Dr., Ms. 1926) und *U-Boot S 4* die für sein Werk bis 1933 charakteristische offen politische Attacke gegen Krieg und Monopolkapitalismus. Geleitet von einem idealistisch-revolutionären Moralismus, verstand er sich als Sozialist und verband sich zeitweise eng mit der revolutionären Bewegung. 1930/31 trat er, ohne Mitglied in der KPD oder ihren Kulturorganisationen zu sein, für politische Positionen der KPD ein und beteiligte sich an Agitationsarbeit mit Songs für Rote Revuen und dem Lehrstück-Oratorium *Mann im Beton* (zus. mit R. A. Stemmle, Berlin 1932, UA 1932). 1930 dramatisierte er M. Gorkis *Die Mutter* (zus. mit G. Stark, Berlin 1931) und arbeitete an der davon angeregten *Mutter*-Bearbeitung B. Brechts mit. Sein heftig diskutierter dokumentarischer Studentenroman *Barbaren* (Berlin 1931, 1933 von den Nazis verbrannt), der zum Übergang zur »Lehre Lenins« (S. 240) aufrief, trug zur Entwicklung des zeitgenössischen Tatsachenromans bei. – Nach tiefer Erschütterung durch die Niederlage 1933 erarbeitete sich W. Standpunkte eines linken Antifaschismus, der sich auf seinen Antikapitalismus und seine revolutionär-idealistische Geschichtsauffassung (Kampf gegen den »Schmerz« als Triebkraft der Geschichte) gründet. W. brachte einen für ihn charakteristischen Typ gesellschaftskritischer Unterhaltungsliteratur in die Literatur des inneren Widerstands ein; die Werkfolge *Das Mädchen von Fanö* (e. 1933/34, Berlin 1935, 1941 nazistisch verfälschte Verfilmung), *Die Neuberin* (Berlin 1934, UA 1935, unter Ps. Christian Munk, zus. mit E. Foerster [d. i. E. Kleindorff]), *Die Furie* (Berlin 1937) macht erkennbar, wie er zu einer immer weniger nazistisch manipulierbaren Widerstandskunst kam. Der *Fanö*-Roman, eine Liebesgeschichte unter Nordseefischern, suchte mit Bildern vom ewigen Rhythmus des Lebens Impulse zum Überstehen der vergänglichen Nazizeit zu geben. Im massenwirksamen *Furie*-Roman, einer Liebesgeschichte inmitten des Chaco-Kriegs und eines Indioaufstands, gelang es W., seine Grundideen vom Zusammenhang von Krieg und Kapitalismus und vom revolutionären Widerstand zu gestalten und dabei Leitideen des deutschen Faschismus in Frage zu stellen; aus linker, sozialistischer Sicht geschickt kaschiert den Faschismus als Spätkapitalismus zu denunzieren, war eine singuläre Leistung in der veröffentlichten Literatur des inneren Widerstands. In den Nachkriegsjahren entstanden W.s bekannteste antifaschistische Werke: das Drama *Die Illegalen*

(Berlin 1946, UA 1946), der Lebensbericht *Memorial* (München 1947, e. z. T. in Untersuchungshaft) und *Der lautlose Aufstand* (Hamburg 1953, erw. 1954), der erste umfassende Dokumentar-Bericht über die deutsche Widerstandsbewegung 1933/45. In der BRD, wo W. ab 1948 neun Bühnenwerke, drei gesellschaftskritische Romane, Filme, eine Autobiographie, ein China-Reisebuch, Hörspiele u. a. veröffentlichte, engagierte er sich, als parteipolitisch ungebundener »Außenseiter«, gegen Alt- und Neonazismus und Kriegspolitik und für einen antistalinistischen demokratischen Sozialismus.

W. W.: Der gespaltene Horizont. Niederschriften eines Außenseiters (Aut.), München/Wien/Basel 1964; Theater. Bd. 1–4, Berlin 1964–67. – *Ausg.:* Die Clowns von Avignon / Klopfzeichen. Zwei nachgelassene Stücke, Hg. H. D. Tschörtner, Berlin 1982; G. Weisenborn/J. Weisenborn: Einmal laß mich traurig sein. Briefe, Lieder, Kassiber 1942–1943, Hg. E. Raabe, Zürich 1984; Die Reiherjäger und andere Hörspiele, Hg. H. D. Tschörtner, Berlin 1990. – *Lit.:* I. Brauer/W. Kayser: Günther Weisenborn, Hamburg 1971 (= Hamburger Bibliographien, Bd. 10); M. Hahn: Ein Linker im Widerstand, in: Erfahrung Nazideutschland, Hg. S. Bock/M. Hahn, Berlin und Weimar 1987.

Manfred Hahn

Weiskopf, Franz Carl (Ps. Peter Buk, F. W. L. Kovacs, Heinrich Werth)
Geb. 3. 4. 1900 in Prag; gest. 14. 9. 1955 in Berlin

Sohn eines deutsch-jüdischen Bankbeamten und einer Tschechin. Besuchte die deutsche Volksschule und das Prager Altstädter Realgymnasium. Wurde noch im Frühjahr 1918 zum Kriegsdienst in der österreichisch-ungarischen Armee einberufen. Dort durch Lektüre erste Begegnung mit dem Marxismus. Studierte 1919/23 Germanistik und Geschichte in Prag. Seit 1919 engagierte er sich in der linken sozialdemokratischen Bewegung, in der Freien Vereinigung sozialistischer Akademiker; war seit Gründungsparteitag Okt. 1921 Mitglied der KPČ und arbeitete an linken Publikationsorganen mit. Promotion 1923 über den schwäbischen Komödienschreiber S. Sailer. Danach Schriftsteller und Journalist, handelte sich Anklagen wegen literarischen Hochverrats ein. 1925 gehörte W. zur Redaktion der von J. Fučík begründeten Intellektuellen-Zs. »Avantgarda«. Ab 1926 bereiste er als Reporter mehrfach die UdSSR. 1927 und 1930 Teilnahme an der I. bzw. II. Internationalen Konferenz proletarisch-revolutionärer Schriftsteller in Moskau bzw. Charkow. 1928 Übersiedlung nach Berlin. Redigierte 1929/33 das Feuilleton der linken Tages-Ztg. »Berlin am Morgen«, war Mitglied des BPRS. Als Feuilletonredakteur und profunder Literaturkritiker förderte W. die Herausbildung der proletarisch-revolutionären Literatur in Deutschland. Von den Nationalsozialisten ausgewiesen, kehrte

Weiskopf bei Rundfunkdiskussion, 1930

er im Frühjahr 1933 nach Prag zurück, leitete als Chefredakteur bis 1938 die AIZ. 1934 zum I. Allunionskongreß der Sowjetschriftsteller in Moskau.

W. half bei der Herausgabe der »Neuen Deutschen Blätter« und des »Gegen-Angriff« und durch vielfältige Initiativen bei der politischen und organisatorischen Formierung der deutschen Exilliteratur. 1937 für seine Auswahl mit Übersetzungen *Das Herz – ein Schild. Lyrik der Tschechen und Slowaken* (London 1937) mit dem vom Präsidenten der ČSR gestifteten Herderpreis ausgezeichnet. W. emigrierte im Herbst 1938 nach Paris, nahm im Juni 1939 am Kongreß der League of American Writers in New York teil und kehrte infolge des Kriegsbeginns nicht nach Europa zurück. In den USA setzte er sich mit Erfolg für die Freilassung von in Frankreich internierten Schriftstellern ein und wirkte außerdem als literarischer Verbindungsmann zwischen den Zentren des antifaschistischen Kampfes. Nach dem Krieg war W. im diplomatischen Dienst der ČSR als Botschaftsrat, Gesandter bzw. Botschafter in Washington, Stockholm und Peking tätig. 1953 übersiedelte er erneut nach Berlin. Gemeinsam mit W. Bredel leitete er die Zs.

NDL. Er war Vorstandsmitglied im DSV und wurde 1954 in die AdK zu Berlin berufen.

W. arbeitete auf vielfältigen literarischen Feldern, als Lyriker und Nachdichter, Erzähler und Romancier, Schreiber von Reportagen und Anekdoten, und er begleitete als Literaturkritiker die Entwicklung der deutschen sozialistischen Literatur. Am Beginn seines Schaffens stehen Märchen, dramatische Versuche (*Föhn*, UA 1921; *Das Land am anderen Ufer* [tschechisch], 1925) sowie Gedichte und Nachdichtungen (*Es geht eine Trommel ... Verse dreier Jahre*, Berlin 1923; *Tschechische Lieder*, Berlin 1925), die an sozialrebellische, plebejische und volkstümliche Traditionen der deutschen und der tschechischen Literatur anknüpfen. Ab 1923 wandte er sich der erzählenden Prosa zu. In den Mittelpunkt seiner Erzählungen und Novellen rückte er Kleinbürger, deren psychologische Struktur er kannte, sowie kleine Bauern aus der Verchovina oder Vagabunden und Kesselflicker, deren Handeln direkt durch ihre ökonomische Zwangslage motiviert ist (*Die Flucht nach Frankreich*, Wien/Berlin 1926; *Wer keine Wahl hat, hat die Qual*, Berlin 1929). Bemerkenswert im Literarischen wie Politischen ist die Legende *Der Wundertäter* (e. 1924), eine Erzählung vom Leben einer einfachen russischen Frau und dessen von der Oktoberrevolution bewirkte Veränderungen, durch die W. die historische Bedeutung Lenins zu erhellen versucht.

Auf andere Weise Ausdruck unmittelbarer Parteinahme für den sozialistischen Aufbau in der Sowjetunion sind die Reportagen *Umsteigen ins 21. Jahrhundert* (Berlin 1927) und *Zukunft im Rohbau* (Berlin 1932), die neben E. E. Kischs u. a. zu den wichtigen Sowjetunionberichten der Zeit gehörten. Durch ein breites Spektrum individueller Entwicklungen sollten sie demonstrieren, wie und in welchem rasanten Tempo unter dem Einfluß des gesellschaftlichen Umbruchs Menschen sich selbst und ihre Beziehungen untereinander, zur Arbeit oder zum Staat verändern. Den ersten Roman, *Das Slawenlied. Roman aus den letzten Tagen Österreichs und den ersten Jahren der Tschechoslowakei* (Berlin 1931), legte W. als Experiment an, das fiktive und authentische Darstellungsweisen miteinander verbindet, in einer neuen Art der Montage von Ich-Erzählung mit Zeitdokumenten, die in der zeitgenössischen sozialistischen Kritik auf Ablehnung stieß. Gegenstand ist die Wandlung eines jungen Intellektuellen unter den Bedingungen zugespitzter nationaler und sozialer Widersprüche in Prag und sein Übergang zum Proletariat. – W.s funktions- und wirkungsorientierter Literaturauffassung entsprach nach 1933 das Bemühungen, die alte Anekdotenform im Sinne des antifaschistischen Kampfes mit historisch-konkretem Inhalt zu erfüllen; es entstanden sprachlich dichte Zeugnisse von Terror und Widerstand – eine innovatorische Leistung (*Die Stärkeren. Episoden aus einem unterirdischen*

Krieg, Prag 1934; fortgesetzt mit *Die Unbesiegbaren. Berichte. Anekdoten, Legenden 1933–45*, New York 1945). In seiner Romanarbeit reagierte er direkt auf die Zeitereignisse: In *Die Versuchung. Roman einer jungen Deutschen* (Zürich 1937; ab 1954 u. d. T. *Lissy*) bemühte er sich um eine Analyse vor allem der psychologischen Voraussetzungen für die faschistische Machtergreifung; mit *Dawn Breaks. A novel from the V-Front* (New York 1942, deutsch: *Vor einem neuen Tag*, Mexiko 1944) nahm er literarisch den slowakischen Aufstand vorweg, der zwei Jahre nach Erscheinen des Werkes im beschriebenen Gebiet tatsächlich ausbrach; in *The Firing Squad* (New York 1944, deutsch: *Himmelfahrtskommando*, Stockholm 1945) stellte er das Problem der Mitschuld des einzelnen wie des ganzen Volkes an Hitlers Kriegsverbrechen zur Diskussion. Daneben beschäftigte ihn, in Fortführung der Slawenlied-Thematik, die Darstellung von Epochenprozessen im großen epischen Kunstwerk. Seit 1938 arbeitete er an der Darstellung der Geschichte der Tschechoslowakei in einem Romanzyklus. Als erster Band erschien *Twilight on the Danube* (New York 1946, deutsch: *Abschied vom Frieden*, Berlin 1950), als zweiter *Children of their Time* (New York 1948; *Kinder ihrer Zeit*, Berlin 1951, endgültige Fassg.: *Inmitten des Stroms*, Berlin 1955). Der dritte Band, *Welt im Wehen*, war bis zum 10. Kapitel gediehen, als W. starb. Die Romane sind auf die Motive Abschied und Anderswerden gestellt und schildern aus der besonderen Prager Sicht auf die großen gesellschaflichen Konflikte in Einzelschicksalen den Untergang der Donaumonarchie sowie das Heraufdämmern einer neuen Zeit. In seinem letzten Lebensjahrzehnt setzte sich die schon ausgeprägte Vielseitigkeit in W.s literarisches Schaffen fort. Besonders hervorzuheben sind sein früher Versuch einer literaturhistorischen Würdigung der Exilliteratur (*Unter fremden Himmeln. Ein Abriß der deutschen Literatur im Exil 1933–1947*, Berlin 1948, Ndr. Berlin und Weimar 1981) und seine vehementen sprachkritischen Aufsätze (*Verteidigung der deutschen Sprache. Versuche*, Berlin 1955).

W. W.: Der Traum des Friseurs Cimbura (Nn.), Berlin 1930; Der Staat ohne Arbeitslose. Drei Jahre »Fünfjahresplan« (Bildbd., zus. mit E. Glaeser, Nachw. A. Kurella), Berlin 1931; D. Leblond-Zola: Zola. Sein Leben, sein Werk, sein Kampf (Hg. und komm.), Berlin 1932; Die Feuerreiter (Ges. Ge.), Moskau 1935; La Tragédie tchécoslovaque de septembre 1938 à mars 1939 (Abh.), Paris 1939; Hundred Towers (Anth., Hg.), New York 1945; Der ferne Klang (En.), Berlin 1950; Elend und Größe unserer Tage. Anekdoten 1933–1947, Berlin 1950; Brot und Sterne (Nachdn. tschech. und slowak. Lyrik), Berlin 1951. – *Ausg.:* Gesammelte Werke. 8 Bde. (Ausw. und Zusammenstellung G. Weiskopf und St. Hermlin, Mitarbeit F. Arndt), Berlin 1960; Ein Lesebuch für unsere Zeit (Hg. A. Roscher, Mitarbeit G. Weiskopf), Berlin 1963. – *Lit.:* Erinnerungen an einen Freund. Ein Gedenkbuch für F. C. Weiskopf (Ausw. G. Weiskopf, St. Hermlin, F. Arndt), Berlin 1963;

F. Arndt: F. C. Weiskopf (Bildbd.), Leipzig 1965; Beiträge Bd. 5 (I. Hiebel: F. C. Weiskopf).

Irmfried Hiebel

Weitling, Wilhelm Christian (Ps. Freimann)

Geb. 5. 10. 1808 in Magdeburg; gest. 25. 1. 1871 in New York

Unehelicher Sohn einer Köchin und eines französischen Offiziers; erlernte das Damenschneiderhandwerk; ging 1826 auf Wanderschaft und stieß 1835 in Paris zum revolutionär-demokratischen Bund der Geächteten. 1837 erneut in Paris; Mitglied und für ein Jahrfünft ideologisch-politischer Kopf des 1836 gegründeten frühproletarischen Bundes der Gerechten, vor allem aufgrund seiner programmatischen Schrift *Die Menschheit, wie sie ist und wie sie sein sollte*, die zuerst anonym 1838 in Paris in 2000 Ex. erschienen war. W. übersetzte F. R. Lamennais' *Livre du peuple* (*Buch des Volkes*, verschollen) und schrieb 12 politische Lieder für die Sammlung *Volks-Klänge* (Paris 1841). Wirkte ab Mai 1841 im Bundesauftrag in schweizerischen jungdeutschen Handwerkervereinen und gründete in Genf, Vevey, Morges, Neuchâtel, Zürich und Aarau Bundesgemeinden, die die öffentlichen Bildungs- und Gesangsvereine politisierten. In Genf, Lausanne, Vevey und Morges errichtete er Speiseanstalten als kulturelle Zentren kommunistischen Gemeinschaftslebens. Er redigierte die Monats-Zs. »Der Hülferuf der deutschen Jugend« (Genf Sep./Dez. 1841), ab 1842 u. d. T. »Die junge Generation« (Bern/Vevey, Mai 1843 Langenthal/Zürich). W.s Hauptwerk *Garantien der Harmonie und Freiheit* (Vivis 1842) erschien dank materieller Unterstützung der Mitglieder des Bundes der Gerechten. Sein *Evangelium der armen Sünder* (Bern 1845) wurde noch vor Erscheinen 1843 in Zürich beschlagnahmt und brachte W. für fast ein Jahr ins Gefängnis. Aug. 1844 über Hamburg nach London; veröffentlichte seine *Kerkerpoesien* (Hamburg 1844), eine im Gefängnis verfaßte Befindlichkeitsbeschreibung des Gefangenen. Obzwar in London 1844/45 auf internationalen Meetings gefeiert, stieß er 1845 im deutschen Communistischen-Arbeiterbildungs-Verein Londons und 1846 im Brüsseler Kommunistischen-Korrespondenz-Komitee wegen seines Drängens auf eine sofortige kommunistische Revolution und seines Hangs zur Systemmacherei auf Ablehnung. Mit den Londoner Mitgliedern ebenso wie mit K. Marx und F. Engels in Brüssel zerstritten, ging W. schließlich Ende 1846 nach New York. Er kehrte nach Ausbruch der Revolution als Delegierter der deutsch-amerikanischen Arbeitervereine nach Europa zurück, nahm im Aug. 1848 an der Eröffnung des Arbeiterkongresses in Berlin, im Okt. am 2. Kongreß der

Wilhelm Weitling

demokratischen Vereine teil und warb in seiner Wochen-Zs. »Der Urwähler« (Berlin Okt./Nov. 1848) für eine soziale Republik und selbständige Organisation der Arbeiter. In Hamburg gründete W. seinen Befreiungsbund (800 Mitglieder). Er trat in Arbeiter- und demokratischen Vereinen, auf Kundgebungen und in der Lokalpresse mit der Forderung nach Koordinierung des Kampfes gegen die Konterrevolution auf und schloß im Feb. 1849 als Delegierter des Norddeutschen Arbeiterkongresses seine Arbeitervereine der Arbeiterverbrüderung an. Ende 1849 ging W. in die USA. Hier organisierte er die deutsch-amerikanischen Arbeiter nach dem Muster der Arbeiterverbrüderung in einem Arbeiterbund mit etwa 20 Bundesgemeinden und ca. 500 Mitgliedern, der aber 1854 zerfiel. In New York gab er die Monatszs. »Republik der Arbeiter« (Jan. 1850/Juli 1855) heraus, das erste langlebige kommunistische Arbeiterblatt der USA mit einer Auflage von bis zu 4000 Ex. (Ende 1850). W. vollendete sein lange verschollen gebliebenes Spätwerk *Grundzüge einer allgemeinen Denk- und Sprachlehre* (Frankfurt a.M. 1991)), das seine Sozialtheorie erkenntnistheoretisch und naturphilosophisch in ein universalgeschichtliches Weltbild einordnete. Er starb in größter Armut. Mit W.s theoretischem und publizistischem Werk begann die kommunistische Arbeiterliteratur im Vormärz. Seine Prosa und politische Lyrik bekundeten in klarer und bildhafter Sprache das aufkeimende Selbstbewußtsein des deutschen Frühproletariats und dessen Willen zur Befreiung aus eigner Kraft. Er verarbeitete proletarische Weltsicht, Sozialkritik und

Zukunftserwartung mit den von C. Fourier und C.H. Saint-Simon gewonnenen Einsichten und bekannte sich zu einer plebejischen Traditionslinie, die vom Urchristentum über die Wiedertäufer und T. Müntzer bis hin zum Babouvismus reicht. *Die Menschheit, wie sie ist und wie sie sein sollte* war die erste kommunistische Programmschrift der deutschen Arbeiterbewegung, die bürgerlich-liberalen und -demokratischen Idealen das utopistische Modell eines Familienbundes der Menschheit entgegensetzte, in dem Lasten und Genüsse allen Gesellschaftsmitgliedern gleichermaßen zuteil würden. Sie verallgemeinerte die ersten proletarischen Kampferfahrungen, verneinte individuellen Terror sowie putschistische Mittel und sah in Aufklärung und Organisation der Arbeiter die einzige Möglichkeit, eine künftige Revolution im Volksinteresse zu nutzen. W.s Liedtexte prangerten das Geldsystem als letzte Ursache aller sozialen, politischen und moralischen Gebrechen der Menschheit an und brachten in das national-demokratische Handwerkerliedgut einen internationalistisch-sozialrevolutionären Akzent. »Hülferuf« und »Junge Generation« erschienen als erste von Arbeitern für Arbeiter geschriebene Druckzeitschriften in 1000 Ex., von denen 400 nach Paris, 100 nach London und einzelne Nummern auch nach Deutschland gelangten. W. bediente sich verschiedener literarischer Gattungen, z.B. der erzählerischen Utopie (*Paris im Jahre 2000 und?*, in: »Hülferuf«, 1841, Nr.3, und »Junge Generation«, 1842, Nr.2-4) und der Allegorie (*Die Elbe, der Rhein, die Seine, die Weichsel, der Dniepr, die Donau. Ein Gespräch*, in: »Hülferuf«, 1841, Nr.2), um soziale Mißstände und sittliche Verhaltensweisen zu geißeln. W.s Hauptwerk, *Garantien der Harmonie und Freiheit*, entwuchs dem Bedürfnis, seinen kommunistischen Alternativentwurf politisch, geschichtsphilosophisch und sozialtheoretisch gegen konservative, klerikale und liberale Angriffe und Einwände zu untermauern, auszubauen und zu verteidigen. W. erblickte in Privateigentum und Geld die materiellen Wurzeln aller sozialen Entzweiung, aller Kriege und jedweder sittlichen Verderbnis. Er erklärte beides als mit den Gesetzen der Natur, Vernunft und christlichen Liebe unvereinbar und sah allein in einer kommunistischen Völkerfamilie, die einem jeden gleiche Pflichten auferlegt und gleichen Anspruch auf alle materiellen und geistigen Güter gewährt, den unaufhaltsamen Fortschritt zu allgemeinem Wohlstand und blühender geistiger und sittlicher Kultur der Menschheit gesichert. Gedankliche Kühnheit und sprachliche Kraft des Werks erregten Aufsehen auch in der intellektuellen Vormärzelite, so bei M. Bakunin, L. Feuerbach, H. Heine, Marx, Engels u.a. W.s *Evangelium der armen Sünder* stellte der junghegelianischen und Feuerbachschen Religionskritik eine frühproletarisch-kommunistische Bibelinterpretation zur Seite, die den Kommunismus als säkulare Erfüllung der christlichen Ethik auffaßte.

W. W.: Gerechtigkeit. Ein Studium in 500 Tagen, (e. 1844) Hg. E. Barnikol, Kiel 1929; Ein Nothruf an die Männer der Arbeit und der Sorge, New York 1847; Der Katechismus der Arbeiter, New York 1854. – *Ausg.:* Klassifikation des Universums, Hg. E. Barnikol, Kiel 1931; Theorie des Weltsystems von Wilhelm Weitling, Hg. E. Barnikol, Kiel 1931. – *Lit.:* W. Joho: Wilhelm Weitling. Der Ideengehalt seiner Schriften, Wertheim a.M. 1932; C. Wittke: The Utopian Communist. A Biography of Wilhelm Weitling, Baton Rouge 1950; W. Seidel-Höppner: Wilhelm Weitling – der erste deutsche Theoretiker und Agitator des Kommunismus, Berlin 1961; G.M. Bravo: Wilhelm Weitling e il comunismo tedesco prima del Quarantotto, Turin 1963; L. Knatz: Utopie und Wissenschaft im frühen deutschen Sozialismus. Theorie und Wissenschaftsbegriff bei Wilhelm Weitling, Frankfurt a.M. 1984; W. Seidel-Höppner/J. Rokitjanski: Weitling in der Revolution 1848/49, in: Jb. für Geschichte, Berlin 1985, Bd. 32; L. Knatz/H.-A. Marsiske: Wilhelm Weitling. Ein deutscher Arbeiterkommunist, Hamburg 1989; H.-A. Marsiske: Eine Republik der Arbeiter ist möglich, Hamburg 1990.

Waltraud Seidel-Höppner

Weller, Emil Ottokar

Geb. 24. 7. 1823 in Dresden; gest. 4. 1. 1886 in Nürnberg

Sohn eines Augenarztes; kam 1845 nach abgebrochenem Medizinstudium als Verlagsvolontär und Publizist mit ›wahrsozialistischer‹ Ausrichtung nach Leipzig. Seit 1846/47 zunehmend unter dem Einfluß des Anarchismus und der Ideen des französischen utopischen Arbeiterkommunismus, gründete er März 1847 einen eigenen Verlag, mit dem er sich u.a. auch am illegalen Vertrieb revolutionärer Literatur beteiligte. W. war Mitglied des Bundes der Gerechten und dann auch des BdK. Während der Revolution 1848/49 verstärkte W. sein publizistisches Wirken durch die Herausgabe der Leipziger Revolutionsztg. »Volksfreund« (↗ »Verbrüderung«). Er schrieb Artikel und Korrespondenzen für die »Neue Rheinische Zeitung« und Blätter der Arbeiterbewegung. Hier, wie in zahlreichen Flugblattdrucken, betrieb er unablässig politische Volksaufklärung für die konsequente Fortsetzung der Revolution und warb für seine Idee eines zukünftigen kommunistisch-anarchistischen Gemeinwesens. Daneben nutzte W. seine ausgezeichneten literarischen Kenntnisse immer wieder zur Veröffentlichung von Literaturberichten und Bibliographien, wobei er auch hier politisch-propagandistische Akzente zu setzen suchte (*Neuere Poesie*, in: »Prometheus«, Herisau 1846). Als einzigartig für die Zeit gilt W.s Zusammenstellung der wichtigsten nationalen und internationalen Neuerscheinungen der sozialistischen Literatur im *Wegweiser auf dem Gebiete der sozialdemokratischen Literatur* (Leipzig 1847). Sein Almanach *Demokratisches Taschenbuch für 1848* (Leipzig 1847), in dem politische Aufsätze, sozialkritische

Lyrik und ambitionierte Literaturkritiken mit einem Abschnitt aus K. Marx' *Elend der Philosophie* und Dokumenten des Bundes der Gerechten vereint waren, empfahl sich darüber hinaus mit einer eigens für den Aufbau von Arbeiterbibliotheken konzipierten Bibliographie, *Wegweiser auf dem Gebiete der freien demokratischen Literatur.* Nach der Revolution konzentrierte sich W. zunächst auf Aufrechterhaltung und Weiterführung der agitatorischen und organisatorischen Arbeit (teilweise illegal) in der elementaren Arbeiterbewegung Sachsens. Im Mai 1850 ging er ins Exil, zunächst nach Holland und Belgien, 1851 in die Schweiz. Von hier aus schloß er sich der vom BdK abgespaltenen Willich-Schapper-Gruppe an. W. setzte vor allem seine bibliographischen und literaturhistorischen Studien fort, auch nachdem er 1865 nach Deutschland zurückkehrte und sich in Nürnberg niederließ. Hier nahm er sein Engagement in der sich neu orientierenden Arbeiterbewegung wieder auf. W arbeitete im Arbeiterbildungsverein Nürnberg mit, fungierte als Sekretär der Sektion der IAA und nahm als Delegierter am ersten Kongreß der SDAP im Aug. 1869 teil. In dem von W. mitbegründeten Unterhaltungsblatt »Nürnberger Kreuzerblätter« gab er auch immer wieder der Arbeiterschaft nahestehenden Dichtern wie z.B. G. Herwegh und R. Schweichel Raum für Veröffentlichungen.

W. W.: Neujahrs-Almanach für Unterthanen und Knechte, Leipzig 1850; Die Lieder des 30jährigen Krieges (Bibl.), Basel 1855; Die maskirte Literatur der älteren und neueren Sprachen. Teil 1: Index pseudonymorum; Teil 2: Die falschen und fingierten Druckorte (Bibl.), Leipzig 1856/58; Annalen der poetischen Nationalliteratur der Deutschen im XVI. und XVII. Jahrhundert, 2 Bde., Freiburg i. Br. 1862/64; Die ersten deutschen Zeitungen. 1505-1599 (Aufs., Bibl.), Tübingen 1872. – *Ausg.:* Wegweiser zur sozialistischen Literatur, Einl. B. Kaiser Leipzig 1967. – *Lit.:* R. Weber: Emil Ottokar Weller, in: Männer der Revolution von 1848, Bd. 1, Hg. H. Bleiber/W. Schmidt/R. Weber, Berlin 1970; W. Schwarz/I. Kießhauer: Emil Ottokar Weller, in: Beiträge zur Marx-Engels-Forschung, Berlin 1986, Bd. 20.

Inge Kießhauer

(Die) Welt am Abend (WaA)

1922/1926-1933; am 2. 4. 1922 gegründete Zeitung, Hauptschriftleiter: C. von Ossietzky (bis 1923); verantwortlicher Redakteur K. Grünberg (1924/25); Chefredakteure: W. Oehme, E. Rabold (1925); A. Hurtig (Okt. 1926/28), P. Friedländer (1929/Feb.33); K.W. Schmidt-Helling, E. Klichowitz (März/Sep. 1933). Sie entwickelte sich nach dem Kauf durch die IAH/W. Münzenberg im Okt. 1926, zu einem vielgelesenen Blatt der Berliner. Die mit der Übernahme gegebene Umstellung auf den Typ einer breite Massen ansprechenden Abendzeitung (Erscheinungsweise: täglich 14.00 Uhr, außer sonntags) mit Anspruch, in Konkurrenz zur »Haltegriff-Presse« – d.i.: die man in den Verkehrsmitteln nicht liest, sondern überfliegt – (vgl. B. Frei: *Papiersäbel*, Frankfurt a.M. 1972, S. 131), trug zur Auflagensteigerung bei (Aufl.: 67 000 [1926] auf 229 000 [1930, Höhepunkt]). Die WaA erweiterte sich im Umfang (8 –10/12 S.; Preis in Berlin 10 Pf.) wie auch thematisch (Außen- und Innenpolitik, Lokales: 4 S.; Wissenschaft und Technik, Sport, Preisausschreiben, Rätsel, Fortsetzungsroman, Rezensionen und Artikel zu Literatur, Film, Radio, Kunst, Kulturpolitik, Varieté, Zirkus, Mode und Gerichtsberichte: 4 -6 S.; Inserate/Werbung: 2 S.).

Auffallend ist, welche Leute Münzenberg, darunter auch solche, die nicht zur kommunistischen Bewegung zählten, zur Mitarbeit gewann: A. Behne (1926/31: Kunstthemen), H. Walden, K. Kersten, B. Brentano, M. F. Mendelsohn, E. P. Neumann, W. Vogel, H. Tasiemka, L. Lania, H. Lefèbre, K. Neukrantz, A. Seehof, G. W. Pijet (1929/33: tägliche Rundfunkkritik), H. Ernst, F. Ostermoor, H. von Zwehl u. a. m.

Zum Grundaufbau gehören Rubriken: »Der Bücherwagen«, »Auf der Bühne« bzw. »Auf Bühne und Leinwand« »Bühne und Film«, »Neue Filme«, »Schallplatten«, »Rundfunk«, »Neue Bücher«, »Theater«, »Was der Hörer sendet«, »Für unsere Kinder«, »Winke für den Haushalt«, »Rätsel«, »Arbeiterschach« sowie das jeweilig aktuelle Funk- und Filmprogramm; Fortsetzungsromane von M. Andersen Nexö, E. Zola, A. Tarassow-Rodionow, B. Traven, H. de Balzac, V. Hugo, M. Gold, N. Ekk, A. Paquet, H. Roth, J. u. E. de Concourt, V. Margueritte, K. Kläber, B. Pilnjak, A. Daudistel, O. Heller, H. Lorbeer, Lania, E. E. Kisch, Pijet, F. Krey, L. Turek, H. Marchwitza und F. C. Weiskopf. Käufermagnete sind die Reportagen von Kisch, A. Goldschmidt, W. Schönstedt, H. E. Kaminski, H. Hein, S. Tretjakow u.a. bzw. die Reportageserien *Das unterirdische Berlin* (von Ernst), *Kutte und Krummstab* (von Tibertius Poten), *Eros im Zuchthaus, Liebe im Gefängnis, Die Heldenfahrt der Krassin* u.a., die Leserdiskussionen über Mode (z.B. 1930: »Weg mit Schlips und Kragen – Was unsere Leser zur Herrenmode sagen«) wie auch die Beilagen »Wandern und Reisen«, »Sport und Spiel« (ab 1930).

WaA war parteiunabhängig, wenngleich sie sich für die kommunistische Arbeiterbewegung engagierte, vertrat eigene Ansichten bezüglich sozialer, politischer, ökonomischer, kulturellästhetischer Zeitereignisse (Fürstenenteignung, unsoziale Gesetzgebungen, § 218, Abschaffung der Todesstrafe, Reform des Strafgesetzbuches, Kampf um Sacco und Vanzetti); zeigte Zivilcourage gegen den erstarkenden Faschismus (Meinungsumfrage als Broschüre: *Wie kämpfen wir gegen ein Drittes Reich? Einheitsfront gegen das Hakenkreuz. 78 Beiträge von Arbeitern, Angestellten, Schriftstellern, Künstlern und Politikern,* Berlin 1931); wies auf die Zustände des Strafvollzugs hin, popularisierte die »Russenfilme« (*Polikuschka, Pan-*

zerkreuzer Potemkin, Die Mutter, Sturm über Asien, Menschenarsenal, Turksib), aber z.B. auch *Mädchen in Uniform, Alice und der Selbstmörder, Mutter Krausen's Fahrt ins Glück* und machte Front gegen kitschige Liebesfilme in Uniform, rührselige Wiener-Walzer- bzw. Militärfilme. Mit *Dunkelkammer Deutschland* titelte die WaA die Verbotsgroteske um den *Kuhle Wampe*-Film. Sie förderte die proletarisch-revolutionäre Literatur, publizierte Lyrik (M. Barthel), insbesondere die Agitationslyrik (J. R. Becher, E. Weinert, K. Otten, K. Glas, K. Schnog, P. Körner, O. Steinicke [Ps. Havelok]), warb mit Literaturrubriken: »Der Bücherwagen«; »Wir empfehlen zur Lektüre«; »Man muß lesen«; »Was liest Berlin«. WaA propagierte, mit Inseraten oder durch Bücherlisten Bücher von I. Ehrenburg, U. Sinclair, Weiskopf, L. Feuchtwanger, A. France, B. Lask, L. Tolstoi, M. Gorki, Balzac, J. Reed, St. Zweig, A. Hotopp, H. Barbusse, G. Maupassant, J. Galsworthy, A. Schnitzler, B. Brecht, J. London, A. Tschechow, M. Leitner, B. Shaw, H. Kleist, E. T. H. Hofmann, E. A. Poe, C. Doyle, G. Keller, M. Gorki, A. Bronnen u.a.

Der Literaturverbreitung dienten praktisch das ab 1928 geschaffene Buchmarken-Sparsystem – wo die Leser, ihrer monatlichen Finanzlage entsprechend, Sparmarken für 25, 50, 75 Pf. und zu 1 Mark kaufen konnten, um am Monatsende ein Buch freier ·Wahl in einer Filiale des Kosmos Verlages zu erhalten – sowie die Feste der Universum-Bücherei, die alljährlich zur »Nagelprobe« des Interesses an der Abendzeitung wie am Abonnement an der kommunistischen Buchorganisation ↗ Universum-Bücherei für Alle wurde. Der Dezember, der Monat des proletarischen Buches, galt als Festzeit (1928-31). Auf dem Höhepunkt, 1931, kamen 25 000 in den Sportpalast, trotz polizeilicher Behinderung, was vom Erfolg der WaA und anderer IAH-Unternehmungen etwas ahnen läßt. »Das Fest der 20000«, wie es journalistisch dann hieß, ging unter Mitwirkung vom Orchester der Erwerbslosen, von E. Busch (SA--Mann-Song und *Stempellied*) – begleitet von H Eisler –, von Arbeiterchören (Kampflieder), Münzenberg, Frei, Steinicke (Ansprachen), von Weinert (Sketch: *Kampf gegen den Kitsch*), von S. Ambach und der Jungen Truppe (Sprechchöre), von Becher, Heller, Weiskopf, E. Glaeser, M. Tschumandrin, A. Tarassow-Rodionow (Kurzvorstellungen im sogenannten »Dreiminutenrundfunk«), von K. Kühl und E. Bringolf, bei Tanz bis 3 Uhr früh. Den Erfolg verdankt die WaA sowohl dem konsequenten Eintreten für die Interessen der Werktätigen als auch der – kräftige Worte und reißerische Wirkungen nicht scheuenden – Gestaltung. Er beruhte auf einer »Beilagenkonzeption«, die einerseits lebendige Berichterstattung auf allen Gebieten, andererseits interessante wie kompetente Vermittlung von Alltagsinteressen des »schaffenden Volkes« betrieb. Breite Aufnahme sicherte auch ein Spektrum aktiver Lebenshilfe wie Tips für den Haushalt, die

Kindererziehung, die Frauenbewegung, das Wohnen, die Freidenkerbewegung, die Jugendweihe, die Freikörperkultur (FKK) u.a. Breite Akzeptanz fanden die Themen Erhaltung der Natur, Sprachkurse für Arbeiter (Esperanto), Preisrätsel, Arbeiterfotografenbewegung, Widerstand gegen das »Schund- und Schmutzgesetz«, Popularisierung der Kurse der MASCH u.a. revolutionärer Organisationen. Alles dies bot Möglichkeiten, auf spezifische Denkweisen wie Alltagserwartungen der Leser einzugehen und sie mit der gesellschaftlichen Realität zu spiegeln – daher mußte der Versuch der Nazis, die WaA nahtlos weiterzuführen, im Sep. 1933 kläglich enden.

Lit.: B. Groß: Willi Münzenberg, Stuttgart 1967; R. Surmann: Die Münzenberg-Legende, Köln 1983; H. Sommer: Im Zeichen der Solidarität, Berlin 1986, P. Pürst: Der Beitrag der Zeitung »Die Welt am Abend« zur Verbreitung eines marxistischen Standpunktes auf dem Gebiet von Kunst und Kultur, Diplomarbeit, Berlin 1988.

Rainhard May

Wendel, Friedrich
Geb. 12. 5. 1886 in Köslin; gest. 8. 3. 1960 in Kiel

Der Tischlersohn lernte Buchdrucker, wurde 1907 Mitglied der SPD und begann wenig später für die Parteipresse zu schreiben. In den Jahren der Weimarer Republik wirkte er – nachdem er zwischen 1920 und 1922 kurzzeitig führender Funktionär der KAPD gewesen war – als sozialdemokratischer Publizist in Institutionen und Presseorganen, die vom SPD-Vorstand gefördert wurden, u.a. als Leiter der Buchgemeinschaft ↗ Der Bücherkreis und Chefredakteur ihrer Mitglieder-Zeitschrift (1925/28) sowie – seit 1924 – als Redakteur an der satirischen Wochenschrift ↗ »Lachen links« bzw. ↗ »Der Wahre Jacob«, die er von 1927 bis 1933 leitete. W. veröffentlichte eine Reihe vor allem demokratische und frühe sozialistische Traditionen erschließende Anthologien zur Geschichte der Karikatur und der Anekdote; engagierte sich in einigen Schriften antifaschistisch (*Hitler gegen die Lebensinteressen Deutschlands*, Berlin 1932) und für die Erhaltung des Friedens (*Der Frieden der Welt*, 1947).

W. W.: Geschichte in Anekdoten (Anth.), Berlin 1924; Der Sozialismus in der Karikatur (Anth.), Berlin 1924; Hans Baluschek (Mon.), Berlin 1924; Der Bürgerspiegel (Anth.), Berlin 1925; Das 19.Jh. in der Karikatur (Anth.), Berlin 1925; Das Sagenbuch der Arbeit (Anth.), Berlin 1927; Die Kirche in der Karikatur (Anth.), Berlin 1927; Das Schellengeläut. Kulturkritische Karikaturen des 19.Jh.s (Anth.), Berlin 1927; Die Mode in der Karikatur (Anth.), Berlin 1928; Wilhelm II. in der Karikatur (Anth.), Berlin 1928.

Manfred Nössig

Wendel, Hermann (Ps. Leo Parth)
Geb. 3. 3. 1884 in Metz; gest. 4. 10. 1936 in St. Cloud bei Paris

Sohn eines Postassistenten. Als Schüler 1902 mit R. Schickele, O. Flake, E. Stadler im Straßburger Künstlerkreis um die Zs. »Der Stürmer«. 1903 Studium in München. Um 1905 Eintritt in die SPD. Mitarbeiter der »Sächsischen Arbeiterzeitung« (Dresden). 1907 Redakteur der »Leipziger Volkszeitung«. 1908/13 Redaktionsmitglied der »Volksstimme« (Frankfurt a.M.). Publizierte in »Vorwärts«, NZ und »Glocke«. Brillanter Versammlungsredner gegen Monarchismus, Militarismus und Herrschaft von Junkertum und Großbourgeoisie. 1910 Wahl ins Frankfurter Stadtparlament. 1912/18 MdR. Schrieb im Auftrag der Parteiführung *August Bebel. Ein Lebensbild für deutsche Arbeiter* (Berlin 1913). Agitierte im Juli 1914 gegen den Krieg, schloß sich aber der offiziellen Stellungnahme der Sozialdemokratie zum Weltkrieg an. 1914 Kriegsfreiwilliger in Belgien. Propagierte den deutschen Sieg als gesellschaftlichen Fortschritt, trat jedoch gegen alldeutsche Annexionsbestrebungen und die Willkürakte deutscher Militärs auf. Würdigte die Oktoberrevolution als Schritt zum Frieden; in der Novemberrevolution wandte er sich gegen sofortige Sozialisierung, organisierte Soldatenräte und war Chef des Frankfurter Presse-, Nachrichten- und Zensurwesens. In den Nachkriegsjahren plädierte er für eine Republikanisierung der Reichswehr, der Staatsverwaltung und des Erziehungswesens und warnte vor einem Bündnis der Sozialdemokratie mit rechtsbürgerlichen Koalitionspartnern. 1922 Redaktionsmitglied der »Frankfurter Zeitung«. Emigrierte Anfang 1933 nach Neuilly-sur-Seine, wo er unter schwierigen materiellen Bedingungen lebte. Publizierte in »Neuer Vorwärts«, »Pariser Tageblatt«, »Das Neue Tagebuch«, »Prager Presse«.
In seinen literarischen Essays trat W. für deutsch-französische Völkerverständigung als Voraussetzung einer europäischen Friedensordnung ein, die einen »neuen Begriff Europa« (*Der Rhein. Deutschlands oder Europas Strom?* Frankfurt a.M. 1927) schaffen soll. Lebenslanges Interesse brachte er der Balkanregion entgegen, die er u.a. als Kriegsberichterstatter des »Vorwärts« während des Balkankrieges 1912 bereist und in mehreren Büchern über Geschichte, Kultur und Politik der Südslawen untersucht hat (u.a. *Der Kampf der Südslawen um Freiheit und Einheit*, Frankfurt a.M. 1925). Porträts der *Kämpfer und Künder* (Berlin 1928) bürgerlicher Emanzipation und der Arbeiterbewegung stehen im Zentrum seiner Kulturpublizistik. Er geht den »geistigen Ahnen der deutschen Republik« nach, die für ihn von Lichtenberg über J. Paul und G. Herwegh bis zu Marx und Engels reichen. Sein Buch *Heinrich Heine. Ein Lebens- und Zeitbild* (Dresden 1916) konnte erst 1919 veröffentlicht werden, weil die Forderung

nach einer Verbrüderung eines demokratischen Deutschland mit dem demokratischen Frankreich als Angriff auf das Kriegsregime begriffen wurde. W.s besondere Liebe galt den Repräsentanten der französischen Kulturgeschichte von Voltaire bis Hugo. In Essays über Ch. Baudelaire, A. France u.a. betont W. die Bedeutung des literarischen Individualismus für ein modernes Persönlichkeitsbild und formuliert im Essay über J. Jaurès sein Credo, das Individuum sei das Maß aller Dinge und »der Sozialismus die höchste Bestätigung des individuellen Rechtes und der höchste Ausdruck des revolutionären Individualismus« (*Französische Menschen*, Berlin 1932, S.221). Zentraler Bezugspunkt seines Denkens war zeitlebens die Geschichte der französischen Revolution von 1789 und ihrer Nachwirkungen. Sein Hauptwerk ist die 1930 in Berlin erschienene Biographie über Danton, die sich »streng an die Regeln des Historikers hält«, ohne »die Mittel des Künstlers zu verschmähen« (*Danton*, Nachw. H. Scheuer, Königstein/Ts. 1978, S.6). Die Akzentuierung von Dantons Bemühungen um die Einheit der revolutionären Kräfte und seiner »Politik der Vernunft und Mäßigung« (ebd., S.357) korrespondiert mit W.s publizistischen Warnungen vor dem Vordringen des Nationalsozialismus, dem er die Verteidigung von Humanität und Demokratie entgegenstellte. W.s letztes Buch ist der *Marseillaise* gewidmet. Mit dem Sieg der Volksfront in Frankreich sei die Nationalhymne wieder das »große Hoffnungslied der Menschheit« (*Die Marseillaise. Biographie einer Hymne*, Zürich 1936) geworden.

W. W.: Rosen ums Schwert (Ge.), Berlin 1904; Sozialdemokratie und antikirchliche Propaganda, Leipzig 1907; Hie Fleischwucher! Hie Gottesgnadentum! (Rede), Frankfurt a.M. 1910, 1912; Frankfurt am Main von der großen Revolution bis zur Revolution von oben (1789-1866), Frankfurt a.M. 1910; Weltkrieg und Sozialdemokratie, Dresden 1915; Elsaß-Lothringen und die Sozialdemokratie, Berlin 1916; Südosteuropäische Fragen, Berlin 1918; Südslawische Silhouetten, Frankfurt a.M. 1924; Die Habsburger und die Südslawenfrage, Berlin/Leipzig 1924; Jugenderinnerungen eines Metzers, Strasbourg 1934. – *Lit.:* R. Stübling: »Vive la France!« Der Sozialdemokrat Hermann Wendel. 1884-1936, Frankfurt a.M. 1983; R. Bauer: Hermann Wendel als Südosteuropa-Publizist, Neuwied 1985.

Dieter Schiller

Die Werkstatt (W)

Monatsschrift, zuletzt Vierteljahresschrift für Handwerker. Redaktion G. Schirges. W. erschien 1845/47 in Hamburg (Bd. 1: 1845 = 3 IIe., 176 S.; Bd. 2: 1846 = 6 He. u. 1 Suppl. H., 346 S.; Bd. 3: 1847 = 1. Abt., 158 S.). In Übereinstimmung mit dem Programm der Zeitschrift, das sich die Hebung des Bildungsniveaus der arbeitenden und besitzlosen Klassen zum Ziel setzte, waren die drei Hefte des ersten Bandes vor allem darauf gerichtet, die Leser zu unterhalten und ihnen Allgemeinwissen zu vermitteln. Neben Prosa – vorwiegend von Schirges – und Lyrik (u.a. von R. Burns, G.R. Neuhaus und H. Rollett) enthielt jedes Heft Beiträge technischer Natur. Eine »Gallerie berühmter Arbeiter« stellte u.a. B. Franklin vor. Einzelne Beiträge griffen jedoch bereits solche Fragen auf, die in den Arbeitervereinen und im Bund der Gerechten diskutiert wurden (*Die Arbeiterfrage in der französischen Pairskammer, Des Advocaten Berryers Verteidigung der Pariser Zimmergesellen*). Im zweiten Band wurde die Verbreitung von Ideen des Bundes der Gerechten u.a. mit den Beiträgen *Die Leiden der Gesellschaft und ihre Heilung* und *Die Chartisten* weitergeführt, so daß der vor allem auf Schirges zurückzuführende ›wahrsozialistische‹ Einfluß zurückgedrängt werden konnte. Die verstärkten Bemühungen von Mitgliedern des Bundes der Gerechten, die Zeitschrift zu ihrem Organ umzugestalten, fanden besonders in der Polemik zwischen K. Grün und Schirges (Bd. 2, H. 2, 3, 5) ihren Ausdruck. Weiterhin erschien eine Reihe von Beiträgen H. Ewerbecks (*Wilhelm Weitling's Evangelium des armen Sünders, Geschworenengerichte für Handwerker, Handwerk und Fabrik*) und L. Stechan. In der W sind ausführliche Berichte über das erste und zweite Stiftungsfest des Hamburger Arbeitervereins abgedruckt. Zu den weiteren Autoren der W gehörten u.a. C.G. Eck, J. Venedey, A. Glaßbrenner, G.L. Ulex und E.O. Weller.

Erhard Kiehnbaum

Westphälisches Dampfboot (WD)

Von O. Lüning, ab dem 2. Jahrgang unterstützt von J. Weydemeyer, zwischen Jan. 1845 und März 1848 herausgegebene sozialpolitische Monatsschrift (von Apr./17. 5. 1848 zweimal wöchentlich). Erschien als publizistisches Organ westfälisch-rheinischer Demokraten und Sozialisten 1845/46 im Verlag A. Helmich in Bielefeld, ab 1847 bei W. Crüwell in Paderborn. Das WD, radikalisierter Nachfolger des ebenfalls von Lüning redigierten »Wasserdampfboots« (Minden 1844), war somit die langlebigste frühsozialistische Zeitschrift im Deutschland des Vormärz.

Otto Lüning, geb. 6. 3. 1818 in Gütersloh; gest. 19. 11. 1868 in Rheda; Sohn eines Pfarrers; Medizinstudium in Greifswald; Burschenschafter; Arzt in Rheda; Mitarbeit in demokratischen Gruppierungen mit sozialkritischen Intentionen; veröffentlichte *Gedichte* (Schaffhausen 1844) und flüchtete 1845, 1849 und 1851 wegen Zensuranklagen in die Schweiz; redigierte 1848/49 in Darmstadt und Frankfurt a.M. die radikaldemokratische ↗ »Neue Deutsche Zeitung« und gab die frühsozialistische Sammelschrift *Dies Buch gehört dem Volke* (Paderborn

1845/46/47) heraus. L., einer der aktivsten frühsozialistischen Publizisten, vertrat nach 1848 nationalliberale Auffassungen.

Die Hauptorientierung der Zeitschrift war auf die Ausprägung und Vermittlung eines kritischen Bewußtseins gegenüber den aktuellen sozialen Fragen in allen Gesellschaftsgruppen gerichtet. Angestrebt wurde ein möglichst breiter Konsens in dem Grundsatz, daß das »Recht auf eine zureichende, menschliche Existenz durch die Einrichtungen der Gesellschaft garantirt« (Lüning: *Zum neuen Jahr*, Jan. 1847) werden müsse. Hierfür wurde versucht, die Darstellung neuester Sozialismusideen mit einer Kritik der ökonomischen, politischen und religiösen Verhältnisse zu verbinden. Deutlich spiegelte sich dabei im WD die Entwicklung des sozialistischen Gedankens von einem noch weitestgehend philosophischen Sublimat hin zu immer stärker wirkenden ökonomischen Begründungszusammenhängen. Die politische Berichterstattung ebenso wie die umfassende Diskussion aktueller gesellschaftlicher Fragen erfolgte dementsprechend weitgehend aus einer Perspektive, die die wirtschaftlichen und sozialen Aspekte der Probleme mit einbezog. Das traf auf die umfangreiche Berichterstattung über Gründungen und Arbeitsweisen von Arbeiter- und Arbeiterunterstützungsvereinen ebenso zu wie auf die getroffene Auswahl in den festen Nachrichtenblöcken »Weltbegebenheiten« und »Korrespondenzen«. Aus dieser Grundhaltung entsprangen aber auch die dauerhaft geführten Auseinandersetzungen mit den politischen Reformideen der liberalen Opposition. Charakteristisch für den Darstellungsstil im WD blieb ein zu theoretischer Abstraktion neigender, durch jungdeutsches Feuilleton und philosophisch-zeitkritischen Journalismus geprägter Schreibgestus. Die Hauptbeiträge, die vor allem zu Themen wie Industrialisierung und Proletarisierung, Pauperismus, Gütergemeinschaft oder Staatspolitik Stellung bezogen, ähneln so oft philosophisch-politischen Traktaten. Literarische Beiträge, in erster Linie Gedichte zeit- und sozialkritischen Zuschnitts, u.a. von Lüning und F. Freiligrath, aber auch einzelne, oft satirische Prosaarbeiten wie *Münchhausens Colonie* (Feb. 1845), eine parabelhafte Anspielung auf D. Defoes *Robinson Crusoe*, in der symbolhaft die Herausbildung bürgerlich-kapitalistischer Gesellschaftsstrukturen persifliert wird, ergänzten in unregelmäßigen Abständen das konzeptionelle Gesamtanliegen. Hierzu gehören auch die Besprechungen literarischer Neuerscheinungen (z.B. *Soziale Poesie. Paul. von A. v. Sternberg*, Mai/Juni 1846) oder wichtiger Sachbücher wie Weydemeyers Rezension zu *Geld und Geist. Von Dr. Heinrich Bettziech* (Feb. 1846). Das WD avancierte in seiner über dreijährigen Existenz zu einem der wichtigsten Foren der Profilierung, Konsolidierung und Differenzierung der frühsozialistischen Bewegung in Deutschland. Neben den mehr humanistisch-philanthropischen Ideen des ›wahren‹ Sozialismus (Lüning, K. Grün, M. Heß) fanden

zunehmend auch Vorstellungen aus den Kreisen der Kommunisten um K. Marx und des BdK (Weydemeyer, F. und W. Wolff) Eingang in die Zeitschrift. Es wurden Beiträge abgedruckt wie F. Engels' *Nachträgliches über die Lage der arbeitenden Klassen in England. Ein englischer Tournout* (Jan./Feb. 1846), das von Marx und Engels verfaßte, von Lüning in der abgrenzenden Kritik allerdings abgeschwächte *Zirkular gegen Kriege* (u. d. T.: *Der Volkstribun, redigiert von Hermann Kriege in New York*, Juli 1846) und der erste Teil der *Deutschen Ideologie* (K. Grün: ›*Die soziale Bewegung in Frankreich und Belgien*‹ oder *Die Geschichtsschreibung des wahren Sozialismus*, Aug./Sep. 1846), der einzige zu Lebzeiten von Marx veröffentlichte Teil des Werkes.

Ausg.: Ndr., Glashütten/Ts. 1972. – *Lit.:* D. Dowe: Aktion und Organisation. Arbeiterbewegung, Sozialismus und Kommunismus in der preußischen Rheinprovinz 1820-1852, Hannover 1970; K. Obermann: Joseph Weydemeyer und das Westphälische Dampfboot April/Mai 1848, in: Sitzungsberichte der AdW der DDR, Berlin 1975, Nr. 20.

Martina Braun

Weydemeyer, Joseph

Geb. 2. 2. 1818 in Münster; gest. 20. 8. 1866 in St. Louis/USA

Sohn eines preußischen Beamten; Besuch der Berliner Militärakademie; als Leutnant der preußischen Artillerie (1839) seit 1842 in Köln stationiert; erste Kontakte zu westphälischen Sozialistenkreisen. Frühjahr 1845 Quittierung des Militärdienstes; Mai/Dez. 1845 Redakteur der »Trier'schen Zeitung«; seit 1845 Veröffentlichungen im wahrsozialistischen »Westphälischen Dampfboot«, dessen wichtigster sozialökonomischer Kolumnist er wurde. Jan./Apr. 1846 Aufenthalt bei K. Marx und F. Engels in Brüssel; enge Bindung an die Marx'sche Ideologie; nach Westphalen zurückgekehrt, versuchte er für das Brüsseler Kommunistische Korrespondenz-Komitee Kontakte aufzubauen. 1847 Geometer beim Eisenbahnbau; BdK-Mitglied. 1848 beteiligt an der revolutionären Bewegung in Westphalen vor allem als Agitator in demokratischen und Arbeitervereinen; Juli 1848/ Dez. 1850 Redakteur der »Neuen Deutschen Zeitung« in Darmstadt und Frankfurt a.M.; 1849/50 Bemühungen um funktionsfähige politische Organisationsstrukturen in der Arbeiterschaft; nach Ausweisungsbeschluß wegen wiederholten Pressevergehens bis Juli 1851 illegal in Frankfurt a.M.; über die Schweiz im Sep. 1851 Emigration in die USA. In New York Publizist und Korrespondent deutsch-amerikanischer Zeitungen. Ein erstes eigenständiges Publikationsorgan, »Die Revolution«, scheiterte Anfang

1852 allerdings bereits nach nur zwei Nummern. 1852 Gründung einer Gemeinde des BdK und eines Proletarierbundes, aus dem im März 1853 der Amerikanische Arbeiterbund hervorging. Seit Okt. Redakteur der Ztg. des Bundes »Die Reform«. 1856 Übersiedlung nach Milwaukee; publizistisch u. a. für die »Illinois Staats-Zeitung« Chicago tätig. Zusammenarbeit mit dem 1857 gegründeten New Yorker Kommunistenklub und der seit 1858 bestehenden deutsch-amerikanischen Gruppe der Internationalen Arbeiterassoziation. Apr./Juli 1860 Redakteur der vom Chicagoer Arbeiterverein getragenen »Stimme des Volkes«. 1861/65 als Offizier in der Nordstaatenarmee Teilnahme am amerikanischen Bürgerkrieg. Danach Finanzbeamter in St. Louis. Plötzlicher Tod durch Cholera.

W. war einer der bedeutendsten politischen Publizisten sozialistischer Provenienz in der Frühphase des politischen Formierungsprozesses der Arbeiterbewegung. In Anlehnung an Theoriegrundlagen von Marx und Engels – zu beiden bestand zeitlebens eine enge persönliche Beziehung – profilierte sich W. vor allem als ein Spezialist für soziale und ökonomische Probleme. Schon in frühen Artikeln standen Fragen des kapitalistischen Industrialisierungsprozesses mit seinen gesellschaftspolitischen Implikationen unter der besonderen Berücksichtigung der Folgen für die Lage der Arbeiter im Mittelpunkt. Auf der Grundlage von realen Fallstudien zur Arbeits- und Lebenssituation der unteren Schichten oder zur staatlichen Wirtschaftspolitik zielten seine Analysen auf die Aufdeckung grundlegender ökonomischer Mechanismen und Wirkungszusammenhänge und versuchten gleichzeitig, Ansätze zu deren perspektivischer Überwindung aufzuzeigen (*Das Feiern der Kohlearbeiter im Loire-Tal, Armut und Proletariat, Die Kölnische Zeitung und das Schutzsystem der Zukunft*, in: »Westphälisches Dampfboot«, Mai/Juni, Dez. 1846, März 1847). Die Revolution 1848 war für W. historischer Anfang grundlegender gesellschaftlicher Veränderungsprozesse, an deren Ende die Lösung der sozialen Frage im Sinne der ökonomischen und politischen Befreiung der arbeitenden Bevölkerung stehen werde. So seine Auffasung in der Broschüre *Die Schutzzöllner, die Freihandelsmänner und die arbeitende Klasse* vom Juni 1848. Als Redakteur der »Neuen Deutschen Zeitung« setzte sich W. entsprechend der von Marx geforderten politischen Strategie für die Durchsetzung der Ziele der demokratischen Bewegung ein, wie parlamentarisches System, einheitliche Republik, Rede-, Versammlungs- und Pressefreiheit. Sein intensives Bemühen um eine die Klasseninteressen vertretende Organisationsstruktur der deutschen Arbeiterschaft in den USA und deren Integration in eine gesamtnationale Bewegung kam über Teilerfolge, vor allem auf gewerkschaftlichem Gebiet, nicht hinaus.

Lit.: K. Obermann: Joseph Weydemeyer. Ein Lebensbild. 1818–1866, Berlin 1968.

Volker Giel

Wille, Bruno

Geb. 6. 2. 1860 in Magdeburg; gest. 31. 8. 1928 in Lindau/Aeschbach

Sohn eines Ackerbürgers und einer adligen Offizierstochter; Studium der evangelischen Theologie, Philosophie, Physik und Mathematik in Bonn und Berlin; dabei erste Begegnung mit sozialistischer Theorie durch Schriften von J. Dietzgen, F. Lassalle und H. Heine; 1888 Promotion zum Dr. phil. in Kiel mit einer Arbeit zum *Phänomenalismus bei Thomas Hobbes;* zeitweilig Redakteur der »Demokratischen Blätter«; erörterte sozialkritische und reformerische Fragen in dem von ihm gegründeten Ethischen Club (Zweigorganisation des Vereins DURCH); Mitglied im »Genie-Konvent«; lebte ab 1890 in Friedrichshagen bei Berlin; gehörte mit W. Bölsche, den Gebrüdern Hart, R. Dehmel u. a. zu den wichtigsten Vertretern des Friedrichshagener Kreises; befreundete sich mit Bölsche und G. Hauptmann; arbeitete als freier Schriftsteller, Lehrbuchautor, Direktionsmitglied der von W. Liebknecht initiierten Arbeiterbildungsschule Berlin; Vortragsredner auf Arbeiterversammlungen und in gewerkschaftlichen Fachvereinen; ab 1890 Lehrer in der Berliner Freireligiösen Gemeinde; begründete 1900 den Giordano Bruno Bund und 1902 die Freie Hochschule (mit einer elitären, reformpädagogischen Zielstellung); erhielt für *Abendburg. Chronika eines Goldsuchers in 12 Abenteuern* (Jena 1909) den mit 30 000 RM dotierten Preis des Verlages der »Universalbibliothek« für den »besten deutschen Roman«; 1912 Reise nach Schweden auf Einladung der dortigen Regierung; 1918 Vorsitzender des »Volkskraft-Bundes«; wohnte ab 1920 als freier Schriftsteller am Bodensee.

W. stand im Zentrum jener Gruppierung oppositioneller literarischer Intelligenz, die sich um 1890 der Sozialdemokratie annäherte und hier einen politischen Boden für ihre sozialen und kulturellen Intentionen suchte. Obwohl der SPD nicht zugehörig, wurde W. zum Wortführer dieser Fraktion der »Jungen« in den innerparteilichen Auseinandersetzungen. Seine Position basierte auf den im Rahmen des in sich heterogenen Friedrichshagener Kreises oppositioneller Intellektueller entwickelten Auffassungen, in die linksbürgerlich radikales, sozialistisches, auch anarchistisches Denken einging. Angestrebt wurde ein Leben mit literarisch künstlerischer, sozialkritischer und sozialreformerischer Tätigkeit in relativer Abgeschiedenheit der Natureinsamkeit bei gleichzeitiger Nähe zur modernen Großstadt und ihren sozialen Spannungen. W.s volks- und kunstpädagogisches Programm wie seine politischen Vorstellungen leiten sich aus einer von M. Stirner beeinflußten Überzeugung von der produktiven Potenz liberaler Gesellschafts- und Lebensprinzipien ab. Weniger die Klassenwidersprüche als die Regulations- und Restriktionsmechanismen des Staates gelten dabei als Ursache sozialer Mißstände. W. plädiert für die Abschaffung des Staates, der Kirche und der Parteien, für die Kohärenz einer ideal verstandenen Wirtschaft freier Konkurrenz als Basis für die freie Entwicklung des Individuums in der Gesellschaft. Ziel solcher Gesellschaftsentwicklung ist der »freie Vernunftmensch«, zu dem er auch den Arbeiter aus seinem »Herdendasein« heraus erziehen und bilden will. Eine solche Zielstellung motivierte W. und andere Friedrichshagener noch vor dem Fall des Sozialistengesetzes zum kulturpädagogischen Engagement (Die Kunst dem Volke) in den kulturellen Organisationen der Arbeiterbewegung. Auf Anregung des sozialdemokratischen Diskutierklubs Alte Tante veröffentlichte er so am 23. 3. 1890 im sozialdemokratischen »Berliner Volksblatt« einen Aufruf zur Gründung des Vereins ↗ Freie Volksbühne nach dem Vorbild der Freien Bühne. Den daraufhin gegründeten Verein, dessen Leiter W. wurde, verstand er als überparteiliche Organisation, sich selbst und den hauptsächlich aus Friedrichshagenern bestehenden Vorstand als Kultur- und Bildungsbringer. Unter seiner Führung 1890/92 kamen vor allem naturalistische Stücke auf den Spielplan der Freien Volksbühne. Der Konflikt zwischen dem bildungsaristokratischen Anspruch W.s, den demokratischen Organisationsprinzipien des Vereins und den Interessen der sozialdemokratischen Mitgliedermehrheit führte 1892 zum Rücktritt W.s und des Vorstandes. Am 15. 10. 1892 gründete er die Neue Freie Volksbühne als selbständige Theater- und Bildungseinrichtung, deren Vorsitzender er (mit Unterbrechung) bis 1902 blieb. Der interne Streit in der Freien Volksbühne unter W.s Leitung stand im Zusammenhang mit den politischen Auseinandersetzungen um die oppositionelle Haltung der »Jungen« gegenüber dem Parteivorstand der SPD. Die »Jungen« lehnten das Arrangement der Parteiführung mit dem bestehenden Gesellschaftssystem im Parlamentarismus, in den Wahlkämpfen ab, warfen dem Vorstand Reformismus und Korruption vor und lehnten die Prinzipien des Parteizentralismus und der Parteidisziplin ab. Die Auseinandersetzungen führten auf dem Parteitag 1891 zum Ausschluß bzw. Austritt der Gruppe um W. aus der Partei. In der Folge dieser Ereignisse distanzierten sich linksbürgerliche und künstlerische Intellektuelle weitgehend von der SPD und der Arbeiterbewegung. W. rief noch im Nov. 1891 gemeinsam mit G. Landauer, P. Ernst, P. Kampffmeyer u.a. den Verein Unabhängiger Sozialisten (Vereinsorgan: »Der Sozialist«) ins Leben. Als Aufgabe des Vereins deklarierte der Vorstand die Individualisierung des Arbeiters durch ein radikales bildungspolitisches Programm. W.s idealistischer Individualismus, sein Verständnis von Freiheit und Entwicklung als geistige Prinzipien, führten ihn Ende 1892 zum Engagement in der Freidenkerbewegung. Er war für lange Zeit Vorsitzender des deutschen Freidenker-Bundes und gab 1893/1922 den »Freidenker« als dessen Organ heraus. Innerhalb des Bundes setzte er die Behandlung der »sozialen Frage« als ethisches Prinzip und das partielle Zusammenwirken mit sozialdemokratischen Arbeitervereinen durch. Er plädierte radikaler als die Sozialdemokraten für eine strukturelle Trennung von Kirche und Staat und begrüßte dies als ein wesentliches Ziel der Oktober- und Novemberrevolution.

In seinem Gedichtband *Einsiedler und Genosse* (Berlin 1890) beschreibt W. die Überwindung seiner weltanschaulichen Krise durch die Hinwendung zur sozialen Problematik der Arbeiterklasse. Die Gedichte konfrontieren in naturalistischen freien Formen Schilderungen des Milieus und sozialen Elends in der Großstadt mit abstrakten und religiösen Zukunftssymbolen oder Naturpreisungen. Sein autobiographischer Roman *Das Gefängnis zum preußischen Adler. Eine selbsterlebte Schildbürgerei* (Jena 1914) karikiert den wilhelminisch-preußischen Polizeistaat mit seiner gutmütig-dümmlichen Beamtenschaft. Ab Mitte der 90er Jahre ist W.s Prosa gekennzeichnet durch reflexionsbeladene, neuromantische monistisch-mystische Ideologeme (Gottsucher, Allseher). In romanhaften Formen werden Lebenserinnerungen, Naturschilderungen, philosophische Dialoge, Traumbilder und Gedichte eingefügt. W. versucht mit lyrischer, religiös-spiritistischer Intuition Philosophie und Kunst zu verbinden, damit die Kunst ihren Erkenntniswert für Weltanschauung und religiöse Sehnsucht enthülle.

W. W.: Jugend (Zs.), H. 1–5, Hannover 1891; Einsiedelkunst aus der Kiefernheide (Anth.), Berlin 1897; Der heilige Hain (Anth.), Jena 1908; Das Bruno-Wille-Buch, Dresden 1923. – *Ausg.:* Gesammelte Werke, 3 Bde., Hg. E. Wille, Dresden 1929–30. – *Lit.:* H. Mack: Bruno Wille als Philosoph, Diss., Gießen 1913; M. Jordan: Die Romane Bruno Willes, Diss., Wien 1939; K. Sollmann: Zur Ideologie intellektueller Opposition im beginnenden Imperialismus am Beispiel Bruno Willes, in: G. Mattenklott/K. R. Scherpe: Positionen der literarischen Intelligenz zwischen bürgerlicher Reaktion und Imperialismus, Kronberg/Ts. 1973; H. Scherer: Bürgerlich-oppositionelle Literaten und sozialdemokratische Arbeiterbewegung nach 1890, Stuttgart 1974.

Thomas Wohlfahrt

Willmann, Heinz (Ps. Robert Hammer, Roha)

Geb. 9.7. 1906 Frankfurt a.M. ; gest. 22. 1. 1991 in Berlin

In einer sozialdemokratischen Arbeiterfamilie aufgewachsen. Forstarbeiter, Mitglied der SAJ 1920, des KJVD 1923, der KPD 1924, des RFB 1925. Eignete sich politisches Wissen und Allgemeinbildung im KPD-eigenen Bildungssystem an (Lehrer E. Hoernle, R. Sorge u.a.). Wurde Arbeiterkorrespondent; 1928 im Neuen Deutschen Verlag Leiter der Vertriebs- und Werbeabteilung. Nach Verhaftung im Juni 1933 sieben Monate KZ Fuhlsbüttel. Apr. 1934 im Auftrag der IAH nach Prag, wo er seine Arbeit für die AIZ fortsetzte. Nach antifaschistischer Arbeit in der Schweiz, dem Saargebiet, in Frankreich 1935 im Parteiauftrag nach Moskau. Verlags- und Rundfunktätigkeit (bis 1937 Verlagsgenossenschaft ausländischer Arbeiter in der UdSSR, danach in der Redaktion der IL). 1941/45 propagandistische Arbeit in der Roten Armee. Rückkehr Juni 1945. Generalsekretär des Kulturbundes, ab 1949 des Friedensrates. W. war als Arbeiterkorrespondent, Journalist und Parteifunktionär an der Entwicklung der revolutionären Literatur in den Jahren 1925/45 beteiligt. Seine Arbeit für die AIZ machte ihn zum kompetenten Chronisten dieser proletarischen Massenillustrierten (*Geschichte der Arbeiter-Illustrierten Zeitung 1921-1938*, Berlin 1974). Die antifaschistischen Broschüren (*Hölle Fuhlsbüttel*, Prag 1934; *Edgar André*, Moskau 1935) sowie seine publizistische Tätigkeit im Exil trugen zur antifaschistischen Aufklärung und zur Propagierung der Volksfrontpolitik bei.

W. W.: Steine klopft man mit dem Kopf. Lebenserinnerungen, Berlin 1977; Antifaschistische Tribüne »Internationale Literatur«, in: Internationale Literatur. Moskau 1931–45. Bibl. einer Zs., Berlin und Weimar 1985.

Simone Barck

Wittfogel, Karl August, (Ps. KAW, Dr. K., Hans Petersen, Jonathan, Natanael, Klaus Hinrichs)

Geb. 6. 9. 1896 in Woltersdorf bei Hannover; gest. 25. 5. 1988 in New York

Sohn eines Landlehrers, besuchte das Lüneburger Gymnasium; studierte 1914/19 Philosophie, Geschichte, Ästhetik, Geographie, Geologie, Wirtschaftsgeschichte, Soziologie in Leipzig, München, Rostock, Berlin; wirkte an der »Heimvolkshochschule Schloß Tinz« (Jan. 1920/Mai 1921), Studium der Sinologie in Leipzig (Ende 1921/1922); ab Frühjahr 1922 in

Berlin tätig (Agitpropbereich, Mitverfasser des »Kulturpolitischen Notprogramms der KPD« 1923 zus. mit H. Duncker, G. Alexander), 1925 Redakteur des Feuilletons der RF; 1925/33 Mitarbeiter des Frankfurter Instituts für Sozialforschung, 1928 *Die ökonomische Bedeutung der agrikolen und industriellen Produktivkräfte Chinas*, Diss., Frankfurt a.M.; Vorstands-Mitglied des SDS, Lehrer der MASCH, Referent in politischen und BPRS-Versammlungen; 10. 3. 1933 Verhaftung, Einlieferung ins Konzentrationslager Esterwege, Lichtenburg; Ende Nov. 1933 Entlassung, Emigration (2. 1. 1934) nach England und USA; 1934/47 an der Columbia University (Forschungsreise nach China 1935/37); naturalisiert 1941; seit 1947 Professor für chinesische Geschichte; belastete im McCarren-Komitee (Aug. 1951) den kanadischen UNO-Chefdelegierten E. H. Normen als angeblichen Kommunisten (Ursache von dessen späteren Freitod). W., der von Wandervogelbewegung über USPD (Nov. 1918) zur KPD (Ende 1920) kam, beschrieb in seinem Buch *Staatliches Konzentrationslager VIII. Eine ›Erziehungsanstalt‹ im 3. Reich*, London 1936, die Leiden und Haltungen von Kommunisten, vollzog jedoch dann die Wende zum Antikommunisten, was *Oriental Despotism. A Coperative Study of Total Power* (Abh., New Haven 1957, Frankfurt a.M. 1962) belegt.

W.s Wirken in und für die Arbeiterbewegung war vielschichtig, umfaßte Dramen- und Prosaarbeiten, kultur- und kunstpolitische, ästhetisch-theoretische, historische Beiträge, wissenschaftliche Abhandlungen sowie politische Publizistik. Er veröffentlichte in ca. 30 Zeitungen und Zeitschriften. Sein zentrales Anliegen in künstlerischer, publizistischer, propagandistischer und wissenschaftlicher Arbeit war die Herausbildung von Klassenbewußtsein. Seine Stücke (z.B. *Rote Soldaten*, 1921; *Die Mutter*, 1922; *Wer ist der Dümmste*, 1923) - alle erschienen in »Sammlung revolutionärer Bühnenwerke« des Malik Verlages - gehören zu den frühen Bemühungen um ein politisches Drama, sie wie auch sein Roman für Kinder, *Die spannenden Abenteuer des 12jährigen Antonio Mascaro im Bauernaufstand zu Mallorka*, geschrieben für die neue Reihe des Neuen Deutschen Verlages »Proletarische Jugendschriften« (Berlin 1924/25, H. 2-4, 6), können als praktische Versuche angesehen werden, das Angebot einer Literatur für das Proletariat zu erweitern. Konzeptionell äußerte sich W. in *Grenzen und Aufgaben der revolutionären Bühnenkunst. Leitsätze für eine revolutionäre Dramaturgie* (in: »Der Gegner«, 1922, H. 2): Er diskutierte Formen wie Einakter, Ein-Personen-Stück, Puppenspiel und auch das Massenstück in bezug auf ihre Brauchbarkeit für eine revolutionäre Literatur. Unter den Bedingungen der auch in der Kunst wirkenden Arbeitsteilung hielt er eine Ablösung des Berufstheaters durch die Laienbühne für eine Utopie. Eine Problematisierung des Sachverhaltes Kultur des Proletariats erfolgte 1925 in der

RF (*Über proletarische Kultur*, Nr.122; *Proletarische Kampf-kultur*, Nr.127; *Im Kampf mit welchen Elementen entwickelt sich die proletarische Kultur*, Nr.139): Als »reine Kampf-kultur« existiere sie nur unter bürgerlichen, als »Aufbau-kultur« nur unter sozialistischen Verhältnissen. Züge zukünfti-ger »Aufbaukultur« würden anfangs noch durch Umbildung von Bestandteilen bürgerlicher Lebensformen ausgeprägt. Vor-stellungen von der Nichtexistenz proletarischer Kultur/Kunst in der herrschenden bürgerlichen Gesellschaft wurden so zurückgedrängt, tendenziell begünstigte jedoch auch diese Sicht Entwicklungen, die zu Reduktionen der Funktion von Kunst auf den ideologischen Aspekt durch Vernachlässigung ihrer Spezifik führten. (Vgl. W.s Beiträge: *B. Shaw, der Narr der Bourgeoisie*, in: RF, 1926, Nr.232; *Vom Rebellen zum Renegaten. Zu Schillers 125. Todestage*, ebd. 1930, Nr.109; *Goethe. Deutschlands größter Dichter – ein Opfer der deut-schen ›Misere‹*, ebd. 1932, Nr.62; *Wirtschaftskrise – Krise der bürgerlichen Demokratie – Kulturkrise*, in: »Arbeiter-bühne und Film«, 1930, H.9; *Kulturkrise*, in: »Der Rote Aufbau« 1931, H.9; *Der Mystizismus des Faschismus – Ausdruck des geistigen Bankrotts der Bourgeoisie*, ebd. 1932, H.21). Inhaltliches wurde als Geistiges gefaßt und auf Ideologisches beschränkt, ein zu gestaltender Gehalt einzig als richtiges Erfassen der gesellschaftlichen Wirklichkeit gefaßt – dies deutet auf ein Konzept, das primär auf Gewinn von Erkenntnis zielte; ablesbar war es in der Artikelfolge *Zur Frage einer/der marxistischen Ästhetik* (in: »Linkskurve«, 1930, H.5/6–11). Im W.s Verständnis ist Kunst ausschließlich ein Überbauphänomen und, in problematischer Forcierung der Hegelschen erkenntnisorientierten Gehaltsästhetik, ist das Entstehen von (neuer) Kunst nur von (neuen) gesellschaft-lichen Gehalten abhängig, leitet sich Gestaltung aus den darin liegenden Formnotwendigkeiten ab. Folglich erbringe eine adäquate ideelle Erfassung des gesellschaftlichen Zustandes – von marxistischem Standpunkt aus – per se die reifste Kunst-leistung. Konsequenz solchen Denkens war eine Be- und Verurteilung bürgerlicher Richtungen wie Expressionismus und Neue Sachlichkeit als Ausdruck des Niedergangs, eine Kritik des Nachdenkens, auch von marxistischen Partnern, über gestalterische Absichten und Ursachen neuer Formen als »formal-idealistisch«, »halb- oder ganztrotzkistisch« (in: »Linkskurve«, 1931, H.9, S.25), die Rubrizierung von Resulta-ten bürgerlich-kritischer Künstler als »närrisch«, »miserege-bunden« oder als »Latrinen- und Bordell-›Realismus‹«, »fa-schistische Kolportage« (*Bauern, Bonzen, Faschisten*, in: »Linkskurve« 1932, H.2, S.31/32). Proletarische Kunst wurde primär verstanden als Kritik von (bürgerlich) Bestehendem wie als Entwurf von (kommunistisch) Geändertem, ihre Funktion als »sinnenmäßige Anschaulichkeit« (in: »Links-kurve«, 1930, H.7, S.21), dies hieß, sie auf ein rein ideo-logisches Bildungsmittel (Denken in Bildern) zu reduzieren, sie ausschließlich instrumentell zu nutzen.

W. W.: Die Wissenschaft der bürgerlichen Gesellschaft. Eine marxisti-sche Untersuchung (Abh.), Berlin 1922; Der Wolkenkratzer (Sketsch), Berlin 1924; Entwicklungsstufen und Wirkungskraft proletarisch-revo-lutionärer Kulturarbeit, in: Linkskurve 1931, H.1; – *Lit.:* G.L. Ulmen: The Science of Society. Towards an understanding of the Life and Work of K.A. Wittfogel, Mounton 1978 (m. Bibl.); B. Florath: Die Entwick-lung der Auffassungen K.A. Wittfogels über die Geschichte der asiati-schen Welt. Ein Beitrag zur Auseinandersetzung mit einer reaktionären Gesellschafts- und Geschichtstheorie, Diss. Berlin 1986; R. May: Gesell-schaftliche Bewegung und Geschichte der marxistisch-leninistischen Ästhetik. Zur Rekonstruktion marxistisch ästhetischen Denkens über die Funktion von Kunst im Emanzipationskampf der revolutionären deutschen Arbeiterbewegung (1890-1932/33), Habil. Berlin 1986.

Rainhard May

Wittich, Manfred

Geb. 5.2.1851 in Greiz; gest. 9.7.1902 in Leipzig

Sohn eines Malers, Fotografen und Erziehers am preußischen Hof; besuchte nach Volksschule Gymnasien in Zittau, Zwickau und Schleiz (Abitur); Studium der Geschichte, Literatur- und Sprachwissenschaft in Leipzig; Bekanntschaft mit J. Motteler, W. Liebknecht und A. Bebel; während des Studiums Mitglied der SDAP und erste Veröffentlichungen in der sozialdemokrati-schen Presse; sein Leipziger Lehrer R. Hildebrand – ein Fort-setzer des Grimmschen Wörterbuchs – weckte W.s Liebe zur Volksdichtung. Ab 1884 enger Mitstreiter F. Bosses im Leip-ziger Fortbildungsverein für Arbeiter. W. gründete 1888 mit E. Wurm das Dresdener Unterhaltungsblatt »Der Volksfreund«, für dessen Beilage »Die Kunsthalle« er redaktionell verant-wortlich war. 1890/94 Redakteur des Leipziger »Wähler«; mehrere Presse-Prozesse und Freiheitsstrafen; aktiver Agitator und Propagandist der Sozialdemokratie; ab 1893 schweres Nervenleiden.

W. war einer der ersten Germanisten, die ihre gesamte wissen-schaftliche und publizistische Arbeit in den Dienst der kultur- und bildungspolitischen Bestrebungen der Arbeiterbewegung stellten. Seine vielfältige und umfangreiche publizistische Tä-tigkeit zeugt von dem Anliegen, das an der Antike geschulte klassische bürgerliche Bildungsideal mit den gesellschafts-verändernden Zielen der Sozialdemokraten zu vereinen. Eine breite humanistische Bildung sollte die Arbeiter befähigen, ihre sozialen und politischen Interessen souveräner zu ver-treten. Seine populärwissenschaftlichen Schriften und Vorträge (gehalten vor allem im Leipziger Fortbildungsverein) zur Welt-, Literatur-, Kultur-, Sprachgeschichte und zur Rhetorik behandelten Themen, die aus den bildungspolitischen Bestrebungen der Sozialdemokraten meist ausgespart blieben. In vielen sozialdemokratischen Organen (u.a. »Vorwärts«, »Neue Welt«, »Süddeutscher Postillon«) veröffentlichte er Aufsätze über Goethe, Herder, Uhland, Heine u.a., Abhandlungen zur Fabel, zum Märchen, dem Schwank und zur Geschichte des Tanzes. Die Gegenstände seiner historischen Beiträge reichen von der Antike bis zum Sozialistengesetz. Für die von Liebknecht geplante »Volksbibliothek des gesamten menschlichen Wissens« verfaßte er die erste literaturgeschichtliche Arbeit eines Sozialdemokraten für das arbeitende Volk. Diese *Geschichte der älteren deutschen Literatur* (Dresden 1889) gibt einen Überblick von der ältesten heidnischen Dichtung bis zum Ende des 15.Jh.s. Angeregt durch seine bildungspolitische Tätigkeit im Arbeiterverein versuchte er dabei auch, den Begriff deutsche Literatur weiter und neu zu fassen. In einer populär geschriebenen Sprach- und Redelehre, *Die Kunst der Rede* (Leipzig 1901, zahlreiche Nachaufl.), sind W.s Publikationen, die Arbeiter in der Rhetorik schulen sollten, zusammengefaßt. Popularität als Dichter der Arbeiterbewegung erlangte er vor allem durch politische *Gelegenheitsgedichte und Prologe für Arbeiterfeste* (München 1892, zahlreiche Nachaufl.). W.s frühe Lyrik verrät die Orientierung an großen Vorbildern (Goethe, Heine). Wie Schiller verstand er Dichtung, auch wenn sie den politischen Kampf thematisierte, als Vorkämpferin des Humanismus. Anläßlich des Reformationsfestes 1887 schrieb W. für den Leipziger Bildungsverein das Festspiel *Ulrich von Hutten* (UA 1887, Leipzig 1887, Nachdr. in: *Textausgaben*, Bd. 3). Er verwendet traditionelle Formen bürgerlicher Dramatik. Die Auseinandersetzung Huttens mit dem Ablaßprediger Tetzel zielt deutlich auf die aktuelle Situation im politischen Kampf während des Sozialistengesetzes. Das Festspiel wurde auch in den 90er Jahren häufig in Arbeitervereinen aufgeführt.

W. W.: Geschichte der neuesten Zeit, Dresden 1888; Hans Sachs. Ein Erinnerungsblatt für das arbeitende Volk zur 400jährigen Geburtstagsfeier des Volksdichters, Nürnberg 1894. - *Ausg.:* Lieder eines fahrenden Schülers nebst einem Jugendbildnis des Dichters, Vorw. R. Lavant., Hg. A. Wittich, Leipzig 1904. - *Lit.:* A. R. (d.i. A. Wittich): Manfred Wittich. Ein Lebens- und Charakterbild, Leipzig 1902; E. Klaar: Zum Gedächtnis Manfred Wittichs, in: Süddeutscher Postillon, 1902, Nr. 16; K. Völkerling: Manfred Wittich - Dichter und Germanist der deutschen Arbeiterklasse, in: WB, 1968, H. 5.

Ursula Menzel

Wolf, Friedrich

Geb. 23. 12. 1888 in Neuwied; gest. 5. 10. 1953 in Lehnitz (bei Berlin)

Sohn eines jüdischen Kaufmanns. Ab 1899 Besuch des Gymnasiums. Nach Abitur 1907 Studium der Medizin, Philosophie, Kunstgeschichte in Heidelberg, München, Tübingen, Berlin, Bonn. Als Student Kontakte zur Wandervogelbewegung, Lektüre von Plato, altindischer Philosophie, A. Schopenhauer, F. Nietzsche. 1912 medizinisches Staatsexamen, erste literarische Arbeiten in »Simplicissimus« und »Jugend«. 1913 Dr. med., 1913/14 Assistenzarzt in Bonn, Schiffsarzt beim Norddeutschen Lloyd Bremen. Mit Kriegsbeginn als Pionierunteroffizier eingezogen, später Truppenarzt. Ab 1916 beginnende Kriegsgegnerschaft, Lektüre des *Koran*. 1917 entstand in Flandern das Drama *Mohammed* (Ludwigsburg 1924). 1918 Oberarzt im Reservelazarett Langebrück bei Dresden. Delegierter der Dresdener Lazarette im Arbeiter- und Soldatenrat der Republik Sachsen. Mitglied der USPD. 1919 Uraufführung von *Das bist Du* (Dresden 1917) am Dresdener Schauspielhaus. 1920 Stadtarzt in Remscheid. Während des Kapp-Putsches militärischer Leiter eines Kampfabschnitts. Juli 1921 Siedler, Arzt und Kommunemitglied auf dem Barkenhoff Worpswede. Literarische Gestaltung dieser Erfahrungen im Drama *Kolonne Hund* (Stuttgart 1927). 1921/28 Kassenarzt in Hechingen am Bodensee. Historische Studien für *Der arme Konrad* (UA Stuttgart 1923, Ludwigsburg 1924), erster großer Erfolg als Dramatiker. Wachsendes Interesse für Traditionen der zweiten Kultur, Lektüre marxistischer Schriften und Lenins. 1926 Arbeit am medizinischen Ratgeber *Die Natur als Arzt und Helfer* (Stuttgart 1928). 1928/33 Kassenarzt in Stuttgart. 1928 KPD, Mitglied im BPRS, ATBD, Arbeiter-Radio-Bund/Freien Radio-Bund. Mitbegründer der Sektion Stuttgart des Volksfilmverbandes. Referat *Kunst ist Waffe* (Berlin 1928) auf Reichskonferenz des ATBD am 31. 3. 1929. 1929/31 sozialmedizinische Kurse und Vorträge an Volkshochschule und MASCH in Stuttgart. Profilierung seines politischen Zeittheaters mit den Stücken *Cyankali* (Berlin 1929, UA 1929 Lessingtheater Berlin), *Die Matrosen von Cattaro* (Berlin 1930, UA 1931 Volksbühne), *Tai Yang erwacht* (Stuttgart 1930, UA 1931 Berliner Piscatorbühne). 1931 Verhaftung zusammen mit E. Kienle wegen Verstoßes gegen § 218, aufgrund von Massenprotesten freigelassen, Gründung des »Kampfausschusses gegen den § 218«. 1931/32 Vortragsreisen in die UdSSR. Im Auftrag der KPD reorganisierte W. im Raum Stuttgart die Arbeiterspieltruppen, 1932 Gründung der Truppe »Südwest«, die mit *Bauer Baetz* (Stuttgart 1932) bis zum 1. 3. 1933 auftrat. Nach dem Reichstagsbrand illegal in Stuttgart, Anfang März 1933 Flucht über Österreich, Schweiz nach Frankreich. Nov. 1933 mit Hilfe von W. Wischnewski Übersiedlung in die

Friedrich Wolf an der Wolga 1935

UdSSR. 1935 Vortragsreise in die USA, Kontakte zu amerikanischen Arbeitertheatern. Nach den Februarkämpfen in Wien 1934 schrieb W. *Floridsdorf* (Moskau/Leningrad 1935, UA 1936 Arbeitertheater Toronto), das heftige Kontroversen in der antifaschistischen Emigration auslöste. Erzwang seine Ausreise aus der UdSSR nach Frankreich mit dem Ziel, bei den spanischen Interbrigaden zu kämpfen. Bei Kriegsausbruch 1939 Internierung in Le Vernet, später Les Milles, wo er *Beaumarchais oder die Geburt des Figaro* (Moskau 1941, UA 1946 Berliner Deutsches Theater) schrieb. 1941 Rückkehr in die UdSSR, seit dem faschistischen Überfall propagandistische Arbeit im Rundfunk, an der Front. Mitbegründer des NKFD, Aufklärungsarbeit unter Kriegsgefangenen, 1944 Mitglied der Kulturkommission des ZK der KPD. Sep. 1945 Rückkehr nach Berlin, Arbeit im Kulturbund, Rundfunk, Theater, Film (u.a. *Rat der Götter*; 1950), 1946 Mitbegründer der DEFA. 1950/51 erster Botschafter der DDR in Polen.

Als Dramatiker, Erzähler, Propagandist und Funktionär hat W. die deutsche sozialistische Literatur von den 20er bis zu den 50er Jahren mitgeprägt. Er gehört zu jenen linken Intellektuellen, die in den Kämpfen der Weimarer Republik den Weg an die Seite der organisierten Arbeiterbewegung fanden und mit Kunst politisch wirken wollten. W.s Beitrag zur Entwicklung sozialistischer Literatur und Kunst besteht vor allem in dem Programm eines politischen Kampftheaters, das er sowohl in operativen Zeitstücken als auch in Zeitgeschichtsdramen zu realisieren suchte. Er arbeitete mit einem Stücktypus, der auf der Konstellation von Spieler und Gegenspieler, auf der dramatischen Kollision beruht und auf kathartische Wirkung zielt. Indem W. seine Figuren in Entscheidungssituationen stellte, die Wandlungen auslösten, sollte der Zuschauer in die dramatischen Vorgänge verwickelt werden, sich mit ihnen identifizieren und so eigene Handlungsfähigkeit beziehen. Innerhalb des dramenästhetischen Modells entwickelte W., in Abhängigkeit von der konkreten Kampfsituation, vom jeweiligen Stoff und dem in Aussicht genommenen Publikum eine bemerkenswerte Vielfalt seiner Stücke. Das Konzept des politischen Kampftheaters erwies sich als außerordentlich wandlungsfähig. Bis zur Errichtung der NS-Diktatur war W. im Hauptberuf Arzt. Sein Weg zu Theater und Literatur gründete in einer Lebens- und Sozialerfahrung, die aus dem Widerspruch zwischen dem humanistischen Berufsethos und der tatsächlich erlebten Wirklichkeit resultierte. Diese Kluft, die für den jungen Mediziner zur Schreibmotivation wurde, vertiefte sich während des I. Weltkrieges. Leiden und Tod von Millionen Menschen, auch enger Freunde, bestärkten W. in der Auffassung, daß eine neue humane Lebenswelt der moralischen Läuterung des Einzelnen, der Entfaltung humanistischer Entscheidungs- und Handlungsfähigkeit des Individuums bedarf. In seinem expressionistisch beeinflußten Frühwerk gestaltete W. Wandlungsprozesse auf der Suche nach irdischem Lebenssinn, zeigt in dramatisch zugespitzten Konflikten individuelle Motivationen, die zu Tatbereitschaft (vgl. *Das bist Du*) führen. Auch das Bauernkriegsstück *Der arme Konrad* lebt von der Entscheidung des Einzelnen zur Aktion. Auf dem Hintergrund der sozialen Widersprüche zwischen Volksmassen und Herrschenden bekommt die Figurenentwicklung aber eine neue politische Dimension. Für die Profilierung seiner Dramatik spielten W.s eigene Erfahrungen seit dem Kapp-Putsch eine Rolle, ebenso seine Beschäftigung mit den Volkstheatertraditionen des 15./16. Jh.s (u.a. Fastnachtsspiele), die unmittelbar revolutionierende Impulse gegeben hatten. Während der 20er Jahre, in denen W. als Kassenarzt soziales Elend konkret erfuhr, er auch mit milieuschildernden Prosaarbeiten (u.a. *Kreatur*, Berlin 1925) hervortrat, formte sich sein Konzept des politischen Kampftheaters. In der programmatischen Schrift *Kunst ist Waffe* hob W. die politische Entscheidung des Dichters in den Klassenkämpfen hervor. Unter Berufung u.a. auf E. Zolas *J' accuse* appellierte W. an Gewissen und Ethos des Künstlers, Partei zu ergreifen. Erinnernd an Theatertraditionen der zweiten Kultur, begründete er die politische Funktion der Kunst. Obgleich W. den »Kampfwert« im Zusammenhang mit der notwendigen künstlerischen Qualifizierung der Agitprop-Truppen akzentuierte – als Vorbilder nannte er die sowjetischen »Blauen Blusen« und Eisensteins Film *Potemkin* –, wurden seine Thesen heftig debattiert und auch kritisiert. Der sozialdemokratische Kunstwissenschaftler A. Behne sah in der Hervorhebung der politischen Funktion eine Ausgrenzung des Ästhetischen. Der Streit um »Kampfwert« und »Kunstwert« wurde in der revolutionären Theaterbewegung bis 1933 fortgeführt. Auf Kritik stieß auch W.s Ablehnung eines – für ihn in der deutschen Klassik formulierten – abstrakten Humanitätsideals. In den späten 20er Jahren schrieb W. für politisiertes Berufstheater und revolutionäre Schauspieltruppen. Durch den zeitpolitischen Kampf gegen den Abtreibungsparagraphen hatte *Cyankali* (Berlin 1929, Verfilmung 1930) eine große zeitgenössische Wirkung. Literaturgeschichtlich bedeutend ist das Stück *Die Matrosen von Cattaro* (Berlin 1930). Am Stoff der Novemberrevolution gestaltete W. den Konflikt zwischen Sicherung der revolutionären Macht und Entfaltung von De-

mokratie und brachte damit angesichts des Aufmarschs der nazistischen Konterrevolution in einer spannend geführten Fabel Grundfragen revolutionärer Strategie und Taktik in die Debatte. Das von Piscator inszenierte Stück *Tai Yang erwacht* (Berlin 1931) führt – verknüpft mit einer Love-Story – die Wandlung der Heldin zur Kämpferin für die Interessen des chinesischen Proletariats vor. Neben Prosa und Arbeit mit dem revolutionären Berufstheater nutzte W. das neue Medium Rundfunk zur politischen Aufklärung. Seine Hörspiele *John D. erobert die Welt* (Stuttgart 1929), eine Dokumentation zur Biographie Rockefellers, und *Krassin rettet Italia* (Stuttgart 1929), Report über die dramatische Rettungsaktion einer italienischen Nordpolexpedition durch ein sowjetisches Schiff, belegen die Variabilität einer künstlerischen Methode, die dem Zeitstoff verpflichtet ist. Als Leiter der Truppe »Südwest« profilierte W. das revolutionäre Arbeitertheater unmittelbar vor der faschistischen Machtergreifung. Die Revueen von 1932, *Wie stehen die Fronten?* und *Von New York bis Schanghai* (GW, Bd. 15) sind Versuche, sich differenzierter auf das zu erreichende Publikum einzustellen, das Agitropspiel künstlerisch zu qualifizieren. Mit dem Weg ins Exil verlor W. sein Publikum. Seine Umstellung auf die grundlegend veränderte politische Situation und andere Wirkungsmöglichkeiten des Theaters verlief widerspruchsvoll. Wie viele Kommunisten ging W. zunächst davon aus, daß der Faschismus in Deutschland durch revolutionäre Massenaktionen bald beendet werden würde. In seinem Diskussionsbeitrag auf dem Moskauer ↗ Allunionskongreß der Sowjetschriftsteller 1934 sprach er von der bevorstehenden Entscheidungsschlacht gegen die faschistische Barbarei. Aufgabe der revolutionären antifaschistischen Dramatiker sei es, den Faschismus, seine Ideologie, seine »sozialen« Phrasen zu entlarven und durch überzeugende Gestaltung von Menschenschicksalen den Massen Antwort auf ihre brennenden Lebensfragen zu geben. Mit dieser Zielstellung schrieb er im Juni 1933 sein erstes Exilstück, *Professor Mamlock* (UA Warschau 1934, u. d. T. *Doktor Mamlocks Ausweg*, Moskau, Leningrad 1935). Die Tragödie des jüdischen Arztes, der auf die bürgerlichen Werte von Recht und Menschenwürde vertraut, sich gegen den politischen Kampf sperrt, bis er wehrlos Opfer des Nazi-Terrors wird, gehört zu den Höhepunkten antifaschistischer Dramatik. Seit der Erstaufführung in deutscher Sprache am Zürcher Schauspielhaus (1934) wurde es eines der meistgespielten Exilstücke. Mit der Figur des Mamlock hatte W. Stimmungen und Illusionen breiter bürgerlicher Schichten getroffen und ihre humanistischen Überzeugungen wie ihre Vorurteile ernstgenommen. Der Erfolg des Stücks resultiert wesentlich aus dieser genauen Charakterzeichnung des bürgerlichen Demokraten, der ohnmächtig der faschistischen Barbarei ausgeliefert ist. Die Alternative, der aktive Widerstand, wird durch die illegale Arbeit der KPD gezeigt. In später geschriebenen Stücken, die das Leben und den Widerstand im faschistischen Deutschland behandeln (*Das trojanische Pferd*, Moskau 1937; *Dr. Lilli Wanner*, Moskau 1944) hat W. die Prägnanz und Genauigkeit der Figurenanlage nicht wieder erreichen können. Hatte er bereits in den *Matrosen von Cattaro* Elemente der historischen Chronik benutzt, so sollte sich im Exil erweisen, daß diese dramatische Struktur für sein politisches Anliegen besonders geeignet war. Das Zeitgeschichtsdrama *Floridsdorf* hatte den bewaffneten Kampf der Wiener Arbeiterklasse gegen den Faschismus vom Feb. 1934 zum Gegenstand. Konsequenter noch als in *Matrosen von Cattaro* folgte *Floridsdorf* dem historischen Vorgang. Vorbereitung, Durchführung und Niederlage der antifaschistischen Aktion wurden dargestellt und dem Publikum eine urteilende Haltung abverlangt. Das schloß den Aufbau von Identifikationsfiguren nicht aus; dennoch ist das Stück so strukturiert, daß der Zuschauer, der von Beginn an um den tragischen Ausgang der Kämpfe weiß, aufgefordert wird, über die Ursachen der Niederlage nachzudenken. Angesichts der Situation nach 1933 und 1934 hatte eine solche Wirkungsintention aktuelle politische Brisanz. Kampferfahrungen sollten vermittelt, Lehren aus der Niederlage gezogen werden. In einem Handlungsstrang des Stücks setzte sich W. mit der Politik der sozialdemokratischen Führung unter O. Bauer auseinander. Dies löste eine heftige Kontroverse in der Emigration (u.a. von seiten O.M. Grafs) aus, die auch die IVRS und die KI beschäftigte. W. wehrte sich gegen den Vorwurf, mit seiner polemischen Analyse gegen die Strategie der Einheits- und Volksfrontpolitik verstoßen zu haben. Die Inszenierung von *Floridsdorf* durch das renommierte Moskauer Wachtangow-Theater (1936) war insofern auch eine Unterstützung seiner Position. Der Disput um *Floridsdorf* verdeutlichte, wie kompliziert sich die Bemühungen, die Beschlüsse des VII. Weltkongresses der KI umzusetzen, in der politischen und literarischen Praxis gestalteten. W.s Versuch, die von G. Dimitroff für den antifaschistischen Kampf vorgeschlagene Taktik, in die Organisationsformen der Nazis einzudringen und sie von innen zu »zersetzen«, im Stück *Das trojanische Pferd* (Moskau/Leningrad 1937, UA 1937 Jugendtheater Moskau), als politische Alltagspraxis im faschistischen Deutschland vorzuführen, entbehrte der konkreten Kenntnisse. Sein auf Wandlungsprozesse setzender Zeitstücktypus bekam ohne Analyse der wirklichen Lebenssituationen einen voluntaristischen Zug. Den Typus Zeitgeschichtsdrama setzte W. 1940/41 im Internierungslager Le Vernet auf ungewöhnliche Weise fort. *Beaumarchais oder die Geburt des Figaro* war einerseits eine Chronik zur Vorgeschichte der französischen Revolution 1789, andererseits diskutierte W. anhand der Biographie des Autors von *Figaros Hochzeit* das Verhältnis von Dichter und Volksmassen in revolutionären Epochen. Vermittelt über den historischen Stoff, zog er ein Fazit jenes Problems, das ihn seit Jahrzehnten bewegt hatte: Die Einheit von Dichtung und Biographie, die politische Verantwortung des Künstlers und die Kraft der Volksmassen, die sich des Werks bemächtigen, selbst wenn der Autor längst nicht mehr an der Spitze der Bewegung steht. *Beaumarchais* war ein Bekenntnis zum französischen Volk; W. hatte in dem Stück eine dialektische Sicht auf Geschichte und das Verhältnis von Individuum und Geschichte praktiziert, die es zu einem seiner reifsten Werke machen. In den zahlreichen im Exil verfaßten Prosaarbeiten blieb er dem zeitpolitischen Stoff verpflichtet. Er erzählt von der illegalen Arbeit eines kommunistischen Kuriers (*Zwei an der Grenze*, Zürich/New York 1938); vom Alltag im Internierungslager, von den Auswirkungen des II. Weltkriegs auf die Menschen im faschistischen Deutschland (u.a. *Der Russenpelz*, Moskau 1942, DEFA-Film 1986 u. d. T. *Das Haus am Fluß*). Zeitlebens verfaßt er streitbare Publizistik, die ihn als Propagandisten revolutionärer Kunst, als Kritiker der bürgerlichen Kultur seiner Zeit ausweist. In die sowjetische Besatzungszone zurückgekehrt, stellte er sich mit vielfältigen Aktivitäten dem demokratischen Neuaufbau zur Verfügung. Mit neuen Stücken und Filmszenarien setzte er die politische Aufklärung des deutschen Volkes über den Faschismus und seine Folgen für die Haltungen der Menschen fort. Mit der Komödie *Bürgermeister Anna* (UA 1950, Berlin 1950) und *Thomas Müntzer* (UA 1953 Deutsches Theater, Berlin) führte er sein politisches Kampftheater in die Auseinandersetzungen der neuen Zeit. Zahlreiche, in den Nachkriegsjahren entstandene Geschichten für Kinder zeugen von W.s Einfühlungsvermögen und seinem Erzähltalent.

W. W.: Die Jungen von Mons, Berlin 1931; Märchen für große und kleine Kinder, Berlin 1946; Lilo Herrman Ein biographisches Poem, Berlin 1951; Bummi und andere Tiergeschichten, Berlin 1951. - *Ausg.:* Ausgew. Werke in Einzelausgaben, Berlin 1951/60; Ges. Werke in 16 Bdn., Berlin und Weimar 1960–1968 (= GW); Briefwechsel, Hg. E. Wolf/W. Pollatschek, Berlin und Weimar 1968; Briefe, Hg. E. Wolf/W. Pollatschek, Berlin und Weimar 1969. - *Lit.:* W. Pollatschek: Friedrich Wolf Eine Biographie, Berlin 1963; W. Jehser: Friedrich Wolf. Sein Leben und Werk, Berlin 1968; Beiträge, Bd. 4; Dialog und Kontroverse mit Georg Lukács, Hg. W. Mittenzwei, Leipzig 1975; G. Klatt: Arbeiterklasse und Theater, Berlin 1975; G. Düwel: Friedrich Wolf und Wsewolod Wischnewski, Berlin 1975; Katalog: Friedrich Wolf, Die Jahre in Stuttgart 1927/1933. Ein Beispiel, Stuttgart 1983; H. Müller: Friedrich Wolf. Weltbürger aus Neuwied. Selbstzeugnisse in Lyrik und Prosa, Hg. und kommentiert zum 100. Geburtstag, Neuwied 1988; L. Hohmann: Friedrich Wolf. Bilder einer deutschen Biographie. Dokumentation, Berlin 1988; Exil, Bd. 1, 2. Aufl. 1989.

Gudrun Klatt

Wolff (de Rivera), Ilse (Ps. I. W., Iwo, I. W. de Rivera)

Geb. 30. 7. 1905 in Potsdam

Über den Lebensweg der Autorin ist wenig bekannt. Seit den frühen 20er Jahren beim Ullstein-Verlag tätig. 1931 von Gewerkschaftsblättern und mit Feuilletonaufträgen von Ullstein nach Spanien geschickt. Seit 1932 Mitglied der Sozialistischen Partei Spaniens. Nach 1933 Mitarbeit an der spanischen Presse und politische Korrespondenzen für die antifaschistische Ztg. »Deutsche Freiheit«, die österreichische »Arbeiterzeitung« und »Kampf« und sozialistische Zeitungen mehrerer Länder. Während des asturischen Aufstands 1934 verhaftet, vom 7. 10/20. 11. Gefängnishaft in Madrid und Barcelona, dann Ausweisung. Exil in Frankreich und Belgien, nach Amnestie 1935 Rückkehr nach Spanien (durch Heirat mit Rivera spanische Staatsbürgerin). Arbeit als Übersetzerin und ständige journalistische Mitarbeit an der spanischen sozialistischen Gewerkschafts-Ztg. »Claridád« und der deutschen Exilpresse, insbesondere AIZ, über die Volksfront in Spanien und den Krieg. Frühjahr 1938 nach Frankreich, während des Weltkrieges illegal in Lyon, danach in Paris. Seit 1954 lebte W. mit ihrer Familie in Brasilien, betrieb ein kleines Hotel-Restaurant in den Bergen. Wie über die Biographie W.s können auch über ihr Schreiben, gestützt auf Selbstzeugnisse, nur fragmentarische Aussagen gemacht werden. Alle größeren Arbeiten sind verschollen: die spanische Übersetzung von *Oranienburg*, Erlebnisbericht des deutschen Sozialdemokraten Gerhart Seger (1933), von drei Dramen Sostschenkos (1935?), auch ihre eigenen Bücher, *Spanisches Bilderbuch*, 1935 in Paris für Münzenberg geschrieben, *Kampen om Spania* (Kampf um Spanien, 1936 norwegisch in Oslo, dänisch in Kopenhagen ersch.), die Reportagesammlung *Kaziken, Jungfrauen und Kämpfer* (1938 bei einem Wettbewerb eingereicht, 43 Repn., wovon nur 8 in Zeitungen gedruckt) und ihre *Kriegsverbrecher-Biographien* (1946 in einem sozialistischen Verlag in Paris). Erhalten sind nur ihre zahlreichen Pressebeiträge, vor allem aus Spanien, über politische Konflikte und soziale Nöte und Bewegungen in der jungen Republik (14 für »Deutsche Freiheit«, u.a. *Erlebnisse in spanischen Gefängnissen,* 4. u. 6. 12. 1934), aus denen die Notwendigkeit einer sozialen Umwälzung spricht. Während des Bürgerkrieges berichtete sie von verschiedenen Landesgegenden und Fronten über Anstrengungen und Verteidigung der Volksfront (in »Claridád« 29, in AIZ bzw. VI 22 Beiträge), mit der sie sich identifizierte. In meist kurzen Zeitungs-Reportagen versteht W., Menschen in bestimmten Lagen prägnant vorzustellen und ihre eigenen sozialistischen Impulse und Sympathien mitsprechen zu lassen. 1946/49 schrieb sie als Pariser Korrespondentin 18 konsequent antifaschistische und sozialistische Artikel für »Die Weltbühne« (Berlin), als letzten einen anschaulichen und engagierten Bericht vom I. internationalen Friedenskongreß in Paris (3. 5. 1949).

Silvia Schlenstedt

Wolff, Friedrich Wilhelm

Geb. 21. 6. 1809 in Tarnau (Schlesien, heute: Tarnawa/Polen); gest. 9. 5. 1864 in Manchester

Sohn eines Kleinbauern; 1829/34 Philologiestudium in Breslau; als führender radikaler Burschenschafter 1834 verhaftet und 1835 zu acht Jahren Festung verurteilt; Juli 1838 begnadigt; Hauslehrer im Großherzogtum Posen und in Schlesien; seit 1842 Journalist für schlesische und sächsische Zeitungen. Sein Artikel über *Die Kasematten* (»Breslauer Zeitung«, 18. 11. 1843), ein Obdachlosenasyl mitteloser Arbeiter in Breslau, leitete die erste breite Pressekampagne um die Frage des Pauperismus unter der Arbeiterschaft in Deutschland ein. Bildung einer schlesischen Sozialistengruppe, in der W., anfangs utopisch-sozialistischen Vorstellungen folgend, seit Ende 1844 mit revolutionär kommunistischen Konsequenzen und mit geheimer Agitation unter den Breslauer Arbeitern eine führende Position einnahm. Der Aufsatz *Das Elend und der Aufruhr in Schlesien* (»Deutsches Bürgerbuch für 1845«), die erste Darstellung des schlesischen Weberaufstands, machte W. in ganz Deutschland bekannt. Wegen Preßvergehens erneut verfolgt; Feb. 1846 Flucht nach Brüssel; Bekanntschaft mit K. Marx und F. Engels; Mitarbeiter des Brüsseler Zeitungs-Correspondenz-Bureaus sowie Mitglied des Kommunistischen Korrespondenz-Komitees; umfangreiche publizistische Arbeit zur Klärung der Haltung des Proletariats in einer sich abzeichnenden bürgerlichen Revolution (u.a. *Der preußische Landtag und das Proletariat in Preußen wie überhaupt in Deutschland,* in: »Kommunistische Zeitschrift«, Sep. 1847). Juni 1847 Mitbegründer des BdK und seit 1848 Mitglied der Zentralbehörde. Seit Juni 1848 Redakteur der »Neuen Rheinischen Zeitung«. Nach deren Verbot Abgeordneter der Frankfurter Nationalversammlung. Mit der Revolution endete W.s publizistische Wirksamkeit. Juli 1849 Emigration in die Schweiz; ab Juli 1851 in London; Beteiligung an der Reorganisation des BdK, nach dessen Auflösung zum engsten Kreis der ›Partei Marx‹ gehörend; seit Mitte 1853 als Hauslehrer in Manchester. – W.s literarische Leistung liegt ausschließlich in seiner politischen Publizistik. Ein W. eigener Demokratismus wandelte sich seit seinem *Kasematten*-Artikel (seitdem »Kasematten-Wolff«) zunehmend in eine entschiedene Anwaltschaft für den neuen Arbeiterstand, als dessen intellektuell politischen Repräsentanten W. sich immer mehr verstand. Seine anfänglichen Enthüllungen über die soziale

Notlage der Arbeiter (*Wo kein Kläger, da ist auch kein Richter*, in: »Breslauer Zeitung«, 1. 3. 1844) gewannen an analytischer Schärfe und revolutionärer Konsequenz. In diesem Sinne betrieb W. seit 1844 eine wirkungsvolle, von den Zensoren immer wieder verfolgte Agitation. Zu seinem Hauptthema wurde die Auseinandersetzung mit bürgerlich-liberalen Vorstellungen zur Neuordnung der Gesellschaft, vor allem deren Palliativvorschlägen zur Lösung der sozialen Frage (*Aus Schlesien. Gegen den Liberalen Eduard Pelz*, in: »Westphälisches Dampfboot«, Feb. 1845). Schon seine frühe Publizistik, namentlich *Die Proletarier auf dem Lande* (»Schlesische Chronik«, 17.–21. 5. 1844) und die Studie über den Weberaufstand weisen seine Fähigkeit zur genauen politischen Analyse und theoretischen Verallgemeinerung aus. Kaum jemand hat die ökonomischen und sozialen Ursachen dieser frühproletarischen Erhebung in Deutschland und deren historische Bedeutung zu dieser Zeit so gründlich und umfassend dargestellt wie W. Zusammen mit J. Weydemeyer wurde W. zu einem der erfolgreichsten Propagandisten der Ideen von Marx. Dabei hat er zugleich versucht, Eigenständiges in die Entwicklung der revolutionären Theorie einzubringen. Das gilt neben der Organisationsproblematik in der proletarischen Bewegung vor allem für deren Agrar- bzw. Bauernpolitik bereits in seinen Vormärz-Artikeln *Der Bauernaufstand und die politische Bewegung* (»Deutsche-Brüsseler-Zeitung«, 1. 8. 1847) und *Das Schutzgeld* (ebd., 19. 8. 1847). In der Revolution von 1848/49 galt diese Frage als W.s Domäne. Zum Höhepunkt wurde diesbezüglich die Serie von Artikeln unter dem Titel *Die schlesische Milliarde* (»Neue Rheinische Zeitung«, März/April 1849; auch als Flugblätter). W. legte darin faktisch die erste marxistische Agrargeschichte über die Durchsetzung des Kapitalismus auf dem Lande vor. Zu den literarischen Glanzpunkten der »Neuen Rheinischen Zeitung« zählen W.s satirische Glossen *Aus dem Reich* (29. 12. 1848/9. 4. 1849), die sich mit manchen von G. Weerths Satiren im Feuilleton vergleichen lassen. W.s Publizistik zeichnete sich besonders durch ihren unmittelbaren Adressatenbezug, ihre Orientierung auf Verständnis beim einfachen Leser aus dem Volk aus. Sie knüpfte meist an praktische Erfahrungen und Erlebnisse an und versuchte, diese auf eine politische Verallgemeinerungsstufe zu heben. Dabei bediente sich W. sowohl eines ironisch-bissigen als auch eines oft derb-deftigen und z.T. auch vereinfachenden, immer aber bewußt provozierenden Schreibstils.

Ausg.: Gesammelte Schriften, Hg. F. Mehring, Berlin 1909; Der Kasematten-Wolff. Schriften von Wilhelm Wolff und sein Lebensbild von F. Engels, Hg. E. Reiche, Weimar 1950; Aus Schlesien, Preußen und dem Reich, Hg. W. Schmidt, Berlin 1985. – *Lit.:* W. Klawitter: Wilhelm Wolff, in: Schlesische Lebensbilder, Breslau, 1922 Bd. 1; W. Schmidt: Wilhelm Wolff. Sein Weg zum Kommunisten. 1809–1846, Berlin 1963; K.

Koszyk: Der schlesische Revolutionär Friedrich Wilhelm Wolff (1809–1864), in: Jahrbuch der schlesischen Friedrich-Wilhelm-Universität zu Breslau, Würzburg 1964, Bd. 9; W. Schmidt: Wilhelm Wolff. Kampfgefährte und Freund von Marx und Engels 1846–1864, Berlin 1979.

Walter Schmidt

(Das) Wort (DW)

Literarische Monatsschrift, erschien Juli 1936/März 1939 in Moskau. Von B. Brecht, L. Feuchtwanger und W. Bredel herausgegeben, redaktionelle Mitarbeit F. Erpenbeck und A. Kurella. Verlage: Jourgaz (bis Juni 1938), Meshdunarodnaja kniga. Die Auflage stieg von 7000 auf 10000 Ex. (bis Ende 1936) bis 12000 Ex. (1937/39) an. Der Umfang vergrößerte sich von 112 S. auf 160 S. (ab Jan. 1938). Die Zeitschrift hatte Auslieferungsstellen in fast 20 vorwiegend europäischen Ländern. Dem Beschluß des Volksbildungskommissariats der RSFSR vom 19. Feb. 1936 über die Herausgabe einer literaturkritischen Zeitschrift in deutscher Sprache, die alle deutschsprachigen Schriftstelleremigranten vereinen sollte, waren seit dem Sommer 1935 intensive Diskussionen in der deutschen antifaschistischen Emigration über die Notwendigkeit einer antifaschistischen Literatur-Zeitschrift vorausgegangen. Maßgeblichen Anteil am Zustandekommen von DW hatte J. R. Becher, dem es gelang, M. Gorki, A. Fadejew und M. Kolzow für den Zeitschriften-Plan zu gewinnen. Insbesondere Kolzows Bereitschaft, seinen Verlag Jourgaz, den größten Zeitschriftenverlag der UdSSR, der neuen Zeitschrift als editorische Basis zur Verfügung zu stellen, ließ den Plan zur Wirklichkeit werden. Die Gewinnung der drei Herausgeber bzw. Redakteure – Brecht in Skandinavien, Feuchtwanger in Frankreich, Bredel in der Sowjetunion (Angebote hatte es auch an H. und Th. Mann gegeben) – entsprach in der damit repräsentierten Unterschiedlichkeit politischer und ästhetischer Positionen dem angestrebten Ziel, eine literarische Zeitschrift der Volksfront herauszubringen. In intensivem Briefwechsel im ersten Halbjahr 1936 – außer von Bredel von Becher, W. Herzfelde (der neun Wochen in Moskau DW mitorganisierte) und M. Osten geführt – mit zahlreichen emigrierten Schriftstellern in verschiedenen Exilzentren wurde über Anliegen und Profil der Zeitschrift debattiert, eine produktive Mitarbeit in Form von literarischen Texten verschiedenster Art erbeten. Überschattet war diese Konstituierung von dem ersten Moskauer Schauprozeß im Aug. 1936: I. Silone veröffentlichte in der Baseler »Arbeiter-Zeitung« am 24. 9. 1936 eine spektakuläre Absage an DW, er könne in einer Zeitschrift nicht mitarbeiten, die sich mit diesem Prozeß – in dem verdiente Alt-Bolschewiken in

ungeheuerlicher Weise zu Verbrechern gestempelt würden –
solidarisiere.

Über viele Ländergrenzen, auf einem komplizierten Postweg
zwischen Herausgebern, Autoren und der Moskauer Redaktion, konnte mit den technischen Möglichkeiten des Jourgaz-
Verlages jeweils in letzter Minute ein pünktliches Erscheinen
DW zustande gebracht werden. Der Hauptteil der redaktionellen Arbeit mußte am Ort der Herstellung geleistet werden;
nach Bredel, der im Mai 1937 nach Spanien ging, war Erpenbeck, im Jahre 1938 unterstützt von Kurella, dafür verantwortlich. Eine im Jan. 1938 von M. Osten in Paris gegründete
Zwischenredaktion, in der auch Bredel nach seiner Rückkehr
aus Spanien arbeitete, gewährleistete einen engeren Kontakt
zu den europäischen Exilländern. Durch die faschistische Ok-
kupationspolitik und -praxis war in einer Reihe europäischer
Länder der Vertrieb der Zeitschrift verboten bzw. behindert
worden, die postalischen Schwierigkeiten zwischen der Moskauer Redaktion und den Mitarbeitern und Lesern außerhalb
der Sowjetunion häuften sich. DW konnte seine ausländischen
Adressaten immer weniger und nur mit größter zeitlicher
Verzögerung erreichen. Es mangelte zunehmend an druck-
baren literarischen Manuskripten. Im März 1939 entschied
deshalb der herausgebende Verlag Meshdunarodnaja kniga
DW mit der »Internationalen Literatur« (IL) zu fusionieren,
der Valuta-Honorar-Fonds DW, für die materielle Existenz der
emigrierten Autoren von großer Relevanz, wurde der IL
übergeben.

DW bestimmte in seinem ersten Heft (Juli 1936) in einem
redaktionellen *Vorwort* als seine Mitarbeiter »ausschließlich
alle Schriftsteller deutscher Sprache, deren Wort dem Dritten
Reich nicht dient«. Damit zielte die Zeitschrift auf ein breites
literarisches Bündnis, das auf Antifaschismus gegründet war.
Tatsächlich gelang es der Redaktion, mit den rund 150 Schriftstellern, Kritikern, Theoretikern, Publizisten ein Spektrum
verschiedener politischer Positionen und künstlerischer Richtungen zu versammeln. Kommunisten und Sozialisten publizierten neben Demokraten und Liberalen, es beteiligten sich
Pazifisten und Christen, deutschnationale Hitlergegner und
Anarchisten. DW stellte die Gemeinsamkeiten im antifaschistischen Kampf in den Vordergrund, ohne dabei die Differenzen
und Unterschiede zu verschweigen. Damit praktizierte die
Zeitschrift in exemplarischer Weise Volksfrontpolitik. Dazu
gehörte die Initiierung von verschiedenen weltanschaulichen
und künstlerischen Debatten – der 1936 um einen zeitgemäßen kämpferischen Humanismus geführten sowie der
1937/38 stattfindenden Auseinandersetzung um den Expressionismus – deren Ziel es war, bestehende Probleme und
offene Fragen in bezug auf die philosophischen und ideologischen Grundlagen des antifaschistischen Bündnisses mit
Hilfe marxistischen Denkens und der Darlegung der Politik der

KPD genauer zu bestimmen. Als Wunschadressaten sprach
DW auch die »heimlichen Verbündeten im faschistischen
Deutschland« an, der »Blick nach Deutschland« hieß für die
Zeitschrift, kontinuierlich und genau Veränderungen innerhalb Deutschlands zu analysieren und in der Anti-Hitler-
Propaganda zu berücksichtigen. Die redaktionellen »Vorworte«, in der Mehrzahl von Bredel verfaßt (ab 1937, H. 12
fehlen die Vorworte) nahmen zu aktuellen politischen und
kulturellen Ereignissen Stellung, erörterten intensiv Aufgaben
und Möglichkeiten der Schriftsteller im antifaschistischen
Kampf, schätzten Erfolge und Rückschläge ein. Zum Schreiben
von den Positionen eines kämpferischen Antifaschismus und
konsequenten Antimilitarismus aus, für die Verteidigung der
Kultur, mit der Orientierung auf Demokratie und Frieden
sowie Unterstützung der Sowjetunion, kam seit dem spanischen Befreiungskampf als Aufgabe und von vielen begrüßte
und genutzte Möglichkeit hinzu, mit der Waffe in der Hand am
Kampf teilzunehmen. Auf dem II. Internationalen Schriftstellerkongreß zur Verteidigung der Kultur von 1937, von dem
DW in mehreren Heften berichtete, wurde diese Problematik –
aufgeworfen durch eine Formulierung L. Renns, es käme jetzt
nicht darauf an, Geschichte zu schreiben, sondern Geschichte
zu machen (1937, H. 10, S. 78) – kontrovers diskutiert. Die
Alternative Feder oder Waffe wurde als falsch erkannt, der
Schriftsteller habe – so die Orientierung in DW – mit Feder
und Waffe am Kampf teilzunehmen, seine gesellschaftliche
und künstlerische Verantwortung schließe beides ein. DW als
Literaturzeitschrift stellte ins Zentrum jeder Nummer die Veröffentlichung neuer literarischer Texte, der hierbei zugrunde
gelegte Literaturbegriff umfaßte neben allen herkömmlichen
Genres operative und publizistische Formen; oberstes Aus-
wahl-Kriterium war die Funktion im antifaschistischen
Kampf. Die Jahrgänge DW zeigen – bis auf wenige Ausnahmen –, daß wesentliche Leistungen der deutschen antifaschistischen Literatur hier erstveröffentlicht wurden. So
Brechts *Deutsche Satiren* und *Furcht und Elend des Dritten
Reiches*, Bechers Gedichte aus dem *Glückssucher*, Auszüge
aus Bredels Roman *Dein unbekannter Bruder* und Spanien-
Prosa, Reportagen von Kisch, Auszüge aus Marchwitzas *Kumiaks*, Seghers' Sagen und Erzählungen, J. Wüstens *Bessie
Bosch*, Lyrik E. Arendts und E. Weinerts, Texte von B. Uhse,
F. C. Weiskopf und F. Wolf, Auszüge aus Feuchtwangers *Exil*
und *Der falsche Nero*, O. M. Grafs *Anton Sittinger*, E. Tollers
Pastor Hall und Prosa von A. Zweig. DW wurde auch zum
Publikationsort für literarische Anfänger, z.B. von Edy Brendt
(d.i. E. Claudius), Kuba, L. Detsinyi (Adam). Den literarischen Texten folgte jeweils ein Teil »Essays oder Aufsätze«, in
dem die bereits erwähnten Debatten stattfanden und der
außerdem verschiedene Beiträge zu theoretischen und ästhetischen Problemen der aktuellen Literaturdiskussion enthielt,

so z.B. zum historischen Roman, zur Kurzgeschichte, zur Volkstümlichkeit und zur realistischen Gestaltung. Insbesondere im Zusammenhang der ⁊ Expressionismus-Realismus-Debatte, in der es über die Bewertung des Expressionismus als Erbe und Faktor im antifaschistischen Kampf hinaus um das zentrale Problem eines zeitgemäßen Realismus, um das Verhältnis von politischer und künstlerischer Avantgarde ging, wurde DW zum Forum einer in den verschiedenen Exilzentren engagiert geführten Auseinandersetzung. Beeinflußt von der sowjetischen Diskussion um Naturalismus und Formalismus Mitte der 30er Jahre und durch die von G. Lukács in die Debatte gebrachte Abstraktheit und Normativität der Behandlung des Problems realistischer Schreibweise gegen den Faschismus, sah Brecht als Herausgeber der Zeitschrift die Gefahr, daß »wir uns vor der feindlichen Front in ein Formengezänk verwickeln« (*Schriften zur Literatur und Kunst*, Bd. II, Berlin und Weimar 1966, S. 80). Er erhob Einspruch gegen Erpenbecks Publikationspraxis, die Lukács' und Kurellas Positionen favorisierte, die Blochs und Eislers ungenügend zum Tragen kommen ließ. Er gab aber seine umfangreichen Ausarbeitungen zum Realismus-Problem, die durch die Debattenführung provoziert waren, nicht frei für die Veröffentlichung, empfahl sogar im Interesse der Volksfront den Abbruch der Debatte. Im Jan. 1939 legte er der Redaktion Sabotage seiner Mitarbeit zur Last und kündigt seine Beschwerde beim »übergeordneten Verlag« (Brief vom 2. 1. 1939, in: CGALI Fond 631, op. 14, ed. chr. 441) an. Der einzige theoretische Text von Brecht, der damals veröffentlicht wurde (*Über reimlose Lyrik mit unregelmäßigen Rhythmen*, im letzten Heft DW) enthielt u.a. eine Art Resümee zur Debatte: »Die sehr heilsame Kampagne gegen den Formalismus hat die *produktive* Weiterentwicklung der Formen in der Kunst ermöglicht, indem sie die Weiterentwicklung des sozialen Inhalts als eine absolut entscheidende Voraussetzung dafür nachwies.« (1939, H. 3, S. 127)

Weitere Struktureinheiten bildeten die Rezensionen und die Rubrik »Kulturerbe«. Die Literaturkritik wurde von den Machern DW als wunder Punkt erkannt, wobei es sich hier um ein Problem der Gesamt-Exilpublizistik handelte. In DW richteten sich die Bemühungen neben der Informationsfunktion vor allem auf die Qualifizierung der Wertungskriterien, wofür die gleichzeitig verlaufende Debatte um realistische Schreibweise wichtige Elemente herausarbeitete. Außer Beiträgen von Feuchtwanger, H. Mann, B. Olden, E. Ottwalt waren es zahlreiche Kritiken von Weiskopf und K. Kersten, die das Niveau bestimmten. - Mit der Rubrik »Unser Kulturerbe« bzw. »Kulturdokumente« wollte die Zeitschrift zur Realisierung der auf dem VII. Kongreß der KI den Antifaschisten gestellten Aufgabe, sich der nationalen progressiven Kulturtraditionen zu versichern, beitragen. Meist ausgewählt von H. Walden, stellte sie

mit den Texten von Goethe, Schiller, Kleist, Lessing, Forster, Uhland, Keller, Lichtenberg, Schubart u.a. wichtiges geistiges Rüstzeug für den antifaschistischen Kampf bereit. Literarhistorische Abhandlungen, oft von Lukács und W. Haenisch, ergänzten diesen Aspekt. Von konzeptionellem Gewicht waren die in DW veröffentlichten Beiträge zur Ideologie, Politik und Praxis des deutschen Faschismus, das Aufdecken von Widersprüchen zwischen Nazi-Programm und faschistischem Alltag hatte weitreichende bündnispolitische Bedeutung. Wichtige Beiträge auf diesem Sektor lieferten E. Bloch, K. Obermann, B. Altmann, W. Benjamin. Offensiv entlarvte DW auch die faschistischen Literatur- und Geschichtsverfälschungen. Dies geschah vor allem in den »Glossen«, meist verfaßt von Walden, Erpenbeck, H. Rodenberg. Die Methode der Selbstentlarvung durch Zitatmontagen aus der Nazi-Presse war besonders wirksam, wie viele Leserzuschriften bezeugten. Die Zeitschrift bemühte sich, mit bibliographischen Mitteln, regelmäßigen Berichten und aktuellen Chroniken eine umfassende Information zu geben. Vor allem das Doppelheft *Vier Jahre freie deutsche Literatur* (Apr./Mai 1937) gab einen Gesamtüberblick über Leistungen, Schwierigkeiten und Probleme der antifaschistischen Literatur. Programmatisch wurde diesem Heft E. Wiecherts Rede von 1936, *Ansprache an die Münchener Studenten*, vorangestellt. Dieses Heft vereinte bilanzierende Beiträge zur Literaturentwicklung mit einer glänzenden literarischen Textauswahl (u.a. Brecht, Seghers, Graf, Bredel, Osten). Eine Bio-Bibliographie von 105 Schriftstellern und Kritikern, das Ergebnis einer umfangreichen Fragebogen-Aktion, dokumentierte eindringlich die Vielfalt des literarischen antifaschistischen Exils. Die Redaktion war um die Einbeziehung der internationalen antifaschistischen Literatur bemüht, sie druckte und rezensierte ausgewählte Beispiele. Das Sonderheft zum 20. Jahrestag der Oktoberrevolution nahm einen besonderen Platz ein, hier konnte auch die Übersetzungs- und Nachdichtungstätigkeit deutscher Schriftsteller im Exil mit vorgestellt werden.

DW hat innerhalb der antifaschistischen literarischen Volksfront als aktivierender und mobilisierender Faktor gewirkt, als Publikationsorgan und theoretisches Forum war die Zeitschrift aktiv am Kampf gegen den Faschismus beteiligt. Einem kämpferischen Antifaschismus verpflichtet, trug DW zugleich zur Profilierung der sozialistischen Literatur in diesen Jahren bei. Es war eine in hohem Maße kollektiv gemachte Zeitschrift, dies weist der in Moskau archivierte - leider bisher unveröffentlichte - umfangreiche Briefwechsel der Herausgeber untereinander sowie der Redaktion mit ihren Mitarbeitern und Lesern aus. Auf ihren fast 3000 S. zeigte sie die künstlerische Leistungsfähigkeit der deutschen exilierten Literatur. Ihre repräsentative Machart machte DW, sowohl was die literarischen Veröffentlichungen wie die theoretischen und ästhetischen

Debatten betraf, zur wichtigsten und vielseitigsten literarischen Exil-Zeitschrift.

Ausg.: Das Wort. Literarische Monatsschrift, fotomechanischer Nachdr., 10 Bde. und 1 Register-Bd., Berlin 1968. – *Lit.:* S. Petrowa: Shurnal – Das Wort – organ nemeckoj antifascistskoj emigracii. Ijul 1936-mart 1939, Diss., Moskva 1973; H.-A. Walter: Deutsche Exilliteratur 1933-1950, Bd. 7: Exilpresse, Darmstadt/Neuwied 1974, S. 297-359; Das Wort. Moskau 1936-1939. Bibliographie einer Zeitschrift, bearb. von G. Seidel, mit einem Vorw. von H. Huppert, Berlin und Weimar 1975 (= Analytische Bibln. deutschsprachiger literarischer Zsn. 1); A. Huß-Michel: Die Moskauer Zeitschriften ›Internationale Literatur‹ und ›Das Wort‹ während der Exil-Volksfront (1936-1939). Eine vergleichende Analyse, Frankf. a.M./Bern 1987; Exil, Bd. 1, 2. Aufl. 1989, S. 219-271; Prag - Moskau. Briefe von und an W. Herzfelde 1933-38, Hg. G. de Siati/Th. Ziemke, Kiel 1991.

Simone Barck

(Das) Wort der Verfolgten (WdV)

Gedichte und Prosa, Briefe und Aufrufe deutscher Flüchtlinge von Heinrich Heine und Georg Herwergh bis Bertolt Brecht und Thomas Mann, Basel 1945, 517 S., erschien als Bd. 5 der Schriftenreihe der Vereinigung »Kultur und Volk« Zürich, »Erbe und Gegenwart«, unter dem Patronat der Bewegung »Freies Deutschland« in der Schweiz. Als Herausgeber der Anthologie genannt wird Oswald Mohr, ein Ps. (gebildet mit Bezug auf F. Engels' Ps. Oswald und K. Marx' Spitznamen Mohr) von

Bruno Kaiser, geb. 5. 2. 1911 in Berlin; gest. 27. 1. 1982 in Berlin; 1929/33 in Berlin als Redakteur tätig, daneben Germanistik- und Kunstgeschichtsstudium. Illegal antifaschistische Arbeit, Ende Nov. 1938 nach Gestapohaft Flucht; Exil in Belgien, 1940 in Frankreich (u.a. in Gurs), 1942 Flucht in die Schweiz, dort interniert. Begann mit dem Aufbau von Georg Herwegh-Archiv und -Museum in Liestal bei Basel; erstes Ergebnis seiner Recherchen: *Die Schicksale der Bibliothek Georg Herweghs* (Liestal 1945), Museumseröffnung Juli 1946, danach in Brüssel weitere Recherchen, u.a. zu Engels und G. Weerth; Juli 1947 nach Berlin. Aufbau der Bibliothek des Instituts für Marxismus-Leninismus (Gründung März 1949); bis 1972 deren Leiter. Forschungen und Editionen, vor allem zu Herwegh (u.a. *Frühe Publizistik 1837-1841*, Berlin 1971), Weerth: erste Werkausgabe (5 Bde., Berlin 1956/57), Marx und Engels (gehörte bei der Herausgabe der MEGA, Berlin 1975ff., zur DDR-Sektion). Begründete 1963 die Reihe »Textausgaben zur frühen sozialistischen Literatur in Deutschland« (Berlin). Zeugnisse des Forschers, Sammlers, Bibliophilen enthält die Sammlung *Vom glückhaften Finden. Essays, Berichte, Feuilletons* (Hg. G. Erler, Berlin und Weimar 1985).

Aus der langen Geschichte von Verfolgung und Flucht aus Deutschland werden in WdV Zeugnisse aus dem 19. und 20.Jh. ausgewählt, von Flüchtlingen, »gehetzt und verurteilt, verleumdet und verschwiegen«, die »Künder der Wahrheit und Verfechter des Humanismus« geworden seien. Der Herausgeber will die Emigration würdigen, aber nicht schlechtweg glorifizieren – »die tapferen Zwerge neben den Riesen« (S. 15) sollen nicht übergangen werden. Gewählt wurde eine chronologische Anordnung der Texte auch, weil so Einsichten zu gewinnen und Neuentdeckungen zu machen seien.

Der 1. Teil (*Erbe*) setzt 1818 ein, bietet zum größten Teil Texte der 30er und 40er Jahre, häufig aus dem Schweizer Exil, und schließt mit den 90er Jahren ab. Er enthält Texte von Abt, F.C. Bernays, L. Börne, G. Büchner, Engels, G. Fein, A. A. L. Follen, K. Follen, F. Freiligrath, P. Harro-Harring, Heine, K. Heinzen, E. Herwegh, G. Herwegh, A.H. Hoffmann von Fallersleben, R. Lavant, Marx, F. Münch, L. Pfau, A. von Platen, H. Püttmann, R. Reitzel, A. Ruge, F. von Sallet, W. Sauerwein, K. Schapper, J. Scherr, W. Schulz, L. Seeger, Ph. J. Siebenpfeiffer, J. Venedey, C. Vogt, Weerth, W. Weitling, J. G. A. Wirth, außerdem 2 Anonyma und ein Flugblatt. Die bio- und bibliographischen Anmerkungen geben vielfach Hinweise zu Entstehung, Textfassungen, Druckgeschichte und bieten auch weiterführende, u.a. zeitgenössische Materialien. Die Angaben der benutzten Quellen machen deutlich, wie mit WdV, besonders durch Kaisers Arbeit an Nachlaß und Bibliothek Herweghs, seltene Drucke oder Periodika neu erschlossen worden sind.

Der 2. Teil (*Gegenwart*) umfaßt die Jahre 1933/45 und bietet Gedichte und Essayistisches aus der antifaschistischen Literatur verschiedener Emigrationszentren: R. Anders, J. R. Becher, Brecht, W. Bredel, H. Döblin, L. Feuchtwanger, B. Frank, R. Frank, K. Gerold, E. T. Goldschmidt, O. M. Graf, St. Hermlin, M. Herrmann-Neiße, St. Heym, H. Huppert, A. Kerr, A. Kurella, W. Langhoff, R. Lanzer (d.i. R. Leonhard), E. Lasker-Schüler, R. Leonhard, D. Luschnat, H. Mann, Th. Mann, W. Mehring, J. Mihaly, H. Sahl, W. W. Schütz, A. Seghers, M. Straßberg, A. Unger, F. von Unruh, E. Weinert, A. Wolfenstein, P. Zech, M. Zimmering, A. Zweig. Die Quellenangaben, bei denen zumeist Drucke in Zsn.- »Die Sammlung«, »Das Wort«, IL (bis 1941), »Die Zukunft«, »Über die Grenzen« u.a. -, aber auch Manuskripte genannt werden, machen die Kommunikationsprobleme vor allem während des Krieges erkennbar (Buchausgaben waren bekannt, aber nicht verfügbar) und zugleich die große Sammel- und Auswahlleistung des Herausgebers, der durchweg wesentliche Texte der Zeit präsentiert.

Mit der Breite im Darbieten und Zusammenführen von revolutionär-demokratischen und antifaschistischen literarischen Zeugnissen, von Humanisten sozialistischer und nichtsozialistischer Prägung, die vielfältige poetische Reaktionen auf Verfolgtsein zeigen, mit der Akzentuierung von Anklage und Kritik undemokratischer deutscher Zustände, von Solidarisierung mit den Opfern und von widerständigen Haltungen, legte WdV am Ende des II. Weltkrieges eine aussagekräftige literaturgeschichtliche Bilanz vor.

In z.T. veränderter Auswahl erschien – nun mit dem Untertitel

Anthologie eines Jahrhunderts - das Buch Berlin 1948. (Im 1. Teil neu Texte von J. Ph. Becker, K. Butz, Ed. Dorsch, E. Dronke, W. Kopp, R. Prutz, A. Strodtmann, J. Weydemeyer, W. Wolff; C. Vogt entfiel; im 2. Teil neu E. Claudius, H. Marchwitza, P. Mayer, L. Renn, B. Schönlank, F. C. Weiskopf, F. Wolf, J. Zerfaß; es fehlten nun Anders, Döblin, R. Frank, Goldschmidt, Kurella, Luschnat, Mehring, Sahl, Schütz, Straßberg, Unger. – Auch die jeweilige Anzahl der ausgewählten Texte in der 1. und 2. Ausgabe differiert z.T. beträchtlich.) – Ein 1948 angekündigter zweiter Band zum Jahrhundert »vom Vormärz bis zum Ende des Faschismus«, erschien als *Deutsches Vermächtnis* (Berlin 1952), mit Texten »deutscher Patrioten – Dichter, Politiker und Schriftsteller –, die im Kampf für ein friedliches und unabhängiges Deutschland eines gewaltsamen Todes gestorben sind« (S. V).

Silvia Schlenstedt

Wüsten, Johannes (Ps. Peter Nikl, Walter Wyk)

Geb. 4. 10. 1896 in Heidelberg; gest. 26. 4. 1943 im Zuchthaus Brandenburg-Görden

Sohn eines freireligiösen Predigers; Kindheit in Görlitz, Gymnasium (bis Obertertia), Tischlerlehre aus gesundheitlichen Gründen abgebrochen. Malstudien bei O. Modersohn in Fischerhude, danach Ausbildung in einer Keramikfabrik in Bunzlau. Im Sommer 1916 einberufen, 13 Monate Lazarett. Nach Kriegsende in Hamburg, 1919 Mitbegründer und Vorstandsmitglied der »Neuen Session«, erste Ausstellung, erste literarische Arbeiten. 1922 Studienreise nach Holland; in Görlitz Gründung einer Werkstatt für Keramik und Fayence (bis 1925). Übernahm Grafik-Klasse in neugegründeter Malschule. Publizierte Kunstkritiken, Feuilletons, Aufsätze, später auch Erzählungen. Begann Stichtechniken zu studieren, Konzentration auf Kupferstich (bis 1934 ca. 90 Platten, u.a. *Blutproben*, 10 Stiche, Berlin 1931). 1929 Studienreise nach Dalmatien. Inszenierte 1932 mit der »Roten Bühne« sein Schauspiel *Die Verrätergasse*. Mitglied im Antifaschistischen Kampfbund und der RHD, März 1932 Eintritt in die KPD. Nach der faschistischen Machtergreifung leitete W. die illegale Görlitzer KP, bildete eine Widerstandsgruppe. Mußte im Mai 1934 nach Prag emigrieren, unter Ps. Peter Nikl umfangreiche literarische und bildkünstlerische Aktivität: Zeichnungen für »Simplicus«/»Der Simpl«, »Der Gegen-Angriff« u.a., Erzählungen und Aufsätze in »Prager Presse«, »AIZ«/»Die Volks-Illustrierte«, »Das Wort«. Juli 1938 nach Paris, lebte unter großen materiellen Schwierigkeiten. Bei Kriegsbeginn interniert, Juni 1940 Flucht aus dem Lager und (illegale) Rückkehr nach Paris. Fiel Anfang 1941 schwerkrank der Gestapo in die Hände, Untersuchungsgefäng-

Seite aus AIZ 1935 mit Erzählung von Nikl (= Wüsten) ›Der Ruf‹ mit Zeichnungen des Verfassers

nis Moabit, wegen »Vorbereitung zum Hochverrat« zu 15 Jahren Zuchthaus verurteilt. Starb an Tuberkulose.

W. war eine Doppelbegabung: Er war Maler und Grafiker, und er war vielseitiger Schriftsteller. Die meisten literarischen Arbeiten entstanden unter den Bedingungen des Exils. Sein Hauptinteresse galt dem Verhältnis zwischen Künstler und Gesellschaft vor allem während revolutionären und sozialen Bewegungen. Drei Bereiche dominieren, die sich oft durchdringen: historische Stoffe, Künstlerschicksale und antifaschistischer Kampf. Im frühen Schauspiel *Die Verrätergasse* geht es um den Tuchmacheraufstand gegen die Görlitzer Patrizier von 1527; mehrere Exilstücke behandeln den Bauernkrieg: *Weinsberg* (e. 1936, in: *1525. Stücke zum deutschen Bauernkrieg*, Berlin und Weimar 1975) den Kampf Jakob Rohrbachs und die Helferstein-Problematik; eine Ergänzung dazu ist der Einakter *Die Wahl des Florian Geyer* (1936). Als revolutionäre Strömung wird 1938 in *Drei Nächte des Jan Bockelson* die Täuferbewegung charakterisiert. In W.s epischem Hauptwerk, dem historischen Roman *Rübezahl* (abgeschlossen 1938, EA als *Der Strom fließt nicht bergauf*, Hg. u. Bearb. H. Wandrey, Rudolstadt 1963) wandelt sich der Maler

Peter Wost vor dem Hintergrund früher Weberunruhen im preußisch besetzten Schlesien vom Beobachter zum sozial engagierten Künstler. Auch das letzte Prosawerk, *Tannhäuser*, schildert Entwicklung und Bewährung einer Künstlergestalt, bei der Darstellung um die Mongolenschlacht 1241 sind Volksfrontmotive unverkennbar. Die 15 Malergeschichten *Historische Konturen* (in: *Tannhäuser. En. und Geschn.*, Hg. H. D. Tschörtner, Berlin 1976) gestalten mit hohem Einfühlungsvermögen entscheidende Stationen im Leben und Ringen um die Verwirklichung künstlerischer Ideen (u.a. P. Breughels, H. Daumiers, A. Dürers, W. Hogarths). Von seinen antifaschistischen Dramen ist das bedeutendste *Bessie Bosch* (in: »Das Wort«, 1936, H. 6, erfolgreiche UA Prag 1936), ein Zweipersonenstück, das den illegalen Kampf im Nazireich in einer tragischen Zuspitzung zeigt; Seitenstücke bilden die Einakter *Die Grenze* (in: *Die Verrätergasse* [Ste., Aufse., Ge., Aut., Bre.], Hg. H. D. Tschörtner, Berlin 1980) und *Berggeist* (unveröff.). Aus der Prosa sind drei größere Erzählungen hervorzuheben: *Der kleine Stammnitz* (in: AIZ, 1936, H. 9–11), *In den Tagen des Menschensohns* (in: »Maß und Wert«, 1939, H. 4) und *Das Zeichen* (in: *Pseudonym Peter Nikl. Antifaschistische Texte und Grafik aus dem Exil*, Hg. H. D. Tschörtner, Berlin 1987) sowie die Essays *Jakob Rohrbach* (in: »Das Wort«, 1938, H. 4) und *Beiträge zur Lage der deutschen Arbeiterschaft* (in: »Maß und Wert«, 1939, H. 5).

W. W.: Semper die Mumie (Parodie auf O. Ernst), Hamburg 1921; Iwon (E.), Hamburg 1921; Das Leben einer Buhlerin und andere Malergeschichten, Berlin 1951; Das heilige Grab (Sch.), Görlitz 1989; Kämpfer gegen Planeten (utop. R.), Berlin 1992, Edr. unter Ps. Walter Wyk in: Volks-Illustrierte, 1937/38. – *Ausg.:* Drei Nächte des Jan Bockelson (En.,) Rudolstadt 1972; Rübezahl (histor. R.), Hg. und Materialzusammenstellung H. D. Tschörtner, Berlin 1982; Heimatliche Miniaturen, Ausw. W. Wessig, Görlitz 1991; ...auf daß ich etliche gewänne. Kunstbetrachtungen in der Provinz, Ausw. W. Wessig, Görlitz 1991; Die Görlitz-Trilogie (Heimatspe.), Hg. W. Wessig, Görlitz 1993. – *Lit.:* Johannes Wüsten. Malerei, Grafik, Zeichnungen, Keramik, Hg. Museum für bildende Künste, Zus.stellung B. Jann-Zechendorff, Leipzig 1973; Johannes-Wüsten-Symposium Görlitz 1976, (Protokollbd.), Görlitz 1978; H.-J. Schneider: Exiltheater in der Tschechoslowakei 1933–1938, Berlin 1976; H. D. Tschörtner: Volksfrontmotive im literarischen Werk Johannes Wüstens. In: Verteidigung der Kultur (Konferenzbd.), Hg. M. Hahn, Berlin 1986; ders.: Johannes Wüsten in Frankreich, in: Kunst und Kunstkritik der dreißiger Jahre, Hg. M. Rüger, Dresden 1990.

Heinz Dieter Tschörtner

Paul Zech

Zech, Paul (Ps. Rhenanus, Michel Michael)
Geb. 19. 2. 1881 in Briesen bei Thorn (heute Torun, Polen); gest. 7. 9. 1946 in Buenos Aires

Sohn eines Landschullehrers; wuchs bei bäuerlichen Verwandten im Sauerland auf, Gymnasium in Elberfeld; arbeitete zwei Jahre als Kohlenhauer und Kesselheizer in Zechen des Ruhrgebiets und Eisenhütten in Belgien und Nordfrankreich. 1901 soll er im Auftrag der Gewerkschaft nach Paris geschickt worden sein, dort Kontakt zu französischen Sozialisten und jungen Literaten (erste Anregung zu jahrzehntelangen Bemühungen um das Werk A. Rimbauds). 1902/04 Studien an den Universitäten Bonn, Zürich, Heidelberg. Rückkehr nach Elberfeld, Beginn der schriftstellerischen Tätigkeit. 1907 zeitweilig in Helgoland und Dänemark, um politischer Verfolgung zu entgehen. Ermutigt von E. Lasker-Schüler, die ihn schätzte, siedelte Z. 1912 nach Berlin über; zahlreiche Publikationen von Lyrikbänden und Novellen und in vielen expressionistischen Periodika; Mitherausgeber der Zs. bzw. des Jahrbuchs »Das Neue Pathos« 1913/20. 1915 zum Kriegsdienst eingezogen, 1916 verwundet. 1918 Kleist-Preis (durch H. Mann verliehen) für zwei Antikriegsdichtungen. Nach dem Krieg kurze Zeit Mitglied der SPD. In den 20er Jahren Schwierigkeiten, sich als freier Schriftsteller zu behaupten (u.a. wegen Plagiats-Vorwurf); ab 1925 wissenschaftlicher Hilfsarbeiter in der Berliner Stadtbibliothek. 1933 kurzzeitig von den Nazis inhaftiert, z.T. Verlust seiner Bücher; Z. wurde aus der Bibliothek entlassen; im Aug. 1933 Emigration über Prag und Paris nach Argentinien, wo er, bis auf Reisen durch das Land, in Buenos Aires lebte. Viele publizistische Beiträge Z.s, auch Gedichte, erschienen in »Argentinisches Wochenblatt« 1934/35, »Pariser Tageszeitung« 1937/38, IL 1935/38, »Deutsche Blätter« (Santiago de Chile) 1943/46, doch nur wenige Bücher; er litt zunehmend an materieller Not und Isolierung; die Rückkehr nach Deutschland blieb sein Wunsch, er starb vereinsamt.

Z. war ein vielseitiger, vor allem in der Lyrik produktiver Autor, der durch starken sozialen Impuls und Realitätszugriff die Literatur des 20.Jh.s bereicherte. Er wurde am bekanntesten im Kontext der expressionistischen Bewegung, in der er viele Gleichgesinnte fand, doch ist er auf diese literarische Richtung nicht festzulegen, und auch wenn einige seiner Bücher in sozialdemokratischen Verlagen erschienen, ist er den ›Arbeiterdichtern‹ nicht zuzurechnen. Seine besondere poetische Kraft äußerte sich früh in Gedichten, die die Arbeitswelt im Ruhrgebiet gegenständlich und in sachlich anklagender Bildsprache zeigen (*Das schwarze Revier*, Berlin 1913, veränd. Neuausg. München 1922; *Schwarz sind die Wasser der Ruhr*, Berlin 1913; *Die eiserne Brücke*, Leipzig 1914). Das Verlangen nach unverkürztem Lebensanspruch wird in der Frühzeit auch im Pathos religiöser Erlösung vorgetragen (vgl. *Die neue Bergpredigt*, in: »Das neue Pathos«, 1914, H. 1), und es prägt die Naturgedichte Z.s (*Waldpastelle*, Berlin 1910; *Schollenbruch*, Berlin 1912; *Der Wald*, Dresden 1920) wie die frühe Novellistik (*Der schwarze Baal*, Leipzig 1917; *Das Ereignis*, München 1919). Seine Erlebnisse im Weltkrieg erhielten auf unterschiedliche Weise Ausdruck, teils in hymnischen oder elegischen Weltanschauungsgedichten (*Helden und Heilige. Balladen aus der Zeit*, Leipzig 1917; *Golgatha*, Hamburg/Berlin 1920), am stärksten und eigenständigsten in Versen, die die Massenerfahrungen im Krieg sachlich zupackend in einem neuen prägnanten Volksliedton geben (*Vor Cressy an der Marne. Gedichte eines Frontsoldaten namens Michel Michael*, Laon 1918), und außerdem in dem Prosabuch *Das Grab der Welt. Eine Passion zwischen zwei Feuern* (Hamburg/Berlin 1919; auf der gleichen autobiographischen Materialgrundlage, e. 1932, *Von der Maas bis an die Marne. Ein Kriegstagebuch*, Rudolstadt 1986). – Auch später bleiben die sozialen Erfahrungen unter den Arbeitenden seiner Heimatregion für Z. ein Fixpunkt seines Schreibens, so wenn er 1926 sein Verhalten zu ihnen bestimmt: »Ich fühle euer Blut durch mein Leben gehen. ... Und messe das Fieber eures ewigen Hungers nach Freiheit, Brot und Brüderlichkeit. Und

lebe wie ihr bei einem Ende und vor einem Anfang.« (Zit. nach M. Wolters Nachwort in: *Die Häuser haben Augen aufgetan. Ausgew. Ge.*, Berlin und Weimar 1976, S. 157.) Ein solcher Standpunkt äußerte sich in den 20er Jahren thematisch in einigen Prosaarbeiten (*Die Geschichte einer armen Johanna*, Berlin 1925 u.a.) und der Gedichtauswahl *Rotes Herz der Erde* (Berlin 1929 [=Reihe der deutschen Arbeiterdichter]), auf andere Weise auch in den Bemühungen um die Vermittlung der Dichtungen F. Villons und Rimbauds; in diesen Zusammenhang gehört *Das trunkene Schiff. Eine szenische Ballade* (Leipzig 1924), das als einziges von Z.s Stücken Erfolg hatte (UA 1926 Volksbühne Berlin durch E. Piscator). – Im argentinischen Exil, in dem ihm das Leben schwer, literarische Wirksamkeit nahezu unmöglich war, hat Z. Bücher in großer Zahl abgeschlossen (viele bis heute ungedruckt). Besonders hervorzuheben ist der »Tatsachenroman« *Deutschland, dein Tänzer ist der Tod* (1. Teil e. 1933 in Berlin, beendet um 1937, Rudolstadt 1980), in dem die Etablierung des Naziregimes an einem Figurenensemble am Beispiel Berlins dargestellt, Verhaltensweisen angesichts des Terrors von Unterwerfung und Anpassung (besonders unter Literaten wie M. Barthel) bis zum kommunistischen Widerstand gezeigt und auch breit mit entschiedenem antifaschistischen Engagement diskutiert werden. Weder dieser Roman noch andere, in denen Z. das Emigrationsproblem zu bewältigen versuchte (z.B. *Michael M. irrt durch Buenos Aires*), konnte veröffentlicht werden, auch nicht die verschiedenen Sammlungen mit Legenden und Erzählungen, die dem Leben der Indios gewidmet sind, worin die Neigung zu ihrer Stilisierung und Mythisierung die soziale Anteilnahme für die armen Ureinwohner Argentiniens einschränkt. Zu den wenigen Publikationen gehörten das Gedichtbändchen *bäume am rio de la plata* (Buenos Aires 1935) und *Neue Welt. Verse der Emigration* (Buenos Aires 1939), in denen nochmals genau und mit elegischer Kraft die Lebenslage des vertriebenen Heimatlosen gezeichnet wird.

Ausg.: Menschen der Calle Tuyuti. Erzählungen aus dem Exil, Hg. und Nachw. W. Kießling, Rudolstadt 1982; Vom schwarzen Revier zur neuen Welt. Gesammelte Gedichte, Hg. Henry A. Smith, München 1983; Stefan Zweig. Paul Zech. Briefe 1910–1942, (darin P. Zech: Stefan Zweig. Eine Gedenkschrift, EA Buenos Aires 1943, Nachw. des Hgs. und Bibl.), Hg. D. G. Daviau, Rudolstadt 1984. – *Lit.:* Paul Zech. 19. Februar 1881–7. September 1946. Mit Beiträgen von W. Huder, W. Bock und einer Paul-Zech-Bibl. von H. Bieber, Hg. F. Hüser, Dortmund 1961 (= Dichter und Denker unserer Zeit, Folge 28); Die Akte Paul Zech, Hg. J. Müller, Weimar 1966 (= Archiv der Deutschen Schillergesellschaft, H. 11); A. Hübner: Das Weltbild im Drama Paul Zechs (mit Bibl.), Bern/Frankfurt a.M. 1975; W.B. Lewis: Poetry and Exile. An Annotated Bibliography of the Works and Criticism of Paul Zech, Bern/Frankfurt a.M. 1975; A. Spitta: Paul Zech im südamerikanischen Exil

1933–1946. Ein Beitrag zur Geschichte der deutschen Emigration in Argeninien (mit Bibl. zu Exil und Nachlaß), Berlin 1978.

Red.

Zeitung des Arbeiter-Vereins zu Köln (ZAV)

Erschien in Quartformat unter dem Motto »Freiheit, Brüderlichkeit, Arbeit« als vereinseigenes Organ des Kölner Arbeitervereins in 40 Nummern vom 23. 4./22. 10. 1848. Bis Nummer 10 einmal wöchentlich auf 8 S. zum Preis von sechs Pfennig (zuzüglich sechs Extra-Beilagen), danach zweimal wöchentlich auf 4 S. zu vier Pfennig. Die Herausgabe unterstand der direkten Verantwortlichkeit des Vereinsvorsitzenden, zu Beginn dem Armenarzt A. Gottschalk, ab Juli seinem Amtsnachfolger, dem BdK-Mitglied J. Moll, der unterstützt von seinem Stellvertreter K. Schapper wesentlichen Anteil an der Profilierung der ZAV zu einer politischen Zeitung des Proletariats hatte. Nach Molls Flucht vor drohender Verhaftung Ende Sep. ging die Herausgeberschaft ab dem 5. Okt. an einen verantwortlichen Redakteur, das Komiteemitglied des Arbeitervereins W. Prinz, über. Die ZAV ist eines der ersten und bedeutendsten Zeugnisse für die Formierungsbestrebungen der elementaren Arbeiterbewegung in Deutschland während der Revolution von 1848/49. Sie entwickelte sich unter dem direkten Einfluß des BdK zum politisch-ideologischen Aufklärungs-, Kampf- und Organisationsinstrument der kommunistischen Bewegung um K. Marx und gewann Einfluß weit über die Arbeiterschaft Kölns hinaus. Obwohl anfangs vorwiegend als Mitteilungs- und Informationsblatt konzipiert, wurde mit der Übernahme der Redaktion durch Moll die soziale und vor allem politische Aufklärung der Arbeiter gemäß der Strategie des BdK profilbestimmend. Neben Berichten über die Vereinsdiskussion zu sozialen Fragen (Neuorganisation der Arbeit) erschienen regelmäßig politische Leit- oder Grundsatzartikel, kommentierte, z.T. auch glossierte Nachrichten, insbesondere zur Entlarvung des Vorgehens der preußischen Reaktion. Hierbei bildete sich in der ZAV ein eindringlicher, bildkräftiger, teilweise essayistischer Sprachstil heraus, der Anschaulichkeit und argumentative Überzeugungskraft auf beachtlich hohem Niveau vereinte. Anfangs waren nur gelegentlich einzelne Gedichte eingestreut, die größtenteils anonym und aus der Arbeiterschaft selbst stammten, vor allem auf eine Fortsetzung des revolutionären Kampfes Bezug nahmen (F. Seypel: *Töne, du Schlachtgesang, An's deutsche Volk*). Später wurden literarische Formen zum festen Bestandteil der Zeitungsarbeit. Häufig erschienen politische Zeitgedichte, zumeist in einfachen Strukturen und eingängigem Rhythmus, von unbekannten oder anonymen Laienpoeten

(*Des Heulers Geheul über die Wühler*, E. Freund: *Republikaner-Lied*). Aber auch Meisterleistungen der politischen Dichtung wie F. Freiligraths *Die Toten an die Lebenden*, G. A. Bürgers *Der Bauer. An seinen durchlauchtigen Tyrannen* oder G. Weerths *Es war einmal ein Schneider* wurden abgedruckt. Besonders hervorzuheben ist die relativ häufig anzutreffende, weil sehr unmittelbare und beliebig fortsetzbare Form des Streit- bzw. Lehrgesprächs, in dem in lockerer Szeneneinkleidung fiktive Dialogpartner oft ironisch gebrochene Problemauseinandersetzungen vorführten (*Gespräch zwischen dem Fabrikherren Müßig und dem Arbeiter Ehrlich, Gespräch zwischen den Arbeitern Standhaft und Gutmuth*). Nachdem dem Verleger der ZAV im Okt. 1848 der weitere Druck unmöglich gemacht wurde, erfolgte, um die Fortsetzung des Blattes zu sichern, seine Umbenennung. Seit dem 26. 10. erschien das Vereinsorgan nun bis zum 31. 12. 1848 unter dem Titel »Freiheit, Brüderlichkeit, Arbeit« (FBA) mit dem Motto »Immer Vorwärts« in 20 Nummern. Marx hatte seit Mitte Okt. die Präsidentschaft im Arbeiterverein übernommen. Verantwortlicher Redakteur blieb Prinz. Die aktuelle agitatorische Revolutionslyrik (u.a. Freiligraths *Wien* und *Blum*) blieb zusammen mit dem Lehr- und Streitgespräch (*Politische Morgengespräche zwischen dem Stadtrathe Fürchtegott Zopf und dem Zeitungs-Colporteur Marus Wühler*) die Hauptform im literarischen Bereich. Prinz, ein Anhänger des früheren Vereinspräsidenten Gottschalk, versuchte ab Jan. 1849 das Vereinsorgan dem Einfluß der leitenden Kommunistengruppe um Marx zu entziehen. Er änderte ab dem 14. 1. eigenmächtig den Titel der Zeitung in »Freiheit, Arbeit« und machte in mehreren Artikeln offen gegen die bisherige demokratische Bündnisstrategie Front. Daraufhin erfolgte Anfang Feb. die Trennung von Prinz und dem Blatt als Vereinszeitung. Als neue Zeitung gab der Kölner Arbeiterverein ab dem 8. 2. wieder die FBA heraus, die noch bis zum 24. 6. 1849 in 32 Nummern unter C.J. Esser als verantwortlichem Redakteur erschien und sich eng an der von der ↗ »Neuen Rheinischen Zeitung« vorgegebenen politischen Leitlinie orientierte. Dies ging bis zu sprachlich-stilistischen Anleihen, der Übernahme ganzer Artikel oder von Auszügen daraus. Mit J.J. Gülich, F. Morant und C.J. Esser bildete sich eine Art Stammautorschaft für die politische Agitationslyrik in der FBA. Abgedruckt findet sich aber z.B. auch eine eigene Übersetzung von P. Duponts berühmtem *Le Chant des ouvriers* (*Arbeiter-Lied*). Nach Einschränkung der Pressefreiheit Ende Juni in Preußen war auch die FBA gezwungen, ihr Erscheinen einzustellen. In Köln konnte sich noch eine weitere, speziell an den Interessen des arbeitenden Volkes ausgerichtete Zeitung über einen längeren Zeitraum halten. Die »Neue Kölnische Zeitung für Bürger, Bauern und Soldaten« erschien als Tageszeitung vom 10. 9. 1848/3. 7. 1849 unter der Redaktion der BdK-Mitglieder F. Anneke und F. Beust (zeitweise auch geleitet von der Frau Annekes, Mathilde Franziska). Politisch eng an die »Neue Rheinische Zeitung« angelehnt, kam sie ab Dez. 1848 mit einem bemerkenswerten Feuilletonteil heraus, der u.a. politisch-soziale Gedichte von Freiligrath, H. Heine, F. von Sallet, H. Püttmann, J.C. Lüchow und P.J. Béranger aufzuweisen hatte.

Arbeiterzeitungen in anderen Städten hatten es dagegen wesentlich schwerer, sich ohne ausreichend entwickelte Organisationsbasis zu behaupten. Das zeigen z.B. das »Arbeiter-Blatt Lennep. Organ für die Interessen der arbeitenden Klasse« (17 Nrn., 15. 10. 1848/29. 4. 1849) oder auch die »Allgemeine Arbeiterzeitung. Organ für die politischen und sozialen Interessen des arbeitenden Volkes, zugleich Zeitung des Arbeitervereins zu Frankfurt am Main«, herausgegeben von E. Pelz und C. Esselen (5 Nrn., 18. 5./10. 6. 1848).

Ausg.: Freiheit, Arbeit, Ndr., Glashütten/Ts. 1972; Zeitung des Arbeiter-Vereins zu Köln, Ndr., Glashütten/Ts. 1976; Freiheit, Brüderlichkeit, Arbeit, Ndr., Bonn 1980. – *Lit.:* H. Stein: Kölner Arbeiterverein 1848/1849. Ein Beitrag zur Frühgeschichte des rheinischen Sozialismus, Köln 1921; G. Becker: Karl Marx und Friedrich Engels in Köln 1848/1849. Zur Geschichte des Kölner Arbeitervereines, Berlin 1963; E. Schraepler: Handwerkerbünde und Arbeitervereine 1830–1853, Berlin/ New York 1972.

Volker Giel

Zeitungen der Internationalen Brigaden (Zeitungen der IB)

Zunächst Ende 1936 vereinzelt spontan entstanden, bald ausgebaut zu einem System von Zeitungen – in Anlehnung an das Modell in der republikanischen spanischen Armee während des Spanienkrieges 1936/39, deren Teil die IB waren –, entsprechend den militärischen Einheiten hierarchisch gegliedert, von Kompanie-, Bataillons-, Brigade-, Divisions-Zeitungen bis zum zentralen Organ für alle IB, »Le Volontaire de la Liberté« (bzw. »El Voluntario de la Libertad«, Der Freiwillige der Freiheit); dazu kamen Zeitungen besonderer Einheiten, z.B. der internationalen medizinischen Dienste (deren zentrale Ztg.: »AMI. Ayuda medical internacional«, Internationale medizinische Hilfe). Die genaue Zahl der erschienenen, oft kurzlebigen Zeitungen ist nicht mehr zu ermitteln, viele sind nur fragmentarisch erhalten. Nachrichten – insbesondere über politische Ereignisse im Ausland und in Spanien und aus dem Kriegsgeschehen der verschiedenen Fronten – und Orientierungen vermittelten den Redakteuren der Zeitungen z.T. täglich erscheinende Pressebulletins, herausgegeben vom Kriegskommissar der IB bzw. von den Politkommissaren der einzelnen Brigaden (»Bulletin der Politkommissare«, »Tages-

nachrichten der Internationalen Brigaden«, »Informationen des Kriegskommissars«, »Nachrichten aus Spanien« u.a., gleiche Titel auch französisch, englisch, tschechisch, polnisch, spanisch). Korrespondierend mit dem internationalistischen Charakter der IB und deren Zusammensetzung erschienen viele der Zeitungen zum großen Teil mehrsprachig, außer der jeweils dominierenden Sprache in der Einheit – Deutsch bzw. Französisch bzw. Englisch etc. – auch Spanisch (für die im Verlauf des Krieges zunehmende Zahl von Spaniern in den IB). Häufigkeit des Erscheinens, Technik der Herstellung und Umfang waren unterschiedlich, abhängig von den materiellen und personellen Voraussetzungen. Die Zeitungen der kleineren Einheiten, oft nicht von einem Redakteur, sondern dem Politkommissar zusammengestellt, in der Regel 4–8 S., von Wachsmatrizen abgezogen, vielfach mit Handzeichnungen versehen, erschienen in rascher Folge mit wenigen Tagen Abstand. Die Brigade- und die zentralen Zeitungen, auf gutem Papier gedruckt, neben Zeichnungen auch mit Fotos ausgestattet, in der Regel 8–12 S. (Sondernummern zu Jahrestagen mit 20 bzw. 22, die Abschiedsnummer des »Volontaire« mit 32 S.), in größeren Abständen, von z.T. erfahrenen Redakteuren betreut. – Als früheste Zeitung, noch vor Bildung der IB, erschien am 15. Okt. 1936 vor Huesca (Katalonien) »Rote Sturmfahne. Wand- und Schützengrabenzeitung der Centuria ›Ernst Thälmann‹« (Division Carlos Marx), mit 10 hektographierten S. und gezeichnetem Titelblatt, darin die programmatische Aussage: »Unsere Formation ist eine Kampftruppe der deutschen Volksfront. In ihr kämpfen Kommunisten, Sozialdemokraten, christliche Arbeiter und Parteilose. Uns alle eint das große Ziel, den Faschismus auf's Haupt zu schlagen für die Freiheit der Arbeiterklasse«. Wie diese Zeitung maschinenschriftlich vervielfältigt, kam die erste deutsche »Front-Information« des Bataillons »Edgar André« am 8. Nov. 1936 vor Madrid heraus, als Informations- und Diskussionsorgan für die Freiwilligen gedacht, zusammengestellt vom Kommissar der Einheit. Von den über längere Zeiträume erschienenen Zeitungen, die von Deutschen redigiert bzw. für Einheiten mit einem großen Anteil an deutschen Interbrigadisten gemacht wurden, seien genannt: Die Zeitungen des Thälmann-Bataillons der XI. Brigade, »Todos unídos« (Alle vereint; nur wenige Nrn. erhalten, darin Beiträge von W. Bredel, G. Regler, E. Weinert); die Zeitung des aus 21 Nationen zusammengesetzten Bataillons »Tschapajew« der XIII. Brigade, »Der kämpfende Antifaschist« (ab Mai 1937 »Tschapajew«; Jan./Juni 1937 67 Nrn., darin graphische und lyrische Beiträge von H. Quaeck, Redakteur: H. Schaul); das Organ der XI. Brigade, »Pasaremos« (2. 3. 1937/Okt. 1938 43 Nrn., Auflage zuerst 2000, ab Juli 1937 2500; Redakteure: K. Stern, März/April 1937, W. Schwarzkopf, Mai/Nov. 1937, dann V. Müller; Beiträge u.a. von H. Kahle, L. Renn – insbes. *Militärischer Briefkasten* –, H. Rau, A. Dorf,

Wandzeitungsschule in der 11. Brigade

Bredel, E. Kuttner, Stern, Gedichte von L. Detsinyi, U. Fuchs, E. L. Kristan, Weinert u. a.). Die deutschsprachige Version des zentralen Organs »Le Volontaire de la Liberté« erschien 25. 1. 1937/1. 11. 1938 in 92 Nummern, Auflage meist 2500; Redakteure waren A. Kantorowicz, Jan/Apr. 1937, dann Stern, K. Frank, H. Maaßen (Aug. 1937/Juli 1938), K. Gaile. Gemäß der Stellung im System der Presse der IB behandelte diese Zeitung stärker übergreifende Probleme der Zeitgeschichte, Entwicklungen der internationalen Politik, Verhältnisse in Hitlerdeutschland, die spanische Volksfront und Regierungspolitik, den internationalen Zusammenhang der Kämpfe in Spanien, internationale Solidarität und Echo des Engagements der IB. Zu den wichtigsten deutschen literarischen und publizistischen Beiträgern gehörten Bredel, Th. Balk, Detsinyi, F. Jensen, P. Kast, E. E. Kisch, Kuttner, L. Lindbaeck, H. Marchwitza, M. Osten, Renn, B. Uhse, Weinert. Publiziert wurden auch Stellungnahmen zum Spanienkrieg von antifaschistischen Autoren, die nicht in Spanien waren (Th. Mann, H. Mann u. a.). Bei aller Differenziertheit der jeweiligen Möglichkeiten der Zeitungen war eine ihnen gemeinsame Hauptfunktion, der Kommunikation zwischen den Freiwilligen, den einzelnen

Einheiten und der Gesamtheit der IB und dem aktuellen politischen und militärischen Gesamtgeschehen in Spanien und internationalen Prozessen zu dienen. Die Mitwirkung von sozialistischen Schriftstellern an der Kulturarbeit der IB und ihrer Presse war der allgemeinen politischen und kommunikativen Aufgabe zu- und untergeordnet, dementsprechend erschienen literarische Texte nicht in einer Art Feuilleton, sondern einfunktioniert in das politische Ganze der Zeitungen. Neben der Vermittlung von Informationen war ein Hauptanliegen der Redakteure, die Selbstverständigung der an der Verteidigung der spanischen Republik Beteiligten über ihre Erfahrungen zu fördern, die Selbstaussprache der Kämpfenden anzuregen und die Dokumentation des Erlebten zu organisieren. Dieser demokratische Zug im Bemühen, die Adressaten zu Mitgestaltern ihrer Zeitung zu machen, prägte viele Zeitungen, besonders die der kleineren militärischen Einheiten. Er äußerte sich in zahlreichen Erlebnisberichten, Reportagen über Episoden des Krieges und Begegnungen mit Spaniern, Porträts von Kameraden, in Liedern und Gedichten (Wettbewerbe in mehreren Zeitungen sollten das Schreiben über die selbsterlebte Geschichte stimulieren). Namentlich gezeichnet waren fast nur die Beiträge von Schriftstellern und Publizisten, die Mehrzahl erschien anonym, mit Ps. oder Initialen. Durch die Publikation solcher authentische Ereignisse und Personen darstellender Beiträge konnten die Zeitungen der IB zu einer Hauptquelle werden für die Ausarbeitung von Brigadegeschichten, so für das Buch *Tschapaiew. Das Bataillon der 21 Nationen, dargestellt in Aufzeichnungen seiner Mitkämpfer,* redigiert von Kantorowicz (Madrid 1938), das auf die Ztg. »Der kämpfende Antifaschist« zurückgriff, und *Zur Geschichte der 11. Internationalen Brigade,* von Bredel 1938/39 verfaßt (EA 1977), u.a. im Rückgriff auf die Zeitungen »Pasaremos« und »Le Volontaire«. – Bedingt vor allem durch die lebenspraktische Situation der Adressaten und Schreiber der Zeitungen, denen sie während der offenen militärischen Konfrontation mit dem Faschismus an den Fronten Spaniens politisches Rüstzeug, militärpolitische Instruktionen und geistige Orientierung zu geben hatten, war der Grundtenor der Zeitungsbeiträge bestimmt von der Bekräftigung der Kampfentschlossenheit, Beschwörung des Einheitswillens, Vermittlung eines historischen Überlegenheitsgefühls gegenüber den Faschisten und Siegesgewißheit. Zu einer Problematisierung der politischen und sozialen Konflikte in Spanien, der Krisen innerhalb der Volksfront (z.B. 1937 in Frankreich bzw. im Ausschuß zur Vorbereitung der deutschen Volksfront) und in der revolutionären Bewegung (Prozesse in der UdSSR) kam es in dieser Situation in den Zeitungen der IB kaum. Das trifft auf die politischen und militärpolitischen Artikel wie auf Erlebnisberichte, Reportagen oder lyrische Texte zu. Klage über Verluste und Trauer um Gefallene erhielt zumeist nur auf verhaltene Weise Ausdruck; Elegisches findet sich relativ selten (so in einigen Gedichten und Liedtexten von Detsinyi, veröffentlicht insbesondere in »La Voz de la Sanidad«, Zeitung des Sanitätsdienstes der XV. Division, in dem der Autor tätig war).

Lit.: H. Schaul: Die ›wandernde‹ Bataillonszeitung, in: Brigada Internacional. Erlebnisse ehemaliger deutscher Spanienkämpfer. Ausw. und Einl. H. Maaßen, Berlin 1974, Bd. I, S. 246–249; H. Maaßen: Unsere Kompaniezeitung ›Die Sturmkolonne‹, ebd. Bd. II, S. 147–150; ders.: Als Redakteur der Zentralzeitung der IB, ebd. Bd. II, S. 297–300; W. Bredel: Spanienkrieg. Bd. I und II, Hg. M. Hahn, Berlin und Weimar 1977; S. Schlenstedt: Kulturarbeit in den Internationalen Brigaden. Die Presse, in: Exil, Bd. 6, S. 257–276.

Silvia Schlenstedt

Zerfaß, Julius (Ps. Walter Hornung, Jules Merz)

Geb. 4. 2. 1886 in Kirn an der Nahe; gest. 24. 3. 1956 in Zürich

Aus kinderreicher Lederarbeiter-und Kleinbauernfamilie. Nach Volksschule 1900/03 Berufsausbildung zum Gärtner. 1903/07 Wanderschaft in West-und Süddeutschland. 1903 Vertrauensmann in der Gewerkschaft der Gärtnereiarbeiter. Mußte 1907 nach einem Arbeitsunfall den Beruf aufgeben. Beginn journalistischer Tätigkeit. 1910/11 im Düsseldorfer Büro des Gewerkschaftsbundes und Mitarbeit in K. Eisners »Feuilletonskorrespondenz«. Nach Erscheinen von *Ringen und Schwingen. Gedichte eines Proletariers* (Berlin 1910) erhielt er 1912 von der Deutschen Schillerstiftung eine finanzielle Zuwendung. 1913 übersiedelte Z. nach München. Im Weltkrieg, den er schweigend ablehnt, aufgrund seiner Invalidität Schreibstubendienst in Augsburg. Frühjahr 1919 als Redakteur an die »Münchner Post« berufen. Mitglied des Münchner Bildungsausschusses der SPD, Vorstandsmitglied der Volksbühne und Mitglied des Kulturbeirats des Rundfunks seit Mitte der 20er Jahre. 1928 zusammen mit seinen Kollegen von der »Münchner Post« in einen von den Nationsozialisten angestrengten Beleidigungs-Prozeß verwickelt. 1933 nach Berufsverbot in »Schutzhaft« genommen. Ab 30. 6. 1933 Konzentrationslager Dachau, stand nach Haftentlassung am 16. 12. 1933 unter Polizeiaufsicht. Wiederholten Hausdurchsuchungen und anderen Maßregelungen, erneut drohender Verhaftung entzog sich Z. durch Flucht in die Schweiz. Wurde am 15. 1. 1935 als politischer Flüchtling anerkannt. Nach Arbeitsverbot später eingeschränkte Arbeitserlaubnis als Schriftsteller. Lebte mit seiner Familie am Rande des Existenzminimums. Sein Versuch, nach 1945 wieder in Deutschland zu leben, scheiterte.

Z. gehört zum Kreis von Arbeiterdichtern, die von der Vorkriegssozialdemokratie geprägt sind und dem Konzept »demokratischer Sozialismus« und der praktischen SPD-Politik in der Weimarer Republik verpflichtet bleiben. Er begreift sich als »Arbeiter-Dichter-Schwärmer«. Er möchte proletarische Gefühlspoesie schreiben, die in stillen Stunden zwischen proletarischem Alltag und romatischer Idylle erbauen soll. Seine Vorbilder sind R. Dehmel, D. von Liliencron und A. Holz. Kaum propagandistisch, politisch-aktuell, dafür der Natur und allem Schönen gewidmet sind viele seiner volkstümlichen Verse. Sein bekanntes *Proletenlied* (in: *Ringen und Schwingen,* a.a.O., S. 25) zeigt die für ihn typische Poetisierung des proletarischen Alltags, Jahreszeitenwechsel, die Abfolge von Tagen und Nächten wird in Beziehung gesetzt zum gleichförmigen Leben der Proleten. Dem meist unkonkret bleibenden Arbeitsalltag wird als allgemeine Zukunftshoffnung eine romantisierende Natur-Idylle gegenübergestellt. »Töne die vom Alltag klingen; Tiefentöne die nach Höhen riefen« (ebd.) Natur, Gräser, Blumen, Pflanzen, der blaue Himmel, Wiesen und Wälder erscheinen in seiner Dichtung als Gegenstücke zu der industriellen und handwerklichen Arbeitswelt, tendieren zur neoromantischen gesellschaftlich unverbindlichen Idylle. Dies mitunter in einer Art proletarischer Wandervogel-Poesie. Diese Kontinuität zeigt der Gedicht-Band *Glühende Welt* (Berlin 1928), der seine lyrische Produktion aus zwei Jahrzehnten vereint. Durch die sozialdemokratische Presse weit verbreitet waren die sozial ausgerichteten Märchen von Z., die 1925 u. d. T. *Die Reise mit dem Lumpensack* (Berlin) erschienen.

Faschismus und Exil führen bei Z. zu klarer antifaschistischer und demokratischer Haltung, der eine politische Desillusionisierung nach 1945 folgt. Im Exil schlägt Z. auch literarisch einen kämpferisch-antifaschistischen Ton an. Seine Erlebnisse als Häftling schrieb er sich in *Dachau. Eine Chronik* (Zürich 1936) von der Seele. Fotografisch genau entsteht in Vers und Prosa die brutale KZ-Wirklichkeit, am Schicksal der Hauptfigur Hans Firner wird die Erkenntnis sozialdemokratischer Funktionäre über die notwendige gemeinsame Aktion von Sozialdemokraten und Kommunisten gegen den Faschismus überzeugend nachvollziehbar.

W. W.: Du Mensch in dieser Zeit..., Zürich 1946; Vom Untertan zum freien Bürger (Abh.), Hamburg 1946; Das Buch der Freiheit. Stimmen der Völker und Nationen aus vier Jahrtausenden, Hg. A. Siemsen/J. Zerfaß, Frankfurt a.M. 1956. – *Lit.:* R. Bohn: Ich bin ein Prolet und du ein Prolet. J. Zerfaß im Traditionswandel der deutschen Arbeiterdichtung um 1910, Echternach 1982.

Heide Drust/Red.

Zetkin, Clara
Geb. 5. 7. 1857 in Wiederau (Sachsen); gest. 20. 6. 1933 in Archangelskoje bei Moskau

Tochter eines Dorfschullehrers; besuchte 1874/78 das Steybersche Lehrerinnen-Seminar in Leipzig, das von der bürgerlichen Frauenrechtlerin A. Schmidt geleitet wurde. Schloß sich 1878 der Sozialdemokratie an, folgte 1882 dem russischen Revolutionär O. Zetkin über Zürich nach Paris, wurde dort 1889 zur Mitbegründerin der II. Internationale und zur führenden Funktionärin der internationalen sozialistischen Frauenbewegung. Nach Aufhebung des Sozialistengesetzes kehrte sie 1890 nach Deutschland zurück und leitete 1892/1917 von Stuttgart aus die Frauen-Zs. »Die Gleichheit«, die sich unter ihrer Redaktion zu einem sozialistischen Massenblatt (1908: 112 000 Ex.) entwickelte. Nahm 1892/1913 an allen sozialdemokratischen Parteitagen teil und wurde in der Auseinandersetzung mit dem Revisionismus E. Bernsteins zur füh-

renden Repräsentantin der Parteilinken und zur Mitbegründerin des Spartakusbundes. In einer der ersten Analysen außerhalb Sowjetrußlands würdigte sie Ende Nov. 1917 die politische Bedeutung der Oktoberrevolution. Zunächst Mitglied der USPD, schloß sie sich im März 1919 der KPD an und war 1919/24 und 1927/29 Mitglied der Zentrale bzw. des ZK der KPD. Ab 1920 Reichstagsabgeordnete der KPD, zugleich führende Funktionärin der KI und ab 1925 Präsidentin der IRH. Seit 1920 wiederholt längere Aufenthalte in der Sowjetunion; persönlich befreundet mit W. I. Lenin und dessen Frau N. Krupskaja. Eröffnete im Aug. 1932 als Alterspräsidentin den Deutschen Reichstag mit einem Appell zur antifaschistischen Aktionseinheit in der Arbeiterbewegung. Ihre Urne wurde an der Kremlmauer in Moskau beigesetzt.

Mit ihrer ein halbes Jahrhundert umfassenden Tätigkeit in der Arbeiterbewegung verband Z. die linke deutsche Sozialdemokratie mit der KI und der KPD. Als Politikerin der Arbeiterbewegung und Funktionärin der internationalen sozialistischen Frauenbewegung war sie zugleich die herausragende Kulturpolitikerin der II. und III. Internationale, der SPD und der KPD, die seit ihrem Eintritt in die Arbeiterbewegung mit seltener Kontinuität ein auf die Emanzipation der Arbeiterklasse gerichtetes, antisektiererisches und auf die Vermittlung von demokratischen und sozialistischen Elementen bedachtes Kulturprogramm vertreten hat. Hierin, und nicht in erster Linie in ihren expliziten Aussagen und Stellungnahmen zur Kunst und Literatur, liegt ihre Bedeutung für die Entwicklung der sozialistischen Literatur. Bezugspunkt ihres materialistischen Kulturbegriffes ist die Arbeiterklasse, die nach ihrer Überzeugung das geschichtliche Mandat hat, alle Kräfte der Produktion und Kultur über die von der bürgerlichen Gesellschaft gesetzten Grenzen hinauszutreiben. Das Proletariat steht dabei sowohl in einem Verhältnis zur vergangenen Kultur (Erbebeziehungen) wie zu den zeitgenössischen sozialen Trägerschichten von Produktion und Kultur (Bündnisbeziehungen). Bereits der politische Emanzipationskampf der Arbeiterklasse (samt den Kampf- und Organisationsformen der Klasse) erzeuge Elemente eines neuen Kulturtyps, der die Basis bildet für die Weiterentwicklung alles dessen, was die Weltkultur an Wertvollem hervorgebracht habe. Von diesem Kulturbegriff aus organisieren sich ihre Wertungen und Stellungnahmen zu den verschiedenen Bereichen des Alltags und der Lebensweise proletarischer Individuen unter kapitalistischen Bedingungen: zur Schulfrage (Rede auf der 3. Frauenkonferenz in Bremen, 1904; Diskussionsrede auf dem Vereinigungsparteitag der KPD und der linken USPD, 1920), zur Jugendfrage (Leitsätze der 5. Frauenkonferenz in Nürnberg, 1908), zur Frauenfrage (Richtlinien für die kommunistische Frauenbewegung, 1920), zur proletarischen Raum- und Umweltgestaltung (*Kunst und Proletariat*, 1911, nhg. von H.

Koch, Berlin 1979) und zur Lektüre von Arbeiterinnen und -kindern.

Noch in Paris hatte sie 1889 für den »Sozialdemokrat« eine ausführliche Analyse des Romans *Der Unsterbliche* von A. Daudet geschrieben; sie übersetzte und gab den utopischen Roman des Amerikaners E. Bellamy, *Rückblick aus dem Jahre 2000* (Stuttgart 1890) heraus, der durch seine weite Verbreitung unter Arbeitern für die sinnliche Anschauung des sozialistischen »Zukunftsstaates« sorgte. Ebenso wie bei F. Mehring, R. Luxemburg und anderen publizistisch tätigen Sozialdemokraten sind auch Z.s Literaturkritiken und -analysen literaturpropagandistisch orientiert und unmittelbarer Teil kultureller Praxis der »Gleichheit« und ihrer Redakteurin. Bis auf wenige Ausnahmen sind alle ihre literaturkritischen Beiträge in dieser Zeitschrift erschienen bzw. vorher als Vorträge im Stuttgarter Bildungsausschuß gehalten worden. Als sie 1917 durch die rechte Parteiführung aus der Redaktion verdrängt wurde, hörte diese Tätigkeit dann auch nahezu auf. Hauptanliegen ihrer Artikel ist ein Gegenentwurf zu bürgerlichen Lektüremustern. Dem Arbeiterleser sollen seiner Klasse verbundene Schriftsteller vorgestellt werden. Die Auswahl konzentriert sich auf »Tendenzdichter«, aus derem Werk ein für die Klasse direkt brauchbares politisches und soziales Pathos übernehmbar ist (Ibsen, 1906; Schiller, 1909; Freiligrath, 1910). Die literaturpropagandistische Empfehlung ist verbunden mit einer an Marx, Mehring und Plechanow geschulten sozialgeschichtlichen Analyse von Werk und Biographie des betreffenden Künstlers, die sich besonders an solchen Werken bewährte, in denen sich die soziale Physiognomie einer Epoche charakteristisch ausprägte (H. de Balzac, 1909; F. Reuter, 1910). In wenigen Beiträgen hat sich Z. auch mit Kitsch und modischen, sich den Gesetzen des Marktes anpassenden Kunstprodukten auseinandergesetzt (*Der Roman als Kino*, 1914; *Gegen das Kinounwesen*, 1919), ohne allerdings über die Abwehr und Kritik hinaus zum Problem der Unterhaltungsliteratur von Arbeitern ausführlicher Stellung zu nehmen. Sehr überzeugend ist die literaturkritische Skizze über B. Björnsons Drama *Über unsere Kraft* (1910), in der sich Z. in einer ausgreifenden Analyse mit Björnsons bürgerlichem Moralismus, seinem »Herumtasten an der sozialen Frage« auseinandersetzte und sein künstlerisches Scheitern als eine unmittelbare Folge seiner sozialen Fehlperspektive begriff. In dieser Einheit der politischen, sozialen und ästhetischen Wertungsfaktoren ist die Björnson-Analyse ein bedeutendes Zeugnis marxistischer Literaturkritik dieser Zeit und der *Lessing-Legende* durchaus an die Seite zu stellen. Wie die meisten deutschen Sozialdemokraten war auch Z. hinsichtlich der Möglichkeiten einer sozialistischen Kunst vor der Revolution skeptisch. Sie trat dennoch entschieden für junge Talente der sozialistischen Literatur, zum Beispiel für C. Mül-

ler-Jahnke, O. Krille und L. Märten ein. In deren Werken sah sie einen Typus von Tendenzliteratur verkörpert, in dem sich die Weltanschauung der Arbeiterklasse reinen und direkten Ausdruck verschaffe und sich, wenn auch noch auf künstlerisch unzulänglichem Niveau, die zukünftige nachrevolutionäre »Renaissance der Kunst« andeute.

Ausführlich behandelt Z. das produktive und rezeptive Verhältnis von Arbeiterklasse und Kunst in ihrem Aufsatz *Kunst und Proletariat* (in: »Die Gleichheit«, 1911, Beilage 7/8). Mit ihm reagierte sie auch auf die Antinomien, die sich in der ↗ »Sperber-Debatte« aufgetan hatten, indem sie in historisch vertiefender Analyse einen engen Bezug herstellte zwischen der sozialen, politischen und kulturellen Emanzipation einer Klasse und ihrem Kunstanspruch und Kunstvermögen. Kern ist auch hier ein materialistischer Kulturbegriff: Die Arbeiterklasse muß sich um ihrer Emanzipation willen mit den vergangenen und zeitgenössischen Kultur- und Kunstleistungen auseinandersetzen, ja auch selbst Kunst produzieren. Sie kann dies, weil ihre wirtschaftlichen, sozialen und politischen Kämpfe zugleich Kulturleistungen sind, von denen aus die Basis für Kunstrezeption und -produktion ständig erweitert wird. Die endgültige und wirklich vollständige »Befreiung« und »Renaissance« der Kunst werde allerdings erst die soziale Revolution bringen. Hier, wie auch an anderen Stellen, argumentiert Z. mit R. Wagners in *Die Kunst und die Revolution* (1849) entwickelter Utopie vom schönen, starken, nicht mehr von der Arbeitsteilung geknechteten Menschen, dem die Revolution die Stärke und die Kunst die Schönheit geben werde.

Nach 1917 wurde Z. zu einer Propagandistin der Ergebnisse der sozialistischen Kulturrevolution in der Sowjetunion. Die 1924/25 nach Lenins Tod entstandenen und 1924 in der Wiener Zs. »Arbeiterliteratur« in Auszügen veröffentlichten *Erinnerungen an Lenin* (Wien/Berlin 1929, Nachdr. mit Anhang: Aus dem Briefw. mit Lenin und Nadeshda Krupskaja, Berlin 1985) haben zur Verbreitung des Leninschen Programms einer sozialistischen Kulturrevolution und der Diskussionspunkte einer marxistischen Kulturtheorie und -politik beigetragen. Von ihrer Veröffentlichung gingen für die proletarisch-sozialistische Kultur- und Literaturbewegung in Deutschland wichtige Impulse aus. In der Form politischer Lehrgespräche werden strategische Fragen der Einheitsfront- und Bündnispolitik erörtert, ausgehend von der Kritik Lenins an der KPD in der März-Offensive 1921. Z. war sich mit Lenin im Kampf gegen Linkssektierertum und Linksradikalismus darin einig, daß nach 1920 der Kurs der kommunistischen Weltbewegung nicht auf einen unmittelbar bevorstehenden revolutionären Umbruch zu nehmen sei, sondern auf den beharrlichen parlamentarischen und außerparlamentarischen Kampf um die Gewinnung der Massen. Mit E. Hoernle, zeitweise mit A. Thalheimer und mit wenigen anderen in der KPD und KI entwickelte und verteidigte sie ab 1920 Grundsätze einer antisektiererischen und antidogmatischen Einheitsfront- und Bündnispolitik, die auch eine kulturelle Programmatik einschloß. Ein bedeutendes Dokument dieser sozialistischen Kulturprogrammatik ist ihr Referat auf dem V. Weltkongreß der KI (1924), *Die Intellektuellen-Frage* (in: *Protokoll V. Kongreß der KI*, Bd. II, o.O. o. J.). Hier arbeitete sie die theoretischen Grundlagen einer marxistischen Bündnistheorie weiter aus, indem sie das beiderseitige Gebrauchtwerden, die nichttaktierende und gesetzmäßige Bundesgenossenschaft zwischen Arbeiterklasse und Intelligenz entwickelte. Solche Präzisierungen des Bündniskonzepts hatten große Bedeutung für eine wirksame antifaschistische Politik, die Z. früh und entschieden vertrat. Im Auftrag des IV. Weltkongresses der KI erarbeitete sie 1923 eine erste scharfsichtige Analyse der faschistischen Bewegung, in der sie auf zentrale, von späteren marxistischen Faschismustheorien stark vernachlässigte Momente verwies: auf die außerordentlich weit in die Arbeiterklasse hineinreichende Massenbasis, auf das Programm sozialer Demagogie, mit dem große Teile des Klein- und Mittelbürgertums, Kleinbauern und Intellektuelle zu gewinnen seien, schließlich auf den Widerspruch zwischen Klassenfunktion und Massenbasis. An dieser »Achillesferse« faschistischer Bewegungen habe kommunistische Bündnispolitik anzusetzen und den demokratischen Kampf um die Gewinnung dieser Schichten aufzunehmen. Deshalb auch war Z. die entschiedenste Gegnerin der vom VI. Weltkongreß der KI ausgehenden ultralinken Orientierung und der verhängnisvollen These vom Sozialfaschismus. Soweit ihr Einfluß und ihre Kraft noch reichten, hat sie in der KI und der KPD gegen den ultralinken Kurs erbittert gekämpft.

W. W.: Geistiges Proletariat, Frauenfrage und Sozialismus. Nach einem Vortrag, gehalten in einer öffentlichen Studentenversammlung zu Berlin im Januar 1902, Berlin 1902. – *Ausg.:* Ausgew. Reden und Schriften, Hg. IML, 3 Bde., Berlin 1957–1960; Zur Theorie und Taktik der Kommunistischen Bewegung, Hg. K. Haferkorn/H. Karl, Leipzig 1974. – *Lit.:* G. G. Alexander: Aus C. Zetkins Leben und Werk, Berlin 1927; C. Zetkin. Eine Auswahlbibliographie der Schriften von und über C. Zetkin, Berlin 1957; L. Dornemann: C. Zetkin – Leben und Werk, 6. Aufl., Berlin 1974; D. Götze: C. Zetkin über E. Toller, in: WB, 1976, H. 22; D. Kliche: C. Zetkin, in: Positionsbestimmungen; K. Bauer: C. Zetkin und die proletarische Frauenbewegung, Berlin-West 1978; J. Reutershan: C. Zetkin und Brot und Rosen, New York 1985; K. Wahlbuhl: Zum Beitrag C. Zetkins zur Entwicklung der Theorie der politischen Organisation des Sozialismus (1919–1925), Diss., Leipzig 1986; S. Buchmann: C. Zetkins Wirken in der internationalen proletarischen Solidaritätsbewegung von 1921–1933, Diss., Leipzig 1987; G. Badia: C. Zetkin. Féministe sans frontières, Paris 1993.

Dieter Kliche

Zimmering, Max (Ps. Mix)

Geb. 16. 11. 1909 in Pirna; gest. 15. 9. 1973 in Dresden

Sohn eines Uhrmachers; lebte seit 1914 bei einem Onkel in Dresden. Abitur 1930. 1919/28 Mitglied der jüdischen Jugendbewegung (Wanderbund Blau-Weiß, Pfadfinderbund Kadimah). 1928 Mitglied des KJVD, 1929 der KPD, erste Texte erschienen u. a. in AIZ, »Arbeiterstimme«, RF. 1929 Mitglied des BPRS in Dresden; erhielt 1930 Lyrikpreis bei einem Wettbewerb der »Linkskurve« für das Gedicht *Das Fließband*. 1930 Lehre als Schaufensterdekorateur, zweimal wegen gewerkschaftlicher Aktivitäten entlassen, ab 1932 arbeitslos. 1932 erschien die Erzählung *Brand im Warenhaus* (Berlin), der Roman *Der Aufstieg des Verkäufers Gottlieb Ziegenfuß* konnte nicht mehr veröffentlicht werden (verloren). 1933 Emigration nach Paris, Arbeit als Tellerwäscher, Maurer u.a. *Bastion 27*, ein Roman über das Leben deutscher Emigranten in einer Pariser Kaserne, ging ebenfalls verloren. 1934 ging Z. nach Palästina, war u.a. Plantagenarbeiter, Ziegelträger und arbeitete in der illegalen KP des Landes. 1935 in Prag; Arbeit für die RF und die Zs. der RHD, »Tribunal«; Beiträge, vor allem Gedichte, in Exil-Ztgn. wie »Gegen-Angriff«, »Deutsche Volkszeitung«, »Volks-Illustrierte«. 1939 nach England (Oxford, später London). Bei Kriegsbeginn in Internierungslagern in England, Australien, Isle of Man. Durch die Hilfe des Internationalen PEN 1941 entlassen. Z. lebte bis 1946 in London, arbeitete im Freien Deutschen Kulturbund und als Redakteur von dessen Monatsschrift »Freie Deutsche Kultur«, Texte u.a. in »Freie Tribüne« (London). 1946 Rückkehr nach Dresden, 1946/52 Kulturredakteur des Zs. »Zeit im Bild«; 1949/53 Landesvorsitzender der VVN (Sachsen); 1952/56 Bezirksvorsitzender des DSV in Dresden, 1956/58 1. Sekretär des DSV in Berlin. 1958/64 Leiter des Instituts für Literatur in Leipzig, danach freischaffender Schriftsteller.

Z. war in erster Linie Lyriker und Kinderbuchautor. Das lyrische Ich der frühen Gedichte ist meist im proletarischen Milieu, häufig der industriellen Produktion angesiedelt. Operative Gedichte sollen durch forcierten rhetorischen Gestus, eindeutige Bildwelt, festgefügte Verssprache und vielfach liedhafte oder balladeske Elemente eine große Leserschaft in den Klassenkämpfen mobilisieren. Wiederholt arbeitet Z. daher mit lyrischen Verallgemeinerungen, die das Sujet überspannen: In *Das Fließband* wird so das Bild der ausgebeuteten Fabrikarbeiter am Fließband zum Zeichen einer immer mächtigeren Demonstration gegen die Ausbeutung gewendet. Die Erfahrungen von Faschismus, Krieg, Emigration und Widerstandskampf werden dann zum thematischen Zentrum von Z.s Werk. In der Lyrik durchbrechen elegische Momente das Pathos des Aufrufs und der Anklage. Neben Balladen (*Die Ballade vom Aufstieg eines deutschen Piloten, Ballade aus den Sudeten 1938)* entstehen Großgedichte der Abrechnung mit dem Faschismus.

In dem spannenden Kinderbuch *Die Jagd nach dem Stiefel* (Originalfassung verloren; tschechisch: Prag 1936, deutsch: Berlin 1953, viele Aufl. und Übersn.) klären Proletarierkinder, weil es die Ordnungshüter nicht tun, den Mord an einem Antifaschisten auf. Der Roman *Rebellion in der Oberprima* (e. 1937, Berlin 1962) erzählt von Konflikten Jugendlicher in den Anfangsjahren der Hitlerherrschaft, dem Aufbegehren gegen Rassenfanatismus. Das Schauspiel *Familie Blanchard* (UA 1944, London) handelt vom französischen Widerstandskampf gegen den deutschen Faschismus und seine französischen Kollaborateure. – Nach 1945 engagierte sich Z. in meist pathetisch-agitatorischen Gedichten und Massenliedern für den sozialistischen Aufbau und suchte in Prosabüchern erwachsenen und heranwachsenden Lesern Ereignisse aus dem antifaschistischen Widerstandskampf nahezubringen.

W. W.: So ist Palästina (Rep., zus. mit E. K. Gon), Prag 1935; Das Land der Verheißung (R., tschechisch), Prag 1937; Gedichte, London 1943 (= Und sie bewegt sich doch, H. 2); Der Keim des Neuen (Ge.), London 1944; Im Antlitz der Zeit (ausgew. Ge. 1930-1946), Berlin 1948; Widerstandsgruppe ›Vereinigte Kletter-Abteilung‹ (VKA) (Ber.), Berlin 1948. – Bibliographie späterer Werke s. H. Riedel. – *Lit.:* G. Wolf: Kampfgedichte aus zwei Jahrzehnten, in: NDL, 1954, H. 5; H. Riedel: Max Zimmering, in: Literatur der DDR. Einzeldarstellungen, Bd. 1, Berlin 1974.

Ingrid Pergande

Zinner, Hedda (Ps. Elisabeth Frank, Hannchen Lobesam)

Geb. 20. 5. 1905 in Wien; gest. 1. 7. 1994 in Berlin

Wuchs auf in einer Staatsbeamten-Familie. Gelernte Schauspielerin. Durch L. Renn, der ihr 1928 eine Patenschaft über einen inhaftierten Arbeiter vermittelte, politisch beeinflußt; Lektüre marxistischer Texte. 1929 ging Z. nach Berlin, Mitglied der KPD und des BPRS. Bis 1933 für die KPD, IRH, IAH, die Gewerkschaften aktiv als Sprecherin, Sängerin, Agitatorin. Veröffentlichungen in RF, AIZ, »Der Weg der Frau«, »Arbeiterstimme«. Letzter Auftritt am Tag des Reichstagsbrandes, Anfang März 1933 über Wien nach Prag ins Exil, wo sie ab Mai 1933 das antifaschistische Kabarett Studio 34 aufbaute. Schrieb für dieses Kabarett drei erfolgreiche Programme. April 1935 mit F. Erpenbeck nach Moskau, bis 1941 freischaffende Publizistin und Schriftstellerin. 1941/45 politische Agitations- und Propagandaarbeit für Deutschen Volkssender und Moskauer Rundfunk in Ufa und Moskau. Juni 1945 Rückkehr nach Berlin; Autorin für Rundfunk, Theater, Fernsehen.

Z.s literarische Arbeit begann 1930 in der Arbeiterkorrespondentenbewegung, in der sie auch organisatorisch wirkte. Ihre Szenen, Sketche, Reportagen, Berichte und Gedichte behandeln Verelendung und Massenarbeitslosigkeit, zunehmende Faschisierung, Fortschritte und Schwierigkeiten bei der Entwicklung der proletarischen Einheitsfront. Z. war beteiligt an der Profilierung der Bild-Foto-Gedichte in der AIZ. Ihre wirksamen, oft satirischen Beiträge galten politischen Ereignissen und Persönlichkeiten, sie entlarvten die Ausbeuter und die Demagogie der NSDAP (*Ballade vom großen Trommler,* AIZ 1933/3), schilderten eindringlich den proletarischen Alltag (*Mutter denkt nach,* ebd. 1932/33). E. Weinert, dessen agitatorische Verse sie oft vortrug, war ihr Vorbild. Er stellte im Vorwort ihres ersten Gedichtbands *Unter den Dächern,* Moskau 1936, eine gewachsene dichterische Qualität ihrer politischen Lieder fest (*Aus faschistischen Kerkern; Deutsches Volkslied 1935*). Ein zweiter Band, *Geschehen,* Moskau 1939, enthält u. a. zum Spanienthema die gelungene *Ballade vom Gefreiten Hans Franke* und Gedichte, die das Erleben des sozialistischen Aufbaus spiegeln. Dabei stehen die positiven Eindrücke im Vordergrund (*Alltag eines nicht alltäglichen Landes,* Berlin 1950). Die vom Moskauer Rundfunk 1936/37 gesendete Hörspiel-Serie mit der Giesicke-Figur aus dem Weißen Rößl lebt von der tragfähigen Grundkonstellation, den meckernden Berliner Kleinfabrikanten, dessen Kopf von gängigen antikommunistischen Klischees und nationalsozialistischen Phrasen vernebelt ist, in der Konfrontation mit der sowjetischen Realität (in Moskau, im Kolchos, auf der Krim) zu für ihn erstaunlichen Einsichten zu bringen. Die Auseinandersetzung mit dem Faschismus (u. a. im Schwank *PG Äpfelchen,* 1935, einer satirischen Abrechnung mit der NS-Rassentheorie, unv.) wurde zum zentralen und nach 1945 immer wieder aufgegriffenen Thema (*Arrangement mit dem Tod,* Berlin 1984). Ihr erstes Drama, *Caféhaus Payer* 1939/41 (UA Rostock Juni 1945), in Thematik, Struktur, Anlage wesentliche Züge ihrer späteren dramatischen Produktion enthaltend, zeigt nach der faschistischen Annexion Österreichs deren Auswirkungen in einer Wiener Familie. In kathartischem Kunstkonzept und Dramentechnik sieht sich Z. in der Schule F. Wolfs (*Der Teufelskreis,* Berlin 1953; *Ravensbrücker Ballade,* Berlin 1961). Ihre journalistische Arbeit der 40er Jahre (es entstanden Hunderte Radio-Texte) sucht Denken und Fühlen der sog. kleinen Leute anzusprechen. Anhand konkreter Schicksale zeigt sie die verheerenden Auswirkungen des Krieges auf die Familien, ist um realistische Einblicke in die Bewußtseinslage der deutschen Bevölkerung bemüht. Die 1936/37 entstandene Novelle *Gut Pirkenau* (Berlin 1984), die dramatische Geschichte zweier Zöglinge in einer Kriegswaisenanstalt nach dem ersten Weltkrieg, steht am Beginn ihrer Prosaarbeiten, die über die Trilogie *Ahnen und Erben* (Berlin

1968/73) zu den Romanen der 80er Jahre (*Katja*, Berlin 1980; *Die Lösung*, Berlin 1981) führt.

W. W. : Auf dem Roten Teppich (Aut.), Berlin 1978; Die große Ungeduld, Berlin 1988; Selbstbefragung (Aut.), Berlin 1989. – *Lit.:* M. Linzer: Nachwort, in: Stücke, Berlin 1973; S. Barck: Hedda Zinner, in: Literatur der DDR, Einzeldarstellungen, Bd. 3, Berlin 1987 (mit Bio-Bibl.).

Simone Barck

Zur Mühlen, Hermynia (Ps. Lawrence H. Desberry, Traugott Lehmann, Maria Berg, Franziska Maria Rautenberg)

Geb. 12. 12. 1883 in Wien; gest. 20. 3. 1951 in Radlett (England)

Zeichnung Hermynia Zur Mühlen von Dolbin

Geborene Gräfin Folliot de Crenneville-Poutet (österreichisch-ungarischer Hochadel); Vater war Diplomat; Kindheit in Gmunden, Reisen in viele Länder Europas, Nordafrika und Vorderasien, dadurch polyglott erzogen. 1898 Pensionat in Dresden. 1901 Examen als Volksschullehrerin, durfte aus Standesgründen diesen Beruf nicht ausüben, aus Protest Buchbinderlehre. Frühes Interesse für soziale Fragen, beeinflußt von P.-J. Proudhon und M. Stirner; 1905 Kontakte zu anarchistisch-revolutionären Kreisen in der Schweiz; 1908 Heirat mit dem baltischen Baron Victor von zur Mühlen, mit dem sie in Livland lebte. Herbst 1913 nach Davos (Tbc), Scheidung 1914; lernte im Sanatorium den österreichisch-ungarischen Publizisten und Übersetzer Stefan I. Klein (1889-1960) kennen (Heirat in der Emigration 1938, um tschechoslowakische Staatsbürgerschaft zu erhalten). 1919 Eintritt in die KPD, etwa 1932 Trennung von der Partei; lebte seit 1919 in Frankfurt a.M., im Umfeld des Instituts für Sozialforschung (der autobiographische Roman *Das Riesenrad*, Stuttgart 1932, stellt diesen Lebensabschnitt verschlüsselt dar). Umfangreiche Übersetzungsarbeiten für den Malik-Verlag u.a. linke Verlage. 1924 Hochverratsprozeß wegen der Erzählung *Schupomann Karl Müller* (Berlin 1924). Am 1. 4. 1933 nach Wien, am 14. 3. 1938 Emigration in die ČSR, am 29. 5. 1939 Flucht nach Großbritannien. Zunächst in London, Sep. 1939 kurzzeitig in Reigate Hill interniert, nach Radlett in der Grafschaft Hertfodshire ausgesiedelt, dort als H. I. Kleinova begraben.

Themen und Motive von Z. M.s Romanen und Erzählungen vor allem in der Weimarer Republik sind von revolutionärem Pathos und christlich-sozialem Glauben geprägt; scheinbar widersprüchliche Elemente wie religiöse Heilssymbolik und Lichtmetaphorik und ein radikaler Politikbezug dominieren insgesamt ihr Werk. Bereits in frühen Arbeiten setzte sich

Z. M. von einem strikten Pazifismus aus mit Antisemitismus und Kriegshysterie auseinander. In die Vormachtsbestrebungen des deutschen Bürgertums sah sie auch jenes »Idealbild der deutschen Heldenfrau und Mutter« eingebunden, gegen das sie im Aufsatz *Junge-Mädchen-Literatur* (in: »Die Erde«, 1919, Nr. 14/5) zu argumentieren suchte, wie in vielen ihrer späteren, für ein weibliches Lesepublikum konzipierten Romanen. Mit ihren Märchen für proletarische Kinder – in viele Sprachen übersetzt – gehörte sie zu den Begründerinnen wie bekanntesten Autorinnen der proletarisch-revolutionären Literaturbewegung. Der gelegentliche Verzicht auf ästhetische Formung der Texte wurde offensichtlich bewußt in Kauf genommen und war Teil der Ablösung aus beengender Familientradition, wie sich aus ihrem Lebensbuch *Ende und Anfang* (Berlin 1929) erschließen läßt. Z. M.s Übersetzungsarbeit, mit der sie der proletarischen Bewegung gewissermaßen ihr ›kulturelles Kapital‹ zur Verfügung stellte, umfaßt etwa 150 sozialkritische Romane und publizistische Arbeiten französischer, englischer, amerikanischer und russischer Autoren; hervorzuheben ist die Übersetzung nahezu des gesamten Werks von U. Sinclair. Daneben schrieb sie auch (unter lange unaufgelöstem Ps. Lawrence H. Desberry) sozialkritisch intendierte Kriminalromane wie *Der blaue Strahl* (Stuttgart 1922), *An den Ufern des Hudson* (Jena 1925), *Ejus* (Jena 1925, 1955 u. d. T. *Insel der Verdammnis*) und (unter Ps. Traugott Lehmann) den Kolportageroman *Die weiße Pest* (Berlin 1926). – In der Exilpresse finden sich zahlreiche Skizzen und Erzählungen von Z. M., intensiv hat sie auch für den Rundfunk gearbeitet, ihre Hörspiele und Features für mehrere europäische Sender sind bis heute unübersetzt. Ihr Exilwerk ist wenig bekannt und vielfach unterschätzt, so die Novellen *Fahrt ins Licht. 66 Stationen* (Wien 1936). Ihr kleiner Roman *Unsere Töchter, die Nazinen* (e. April 1933, Wien 1935) ist eine fast furios zu nennende Anklage des sich etablierenden NS-Staates, geschrieben als Warnung an ihre Heimat Österreich, wo er im Feb. 1936 – nach heftigem Protest des deutschen Gesandten – beschlagnahmt wurde. Am Modellfall einer süddeutschen Kleinstadt schildert er den Sieg des Nationalsozialismus, die Auswirkung des Antisemitismus und die – illusionäre – Formierung von Widerstand aus der Perspektive dreier Frauen; deren simultan erzählte Monologe gruppieren sich um einen Generationskonflikt, den die Erzählerin als ursächlich für die Machtergreifung annimmt. Weitere Romane wie *Reise durch ein Leben* (Bern/Leipzig 1933) oder *Ein Jahr im Schatten* (Zürich 1935) sind teils polemisch auf den trivialen ›Frauenschicksalsroman‹ bezogen, ihm aber teils auch verwandt. Im britischen Exil ging Z. M. zum Schreiben in englischer Sprache über. Die beiden (z. T. 1938 konzipierten) Romane *We Poor Shadows* (London 1943) und *Came the Stranger* (London 1946, dt. *Als der Fremde kam*, Wien 1947) sind Teile einer Art Österreichischen Forsyte-Saga. Sie verhandeln am Stoff des Metternich-Regimes und am Gegenwartsstoff wichtige Nationalitätenfragen und -konflikte mit großer Komplexität. Anders als sie fand der dritte Roman, *Guests in the House* (London 1947),

in Großbritannien kaum Leser. Mit *Little Allies. Fairy and Folk Tales. Fourteen Nations* (London 1944) kehrte Z. M. zum Erzählen für Kinder zurück: hier ließ sie Flüchtlingskinder aus vierzehn Nationen ihre Märchen erzählen.

W. W.: Was Peterchens Freunde erzählen (M.), Berlin 1921; Kultur (Skn.), Frankfurt a.M. 1922; Der Tempel (R.), Berlin/Leipzig 1922; Licht (R.), Konstanz 1922; Der Deutschvölkische (E.), Berlin 1924; Das Schloß der Wahrheit (M.-Slg.), Berlin 1924; Kleine Leute (E.), Berlin 1925; Abenteuer in Florenz (R.), Wien 1926; Es war einmal... und es wird sein (M.-Slg.), Berlin 1930; Kleine Geschichten von großen Dichtern (En.), London o. J., Wien 1945; Eine Flasche Parfum (R.), Wien 1948. – *Ausg.:* Die Blumen des Königsgartens (M.), Chicago 1925; Schmiede der Zukunft (M.), Moskau 1936; Der rote Heiland (Nn.), Frankfurt 1989. – *Lit.:* D. Richter/J. Merkel: Märchen, Phantasie und soziales Lernen, Berlin 1974; I. Dreher: Die deutsche proletarisch-revolutionäre Kinder- und Jugendliteratur zwischen 1918 und 1933, Berlin 1975 (= Studien, Bd. 6); L. J. King: The Woman Question and Politics in Austrian Interwar Literature, in: German Studies Review, 1983, H. 6; H. Staud: Zum 100. Geburtstag von Hermynia Zur Mühlen, in: Weg und Ziel, 1984, H. 4; S. M. Patsch: Österreichische Schriftsteller im Exil in Großbritannien, Wien/München 1985; H. Müssener: »Wir bauen auf, Mutter«, in: Exil. Forschung, Erkenntnisse, Ergebnisse, Sonderbd. 1, 1986; L. J. King: From the Crown to the Hammer and Sickle (mit Bibl.), in: Woman in German Yearbook 1988, Nr. 4; B. Frakele: »Ich als Österreicherin«, in: Eine schwierige Heimkehr, Hg. J. Holzner u.a., Innsbruck 1991; Literatur in der Peripherie, Hg. Theodor-Kramer-Gesellschaft, Wien 1992 (= Zwischenwelt, Bd. 3); E.-M. Siegel: Jugend, Frauen, Drittes Reich, Pfaffenweiler 1993; dies.: Zeitgeschichte, Alltag, Kolportage, in: Exilforschung, Bd. 11.

Eva-Maria Siegel

Kurztitelverzeichnis

Arbeitertheater
Ludwig Hoffmann/Daniel Hoffmann-Ostwald: Deutsches Arbeitertheater 1918-1933, Berlin 1972, 3. Aufl. 1977

Beiträge
Beiträge zur Geschichte der deutschen sozialistischen Literatur im 20.Jahrhundert, hg. von der Deutschen Akademie der Künste zu Berlin. Sektion Literatur und Sprachpflege, Abt. Geschichte der sozialistischen Literatur, Berlin und Weimar 1970ff.
Bd. 1: Literatur und Arbeiterklasse. Aufsätze über die Herausbildung der deutschen sozialistischen Literatur (1918-1933), 1971
Bd. 2: Albrecht, Friedrich: Deutsche Schriftsteller in der Entscheidung. Wege zur Arbeiterklasse 1918-1933, 1970
Bd. 3: Klein, Alfred: Im Auftrag ihrer Klasse. Weg und Leistung der deutschen Arbeiterschriftsteller 1918-1933, 1972
Bd. 4: Kändler, Klaus: Drama und Klassenkampf. Beziehungen zwischen Epochenproblematik und dramatischem Konflikt in der sozialistischen Dramatik der Weimarer Republik, 1974
Bd. 7: Münchow, Ursula: Arbeiterbewegung und Literatur 1860-1914, 1981

Bund
Bund der Kommunisten. Dokumente und Materialien, Berlin
Bd. 1: 1836-1849, 2. Aufl. 1983
Bd. 2: 1849-1851, 1982
Bd. 3: 1851-1852, 1984

Emig/Schwarz/Zimmermann
Brigitte Emig/Max Schwarz/Rüdiger Zimmermann: Literatur für eine neue Wirklichkeit. Bibliographie und Geschichte des Verlags J.H.W. Dietz, Berlin und Bonn 1981

Exil
Kunst und Literatur im antifaschistischen Exil 1933-1945 in sieben Bänden, Leipzig
Bd. 1: Exil in der UdSSR (2., völlig neu bearb. und erw. Aufl. in 2 Halbbdn, 1989
Bd. 2: Exil in der Schweiz, 2. Aufl. 1981
Bd. 3: Exil in den USA. Mit einem Bericht »Shanghai – Eine Emigration am Rande«, 2. Aufl. 1983
Bd. 4: Exil in Lateinamerika, 2. Aufl. 1984
Bd. 5: Exil in der Tschechoslowakei, in Großbritannien, Skandinavien und in Palästina, 1980
Bd. 6: Exil in den Niederlanden und in Spanien, 1981
Bd. 7: Exil in Frankreich, 1981

Exil 1933–1945
Exil. Forschung Erkenntnisse Ergebnisse, gegründet von Joachim H. Koch, hg. von Edita Koch, Frankfurt a.M. 1981ff.

Exilforschung
Exilforschung. Ein internationales Jahrbuch, hg. im Auftrag der Gesellschaft für Exilforschung/Society for Exile Studies, München 1983ff.

Fähnders/Rector
Fähnders, Walter/Rector, Martin: Linksradikalismus und Literatur, Reinbek bei Hamburg 1974

Friedrich, 1981
Friedrich, Gerhard: Proletarische Literatur und politische Organisation. Die Literaturpolitik der KPD in der Weimarer Republik und die proletarisch-revolutionäre Literatur, Frankfurt a.M. 1981 (= Europäische Hochschulschriften: Reihe 1, Deutsche Sprache und Literatur, Bd. 407, Frankfurt a.M./Bern)

Knilli/Münchow
Frühes deutsches Arbeitertheater 1847-1918. Eine Dokumentation von Friedrich Knilli und Ursula Münchow, Berlin 1970.

Literatur
Literatur und proletarische Kultur. Beiträge zur Kulturgeschichte der deutschen Arbeiterklasse im 19. Jahrhundert, von einem Autorenkollektiv unter Ltg. von Dietrich Mühlberg und Rainer Rosenberg, Berlin 1983 (= Literatur und Gesellschaft. Hg. von der Akademie der Wissenschaften der DDR, Zentralinstitut für Literaturgeschichte)

Literaturdebatten
Manfred Nössig/Johanna Rosenberg/Bärbel Schrader: Literaturdebatten in der Weimarer Republik. Zur Entwicklung des marxistischen literaturtheoretischen Denkens 1918-1933, Berlin und Weimar 1980

MEGA
Marx/Engels: Gesamtausgabe (MEGA), Hg. vom Institut für Marxismus/Leninismus beim ZK der KPdSU und vom IML beim ZK der SED, Berlin 1975 ff.

MEW
Marx/Engels: Werke. Hg. Institut für Marxismus/Leninismus beim ZK der SED, Berlin 1956 ff.

Textausgaben
Textausgaben zur frühen sozialistischen Literatur in Deutschland. Begründet von Bruno Kaiser, Manfred Häckel und weitergeführt von Ursula Münchow. Hg. vom Zentralinstitut für Literaturgeschichte der Akademie der Wissenschaften der DDR, Akademie-Verlag Berlin 1963 ff.
Bd. 1: Häckel, Manfred: Gedichte über Marx und Engels, 1963
Bd. 2: Robert Schweichel: Erzählungen, Hg. und Einl. Erika Pick, 1964
Bd. 3: Aus den Anfängen der sozialistischen Dramatik I, Hg. Ursula Münchow, 1964
Bd. 4: Minna Kautsky: Auswahl aus ihrem Werk, Hg. Cäcilia Friedrich, 1965
Bd. 5: Aus den Anfängen der sozialistischen Dramatik II, Hg. Ursula Münchow, 1965, 1973, 1986
Bd. 6: Rudolf Lavant: Gedichte, Hg. Hans Uhlig, Vorw. Manfred Häckel, 1965
Bd. 7: August Otto-Walster: Leben und Werk, Hg. Wolfgang Friedrich, 1966
Bd. 8: Aus dem Schaffen früher sozialistischer Schriftstellerinnen, Hg. Cäcilia Friedrich, 1966
Bd. 9: Ernst Preczang: Auswahl aus seinem Werk, Hg. Helga Herting, 1969
Bd. 10: Leopold Jacoby: Auswahl aus seinem Werk, Hg. Manfred Häckel, 1971
Bd. 11: Aus den Anfängen der sozialistischen Dramatik III, Hg. Ursula Münchow, 1972

Bd. 12: Frühes Leipziger Arbeitertheater. Friedrich Bosse, Hg. Gustav Schröder, 1972

Bd. 13: Max Kegel: Auswahl aus seinem Werk, Hg. Klaus Völkerling, 1974

Bd. 14: Kalendergeschichten und kleine Erzählstücke, Hg. Cäcilia Friedrich, 1975

Bd. 15: Otto Krille: Unter dem Joch. Geschichte einer Jugend, Hg. Ursula Münchow, 1975

Bd. 16: Ein deutscher Chansonnier. Aus dem Schaffen Adolf Lepps, Hg. Ursula Münchow und Kurt Laube, 1976

Bd. 17: Werner Möller: Sturmgesang – Krieg und Kampf, Gedichte, Hg. Mathilde Dau, 1977

Bd. 18: Aus dem Klassenkampf. Soziale Gedichte. Hg. von Eduard Fuchs, Karl Kaiser, Ernst Klaar, München 1894, Neu hg. und eingel. von Klaus Völkerling, 1978

Bd. 19: Frühe sozialistische satirische Lyrik aus der Zeitschrift »Der wahre Jakob« und »Süddeutscher Postillon«, Hg. Norbert Rothe, 1977

Bd. 20: G. M. Scaevola: Gedichte und Stücke, Hg. Gudrun und Hans Heinrich Klatt, 1977

Bd. 21: Das lyrische Feuilleton des »Volksstaat«. Gedichte der Eisenacher Partei, Hg. Reinhard Weisbach, 1979

Bd. 22: Frühe sozialistische Prosa, Hg. Norbert Rothe, 1981

Bd. 23: Josef Schiller: Auswahl aus seinem Werk, Hg. Norbert Rothe, 1982

Bd. 24: Deutsch-amerikanische sozialistische Literatur 1865-1900. Anthologie, Hg. Carol Poore, 1987

Bd. 25: Naturalismus-Debatte 1891-1896. Dokumente zur Literaturtheorie und Literaturkritik der revolutionären deutschen Sozialdemokratie, Hg. Norbert Rothe, 1986

Bd. 26: Schiller-Debatte 1905. Dokumente zur Literaturtheorie und Literaturkritik der revolutionären deutschen Sozialdemokratie, Hg. Gisela Jonas, 1988

Bd. 27: Tendenzkunst-Debatte 1910-1912. Dokumente zur Literaturtheorie und Literaturkritik der revolutionären deutschen Sozialdemokratie, Hg. und Einl. Tanja Bürgel, 1987

Trommler

Trommler, Frank: Sozialistische Literatur in Deutschland. Ein historischer Überblick, Stuttgart 1976

Wer schreibt, handelt

Wer schreibt, handelt. Strategien und Verfahren literarischer Arbeit vor und nach 1933, Hg. Silvia Schlenstedt, Berlin und Weimar 1983

Will/Burns, 1982

Wilfried van der Will/Rob Burns: Arbeiterkulturbewegung in der Weimarer Republik. Eine historisch-theoretische Analyse der kulturellen Bestrebungen der sozialdemokratisch organisierten Arbeiterschaft, Frankfurt a.M./Bern/Wien (2 Bd.e) 1982 (= Ullstein Materialien)

Zur Tradition

Zur Tradition der deutschen sozialistischen Literatur, Berlin und Weimar 1979, Bd. 1-4 (Veröffentlichungen der Akademie der Künste der DDR, Sektion Literatur und Sprachpflege, Abt. Geschichte der sozialistischen Literatur)

Bd. 1: Eine Auswahl von Dokumenten. 1926-1935. Ausw. und wissenschaftliche Gesamtredaktion Alfred Klein unter Mitarb. von Thomas Rietzschel

Bd. 2: Eine Auswahl von Dokumenten. 1935-1941. Ausw. und wissenschaftliche Gesamtredaktion Friedrich Albrecht

Bd. 3: Eine Auswahl von Dokumenten. 1941-1949. Ausw. und wissenschaftliche Gesamtredaktion Irmfried Hiebel

Bd. 4: Kommentare. Anmerkungen: Friedrich Albrecht, Irmfried Hiebel, Hartmut Kahn, Klaus Kändler und Thomas Rietzschel; Register Brigitte Melzwig

Auswahlbibliographie

Aktionen, Bekenntnisse, Perspektiven. Berichte und Dokumente vom Kampf um die Freiheit des literarischen Schaffens in der Weimarer Republik. Hg. Akademie der Künste zu Berlin. Ausw. und Einl. und Kommentar Friedrich Albrecht u. a., Berlin und Weimar 1966

Analytische Bibliographien deutschsprachiger literarischer Zeitschriften. Hg. Akademie der Künste der DDR, Sektion Literatur und Sprachpflege, Berlin und Weimar. Bd. 1: Das Wort. Moskau. 1936-1939, Bearb. Gerhard Seidel, Vorw. Hugo Huppert, 1975; Bd. 4: Freies Deutschland. Mexico. 1941-1946, Bearb. Volker Riedel, Vorw. Alexander Abusch 1975; Bd. 6: Neue Deutsche Blätter. Prag. 1933-1935, Bearb. Helmut Praschek, Vorw. Wieland Herzfelde, 1973; Bd. 7: Die Linkskurve. Berlin. 1929-1932. Bearb. Dieter Kliche und Gerhard Seidel, Vorw. Otto Gotsche, 1972; Bd. 8: Internationale Literatur. Moskau. 1931-1945. Bearb. Christa Streller und Volker Riedel, Vorw. Heinz Willmann; Bd. 9: Die Neue Bücherschau. Berlin. 1919-1929. Bearb. Peter Liebers und Volker Riedel, Vorw. Klaus Kändler, 1980

Arbeiterbewegung und kulturelle Identität. Ein interdisziplinäres Kolloquium. Hg. P. E. Stüdemann, M. Rector, Frankfurt a. M. 1983

Arbeiterdichtung. Analysen - Bekenntnisse - Dokumentationen. Hg. Österreichische Gesellschaft für Kulturpolitik, Wuppertal 1973

Arbeiterkultur. Forschungs- und Literaturdokumentation 1979-1982. Bearbeiter: M. Kluck, Rüdiger Zimmermann. In Zusammenarbeit mit der Friedrich-Ebert-Stiftung und Bibliothek des Archivs der sozialen Demokratie, Bonn 1986

Beiträge zur Geschichte der deutschen sozialistischen Literatur im 20. Jahrhundert. Hg. Deutsche Akademie der Künste zu Berlin, Sektion Literatur und Sprachpflege, Abt. Geschichte der sozialistischen Literatur, Berlin und Weimar 1970. Bd. 1: Literatur der Arbeiterklasse. Aufsätze über die Herausbildung der deutschen sozialistischen Literatur (1918-1933), 1971; Bd. 2: Albrecht, Friedrich: Deutsche Schriftsteller in der Entscheidung. Wege zur Arbeiterklasse 1918-1933, 1970; Bd. 3: Klein, Alfred: Im Auftrag ihrer Klasse. Weg und Leistung der deutschen Arbeiterschriftsteller 1918-1933, 1972; Bd. 4: Kändler, Klaus: Drama und Klassenkampf. Beziehungen zwischen Epochenproblematik und dramatischem Konflikt in der sozialistischen Dramatik der Weimarer Republik, 1974; Bd. 5: Hiebel, Irmfried: F. C. Weiskopf - Schriftsteller und Kritiker. Zur Entwicklung seiner literarischen Anschauungen, 1973; Bd. 6: Internationale Literatur des sozialistischen Realismus 1917-1945. Aufsätze, 1978; Bd. 7: Münchow, Ursula: Arbeiterbewegung und Literatur 1860-1914, 1981; Bd. 8: Blick nach Westen. Fortschrittliche deutsche Literatur im Spiegel sowjetischer Kritik 1919-1942. Eine Dokumentation, 1989

Beiträge zur Kulturgeschichte der deutschen Arbeiterbewegung 1848-1918. Hg. Peter von Rüden, Frankfurt a. M./Wien/Zürich 1979 (Zur Kulturgeschichte der deutschen Arbeiterbewegung; Bd. 1)

Bock, Hans Manfred: Geschichte des 'linken Radikalismus' in Deutschland. Ein Versuch, Frankfurt a. M. 1976

Bogdal, Klaus-Michael: Zwischen Alltag und Utopie. Arbeiterliteratur als Diskurs des 19. Jahrhunderts, Opladen 1991

Brauneck, Manfred: Literatur und Öffentlichkeit im ausgehenden 19. Jahrhundert, Stuttgart 1974

Bühnemann, Michael/Thomas, Friedrich: Zur Geschichte der Buchgemeinschaften der Arbeiterbewegung in der Weimarer Republik. In: Wem gehört die Welt?, Berlin 1977

Des Morgens erste Röte. Frühe sozialistische deutsche Literatur 1860-1918, Hg. Zentralinstitut für Literaturgeschichte der AdW der DDR, Auswahl N. Rothe und U. Münchow, Leipzig 1982

Deutsche Arbeiterdichtung 1910-1933, Hg. Günter Heintz, Stuttgart 1974

Dialog und Kontroverse mit Georg Lukács. Der Methodenstreit deutscher sozialistischer Schriftsteller. Hg. Werner Mittenzwei, Leipzig 1975

Die Presse der Arbeiterklasse und der sozialen Bewegungen. 5 Bde., Hg. Alfred Eberlein, Berlin 1969/70

Dolle-Weinkauff, Bernd: Das Märchen in der proletarisch-revolutionären Kinder- und Jugendliteratur der Weimarer Republik 1918-33, Frankfurt a. M. 1984

Eisfeld, Gerhard/Koszyk, Kurt: Die Presse der deutschen Sozialdemokratie. Eine Bibliographie, Bonn 1980

Emig, Brigitte/Schwarz, Max/Zimmermann, Rüdiger: Literatur für eine neue Wirklichkeit. Bibliographie und Geschichte des Verlags J. H. W. Dietz Nachf. 1881 bis 1981 (und der Verlage Buchhandlung Vorwärts, Volksbuchhandlung Hottingen/Zürich, German Cooperative Print. & Publ. Co., London, Berliner Arbeiterbibliothek, Arbeiterjugendverlag, Verlagsgenossenschaft »Freiheit«, Der Bücherkreis), Berlin/Bonn 1981

Emig, Brigitte: Die Veredelung des Arbeiters. Sozialdemokratie als Kulturbewegung, Frankfurt a. M./New York 1980

Fähnders, Walter/Rector, Martin: Linksradikalismus und Literatur, Reinbek bei Hamburg 1974

Fähnders, Walter: Anarchismus und Literatur. Ein vergessenes Kapitel deutscher Literaturgeschichte zwischen 1890 und 1910, Stuttgart 1987

Friedrich, Gerhard: Proletarische Literatur und politische Organisation. Die Literaturpolitik der KPD in der Weimarer Republik und die proletarisch-revolutionäre Literatur. Frankfurt a. M.. 1981 (Europäische Hochschulschriften: Reihe 1, Deutsche Sprache und Literatur, Bd. 407)

Fritton, Michael Hugh: Literatur und Politik in der Novemberrevolution 1918/19. Theorie und Praxis revolutionärer Schriftsteller in Stuttgart und München, Frankfurt a. M. 1985

Frühes deutsches Arbeitertheater 1847-1918. Eine Dokumentation von Friedrich Knilli und Ursula Münchow, Berlin 1970

Gallas, Helga: Marxistische Literaturtheorie. Kontroversen im Bund proletarisch-revolutionärer Schriftsteller, Neuwied und Berlin 1971 (collection alternative, Hg. Hildegard Brenner, Bd. I)

Grab, Walter/Friesel, Uwe: Noch ist Deutschland nicht verloren. Eine historisch-politische Analyse unterdrückter Lyrik von der Französischen Revolution bis zur Reichsgründung, München 2. Aufl. 1973

Grandjonc, Jacques: Deutsche Emigrationspresse in Europa während des Vormärz 1830-1848. In: Heinrich Heine und die Zeitgenossen, Berlin und Weimar 1979

Hein, Christoph M.: Der BPRS. Biographie eines kulturpolitischen Experiments in der Weimarer Republik, Münster/Hamburg 1991

Hempel-Küter, Christa: Die kommunistische Presse und die Arbeiterkorrespondentenbewegung in der Weimarer Republik. Das Beispiel »Hamburger Volkszeitung«, Frankfurt a. M. 1989

Hofmann, Dirk: Sozialismus und Literatur. Literatur als Mittel politisierender Beeinflussung im Literaturbetrieb der sozialistisch organisierten Arbeiterklasse des Deutschen Kaiserreichs 1876 bis 1918, Diss., Münster 1975

Hofmann, Ludwig/Hoffmann-Ostwald, Daniel: Deutsches Arbeitertheater 1918-1933, 3. Aufl. Berlin 1977

Köster-Bunselmeyer, Doris: Literarischer Sozialismus. Texte und Theorien der deutschen Frühsozialisten 1843-1848, Tübingen 1981 (Studien und Texte zur Sozialgeschichte der Literatur, Bd. 2)

Koszyk, Kurt: Zwischen Kaiserreich und Diktatur. Die sozialdemokratische Presse von 1914 bis 1933, Heidelberg 1958

Kramer, Dieter: Theorien zur historischen Arbeiterkultur, Marburg 1987

Kunze, H./Wegehaupt, H.: Spiegel proletarischer Kinder- und Jugendliteratur 1870-1936, Berlin 1985

Lammel, Inge: Arbeitermusikkultur in Deutschland 1844-1945. Bilder und Dokumente, Leipzig 1984

Langenwiesche, Dieter: Politik - Gesellschaft - Kultur. Zur Problematik von Arbeiterkultur und kulturellen Organisationen in Deutschland nach dem I. Weltkrieg, In: Archiv für Sozialgeschichte, Bd. 22, 1982

Lexikon des Sozialismus. Hg. Thomas Meyer, Karl-Heinz Klär, Susanne Miller, Klaus Novy und Heinz Timmermann, Köln 1986

Literatur im Klassenkampf. Zur proletarisch-revolutionären Literaturtheorie 1919-1923. Eine Dokumentation. Hg. Walter Fähnders und Martin Rector, München 1971

Literatur und proletarische Kultur. Beiträge zur Kulturgeschichte der deutschen Arbeiterklasse im 19. Jahrhundert. Von einem Autorenkollektiv unter Ltg. von Dietrich Mühlberg und Rainer Rosenberg, Berlin 1983 (Literatur und Gesellschaft. Hg. Akademie der Wissenschaften der DDR, Zentralinstitut für Literaturgeschichte)

Mayer, Erika: Die Herausbildung der Arbeiterklasse im Spiegel der zeitgenössischen Lyrik vom »Vorwärts« bis zum Anfang der 70er Jahre, Köln 1979

Melzwig, Brigitte: Deutsche sozialistische Literatur 1918-1933. Bibliographie der Buchveröffentlichungen, Berlin und Weimar 1975

Möbius, Hanno: Progressive Massenliteratur? Revolutionäre Arbeiterromane 1927-1932, Klett-Cotta 1977

Müller, Hans-Harald: Intellektueller Linksradikalismus in der Weimarer Republik. Seine Entstehung, Geschichte und Literatur - dargestellt am Beispiel der Berliner Gründergruppe der Kommunistischen Arbeiter-Partei Deutschlands, Kronberg/Ts. 1977 (Theorie - Kritik - Geschichte, Bd. 14, Hg. Helmut Kreuzer)

Nössig, Manfred/Rosenberg, Johanna/Schrader, Bärbel: Literaturdebatten in der Weimarer Republik. Zur Entwicklung des marxistischen literaturtheoretischen Denkens 1918-1933, Berlin und Weimar 1980

Osterroth, Franz: Biographisches Lexikon des Sozialismus, Bd.1, Hannover 1965

Pforte, Dietger: Von unten auf. Studie zur literarischen Bildungsarbeit der frühen deutschen Sozialdemokratie und zum Verhältnis von Literatur und Arbeiterklasse, Gießen 1979

Positionsbestimmungen. Zur Geschichte marxistischer Theorie von Literatur und Kultur am Ausgang des 19. und Beginn des 20. Jahrhunderts, Hg. Dieter Schlenstedt und Klaus Städtke, Leipzig 1977

Proletarische Lebensläufe. Autobiographische Dokumente zur Entstehung der zweiten Kultur in Deutschland. Hg. Wolfgang Emmerich,

Bd. 1 Anfänge bis 1914, Reinbek bei Hamburg 1974; Bd. 2 1914 bis 1945, Reinbek bei Hamburg 1975

Rohrwasser, Michael: Der Stalinismus und die Renegaten, Stuttgart 1991

Rohrwasser, Michael: Saubere Mädel - starke Genossen. Proletarische Massenliteratur? Frankfurt a.M. 1975

Rüden, Peter von: Sozialdemokratisches Arbeitertheater (1848-1914). Ein Beitrag zur Geschichte des politischen Theaters, Frankfurt a.M. 1973

Rülcker, Christoph: Ideologie der Arbeiterdichtung 1914-1933. Eine wissenssoziologische Untersuchung, Stuttgart 1970

Scherer, Herbert: Bürgerlich-oppositionelle Literaten und sozialdemokratische Arbeiterbewegung nach 1890. Die 'Friedrichshagener' und ihr Einfluß auf die sozialdemokratische Kulturpolitik, Stuttgart 1974

Schmitt-Gläser, Angela: Politik und Roman. Der Zeitungsroman in der »Münchner Post« als Zeugnis der kulturpolitischen Verbürgerlichung der SPD. Eine Untersuchung für das Jahr 1930, Lang-Verlag 1991

Solidargemeinschaft und Milieu: Sozialistische Kultur- und Freizeitorganisationen in der Weimarer Republik. Im Auftrag der Historischen Kommission zu Berlin; Hg. und Einl. Peter Lösche (Fr. Ebert-Stiftung). Bd. 1: Franz Walter: Sozialistische Akademiker und Intellektuellenorganisationen in der Weimarer Republik, Bonn 1990; Bd. 2: Franz Walter/Viola Denecke/Cornelia Regin: Sozialistische Gesundheits- und Lebensreformverbände, Bonn 1991; Bd. 3: Dietmar Klenke/Peter Lilje/Franz Walter: Arbeitersänger und Volksbühnen in der Weimarer Republik, Bonn 1992; Bd. 4: Siegfried Heimann/Franz Walter: Religiöse Sozialisten und Freidenker in der Weimarer Republik, Bonn 1993

Stieg, Gerald/Witte, Bernd: Abriß einer Geschichte der deutschen Arbeiterliteratur, Stuttgart 1973

Trempenau, Dietmar: Frühe sozialdemokratische und sozialistische Arbeiterdramatik (1890 bis 1914). Entstehungsbedingungen - Entwicklungslinien - Ziele - Funktion, Stuttgart 1979

Trommler, Frank: Sozialistische Literatur in Deutschland. Ein historischer Überblick, Stuttgart 1976

Veröffentlichungen deutscher sozialistischer Schriftsteller in der revolutionären und demokratischen Presse 1918-1945. 2. Aufl. Berlin und Weimar 1969

Weigel, Sigrid: Flugschriftenliteratur 1848 in Berlin. Geschichte und Öffentlichkeit einer volkstümlichen Gattung, Stuttgart 1979

Wer schreibt, handelt. Strategien und Verfahren literarischer Arbeit vor und nach 1933. Hg. Silvia Schlenstedt, Berlin und Weimar 1983

Will, Wilfried van der/Burns, Rob: Arbeiterkulturbewegung in der Weimarer Republik. Eine historisch-theoretische Analyse der kulturellen Bestrebungen der sozialdemokratisch organisierten Arbeiterschaft, Frankfurt a.M./Berlin/Wien 1982 (Ullstein Materialien)

Wunderer, Hartmann: Arbeitervereine und Arbeiterparteien. Kultur- und Massenorganisationen in der Arbeiterbewegung (1890-1933), Frankfurt a.M./New York 1980

Zerges, Christina: Sozialdemokratische Presse und Literatur. Empirische Untersuchungen zur Literaturvermittlung in der sozialdemokratischen Presse 1876 bis 1933, Stuttgart 1982

Autoren

Albrecht, Ernst
Albrecht, Friedrich
Altner, Manfred
Arndt, Franziska
Badia, Gilbert
Barck, Simone
Bauer, Gerhard
Baumgart, Hans
Bock, Sigrid
Boden, Petra
Bollenbeck, Georg
Braun, Martina
Brühl, Georg
Bürgel, Tanja
Büttner, Wolfgang
Dau, Mathilde
Diezel, Peter
Dornhof, Dorothea
Drust, Heide
Emmerich, Ute
Fähnders, Walter
Feudel, Werner †
Frank, Tanja
Friedrich, Cäcilia
Gebhardt, Manfred
Gemkow, Heinrich
Giel, Volker
Grandjonc, Jacques
Groschopp, Horst
Gruber, Eckhard
Haase, Horst
Hädicke, Karl-Heinz †
Hahn, Manfred
Hametner, Michael
Hasche, Christa
Heinemann, Dieter
Heininger, Jörg
Hiebel, Irmfried

Hillich, Reinhard
Hirte, Chris
Hundt, Irina
Johannson, Franz
Jonas, Gisela
Kambas, Chryssoula
Kändler, Klaus †
Kaufmann, Hans
Kiehnbaum, Erhard
Kießhauer, Inge
Kießling, Wolfgang
Kinner, Klaus
Klatt, Gudrungest.
Klein, Wolfgang
Kliche, Dieter
Kontny, Barbara
Krenzlin, Leonore
Krolop, Kurt
Lammel, Inge
Langermann, Martina
Lawrenz, Jens
Lüttig, Gisela
Maier, Alexander
May, Rainhard
Meiser, Wolfgang
Menzel, Ursula
Michael, Klaus
Middell, Eike
Mittenzwei, Werner
Mörchen, Helmut
Müller, Dietmar
Müller, Horst
Münch, Hans
Münchow, Ursula †
Nössig, Manfred
Pätzold, Rainer
Pepperle, Ingrid
Pergande, Ingrid
Poore, Carol
Poschmann, Henri

Püschel, Almuth
Reinhold, Ursula
Rosenberg, Johanna
Rosenberg, Rainer
Rothe, Norbert
Schebera, Jürgen
Scherner, Erhard
Schiller, Dieter
Schipka, Dagmar
Schleier, Hans
Schlenstedt, Dieter
Schlenstedt, Silvia
Schmidt, Walter
Schneider, Hans-Jörg
Schönfeld, Christine
Schrade, Andreas
Schrader, Bärbel
Schulz, Susanne
Schütte, Wolfgang U.
Schwarz, Helga W.
Seehase, Ilse
Seidel-Höppner, Waltraut
Seiffarth, Frank
Seiler, Lutz
Siegel, Eva-Maria
Sommer, Heinz
Sonntag, Hans
Steinberg, Hans-Josef
Streisand, Marianne
Struss, Michael
Thies, Vera
Trilse-Finkelstein, Jochanaan Ch.
Tschörtner, Heinz Dieter
Ullrich, Renate
Vogel, Marion
Weber, Rolf
Wernicke, Kurt
Wieland-Pfitzmann, Rotraut
Wohlfahrt, Thomas

Register

Das Register verzeichnet Personen aus Kunst und Kultur – Personen der Philosophie-, Wissenschafts- und Politikgeschichte jedoch nur, wenn ihre Nennung eine Sachaussage einschließt. Lebensdaten werden soweit als möglich hinzugefügt. Fettdruck verweist auf einen Personalartikel, Kursivdruck auf eine Kurzbiographie innerhalb eines Sachartikels. Auf die Aufnahme von Verlagseigentümern und nominell für Redaktionen Verantwortlichen wurde verzichtet; Namen aus der Sekundärliteratur werden nicht vermerkt.

Aakjär, Jeppe (1866-1930): 13, 89
Abel, A.: 44
Abraham, Rudolf: 27
Abusch, Alexander (1902-1982): **1**, 73, 125, 130, 145, 147-48, 162, 192, 242, 315, 346, 395, 425, 466
Adami, F. W.: 24
Adler, Alfred (1870-1937): 68, 407, 448, 486
Adler, Emma (1858-1935): 94, 95
Adler, Max (1873-1937): 269, 325
Adler, Victor (1852-1918): 507
Adorno, Theodor W. (1903-1969): 65, 307, 322,
Ady, Endre (1877-1919): 137
Ahlborn, Knud: 254
Alberti, Rafael (geb. 1902): 7, 222
Albrecht, August (1890-1982): 26, 37
Alejchem – s. Scholem Aljechem
Alexander, Eduard Ludwig (1881-1945): 6, 395
Alexander, Gertrud G. (1882-1967): **6-7**, 10, 13, 14, 219, 235, 272, 273, 318, 395, 463, 528
Alexis, Willibald (eigentl. Wilhelm Häring) (1798-1871): 213
Almsloh, Ernst s. **Schulz**, Aug. Heinrich
Alpari, Julius /Gjula (1882-1944): 219
Altenberg, Peter (eigentl. Richart Engländer) (1859-1919): 370, 445, 507
Altmann, Anna (1852-1937)
Altmann, Bruno: 537
Altmann-Bronn, Ida (1862- nach 1938): 171
Ambach, Sonja: 522
Ameringer, Oskar (1870-?): 313
Anders, Rolf s. Thoel, Rolf Heinrich
Andersen Nexö, Martin (1869-1954): 7, 13, 56, 85, 89, 92, 94, 173, 198, 213, 218, 256, 270, 346, 393, 396, 449, 453, 484, 502, 514, 522
Andrejew, Leonid N. (1871-1919)
Andujar, M.: 131
Angel, Ernst (1894-1986): 1
Angeluschew, Boris (Ps. Bruno Fuk od. Fuck) (1902-1966): 477
Anneke, Mathilde-Franziska (1817-1884): **9**, 543
Annenkowa, Julia I.: 112
Anzengruber, Ludwig (1839-1889): 85, 94, 344, 356
Apfel, Alfred (1882-1940): 314
Apitz, Bruno (1900-1979): 98
Aragon, Louis (1897-1982): 7, 58, 59, 125, 220, 222, 223, 226, 432, 488
Arco auf Valley, Anton Graf von (1897-1945): 128
Arco, Georg Graf von (1869-1940): 353, 474, 477
Arends, H.: 65

Arendt, Erich (1903-1984): **39-40**, 113, 217, 536
Argutinskaja, Lucia A. (1897- nach 1962): 485
Arma, Paul (geb. 1905): 38, 107, 238
Arnau, Frank (1894-1976): 12, 398
Arnheim, Rudolf (geb. 1904): 16, 481
Arnold, Maria (d. i. Rádo, Lene): 112
Arons, Martin Leo (1860-1919): 443
Arp, Hans (1887-1966): 274
Asiaticus: 2
Aston, Luise (1814-1871): 9, **40-41**
Audorf, Jakob (1835-1898): 35, 36, **41-42**, 108, 248, 286, 292, 333, 355, 356, 361, 441, 480, 483, 504, 505
Auer, Ignaz (1846-1907): 244, 253, 442
Auerbach, Alfred (1873-1954): 18, 22, 115
Auerbach, Berthold (1812-1882): 213
Auerbach, Erich (1892-1957): 65
Aufhäuser, Siegfried (1884-1969): 357
Aufricht, Ernst Josef (1898-1972): 58
Ausländer, Fritz (1885-1943): 401
Aveling, Edward (1851-1898): 359
Avenarius, Ferdinando (1856-1923): 117, 499
Awdejenko, Alexander (1908- nach 1962): 11, 12, 488
Awerbach, Leopold L. (1903-1939): 101, 224, 225
Azevedo, Aluizio (1857-1913): 476
Baader-Dietrichs, Ottilie (1847-1925): 32, 171, 484
Baake, Curt (1864-1938): **15**, 16, 17, 148, 446
Bab, Julius (1880-1955): 149, 444
Babel, Isaac (1894-1941): 313, 352
Babeuf, François Noël (1760-1797): 391, 505
Bach, David Josef (1874-1947): 360
Bach, Johann Sebastian (1685-1750): 114, 116
Bachmair, Heinrich F. S. (1889-1960)
Bader, Paul (1865-1945): **43-44**
Bahr, Hermann (1863-1934): 507
Bagga, Alexander: 301
Bakunin, Michail A. (1814-1876): 3, 9, 13, 108, 198, 281, 334, 371, 376, 431, 520
Balabanoff, Angelica I. K. (1878-1965): 170
Balázs, Béla (1884-1949): 21, 25, 26, **44-45**, 142, 283, 305, 325, 401
Balder, Siegfried: 167
Baldus, Herbert (1899-1970): 121
Balk, Theodor (1900-1974): 12, **45-46**, 61, 100, 107, 111, 130, 146-47, 162, 222, 424, 477, 544
Ball, Hugo (1886-1927): 65, 274
Baluschek, Hans (1870-1935): 90, 97, 140, 277, 380, 384, 484, 506
Balzac, Honoré de (1799-1850): 24, 90, 177, 271, 307, 321, 347, 361, 476, 522, 547
Bamberger, Julius (1880-1951): 443
Bamberger, Ludwig (1823-1899): 110
Bang, Hermann (1857-1912): 11
Bär, Adam: 24, 25
Barbusse, Henri (1873-1935): 11, 12, 56, 125, 186, 216, 217, 219, 224/26, 236, 263, 275, 299, 346, 362, 379, 394, 396, 424, 470, 474, 475, 476, 481, 514, 522